lonely planet

Irland

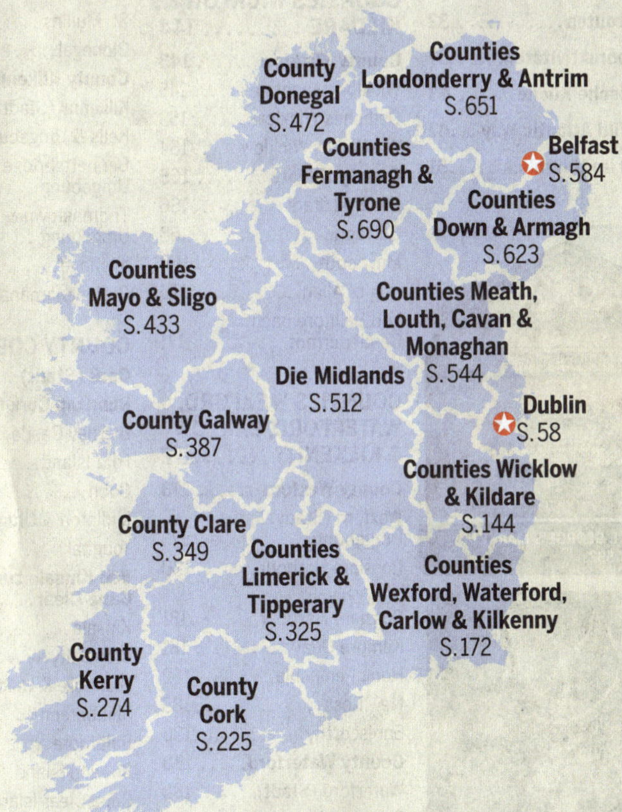

Neil Wilson, Isabel Albiston, Fionn Davenport,
Damian Harper, Catherine Le Nevez

REISEPLANUNG

JAMES KENNEDY NI/SHUTTERSTOCK ©

ST. GEORGE'S MARKET S.592

GABE9000C/GETTY IMAGES ©

KILLARNEY NATIONAL PARK S.284

REISEZIELE IN IRLAND

Inhalt

REISEZIELE IN IRLAND

Inhalt

Willkommen in Irland

Kleines Land ganz groß. Die Szenerie ist atemberaubend und die Einheimischen sind ein faszinierendes, freundliches Völkchen, das Besuchern einen herzlichen Empfang bereitet.

Malerisches Wunderland

Irland ist fantastisch und seine Bewohner lassen sich nicht lange bitten, wenn es darum geht, ihr Land in den höchsten Tönen zu loben, natürlich als das schönste der Welt. Ihre These wird dann auch gleich untermauert – häufig angeführte Argumente sind die Einsamkeit Connemaras, die Unberührtheit Donegals und die weltberühmten Landschaften Kerrys und Corks. Und Nordirland mag zwar politisch zu einer anderen Nation gehören, aber man befindet sich ja nach wie vor auf derselben Insel … Traumhaft schöne Ecken gibt's wirklich überall.

Reiche Geschichte

Zu den beeindruckendsten Sehenswürdigkeiten gehören die Kultstätten von Brú na Bóinne aus prähistorischer Zeit, Slea Head in Kerry, Carrowmore in Sligo sowie die Klosterruinen in Glendalough, Clonmacnoise und Cashel. Das neueste Highlight ist Ireland's Ancient East; dort dreht sich alles um das reiche historische Erbe Irlands. Nicht ganz so weit zurückliegenden Ereignissen widmen sich die Titanic Experience in Cobh und das Dubliner Kilmainham-Gaol-Museum. Gegenwartsgeschichte zum Anfassen erlebt man derweil an Bord eines schwarzen Taxis in West-Belfast oder beim Betrachten der Wandmalereien in Derry.

Kulturbrunnen

Irland bietet Kultur im Überfluss, besonders in den Sparten Literatur und Musik. Das heißt aber nicht, dass das Land nicht auch in anderen Bereichen gut aufgestellt wäre. Wohin es einen auch verschlägt, man wird Kultur und künstlerischen Ausdruck en masse entdecken: bei einem Theaterstück in Dublin, verfasst von einem der großen irischen Autoren, bei einer traditionellen Musiksession in einem Pub im Westen der Insel oder in einem Club in Belfast. Im Sommer finden jede Menge Festivals statt, die alles Mögliche feiern.

Ein herzlicher Empfang

Oft zu hören ist *tá fáilte romhat* (to fohltsche ro-et) – „Du bist willkommen" oder *céad míle fáilte,* „hunderttausendmal willkommen". Die Iren sind ein warmherziges, gastfreundliches Volk, sie auf diese Eigenschaften zu reduzieren wird der komplexen irischen Seele jedoch nicht gerecht. Ihre freundliche Art ist nicht Ausdruck einer überbordenden Selbstlosigkeit, sondern es geht ihnen darum, sich wohlzufühlen, was sie nur können, wenn ihr Umfeld ebenfalls glücklich ist. Die besagten Hunderttausendmal scheinen übertrieben, aber genau dafür steht Irland – jedenfalls solange die Übertreibung das richtige Maß hat.

Warum ich Irland liebe

Von Fionn Davenport, Autor

Irland ist wunderbar lässig, weil die Einwohner der Ansicht sind, das Leben sei ein unübersichtlicher und verwirrender Kampf, den wir alle so gut wie möglich kämpfen müssen, egal wer wir sind und welchen Gott wir anbeten. Dementsprechend können wir uns auch um ein höfliches Miteinander bemühen.

Mehr zu den Autoren siehe S. 786

Oben: Christ Church Cathedral (S. 82), Dublin

Irland

HÖHE
700m
500m
300m
200m
100m
0
0
100 km
Der Wild Atlantic Way
Höhlen, Klippen und atemberaubende Landschaft (S. 47)
Derry
Ummauerte Stadt mit Kunst und Musik (S. 654)
Carrowmore Megalithic Cemetery
Steinzeitmonumente (S. 463)
Connemara
Wunderschön verträumte Landschaften (S. 415)
Die Causeway Coast
Die passende Kulisse für Game of Thrones (S. 674)
Titanic Belfast
Museum des berühmtesten Schiffs der Welt (S. 593)
Brú na Bóinne
Beeindruckende neolithische Ganggräber (S. 545)
ATLANTISCHER OZEAN
North Channel
DONEGAL
DERRY
TYRONE
ANTRIM
FERMANAGH
ARMAGH
DOWN
SLIGO
LEITRIM
MONAGHAN
LOUTH
MAYO
ROSCOMMON
LONGFORD
CAVAN
Malin Head
Tory Island
Rosguill Peninsula
Ballyliffin
Culdaff
Inishowen Head
Dunluce Castle
Giant's Causeway
Rathlin Island
Ballycastle
Bushmills
Portrush
Portstewart
Coleraine
Downhill
Carndonagh
Moville
Inishowen Peninsula
Buncrana
Fanad Peninsula
Lough Swilly
Dunfanaghy
Bloody Foreland
Gortahork
Arranmore Island
Gweedore
Kincasslagh
Dunlewy
Glenveagh National Park
Lough Gartan
Dungloe
Letterkenny
Derry
Limavady
Strabane
Sperrin Mountains
Ballymena
Slemish (438m)
Larne
Kells
Carrickfergus
Antrim
Crawfordsburn
Holywood
Bangor
Belfast
Newtownards
Ards Peninsula
Lisburn
Lough Neagh
Strangford Lough
Craigavon
Lurgan
Portadown
Killyleagh
Downpatrick
Armagh
Banbridge
Lecale Peninsula
Ardara
Glenties
Blue Stack Mountains
Maghery
Loughrea Peninsula
Lough Eske
Glencolumbcille
Carrick
Killybegs
Kilcar
Donegal
Mountcharles
Bruckless
Donegal Bay
Rossnowlagh
Omagh
Bundoran
Lower Lough Erne
Lough Melvin
Inishmurray Island
Enniskillen
Rossmore Forest Park
Monaghan
Céide Fields
Ballycastle
Pollatomish
Sligo Bay
Lough Gill
Sligo
Lough Macnean Upper
Lough Macnean Lower
Clones
Killala
Carrowmore Megalithic Cemetery
Cuilcagh Mountain (667m)
Upper Lough Erne
Bangor Erris
Mullet Peninsula
Ballina
Annagh
Inniskeen
Carlingford
Greencastle
Ballycroy National Park
Ireland West Airport Knock
Cavan
Carrickmacross
Dundalk
Cooley Peninsula
Boyle
Carrick-on-Shannon
Clew Bay
Newport
Castlebar
Stätte der Schlacht Boyne
Clare Island
Westport
Knock
Strokestown
Croagh Patrick (765m)
Loughcrew Cairns
Kells
Slane
Drogheda
Laytown
Inishturk Island
Doolough Valley
Longford
Inny
Navan
Brú na Bóinne
Newgrange
Inishbofin
Roscommon
55°N
54°N
10°W
9°W
8°W
7°W
6°W

Festivals in Galway
Der Inbegriff des irischen Hedonismus (S. 389)
Die Küste von Clare
Klippen und Surfstrände mit Kultstatus (S. 361)
Dingle (Stadt)
Schöner irischsprachiger Fischerort (S. 307)
Ring of Kerry
Berühmteste Panorama-rundtour des Landes (S. 289)
Cork
Ausgezeichnete Restaurants in der zweitgrößten Stadt der Republik (S. 225)
Rock of Cashel
Spektakuläre alte Festungsanlage auf einem Felsen (S. 340)
Kilkenny
Majästätische mitelalterliche Stadt (S. 211)
Glendalough
Historische Klosterstätte in atemberaubender Kulisse (S. 151)
Dublin
Pulsierende, freundliche Hauptstadt (S. 58)
DUBLIN
Dalkey
Straffan
KILDARE
Kilbeggan
Durrow Abbey
Tullamore
Clonmacnoise
Shannonbridge
Ballinasloe
Athenry
Galway
Roundstone
Oughterard
Mace Head
Aran Islands
Inishmór
Inishmaan
Inisheer
Black Head
Ballyvaughan
Clarinbridge
Kilcolgan
Loughrea
Kinvara
Fanore
Burren
Gort
Doolin
Lisdoonvarna
Kilfenora
Corofin
Cliffs of Moher
Hag's Head
Liscannor
Ennistymon
Miltown Malbay
Ennis
CLARE
Kilkee
Kilrush
Scattery Island
Loop Head
Shannon Airport
Bunratty
Limerick
Mouth of the Shannon
Tarbert
Ballybunion
Listowel
LIMERICK
Adare
Ballingarry
OFFALY
Banagher
Birr
Portumna
Kinnitty
Slieve Bloom Mountains
Mountshannon
Roscrea
Nenagh
Ballina
Killaloe
Portarlington
Kildare
Newbridge
Mountmellick
Donnelly's Hollow
Rock of Dunamaise
LAOIS
Timahoe
Abbeyleix
Glendalough
Wicklow Mountains
Wicklow
Mizen Head
Avoca
Castledermot
Carlow
CARLOW
Donaghmore
Durrow
KILKENNY
Kilkenny
Ballon
WICKLOW
Mt. Leinster (796 m)
Ferns
Wexford Bay
Enniscorthy
Curracloe Beach
WEXFORD
Wexford
Barrow
Borris
Dungarvan
Kells
St Mullins
New Ross
TIPPERARY
Ballingarry
Cashel
Fethard
Tipperary
Glen of Aherlow
Cahir
Clonmel
Carrick-on-Suir
Suir
Galtee Mountains
Newcastle
Mitchelstown Caves
Curraghmore Estate
Waterford
Rosslare Strand
Rosslare Harbour
Hook Peninsula
Kilmore Quay
Saltee Islands
Tramore
Dunmore East
Blackwater
Lismore
Cappoquin
WATERFORD
Dungarvan
Ring Peninsula
Ardmore
Youghal
Youghal Bay
Fota Wildlife Park
Cork
Cobh
CORK
Mallow
KERRY
Tralee
Connor Pass
Dingle Peninsula
Annascaul
Dingle
Inch
Castlemaine
Killorglin
Killarney
Killarney National Park
Rossbeigh Strand
Kerry Bog Village Museum
Kells
Caherciveen
Ring of Kerry
Valentia Island
Portmagee
Sneem
Kenmare
Skellig Islands
Skellig Ring
Waterville
Caherdaniel
Gougane Barra Forest Park
Beara Peninsula
Glengarriff
Bantry
Dursey Island
Sheep's Head Peninsula
Kinsale
Clonakilty
Skibbereen
Castletownshend
Schull
Baltimore
Mizen Head Peninsula
Clear Island
St. George's Channel

Irlands Top 21

1

Dublin

1 Irlands Hauptstadt wartet mit zahlreichen Attraktionen auf. Da trifft es sich gut, dass sowieso fast alle Touristen über Dublin (S. 58) ins Land reisen. Hier locken erstklassige Museen, ein tolles Unterhaltungsprogramm, großartige Restaurants und hervorragende Hotels, das Beste sind jedoch die Dubliner, die in Sachen Freundlichkeit, Gelassenheit und Herzlichkeit die Bewohner vieler anderer europäischer Metropolen hinter sich lassen. Außerdem ist in dieser Stadt das Guinness zu Hause.

Unten: Grand Canal Docks (S. 95)

Connemara, County Galway

2 Herrliche winzige Buchten und tolle Strände trennen das Inland dieser Halbinsel (S. 415) vom wilden Atlantik. Malerische Straßen führen durch Dörfer mit traditionellen Pubs und Restaurants, die nach Familienrezepten zubereitete Fischsuppen servieren. Das Landesinnere mit einsamen Tälern, grünen Hügeln, gelben Wildblumen und reißenden Flüssen, in denen sich der blaue Himmel spiegelt, ist sogar noch faszinierender. Wanderungen versprechen Momente wunderbar einsamer Ursprünglichkeit.

MADRUGADA VERDE/SHUTTERSTOCK ©

GRAFXART/SHUTTERSTOCK ©

3

ANDREW MONTGOMERY/LONELY PLANET ©

4

5

Traditionelle Musik

3 Irlands traditionelle Musik ist die wohl mitreißendste in Westeuropa. Mit Riverdance erlangte sie Weltruhm, am authentischsten ist sie jedoch in Pubs der alten Schule. Die westlichen Grafschaften tun sich dabei besonders hervor: Von Donegal bis hinunter nach Kerry gibt's großartige Musikzentren, wobei Doolin (S. 375) im County Clare als inoffizielle Hauptstadt irischer Musik gilt. Zum Mitmachen wird man wohl nicht aufgefordert, aber Hände und Füße bewegen sich ganz von allein im Takt.
O'Donoghue's (S. 127)

Pubs

4 In jeder Stadt und in jedem Dorf gibt's mindestens eins und alle haben eine Sache gemeinsam: Im Pub schlägt Irlands Herz am lautesten, außerdem merkt man dort am schnellsten, wie die Einwohner ticken. Egal ob man eine ruhige traditionelle Kneipe, wie Morrissey's in Abbeyleix (S. 540), mit Fließenboden und großem Kamin oder ein moderneres Pub mit blinkenden Lichtern und Musik besucht – man sollte sich einen Abend lang Zeit nehmen, um dieses Herz schlagen zu hören und sich ein paar anständige Biere zu genehmigen

Glendalough, County Wicklow

5 Der hl. Kevin hatte ein Händchen für magische Orte. Als er eine abgelegene Höhle an einem Gletschersee mitten in einem bewaldeten Tal als Standort für seine Einsiedelei wählte, gründete er unbeabsichtigt eine Siedlung (S. 151), die sich später zu einer der dynamischsten Universitäten Irlands entwickeln sollte und heute zu einer der schönsten Ruinenstätten des Landes gehört. Gepaart mit der atemberaubenden Landschaft sind die Überreste der Anlage, darunter ein intakter Rundturm, höchst eindrucksvoll. Rundturm, Glendalough (S. 152)

)ingle, County Kerry

6 Dingle (S. 306) ist der Name der malerischen mit alten Ruinen über-
.äten Halbinsel, die in den Atlantik ragt.
'ischerboote entladen hier ihren Fang,
ler kaum frischer sein könnte, Künstler
erkaufen ihre Werke (darunter wunder-
.chöner Schmuck mit irischen Motiven) in
:harmanten Boutiquen, und in den Pubs,
'on denen sich viele seit ihrer früheren
'unktion als kleine Läden kaum verändert
ıaben, wird rund um den Kamin traditio-
ıelle Musik gespielt.

Galway City

7 Galway (S. 389) ist vermutlich Irlands lebendigste Stadt und verspricht unterhaltsame Abende. In den Pubs treten z. B. geigenspielende Altherrenbands oder angesagte junge Bands auf. Am besten macht man es wie die Einwohner und zieht von Kneipe zu Kneipe – dabei wird man jede Menge Überraschungen erleben und viel Spaß haben. Für Unterhaltung sorgen auch die berühmten Austern sowie die Abenteuer versprechende Connemara Peninsula und die Aran Islands in der Nähe.

Shop Street, Galway Stadt (S. 389)

Spaziergänge & Wanderungen

8 Natürlich lässt sich das Land problemlos mit dem Auto erkunden, am besten lernt man es aber zu Fuß kennen, sei es bei einem kurzen Spaziergang auf Treidelpfaden oder bei einer der 43 anspruchsvollen Fernwanderungen. Über Küstenwege (S. 39) und Bergrouten gelangt man in Städte und Dörfer oder in einsames Heideland und karge Sümpfe, um sich eine Auszeit vom Alltag zu nehmen. Alles, was man braucht, sind gute Schuhe und eine Regenjacke. Wandern in den Macgillycuddy's Reeks (S. 288)

Brú na Bóinne, County Meath

9 Mit seinen riesigen runden weißen Steinmauern und der Graskuppel wirkt Newgrange zugleich uralt und merkwürdig futuristisch. Die Stätte gehört zur riesigen neolithischen Nekropole Brú na Bóinne (S. 545; Palast des Boyne) und beherbergt Irlands schönstes jungsteinzeitliches Ganggrab, das rund 600 Jahre älter ist als Ägyptens Pyramiden. Am eindrucksvollsten ist die genaue Ausrichtung des Grabs zur Sonne während der Wintersonnenwende.

8

9

MBRAND85/SHUTTERSTOCK ©

GABRIEL12/SHUTTERSTOCK ©

Golf

10 Wenn Schottland die Heimat des Golfsports ist, dann verbringt dieser in Irland seinen Urlaub. Die schönsten Plätze befinden sich am Meer, wo sie in die hügelige, von Dünengräsern bedeckte Landschaft eingebettet sind. Neben weltberühmten Adressen, einschließlich des Gastgebers der British Open 2019, Royal Portrush, beeindrucken auch weniger bekannte Plätze mit einer spektakulären Kulisse und bieten Golfern die Möglichkeit, ihre Fähigkeiten Mutter Natur gegenüber unter Beweis zu stellen.

Ballybunion Golf Club (S. 324)

Rock of Cashel, County Tipperary

11 Die alte über den grünen Wiesen Tipperarys thronende Festung (S. 340) bietet einen atemberaubenden Anblick. Als Sitz von Königen und Geistlichen, die mehr als 1000 Jahre über die Region herrschten, machte es Tara 400 Jahre lang Konkurrenz. Durch die Halle des Vicars Choral aus dem 15. Jh. gelangt man in die beeindruckende, von undurchdringlichen Mauern umgebene Anlage mit einem intakten Rundturm, einer gotischen Kathedrale aus dem 13. Jh. und der schönsten romanischen Kapelle des 12. Jhs. im ganzen Land.

Cork (Stadt)

12 In Sachen Größe muss sich diese Stadt (S. 225) zwar mit dem zweiten Platz zufrieden geben, doch ansonsten muss sie sich keine Gedanken um Konkurrenz machen. In ihrem kompakten Zentrum gibt's großartige Kunstgalerien, Museen und vor allem leckeres Essen. Cork überzeugt sowohl mit günstigen Cafés als auch mit edlen Gourmetrestaurants, was bei dem exzellenten kulinarischen Ruf der Grafschaft nicht überrascht. Besonders bemerkenswert und eine Attraktion für sich ist dabei der einfach wundervolle English Market (siehe oben).

13

14

Ring of Kerry

13 Eine Fahrt über die 179 km lange Ringstraße (S. 289) um die Iveragh Peninsula ist ein unvergessliches Erlebnis, wobei auch abseits der Hauptroute Highlights warten. In der Nähe von Killorglin führt ein kurzer Abstecher zu der wunderschönen, wenig bekannten Cromane Peninsula, zwischen Portmagee und Waterville kann man den Skellig Ring erkunden, und das Innere der Halbinsel wartet mit einer atemberaubenden Bergkulisse auf. Das ist jedoch erst der Anfang! Die Kamera (mit aufgeladenen Akkus) sollte man also besser nicht vergessen! Ladies' View (S. 289)

Die Megalithanlagen von Carrowmore, County Sligo

14 Die Anhäufung von Ganggräbern und Dolmen in Carrowmore (S. 463) ist eine der bedeutendsten Megalithanlagen, das älteste steinzeitliche Monument Irlands und einer der größten Friedhöfe dieser Art in Europa. Doch am interessantesten sind die immer neuen Entdeckungen, wenn Archäologen weitere Funde machen und neue Erkenntnisse zur Bedeutung der Stätte in ihrer Umgebung erlangen, wie etwa der mathematische Zusammenhang mit dem Sonnenauf- und untergang an Halloween.

Kilkenny (Stadt)

15 Mit seiner majestätischen Burg und der mittelalterlichen Kathedrale strahlt Kilkenny (S. 211) eine solche kulturelle Erhabenheit aus, dass ein Zwischenstopp auf der Reise gen Süden oder Westen unverzichtbar ist. Die Werke der vielen Künstler und Handwerker aus dem gleichnamigen County werden in den Läden und Boutiquen der Stadt verkauft. Wegen der großartigen landwirtschaftlichen Erzeugnisse der Region geben Küchenchefs Kilkenny gegenüber Dublin den Vorzug und in den wunderbaren Pubs gibt's Bier aus der ortsansässigen Brauerei.

Causeway Coast

16 Die Causeway Coast im County Antrim ist eine besonders dramatische Kulisse für die Dreharbeiten zu *Game of Thrones*. Ein toller Wanderweg beginnt an der Seilbrücke Carrick-a-Rede (siehe oben) und verläuft über 16,5 km an der rauen Küste entlang. Dabei passiert man Ballintoy Harbour (der Hafen von Herrenhort auf den Eiseninseln), die imposanten Basaltpfeiler des Giant's Causeway (S. 672) sowie Klippen und Inseln, Sandstrände und Burgruinen, bevor man sich zum Abschluss in der Old Bushmills Distillery einen Schluck gönnt.

17

18

19

Die Küste von Donegal

17 Je nachdem, in welcher Richtung man auf dem Wild Atlantic Way (S. 47) unterwegs ist, bildet die zerklüftete Küste von Donegal entweder den dramatischen Abschluss der Reise, oder ihren atemberaubenden Anfang. Irlands Nordwesten ist eine wilde Ansammlung riesiger Klippen (die höchsten in Europa), einsamer von Schafen bevölkerter Landspitzen, mit großen weißen Sanddünen dazwischen. Zu Letzteren zählt auch Rossnowlagh im Südwesten des Countys, einer der beliebtesten Surfspots Europas mit riesigen Wellen.
Fanad Head Lighthouse (S. 504)

Titanic Belfast

18 Den Bau des bekanntesten Ozeandampfers der Welt feiert dieses großartige Museum (S. 593) in voller Hightech- und Multimediapracht. Hier kann man nicht nur praktisch jedes Detail des Bauplans erkunden – inklusive einer simulierten Tour durch das Schiff vom Kiel bis zur Brücke – sondern sich auch vorstellen, wie der Arbeitsalltag in den Werften an der Wende zum 20. Jh. gewesen sein muss. Bewegende Einblicke liefern Fotos, Audiomaterial und vor allem das einzige noch von der Titanic existierende Filmmaterial.

Derry (Stadt)

19 In Derry (S. 654) ist die konfliktbeladene Vergangenheit des Landes überall spürbar – von der Stadtmauer aus dem 17. Jh., die Protestanten schützen sollte, bis zur Umbenennung in Londonderry auf Drängen der Unionisten. Doch die neue Brücke über den Foyle ist ein Symbol für die Überwindung der Kluft und den Blick nach vorn. Derry ist ein Ort voll kreativer Energie, mit eindrucksvollen Wandmalereien, einer dynamischen Musikszene, zahlreichen Kunstmuseen und – nicht zuletzt – einem tollen Nachtleben. *Hands Across the Divide* (S. 657), von Maurice Harron

rish Sport

20 Der Besuch eines Hurling- oder Gaelic-Football-Spiels – je nachdem, welchem County man sich befindet – ist cht nur ein einzigartiges Erlebnis, sondern bt auch Einblicke in große Emotionen und eine der kulturellen Säulen Irlands. Ob bei nem Football-Match im County Galway, eim Hurling zwischen alten Rivalen wie en Grafschaften Kilkenny und Tipperary der einem Irland-Irland-Finale im Croke ark (S. 130), die große Leidenschaft der annschaften und Fans zieht einen schnell ihren Bann. Hurling, Tipperary vs. Waterford

Cliffs of Moher, County Clare

21 Die berühmten Cliffs of Moher (S. 372), die im Licht der späten Nachmittagssonne golden leuchten, sind nur eine von vielen Attraktionen im County Clare. Vom Boot aus sehen die gewaltigen Klippenwände besonders schön aus. Unten im Süden erheben sich die Felsklippen des Loop Head mit ihren verlassenen Steinbauten, deren Ursprünge bis heute ungeklärt sind. Überall an der Küste stößt man auf niedliche kleine Dörfer wie das von Klängen traditioneller Musik erfüllte Ennistymon und das Surfmekka Lahinch.

Gut zu wissen

Weitere Informationen siehe S. 743

Währung
Republik Irland: Euro (€); Nordirland: Pfund Sterling (£)

Sprache
Englisch, Irisch

Visa
Deutsche, Österreicher und Schweizer benötigen lediglich einen gültigen Personalausweis oder einen Reisepass.

Geld
Die Währung der Republik Irland ist Euro (€), während man in Nordirland mit Pfund Sterling (£) bezahlt, auch wenn häufig Euro angenommen werden.

Handys
In Irland und Nordirland funktionieren alle europäischen Mobiltelefone. Lokale Prepaid-Karten gibt's ab 10 €.

Zeit
Westeuropäische Zeit (MEZ –1 Std., MESZ –1 Std).

Reisezeit

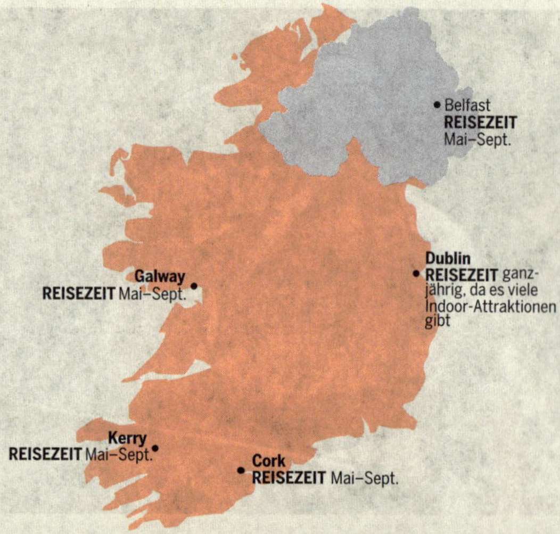

Hauptsaison (Juni–Mitte Sept.)
- Jetzt zeigt sich das Wetter von seiner besten Seite.
- Teure Übernachtungspreise (besonders im August).
- In Dublin, Kerry sowie an der Süd- und der Westküste des Landes tummeln sich zahlreiche Touristen.

Zwischensaison (Ostern–Mai, Mitte Sept.–Okt.)
- Oft gutes Wetter. Im Mai Sonne und Regen, im September Altweibersommer und warme Temperaturen.
- Weniger Touristen als im Sommer und günstigere Übernachtungspreise.

Nebensaison (Nov.–Feb.)
- Kürzere Öffnungszeiten von Oktober bis Ostern; einige Orte schließen komplett.
- Kaltes und nasses Wetter, manchmal Nebel.
- In den großen Städten geht alles seinen normalen Gang.

Nützliche Websites

Entertainment Ireland (www.entertainment.ie) Listet Clubs, Theater, Festivals, Kinos und Museen auf.

Failte Ireland (www.discoverireland.ie) Offizielles Tourismusportal mit praktischen Informationen und einer riesigen Datenbank für Unterkünfte.

Lonely Planet (www.lonelyplanet.de) Jede Menge Infos über Irland, Hotels, Traveller-Forum und mehr.

Wichtige Telefonnummern

Die Vorwahl muss man nur dann wählen, wenn man sich außerhalb des Gebiets befindet oder vom Handy aus anruft. Aus dem Ausland die „0" vorwählen.

Landesvorwahl	☎353 Republik Irland; ☎44 Nordirland
Internationaler Zugangscode	☎00
Notruf (Polizei, Feuerwehr, Krankenwagen)	☎999

Wechselkurse

In der Republik of Irland ist der Euro die offizielle Währung.

Eurozone	1 €	0,89 £
Schweiz	1 SFr	0,85 € 0,76 £

Aktuelle Wechselkurse siehe www.xe.com

Tagesbudget

Günstig: unter 80 €

- Bett im Schlafsaal: 12–20 €
- Günstige Mahlzeit im Café oder Pub: 8–15 €
- Intercitybus (200 km): 12–25 €
- Pint (in den Städten ggf. teurer): 5–6,50 €

Mittelteuer: 80–150 €

- Doppelzimmer im Hotel oder B&B (in Dublin teurer): 80–180 €
- Hauptgericht in einem Mittelklasserestaurant: 15–30 €
- Mietwagen (pro Tag): ab 30 €
- Dreistündige Zugfahrt: 60 €

Teuer: mehr als 150 €

- Zimmer im Vier-Sterne-Hotel: ab 200 €
- Dreigängemenü in einem gehobenen Lokal: etwa 70 €
- Eine Runde Golf spielen (Mitte der Woche): ab 100 €

Öffnungszeiten

Banken Mo–Fr 10–16 Uhr (Do bis 17 Uhr)

Pubs Mo–Do 10.30–23.30 Uhr, Fr & Sa 10.30–0.30 Uhr, So 12–23 Uhr (plus 30 Minuten „zum Austrinken"); am 1. Weihnachtsfeiertag und an Karfreitag geschlossen

Restaurants 12–22.30 Uhr; viele Lokale schließen an einem bestimmten Wochentag

Geschäfte Mo–Sa 9.30–18 Uhr (in Städten Do bis 20 Uhr), So 12–18 Uhr

Ankunft in Irland

Dublin Airport Privatfahrzeuge starten alle 10 bis 15 Minuten zum Stadtzentrum (7 €). Taxis brauchen 30 bis 45 Minuten und kosten 20 bis 25 €.

Dun Laoghaire Ferry Port Der öffentliche Bus braucht etwa 45 Minuten bis zum Dubliner Stadtzentrum; DART (S-Bahn) schafft die Strecke in 25 Minuten. Beides kostet jeweils 3,25 €.

Dublin Port Terminal Die Busse sind auf die Ankunfts- und Abfahrtszeiten der Fähren abgestimmt. Für die Fahrt ins Stadtzentrum zahlt man 2,50 €.

Unterwegs vor Ort

Verkehrsmittel sind in Irland effizient und günstig. Die Anbindung an große Städte ist gut und auch kleinere Orte entlang der Routen werden häufig angesteuert. Ziele abseits der Hauptrouten werden weniger häufig bedient und sind oft unpraktisch zu erreichen.

Auto Die bequemste Art, jeden Winkel Irlands zu entdecken. Autos kann man in jeder Stadt mieten. Achtung: In Irland fährt man auf der linken Seite!

Bus Das Liniennetz für öffentliche und private Busse ist recht gut ausgebaut und die günstigste Art zu reisen. Busse steuern die meisten bewohnten Gebiete an.

Fahrrad Dublin hat ein Fahrradverleihsystem mit über 100 Stationen in der ganzen Stadt.

Zug Über ein eingeschränktes (und teueres) Schienennetz ist Dublin mit allen größeren Städten verbunden, u.a. mit Belfast in Nordirland.

Mehr zum Thema **Unterwegs vor Ort** siehe S. 753

Irland für Einsteiger

Weitere Informationen siehe S. 743

Checkliste

- Gültigkeit des Personalausweises oder Reisepasses prüfen
- Unterkünfte, Veranstaltungen und Verkehrsmittel reservieren
- Über die Gepäckbeschränkungen der Fluggesellschaft informieren
- Die Kreditkartenbank über die Reise informieren
- Reiseversicherung abschließen
- Prüfen, ob man sein Handy in Irland benutzen kann

Reisegepäck

- Gute Wanderschuhe, da man viele Wege zu Fuß zurücklegen wird
- Regenmantel – der wird garantiert gebraucht
- Stromadapter für Großbritannien/Irland
- Subtiler Sinn für Humor
- Viel Platz im Magen für das ganze Bier
- Spotify-Playlist mit irischer Musik

Top-Tipps für die Reise

- Qualität statt Quantität: Statt durch die Gegend zu hetzen, um möglichst schnell möglichst viel zu sehen, sollte man lieber ein paar Orte auswählen und sich dafür Zeit nehmen. Besucher erleben oftmals die unvergesslichsten Momente, wenn sie sich einfach treiben lassen.
- Beim Autofahren sollte man häufig die Hauptstraßen verlassen: Die atemberaubende Landschaft kann man am besten auf Nebenstraßen genießen, die immer wieder tolle Fotogelegenheiten bieten.
- Einheimische grüßen: Eines der schönsten Erlebnisse ist oft die Liebenswürdigkeit der Iren, da sie tatsächlich so hilfsbereit, freundlich und humorvoll sind wie ihr Ruf.

Kleidung

Im Prinzip kann man hier tragen, was man möchte. Sportlich-elegante Kleidung reicht aus für den Besuch von Restaurants, Theateraufführungen und Konzerten. Im Sommer ist es in Irland warm, aber selten heiß. Für kühlere Stunden, insbesondere am Abend, sollte man etwas zum Überziehen mitbringen. Letzten Endes bestimmt das unbeständige Wetter das Outfit. Am besten hat man immer eine Regenjacke griffbereit.

Schlafen

Die Bandbreite reicht von der einfachen Herberge bis hin zum Fünfsternehotel. Am besten reserviert man sein Zimmer im Voraus; in der Urlaubszeit ist das sogar ein absolutes Muss.

- **Hotels** Egal ob man Hotelketten mit gemütlichen Zimmern oder eher normannische Burgen mit Regenwaldduschen und WLAN (zu entsprechenden Preisen) bevorzugt – hier findet jeder die passende Bleibe.
- **B&Bs** Die irische Unterbringungsform schlechthin! Dabei sind die Möglichkeiten schier unbegrenzt. Man kann z. B. in einem Privathaus oder auch in einer luxuriösen georgianischen Stadtvilla unterkommen.
- **Hostels** Jede große Stadt hat einige Hostels, mit sauberen Schlafsälen und WLAN – einige auch mit Waschmaschinen und Küchen.

Geld

Bankautomaten sind nicht schwer zu finden und Geld abzuheben sollte problemlos möglich sein. Trotzdem sollte man vor der Reise vorsichtshalber bei der heimischen Bank nachfragen.

Kreditkarten können nahezu überall genutzt werden, lediglich einige B&B-Betreiber auf dem Land verlangen Bargeld. In Bars und Restaurants vor der Bestellung fragen, ob die Karte akzeptiert wird. Am weitesten verbreitet sind Visa und MasterCard. American Express wird nur von großen Ketten akzeptiert, während Diners und JCB fast nie angenommen werden. Normalerweise wird die Karte eingelesen, dann muss man die PIN eingeben; nur selten genügt eine Unterschrift.

Alternativ kann man bei Banken, Postämtern und in einigen größeren Hotels Bargeld und Reiseschecks tauschen.

Feilschen

In Irland wird nur dann gefeilscht, wenn man ein Pferd kaufen will.

Trinkgeld

- **Hotels** 1 €/1 £ pro Gepäckstück. Das Trinkgeld für den Zimmerservice bestimmt jeder selbst.
- **Pubs** Nur bei Tischservice nötig: 1 €/1 £ pro Runde.
- **Restaurants** Bei gutem Service 10 %, in teureren Lokalen bis zu 15 %.
- **Taxis** 10 % vom Fahrpreis oder bis zum vollen Euro/Pfund aufrunden.
- **Toilettenservice** Höchstens 0,50 €/0,50 £.

ANDREW MONTGOMERY/LONELY PLANET ©

Im O'Donoghue's (S. 122).

Etikette

Im täglichen Leben sind die Iren zwar recht zwanglos, einige Umgangsformen halten sie aber ein.

- **Begrüßung** Bei der ersten Begegnung und beim Abschied gibt man Männern, Frauen und Kindern die Hand. Dabei erwarten die Iren einen festen Händedruck mit Augenkontakt. Befreundete Frauen begrüßen sich mit einem angedeuteten Kuss.
- **Konversation** Die Iren sind freundlich, aber oft reserviert. Zudem vermeiden sie Gespräche, die peinlich werden könnten. Leuten, die ungefragt zu viel erzählen, misstrauen sie.
- **Pubrunden** Meistens schmeißen die Iren abwechselnd Runden für die ganze Gruppe; es ist üblich, dass sich alle beteiligen. Die nächsten Getränke müssen besorgt werden, ehe das letzte Glas geleert ist.

Essen

In Städten sollte man vorab reservieren. Meistens reicht eine Buchung am gleichen Tag. Spitzenrestaurants muss man dagegen bereits zwei Wochen vorher kontaktieren.

- **Restaurants** Vom günstigen Café bis zum Lokal mit Michelin-Stern werden alle nur denkbaren Küchen angeboten.
- **Cafés** Tagsüber (selten abends) geöffnet. Hier gibt's den ganzen Tag über Frühstück, belegte Brote und einfache Gerichte.
- **Pubs** Das Essen reicht von getoasteten Sandwiches bis zu liebevoll gestalteten Gerichten auf Restaurantniveau.
- **Hotels** In allen Hotelrestaurants sind auch Nichtgäste willkommen. Besonders beliebt in ländlichen Gegenden.

Was gibt's Neues?

Ireland's Ancient East

Irlands „alter Osten" ist die zweite große Tourismusinitiative nach dem Wild Atlantic Way. Sie startete offiziell 2016 und beleuchtet 5000 Jahre Geschichte in 13 Counties an der Ostküste und im Landesinneren.

Medieval Mile Museum

Eine ehemalige Kirche birgt dieses tolle Museum, das sich der Geschichte Kilkennys widmet. Neben Grabsteinen aus dem 13. Jh. sind eine interaktive Karte der mittelalterlichen Stadt und mehr ausgestellt. (S. 213)

Waterford Greenway

Auf 46 km folgt dieser Fahrradweg für jedes Fitnesslevel einer stillgelegten Eisenbahnstrecke zwischen Waterford-Stadt und Dungarvan; es geht durch Tunnel und über Viadukte. Dabei immer in Sichtweite: die hübsche Küste von West-Waterford. (S. 197)

Limerick für Genießer

Limerick erlebt dank einiger neuer, toller Restaurants, eines quirligen Bauernmarkts und des Imbisswagen-Aufgebots am Shannon zur Mittagszeit gerade so etwas wie eine kulinarische Revolution. (S. 333)

Seamus Heaney Home Place

Ein tolles neues Museum und Kunstzentrum zu Ehren des Literaturnobelpreisträgers Seamus Heaney. Es befindet sich in Bellaghy, seiner Heimatstadt, im Süden des Countys Londonderry, nordöstlich vom Lough Neagh. (S. 687)

Patrick Pearse's Cottage

2016 fand die Eröffnung dieses topmodernen Besucherzentrums in einem reetgedeckten Häuschen an einem abgeschiedenen See in Connemara statt. Hierhin zog sich der Patriot und Schriftsteller zurück, um Gedichte zu schreiben und über das Schicksal seines Landes nachzudenken. (S. 420)

Die „Gin-Epidemie"

Auch Irland ist im Gin-Fieber: In Bars entstanden Gin-„Bibliotheken" und es werden Gin-Abende mit Verkostungen veranstaltet. Außerdem gibt's ein paar neue Destillerien; eine befindet sich gleich außerhalb von Drogheda im County Louth. (S. 563)

Kells Bay House & Gardens

An dieser Jagdhütte im County Kerry findet man seit Neuestem die längste Seilbrücke Irlands. In einer Höhe von 11 m spannt sie sich mit einer Länge von 33,5 m über einen Fluss. (S. 295)

Rathlin West Light Seabird Centre

Der Leuchtturm von 1919 steht auf Rathlin Island, einer Insel im County Antrim, und wurde unlängst als Zentrum zum Schutz der berühmten Papageientaucherkolonien auf der Insel eröffnet. (S. 681)

Finn Lough Bubble Domes

In dem Resort im County Fermanagh wurden an Schneekugeln oder durchsichtige Iglus erinnernde „Kugelzelte" eingerichtet, damit man nachts gemütlich im Bett liegen und Sterne betrachten kann. (S. 700)

Mehr aktuelle Tipps und Empfehlungen gibt's unter www.lonelyplanet.com/ireland

Wie wär's mit ...

Traditionelle Pubs

Es gibt in Irland so viele tolle Pubs, dass jeder Einwohner seinen eigenen Liebling hat. Die im Folgenden genannten erfreuen besonders die Fans traditioneller Kneipen.

Blakes of the Hollow Nordirlands bestes Guinness in einem viktorianischen Klassiker. (S. 696)

John Benny's Pub in Dingle mit Steinboden, Erinnerungsstücken an den Wänden und fast jeden Abend traditionellen Rocksessions. (S. 312)

McCarthy's Kneipe, Restaurant und Bestattungsinstitut in Fethard. (S. 347)

Tigh Neachtain Eines der bekanntesten traditionellen Pubs in Galway. (S. 400)

John Mulligan's Das berühmteste unter den traditionellen Pubs der Hauptstadt und bekannt aus Film und Fernsehen. (S. 125)

Vaughan's Pub Großartige Kneipe in Kilfenora mit einem herausragenden Ruf in puncto traditioneller Musik. (S. 380)

Herrliche Aussichten

Irland wartet mit atemberaubenden Landschaften und überwältigenden Aussichten auf. Wer die Augen offenhält, wird neben den berühmten Attraktionen auch viele andere herrliche Flecken entdecken.

Binevenagh Lake Von den Klippen oben an der Bishop's Road eröffnen sich spektakuläre Ausblicke auf Lough Foyle, Donegal und die Sperrin Mountains. (S. 667)

Kilkee Cliffs Tolle Aussichten auf hoch aufragende Klippen – und nein, das sind *nicht* die Cliffs of Moher. (S. 365)

Powerscourt Estate Der Blick auf den Sugarloaf von der Zugangsstraße zu diesem palladianischen Herrenhaus ist einfach wunderbar. (S. 148)

Connor Pass Vom Gipfel des 456 m hohen Connor Pass auf der Dingle Peninsula genießt man eine fantastische Aussicht auf das Tal unten. (S. 317)

Poisoned Glen Die Aussicht in dieses Tal in Donegal ist einmalig und die Kirchenruine am Fuß der Schlucht das i-Tüpfelchen. (S. 493)

Priest's Leap Beeindruckender Bergpass unweit der Beara-Halbinsel mit einem einmaligen Blick auf die Bantry Bay und die gleichnamige Stadt. (S. 264)

Sky Road Auf dieser dramatischen Küstenstraße vor Clifden in Connemara hat man einen fantastischen Meerblick. (S. 422)

Alte Ruinen

Dank der frühesten Bewohner sowie der Kelten und der frühen Christen sind antike Stätten und alte Klöster ein Teil der irischen Landschaft. Dank der Wikinger und Heinrichs VIII. sind viele dieser Gebäude Ruinen – aber äußerst imposante.

Glendalough Überreste einer einst mächtigen Klostersiedlung in atemberaubender Umgebung. (S. 151)

Brú na Bóinne Europas beeindruckendste jungsteinzeitliche Begräbnisstätte. (S. 545)

Clonmacnoise Irlands schönste Klosterstätte. (S. 535)

Athassel Priory Erhabene und gespenstische Kirchenruine. (S. 343)

Carrowkeel Megalithischer Friedhof und ein grandioser Ausblick. (S. 466)

Athenry Eine prächtige Burg, ein dominikanisches Priorat, ein Original-Marktkreuz und große Teile der alten Stadtmauer. (S. 431)

Devenish Island Auf der größten Insel des Lough Erne befinden sich die Ruine eines Augustinerklosters und ein fast vollkommener Rundturm. (S. 698)

Dún Aengus Beeindruckende Festung aus der Steinzeit, die gefährlich nah am Rand der Klippen von Inishmór (Aran Islands) steht. (S. 408)

Literarische Streifzüge

Vier Nobelpreisträger für Literatur sprechen für sich. Irland ist eines der bemerkenswertesten Schwergewichte in der englischsprachigen Welt, und diese Tradition lebt in zeitgenössischen Schriftstellern sowie Literaturfestivals fort.

Cape Clear Island International Storytelling Festival Hier wird der Brauch des Geschichtenerzählens gefeiert. (S. 258)

Seamus Heaney Home Place Neues Museum und Kunstzentrum in Heaneys Heimatstadt Bellaghy, County Londonderry. (S. 687)

Cúirt International Festival of Literature Galways literarisches Vorzeigefestival im April zieht Schriftsteller aus der ganzen Welt an. (S. 394)

Dublin Literary Pub Crawl Eine tolle Auswahl literarischer Touren durch die irische Hauptstadt. (S. 101)

Listowel Writers' Week Das irische Literaturfest findet im Juni in der Heimatstadt von John B. Keane statt. (S. 323)

Town of Books Festival Graiguenamanagh in Kilkenny strebt danach Irlands Antwort auf Hay-on-Wye mit seinem jährlichen Festival zu werden. (S. 223)

Traditionelle Musik

Musiker, die ihr Können in Pubs und an anderen Orten im ganzen Land zeigen, spielen den lebendigsten Folk in Westeuropa (und nehmen dabei gern einen

Oben: Ulster American Folk Park (S. 705), County Tyrone

Unten: Powerscourt Estate (S. 148), County Wicklow

kräftigen Schluck). Selbst die „Touristenkonzerte" sind hervorragend.

An Droichead Großartige Auftritte in einem Kunstzentrum in Belfast, das sich der irischen Kultur widmet. (S. 617)

Matt Molloy's In dieser Kneipe in Westport, die dem Flötisten der Chieftains gehört, beginnt allabendlich um 21 Uhr eine *céilidh* (Session für traditionelle Musik und Tanz). (S. 446)

Miltown Malbay Jedes Pub in dieser Stadt im County Clare wartet mit herausragenden traditionellen Sessions auf. (S. 367)

Tig Cóilí Die besten traditionellen Gigs in Galway finden in einer Kneipe statt, deren Name „Haus der Musik" bedeutet. (S. 400)

Marine Bar An Sommerabenden genießt man in dem 200 Jahre alten Pub auf der Ring Peninsula wunderbare Musik. (S. 200)

Cobblestone Die nächtlichen Auftritte in diesem Pub in Smithfield gehören zu den besten in der ganzen Hauptstadt. (S. 125)

Unterwegs mit der Familie

Im ganzen Land locken jede Menge familienfreundliche Aktivitäten von Heimatmuseen bis hin zu Ziplines.

Castle Ward Estate Szenen von *Game of Thrones* wurden auf dem Grundstück des National Trust gefilmt, auf dem sich auch ein Abenteuerspielplatz befindet und Bauernhoftiere tummeln. (S. 635)

Lough Key Forest Park 142 ha großer Outdoor-Spielbereich für die ganze Familie mit einem 300 m langen Rundweg durch die Baumwipfel und einem Abenteuerspielplatz im Freien. (S. 521)

Tayto Park Jede Menge Spaß für die ganze Familie versprechen Europas größte Holzachterbahn, ein Zoo und ein 5D-Kino. (S. 554)

Great Western Greenway Beliebter ebener Radweg von Westport nach Achill. Unterwegs passiert man zahlreiche Burgen und Stätten. (S. 444)

Fota Wildlife Park Riesiger Freiluftzoo außerhalb der Stadt Cork ohne Käfige und Zäune. Besonders großer Beliebtheit erfreut sich die Gepardenfütterung. (S. 239)

Tralee Bay Wetlands Centre Wer genug über die tierischen Bewohner des 300 ha großen Schutzgebietes erfahren hat, kann die wunderbare 15-minütige Safari-Bootsfahrt mitmachen. (S. 319)

Golf

Mehr als 400 Plätze sind über die gesamte Insel verteilt, doch wer einmal typisch irisch Golf spielen möchte, sollte seinen Tee auf einem Links-Platz direkt am Meer ins Gras stecken.

Ballybunion Golf Club Ein alteingesessener Favorit von Berühmtheiten und Berufssportlern – die Spielbahn ist ebenso anspruchsvoll wie der Ausblick wunderschön. (S. 324)

County Sligo Golf Course Herrlicher Links-Platz auf einer Halbinsel bei Ben Bulben. (S. 463)

Lahinch Golf Club Einer der beliebtesten Links-Plätze Irlands wurde 1892 von schottischen Soldaten angelegt. (S. 368)

Royal County Down Legendärer Links-Platz, der von Old Tom Morris entworfen wurde und oft als bester Platz in ganz Irland genannt wird. (S. 636)

Royal Portrush Ein wunderschöner Platz, der 1951 Austragungsort des Open Championship (British Open) war und es 2019 wieder sein wird. (S. 669)

Waterville Golf Links Links-Platz von Weltklasse mit einem ebenso unvergleichlichen Ausblick. (S. 300)

Monat für Monat

TOP-EVENTS

St. Patrick's Day, März

Galway International Arts Festival, Juli

Willie Clancy Summer School, Juli

Féile An Phobail, August

All-Ireland Finals, September

Februar

Schlechtes Wetter macht den Februar zum perfekten Monat für Innenaktivitäten. Etliche Museen eröffnen neue Ausstellungen, außerdem lohnt der Besuch von Großstädten.

Audi Dublin International Film Festival

Fast alle Kinos in Dublin nehmen am größten Filmfestival der Hauptstadt teil. Zwei Wochen lang verwandeln sie sich in Schaubühnen für die Werke irischer und internationaler Regisseure. Es stellt lokale, internationale und künstlerische Streifen vor und präsentiert Blockbuster vor dem offiziellen Start. (S. 102).

Six Nations Rugby

Das irische Rugbyteam (www.irishrugby.ie) spielt seine drei Heimspiele im Aviva-Stadion im Vorort Ballsbridge im Dubliner Süden. Saison ist von Februar bis April.

März

Wenn sich der Frühling ankündigt, bereitet sich das ganze Land auf die wohl berühmteste Parade der Welt vor. Der größte Umzug findet in Dublin statt.

St. Patrick's Day

Am 17. März steht ganz Irland Kopf. Dublin schmeißt eine fünftägige Party rund um die Parade (an der 600 000 Menschen teilnehmen). Nach den unzähligen Konzerten und Veranstaltungen muss man mit einem gewaltigen Kater rechnen.

April

Das Wetter wird besser, die Bäume beginnen zu blühen, und die Festivalsaison fängt wieder an. Ab Mitte April oder an Ostern locken viele saisonale Attraktionen.

Circuit of Ireland International Rally

Nordirlands renommiertestes Rallyewagenrennen ist als „Circuit" (www.circuitofireland.net) bekannt. Es dauert zwei Tage und findet zu Ostern statt. Mit Vollgas fahren die über 130 Wettkämpfer rund 550 km durch Nordirland und andere Teile der Republik.

Irish Grand National

Iren lieben Pferderennen, das gilt vor allem für dieses (www.fairyhouse.ie). Das Schaurennen der Jagdsaison kann man am Ostermontag in Fairyhouse, County Meath, verfolgen.

World Irish Dancing Championships

Die irische Tanzkultur hat viel mehr zu bieten als Riverdance: Jeden April messen sich 4500 Tänzer aus aller Welt bei dieser Veranstaltung, die jedes Jahr an einem anderen Ort abgehalten wird; mehr darüber erfährt man auf www.irishdancingorg.com.

Mai

Am ersten Montag des Monats (May Bank Holiday) wird der Sommer eingeläutet. Jetzt strömen die Iren scharenweise auf

die Straßen, um das schöne Wetter zu genießen.

Cork International Choral Festival

Eines der besten Chorfestivals in Europa (www.corkchoral.ie). Es findet an vier Tagen Anfang Mai statt. Die Gewinner nehmen an der Fleischmann International Trophy Competition teil.

North West 200

Irlands berühmtestes Straßenrennen Mitte Mai ist das größte Outdoor-Sportevent des Landes. Mehr als 150 000 Zuschauer jubeln den Motorradfahrern entlang der Dreiecksroute zu. (S. 668)

Fleadh Nua

In Ennis (County Clare) versammelt sich eine Woche lang die Crème de la Crème der traditionellen Musikszene Irlands. Das Festival in der dritten Maiwoche gilt als eines der wichtigsten des Landes. (S. 351)

Cathedral Quarter Arts Festival

Ebenfalls Anfang Mai ist das Kathedralenviertel von Belfast für zehn Tage Schauplatz eines multidisziplinären Kunstfestivals, bei dem Schauspiel, Musik, Poesie und Straßentheater zum Programm gehören. (S. 607)

Listowel Writers' Week

Bekannte Autoren halten Lesungen, Seminare und Vorträge. Das bedeutendste Literaturfestival des Landes findet Ende Mai fünf Tage in Listowel statt, einer Stadt im County Kerry. Auf dem Programm stehen auch Poesie, Musik und Schauspiel.

Juni

Der Feiertag zu Beginn des Monats stellt die Iren vor die Qual der Wahl, da sie sich zwischen zahlreichen Veranstaltungen entscheiden müssen. Zudem wird der Wochenendverkehr belebter und das Wetter besser.

Cat Laughs Comedy Festival

Anfang Juni (manchmal Ende Mai) zieht das landesbeste Comedyfestival in Kilkenny viele lokale sowie internationale Berühmtheiten und Newcomer an. (S. 216)

Dublin Pride

Irlands größtes Fest für Schwule und Lesben bietet zwei Wochen lang Events, Konzerte, Filmvorführungen und Vorträge. Höhepunkt ist der große bunte Umzug durch die Hauptstadt. (S. 103)

Ireland BikeFest Killarney

Das größte Treffen von Motorradfans des Landes (www.irelandbikefest.com) findet am ersten Juniwochenende in Killarney statt, von wo aus die Biker anschließend zu einer Runde auf dem berühmten Wild Atlantic Way aufbrechen.

Irish Derby

Eine großartige Veranstaltung für Rennsportbegeisterte und Leute mit ausgefallenen Hüten: In der ersten Juniwoche findet das beste Flachrennen des Landes (www.curragh.ie) statt.

Bloomsday

Kleider wie zu Zeiten Edwards VII., außerdem gibt's zum Frühstück Eier mit Speck und Bier – das sind nur zwei Bestandteile der Feierlichkeiten in Dublin am 16. Juni, dem Tag, an dem James Joyces Ulysses spielt. Zu diesem Anlass werden die Spuren Leopold Blooms verfolgt.

Mourne International Walking Festival

Am letzten Wochenende des Monats findet ein Wanderfestival (www.mournewalking.co.uk) in den Mourne Mountains im County Down statt, die als Area of Outstanding Natural Beauty ausgezeichnet wurden.

Cork Midsummer Festival

Corks größtes Kunstfestival (www.corkmidsummer.com) wird Mitte des Monats an zehn Tagen und an verschiedenen Veranstaltungsorten in der ganzen Stadt gefeiert.

Juli

Im Juli steigt jedes Wochenende ein tolles Fest. Besucher von Galway können einen ganzen Monat lang zahlreiche wunderbare Veranstaltungen erleben.

Willie Clancy Summer School

Das außergewöhnliche Festival wurde zu Ehren eines berühmten lokalen Dudelsackpfeifers ins Leben gerufen. Neun Tage lang versammeln sich in Miltown Malbay (County Clare) die besten Musiker der Welt, um Konzerte, Pubsessions und Workshops abzuhalten. (S. 368)

Galway International Arts Festival

Irlands wichtigstes Kunstfestival beschert den Einwohnern und Besuchern der Stadt in den letzten beiden Juliwochen jede Menge Konzerte, Theateraufführungen und Künstlerprojekte. (S. 391)

Galway Film Fleadh

Bei diesem bedeutenden Filmfest Anfang Juli werden irische und internationale Produktionen gezeigt. (S. 394).

Longitude

Longitude, eine Art Mini-Glastonbury, lockt drei Tage lang jede Menge Besucher in Dublins Marlay Park, um elektronischer Tanzmusik, Nu-Folk, Rock und Pop zu lauschen. 2017 waren Stormzy, The Weeknd and Mumford & Sons die Headliner. (S. 103)

Killarney Summerfest

Anfang Juli widmet sich Killarney bei diesem Festival (http://folkfestkillarney.com) ganz dem Folk. Neben britischen Künstlern treten Musiker aus den USA und aus aller Welt auf.

August

Die Schulen sind geschlossen, die Sonne scheint (oder auch nicht!) und das Land ist in Urlaubsstimmung. In den Küstenstädten und Touristenzentren herrscht nun reger Andrang und die Iren genießen ihre Ferien.

Féile An Phobail

Der Name heißt übersetzt „Volksfest" – und genau das ist es auch: Europas größtes Festival dieser Art ist zehn Tage lang auf der Falls Road in West-Belfast zu Gast (S. 607).

Fleadh Cheoil na hÉireann

Die Mutter aller irischen Musikfestivals (www.fleadhcheoil.ie) findet meist Ende August statt und lockt immer über 100 000 Musikfans und Nachtschwärmer an. Es gibt keinen festen Veranstaltungsort, aber in den letzten wurde es in Ennis, County Clare, ausgerichtet

Galway Race Week

Beim größten Pferderennen (www.galwayraces.com) westlich des Shannons geht's nicht nur um Pferde, sondern auch um irische Kultur, Sportwetten und extravagante Hüte. (S. 394)

Mary From Dungloe Festival

Irlands zweitwichtigster Schönheitswettbewerb findet zum Monatsanfang in Dungloe im County Donegal statt. Für einige nur Anlass für eine Riesenparty, aber die jungen Teilnehmerinnen wollen alle sehnlichst zur „Mary des Jahres" gekrönt werden. (S. 489)

Puck Fair

Irlands ältestes, schrulligstes Festival steigt Mitte August: In Killorglin, County Kerry, feiert man drei Tage die Krönung eines Ziegenkönigs. (S. 291)

Rose of Tralee

Der größte Schönheitswettbewerb des Landes spaltet die Gemüter in jene, die ihn als peinlichen Schritt zurück in die Vergangenheit betrachten, und jene, die sich gern in alte Tage zurückversetzen lassen. Frauen mit irischen Wurzeln reisen aus aller Welt an, um sich den Sieg zu sichern. (S. 321)

Kilkenny Arts Festival

Der zehntägige Event Mitte August ist eines der bedeutendsten Kunstfestivals des Landes. Musiker, Künstler und Schriftsteller treten an verschiedenen Orten in der Stadt Kilkenny auf, z. B. in Kirchen, Burgen, Stadtpalais und Gärten. (S. 216)

September

Obwohl der Sommer vorbei ist, kann das Wetter erstaunlich gut sein – die ideale Zeit, um in Ruhe die letzten Sonnenstrahlen zu genießen.

Galway International Oyster & Seafood Festival

Am letzten Septemberwochenende beginnt Galway seit 1953 die Austernsaison mit einer großen Feier. Viel Musik und Bier. (S. 43)

Dublin Fringe Festival

Kurz vor dem großen Dublin Theatre Festival steigt das wesentlich innovativere Fringe Festival, bei dem in der ganzen Stadt über 100 Konzerte locken. (S. 103)

All-Ireland Finals

Am zweiten und vierten Sonntag des Monats finden die Endrundenwettkämpfe um die Hurling- und Gaelic-Football-Meisterschaft statt. Mit 80 000 Besuchern, die in das Croke-Park-Stadion in Dublin strömen, ist es eines der größten Sportereignisse des Jahres.

Oktober

Aufgrund der kühleren Temperaturen ist es an der Zeit, wieder drinnen Spaß zu haben. Auf dem Programm stehen zahlreiche Aktivitäten und Zerstreuungen, vor allem am letzten Wochenende des Monats.

Dublin Theatre Festival

Beim renommiertesten Theaterfestival des Landes werden aktuelle Stücke und neue Versionen alter Werke aufgeführt. (S. 104)

Wexford Opera Festival

Im Oktober treffen sich Musikfans im Wexford Opera House, dem einzigen Haus des Landes, das nur Opern aufführt, um Irlands größtes Opernfestival zu genießen. Statt auf große Hits konzentriert sich dieses eher auf unbekannte Werke. (S. 177)

Cork Jazz Festival

Irlands bekanntestes Jazzfestival findet immer am letzten Oktoberwochenende in Cork statt. Mehr als 1000 Musiker und ihre unzähligen Fans haben die Stadt dann fest im Griff – auch wenn die Musik oft verdächtig wie Blues und Rock klingt. (S. 231)

Belfast International Arts Festival

Das nordirische Kunstfestival (www.belfastfestival.com) in der zweiten Oktoberhälfte zieht Künstler aus aller Welt an. Zum Angebot gehört alles Mögliche von Bildender Kunst bis zu Tanzvorführungen. (S. 607)

Dezember

Das Land bereitet sich auf Weihnachten vor, z. B. mit ausgiebigen Shoppingtouren. Nach der Arbeit treffen sich die Iren mit Freunden und Familienangehörigen, die aus dem Ausland angereist sind. Am ersten Weihnachtsfeiertag ist alles geschlossen.

Weihnachten

Auf dem Land gilt das Fest als stille Angelegenheit, wobei am 26. Dezember (St. Stephen's Day) wieder der Brauch der Wrenboys auflebt, besonders in Dingle, County Kerry. Nun ziehen verkleidete Kindergruppen durch die Gegend und singen Weihnachtslieder.

Christmas Dip (Weihnachtsschwimmen)

Beim traditionellen Christmas Dip am Forty Foot im Dubliner Vorort Sandycove schwimmen einige besonders Tapfere 20 m zu den Felsen und wieder zurück.

Reiserouten

1 WOCHE

Irlands Highlights

Die 300 km lange Touristenroute führt durch Irlands spektakulärste Landschaften und an den größten Sehenswürdigkeiten vorbei.

Los geht's in **Dublin**. In der Heimat des Guinness locken das Trinity College, das Book of Kells und ein paar Bierchen. Am nächsten Tag fährt man nach **Galway** und unternimmt einen Abstecher zum beeindruckenden melancholischen **Connemara National Park** (bietet sich für eine nette Rundtour an). Anschließend führt die Reise weiter nach Süden durch die mondähnliche Landschaft des **Burren**. Hier lohnt ein Ausflug zu den **Cliffs of Moher** und nach **Ennis**, wo man traditionelle Musik genießen kann. Dann geht's nach Süden über den **Connor Pass** ins County Kerry. Nach einem Besuch in **Dingle** besichtigt man die prähistorischen Monumente und genießt den Ausblick von **Slea Head**. Mit der Fähre reist man weiter nach **Killarney**, dem perfekten Ausgangspunkt zur Erkundung des **Ring of Kerry**, einer verkehrsreichen 179 km langen Rundtour um die Iveragh Peninsula.

2 WOCHEN Das Beste im Westen

Der Westen lockt mit der schönsten Landschaft und den besten traditionellen Pubs.

Die Reise startet im County Sligo, wo sich am **Carrowmore Megalithic Cemetery** Prähistorie und Panorama vereinen. Dann folgt man den Kurven entlang der Küste, legt an einigen der besten Surferstrände wie **Strandhill** und **Enniscrone** Zwischenstopps ein und besucht das historische Städtchen **Westport** mit seinen vielen Pubs. Im Südwesten erhebt sich der herrliche **Croagh Patrick**. Der Aufstieg lohnt schon allein, um den Blick über die mit Inseln gesprenkelte Clew Bay zu genießen. Westlich davon unternimmt man in **Louisburgh** einen Ausflug auf die felsige Insel **Clare**, Heimat der Piratenkönigin Grace O'Malley. Danach geht's durch das reizende Doolough Valley nach **Leenane**: Das nördliche Tor zu **Connemara** erstreckt sich an Irlands einzigem Fjord. Man kann die Gegend von der schönen Küstenstraße aus bewundern, die an der **Kylemore Abbey** vorbeiführt. Toll sind auch die abenteuerliche Panoramastraße Sky Road, die bei Clifden beginnt, und das malerische **Roundstone**. Alternativ nimmt man die atemberaubende Route durch das Landesinnere nach **Galway**. Wegen der bunten Straßen und wunderbaren Pubs bleibt man am besten mindestens einen Tag hier.

Die Fischerdörfer **Kinvara** und **Ballyvaughan** im Süden von Galway liegen am Rand der bizarren Karstlandschaft des Burren mit seiner vielfältigen Flora und Fauna und Attraktionen wie der **Aillwee Cave** und den **Cliffs of Moher**. Von dort geht's nach Süden, wo man traditionelle Musik hören und in einem Pub in **Miltown Malbay** eine Trad Session besuchen sollte. Für Strandliebhaber bietet sich eine Pause im Surferort **Kilkee** an.

Am einfachsten kommt man mit der Fähre ab Killimer ins County Kerry. Dort nimmt man sich einen Tag für die antiken Stätten und den herrlichen Ausblick auf der **Dingle Peninsula** und übernachtet in **Dingle**, einer der bezauberndsten Städte an der ganzen Westküste. Am nächsten Tag folgt man dem weltbekannten **Ring of Kerry**, der am Rand des Ortes **Killarney** am **Killarney National Park** endet. Anschließend geht's auf der landschaftlich schönen Straße über die **Beara Peninsula** zur mediterran anmutenden Insel **Garinish** mit ihrer exotischen Pflanzenwelt. Über die Küstenstraße erreicht man über **Castletownshend** und das Fischerdorf **Union Hall** die Stadt **Cork**, Endpunkt der Tour.

3 WOCHEN Küstentour

Diese Rundtour wartet mit landschaftlichen und kulturellen Highlights auf.

Von **Dublin** aus geht's gen Norden zur neolithischen Nekropole **Brú na Bóinne** und zur **Mellifont Abbey**, bevor man Nordirland und **Belfast** ansteuert. Entlang der Küste fährt man anschließend Richtung Nordwesten zum **Giant's Causeway**. Das südlich davon in **Sligo** gelegene steinzeitliche Ganggrab **Carrowkeel** sollte man sich ebenfalls nicht entgehen lassen. Als Nächstes geht's via dem **Connemara National Park** nach Südwesten. Danach kommt man durch den **Burren** und genießt traditionelle Musik in **Doolin**. Nun stehen das County Kerry mit der **Dingle Peninsula** und dem **Ring of Kerry** auf dem Plan. Von dort aus besucht man die **Beara Peninsula** mit ihrer herrlichen Landschaft und **Cork (Stadt)**. Von **Ardmore** aus kann man das County Waterford erkunden, z.B. **Dungarvan** mit seiner Burg und das Museum of Treasures in **Waterford**. Später reist man durch das mittelalterliche **Kilkenny** weiter ins County Kildare mit dem wunderbaren **Castletown House**. Östlich davon befindet sich die alte Klostersiedlung **Glendalough**. Danach geht's schließlich zurück nach Dublin.

2 WOCHEN Von Nord nach Süd

Irlands ganze Bandbreite bietet diese Tour.

Sie beginnt in **Derry** mit einem Rundgang um die Stadtmauer und durch Bogside. Am zweiten Tag geht's ins County Donegal zur **Inishowen Peninsula**; übernachtet wird in **Dunfanaghy**. Auf dem Weg entlang der Küste lohnt ein Besuch der Klosterruinen von **Glencolumbcille** und der Klippen von **Slieve League**. Anschließend führt die Reise ins County Sligo und zum **Carrowmore Megalithic Cemetery**. Am nächsten Tag gibt's eine Runde Golf in **Rosses Point** oder ein Algenbad in **Enniscrone**. Richtung Süden geht's vorbei am Ostrand vom **Connemara National Park** nach **Galway**. **Clonmacnoise** sollte man nicht verpassen. Danach stehen eine Tour ins Herz der Midlands und ein Besuch des Klosters auf dem **Rock of Cashel** an. Nur eine Stunde entfernt befindet sich das mittelalterliche **Kilkenny**. Nach der Besichtigung der Stadtfestung locken das nahegelegene **Thomastown** und die Jerpoint Abbey. Von **Wexford** aus geht's zum **Curracloe Beach** sowie nach **Enniscorthy**, um das National 1798 Rebellion Centre zu besuchen. Alternativ relaxt man am **Kilmore Quay**.

1 WOCHE Der Norden

Auf dieser Reise lernt man die wunderschöne Landschaft und die faszinierende Geschichte der so häufig missverstandenen Gegend kennen.

In **Belfast** sollte man die Titanic Experience besuchen und eine *black-taxi*-Tour unternehmen, bevor die Küste von Antrim und **Carrick-a-Rede** auf dem Programm stehen. Richtung Westen liegen die einzigartige UNESCO-Welterbestätte **Giant's Causeway**, die sich kein Irland-Besucher entgehen lassen sollte. Auf dem Weg dorthin können sich Fans der Serie *Game of Thrones* **Ballintoy Harbour** ansehen, das als Kulisse für den Hafen von Herrenhort dient. Der Trip entlang der Causeway Coast endet mit dem faszinierenden Dorf **Bushmills** mit seiner berühmten Brennerei. Es folgt ein Tag in **Derry**, wo man die Stadtmauern umrunden oder in Bogside der jüngeren Vergangenheit nachspüren kann. Bei einem Abstecher zur **Inishowen Peninsula** im County Donegal überquert man die unsichtbare Grenze zur Republik. Wieder im Norden beendet man den Ausflug am südöstlich gelegenen **Lough Erne**, wo man sich White Island und die Grabsteine von Devenish Island ansehen sollte.

1 WOCHE Antike Stätten

Irlands sagenumwobene Vergangenheit steht im Mittelpunkt dieser Tour.

Die neolithischen Gräber von **Newgrange** und **Knowth**, County Meath, liegen mitten im Herzen von **Brú na Bóinne**. Nicht weit davon entfernt befindet sich der **Hill of Tara**: Hier hatten die irischen Könige bis zum 11. Jh. ihren Sitz. Auf der anderen Seite der Ebene sieht man den **Hill of Slane**, auf dem der hl. Patrick 433 ein Feuer entzündete, um das Christentum zu verkünden. Westwärts lockt das antike **Loughcrew**, eine ruhigere Alternative zu Brú na Bóinne. Im County Roscommon stößt man kurz vor Tulsk auf Europas berühmteste Keltenstätte **Rathcroghan**. Im County Offaly bietet sich ein Besuch von **Clonmacnoise**, einem Kloster aus dem 6. Jh., an. Weiter südlich erhebt sich in Tipperary der **Rock of Cashel**. Hier hält man sich Richtung Osten und durchquert das County Kilkenny. Unterwegs steht die Besichtigung des Zisterzienserklosters **Jerpoint Abbey** bei Thomastown an. Von dort geht's nordöstlich nach Wicklow und ins wunderschöne Tal **Glendalough** mit zwei herrlichen Seen und Überresten einer Klostersiedlung.

Oben: Clonmacnoise (S. 535), County Offaly

Unten: Connor Pass (S. 317), County Kerry

Reiseplanung

Outdooraktivitäten

Am besten erlebt man die unbändige Schönheit dieses Landes bei der Erkundung seiner abwechslungsreichen Landschaften – oft eine spektakuläre Erfahrung. Von majestätischen zerklüfteten Bergen bis zu grünen Wäldern an Seeufern, von breiten Sandstränden bis zu wilden bis zum Horizont reichenden Mooren – Irlands großartige Natur enttäuscht nie.

Wandern

Sanfte Hügel, felsige Höhenrücken, spektakuläre Meeresklippen, entlegene Inseln, warmherzige Gastfreundschaft und das herrlich unvorhersehbare Wetter – Irland zu Fuß bietet für jeden etwas, vom Verdauungsspaziergang bis zu anspruchsvollen 1000 m hohen Gipfeln.

Was gehört ins Gepäck?

Für kurze Wanderungen auf markierten Wegen reichen bequeme Schuhe, eine Regenjacke und etwas zu essen und zu trinken.

Wanderer, die tiefer in die Hügel und Moore Irlands eindringen, sollten richtig ausgerüstet sein und wissen, dass das Wetter zu jeder Jahreszeit umschlagen kann.

➡ Torfboden kann nach Regen morastig werden, darum ist robustes Schuhwerk wichtig; außerdem benötigt man gute Regenkleidung und zusätzliches Essen und Trinken.

➡ Man sollte immer eine Karte und einen Kompass mitnehmen (und wissen, wie man damit umgeht). Auf Handys kann man sich nicht verlassen (sollte aber trotzdem eins dabeihaben).

➡ Die Unterkunft oder auch Freunde und Verwandte über die geplante Wanderroute und die erwartete Zeit der Rückkehr informieren. Und Bescheid geben, wenn man sicher zurück ist.

Top-Tipps

Die beste Outdoorzeit

Die besten Monate zum Wandern und Radfahren sind Mai, Juni und September – dann ist es meist trocken und es gibt weniger *midges* (Mücken).

Die besten Outdooraktivitäten

Den Wicklow Way (Wicklow) wandern, den Carrauntoohil (Kerry) besteigen, Radfahren auf dem Great Western Greenway (Mayo), Mountainbiking im Davagh Forest (Tyrone), Golf im Royal Portrush (Antrim), auf dem Lough Hyne (Cork) Seekajak und auf dem Lough Erne Canoe Trail (Fermanagh) Kanu fahren.

Die richtige Ausrüstung für Bergwanderungen

Gute wasserdichte (zusätzliche warme) Kleidung, Karte und Kompass, Handy (aber nicht darauf verlassen!), Erste-Hilfe-Set, Stirnlampe, Trillerpfeife (für Notfälle), genügend Essen und Trinken.

Checkliste Sicherheit

Vor der Wanderung sollte man den Wetterbericht checken und anderen seine Pläne mitteilen, unterwegs Tempo und Ziel nach dem langsamsten Mitglied der Gruppe ausrichten und sich nicht scheuen umzukehren, wenn es zu schwierig wird.

Wanderführer & -karten

Es gibt mehrere gute Wanderführer für Irland, insbesondere die Wanderführerreihe von Collins Press (www.collinspress.ie).

Die *Discovery/Discoverer*-Serie im Maßstab 1:50 000 (8,99 €/6,50 £ pro Kartenblatt) der Ordnance Survey of Ireland (www.ose.ie) und der Ordnance Survey of Northern Ireland (www.nidirect.gov.uk/ordnance-survey-of-northern-ireland) decken ganz Irland ab. Es gibt auch detailliertere *Adventure/Activity*-Karten im Maßstab 1:25 000 (12,99 €/7,80 £) für besonders beliebte Wandergebiete wie MacGillicuddy's Reeks & Killarney National Park, die Wicklow Mountains, die Mournes und die Causeway Coast.

Zu speziellen Wanderkarten gehören:

Harveys Superwalker (www.harveymaps.co.uk) Wasserfeste Bergwanderkarten im Maßstab 1:30 000 von Connemara, den Mournes, den Wicklow Mountains und den MacGillicuddy's Reeks.

EastWest Mapping (www.eastwestmapping.ie) Karten von den Wicklow Mountains, vom Wicklow Way und von Blackstairs Mountains & Barrow Valley.

DIE FÜNF BESTEN IRISCHEN BERGWANDERUNGEN

Was Irlands Bergen an Höhe fehlt (der höchste Gipfel misst 1040 m), machen sie mit einer atemberaubenden Landschaft und hervorragenden Bergwanderungen wett.

Carrauntoohil (1040 m; MacGillycuddy's Reeks, County Kerry) Irlands höchster Berg verlangt viel Ausdauer und gute Navigationsfähigkeit; weniger erfahrene Wanderer sollten einen Guide engagieren.

Slieve Donard (853 m: Mourne Mountains, County Down) Nordirlands höchster Berg ist unkompliziert zu besteigen; interessanter ist der benachbarte Slieve Binnian.

Errigal Mountain (752 m; County Donegal) Der pyramidenförmige Quarzgipfel zählt zu den formschönsten Bergen Irlands.

Twelve Bens (729 m; County Galway) Die zerklüfteten Hügel hier sind zwar nicht sehr groß, doch sie gehören zu den anspruchsvollsten Wandergebieten Irlands. Der Glencoaghan Horseshoe wird oft die schönste Bergwanderung des Landes genannt.

Mt. Brandon (951m; County Kerry) Auf dem höchsten Berg der Dingle Peninsula gibt es schroffe Wege und eine atemberaubende Aussicht.

Wegerecht und Privatland

Im Gegensatz zu Schottland, England und Wales (und den meisten anderen europäischen Ländern), gibt's in Irland kein öffentliches Wegerecht und/oder öffentliches Betretungsrecht. Wanderer und Radfahrer haben also kein Recht auf Zugang zu privatem Land, nicht einmal, wenn es sich um wilde Moore und Berge handelt (es sei denn, sie gehören zu einem Nationalpark).

Als in den letzten Jahren Wandern, Bergsteigen und Offroad-Mountainbiken immer beliebter wurden, gab es dadurch immer wieder Streitigkeiten im ganzen Land. Einige traditionelle Wanderrouten wurden sogar geschlossen oder umgeleitet.

Für viele National Trails und markierten Wanderwege wurde das öffentliche Zugangsrecht mit den Landbesitzern ausgehandelt. (Die Streitigkeiten über den Zugang sind der Grund dafür, dass diese Wege oft über lange Strecken öffentlichen Straßen folgen.) Dennoch trifft man gelegentlich auf verschlossene Tore, Stacheldrahtzäune oder Schilder mit der Aufschrift „no walkers allowed" – dies sollte dann auch befolgt werden.

Weitere Infos zum Wegerecht und zu verantwortungsbewusstem Wandern:

Keep Ireland Open (www.keepirelandopen.org) Freiwilligenorganisation, die für das Zugangsrecht auf dem Land kämpft.

Leave No Trace (www.leavenotraceireland.org) Gemeinnützige Organisation, die sich für verantwortungsbewussten Umgang mit der Natur einsetzt.

Mountaineering Ireland (www.mountaineering.ie) Unter „Access Policy" gibt's Infos und Ratschläge.

Wanderrouten

Für seine Größe bietet Irland eine beeindruckende Auswahl an Routen von Küstenspaziergängen bis zu mehrtägigen Bergwanderungen.

Tageswanderungen

Entspannte Tageswanderungen kann man in fast jeder Gegend Irlands unternehmen. Hier einige Vorschläge:

Barrow Way (S. 207) Am Barrow in den Counties Carlow und Kilkenny entlang geht's über alte Treidelpfade von Borris nach Graiguenamanagh und weiter nach St. Mullins.

Glendalough (S. 155) Auf den Waldwegen rund um die alte Klostersiedlung im County Wicklow kann man Dublin für ein paar Stunden entfliehen.

Lough Key Forest Park (S. 521) Durch die Wälder rund um den See im County Roscommon führt ein großartiger Baumwipfelpfad.

Sky Road (S. 422) Im County Galway, mit tollem Blick auf Connemaras Küste; die Strecke ist zum Wandern und Radfahren geeignet.

South Leinster Way (S. 223) Als malerischster Abschnitt der beschilderten Route gelten die 13 km zwischen Graiguenamanagh und Inistioge im County Kilkenny.

Brandon Way (S. 223) Führt durch Wälder und Moore am Barrow entlang zum Gipfel des Brandon Hill (516 m; nicht mit dem Mt. Brandon im County Kerry verwechseln) im County Kilkenny.

Killarney National Park (S. 284) Kurze Wanderungen im County Kerry am Ufer des Lough Leane sowie der etwas längere Muckross Lake Loop.

Killary Harbour (S. 429) Am Ufer dieser langen fjordartigen Meeresbucht im County Galway gibt's herrliche Wanderwege.

Glen of Aherlow (S. 339) Im County Tipperary warten üppige Wälder und niedrige Hügel auf Wanderer, mit einem herrlichen Blick auf die hohen Galtee Mountains.

Fair Head (S. 682) Einfache Wege führen im County Antrim hinauf auf riesige Basaltmeeresklippen. Die Aussicht reicht bis Rathlin Island und zur schottischen Küste.

Küstenwege

Irlands Küsten sind für lange Wanderungen – mit Schuhen oder barfuß – wie geschaffen. Hier fünf Vorschläge für den Anfang:

Arranmore Way (S. 490; County Donegal) 14 km langer Rundweg über eine felsige von Meeresklippen gesäumte Insel vor Donegal.

Causeway Coast Way (www.walkni.com; County Antrim) Markierter Weg entlang Antrims Nordküste. Besonders spektakulär sind die letzten 16,5 km von Carrick-a-Rede zum Giant's Causeway.

Wexford Coastal Walk (County Wexford) 221 km entlang scheinbar endloser Sandstrände, vogelreicher Nebengewässer und Überresten alter Schiffswracks.

Sheep's Head Lighthouse (S. 263; County Cork) Die großartige kurze Wanderung führt vom Ende der Straße zu einem der am spektakulärsten gelegenen Leuchttürme Irlands.

Tory Way (S. 497; County Donegal) 12 km langer Rundweg an Tory Islands felsiger Küste.

Markierte Wanderwege

Die Eröffnung des 1000 km langen Ulster Way in den 1970er-Jahren, gefolgt vom Wicklow Way 1982, führte zur Errichtung eines Netzes aus 44 Fernwanderwegen, die insgesamt über 5000 km lang sind. Die kompletten Wege ziehen sich oft über mehrere Tage oder sogar Wochen, aber je nach Belieben kann man auch kürzere Abschnitte jedes Weges wandern.

Unsere Top Ten:

Barrow Way Eine 114 km lange Wanderung durch einige der schönsten Flusslandschaften Irlands zwischen Lowtown im County Kildare und St. Mullins im County Carlow.

Beara Way Moderate 196 km lange Rundtour auf einer Halbinsel im Westen Corks.

Burren Way Der 123 km lange Weg führt durch die einzigartige Felsenlandschaft im County Clare, entlang der Cliffs of Moher und durch die Musikerstadt Doolin.

Cavan Way Diese kurze Route (26 km) wartet mit einer beeindruckenden topografischen Vielfalt auf: Moore, steinzeitliche Monumente und die Quelle des Shannon.

Dingle Way Der beliebte 168 km lange Rundweg im County Kerry führt über eine der schönsten Halbinseln Irlands.

East Munster Way Beginnt im County Tipperary, endet im County Waterford und zieht sich 70 km durch Wälder und Moore sowie ein Stück über den Treidelpfad am Fluss Suir.

Kerry Way 214 km durch den Killarney Nationalpark, die spektakulären Macgillycuddy's Reeks und zur Küste am Ring of Kerry.

Sheep's Head Way Auf dem 88 km langen entlegenen Rundweg über eine Halbinsel hat man weite Aussicht aufs Meer.

Ulster Way Der 1000 km lange Wanderweg verläuft im Kreis um die sechs nordirischen Grafschaften und Donegal und lässt sich in kürzere Abschnitte aufteilen.

Wicklow Way Irlands beliebteste, 132 km lange Wanderroute beginnt im Süden von Dublin und endet in Clonegal, County Carlow.

Golf

Golf ist eins der liebsten Hobbys der Iren, wie über 400 Golfplätze belegen, und im Gegensatz zu anderen Teilen der Welt weit weniger exklusiv. Viele Plätze liegen in Parklandschaften, doch ein besonders eindrucksvolles Erlebnis ist ein Spiel direkt am Meer – ganze 30 % der weltweiten Links-Plätze liegen an der irischen Küste!

Die meisten Golfanlagen sind zwar in Privatbesitz, heißen aber auch Nichtmitglieder und unangemeldete Gäste willkommen. Bekanntere Plätze sollte man aber im Voraus buchen. Die besten verlangen 100 bis 250 € oder mehr pro Runde, bei unbekannteren ist man zu weniger gefragten Zeiten schon ab 25 € dabei. Einige Betreiber verlangen, dass man ein registriertes Handicap aus dem Heimatland vorweist. Viele verleihen auch Golfschläger, in der Regel allerdings keine besonders guten.

An den Flughäfen von Dublin oder Cork kann man über www.clubstohire.com einen individuell zusammengestellten Satz Golfschläger ausleihen, den man beim Abflug wieder am Flughafen abgibt.

MIDGES

Midges sind winzige, 2 mm lange blutsaugende Mücken, die in riesigen Schwärmen auftauchen und einen Urlaub komplett ruinieren können, wenn man nicht darauf vorbereitet ist.

Von Ende Mai bis Mitte September und ganz besonders von Mitte Juni bis Mitte August gibt's besonders viele – dummerweise genau in der Haupttouristensaison. Am schlimmsten ist es im Westen und Nordwesten Irlands, vor allem in Gegenden mit vielen Mooren wie Connemara und Donegal.

Am schlimmsten sind die *midges* während der Dämmerung und an windstillen, bedeckten Tagen – starker Wind und heller Sonnenschein vertreiben sie meistens. Ansonsten hilft nur, die Haut zu bedecken, besonders am Abend. Am besten trägt man langärmlige, helle Kleidung (*midges* werden von dunklen Farben angelockt) und benutzt ein verlässliches Insektenschutzmittel.

Einige unserer Lieblingsplätze:

Ballybunion Golf Club (S. 324), County Kerry

Royal Portrush Golf Club (S. 669), County Londonderry

County Sligo Golf Course (S. 463), County Sligo

Portmarnock Golf Club (S. 139), County Dublin

Waterville Golf Links (S. 300), County Kerry

Lahinch Golf Club (S. 368), County Clare

Killeen Castle (www.killeencastle.com; Dunsany, Co Meath; Gebühr 50–90 €), County Meath

Weitere Infos und einen Buchungsservice findet man auf **Golf Ireland** (www.golf.discoverireland.ie) und bei der **Golfing Union of Ireland** (www.golfnet.ie).

Sonderangebote und Rabatte bei den Golfplatzgebühren gibt's immer mal. Eine gute Internetseite ist www.teetimes.ie, wo man Dutzende Plätze im ganzen Land zu stark ermäßigten Preisen buchen kann.

Radfahren

Irland hat Fahrradtouristen viel zu bieten, nicht zuletzt das riesige Netz aus Nebenstraßen, das selbst die wildesten Gegenden der Insel überzieht. Wer über eine gute Karte und Abenteuerlust (und natürlich anständige Regenkleidung) verfügt, kann sofort zu herrlichen Entdeckungstouren über Hunderte Kilometer aufbrechen.

Bei verschiedenen Anbietern gibt's geführte und individuelle Radtouren, darunter:

Iron Donkey (www.irondonkey.com)

Ireland by Bike (www.irelandbybike.com)

Gute Fahrradrouten

Great Western Greenway (S. 444) 42 km langer, populärer Radweg, meist abseits der Straße, von Westport zur Achill Island im County Mayo.

Killarney National Park (S. 284) Boots- und Fahrradabenteuer über die Seen von Killarney und hinauf auf den beeindruckenden Gap of Dunloe.

Kingfisher Trail (S. 695) Ein markierter 370 km langer Fernradweg, der über Nebenstraßen der Counties Fermanagh, Leitrim, Cavan und Monaghan verläuft.

Clifden Cycle Hub Die „Hauptstadt" von Connemara im County Galway ist Ausgangspunkt für vier Fahrradrundwege von 16 bis 40 km Länge, darunter die malerische Sky Road.

Waterford Greenway (S. 197) Eine 46 km lange, 2017 eröffnete Strecke für Radler aller Fitnessstufen, die entlang einer Eisenbahnlinie zwischen Waterford (Stadt) und Dungarvan verläuft.

Mountainbiken

Durch das fehlende Wege- und Zugangsrecht für privates Land hinkt das Offroad-Biken in Irland dem Rest Großbritanniens hinterher. Doch auch hier finden sich einige tolle, extra angelegte Bikeparks, meistens in staatlichen Forest Parks auf beiden Seiten der Grenze.

In vielen Gegenden arbeiten örtliche MTB-Fahrer in aller Stille an ihrem eigenen Netz selbstgebauter Trails; die besten Infos dazu gibt's in den dortigen Fahrradläden.

Mehr Infos dazu auf folgenden Seiten:

Mountain Bike NI (www.mountainbikeni.com) Alles über die MTB-Zentren in Nordirland.

TrailBadger (www.trailbadger.com) Nützliche Datenbank für Mountainbike-Trails in Irland.

Biking.ie (www.biking.ie) Tolle Infos über Routen, Leihmöglichkeiten und Touren in der Republik.

Die besten MTB-Parks

Davagh Forest (S. 705) Wald-Trails für Anfänger, Felsplatten und Drops für Fortgeschrittene; im Herzen des Countys Tyrone.

Rostrevor (S. 641) Mit einem roten 27-km-Trail, der die Oberschenkel zum Brennen bringt, und einem nervenzerfetzenden 19 km langen schwarzen Trail gilt Rostrevor im County Down bei manchen als das beste Mountainbike-Revier Irlands.

Ballyhoura (www.trailriders.ie) Irlands größtes Trail-Netz wartet im County Limerick. Die Schwierigkeitsgrade reichen von Grün bis Schwarz und der längste Trail ist über 50 km lang.

Ballinastoe (www.coillteoutdoors.ie) Am Rand der Wicklow Mountains südlich von Dublin mit einem fantastischen 14 km langen blauen Flowtrail und vielen weiteren Trails in den umliegenden Hügeln.

Bike Park Ireland (http://bikeparkireland.ie) ist ein extra angelegter Bikepark im County Tipperary mit Transportservice zum Gipfel und Downhill-Trails für alle Niveaus.

Ticknock MTB (www.dublinmountains.ie; Ticknock Forest, Sandyford) 13 km langes Netz aus speziell angelegten Pfaden und Waldstraßen in den Dubliner Bergen mit unterschiedlichen Schwierigkeitsstufen. Zugang am Fuße des Three Rock Mountain.

Wassersport

Surfen & Windsurfen

An der Küste, insbesondere im Westen von Irland, ist Surfen das Nonplusultra. Beliebte Spots:

County Donegal In Bundoran, Irlands inoffizieller Surfhauptstadt, finden im April die irischen Meisterschaften statt. Entlang der Küste gibt's mindestens sechs erstklassige Spots für Anfänger und Fortgeschrittene. Port-na-Blagh lockt Wind- und Kitesurfer an.

County Sligo Easkey und Strandhill sind berühmt für ihre ganzjährig gute Brandung. Hier kann man problemlos Zimmer und Boards mieten.

County Clare Tolle Wellen bei Kilkee, Lahinch und Fanore.

County Waterford Am Tramore Beach befindet sich Irlands größte Surfschule.

County Kerry Surfer zieht es an den Inch Strand mit seinen regelmäßigen Wellen. Tolle Surfspots sind auch Brandon Bay und Ballybunion.

County Antrim Die Strände bei Portrush sind hervorragende Surf- und Bodysurfreviere. Im September und Oktober ist der Wellengang am höchsten und das Wasser am wärmsten.

Kanu- & Seekajakfahren

Irlands lange, buchtenreiche Küste bietet einige der weltweit besten Möglichkeiten zum Seekajakfahren. Die geschützten Buchten sind ideal für Anfänger und die langen, aufregenden Küsten- sowie Inseltouren und krassen Gezeitenpassagen dagegen sind selbst für sehr erfahrene Paddler eine Herausforderung. Dabei ist man ständig umgeben von spektakulärer Flora und Fauna – Begegnungen mit Robben, Delfinen und sogar Walen sind keine Seltenheit. Die **Irish Sea Kayaking Association** (www.iska.ie) führt auf ihrer Website Kajaktouren und Kurse auf.

Die Binnenseen sowie Flüsse und Kanäle Irlands bieten tolle Gelegenheiten für Kanadier-Fahrten. Nordirland hat ein Netz offizieller **Kanurouten** (www.canoeni.com) mit Einstiegspunkten, Informationstafeln, Toiletten und Zeltplätzen geschaffen. Südlich der Grenze kann man auf Flüssen und Kanälen wie dem Shannon, Barrow und dem Grand Canal (siehe www.waterwaysireland.org) auch Langstreckentouren mit dem Kanu unternehmen.

Tauchen

Irlands Küstengewässer bieten einige der besten Tauchspots Europas. Die ideale Zeit für einen Besuch ist zwischen März und Oktober. Die Sicht reicht weiter als 12 m, an guten Tagen sogar bis zu 30 m.

Zu den besten Tauchgebieten gehören Kilkee (Mayo), Baltimore (Cork), Castlegregory (Kerry) sowie die Arranmore Island und Rosguill (Donegal).

Mehr über diese Sportart erfährt man bei Comhairle Fó-Thuinn (CFT), auch bekannt als **Irish Underwater Council** (www.diving.ie). Der CFT gibt das Tauchmagazin *SubSea* (ebenfalls online erhältlich) heraus.

Coasteering

Wem eine Wanderung auf den Klippen zu langweilig ist, dem könnte Coasteering gefallen. Es ist wie Bergsteigen, nur dass man nicht auf einen Berg hinaufklettert, sondern sich seitwärts bewegt – an steilen, felsigen Küstenwänden, während sich an den Füßen die Wellen brechen. Und wenn es zu steil wird, springt man einfach ins Wasser und schwimmt. Coasteering-Center stellen Neoprenanzüge, Helme und Auftriebshilfen; ein altes Paar Sportschuhe und Abenteuerlust bringt man selbst mit.

Zu den Anbietern gehören:

Coasteering Ireland (www.coasteering-ireland.com) Ist überwiegend auf der Beara Peninsula (Cork) und am Ring of Kerry tätig.

Coasteering NI (www.coasteeringni.co.uk) Im County Antrim in der Nähe des Giant's Causeway sowie in Glencolumbkille in Donegal.

Angeln

Angeln – ob im Meer oder in Seen und Flüssen – ist eine der beliebtesten Freizeitbeschäftigungen in Irland. Ganz zu Recht ist das Land für sein Lachs-, Bachforellen- und Meerforellenangeln sowie für sein großartiges Meeresangeln berühmt.

Hier einige der besten Angelerlebnisse:

- Fliegenfischen auf Bachforellen in den großen Kalksteinseen Lough Corrib und Lough Mask (County Galway); zum jährlichen Schlüpfen der Eintagsfliegen *(mayfly hatch)* kommen Tausende Angler aus der ganzen Welt her.
- Meerforellenangeln im Lough Currane im County Kerry, einem der besten Fischgründe für Meerforellen in ganz Großbritannien und Irland.
- Lachsangeln im Blackwater (Cork), im Laune (Kerry) oder im Roe (Londonderry), drei der besten irischen Lachsflüsse.
- Wolfsbarschangeln vom Ufer aus im Südwesten oder Blauhaiangeln vom Boot aus vor Kinsale – Irland hat einige der besten Möglichkeiten zum Meeresangeln in ganz Europa.

Die Bücher *Rivers of Ireland* und *Loughs of Ireland* von Peter O'Reilly bieten umfassende Infos zum Forellen- und Lachsangeln in Nordirland und der Republik Irland.

Genehmigungen & Lizenzen

Für Meeresangeln benötigt man weder eine Genehmigung noch eine Lizenz.

Genehmigungen Das Angeln von Bachforellen *(brown trout)* ist in vielen der berühmten Seen Irlands kostenlos, darunter der Lough Corrib, der Lough Mask und die Seen von Killarney. Für die meisten Seen und Flüsse ist aber eine Genehmigung notwendig; am besten erkundigt man sich im örtlichen Hotel oder Angelladen. Die Tagesgebühren liegen zwischen 3 und 20 €.

Angellizenzen In Nordirland benötigt man neben der Genehmigung zusätzlich eine Angellizenz zum Süßwasserangeln (drei/14 Tage 3,50/9 £). In der Republik Irland ist eine Angellizenz nur zum Lachs- und Bachforellenangeln (ein Tag/drei Wochen 20/40 €) erforderlich. Die Lizenzen kann man in örtlichen Angelgeschäften und bei einigen Touristeninformationen kaufen.

Weitere Information siehe www.fishinginireland.info.

Klettern

Irlands Berge sind nicht hoch (der höchste Gipfel des Landes ist mit nur 1040 m der Mt. Carrauntoohil in den MacGillycuddy's Reeks in Kerry), bieten aber ein paar großartige Möglichkeiten zum Klettern – besonders in den Mournes, den Reeks und rund um Glendalough in den Wicklow Mountains.

Das Sahnehäubchen unter den Klettermöglichkeiten des Landes sind aber die fantastischen Meeresklippen – von Malin Beg in Donegal und den Klippen der Achill Island bis zu den steilen, hohen Basaltsäulen von Fair Head und den perfekten Kalksteinklippen des Burren. *Rock Climbing in Ireland* (2014; 25 €) von David Flanagan beschreibt 400 der besten Kletterrouten des Landes. Weitere Infos bietet **Irish Climbing Online** (www.climbing.ie).

Reiseplanung

Die irische Küche

In den letzten Jahrzehnten hat Irland seine heimische Küche „wiederentdeckt" und eine Reihe von Köchen und Produzenten bringen wieder die Sorte von Gerichten auf den Tisch, die auf gut geführten irischen Bauernhöfen schon lange serviert werden. Diese „Local-Food"-Bewegung hat sich zusehends etabliert: Auf Bauernmärkten werden heimische Produkte angepriesen und Restaurants im ganzen Land legen immer mehr Wert auf die Verwendung regionaler Zutaten.

Kulinarische Highlights

Unvergessliche Restaurants

Restaurant Patrick Guilbaud (S. 114), Dublin

Finn's Table (S. 250), Kinsale, County Cork

Nash 19 (S. 233), Cork (Stadt)

Campagne (S. 218), Kilkenny (Stadt)

Wilde's at the Lodge (S. 438), Cong, County Mayo

Jacks' Coastguard Restaurant (S. 289), Cromane Peninsula, County Kerry

Olde Post Inn (S. 573), Butlersbridge, County Cavan

Restaurant 1826 Adare (S. 337), County Limerick

MacNean House & Restaurant (S. 574), County Cavan

Loam (S. 399), Galway (Stadt)

Für Experimentierfreudige

Der irische Gaumen ist mutiger geworden, doch die wahren kulinarischen Herausforderungen finden sich ausgerechnet in der traditionellen Küche:

Black pudding Die Wurst aus gekochtem Schweineblut, Rindernierenfett und anderen Zutaten

Saisonaler Genuss

April–Juni

Frisches Obst und Gemüse wie Spargel und Rhabarber stehen auf dem Speiseplan.

West Waterford Festival of Food (S. 198) An drei Tagen werden in Dungarvan lokale Erzeugnisse und hochwertige Küche gefeiert, u. a. mit einem Grillfest am Meer und hausgebrautem Bier.

Taste of Dublin (S. 103) Dublins Spitzenrestaurants präsentieren Probierteller ihrer besten Gerichte sowie ein Musik- und Unterhaltungsprogramm.

Juli–September

Es gibt die ersten neuen Kartoffeln sowie Marmeladen und Kuchen mit Stachelbeeren, Brombeeren oder Loganbeeren.

Taste of West Cork Food Festival (S. 255) In Skibbereen kommen für dieses Fest eine Woche lang die besten Erzeuger der Region zusammen.

Galway International Oyster & Seafood Festival (www.galwayoysterfest.com; ⏲Ende Sept.) Am letzten Septemberwochenende spülen Einwohner und Besucher in Galway Austern mit jeder Menge Guinness runter.

Oktober–Dezember

Im Oktober werden Äpfel und ein Großteil der Kartoffeln geerntet.

Kinsale Gourmet Festival (S. 248) Die inoffizielle Feinschmeckerhauptstadt präsentiert drei Tage lang Leckereien.

IRISCHER KÄSE

Ardrahan Würzige Sorte mit reichem Nussgeschmack.

Corleggy Feiner pasteurisierter Ziegenkäse.

Gubbeen Die über Eiche geräucherte Variante schmeckt hervorragend.

Durrus (S. 262) Feinschmecker werden diesen cremig-fruchtigen Käse lieben.

Cashel Blue Cremiger Blauschimmelkäse aus Tipperary.

Cooleeney Preisgekrönter Camembert.

ist typischer Bestandteil eines warmen irischen Frühstücks.

Boxty Nordirischer Pfannkuchen, der zu gleichen Teilen aus Kartoffelbrei und geriebenen rohen Kartoffeln zubereitet wird.

Carrageen Die in Irland typischen Meeresalgen, die in verschiedensten Gerichten wie Salat oder Eis verarbeitet werden.

Corned beef tongue Gepökelte Rinderzunge, die oft mit Kohl serviert wird und auf traditionellen irischen Speisekarten zu finden ist.

Lough Neagh eel Eine nordirische Spezialität. Das Aalgericht wird zu Halloween gegessen und mit weißer Zwiebelsoße gereicht.

Poitín Nur selten bekommt man einen Schluck des auf Basis von Gerste oder Kartoffeln hergestellten *cratur* (illegal gebrannter Schnaps) angeboten. In Donegal, Connemara und West-Cork verstecken sich ein paar der Brennereien.

Spezialitäten

Essen

Kartoffeln Fester Bestandteil der meisten traditionellen Gerichte und vielseitig verwendet. Die Kartoffelgerichte *colcannon* und *champ* (eines mit Kohl, eines mit Lauchzwiebeln) zählen sogar zu den leckersten Speisen im ganzen Land.

Fleisch & Fisch Rind-, Lamm- oder Schweinefleisch sind beliebt und Fisch wird auch häufig – und vor allem im Westen hervorragend – zubereitet. Austern, Forelle und Lachs schmecken besonders gut, wenn sie im Meer gefangen und nicht auf Fischfarmen gezüchtet wurden.

Soda bread Irlands berühmtes Brot wird mit Backsoda hergestellt, weil das irische Mehl sehr weich ist und sich nicht mit Hefe verträgt. Buttermilch ist ein weiterer Bestandteil. In B&Bs wird das Brot oft zum Frühstück gereicht.

The fry Wer kann schon einer Platte mit gebratenem Speck, Würstchen, Blutwurst, Eiern und Tomaten widerstehen? Zum berühmten im Norden üblichen *Ulster fry* wird außerdem noch *fadge* (Kartoffelbrot) gereicht.

Getränke

Stout Guinness ist das weltweit bekannteste Stout (Dunkelbier). Daneben buhlen noch zwei weitere Großbrauereien um die Gunst der Kunden: Murphy's und Beamish & Crawford, beide mit Sitz in der Stadt Cork.

Tee Pro Kopf trinken die Iren mehr Tee als jede andere Nation auf der Welt. Man braucht nur ein Haus zu betreten, schon wird einem eine Tasse angeboten. Beliebt sind starke Mischungen mit Milch (bei Bedarf auch mit Zucker, selten mit Zitrone).

Whiskey Fast 100 verschiedene Sorten von irischen Whiskeys stammen aus den drei Brennereien Jameson's, Bushmills und Cooley's. Wer Irland einen Besuch abstattet, sollte ein paar dieser exzellenten Marken probieren, denn was die Iren *uisce beatha* („Wasser des Lebens") nennen, versetzt selbst Kenner in Erstaunen.

Brennereien

In den letzten Jahren wurde eine Handvoll unabhängig geführter Brennereien eröffnet, die Whiskey (und manchmal auch andere Branntweine) produzieren und der irischen Industrie ein wenig mehr Vielfalt verleihen.

Blackwater Distillery (☎058-52621; www.blackwaterdistillery.ie; Unit 3, Cappoquin Enterprise Park) Eine Brauerei in Cappoquin, County Waterford, die im Jahr rund 50 Fässer Whisky (der Munster Tradition entsprechend ohne „e") produziert.

Dingle Distillery (S. 308) Whiskey, ein fünffach destillierter Wodka sowie ein London Dry Gin werden am Stadtrand hergestellt.

Listoke Distillery & Gin School (S. 563) In der lokalen Ginbrennerei können Sie Ihren eigenen Gin brauen.

West Cork Distillers (S. 254) Blended-, Pot-Still- und Single-Malt-Whiskeys sowie Likör und Wodka.

Slane Distillery (S. 551) Die erste Ladung von in drei verschiedenen Fässern gereiften Whiskeys wurde 2017 in dieser brandneuen Brennerei produziert.

Teeling Distillery (S. 86) Dublins erste neue Brennerei seit 125 Jahren wurde 2015 von derselben Familie eröffnet, der auch die Cooley Distillery im County Louth gehört.

Esskultur

Essenszeit

Die Essgewohnheiten der Iren haben sich in den letzten Jahrzehnten verändert, wobei es Unterschiede zwischen Stadt- und Landbewohnern gibt.

Frühstück In der Regel vor 9 Uhr. Hotels und B&Bs servieren montags bis freitags bis 11 Uhr Frühstück und an Wochenenden sogar bis 12 Uhr (jedenfalls in urbanen Gegenden). Samstags und sonntags sind in größeren Städten auch Brunchs angesagt.

Mittagessen Wer in der Stadt arbeitet, isst meist zwischen 12.30 und 14 Uhr nur eine Kleinigkeit (viele Restaurants servieren frühestens ab 12 Uhr Mittagessen). Am Wochenende, insbesondere sonntags, werden die Snacks durch eine reichhaltige Mahlzeit ersetzt, die meist zwischen 14 und 16 Uhr eingenommen und als *dinner* bezeichnet wird.

Tea Meint nicht das Getränk, sondern eine abendliche Mahlzeit, die man verwirrenderweise auch *dinner* nennt. Sie wird gegen 18.30 Uhr eingenommen und ist für Städter die wichtigste Mahlzeit des Tages. Auf dem Land isst man zur selben Zeit (meistens Brot, Aufschnitt und Tee). Restaurants richten sich nach internationalen Standards und servieren ab etwa 19.30 Uhr Abendessen.

Supper Der aus Tee und Toast oder Sandwiches bestehende Snack vorm Schlafengehen ist weit verbreitet, auch wenn Städter aus gesundheitlichen Gründen zunehmend darauf verzichten. In Restaurants nicht üblich.

Wohin zum Essen?

Restaurants Irland hat etwas für jeden Gaumen und Geldbeutel zu bieten, von günstig und gesellig bis zur Sterneküche.

Cafés Es gibt unzählige Cafés jeder Couleur, zu deren Angebot oft leckere schnelle Snacks gehören.

Hotels In vielen Hotelrestaurants sind auch Nichtgäste willkommen. In Top-Hotels kommt gehobene Küche zu entsprechenden Preisen auf den Tisch.

Pubs Pubfood ist allgegenwärtig, meist in der Form von Sandwichtoasts. Vielerorts wird jedoch auch eine umfangreiche Auswahl an Speisen geboten, die es teilweise sogar mit Spitzenrestaurants aufnehmen können.

Etikette

Freundliche Ungezwungenheit wird in Irland Überkorrektheit vorgezogen. Trotzdem sollte man ein paar Dinge beachten:

IRLANDS CRAFT-BIERE

Obwohl bekannte Namen wie Heineken, Carlsberg und Coors Lite in den meisten Brauereien immer noch am häufigsten gezapft werden, hat die Craft-Beer-Revolution Dutzende Mikrobrauereien auf der ganzen Insel hervorgebracht, deren Kreationen in mehr als 600 irischen Pubs und Bars ausgeschenkt werden. Hier eine kleine Auswahl:

Devil's Backbone (4,9% Alkoholgehalt) Vollmundiges Amber Ale von der Brauerei Kinnegar im County Donegal.

The Full Irish (6% Alkoholgehalt) Pale Ale von der Eight Degrees Brewery, bei Mitchelstown im County Cork. Wurde 2015 zum irischen Bier des Jahres gekürt.

O'Hara's Leann Folláin (6% Alkoholgehalt) Trockenes Stout mit einer leichten Schokoladen-Note, das von Carlow Brewing Company hergestellt wird.

Metalman Pale Ale (4,3% Alkoholgehalt) Nach amerikanischer Art gebrautes Pale Ale, das von der hochangesehenen Metalman Brewing Company im County Waterford stammt. Wird jetzt auch in Dosen verkauft.

Puck Pilsner (4,5% Alkoholgehalt) Ein leichtes Lager, das von Jack Cody's Brewery in Drogheda, County Louth, gebraut wird.

Twisted Hop (4,7% Alkoholgehalt) Blond Ale, hergestellt von Hilden (liegt außerhalb von Lisburn), der ältesten unabhängigen Brauerei Irlands.

Soda bre

Kinder Bis 19 Uhr sind Kinder in allen Restaurants willkommen, in Pubs und einige gehobene Lokale darf man sie abends nicht mitnehmen. In Familienrestaurants gibt's Kindermenüs, andere servieren kleinere Portionen regulärer Gerichte.

Ein Gericht zurückgehen lassen Wer mit dem Essen nicht zufrieden ist, sollte das dem Kellner höflich und möglichst schnell mitteilen. Jedes respektable Restaurant wird rasch für Ersatz sorgen.

Die Rechnung bezahlen Wer die Rechnung für andere übernehmen möchte, sollte sich darauf einstellen, dass dies ein-, zwei- oder sogar dreimal abgelehnt wird. Davon sollte man sich nicht täuschen lassen, denn die Iren zieren sich gern, bevor sie etwas annehmen. Einfach sanft insistieren und man bekommt seinen Willen!

Die besten irischen Speisen und Getränke

www.guides.ie Eine umfangreiche Liste der Lebensmittelhersteller und der besten Restaurants, die ihre Produkte anbieten.

www.bordbia.ie Auf der Website des irischen Nahrungsmittelverbands findet man Listen mit lokalen Produzenten und allen Bauernmärkten.

www.irishcheese.ie Die Vereinigung der irischen Käsebauern listet jede noch so kleine Käserei auf.

www.slowfoodireland.com Unterstützt kleine Hersteller und organisiert in ganz Irland tolle Events.

Reiseplanung

Der Wild Atlantic Way

Der Westen Irlands besticht durch eine der traumhaftesten Küstenlinien der Welt: eine 2500 km lange Perlenkette zwischen West-Cork und dem Nordosten von Donegal. Der Wild Atlantic Way ist eine der längsten ausgewiesenen Küstenstraßen der Welt und wartet mit vielen wunderschönen Aussichtspunkten auf.

Von Cork nach Kerry

Entlang des 463 km langen Küstenabschnitts in Irlands Südwesten reiht sich an den wohl bekanntesten (und am besten erschlossenen) Halbinseln des Landes ein malerisches Highlight an das nächste.

Highlights

Mizen Head (S. 259; Cork) Auf den rauen Klippen (die Mizen-Fußgängerbrücke überqueren, um bis ganz an den Rand zu gelangen) eröffnet sich ein spektakulärer Blick, u. a. auf das Fastnet Lighthouse. Der Leuchtturm steht auf einem Felsen, der Ireland's Teardrop („Irlands Träne") genannt wird, denn dies war das letzte Stück Land, das Auswanderer zur Zeit der Großen Hungersnot an Bord der Schiffe nach Amerika von ihrer Heimat sahen.

Slea Head Drive (S. 314; Kerry) Diese Schleife um die Spitze der Halbinsel ist nur 50 km lang, aber dennoch eine der schönsten Routen des Landes. Das Einzige, was von der traumhaften Landschaft ablenken könnte, sind die vielen prähistorischen Stätten zwischen den Hügeln.

Entdeckenswert

Dursey Island (S. 271; Cork) Vor der Spitze der abgeschiedenen Beara Peninsula erstreckt sich diese friedliche, herrlich idyllische Insel, auf der es keine Geschäfte, Pubs und Restaurants gibt.

Gut zu wissen

Die Route

Der Wild Atlantic Way ist in fünf miteinander verbundene Abschnitte unterteilt und führt durch neun Counties: Cork, Kerry, Clare, Limerick, Galway, Mayo, Sligo, Leitrim und Donegal.

Entlang der Route sind fast 4000 Schilder mit einer aquamarinfarbenen Welle aufgestellt. Um mehr über die Sehenswürdigkeiten und weniger bekannten Highlights der Regionen zu erfahren, kann man an 157 „Discovery Points" anhalten.

Fahrtrichtung

Auto Die Strecke kann in beide Richtungen abgefahren werden, wer aber möglichst nah am Wasser sein und einen unverstellteren Ausblick genießen möchte, beginnt besser im Süden.

Fahrrad Wegen der vorherrschenden Winde ist es einfacher, die Route von Nord nach Süd zu bestreiten (das bedeutet natürlich nicht, dass der Wind immer kooperativ ist!).

Praktische Informationen

Aktuelle Infos bietet www.wildatlanticway.com. Sehr zu empfehlen ist auch die App für Smartphones mit Android-Betriebssystem und iPhones.

Der Wild Atlantic Way

TOLLE AUSFLÜGE

Am Wild Atlantic Way locken ein paar besondere Erlebnisse, die eine Tour noch schöner machen:

Cork & Kerry Skellig Michael (S. 298) besuchen und die Bienenkorbhütten von Mönchen aus dem 8. Jh. bestaunen. George Bernard Shaw beschrieb die Felseninsel als „Teil unserer Traumwelt".

Clare Eine Führung (S. 374) durch den Burren unternehmen. Die Guides vermitteln erstaunliche Einblicke in „Europas größten Felsengarten", ein Gebiet mit üppiger Pflanzenwelt und Standort vieler neolithischer Denkmäler, die noch älter sind als die Pyramiden.

Clare/Galway Inisheer, die kleinste Aran-Insel, in einer Ponykutsche erkunden. Falls es passt, mit der Fähre (S. 404) nach Doolin im County Clare übersetzen. Bei richtigem Timing kommt man pünktlich zum Sonnenuntergang an den Cliffs of Moher vorbei.

Sligo In von Hand geerntetem Atlantik-Seetang und salzigem Wasser baden, die traditionelle, natürliche Kur gegen Stress und allerlei Wehwehchen. Die Geheimwaffe ist der hohe Jodgehalt in den Algen. Einen guten Ruf haben die Voya Seaweed Baths (S. 465) in Strandhill.

Donegal Mit der Fähre zur abgeschiedenen Insel Tory schippern. So ziemlich jeder dort ist Maler und bedient sich des Kunststils, der hier in den 1950er-Jahren entwickelt wurde. Wahrscheinlich kommt der „König" der Insel, Patsy Dan, persönlich zum Anleger, um einen willkommen zu heißen. Er ist natürlich ebenfalls Maler.

Dafür kann man einen Leuchtturm, Burgruinen und Menhire besichtigen. Die Anfahrt erfolgt mit einer Seilbahn (10 Min.), allerdings werden die Inselbewohner vorrangig befördert.

County Clare

Die Küste des Countys Clare ist in ganz Europa für ihre spektakuläre Klippenlandschaft berühmt. Geformt wurde sie von den Wellen des unnachgiebigen Atlantiks.

Highlights

Loop Head (S. 363) Auf der schmalen, vom Meer umfangenen Landzunge verläuft ein langer Wanderweg zwischen der Spitze und Kilkee. Das Panorama mit der Dingle Peninsula im Süden und Galway und den Aran Islands im Norden ist atemberaubend.

Cliffs of Moher (S. 372) Irlands berühmteste Klippen sind 203 m hoch und ragen senkrecht aus dem Wasser. Wer ihr majestätisches Antlitz einmal gesehen hat, wundert sich nicht mehr über die Busladungen von Touristen, die tagtäglich herangekarrt werden, um sie mit offenen Mündern zu bestaunen. Die schönste Aussicht hat man 5 km südlich von hier (dem Pfad zum Hag's Head gen Süden folgen).

Entdeckenswert

Lahinch (S. 368) Der Strand von Lahinch (ausgezeichnet mit einer Blauen Flagge) ist ein Paradies für Surfer. Ganz in der Nähe befindet sich zudem einer der besten Golfplätze des Landes und ein Stück landeinwärts lockt Ennistymon mit traditioneller Musik.

County Galway

Galway ist ein wilder Ort – das bezieht sich nicht nur auf die verrückten Nächte in der gleichnamigen Stadt des Countys. Connemara besticht durch eine faszinierende Szenerie aus Moor, Bergen und Gletscherseen und die bezaubernde Schönheit der Aran Islands rührt im Kern von ihrer Ödnis und Einsamkeit her.

Highlights

Sky Road (S. 422) Die 12 km lange Spritztour ab Clifden, der Hauptstadt von Connemara, sollte man nicht verpassen, denn die Landschaft ist ein Traum, insbesondere nordwärts in Richtung Inishbofin und der Inseln von Clew Bay in Mayo. Bei Radfahrern erfreut sich die Strecke ebenfalls großer Beliebtheit. Leihräder sind in Clifden erhältlich.

Aran Islands (S. 403) Vierzig Minuten mit der Fähre oder zehn mit dem Flugzeug und schon findet man sich in einem anderen Jahrhundert wieder. Besucher können zwischen drei Inseln wählen. Inishmór verzeichnet die meisten Besucher, Inisheer ist am kleinsten, Inishmaan am einsamsten. Alle drei vermitteln das Gefühl, dass das Ende der Welt gleich um die Ecke ist.

Entdeckenswert

Dog's Bay/Gurteen Bay (S. 420) 3 km von Roundstone entfernt liegen die „Zwillingsstrände" Dog's Bay und Gurteen Rücken an Rücken. Die beiden Halbmonde aus strahlend weißem Sand bestehen aus fein gemahlenen Muschelschalen und nicht aus dem sonst typischen Kalkstein.

Vom County Mayo zum County Sligo

Mayo und Sligo sind weniger touristisch als die südlicheren Counties und steuern zum Wild Atlantic Way ein paar faszinierende einsame Landschaften, hübsche Inseln und eine Handvoll Topstrände (auch für Surfer) bei.

Highlights

Achill Island (S. 447; Mayo) Irlands größte vorgelagerte Insel ist vom Festland aus problemlos über eine Brücke zu erreichen. Einmal auf der anderen Seite angekommen, erwarten einen hoch aufragende Klippen und Sandstrände, Deckenmoore und sogar ein paar Berge.

Benbulben (S. 468; Sligo) Bei guter Sicht kann man den auffälligen Gipfel von Sligos berühmtestem Berg nicht übersehen. Er erinnert ein wenig an einen Tisch mit plissierter Decke. Sein Anblick diente W. B. Yeats als Inspiration.

Entdeckenswert

Mullet Peninsula (S. 452; Mayo) Nur wenige Orte in Irland sind ähnlich ursprünglich und spärlich bewohnt wie diese wunderschöne Halbinsel, die 30 km in den Atlantik hineinragt. Die Ostküste ist von unberührten Stränden gesäumt und die wenigen Bewohner sprechen Irisch.

County Donegal

Donegal ist wild, abgeschieden und wunderschön und somit der ideale End- (oder eben Startpunkt) des Wild Atlantic Way. Die zerklüftete Küste mit steil aufragenden Felsen, versteckten Buchten und langen goldenen Sandstränden ist der Stoff, aus dem Legenden und Postkarten gemacht werden. Donegal nimmt es locker mit vielen andere Counties auf, die mit traumhaften Landschaften locken.

Highlights

Slieve League (S. 484) Die Felsen im Südwesten Donegals kennen weit weniger Menschen als ihr Gegenstück im Süden, dabei sind sie mit 600 m höher und mindestens genauso spektakulär.

Malin Head (S. 508) Irlands nördlichster Punkt ist ein zerklüftetes, von Wind und Wetter gepeitschtes Kap, auf dem ein Martello-Turm aus dem frühen 19. Jh. namens Banba's Crown steht.

Entdeckenswert

Tramore Beach (S. 195) Von dem hübschen Dorf Dunfanaghy wandert man 2 km durch ein paar beeindruckende Dünen bis zu diesem Bilderbuchstrand, den man gewöhnlich für sich hat. An seinem Ende führt ein Pfad zur Pollaguill Bay.

Irland im Überblick

Die sechs Counties Antrim, Armagh, Down, Fermanagh, Londonderry und Tyrone bilden Nordirland, das zu Großbritannien gehört und (trotz fehlender Grenzkontrollen) nicht Teil des Bundesstaats Irland ist.

Dublin

Museen
Unterhaltung
Geschichte

Kulturelle Ausstellungen

Dublin ist Irlands erste Adresse für archäologische Artefakte sowie künstlerische und andere kulturelle Schätze. Die drei Ableger des National Museum sind ein guter Ausgangspunkt.

Pubs & Nachtleben

Hunderte Pubs stellen Besucher vor die Qual der Wahl, wo man ein Pint des berühmten Dubliner Biers trinken soll. Neben Guinness und Kneipengesprächen wartet die Stadt mit einem alten und einem neuen Theater, vielen Konzerten und jeder Menge sportlicher Aktivitäten auf.

Steinerne Geschichte

Fast an jeder Straße zeugen historische Gebäude von einer Vergangenheit, egal ob man das Gelände des Trinity College oder die blutbefleckten Wände des Kilmainham Gaol betrachtet. Die schönsten Bauten und Straßen stammen aus dem goldenen georgianischen Zeitalter, als Dublin die zweite Stadt des Britischen Empires war.

S. 58

Counties Wicklow & Kildare

Landschaft
Klosterruinen
Aktivitäten

Bergblick
Einen herrlichen Ausblick bieten die Wicklow Mountains fast überall, besonders vom Gipfel der Pässe. An klaren Tagen sieht man von einigen Stellen ganze fünf Grafschaften. Der fruchtbare Bog of Allen in Kildare ist eine weitere klassisch irische Landschaft.

Uralte Klöster
Die Ruinen von Glendalough faszinieren ungemein, außerdem ist ihre Lage am Ende eines Gletschertals mit zwei Seen absolut bezaubernd. Allein deshalb lohnt es sich schon, hierherzukommen.

Wanderrouten
Irlands beliebtester Wanderweg, der Wicklow Way, führt von Norden nach Süden durch die Grafschaft. Kildare ist das Land der Pferdezüchter. Die Wanderwege sind hier etwas sanfter, aber nicht weniger attraktiv.

S.144

Counties Wexford, Waterford, Carlow & Kilkenny

Landschaft
Geschichte
Essen

Meerblick
Ikonenhafte smaragdgrüne Felder über zerklüfteten tiefschwarzen Klippen, die im himmelblauen Meer enden: Daran sieht man sich nie satt. Wer eine Pause braucht, kann sich in sandigen Buchten oder an einem der schier endlosen Strände in Wexford entspannen. Im ländlichen Hinterland stößt man auf wilde Flüsse und pittoreske Bauernhöfe.

Wikingerpfade
In den Straßen von Waterford und Wexford ist man von Spuren des Mittelalters umgeben: Man betrachte nur die hoch aufragende Kathedrale oder die großartige Burg.

Lokale Erzeugnisse
In Dungarvan, County Waterford, kommt man in den Genuss hervorragend zubereiteter irischer Gerichte. Außerdem locken in sämtlichen Ortschaften und Städten fantastische regionale Erzeugnisse.

S.172

County Cork

Essen
Landschaft
Geschichte

Gaumenfreuden
Feinschmecker fühlen sich im County Cork besonders wohl. Die gleichnamige Hauptstadt der Grafschaft wartet mit hervorragenden Restaurants auf, während man in West Cork die vielfältigen lokalen Produkte direkt an der Quelle kaufen und wie ein Lord speisen kann.

Wunderschöne Halbinseln
Mizen Head, Sheep's Head und Beara, die drei westlichen Halbinseln des Landes, haben alles, was das Herz begehrt: Bergpässe, einsame windgepeitschte Berge, schöne Strände und unvergessliche Aussichten.

Rebellion
Die rebellische Grafschaft blickt stolz auf ihre Geschichte zurück, selbst auf die leidvollen Zeiten: mit Gedenkstätten, die an Hungersnöte erinnern, Schlachtszenen aus dem 17. Jh. oder Ehrungen von in jüngerer Zeit gefallenen Helden.

S.224

County Kerry

Landschaft
Meeresfrüchte
Traditionelle Musik

Irische Postkarten-idylle

Dieses County ist der Inbegriff des landschaftlich schönen Irland: Connor Pass, Dingle Peninsula und besonders der Ring of Kerry geben die Maßstäbe vor, an denen sich andere Gegenden messen lassen müssen. Davon kann man sich auch auf Postkarten überzeugen.

Frisch aus dem Meer

Kerry hat eine sehr enge Beziehung zum Meer: Auf der gesamten Dingle Peninsula kommt man in den Genuss von frischem Fisch, der gerade erst das in den Hafen eingelaufene Boot verlassen hat.

Traditionelle Klänge

In jeder Stadt und jedem Dorf der Grafschaft befindet sich mindestens ein Pub, in dem traditionelle Musik gespielt wird. Dabei gibt's im Stil regionale Unterschiede, was dem Besuch in Kerry zusätzliches Flair verleiht.

S. 274

Counties Limerick & Tipperary

Wandern
Geschichte
Landschaft

Wanderwege

Tipperary zieht Wanderfans mit dem abwechslungsreichen Glen of Aherlow und dem anspruchsvolleren Tipperary Heritage Trail, einer 56 km langen Route durch schöne Flusstäler voller alter Ruinen, an.

Burgen & Klöster

Zu den zahlreichen historischen Schätzen der Region gehören die mächtige Klosterstadt Cashel im County Tipperary und das imposante King John's Castle in der Stadt Limerick.

Atmosphärische Ruinen

An seiner breitesten Stelle wartet der gewaltige Shannon mit schönen Ausblicken auf. Die sanften Hügel und Felder von Tipperary mit den vielen alten Ruinen haben Irland berühmt gemacht.

S. 325

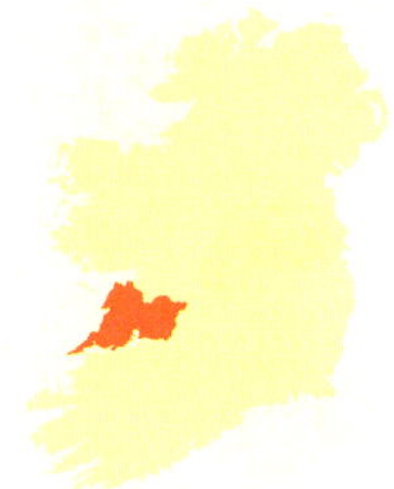

County Clare

Landschaft
Musik
Pubs

Dramatische Klippen

Einen fesselnden Anblick, den man sich nicht entgehen lassen sollte, bieten die dramatisch aus dem stürmischen Atlantik emporsteigenden Cliffs of Moher. Auch andere Ecken der Küste sind ähnlich beeindruckend, vor allem der spektakuläre Blick auf den Atlantik am Loop Head sowie von den dorthin- (und zurück-)führenden Küstenstraßen.

Traditionelle Sessions

Irlands traditionellste Musik mit einigen modernen Einflüssen stammt aus Clare. Bei Festivals, in Pubs und an nahezu jeder Straßenecke kann man hervorragende Auftritte von Musikern dieses Countys erleben.

Altmodische Pubs

Es gibt in der ganzen Grafschaft nicht einen einzigen Ort, der nicht mindestens ein herrliches altes Pub hat, in dem Guinness bereitsteht, das Torffeuer brennt und die Geselligkeit scheinbar nie endet.

S. 349

County Galway

Landschaft
Essen
Kultur

Inseln & Berge

Hunderten Jahren mühevoller Arbeit verdanken die ansonsten kargen Berge der Aran Islands ihre bezaubernden grünen Tupfer. Eine Wanderung über die windgepeitschten und faszinierenden Inseln zählt zu den Highlights des Landes. Im Frühjahr, wenn der Ginster leuchtend gelb blüht, verblüfft die Connemara Peninsula mit ihrer Schönheit.

Frische Austern

In den Tidengewässern der Galway Bay wachsen Millionen saftiger Austern zu ihrer Idealgröße heran. Aus ihnen kreieren die lokalen Küchenchefs köstliche Speisen.

Gigs an jeder Ecke

An jedem Abend punkten die Pubs und Clubs von Galway mit traditionellen Sessions, hervorragender Rockmusik oder der nächsten angesagten großen Band. Ein echtes Fest für die Ohren!

S. 387

Counties Mayo & Sligo

Inseln
Megalithische Stätten
Yeats

Landschaft

In Mayos Clew Bay soll es 365 Inseln geben, darunter auch eine, die John Lennon gehörte. Außerdem wäre da noch Craggy Island, die Heimat der berühmten Piratenkönigin Grace O'Malley (oder Granuaile).

Prähistorische Ruinen

Zu einer Reise in prähistorische Zeiten lädt die Umgebung von Ballycastle in Mayo u. a. mit dem weltgrößten steinzeitlichen Monument, den Céide Fields, sowie den megalithischen Friedhöfen in Carrowmore und Carrowkeel ein.

Poetische Inspiration

Sligo ist die Heimat von Yeats, der in der Kirche von Drumcliff im Schatten des Benbulben bestattet wurde. Im gesamten County erinnern Museen und Heritage Centres an den Dichter, während die Landschaft seine Poesie widerspiegelt.

S. 433

County Donegal

Wilde Landschaft
Naturstrände
Surfen

Berge & Klippen

Das ungezähmte Donegal ist von wellen- und windgepeitschten Klippen, Stränden und einem gebirgigen Landesinneren von tiefsinniger Schönheit geprägt.

Unberührte Küstenabschnitte

In diesem County erstrecken sich die zweitlängsten und schönsten Strände des Landes, darunter der für Surfer ideale Rossnowlagh, der unberührte Tramore und der rotstichige Sandstrand von Malinbeg. Darüber hinaus locken hier viele abgeschiedene sandige Buchten.

Wellenreiten

Dank seiner großartigen Mischung aus Stränden und zahlreichen Surfschulen zählt Donegal zu Irlands besten Surfspots. Aus diesem Grund kann man hier wunderbar einen Surfkurs machen und auf einer der anspruchsvollsten Wellen der Welt reiten.

S. 472

Die Midlands

Traditionelle Pubs
Mächtiger Fluss
Heilige & Gelehrte

Authentische Atmosphäre

Einige der atmosphärischsten und authentischsten Pubs des Landes, darunter Morrissey's of Abbeyleix, die vielleicht beste Kneipe in ganz Irland.

Shannon-Kreuzfahrt

Was könnte besser sein, um den Bauch des Landes in seiner Länge und Breite zu erkunden, als eine Bootsfahrt auf Irlands längstem Fluss, dem Shannon? Unterwegs kann man Sehenswürdigkeiten ansteuern und in Restaurants am Flussufer essen.

Heilige & Gelehrte

Clonmacnoise, Irlands sehenswertestes Kloster, thront im County Offaly am Ufer des Shannon. Innerhalb der Klostermauern sind frühe Kirchen, Keltenkreuze, Rundtürme und Gräber erstaunlich gut erhalten.

S.512

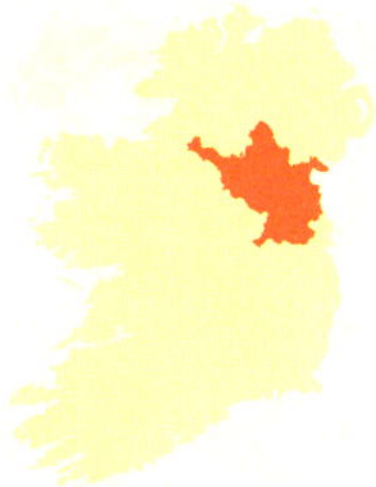

Counties Meath, Louth, Cavan & Monaghan

Geschichte
Angeln
Landschaft

Stammesfürsten & Konflikte

Am Hill of Tara, in den neolithischen Monumenten von Brú na Bóinne und Loughcrew (alle in Meath), den prunkvollen Abteien Mellifont und Monasterboice und Städten wie Drogheda (alle in Louth) wurde irische Geschichte gelebt und geschrieben.

Anglerparadiese

Die zahlreichen Seen Cavans sind bekannte Anglerparadiese. Monaghan steht dem in kaum etwas nach. Wer gern im Meer fischt, ist in Städten wie Clogherhead und Carlingford in Louth richtig.

Seen & Hügel

Die vier Grafschaften bieten eine große landschaftliche Vielfalt, die von den Seengebieten Cavans und Monaghans bis zu den fruchtbaren Hügeln von Meath reicht. Schön ist auch das Küstenpanorama: Der Blick schweift von Louths Küste bis zum hübschen Carlingford.

S.544

Belfast

Geschichte
Pubs
Musik

Titanic Belfast

Ein Überrest der Schiffsbauindustrie von Belfast ist heute das meistbesuchte Museum Nordirlands – ein fantastisches Multimedia-Erlebnis rund um das wohl berühmteste Schiffswrack der Welt. Dessen Bau wird hier im kleinsten Detail virtuell nachgestellt.

Viktorianische Juwelen

Zu den viktorianischen Klassikern im Stadtzentrum gehört das berühmte Pub The Crown, wobei John Hewitt und The Garrick genauso schön sind und ältere Tavernen wie White's und Kelly's sogar noch mehr Atmosphäre haben.

Mitreißende Musik

Die hervorragende Belfaster Musikszene reicht von DJs des Eglantine bis zu ausverkauften Konzerten im Odyssey. Eines der Highlights ist das Belfast Empire, in dem jede Nacht neue und etablierte Bands auftreten.

S.584

Counties Down & Armagh

Aktivitäten
Tiere
Essen

Wanderfestivals

Zu den zahlreichen Möglichkeiten zählen Vogelbeobachtungsausflüge, Wanderfestivals und Aktivitäten wie Klettern und Kanufahren. Das Angebot ist so groß, dass man an jedem Tag des Jahres etwas unternehmen könnte.

Vögel & Robben

Das Wildfowl and Wetlands Centre in dem von Vögeln bewohnten Schlickwatt des Castle Espie im County Down spricht selbst Leute an, die sich für Vögel nur mäßig begeistern. Besucher der Strangford Lough im County Armagh werden von großen Kegelrobbenkolonien begrüßt.

Tolle Gastrozentren

Erstklassig zubereitete Gerichte bieten die Restaurants und Pubs von Hillsborough, Bangor und Warrenpoint. Viele der besten Lokale findet man auf dem Land. Hier kommen Fisch und Meeresfrüchte, Fleisch, Äpfel und andere regionale Produkte auf den Tisch.

S. 623

Counties Londonderry & Antrim

Geschichte
Landschaft
Popkultur

Ummauerte Stadt

Die Stadt Derry blickt auf eine reiche Vergangenheit zurück. Davon zeugen die Mauer rund um den Ort, die von 1688 bis 1689 einer Belagerung standhielt, wunderbare Museen und die politischen Wandmalereien des Bogside-Bezirks.

Riesige Fußabdrücke

Ein Großteil der Küste von Antrim st einfach wunderschön, doch die Highlights sind der südliche Abschnitt um Carnlough Bay und die spektakulärste touristische Sehenswürdigkeit des Nordens: die surrealen geologischen Formationen des Giant's Causeway.

Game of Thrones

Fans der Serie werden die Dark Hedges in Antrim als den Königsweg erkennen, Mussenden Temple an der Causeway Coast als Drachenstein; Cushenden Caves als den Ort, wo Melisandre in Staffel 2 einen Schatten gebärt, und Ballintoy Harbour als den Hafen von Herrehort auf den Eiseninseln.

S. 651

Counties Fermanagh & Tyrone

Aktivitäten
Landschaft
Geschichte

Wandern & Angeln

Wie wär's mit einem Angelausflug auf den Gewässern Fermanaghs, dem Besuch des Appalachian oder des Bluegrass Music Festival im Ulster American Folk Park oder der Besteigung des Mullaghcarn in Tyrone?

Natur & Umwelt

Ob man auf dem Lough Erne umherschippert, auf Devenish Island aus dem Fenster eines der Rundtürme schaut (beide in Fermanagh) oder in den Sperrin Mountains in Tyrone wandert – die Landschaft ist einfach überall bezaubernd, besonders wenn das Wetter mitspielt.

Konflikt & Verbindung

In den Städten Omagh (Tyrone) und Enniskillen (Fermanagh) sind grausame Gewalttaten geschehen, aber Nordirlands Vergangenheit ist nicht nur von Konflikten geprägt: Der Ulster American Folk Park in Tyrone dokumentiert die Geschichte der engen Verbindung dieser Provinz zu den USA.

S. 690

Reiseziele in Irland

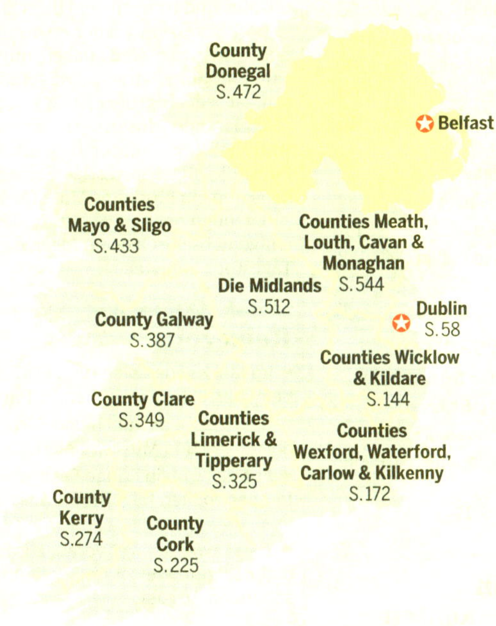

Dublin

Inhalt ➡

Gut essen

- Chapter One (S. 117)
- Coburg Brasserie (S. 114)
- Greenhouse (S. 113)
- Banyi Japanese Dining (S. 115)
- Etto (S. 114)

Schön übernachten

- Merrion (S. 107)
- Conrad Dublin (S. 107)
- Aberdeen Lodge (S. 109)
- Merrion Mews (S. 107)
- Isaacs Hostel (S. 108)

Auf nach Dublin

So viel Persönlichkeit hat nur ein Ort, der auch schon harte Zeiten überstanden hat. Im letzten Jahrzehnt erlebte Dublin Höhen und Tiefen, verlor dabei jedoch nie seinen Optimismus und ist nach der Überwindung der Wirtschaftskrise und Rezession wieder etwas entspannter. Musik, Kunst und Literatur sind dabei unverzichtbar und für die Dubliner nur allzu selbstverständlich; erinnert man sie daran, ist jedoch großer Stolz zu spüren. In der Stadt gibt's faszinierende Museen, großartige Restaurants, das beste Unterhaltungsangebot in ganz Irland und natürlich die Pubs, die allgegenwärtige Seele des gesellschaftlichen Lebens und ein absolutes Muss für jeden Besucher. Wer dagegen genug vom Trubel hat, findet vor den Toren der Stadt einige hübsche Orte am Meer, die sich für eine angenehme Tagestour anbieten.

Reisezeit

- Im März sehen sich rund 600 000 Menschen die Parade beim herrlich chaotischen St. Patrick's Festival an.
- Beim Taste of Dublin und Forbidden Fruit im Juni werden Essen und Musik gefeiert.
- Auf das Dublin Fringe Festival in den letzten zwei Septemberwochen folgt im Oktober das größte Theaterfestival.
- Es ist zwar schwer vorauszusagen, doch meist entschädigt das gute Wetter im September für den oft enttäuschenden August.

Geschichte

Dublin ließ erstmals um 500 v. Chr. von sich hören, als ein Trupp furchtloser Kelten seine Zelte an einer Furt im Fluss Liffey aufschlug. Von ihnen stammt der schwer auszusprechende gälische Name der Stadt, Baile Átha Cliath (*bal*-ja *o*-ha *klie*-ja; Ort an der befestigten Furt). Etwa 1000 Jahre lebten die Kelten friedlich vor sich hin. Erst mit den Wikingern nahm Dublin urbane Züge an. Im 9. Jh. gehörten die Raubzüge aus dem Norden zum irischen Alltag. Manche der Nordmänner entschlossen sich sogar zu bleiben, statt nur zu plündern und sich wieder davonzumachen. Sie heirateten irische Frauen und errichteten einen florierenden Handelshafen an der Stelle, wo der Fluss Poddle am *dubh linn* (schwarzen Teich) in die Liffey strömt. Heute ist vom Poddle nicht mehr viel übrig. Er wurde unterirdisch verlegt, fließt unter der St. Patrick's Cathedral hindurch und tröpfelt schließlich an der Capel Street (Grattan) Bridge in die Liffey.

Nach Ankunft der Normannen im 12. Jh. war Dublin nicht ganz unbeteiligt an dem langsamen Prozess, Irland unter anglonormannische (und später britische) Herrschaft zu bringen. Anfang des 18. Jhs. lebten in der verdreckten Stadt vor allem arme Katholiken, was den imperialen Ansprüchen der anglophilen Bürger so gar nicht entsprach. Die protestantische Ascendancy verlangte maßgebliche Verbesserungen und fing an, eine im Wesentlichen noch mittelalterlich geprägte Stadt in eine moderne angloirische Metropole umzukrempeln. Straßen wurden erweitert, Plätze angelegt und neue Häuser errichtet, alles in einer Art Proto-Palladianismus, der schon bald als georgianische Architektur (benannt nach den Königen, die damals nacheinander in England regierten) bekannt wurde. Eine Zeit lang war Dublin die zweitgrößte Stadt des Britischen Königreiches. Die Dinge standen also allgemein zum Besten – es sei denn, man gehörte der armen und überwiegend katholischen Masse an, die in den zunehmend ausufernden Slums hauste.

Der georgianische Boom nahm ein jähes und dramatisches Ende, als Irland 1801 durch den Act of Union mit England vereint und sein Parlament aufgelöst wurde. Plötzlich war Dublin nicht mehr die schöne Prinzessin beim königlichen Ball, sondern nur noch die nervige Cousine, die den Wink einfach nicht verstehen wollte. Bald schon folgten wirtschaftliche und soziale Unruhen. Während der Großen Hungersnot (1845–1851) wurde die Stadt von Flüchtlingen aus dem Westen überschwemmt, die sich zu der unterdrückten Arbeiterklasse dazugesellten. Anfang des 20. Jhs. drohte sie schließlich an Armut, Krankheit und zahlreichen sozialen Problemen zu ersticken. Verständlicherweise hatten das viele Einwohner satt und drängten deshalb immer stärker auf Veränderung.

Die erste Gelegenheit bot der Osteraufstand von 1916, bei dem der Stadtkern erhebliche Schäden erlitt. Anfangs waren die Dubliner von den Rebellen nicht gerade begeistert, da sie jede Menge Chaos und Unordnung anrichteten. Doch als die Anführer hingerichtet wurden, änderten sie ihre Meinung – die Einwohner schlagen sich eben stets auf die Seite der Unterlegenen.

Während das ganze Land immer weiter auf einen Krieg mit England zusteuerte, stand die irische Hauptstadt überraschenderweise nicht im Mittelpunkt. Obwohl überall Soldaten zu sehen waren und es zu einigen Schießereien und Sprengungen bekannter Gebäude (etwa des Custom House 1921) kam, ging das Leben über lange Strecken des Unabhängigkeitskrieges seinen gewohnten Gang.

Ein Jahr später war das Land bis auf den nördlichen Teil frei. Doch schon bald schlidderte es in einen Bürgerkrieg, bei dem weitere bedeutende Bauwerke in Flammen aufgingen, darunter das Gerichtsgebäude Four Courts (1922). Ironischerweise verliefen die Auseinandersetzungen untereinander deutlich brutaler als der vorherige gemeinsame Kampf um Unabhängigkeit, vor allem in der O'Connell Street. Die Gewalt von damals hinterließ tiefe Narben, die fast das gesamte Jahrhundert brauchten, um zu verheilen.

Als der neu gegründete Staat endlich seine Arbeit aufnehmen konnte, war Dublin müde und ausgelaugt. Steigende Arbeitslosigkeit, hohe Auswanderungsraten und allgemeine Stagnation waren die Plagen dieser Ära. Dennoch versuchte die Bevölkerung, das Beste aus ihrer Situation zu machen.

Die Stadt erlebt seit Jahrzehnten Phasen der Rezession, doch die dramatische Wirtschaftskrise, die auf die Boomzeit des Celtic Tiger folgte, traf sie besonders hart. Dublin erholte sich besser davon als das restliche Land, aber der Prozess geht trotzdem langsam voran.

Highlights

1 Den elisabethanischen Campus des **Trinity College** (S. 64) erkunden.

2 Alte Bücher und Schätze in der **Chester Beatty Library** (S. 69) bewundern.

3 Ein Stück in einem Dubliner Theater wie dem **Abbey** (S. 128) oder dem **Gate** (S. 129) erleben.

4 Bei einem Besuch im **National Museum of Ireland – Archaeology** (S. 75) Irlands herrliche historische Schätze entdecken.

5 Im „Toten Zoo", dem **Museum of Natural History**

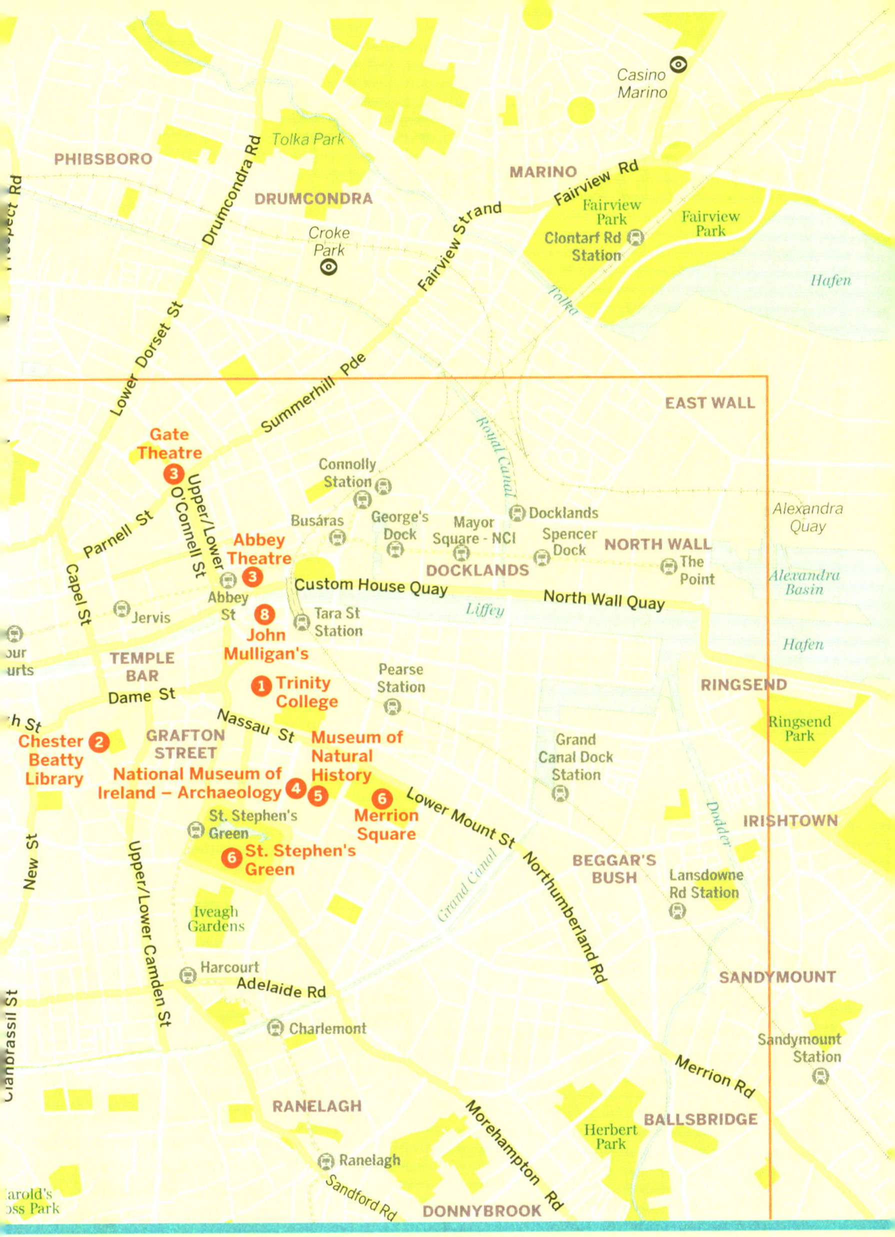

(S. 78), zum viktorianischen Botaniker werden und sich über die begeisterten Kinder freuen.

6 Rund um den gepflegten **Merrion Square** (S. 75) und um **St. Stephen's Green** (S. 70) die georgianischen Gebäude bestaunen.

7 Sich im **Kilmainham Gaol** (S. 84) auf die Suche nach den Spuren der Vergangenheit begeben.

8 In einem der vielen Dubliner Pubs – unser Favorit ist das **John Mulligan's** (S. 125) – ein leckeres Pint trinken.

Die Stadtviertel im Überblick

❶ Grafton Street & Umgebung (S. 70)

In der verkehrsberuhigten Grafton Street und dem umliegenden Straßengewirr schlägt das Herz von Dublins Innenstadt und das gesellschaftliche Leben konzentriert sich auf dieses Viertel. Es ist gut zu Fuß zu erkunden, bietet die größte Auswahl an Pubs und Restaurants und ist das beliebteste Einkaufsrevier der Dubliner. Außerdem findet man hier viele der bedeutendsten Sehenswürdigkeiten und Museen der Stadt sowie Dublins beliebtesten Park, den St. Stephen's Green.

❷ Merrion Square & Umgebung (S. 75)

Vornehm, kultiviert und elegant: Die exquisite georgianische Architektur rund um den hübschen Merrion Square ist ein fast perfekter Mix aus eindrucksvollen öffentlichen Gebäuden, Museen, Privatbüros und Wohnhäusern. Ein Großteil der wohlhabenden Dubliner arbeitet und agiert inmitten der neoklassizistischen Pracht, die während der Blütezeit Dublins im 18. Jh. entstand, darunter der Sitz des irischen Parlaments im Leinster House sowie in direkter Nachbarschaft die National Gallery, die Hauptstelle des National Museum of Ireland und das Natural History Museum.

❸ Temple Bar (S. 79)

Viele Wochenendbesucher schaffen es nicht über die Grenzen von Dublins sogenanntem „kulturellen Viertel" hinaus, das sich durch Kopfsteinpflastergassen auszeichnet – und natürlich durch seinen immensen Spaßfaktor, in erster Linie in den hiesigen Pubs. Im

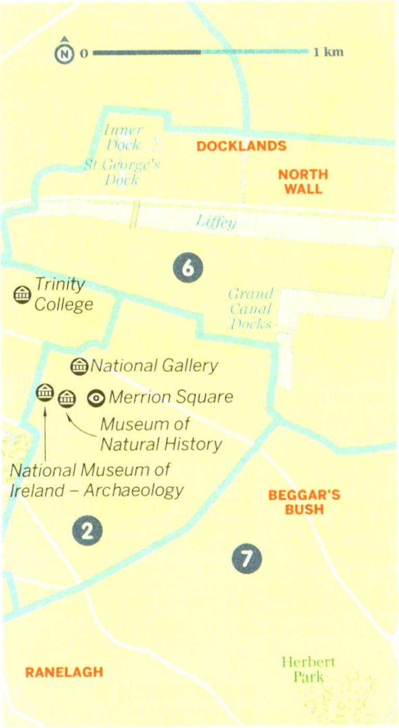

Sommer reicht die Partyzone bis auf die Straßen hinaus, dann herrscht eine Atmosphäre wie zu Karneval. Wer zwischendurch auch mal etwas anderes machen will als feiern, kann eins der vielen Restaurants sowie interessante Galerien und Läden aufsuchen.

❹ Kilmainham & the Liberties (S. 84)

Wahrscheinlich würde es nur vereinzelt Reisende in die ältesten, traditionellsten Viertel Dublins verschlagen, wäre da nicht die Guinness-Brauerei, die das westliche Ende des Stadtzentrums dominiert und das meistbesuchte Museum der Stadt birgt. Davon abgesehen, befinden sich hier die beiden mittelalterlichen Kathedralen. Noch ein Stück weiter westlich ist Irlands bestes Museum für moderne Kunst zuhause. Außerdem lockt eine sehenswerte historische Stätte.

❺ Nördlich der Liffey (S. 87)

Die Gegend direkt nördlich der Liffey ist etwas düsterer als die vornehmeren Viertel im Süden und bietet einen faszinierenden Mix aus prächtigen Bauten des 18. Jhs., traditionellem Stadtleben und dem multikulturellen Schmelztiegel, der das moderne Dublin ausmacht. Abgesehen von der breiten, eleganten O'Connell Street gibt's Kunst- und Whiskeymuseen, quirlige Märkte und einige der besten internationalen Restaurants der Stadt zu entdecken. Und natürlich den größten umzäunten Park Europas, in dem der Präsident, der US-amerikanische Botschafter und der Zoo zu finden sind.

❻ Docklands (S. 94)

Die Docklands, das modernisierte Hafengebiet von Dublin, sind ein relativ junges Viertel und werden in Anlehnung an die Canary Wharf (Kanaren-Werft) in London im Spaß gern „Canary Dwarf" (Kanaren-Zwerg) genannt. Sie befinden sich östlich des Zentrums, Richtung Dublin Bay. Am interessantesten ist das Gebiet um das Grand Canal Dock, gleich südlich der Liffey. Dort finden sich teure Wohnungen, eine Handvoll nette Restaurants und das größte Theater Dublins, entworfen von Daniel Libeskind.

❼ Southside (S. 96)

In den Vierteln, die an das südliche Ufer des Grand Canal grenzen, stehen weniger Sehenswürdigkeiten im klassischen Sinn im Vordergrund als die Möglichkeit, einen Einblick in das Dublin der Gutsituierten zu gewinnen, gut zu essen, auszugehen und Sportereignisse mitzuerleben – als Zuschauer oder Teilnehmer. In dieser Gegend findet man die begehrtesten Postleitzahlen, z. B. Dublin 4 mit den Nobelvierteln Ballsbridge und Donnybrook – hier sind Botschaften und lokale Potentaten ansässig – oder Dublin 6 mit den eleganten Wohnvierteln Ranelagh, Rathgar und Rathmines.

HIGHLIGHT
TRINITY COLLEGE

Irlands renommierteste Universität besteht aus eleganten georgianischen und viktorianischen Gebäuden, zwischen denen sich Plätze mit Kopfsteinpflaster und gestutzte Rasenflächen erstrecken. Die ruhige, idyllische Anlage abseits der Großstadthektik ist ein wunderbarer Ort für einen ziellosen Streifzug.

NICHT VERSÄUMEN

- Long Room
- *Book of Kells*
- Science Gallery
- Führung

PRAKTISCH & KONKRET

- Karte S. 71
- ✆ 01-896 1000
- www.tcd.ie
- College Green
- ⌚ 8–22 Uhr
- 🚌 alle Linien im Zentrum; 🚊 College Green

Geschichte

Die Universität wurde 1592 von Elisabeth I. auf dem Gelände eines enteigneten Augustinerklosters gegründet. Damit wollte die Königin junge protestantische Dubliner davon abhalten, auf dem Kontinent zu studieren und dort „vom Papismus angesteckt" zu werden. Trinity entwickelte sich zu einer der besten Hochschulen Europas und hat viele bekannte Absolventen vorzuweisen, u. a. Jonathan Swift, Oscar Wilde und Samuel Beckett.

Front Square & Parliament Square

Den eleganten **Regent-House-Eingang** am College Green bewachen zwei Statuen. Eine stellt den Schriftsteller **Oliver Goldsmith** (1728–1774) dar, die andere den Redner **Edmund Burke** (1729–1797). Der Eingang ist ein beliebter Treffpunkt.

Hat man den Eingang durchschritten und die Students Union (Studentenwerk) passiert, erreicht man den Front Square und den Parliament Square. Letzteren dominiert ein 30 m hoher **Campanile**, gestaltet von Edward Lanyon. Er wurde zwischen 1852 und 1853 an der Stelle errichtet, die wohl das Zentrum des Klosters war, das sich ursprünglich hier befand. Einem Aberglauben zufolge fallen Studenten, die unter dem Turm durchlaufen, wenn die Glocke schlägt, durch die Prüfungen! Nördlich des Campanile steht eine Statue von **George Salmon**, der von 1886 bis 1904 Leiter der Universität war und sich gegen die Aufnahme von Frauen an der Universität einsetzte – „Nur über meine Leiche", so lautete sein Wahlspruch. Tatsächlich verstarb er, kurz bevor sich die ersten Frauen einschrieben. Südlich des Glockenturms befindet sich eine Statue des Historikers W. E. H. Lecky (1838–1903).

Library Square & Old Library

An der Ostseite des Library Square erhebt sich das Rubrics Building (nicht öffentlich zugänglich), ein Backsteinbau von etwa 1690, das älteste Bauwerk auf dem Universitätsgelände. Es wurde 1894 im Rahmen einer Renovierung stark verändert. Auch in den 70ern fanden Umbaumaßnahmen statt.

Südlich vom Library Square ist die Old Library (Library Sq; Erw./Stud./Fam. 11/9,50/22 €, Fast Track (ohne Anstehen) 14/12/28 €; Mai–Sept. Mo–Sa 8.30–17, So 9.30–17 Uhr, Okt.–April Mo–Sa 9.30–17, So 12–16.30 Uhr), wo der wichtigste Schatz und Besuchermagnet des Trinity College untergebracht ist, das *Book of Kells*.

Treppauf findet man das Highlight von Thomas Burghs Bauwerk, den 65 m langen Long Room mit seiner Tonnengewölbedecke. In den Regalen stehen 200 000 der ältesten Manuskripte der Bibliothek, außerdem sind Büsten Gelehrter, eine Harfe (14. Jh.) und eine Originalkopie der Oster-Proklamation zu sehen.

Fellows' Square

Westlich von Paul Koraleks brutalistischer Berkeley Library (Fellows' Sq; nicht öffentlich zugänglich) von 1967 beherbergt das Arts & Social Science Building (nicht öffentlich zugänglich) eins der führenden zeitgenössischen Kunstmuseen des Landes, die Douglas Hyde Gallery (www.douglashydegallery.com; Mo–Mi & Fr 11–18, Do bis 19, Sa bis 16.45 Uhr) GRATIS mit Wechselausstellungen von Werken erstklassiger irischer und internationaler Künstler.

Science Gallery

Zwar ist die Science Gallery (www.sciencegallery.ie; Naughton Gallery, Pearse St; Ausstellungen gewöhnlich Di–Fr 12–20, Sa & So bis 18 Uhr) GRATIS Teil des Campus', um zur neuesten Attraktion des Trinity zu gelangen, muss man jedoch die Pearse Street runterlaufen. Seit der Eröffnung 2008 hat diese sich eine große Fangemeinde aufgebaut: Alle lieben die erfrischend lebendige und informative Art, in der die Beziehung zwischen Wissenschaft, Kunst und der Welt, in der wir leben, erforscht wird. Die Ausstellungen haben sich bereits faszinierenden Themen wie der Erforschung der Begierde und des Verhältnisses zwischen Musik und dem menschlichen Körper gewidmet. Im Anschluss an die Besichtigung bietet sich das lichtdurchflutete Café (Karte S. 95; Pearse St; Sandwiches 4–8 €; Di–Fr 8–20, Sa & So 12–18 Uhr; alle Linien im Zentrum) im Erdgeschoss für eine Pause an.

KEINE KATHOLIKEN, BITTE!

Bis 1793 war das Trinity College ausschließlich protestantisch. Als die Universität ihre Politik änderte und die ersten Katholiken aufnahm, stellte sich die Katholische Kirche quer – noch bis 1970 musste sich jeder eingeschriebene Katholik als exkommuniziert betrachten.

Fast zwei Jahrhunderte durften Studenten das Gelände nur mit einem Degen betreten und bis ins 17./18. Jh. hinein waren Duelle mit Pistolen verbreitet.

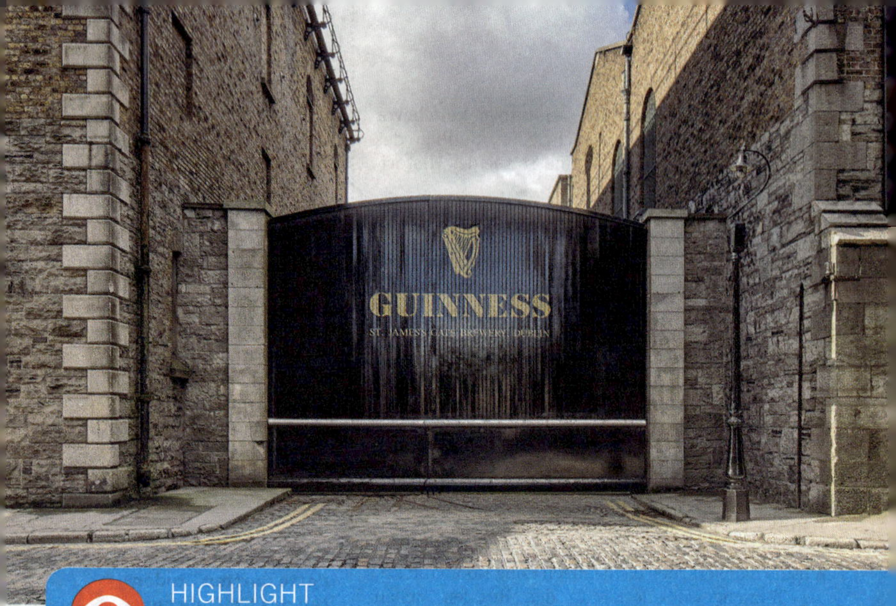

HIGHLIGHT
GUINNESS STOREHOUSE

Mehr als irgendein Bier weltweit hat sich Guinness zu etwas entwickelt, das weit über die Marke hinausgeht. Es ist nicht nur das bekannteste Symbol für Dublin, sondern hat auch laut seiner zahlreichen Fans geradezu spirituelle Qualitäten. Deshalb ist ein Besuch des Fabrikmuseums, wo das Kultgetränk gebraut wird, für viele eine Art Pilgerfahrt.

Der Mythos Guinness ist erstaunlich langlebig: Guinness reist nicht gern. Sein besonderer Geschmack ist auf das Wasser der Liffey zurückzuführen. Es ist bekömmlich und gesund. Und natürlich versteht man die Iren erst, wenn man auf den Geschmack des schwarzen Vorzeigegetränks gekommen ist. Alles absolut richtig, insofern ist es wenig verwunderlich, dass das Guinness Storehouse im Herzen der St. James's Gate Brewery die meistbesuchte Touristenattraktion der Stadt ist.

Anfänge und Eroberungsfeldzug

In den 1770er-Jahren, als sich Dubliner Bierbrauer über die wachsende Popularität eines neuen englischen Biers namens Porter aufregten (dieses entstand durch einen Unfall: ein Londoner Bierbrauer hatte versehentlich seinen Hopfen verbrannt), beschloss Arthur Guinness kurzerhand, seine eigene Version zu brauen. Ab 1799 konzentrierte er sich ausschließlich auf dieses eine Bier. Er starb bereits vier Jahre später im Alter von 83 Jahren, doch das Fundament für den weltweiten Eroberungsfeldzug des Guinness war gelegt.

Nachdem eine Verbindung zwischen dem Grand Canal und der Brauerei eingerichtet worden war, konnte das Bier auf speziellen Lastkähnen über das irische Kanalsystem oder

NICHT VERSÄUMEN

- Ein Guinness
- Ausblick in der Gravity Bar
- 1837 Bar & Brasserie
- Ausstellung zum Thema Werbung
- Connoisseur Experience

PRAKTISCH & KONKRET

- Karte S. 76 f.
- www.guinness-storehouse.com
- St. James's Gate, South Market Street
- Erw./Kind 18/16,50 €, Connoisseur Experience 48 €
- Sept.–Juni 9.30–17 Uhr, Juli & Aug. bis 18 Uhr
- 21A, 51B, 78, 78A, 123 ab Fleet Street, James's

zum Hafen von Dublin verschifft werden. Nach Erweiterungen reichte das Brauereigelände 1872 bis ans Ufer der Liffey und die Guinness-Flotte wurde zu einem vertrauten Anblick. Schon bald verschickte man das Bier bis nach Afrika und auf die westindischen Inseln. Wenn die Kähne sich Richtung Hafen pflügten, riefen Jungen der Crew vom Ufer aus zu: „Bringt uns einen Papagei mit!" Analog dazu verabschieden sich alteingesessene Dubliner noch heute oft auf diese Weise voneinander, wenn jemand in Urlaub fährt.

Die wesentlichen Zutaten

Das heutige Guinness und das Guinness von damals haben eins gemein: Bei der Bierhefe handelt es sich um denselben lebenden Organismus, der schon 1770 genutzt wurde. Ebenfalls unverzichtbar ist die Hopfensorte *fuggles*, einst ausschließlich in der Umgebung von Dublin angebaut, inzwischen aber aus Großbritannien, den USA und Australien importiert.

Guinness Storehouse Museum

Die Brauerei ist weit mehr als nur der Herstellungsort des berühmten Guinness – sie ist ein Stück Geschichte und spielt eine wichtige Rolle für die Identität der Stadt. Entsprechend ist der geradezu mythische Status des Guinness-Biers das zentrale Thema im Brauereimuseum, dem Guinness Storehouse. Es ist der einzige öffentlich zugängliche Teil der Brauerei.

Das Museum ist im alten Fermentation House (1904) untergebracht, das denkmalgeschützt ist. Deshalb durften Architekten und Designer an die bestehende Struktur anbauen, aber nichts entfernen. Das Resultat ist ein umwerfendes zentrales Atrium, sieben Stockwerke hoch und geformt wie ein Pint Guinness. Die „Schaumkrone" bildet die mit Glas eingefasste Gravity Bar, die einen Panoramablick auf die Stadt gewährt. Den kann man in Verbindung mit einem Half Pint (aufs Haus) genießen.

Zuvor steht jedoch die Besichtigung des Museums an, das als „Erlebnistour" angelegt ist. Auf 1,5 ha Fläche ist ein erstaunliches Arrangement aus audiovisuellen und interaktiven Exponaten zu sehen, die sich der Geschichte der Brauerei widmen und die Schritte des Brauprozesses detailliert erklären.

Im Erdgeschoss wurde eine Kopie von Arthur Guinness' Originalpachtvertrag im Boden eingelassen; sie liegt geschützt unter einer Glasscheibe. Auf dem Weg durch die Ausstellungsbereiche mit Guinness-Werbung aus 70 Jahren beschleicht einen das Gefühl, dass das Unternehmen – inzwischen zu 100 % in ausländischem Besitz – die Mythologie rund um das Kultgetränk geklaut hat. Inzwischen geht es mehr um Marketing und Manipulation statt um Magie und Momente des geselligen Zusammenseins.

DIE GRAVITY BAR

Eventuelle Vorbehalte angesichts der Kommerzialität der Ausstellungen zerstreut die Gravity Bar im obersten Stock des Bauwerks; dort erhält man ein Glas Guinness (geht aufs Haus) – viel besser kann ein Bier kaum sein – und kann die sensationelle Aussicht genießen.

St. Patrick's Tower ist der Name der Windmühle auf dem weitläufigen Fabrikgelände. Ursprünglich gehörte sie zur Roe Distillery, die ein 7 ha großes Areal auf der Nordseite der James's Street einnahm und Europas größter Whiskeyproduzent war. Arthur Guinness mochte Whiskey nicht und sprach vom „Fluch der Nation" (sein neues Bier nannte er derweil „Krankenschwester der Nation" – „curse" vs. „nurse of the nation"). Die Roe Distillery stellte die Whiskeyproduktion 1926 ein und wurde 1949 von Guinness übernommen.

HIGHLIGHT
DUBLIN CASTLE

Wer eine mittelalterliche Burg wie aus dem Bilderbuch erwartet, dürfte enttäuscht sein: Dieses Bauwerk, das für 700 Jahre ein Bollwerk der britischen Macht in Irland war, stammt größtenteils aus dem 18. Jh. und sieht eher nach palastartigem Sammelsurium als nach klassischer zinnenbewehrter Burg aus.

NICHT VERSÄUMEN

- Chapel Royal
- State Apartments
- Upper Yard

PRAKTISCH & KONKRET

- Karte S. 80 f.
- 01-677 7129
- www.dublincastle.ie
- Dame Street
- Führungen Erw./Kind 10/4 €, Rundgang auf eigene Faust 7/3 €
- 9.45–17.45, letzter Eintritt 17.15 Uhr
- alle Linien im Zentrum

Führungen

Die 70-minütigen **Führungen** (je nach Teilnehmerzahl alle 20 bis 30 Minuten) sind eine ziemlich trockene Angelegenheit, die eher auf Touristen mit einer Vorliebe für zeitgenössisches Mobiliar als für unterhaltsame Anekdoten zugeschnitten sind, aber sie sind im Eintrittspreis inbegriffen. Man schaut sich die **State Apartments (Prunkgemächer)** an – ob das Dekor als geschmackvoll beschrieben werden kann, ist z.T. fraglich, doch die Kronleuchter sind bildschön, die irischen Teppiche edel, die Rokoko-Decken vortrefflich und man kann sich ein Porträt von van Dyck und den Thron von König George V. ansehen. Nächste Station ist die **St. Patrick's Hall**, in der irische Präsidenten ins Amt eingeführt und ausländische Würdenträger empfangen werden. Außerdem kann man den Raum erkunden, in dem James Connolly 1916 nach dem Osteraufstand an einen Stuhl gefesselt wurde und sich von seinen schweren Verletzungen erholte – nur um gleich darauf von einem Erschießungskommando hingerichtet zu werden.

Höhepunkt der Führung sind die **unterirdischen Ausgrabungen** der alten Burg, die 1986 entdeckt wurden, darunter ein Fundament aus der Wikingerzeit (dessen Mörtel aus Ochsenblut, Eierschalen und Pferdehaar bestand), handpolierte Außenwände, die Angreifer davon abhalten sollten, an ihnen hochzuklettern, und Stufen, die in die Wassergräben hinunterführen (sie wurden einst vom in die Liffey mündenden Strom Poddle gespeist).

HIGHLIGHT
CHESTER BEATTY LIBRARY

Die weltberühmte Chester Beatty Library befindet sich im Clock Tower an der Rückseite des Dublin Castle (S. 68) und ist eins der besten kleinen Museen Europas.

Die außergewöhnliche Sammlung, die der New Yorker Bergbaumagnat Alfred Chester Beatty mit viel Liebe und Sachverstand zusammengestellt hat, ist atemberaubend schön und ein Garant für staunende Gesichter.

Arts of the Book

Die Exponate sind über zwei Etagen verteilt. Im Erdgeschoss ist *Arts of the Book* untergebracht, eine kompakte, fantastische Zusammenstellung von Kunstwerken aus der westlichen, islamischen und ostasiatischen Welt. Highlights sind die exquisiteste Sammlung chinesischer Jadebücher der Welt und illuminierte europäische Texte mit formvollendeter Kalligrafie. Audiovisuelle Darstellungen erläutern die Techniken der Buchbindung, Papierherstellung und des Buchdrucks.

Sacred Traditions

Im zweiten Stock ist die Sammlung *Sacred Traditions* untergebracht, die mittels dekorativer und religiöser Kunst, Schriften und einem Video am Eingang einen Einblick in die fünf Weltreligionen gewährt. Die Koran-Schriften aus dem 9. bis 19. Jh. (mehr als 270 Exemplare) gelten in Fachkreisen als beste Beispiele illuminierter islamischer Texte der Welt. Auch die alten Papyri sind herausragend, darunter einige mit ägyptischen Liebesgedichten aus dem 12. Jh. Zudem sind ein paar der frühesten illuminierten Evangelien der Welt ausgestellt (um 200 n. Chr.).

NICHT VERSÄUMEN

- Nara-e-hon-Schriftrollen (Ostasiensammlung, Sacred Traditions)
- Ibn al-Bawwab Qu'ran (Koran-Sammlung, Sacred Traditions)
- Neutestamentarische Papyri (Westliche Sammlung, Sacred Traditions)

PRAKTISCH & KONKRET

- Karte S. 80 f.
- ☎ 01-407 0750
- www.cbl.ie
- Dublin Castle
- ⌚ ganzjährig Mo–Fr 10–17, Sa 11–17, So 13–17 Uhr, Nov.–Feb. Mo. geschl., Mi 13 Uhr, Sa 14 Uhr & So 15 Uhr kostenlose Führungen
- 🚌 alle Linien im Zentrum

Sehenswertes

Grafton Street & Umgebung

Trinity College HISTORISCHES GEBÄUDE

Siehe S. 64.

Dublin Castle HISTORISCHES GEBÄUDE

Siehe S. 68.

Chester Beatty Library MUSEUM

Siehe S. 69.

★ **Little Museum of Dublin** MUSEUM

(Karte S. 80 f.; ☎ 01-661 1000; www.littlemuseum.ie; 15 St. Stephen's Green N; Erw./Stud. 8/6 €; ⊙ Mo–Mi & Fr 9.30–17, Do bis 20 Uhr; 🚌 alle Linien im Zentrum, 🚋 St. Stephen's Green) Im preisgekrönten „Kleinen Dublin-Museum" werden die letzten hundert Jahre der Geschichte Dublins mittels Memorabilien, Fotos und Gegenständen erzählt, die von Privatpersonen gestiftet wurden. Die eindrucksvolle Sammlung verteilt sich über die Räumlichkeiten eines hübschen georgianischen Hauses und umfasst u. a. ein Pult, an dem John F. Kennedy bei seinem Irlandbesuch 1963 eine Rede hielt, und ein Originalexemplar des verhängnisvollen Briefes, den die irischen Vertreter zu den Friedensverhandlungen von 1921 erhalten hatten und dessen widersprüchliche Instruktionen den Kern der Spaltungen bildeten, die zum Bürgerkrieg führten.

Im 2. OG widmet sich ein kompletter Raum der Geschichte der Musikband U2. Dort befindet sich zudem das persönliche Archiv von Alfred „Alfie" Byrne (1882–1956), der zehnmal Bürgermeister von Dublin war (Rekord!) und sich als großer Händeschüttler den Spitznamen Shaking Hand of Dublin verdiente. Besuche sind im Rahmen von Führungen möglich (jeweils zur vollen Stunde). Das Museum organisiert überdies den Stadtspaziergang Green Mile im St. Stephen's Green.

★ **St. Stephen's Green** PARK

(Karte S. 72 f.; ⊙ Sonnenauf- bis -untergang; 🚌 alle Linien im Zentrum, 🚋 St. Stephen's Green) Beobachtet man die Parkbesucher beim geselligen Beisammensein oder Händchenhalten, kann man sich kaum vorstellen, dass die 9 ha große elegante Grünanlage St. Stephen's Green, Dublins beliebtester Park, einst Schauplatz von öffentlichen Auspeitschungen, Verbrennungen und Hinrichtungen war. Heutzutage ist das Schlimmste, was einem hier passieren kann, dass der Parkwächter einen wegen Fußball- oder Frisbeespielens der Parkfläche verweist.

Die Gebäude rund um den Platz stammen hauptsächlich aus der Mitte des 18. Jhs., als die Grünanlage angelegt wurde und sich zum Zentrum des georgianischen Dublins entwickelte. Der Nordteil, Beaux

BOOK OF KELLS

Die Geschichte des *Book of Kells* ist fast so faszinierend wie die darin enthaltenen Buchmalereien. Es soll um 800 n. Chr. von Mönchen des St. Colmcille's Monastery auf der entlegenen Insel Iona vor der schottischen Küste geschrieben und illustriert worden sein. Wegen wiederholter Überfälle plündernder Wikinger flohen die Äbte nach Kells im County Meath und nahmen ihr Meisterwerk mit. 1007 wurde es gestohlen, dann wiedergefunden und im Jahre 1654 zur sicheren Aufbewahrung ins Trinity College gebracht, wo man das Prachtstück heute in der **Old Library** (S. 65) bestaunen kann. Jedes Jahr stehen mehr als eine halbe Million Besucher Schlange, um das Buch zu sehen. 1953 wurde es neu gebunden und besteht inzwischen aus vier Bänden.

Von den 680 Seiten aus Kalbshaut (Vellum) kann man sich gerade mal zwei ansehen (eine Seite mit Malerei, die andere mit Text) – daher rührt der Spitzname „page of Kells" (Seite von Kells). Gut, man kann nicht erwarten, ein derart wertvolles Dokument beliebig durchblättern zu dürfen! Das eigentliche Problem ist die immense Beliebtheit des Werks, die die Besichtigung zu einem eher zweifelhaften Vergnügen macht – man wird förmlich im Schnelldurchlauf durch den Raum gescheucht und kann so leider nur einen kurzen Blick auf das Buch werfen.

Wer sich den Wälzer in Ruhe zu Gemüte führen möchte, kann sich ein Faksimile für schlappe 22 000 € kaufen. Für weniger Betuchte ist der Buchladen der Bibliothek eine gute Anlaufstelle. Zu den zahlreichen Souvenirs gehört beispielsweise Bernard Meehans *The Book of Kells* (17 €) mit zahlreichen Reproduktionen und sehr guten Erläuterungen.

Trinity College

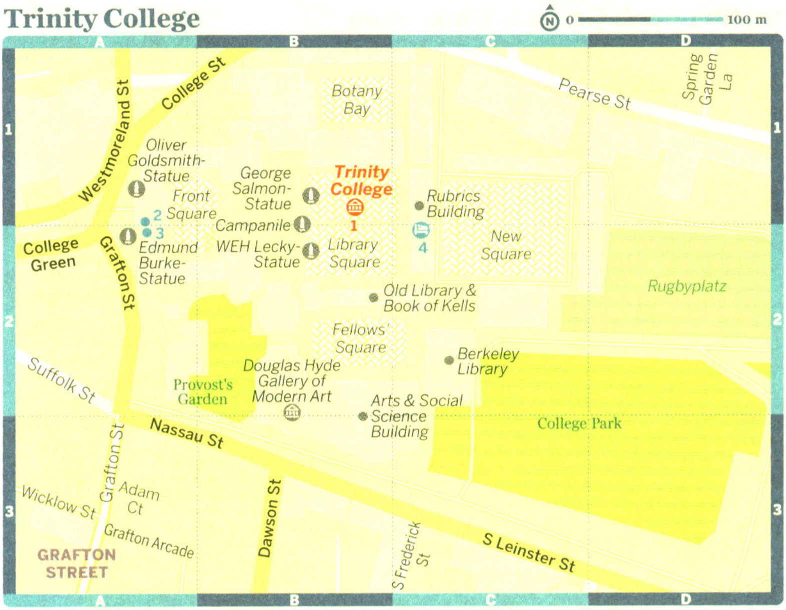

Walk genannt, zählt bis heute zu den angesehensten Gegenden der Stadt und beherbergt auch Dublins erstes Society-Hotel, das Shelbourne (S. 107). Ganz in der Nähe stößt man auf den winzigen **Huguenot Cemetery** (nicht öffentlich zugänglich), der 1693 von französischen Protestanten gegründet wurde.

1814 erhob man eine jährliche Parknutzungsgebühr von einem Pfund und errichtete Zäune sowie abschließbare Tore. Auf Bestreben von Sir Arthur Edward Guinness erließ das Parlament schließlich 1877 ein Gesetz, das den Park wieder öffentlich zugänglich machte. Er finanzierte außerdem die Gärten und Teiche in dessen Zentrum, die 1880 angelegt wurden.

Der Haupteingang zum Park ist heute der **Fusiliers' Arch** (Karte S. 80 f.) am oberen Ende der Grafton Street. Er wurde als kleinere Version des Titusbogens in Rom konzipiert und erinnert an die 212 Soldaten der Royal Dublin Fusiliers, die im Zweiten Burenkrieg (1899–1902) für die Briten kämpften und fielen.

Auf die Grünflächen und Wege des Parks verteilen sich einige bemerkenswerte Kunstwerke. Am eindrucksvollsten ist das **Denkmal für Wolfe Tone** (Karte S. 72 f.), den Anführer der irischen Rebellion von 1798. Als Kulisse dienen senkrecht angeordnete

Trinity College

Highlights
1 Trinity College B1

Aktivitäten, Kurse & Touren
2 Historical Walking Tour A1
3 Trinity College Walking Tour A2

Schlafen
4 Trinity College C2

Steinplatten in der nordöstlichen Ecke der Anlage, „Tonehenge" genannt. Am dortigen Eingang erinnert eine **Gedenkstätte** (Karte S. 72 f.) an die Opfer der Großen Hungersnot (1845–1851).

An der Ostseite des Parks befindet sich ein **Spielplatz** (Karte S. 72 f.; Sonnenauf- bis -untergang). Der hübsche alte **Pavillon** südlich davon wurde anlässlich des Thronjubiläums von Queen Victoria 1887 errichtet. Im Sommer finden hier oft Konzerte statt. Nahebei stößt man auf eine **Büste von James Joyce** (Karte S. 72 f.).

Bank of Ireland BEMERKENSWERTES GEBÄUDE
(Karte S. 80 f.; 01-671 1488; College Green; Mo–Mi & Fr 10–16, Do bis 17 Uhr; alle Linien im Zentrum) Bis 1801 beherbergte der eindrucksvolle palladianische Bau an einer Seite des College Green das irische Parla-

St. Stephen's Green & Umgebung

ment – er ist das erste Gebäude der Welt, das speziell für diesen Zweck errichtet wurde. Der originale, von Säulen geschmückte Teil in der Mitte, der sich vom neueren Anbau unterscheidet, wurde 1729 von Sir Edward Lovett Pearce entworfen und 1733 von James Gandon fertiggestellt.

Als sich das Parlament mit dem Act of Union 1801 auflöste, verkaufte man das Gebäude unter der Bedingung, es nie wieder für politische Debatten zu nutzen – ein harter Schlag für die parlamentarischen Bestrebungen Irlands. Während das zentrale Unterhaus neu gestaltet wurde und kaum

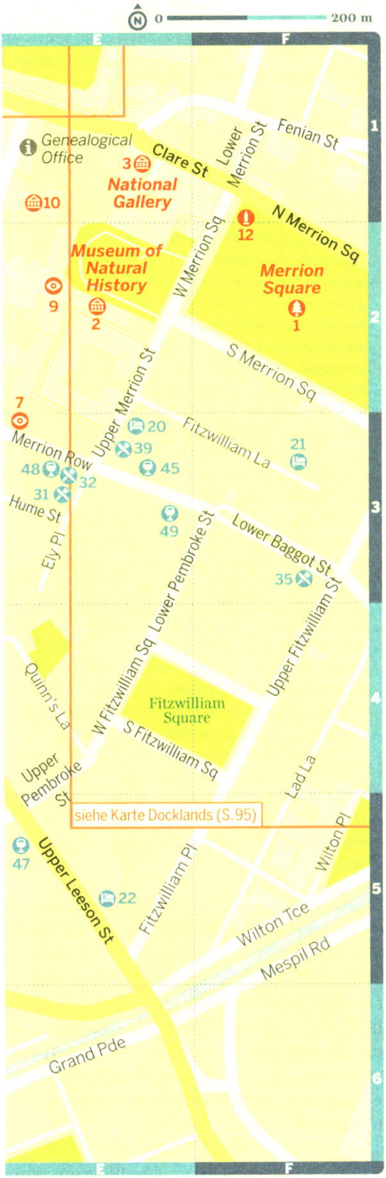

mehr etwas an seine frühere Funktion erinnert, blieb das kleinere sehr viel interessantere **Oberhaus** (Eintritt frei) erhalten. Geschmückt wird es von Holzarbeiten aus irischer Eiche, einer Mahagoni-Standuhr und einem Dubliner Glaskronleuchter aus dem späten 18. Jh. Sein Design stand Pate für das ursprüngliche Repräsentantenhaus in Washington, D. C., das heute die National Statuary Hall beherbergt. Besucher können sich das Oberhaus während der allgemeinen Öffnungszeiten ansehen. Zudem bietet der Dubliner Historiker Sean Ó Laocha jeden Dienstag um 10.30 und 12.30 Uhr vorab buchbare Führungen an.

City Hall MUSEUM

(Karte S. 80 f.; www.dublincity.ie/dublincityhall; Dame St; Erw./Stud./Kind 4/2/1,50 €; Mo–Sa 10–17.15 Uhr; alle Linien im Zentrum) Thomas Cooley errichtete das wunderschöne georgianische Bauwerk zwischen 1769 und 1779 als Sitz der Royal Exchange (Börse). Mitte des 19. Jhs., als der Stadtrat hier einzog (deshalb auch der Name City Hall – Rathaus), führte man wenig ansprechende architektonische Veränderungen durch. Glücklicherweise erstrahlt das Gebäude seit der Restaurierung von 2000 nun wieder in altem georgianischen Glanz. Im Untergeschoss ist eine Ausstellung zur Stadtgeschichte zu finden.

Der eindrucksvolle runde Innenraum wird von einem Säulengang gesäumt und von natürlichem Licht aus den riesigen Ostfenstern durchflutet. Eine große Marmorstatue des früheren Bürgermeisters, der für die Rechte der Katholiken kämpfte, erinnert an die Verbindungen des Bauwerks mit dem irischen Nationalismus (hier fanden die Beerdigungen von Charles Stewart Parnell und Michael Collins statt). Dublins Stadtrat kommt noch immer am ersten Montag jedes Monats in dem Gebäude zusammen und diskutiert die Geschicke der Stadt im Council Chamber, das ursprünglich als Kaffeestube diente.

Auf dem Gelände der City Hall befanden sich einst zwei zwielichtige Etablissements, das Lucas Coffee House und die angrenzende Eagle Tavern, in der Richard Parsons, der Earl of Rosse, 1735 den berüchtigten Hellfire Club gründete. Der Herrenclub war nur einer von vielen in der Stadt, sorgte jedoch wegen angeblicher Sexorgien und satanischer Messen für besonders viel Gesprächsstoff.

Im wunderschön gewölbten Untergeschoss ist die Multimediaausstellung **Story of the Capital** untergebracht. Sie erzählt die Geschichte der Stadt von ihren Anfängen bis zu Zukunftsplänen. Sex oder Satan finden keine Erwähnung, obwohl eine kleine Auflockerung angesichts der vielen Informationen und der langen Texte ganz gut

St. Stephen's Green & Umgebung

Highlights
1 Merrion Square ... F2
2 Museum of Natural History ... E2
3 National Gallery ... E1
4 National Museum of Ireland – Archaeology ... D2
5 St. Stephen's Green ... C3

Sehenswertes
6 Famine Victims Memorial ... D3
7 Huguenot Cemetery ... E3
8 James Joyce Bust ... C3
9 Leinster House ... E2
10 National Library ... E1
11 Newman House ... C4
12 Oscar Wilde Statue ... F1
13 Wolfe Tone Monument ... D3

Aktivitäten, Kurse & Touren
14 Spielplatz ... D3
Guided Tour of Oireachtas ... (siehe 9)
15 See Dublin by Bike ... B5

Schlafen
16 Buswell's Hotel ... D2
17 Conrad Dublin ... D4
18 Dean ... B4
19 Harrington Hall ... B4
20 Merrion ... E3
21 Merrion Mews ... F3
22 Number 31 ... E5
23 O'Callaghan Stephen's Green ... B3
24 Shelbourne ... D2
25 Trinity Lodge ... D1

Essen
26 Assassination Custard ... A3
27 Brother Hubbard South ... B5
28 Bunsen ... B3
29 Camden Kitchen ... B5
Coburg Brasserie ... (siehe 17)
30 Eatyard ... B6
31 Ely ... E3
32 Etto ... E3
33 Hang Dai ... B5
34 Harcourt Street Food Market ... C5
House ... (siehe 47)
35 L'Ecrivain ... F3
36 Little Jerusalem ... B4
37 Meet Me in the Morning ... B4
38 Pig's Ear ... D1
39 Restaurant Patrick Guilbaud ... E3
40 Richmond ... B6
41 Shanahan's on the Green ... C3
42 Sophie's @ the Dean ... B4

Ausgehen & Nachtleben
43 Anseo ... B4
44 Bernard Shaw ... B6
45 Doheny & Nesbitt's ... E3
46 Hartigan's ... D4
47 House ... E5
48 O'Donoghue's ... E3
49 Toner's ... E3
50 Wall and Keogh ... B6

Unterhaltung
51 Devitt's ... B4
52 National Concert Hall ... D4
O'Donoghue's ... (siehe 48)
53 Sugar Club ... D4
54 Whelan's ... B4

Shoppen
55 Kilkenny Shop ... D1
56 Knobs & Knockers ... D1

tun würde. Dennoch lohnt sich das recht schicke Museum mit seinen audiovisuellen Exponaten.

Royal College of Surgeons UNIVERSITÄT
(Karte S. 80 f.; www.rcsi.ie; 123 St. Stephen's Green W; nicht öffentlich zugänglich; alle Linien im Zentrum) Das Gebäude aus dem frühen 19. Jh. schmückt eine der schönsten Fassaden von St. Stephen's Green. Während des Osteraufstands 1916 besetzten Rebellen unter der Führung der schillernden Gräfin Markievicz (1868–1927) – die irische Nationalistin war mit einem angeblichen Grafen aus Polen verheiratet – das Gebäude. An den Säulen sind noch immer Einschusslöcher zu sehen. Bis heute werden hier Doktortitel verliehen, wobei die Universität bei Studenten aus Übersee besonders beliebt ist.

Newman House BEMERKENSWERTES GEBÄUDE
(Karte S. 72 f.; 01-477 9810; www.ucd.ie; 85–86 St. Stephen's Green S; geschl.; alle Linien im Zentrum, St. Stephen's Green) Zu den schönsten Beispielen georgianischer Architektur in Dublin zählen diese beiden Stadthäuser, die ab 1865 die von Kardinal Newman gegründete Catholic University of Ireland beherbergten. Nebenan befindet sich ein viktorianischer Saal. Die Alma Mater von James Joyce, Pádraig Pearse und Eamon de Valera ist gegenwärtig geschlossen; eine umfassende Renovierung steht ins Haus, in deren Rahmen auch die Eröffnung eines neuen Museums zu Ehren irischer Schriftsteller im Jahre 2019 erfolgen wird.

City Assembly House HISTORISCHES GEBÄUDE
(Karte S. 80 f.; www.igs.ie; 58 South William St; Mo–Sa 10–18 Uhr; alle Linien im Zentrum)

GRATIS Die Society of Artists ließ das georgianische Stadthaus zwischen 1766 und 1771 als ersten speziell zu diesem Zweck gebauten öffentlichen Ausstellungsbereich auf den britischen Inseln errichten. Im 19. Jh. diente es als inoffizielles Rathaus, heute ist es Hauptsitz der Irish Georgian Society, der die Restaurierung des Bauwerks obliegt; es soll wieder seinem Ursprungszweck zugeführt werden und beherbergt aktuell Ausstellungen.

Merrion Square & Umgebung

Die Apotheose des georgianischen Dublin erfolgte auf dem Merrion und Fitzwilliam Square, die sich durch exquisite Architektur und elegante Flächen auszeichnen. Die beiden Plätze bieten einen perfekten Mix aus eindrucksvollen öffentlichen Gebäuden, Museen, Privatbüros und Wohnhäusern. Ein Großteil der wohlhabenden Dubliner arbeitet und agiert inmitten der neoklassizistischen Pracht, die während der Blütezeit Dublins im 18. Jh. entstand, darunter der Sitz des irischen Parlaments im Leinster House sowie in direkter Nachbarschaft die National Gallery, die Hauptstelle des National Museum of Ireland und das Museum of Natural History.

★ Merrion Square PARK

(Karte S. 72 f.; Sonnenauf- bis -untergang; alle Linien im Zentrum) Der Merrion Square ist der prestigeträchtigste und wohl eleganteste georgianische Platz der Stadt. Die gepflegten Rasenflächen und Blumenbeete werden auf drei Seiten von umwerfenden georgianischen Häusern flankiert, die farbenfrohe Türen, Fächerfenster, kunstvoll verzierte Türklopfer und teils auch Schuhabstreifer schmücken. In den vergangenen zwei Jahrhunderten dienten sie einigen bekannten Persönlichkeiten als Wohnstatt.

Die vierte Seite des 1762 angelegten Platzes säumen die National Gallery (S. 78) und das Leinster House (S. 79). Manch einem schien das nicht genug zu sein: W. B. Yeats (1865–1939), ein früherer Anwohner, zeigte sich wenig beeindruckt und beschrieb die Architektur als „graues 18. Jh.“; der eine oder andere ist einfach nie zufrieden!

An der nordwestlichen Ecke des Platzes befindet sich eine extravagante **Statue von Oscar Wilde** (Karte S. 72 f.; Sonnenauf- bis -untergang; 7, 8 & 46A ab dem Zentrum).

★ National Museum of Ireland – Archaeology MUSEUM

(Karte S. 72 f.; www.museum.ie; Kildare St; Di–Sa 10–17, So 14–17 Uhr; alle Linien im Zentrum) GRATIS Irlands bedeutendste kulturelle Einrichtung entstand 1877 als zentrales Archiv für die archäologischen Schätze des Landes. Dazu zählen die bekanntesten Kunsthandwerksarbeiten des Landes, der **Kelch von Ardagh** aus dem 12. Jh. und die **Tara-Brosche** aus dem 8. Jh. Sie sind Teil des **Treasury**, das wiederum zu Europas schönster Sammlung an Goldartefakten aus der Bronze- und Eisenzeit sowie der weltweit umfassendsten Kollektion mittelalterlicher keltischer Metallarbeiten gehört.

Darüber hinaus umfasst der Treasury die Ausstellung **Ór-Ireland's Gold** mit eindrucksvollen Schmuckstücken und dekorativen Objekten von keltischen Kunsthandwerkern aus der Bonze- und Eisenzeit. Dazu gehört der **Broighter Hoard** mit einer massiven in Europa einzigartigen goldenen Halskette aus dem 1. Jh. v. Chr. und einem außerordentlich kunstvollen Bootmodell aus Gold. Außerdem ist die wunderbare bronzene Kriegstrompete Loughnashade, ebenfalls aus dem 1. Jh. v. Chr., zu bewundern.

SCHAUPLÄTZE DER LITERATUR

Lange Zeit galt der Merrion Square als bevorzugte Adresse für Dublins wohlhabende Intellektuellenszene. **Oscar Wilde** (1854–1900) verbrachte z. B. einen Großteil seiner Jugend im Haus North Merrion Square Nr. 1 (heute der Campus des American College Dublin). W. B. Yeats (1865–1939) wohnte im Haus East Merrion Square Nr. 52 und später, zwischen 1922 und 1928, im South Merrion Square Nr. 82. **George (A. E.) Russell** (1867–1935), seines Zeichens Dichter, Mystiker und Maler, arbeitete in der Nr. 84. Der große Befreier **Daniel O'Connell** (1775–1847) genoss seinen Lebensabend in der Nr. 58. Zwischen 1940 und 1956 bewohnte der Österreicher **Erwin Schrödinger** (1887–1961), der 1933 den Nobelpreis für Physik erhielt, die Nr. 65. Auch Autoren von Gruselgeschichten fühlten sich von Dublin angezogen: **Joseph Sheridan Le Fanu** (1814–1873), der den Vampirklassiker *Camilla* schrieb, logierte in der Nr. 70.

Dublin

Weiteres Highlight ist die eisenzeitliche Sammlung „Bog Bodies" (Moorleichen) der Ausstellung **Kingship and Sacrifice**. Die vier Körper sind in unterschiedlichem Zustand und wurden in einem Moor in den Midlands gefunden. Einige noch gute erhaltene Details – ein Haarknäuel, sehnige Beine und Finger mit intakten Nägeln – sind unheimlich und faszinierend, noch eindrucksvoller ist aber der historische Kontext: Experten glauben, dass es sich bei den Leichen um Opfer grausamer Folterrituale handelt –

der Preis, den bedeutende Persönlichkeiten in der keltischen Welt zahlen mussten.

Im oberen Stock befinden sich die Ausstellungen **Medieval Ireland 1150–1550** und **Viking Ireland** mit Exponaten von Ausgrabungen bei Wood Quay, dem Areal zwischen der Christ Church Cathedral und dem Fluss sowie **Ancient Egypt** mit Artefakten, die zwischen 1890 und 1930 gefunden wurden.

Das Museum hat drei Außenstellen in Irland: Im Museum of Natural History

Dublin

(S. 78) werden ausgestopfte Tiere gezeigt, in den Collins Barracks (S. 88) dekorative Kunst und in einem Museum (S. 443) in County Mayo an der irischen Westküste das Leben auf dem Land.

★ National Gallery MUSEUM
(Karte S. 72 f.; www.nationalgallery.ie; West Merrion Sq; ⏱ Mo–Mi, Fr & Sa 9.15–17.30, Do bis 20.30, So 11–17.30 Uhr; 🚌 4, 7, 8, 46A ab dem Zentrum) GRATIS Ein Besuch der Nationalgalerie lohnt sich allein schon wegen des grandiosen Caravaggio und der Werksammlung von Jack B. Yeats, William Butlers jüngerem Bruder. Der Schwerpunkt der herausragenden Kollektion liegt auf irischer Kunst, aber es sind auch viele große europäische Maler mit exzellenten Arbeiten vertreten.

Auf vier Flügel verteilen sich Werke von Rembrandt und seinen Zeitgenossen, eine spanische Sammlung mit Gemälden von El Greco, Goya und Picasso sowie eine fachkundig präsentierte Ausstellung italienischer Kunst von der frühen Renaissance bis ins 18. Jh. Zu den ausgestellten Malern gehören Fra Angelico, Tizian und Tintoretto. Als absolutes Highlight gilt Caravaggios *Gefangennahme Christi* von 1602, das über 60 Jahre in einem Jesuitenhaus in der Leeson Street lag und nur zufällig vom Chefkurator Sergio Benedetti entdeckt wurde.

Im Erdgeschoss werden eine tolle irische sowie eine kleinere britische Sammlung mit Werken von Reynolds, Hogarth, Gainsborough, Landseer und Turner präsentiert. Nicht verpassen sollte man die **Yeats Collection** im hinteren Museumsteil mit Werken von Jack B. Yeats (1871–1957), Irlands bedeutendstem Maler des 20. Jhs.

Wegen der laufenden Renovierung des Hauptgebäudes befindet sich der Eingang derzeit im lichtdurchfluteten modernen **Millennium Wing** auf der Clare Street. Dort sind eine kleine Sammlung irischer Kunst aus dem 20. Jh., Sonderausstellungen namhafter Künstler (kosten Eintritt), eine Kunstbibliothek, ein Hörsaal, ein guter Buchladen und das Fitzer's Café untergebracht.

Kostenlose Führungen finden samstags um 12.30 Uhr sowie sonntags um 11.30, 12.30 und 13.30 Uhr statt. Besucher können sich zudem die Gratis-App „Masterpieces" (für Android und iPhone) herunterladen, die 80 % der Sammlung umfasst.

★ Museum of Natural History MUSEUM
(National Museum of Ireland – Natural History; Karte S. 72 f.; www.museum.ie; Upper Merrion St; ⏱ Di–Sa 10–17, So 14–17 Uhr; 🚌 7, 44 ab dem Zentrum) GRATIS 1857 wurde dieses staubige, sonderbare und unglaublich fesselnde Museum von dem schottischen Forscher Dr. David Livingstone eröffnet, kurz bevor sich dieser zu einem Treffen mit Henry Stanley im afrikanischen Dschungel aufmachte. Es verströmt reichlich viktorianischen Charme und drückt eine enorme Begeisterung für die Wissenschaft aus. Die riesige Sammlung legt derweil Zeugnis über die Kunst der Taxidermie ab.

Der **Irish Room** im Erdgeschoss ist mit Säugetieren, Meeresbewohnern, Vögeln und Schmetterlingen gefüllt, darunter die Skelette von drei 10 000 Jahre alten irischen Elchen gleich am Eingang. Die **World Animals Collection** erstreckt sich über drei Etagen und wartet mit dem Skelett eines 20 m langen Finnwals auf, der im County Sligo gestrandet war. Anhänger der Evolutionstheorie werden von den Skeletten der Orang-Utans, Schimpansen, Gorillas und Menschen im ersten Stock beeindruckt sein.

Neuer ist die **Discovery Zone**: Hier kann man selbst zum Forscher werden, sich mit Taxidermie beschäftigen und alle möglichen Schubladen öffnen. Zu den weiteren bemerkenswerten Exponaten gehören der ausgestorbene australische Tasmanische Tiger (ein Beuteltier, das irrtümlich auch als Tasmanischer Wolf bezeichnet wird), ein Riesenpanda aus China und mehrere afrikanische sowie asiatische Nashörner. Die herrliche Blaschka Collection umfasst wunderbar detaillierte Glasmodelle von Meereslebewesen, deren zoologische Akkuratesse einzigartig ist.

Leinster House BEMERKENSWERTES GEBÄUDE

(Oireachtas Éireann; Karte S. 72 f.; ☎ 01-618 3271; www.oireachtas.ie; Kildare St; ⏲ Besuchergalerien Nov.–Mai Di 14.30–20.30, Mi 10.30–20.30, Do 10.30–17.30 Uhr; 🚍 alle Linien im Zentrum) Alle wichtigen Entscheidungen des Landes werden im Oireachtas (Parlament) getroffen oder abgesegnet. Das prächtige palladianische Gebäude wurde zwischen 1745 und 1748 von Richard Cassels als Stadtresidenz für James Fitzgerald, den Duke of Leinster und Earl of Kildare, errichtet.

Kostenlose anmeldungspflichtige Führungen (Karte S. 72 f.; www.oireachtas.ie; Kildare St; ⏲ Mo–Fr 10.30, 11.30, 14.30 & 15.30 Uhr; 🚍 alle Linien im Zentrum) GRATIS werden während der Öffnungszeiten des Parlaments außerhalb der Sitzungen angeboten. Es gibt Eintrittskarten für die Besuchergalerien.

Die Fassade an der Kildare Street ähnelt der eines Stadthauses (sie inspirierte den irischen Architekten James Hoban zum Bau des Weißen Hauses in den USA), jene am Merrion Square der einer ländlichen Villa. Der Obelisk vor dem Haus ist Arthur Griffith, Michael Collins und Kevin O'Higgins, den Schöpfern des freien Irlands, gewidmet.

1922 zog die erste Regierung des Irischen Freistaats in das Gebäude ein. Bis heute diskutieren Angehörige des Dáil (Unterhauses) und des Seanad (Senats oder Oberhauses) hier die Angelegenheiten des Landes und tauschen in der exklusiven Bar den neuesten Tratsch aus. Der 60 Mitglieder umfassende Seanad hält seine eher maßvollen Diskussionen in einem Saal im Nordflügel ab. Kontroverser geht's bei den Sitzungen des 166-köpfigen Dáil zu. Dieser trifft sich in einem weniger interessanten ehemaligen Vorlesungssaal, der dem Originalgebäude 1897 zugefügt wurde. Das Parlament tritt an 90 Tagen im Jahr zusammen.

Temple Bar

Für die Sehenswürdigkeiten in Temple Bar benötigt man zwar nicht mal einen halben Tag, aber darum geht's auch nicht: Das Viertel mit den Kopfsteinpflastergassen ist schon seit Langem die berüchtigtste Partyzone der Stadt und lebt von seiner

DUBLIN IN ...

zwei Tagen

Zum Auftakt sollte man sich das Trinity College (S. 64) und das Book of Kells (S. 65) ansehen und sich darauf in das Epizentrum der georgianischen Ära begeben – ein Streifzug durch St. Stephen's Green (S. 70) und über den Merrion Square (S. 75) bieten sich an. Unbedingt sehenswert sind das National Museum of Ireland – Archaeology (S. 75) und die National Gallery (S. 78). Abends geht's in ein authentisches Pub, z. B. das Kehoe's (S. 121). Tags darauf stehen die Chester Beatty Library (S. 69) und das Guinness Storehouse (S. 66) auf dem Programm. Wer anschließend noch kann, sollte im Irish Museum of Modern Art (S. 85) und Kilmainham Gaol (S. 84) vorbeischauen. Den Tag kann man bei einer traditionellen Session im Cobblestone (S. 125) ausklingen lassen.

vier Tagen

An vier Tagen bleibt genügend Zeit, das oben beschriebene Programm auszudehnen und in den besseren Pubs der Stadt Pausen einzulegen. Außerdem kann man den Glasnevin Cemetery (S. 97) und die Dublin City Gallery – The Hugh Lane (S. 87) besichtigen. In der Old Jameson Distillery (S. 89) erfahren Besucher alles zum Thema Whiskey und werden bei einem Dublin Literary Pub Crawl (S. 101) zu Fachleuten für Literatur (oder Bier). Nördlich der Liffey lockt die aufblühende Restaurantszene, im Da Mimmo's (☎ 01-856 1714; www.damimmo.ie; 148 North Strand Rd; Hauptgerichte 10–16 €; ⏲ 12–22 Uhr; 🚍 53 ab Talbot St) gibt's z. B. hervorragende italienische Küche. Ein Pflichtstopp ist außerdem Temple Bar mit seinem vielfältigen Unterhaltungsprogramm.

Temple Bar & Grafton Street

Atmosphäre, nicht von Touristenattraktionen. Tagsüber versprüht es ein gewisses Bohemienflair. Hier kann man gut nach Vintage-Klamotten stöbern, sich piercen lassen, gegrilltes mongolisches Fleisch verspeisen sowie biologische Lebensmittel, die neuesten CDs und Bücher zu jedem erdenklichen Thema erstehen. Daneben locken moderne Kunstinstallationen oder mitreißende Darbietungen von Trommelgruppen. Abends und am Wochenende ändert sich das Panorama komplett, denn dann

füllen sich die Bars mit jeder Menge party- und trinkfreudiger Gäste, die für laute feucht-fröhliche Stimmung und Unterhaltung sorgen. Temple Bar ist zudem Dublins offizielles „Kulturviertel“, sodass auch das intellektuelle Angebot nicht zu verachten ist, darunter das progressive Project Arts Centre (S. 128), die **Temple Bar Gallery & Studios** (Karte S. 80 f.; ☎ 01-671 0073; www.templebargallery.com; 5 Temple Bar; ⏲ Di–Sa 11–18 Uhr; 🚌 alle Linien im Zentrum) GRATIS und das Irish Film Institute (S. 130).

Temple Bar & Grafton Street

Highlights
1 Chester Beatty Library ... D4
2 Christ Church Cathedral ... C3
3 Dublin Castle ... E3
4 Little Museum of Dublin ... H6
5 Marsh's Library ... C6
6 St. Patrick's Cathedral ... C6

Sehenswertes
7 Ark Children's Cultural Centre ... E2
8 Bank of Ireland ... G2
9 City Assembly House ... G4
10 City Hall ... E3
11 Contemporary Music Centre ... C2
12 Dublinia: Experience Viking & Medieval Dublin ... B3
13 Fusiliers' Arch ... G6
14 Handel's Hotel (früher Neal's New Musick Hall) ... C3
15 Icon Factory ... G1
16 Royal College of Surgeons ... G6
17 St. Audoen's Catholic Church ... B3
18 St. Audoen'sChurch of Ireland ... B3
19 Temple Bar Gallery & Studios ... F1

Aktivitäten, Kurse & Touren
1916 Rebellion Walking Tour ... (siehe 67)
Christ Church Guided Tours ... (siehe 2)
20 Dublin Literary Pub Crawl ... H4
Dublin Musical Pub Crawl ... (siehe 75)
Green Mile ... (siehe 4)
21 Pat Liddy Walking Tours ... G3
22 Viking Splash Tours ... H5

Schlafen
23 Avalon House ... E6
24 Barnacles ... F2
25 Brooks Hotel ... F4
26 Dawson ... H5
27 Dublin Citi Hotel ... F2
28 Fitzwilliam Hotel ... G6
29 Grafton House ... F4
30 Irish Landmark Trust ... F2
31 Kelly's Hotel ... F4
32 Kinlay House ... C3
33 Radisson Blu Royal Hotel ... D5
34 Westbury Hotel ... G4
35 Westin Dublin ... H1

Essen
Avoca ... (siehe 92)
36 Azteca ... D3
37 Banyi Japanese Dining ... G1
38 Bison Bar & BBQ ... E2
39 Blazing Salads ... F4
40 Bunsen ... H4
41 Bunsen ... E2
42 Chameleon ... F1
43 Coppinger Row Market ... G4
44 Cornucopia ... G3
45 Crackbird ... E2
46 Dada ... F4
47 Fade Street Social ... F4
Fallon & Byrne ... (siehe 48)
48 Fallon & Byrne ... F3
49 Govinda's ... E5
50 Greenhouse ... H5
51 Klaw ... F2
52 L'Gueuleton ... F4
53 Pichet ... G3

★ **Christ Church Cathedral** KIRCHE
(Church of the Holy Trinity; Karte S. 80 f.; www.christchurchcathedral.ie; Christ Church Pl; Erw./Stud./Kind 6,50/4/2,50 €, mit Dublinia 14,50/12/7,50 €; ganzjährig Mo–Sa 9–17, So 12.30–14.30 Uhr, März–Okt. längere Öffnungszeiten; 50, 50A, 56A ab Aston Quay, 54, 54A ab Burgh Quay) Dank ihrer Lage auf einem Hügel und der auffälligen Strebepfeiler ist dies Dublins fotogenste Kathedrale. Sie wurde 1030 gegründet und ab 1172 erneuert, wobei Richard de Clare, der Earl of Pembroke ihr größter Förderer war. Der anglonormannische Adlige ging als Strongbow in die Geschichte ein, als er 1170 Irland eroberte. Im Inneren des Gebäudes befindet sich ein Denkmal zu seinen Ehren.

Die **Führungen** (Karte S. 80 f.; www.christchurchcathedral.ie; Christ Church Pl; Erw./Familie 4/12 €; Mo–Fr 12.10, 14 & 16, Sa 14, 15 & 16 Uhr; 50, 50A, 56A ab Aston Quay, 54, 54A ab Burgh Quay) beinhalten den Glockenturm, wo ein Glöckner die Kunst des Läutens erklärt. Wer möchte, kann es selbst ausprobieren.

Nachdem die ursprüngliche Holzkirche durch das heutige Gebäude ersetzt worden war, wetteiferte die Kathedrale mit der nahe gelegenen St. Patrick's Cathedral um die Gunst der Gemeinde. Beide durchlebten im 18. und 19. Jh. schwere Zeiten: Das Hauptschiff der Christ Church Cathedral wurde als Markthalle genutzt, während man sich in der Krypta zum Biertrinken traf. Als endlich mit der Restaurierung begonnen wurde, stand die Kirche bereits kurz vor dem Verfall. Heute fristen beide Häuser der Church of Ireland angesichts der überwiegend katholischen Gemeinden in Dublin nur noch ein Schattendasein.

Geht man vom südöstlichen Eingang zum Friedhof, kommt man an den Ruinen des 1230 errichteten **Kapitelsaals** vorbei. Der Eingang zur Kathedrale befindet sich an der südwestlichen Ecke, folglich blickt

54 Pitt Bros BBQ ... F3
55 Port House ... G3
56 Queen of Tarts ... D2
57 Queen of Tarts ... D3
Silk Road Café ... (siehe 1)
58 Simon's Place ... F4
59 Super Miss Sue ... F4
Wow Burger ... (siehe 72)
60 Yamamori ... F3

Ausgehen & Nachtleben
61 Bruxelles ... G4
62 Chelsea Drug Store ... F4
63 Clement & Pekoe ... F4
64 Fallon's ... B6
65 George ... F3
66 Grogan's Castle Lounge ... F4
Hogan's ... (siehe 31)
67 International Bar ... G3
68 Kaph ... F3
69 Kehoe's ... H4
70 Liquor Rooms ... E2
71 Long Hall ... E4
72 Mary's Bar ... H3
73 McDaid's ... G4
74 No Name Bar ... F4
75 Oliver St John Gogarty ... G1
Pygmalion ... (siehe 102)
Sam's Bar ... (siehe 26)
76 Stag's Head ... F3
77 Street 66 ... D2
78 Swan ... E6
79 Temple Bar ... F1
80 The Oak ... E2
81 Vintage Cocktail Club ... F2

Unterhaltung
82 Banker's Comedy Club ... F2
83 Button Factory ... F2
84 Gaiety Theatre ... G5
85 Irish Film Institute ... E2
86 Mother ... D2
87 Olympia Theatre ... E2
88 Project Arts Centre ... E2
89 Smock Alley Theatre ... D2
90 Ticketmaster ... G5
91 Workman's Club ... E2

Shoppen
Article ... (siehe 102)
92 Avoca Handweavers ... H3
93 Barry Doyle Design Jewellers ... F4
94 Claddagh Records ... H1
95 Claddagh Records ... F2
96 Cow's Lane Designer Mart ... D2
97 Cow's Lane Designer Mart ... D2
Design Centre ... (siehe 102)
Dolls Store ... (siehe 102)
98 George's Street Arcade ... F4
99 Gutter Bookshop ... D2
100 Irish Design Shop ... F3
101 Louis Copeland ... G3
102 Powerscourt Townhouse Shopping Centre ... G4
103 Sheridan's Cheesemongers ... H4
104 St Stephen's Green Shopping Centre ... F5
105 Stokes Books ... F3
106 Temple Bar Food Market ... E2
107 Ulysses Rare Books ... H4

man beim Hineingehen zuerst auf die Nordwand. Diese hat den Zusammensturz der gegenüberliegenden Seite gut überstanden, obwohl sich auch bei ihr die Fundamente senken.

Im südlichen Seitenschiff steht ein Denkmal von Strongbow. Bei der Rittergestalt auf dem Grab handelt es sich jedoch vermutlich nicht um den normannischen Eroberer, sondern um den Earl of Drogheda. Immerhin sollen Strongbows Organe hier bestattet sein. Einer Legende nach stellt die halbe Figur neben dem Grab Strongbows Sohn dar, der von seinem Vater in zwei Stücke geschlagen wurde, weil dieser seine Tapferkeit im Kampf anzweifelte.

Im südlichen Querschiff entdeckt man das barocke **Grab** des 19. Earl of Kildare (verstorben 1734). Sein Enkel, Lord Edward Fitzgerald, gehörte zu den United Irishmen und fiel bei dem gescheiterten Aufstand von 1798.

Vom südlichen Querschiff aus gelangt man durch den Eingang hinunter in die ungewöhnlich große **Gewölbekrypta**, die auf die originale Wikingerkirche zurückgeht. Zu ihren eher sonderbaren Highlights gehört ein Schaukasten mit einem mumifizierten Katz-und-Maus-Spiel (Tom und Jerry genannt): Während einer wilden Verfolgungsjagd in den 1860er-Jahren waren beide Tiere in einer Orgelpfeife stecken geblieben und dort verendet. Vom Haupteingang führt eine Brücke, die während der Restaurierungsarbeiten zwischen 1871 und 1878 entstand, zur Dublinia.

Dublinia: Experience Viking & Medieval Dublin MUSEUM

(Karte S. 80 f.; ☎ 01-679 4611; www.dublinia.ie; Christ Church Pl; Erw./Stud./Kind 9,50/8,50/6 €, mit Christ Church Cathedral 14,50/12/7,50 €; ⏰ März–Sept. 10–17.30, Okt.–Feb. bis 16.30 Uhr; 🚌 50, 50A, 56A ab Aston Quay, 54, 54A ab Burgh

Quay) Viele Kinder begeistern sich für die alte Synod Hall, die während der Restaurierung der Christ Church Cathedral (S. 82) Ende des 19. Jhs. an die Kathedrale angebaut wurde. Hier erweckt die Dauerausstellung Dublinia das Dublin der Wikingerzeit und des Mittelalters auf anschauliche, wenn auch leicht kitschige Weise zum Leben. Es gibt Modelle, begehbare Straßenzüge und etwas überholte interaktive Schaukästen zu sehen, die zumindest den Nachwuchs fesseln werden.

Die Modelle eines mittelalterlichen Kais und einer Schusterwerkstatt im **Medieval Dublin** sind ebenso gelungen wie das maßstabsgetreue Modell des damaligen Stadtbilds. Eine Etage darüber wartet **Viking Dublin** mit einer großen Sammlung von Objekten von Wood Quay, der weltweit größten wikingischen Ausgrabungsstätte, auf. Interaktive Exponate erzählen von den skandinavischen Stämmen, die im 9. und 10. Jh. in Dublin einfielen, eigentliches Highlight ist jedoch das nachgebaute Langboot, an dessen Bord das damalige Leben beleuchtet wird. **History Hunters**, ein neuerer Bereich, umfasst die Skelette eines Wikingerkriegers und einer Frau aus dem Mittelalter. Des Weiteren kann man den Sprachen des alten Dublin lauschen. Anschließend kann man die Treppen des benachbarten **St. Michael's Tower** hochsteigen und bei einem Blick durch die schmutzigen Fenster die Aussicht über die Stadt bis zu den Dublin Hills genießen. Zum Museum gehören außerdem ein hübsches Café und der unvermeidbare Souvenirladen.

Icon Factory KUNSTZENTRUM
(Karte S. 80 f.; ☎ 086 202 4533; www.iconfactorydublin.ie; 3 Aston Pl; ⏲ 11–18 Uhr; 🚌 alle Linien im Zentrum) GRATIS In dem großartigen Künstlerkollektiv im Herzen von Temple Bar finden Ausstellungen zum kulturellen Erbe Irlands statt. Die unterschiedlichsten einzigartigen Souvenirs feiern irische Musik und Literatur, sämtliche Erlöse gehen direkt an die Künstler. Bei einem Streifzug auf dem Icon Walk draußen kann man sich mit irischen Dramatikern, Rockstars, Ausnahmesportlern und Schauspielern vertraut machen.

Ha'penny Bridge BRÜCKE
(Karte S. 88 f.; 🚌 alle Linien im Zentrum) Die berühmteste Brücke Dublins wurde 1816 errichtet und ist damit eine der ältesten gusseisernen Brücken der Welt. Sie ersetzte die sieben Fähren, die einst zwischen den beiden Flussufern hin und her pendelten. Der offizielle Name lautet Liffey Bridge, der Spitzname Ha'penny rührt von der Brückenmaut in Höhe eines halben Pennys her, die bis 1919 entrichtet werden musste (eine Weile lag die Gebühr bei eineinhalb Pence; in dieser Zeit hieß die Brücke entsprechend „Penny Ha'penny Bridge").

Contemporary Music Centre KUNSTZENTRUM
(Karte S. 80 f.; ☎ 01-490 1857; www.cmc.ie; 19 Fishamble St; ⏲ Mo–Fr 10–17.30 Uhr; 🚌 alle Linien im Zentrum) GRATIS Wer sich für zeitgenössische irische Musik interessiert, sollte sich das Nationalarchiv des CMC nicht entgehen lassen. Dort kann man 10 000 Stücke von Komponisten dieses und des letzten Jahrhunderts anhören (und auf einer elektrischen Orgel spielen) sowie in der guten Bibliothek stöbern, in der Kurse angeboten und Treffen mit Komponisten organisiert werden.

Kilmainham & the Liberties

Guinness Storehouse BRAUEREI, MUSEUM
Siehe S. 66.

★ Kilmainham Gaol MUSEUM
(☎ 01-453 2037; www.kilmainhamgaolmuseum.ie; Inchicore Rd; Erw./Kind 8/4 €; ⏲ Juli & Aug. 9.30–18.45 Uhr, den Rest des Jahres bis 17.30 Uhr; 🚌 69, 79 ab Aston Quay, 13, 40 ab O'Connell St) Wer die irische Geschichte wirklich verstehen will – vor allem den dramatischen Widerstand gegen Großbritannien –, sollte dieses ehemalige Gefängnis besuchen. Das graue, bedrohlich wirkende Gebäude wurde zwischen 1792 und 1795 errichtet und spielte bei so ziemlich jeder Etappe auf Irlands steinigem Weg in die Unabhängigkeit eine Rolle. Obwohl es bereits seit 1924 geschlossen ist, hat es noch immer eine sehr einschüchternde Ausstrahlung.

Die Revolten von 1798, 1803, 1848, 1867 und 1916 endeten alle in diesem Haus mit der Inhaftierung der jeweiligen Anführer. Unter anderem saßen hier Robert Emmet, Thomas Francis Meagher, Charles Stewart Parnell sowie die Köpfe des Osteraufstands von 1916 ihre Zeit ab. Doch es waren die 14 zwischen dem 3. und 12. Mai 1916 vollstreckten Hinrichtungen, die dem Gefängnis seinen berüchtigten Ruf einbrachten. Auch die 1922 gemachten Gefangenen des Bürgerkrieges wurden hier eingesperrt.

Auf einen hervorragenden Einführungsfilm folgt eine nachdenklich stimmende

Führung durch das unheimliche Gebäude, das größte leerstehende Bauwerk seiner Art in ganz Europa. Unpassenderweise liegt draußen im Hof die *Asgard*, jenes Schiff, das 1914 die britische Blockade durchbrach, um die nationalistischen Truppen mit Waffen zu versorgen. Die Führung endet schließlich auf dem düsteren Hof, wo 1916 die Exekutionen stattfanden. Zutritt hat man durch das Kilmainham Courthouse nebenan.

★ **St. Patrick's Cathedral** KATHEDRALE
(Karte S. 80 f.; www.stpatrickscathedral.ie; St. Patrick's Close; Erw./Kind 6,50 €/frei; ⏲ Mo–Fr 9.30–17, Sa 9–18, So 9–10.30 & 12.30–14.30 Uhr; 🚌 50, 50A, 56A ab Aston Quay, 54, 54A ab Burgh Quay) Irlands größte Kirche, die St. Patrick's Cathedral, wurde zwischen 1191 und 1270 erbaut. An selber Stelle stand vorher eine Kirche aus dem 5. Jh. Hier soll der heilige Patrick höchstpersönlich keltische Stammesführer aus der Gegend getauft haben, was dem Ort heiliges Flair verleiht. Der entsprechende Brunnen befindet sich im angrenzenden **St. Patrick's Park**, einem einstigen Slum, der heute erholsame Stunden verspricht.

Wie die Christ Church Cathedral blickt auch St. Patrick's auf eine dramatische Geschichte voller Stürme und Brandschäden zurück. Die Kathedrale erlebte mehrere Umgestaltungen, die fragwürdigste im Jahr 1864, als mit der allgemeinen Begeisterung für den neogotischen Stil Strebebogen angebracht wurden. Oliver Cromwell nutzte das Gebäude 1649 nach seiner Landung in Irland als Stall für seine Armeepferde, eine Schmach, die auch zahlreichen weiteren irischen Gotteshäusern zuteil wurde. Jonathan Swift, Autor von *Gullivers Reisen*, war von 1713 bis 1745 Dekan der Kathedrale. Nach seiner Amtszeit wurde sie stark vernachlässigt, bis in den 1860er-Jahren eine Restaurierung erfolgte. St. Patrick's gehört wie die Christ Church zur Church of Ireland, im katholisch geprägten Dublin gibt's also tatsächlich zwei anglikanische Kirchen!

Betritt man die Kathedrale durch das Südwestportal, gelangt man rechts zu den **Gräbern von Swift und seiner langjährigen Lebensgefährtin Esther Johnson** alias Stella. An der Wand hängen von ihm selbst verfasste (selbstlobende) Grabinschriften auf Lateinisch sowie eine Büste von Swift.

Das riesig wirkende und ziemlich staubige **Boyle Monument** ließ Richard Boyle, der Earl of Cork, 1632 aufstellen und mit zahlreichen Abbildungen seiner Familie verzieren. Die Figur unten in der Mitte zeigt den fünfjährigen Sohn des Earls, Robert Boyle (1627–1691), aus dem ein berühmter Wissenschaftler wurde. Zu seinen Verdiensten gehört u. a. die Entdeckung des Boyleschen Gesetzes, das das Verhältnis von Druck und Volumen bei Gasen angibt.

★ **Marsh's Library** BIBLIOTHEK
(Karte S. 80 f.; www.marshlibrary.ie; St. Patrick's Close; Erw./Kind 3 €/frei; ⏲ Mo & Mi–Fr 9.30–17, Sa 10–17 Uhr; 🚌 50, 50A, 56A ab Aston Quay, 54, 54A ab Burgh Quay) In den letzten drei Jahrhunderten blieb diese wunderbar erhaltene Gelehrtenbibliothek fast unberührt. Sie zählt zu Dublins schönsten öffentlich zugänglichen Schätzen und ist das Highlight eines jeden Besuchs der Stadt. Alte Treppen führen zu wunderschönen Regalen aus dunklem Eichenholz mit kunstvoll geschnitzten vergoldeten Giebeln, die sich unter 25 000 Büchern, Manuskripten und Karten biegen; die Ältesten davon datieren aus dem 15. Jh.

Die Bibliothek wurde 1701 von Erzbischof Narcissus Marsh (1638–1713) gegründet und 1707 fertiggestellt. Den Entwurf lieferte Sir William Robinson, der auch für das Royal Hospital Kilmainham (S. 85) verantwortlich zeichnete. Sie ist die älteste öffentliche Bibliothek des Landes und beherbergt 25 000 Bücher vom 16. bis zum frühen 18. Jh. sowie Karten, Manuskripte (darunter eines auf Lateinisch von 1400) und eine Sammlung Inkunabeln (Bücher, die vor 1500 gedruckt wurden).

★ **Irish Museum of Modern Art** MUSEUM
(IMMA; Karte S. 76 f.; www.imma.ie; Military Rd; ⏲ Di–Fr 11.30–17.30, Sa 10–17.30, So 12–17.30 Uhr, Führungen Mi 13.15, Sa & So 14.30 Uhr; 🚌 51, 51D, 51X, 69, 78, 79 ab Aston Quay, 🚋 Heuston) GRATIS Irlands bedeutendste Sammlung moderner irischer und internationaler Kunst ist in den eleganten und großzügigen Räumlichkeiten des Royal Hospital Kilmainham untergebracht. Sir William Robinson entwarf das Gebäude zwischen 1684 und 1687 als Heim für Kriegsveteranen. Als solches wurde es bis 1928 genutzt und stand danach fast 50 Jahre leer, bis man es in den 1980er-Jahren komplett renovierte und schließlich in ein wunderbares Kunstmuseum verwandelte.

Das Gebäude, inspiriert von Les Invalides in Paris, ist ein großartiges Beispiel für den englisch-niederländischen Stil, der dem georgianischen Zeitalter vorausging. Bei seiner Errichtung wurden deshalb immer wieder Stimmen laut, es wäre eigentlich viel zu schade für seine Bewohner.

Nach der irischen Unabhängigkeit war das Gebäude kurz als Sitz für das neue irische Parlament im Gespräch, schließlich wurde es jedoch als Lager des National Museum of Ireland genutzt. Anlässlich seines 300. Geburtstags 1984 starteten Restaurierungsarbeiten, die Wiedereröffnung erfolgte 1991. Umfassende Umbauten zwischen 2012 und 2013 verliehen dem Bau zusätzlichen Glanz.

Die alten und neuen Werke ergänzen sich großartig. Zu den zeitgenössischen irischen Malern, die hier vertreten sind, gehören Louis Le Brocquy, Sean Scully, Barry Flanagan, Kathy Prendergast und Dorothy Cross. Darüber hinaus ist eine Filminstallation von Neil Jordan zu sehen. In der Dauerausstellung werden Werke der künstlerischen Schwergewichte Pablo Picasso und Joan Miró gezeigt, zudem gibt's regelmäßig Wechselausstellungen. Im Erdgeschoss befinden sich ein gutes Café und ein Buchladen.

Das ganze Jahr über werden kostenlose Museumsführungen angeboten.

★Teeling Distillery DESTILLERIE

(Karte S. 76 f.; www.teelingwhiskey.com; 13–17 Newmarket; Führungen 15–30 €; ⏲ Mo–Fr 9.30–17.30 Uhr; 🚌 27, 77A & 151 ab dem Zentrum) GRATIS Die erste neue Destillerie in Dublin seit 125 Jahren hat die Produktion erst 2015 aufgenommen – es wird noch einige Jahre dauern, bevor die gewonnenen Destillate den Namen Whiskey verdienen. Bis dahin besteht die Möglichkeit, das Besucherzentrum zu erkunden und die Whiskey-Sorten aus der anderen Destillerie der Besitzerfamilie auf der Cooley Peninsula zu verkosten und zu kaufen.

Die Besucher dürfen ein Schlückchen des edlen Getränks probieren, wer es aber auf die richtig guten Sachen abgesehen hat, muss eine der organisierten Verkostungen buchen, z. B. das Teeling Tasting (15 €) oder das Single Malt Reserve Tasting (30 €), bei dem drei Spezial-Whiskeys kredenzt werden, darunter der 21 Jahre alte Reserve Single Malt – bei den Whiskey Awards 2014 wurde er zum weltbesten Whiskey gekürt.

Das zur Destillerie gehörende Café ist klasse.

War Memorial Gardens PARK

(www.heritageireland.ie; South Circular Rd, Islandbridge; ⏲ Mo–Fr 8 Uhr–Sonnenuntergang, Sa & So 10 Uhr–Sonnenuntergang; 🚌 69, 79 ab Aston Quay, 13, 40 ab O'Connell St) GRATIS Fast kein Besucher wagt sich so weit in den Westen vor, weshalb den meisten dieser wunderschön angelegte Park entgeht. Die War Memorial Gardens stehen anderen Grünanlagen im Herzen des georgianischen Zentrums in nichts nach und sind den 49 400 im Ersten Weltkrieg gefallenen irischen Soldaten gewidmet, deren Namen auf zwei riesigen, von Sir Edwin Lutyens entworfenen „Bücherräumen" aus Granit stehen.

St. Audoen's Church of Ireland KIRCHE

(Karte S. 80 f.; ☎ 01-677 0088; www.heritageireland.ie; Cornmarket, High St; ⏲ Mai–Okt. 9.30–17.30 Uhr; 🚌 50, 50A, 56A ab Aston Quay, 54, 54A ab Burgh Quay) Zwei nebeneinanderstehende Kirchen tragen beide den Namen des hl. Audoen, im 7. Jh. Bischof von Rouen (alias Ouen) und Schutzheiliger der Normannen. Die ältere der beiden, die Church of Ireland, wurde zwischen 1181 und 1212 errichtet. Heute ist sie die einzige mittelalterliche Kirche in ganz Dublin, die noch genutzt wird. Zwischen 9.30 und 16.45 Uhr finden alle 30 Minuten kostenlose halbstündige Führungen statt. Die angrenzende neuere und größere **St. Audoen's Catholic Church** (Karte S. 80 f.; www.heritageireland.ie; Cornmarket, High St; ⏲ Mai–Okt. 9.30–16.45 Uhr; 🚌 50, 50A, 56A ab Aston Quay, 54, 54A ab Burgh Quay) GRATIS stammt aus dem 19. Jh.

Hinter der massiven romanisch-normannischen Tür der normannischen Kirche können Besucher einen „Glücksstein" aus dem 9. Jh. berühren. Er verspricht geschäftlichen Erfolg, wobei eine Grabplatte aus dem 9. Jh. in der Vorhalle darauf schließen lässt, dass an selber Stelle einst eine ältere Kirche stand. Bei der Führung sieht man die Ruinen und die Kirche mit von Cromwells Puristen geschändeten Grabfiguren. Turm und Tür gehen auf das 12., das Seitenschiff auf das 15. Jh. zurück. Das heutige Gebäude ist hauptsächlich das Ergebnis von Restaurierungsarbeiten im 19. Jh.

In der **St. Anne's Chapel**, die das Besucherzentrum beherbergt, liegen Grabmale einiger hochrangiger Mitglieder der Dubliner Gesellschaft aus dem 16. bis 18. Jh. Ganz oben im Turm der Kapelle befinden sich die drei ältesten Glocken Irlands von 1423. Obwohl die Ausstellungsstücke wenig spektakulär sind, ist das Gebäude selbst schön und verkörpert ein echtes Stück mittelalterliches Dublin.

In die Kirche gelangt man von der Südseite abseits der High Street durch den **St.**

Audoen's Arch von 1240. Von den alten Stadttoren blieb nur er erhalten. Der angrenzende Park ist hübsch, lockt jedoch viele zwielichtige Gestalten an, vor allem abends.

Nördlich der Liffey

★Dublin City Gallery – the Hugh Lane KUNSTMUSEUM

(Karte S. 88 f.; ☎ 01-222 5550; www.hughlane.ie; 22 N Parnell Sq; ⊙ Di–Do 9.45–18, Fr & Sa bis 17, So 11–17 Uhr; 🚌 7, 11, 13, 16, 38, 40, 46A, 123 ab dem Zentrum) GRATIS Zu Dublins Ruf als Stadt mit zahlreichen Kunstwerken von Weltrang trägt die großartige Sammlung dieses hervorragenden Museums maßgeblich bei, die im ebenso eindrucksvollen, 1763 von William Chambers entworfenen Charlemont House untergebracht ist. Zu sehen sind Highlights zeitgenössischer irischer Kunst, eine Handvoll impressionistischer Klassiker und Francis Bacons Original-Atelier.

Das Museum geht auf Sir Hugh Lane (1875–1915) zurück, der aus dem County Cork stammte und als Kunsthändler in London arbeitete, bevor er 1908 in Dublin seine eigene Galerie eröffnete. Er verfügte über großen Sachverstand und hatte eine gute Nase für die Entwicklungen auf dem Markt. Das erklärt die hohe Qualität der Sammlung, deren Schwerpunkt auf impressionistischen Werken liegt.

Leider und zum Nachteil Irlands wurden sein Talent und seine Kollektion in seiner Heimat kaum gewürdigt. Deswegen änderte Lane sein Testament und wollte einige seiner schönsten Stücke der National Gallery in London hinterlassen. Später setzte er in einer Zusatzklausel dann doch die Stadt Dublin als Erben ein. Wegen fehlender Zeugen entbrannte nach seinem Tod ein langer Rechtsstreit zwischen beiden Galerien um die wahre Eigentümerschaft.

Die Sammlung mit acht Gemälden, Hugh Lane Bequest 1917 genannt, wurde 1959 in zwei gleiche Teile aufgeteilt, die jeweils alle sechs Jahre die Galerie wechseln. Ab 2015 zeigt das Museum *Les Parapluies* von Auguste Renoir, das *Porträt Eva Gonzalès* von Edouard Manet, *Jour d'Été* von Berthe Morisot und *Aussicht von Louveciennes aus* von Camille Pissarro.

Neben den impressionistischen Meisterwerken ist die bekannteste Attraktion der Galerie das Francis Bacon Studio. Das chaotische Londoner Atelier des in Dublin geborenen Malers (1909–1992) wurde in mühevoller Kleinarbeit von der 7 Reece Mews in South Kensington, wo er 31 Jahre gelebt hatte, hierher verlegt. Zu sehen sind rund 80 000 willkürlich angeordnete Objekte, darunter aufgeschlitzte Leinwände und das letzte Bild, an dem Bacon arbeitete.

Die Galerie beherbergt darüber hinaus eine Dauersammlung mit sieben abstrakten Gemälden von Sean Scully. Der in Irland geborene Künstler lebt in New York und ist der wohl bekannteste lebende Maler des Landes.

Von September bis Juni finden sonntagnachmittags in der Kunstgalerie bis zu 30 Konzerte zeitgenössischer klassischer Musik statt.

ℹ DUBLIN PASS

Wer jede Menge Sehenswürdigkeiten besuchen möchte, für den lohnt sich der Dublin Pass (Erw./Kind 1 Tag 52/31 €, 3 Tage 83/52 €). Inhaber erhalten Eintritt zu mehr als 25 Attraktionen (darunter das Guinness Storehouse) sowie Rabatte für 20 weitere und ersparen sich bei den beliebtesten Sehenswürdigkeiten das Schlangestehen. Am besten kauft man sich die Karte online, damit man sie gleich nach der Landung am Flughafen nutzen und von dem enthaltenen Aircoach-Transfer Gebrauch machen kann. Ansonsten ist der Dublin Pass auch in jedem Dublin Discover Ireland Centre erhältlich.

★National Museum of Ireland – Decorative Arts & History MUSEUM

(Karte S. 76 f.; www.museum.ie; Benburb St; ⊙ Di–Sa 10–17, So 14–17 Uhr; 🚌 25, 66, 67, 90 ab dem Zentrum, 🚊 Museum) GRATIS Einst beherbergte das prächtige graue Steingebäude im frühen neoklassizistischen Stil am Nordufer der Liffey die größte Militärkaserne der Welt. Der Bau wurde 1704 fertiggestellt. Federführend war dabei Thomas Burgh, der auch die Old Library im Trinity College entwarf. Heute ist hier die Abteilung Decorative Arts & History des National Museum of Ireland mit mehreren exzellenten Dauerausstellungen untergebracht, z. B. zur Geschichte des Osteraufstands und zum Werk der irischen Kultdesignerin Eileen Gray (1878–1976).

Der beeindruckende Platz in der Mitte konnte ganze sechs Regimenter aufnehmen

Nördlich der Liffey

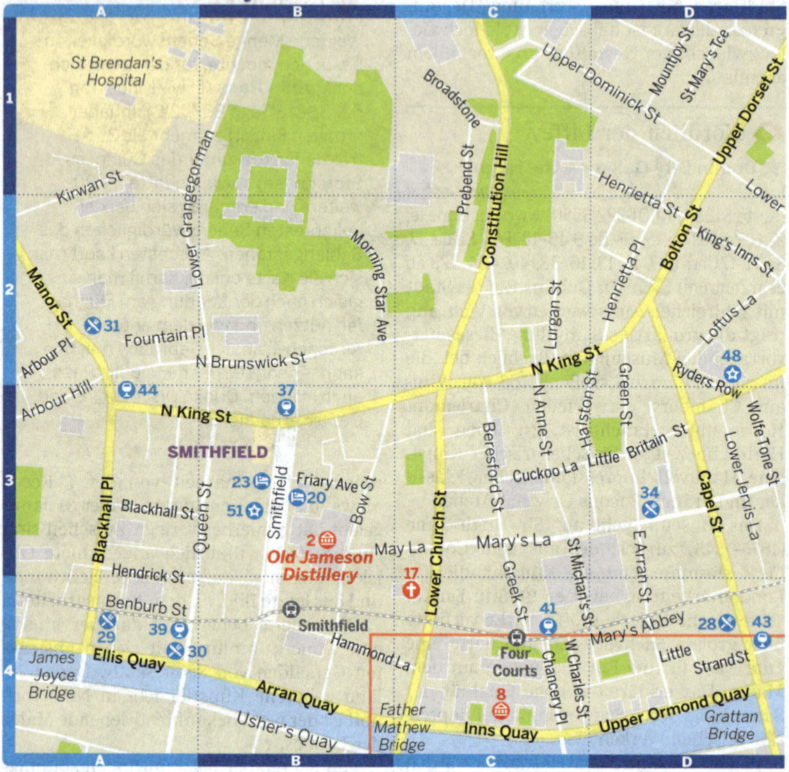

und wird von Kolonnaden und durch Brücken verbundene Kasernenblocks gesäumt. Nach der Machtübernahme durch die neue irische Regierung 1922 wurde die Kaserne zu Ehren von Michael Collins umbenannt. Der heldenhafte Unabhängigkeitskämpfer war im selben Jahr im Bürgerkrieg getötet worden. Bis heute nennen die meisten Dubliner das Museum **Collins Barracks**. Tatsächlich gehört der Armeemantel, den Collins am Tag seines Todes trug (der Ärmel ist noch immer mit Schlamm beschmutzt), zu der Ausstellung **Soldiers and Chiefs**, die der irischen Militärgeschichte im In- und Ausland von 1550 bis ins 21. Jh. gewidmet ist.

Die Exponate des Museums reichen von einem wahren Schatz an Artefakten von Silber, Keramik und Glaswaren über Waffen, Möbel und Alltagsgegenstände bis zu einer exquisiten Ausstellung, die der bekannten irischen Designerin **Eileen Gray** (1878–1976) gewidmet ist. Die faszinierende Schau **Way We Wore** umfasst irische Kleider und Schmuckstücke aus den vergangenen 250 Jahren. Sie ist eine Art fesselnde soziokulturelle Studie, die die symbolische Bedeutung von Mode und Schmuck für Trauer, Liebe und Identität zeigt. In der alten Reitschule ist seit 2016 die aktualisierte und verbesserte Version der langjährigen Ausstellung zum Osteraufstand zu finden; sie heißt **Proclaiming a Republic: The 1916 Rising** und beleuchtet den komplizierten sozialgeschichtlichen Hintergrund des Aufstands. Emotionale Erinnerungsstücke wie Zeugenberichte der Gewalttaten der Black & Tans und der Hungerstreiks nach dem Aufstand sowie handgeschriebene Sterbeurkunden der republikanischen Häftlinge und deren Postkarten aus dem Holloway-Gefängnis machen das einschneidende Ereignis in Irlands Geschichte lebendig. 25 von verschiedenen Kuratoren

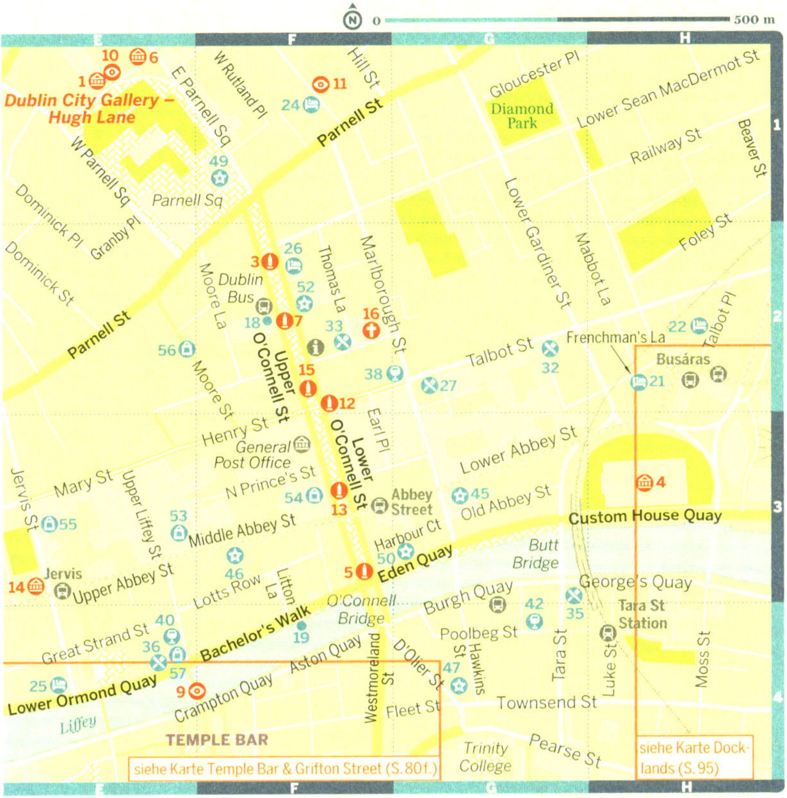

ausgewählte Glanzstücke werden in einer Sonderausstellung mit dem Titel **Curator's Choice** gezeigt. Die Auswahl wird jeweils kurz begründet.

★ **Old Jameson Distillery** MUSEUM

(Karte S. 88 f.; www.jamesonwhiskey.com; Bow St; Erw./Stud./Kind 18/15/9 €, Masterclasses 55 €; Mo–Sa 10–17, So 10.30–17 Uhr; 25, 66, 67, 90 ab dem Zentrum, Smithfield) Smithfields größte Attraktion widmet sich ganz dem *uisce beatha* (*isch*-ke ba-ha, „Wasser des Lebens"), also dem Whiskey. Echte Liebhaber finden diesen Namen mehr als angemessen, die schicke Aufmachung des Museums könnte aber etwas abschreckend wirken. Untergebracht ist es in einem Teil der alten Destillerie, die 1971 die Produktion einstellte. Besichtigen kann man es nur im Rahmen einer Führung durch die nachgebaute Fabrik (die anschließende Verköstigung ist äußerst unterhaltsam!) und durch den unvermeidlichen Souvenirshop.

Echte Whiskey-Fans, die mehr wissen wollen, könnten an einer 90-minütigen Masterclass teilnehmen – Whiskey Makers oder Whiskey Shakers. Dabei wird der Herstellungsprozess der Jameson-Whiskeys analysiert und man lernt, Cocktails auf Whiskey-Basis zuzubereiten. Wer hingegen einfach nur eine Flasche kaufen und mit nach Hause nehmen will, sollte Marken wie den hervorragenden Red Breast oder den superedlen (und entsprechend hochpreisigen) Midleton Very Rare wählen, die es in anderen Ländern meist nicht an jeder Ecke gibt.

General Post Office HISTORISCHES GEBÄUDE

(Karte S. 88 f.; 01-705 7000; www.anpost.ie; Lower O'Connell St; Mo–Sa 8–20 Uhr; alle Linien im Zentrum, Abbey) Das auffällige General Post Office, kurz GPO, ist das Hauptpostamt des Landes, bekannt wurde es jedoch vor allem wegen seiner Rolle in Irlands Unabhängigkeitskampf: Während des Osteraufstands 1916 diente es als Kom-

Nördlich der Liffey

Highlights
1 Dublin City Gallery – Hugh Lane E1
2 Old Jameson Distillery B3

Sehenswertes
3 Charles Stewart Parnell Statue F2
4 Custom House H3
Custom House Visitor Centre .... (siehe 4)
5 Daniel O'Connell Statue F3
6 Dublin Writers Museum E1
7 Father Theobald Mathew Statue F2
8 Four Courts C4
9 Ha'penny Bridge F4
10 Irish Writers Centre E1
11 James Joyce Cultural Centre F1
12 James Joyce Statue F2
13 Jim Larkin Statue F3
14 National Leprechaun Museum E3
15 Spire F2
16 St. Mary's Pro-Cathedral F2
17 St. Michan's Church C4

Aktivitäten, Kurse & Touren
18 Dublin Bus Tours F2
19 Dublin Discovered Boat Tours F4
James Joyce Walking Tours .... (siehe 11)

Schlafen
20 Generator Hostel B3
21 Isaacs Hostel H2
22 Jacob's Inn H2
23 Maldron Hotel Smithfield B3
24 MEC Hostel F1
25 Morrison Hotel E4
26 Riu Plaza Gresham Hotel F2

Essen
27 101 Talbot G2
28 Brother Hubbard D4
Chapter One .... (siehe 6)
29 Fish & Chip Shop A4
30 Fish Shop A4
31 L Mulligan Grocer A2
32 Le Bon Crubeen G2
33 M&L F2
34 Oxmantown D3
Winding Stair .... (siehe 57)
35 Workshop Gastropub G3
36 Yamamori Sushi E4

Ausgehen & Nachtleben
37 Cobblestone B3
38 Confession Box G2
39 Dice Bar A4
40 Grand Social E4
41 Hughes' Bar C4
42 John Mulligan's G4
43 Pantibar D4
44 Walshe's A3

Unterhaltung
45 Abbey Theatre G3
46 Academy F3
47 Chaplins Comedy Club G4
48 Cineworld Multiplex D2
49 Gate Theatre F1
50 Laughter Lounge G3
51 Light House Cinema B3
52 Savoy F2

Shoppen
53 Arnott's E3
54 Eason's F3
55 Jervis Centre E3
56 Moore Street Market E2
57 Winding Stair E4

mandozentrale der Rebellen. Vor diesem Hintergrund erscheint es logisch, dass das GPO bis heute Dreh- und Angelpunkt für Protestmärsche, Paraden und Gedenkveranstaltungen ist. Darüber hinaus befindet sich hier ein interaktives Besucherzentrum.

Bei der anschließenden Belagerung brannte das Gebäude – ein neoklassizistisches Meisterwerk von Francis Johnston (1818) – komplett aus. Das war aber nicht alles: Im Bürgerkrieg von 1922 wurde drinnen wie draußen erbittert gekämpft. Noch heute sieht man Einschusslöcher in den dorischen Säulen. Seit der Wiedereröffnung 1929 hat das General Post Office sehr viel ruhigere Zeiten erlebt, die Erinnerung an seine historische Bedeutung wird jedoch im Besucherzentrum wachgehalten: Die Besichtigung der Ausstellung zu den Ursachen, Ereignissen und Folgen des Aufstands kostet 10 €.

James Joyce Cultural Centre
KULTURZENTRUM

(Karte S. 88 f.; www.jamesjoyce.ie; 35 N Great George's St; Erw./Stud./Kind 4,50/3,50 €/frei; ⌚ Di–Sa 10–17, So 12–17 Uhr; 🚌 3, 10, 11, 11A, 13, 16, 16A, 19, 19A, 22 ab dem Zentrum) Denis Maginni, der quirlige extravagante Tanzlehrer und „eingefleischte Junggeselle", den James Joyce in *Ulysses* unsterblich machte, erteilte in diesem wunderschön restaurierten georgianischen Gebäude Tanzunterricht. Heute ist hier ein Zentrum untergebracht, das sich der Förderung und Bewahrung von Joyces Erbe verschrieben hat.

Gezeigt werden verschiedene Exponate, die für Joyce-Liebhaber interessant sind. Dazu gehören ein paar Möbelstücke aus dem Pariser Apartment des Schriftstellers, der Nachbau eines typischen edwardianischen Schlafzimmers in Originalgröße (nicht das von Joyce, aber ein Modell, das auch James und Nora zugesagt hätte) und die Originaltür des Wohnhauses von Leopold und Molly Bloom in der 7 Eccles Street aus *Ulysses*, das im wahren Leben einem Privatkrankenhaus weichen musste.

Zwar gibt's nicht viele Ausstellungsstücke aus der damaligen Zeit, doch das machen die hervorragenden interaktiven Darstellungen mehr als wett, darunter drei Dokumentarfilme über verschiedene Aspekte von Joyces Leben und Arbeit. Das Highlight des Zentrums sind Computer, mit denen man abschnittweise den Inhalt von *Ulysses* sowie Joyces Leben erforschen kann. Hier wird der Mythos entzaubert, die Werke des Schriftstellers seien ein undurchdringliches Mysterium. Außerdem sieht man so den echten Joyce: einen enorm talentierten zeitgenössischen Autor, der seine Leser mit intelligentem Witz und Sprachgebrauch herausfordert und unterhält.

Einige der wunderbaren Stuckdecken sind restaurierte Originale, andere sorgfältige Nachbildungen des Dubliner Stuckateurs Michael Stapleton. Nach Restaurierungen wartet die Straße vor dem Kulturzentrum zudem mit einigen der schönsten Eingänge und Oberlichter der Stadt auf.

St. Michan's Church — KIRCHE

(Karte S. 88 f.; ☎ 01-872 4154; Lower Church St; Erw./Kind 5/3,50 €; ⌚ Mo–Fr 10–12.45 & 14–16.45, Sa 10–12.45 Uhr; 🚊 Smithfield) Makabre Details sind die Highlights dieser Kirche, die 1095 von den Dänen errichtet und nach einem ihrer Heiligen benannt wurde. Zu den „Attraktionen" zählt ein 800 Jahre alter normannischer Kreuzfahrer, dem die Füße abgetrennt wurden, damit er in den Sarg passte. Ein Besuch ist nur im Rahmen einer Führung möglich.

St. Michan's war bis 1686 die einzige Kirche der Northside (gemeint ist die Gegend nördlich der Liffey), ein Jahr später erfolgte ein nahezu vollständiger Umbau (weitere Renovierungsarbeiten wurden 1825 und nach dem Bürgerkrieg durchgeführt) – einzig der Befestigungsturm aus dem 15. Jh. blieb erhalten. Der Innenraum der Kirche ähnelt einem Gerichtssaal und hat sich seit dem 19. Jh. kaum verändert. Zu sehen ist eine Orgel von 1724, auf der Händel vielleicht die Uraufführung seines *Messias* gespielt hat. Die Vorderseite des Orgelgehäuses schmücken 17 kunstvoll aus Eiche geschnitzte verflochtene Musikinstrumente. Der Totenschädel neben dem Altar soll Oliver Cromwells Schädel sein. Auf der anderen Seite befindet sich ein Büßerstuhl für Gemeindemitglieder mit unmoralischem Lebenswandel.

Als Highlight gelten allerdings die Führungen durch das **Kellergewölbe**. Die dort aufbewahrten Leichname sind 400 bis 800 Jahre alt und wurden durch das Methangas aus der verfaulenden Vegetation unter der Kirche, den magnesiumhaltigen Kalkstein des Mauerwerks, das Feuchtigkeit aus der Luft aufnimmt, und die immer konstante Temperatur konserviert. Hier sind eine ganze Reihe von Särgen untergebracht, die Hauptattraktionen sind aber „die großen Vier": die mumifizierten Körper von The Unknown (die Unbekannte; ein weiblicher Leichnam, dessen Herkunft ungewiss ist), The Thief (der Dieb; ein Mann ohne Hände und Füße. Manche sagen, sie wurden ihm als Strafe für seine Vergehen abgehackt), The Nun (die Nonne) und The Crusader (der Kreuzritter). Falls Letzterer tatsächlich 800 Jahre alt ist, hat er möglicherweise am 4. Kreuzzug im 13. Jh. teilgenommen, der zur Plünderung Konstantinopels führte und ohne Zustimmung der Kirche erfolgte. In der Krypta fanden auch die Brüder John und Henry Sheares die letzte Ruhe. Sie wurden nach dem Aufstand von 1798 hingerichtet. Weiterhin liegen angeblich die sterblichen Überreste von Robert Emmett hier, dem Anführer der Rebellion von 1803. Es heißt, dass Bram Stoker der Krypta einen Besuch abstattete, was ihn dazu inspiriert haben mag, eine Geschichte über einen gewissen Vampir zu schreiben, der in einem Sarg schlief …

Dublin Writers Museum — MUSEUM

(Karte S. 88 f.; www.writersmuseum.com; 18 N Parnell Sq; Erw./Kind 8/5 €; ⌚ Mo–Sa 9.45–16.45, So 11–16.30 Uhr; 🚌 3, 7, 10, 11, 13, 16, 19, 46A, 123 ab dem Zentrum) Jede Menge Erinnerungsstücke und literarische Objekte zieren die Wände und Schaukästen dieses eleganten Museums, das sich der reichen literarischen Geschichte der Stadt bis 1970 widmet. Der Gebäudekomplex besteht aus zwei Häusern aus dem 18. Jh. und ist für sich genommen ein Highlight. Der Dubliner Stuckateur Michael Stapleton verzierte die Galerie im oberen Stock.

Leider werden lebende und zeitgenössische Schriftsteller, die beim heutigen Besucher wohl noch mehr Interesse wecken würden, außen vor gelassen.

Die Büsten und Porträts der großen Literaten in der Galerie im Obergeschoss lohnen zweifellos einen Blick, die eigentliche Attraktion sind jedoch die Exponate im Erdgeschoss, zu denen Samuel Becketts Telefon (natürlich mit einer Taste zum Abweisen eingehender Anrufe), ein Brief des Kneipenliterats Brendan Behan an seinen Bruder und eine Erstausgabe von Bram Stokers *Dracula* gehören.

Auch die **Gorham Library** nebenan ist interessant, zudem gibt's einen idyllischen Zengarten. Das hübsche Museumscafé lädt zum Verweilen ein, während das Restaurant im Untergeschoss, Chapter One (S. 117), zu den besten der Stadt gehört.

Während sich das Museum den lieben Verstorbenen widmet, dient das **Irish Writers Centre** (Karte S. 88 f.; ☎01-872 1302; www.irishwriterscentre.ie; 19 N Parnell Sq; ⌚Mo–Do 10–21, Fr bis 17 Uhr; 🚌3, 7, 10, 11, 13, 16, 19, 46A, 123 ab dem Zentrum) nebenan als Treffpunkt und Arbeitsbereich ihrer lebendigen Nachfolger.

National Leprechaun Museum MUSEUM
(Karte S. 88f.; www.leprechaunmuseum.ie; Twilfit House, Jervis St; Erw./Kind 14/10 €, Darkland Tour 16 €; ⌚10–18.30 Uhr, Abendführung Fr & Sa 19–20.30 Uhr; 🚌alle Linien im Zentrum, 🚊Jervis) Das National Leprechaun Museum inszeniert sich als kinderfreundliches Folkloremuseum, erinnert jedoch eher an eine etwas altmodische Kinderspielwiese mit Märchenflair. Dem Ganzen kann man durchaus Positives abgewinnen, auch wenn der gemalte Leprechaun mehr einer kitschigen

HELDENDENKMÄLER IN DER O'CONNELL STREET

Die O'Connell Street ist gesäumt von Denkmälern großer Männer aus der irischen Geschichte. Über allen thront die Bronzestatue des Superhelden und „Befreiers" **Daniel O'Connell** (1775–1847; Statue 1880, enthüllt 1882; Karte S. 88 f.; Lower O'Connell St; 🚌alle Linien im Zentrum, 🚊Abbey) am Ende der Brücke. Die vier geflügelten Figuren zu seinen Füßen sollen seine Tugenden darstellen: Mut, Treue, Eloquenz, Patriotismus. Kurz nach der Enthüllung des Monuments begannen die Einheimischen, die Straße O'Connell Street zu nennen, deren offizielle Umbenennung erfolgte nach der Unabhängigkeit.

Richtung Norden, den Fluss im Rücken, passiert man ein Denkmal zu Ehren von **William Smith O'Brien** (1803–1864), dem Anführer der Bewegung Junges Irland, bevor man eine Statue erreicht, die ähnlich imposant ist wie die von O'Connell: Vor dem GPO (Hauptpost) steht der Gewerkschaftsführer **Jim Larkin** (1876–1947) (Karte S. 88 f.; Lower O'Connell St; 🚌alle Linien im Zentrum, 🚊Abbey) mit weit ausgebreiteten Armen. Sein großer Moment war gekommen, als er den Generalstreik 1913 mitorganisierte. Die Statue zeigt ihn, wie er leibte und lebte und die Arbeiter dazu animiert, aktiv für ihre Rechte einzutreten.

Als Nächstes stößt man auf den unübersehbaren **Spire** (Karte S. 88 f.; O'Connell St; 🚌alle Linien im Zentrum, 🚊Abbey). Gleich unterhalb, an der verkehrsberuhigten North Earl Street, wirft **James Joyce** (Karte S. 88 f.; N Earl St; 🚌alle Linien im Zentrum, 🚊Abbey) einen etwas verwirrten Blick auf das moderne, schnelle Treiben der O'Connell Street. Die Stadtbewohner nennen ihn liebevoll „The prick with the stick" (der Arsch mit dem Stock) – der große Schriftsteller hätte diesen vulgären Reim gewiss zu schätzen gewusst.

Noch ein Stück weiter erwartet einen **Father Theobald Mathew** (Karte S. 88 f.; Upper O'Connell St; 🚌alle Linien im Zentrum, 🚊Abbey), der „Apostel der Abstinenz" (1790–1856). Eine schwierigere Aufgabe hätte er sich wohl kaum aussuchen können, aber er ging in den 1840ern resolut gegen den Alkoholkonsum vor – mit Erfolg! Er brachte Hunderttausende dazu, sich vom „*demon drink*" (im Sinne von: Teufelszeug) abzuwenden.

Am oberen Ende der Straße erhebt sich schließlich die imposante Statue von **Charles Stewart Parnell** (Karte S. 88 f.; Upper O'Connell St; 🚌alle Linien im Zentrum, 🚊Abbey), dem „ungekrönten König von Irland" (1846–1891), der sich für die Home Rule (Selbstverwaltung Irlands) einsetzte. Er wurde ein politisches Opfer irischer Intoleranz.

Walt-Disney-Figur ähnelt als einer finsteren Kreatur aus der vorchristlichen Mythologie.

Neben einem Tunnel mit optischer Täuschung (von der anderen Seite betrachtet wirkt man kleiner) gibt's einen Raum mit überdimensionalen Möbeln, einen Wunschbrunnen und natürlich einen Goldtopf – interessant ist das Museum also nur für Kinder. Doch wer weiß, vielleicht ging Walt Disney ja höchstpersönlich auf Leprechaun-Jagd, als er beim Dreh des Films *Das Geheimnis der verwunschenen Höhle* 1948 Irland besuchte … Seit Kurzem wird die abendliche Darkland Tour angeboten, bei der düstere und gruselige Geschichten erzählt werden.

St. Mary's Pro-Cathedral KIRCHE

(Karte S. 88 f.; www.procathedral.ie; Marlborough St; 8–18.30 Uhr; alle Linien im Zentrum, Abbey) GRATIS Dublins bedeutendste katholische Kirche ist nicht gerade ein Vorzeigeobjekt, was vor allem an ihrem Standort liegt. Für das große neoklassizistische Gebäude, das zwischen 1816 und 1825 errichtet wurde, war ursprünglich die Stelle vorgesehen, an der heute das General Post Office steht. Nach Protesten von protestantischer Seite wurde die Kathedrale dann an einer schmalen Straße mitten im damaligen Rotlichtbezirk Monto erbaut.

Tatsächlich gibt's kaum genug Platz, um die sechs dorischen Säulen der Kirche zu bewundern, die dem Theseustempel in Athen nachempfunden sind. Das Innere ist recht funktional; zu den wenigen Highlights gehören ein geschnitzter Altar von Peter Turnerelli und ein Relief von John Smyth, das die Himmelfahrt Christi zeigt. Am besten kommt man sonntags um 11 Uhr, wenn die lateinische Messe vom Palestrina-Chor gesungen wird. In dessen Reihen startete Irlands berühmtester Tenor, John McCormack, 1904 seine Karriere. Auf der Website kann man zu den entsprechenden Zeiten die heilige Messe im Livestream verfolgen.

★ Phoenix Park PARK

(Karte S. 76 f.; www.phoenixpark.ie; 24 Std.; 10 ab O'Connell St, 25, 26 ab Middle Abbey St) GRATIS Mit stolzen 709 ha zählt Phoenix Park zu den weltweit größten Stadtparks. Neben Joggern, Omas mit Kinderwagen und gassigehenden Pudelbesitzerinnen gibt es hier Gärten, Seen, eine Sportanlage und 300 Damhirsche. Zudem bietet das Gelände Cricket- und Polofelder, eine Autorennstrecke und einige hübsche Residenzen aus dem 18. Jh., u. a. vom irischen Präsidenten und US-Botschafter.

Lord Ormond siedelte 1662, als die Ländereien des Hospitaliterordens königliches Jagdrevier wurden, auf dem Gelände Damhirsche an. 1745 gab Vizekönig Lord Chesterfield den Park für die Öffentlichkeit frei. Der Name „Phoenix" ist übrigens keine Anspielung auf den mythologischen Vogel, sondern eine Verfälschung des irischen Ausdrucks *fionn uisce* (klares Wasser).

1882 war der Park Schauplatz eines berühmten Verbrechens. Vor dem Haus, in dem heute der irische Präsident wohnt, wurden der britische Minister für irische Angelegenheiten, Lord Cavendish, und sein Assistent von einer Gruppe Nationalisten namens „The Invincibles" (Die Unbesiegbaren) ermordet. Lord Cavendishs Heim, inzwischen „Deerfield" genannt, ist nun die offizielle Residenz des US-Botschafters.

➡ Hauptwache der Garda Síochána

(Karte S. 76 f.; Phoenix Park; nicht öffentlich zugänglich; 10 ab O'Connell St, 25, 26 ab Middle Abbey St) Das große viktorianische Gebäude hinter dem Dublin Zoo und am Rande des Parks ist die Hauptwache der Garda Síochána (irischen Nationalpolizei) aus dem 19. Jh. Sie wurde nach den Plänen von Benjamin Woodward errichtet, der auch die Old Library des Trinity College entworfen hat.

➡ Papal Cross

(Phoenix Park; 10 ab O'Connell St, 25, 26 ab Middle Abbey St) Im Zentrum des Phoenix Park markiert das Papal Cross die Stelle, an der Johannes Paul II. im Jahr 1979 vor 1,25 Mio. Menschen predigte.

➡ Phoenix Monument

(Phoenix Park; 10 ab O'Connell St, 25, 26 ab Middle Abbey St) Das Phoenix Monument wurde 1747 von Lord Chesterfield in Auftrag gegeben. Der Vogel auf der korinthischen Säule hat allerdings wenig mit einem Phönix gemein, deswegen wird das Denkmal oft als Eagle Monument bezeichnet. Anfang des 20. Jhs. wurde es entfernt, um Autorennen im Park zu ermöglichen, in den 1990er-Jahren kehrte es jedoch an seinen ursprünglichen Ort zurück.

➡ Magazine Fort

(Phoenix Park; 10 ab O'Connell St, 25, 26 ab Middle Abbey St) Nahe dem Parkeingang Parkgate thront das Magazine Fort auf dem Thomas' Hill. Es wurde zwischen 1734 und 1801 gebaut und diente gelegentlich als Waffendepot für die britische und später die irische Armee. Unter Beschuss geriet es 1916 während des Osteraufstands und 1940, als sich die IRA mit den gesamten Munitionsvorräten der irischen Armee vom Acker machte.

Dublin Zoo ZOO

(www.dublinzoo.ie; Phoenix Park; Erw./Kind/Fam. 17,50/13/49 €; ⏲ März–Sept. 9.30–18 Uhr, Okt.–Feb. bis Sonnenuntergang; 🚌 10 ab O'Connell St, 25, 26 ab Middle Abbey St) Der 1830 eröffnete 12 ha große Zoo gleich nördlich einer Senke namens „the Hollow" zählt zu den ältesten Tierparks in Europa. Große Bekanntheit erlangte er für sein 1857 eingerichtetes Löwenzuchtprogramm, zu dessen Sprösslingen auch jene berühmte Raubkatze gehört, die vor dem Beginn sämtlicher MGM-Filme die Zuschauer anbrüllt. Die majestätischen Tiere sind in der „African Savannah" zu bewundern, eines von mehreren in den letzten zehn Jahren angelegten Gehegen.

Im Zoo leben rund 400 Tiere 100 verschiedener Arten, die in acht unterschiedlichen Themenbereichen untergebracht sind. Diese reichen von einem asiatischen Dschungel bis zu einem Familienbauernhof, in dem Kinder mit den tierischen Bewohnern auf Tuchfühlung gehen und eine (künstliche) Kuh melken können. Wegen der Vogelgrippe mussten die im Zoo lebenden Vögel leider 2017 nach drinnen umziehen, um eine Ansteckung durch den Kontakt mit wildem Federvieh auszuschließen.

Zum Gelände gehören Restaurants, Cafés und eine Besucherbahn.

Áras an Uachtaráin HISTORISCHES GEBÄUDE

(www.president.ie; Phoenix Park; ⏲ Führungen Sa 10.30–15.30 Uhr stündl.; 🚌 10 ab O'Connell St, 25, 26 ab Middle Abbey St) GRATIS Der Wohnsitz des irischen Präsidenten ist ein palladianisches Bauwerk, das 1751 entstand und seitdem mehrmals erweitert wurde, zuletzt 1816. Tickets für die kostenlosen einstündigen Führungen bekommt man im **Phoenix Park Visitor Centre** (☎ 01-677 0095; www.phoenixpark.ie; ⏲ April–Dez. 10–18 Uhr, den Rest des Jahres Mi–So 9.30–17.30 Uhr; 🚌 10 ab O'Connell St, 25 & 26 ab Middle Abbey St) GRATIS in den umgebauten früheren Ställen der päpstlichen Nuntiatur (Botschaft). Zur Einführung wird den Teilnehmern ein etwa zehnminütiges Video gezeigt, dann geht's per Shuttle zum Áras selbst, wo man die fünf Staatsgemächer und das Arbeitszimmer des Präsidenten zu sehen bekommt.

Von 1782 bis 1922 beherbergte die Residenz die britischen Vizekönige und danach die Lord Lieutenants, also die Vertreter der britischen Krone. Nach der Unabhängigkeit löste Irland die Verbindungen zur britischen Krone und richtete 1937 sein eigenes Präsidentschaftsamt ein. Queen Victoria logierte hier bei ihrem Besuch im Jahr 1849 und schien dabei die Not der Bevölkerung nicht einmal wahrzunehmen. Die im Fenster brennende Kerze ist eine alte Tradition, damit die in aller Welt verstreuten Iren den Weg nach Hause finden.

Docklands

Custom House MUSEUM

(Karte S. 88 f.; Custom House Quay; ⏲ Mo–Fr 9–17 Uhr; 🚌 alle Linien im Zentrum) Das georgianische Genie James Gandon (1743–1823) feierte seinen architektonischen Einstand in Dublin mit diesem prächtigen Gebäude (1781–1791) hinter dem Eden Quay an einem breiten Abschnitt der Liffey. Der riesige neoklassizistische Bau erstreckt sich über 114 m und wird von einer kupfernen Kuppel gekrönt, unter der ein kleines Museum im **Visitor Centre** (Karte S. 88 f.; 1,50 €; ⏲ Mitte März–Okt. Mo–Fr 10–12.30, Sa & So 14–17 Uhr, Nov.–Mitte März Mo, Di & Sa geschl.) die Geschichte Gandons und des Gebäudes erzählt.

Den besten Blick hat man vom Südufer der Liffey, wobei die feinen Details eine genauere Betrachtung lohnen. Unter dem Fries symbolisieren Köpfe die Götter von Irlands 13 wichtigsten Flüssen, der einzige weibliche Kopf über dem Haupttor wiederum steht für die Liffey. Kuhköpfe erinnern an Dublins Rindfleischhandel, während die Statuen dahinter Afrika, Amerika, Asien und Europa repräsentieren. Die Kuppel zieren vier Uhren, ihre Spitze krönt eine 5 m hohe Statue der Hoffnung.

EPIC The Irish Emigration Museum MUSEUM

(Karte S. 95; ☎ 01-906 0861; www.epicchq.com; CHQ-Gebäude, Custom House Quay; Erw./Kind 14/7 €; ⏲ 10–18.45, letzter Eintritt um 17 Uhr; 🚊 George's Dock) Ein Hightech-Museum zur Emigration und ihren Auswirkungen auf Irland und die rund 70 Millionen über den Erdball verteilten Menschen mit irischen Wurzeln. Los geht's mit dem „Reisepass", danach bewegt man sich durch 20 interaktive und teils bewegende Galerien, in denen sich verschiedenen Fragen gewidmet wird: Warum verließen die Iren ihre Heimat? Wohin gingen sie? Und wie erhielten sie die Verbindungen zur ihrem Herkunftsland aufrecht?

Docklands

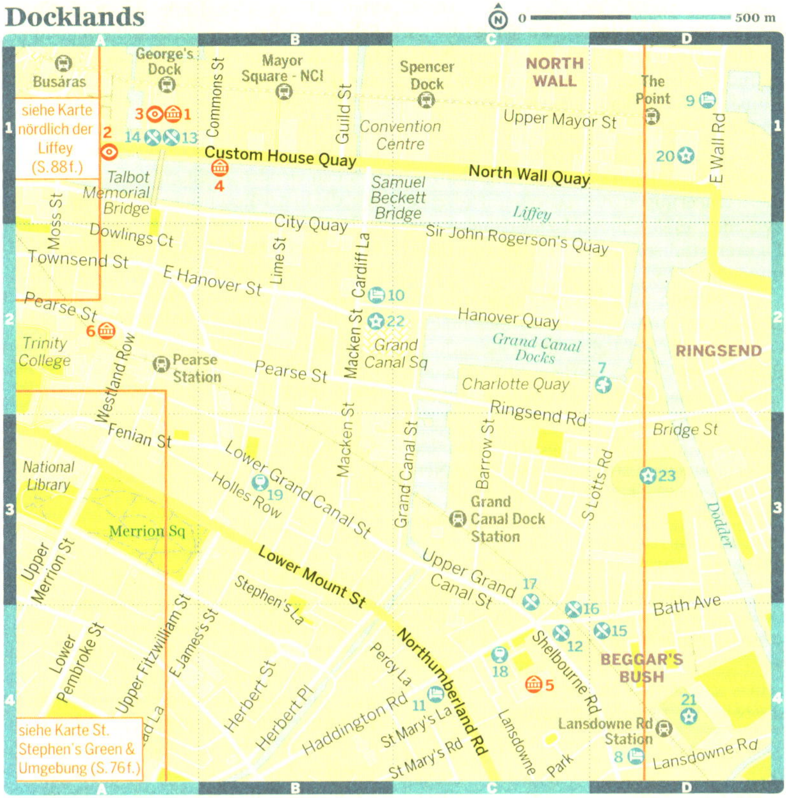

Docklands

Sehenswertes
1 EPIC The Irish Emigration Museum ... A1
2 Famine Memorial ... A1
3 Irish Family History Centre ... A1
4 Jeanie Johnston ... B1
5 National Print Museum ... C4
6 Science Gallery ... A2

Aktivitäten, Kurse & Touren
7 Wakedock ... D2

Schlafen
8 Ariel House ... D4
9 Gibson Hotel ... D1
10 Marker ... B2
11 Schoolhouse Hotel ... C4

Essen
12 Chophouse ... C4
13 CHQ Farmers' Market ... A1
14 Ely ... A1
15 Farmer Brown's ... D4
16 Juniors Deli & Café ... C4
17 Paulie's Pizza ... C3
Science Gallery Café ... (siehe 6)

Ausgehen & Nachtleben
18 Beggar's Bush ... C4
19 Square Ball ... B3

Unterhaltung
20 3 Arena ... D1
21 Aviva Stadium ... D4
22 Bord Gáis Energy Theatre ... B2
23 Shelbourne Park Greyhound Stadium ... D3

Famine Memorial DENKMAL

(Karte S. 95; Custom House Quay; 🚌 alle Linien im Zentrum) Östlich des Custom House (S. 94) befindet sich ein Beispiel öffentlicher Kunst, das besonders nachdenklich stimmt: mehrere lebensgroße Bronzefiguren von 1997, die ganz schlicht *Famine* genannt werden. Rowan Gillespie schuf sie, um an die Verheerungen des „Großen Hungers" zwischen 1845 und 1851 zu erinnern. Die Figuren sind schwer gezeichnet von Elend und Leid.

Der Standort der Skulpturen wurde mit Bedacht gewählt, denn genau hier machte sich im Jahre 1846 eins der ersten „Coffin Ships" (Sarg-Schiffe, sprich: schwimmende Särge) auf den Weg in die Vereinigten Staaten. Die Überfahrt auf der *Perseverance* schlug mit 3 £ zu Buche und 210 Passagiere unternahmen diese erste Reise in die Neue Welt. Sie erreichten New York am 18. Mai 1846, alle Personen an Bord überstanden die Fahrt unbeschadet.

Im Juni 2007 enthüllte die damalige irische Präsidentin Mary McAleese eine zweite Gruppe von *Famine*-Skulpturen von Rowan Gillespie im Ireland Park in Toronto zum Gedenken an die Ankunft von Menschen, die vor der Hungersnot in Irland in die Neue Welte geflohen waren.

Jeanie Johnston MUSEUM

(Karte S. 95; www.jeaniejohnston.ie; Custom House Quay; Erw./Stud./Kind/Fam. 10/9/5,50/25 €; ⏲ Führungen April–Okt. 10–16 Uhr, Nov.–März 11–15 Uhr jeweils stündl.; 🚌 alle Linien im Zentrum; 🚊 George's Dock) Eine der originellsten Sehenswürdigkeiten der Stadt: ein detailgetreuer Nachbau eines *coffin ship* (schwimmender Sarg) aus dem 19. Jh. So wurden die Schiffe genannt, die während der Hungersnot irische Emigranten nach Übersee brachten. An Bord erzählt ein kleines Museum von den elenden Bedingungen auf den Reisen, die in der Regel rund 47 Tage dauerten.

Dieser Dreimaster, 1847 in Quebec gebaut, überquerte den Atlantik jedoch 16-mal und transportierte über 2500 Menschen, ohne dass ein Passagier starb. Von Mai bis September wird das Schiff zudem zu Übungszwecken genutzt. In diesen Monaten informiert die Website darüber, wann es im Hafen liegt.

ABSTECHER

POOLBEG LIGHTHOUSE

Einer der schönsten Spazierwege der Stadt führt an der Great South Wall entlang bis zum **Poolbeg Lighthouse** (South Wall; ⏲ 24 Std.; 🚌 1, 47, 56A, 77A, 84N ab dem Zentrum), dem roten Turm in der Dublin Bay. Der Leuchtturm aus dem Jahr 1768 wurde 1820 umgestaltet und umgebaut. Um ihn zu erreichen, muss man den Bus nach Ringsend nehmen und am Kraftwerk vorbei bis zum Beginn der Mauer gehen (1 km). Der Pfad selbst ist nur an die 800 m lang, bietet aber einen fantastischen Blick auf die Bucht und die Stadt im Rücken. Am besten kommt man im Sommer bei Sonnenuntergang hierher.

Southside

National Print Museum MUSEUM

(Karte S. 95; ☎ 01-660 3770; www.nationalprintmuseum.ie; Haddington Rd, Garrison Chapel, Beggar's Bush; Erw./erm. 3,50/2 €; ⏲ Mo–Fr 9–17, Sa & So 14–17 Uhr; 🚌 4, 7 ab dem Zentrum, 🚊 Grand Canal Dock, Lansdowne Rd) Man muss sich nicht für Drucke interessieren, um dieses ungewöhnliche kleine Museum schätzen zu können. Täglich um 11.30 Uhr und montags, dienstags, donnerstags und freitags auch um 14.30 Uhr finden Führungen statt, die auf gleichermaßen locker-flockige und fesselnde Art durchgeführt werden. Ein Video erläutert die Geschichte des Drucks in Irland, anschließend geht's vorbei an verschiedenen (nach wie vor einsatzfähigen) antiken Druckpressen, umgeben vom Geruch nach Tinte und Metall.

Die Museumsführer sind hervorragend und schneiden die Führungen individuell auf die Interessen der Teilnehmer zu. Geschichtsfans können z. B. einen detaillierten Bericht darüber erhalten, mit welchen Schwierigkeiten die Rebellen von 1916 zu kämpfen hatten, als sie ihre Proklamation drucken lassen wollten. Treppauf sind viele alte Zeitungsseiten ausgestellt, die an wichtige historische Ereignisse des letzten Jahrhunderts erinnern.

Herbert Park PARK

(Karte S. 76 f.; Ballsbridge; ⏲ Sonnenauf- bis -untergang; 🚌 5, 7, 7A, 8, 45, 46, 🚊 Sandymount, Lansdowne Rd) Nahe dem Royal Dublin Society Showground (S. 131) zwischen dem wohlhabenden Ballsbridge und Donnybrook erstreckt sich eine bildhübsche Grünanlage mit Rasenflächen, Teichen und Blumenrabatten am River Dodder. Der Park wartet außerdem mit Tennisplätzen und einem Spielplatz auf.

Jenseits des Zentrums

Croke Park Experience MUSEUM
(www.crokepark.ie; Clonliffe Rd, New Stand, Croke Park; Erw./Kind Museum 7/5 €, Museum & Führung 14/9 €; Juni–Aug. Mo–Sa 9.30–18, So 10.30–17 Uhr, Sept.–Mai Mo–Sa 9.30–17, So 10.30–17 Uhr; 3, 11, 11A, 16, 16A, 123 ab O'Connell St) Dieses Museum ist besonders interessant für Sportliebhaber. Hier dreht sich alles um die Geschichte und Bedeutung gälischer Sportarten in Irland und um die Rolle der Gaelic Athletic Association (GAA) als vehementer Verfechter der stolzen kulturellen Identität, die im Selbstbild der Iren fest verwurzelt ist.

Zweimal täglich (außer an Spieltagen) finden exzellente Führungen durch das eindrucksvolle Croke-Park-Stadion statt – die Mehrausgabe lohnt sich. Im Preis inbegriffen ist der Eintritt zum Museum.

Die zweite Attraktion des Stadions ist **Skyline** (www.crokepark.ie; Croke Park; Erw./Kind 20/12 €; Juli & Aug. Mo–Sa 10.30–15.30, So ab 11.30 Uhr jeweils halbstündl., den Rest des Jahres Mo–Fr 11.30 & 14.30, Sa 10.30–14.30 & So ab 11.30 Uhr jeweils halbstündl.; 3, 11, 11A, 16, 16A, 123 ab O'Connell St).

Glasnevin Cemetery Museum MUSEUM
(www.glasnevintrust.ie; Finglas Rd; Museum 4,50 €, Museum & Führung 10 €; Mo–Fr 10–18 Uhr; 40, 40A, 40B ab Parnell St) In dem preisgekrönten Museum des **Glasnevin Cemetery** (Prospect Cemetery; www.glasnevintrust.ie; Finglas Rd; Führungen 10 €; 10–17 Uhr, Führungen 10.30–15.30 Uhr stündl.; 40, 40A, 40B ab Parnell St) GRATIS wird Irlands soziale und politische Geschichte anhand der Schicksale von hier begrabenen Menschen, bekannten wie unbekannten, auf detaillierte Weise beleuchtet. Die City of the Dead widmet sich den Beerdigungsriten und Glaubensrichtungen der rund 1½ Mio. Menschen, die auf dem Friedhof ihre letzte Ruhe fanden, während die Milestone Gallery mittels einer 10 m langen digitalen interaktiven Zeitlinie vom Leben prominenter Toter erzählt.

Die erstklassigen **Führungen** gewähren einen Überblick über die Geschichte des Friedhofs. Außerdem wird das Leben und Wirken einiger „Bewohner" genauer unter die Lupe genommen (die Tour heißt „Dead Interesting").

National Botanic Gardens BOTANISCHER GARTEN
(Botanic Rd; April–Okt. Mo–Sa 9–18, So 11–18 Uhr, Nov.–März Mo–Sa 10–16.30, So 11–16.30 Uhr; 13, 13A, 19 ab O'Connell St, 34, 34A ab Middle Abbey St) GRATIS In dem 1795 gegründeten und 19,5 ha großen botanischen Garten stehen mehrere geschwungene Gewächshäuser aus den Jahren 1843 bis 1869. Sie wurden von Richard Turner errichtet, der auch das Gewächshaus im botanischen Garten von Belfast und das Palmenhaus in Londons Kew Gardens entworfen hat. Im Inneren der viktorianischen Prachtbauten verbergen sich neueste Techniken, z. B. computergesteuerte Biotope mit unterschiedlichen Weltklimazonen.

Casino at Marino MUSEUM
(www.casinomarino.ie; Malahide Rd; Erw./Kind 7/3 €; März–Mai & Okt. 10–17 Uhr, Juni–Sept. bis 18 Uhr; 20A, 20B, 27, 27B, 42, 42C, 123 ab dem Zentrum) Hier sucht man vergeblich nach Roulette- und Blackjack-Tischen, denn dies ist ein original italienisches Kasino, also ein Sommerhaus (wörtlich „kleines Haus"). Dieses Exemplar gehört außerdem zu den charmantesten Bauten Irlands. Eine Besichtigung ist nur im Rahmen einer Führung möglich; die letzte beginnt 45 Minuten vor Schließung.

Der Bau wurde Mitte des 18. Jhs. vom Earl of Charlemont in Auftrag gegeben, der bei seiner Rückkehr von einer großen Europarundreise mit mehr Kunstwerken zurückkam, als sein damaliges Heim – das Marino House, das auf demselben Gelände stand, jedoch in den 1920ern abgerissen wurde – verkraften konnte. Auf der Reise hatte sich der Graf außerdem in den palladianischen Stil verliebt, wie an der Architektur dieses wunderbar nutzlosen Prachtbaus unschwer zu erkennen ist.

Durch die riesige Eingangstür und die zwölf toskanischen Säulen, die eine tempelähnliche Fassade bilden, vermittelt das Gebäude von außen den Eindruck, als gäbe es nur einen zentralen Innenraum. Doch weit gefehlt: Stattdessen erwartet den Besucher ein extravagant geschnittenes Labyrinth mit ausgefallenen Elementen wie Zentralheizungskaminen in Form von Dachurnen, in Säulen versteckten Fallrohren, geschnitzten Vorhängen, schmuckvollen Feuerstellen, wunderschönem Parkettboden aus seltenem Holz und einem großen Weinkeller. Verschiedene Statuen zieren den Außenbereich, amüsanter sind aber die Täuschungen. Dazu

County Dublin

gehört auch die imposante Vordertür – eine sehr viel kleinere Holzplatte gibt den Weg zum geheimen Inneren frei. Die mit Paneelen verdunkelten Fenster sollen den Fakt verdecken, dass sich drinnen mehrere Zimmer und nicht ein einzelner Raum verbergen.

Aktivitäten

Experience Gaelic Games GÄLISCHE SPORTARTEN

(☎ 01-254 4292; www.experiencegaelicgames.com; Saint Mobhi Rd; 25–35 € pro Pers.; ⏲ März–Okt. Mo–Sa, Nov–Feb. Fr & Sa; 🚌 4, 9 ab

O'Connell St) Vom Zentrum aus leicht zu erreichen und der einzige Ort in Dublin, um das einzigartige Trio gälischer Sportarten (Hurling, Gaelic Football und Gaelic Handball) kennenzulernen. Die Angestellten sind mit einer unglaublichen Leidenschaft bei der Sache und ihr Enthusiasmus für den Sport ist ansteckend. Entweder man macht bei einer offenen Spielrunde mit oder bucht eine private (möglich für Gruppen ab 6 Pers.).

National Aquatic Centre SCHWIMMEN
(☎ 01-646 4300; www.nationalaquaticcentre.ie; Snugborough Rd; Erw./Kind & Stud. 7,50/5,50 €, inkl. AquaZone 15/13 €; ⌚ Mo–Fr 6–22, Sa & So 9–20 Uhr; 🚌 38 & 38A ab O'Connell St) Das National Aquatic Centre ist der größte überdachte Wasserpark des Landes. Außer einem Wettkampfbecken mit olympischen Maßen findet man hier die AquaZone mit Wasserrutschen, Wellen- und Surfmaschinen, einem Freizeitbecken und mehr. Ein tolles Familienausflugsziel, an den Wochenenden muss man sich allerdings darauf einstellen, mit zig bibbernden Kindern an den Rutschen anzustehen.

Wakedock ABENTEUERSPORT
(Karte S. 95; ☎ 01-664 3883; www.wakedock.ie; Grand Canal Dock; 30 Min. Einweisung Erw./Stud. 60/45 €; ⌚ Di–Fr 12–20, Sa & So 10–20 Uhr; 🚌 1, 15A, 15B, 56A, 77A ab dem Zentrum, 🚉 Grand Canal Dock) Wer mag, kann sich hier in einem relativ jungen Sport versuchen, dem „Cable Wakeboarding“ – man fährt Wasserski auf der Stelle und hält sich an einem oberhalb angebrachten Seil fest, statt von einem Boot gezogen zu werden. Vielleicht wird diese Disziplin 2020 olympisch! Neoprenanzüge können für 2 € gemietet werden.

Geführte Touren

★ Green Mile SPAZIERGANG
(Karte S. 80 f.; ☎ 01-661 1000; www.littlemuseum.ie; Little Museum of Dublin, 15 St. Stephen's Green N; Erw./Stud. 7/5 €; ⌚ Sa & So 11 Uhr; 🚌 alle Linien im Zentrum, 🚉 St. Stephen's Green) Ein wunderbarer einstündiger Spaziergang durch St. Stephen's Green in Begleitung eines lokalen Historikers. Unterwegs plaudert Donal Fallon über James Joyce, die Geschichte des Parks und den Entstehungsprozess der irischen Verfassung – rechtzeitig reservieren, die Touren sind immer rasch ausgebucht. Im Preis inbegriffen ist der Eintritt zum Little Museum of Dublin (S. 70) samt Führung.

★ Fab Food Trails SPAZIERGANG
(www.fabfoodtrails.ie; Führungen 55 €; ⌚ Sa 10 Uhr) Sehr empfehlenswerte 2½-stündige Feinschmecker-Führung mit Verkostungen bei den erlesensten unabhängigen Erzeugern im Zentrum. Unterwegs macht man Abstecher zu bis zu acht Bäckereien, Käsehändlern, Märkten und Feinkostläden und lernt etwas über die Essenskultur der verschiedenen Stadtviertel, die man besucht. Es gibt auch einen Coffee Walk zu den besten Kaffeeläden (traditionelle Herstellung) und einen Food & Fashion Walk. Treffpunkt ist im Zentrum.

★ Historical Walking Tour SPAZIERGANG
(Karte S. 71; ☎ 01-878 0227; www.historicaltours.ie; Trinity College Gate; Erw./Stud./Kind 12/10 €/frei; ⌚ Mai–Sept. 11 & 15 Uhr, April & Okt. 11 Uhr, Nov.–März Fr–So 11 Uhr; 🚌 alle Linien im Zentrum) Geschichtsabsolventen des Trinity College leiten dieses „Straßenseminar“ über die Große Hungersnot, den Osteraufstand, den Bürgerkrieg und die Teilung Irlands. Zu den Stationen gehören das Trinity, die City Hall, das Dublin Castle und die Four Courts. Im Sommer zählen außerdem Thementouren zu Architektur, Frauen in der irischen Geschichte und zur Gründung des irischen Staates zum Programm. Die Führungen starten am Eingang am College Green.

★ Dublin Musical Pub Crawl KNEIPEN- & MUSIKTOUR
(Karte S. 80 f.; ☎ 01-478 0193; www.discoverdublin.ie; 58–59 Fleet St; Erw./Stud. 14/12 €; ⌚ April–Okt. tägl. 19.30 Uhr, Nov.–März Do–Sa 19.30 Uhr; 🚌 alle Linien im Zentrum) In verschiedenen Pubs in Temple Bar wird einem in zweieinhalb Stunden die Geschichte traditioneller irischer Musik und ihr Einfluss auf zeitgenössische Genres nahegebracht. Die Gruppe trifft sich oben im Pub **Oliver St John Gogarty** (Karte S. 80 f.; www.gogar

ℹ STADTFÜHRUNGEN MIT PAT LIDDY

Der bekannteste Guide Dublins ist der lokale Historiker **Pat Liddy** (S. 102). Er bietet verschiedene Stadtführungen an, darunter „Dublin Highlights“ und „The Best of Dublin – The Complete Heritage Walking Tour“. Pat kann auch für private Führungen gebucht werden (auf der Website nachschauen).

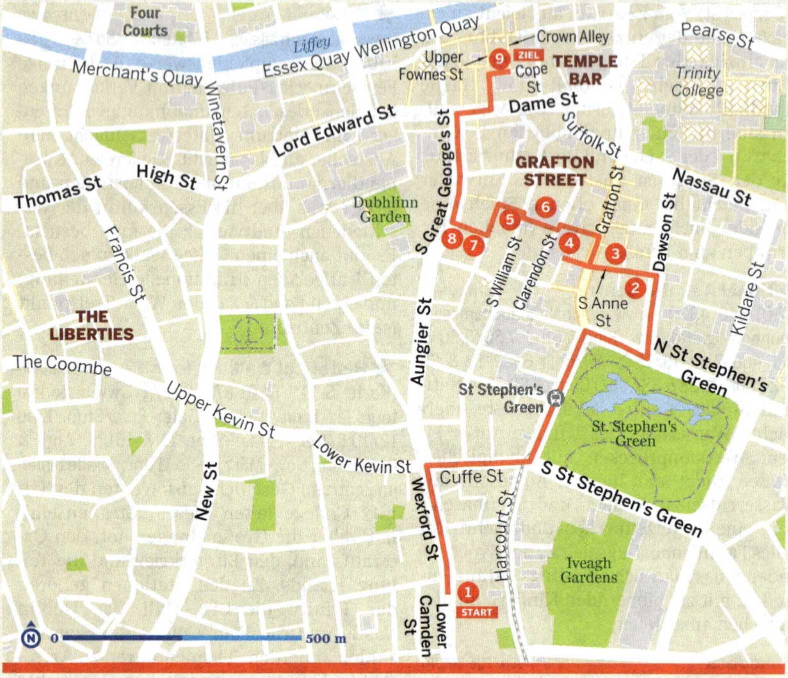

Stadtspaziergang
Kneipentour in Dublin

START LOWER CAMDEN STREET
ZIEL CROWN ALLEY
LÄNGE/DAUER 2 KM; 1 STUNDE BIS 2 TAGE

Wenn es darum geht, sich vorm Spazierengehen zu drücken, um stattdessen ins nächste Pub zu ziehen, lassen sich die Einheimischen bisweilen originelle Ausreden einfallen. Touristen haben das nicht nötig, bietet eine –hüstel – Besichtigung der schönsten, geselligsten und exzessivsten Bars der Stadt doch die Möglichkeit für eine gesellschaftliche und kulturelle Feldstudie.

Den Anfang macht das 1 **Anseo** (S. 122), wo sich Hipster mit dem gemeinen Volk mischen und jeder zum Rhythmus der DJ-Klänge wippt. Im Herzen der Innenstadt kann man sich schöne Menschen in 2 **Sam's Bar** (S. 122) ansehen. Das nächste Pint wird im altmodischen 3 **Kehoe's** (S. 121) in der South Anne Street geleert, das eine ganz wunderbare Atmosphäre hat. Danach sucht man sich ein Plätzchen vorm 4 **Bruxelles** (S. 122), zu erkennen an der Bronzestatue von Phil Lynott (Thin Lizzy). Eine tolle Adresse für Rockfans, auch wenn die Musik nur aus der Anlage kommt. In der traditionellen 5 **Grogan's Castle Lounge** (S. 121), die sich jeglicher Modernisierung widersetzt, diskutieren frustrierte Schriftsteller und Künstler über ihr verkanntes Talent. Auf der anderen Straßenseite im Untergeschoss des Powerscourt Townhouse Shopping Centre wiederum dreht sich im 6 **Pygmalion** (S. 122) alles ums Hier und Jetzt. Ein paar Straßen entfernt stößt man in der Fade Street auf zwei weitere angesagte Bars: Die elegante und diskrete 7 **No Name Bar** (S. 121) im Obergeschoss und das 8 **Hogan's** (S. 104) an der Ecke zur South Great George's Street, seit gefühlten Ewigkeiten eines der Lieblingspubs der Stadt.

Zum Abschluss wandert man nach Temple Bar und klingelt beim 9 **Vintage Cocktail Club** (S. 123); hinter einer Stahltür an der Crown Alley lässt sich eine attraktive Klientel Cocktails und leckere Snacks in „verschwiegener" Atmosphäre schmecken. Wer alle Stationen abgehakt hat, wird wahrscheinlich doppelt sehen …

DUBLIN MIT KINDERN

Kinderfreundlich? Aber hallo! Die Dubliner lieben und verehren die süßen Kleinen. Allerdings mangelt es vielerorts noch an kindgerechten Einrichtungen wie zugänglichen Wickelstationen. Dennoch weiß die Stadt die Kids zu unterhalten.

Für Kinder zwischen drei und 14 Jahren lohnt sich ein Nachmittag im **Ark Children's Cultural Centre** (Karte S. 80 f.; www.ark.ie; 11a Eustace St; alle Linien im Zentrum). Hier sollen verschiedene Aktivitäten deren Interesse für Wissenschaft, Umwelt und Kunst wecken; weit im Voraus buchen!

Dublins Wikingervergangenheit lässt sich auf viele Weisen erkunden. **Dublinia** (S. 83), das Wikinger- und Mittelaltermuseum der Stadt, bietet interaktive, speziell auf Kinder zugeschnittene Exponate.

Kids jedes Alters wird die **Viking Splash Tour** (S. 102) begeistern, eine Stadttour in einem Amphibienfahrzeug, bei der Teilnehmer mit Wikingerhelmen aus Plastik auf dem Kopf barbarische Laute ausstoßen dürfen. Endstation ist der Grand Canal.

Ein beliebter Klassiker ist der **Dublin Zoo** (S. 94), während das **National Leprechaun Museum** (S. 92) wiederum mit optischen Täuschungen und überdimensionalen Möbeln die Fantasie der Kleinen anregt. Im zweiten Stock des Powerscourt Townhouse Shopping Centre verkauft der **Dolls Store** (Karte S. 80 f.; www.dollstore.ie; Mo–Sa 10–18 Uhr; alle Linien im Zentrum) alle möglichen Puppen und Puppenhäuser. Falls das Lieblingsspielzeug des Nachwuchses „krank" sein sollte, findet man hier außerdem Irlands einziges Krankenhaus für Puppen und Teddybären.

Fast alle Hotels stellen Kinderbetten zur Verfügung, zudem bieten die meisten Luxusunterkünfte einen Babysitterservice (12–20 € pro Std.). Bis 18 Uhr werden Familien in den meisten Restaurants herzlich willkommen geheißen, danach kann es allerdings schwierig werden, vor allem mit Kleinkindern. Am besten fragt man deshalb schon bei der Reservierung nach.

tys.ie; 58–59 Fleet St; Mo–Do 10.30–23.30, Fr & Sa bis 0.30, So 12–23 Uhr; alle Linien im Zentrum). Sehr zu empfehlen!

Dublin Bus Tours BUS

(Karte S. 88 f.; 01-872 0000; www.dublinsightseeing.ie; 59 Upper O'Connell St; Erw. 15–28 €; alle Linien im Zentrum, Abbey) Dublin Bus Tours bietet mehrere Bustouren an, darunter eine Hop-on-Hop-off-Variante (22 €), eine „Geisterbus"-Tour (28 €) und zwei Halbtagesausflüge, die vierstündige South Coast & Gardens Tour (27 €; inkl. Powerscourt) und die North Coast & Castle Tour (25 €; inkl. Malahide Castle). 2016 kam eine neue Route anlässlich des 100-jährigen Geburtstags des Osteraufstands dazu (15 €; 1916 Anniversary Tour), die zu den Schauplätzen dieses bedeutenden historischen Ereignisses führt.

See Dublin by Bike FAHRRADFAHREN

(Karte S. 72 f.; 01-280 1899; www.seedublinbybike.ie; Daintree-Gebäude, Pleasants Pl; Touren 25 €; alle Linien im Zentrum) Die dreistündigen Themenausflüge beginnen vor dem Daintree Building am Pleasants Place und beinhalten die Hauptattraktionen und die unbekannteren Sehenswürdigkeiten der Stadt. „Taste of Dublin" ist die Haupttour, daneben gibt es jedoch noch „U2's Dublin" und eine literarische Stadtführung. Räder, Helme und Signalwesten sind im Preis inbegriffen.

1916 Rebellion Walking Tour SPAZIERGANG

(Karte S. 80 f.; 086 858 3847; www.1916rising.com; 23 Wicklow St; 13 €; März–Okt. Mo–Sa 11.30, So 13 Uhr; alle Linien im Zentrum) In der **International Bar** (Karte S. 80 f.; www.internationalbar.com; 23 Wicklow St; Mo–Do 10.30–23.30, Fr & Sa bis 0.30, So 12–23 Uhr; alle Linien im Zentrum) in der Wicklow Street beginnt diese großartige zweistündige Tour. Zum Programm gehören jede Menge Infos und respektloser Humor. Die Guides, allesamt Trinity-Absolventen, sind durchweg exzellent und lassen sich am Ende der Führung gerne zu einem Bier im International überreden. Weiterhin gibt es eine Tour mit dem Themenschwerpunkt Michael Collins, dem Helden des Unabhängigkeitskriegs.

Dublin Literary Pub Crawl PUBTOUR

(Karte S. 80 f.; 01-670 5602; www.dublinpubcrawl.com; 9 Duke St; Erw./Stud. 13/11 €; April–Okt. tägl. 19.30 Uhr, Nov.–März Do–So 19.30 Uhr;

ABENDANDACHT IN DEN KATHEDRALEN

Bei einem seltenen Zusammentreffen nahmen die Chöre der St. Patrick's Cathedral und der Christ Church Cathedral 1742 an der Uraufführung von Händels *Messias* in der nahe gelegenen Fishamble Street teil. Der Dirigent war niemand Geringerer als der Komponist persönlich. Auch heute noch setzen die Kathedralen ihre stolze Chortradition fort. Um in den Genuss der stimmungsvollen musikalischen Darbietungen zu kommen, bieten sich Besuche der Abendandachten an. Der Chor der St. Patrick's Cathedral singt montags bis freitags um 17.45 Uhr (außer mittwochs im Juli und August), während der Chor der Christ Church Cathedral sonntags um 17.30 Uhr, mittwochs und donnerstags um 18 Uhr und samstags um 17 Uhr zu hören ist. Besonders reizvoll sind die Weihnachtsliederkonzerte in der St. Patrick's Cathedral. Die begehrten Tickets gibt's unter ☎ 01-453 9472.

alle Linien im Zentrum) Eine Pubtour mit dem Schwerpunkt auf bekannten Dubliner Schriftstellern ist ein sicheres Erfolgsrezept, und dieser zweieinhalbstündige Spaziergang unter Leitung zweier Schauspieler verspricht sehr viel Spaß. Noch beliebter werden die Führungen dank einer ordentlichen Dosis Alkohol. Los geht's am Duke in der Duke Street; Plätze für die Abendtour können jeweils bis 19 Uhr vor Ort reserviert werden.

James Joyce Walking Tours SPAZIERGANG
(Karte S. 88 f.; ☎ 01-878 8547; www.jamesjoyce.ie; 35 N Great George's St; Erw./Stud. 10/8 €; Mai–Sept. Di, Do & Sa 14 Uhr, Okt.–April nur Sa; 3, 10, 11, 11A, 13, 16, 16A, 19, 19A, 22 ab dem Zentrum) Das James Joyce Cultural Centre (S. 90) organisiert verschiedene 90-minütige Touren – „Joyce's Dublin", die „Footsteps of Leopold Bloom" (basierend auf Joyces *Ulysses*) und eine „*Dubliners*-Tour" –, die sich dem Leben und dem Werk des Künstlers widmen, der in der Northside wohnte, zur Schule ging und seine Unschuld verlor.

Pat Liddy Walking Tours SPAZIERGANG
(Karte S. 80 f.; ☎ 01-831 1109; www.walkingtours.ie; Visit Dublin Centre, 25 Suffolk St; Touren 10–15 €; alle Linien im Zentrum) Der lokale Historiker Pat Liddy bietet mehrere Stadtführungen an , u. a. „Dublin Highlights & Hidden Corners" und „The Best of Dublin – The Complete Heritage Walking Tour". Man kann ihn auch für private Führungen buchen. Termine liefert die Website.

Dublin Discovered Boat Tours BOOTSTOUR
(Karte S. 88 f.; ☎ 01-473 4082; www.dublindiscovered.ie; Bachelor's Walk; Erw./Stud./Kind 15/13/9 €; März–Okt. 10.30–16.15 Uhr; alle Linien im Zentrum, Abbey) Hier gibt's Sehenswürdigkeiten ohne Verkehrsstaus: Teilnehmern wird die Geschichte Dublins an Bord eines (unverzichtbar!) wetterfesten Bootes nahegebracht.

Viking Splash Tours TOUREN
(Karte S. 80 f.; ☎ 01-707 6000; www.vikingsplash.com; St. Stephen's Green N; Erw./Kind Sept.–Juni 22/12 €, Juli & Aug. 25/12 €; 10–15 Uhr alle 30–90 Min.; alle Linien im Zentrum, St. Stephen's Green) Alle Hemmungen abgelegt? Nachdem sich die Teilnehmer einen Wikingerhelm aus Plastik aufgesetzt und auf Bestreben des Guides ein gemeinsames „Jeih!" von sich gegeben haben, startet die 1¼-stündige Tour zu Land und zu Wasser, die am Grand Canal Dock endet. Nur für eingefleischte Touristen!

Trinity College Walking Tour SPAZIERGANG
(Authenticity Tours; Karte S. 71; www.tcd.ie/visitors/tours; Trinity College; Führungen 6 €, inkl. Book of Kells 14 €; Mai–Sept. Mo–Sa 10.15–15.40, So bis 15.15 Uhr, Okt. & Feb.–April unter der Woche weniger Touren; alle Linien im Zentrum, College Green) Wer das Gelände des Trinity College sehen möchte, ist mit diesen von Studenten geleiteten Führungen bestens beraten. Sie starten alle 20 bis 40 Minuten. Treffpunkt ist der Eingang am College Green.

Feste & Events

Temple Bar Trad Festival MUSIK
(www.templebartrad.com; Jan.; alle Linien im Zentrum) Das Festival für traditionelle Musik in den Pubs von Temple Bar findet am letzten Wochenende im Januar statt.

Audi Dublin International Film Festival FILM
(www.diff.com; Mitte März) Auf dem zweiwöchigen Filmfest, das immer Mitte März stattfindet, werden Filme aus Irland sowie internationale Arthouse-Streifen und Blockbuster-Previews gezeigt.

★ **St. Patrick's Festival** PARADE
(www.stpatricksfestival.ie; März) Die Mutter aller Festivals zieht an vier Tagen rund um den 17. März etwa 600 000 Besucher an.

Forbidden Fruit MUSIK
(www.forbiddenfruit.ie; 1-/2-Tages-Ticket ab 60/110 €; Juni; 51, 51D, 51X, 69, 78, 79 ab Aston Quay) Zweitägiges Festival für alternative Musik am ersten Juniwochenende auf dem Gelände des Irish Museum of Modern Art.

Taste of Dublin ESSEN & TRINKEN
(www.tasteofdublin.ie; Iveagh Gardens; 17,50 €, VIP-Ticket 64,50 €; Mitte Juni; Harcourt) Über drei Tage im Juni servieren die besten Restaurants der Hauptstadt Kostproben ihrer leckersten Gerichte zu Musik und anderem Unterhaltungsprogramm. Dieses Event ist so beliebt, dass die Besuche auf vierstündige Zeitfenster beschränkt sind. Mit einem VIP-Ticket hat man Zugang zur Champagner-Lounge, wo es ein Glas des edlen Gesöffs und ein paar Pralinen gibt.

Dublin Pride SCHWULE, LESBEN, BI- & TRANSSEXUELLE
(www.dublinpride.ie; Mitte Juni) Zwei Wochen lang finden Veranstaltungen (Filmvorführungen, Gigs, Diskussionsrunden u. Ä.) statt. Den Höhepunkt bildet eine große, farbenfrohe Parade durchs Zentrum.

Bloomsday LITERATUR
(www.jamesjoyce.ie; 16. Juni) Jedes Jahr am 16. Juni streifen schräge Vögel durch die Stadt, gekleidet wie zu Zeiten Eduards VII., und geben schwer verständliche Äußerungen mit viel dramatischem Gebaren von sich. Sie sind nicht verrückt – zumindest nicht im medizinischen Sinne –, sondern „Bloomsdayers", Fans von James Joyces Meisterwerk *Ulysses*, die an den im Buch beschriebenen Tag im Leben Leopold Blooms erinnern wollen. Das tun sie in Form von Lesungen, Darbietungen und Essen, darunter das berühmte Frühstück des Protagonisten, Nieren mit einem feinen Urin-Aroma ... mmmh, lecker.

★ **Longitude** MUSIK
(www.longitude.ie; Marlay Park; Juli; 14, 14A, 16, 48A oder 75 ab dem Zentrum) Dreitägiges Festival für alternative Musik mit alten und neuen Bands, Kunstinstallationen und Essensständen. Mitte Juli.

★ **Dublin Fringe Festival** THEATER
(www.fringefest.com; Sept.) Ursprünglich für Theaterstücke gedacht, die fürs bedeutende Dublin Theatre Festival zu experimentell oder unwichtig waren, hat sich das Dublin Fringe Festival inzwischen zu einem dreiwöchigen Spektakel entwickelt, das über 100 Events sowie mehr als 700 Vorstellungen umfasst.

★ **Culture Night** KUNST
(www.culturenight.ie; Sept.) An einem Abend im Jahr öffnen die Museen, Galerien, Künstlerateliers, historischen Gebäude und Kirchen ihre Pforten; dann werden verschiedene Vorführungen, Lesungen und Workshops angeboten. Eintritt bzw. Mitmachen ist kostenlos, die Qualität der Events ist top.

JAMES JOYCE & SEIN MEISTERWERK ULYSSES

Ulysses ist die ultimative Stadtchronik, mit der Joyce laut eigener Aussage „ein so vollständiges Bild von Dublin zeichnen wollte, dass, sollte die Stadt von einem auf den anderen Tag vom Erdboden verschluckt werden, sie anhand meines Buchs nachgebaut werden könnte." Es spielt am 16. Juni 1904, dem Tag, als Joyce sich erstmalig mit Nora Barnacle traf, und folgt den Figuren quer durch Dublin; ihre verschlungenen Wege erinnern an die Irrfahrt des Odysseus von Homer.

Joyces experimenteller Schreibstil ist keine leichte Kost, doch auch etwas irritierte Leser werden manche Passagen mögen. Das Ende bildet Molly Blooms berühmter Schlussmonolog, ein Kapitel bestehend aus acht langen Paragraphen ohne jegliche Interpunktion. Da Sex in dem Buch kein Tabuthema ist, war es in den USA bis 1933, in Großbritannien bis 1937 verboten.

Ulysses war innovativ und revolutionär und hat seit seiner Erscheinung nichts an Bedeutung eingebüßt; der Text hat Generationen von Schriftstellern inspiriert. Jedes Jahr feiern Joyce-Bewunderer aus aller Welt am 16. Juni den Bloomsday in Dublin und wandeln auf den Spuren des Protagonisten, Leopold Bloom. Das Spektakel ist ein wenig effekthascherisch und touristisch, aber es macht Laune und ist eine gute Einstimmung für alle, die das Buch gern einmal lesen wollen.

Dublin Theatre Festival THEATER
(www.dublintheatrefestival.com; ⌚Okt.) An dem zweiwöchigen Festival im Oktober nehmen die meisten Theaterhäuser der Stadt teil. Es findet bereits seit 1957 statt und ist heute ein glamouröses Ereignis mit hochwertigen Produktionen und Shows.

Dublin Book Festival LITERATUR
(www.dublinbookfestival.com; ⌚Mitte Nov.) Das dreitägige Literaturfestival mit Lesungen, Vorträgen und Diskussionen findet in Zusammenarbeit mit den Stadtbüchereien und dem City of Literature-Büro der UNESCO statt.

Schlafen

Stark gestiegenen Touristenzahlen stehen vergleichsweise wenige Hotelbetten gegenüber, deshalb kostet eine Übernachtung in Dublin heute mehr als zu Zeiten des keltischen Tigers. Nördlich der Liffey sind ein paar gute Unterkünfte der Mittelklasse angesiedelt, die dichteste Hotelkonzentration befindet sich aber südlich vom Fluss. Darunter sind sowohl georgianische Stadthäuser im mittleren Preissegment als auch die exklusivsten Hotels der Stadt. Für Budgetreisende stehen einige ganz nette Hostels bereit.

Grafton Street & Umgebung

Auf der Grafton Street selbst gibt es genau ein Hotel, z. B. eins der besten der Stadt, doch die Straßen ringsum bieten eine ganze Menge Schlafmöglichkeiten. Dass deren Preise angesichts der Lage ziemlich happig sind, ist wohl wenig überraschend. Immerhin: Der Wettbewerb ist hart und garantiert eine Top-Qualität.

Kelly's Hotel BOUTIQUE-HOTEL €
(Karte S. 80 f.; www.kellysdublin.com; 36 S Great George's St; Zi. ab 110 €; ❄@📶; 🚌alle Linien im Zentrum) Ein trendiges Boutique-Hotel in einem viktorianischen Bauwerk aus roten Ziegeln. Drinnen präsentiert es sich durch und durch modern. Die kleinen geschmackvoll aufgemachten Zimmer warten mit polierten Holzböden und elegantem Mobiliar im minimalistischen Stil auf. Das Kelly's ist Teil eines Komplexes, zu dem auch das Grafton House, zwei Bars – das **Hogan's** (Karte S. 80 f.; 35 S Great George's St; ⌚Mo–Mi 13.30–23.30, Do bis 1, Fr & Sa bis 2.30, So 14–23 Uhr) und die No Name Bar (S. 121) – und L'Gueuleton (S. 113) nebenan gehören. Die Zimmer an der Frontseite bekommen mitunter reichlich Lärm ab.

Grafton House BOUTIQUE-HOTEL €
(Karte S. 80 f.; ☎01-648 0010; www.graftonguesthouse.com; 27 S Great George's St; EZ/DZ ab 90/140 €; @📶; 🚌alle Linien im Zentrum, 🚊St. Stephen's Green) Eine gute Wahl, sowohl wegen der Lage als auch wegen des Preises. Die eher kleinen Zimmer dieses Boutique-Hotels zeichnen sich durch frisches weißes Bettzeug, moderne Bäder und Möbel aus Kiefernholz aus. Die Rezeption befindet sich im Kelly's Hotel (S. 104) ein paar Türen weiter. (Kontinentales) Frühstück wird im L'Gueuleton (S. 113) gleich um die Ecke serviert. Der Geräuschpegel in den

RESERVIERUNGEN

Ohne Reservierung ein Zimmer im Hotel der Wahl zu erhaschen ist in der Hauptsaison (Mai–Sept.) gar nicht so einfach, deshalb lieber vorab buchen, z. B. über das Online-Reservierungssystem von Dublin Tourism (www.visitdublin.com). Die besten Schnäppchen kann man bei frühzeitiger Buchung im Internet abgreifen.

All Dublin Hotels (www.irelandhotels.com/hotels) Eine vernünftige Auswahl an Unterkünften im Zentrum und in den Vororten.

Daft.ie (www.daft.ie) Die beste Website, wenn man eine Bleibe in Dublin mieten möchte.

Dublin Hotels (www.dublinhotels.com) Zentral und weiter außerhalb gelegene Hotels.

Dublin Tourism (www.visitdublin.com) Eine gute Auswahl an Übernachtungsmöglichkeiten mit Kundenbewertung.

Hostel Dublin (www.hosteldublin.com) Prima für Reisende auf Hostelsuche.

Lonely Planet (www.lonelyplanet.com/ireland/dublin/hotels) Empfehlungen und Reservierungen.

UNIVERSITÄTSUNTERKÜNFTE

In den Sommermonaten können Reisende in Studentenunterkünften unterkommen, eine komfortable und praktische Übernachtungsalternative.

Trinity College (Karte S. 71; ☎ 01-896 1177; www.tcd.ie/summeraccommodation; Accommodations Office, Trinity College; EZ/DZ ab 79/129 €; ⏰ Mai–Mitte Sept.; P @ 📶; 🚌 alle Linien quer durchs Zentrum) Die Auswahl an Studentenunterkünften auf dem und abseits des Campus' (auf der Pearse Street) ist umfangreich. Es gibt moderne Apartments mit allem möglichen Schnickschnack und ältere, aber auch stimmungsvollere Zimmer mit Gemeinschaftsbad.

Dublin City University (DCU; ☎ 01-700 5736; www.summeraccommodation.dcu.ie; Larkfield Apartments, Campus Residences, Dublin City University; EZ/DZ ab 80/120 €; ⏰ Mitte Juni–Mitte Sept.; 🚌 11, 11A, 11B, 13, 13A, 19, 19A ab dem Zentrum) Diese Unterkunft belegt, dass Studenten z. T. richtiggehend luxuriös hausen! Die modernen Zimmer warten mit netten Einrichtungen auf, verfügen über eine Küche, einen Gemeinschaftsraum und ein voll ausgestattetes Gesundheitszentrum. Der Glasnevin-Campus ist mit dem Bus oder Auto nur 15 Minuten vom Zentrum entfernt.

Zimmern zur Straße kann schon mal etwas höher sein, vor allem am Wochenende.

Avalon House HOSTEL €

(Karte S. 80 f.; ☎ 01-475 0001; www.avalonhouse.ie; 55 Aungier St; B/EZ/DZ ab 10/34/54 €; @ 📶; 🚌 15, 16, 16A, 16C, 19, 19A, 19C, 65, 65B, 83, 122) Die spartanischen Schlafsäle mit den hohen Decken und altmodischen Waschbecken, Etagenbetten aus Metall und Gemeinschaftsbädern verleihen dem Avalon einen angestaubten Look, der mit dem der neueren Hostels nicht mithalten kann, dennoch steht es bei Travellern hoch im Kurs, denn die Lage und der Gemeinschaftsraum sind top (weit im Voraus buchen!). 2017 ist unten eine Starbucks-Filiale eingezogen.

Radisson Blu Royal Hotel HOTEL €€

(Karte S. 80 f.; ☎ 01-898 2900; www.radissonblu.ie/royalhotel-dublin; Golden Lane; Zi. ab 200 €; P ❄ @ 📶; 🚌 alle Linien im Zentrum, 🚊 St. Stephen's Green) Eine Unterkunft, die man nicht so schnell wieder vergisst. Das Businesshotel macht vor, wie gut sich klare Linien und gedeckte Farben mit Luxus kombinieren lassen. Von den riesigen eindrucksvollen Aufenthaltsbereichen bis zu den eleganten Gästezimmern mit vielen tollen Details wie in die Wand eingelassenen digitalen Flachbildfernsehern – das Radisson Blu Royal überzeugt auf ganzer Linie!

Trinity Lodge PENSION €€

(Karte S. 72 f.; ☎ 01-617 0900; www.trinitylodge.com; 12 S Frederick St; Zi. ab 170 €; 📶; 🚌 alle Linien im Zentrum, 🚊 St. Stephen's Green) Beim Betreten dieser gemütlichen preisgekrönten Pension begrüßt die Gäste ein grinsender Martin Sheen, der die Trinity Lodge zu seiner Lieblingsunterkunft in Irland erklärte. Da ist er nicht der Einzige: Aufgrund ihrer großen Popularität wurde die Unterkunft um das Stadthaus auf der anderen Straßenseite erweitert, das einen ebenso hohen Standard bietet. Zimmer 2 im Originalgebäude wartet mit einem bildhübschen Erker auf.

Übernachtungsgäste können in einem angrenzenden Parkhaus zu ermäßigten Preisen parken (17,50 €).

Dawson BOUTIQUE-HOTEL €€

(Karte S. 80 f.; ☎ 01-612 7900; www.thedawson.ie; 35 Dawson St; Zi. ab 160 €; @ 📶; 🚌 alle Linien im Zentrum, 🚊 St. Stephen's Green) Das Boutique-Hotel bietet elegante Zimmer in verschiedenen Stilrichtungen, von klassisch französisch bis exotisch marokkanisch. Neben gestärkten weißen Bettlaken locken Bäder mit luxuriösen Details. Darüber hinaus gibt es ein schickes Spa und die trendige Sam's Bar (S. 122) unten.

Dean HOTEL €€

(Karte S. 72 f.; ☎ 01-607 8110; www.deanhoteldublin.ie; 33 Harcourt St; Zi./Suite ab 150/370 €; P @ 📶; 🚌 10, 11, 13, 14, 15A, 🚊 St. Stephen's Green) Auf den Zimmern dieses relativ neuen Designerhotels findet man Ohrstöpsel, Wodka, Wein und Vitaminsprudeltabletten – da kann man sich so ungefähr vorstellen, was einen erwartet! Die Gäste haben die Wahl zwischen schön aufgemachten, eleganten Mod Pods (Couch-Einzelbett), Punk Bunks (ja, tatsächlich: Etagenbetten), luxuriösen Doppelzimmern (SupeRooms oder Hi-Fis) und Suiten. In den teureren Unterkünften ist Netflix installiert und es gibt einen Plattenspieler.

Das Dean hat sich den Stempel „hochpreisiges Partyhotel" bewusst aufgedrückt und in Sachen Ethos (vielleicht auch beim Dekor) vom Ace Hotel in New York und vom Hoxton in London abgekupfert. Es liegt zwischen zwei der beliebtesten Clubs der Stadt, weshalb es auf den Zimmern schon mal laut werden kann (besonders in der ersten Etage). Im Obergeschoss ist die Brasserie **Sophie's** (Karte S. 72 f.; www.sophies.ie; 33 Harcourt St; Hauptgerichte 14–29 €; ⌚7–0 Uhr; 🚌10, 11, 13, 14, 15A, 🚊Harcourt) untergebracht, die sich nach 23 Uhr in eine beliebte Bar verwandelt.

Übernachtungsgäste dürfen ihren Wagen in einem fünf Gehminuten entfernten Parkhaus zu Sonderkonditionen stehen lassen.

Harrington Hall PENSION €€

(Karte S. 72 f.; ☎01-475 3497; www.harringtonhall.com; 69–70 Harcourt St; Zi. ab 180 €; @ 📶; 🚊Harcourt) Dieses Bauwerk im traditionell georgianischen Stil war einst Wohnsitz des Oberbürgermeisters von Dublin; Timothy Charles Harrington war von 1901 bis 1903 Lord Mayor der Stadt. Harrington Hall zeichnet sich durch dezente Eleganz aus. Bei den Kaminen und verzierten Decken in den Zimmern im ersten und zweiten Stockwerk handelt es sich um die Originalstücke.

Brooks Hotel HOTEL €€

(Karte S. 80 f.; ☎01-670 4000; www.brookshotel.ie; 59–62 Drury St; Zi. ab 200 €; P ❄ @ 📶; 🚌alle Linien quer durchs Zentrum, 🚊St. Stephen's Green) In dem kleinen, aber feinen Hotel ca. 120 m westlich der Grafton Street wird auf familiären, freundlichen Service gesetzt. Das moderne Dekor ist klassisch inspiriert: Manche Wände sind mit Furnierholz verkleidet und altmodische Sofas und dekorative Bücherregale stehen in den Räumlichkeiten, die Schlafzimmer sind derweil sehr komfortabel und mit Möbeln in dezenten Farben eingerichtet. Der höchste Trumpf sind jedoch die großen Betten und das Kissen-Menü, aus dem man seinen favorisierten Kopfkissentyp wählen kann.

O'Callaghan Stephen's Green HOTEL €€

(Karte S. 72 f.; ☎01-607 3600; www.stephensgreenhotel.ie; 1–5 Harcourt St; Zi. ab 180 €; P @ 📶; 🚌alle Linien quer durchs Zentrum, 🚊St. Stephen's Green) Ein Geschäftshotel par excellence – es bietet alles, was man in einem erstklassigen internationalen Hotel erwarten würde, auch ein Fitnessstudio und ein Businesszentrum. Jenseits der von Glas eingefassten Lobby erwarten die Gäste 75 durch und durch moderne Zimmer, in denen der visuelle Effekt kräftiger Primärfarben (vor allem Rot und Blau) voll ausgekostet wird. Online kann man häufig erstklassige Schnäppchen machen.

Buswell's Hotel HOTEL €€

(Karte S. 72 f.; ☎01-614 6500; www.buswells.ie; 23–27 Molesworth St; EZ/DZ ab 165/180 €; P ❄ @; 🚌alle Linien quer durchs Zentrum, 🚊St. Stephen's Green) Eine echte Dubliner Institution ist das Buswell's, das schon 1882 seine Pforten öffnete. Seit Langem gehen Politiker in der Hotelbar ein und aus, denn gegenüber ist das Dáil Éireann, das irische Unterhaus (zwischendurch muss man ja mal die Kehle ölen). Die 69 Zimmer haben ihren georgianischen Charme trotz Generalüberholung nicht verloren.

★ **Fitzwilliam Hotel** HOTEL €€€

(Karte S. 80 f.; ☎01-478 7000; www.fitzwilliamhotel.com; St. Stephen's Green W; Zi. ab 230 €; P ❄ @ 📶; 🚌alle Linien quer durchs Zentrum, 🚊Stephen's Green) Das von Terence Conrad gestaltete Fitzwilliam ist gewissermaßen Dublins Schlossallee – eine prestigeträchtigere Adresse als diese minimalistische Unterkunft mit Blick auf St. Stephen's Green gibt es in der Stadt wohl nicht. Am besten nach einem Eckzimmer im fünften Stock fragen (502 oder 508), dazu gehören schöne Balkons mit Aussicht. Im Restaurant Citron wird moderne irische Küche serviert. Zeitgenössische Eleganz vom Feinsten!

Westbury Hotel HOTEL €€€

(Karte S. 80 f.; ☎01-679 1122; www.doylecollection.com; Grafton St; Zi./Suite ab 250/380 €; P @ 📶; 🚌alle Linien im Zentrum, 🚊St. Stephen's Green) An der Grafton Street versteckt sich eines der elegantesten Hotels der Stadt, wobei man erst in den teureren Suiten in den Genuss von wahrem Luxus kommt. Die Standardzimmer sind komfortabel, können jedoch nicht mit den exklusiven öffentlichen Bereichen mithalten. Im oberen Stock lädt die Lobby zu einem Tee oder Drink am Nachmittag ein.

Westin Dublin HOTEL €€€

(Karte S. 80 f.; ☎01-645 1000; www.thewestindublin.com; Westmoreland St; Zi. ab 250 €; P @ 📶; 🚌alle Linien im Zentrum) Einst eine schicke Bankfiliale, heute ein noch schickeres Hotel. Die Zimmer warten mit elegantem Mahagoniholz und weichen Farben nach edelster US-Art auf. Darüber hinaus genießt man von vielen Räumen einen Blick auf das Atrium. Der frühere Banktresor beherbergt eine Kellerbar.

Merrion Square & Umgebung

★ **Merrion Mews** PENSION €€€

(Irish Landmark Trust; Karte S. 72 f.; www.irishlandmark.com; Fitzwilliam Lane; 2 Nächte ab 822 €; P 📶; 🚌 7, 46A ab dem Zentrum) Die irische Baudenkmal-Stiftung Irish Landmark Trust verwaltet dieses sorgfältig restaurierte georgianische Gebäude von 1792. In den drei bildschön eingerichteten Doppelzimmern finden sechs Gäste Platz. Außerdem gibt's einen Wohnbereich und eine voll ausgestattete Küche oberhalb eines Pferdestalls (*mews* sind Stallungen), der von der berittenen Polizei genutzt wird. Ein Garten gehört ebenfalls zu der Anlage – einer der wenigen verbleibenden in der Gegend.

Die Gäste müssen mindestens zwei Nächte bleiben, und da es sich um ein altes Haus mit dicken Wänden handelt, ist die WLAN-Abdeckung nicht überall gleich gut.

★ **Merrion** HOTEL €€€

(Karte S. 72 f.; ☎ 01-603 0600; www.merrionhotel.com; Upper Merrion St; Zi./Suite ab 400/750 €; P @ 📶 🏊; 🚌 alle Linien im Zentrum) Das prachtvolle Fünfsternehotel in einer Reihe wunderschön restaurierter georgianischer Stadthäuser öffnete 1988 seine Pforten, wirkt jedoch um einiges älter. Die Zimmer im alten Haus mit der größten privaten Kunstsammlung der Stadt und elegantem Komfort sind besser als jene im neuen Flügel.

Aufgrund der Lage bei den Regierungsgebäuden trifft man auf den Marmorfluren oft Politiker, Würdenträger und Prominente. Selbst wer nicht hier übernachtet, sollte zumindest zum Nachmittagstee vorbeischauen (Art Afternoon Tea; 85 € für 2 Pers.), der aus Silberkannen beliebig oft nachgeschenkt und neben einem lodernden Kaminfeuer serviert wird.

★ **Number 31** PENSION €€€

(Karte S. 72 f.; ☎ 01-676 5011; www.number31.ie; 31 Leeson Close; EZ/DZ 220/260 €; P 📶; 🚌 alle Linien im Zentrum) Dublins markantestes Anwesen ist das ehemalige Wohnhaus des modernistischen Architekten Sam Stephenson, der erfolgreich 1960er-Jahre-Stil mit der Pracht des 18. Jhs. verband. Auf eine altmodisch-schicke Remise und ein eleganteres georgianisches Gebäude verteilen sich 21 individuell eingerichtete Zimmer mit geschmackvollen französischen Antiquitäten und großen gemütlichen Betten.

Im Wintergarten wird ein Gourmetfrühstück mit Räucherhering, hausgemachtem Brot und Müsli serviert.

★ **Conrad Dublin** HOTEL €€€

(Karte S. 72 f.; ☎ 01-602 8900; www.conradhotels.com; Earlsfort Tce; Zi. ab 269 €; P @ 📶; 🚌 alle Linien im Zentrum) Ein 13 Mio. Euro teurer Umbau hat aus diesem 08/15-Businesshotel eine außergewöhnliche Unterkunft mit fünf Sternen gemacht. Der Stil ist zeitgenössisch-schick: Marmorbäder, unfassbar gemütliche Betten und eine Ästhetik, die auf das Prinzip „weniger ist mehr" setzt, wobei man keineswegs auf modernen Schnickschnack verzichten muss (Ladestationen fürs iPhone neben dem Bett, USB-Steckdosen und HD-Flachbildfernseher) – und die Rechnung geht auf. Die Coburg Brasserie (S. 114) ist herausragend.

Etwas überambitioniert wirkt hingegen das Konzept „Stay Inspired": Gäste dürfen von maßgeschneiderten ein-, drei- und fünfstündigen Sightseeing-Programmen Gebrauch machen, es ist aber unwahrscheinlich, dass man Powerscourt in Wicklow in 20 Minuten erreicht (so will es das 5-Stunden-Programm). Die Empfehlung des Catch 22 im 3-Stunden-Programm ist hingegen genial.

Shelbourne HOTEL €€€

(Karte S. 72 f.; ☎ 01-676 6471; www.theshelbourne.ie; 27 St. Stephen's Green N; Zi. ab 385 €; P @ 📶; 🚌 alle Linien im Zentrum, 🚊 St. Stephen's Green) Dublins bekanntestes Hotel öffnete 1824 seine Pforten und ist seitdem die erste Wahl der Reichen und Mächtigen. Nach einigen Besitzerwechseln und Renovierungen gehört es heute zur Marriott-Renaissance-Kette, und auch wenn es einige ernstzunehmende Konkurrenten im Luxussegment hat, ist es in puncto historischer Charme kaum zu schlagen.

Gäste erwartet ein geschichtsträchtiger Ort: Hier wurde 1921 die irische Verfassung ausgearbeitet, zudem spielt Elizabeth Bowens gleichnamiger Roman in dem Hotel. Der Nachmittagstee in der restaurierten Lord Mayor's Lounge ist ein Highlight.

Temple Bar

Wenn man ein wildes Partywochenende in Dublin verbringen möchte und nach dem Feiern ohne große Umwege in die Kiste stolpern will, sind die Hotels und Hostels in Temple Bar genau das Richtige. Im Allgemeinen sind die Zimmer recht klein, die Preise hoch und man muss mit dem Lärm angedudelter Nachtschwärmer zurechtkommen.

Barnacles HOSTEL €
(Karte S. 80 f.; ☎ 01-671 6277; www.barnacles.ie; 19 Temple Lane S; B/DZ ab 20/130 €; P 📶; 🚌 alle Linien im Zentrum) Für einen kurzen Partyaufenthalt ist das betriebsame Hostel in Temple Bar genau richtig – hier trifft man immer ein paar Leute zum Mitfeiern. Das hilfsbereite sachkundige Personal informiert gerne über das Nachtleben. Ruhiger sind die Zimmer auf der Rückseite.

Kinlay House HOSTEL €
(Karte S. 80 f.; ☎ 01-679 6644; www.kinlaydublin.ie; 2–12 Lord Edward St; B/DZ ab 20/90 €; 📶; 🚌 alle Linien im Zentrum) Das frühere Internat für Jungen beherbergt große gemischte Schlafräume für bis zu 24 Personen sowie kleinere Quartiere, darunter auch Doppelzimmer. Aufgrund der Lage in Temple Bar geht es hier gelegentlich recht laut zu. Das Personal ist freundlich, es gibt Kochmöglichkeiten und ein Café, zudem ist das Frühstück inbegriffen.

Dublin Citi Hotel HOTEL €
(Karte S. 80 f.; ☎ 01-679 4455; www.dublincitihotel.com; 46–49 Dame St; Zi. ab 109 €; @ 📶; 🚌 alle Linien im Zentrum) Ein Gebäude aus dem 19. Jh. mit auffälligen Türmchen direkt neben der Central Bank beherbergt dieses Mittelklassehotel. Die einfach eingerichteten Zimmer sind nicht groß, verfügen aber über schöne weiße Steppdecken. Das Herz von Temple Bar liegt nur einen Steinwurf entfernt – na dann, Prost!

★ **Irish Landmark Trust** HISTORISCHES HOTEL €€€
(Karte S. 80 f.; ☎ 01-670 4733; www.irishlandmark.com; 25 Eustace St; 2 Nächte für 7 Pers. 820 €; 🚌 alle Linien im Zentrum) Dieses denkmalgeschützte Gebäude aus dem 18. Jh. wurde nach höchsten Standards vom Irish Landmark Trust wunderschön restauriert. Es ist mit geschmackvollen Antiquitäten sowie authentischen Möbeln und Details ausgestattet (dazu gehört ein prächtiges Klavier im Salon) und bietet in seinen drei Gästezimmern Platz für bis zu sieben Personen. Hier gilt ein Mindestaufenthalt von zwei Nächten.

Das Gebäude entstand 1720. Ein wohlhabender Wollhändler lebte hier, später dann der Autor und Historiker Standish O'Grady (1846–1928), den William Butler Yeats wegen Werken wie *The Story of Ireland* (1894; er schrieb das Buch in diesem Haus) als „Vater der irischen Renaissance" bezeichnete – und das, obwohl er ein Protestant und überzeugter Unionist war.

Nördlich der Liffey

Zwischen der O'Connell Street und Smithfield gibt's verschiedene gute Mittelklasseoptionen. Die Gardiner Street östlich der O'Connell Street war die traditionelle B&B-Meile der Stadt, die vielen Hotelketten in der Stadt haben die B&Bs allerdings bis auf ein paar Ausnahmen überflüssig gemacht.

★ **Isaacs Hostel** HOSTEL €
(Karte S. 88 f.; ☎ 01-855 6215; www.isaacs.ie; 2–5 Frenchman's Lane; B/2BZ ab 16/70 €; @ 📶; 🚌 alle Linien im Zentrum, 🚊 Connolly) Das beste Hostel der Northside – in puncto Atmosphäre sogar das beste der Stadt – ist in einem 200 Jahre alten Weinkeller beim Hauptbusbahnhof direkt um die Ecke untergebracht. Grillabende im Sommer, Livemusik in der Lounge, Internetzugang, farbenfrohe Schlafsäle und sogar eine Sauna sorgen für konsequent gute Kritiken von Backpackern und anderen Gästen.

★ **Generator Hostel** HOSTEL €
(Karte S. 88 f.; ☎ 01-901 0222; www.generatorhostels.com; Smithfield Sq; B/2BZ ab 16/70 €; @ 📶; 🚊 Smithfield) Diese europäische Kette mischt die Dubliner Hostelszene mit ihrem eigenen witzigen, alternativen Design auf. Man darf sich auf knallige Farben, gemütliche Mehrbettzimmer (es gibt auch welche nur für Frauen) und eine gesellige Atmosphäre freuen. Es gibt sogar einen Filmraum. Praktisch ist die Lage direkt am Smithfield Square neben der Old Jameson Distillery (S. 89).

MEC Hostel HOSTEL €
(Karte S. 88 f.; ☎ 01-873 0826; www.mechostel.com; 42 N Great George's St; B/DZ ab 14/70 €; 📶; 🚌 36, 36A) Ein typisch georgianisches Bauwerk an einer der schönsten Straßen der Stadt birgt ein beliebtes Hostel mit mehreren Schlafsälen und Doppelzimmern, alle samt eigenem Bad. Darüber hinaus gibt's eine voll ausgestattete Küche und zwei Lounges und der WLAN-Empfang ist im gesamten Haus okay. Das Frühstück kostet nur 2 €.

Jacob's Inn HOSTEL €

(Karte S. 88 f.; ☎ 01-855 5660; www.jacobsinn.com; 21–28 Talbot Pl; B/DZ ab 11/70; 📶; 🚌 alle Linien im Zentrum, 🚆 Connolly) Gleich nebenan verfügt das saubere moderne Schwesterhostel des Isaacs (S. 108) über geräumige Quartiere mit Privatbädern und großartige Einrichtungen wie rollstuhlgerechte Zimmer, einen Fahrradparkplatz und eine Küche für Selbstversorger.

Riu Plaza Gresham Hotel HOTEL €€

(Karte S. 88 f.; ☎ 01-874 6881; www.gresham-hotels.com; 23 Upper O'Connell St; Zi. ab 200 €; P ❄ @ 📶; 🚌 alle Linien im Zentrum) Seit 2016 gehört dieses Wahrzeichen zum spanischen Hotelriesen RIU. Bislang ist das Gebäude, in dem seit 1817 Gäste begrüßt werden, noch nicht verändert worden. Die 323 Zimmer und zehn Suiten sind geräumig und gepflegt und das offene Foyer ist eine der beeindruckendsten Hotellobbys der Stadt.

Maldron Hotel Smithfield HOTEL €€

(Karte S. 88 f.; ☎ 01-485 0900; www.maldronhotels.com; Smithfield Village; Zi./Suite 180/220 €; 📶; 🚌 25, 25A, 25B, 66, 66A, 66B, 67, 90, 151 bis Upper Ormond Quay, 🚊 Smithfield) Große Zimmer und sanfte Erdtöne, die einen Kontrast zu den modernen Linien bilden, machen das funktionelle Hotel zur besten Option in diesem Teil der Stadt. Besonders schön sind die Panoramafenster mit Blick auf den Platz.

Morrison Hotel HOTEL €€€

(Karte S. 88 f.; ☎ 01-887 2400; www.morrisonhotel.ie; Lower Ormond Quay; Zi. ab 260; P @ 📶; 🚌 alle Linien im Zentrum, 🚊 Jervis) Flippig-futuristisches Design prägt dieses hippe Hotel, das der Hilton-Doubletree-Gruppe angehört. Breite Doppelbetten mit edlen Matratzen, 40-Zoll-LCD-Fernseher, kostenloses WLAN und feinste Toilettenartikel sind nur ein paar der gebotenen Extras. Die mit Abstand luxuriöseste Adresse der Northside.

Docklands

Wer in der Docklands-Gegend übernachtet, ist auf öffentliche Verkehrsmittel und Taxis angewiesen, um ins Zentrum zu gelangen.

★ **Marker** HOTEL €€€

(Karte S. 95; ☎ 01-687 5100; www.themarkerhoteldublin.com; Grand Canal Sq; Zi./Suite ab 350/520 €; P @ 📶; 🚆 Grand Canal Dock) Hinter der auffälligen Schachbrettmusterfassade von Manuel Aires Mateus verbergen sich 187 noble Zimmer und Suiten in kühlen Farben (verwaschene Zitrus- und Kobalttöne) mit äußerst eleganten Möbeln, die für coole Raffinesse sorgen. Die öffentlichen Bereiche sind etwas verspielter und die Dachbar ist im Sommer äußerst angesagt.

Gibson Hotel HOTEL €€€

(Karte S. 95; ☎ 01-618 5000; www.thegibsonhotel.ie; Point Village; Zi. ab 250 €; P @ 📶; 🚌 151 ab dem Zentrum, 🚊 The Point) Das Gibson richtet sich an Geschäftsreisende und Gäste, die sich eine Vorstellung in der 3 Arena (S. 128) nebenan ansehen, und beeindruckt mit rund 250 sehr modernen Zimmern. Sie verfügen über Betten der Luxusklasse, Flachbildfernseher und Arbeitstische mit Internet. Beim Frühstück im schicken Restaurantbereich trifft man eventuell auf einen der Stars, die am vorigen Abend aufgetreten sind.

Southside

In den baumbestandenen Vierteln der Southside stehen einige der elegantesten B&Bs der Stadt. Manche können sich locker mit den besten Hotels messen, was den Komfort und Service anbelangt.

★ **Ariel House** GÄSTEHAUS €

(Karte S. 95; ☎ 01-668 5512; www.ariel-house.net; 52 Lansdowne Rd; Zi. ab 130 €; P 📶; 🚌 4, 7, 8, 84 ab dem Zentrum) Unsere Lieblingsunterkunft in Ballsbridge ist dieses wunderschöne Anwesen aus viktorianischer Zeit, das vom Standard her irgendwo zwischen Boutique-Hotel und Edel-B&B angesiedelt ist. Die 28 Zimmer sind individuell mit zeitgenössischen Möbeln eingerichtet, was der Unterkunft ein authentisch-luxuriöses Flair verleiht. Sehr viel netter als die meisten Hotels, die zur Wahl stehen.

★ **Aberdeen Lodge** PENSION €€

(☎ 01-283 8155; www.aberdeenlodgedublin.com; 53–55 Park Ave; Zi. ab 160 €; P @ 📶; 🚌 2, 3, 🚆 Sydney Parade) Die Aberdeen Lodge zählt nicht nur zu Dublins besten Pensionen, sondern ist auch eines der bestgehüteten Geheimnisse, das nur diejenigen kennen, die eine kurze Bahnfahrt ab dem Zentrum nicht scheuen. Belohnt werden sie mit einem luxuriösen Haus, dessen persönlicher Service dem eines Spitzenklassehotels in nichts nachsteht.

Ein Großteil der eindrucksvollen Zimmer verfügt über Himmel- oder schmiedeeiserne Betten, die die authentischen edwardianischen Möbel und die geschmackvolle Kunst an den Wänden komplettieren. Die Suiten warten zudem mit Adams-Kaminen auf. Der Service ist exzellent – eine Servicekraft kümmert sich jeweils um zwei Zimmer –, engagiert und sehr höflich. Ein weiteres Extra für internationale Reisende ist das „Meet and Greet" am Dubliner Flughafen, wo man von einem Fahrer abgeholt und in einem Town Car zum Hotel gefahren wird (vorher reservieren).

Schoolhouse Hotel BOUTIQUE-HOTEL **€€**
(Karte S. 95; ☎ 01-667 5014; www.schoolhouse hotel.com; 2–8 Northumberland Rd; Zi. ab 170 €; P 🛜; 🚌 5, 7, 7A, 8, 18, 27X, 44 ab dem Zentrum) Ein bildschönes viktorianisches Schulgebäude (1861) ist erfolgreich zu einem exquisiten Boutique-Hotel umgebaut worden, das seinesgleichen sucht. Die 31 lauschigen Zimmer sind nach irischen Berühmtheiten benannt und mit großen Doppelbetten, auffällig gemusterten Kopfteilen und ausladenden weißen Steppdecken ausgestattet. Im Sommer bevölkern Geschäftsleute die Veranda und den Innenraum der Bar Canteen.

Essen

Niemals hatte man in Dublin eine bessere Auswahl an Restaurants – hier ist so ziemlich jede Landesküche und jeder kulinarische Trend vertreten, angefangen bei Donuts zum Mitnehmen bis hin zu Grünkohlgerichten.

Grafton Street & Umgebung

Entlang der Grafton Street bekommt man eigentlich nur Fast Food. Für echte Leckerbissen sollte man die Straßen ringsum ansteuern, in denen ein bunter Mix aus schicken Restaurants, Lokalen und alternativen Cafés angesiedelt ist. Das Speisenangebot ist vielfältig und auch preislich ist für jeden etwas dabei.

Meet Me in the Morning CAFÉ **€**
(Karte S. 72 f.; 50 Pleasants St; Hauptgerichte 5–8 €; ⌚ Di–Fr 8–17, Sa & So 10–17 Uhr; 🚌 14, 15, 65, 83) Superleckeres Frühstück (die Eier werden genau richtig zubereitet und wir können das *nut eile* empfehlen, ein Haselnuss-und-Kakao-Aufstrich auf Toast mit Meersalz) und Mittagessen mit nahöstlichem Flair à la Puy-Linsen-Taboulé mit Fenchel. Eins der nettesten Cafés in Dublin, benannt nach einem Dylan-Song.

Wow Burger BURGER **€**
(Karte S. 80 f.; www.wowburger.ie; 8 Wicklow St; Burger 6–7 €; ⌚ 12–21.30 Uhr; 🚌 alle Linien im Zentrum) Unter **Mary's Bar** (Karte S. 80 f.; 8 Wicklow St; ⌚ Mo–Mi 11–23.30, Do bis 0.30, Fr & Sa 1.30, So 12–23 Uhr; 🚌 alle Linien im Zentrum) ist einer der angesagtesten Burgerläden der Stadt zuhause: die Hamburger, Cheeseburger und verführerischen Cheeseburger mit Bacon können in zwei Größen bestellt werden (Double und Single), dazu gibt's eine Beilage nach Wahl – wir legen den Lesern die Knoblauchbutter-Pommes ans Herz. An der Bar bestellen, an der Theke abholen und

BAUERN- & BIOMÄRKTE

Mehr Infos zu Bauern- und Biomärkten findet man unter www.irishfarmersmarkets.ie, www.irishvillagemarkets.com und auf den Websites von Kreisverwaltungen wie www.dlrcoco.ie/markets.

Dublin Food Co-op (S. 133) Umweltfreundlicher Biomarkt, besonders beliebt am Samstag.

Coppinger Row Market (Karte S. 80 f.; Coppinger Row; ⌚ Do 11–19 Uhr; 🚌 alle Linien im Zentrum) Ein winziger Straßenmarkt, auf dem frisches Brot und andere hausgemachte Waren feilgeboten werden.

Harcourt Street Food Market (Karte S. 72 f.; www.irishfarmersmarkets.ie; Park Pl, Bahnhofsgebäude, Upper Hatch St; ⌚ Do 12–14 Uhr; 🚌 alle Linien im Zentrum, 🚊 Harcourt) Hier gibt's Biowaren, mit denen Gerichte aus aller Welt zubereitet werden können.

CHQ Farmers' Market (Karte S. 95; www.irishfarmersmarkets.ie; CHQ-Gebäude; ⌚ Fr 11–15 Uhr; 🚊 George's Dock) Die lokalen Erzeuger verkaufen alles von Schokolade bis zu selbstgemachten Soßen.

People's Park Market (☎ 087 957 3647; People's Park, Dun Laoghaire; ⌚ So 11–16 Uhr; 🚊 Dun Laoghaire) Fisch und Meeresfrüchte, Fleisch und Gemüse aus der Region.

VEGETARISCHE KÜCHE

Für Vegetarier wird die Nahrungsaufnahme in Dublin zunehmend unkomplizierter, denn in der Hauptstadt ist man inzwischen von der Meinung abgekommen, dass zu einem Essen unbedingt ein ordentliches Stück Fleisch gehört, und hat verstanden, dass bekömmliche Küche der Gesundheit zuträglich ist.

Ein paar „normale" Restaurants bieten inzwischen mehr vegetarische Gerichte an als bloß die Standard-Gemüsebeilage, etwa das **M&L** (S. 116), **Yamamori** (S. 117) und **Chameleon** (Karte S. 80 f.; ☎ 01-671 0362; www.chameleonrestaurant.com; 1 Lower Fownes St; Menüs 30–40 €, Tapas 7,50–11 €; ⌚ Mi–So 16–23 Uhr; ; alle Linien im Zentrum). Mittwochs abends wird im **Fumbally** (S. 116) immer ein leckeres vegetarisches Gericht zubereitet und das **Assassination Custard** (S. 111) setzt auf eine ausgewogene Balance zwischen Speisen mit und ohne Fleisch.

Zu 100 % vegetarisch ist z. B. **Blazing Salads** (Karte S. 80 f.; 42 Drury St; Salate 5–10 €; ⌚ Mo–Mi, Fr & Sa 10–18, Do bis 20 Uhr; ; alle Linien im Zentrum) mit Biobroten, Salaten nach kalifornischem Vorbild und Pizzas. Das **Cornucopia** (Karte S. 80 f.; www.cornucopia.ie; 19–20 Wicklow St; Salate 5,50–11 €, Hauptgerichte 12,50–14 €; ⌚ Mo 8.30–21, Di–Sa 8.30–22, So 12–21 Uhr; ; alle Linien im Zentrum) ist Dublins bekannteste Adresse für Vegetarier und bietet gesunde Salate, Sandwiches und verschiedene warme Hauptgerichte und das Hare-Krishna-Restaurant **Govinda's** (Karte S. 80 f.; www.govindas.ie; 4 Aungier St; Hauptgerichte 10,45 €; ⌚ Mo–Sa 12–21 Uhr; ; alle Linien im Zentrum) versorgt die Gäste mit Bohnen, Hülsenfrüchten und mehr.

in dem Speisesaal im Stil eines Diners aus den 50ern verzehren.

Assassination Custard CAFÉ €

(Karte S. 72 f.; 19 Kevin St; Hauptgerichte 4–6 €; ⌚ Mo–Fr 8–15.30 Uhr; alle Linien im Zentrum) Dieses Café macht von außen nicht viel her, ist aber tatsächlich ein ganz besonderer Schlemmertempel. Wie wär's z. B. mit gebratenem Blumenkohl mit Dukkah oder Broccoli mit pikanter italienischer 'Nduja-Schweinswurst und Toonsbridge-Ricotta? Wagemutige könnten sich auch das Kutteln-Sandwich bestellen. Der Name des Ladens geht übrigens auf einen Begriff zurück, den Samuel Beckett prägte.

Azteca MEXIKANISCH €

(Karte S. 80 f.; 19 Lord Edward St; Burritos 9–11 €; ⌚ Mo–Fr 10–22, Sa 12–22, So 12–18 Uhr; alle Linien im Zentrum) Das Azteca gibt es schon eine ganze Weile, es steht aber selten auf der Hit-Liste der Restaurants, in denen man unbedingt mal gespeist haben muss. Selbst schuld – die Burritos sind hervorragend! Nahe dem Dublin Castle.

Bunsen BURGER €

(Karte S. 80 f.; ☎ 01-652 1022; www.bunsen.ie; 3 S Anne St; Burger 7–9 €; ⌚ Mo–Mi 12–21.30, Do–Sa 12–22.30, So 13–21.30 Uhr; alle Linien im Zentrum, St. Stephen's Green) Die Burger sind so heiß begehrt, dass sich lange Warteschlangen bilden (bis vor die Tür!).

Silk Road Café NAHÖSTLICH €

(Karte S. 80 f.; Chester Beatty Library, Dublin Castle; Hauptgerichte 12 €; ⌚ Mai–Okt. Mo–Fr 10–16.45, Sa & So 11–16.45 Uhr, Nov.–April Mo geschl.; 50, 51B, 77, 78A, 123) Dieses kleine Schmuckstück im Erdgeschoss der Chester Beatty Library (S. 69) hat ein vage orientalisch-nordafrikanisch anmutendes Flair und ist kein gewöhnliches Museumscafé. Es gibt z. B. Moussaka, Spinatlasagne und Tagesgerichte wie *djaj mehshi* (Hühnchen mit Gewürzen, Reis, getrockneten Früchten, Mandeln und Pinienkernen). Sämtliche Gerichte sind halal und koscher.

Fallon & Byrne FEINKOST €

(Karte S. 80 f.; www.fallonandbyrne.com; Exchequer St; Hauptgerichte 5–10 €; ⌚ Mo–Fr 8–21, Sa 9–21, So 11–19 Uhr; alle Linien im Zentrum) Diese Feinkostabteilung mit Weinkeller ist Dublins entschiedene Antwort auf die US-Kette Dean and DeLuca. Hier kaufen Feinschmecker ihren Lieblingskäse und importierte Delikatessen ein, zudem gibt's an der Heißtheke Mittagessen und Snacks zum Mitnehmen für den gehobenen Anspruch.

Oben kredenzt eine elegante **Brasserie** (Karte S. 80 f.; ☎ 01-472 1000; www.fallonandbyrne.com; Exchequer St; Hauptgerichte 12–17 €; ⌚ So–Di 12–15 & 17.30–21, Mi & Do bis 22, Fr & Sa bis 23 Uhr; alle Linien im Zentrum) irisch geprägte mediterrane Küche.

Simon's Place CAFÉ €

(Karte S. 80 f.; George's St Arcade, S Great George's St; Sandwiches 5–6 €; Mo–Sa 8.30–17 Uhr; ; alle Linien im Zentrum) Simon's Suppen-und-Sandwich-Laden ist ein echter Fels in der Brandung und hält der wankelmütigen Gastroszene leckere und erschwingliche dick belegte Brote und gesunde Suppen entgegen. Tolles verlässliches Café.

★ Pichet FRANZÖSISCH €€

(Karte S. 80 f.; 01-677 1060; www.pichetrestaurant.ie; 15 Trinity St; Hauptgerichte 19–27 €; Mo–Sa 12–15 & 17–22, So 11–16 & 17–21 Uhr; alle Linien im Zentrum) Chefkoch Stephen Gibson, der früher im L'Ecrivain tätig war, brachte seine Version moderner französischer Küche in diesen frisch renovierten, eleganten Speiseraum. Das Essen ist vorzüglich und der Service tadellos. Zu diesem Preis wird man nirgendwo im Zentrum so feudal schlemmen können. Auch die fachmännisch gemixten Cocktails sind super.

Little Jerusalem NAHÖSTLICH €€

(Karte S. 72 f.; 01-424 4001; 77 Lower Camden St; Hauptgerichte 12–17 €; 12–0 Uhr; ; 14, 15, 65, 83) Anwärter auf den ersten Platz in Sachen nahöstliche Küche ist das nette „Klein-Jerusalem", in dem eine Mischung aus libanesischen und palästinensischen Gerichten auf den Teller kommt. Darunter sind bekannte Speisen wie Hummus, Falafeln und Schawarmas mit Lamm, aber auch exotische wie z. B. *makloubet* (Hühnchen, Aubergine, Blumenkohl, Kartoffeln und Zwiebeln, die „auf dem Kopf" serviert werden). Die Karte ist so umfangreich, dass man eigentlich mehrmals herkommen muss. Ach so: Bier selbst mitbringen!

Hang Dai CHINESISCH €€

(Karte S. 72 f.; 01-545 8888; www.hangdaichinese.com; 20 Lower Camden St; Hauptgerichte 16–29 €; Di–Sa 17–0 Uhr; 14, 15, 65, 83) Das sieht ja aus wie ein Waggon …?! Die schummerige, rote Beleuchtung und die Musik lassen einen derweil an ein Pornokino aus den 70ern denken. Um einen Platz an der Bar oder in einer der Zugabteilnischen zu bekommen, muss man reservieren, denn dieser Chinese ist total angesagt. Das Essen – moderne Interpretationen klassischer Rezepte – ist exzellent.

Port House TAPAS €€

(Karte S. 80 f.; 01-677 0298; www.porthouse.ie; 64a South William St; Tapas 7–10 €; 11–0 Uhr; alle Linien im Zentrum) Flackernde Kerzen erhellen die dunklen, an einen Weinkeller erinnernden Räumlichkeiten. Zu den vielen spanischen Tapas (köstlich!) sollte man einen der wunderbaren iberischen Weine bestellen (die Mitarbeiter geben Tipps). Reservierungen sind nicht möglich und am Wochenende muss deshalb Wartezeit eingeplant werden, bis ein Tisch frei wird.

Camden Kitchen BISTRO €€

(Karte S. 72 f.; 01-476 0125; www.camdenkitchen.ie; 3 Camden Market, Grantham St; Hauptgerichte 16–26 €; Mi–Fr 12–14.30 & 17.30–22, Di & Sa 17.30–22 Uhr; 14, 15, 65, 83) Abseits der geschäftigen Camden Street bietet das einladende kleine Bistro eine frische, saisonale Karte mit wechselnden Gerichten, die nicht nur Gaumen-, sondern auch Augenweide sind. Es gibt z. B. selbstgemachte Gnocchi mit Biospinat und Gemüse und Wildpilze mit Ei (von freilaufenden Hühnern) oder Rehrücken mit einer Kartoffelterrine. Die Speisen sind recht preisgünstig, die Weine dagegen ziemlich teuer.

Richmond MODERN IRISCH €€

(Karte S. 72 f.; 01-478 8783; www.richmondrestaurant.ie; 43 S Richmond St; Hauptgerichte 16–27 €; Mi–So 17.30–21.30, Sa & So 11–15 Uhr; 14, 15, 65, 83) Auf den ersten Blick ist das Speisenangebot nichts Spektakuläres, sondern einfach nur eine nette Kollektion der üblichen (beliebten) Verdächtigen vom Burger bis zur gebratenen Entenbrust. Doch die Art und Weise, wie sie zubereitet und angerichtet werden, sind außergewöhnlich und machen das Richmond zu einer der Topadressen in der Stadt. Es ist der Beweis dafür, dass Expertise in der Küche das A und O ist. Besonders viele Fans hat der Brunch.

Dada MOROKKANISCH €€

(Karte S. 80 f.; www.dadarestaurant.ie; 45 S William St; Hauptgerichte 14–25 €; Mo–Do 17–23, Fr & Sa 13.30–0.30, So 14.30–23 Uhr; alle Linien im Zentrum) In dem betriebsamen Restaurant herrscht eine lauschige Atmosphäre, getragen von den diversen Alkoven und der schummerigen Beleuchtung im Speisesaal – man wähnt sich fast in einer marokkanischen Medina. In der Küche werden reichlich nordafrikanische Leibgerichte zubereitet, vor allem mit Lammfleisch (allein drei Tajinen enthalten Lamm und die Lammschulter wird sieben Stunden im Ofen gegart), es gibt aber auch Fisch, Hühnchen und einige gute Optionen für Vegetarier.

Super Miss Sue FISCH & MEERESFRÜCHTE €€
(Karte S. 80 f.; www.supermisssue.com; 2–3 Drury St; Hauptgerichte 15–28 €; Mo–Mi 12–21, Do–Sa bis 23, So bis 16 Uhr; alle Linien im Zentrum) Das Super Miss Sue ist nicht ein Restaurant, sondern drei in einem: Im Erdgeschoss befindet sich ein heller Speisesaal im Stil eines Cafés, in dem vor allem Fisch und Meeresfrüchte (diverse Austernsorten etc.) serviert werden – die Schalentierplatte ist schlichtweg göttlich! Treppab, im **Luna** (Mi–Sa 17–23 Uhr), gibt's italienische Küche, wobei Fleischgerichte besonders stark vertreten sind. Bei **Cerva** kann man sich eine Portion Fish 'n' Chips zum Mitnehmen holen.

Pitt Bros BBQ GRILLRESTAURANT €€
(Karte S. 80 f.; www.pittbrosbbq.com; Unit 1, Wicklow House, S Great George's St; Hauptgerichte 14–16 €; Mo–Fr 12–0, Sa & So 0.30 Uhr–open end; alle Linien im Zentrum) Leckeres Barbecue nach Südstaatenart (Pulled Pork, Beef Brisket, Rippchen, Wurst und halbe Hähnchen), gepaart mit lauter Musik und hipper Atmosphäre. Wer Lust auf ein Dessert hat, kann sich an der Eismaschine selbst bedienen. Einheimische stören sich daran, dass das Lokal eine Kopie der Bison Bar ist – die gut gelaunte Klientel jedoch nicht.

Fade Street Social MODERN IRISCH €€
(Karte S. 80 f.; 01-604 0066; www.fadestreetsocial.com; 4–6 Fade St; Hauptgerichte 18–32 €, Tapas 5–12 €; Mo–Fr 12.30–22.30, Sa & So 17–22.30 Uhr; ; alle Linien im Zentrum) Zwei Restaurants in einem Haus unter der Leitung des renommierten Kochs Dylan McGrath: Vorne serviert die betriebsame Tapas-Bar Gourmetsnacks, zubereitet in einer schönen offenen Küche. Hinten im ruhigen Restaurant gibt's irisches Fleisch (von Kalb bis Kaninchen) an selbst angebautem Biogemüse. Oben befindet sich eine Bar. Reservierung empfohlen.

Pig's Ear MODERN IRISCH €€
(Karte S. 72 f.; 01-670 3865; www.thepigsear.com; 4 Nassau St; Hauptgerichte 18–28 €; Mo–Sa 12–14.45 & 17.30–22 Uhr; alle Linien im Zentrum) Mit Blick auf die Playing Fields des Trinity College – das gilt in Dublin als Aussicht –, erstreckt sich dieses förmliche Restaurant über zwei Etagen. Es ist für seine exquisite, innovative irische Küche bekannt. Die Gäste laben sich an gegrilltem Schweinebauch, Short Ribs vom irischen Rind und einem sensationellen Shepherd's Pie, der langsam gegart wird.

L'Gueuleton FRANZÖSISCH €€
(Karte S. 80 f.; www.lgueuleton.com; 1 Fade St; Hauptgerichte 25–28 €; Mo–Mi 12.30–16 & 17.30–22, Do–Sa bis 22.30, So 12–16 & 17.30–21 Uhr; alle Linien im Zentrum) Trotz des schwer auszusprechenden Namens ist L'Gueuleton (französisch für „das große Fressen") mit seiner robusten (fleischlastigen und sättigenden) Variante rustikaler französischer Küche ein beliebter Klassiker. Die Zwiebelsuppe ist genial und das Steak frites hat viele Fans. Reservierungen sind nicht möglich, stattdessen hinterlassen Gäste ihren Namen an der Tür und warten bei einem Drink außerhalb darauf, aufgerufen zu werden.

Yamamori JAPANISCH €€
(Karte S. 80 f.; 01-475 5001; www.yamamorinoodles.ie; 71 S Great George's St; Hauptgerichte 15–28 €, Bento mittags 10 €; 12.30–23 Uhr; ; alle Linien im Zentrum) Das Yamamori überzeugt mit dynamischem Service und leckerer Küche, die Sushi, Sashimi, schmackhafte Nudelgerichte und vieles mehr umfasst. Das *bentō* zählt zu den besten Mittagsangeboten der Stadt. Nördlich des Flusses gibt's eine zweite Filiale (S. 117).

★ **Greenhouse** SKANDINAVISCH €€€
(Karte S. 80 f.; 01-676 7015; www.thegreenhouserestaurant.ie; Dawson St; 2-/3-gängiges Mittagsmenü 29,50/38 €, 4-/6-gängiges Abendmenü 79/95 €; Di–Sa 12–14.15 & 18–21.30 Uhr; alle Linien im Zentrum, St. Stephen's Green) Mickael Viljanen ist möglicherweise der vielversprechendste Koch, der derzeit in Irland arbeitet. Das liegt vor allem an den skandinavisch inspirierten Probiermenüs, die das „Treibhaus" zum vielleicht besten Restaurant der Stadt gemacht haben. Die Weinauswahl trifft Julie Dupouy, die 2017 Platz drei bei der Wahl zum weltbesten Sommelier belegt hat – wenige Wochen bevor das Greenhouse mit einem Michelin-Stern gekürt wurde. Nur mit Reservierung.

Shanahan's on the Green STEAK €€€
(Karte S. 72 f.; 01-407 0939; www.shanahans.ie; 119 St. Stephen's Green W; Hauptgerichte 42–49 €; Sa–Do 18–22, Fr 12–22 Uhr; alle Linien im Zentrum, St. Stephen's Green) Natürlich kann man hier Fisch oder Gemüse bestellen, dann würde man sich jedoch die Spezialität dieses wunderbar eleganten Steakhauses entgehen lassen: die besten Stücke des saftig-zarten irischen Angusrinds, die man sich vorstellen kann. Das Ambiente ist gehoben amerikanisch; Herzstück der Bar

im Erdgeschoss namens Oval Office ist ein Schaukelstuhl, der einst John F. Kennedy gehörte.

Merrion Square & Umgebung

Die Gegend um die Merrion Row ist ganz offensichtlich ein idealer kulinarischer Nährboden. Hier bekommt man sowohl das Mittagessen in legerer Atmosphäre für die arbeitende Bevölkerung als auch feinste Haute Cuisine – kein Viertel von Dublin kann mehr Michelin-Sterne aufweisen. Das Angebot umfasst aber auch Sandwich-Läden und unscheinbare Cafés.

★ Etto ITALIENISCH €€
(Karte S. 72 f.; 01-678 8872; www.etto.ie; 18 Merrion Row; Hauptgerichte 18–23 €; Mo–Fr 12–22, Sa 12.30–22 Uhr; alle Linien im Zentrum) In dem preisgekrönten Restaurant plus Weinbar werden moderne Interpretationen italienischer Leibspeisen zubereitet. Sämtliche Zutaten sind frisch, die Gerichte sind eine Augenweide und der Service ist genau so, wie er sein soll. De Portionen sind klein, aber das Essen ist so gehaltvoll und lecker, dass man nicht hungrig heimgehen wird. Einziger Nachteil ist, dass das Ganze ziemlich schnell vorbei ist – dabei wäre es so schön, ein bisschen länger mit seinem (hervorragenden) Wein sitzen zu bleiben. Reservieren.

★ Coburg Brasserie FRANZÖSISCH €€
(Karte S. 72 f.; 01-602 8900; www.thecoburgdublin.com; Conrad International, Earlsfort Tce; Hauptgerichte 11–18 €; alle Linien im Zentrum) In der umgestalteten französisch angehauchten Hotelbrasserie geben Krustentiere den Ton an. Auf der Karte stehen Austern, Muscheln und verschiedene „unkomplizierte" Hummergerichte wie Hummerbrötchen oder ein Hummer-Cocktail. Die Bouillabaisse ist eine geschmacksintensive Angelegenheit mit dem Aroma des Meeres. Weitere Leckerbissen sind die Shrimp-Burger und der mit Connemara-Whiskey gebeizte Biolachs. Erste Sahne!

House MEDITERRAN €€
(Karte S. 72 f.; www.housedublin.ie; 27 Lower Leeson St; Tapas 9–11 €, Hauptgerichte 14–26 €; Mo–Mi 8–0, Do & Fr 8–3, Sa 16–3 Uhr; 11, 46, 118, 145) In der wunderbaren Bar kommen nur wenige Hauptgerichte auf den Teller, das eigentliche Highlight sind aber auch die Gerichte zum Teilen, die den gesamten Mittelmeerraum abdecken. So gibt es Wildpilzrisotto, Pulled Pork, gegrillten Halloumi und Calamares mit Salz und Pfeffer.

Ely MODERN IRISCH €€
(Karte S. 72 f.; 01-676 8986; www.elywinebar.ie; 22 Ely Pl; Hauptgerichte 15–29 €; Mo–Fr 12–23.30, Sa 17–0.30 Uhr; alle Linien im Zentrum) Köstliche hausgemachte Burger, *bangers and mash* (Bratwurst und Kartoffelbrei) und geschmorte Wildpilze sind nur ein paar der Leckereien, an denen sich die Gäste des Kellerrestaurants laben. Das Essen besteht ausschließlich aus Bioprodukten vom familieneigenen Bauernbetrieb im County Clare und ist von erstklassiger Qualität. In den Docklands gibt's eine **Filiale** (Karte S. 95; 01-672 0010; www.elywinebar.ie; Custom House Quay; Hauptgerichte 16–28 €; Mo–Fr 12–23, Sa 16–0 Uhr; George's Dock).

★ Restaurant Patrick Guilbaud FRANZÖSISCH €€€
(Karte S. 72 f.; 01-676 4192; www.restaurantpatrickguilbaud.ie; 21 Upper Merrion St; 2-/3-Gänge-Mittagsmenü 50/60 €, Abendmenüs 90–185 €; Di–Sa 12.30–14.30 & 19.30–22.30 Uhr; 7, 46 ab dem Zentrum) Irlands einziges Zweisternerestaurant gilt bei seinen Anhängern, die Guillaume Lebruns französische Haute Cuisine für den Ausdruck kulinarischer Kunst schlechthin halten, als das beste des Landes. Wer gerne in gehobener Atmosphäre diniert, ist hier genau richtig: Für diese Preisklasse ist das Mittagsmenü ein echtes Schnäppchen. Das Essen ist innovativ und wird formvollendet angerichtet.

Im Speiseraum herrscht moderne Eleganz, und der Service ist fachkundig, zurückhaltend und doch überraschend freundlich. Die Mitarbeiter durchlaufen eine gute Ausbildung, kümmern sich um jede Frage und individuelle Wünsche und stellen sicher, dass die Tische makellos sauber bleiben. Besitzer Patrick Guilbaud begrüßt seine Gäste abends oft persönlich und bewegt sie charmant zu einem erneuten Besuch. Reservierung erforderlich.

★ L'Ecrivain FRANZÖSISCH €€€
(Karte S. 72 f.; 01-661 1919; www.lecrivain.com; 109a Lower Baggot St; 3-Gänge-Mittagsmenü 45 €, 8-Gänge-Probiermenü 90 €, Hauptgerichte 45 €; Mi–Fr 12.30–14, Mo–Sa 18.30–22 Uhr; 38, 39 ab dem Zentrum) Chefkoch Derry Clarke wird für die erlesene Schlichtheit seiner Kreationen verehrt, für die er mit französischer Raffinesse feinste lokale Zutaten zu wahrhaft göttlichen Gaumenfreuden verarbeitet. Das Essen erhält stets eine

französische Note und verwandelt sich in etwas wirklich Paradiesisches. Das sah auch Michelin so und verlieh dem Restaurant einen Stern.

Temple Bar

Zwischen vielen überteuerten enttäuschenden Lokalen in Temple Bar verstecken sich ein paar exzellente Optionen, die jedem Geschmack und Geldbeutel gerecht werden.

Klaw FISCH & MEERESFRÜCHTE €
(Karte S. 80 f.; www.klaw.ie; 5a Crown Alley; Hauptgerichte 8–15 €; Mo–Mi & So 12–22, Do–Sa bis 23 Uhr; alle Linien im Zentrum) Elegant und schick ist dieser Imbiss nicht – er sieht aus wie eine nette Fischbude –, doch das Essen spielt in einer anderen Liga: Die irischen Austern werden auf verschiedene Arten serviert (*naked, dressed* oder *torched*) und es gibt Krebsscheren von Lambay Island, die mit Yuzu-Aioli kredenzt werden. Wer mag, kann sich einen halben Hummer gönnen. Alle Gerichte schmecken hervorragend. Und in der Austern-Happy-Hour kosten sämtliche Austern nur 1,50 €.

Bison Bar & BBQ GRILLRESTAURANT €
(Karte S. 80 f.; 086 056 3144; www.bisonbar.ie; 11 Wellington Quay; Hauptgerichte 14–17 €; 12–21 Uhr; alle Linien im Zentrum) Bier, Whiskey Sour und leckere Grillgerichte nach Texas-Art, die auf Wegwerftellern mit guten Beilagen wie Krautsalat oder Makkaroni mit Käse serviert werden, stehen in diesem betriebsamen Restaurant zur Auswahl. Das Cowboy-Thema wird hier ernst genommen, davon zeugen Stühle mit echten Sätteln. Hier kann man wunderbar essen, trinken und Spaß haben.

Bunsen BURGER €
(Karte S. 80 f.; www.bunsen.ie; 22 Essex St E; Burger 7–10 €; Mo–Mi 12–21.30, Do–Sa 12–22.30, So 13–21 Uhr; alle Linien im Zentrum) Der Slogan lautet Straight Up Burgers („ehrliche Burger") – und superlecker sind die Burger von Bunsen auch noch, denn hier wird ausschließlich saftiges, perfekt zubereitetes und erstklassiges Rindfleisch in einem hausgemachten Brötchen verwendet. Die Pommes dazu gibt's in dick, dünn und aus Süßkartoffeln. Wer möchte, kann die doppelte Portion bestellen (allerdings auf eigene Gefahr!). Es gibt noch zwei Filialen in der Stadt, eine in der South Anne Street (S. 111) und eine in der **Wexford Street** (Karte S. 72 f.; www.bunsen.ie; 36 Wexford St; Burger 7–9 €; Mo–Mi 12–21.30, Do–Sa 12–22.30, So 13–21.30 Uhr; alle Linien im Zentrum).

Queen of Tarts CAFÉ €
(Karte S. 80 f.; 01-670 7499; www.queenoftarts.ie; 4 Cork Hill; Hauptgerichte 5–10 €; Mo–Fr 8–20, Sa 8.30–20, So 9–19 Uhr; alle Linien im Zentrum) Das niedliche kleine Café verkauft eine leckere Auswahl an Tartes, Baisers, Streuselkuchen, Kekse und Brownies, ganz zu schweigen vom Frühstück: Die Räucherspeck-Lauch-Kartoffel-Küchlein mit Eiern und Cherrytomaten sind exzellent. Um die Ecke in der **Cow's Lane** (Karte S. 80f.; www.queenoftarts.ie; 3–4 Cow's Lane; Hauptgerichte 5–10 €; Mo–Fr 8–20, Sa 8.30–20, So 9–19 Uhr; alle Linien im Zentrum) gibt's eine weitere größere Filiale.

★ **Banyi Japanese Dining** JAPANISCH €€
(Karte S. 80 f.; 01-675 0669; www.banyijapanesedining.com; 3–4 Bedford Row; Bento mittags 11 €, kleiner/großer Sushi-Teller 15/27 €; 12–23 Uhr; alle Linien im Zentrum) Das kompakte Banyi im Herzen von Temple Bar ist der vielleicht beste Japaner Dublins. Das Sushi ist göttlich – in vielen anderen Läden zahlt man für diese Qualität das Doppelte. Auch die klassischen japanischen Hauptgerichte sind hervorragend. Das gilt ebenfalls für die Bento-Variationen (als Mittagessen). Abends besser reservieren, vor allem am Wochenende.

Crackbird FAST FOOD €€
(Karte S. 80 f.; www.joburger.ie; 60 Dame St; halbes/ganzes Brathähnchen 12,50/22 €; Mo–Mi 12–22, Do–Sa bis 23, So bis 21 Uhr; ; alle Linien im Zentrum) Die trendige Version der guten alten Brathähnchenbude – und das Essen ist soooo lecker! Die Gäste haben die Wahl zwischen einem halben und einem ganzen Hinkel (das Halbe sollte bei normalem Hunger eigentlich reichen) und können verschiedene Beilagen dazu bestellen, z. B. Kartoffelsalat, gebackene Chipotle-Bohnen, Couscous oder Möhren-Cranberry-Salat.

Kilmainham & the Liberties

★ **1837 Bar & Brasserie** BRASSERIE €
(Karte S. 76 f.; 01-471 4602; www.guinness-storehouse.com; Guinness Storehouse, St James's Gate; Hauptgerichte 9–14 €; 12–15 Uhr; 21A, 51B, 78, 78A, 123 ab Fleet St, James's) Die Brasserie hat nur über Mittag geöffnet; dann gibt's leckere Speisen wie (wirklich super-)frische Austern, einen unfassbar leckeren Guinness-Burger, Pommes (aus un-

geschälten Kartoffeln) und Chutney aus roten Zwiebeln. Zu trinken bekommt man verschiedene Guinness-Sorten (z. B. West Indian Porter und Golden Ale). Museumsbesuchern können wir ein Mittagessen hier wärmstens empfehlen.

★ Fumbally CAFÉ €

(Karte S. 76 f.; 01-529 8732; www.thefumbally.ie; Fumbally Lane; Hauptgerichte 5–9,50 €; Di–Fr 8–17, Sa 10–17, Mi auch 19–21.30 Uhr; 49, 54A ab dem Zentrum) Ein helles, luftiges Café, in dem gesundes Frühstück, Salate und Sandwiches zubereitet werden – und manchmal steht ein Gitarrist in einer Ecke und spielt ein paar Lieder. Mittags gibt's Abendessen (Hauptgerichte 16 €) mit Biozutaten aus der Gegend, das man sich als kulinarischen Streifzug durch die Küchen der Welt vorstellen muss. Gereicht wird ein einziges Gericht (samt der vegetarischen Version), das man in gemeinschaftlicher Atmosphäre verspeist. Besser reservieren.

Union8 MODERN IRISCH €€

(01-677 8707; www.union8.ie; 740 South Circular Rd; Hauptgerichte 18–27 €; So–Di 9–21, Mi bis 21.30, Do–Sa bis 22 Uhr; 69, 79 ab Aston Quay, 13, 40 ab O'Connell St) Ein beliebter Treffpunkt der Bewohner von Dublin 8 (deshalb auch der Name). Geboten werden leckeres Frühstück und moderne irische Küche (sehr ansprechend angerichtete Fischgerichte, saftiges Lammfleisch, köstlicher Schweinebauch und mehr), und zwar mittags wie abends. Eine tolle Adresse und sehr zu empfehlen, wenn man eh gerade in der Gegend ist.

Nördlich der Liffey

★ Oxmantown CAFÉ €

(Karte S. 88 f.; www.oxmantown.com; 16 Mary's Abbey, City Markets; Sandwiches 5,50 €; Mo–Fr 7.30–16 Uhr; Four Courts, Jervis) Tagsüber eine der besten Anlaufstellen nördlich der Liffey, denn Frühstück und Sandwiches sind gleichermaßen köstlich. Das Brot ist aus der Gegend, den Kaffee liefert die einzige „Mikrorösterei" Dublins, Cloud Picker, und auch das Fleisch stammt von irischen Betrieben. Das und die Machart machen dieses Café so besonders.

★ M&L CHINESISCH €

(Karte S. 88 f.; 01-874 8038; www.mlchineserestaurant.com; 13/14 Cathedral St; Hauptgerichte 9–13 €; Mo–Sa 11.30–22, So 12–22 Uhr; alle Linien im Zentrum) Unspektakuläre Fassade und billig aussehendes Dekor, dennoch, das M&L ist das beste chinesische Restaurant in der Stadt … mit Abstand! Hier wimmelt es meist von Chinesen, die die authentische Szechuan-Küche lieben – die ist schärfer als die Kantonesische. Außerdem machen die Köche keinerlei Zugeständnisse an den westlichen Geschmack (keine Krabbenchips!).

Brother Hubbard CAFÉ €

(Karte S. 88 f.; 01-441 6595; www.brotherhubbard.ie; 153 Capel St; Mahlzeiten 7–11 €; Mo & Di 8–16.30, Mi–Fr 8–22, Sa 9–22, So 9–16.30 Uhr; alle Linien im Zentrum, Jervis) Neben exzellenten Baristas (die Bohnen stammen vom Kaffeeexperten 3FE) hat dieses Café mit kleinem Garten im Hinterhof auch eine leckere Auswahl an Sandwiches, Fladenbrot und Salaten. Ein hübscher Ort zum Verweilen. Die Abendmenüs Mezze und Middle Eastern Feast sind zum Teilen gedacht und bestehen aus verschiedenen kleinen Gerichten (besser reservieren). Südlich vom Fluss gibt es noch einen **Ableger** (Karte S. 72 f.; www.brotherhubbard.ie; 46 Harrington St; Hauptgerichte 5–10 €; Mo–Fr 7.45–16.30, Sa & So 9–16.30 Uhr; 15A, 122 ab dem Zentrum).

★ Fish Shop FISCH & MEERESFRÜCHTE €€

(Karte S. 88 f.; 01-430 8594; www.fish-shop.ie; 6 Queen St; 4-Gänge-/Probiermenü 39/55 €; Mi–Fr 12–14.30 & 17–22, Di & Sa 17–22 Uhr; 25, 25A, 66, 67 ab dem Zentrum, Smithfield) In dem winzigen Restaurant (nur 16 Sitzplätze) wechselt die Karte täglich und offenbart, was gerade frisch verfügbar und gut ist. Da es nur ein 4-Gänge- und ein Probiermenü gibt, muss man den Köchen bei der Auswahl sozusagen blind vertrauen. An einem Tag steht vielleicht Makrele mit grüner Soße auf dem Programm, an einem anderen Seezunge mit Kapernbutter. Dies könnte durchaus das beste Fischrestaurant der Stadt sein.

Fish & Chip Shop FISH & CHIPS €€

(Karte S. 88 f.; 01-557 1473; www.fish-shop.ie; 76 Benburb St; Hauptgerichte 12,50–14,50 €; Di–Fr 12–13, Sa & So 16–22 Uhr; 25, 25A, 66, 67 ab dem Zentrum, Museum) Ein klassisches Fish-and-Chips-Lokal für Gourmets – und mit Sitzplätzen. Ein besseres Fischfilet im Teigmantel wird man kaum bekommen. Dazu gibt's einen edlen Wein von der sorgfältig zusammengestellten Karte. Dies ist der Originalladen, der von der Queen Street hierhin umgezogen ist, wo sich nun das schickere Schwesterrestaurant (S. 116) befindet.

Le Bon Crubeen IRISCH €€

(Karte S. 88 f.; ☎ 01-704 0126; www.leboncrubeen.ie; 81–82 Talbot St; Hauptgerichte 15–24 €; ⌚ 12–22.30 Uhr; 🚋 Abbey) Moderne irische Küche mit einer feinen französischen Note, die den kunstvollen Spagat zwischen deftigen Glücklichmachern und klassischer Eleganz schafft. Das Restaurant im Saloon-Stil ist trotz seiner Größe gemütlich und die Karte zeugt von erstklassiger Qualität. Ein paar gute Optionen für Vegetarier sind auch dabei.

Übrigens: Das Abbey Theatre (S. 125) ist ganz in der Nähe; wer Tickets hat, könnte sich vor der Vorstellung hier stärken.

101 Talbot MODERN IRISCH €€

(Karte S. 88 f.; www.101talbot.ie; 100–102 Talbot St; Hauptgerichte 18–24 €; ⌚ Di–Sa 12–15 & 17–23 Uhr; 🚌 alle Linien im Zentrum) In Dublins Restaurantszene kann das 101 Talbot mit einem Felsen in der Brandung verglichen werden, den allgemeine Trends unbeeindruckt lassen. Seit der Eröffnung vor mehr als zwei Jahrzehnten ist es der irischen Küche treu geblieben. Die Spezialität sind traditionelle Abendessen mit Fleisch und Gemüsebeilagen, das Ganze ist mediterran geprägt. Hier zwei Beispiele: Schwertfisch vom Kohlgrill mit gebackenen Süßkartoffeln und Chorizo sowie Entenbrust aus der Pfanne mit Fondant-Kartoffeln und gegrillten Pflaumen. Einfach köstlich.

L Mulligan Grocer MODERN IRISCH €€

(Karte S. 88 f.; ☎ 01-670 9889; www.lmulligangrocer.com; 18 Stoneybatter; Hauptgerichte 15–29 €; ⌚ Mo–Fr 16–22, Sa & So 12.30–22 Uhr; 🚌 25, 25A, 66, 67 ab dem Zentrum, 🚋 Museum) 🌿 Ein großartiges traditionelles Pub, der Hauptgrund für einen Abstecher hierhin ist jedoch das Essen aus lokalen Zutaten (ausschließlich), das von Leuten zubereitet wird, die offensichtlich wissen, was sie tun. Die Gäste können schonend gegarten Schweinebauch (von Tieren aus Freilandhaltung) und Schellfisch in Kräuterkruste bestellen. Ganz besonders lecker ist auch der Lammburger. Zu trinken gibt's ein Dutzend Craft-Biere vom Fass und noch mal ähnlich viele aus der Flasche.

Winding Stair MODERN IRISCH €€

(Karte S. 88 f.; ☎ 01-873 7320; www.winding-stair.com; 40 Lower Ormond Quay; 2-Gänge-Mittagsmenü 22 €, Hauptgerichte 22–28 €; ⌚ 12–17 & 17.30–22.30 Uhr; 🚌 alle Linien im Zentrum) Früher war in diesem schönen georgianischen Haus die beliebteste Buchhandlung der Stadt untergebracht, heute beschränkt sie sich auf einen einzelnen Raum im Erdgeschoss (S. 134). Die Verwandlung der anderen Räumlichkeiten in ein elegantes Restaurant ist wirklich gut gelungen. Die tolle Kombination aus irischen Spezialitäten (sahnige Fischpasteten, Schinken und Biokohl, gedünstete Muscheln und irischer Bauernkäse) und hervorragenden Weinen ist ein Garant für eine denkwürdige Mahlzeit.

Yamamori Sushi JAPANISCH €€

(Karte S. 88 f.; www.yamamorinoodles.ie; 38–39 Lower Ormond Quay; Sushi 4–4,50 €, Hauptgerichte 17–35 €; ⌚ 12–22.30 Uhr; 🚌 alle Linien im Zentrum) Das Schwesterlokal des alteingesessenen Yamamori (S. 113) in der South Great George's Street verteilt sich auf zwei umgebaute georgianische Häuser mit Bambusgarten und kredenzt auf souveräne Weise jede Menge beliebte japanische Klassiker, von dampfenden Schüsseln mit *rāmen*-Nudeln bis hin zu leckerem *nami moriawase* (Sushi-Teller).

★ **Chapter One** MODERN IRISCH €€€

(Karte S. 88 f.; ☎ 01-873 2266; www.chapteronerestaurant.com; 18 N Parnell Sq; 2-Gänge-Mittagsmenü 32,50 €, 4-Gänge-Abendmenü 75 €; ⌚ Di–Fr 12.30–14, Di–Sa 19.30–22.30 Uhr; 🚌 3, 10, 11, 13, 16, 19, 22 ab dem Zentrum) Tadellose Haute Cuisine und die entspannte einladende Atmosphäre machen das Sternerestaurant im Untergeschoss des Dublin Writers Museum zu unserer Lieblingsadresse für gehobene Küche in der Stadt. Serviert wird französisch inspirierte moderne irische Küche, die Auswahl wechselt ständig und der Service ist exzellent. Das Drei-Gänge-Theatermenü (39,50 €) ist eine tolle Option, wenn man einen Besuch des Gate (S. 129) um die Ecke plant.

Docklands

★ **Juniors Deli & Café** ITALIENISCH €€

(Karte S. 95; ☎ 01-664 3648; www.juniors.ie; 2 Bath Ave; Hauptgerichte 18–21 €; ⌚ Mo–Fr 8.30–14.30 & 17.30–22, Sa 11–15 & 17.30–22.30, So 11–15.30 Uhr; 🚌 3 ab dem Zentrum, 🚋 Grand Canal Dock) Oft wird das beengte Juniors vorschnell als altes Café abgetan, dabei ist dieser Laden alles andere als gewöhnlich. Sein Design imitiert bewusst ein New Yorker Deli; das italienisch beeinflusste Essen mit ausschließlich lokalen Zutaten schmeckt einfach köstlich, die Atmosphäre ist stets lebhaft und das Ethos schlichtweg vorbild-

1

2

4

FAITHIE/SHUTTERSTOCK ©

XIN TAN/500PX©

Livemusik (S. 127)
n Straßenmusikern bis hin zu Darbietungen aditioneller irischer Musik ist in Dublin so ziemh alles vertreten.

Docklands (S. 94)
den aufgemöbelten Docklands kann man einige eindruckende Beispiele zeitgenössischer chitektur bewundern, darunter auch das Bord ais Energy Theatre, das von Daniel Libeskind tworfen wurde.

Howth (S. 142)
e wunderschöne Küste von Howth lässt sich sehr t von Dublins Zentrum aus erreichen.

St. Patrick's Park (S. 85)
rekt neben der St. Patrick's Cathedral bietet dier Park die perfekte Möglichkeit, sich zu setzen d den Anblick in Ruhe zu genießen.

lich. Wegen der großen Beliebtheit bekommt man hier allerdings nur schwer einen Tisch.

Paulie's Pizza ITALIENISCH €€
(Karte S. 95; www.juniors.ie; 58 Upper Grand Canal St; Pizzas 12–18 €; ⌚18–22 Uhr; 👪; 🚌3 ab dem Zentrum, 🚉Grand Canal Dock) Herzstück dieses hübschen, zuweilen lauten Restaurants ist der neapolitanische Pizzaofen, in dem mit die besten Pizzas der Stadt entstehen. Margheritas, *biancas* (ohne Tomatensoße), Calzoni und die neapolitanischen Spezialitäten sind ein wahrer Genuss, es gibt aber auch ein paar lokale Kreationen.

Workshop Gastropub MODERN IRISCH €€
(Kennedy's; Karte S. 88 f.; ☎01-677 0626; www.theworkshopgastropub.com; 10 George's Quay; Hauptgerichte mittags 7–9 €, abends 10–24 €; ⌚Mo–Fr 12–15, Sa & So bis 16.45 Uhr; 📶; 🚌alle Linien im Zentrum, 🚉Tara St) Man nehme ein traditionelles Pub und stelle einen Küchenchef mit einer Vision ein. Et voilà, fertig ist das Gastropub (davon gibt's in Dublin erstaunlicherweise gar nicht so viele). Zu essen gibt's Burger, *moules frites* (Muscheln mit Pommes frites), Sandwiches und eine gute Salatauswahl.

Southside

★ **Farmer Brown's** INTERNATIONAL €€
(Karte S. 95; ☎01-660 2326; www.farmerbrowns.ie; 25a Bath Ave; Brunch 10–12 €, Abendessen 14–26 €; ⌚Mo–Fr 11–22, Sa & So 10–22 Uhr; 📶; 🚌7, 8 ab dem Zentrum, 🚉Grand Canal Dock) Das Dekor mit den zusammengewürfelten Möbeln ist nicht jedermanns Fall, was das Essen betrifft, sind sich aber alle einig. Es gibt Avocado (gesund!), ein geniales kubanisches Schweinefleischsandwich und alles, was man sonst noch für ein ausgedehntes Frühstück braucht – unser Tipp zum Brunchen in Dublin. Eine weitere **Filiale** (Karte S. 76 f.; ☎086-046 8837; 170 Lower Rathmines Rd; Hauptgerichte 10–26 €; ⌚Mo–Sa 10–22, So bis 21 Uhr; 🚌14, 15 ab dem Zentrum) befindet sich in Rathmines.

CAFÉKULTUR

In ganz Dublin trifft man Kaffeejunkies auf der Suche nach dem nächsten Koffeinkick. Eine Möglichkeit sind die verschiedenen Ketten wie die berühmte aus Seattle (im Stadtzentrum gibt es diverse Filialen), besser schmeckt es aber in solchen Läden wie dem **Clement & Pekoe** (Karte S. 80 f.; www.clementandpekoe.com; 50 S William St; ⌚Mo–Fr 8–19, Sa 10–18, So 12–18 Uhr; 🚌alle Linien im Zentrum), **Brother Hubbard** (S. 116), **Wall and Keogh** (Karte S. 72 f.; www.wallandkeogh.ie; 45 S Richmond St; ⌚Mo–Fr 8–20, Sa & So 10.30–19 Uhr; 🚌alle Linien im Zentrum) und **Kaph** (Karte S. 180 f.; 31 Drury St; ⌚Mo–Sa 9–18, So 12–18 Uhr; 🚌alle Linien im Zentrum)

Butcher Grill INTERNATIONAL €€
(Karte S. 76 f.; ☎01-498 1805; www.thebutchergrill.ie; 92 Ranelagh Rd; Hauptgerichte 20–28 €; ⌚So–Mi 17.30–21.30, Do–Sa bis 22.30, Sa & So auch 12–15 Uhr; 🚊Ranelagh) Dass es im „Metzger-Grillhaus" vor allem Fleischgerichte gibt, sollte keine große Überraschung darstellen. Das Fleisch – marinierte Babybackribs, ein vorzügliches *côte de boeuf* und mehr – kommt aus der Gegend und wird auf dem Holzgrill auf den Punkt gegart. In kaum einem anderen Laden in der Stadt werden Schweißausbrüche aufgrund übermäßigen Fleischverzehrs ähnlich begrüßt! Viele Einheimische denken, dass das Butcher Grill den besten Brunch Dublins auffährt.

Kinara PAKISTANISCH €€
(Karte S. 76 f.; ☎01-406 0066; www.kinarakitchen.ie; 17 Ranelagh Rd; Hauptgerichte 19–30 €; ⌚tägl. 17–23, Do & Fr auch 12–15, So 13–17 Uhr; 🚊Ranelagh) Ein außergewöhnliches Restaurant. Wer sich ein bisschen auskennt, weiß, dass Indisch nicht gleich Pakistanisch ist, und nach dem Genuss von leckeren Currys wie *nehari gosht* (mit Rind) oder den köstlichen Fischgerichten à la *machali achari* (mit eingelegtem Gemüse gekochtes Schnapperfilet) schmecken auch Neulinge den Unterschied.

Chophouse GASTROPUB €€
(Karte S. 95; ☎01-660 2390; www.thechophouse.ie; 2 Shelbourne Rd; Mittagessen 12–25 €, Abendessen 19–35 €; ⌚Restaurant Mo–Fr 12–14.30 & 18–22, Sa 17–22, So 13–20 Uhr; 🚌4, 7, 8, 120 ab dem Zentrum) In dem wunderbaren weitläufigen Gastropub liegt der Fokus auf saftigen Steaks, doch auch Fisch, Hühnchen und Lamm sind auf der Karte vertreten. Das Mittagessen am Sonntag ist genial, den langsam geschmorten Schweinebauch können wir nur empfehlen. Wenn im Aviva Stadium (S. 130) ein Spiel ansteht, versammeln sich immer viele Einheimische.

Ausgehen & Nachtleben

Eins steht fest: Dubliner müssen nie groß zu einem Drink überredet werden und die Pubbesitzer können eigentlich nicht über zu wenig Kundschaft klagen. Wir haben die Vermutung, dass eine Tour durch die legendären Kneipen und Bars bei vielen Besuchern ganz oben auf der To-do-Liste steht.

Die berühmten *last orders* werden montags bis donnerstags um 23.30 Uhr, freitags und samstags um 0.30 Uhr und sonntags um 23 Uhr entgegengenommen – danach bleiben Besuchern noch genau 30 Minuten zum Austrinken. Viele Pubs im Zentrum haben jedoch eine Sonderlizenz, die es ihnen erlaubt, bis 1.30 bzw. 2.30 Uhr auszuschenken (meist sind das Pubs, die gleichzeitig als Clubs dienen).

Grafton Street & Umgebung

★ Kehoe's PUB

(Karte S. 80 f.; 9 S Anne St; ⏲ Mo–Do 10.30–23.30, Fr & Sa bis 0.30, So 12–23 Uhr; 🚌 alle Linien im Zentrum) Ein traditionelles Dubliner Pub wie es im Buche steht. Schon seit Generationen zieht es Einheimische wie Besucher an die wunderschöne viktorianische Bar und in das Nebenzimmer. Das Pub ist so beliebt, dass es irgendwann um das Quartier des Kneipiers ein Stockwerk höher erweitert wurde – man hat einfach die Möbel durch eine Bar ersetzt.

★ Grogan's Castle Lounge PUB

(Karte S. 80 f.; www.groganspub.ie; 15 S William St; ⏲ Mo–Do 10.30–23.30, Fr & Sa bis 0.30, So 12.30–23 Uhr; 🚌 alle Linien im Zentrum) Dieses Pub, einfach nur Grogan's genannt (nach dem ursprünglichen Besitzer), ist eine echte Institution im Zentrum. Schon lange ist es die Lieblingskneipe der Dubliner Schriftsteller und Maler sowie anderer Bohemiens, die allesamt auf ihren großen Durchbruch warten und sich die Zeit bis dahin mit einem feinen Guinness versüßen.

★ Long Hall PUB

(Karte S. 80 f.; 51 S Great George's St; ⏲ Mo–Do 10.30–23.30 Uhr, Fr & Sa bis 0.30, So 12–23 Uhr; 🚌 alle Linien im Zentrum) Das viktorianische Schmuckstück zählt zu den schönsten, beliebtesten Kneipen der Stadt. Die verzierten Schnitzereien hinter der Bar und die Kronleuchter sind besonders beeindruckend. Außerdem verstehen die Barkeeper ihr Handwerk, was in Dublin inzwischen leider keine Selbstverständlichkeit mehr ist.

THE STAG'S & HOLLYWOOD

Das **Stag's Head** (S. 121) ist verdientermaßen eine der schönsten traditionellen Bars der Stadt und wurde deshalb schon zweimal als Filmkulisse für Hollywood-Streifen genutzt: in *Rita will es endlich wissen* (1983) und *Ein Mann ohne Bedeutung* (1994). Gar nicht so übel ... Die treuesten Stammgäste erzählen sich aber weit mehr über einen nicht ganz so erfolgreichen Hollywood-Moment: Als Quentin Tarantino nach der letzten Runde noch ein Pint bestellen wollte, verscherzte er es sich mit dem Barkeeper, indem er die „Wissen Sie, wer ich bin?"-Karte spielte.

Stag's Head PUB

(Karte S. 80 f.; www.louisfitzgerald.com/stagshead; 1 Dame Ct; ⏲ Mo–Sa 10.30–1, So bis 0 Uhr; 🚌 alle Linien im Zentrum) 1770 errichtet, 1895 umgebaut und seitdem zum Glück nicht ein bisschen verändert: Das prächtige Stag's Head ist so malerisch, dass es oft als Filmkulisse genutzt wird (S. 121) und es sogar bis zum Briefmarkenmotiv geschafft hat. Zweifellos ein klasse Pub!

Chelsea Drug Store BAR

(Karte S. 80 f.; 25 S Great George's St; ⏲ Mo–Fr 16–0, Sa 12–1.30, So 16–23 Uhr; 🚌 alle Linien im Zentrum) Der Name scheint mit Blick auf eine trendige Zielgruppe gewählt worden zu sein und das Dekor – Art-déco-Elemente, Altes, das aussieht wie neu) – wirkt bemüht und gewollt hip, aber das macht nichts, denn dies ist tatsächlich eine bildhübsche Bar, in der sich bei unserer Recherche viele junge Kreative tummelten und Cocktails mit Namen wie The Truth Behind Augustus und Penicillin orderten.

No Name Bar BAR

(Karte S. 80 f.; 3 Fade St; ⏲ So–Mi 12.30–23.30, Do bis 1, Fr & Sa bis 2.30 Uhr; 🚌 alle Linien im Zentrum) Ein unauffälliger Eingang neben dem französischen Restaurant L'Gueuleton (S. 113) führt nach oben zu einer der hübschesten Bars der Stadt. Sie besteht aus drei riesigen Räumen in einem restaurierten viktorianischen Stadthaus und einem recht großen beheizten Patio für Raucher. Es gibt weder einen Namen noch ein Schild, deswegen sprechen Gäste einfach von der No Name Bar.

Bernard Shaw BAR

(Karte S. 72 f.; www.bodytonicmusic.com; 11–12 S Richmond St; ⌚ Mo–Do 8–23.30, Fr bis 1, Sa 10–1, So 14–23.30 Uhr; 🚌 14, 15, 65, 83) Diese bewusst schäbige Kneipe ist die wohl coolste Bar der Stadt, dafür sorgen ein großartiger Musikmix – den Besitzern, der Produktionsfirma Bodytonic, sei Dank – und ein vielfältiges Programm, das private Flohmärkte am Nachmittag, Erzählabende und Wettbewerbe mit Unterhaltungswert, z. B. zwischen Graffiti-Künstlern, umfasst. Dasselbe Team steht hinter dem exzellenten **Eatyard** (Karte S. 72 f.; www.the-eatyard.com; 9–10 South Richmond St; vor/nach 17 Uhr frei/2 €; ⌚ Do–So 12–20 Uhr; 🚌 14, 15, 44, 65, 140, 142 ab dem Zentrum, 🚊 Harcourt).

Anseo BAR

(Karte S. 72 f.; 18 Lower Camden St; ⌚ Mo–Do 10.30–23.30, Fr & Sa bis 0.30, So 11–23 Uhr; 🚌 14, 15, 65, 83) Unprätentiös, ungekünstelt und überaus beliebt – so präsentiert sich diese alternative Bar („an-*schuh*" gesprochen). Sie zieht vor allem Leute an, die nach dem Motto „Sich zu sehr zu bemühen ist viel schlimmer als überhaupt nicht" leben. Die Musikauswahl ist bunt gemischt und reicht von Peggy Lee bis Lee Perry.

McDaid's PUB

(Karte S. 80 f.; ☎ 01-679 4395; 3 Harry St; ⌚ Mo–Do 10.30–23.30, Fr & Sa bis 0.30, So 12.30–23 Uhr; 🚌 alle Linien im Zentrum) Eins der bekanntesten literarischen Pubs der Stadt ist eine ganz klassische „Tankstelle", in der illustre Persönlichkeiten wie Patrick Kavanagh und Brendan Behan gern ihre Kehlen ölten (beide bekamen irgendwann Hausverbot!). Bis heute strotzt das McDaid's nur so von Charakter und Charme. Die Pints sind perfekt gezapft und es läuft keine Musik im Hintergrund, ein Glück! Die Geräuschkulisse besteht stattdessen aus Stimmengewirr und (lautem) Gelächter. Am besten kommt man tagsüber her, wenn weniger los ist.

Swan PUB

(Karte S. 80 f.; ☎ 01-647 5272; 70 Aungier St; ⌚ Mo–Do 11–23.30, Fr & Sa bis 0.30, So 12–23 Uhr; 🚌 alle Linien im Zentrum) Der frühere Rugby-Spieler John Lynch arbeitet inzwischen als Kneipenwirt. In seinem Laden trifft man zwei Arten von Gästen an: Gruppe eins kommt auf ein Pint und ein Schwätzchen vorbei und entfernt sich nicht weit von der viktorianischen Bar, Gruppe zwei ist jünger und lebhafter und genießt die Musik und die Stimmung in der Nebenbar. Beide führen eine harmonische Koexistenz, denn sie kommen sich nicht ins Gehege.

Sam's Bar BAR

(Karte S. 80 f.; 36 Dawson St; ⌚ Mo–Do 16–2, Fr–So 13–2.30 Uhr; 🚌 alle Linien im Zentrum, 🚊 St. Stephen's Green) In der schicken Bar an der Dawson Street trifft nahöstliches Dekor (Überbleibsel der vormals asiatisch inspirierten Bar) auf anspruchsvolles Graffiti. Die junge ambitionierte Klientel scheint sich jedoch nicht an der schrägen Mischung zu stören und unterhält sich lieber bei schicken Cocktails über ihre Erfolge.

Bruxelles PUB

(Karte S. 80 f.; 7–8 Harry St; ⌚ So–Do 9.30–1.30, Fr & Sa bis 2.30 Uhr; 🚌 alle Linien im Zentrum) Die laute Musikbar bietet verschiedene Bereiche. Am trendigsten ist das Erdgeschoss, während in der tollen schmuddeligen Rockbar jedes Wochenende Livemusik gespielt wird.

Pygmalion BAR

(Karte S. 80 f.; ☎ 01-674 6712; www.bodytonicmusic.com; Powerscourt Townhouse Shopping Centre, 59 S William St; ⌚ 10–0 Uhr; 🚌 alle Linien im Zentrum) Das „Pyg" hat besonders viele Fans in der jüngeren Altersklasse. Die lieben die Craft-Biere und Cocktails, die laute Musik und die vielen Ecken und Winkel. Tagsüber kommt dasselbe Partyvolk her, um sich bei einem Kaffee an den überdachten Tischen draußen von den Eskapaden der vergangenen Nacht zu erholen.

🍷 Merrion Square & Umgebung

★ Toner's PUB

(Karte S. 72 f.; ☎ 01-676 3090; www.tonerspub.ie; 139 Lower Baggot St; ⌚ Mo–Do 10.30–23.30, Fr & Sa bis 0.30, So 11.30–23 Uhr; 🚌 7, 46 ab dem Zentrum) Das Toner's mit seinen Steinböden und altmodischen Nebenräumen hat sich über die Jahre kaum verändert und kommt dem, was man als Country Pub (urig-ländliches Pub) bezeichnen würde, im Zentrum wohl am nächsten. Nebenan befindet sich Toner's Yard, ein netter Außenbereich. Die Regale und Schubladen erinnern daran, dass hier einstmals ein Lebensmittelgeschäft untergebracht war.

★ O'Donoghue's PUB

(Karte S. 72 f.; www.odonoghues.ie; 15 Merrion Row; ⌚ Mo–Do 10.30–23.30, Fr & Sa bis 0.30, So 12–23 Uhr; 🚌 alle Linien im Zentrum) Hier machten The Dubliners, eine Irish-Folk-Band, sich in den 60er-Jahren einen Namen. Noch heute wird im O'Donoghue's jeden Abend Livemusik geboten, der Laden wäre aber auch ohne musikalische Untermalung zuverlässig voll, da die Pints köstlich schmecken und das Ambiente klasse ist, sowohl im Barbereich als auch im überdachten Hof nebenan.

Square Ball BAR

(Karte S. 95; ☎ 01-662 4473; www.the-squareball.com; 45 Hogan Pl; ⌚ Mo 16–23.30, Di–Do 12–23.30, Fr & Sa 12–0.30, So 12–23 Uhr; 🚌 4, 7 ab dem Zentrum) Fragt man mehrere Leute, was das Square Ball ist, erhält man im Zweifel unterschiedliche Antworten, denn vorn ist eine Craft-Bier- und Cocktailbar untergebracht, hinten sind eine Sportlounge und eine Grillstelle zu finden und treppauf erstrecken sich (Retro-)Spielezimmer. Wer mag, kann ein paar Brettspiele spielen.

House BAR

(Karte S. 72 f.; ☎ 01-905 9090; www.housedublin.ie; 27 Lower Leeson St; ⌚ Mo–Mi 8–0, Do & Fr 8–3, Sa 16–3 Uhr; 🚌 11, 46, 118, 145) Dies ist möglicherweise die schönste moderne Bar Dublins. Sie erstreckt sich über zwei georgianische Stadthäuser und verfügt über Holzböden und gemütliche Couches. Im Winter wird sogar ein Feuer im Kamin angezündet, um den Gemütlichkeitsfaktor zu erhöhen. Im Zentrum befindet sich ein verglaster Außenbereich, der dafür sorgt, dass der Rest der Bar bei schönem Wetter in natürlichem Licht gebadet wird. Außerdem: tolle Karte.

Hartigan's PUB

(Karte S. 72 f.; 100 Lower Leeson St; ⌚ Mo–Do 10.30–23.30, Fr & Sa bis 0.30, So 12–23 Uhr; 🚌 alle Linien im Zentrum) Tagsüber zieht das wohl spartanischste Pub der Stadt zahlreiche Stammkunden an, die das ruhige schnörkellose Ambiente schätzen und sich langsam volllaufen lassen. Abends trifft man in dem Laden vor allem Medizinstudenten des University College Dublin (UCD).

Doheny & Nesbitt's PUB

(Karte S. 72 f.; ☎ 01-676 2945; www.dohenyandnesbitts.ie; 5 Lower Baggot St; ⌚ Mo–Do 10–23.30, Fr & Sa 10–2, So 12–23 Uhr; 🚌 alle Linien im Zentrum) Die Konkurrenz ist groß, doch dieses Pub sticht heraus. Es wird gern von Journalisten und Politikern aufgesucht, denn das Leinster House ist nur einen kurzen Fußmarsch entfernt.

Temple Bar

Liquor Rooms COCKTAILBAR

(Karte S. 80 f.; ☎ 087 339 3688; www.theliquorrooms.com; 5 Wellington Quay; ⌚ Mo–Do & So 17–2, Fr & Sa bis 3 Uhr; 🚌 alle Linien im Zentrum) Die Aufmachung dieser Kellerbar ist an ein Speakeasy, eine der verbotenen „Flüsterkneipen" aus der Prohibitionszeit, angelehnt. Hippe Lounge-Liebhaber haben hier reichlich Platz, um sich auszubreiten und sowohl die Atmosphäre als auch die leckeren Cocktails zu genießen. Im Boom Room kann getanzt werden, im Blind Tiger Room gibt's Cocktails nach klassischen Rezepten und der Mayflower Room besticht durch Art-Déco-Eleganz.

Vintage Cocktail Club BAR

(Karte S. 80 f.; www.vintagecocktailclub.com; Crown Alley; ⌚ Mo–Fr 17–1.30, Sa & So 12.30–1.30 Uhr; 🚌 alle Linien im Zentrum) Hinter dem unscheinbaren unbeleuchteten Eingang mit der Aufschrift „VCC" erwartet einen eine Atmosphäre wie in einer Rat-Pack-Bar in Las Vegas oder in einem Londoner Club „nur für Mitglieder" aus den 1960er-Jahren. Das VCC ist so populär, dass man die 2½-stündigen Zeitfenster am Abend reservieren muss, das gibt einem aber genug Zeit, um ein paar tolle Cocktails und das Finger Food zu probieren.

Temple Bar BAR

(Karte S. 80 f.; ☎ 01-677 3807; 48 Temple Bar; ⌚ Mo–Mi 10.30–1.30, Do–Sa bis 2.30, So 11.30–1 Uhr; 🚌 alle Linien im Zentrum) Das Temple Bar (auch unter dem Namen Flannery's bekannt) hat die meistfotografierte Pub-Fassade Dublins, vielleicht der Welt. Es liegt im Herzen des Touristenviertels und platzt gewöhnlich vor (ortsfremden) Besuchern aus allen Nähten. Der Craic (geselliges Beisammensein, Spaß) ist super, Musiker spielen traditionelle Musik und es gibt sogar einen Biergarten.

The Oak BAR

(Karte S. 80 f.; ☎ 01-670 7220; www.theoak.ie; 1 Parliament St; ⌚ So–Mi 12–0.30, Do–Sa bis 1.30 Uhr; 🚌 alle Linien im Zentrum) Stühle mit blauen Samtbezügen, hübsche Ledersitznischen und Drucke, die das georgianische Dublin zeigen, an den Wänden verleihen dieser Bar ein gediegenes Flair. Die Cocktailkarte scheint direkt aus den wilden 20ern entwendet worden zu sein. Für alle, die sich etwas mehr Klasse wünschen.

Kilmainham & the Liberties

★Old Royal Oak PUB
(11 Kilmainham Lane; Mo–Do 10.30–23.30, Fr & Sa bis 0.30, So 12–23 Uhr; 68, 79 ab dem Zentrum) Einheimische lassen auf diese 1845 eröffnete, wunderschöne traditionelle Kneipe nichts kommen. Damals wurde sie vor allem von Patienten und Mitarbeitern des Royal Hospital, dem heutigen Irish Museum of Modern Art, besucht. Die Klientel hat sich verändert, ansonsten ist alles gleich geblieben, deswegen gehört das Pub auch zu den schönsten der Stadt.

MVP BAR
(Karte S. 76 f.; 01-558 2158; www.mvpdublin.com; 29 Upper Clanbrassil St; Mo–Do 16–23.30, Fr & Sa bis 0.30, So bis 23 Uhr; 49, 54A, 77X ab dem Zentrum) Eine kleine, freundliche Bar ein Stück ab vom Schuss. Hier gibt's fantasievolle Cocktails mit ordentlich Rums und ausschließlich gehaltvolles Wohlfühlessen wie gebackene oder gebratene Kartoffeln, die sowohl Magen als auch Seele wärmen.

Fallon's PUB
(Karte S. 80 f.; 01-454 2801; 129 The Coombe; Mo–Do 10.30–23.30, Fr & Sa bis 0.30, So 12–23 Uhr; 123, 206, 51B ab dem Zentrum) In der wunderbar altmodischen Bar wird schon seit Ende des 17. Jhs. tolles Guinness ausgeschenkt. Der Profiboxer Dan Donnelly, der einzige Boxer, der je zum Ritter geschlagen wurde, arbeitete hier 1818 als Chef-Barkeeper. Authentisches irisches Pub voller Dubliner.

EIN PERFEKTES GUINNESS ZAPFEN

Wie eine japanische Teezeremonie ist das Zapfen eines perfekten Guinness teils Ritual, teils Show und teils Logik. Jeder anständige Dubliner Barkeeper durchläuft dabei fünf Stufen.

Das Glas

Man nehme ein trockenes sauberes 20 Unzen (568 ml) fassendes Pintglas. Aufgrund der Tulpenform kann die Kohlensäure seitlich absinken, zudem sorgt die Ausbuchtung auf halbem Weg dafür, dass die nach oben steigenden Bläschen in die Mitte des Pints gedrückt werden.

Der Winkel

Das Glas wird in einem Winkel von 45 Grad unter den Zapfhahn gehalten, wobei dieser das Glas nicht berühren sollte.

Das Zapfen

Wenn das Glas zu etwa drei Vierteln gefüllt ist, wird es auf der Theke abgestellt, damit sich das Bier setzen kann.

Die Schaumkrone

Während das Bier in das Glas fließt, durchläuft es mit großer Geschwindigkeit einen Durchflussbegrenzer, der Kohlensäurebläschen produziert. Im Glas sinken diese seitlich ab, steigen dann dank der Ausbuchtung mittig auf und bilden eine schöne cremige Schaumkrone. Dieser Prozess dauert in der Regel ein paar Minuten.

Das Finish

Hat sich das Bier gesetzt, wird das Guinness vom Barkeeper mit einer gewölbten Schaumkrone versehen, die etwas über den Rand hinausragt. Fertig ist das perfekte Pint!

Wo gibt's das beste Pint Guinness?

Die meisten Kneipenwirte in Dublin wissen, worauf es bei einem „richtigen" Guinness ankommt, wer sich aber ein ganz besonderes Erlebnis wünscht, sollte auf das Können eines erfahrenen Barkeepers und die passende Atmosphäre setzen, um sich ein anständiges Pint zu Gemüte zu führen. Wir können **Kehoe's** (S. 121), das **Stag's Head** (S. 121) und **John Mulligan's** (S. 125) südlich der Liffey und Walshe's nördlich des Flusses empfehlen.

Nördlich der Liffey

★ Cobblestone PUB
(Karte S. 88 f.; www.cobblestonepub.ie; N King St; Mo–Do 16.30–23.30, Fr & Sa bis 0.30, So 13.30–23.30 Uhr; Smithfield) Der Werbeslogan lautet nicht „Musikpub mit Alkoholproblem", sondern genau umgekehrt *drinking pub with a music problem* – wobei die traditionellen Musik-Sessions, die die ganze Woche über stattfinden, kaum als problematisch beschrieben werden können. Die Balaclava-Session (Mi ab 19.30 Uhr) ist für jeden geeignet, der ein Instrument lernt. Musikerin Síomha Mulligan gibt gern Tipps und Unterricht.

Confession Box PUB
(Karte S. 88 f.; 01-874 7339; www.c11407968.wixsite.com/ryan; 88 Marlborough St; Mo–Fr 11–23, Sa & So 10–0 Uhr; Abbey) Einheimische wie Touristen lieben das historische Pub – historisch, weil dieser Laden eine der Lieblingsadressen von Michael Collins war, einem der Anführer des irischen Unabhängigkeitskampfs. Und noch ein Grund herzukommen: So nette Mitarbeiter wie hier trifft man selten.

Walshe's PUB
(Karte S. 88 f.; 6 Stoneybatter; Mo–Do 10.30–23.30, Fr & Sa bis 0.30, So 12–23 Uhr; 25, 25A, 66, 67 ab dem Zentrum, Museum) Im kleinen Nebenraum erwartet Gäste typisch traditionelles Pub-Flair. Gibt's dort keinen Platz, gesellt man sich an der altmodischen Bar zum freundlichen Personal und der sympathischen Klientel, einem Mix aus Einheimischen und hippen Ausländern. Authentische Dubliner Kneipe.

Dice Bar BAR
(Karte S. 88 f.; 01-633 3936; www.dicebar.com; 79 Queen St; Mo–Do 16–0, Fr & Sa 15–1, So 15–23.30 Uhr; 25, 25A, 66, 67 ab dem Zentrum, Museum) Dieser Laden gehörte früher Huey von den Fun Lovin' Criminals. Der Look der Dice Bar hat sich seit dem Verkauf nicht verändert: Sie sieht nach wie vor mehr nach New York als nach Dublin aus, ist schwarz-rot gestrichen, auf den Tischen tropfen die Kerzen und die Sitzplätze stehen dicht an dicht. Dazu mitreißende DJ-Musik … eine der beliebtesten Bars in der Northside.

Grand Social BAR
(Karte S. 88 f.; 01-874 0076; www.thegrandsocial.ie; 35 Lower Liffey St; Do–Sa 16–2.30, So–Mi bis 23.30 Uhr; alle Linien im Zentrum, Jervis) In dieser Mehrzweck-Location kann man Clubnächte, Comedians, Livemusik sowie einen Drink an der anständigen Bar erleben. Sie erstreckt sich über drei unterschiedlich gestaltete Etagen: Das Parlour unten ist eine gemütliche altmodische Bar, der Ballroom im mittleren Stock bietet eine Tanzfläche und im Loft im Obergeschoss finden verschiedene Veranstaltungen statt.

Hughes' Bar PUB
(Karte S. 88 f.; 19 Chancery St; Mo–Do 10.30–23.30, Fr & Sa bis 0.30, So 12–23 Uhr; 25, 66, 67, 90 ab dem Zentrum, Four Courts) Traditionelle Puristen lieben die Livemusik, die samstags bis dienstags ab ca. 21.30 Uhr gespielt wird, tagsüber ist Hughes' Bar derweil ein Treffpunkt für Anwälte der nahegelegenen **Four Courts** (Karte S. 88 f.; 01-886 8000; Inns Quay; Mo–Fr 9–17 Uhr; 25, 66, 67, 90 ab dem Zentrum, Four Courts) GRATIS und ihre Klienten, die wohl eher (im wahrsten Sinne) nüchterne Gespräche miteinander führen … oder, ganz im Gegenteil, ein Pint gut gebrauchen können.

Docklands

★ John Mulligan's PUB
(Karte S. 88 f.; www.mulligans.ie; 8 Poolbeg St; Mo–Do 10.30–23.30, Fr & Sa bis 0.30, So 12–23 Uhr; alle Linien im Zentrum) Die großartige Kneipe ist eine lokale Institution, eröffnet 1782 und seit 1854 an diesem Ort. Das Ganze erinnert ein wenig an einen (weltlichen) Tempel und ein Pint kommt einem vor wie der heilige Gral. 1945 mischte sich niemand Geringeres als John F. Kennedy unter die Stammgäste; die Kundschaft hat sich seither, gefühlt, kaum verändert.

Southside

Taphouse BAR
(Karte S. 76 f.; 01-491 3436; www.taphouse.ie; 60 Ranelagh Rd; Mo–Sa 12.30–0.30, So bis 23 Uhr; Ranelagh) Die Einheimischen verwenden immer noch den ursprünglichen Namen, Russell's, das heißt aber nicht, dass die Stammgäste die Generalüberholung nicht zu schätzen wüssten, welche die neuen Besitzer ihrer Bar haben angedeihen lassen. Davon unberührt geblieben ist der heiß geliebte Balkon, der Topspot für einen Drink an einem warmen Tag.

Beggar's Bush PUB
(Jack Ryan's; Karte S. 95; 115 Haddington Rd; 11–23 Uhr; 4, 7, 8, 120 ab dem Zentrum,

DUBLIN FÜR SCHWULE & LESBEN

Dublin ist eine ziemlich gute Adresse, wenn man schwul, lesbisch, trans- oder bisexuell ist. Schwul oder lesbisch zu sein, ist kein Aufreger mehr und in den letzten Jahren hat sich auch die transsexuelle Gemeinde etablieren können. Dennoch kommt es hin und wieder zu unschönen Situationen und diskriminierenden Übergriffen. Wer in irgendeiner Form attackiert wird, sollte den **Garda LGBTQ Liaison Officer** (☎116006; ⏲24 Std.) oder die **Sexual Assault Unit** (☎01-666 3430; ⏲24 Std.) kontaktieren.

Hier ein paar Internetquellen:

Gaire (www.gaire.com) Infos, Nachrichten und mehr.

Gay Men's Health Project (☎01-660 2189; www.hse.ie/go/GMHS) Praktische Tipps zum Thema Gesundheit für (schwule) Männer.

Gay Switchboard Dublin (☎01-872 1055; www.gayswitchboard.ie; ⏲Mo–Fr 6.30–16, Sa & So bis 18 Uhr) Freundlicher nützlicher Service auf ehrenamtlicher Basis. Hier bekommt man Infos aller Art von Unterkünften bis zu Rechtsfragen.

National Lesbian & Gay Federation (NLGF; ☎01-675 5025; www.nxf.ie; 2 Upper Exchange St, Temple Bar; 🚌alle Linien im Zentrum) Herausgeber der *Gay Community News*.

Outhouse (☎01-873 4932; www.outhouse.ie; 105 Capel St; 🚌alle Linien im Zentrum) Sehr gute Infoquelle für Schwule, Lesben und Bisexuelle. Bei einem Besuch kann man sich über aktuelle Veranstaltungen informieren, Pinnwände checken und andere Leute treffen. Outhouse gibt *Ireland's Pink Pages*, ein kostenloses Verzeichnis für schwulenfreundliche Dienstleister, heraus.

Feste & Events

International Dublin Gay Theatre Festival (www.gaytheatre.ie; ⏲Mai) Bei diesem Festival im Mai werden zwei Wochen lang mehr als 30 Produktionen gezeigt.

Gaze International LGBT Film Festival (www.gaze.ie; ⏲Aug.; 🚌alle Linien im Zentrum) Ein internationales (Dokumentar-)Filmfestival im **Irish Film Institute** (S. 130).

Ausgehen & Nachtleben

Pantibar (Karte S. 88 f.; www.pantibar.com; 7–8 Capel St; ⏲Mo, Mi & So 17–23.30, Di bis 2, Do–Sa bis 2.30 Uhr; 🚌alle Linien im Zentrum) Die laute, witzige Schwulenbar gehört Rory O'Neill, bekannt als Panti und Star der Dokumentation *The Queen of Ireland* (2015) über den Kampf um Gleichberechtigung. Höhepunkt ist das historische Referendum zum Thema Homoehe im Mai 2015. Seither ist die Bar zu einer Art Pilgerstätte für Lesben, Schwule, Bi- und Transsexuelle geworden, in der gefeiert wird, als gäb's kein Morgen.

Street 66 (Karte S. 80 f.; www.street66.bar; 33 Parliament St; ⏲Mo–Do 8.30–0, Fr & Sa bis 2.30, So 12–23 Uhr; 🚌alle Linien im Zentrum) Ende 2016 löste das Street 66 die sehr beliebte Front Lounge ab und gab das Versprechen ab, ein Ort für Menschen aller Couleur zu sein. Es ist Kaffeeladen und Bar in einem, Hunde sind willkommen. Vorn ist die Dive Bar, hinten ist die Disco Lounge. Netter als die meisten anderen Schuppen in Temple Bar.

George (Karte S. 80 f.; www.thegeorge.ie; 89 S Great George's St; am Wochenende ab 22 Uhr 5–10 €, sonst frei; ⏲Mo–Fr 14–2.30, Sa 12.30–2.30, So 12.30–1.30 Uhr; 🚌alle Linien im Zentrum) Lange Zeit war die Mutter aller Dubliner Schwulenbars der einzige Laden weit und breit für Homosexuelle. Shirleys legendäre Bingo-Nacht am Sonntag erfreut sich nach wie vor größter Beliebtheit, während beim Space N Veda am Mittwoch Gäste eine großartige Nacht mit Kabarett und Drag Queens erwartet.

Mother (Karte S. 80 f.; www.twitter.com/motherdublin; Copper Alley, Exchange St; 10 €; ⏲Sa 23–3.30 Uhr; 🚌alle Linien im Zentrum) Der beste Nachtclub der Stadt ist ein Schwulentreff, heißt aber Partygänger jeder sexuellen Orientierung willkommen. Sensationelle DJs (meist aus der Gegend, hin und wieder wird aber auch mal jemand aus dem Ausland eingeflogen) legen eine Mischung aus Discomusik, modernem Synthie-Pop und anderen tanzbaren Rhythmen auf.

Grand Canal Dock) Das Beggar's Bush oder Ryan's (wie es von den älteren Gästen genannt wird) ist ein überzeugter Verfechter der traditionellen Pub-Ästhetik. Das Zugeständnis an die „modernen Zeiten" war der Anbau einer Außenveranda für milde, sonnige Tage, der Rest ist wie gehabt – und genau deshalb kommen die Pensionäre mit den Schiebermützen und die Google-Angestellten (das Unternehmen hat einen Firmensitz in der Nähe) so gern hierher.

☆ Unterhaltung

Ob man es nun glaubt oder nicht: In Dublin gibt es ein Leben außerhalb des Pubs! Das Angebot umfasst Comedyclubs, klassische Konzerte, Vorträge, Lesungen, Puppenspiele und jede Menge Musik. Auch das Theater spielt in der Unterhaltungsbranche eine wichtige Rolle und sowohl leicht verdauliche Kost wie z. B. Musicals als auch anspruchsvollere Stücke von den Großen à la Beckett, Yeats und O'Casey sowie von talentierten Neuentdeckungen gehören zum Programm.

Karten für Theater- und Comedy-Vorstellungen sowie Klassikkonzerte gibt's in der Regel direkt vor Ort, Tickets kann man aber auch über **Ticketmaster** (Karte S. 80 f.; 0818 719 300; www.ticketmaster.ie; Stephen's Green Shopping Centre; alle Linien im Zentrum, St. Stephen's Green) beziehen. Das Unternehmen vertreibt Karten für große und mittelgroße Shows jedes Genres, wobei pro Ticket 9 bis 12,5 % Servicegebühr fällig werden.

Livemusik

O'Donoghue's TRADITIONELLE MUSIK
(Karte S. 72 f.; 01-660 7194; www.odonoghues.ie; 15 Merrion Row; ab 19 Uhr; alle Linien im Zentrum) In dem legendären Pub wird jeden Abend traditionelle Musik geboten. Regelmäßig treten lokale Größen wie Tom Foley, Joe McHugh, Joe Foley und Maria O'Connell auf.

★ Devitt's LIVEMUSIK
(Karte S. 72 f.; 01-475 3414; www.devittspub.ie; 78 Lower Camden St; Do–Sa ab 21 Uhr; 14, 15, 65, 83) Devitt's – auch Cusack Stand genannt– steht bei talentierten Musikern aus der Stadt hoch im Kurs. Die hiesigen Sessions sind die so ziemlich besten im Zentrum. Sehr zu empfehlen.

Bowery LIVEMUSIK
(Karte S. 76 f.; www.thebowery.ie; 196 Lower Rathmines Rd; So–Do 17–0, Fr & Sa bis 0.30 Uhr; 14, 65, 140) Poliertes Holz, fein gearbeitete Kronleuchter und eine Bühne, die aussieht wie ein Schiff – das Bowery macht optisch richtig was her! Jeden Abend gibt' Livemusik auf die Ohren, und zwar alles von Ska über Disco-Sounds bis Reggae, und der Bereich oben ist super zum Leute-beobachten.

Whelan's LIVEMUSIK
(Karte S. 72 f.; 01-478 0766; www.whelanslive.com; 25 Wexford St; 16, 122 ab dem Zentrum) Der an eine traditionelle Bar angeschlossene mittelgroße Raum ist die wohl beliebteste Livemusik-Location der Stadt und eine Art spirituelle Heimat von Singer-Songwritern: Nachdem sie auf der Bühne ihr Innerstes nach außen gekehrt haben, genehmigen sie sich an der Bar einen Drink mit ihren Fans.

Workman's Club LIVEMUSIK
(Karte S. 80 f.; 01-670 6692; www.theworkmansclub.com; 10 Wellington Quay; kostenlos–20 €; 17–3 Uhr; alle Linien im Zentrum) Heute dient der frühere Workingmen's Club (Twitter: @WorkmansClubs) von Dublin als Konzertsaal für 300 Personen sowie als Bar. Die Betreiber legen großen Wert darauf, sich vom Mainstream abzusetzen, und locken mit einer Vielfalt an Veranstaltungen, die von Singer-Songwriter-Auftritten bis zu elektronischem Varieté reicht. Nach den Livebands übernehmen DJs das Ruder; ihre Bandbreite reicht von Rockabilly über Hip-Hop bis hin zu Indie und House.

Vicar Street LIVEMUSIK
(Karte S. 76 f.; 01-454 5533; www.vicarstreet.com; 58–59 Thomas St; Tickets 25–60 €; 19–

INFOS IM INTERNET

Entertainment.ie (www.entertainment.ie) Alle Arten von Events.

MCD (www.mcd.ie) Größter Veranstalter Irlands.

Nialler9 (www.nialler9.com) Exzellenter Indie-Blog mit Adressen.

Sweebe (www.sweebe.com) Mehr als 200 Locations.

Totally Dublin (http://totallydublin.ie) Umfassender Veranstaltungskalender und Bewertungen.

What's On In (www.whatsonin.ie) Von Märkten über Gigs bis hin zu Clubnächten.

0 Uhr; 🚌13, 49, 54A, 56A ab dem Zentrum) Ein mittelgroßer Veranstaltungsort. In dem Bereich mit Tischservice für Gruppen von Besuchern unten und auf dem an eine Theaterloge erinnernden Balkon finden etwa 1000 Besucher Platz. Das Programm ist abwechslungsreich (Comedians, Soul, Jazz, Folk Music, Weltmusik etc.).

Sugar Club LIVEMUSIK
(Karte S. 72 f.; ☎01-678 7188; www.thesugarclub.com; 8 Lower Leeson St; 7–20 €; ⏲19 Uhr–open end; 🚌7, 46 ab dem Zentrum) An Wochenenden kann man in diesem gemütlichen, theaterähnlichen Club an der Ecke von St. Stephen's Green Livejazz, Kabarett und Soul erleben.

Academy LIVEMUSIK
(Karte S. 88 f.; ☎01-877 9999; www.theacademydublin.com; 57 Middle Abbey St; 🚌alle Linien im Zentrum, 🚊Abbey) In dem fantastischen mittelgroßen Club sind schon viele bekannte Künstler auf dem Weg nach oben – oder unten – aufgetreten, von Ron Sexsmith bis The Wedding Present.

Button Factory LIVEMUSIK
(Karte S. 80 f.; ☎01-670 0533; www.buttonfactory.ie; Curved St; 10–20 €; ⏲Mo–Do 19.30–23.30, Fr–So bis 2.30 Uhr; 🚌alle Linien im Zentrum) An einem Abend sorgen durchdringende Rhythmen erstklassiger DJs für Stimmung, am anderen streicht eine alternative isländische Band mit Geigenbogen über ihre E-Gitarren. Im Anschluss an die Auftritte ist gewöhnlich Tanzen angesagt.

3 Arena LIVEMUSIK
(Karte S. 95; ☎01-819 8888; www.3arena.ie; East Link Bridge, North Wall Quay; Tickets 30–90 €; ⏲18.30–23 Uhr; 🚊The Point) In Dublins führende Veranstaltungshalle passen 23 000 Leute – wer in dieser Arena auf der Bühne steht, gehört zur ersten Liga. 2017 traten hier Radiohead, Bob Dylan und Take That auf.

Klassik

Bord Gáis Energy Theatre THEATER
(Karte S. 95; ☎01-677 7999; www.grandcanaltheatre.ie; Grand Canal Sq; 🚊Grand Canal Dock) Den wenig inspirierenden Sponsorennamen sollte man einfach vergessen: Daniel Libeskinds Meisterstück fasst 2100 Personen auf drei Ebenen. Dieses wunderbare Auditorium wurde für klassische Konzerte entworfen, doch das Programm reicht vom Bolschoi-Ballett über Staatsopern auf Tournee bis zu Disney on Ice und Barbra Streisand.

National Concert Hall LIVEMUSIK
(Karte S. 72 f.; ☎01-417 0000; www.nch.ie; Earlsfort Tce; 🚌alle Linien im Zentrum) In Irlands bedeutendster Konzerthalle finden das ganze Jahr über tolle Events statt, darunter erstklassige Mittagskonzerte (Juni–Aug. Di 13.05–14 Uhr).

Theater

Smock Alley Theatre THEATER
(Karte S. 80 f.; ☎01-677 0014; www.smockalley.com; 6–7 Exchange St) In dem wunderhübsch restaurierten Gebäude aus dem 17. Jh. befindet sich eins der vielseitigsten Theater der Stadt. Hier ist förmlich mit allem zu rechnen, ob mit Opern oder Krimiabenden, Puppentheater oder Shakespeare. Häufig besteht auch die Möglichkeit, dabei zu Abend zu essen.

Das Theater, errichtet 1622, ist das einzige Theatre Royal, das jemals außerhalb Londons erbaut wurde. Es diente eine Zeitlang als Warenlager und als katholische Kirche. Seit der Renovierung 2012 ist es wieder ein Zentrum der Kultur und Kreativität.

Project Arts Centre THEATER
(Karte S. 80 f.; ☎1850 260 027; www.projectartscentre.ie; 39 Essex St E; ⏲45 Min. vor Showbeginn; 🚌alle Linien im Zentrum) Wer es gerne innovativ und unkonventionell mag, findet hier das interessanteste Programm der Stadt, das von Theater und Tanz über Performance-Kunst bis hin zu Filmvorführungen reicht. Drei separate Bereiche garantieren maximale Flexibilität. Man weiß nie, was einen erwartet, aber genau das macht den Reiz des Kulturzentrums aus: Wir haben hier schon echten Schrott, jedoch auch die besten Shows der Stadt gesehen.

Olympia Theatre THEATER
(Karte S. 80 f.; ☎01-677 7744; www.olympia.ie; 72 Dame St; Tickets 30–60 €; ⏲Vorführungen ab 19 Uhr; 🚌alle Linien im Zentrum) Der Schwerpunkt liegt auf leichter Kost und (zur Weihnachtszeit) Pantomime, manchmal werden aber auch tolle Livegigs geboten.

Abbey Theatre THEATER
(Karte S. 88 f.; ☎01-878 7222; www.abbeytheatre.ie; Lower Abbey St; 🚌alle Linien im Zentrum, 🚊Abbey) Irlands Nationaltheater wurde 1904 von W. B. Yeats gegründet und spielte eine zentrale Rolle bei der Entwicklung der irischen Theaterszene. Seit 2017 sind Neil Murray und Graham McLaren vom National Theatre of Scotland die neuen Leiter. Sie haben versprochen, ein spannendes Pro-

DUBLINS THEATERSZENE HEUTE

Das Theater hat eine lange Tradition in Dublin, dennoch sind die Zeiten schwer für die hiesigen Mimen. Es war einmal vor langer Zeit, da strömten die Menschen in Scharen ins Theater, um die neuesten Stücke von Synge, Yeats oder O'Casey zu sehen. Heute jedoch besetzen nur noch wenige eingefleischte Fans die Ränge, weshalb die größeren Theaterhäuser in der Stadt auf konservative Spielpläne umgestiegen sind und viele alternative Ensembles die Location wechseln mussten, um ihr Können auf der Bühne demonstrieren zu können.

2016 wurde dem Theater-Establishment ein ordentlicher Rüffel erteilt, als die Interessengruppe #wakingthefeminists eine sehr erfolgreiche Kampagne startete, die die institutionalisierte Diskriminierung von Frauen in der Branche an den Pranger stellte. Ein Bericht aus dem Jahre 2017 zeigte auf, dass sich die Höhe staatlicher Förderungen und die Engagements weiblicher Darsteller umgekehrt proportional zueinander verhielten. Die größten Übeltäter, das Abbey und das Gate Theatre, haben daraufhin ihre Programme und ihre Belegschaft komplett umgekrempelt, um das Thema sexuelle Ungleichheit anzugehen. Zukünftig werden die größeren Theater in Dublin eine ausgewogenere Mischung aus traditionellen und neueren Stücken bieten.

Karten kann man in der Regel telefonisch per Kreditkarte bestellen und kurz vor Vorstellungsbeginn abholen. Sie kosten 12 bis 25 €, teils auch bis zu 30 €. Die meisten Aufführungen beginnen zwischen 20 und 20.30 Uhr. Das aktuelle Programm ist unter www.irishtheatreonline.com nachzulesen.

gramm zu entwerfen, das Traditionelles und Modernes miteinander verweben soll.

Die Frage nach der aktuellen Relevanz des Abbey ist vieldiskutiert in der irischen Kulturszene, Besuchern bietet es jedoch die Möglichkeit, irische Klassiker und die Werke von Nachwuchsdramatikern in einem etablierten Theaterkontext zu sehen.

Gaiety Theatre THEATER

(Karte S. 80 f.; ☎ 01-677 1717; www.gaietytheatre.com; S King St; ⏲ 19–22 Uhr; 🚌 alle Linien im Zentrum) Die „große alte Dame der South King Street" ist mehr als 150 Jahre alt und hat in dieser Zeit meist ein buntes Programm für die ganze Familie geboten. Neben West-End-Hits, Musicals und Weihnachtsstücken gibt's auch irische Klassiker. Wer Unterhaltung sucht, ist hier richtig.

Gate Theatre THEATER

(Karte S. 88 f.; ☎ 01-874 4045; www.gatetheatre.ie; 1 Cavendish Row; ⏲ Darbietungen Mo–Sa 19.30, Mi 14.30 Uhr; 🚌 alle Linien im Zentrum) Das eleganteste Theater der Stadt ist in einem Gebäude aus dem späten 18. Jh. untergebracht und bietet ein verlässliches Programm mit klassischen amerikanischen, irischen und anderen europäischen Stücken. Orson Welles und James Mason hatten hier frühe Auftritte. Bis heute ist es das einzige Theater der Stadt, in dem etablierte internationale Filmstars gelegentlich ihre Bühnenqualitäten unter Beweis stellen.

Comedy

Chaplins Comedy Club COMEDY

(Karte S. 88 f.; www.chaplinscomedy.com; Chaplin's Bar, 2 Hawkins St; 10 €; ⏲ Fr & Sa 20–23 Uhr; 🚌 alle Linien im Zentrum) Immer andere aufstrebende Comedy-Talente versuchen in Chaplins Comedy Club den Zuschauern ein Lachen ins Gesicht zu zaubern. Sollte ihnen das nicht gelingen, kann man sich dank Pizza und Craft-Bier dennoch einen schönen Abend machen. Die Vorführungen beginnen um 21 Uhr.

Laughter Lounge COMEDY

(Karte S. 88 f.; ☎ 01-878 3003; www.laughterlounge.com; 4–8 Eden Quay; ab 20 €; ⏲ Eintritt ab 19.30 Uhr; 🚌 alle Linien im Zentrum) Das einzige Theater in Dublin, das ausschließlich der Comedy vorbehalten ist, begrüßt Künstler, die zu bekannt sind für kleine Pubbühnen, aber auch noch nicht berühmt genug, um die ganz großen Säle zu füllen.

Banker's Comedy Club COMEDY

(Karte S. 80 f.; ☎ 01-679 3697; 16 Trinity St; 8 €; ⏲ Fr & Sa 21–23 Uhr; 🚌 alle Linien im Zentrum) In dem Kellerraum dieser netten Bar finden zwei Comedy-Abende statt: der Craic Club freitags und das normalerweise geniale Stand Up at the Banker's am Samstagabend. Auf der Bühne stehen durchaus begabte Leute, manche haben es bis ins Fernsehen geschafft.

HÄNDEL IN DUBLIN

Da, wo heute das **Handel's Hotel** (Karte S. 80 f.; 16–18 Fishamble St; alle Linien im Zentrum) steht, befand sich einst Neal's New Musick Hall, in der am 13. April 1742 die Uraufführung von Georg Friedrich Händels Meisterwerk *Der Messias* stattfand; der Komponist war zu diesem Zeitpunkt fast bankrott. Von dem alten Bauwerk ist nur noch ein Bogen erhalten, der restauriert wurde und nur annähernd an die Eleganz des Originals heranreicht. Jedes Jahr wird das Oratorium zum Gedenken an die Uraufführung auf Dublins ältester Straße, der Fishamble Street, unter freiem Himmel dargeboten.

Kino

Light House Cinema KINO
(Karte S. 88 f.; 01-872 8006; www.lighthousecinema.ie; Smithfield Plaza; alle Linien im Zentrum, Smithfield) Das beeindruckendste Kino der Stadt ist dieses todschicke Lichtspielhaus mit vier Leinwänden in einem stilvollen Gebäude abseits der Smithfield Plaza. Auf dem Plan steht eine Mischung aus Programmkino und Mainstream-Streifen, Dokumentar- und irischen Filmen.

Irish Film Institute KINO
(IFI; Karte S. 80 f.; 01-679 5744; www.ifi.ie; 6 Eustace St; 11–23 Uhr; alle Linien im Zentrum) In verschiedenen Sälen zeigt das Irish Film Institute (IFI) Klassiker und neues Programmkino. Vor Ort gibt's eine Bar, ein Café und einen Buchladen.

Savoy KINO
(Karte S. 88 f.; 01-874 6000; Upper O'Connell St; ab 14 Uhr; alle Linien im Zentrum) Spätvorstellungen am Wochenende und Premieren laufen in diesem Kino mit fünf Sälen. Das Savoy Cinema 1 ist der größte Vorführsaal Dublins und eignet sich mit seiner riesigen Leinwand perfekt für Blockbuster.

Cineworld Multiplex KINO
(Karte S. 88 f.; 0818 304 204; www.cineworld.ie; Parnell Centre, Parnell St; alle Linien im Zentrum) In den 17 Sälen laufen ausschließlich kommerzielle Streifen. Die Sitze sind gemütlich, der Imbissstand ist riesig und die Auswahl an Süßigkeiten ebenfalls. Hat zwar nicht den Charme älterer Kinos, ist aber dennoch zu empfehlen.

Sport

Croke Park ZUSCHAUERSPORTARTEN
(01-836 3222; www.crokepark.ie; Clonliffe Rd; 3, 11, 11A, 16, 16A, 123 ab O'Connell St) Von Februar bis November wird in Europas viertgrößtem Stadion (mit Platz für 82 000 Menschen) nördlich des Royal Canal in Drumcondra Hurling und Gaelic Football gespielt. Termine gibt's unter www.gaa.ie.

Das Stadion ist Verwaltungssitz der Gaelic Athletic Association (GAA). Wer sich einen Begriff von deren Bedeutung machen will, darf sich die Croke Park Experience (S. 97) nicht entgehen lassen – interessanter ist sie sicherlich für Sportbegeisterte. Die zweimal täglich stattfindenden Führungen (nicht an Spieltagen) durch das eindrucksvolle Stadion sind hervorragend.

Aviva Stadium STADION
(Karte S. 95; 01-238 2300; www.avivastadium.ie; 11–12 Lansdowne Rd; Lansdowne Rd) Das glänzende Stadion im noblen Stadtteil Donnybrook wartet mit tollen kurvigen Tribünen auf und bietet 50 000 Besuchern Platz. Hier finden irische Rugbyspiele und internationale Fußballbegegnungen statt.

Fairyhouse PFERDERENNEN
(01-825 6167; www.fairyhouse.ie; Fairyhouse Rd, Ratoath, County Meath; 15–25 €; Sonderbusse ab Busáras) Höhepunkt der National-Hunt-Saison (National Hunt wird die Pferderennsaison in Irland genannt) ist das Grand National am Ostermontag. Die Rennbahn liegt 25 km nördlich von Dublin.

Leopardstown Race Course PFERDERENNEN
(01-289 3607; www.leopardstown.com; Foxrock, Dublin 18; Tickets ab 12,50 €; Sonderbusse ab Eden Quay, Sandyford) Irlands Begeisterung für Pferderennen lässt sich 10 km südlich vom Zentrum in Foxrock beobachten. An Renntagen fahren Sonderbusse; mehr Infos erhält man unter der angegebenen Telefonnummer.

Shelbourne Park Greyhound Stadium ZUSCHAUERSPORTARTEN
(Karte S. 95; 1890 269 969; www.igb.ie; South Lotts Rd; Paketpreise 12–45 €; Di & Do–Sa 18.30–22.30 Uhr; 3, 7, 7A, 8, 45, 84 ab dem Zentrum) Von dem verglasten Restaurant genießt man einen tollen Blick über die Hunderennbahn: essen, wetten und die Rennen verfolgen ohne aufstehen zu müssen: herrlich! Freitags und samstags fährt ein kostenloses **Shuttle** (Karte S. 88 f.; Burgh Quay; Fr & Sa 19 Uhr) GRATIS ab Burgh Quay.

Royal Dublin Society Showground ZUSCHAUERSPORTARTEN
(RDS Showground; Karte S. 76 f.; ☎ 01-668 9878; Merrion Rd, Ballsbridge; 🚌 7 ab Trinity College) Das Ausstellungsgelände aus viktorianischer Zeit wird das ganz Jahr über für unterschiedliche Zwecke genutzt. Das wichtigste Ereignis ist die **Dublin Horse Show** Ende Juli; sie umfasst auch einen internationalen Springreitwettbewerb. In der Arena mit 35 000 Sitzplätzen trägt Leinster Rugby seine Heimspiele aus. In der Touristeninformation kann man sich über weitere Events erkundigen.

Der Royal Dublin Society Showground, gegründet 1731, hat seinen Hauptsitz bereits in verschiedenen bekannten Gebäuden gehabt, von 1814 bis 1925 z. B. im Leinster House. Die Gesellschaft war an der Einrichtung des National Museum, der National Library, National Gallery und der National Botanic Gardens beteiligt.

Parnell Park ZUSCHAUERSPORTARTEN
(www.dublingaa.ie; Clantarkey Rd, Donnycarney; Erw./Kind 11/8 €; 🚌 20A, 20B, 27, 27A, 42, 42B, 43, 103 ab Lower Abbey St oder Beresford Pl) Das Dublin-Gaelic-Team trägt seine Ligaspiele im Parnell Park aus.

Shoppen

Ob nun made in Ireland oder made in China – in Dublin findet man so gut wie alles. Die Grafton Street wird von klassischen größtenteils britischen Ketten gesäumt, die besten örtlichen Läden liegen in den umliegenden Straßen. Im Norden flankieren die verkehrsberuhigte Henry Street internationale Ketten sowie Dublins bestes Kaufhaus, das Arnott's.

Traditionelle irische Produkte wie Kristall- und Strickwaren sind weiterhin beliebte Mitbringsel, inzwischen stößt man jedoch auch auf originellere Versionen der Klassiker. Von billiger Massenware lässt

EINKAUFSZENTREN

Es gibt mehrere große Einkaufszentren.

Powerscourt Townhouse Shopping Centre (Karte S. 80 f.; ☎ 01-679 4144; 59 S William St; ⏲ Mo–Mi & Fr 10–18, Do bis 20, Sa 9–18, So 12–18 Uhr; 🚌 alle Linien im Zentrum) Dieses umwerfende und stylishe Einkaufszentrum ist in einem sorgsam restaurierten georgianischen Stadthaus untergebracht, das zwischen 1741 und 1744 erbaut wurde. Inzwischen ist es vor allem für seine Cafés und Restaurants bekannt, doch man bekommt hier auch erstklassige Haute Couture, Kunstgegenstände, exquisite Handarbeiten und andere Schickimicki-Ware.

George's Street Arcade (Karte S. 80 f.; www.georgesstreetarcade.ie; zw. S Great George's & Drury Sts; ⏲ Mo–Mi 9–18.30, Do–Sa bis 19, So 12–18 Uhr; 🚌 alle Linien im Zentrum) Dublins bester Non-Food-Markt befindet sich in einer überdachten viktorianisch-gotischen Arkade. Außer zahlreichen Läden und Ständen, die neue und gebrauchte Kleidung, Secondhandbücher, Mützen, Poster, Schmuck und Platten verkaufen, locken ein Wahrsager, Gourmethäppchen und eine Fish-'n'-Chips-Bude, die reißenden Umsatz macht.

St. Stephen's Green Shopping Centre (Karte S. 80 f.; ☎ 01-478 0888; St. Stephen's Green W; ⏲ Mo–Mi, Fr & Sa 9–19, Do 9–21, So 11–18 Uhr; 🚌 alle Linien im Zentrum) Mit ihren dramatischen Balkonen an der Fassade und dem zentralen Hof wirkt diese Mall der 1980er im Gewand des 19. Jhs. etwas zu prächtig für die unscheinbaren Modeketten im Inneren. Neben Boots, Benetton und einem großen Dunnes Store mit Supermarkt gibt's eine Filiale von TK Maxx mit Designermode der letzten Saison.

Jervis Centre (Karte S. 88 f.; ☎ 01-878 1323; www.jervis.ie; Jervis St; ⏲ Mo–Mi, Fr & Sa 9–18.30, Do bis 19, So 11–18.30 Uhr; 🚌 alle Linien im Zentrum) Die moderne gewölbte Mall hat sich britischen Modeketten wie Boots, Topshop, Debenhams, Argos, Dixons, M&S und Miss Selfridge verschrieben.

Dundrum Town Centre (☎ 01-299 1700; www.dundrum.ie; Sandyford Rd; ⏲ Mo–Fr 9–21, Sa bis 19, So 10–19 Uhr; 🚌 17, 44C, 48A, 75 ab dem Zentrum, 🚋 Dundrum, Ballaly) Der riesige Einkaufs- und Unterhaltungskomplex im südlichen Vorort Dundrum ist der größte moderne Shoppingtempel Irlands. In dem Gebäude sind über 100 Modemarken vertreten.

man am besten die Finger; der Scherzfaktor steht in keinem Verhältnis zu dem Stress, den der Heimtransport im Flieger beinhaltet. Und eines ist sicher: In der gesamten Stadt wird man keinen echten *shillelagh* (irischen Kampfstock) finden!

Nicht-EU-Bürger können die Umsatzsteuer für gekaufte Artikel mit einem Cash-Back-Aufkleber zurückverlangen.

Die meisten Geschäfte sind montags bis samstags von 9.30 bis 18 Uhr bzw. donnerstags bis 20 Uhr geöffnet. Viele öffnen auch sonntags, in der Regel von 12 bis 18 Uhr.

Grafton Street & Umgebung

★ Irish Design Shop KUNST & KUNSTHANDWERK

(Karte S. 80 f.; ☎ 01-679 8871; www.irishdesignshop.com; 41 Drury St; ⌚ Mo–Mi, Fr & Sa 10–18, Do bis 19, So 13–17 Uhr; 🚌 alle Linien im Zentrum) Wunderschöne, handverlesene Waren, in erster Linie Schmuck und Küchenutensilien. Wenn man auf der Suche nach einem ausgefallenen Andenken oder Geschenk made in Ireland ist, ist Clare Grennans und Laura Caffreys Laden die richtige Adresse.

★ Article HAUSHALTSWAREN

(Karte S. 80 f.; ☎ 01-679 9268; www.articledublin.com; 1. OG, Powerscourt Townhouse Shopping Centre, S William St; ⌚ Mo–Mi, Fr & Sa 10.30–18, Do bis 19, So 13–17 Uhr; 🚌 alle Linien im Zentrum) Hier gibt's bildschöne Geschirre und dekorative Haushaltsartikel irischer Designer, die sich prima als geschmackvolle, einzigartige Mitbringsel machen.

★ Avoca Handweavers KUNST & KUNSTHANDWERK

(Karte S. 80 f.; ☎ 01-677 4215; www.avoca.ie; 11–13 Suffolk St; ⌚ Mo–Mi & Sa 9.30–18, Do & Fr bis 19, So 11–18 Uhr; 🚌 alle Linien im Zentrum) Mit einer Kombination aus Kleidung, Haushaltswaren, einer Lebensmittelabteilung im Untergeschoss und einem exzellenten **Café** (Karte S. 80 f.; www.avoca.ie; 11–13 Suffolk St; Hauptgerichte 9–16 €; ⌚ Mo–Mi & Sa 9.30–17.30, Do & Fr bis 19, So 11–18 Uhr; 🚌 alle Linien im Zentrum) im Obergeschoss steht das Avoca für moderne gemütliche irische Lebensart mit Stil und ist eine der besten Adressen für ein originelles Geschenk. Viele Kleidungsstücke wurden in der hauseigenen Fabrik in Wicklow gewebt, gestrickt oder mit natürlichen Mitteln gefärbt. Die Kinderabteilung ist großartig.

★ Barry Doyle Design Jewellers SCHMUCK

(Karte S. 80 f.; ☎ 01-671 2838; www.barrydoyledesign.com; 30 George's St Arcade; ⌚ Mo–Mi, Fr & Sa 10–18, Do bis 19 Uhr; 🚌 alle Linien im Zentrum) Das Juweliergeschäft (im Obergeschoss) des Goldschmieds Barry Doyle ist eins der besten in der Stadt. Der handgefertigte Schmuck ist umwerfend in seiner Schlichtheit und Schönheit und weist vielfach afro-keltische Einflüsse auf. Barry verwendet Weißgold, Silber und atemberaubende Edel- und Halbedelsteine.

★ Ulysses Rare Books BÜCHER

(Karte S. 80 f.; ☎ 01-671 8676; www.rarebooks.ie; 10 Duke St; ⌚ Mo–Sa 9.30–17.45 Uhr; 🚌 alle Linien im Zentrum) Unser Lieblingsbuchladen der Stadt führt ein umfangreiches und bemerkenswertes Sortiment an Büchern zu Irland mit besonderem Schwerpunkt auf der Literatur des 20. Jhs. und einer großen Auswahl an Erstausgaben, darunter seltene Exemplare von den Schriftstellergrößen Joyce, Yeats, Beckett und Wilde.

★ Sheridan's Cheesemongers KÄSE

(Karte S. 80 f.; ☎ 01-679 3143; www.sheridanscheesemongers.com; 11 S Anne St; ⌚ Mo–Fr 10–18, Sa 9.30–18 Uhr; 🚌 alle Linien im Zentrum) In diesem Käseparadies biegen sich die Holzregale unter Bauernkäselaiben aus ganz Irland. Zusammengetragen wurden sie von Kevin und Seamus Sheridan, die quasi im Alleingang die Kunst der Käseherstellung im Land wiederbelebt haben.

Design Centre KLEIDUNG

(Karte S. 80 f.; ☎ 01-679 5718; www.designcentre.ie; Powerscourt Townhouse Shopping Centre, S William St; ⌚ Mo–Mi, Fr & Sa 10–18, Do bis 20 Uhr; 🚌 alle Linien im Zentrum) Hier liegt der Schwerpunkt auf Frauenbekleidung von irischen Designern: klassische Anzüge, Abendgarderoben und Strickwaren. Zu den irischen Marken gehören Jill De Burca, Philip Treacy, Aoife Harrison und Erickson Beamon – ein Lieblingslabel von Michelle Obama.

Kilkenny Shop KUNST & KUNSTHANDWERK

(Karte S. 72 f.; ☎ 01-677 7066; www.kilkennyshop.com; 6 Nassau St; ⌚ Mo–Mi, Fr & Sa 8.30–19, Do bis 20, So 10–18.30 Uhr; 🚌 alle Linien im Zentrum) Großer alteingesessener Laden für modernes innovatives irisches Kunsthandwerk wie farbenfrohe Strickware, Designermode, Orla-Kiely-Taschen und hübschen Silberschmuck sowie für schöne Glas- und Töpferware. Toll für traditionelle Geschenke.

Stokes Books BÜCHER

(Karte S. 80 f.; ☎ 01-671 3584; 19 George's St Arcade; ⌚ Mo–Sa 11–18 Uhr; 🚌 alle Linien im Zentrum) Die Spezialität dieses kleinen Buchladens

DUBLINS MÄRKTE

In den letzten Jahren haben die Dubliner eine echte Leidenschaft für Märkte entwickelt. Das entbehrt nicht einer gewissen Ironie, schließlich hatten diejenigen, die nun die neuen Feinkostmärkte frequentieren und nicht genug von hausgemachtem Hummus bekommen können, die traditionellen Märkte wie den in der Moore Street zuvor links liegen lassen. War ihnen wohl zu 08/15-europäisch ...

Cow's Lane Designer Mart (Karte S. 80 f.; Cow's Lane; ⏲ Juni–Sept. Sa 10–17 Uhr; 🚌 alle Linien im Zentrum) Ein richtiger Hipster-Markt mit mehr als 60 Ständen. Hier sind die besten Designer von Kleidung, Accessoires und Kunsthandwerk der Stadt vertreten. Zwischen Juni und September stehen sie in der Cow's Lane, den Rest des Jahres sind sie in der **St Michael's and St John's Banquet Hall** (Karte S. 80 f.; St Michael's & St John's Banquet Hall, Essex St W; ⏲ Okt.–Mai 10–17 Uhr; 🚌 alle Linien im Zentrum) gleich um die Ecke anzutreffen.

Der richtige Ort, um topaktuelle Designerwaren von Drunk Monk etc. oder punkige T-Shirts, Handtaschen im Retrostil, Modeschmuck von Kink Bijoux oder exklusive Baby-Klamotten zu kaufen.

Temple Bar Food Market (Karte S. 80 f.; www.facebook.com/TempleBarFoodMarket; Meeting House Sq; ⏲ Sa 10–17 Uhr; 🚌 alle Linien im Zentrum) Dublins bester Lebensmittelmarkt unter freiem Himmel; hier kann man sich einmal quer durch die (Bio-)Küchen der Welt schmausen. Das Angebot reicht von Sushi über spanische Chorizo und Paella bis hin zu Käse vom irischen Bauernhof, selbstgemachter Schokolade, frisch zubereiteten Crêpes, selbst eingekochten Marmeladen und frisch gepressten Säften.

Dublin Food Co-op (Karte S. 76 f.; www.dublinfood.coop; 12 Newmarket; ⏲ Mi & Fr 10–19, Do bis 20, Sa 9.30–17, So 11–17 Uhr; 🚌 49, 54A, 77X ab dem Zentrum) Vom Hundefutter bis zum Reinigungsmittel ist in dieser Markthalle, einer Kooperative im Besitz der Mitglieder, wirklich alles biologisch und/oder umweltfreundlich. Donnerstags steht nur eine begrenzte Auswahl an lokalen und importierten Waren aus fairem Handel zum Verkauf, samstags hingegen lockt eine umfangreiche Auswahl Leute aus der ganzen Stadt zum wöchentlichen Einkauf mit gutem Gewissen an. Vor Ort gibt es auch einen Bäcker und Wickelmöglichkeiten.

Moore Street Market (Karte S. 88 f.; Moore St; ⏲ Mo–Sa 8–16 Uhr; 🚌 alle Linien im Zentrum) Der traditionellste Straßenmarkt der Stadt ist nur noch ein Schatten seiner selbst. Verkauft werden Obst, Fisch und Blumen, andere Händler bringen günstige Zigaretten und mehr an den Mann. Man sollte übrigens nicht auf die Idee kommen, Einzelbananen zu kaufen – wenn es zehn Stück für 1 € gibt, bekommt man genau das!

sind Titel zur irischen Geschichte, alt und neu. Es gibt aber natürlich auch Bücher zu anderen Themen, darunter ein paar wunderschöne alte Editionen im Ledereinband.

Knobs & Knockers KUNST & KUNSTHANDWERK
(Karte S. 72 f.; ☎ 01-671 0288; 19 Nassau St; ⏲ Mo–Sa 9.30–17.30 Uhr; 🚌 alle Linien im Zentrum) Türklopfer nach georgianischem Vorbild sind ein tolles Andenken an den Dublin-Besuch, hier ist aber noch mehr dekorativer Türschmuck zu bewundern.

Temple Bar

★ Gutter Bookshop BÜCHER
(Karte S. 80 f.; ☎ 01-679 9206; www.gutterbookshop.com; Cow's Lane; ⏲ Mo–Mi, Fr & Sa 10–18.30, Do bis 19, So 11–18 Uhr; 🚌 alle Linien im Zentrum) Dieser fabelhafte Buchladen ist nach dem berühmten Zitat *We are all in the gutter, but some of us are looking at the stars* („Wir liegen alle in der Gosse, aber einige von uns betrachten die Sterne") aus Oscar Wildes Stück *Lady Windermeres Fächer* benannt und hält die Fahne für sämtliche notleidenden unabhängigen Buchgeschäfte hoch. Erhältlich sind aktuelle Romane, Kinderbücher, Reiseliteratur und andere ausgewählte Titel.

★ Claddagh Records MUSIK
(Karte S. 80 f.; ☎ 01-677 0262; www.claddaghrecords.com; 2 Cecilia St; ⏲ Mo–Sa 10–18, So 12–18 Uhr; 🚌 alle Linien im Zentrum) In zentraler Lage bietet dieser Plattenladen eine exzel-

KUNST & KUNSTHANDWERK MADE IN IRELAND

Avoca Handweavers (S. 132) Unser Lieblingskaufhaus in Dublin mit zahllosen handgemachten Geschenkideen.

Irish Design Shop (S. 132) Sorgfältig ausgewähltes erlesenes Kunsthandwerk.

Barry Doyle Design Jewellers (S. 132) Exquisiter handgemachter Schmuck in einzigartigem modernem Design.

Ulysses Rare Books (S. 132) Wertvolle Erstausgaben und Joyces *Dubliners* im hübschen Lederumschlag.

Louis Copeland (Karte S. 80 f.; ☎ 01-872 1600; www.louiscopeland.com; 19–21 Wicklow St; ⊙ Mo–Mi, Fr & Sa 9–17.30, Do bis 19.30 Uhr; 🚌 alle Linien im Zentrum) Dublins stadteigener erstklassiger Schneider, mit maßgeschneiderten Anzügen.

lente Auswahl an guter traditioneller und Folk-Musik. Das sachkundige Personal spürt selbst die seltensten Scheiben auf. Auch das Weltmusiksortiment ist ordentlich. Eine **Filiale** (Karte S. 80 f.; ☎ 01-888 3600; www.claddaghrecords.com; 5 Westmoreland St; ⊙ Mo–Sa 10–18, So 12–18 Uhr; 🚌 alle Linien im Zentrum) befindet sich auf der Westmoreland Street. Alternativ bestellt man online.

Nördlich der Liffey

Winding Stair BÜCHER

(Karte S. 88 f.; ☎ 01-872 6576; www.winding-stair.com; 40 Lower Ormond Quay; ⊙ Mo–Mi & Fr 10–18, Do & Sa bis 19, So 12–18 Uhr; 🚌 alle Linien im Zentrum) Der schöne alte Buchladen befindet sich im Erdgeschoss; einst nahm er das gesamte Gebäude ein, inzwischen ist ein tolles Restaurant (S. 117) desselben Namens eingezogen. Das Sortiment ist daher kleiner, aber man kann nach wie vor beim Stöbern hochwertige Titel finden (alt und neu).

Arnott's KAUFHAUS

(Karte S. 88 f.; ☎ 01-805 0400; www.arnotts.ie; 12 Henry St; ⊙ Mo–Mi, Fr & Sa 10–18, Do bis 19, So 12–18 Uhr; 🚌 alle Linien im Zentrum) Unser Lieblingskaufhaus in Dublin nimmt einen riesigen Block mit Eingängen in den Straßen Henry, Liffey und Abbey Street ein. Hier gibt's einfach alles von Gartenmöbeln bis zu Designerklamotten, außerdem ist das Ganze sogar einigermaßen bezahlbar.

Eason's BÜCHER

(Karte S. 88 f.; ☎ 01-873 3811; www.easons.com; 40 Lower O'Connell St; ⊙ Mo–Mi & Sa 8–19, Do bis 21, Fr bis 20, So 12–18 Uhr; 🚌 alle Linien im Zentrum, 🚊 Abbey) Im Erdgeschoss dieses riesigen Buchladens nahe dem GPO gibt's die größte Auswahl an Magazinen und ausländischen Zeitungen im ganzen Land. Hier blättern sich Dutzende Kunden durch das Angebot, ohne auch nur ans Kaufen zu denken.

ℹ Praktische Informationen

GEFAHREN & ÄRGERNISSE

Dublin ist eine sichere Stadt – einfach verhalten wie zuhause, man muss sich keinen großen Kopf machen.

- Im (parkenden) Wagen Wertgegenstände außer Sichtweite verstauen.
- Das illegale Auslesen von Kartendaten an Geldautomaten (Skimming) ist ein anhaltendes Problem, deshalb bei der PIN-Eingabe immer zur Sicherheit die Hand über den Tastenblock halten.
- Am westlichen Ende der Thomas Street (am Übergang zur James Street) halten sich oft Drogenabhängige auf.
- Zwielichtigere Ecken sind das nördliche Ende der Gardiner Street und die Gegenden nordöstlich von dort.

GELD

Rund um den College Green (vorm Trinity College) sind mehrere Banken angesiedelt.

INFOS IM INTERNET

Dublin Tourism (www.visitdublin.com) Die offizielle Website von Dublin Tourism.

Dublintown (www.dublintown.ie) Umfangreicher Veranstaltungskalender und weitere Infos.

Failte Ireland (www.discoverireland.ie) Die Website des offiziellen Fremdenverkehrsamts.

Lonely Planet (www.lonelyplanet.com/dublin) Infos, Hotelbuchungen, Traveller-Foren und mehr.

Lovin Dublin (www.lovindublin.com) Ehrliche, teils auch vernichtende Kritiken zu Bars, Restaurants und Aktivitäten in Dublin.

Old Dublin Town (www.olddublintown.com) In einer derart im Wandel begriffenen Stadt wie Dublin ist diese bunt zusammengewürfelte Website genau das Richtige.

Totally Dublin (www.totallydublin.ie) Die aktuellsten Neuigkeiten und Rezensionen.

INTERNETZUGANG

WLAN-Hotspots und Ähnliches haben Internetcafés nahezu obsolet gemacht (wobei – Gamer sehen das vielleicht anders); in den wenigen, die noch die Stellung halten, werden 6 € pro Stunde berechnet. Die meisten Unterkünfte haben ein eigenes WLAN-Netzwerk, das kostenlos oder gegen eine Tagesgebühr (bis zu 10 € pro Tag) genutzt werden darf.

MEDIZINISCHE VERSORGUNG

In akuten Fällen kann man sich jederzeit an die Notaufnahme (A&E; Accident and Emergency) der nächstgelegenen Klinik wenden. Die Notrufnummer für einen Krankenwagen ist die ☎ 999. In Dublin gibt's keine Notdienstapotheken; die letzten Geschäfte machen um 22 Uhr zu.

Caredoc (☎ 1850 334 999; www.caredoc.ie; ⊙ Mo–Fr 18–8 Uhr, Sa & So 24 Std.) Ärztlicher Bereitschaftsdienst, nur außerhalb der regulären Sprechstundenzeiten.

City Pharmacy (☎ 01-670 4523; 14 Dame St; ⊙ 9–22 Uhr; 🚌 alle Linien im Zentrum) Eine Apotheke mit langen Öffnungszeiten.

Dental Hospital (☎ 01-612 7200; 20 Lincoln Pl; ⊙ Mo–Fr 9–17 Uhr; 🚌 7, 44) Wer keinen Termin hat, sollte nach 12 Uhr kommen.

Grafton Medical Centre (☎ 01-671 2122; www.graftonmedical.ie; 34 Grafton St; ⊙ Mo–Fr 8.30–18, Sa 11–14 Uhr; 🚌 alle Linien im Zentrum) Ärztehaus mit Medizinern und Physiotherapeuten. Gewöhnlich wird ein Tag Vorlauf benötigt, häufig werden aber auch spontan Termine für denselben Tag vergeben.

Health Service Executive (☎ 01-679 0700, 1800 520 520; www.hse.ie; Dr. Steevens' Hospital, Steevens' Lane; ⊙ Mo–Fr 9.30–17.30 Uhr) Zentrale Gesundheitsbehörde, die montags bis freitags von 9 bis 17 Uhr passende Allgemeinärzte empfiehlt. Infoservice für körperlich und geistig Behinderte.

Hickey's Pharmacy (☎ 01-873 0427; 55 Lower O'Connell St; ⊙ Mo–Fr 8–22, Sa 8.30–22, So 10–22 Uhr; 🚌 alle Linien im Zentrum) Eine Apotheke mit langen Öffnungszeiten.

Mater Misericordiae Hospital (☎ 01-830 1122; Eccles St; 🚌 120, 122 ab dem Zentrum) Stadtzentrum Northside, abseits der Lower Dorset Street.

St. James's Hospital (☎ 01-410 3000; www.stjames.ie; James's St; 🚊 James's) Dublins zentrale Unfall- und Notaufnahme ist rund um die Uhr geöffnet.

NOTFALL

Garda Station (☎ 01-676 3481; Harcourt Tce; ⊙ 24 Std.; 🚊 Harcourt) Die größte Polizeiwache in der Southside.

Rape Crisis Centre (☎ 01-661 4911, 24 Std. 1800 778 888; www.drcc.ie; 70 Lower Leeson St; ⊙ Mo–Fr 8–19, Sa 9–16 Uhr; 🚌 alle Linien im Zentrum) Sollte man Opfer eines sexuell motivierten Verbrechens werden (was sehr unwahrscheinlich ist), kann man neben der Polizei auch das Rape Crisis Centre kontaktieren.

POST

Die irische Post, An Post, ist zuverlässig, effizient und (normalerweise) pünktlich. Die Briefkästen in Dublin sind meist grün und haben zwei Einwurfschlitze: einen für stadtweite Sendungen („Dublin only") und einen für alle anderen Destinationen („All other places"). Im Stadtzentrum gibt es mehrere Postfilialen, darunter **An Post** (Karte S. 80 f.; ☎ 01-705 8206; www.anpost.ie; St Andrew's St; ⊙ Mo–Fr 8.30–17 Uhr; 🚌 alle Linien im Zentrum) und das **General Post Office** (GPO; S. 89).

TOURISTENINFORMATION

Entlang der Grafton und der O'Connell Street findet man eine Handvoll Touristenbüros, die einen offiziellen Eindruck erwecken, bei denen es sich aber tatsächlich um Privatunternehmen handelt, für die ein Mitgliedschaftsbeitrag entrichtet werden muss.

Visit Dublin Centre (Karte S. 80 f.; www.visitdublin.com; 25 Suffolk St; ⊙ Mo–Sa 9–17.30, So 10.30–15 Uhr; 🚌 alle Linien im Zentrum) Die Haupttouristeninformation bietet kostenlose Karten und Infos. Die Mitarbeiter helfen bei der Routenplanung, buchen Unterkünfte und verkaufen Tickets für Attraktionen und Events.

Dublin Discover Ireland Centre (Karte S. 88 f.; 14 Upper O'Connell St; ⊙ Mo–Sa 9–17 Uhr; 🚌 alle Linien im Zentrum) Failte Irelands Touristeninformation in Dublin.

ℹ An- & Weiterreise

AUTO & MOTORRAD

Dublin ist problemlos mit dem Wagen zu erreichen. Von der Ringstraße M50 führen mehrere Autobahnen in alle Himmelsrichtungen:

M1 Nordwärts nach Drogheda, Dundalk und Belfast

M3 Richtung Nordwesten nach Navan, Cavan und Donegal

M4 Westwärts nach Galway und Sligo

M7 Richtung Südwesten nach Limerick und (über die M8) nach Cork

M9 Richtung Südosten nach Kilkenny und Waterford

M11 Richtung Südosten nach Wexford

BUS

Der zentrale Busbahnhof von Dublin, **Busáras** (Karte S. 88 f.; ☎ 01-836 6111; www.buseireann.ie; Store St; 🚊 Connolly), liegt gleich nördlich des Flusses hinterm Custom House; dort findet man unterschiedlich große Gepäckschließfächer (6–10 € pro Tag).

Innerhalb des Busnetzwerks können Bus- und Fährtickets zwischen Großstädten im Vereinigten Königreich und Dublin kombiniert werden. Die Fahrt von London nach Dublin dauert etwa zwölf Stunden und kostet hin und zurück ab 29 € (eine einfache Fahrt liegt bei 41 €!). In London kann man sich an **Eurolines** (☎ 0870 514 3219; www.eurolines.com) wenden.

Vom Busáras aus bedient **Bus Éireann** (☎ 1850 836 6111; www.buseireann.ie) Strecken zu Orten im gesamten Land, auch in Nordirland.

FLUGZEUG

Der **Dublin Airport** (Karte S. 95; ☎ 01-814 1111; www.dublinairport.com), Irlands größter Flughafen, liegt 13 km nördlich vom Zentrum. Es gibt zwei Terminals: Am neueren Terminal 2 werden die meisten internationalen Flüge abgewickelt, am Terminal 1 Flüge von Ryanair und anderen ausgewählten Linien. Beide bieten die übliche Auswahl an Kneipen, Restaurants, Geschäften, Geldautomaten und Autovermietungen.

SCHIFF/FÄHRE

Dublin Port Terminal (Karte S. 95; ☎ 01-855 2222; Alexandra Rd; 🚌 53 ab Talbot St) Vom Dublin Port Terminal, 3 km nordöstlich des Stadtzentrums gelegen, gelangt man nach Holyhead (in Wales) und nach Liverpool.

Morton's (Karte S. 80 f.; www.mortonscoaches.ie; Erw./Kind 3/1,50 €; ⏲ 7.15, 13.30 & 19 Uhr) betreibt einen Expressbus, der von der Westmoreland Street aus zum Dublin Port fährt. Die Abfahrtszeiten des Busses sind auf die der Fähren abgestimmt. Tickets kosten 3/1,50 € für Erwachsene/Kinder. Alternativ nimmt man den normalen Linienbus Nr. 53 zum Hafen (Abfahrt auf der Talbot Street). Wenn die Fähren ankommen, stehen Busse in die Stadt bereits zur Abfahrt bereit.

ZUG

Betreiber sämtlicher Zuglinien in der Republik Irland ist **Irish Rail** (Iarnród Éireann; ☎ 1850 366 222; www.irishrail.ie). In Dublin gibt es zwei Bahnhöfe: die **Heuston Station** (☎ 01-836 5421; 🚊 Heuston) im Westen der Stadt nahe der Liffey und die **Connolly Station** (☎ 01-836 3333; 🚊 Connolly, 🚉 Connolly Station) einen kurzen Spaziergang nordöstlich vom Busáras.

Die Connolly Station liegt an der DART-Route. Die Luas Red Line hält sowohl am Connolly- als auch am Heuston-Bahnhof.

ℹ Unterwegs vor Ort

AUTO & MOTORRAD

Der Verkehr in Dublin ist ein wahrer Albtraum und Parken ein teurer Spaß. Während der Bürozeiten (Mo–Sa 7–19 Uhr) kann man sein Auto nirgendwo umsonst abstellen, aber es gibt jede Menge kostenpflichtige Plätze. Der Preis richtet sich nach der Parkzone: im Zentrum (gelb) zahlt man 2,90 € pro Stunde, in den Vororten (blau) 0,60 €. Bewachte Parkhäuser liegen bei etwa 4 € pro Stunde, die meisten bieten abends eine günstige Flat Rate an.

Fürs Falschparken fängt man sich schnell eine Kralle ein, die erst gegen eine Zahlung von stolzen 80 € wieder abgenommen wird. Von Montag bis Samstag ist das Parken nach 19 Uhr an Parkautomaten (sofern nicht anders angegeben) und einfachen gelben Streifen kostenlos; sonntags gilt diese Regelung den ganzen Tag über.

Manchmal werden Autos gestohlen bzw. aufgebrochen, deshalb sollte man keine Wertgegenstände offen im Wagen herumliegen lassen (lieber einstecken und mitnehmen). Am besten erkundigt man sich gleich bei der Hotelbuchung nach Parkmöglichkeiten.

Die **Automobile Association of Ireland** (AA; ☎ 01-617 9999, Pannendienst 1800 667 788; www.aaireland.ie; 61 S William St; 🚌 alle Linien im Zentrum) befindet sich im Zentrum.

Mietwagen

Alle bekannten Autovermietungen sind in Dublin vertreten. Die besten Preise bekommt man bei Vorabbuchung, insbesondere für Wochenenden und in den Sommermonaten, wenn die Nachfrage am größten ist.

Motorräder und Roller werden nicht vermietet. Wer einen Wagen mieten möchte, muss mindestens 21 Jahre alt sein, typischer ist ein Mindestalter von 23 Jahren (mit der zusätzlichen Voraussetzung, dass der Fahrer schon ein Jahr lang im Besitz eines Führerscheins ist). Nach oben hin gibt es vielfach auch eine Grenze (70 oder 75 Jahre).

Folgende Autoverleiher unterhalten mehrere Filialen in der Hauptstadt und am Flughafen:

Avis Rent-a-Car (☎ 01-605 7500; www.avis.ie; 35 Old Kilmainham Rd; ⏲ Mo–Fr 8.30–17.45, Sa & So 8.30–14.30 Uhr; 🚌 23, 25, 25A, 26, 68, 69 ab dem Zentrum)

Budget Rent-a-Car (☎ 01-837 9611; www.budget.ie; 151 Lower Drumcondra Rd; ⏲ 9–18 Uhr; 🚌 41 ab O'Connell St)

Europcar (☎ 01-812 2800; www.europcar.ie; 1 Mark St; ⏲ Mo–Fr 8–18, Sa & So 8.30–15 Uhr; 🚌 alle Linien im Zentrum)

Hertz Rent-a-Car (☎ 01-709 3060; www.hertz.com; 151 South Circular Rd; ⏲ Mo–Fr 8.30–17.30, Sa 9–16.30, So 9–15.30 Uhr; 🚌 9, 16, 77, 79 ab dem Zentrum)

Thrifty (☎ 01-844 1944; www.thrifty.ie; 26 Lombard St E; ⏲ Mo–Fr 8–18, Sa & So bis 15 Uhr; 🚌 alle Linien im Zentrum)

FAHRRAD

Dublin liegt auf relativ ebenem Terrain und ist kompakt – perfekt für Radfahrer. Auf dem Zweirad ist man im Nullkommanix einmal quer durch die Stadt gesaust und erreicht auch die Vororte problemlos. Es gibt immer mehr Fahrradwege, vor allem südlich der Liffey, sich im eigentlichen Zentrum fortzubewegen ist aber nicht ganz so entspannt, da die größeren Fahrzeuge (Busse, Lkw) gezwungen sind, die eigentlich Radfahrern vorbehaltenen Spuren mitzubenutzen, weil die Straßen so schmal sind!

Normalerweise findet man immer ein Plätzchen, an dem man den Drahtesel anschließen kann – ihn unabgeschlossen stehenzulassen ist nämlich auch in Dublin keine gute Idee. Nachts sollte das Zweirad drinnen (Haus, Hof) abgestellt werden, denn auch das beste Schloss kann geknackt werden, wenn der Dieb genug Zeit hat. Eine prima Internetquelle für Radfahrer ist Dublin City Cycling (www.cycledublin.ie).

Fahrräder sind nur in vorstädtischen Zügen (jedoch nicht auf der DART-Linie) zugelassen und müssen im Gepäckwagen oder in einem speziellen Abteil am Ende des Zuges verstaut werden.

Seitdem es die Dublinbikes gibt, ist es schwerer geworden, ein Fahrrad zu leihen. Typischerweise zahlt man für ein Hybrid- oder Tourenfahrrad etwa 25 € am Tag oder 140 € pro Woche.

Cycleways (www.cycleways.com; 185–187 Parnell St; ⌚ Mo–Mi & Fr 8.30–18.30, Do bis 20, Sa 9.30–18 Uhr; 🚌 alle Linien im Zentrum) Ein hervorragender Fahrradladen, der von Mai bis September Hybrid- oder Tourenfahrräder im Angebot hat.

2Wheels (www.2wheels.ie; 57 S William St; ⌚ Mo, Di & Sa 10–18, Mi, Do & Fr bis 20, So 12–18 Uhr; 🚌 alle Linien im Zentrum) Neue Fahrräder, alles an Ausrüstung, was das Herz begehrt, und eine gute Werkstatt. Besser einen Termin ausmachen, hier ist oft der Teufel los.

MacDonald Cycles (☎ 01-475 2586; www.macdonaldcycles.ie; 38 Wexford St; ⌚ Mo–Fr 9–18, Sa 9.30–18; 🚌 14, 15, 65, 83) Reparaturen im Handumdrehen – am nächsten Tag ist das Rad wieder einsatzbereit (sofern der Schaden nicht gravierend ist).

ÖFFENTLICHE VERKEHRSMITTEL

Bus

Im Büro von **Dublin Bus** (S.138) erhält man kostenlose Fahrpläne für alle Linien. Busse verkehren zwischen 6 (manche schon ab 5.30 Uhr) und ca. 23.30 Uhr. Der Ticketpreis ist nach der Zahl der Haltestellen gestaffelt.

Stationen	Bargeld (€)	Leap Card (€)
1–3	2	1,50
4–13	2,70	2,05
mehr als 13	3,30	2,60

Mit der Leap Card (www.leapcard.ie), erhältlich an/in den meisten Zeitungskiosken, wird die Nutzung des öffentlichen Nahverkehrs nicht nur günstiger, sondern auch stressfreier, weil man nicht immer darauf achten muss, das Fahrgeld passend zu haben (andernfalls bekommt man einen Rückerstattungsbeleg, der nur im Hauptbüro von Dublin Bus eingelöst werden kann). Man registriert sich online für die Leap Card und lädt sie dann mit dem gewünschten Geldbetrag auf. Wenn man in den Bus, DART, die Luas (Straßenbahn) oder den Vorstadtzug einsteigt, zieht man die Karte über den Leser und der Fahrpreis wird automatisch abgezogen.

Wer sich nur im College Green Bus Corridor fortbewegt (grob zwischen dem Parnell Square im Norden und St. Stephen's Green im Süden), kann den speziellen City-Centre-Tarif nutzen (0,50 €).

Luas (Straßenbahn)

Das Straßenbahnnetz der Luas (www.luas.ie) besteht aus zwei Strecken. Die Green Line (alle 5–15 Min.) verbindet St. Stephen's Green mit dem südlichen Sandyford und fährt über Ranelagh und Dundrum, während die Red Line (alle 20 Min.) von Point Village aus an den nördlichen Kais (North Quays) und der Heuston Station vorbei nach Tallaght fährt.

An sämtlichen Haltestellen stehen Fahrkartenautomaten. Alternativ besorgt man sich eine Leap Card im Zeitungsladen und kann damit beim Einsteigen „einchecken" (in der Luas/den Zügen das „Auschecken" beim Aussteigen nicht vergessen). Ein Kurzstreckenticket gilt für etwa vier Haltestellen und kostet 2,30 €. Die Bahnen fahren montags bis freitags von 5.30 bis 0.30 Uhr, samstags von 6.30 bis 0.30 Uhr sowie sonntags von 7 bis 23.30 Uhr.

Ab 2018 wird eine neue Luas-Route quer durch die Stadt (von St. Stephen's Green über die Dawson Street, am Trinity College vorbei und über den Fluss) die grüne und rote Linie miteinander verbinden.

ℹ DUBLIN MIT DEM RAD

Eines der beliebtesten Transportmittel der Stadt sind die blauen Fahrräder von Dublinbikes (www.dublinbikes.ie), ein öffentliches Fahrradverleihsystem mit mehr als hundert Leihstationen im Stadtzentrum. Radfahrer erwerben für 10 € eine Smartcard (und zahlen mit der Kreditkarte eine Kaution von 150 €) oder eine Drei-Tages-Karte, und zwar entweder online oder an einer beliebigen Leihstation, und können damit Räder „freischalten". Die ersten 30 Minuten sind kostenlos, danach zahlt man für jede weitere halbe Stunde 0,50 €.

Nitelink

Die Nitelink-Nachtbusse verkehren ab dem Dreieck College, Westmoreland Street und D'Olier Street. Freitags und samstags fahren sie von 0.30 bis 4.30 Uhr alle 20 Minuten auf den wichtigsten Strecken bzw. bis 3.30 Uhr auf weniger frequentierten Routen. Sonntags bis donnerstags gibt's keine Verbindungen. Ein Ticket kostet 6,50 € (oder 5,20 € mit der Leap Card). Informationen zu den Strecken erhält man unter www.dublinbus.ie.

Zug (DART)

Mit dem **Dublin Area Rapid Transport** (DART; ☎ 01-836 6222; www.irishrail.ie) gelangt man schnell und bequem an die Küste. Richtung Norden fahren die Züge bis Howth (30 Min.), Richtung Süden bis Greystones im County Wicklow. Die Pearse Station ist praktischer für den Dubliner Nahbereich südlich der Liffey, die Connolly Station für den Teil nördlich davon. Normalerweise starten die Züge montags bis samstags von 6.30 bis 24 Uhr alle zehn bis 20 Minuten, manchmal auch häufiger. Sonntags ist der Fahrplan eingeschränkt. Ein einfaches Ticket nach Dun Laoghaire oder Howth kostet 3,25 €.

Weitere Vorortzüge verkehren gen Norden bis Dundalk, ins Landesinnere bis Mullingar und gen Süden über Bray bis Arklow.

TAXI

Der Basistarif für Taxis beträgt 3,60 € bzw. 4 € zwischen 20 und 8 Uhr sowie an Sonn- und Feiertagen, danach wird pro Kilometer 1,10 € bzw. 1,40 € zwischen 20 und 8 Uhr berechnet. Dazu kommen Extragebühren: 1 € pro Fahrgast und 2 € für telefonische Bestellungen; Gepäck kostet nichts.

Man kann die Taxis entweder direkt an der Straße anhalten oder steuert einen der Taxistände an, z. B. an der Ecke Abbey und O'Connell Street, am College Green vorm Trinity College und am St. Stephen's Green, am Ende der Grafton Street.

Viele Taxiunternehmen haben eine Zentrale, z. B. **National Radio Cabs** (☎ 01-677 2222; www.nrc.ie). Man könnte auch die Taxi-App MyTaxi (www.mytaxi.com) ausprobieren.

VOM/ZUM FLUGHAFEN

Bus

Mit dem Bus braucht man etwa 45 Minuten in die Stadt.

Aircoach (☎ 01-844 7118; www.aircoach.ie; einfach/hin & zurück 7/12 €) Das private Busunternehmen bedient drei Strecken und steuert mehr als 20 Stationen in der Stadt an, darunter auch die Hauptstraßen im Zentrum. Zwischen 6 und 24 Uhr verkehren die Busse alle 10 bis 15 Minuten, von Mitternacht bis 6 Uhr einmal pro Stunde.

Airlink Express Coach (☎ 01-873 4222; www.dublinbus.ie; einfach/hin & zurück 6/10 €) Bus 747 pendelt von 5.45 bis 0.30 Uhr alle zehn bis 20 Minuten zwischen Flughafen, Busbahnhof (Busáras) und dem Dublin Bus Office in der Upper O'Connell Street. Bus 757 verkehrt zwischen 5 und 0.25 Uhr alle 15 bis 30 Minuten zwischen dem Flughafen und verschiedenen Haltestellen in der Stadt, darunter Grand Canal Dock, Merrion Square und Camden Street.

Dublin Bus (Karte S. 88 f.; ☎ 01-873 4222; www.dublinbus.ie; 59 Upper O'Connell St; ⏲ Di–Fr 8.30–17.30, Sa bis 14, Mo 9–17.30 Uhr; 🚌 alle Linien im Zentrum) Einige Busse starten von verschiedenen Punkten in Dublin zum Flughafen, darunter die 16 (Rathfarnham), 41 (Lower Abbey Street) und 102 (Sutton/Howth); unterwegs durchqueren sie das Stadtzentrum.

Taxi

Gleich vor der Ankunftshalle beider Terminals befindet sich ein Taxistand. Die Fahrt ins Zentrum dauert ca. 25 Minuten und sollte um die 25 € kosten, inkl. der Grundgebühr von 3,60 € (22–8 Uhr sowie So & feiertags 4 €). Man sollte drauf achten, dass der Fahrer das Taxameter einschaltet.

ℹ ERMÄSSIGTE TICKETS

Es stehen verschiedene Spartickets zur Auswahl:

Freedom of the City (Erw./Kind 33/16 €) Drei Tage lang unbegrenzt mit sämtlichen Bussen fahren, auch mit dem Airlink und den Hop-on-Hop-off-Bussen von Dublin Bus. Ebenfalls inbegriffen ist der Eintritt zum Little Museum of Dublin und die Teilnahme an einer Stadtführung von Pat Liddy.

Luas Flexi Ticket (1/7/30 Tage 7/26/100 €) Unbegrenzte Nutzung des Luas-Netzes (Straßenbahnen).

Rambler Pass (5/30 Tage 31,50/157,50 €) Unbegrenzte Nutzung aller Verbindungen von Dublin Bus und Airlink; Nitelink ausgenommen.

Visitor Leap Card (1/3/7 Tage 10/19,50/40 €) Unbegrenzte Nutzung aller Busse (auch Airlink, Nitelink und Xpresso-Bus), der Luas und des DART-Netzes.

RUND UM DUBLIN

An ihrer Stadt schätzen viele Dubliner besonders, dass man so einfach wieder aus ihr hinauskommt – und das ist keineswegs ironisch gemeint. Sobald sich die Gelegenheit ergibt, kehren sie ihrem Wohnort den Rücken, kommen allerdings nicht wirklich weit, da sie meistens in eines der nahe gelegenen Küstendörfer fahren. Zu ihrem Leidwesen gehören die malerischen Orte Howth und Malahide im Norden inzwischen aber schon fast zum Dubliner Einzugsgebiet. Dalkey im Süden musste diesen Kampf längst aufgeben, konnte sich jedoch trotzdem seinen dörflichen Charakter bewahren.

Malahide

15 846 EW.

Malahide (Mullach Íde) war einst ein kleines Dorf mit eigenem Hafen, weit, weit entfernt vom „Stadtdschungel" Dublins. Mittlerweile sind die 101 gepflegten Hektar des Parks Malahide Demesne das Einzige, was die nördlichen Viertel der Hauptstadt davon abhält, Malahide zu schlucken. Die Grünfläche wird von einer Burg dominiert, die einst der einflussreichen Talbot-Familie gehörte.

Das hübsche Städtchen ist noch vergleichsweise unverändert, aber der ehemals ruhige Jachthafen ist deutlich vergrößert worden und inzwischen ein pulsierender Ort mit einer netten Promenade, vielen Restaurants und Geschäften.

Sehenswertes & Aktivitäten

Malahide Castle BURG

(01-816 9538; www.malahidecastleandgardens.ie; Malahide; Erw./Kind 12,50/6,50 €; 9.30–17.30 Uhr; 42, 142 ab dem Zentrum, Malahide) Der älteste Bereich dieser stilistisch bunt zusammengewürfelten Burg, die von 1185 bis 1976 im Besitz der Talbot-Familie war, ist der dreigeschossige Wohnturm aus dem 12. Jh. Die Fassade wird von Rundtürmen flankiert, die 1765 angebaut wurden. Heute gehört Malahide Castle dem Fingal County Council und kann ausschließlich im Rahmen von Führungen besichtigt werden (letzte Führung 16.30 Uhr, Nov.–März um 15.30 Uhr), die beeindruckende Grünanlage ringsum darf auf eigene Faust erkundet werden.

Die Burg ist vollgestopft mit Möbeln und Gemälden. Highlights sind das Eichenzimmer aus dem 16. Jh. mit dekorativen Schnitzereien und die mittelalterliche Great Hall, in der Familienporträts, eine Minnesängergalerie und ein Gemälde zur Schlacht am Boyne zu sehen sind. Puck, der Familiengeist der Talbots, hat sich wohl zuletzt 1975 blicken lassen.

★ **Portmarnock Golf Club** GOLF

(01-846 2968; www.portmarnockgolfclub.ie; Golf Links Rd, Portmarnock; Green Fee wochentags/Wochenende 200/225 €) Dies ist einer der besten Links-Golfplätze der Welt. Er existiert seit 1894 und war früher lange Zeit Austragungsort der Irish Open. Abschlagzeiten für Besucher sind über den Tag verteilt, der Zeitraum von 11.30 bis 14.30 Uhr ist aber den Mitgliedern vorbehalten.

Essen & Ausgehen

Malahide ist eine der besten Adressen für Gourmets nördlich der Hauptstadt. Es gibt jede Menge exzellente Restaurants mit so ziemlich jeder Landesküche. Der Wettbewerb ist hart und die Erwartungen sind hoch, insofern sind Enttäuschungen nahezu ausgeschlossen. Ein Teil unserer Empfehlungen befindet sich im Ort, der Rest am Hafen.

Greedy Goose INTERNATIONAL €€

(www.greedygoose.ie; 15 Townyard Lane; Menü 24–30 €; Mo–Fr 17–23, Sa & So 13–23 Uhr; 42, 142 ab dem Zentrum, Malahide) Auf der Karte dieses ansprechenden Restaurants mit Blick auf den Jachthafen stehen Gerichte aus aller Welt, z. B. gegrillte Chicken Wings, Chana Masala, irischer Lachs mit Cajun-Würzung und mehr. Unser Tipp: Es gibt drei unterschiedlich teure Probiermenüs, aus denen man jeweils drei Gerichte wählen kann. Die Portionen erinnern an spanische *raciones* – größer als Vorspeisen, kleiner als Hauptgerichte.

Chez Sara FRANZÖSISCH €€

(01-845 1882; www.chezsara.ie; 3 Old St; Hauptgerichte 16–24 €; Di–So 17–0 Uhr; 42, 142 ab dem Zentrum, Malahide) Irisches Lamm, roter Schnapper und ein formvollendetes Steak sind nur drei der kulinarischen Highlights in diesem gemütlichen französischen Restaurant mitten im Ort.

Sale e Pepe INTERNATIONAL €€

(01-845 4600; www.saleepepe.ie; The Diamond, Main St; Hauptgerichte 17–28 €; Mo–Sa 17–23, So 16–23 Uhr; 42, 142 ab dem Zentrum, Malahide) Der Name lässt etwas anderes vermuten, doch auf der Speisekarte steht gerade mal eine Handvoll italienische Speisen. Der Schwerpunkt liegt stattdessen auf (toll zubereitetem) Steak, Fish 'n' Chips und hausgemachten Bioburgern.

Gibney's PUB

(6 New St; Mo–Mi 10.30–23.30, Do–Sa bis 0.30, So bis 23 Uhr; 42, 142 ab dem Zentrum, Mala-

hide) Das bekannteste und beliebteste Pub in Malahide ist groß: Es erstreckt sich über mehrere Räume und Außenbereiche. Am Wochenende wimmelt es hier von Einheimischen.

An- & Weiterreise

Malahide liegt 13 km nördlich von Dublin.

Bus Ab der Talbot Street benötigen die Linien 42 und 142 (3,25 €) ca. 45 Minuten.

DART Es gibt eine DART-Haltestelle in Malahide (3,25 €).

Wer mit dem DART fährt, muss darauf achten, im Stadtzentrum von Dublin in den richtigen Zug nach Norden zu steigen; die Zuglinie teilt sich nämlich in Howth Junction.

Dalkey

8083 EW.

Dublins wichtigster mittelalterlicher Hafen hat sich längst mit seiner „neuen" Rolle als elegantes verschlafenes Nest abgefunden, doch es gibt noch ein paar aufschlussreiche Zeugnisse seiner illustren Vergangenheit, insbesondere die Überreste von drei der acht Burgen, die hier einst thronten.

Dalkey ist klein genug, um bequem zu Fuß erkundet zu werden. Die meisten Besucher reisen mit dem DART aus Dublin an und starten ihren Streifzug deshalb mitten im Zentrum. Die Hauptattraktionen befinden sich entlang der Castle Street. Dort (und in den Seitenstraßen) ist auch die Dichte an Cafés am höchsten. Coliemore Harbour ist die Adresse, wenn man eine Bootsfahrt unternehmen will. Über dem angrenzenden Bullock Harbour wachen die Überreste von Bullock Castle.

Rund um Dalkey Island tummeln sich Taucher. Inhaber einer Tauchlizenz können in Dun Laoghaire weiter nördlich Ausrüstung bei **Ocean Divers** (www.oceandivers.ie; The Boat Yard, Dun Laoghaire Harbour, Dun Laoghaire; Tauchgänge vom Boot aus 35–55 €; ⌚ Di–Sa 9.30–17 Uhr; 🚉 Dalkey) leihen.

Im Süden eröffnet sich in dem kleinen Park am Sorrento Point und auf dem Killiney Hill ein schöner Ausblick. Entlang der Küste von Dalkey kann man in Felsenpools baden.

ABSTECHER

SANDYCOVE

Sandycove wartet mit einem netten kleinen Strand und einem Martello-Turm auf. Dieses Bauwerk errichteten die Engländer, um von dort aus nach Napoleons Truppen Ausschau zu halten. Heute ist darin das James Joyce Museum untergebracht.

Vor Ort stehen genau zwei Dinge auf der To-do-Liste: die Besichtigung des Turms und ein Bad im angrenzenden Forty Foot Pool – sofern man sich traut!

Wer schwimmen gehen möchte, wie Gott ihn (bzw. sie) schuf, muss früh aufstehen und seine Runde vor 9 Uhr drehen. Danach trifft man nur noch bekleidete Schwimmer.

DART Unkomplizierte Anfahrt ab Dublin.

Spaziergang Sandycove liegt 1 km nördlich von Dalkey.

James Joyce Tower & Museum (☎ 01-280 9265; www.joycetower.ie; Joyce Tower; ⌚ Mai–Sept. 10–18 Uhr, Okt.–April bis 16 Uhr; 🚉 Sandycove & Glasthule) In diesem Turm nimmt die Handlung von Joyces epischem Roman *Ulysses* ihren Anfang. Eröffnet wurde das Museum 1962 von Sylvia Beach; die in Paris lebende Verlegerin wagte es als Erste, Joyces komplizierten Roman zu veröffentlichen. Zu den sehenswerten Exponaten gehören Fotos, Briefe, Dokumente, verschiedene Versionen von Joyces Werk und zwei Totenmasken des Schriftstellers.

Forty Foot Pool (Sandycove; 🚉 Sandycove & Glasthule) Der Forty Foot Pool ist ein Meerbecken, dessen Name auf das bis 1904 am Gebäude stationierte Fortieth Foot Regiment zurückgeht. Am Ende des ersten Kapitels von *Ulysses* fährt Buck Mulligan dorthin, um zu schwimmen. Noch immer hat das morgendliche Bad Tradition, sowohl im Sommer als auch im Winter: Der Christmas Day Dip gehört zu Dublins Traditionen schlechthin.

Auf Druck der weiblichen Badegäste wurde der Abschnitt, den früher nur männliche Nacktbader betreten durften, für beide Geschlechter geöffnet – trotz großen Protests von Seiten der „Forty Foot Gentlemen". Diese lenkten schließlich ein.

Sehenswertes & Aktivitäten

Dalkey Castle & Heritage Centre MUSEUM
(☎01-285 8366; www.dalkeycastle.com; Castle St, Dalkey; Erw./Kind 9/7 €; ⏲Juni–Aug. Mo–Fr 10–17.30, Sa & So 11–17.30 Uhr, Sept.–Mai Di geschl.; 🚆Dalkey) Dieses Museum in Goat Castle und der St. Begnet's Church bietet Modelle, Ausstellungen und mehr zur Stadtgeschichte, die Tour „Living History" – aufgezogen wie eine Theatervorführung – und eine Writers' Gallery, die sich Dalkeys reichem literarischen Erbe widmet, von Samuel Beckett (der hier geboren wurde) bis Joseph O'Connor (der hier wohnt). Das Zentrum organisiert überdies Spaziergänge (S. 140).

Dalkey Island INSEL
Die Hauptsehenswürdigkeit von Dalkey Island ist **St. Begnet's Holy Well** (Fähre ab Coliemore Harbour Erw./Kind 8/5 €; 🚆Dalkey) GRATIS, eine heilige Quelle. Passionierte Angler werden sich wohlfühlen: Die Gewässer vor der Küste sind reich an Seelachsen, Makrelen und mehr. Darüber hinaus kann man hier wunderbar picknicken – nicht vergessen, anschließend sämtlichen Müll wieder mit aufs Festland zu nehmen! **Ken the Ferryman** (www.kentheferryman.com; Coliemore Harbour; Erw./Kind 8/5 €; ⏲10–18 Uhr) arrangiert den Transport zur/von der Insel.

Dalkey Guided Tours FÜHRUNGEN
(www.dalkeycastle.com; Dalkey Castle & Heritage Centre; 9 €; ⏲Juni–Aug. Mi & Fr 11 & 12 Uhr) Historische und literarische Führungen durch Dalkey, z. B. ein Maeve-Binchy-Spaziergang (die Schriftstellerin lebte hier), ein anderer hat James Joyce zum Thema. Ausgangspunkt ist das Dalkey Castle & Heritage Centre (S. 140).

★ **Dalkey Book Festival** LITERATUR
(www.dalkeybookfestival.org; ⏲Mitte Juni) Salman Rushdie ist ein erklärter Fan dieses Festivals, was den Organisatoren, Sian Smyth und David McWilliams, dabei helfen sollte, immer ein paar preisgekrönte Schriftsteller zu rekrutieren. 2017 standen z. B. Louis de Bernières, Marlon James und Bernie Sanders auf der Gästeliste.

Essen & Ausgehen

Dalkeys Restaurantszene hat einen erstklassigen Ruf – die wohlhabenden Bewohner würden sich auch nicht mit schlechtem Essen zufriedengeben! Das Angebot vom gesunden Caféhaus-Snack bis zur Haute Cuisine ist breitgefächert.

ABSTECHER

IRELAND'S EYE

Nicht weit vor der Küste von Howth erstreckt sich **Ireland's Eye** (☎01-831 4200), ein felsiges Vogelschutzgebiet mit den Ruinen eines Klosters aus dem 6. Jh. Am nordwestlichen Ende der Insel ragt ein Martello-Turm auf, wo die von Howth kommenden Boote anlegen, und am östlichen Ende stürzt eine spektakuläre nackte Felswand steil ins Meer hinab. Wirklich sehenswert ist das Ganze nur, wenn man sich für Vögel interessiert. Die Bootsfahrt mit **Doyle & Sons** (☎01-831 4200; www.howth-boats.com; ab 15 €; 🚌31, 31A ab Beresford Pl, 🚆Howth) beschert einem einen schönen Blick auf die Dublin Bay.

Während der Brutzeit sieht man hier nicht nur zahlreiche Meeresvögel in der Luft kreisen, sondern auch jede Menge Jungvögel am Boden. Außerdem werden in der Umgebung immer wieder Robben gesichtet. Nördlich von Ireland's Eye liegt Lambay Island, ein wichtiges Meeresvogelschutzgebiet, das nicht öffentlich zugänglich ist.

★ **Select Stores** GESUNDE KÜCHE €
(www.selectstores.ie; 1 Railway Rd; Hauptgerichte 4–12 €; ⏲8–18 Uhr, Okt.–April So geschl.; 🚆Dalkey) Der alteingesessene Lebensmittelladen ist die Anlaufstelle für alles, was einem wohlbekommt. In der preisgekrönten Küche werden Veggie-Burger, frische Säfte, Salate und, am Morgen, verschiedene gesunde Frühstücksvarianten zubereitet. Bono gehört zur Fangemeinde, so heißt es zumindest.

Magpie Inn PUB-KÜCHE €€
(☎01-202 3909; www.magpieinn.com; 115–116 Coliemore Rd; Hauptgerichte 12–25 €; ⏲12–23.30 Uhr; 🚆Dalkey) Die Stärken dieses Ladens liegen offensichtlich im Bereich Fisch und Meeresfrüchte. Mittags gibt's z. B. frische Sligo-Muscheln mit getoastetem Sauerteigbrot und am Abend substantiellere Hauptgerichte, etwa eine Fisch-/Meeresfrüchtepfanne (mit gebratenem Lachs, Kabeljau, Kaisergranat, Muscheln, Tomaten, Kartoffeln, Zwiebeln und Knoblauch in Weißweinsoße), bei denen einem das Wasser im Mund zusammenläuft. Und dazu ein leckeres Craft Beer ...

Finnegan's PUB
(www.finnegans.ie; 1 Sorrento Rd; ⌚ Mo–Do 12–23.30, Fr & Sa bis 0.30, So 12–23 Uhr; Dalkey) Ein wunderbar traditionelles Einheimischenpub mit wunderbarer Atmosphäre, eine Institution in Dalkey seit mehr als 40 Jahren.

An- & Weiterreise

Bus Linie 7 fährt gemütlich nach Dalkey – vom Mountjoy Square durch Dublins Stadtzentrum. Auch hier kostet die einfache Fahrt 3,25 €.

DART Am einfachsten ist die Anfahrt mit dem Zug (Abfahrt entweder am Bahnhof Pearse oder Connolly). Eine Strecke kostet 3,25 €.

Howth

8277 EW.

Am Fuß einer bauchigen Halbinsel erstreckt sich das hübsche Dorf Howth (ausgesprochen wie das englische *both*, nur mit einem „h" am Anfang). Es hat einen Fischer- und einen Jachthafen und gilt als eine der besten Adressen Dublins.

Howth teilt sich in den oberen Bereich der Landzunge – dort liegen die nobelsten Anwesen diskret auf dem mit Ginster bewachsenen Hügel, der eine tolle Aussicht auf die Dublin Bay und schöne Spazierwege bietet – und den quirligen Hafen, wo die Restaurants angesiedelt sind (und ein toller Bauernmarkt am Wochenende).

Sehenswertes & Aktivitäten

Howth Castle BURG
(31, 31A ab Beresford Pl, Howth) GRATIS Ein Großteil von Howth grenzt an das weitläufige Gelände des 1564 errichteten Howth Castle. Seither hat sich jedoch viel an dem Bau geändert; zuletzt verpasste ihm Sir Edwin Lutyens 1910 einen modernen Anstrich. Heute ist die Burg in vier exklusive Wohneinheiten aufgeteilt, die Außenanlagen sind jedoch für Besucher zugänglich. Einen Besuch lohnen auch die **Castle Gardens** (⌚ 24 Std.; 31, 31A ab Beresford Pl, Howth) GRATIS, die besonders für ihre im Mai und Juni blühenden Rhododendren, Azaleen sowie eine lange 10 m hohe und 1710 gepflanzte Buchenhecke bekannt sind.

Ursprünglich wurde das Anwesen 1177 von dem normannischen Adeligen Sir Almeric Tristram erworben, der seinen Nachnamen in St. Lawrence umänderte, nachdem er auf Geheiß seines Lieblingsheiligen (zumindest glaubte er das) eine Schlacht gewonnen hatte. Die Familie ist nach wie vor im Besitz des Landes, obwohl die bis dahin ungebrochene Linie männlicher Nachfahren bereits 1909 endete.

Auf dem Gelände befinden sich zudem die Ruinen des Corr Castle aus dem 16. Jh. und ein uralter Dolmen (neolithisches Grabmal aus aufrechtstehenden Steinen mit einem Deckstein darüber), der auch Aideen's Grave genannt wird. Der Legende nach starb Aideen an gebrochenem Herzen, nachdem ihr Mann bei der Schlacht von Gavra bei Tara 184 n. Chr. gefallen war. Weil der Dolmen nach Einschätzung von Fachleuten mindestens 300 Jahre mehr auf dem Buckel hat, kann am Wahrheitsgehalt der Legende allerdings nicht viel dran sein.

Darüber hinaus kann man die Ruine der **St. Mary's Abbey** (Abbey St; 31, 31A ab Beresford Pl, Howth) GRATIS besichtigen. Das Kloster wurde 1042 vom Wikingerkönig Sitric gegründet, der auch die Vorgängerkirche der Christ Church Cathedral errichten ließ. 1235 wurde es mit dem Kloster auf Ireland's Eye zusammengelegt. Einige Teile des Gebäudes stammen noch aus dieser Zeit, ein Großteil datiert aber ins 15. und 16. Jh. Das Grab von Christopher St. Lawrence (Lord Howth) in der südöstlichen Ecke wurde um 1470 angelegt. Die Öffnungszeiten stehen am Tor angeschrieben oder können beim Verwalter erfragt werden.

★ **Howth Summit Walk** SPAZIERGANG
(DART-Haltestelle Howth; 31, 31A ab Beresford Pl, Howth) An der DART-Haltestelle in Howth beginnt ein 6 km langer Rundweg um die Landzungen – dem grünen Pfeil über die Promenade folgen und dann rechts auf den Küstenpfad abbiegen. Er bringt einen auf den „Gipfel" des Hügels, bevor es wieder hinabgeht. Andere längere Spazierwege sind mit blauen, roten und lilafarbenen Pfeilen gekennzeichnet (die streckenweise der grünen Route folgen).

Essen

Howth Market MARKT €
(01-839 4141; www.howthmarket.ie; 3 Harbour Rd, Howth Harbour; ⌚ Sa, So & Feiertage 9–18 Uhr; 31, 31A ab Beresford Pl, Howth) Auf diesem wunderbaren Markt gibt's neben frischem Fisch auch Biofleisch, Gemüse und allerlei Hausgemachtes wie Marmelade, Kuchen und Brot. Eine tolle Option fürs sonntägliche Mittagessen.

★ **House** IRISCH €€

(☎ 01-839 6388; www.thehouse-howth.ie; 4 Main St; Hauptgerichte 13–22 €; ⌚ Mo 8.45–16, Di–Fr bis 21.30, Sa & So 10–22 Uhr; 🚌 31, 31A ab Beresford Pl, 🚆 Howth) Ein erstklassiges Restaurant an der Hauptstraße, die vom Hafen wegführt. Hier kann man Köstlichkeiten wie knusprige Polenta mit Bellingham-Blaukäse, Wildhirschragout und leckere Fischgerichte genießen. Der Brunch ist einer der besten nördlich von Dublin.

Octopussy's Seafood Tapas FISCH & MEERESFRÜCHTE €€

(☎ 01-839 0822; www.octopussys.ie; 7–8 West Pier; Tapas 8–16 €; ⌚ 12–22 Uhr; 🚌 31, 31A ab Beresford Pl, 🚆 Howth) Die Einheimischen lieben das Octopussy's. Die Zutaten für die leckeren Meeresfrüchte-Tapas stammen aus dem Fischladen nebenan, dessen Besitzer bezieht seine Ware von den Fischern, deren Boote direkt am Kai vor der Tür anlegen. Mit anderen Worten: Frischer geht's schlichtweg nicht.

ℹ An- & Weiterreise

DART Die 20-minütige Zugfahrt von Dublin nach Howth (Ort) kostet 3,25 €.

Bus Die Linien 31 und 31A, die am Beresford Place (nahe dem Busáras) abfahren, bringen einen für 2,70 € auf den Howth Summit.

Counties Wicklow & Kildare

364 930 EW. / 3718 KM2

Inhalt ➜

Gut essen

- Kennedy's (S. 150)
- Wicklow Heather (S. 157)
- Strawberry Tree (S. 162)
- Grangecon Café (S. 165)
- Byrne & Woods (S. 150)
- Happy Pear (S. 160)

Schön übernachten

- Heather House (S. 157)
- Hunter's Hotel (S. 160)
- Powerscourt Hotel & Spa (S. 150)
- Martinstown House (S. 167)
- Tinakilly Country House (S. 160)

Auf nach Wicklow und Kildare

Diese zwei Grafschaften mögen zwar Nachbarn sein und beide an Dublin grenzen, doch damit enden ihre Gemeinsamkeiten auch schon.

Direkt südlich der Hauptstadt liegt das wilde, malerische Wicklow. Seine dramatischste, beeindruckendste Landschaft ist ein von Farnen und Ginster bewachsener Bergrücken mit tiefen Eiszeittälern, isolierten Bergpässen und verschiedenen bedeutsamen historischen Schätzen, darunter eine der wichtigsten frühchristlichen Stätten Irlands und mehrere palladianische Herrenhäuser.

Im Westen erstreckt sich das flache, fruchtbare Kildare, in dem es ebenfalls mehrere elegante palladianische Bauten gibt. In erster Linie ist es aber als Land der (Vollblut-) Pferde bekannt. Hier findet man einige der lukrativsten Pferdegestüte der Welt, von denen viele Verbindungen zu den Zuchtzentren in Kentucky, USA, haben. Darüber hinaus wartet Kildare mit einigen der besten Golfplätze der Welt sowie dem größten Outletcenter des Landes auf.

Reisezeit

- Zwischen Februar und Juni besteht die größte Chance, bei der Geburt eines Zuchtfohlens im Irischen Nationalgestüt dabei zu sein.
- Das Irish Derby findet im Juni im Curragh, County Kildare, statt; danach gibt's bis Oktober immer wieder Rennen.
- Von Juni bis September ist das beste Wetter, wenn man eine Wanderung auf dem Wicklow Way unternehmen oder Wicklows Gärten erkunden möchte.

COUNTY WICKLOW

Unmittelbar südlich von Dublin liegt Wicklow (Cill Mhantáin), das Lieblingsrefugium der Hauptstädter und ein wilder Lustgarten mit Küsten- und Waldgebiet sowie einschüchternden Bergen mit der populärsten Wanderstrecke Irlands.

Der Wicklow Way (S. 156) erstreckt sich über 127 km von den südlichen Vororten Dublins bis zu den sanft hügeligen Feldern von Carlow sowie über einstige militärische Versorgungsstrecken und Waldwege. Auf dem Weg kann man Klosterruinen erforschen und schöne Gärten und prächtige Villen aus dem 18. Jh. besuchen.

Wicklow Mountains National Park

Der National Park (www.wicklowmountainsnationalpark.ie) umfasst mehr als 200 km² Hochmoor- und Waldgebiete. In seinem Gebiet befinden sich zwei Naturreservate, die im Besitz des Heritage Service sind und von diesem auch verwaltet werden. Das größere Gebiet westlich vom Glendalough Visitor Centre dient der Erhaltung der weitläufigen Heide- und Moorlandschaft des Glendalough Valley sowie des Upper Lake und der Hänge zu beiden Seeseiten. Das Glendalough Wood Nature Reserve schützt Eichenwälder, die sich vom Upper Lake bis zur Rathdrum-Straße im Osten erstrecken.

Fast alle in Irland beheimateten Säugetiere sind im Park vertreten. Mittlerweile durchstreifen auch wieder Rotwildherden die offenen Hügellandschaften. Während der ersten Hälfte des 18. Jhs. waren die Tiere bereits ausgestorben und wurden erst im 20. Jh. wieder neu angesiedelt. In den höheren Lagen leben Füchse, Dachse und Feldhasen. Eichhörnchen tummeln sich in den Kiefernwäldern rund um den Upper Lake. Außerdem gibt's jede Menge Vögel, darunter viele Greifvögel (z. B. Wander- und Turmfalken), Merline, Habichte und Sperber. Kornweihen sieht man weniger häufig. Zu den hier vertretenen Moorvögeln zählen Wiesenpieper und Feldlerchen. Seltenere Arten, wie Braunkehlchen, Ringdrosseln und Wasseramseln, entdeckt man ebenso wie schottische Moorhühner, deren Bestand in anderen Gegenden Irlands inzwischen rapide abnimmt.

ℹ An- & Weiterreise

AUTO

Zu den Hauptstraßen des Countys gehören die N11 (M11), die in Nord-Süd-Richtung von Dublin bis Wexford durch die Grafschaft führt, und die N81, die von den Wicklow Mountains durch Blessington bis ins County Carlow verläuft.

BUS

St. Kevin's Bus verkehrt zweimal täglich von Dublin und Bray nach Roundwood und Glendalough. Der Westen einschließlich Blessington ist von Dublin aus mit der Buslinie 65 zu erreichen.

ZUG

Der **Dublin Area Rapid Transport (DART,** S. 138) fährt von Dublin aus in Richtung Süden bis nach Bray, außerdem bestehen zwischen der Hauptstadt und Wicklow bzw. Arklow regelmäßige Bahn- und Busverbindungen.

Wicklow Mountains

Sobald man Dublin hinter sich lässt und Wicklow erreicht, ändert sich die Landschaft. Von Rathfarnham aus, das noch innerhalb der Stadtgrenzen liegt, führt die Military Road 40 km Richtung Süden über weite mit Ginster, Farn und Heidekraut bedeckte Bergrücken sowie durch Moorgebiete und idyllische Berg- bzw. Seenlandschaften.

Mit seinen 924 m ist der höchste Berg des Countys, der Lugnaquilla, eher ein großer Hügel. Er besteht aus Granit und ist vor 400 Mio. Jahren aus heißem Magma entstanden. Während der Eiszeit hat er sich zu dem heutigen zerklüfteten Gebirge aufgefaltet. Zwischen seinen Gipfeln liegen einige tiefe Gletschertäler, wie Glenmacnass, Glenmalure und Glendalough. Kraterseen wie der obere und untere Lough Bray und Lough Tay, durch Eis einst in den Fels gegraben, ergänzen das wilde Landschaftsbild.

Die Military Road

Die R115, besser als Military Road bekannt, wurde Anfang der 1800er-Jahre von der britischen Armee errichtet, um den Kampf gegen die Rebellen des Aufstands von 1798 zu unterstützen. Die schmale Straße windet sich durch abgeschiedene Höhenlagen mit herrlichen Ausblicken auf die Umgebung. Am besten startet man in Glencree (von Enniskerry aus). Von dort verläuft die Straße weiter südwärts über den Sally Gap und die Täler Glenmacnass und Laragh sowie nach Glenmalure und Aghavannagh.

Wer die Seen Lough Tay und Lough Dan besuchen möchte, sollte einen Abstecher zum Sally Gap unternehmen. Weiter süd-

Highlights

1 Glendalough (S. 151) Sich in der malerischen frühchristlichen Klosterstätte auf eine Zeitreise begeben.

2 Powerscourt Estate (S. 148) In dem Herrenhaus in Enniskerry die italienischen Gärten, den tollen Blick und den Wasserfall bewundern.

3 Castletown House (S. 167) In dem prächtigen palladianischen Herrenhaus, einst Besitz des reichsten Irländers, eine Führung mitmachen.

4 Wicklow Way (S. 156) Zumindest einen Teil von Irlands beliebtestem Fernwanderweg begehen.

5 Russborough House (S. 164) In der prachtvollen Villa die Kunst und das aristokratische Ambiente in sich aufsaugen.

6 Irish National Stud (S. 166) Etwas über Irlands lange Verbindung zu Zuchtrennpferden erfahren.

7 Avoca Handweavers (S. 164) Am Geburtsort der bekanntesten Marken des Countys Kunsthandwerk einkaufen.

8 Bog of Allen (S. 170) Sich in den Weiten des abgebauten Torfmoors im County Kildare über Umweltschutz und Artenvielfalt informieren.

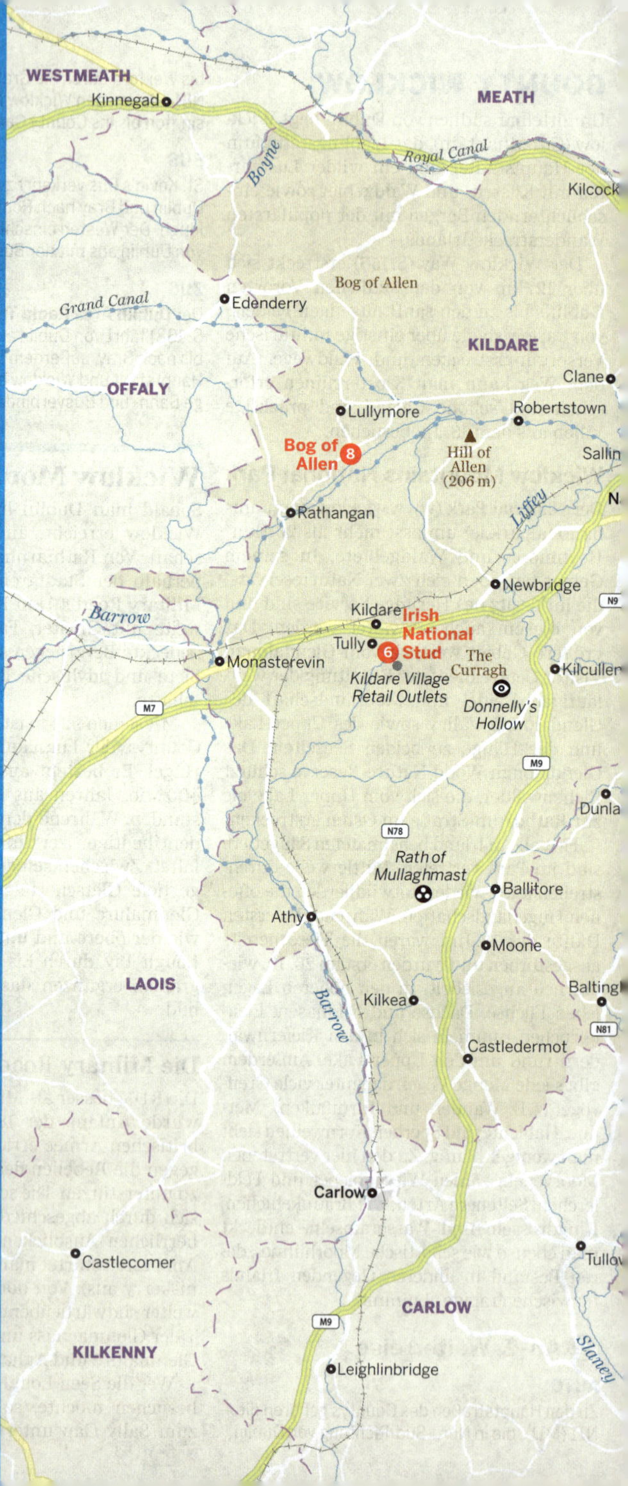

Swords
Howth
North Bull Island
Howth Peninsula
Irische See
ynooth
M4
Leixlip
Liffey
3 Castletown House
Celbridge
DUBLIN
Dublin Bay
Straffan
Dun Laoghaire
Sandycove
Dalkey
Dalkey Island
Rathcoole
rand Canal
Killiney
M7
Kill
Loughlinstown
Glencree
R117
Kippure Mountain (752 m)
Enniskerry
Bray
Bray Head
N81
Kilbride
Powerscourt Estate 2
R759
Kilmacanogue
Blessington
Powerscourt Waterfall
Liffey
Great Sugarloaf Mountain (503 m)
Greystones
Sally Gap
M11
ymore stace
5 Russborough House
Poulaphouca Reservoir
Mt Mullaghcleevaun (848 m)
Military Rd
Lough Tay
Kilpedder
Kilcoole
Valleymount
Sraghmore
Wicklow Mountains
Glenmacnass
Lough Dan
Roundwood
Hollywood
Vartry Reservoir
Mt Tonelagee (816 m)
Devil's Glen
N11
Table Mountain (700 m)
Wicklow Gap
Annamoe
Camaderry Mountain (700 m)
Glendalough 1
Donard
Lugduff (652 m)
Laragh
Ashford
Ballinclea
Turlough Hill
Spink Mountain (550 m)
Rathnew
WICKLOW
Wicklow
Knockanarrigan
Glenmalure
Avonmore
Wicklow Head
Lugnaquilla Mountain (924 m)
Mullacor (657 m)
Gleneealy
Glen of Imaal
Drumgoff
Derrynamuck
Avonbeg
Vale of Clara
Rathdrum
Silver Strand
Slieve Maan (550 m)
Greenane
Ardmore Point
Rathdangan
Avondale House
R754
Aghavannagh
Carrickashane Mtn (508 m)
Meeting of the Waters
Redcross
Brittas Bay
Vale of Avoca
Mizen Head
4 Wicklow Way
Ow
Maheramore
7 Avoca
Aughrim
Woodenbridge
Clogga Beach
ATLANTISCHER OZEAN
Avoca
Arklow
Tinahely
Bann
N11
Shillelagh
Kilmichael Point
WEXFORD
Carnew
M11
0 10 km

SALLY GAP

Sally Gap, einer der beiden bedeutendsten Ost-West-Pässe über die Wicklow Mountains, ist von spektakulärer Landschaft umgeben. Von der Abzweigung an der unteren Straße (R755) ein paar Kilometer nördlich von Roundwood führt die schmale R759 oberhalb am dunklen dramatischen **Lough Tay** entlang, das alles vor der Kulisse der steilen Geröllhänge des Luggala (Fancy Mountain).

Das märchenhafte Herrenhaus von Luggala gehört **Garech de Brún**, einem Mitglied der Guinness-Familie und Gründer von Claddagh Records, der führenden Produktionsfirma für traditionelle irische Musik und Folk Music. Der kleine River Cloghoge verbindet das Lough Tay mit dem Lough Dan im Süden. Die R759 führt dann weiter zur Sally Gap-Kreuzung, wo sie auf die Military Road trifft und weiter nordwestlich nach Kilbride und zur N81 verläuft. Sie folgt dem Verlauf des River Liffey, der – noch nicht weit von seiner Quelle entfernt – hier nur ein Bach ist.

lich führt die Strecke am großen Wasserfall von Glenmacnass vorbei nach Laragh, in dessen Nähe die herrlichen Ruinen des Klosters von Glendalough liegen. Danach geht's durch das Tal von Glenmalure. Wanderer mit guter Kondition können hier den Gipfel des Lugnaquilla erklimmen.

Powerscourt Estate & Enniskerry

An der Spitze der „21 Bends" (21 Kehren), wie die steile und kurvenreiche R117 von Bray auch genannt wird, erstreckt sich das schöne Örtchen Enniskerry mit seinen edlen Geschäften und Biocafés. Wer hier gesteht, dass er Eier aus Käfighaltung isst, wird wie ein Krimineller behandelt. Die Selbstsicherheit der Einwohner ist weit entfernt von den Ursprüngen des Dorfes, das auf Richard Wingfield zurückgeht. 1760 ließ der Earl des nahegelegenen Powerscourt Estate für seine Arbeiter mehrere Cottages mit Terrassen bauen. Heute muss man schon eine Weile erfolgreich gearbeitet haben, um sich ein solches Häuschen leisten zu können.

Sehenswertes & Aktivitäten

★ **Powerscourt Estate** GARTEN
(☎ 01-204 6000; www.powerscourt.com; Enniskerry; Haus Eintritt frei, Garten Erw./Kind 10/5 €; ⏲ März–Okt. 9.30–17.30 Uhr, Nov.–Feb. bis Einbruch der Dunkelheit; P 🚸) Wicklows meistbesuchte Attraktion ist dieses 64 km² große Anwesen, dessen Haupteingang 500 m südlich des Örtchens Enniskerry liegt. In seinem Zentrum befindet sich ein palladianisches Herrenhaus, doch der eigentliche Besuchermagnet sind die grandiosen formellen Gärten. Ein Großteil des Hauses ist nicht zu besichtigen, aber im Erdgeschoss gibt's ein schönes Café sowie mehrere Souvenir- und Heimdekogeschäfte. Auf dem Gelände befinden sich zwei Golplätze und eines der luxuriösesten Hotels von Wicklow (S. 150).

1300 ließ die Familie LePoer (später ins Englische als „Power" übertragen) vor Ort eine Burg errichten. Das Bauwerk wechselte einige Male die Besitzer und wurde 1603 von dem frisch gekürten Marshall of Ireland Richard Wingfield übernommen, dessen Nachfahren hier in den nächsten 350 Jahren wohnten. 1730 erhielt das georgianische Wunderkind Richard Cassels (bzw. Castle) den Auftrag, die Festung zu einem imposanten Herrenhaus umzugestalten. Eigentlich waren die Arbeiten 1741 beendet, trotzdem kam 1787 ein Stockwerk hinzu. Im 19. Jh. wurden weitere Umbauten vorgenommen.

Nach dem Weggang der Wingfields in den 1950er-Jahren sanierte man das Haus von Grund auf. Am Vorabend der Wiedereröffnung 1974 fiel das Gebäude allerdings einem Brand zum Opfer. Schließlich wurde es von den Slazengers, einem renommierten Familienunternehmen der Sportindustrie, aufgekauft und ein zweites Mal restauriert. Nun erweiterte man es um alle Annehmlichkeiten, die das Anwesen heute zu bieten hat, darunter zwei Golfplätze und das fabelhafte Hotel, das inzwischen zu Marriotts Luxushotelkette Autograph Collection gehört.

Absolutes Highlight ist jedoch der 20 ha große **Landschaftsgarten**, der ursprünglich in den 1740er-Jahren angelegt wurde und später von Daniel Robinson umgestaltet wurde. Mit der Leidenschaft des führenden Gartenbaukünstlers seiner Zeit für Pflanzen konnte nur noch seine Liebe zum Alkohol mithalten: Es heißt, dass Robinson ab einer bestimmten Tageszeit zu betrunken war, um zu laufen, und deshalb darauf bestand, in einer Schubkarre herumgefahren zu werden.

Vielleicht trug aber gerade diese Tatsache zu dem zwanglosen Stil bei, der sich in einer herrlichen Symbiose aus Landschaftsgärten, großzügigen Terrassen, Skulpturen, Zierseen, verborgenen Grotten, hübschen Spazierwegen und Einfriedungen niederschlug. Über 200 Baum- und Straucharten gedeihen hier vor der großartigen Naturkulisse des Great Sugarloaf Mountain. Mit den Eintrittstickets erhält man eine Karte, auf der 40-minütige und einstündige Rundgänge durch den Garten eingezeichnet sind. Besucher sollten zudem keinesfalls den herrlichen **Japanischen Garten** und den Pepperpot Tower nach dem Modell einer Pfeffermühle von Lady Wingfield verpassen. Unser absoluter Favorit ist jedoch der **Tierfriedhof**, auf dem Haustiere und sogar eine der Lieblingsmilchkühe der Familie ihre letzte Ruhestätte fanden. Erstaunlich, wie persönlich manche der Grabinschriften sind.

Auch das Haus selbst ist in jeder Hinsicht grandios, doch wegen der andauernden Renovierungsarbeiten gibt's außer dem geschäftigen Café und dem Geschenkshop im Erdgeschoss nicht viel zu sehen. Die einzige Ausnahme bildet das **Museum of Childhood** (Tara's Palace; ☎01-274 8090; www.childhoodmuseum.org; Erw./Kind/Familie 5/3/12 €; ⏰Mo–Sa 10–17, So 12–17 Uhr) mit historischen Minitaturpuppen und -puppenhäusern, darunter Tara's Palace mit 22 Zimmern, das inspiriert von den palladianischen Bauten Castletown House, Leinster House und Carton House maßstabgerecht im Maßstab 1:12 gestaltet wurde. Jedes Zimmer ist mit aufwendigen, handgearbeiteten Miniaturen eingerichtet.

Zum beeindruckenden **Powerscourt-Wasserfall** (www.powerscourt.com/waterfall; Powerscourt Estate; Erw./Kind 6/3,50 €; ⏰Mai–Aug. 9.30–19 Uhr, März–April & Sept.–Okt. 10.30–17.30 Uhr, Nov.–Feb. bis 16.30 Uhr; P) mit 121 m der höchste Wasserfall Irlands, führt eine 6 km lange Fahrt zu einem anderen Teil des Geländes. Zu Fuß vom Haus zu den Wasserfällen zu gehen ist nicht zu empfehlen, da man einer schmalen Straße ohne Gehweg folgen müsste. Nach starken Regenfällen ist der Wasserfall besonders imposant. Rund um den Naturpfad am Wasserfall stehen Mammutbäume, Eichen, Buchen, Birken und Ebereschen, in denen man zahlreiche Vogelarten, wie Buchfinken, Kuckucke, Zilpzalpe, Raben und Fitislaubsänger, entdecken kann.

Great Sugarloaf HÜGEL

Mit 503 m ist der Great Sugarloaf zwar nicht Wicklows höchster Gipfel, doch dank seiner kegelförmigen Kuppe erkennt man ihn selbst aus großer Entfernung. Er thront über dem Dörfchen Kilmacanogue an der N11 etwa 35 km südlich von Dublin. Der Aufstieg kann ab einem Parkplatz an der Landstraße L1031 erfolgen, die 7,5 km südlich von Enniskerry von der R755 abzweigt. Die steile, aber schnurgerade Wanderung dauert hin und zurück ca. eine Stunde.

Powerscourt Golf Club GOLF

(☎01-204 6033; http://powerscourtgolfclub.com; Powerscourt Estate, Enniskerry; Golfplatzgebühr April–Okt. 75 €, Nov.–März 55 €) Zwei grandiose Goldplätze stehen zur Auswahl: Der West Course wurde von David McLay Kidd (der auch für den Bandon Dunes in Oregon verantwortlich zeichnet) entworfen und ist einen Tick schattiger als der landschaftlich reizvollere East Course.

Geführte Touren

Alle geführten Touren, die nach Powerscourt führen, beginnen in Dublin.

DoDublin Bus Tour BUS

(www.dodublin.ie; Erw./Kind 21,60/9,60 €; ⏰April–Okt. tägl. 10.30 Uhr) Diese geführte Tour nach Glendalough und Powerscourt startet um 10.30 Uhr am Büro von Dublin Bus in der 59 Upper O'Connell Street in Dublin und dauert bis 17 Uhr.

Schlafen & Essen

Summerhill House Hotel HOTEL €€

(☎01-286 7928; www.summerhillhousehotel.com; Zi. ab 99 €; P 📶) In dem Herrenhaus 700 m südlich der Stadt direkt an der N11 bettet man sich prima, denn man nächtigt inmitten von Antiquitäten und Gemälden auf weichen Kissen. In dieser Unterkunft ist einfach alles unvergesslich, z. B. das erstklassige Frühstück. Es ist ein beliebter Veranstaltungsort für Hochzeiten, also besser vorher anrufen, wenn man seine Ruhe haben möchte.

Coolakay House B&B €€

(☎01-286 2423; www.coolakayhouse.ie; Waterfall Rd, Coolakay; EZ/DZ ab 55/75 €; P 📶) Der moderne Gutshof 3 km südlich von Enniskerry (an der Straße ausgeschildert) eignet sich ideal für Wanderer auf dem Wicklow Way. Alle Zimmer bieten einen herrlichen Ausblick, sind gut ausgestattet und komfortabel. Das Frühstück ist sensationell. Im März und April werden die Osterlämmer geboren und die Gäste dürfen dabei zuschauen und einem neu geborenen Lamm sogar einen Namen geben.

★ **Powerscourt Hotel & Spa** HOTEL €€€
(☎01-274 8888; www.powerscourthotel.com; Powerscourt Estate, Enniskerry; Zi. ab 265 €; P 📶 🏊) Das umwerfende Haus auf dem Gelände des Powerscourt Estate (S. 148) ist das luxuriöseste Hotel des Countys. Es wird von Marriott betrieben und wartet mit purem, nicht zu überbietendem Luxus auf. Die Dekoration ist eine durch und durch authentische Version des georgianischen Stils des Anwesens und die Zimmer sind riesig. Unten befinden sich ein gutes Restaurant und ein großartiges Spa.

Kennedy's CAFÉ €
(www.kennedysofenniskerry.com; Church Hill; Hauptgerichte 5–12 €; ⏲8.30–17 Uhr; 📶 👪) In diesem hübschen, mit altmodischen Möbeln in Pastellfarben eingerichteten Café gibt's ein hervorragendes Frühstück (großartige pochierte Eier und Sauerteig-Toasts), hausgemachte Suppen und Sandwiches. Überdies wird hier das ausgezeichnete hausgemachte Brot der Dubliner Bretzel Bakery verkauft.

Johnnie Fox's FISCH & MEERESFRÜCHTE €€
(☎01-295 5647; www.jfp.ie; Glencullen; Hauptgerichte 11–30 €; ⏲Küche 12.30–21.30 Uhr; P 📶 👪) Während der Sommermonate fallen abends ganze Touristenscharen ein, die mit dem Bus anreisen. Sie wollen vor allem die Hooley Show mit pseudo-irischer Musik und beinschwingendem Tanz erleben. Über die Speisen kann man jedoch nicht meckern: Sie sind so lecker, dass man gern für einen weiteren Refrain von *Danny Boy* sitzen bleibt und am Ende sogar mitsingt. Das Johnnie Fox befindet sich 3 km nordwestlich von Enniskerry in Glencullen.

Shoppen

Avoca Handweavers KUNST & KUNSTHANDWERK
(☎01-286 7466; www.avoca.ie; Main St, Kilmacanogue; ⏲Mo–Fr 9–18, Sa & So 9.30–18 Uhr; 📶 👪) Dies ist eine der ältesten Handwebereien mit landesweit sieben Filialen und einem internationalen Renommee für Stil und Eleganz des traditionellen ländlichen Kunstgewerbes. Der Firmensitz befindet sich in einer Baumschule aus dem 19. Jh., 5 km südöstlich von Enniskerry, und sein lebhaftes Geschäft voller Strickwaren, Textilien, Keramik, Spielzeug, Heimdeko und Gourmetprodukten lässt keinen Zweifel an dem unglaublichen Erfolg des Unternehmens.

Das dazugehörige **Café** (Hauptgerichte 7–15 €) ist hervorragend und wer ein Avoca-Kochbuch (oder alle) kauft, hat zu Hause eine schöne Erinnerung.

An- & Weiterreise

Enniskerry liegt 18 km südlich von Dublin und 3 km westlich der M11 an der R117. Von dort kommt man problemlos zu Fuß zum Powerscourt House (500 m außerhalb der Ortschaft).

Bus Éireann (☎01-836 6111; www.buseireann.ie) Die Linie 133 von Dublin nach Wicklow hält in Kilmacanogue (4,90 €, 45 Min., 10-mal tägl.).

Roundwood

948 EW.

Roundwood ist das höchstgelegene Dorf Irlands – mit nur 238 m haut diese Tatsache aber wohl niemanden vom Hocker. Es liegt auf dem Wicklow Way, der 2,5 km westlich verläuft, praktisch für Wanderer, um eine Pause zu machen und etwas zu essen.

Schlafen & Essen

Roundwood Caravan & Camping Park CAMPINGPLATZ €
(☎01-281 8163; www.dublinwicklowcamping.com; Stellplatz Erw./Kind 8/4 €, plus Zelt/Wohnwagen 8 €; ⏲April–Sept.; 📶) Dieser Campingplatz liegt geschützt, aber ohne Aussicht etwa 500 m nördlich des Dorfs und verfügt über eine Gemeinschaftsküche, einen Speisebereich und eine TV-Lounge. Er zählt zu den besseren Anlagen in Wicklow. St. Kevin's Bus (S. 151) verkehrt täglich zwischen Dublin und Glendalough und legt hier einen Zwischenstopp ein.

Byrne & Woods MODERN IRISCH €€
(☎01-281 7078; www.byrneandwoods.com; Main St; Hauptgerichte 14–26 €; ⏲April–Sept. Mo–Sa 12.30–21, So bis 20 Uhr, Okt.–März kürzer geöffnet; 👪) Das elegante Restaurant in einem alten Cottage trumpft mit allem auf, was die moderne irische Küche so bewundernswert macht: regionale Produkte, einfallsreiche Neuinterpretationen traditioneller Gerichte und eine schöne Präsentation. Der tolle Service und die guten Weine tragen ebenfalls zu einer gelungenen Mahlzeit bei.

Glendalough

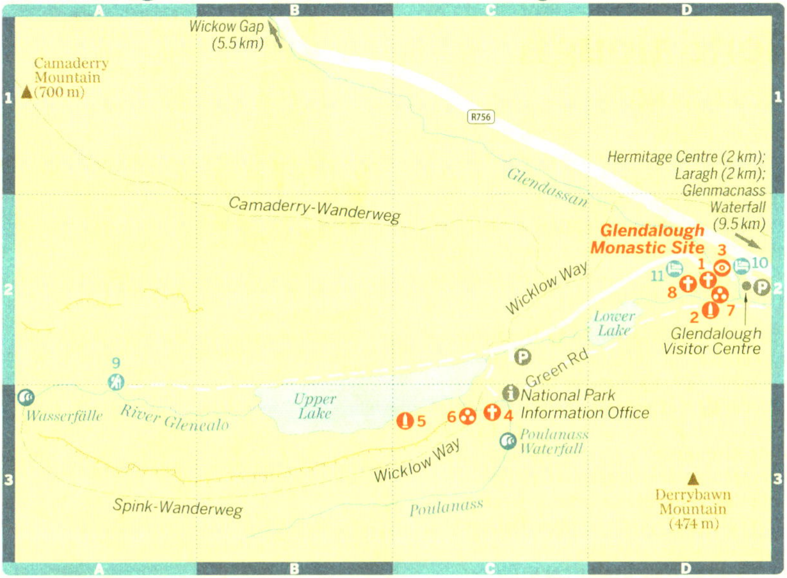

Coach House INTERNATIONAL €€
(☎01-281 8157; http://thecoachhouse.ie; Main St; Hauptgerichte 12–25 €; ⌚9–23.30 Uhr; P 🛜 👪) Die schwarz-weiße Holzremise ist ein großartiges Plätzchen, um eine Pause einzulegen und Energie nachzutanken. Es gibt im Coach House hauptsächlich Standardgerichte wie Burger, Salate, Fish 'n' Chips und ein gutes Steak-Sandwich, doch alles ist perfekt zubereitet und schmeckt sehr lecker. Küche bis 21 Uhr. Am Wochenende Livemusik.

An- & Weiterreise

St. Kevin's Bus (☎01-281 8119; www.glendaloughbus.com) steuert Roundwood zweimal täglich auf der Fahrt zwischen Dublin und Glendalough an (einfach/hin & zurück 8/14 €, 1¼ Std.).

Glendalough

Viele Traveller kommen nur nach Wicklow, um Glendalough (Gleann dá Loch – „Tal der zwei Seen") zu besuchen, einen der schönsten Plätze in ganz Irland sowie Inbegriff von Romantik und wilder Natur.

Natürlich sind die Ruinen der ehemals so bedeutenden Klostersiedlung sehr beeindruckend, doch die Umgebung hat einen noch größeren Reiz. Das gilt besonders für die beiden dunklen, geheimnisvollen Seen in dem langen, bewaldeten Gletschertal.

Glendalough

SPAZIERGANG

Glendalough verspricht gleichzeitig eine Reise in die Vergangenheit und eine erfrischende Wanderung durch die Hügel. Die alte Mönchssiedlung wurde im 5. Jh. vom hl. Kevin gegründet, erreichte im 9. Jh. recht viel Macht und verfiel schließlich ab 1398. Trotzdem ist die Stätte auch heute noch absolut beeindruckend.

Der Spaziergang beginnt am 1 **Haupttor**. Hier befinden sich zahlreiche wichtige Ruinen, darunter der 2 **Rundturm**, aus dem 10. Jh., die 3 **Kathedrale**, die den Heiligen Peter und Paul gewidmet ist, und 4 **St. Kevin's Kitchen**, eine Kirche. Als Nächstes überquert man den Fluss, passiert den berühmten 5 **Deer Stone**, an dem Kevin angeblich eine Hirschkuh gemolken hat, und folgt dem Weg gen Westen. Nach 1,5 km kommt man zum 6 **Upper Lake**. An der Südseite des Sees liegen weitere Stätten dicht nebeneinander. In der 7 **Reefert Church**, einer schlichten romanischen Kirche aus dem 11. Jh., beerdigte z. B. die mächtige O'Toole-Familie ihre Verwandtschaft, und in 8 **St. Kevin's Cell**, einer Bienenkorbhütte, soll Kevin gelebt haben.

DER HL. KEVIN

498 n. Chr. kam der hl. Kevin als junger Mönch auf der Suche nach Abgelegenheit und Ruhe in das Tal. Angeblich führte ihn ein Engel zu einem Grab aus der Bronzezeit, heute bekannt als St. Kevin's Bed. Sieben Jahre lang schlief Kevin auf Steinen, kleidete sich in Tierfelle, ernährte sich von Nesseln und Kräutern und freundete sich der Legende nach mit Vögeln und anderen Tieren an. Als er Milch für zwei Waisenkinder brauchte, erschien ihm der Legende nach am Deer Stone eine Hirschkuh und ließ sich von ihm melken.

Er scharte schnell eine Gruppe von Anhängern um sich und so wuchs die Siedlung, bis Glendalough im 9. Jh. sogar Clomacnoise Konkurrenz machte. Angeblich wurde Kevin 120 Jahre alt. 1903 sprach man ihn heilig.

Rundturm
Glendaloughs berühmtestes Wahrzeichen, der 33 m hohe Rundturm, sieht noch genauso aus wie am Tag seiner Errichtung vor tausend Jahren. Einzig das Dach wurde nach einem Blitzeinschlag 1876 ersetzt.

Deer Stone
Bei dem Stein, an dem Kevin angeblich eine Hirschkuh gemolken hat, handelt es sich um einen großen *bullaun* (Mörser), in dem Lebensmittel und Medizin zubereitet wurden.

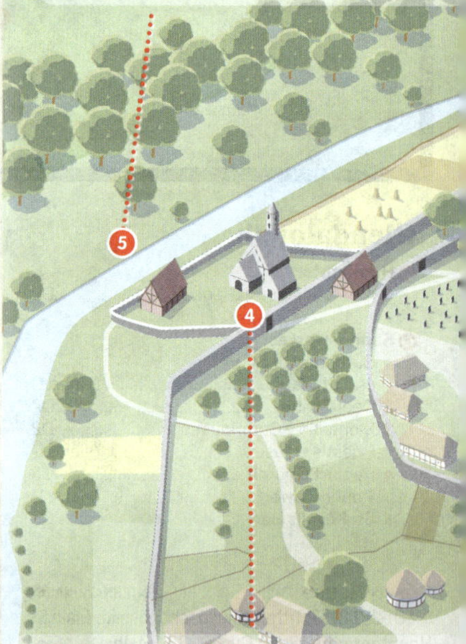

St. Kevin's Kitchen
Aus dem Dach der kleinen Kirche (Priests' House genannt) ragt ein runder Glockenturm heraus, der wie ein Kamin aussieht und dem Gebäude wahrscheinlich seinen Spitznamen einbrachte.

St. Kevin's Cell

n dieser Bienen-
orbhütte soll Kevin
ebetet und meditiert
aben. Nicht zu
erwechseln mit St.
Kevin's Bed, der Höhle,
n der er schlief.

Reefert Church

Der Name dieser Kirche stammt vom irischen *righ fearta* (königliche Gruft) ab. Sieben Oberhäupter der mächtigen O'Toole-Familie sind in dem einfachen Gotteshaus bestattet..

Upper Lake

Ursprünglich lag Kevins Siedlung am Ufer des Upper Lake, einem der beiden Seen, durch die Glendalough seinen Beinamen „Valley of the Lakes" erhielt.

RAFAL STACHURA/GETTY IMAGES ©

PRAKTISCHE INFORMATIONEN

Am östlichen Ende des Upper Lake liegt das Büro des Nationalparks, das Karten und Informationen zur gesamten Gegend bietet. Im Sommer wird die Grünfläche vor dem Gebäude gern zum Picknicken genutzt.

Cathedral of St. Peter & St. Paul

Glendaloughs größte der insgesamt sieben Kirchen wurde irgendwann zwischen dem 10. und dem 13. Jh. erbaut. Im ältesten Teil, dem Schiff, kann man noch heute Anten (leicht herausragende Säulen am Ende der Mauer) bewundern.

Haupttor

Der einzige noch existierende Eingang zur Mönchssiedlung ist ein doppelter Bogen. Auffällig ist, dass der innere höher emporragt als der äußere, um das Gefälle des Durchgangs auszugleichen.

GERARDO BORBOLLA/SHUTTERSTOCK ©

Trotz seiner großen Beliebtheit ist Glendalough nach wie vor ein Ort der Stille und Einkehr, deshalb kann man leicht nachvollziehen, warum vor langer Zeit so viele Mönche auf der Suche nach Einsamkeit ausgerechnet hierherkamen.

Geschichte

498 n. Chr. zog sich ein junger Mönch namens Kevin in das Tal zurück, um in der Stille zu meditieren und eins mit der Natur zu werden. Am Südufer des Upper Lake schlug er auf Überresten eines bronzezeitlichen Grabs sein Lager auf. In den nächsten sieben Jahren schlief er auf Steinen, kleidete sich in Tierfelle, litt ständig Hunger und freundete sich der Legende zufolge mit Vögeln und Tieren an. Bald zog seine naturnahe Lebensweise jede Menge Anhänger an. Ironischerweise schienen diese gar nicht zu merken, dass sie sich um einen Eremiten scharten, der so weit weg von anderen Menschen wie möglich leben wollte. In den nächsten Jahrhunderten entwickelte sich aus dem Lager eine richtige Siedlung und bereits im 9. Jh. konkurrierte Glendalough mit Clonmacnoise um den Rang der führenden Klosterstadt Irlands. Bald bevölkerten Tausende von Klosterschülern das ganze Tal.

Zwischen 775 und 1071 fiel die Enklave mindestens viermal den Raubzügen von Wikingern zum Opfer. 1398 marschierten englische Truppen von Dublin aus ein und zerstörten die Anlage fast vollständig. Einige Menschen lebten trotzdem weiterhin hier und versuchten das Kloster wiederaufzubauen, das im 17. Jh. schließlich endgültig aufgelöst wurde.

Sehenswertes

Während der Upper Lake in eine besonders reizvolle Landschaft eingebettet ist, wartet der untere Teil des Tals östlich des Lower Lake mit einigen faszinierenden Bauwerken inmitten der alten Klosteranlage auf.

Ein Waldweg und ein Bohlenweg verbinden die beiden Seen. Die Wanderung von einem See zum anderen dauert etwa 20 bis 30 Minuten.

★ Klostersiedlung Glendalough

CHRISTLICHE STÄTTE

(www.glendalough.ie; 25 km südlich von Dublin; ⌚ 24 Std.; P; St Kevin's Bus (www.glendaloughbus.com; einfach/hin & zurück 9/15 €) GRATIS Das eindruckvolle Glendalough (Gleann dá Loch, auf Deutsch das „Tal der zwei Seen") liegt zwischen den beiden Seen. Es ist einer der schönsten Orte der Grafschaft und zählt zu Irlands bedeutendsten Klosteranlagen. Ihren Mittelpunkt bilden ein 1000 Jahre alter Rundturm, die Ruinen einer Kathedrale und die kleine Kapelle, die unter dem Namen St. Kevin's Kitchen bekannt ist.

Man betritt die Stätte durch das einzige in Irland noch erhaltene Klostertor (S. 154).

Das **Glendalough Visitor Centre** (☎0404-45352; www.heritageireland.ie; Erw./Kind 5/3 €; ⌚ Mitte März–Mitte Okt. 9.30–18 Uhr, Mitte Okt.–Mitte März bis 17 Uhr; P), gegenüber vom Parkplatz am Lower Lake, zeigt eine Ausstellung zur Geschichte und eine gut 20-minütige audiovisuelle Präsentation. Vom Upper Lake (1,5 km westlich vom Besucherzentrum) führen mehrere gute Wanderwege (S. 155) in die Berge.

Im Sommer ist Glendalough sehr gut besucht, also kommt man am besten am frühen Morgen oder am späteren Abend und an einem Wochentag her. Die Stätte kostet keinen Eintritt und ist rund um die Uhr geöffnet. Die Tore des unteren Parkplatzes werden geschlossen, wenn das Besucherzentrum zumacht.

LOWER LAKE

Monastery Gatehouse

TOR

Der steinerne Torbogen des Monastery Gatehouse ist das einzige erhaltene Klostertorhaus in Irland. Im Eingangsbereich befindet sich eine große Steinplatte mit eingraviertem Kreuz.

Round Tower

TURM

Der Rundturm aus dem 10. Jh. ist 33 m hoch und hat unten einen Umfang von 16 m. Die oberen Stockwerke und das kegelförmige Dach wurden 1876 wieder aufgebaut.

Cathedral of St. Peter and St. Paul

KIRCHE

Das Kirchenschiff der Cathedral of St. Peter & St. Paul, gleich südöstlich vom Round Tower, stammt aus dem 10. Jh., die Sakristei aus dem 12. Jh.

Priest's House

ARCHITEKTUR

In der Mitte des Friedhofs von Glendalough, südwestlich der Kathedrale, steht das Priest's House. Das Gebäude wurde 1170 errichtet und später stark verändert. Möglicherweise hat man darin Schreine aus dem St.-Kevin-Kloster aufbewahrt. Während der Zeit der Penal Laws im 18. Jh. wurden dort Priester aus der Gegend bestattet – daher auch der Name.

St. Kevin's Kitchen KIRCHE

St. Kevin's Kitchen am Südrand der Klostersiedlung gilt als Glendaloughs Wahrzeichen. Die kompakte Anlage mit einem runden Glockenturm, einer vorspringenden Sakristei und einem steilen Steindach ist ein echtes Meisterwerk. Sie war nie eine „Küche", wird aber so genannt, weil ihr Kirchturm an einen Küchenschornstein erinnert. Ihre ältesten Gebäudeteile stammen aus dem 11. Jh. und trotz einiger Umgestaltungen ist sie noch immer ein gutes Beispiel für ein frühes klassisch irisches Gotteshaus.

Deer Stone DENKMAL

Überquert man den Fluss südlich der Klosteranlage (S. 154), entdeckt man an der Kreuzung mit der Green Road die Felsgruppe Deer Stone. Als der hl. Kevin Milch für zwei Waisenkinder brauchte, erschien ihm der Legende nach eine Hirschkuh und ließ sich von ihm melken. Bei den Steinen, denen man übernatürliche Kräfte zuschrieb, handelte es sich um *bullaun* (Steine mit tiefer Aushöhlung, die als Mörser dienten, um Medizin oder Essen zuzubereiten).

Wahrscheinlich stammen viele solcher Steine noch aus vorgeschichtlicher Zeit. Angeblich sollten Frauen, die sich das Gesicht mit dem Wasser in der Vertiefung wuschen, ihr Aussehen für immer bewahren. Kirchenmänner brachten die Steine in die Klöster, wohl in der Hoffnung, die darin verborgenen Kräfte nutzen zu können.

St. Mary's Church KIRCHE

Die St. Mary's Church aus dem 10. Jh. südwestlich des Rundturms steht außerhalb der Klostermauern. Sie gehörte Nonnen aus der Gegend und hat ein schönes Westportal.

St. Kieran's Church RUINEN

Von der St. Kieran's Church, der kleinsten Kirche Glendaloughs, sind nur Ruinen erhalten. Sie befinden sich östlich der St. Mary's Church.

UPPER LAKE

Reefert Church KIRCHE

Die bemerkenswerten Ruinen der Reefert Church liegen oberhalb des winzigen Poulanass südlich vom Parkplatz am Upper Lake. Die kleine romanische Kirche verfügt über ein Hauptschiff und einen Altarraum aus dem 11. Jh. sowie einige wiederzusammengesetzte Bogen und Mauern. Ursprünglich war Reefert *(righ fearta,* wörtlich „Royal Burial Place" – „Königliche Gruft") der Platz, wo alle Oberhäupter der Familie O'Toole bestattet wurden. Auf dem zugehörigen Friedhof befindet sich eine Reihe von groben Steinkreuzen und Platten, meist aus glänzendem Schieferstein.

St. Kevin's Cell RUINEN

Steigt man die Stufen hinter dem Kirchhof der Reefert Church hinauf und folgt dann dem Pfad Richtung Westen, stößt man auf einer Anhöhe mit Blick über den See und auf die Überreste der St. Kevin's Cell, eine sogenannte Bienenkorbhütte.

Teampall na Skellig RUINEN

Teampall na Skellig, die ehemalige Siedlung des hl. Kevin, befindet sich am Fuß der Steilklippen, die über dem Südufer des Upper Lake aufragen. Heute ist die Stelle nur noch mit dem Boot zu erreichen, doch leider gibt's bislang keinen Fährdienst. So bleibt Besuchern lediglich der Blick vom Ufer. Auf einem Felsplateau sieht man die Überreste einer Kirche und eines frühzeitlichen Friedhofs. Früher standen auf der nahegelegenen Anhöhe einfache Hütten. Ringsum verteilen sich zudem einige Grabplatten und Steinkreuze.

St. Kevin's Bed DENKMAL

Östlich von hier, 10 m oberhalb des Wassers, erstreckt sich eine künstliche 2 m tiefe Höhle namens St. Kevin's Bed. Dort soll der Heilige gelebt haben. Die Höhle wurde jedoch bereits lange vor Kevins Ankunft genutzt, denn das Tal war schon Jahrtausende zuvor bewohnt, bevor sich die Mönche hier niederließen.

Aktivitäten & Geführte Touren

Im Glendalough Valley kann man prima wandern. Neun ausgeschilderte Wege führen durch das Tal; für den längsten mit 10 km braucht man etwa vier Stunden. Vor dem Aufbruch sollte man beim National Park Information Office (S. 157) vorbeischauen und eins der Faltblätter mit Wanderkarte (ca. 1 €) mitnehmen. Außerdem kann man im Information Office einige sehr gute Wanderführer kaufen, z. B. Joss Lynams *Easy Walks Near Dublin* (10 €) oder Helen Fairbairns *Dublin & Wicklow: A Walking Guide* (15 €). Achtung: Die sanft anmutende Landschaft täuscht. Auch wenn die Wicklow Mountains nur große Hügel sind, ist das Wetter manchmal gnadenlos. Man braucht auf jeden Fall eine geeignete Ausrüstung und sollte immer jemandem

AUF DEM WICKLOW WAY VON GLENDALOUGH NACH AUGHRIM

Der 127 km lange Wicklow Way gehört zu den beliebtesten Wanderrouten in Irland. Weil er von verschiedenen Stellen aus erreichbar ist und die Start- bzw. Endpunkte somit variabel sind, kann man die Länge der Tour selbst bestimmen.

Der 37 km lange Abschnitt durch Wicklow führt durch die entlegenen Winkel der Wicklow Mountains bis hinunter ins südöstliche Vorgebirge. Dabei geht's größtenteils durch Föhrenschonungen, man ist also nur selten auf der Straße unterwegs. Für die Tour sollte man siebeneinhalb bis acht Stunden einplanen (Steigung: 1035 m).

Beim National Park Information Office am südlichen Ufer von Glendaloughs Upper Lake wandert man den gelb gekennzeichneten Weg bachaufwärts am Lugduff Brook hoch und am **Poulanass Waterfall** vorbei und biegt beim Waldpfad erneut links ab. An einer Kreuzung hält man sich wieder links und überquert zwei Brücken. Nun geht's 600 m Richtung Nordosten und nach einem scharfen Rechtsknick Richtung Süden (über verschiedene gut markierte Kreuzungen) durch Kiefernplantagen und über den Lugduff Brook an einem Nebenfluss vorbei, bis der Weg auf dem Bergsattel zwischen **Mullacor** (657 m) und **Lugduff** (652 m; 1¾ Std. ab Glendalough) auf offenes Terrain führt. An einem guten Tag genießt man vom Bergmassiv des Lugnaquilla einen tollen Blick nach Südwesten. In entgegengesetzter Richtung geht's zum langen Camaderry-Kamm hoch über Glendalough mit dem riesigen Tonelagee als Kulisse. Anschließend wandert man auf dem Bohlenweg bergab, um die Föhrenschonung herum und mitten ins Gestrüpp hinein. Hier führt ein steiler, schlammiger und felsiger Pfad hinab zur Waldstraße, an der man links abbiegt.

Wer lieber im **Glenmalure Hostel** (S. 158) übernachten möchte, anstatt den ganzen Weg bis zur Kreuzung in den Ort hinunterzulaufen, folgt der Route ab der linken Abzweigung 1 km südwärts. An einer abgeschrägten Kreuzung, wo der Weg nach Südosten abbiegt, hält man sich links Richtung Westen; dort windet sich ein steiler Pfad durch Glenmalure zu einer Straße, die zu der 2 km entfernten Unterkunft führt.

Wer sich gegen diese Möglichkeit entscheidet, folgt den Waldwegen 1,6 km gen Süden bzw. Südosten bis zu einem breiten Zickzackweg auf freiem Gelände. Als Nächstes umrundet man einen steilen Hang und wandert weiter nach Nordosten, wo der Pfad bergab an zwei Brücken vorbei in eine kleinere Straße mündet. Hier geht's weiter bergab bis zu einer Wegkreuzung und nach Glenmalure. Vom Bergsattel aus benötigt man für diese Strecke ca. 1¼ Stunden.

Der Wicklow Way verläuft nun 500 m Richtung Süden über die Kreuzung hinaus, quer über den Avonbeg River, an der stillgelegten Kaserne **Drumgoff Barracks** aus dem Jahre 1803 vorbei und einen Waldpfad entlang. Hinter einem zerfallenen Cottage hält man sich links, steigt auf zwei längeren Abschnitten immer höher hinauf, biegt dann zweimal links ab, wandert bergab und überquert einen Fluss. 800 m weiter biegt man rechts ab und klettert den **Slieve Maan** (550 m) hinauf. Dabei passiert man vier Wegkreuzungen (immer in südlicher bzw. südwestlicher Richtung). Zurück im Wald führt der Weg nahe am unbewaldeten Terrain links nach Westen. Über einige weitere Schleifen stößt man an einer Lichtung auf den Pfad zwischen der Föhrenschonung und der Straße (auf Karten wird sie als Military Road bezeichnet). Neben einem kleinen Nebenfluss des Aghavannagh vereint sich die Straße mit dem Wanderweg (etwa 2 Std. ab Glenmalure).

Sie führt 250 m bergab, danach geht's links auf einem Waldpfad weiter. Man hält sich kurz rechts, um wieder an Höhe zu gewinnen, und überquert auf einem breiten Weg den **Carrickashane Mountain** (508 m). Anschließend geht's steil hinab zu einer breiten Waldstraße und 1 km weiter bergab. Nun hält man sich rechts, um eine kleinere Straße zu erreichen, und nimmt den rechten Abzweig. Nach weiteren 500 m verlässt man die Strecke und kommt zu einer weiteren Straße. Die Iron Bridge befindet sich dort gleich rechter Hand (1 Std. ab der Military Road).

Als Nächstes geht man 150 m weiter bergauf zu einem Weg, biegt links ab und folgt der Strecke etwa 7,5 km bergab durch das Ow-Tal bis zu einer Kreuzung. Aughrim liegt von hier aus links, ungefähr 500 m entfernt. In dem Ort halten Busse auf ihrer Fahrt von Dublin nach Wexford.

Bescheid geben, wohin man will und wann man zurück sein müsste. Die Bergwacht hat die Nummer ☎112 oder ☎999.

Zu den einfachsten und beliebtesten Strecken zählt der gemütliche Spazierweg am Nordufer des Upper Lake entlang zu den einstigen Blei-Zink-Bergwerken aus dem Jahre 1800. Die Uferroute ist besser als die Straßentour, die etwa 30 m vom Wasser verläuft. Vom Glendalogh Visitor Centre beträgt die einfache Strecke 2,5 km. Wer möchte, kann zum höchsten Punkt des Tals weiterlaufen.

Ein anderer Weg führt auf den Spink (auf Irisch „Spitzer Hügel"; 380 m), einen steilen Bergkamm mit senkrechten Klippen an den südlichen Uferhängen des Upper Lake. Entweder legt man einen Teil der Strecke zurück und kehrt dann um oder man umrundet auf dem Pfad hoch oben zwischen den Felsen den Upper Lake. In dem Fall kommt man unten bei den Minen heraus und wandert am Nordufer entlang zurück. Für diese 6 km lange Rundtour benötigt man etwa drei Stunden.

Die dritte Möglichkeit besteht in einer Gipfelwanderung auf den Camaderry Mountain (700 m), der sich zwischen den Hügeln auf der Nordseite des Tals erhebt.

Wild Wicklow Tour BUSTOUR
(☎01-280 1899; www.wildwicklow.ie; Erw. 28 €, Stud./Kind 25 €; ⌚Abfahrt 9 Uhr) Dank der Partystimmung bekommt dieser preisgekrönte Tagesausflug von Dublin nach Glendalough mit Zwischenstopp bei Avoca Handweavers (S. 164) und am Sally Gap immer Bestnoten. Die Fahrt beginnt am Shelbourne, nächster Halt ist die Statue von Molly Malone in der Suffold Street, doch es gibt in der Stadt viele weitere Zusteigemöglichkeiten. Gegen 17.30 Uhr ist man wieder zurück.

Schlafen & Essen

Glendalough International Hostel HOSTEL €
(☎0404-45342; www.anoige.ie; The Lodge; B/2BZ ab 17/50 €; P @ WLAN) Die moderne Jugendherberge liegt günstig in der Nähe der einstigen Klostersiedlung von Glendalough mitten im schönen Gletschertal. Alle Schlafsäle haben eigene Bäder, darüber hinaus gibt's eine ganz gute Cafeteria.

Glendalough Hermitage Centre HÜTTEN €
(☎087 935 6696; www.glendaloughhermitage.ie; Laragh; EZ/DZ 50/80 €) St. Kevin's Parish Church vermietet fünf Einsiedeleien (einfache Hütten mit einem bzw. zwei Doppelbetten) an alle, die fern von der Hektik des Alltags eine meditative Erfahrung machen möchten. Die Hütten sind einfach ausgestattet, aber gemütlich. Sie haben ein Bad, eine kleine Küchenecke, einen offenen Kamin sowie einen Nachtspeicherofen. Sie stehen ca. 1 km östlich von Glendalough an der Straße nach Laragh.

Gäste können am Morgen- und Abendgebet teilnehmen. Katholisch muss man nicht unbedingt sein – hier sind alle Konfessionen und Glaubensrichtungen willkommen.

★ **Heather House** B&B €€
(☎0404-45157; www.heatherhouse.ie; Glendalough Rd., Laragh; Zi. ab 80 €; P WLAN 🐾) Die luxuriösen Zimmer in diesem eleganten B&B im Landhausstil mit hervorragendem Preis-Leistungs-Verhältnis, nur 2 km von Glendalough entfernt, strahlen Understatement aus. Von dem hübschen Garten hinter dem Haus reicht der Blick über das bewaldete Tal. Zwei der Zimmer befinden sich in Gartenhäuschen (für Selbstversorger). Direkt nebenan liegt das Wicklow Heather Restaurant, das ebenfalls zum Hotel gehört.

Glendalough Hotel HOTEL €€
(☎0404-45135; www.glendaloughhotel.com; Zi. ab 69 €; P @ WLAN) Glendaloughs einziges Hotel wartet mit einer günstigen Lage gleich neben dem Besucherzentrum auf. Den Gästen, die in den 44 kitschigen Zimmern logieren, mangelt es an nichts.

Das Hotel ist für Hochzeiten und bei Pauschaltouristengruppen beliebt.

Wicklow Heather INTERNATIONAL €€
(☎0404-45157; www.wicklowheather.ie; Glendalough Rd, Laragh; Hauptgerichte 13–29 €; ⌚Mo–Do 8–21.30, Fr & Sa bis 22, So bis 21 Uhr; P 👪) Das rustikale familiengeführte Restaurant mit honigfarbener und glänzend polierter Holzeinrichtung existiert bereits seit 40 Jahren und serviert alles vom Frühstück bis zum Abendessen. Auf der Karte stehen Wicklow-Lamm, Wild, irisches Rind und frischer Fisch (wir empfehlen die Forelle). Fast alle Produkte stammen aus der näheren Umgebung. Es hat auch eine Schreibstube mit einer Ausstellung literarischer Erinnerungsstücke und eine gut sortierte Bar mit irischen Whiskeys.

Praktische Informationen

Das **National Park Information Office** (☎0404-45425; www.wicklowmountainsnationalpark.ie; Bolger's Cottage, Upper Lake Car Park; ⌚Mai–Sept. 10–17.30 Uhr, Okt.–April Sa &

ABSEITS DER ÜBLICHEN PFADE

GLENMACNASS

Obwohl sich Besucher des entlegenen Glenmacnass-Tals sehr einsam fühlen werden, zählt das wilde Moorgebiet zwischen Sally Gap und Laragh zu den schönsten Gegenden des Countys. Der Mt. Mullaghcleevaun (848 m) ist der höchste Berg im Westen. Hier ergießt sich der Richtung Süden verlaufende Fluss Glenmacnass über die Kante des Hochplateaus und wird so zum Glenmacnass Waterfall. Ganz in der Nähe gibt's einen Parkplatz. Beim Begehen und Erklimmen der Felsen rund um den Wasserfall ist Vorsicht angebracht, denn dort sind schon einige Wagemutige in den Tod gestürzt! Schöne Wanderpfade führen auf den Mullaghcleevaun und in die Hügellandschaft östlich des Parkplatzes.

So bis zur Dämmerung) bietet Informationen über den Wicklow Mountains National Park. Hier kann man sich auch mit Karten und Broschüren über örtliche Wanderwege eindecken. Es liegt am Parkplatz des Upper Lake, ca. 2 km westlich des **Glendalough Visitor Centre** (S. 154). In der Regel ist es besetzt. Wenn es geschlossen ist, leitet das Personal wahrscheinlich gerade eine geführte Wanderung.

An- & Weiterreise

St Kevin's Bus (☎ 01-281 8119; www.glendaloughbus.com) fährt in Dublin täglich um 11.30 und 18 Uhr von der Bushaltestelle St Stephen's Green North (einfach/hin & zurück 13/20 €, 1½ Std.). Von März bis Oktober fährt der Abendbus samstags und sonntags um 19 Uhr. Die Busse des Unternehmens halten auch am Rathaus von Bray. Abfahrtszeiten ab Glendalough: an Wochetagen 7.15 und 16.30 Uhr und am Wochenende 9.45 und 17.40 Uhr. Das Ticket kauft man im Bus.

Im Juli und August fährt um 9.45 Uhr ein zusätzlicher Bus von Glendalough nach Dublin.

Glenmalure

Folgt man der Military Road bis fast an ihr südliches Ende und dringt tiefer in die bergige Gegend südwestlich von Glendalough ein, wird das Gebiet wilder und abgeschiedener. Auf der Ostseite des Lugnaquilla (925 m), Wicklows höchstem Gipfel, erstreckt sich Glenmalure, ein dunkles Tal umrahmt von Geröllhängen.

Sehenswertes & Aktivitäten

Hat man Glenmalure aus den Bergen von Laragh aus erreicht, biegt man hinter der Drumgoff-Brücke in Richtung Nordwesten ab. Von dort führt die Straße 6 km am Fluss Avonbeg entlang bis zu einem Parkplatz, von wo aus Wanderwege in verschiedene Richtungen abzweigen.

Westlich vom Parkplatz kann man den versteckten Fraughan Rock Glen hinaufwandern. Nur erfahrenen Bergwanderen ist der weitere Aufstieg auf den Gipfel des **Lugnaquilla** (hin & zurück 6 Std.) zu empfehlen.

Die Talspitze des Glenmalure und Teile des benachbarten Glen of Imaal sind unzugängliches Militärgebiet, das mit zahlreichen Warnschildern gekennzeichnet ist.

Cullen's Rock DENKMAL
(⏲ 24 Std.) GRATIS Etwa 500 m nordwestlich der Drumgoff-Brücke neben der Straße nach Glenmalure liegt der Dwyer's oder Cullen's Rock, der sowohl an die Schlacht bei Glenmalure erinnert als auch an Michael Dwyer, ein Mitglied der Vereinten Iren, der am erfolglosen Aufstand von 1789 gegen die Engländer beteiligt war und sich hier versteckte. Während der Kämpfe wurden an dem Felsen Männer erhängt.

Schlafen

Glenmalure Hostel HOSTEL €
(☎ 01-830 4555; www.anoige.ie; Baravore; B 17–18,50 €; ⏲ Juni–Aug. tägl., Sept.–Mai nur Sa) In der rustikalen zweistöckigen früheren Jagdhütte gibt's 19 Betten, aber kein Telefon (die angegebene Nummer ist die der An-Oige-Zentrale), keinen Strom (nur Gaslampen), kein fließendes Wasser, dafür einen Gasofen, Wasser aus dem Bach und offenes Kaminfeuer. Das Gebäude hat ein reiches literarisches Erbe: Es diente als Kulisse für J. M. Synges Theaterstück *Shadow of a Gunman*.

Wenn der Fluss so wenig Wasser führt, dass man durchkommt, kann man mit dem Auto bis zum Hostel fahren, ansonsten geht man vom Parkplatz an der Brücke zehn Minuten zu Fuß. Es ist auch möglich, von Laragh hierher zu wandern, indem man dem Wicklow Way Richtung Süden über die Hügel bis zum Glenmalure Lodge Hotel folgt und dann weiter dem Talverlauf folgend bergauf geht (insgesamt 14 km).

Twelve Glenmalure Pines LODGE €€
(☎ 01-269 6979; www.glenmalurepines.com; 12 Glenmalure Pines, Greenane; 450–600 €/Woche;

(P, WLAN) Die moderne Logde im skandinavischen Stil am unteren Ende von Glenmalure verfügt über zwei Zimmer mit Bad, eine voll ausgestattete Küche, ein Wohnzimmer mit allen erdenklichen elektronischen Geräten und einen Balkon mit herrlichem Blick. Im Sommer wird nur wochenweise vermietet. Von September bis Mai kann man ein verlängertes Wochenende (drei Übernachtungen) für 300 € buchen.

An- & Weiterreise

Das Privatunternehmen Wicklow Way Bus (www.wicklowwaybus.com) holt Wanderer vom Bahnhof in Rathdrum ab, wo die Züge aus Dublin halten, und bringt sie zu verschiedenen Orten, z. B. nach Laragh, zum **Glendalough Visitor Centre** (S. 154) und zum Glenmalure Lodge Hotel (8 €, 1 Std., 2mal tägl.). Einen Fahrplan gibt es nicht und man muss im Voraus buchen.

Östliches Wicklow

Die Küstenorte und Hügel des östlichen Wicklow sind nicht annähernd so reizvoll oder beeindruckend wie die spektakuläre Berglandschaft, aber die bescheidenen Orte und kleinen Resorts am Meer verströmen einen subtilen Charme. Ein echter Anziehungspunkt sind der schicke Küstenort Greystones, das historische Gefängnis in Wicklow und das schöne Tal von Avoca.

Einige Strände – Silver Strand, Brittas Bay und Maheramore – reihen sich 16 km südlich von Wicklow aneinander. Bei schönem Wetter ziehen sie mit hohen Dünen, sicheren Bademöglichkeiten und Pudersand scharenweise Dubliner an.

Von Greystones nach Wicklow

Früher war der Küstenort Greystones, 25 km südlich von Dublin, ein Fischerdorf und eine vikorianische Sommerfrische. Auch heute noch ist der Badeort mit dem kleinen Hafen sehr idyllisch. Im Sommer wimmelt es in der Bucht von Schlauchbooten und Windsurfern. Es gibt hier zwei Sandstrände, der South Beach hat die Blaue Flagge. Der Ort mit seinen Vintage-Läden, Boutiquen, Cafés und einigen hervorragenden Restaurants lohnt eine kleine Entdeckungstour.

Sehenswertes

★ **Kilruddery House & Gardens** HERRENHAUS
(☎ 01-286 3405; www.killruddery.com; Southern Cross, Bray; Erw./Kind 7,50/2 €; ⏲ Mai–Sept. tägl. 9.30–18 Uhr, April & Okt. nur am Wochenende; P, Kinder) Dieses umwerfende Herrenhaus im elisabethanischen Stil diente ab 1618 als Wohnsitz der Familie Brabazon (Earls von Meath) und verfügt über eine der ältesten Grünanlagen des Landes sowie eine herrliche Orangerie aus dem Jahre 1852 mit zahllosen Statuen und Pflanzen – für Liebhaber ausgefallener Gewächshäuser genau das Richtige. Das Anwesen befindet sich 8 km nördlich von Greystones nahe der Küstenstraße R761.

Der 14. Earl ließ das Gebäude, das 1820 von dem im 19. Jh. modernen Architekten Richard Morrisson und seinem Sohn entworfen wurde, 1953 verkleinern. Offensichtlich wollte er etwas Kleineres und Eleganteres. Täglich außer freitags finden Führungen durch das Haus statt (16 €/pro Pers., nachmittags) und jeden Samstag gibt's einen tollen Bauernmarkt (10–15 Uhr).

Mt Usher Gardens GARTEN
(☎ 0404-40205; www.mountushergardens.ie; Ashford; Erw./Kind 7,50/3,50 €; ⏲ 10–18 Uhr) Wicklow wird wegen seiner idyllischen Gärten oft als „Garten Irlands" bezeichnet. Die wunderbaren Mt. Usher Gardens liegen außerhalb der Stadt Ashford 10 km südlich von Greystones an der N11. Sie warten mit Bäumen, Sträuchern und Stauden aus aller Welt auf und sind im natürlichen Stil des berühmten irischen Landschaftsarchitekten William Robinson (1838–1935) gestaltet.

Auf dem Gelände befinden sich auch ein Avoca-Café und ein Bereich mit mehreren Läden, in denen frische Backwaren, Pflan-

ABSTECHER

BALLYKNOCKEN HOUSE

Die **Hauswirtschafts- und Kochschule** (☎ 0404-44627; www.ballyknocken.com; Glenealy, Ashford; Zi. ab 110 €; P, WLAN) ist ein wunderschönes efeubewachsenes viktorianisches Gebäude 5 km südlich von Ashford an der R752 nach Glenealy. Alle sieben sorgfältig eingerichteten Zimmer sind mit Originalmöbeln und teilweise sogar mit Originalbadewannen mit Krähenfüßen ausgestattet. Das größtes Highlight neben dem Haus selbst sind Catherine Fulvios ganzjährig angebotene Kochkurse (ab 125 €); Genaueres darüber erfährt man auf der Website.

zen, Möbel und Kleidung sowie Eis und Fotografien angeboten werden.

Schlafen & Essen

★ Tinakilly Country House & Restaurant HERITAGE HOTEL €€
(☎0404-69274; www.tinakilly.ie; Rathnew; Zi. ab 130 €; P 📶) Dieses fantastische viktorianisch-italienische Herrenhaus zwischen Rathnew und Wicklow zählt zu den elegantesten der Grafschaft. Man hat die Wahl zwischen einem historischen Stilzimmer im Westflügel (mit originalen Antiquitäten sowie Himmelbetten und Betten mit Baldachin) sowie einer luxuriösen Suite mit Blick im Ostflügel. Massage und Schönheitsbehandlungen auf Anfrage.

Das Restaurant hebt die Landhausküche auf ein neues exquisites Niveau (abends Hauptgerichte 18–32 €).

★ Hunter's Hotel HOTEL €€
(☎0404-40106; www.hunters.ie; Newrath Bridge, Rathnew; Zi. ab 130 €; P 📶) Dieses noble Anwesen außerhalb von Rathnew an der R761 am Rand von Avonda überzeugt mit 16 herrlichen, stilvoll eingerichteten Zimmern. Das Hunter's ist eine von Irlands ältesten Herbergen und liegt mitten in einem preisgekrönten Garten. Toll ist auch das noble Hotelrestaurant (Zwei-/Drei-Gänge-Abendmenü 29,50/36,50 €).

★ Happy Pear CAFÉ €
(☎01-287 3655; http://thehappypear.ie; Church Rd; ⌚Mo–Do 9–18, Fr & Sa bis 21, So bis 19 Uhr; 📶 🖉) 🌿 Halb Greystones scheint sich in diesem hochbeliebten Café auf ein Schwätzchen zu treffen, das zugleich Feinkostgeschäft und Biolebensmittelladen ist. Im coolen Sitzbereich im OG, im gemütlichen Hof oder auf der Terrasse, wo man die Leute vorbeiflanieren sieht, kann man zum hippen Porridge mit Obst und Körnern Soja-Latte trinken.

Three Q's INTERNATIONAL €€
(☎01-287 5477; www.thethreeqs.com; Church Rd; Hauptgerichte 10–25 €; ⌚Mo–Fr 9.30–22, Sa & So 9–22 Uhr; 👪) Das elegante preisgekrönte Restaurant ist bei den Bewohnern des Viertels beliebt. Man kann hier brunchen sowie mittag- und abendessen. Das vielfältige Menü lädt zu einer Reise um den Globus ein, mit Gerichten, wie peruanischem Hühnerfleischsalat mit Quinoa und Granatapfel-Taboulé oder marrokanischer Fisch-Tajine mit Kichererbsen-Koriander-Eintopf. Das Early-Bird-Menü (Zwei-/Dreigänge-Menü 19/23 €) für Leute, die schon früh essen möchten, gibt es von 17.30 bis 19 Uhr.

An- & Weiterreise

Bus Éireann (☎01-836 6111; www.buseireann.ie) betreibt die Buslinie 13 von Dublin (Georges Quay) nach Wicklow-Stadt (11 €, 1½ Std., stündl.). Der Bus hält in Kilmacanogue, Newtownmountkennedy, Ashford und Rathnew.

Pendlerzüge von DART (www.irishrail.ie) fahren vom Bahnhof Dublin Connolly nach Greystones (5,95 €, 55 Min., mindestens 2-mal stündl.).

Rathdrum

1663 EW.

Das ruhige Dorf Rathdrum oberhalb des Flusses Avonmore am Fuß des Tals von Clara ist als Geburtsort des Nationalhelden Charles Stewart Parnell (1846–91) bekannt. Im nahen Avondale House und im Gedenkpark am Südende der Hauptstraße erfährt man etwas zu seiner Geschichte.

Außer dem Park hat das Dorf Touristen nicht viel zu bieten. Es war ein Opfer des Immobiliencrashs nach den Boomjahren des keltischen Tigers. Etliche zugenagelte Häuser und Bauruinen verunstalten die Straßen. Dennoch lohnen ein paar Sehenswürdigkeiten und einige schöne Wanderungen in der Umgebung den Weg hierher.

Sehenswertes & Aktivitäten

Kilmacurragh Botanic Gardens GARTEN
(☎0404-48844; www.botanicgardens.ie; Kilbride; ⌚Mitte Feb.–Okt. 9–18 Uhr, Nov.–Mitte Feb. bis 16.30 Uhr) GRATIS Rund um die Ruinen eines Herrenhauses aus dem 18. Jh. erstreckt sich ein ursprünglich 1712 angelegter Ziergarten, der im 19. Jh. umgestaltet wurde, sodass er dem natürlicheren, weniger formellen Stil von Gartenbauer William Robinson (1838–1935) entsprach. Bemerkenswert sind insbesondere die südamerikanischen Koniferen, die farbenfrohen Rhododendren und die Eibenallee. Der Park befindet sich 3 km östlich von Rathdrum, ist aber schlecht ausgeschildert, man sollte sich die Infos zur Anfahrt auf der Website anschauen.

Avondale House HERRENHAUS
(☎0404-46111; www.heritageisland.com; Avondale Forest Park; Erw./Kind 7/4,50 €; ⌚Juni–Aug. Do–So 11–18 Uhr; P) Das prächtige palladianische Herrenhaus war der Geburts- und Wohnort von Charles Stewart Parnell

(1846–1891), dem „ungekrönten König von Irland", der eine Schlüsselrolle innerhalb der irischen Unabhängigkeitsbewegung spielte. Es wurde 1779 von James Wyatt entworfen und wartet mit zahlreichen Highlights auf, darunter eine prächtige zinnoberrote Bibliothek und der American Room. Letzterer ist Parnells gleichnamigem amerikanischem Großvater gewidmet, der 1812 während des Britisch-Amerikanischen Krieges Admiral der Fregatte USS *Constitution* war. Besucher können das Haus ohne Führung besichtigen. Innen ist es nur zu begrenzten Öffnungszeiten zugänglich, aber die Gärten sind ganzjährig von Sonnenaufgang bis zum Einbruch der Dunkelheit geöffnet.

Von 1880 bis 1890 war Avondale der Inbegriff des Kampfes um Irlands Selbstverwaltung, den Parnell anführte, bis 1890 ein Mitglied seiner eigenen Partei, Captain William O'Shea, seine Frau Kitty des Ehebruchs beschuldigte und Parnell als ihren Geliebten entlarvte. Im katholischen Irland galt die Affäre als großer Skandal. So erklärte der erzkonservative Klerus, Parnell sei für eine Führungsrolle nicht mehr geeignet, obwohl er Kitty O'Shea direkt nach ihrer Scheidung heiratete. Daraufhin gab Parnell seine politischen Ämter auf und zog sich verbittert nach Avondale zurück, wo er im darauffolgenden Jahr starb.

Im herrlichen 209 ha großen Gelände rund um das Haus, das vom Irish Forestry Service Coillte (www.coillte.ie) verwaltet wird, gibt's einige Wanderwege. Eine Wanderkarte kann man von der Website herunterladen.

Railway Walk WANDERN
(www.coillte.ie) Vom Dorf Rathdrum kann man über diesen 2 km langen Weg zum Avondale House (S. 160) wandern. Der Startpunkt ist nicht leicht zu finden, er liegt versteckt hinter einem kleinen Gewerbegebiet, vom Bahnhof Rathdrum aus gesehen auf der anderen Seite der Gleise. Der schöne Weg führt durch einen Wald am Ufer des Flusses Avonmore entlang; man unterquert dabei auch zwei beeindruckende Eisenbahnbrücken.

Schlafen & Essen

Brook Lodge & Wells Spa HOTEL €€
(☎0402-36444; www.brooklodge.com; Macreddin; Zi./Suite ab 130/210 €; P) Dieses luxuriöse Landhaushotel hat 86 schön eingerichtete Zimmer, von Standardzimmern mit Schlittenbetten und tiefen Badewannen bis zu Mezzanine-Suiten, die sich auch in einem New Yorker Penthouse gut machen würden. Zu den weiteren Highlights zählt das prächtige Wells Spa (Anwendun-

ABSTECHER

HISTORISCHES GEFÄNGNIS VON WICKLOW

Wegen der Brutalität seiner Wärter und der harten Haftbedingungen war das berühmte **Gefängnis** (☎0404-61599; www.wicklowshistoricgaol.com; Kilmantin Hill; Erw./Kind mit Führung 7,90/5 €, Führung bei Dunkelheit 15 €; 10.30–16.30 Uhr; P) im ganzen Land berüchtigt. Natürlich sind der üble Geruch, Folterungen, der Höllenfraß und die virenverseuchte Luft seit Langem passé. Kinder und Erwachsene können hier bei der unterhaltsamen Führung dem Gefängnisalltag von einst nachspüren. Inzwischen ist der Kerker die Touristenattraktion schlechthin.

Das Gebäude wurde 1702 errichtet, um dort die Menschen unterzubringen, die zu Zeiten der repressiven Penal Laws verurteilt wurden. Ab 1877 hatte es nur noch den Status eines Untersuchungsgefängnisses (Besserungsanstalt), ehe es 1924 ganz geschlossen wurde. Es verfiel und wurde in den 1990er-Jahren wegen seiner historischen Bedeutung schließlich restauriert.

Schauspieler schlüpfen in die Rollen von Wärtern und Häftlingen, um die dramatische Stimmung noch weiter zu steigern. Zu den ausgestellten Exponaten gehört eine Tretmühle, die Gefangene zur Bestrafung stundenlang in Gang halten mussten, außerdem bekommt man das grauenhafte Verlies zu sehen.

Das Gefängnis hat auch eine **Ahnenforschungsbibliothek**, in der man irische Datenbanken nach Einzelheiten zu möglichen irischen Vorfahren durchforsten kann.

Führungen starten alle zehn Minuten, außer zwischen 13 und 14 Uhr. Am letzten Freitag im Monat finden Rundgänge nur für Erwachsene statt. Dazu gibt's Häppchen, ein Glas Wein und sogar ein bisschen Spuk.

IRLANDS „ALTER" OSTEN

Nach dem Erfolg des Wild Atlantic Way (S. 47) ist Irlands historischer Osten (www.irelandsancienteast.com) die aktuelle PR-Kampagne des irischen Fremdenverkehrsamts. Es handelt sich nicht um eine touristische Straße wie im Fall des Wild Atlantic Way, sondern es geht um Markenbildung und Beschilderung. Die Kampagne bezieht bekannte Highlights, wie **Newgrange** (S. 545), **Glendalough** (S. 151) und den **Rock of Cashel** (S. 340), ein und ermuntert Besucher, weniger bekannte historische Ziele im mittleren und östlichen Teil des Landes zu besuchen.

Hunderte von Infotafeln, verteilt auf 17 Counties, wurden zu Geschichten und Themen zusammengefasst. Website und Smartphone-App ermöglichen es, auf der Basis themenbezogener Hintergrundgeschichten verschiedene Themen zu entdecken (z. B. das religiöse Irland, Burgen & Eroberungen sowie die Wikinger). Anschließend kann man sich durch Reiserouten klicken, die man auch individuell zusammenstellen und downloaden kann.

Überall im Land weisen Straßenschilder mit dem Ancient-East-Logo den Weg zu verschiedenen Sehenswürdigkeiten. Verlässt man jedoch die Hauptstraßen, trifft man leider oft an der nächsten Landstraßenkreuzung nicht mehr auf Wegweiser. Also eine Straßenkarte, ein Navi oder eine App mitnehmen, wenn man die weniger bekannten Ziele sicher finden möchte.

Dies sind fünf der beliebtesten Themen zum historischen Osten mit einer Auflistung der jeweils besten entlegenen Ziele:

Historisches Irland

Irlands 5000-jährige Geschichte hinterließ zahlreiche, im ganzen Land verteilte prähistorische Stätten. Die berühmtesten sind die prächtig dekorierten Ganggräber (*passage tombs*) von Newgrange und Knowth in der Totenstadt Brú na Bóinne (S. 545), aber es gibt Tausende weitere zu endecken, von beeindruckenden Grabkammern bis zu einfachen Dolmen und aufrecht stehenden Steinen:

Browne's Hill Dolmen (S. 206)

Loughcrew Megalithic Centre (S. 560)

Uisneach (S. 526)

Corlea Trackway (S. 522)

Cavan Burren Park (S. 575)

Die Wikinger

Die ersten Wikinger fielen im 9. Jh. in Nordost-Irland ein. Sie brannten Dörfer nieder, nahmen Gefangene und stahlen das Gold aus den Klöstern. Nach und nach besiedelten sie das Land, errichteten Hafenstädte, wie Waterford und Wexford, und bauten eine florierende Wirtschaft auf. Ihr Einfluss wird in vielen Teilen Irlands noch deutlich:

Irish National Heritage Park (S. 177)

Lough Gur Heritage Centre (S. 338)

Reginald's Tower (S. 190)

gen ab 40 €). Es liegt 3 km westlich von Rathdrum.

Auf dem Gelände liegt auch das großartige Restaurant **Strawberry Tree** (Abendmenü 65 €; ⏲ganzjährig Di–So 19–24 Uhr, im Aug. tägl. 🌿), das für seine regionale Küche mit vielen Bioprodukten berühmt ist.

Bates Restaurant PUB-KÜCHE €€

(☎0404-29988; www.batesrestaurant.com; 3 Market Sq, Rathdrum; Hauptgerichte 17–27 €; ⏲Di–Fr 18–21 Uhr, Sa 17.30–21.30, So 12.30–20 Uhr) Das hervorragende Lokal in einem Kutscherpub, das bereits 1785 eröffnet wurde, versteckt sich in einer Seitenstraße neben einem Pub. Es legt viel Wert auf erstklassig zubereitete Rind- und Lammfleischgerichte. Besonders gut ist das Rindfleisch vom Holzkohlegrill, z. B. das Chateaubriand-Steak (480 g) für zwei Personen für 47 €. Am Wochenende abends ist eine Reservierung empfehlenswert.

Waterford Medieval Museum (S. 188)

Dunmore Cave (☎ 056-776 7726; www.heritageireland.ie; Ballyfoyle; Erw./Kind 5/3 €; ⏲ Mitte Juni–Mitte Sept. 9.30–18.30 Uhr, sonst kürzere Öffnungszeiten; P)

Burgen & Eroberungen

Normannische Eindringlinge aus England und Wales versuchten seit dem 12. Jh. Irland zu besetzen und die Bewohner des Landes zu unterwerfen. Sie errichteten ein Netzwerk trutziger Burgen, um ihre Ländereien besser zu beherrschen:

Rock of Dunamaise (S. 542)

Trim Castle (S. 555)

Cahir Castle (S. 343)

Athlone Castle (S. 523)

Birr Castle (S. 529)

Religiöses Irland

Das als „Land der Heiligen und Gelehrten" bekannte Irland war eine Wiege des frühen Christentums. Von der Ankunft des hl. Patricks im 5. Jh. bis zur Auflösung der Klöster im 16. Jh. bietet Irland ein fantastisches Kulturerbe aus Hochkreuzen, Kirchen, Abteien und Klöstern – viele sind heute malerische Ruinen.

Clonmacnoise (S. 535)

St Declan's Monastery (S. 200)

Monasterboice (S. 565)

Fore Valley (S. 528)

Hill of Tara (S. 553)

Große Häuser & harte Zeiten

Die Aristokraten des 18. und 19. Jhs. wetteiferten miteinander, um ihren Reichtum zu demonstrieren. Sie beauftragten die angesagten Architekten ihrer Epoche, um sich immer größere und extravagantere Herrenhäuser entwerfen zu lassen. Als die Zeiten für Adelige im 20. Jh. härter wurden, kamen viele Anwesen in staatliche Hände und wurden öffentlich zugänglich gemacht:

Castletown House (S. 167)

Curraghmore Estate (☎ Buchungen 086 821 1917; www.curraghmorehouse.ie; Portlaw; Führungen 10 €, Muschelhausführungen 7,50 €, Gärten 5 €; ⏲ Ostern–Sept. Mi–So 10.30–16.30 Uhr; P)

Huntington Castle (S. 210)

Russborough House (S. 164)

Belvedere House & Gardens (S. 526)

ℹ Praktische Informationen

In der kleinen **Touristeninformation** (☎ 0404-46262; http://visitwicklow.ie; 29 Main St; ⏲ Mo–Fr 9.30–17 Uhr) von Rathdrum bekommt man einige interessante Broschüren und erfährt mehr über das Örtchen und nahegelegene Attraktionen wie den Wicklow Way (S. 156).

ℹ An- & Weiterreise

Züge nach Rathdrum fahren vom Bahnhof Dublin Connolly (16,35 €, 1½ Std., 5mal tägl.) auf der Hauptstrecke zwischen Dublin und Rosslare Harbour.

Bus 133 von **Bus Éireann** (☎ 01-836 6111; www.buseireann.ie) fährt stündlich von Dublin (Georges Quay) nach Wicklow (Stadt), und von dort steuern zwei Busse täglich Rathdrum (14 €, 1¾ Std.), Avoca und Arklow an.

Vale of Avoca

Das dicht bewaldete Tal von Avoca zählt zu den malerischsten Orten in Irland. Es liegt am Zusammenfluss von Avonbeg und Avonmore, die sich zum Fluss Avoca vereinen. Diese Kreuzung zweier Gewässer mit dem Namen „Meeting of the Waters" wurde durch ein 1808 verfasstes gleichnamiges Gedicht von Thomas Moore berühmt.

Das hübsche kleine Dorf Avoca (Abhóca) ist mit dem Marktführer Avoca Handweavers als Wiege der irischen Handweberei bekannt. Detailinformationen zu Wanderungen in der nahen Umgebung bekommt man bei der **Touristeninformation** (☎0402-35022; Old Courthouse; ⏱Mo–Sa 10–17 Uhr).

Schlafen & Essen

★ River Valley Park CAMPINGPLATZ €

(☎0404-41647; www.rivervalleypark.com; Redcross; Stellplätze 26 €, Microlodges 80–100 €;) Mit sechs verschiedenen Unterbringungsmöglichkeiten ist dieser preisgekrönte Campingplatz der wahrscheinlich am besten ausgestattete des Countys. Er hat sogar eine eigene Mikrobrauerei. Neben Stellplätzen für Familien gibt's Chalets für Selbstversorger, Mobile Homes, luxuriöse Microlodges und einen nur für Erwachsene vorbehaltenen Bereich. Der Platz befindet sich 1 km südlich des Dorfes Redcross und 7 km nordöstlich von Avoca an der Landstraße R754.

Meetings PUB

(☎0402-35226; www.themeetings.ie; Meeting of the Waters; ⏱12–23 Uhr;) Am Zusammenfluss von Avonmore und Avonbeg liegt dieses hervorragende Pub, das am Wochenende ganzjährig Livemusik bietet. Ein Café mit schönem Flussblick von der Terrasse, eine Kunsthandwerkergalerie, Lily's Restaurant (Fr–So geöffnet) und schicke moderne Gästezimmer (DZ ab 95 €) gehören ebenfalls dazu.

Shoppen

★ Avoca Handweavers KUNST & KUNSTHANDWERK

(☎0402-35105; www.avoca.ie; Main St; ⏱Mai–Sept. Laden 9.30–18 Uhr, Okt.–April bis 17.30 Uhr) In Irlands ältester Webmühle wurde Avoca Handweavers gegründet, ein Unternehmen, das heute in ganz Irland sowie international bekannt ist. Seit 1723 werden in der Mühle (10–16.30 Uhr) Wolle und andere Gewebe hergestellt sowie zahlreiche Produkte der viel gepriesenen Avoca-Kollektion, die auch im Laden nebenan verkauft werden. In den Webwerkstätten kann man ganz nach Lust und Laune umherschlendern und mit den Webern sprechen. Das hervorragende Café eignet sich für ein Mittagessen. Um die Gruppen der geführten Bustouren zu meiden, kommt man besser am frühen Morgen oder spät am Nachmittag.

An- & Weiterreise

Bus 133 von **Bus Éireann** (☎01-836 6111; www.buseireann.ie) fährt stündlich von Dublin (Georges Quay) nach Wicklow (Stadt). Zwei Busse täglich fahren weiter bis Avoca (11 €, 2 Std.) und halten in Rathdrum und am Meeting of the Waters.

Westliches Wicklow

Westlich der Wicklow Mountains verändert sich die Landschaft: Sie ist nun nicht mehr so felsig, sondern ländlicher, insbesondere an den Grenzen zu Kildare und Carlow. Das wilde, ursprüngliche Terrain weicht saftigem Weideland. Östlich von Blessington prägen viele private Gestüte die Landschaft, in denen einige der weltweit teuersten Pferde unter strenger Geheimhaltung dressiert werden.

Hauptattraktion in diesem Teil Wicklows ist das Russborough House, ein palladianisches Bauwerk gleich hinter Blessington. Wer eine wildere Kulisse bevorzugt, wird rund um Kilbride, am Oberlauf der Liffey und weiter südlich im Glen of Imaal, fündig.

Blessington

5520 EW.

Blessington mit seinen vielen Pubs, Geschäften und Stadthäusern aus dem 18. Jh. ist ein praktischer Ausgangspunkt für Ausflüge in das westliche Wicklow. Zu den Hauptsehenswürdigkeiten in der Nähe gehören das Russborough House und das Poulaphouca Reservoir. Irlands größter künstlicher Stausee ist auch als Blessington Lake bekannt. Er wurde 1940 durch einen Staudamm im Fluss Liffey angelegt, um aus Wasserkraft Strom zu erzeugen und das wachsende Dublin mit Trinkwasser zu versorgen. Er ist ein bedeutendes Naherholungsziel zum Angeln und Bootfahren.

Sehenswertes & Aktivitäten

Russborough House HISTORISCHES GEBÄUDE

(☎045-865 239; www.russboroughhouse.ie; Führungen Erw./Kind 12/6 €; ⏱März–23. Dez. tägl. 10–18 Uhr; P) Das prächtige Russborough House ist eines der edelsten palladianischen Anwesen in Irland. Es wurde im Auftrag von Joseph Leeson (1705–1783), dem künftigen ersten Earl von Milltown und späteren Lord Russborough errichtet. Seit 1952 gehört es der Familie Beit, die den Diamantenkonzern DeBeers gründete und das Herrenhaus mit einer bemerkenswerten Kunstsammlung ausgestattet hat. Hier sind u. a. Meisterwerke von Velázquez, Vermeer, Goya und Rubens zu sehen.

Im Eintrittspreis ist eine 45-minütige Führung durch das Haus enthalten, das 4 km südlich von Blessington liegt.

Russborough wurde von 1741 bis 1751 errichtet, nach einem Entwurf von Richard Cassels. Leider lebte der Architekt nicht mehr lange genug, um das Projekt zu vollenden, fand aber in Francis Bindon einen würdigen Nachfolger. Bis 1931 blieb das Haus im Besitz der Familie Leeson. Das Drama begann erst, nachdem die Beits es gekauft hatten.

1974 stahlen Mitglieder der IRA 16 Bilder, die jedoch alle wiederbeschafft werden konnten. 1984 beauftragten paramilitärische Loyalisten den Dubliner Gangster Martin Cahill als Drahtzieher eines erneuten Kunstraubs. Zwar wurde die Beute ebenfalls sichergestellt, allerdings waren einige Werke irreparabel beschädigt. Die wertvollsten Werke schenkte Beit 1988 der Nationalgalerie, dennoch brachen 2001 und 2002 erneut Kunsträuber in das Haus ein. Eines der gestohlenen Bilder war ein Gemälde von Gainsborough, das zuvor bereits zweimal entwendet und wiederentdeckt wurde. Zum Glück konnten beide Male sämtliche Kunstwerke sichergestellt werden.

Was den Dieben nicht gelang, schafften schließlich die hohen Instandhaltungskosten: 2015 teilten die Besitzer mit, dass sie zehn der Gemälde auf einer Auktion versteigern würden, eine Entscheidung, die große Bestürzung hervorrief, denn die Familie hatte immer gesagt, dass die Sammlung treuhänderisch für das irische Volk verwahrt werden sollte.

Auf der Führung durch das im typisch georgianischen Stil gestaltete Haus kann man alle verbleibenden wichtigen Gemälde bewundern.

Blessington Lake Boat Hire ANGELN
(☎ 087 355 2403; www.blessingtonlakeboathire.com; Bog Rd, Ballyknockan; Bootsverleih pro Tag 75 €) Der Anbieter verleiht Boote mit Außenbordmotoren, um auf dem Blessington Lake zu angeln oder herumzufahren. Im See, der zu Irlands besten Angelplätzen zählt, sind Bach- und Regenbogenforellen zuhause. Man kann hier auch eine Angelerlaubnis (5 €/Tag) erwerben und die Angelausrüstung leihen (15 €). Auch der Campingplatz Charles Camping an der Hauptstraße des Ortes bietet Infos zum Angeln und verkauft Angellizenzen.

Schlafen & Essen

Rathsallagh House & Country Club HOTEL €€€
(☎ 045-403 112; www.rathsallagh.com; Dunlavin; EZ/DZ ab 150/200 €; P) Dieses herrliche Landhaus, das auf dem Gestüt von Queen Anne entstand, dessen Haupthaus bei den Aufständen von 1798 jedoch abbrannte, ist heute ein traumhaft schönes Hotel. Gäste erwartet überall purer Luxus: von prächtig ausgestatteten Räumen bis zu einem Speisesaal (Hauptgerichte 20–27 €) im exquisiten Landhausstil. Zudem erstreckt sich rund um die Unterkunft ein erstklassiger Golfplatz. Es liegt 22 km südlich von Blessington an der R756.

Grangecon Café INTERNATIONAL €
(☎ 045-857 892; Kilbride Rd; Hauptgerichte 6–13 €; Di–Sa 10–17 Uhr;) Das kleine Café in einer umgebauten alten Schule kredenzt Salate, Backspezialitäten und jede Menge irische Käsesorten. Alles, was hier auf den Tisch kommt – von der Pasta bis zum köstlichen Apfelsaft – wird von den Betreibern selbst hergestellt, oft aus Biozutaten. Auf der kurzen Speisekarte steht das Beste aus der irischen Küche.

Praktische Informationen

Die **Touristeninformation** (☎ 045-865 850; blessingtontouristoffice@eircom.net; Unit 5, Blessington Craft Centre, Main St; Mo–Fr 9.30–17 Uhr, Juli–Aug. auch Sa, So 10–14 Uhr) findet man hinter dem Gebäude von Credit Union westlich der Hauptstraße.

An- & Weiterreise

Bus 65 von Dublin Bus (www.dublinbus.ie) fährt von der Poolbeg Street in Dublin nach Blessington (3,30 €, 1½ Std., alle 2 Std.).

COUNTY KILDARE

Herrlich fruchtbares Weideland hat dafür gesorgt, dass Kildare (Cill Dara) ein erstklassiges landwirtschaftliches Gebiet ist, besonders für die Pferderennen: Überall im County gibt's Gestüte, wo Spitzenrennpferde aufgezogen und trainiert werden.

In den vergangenen Jahrzehnten schluckte Dublins sich immer weiter vergrößernder Pendlergürtel zahlreiche Dörfer und Kleinstädte. Obwohl die Region nicht gerade mit vielen Attraktionen aufwartet, bietet sie Abwechslung genug für einen Tagesausflug von der irischen Hauptstadt aus oder für einen Zwischenstopp auf dem Weg nach Westen.

Kildare (Stadt)

8634 EW.

Rund um einen dreieckigen Platz zu Füßen einer beeindruckenden Kathedrale entstand die Stadt Kildare. Sie ist eng mit Brigid, der zweitwichtigsten Heiligen Irlands, verbunden. Im Zentrum gibt es zwar nicht viele Sehenswürdigkeiten, aber Kildare ist eine Einkaufsstadt und zieht mit dem Nationalgestüt Irish National Stud (S. 166) und der Pferderennbahn Curragh (S. 168) in der nahen Umgebung viele Pferdesportbegeisterte an.

Sehenswertes

Irish National Stud & Gardens GARTEN

(☎045-521 617; www.irishnationalstud.ie; Tully; Erw./Kind 12,50/7 €; ⏲Feb.– Okt. 9–18 Uhr, letzter Einlass 17 Uhr) Das Irish National Stud, 3 km südlich der Stadt, die größte Attraktion in Kildare. Auf ihrem historischen Besuch 2011 kam hier sogar die in Pferde vernarrte Queen Elizabeth II. vorbei. Das tadellos gepflegte Gestüt ist im Besitz der irischen Regierung. Stuten aus aller Welt werden hier von hochkarätigen Zuchthengsten gedeckt. Man kann an den Koppeln vorbeischlendern und den berühmten Zuchthengsten direkt in die Augen sehen oder an einer Führung teilnehmen. Im Frühjahr kann man um 15 Uhr dabei zuschauen, wie die Fohlen zurück in den Stall gebracht werden.

Das Gestüt wurde von Colonel Hall Walker gegründet, der mit dem Whiskey Johnnie Walker Berühmtheit erlangte. Walker war ein äußerst erfolgreicher Pferdezüchter, doch bei seinen exzentrischen Zuchtmethoden verließ er sich größtenteils auf die Sterne: Das Leben eines Fohlens wurde nach seinem Horoskop entschieden, und wenn die Sterne günstig standen, öffnete man die Dächer der Pferdeboxen zum Himmel hin, damit die Sterne das Schicksal der Tiere positiv beeinflussen.

Pünktlich zu jeder vollen Stunde finden Führungen durch das Gestüt statt, bei denen man auch die Intensivpflegestation für neugeborene Fohlen besucht. Wer zwischen Februar und Juni herkommt, erlebt vielleicht sogar die Geburt eines Fohlens mit.

Alternativ wird in der Fohlenstation ein zehnminütiges Video gezeigt. Da viele der Hengste inzwischen kastriert sind, haben sie wahrscheinlich nur noch dunkle Erinnerungen an ihre Zeit im Teasing Shed, wo sie auf die Paarung vorbereitet werden. Die Gebühr für das Decken einer Stute durch einen Spitzenhengst des Gestüts kann bis zu 120 000 Euro betragen.

Auf dem Gelände kann man zudem am Seeufer spazieren gehen, für Kinder gibt's sogar einen Märchenweg. Das **Irish Horse Museum** feiert Siegerpferde und dokumentiert die Geschichte des Pferderennens. Besuchen kann man auch Colonel Hall Walkers **Japanische Gärten** (ein Teil der Anlage), die als die schönsten ihrer Art in Europa gelten – was nicht besonders für die anderen Anwärter spricht. Zwischen 1906 und 1910 angelegt, zeichnen sie den Lebensweg von der Geburt bis zum Tod durch 20 Sinnbilder nach, darunter der „Tunnel of Ignorance", der „Hill of Ambition" und der „Chair of Old Age". Die Blumen sind wunderschön, aber die Anlage selbst ist zu klein, um wirklich zu beeindrucken.

St. Brigid's Cathedral KATHEDRALE

(☎045-521 229; Market Sq; Kathedrale/Rundturm 2/7 €; ⏲Mai–Sept. Mo–Sa 10–13, Mo–So 14–17 Uhr) Kildares Market Square wird von der St. Brigid's Cathedral aus dem 13. Jh. beherrscht. Ein schönes Buntglasfenster im Innern zeigt die drei Schutzpatrone Irlands: Patrick, Brigid und Colmcille. In der Kirche befindet sich auch das restaurierte Grabmal von Walter Wellesley, dem Bischof von Kildare, das kurz nach seinem Tod 1539 verschwand und erst 1971 wiederentdeckt wurde. Eine der Relieffiguren wird als Turnerin oder *sheela-na-gig* (gemeißelte Figur einer Frau mit übergroßen Genitalien) interpretiert.

Der aus dem 10. Jh. stammende **Rundturm** auf dem Kirchengelände ist mit 32,9 m der zweithöchste Turm Irlands und einer von nur zwei im ganzen Land, auf die man hinaufgehen kann, wenn der Wächter in der Nähe ist. Der zweite Turm steht in Kilkenny. Das ursprünglich kegelförmige

ABSTECHER

CASTLETOWN HOUSE

Das prächtige **Castletown House** (☎ 01-628 8252; www.castletown.ie; Celbridge; Erw./Kind 8/3,50 € mit Führung 10/5 €; ⏲ Mitte März–Okt. 10–18 Uhr) ist Irlands beeindruckendstes georgianisches Anwesen und ein Zeugnis des großen Reichtums angloirischen Adels im 18. Jh. Bei den einstündigen Führungen, die um 12 und 15 Uhr beginnen, bekommt man einen Einblick, wie 1 % der Bevölkerung im 18. Jh. so lebte, aber man kann das Haus auch individuell besichtigen. Unbedingt zum Fluss hinabflanieren, um den schönen Blick zurück zum Haus zu genießen!

Castletown ist ab der Kreuzung 6 an der M4 ausgeschildert.

Das Haus wurde zwischen 1722 und 1732 für William Conolly (1662–1729), Sprecher des Irish House of Commons und zu jener Zeit der wohlhabendste Mann des Landes, erbaut. Aufgewachsen in relativ ärmlichen Verhältnissen in Ballyshannon im County Donegal, hatte Conolly in den unsicheren Zeiten nach der Schlacht am Boyne (1690) mit Grundstückshandel sein Glück gemacht.

Die Aufgabe, einen größeren Palast zu errichten, der eines Prinzen würdig wäre, wurde Sir Edward Lovett Pearce (1699–1733) anvertraut – daher die Kolonnaden und die Pavillons an ihren Enden. Lovetts Entwurf war eine Erweiterung eines bereits erstehenden Stils für Gebäude nach dem Vorbild italienischer Palazzi des 16. Jhs., den der italienische Architekt Alessandro Galilei (1691–1737) 1718 kreiert hatte. Doch Conolly wünschte sich etwas noch Grandioseres, darum erschien Lovett 1724 auf der Bildfläche. Ein Highlight der opulenten Inneneinrichtung ist die Long Gallery mit Familienporträts und exquisiten Stuckarbeiten der Gebrüder Francini.

Conolly erlebte die Fertigstellung des Palasts nicht mehr. Nach seinem Tod 1729 lebte seine Witwe Katherine weiterhin in dem Haus und veranlasste zahlreiche Umbauten. Ihr wichtigster architektonischer Beitrag ist der sonderbare 42,6 m hohe Obelisk, im Ort als Conolly Folly bekannt. Außerdem veranlasste Katherine den Bau der **Wonderful Barn** (Leixlip; ⏲ von Sonnenauf- bis Sonnenuntergang) im Stil von Heath Robinson (oder Rube Goldberg), um deren sechs Stockwerke sich eine äußere Wendeltreppe windet. Das windschiefe Gebäude erhebt sich auf einem Privatgrundstück in der Nähe von Leixlip.

Castletown House blieb bis 1965 im Besitz der Familie Conolly. Danach erwarb es Desmond Guinness und steckte viel Geld hinein, um dem Anwesen wieder zu altem Glanz zu verhelfen. Ab 1979 investierte auch die Castletown Foundation in das Gebäude. 1994 ging es in Staatsbesitz über und wird heute vom Heritage Service verwaltet.

Dach wurde durch ungewöhnliche normannische Zinnen ersetzt. In der Nähe des Turms befindet sich ein **Wunschstein**: Wenn man einen Arm durch das Loch steckt und die eigene Schulter berührt, wird einem ein Wunsch erfüllt. An der Nordseite der Kathedrale kann man die restaurierten Grundmauern eines antiken **Feuertempels** besichtigen.

Schlafen & Essen

★ **Martinstown House** HOTEL €€€
(☎ 045-441 269; www.martinstownhouse.com; Ballysax; Zi. ab 175 €; ⏲ Mitte Jan.–Mitte Dez.; P) Dieses schöne Herrenhaus aus dem 18. Jh. im gotischen Strawberry-Hill-Stil erhebt sich umgeben von schönem Wald auf einem 170 ha großen Grundstück. Die vier Zimmer des Anwesens wurden mit zahlreichen Antiquitäten gefüllt. Kinder sind nicht erwünscht. Wer im Voraus bucht, kommt in den Genuss eines unvergesslichen Abendessens (49,50 €). Fast alle Zutaten stammen aus dem eigenen Gemüsegarten. Es liegt 10 km südöstlich der Stadt.

Agapé CAFÉ €
(☎ 045-533 711; Station Rd; Gerichte 6–12 €; ⏲ Mo–Sa 9–18 Uhr) Der Name steht für *ah-gap-ay* (auf Griechisch: bedingungslose Liebe) und nicht für mit offenem Mund geäußertes Erstaunen wie in *ah-gayp*. Trotzdem ist die Qualität der frisch zubereiteten Gerichte in dem hippen kleine Café eine angenehme Überraschung. An der Bar gibt's alle erdenklichen Kaffeespezialitäten, und auf der Karte stehen Salate, Suppen, Sandwiches und leckere warme Tagesgerichte.

Shoppen

Kildare Village EINKAUFSZENTRUM
(www.kildarevillage.com; Nurney Rd; ⌚ Mo–Mi & So 10–19, Do–Fr 10–20, Sa, 9–20 Uhr) Aus dem ganzen Land strömen Kunden herbei, um in diesem Outlet-Einkaufszentrum günstige Kleidung ihrer Lieblingsmarken zu kaufen. Mit über 100 bekannten Marken ist es das größte Outlet des Landes. Die Architektur erinnert an Irlands Gestüte und in den ehemaligen Pferdeboxen kann man heute sein Mittagessen an Gourmet-Food-Trucks kaufen.

Praktische Informationen

Tourist Office & Heritage Centre (☎ 045-521 240; www.kildare.ie; Market Sq; ⌚ Mai–Sept. Mo–Sa 9.30–13 & 14–17.30 Uhr) Hier kann man eine Ausstellung (Eintritt frei) zur Geschichte Kildares sehen und Kunst aus der Region kaufen.

An- & Weiterreise

Buslinie 126 von Bus Éireann (www.buseireann.ie) fährt von Dublin (Haltestelle Connoly Luas) nach Kildare (14.30 €, 1½ Std., stündl.). Einige Linien in Richtung Hauptstadt halten auch am **Nationalgestüt** (S. 166).

Züge verbinden Dublin Heuston mit Kildare (16,60 €, 30 Min., 1–4-mal pro Std.). Von Kildare aus verkehren sie in unterschiedliche Richtungen, z. B. nach Ballina, Galway, Limerick und Waterford.

Curragh

Der Curragh, einer der größten fruchtbaren Landstriche Irlands und gleichzeitig das Zentrum der irischen Pferdezucht, erstreckt sich von Kildare (Stadt) bis Newbridge. Der Name leitet sich vom irischen Ausdruck für „Ort der rennenden Pferde" ab, und genau das tun besagte Tiere in der gewellten grünen Landschaft bereits seit dem 18. Jh. Die Geschichte von Pferdewagenrennen gehen sogar bis ins 13. Jh. zurück. Früh am Morgen oder spätabends kann man die Vollblüter beim Training auf den weiten Flächen rund um den international bekannten **Curragh racecourse** (☎ 045-441 205; www.curragh.ie; 15–30 €; ⌚ Mitte April–Okt.) beobachten.

Der Curragh ist Irlands älteste und berühmteste Pferderennbahn und zählt zu den renommiertesten Flachrennstrecken der Welt. Auch wenn man kein ausgesprochener Pferdefan ist, lohnt ein Tag beim Pferderennen wegen der Leidenschaft und der besonderen Atmosphäre. Die ganze Anlage wird gerade aufwendig modernisiert und soll voraussichtlich Anfang 2019 wieder eröffnet werden.

Das unscheinbare Newbridge (Droichead Nua) am Ostende des Curragh ist für seine Einkaufszentren und Silberwaren bekannt.

Sehenswertes

Museum of Style Icons MUSEUM
(☎ 045-431 301; http://newbridgesilverware.com/mosi; Newbridge Silverware, Athgarvan Rd; ⌚ Mo–Sa 9–18, So 10–18 Uhr; P) GRATIS Im Showroom von Newbridge Silverware zeigt eine überraschende Ausstellung unter Glitzerkugeln Erinnerungsstücke an Stars, z. B. Kleidungsstücke, Anzüge und Bühnenkostüme, die einst u. a. Audrey Hepburn, The Beatles, Victoria Beckham, Michael Jackson, Elizabeth Taylor und Prinzesssin Diana gehörten. Mehr erfährt man dienstags und donnerstags jeweils um 10.30 Uhr bei Führungen (5 €).

Shoppen

Newbridge Silverware KUNST & KUNSTHANDWERK
(☎ 045-431 301; www.newbridgesilverware.com; ⌚ Mo–Sa 9–18, So 11–18 Uhr) Der Ausstellungsraum von Newbridge Silverware ist eine rein kommerzielle Einrichtung. Hier kann man traditionelle Metallarbeiten aus der Gegend wie Silberschmuck, versilbertes Besteck, Heimdeko-Objekte und Geschenke mit Gravierungen kaufen.

An- & Weiterreise

Die M7 von Dublin verläuft mitten durch den Curragh (die Rennbahn und Newbridge erreicht man über die Ausfahrt 12).

Buslinie 126 von Bus Éireann (www.buseireann.ie) fährt von Dublins Busbahnhof Busáras nach Newbridge (11 €, 1¼ Std., stündl.) und weiter bis Kildare (Stadt). Dublin Coach (http://dublincoach.ie) betreibt an Renntagen Sonderbusse vom Dublin Airport und von Dublin nach Curragh.

Die Züge von Dublin Heuston nach Kildare halten in Newbridge (15 €, 30 Min., stündl.).

Maynooth

14 585 EW.

Der Campus der National University of Ireland (NUIM) prägt die geschäftige Ortschaft Maynooth (Maigh Nuad). Zwei Drittel der Einwohner sind Studenten, die ein wenig Leben in die ansonsten recht nüchterne Kleinstadt voller Steinhäuser und Geschäfte bringen.

Die Hauptsehenswürdigkeiten – die Burg, das College und das Museum – liegen alle am Ende der Main Street, vom Bahnhof aus zehn Minuten zu Fuß Richtung Norden.

Sehenswertes & Aktivitäten

St. Patrick's College UNIVERSITÄT

(01-708 6404; www.visitmaynooth.com/tours; Main St; geführte Touren Erw./Kind/Student 8/4/6 €; geführte Touren Juni–Aug. 11–17.30 Uhr) Seit 1795 werden im St. Patrick's College & Seminary, einem Teil der NUI Maynooth, katholische Priester ausgebildet. Nach dem Trinity College in Dublin ist dies Irlands zweitälteste Hochschule. Die Collegegebäude, die u. a. vom gotischen Architekten Augustus Pugin entworfen wurden, sind beeindruckend; es lohnt, sich hier eine Stunde umzuschauen. Auf dem Gelände verteilen sich vornehme georgianische und neogotische Gebäude, Gärten und Plätze. Am besten bucht man eine Führung durch die College Chapel, die größte Chorkapelle der Welt mit Stühlen für mehr als 450 Sänger.

Die Hochschule wurde gegründet, um angehende Pastoren vom Seminar in Frankreich sowie den gefährlichen Idealen der Revolution und des Republikanismus fernzuhalten. 1898 wurde St. Patrick's eine päpstliche Universität (die theologischen Kurse im Priesterseminar fielen damit unter die Kontrolle des Vatikans). 1910 trat sie der neu gegründeten National University of Ireland (NUI) bei. Die Studentenschaft bestand jedoch weiterhin ausschließlich aus Klerikern, bis 1966 schließlich auch weltliche Bürger aufgenommen wurden. Heute ist St. Patrick's zwar Teil einer größeren Universität, aber dennoch weitgehend eigenständig. Darüber hinaus unterscheiden sich die 80 eigenbrötlerischen männlichen Seminaristen deutlich von den übrigen 8500 Studenten anderer Fachrichtungen.

National Science & Ecclesiology Museum MUSEUM

(01-708 3576; http://maynoothcollege.ie/national-museum-maynooth; St Patrick's College; Eintritt gegen Spende; Mi 14–16 Uhr, Juni–Aug. auch So 14–18 Uhr) Pater Nicholas Callan (1799–1864), der im 19. Jh. Professor für Naturwisssenschaften am St. Patrick's College war, gilt als Pionier der Elektromagnetismus-Forschung und ist der Erfinder der Induktionsspule. In dem kleinen Museum ist seine Versuchsapparatur im Original erhalten. Zudem zeigt es eine große Sammlung historischer wissenschaftlicher Instrumente und kirchliche Objekte aus drei Jahrhunderten, die mit der Universität in Verbindung stehen.

> **ABSEITS DER ÜBLICHEN PFADE**
>
> ### ARTHURS LETZTE RUHESTÄTTE
>
> Der 10 m hohe Stumpf eines Rundturms aus dem 8. Jh. kennzeichnet die historische christliche Stätte (Oughterard; von Sonnenauf- bis Sonnenuntergang) 7 km südöstlich von Straffan. Der gälische Name bedeutet übersetzt „hoch gelegener Ort" und der Blick auf die grüne Landschaft von Kildare ist beeindruckend. Aber am bekanntesten ist der Friedhof als letzte Ruhestätte des prominenten Arthur Guinness (1724–1803), des Brauers, dem die Nachwelt das weltberühmte schwarze Bier verdankt. Sein Grab liegt zwischen den Überresten der Kirche aus dem 14. Jh.

Maynooth Castle BURG

(01-628 6744; www.heritageireland.ie; Parson St; Mitte Mai–Sept. Mi–So 10–18 Uhr) GRATIS Im Westen des Stadtzentrums liegen die Überreste des Torhauses, des Bergfrieds und der Halle der im 13. Jh. erbauten Burg, dem ehemaligen Sitz der Familie Fitzgerald. Das Bauwerk wurde zur Zeit Cromwells niedergerissen, als die Fitzgeralds ins Kilkea Castle (heute geschlossen) umzogen. Besucher können die Ruinen nur im Rahmen einer 45-minütigen Führung besichtigen. Im Bergfried ist eine kleine Ausstellung zur Burggeschichte untergebracht.

Carton House GOLF

(01-651 7727; www.cartonhousegolf.com; Carton House; Golfplatzgebühren 75–95 €) Mit zwei herausragenden Golfplätzen ist Carton House eines der führenden irischen Ziele für Golfspieler. Der Golfplatz O'Meara hat breite Fairways und strategisch platzierte Greens. Der Golfplatz Montgomerie ist schwieriger, dort sind Bunker positioniert, die alle – außer die am besten geschlagenen – Bälle schlucken.

Schlafen & Essen

NUI Maynooth UNTERKUNFTSBÜRO €
(☎ 01-708 6400; www.maynoothcampus.com; Unterkunftsbüro, St Patrick's College; EZ/DZ ab 33/54 €; P Wi-Fi) Auf dem Campus können sage und schreibe tausend Gäste in sehr unterschiedlichen Räumlichkeiten übernachten, die vom traditionellen Collegezimmer bis zum Apartment-Doppelzimmer in den Zweckbauten des Universitätsdorfs reichen. Viele Quartiere liegen auf dem Nordcampus, der aus den 1970er-Jahren stammt. Der Südcampus (hier befindet sich auch das Unterkunftsbüro) bietet bessere Räumlichkeiten, da sich diese rund um die Höfe und Gärten des stimmungsvollen St. Patrick's College verteilen. In den Sommermonaten hat man die besten Chancen, ein Zimmer zu ergattern.

Carton House HOTEL €€€
(☎ 01-505 2000; www.cartonhouse.com; Zi. ab 250 €; P @ Wi-Fi Pool) Der 1739 errichtete ehemalige Landsitz der Fitzgeralds, der Earls of Kildare (in der Stadt residierten sie im Leinster House, wo heute das irische Parlament tagt), dient heute als exquisite Luxusbleibe. Es gibt prächtige Suiten im von Richard Cassels entworfenen Originalgebäude und gepflegte Zimmer im Stil eines Businesshotels im modernen Anbau. Um zum Carton House zu gelangen, folgt man der R148 nach Osten entlang des Royal Canal in Richtung Leixlip.

WANDERN AUF DEM TREIDELPFAD AM GRAND CANAL

Der Treidelpfad des Grand Canal bietet sich für eine gemütliche Wanderung an. Von den vielen Zugangspunkten ist Robertstown der beste, wenn man einen Wanderung am Kanal unternehmen will. Das Dorf liegt genau in der Mitte des Kildare Way und des Treidelpfads am Barrow-Fluss. Letzterer erstreckt sich bis ins 95 km südlich gelegene St. Mullins im County Carlow. Dort besteht ein Zugang zum South Leinster Way bei Graiguenamanagh sowie zum südlichen Ende des Wicklow Way in Clonegal (nördlich des Mt. Leinster).

In vielen regionalen Touristeninformationen bekommt man Broschüren mit genauen Beschreibungen der Wanderwege. Auch **Waterways Ireland** (www.waterwaysireland.org) ist eine gute Infoquelle.

Gatehouse INTERNATIONAL €€
(☎ 01-629 1522; www.thegatehouse.ie; Main St; Hauptgerichte mittags 8–14 €, abends 16–23 €; ⌚ Mo–Sa 8.30–22, So 10–21 Uhr; Wi-Fi) Auf der Karte des Gatehouse steht für jeden etwas: Frühstücksteller, Fischsuppe, Pizza oder Pasta und interessantere Gerichte, wie *teriyaki*-Lachs und Wild in Rosmarin- und Honigsaft. Entsprechend großer Beliebtheit erfreut sich das Restaurant. Darüber hinaus ist die Qualität der Zutaten hervorragend. Alles ist frisch und kommt vorwiegend aus der Region.

An- & Weiterreise

Dublin Bus (☎ 01-873 4222; www.dublinbus.ie) betreibt eine Verbindung nach Maynooth (3,30 €, 1 Std., alle 30 Min.) ab dem Merrion Square in Dublin.

Maynooth liegt an der Bahnstrecke Dublin–Sligo und in beide Richtungen fahren regelmäßig Züge: nach Dublin (5,95 €, 40 Min., 1–4-mal pro Std.) und nach Sligo (38 €, 2¾ Std., 4-mal pro Tag).

Bog of Allen

Bog of Allen Nature Centre MUSEUM
(☎ 045-860 133; www.ipcc.ie; R414, Lullymore; Erw./Kind 5 €/frei; ⌚ Mo–Fr 9–17 Uhr, Mai–Sept. manchmal auch am Wochenende; P Kinder) Das Interpretationszentrum dieser wunderbaren faszinierenden Institution unter der Leitung des gemeinnützigen Irish Peatland Conservation Council macht Besucher mit der erstaunlichen Artenvielfalt der irischen Moore vertraut. Es erzählt zudem die Geschichte der Moore, der Torfgewinnung und der Bedrohung, die diese für Wildtiere und die Umwelt darstellt. Im Garten hinter dem Haus befindet sich die größte Sammlung fleischfressender Pflanzen in Irland, darunter Sonnentau, Fettkraut und Kannenpflanzen, und es gibt hier auch Teiche voller Frösche und Molche. In der Nähe beginnt ein Bohlenweg, der bis zum Lodge Bog führt, einem letzten noch erhaltenen unberührten Teil des Bog of Allen.

Lullymore Heritage & Discovery Park NATURSCHUTZGEBIET
(☎ 045-870 238; www.lullymoreheritagepark.com; Lullymore; Erw. /Familie 9/30 €; ⌚ April–Sept. tägl. 10–18 Uhr, Feb.–März nur Sa & So; P Kinder) Der

preisgekrönte familienorientierte Freizeitpark, angelegt auf einem weggeschnittenen Stück Moor, wo einst zu kommerziellen Zwecken Torf abgebaut wurde, lockt mit vielen Aktivitäten. Ein Waldweg führt zu mehreren interessanten Orten, z. B. einer nachgebildeten Hütte aus der Eisenzeit und einem bezaubernden Märchendorf. Auf Bohlenwegen gelangt man über das halb abgetrocknete Moor zu Verstecken von Wildtieren. Zudem gibt es einen Streichelbauernhof, Minigolf, eine Miniatureisenbahnstrecke und einen Abenteuerspielplatz. Einen halben Tag Zeit sollte man einplanen, um von dem Besuch etwas zu haben.

Von Ballitore nach Castledermot

Die R448 von Kilcullen nach Carlow verläuft direkt östlich der M9. Sie führt zu den kleinen Dörfern Ballitore, Moone und Castledermot und zu ein paar Sehenswürdigkeiten abseits der ausgetretenen Pfade.

Quaker Museum MUSEUM

(☎ 059-862 3344; www.kildare.ie; Main St, Mary Leadbeater House; Eintritt auf Spendenbasis; ⏰ Mi, Fr & Sa 10–13 & 14–17, Do 12.30–16 Uhr) Das kleine Ballitore ist die einzige geplante und dauerhafte Quäkersiedlung Irlands. Sie wurde 1726 von Einwanderern aus Yorkshire gegründet. Dieses kleine Museum in einem winzigen restaurierten Gemeindehaus der Society of Friends, das auch die örtliche Bibliothek beherbergt, dokumentiert das Leben der Gemeindemitglieder (inklusive der einstigen Besitzerin Mary Leadbeater, die als Kriegsgegnerin bekannt war). Am Südende des Dorfs liegt ein Quäkerfriedhof.

Moone High Cross RELIGIÖSE STÄTTE

(www.kildare.ie; Moone; ⏰ Sonnenauf- bis Sonnenuntergang) GRATIS Das ungewöhnlich große und schlanke Moone High Cross, eines der fantastischen frühchristlichen Denkmäler des Landes, ist ein Meisterwerk aus dem 8. oder 9. Jh. Es steht zwischen den Überresten einer Abtei aus dem 13. Jh. Reliefs zeigen biblische Szenen, die in ihrer Detailliertheit und Fülle an einen Comic erinnern. Dargestellt sind u. a. Daniel in der Löwengrube und der Flug nach Ägypten. Um das Kreuz zu finden, folgt man einer kleinen Landstraße, 1 km westlich des Dorfs Moone und geht durch eine unauffällige Holztür in einer Steinmauer.

Castledermot Monastery RUINEN

(St James' Church, Church Lane, Castledermot; ⏰ Sonnenauf- bis Sonnenuntergang) GRATIS Im Dorf Castledermot gab es einst eine riesige Klostersiedlung. Vom Kloster des hl. Diarmuid aus dem 9. Jh. ist heute nur noch ein 20 m hoher Rundturm mit mittelalterlichen Zinnen erhalten. Ganz in der Nähe entdeckt man zwei Granithochkreuze aus dem 10. Jh., ein romanisches Eingangstor aus dem 12. Jh. und einen mittelalterlichen sogenannten „Hogback"-Grabstein, der einzige seiner Art in ganz Irland. Zu den Ruinen gelangt man durch ein rostiges Tor an der stark befahrenen Main Street (N9), dann geht's eine Allee entlang bis zur St. James Church.

Moone High Cross Inn GASTHOF

(☎ 059-862 4112; www.moonehighcrossinn.com; Bolton Hill; ⏰ So–Do 10–23 Uhr, Fr & Sa bis Mitternacht) Der urige Gasthof aus dem 18. Jh., 2 km südlich von Moone, ist berühmt für *craic* (irische Gastfreundschaft) und Livemusik. Zu den vielen berühmten Gästen gehören Bono, Sandra Bullock und Clint Eastwood (sie waren nicht zur gleichen Zeit da!). Serviert gute Pubküche – (ein Topf Lauch- und Kartoffelsuppe steht immer auf dem Ofen. Im B&B gibt's fünf Gästezimmer (ab 85 €).

Counties Wexford, Waterford, Carlow & Kilkenny

422 000 EW. / 7194 KM²

Inhalt ➡

Historische Gebäude

- Hook Lighthouse (S. 184)
- Kilkenny Castle (S. 211)
- Ardmore Cathedral (S. 200)
- Jerpoint Abbey (S. 221)
- Kells Priory (S. 219)

Parks & Gärten

- Johnstown Castle Gardens (S. 173)
- Lismore Castle Gardens (S. 202)
- Altamont Gardens (S. 207)
- Woodstock Gardens (S. 222)
- Huntington Castle Gardens (S. 210)

Auf nach Wexford, Waterford, Carlow & Kilkenny

Die Grafschaften Wexford, Waterford, Carlow und Kilkenny bilden zusammen mit dem südlichen Teil von Tipperary den „sonnigen Südosten", die wärmste und trockenste Region der Insel. Da wir uns in Irland befinden, ist der Begriff „warm" natürlich relativ. Goldene Sandstrände säumen Wexford und Waterford wie eine Tiara, die mit ein paar bildschönen Edelsteinen – pittoresken Reetdachhäusern, eleganten Küstenstädten und windgepeitschten Halbinseln – aufwartet. Wer alles liebt, was funkelt und glänzt, sollte sich das weltbekannte Waterford Crystal (Glaswaren aus Waterford) genauer ansehen. Landeinwärts trennt das grüne Tal des Flusses Barrow die Uferdörfer und Kunst- und Kunsthandwerkerwerkstätten des Countys Kilkenny von den Landhäusern und blühenden Anwesen des Countys Carlow. Die Vorzeigestadt ist Kilkenny mit einer imposanten Festung, einer Kathedrale, mittelalterlichen Gassen und atmosphärischen Pubs und Restaurants. Und dank des Klimas im „sonnigen Südosten" kann man sich in den vier Counties in vielfältige Outdoorabenteuer stürzen.

Reisezeit

- Von Juni bis September ist es am Meer sowie in den Strandcafés und -restaurants am schönsten.
- April bis Oktober sind die besten Monate zum Wandern und Spazierengehen, allerdings nur mit wasserdichter, warmer Kleidung.
- Von Oktober bis November kommen Musikfans auf ihre Kosten. Dann steigt in Wexford das weltbekannte Opernfestival und in Kilkenny das Celtic Festival mit traditioneller Musik.

COUNTY WEXFORD

Schon immer hat Wexford mit seinen leicht schiffbaren Flüssen und fruchtbaren Böden Invasoren und Freibeuter angezogen. Die Wikinger gründeten Irlands erste große Stadt am gemächlichen Slaney, der sich durch das County zieht. Heute ist Wexford ein Zentrum für Kunst und Opernkultur. Vor der Haustür erstrecken sich Strände entlang der Küste und im Hinterland liegen vereinzelte niedliche Dörfer und Häuser mit Reetdächern.

Wexford (Stadt) & Umgebung

20 188 EW.

Wexfords enges Gewirr aus mittelalterlichen Straßen wird von altmodischen Pubs, Edelboutiquen, mit Brettern zugenagelten Häusern und modernen Fassaden aus Stahl und Glas gesäumt und verkörpert so die Gegensätze, die der Wirtschaftsboom und die Krise der letzten Jahrzehnte hervorgebracht haben. Die bewegte, blutige Geschichte erzählt u. a. von Wikingern (den Gründern der Stadt) und dem Feldherren Oliver Cromwell, der Wexford beinahe auslöschte.

Kunst ist hier allgegenwärtig, vor allem in Form von unzähligen Kunsthandwerkerateliers und Galerien. Auch gute Restaurants sind zahlreich vertreten, die größte kulturelle Attraktion ist aber das weltberühmte Wexford Opera Festival (S. 177), ein 12-tägiges Event, bei dem selten gezeigte Stücke vor den ausverkauften Rängen des Opernhauses aufgeführt werden.

Geschichte

Die Wikinger nannten den Ort einst Waesfjord („Hafen der Schlammebenen"). Aufgrund seiner günstigen Lage nahe der Flussmündung des Slaney entstanden hier bereits 850 die ersten Ansiedlungen. 1169 wurde die Stadt von den Normannen erobert; Überreste ihrer Festung sind auf dem Gelände des Irish National Heritage Park (S. 176) zu besichtigen.

Auf seinem vernichtenden Irlandfeldzug stieß auch Cromwell bis nach Wexford vor (1649/1650). 1500 der 2000 Einwohner fielen ihm und seinen Mannen zum Opfer, darunter sämtliche Franziskanermönche. Der blutige Aufstand 1798 wurde von den Rebellen anfangs sehr entschlossen geführt, schließlich jedoch niedergeschlagen.

Sehenswertes

Die Museen sind nichts Besonderes, doch das heißt nicht, dass Wexford keine reiche Geschichte hätte. Davon kann man sich z. B. bei einem Spaziergang überzeugen.

Selskar Abbey RUINE
(Westgate, Spawell Rd; Erw./Kind 3/1 €; Führungen März–Okt. Mo–Sa 15 Uhr) Nach dem Meuchelmord an seinem Verbündeten Thomas Becket leistete Heinrich II. Abbitte für seine blutige Tat in der Selskar Abbey, die 1190 von Alexander de la Roche errichtet wurde. Basilia, die Schwester von Robert Fitz Gilbert de Clare (alias Strongbow), soll hier einen der Offiziere von Heinrich geheiratet haben. Der heutige desolate Zustand des Hauses lässt sich auf einen „Besuch" Cromwells im Jahre 1649 zurückführen. Zutritt hat man nur im Rahmen einer geführten Tour; Treffpunkt ist am Westgate, abseits der Spawell Road.

St. Iberius' Church KIRCHE
(North Main St; Mai–Sept. 10–17 Uhr, Okt.–April bis 15 Uhr) GRATIS Die Renaissancefassade der 1660 errichteten St. Iberius' Church lohnt zwar einen Blick, aber das Highlight ist der georgianische Innenbereich mit seinem fein geschnitzten Chorgeländer und den Skulpturen aus dem 18. Jh. Einige von Oscar Wildes Vorfahren arbeiteten hier als Pfarrer. Die Akustik des Bauwerks ist legendär, deshalb finden hier gelegentlich Konzerte statt.

Bull Ring PLATZ
Der Bull Ring ist ein kleiner, offener Platz im Stadtzentrum, der im Mittelalter als Schauplatz fürs *bull baiting* (Hetzjagd auf Stiere) genutzt wurde. Heute wird auf dem Bull Ring ein Wochenmarkt (S. 179) veranstaltet.

Die Lone-Pikeman-Statue erinnert an die Aufständischen von 1798, die den Platz als Waffenschmiede nutzten.

Westgate HISTORISCHES GEBÄUDE
Von den ehemals sechs Stadttoren ist nur das West Gate aus dem 14. Jh. erhalten. Früher wurde das Stadttor als Mautstelle genutzt; die Kassierstellen der Zolleintreiber erkennt man noch als Mauernischen, ebenso die Gefängniszellen der *runagates* (Zollpreller).

★ **Johnstown Castle Gardens** GÄRTEN
(www.irishagrimuseum.ie; Johnstown Castle Estate; Erw./Kind 3/1 €, inkl. Museum 8/4 €; April–Mai & Sept. 9–17.30 Uhr, Juni–Aug. bis 19 Uhr,

Highlights

1 **Kilkenny** (S. 211) Die urbanen Freuden einer der lebendigsten Städte des Landes genießen.

2 **Dungarvan** (S. 197) Mit ihren Restaurants und Bauernmärkten und ihrem Gastrofest ist diese muntere Stadt in der Grafschaft Waterford ein Paradies für Feinschmecker.

3 **Ardmore** (S. 200) Waterfords herrliche Küstenlandschaft rund um das historische Ardmore kennenlernen.

4 **Jerpoint Abbey** (S. 221) In den stimmungsvollen Ruinen der Abtei im County Kilkenny kann man sich wie ein Mönch fühlen.

5 **Curracloe Beach** (S. 178) Der scheinbar endlose weiße

Sandstrand lädt zu Spaziergängen ein.

6 Waterford (Stadt) (S. 188) Sich in ausgezeichneten Museen in die Zeit der Wikinger und Normannen zurückversetzen.

7 Altamont Gardens (S. 207) Im County Carlow durch ein Meer aus Tulpen, Azaleen, Rosen und Geranien wandeln.

8 Barrow Way (S. 207) Den Treidelpfad im Grünen zwischen Graiguenamanagh und St. Mullins entlangradeln.

9 Dunbrody Famine Ship (S. 185) Auf dem Nachbau eines Auswandererschiffes mehr über Irlands bewegte Geschichte erfahren.

Wexford (Stadt)

Wexford (Stadt)

Sehenswertes

1 Bull Ring B2
Lone Pikeman Statue .... (siehe 1)
2 Selskar Abbey A2
3 St. Iberius' Church B3
4 Westgate A2

Aktivitäten, Kurse & Touren

5 Wexford Walking Tours D3

Schlafen

6 Abbey B&B B2
7 Blue Door B2
8 Clayton Whites Hotel B2
9 Cuasnog A3
10 Talbot Hotel D4

Essen

11 Cistín Eile C4
12 Greenacres B2
13 La Côte C3
14 Simon Lambert & Sons C4
15 Stable Diet Cafe C4

Ausgehen & Nachtleben

16 Centenary Stores B2
17 Sky & the Ground C4

Unterhaltung

18 National Opera House B3
19 Wexford Arts Centre B2

Shoppen

20 Blue Egg Gallery B3
Bull Ring Market .... (siehe 1)
21 Wexford Book Centre C3

Okt.–März bis 16.30 Uhr; P) Stolze Pfauen stolzieren über das Gelände des traumhaften Johnstown Castle aus dem 19. Jh., in dem einst die mächtigen Fitzgeralds und Esmondes residierten. 1945 ging die Burg als Schenkung an den irischen Staat. Das heute leer stehende Gebäude ist nicht öffentlich zugänglich. Ringsum erstrecken sich 20 ha Wald mit einem See, einem abgesenkten italienischen Garten, Statuen und Wasserfällen. Das Anwesen liegt 7 km südwestlich von Wexford.

Die Nebengebäude beherbergen die faszinierende Sammlung des **Irish Agricultural Museum** (053-918 4671; Erw./Kind mit Burggärten 8/4 €; April–Mai & Sept.–Okt. Mo–Fr 9–17, Sa & So 11–17 Uhr, Juni–Aug. bis 18.30 Uhr, Nov.–März bis 16 Uhr), zu der alte Ferguson-Traktoren, landwirtschaftliche Maschinen, Möbel im irischen Landhausstil und nachgebaute Bauernhausküchen gehören. Die Ausstellung zur Großen Hungersnot liefert hervorragende Erklärungen zu der landesweiten Tragödie.

Irish National Heritage Park MUSEUM
(053-912 0733; www.inhp.com; Ferrycarrig; Erw./Fam. 9,50/25 €; Mai–Aug. 9.30–18.30 Uhr, Sept.–April bis 17.30 Uhr; P) Das Freilichtmuseum deckt mehr als 9000 Jahre irischer Geschichte ab. Nach einer audiovisuellen Präsentation entscheidet man sich für eine Führung oder einen Audioguide und bewundert auf dem Rundgang einen nachgebauten neolithischen Hof, einen Steinkreis, eine Ringfestung, ein Kloster, eine *crannóg* (künstliche Insel), eine Wikingerwerft und eine normannische Burg (auf den Überresten einer echten Normannenburg). Außerdem kann man sich im Bogenschießen üben und den Abenteuerspielplatz besuchen. Der Park liegt abseits der N11 am Westrand der Stadt.

Wexford Wildfowl Reserve NATURSCHUTZGEBIET
(076 100 2660; www.wexfordwildfowlreserve.ie; North Slob; Führungen nach Vereinbarung; 9–17 Uhr; P) GRATIS Im North Slob (der Begriff kommt vom irischen *slab*, was „Schlamm" oder „Morast" bedeutet) leben jede Menge Vögel. Das Paradies für (Hobby-)Ornithologen ist ein großes Areal aufgeschütteten Landes nördlich vom Wexforder Hafen, durchzogen von Gräben und von Deichen geschützt (ein bisschen wie Holland). Im Winter lässt sich hier ein Drittel der weltweiten Population von Blässgänsen nieder (insgesamt einige 10 000 Vögel). Zu den Einrichtungen des Reservats zählen ein Aussichtsturm, verschiedene Hochsitze und ein Besucherzentrum mit detaillierten Ausstellungen. Das Naturschutzgebiet ist 3 km nördlich von Wexford an der R741 ausgeschildert.

Geführte Touren

Wexford Walking Tours STADTFÜHRUNG
(087 265 8276; www.wexfordwalkingtours.net; 7 €; März–Okt. Mo–Sa 11 Uhr) Bei einer 90-minütigen Führung durch Wexford erfährt man mehr über die komplexe Stadtgeschichte. Vor der Touristeninfo (S. 179) geht's los.

Feste & Events

Wexford Opera Festival OPER
(www.wexfordopera.com; Tickets 60–150 €; Ende Okt.–Anfang Nov.) Jedes Jahr findet zwölf Tage lang *das* Opernereignis des Landes mit erstklassigen Vorstellungen vor ausgebuchten Rängen statt. Zusätzliche Straßentheateraufführungen, Dichterlesungen und Ausstellungen lassen überall in der Stadt Feststimmung aufkommen; darüber hinaus veranstalten viele Bar- und Kneipenbetreiber Gesangswettbewerbe für Laien. Tickets im Voraus reservieren.

Schlafen

★ **Cuasnog** B&B €€
(053-912 3637; www.cuasnog.com; St John's Rd; EZ/DZ 75/120 €; P) In einem ruhigen Wohnviertel ein paar Gehminuten vom Zentrum entfernt bereiten Caitriona und Theo Reisenden einen herzlichen Empfang, u. a. mit einer Portion Räucherlachs und *soda bread* plus einer Kanne Tee. Die kompakten Zimmer verfügen über Kamine, rustikale Möbel und ein gemütliches Flair. Zum Frühstück werden selbst gebackene Scones und Bioerzeugnisse aus der Region gereicht.

Blue Door B&B €€
(053-912 1047; www.bluedoor.ie; 18 Lower George St; EZ/DZ/FZ ab 50/70/100 €;) Hinter der namensgebenden kobaltblauen Tür dieses 200 Jahre alten georgianischen Hauses warten anheimelnde Schlafzimmer mit altmodischer Note, in denen hohe Fenster für viel Licht sorgen. Zentral gelegen und trotzdem ruhig.

Abbey B&B B&B €€
(053-912 4408; www.abbeyhouse.ie; 34–36 Abbey St; EZ/DZ 45/80 €; P) Im Sommer sprießen rote Blüten in den Blumenkästen

ABSTECHER

CURRACLOE BEACH

Weicher, weißer Sand, eine sanfte Brandung und weit und breit kein Haus – das sind die Markenzeichen des 11 km langen Curracloe Beach, der mit einem Ökosymbol, der Blauen Flagge, ausgezeichnet wurde. An Sonnentagen trifft man hier viele Familien an, doch weil der Strand so lang ist, verteilen sich die Menschenmassen gut. Hier wurden die Anfangsszenen des Films *Saving Private Ryan* (1998) gedreht, in denen die Landung am Omaha Beach am D-Day gezeigt wird. Der Strand liegt 13 km nordöstlich von Wexford und ist entlang der R741 und der R742 mehrmals ausgeschildert.

In den Pinienwäldern und Sanddünen des Naturschutzgebiets **Raven Nature Reserve** am südlichen Strandende verlaufen nette Wanderwege und man kann von Wexford aus bis Curracloe radeln (der markierten Radroute 2 folgen; in der Touristeninformation von Wexford gibt's eine Karte).

vor den Fenstern dieses niedlichen schwarz-weißen B&Bs. Die sieben Zimmer sind unterschiedlich groß und haben En-suite-Bäder mit bodengleichen Duschen. Das Frühstück wird in einem Speisesaal mit fröhlichem Blumendekor serviert.

Clayton Whites Hotel HOTEL €€
(☎053-91 2311; www.claytonwhiteshotel.com; Abbey St; EZ/DZ ab 79/94 €; P @ ☎ ≋) Das supercoole Hotel, jüngst aufgepeppt und nun Teil einer Hotelgruppe, erfreut sich mit seinem Hightech-Wellnessbereich einer erstklassigen Lage im Stadtzentrum. Man kann sich in einer der einladenden Bars aufwärmen, eines der Restaurants besuchen oder auch einfach auf sein Zimmer zurückziehen. Für ein bisschen mehr (ab 129 €) gibt's ein edel aufgemachtes Executive-Zimmer mit Blick auf die Flussmündung; dort bestimmen klare Linien, Metall, technische Spielereien und funkelndes Glas das Dekor.

Talbot Hotel HOTEL €€
(☎053-912 2566; www.talbotwexford.ie; Trinity St; EZ/DZ ab 75/90 €; P @ ☎ ≋) Direkt am Wasser steht mit dem modernen Talbot ein echtes Wahrzeichen der Stadt. In vielen der renovierten Zimmer blickt man auf den Fluss und das Meer. Zu den Einrichtungen zählen ein Dampfbad, eine Sauna, ein Fitnessstudio und ein Hallenbad. In der stylishen Bar Ballast Bank gibt's traditionelle Kneipengerichte. Hier treten auch oft Livebands auf.

Essen

Stable Diet Café CAFÉ €
(☎053-914 9012; http://stabledietcafe.com; 100 South Main St; Hauptgerichte 8–12 €; ⊙Mo–Sa 8.30–17 Uhr;) Das helle, gut besuchte Café, das für seine selbst gebackenen Brote, Scones und Kuchen berühmt ist, ist in Wexford eine echte Institution. Das Mittagsmenü besteht aus frisch gekochten Suppen und Sandwiches, zum Frühstück gibt's hausgemachtes Müsli und French Toast (Arme Ritter) mit Speck und Ahornsirup.

Simon Lambert & Sons PUBFOOD €
(Simon's Place; ☎053-918 0041; http://simonlambertandsons.ie; 37 South Main St; Hauptgerichte 8–10 €; ⊙Küche Mo–Sa 9.30–12 & 12.30–16 Uhr; ☎) In dem stimmungsvollen Pub mit den niedrigen Decken gibt's den ganzen Tag über gutes Essen. Morgens hat man die Wahl zwischen Rührei und Toast sowie einem warmem irischen Frühstück aus der Bratpfanne. Dazu gibt's exzellenten Kaffee. Das Mittagsmenü umfasst leckere, fantasievolle Sandwiches, Luxus-Burger und Brötchen mit *pulled pork* (faserig-zartes Schweinefleisch). Das Ganze kann man dann mit einem der vielen Craft-Biere runterspülen.

★**Cistín Eile** MODERN IRISCH €€
(☎053-912 1616; 80 South Main St; Hauptgerichte mittags 8–17 €, 3-Gänge-Menü abends 35 €; ⊙Mo–Sa 12–15, Mi–Sa 18–21 Uhr; ☎) Am besten bringt man ordentlich Appetit mit, passend zum Motto des stets gut besuchten Restaurants: *Is maith an t-anlann an t-ocras* (Hunger ist eine großartige Soße). Auf der Tageskarte stehen Gerichte aus lokalen Zutaten, etwa schonend gegartes Rindfleisch, Speck und Kohl, Püree und Salat. Der Geschmack ist intensiv, die Portionen sind großzügig.

★**Greenacres** BISTRO, FEINKOST €€
(☎053-912 2975; www.greenacres.ie; 7 Selskar St; Hauptgerichte 10–25 €, 3-Gänge-Menü 37,50 €; ⊙Bistro Mo–Sa 9–22 Uhr; ☎) Essen, Shoppen, Kultur – hier gibt's alles! Der irische Käse

und die lokalen Erzeugnisse in dem Feinkostladen sind eine Augenweide, das Weinsortiment ist das beste südlich von Dublin und das Edelbistro erhält Topkritiken für Zutaten wie Wildtaube, Steinaustern und geräuchertes Kaninchen. In den oberen Geschossen ist eine tolle Kunstgalerie zu Hause.

La Côte FISCH & MEERESFRÜCHTE €€
(☎ 053-912 2122; http://lacote.ie; Custom House Quay; 3-Gänge-Menü abends 34 €; ⊙ Di–Sa 17.30–21.30 Uhr; ✎) Dieses Restaurant hat schon mehrere Auszeichnungen eingeheimst, darunter die als Irish Seafood Restaurant of the Year, und erfreut seine Gäste mit einer schnörkellosen und erschwinglichen Meeresfrüchteküche mit besten heimischen Zutaten. Und stets steht mindestens ein fantasievolles vegetarisches Gericht auf der Karte wie etwa ein Hafer-Perlgraupen-Risotto mit Bärlauch, geröstetem Knoblauch und Crème fraîche.

Ausgehen & Nachtleben

Centenary Stores PUB
(☎ 053-912 4424; www.thestores.ie; Charlotte St; ⊙ 10–23 Uhr) Das Centenary Stores ist eine der belebteren Adressen in Wexford. In der ehemaligen Lagerhalle trifft Altes auf Neues. Unten befindet sich ein Pub mit viel dunklem Holz, in dem einfache Küche serviert wird und das jede Menge Einheimische anzieht. Im Sommer werden hier mittags traditionelle Sessions geboten. An den Wochenenden öffnet der moderne Designer-Club Backroom (geöffnet Do–So 21–2 Uhr) seine Pforten, das Terrain einer jungen feierwütigen Meute.

Sky & the Ground PUB
(www.facebook.com/TheSkyAndTheGround; 112–113 South Main St; ⊙ Mo–Do 14–23.30, Fr & Sa bis 0.30, So bis 23 Uhr) Eines der älteren Pubs in Wexford. Das Sky & the Ground verfügt über ein klassisches Dekor inklusive alter lackierter Schilder an den Wänden und einem lodernden Kamin. Donnerstags und sonntags treten abends oft Musiker auf. Im Sommer ist die Terrasse oben geöffnet.

Unterhaltung

★ **National Opera House** OPER
(☎ Kasse 053-912 2144; www.nationalopera-house.ie; High St; Karten 20–150 €; 📶) Das 2008 eröffnete Opernhaus überrascht vor allem mit seiner Innenarchitektur und bietet eine erstklassige Akustik sowie von der Bar im obersten Stockwerk wunderbare Ausblicke. Zum Programm gehören neben dem Opernfestival (S. 177) im Herbst auch Theateraufführungen und Konzerte.

Wexford Arts Centre TANZ
(☎ 053-912 3764; www.wexfordartscentre.ie; Cornmarket; Karten 10–20 €; 📶 👪) Neben Ausstellungen veranstaltet das Kunst- und Kulturzentrum in der Markthalle aus dem 18. Jh. auch Theater (manchmal sogar auf Irisch), Tanz und Konzerte. Nettes Café.

Shoppen

Wexford Book Centre BÜCHER
(☎ 053-912 3543; www.thebookcentre.ie; 5 South Main St; ⊙ Mo–Sa 9–18, So 13–17 Uhr) Irische Titel, Reiseführer und Karten.

Blue Egg Gallery KUNST & KUNSTHANDWERK
(☎ 053-914 5862; www.facebook.com/blueegg gallery; John's Gate St; ⊙ Di–Sa 11–17.30 Uhr) In der Stadt gibt's mehrere kommerzielle Galerien und Handwerksläden (die Touristeninformation (siehe unten) hat eine vollständige Liste). Das „blaue Ei" konzentriert sich auf zeitgenössisches irisches Handwerk aus diversen Materialien wie Keramik, Metall und Glas.

Bull Ring Market KUNST & KUNSTHANDWERK
(www.facebook.com/TheBullringMarketWexford; Bull Ring; ⊙ Fr & Sa 9.30–16 Uhr) Auf dem Bull Ring findet jede Woche ein stets gut besuchter Markt mit Essens- und Getränkeständen, Kunsthandwerk, Vintagekleidung, Antiquitäten, Schmuck, Haushaltsartikeln, Spielzeug und Accessoires statt.

Praktische Informationen

Wexford Tourist Office (☎ 053-912 3111; www.visitwexford.ie; Quay Front; ⊙ Mo–Sa 9–17.15 Uhr; 📶) Hat Karten und Faltblätter vorrätig, in denen Spazierrouten und Radwege eingezeichnet sind.

Anreise & Unterwegs vor Ort

BUS

Busse fahren am **Bahnhof** ab.

Dublin 20 €, 1¼ Std., stündl.

Enniscorthy 8 €, 20 Min., stündl.

Rosslare Harbour 6,20 €, 25 Min., 6-mal tägl.

Waterford 12,50 €, 1 Std., 7-mal tägl.

Wexford Bus (www.wexfordbus.com) Busse nach/ab Dublin Airport (20 €, 2¾ Std., stündl.) via Enniscorthy, Ferns und Dublin-Stadtzentrum.

WISSENSDURST

Während eines Jagdausflugs in den Slobs nahe Wexford im Jahre 1951 schoss der Geschäftsführer der Guinness-Brauerei, Sir Hugh Beaver, auf einen Goldregenpfeifer, verfehlte ihn jedoch. In der Jagdgesellschaft entbrannte daraufhin eine hitzige Debatte darüber, ob dieses Tier oder aber das Schottische Moorhuhn das schnellste Federwild Europas sei. Sir Hugh bemerkte, dass überall auf der Welt immer wieder ähnliche Diskussionen aufkamen, und war sich sicher, dass die Veröffentlichung von eindeutigen Antworten profitabel sein könnte.

Er hatte recht. Das erste *Guinness-Buch der Rekorde*, erschienen 1955 und wurde postwendend ein Bestseller. Heute hält es selbst einen Weltrekord als das meistverkaufte urheberrechtlich geschützte Buch. In einem Punkt lag Beaver allerdings falsch: Europas schnellstes Federvieh ist die Sporngans.

TAXI

Wexford Cabs (☎ 053-9 123 123; www.wexfordcabs.ie) Taxis fahren rund um die Uhr u. a. nach Rosslare Harbour und zum Dublin Airport.

ZUG

Am Bahnhof **O'Hanrahan Station** (☎ 053-912 2522; Redmond Sq) machen sich Züge auf den Weg zur **Dublin Connolly Station** (S. 136) (27,65 €, 4-mal tägl., 2½ Std.) und nach Rosslare Harbour (5,95 €, 4-mal tägl., 25 Min.).

Rosslare Harbour

1200 EW.

Von seinem **Europort-Fährterminal** aus bietet das geschäftige Rosslare Harbour Verbindungen nach Wales und Frankreich. Hier befindet sich auch der **Rosslare-Europort-Bahnhof**. Die Straße vom Hafen bergauf ist die N25. Das Einzige, was eine Übernachtung in Rosslare Harbour rechtfertigt, ist eine frühe Überfahrt mit der Fähre.

Schlafen

Die St. Martin's Road (beschildert mit Rosslare Harbour Village, bei Anfahrt aus Wexford rechter Hand) ist von B&Bs für mit der Fähre ankommende oder weiterreisende Gäste gesäumt.

★ **O'Leary's Farm B&B** B&B €€
(☎ 053-913 3134; www.olearysfarm.com; Killilane, Kilrane; EZ/DZ ab 45/76 €; P 📶 🐾) Mit dem Auto sind es zehn Minuten Fahrt vom Fährterminal in Rosslare zu diesem Bio-Bauernhof, auf dem auch vier lauschige Gästezimmer vermietet werden, drei davon mit Meerblick. Der Aufenthaltsraum wartet mit einem Kamin, einem Klavier und jeder Menge Büchern auf. Zum Frühstück gibt's vegane, vegetarische und glutenfreie Kost, Erzeugnisse frisch vom Bauernhof und hausgemachtes Brot. Die N25 am Kilrane Inn verlassen und dann den Schildern 4 km Richtung Süden und dann Osten folgen. Keine Kreditkarten.

An- & Weiterreise

Busse und Züge starten am Rosslare-Europort-Bahnhof beim Fährterminal.

BUS

Bus Éireann (www.buseireann.ie) bedient zahlreiche irische Städte und Ortschaften, z. B. Dublin (24 €, 3 Std., 6-mal tägl.) via Wexford (6,20 €, 25 Min.) sowie Cork (29 €, 4½ Std., 6-mal tägl.) via Waterford (20,80 €, 1½ Std.).

SCHIFF/FÄHRE

Die Rosslare-Fähren verbinden Irland mit Wales und Frankreich. Im Winter ist der Service z. T. eingeschränkt. Die angebotenen Routen:

Cherbourg (Frankreich) Stena Line (www.stenaline.ie) und Irish Ferries (www.irishferries.com) bedienen diese Strecke und machen gemeinsam drei bis vier Überfahrten pro Woche (Fußgänger ab 54 €, Pkw plus Fahrer ab 139 €, 19 Std.).

Fishguard (Wales) Die Stena Line schippert zweimal täglich nach Wales (Fußgänger ab 39 €, Pkw plus Fahrer ab 119 €, 3¼ Std.).

Pembroke (Wales) Irish Ferries bietet zwei Fahrten pro Tag (Fußgänger 39 €, Pkw plus Fahrer ab 115 €, 4 Std.).

Roscoff (Frankreich) Irish Ferries unternimmt diese Fahrt von Mai bis September ein- oder zweimal in der Woche (Fußgänger ab 61 €, Pkw plus Fahrer ab 139 €, 17½ Std.).

ZUG

Täglich verkehren vier Züge der Irish Rail auf der Strecke Rosslare Europort–Wexford–Dublin (nach Wexford 5,95 €, 25 Min., bis zur Dublin Connolly Station 29,20 €, 2¾ Std.).

Südlich von Rosslare Harbour

Nebenstraßen winden sich durch die Ebene und um die Gezeitenlagunen, die zwischen Rosslare Harbour und Kilmore Quay liegen. Immer wieder tauchen die für Wexford typischen Reetdachhäuser mit Lehmwänden, Krüppelwalmdächern und kleinen, eckigen Veranden auf. In dieser Gegend ist man nie allzu weit von einem Sandstrand entfernt.

Sehenswertes

Lady's Island Lake SEE

Der Lady's Island Lake ist ein wichtiger Nistplatz der seltenen Rosenseeschwalbe. Sein brackiges Wasser ist durch einen Strand vom Meer getrennt. Die Insel im See, **Our Lady's Island** (www.ourladysisland.ie), ist Stätte eines frühaugustinischen Priorats und Ziel einer jährlich im August/September stattfindenden Wallfahrt. Pilger drehen dann neun Runden um die Insel, vielfach barfuß; früher bewegten sie sich sogar kriechend fort. Außerhalb der Wallfahrtszeit bietet sich der Pilgerpfad zum Spazierengehen an (2 km). Sehr sehenswert ist auch der malerische Prioratsfriedhof, auf dem im Frühling der Bärlauch sprießt.

Tacumshane Windmill HISTORISCHES GEBÄUDE

(http://meylersmillhouse.com/the-windmill; Tacumshane) GRATIS Einst dominierten Windmühlen diese Landschaft, heute sind nur noch sehr wenige übrig. Eine davon ist die Tacumshane Windmill, die einzige vollständige Windmühle in der Republik Irland. Sie wurde im 19. Jh. aus Treibholz errichtet, das an den Stränden ringsum angeschwemmt wurde, und hat eine niedliche „Reetkappe". Die Mühle liegt an einer Nebenstraße ein paar Kilometer westlich von Our Lady's Island; den Schlüssel erhält man im benachbarten Pub Millhouse.

Essen

Meyler's Millhouse Bar & Restaurant PUBFOOD €€

(☎ 053-913 1700; http://meylersmillhouse.com; Tacumshane; Hauptgerichte 12–19 €; ⏲ Essen Fr & Sa 17–21, So 12.30–20 Uhr; P 👪) Das Pub 5 km südwestlich von Rosslare Harbour hat einen netten Biergarten, über dem die Tacumshane Windmill (S. 181) aufragt. Zu essen gibt's Fish 'n' Chips, hausgemachte Burger und typische Kneipenküche (Kinderkarte vorhanden). Das Millhouse ist nicht ganz leicht zu finden; man muss sich von den Schildern des Pubs leiten lassen.

Kilmore Quay

372 EW.

Kilmore Quay ist halb kommerzieller Fischereihafen, halb Bilderbuchdorf mit Reetdachhäusern. Möwengeschrei und der Duft des Meeres schaffen die passende Stimmung für den Verzehr von hiesigem Fisch und Meeresfrüchten. Vom Hafen gelangt man zum größten Vogelschutzgebiet Irlands, den Saltee Islands.

Angler dürfen sich freuen: Vor der Küste tummeln sich Wolfsbarsch, Scholle und Flunder. Entweder stellt man sich an den Strand oder chartert eines der paar Boote im Hafen (Infos unter www.visitkilmorequay.com) für einen Angelausflug zu Schiffswracks oder Riffen.

Sehenswertes

Ballyteigue Burrow Nature Reserve NATURSCHUTZGEBIET

(www.npws.ie; ⏲ 24 Std.) GRATIS Der Strand und die Sanddünen des Ballyteigue Burrow Nature Reserve erstrecken sich nordwestlich von Kilmore Quay auf einer Länge von 9 km. Im Sommer lassen sich hier schnatternde Meerschwalben und singende Feldlerchen nieder. Die Salzmarschen und Schlammebenen hinter den Dünen sind ein wichtiges Winterhabitat für Vögel wie Goldregenpfeifer, Uferschnepfen und hellbäuchige Ringelgänse.

Ballycross Apple Farm BAUERNHOF

(☎ 053-913 5160; www.ballycross.com; Bridgetown; Erw./Kind 3,50/2,50 €; ⏲ April–Okt. Sa & So 12–18 Uhr, Nov.–März Öffnungszeiten telefonisch erfragen; P 👪) Kinder lieben die Spieltraktoren, Gokarts und Tierfütterungen. Beschilderte Spazierwege verlaufen entlang der Flussufer, durch Wald und Obsthaine. Im Laden werden Äpfel, Apfelsaft, Chutneys und Marmeladen verkauft, das Café serviert köstliche selbstgemachte Waffeln und Pfannkuchen. Die Farm liegt 9 km nördlich von Kilmore Quay an einer Nebenstraße 2 km südwestlich von Bridgetown.

Saltee Islands INSELN

(www.salteeislands.info; ⏲ 11.30–16.30 Uhr) Einst Schlupfwinkel für Schmuggler und Piraten, fristen die Saltee Islands heute ein friedliches Dasein als eines der bedeutendsten Vogelschutzgebiete Europas. Hier sind mehr als 220 Arten gezählt worden, die meisten davon Zugvögel; die größten Brutpopulationen stellen Alpenkrähe, Basstölpel, Gryllteiste, Tordalk, Rissa, Papageitaucher und Atlantiksturmtaucher. Boote machen sich vom Hafen in Kilmore Quay auf den Weg zu den Inseln (4 km), ob man anlegen kann, hängt vom Wetter ab. Touren über **Declan Bates** (☎053-912 9684, 087 252 9736; declanbates@eircom.net; Kilmore Quay Harbour; Tagesausflüge 30 €) buchen.

Die beiden Inseln Great Saltee (90 ha) und Little Saltee (40 ha; Zutritt verboten) waren bereits um 3500 bis 2000 v. Chr. bewohnt. Vom 13. Jh. bis zur Auflösung der Kloster 1538 gehörte das gesamte Terrain zum Eigentum der Tintern Abbey (S. 183), danach wechselten die Eigentümer einige Male. Heute sind die Inseln in Privatbesitz.

Die Nistzeit im Frühling bzw. Anfang Sommer gilt als beste Saison für die Vogelbeobachtung. Sobald die Jungen flügge sind, verlassen die Vögel die Inseln; Anfang August herrscht dann eine geradezu gespenstische Stille. Auf den Inseln gibt's keinerlei Infrastruktur, auch keine Toiletten.

Feste & Events

Seafood Festival ESSEN & TRINKEN
(www.kilmorequayseafoodfestival.com; Juli; 👪) Das viertägige Festivalprogramm ist gespickt mit Musik, Ausstellungen, geführten Naturwanderungen, Kajakrennen und natürlich lokalem Fisch und Meeresfrüchten.

Schlafen & Essen

Mill Road Farm B&B €
(☎053-912 9633; www.millroadfarm.com; R739; EZ/DZ 50/80 €; P 📶) Etwa 2 km nordöstlich von Kilmore Quay wartet die Mill Road Farm mit vier goldigen Gästezimmern auf. Alle sind mit Blumenstoffen eingerichtet und drei bieten einen Blick aufs Meer. Der Besitzer züchtet Rennpferde. Im Aufenthaltsraum gibt's zahlreiche Spiele und Bücher für regnerische Tage. Morgens kommt man in den Genuss von hausgemachtem Brot und Eiern freilaufender Hühner.

Silver Fox Seafood Restaurant FISCH & MEERESFRÜCHTE €€€
(☎053-912 9888; www.thesilverfox.ie; Kilmore Quay; Hauptgerichte mittags 9–20 €, abends 18–35 €; Ostern–Okt. 12–20 Uhr, restliches Jahr nur Fr–So & kürzere Öffnungszeiten, Jan.–Mitte Feb. geschl.; 👪) Im Silver Fox werden fangfrische Schollen, Hummer, Krabben und Muscheln sowie Tagesangebote mit den anderen Leckerbissen, die ins Netz gegangen sind, serviert. Der Speisesaal verströmt mit all den weißen Tischdecken ein elegantes Flair – Flipflops sind deshalb nicht gern gesehen. Am Wochenende besser reservieren.

An- & Weiterreise

Wexford Bus (www.wexfordbus.com) fährt täglich (ausgenommen sonntags) 4-mal nach/ab Wexford (8 €, 30 Min.).

Hook Peninsula 10-9-2018

Die Straße an der langen Hook Peninsula ist als **Ring of Hook Coastal Drive** ausgeschildert. Hinter jeder Kurve tauchen idyllische Strände, verfallene Burgen, imposante Klöster oder Fischrestaurants auf, und an der Spitze der Halbinsel steht der älteste noch genutzte Leuchtturm der Welt.

Strongbow passierte die Halbinsel 1170 auf dem Weg zur Eroberung von Waterford. Angeblich soll er seine Männer angewiesen haben, „bei Hook oder bei Crooke" (die nahe gelegene Siedlung Crooke im County Waterford auf der gegenüberliegenden Seite der Bucht) zu landen. So prägte er ein bekanntes geflügeltes Wort (*by hook or by crook* heißt „auf Biegen und Brechen").

Bis Fethard kommt man mit öffentlichen Verkehrsmitteln (limitierter Service), Ziele dahinter sind nur per Pkw oder Rad zu erreichen.

Duncannon & Umgebung

305 EW.

Duncannon, ein etwas angestaubtes Urlaubsörtchen, liegt an einem Sandstrand, der sich während des **Duncannon Sand Sculpting Festival** im August in ein surrealistisches Atelier unter freiem Himmel verwandelt.

4 km nordwestlich von Duncannon befindet sich das schöne **Ballyhack**, wo eine Autofähre (S. 194) die kurze Strecke nach Passage East im County Waterford zurücklegt. **Ballyhack Castle** (☎051-389 468; www.heritageireland.ie; Mitte Mai–Ende Aug. Sa–Mi 9.30–17 Uhr) GRATIS, ein Turmhaus der Hospitalritter des hl. Johannes aus dem 15. Jh.,

NICHT VERSÄUMEN

TINTERN ABBEY

Die stimmungsvollen Überreste der **Tintern Abbey** (051-562 650; www.heritage-ireland.ie; Saltmills; Erw./Kind 5/3 €; April–Okt. 10–17 Uhr; P) stehen in einem hübschen Waldstück von 40 ha Fläche. Sie ist nach ihrem walisischen Gegenstück benannt (von dort kamen die ersten Mönche) und diente lange Zeit als Privatwohnsitz. Nach der Auflösung der Klöster im frühen 16. Jh. ging die Abtei in den Besitz von Anthony Colclough über, einem Adeligen aus Staffordshire. Dessen Nachfahren lebten hier bis 1959. Tintern Abbey ist ca. 5 km nördlich von Fethard an der R734 ausgeschildert.

William Marshal, der Earl of Pembroke, gründete das Zisterzienserkloster im frühen 13. Jh., nachdem er auf See fast sein Leben verloren und daraufhin geschworen hatte, eine Kirche zu errichten, falls er das rettende Ufer erreichen würde. Die Wände des Kreuzgangs, das Hauptschiff, der Vierungsturm, der Altarraum und das südliche Querschiff sind nach wie vor deutlich zu erkennen, genauso wie die Veränderungen, die Generationen von Mitgliedern der Colclough-Familie vornehmen ließen, um einen repräsentativen Landsitz aus den Klosterruinen zu machen.

Wanderwege winden sich in die umliegenden Wälder, vorbei an Seen und Bächen und noch mehr Ruinen, darunter eine kleine Kirche mit nur einem Raum. Ein Highlight ist auch der 200 Jahre alte **Colclough Walled Garden** (083 306 4159; www.colcloughwalledgarden.com; Saltmills; Erw./Kind 5/3 €; April–Sept. 10–18 Uhr, Okt.–März bis 16 Uhr). Der ummauerte Garten wurde neu bepflanzt und sieht jetzt wieder so prächtig aus wie in alten Zeiten.

beherbergt eine kleine Ausstellung über die Kreuzzüge.

Sehenswertes

Duncannon Fort FORT
(051-389 530; www.duncannonfort.ie; Duncannon; Führungen Erw./Kind 6/1,50 €; Mitte Mai–Aug. 10–17.30 Uhr) Das sternförmige Duncannon Fort gleich westlich des Dorfes wurde 1588 zur Abwehr der Spanischen Armada errichtet. Im Ersten Weltkrieg nutzte es die irische Armee als Ausbildungslager (die meisten Gebäude stammen aus dieser Zeit). Täglich finden vier 45-minütige Führungen statt.

Dunbrody Abbey HISTORISCHES GEBÄUDE
(086 275 9149; www.dunbrodyabbey.com; Campile; Abteiruinen Erw./Kind 4/1 €, Labyrinth & Museum 7/4 €; Mai, Juni & Sept. 11–17.30 Uhr, Juli & Aug. bis 18 Uhr; P) 9 km nördlich von Duncannon stößt man an der R733 auf die Ruinen der Dunbrody Abbey. Dieses bemerkenswert intakte Zisterzienserkloster wurde 1170 von Strongbow gegründet und 1220 fertiggestellt. Gegenüber von den Ruinen befindet sich ein Museum mit einem großen Puppenhaus, einem Minigolfkurs und dem witzigen Labyrinth, das aus mehr als 1500 Eiben besteht. Außerdem gibt's Teesalons und einen Kunsthandwerksladen.

Schlafen & Essen

★ **Glendine Country House** PENSION €€
(051-389 500; www.glendinehouse.com; Arthurstown; Zi. 110 €; P) In dem Haus aus dem 19. Jh. spürt man gleich, dass die Besitzer Geschmack haben. Von den Erkern aus blickt man auf die Koppeln mit Wild, Kühen und Schafen und an den Wänden hängen Bilder lokaler Künstler. Fast alle Zimmer sind mit Holzböden, Kronleuchtern und Antiquitäten ausgestattet. Besonders schön ist die Nummer 9 mit ihrem großzügigen Grundriss und dem Kingsizebett. Das Glendine steht 5 km nördlich von Duncannon.

Aldridge Lodge Restaurant & Guesthouse GASTHAUS €€
(051-389 116; www.aldridgelodge.com; Duncannon; EZ/DZ ab 50/90 €; P) Das Gasthaus liegt an einem windigen Fleckchen oberhalb des Strands von Duncannon und ist nicht ganz leicht zu finden. Wegen der eleganten modernen Zimmer und der frischen Meeresfrüchte, darunter Hook-Head-Krebsscheren und Kilmore-Dorsch (Abendessen 40 €; Mi–So 19 Uhr–spät), lohnt sich die Mühe jedoch. An der Sache gibt's allerdings zwei Haken: Man muss vorab reservieren und Kinder unter sieben Jahren haben keinen Zutritt.

Dunbrody Country House Hotel HOTEL €€€
(051-389 600; www.dunbrodyhouse.com; Arthurstown; EZ/DZ 190/310 €;) Küchenchef Kevin Dundon tritt häufig im irischen Fernsehen auf, hat mehrere Kochbücher verfasst und sogar eine eigene Geschirrkollektion auf den Markt gebracht. Sein Wellnesshotel ist in einem stilvoll eingerichteten georgianischen Herrenhaus aus den 1830er-Jahren untergebracht und befindet sich auf einem 120 ha großen Grundstück. Mit dem Gourmetrestaurant (Abendessen 65–80 € pro Pers.) und der Kochschule gilt es als wahrgewordener Traum für Feinschmecker (eintägige Kurse ab 175 €).

Sqigl Restaurant & Roche's Bar MODERN IRISCH €€
(051-389 188; www.sqiglrestaurant.com; Quay Rd, Duncannon; Hauptgerichte Restaurant 20–25 €, Bar 7–13 €; Restaurant Mi–Sa 18–21 Uhr, Bar tägl. 12–21 Uhr;) Produkte aus der Region liefern die Basis für die Gerichte wie Frühlingslamm, Fisch und Meeresfrüchte, die im Sqigl auf den Tisch kommen. Wer hier essen möchte, muss vorab reservieren. Roche's Bar nebenan ist mit alten Plakaten dekoriert und bietet erstklassiges Pubfood (die Meeresfrüchtesuppe ist ein Gedicht) nebst einer einladenden Atmosphäre. Freitags finden traditionelle Sessions statt.

Hook Head

Die Fahrt von Fethard raus zum Hook Head ist traumhaft; nur wenige Häuser unterbrechen das flache offene Land der immer schmaler werdenden Halbinsel. Der Blick schweift hinüber nach Waterford Harbour und reicht an klaren Tagen sogar bis zu den Comeragh und Galtee Mountains.

Von Wexford oder Waterford aus kann man einen wunderbaren Tagesausflug nach Hook Head unternehmen. Dörfer wie **Slade**, in denen sich außer herumflatternden Seemöwen über der Burgruine und dem Hafen nicht viel rührt, sind einfach bezaubernd. Zu den Stränden auf dem Weg nach Duncannon zählen die entlegene **Dollar Bay** und **Booley Bay** gleich hinter Templetown.

Sehenswertes

★ **Hook Lighthouse** LEUCHTTURM
(051-397 055; www.hookheritage.ie; Hook Head; Erw./Kind unter 5 J. 9 €/frei; Juni–Aug. 9.30–18 Uhr, Sept.–Mai bis 17.30 Uhr;) An der Südspitze von Hook Head steht der älteste noch genutzte Leuchtturm der Welt. Er stammt aus dem 13. Jh., inzwischen ist aber ein modernes Licht darin installiert. Bei den halbstündigen Führungen erklimmt man 115 Stufen und kann dann den genialen Blick genießen. Das Besucherzentrum beherbergt ein gutes Café. Die Grasflächen ringsum und die Küste laden zum Picknicken und Wandern ein.

Angeblich hielten Mönche hier bereits im 5. Jh. ein Leuchtfeuer in Gang und die einfallenden Wikinger ließen sie aus Dank dafür ungeschoren davonkommen. Anfang des 13. Jhs. ersetzte es William Marshal durch ein Bauwerk, das noch heute hinter der hübschen schwarz-weißen Fassade steht.

Loftus Hall HISTORISCHES GEBÄUDE
(051-397 728; www.loftushall.ie; Hook Peninsula; Erw./Kind tagsüber 10/5 €, abends 15 €; Juli & Aug. 12–17 & 19–22 Uhr, April–Juni nur am Wochenende, Sept.–März in den Schulferien;) 3,5 km nordöstlich von Hook Head thront ein verfallendes Herrenhaus mit Blick über die Mündung des Waterford Harbour nach Dunmore East. Loftus Hall stammt aus dem 17. Jh., wurde in den 1870ern wieder aufgebaut und gilt als eines der Top-Spukhäuser Irlands. Die Führungen tagsüber sind historisch-informativ, abends wird es dann „gruselig" – nur für Erwachsene! Bei der einstündigen interaktiven Besichtigung erläutert der Guide die Hintergründe des Gebäudes. Auf der Website sind besondere Events aufgeführt.

Aktivitäten

Auf beiden Seiten von Hook Head verlaufen fantastische **Wanderwege**. Wenn man sich die Felsenbecken anschaut, nimmt man vielleicht ungewollt eine Dusche, denn an der Westseite der Halbinsel schießt manchmal Wasser aus den *blowholes* (Löchern im Stein). Die schwarzen Kalksteinfelsen an der Küste sind reich an **Fossilien**. Wer aufmerksam sucht, entdeckt möglicherweise 350 Millionen Jahre alte Brachiopoden (Armfüßer), fein gefiederte Moostierchen und winzige scheibenartige Stücke von Seelilien, Vorfahren des Seeigels. Als besonders gutes „Jagdrevier" gelten die Steinplatten unter der seewärtigen Seite des Hook Lighthouse.

Bei Ebbe kann man auf einem Pfad zwischen den Stränden von Grange und Carnivan einen schönen Spaziergang unternehmen. Der Weg führt an Höhlen, Felsenpools und an **Baginbun Head** mit dem Martello-Turm (19. Jh.) vorbei. 1169 landeten dort erstmals Normannen, um Irland zu erobern. Das Kap dient als hervorragender Aussichtspunkt zur **Vogelbeobachtung**: Vor Ort wurden schon mehr als 200 Arten gesichtet. Im Mündungsgebiet treiben sich manchmal zudem Delfine und Wale herum.

New Ross

8040 EW.

Die große Attraktion in New Ross (Rhos Mhic Triúin), 34 km westlich von der Stadt Wexford, besteht in der Gelegenheit, einmal an Bord eines Auswandererschiffs aus dem 19. Jh. zu gehen. Doch die historischen Wurzeln des Ortes reichen viel weiter zurück, da sich New Ross bereits im 12. Jh. als normannischer Hafen am Barrow entwickelte. Während des Aufstands von 1798 versuchten einige Rebellen die Stadt einzunehmen, wurden jedoch von ihren Verteidigern zurückgeschlagen. Am Ende gab es 3000 Tote und viele Trümmer.

New Ross ist keine schöne Stadt, doch am Ostufer des Flusses befinden einige malerische enge, steile Gassen und die Ruinen eines mittelalterlichen Klosters. In der Touristeninformation ist eine Karte des **History Trail** („Geschichtspfad"; 1½ Std.) erhältlich.

Sehenswertes & Aktivitäten

★ Dunbrody Famine Ship MUSEUM

(051-425 239; www.dunbrody.com; The Quay; Erw./Kind 10/6 €; April–Sept. 9–18 Uhr, Okt.–März bis 17 Uhr;) Wegen der vielen Todesfälle während der Überfahrt nannte man die undichten stinkenden Schiffe, die Generationen von Iren nach Amerika brachten, auch *coffin ships* (schwimmende Särge). Bei diesem Exemplar am Hafen handelt es sich um einen Nachbau. Die leidvollen, aber oft inspirierenden Geschichten der Emigranten werden von passend kostümierten Museumsführern während einer 45-minütigen Tour mit Leben gefüllt. Ein zehnminütiger Film liefert den historischen Hintergrund zu den Ereignissen in Irland Mitte des 19. Jhs.

Galley River Cruising Restaurant BOOTSTOUR

(051-421 723; www.rivercruises.ie; North Quay; Mittagessen/Afternoon Tea/Abendessen 25/12/40 €; April–Okt.) Das schwimmende Restaurant schippert über die „Drei Schwestern", die Flüsse Suir, Nore und Barrow, und flussaufwärts nach Inistioge oder St Mullins bzw. flussabwärts Richtung Waterford, je nachdem, ob Ebbe oder Flut ist. Die zweistündigen Lunch-Fahrten starten um 12.30 Uhr, die 1½-stündigen Nachmittagstouren um 15 Uhr und der Dinner Cruise (3 Std.) beginnt um 18 Uhr.

Schlafen & Essen

MacMurrough Farm Cottages COTTAGES €€

(051-421 383; www.macmurrough.com; MacMurrough; Cottage für 2 Pers. ab 60 €; Mitte März–Okt.; P) In Brians und Jennys entlegenem Bauernhof auf einem Hügel dient ein Hahn als Wecker. Die preiswerten Häuschen für Selbstversorger nehmen die früheren Stallungen ein und haben eine nette Ausstattung. Anfahrt: 3,5 km nordöstlich von New Ross bei der Topaz-Tankstelle von der N30 abbiegen und der Ausschilderung ein paar Sträßchen entlang folgen.

Brandon House Hotel HOTEL €€

(051-421 703; www.brandonhousehotel.ie; N25 Ring Rd; Zi. ab 87 €; P @) Das viktorianische Herrenhaus aus roten Ziegeln macht seinem familienfreundlichen Ruf alle Ehre, denn Kinder können hier ganz unbekümmert herumtollen. Neben dem herrlichen Flussblick locken offene Holzfeuer, eine Bibliothek mit Bar, große moderne Zimmer und Wellnessanwendungen. Die Unterkunft ist an der Ringstraße N25 am Südrand von New Ross ausgeschildert.

★ Café Nutshell CAFÉ €

(051-422 777; inanutshell8@gmail.com; 8 South St; Hauptgerichte 6–16 €; Mo–Sa 9–18 Uhr;) Hier werden Brot, Brötchen und Scones gebacken, das warme fantasievolle Mittagessen besteht vor allem aus örtlichen Produkten und es gibt eine große Palette an Smoothies, Säften und Bioweinen. Die Hauptgerichte werden mit frischem Salat serviert. Im angrenzenden Laden bekommt man (gesunde) Zutaten für ein Picknick.

Praktische Informationen

New Ross Tourist Office (051-425 239; jfktrust@iol.ie; The Quay; April–Sept. 9–18 Uhr, Okt.–März bis 17 Uhr) Befindet sich in dem Gebäude, in dem auch die Eintrittskarten für das Dunbrody Famine Ship verkauft werden.

An- & Weiterreise

Busse machen sich von The Quay auf den Weg nach Waterford (9,40 €, 30 Min., 8- bis 12-mal tägl.), Wexford (9,60 €, 45 Min., 3- bis 4-mal tägl.) und Dublin (18 €, 3 Std., mind. 4-mal tägl.).

Enniscorthy

11 381 EW.

Enniscorthy (Inis Coirthaidh), die zweitgrößte Stadt im County Wexford, besteht aus einem Gewirr steiler Gassen, die von der Augustus-Pugin-Kathedrale hinunter zur Normannenburg und zum Slaney führen. Für Iren ist Enniscorthy untrennbar mit einigen der erbittertsten Kämpfe während des Aufstands im Jahr 1798 verbunden, als Rebellen den Ort einnahmen und bei Vinegar Hill ihr Lager aufschlugen.

Sehenswertes

National 1798 Rebellion Centre MUSEUM

(☎ 053-923 4699; www.1798centre.ie; Parnell Rd; Erw./Kind 7/3 €; ⏱ April–Sept. Mo–Fr 9.30–17 Uhr, Okt.–März Mo–Fr 10–16 Uhr; P) Der Ausstellung gelingt es sehr gut, die Hintergründe eines der Schlüsselereignisse in der irischen Geschichte zu vermitteln. Sie deckt die französische und amerikanische Revolution ab, deren Funke auf Wexford übersprang und einen Aufstand gegen die britische Besatzung auslöste. Außerdem wird die Schlacht von Vinegar Hill dokumentiert – eine der blutigsten der Rebellion von 1798 und ein Wendepunkt im Kampf gegen die Briten. Das Schlachtfeld befindet sich unmittelbar vor den Toren von Enniscorthy. Ein Besuch hier ist die ideale inhaltliche Vorbereitung auf die Erkundung des Vinegar Hill.

Von April bis September sind für das Centre und das Enniscorthy Castle (S. 186) Kombitickets (Erw./Kind 10/5 €) erhältlich.

Vinegar Hill HISTORISCHE STÄTTE

(www.vinegarhill.ie; ⏱ Sonnenauf- bis Sonnenuntergang) GRATIS Auf diesem Hügel außerhalb von Enniscorthy fand eine der wichtigsten Schlachten des Irischen Aufstandes von 1798 statt, an die ein Denkmal und Infotafeln erinnern. Jedes Jahr am ersten Augustwochenende wird der Battle of Vinegar Hill von Statisten nachgestellt. Zugang zu der historischen Stätte hat man von dem Parkplatz an der Ostseite des Hügels; der Drumgoold Road folgen. Vinegar Hill liegt 2 km östlich von Enniscorthy Castle (entspricht 30 Gehminuten).

Enniscorthy Castle BURG

(☎ 053-923 4699; www.enniscorthycastle.ie; Castle Hill; Erw./Kind 5/3 €; ⏱ April–Sept. Mo–Fr 9.30–17 Uhr, Okt.–März Mo–Fr 10–16, Sa & So ganzjährig 12–17 Uhr) Normannen errichteten den Bergfried mit den vier Türmen; wie so viele andere Bauwerke fiel auch er 1649 in die Hände Oliver Cromwells. Während des Aufstands 1798 nutzten die Rebellen Enniscorthy Castle als Gefängnis. Von 1901 bis 1953 wohnte der einheimische Geschäftsmann und Großgrundbesitzer Henry J. Roche hier mit seiner Familie. Heute beherbergt die Burg ein Museum zur Stadtgeschichte und zum Bauwerk selbst. Auf der Dachterrasse eröffnet sich ein wunderbarer Ausblick.

Von April bis September sind für die Burg und das National 1798 Rebellion Centre Kombitickets (Erw./Kind 10/5 €) erhältlich.

Feste & Events

Strawberry Festival ESSEN & TRINKEN

(www.enniscorthytourism.com/events; ⏱ Juni) Bei diesem bunten Fest, das 2017 zum 50. Mal gefeiert wurde, ist das Lieblingserzeugnis des „sonnigen Südostens“ der Star: die Erdbeere. Auf dem Programm stehen eine Landwirtschaftsmesse, ein Bauernmarkt, Kochvorführungen, Livemusik, Kinderbespaßung und die Krönung der Strawberry Queen („Erdbeerkönigin“). Die Pubs strecken ihre Öffnungszeiten, Musikbands haben reihenweise Auftritte und überall werden Erdbeeren mit Schlagsahne verkauft.

Schlafen

Clone House B&B €€

(☎ 053-936 6113; www.clonehouse.ie; Clone; EZ/DZ ab 50/90 €; P) Dieses von Efeu umrankte georgianische Bauernhaus zu betreten kommt einer Reise in die Vergangenheit gleich: glänzende Mahagonimöbel verströmen den Duft von Bienenwachs und antike Spiegel mit Goldrahmen und handgeschliffenes, irisches Kristallglas reflektieren das Licht. In den Schlafzimmern findet man aber alle modernen Schikanen vor. Die Unterkunft liegt in einem prächtigen Garten neben dem River Bann an einer ruhigen Nebenstraße 9 km nördlich von Enniscorthy.

Riverside Park HOTEL €€

(☎ 053-923 800; www.riversideparkhotel.com; The Promenade; Zi. ab 96 €; P) Gäste des Riverside können vor Ort wunderbare Spaziergänge am grasbewachsenen Ufer unternehmen. Die spektakuläre Lobby in einem runden Turm stimmt einen auf die gemütlichen Zimmer (fast alle mit Balkonen und Flussblick) ein, deren Farbpalette aus neutralen Creme- und Brauntönen besteht. Achtung: Bei Hochzeitsgesellschaften erfreut

ABSTECHER

WEXFORD & DIE KENNEDYS

1848 entfloh Patrick Kennedy dem von Hungersnöten gebeutelten County Wexford an Bord eines Schiffs ähnlich jenem **Dunbrody Famine Ship**, das in New Ross besichtigt werden kann. Sein neues Leben in Amerika bescherte ihm mehr Erfolg, als er sich je zu träumen gewagt hätte! Zu seinen Nachfahren zählten ein US-Präsident, Senatoren und Rumschmuggler. Den irischen Wurzeln der Kennedys kann man an zwei Orten in der Nähe von New Ross auf den Grund gehen – sie liegen an einer ab dem Famine Ship ausgeschilderten 24 km langen Route, dem Emigrant Trail.

John F. Kennedy Arboretum (☎ 051-388 171; www.heritageireland.ie; Ballysop; Erw./Kind 5/3 €; ⏱ Mai–Aug. 10–20 Uhr, April & Sept. bis 18.30 Uhr, Okt.–März bis 17 Uhr; P 👪) Dieser Park wurde zum Gedenken an John F. Kennedy angelegt. Auf dem 252 ha großen Wald- und Gartengelände wachsen 4500 Baum- und Buscharten. Spazierwege führen z. B. durch Eukalyptus-, Redwood-, Eichen- und Magnolienhaine. Der Park beherbergt ein kleines Besucherzentrum, eine Teestube (Mai–Sept. geöffnet) und einen Picknickbereich. Während des Sommers fährt eine kleine Touristenbahn durch die Gegend. Das Arboretum liegt 12 km südlich von New Ross (ausgeschildert an der R733).

Kennedy Homestead (☎ 051-388 264; www.kennedyhomestead.ie; Dunganstown; Erw./Kind 7,50/6 €; ⏱ 9.30–17.30 Uhr; P) Auf diesem Hof, der sich in den letzten 160 Jahren kaum verändert hat, erblickte Patrick Kennedy, Urgroßvater von John F. Kennedy, das Licht der Welt. Als JFK das Anwesen 1963 besuchte und die Großmutter des Besitzers umarmte, zeigte er nach den Worten seiner Schwester Jean zum ersten Mal Gefühle in der Öffentlichkeit. Ein kleines Museum beleuchtet die Familiengeschichte des irisch-amerikanischen Clans auf beiden Seiten des Atlantiks. Die Farm liegt 7 km südlich von New Ross an einer Nebenstraße und ist auf der R733 ausgeschildert.

sich das Hotel großer Beliebtheit, samstags wird es also durchaus mal laut (bzw. sind die Zimmer ausgebucht).

Woodbrook House PENSION €€
(☎ 053-925 5114; www.woodbrookhouse.ie; Killanne; EZ/DZ 105/170 €; ⏱ Ostern–Juni & Aug.–Sept.; P 📶) 🌿 Der bezaubernde georgianische Landsitz 13 km westlich von Enniscorthy hat eine Traumlage im Schatten der Blackstairs Mountains. Bei dem Aufstand 1798 trug er einige Blessuren davon und musste anschließend wiederaufgebaut werden. Die Wendeltreppe in der Lobby widersetzt sich schon seit 200 Jahren allen Regeln der Schwerkraft. In dieser Bleibe wird Umweltbewusstsein großgeschrieben. Wer möchte, kann hier Abendessen (50 €) bestellen, für das natürlich nur Biozutaten verwendet werden.

Essen & Ausgehen

★ **Cotton Tree Café** CAFÉ €
(☎ 053-923 4641; Slaney Pl; Hauptgerichte 5–13 €; ⏱ Mo–Sa 8.30–17, So 10–17 Uhr; 👪) Ein herrlich entspanntes Café, dekoriert mit anheimelnder (und historischer) Kunst. Auf der Karte stehen Gourmetsuppen und -sandwiches, z. B. mit irischem Rindfleisch und Hummus, sowie verschiedene Salate und Tagesgerichte à la *fish pie* (Fischpastete), asiatischer Schweinefleischburger und indonesische Currys.

Farmers Market MARKT €
(www.wexfordfarmersmarkets.com; Abbey Sq Car Park; ⏱ Sa 9–14 Uhr) Auf Enniscorthys Bauernmarkt werden jede Menge (Bio-)Produkte aus der Region verkauft, darunter auch fertige Gerichte. Unser Favorit ist der Carrigbyrne-Käse.

Galo Chargrill Restaurant PORTUGIESISCH €€
(☎ 053-923 8077; 19 Main St; Hauptgerichte 15–23 €; ⏱ Mi–Sa 12–14.30 & 17–22, So 12–21 Uhr) Kleines portugiesisches Restaurant mit einem fantastischen Ruf. An milden Tagen wird die Frontseite wie eine Dose Anchovis geöffnet. Die würzigen Grillgerichte wie das Schweinefilet mit Knoblauch und Peri-Peri oder der Garnelen-Tintenfisch-Spieß sorgen für ein echtes mediterranes Aha-Erlebnis.

Antique Tavern PUB
(☎ 053-923 3428; www.facebook.com/theantiquetavern; 14 Slaney St; ⏱ Mo–Fr 17–23.30, Sa & So 11–24 Uhr) Das 1790 errichtete Fachwerkhaus an einer steilen Straße, die sich vom

Fluss den Hügel hinaufwindet, schwankt in ästhetischer Hinsicht zwischen niedlich und rustikal. Die Einheimischen lieben die Antique Tavern, auch wegen der verglasten Terrasse treppauf. Dort kann man bei warmem Wetter sitzen und den tollen Blick genießen.

Praktische Informationen

Touristeninformation (053-923 4699; www.enniscorthytourism.com; Castle Hill; April–Sept. Mo–Fr 10–17, Sa & So 12–17 Uhr, Okt.–März Mo–Fr 9.30–16 Uhr) Im Enniscorthy Castle.

An- & Weiterreise

BUS

Busse von **Bus Éireann** (S. 756) bedienen die Strecken nach Dublin (18 €, 2½ Std., stündl.) und Wexford (5 €, 20 Min., stündl.).

Bus 376 von Wexford Bus (www.wexfordbus.com) verkehrt von Wexford nach Enniscorthy (8 €, 25 Min., 3-mal tägl.) und von dort über Bunclody und Ballon weiter nach Carlow.

ZUG

Der Bahnhof liegt am östlichen Flussufer.

Züge fahren nach Dublin Connolly (25,85 €, 2¼ Std., 4-mal tägl.) und Wexford (8,10 €, 20 Min., 5-mal tägl.).

COUNTY WATERFORD

In dem wunderbar abwechslungsreichen County Waterford warten nette Dörfer an einer Küste voller Sandstrände, historischer Kirchen, Kathedralen und Burgen. Ein Labyrinth aus Wanderwegen zieht sich durch das schöne Nire Valley, das sich zwischen den Comeragh und Monavullagh Mountains versteckt, und die lebendige gleichnamige Stadt zeichnet sich durch verschlungene mittelalterliche Gassen und eine gut erhaltene georgianische Architektur aus.

Waterford (Stadt)

53 504 EW.

Waterford (Port Láirge) ist Irlands älteste Stadt – 2014 feierte sie ihren 1100. Geburtstag. Ihre Geschichte reicht bis zu den Wikingern zurück und ihr Name leitet sich von dem altnordischen Wort *vedrarfjord* ab („Winterhafen" oder „windiger Hafen" sind nur zwei von diversen möglichen Übersetzungen). Bis heute ist Waterford eine geschäftige Hafenstadt an einem Abschnitt des River Suir, dessen Wasserstand von den Gezeiten beeinflusst wird. Berühmtestes Aushängeschild ist das Waterford Crystal – Kristallglas aus Waterford.

Obwohl die Stadt und vor allem der Hafen umfassend saniert wurden, sind die Spuren aus der Wikinger- und Normannenzeit in den schmalen Straßen und an den Stadtmauern des sogenannten Viking Triangle („Wikingerdreieck") unübersehbar. Dort befinden sich Irlands drei Top-Museen zur mittelalterlichen Geschichte des Landes.

Geschichte

Die Stadt wurde um 914 herum als Wikingerhafen gegründet. 1210 verstärkte King John die alten Stadtmauern und machte Waterford dadurch zu Irlands bestbefestigtem Ort. Im 15. Jh. widerstand die Stadt zweimal der Machtgier von Anwärtern auf die englische Krone, Lambert Simnel und Perkin Warbeck. Zwar hielt Waterford Cromwells Truppen 1649 stand, aber als diese 1650 zurückkehrten, kapitulierte es. Obwohl dem Ort das übliche Gemetzel erspart blieb, schrumpfte die Bevölkerung drastisch, denn die Katholiken mussten entweder ins Exil oder wurden als Sklaven in die Karibik verschleppt.

Sehenswertes & Aktivitäten

In der Altstadt nordwestlich der Mall – des sogenannten **Viking Triangle** (www.waterfordvikingtriangle.com) – findet man drei sehr gute Museen, die als **Waterford Treasures** bezeichnet werden: das Medieval Museum, den Bishop's Palace und den Reginald's Tower. Zusammen decken sie 1000 Jahre Lokalgeschichte ab. Wer nicht die Zeit hat, alle drei zu besuchen, sollte sich auf das Medieval Museum konzentrieren.

Durch den neuen 46 km langen Wander- und Radweg Waterford Greenway (S. 197) ist die Stadt mit Dungarvan verbunden.

★ **Medieval Museum** MUSEUM
(www.waterfordtreasures.com; Greyfriars St; Erw./Kind 7 €/frei, inkl. Bishop's Palace 10 €/frei; Mo–Fr 9.15–17, Sa 10–17, So 11–17 Uhr, Juni–Aug. längere Öffnungszeiten) Das Mittelaltermuseum erstreckt sich über ein beeindruckendes modernes Gebäude, das mehrere mittelalterliche Bauten und einen Teil der Stadtmauer im Untergeschoss umfasst. Es dokumentiert die mittelalterliche Geschichte Waterfords bis ins kleinste Detail. Highlights sind die gold-

Waterford

Waterford

Highlights
1 House of Waterford Crystal D3
2 Medieval Museum D3

Sehenswertes
3 Bishop's Palace D3
4 Christ Church Cathedral D3
5 Holy Trinity Cathedral C2
6 Reginald's Tower D2

Schlafen
7 Dooley's Hotel A1
8 Granville Hotel B2

Essen
9 Berfranks C2
10 Bodega! C4
11 Carter's Chocolate Cafe B2
12 La Bohème B2
13 Momo B3
14 Munster Bar D2

Ausgehen & Nachtleben
15 Geoff's B4
16 Henry Downes Bar A2

Unterhaltung
17 Central Arts D2
18 Garter Lane Arts Centre B2
19 Theatre Royal D3

Shoppen
20 Kite Design Studios C3
21 Waterford Book Centre B2
22 Waterford City Food & Craft Market C3

durchwirkten liturgischen Gewänder der Ausstellung **Cloth of Gold Vestments**, die aus florentinischer Seide bestehen und um 1460 in Brügge bestickt wurden. Die Kleidungsstücke lagen versteckt unter der Christ Church Cathedral und wurden erst nach 123 Jahren wiedergefunden. Heute sind sie ein seltenes und bedeutendes Zeugnis des mittelalterlichen Europa.

Ebenfalls beeindruckend ist das **Great Parchment Book of Waterford**, das in faszinierendem Detail das Leben im Mittelalter dokumentiert, wie etwa Fälle von Kleinkriminalität und die Auswirkungen der Pest. Bei dem **zeremoniellen Schwert** und den beiden Zeptern handelt es sich um Geschenke des englischen Königs Edward IV. (überreicht 1462).

Bishop's Palace MUSEUM

(☎ 0761 102501; www.waterfordtreasures.com; The Mall; Erw./Kind 7 €/frei, inkl. Medieval Museum 10 €/frei; ⊙ Mo–Fr 9.15–17, Sa 10–17, So 11–17 Uhr, Juni–Aug. längere Öffnungszeiten) Der Bishop's Palace, ein georgianisches Herrenhaus aus dem Jahre 1741, beschäftigt sich mit Waterfords Geschichte von 1700 bis 1970. Die abwechslungsreiche Ausstellung umfasst Schätze aus der städtischen Sammlung: alte Möbel, Ölgemälde und Silber aus georgianischer Zeit, alte Fotos von den Hochzeiten der irischen Showbands aus den 1960er-Jahren und mehr. Besonders interessant ist das originale Speisesaalarrangement mit zeitgenössischem Geschirr, darunter das älteste erhaltene Stück Waterford-Kristall, eine Karaffe von 1789.

Reginald's Tower MUSEUM

(☎ 051-304 220; www.waterfordtreasures.com; The Quay; Erw./Kind 5/3 €; ⊙ Ende März–Dez. 9.30–17.30 Uhr, Jan.–Ende März bis 17 Uhr, 24. Dez.–6. Jan. geschl.) Der Reginald's Tower aus dem 13. Jh. ist das älteste noch vollständig erhaltene Gebäude im Land und das erste, bei dem Mörtel zum Einsatz kam. Mit seinen 3 bis 4 m dicken Mauern gilt er als Paradebeispiel für mittelalterliche Architektur und war einst die wichtigste Befestigung der Stadt. Er ersetzte einen Holzturm, den die Wikinger errichtet hatten. Im Laufe der Zeit diente das Gebäude als Zeughaus, Gefängnis und Münzpräge und heute als Museum zur Wikinger- und frühmittelalterlichen Geschichte der Stadt. Unter den sparsamen Exponaten befindet sich eine kleine, aber sehr feine Brosche, die **Waterford Kite Brooch**, gefertigt um 1100.

★ **House of Waterford Crystal** FABRIK

(☎ 051-317 000; www.waterfordvisitorcentre.com; The Mall; Erw./Kind 13,50/5 €; ⊙ April–Okt. Mo–Sa 9–18, So 9.30–18 Uhr, Nov.–März kürzere Öffnungszeiten) Der große, moderne Komplex ist Laden, Café und Glasmanufaktur in einem; bei der Führung erfährt man, wie das weltberühmte Waterford Crystal hergestellt wird. Ein Highlight ist der Glasbläserraum. Dort können die Besucher beobachten, wie aus den rot glühenden, geschmolzenen „Glasknubbeln" feine Kunstwerke werden. Letzte Station des Rundgangs ist natürlich der Laden mit funkelnden Waren, vom Flaschenuntersetzer für 30 € bis zur Cinderella-Kutsche für bombastische 40 000 €.

1783 wurde die erste Waterforder Glasfabrik am Westende der Flusskais gegründet. Jahrhunderte später, nach dem Boom der 1980er- und 1990er-Jahre, geriet das Unternehmen in finanzielle Schieflage und wurde 2009 von einem amerikanischen Investor gekauft. Heute entstehen in Irland jährlich um die 60 000 Stücke, das sind ca. 55 % der Gesamtproduktion. Die restlichen 45 % werden gemäß Waterford-Standard in anderen europäischen Ländern produziert.

Christ Church Cathedral KATHEDRALE

(☎ 051-858 958; www.christchurchwaterford.com; Cathedral Sq; ⊙ Ostern–Okt. Mo–Sa 10–17 Uhr, Nov.–Ostern Mo–Sa 12–15 Uhr) GRATIS Waterfords Christ Church Cathedral ist Irlands einzige neoklassisch-georgianische Kathedrale. Vom lokalen Architekten John Roberts entworfen, wurde sie an der Stelle errichtet, wo einst eine Wikingerkirche aus dem 12. Jh. stand. Im gleichen Jahrhundert fand hier die Hochzeit zwischen Strongbow und Aiofe statt. Eine eher düstere Attraktion ist das **Grab von James Rice**, dem siebenmaligen Oberbürgermeister von Waterford: Seine Statue zeigt einen verfallenden Körper, über den Würmer und Frösche krabbeln.

Holy Trinity Cathedral KATHEDRALE

(☎ 051-875 166; www.waterford-cathedral.com; Barronstrand St; ⊙ variieren je nach Gottesdienstzeiten) GRATIS Zum prächtigen Interieur dieser katholischen Kathedrale gehören eine Barockkanzel aus geschnitztem Eichenholz, bemalte Säulen mit korinthischen Kapitellen und zehn Kronleuchter aus Waterford-Kristall. Das Gebäude wurde zwischen 1792 und 1796 von John Roberts errichtet, demselben Architekten, der auch die Christ Church Cathedral entwarf. Damit ist Waterford die einzige Stadt, in der die katholische und die protestantische Kirche von ein und demselben Architekten entworfen wurden.

Geführte Touren

★ **Jack Burtchaell's Guided Walking Tour** STADTSPAZIERGANG
(☎ 051-873 711; www.jackswalkingtours.com; Erw./Kind 7 €/frei; ⌚ Mitte März–Mitte Okt. 11.45 & 13.45 Uhr;) Jacks flottes Mundwerk erweckt jeden Winkel in Waterford zum Leben, wobei er die tausendjährige Stadtgeschichte locker in eine Stunde packt. Die Führungen beginnen nahe der Touristeninfo (S. 193; dort kann man nach dem genauen Treffpunkt fragen); unterwegs werden an verschiedenen Hotels weitere Teilnehmer aufgesammelt.

Schlafen

★ **Granville Hotel** HOTEL €€
(☎ 051-305 555; www.granville-hotel.ie; Meagher Quay; Zi. ab 99 €; P) Das nachts angestrahlte Gebäude am Fluss aus dem 18. Jh. ist eines der ältesten Hotels des Landes. Es verfügt über brokatgeschmückte Zimmer im vornehmen georgianischen Stil, genau wie die gemeinschaftlich genutzten Bereiche voller Buntglas, historischer Drucke und Antiquitäten. Morgens kommt man in den Genuss von Bioporridge mit Baileys und Eiern Benedikt wie aus dem Lehrbuch.

Portree Guesthouse B&B €€
(☎ 051-874 574; www.portreeguesthouse.ie; Mary St; EZ/DZ ab 65/109 €; P) Große georgianische Pension mit 24 Zimmern in einer ruhigen Straße nahe dem Stadtzentrum. Die Besitzer kommen aus London und sorgen dafür, dass die eher unspektakulären Zimmer immer wie aus dem Ei gepellt aussehen. Es gibt einen Garten und eine Bibliothek und in dem anheimelnden Aufenthaltsraum gibt's reichlich Infos und Broschüren. Außerdem bekommt man rund um die Uhr Kaffee und Tee. Beliebt bei Reisegruppen.

Dooley's Hotel HOTEL €€
(☎ 051-873 531; www.dooleys-hotel.ie; Merchants Quay; EZ/DZ ab 109/119 €; @) Das sich in einheimischem Besitz befindliche und gut organisierte Hotel ist eine echte Institution in Waterford: Hier machen schon seit über 70 Jahren Familien Urlaub und finden Hochzeiten und ähnliche Veranstaltungen statt. Die Zimmer wurden schick modernisiert und zum Frühstück, das eine Spur besser schmeckt als in anderen Unterkünften, werden Bioporridge, frisches Obstkompott und warme Speisen gereicht. Im Thai Therapy Centre vor Ort stehen verschiedene Behandlungen zur Auswahl.

Coach House at Butlerstown Castle B&B €€
(☎ 051-384 656; www.butlerstowncastle.com; Butlerstown; Zi. ab 101 €; ⌚ April–Okt.; P) Von außen ist dieses B&B aus dem 19. Jh. ebenso einladend wie im Innern. Mit dem Auto erreicht man es von der Stadt aus innerhalb von zehn Minuten (6 km westlich von Waterford an der L4047, ausgeschildert an der R680). Gäste werden mit tiefen nietenverzierten Ledersesseln, gemütlichen offenen Kaminen, prächtigen Betten und Eierkuchen zum Frühstück verwöhnt.

★ **Waterford Castle** HERITAGE-HOTEL €€€
(☎ 051-878 203; www.waterfordcastleresort.com; The Island, Ballinakill; EZ/DZ ab 169/398 €, Lodges ab 189 €; P @) Eine mit Türmen verzierte Burg aus dem 19. Jh., die mehr als nur eine Pause vom Alltag bietet. Sie befindet sich auf einer eigenen Privatinsel. Mit einer kostenlosen Autofähre ab Ballinakill am östlichen Stadtrand erreicht man das Hotel rund um die Uhr. Alle 19 Zimmer verfügen über handbemalte Kacheln und elegante antike Badewannen und in einigen stehen sogar Himmelbetten. Außerdem gibt's 48 moderne Selbstversorger-Lodges.

Gäste wie Nichtgäste können im vornehmen mit Eichenholz ausgestatteten Munster Restaurant die Biogerichte des Küchenchefs Michael Thomas genießen (Abendmenüs mit 3 Gängen 60 €) oder auch eine Runde Golf auf dem hoteleigenen Platz spielen (Platzgebühr 30–50 €).

Essen

★ **Berfranks** CAFÉ, FEINKOST €
(☎ 051-306 032; www.facebook.com/Berfranks; 86 The Quay; Mahlzeiten 8–11 €; ⌚ Mo–Sa 8.30–17 Uhr;) Ideal für eine Pause während der Entdeckungsreise durch das mittelalterliche Waterford. In den Regalen des Feinkostladens liegen jede Menge hochwertige irische Lebensmittel aus und auf der Karte des Cafés stehen allerlei Leckereien – schon beim Lesen wird einem das Wasser im Munde zusammenlaufen! Das gemütliche Hinterzimmer ist mit Bücherregalen und Sofas bestückt. Mittags locken Gerichte wie gezupftes Fleisch von der Rinderbrust in Guinness-BBQ-Soße.

Carter's Chocolate Café CAFÉ €

(051-841 802; www.facebook.com/thechoccafe; 8 Barronstrand St; Hauptgerichte 4–6 €; Mo–Sa 8–18.30, So 11–18 Uhr;) Die Farbgebung in Minzgrün und Schokobraun passt wie die Faust aufs Auge: In diesem Café plus Laden werden süße Sünden wie Obststreuselkuchen, französische *macarons* und saftiger Möhrenkuchen nebst der berühmten irischen Gourmetschokolade von Lily O'Brien verkauft (6 Pralinen à 2 €). Wer Lust auf etwas Herzhaftes hat, kann sich ein Gourmetsandwich bestellen.

★ **Momo** BISTRO €€

(051-581 509; www.momorestaurant.ie; 47 Patrick St; Hauptgerichte mittags 8–15 €, abends 17–25 €; Di–Do 12–21, Fr & Sa bis 22, So 13–20 Uhr;) Dieses Bistro ist so heiß begehrt, dass es manchmal gar nicht so leicht ist, einen Tisch zu bekommen. Grund dafür ist das frisch zubereitete Essen aus hochwertigen regionalen Zutaten mit jeder Menge Geschmack; auf der Karte stehen z. B. Cajun-Hühnchenburger, langsam gegarte Grill-Rippchen und knusprige Fish 'n' Chips. Auch Vegetarier werden hier etwas Leckeres finden.

★ **La Bohème** FRANZÖSISCH €€

(051-875 645; www.labohemerestaurant.ie; 2 George's St; Hauptgerichte 19–31 €; Mo–Sa 17.30 Uhr–open end, Fr 12–15 Uhr) Ab in den feinen Zwirn! Das La Bohème vereint französisches Flair und frische irische Zutaten. Das Resultat sind Hauptgerichte wie Lammkarree mit Senf und Honig oder algenverkrustete Jakobsmuscheln. Früher dienten die Speiseräume im Keller als Küche einer georgianischen Villa, heute sitzen die Gäste hier in lauschigem Ambiente unter den Tonnengewölbedecken und Steinbogen. Der Weinkeller ist gut bestückt. Das „Early Bird"-Menü (Mo–Mi den ganzen Abend, Do und Fr bis 18.45, Sa bis 18.30 Uhr) hat drei Gänge und kostet 29,50 €.

Bodega! MODERN IRISCH €€

(051-844 177; www.bodegawaterford.com; 54 John St; Hauptgerichte mittags 8–15 €, abends 16–29 €; Mo–Sa 12–22 Uhr) Zwar mutet die bunte Einrichtung im mediterranen Stil spanisch an, tatsächlich liegt der Schwerpunkt aber auf moderner irischer Küche aus lokalen Zutaten. Die Karte umfasst eine gesunde Mischung aus Fisch- und Fleischkreationen, leichtere Mahlzeiten wie Ziegenkäsetörtchen sowie innovative Salate und zahlreiche irische Biere.

Munster Bar PUBFOOD €€

(www.themunsterbar.com; Bailey's New St; Hauptgerichte 10–15 €; Küche 12–21 Uhr;) Das 1822 errichtete Gebäude beherbergt ein Pubrestaurant mit einem Nebenzimmer, in dem ein gemütliches Feuer im Kamin brennt, und eine große Kneipe in der alten Remise. Die traditionelles Pubfood (z. B. Irish Stew mit Brot und Butter oder Würstchen mit *colcannon*, einem irischen Eintopf) eignet sich als krönender, entspannter Abschluss einer ausgedehnten Sightseeingtour.

Ausgehen & Nachtleben

★ **Phil Grimes Pub** IRISH PUB

(051-875 759; 60 Johnstown; So–Do 16–23.30, Fr & Sa bis 0.30 Uhr) In dieser echten irischen Kneipe am Rand der Innenstadt mit freundlicher Atmosphäre erfreut sich eine treue Stammkundschaft an irischen und ausländischen Craft-Bieren, Livemusik und Quiz- und Filmabenden.

Henry Downes Bar PUB

(051-874 118; Thomas St; Mo–Do 17–23.30, Fr–So bis 24, Sa & So 12–14.30 Uhr;) Bereits seit zwei Jahrhunderten stellt das Downes seinen eigenen irischen Whiskey No. 9 her – eine willkommene Abwechslung zum Stout. Man kann den edlen Tropfen entweder in einem der atmosphärischen Räume genießen oder auch eine Flasche zum Mitnehmen erstehen (45 €). Dieses Pub ist wirklich einmalig: Hinten gibt's sogar einen Squashplatz und einen großen Billardtisch.

Geoff's BAR

(051-874 787; www.facebook.com/geoffscafebarwaterford; 9 John St; 11.30–0.30 Uhr) Das Geoff's hat wirklich Charakter mit all den holzvertäfelten Sitzecken und Nischen, den schweren Holzmöbeln, hohen Decken und der atmosphärischen „Kirchenbar" hinten. Gute Pubküche und gelegentlich Livemusik und DJs.

Unterhaltung

Theatre Royal THEATER

(051-874 402; www.theatreroyal.ie; The Mall; Kasse Di–Fr 10–16, Sa 12–16, an Vorstellungstagen 18–20 Uhr) Auf dem Programm des prachtvoll renovierten georgianischen Hauses stehen Theaterstücke, Musicals und Tanzvorführungen. Es ist Waterfords Vorzeigetheater.

Garter Lane Arts Centre THEATER

(051-855 038; www.garterlane.ie; 22a O'Connell St) Das exzellente Theater ist in einem atmosphärischen Gebäude aus dem 18. Jh. untergebracht und zeigt Autorenfilme, Musik, Tanz sowie Bühnenstücke. Es steht an einem Hof an der O'Connell Street.

Central Arts KULTURZENTRUM
(☎ 086 454 3246; www.centralarts.ie; 123a Parade Quay) Ein kleines Kulturzentrum, das Ausstellungen, Theateraufführungen, Livemusik- und *open mike*-Abende veranstaltet. Termine auf der Website.

Shoppen

Waterford City Food & Craft Market MARKT
(John Roberts Sq; ⏲ Sa 10–16 Uhr) Der ausgezeichnete Markt wartet mit jeder Menge verzehrfertigem Essen auf. Unwiderstehlich sind Mary Dohertys Backwaren von Granny Maddock's Pantry. Außerdem wird Kunsthandwerk wie Töpferwaren, Schmuck und Holzarbeiten verkauft.

Waterford Book Centre BÜCHER
(☎ 051-873 823; www.thebookcentre.ie; 25 John Roberts Sq; ⏲ Mo–Sa 9–18, So 13–17 Uhr) Im Waterford Book Centre erwarten einen drei Etagen voller Bücher, darunter eine herausragende Auswahl an irischen Klassikern, und ein Café.

Kite Design Studios KUNST & KUNSTHANDWERK
(☎ 051-858 914; www.kitedesignstudios.ie; 11 Henrietta St; ⏲ Mo–Sa 9.30–17 Uhr) Diese Mischung aus Atelier und Geschäft bietet den besten Künstlern und Kunsthandwerkern der Stadt Raum zum Entfalten, Arbeiten und Ausstellen. Man kann sie in Aktion erleben und lokal hergestellte Glaswaren, Textilien, Schmuck und mehr kaufen.

Praktische Informationen

Touristeninformation (☎ 051-875 823; www.discoverireland.ie; 120 Parade Quay; ⏲ Mo–Sa 9–17.15 Uhr) Die beste Infoquelle zu den Grafschaften Waterford und Wexford.

An- & Weiterreise

BUS

Es verkehren Bus-Éireann-Busse nach Tramore (3,90 €, 45 Min., 2-mal stündl.), Dublin (17 €, 2½ Std., alle 2 Std.) und Wexford (12,50 €, 1 Std., 6-mal tägl.).

Die Busse des M9 Express Service von Dublin-Coach (www.dublincoach.ie) fahren alle zwei Stunden von Waterford nach Cork (10 €, 2 Std.), Dungarvan (5 €, 50 Min.), Kilkenny (5 €, 45 Min.) und Dublin (10 €, 2½ Std.).

> **WATERFORDS KUNSTHANDWERKER**
>
> Waterford hat noch mehr zu bieten als das berühmte Kristall: Zahlreiche örtliche Künstler und Kunsthandwerker fertigen hier Textilien, Gemälde, Schmuck, Töpferwaren, Pappmaché, Kerzen sowie Möbel aus Recyclingmaterialien an. Unter www.waterforddesignermakers.com findet man eine aktuelle Liste mit Kontakten.

Die Suirway-Busse (www.suirway.com) nach Dunmore East (4 €, 25 Min., ganzjährig Mo–Sa 7- oder 8-mal tägl., Ende Juni–Aug. zusätzl. So 5-mal tägl.) fahren an der Bushaltestelle am Merchants Quay vor dem **Hauptbusterminal** (☎ 051-879 000; www.buseireann.ie; Merchants Quay) ab.

FLUGZEUG

Am **Waterford Airport** (☎ 051-846 600; www.flywaterford.com; Killowen) rund 9 km südlich des Stadtzentrums startet eine begrenzte Anzahl Flüge nach London Luton und Birmingham. Öffentliche Verkehrsmittel fahren nicht dorthin. Ein Taxi schlägt mit 20 € zu Buche.

ZUG

Der Bahnhof Plunkett ist vom Zentrum aus gesehen auf der anderen Flussseite. Es bestehen direkte Zugverbindungen nach

Carlow 17,70 €, 1¼ Std., 7-mal tägl.

Dublin Heuston 32 €, 2¼ Std., 7-mal tägl.

Kilkenny 13,85 €, 35 Min., 6-mal tägl.

Tipperary 17,70 €, 1½ Std., 2-mal tägl.

Dunmore East

1808 EW.

Dunmore East (Dún Mór), 19 km südöstlich von Waterford, erstreckt sich oberhalb eines Küstenstreifens mit roten Sandsteinklippen voller versteckter Buchten und kreischender Möwen. Schon seit Langem ist das Dorf ein beliebtes Wochenend- und Sommerziel für die Einwohner von Waterford und es erfreut sich jetzt außerdem neuer Popularität, seit es als Kulisse für die BBC-Serie *Redwater* (2017) diente.

Ein Park teilt den Ort in zwei Teile: das **Upper Village** „schwebt" in südlicher Richtung über dem Hafen, während das **Lower Village** Richtung Norden in einer Senke hinter Lawlors Strand liegt.

DIE FÄHRE ZWISCHEN WATERFORD UND WEXFORD

Wer zwischen den Counties Waterford und Wexford mit dem Rad oder Wagen an der Küste entlangreist, spart sich einen langen Umweg über New Ross, wenn er die **Passage East Ferry** (☎051-382 480; www.passageferry.ie; einfache Fahrt Fahrrad/Pkw 2/8 €; ⊙April–Sept. Mo–Sa 7–22, So 9.30–22 Uhr, Okt.–März Mo–Sa 7–20, So 9.30–20 Uhr) zwischen Passage East und Ballyhack nimmt. Diese benötigt nur fünf Minuten und fährt mehrmals stündlich.

Im 19. Jh. diente der Ort als Anlaufstelle für Schiffe, die Postsendungen zwischen England und Südirland transportierten. Aus dieser Ära stammen die reetgedeckten Cottages entlang der Hauptstraße und ein ungewöhnlicher dorischer **Leuchtturm** (1825) mit Blick über den kommerziellen Fischereihafen.

Sehenswertes & Aktivitäten

In den Wintermonaten fällt die Stadt in einen Dornröschenschlaf, erwacht aber im Sommer wieder zu neuem Leben. Dann tummeln sich die Badegäste an den Stränden der Buchten unterhalb der Klippen. Vom **Lawlors Strand** (der größte Sandstreifen) und dem benachbarten **Councillor's Strand** am nördlichen Ende der Stadt hat man den kürzesten Weg zu Pubs und Cafés. Die Namen der kleineren **Mens Cove** und **Ladies Cove** – zu beiden Seiten des zentralen Stadtparks gelegen – erinnern an vergangene Zeiten, in denen es noch prüder und streng getrennt nach Männlein und Weiblein zuging. In den Buchten kann man ohne Sorge schwimmen und entlang der Felsen dazwischen schnorcheln.

Im Westen führt eine 17 km lange **reizvolle Autoroute** nach Tramore an die Küste. Unterwegs erwartet einen Natur pur mit sanft geschwungenen grünen Hügeln, tollem Panoramablick aufs Meer und Kuhherden, die die Straßenseite wechseln wollen. Damit kann das quirlige Tramore kaum mithalten!

Dunmore East Adventure Centre ABENTEUERSPORT
(☎051-383 783; www.dunmoreadventure.com; Stoney Cove; 2 Std. 40 € pro Pers.; 👪) In der ersten Bucht nördlich des Fischereihafens bekommt man Leihausrüstung (Kajaks, Surfbretter, Schnorchel etc.). Außerdem werden Segel-, Kajak-, Kanu- und Windsurfkurse für Kinder und Erwachsene sowie Aktivitäten zu Lande (z. B. Bogenschießen und Klettern) angeboten.

Feste & Events

Bluegrass Festival MUSIK
(☎051-878 832; www.discoverdunmore.com/events; ⊙Ende Aug.) Zu diesem Anlass werden im Hochsommer die Banjos hervorgeholt und in den Pubs gespielt. Dies ist eines der quirligsten Musikfestivals in ganz Irland.

Schlafen

Avon Lodge B&B B&B €€
(☎051-385 775; www.avonlodgebandb.com; EZ/DZ 50/80 €; P 📶) Von außen sieht das große Haus im Vorstadtstil ziemlich gewöhnlich aus, doch es wird von dem traditionellen Musiker Richie Roberts geführt, der diese Gegend kennt wie seine Westentasche. Er vermietet kürzlich renovierte saubere, gemütliche Zimmer in schönen Farben mit dazu passenden Textilien. Das B&B liegt an der Straße nach Waterford, fünf Gehminuten westlich von Lawlors Strand.

Haven Hotel HOTEL €€
(☎051-383 150; www.thehavenhotel.com; EZ/DZ ab 50/100 €; ⊙März–Okt.; 📶) In den 1860er-Jahren als Sommerresidenz der Malcolmson-Familie erbaut, deren Wappen immer noch über dem Kamin prangt, wartet das noble Refugium mit holzvertäfelten Bädern auf und zwei der Gästezimmer haben sogar ein Himmelbett. In der Küche des locker-lässigen Restaurants (März–Sept. Mo–Sa 17.30–22, So 10–15 Uhr) werden vor allem örtliche Produkte verwendet. Die in Rottönen gehaltene Bar ist dezent beleuchtet.

Essen & Ausgehen

Bay Café CAFÉ €
(☎051-383 900; Dock Rd, Upper Village; Hauptgerichte 7–11 €; ⊙9–17 Uhr) Von dem künstlerisch angehauchten Café genießt man einen Ausblick auf den Hafen und das Meer. Hier kommen einfache Gerichte mit dem gewissen Extra auf den Tisch. Hoch gelobt sind z. B. die Sandwiches mit Fisch oder Meeresfrüchten. Der Bagel mit Guacamole ist eine Neuheit in diesen Breiten.

Lemon Tree Café IRISCH €€

(051-383 164; www.lemontreecatering.ie; Coxtown; Hauptgerichte 12–21 €; Di–Do 10–18, Fr & Sa bis 21, So 9.30–16 Uhr;) Biokaffee, Backwaren sowie eine Theke (und ein Kühlschrank), an der es Gerichte zum Mitnehmen gibt – vom Brot mit Nüssen und Linsen bis zur Meeresfrüchtepastete. Drinnen und draußen warten zahlreiche Sitzplätze sowie eine Spielecke für Kinder. Die Karte umfasst vor allem Gerichte mit Fisch und Meeresfrüchten. Am Südrand der Stadt.

Spinnaker Bar FISCH & MEERESFRÜCHTE €€

(051-383 133; www.thespinnakerbar.ie; Glenville Tce, Lower Village; Hauptgerichte 15–29 €; Küche 12–21 Uhr) An den Tischen auf dem Bürgersteig kann man Strandgänger auf dem Weg zum Lawlors Strand beobachten, drinnen zwischen nautischem Schnickschnack speisen oder in dem geschützten Biergarten Platz nehmen. Das Essen ist hervorragend: Sämige Meeresfrüchtesuppen, Fish 'n' Chips, Salate und fangfrische Tagesgerichte werden gekonnt zubereitet. An Sommerwochenenden treten Livebands auf.

Power's Bar PUB

(051-383 318; www.facebook.com/PowersBar DunmoreEast; Dock Rd, Upper Village; Mo–Do 12–23.30, Fr & Sa bis 0.30, So 11.30–23.30 Uhr) Dienstagabends finden in dem buttergelben Eckpub lebhafte traditionelle Musiksessions statt. Der Spitzname der Kneipe, „The Butcher's", spielt auf ihre Vergangenheit als Fleisch- und Lebensmittelladen an.

An- & Weiterreise

Suirway (www.suirway.com) bedient die Strecke zwischen Waterford und Dunmore East (4 €, 30 Min., ganzjährig Mo–Sa 7- oder 8-mal tägl., Juli & Aug. So 5-mal tägl.).

Tramore

10 381 EW.

Im Sommer ist der Küstenstreifen unterhalb der steil ansteigenden Stadt Tramore (auf Irisch Trá Mhór, „Großer Strand") eine Art trubeliger Jahrmarkt mit Karussells, Spielhallen, Zuckerwatteständen und allem, was zu einem altmodischen Badeort gehört. Im Winter geht's entschieden ruhiger zu.

Sehenswertes

Die Bucht von Tramore ist im Westen durch **Great Newtown Head** und im Osten durch **Brownstown Head** begrenzt. Deren 20 m hohe Betonpfeiler (drei am Great Newtown und zwei am Brownstown) wurden von Lloyds of London 1816 nach der Schiffstragödie der *Seahorse* errichtet, die 363 Menschenleben forderte. Weil der Kapitän die Bucht für Waterfords Hafen hielt, lief er hier auf Grund.

Auf dem zentralen Pfeiler am Great Newtown Head ragt der 3,70 m hohe **Metal Man** in den Himmel, das 1819 errichtete kolossale Standbild eines Seemanns aus Eisen. In Uniform aus weißer Kniehose und blauer Jacke warnt er mit theatralischer Geste herannahende Schiffe. Der Legende nach soll ein Mädchen, das dreimal auf einem Bein um die Statue herumhüpft, innerhalb eines Jahres unter die Haube kommen (das funktioniert übrigens nicht, wenn man sich das Gegenteil, sprich: eine Scheidung, wünscht!).

Aktivitäten

Tramores 5 km langer **Strand** wird am östlichen Ende von 30 m hohen Dünen gekrönt und ist einer der besten **Surfspots** des Landes, geeignet für alle Niveaus. In der Stadt gibt's mehrere ganzjährig geöffnete Surfschulen, die auch **Ökowanderungen** rund um Back Strand, eine der größten Gezeitenlagunen Europas, sowie verschiedene andere Aktivitäten anbieten.

An der Promenade werden **Surfunterricht** und Ausrüstungsverleih angeboten, inklusive Neoprenanzüge und im Winter dringend benötigter Stiefel, Handschuhe und Kappen.

An der Westseite der Bucht befindet sich eine sehr schöne geschützte Bucht zum Schwimmen, die **Guillamene Cove**. Zugang hat man über die Newtown Glen Road (der Beschilderung Newtown & Guillamene Swimming Club folgen); es gibt einen Parkplatz, Toiletten und Picknicktische.

T-Bay Surf & Eco Centre SURFEN

(051-391 297; www.tbaysurf.com; The Prom; Unterricht ab 35 €;) Irlands größte Surfschule organisiert zahlreiche Kurse für jedes Niveau, darunter auch Sommercamps für Kinder. Verleiht auch Surfbretter, Bodyboards und Neoprenanzüge.

Oceanics Surf School SURFEN

(051-390 944; www.oceanics.ie; Red Cottage, Old Crobally Rd; Unterricht ab 35 €;) Surfstunden und -kurse plus Partys sowie Sommerlager für Teenager und kleinere Kinder.

Freedom Surf School SURFEN
(☎ 086 391 4908; www.freedomsurfschool.com; The Gap, Old Crobally Rd; Unterricht ab 30 €;) Surfkurse und Unterricht im Bodyboarden und Stehpaddeln.

Lake Tour Stable REITEN
(☎ 086 812 8631; www.laketourstables.ie; Carrigavantry; Reitwanderungen Erw./Kind ab 25/20 €;) Tramores Reitzentrum bietet täglich einen einstündigen Ausritt zum nahegelegenen See an und einmal die Woche (sonntags) geht's zum Tramore Beach (2 Std.). Die Reitschule befindet sich 1,5 km westlich von Tramore neben der R682.

Tramore Golf Club GOLF
(☎ 051-386 170; www.tramoregolfclub.com; Newtown Hill; Greenfee 35–45 €) Dies ist einer der ältesten Golfplätze Irlands (1894 eingerichtet) mit einem neuen Neunlochparcours zusätzlich zu dem vorherigen mit 18 Löchern. Hier werden verschiedene Wettbewerbe ausgetragen, darunter die Irish Close Championship (bereits vier Mal) – das letzte Mal im Jahr 2015.

Schlafen & Essen

★ **Beach Haven House** HOSTEL, B&B €
(☎ 051-390 208; www.beachhavenhouse.com; Waterford Rd; Hostel B 20 €, B&B EZ/DZ 70/80 €, 2-Pers.-Apt. ab 80 €; ⊙ B&B & Apts. ganzjährig, Hostel März–Nov.;) Der Amerikaner Avery und seine irische Frau Niamh bieten Unterkünfte für jede Preisklasse in ihrem B&B, dem Hostel und den Apartments (Minimum: 2 Übernachtungen). Die B&Bs und Apartments sind geschmackvoll ausgestattet (helles Holz, warme Erdfarben), während das Hostel einfach ist, aber über einen gemütlichen Gemeinschaftsraum verfügt. Avery bleibt seinen kalifornischen Wurzeln treu: In den Sommermonaten wird regelmäßig der Grill angeschmissen.

O'Shea's Hotel HOTEL €€
(☎ 051-381 246; www.osheas-hotel.com; Strand St; EZ/DZ ab 55/95 €;) Obwohl die Zimmer im O'Shea's nicht ganz so fein sind, wie man angesichts der blumengeschmückten schwarz-weißen Fassade erwarten würde, ist das familiengeführte Hotel sein Geld wert, zumal es ganz in der Nähe des Strands liegt. Ein paar Zimmer gewähren einen Blick aufs Meer.

Vee Bistro INTERNATIONAL €€
(☎ 051-386 144; www.facebook.com/theveebistro; 1 Lower Main St; Hauptgerichte 8–18 €; ⊙ Mo–Mi 9–16.30, Do–Sa bis 21.30, So bis 17 Uhr;) Die Wände des quirligen Restaurants sind mit abstrakten Gemälden und Ethnokunst geschmückt, auf den Tellern landen einfache Bistrogerichte wie Grillrippchen, Fish 'n' Chips und Hühnchen-Chili-Wraps. Eine Tageskarte gibt's auch und die Backwaren sind ein Gedicht. Auf der guten Frühstückskarte stehen etwa Pfannkuchen mit Frühstücksspeck und Ahornsirup.

Banyan THAILÄNDISCH €€
(☎ 051-330 707; http://thebanyanthai.ie; 3 Strand St; Hauptgerichte 11–15 €; ⊙ Di–So 17–22 Uhr;) Eine hervorragende thailändische Küche ist das Markenzeichen dieses gemütlichen Restaurants mit Bar, in der am Wochenende Livemusik geboten wird. Die Kellner des Banyan servieren Tom-Yam-Suppe, Massaman-Currys und Satay-Hühnchenspieße. Alle Gerichte sind gut gewürzt, ohne zu brennen. Für Iren und andere Gäste, die es etwas bodenständiger mögen, gibt's aber auch zahlreiche Beilagen wie Reis, Nudeln oder Pommes frites.

Unterhaltung

Waterford & Tramore Racecourse PFERDERENNEN
(☎ 051-381 425; www.tramore-racecourse.com; Graun Hill) Das erste Pferderennen des Jahres auf europäischem Boden findet am 1. Januar auf dem Tramore Racecourse statt, ist aber nur eines von vielen jährlichen Events.

An- & Weiterreise

Auf der Strecke zwischen Waterford und Tramore sind Busse von **Bus Éireann** (S. 756) unterwegs (3,90 €, 45 Min., 2-mal stündl.).

Die Copper Coast

An sonnigen Tagen erstrahlt die **Copper Coast** in den unterschiedlichsten Farben: azurblaues Wasser, leuchtend grüne Hügel und Klippen in Graugrün, Rostrot und Gelbocker wie aus dem Farbmalkasten schaffen wunderbare Aussichtspunkte entlang der R675 zwischen Tramore und Dungarvan.

Unterwegs kann man kleine Buchten und Strände entdecken, z. B. die schmucke **Stradbally Cove**. Auch **Clonea Strand** nahe Ballynacourty, kurz vor Dungarvan, ist ein hübscher, unberührter Sandstreifen.

Sehenswertes & Aktivitäten

Copper Coast European Geopark NATURSCHUTZGEBIET
(www.coppercoastgeopark.com) Der 20 km lange Abschnitt zerklüfteter Küste mit dem Dorf Bunmahon in der Mitte verdankt seinen Namen dem Kupferbergbau, der hier im 19. Jh. florierte. Das deutlich sichtbarste Relikt aus der Zeit des Kupferbergbaus in der Region ist die Fördermaschine im kornischen Stil in Tankardstown, 1 km östlich von Bunmahon. Am Ostrand von Bunmahon erstreckt sich ein geologischer Garten.

Den Hügel hinauf stößt man auf das Copper Coast Geopark Centre (www.coppercoastgeopark.com; Knockmahon Church, Bunmahon; Erw./Kind 3,50/2,50 €; Fr–So 11–17 Uhr) mit einer Ausstellung zur Geschichte und Geologie des Kupferabbaus. Außerdem erhalten Besucher Infos zum Copper Coast Trail und es gibt lokale Wanderkarten.

Die 460 Millionen Jahre alten Ton-, Sand- und Lavasteine hat eine Kontinentalplattenkollision verformt. Durch die Kollision konnten heiße metallreiche Flüssigkeiten in das Gestein eindringen. Nach dem Abkühlen bildeten sich Quarzadern voller Kupferminerale.

Sea Paddling KAJAKFAHREN
(051-393 314; www.seapaddling.com; Touren halber/ganzer Tag 45/75 €;) Geführte Kajaktouren (inkl. Einweisung) entlang der Copper Coast, bei denen entlegene Meeresklippen, Buchten, Höhlen und natürliche Steinbogen erkundet werden, sowie maßgeschneiderter Kajak-Unterricht (65 € pro Std.).

Dungarvan

9227 EW.

Knallig-bunt gestrichene Gebäude umringen den malerischen Hafen von Dungarvan, wo der Fluss Colligan ins Meer mündet. Die Stadt ist bekannt für ihre tollen Restaurants, eine namhafte Kochschule und das jährlich stattfindende West Waterford Festival of Food – kurz ein Paradies für Feinschmecker.

Der hl. Garvan gründete im 7. Jh. an dieser Stelle ein Kloster, aber fast alle Gebäude im Ortszentrum stammen aus dem frühen 19. Jh., als der Duke von Devonshire die Straßen rund um Grattan Square neu anlegte. Besonders sehenswert sind die dramatische Burgruine und ein Augustinerkloster mit Blick auf die Bucht.

Sehenswertes

Dungarvan Castle BURG
(058-48144; www.heritageireland.ie; Castle St; Ende Mai–Ende Sept. 10–18 Uhr) GRATIS Fortlaufende Sanierungsarbeiten tragen dazu bei, die Burg in ihrer früheren normannischen Pracht erstrahlen zu lassen. Einst residierte hier King Johns Vertrauter Thomas Fitz Anthony. Der älteste Teil des Komplexes ist der originelle Bergfried aus dem 12. Jh., erbaut zur Verteidigung des Flussdeltas. In der britischen Kaserne aus dem 18. Jh. befindet sich ein Besucherzentrum mit verschiedenen Exponaten (Einlass nur im Rahmen einer (kostenlosen) Führung).

Waterford County Museum MUSEUM
(058-45960; www.waterfordcountymuseum.org; St Augustine St; Mo–Fr 10–17 Uhr) GRATIS Das kleine, aber feine Museum in einem Kornspeicher aus dem 18. Jh. präsentiert Ausstellungsstücke zur Schifffahrtsgeschichte mit Gegenständen von havarierten Schiffen sowie Wissenswertes zur Großen Hungersnot und zu lokalen Berühmtheiten.

Old Market House Arts Centre GALERIE
(058-48944; Lower Main/Parnell St; Di–Fr 11–13.30 & 14.30–17, Sa 13–17 Uhr) GRATIS In einem schönen Gebäude aus dem 17. Jh. sind luftig-leichte Galerien untergebracht. Die Sammlung umfasst Werke moderner lokaler Künstler.

Aktivitäten & Kurse

Waterford Greenway RADFAHREN
(www.visitwaterfordgreenway.com) Der 2017 fertiggestellte Waterford Greenway ist ein 46 km langer Weg für Radler aller Fitnessstufen. Er folgt einer alten Bahnstrecke von Waterford (Parkplatz bei der WIT Arena, gleich abseits der N25 an der Ringstraße) nach Dungarvan (Parkplatz beim Shandon-Kreisverkehr). Die Strecke führt über drei spektakuläre Viadukte sowie durch einen Tunnel und wartet in Knock, 8 km östlich von Dungarvan, mit einem tollen Meerblick auf.

Eine schöne kurze Tour führt von Dungarvan Richtung Osten nach Clonea, durch den Ballyvoyle-Tunnel und zu O'Mahony's Pub (30–40 Min.).

Waterford-Greenway-Fahrradverleih RADFAHREN
(085 111 3850; http://waterfordgreenway.com; 1 Davitt's Quay; 20 € pro Tag; 9–17 Uhr) Verleiht Crossräder und Mountainbikes und

kann diese zur Unterkunft liefern und sie auch dort wieder abholen.

★**Tannery Cookery School** KOCHEN
(☎058-45420; www.tannery.ie; 6 Church St; Kurse ab 75 €) Die Kochschule des Starkochs und Bestsellerautors Paul Flynn sieht wie eine futuristische Ausstellungsküche aus (durch die großen Fenster in der Seitenstraße kann man einen Blick hineinwerfen). Die angebotenen Kurse reichen vom vierstündigen „Kochen für Freunde" (75 €) bis zur beliebten dreitägigen „Masterclass" (550 €). Weitere beliebte Themen sind Brotbacken, Fisch und Meeresfrüchte, italienische Küche und die Zubereitung auf einem AGA-Herd.

Feste & Events

★**West Waterford Festival of Food** ESSEN & TRINKEN
(www.waterfordfestivaloffood.com; ⌚Mitte April) Mit diesem beliebten Fest wird der Reichtum von West Waterford an frischen Erzeugnissen gefeiert. Zum Programm gehören Kochkurse und -vorführungen, Vorträge von Bauern aus der Gegend, Bauernmärkte und geführte Spaziergänge. Lust auf Craft-Bier? Dann nichts wie in den Biergarten.

Dungarvan TradFest MUSIK
(www.comeraghs.com/tradfest; ⌚Juni) Ein lebhaftes Festival mit traditioneller Musik und Tanz am langen Juni-Wochenende. Veranstaltungsorte sind Pubs und Hotels, es gibt aber auch eine öffentliche Bühne auf dem Grattan Square. Besonders bekannt: der jährliche Bucket-Singing-Wettbewerb (einfach googeln!).

DAS „GOLFDREIECK"

In unmittelbarer Nähe von Dungarvan (5 Min. Autofahrt) befinden sich gleich drei Golfplätze, auf denen Meisterschaften ausgetragen werden: der **West Waterford Golf & Country Club** (www.westwaterfordgolf.com), der **Dungarvan Golf Club** (www.dungarvangolfclub.com) und der **Gold Coast Golf Club** (www.goldcoastgolfclub.com). Alle drei gehören der Initiative „Dungarvan Golf Triangle" an, derzufolge erfahrene Spieler auf allen drei Plätzen golfen können, aber nur für zwei zahlen müssen (69 €). Mehr Infos (inkl. Wegbeschreibungen und Karten) unter www.golftriangle.com.

Schlafen

★**Cairbre House** B&B €€
(☎058-42338; www.cairbrehouse.com; Strandside North; EZ/DZ 50/88 €; ⌚Mitte Dez.–Mitte Jan. geschl.; P 📶) Das Vierzimmer-B&B liegt inmitten von großen Gärten am Fluss, aus denen viele Frühstückszutaten wie duftende Kräuter stammen. Im Sommer blühen hier viele Blumen. Außerdem verfügt die Unterkunft über eine kleine Terrasse mit Blick aufs Wasser. Das Cairbre House befindet sich 1 km nördlich des Stadtzentrums an der Ostseite des Flusses.

Tannery Townhouse PENSION €€
(☎058-45420; www.tannery.ie; 2 Church St; EZ/DZ ab 75/115 €; P 📶) Diese nette Boutique-Pension hat dasselbe Management wie das Tannery Restaurant (S. 199). Sie nimmt zwei Gebäude gleich gegenüber ein. Die Kühlschränke in den 14 modernen Zimmern sind gut bestückt mit Säften, Obst und Muffins und morgens werden frische Backwaren vor den Zimmertüren deponiert, sodass man sich nicht an bestimmte Frühstückszeiten halten muss.

Park Hotel HOTEL €€
(☎058-42899; www.flynnhotels.com; Shandon Rd; EZ/DZ ab 109/120 €; P 📶 🏊) Das smart aufgemachte, moderne Hotel erstreckt sich am Westufer des River Colligan unmittelbar nördlich des Zentrums. Die Zimmer sind hell und geräumig, der Service ist höflich und aufmerksam und die Gäste dürfen das angrenzende Freizeit-, Wellness- und Sportzentrum nutzen. Das Park Hotel ist ein wichtiger Veranstaltungsort des Dungarvan TradFest; um ein Zimmer während der Festivalzeit muss man sich möglichst früh kümmern.

Essen & Ausgehen

In den Pubs sollte man unbedingt die Craft-Biere der **Dungarvan Brewing Company** (☎058-24000; http://dungarvanbrewingcompany.com; Westgate Business Park; ⌚Führungen nach Vereinbarung) wie das hopfige Helvick Gold probieren.

★**Meades** CAFÉ €
(☎087 411 6714; www.meadescafe.com; 22 Grattan Sq; Hauptgerichte 5–9 €; ⌚Mo–Sa 8–18, So 11–17 Uhr; 📶 👪) Das Meades verströmt eine fröhliche Atmosphäre und verfügt über eine erstklassige Lage am zentralen Platz. Es wartet mit einer Spielecke für Kinder, gemütlichen Sofas, Zeitungen und natürlich

jeder Menge leckeren gebackenen Köstlichkeiten, süß wie herzhaft, hausgemachten Suppen, Salaten und Cottage Pie auf. Die Frühstücksspezialität ist *blaa* (lokaltypisches Brötchen) mit knusprigem Speck, Blutwurst und *country relish* (einer speziellen Würzsoße).

Merry's Gastro Pub PUBFOOD €€
(☎ 058-24488; Lower Main/Parnell St; Hauptgerichte 10–24 €; ⏲ Küche 12–21.30 Uhr; 🚸) Poliertes, dunkles Holz sowie in den antiken Spiegeln aufblitzendes Messing und Kupfer schaffen eine angenehm altmodische Atmosphäre in diesem traditionellen Pub mit hohem kulinarischem Anspruch. Auf der Speisekarte stehen Barbecue-Rippchen, Fish 'n' Chips sowie Schweinebauch mit Kumin und Fenchel, geschmort in lokalem Ale. Wo wir gerade davon sprechen: Die Auswahl an handwerklich gebrauten Bieren ist super.

★ **Tannery** MODERN IRISCH €€€
(☎ 058-45420; www.tannery.ie; 10 Quay St; Hauptgerichte 26–33 €; ⏲ Fr 12.30–14.30, So bis 16.30, Di–Sa 17.30–21 Uhr) 🍃 Eine ehemalige Ledergerberei beherbergt heute ein innovatives, hochgelobtes Restaurant, in dem Küchenchef Paul Flynn je nach Saison wechselnde Kreationen zaubert. Die Anzahl der Gerichte ist begrenzt, doch diese werden auf überraschende Weise zur Geltung gebracht und machen einfach glücklich. Unten herrscht eine intime Atmosphäre, während es in dem loftartigen Raum oben geschäftiger zugeht. Der Service ist hervorragend. Vorab reservieren.

Moorings PUB
(☎ 058-41461; www.mooringsdungarvan.com; Davitt's Quay; ⏲ 11–24 Uhr) Die wunderschöne Holzverkleidung und ein Nebenzimmer sind die Markenzeichen des alten Pubs am Wasser. Draußen erstreckt sich ein großer Biergarten im Schatten der Mauern von Dungarvan Castle. Besucher genießen hier Biere aus der Gegend vom Fass sowie traditionelle Küche und an den Wochenenden legt ein DJ auf. Eine Übernachtung im Doppelzimmer (B&B) kostet 90 €.

Shoppen

Dungarvan Farmers Market MARKT
(www.dungarvanfarmersmarket.com; Grattan Sq; ⏲ Do 9.30–14 Uhr) Wie man es erwarten würde, ist der Bauernmarkt von Dungarvan hervorragend und fast so etwas wie ein kleines Lebensmittelfest: Es gibt auf traditionelle Weise hergestelltes Brot, Käse, Speck, Gemüse frisch vom Erzeuger und warme Gerichte.

Praktische Informationen

Touristeninformation (☎ 058-41741; www.dungarvantourism.com; Main/Parnell St; ⏲ ganzjährig Mo–Fr 9.30–17 Uhr, April–Sept. auch Sa 10–17 Uhr) Hilfreiche Informationsquelle mit Unmengen von Broschüren. Der unauffällige Eingang liegt gleich neben dem SuperValu-Supermarkt.

An- & Weiterreise

Busse halten auf dem Weg von und nach Waterford (5 €, 50 Min., stündl.) und Cork (7 €, 1½ Std., stündl.) am Davitt's Quay.

Ring Peninsula

Nur 15 Fahrminuten von Dungarvan entfernt erreicht man die Halbinsel Ring (auf Irisch An Rinn, „Landzunge"), eine der berühmtesten Gaeltacht-(irischsprachigen) Regionen Irlands. Unterwegs eröffnen sich weite Ausblicke über die Bucht von Dungarvan zu den Monavullagh Mountains und den Klippen der Copper Coast. Man kann problemlos einen ganzen Tag damit zubringen, die ruhigen Landstraßen abzufahren, um versteckte Strände und traditionelle Pubs zu entdecken oder Wanderungen zu unternehmen, um den Panoramablick vom Helvick Head zu genießen.

Besucher der Halbinsel benötigen einen fahrbaren Untersatz, da Pubs, Unterkünfte und Läden teilweise etwas weiter voneinander entfernt sind.

Schlafen & Essen

★ **Dún Ard** B&B €€
(☎ 058-46782; www.dunard.ie; Na Céithre Gaotha, Ring; Zi. ab 105 €; P 📶) Die schlichte Fassade der Pension in einer noblen Wohnanlage hoch über der Bucht von Dungarvan am Westrand des Dorfes Ring täuscht. Im ersten Moment kommen einem die Preise hoch vor, doch die vier Zimmer sind tatsächlich jeden Cent wert, denn sie haben die Qualität, Größe und Ausstattung eines Spitzenklassehotels. Außerdem: hervorragendes Frühstück und Filme zum Ausleihen.

Seaview B&B €€
(☎ 058-41583; www.seaviewdungarvan.com; Pulla; EZ/DZ ab 35/70 €; P 📶 🐾) Diese lichtdurch-

flutete rosafarbene Pension mit acht gut eingerichteten Zimmern bietet Einrichtungen für Selbstversorger und gewährt vom Wintergarten und Frühstücksraum herrliche Ausblicke auf die Dungarvan Bay. Das Haus liegt 8 km südwestlich von Dungarvan an der N25. Gleich vor der Haustür beginnen ein paar nette Wanderwege.

An Seanachaí PUBFOOD €€
(☎ 058-46755; www.seanachai.ie; Pulla; Hauptgerichte 13–25 €; ⏲ Küche Mo–Do 11–21, Fr–So bis 21.30 Uhr; P 🛜) Wahrscheinlich hätten die grob behauenen Wände des „Alten Geschichtenerzählers" selbst ein paar Storys auf Lager, denn Teile des reetgedeckten ehemaligen Bauernhauses stammen noch aus dem 18. Jh. Diese Tatsache sorgt für ein stimmungsvolles Flair, egal ob man nur ein Bier trinkt, etwas isst (besonders lecker: die Hausspezialität Irish Stew) oder wegen der Livemusik oder der zweiwöchentlich stattfindenden Geschichtenerzählerstunde (Sa 21 Uhr) herkommt. Das Pub liegt 8 km südwestlich von Dungarvan an der N25.

★ **Marine Bar** PUB
(☎ 058-46520; www.marinebar.ie; Pulla; ⏲ Mo–Fr 16–24, Fr & Sa 14–1, So 14–23.30 Uhr) Zwar schmeckt das traditionelle Essen in diesem 200 Jahre alten Pub köstlich, doch eigentlich strömen die Gäste vor allem aufgrund der geselligen Atmosphäre herbei. Montag- und samstagabends (Juni–Sept. auch freitags) locken hier ab 21.30 Uhr traditionelle Sessions. Mittwochs treffen sich die Einwohner zum irischen Kartenspielturnier „45", bei dem jeder mitmachen kann. Die Marine Bar ist 8 km südwestlich von Dungarvan direkt neben der N25 zu finden.

Shoppen

Criostal na Rinne KUNST & KUNSTHANDWERK
(☎ 058-46174; www.criostal.ie; Baile na nGall, Ring; ⏲ ganzjährig Mo–Fr 9.30–17.30 Uhr, April–Okt. außerdem Sa 10–17 & So 12–17 Uhr) Eamonn Terry, ein ehemaliger Mitarbeiter der Kristallfabrik in Waterford, kehrte auf die Ring Peninsula zurück und eröffnete sein eigenes Atelier, in dem er kunstvoll geschliffene Kristallprismen sowie hübsche Vasen, Schalen, Schmuck und sogar Kronleuchter aus Bleiglas anfertigt. Das Atelier ist an der Hauptstraße im Dorf An Rinn beim Spar-Supermarkt ausgeschildert.

Ardmore

434 EW.

Dem hübschen Küstenort Ardmore sieht man heute nicht mehr an, dass er einst die wichtigste christliche Siedlung des Landes war. Der hl. Declan soll bereits im 5. Jh. den christlichen Glauben im Südosten Irlands verbreitet haben, noch bevor der hl. Patrick in Erscheinung trat. Declan gründete ein Kloster auf dem Hügel oberhalb des Hafens. Die Kathedrale aus dem 12. Jh. ist eine der schönsten romanischen Kirchen im Land.

Heute sind die lokalen Strände die größten Besuchermagneten. Neben dem Stadtstrand gibt's noch den entlegeneren Ballyquin Beach 4 km weiter nördlich. Weitere Highlights sind Wassersportmöglichkeiten, stramme Küstenwanderungen und eines der besten kleinen Luxushotels Irlands.

Sehenswertes & Aktivitäten

★ **St. Declan's Monastery** RUINE
(Tower Hill; ⏲ 24 Std.) GRATIS Die Ruinen der ältesten christlichen Siedlung Irlands liegen oberhalb der Stadt auf einem spektakulären, von alten und neuen Grabsteinen übersäten Hügel. Ihr 30 m hoher **Rundturm**, einer der schönsten im Land, ist ein echter Blickfang. Noch erstaunlicher sind aber die Außenwände der **Ardmore Cathedral** (das Dach fehlt), insbesondere die romanischen Steinbogen im Westgiebel, die verwittertes, aber unverändert prachtvolles Maßwerk aus dem 12. Jh. mit Darstellungen biblischer Szenen zeigen, eine Seltenheit in Irland.

Das Kircheninnere birgt zwei **Ogham-Steine** mit den ältesten irischen Schriftzeichen, darunter eine der längsten Inschriften im ganzen Land, und mehrere mittelalterliche Grabplatten. Das älteste Gebäude ist das **Oratory of St. Declan** aus dem 8. Jh., das 1716 restauriert wurde. Die Grabstätte des hl. Declan soll sich in der südöstlichen Ecke des Geländes befinden.

Ardmore Cliff Walk WANDERUNG
Ein schöner etwa 5 km langer Rundweg führt vom St. Declan's Monastery (den Schildern mit der Aufschrift „Cliff Walk" folgen) zum Aussichtsturm (19. Jh.) auf dem Ardmore Head. Von der Landzunge windet sich ein Pfad auf den Klippen zurück in den Ort. Unterwegs passiert man das Wrack der *Samson,* ein Schwimmkran, der 1987 an die Klippen gespült wurde, und die **St. Declan's Well**, eine heilige Quelle in einer Kapellenruine.

Ardmore Adventures ABENTEUERSPORT
(☎083 374 3889; www.ardmoreadventures.ie; Main St; Halbtagestouren 45 €;) Halbtägige Kajaktouren um den Ardmore Head sowie Surfen, Coasteering (die Küstenlinie wandernd, kletternd und schwimmend erkunden), Canyoning, Klettern und mehr.

Schlafen & Essen

Newtown Farm Guesthouse B&B €€
(☎024-94143; www.newtownfarm.com; Grange; EZ/DZ ab 50/84 €; P) In diesem stilvollen, herrlich friedlichen B&B mit Blick auf Gärten, Felder und das Meer werden Gäste mit hausgemachten Scones, geräuchertem Lachs und lokalen Käsesorten zum Frühstück verwöhnt. Es gehört zu einem Milchviehbetrieb 9 km nordwestlich von Ardmore. Von Dungarvan auf der N25 kommend, fährt man am Abzweig Ardmore vorbei und biegt an der nächsten Kreuzung links ab (auf dem Schild steht An Rinn); von dort sind es noch 100 m auf der Seitenstraße.

★ **Cliff House Hotel** LUXUSHOTEL €€€
(☎024-87800; www.thecliffhousehotel.com; Cliff Rd; Zi. 205–370 €, Suite 325–550 €; P) Die Gästezimmer in diesem neuen Gebäude in den Klippen blicken direkt auf die Ardmore Bay. Einige Suiten warten sogar mit von raumhohem Glas eingefassten Zweipersonenduschen auf, in denen man einen Blick aufs Meer genießen kann. Die Sicht aufs Wasser gibt's praktisch überall dazu – auch im Hallenbad, dem Jacuzzi unter freiem Himmel, dem Spa, der Bar und dem hochgelobten modernen irischen Restaurant (Menü ab 65 €), das mit einem Michelin-Stern ausgezeichnet wurde.

Ardmore Gallery & Tearoom CAFÉ €
(☎024-94863; www.ardmoregalleryandtearoom.ie; Main St; Mahlzeiten 5–12 €; ⏲April–Sept. tägl. 9.30–18 Uhr, Okt.–März nur Sa & So 13–17 Uhr) Ein beliebtes Konzept, das oft aufgeht: In der Galerie ist lokale Kunst ausgestellt und im Café werden leckere Kuchen, Suppen und andere herzhafte Schlemmereien gereicht. Zum Verkauf stehen außerdem Schmuck, von Hand bemalte Seidenschals und Strickwaren.

White Horses FISCH & MEERESFRÜCHTE €€€
(☎024-94040; Main St; Hauptgerichte mittags 9–15 €, abends 25–35 €; ⏲Mai–Sept. Di–So 12.30–15.30 & 18–22 Uhr, Okt.–April nur Fr–So, Jan.–Mitte Feb. geschl.) Die Spezialität in dem von drei energiegeladenen Schwestern geführten Bistro (einem früheren Lebensmittelladen) sind Fisch und Meeresfrüchte aus der Umgebung. Unbedingt probieren: die Garnelen aus der Dublin Bay, die auf selbst gemachten Tellern aus dem Dorf serviert werden. Alternativ lässt man sich mit einem Drink auf der Bank vorn nieder. Oder man isst etwas an einem Tisch in der Sonne auf dem Rasen hinterm Haus.

Shoppen

Ardmore Pottery & Gallery KERAMIK
(☎024-94152; www.ardmorepottery.com; Cliff Rd; ⏲März–Nov. Mo–Sa 10–18, So 14–18 Uhr, Öffnungszeiten können abweichen) In dem kleinen gemütlichen Haus oberhalb vom Hafen werden traumhafte Tonwaren, vielfach in Blau- und Cremetönen, sowie warme, handgestrickte Socken und ähnliche Waren aus lokaler Fertigung verkauft.

An- & Weiterreise

Ein- bis dreimal täglich fährt der Bus 260 von **Bus Éireann** (S. 756) nach Youghal (5,30 €, 20 Min.) und Cork (17,50 €, 1½ Std.); es bestehen keine Verbindungen gen Osten nach Dungarvan (ausgenommen über Youghal).

Cappoquin & Umgebung

Cappoquin erstreckt sich über einen steilen Hang am Fuße der Knockmealdown Mountains, einer hügeligen Heidelandschaft. Im Westen liegt das malerische Tal des **River Blackwater**, einer der berühmtesten und wichtigsten Fanggründe der irischen Lachsfischerei.

Sehenswertes & Aktivitäten

Cappoquin House and Gardens HISTORISCHES GEBÄUDE
(www.cappoquinhouseandgardens.com; Garten 5 €, Haus & Garten 10 €; ⏲Garten Mo–Sa 10–16 Uhr; P) Dieses prachtvolle georgianische Herrenhaus (erb. 1779) ist schon seit 200 Jahren der Wohnsitz der Familie Keane. Die formelle Gartenanlage mit Blick auf den River Blackwater verwandelt sich im Mai und Juni in ein Farbenmeer, wenn Rhododendron, Azaleen und Oleander blühen – die beste Zeit für einen Besuch. Hin und wieder kann das Haus auch besichtigt werden; auf der Website nachsehen. Der Eingang des Anwesens (große, schwarze Eisentore) liegt gleich nördlich von Cappoquin.

Dromana Gate HISTORISCHES GEBÄUDE
(Dromana Estate) Der Dromana Drive von Cappoquin ins 9 km südlich gelegene Villierstown folgt dem Blackwater Valley durch das Gelände des Dromana Estate. An einer Brücke über den River Finisk steht dieses bemerkenswerte, hinduistisch-gotische Tor, nach dem Vorbild des Brighton Pavilion in England gestaltet. 1826 wurde ein Übergangstor errichtet, um den Besitzer des Dromona Estate, Henry Villiers-Stuart, und seine Frau nach ihren Flitterwochen (die sie teilweise in Brighton verbrachten) zu begrüßen. Villiers-Stuart gefiel das Tor so gut, dass er es 1830 durch eine dauerhafte Version ersetzen ließ.

River Blackwater ANGELN
(www.cappoquinsalmonandtroutanglers.com; Tagestickets 12–40 €) Einer der besten Fanggründe für Lachs im ganzen Land. Ein 6 km langer Flussabschnitt rund um Cappoquin bietet reichlich Gelegenheit zum Angeln und gut zugänglich ist er auch. Tipps, Genehmigungen, Lizenzen und Angelgerät erhält man im **Postamt** (☎ 058-54152; 19 Main St; ⊙ Mo–Fr 9–13 & 14–17.30, Sa 9–13 Uhr).

Schlafen & Essen

Richmond House PENSION €€
(☎ 058-54278; www.richmondhouse.net; Carigeen; EZ/DZ ab 70/120 €; ⊙ Restaurant tägl. 18–21, So auch 12–15 Uhr; P 📶) 1704 wurde das Richmond House in einem 6 ha großen Park errichtet. Die neun Zimmer mit Landhausüberdecken, Mahagonimöbeln und Kunstdrucken wirken eher gemütlich als imposant, außerdem ist der Service wirklich freundlich. Im Restaurant (Abendessen 55 € pro Pers., Mittagessen sonntags 30 €) sind auch Nichtgäste willkommen. Zu den Spezialitäten aus lokalen Produkten gehören Lammbraten aus dem Westen Waterfords und Helvicker Seeteufel.

Barron's Bakery BÄCKEREI €
(☎ 058-54045; www.barronsbakery.ie; The Square; Hauptgerichte 4–9 €; ⊙ Mo–Sa 8.30–17.30 Uhr) Seit 1887 kommen in dieser berühmten Bäckerei dieselben schottischen Ziegelbacköfen zum Einsatz. Im Café gibt's Sandwiches, Snacks, verführerischen Kuchen und Brötchen. Das selbst gemachte Brot ist in der gesamten Gegend bekannt.

An- & Weiterreise

Die Linie 366 von **Bus Éireann** (S. 756) fährt auf dem Weg von Waterford nach Lismore durch Cappoquin (18,10 €, 1½ Std., nur So 1-mal tägl.).

Lismore

1374 EW.

Die ruhige, elegante Stadt am Blackwater River war einst Sitz einer bedeutenden Klosteruniversität. Gegründet im 7. Jh. zählten Staatsmänner und große Denker aus ganz Europa zu den Studenten. John Lackland, König von England, ließ 1182 an dieser Stelle eine Burg errichten. Im 17. Jh. gehörte das Anwesen eine Weile der Familie von Robert Boyle, dem Vater der modernen Chemie, bevor es durch Heirat in den Besitz der Herzöge von Devonshire überging.

Das heutige Lismore Castle – eigentlich eher eine weitläufige bewehrte Villa, die sich über einen steilen Hang oberhalb des Flusses erstreckt – stammt größtenteils aus dem 19. Jh. und wird immer noch als Familienwohnsitz des 12. Herzogs von Devonshire genutzt. Adele Astaire, die Schwester der Tänzerlegende Fred, heiratete den Sohn des 9. Herzogs und lebte von 1932 bis 1944 in Lismore Castle. Das Gebäude ist nicht öffentlich zugänglich, dafür zählt der Garten (siehe unten) zu den beliebtesten Attraktionen im County Waterford.

Sehenswertes & Aktivitäten

★ **Lismore Castle Gardens** BURG
(☎ 058-54061; www.lismorecastlegardens.com; Garten Erw./Kind 8/6,50 €; ⊙ Mitte März–Mitte Okt. 10.30–17.30 Uhr, letzter Einlass 16.30 Uhr; P 👪) Die eigentliche Burg kann zwar nicht besichtigt werden, dafür aber die 3 ha großen gepflegten Gärten. Wahrscheinlich handelt es sich hierbei um Irlands ältesten Park. Er ist in den ummauerten jakobinischen Upper Garden (Oberer Garten) und den weniger formellen Lower Garden (Unterer Garten) unterteilt. In Letzterem stehen mehrere **moderne Skulpturen**, darunter auch zwei Stücke aus der Berliner Mauer. Ein Highlight ist die **Eibenallee**, die Edmund Spenser zu *The Faerie Queene* inspiriert haben soll.

Neben dem Upper Garden befindet sich ein modernes **Kunstmuseum**. Die Ställe und Gärten dienen als Opernbühne während des jährlich stattfindenden **Lismore Opera Festival** (www.lismoreoperafestival.com) im Juni.

St. Carthage's Cathedral KATHEDRALE
(North Mall; ⊙ April–Sept. 9–18 Uhr, Okt.–März bis 16 Uhr) GRATIS „Eines der schönsten Bauwerke, die ich je gesehen habe", so äußerte sich Thackeray 1842 über die eindrucksvol-

le Kathedrale aus dem 17. Jh. Und das, bevor nachträglich ein wunderschönes präraffaelitisches **Buntglasfenster** von Edward Burne-Jones eingefügt wurde. Vor einem sinnlichen Hintergrund aus dunkelblauem Samt mit Blumenornamenten zeigt es einen femininen Ritter und eine nachdenkliche Maid. Zu den Besonderheiten der Kirche gehören einige bemerkenswerte **Gräber** aus dem 16. Jh., darunter die kunstvoll verzierte Krypta der MacGrath-Familie von 1557. Darstellungen der zwölf Apostel sind in die Seiten hineingearbeitet.

Lismore Heritage Centre MUSEUM
(058-54975; www.discoverlismore.com; Main St; Erw./Kind 5/3,50 €; März–Okt. Mo–Fr 9–17.30, Sa 10–17, So 12–17 Uhr, Nov.–Feb. nur Mo–Fr;) Eine 30-minütige audiovisuelle Präsentation entführt Besucher auf eine Zeitreise von der Ankunft des hl. Carthages 636 v. Chr. bis heute, einschließlich der Entdeckung des *Book of Lismore* hinter einer Wand der Burg im Jahre 1814 und John F. Kennedys Besuch 1947. Eine weitere Attraktion ist die „Family Fun Experience": halb Naturpfad, halb Schnitzeljagd quer durch die Stadt. Das Info-„Paket" kostet 10 € – Kinder werden es lieben.

Lismore Cycling Holidays RADFAHREN
(087 935 6610; www.cyclingholidays.ie; Leihgebühr 18 € pro Tag;) Dieser Fahrradverleiher bringt die Räder zur gewünschten Unterkunft und organisiert Radtouren rund um Lismore.

Schlafen & Essen

Ballyrafter Country House Hotel HOTEL €€
(058-54002; http://ballyrafterhouse.com; Ballyrafter; EZ/DZ ab 90/110 €; P) Das im frühen 19. Jh. für den Herzog von Devonshire erbaute wunderschöne Landhaus befindet sich von Lismore gesehen gleich auf der anderen Seite des Flusses und beeindruckt mit tollen Ausblicken auf den Fluss und die nur zehn Fußminuten entfernte Burg. Die traditionell eingerichteten Zimmer bieten geradlinigen Verwöhnkomfort. Angler können sich Ausflüge zum Lachsfischen am nahen River Blackwater organisieren lassen.

★ **Lismore Farmers Market** MARKT €
(www.facebook.com/LismoreMarket; Castle Ave; April–Sept. So 11–16 Uhr) In gediegenem Ambiente an der Zufahrt zur Burg kommt eine tolle Truppe von Anbietern zusammen, die Lebensmittel aus handwerklicher Produktion und Kunstgewerbe feilbieten. Die frisch zubereiteten Sandwiches, Bratwürste und anderen Leckereien können im Park oder an den Tischen auf dem Kiesweg verspeist werden.

Foley's IRISCH €€
(058-72511; www.foleysonthemall.ie; Main St; Hauptgerichte mittags 8–13 €, abends 14–28 €; Küche 12.30–20.30 Uhr;) Ein einladendes viktorianisches Pub mit lederbezogenen Sitzbänken, gemusterten Tapeten und einem offenen Kamin. Im Foley's bekommt man gute Steaks, Fish 'n' Chips, Hamburger und Chili-Nachos. Im Biergarten gibt's weitere Plätze.

Unterhaltung

Booley House TRADITIONELLE MUSIK
(058-60456; www.thebooleyhouse.com; St. Michael's Hall, Ballyduff; Erw./Kind 15/10 €; Juli & Aug. Mi 20.30 Uhr) In der St. Michael's Hall im Dorf Ballyduff 10 km westlich von Lismore werden jede Woche traditionelle irische Musik und traditioneller irischer Tanz geboten.

Praktische Informationen

Touristeninformation (058-54975; www.discoverlismore.com; Main St; März–Okt. Mo–Fr 9–17.30, Sa 10–17, So 12–17 Uhr, Nov.–Feb. nur Mo–Fr) Im **Lismore Heritage Centre** (siehe links); hier wird der informative *Lismore Walking Tour Guide* (3 €) verkauft.

An- & Weiterreise

(Nur) Sonntags fährt die Linie 366 von **Bus Éireann** (S. 756) einmal von Lismore nach Cappoquin (3,30 €, 10 Min.) und Waterford (19 €, 1¾ Std.).

Im Norden von Waterford

Einige der landschaftlich schönsten Ecken des Countys findet man im Norden rund um Ballymacarbry. Der **Nire Valley Drive** (ab Ballymacarbry ausgeschildert) führt tief in die Comeragh und Monavullagh Mountains hinein. Die schmale, gewundene Straße endet an einem Parkplatz. Dort starten verschiedene markierte Wanderwege in die Hügel (siehe www.walkingwaterford.com).

Der **Sgilloge-Lakes-Wanderweg** ist einfach und nimmt hin und zurück zwei Stunden in Anspruch. An seinem Ende liegen zwei winzige Gletscherseen in einem der traumhaften Kare (oder *coums*), die den Comeraghs ihren Namen eingetragen haben.

Der Ausblick gen Westen zu den Galtee Mountains ist atemberaubend, besonders bei Sonnenuntergang.

Diese Gegend muss man mit dem Pkw oder Fahrrad erkunden; hier fahren keine öffentlichen Verkehrsmittel.

Aktivitäten

Clonanav Fly-Fishing Centre ANGELN
(☎052-613 6765; www.flyfishingireland.com; Clonanav, Ballymacarbry; geführte Angeltouren 320 € pro Tag; ⏲Di–Sa 9–17 Uhr) Von März bis September kann man in den Flüssen Nire, Tar und Suir Forellen angeln. Genehmigungen (30 € pro Tag) erhält man in diesem Zentrum, zu dem auch eine Fliegenfischerschule und eine Pension gehören. Angeltouren sind ebenfalls Teil des Programms.

Feste & Events

Nire Valley Walking Festival KULTUR
(www.nirevalley.com; ⏲Okt.) Am zweiten Oktoberwochenende finden geführte Wanderungen ins Nire Valley für alle Niveaus statt und in den Pubs wird traditionelle Musik gespielt.

Schlafen

★ **Hanora's Cottage** PENSION €€
(☎052-613 6134; www.hanorascottage.com; Nire Valley Dr, Ballymacarbry; Zi. ab 125 €; P 📶) Das bildschöne Cottage aus dem 19. Jh. hockt zwischen dem gurgelnden River Nire und einer pittoresken Kirche. Die noblen Zimmer sind luxuriös ausgestattet, u. a. mit Whirlpools, von der Terrasse blickt man auf den Fluss und im Feinschmeckerrestaurant (3-Gänge-Abendessen 39 €; Mo–Sa 18.30–20.30 Uhr) wird nur auf dem Gelände hergestelltes Essen serviert. Die Pension liegt 6,5 km östlich von Ballymacarbry und ist ausgeschildert. Keine Kinder.

Glasha Farmhouse B&B B&B €€
(☎052-613 6108; www.glashafarmhouse.com; Ballymacarbry; EZ/DZ/FZ ab 70/110/130 €; P 📶) Olive O'Gorman ist zu Recht stolz auf die makellosen Gästezimmer im Regency-Hotel-Stil, die sie in ihrem Luxusbauernhaus mit Blick auf die Comeragh und Knockmealdown Mountains eingerichtet hat. Ringsum erstrecken sich einige großartige Wanderwege (einer führt zum Dorfpub). Abends kann man im Wintergarten bei Kerzenlicht dinieren (35–40 €). Die Pension ist 2 km nordwestlich von Ballymacarbry ausgeschildert.

COUNTY CARLOW

Das Herzstück von Irlands zweitkleinster Grafschaft ist der zweitlängste Fluss des Landes, der River Barrow. Er fließt von Carlow (Stadt) Richtung Süden durch mehrere idyllische Dörfer zum Klosterweiler St. Mullins. Entlang des Treidelpfads verläuft der wunderbare Wanderweg **Barrow Way** (S. 207). Die auffälligste Landmarke im Südosten sind die Blackstairs Mountains, deren abgerundeten Grate sich auf vielen Landschaftsfotos mit ins Bild drängen. Der Granit aus ihren Eingeweiden taucht zudem überall als Baumaterial auf – etwa als Deckstein des größten prähistorischen Dolmens Europas.

Der Landadel hat der Grafschaft stattliche Anwesen und Landhäuser hinterlassen. Viele davon beheimaten heute einige der interessantesten Gärten Irlands (S. 205).

Carlow (Stadt)

24 272 EW.

Die engen Straßen des kompakten Stadtzentrums von Carlow erstrecken sich von den Burgruinen am Ufer des River Barrow entlang der Hauptstraße, der Tullow Street, bis zur Kathedrale.

Sehenswertes

Carlow County Museum MUSEUM
(☎059-913 1554; www.carlow.ie; Ecke College & Tullow St; ⏲Juni–Aug. Mo–Sa 10–17, So 14–16.30 Uhr, Sept.–Mai Mo–Sa 10–16.30 Uhr) GRATIS Im Mittelpunkt der fesselnden Ausstellung steht der Alltag der Countybewohner im Wandel der Zeit. Viele Gegenstände sind echte Unikate, z. B. die Falltür des County-Galgens aus dem frühen 19. Jh. und eine 6 m hohe, herrliche gearbeitete Kanzel aus der Kathedrale von Carlow; der Bischof ließ sie (sehr zum Ärger vieler Einheimischer) durch eine modernere Version ersetzen. Das Museum nimmt ein ehemaliges Kloster ein, das über hübsche Buntglasfenster verfügt.

Visual Centre for Contemporary Art KUNSTMUSEUM
(☎059-917 2400; www.visualcarlow.ie; Old Dublin Rd; ⏲Di–Sa 11–17.30, So 14–17 Uhr; P) GRATIS Hinter dem von Industriebauwerken inspirierten Entwurf eines Kulturzentrums aus Beton, Stahl und Glas steht der britische Architekt Terry Pawson. Manch einer bemäkelt, dass es sich mit der historischen Kathedrale gegenüber „beißt". Die Main Gallery ist Ir-

lands größter einzelner Ausstellungsraum. Die Wechselausstellungen konzentrieren sich auf lokale und internationale Künstler. In dem Gebäude ist auch das George Bernard Shaw Theatre untergebracht.

Delta Sensory Gardens GÄRTEN

(☎ 059-914 3527; www.deltasensorygardens.com; Cannery Rd, Strawhall Industrial Estate; Erw./Kind 5 €/frei; ⏲ Mo–Fr 9–17.30, Sa & So 11–17.30 Uhr, Nov., Jan. & Feb. Sa & So geschl.; P 👪) Etwa ein Dutzend miteinander verbundene Themengärten, die alle fünf Sinne ansprechen und vom Skulpturen- bis zum Rosen-, Wasser-, Wald-, Weiden- und Musikgarten mit mechanischen Fontänen reichen, erstrecken sich in einem Industriegebiet am nördlichen Stadtrand. Die Eintrittsgelder dienen der Unterstützung des angrenzenden Delta Centre für Erwachsene mit Lernbehinderungen.

Carlow Castle RUINE

(Castle Hill; P) Im 13. Jh. ließ William Marshal die hoch aufragende Burg an der Stelle errichten, an der sich zuvor eine normannische Erdhügelburg befand. Die Anlage überlebte eine Attacke Cromwells, fiel dann jedoch den Plänen eines gewissen Dr. Middleton zum Opfer, der sie als Irrenanstalt nutzen wollte und 1814 beim Versuch, die Burg umzubauen, große Teile der Festung zerstörte. Übrig blieb nur ein Teil des Bergfrieds mit zwei Türmen.

DIE GÄRTEN VON CARLOW

Die sanfte grüne Landschaft des County Carlow eignet sich bestens für den Gartenbau und die Grafschaft ist gespickt mit alten Adelsanwesen, prächtigen Landhäusern (verfallenen wie restaurierten) und einigen der schönsten Blumengärten Irlands. Für alle Besucher mit grünem Daumen empfiehlt sich die Broschüre „Carlow Garden Trail“ (www.carlowgardentrail.com). Zu den besonderen Schmuckstücken zählen je nach Jahreszeit folgende Gärten:

Winter

Altamont Gardens (S. 207) Während der Snowdrop Week im Februar ist Irlands größte Sammlung von Schneeglöckchen zu sehen: Auf diesem altehrwürdigen Landgut florieren inmitten der Bäume über 100 Arten.

Frühling

Delta Sensory Gardens (S. 205) In diesem Gemeindegarten in der Stadt Carlow findet Ende März ein Narzissen-Wochenende statt – die rund 10 000 knallgelben Blumen bieten einen imposanten Anblick.

Huntington Castle (S. 210) Die prachtvollen Außenanlagen dieses stattlichen Anwesens aus dem 17. Jh. erregten die Aufmerksamkeit des Filmregisseurs Stanley Kubrick, der hier 1975 den Roman *Barry Lyndon* verfilmte. Ende April und Anfang Mai sorgen bunte Glockenblumen für einen schönen Kontrast inmitten der alten Linden- und Eibenalleen.

Sommer

Altamont Gardens (S. 207) Rhododendren und Azaleen sorgen von Mai bis in den Juni hinein für ein Farbenmeer aus rosa, lila, roten und orangefarbenen Blüten. Danach erblühen zur Mitte des Sommers die Rosen, sowohl traditionelle als auch moderne Arten.

Duckett's Grove (S. 207) Von Juni bis August beeindrucken die ummauerten Gärten dieses alten Adelssitzes mit der Farbenpracht von bunten Stauden und blühenden Sträuchern wie Watsonia, Bärenklau, Erdbeerbäumen, Gartenwolfsmilch, Azaleen und Rhododendren.

Herbst

Borris House (S. 208) Die Zierwäldchen rund um den Stammsitz der McMorrough Kavanaghs, High Kings of Leinster, präsentieren sich Ende Oktober und im November in voller herbstlicher Pracht.

Carlow Cathedral KATHEDRALE
(Cathedral of the Assumption; ☎ 059-916 4086; www.carlowcathedral.ie; College St; ⌚ Mo–Sa 9–17, So bis 19 Uhr) GRATIS Diese elegante gotische Kathedrale im Regency-Stil aus dem Jahre 1833 geht auf Bischof James Doyle zurück, einen überzeugten Unterstützer der katholischen Emanzipation. Rechts steht eine Statue des Bischofs neben einer gekrönten knienden Frau, die die Hoffnung Irlands darstellt. Darüber hinaus wartet die Kirche mit einer kunstvollen Kanzel und ein paar schönen farbigen Glasfenstern auf.

Browne's Hill Dolmen ARCHÄOLOGISCHE STÄTTE
(⌚ Sonnenauf- bis Sonnenuntergang) GRATIS Dieses 5000 Jahre alte Kammergrab ist eines der berühmtesten prähistorischen Denkmäler Irlands. Es besitzt die größte Deckplatte Europas; sie wiegt über 100 t. Der ausgeschilderte Dolmen liegt 3 km östlich von Carlow an der R726.

Feste & Events

Carlow Arts Festival KUNST
(www.carlowartsfestival.com; ⌚ Juni) Zum größten Kulturevent der Grafschaft strömen Anfang Juni eine Woche lang Musiker, Schriftsteller, Schauspieler und Straßenkünstler in die Stadt. Geboten werden zahlreiche kostenlose und familienfreundliche Veranstaltungen.

Carlow Garden Festival GÄRTEN
(www.carlowgardentrail.com; ⌚ Juli) Während des Gartenfestivals halten irische und ausländische „Gartenstars" Vorträge und machen Führungen.

Schlafen

Red Setter Guest House B&B €€
(☎ 059-914 1848; http://redsetterbandb.ie; 14 Dublin St; EZ/DZ/3BZ ab 40/70/99 €; P 📶) Schöne kleine Extras wie die frischen Blumenbouquets machen das bescheidene B&B zu einer einladenden Schlafoption im Stadtzentrum. Die Zimmer sind behaglich und die Möbel schlicht.

Barrowville Townhouse B&B €€
(☎ 059-914 3324; www.barrowville.com; Kilkenny Rd; 40–49 € pro Pers.; P 📶) Dieses Stadthaus aus dem 18. Jh. wurde liebevoll in ein solides B&B mit eleganten Zimmern verwandelt. Zum Frühstück im luftigen Wintergarten kommen Freilandeier aus der Gegend auf den Tisch und man kann seinen Blick über den Garten schweifen lassen.

Essen & Ausgehen

BeaNice Cafe CAFÉ €
(☎ 059-913 1921; beanicecafe@gmail.com; 17 Dublin St; Hauptgerichte 5–11 €; ⌚ Mo–Sa 8–16 Uhr) In dem niedlichen Café gibt's köstliches Frühstück, hausgemachte Suppen, Gourmetsandwiches, Cupcakes und mehr.

★ **Lennons** MODERN IRISCH €€
(☎ 059-917 9245; www.lennons.ie; Visual Centre for Contemporary Art, Old Dublin Rd; Hauptgerichte mittags 8–12 €, Abendessen 17–27 €; ⌚ Mo–Sa 10.30–17, Do–Sa 18–21.30, So 12–16 Uhr; P 📶) Carlows bestes Restaurant ist im Visual Centre for Contemporary Art (S. 204) untergebracht. Die Veranda grenzt an das Gelände des St. Patrick's College. Zum Mittagsangebot gehören kreative Sandwiches, Salate und warme Tagesgerichte. Das Abendessen ist aufwendiger; die Karte ändert sich je nach Jahreszeit und die Zutaten stammen aus der Gegend. Am Wochenende reservieren.

Teach Dolmain PUB
(☎ 059-913 0911; 76 Tullow St; ⌚ Mo–Do & So 9.30–23.30, Fr & Sa bis 1.30 Uhr) Das nette Teach Dolmain ist nur eines von mehreren benachbarten Pubs. Donnerstags um 22 Uhr wird Livemusik (Trad Sessions) gespielt, die Sonntage sind gemischter (alles von Jazz bis Blues, ab 19 Uhr). Für das leibliche Wohl ist ebenfalls gesorgt.

Shoppen

Carlow Farmers Market MARKT
(☎ 086 811 1108; www.carlowfarmersmarket.com; ⌚ Sa 9–14 Uhr) Findet auf dem alten Potato Market statt. Sehr zu empfehlen sind Elizabeth Bradleys Carlow-Käse, hausgemachtes Pesto am Olivenstand, feine Pralinen, Biogemüse und die vollständigen Mahlzeiten.

Praktische Informationen

Carlow Tourist Office (☎ 059-913 0411; www.carlowtourism.com; Ecke Tullow & College St; ⌚ Mo–Sa 9.30–17.30 Uhr) Gute Infos rund um die Grafschaft.

Anreise & Unterwegs vor Ort

BUS

Es gibt Busverbindungen nach Dublin (15 €, 1½ Std., alle 2 Std.), Kilkenny (11 €, 35 Min., 3-mal tägl.) und Waterford (15 €, 1½ Std., 7-mal tägl.).

TAXI

Carlow Cabs (☎ 059-914 0000; www.carlowcabs.com)

ZUG

Der Bahnhof ist an der Station Road nordöstlich des Zentrums zu finden. Züge fahren täglich sieben bis zehn Mal nach Dublin Heuston (17,70 €, 1 Std.), Waterford (17,70 €, 1¼ Std.) und Kilkenny (10,35 €, 30 Min.).

Rund um Carlow (Stadt)

Die nachfolgend beschriebenen Sehenswürdigkeiten befinden sich in relativer Nähe von Carlow.

Sehenswertes

★ Altamont Gardens GÄRTEN

(☎ 059-915 9444; www.heritageireland.ie; Kilbride, bei Ballon; Parken 2 €; ⏲ April–Sept. 9–18.30 Uhr, März & Okt. bis 17 Uhr, Feb. & Nov. bis 16.30 Uhr, Dez. & Jan. bis 16 Uhr; P) GRATIS Einer der schönsten irischen Landschaftsgärten (16 ha groß) erstreckt sich am Ufer des River Slaney. Alle Pflanzenarrangements wurden mit Bedacht ausgewählt und möglichst natürlich um einen Seerosenteich angeordnet. Pfauen, Schwäne, Eichhörnchen und Hasen tragen zusätzlich zu der idyllischen Atmosphäre bei. Die Anlage liegt abseits der N80 in Kilbride Cross, 24 km südöstlich von Carlow (Stadt). Zwischen Sträuchern, Blumenbeeten, alten Bäumen (manche mehr als 250 Jahre alt), Rhododendron und Azaleen verlaufen Spazierwege. Irgendwann geht's dann 100 Granitstufen hinab zu einem wunderschönen Wäldchen voller Glockenblumen am Fluss, der perfekte Ort für ein Picknick.

Die im 18. Jh. angelegten Gärten sind zum größten Teil das Werk des Pflanzensammlers Fielding Lecky Watson, der das Anwesen 1924 kaufte, und seiner Tochter Corona North, die es dem Staat 1999 nach ihrem Tode vermachte. Nach einer Restaurierung soll auch das noch ziemlich verwahrloste Altamount House der Öffentlichkeit zugänglich gemacht werden.

Duckett's Grove GÄRTEN

(☎ 085 113 6075; www.facebook.com/TheTeaRoomsAtDuckettsGrove; ⏲ Sonnenauf- bis Sonnenuntergang; P) GRATIS Dohlen bewohnen heute die Ruine dieses gotischen Landhauses und ehemaligen Wohnsitzes der Familie Duckett, der 1933 niederbrannte. 2005 hat es die Stadt Carlow übernommen und aus den ummauerten Gärten öffentliche Parks gemacht, in denen es im Frühsommer nach Lavendel und Obstblüten duftet. Die Nebengebäude beherbergen Kunsthandwerkerateliers und eine Teestube (geöffnet Mai–Sept. Sa 12–17 Uhr). Duckett's Grove liegt 13 km nordöstlich von Carlow-Stadt und ist an der R726 und R418 ausgeschildert.

Killeshin Church RUINE

(Killeshin; ⏲ Sonnenauf- bis Sonnenuntergang) GRATIS Einst zierte einer der höchsten Rundtürme des Landes das ehemalige Kloster, allerdings wurde er Anfang des 18. Jhs. von einem besorgten Bauern zerstört: Er befürchtete einen Einsturz, bei dem seine Kühe erschlagen werden könnten. Geblieben sind die Ruinen einer Kirche aus dem 12. Jh. mit einem hübsch verzierten romanischen

DER BARROW WAY

Der Barrow, Irlands zweitlängster Fluss nach dem Shannon, fließt zwischen den Hügeln der Slieve Bloom Mountains in der Grafschaft Laois nach St. Mullins, wo Ebbe und Flut spürbar werden, und von dort aus weiter in den Hafen von Waterford, wo er ins Meer mündet. Dabei legt der Strom insgesamt 192 km zurück. Seit dem 18. Jh. ist er schiffbar und über den Barrow-Line-Kanal mit dem Grand Canal in Dublin verbunden. Entlang des Ufers verläuft der **Barrow Way** (www.irishtrails.ie).

Der markierte Fernwanderweg ist 114 km lang und verläuft zwischen Lowtown (nahe Robertstown) in der Grafschaft Kildare und St. Mullins. Mehr als die Hälfte der Route befindet sich auf dem Gebiet des Countys Carlow. Sie führt durch ein bukolisches Idyll aus Dörfern am Flussufer, viktorianischen Schleusenwärter-Cottages, alten Steinbrücken und Anlegestegen voller Boote. Allenthalben wird man Tiere wie Otter, Fisch- und Seidenreiher oder Eisvögel sichten.

Die komplette Wanderung dauert vier Tage, man kann sich aber auch kürzere Abschnitte vornehmen und diese zu einer angenehmen Halbtagestour verbinden, zu Fuß oder mit dem Rad. Besonders schön ist der 7,5 km lange Abschnitt zwischen St. Mullins und Tinnahinch (von Graiguenamanagh aus auf der anderen Flussseite gelegen); wer läuft, braucht 1½ Stunden, Radfahrer benötigen 30 Minuten pro Strecke.

Tor. Ein bärtiges Gesicht ziert den Schlussstein. Killeshin liegt 5 km westlich von Carlow an der R430.

Schlafen & Essen

★ Sherwood Park House PENSION €€
(☎ 059-915 9117; www.sherwoodparkhouse.ie; Kilbride Cross, bei Ballon; EZ/DZ ab 65/100 €; P) Das 1730 errichtete georgianische Herrenhaus aus grauem Stein beherbergt fünf riesige Zimmer mit satin- und samtgeschmückten Himmelbetten. Abendessen gibt's nach vorheriger Anmeldung (40 € pro Pers.), das Frühstück ist inbegriffen. Die Pension liegt an einer Seitenstraße, die zu den nur 600 m entfernten Altamont Gardens (S. 207) führt.

Forge CAFÉ €
(www.theforgekilbride.ie; Kilbride Cross, bei Ballon; Hauptgerichte 5–10 €; Mo–Sa 9.30–16.30, So bis 17 Uhr; P) In der ehemaligen Schmiede nahe den Altamont Gardens (S. 207) bereitet Mary Jordan köstliche gesunde Suppen und warmes Mittagessen aus lokalen Produkten zu. Außerdem gibt's Backwaren zum Mitnehmen, Snacks und Kunsthandwerk. Am besten ist man gegen 10 Uhr vor Ort: Dann kommen die Scones aus dem Ofen!

Borris & Umgebung

Die hübsche Hauptstraße dieses georgianischen Dorfs verläuft vom Black River den Hügel hinauf und wird auf einer Seite von pastellfarbenen Cottages gesäumt, auf der anderen erstreckt sich das Grundstück von Borris House, dem einstigen Sitz der Hochkönige von Leinster.

Sehenswertes

Borris House HISTORISCHES GEBÄUDE
(☎ 059-977 1884; www.borrishouse.com; Borris; Erw./Kind 12/2 €; Gelände Mai–Sept. Di–Do 12–16 Uhr) Der beeindruckende gotische Tudor-Landsitz war das Zuhause der McMorrough Kavanaghs, der Hochkönige von Leinster. Das Gebäude entstand zwischen 1810 und 1820 auf den Grundmauern eines älteren Hauses aus dem 18. Jh. und einer Burg aus dem 15. Jh. Im Inneren sind fantastische Zierelemente aus Stuck von Michael Stapleton zu sehen. Der Künstler hat sich auch im Trinity College und Powerscourt House in Dublin „ausgetobt". Die Besichtigung des Hauses ist nur im Rahmen einer Führung (14 Uhr) möglich, die online reserviert werden muss.

Kilgraney House Herb Gardens GÄRTEN
(☎ 059-977 5283; www.kilgraneyhouse.com; Borris Rd, Kilgraney; 3 €; Mai–Aug. Fr–So 14–18 Uhr; P) In dieser bildschönen Grünanlage wachsen jede Menge Arznei- und Küchenkräuter, die auch in der Inn- und Restaurantküche verwertet werden. Zu den Hauptattraktionen gehört der nach mittelalterlichem Vorbild angelegte Klostergarten. Der Eintritt deckt auch ein Tässchen Kräutertee im Café ab. Kilgraney House liegt abseits der R705 auf halber Strecke zwischen Borris und Bagenalstown und ist ausgeschildert.

Schlafen & Essen

Forge B&B €
(☎ 059-972 5740; www.ullardforgeaccommodation.eu; Ullard, Milltown; 35 € pro Pers.; Mitte Feb.–Okt.; P) Modernes B&B mit tollem Preis-Leistungs-Verhältnis in ruhiger, ländlicher Lage nahe dem River Barrow. Es befindet sich kurz hinter der Grenze der Grafschaft Kilkenny, zehn Fahrminuten von Borris entfernt an einer einspurigen Straße, die von der R705 abgeht und Richtung Graiguenamanagh führt.

Lorum Old Rectory B&B €€€
(☎ 059-977 5282; www.lorum.com; Borris Rd, Kilgraney; EZ/DZ ab 100/160 €; Feb.–Nov.; P) Auf halber Strecke zwischen Borris und Bagenalstown thront abseits der R705 auf einem Hügel östlich der Straße dieses historische Herrenhaus aus dem 19. Jh. Von den vier Zimmern (ein paar mit Himmelbetten) blickt man ins Grüne. Die überwiegend auf Bioprodukten basierende Küche erfreut sich großer Beliebtheit, deshalb sollte man das viergängige Abendessen schon bei der Zimmerbuchung reservieren (45 € pro Pers.).

★ Step House Hotel IRISCH €€
(☎ 059-977 3209; www.stephousehotel.ie; 66 Main St, Borris; Hauptgerichte 14–24 €; P) Die hübsche 1808 Brasserie & Bar im Step House Hotel ist mit ihrem polierten Mahagoni und ihren roten Lederbänken und grünen Lampenschirmen ein elegantes, aber entspanntes Plätzchen, um mit das beste Essen im County Carlow zu genießen. Die Gäste dürfen sich auf fantasievolle Gerichte wie Räuchermakrele mit Gurken-Chutney und dünnen Sesam-Waffeln oder gebratenen Kilmore-Kabeljau mit Muschel-Vinaigrette und eingelegtem Fenchel freuen.

M O'Shea PUB
(☎059-977 3106; Main St, Borris; ⌚12–23 Uhr) Mischung aus Gemischtwaren- und modernem Lebensmittelladen sowie einem altmodischen Pub mit einfacher Kneipenküche. Von der Decke baumeln Ersatz- und Maschinenteile sowie Gummistiefel. Gelegentlich Livemusik.

An- & Weiterreise

Borris liegt an der von Osten nach Westen verlaufenden R702. Diese Straße verbindet die M9 mit der N11 im County Wexford. Busse von **Kilbride Coaches** (www.kilbridecoaches.com) fahren montags bis samstags zweimal täglich von Kilkenny nach Borris (6 €, 40 Min.) und weiter bis Graiguenamanagh (3,50 €, 15 Min.).

Züge halten auf dem Weg von Carlow nach Kilkenny in Bagenalstown (5,95 €, 12 Min., 7- bis 10-mal tägl.).

St. Mullins

100 EW.

Das friedliche St. Mullins besteht aus einer Handvoll Häuser sowie einem Pub rund um einen buckeligen Dorfanger – hier lässt nichts auf die bedeutsame Geschichte dieses Fleckchens schließen. Einst war das im 7. Jh. vom hl. Moling (St. Mullin) nahe der heiligen Quelle **St. Moling's Well** (am Dorfparkplatz ausgeschildert) gegründete Örtchen eine wichtige Klosterstätte. Im 12. und 13. Jh. entstand hier eine anglonormannische Siedlung (die Buckel auf dem Anger sind Überbleibsel einer als Motte bezeichneten Erdhügelburg), doch aus unerfindlichen Gründen wuchs das Dorf nie zu einer Stadt heran. Heute ist St. Mullins ein wunderschöner, ruhiger Ort, ideal zum Angeln und Kanufahren sowie zum Wandern und Radfahren am Flussufer.

Am Sonntag vor dem 25. Juli (oder am 25. Juli, falls der auf einen Sonntag fällt) findet der **St. James Pattern Day** statt, eine jährliche Pilgerfahrt mit Messe.

Nach St. Mullins verkehren keine öffentlichen Verkehrsmittel. Die nächste Bushaltestelle befindet sich in Graiguenamanagh 7 km nördlich.

Sehenswertes & Aktivitäten

★ **St. Mullins Monastery** RUINE
(⌚Sonnenauf- bis Sonnenuntergang) GRATIS Der hl. Moling gründete im 7. Jh. dieses Kloster, das als Begräbnisstätte der Könige von Leinster gilt. Unter den Ruinen befinden sich vier Kirchengebäude aus dem 10. bis 15. Jh., das Fundament eines Rundturms und ein Hochkreuz aus dem 9. Jh. In der Nähe sind auch das Grab von General Thomas Cloney, einem Helden des Aufstands von 1798, und ein Denkmal, aufgestellt durch in New York lebende Auswanderer aus St. Mullins: Es markiert die Grabstätte von Art, König von Leinster (1357–1416).

St. Mullins Heritage Centre MUSEUM
(☎059-865 0503; www.stmullinsheritagecentre.com; Erw./Kind 2 €/frei; ⌚ganzjährig Di–Fr 11–16 Uhr, Juni–Sept. außerdem Sa & So 14–18 Uhr) In der früheren Church of Ireland inmitten der Klosterstätte von St. Mullins befindet sich eine Ausstellung zum Leben des hl. Moling sowie zur Geschichte des Klosters und des Dorfs. Die Öffnungszeiten können variieren – vorher anrufen!

Go with the Flow KANUFAHREN
(☎056-780 1299; www.gowiththeflow.ie; Leihkanu 40 € pro Tag) Bietet eintägige Exkursionen, Kanuverleih und eine fünf- oder sechstägige Kanutour auf eigene Faust auf dem River Barrow von Athy im County Kildare nach St. Mullins im County Carlow, entweder mit wildem Zelten (ab 160 € pro Pers.) oder Übernachtung in B&Bs oder Hotels (ab 299 € pro Pers.) – eine der klassischen irischen Kanutouren.

Schlafen & Essen

★ **Mulvarra House** B&B €€
(☎051-424 936; www.mulvarra.com; St Mullins; EZ/DZ ab 45/75 €; P 📶) Die meisten Schlafzimmer des modernen, komfortablen B&Bs haben Balkone mit toller Aussicht auf den River Barrow, an dem man abends schön spazieren gehen kann. Außerdem können sich die Gäste mit Warmsteinmassagen und Gesichtsbehandlungen verwöhnen lassen und beim Frühstück ist für alle Ernährungswünsche gesorgt. Mulvarra House ist östlich des Dorfs an der Straße nach New Ross gelegen.

Old Grainstore COTTAGES €€
(☎051-424 440; www.oldgrainstorecottages.ie; The Quay; Cottages 550 € pro Woche; P) Martin und Emer O'Brien haben dem Angestelltendasein den Rücken gekehrt, um diesen ehemaligen Kornspeicher am Fluss in drei Cottages für zwei bis fünf Selbstversorger umzuwandeln. Die Innenräume sind gleichzeitig stilvoll und anheimelnd, in den Regalen drängen sich Bücher und die Öfen werden mit Holz befeuert. Manchmal sind auf Anfrage auch kürzere Aufenthalte mög-

DER MT. LEINSTER HERITAGE DRIVE

Borris ist Ausgangspunkt des Mt. Leinster Heritage Drive, einer markierten, 75 km langen Spritztour durch den Süden von Carlow. Sie führt durch die Dörfer Bunclody (direkt hinter der Grenze nach Wexford), Clonegal, Kildavin, Myshall, Fenagh und Bagenalstown. In den Touristeninformationen sind kostenlose Faltblätter erhältlich.

Die Route überquert die Blackstairs Mountains; am **Aussichtspunkt Nine Stones** bietet sich ein atemberaubender Panoramablick auf acht Counties. Bei schönem Wetter erspäht man sogar die Küste von Wales im Osten. Nine Stones ist zudem beliebt bei Drachenfliegern und Paraglidern und dient als Startpunkt des leichtesten Wanderwegs auf den **Mt. Leinster** (796 m): Auf einer Straße geht's zu dem Funkmast auf dem Gipfel (hin & zurück 5 km, 1½ Std.).

lich. Für die Gäste stehen Räder und Kajaks zur Verfügung (kostenlos).

Mullicháin Café CAFÉ €
(☎ 051-424 440; www.oldgrainstorecottages.ie; The Quay; Hauptgerichte 5–12 €; ⏰ März–Okt. Di–So 11–18 Uhr; 🚻) In dem tollen Café am Wasser werden selbst gebackenes Brot und Kuchen, Suppen, Feinschmeckerteller und Mittagsgerichte wie Garnelen- und Krabbensalat aufgetischt.

Clonegal

278 EW.

In dem malerischen Dorf Clonegal erstreckt sich eine winzige Grünfläche neben einer Steinbrücke (18. Jh.) über den River Derry. Das kristallklare Wasser läuft über Kalksteinfelsen in den Fluss, in dem sich dicke Bachforellen tummeln. Am Ufer wiegen sich die Ranunkeln.

Clonegal ist der Endpunkt von Irlands erstem Fernwanderweg, dem **Wicklow Way** (S. 156, und Standort von Huntington Castle (S. 210), das Stanley Kubrick 1975 als atmosphärischen Schauplatz für seinen Film *Barry Lyndon* wählte.

Sehenswertes

Huntington Castle BURG
(☎ 053-937 7160; www.huntingtoncastle.com; Clonegal; Führungen durchs Gebäude Erw./Kind 9/4 €, nur Garten 5/2,50 €; ⏰ Gärten Mai–Sept. 10–17 Uhr; P) Das unheimliche wirkende Turmhaus, das Sir Laurence Esmonde 1625 bauen ließ, ist das Herz von Huntington Castle und wird heute von georgianischen, zinnenbewehrten viktorianischen Anbauten umgeben. Es dient noch heute als Wohnsitz für die Familie Durdin-Robertson, die einst in die Familie Esmonde einheiratete. Sie arrangiert zwischen 14 und 17 Uhr 45-minütige Führungen durch den jakobinischen Saal, die viktorianische Küche und die Wohnbereiche. Unterhaltsame Spukgeschichten dürfen natürlich nicht fehlen.

Der schrägste Teil der Tour ist der **Isistempel** im Keller, das Hauptquartier der Fellowship of Isis. Der Orden hat sich der Verehrung des „Göttlich-Femininen" verschrieben. Er wurde 1976 von Olivia Robertson, einem Mitglied der Familie, gegründet.

Im **Garten** finden sowohl strenge Formgebung als auch ländliche Fantasie ihren Ausdruck. Die 500 Jahre alte „Eibenlaube", eine Allee aus Lindenbäumen, die 1680 gepflanzt wurde, und der Fischteich aus dem 17. Jh. sind besondere Highlights. Zu den Einrichtungen vor Ort gehören ein Abenteuerspielplatz, ein Teesalon und ein Andenkenladen.

Essen & Ausgehen

★ **Sha-Roe Bistro** MODERN IRISCH €€
(☎ 053-937 5636; http://sha-roe.ie; Main St, Clonegal; Hauptgerichte 18–26 €; ⏰ Do 19–20.30, Fr & Sa 19–21.30, So 12.30–14.30 Uhr, Jan. geschl.) Eines der besten Restaurants von Carlow. Es befindet sich in einem Gebäude aus dem 18. Jh. und wird von dem preisgekrönten Starkoch Henry Stone geführt. Der offene Kamin und ein hübscher Hof hinten schaffen ein rustikales Ambiente und auf den Tisch kommt herausragende moderne Küche, die aus lokalen Erzeugnissen frisch von den umliegenden Obst- und Bauernhöfen kredenzt wird. Mindestens zwei Wochen im Voraus reservieren.

Osborne's PUB
(☎ 053-937 7359; Main St, Clonegal; ⏰ Mo–Sa 12–23, So 12.30–22 Uhr) Traditionell ist dieses stimmungsvolle Pub mit niedrigen Decken die letzte Station von Wanderern auf dem Wicklow Way. Der obere Teil der Theke besteht angeblich aus Sargdeckeln.

An- & Weiterreise

Clonegal liegt 4,5 km östlich von Kildavin und ist von der N80 aus über mehrere beschilderte Straßen zu erreichen. Wanderer nehmen in Dublin den Éireann-Bus 132 bis Kildavin (18 €, 2¼ Std., 2-mal tägl.) und laufen die 4,5 km (1 Std.) bis Clonegal.

COUNTY KILKENNY

Kilkennys Herz ist die gleichnamige Stadt, ein „Geschenk" der Normannen. Sie bezaubert Besucher mit ihren mittelalterlichen Gassen, die an der Burg, der Kathedrale, an Kunsthandwerkerateliers, traditionellen Pubs und Flusspfaden vorbeiführen.

Doch auch das hügelige grüne Umland hat seinen Reiz: Schmale Straßen schlängeln sich durch Täler sowie an Flüssen voller Forellen, moosbewachsenen Feldsteinmauern und Relikten der jahrhundertealten irischen Geschichte vorbei. Zu den schönsten Orten der Grafschaft gehören das charmante Inistioge, das bereits in vielen Filmen eine Hauptrolle spielen durfte, sowie Graiguenamanagh, Bennettsbridge und Thomastown. Kein Wunder, dass sich hier so viele Künstler und Kunsthandwerker niedergelassen haben.

Ein großer Teil der Grafschaft ist leicht von der Stadt Kilkenny aus im Rahmen von Tagesausflügen zu erkunden. Jedoch benötigt man seinen eigenen fahrbaren Untersatz, da das Angebot an öffentlichen Verkehrsmitteln begrenzt ist.

Kilkenny (Stadt) 10.9.2018

26 512 EW.

Kilkenny (Cill Chainnigh, die „Kirche des hl. Canice (Kenneth)") ist für viele Besucher das Irland ihrer Träume: Eine Stadt erbaut aus dunkelgrauem Kalkstein, an dem fossile Muschelschalen haften. Das Gestein erinnert an dunklen Marmor, deshalb wird Kilkenny auch als „Marmorstadt" bezeichnet. Die malerische „Mittelaltermeile" (Medieval Mile) mit schmalen Gassen und historischen Gebäuden zwischen der Burg und der Kathedrale am Ufer des River Nore gehört zu den Top-Touristenattraktionen im Südosten des Landes. Aber es lohnt sich, den Menschenmassen die Stirn zu bieten, um die Atmosphäre einer der Kreativhochburgen des Landes in sich aufsaugen zu können: Kilkenny ist ein Zentrum für Kunst und Kunsthandwerk und wartet überdies mit einer großen Anzahl an feinen Restaurants, Cafés, Pubs und Geschäften auf.

Geschichte

Im Mittelalter fungierte Kilkenny mit Unterbrechungen als inoffizielle Hauptstadt Irlands und hatte sein eigenes anglonormannisches Parlament, das 1366 die „Statuten von Kilkenny" verabschiedete. Das Gesetz sollte verhindern, dass die Anglonormannen die irische Kultur annahmen und sich die irische Sprache aneigneten. So war diesen die Ehe mit Einheimischen, die Teilnahme an irischen Sportveranstaltungen und die Eingliederung in den Alltag bis hin zur irischen Sprache, Kleidung und Musik verboten. Formal blieben die Gesetze mehr als 200 Jahre bestehen, konnten aber nie wirklich durchgesetzt werden. Die Vermischung von anglonormannischer und irischer Kultur ließ sich nicht aufhalten.

Im englischen Bürgerkrieg um 1640 verbündete sich die Stadt mit katholischen Königstreuen. Der Bund von Kilkenny 1641 war eine widerwillige irisch-anglonormannische Zweckallianz, mit deren Hilfe die Katholiken Land und Macht zurückgewinnen wollten. Nach der Hinrichtung Karls I. ließ Cromwell Kilkenny fünf Tage lang belagern. Bis sich die herrschende Ormonde-Familie endlich unterwarf, war die Südflanke der Burg größtenteils zerstört. Mit der Niederlage zeichnete sich bereits das Ende der politischen Macht Kilkennys über Irland ab.

Inzwischen ist der Tourismus der wichtigste Geschäftszweig der Stadt, doch gleichzeitig ist der Ort auch ein regionales Zentrum traditioneller Aktivitäten wie der Landwirtschaft.

Sehenswertes & Aktivitäten

★ **Kilkenny Castle** BURG

(☎ 056-770 4100; www.kilkennycastle.ie; The Parade; Erw./Kind 8/4 €; ⏲ April–Sept. 9.30–17.30 Uhr, März bis 17 Uhr, Okt.–Feb. bis 16.30 Uhr)
Hoch oben über dem Nore thront das Kilkenny Castle, eine der meistbesuchten irischen Kulturstätten. Sie war die Festung der einflussreichen Familie Butler und ihre Geschichte reicht bis ins 12. Jh., weite Teile der heutigen Anlage wurden allerdings in viktorianischen Zeiten erbaut.

Während der Wintermonate (Nov.–Jan.) werden 40-minütige Touren angeboten, von Februar bis Oktober erkundet man das Ge-

Kilkenny

lände auf eigene Faust. Zu den Highlights zählt die Long Gallery mit ihrer bemalten Decke und dem reich verzierten Marmorkamin. In der alten Burgküche, einem Traum aus weißem Marmor und glänzendem Kupfer, befindet sich eine Teestube.

Einst befand sich ein Holzturm an diesem strategisch wichtigen Ort, errichtet 1172 von Richard Fitz Gilbert de Clare, dem anglonormannischen Eroberer Irlands und besser bekannt als Strongbow. 1192 ließ Strongbows Schwiegersohn William Marshal eine Steinburg mit vier Türmen erbauen, von denen drei noch heute erhalten sind. Die Festung wurde 1391 von der Familie Butler gekauft (den späteren Grafen und Herzogen von Ormonde), deren Nachkommen dort bis 1935 wohnten. Als der Erhalt des Bauwerks zu einer großen finanziellen Belastung wurde, versteigerten die Besitzer fast das ganze Mobiliar. 1967 ging die Burg schließlich für läppische 50 £ in das Eigentum der Stadt über.

Für den Großteil der Besucher ist die **Long Gallery** das Highlight. Porträts der Butler-Familie – die ältesten stammen aus dem 17. Jh. – schmücken eine eindrucksvolle Halle. Deren Balkendecke aus dem 19. Jh. zieren farbenfrohe Fresken mit keltischen, mittelalterlichen und präraffaelitischen Motiven von John Hungerford Pollen (1820–1902), der auch den traumhaften Kamin aus Carrara-Marmor mit fein gearbeiteten Szenen aus der Familiengeschichte der Butlers versehen hat.

Im Burgkeller befinden sich die **Butler Gallery** (☎ 056-776 1106; www.butlergallery.com; ⏲ Mai–Sept. 10–17.30 Uhr, Okt.–April 10–13 & 14–16.30 Uhr) GRATIS mit Wechselausstellungen zeitgenössischer Künstler und die Burgküche mit einem beliebten Teesalon (nur im Sommer). Die Butler Gallery und das Café sind ohne Eintritt zugänglich.

Kilkenny

Highlights
1 Kilkenny Castle C4
2 Medieval Mile Museum B3
3 St. Canice's Cathedral A1

Sehenswertes
4 Black Abbey A2
Butler Gallery .... (siehe 1)
5 Butler House Gardens C4
6 Kilkenny Castle Park C4
7 National Craft Gallery C4
8 Rothe House & Garden A2
9 Smithwick's Experience B2

Aktivitäten, Kurse & Touren
10 Nore Linear Park C3

Schlafen
11 Bregagh House A2
12 Butler Court B4
13 Butler House B4
14 Celtic House C2
15 Kilkenny River Court C3
16 Kilkenny Tourist Hostel B2
17 Langton House Hotel C3
18 Pembroke Hotel B4

Essen
19 Campagne C1
20 Foodworks B2
21 Gourmet Store B3
22 Kilkenny Design Centre Foodhall & Restaurant C4
23 Mocha's Vintage Tearooms C1
24 Rinuccini B4
25 Zuni B4

Ausgehen & Nachtleben
26 Bridie's General Store C3
27 John Cleere's A2
28 Kyteler's Inn B3
29 Left Bank B4
30 O'Hara's Brewery Corner A2

Unterhaltung
31 Watergate Theatre A2

Shoppen
32 Farmers Market B4
33 Kilkenny Book Centre B4
34 Kilkenny Design Centre C4
35 Rudolf Heltzel Goldsmith B4

Von der Burg aus Richtung Südosten erstreckt sich ein 20 ha großer **öffentlicher Park** (Castle Rd; Mai–Aug. 8.30–20.30 Uhr, April & Sept. bis 19 Uhr, Okt.–März kürzere Öffnungszeiten), der eine schöne Kulisse für einen Ausblick auf den Mt. Leinster bildet. Nordwestlich von Kilkenny Castle liegt ein Rosengarten in Form eines keltischen Kreuzes. Durch ein Tor an der Nordseite des Parks gelangt man zum Flussufer hinab (steil!). An der St. John's Bridge kann man den Rückweg in die Stadt einschlagen.

★ Medieval Mile Museum — MUSEUM

(056-781 7022; www.medievalmilemuseum.ie; 2 St Mary's Lane; Erw./Kind 7/3 €; April–Okt. 10–18 Uhr, Nov.–März 11–16.30 Uhr) Die aus dem frühen 13. Jh. stammende St. Mary's Church beherbergt heute dieses faszinierende Museum zur mittelalterlichen Geschichte Kilkennys. Zu den Glanzlichtern hier zählen die Rothe Chapel mit ihren reich verzierten Kalkstein-Grabmälern aus dem 16. und 17. Jh., Überreste des Holzdaches aus dem 17. Jh. über der Querung und verschiedene Grabplatten aus dem 13. und 14. Jh. Anhand einer großen interaktiven Karte der Stadt lassen sich Ansichten und Dokumente zur Geschichte des mittelalterlichen Kilkenny erkunden.

★ St. Canice's Cathedral — KATHEDRALE

(056-776 4971; www.stcanicescathedral.ie; St Canice's Pl; Kathedrale/ Rundturm/Kombiticket 4/3/6 €; Juni–Aug. Mo–Sa 9–18, So 13–18 Uhr, Sept.–Mai kürzere Öffnungszeiten) Irlands zweitgrößte mittelalterliche Kathedrale (nach St. Patrick's in Dublin) blickt auf eine faszinierende Vergangenheit zurück. Der Legende nach soll der hl. Canice, Schutzpatron von Kilkenny, an diesem Standort schon im 6. Jh. ein Kloster errichtet haben. Das aktuelle Bauwerk stammt aus dem 13. bis 16 Jh. und wurde im 19. Jh. umfassend rekonstruiert. Die Innenräume bergen jahrhundertealte Grabplatten und die Gräber der auf Kilkenny Castle ansässigen Butler-Dynastie. Draußen ragt ein 30 m hoher Rundturm auf, einer von nur zwei Rundtürmen in Irland, die bestiegen werden können.

Aufzeichnungen zufolge brannte hier 1087 eine Holzkirche ab. Die St. Canice's Cathedral entstand zwischen 1202 und 1285 und durchlebte wechselhafte Zeiten. 1332 stürzte der Turm ein, was mit der Verurteilung von Alice Kyteler als Hexe in Zusammenhang gebracht wurde. Kytelers Zofe Petronella wurde ebenfalls der schwarzen Magie schuldig gesprochen und auch ihr Neffe William Outlawe soll in diese Machenschaften verwickelt gewesen sein. Das unglückliche Dienstmädchen endete auf dem Scheiterhaufen, ihrer Herrin gelang jedoch die Flucht nach London. William schließlich blieb verschont, weil er anbot, das Dach der Kathedrale mit (viel zu schweren) Bleiziegeln neu zu decken, was den Turm zum Einsturz brachte.

1650 schändeten und demolierten Cromwells Truppen die Kirche, indem sie das Gebäude als Pferdestall zweckentfremdeten. Die Reparaturarbeiten begannen 1661. 1863 stellte man das schöne Dach des Mittelschiffs fertig.

An den Wänden und auf dem Boden der Kathedrale befinden sich blank polierte **Grabplatten**, darunter eine an der Nordwand, die mit normannisch-französischer Inschrift an den 1280 verstorbenen Jose de Keteller erinnert. Trotz der unterschiedlichen Schreibweisen war dies vermutlich Alice Kytelers Vater. Ein **Steinstuhl des hl. Kieran**, eingebettet in die Mauer, stammt aus dem 13. Jh. Das kunstvolle Denkmal der Honorina Grace von 1596 auf der Westseite des südlichen Mittelgangs ist aus wundervollem schwarzem Kalkstein aus der Region gefertigt. Im südlichen Querhaus ist das prächtige schwarze **Grabmal von Piers Butler** (verstorben 1539) und seiner Frau Margaret Fitzgerald zu sehen. In dieser Ecke der Kirche kann man noch mehr Grab- und Denkmäler der bedeutenden Butler-Familie entdecken; sie sind auf einer Tafel im südlichen Mittelgang aufgelistet. Interessant ist auch das Modell, das Kilkenny im Jahre 1642 zeigt.

Abgesehen von der fehlenden Krone ist der **Rundturm** aus dem 9. Jh. noch gut erhalten. Allerdings gestaltet sich das Erklimmen der Plattform ziemlich mühsam, denn man braucht beide Hände, um die steilen 100 Treppenstufen hochzuklettern (kein Zutritt für Kinder unter 12 Jahren).

Der Fußweg zur Kathedrale führt von der Parliament Street aus über die Irishtown Bridge und die **St. Canice's Steps** von 1614 hinauf; die obere Mauer weist Fragmente mittelalterlicher Reliefs auf. An düsteren Tagen wird man durch die schiefen Grabsteine zumindest dazu verleitet, nach einer schwarzen Katze Ausschau zu halten ...

Rothe House & Garden — MUSEUM

(☎ 056-772 2893; www.rothehouse.com; Parliament St; Erw./Kind 5,50/4,50 €; ⏲ April–Okt. Mo–Sa 10.30–17, So 12–17 Uhr, Nov.–März Mo–Sa 10.30–16.30 Uhr) Das Rothe House (erb. 1594) ist eines der schönsten irischen Kaufmannshäuser aus der Tudor-Zeit. Es verfügt sogar über einen restaurierten mittelalterlichen Garten und wurde um mehrere Höfe herum angelegt. Heute beherbergt es ein Museum mit einer recht übersichtlichen Ausstellung regionaler Fundstücke, darunter ein verrostetes Wikingerschwert und ein grinsender Steinkopf, das Werk eines keltischen Künstlers. Das Highlight ist der hübsche umzäunte Garten, unterteilt in einen Früchte-, Gemüse- und Kräutergarten sowie einen traditionellen Obsthain, ganz so, wie es im 17. Jh. üblich war.

Um 1640 spielte die wohlhabende Familie Rothe eine tragende Rolle im Bündnis von Kilkenny. Peter Rothe, Sohn des Erbauers, musste die Enteignung seines gesamten Besitzes erleben. Seiner Schwester gelang es zwar, diesen zurückzufordern, doch kurz vor der Schlacht am Boyne (1690) verlor die Familie das Haus endgültig, da sie Jakob II. unterstützte. 1850 wurde im Gebäude ein Banner gefunden, das dieses Bündnis belegt. Mittlerweile kann man es im Nationalmuseum von Dublin bewundern.

National Craft Gallery — KUNSTMUSEUM

(☎ 056-779 6147; www.nationalcraftgallery.ie; Castle Yard; ⏲ Di–So 10–17.30 Uhr; ♿) GRATIS Zeitgenössisches irisches Kunsthandwerk zeigt das ideenreiche Museum in den früheren Ställen der Burg auf der anderen Straßenseite von Kilkenny Castle, gleich neben den Geschäften des Kilkenny Design Centre (S. 218). Obwohl der Schwerpunkt auf Keramik liegt, werden oft auch Möbel, Schmuck und Webarbeiten präsentiert, gefertigt von Mitgliedern der handwerklichen Berufsgenossenschaft Irlands, dem Crafts Council of Ireland. Am dritten Samstag im Monat ist Familientag mit einer Führung durch die Galerie und kostenlosen Kursen für Kinder. Weitere Seminare und Veranstaltungen werden auf der Website angekündigt.

Hinter dem Gebäude geht's durch ein Tor zu den schönen **Butler House Gardens** (The Parade; ⏲ Mo–Fr 10–17, Sa & So bis 12 Uhr) GRATIS, deren ungewöhnlichstes Stück ein Wasserspiel ist. Es wurde aus Resten der von den Briten errichteten Nelson-Säule erbaut, die einst auf der O'Connell Street in Dublin stand, bis die IRA sie 1966 in die Luft jagte.

Black Abbey — KIRCHE

(http://visitkilkenny.ie/black_abbey; Abbey St; ⏲ April–Sept. Mo–Sa 7.30–19, So 9–19 Uhr, Okt.–

KUNST & KUNSTHANDWERK AUS KILKENNY

Im County Kilkenny findet man eine der höchsten Konzentrationen von Künstlern in ganz Irland: mehr als 130 Vollzeit-Kunsthandwerker sind hier tätig. Zu verdanken ist diese Tatsache vermutlich den hervorragenden Rohstoffen der Gegend und der inspirierenden Landschaft.

Wer sich regional gefertigtes Kunsthandwerk ansehen möchte, sollte folgende Orte besuchen:

Kilkenny Design Centre (S. 218) Hier werden Arbeiten von mehr als einem Dutzend Künstlern aus der Umgebung verkauft.

National Craft Gallery (S. 214) Möbel, Schmuck und Stoffe aus ganz Irland.

Rudolf Heltzel Goldsmith (056-772 1497; http://rudolfheltzel.com; 10 Patrick St; Mo–Sa 9.30–13 & 14–17.30 Uhr) Feiner Schmuck.

Grennan Mill Craft School (S. 221) Ausstellungen mit Töpferwaren, Drucken und Zeichnungen von Absolventen der Schule.

Jerpoint Glass Studio (www.jerpointglass.com; Glenmore, Stoneyford; März–Okt. Mo–Sa 10–18, So 12–17 Uhr, Nov.–Feb. kürzere Öffnungszeiten) GRATIS Könner der Glasbläserei bei der Arbeit.

Moth to a Flame (S. 220) Handgemachte Kerzen.

Nicholas Mosse (S. 220) Bunte Keramik und Geschirr.

Bridge Pottery (S. 220) Kleines Atelier für wunderschöne Keramik.

Cushendale Woollen Mill (059-972 4118; www.cushendale.ie; Mill Rd, Graignamanagh; Mo–Fr 8.30–12.30 & 13.30–17.30, Sa 10–13 Uhr) Hochwertige irische Textilien.

Clay Creations (S. 222) Galerie mit origineller und ungewöhnlicher Keramik.

In dem Faltblatt **Made in Kilkenny Craft Trail** (www.madeinkilkenny.ie) sind sämtliche Ateliers und Geschäfte aufgeführt.

März Mo–Sa 7.30–17.30, So 9–17.30 Uhr) GRATIS Das Dominikanerkloster wurde 1225 von William Marshall gegründet. Es verdankt seinen Namen dem schwarzen Habit der Mönche. Viele Gebäudeteile gehen auf das 18. und 19. Jh. zurück, es sind aber unverändert Reste älterer Bogengänge zu sehen und das Buntglas ist ein Traum. Wenn gerade keine Messe gelesen wird (Gottesdienstzeiten siehe Website), kann man sich ein Faltblatt nehmen (gegen eine Spende) und auf Entdeckungstour gehen. Spannend: die Särge aus dem 13. Jh. in der Nähe des Eingangs.

Smithwick's Experience BRAUEREI
(056-778 6377; www.smithwicksexperience.com; Parliament St; Erw./Kind 13/7 €; März–Okt. 10–18 Uhr, Nov.–Feb. 11–17 Uhr) Bis zu ihrer Schließung war Smithwick's Irlands älteste Brauerei. John Smithwick gründete sie 1710 auf dem Gelände der St. Francis Abbey aus dem 13. Jh. – die Ruinen der Abtei bilden noch immer einen Teil des Komplexes. Smithwick's gehört heute zum Getränkegiganten Diageo (Guinness, Harp etc.), der die Produktion 2014 nach Dublin verlagerte.

Der alte Brauereikomplex ist heute eine Touristenattraktion: Hier kann man bei einstündigen Führungen etwas über den Brauprozess und die Geschichte des Bierbrauens erfahren sowie Biere verkosten.

Nore Linear Park WANDERUNGEN
Dieses Wegenetz erlaubt es Wanderern, am Ufer des River Nore entlang nach Südosten bis zur Ringstraße zu spazieren (2,5 km) und dann auf der anderen Seite wieder zurückzulaufen. Karten gibt's in der Touristeninformation (S. 219) und auf http://trailkilkenny.ie.

Der **Canal Walk** am südwestlichen Ufer führt unterhalb der Burg und an Mühlgräben, Dämmen und verfallenen Wollspinnereien aus dem 19. Jh. vorbei. Ein paar davon waren noch bis in die 1960er-Jahre in Betrieb. Der **Lacken Walk** auf der Nordostseite startet an der Maudlin Street.

Geführte Touren

Kilkenny Cycling Tours RADFAHREN
(086 895 4961; www.kilkennycyclingtours.com; Erw./Kind ab 25/16 €;) Man kann die Stadt

und die Umgebung mit dem Fahrrad erkunden und zur 2½-stündigen Tour auch ein Mittagessen buchen – mindestens 48 Stunden im Voraus reservieren! Die Räder werden zur jeweiligen Unterkunft gebracht.

Pat Tynan Walking Tours STADTRUNDGANG
(☎087 265 1745; www.kilkennywalkingtours.ie; 7 €; ⌚Mitte März–Okt. tägl. 11 & 14 Uhr) Unterhaltsame 70-minütige Stadtführungen entlang der engen Gassen, Treppen und Passagen. Treffpunkt ist die Touristeninformation (S. 219).

Feste & Events

★**Cat Laughs Comedy Festival** COMEDY
(☎056-776 3837; www.thecatlaughs.com; ⌚Mai/Juni) An einem langen Wochenende Ende Mai/Anfang Juni treten in Hotels und Pubs in Kilkenny Comedians von Weltrang auf, darunter irische Stars wie Dara O'Briain und Aisling Bea.

Kilkenny Rhythm & Roots MUSIK
(☎056-776 3669; www.kilkennyroots.com; ⌚April/Mai) In mehr als 30 Pubs und Veranstaltungsorten kann man sich Ende April/Anfang Mai auf einem der größten Musikfestivals Irlands vor allem an Country und American Roots Music erfreuen.

Kilkenny Arts Festival KULTUR
(☎056-776 3663; www.kilkennyarts.ie; ⌚Aug.; 👪) Im August steht die Stadt zehn Tage lang im Zeichen von Kunst und Kultur mit Theater, Kino, Musik, Literatur, Bildenden Künsten, Straßenfesten und Kinderveranstaltungen.

Schlafen

Wer ohne Zimmerreservierung anreist – was in den Sommermonaten und während der Festivals unklug ist –, wendet sich am besten an die Touristeninformation (S. 219): Deren Buchungssystem ist äußerst effizient (4 €).

X **Tree Grove Caravan & Camping Park** 10.M.9.2018 CAMPINGPLATZ €
(☎086-830 8845; www.treegrovecamping.com; New Ross Rd; Stellplätze Wohnmobil 17–28 €, Wanderer 8–9 €; ⌚März–Mitte Nov.; 📶) Schöner Campingplatz in einem kleinen Park 1,5 km südlich von Kilkenny, zu erreichen über die R700. Vom Stadtzentrum aus läuft man eine halbe Stunde am Fluss entlang. !!

Kilkenny Tourist Hostel HOSTEL €
(☎056-776 3541; www.kilkennyhostel.ie; 35 Parliament St; B/2BZ ab 17/42 €; @📶) Ein mit Efeu bewachsenes georgianisches Stadthaus aus den 1770er-Jahren beherbergt das IHH-Hostel mit 60 Betten und 08/15-Standard. Es wartet mit einem Aufenthaltsraum inklusive offenem Kamin, einem Esszimmer voller Naturholz und einer Selbstversorgerküche auf. Top-Lage. Jedoch eher zum Relaxen als für Partys.

★**Rosquil House** PENSION €€
(☎056-772 1419; www.rosquilhouse.com; Castlecomer Rd; Zi. ab 95 €, 2-Pers.-Apt. ab 80 €; P📶) In den mit dunklen Holzmöbeln eingerichteten Zimmern dieser top gepflegten Pension dominieren hübsche Paisley-Stoffe. Die Gästelounge mit Spiegeln in Messingrahmen kommt ähnlich geschmackvoll daher: Dort stehen kuschelige Sofas und Grünpflanzen. Das Frühstück ist überdurchschnittlich gut. Es gibt selbst gemachtes Müsli und luftig-lockere Omeletts. Das Selbstversorgerapartment hat eine nette Ausstattung und ist sehr gemütlich (Minimum: drei Übernachtungen).

★**Pembroke Hotel** HOTEL €€
(☎056-780 2111; www.pembrokekilkenny.com; Patrick St; Zi. ab 120 €; P@📶) Von einigen der Zimmer des modernen, zentral gelegenen Hotels fällt der Blick beim Aufwachen direkt auf die Burg. Die preisgünstigen Deluxe-Räume verfügen über Balkone. Insgesamt ist das Dekor ansprechend, die Farbpalette schwankt zwischen Moosgrün, Hellblau und Dunkelrot. In der Bar stehen Ledersofas, außerdem kann man gleich um die Ecke das Schwimmbad und andere Freizeitangebote nutzen.

Butler House HOTEL €€
(☎056-772 2828; www.butler.ie; 16 Patrick St; Zi. ab 139 €; P@📶) Man kann zwar nicht direkt in der Burg übernachten, aber das historische Herrenhaus nebenan kommt diesem Erlebnis schon ziemlich nah. Früher diente es als Wohnsitz der Grafen von Ormonde, heute beherbergt das Gebäude ein Hotel mit modernem Design und aristokratischen Elementen wie Freitreppen, Marmorkaminen, einer Kunstsammlung und sorgsam gepflegten Gärten. Die großzügigen Zimmer sind individuell gestaltet – und damit man auch ja nicht vergisst, dass man in einem historischen Bauwerk ist, knarzen die Böden.

Butler Court GÄSTEHAUS €€
(☎056-776 1178; www.butlercourt.com; Patrick St; Zi. 85–130 €; P📶) Ursprünglich war in

diesem Gebäude (nicht mit dem prächtigen Butler House zu verwechseln!) die Postkutschenstation für Kilkenny Castle untergebracht. Die modern eingerichteten Räume mit bildschönen Fotografien oder keltischer Kunst an den Wänden und Parkett aus kanadischem Kirschholz gruppieren sich rund um einen blumengeschmückten Hof. Im eigenen Zimmerkühlschrank gibt's alle Zutaten für ein kontinentales Frühstück samt frischen Früchten und Filterkaffee.

Bregagh House B&B €€

(☎ 056-772 2315; www.bregaghhouse.com; Dean St; EZ/DZ ab 60/100 €; P) Wer die anheimelnde Atmosphäre einer Familienunterkunft mag, wird sich in dem B&B mit den gemütlichen, schallisolierten Zimmern nahe der Kathedrale wohlfühlen. Der Wintergarten gewährt einen Blick auf den hübschen Garten mit der prächtigen Blutbuche. Morgens wird reichhaltiges warmes und alternativ auch ein kaltes Frühstück serviert. Für die Gäste stehen ausreichende Parkplätze zur Verfügung.

Celtic House B&B €€

(☎ 056-776 2249; www.celtic-house-bandb.com; 18 Michael St; Zi. 60–80 €; P @ ᯤ) Ihren Gästen bereitet die Künstlerin und Autorin Angela Byrne in ihrem gemütlichen B&B stets einen warmherzigen Empfang. Die hell eingerichteten Zimmer bieten teilweise einen Blick auf die Burg, andere haben Bäder mit Oberlichtern und in vielen zieren Landschaftsbilder der Besitzerin die Wände. Unbedingt reservieren!

Langton House Hotel HOTEL €€

(☎ 056-776 5133; www.langtons.ie; 67 John St; EZ/DZ ab 85/150 €; P ᯤ) Das Wahrzeichen der Stadt entwickelt sich stets weiter und wird schon seit den 1930er-Jahren von derselben Familie geführt. Die 34 Zimmer sind mit dunklen Möbeln ausgestattet, während die Bäder beigefarbene Kacheln und fantastische Powerduschen haben. Außerdem gibt's ein klasse Restaurant und ein beliebtes Pub.

Kilkenny River Court HOTEL €€€

(☎ 056-772 3388; www.rivercourthotel.com; John St; EZ/DZ ab 126/130 €; P @ ᯤ) Wenn man nicht gerade in seinem großen modernen Zimmer alle viere von sich streckt, hat man die Möglichkeit, im hoteleigenen Restaurant zu dinieren, im preisgekrönten Health Club zu schwimmen oder auf der kopfsteingepflasterten Barterrasse einen Cocktail zu trinken und dabei die Aussicht auf den Fluss unterhalb der Burg zu genießen. Das Personal ist sehr entgegenkommend. Am Wochenende steigen die Übernachtungspreise allerdings um 25 bis 50 %.

Essen

Vom einfachen Café bis zum Sternerestaurant: Kilkenny bietet eine breite Palette an Verkostungsmöglichkeiten. In den Top-Restaurants reserviert man fürs Wochenende am besten einen Tisch.

Mocha's Vintage Tearooms CAFÉ €

(www.facebook.com/thevintagetearoomsbymocha; 4 The Arches, Gashouse Lane; Hauptgerichte 7–14 €; ⏲ Mo–Sa 8.30–17.30 Uhr) Ein niedlicher Teesalon im Retro-Look: An den Wänden hängen jede Menge Bilder und das Porzellan ist mit Rosen verziert. Außer Tee und Kuchen bekommt man hier auch Frühstück (bis 11.30 Uhr) mit verschiedenen Bagels und die substanziellere warme irische Variante. Mittags gibt's Gerichte wie Fish 'n' Chips.

Gourmet Store SANDWICHES €

(☎ 056-777 1727; 56 High St; Sandwich & Kaffee 5 €; ⏲ Mo–Sa 8–18 Uhr) In diesem kleinen Feinkostladen werden die Sandwiches zum Mitnehmen mit erstklassigem Aufschnitt und bestem Käse aus irischer und ausländischer Produktion belegt.

★ Zuni IRISCH €€

(☎ 056-772 3999; http://zuni.ie; 26 Patrick St; Hauptgerichte mittags 8–14 €, abends 20–27 €; ⏲ tägl. 12.30–14.30, Mo–Sa 18–21.30, So 18–21 Uhr; ᯤ) Das Zuni ist eins der stylishsten und beliebtesten Restaurants Kilkennys: Nach wie vor ist es ein Glanzpunkt der städtischen Gastroszene, genauso wie kurz vor der Jahrtausendwende, als es eröffnete und ganz neue Akzente setzte. Das Restaurant ist kultiviert, aber zwanglos, mit Speisen, die herzhafter, köstlicher Hausmannskost wie Zwiebelsteak mit Pilzsoße auf Focaccia einen Feinschmecker-Touch verleihen. Lecker!

★ Foodworks BISTRO, CAFÉ €€

(☎ 056-777 7696; www.foodworks.ie; 7 Parliament St; Hauptgerichte mittags 14 €, 3-Gänge-Menü abends 30 €; ⏲ So–Mi 12–16.30, Do–Sa 12–21.30 Uhr; ᯤ) Die Besitzer dieses coolen, legeren Bistros halten Schweine und ziehen ihren eigenen Salat. Wer sich da den Schweinebauch mit Blutwurst oder das Schweinefuß-Confit entgehen lässt, ist selbst schuld. Köstliches Essen, sehr guter Kaffee und nette Angestellte machen das Foodworks zu einer beliebten Adresse – aus gutem Grund. Besser reservieren!

Rinuccini ITALIENISCH €€
(☎ 056-776 1575; www.rinuccini.com; 1 The Parade; Hauptgerichte abends 17–29 €; ⏲ Mo–Sa 12–14.30 & 17–22, So 12–21 Uhr) Eine kurze Treppe führt hinunter in einen mit Kerzen erleuchteten Keller, in dem man die exzellenten klassisch-italienischen Gerichte von Antonio Cavaliere genießen kann, z. B. *gamberoni Rinuccini* (frische Riesengarnelen aus Kilmore Quay mit einer Soße aus Sahne, Brandy und Dijon-Senf), die Spezialität des Hauses. Mittags und am frühen Abend kosten 2-/3-Gänge-Menüs 24/29 €.

Kilkenny Design Centre Foodhall & Restaurant CAFETERIA €€
(www.kilkennydesign.com; Castle Yard; Hauptgerichte 7–15 €; ⏲10–18 Uhr; 📶👪) Über den Kunsthandwerksläden befindet sich eine Cafeteria (Selbstbedienung), in der das Wort „Bio" ganz großgeschrieben wird. Hier bekommt man selbst gebackene Brote und Scones, leckere Meeresfrüchtesuppen, viele unterschiedliche Salate, Gourmetsandwiches, warme Gerichte und üppige Nachspeisen.

★ **Campagne** MODERN IRISCH €€€
(☎ 056-777 2858; www.campagne.ie; 5 Gashouse Lane; Hauptgerichte 30–33 €; ⏲ Fr–So 12.30–14.30, Di–Do 18–22, Fr & Sa 17.30–22 Uhr) 🍃 Küchenchef Garrett Byrne erkochte sich in diesem durchgestylten Restaurant in seiner Heimatstadt Kilkenny einen Michelin-Stern. Er ist ein leidenschaftlicher Unterstützer einheimischer Erzeuger und zaubert aus wechselnden Zutaten unvergessliche Gerichte mit französischer Note. Mittags und am frühen Abend (Di–Do bis 19, Fr und Sa bis 18 Uhr) zahlt man 34 € für ein 3-Gänge-Menü.

Ausgehen & Nachtleben

★ **Kyteler's Inn** PUB
(☎ 056-772 1064; www.kytelersinn.com; 27 St Kieran's St; ⏲ So–Do 11–24, Fr & Sa bis 2 Uhr) Alice Kytelers Haus wurde bereits 1224 errichtet und hat schon so einiges miterlebt – 1323 wurde Alice z. B. der Hexerei bezichtigt. Heute ist das Originalgebäude mit den Tonnengewölbedecken und Steinbogen Teil der weitläufigen Bar. Es gibt einen Biergarten, einen Hof und einen großen Raum im Obergeschoss, in dem von März bis Oktober jeden Abend Livemusik von Trad bis Blues gespielt wird.

O'Hara's Brewery Corner PUB
(☎ 056-780 5081; www.carlowbrewing.com/ourpub; 29 Parliament St; ⏲ Mo–Do 13–23.30, Fr & Sa bis 0.30, So bis 23 Uhr) Kilkennys Nummer eins in Sachen Craft-Bier ist dieser lange, schmale Saal im Besitz der Carlow Brewing Company. Der Service ist nicht immer erste Sahne – vor allem, wenn nicht so viel los ist –, doch die Ale-Auswahl ist erstaunlich. Es gibt z. B. ein hauseigenes IPA (Irish Pale Ale).

John Cleere's PUB
(☎ 056-776 2573; www.cleeres.com; 22 Parliament St; ⏲ Mo–Do 11.30–23.30, Fr & Sa bis 0.30, So 13–23 Uhr) Einen schöneren Ort für Livemusik, Theater und Comedy wird man in Kilkenny kaum finden. In dieser Bar stehen Blues, Jazz und Rock auf dem Programm, außerdem gibt's montags und mittwochs Trad Sessions. Die Küche ist den ganzen Tag geöffnet. Auf der Karte stehen Suppen, Sandwiches, Pizza und Irish Stew.

Left Bank BAR
(☎ 056-775 0016; www.leftbank.ie; The Parade; ⏲ Mo–Do 12–23.30, Fr & Sa bis 0.30, So 12.30–23 Uhr) Die frühere Filiale der Bank of Ireland ist ohne Zweifel die auffälligste Bar der Stadt. Ihre umwerfende Innenausstattung (Säulen, geschnitztes Holz, nackte Steinwände, Kronleuchter) stammt aus den 1870er-Jahren. Wer Hunger hat, kann sich mit Kneipensnacks stärken.

Bridie's General Store PUB
(☎ 056-776 5133; John St; ⏲ So–Mi 11–22, Do–Sa 18–2 Uhr) Das Langton-Imperium legte bei der Gestaltung des Bridie's viel Wert auf das Design, und das Resultat, eine Mischung aus auf traditionell eingerichtetem Lebensmittelladen und Pub, kann sich durchaus sehen lassen. Vorn bestimmt eine bunte Mischung aus Souvenirs, Scherzartikeln, Spielzeug, Konserven und Delikatessen das Bild. Durch die Schwingtüren gelangt man in ein Pub mit bildschönen Bodenfliesen und hinten erstreckt sich ein uriger Biergarten.

Unterhaltung

Watergate Theatre THEATER
(☎ Kasse 056-776 1674; www.watergatetheatre.com; Parliament St) Dieses tolle Theater bringt Dramen, Komödien und Musik auf die Bühne. Wer sich wundert, warum die Pausen 18 Minuten dauern: So können die Gäste mal schnell auf ein Pint ins John Cleere einkehren.

Nowlan Park GAA Stadium SPORT
(www.kilkennygaa.ie; O'Loughlin Rd) Zu den Höhepunkten einer Irlandreise gehört der Besuch eines Hurlingspiels in Nowlan Park, dem Heimatstadion der Kilkenny Cats.

Shoppen

10.3.2018

★ **Kilkenny Design Centre** KUNST & KUNSTHANDWERK
(056-772 2118; www.kilkennydesign.com; Castle Yard; 10–19 Uhr) Hinter den hochwertigen Waren stehen Kunsthandwerker aus dem ganzen County. Uns haben vor allem die Wolldecken von John Hanly, Wollartikel von Cushendale, Foxford-Schals und Bunbury-Schneidebretter gefallen.

Farmers Market MARKT
(056-779 4515; Mayors Walk, The Parade; Do 9.30–14.30 Uhr) Kilkennys wöchentlich stattfindender Bauernmarkt ist eine Art Schaulaufen der lokalen Erzeuger.

Kilkenny Book Centre BÜCHER
(056-776 2117; http://thebookcentre.ie; 10 High St; Mo–Sa 10–17 Uhr) Kilkennys größte Buchhandlung bietet eine umfangreiche Auswahl an Romanen und Sachbüchern über Irland, Zeitschriften sowie Landkarten. Oben ist ein Café untergebracht.

Praktische Informationen

Kilkenny Tourist Office (056-775 1500; www.visitkilkenny.ie; Rose Inn St; Mo–Sa 9–18, So 10.30–16 Uhr) Reiseführer und Wanderkarten. Die Touristeninformation befindet sich im Shee Alms House, das der Wohltäter Sir Richard Shee 1582 zur Unterstützung der Armen errichten ließ.

An- & Weiterreise

BUS

Bus Éireann (S. 756) und DublinCoach (http://www.dublincoach.ie/) nutzen zwei **Haltestellen** – am Bahnhof und an der Ormonde Road (näher am Stadtzentrum). Die Busse von JJ Kavanagh (www.jjkavanagh.ie) zum Dubliner Flughafen halten nur an der Ormonde Road.

Carlow (10,40 €, 35 Min., 4-mal tägl.) Bus Éireann

Cork (15 €, 2½ Std., alle 2 Std.) M9 Express von DublinCoach

Dublin (14,50 €, 2¼ Std., 2-mal tägl.) X4 von Bus Éireann

Dublin Airport (20 €, 2–3 Std., 7-mal tägl.) JJ Kavanagh

Waterford (5 €, 40 Min., alle 2 Std.) M9 Express von DublinCoach

ZUG

Der **Bahnhof MacDonagh** (Dublin Rd) liegt zehn Gehminuten nordöstlich vom Zentrum. Es bestehen Verbindungen nach Dublin Heuston (25,85 €, 1½ Std., 6-mal tägl.) und Waterford (13,85 €, 40 Min., 7-mal tägl.).

Kells & Umgebung

Kells (nicht zu verwechseln mit Kells in der Grafschaft Meath), 13 km südlich von Kilkenny an der R697 gelegen, ist kaum mehr als ein winziges Dorf an einem Nebenfluss des Nore, den an dieser Stelle eine schöne Steinbrücke überspannt. Dennoch wartet das Örtchen mit einer der stimmungsvollsten Klosterstätten im ganzen Land auf, der Kells Priory.

Sehenswertes

★ **Kells Priory** RUINE
(Sonnenauf- bis Sonnenuntergang; P) GRATIS Das befestigte Augustinerkloster 500 m östlich von Kells gehört zu jener Art Ruine, die man ganz ohne Führung, Schließzeiten oder Eintrittsgelder erkunden kann. In der Abenddämmerung eines wolkenlosen Tags ist die alte Abtei einfach traumhaft schön, außerdem stehen die Chancen gut, dass man die Stätte vollkommen für sich allein hat (von neugierigen Schafen mal abgesehen). Sie liegt an der Straße nach Stoneyford; vom Parkplatz geht's rechts von den Mauern zum Haupteingang.

Während die ältesten Überbleibsel der Anlage aus dem späten 12. Jh. stammen, datiert der größte Teil der heute vorhandenen Ruinen ins 15. Jh. Auf einer weiten Fläche fruchtbaren Ackerlandes erheben sich sieben Wohntürme, die durch einen sorgfältig restaurierten Schutzwall miteinander verbunden sind. Innerhalb der Mauern befinden sich die Überreste eines **Augustinerklosters** sowie die Fundamente einiger Kapellen und Häuser. Für eine Abtei wirkt die Anlage ungewöhnlich gut befestigt, allem voran die massiven Umfassungsmauern weisen auf eine bewegte Vergangenheit hin. Und in der Tat wurde der Komplex in den 100 Jahren nach 1250 von kampfeslustigen Kriegsherren gleich zweimal angegriffen und anschließend niedergebrannt. Sein Niedergang wurde dann 1540 besiegelt, als Heinrich VIII. mit der Auflösung aller katholischen Klöster in England, Wales und Irland begann.

Kilree Round Tower & High Cross HISTORISCHE STÄTTE
(Sonnenauf- bis Sonnenuntergang) GRATIS
2 km südlich von Kells (gegenüber vom Parkplatz des Klosters ausgeschildert) stößt man auf einen 29 m hohen Rundturm, eine sehr alte Kirche und ein keltisches Hochkreuz, das angeblich die Grabstätte des irischen Hochkönigs Niall Caille aus dem 9. Jh. markiert. Dieser soll um 840 im King's River bei Callan ertrunken sein, als er versuchte, einen Diener zu retten. Seine Leiche wurde bei Kells an Land gespült. Da er kein Christ war, setzte man ihn vor den Toren des Friedhofs bei.

Schlafen & Essen

★ Lawcus Farm PENSION €€
(056-772 8949; www.lawcusfarmguesthouse.com; Lawcus, Stoneyford; EZ/DZ/FZ ab 80/100/150 €; P) Das reetgedeckte Bauernhaus aus dem 18. Jh. war beim Kauf eine Bruchbude und ist seitdem restauriert und erweitert worden. Inzwischen findet man hier eine zauberhafte Pension vor, deren Zimmer typischerweise mit Steinwänden, rustikalen Antiquitäten und schrulligen Kuriositäten aufwarten. Zum Frühstück gibt's Eier von den eigenen Hühnern, Würstchen und Schinken. Das Grundstück wird vom Kings River begrenzt (Gäste können hier angeln) und ist an einer Nebenstraße zwischen Kells und Stoneyford ausgeschildert.

Jen's at Knockdrinna FEINKOST, CAFÉ €
(083 800 7474; www.facebook.com/jensknockdrinna; Main St, Stoneyford; Café-Hauptgerichte 6–10 €, 3-Gänge-Abendmenü 28 €; Di–Sa 10–16.30, Sa 19–22.30, So 10–14.30 Uhr) Das Feinschmeckercafé samt Feinkostladen bietet eine große Auswahl regionaler Erzeugnisse. Aus hausgemachten Käsesorten, gepökeltem Fleisch und geräuchertem Fisch sowie Salaten kann man sich das beste Picknick aller Zeiten zusammenstellen oder genießt alternativ an einem der Tische ein Frühstück, Mittagessen oder samstags auch ein Abendessen (dafür unbedingt reservieren!). Stoneyford liegt 9 km nordwestlich von Thomastown.

Shoppen

Bridge Pottery KERAMIK
(056-772 9156; www.thebridgepottery.com; Burnchurch; Mo–Sa 10–18 Uhr) In seiner an einem Landsträßchen 8 km nordwestlich von Kells versteckten Töpferei fertigt Mark Campden bunte Majolika-Arbeiten mit feinen handgemalten Motiven an, während seine Partnerin Caroline Dolan elegante Fayence-Vasen, -Schüsseln, -Becher und -Krüge kreiert.

Bennettsbridge & Umgebung

In Bennettsbridge unterhalten mehrere Kunsthandwerker Ateliers und Geschäfte. Nur 7 km südlich von Kilkenny an der R700 liegt Bennettsbridge. Der Name geht auf die elegante Steinbrücke (18. Jh.) über den River Nore zurück.

Nore Valley Park BAUERNHOF
(056-772 7229; www.norevalleypark.com; Annamult; Erw./Kind 7/6,50 €; Park März–Okt. Mo–Sa 9–18 Uhr; P) Auf dem 180 ha großen Gelände dürfen Kinder Ziegen streicheln, mit Häschen knuddeln, durch Irrgarten (im alten Stall) stromern, Minigolf spielen und von Strohballen hüpfen. Außerdem gibt's ein Teezimmer und einen Picknickbereich. Die Farm liegt 4 km südlich von Bennettsbridge; der Annamult Road am Westufer des Flusses folgen.

10.9.2018

Nicholas Mosse Irish Country Shop KERAMIK
(056-772 7505; www.nicholasmosse.com; Bennettsbridge; Mo–Sa 10–18, So 13.30–17 Uhr) Eine alte Mühle auf der vom Dorf aus betrachtet anderen Seite des Flusses beherbergt dieses Keramikgeschäft, das auf Töpferkunst mittels Schwammtechnik spezialisiert ist – natürlich alles in Handarbeit. Die cremefarben-braunen Waren werden weltweit exportiert; zu den Kunden zählt beispielsweise Tiffany's. Kurze audiovisuelle Präsentationen erklären die Produktionsschritte.

Das beste Mittagessen der Gegend wird übrigens im hiesigen Café serviert. Dort lockten eine gute Auswahl an Suppen, Sandwiches und warmen Gerichten sowie hervorragende Scones.

Moth to a Flame KUNST & KUNSTHANDWERK
(056-772 7826; www.mothtoaflame.ie; Kilkenny Rd, Bennettsbridge; Mo–Sa 9–18 Uhr) Seit 1999 werden hier Kerzen in wunderschönen Farben mit unterschiedlichen Texturen hergestellt. Es gibt sie in allen Größen, von kleinen Modellen für den Nachttisch bis hin zur imposanten Altarkerze.

Thomastown & Umgebung

Thomastown ist nach dem walisischen Söldner und späteren Lord Thomas de Cantwell aus dem 14. Jh. benannt. Teile der mittelalterlichen Stadtmauern sind erhalten und an der Brücke über den River Nore (erbaut 1792) steht **Mullin's Castle**, der markanteste von nicht weniger als 14 Türmen, die einst die Stadtgrenzen absteckten. Außerdem herrschen hier gute Bedingungen zum **Forellenfischen**; eine Genehmigung erhält man bei Simon Treacy Hardware, von der Brücke aus einfach der Nase nach.

Wie im County üblich gibt's auch in dieser Gegend eine dynamische Kunsthandwerkszene. Besonders interessant ist Clay Creations.

Sehenswertes & Aktivitäten

★ **Jerpoint Abbey** RUINE

(☎ 056-772 4623; www.heritageireland.ie; Jerpoint, Thomastown; Erw./Kind 5/3 €; ⏲ März–Sept. 9–17.30 Uhr, Okt. bis 17 Uhr, Nov. 9.30–16 Uhr, Dez.–Feb. geschl.) Die Jerpoint Abbey ist eine der schönsten Zisterzienserruinen des Landes. Sie wurde im 12. Jh. gegründet, der Turm und der Kreuzgang stammen aus dem späten 14. und frühen 15. Jh. Vor allem die mittelalterlichen Steinmetzarbeiten sind berühmt: Sehenswert sind die vielen oftmals witzigen Figuren (menschlich oder tierisch) in den Säulen des Kreuzgangs. Die Abtei 2,5 km südwestlich von Thomastown an der N9 hat ein wunderbar ländliches Ambiente.

An der nördlichen Kirchenwand sieht man verblasste Spuren einer Malerei aus dem 15. oder 16. Jh. und im Altarraum befindet sich ein Grabmal, angeblich die letzte Ruhestätte des 1202 verstorbenen eigensinnigen Felix O'Dulany, erster Abt von Jerpoint und Bischof von Ossory.

Jerpoint Park HISTORISCHE STÄTTE

(☎ 086 606 1449; www.jerpointpark.com; Belmore House, Jerpoint, Thomastown; Eintritt 8 €, Hütehundvorführungen 5 €; ⏲ Mai–Sept. 10–17 Uhr, Öffnungszeiten können variieren; P) Jerpoint Park ist ein Bauernhof, der sich auf den Fundamenten einer mittelalterlichen Stadt aus dem 12. Jh. erstreckt. Bei einer 90-minütigen Führung (10, 12 und 15 Uhr) wird die frühere Siedlung mithilfe topmoderner archäologischer Techniken bis ins Detail rekonstruiert, auch die Ruine der Church of St. Nicholas, in der (so will es die Überlieferung) der hl. Nikolaus begraben liegt. Ein weiterer Programmpunkt sind die Hütehundvorführungen. Wer mag, kann im River Nore angeln oder sich in der Teestube (Juli & Aug. geöffnet) ein paar hausgemachte Scones genehmigen. Jerpoint Park befindet sich 3 km südwestlich von Thomastown.

Grennan Mill Craft School KUNSTATELIER

(☎ 056-772 4557; www.grennanmillcraftschool.com; Island Mill, Thomastown; ⏲ 10–18 Uhr, Öffnungszeiten variieren) GRATIS Die in einer alten Getreidemühle untergebrachte Kunstgewerbeschule bietet Kurse in den Bereichen Töpfern, Metallbearbeitung, Batik und Zeichnen an. Außerdem finden hier regelmäßig Ausstellungen mit Kunsthandwerk statt, u. a. jedes Jahr im Juni eine Absolventenschau. Im Sommer werden auch dreitägige Wochenendkurse (220 € pro Pers., Anfänger willkommen) angeboten: Dabei erlernen die Teilnehmer den Umgang mit der Töpferscheibe.

Kilfane Church RUINE

(Kilfane; ⏲ 24 Std.) GRATIS Ca. 3 km nördlich von Thomastown steht die kleine verfallene Kirche mit normannischem Turm aus dem 13. Jh. Sie liegt 50 m östlich der R448 und ist ausgeschildert. Die Kirche beherbergt ein bemerkenswertes lebensgroßes **Steinbildnis von Thomas de Cantwell**, genannt Cantwell Fada oder Long Man. Das Relief zeigt einen großen, dünnen Ritter in fein gearbeitetem Kettenpanzer. Auf seinem Schild ist das Cantwell-Wappen zu sehen.

Mount Juliet GOLF

(☎ 056-777 3071; www.mountjuliet.ie; Mount Juliet Estate, Jerpoint; Greenfees 65–115 €) 4 km südwestlich von Thomastown können Jetsetter mit genug Kleingeld auf dem von Jack Nicklaus designten Mount Juliet ihre Golfschläger schwingen. Die Anlage erstreckt sich auf 240 ha bewaldetem Land und verfügt über ein eigenes Reitcenter, ein Fitnessstudio und ein Spa sowie zwei Restaurants. Darüber hinaus werden Meisterkurse für Weinliebhaber und Luxusräume angeboten, die bis hin zur Kopfkissenauswahl keinen Wunsch offen lassen (Übernachtung ab 150 €).

Essen

★ **Blackberry Café** CAFÉ €

(www.theblackberrycafe.ie; Market St, Thomastown; Hauptgerichte 5–9 €; ⏲ Mo–Fr 9.30–17.30, Sa 10–17.30 Uhr; 👪) Hier kommt man in den Genuss von üppigen Sandwiches, Toasties

(English Muffins), Quiches und wärmenden Suppen mit leckerem Kürbiskern-*soda-bread*. Viele Zutaten stammen aus biologischem Anbau, Torten und Kuchen werden täglich frisch gebacken. Zwischen 12 und 14 Uhr gibt's günstige warme Menüs; dann platzt das Blackberry aus allen Nähten.

Shoppen

Clay Creations KERAMIK
(☎ 087 257 0735; www.bridlyonsceramics.com; Low St, Thomastown; ⏲ Mi–Sa 10–17.30 Uhr, Mo & Di nach Vereinbarung) Originelle Keramik und Skulpturen der ortsansässigen Künstlerin Brid Lyons.

An- & Weiterreise

- Busse von Kilbride Coaches (www.kilbride-coaches.com) fahren von Kilkenny nach Thomastown (4,50 €, 25 Min., 2-mal tägl. außer So) und von dort weiter nach Inistioge und New Ross.
- Züge, die auf der Strecke Dublin-Kilkenny-Waterford unterwegs sind, halten am Bahnhof von Thomastown 1 km westlich der Stadt.

Inistioge

285 EW.

Das winzige Inistioge (*in*-isch-tieg) ist entzückend mit seinem ruhigen Dorfplatz, dem Flusspark und der Brücke aus dem 18. Jh., deren zehn Steinbogen sich über den River Nore spannen. Angelfreunde können sich im O'Donnell's Pub am Platz eine Angelgenehmigung besorgen. Der **Nore Valley Walk** verläuft am Ufer entlang nach Thomastown im Norden und der **Nature Walk** führt vom Platz aus gen Süden (er ist markiert).

Die R700 (aus Richtung Thomastown kommend) eignet sich für eine wundervolle Panoramatour durch das Flusstal. Zu den Highlights zählt die Aussicht auf die Ruinen des im 13. Jh. errichteten **Grennan Castle**.

Kilbride Coaches (www.kilbridecoaches.com) bietet Busse von Kilkenny nach Inistioge (5 €, 35 Min., außer So 2-mal tägl.) und weiter nach New Ross.

Woodstock Gardens GÄRTEN
(☎ 056-779 4373; www.woodstock.ie; Parkplatz 4 €; ⏲ April–Sept. 9–19 Uhr, Okt.–März 10–16 Uhr) GRATIS Die dicht bewaldeten Woodstock Gardens sind eine echte Pracht voller terrassenförmig angelegter Beete, einem ummauerten Garten, einem Arboretum mit zwei 40 m hohen Redwood-Bäumen, Picknickbereichen, Spazierwegen und mit einem Café (geöffnet Sa & So 11–17 Uhr). Von Inistioge kommend, folgt man der Main Street (gegenüber vom Woodstock Arms) 1 km bis zu den Schildern zum Woodstock Estate und passiert die großen Tore (es sieht nicht so aus, aber das ist immer noch eine öffentliche Straße). Dann sind es noch mal 2 km bis zum Parkplatz.

Woodstock Arms B&B €€
(☎ 056-775 8440; www.woodstockarms.ie; The Square; EZ/DZ/3BZ ab 40/70/90 €; 📶) Pittoreskes Pub mit Sitzgelegenheiten draußen (direkt am Platz) und sieben einfachen, blitzsauberen Gästeräumen. Die Dreibettzimmer sind besonders großzügig geschnitten. Das Frühstück wird auf traditionellem Porzellan der Gegend in einem hübschen kleinen Raum mit Holztischen serviert.

Circle of Friends CAFÉ €
(☎ 056-347 9503; rudd_dennis@yahoo.ie; High St; Hauptgerichte 7–14 €; ⏲ Di–Fr 11–17, Sa & So bis 18 Uhr, Juni–Aug. längere Öffnungszeiten) Ein fröhliches Café mit Tischen im Freien an der Straße. Kaffee gibt's auch mit Sirup (Minze, Karamell usw.), Frühstück wird den ganzen Tag serviert und unter den warmen Speisen sind Klassiker wie Dorsch im Bierteig mit Pommes frites. Der eigentliche Grund, weshalb einfach alle diesen Laden lieben, sind jedoch die riesigen Portionen selbstgemachter Nachtisch, z. B. *pavlova* (mit Früchten und Sahne gefüllter Baiserkuchen). Benannt ist das Café nach der teils im Dorf gedrehten Verfilmung von 1995 des Romans *Im Kreis der Freunde* von Maeve Binchy.

Graiguenamanagh

1475 EW.

Graiguenamanagh (greg-ne-*ma*-na; in der Gegend einfach Graig genannt) ist die Art Dorf, in dem man unvermutet länger bleibt als geplant. Über den Fluss Barrow führt eine nachts angestrahlte uralte Steinbrücke mit sechs Bogen; sie verbindet Graig mit dem kleineren Örtchen Tinnahinch im County Carlow. Die Steine auf der Carlower Seite sind dunkler – eine Hinterlassenschaft des Aufstands aus dem Jahre 1798, als die Brücke gesprengt wurde.

Unweit des Orts verlaufen ein paar schöne Wanderwege; besonders zu empfehlen ist der **Barrow Way** (S. 207) am Fluss.

Sehenswertes & Aktivitäten

Duiske Abbey KIRCHE
(☎ 059-972 4238; Main St; ⏲ Mai–Sept. 9–18 Uhr, Okt.–April bis 17 Uhr) GRATIS Irlands ehemals größte Zisterzienserabtei, gegründet 1204, wird nach wie vor als Pfarrkirche genutzt. Auf dem Gelände befinden sich zwei keltische **Hochkreuze** (7. und 9. Jh.), die im letzten Jahrhundert zu ihrem Schutz hierhergebracht wurden. Um die Ecke liegt das **Abbey Centre** (nur wochentags 9–13 Uhr) mit einer kleinen Ausstellung über christliche Kunst sowie Bildern des Klosters in unrestauriertem Zustand.

Waterside Bike & Hike RADFAHREN, WANDERN
(☎ 086-408 4008; www.watersideguesthouse.com; The Quay; Leihrad mit Pedalantrieb/E-Bike 20/25 € pro Tag; ⏲ 9–18 Uhr) Die typische Sommeraktivität in Graig besteht aus einem Spaziergang oder einer Radtour auf dem grasbewachsenen Weg am River Barrow (S. 207) bis zum hübschen St. Mullins. Diese Pension (siehe unten) am Uferweg vermietet elektrische Fahrräder und Mountainbikes und kann mit Tipps zu Wanderwegen in der Gegend weiterhelfen.

Feste & Events

Town of Books Festival LITERATUR
(☎ 086 821 1140; www.graiguenamanaghtownofbooks.com; ⏲ Ende Aug.) Während des dreitägigen Bücherfestivals tummeln sich jede Menge Buchhändler, Autoren und Leseratten in den engen Dorfgassen. Es gibt Pläne, aus Graiguenamanagh nach dem Beispiel des walisischen Hay-on-Wye eine ganzjährige „Bücherstadt“ zu machen.

Schlafen & Essen

Waterside PENSION €€
(☎ 059-972 4246; www.watersideguesthouse.com; The Quay; EZ/DZ ab 65/90 €; ⏲ Restaurant April–Sept. Mo–Sa 18–22, So 12–15 Uhr, Okt.–März nur Fr–So; 📶) Dieses einladende Gasthaus und Restaurant überblickt die am Flussufer vertäuten Boote. Alle zehn renovierten Zimmer des umgewandelten Getreidelagers aus dem 19. Jh. warten mit viel Holz auf. Das Restaurant verdankt seinen guten Ruf der hervorragenden modernen irischen Küche (Hauptgerichte 15–19 €) und regelmäßigen „After Dinner Live“-Konzerten, deren Bandbreite von Jazz bis Bluegrass reicht.

WANDERN IM COUNTY KILKENNY

Der **South Leinster Way** (www.irishtrails.ie) verläuft durch das südliche Hügelland des Countys Kilkenny von Graiguenamanagh über Inistioge bis hinunter nach Mullinavat und westwärts nach Piltown. Sein mit Abstand schönster Abschnitt ist die 13 km lange Strecke zwischen den beiden reizenden Dörfern Graiguenamanagh und Inistioge. In beiden Ortschaften gibt's köstliches Essen.

Auf dieser Route kann man 4 km südlich von Graiguenamanagh auf den **Brandon Hill Loop** (lilafarbene Markierungen; www.trailkilkenny.ie) wechseln, der auf den Brandon Hill (516 m) hinaufführt. Das weite Moorland-Hochplateau ist leicht zu erreichen. Hier oben genießt man einen wunderbaren Blick auf die Blackstairs Mountains und den Mt. Leinster im Osten. Von Graiguenamanagh aus hin und zurück hat der entspannte Spazierweg eine Länge von 12 km.

Ausgehen & Nachtleben

Mick Doyle's PUB
(☎ 059-972 4203; www.facebook.com/mickdoylesgraig; Main St; ⏲ Mo–Sa 11.30–23, So 12.30–22.30 Uhr) In diesem wunderbaren Laden-Pub an der Main Street hat sich seit Generationen nichts verändert. Im Doyle's kann man einen Sack Kartoffeln, Patronen fürs Gewehr und Gartengeräte kaufen und sich anschließend auf ein Pint und einen netten Plausch an die Bar setzen. Livemusik am Wochenende, traditionelle Sessions montags.

F. J. Murray PUB
(☎ 059-972 5932; Ecke Lower Main St & The Quay; ⏲ Do–Sa 11–24, So 12–23 Uhr) Dieses gemütliche traditionelle Pub wird sonntagabends zum Treffpunkt für das gesamte Dorf, denn dann finden dort traditionelle Sessions statt. Manche Songs handeln von Orten in der Umgebung.

County Cork

Inhalt ➡

Gut essen

- Bastion (S. 250)
- Nash 19 (S. 233)
- Manning's Emporium (S. 265)
- Farmgate Restaurant (S. 243)
- Josie's Lakeview House (S. 272)

Schön übernachten

- Garnish House (S. 232)
- Ballymaloe House (S. 243)
- Gilbert's (S. 241)
- Blairscove House (S. 262)
- Old Presbytery (S. 248)

Auf nach Cork

In diesem County gibt's alles, was Irland an guten Dingen zu bieten hat. Cork, die gleichnamige Hauptstadt der Grafschaft, präsentiert sich als blühende Metropole und ist durch ihre Lage und die Liebe zu den guten Dingen des Lebens berühmt geworden. Rund um Irlands zweitgrößte Stadt liegen üppige Landschaften und Dörfer, in deren Idylle man verträumte Tage verbringen kann. Das Selbstbewusstsein der Stadt Cork beruht auf ihren zahlreichen Lebensmittel-Märkten und der sich stetig verändernden kreativen Restaurantszene sowie auf ihren Pubs und vielen Unterhaltungs- und Kulturangeboten.

In der Umgebung locken erodierte Küsten und zahlreiche charmante alte Fischerstädte und -dörfer. Die zauberhafte Landschaft zählt zu den schönsten Irlands, besonders entlang der Halbinseln Mizen Head, Sheep's Head und Beara, wo Bergwanderungen und Irlands uralte Vergangenheit auf Besucher warten.

Reisezeit

- Die Frühlingszeit im April und Mai wird in Baltimore mit dem Musikfestival Fiddle Fair gefeiert, gefolgt von einem Fisch- und Jazzfest.
- Im Juli und August ist Hochsaison fürs Whalewatching an der Küste von Cork sowie das beste Wetter für Seekajak-Touren.
- Im September und Oktober finden zahlreiche Festivals statt, vor allem in Skibbereen und Kinsale.

CORK (STADT)

208 669 EW

Die zweitgrößte Stadt der Republik steht in jeder Hinsicht an erster Stelle, zumindest wenn es nach den Einheimischen geht: Sie bezeichnen Cork gerne als „Irlands echte Hauptstadt". Die weltmännische Stadt mit ihrem jugendlichem Flair wurde hart von der Wirtschaftskrise getroffen, erfindet sich aber voller Energie stets neu – mit frisch herausgeputzen Straßen, wiederbelebten Abschnitten am Flussufer und – gefühlt – mindestens einer Kaffeebar an jeder Ecke. Sie hat eine kleine Hipster-Szene, überzeugt aber vor allem mit ihrem traditionellen Charme, kleinen Pubs mit Livemusiksessions, Restaurants, die lokale Produkte erstklassiger Qualität auftischen, sowie mit ihren herzlichen und stolzen Einwohnern.

Das kompakte Stadtzentrum liegt auf einer Insel im Fluss Lee, umgeben von Wasserwegen und geprägt von georgianischen Prachtstraßen, engen Gassen aus dem 17. Jh. und modernen architektonischen Meisterwerken wie dem Opernhaus. Die schmalen Straßen sind voller Pubs, Cafés, Läden und Restaurants, die wohl zu den beliebtesten der Gourmetszene des Landes gehören.

Geschichte

Corks lange, blutige Geschichte ist untrennbar verbunden mit dem irischen Kampf um Unabhängigkeit.

Sie begann im 7. Jh. mit dem hl. Fin Barre (auch als Finbarr und Finbarre bekannt), der mitten auf einem *corcach* (Sumpfland) ein Kloster gründete. Nachdem die Siedlung Raubzüge und die zeitweilige Besiedlung durch Nordmänner überstanden hatte, wurde sie im 12. Jh. Hauptstadt des Königreichs South Munster. Doch die Herrschaft der Iren währte nicht lange – schon 1185 war Cork in englischer Hand. In dem folgenden unerbittlichen Kampf zwischen Engländern und Iren wurde Cork mehrfach von beiden Seiten bezwungen, wieder verloren und zurückerobert. Die Stadt überstand Cromwells Invasion, nur um dem strengen Protestanten Wilhelm von Oranien in die Hände zu fallen.

Im 18. Jh. erlebte der Ort eine Blütezeit und exportierte Butter, Rindfleisch, Bier sowie Whiskey in die ganze Welt. Nur ein Jahrhundert später wütete die Große Hungersnot; sie beraubte Cork Zehntausender Einwohner. In ganz Irland kamen Millionen Menschen ums Leben oder wanderten aus.

Im Kampf um die irische Unabhängigkeit spielte Cork als Rebellenhochburg eine entscheidende Rolle. 1920 wurde Oberbürgermeister Thomas MacCurtain von Mitgliedern der Royal Irish Constabulary, den sogenannten Black and Tans (britische Hilfstruppen, so genannt wegen ihrer Uniformen, die eine Mischung aus Armee-Kaki und Polizei-Schwarz waren), erschossen. Sein Nachfolger, Terence MacSwiney, starb in London im Gefängnis von Brixton an den Folgen eines Hungerstreiks. Die Briten unterwarfen Cork mit besonders harter Hand und brannten einen Großteil der Innenstadt nieder, darunter die St. Patrick's Street, das Rathaus und die Bibliothek. Während des Bürgerkriegs (1922–1923) rückte Cork ins Zentrum des Geschehens.

Heute ist Cork eine Stadt mit jungem Flair, nicht zuletzt dank der Universität: 40 % der Bewohner sind unter 25 und mit nur 11 % hat sie im europäischen Vergleich den kleinsten Anteil an über 65-Jährigen.

Sehenswertes

Die schönste Sehenswürdigkeit ist die Stadt selbst – einfach umherschlendern und genießen! 2019 soll im **Brewery Quarter** auf dem früheren Gelände der Beamish & Crawford Brewery – gegenüber dem markanten Counting House im Pseudo-Tudor Stil, einen Block westlich des English Market – ein neues Konferenz- und Eventzentrum, einschließlich eines Konzertsaals mit 6000 Plätzen sowie einer Touristeninformation, Restaurants, Läden, Galerien und Wohnungen eröffnet werden.

Shandon, der auf dem Nordhügel über dem Zentrum thronende Stadtteil, lohnt den Besuch allein schon wegen der schönen Aussicht. Entlang der alten Straßen und Plätze dieses Viertels findet man aber auch Galerien, Antiquitätenläden und Cafés. Die kleinen alten Reihenhäuser, in denen Generationen von Arbeitern unter sehr einfachen Bedingungen mit ihren großen Familien lebten, dienen nun als begehrte Zweitwohnungen in der Stadt. Mit der Broschüre *Cork Walks – Shandon*, die man in der Touristeninformation (S. 237) bekommt, lässt sich das Viertel gut auf eigene Faust erkunden.

★ **Cork City Gaol** MUSEUM

(☎ 021-430 5022; www.corkcitygaol.com; Convent Ave; Erw./Kind 8/5 €; ⏲ April–Sept. 9.30–17 Uhr, Okt.–März 10–16 Uhr) Dieses imposante frühere Gefängnis ist überaus sehenswert,

Highlights

1 Cork (Stadt) (S. 225) Eine überwältigende Auswahl an Restaurants, Pubs, Konzerten und Theatern.

2 Sheep's Head Peninsula (S. 263) Zur Spitze der windumtosten, wundervoll entlegenen Halbinsel wandern.

3 Ballymaloe Cookery School (S. 243) Eine kulinarische Vorführung anschauen oder einen Kochkurs belegen.

4 Kinsale (S. 245) Durch mittelalterliche Straßen und zum gigantischen Charles Fort an der Küste wandern.

5 Ilnacullin (S. 267) Auf der Überfahrt von Glengarriff

zu dieser traumhaften Insel nach Robben und Seeadlern Ausschau halten und dann die Gärten der Insel erkunden.

6 Fastnet Rock (S. 259) Bei einer aufregenden Bootstour um den berühmten Felsen die Wellen bezwingen.

7 Healy Pass (S. 269) Die engen Serpentinen fahren, die den spektakulärsten Pass der Beara Peninsula hinaufklettern.

8 Lough Hyne (S. 256) Auf dem zauberhaften See eine Nacht-Kajaktour machen.

9 Bantry House & Garden (S. 264) In eine Welt verlorener Pracht eintauchen.

Cork (Stadt)

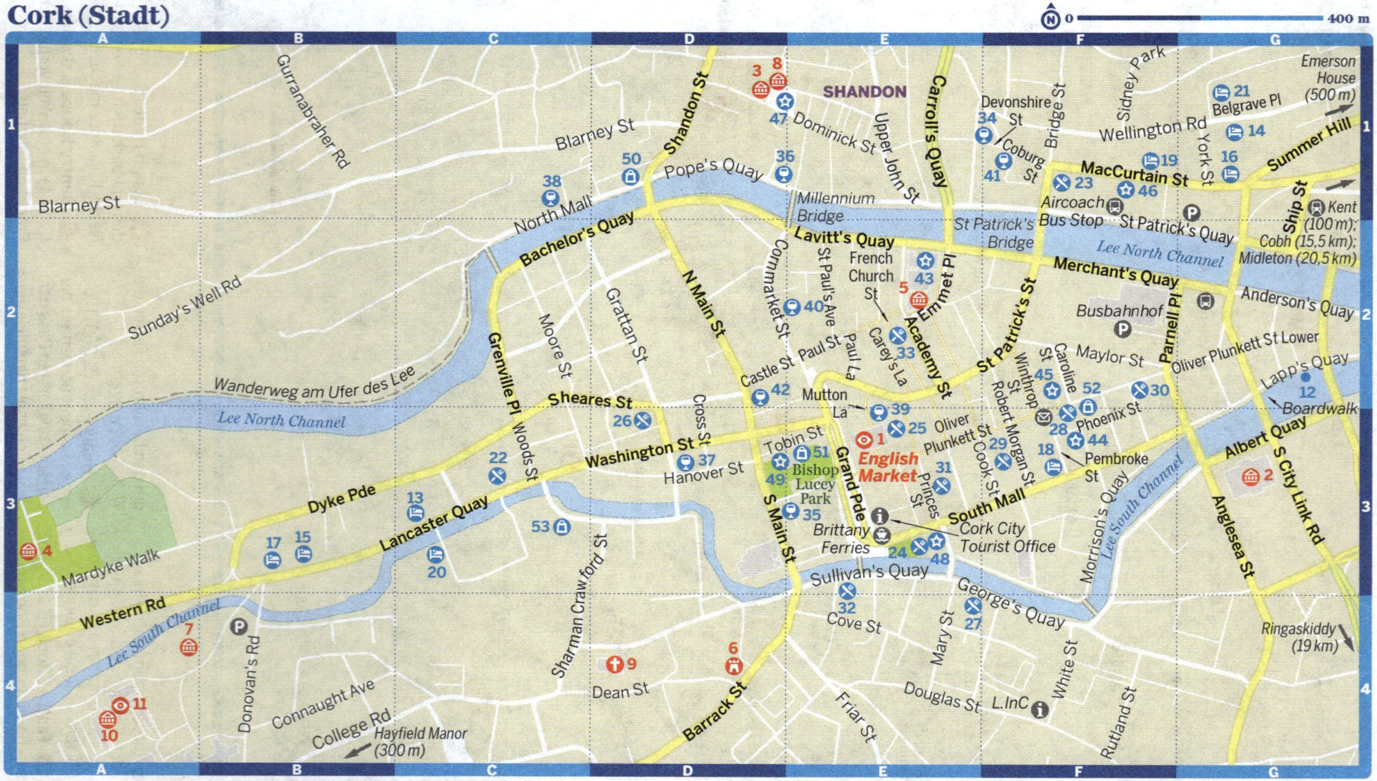
0 400 m
SHANDON
English Market
Cork City Tourist Office
Busbahnhof
Aircoach Bus Stop
Brittany Ferries
Bishop Lucey Park
French Church St
Emerson House (500 m)
Kent (100 m); Cobh (15,5 km); Midleton (20,5 km)
Ringaskiddy (19 km)
Hayfield Manor (300 m)
Lee North Channel
Lee South Channel
Wanderweg am Ufer des Lee
Millennium Bridge
St Patrick's Bridge
Boardwalk
L.InC
Blarney St
Gurranabraher Rd
Sunday's Well Rd
Shandon St
Pope's Quay
North Mall
Bachelor's Quay
Grenville Pl
Moore St
Grattan St
N Main St
Cornmarket St
Dominick St
Upper John St
Carroll's Quay
Devonshire St
Coburg St
Bridge St
Sidney Park
Wellington Rd
Belgrave Pl
York St
Summer Hill
MacCurtain St
Ship St
St Patrick's Quay
Merchant's Quay
Anderson's Quay
Lavitt's Quay
Emmet Pl
St Paul's Ave
Paul St
Paul La
Carey's La
Academy St
St Patrick's St
Castle St
Mutton La
Tobin St
Grand Pde
Princes St
Oliver Plunkett St
Cook St
Robert Morgan St
Winthrop St
Caroline St
Maylor St
Parnell Pl
Oliver Plunkett St Lower
Lapp's Quay
Phoenix St
Pembroke St
Albert Quay
S City Link Rd
Anglesea St
Morrison's Quay
South Mall
S Main St
Sullivan's Quay
George's Quay
Cove St
Mary St
Douglas St
Friar St
White St
Rutland St
Barrack St
Dean St
Sharman Crawford St
Cross St
Hanover St
Washington St
Sheares St
Woods St
Dyke Pde
Lancaster Quay
Mardyke Walk
Western Rd
Donovan's Rd
Connaught Ave
College Rd
A
B
C
D
E
F
G
1
2
3
4

Cork (Stadt)

Highlights
1 English Market E3

Sehenswertes
2 Rathaus G3
3 Cork Butter Museum D1
4 Cork Public Museum A3
5 Crawford Municipal Art Gallery E2
6 Elizabeth Fort D4
7 Lewis Glucksman Gallery A4
8 Old Butter Market D1
9 St. Fin Barre's Cathedral D4
10 Stone Corridor A4
11 University College Cork A4

Aktivitäten, Kurse & Touren
12 Atlantic Sea Kayaking G2

Schlafen
13 Anam Cara C3
14 Auburn House G1
15 Blarney Stone Guesthouse B3
16 Brú Bar & Hostel G1
17 Garnish House B3
18 Imperial Hotel F3
19 Isaac's Hotel F1
20 River Lee Hotel C3
21 Sheila's Hostel G1

Essen
22 Cafe Paradiso C3
23 Cork Coffee Roasters F1
24 Electric E3
25 Farmgate Café E3
26 Fenn's Quay D3
27 Filter E4
Fresco (siehe 7)
28 Jacques Restaurant F3
29 Les Gourmandises F3
30 Market Lane F2
31 Nash 19 E3
32 Quay Co-op E3
33 Strasbourg Goose E2

Ausgehen & Nachtleben
34 Abbot's Ale House F1
35 An Spailpín Fánac E3
36 Bierhaus D1
37 Chambers Bar D3
38 Franciscan Well Brewery C1
39 Mutton Lane Inn E3
40 Rising Sons E2
41 Sin É F1
42 Suas Rooftop Bar D2

Unterhaltung
43 Cork Opera House E2
44 Crane Lane Theatre F3
45 Cyprus Avenue F2
46 Everyman Theatre F1
47 Firkin Crane D1
48 Fred Zeppelins E3
Half Moon Theatre (siehe 43)
49 Triskel Arts Centre D3

Shoppen
50 20 20 Gallery D1
51 PLUGD Records E3
52 Pro Musica F2
53 Time Traveller's Bookshop C3

wenn auch nur, um zu verstehen, was für ein grauenhaftes Leben die Gefangenen vor einigen Jahrhunderten führten. Mit Kopfhörern ausgestattet, läuft man durch die restaurierten Zellen und sieht dort lebensgroße Figuren leidender Insassen sowie sadistisch dreinblickender Wärter. Man nimmt einen Bus zum UCC, geht von dort in nördlicher Richtung den Mardyke Walk entlang, überquert den Fluss und folgt den Schildern den Berg hinauf (10 Min.).

Die Führung verdeutlicht den harten Strafvollzug im 19. Jh und geht unter die Haut. Häufig brachte die Menschen einzig die weitverbreitete bittere Armut ins Gefängnis: Viele Inhaftierte leisteten z. B. nur deshalb Schwerstarbeit, weil sie einen Laib Brot gestohlen hatten. Unter der Woche finden jeden Abend um 19 Uhr eindrückliche Führungen (10 €) statt.

1923 wurde das Gefängnis geschlossen und 1927 als Standort eines Radiosenders wiedereröffnet, der bis in die 1950er-Jahre in Betrieb war. Das Governor's House beherbergt inzwischen ein **Radio Museum** (www.corkcitygaol.com/radio-museum). Hier kann man schöne alte Empfangsgeräte bewundern und sich ausgiebig über das Leben und Wirken von Guglielmo Marconi, den Pionier der drahtlosen Telekommunikation, informieren.

Crawford Municipal Art Gallery GALERIE
(☎ 021-480 5042; www.crawfordartgallery.ie; Emmet Pl; ⏰ Mo–Mi & Fr–Sa 10–17, Do bis 20 Uhr) GRATIS Das Kunstmuseum beherbergt eine kleine, aber hervorragende Dauerausstellung mit Werken vom 17. Jh. bis in die Gegenwart. Zu den Highlights gehören die Arbeiten von Sir John Lavery, Jack B. Yeats und Nathaniel Hone. Ein Raum ist irischen Künstlerinnen zwischen 1886 und 1978 gewidmet, darunter auch Mainie Jellet und Evie Hone.

Die schneeweißen Gipsmodelle römischer und griechischer Statuen in den Skulpturengalerien waren ein Geschenk von Papst Pius VII. an den englischen König Georg IV. im Jahre 1822. Allerdings fand der Monarch daran wenig Gefallen und verbannte die Skulpturen in den Keller, bis schließlich jemand vorschlug, sie der Stadt Cork zu vermachen.

Cork Public Museum MUSEUM

(☎ 021-427 0679; www.corkcity.ie/services/corporateandexternalaffairs/museum/; Fitzgerald Park, Mardyke Walk; ⏲ganzjährig Mo–Fr 11–13 & 14.15–17, Sa bis 16 Uhr, April–Sept. auch So 15–17 Uhr) GRATIS In einer georgianischen Villa mit modernem Anbau gelegen, widmet sich dieses Museum der Geschichte Corks und zeigt eine vielfältige Sammlung aus lokalen Artefakten, die die Geschichte des Countys von der Steinzeit bis hin zur Fußballlegende Roy Keane nachzeichnen. Besonders sehenswert ist die Abteilung zum mittelalterlichen Cork und zur Stadtentwicklung. Auf der Rückseite des Gebäudes gibt's ein gutes Café.

University College Cork UNIVERSITÄT

(☎ 021-490 1876; http://visitorscentre.ucc.ie; College Rd; ⏲ Mo–Sa 9–17 Uhr) GRATIS 1845 wurde das UCC als eines von drei „königlichen" Colleges erbaut (die anderen zwei befinden sich in Galway und Belfast), um eine glaubensunabhängige Alternative zum anglikanisch-protestantischen Trinity College in Dublin zu schaffen. Der Campus ist von schönen viktorianisch-gotischen Gebäuden, Gärten und historischen Attraktionen gesäumt, darunter auch ein astronomisches Observatorium aus dem 19. Jh. Unter der Woche (15 Uhr) und samstags (12 Uhr) finden Führungen statt.

Stone Corridor (Steingang) MUSEUM

(☎ 021-490 1876; www.ucc.ie; UCC Visitors Centre, Main Quad, College Rd; ⏲Mo–Sa 9–17 Uhr) GRATIS Diese überdachte Passage auf der Nordseite der viktorianisch-gotischen Haupthäuser des University College Cork beherbergt die größte irische Sammlung von Ogham-Steinen mit eingeritzten Runeninschriften aus dem 4. bis 6. Jh. n. Chr.

Lewis Glucksman Gallery GALERIE

(☎ 021-490 1844; www.glucksman.org; University College Cork, Western Rd; empfohlene Spende 5 €; ⏲ Di–Sa 10–17, So 14–17 Uhr; 👪) GRATIS Das preisgekrönte Gebäude ist eine aufsehenerregende Konstruktion aus Kalkstein, Stahl und Holz. Auf zwei passend mit Farbe bespritzten Etagen werden die besten nationalen und internationalen Arbeiten aus den Bereichen moderne Kunst und Installation gezeigt. Alle zwei Wochen gibt's eine lohnenswerte kostenlose Führung. Das **Café** (☎ 021-490 1848; Hauptgerichte 6–12 €; ⏲Di–Sa 10–17, So 12–17 Uhr) im Gebäude ist hervorragend.

Elizabeth Fort FESTUNG

(☎ 021-497 5947; www.elizabethfort.ie; Barrack St; ⏲ Mo–Sa 10–17, So 12–17 Uhr, Okt.–Mai Mo geschl.) GRATIS Ursprünglich in den 1620er-Jahren erbaut, und von 1929 bis 2013 als Garda-(Polizei-)Station dienend, war diese kleine, sternenförmige Artilleriefestung einst ein wichtiges Bauwerk zur Verteidigung der Stadt. Sie wurde vor Kurzem für Besucher geöffnet und bietet einen interessanten Einblick in die Militärgeschichte Corks; von den Festungswällen genießt man einen tollen Blick auf die Stadt. Um 13 Uhr finden geführte Rundgänge statt, die tieferen Einblick geben.

St. Fin Barre's Cathedral KATHEDRALE

(☎ 021-496 3387; http://corkcathedral.webs.com; Bishop St; Erw./Kind 5/3 €; ⏲ April–Nov. Mo–Sa 9.30–17.30, So 13.30–14.30 & 16.30–18 Uhr, Dez.–März kürzere Öffnungszeiten) Spitze Türme, Wasserspeierfratzen und fein gearbeitete Skulpturen schmücken die Außenfassade der protestantischen Kathedrale von Cork, eine auffallende Mischung aus französischer Gotik und mittelalterlichem Einfallsreichtum. Der Innenraum ist nicht weniger prächtig gestaltet, mit Marmormosaiken auf dem Boden, einer farbenprächtigen Decke über dem Altar, einer riesigen Kanzel und einem Bischofsthron. Zu den ungewöhnlicheren Exponaten gehört eine Kanonenkugel, die bei der Belagerung von Cork 1690 einen mittelalterlichen Turm traf. Die Kathedrale liegt etwa 500 m südwestlich der Innenstadt, genau dort, wo Corks Schutzpatron des 7. Jhs., der hl. Fin Barre, sein Kloster gegründet hatte.

Cork Butter Museum MUSEUM

(☎ 021-430 0600; www.corkbutter.museum; O'Connell Sq; Erw./Kind 4/3 €; ⏲ Juli & Aug. 10–18 Uhr, März–Juni, Sept. & Okt. 10–17 Uhr, Nov.–März Sa & So nur 11–15 Uhr) Die Butterherstellung hat eine lange Tradition in Cork. In den 1860er-Jahren befand sich hier der weltgrößte Buttermarkt, und aus der Stadt wurde das Milchprodukt ins gesamte Britische Reich exportiert. Ausstellungsstücke und Dioramen im Cork Butter Museum erzählen die Geschichte des Butterhandels. Den Platz vor dem Museum beherrschen die neoklassizistische Fassade des **Alten Butter-**

markts und das auffällige runde Gebäude Firkin Crane (S. 236), wo früher die Butterfässer gewogen wurden. Heute befindet sich hier ein Tanzzentrum.

Geführte Touren

Cork Walks WANDERN
(021-492 4792; http://cork.ie/gettinghereand-around/walkingroutes) GRATIS Cork City Council bietet vier kostenlose Stadtrundgänge auf eigene Faust, die durch die Stadtviertel City Island, South Parish, University und Shandon führen. Broschüren und Karten gibt's in der Touristeninformation (S. 237) oder per Download auf der Website.

Cork City Tour BUSTOUR
(021-430 9090; www.corkcitytour.com; Erw./Stud./Kind 15/13/5 €; März–Nov.) Alle offenen Doppeldeckerbusse fahren zu sämtlichen Hauptattraktionen in Cork. Passagiere können dort jeweils ein- und aussteigen. Es gibt auch längere Touren (23 € pro Erw.), die zur Jameson Experience (S. 242) in Midleton führen.

Atlantic Sea Kayaking KAJAKFAHREN
(028-21058; www.atlanticseakayaking.com; Lapp's Quay; 50 €) Geführte „Stadt-Kajaktouren" auf Corks Wasserwegen (6.30–21 Uhr, im Voraus buchen, mindestens 2 Pers.). Das Unternehmen bietet auch eine vierstündige Tour nach Cobh und Spike Island (S. 239, mind. 4. Pers., 65 €).

Feste & Events

Cork World Book Fest LITERATUR
(https://corkworldbookfest.com; Ende April) Riesiges Buchfest Ende April mit vielen Autoren. Gesponsert wird es von der Cork City Library.

International Choral Festival MUSIK
(www.corkchoral.ie; April–Mai) Das Chormusik-Fest dauert fünf Tage und findet im April/Mai im Rathaus (Albert Quay) und an anderen Orten statt.

Cork Folk Festival MUSIK
(www.corkfolkfestival.com; Sept.–Okt.) Ein langes Wochenende mit Fiedelmusik, Balladen und Konzerten großer Künstler, z. B. Martin Simpson, Dick Gaughan und Donovan.

Cork Jazz Festival MUSIK
(www.guinnessjazzfestival.com; Ende Okt.) Ende Oktober treten beim größten Festival der Stadt hochkarätige Jazz-, Rock- und Popgrößen an verschiedenen Veranstaltungsorten auf.

> ABSTECHER
>
> **BLACKROCK CASTLE**
>
> Die restaurierte Burg Blackrock Castle (021-435 7924; www.bco.ie; Blackrock; Erw./Kind 6,50/5 €; 10–17 Uhr) aus dem 16. Jh. beherbergt heute ein Wissenschaftszentrum, Planetarium und Observatorium. Kinder lieben sie, und die idyllische Umgebung ist die Anreise wert. Sie liegt am Südufer des Flusses Lee, 5,5 km östlich des Stadtzentrums. Um herzugelangen, nimmt man Bus 202 vom Parnell Place zum Blackrock-Pier, von wo es noch fünf Gehminuten bis zur Burg sind.

Cork Film Festival FILM
(www.corkfilmfest.org; Nov.) Internationale Filmwoche mit vielfältigem Programm.

Schlafen

Die Stadt bietet eine gute Auswahl an Unterkünften, aber während der Festivals sind viele Hotels ausgebucht.

Stadtzentrum

Egal ob man auf der Hauptinsel oder im Norden, in Shandon oder in der MacCurtain Street übernachtet – man ist immer mitten im Trubel.

Brú Bar & Hostel HOSTEL €
(021-455 9667; www.bruhostel.com; 57 MacCurtain St; B/2BZ inkl. Frühstück ab 17/50 €; @) Bei Rucksackreisenden und Einheimischen erfreut sich die tolle Bar großer Beliebtheit. Alle Schlafsäle verfügen über ein Bad, sind sauber und stilvoll und haben vier bis sechs Betten. Man sollte sich in einem der oberen Stockwerke unterbringen lassen, denn dort herrscht mehr Ruhe. Es gibt ein Internetcafé mit freiem Zugang für Gäste. Das Frühstück ist im Preis enthalten.

Sheila's Hostel HOSTEL €
(021-450 5562; www.sheilashostel.ie; 4 Belgrave Pl, abseits der Wellington Rd; B/2BZ ab 16/50 €; @) Im Sheila's geben sich Rucksacktouristen die Klinke in die Hand, was bei der zentralen Lage nicht verwundert. Gäste können über kostenlosen Internetzugang,

eine Sauna, einen Filmraum, einen Wäscheservice, Spinde und einen Grillplatz verfügen. Die billigeren Zweibettzimmer teilen sich Gemeinschaftsbäder. Frühstück kostet 3 € extra.

★ Auburn House B&B €€
(☎ 021-450 8555; www.auburnguesthouse.com; 3 Garfield Tce, Wellington Rd; EZ/DZ/3BZ 58/90/114 €; P 📶) In diesem B&B wird man wie ein Familienmitglied aufgenommen. Zwar sind die Zimmer klein, dafür aber sauber und mit hübschen Blumenkästen vor den Fenstern ausgestattet. In den ruhigeren Räumen nach hinten genießt man eine herrliche Aussicht über die Stadt. Zum Frühstück wird auch Vegetariern etwas geboten; ein weiterer Vorteil ist die Lage unweit der quirligen MacCurtain Street.

Imperial Hotel HOTEL €€
(☎ 021-427 4040; www.flynnhotels.com; South Mall; Zi. ab 140 €; P @ 📶) Das Imperial altert in Würde und hat 2013 seinen 200. Geburstag gefeiert. Schon Thackeray, Dickens und Sir Walter Scott waren hier zu Gast. Die Gemeinschaftsräume bezaubern mit historischen Details wie Marmorböden und Blumenbouquets und die 130 Zimmer warten mit Schreibtischen, dezenter Dekoration und modernen Elementen wie einem Spa und einer digitalen Musikbibliothek auf.

Michael Collins, der Vorsitzende der provisorischen Regierung von 1922, verbrachte hier seine letzte Nacht. Wer will, kann in seiner Suite einchecken.

Isaac's Hotel HOTEL €€
(☎ 021-450 0011; www.isaacscork.com; 48 MacCurtain St; EZ/DZ/Apt. ab 90/119/189 €; @ 📶) Die superzentrale Lage ist der große Pluspunkt dieses Hotels, das in einem alten viktorianischen Möbelhaus untergebracht ist (nach einem Zimmer abseits der lauten Straße fragen). Neben schlichten, funktionalen Zimmern bietet es auch Apartments für Selbstversorger, die mit Küchen und Waschmaschinen ausgestattet sind. Es gibt keine Klimaanlage, daher kann es an sonnigen Sommertagen unangenehm heiß in den Zimmern werden.

Western Road & Umgebung

Die Western Road führt vom Stadtzentrum zum UCC-Campus im Südwesten, wo es die meisten B&Bs gibt. Man erreicht die Unterkünfte mit einem Bus vom zentralen Busbahnhof aus oder zu Fuß (10–30 Min.).

★ Garnish House B&B €€
(☎ 021-427 5111; www.garnish.ie; 18 Western Rd; EZ/DZ/FZ ab 124/136/154 €; P 📶) In dem preisgekrönten B&B wird dem Gast sehr viel Aufmerksamkeit zuteil. Die Angebote der legendären Frühstückskarte (30 Angebote!) reichen von gegrilltem Fisch bis zu französischen Toasts. Als Spezialität des Hauses gilt frisch gekochter Porridge mit sahnigem Honig und einem Whiskey oder Baileys nach Wahl. Am besten genießt man ihn auf der Gartenterrasse. Die 14 Zimmer sind sehr komfortabel und die Rezeption ist 24 Stunden geöffnet.

Anam Cara B&B €€
(☎ 085 864 5216; www.guesthousescork.com; 31 Palace View, Western Rd; DZ/FZ 95/110 €; P 📶) Obwohl es nur zehn Gehminuten vom Stadtzentrum entfernt ist, hat das hübsche kleine Cottage im georgianischen Stil eine ruhige, etwas skurrile Landatmosphäre. Vor dem Hotel liegt eine belebte Straße, aber die Räume auf der Rückseite sind ruhig. In der Teestube nebenan werden köstliche Frühstücksgerichte serviert.

Blarney Stone Guesthouse B&B €€
(☎ 021-427 0083; www.blarneystoneguesthouse.ie; Western Rd; EZ/DZ ab 99/119 €; P 📶) Hinter der leuchtend weißen Fassade des großen viktorianischen Hauses verbergen sich umwerfende Innenräume voller glänzender historischer Möbel, glitzernder Waterford-Kristallleuchter und Spiegel mit verschnörkelten Goldrahmen. Die Ausstattung stammt allerdings nicht aus vikorianischen Zeiten: Powerduschen, schnelles WLAN, Satelliten-TV und ein herzhaftes Frühstück tragen zu Komfort und Wohlbefinden bei.

★ River Lee Hotel HOTEL €€€
(☎ 021-425 2700; www.doylecollection.com; Western Rd; Zi. ab 199€; P 📶 🏊) Das moderne Hotel am Flussufer sorgt im Zentrum von Cork für einen Hauch von Luxus. Es verfügt über wundervolle öffentliche Bereiche mit riesigen Sofas und Designerkamin, ein verblüffendes fünfstöckiges Atrium mit Glaswänden und erstklassigen Service. Die Zimmer sind gut ausgestattet (hübsch und ruhig nach hinten raus, wer aber mehr Platz braucht, sollte nach einem Eckzimmer fragen). Das Frühstück gehört sicher zu den besten in ganz Irland.

★ Hayfield Manor HOTEL €€€
(☎ 021-484 5900; www.hayfieldmanor.ie; Perrott Ave, College Rd; Zi. ab 269 €; P 📶 🏊) Der rote

NICHT VERSÄUMEN

THE ENGLISH MARKET

Wegen seiner kunstvoll gewölbten Decken und Säulen könnte er genauso gut Viktorianischer Markt heißen – doch egal wie man ihn nennt, der **English Market** (www.englishmarket.ie; Princes Street (Haupteingang); Mo–Sa 8–18 Uhr) ist auf jeden Fall ein Juwel. Zahlreiche Verkäufer haben hier farbenprächtige, prall gefüllte Stände mit den besten Produkten der Region, z. B. Fleisch, Fisch, Obst, Käse oder Snacks. Bei schönem Wetter kann man seine Einkäufe im nahen Bishop Lucey Park verspeisen, einem beliebten Ort für Picknicks.

Ein Zwischengeschoss mit Blick auf die Stände darunter beherbergt das **Farmgate Café** (021-427 8134; www.farmgate.ie; Princes St, English Market; Hauptgerichte 8–14 €; Mo–Sa 8.30–17 Uhr). Hier zu essen ist eine Erfahrung, die man sich nicht entgehen lassen sollte, denn es liegt mitten auf dem English Market, von dem alle frischen lokalen Produkte stammen, die auf den Tellern landen, von Krabben und Austern bis zum Lamm für einen irischen Eintopf. Einfach die Treppe hochgehen und dann links ins Restaurant oder rechts an die Bar.

Teppich ist ausgerollt, ein Glas Sherry wartet schon – willkommen im Hayfield Manor. Nur 1½ km vom Zentrum geht's eher zu wie in einem gemütlichen Landhaus. Komfort und Annehmlichkeiten eines Luxushotels treffen hier auf die lockere Gastfreundlichkeit einer privaten Pension. Die 88 Zimmer sind entweder traditionell oder modern eingerichtet.

Essen

Ein Besuch in Cork lohnt sich allein schon wegen seiner wunderbaren Gastronomie. Der English Market (S. 233) ist ein nationaler Schatz.

Cork Coffee Roasters CAFÉ €

(021-731 9158; www.facebook.com/CorkCoffee; 2 Bridge St; Hauptgerichte 3–6 €; Mo–Fr 7.30–18.30, Sa 8–18.30, So 9–17 Uhr;) Es ist nicht überraschend, in der Gourmetstadt Cork ein Café zu finden, das von kreativen Kaffeeröstern geführt wird. Die Kaffees in dem hübschen und oft überfüllten Eckladen zählen zu den besten von ganz Irland und sorgen zusammen mit einem Stück Kuchen, Scones oder Buttergebäck für einen guten Start in den Tag.

Quay Co-op VEGETARISCH €

(021-431 7026; www.quaycoop.com; 24 Sullivan's Quay; Hauptgerichte 7–11 €; Mo–Sa 11–21, So 12–21 Uhr;) Die Cafeteria schwingt die Flagge für das alternative Cork und serviert eine große Auswahl an vegetarischen Gerichten aus Biozutaten sowie üppige Frühstücksgerichte, leckere Suppen und Aufläufe (Selbstbedienung). Es gibt auch gluten-, milch- und weizenfreie Gerichte, außerdem ist das Lokal sehr kinderfreundlich.

Filter CAFÉ €

(021-455 0050; filtercork@gmail.com; 19 George's Quay; Hauptgerichte 4–7 €; Mo–Fr 8–18, Sa 9–18, So 10–17 Uhr;) Filter ist die beste Espressobar von Cork, ein liebevoll gepflegter Schrein für Kaffeefans, angefangen vom Retrodekor bis hin zu den kompetenten Baristas, die exzellent gebrauten Espresso aus lokal gerösteten sortenreinen Bohnen servieren. Es gibt auch großartige Sandwiches aus Bäckerbrot mit Füllungen wie Pastrami, Chorizo und Schweinshaxe.

★ **Nash 19** INTERNATIONAL €€

(021-427 0880; www.nash19.com; Princes St; Hauptgerichte 10–17 €; Mo–Fr 7.30–16.30, Sa 8.30–16.30 Uhr) Sensationelles Bistro mit Feinkostladen, das zum Frühstück und Mittagessen lokale Produkte auftischt. Man kann sie vor Ort verzehren oder mitnehmen. Die köstlichen Scones locken schon zeitig Kundschaft an und die Tagesangebote (Suppen, Salate, Desserts etc.) sowie Hühnerpastete von Freilandhühnern und Platten mit Räucherfisch von Frank Hederman (S. 241) sorgen dafür, dass den ganzen Tag über Betrieb herrscht. Die Producers Plate, eine Platte mit lokalen Produkten, ist sensationell.

★ **Market Lane** IRISCH, INTERNATIONAL €€

(021-427 4710; www.marketlane.ie; 5 Oliver Plunkett St; Hauptgerichte 12–27 €; Mo–Do 12–21.30, Fr & Sa 12–22.30, So 13–21.30 Uhr;) In dem hellen Eckbistro herrscht immer Trubel. Die große Auswahl an herzhaften Speisen wechselt häufig – und so kommen stets frische Produkte vom English Market auf den Tisch, z. B. gebratener Dorsch mit Algen-Butter-Soße oder Erbsen-Gersten-Risotto mit Ziegenkäse. Reservieren kann man erst ab sechs Personen; am besten an der Bar etwas trinken, bis ein Tisch frei wird.

★ Café Paradiso VEGETARISCH €€
(☎ 021-427 7939; www.cafeparadiso.ie; 16 Lancaster Quay; 2-/3-gängige Abendmenüs 33/40 €; ⏲ Mo–Sa 17.30–22 Uhr; ✎) Das Paradiso ist in jeder Sparte ein Anwärter für das beste Lokal der Stadt. Es serviert moderne vegetarische Gerichte: Wir empfehlen z. B. Confit-Artischocken, Saubohnen und Schalotten mit Zitronenrisotto und Haselnusskruste. Reservierung erforderlich.

In den funkigen Räumen oben kostet die Unterbringung im B&B inklusive Abendessen ab 180/220 € pro EZ/DZ.

Fenn's Quay MODERN IRISCH €€
(☎ 021-427 9527; www.fennsquay.net; 5 Fenn's Quay; Hauptgerichte 9–24 €; ⏲ Mo–Fr 8.15–11.30 & 12–15, Do 17–20, Fr 17–22, Sa 8.30–15 & 17–22 Uhr; 👪) Vom Frühstück (Rosscarbery-Blutwurst mit geräuchertem Gubbeen-Käse auf hausgebackenem Toastbrot) über das Mittagessen (gewürztes Rinderfleisch und Pickle-Sandwiches oder Platten mit frischem Fisch) bis hin zum Abendessen (Schinkenspeck mit Kohl und Walnüssen): Das versteckte Juwel Fenn's Quay serviert nur die besten Produkte aus der Region, die größtenteils vom English Market stammen – das Motto des Restaurants lautet „Cork auf einer Gabel".

Jacques Restaurant MODERN IRISCH €€
(☎ 021-427 7387; www.jacquesrestaurant.ie; 23 Oliver Plunkett St; Hauptgerichte Mittagessen 7–14 €, Abendessen 22–26 €; ⏲ Mo 10–16, Di–Sa bis 22 Uhr) Die Schwestern Jacqueline und Eithne Barry profitieren von einem hervorragenden Netzwerk an lokalen Erzeugern, das sie sich in drei Jahrzehnten geschaffen haben und mit dessen Hilfe sie ihre kulinarische Vision verwirklichen: frisches Essen aus Cork, einfach zubereitet. Die Karte wechselt täglich: Vielleicht stehen gerade geräucherte Wachteln mit Sellerieremoulade oder Castletownbere-Krabben mit Spagetti und Kräutern darauf. Von Dienstag bis Donnerstag sowie Freitag und Samstag vor 18.30 Uhr werden Mehrgangmenüs (24 €) serviert.

Electric MODERN IRISCH €€
(☎ 021-422 2990; http://electriccork.ie; 41 South Mall; Hauptgerichte 14–27 €; ⏲ 12–22 Uhr; 📶 👪) Die Speisekarte der umgewandelten Art-déco-Bank reicht von Meeresfrüchte-Suppe bis zu saftigen Steaks; alles kommt frisch vom Markt. Es gibt auch eine Fischbar im mediterranen Stil, doch den größten Reiz für die vielen Gäste haben die große Terrasse am Fluss und der Restaurantbalkon im Obergeschoss mit fantastischem Blick auf die Kathedrale. Für sich sprechen auch die zahlreichen offenen Weine und die zwei Dutzend Biersorten.

Strasbourg Goose IRISCH €€
(☎ 021-427 9534; 17-18 French Church St; Hauptgerichte 15–24 €, 2-Gang-Menü 21 €; ⏲ Di–Fr 18–22, Sa 17–23, So 16–22 Uhr) Das typisch irische Restaurant serviert alles von erstklassigem irischem Rinderfilet bis hin zu Muscheln von der Küste Corks. Die Gerichte haben einen französischen Touch, seien es der Estragon, die Weißweinsoßen oder Gratinkartoffeln. Pariser würden die üppigen Portionen, die einen heißhungrigen Rugbyspieler satt machen könnten, allerdings nicht wertschätzen.

Les Gourmandises FRANZÖSISCH €€
(☎ 021-425 1959; www.lesgourmandises.ie; 17 Cook St; 2-/3-gängiges Abendessen 40/48 €; ⏲ Mo–Sa 18–21 Uhr) Viele der herrlich frischen Fische vom English Market werden in diesem hübschen Restaurant, das an ein Pariser Lokal erinnert, zu leckeren Gerichten verarbeitet. Doch auch Fleisch und Geflügel kommen zu ihrem Recht, etwa beim langsam geschmorten Schweinebauch mit geräuchertem Kartoffelpüree. Das Personal ist liebenswürdig und umsichtig.

Ausgehen & Nachtleben

In Corks Pubs sind die lokal gebrauten Stouts Murphy's und Beamish die Favoriten.

Angesichts der vielen Studenten in Cork ist in den wenigen Nachtclubs entsprechend viel los. Die Eintrittspreise reichen von kostenlos bis 15 € und die meisten Läden sind freitags und samstags bis 2 Uhr geöffnet.

Zu den örtlichen Mikro-Brauereien gehören die seit Langem etablierte Franciscan Well, deren erfrischendes Bier Friar Weisse im Sommer besonders beliebt ist, und das verhältnismäßig junge Unternehmen Rising Sons, das mit dem Mi-Daza-Stoutbier eine neue Variante eines alten Rezepts herausgebracht hat.

★ **Sin É** PUB

(☎ 021-450 2266; www.facebook.com/sinecork; 8 Coburg St; ⏲ Mo–Do 12.30–23.30, Fr & Sa bis 0.30, So bis 23 Uhr) In diesem alten, stimmungsvollen Pub kann man bei toller Stimmung (Sin É heißt „das ist es!") locker einen ganzen Tag verbringen. Von Mai bis September finden jeden Abend um 18.30 Uhr Livekonzerte statt – häufig traditionell, aber mit der einen oder anderen Ausnahme – und dienstags, freitags und sonntags gibt's das ganze Jahr über Sessions.

★ **Franciscan Well Brewery** PUB

(☎ 021-439 3434; www.franciscanwellbrewery.com; 14 North Mall; ⏲ Mo–Do 15–23.30, Fr & Sa bis 0.30, So bis 23 Uhr; 📶) Eigentlich sagen die Kupfertanks hinter der Bar schon alles: Im Franciscan Well wird eigenes Bier gebraut. Am schönsten ist es im hinten gelegenen großen Biergarten. Gemeinsam mit anderen kleinen, unabhängigen irischen Brauereien hält das Pub regelmäßig Bierfeste ab.

★ **Mutton Lane Inn** PUB

(☎ 021-427 3471; www.facebook.com/mutton.lane; Mutton Lane; ⏲ Mo–Do 10.30–23.30, Fr & Sa bis 0.30, So 14–23 Uhr) Das einladende und sehr beliebte Pub versteckt sich in der winzigsten Gasse, die von der St. Patrick's Street abgeht. Es wird von Kerzen und bunten Lichtern beleuchtet und ist eine von Corks intimsten Kneipen. Am besten kommt man früh her, um sich einen Platz zu sichern, oder lässt sich draußen auf den Bierbänken nieder.

Abbot's Ale House PUB

(☎ 021-450 7116; 17 Devonshire St; ⏲ Mo–Fr 10.30–23, Sa & So 12.30–22 Uhr) Diese unauffällige Kneipe im ersten Obergeschoss ist klein, verfügt aber über eine umfangreiche Karte mit Fassbieren und weiteren 300 Sorten in Flaschen. Ein guter Treffpunkt vor dem Discobesuch.

Rising Sons MIKROBRAUEREI

(☎ 021-241 4764; www.risingsonsbrewery.com; Cornmarket St; ⏲ 12 Uhr–open end; 📶) Das riesige, kaufhausartige rote Ziegelgebäude beherbergt eine preisgekrönte Mikrobrauerei. Das Industriedekor der freiliegenden Ziegelwände, die Stahlnieten und glänzenden Braukessel aus Kupfer erinnern an Brauereipubs der amerikanischen Westküste. Die Brauerei stellt 50 Fässer pro Woche her, einige davon mit dem köstlichen Hausbier Mi Daza; die Speisekarte hat außer Pizza nichts zu bieten.

CORK FÜR SCHWULE & LESBEN

Chambers Bar (☎ 086 703 7018; www.facebook.com/ChambersCork; Washington St; ⏲ Mi & Do 8.30–2, Fr & Sa bis 2.30, So 19–2 Uhr) In Corks größter und vollster Schwulenbar legen bis 2 Uhr morgens DJs auf. Zudem gibt's Themennächte und hervorragende Cocktails.

Cork Pride (www.corkpride.com; ⏲ Juli–Aug.) Einwöchiges Festival mit Veranstaltungen in der ganzen Stadt.

Emerson House (☎ 086 834 0891; www.emersonhousecork.com; 2 Clarence Tce, Summer Hill North; EZ/DZ ab 70/90 €; P 📶) Schwul-lesbisches B&B in einem eleganten georgianischen Haus. Gastgeber Cyril ist ein Quell an Informationen.

L.InC (☎ 021-480 8600; www.linc.ie; 11a White St; ⏲ Di & Mi 11–15, Do bis 20 Uhr) Infozentrum für Lesben und bisexuelle Frauen.

Bierhaus PUB

(☎ 021-455 1648; www.facebook.com/bierhauscork; Pope's Quay; ⏲ Mo–Do 15–23.30, Fr 15–0.30, Sa 13–0.30, So 13–23 Uhr; 📶) In dieser geselligen Bar liegt mit die beste Bierauswahl Irlands auf Lager; es gibt über 200 – lokale und internationale – Sorten. Serviert wird meist in Flaschen, es gibt aber auch sechs Sorten Fassbier.

An Spailpín Fánac PUB

(☎ 021-427 7949; www.facebook.com/anspailpinfanac; 29 South Main St; ⏲ Mo–Do 17–23.30, Fr 12.30–0.30, Sa 15–0.30, So 17–23 Uhr; 👪) Der „Wanderarbeiter" hat eine altmodische Atmosphäre mit freiliegendem Ziegelwerk, gepflasterten Steinböden, gemütlichen Sitznischen und offenen Kaminen. An vielen Abenden finden traditionelle Musiksessions statt.

Suas Rooftop Bar COCKTAILBAR

(☎ 021-427 8972; www.suasbar.com; 4-5 South Main St; ⏲ Mo–Do 17–23.30, Fr & Sa 15–0.30, So 16–23 Uhr) Man könnte locker durch die South Main Street spazieren, ohne zu ahnen, dass sich diese elegante Bar mit beheizter Dachterrasse direkt darüber befindet. Alle klassischen Cocktails sind im Angebot. Freitag- und samstagabends sorgen DJs auf der Terrasse für Stimmung.

ABSTECHER

AUF DEN HUND GEKOMMEN

Wer von den Pubs, Konzerten und Theatern genug hat, könnte eines der Windhundrennen besuchen, die sich bei irischen Familien großer Beliebtheit erfreuen. Einer der besten Orte dafür ist der **Curraheen Greyhound Park** (1890 269 969; www.igb.ie/CurraheenPark; Curraheen Rd; Erw./Kind 10/5 €; Einlass Do–Sa ab 18.30 Uhr;). Die Rennbahn zählt zu den besten des Landes. Pro Abend finden zehn Rennen statt; ein Restaurant, eine Bar und Livemusik sorgen zwischendurch für Unterhaltung. Curraheen liegt 5,5 km südwestlich des Zentrums; Busse fahren ab dem Busbahnhof in Cork.

Unterhaltung

Cork hat kulturell jede Menge zu bieten. Was das aktuell ist, kann man im kostenlosen Monatsheft *WhazOn?* (www.whazon.com) nachlesen. Es liegt in der Touristeninformation, an Zeitungskiosken, in Läden, Hostels und B&Bs aus.

Bei Musikevents hat man die Qual der Wahl. Neben Pubs, die mit Livemusik aufwarten, und Theatern gibt's auch andere Locations, die vor allem für ihre Liveevents bekannt sind. Eine komplette Liste der Livemusik-Veranstaltungen findet man im *WhazOn?* (www.whazon.com), bei PLUGD Records (S. 237) und im Veranstaltungskalender unter www.peoplesrepublicofcork.com.

★ Cork Opera House OPER

(021-427 0022; www.corkoperahouse.ie; Emmet Pl; Tickets 20–50 €; Ticketschalter Mo–Sa 10–17.30, vor der Aufführung Mo–Sa bis 19 Uhr & So 18–19 Uhr) Das in den 1990er-Jahren modernisierte renommierte Haus sorgt seit über 150 Jahren für Unterhaltung in Cork. Auf dem Programm stehen Ballett, Stand-up-Comedy, Popkonzerte und Marionettentheater. An der Rückseite des Gebäudes präsentiert das **Half Moon Theatre** (Tickets 5–15 €) modernes Theater, Tanz, Kunst und gelegentlich Clubnächte.

★ Triskel Arts Centre KUNSTZENTRUM

(021-472 2022; www.triskelart.com; Tobin St; Tickets 6–10 €; Kasse Mo–Sa 10–17 Uhr;) Das kleine, aber fantastische Kulturzentrum ist zum Teil in einer renovierten Kirche untergebracht. Es wartet mit einem umfangreichen Programm auf, egal ob man Konzerte, Installationskunst, Fotografie oder Theater bevorzugt. Es gibt auch ein Kino (ab 18.30 Uhr) und ein großartiges Café.

Everyman Theatre THEATER

(021-450 1673; www.everymancork.com; 15 MacCurtain St; Tickets 20–30 €; Kasse Mo–Sa 12–17, vor der Aufführung Mo–Sa bis 19 Uhr, So vor der Aufführung 16–19 Uhr) Bekannte Musical- und Theaterproduktionen. Manchmal treten auch Rockbands oder Comedians auf. Ein toller Veranstaltungsort für Konzerte, die etwas respektvolles Schweigen erfordern.

Fred Zeppelins LIVEMUSIK

(086 260 7876; 8 Parliament St; Mo–Do 16–23.30, Fr & Sa bis 0.30, So bis 23 Uhr) Dunkle, höhlenartigen Kneipe mit krasser Atmosphäre. Beliebt ist sie bei Gruftis, Rockern und allen, die nicht gern ohne ein Paket Rizlas (Filterpapier zum Zigarettendrehen) aus dem Haus gehen. Die Bar ist seit 20 Jahren für ihre Livekonzerte (viele Tribute-Bands), DJs (am Wochenende) und Open-Mic-Sessions bekannt.

Crane Lane Theatre LIVEMUSIK

(021-427 8487; www.cranelanetheatre.ie; Phoenix St; Tickets kostenlos–5 €; Mo–Fr 14–2, Sa & So 12–2 Uhr) Der stimmungsvolle Veranstaltungsort ist halb Pub, halb Vintage-Ballsaal im Stil der 1920er- bis 1940er-Jahre. Der Biergarten im Hof ist eine Oase im Stadtzentrum. Das Crane Lane bietet eine breite Auswahl an Livekonzerten und DJ-Nächten; der Eintritt ist oft kostenfrei.

Cyprus Avenue LIVEMUSIK

(021-427 6165; www.cyprusavenue.ie; Caroline St; Tickets 6–20 €; 19.30 Uhr–open end) In diesem mittelgroßen Saal kann man Konzerte von Sängern, Songwritern und lokalen Bands auf dem Weg nach oben (sowie einst berühmten Bands auf dem Weg nach unten) erleben.

Firkin Crane TANZ

(021-450 7487; www.firkincrane.ie; O'Connell Sq, Shandon; Tickets kostenlos–20 €) Eines der besten Zentren für zeitgenössischen Tanz in Irland.

Shoppen

Die St. Patrick's Street gilt als das Herz des Einzelhandels, denn hier stößt man auf die größten Kaufhäuser und Einkaufspassagen der Stadt. Eine weitere bedeutende Shoppingmeile befindet sich in der Fußgängerzone (Oliver Plunkett Street). Dort und in den engen Nebengassen entdeckt man viele interessante kleine Läden.

Time Traveller's Bookshop BÜCHER
(☎ 087 290 3613; www.timetraveller.ie; Wandesford Quay; ⏲ Mo–Fr 11–18, Sa 10–16 Uhr) Das faszinierende Antiquariat spezialisiert sich auf seltene und ungewöhnliche Bücher, Erstauflagen und signierte Exemplare.

PLUGD Records MUSIK
(☎ 021-472 6300; www.plugdrecords.com; Triskel Arts Centre, Tobin St; ⏲ Mo–Sa 12–19 Uhr; 📶) Hat Musik aller Genres im Angebot (Vinyl und CDs) und ist der richtige Ort, um sich über die stetig im Umbruch begriffene Clubszene zu informieren.

20 20 Gallery KUNST
(☎ 021-439 1458; www.2020artgallery.com; Griffith House, North Mall; ⏲ Di–Sa 12–17 Uhr) Kommerzielle Kunstgalerie, die Gemälde, Keramik und Fotodrucke von zahlreichen irischen Künstlern verkauft.

Pro Musica MUSIK
(☎ 021-427 1659; www.promusica.ie; 20 Oliver Plunkett St; ⏲ Mo–Sa 9–18 Uhr) Ein Szenetreff der Musiker aus Cork. Der Laden bietet jede Menge Instrumente, von E-Gitarren bis Klarinetten, Aufnahmetechnik und Noten. Ein schwarzes Brett ist ebenfalls vorhanden.

ℹ Praktische Informationen

Auf den Hauptstraßen und öffentlichen Plätzen im Stadtzentrum sowie in den Busbahnhöfen und Bahnhöfen gibt's kostenloses WLAN.

Webworkhouse.com (☎ 021-427 3090; www.webworkhouse.com; 8a Winthrop St; 1,50–3 € pro Std.; ⏲ 24 Std.) Internetcafé; bietet auch preiswerte internationale Telefongespräche.

Cork City Tourist Office (☎ 021-425 5100; www.discoverireland.ie/corkcity; Grand Pde; hganzjährig Mo–Sa 9–17 Uhr, Juli & Aug. auch So 10–17 Uhr) Souvenirladen und Infoschalter. Verkauft maßstabsgetreue Karten.

People's Republic of Cork (www.peoplesrepublicofcork.com) Die unabhängige Indie-Website trägt den beliebten Spitznamen der liberal gesinnten Stadt und bietet hervorragende Infos.

Hauptpost (☎ 021-485 1042; Oliver Plunkett St; ⏲ Mo–Sa 9–17.30 Uhr)

Mercy University Hospital (☎ 021-427 1971; www.muh.ie; Grenville Pl) Notfallversorgung rund um die Uhr.

ℹ An- & Weiterreise

BUS

Bus Éireann (☎ 021-455 7178; www.buseireann.ie) fährt vom **Busbahnhof** (Ecke Merchant's Quay & Parnell Pl) ab. Die Busse von **Aircoach** (☎ 01-844 7118; www.aircoach.ie) und **Citylink** (☎ 091-564 164; www.citylink.ie; 📶) starten am **St. Patrick's Quay** auf der anderen Flussseite. **GoBus** (☎ 091-564 600; www.gobus.ie; 📶) nutzt eine Bushaltestelle um die Ecke des Parnell Place.

FLUGZEUG

Der **Flughafen Cork** (☎ 021-431 3131; www.corkairport.com) liegt 8 km südlich der Stadt an der N27. Er verfügt über Geldautomaten und Schalter von allen großen Autovermietungen. Er wird von den Fluggesellschaften Aer Lingus, Ryanair und Jet2.com bedient. Es gibt Flüge nach Edinburgh, Cardiff, London (Heathrow, Gatwick und Stansted), Paris und in andere Städte in Großbritannien und Europa.

BUSFAHRPLAN

ZIEL	BUSUNTERNEHMEN	FAHRPREIS (€)	DAUER (STD.)	ABFAHRTEN
Dublin	Bus Éireann	16	3¾	6-mal tägl.
Dublin	Aircoach	16	3	stündl.
Dublin	GoBus	14	3	6–9-mal tägl.
Dublin Airport	Aircoach	20	3½	stündl.
Dublin Airport	GoBus	20	3¼	6–9-mal tägl.
Galway	Citylink	22	3	5-mal tägl.
Kilkenny	Bus Éireann	22	3	2-mal tägl.
Killarney	Bus Éireann	28	2	stündl.
Limerick	Citylink	18	1½	5-mal tägl.
Waterford	Bus Éireann	24	2¼	stündl.

Bus 226A von **Bus Éireann** (S. 237) pendelt zwischen 6 und 22 Uhr halbstündlich zwischen Bahnhof, Busbahnhof und Flughafen (5,60 €, 30 Min.). Ein Taxi in die Stadt (oder zum Flughafen) kostet 22 bis 26 €.

SCHIFF/FÄHRE

Brittany Ferries (☎ 021-427 7801; www.brittanyferries.ie; 42 Grand Pde) setzt zwischen Ende März und Oktober wöchentlich nach Roscoff in Frankreich über. Die Fahrt dauert 14 Stunden, die Preise variieren stark. Das Fährterminal ist in Ringaskiddy, etwa 15 Autominuten südöstlich vom Stadtzentrum an der N28. Ein Taxi dorthin kostet zwischen 30 und 38 €. Bus Éireann betreibt einen Bus (8 €, 40 Min.) von der South Mall im Zentrum von Cork. Die Fahrzeiten sind auf die Fähre abgestimmt; die genauen Zeiten stehen auf der Website.

ZUG

Kent Train Station (☎ 021-450 6766) befindet sich nördlich des Lee in der Lower Glanmire Road, zehn bis 15 Minuten Fußweg vom Zentrum entfernt. Bus 205 fährt ins Zentrum (2 €, 5 Min., alle 15 Min.).

Die Züge steuern Mallow an, wo man in die Tralee-Linie umsteigen kann, und verkehren durch Limerick Junction, mit Anschluss nach Ennis (und Galway), von wo es nach Dublin weitergeht.

Dublin (66 €, 2¼ Std., 8-mal tägl.)
Galway (63 €, 4–6 Std., 7-mal tägl., 2–3-mal umsteigen)
Killarney (28 €, 1½–2 Std., 9-mal tägl.)
Waterford (32 €, 3–5 Std., 5-mal tägl., 1–2-mal umsteigen)

ℹ Unterwegs vor Ort

AUTO

Wer am Straßenrand parken will, braucht dafür eine bestimmte Parkscheibe (2 € pro Std., gültig Mo–Sa 8.30–18.30 Uhr), die man im Zentrum in vielen Geschäften bekommt. Vorsicht: Politessen erledigen ihre Arbeit vorbildlich. Rund um das Zentrum gibt's mehrere ausgeschilderte Parkhäuser (ca. 2 € pro Stunde bzw. 12 € über Nacht).

Das Parkproblem im Zentrum lässt sich umgehen, wenn man den **Black Ash Park & Ride**-Parkplatz an der South City Link Road auf dem Weg zum Flughafen nutzt. Der Parkplatz kostet 5 € pro Tag. Busse ins Zentrum fahren mindestens alle 15 Minuten (Fahrtdauer 10 Min.).

BUS

Vom Stadtzentrum erreicht man fast alle Sehenswürdigkeiten leicht zu Fuß. Ein einfaches Busticket kostet 2,05 €, eine Tageskarte 5 €. Alle Tickets können im Bus gekauft werden.

FAHRRAD

Cycle Scene (☎ 021-430 1183; www.cyclescene.ie; 396 Blarney St; ab 15/80 € pro Tag/Woche) verleiht Fahrräder und Zubehör sowie hochwertige Rennräder (45 € pro Tag).

RUND UM CORK (STADT)

Blarney Castle

Wer wissen will, wie viel Macht Seemannsgarn haben kann, sollte sich in die Schlange vor dem **Blarney Castle** (☎ 021-438 5252; www.blarneycastle.ie; Erw./Kind 15/6 €; ⏲ Juni–Aug. Mo–Sa 9–19, So bis 18 Uhr, Sept.–Mai kürzere Öffnungszeiten; P) aus dem 15. Jh. einreihen. Es gehört zu den beliebtesten Touristenzielen Irlands und die Menschen strömen hierher, um den berühmten **Blarney Stone** zu küssen. Angeblich verleiht der Kuss eine unschlagbare Rhetorik, eine Legende, die in jedem Nachschlagewerk und Reiseführer erwähnt wird. Blarney liegt 8 km nordwestlich von Cork. Vom dortigen Busbahnhof fahren stündlich Busse (7,80 € hin & zurück, 20 Min.).

Der Blarney Stone befindet sich ganz oben auf der Burg und kann nur über steile, klaustrophobisch enge Wendeltreppen erreicht werden. Um ihn mit den Lippen zu berühren, muss man sich auf den Zinnen rückwärts über einen tiefen Abgrund lehnen – ein Sicherheitsgitter und ein Wächter passen auf, dass keine Unfälle passieren. Während einem das Hemd hochrutscht, starren einem Busladungen von Schaulustigen direkt in die Nasenlöcher. Vor dem Abstieg – wenn man sich wieder in der Aufrechten befindet – sollte man nicht vergessen, den herrlichen Blick zu genießen.

Am besten denkt man nicht darüber nach, was Einheimische über all die anderen Flüssigkeiten *außer* Speichel erzählen, die den Stein befeuchten. Noch besser: Man küsst ihn nicht.

Auch wenn dieser Brauch noch relativ jung ist, wird Blarney Castle schon sehr lange mit der Kunst der Wortgewandtheit in Verbindung gebracht. Die Phrase *„to talk blarney"* soll Queen Elisabeth I. in einem Wutanfall über Lord Blarney erfunden haben. Der redete nämlich ohne Punkt und Komma, ohne je auf ihre Forderungen einzugehen.

Auch abgesehen von seinem berühmten Stein ist Blarney Castle ein beeindrucken-

NICHT VERSÄUMEN

SPIKE ISLAND

Die flache grüne Insel (☎ 085 851 8818; www.spikeislandcork.com; Cork Harbour; Erw./Kind inkl. Fähre 18/10 €; ⊙ Juni–Aug. 11–17.30 Uhr, Mai 12–16.30 Uhr, April & Sept. nur Sa & So 12–16.30 Uhr, Okt. nur So 12–16.30 Uhr) im Hafengebiet von Cork mit ihrer Artillerie-Festung aus dem 18. Jh. war früher ein wichtiger Teil der Hafen-Verteidigungsanlagen. In der zweiten Hälfte des 19. Jhs., während des Irischen Unabhängigkeitskriegs und von 1984 bis 2004 diente das Fort als Gefängnis und Internierungszentrum, daher der Spitzname „Alcatraz von Irland". Heute kann man einen Rundgang durch die früheren Gefängnisgebäude machen und anschließend die Insel auf eigene Faust erkunden; die Fähre legt vom Kennedy Pier in Cobh ab.

Der geführte Rundgang führt zum modernen Gefängnis, zum alten Strafblock, zum Patronenladen (der einst als Kindergefängnis genutzt wurde) und zur Bastion Nr. 2 mit ihrer massiven 6-Inch-Kanone. Weitere Highlights sind der **Waffenpark** mit einer guten Präsentation von Waffen aus dem 20. Jh., die **Mitchell Hall** mit einer Ausstellung über die *Aud*, ein deutsches Waffentransportschiff aus dem 1. Weltkrieg, das vorm Hafen von Cork sank, und der **Glacis Walk**, ein 1,5 km langer Wanderweg, der um die Mauern der Festung führt und schöne Ausblicke auf die Stadt Cobh und den Hafen bietet. Um die Insel ausgiebig zu erkunden, braucht man etwa vier Stunden.

der Turm aus dem 16. Jh. auf wunderschönem Gelände. Abseits der Besuchermassen lohnt ein Spaziergang durch den **Fern Garden** und das **Arboretum**. Giftige Pflanzen beherbergt der **Poison Garden**, wo man sich an Harry Potter erinnert fühlt. Alternativ kann man die zerklüftete Landschaft des **Rock Close** erkunden.

Fota Island

Fota Island liegt im Hafen von Cork. Die Insel ist durch kurze Brücken mit dem Festland und mit Great Island, 10 km östlich von Cork an der Straße nach Cobh, verbunden. Einst war sie im Privatbesitz der Familie Smith-Barry, heute beherbergt sie Gärten, Golfplätze und den einzigen Wildpark Irlands.

Der Zug von Cork nach Fota (4,10 €, 13 Min., stündl.) fährt weiter nach Cobh.

Fota Wildlife Park ZOO

(☎ 021-481 2678; www.fotawildlife.ie; Carrigtwohill, Fota Island; Erw./Kind 16/10,50 €; Parkplatz 3 €; ⊙ Mo–Sa 10–18, So 10.30–18 Uhr; P ♿) Kängurus, Geparden, Affen und Gibbons bevölkern einen riesigen Zoo auf der bewaldeten Insel, wo die Tiere ohne einen Käfig oder Zaun umherstreifen. Während der Hochsaison dreht eine Bimmelbahn (auf Rädern, nicht auf Schienen) alle 15 Minuten eine Runde durch den Park (einfach/hin & zurück 1/2 €). Einen viel besseren Eindruck bekommt man allerdings, wenn man den 2 km langen Rundweg zu Fuß unternimmt. Der letzte Einlass ist 1½ Stunden vor Schließung.

Fota House Arboretum & Gardens HAUS

(☎ 021-481 5543; www.fotahouse.com; Carrigtwohill, Fota-Island; Hausführung Erw./Kind 8/3 €, Haus & Gärten 11/4 €; ⊙ April–Sept. 10–17 Uhr; P) Bei Führungen durch das Fota House im Regency-Stil beeindrucken die original erhaltene Küche und die hübschen Stuckdecken. Wahre Highlights sind aber das 150 Jahre alte Arboretum und die Parkanlage. Zwischen geriffelten Kalksteinblöcken steht ein viktorianisches Farnhaus, es gibt einen Magnolienweg, einen ummauerten Garten und zahlreiche schöne Bäume, wie etwa die riesige Japanische Zeder, die den Lilienteich überragt.

Fota Island Resort GOLF

(☎ 021-488 3700; www.fotaisland.ie; Fota-Island; Golfplatzgebühr 80–100 €) Drei Meisterschaftsgolfplätze verteilen sich auf dem 316 ha großen Gelände des Fota Island Resort – Deerpark, Belvelly und Barryscourt – rund um eines der bekanntesten Golfhotels des Landes. Dreimal, zuletzt 2014, war das Resort Schauplatz des Irish Open. Besucher sind willkommen; wer golfen möchte, sollte reservieren. Das schöne alte steinerne Clubhaus in einem umgebauten Bauernhaus mit Blick auf den See ist ein stimmungsvoller Ort für einen Drink nach dem Golfen.

Cobh

12 800 EW.

Cobh (ausgesprochen *kohf* ist eine charmante Stadt an einer glitzernden Flussmündung, mit vielen leuchtend bunten Häusern und einer prächtigen Kathedrale. Für die Einwohner des Countys ist es ein beliebter Erholungsort, der auch von zahlreichen Kreuzfahrtschiffen (etwa 75 laufen jährlich den Hafen an) angesteuert wird – nach dem australischen Sydney Harbour hat das Städtchen nämlich den zweitgrößten Naturhafen der Welt.

Kaum noch etwas erinnert an die entsetzlichen Jahre der Hungersnot, als über 70 000 Iren das Land über den Hafen verließen, um so dem Tod zu entgehen. Von 1848 bis 1950 verließen von hier aus über 2,5 Mio. Emigranten das Land. Cobh war auch der letzte Hafen, den die *Titanic* anlief; ein Museum erinnert auf ergreifende Weise an den Ausgangspunkt der tödlichen Reise.

Die Stadt liegt auf der Südseite von Great Island. Vom Ufer aus sieht man Haulbowline Island, einst die Basis des irischen Seedienstes, und die grüne Spike Island (S. 239), auf der einst ein Gefängnis stand und die heute eine Touristenattraktion ist.

Geschichte

Viele Jahre lang war Cobh der Hafen von Cork und spielte eine wichtige Rolle für Überfahrten über den Atlantik. 1838 stach die *Sirius* von hier aus in See, um als erstes Dampfschiff den Atlantik zu überqueren. Zudem legte hier die *Titanic* ein letztes Mal an, bevor sie 1912 ihre desaströse Reise antrat. Als die *Lusitania* 1915 vor der Küste von Kinsale torpediert wurde, brachte man viele der Überlebenden nach Cobh und begrub dort die Toten. Überdies war der Ort für Zehntausende Auswanderer während der Hungersnot das Letzte, was sie von Irland sahen.

Nachdem Queen Victoria das Städtchen besucht hatte, wurde Cobh 1849 in Queenstown umbenannt. Diesen Namen behielt es bis zur Unabhängigkeit Irlands 1921, dann führte der Stadtrat wieder das Original ein.

1720 wurde in Cobh der erste Jachtclub der Welt, der Royal Cork Yacht Club, gegründet. Gegenwärtig wird er von Crosshaven auf der anderen Seite des Cork Harbour aus betrieben. Der schöne Old Yacht Club im italienischen Stil beherbergt heute ein Kunstzentrum.

Sehenswertes & Aktivitäten

Cobh, The Queenstown Story MUSEUM

(☎ 021-481 3591; www.cobhheritage.com; Lower Rd; Erw./Kind 9,50/5 €; ⌚ Mai–Okt. 9.30–18 Uhr, Nov.–April bis 17 Uhr) Der Sturm fegt einen beinah um, es gibt ein wenig künstliches Erbrochenes an Deck und die Leute auf den Bildern sehen alle ziemlich erbärmlich aus – so weit die Eindrücke aus nur einem Raum des Cobh Heritage Centre. Das interaktive Museum im ehemaligen Bahnhof (neben dem heutigen Bahnhof) ist überdurchschnittlich gut. Es erinnert an die irische Emigration über den Atlantik zur Zeit der Großen Hungersnot.

Schockierende Berichte schildern das Schicksal von Häftlingen, die auf Schiffen nach Australien deportiert wurden, auf denen es „so wenig Luft gab, dass keine Kerze brannte". Dagegen wecken die Szenen von eleganten Seereisen in den 1950er-Jahren nostalgische Sehnsüchte, die Welt zu bereisen. Zum Museum gehören ein Ahnenforschungszentrum und ein Café. Der letzte Einlass ist eine Stunde vor Schließung.

Titanic Experience Cobh MUSEUM

(☎ 021-481 4412; www.titanicexperiencecobh.ie; 20 Casement Sq; Erw./Kind 9,50/6,50 €; ⌚ April–Sept. 9–18 Uhr, Okt.–März 10–17.30 Uhr; 👪) Die Originalbüros der White Star Line, von denen aus 123 Passagiere an Bord der RMS Titanic gingen (und sich eine glückliche Seele absetzte), beherbergen heute eine eindringliche Ausstellung zur schicksalhaften *letzten Reise des Ozeanriesen*. Man kann sie nur im Rahmen einer Tour besuchen, die teilweise von einem Führer begleitet wird und teilweise interaktiv ist. Für die Exponate, die audiovisuellen Präsentationen und die Hologramme sollte man mindestens eine Stunde einplanen. Die technischen Spielereien sind beeindruckend, doch am berührendsten ist es, an der Stelle zu stehen, von wo aus die Passagiere zu dem vor der Küste liegenden Schiff übergesetzt wurden, um niemals zurückzukehren.

Michael Martin's Walking Tours STADTSPAZIERGANG

(☎ 021-481 5211; www.titanic.ie; geführte Touren ab 9,50 €) Der geführte Spaziergang **Titanic Trail** von Michael Martin dauert 1¼ Stunden. Er beginnt um 11 und um 14 Uhr am **Commodore Hotel** (☎ 021-481 1277; www.commodorehotel.ie; 4 Westbourne Pl; EZ/DZ ab 63/100 €; 📶 🏊) und endet mit einer Gratiskostprobe Stout. Darüber hinaus bietet

BELVELLY SMOKEHOUSE

Ein Aufenthalt in Cork ist erst dann vollkommen, wenn man einen Spezialitätenhersteller besucht hat. Besitzer Frank Hedermann macht gerne eine Führung in Irlands ältester und mittlerweile einziger natürlicher Räucherkammer, **Belvelly Smokehouse** (021-481 1089; www.frankhederman.com; Belvelly; für Einzelreisende kostenlos, für Gruppen gegen Gebühr; nach Voranmeldung Mo–Fr 10–17 Uhr). Einen Besuch sollte man telefonisch arrangieren. Die Räucherkammer liegt 19 km östlich von Cork an der R624 Richtung Cobh.

Alternativ kann man auch bei Franks Ständen auf den Bauernmärkten in **Cobh** (S. 241) oder **Midleton** (S. 243) vorbeischauen. Seine Produkte gibt's auch auf dem **English Market** (S. 233) in Cork zu kaufen.

Neben Meeresfrüchten, Käse und sogar Butter wird hier vor allem Fisch, insbesondere Lachs, geräuchert. Bei dem traditionellen Verfahren, das 24 Stunden dauert, filetiert und pökelt man den Fisch, ehe er in der winzigen Kammer über Buchenholzscheiten zum Räuchern aufgehängt wird. Das Ergebnis ist köstlich.

Martin auch einen unheimlichen **Geisterspaziergang** (nach Voranmeldung).

St. Colman's Cathedral KATHEDRALE
(021-481 3222; www.cobhcathedralparish.ie; Cathedral Pl; Eintritt gegen Spende; Mai–Okt. 8–18 Uhr, Nov.–April 8–17 Uhr) Auf einer Hangterrasse über Cobh thront dramatisch die wuchtige St. Colman's Cathedral im Stil der französischen Gotik. Sie wirkt in der Stadt völlig überdimensioniert. Ungewöhnlich ist das **Glockenspiel** mit 47 Glocken. Mit einem Tonumfang von vier Oktaven ist es das größte in Irland. Die größte Glocke wiegt unglaubliche 3,4 t – etwa so viel wie ein ausgewachsener Elefant! Von Mai bis September hört man sonntags um 16.30 Uhr ein Glockenkonzert.

Das Bauwerk wurde von E. W. Pugin entworfen und 1868 begonnen, jedoch erst 1915 vollendet. Ein Großteil der Spendengelder stammt von heimatverbundenen irischen Gemeinden in Australien und den USA.

Cobh Museum MUSEUM
(021-481 4240; www.cobhmuseum.com; High Rd; Erw./Kind 4/2 €; April–Okt. Mo–Sa 11–13 & 14–17.30, So 14.30–17 Uhr) (Schiffsmodelle, Gemälde, Fotos und kuriose Ausstellungsstücke, die Besuchern Cobhs Geschichte näherbringen, füllen dieses kleine, aber interessante Museum. Es befindet sich unweit des Bahnhofs in einer schottischen Presbyterianerkirche aus dem 19. Jh.

Schlafen & Essen

★ **Gilbert's** PENSION €€
(021-481 1300; www.gilbertsincobh.com; 11 Pearse Sq; EZ/DZ/Penthouse 89/100/180 €;) Die vier Zimmer der Boutique-Pension im Zentrum von Cobh sind frisch und modern mit handgefertigten Möbeln, Decken aus reiner Wolle und Regenduschen eingerichtet. Das Frühstück ist nicht im Preis enthalten, doch die Penthouse-Suite hat eine Miniküche. **Gilbert's Bistro**, eins der besten Restaurants von Cobh, liegt direkt unter der Pension.

Knockeven House B&B €€
(021-481 1778; www.knockevenhouse.com; Rushbrooke; DZ/FZ ab 120/140 €; P) Ein herrliches viktorianisches Hotel 1,5 km westlich von Cobhs Zentrum. Die riesigen Zimmer sind mit antiken Möbeln ausgestattet und blicken auf einen traumhaften Garten voller Magnolien und Kamelien. Fantastisch ist auch das Frühstück mit selbst gebackenem Brot und frischem Obst; es wird in einem üppig dekorierten Speisezimmer serviert. Die Einrichtung erinnert an eine historische Kreuzfahrtschiffkabine erster Klasse.

Titanic Bar & Grill IRISCH €€
(021-481 4585; www.titanicbarandgrill.ie; 20 Casement Sq; Hauptgerichte 14–25 €; Mo–Sa 12–17 & 18.30–20.30, So 12–23 Uhr;) Auf der Rückseite der Titanic Experience (S. 240) liegt dieses großartige Lokal. Die riesige Terrasse mit Blick auf den Hafen eignet sich perfekt für ein Bierchen. Doch auch die Speisekarte wird dem stilvollen Ambiente mit viel Holz gerecht und bietet noble Varianten von Pub-Klassikern wie Fish'n'Chips, Würstchen mit Kartoffelbrei und Steak mit Pfeffersoße.

Bauernmarkt MARKT
(086 199 7643; www.facebook.com/cobhfarmers; The Promenade; Fr 10–14 Uhr) Am Meer.

Praktische Informationen

Die **Touristeninformation** (☎ 021-481 3301; www.visitcobh.com; Market House, Casement Sq; ⏰ Mo–Fr 9–17 Uhr) befindet sich im Gebäude mit dem Türbogen gegenüber der Titanic Experience.

An- & Weiterreise

Auto Cobh liegt 23 km südöstlich von Cork an der N25 Richtung Rosslare; Great Island ist durch eine Dammstraße mit dem Festland verbunden.

Bus Zwischen Cork und Cobh gibt's keine Busverbindungen.

Schiff/Fähre Auf der **Passage West Ferry** (S. 248) beträgt die Strecke zwischen Cobh und Cork nur 18 km.

Zug Züge fahren stündlich zwischen Cobh und Cork (6,15 €, 25 Min.) und halten in Fota.

Midleton & Umgebung

12 496 EW.

Midleton ist besonders den Liebhabern von edlen irischen Whiskeys ein Begriff. Wer die quirlige Marktstadt besucht, sollte sich die Besichtigung der alten Jameson-Whiskey-Brennerei nicht entgehen lassen und unbedingt in einem der Restaurants speisen, die für ihr gutes Essen berühmt sind. Die hübschen Dörfer in der Umgebung und die zerklüftete Küstenlinie sind sehenswert. Die Nacht verbringt man am besten in einem der wunderbar ländlichen Hotels wie dem Ballymaloe House (S. 243).

Die **Touristeninformation** (☎ 021-461 3702; www.ringofcork.ie; Distillery Walk; ⏰ April–Sept. Mo–Fr 10–13 & 14–17 Uhr) befindet sich am Eingangstor zur Jameson Experience.

Sehenswertes

Jameson Experience — MUSEUM

(☎ 021-461 3594; www.jamesonwhiskey.com; Old Distillery Walk; Führungen Erw./Kind 18/9 €; ⏰ Laden 10–18 Uhr; 🅿) Ganze Busladungen von Touristen drängen in das restaurierte 200 Jahre alte Gebäude der Whiskey-Brennerei. Exponate und Führungen (zwischen 10 und 16 Uhr) veranschaulichen die Herstellung von Whiskey aus Gerste (heute wird Jameson in einer modernen Fabrik produziert). Außerdem gibt's einen gut ausgestatteten Souvenirladen und das **Malt House Restaurant** (⏰ 12–15 Uhr), das sonntags Livemusik bietet.

Schlafen

Es gibt ein paar gute Unterkünfte in der Stadt, aber die meisten Besucher übernachten in Cork (Stadt) oder steigen in einem der schönen Landhaushotels in der Umgebung ab.

An Stór Midleton Townhouse — B&B €

(☎ 021-463 3106; http://anstor.ie; Drury's Lane; EZ/DZ/FZ ab 50/65/100 €; 🅿 📶) An Stór ist eine Mischung aus Boutique-Hotel und Pension. Es liegt mitten im Stadtzentrum in einem früheren Wollgeschäft und bietet helle, frisch umdekorierte Zimmer zu wettbewerbsfähigen, günstigen Preisen. In den Familienzimmern stehen Doppelbetten sowie zwei oder vier Etagenbetten. Frühstück ist verfügbar, es gibt aber auch eine Küche für Selbstversorger.

Oatencake Lodge B&B — B&B €

(☎ 021-463 1232; www.oatencakelodge.com; Cork Rd; EZ/DZ ab 40/70 €; 🅿 📶) Diese Villa in einem Vorort bietet Unterkünfte mit großartigem Preis-Leistungs-Verhältnis in schicken, sauberen Zimmern, die mit IKEA-Möbeln ausgestattet sind. Die herzlichen Besitzer sind sehr gastfreundlich und halten jede Menge Tipps zur Region bereit. Man läuft zehn Minuten bis ins Stadtzentrum von Midleton, und direkt vor der Tür befindet sich eine Bushaltestelle, an der Busse nach Cork (Stadt) abfahren.

Essen

Midleton war ein Vorreiter der „Eat Local"-Gourmetszene, die in den letzten Jahrzehnten des 20. Jh. entstand und von Myrtle Allen vom nahegelegenen Ballymaloe House (S. 243) angeführt wurde. Vertreter dieser Bewegung waren das Farmgate Restaurant (S. 243) – der Vorläufer des berühmten Farmgate Cafés auf dem English Market von Cork (Stadt) – sowie einer der ältesten Bauernmärkte Irlands (S. 241). Heute ist das Farmgate immer noch sehr erfolgreich, aber es gibt auch einige Restaurants, die ihm Konkurrenz machen.

Greenroom — CAFÉ €

(☎ 021-463 9682; http://sagerestaurant.ie; 8 Main St; Hauptgerichte 8–14 €, Steaks 20 €; ⏰ Di–Do 9–21, Fr & Sa bis 22, So 11–19 Uhr; 📶) 🌿 Versteckt hinter dem Sage Restaurant ist dieses Café einer der gesellschaftlichen Treffpunkte der Stadt. Es serviert beliebte Frühstücksgerichte (z. B. hervorragende pochierte Eier auf Sauerteigbrot) und hat

ABSTECHER

DAS HERZ DER GOURMETSZENE: BALLYMALOE

Wer vor dem Eingang des glyzinienumrankten **Ballymaloe House** (021-465 2531; www.ballymaloe.ie; Shanagarry; Zi. ab 250 €; P) steht, dem wird klar, dass es sich um einen ganz besonderen Ort handeln muss. Die Familie Allen kaufte die Anlage 1948 und führt das herausragende Hotel und Restaurant in ihrem alten Familiendomizil nun schon seit Jahrzehnten. Die Zimmer sind unterschiedlich geschnitten und mit exquisiten Antikmöbeln ausgestattet. In der schönen Anlage befinden sich u. a. ein Tennisplatz, ein Swimmingpool, ein Laden und ein Café. Das Haus liegt 12 km südöstlich von Midleton nahe der R629.

Myrtle Allen ist eine lebende Legende und genießt internationalen Ruhm für ihre fast im Alleingang kreierte gehobene irische Küche. Die Speisekarte im gefeierten **Restaurant** (3-Gänge-Mittagsmenü 40 €, Fünf-Gänge-Abendmenü 75 €, 13–14 & 19–21.30 Uhr) des Ballymaloe House wechselt täglich, je nachdem, welche Zutaten von den Bauernhöfen Ballymaloes oder aus anderen lokalen Quellen gerade zur Verfügung stehen. Das Hotel veranstaltet auch Wein- und Gärtnerwochenenden.

Myrtles Schwiegertochter und Fernsehstar Darina Allen führt die bekannte **Ballymaloe Cookery School** (021-464 6785; www.ballymaloecookeryschool.com; Shanagarry). Darinas eigene Schwiegertochter, Rachel Allen, ist ebenfalls eine namhafte Fernsehköchin und Autorin und unterrichtet regelmäßig an der Kochschule. Vorführungen kosten 75 €. Die Unterrichtsangebote reichen von halbtägigen Klassen (95–135 €) bis zu zwölfwöchigen Kursen mit Zertifikat (11 595 €) und sind oft Wochen im Voraus ausgebucht. Die Schule befindet sich 3 km östlich von Ballymaloe House.

Kursteilnehmer können in hübschen Cottages auf dem 40 ha großen Grundstück übernachten.

eine gesellige Freiluftbar auf dem Hof, an der man etwas trinken und dazu Gourmetburger oder Fish'n'Chips genießen kann.

BiteSize BÄCKEREI €
(021-463 6456; www.bitesize.ie; 35 Main St; Snacks 2–5 €; Mo–Sa 8–18, Sa 9–18 Uhr) Die Kreativbäckerei auf der Hauptstraße ist der perfekte Ort, um den Tag zu beginnen: Man kann skandinavisches Plundergebäck (serviert mit einem üppigen Klacks Schlagsahne) und einen perfekt gebrauten Cappuccino genießen und in Ruhe die Zeitung lesen. Mittags gibt's Suppen, Sandwiches und herzhafte Tartes sowie unzählige Kuchensorten zum Mitnehmen.

★ **Farmgate Restaurant** IRISCH €€
(021-463 2771; www.farmgate.ie; Broderick St; Hauptgerichte mittags 11–18 €, abends 15–26 €; Di & Mi–Sa 9–17, Do–Sa 18.30–21.30 Uhr) Als „Schwester" des Farmgate Café (S. 233) in Cork bietet das Lokal eine hervorragende Mischung aus traditionellem und modernem irischem Essen. Der Feinkostladen (Di–Sa 9–18 Uhr) vorne verkauft lokale Erzeugnisse, darunter Gebäck, Bioobst und -gemüse, verschiedene Käsesorten und Eingemachtes. Wer sich durchgezwängt hat, landet im spärlich beleuchteten, mit Kunst dekorierten Caférestaurant im Bauernhausstil, in dem man genauso gut speist wie an jedem anderen Ort in Irland.

Sage IRISCH €€
(021-463 9682; www.sagerestaurant.ie; 8 Main St; Hauptgerichte 16–28 €; Di–Do 17.30–21, Fr bis 21.30 Uhr, Sa 12–15 & 17.30–21.30, So 12–15.30 & 16.30–20.30 Uhr) Das zu Recht beliebte Restaurant hat eine stilvolle, moderne Einrichtung mit Elementen aus poliertem Holz und Kupfer, die eine elegante Kulisse für ein entspanntes, luxuriöses Gourmeterlebnis schafft. Die scheinbar einfachen Gerichte wie in Salz gebackene Rote Bete mit kandierten Haferflocken und Äpfeln oder Rinderbäckchen mit Gerste, Petersilie und Räucherzwiebeln stellen sich als farbenprächtige Miniaturkunstwerke heraus. Unbedingt reservieren!

Shoppen

Midleton Farmers Market MARKT
(Main St; Sa 9–13 Uhr) Hinter dem großen Kreisverkehr am Nordende der Main Street findet sich einer der besten Bauernmärkte Corks: Hier werden jede Menge lokale Produkte angeboten und die Erzeuger halten gerne ein Schwätzchen.

An- & Weiterreise

Midleton liegt 20 km östlich von Cork. Der **Bahnhof** liegt 1,5 km (20 Min. zu Fuß) nördlich von **Jameson Experience** (S. 242). Von Cork gibt's regelmäßige Zugverbindungen (6,25 €, 25 Min., mindestens stündl.).

Busse fahren regelmäßig vom Busbahnhof Cork (8 €, 30 Min., alle 15–45 Min.). Um die Umgebung zu erkunden, benötigt man ein eigenes Fahrzeug.

Youghal

7963 EW.

Der alte ummauerte Seehafen Youghal (Eochaill; sprich: *johl)* an der Mündung des Blackwater River blickt auf eine spannende Geschichte zurück, auch wenn diese – vor allem beim Vorbeieilen auf der N25 – nicht gleich sichtbar ist. Selbst wenn man anhält, mag der Ort zuerst nur wie eine langweilige irische Marktstadt wirken. Nimmt man sich jedoch ein wenig Zeit, spürt man etwas von der Vergangenheit in dem einst ummauerten Städtchen und genießt die Aussicht auf die weite Mündung des Blackwater.

Im 16. Jh., während der Revolte gegen England, war Youghal ein heißes Pflaster; Oliver Cromwell überwinterte hier 1649, als er Hilfe für seinen Krieg in England zusammentrommelte und den Aufstand der lästigen Iren unterdrückte. Während der elisabethanischen Plantation of Munster wurde der Ort an Sir Walter Raleigh übergeben, der von 1588–89 Bürgermeister von Youghal war und sich hier gelegentlich in seinem Haus Myrtle Grove aufhielt.

Sehenswertes & Aktivitäten

Das **Youghal Heritage Centre** befindet sich im selben Gebäude wie die **Touristeninformation** (☎024-20170; www.youghal.ie; Market Sq; ⌚Juni–Aug. tägl. 9.30–17 Uhr, Sept.–Mai Mo–Fr 10–15 Uhr) und zeigt eine interessante Ausstellung zur Stadtgeschichte. Auf jeden Fall die Broschüre **Youghal Walking Trail** mitnehmen; sie weist den Weg zu zahlreichen historischen Sehenswürdigkeiten.

Youghal hat zwei **Strände** mit blauer Flagge – ideales Baugebiet für Sandburgen, die dem Glockenturm des Ortes gleichen. Claycastle (2 km) und Front Strand (1 km) nahe der N25 sind vom Ort aus zu Fuß erreichbar.

STADTSPAZIERGANG DURCH YOUGHAL

Am besten erschließt sich Youghals Geschichte anhand seiner Wahrzeichen. Von Süden her durch die Stadt kommt man zunächst zum kuriosen **Clock Gate** aus dem Jahr 1777, das als Stadttor, Glockenturm und Gefängnis diente; beim Osteraufstand 1798 wurden hier Gefangene hingerichtet, indem man sie aus den Fenstern hängte.

1706 wurde das wundervoll proportionierte **Red House** in der North Main Street vom holländischen Architekten Leuventhen erbaut. Das rote Ziegelgebäude lässt Details der niederländischen Renaissance erkennen. Gegenüber erhebt sich der Turm von **Tynte's Castle** (www.tyntescastle.com; North Main St; ⌚nicht öffentlich zugänglich) aus dem 15. Jh. Einst stand die Burg als Verteidigungsposten direkt am Fluss.

Ein paar Schritte weiter in der Seitenstraße zur Kirche liegen sechs **Armenhäuser,** die der Engländer Richard Boyle errichten ließ. Boyle kaufte Raleigh sämtliche Ländereien in Irland ab und wurde 1616 zum ersten Earl von Cork – in Anerkennung seiner Arbeit, eine „herausragende Kolonie" geschaffen zu haben.

Die 1220 erbaute **St. Mary's Collegiate Church** weist Elemente einer dänischen Kirche aus dem 11. Jh. auf. Der Earl von Desmond und seine Truppen zerstörten bei einem Aufstand gegen England im 16. Jh. das Dach über dem Altarraum.

Zwischen hohen Mauern versteckt sich nördlich der Kirche **Myrtle Grove** (nicht zu besichtigen). Das Haus, ein seltenes Beispiel für den spätmittelalterlichen Tudor-Stil, wurde zwischen dem 15. und 18. Jh. errichtet und einst von Sir Walter Raleigh bewohnt.

Am Westende des Friedhofs erstreckt sich ein schönes Stück der alten **Stadtmauer**. Man geht am Geländer entlang und nimmt dann die Treppen an der Außenseite. Dann geht's durch das nächste Tor und durch die inzwischen restaurierten und als Park genutzten **College Gardens** aus dem 17. Jh. hinunter zur Main Street.

Blackwater Cruises BOOTSTOUREN
(☎ 087 988 9076; www.blackwatercruises.com; Erw./Kind 20/10 €; ⊙April–Nov.) Bietet von Youghal aus 90-minütige Bootsfahrten. Vorbei an Burgruinen und Abteien führen sie den hübschen Blackwater River stromaufwärts bis zum Herrenhaus Ballynatray House.

Seahunter ANGELN
(☎ 087 151 8164; www.seahunter.ie; Erw./Kind ab 25/12 €) Seahunter organisiert Angeltrips, die am Hafen von Youghal starten, und verleiht auch Angelruten.

Schlafen & Essen

Avonmore House B&B €€
(☎ 024-92617; www.avonmoreyoughal.com; South Abbey; DZ ab 90 €; P ᯤ) Das prachtvolle georgianische Anwesen am südlichen Stadtrand wurde 1752 an der Stelle eines von den Truppen Cromwells zerstörten Franziskanerklosters erbaut. Bevor es 1826 in Privatbesitz überging, gehörte das Gebäude den Earls of Cork. Obwohl die Zimmer sehr schlicht und funktional sind, strahlen die Lounge und der Frühstücksraum eine schöne historische Atmosphäre aus.

Aherne's Townhouse GASTHOF €€
(☎ 024-92424; www.ahernes.net; 163 North Main St; EZ/DZ ab 95/130 €; @ ᯤ) Die zwölf Zimmer sind außerordentlich gut ausgestattet; die größeren haben kleine Balkone, um die frische Meeresluft zu genießen. Im Preis enthalten ist ein prächtiges Frühstück (frisch gepresster Orangensaft, Bioeier, regionaler Fisch), das für den ganzen Tag reicht. Zum Haus gehören ein gehobenes **Fischrestaurant** (☎ 024-92424; 163 North Main St; Bargerichte 12–26 €, Hauptgerichte abends 21–33 €; ⊙Bargerichte 12–22, Abendessen 18.30–21.30 Uhr) und eine stilvolle, gemütliche Bar.

Sage Cafe CAFÉ €
(☎ 024-85844; www.facebook.com/sagecafe-youghal; 86 North Main St; Hauptgerichte 7–14 €; ⊙Mo–Sa 10–18 Uhr; ✎) Alles in diesem hinreißenden Café ist hausgemacht, darunter Dorsch mit Pommes frites, Linsen- und Nussbrot, Quiche, Kuchen und mehr. Ein Paradies für Vegetarier!

An- & Weiterreise

Bus Éireann (S. 237) bietet Verbindungen nach Cork (14,30 €, 50 Min., stündl.) und Waterford (20,80 €, 1½ Std., stündl.).

VON KINSALE ZUM CAPE CLEAR

Die irische Küste, deren Schönheit in den westlich und nördlich gelegenen Grafschaften eine geradezu atemberaubende Wirkung entfaltet, bezaubert bereits mit dieser Gegend. Malerische Dörfer, antike Steinkreise und schöne Sandstrände säumen die gewundene Küstenstraße, die von Kinsale nach Clonakilty und weiter nach Skibbereen und Baltimore führt. Wer die ganze Zeit auf der Hauptstraße N71 bleibt, verpasst etwas. Besser die kleinen Straßen zwischen der N71 und der Küste erkunden: Hier kann man sich wunderbar treiben lassen.

Kinsale

5281 EW.

Der malerische Jachthafen von Kinsale (Cionn tSáile) ist einer von vielen farbenprächtigen Juwelen, die sich an der Küste des County Cork aneinanderreihen. Schmale, verwinkelte Straßen mit vielen Galerien, Souvenirläden, lebhaften Bars und hervorragenden Restaurants sowie ein natürlicher Jachthafen, über den eine große Festung aus dem 17. Jh. wacht, machen Kinsale zu einem lohnenswerten Ziel für einen oder zwei Tage.

Geschichte

1334 erhob der englische König Edward II. Kinsale zur königlichen Hafenstadt. Während des 15. Jh. gelangte sie durch den Wein- und Salzhandel zu Wohlstand. Zudem war sie Versorgungsstützpunkt der englischen Marine.

Im September 1601 belagerten englische Schiffe eine spanische Flotte, die in Kinsale vor Anker lag. Irische Streitkräfte hatten den spanischen König um Hilfe gegen die Engländer gebeten. Sie marschierten daraufhin quer durchs ganze Land, um die spanischen Schiffe in Kinsale zu befreien, wurden jedoch am Weihnachtsabend vor den Toren der Stadt in der **Schlacht von Kinsale** geschlagen. Für die katholischen Iren bedeutete dies ihre sofortige Verbannung. Es vergingen 100 Jahre, ehe sie wieder in der Stadt geduldet wurden. Historiker betrachten das Jahr 1601 als Anfang vom Ende des gälischen Irlands.

Nach diesem schicksalhaften Ereignis entwickelten sich hier ein Werfthafen der Marine und eine Garnisonsstadt. Zu Beginn des 18. Jhs. brach ein gewisser Alexan-

Kinsale

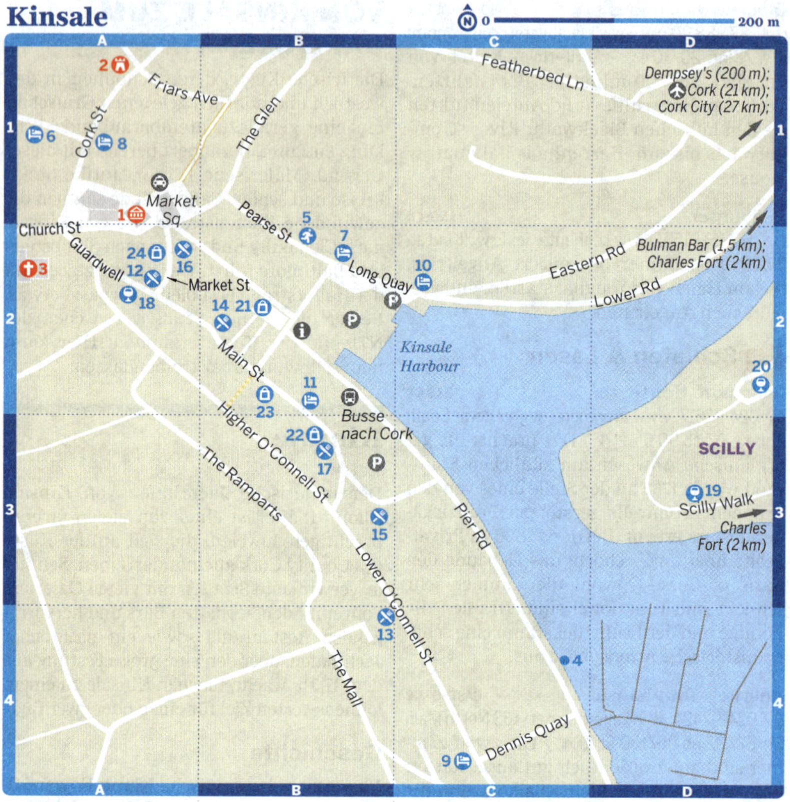

Kinsale

æ Sehenswertes

1 Courthouse & Regional Museum A1
2 Desmond Castle A1
3 St. Multose Church A2

Ø Aktivitäten, Kurse & Touren

4 Kinsale Harbour Cruises C4
5 Mylie Murphy's B2

ÿ Schlafen

6 Cloisters B&B A1
7 Old Bank House B2
8 Old Presbytery A1
9 Olde Bakery C4
10 Perryville House C2
11 Pier House B2

ú Essen

12 Bastion A2
13 Black Pig Wine Bar B4
14 Finn's Table B2
15 Fishy Fishy Café B3
16 Nine Market Street A2
17 Poet's Corner B3

û Ausgehen & Nachtleben

18 Folk House A2
19 Harbour Bar D3
20 Spaniard Bar D2

þ Shoppen

21 Farmers Market B2
22 Giles Norman Gallery B3
23 Granny's Bottom Drawer B2
24 Kinsale Crystal A2

der Selkirk vom Hafen zu einer Reise auf, in deren Verlauf er auf einer einsamen Insel strandete – damit lieferte er Daniel Defoe die Romanvorlage für seinen *Robinson Crusoe*.

Die Stadt wird auch mit der *Lusitania* assoziiert, die am 7. Mai 1915 vor dem Old Head of Kinsale sank – man brachte einige der Toten ans Ufer und begrub sie dort (und viele weitere in Cobh). Die Katastrophe wurde im Gerichtsgebäude von Kinsale verhandelt. In der Nähe des Signalturms am Old Head steht ein Mahnmal, das an das Unglück erinnert. Der Turm beherbergt auch ein Lusitania-Museum.

Sehenswertes

★ Charles Fort FORT

(☎ 021-477 2263; www.heritageireland.ie; Summercove; Erw./Kind 5/3 €; ⏲ Mitte März–Okt. 10–18 Uhr, Nov.–Mitte März bis 17 Uhr; P) Allein wegen der spektakulären Aussicht lohnt die sternförmige Festung aus dem 17. Jh., eine der besterhaltenen in Europa, einen Besuch. Sie hat aber noch viel mehr zu bieten: Die Ruinen auf dem weitläufigen Areal stammen aus dem 18. und 19. Jh. und laden zu schönen Spaziergängen ein. Das Fort liegt 3 km südöstlich von Kinsale an der Landstraße durch Scilly. Wer Zeit hat, sollte auf dem hübschen Küstenwanderweg Scilly Walk wandern.

Die Festung wurde in den 1670er-Jahren errichtet, um Kinsale Harbour zu überwachen, und war bis 1921 in Betrieb. Beim Abzug der Briten im gleichen Jahr wurde ein Großteil der Anlage zerstört.

Signalturm & Lusitania Museum MUSEUM

(☎ 021-419 1285; www.oldheadofkinsale.com; Signalturm, Old Head of Kinsale; Erw./erm. 4/3 €; ⏲ April–Okt. tägl. 10–18 Uhr) Der 200 Jahre alte Signalturm wurde restauriert und beherbergt heute ein Museum. Gewidmet ist es der RMS *Lusitania*, die 1915 von einem deutschen U-Boot vor dem Old Head of Kinsale torpediert wurde, wobei 1200 Menschen ums Leben kamen. Wer von hier zu den nahen Klippen wandert, wird mit einem imposanten Blick nach Süden zum Old Head belohnt. Der Weg zum Leuchtturm an der Spitze der Landzunge ist durch einen privaten Golfplatz (S. 248) versperrt. Der Turm liegt 13 km südlich des Orts an der R604.

Desmond Castle BURG

(☎ 021-477 4855; www.heritageireland.ie; Cork St; Erw./Kind 5/3 €; April–Sept. 10–18 Uhr) Kinsales historischen Wurzeln im Zusammenhang mit dem Weinhandel kann man im Desmond Castle, einem befestigten Wohngebäude aus dem 16. Jh., nachspüren. Nachdem das Bauwerk im Jahre 1601 von den Spaniern besetzt wurde, diente es zunächst als Zollhaus, dann als Gefängnis für französische und amerikanische Kriegsgefangene und schließlich als Armenhaus. Heute enthält es spannende historische Ausstellungsstücke und ein kleines Weinmuseum zur Geschichte irischer Weinhändlerfamilien, darunter die Hennessys (die Namensgeber einer berühmten Marke), die während der britischen Regentschaft nach Frankreich flohen.

Courthouse & Regional Museum MUSEUM

(☎ 021-477 7930; Market Sq; Erw./Kind 3/1,50 €; ⏲ April–Okt. Di–Sa 10.30–13.30 Uhr) In einem Gerichtsgebäude aus dem 17. Jh., in dem 1915 der Untergang der *Lusitania* verhandelt wurde, zeigt dieses interessante Museum lokale Kuriositäten wie die Hurlingschläger und Schuhe, die dem 2,40 m großen Riesen von Kinsale, Patrick Cotter O'Brien (1760–1806), gehörten.

St. Multose Church KIRCHE

(Church of Ireland Church; ☎ Pfarramt 021-477 2220; www.kinsale.cork.anglican.org; Church St) Diese zur Church of Ireland gehörende Kirche ist dem Schutzpatron von Kinsale geweiht. 1190 wurde sie von Normannen auf den Überresten eines Gotteshauses aus dem 6. Jh. errichtet und gilt damit als eine der ältesten Kirchen Irlands. Von der Innenausstattung kann man heute kaum mehr etwas sehen, doch die Fassade wurde wunderbar restauriert. Im Gebäude zeigt ein flacher Stein eine Figur mit rundlichen Händen. Diese wurde nach alter Tradition von den Fischerfrauen gerieben, damit ihre Männer heil vom Meer zurückkehrten. Mehrere Opfer des Untergangs der *Lusitania* wurden auf dem Friedhof bestattet.

Aktivitäten

Scilly Walk WANDERN

Der herrliche Küstenwanderweg führt bis zum Charles Fort und ist ein absolutes Muss für Kinsale-Besucher. Man folgt der Lower Road bis zur Spaniard Bar (S. 250), geht dann Richtung Wasser hinunter und folgt dem Pfad am Hafen entlang, bis er wieder bergauf führt und auf die High Road trifft. Nach einer Pause auf ein Pint in der Bulman Bar (S. 250) geht's weiter hinauf zur Festung. Zurück kann man über die High Road gehen – Kinsales »Goldene

Meile« ist gesäumt von Millionärsferienhäusern und bietet einen tollen Blick über den Hafen (hin & zurück 6 km).

Mylie Murphy's ANGELN, RADFAHREN
(☎ 021-477 2703; 14 Pearse St; ⊙ Mo–Sa 9.30–18 Uhr) Verleiht Angelruten für 10 € pro Tag und Fahrräder für 15 € pro Tag.

Old Head Golf Links GOLF
(☎ 021-477 8444; www.oldhead.com; Old Head of Kinsale; Golfplatzgebühr 160–230 €) Das exklusive Golfresort liegt herrlich auf einer felsigen Landzunge, 15 km südlich von Kinsale und ist über die R600 und R604 zu erreichen. Den Eingang umrahmen die Ruinen der Burg De Courcy, der fünfte Abschlag liegt neben dem auffälligen, schwarz-weiß gestreiften Leuchtturm am Old Head; neben dem sechsten Green erhebt sich die Ruine des alten Leuchtturms aus dem 17. Jh.

Geführte Touren

Kinsale Harbour Cruises BOOTSTOUREN
(☎ 086 250 5456; www.kinsaleharbourcruises.com; Pier Rd; Erw./Kind 13/5 €) Bietet Bootsausflüge zum Charles Fort, in die James Cove und den River Bandon hinauf. Die Touren sind wetterabhängig, Abfahrtszeiten variieren das ganze Jahr über. Infos bekommt man auf der Website oder in der Touristeninformation (S. 251). Die Boote legen neben der Marina ab.

Kinsale Food Tours ESSEN & TRINKEN
(☎ 085 107 6113; http://kinsalefoodtours.com; 50 €) Die 2½-stündigen geführten Touren durch Kinsale geben einen Einblick in die lokale Geschichte und Folklore. Unterwegs gibt's viele Verkostungen in Restaurants sowie Besuche bei örtlichen Lebensmittelherstellern und Restaurantbesitzern. Die Touren müssen mindestens 24 Stunden im Voraus gebucht werden.

Dermot Ryan's Heritage Town Walks STADTSPAZIERGANG
(☎ 021-477 2729; www.kinsaleheritage.com; Erw./Kind 5 €/kostenfrei; ⊙ 10.30 Uhr) Einstündige Wanderungen ab der Touristeninformation (S. 251). 15-Uhr-Wanderungen können nach Voranmeldung organisiert werden.

PASSAGE WEST FERRY

Die **Passage West Ferry** (☎ 021-481 1485; http://crossriverferries.ie; Fußgänger/Fahrrad/Auto einfache Fahrt 1,50/1,50/6 €; ⊙ 7–22 Uhr) ab Carrigaloe, 3,5 km nordwestlich von Cobh, bietet eine praktische Abkürzung nach Passage West, das sich 14 km südöstlich von der Stadt Cork befindet. Die Flussüberquerung dauert nur 5 Minuten. Die Fähre ist besonders praktisch, wenn man aus dem Süden von Cork oder aus Kinsale kommt und den Stadtverkehr vermeiden will.

Feste & Events

Kinsale Gourmet Festival ESSEN & TRINKEN
(www.kinsalerestaurants.com; ⊙ Okt.) Drei Tage voller Weinproben, Kochvorführungen und der „Cork Heat of the All-Ireland seafood chowder cook-off competition“ (das Finale findet im April in Kinsale statt).

Kinsale Fringe Jazz Festival MUSIK
(www.kinsale.ie; ⊙ Okt.) Ein Ableger des Cork Jazz Festivals (S. 231). Entspannte Unterhaltung an etwa 20 Veranstaltungsorten am Feiertagswochenende.

Schlafen

Dempsey's HOSTEL €
(☎ 021-477 2124; www.dempseyhostel.com; Eastern Rd; B 15–25 €, FZ 60–100 €; 📶) Ein einfaches Hostel und die billigste Unterkunft des Orts. Das Dempsey's bietet separate Schlafsäle für Männer und Frauen, Familienzimmer, eine Küche und Tische im Garten vorm Haus. Es ist das leuchtend blaue Haus neben der Tankstelle, an der R600 von Cork, 750 m nordöstlich des Zentrums.

★ **Old Presbytery** B&B €€
(☎ 021-477 2027; www.oldpres.com; 43 Cork St; EZ/DZ ab 90/145 €; ⊙ Jan.–Mitte Feb. geschl.; P 📶) 🍃 Das Old Presbytery (erbaut im 18. Jh.) ist elegant ins 21. Jh. gekommen, da eine umsichtige Renovierung seinen Charakter bewahrt hat und eine Solarheizung ergänzt wurde. In den Deluxe-Doppelzimmern sollte man nur übernachten, wenn man nichts von Kinsale sehen möchte, denn die Glasveranda mit Balkon ist derart schön, dass man sie gar nicht mehr verlassen will. Das legendäre Frühstück wird vom Besitzer und früheren Küchenchef Phillip zubereitet.

★ **Pier House** B&B €€
(☎ 021-477 4169; www.pierhousekinsale.com; Pier Rd; DZ 100–140 €; P 📶) Dieses hinreißende B&B liegt von der Straße versetzt in einem abgeschirmten Garten. Alle Zimmer sind

mit Treibholzskulpturen und Muscheln dekoriert, das Bad aus schwarzem Granit überzeugt mit perfekten Duschen, und es gibt eine Fußbodenheizung! Vier Zimmer haben einen Balkon mit Blick auf den Garten und Hafen.

Cloisters B&B B&B €€

(☎ 021-470 0680; www.cloisterskinsale.com; Friars St; EZ/DZ ab 60/110 €; 📶) Kleinigkeiten machen in diesem bezaubernden B&B mit den blauen Fensterläden in der Nähe des Desmond Castle den Unterschied aus. Bei der Ankunft wird man mit Schokolade begrüßt, die Zimmer sind blitzsauber und die Matratzen sind so gemütlich, dass einen höchstens das einfallsreiche Frühstück aus dem Bett lockt.

Olde Bakery B&B €€

(☎ 021-477 3012; www.theoldebakerykinsale.com; 56 Lower O'Connell St; Zi. ab 90 €; 📶) Einen kurzen Fußweg südöstlich des Zentrums liegt diese familienfreundliche Unterkunft in einer ehemaligen Bäckerei der britischen Garnison. Die Zimmer sind sehr geräumig und beim fantastischen Frühstück rund um den Küchentisch kommen die Gäste schnell ins Gespräch.

Old Bank House HOTEL €€€

(☎ 021-477 4075; www.oldbankhousekinsale.com; 11 Pearse St; EZ/DZ ab 170/180 €; 📶) Die georgianische Eleganz in diesem Luxushotel mit 17 Zimmern ist zeitlos schön. Herrliche Kunstobjekte und Gemälde an den Wänden und luxuriös ausgestattete Aufenthaltsräume tragen zum wunderbaren Ambiente bei. Obwohl die Zimmer opulent dekoriert sind, sind sie dezent genug, um nicht versnobt zu wirken. Das üppige Frühstück mit frisch gebackenem Brot (aus der Bäckerei unten) und hausgemachten Marmeladen ist im Preis enthalten.

Perryville House BOUTIQUE-HOTEL €€€

(☎ 021-477 2731; www.perryvillehouse.com; Long Quay; Zi. ab 215 €; ⏲ Nov.–Feb. geschl.; P 📶) Im familienbetriebenen Perryville ist alles von der imposanten Fassade mit schmiedeisernen Balkonen bis zum Nachmittagstee im Salon alles vom Feinsten. Die 26 Zimmer sind komfortabel, und wer etwas tiefer in die Tasche greift, kann sich über noch größere Betten, Balkone und Meerblick freuen.

Essen

Nicht umsonst wurde Kinsale als Gourmethauptstadt Südwestirlands ausgezeichnet: Der kleine Ort beherbergt überdurchschnittlich viele Restaurants mit internationalem Standard. Die meisten liegen in Hafennähe und sind vom Zentrum aus leicht zu Fuß erreichbar. Hier bekommt man hervorragende Küche für jeden Geldbeutel.

Poet's Corner CAFÉ €

(☎ 086 227 7276; www.poetscornerkinsale.com; 44 Main St; Hauptgerichte 5–10 €; ⏲ April–Sept. tägl. 9.30–18 Uhr, Okt.–März Mo–Sa; 📶) Das nette Café – und Büchertauschbörse – serviert tollen Kaffee, Kuchen und riesige getoastete Sandwiches.

★ **Black Pig Wine Bar** IRISCH €€

(☎ 021-477 4101; www.facebook.com/theblackpigwinebar; 66 Lower O'Connell St; Hauptgerichte 10–18 €; ⏲ Mi, Do & So 17.30–23, Fr & Sa 17.30–23.30 Uhr) 🌿 Die stilvolle Bar befindet sich in einem Wagenschuppen aus dem 18. Jh. und verfügt über einen hübschen gepflasterten Hof auf der Rückseite. Auf Hungrige wartet eine verlockende Speisekarte mit leckeren Tapas sowie Fleisch- und Käseplatten mit Produkten aus heimischer Herstellung. Auf der preisgekrönten Weinliste ste-

ABSEITS DER ÜBLICHEN PFADE

DROMBEG STONE CIRCLE

Stimmungsvoll und mystisch: Auf einer kleinen Anhöhe gelegen und von Feldern umgeben, die sich bis zur Küste ziehen, liegt der **Drombeg Stone Circle** (⏲ 24 Std.; P). Die 17 Steine, deren Stand sich an der Wintersonnenwende orientiert, bewachten einst die eingeäscherten Gebeine eines jungen Mannes. Vermutlich datiert der Kreis mit 9 m Durchmesser ins 5. Jh. v. Chr. und stellt eine anspruchsvolle eisenzeitliche Rekonstruktion eines früheren Monuments aus der Bronzezeit dar. Wer sich die Stätte ansehen möchte, nimmt die ausgeschilderte Linksabzweigung von der R597, rund 4 km westlich von Rosscarbery.

Gleich hinter den Steinen befinden sich die Überreste einer Hütte und einer Kochstelle aus der Eisenzeit, eine sogenannte *fulachta fiadh*. Experimente haben gezeigt, dass die erhitzten Steinbrocken Wasser zum Kochen bringen und rund drei Stunden lang warm halten konnten – lange genug, um Fleisch zuzubereiten.

hen nicht weniger als 200 Flaschenweine und 100 offene Weine, darunter viele Bioweine. Vorab reservieren!

Nine Market Street BISTRO €€
(☎ 021-470 9221; http://ninemarketstreet.ie; 9 Market St; Hauptgerichte 11–25 €; ⊙ Di–Mi 10–16, Do–Sa bis 20.45, So 11–16 Uhr; ✎) Schwarz-weiße Bodenfliesen, warmes goldfarbenes Holz und historische Fotos sorgen in diesem hübschen kleinen Café mit Bistro für eine entspannte Atmosphäre. Tagesgerichte wie z. B. Wagyu-Beefburger ergänzen das Angebot an frisch zubereiteten Fischpasteten, Quiches und gesunden Salaten. Im Obergeschoss werden drei gemütliche, preiswerte Gästezimmer vermietet (DZ 70 €).

★ **Bastion** MODERN IRISCH €€€
(☎ 021-470 9696; www.bastionkinsale.com; Ecke Main & Market St; Hauptgerichte 18–31 €; ⊙ Mi–So 17–22 Uhr; ✎) Das neueste der vielen Top-Restaurants Kinsales wurde 2016 mit einem Bib Gourmand gekrönt. Es führt seine Gäste auf entspannte und informelle Weise in die Welt der Haute Cuisine ein. Die Mitarbeiter lotsen durch die À-la-Carte-Speisekarte, die vorwiegend Austern, Rindfleisch, Fisch und Wild aus der Region bietet. Unser Tipp: das Sieben-Gänge-Verkostungsmenü (65 €) oder das Fünf-Gänge-Menü für Frühesser (vor 18 Uhr; 45 €).

★ **Finn's Table** MODERN IRISCH €€€
(☎ 021-470 9636; www.finnstable.com; 6 Main St; Hauptgerichte 23–34 €; ⊙ Mo, Di & Do–Sa 18–22 Uhr) Wer in Kinsale ein Gourmetrestaurant eröffnet, muss sich auf harte Konkurrenz gefasst machen, doch das Projekt von John und Julie Finn ist der Herausforderung bestens gewachsen. Die elegante, moderne Karte des Restaurants bietet lokale Produkte der Saison und kommt stets gut an. Die Meeresfrüchte, darunter saisonal Hummer, stammen aus dem Westen Corks, das Fleisch vom Familienfleischer der Finns.

★ **Fishy Fishy Café** FISCH & MEERESFRÜCHTE €€€
(☎ 021-470 0415; www.fishyfishy.ie; Crowley's Quay; Hauptgerichte 16–27 €; ⊙ März–Okt. 12–21 Uhr, sonst kürzer) Das Fishy Fishy, eines der berühmtesten Fischrestaurants des Landes, glänzt mit seinem wundervollen Ambiente: schlichte weiße Wände, die mit bunter Kunst geschmückt sind, Fischskulpturen aus Stahl und eine tolle Terrasse. Sämtliches Meeresgetier wird direkt vor Ort gefangen, vom Hummer Thermidor bis zu den Zutaten der vielfältigen kalten Meeresfrüchteplatte, die mit hausgemachter Mayonnaise serviert wird.

Ausgehen & Nachtleben

★ **Folk House** BAR
(☎ 021-477 2382; http://folkhousevenue.com; Guardwell; ⊙ Mo–Fr 16.30–24, Sa & So 12.30–0.30 Uhr) Ihre gemütlichen Sitznischen machen die rustikale Bar zu einem einladenden Ort, um am Kamin zu sitzen und eines der vielen internationalen Craft-Biere zu genießen. Oder man stellt sich an die Bar und genießt das gesellige Beisammensein. Donnerstags bis samstags gibt's Livemusik, die von Indie und Ska bis hin zu Folk- und traditioneller irischer Musik reicht.

Spaniard Bar PUB
(☎ 021-477 2436; www.thespaniard.ie; River Rd, Scilly; ⊙ Mo–Do 10.30–23.30, Fr & Sa bis 0.30, So 12.30–23.30 Uhr) Gute alte Matrosenbar mit knisterndem Torffeuer und niedrigen Decken. Hier lässt sich's besonders gut in einer ruhigen Ecke sitzen, die Atmosphäre schnuppern und den Gesprächsfetzen lauschen. An sonnigen Tagen kann man auch an den Tischen draußen den Hafenblick genießen.

Bulman Bar PUB
(☎ 021-477 2131; www.thebulman.ie; Summercove; Hauptgerichte 15–32 €; ⊙ Mo–Do 12.30–23.30, Fr & Sa bis 0.30, So bis 23 Uhr; 📶) Außerhalb des Zentrums lohnt dieses Gastropub am Hafen des malerischen Weilers Summercove einen Besuch. An den Tischen draußen kann man kühlen Weißwein genießen oder im holzvertäfelten Innenraum an einem Bier nippen und Meeresfrüchtesuppe schlürfen. Ein rustikaler Seebären-Umgang gehört hier zum guten Ton. Die Bar liegt 2 km südöstlich von Kinsales Zentrum auf dem Weg zum Charles Fort.

Harbour Bar PUB
(Scilly Walk; ⊙ 18–23.30 Uhr) Von außen mag das Pub wirken, als ob es geschlossen sei, doch drinnen fühlt man sich wie in einem Wohnzimmer (es ist sogar eins – nämlich das von Tim, dem Wirt). Uralte Sofas, Feuer im offenen Kamin, Charakterköpfe in jeder Ecke und Gartenbänke mit Hafenblick tragen zum Charme dieses Ladens bei. Die Getränke werden nur in Flaschen serviert.

Shoppen

Bauernmarkt MARKT
(☎ 085 722 0259; www.facebook.com/kinsale farmersmarket; Short Quay; ⊙ Mi 10–14 Uhr)

Auf dem kleinen Platz gegenüber der Touristeninformation (S. 251) bekommt man Lebensmittel direkt vom Erzeuger.

Giles Norman Gallery KUNST
(☎ 021-477 4373; www.gilesnorman.com; 45 Main St; ⏲ Mo–Sa 10–18, So 12–18 Uhr) Faszinierende Schwarz-Weiß-Fotos mit Motiven aus ganz Irland von einem Meister des Genres. Drucke kosten ab 20 € (ohne Rahmen) bzw. 30 € (gerahmt).

Granny's Bottom Drawer KUNST & KUNSTHANDWERK
(☎ 021-477 4839; www.grannysbottomdrawer.com; 53 Main St; ⏲ Mai–Sept. Mo–Fr 9–21, Sa & So bis 19 Uhr, Okt.–März tägl. 10–18 Uhr) Irisches Leinen erstklassiger Qualität, Produkte aus Wolle und Leder, Damast sowie Möbel und Haushaltswaren im traditionellen Stil.

Kinsale Crystal GLAS
(☎ 021-477 4493; www.kinsalecrystal.ie; Market St; ⏲ Mo–Fr 10–17.30, Sa 10–18, So 12–18 Uhr) Erlesene Arbeiten eines aus Waterford stammenden Handwerkskünstlers, der sich dem traditionellen Tiefschnitt in Kristallglas verschrieben hat.

Praktische Informationen

Touristeninformation (☎ 021-477 2234; www.kinsale.ie; Ecke Pier Rd & Emmet Pl; ⏲ ganzjährig Di–Sa 9.15–17, April–Okt. auch Mo, Juli & Aug. auch So 10–17 Uhr) Hier bekommt man eine gute Karte mit Wanderungen in und um Kinsale.

Anreise & Unterwegs vor Ort

Die Buslinie 226 von **Bus Éireann** (☎ 021-450 8188; www.buseireann.ie) verbindet Kinsale mit dem Busbahnhof Cork (9,60 €, 1 Std., stündl.). Sie hält am Cork Airport und fährt dann weiter zum Bahnhof von Cork. Die **Bushaltesstelle** befindet sich in der Pier Road unweit der Touristeninformation.

Kinsale Cabs (☎ 021-477 2642; www.kinsalecabs.com) Ein Taxi von Cork Airport nach Kinsale kostet zwischen 35 und 45 €. Arrangiert auch Golftouren im Westen Corks.

Clonakilty

4592 EW.

Die sehr farbenfroh gestrichene, geschäftige Marktstadt dient den kleinen Küstenorten in der Umgebung als Verkehrsdrehkreuz. Sie wartet mit schicken B&Bs, guten Restaurants und gemütlichen Livemusikpubs auf. Wasserstraßen im Ort sorgen für zusätzlichen Charme.

Clonakilty ist für zwei Dinge bekannt: als Geburtsort von Michael Collins – eine Statue von ihm thront an der Ecke zum Emmet Square – und für die berühmteste Blutwurst Irlands, Clonakilty Black Pudding.

Am Astna Square laufen die Straßen der Stadt zusammen. Der Platz wird von einem Denkmal des Aufstands von 1798 beherrscht. Außerdem steht hier der Kilty Stone. Einst gehörte er zur früheren Burg, die Clonakilty (Cloich na Coillte, „Burg des Waldes") seinen Namen gab.

Sehenswertes

Michael Collins Centre MUSEUM
(☎ 023-884 6107; www.michaelcollinscentre.com; Castleview; Erw./Kind 5/3 €; ⏲ Mo–Fr 10.30–17 Uhr, Mitte Juni–Mitte Sept. Sa 11–14 Uhr) Hervorragendes Museum über das Leben des des irischen Unabhängigkeitskämpfers und seine Zeit. Gezeigt werden Fotos, Briefe und eine Nachbildung der Landstraße, auf der Collins getötet wurde, sowie ein Panzerfahrzeug. Das Zentrum bietet geführte Touren zu den wichtigen Schauplätzen in Collins Leben (im Voraus buchen!). Es ist von der R600 zwischen Timoleague und Clonakilty ausgeschildert.

West Cork Model Railway Village VERGNÜGUNGSPARK
(☎ 023-883 3224; www.modelvillage.ie; Inchydoney Rd; Erw./Kind inkl. Bimmelbahnfahrt 11/6,50 €; ⏲ Sept.–Juni 11–17 Uhr, Juli & Aug. 10–18 Uhr) Beim Anblick des West Cork Model Railway Village kann man sich das

MICHAEL COLLINS

Michael Collins wurde auf einer Farm in der Nähe von Clonakilty geboren und ist einer der berühmtesten und beliebtesten Söhne des Countys. Er spielte eine wichtige Rolle im Unabhängigkeitskrieg gegen Großbritannien und wurde 1922 Befehlshaber der Armee des neu gegründeten irischen Freistaats.

Eine praktische Karte und die Broschüre *In Search of Michael Collins* erhält man in der Touristeninformation von Clonakilty. Orte im Bezirk, die mit ihm in Verbindung stehen, sind hervorgehoben. Im **Michael Collins Centre** kann man sich noch eingehender über sein Leben informieren.

Schmunzeln nicht verkneifen. Zu den Highlights gehören eine große Nachbildung der West Cork Railway aus den 1940er-Jahren im Freien und erstklassige Miniaturmodelle der wichtigsten Städte im Westen des Countys Cork. Eine Bimmelbahn startet von dem Modelldorf zu einer 20-minütigen kommentierten Rundfahrt durch Clonakilty.

Schlafen

Bay View House B&B €€

(☎ 023-883 3539; www.bayviewclonakilty.com; Old Timoleague Rd; EZ/DZ ab 55/90 €; P 📶) Das große moderne B&B bietet tadellose Zimmer und man wird herzlich empfangen. Von den Zimmern 5 und 6 und der gemütlichen Lounge genießt man einen fantastischen Blick über die Felder, die sich bis zur Bucht von Clonakilty hinunterziehen, außerdem kann man sich über das ausgezeichnete Frühstück freuen. Die Pension liegt 300 m östlich vom Stadtzentrum gleich hinter der Abzweigung vom N71-Hauptkreisverkehr in die Stadt.

O'Donovan's Hotel GÄSTEHAUS €€

(☎ 023-883 3250; www.odonovanshotel.com; Pearse St; EZ/DZ ab 70/120 €; 📶 🐾) Hinter der klassischen roten Fassade schlägt das Herz eines Traditionshotels mit funktionalen Zimmern. Die zentrale Lage ist unschlagbar. Vor dem Haus befindet sich eine Gedenktafel zum Zweiten Weltkrieg (sie erinnert an die Besatzung einer USAF Flying Fortress, die 1943 hier übernachtete und später mit ihrem Flugzeug abstürzte).

Emmet Hotel HOTEL €€

(☎ 023-883 3394; www.emmethotel.com; Emmet Sq; EZ/DZ ab 55/89 €; 📶) Das bezaubernde georgianische Hotel am eleganten Hauptplatz hat 20 große vornehme Zimmer und setzt erfolgreich auf historischen Charme sowie hervorragenden Service mit allen Annehmlichkeiten einer modernen Unterkunft. Im hauseigenen Restaurant, Bistro und der Bar werden deftige irische Speisen aus einheimischen Bioprodukten zubereitet.

Tudor Lodge B&B €€

(☎ 023-883 3046; www.tudorlodgecork.com; McCurtain Hill; EZ/DZ 50/80 €; 📶) Dieses moderne Familienhotel mit Tudor-Motto einen kurzen Spaziergang vom Zentrum entfernt hält das hohe Niveau unbeirrt aufrecht.

★ Inchydoney Island Lodge & Spa RESORT €€€

(☎ 023-883 3143; www.inchydoneyisland.com; Inchydoney; Zi. ab 190 €; @ 📶 🏊) Das Herzstück dieses weitläufigen Resorts 5 km südlich von Clonakilty bildet ein erstklassiges Meerwasser-Spa. Der Service ist herausragend, das Essen im französisch angehauchten Restaurant köstlich und die Zimmer haben Balkone oder Terrassen mit Meerblick.

Essen & Ausgehen

★ Scannells MODERN IRISCH €

(☎ 023-883 4116; www.scannellsbar.com; Connolly St; Hauptgerichte 8–13 €; ⏱ Mo–Sa Küche 12–16 Uhr; 📶) Der geschützte, blumenreiche Garten dieses Gastropubs ist bei jedem Wetter gut besucht. Dafür sorgt die ambitionierte Speisekarte, die von tollen Steak-Sandwiches (das Fleisch stammt aus dem Westen Corks) mit handgeschnittenen Pommes über traditionelle Fischsuppe bis hin zu Biosalaten mit Roter Bete, gerösteten Haselnüssen, Ziegenkäse und Quinoa reichen.

Bauernmarkt MARKT

(☎ 087 135 6848; http://wildatlanticmarket.ie; Pearse St; ⏱ Fr 9–14 Uhr) 🌿 Der Bauernmarkt findet in einer Gasse neben O'Donovan's Hotel statt.

Farm Restaurant IRISCH €€

(☎ 023-883 4355; http://farmrestaurant.ie; 30 Ashe St; Hauptgerichte 18–28 €; ⏱ Mo & Di 18–21, Do–Sa 17–21.30, So 12.30–15.30 & 17–21 Uhr; 🍷 👪) 🌿 Clonakiltys Ruf als Zentrum der Gourmetszene Westcorks wird durch dieses neue Restaurant noch aufgewertet. Es spezialisiert sich auf frische, einfach zubereitete Gerichte aus Fleisch, Gemüse und Meeresfrüchten von kleinen (oft familiengeführten) lokalen Unternehmen und Bauernhöfen. Auf der Speisekarte stehen Speisen wie Union Hall-Fish 'n' Chips, Risottokuchen aus Roter Bete mit irischem Büffelmozzarella und hausgemachte Wildwurst mit der typischen Clonakilty-Blutwurst.

An Súgán FISCH & MEERESFRÜCHTE €€

(☎ 023-883 3719; www.ansugan.com; 41 Wolfe Tone St; Hauptgerichte 12–29 €; ⏱ 12–22 Uhr) Die traditionelle Bar ist für hervorragende Meeresfrüchte bekannt. Man speist in einem Raum voller Krimskrams – von der Decke hängen Krüge, unter den Sparren stecken zahlreiche Visitenkarten, die Wände sind mit Laternen und antiken Feuerlöschern behängt. Doch das Essen ist ganz und gar nicht skurril. Die Suppe mit Meeresfrüchten und die Krabbenküchlein schmecken einfach großartig. Zum Angebot gehören zehn verschiedene Fischsorten (je nach Tagesfang).

★ **De Barra's Folk Club** PUB
(☎ 023-883 3381; www.debarra.ie; 55 Pearse St; ⏲ Mo–Do 10–23.45, Fr & Sa bis 0.30, So bis 23.30 Uhr) Die gesellige und vollgepackte Atmosphäre – die Wände sind mit Fotos, Zeitungsausschnitten, prachtvollen Masken und Instrumenten gepflastert – bietet eine zünftige Kulisse für die besten örtlichen Folk-Sessions. Sie beginnen jeden Abend um 21 Uhr.

An Teach Beag PUB
(☎ 023-883 3250; www.facebook.com/AnTeachBeag; 5 Recorder's Alley; ⏲ 8.30–23.45 Uhr) Dieses einladende Cottage-Pub – der Name bedeutet »kleines Haus« – in der Gasse neben dem O'Donovan's Hotel verbreitet genau die richtige Stimmung für traditionelle Musik. Mit etwas Glück erwischt man sogar einen *scríocht*-Abend mit Dichtern und Geschichtenerzählern. Im Juli und August finden jeden Abend Konzerte statt, ansonsten immer an den Wochenenden.

Praktische Informationen

Die **Touristeninformation** (☎ 023-883 3226; www.clonakilty.ie; Ashe St; ⏲ Mo–Sa 9.15–17 Uhr) liegt am östlichen Ende der Hauptstraße im Zentrum der Stadt.

Anreise & Unterwegs vor Ort

Täglich fahren Busse nach Cork (15,80 €, 1¼ Std., 7-mal tägl.) und Skibbereen (10,70 €, 40 Min., 6-mal tägl.). Die **Bushaltestelle** liegt an der Bridge Street im Zentrum.

MTM Cycles (☎ 023-883 3584; 33 Ashe St; ⏲ Mo–Sa 8.30–18 Uhr) verleiht Räder für 10/50 € pro Tag/Woche. Eine schöne Tour führt zum Duneen Beach, etwa 13 km südlich der Stadt.

Glandore & Union Hall

Im Sommer, wenn sich zahlreiche Jachten in den geschützten Hafen von Glandore drängen, erwachen die malerischen Küstendörfer Glandore (Cuan Dor) und Union Hall zum Leben.

Union Hall ist benannt nach dem Act of Union von 1801, der das eigenständige irische Parlament aufhob. Der Ort liegt südwestlich von Glandore, man erreicht ihn über einen langen und engen Dammweg. 1994 wurde hier das Drama *Der Krieg der Knöpfe* über den Kampf zweier Jugendbanden gedreht. In Union Hall gibt's einen Geldautomaten, eine Post und einen Lebensmittelladen.

Union Hall ist berühmt für seinen Fischereihafen und bekannt als Sitz von **Union Hall Smoked Fish** (☎ 028-33125; www.unionhallsmokedfish.com; Main St, Union Hall; ⏲ Mo–Fr 8.30–17 Uhr), das hervorragenden Räucherlachs herstellt. Im nahegelegenen Glandore befinden sich zwei benachbarte Pubrestaurants, die frischen Fisch aus der Region servieren und einen großartigen Blick auf den Hafen haben.

IRLANDS BESTER BLACK PUDDING

Clonakiltys begehrtester Exportartikel ist der *black pudding*, eine Wurst aus Schweineblut, Hafermehl und Zwiebeln, die auf der Speisekarte der meisten lokalen Restaurants steht. Am besten kauft man diese beim Fleischer **Edward Twomey** (☎ 023-883 4835; www.clonakiltyblackpudding.ie; 16 Pearse St; ⏲ Mo–Sa 9–18 Uhr). Er hat verschiedene Sorten im Angebot, die alle auf dem Originalrezept aus den 1880er-Jahren basieren.

Aktivitäten

Cork Whale Watch WILDTIERBEOBACHTUNG
(☎ 086 327 3226; www.corkwhalewatch.com; Reen-Pier; Erw./Kind 50/40 €) Vierstündige Whalewatchingtouren ab dem Reen Pier, 4 km südlich von Union Hall. Täglich eine Tour das ganze Jahr über (wetterabhängig), im Juni und August zwei Touren täglich. Nur gegen Barzahlung.

Atlantic Sea Kayaking KAJAKFAHREN
(☎ 028-21058; www.atlanticseakayaking.com; Reen-Pier; ab 50 €) Halbtägige Meeressafaris im Kajak ab dem Reen Pier, 4 km südlich von Union Hall. Keine Vorkenntnisse nötig. Bietet auch Kajaktouren bei Mondlicht zur Castletownshend Bay und nach Lough Hyne (S. 256).

Schlafen & Essen

Shearwater B&B B&B €€
(☎ 028-33178; www.shearwaterbandb.com; Union Hall; Zi. ab 80 €; ⏲ April–Okt.; P 📶) Ein helles, reizendes und gastfreundliches B&B, nur

ein paar Schritte vom Zentrum von Union Hall entfernt. Herzhaftes Frühstück gibt's in einem sonnigen Raum und auf einer Terrasse mit Hafenblick. Alle fünf Zimmer haben einen großartigen Ausblick.

Bay View House B&B €€
(☎ 028-33115; www.facebook.com/BayviewBedandbreakfast; Main St, Glandore; EZ/DZ 50/80 €) Das B&B bietet eine spektakuläre Aussicht über die Bucht, das gilt vor allem für Zimmer 1. Helle Zitrusfarben, Dielenböden, Holzmöbel und blitzblanke Bäder tragen zum Charme der Unterkunft bei. Die zwei Pubrestaurants von Glandore sind nur wenige Schritte entfernt.

★ **Glandore Inn** PUBFOOD €€
(☎ 028-34494; http://glandoreinn.ie; Main St, Glandore; Hauptgerichte 12–24 €; ⌚13–0.30 Uhr; Küche bis 21 Uhr; 📶) 🍃 Ein Postkartenblick auf den Hafen, besonders von den Tischen draußen, und eine Speisekarte der Superlative machen das Glandore Inn zu einem der besten Lokale des Countys Cork. Frischer Fisch und Meeresfrüchte werden direkt vom Hafen in Union Hall an die Tür geliefert. Im Ausschank: irische Craft-Biere vom Fass. Der rustikal-nautische Charme der Inneneinrichtung hat einen modernen Touch.

Hayes Bar PUBFOOD €€
(☎ 028-33214; http://glandorevillage.ie; Main St, Glandore; Hauptgerichte 8–18 €; ⌚Mo–Sa 10–23.30, So 11–23 Uhr, Küche bis 21 Uhr; 📶 👪) 🍃 Perfektes Pub am Meer mit offenem Kaminfeuer im Winter; im Sommer verteilen sich die Tische über die Straße, um den besten Hafenblick zu ermöglichen. Auf der Speisekarte steht großartiges Pubessen. Standardgerichte wie Fischsuppe, Fischkuchen und Boeuf Bourguignon werden durch abenteuerliche Speisen wie Krabbencannelloni und mexikanisch inspirierten Veracruz-Seehecht ergänzt.

An- & Weiterreise

Sechs Busse verkehren täglich zwischen Skibbereen (4,20 €, 15 Min.) und Clonakilty (8 €, 25 Min.). Sie halten im nahen Leap (3 km nördlich). Die meisten B&B-Betreiber holen ihre Gäste bei vorheriger Anfrage ab.

Skibbereen

2778 EW.

Mittlerweile ist Skibbereen (Sciobairín) eine angenehme typische Marktstadt mit einem attraktiven Zentrum am Ufer des River Ilen.

Die Hungersnot hat Skibb stärker als jeden anderen Ort Irlands getroffen. Damals wanderten unzählige Bewohner aus oder verhungerten bzw. starben an Krankheiten. „Die Berichte sind nicht überzogen, sie können es nicht sein. So etwas Schreckliches lässt sich nicht ausdenken“, schrieben Lord Dufferin und G. F. Boyle, die im Februar 1847 von Oxford nach Skibbereen reisten, um zu prüfen, ob die Meldungen wirklich stimmten. Ihr Augenzeugenbericht liest sich wie eine Horrorgeschichte; Dufferin war von dem Erlebten so entsetzt, dass er 1000 £ spendete (heute wären dies rund 100 000 €).

Das wichtigste Wahrzeichen der Ortschaft ist eine zu Ehren der Helden der irischen Rebellion errichtete Statue auf dem Hauptplatz.

Sehenswertes

Skibbereen Heritage Centre MUSEUM
(☎ 028-40900; www.skibbheritage.com; Upper Bridge St; Erw./Kind 6/3 €; ⌚Mai–Sept. tägl., Mitte März–April & Okt. Di–Sa 10–18 Uhr, Nov.–Mitte März geschl.; 🅿) Am einstigen Standort der städtischen Gaswerke beherbergt das Skibbereen Heritage Centre eine bewegende Ausstellung über die Hungersnot. Schauspieler lesen erschütternde Berichte aus jener Zeit vor und rücken so grauenvolle Aspekte der irischen Geschichte ins Bewusstsein. Zudem gibt's eine kleinere Dokumentation zum nahe gelegenen Lough Hyne (S. 256), dem ersten Meeresschutzpark Irlands, sowie ein Zentrum für Ahnenforschung.

Abends starten am Heritage Centre geführte historische Spaziergänge (Erw./Kind 5/2,50 €, 1½ Std.); wegen der genauen Zeiten vorher anrufen.

Abbeystrewery Famine Cemetery FRIEDHOF
Der Friedhof, 1 km westlich von Skibbereen an der N71 in Richtung Schull, enthält das Massengrab von 8000 bis 10 000 Menschen aus der Region, die während der Hungersnot starben. Das Grab ist durch ein Denkmal aus poliertem schwarzem Stein markiert. An der Hauptstraße gibt's keine Parkmöglichkeiten; am besten nimmt man die Nebenstraße gegenüber der Brücke am Fluss und parkt am oberen Eingang des Friedhofs.

West Cork Distillers BRENNEREI
(☎ 028-22815; www.westcorkdistillers.com; Marsh Rd) Die Kleindestillerie produziert Liköre

(Drombeg, Lough Hyne), Wodka (Two Trees) und Whiskeys (Blended, Pot Still und Single Malt) unter ihrem eigenen Namen. Es werden keine Führungen angeboten, aber Besucher, die vorher anrufen, sind gern gesehen.

Feste & Events

★ **Taste of West Cork Food Festival** ESSEN & TRINKEN
(www.atasteofwestcork.com; Sept.) Wer Mitte September in der Stadt ist, sollte dieses extravagante Fest nicht verpassen. Dazu gehören ein lebhafter Bauernmarkt, Kochvorführungen, Wettbewerbe, Verkostungen, Gesprächsrunden, Ausstellungen und Veranstaltungen für Kinder.

Schlafen & Essen

★ **Bridge House** B&B €
(028-21273; www.bridgehouseskibbereen.com; 46 Bridge St; EZ/DZ ab 45/75 €;) Mona Best hat ihr Haus in ein Kunstwerk verwandelt: Alle Räume sind prall gefüllt mit fantastischen viktorianischen Gemälden, liebevoll gesammeltem Kram, verrückten Schnitzereien, Schaufensterpuppen und frischen Blumen. Zum persönlichen Service gehört ein Champagnerfrühstück für Gäste, die Geburtstag haben – echt nicht schlecht für ein B&B!

Kalbo's INTERNATIONAL €
(028-21515; https://kalboscafe.com; 26 North St; Hauptgerichte 6–12 €; Mo–Sa 9–17 Uhr;) Aus regionalen Produkten und mit geschickter Hand werden in diesem Restaurant Frühstücksgerichte wie Vanille-Pfannkuchen mit frischen Beeren sowie Mittagsspeisen wie Ziegenkäsesalat mit karamellisierten Birnen oder Castletownbere-Krabbensalat zubereitet.

Good Things Café MODERN IRISCH €€
(028-51948; www.thegoodthingscafe.com; 68 Bridge St; Hauptgerichte 15–28 €; Do–Sa 12–15, Fr & Sa auch 18–21 Uhr; P) Ein Gourmettempel mit großartiger zeitgenössischer Küche mit Zutaten aus lokalen, biologisch angebauten Erzeugnissen. Die hauseigene **Kochschule** des Cafés bietet eintägige Kochkurse an, darunter auch vegetarisches und veganes Kochen (140 € pro Pers.) sowie einen Kurs namens „Man Never in the Kitchen“ (200 €) für Leute, deren Kochkenntnisse nicht weiter als bis zur Mikrowelle reichen.

Riverside Café & Restaurant INTERNATIONAL €€
(028-40090; www.riversideskibbereen.ie; North St; Hauptgerichte 9–15 €; Di–Sa 12–15.30, Fr & Sa 18–22 Uhr) Zum Angebot dieses sehr beliebten Restaurants zählen Meeresfrüchtekasserolle in Hummer-Biskuit, Algenpaella und Würstchen mit Kartoffelbrei in Ochsenschwanzsoße, aber auch Käse- und Räucherfischplatten. Doch das größte Plus ist die Lage am Fluss. Draußen sitzt man in einem geschützten Hinterhof – ein sonniges Plätzchen zum Lunchen.

Bauernmarkt MARKT
(www.skibbereenmarket.com; The Fairfield, Bridge St; Sa 9.30–14 Uhr) Einer der größten und lebhaftesten Bauernmärkte Irlands mit einer Darbietung der besten Lebensmittel und Getränke, die West Cork zu bieten hat; oft gibt's auch Livemusik.

An- & Weiterreise

Bus Éireann (S. 237) fährt von Montag bis Samstag siebenmal und an Sonntagen fünfmal nach Cork (21 €, 2 Std.); Montag bis Samstag dreimal und Sonntag einmal nach Schull (8 €, 30 Min.).

West Cork Rural Transport (027-52727; www.ruraltransport.ie; 5 Main St) betreibt einen subventionierten Minibus-Service Richtung Westen nach Bantry (4 €, 1 Std., Mo–Fr 1-mal pro Tag).

Baltimore

323 EW.

Baltimore ist ein altes Dorf am Meer mit einer langen Geschichte und einem belebten Hafen voller Fischerboote und Jachten. Mittelpunkt des Ortslebens ist die zentrale Terrasse mit Hafenblick, ein idealer Platz, um ein Pint zu trinken, ein Eis zu essen oder die vorbeifahrenden Boote zu beobachten. Rundherum verteilen sich zahlreiche Ferienhäuschen, die im Sommer von Seglern, Anglern, Tauchern und Besuchern der nahe gelegenen Inseln Sherkin und Clear gestürmt werden.

Ein weißer Leuchtturm (auch **Lot's Wife** genannt) steht als Wahrzeichen an der Landspitze der Halbinsel, 2 km westlich des Orts, an der Einfahrt zum Hafen von Baltimore. Ein perfektes Ziel für einen angenehmen Spaziergang, besonders bei Sonnenuntergang.

Der geschützte Naturhafen Baltimores ist seit Langem bei Seefahrern beliebt; im

ABSEITS DER ÜBLICHEN PFADE

LOUGH HYNE

Der herrliche See gehört zu Irlands Naturwundern und wurde 1981 erster Meeresnationalpark des Landes. Von Gletschern geformt, enthielt er zunächst Süßwasser, bis der steigende Meeresspiegel vor rund 4000 Jahren an einem Ende einen Durchbruch verursachte. Heute ist er durch einen kleinen Gezeitenkanal, die sogenannten **Rapids**, mit dem Meer verbunden. Zweimal am Tag drängen die Gezeiten wie ein Wildwasserstrom in den See.

Um den See herum und im benachbarten **Knockomagh Wood Nature Reserve** gibt's sehr schöne Wanderwege. Ein gekennzeichneter Naturlehrpfad führt durch Wald einen steilen Berg hinauf. Als Belohnung gibt's einen wunderbaren Ausblick vom Gipfel.

Atlantic Sea Kayaking (S. 253) bietet eine geführte Kajaktour auf dem See, u. a. auch eine sehr stimmungsvolle zweieinhalbstündige »Paddeltour im Sternenlicht« nach Einbruch der Dunkelheit.

Der See liegt 6 km nordöstlich von Baltimore und 8 km südwestlich von Skibbereen. Er ist auf halbem Weg zwischen beiden Orten an der R595 ausgeschildert und auch leicht mit dem Fahrrad zu erreichen.

17. Jh. war er als Piratenversteck bekannt. Der berühmteste Tag in seiner Geschichte war der 20. Juni 1631, als das Dorf von einer Flotte Barbareskenpiraten geplündert wurde, die mehr als 100 Gefangene nahmen und zu einem Leben in Sklaverei verdammten. Die verbliebenen Dorfbewohner flohen nach Skibbereen und Baltimore blieb viele Jahrzehnte lang unbewohnt.

Am Hafen steht eine Informationstafel; weitere Infos gibt's auf www.baltimore.ie.

Sehenswertes & Aktivitäten

Baltimore Castle MUSEUM
(Dun na Sead; ☎ 028-20735; www.baltimorecastle.ie; Erw./Kind 5 €/frei; ⏲ Ostern, Maifeiertage & Juni–Sept. 11–18 Uhr) Über dem Hafen von Baltimore erhebt sich der Steinturm der Burg Dun na Sead (Festung der Juwelen) aus dem 13. Jh. Informationen zur Geschichte der Burg und der Stadt sowie Kunstausstellungen (saisonal) sind im großen Saal im Inneren zu finden. Das Schönste ist aber der Blick vom Wehrgang.

Baltimore Sea Safari BOOTSTOUREN
(☎ 028-20753; www.baltimoreseasafari.ie; Ferry Pier) Ausflüge an der Küste von West Cork in einem Festrumpfschlauchboot zum Entdecken von Klippen und Wildtieren, darunter auch Wale und Delfine: von 20-minütigen Hafenrundfahrten (10 € pro Pers.) bis zur zweistündigen Wildtier-Safari (25 €).

Aquaventures Dive Centre TAUCHEN
(☎ 028-20511; www.aquaventures.ie; Stone House B&B, Lifeboat Rd) Im Angebot sind halbtägige geführte Schnorcheltouren (40/30 € pro Erw./Kind, mit Ausrüstung), die sich für Familien eignen (Mindestalter 6 Jahre). Erkundet wird die Unterwasserwelt vor der örtlichen Küste oder im nahen Lough Hyne. Es gibt auch Tauchkurse für Anfänger (130 € für einen eintägigen Entdeckungskurs).

Feste & Events

Fiddle Fair MUSIK
(www.fiddlefair.com; ⏲ 2. Maiwochenende) Auftritte internationaler und lokaler Musiker.

Seafood & Wooden Boat Festival ESSEN & TRINKEN
(www.baltimore.ie/event/seafood-festival; ⏲ Mai) Eine Schaubühne für die örtlichen Restaurants und Meeresfrüchtezüchter im Mai. Jazzbands treten auf dem Hauptplatz auf und traditionelle Holzsegelboote liefern sich im Hafen ein Rennen.

Baltimore Pirate Weekend KULTUR
(www.baltimore.ie/event/baltimore-pirate-weekend; ⏲ Juni) Das lange Wochenende bietet Spaß und Unterhaltung für die ganze Familie – Bootsfahrten, Outdoor-Aktivitäten, Schatzsuche, Musik und Tanz. Zudem erinnert es an eine bekannte historische Begebenheit: den Piratenangriff auf den Hafen von Baltimore im Jahr 1631.

Schlafen & Essen

Rolf's Country House PENSION €€
(☎ 028-20289; www.rolfscountryhouse.com; Baltimore Hill; EZ/DZ 790/99 €, Cottages ab 650 €/Woche; ⏲ April–Okt.; P 📶) Ein restauriertes und ausgebautes altes Bauernhaus mit ruhigem Garten am Stadtrand. Gäste

haben die Wahl zwischen zehn elegant eingerichteten Zimmern mit hervorragendem Preis-Leistungs-Verhältnis und einigen Selbstversorger-Cottages mit zwei Schlafzimmern. Die Mitarbeiter sind sehr hilfsbereit und es gibt ein hübsches Restaurant. Das Gästehaus ist an der R595 auf dem Weg ins Ortszentrum ausgeschildert.

Waterfront HOTEL €€
(☎ 028-20600; www.waterfronthotel.ie; The Quay; EZ/DZ ab 100/160 €; @) Das Hotel mit 13 hellen luftigen Zimmern (am besten nimmt man eines mit Meerblick) liegt im Ortszentrum. Auch das hauseigene Restaurant Lookout lockt mit Meerblick und üppigen Meeresfrüchteplatten mit Hummer, Garnelen, Taschenkrebsen, Samtkrabben, Shrimps und Austern.

Casey's of Baltimore HOTEL €€
(☎ 028-20197; www.caseysofbaltimore.com; Skibbereen Rd; Zi. ab 110 €; P @) Alle 14 Zimmer dieses Hotels verfügen über riesige Betten und zehn von ihnen bieten außerdem einen Blick auf die Flussmündung. Das Hotel befindet sich gleich am Eingang in die Stadt (falls man mit dem Helikopter kommt – es gibt einen Landeplatz). Zum Essen genießt man eine herrliche Aussicht, besonders auf der Terrasse. Das Fisch- und Meeresfrüchterestaurant kredenzt Muscheln aus der hoteleigenen Zucht in der Roaringwater Bay.

★ **Glebe Gardens & Café** MODERN IRISCH €€
(☎ 028-20579; www.glebegardens.com; Skibbereen Rd; Hauptgerichte mittags 6–15 €, abends 18–25 €; April–Sept. Mi–Sa 10–22, So 10–18 Uhr, Okt.–März Mi–So 10–18 Uhr; P) Als Attraktion für sich gilt der schöne Garten (Eintritt 5 €). Lavendel und Kräuter sorgen für einen angenehm aromatischen Duft, der draußen und drinnen über die Tische weht. Die Küche ist einfach und frisch: Fast alle Zutaten wurden entweder selbst angebaut oder stammen von lokalen Erzeugern. Zum Frühstück gibt's z. B. Eier Benedikt, mittags geniale Sandwiches und abends Lammkotelett.

Lookout MEERESFRÜCHTE €€€
(Chez Youen; ☎ 028-20600; www.waterfrontbaltimore.ie; The Quay; Hauptgerichte 20–40 €; Aug. tägl. 18.30–21.30 Uhr, Juni, Juli & Sept. Mi–Sa, Ostern & Mai Fr–Sa) Das Restaurant liegt im Obergeschoss des Hotels Waterfront (S. 257) und bietet einen herrlichen Meerblick. Auf den Tisch kommen üppige Meeresfrüchteplatten mit Hummern, Garnelen, Taschenkrebsen, Samtkrabben, Shrimps und Austern. Die Öffnungszeiten variieren (siehe Website).

Bushe's Bar PUB
(☎ 028-20125; www.bushesbar.com; The Quay; Sandwiches 3–11 €; 12–23 Uhr) Von der Decke dieser authentischen alten Bar baumeln Seefahrer-Devotionalien. Die Bänke draußen auf dem Hauptplatz bieten sich dafür an, bei Sonnenuntergang einen Drink und die berühmten Krabbensandwiches zu genießen, die immer dann auf den Teller kommen, wenn gerade frische Krabben am Quai angeliefert werden.

An- & Weiterreise

Von Montag bis Freitag fahren täglich vier, am Samstag zwei Busse zwischen Skibbereen und Baltimore (4,90 €, 20 Min.).

Von Baltimore nach Schull fährt eine **Passagierfähre** (S. 259). Sie verkehrt im Juni dienstags, donnerstags und sonntags, im Juli und August täglich außer montags. Die Fähre unternimmt nur die einfache Fahrt; sie fährt von Schull weiter nach Cape Clear Island und dann zurück nach Baltimore; man kann mit dem Fahrrad oder am nächsten Tag über Cape Clear zurückfahren.

Sherkin Island

111 EW.

Sherkin Island, eine zehnminütige Fährfahrt vor der Küste Baltimores gelegen, ist nur 5 km lang und 3 km breit, trotzdem lebten hier vor der Hungersnot über 1000 Menschen; heute sind es nur noch etwa hundert.

Heute zieht die Insel Künstler und Tagesausflügler an. Viel kann man hier nicht unternehmen, außer auf fuchsiengesäumten Wegen spazieren zu gehen, Ausflüge in die versteckten kleinen Buchten an der Westseite zu machen und den Blick auf das Meer hinaus zu genießen.

Auf der Insel gibt's nur ein Hotel, das **Islander's Rest** (☎ 028-20116; www.islandersrest.ie; EZ/DZ 80/120 €; P), sowie mehrere Unterkünfte für Selbstversorger. Es gibt keinen offiziellen Campingplatz, aber diskretes und verantwortliches Zelten in der Natur ist möglich.

Das Islander's Rest und **Jolly Roger** (☎ 028-20662; www.facebook.com/TheJollyRogerPub; Hauptgerichte 4–10 €; Mo–Do 11–23.30, Fr & Sa bis 0.30, So 12–23.30 Uhr;) sind die einzigen Restaurants auf Sherkin.

Wer die Insel außerhalb des Hafens erkunden möchte, sollte genug Proviant und Getränke mitbringen.

An- & Weiterreise

Die **Sherkin Island Ferry** (087 911 7377; http://sherkinisland.eu/ferry; Erw./Kind hin & zurück 12/4 €) setzt bis zu neunmal täglich von Baltimore über (Sa 7-mal tägl., So 5-mal tägl., im Winter eingeschränkte Verbindungen).

Cape Clear Island

147 EW.

Mit ihren wenig besuchten Buchten, Kiesstränden und den von Ginster und Heidekraut bedeckten Klippen ist Cape Clear Island (Oileán Chléire) ein Paradies für alle, die es einsam mögen. Trotz der geringen Größe der Insel (5 km lang, 1,5 km breit) braucht man Zeit, um die zerklüftete Gaeltacht-Region (hier wird Irisch gesprochen), das südlichste bewohnte Eiland Irlands, richtig zu genießen.

Der Tourismus hat bisher kaum Einzug gehalten, es gibt keine Banken oder Geldautomaten, aber einen kleinen Lebensmittelladen, zwei Pubs und ein Restaurant.

Sehenswertes & Aktivitäten

Tafeln in der Nähe des Hafens informieren über mehrere gekennzeichnete Wanderwege; unbeschilderte Straßen führen quer über die Insel. In der Nähe des Anlegers sind die Überreste einer **Kirche aus dem 12. Jh.** zu sehen und an der Küste Richtung Westen die Ruinen des **Dunamore Castle** aus dem 14. Jh., eine Festung des O'Driscoll-Clans (vom Hafen aus dem Fußweg folgen).

Cape Clear zählt zu den besten Orten in Irland, um Vögel zu beobachten, z. B. Schwarzschnabel-Sturmtaucher, Trottellummen, Tölpel, Eissturmvögel und Dreizehenmöwen. Manchmal halten sich hier Zehntausende Zugvögel auf, besonders frühmorgens und in der Dämmerung. Im Oktober bekommt man die meisten Arten zu Gesicht. Am Hafen steht das weiße Gebäude der **Vogelwarte** (am Ende des Piers rechts und 100 m weiter).

Cape Clear Museum MUSEUM
(028-39119; www.capeclearmuseum.ie; 3 €; Juni–Aug. 14.30–17 Uhr) Das Museum der Insel präsentiert Ausstellungen über die hiesige Geschichte und Kultur und wartet mit einem herrlichen Blick übers Meer nach Mizen Head auf.

Chléire Goats BAUERNHOF
(087 797 3056; www.oilean-chleire.ie/GoatFarm) Wer sich in einer so einsamen Gegend befindet, kann ruhig etwas für seine Bildung tun. Ed Harper vom Bauernhof Chléire Goats, westlich der Kirche der Insel aus dem 12. Jh., kann einem alles über die Ziegenhaltung beibringen. Er stellt auch Eis aus Ziegenmilch und Ziegenkäse her (Verkostung möglich) und veranstaltet halb- (35 €) bis fünftägige (155 €) Kurse zur Ziegenhaltung.

Feste & Events

Cape Clear Island International Storytelling Festival DARSTELLENDE KÜNSTE
(028-39157; www.capeclearstorytelling.com; Anfang Sept.) Lockt Hunderte Besucher auf die Insel, die hier Geschichten lauschen, an Workshops teilnehmen und Spaziergänge unternehmen.

Schlafen & Essen

Die Insel bietet ein Hostel, einen Campingplatz sowie mehrere B&Bs und Cottages für Selbstversorger. Alle Unterkünfte müssen im Voraus gebucht werden.

Cape Clear Hostel HOSTEL €
(028-41968; http://anoige.ie; Old Coastguard Station, South Harbour; B/4BZ ab 17,50/78 €; Ostern–Sept.; P @) Mitten in einem schönen Garten, zehn bis 15 Minuten zu Fuß vom Fähranleger entfernt, beherbergt das große cremefarbene Gebäude ein Hostel mit Schlafsälen und Privatzimmern. Es verfügt über eine große Selbstversorgerküche, eine Waschmaschine und einen Trockner sowie eine erstaunliche Sammlung von Modellschiffen in Flaschen. Der Blick aufs Meer ist wunderschön und im Hotelrestaurant gibt's leckeres Essen.

Chléire Haven CAMPINGPLATZ €
(028-39982; www.yurt-holidays-ireland.com; South Harbour; Stellplatz 10 € pro Pers., Jurte ab 90 € pro Nacht; April–Sept.) Der ansprechende Campingplatz mit Blick auf den Südhafen bietet Unterkünfte in einer mongolischen Jurte mit Holzofen (bis zu 6 Pers.), in einem nordamerikanischen Tipi oder in Zelten (begrenzte Auswahl an Stellplätzen). Alle Unterkünfte müssen im Voraus gebucht werden, selbst wenn man sein eigenes Zelt mitbringt.

ABSTECHER

IRLANDS TRÄNE

Er war das letzte Stück Heimatland, das die Emigranten sahen, als sie im 19. Jh. nach Amerika aufbrachen. Der Fastnet-Rock, Irlands südlichster Punkt, wird deshalb auch *teardrop* (Träne) genannt.

Die isolierte Felsspitze, auf der ein spektakulärer Leuchtturm thront, steht 6,5 km südwestlich von Cape Clear Island und ist bei klarem Wetter zwischen Baltimore und Mizen Head von vielen Stellen an der Küste aus zu sehen. Der meist von hohen Wellen umtoste Fels ziert Tausende Postkarten, Bildbände und Kunstfotos.

Der Fastnet-Leuchtturm gilt weithin als einer der perfektesten Leuchtturmbauten weltweit. Erbaut wurde er 1904 aus genial miteinander verzahnten Granitblöcken. Eine Ausstellung zu seiner Errichtung ist im **Mizen Head Visitor Centre** (S. 261) und im **Cape Clear Museum** zu sehen.

Fastnet Experience (☎087 389 9711; www.fastnettour.com; Erw./Fam. 35/80 €) bietet von Juni bis August von Schull, Baltimore und Cape Clear Island Bootstouren zum Felsen an. Sie sind wetterabhängig und dauern 2½ bis 3 Stunden (1½ Std. ab Cape Clear).

Cape Clear Island B&B B&B €€
(Ard Na Gaoithe; ☎028-39160; www.capeclearbandb.ie; The Glen; EZ/DZ 50/80 €; 📶) Das B&B liegt auf einem biologisch bewirtschafteten Hof mit Blick über den südlichen Hafen, einen 20-minütigen Fußmarsch von der Fähre entfernt. Das einfache, robuste Haus im Cottage-Stil bietet erholsame Zimmer, kostenlosen Tee und Scones zur Begrüßung und Katzen im Garten.

Praktische Informationen

Die **Touristeninformation** (☎028-39100; www.capeclearisland.ie/TouristInformation; North Harbour; ⊙Juli & Aug. 11–13 & 14–18 Uhr, Juni & Sept. kürzere Öffnungszeiten) liegt hinter dem Pier neben dem Sean Rua's Restaurant und beinhaltet auch ein Geschäft für Kunsthandwerk.

An- & Weiterreise

Die leuchtend orangefarbene **Passagierfähre** *Cailín Óir* (☎086 346 5110; www.cailinoir.com; Erw./Kind Hin- & Rückfahrt 16/8 €; ⊙Mai–Sept. 10.30–19 Uhr, Okt.–April siehe Website) fährt im Sommer drei- bis viermal täglich, im Winter zweimal täglich von Baltimore nach Cape Clear Island. Die Überfahrt dauert 45 Minuten.

Im Sommer gibt's auch einen **Fährservice** (☎087 389 9711; www.schullferry.com; Erw./Kind Hin- & Rückfahrt 16/8 €; ⊙Juni–Aug.) von Schull.

MIZEN HEAD PENINSULA

Von Skibbereen verläuft die Straße Richtung Westen durch Ballydehob, das Tor zur klippenreichen Mizen Head Peninsula (*meisen* ausgesprochen), Irlands Südwestspitze. Von hier führt die R592 weiter zum hübschen Jachthafen von Schull und weiter durch noch kleinere Siedlungen zum Weiler Goleen.

Doch auch dort ist noch nicht das Ende der Halbinsel erreicht. Immer schmalere Straßen führen zum spektakulären Mizen Head und zu zwei versteckten Naturschätzen: Barleycove Beach und Crookhaven. So mancher, der ohne ordentliche Landkarte unterwegs ist, landet allerdings immer wieder an der gleichen Kreuzung.

Auf dem Rückweg nach Goleen lohnt ein Abstecher nach Norden die malerische Küstenstraße entlang, die sich am Rand von Dunmanus Bay fast bis nach Durrus schlängelt. Die R591 führt durch Durrus Richtung Norden nach Bantry, während sich die L4704 Richtung Westen nach Ahakista und zur Sheep's Head Peninsula wendet.

Schull

700 EW.

Segler und Künstler haben das Fischerdorf Schull (*skall* ausgesprochen; www.schull.ie) in einen quirligen Ort voller Kunsthandwerksläden und Galerien verwandelt.

Sehenswertes & Aktivitäten

Eine der möglichen Wanderungen ist die zum **Mt. Gabriel** (407 m, 13 km hin & zurück). Einst wurde hier Kupfer abgebaut und es wurden Überreste aus der Bronzezeit sowie alte Minenschächte und Schlote aus dem 19. Jh. entdeckt.

Bequemer ist der kurze Uferweg (Foreshore Path, 2 km) vom Pier zur **Roaringwater Bay** hinaus, von wo aus man die vorgelagerten Inseln sieht.

Planetarium PLANETARIUM
(☎ 028-28315; www.westcorkweb.ie/planetarium; Schull Community College, Colla Rd; Erw./Kind 6/4 €; ⏲ Juni–Aug.; P) Das einzige Planetarium der Republik Irland hat ein Deutscher gegründet, der Schulls Charme verfallen war. Es liegt auf dem Gelände des Schull Community College am Südende des Dorfs. Im Sommer gibt's drei- bis viermal in der Woche eine 45-minütige Sternenschau; die Zeiten telefonisch erfragen oder auf der Website nachschauen.

Divecology TAUCHEN
(☎ 086 837 2065; www.divecology.com; Main St) Tauchkurse und Tauchausflüge zu Wracks und Tauchplätzen in Korallenriffen. Ein eintägiger Schnupperkurs kostet 100 € pro Person (inkl. Equipment).

Feste & Events

Schull Regatta SEGELN
(www.shsc.ie; ⏲ Anfang Aug.) Highlight der fünftägigen Segelregatta, die in Anspielung auf Englands berühmtere Cowes Week spaßeshalber Kalbswoche genannt wird, ist die Wochenend-Regatta – inklusive Open-Air-Markt, Sportangeboten für Kinder, Wettbewerben im Krabbenfischen und einem Feuerwerk. In der Regel nach dem Feiertag im August.

HOFPRODUKTE VON GUBBEEN

Der Gubbeen-Hof in der Nähe von Schull wird seit sechs Generationen von derselben Familie bewirtschaftet und zählt zu den Pionieren der kunsthandwerklichen Käseherstellung in Irland. 1979 startete die Produktion, 1989 wurde die Molkerei um eine Räucherkammer erweitert, später kam ein Kräutergarten dazu und der Viehbestand mit Rasseschweinen und Geflügel wurde aufgestockt.

Gubbeen produziert inzwischen Schinken, Salami, Chorizo, Eier von freilaufenden Hühnern und Gemüse aus biologischem Anbau sowie einige der besten irischen Käsesorten. Ganz besonders zu empfehlen ist der Extra Mature Smoked Gubbeen.

Auf dem Hof werden keine Besucher empfangen, Gubbeen ist aber mit einem Stand auf den verschiedenen Bauernmärkten in **Schull** (S. 261), **Skibbereen** (S. 255) und **Bantry** (S. 266) vertreten.

Schlafen & Essen

Es gibt mehrere gute Restaurants im Dorf, aber man sollte sonntags zum Country Market (S. 261) herkommen, der einen guten Einblick in die lokale Gourmetszene gibt.

Stanley House B&B €
(☎ 028-28425; www.stanley-house.net; Colla Rd; EZ/DZ/FZ 50/76/110 €; ⏲ März–Okt.; P 📶) Ein modernes B&B auf einer Anhöhe etwas außerhalb des Orts mit vier blitzsauberen, gemütlichen Zimmern. Mit einem Kaffee kann man im Sonnenraum entspannen und den herrlichen Meerblick genießen.

Grove House B&B €€
(☎ 028-28067; www.grovehouseschull.com; Colla Rd; EZ/DZ ab 50/80 €; P 📶) Das schön restaurierte georgianische Anwesen, in dem Jack B. Yeats schon zu Gast war, wartet mit handgeknüpften Teppichen auf herrlichen Kiefernholzböden und einer exquisiten Einrichtung mit Antiquitäten auf. Zum Haus gehört ein tolles **Restaurant** (3-Gänge-Abendmenü 35 €; ⏲ Mo–Sa mittags und abends), das schwedisch inspirierte und irische Gerichte serviert.

Newman's West CAFÉ €
(☎ 028-27776; www.tjnewmans.com; Main St; Hauptgerichte 8–14 €; ⏲ 9–23 Uhr; 📶) Die bei Seeleuten beliebte Weinbar (es gibt eine große Auswahl an guten offenen Weinen) und Kunstgalerie hat Suppen, Salate sowie riesige Sandwiches mit lokal hergestelltem Käse und Salami im Angebot. Als Tagesgericht werden z. B. Muscheln aus der Bantry Bay und Fischsuppe gereicht. Das angrenzende ursprüngliche Pub, das TJ Newman, ist sehr charmant.

Hackett's Bar PUBFOOD €
(☎ 028-28625; Main St; Hauptgerichte 7–10 €; ⏲ Küche tägl. 12–15, Fr & Sa 18–21 Uhr; 📶 👪) Der soziale Treffpunkt des Orts hat sich durch seine kreative biologische Kneipenkost einen Ruf gemacht und zieht ein sehr gemischtes Publikum an. Alle Gerichte werden frisch zubereitet. Schwarz-Weiß-Fotos und Blechschilder zieren die schiefen Wände, auf dem ausgetretenen Steinboden stehen alte Küchenstühle und -bänke.

Shoppen

Country Market MARKT
(www.schullmarket.com; Pier Road Car Park; ⏲Ostern–Sept. So 10–14 Uhr) Auf Schulls beliebtem Markt lernt man die Produkte der Künstler und Kunsthandwerker des Dorfs kennen. Erzeuger und Lieferanten aus der gesamten Region kommen hierher.

An- & Weiterreise

Jeden Tag fahren zwei Busse von Cork über Clonakilty und Skibbereen nach Schull (23 €, 2½ Std.).

West Cork Rural Transport (S. 255) betreibt einen Minibus, der dienstags und freitags von Bantry nach Durrus, Goleen und Schull fährt (muss im Voraus gebucht werden).

Mizen Head

An klaren Tagen bietet sich auf der kurvenreichen Küstenroute von Schull nach Goleen ein absolut großartiger Ausblick bis nach Cape Clear Island und zum Fastnet Lighthouse. Ab Toormore wird die Landschaft dann wilder. Hier zweigt eine Straße nach Norden in Richtung Goleen und Durrus ab. Von Goleen führen ein paar Straßen ins entlegene Hafenörtchen Crookhaven und zu den beeindruckenden Felsen am Mizen Head.

Die **Mizen Head Signal Station** (☎028-35115; www.mizenhead.ie; Mizen Head; Erw./Kind 7,50/4,50 €; ⏲Juni–Aug. 10–18 Uhr, Mitte März–Mai & Sept.–Okt. 10.30–17 Uhr, Nov.–Mitte März nur Sa & So 11–16 Uhr) wurde 1909 erbaut, um die Schiffe vor der Felsküste zu warnen. Sie thront hoch über tosenden Wellen und deformierten Klippen auf einer kleinen Insel, die durch eine spektakuläre 45 m hohe Brücke mit dem Festland verbunden ist. Vom Besucherzentrum aus (das Betreten der Insel kostet Eintritt) geht man zu Fuß zehn Minuten über 99 Stufen zur Leuchtturmstation, die heute eine Ausstellung zu ihrer Entstehungsgeschichte und zu Meerestieren beherbergt. Nach Walen und Delfinen Ausschau halten!

Auf dem Rückweg kann man sich im Besucherzentrum über die lokale Ökologie und Geschichte und den Fastnet-Leuchtturm informieren. Außerdem gibt's auch ein einfaches Café.

Von Cork nach Schull verkehrt regelmäßig ein Bus; der Minibus von West Cork Rural Transport (S. 255) verbindet Bantry mit Durrus, Goleen und Schull, verkehrt aber nur dienstags und freitags (im Voraus buchen!).

Goleen

Goleen ist die größte Ortschaft dieser Gegend – obwohl das nicht viel heißt. Es beherbergt eine imposante neogotische Kirche sowie vier Pubs, vier Läden und eine Tankstelle.

Schlafen & Essen

Es gibt etwa sechs B&Bs im Dorf, die aber meist nur im Sommer geöffnet sind.

Heron's Cove B&B **€€**
(☎028-35225; www.heronscove.com; Harbour Rd; EZ/DZ ab 50/80 €; P 📶) 🌿 Eine ausgezeichnete Wahl! Die Zimmer dieser wunderbaren Bleibe sind farbenfroh dekoriert, zudem besitzen einige Balkone mit Blick auf die Bucht von Goleen Harbour. Das kleine **Restaurant** (3-Gänge-Abendmenü 30 €; Mai–Aug. 19–21.30 Uhr; Sept.–April nach Voranmeldung) verfügt über eine exzellente Speisekarte mit Gerichten aus biologischen sowie einheimischen Erzeugnissen.

Fortview House B&B **€€**
(☎028-35324; www.fortviewhouse.ie; Gurtyowen, Toormore; EZ/DZ 50/100 €; ⏲April–Okt.; P 📶) In dem zauberhaften Haus, das sich auf einem bewirtschafteten Bauernhof befindet, gibt's drei Gästezimmer, die mit Antiquitäten gefüllt und mit Blumenmotiven dekoriert sind. Das Frühstück von Gastgeberin Violet wird Gourmetstandards gerecht (warmer Kartoffelkuchen mit Crème fraîche und Räucherlachs); die Eier stammen von den sehr glücklich wirkenden Hennen im Garten. Die Pension liegt 9 km nordöstlich von Goleen an der R591 Richtung Durrus.

Praktische Informationen

Mizen Information & e-Centre (☎028-35000; www.facebook.com/mizenecentre; Main St; ⏲10–18 Uhr; 📶) Bietet Informationen für Touristen, Kaffee, kostenloses WLAN und Internetzugang.

An- & Weiterreise

Bus Éireann (S. 237) verkehrt zweimal täglich von Skibbereen (12,90 €, 1¼ Std.) über Schull hierher. Goleen ist die Endhaltestelle der Busse auf der Halbinsel.

West Cork Rural Transport (S. 255) betreibt einen Minibus, der dienstags und freitags zweimal täglich von Bantry über Schull nach Goleen (4 €, 1 Std.) fährt.

Crookhaven

Der westliche Zipfel von Crookhaven ist so abgelegen, dass man meint, man wäre mit dem Boot schneller dort als mit dem Auto. Für manche trifft das sogar zu: Im Sommer legen hier viele Jachten an und der Ort erwacht zum Leben. Außerhalb des Sommers geht's vor Ort sehr ruhig zu. In seiner Blütezeit war der natürliche Hafen von Crookhaven ein wichtiger Ankerplatz und Treffpunkt mit 700 Einwohnern, heute sind es nur noch etwa 30. Post aus Amerika wurde hier gesammelt und 1863 wurde eine Telegrafenlinie nach Cork gelegt, die Nachrichten vom transatlantischen Schiffsverkehr übermittelte.

Weitläufige Sanddünen zwischen zwei langen Klippen verlieren sich in den Wellen und bilden die **Barleycove**, den schönsten Strand im Westen Corks. Die selten überfüllte Bucht mit ihrem goldenen Sand eignet sich wunderbar für Kinder; es gibt einen sicheren Badeabschnitt an einer Flussmündung. Ein langer Steg und die Pontonbrücke führen zum Parkplatz an der Straße nach Crookhaven.

Ein Essen in der beliebten, rustikalen Bar des **Crookhaven Inn** (☎ 028-35309; www.thecrookhaveninn.com; Hauptgerichte 12–25 €; ⏲ Küche April–Sept. Fr–Mo 12.30–20 Uhr) ist einen Ausflug hierher wert. Im Sommer kann man draußen sitzen und abends gibt's Trad-Music-Sessions.

Brow Head

Der südlichste Punkt auf dem irischen Festland lohnt einen Spaziergang. Westlich hinter Crookhaven ist eine Abzweigung nach links zum „Brow Head" ausgeschildert. Man parkt am besten am Galley Cove Beach und folgt der schmalen Straße bis zum Ende zu Fuß; dann geht's auf einem Pfad zur Landzunge, wo man auf einen 200 Jahre alten **Wachturm** trifft und auf die Überreste der **drahtlosen Telegrafenstation** von Guglielmo Marconi. Von 1901 bis 1914 war sie hier in Betrieb und wurde dann auf die Insel Valentia verlegt. Der Ausblick ist herrlich: Er reicht vom Mizen Head im Westen bis Fastnet Rock (13,5 km entfernt) und Cape Clear im Osten.

Durrus

305 EW.

Die Fahrt an der Nordseite der Mizen Head Peninsula entlang führt zur Straßenkreuzung beim Dorf Durrus an der Spitze der Dunmanus Bay, das aus nicht viel mehr als einem Pub und einer Reihe von Häusern besteht. Von hier kann man direkt nach Bantry weiterfahren oder nach Westen zur Sheep's Head Peninsula. Von den drei Halbinseln in West Cork ist dies die am wenigsten besuchte.

In und um das Dorf gibt's mehrere B&Bs, aber das nahegelegene Bantry bietet eine größere Auswahl an Unterkünften.

Durrus ist in Gourmetkreisen für seinen preisgekrönten Durrus-Farmhouse-Käse bekannt, der auf einem Bauernhof 4 km nördlich des Dorfes hergestellt wird.

★ Blairscove House B&B €€€

(☎ 027-61127; www.blairscove.ie; B&B DZ/FZ ab 190/230 €; ⏲ Ostern–Okt. tägl., sonst nur Fr & Sa; P 📶) Dieses beeindruckende georgianische B&B liegt auf einem 2 ha großen Grundstück über der Bucht und wirkt, als sei es einer Hochglanzzeitschrift entsprungen. Die wunderbar ausgestatteten Zimmer und Suiten gruppieren sich um einen begrünten Innenhof und können als B&B oder auf Selbstversorgerbasis gemietet werden. Das Loft-Apartment (für 2 Pers.) hat herrlichen Meerblick. Blairscove liegt 2 km südwestlich von Durrus an der R591.

Das **Restaurant** (3-Gänge-Abendmenü 60 €; März–Okt. Di–Sa 18–21 Uhr) befindet sich in einem mit Kronleuchtern geschmückten Saal und serviert lokale Zutaten in internationalem Stil.

Sheeps Head Inn PUBFOOD €€

(☎ 027-62822; www.thesheepsheadinn.ie; Hauptgerichte 10–23 €; ⏲ Küche Juni–Aug. tägl. 12–15 & 19–21 Uhr, Sept.–Mai nur Fr & Sa; 👪) 🍃 Im Zentrum des Dorfes bereitet dieses gemütliche schwarz-weiße Gastropub außergewöhnliche Köstlichkeiten aus lokalen Produkten zu, darunter Käsetörtchen aus Durrus, gebratenen Wolfsbarsch sowie Krabbenscheren in Knoblauch und Zitrone.

Durrus Farmhouse ESSEN

(☎ 027-61100; www.durruscheese.com; Coomkeen; ⏲ nach Voranmeldung Mo–Fr 9–14 Uhr) 🍃 West Cork ist international bekannt für seinen wundervollen Käse. Dafür sorgen Produzenten wie das Durrus Farmhouse, dessen Erzeugnisse in ganz Irland und weltweit verkauft werden. Man kann den Bauernhof besuchen und die Käseherstellung durch ein Fenster beobachten (im Voraus buchen). Der Hof liegt 4 km nördlich von Durrus an einer Nebenstraße, die von der Straße nach Ahakista abzweigt.

SHEEP'S HEAD PENINSULA

Die Sheep's Head Peninsula hat ihren ganz eigenen rauen Charme – und es gibt dort tatsächlich jede Menge Schafe. Die Straße westlich von Durrus führt durch **Ahakista** (Atha an Chiste) mit ein paar Pubs, u. a. die originelle Ahakista Bar (siehe unten), die wegen ihres Blechdachs auch Tin Pub (Blech-Pub) genannt wird. Der blühende Garten hinter dem Haus erstreckt sich bis hinunter zur Küste.

Hinter Ahakista wird die Landschaft immer karger und die Straße enger und kurviger. **Goat's Path Road** ist eine Stichstraße mit herrlichen Ausblicken; sie verbindet Kilcrohane und Gortnakilly (jeweils an der Süd- bzw. Nordküste) über die Westflanke des **Mt. Seefin** (345 m). Seinen Gipfel erklimmt man über einen atemberaubenden 1 km langen Weg.

Aktivitäten

Hinter Kilcrohane führt die Straße durch Hochmoore steil bergauf. Sie endet an einem abgelegenen Parkplatz, wo die kleine Teestube **Bernie's Cupán Tae** (http://livingthesheepsheadway.com/cupan-tae; Tooreen; Gerichte 3–6 €; variabel, Juni–Aug. Sa & So 10–16 Uhr) für ihre Scones und Lachssandwiches bekannt ist. Von hier aus führt ein fantastischer **gekennzeichneter Wanderweg** zum 2 km entfernten Sheep's Head Lighthouse an der äußersten Spitze der Halbinsel, inmitten einer atemberaubenden Felslandschaft (hin & zurück 1½–2 Std.). Auf www.thesheepsheadway.ie, der Website des Sheep's Head Way, gibt's Infos zu vielen weiteren Wandermöglichkeiten.

Sheep's Head Cycle Route RADFAHREN
(www.thesheepsheadway.ie) Die 120 km lange Sheep's Head Cycle Route verläuft gegen den Uhrzeigersinn von Ballylickey entlang der Küste der Halbinsel von Sheep's Head, zurück zum Festland und hinunter nach Ballydehob. Abkürzungen oder Alternativstrecken, etwa über die Goat's Path Road oder entlang der Küste von Ahakista nach Durrus, sind möglich. Die überall erhältliche Broschüre *The Sheep's Head Cycle Route* beschreibt die Tour in allen Einzelheiten; man bekommt sie auch in den örtlichen Touristeninformationen und Buchläden.

Sheep's Head Way WANDERN
(www.thesheepsheadway.ie) Der Sheep's Head Way ist ein 93 km langer Wanderweg um die Halbinsel. Er führt teils über winzige Straßen, teils über Pfade; zu empfehlen sind die Ordnance-Survey-Karten 85 und 88. Campingplätze gibt's auf der Sheep's Head Peninsula nicht, man kann an der Strecke aber zelten, wenn es der jeweilige Besitzer des Landes erlaubt.

Schlafen & Essen

★ **Gallán Mór** B&B €€
(027-62732; www.gallanmor.com; Kealties; EZ/DZ ab 75/110 €; P, WLAN) Die Mitarbeiter des zauberhaften Boutique-B&Bs, das an Stil und Komfort nur noch von seinen herrlichen Ausblicken übertroffen wird, sorgen hingebungsvoll für ihre Gäste. Das Frühstück besteht aus Schinken und Eiern aus der Region, hausgebackenem Brot und Honig von den eigenen Bienen des Inhabers. Die Gäste können in einem holzbeheizten Außenpool relaxen. Das B&B liegt auf halber Strecke zwischen Durrus und Ahakista.

Heron Gallery, Café & Gardens CAFÉ €
(027-67278; www.herongallery.ie; Glen Lough Rd, Ahakista; Snacks 2,50–5 €, Hauptgerichte 10 €; April–Aug. 10.30–17.30 Uhr; P, WLAN) Die Heron Gallery ist mit farbenprächtigen Kunstwerken und hübschen Geschenken gefüllt und ein charmanter Ort für eine Mittagspause. Auf der Karte stehen gesunde, meist vegetarische Mittagsgerichte wie Falafel, karamellisierte rote Zwiebeln und Ziegenkäse-Tarte sowie Suppen, z. B. Pastinakensuppe mit Thaigewürzen. Kuchen und Scones werden ganztags serviert. In den Gärten blühen Wildblumen.

Ahakista Bar PUB
(Tin Pub; 027-67203; www.facebook.com/TheTinPub; Ahakista; Mai–Okt. 13.30–23 Uhr, Öffnungszeiten können variieren) Das charmante Steinhäuschen mit Blechdach ist von blühenden Gärten umgeben, die sich bis zum Ufer ziehen. Man kann sich draußen an die Picknicktische setzen, den herrlichen Ausblick bewundern und ein kühles Getränk genießen.

An- & Weiterreise

Busse von **West Cork Rural Transport** (S. 255) machen dienstags und donnerstags jeweils zweimal täglich (einer in jede Richtung) eine Rundtour über die Goat's Path Road nach Kilcrohane und Durrus (eine Strecke /hin & zurück 4/6 €).

BANTRY

2722 EW.

Die prachtvolle weitläufige Bantry Bay vor der Kulisse der Sheep's Head Hills und der zerklüfteten Caha Mountains ist eine der schönsten Buchten Irlands. Bantry Town – das geschützt von den Inseln am Ende der Bucht liegt – ist ein gepflegter hübscher Ort mit engen Straßen, altmodisch-individuellen Geschäften und einem malerischen Hafen.

Der ganze Stolz des Orts ist das Bantry House: Dort wohnte einst Richard White, der sich 1798 seinen Platz in der irischen Geschichte sicherte. Er informierte die Behörden über die bevorstehende Ankunft des irischen Patrioten Wolfe Tone und seiner französischen Flotte, um die Rebellion der United Irishmen zu unterstützen. Da ihre Landung letztlich durch heftige Stürme verhindert wurde, änderte sich der Verlauf der irischen Geschichte maßgeblich. Wolfe Tone wurden für seine Bemühungen ein Platz und eine Statue gewidmet.

Sehenswertes

★ Bantry House & Garden

HISTORISCHES GEBÄUDE

(☎ 027-50047; www.bantryhouse.com; Bantry Bay; Haus & Garten Erw./Kind 11/3 €; nur Garten 5 €/frei; ⏲ Juni–Aug. tägl. 10–17 Uhr, April, Mai, Sept. & Okt. Di–So; P) Mit seinem melancholischen Charme lohnt das Bantry House aus dem 18. Jh. einen Besuch. Von den Gobelinteppichen im Wohnzimmer bis zu den herrlichen Säulen in der Bibliothek erinnert es an eine vergangene Welt aristokratischen Überflusses. Am prachtvollsten sind jedoch die Gärten. Rasenflächen erstrecken sich bis zum Meer hinunter und im fantastischen italienischen Garten hinter dem Haus bietet eine Treppe mit 100 Stufen eine einmalige Aussicht. Der Eingang befindet sich 1 km südwestlich des Ortszentrums an der N71.

Seit 1729 gehört das Haus der Familie White. In jedem Zimmer verbergen sich Schätze, die jede Generation von ihren Reisen mitgebracht hat. Der Boden in der Eingangshalle ist mit Mosaiken aus Pompeji ausgelegt, an den Wänden hängen französische und flämische Wandteppiche, und japanische Truhen stehen neben russischen Schreinen. Von den etwas mitgenommenen Räumen im Obergeschoss genießt man einen wunderbaren Blick auf die Bucht. Gute Pianisten dürfen auf dem uralten Flügel in der Bücherei in die Tasten greifen.

Hier möchte man gern bleiben: Die Besitzer betreiben in den Seitenflügeln ein B&B (S. 265).

ABSEITS DER ÜBLICHEN PFADE

PRIEST'S LEAP

Autofahrer mit schwachen Nerven sollten nicht auf die Idee kommen, die schwindelerregende einspurige Straße nach Priest's Leap (17 km nordwestlich von Bantry) hinaufzufahren – auch nicht, wenn das GPS sie als Abkürzung zwischen Bantry und Kenmare vorschlägt. Auf Unerschrockene, die diese wilde Fahrt wagen, warten jedoch zur Belohnung grandiose Aussichten über die Berge bis nach Bantry und zur Bantry Bay dahinter.

Die Straße ist auch für Radfahrer eine Herausforderung. Sie überwindet auf 4,5 km fast 400 Höhenmeter mit zum Teil besonders steilen Abschnitten. Radfahrer mit guter Kondition schaffen es bis oben; wenn man aber keine Tour-de-France-Muskulatur hat, steigt man unterwegs wohl drei- bis viermal ab. Vor der Abfahrt auf jeden Fall die Bremsen prüfen!

Von Bantry aus fährt man auf der N71 8 km Richtung Norden und biegt hinter der Brücke am Ende der Bucht rechts ab (auf dem braunen Schild steht Priest's Leap). An der ersten Brücke geht's nach links, an der zweiten Brücke wieder links (nach einem weißen Schild mit der Aufschrift Priest's Leap Ausschau halten) und anschließend die erste Abzweigung nach rechts. Die lange Gerade wird nun immer steiler, bevor ein flacheres Stück mit steilen Abhängen an der linken Seite folgt.

Auf dem Gipfel des Passes steht ein windumtostes Kreuz. Der Legende zufolge rief Pater James Archer 1601 die Clans von Cork und Kerry dazu auf, den Engländern weiterhin die Stirn zu bieten. Feindliche Truppen sahen ihn auf der alten Straße nach Kerry und verfolgten ihn, bis er auf dem Gipfel des Passes mit seinem Pferd von den Klippen sprang und in Bantry landete.

Bantry Historical Museum MUSEUM
(☎ 027-51246; www.facebook.com/Bantryhistoricalsociety; Wolfe Tone Sq; ⏱ Mai–Sept. 10.30–16 Uhr) GRATIS Das Museum befindet sich in einem Schuppen hinter dem Feuerwehrgebäude und wirkt eher wie ein Antiquitätenladen. Seine riesige Sammlung von Geschirr, alten Flaschen, Eisenwaren, alten Fotografien, Besteck, Werkzeugen und verschiedenen Haushaltswaren gibt einen Einblick in das örtliche Leben im 19. und frühen 20. Jh.

Feste & Events

Bantry Walking Festival WANDERN
(http://bantrywalkingfestival.com; ⏱ Juni) Drei Tage lang finden in Bantry und Umgebung geführte Wanderungen statt; die meisten eignen sich gut für Familien mit Kindern.

West Cork Chamber Music Festival MUSIK
(www.westcorkmusic.ie/chambermusicfestival; ⏱ Juni–Juli) Bei dem bekannten Festival werden im Bantry House (siehe oben) und an anderen Orten im Stadtzentrum eine Woche lang Konzerte, Gesprächsrunden und musikalische Meisterkurse veranstaltet.

West Cork Literary Festival LITERATUR
(http://westcorkmusic.ie/literaryfestival; ⏱ Juli) Im Juli finden eine Woche lang Lesungen, Workshops, Gesprächsrunden mit bekannten Autoren und Events für Kinder statt.

Schlafen

Eagle Point Camping CAMPINGPLATZ €
(☎ 027-50630; www.eaglepointcamping.com; Glengarriff Rd, Ballylickey; Stellplatz ab 12 € pro Pers.; ⏱ Mitte April–Ende Sept.; P 📶) Ein wunderbarer Campingplatz mit einer beneidenswerten Lage am Ende einer pinienbewachsenen Landzunge, 6 km nördlich von Bantry. Fast alle 125 Stellplätze bieten Meerblick. Gäste haben direkten Zugang zum nahen Kiesstrand, wo man schwimmen und anderen Wassersport betreiben kann. WLAN gibt's nur an der Rezeption.

Mill B&B B&B €
(☎ 027-50278; www.the-mill.net; Glengarriff Rd; EZ/DZ ab 50/70 €; ⏱ Ostern–Okt.; P 📶) Jede Menge Individualität und unglaublich viel Nippes in den Zimmern prägen dieses moderne Haus direkt am Ortsrand. Das solide Frühstück lässt man sich im riesigen Speiseraum schmecken – umrahmt von einer herrlichen Sammlung indonesischer Marionetten und Kunstwerken der unverwüstlichen Besitzerin Tosca.

Bantry House HISTORISCHES HOTEL €€€
(☎ 027-50047; www.bantryhouse.com; Bantry Bay; DZ ab 189 €; ⏱ April–Okt.; P 📶) Die Zimmer in diesem aristokratischen Herrenhaus (S. 264) sind mit antikem und modernem Mobiliar eingerichtet. Wenn man nicht gerade eine Partie Crocket, Rasentennis oder Billard spielt, kann man sich in der Bibliothek entspannen, sobald die Besuchszeit des historischen Hauses zu Ende ist. Gäste des B&Bs haben freien Zugang. Die Zimmer 22 und 25 bieten die beste Aussicht auf den Garten und die Bucht.

Sea View House Hotel HOTEL €€€
(☎ 027-50073; www.seaviewhousehotel.com; Ballylickey; EZ/DZ/FZ ab 110/150/165 €; P 📶) Das Hotel hat alles, was man von einer Luxusunterkunft erwartet: Landhausatmosphäre, geschmackvolle Aufenthaltsräume, einen hervorragenden Service und 25 gemütlich-elegante Zimmer. Es liegt an der N71 in Ballylickey, 5 km nördlich von Bantry.

Essen

★ **Organico** CAFÉ €
(☎ 027-55905; www.organico.ie; 2 Glengarriff Rd; Hauptgerichte 7–11 €; ⏱ Mo–Sa 9–18 Uhr; 📶 ✎) 🍃 Ein freundlicher, gut besuchter Vollwertkostladen mit Café. Serviert werden knackig frische Salate, Sandwiches und Suppen sowie Mittagsgerichte, z. B. Falafelteller mit Hummus und Tahini (Sesampaste). Kaffee und Kuchen sind ebenfalls lecker.

★ **Manning's Emporium** CAFÉ, FEINKOST €
(☎ 027-50456; www.manningsemporium.ie; Ballylickey; Hauptgerichte 8–13 €; ⏱ Di, Do & Fr 7.30–18, Sa 9–21, So 9–18 Uhr, Brunch Sa–So 10–15 Uhr) 🍃 Dieser Feinkostladen mit Café ist ein Märchenland mit der besten Küche aus dem Westen Corks. Am besten schnappt man sich die Speisekarte, setzt sich an einen Tisch und bestellt am Tresen – Probierteller sind die beste Möglichkeit, um in den Genuss der verschiedenen lokalen Spezialitäten und Hofkäsesorten zu kommen, die im Angebot sind. Hier finden regelmäßig besondere Gourmetevents statt. Das Manning's Emporium liegt an der N71 in Ballylickey (von Bantry kommend auf der rechten Seite).

Fish Kitchen FISCH & MEERESFRÜCHTE €€
(☎ 027-56651; http://thefishkitchen.ie; New St; Hauptgerichte mittags 8–12 €, abends 15–28 €; ⏱ Di–Sa 12–15 & 17.30–21 Uhr) In dem herausragenden kleinen Restaurant über einem

Fischladen werden perfekt zubereitete Gerichte aus Meeresfrüchten serviert, z. B. einheimische Austern, die lebend aus dem Aquarium kommen (serviert mit Zitronen- und Tabascosoße) oder Muscheln aus der Bantry Bay in Weißwein. Fleischesser werden sich hier ebenfalls wohlfühlen. Freundlich, schnörkellos und absolut lecker!

O'Connors Seafood Restaurant FISCH & MEERESFRÜCHTE €€
(027-55664; www.oconnorseafood.com; Wolfe Tone Sq; Hauptgerichte mittags 10–18 €, abends 19–26 €; 12–15 & 17.30–21 Uhr, Okt.–März Di & Mi geschl.;) Jakobsmuscheln aus dem Westen Corks mit Blutwurst und geräuchertem Blumenkohlpüree, gebratener Kabeljau aus Castletownbere mit geröstetem irischem Feta und Trüffelöl oder Muscheln aus der Bantry Bay in vier Variationen sind nur einige der innovativen Fisch- und Meeresfrüchtegerichte, für die die Region berühmt ist. Am frühen Abend (17.30–18.30 Uhr) sind zwei-/dreigängige Menüs für 23/28 € im Angebot.

Ausgehen & Nachtleben

Ma Murphy's PUB
(027-50242; www.mamurphys.com; 7 New St; Mo–Sa 12–0.30, So bis 24 Uhr) In diesem Lebensmittelladen mit Pub, der bereits seit 1840 an dieser Stelle steht, scheint die Zeit stehen geblieben zu sein. Auch heute kann man hier noch Cornflakes und Zucker kaufen, und die Einheimischen haben immer Lust auf einen Schwatz.

Snug PUB
(027-50057; http://thesnug.ie; Wolfe Tone Sq; Mo–Sa 11–23, So 12.30–23 Uhr;) Das gemütliche Stammlokal der Einheimischen liegt am Wasser und ist für sein hervorragendes Pubfood bekannt; sonntags gibt's z. B. einen großartigen Braten.

Crowley's PUB
(027-50029; Wolfe Tone Sq; So–Do 12–23, Fr & Sa bis 0.30 Uhr) Eine der besten Kneipen in Bantry für Livemusik. Mittwochs spielen traditionelle Bands.

Shoppen

Bantry Market MARKT
(Wolfe Tone Sq; Fr 9.30–13 Uhr) Freitags ist Markttag – dann liegen berauschende Aromen in der Luft über dem Wolfe Tone Square. Fast alle Stände verkaufen frisches Obst und Biogemüse, Brot, Käse, Wurstwaren und andere örtliche Erzeugnisse, es gibt aber auch Kleidung, Schnickschnack, landwirtschaftliche Geräte und Werkzeuge. Am ersten Freitag im Monat ist der Markt besonders groß und gut besucht.

Praktische Informationen

In der **Touristeninformation** (027-50229; www.visitbantry.ie; Wolfe Tone Sq; April–Okt. Mo–Sa 10–18 Uhr) arbeiten nur ehrenamtliche Mitarbeiter, daher können die Öffnungszeiten variieren.

Anreise & Unterwegs vor Ort

Vier bis sechs Busse von **Bus Éireann** (www.buseireann.ie) fahren täglich zwischen Bantry und Cork (22 €, 2 Std.) und vier täglich nach Glengarriff (5,30 €, 20 Min.); Bus 282 fährt nur im Sommer und ermöglicht die Weiterfahrt von Glengarriff nach Kenmare (nur in eine Richtung; Mo–Sa 1-mal tägl.).

Ein Minibus-Service von **West Cork Rural Transport** steuert Dunmanway, Durrus, Goleen, Schull, Skibbereen und einige abgelegene Dörfer an (einfach/hin & zurück 4/6 €). Die Busse verkehren nur unregelmäßig (Fahrpläne siehe Website).

Nigel's Bicycle Shop (027-52657; Glengarriff Rd; 15/70 € pro Tag/Woche; ganzjährig Di–Sa 10–18 Uhr, Mai–Sept. auch Mo) verleiht Fahrräder und gibt Infos zu Fahrradstrecken in der Region.

BEARA PENINSULA (RING OF BEARA)

Nach Kerry und Dingle ist sie der dritte große „Ring" (Ringstraße rund um die Halbinsel) im Südwesten Irlands. Die zerklüftete Küste und die scharf gezeichneten Berge der Beara Peninsula sind ein Paradies für Geologen. Freiliegende, zusammengepresste Gesteinsschichten sorgen fast überall für atemberaubende Landschaftseindrücke.

Man kann den 137 km langen Ring of Beara ganz bequem an einem Tag abfahren, allerdings verpasst man so die spektakuläre **Healy Pass Road** (R574), die sich von Adrigole in Cork bis Lauragh im County Kerry quer über die Halbinsel zieht. Wer nicht viel Zeit hat, sollte sich für die Passstraße entscheiden und auf den übrigen Teil der Route verzichten.

An der Südseite reihen sich entlang der Bantry Bay Fischerdörfer aneinander. Im Norden hingegen verteilen sich nur ein paar kleine Weiler entlang der verwinkelten und kurvigen Straßen. Viele bieten einen herrlichen Blick nach Norden auf die Berge von Kerry. An der Spitze befindet sich eine Seilbahn, die die Halbinsel mit Dursey Island verbindet.

Ein kleiner Teil der Halbinsel liegt im County Kerry, ihr größter gehört aber zum County Cork.

Glengarriff

138 EW.

Versteckt in der dicht bewaldeten nördlichsten Ecke der Bantry Bay liegt Glengarriff (Gleann Garbh; www.glengarriff.ie). Das Feriendorf aus dem 19. Jh. erstreckt sich entlang der N71 von Cork nach Killarney am Beginn des Ring of Beara.

In der zweiten Hälfte des 19. Jhs. war Glengarriff ein beliebter Urlaubsort für reiche Engländer. Sie segelten von ihrer Heimat nach Cork herüber, nahmen den Zug nach Bantry (die Strecke wurde 1961 geschlossen) und setzen dann mit dem Dampfschiff nach Glengarriff über. 1850 baute man eine Straße quer durchs Gebirge nach Kenmare und schuf so eine Anbindung nach Killarney, was die Beliebtheit Glengarriffs noch mehr steigerte.

Sehenswertes

★ Ilnacullin GÄRTEN

(Garinish Island; ☎ 027-63040; www.heritageireland.ie; Erw./Kind 5/3 € plus Fährpreis; ⏲ Juli & Aug. So–Fr 9.30–17.30, Sa bis 18 Uhr, April–Juni, Sept. & Okt. kürzere Öffnungszeiten, Nov.–März geschl.) Ein gärtnerisches Wunderwerk aus den Anfängen des 20. Jhs. Die Besitzerin der Insel, Annan Bryce, beauftragte den Architekten Harold Peto, auf dem damals noch kargen Hang einen Garten anzulegen. Mutterboden wurde mit Schiffen herbeitransportiert, ein Landschaftsgarten angelegt und subtropische Pflanzenarten gesetzt: Kamelien, Magnolien und Rhododendren sorgen je nach Jahreszeit für ein prächtiges Farbenspiel. Die zehnminütige Bootsfahrt (☎ 027-63116, 087 234 5861; www.harbourqueenferry.com; Erw./Kind hin & zurück 12/6 €) zur Insel startet am Pier des Dorfs. Sie führt an Kolonien von Robben vorbei, die sich in der Sonne aalen, und an einem Nistplatz für Seeadler, die 2007 wieder in Irland angesiedelt wurden.

Das Herzstück der Insel ist ein zauberhafter Garten im italienischen Stil. In seiner Nähe führt eine Zypressenallee zu einem nachgebildeten griechischen Tempel mit herrlichem Blick zum Sugarloaf Mountain. Noch mehr Aussicht bietet der höchste Punkt der Insel, ein Martello-Turm aus dem 19. Jh. Er ist einer von Hunderten, die man einst an der Küste errichtet hat, um nach Napoleons feindlichen Truppen Ausschau zu halten.

Glengarriff Woods Nature Reserve NATURSCHUTZGEBIET

(☎ 027-63636; www.glengarriffnaturereserve.ie; ⏲ 24 Std.) GRATIS Das Tal des River Glengarriff im Nordwesten von Glengarriff gehörte einst zum Privatbesitz des Earl of Bantry. Im dichten Baumbestand des uralten erhaltenen Waldgebiets wird genügend Feuchtigkeit gespeichert, sodass Farne und Moose gut gedeihen. Zahlreiche Wildtiere leben in dem Naturschutzgebiet. Im Wald kann man nach Rothörnchen und Girlitzen Ausschau halten und am Fluss nach Ottern und Eisvögeln. Gekennzeichnete Wanderwege starten am Hauptparkplatz, 1 km nördlich des Dorfs.

Fünf unterschiedlich lange Wege, von 500 m bis 3 km, führen durch Wälder und Wiesen, auf Berge hinauf und an Flüssen entlang. Der violett markierte Glengarriff Wood Loop vereint die Highlights aller fünf Wege auf einer Strecke (8 km, 3 Std.).

Ewe Experience GÄRTEN

(☎ 027-63840; www.theewe.com; Tooreen; Erw./Kind 7,50/6 €; ⏲ Juni–Aug. 10–18 Uhr; P 👪) Es dauerte über 20 Jahre, bis dieser interaktive Skulpturengarten fertig war. Er ist einfallsreich und humorvoll gestaltet und sehr inspirierend – das Zusammenspiel von Kunst und Natur sorgt für unvergessliche Wanderungen durch die Wälder. Ob Schaf im Oldtimer oder Schwein im Schaumbad – die Wege von insgesamt 1 km Länge führen an etlichen kuriosen Skulpturen, Installationen, Puzzles und Spielen vorbei, die Kunst, Natur, Musik und Dichtung auf inspirierende Weise verbinden. 4,5 km nordwestlich von Glengarriff an der N71.

Aktivitäten

Im Norden und Westen erheben sich die kargen, felsigen Caha Mountains. Obwohl sie nicht sehr hoch sind, eignen sie sich doch zum Bergwandern. Außerdem gibt's im Ort und in der Umgebung viele Möglichkeiten für leichtere Spaziergänge. Zwischen Dorf und Pier führen einige gut gekennzeichnete Küstenwege durch alte Waldbestände aus Eichen und Waldkiefern, den Blue Pool Park. Die Robben, die man hier sieht, scheinen auf dem Wasser zu schweben, weil sie auf Felsen unter der Wasseroberfläche sitzen.

Ein Netz kleiner Straßen leitet nordwestlich vom Glengarriff Woods Nature Reserve (S. 267) zu Ferienhäusern und entlegenen Bauernhöfen, die sich wunderbar bei einer Radtour erkunden lassen. Ein gutes Ausflugsziel ist **Pooleen**, wo Picknicktische neben einem natürlichen Badebecken im River Glengarriff stehen. Nur wer über eine gute Kondition verfügt, sollte die Reise bis zum Ende der Straße wagen. Hier liegt der naturbelassene **Barley Lake**, an dem man vorwiegend auf Forellenangler trifft. Auf keinen Fall mit dem Auto dorthin fahren – es sei denn, man hat einen Jeep.

Schlafen & Essen

Coomarkane Visitor Centre CAMPINGPLATZ €
(☎ 027-63826; www.coomarkanevisitorcentre.com; Coomarkane; Stellplatz/Hütten 10/25 €; P) Wahrlich abseits ausgetretener Pfade liegt dieser zauberhafte ländliche Zeltplatz versteckt in den Caha Mountains in der Nähe des Glengarriff Woods Nature Reserve, 6 km südöstlich des Dorfes. Er bietet Platz für sechs Zelte und verfügt über eine Holzhütte (für bis zu drei Personen); alle Unterkünfte haben eigene Feuerstellen. Perfekt für Wanderer und Radfahrer. Der Campingplatz liegt an einer Nebenstraße, die 500 m südlich von Glengarriff von der R572 abzweigt.

BEARA WAY

Der 206 km lange gekennzeichnete Wanderweg (siehe www.irishtrails.ie) zieht eine Schleife um die schöne Beara Peninsula. Eine komplette Umrundung dauert neun Tage. Weil die Halbinsel bisher vom Massentourismus verschont geblieben ist, gilt sie als gute Alternative zum stärker besuchten Ring of Kerry im Norden.

Ein Großteil des Beara Way folgt alten Straßen und Pfaden und führt nur selten höher als 340 m. Es gibt keinen offiziellen Start- oder Zielpunkt, außerdem kann die Strecke in beide Richtungen begangen werden. Lässt man Bere Island und Dursey Island aus, verkürzt sich die Tour auf sieben Tage. Wer in Castletownbere losläuft, erreicht Kenmare in spätestens fünf Tagen.

Eine gute Beschreibung des Wegs (und der Halbinsel) findet man auf der Website von **Beara Tourism** (www.bearatourism.com).

Bayview Boutique Guesthouse PENSION €€
(☎ 027-63030; www.facebook.com/TheBayviewBoutiqueGuesthouseAndJimsCoffeeHouse; Reenmeen; Zi. ab 80 €; P 📶) Die große moderne Villa am Ostende von Glengarriff wurde in eine schicke und elegante Pension verwandelt – mit Zimmern wie aus einer Hochglanz-Wohnzeitschrift. Der hübsche Garten und die Terrasse hinter dem Haus bieten einen weiten Blick über die Bucht. Jim's Coffee House zählt zu den nettesten Restaurants der Gegend.

Eccles Hotel HISTORISCHES HOTEL €€
(☎ 027-63003; www.eccleshotel.com; Glengarriff Harbour; EZ/DZ ab 115/170 €; ⌚ Nov.–März geschl.; P 📶) Östlich vom Ortszentrum liegt die Grande Dame unter den Hotels von West Cork. Das Eccles Hotel wurde 1745 eröffnet und blickt auf eine lange, bewegte Geschichte zurück. Zu seinen Gästen zählten u. a. das British War Office, W. M. Thackeray, George Bernard Shaw und W. B. Yeats. Die Aufenthaltsräume im Stil des 19. Jhs. haben sich ihre Pracht bewahrt, auch wenn einige Zimmer eher klein sind. Den besten Blick bietet das Zimmer zur Buchtseite im 2. Stock.

Jim's Coffee House CAFÉ €
(☎ 027-63030; www.facebook.com/TheBayviewBoutiqueGuesthouseAndJimsCoffeeHouse; Reenmeen; Hauptgerichte 6–12 €; ⌚ April–Okt. Mi–So 10–16 Uhr, Nov.–März kürzere Öffnungszeiten; P 👪) Jims Kaffeehaus ist wahrscheinlich das beste Restaurant im Dorf. Es ist ein Treffpunkt der örtlichen Gemeinde und serviert warme Frühstücksgerichte, frisch gebackenen Kuchen und Gebäck sowie Mittagsspeisen.

MacCarthy's Bar PUBFOOD €€
(☎ 027-63000; http://glengarriffpark.com; 14 Main St; Hauptgerichte 10–19 €; ⌚ Küche 12–15 & 16–21 Uhr; 📶 👪) Das MacCarthy's ist eine traditionelle holzvertäfelte Bar im viktorianischen Stil. Auf der Speisekarte steht herzhafte Pubküche – Spezialität des Hauses sind saftige Muscheln aus der Bantry Bay in einer Weißwein-Kräutersoße.

An- & Weiterreise

Bus Éireann bietet folgende Verbindungen:
Bantry 5,30 €, 25 Min., bis zu 5-mal tägl.

Castletownbere 10,70 €, 50 Min., 1- oder 2-mal tägl.

Cork 22 €, 2½ Std., bis zu 5-mal tägl.

Kenmare Bus 282, 12,40 €, 45 Min., Juli & Aug. Mo–Sa 1-mal tägl.

Von Glengarriff nach Castletownbere

Auf diesem Abschnitt nach Westen treten die Faltungen im felsigen Untergrund der Landschaft immer deutlicher zutage. Auf den höchsten Erhebungen, dem Sugarloaf Mountain und dem Hungry Hill, erstrecken sich Steinmauern, sogenannte *„benches“* (Bänke), quer über die Hänge. Sie machen Bergwanderungen anstrengend und bei Nebel sogar gefährlich. Wer hier unterwegs ist, sollte einen Kompass und Karten mitnehmen (die topografischen Karten 84 und 85 von Ordnance Survey Discovery decken dieses Gebiet ab) und sich Tipps von Einheimischen holen.

Adrigole ist nicht viel mehr als eine Reihe einzelner Häuser und ein Hafen. Hier vermietet das West Cork Sailing Centre (☎ 027-60132; www.westcorksailing.com; The Boat House, Adrigole; ⏲ Juli & Aug.) Kajaks (12 € pro Std.) und kanadische Kanus (20 € pro Std.).

Von Adrigole aus klettert eine enge Serpentinenstraße 11 km nach Norden, über den überirdisch wirkenden Healy Pass nach Lauragh. Unterwegs bieten sich spektakuläre Aussichten auf die felsige Landschaft, besonders bei der Abfahrt auf der anderen Seite.

Castletownbere & Umgebung

860 EW.

Das lebhafte Castletownbere (Baile Chais Bhéara) ist in erster Linie ein Fischerdorf und erst an zweiter Stelle ein Touristenort. Dadurch hat es einen großen Reiz für alle, die auf der Suche nach dem „echten“ Irland sind. Doch auch hier gibt's ein paar Sehenswürdigkeiten, insbesondere ein weltbekanntes Pub: die McCarthy's Bar.

An der Main Street und dem Platz namens The Square befinden sich Geldautomaten, Cafés, Pubs und Lebensmittelläden.

Beara hat eine aufstrebende Gourmetszene und Castletownbere ist deren Zentrum. Es gibt einen Bauernmarkt (The Square; ⏲ ganzjährig erster Donnerstag im Monat 10–14 Uhr, Mai–Sept. jeden Donnerstag), ein paar ausgezeichnete Delikatessenläden und Kaffeehäuser sowie eine wachsende Anzahl an Restaurants.

Sehenswertes

Bere Island — INSEL

(www.bereisland.net) Die Insel ist nur 12 km breit und 7 km lang und wird von rund 200 Menschen bewohnt. Im Sommer zieht sie mit ihren Ferienwohnungen aber wesentlich mehr Leute an. Vor Ort gibt's alte Martello-Türme, einige zum Schwimmen geeignete Felsbuchten und den 19 km langen Rundweg Beara Way. Die Bere Island Ferry (☎ 027-75009; www.bereislandferries.com; Passagier/Auto hin & zurück 8/25 €; ⏲ Juni–Aug. Mo–Sa alle 90 Min., So & Sept.–Mai seltener) legt in Castletownbere ab und setzt Passagiere an einer abgelegenen Ecke des Eilandes ab. Murphy's Ferry Service (☎ 027-75014; www.murphysferry.com; Fußgänger/Auto hin & zurück 8/25 €; ⏲ alle 2 Std.) startet 5 km östlich von Castletownbere am Pontoon-Pier und steuert Rerrin an, das Hauptdorf der Insel. Es beherbergt ein Geschäft, ein Pub, ein Café und Unterkünfte.

Derreenataggart Stone Circle — HISTORISCHE STÄTTE

(⏲ Sonnenauf- bis Sonnenuntergang) GRATIS Auf einem einsamen Hügel, 2 km nordwestlich von Castletownbere, thront der eindrucksvolle Derreenataggart Stone Circle mit zehn Menhiren. Er liegt in der Nähe der Straße und ist am westlichen Ortsausgang von einer Rechtskurve aus ausgeschildert. In der Umgebung gibt's einige weitere solcher Steine.

Schlafen

Dzogchen Beara — HOSTEL, COTTAGES €

(☎ 027-73032; www.dzogchenbeara.org; Garranes; B/FZ 18/45 €, Cottages ab 680 € pro Woche; P) Der stille und herrliche Meerblick bestimmt die Atmosphäre des entlegenen Meditationszentrums Dzogchen Beara, wo zurzeit ein buddhistischer Tempel erbaut wird. Das Zentrum ist offen für alle und bietet Unterkünfte für Selbstversorger in Cottages mit Holzöfen und Blick auf den Atlantik sowie Zimmer im gemütlichen Bauernhaus-Hostel; es gibt auch ein gutes Café. Dzogchen Beara liegt 9 km südwestlich von Castletownbere.

Das Zentrum veranstaltet Seminare und Workshops; die Gäste können auch an Meditationssitzungen teilnehmen.

Beara Coast Hotel HOTEL €€
(☎ 027-71446; www.bearacoast.com; Cametringane Point; Zi. ab 110 €; P 📶) Von außen wirkt es einfach und nüchtern, aber das kürzlich modernisierte Hotel sorgt mit seiner farbenfrohen Einrichtung für einen angenehmen Aufenthalt. Die geräumigen Zimmer sind hell und fröhlich; viele haben Balkone mit Blick auf den Hafen. Die Lage ist ruhig, aber das Hotel ist nur einen kurzen Spaziergang von den Pubs und Restaurants im Ortszentrum entfernt.

Es ist ein beliebter Veranstaltungsort für Hochzeiten, daher sind unter der Woche die meisten Zimmer frei.

Sea Breeze B&B €€
(☎ 027-70508; www.seabreez.com; Derrymihin; EZ/DZ ab 50/80 €; P 📶) Die riesige Villa steht 1km östlich der Stadt oberhalb der Hauptstraße nach Glengarriff und blickt über den Hafen auf Bere Island. Die Lounge, die Gartenterrasse und die Hälfte der Zimmer bieten einen herrlichen Meerblick, während die anderen Räume Aussicht auf die Caha Mountains gewähren. Zum Frühstück gibt's Bagels mit Frischkäse und Räucherlachs.

Old Medical Hall B&B €€
(☎ 086 1732 606; www.theoldmedicalhall.com; Zi. ab 90 €; 📶) Das frisch renovierte und zentral gelegene B&B ist in einer früheren Apotheke untergebracht. Es vermietet fünf gemütliche, komfortable Zimmer mit luxuriösen Privatbädern. Im Erdgeschoss gibt's eine gemütliche Teestube. Der Besitzer verleiht auch Fahrräder an seine Gäste.

Berehaven Lodge COTTAGES €€€
(☎ 027-71464; www.berehavenlodge.com; Millcove; 375 € pro 2 Nächte, 595–850 € pro Woche; P 📶) Dieser Komplex aus gemütlichen Cottages für Selbstversorger hat eine beneidenswerte Lage mit herrlichem Meerblick 6 km östlich vom Castletownbere. Jede „Lodge" verfügt über drei Schlafzimmer, einen Jacuzzi, eine Außenterrasse und einen offenen Wohnbereich mit Kamin. Vor Ort befinden sich auch eine attraktive Bar und ein Restaurant, im Sommer werden auf der Terrasse Grillabende veranstaltet.

Essen & Ausgehen

★ **Fuchsia Café** CAFÉ €
(☎ 083 885 2552; www.facebook.com/fuchsiacafe; The Square; Hauptgerichte 5–11 €; ⏲ Mo–Sa 9–17 Uhr; 📶 👶) Lebhafte Farben (das Café ist pink gestrichen) und vielfältige Aromen charakterisieren dieses fröhliche Café auf dem lebhaften Dorfplatz. Morgens gibt's Pfannengerichte (auch vegetarisch, bis 12 Uhr); mittags kommen leckere hausgemachte Burger und Focaccia-Sandwiches mit Pulled Pork auf den Tisch. Der Kaffee ist verdammt gut.

Issie's Handmade Chocolate & Ice Cream Parlour CAFÉ €
(☎ 086 339 6316; www.issieshandmadechocolate.com; Ecke Main St & North Rd; Snacks 3–6 €; ⏲ April–Okt. tägl. 12–17 Uhr, Nov.–März Mi–Sa 10–17 Uhr) Isabel O'Donovans geselliges Café serviert preisgekrönte handgefertigte Schokoladen, kreative Eiscremes in vielen Sorten, hausgemachte Kuchen und Scones sowie großartigen Kaffee und heiße Schokolade.

Berehaven Lodge INTERNATIONAL €€
(☎ 027-71464; www.berehavenlodge.com; Millcove; Hauptgerichte 14–29 €; ⏲ April–Okt. tägl. 10–21 Uhr, Nov.–März kürzere Öffnungszeiten) Das Restaurant liegt 6 km östlich von Castletownbere in einem Komplex von Cottages für Selbstversorger. Es ist offen für alle und hat einen hübschen, modernen Speiseraum mit Freiluftterrasse und Meerblick. Der südafrikanische Chefkoch bereitet an Sommerwochenenden wundervolle Grillgerichte zu. Auf der Speisekarte stehen beliebte Speisen aus Irland und der ganzen Welt (Fish'n'Chips, Steaks, Thai-Currys, Louisiana-Hähnchenflügel etc.).

★ **MacCarthy's Bar** PUB
(☎ 027-70014; www.maccarthysbar.com; Main St; ⏲ Mo–Do 9.30–23.30, Fr & Sa bis 0.30 Uhr, So 12.30–23 Uhr) Auf dem Umschlag des Bestsellers *McCarthy's Bar* des inzwischen verstorbenen Pete McCarthy ist genau dieses Pub in der Main Street abgebildet (für das Titelbild wurde die Schreibweise verändert, um mit Petes Namen übereinzustimmen). Drinnen gibt's gutes Essen, leckere Getränke und regelmäßig Livemusik – die Stimmung ist großartig!

Praktische Informationen

Touristeninformation (☎ 027-70054; www.bearatourism.com; Main St; ⏲ Juni–Sept. Mo–Sa 9–17.30 Uhr, Okt.–Mai nur Fr & Sa) Auf dem Gelände der St. Peter's Church.

An- & Weiterreise

Zu den lokalen Busunternehmen zählen **O'Donoghue's** (☎ 027-70007) und **Harrington's of Ardgroom** (☎ 027-74003; https://sites.google.com/site/bustobeara/).

ABSTECHER

GOUGANE BARRA FOREST PARK

Gougane Barra ist ein wahrhaft magischer Ort voller zerklüfteter Berge und Kiefernwälder, die bis hinunter zu dem Bergsee reichen, aus dem der Lee entspringt. Der hl. Fin Barre, Gründer von Cork, errichtete dort im 6. Jh. ein Kloster und lebte als Einsiedler auf der Insel im **Gougane Barra Lake** (Lough an Ghugain), die heute über einen kurzen Dammweg zu erreichen ist. Die kleine Kapelle auf dem Eiland hat schöne Buntglasfenster mit Motiven von weniger bekannten keltischen Heiligen.

Jenseits des Sees führt eine Straße auf einer Rundtour durch den Park (Eintritt 5 € pro Auto), allerdings lohnt es sich viel mehr, die Gegend auf den gut ausgeschilderten Wegen und **Naturpfaden** zu erkunden.

Der Park ist an der R584 ausgeschildert, die zwischen der N71 in Ballylickey und Macroom an der N22 verläuft.

Die Gegend ist sehr entlegen – der einzige Ort, an dem man mal die Wanderschuhe auslüften kann, ist das **Gougane Barra Hotel** (☎ 026-47069; www.gouganebarrahotel.com; EZ/DZ ab 80/125 €; ⏲ April–Okt.; P 📶).

Im Gougane Barra Hotel befinden sich ein Restaurant und ein **Café** (☎ 026-47031; Hauptgerichte 4–7 €; ⏲ April–Okt. 10–18 Uhr; P), daneben liegt ein Pub.

Bantry O'Donoghue's (14 €, 1 Std., Mo, Di, Fr & Sa 1-mal tägl.); Bus Éireann (14,20 €, 70 Min., 1- oder 2-mal tägl.)

Cork Harrington's of Ardgroom (25 €, 2¼ Std., tägl. außer Do) – man sollte seinen Sitzplatz im Voraus buchen; O'Donoghue's (Do); Bus Éireann (25 €, 3¼ Std., 1- oder 2-mal tägl.)

Glengarriff O'Donoghue's (10,50 €, 1 Std., Mo 2-mal tägl., Di, Fr & Sa 1-mal tägl.); Bus Éireann (10,90 €, 50 Min., 1- oder 2-mal tägl.)

Kenmare Bus Éireann, Ring of Beara-Bus Nr. 282 (14,20 €, 1½ Std., Mo–Sa 2-mal tägl., nur Juli & August)

Dursey Island

4 EW.

Diese winzige Insel am Ende der Beara Peninsula erreicht man mit Irlands einziger **Seilbahn** (☎ 028-21766; www.durseyisland.ie; Erw./Kind hin & zurück 10/5 €; ⏲ Mo–Sa 9.30–11, 14.30–17 & 19–20 Uhr, So & Sept.–Mai seltener), einer klapprigen Konstruktion aus den 1960er-Jahren, die 30 m über dem Dursey Sound dahingleitet – nichts für schwache Nerven. Die Seilbahn transportiert Zwei- wie Vierbeiner – und manchmal stehen mehr Tiere als Menschen in der Schlange. Im Sommer fährt sie permanent, den Rest des Jahres nur zu bestimmten Zeiten. Details finden sich auf der Website.

Die nur 6,6 km lange und 1,5 km breite Insel dient als **Schutzgebiet** für Wildvögel und Wale; manchmal sichtet man in der Umgebung auch Delfine. Unterkünfte gibt's nicht, **Camping** ist aber erlaubt, wenn man die üblichen Verhaltensregeln befolgt und alles sauber hinterlässt.

Der **Beara Way** führt 14 km rund um die Insel (für die komplette Strecke braucht man 4 Std.). Als Ziel für einen kürzeren Spaziergang (hin & zurück 8 km) bietet sich das **Stellwerk** an.

Die Nordseite von Beara

Die Nordseite ist der schönste Teil der Halbinsel. Mehrere enge Straßen, einige davon steil und kurvig mit wenig Platz zum Ausweichen, schlängeln sich um die Felsvorsprünge der zerklüfteten Küste und mit Felsen übersäte Hänge fallen dramatisch zum Meer ab. Die Gegend ist herrlich abgelegen, nur ein paar Schafherden leisten einem Gesellschaft.

Allihies

Das abgelegene Dorf Allihies (Na hAilichí), dessen farbenfroh gestrichene Häuser viele Postkarten und Reiseführercover schmücken, wartet mit tollen Ausblicken, zahlreichen Wanderwegen und einer faszinierenden Bergbaugeschichte auf.

1810 wurden auf der Halbinsel Beara erstmals Kupfererzvorkommen gefunden. Der Bergbau machte die Landbesitzer, die Familie Puxley, schnell reich, während sich bis zu 1300 Arbeiter für Hungerlöhne unter gefährlichen Bedingungen verausgaben mussten. Dass die Ruinen der Maschinenhäuser Zinnminen an Cornwalls Küste ähneln, hat man den vielen erfahrenen kornischen Bergleuten zu verdanken. Noch in den 1930er-Jahren wurden über 30 000 t reines Kupfer pro Jahr abgebaut, 1962 machte jedoch auch die letzte Mine dicht.

Das fesselnde **Copper Mine Museum** (☎027-73218; www.acmm.ie; Main Rd; Erw./Kind 6/2 €; ⏲Ostern–Okt. 10–17 Uhr) widmet sich der faszinierenden Geschichte von Allihies und ist das Ergebnis jahrelanger Arbeit der Gemeinde. Es hat auch eine Touristeninformation und ein Café. Zum Mitnehmen: eine Broschüre zum **Copper Mine Trail**, eine markierte Wanderung durch die Überbleibsel der alten Kupfermine.

Schlafen & Essen

Es gibt ein gutes **Hostel** (☎027-73107; www.allihieshostel.net; Main Rd; B/DZ 18/50 €; P) sowie ein halbes Dutzend B&Bs – die Fahrt hierher ist lang, man sollte also im Voraus reservieren, um später nicht enttäuscht zu werden.

Sea View Guesthouse PENSION €

(☎027-73004; www.allihiesseaview.com; Main Rd; EZ/DZ 45/75 €; P) Ein zweistöckiges, gelb gestrichenes Gebäude mit zehn sauberen, einfachen und großen Zimmern. Einige blicken gen Norden über das Wasser. Beim üppigen Frühstück kann man Energie tanken.

O'Neill's PUBFOOD €€

(☎027-73008; www.oneillsbeara.ie; Main Rd; Gerichte 12–25 €; ⏲Küche 12–20.30 Uhr; 📶) Mit seiner markanten leuchtend roten Fassade ist dies das attraktivste Pub des Ortes. Draußen stehen polierte Holzbänke und Picknicktische. Auf den Tisch kommen typisches Pubfood und frische Meeresfrüchte; der Schellfisch mit Pommes reicht für zwei.

Von Allihies nach Lauragh

Eine wilde Küstenstraße (R575) führt von Allihies 23 km Richtung Norden und Osten. Sie wird von Fuchsien und Rhododendren gesäumt und schlängelt sich 12 km bis nach Eyeries, dessen bunte Häuschen mit Blick auf die Coulagh Bay als beliebte Filmkulisse dienen. Außerdem stammt aus diesem Dorf der berühmte **Milleens-Käse** (☎027-74079; www.milleenscheese.com; Eyeries; ⏲nach Vereinbarung). Nach telefonischer Anmeldung empfängt Herstellerin Veronica Steele auch gern Gäste in ihrer Käserei.

Hinter Eyeries verlässt man die R571 und nimmt die noch engere Küstenstraßen nach Norden und Osten – der Blick zum Ring of Kerry im Norden ist schlichtweg umwerfend – und erreicht die R571 an der Kreuzung vor **Ardgroom** (Ard Dhór). Von hier führt eine winzige Straße ins Inland zum spektakulären Glenbeg Lough. Informationen zum Forellenangeln bekommt man im Pub des Dorfs.

Das Dorf **Lauragh** (Laith Reach) – kaum mehr als eine Kreuzung am nördlichen Ende der Straße zum Healy Pass – und die gesamte Nordostregion der Halbinsel gehören zum County Kerry.

Sehenswertes

Derreen Gardens GÄRTEN

(☎064-668 3588; www.derreengarden.com; Lauragh; Erw./Kind 7/2 €; ⏲10–18 Uhr; P) In Lauragh lohnt ein Besuch der Derreen Gardens. Der fünfte Lord Lansdowne ließ sie an der Wende zum 20. Jh. anlegen. Moosbewachsene Wege winden sich vorbei an interessanten Pflanzen, darunter spektakuläre Baumfarne aus Neuseeland und riesige Lebensbäume. Hin und wieder sieht man in unmittelbarer Ufernähe Seehunde.

Gleninchaquin Park BAUERNHOF

(☎087 712 8553; www.gleninchaquin.com; Tuosist; Erw./Familie 6/15 €; ⏲9–17 Uhr; P 👪) Ein Schaftzuchtbetrieb mit allerlei Aktivitäten – von gekennzeichneten Wanderungen zu den Themen Geschichte und Geologie bis zum Forellenangeln und Füttern der Lämmer (im Frühling). Und das alles in außergewöhnlich schöner Landschaft hoch oben in einem Tal unterhalb eines Brautschleier-Wasserfalls. Der Hof ist von der R571 auf halbem Weg zwischen Lauragh und Kenmare ausgeschildert.

Essen

★ **Josie's Lakeview House** MODERN IRISCH €€

(☎064-668 3155; www.josiesrestaurant.ie; Clogherane; Hauptgerichte mittags 10–16 €, abends 15–26 €; ⏲10.30–19.30 Uhr; P 📶 👪) Beim leckeren hausgemachten Essen in diesem Lokal, das auf einem Hügel nördlich des Glanmore Lake thront, genießt man einen malerischen Seeblick. Mittags kann man Salate oder Sandwiches, zur Teezeit Kuchen und abends herzhaftes Lammkarree oder lokale Meeresfrüchtespezialitäten bestellen. Wer gern länger bleiben möchte, sollte sich nach dem B&B oder einem Cottage für Selbstversorger (DZ 70 €) erkundigen. Das ausgeschilderte Restaurant befindet sich ungefähr 4 km südlich von Lauragh.

Pedals & Boots Café CAFÉ €

(☎ 064-668 3101; www.pedalsandboots.ie; Lauragh; Hauptgerichte 5 €; ⏰ Mitte April–Juni & Sept. Mo–Sa 10–17 Uhr, Juli & Aug. tägl.; P 📶) Das gemütliche Café mit Holzofen serviert hausgemachte Kuchen und Scones sowie Suppen und Sandwiches. Es verleiht auch Fahrräder (16/10 € pro Tag/halbem Tag) und man bekommt Informationen zu den Wander- und Radwegen in der Umgebung.

ℹ An- & Weiterreise

Nur im Juli und August verkehrt der Ring of Beara-Bus 282 von **Bus Éireann** (☎ 021-450 8188; www.buseireann.ie) zweimal täglich zwischen Kenmare und Lauragh (7,90 €, 40 Min.), Ardgroom (12,40 €, 55 Min.) und Eyeries (14,20 €, 1¼ Std.).

County Kerry

147 554 EW. / 4807 KM²

Inhalt ➡

Schön übernachten

- Cahernane House Hotel (S. 279)
- Mannix Point Camping & Caravan Park (S. 295)
- Park Hotel (S. 304)
- Pax House (S. 310)
- Malton (S. 279)

Gut essen

- Out of the Blue (S. 312)
- Smuggler's Inn (S. 300)
- Idás (S. 312)
- Heather (S. 288)
- Boathouse Bistro (S. 305)

Auf nach Kerry

Die Landschaft dieses Countys zählt zu den faszinierendsten Irlands, denn hier locken wellenumtoste Meeresklippen, weiche goldene Sandstrände, endlose, von baufälligen Steinmauern durchzogene smaragdgrüne Felder sowie neblige Moore und wolkenverhangene Berggipfel.

Vor der Kulisse eines herrlichen Nationalparks wartet das quirlige Touristenzentrum Killarney mit bunten Läden, Restaurants und von den Klängen traditioneller Musik erfüllten Pubs auf. Darüber hinaus ist die Stadt eine gute Ausgangsbasis, um eine Tour auf den beiden berühmten Rundstraßen der Grafschaft zu unternehmen. Die längere Strecke, der Ring of Kerry, führt an der bergigen und von vorgelagerten Inseln umgebenen Iveragh Peninsula vorbei. Im Vergleich dazu präsentiert sich die Dingle Peninsula mit ihren prähistorischen Ringfestungen und Bienenkorbhütten, historischen christlichen Stätten, Sandstränden und der teils harschen Landschaft als kompaktere Version.

Kerrys außergewöhnliche Schönheit macht das County zu einem der beliebtesten Reiseziele Irlands. Trotzdem gibt's noch einige unberührte Fleckchen abseits der Touristenpfade, darunter Gebirgspässe, abgeschiedene Höhlen und einsame Wege.

Reisezeit

- In den wärmeren Monaten stehen jede Menge Feste an, besonders von Juni bis August. Unterkünfte muss man für diese Zeit weit im Voraus reservieren.
- Zu den Highlights auf Kerrys Veranstaltungskalender zählen die Writers' Week in Listowel (Mai/Juni) sowie Pferderennen und eine Regatta in der Stadt Dingle (August). Das berühmte Puck Festival in Killorglin, das auf das 17. Jh. zurückgeht, wird ebenfalls im August gefeiert.
- Außerhalb der Saison sind viele Sehenswürdigkeiten, einige Läden und manche Übernachtungsmöglichkeiten geschlossen, aber auch im tiefsten Winter zeigen Geschichtenerzähler und Musiker bei improvisierten Auftritten in Pubs überall im County ihr Können.

Highlights

1 Gap of Dunloe (S. 287) Die Killarney Lakes und den wunderschönen Gap of Dunloe per Boot und Rad erkunden.

2 Carrauntoohil (S. 288) Den höchsten Berg Irlands (1040 m) erklimmen.

3 Kells Bay House & Gardens (S. 295) Irlands längste Seilbrücke überqueren.

4 Lough Leane (S. 283) Beim Angeln entspannen.

5 Slea Head (S. 314) Eine Tour mit einem Leihrad machen.

6 Waterville Golf Links (S. 300) Den Golfschläger am Ring of Kerry schwingen.

7 Saint's Road (S. 315) Auf diesem Pilgerpfad frühchristliche Bauten entdecken.

8 Skellig Michael (S. 298) Eine Bootstour zu den entlegenen Klosterruinen auf den Felseninseln machen, die in *Star Wars* vorkommen.

9 Tralee Bay Wetlands Centre (S. 319) Bei einer Safari im Tralee Bay Wetlands Centre durch Süß- und Salzwasserbiotope streifen.

KILLARNEY

14 504 EW.

Seit über 250 Jahren ist Killarney ein begehrtes Reiseziel, eine gut geölte Tourismusmaschine inmitten einer traumhaft schönen Landschaft: Seen, Wasserfälle und Wälder haben ihren Auftritt vor einer Kulisse von 1000 m hohen Gipfeln. Das Angebot ist vielfältig und durchweg von hoher Qualität: Es gibt viele gute Restaurants, tolle Pubs sowie komfortable Unterkünfte in jeder Preisklasse.

Im Sommer platzt Killarney aus allen Nähten, deshalb kommt man am besten gegen Ende des Frühlings oder im Frühherbst, wenn etwas weniger Andrang herrscht und das Wetter gut genug ist, um zahlreiche Aktivitäten im Freien zu genießen.

Geschichte

Die Gegend rund um Killarney ist mindestens seit der Bronzezeit, als auf Ross Island Kupfererz abgebaut wurde, von Menschen besiedelt. Im 7. Jh. gründete der hl. Finian auf Inisfallen im See Lough Leane ein Kloster, wodurch die Region zu einem Zentrum des Christentums wurde. Das Gebiet um den See wurde von den gälischen Clans McCarthy Mór und O'Donoghues of Ross besetzt gehalten. Letztere errichteten auch das Ross Castle, das später in den Besitz von den Herberts of Muckross und den Earls of Kenmare überging.

Erst Mitte des 18. Jh. verwandelte sich die Stadt unter Sir Thomas Brown, den vierten Lord Kenmare (1726–1795) zu einer irischen Version des Lake District in England, begünstigt durch berühmte Besucher wie Sir Walter Scott (1825), Queen Victoria (1861) und Prinz Albert (1861), ebenso durch die Einrichtung der Eisenbahnstrecke im Jahre 1853. Seit 1895 steht Killarney auf der Liste der Thomas-Cook-Pauschalreisen.

Sehenswertes & Aktivitäten

Killarneys in jeder Hinsicht größte Attraktion ist der Killarney National Park (S. 284). Die Stadt selbst kann problemlos zu Fuß in ein oder zwei Stunden erkundet werden.

St. Mary's Cathedral KATHEDRALE
(www.killarneyparish.com; Cathedral Pl; ⌚8–18.30 Uhr) Die Kathedrale wurde zwischen 1842 und 1855 errichtet und ist ein hervorragendes Beispiel für neogotische Architektur. Für den kreuzförmig angelegten Bau ließ sich Architekt Augustus Pugin von der Ardfert Cathedral bei Tralee inspirieren. Die Zeiten der Gottesdienste erfährt man auf der Website.

Franciscan Friary KLOSTER
(www.franciscans.ie; Fair Hill; ⌚8–20 Uhr) Ein prunkvolles Altargemälde im flämischen Stil, eindrucksvolle Fliesenarbeiten und Buntglasfenster von Harry Clarke, einem Dubliner Künstler, der sich von Jugendstil, Art déco und Symbolismus beeinflussen ließ, schmücken das Franziskanerkloster aus den 1860er-Jahren.

Killarney Golf & Fishing Club GOLF
(☎064-663 1034; www.killarneygolfclub.ie; Golfplatzgebühr 55–125 €) In diesem historischen Club, der über drei Meisterschaftsgolfplätze mit Seelandschaften und Bergblick verfügt, fanden bereits mehrmals die Irish Open statt. Die Anlage befindet sich 3,4 km westlich von Killarney an der N72.

O'Neill's ANGELN
(☎064-663 1970; 6 Plunkett St; ⌚⌚Mo–Fr 10–21.30, Sa & So 10–21 Uhr) Informationen, Genehmigungen und Lizenzen, Ausrüstungsverleih (Angelrute 10 €/Tag). Das O'Neill's sieht aus wie ein Geschenkeladen, ist aber ein langjähriges Anglerzentrum.

Geführte Touren

Jaunting Car Tours GEFÜHRTE TOUREN
(☎064-663 3358; http://killarneyjauntingcars.ie; Kenmare Pl; pro Kutsche 30–80 €) Mit Killarneys traditionellen Pferdekutschen geht's zum Ross Castle und zum Muckross Estate. Unterwegs wird man mit amüsanten Kommentaren des Fahrers (*jarvey* genannt) unterhalten. Die Preise variieren je nach Strecke. In die Kutschen passen jeweils bis zu vier Personen. Der Startpunkt, der als „Ha Ha" oder „Block" bekannt ist, befindet sich am Kenmare Place.

Killarney Guided Walks WANDERUNGEN
(☎087 639 4362; www.killarneyguidedwalks.com; Erw./Kind 9/5 €) Die zweistündigen Wanderungen durch den Nationalpark beginnen täglich um 11 Uhr gegenüber der St. Mary's Cathedral am westlichen Ende der New Street; von November bis April sollte man im Voraus buchen. Sie führen durch die Knockreer Gardens und zu Orten, wo Charles de Gaulle Urlaub machte, David Lean *Ryans Tochter* drehte und Bruder Cudda 200 Jahre geschlafen haben soll. Auf Nachfrage werden die Rundgänge auch zu anderen Zeiten angeboten.

Killarney

Killarney

Highlights

1 Franciscan Friary D2

Aktivitäten, Kurse & Touren

2 Big Red Bus Tour C3
3 Corcoran's C2
4 Deros Tours B3
5 Gap of Dunloe Tours B2
6 Jaunting Car Tours C3
7 O'Neill's B3
8 Wild Kerry Day Tours B4

Schlafen

9 Algret House D4
10 Fairview C2
11 Killarney Haven B2
12 Killarney Plaza Hotel B3
13 Kingfisher Lodge C1
14 Malton D3
15 Neptune's Killarney Town Hostel B3
16 Súgán Hostel C2

Essen

17 Brícín B2
18 Gaby's Seafood Restaurant B2
19 Khao B2
20 Lir Café C3
21 Mareena's Simply Food C3
22 Smoke House B2
Treyvaud's .... (siehe 19)

Ausgehen & Nachtleben

23 Celtic Whiskey Bar & Larder B3
24 Courtney's B3
25 Curious Cat Wine Bar B2
26 Killarney Grand B3
O'Connor's .... (siehe 22)

Shoppen

Brícín .... (siehe 17)
27 Dungeon Bookshop C2
28 Killarney Outdoor Store A3
29 Variety Sounds C3

Gap of Dunloe Tours GEFÜHRTE TOUREN
(☎064-663 0200; www.gapofdunloetours.com; 7 High St; ⊙März–Okt.) Gap of Dunloe Tours hat Wanderungen (17,50 €), sehr empfehlenswerte Rundfahrten per Boot und Fahrrad (20 €) und kombinierte Bus- und Bootstouren (35 €) im Angebot, die zu dem berühmten Bergpass führen. Alle Ausflüge starten vor dem O'Connor's (S. 291).

Corcoran's BUS
(☎064-663 6666; www.corcorantours.com; 8 College St; ⊙März–Okt.) Wer wenig Zeit hat, kann hier zuverlässig organisierte Halbtagstouren von Killarney zum Ross Castle, zum Muckross House und zum Gap of Dunloe (21 €) buchen. Es gibt auch ganztägige Touren zum Ring of Kerry (19,50 €) sowie nach Dingle und zum Slea Head (23 €).

Deros Tours BUS
(☎064-663 1251; http://derostours.com; 22 Main St; ⊙März–Okt.) Auch Deros Tours bietet Fahrten zum Gap of Dunloe (27 €), zum Ring of Kerry (22 €) sowie nach Dingle und zum Slea Head (22,50 €) an.

Big Red Bus Tour BUS
(☎087 250 8122; www.killarneytour.com; East Avenue Rd; Tagesticket Erw./Kind 12,50/8 €) Die Bustour, bei der man beliebig ein- und aussteigen kann, führt von der East Avenue in Killarney (Stadt) nach Aghadoe sowie zum Ross Castle, Muckross House und Torc-Wasserfall. Zwischen März und September wird die Route 6-mal täglich, von Oktober bis Februar 3-mal täglich bedient.

Zwischen April und September wird zudem täglich eine Tour zum Ring of Kerry (Erw./Kind 27,50/20 €) angeboten.

Feste & Events

Rally of the Lakes MOTORSPORT
(http://rallyofthelakes.com; ⊙Ende April oder Anfang Mai) Diese jährlich stattfindende Autorallye ist eins der wichtigsten Motorsportereignisse Irlands. Die Teilnehmer rasen in halsbrecherischen Kurven rund um die Seen und Berge. Während des Rennens sind die Campingplätze und Unterkünfte überfüllt und lokale Straßen (darunter auch der Healy Pass im County Cork und die N71-Route Killarney-Kenmare) zeitweise gesperrt.

Killarney FolkFest MUSIK
(http://folkfestkillarney.com; Gleneagle Hotel, Muckross Rd; ⊙Anfang Juli) Das zweitägige Folk-Festival bringt jedes Jahr irische und internationale Musiker nach Killarney.

Schlafen

Viele B&Bs befinden sich unmittelbar außerhalb des Stadtzentrums in der Rock Road, der Lewis Road und der Muckross Road. Zudem gibt's in der Stadt einige hervorragende Hostels, Hotels der gehobenen Kategorie und Campingplätze. Einige einfache Hotels haben sich vor allem auf Reisegruppen und Hochzeitsfeiern spezialisiert. Die meisten Unterkünfte verleihen Räder (ca. 12 bis 15 € pro Tag) und haben vergünstigte Touren im Angebot. Im Sommer sollte man rechtzeitig reservieren.

★ **Fleming's White Bridge Caravan & Camping Park** CAMPINGPLATZ €
(☎064-663 1590; http://killarneycamping.com; White Bridge, Ballycasheen Rd; Stellplatz für Wagen & 2 Erwachsene 26 €, Wanderer 10 €; ⊙Mitte März–Okt.; 📶) Der zauberhafte familiengeführte, bewachte Campingplatz 2 km südöstlich des Stadtzentrums unweit der N22 verfügt über einen Spieleraum, einen Fahrradverleih, eine Camperküche und eine Wäscherei. Am nahe gelegenen Fluss kann man kostenlos angeln. Hillary an der Rezeption arrangiert Bus-, Rad- und Bootstouren.

Súgán Hostel HOSTEL €
(☎087 718 8237; www.suganhostelkillarney.com; Lewis Rd; B/2BZ ab 15/40 €; 📶) Hinter der Fassade dieses Gebäudes im Stadtzentrum, die einen Pub dahinter vermuten lässt, versteckt sich eine 250 Jahre alte liebenswert exzentrische Herberge mit einem offenen Torffeuer im Aufenthaltsraum und niedrigen Decken voll schiefer Ecken und Parkettböden. Nebenan ist eine Bar, die im Stil des Filmsets von „Herr der Ringe" dekoriert ist – ein guter Ort für ein Guinness.

Neptune's Killarney Town Hostel HOSTEL €
(☎064-663 5255; www.neptuneshostel.com; Bishop's Lane, New St; B 18–20 €, DZ mit Gemeinschaftsbad ab 44 €, mit eigenem Bad ab 54 €; @📶) Eine einfache, aber brauchbare Unterkunft in großartiger zentraler Lage. Trotzdem ist es hier nicht zu laut, denn das Hostel liegt ein Stückchen abseits der Straße. Das Beste am Neptun sind die stets hilfsbereiten Mitarbeiter, die Bus- und Bootstouren für ihre Gäste organisieren. Es gibt einen Wäscheservice, und das Frühstück ist im Preis inbegriffen.

★ **Crystal Springs** B&B €€
(☎064-663 3272; www.crystalspringsbandb.com; Ballycasheen Cross, Woodlawn Rd; EZ/DZ 45/70 €; P📶) Die Holzveranda dieser herrlich

relaxten Pension liegt direkt über dem Fluss Flesk, in dem man kostenlos Forellen angeln kann. Zur Ausstattung der Zimmer gehören gemusterte Tapeten, Walnussholz und große Privatbäder (fast alle mit Whirlpool). Vom verglasten Frühstücksraum genießt man einen tollen Ausblick auf den Fluss. Das Stadtzentrum ist 15 Gehminuten entfernt.

Kinderbetten, Hochstühle und Babysitter gibt es auf Anfrage.

Algret House B&B €€
(064-663 2337; www.algret.com; Countess Grove; EZ/DZ/FZ ab 60/100/150 €; P) Knorrige Pinie und poliertes Holz dominieren das Dekor dieser hellen und geräumigen modernen Villa, die nur fünf Gehminuten südlich des Stadtzentrums auf einer ruhigen Seitenstraße liegt. Die freundlichen Gastgeber machen den Aufenthalt zu einem wahren Vergnügen.

Kingfisher Lodge B&B €€
(064-663 7131; www.kingfisherlodgekillarney.eu; Lewis Rd; EZ/DZ/3BZ/FZ ab 60/90/110/120 €; Mitte Feb.–Nov.; P) Das Allerbeste an diesem tadellosen B&Bs mit Zimmern in kräftigen warmen Farben ist der schöne Garten. Die Duschen haben guten Wasserdruck drauf und das Frühstück ist herzhaft. Der Besitzer Donal Carroll, ein zertifizierter Wanderführer, hat hilfreiche Tipps zum Thema Trekking in der Gegend parat.

Fairview PENSION €€
(064-663 4164; https://fairviewkillarney.com; College St; DZ/3BZ/Suite ab 120/130/180 €; P @) Die mit edlen Hölzern eingerichteten, individuell gestalteten Zimmer (einige mit klassisch bedruckten Tapeten, andere mit modernen Sofas und Glaselementen) dieser gehobenen Bleibe bieten mehr für ihr Geld als größere, weniger persönliche Unterkünfte vor Ort. Zum Frühstück gibt's ein echtes Festmahl.

Killarney Plaza Hotel HOTEL €€
(064-662 1100; www.killarneyplaza.com; Kenmare Pl; DZ/Suite ab 128/225 €; P @) Obwohl es erst 2002 erbaut wurde, ist das 198-Zimmer-Hotel im Art-déco-Stil einer längst vergangenen Ära designt. Die klassisch möblierten Gästezimmer und die restliche Anlage werden dem luxuriösen Ruf des Killarney Plaza voll gerecht. Neben der Marmorlobby und dem schön gefliesten Innenpool trumpft die Unterkunft mit einer Sauna, einem Dampfbad, einem Spa und drei Restaurants auf.

Chelmsford House B&B €€
(064-663 6402; www.chelmsfordhouse.com; 1 Muckross View; DZ/3BZ ab 95/120 €; P) Das auf einer Anhöhe zehn Minuten Fußweg südlich der Stadt gelegene Chelmsford House bietet einen herrlichen Blick auf die Kerry Mountains und sogar auf den Lough Leane. Alle Zimmer haben eigene Bäder; eins hat einen Balkon. Der Mindestaufenthalt liegt bei zwei Übernachtungen, Kinder unter 12 Jahren sind nicht willkommen.

Killarney Haven APARTMENTS €€
(064-663 3570; www.killarney-selfcatering.com; Monsignor O'Flaherty Rd; Apt. für 2 Pers. ab 200 € für 2 Nächte; P) Trotz der etwas veralteten Einrichtung sind die Apartments für Selbstversorger gut ausgestattet, sauber und komfortabel (einige haben sogar Balkone). Darüber hinaus warten sie mit einer großartigen Lage im Stadtzentrum inklusive sicheren Parkplätzen auf.

★ Cahernane House Hotel HISTORISCHES HOTEL €€€
(064-663 1895; www.cahernane.com; Muckross Rd, Muckross; DZ 120–280 €, Suite 370–390 €; P) 2 km südlich der Stadt liegt dieses prachtvolle Anwesen aus dem Jahr 1877, das man über eine Allee erreicht. Ein Dutzend der 38 antik möblierten Zimmer (einige haben freistehende Badewannen oder Whirlpools) befindet sich im ursprünglichen Herrenhaus. Die anderen Zimmer im Gartentrakt haben Balkone oder kleine Terrassen. Im River Flesk, der durch das Grundstück fließt, kann man angeln. Das Restaurant ist hervorragend (abendliches Vier-Gänge-Menü 50 €; wer nicht Hotelgast ist, sollte reservieren).

Der Weinkeller des Herrenhauses hat eine stilvolle Bar mit einer schönen Auswahl irischer Whiskeys, Gins, Craft-Biere und Cider-Sorten (Apfelweine).

★ Malton HISTORISCHES HOTEL €€€
(064-663 8000; www.themalton.com; East Avenue Rd; DZ/FZ/Suite ab 259/299/309 €; P @) Im Stadtzentrum verbirgt sich hinter efeuumrankten Mauern das im großzügigen georgianischen Stil erbaute Malton, 1854 als Railway Hotel eröffnet. Die historische Pracht entfaltet sich bis heute in der Empfangshalle mit ihren Marmorsäulen und in den schönsten Zimmern des ältesten Flügels. Das Hotel hat ein Spa, ein großes Schwimmbad, einen Fitnessraum und zwei Tennisplätze.

Aghadoe Heights Hotel WELLNESSHOTEL €€€
(☎ 064-663 1766; www.aghadoeheights.com; Aghadoe; DZ/FZ/Suite ab 229/309/459 €; P @ 📶 🏊) Mittelpunkt dieses modernen Hotels ist das Schwimmbad, durch dessen Scheiben man einem schönen Blick auf die Seen hat. Haus- und Restaurantgäste können den Blick auch von der Bar und vom Lake Room Restaurant (S. 280) aus genießen. In zehn Behandlungsräumen und vier Saunen kann man sich im Spa verwöhnen lassen. Einige Zimmer haben Balkone, und Familien können Zimmer mit Verbindungstür buchen.

Gesellschaftsspiele (für Regentage) und ein Tennisplatz stehen zur Verfügung.

Essen

Killarney hat gute Cafés und Restaurants in jeder Preisklasse. Wie überall in Kerry spielen frische Meeresfrüchte oft eine Hauptrolle auf den Speisekarten. Im Sommer sind Reservierungen ratsam, vor allem in den besonders beliebten und in den gehobenen Restaurants.

Khao ASIATISCH €
(☎ 064-667 1040; 66 High St; Hauptgerichte 11–12 €; ⏲ 12–23.30 Uhr; 🖉) Ein würziger, scharfer Geruch weht einem aus diesem gemütlichen Lokal entgegen, in dem reichhaltige Currys im Wok gebrutzelt werden und gebratene Nudeln, Reisgerichte und Nudelsuppen auch zum Mitnehmen im Angebot sind. Alle Produkte sind bio, und es gibt viel Auswahl für Vegetarier. Sehr lecker und preisgünstig ist das zweigängige Mittagsmenü, das es von 12 bis 17 Uhr gibt.

Lir Café CAFÉ €
(☎ 064-663 3859; www.lircafe.com; Kenmare Pl; Gerichte 3–7 €; ⏲ 8–21 Uhr; 📶) Im modernen Lir Café gibt es den besten Kaffee der Stadt. Die Speisekarte bietet Toasts, Kuchen, Gebäck und die Spezialität des Hauses: köstliche selbstgemachte Pralinen, z. B. Baileys-Trüffel.

Mareena's Simply Food IRISCH €€
(☎ 066-663 7787; www.mareenassimplyfood.com; East Avenue Rd; Hauptgerichte 19–29 €; ⏲ Mitte Feb.–Dez. Di–So 18–21 Uhr) Das Mareena's serviert nur die besten regionalen Erzeugnisse, angefangen von Jakobsmuscheln über Wolfsbarsch bis hin zu Lammbraten und Schweinefilet. Alles wird auf schlichte Weise zubereitet, um die Produkte für sich selbst sprechen zu lassen. Die moderne Einrichtung im Gastraum passt wunderbar zur Küche: Sie ist schnörkellos und dezent.

Smoke House STEAK, FISCH & MEERESFRÜCHTE €€
(☎ 064-663 9336; www.thesmokehouse.ie; 8 High St; Hauptgerichte 13–31 €; ⏲ Mo–Fr 17–22, Sa & So 12–22 Uhr) Eines der lebhaftesten Restaurants in Killarney. Das angesagte Bistro war das erste Lokal in Irland, das einen Josper (superheißen spanischen Grillofen) besaß. Hervorragend ist die Kerry Surf'n'Turf Platter – ein halber Hummer und ein Filetsteak. Weitere Optionen sind Lammcarrée vom Wildschaf und Reh, jeweils aus der Gegend. Von 12 bis 15 Uhr gibt's am Wochenende Brunch mit Eiergerichten in allen möglichen Variationen.

Bricín IRISCH €€
(☎ 064-663 4902; www.bricin.com; 26 High St; Hauptgerichte 21–29,50 €; ⏲ Anfang März–Dez. Di–Sa 18–21 Uhr) Die Einrichtung des keltisch anmutenden Lokals, das gleichzeitig tatsächlich als Stadtmuseum dient, stammt aus einem Kloster, einem Waisenhaus und einer Schule. Ausgestellt sind Jonathan Fishers Bilder des Nationalparks aus dem 18. Jh. Wir empfehlen die Spezialität des Hauses, *boxty* (Kartoffelpuffer). Vor 18.45 Uhr bekommt man ein Early-Bird-Dinner mit zwei oder drei Gängen für 23/26 €.

Treyvaud's IRISCH €€
(☎ 064-663 3062; http://treyvaudsrestaurant.com; 62 High St; Hauptgerichte mittags 8–14 €, abends 17–27 €; ⏲ Mo 17–22, Di–Do & So 12–22, Fr & Sa 12–22.30 Uhr) Das Treyvaud's mit seiner senfgelben Fassade ist für raffinierte Gerichte bekannt, die traditionelle irische Aromen mit kontinentaleuropäischen Einflüssen kombinieren. Ein schmackhafter Sattmacher zum Mittagessen ist der *seafood chowder*, ein sämiger Eintopf mit Muscheln, Krabben und irischem Lachs. Auch abends bekommt man frische regionale Produkte wie Kabeljau (mit Meerrettich-Kartoffel-Püree und Tomaten-Kapern-Soße) oder herzhaften Schinken (mit Weißkohl).

Gaby's Seafood Restaurant FISCH& MEERESFRÜCHTE €€€
(☎ 064-663 2519; www.gabys.ie; 27 High St; Hauptgerichte 30–50 €; ⏲ Mo–Sa 18–22 Uhr) Das schicke Restaurant serviert traditionell zubereitete exzellente Meeresfrüchte. Vor dem offenen Kamin kann man in Ruhe die Karte studieren, bevor es an den Weinregalen vorbei in den schummrig erleuchteten Speisesaal geht. Zur Auswahl stehen ausgezeichnete französische Gerichte wie Hummer in Cognac-Sahne-Soße. Die Weinkarte

ist lang, aber man kann sich auf die Empfehlungen des Personals verlassen.

Lake Room Restaurant MODERN IRISCH
(☎ 064-663 1766; www.aghadoeheights.com; Aghadoe; Hauptgerichte 22–39 €, Vier-Gänge-Menü 55 €; ⏲6.30–21.30 Uhr; 👪) Im Restaurant des Aghadoe Heights Hotel (S. 280) mit Panorama-Seeblick kommen Erwachsene in den Genuss von Gourmetgerichten wie gebratener Perlhuhnbrust mit Basilikum-Parmesan-Polenta. Für Kinder gibt's Malbücher und eine eigene Speisekarte mit Gerichten wie Marge Simpson's Cheeseburger und Supermann-Spaghetti Bolognese.

Ausgehen & Unterhaltung

In den meisten der zahlreichen Pubs in Killarney gibt es mehrmals wöchentlich Livemusik – im Sommer oft jeden Abend.

★ **Celtic Whiskey Bar & Larder** BAR
(☎ 064-663 5700; www.celticwhiskeybar.com; 93 New St; ⏲ Mo–Do 10.30–23.30, Fr & Sa bis 0.30, So bis 23 Uhr) Von den über 1000 Whiskeys in dieser erstaunlichen modern eingerichteten Bar sind 500 irisch, darunter ein 1945 Willie Napier aus dem County Offaly und ein 12 Jahre alter Writers' Tears aus dem County Carlow. In einstündigen Kursen (ab 15 €) lernt man alles über das Brennen des Whiskeys (Distiller's Apprentice), und man darf sich auch seine eigene Mischung herstellen (Blender's Challenge). Es gibt ein Dutzend Craft-Biere vom Fass und bis 22 Uhr wird sensationell gutes Essen (Hauptgerichte 10,50–24,50 €) serviert.

Besonderheiten auf der Speisekarte sind panierte Garnelen aus Galway, Pulled Pork oder gewürzte Makrele aus Kerry und in Cider gekochte Muscheln aus Cromane.

★ **O'Connor's** PUB
(http://oconnorstraditionalpub.com; 7 High St; ⏲ Mo–Do 10.30–23, Fr & Sa bis 0.30, So 12.30–23 Uhr) In dem winzigen traditionellen Pub mit den Bleiglastüren wird allabendliche Livemusik geboten. Bei wärmerem Wetter verlagert sich das Geschehen oft in das angrenzende Gässchen.

Curious Cat Wine Bar WEINBAR
(www.curiouscatwinebar.ie; 4 New Market Lane; ⏲ Mi & Do 17–23.30, Fr & Sa bis 0.30, So bis 23 Uhr) An den Fässern vor der Tür erkennt man diese hippe kleine Weinbar, die versteckt in der New Market Lane liegt. Hier gibt es vorwiegend europäische Weine (offen oder als ganze Flaschen), aber auch auch einige hervorragende Tropfen aus Kalifornien und Neuseeland. Im Hintergrund läuft Jazz und Funk, außer wenn Liedermacher, Soul-, Blues- oder Jazzbands auftreten. Tapas (4,80–8,50 €) gibt es rund um die Uhr; in den wärmeren Monaten wird auch Sangria serviert.

DER KERRY WAY

Der 214 km lange Kerry Way (www.kerryway.com) ist Irlands längster markierter Wanderweg. Er beginnt und endet in Killarney und windet sich durch die atemberaubenden Macgillycuddy's Reeks, Irlands höchste Bergkette, bevor er auf die Küste von Kerry trifft und ihr durch Cahersiveen, Waterville, Caherdaniel, Sneem sowie Kenmare folgt.

Für die gesamte Route sollte man etwa zehn Tage einplanen. Hat man weniger Zeit, lohnt es sich, die ersten drei Tage bis nach Glenbeigh zu laufen und dann mit dem Bus zurück nach Killarney zu fahren. Es gibt zahlreiche Unterkünfte entlang des Weges (aufgelistet auf der Website). Die Karten 78, 83 und 84 der Ordnance Survey im Maßstab von 1:50 000 beinhalten detaillierte Abbildungen der Strecke.

Courtney's PUB
(www.courtneysbar.com; 24 Plunkett St; ⏲ Juni–Sept. So–Do 14–23.30, Fr & Sa ab 12.30, Okt.–Mai ab 17 Uhr) Mit irischer Musik (im Sommer jeden Abend) sorgt der äußerlich unscheinbare, höhlenartige Pub aus dem 19. Jh. regelmäßig für Stimmung. Das ganze Jahr über spielen freitags Rock-, Blues-, Reggae- und Indie-Bands, samstags legen DJs auf. Hierher kommen die Einheimischen, um ihre Kumpels auftreten zu sehen und in einen unterhaltsamen Abend zu starten.

Killarney Grand BAR, CLUB
(www.killarneygrand.com; Main St; ⏲ Mo–Sa 7.30–14.30, So bis 13.30 Uhr) Von 21 bis 23 Uhr steht traditionelle Livemusik auf dem Programm und von 23.30 bis 1.30 Uhr geben sich Livebands die Ehre. Um 23 Uhr öffnet zudem die hauseigene Disco. Vor 23 Uhr ist der Eintritt frei, danach zahlt man zwischen 5 und 10 €.

MUCKROSS LAKE LOOP TRAIL

Auf dem ausgeschilderten 9,5 km langen Rundweg (den Radfahrer in entgegengesetzter Richtung fahren sollten) kann man problemlos einen ganzen Tag verbringen, denn er führt durch einige der schönsten Landschaften des Killarney National Park. Er beginnt am Muckross House und verläuft westlich durch malerische Wälder (mit vielen Seitenwegen zum Erkunden) zur wunderschönen Brickeen Bridge. Die Brücke überspannt den Kanal, der den Lough Leane mit dem Middle Lake verbindet. Von hier geht's weiter zu den Waldwiesen rund um das Meeting of the Waters (Treffpunkt der Gewässer), wo sich Kanäle aus allen drei Seen Killarneys vereinigen.

Nicht verpassen sollte man den zehnminütigen Abstecher (keine Fahrräder erlaubt) zur Old Weir Bridge. Dort kann man Tourboote dabei beobachten, wie sie unter den Zwillingsbogen hindurch auf dem schmalen, felsigen Kanal umherschippern (hier verbindet eine schnelle Strömung den Upper und Middle Lake).

Der Rückweg verläuft am Südufer des Middle Lake und führt durch die Wälder zur N71, die Killarney mit Kenmare verbindet. Auf der anderen Seite der Straße haben Wanderer die Möglichkeit, den Berg zu besteigen und vor der Rückkehr zum Muckross House den **Torc-Wasserfall** zu besuchen. Radler müssen der Hauptstraße 1 km Richtung Osten folgen, bevor sie auf dem Wanderweg weiterfahren können. Zwischen der Straße und dem Muckross House hat man die Option, einen Abstecher zum **Old Boathouse Nature Trail** zu machen, der rund um eine malerische Halbinsel führt.

Karten und weitere Details erhält man in der Touristeninformation (siehe unten) von Killarney sowie im Ticketbüro des Muckross House.

Shoppen

Variety Sounds MUSIKINSTRUMENTE
(7 College St; Mo–Sa 9–18, So 12–18 Uhr) Musikladen mit großer Auswahl an traditionellen Instrumenten, Noten und seltenen Plattenaufnahmen.

Dungeon Bookshop BÜCHER
(99 College St; Mo–Sa 8–20, So 9–20 Uhr) Dieses Geschäft für gebrauchte Bücher versteckt sich über einem Zeitschriftenladen (Treppe hinten im Laden).

Killarney Outdoor Store SPORT- & OUTDOORARTIKEL
(www.killarneyrentabike.com; New St; Mo–Sa 10–18, So 12–18 Uhr) Große Auswahl an Outdoor-Bekleidung, Camping- und Kletterausrüstung auf kleinem Raum.

Bricín KUNSTHANDWERK
(www.bricin.com; 26 High St; Mo–Sa 10–21 Uhr) Interessantes Kunsthandwerk aus der Gegend, darunter Schmuck und Keramik, sowie Souvenirs (Kleeblattschürzen und -tassen). Zum Laden gehört ein traditionelles irisches Restaurant (S. 280).

Praktische Informationen

Die nächstgelegene Unfall- und Notaufnahme befindet sich im **University Hospital Kerry** (S. 322) in Tralee, 32 km nordwestlich von Killarney.

SouthDoc (1850-335 999; www.southdoc.ie; Upper Park Rd; Mo–Fr 18–8, Sa 13–Mo 8 Uhr) Die Klinik liegt 500 m östlich des Stadtzentrums, gleich östlich des Kreisverkehrs an der N22, und bietet ärztliche Versorgung außerhalb der normalen Öffnungszeiten.

Killarneys **Touristeninformation** (064-663 1633; http://killarney.ie; Beech Rd; Mo–Sa 9–17 Uhr;) kann viele Anfragen beantworten und ist besonders hilfreich bei Transportproblemen.

An- & Weiterreise

BUS

Bus Éireann startet vom **Busbahnhof** (Park Rd) an der Park Road. Wer nach Dublin fahren will, muss in Cork umsteigen; der Zug ist aber weitaus schneller.

Cork 25 €, 2 Std., stündl.
Limerick 14,25 €, 1½ Std., alle 2 Std.
Tralee 10,45 €, 40 Min., 6-mal tägl.
Waterford 29 €, 4¾ Std., Mo–Sa stündl., So alle 2 Std.

Go Coach (http://gocoach.ie) fährt von April bis Oktober vom **Killarney Coach Park** (Lewis Rd) nach Dingle (10 €, 1½ Std., 3-mal tägl.)

FLUGZEUG

Der **Kerry Airport** (KIR; 066-976 4644; http://kerryairport.ie; Farranfore) liegt in Farranfore, 17 km nördlich von Killarney entlang der N22. Neben täglichen Flügen nach Dublin sowie zu den Flughäfen Luton und Stansted in

London gibt's u. a. auch weniger häufige Verbindungen nach Berlin, Faro (Portugal) und Alicante (Spanien).

In dem kleinen Flughafen finden sich ein Restaurant, eine Bar, ein Geldautomat und viele große Autovermietungen.

ZUG

Killarneys **Bahnhof** (Fair Hill) liegt hinter dem Malton Hotel östlich des Zentrums.

Täglich verkehren ein bis zwei Direktzüge nach Cork und Dublin. Sonst steigt man in Mallow um.

Cork 10 €, 1½ Std.

Dublin 21 €, 3¼ Std.

Tralee 9,20 €, 40 Min., alle 2 Std.

ℹ Unterwegs vor Ort

AUTO & MOTORRAD

Im Zentrum von Killarney ist zeitweise ziemlich dichter Verkehr.

Budget (☎ 064-663 4341; www.budget.ie; International Hotel, Kenmare Pl; ⏰ Mo–Fr 9–18, Sa 9–15 Uhr) ist die einzige Autovermietung im Zentrum. Weitere Autovermietungen haben ihre Büros am Kerry Airport. **Enterprise** (☎ 064-663 1393; www.enterprise.ie; Gleneagles Hotel, Muckross Rd; ⏰ Mo–Fr 9–17 Uhr) hat seinen Sitz 2 km südlich des Zentrums in der Muckross Road.

BUS

Der **Killarney Shuttle Bus** (☎ 087 138 4384; www.killarneyshuttlebus.com; hin & zurück 6 €, Tageskarte 10 €; ⏰ März–Okt.) verkehrt täglich von der Touristeninformation zu allen wichtigen Touristenspots, z. B. zum Gap of Dunloe, Cronin's Yard, Ross Castle, Muckross House, Torc-Wasserfall und Ladies View. Tickets erhält man beim Fahrer. Ein Tagesticket, mit dem man den Bus einen Tag lang unbegrenzt nutzen kann, ist die beste Option.

FAHRRAD

Die weit verstreuten Sehenswürdigkeiten lassen sich hervorragend mit dem Fahrrad erkunden. Manche sind sogar nur so oder zu Fuß erreichbar.

In Killarney verleihen viele Hostels und Hotels Fahrräder. Eine Alternative ist **O'Sullivan's Bike Hire** (☎ 064-663 1282; www.osullivanscycles.com; Beech Rd; Tag/Woche 15/80 €).

TAXI

Der **Taxistand** befindet sich in der College Street. Zu den Anbietern gehört **Killarney Taxi & Tours** (☎ 085 280 3333; www.killarneytaxi.com).

VOM/ZUM FLUGHAFEN

- Bus Éireann (www.buseireann.ie) verkehrt stündlich zwischen Killarney und dem Kerry Airport (5,60 €, 20 Min.).
- **Züge** (☎ 064-6631067; www.irishrail.ie) zwischen Tralee und Killarney halten am Bahnhof von Farranfore (7,50 €, 20 Min., alle 2 Std.), der 1,3 km südwestlich und damit mindestens zehn Gehminuten vom Flughafen entfernt liegt.

Ein Taxi vom Flughafen nach Killarney kostet etwa 20 €.

RUND UM KILLARNEY

Aghadoe

5 km westlich der Ortschaft Aghadoe zieht die Aussicht über Killarney, die Seen und die Insel Inisfallen schon seit Jahrhunderten Touristen an. Am östlichen Ende der auf einem Hügel gelegenen Wiese und vor Killarneys bestem Hotel befinden sich die Ruinen einer romanischen Kirche und das

ANGELN IN DER UMGEBUNG VON KILLARNEY

Forelle Das Forellenangeln ist in den Seen des Killarney National Park ohne Angelerlaubnis möglich. Die Saison geht vom 15. Februar bis zum 12. Oktober. Man darf vom Ufer aus angeln, aber am meisten Spaß macht es von einem Boot aus. Boote werden am **Ross Castle** (S. 284) oder im **Sweeney's** (☎ 064-664 4207; www.theinvicta.com; Invicta B&B, Tomies, Beaufort) am westlichen Ende des Lough Leane verliehen (40 € pro Tag, inkl. Außenbordmotor, für bis zu 3 Pers.).

Lachs Der Laune, der vom Lough Leane ins Meer fließt, ist einer der besten Lachsflüsse Irlands. Die Saison dauert vom 17. Januar bis zum 30. September; ab Ende Juli sind die besten Ergebnisse zu erzielen. Man braucht eine Genehmigung (1 Tag 20 €) und einen staatlichen Angelschein (1 Tag/3 Wochen 20/40 €). In den Killarney Lakes tummeln sich ebenfalls viele Lachse (keine Genehmigung nötig, aber ein staatlicher Angelschein ist trotzdem erforderlich).

O'Neill's (S. 272), ein Angelgeschäft in Killarney, informiert, verleiht Angelzeug und verkauft Genehmigungen und Lizenzen.

Rund um Killarney

Parkavonear Castle aus dem 13. Jh. mit einem Bergfried – eines der wenigen zylinderförmigen Bauwerke, die in Irland von den Normannen errichtet wurden.

Öffentliche Verkehrsmittel gibt es hier zwar keine, aber mehrere Hop-on-Hop-off-Bustouren machen hier einen Zwischenstopp.

Killarney National Park

Der 10 236 Hektar große, herrliche **Killarney National Park** (www.killarneynationalpark.ie) GRATIS ist ein idyllischer Ort und lohnt die Anreise. Das Ross Castle und das Muckross House ziehen große Menschenmengen an, aber man kann den Massen gut entfliehen und die größte Fläche uralter Eichenwälder Irlands mit Panoramaaussicht auf die höchsten Berge sowie die einzige wilde einheimische Rotwildherde des Landes ungestört genießen.

Als Herzstück des Parks gilt das Muckross Estate, das Arthur Bourn Vincent 1932 dem Staat geschenkt hat. 1982 wurde das Gebiet von der UNESCO zum Biosphärenreservat erklärt. Die **Killarney Lakes** – der Lough Leane (Lower Lake oder „Lake of Learning"), der Muckross (oder Middle) Lake und der Upper Lake – nehmen etwa ein Viertel des Parks ein. Sie sind von natürlichen Eichen- und Eibenwäldern sowie den Klippen und Hochlandmooren des **Purple Mountain** (832 m) im Westen und des **Knockrower** (552 m) im Süden eingerahmt.

Sehenswertes

★ **Ross Castle** BURG

(064-663 5851; www.heritageireland.ie; Ross Rd; Erw./Kind 5/3 €; Anfang März–Okt. 9.30–17.45 Uhr; P) Die am Seeufer gelegene Festung geht auf das 15. Jh. zurück und diente als Sitz des O'Donoghue-Clans. Sie war die letzte Burg in Munster, die sich Cromwells

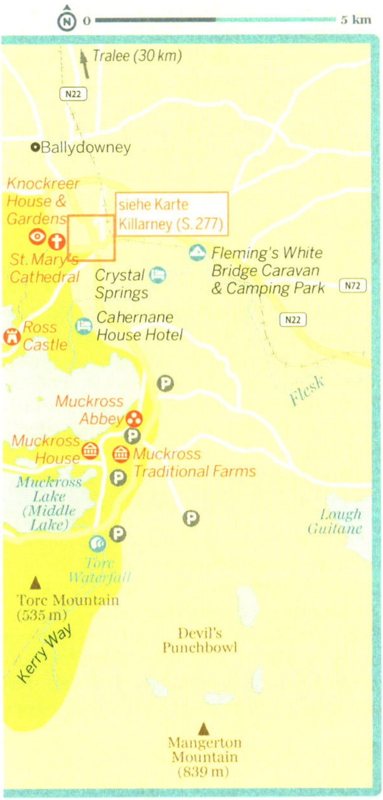

Truppen unterwarf. Zuvor konnten dank ihrer raffinierten Wendeltreppe, deren Stufen alle verschiedene Höhen haben, sämtliche Angriffe verzögert werden. Vom Fußgängereingang am Park bei der St. Mary's Cathedral ist es ein schöner 2,6 km langer Spaziergang oder Radweg bis zur Festung. Unterwegs erspäht man mit etwas Glück Rotwild.

★ Muckross House HISTORISCHES GEBÄUDE

(☎ 064-667 0144; www.muckross-house.ie; Muckross Estate; Erw./Kind 9/6 €, Kombitickets inkl. Muckross Traditional Farms 15/10,50 €; ⏲ Juli & Aug. 9–19 Uhr, Sept.–Juni bis 17.30 Uhr) Das beeindruckende viktorianische Herrenhaus ist voller faszinierender Objekte (70 % davon Originalstücke). An den Wänden sind Porträts von John Singer Sargent, Hirschkopftrophäen und riesige ausgestopfte Forellen angebracht. Die prachtvollen Apartments warten mit antiken Möbeln aus Killarney (gestaltet mit den typischen Intarsien, die idyllische lokale Orte darstellen) sowie Tapeten, persischen Möbeln, Silberwaren und Porzellan auf, die speziell für den Besuch von Queen Victoria 1861 in Auftrag gegeben wurden. Das Anwesen liegt 5 km südlich von Killarney und ist ab der N71 ausgeschildert.

1843 wurde das Gebäude als Jagd- und Angellodge für die Familie Herbert errichtet. Es verfügt über eine wunderschöne Gartenanlage, die sich bis zum Middle Lake erstreckt. Am Tor stehen Pferdekutschen bereit, die Touristen durch ein Rotwildgelände und die Wälder bis zum Torc-Wasserfall und zur Muckross Abbey (hin & zurück ca. 20 € pro Pers.; Feilschen lohnt sich!) bringen.

In einem Gebäudeblock hinter dem Haupthaus befinden sich ein Kunsthandwerksladen und Studios, in denen man Töpfern, Webern und Buchbindern bei der Arbeit zusehen kann. Das nahegelegene Besucherzentrum beherbergt ein Café.

Muckross Traditional Farms MUSEUM

(☎ 064-663 0804; www.muckross-house.ie; Muckross Estate; Erw./Kind 9/6 €, Kombiticket inkl. Muckross House 15/10,50 €; ⏲ Juni–Aug. 10–18 Uhr, Mai & Sept. 13–18 Uhr, März, April & Okt. Sa & So 13–18 Uhr) Diese Nachbauten von Farmen aus den 1930er-Jahren beschwören das Leben auf einem echten Bauernhof herauf – inklusive Kuhmist, Heu, feuchter Erde und Torfrauch sowie Hühnern, Enten, Schweinen und Eseln. Kostümierte Guides bringen Leben in die traditionellen Gebäude. Im Streichelzoo kommen Kinder Ferkeln, Lämmern und Küken ganz nahe. Für den Rundgang (auf eigene Faust) braucht man mindestens zwei Stunden. Ein kostenloser Shuttlebus verbindet die verschiedenen Gebäude, die östlich von Muckross House liegen, miteinander.

★ Muckross Abbey RUINEN

(www.muckross-house.ie; Muckross Estate; ⏲ 24 Std.) GRATIS Die gut erhaltene Ruine der Muckross Abbey (eigentlich ein Mönchskloster, obwohl jeder das Gebäude als Abtei bezeichnet) liegt (gut ausgeschildert) 1,5 km nördlich von Muckross House. Das Kloster wurde 1448 gegründet und 1652 von Cromwells Truppen niedergebrannt. Es gibt eine Kirche mit viereckigem Turm und einen kleinen stimmungsvollen Kreuzgang mit einer riesigen Eibe im Zentrum (der Legende nach ist der Baum so alt wie die Abtei). Im Altarraum befinden sich das Grab der Führer des McCarthy-Mòr-Clans und ein kunstvolles der lokalen Philantropin Lucy Gallwey gewidmetes Denkmal aus dem 19. Jh.

★ Knockreer House & Gardens GARTEN
(⏲ Juni–Aug. 8–19 Uhr, April, Mai & Okt. 8–18 Uhr, Nov.–März 8–17 Uhr) GRATIS In den 1870er-Jahren wurde das Killarney House für den Earl of Kenmare erbaut. 1913 wütete hier ein Brand und zerstörte das Gebäude. Das 1958 am selben Ort errichtete Knockreer House beherbergt heute das Bildungszentrum des Nationalparks. Es ist nicht öffentlich zugänglich, doch von den Gärten des Anwesens mit terrassenförmig angelegten Rasenflächen und einer Sommervilla aus genießt man einen schönen Blick über die Seen bis zu den Bergen.

Der Parkeingang befindet sich gegenüber der St. Mary's Cathedral. Wer das Haus sehen möchte, muss dem Pfad zur Rechten etwa 550 m folgen.

Inisfallen INSEL
Angeblich wurde das erste Kloster auf Inisfallen (mit fast 9 ha die größte Insel des Nationalparks) im 7. Jh. vom hl. Finian dem Aussätzigen gegründet. Auf den Originalfundamenten erheben sich heute die weitläufigen Ruinen eines **Augustinerklosters** aus dem 12. Jh. und eine Kapelle mit einer geschnitzten romanischen Tür. Am Ross Castle werden Motorboote (mit Bootsführer rund 10 €) vermietet, die die zehnminütige Fahrt nach Inisfallen unternehmen. Bei ruhigem Wetter kann man auch ein Ruderboot (5 € pro Std.; etwa 30 Min. pro Strecke) ausleihen.

Der Ruhm der Insel geht auf das frühe 13. Jh. zurück, als hier die „Annalen von Inisfallen" verfasst wurden. Heute befinden sich diese in der Bodleian Library im englischen Oxford. Sie gelten noch immer als wichtige Quelle der frühen Geschichte Munsters.

Aktivitäten

Der Park bietet fantastische Wander- und Angelmöglichkeiten.

Wanderbroschüren und -karten bekommt man in Killarney's Touristeninformation (S. 282), Killarney Guided Walks (S. 276) bietet geführte Wandertouren an.

Killarney Lake Tours BOOTSTOUREN
(☎ 064-663 2638; www.killarneylaketours.ie; Ross Castle Pier; Erw./Kind 10/5 €; ⏲ April–Okt.) Einstündige Touren auf dem Lough Leane mit komfortablen kleinenen Schiffen. Diese starten viermal täglich (um 11, 12.30, 14.30 und 16 Uhr) am Pier neben dem Ross Castle und passieren unterwegs die Insel Inisfallen (kein Halt) sowie O'Sullivan's Cascade, einen Wasserfall am Westufer.

Für 30 € pro Person kann man von einer Kutsche von der Unterkunft abgeholt und durch den Killarney National Park bis zum Ross Castle gefahren werden und die Bootstour mitmachen.

Ross Castle Traditional Boats BOOTSTOUREN
(☎ 085 174 2997; Ross Castle Pier; ⏲ April–Okt. 9.30–17, Nov.–März auf Reservierung) Mit den offenen Booten am Ross Castle kann man reizvolle Ausflüge unternehmen. Die Bootsführer sind überaus charismatisch, und die Preise liegen bei 10 € pro Person für einen Trip nach Inisfallen oder zum Middle Lake und zurück bzw. 20 € für eine Fahrt zu allen drei Seen.

Outdoors Ireland ABENTEUER
(☎ 086 860 4563; www.outdoorsireland.com) Geführte Kajaktouren zu den Killarney Lakes (3/7 Std. pro Pers. 60/80 €; keine Vorkenntnisse erforderlich) starten in der Regel am Ross Castle. Das Unternehmen bietet auch dreistündige Sonnenuntergangstrips mit dem Kajak (60 €) an und eintägige Kletterkurse für Anfänger (80 €).

An- & Weiterreise

Es gibt zwei Zugänge für Fußgänger und Radler in der Stadt: gegenüber der St. Mary's Cathedral (24-stündiger Zugang) und die sogenannten **Golden Gates** am Kreisverkehr in der Muckross Road (Juni–Aug. 8–19 Uhr, April, Mai & Oktober 9–18 Uhr, Nov.–März 8–17 Uhr).

Mit dem Auto gelangt man über die Ross Road am Südrand des Stadtzentrums Killarneys zum Parkplatz von Ross Castle. Am Eingang des Muckross Estate an der N71, 5 km südlich von Killarney, liegt der Parkplatz des Muckross House. Parken ist kostenlos.

Unterwegs vor Ort

Wander-, Rad- und Bootstouren sind die besten Möglichkeiten, den Park zu erkunden.

Vom Eingang an der Kathedrale sind es 2,5 km (30 Gehminuten) bis zum Ross Castle. Um das Muckross Estate zu Fuß oder per Fahrrad zu erreichen, muss man dem Radweg neben der N71 3 km nach Süden folgen, wo er zu den Seen abbiegt (bis zum Muckross House sind es insgesamt 5 km).

Pferdekutschen fahren vom Kenmare Place in Killarneys Stadtzentrum sowie vom Pferdekutschen-Eingang (an einem Parkplatz 3 km südlich der Stadt an der N71) zum Muckross Estate ab. Eine Tour von Killarney zum Ross Castle und zurück kostet etwa 15 bis 20 € pro Person. Es gibt keine Festpreise. Bei längeren Ausflügen kann man ruhig feilschen.

Gap of Dunloe

Der wilde Bergpass im Westen des Killarney National Park zwängt sich zwischen den Purple Mountain und die hohen Gipfel der Macgillycuddy's Reeks (Irlands höchster Gebirgskette), ist von Klippen übersät und mit Seen und Wasserfällen gesprenkelt.

Obwohl er sich außerhalb der Grenze des Nationalparks befindet, ist er seit Ende des 18. Jhs. – damals kamen, inspiriert von den Dichtern der Romantik, wohlhabende Touristen auf der Suche nach „grandiosen" und „wilden" Landschaften hierher – ein vitaler Teil der Touristenroute von Killarney.

In jener Zeit entstand erstmals die Legende um Kate Kearney: Angeblich lebte die lokale Schönheit, auf die das beliebte Lied anspielt, in einem Cottage auf dem Pass und verteilte *poteen* (illegal gebrannten Whiskey) an erschöpfte Reisende. Das im 19. Jh. eröffnete Pub am Nordende des Gap ist immer noch als **Kate Kearney's**

NICHT VERSÄUMEN

MIT BOOT UND RAD ÜBER DEN GAP

Ein Bootstrip auf den Seen mit anschließender Radfahrt durch den Gap of Dunloe ist die klassische Reiseroute zur Erkundung der Region Killarney. Fast alle Hostels, Hotels oder Campingplätze haben solche Touren im Angebot (15 € pro Pers., plus Radverleih 12–15 € pro Tag).

Die Boote legen um 11 Uhr in der Nähe von **Ross Castle** (S. 284) ab, die Fahrräder werden am Bug gelagert. Schon allein die 1½-stündige Bootsfahrt rechtfertigt den Preis. Man sollte den Bootsführer nach dem höchsten bzw. niedrigsten Wasserpegel fragen, den er je in den Seen gesehen hat, und sich zurücklehnen, um die Geschichte zu genießen.

Unterwegs passiert man **Inisfallen** (S. 286) mit seinem verfallenen Kloster und biegt dann südlich ab, um unter der hübschen Brickeen Bridge hindurch zum Meeting of the Waters zu fahren. Anschließend schippert man einen steinigen Kanal hinauf und unter der Old Weir Bridge hindurch. Wenn das Wetter lange gut war, ist der Wasserstand sehr niedrig; dann müssen die Passagiere aussteigen und ein kurzes Stück zu Fuß zurücklegen, während das Boot den flachen Abschnitt (der trotzdem eine schnelle Strömung aufweist) hinaufbefördert wird.

Als Nächstes folgt die Long Range, ein kurvenreicher Kanal, der halb See, halb Fluss ist und unter den Klippen des Eagle's Nest Mountain (hier nisteten einst Königsadler) verläuft, bis er sich mit dem langen, schmalen Upper Lake vereint.

Nachdem man etwa um 12.30 Uhr am **Lord Brandon's Cottage** (S. 288) ausgestiegen ist (wo sich sich ein Café und eine Toilette befinden), beginnt die Radtour mit einer 5 km langen Fahrt zur Spitze des Gap. Es geht stetig, aber nicht zu steil bergauf. Unterwegs kann man ruhig mal absteigen und ein Stück laufen. Auf dem Gipfel wird man mit einem atemberaubenden Ausblick in beide Richtungen belohnt. Anschließend geht's 6 km bergab zu **Kate Kearney's Cottage** (S. 288) mit Café, Pub und Toiletten.

Dort angekommen, folgt man den Ausschilderungen nach Killarney über mehrere Nebenstraßen zur N71 und nimmt nun den Radweg, der an der Hauptstraße entlang verläuft und dann abschwenkt. Er führt über den Golfplatz und den nördlichen Teil des Killarney National Park zum Stadtzentrum, wo er gegenüber der St. Mary's Cathedral endet.

Die Fahrradstrecke ist insgesamt 23 km lang. Zwischendurch hat man genug Zeit für Pausen und eine Stunde fürs Mittagessen. Gegen 15.30 Uhr kommt man wieder in Killarney an. Auch Wanderer können diese Route in Angriff nehmen. Von Lord Brandon's Cottage läuft man drei Stunden bis zu Kate Kearney's, wo es mit dem **Killarney Shuttle Bus** (S. 283) zurück in die Stadt geht (Abfahrt 16.30 Uhr; Zeiten vorher bestätigen lassen).

Cottage bekannt. Vor Ort gibt's einen belebten Parkplatz, auf dem Pferdekutschen bereitstehen (nur Bargeld).

★ Heather CAFÉ €
(☎ 064-664 4144; http://moriartys.ie; Gerichte 6,50–17 €; ⏱ 10.30–17 Uhr; ✎) 🍃 Das grandios gelegene, lichtdurchflutete Café direkt neben einem Bauernhof verarbeitet das Gemüse, das hier auf dem Feld und im Gewächshaus wächst; Fisch, Meeresfrüchte und Fleisch sind regional und nachhaltig produziert. Das leckere Essensangebot reicht von Süßem wie Kuchen mit weißer Schokolade und gerösteten Haselnüssen bis zu sättigenden Hauptgerichten wie Schweinebauch mit Fenchelsalat oder Buchweizen-Crêpes mit geräuchertem Lachs und Joghurt von Valentia Island.

Der dazugehörige Souvenirshop verkauft qualitativ gutes irisches Kunsthandwerk.

Kate Kearney's Cottage PUBFOOD €€
(☎ 064-664 4146; http://www.katekearneyscottage.com/; Hauptgerichte 10–23 €; ⏱ Küche Mo–Do 11.30–21 Uhr, Bar 10–23.30, Fr & Sa bis 12.30, So bis 23 Uhr; 👪) Das Pub aus dem 19. Jh. am Nordende vom Gap of Dunloe serviert ordentliche Klassiker wie Fish 'n' Chips, Irish Stew, Steaks und Burger, und auch Kinderteller. Die Küche kann spontan geschlossen sein, lieber vorher anrufen, wenn man hier abendessen möchte. Im Sommer gibt es an der Bar jeden Abend Livemusik.

Lord Brandon's Cottage CAFÉ €
(Gearhameen, Beaufort; Gerichte 3–8 €; ⏱ April–Okt. 8–15 Uhr) Am Südende des Gap schlängelt sich die Straße steil bergab zum einsamen Black Valley und zu Lord Brandon's Cottage, einer alten, von üppig grünen Wasserwiesen umgebenen Jagdlodge aus dem 19. Jh. neben dem Upper Lake mit Biergarten und einer Anlegestelle für Boote, die den Upper Lake überqueren. Man erreicht das Cottage mit dem Auto über eine steile Nebenstraße der R568 unweit von Moll's Gap.

Von hier windet sich eine schmale Straße den Berg hinauf zum Gap.

ℹ An- & Weiterreise

Wer den Pass (S. 287) erkunden möchte, kann z. B. eine Tour von Killarney aus unternehmen. Zunächst geht's per Bus zu Kate Kearney's Cottage, dann entweder zu Fuß oder mit der Pferdekutsche durch den Gap zu Lord Brandon's Cottage am Upper Lake, im Anschluss per Boot zum Ross Castle und zu guter Letzt mit dem Bus zurück in die Stadt (pro Pers. 30 €, plus 20 € für eine Pferdekutsche). In Killarney bieten fast alle Hotels, Hostels und Pubs solche Ausflüge an. Buchen kann man auch bei **Gap of Dunloe Tours** (S. 278).

Trotz eines Straßenschildes an Kate Kearney's Cottage, das auf das Verbot von Autos hinweist, ist es vollkommen legal, durch den Gap of Dunloe zu fahren, denn es handelt sich um eine öffentliche Straße. Dennoch ist dies nicht empfehlenswert, zumindest von Ostern bis September. Die Straße ist sehr schmal, steil und kurvig und meist überfüllt mit Wanderern, Radlern, Ponys und Pferdekutschen, deren Fahrer einem nur sehr wenig Zeit geben. Am besten fährt man frühmorgens oder nach 17 Uhr.

Macgillycuddy's Reeks

Macgillycuddy's Reeks, die höchste Bergkette Irlands, hat neun der zwölf Gipfel des Landes, die über 900 m hoch sind. Ihr Name stammt aus dem 18. Jh. Der MacGillycuddy-Clan bestand aus lokalen Landbesitzern und der Begriff *„reeks"* ist Dialekt; er bedeutet „Stapel", eine Referenz auf die schichtartige Struktur der Felsen in dieser Region.

Wer vor Ort eine Wanderung unternehmen möchte, sollte bei **Cronin's Yard** (☎ 064-662 4044; www.croninsyard.com; Mealis, Beaufort; Campinghütten 15 € pro Pers.) starten. Dort gibt's einen Parkplatz (2 €), eine Teestube (die bei Bedarf Picknickpakete packt), Duschen, Toiletten, einen kostenlosen einfachen Campingplatz und ein paar schicke *camping pods* (Hütten, die wie hölzerne Zelte aussehen). Cronin's Yard liegt am Ende der Straße (OS Ref. 836873), die von der N72 via Beaufort, westlich von Killarney, abzweigt. Zunächst folgt man den Ausschilderungen zum Gap of Dunloe, fährt aber geradeaus, wenn man links zum Pass abbiegen müsste. Nach 4 km erreicht man den Kissane Foodstore und die Tankstelle. 50 m weiter, über die Brücke, ist Cronin's Yard ausgeschildert, von hier sind es noch etwa 3 km.

Um einen ersten Eindruck von den Macgillycuddy's Reeks zu bekommen, wandert man den markierten Rundweg hinauf zum **Hag's Glen**. Das wunderschöne Tal unterhalb der riesigen Ostwand des Carrauntoohil führt zu den Seen Callee und Gouragh. Ab Cronin's Yard verläuft der Weg entlang eines steinigen Pfades neben dem Fluss Gaddagh (hin & zurück 8 km).

Es gibt mehrere Wanderrouten auf den **Carrauntoohil** (1040 m), den höchsten Gipfel des Landes. Selbst der einfachste Weg erfordert gute Kondition und die Fähigkeit, Pfade auch als solche zu erkennen. Die übrigen Routen sind anspruchsvolle Kletterstrecken. Bis vor Kurzem führte die traditionelle Route auf den Berg über die berüchtigte **Devil's Ladder** (Teufelsleiter), die einem stark erodierten Schluchtenweg südwestlich der Seen folgt. Inzwischen ist sie jedoch gefährlich lose und instabil.

Die empfohlene Strecke führt den **Brother O'Shea's Gully** hinauf (hier ist etwas Kletterarbeit erforderlich) und im Zickzack wieder hinunter zum Osten der Devil's Ladder. Erfahrene Bergsteiger können den Beschreibungen des Wanderführers *The Dingle, Iveragh & Beara Peninsulas: A Walking Guide* von Adrian Hendorff folgen. Wer sich auch nur im Geringsten unsicher fühlt, sollte einen Guide anheuern. Con Moriarty's **Hidden Ireland Tours** (☎ 087 221 4002; www.hiddenirelandadventures.com) bietet – wetterabhängig – ganzjährig mittwochs und samstags Wanderungen zum Carrauntoohil an (pro Pers. 75 €, ⏲ Mi & Sa, vorherige Buchung erforderlich).

Will man den Carrauntoohil besteigen, sind Karte und Kompass (und die Fähigkeit, diese Dinge auch zu benutzen) ein Muss. Außerdem benötigt man gute Wanderschuhe, wasserfeste Kleidung sowie genügend Proviant und Wasser. Wir empfehlen die Karte *MacGillicuddy's Reeks Superwalker* von Harvey's im Maßstab von 1:30 000 oder die Ordnance Survey Adventure Series Map (*MacGillicuddy's Reeks* & Killarney National Park) im Maßstab von 1:25 000.

Moll's Gap

Die mit tollen Ausblicken gesegnete N71 von Killarney nach Kenmare (32 km) wurde in den 1820er-Jahren erbaut, um eine ältere Strecke nach Osten (die Old Kenmare Road, der heute der Wanderweg Kerry Way folgt) zu ersetzen. Sie schlängelt sich zwischen Felsen und Seen hindurch und verfügt über zahlreiche Einbuchtungen. Dort kann man anhalten, die Aussicht bewundern und sich von den scharfen Kurven erholen. Achtung: Auf der Straße sind viele Busse unterwegs.

17 km südlich von Killarney liegt der Aussichtspunkt **Ladies' View** (N71) mit tollem Panorama.

5 km südlich befindet sich bei Moll's Gap der Gipfel des Passes. Er lohnt einen Zwischenstopp – wegen der schönen Aussicht und der Erfrischungen im **Avoca Café** (☎ 064-663 4720; www.avocahandweavers.com; N71, Moll's Gap; Gerichte 5,50–13 €; ⏲ Mo–Fr 9.30–17, Sa & So 10–17 Uhr; 📶 👪).

RING OF KERRY

Die 179 km lange Ringstraße auf der Halbinsel Iveragh, was *iw*-raa ausgesprochen wird, führt vorbei an herrlichen Stränden, mittelalterlichen Ruinen sowie Bergen und Seen und bietet ständig wechselnde Aus-

ABSEITS DER ÜBLICHEN PFADE

CROMANE UND DOOKS

Man muss schon wissen, dass es sie gibt, denn durch Zufall verschlägt es niemanden nach **Cromane** zu Irlands größter natürlicher Muschelbank (jährlich werden hier bis zu 8000 t Muscheln geerntet). Das Dorf liegt an einer schmalen Landzunge aus Kies, umgeben von weiten Feldern, die einen herrlichen Blick auf die spektakuläre Meereskulisse und leuchtende Sonnenuntergänge bieten. Richtig guten Fisch und Meeresfrüchte serviert das **Jacks' Coastguard Restaurant** (☎ 066-976 9102; http://jackscromane.com; Cromane; 2-/3-gängiges Menü mittags 22,50/26,50 €, abends 34/40 €, Hauptgerichte 16,50–33 €; ⏲ Do–Sa 18–21, So 13–15. 30 & 18–21 Uhr, Öffnungszeiten können variieren; 👪) in einer Küstenwachstation aus dem 19. Jh.

Südwestlich von Cromane befindet sich der 1889 eröffnete **Dooks Golf Club** (☎ 066-976 8205; www.dooks.com; Knockaunroe, Glenbeigh; Golfgebühren 50–120 €), einer der ältesten Links-Golfplätze Irlands. Etwas weiter die Straße entlang führt ein nicht ausgeschilderter Weg (nach dem grünen Briefkasten Ausschau halten) zum **Dooks Beach**, einem selten besuchten Juwel an der Mündung des Flusses Caragh mit herrlichem Ausblick über Kerry und die Dingle Mountains.

Cromane liegt 9 km westlich von Killorglin und ist ab der N70 ausgeschildert.

Ring of Kerry

blicke auf den von Inseln übersäten Atlantik, vor allem zwischen Waterville und Caherdaniel im spektakulären Südwesten der Halbinsel.

Die kleinere, aber ebenso spektakuläre Nebenstrecke Skellig Ring ist weniger befahren, weil die Straßen hier für Busse zu schmal sind.

Das 700 km² große Lichtschutzgebiet International Dark-Sky Reserve (http://kerrydarksky.com) auf der Halbinsel wurde 2014 eingeweiht. Die niedrige Lichtverschmutzung ermöglicht bei klarem Himmel einen fantastischen Blick in die Sterne.

Wer abseits ausgetretener Pfade reisen will, kann das Inland der Halbinsel erkunden: zu Fuß auf dem Ostabschnitt des Kerry Way, der von Killarney nach Glenbeigh führt, oder mit dem Auto oder Fahrrad auf den Nebenstraßen durch die Berge. Besonders interessant ist der Ballaghisheen Pass zwischen Killorglin und Waterville sowie der Ballaghbeama Gap, der entlang des R568 von Glenbeigh zur Gearha Bridge verläuft.

ℹ An- und Weiterreise

Obwohl man die Rundfahrt mit dem Auto an einem Tag und mit dem Rad an drei Tagen schafft, lautet die Devise: Je mehr Zeit man sich nimmt, desto mehr wird man die Tour genießen.

Die Straße ist eng und an vielen Stellen kurvig. Reisebusse umrunden die Halbinsel gegen den Uhrzeigersinn. Hinter ihnen herzutuckern ist anstrengend, deshalb sollte man besser andersrum fahren (Vorsicht in nicht einsehbaren Kurven!).

Von Ende Juni bis Ende August betreibt Bus Éireann (www.buseireann.ie) täglich einen Ring-of-Kerry-Bus-Service (Nr. 280). Die Fahrzeuge starten um 11.30 Uhr in Killarney (23,50 €) und sind um 16.45 Uhr wieder zurück. Sie halten in Killorglin (8 €, 30 Min.), Cahersiveen (17,50 €, 1½ Std.), Waterville (20 €, 1¾ Std.) und Caherdaniel (21,80 €, 2¼ Std.).

Bus Nr. 279A von Bus Éireann verkehrt ganzjährig zwischen Killarney und Waterville (20 €, 1¾ Std.) und hält in Killorglin (8 €, 30 Min.) und Cahersiveen (17,50 €, 1½ Std.).

Killorglin

2199 EW.

Reist man von Killarney aus gegen den Uhrzeigersinn weiter, dann ist Killorglin (Cill Orglain, übersetzt „Orglas Kirche") 23 km weiter nordwestlich der erste Ort auf dem Ring of Kerry. Das Städtchen scheint fast das ganze Jahr über stiller zu sein als das Wasser des Laune-Flusses, das gegen die achtbogige Brücke aus dem Jahre 1885 plätschert. Hier tummeln sich Lachse, und an den seichten Stellen planschen Reiher.

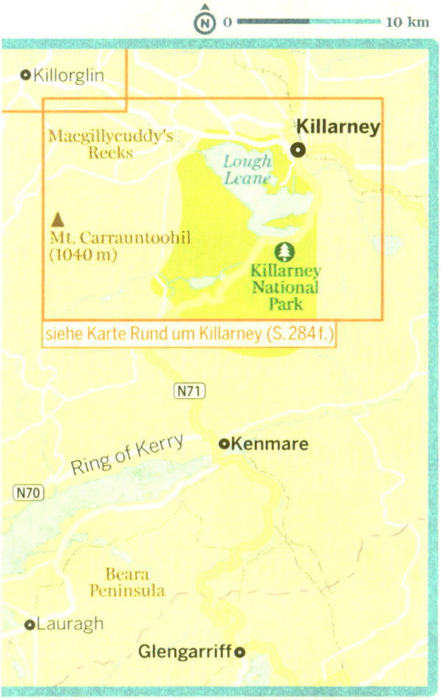

Im August wird während des berühmten Puck Fair ein ganzes Feuerwerk an alten heidnischen Zeremonien abgehalten. König Pucks Statue, eine Ziege, thront auf der Nordseite des Flusses, wo die Mutter des Autors Blake Morrison aufwuchs. Morrison hat die Kindheit seiner Mutter in *Things My Mother Never Told Me* beschrieben.

Sehenswertes

Kerry Bog Village Museum MUSEUM
(www.kerrybogvillage.ie; Ballincleave, Glenbeigh; Erw./Kind 6,50/4,50 €; 9–18 Uhr;) Das Museum zeigt eine nachgebaute Moorsiedlung aus dem 19. Jh., wie sie für die kleinen Gemeinden typisch war. Nur unter großen Mühen war es den Menschen damals möglich, in der kargen Landschaft mit den allgegenwärtigen Torfmooren zu überleben. Besucher können reetgedeckte Wohnhäuser von Torfstechern, Dachdeckern und Arbeitern sowie eine Schmiede und eine Molkerei bestaunen und sich die seltenen Kerry-Bog-Ponys (eine einheimische Zucht) ansehen. Das Museum liegt an der N70, 8,3 km südwestlich von Killorglin in der Nähe von Glenbeigh. Wenn niemand am Tor ist, bekommt man im benachbarten Red Fox Inn ein Ticket.

Feste & Events

Puck Fair KULTURELL
(Aonach an Phuic; www.puckfair.ie; Mitte Aug.) 1603 wurde dieses dreitägige Fest erstmals erwähnt, sein Ursprung liegt jedoch im Ungewissen. Höhepunkt ist der Brauch, einen Ziegenbock oder *puck* – das Wahrzeichen des bergigen Kerry – mit schleifchenverzierten Hörnern auf ein Podest im Ort zu stellen. Für zusätzliche Unterhaltung sorgen eine Pferdemesse, ein Schönheitswettbewerb für Babys, Straßentheater, Konzerte und Feuerwerk. Die Pubs öffnen zu diesem Anlass bis 3 Uhr morgens. Das Festival findet im August statt.

Schlafen & Essen

Coffey's River's Edge B&B €€
(066-976 1750; www.coffeysriversedge.com; Lower Bridge St; EZ/DZ 70/90 €; P) Die moderne Pension, zentral neben der Brücke über den Laune gelegen, bietet 10 makellose, in frischen Farben gehaltene Zimmer mit Parkettboden und einen Balkon mit Flussblick. Es gibt Zustellbetten für Kinder.

Jack's Bakery BÄCKEREI €
(Lower Bridge St; Gerichte 2,20–7,95 €; Mo–Fr 8–18.45, Sa 8–18, So 9–14 Uhr) An diesem beliebten Ort backt Jack Healy erstaunlich kunstvolle Brote, serviert herrlichen Kaffee und kredenzt wundervolle Sandwiches (mit hausgemachten Pâtés). Drinnen gibt's keine Sitzmöglichkeiten, aber bei gutem Wetter stehen draußen ein paar Tische auf dem Gehsteig.

Giovannelli ITALIENISCH €€
(087 123 1353; http://giovannellirestaurant.com; Lower Bridge St; Hauptgerichte 19–33,50 €; Mo–Sa 6.30–21 Uhr) Daniele Giovannelli stammt aus Norditalien und stellt die Pasta, die in diesem einfachen, aber gemütlichen kleinen Restaurant auf den Tisch kommt, selbst her. Wir empfehlen die Meeresfrüchte-Linguine mit Muscheln und Rindfleischravioli in Salbeibutter. Wundervolle Weine werden offen oder flaschenweise serviert.

Bianconi GASTROPUB €€
(066-976 1146; www.bianconi.ie; Lower Bridge St; Hauptgerichte 14,50–24 €; Küche Mo–Sa 11.30–22, So 18–21 Uhr, Bar Mo–Do 8–23.30, Fr & Sa bis 0.30, So 18–23 Uhr;) Das Pub im viktorianischen Stil verbindet edles Ambiente mit ebenso stilvoller irischer Küche. Zu den Gerichten zählen spektakuläre Salate – vollwertige Mahlzeiten –, z. B. mit Cashel-

ROBERT HARDING PRODUCTIONS/GETTY IMAGES ©

1. King Puck Statue (S. 291) von Alan Ryan Hall, Killorglin
2. Valentia Island (S. 296) **3.** Traditionelle Geschäfte, Kenmare (S. 303) **4.** Derrynane Beach (S. 301), Caherdaniel

JORG GREUEL/GETTY IMAGES ©

Ring of Kerry

Windgepeitschte Strände, Atlantikwellen, die sich an zerklüfteten Felsen und Inseln brechen, mittelalterliche Ruinen, hohe Berge und glitzernde Seen sind die Stars dieser 179 km langen Route rund um die Halbinsel Iveragh.

Killorglin

Killorglin ist die erste Stadt am Ring of Kerry, wenn man die Strecke gegen den Uhrzeigersinn abfährt. Dort gibt's eine Lachsräucherei und ein paar hervorragende Restaurants, außerdem steigt im August das historische Puck Fair Festival.

Kenmare

Als charmanter Auftakt (oder – je nach Fahrtrichtung – als Endpunkt) für die Reise gilt das typisch irische Örtchen Kenmare. Es liegt an einer Bucht und punktet mit bunten Geschäften sowie einer umwerfenden Architektur.

Skellig Ring

Diese weniger überlaufene malerische Ringstraße (18 km lang) zweigt von der Hauptroute ab. Sie verbindet Portmagee und Waterville und führt durch einen irischsprachigen Gaeltacht-Bezirk mit Ballinskelligs (Baile an Sceilg) im Zentrum.

Valentia Island

Ein weiteres Highlight des Ring of Kerry sind malerische Inseln. Einige können nur mit Booten erreicht werden, aber Valentia Island ist über eine kurze Brücke mit dem Festland verbunden. Im Sommer setzt auch eine Autofähre südlich von Cahersiveen zu der Insel über.

Caherdaniel

Besonders urtümlich und wild wirkt die Landschaft rings um Caherdaniel. Hier erstreckt sich der Derrynane National Historic Park, der einen Garten voller Palmen und einen Strand mit Blauer Flagge beherbergt. Darüber hinaus kann man hier reiten und Wassersportarten ausüben.

Blue-Käse, Äpfeln, gerösteten Mandeln und Speck. Die in gedeckten Farben renovierten Zimmer (DZ ab 100 €) im Obergeschoss verfügen über luxuriöse Bäder, teilweise mit freistehenden Badewannen.

Shoppen

KRD Fisheries FISCH
(066-976 1106; www.krdfisheries.com; Tralee Rd; Mo–Fr 9–13 & 14–17, Sa bis 13, So bis 11 Uhr) Hier kann man Bio-Räucherlachs direkt in der 1782 eröffneten Räucherei kaufen, verarbeitet werden an der Mündung des Flusses Laune gefangene Lachse. Das Geschäft liegt im Ortszentrum, auf der anderen Seite der Brücke.

Praktische Informationen

In der **Touristeninformation** (066-976 1451; Library Pl; Mo–Fr 9–13 & 13.30–17 Uhr) bekommt man Karten, Wanderführer, Angellizenzen und Souvenirs.

Cahersiveen (Caherciveen)

1041 EW.

Caherciveen (caar-seh-*wien;* von *cathair saidhbhín,* Ringfestung der Kleinen Sarah), die größte Ortschaft der Halbinsel Iveragh, wurde als Fischereihafen und Marktstadt gegründet, fiel Ende des 20. Jhs. aber in eine schwere Krise. Die von verlassenen Hotels und Pubs gesäumte O'Connell Street (nördlich der Main Street) zeugt davon und sieht aus wie ein Boulevard zerbrochener Träume.

Seit einigen Jahren werden jedoch ernsthafte Bemühungen unternommen, den Ort als Touristenzentrum neu zu erfinden. Die Hauptstraße und die Bereiche am Wasser wurden aufgehübscht und die einstigen Kasernen wunderschön als Museum restauriert. Es gibt einige tolle Unterkünfte und Restaurants. und die herrliche Landschaft in der Umgebung ist sehr sehenswert.

Cahersiveen ist untrennbar mit dem Kampf um die irische Unabhängigkeit verbunden: Daniel O'Connell, der „Große Befreier", wurde hier geboren, und beim Fenian-Aufstand von 1867 wurden hier die ersten Schüsse abgefeuert.

Sehenswertes & Aktivitäten

Einer der ausgeschilderten Wanderwege ist der Bentee Loop (9 km), der in Cahersiveen beginnt und auf den kegelförmigen 376 m hohen Bentee führt. Dieser kleine Berg liegt südlich des Orts und bietet einen herrlichen Blick über Valentia Island und die Hügel der Halbinsel Iveragh.

Casey Cycles verleiht Fahrräder und berät zu Fahrradrouten.

Ring Forts RUINE
(Ballycarbery) GRATIS Etwa 3 km nordwestlich von Cahersiveen befinden sich zwei 600 m voneinander entfernte, beeindruckende steinerne Ringfestungen, die man vom selben Parkplatz aus erreicht. **Cahergal**, die größere und beeindruckendere Festung, datiert ins 10. Jh. An den Innenmauern sind noch Treppen zu sehen, außerdem gibt's hier eine Bienenkorbhütte *(clochán)* und die Überreste eines Rundhauses. Das kleinere Fort, **Leacanabuile**, stammt aus dem 9. Jh. und zeigt noch Umrisse von vier Häusern. Beide haben eine eindrucksvolle Lage mit Blick auf Valentia Harbour und die Kerry Mountains.

Old Barracks Heritage Centre MUSEUM
(066-401 0430; www.oldbarrackscahersiveen.com; Bridge St; Erw./Kind 4/2 €; Mo–Sa 10–17.30, So 11–17.30 Uhr) Die Kasernen der Royal Irish Constabulary in Cahersiveen entstanden als Antwort auf den Fenian-Aufstand von 1867. Sie sind im Stil eines exzentrischen bayrischen Schlosses gehalten, samt spitzem Turm und stufenförmiger Giebeldächer. 1922 wurde das imposante Gebäude von Anti-Treaty-Truppen niedergebrannt, später aber restauriert und in ein Museum umgewandelt, das faszinierende Ausstellungen zum Aufstand sowie dem Leben und Werk des Lokalhelden Daniel O'Connell zeigt.

Der **Stadtpark** erstreckt sich hinter dem Heritage Centre am Flussufer. Dort findet man auch die Umrisse der antiken Ringfestung, die Caherciveen ihren Namen gab.

Geburtsort von Daniel O'Connell RUINE
An der Brücke, die am Ostrand der Stadt über den Carhan führt, liegt ein hübscher kleiner Gedenkpark zu Ehren von Daniel O'Connell (1775–1847). Der „Große Befreier" war ein politischer Anführer, der für die katholische Emanzipation und die Unabhängigkeit Irlands kämpfte. Er wurde in der verfallenen Hütte am gegenüberliegenden Flussufer geboren.

Ballycarbery Castle BURG
(Ballycarbery) GRATIS Die stimmungsvollen und gefährlich wirkenden, von Efeu umrankten Ruinen des Ballycarbery Castle aus dem 16. Jh. erheben sich 3 km nordwestlich

von Cahersiveen mitten auf einer grünen Wiesenfläche.

Casey Cycles RADFAHREN
(☎ 066-947 2474; www.bikehirekerry.com; New St; Tourenräder pro Tag/Woche 16/80 €, Rennräder 35/140 ; ⊙ ganzjährig Mo–Sa 9–18 Uhr, Juli–Aug. So 10–13.30 Uhr) Casey Cycles verleiht hochwertige Touren- und Rennräder und informiert über lokale Strecken. Gute Ziele sind z.B. die Ringfestungen bei Cahergall oder Valentia Island (leicht zu erreichen mit der Fähre, die gleich westlich der Stadt ablegt).

Feste & Events

Cahersiveen Festival of Music & the Arts MUSIK
(www.celticmusicfestival.com; ⊙ Ende Juli/Anfang Aug.) Auf dem familienfreundlichen Festival am ersten Wochenende im August gibt's keltische Bands, Straßenmusikwettbewerbe und irischen Set Dance.

Schlafen & Essen

★ **Mannix Point Camping & Caravan Park** CAMPINGPLATZ €
(☎ 066-947 2806; www.campinginkerry.com; Mannix Point, Cahersiveen; Wanderer 8,50 €, Fahrzeug & 2 Erwachsene 26 €; ⊙ Mitte März–Mitte Okt.;) Mortimer Moriartys preisgekrönter Platz direkt an der Küste zählt zu den besten in Irland. Er hat 42 Wohnmobilstellplätze, eine gemütliche Küche, einen Aufenthaltsraum mit Torffeuer (ohne Fernseher, aber dafür wird regelmäßig irische Musik gespielt – Leihinstrumente stehen zur Verfügung), Waschmaschinen, blitzsaubere Duschen (1 €), einen Grillplatz und sogar eine Aussichtsplattform zum Beobachten von Vögeln. Die Sonnenuntergänge hier sind einzigartig.

San Antoine B&B €
(☎ 066-947 2521; http://sanantoine.com; Garranebane; DZ/3BZ/FZ ab 75/95/105 €; P) Diese makellose und geräumige Pension am Westrand der Stadt verfügt über eine große Terrasse und einen Frühstücksraum, beide mit einem herrlichen Blick auf das Meer und die Hügel. Die Besitzer helfen bei der Buchung von Bootstouren nach Skellig Michael und geben Tipps zu lokalen Wander- und Radwegen.

Sive Hostel HOSTEL €
(☎ 066-947 2717; www.sivehostel.ie; 15 East End; B 22 €, EZ/DZ/3BZ mit Bad 30/54/78 €, DZ/3BZ mit Gemeinschaftsbad 52/75 €;) Gemütliches, einfaches und hübsches Hostel mit preiswerten Privatzimmern. Einige befinden sich in einem netten Steinhäuschen auf der Rückseite der Anlage. Darüber hinaus gibt's eine Dachterrasse mit tollem Ausblick und einen schönen Hofbereich mit Sitzplätzen Ein Abstellraum für Fahrräder und ein Trockenraum sind vorhanden.

★ **QCs Seafood Restaurant & Bar** FISCH & MEERESFRÜCHTE €€
(☎ 066-947 2244; http://qcbar.com; 3 Main St; Hauptgerichte 16–26,50 €, Barküche 9–15 €; ⊙ Küche Mo–Sa 12.30–14.30 & 18–21.30, So 17–21 Uhr, Bar Mo–Sa 12.30–24, So 17–24 Uhr;) Das QCs ist die moderne Version eines klassischen Pubs und bietet dementsprechend jede Menge Pints und Geselligkeit. Abgesehen davon kommen hier die besten Gerichte am Ring of Kerry auf den Tisch. Wir empfehlen vor allem die Meeresfrüchte aus der Region von den eigenen Fischerbooten, z.B. Valentia-Krabben und Suppe aus Dingle-Garnelen. Oben befinden sich sechs Pensionszimmer (DZ ab 159 €).

Camo's CAFÉ, INTERNATIONAL €€
(☎ 066-948 1122; www.camos.ie; 24 Church St; Hauptgerichte mittags 5–8,50 €, abends 11,50–22 €; ⊙ Mo–Mi 10–18, Do & Fr 10–17 & 18.30–21, Sa

NICHT VERSÄUMEN

KELLS BAY HOUSE & GARDENS

Das prachtvolle **Kells Bay House & Gardens** (☎ 066-947 7974; www.kellsgardens.ie; abseits der N70, Kells Bay; Erw./Kind 8/6 €; ⊙ Juni–Aug. 9–21, Feb.–Mai, Sept. & Okt. bis 19, Nov. & Dez. bis 16.30 Uhr) wurde 1837 als Jagdhütte errichtet. Die Länderei erstreckt sich über 17 ha. Dazu gehören ein Wasserfall, ein Strand und sechs verschiedene Gärten, darunter ein Palmen- und ein urzeitlicher Farnwald mit geschnitzten Dinosauriern aus umgestürzten Bäumen. Irlands längste Seilbrücke, der 33,5 m lange Skywalk, schwingt sich in 11 m Höhe kühn über den Fluss Delligeenagh, der durch das Anwesen fließt.

Die eigenen Gemüsegärten und eine kleine Viehzucht liefern Zutaten für das Thai-Restaurant vor Ort (Hauptgerichte 10–15,50 €). Zudem gibt es Gästezimmer (DZ/Suite ab 85/140 €).

11–17 & 18.30–21 Uhr;) Tagsüber serviert dieses freundliche Café um die Ecke Gerichte wie Sandwiches aus über Eichenholz geräuchertem Lachs und hausgemachtem Brot sowie köstlichen Salat mit Blutwurst. Abends sind Fisch und Meeresfrüchte (Dorsch-Krabben-Eintopf, Seeteufel im Schinkenmantel) das Highlight auf der Karte, zum Teil auch sehr moderne Fusionsküche.

Valentia Island

EW 665

Die von vielen schmalen Straßen durchzogene Insel Valentia ist wunderschön und eine viel zu selten besuchte Ecke von Kerry mit einer vielfältigen, faszinierenden Geschichte. Der lateinisch klingende Name ist ein Anglizismus des gälischen *Béal Inse* – „Mündung der Insel" (ein Hinweis auf den geschützten Hafenzugang) –, der eigentliche gälische Name von Valentia (Oileán Dairbhre) bedeutet „Eiland der Eichenbäume".

Seit 1816 wird vor Ort hochwertiger Schiefer gefördert, der u. a. die Dächer der Houses of Parliament und der Westminster Cathedral in London sowie der Pariser Opera Garnier deckt. 1911 wurde der Steinbruch geschlossen, aber 1999 wiedereröffnet. Heute entstehen hier alle möglichen Produkte aus Schiefer, darunter auch Billiardtische.

Die Insel ist nur 11 km lang und 3 km breit; Knightstown am östlichen Ende der Insel ist das einzige Dorf.

Sehenswertes

Glanleam House & Gardens GARTEN
(066-947 6176; http://glanleam.com/cms; Garten 5 €; Mitte März–Okt. 10–19 Uhr) Das 1775 als Leinenmühle errichtete Anwesen wurde 1808 umgewandelt. Der Besitzer ließ damals einen 16 ha großen Park mit exotischen Pflanzen aus aller Welt anlegen und auch. Bambus und die größten europäischen Farnarten pflanzen. Spazierwege führen am Strand und Fluss entlang und durch den Wald.

Im Herrenhaus werden vier antik möblierte Zimmer (DZ ab 110 €; 3-gängiges Abendmenü 50 €) vermietet und es gibt zudem vier Cottages für bis zu sechs Personen zu mieten (ab 150 €).

Tetrapod Trackway HISTORISCHE STÄTTE
(Dohilla) GRATIS Diese Reihe von Einmuldungen auf einer freiliegenden Sandsteinoberfläche neben dem Meer ist vielleicht nicht so spektakulär wie Fußabdrücke von Dinosauriern, aber die Fossilienspuren – vor rund 360 Millionen Jahren hinterlassen von einer 100 cm langen Amphibienkreatur – zählen zu den größten physischen Beweisen für ein Wirbeltier an Land. Selbst wer sich nicht für Geologie interessiert, wird den Panoramablick auf die Blasket Islands und die Dingle Peninsula wunderschön finden. Der Trackway liegt 4,3 km nordwestlich von Knightstown.

Valentia Island Heritage Centre MUSEUM
(066-947 6411; School Rd, Knightstown; Erw./Kind 3,50 €/frei; Mai–Sept. 10.30–17.30 Uhr) In der ehemaligen Schule an der Straße zum Geokaun Mountain bietet dieses wunderbare Museum eine wahre Fundgrube an Schätzen, die mehr über die Inselgeschichte erzählen als jedes Buch; man sieht z. B. Schulchemiekästen, Werkzeuge für den Abbau von Schiefer, aber auch Fossilien und Fotografien. Absolutes Highlight des Hauses ist die Morsetaste, die verwendet wurde, um das erste transatlantische Telegrafenkabel der Welt zu testen.

Skellig Experience MUSEUM
(066-947 6306; www.skelligexperience.com; Erw./Kind 5/3 €, inkl. Bootstour 35/20 €; Juli & Aug. 10–19 Uhr, Mai, Juni & Sept. 10–18 Uhr, März, April, Okt. & Nov. Fr–Mi bis 16.30 Uhr) Am anderen Ende der Brücke, gegenüber von Portmagee, steht ein interessantes Gebäude mit einem torfbedeckten Dach, das Ausstellungen über die Tierwelt, das Leben der Skellig-Michael-Mönche sowie die Geschichte der hiesigen Leuchttürme präsentiert. Von April bis September veranstaltet das Museum zweistündige **Bootstouren** rund um die Inseln (kein Halt); hier bekommt man jede Menge Infos und Tipps für einen Besuch der Skelligs.

Im März, April, Oktober und November ist das Zentrum 6-mal pro Woche geöffnet, die jeweiligen Tage ändern sich allerdings von Jahr zu Jahr (einfach nachfragen).

Geokaun Mountain AUSSICHTSPUNKT
(www.geokaun.com; Auto/Radfahrer & Wanderer 5/2 €; 6–23 Uhr) Der örtliche Grundeigentümer hat den höchsten Punkt der Insel, den Geokaun (266 m), mit einem Netzwerk einfacher Wanderwege und Aussichtspunkte (darunter einer mit einem atemberaubenden Blick auf die Fogher Cliffs) ausgestattet. Man kann den ganzen Weg zur Spitze mit dem Auto fahren, daher haben auch Besucher mit eingeschränkter Mobilität die Möglichkeit, die Aussicht zu genießen. Zu ruhigeren Zeiten

sind keine Mitarbeiter vor Ort und der Zutritt erfolgt mittels einer automatischen Schranke (Zahlung nur mit Münzen).

Telegraph Field MONUMENT
Valentia Island war der östliche Endpunkt des ersten transatlantischen Telegrafenkabels, das in Heart's Content, Neufundland, begann. Ein Denkmal am westlichen Ende von Valentia Island erinnert an die Einrichtung der ersten dauerhaften Kommunikationsverbindung zwischen Europa und Nordamerika im Jahr 1866. Vor den Telegrafenkabeln dauerte die Übermittlung einer Nachricht mit dem Schiff zwei Wochen. Die Telegrafenstation auf Valentia war bis 1966 in Betrieb. Danach war die Satellitentechnik die schnellere Alternative.

Schlafen & Essen

★ **Atlantic Villa** B&B €€
(☎ 087 212 6798; http://atlanticvilla.ie; Knightstown; EZ/DZ ab 50/80 €; P 📶) 1873 wurde dieses historische Gebäude für den Aufsichtsbeamten des transatlantischen Telegrafenkabels zwischen Valentia und Neufundland erbaut. Es hat einen offenen Kamin und sechs liebevoll restaurierte Zimmer, die teilweise Meerblick haben. Zum Angebot gehören auch ein tolles Gourmetfrühstück und eine Sauna. Wenn man möchte, bekommt man ein Lunchpaket mit; auch kann man traditionelle irische Meeralgenbäder nehmen.

Die Zutaten für das Frühstück kommen aus dem eigenen Gemüsegarten und die Eier von den Hühnern des Hauses. Auf dem Gelände gibt es zudem zwei Cottages mit einem bzw. zwei Schlafzimmern zu mieten (375/450 € pro Woche).

Royal Valentia HOTEL €€
(☎ 066-947 6144; http://royalvalentia.ie; Knightstown; EZ/DZ/FZ ab 70/100/140 €; 📶) Heute hat das in den 1830er-Jahren eröffnete viktorianische Hotel eine moderne Einrichtung. Die 30 hellen Zimmer sind teilweise mit Himmelbetten ausgestattet und blicken auf den Hafen. Die Familienzimmer bieten Platz für vier Personen. In der lebhaften Bar bekommt man Pubfood (Hauptgerichte 13–29 €); sie ist das kommunikative Zentrum der hiesigen Einwohnerschaft.

Pod Crêperie CAFÉ €
(☎ 066-947 6995; https://podcrepesandgifts.wordpress.com; 2 Market St, Knightstown; Gerichte 3,50–12 €; ⏲ Mo & Di 11–18, Ostern–Sept. Mi–So 10.30–18 Uhr; 📶) Hier gibt es neben süßen Crêpes mit Zucker und Zitrone oder Zimt und Apfel auch herzhafte aus Buchweizenmehl gebackene *galettes* (mit Blauschimmelkäse, Walnüssen und Honig oder Krabben, Käse und Spinat). Der dazugehörige Geschenkeladen verkauft Kunst und Kunsthandwerk aus der Region, Seifen und Delikatessen. An sonnigen Tagen stehen Tische und Stühle auf der Terrasse.

Valentia Island Farmhouse Dairy EIS €
(☎ 066-947 6864; Kilbeg; Eis mit 1/2/3 Kugeln 3/5,50/7,50 €; ⏲ Juli & Aug., 11–19, Juni bis 18 Uhr; 👪) Die Milch für das selbstgemachte Eis stammt von den Kühen des Hofs. Es gibt z. B. Zimt-, Karamell-, Minze-Schoko- und Erdbeereis, alle ausschließlich aus natürlichen Zutaten. Die Erdbeeren werden ebenfalls auf dem Hof angebaut. Sorbets ohne Milch gibt es auch: Rhabarber etwa oder Gurke. Von der Terrasse schaut man über die Felder zum Meer. Für Kinder gibt es drinnen und draußen einen Spielbereich.

Inselbesichtigungen per Pferdekutsche (9 € pro Pers.) werden für zwei oder mehr Personen angeboten.

Praktische Informationen

Die **Touristeninformation** (☎ 066-947 6985; www.valentiaisland.ie; 3 Watch House Cottage, Knightstown; ⏲ Mai–Sept. 10–16.30, Okt.–April Mo–Fr 9–17 Uhr) der Insel ist in Knightstown.

An- & Weiterreise

Mit öffentlichen Verkehrsmitteln kommt man nicht nach Valentia.

Eine Brücke verbindet Valentia Island mit Portmagee auf dem Festland.

Von April bis Oktober pendelt die **Valentia Island Car Ferry** (☎ 087 241 8973; einfach/hin & zurück: Auto 7/10 €, Fahrradfahrer 2/3 €, Fußgänger 1,50/2 €; ⏲ Juli & Aug. Mo–Sa 7.45–22, So 9–11, April–Juni, Sept. & Okt. Mo–Sa 7.45–22.30, So 9–21.30 Uhr) zwischen Knightstown und Reenard Point, 5 km südwestlich von Cahersiveen. Die Überfahrt dauert 5 Minuten, und die Fähre legt alle 10 Minuten ab.

Portmagee

123 EW.

Portmagees einzige Straße ist dank ihrer bunten Häuser ein beliebtes Fotomotiv. An Sommermorgen erwacht der kleine Pier zum Leben, wenn hier Boote bei ihrer Überfahrt zu den Skellig-Inseln anlegen (S. 298). Vom Dorf führt eine Brücke nach Valentia Island (S. 296).

SKELLIG ISLANDS

Die beiden wellenumtosten Felseninseln der Skellig Islands (Oileáin na Scealaga) sind Standort des entlegensten, spektakulärsten antiken Klosters von Irland. Der Seegang auf der 12 km langen Überfahrt kann rau sein, und der Aufstieg zum Kloster ist steil und anstrengend. Wegen des oft glatten Bodens und plötzlicher Windstöße ist er für kleine Kinder oder Menschen mit eingeschränkter Mobilität denkbar ungeeignet. Man sollte etwas zu essen und zu trinken dabeihaben und feste Schuhe mit gutem Profil sowie wetterfeste Kleidung tragen.

Die schroffe 217 m hohe Felseninsel **Skellig Michael** („Felsen des Erzengels Michael" wie St. Michael's Mountain im englischen Cornwall und der Mont Saint Michel in der Normandie; www.heritageireland.ie; ⌚ Mitte Mai–Sept.) ist das größere der beiden Eilande und gehört zum UNESCO-Welterbe. Frühchristliche Mönche lebten hier in einer Klostergemeinschaft, die sich vom 6. bis zum 12. oder 13. Jh. hielt. Die Gebäude thronen auf einem Felssattel 150 m über dem Meeresspiegel und sind über 618 steile, ins Gestein gehauene Stufen erreichbar. Nicht verpassen sollte man die unterschiedlich großen Oratorien und Bienenkorbhütten aus dem 6. Jh.; die größte Zelle misst 4,50 m mal 3,60 m. Man kann die nach Süden hin angelegten Gemüsegärten der Mönche und ihre Zisterne sehen, in der Regenwasser gesammelt wurde. Doch die eindrucksvollste bauliche Errungenschaft sind die Fundamente der Siedlung: Plattformen aus Erde und trockene Steinmauern wurden direkt auf dem steilen Abhang errichtet.

Unter dem Einfluss der koptischen Kirche (vom hl. Antonius in den Wüsten von Ägypten und Libyen gegründet) suchten die Mönche entschlossen nach völliger Abgeschiedenheit und landeten so in dieser entlegenen, windumtosten Gegend Europas. Über das Klosterleben ist kaum etwas bekannt, es gibt aber Aufzeichnungen über die Wikingerüberfälle 812 und 823, bei denen Mönche verschleppt oder getötet wurden. Trotzdem erholte sich die Gemeinde und blieb weiter bestehen. Im 11. Jh. erweiterte man die Anlage um ein rechteckiges Oratorium, und obwohl im 12. Jh. weitere Anbauten folgten, verließen die Ordensbrüder den Felsen zu dieser Zeit.

Nach der Einführung des gregorianischen Kalenders 1582 wurde Skellig Michael ein beliebter Ort für Hochzeiten: In der Fastenzeit war das Heiraten verboten, aber da Skellig den alten julianischen Kalender verwendete, konnte ein Ausflug zu den Inseln diejenigen erlösen, die nicht bis Ostern warten konnten. In den 1820er-Jahren wurden auf der Insel zwei Leuchttürme gebaut und auch die Uferstraße.

Berühmt wurde Skellig Michael als Jedi-Tempel von Luke Skywalker in den *Star-Wars-Folgen Das Erwachen der Macht* (2015) und *Der letzte Jedi* (2017). Die spektakuläre Schönheit der Insel lockt seither ein ganz neues Publikum an.

Moorings PENSION €€
(☎ 066-947 7108; www.moorings.ie; EZ/DZ/3BZ ab 70/110/140 €; 📶) Das Moorings ist ein gastfreundliches Hotel mit Bar und Restaurant (S. 299). Es hat 16 Zimmer in zwei Kategorien: einfachere und etwas schickere Zimmer mit Meerblick. Erfrischendes Weiß bestimmt die Einrichtung. Für Kinder gibt es Zustellbetten und ausziehbare Sofas.

Skellig Ring House HOSTEL €
(☎ 066-948 0018; www.skelligringhouse.com; DZ mit Gemeinschaftsbad/eigenem Bad 48/60 €; P 📶) Skellig Ring House, das frühere Portmagee Hostel, ist eine einfache Unterkunft; für Wanderer gut geeignet. Es gibt Zimmer mit und ohne Bad, keine Schlafsäle mehr. Das Haus liegt 350 m südwestlich des Dorfs.

Dasselbe Team betreibt auch das Hostel in Ballingskellig, die **Skellig Lodge** (☎ 066-947 9942; www.skelligIodge.com; Ballinskellig; EZ/DZ/FZ mit Gemeinschaftsbad ab 40/48/65 €, DZ mit Bad ab 60 €; P 📶).

Bridge Bar BAR
(☎ 066-947 7108; www.moorings.ie; ⌚ Mo–Sa 11–23.30, So 12–23 Uhr) Mittelpunkt des Dorflebens von Portmagee ist die himbeerfarben gestrichene Bridge Bar, Treffpunkt der Einheimischen. Jeden Freitag- und Samstagabend (im Juli und August auch dienstags) finden traditionelle irische Konzerte und Tanzsessions statt. Hervorragende Fish'n' Chips und ein Burger mit Cashel Blue sind die Spezialiäten der hiesigen Kneipenküche (Küche 12–21 Uhr; Hauptgerichte 10–24 €).

Auf der Insel gibt es keine Toiletten.

Small Skellig ist lang, flach und felsig: von Weitem sieht die Insel aus, als hätte dort eine Kissenschlacht stattgefunden. Aus der Nähe erkennt man, um was es sich handelt: eine Kolonie von 20 000 brütenden Tölpelpaaren, die zweitgrößte Brutkolonie der Welt. Viele Boote umrunden die Insel, damit Ausflügler die Vögel genauer beobachten können. Manchmal tauchen auch badende Seehunde auf. Small Skellig ist ein Vogelschutzgebiet und darf deshalb nicht betreten werden.

Anreise zu den Skellig Islands

Boote zu den Skelligs verkehren von Mai bis September, laufen allerdings bei schlechtem Wetter nicht aus (das passiert an etwa zwei bis sieben Tagen im Monat). Die Touren beginnen in Portmagee, Ballinskelligs oder Caherdaniel. Man sollte die Überfahrt schon vorab buchen, weil die tägliche Besucherzahl der Insel begrenzt ist: Jeden Tag darf nur eine begrenzte Anzahl an Booten mit je maximal zwölf Passagieren nach Skellig Michael fahren. Der Preis liegt bei rund 75 € pro Person. Man sollte sich vergewissern, ob die Anbieter eine aktuelle Erlaubnis haben; der OPW (Office of Public Works; www.opw.ie) gibt Tipps.

Die Boote legen vormittags ab; um 15 Uhr geht's wieder zurück. Allerdings hat man nur zwei Stunden Zeit für den Besuch der Insel, und die braucht man mindestens, um das Kloster zu besichtigen, die Vögel zu sehen und zu picknicken. Die Überfahrt von Portmagee dauert 1½ Stunden, von Ballinskelligs 35 Minuten bis zu einer Stunde und ab Caherdaniel 1¾ Stunden.

Wer die Insel nur mal aus der Nähe sehen, aber sie nicht unbedingt betreten möchte, kann an einer Bootstour mit Anbietern wie **Skellig Experience** (S. 296) auf Valentia Island teilnehmen (kein Halt auf den Skelligs).

Das Skellig Experience Heritage Centre sowie Pub- und B&B-Betreiber vor Ort beschreiben Besuchern den Weg zu den Tourveranstaltern, darunter:

Skelligs Rock (☎ 087 236 2344; www.skelligsrock.com; geführte Tour 75 €; ⏲ Mitte Mai–Sept. 9 Uhr) Hat seinen Sitz in Portmagee; bietet auch eine Öko-Bootstour zum Wildtiere-Beobachten an, bei der nicht angelegt wird.

Force Awakens (☎ 087 238 5610; Ballinskelligs Pier; geführte Tour 75 €; ⏲ nach Vereinbarung) Bietet *Star Wars*–Thementouren und hat seinen Sitz in Ballinskelligs.

John O'Shea (☎ 087 689 8431; skelligtours@gmail.com; Derrynane Bay, Caherdaniel; geführte Tour 75 €; ⏲ Mitte Mai–Sept. 10 Uhr) Hat seinen Sitz in der Derrynane Bay, Caherdaniel.

Das benachbarte **Moorings Restaurant** (Hauptgerichte 22–26 €; ⏲ März–Okt. Di–So 18–22 Uhr; 👪) ist auf Fisch und Meeresfrüchte spezialisiert.

Skellig Ring

Die wenig befahrene 18 km lange Straße zweigt vom Ring of Kerry ab, verbindet Portmagee, Valentia Island und Waterville und führt durch die Gaeltacht-Region (dort wird Irisch gesprochen) rund um Ballinskelligs (Baile an Sceilg).

Die Gegend ist wild und schön, und die zerklüfteten Umrisse von Skellig Michael sind fast immer in Sichtweite. Die landschaftlich spektakuläre Insel beherbergte vom 6. bis 12. Jh. ein einsames Kloster und ist heute ein bedeutender Lebensraum für Papgeientaucher, Tölpel und Trottellummen. Als Schauplatz der *Star Wars*-Folgen *Das Erwachen der Macht* and *Die letzten Jedi* erlebt sie zurzeit einen touristischen Ansturm, aber an anderen Ecken des Skellig Ring findet man ruhige, historische Örtchen, bunte Häuser, Wanderwege und vielfältige Einblicke in die Geschichte der Gegend – vom urzeitlichen Wirbeltier bis zur transatlantischen Telegrafenleitung.

Ein guter Strand mit Blauer Flagge liegt in Ballinskelligs; 7 km nordwestlich davon ist St. Finian's Bay zum Surfen ideal. Ausrüstung verleiht **Skelligs Watersports** (☎ 086 389 4849; www.skelligsurf.com; Ballin-

STAR-WARS-SCHAUPLÄTZE

Star-Wars-Fans pilgern gern zu der schwindelerregend steilen, wunderschönen Insel Skellig Michael (S. 298), die ihr spektakuläres Kinofilmdebüt 2015 in der Folge *Das Erwachen der Macht* hatte und 2017 als Standort von Luke Skywalkers Jedi-Tempel in *Der letzte Jedi* wieder auf der Leinwand erschien. Standesgemäß können Fans mittlerweile sogar mit dem neuen Bootstourenanbieter **Force Awakens** (S. 299) auf die Insel reisen.

Zu den weiteren *Star-Wars-Drehorten* in Kerry zählt Sybil Head (Ceann Sibeal) auf der Dingle Peninsula, 4,5 km nordwestlich von Ballyferriter. Außerdem wurde in Irland in der Gegend um den Leuchtturm **Loop Head Lighthouse** (S. 363), 26 km südwestlich von Kilkee im County Clare, gedreht sowie in Brow Head, 3 km südwestlich von Crookhaven im County Cork, und in Hell's Hole, einem tiefen zerklüfteten Abgrund auf der Inishowen Peninsula, 6 km nordwestlich von Malin Head im County Donegal.

skelligs Beach; ⌚ Mitte Mai–Sept. 10–18 Uhr) in Ballinskelligs.

Geführte Touren nach Skellig Michael und Angelausflüge in der Umgebung können bei Force Awakens gebucht werden.

Auf dem Ring gibt es nur eine Handvoll Pubs und Cafés, wo man zu Abend essen kann, z. B. das Café der hochmodernen Schokoladenfabrik **Skelligs Chocolate** (☎ 066-947 9119; www.skelligschocolate.com; St Finian's Bay; ⌚ Juli & Aug. Mo–Fr 10–17, Sa & So 11–17 Uhr, April–Juni & Sept. Mo–Fr 10–17, Sa & So 12–17 Uhr, Nov.–Mitte Dez. Mo–Fr 10–16.30 Uhr) GRATIS. Supermärkte gibt es hier nicht. Am besten kauft man seinen Proviant in Cahersiveen.

Waterville

538 EW.

Waterville, ein altmodischer Ferienort am Meer, der sich entlang der N72 an der Spitze der Ballinskelligs Bay erstreckt, ist für seine tollen Golf- und Angelmöglichkeiten bekannt. Der Golfplatz „Waterville Golf Links" hat einen guten Ruf. Am gegenüberliegenden südlichen Ortsende eröffnet 2018 auf einer Landzunge der „Hogs Head Golf Course", den Robert Trent Jones II. designt hat.

Stummfilmstar Charlie Chaplin machte hier in den 1960er-Jahren mit seiner Familie Urlaub und residierte über ein Jahrzehnt immer wieder im Butler Arms Hotel. Am Ufer steht eine Bronzestatue von Chaplin und Ende August findet hier das „Charlie Chaplin Comedy Film Festival" statt.

Im nahen Lough Currane gibt es Meerforellen, insbesondere im Mai und Juni kann man sie hier gut angeln. Einen Angelschein braucht man nicht, aber eine staatliche Lizenz (Infos unter www.fishinginireland.info) und ein Mietboot (55 € pro Tag oder 140 € mit *ghillie* – so heißen die Guides zum Angeln oder Jagen). Ein empfehlenswerter Guide ist z. B. Vincent Appleby von **Salmon & Sea Trout Fishing** (☎ 087 207 4882; www.salmonandseatrout.com; Angeln 140 €/Tag; ⌚ nach Vereinbarung).

★ **Waterville Golf Links** GOLF
(☎ 066-947 4102; www.watervillegolflinks.ie; Golfplatzgebühr 75–230 €) Tiger Woods, Mark O'Meara und Payne Stewart sind nur einige der Golfgrößen, die schon auf diesem 18-Loch-Platz (72 Par) ihre Schläger geschwungen haben. Er zählt zu Irlands am herrlichsten gelegenen Golfplätzen, bietet einen weiten Blick auf die Bucht und die Berge. Er wurde von Eddie Hackett gestaltet (in Zusammenarbeit mit Jack Mulcahy und Claude Harmon).

Charlie Chaplin Comedy Film Festival FILM
(http://chaplinfilmfestival.com; ⌚ Ende Aug.) Beim „Charlie Chaplin Comedy Film Festival" an vier Tagen Ende August kann man bei Filmvorführungen, Workshops, Straßenkunst, einem Doppelgänger-Wettbewerb und einem Festumzug mitmachen.

Schlafen & Essen

Brookhaven House B&B €€
(☎ 066-947 4431; www.brookhavenhouse.com; New Line Rd; DZ 80–120 €; P 📶) Watervilles bestes B&B, ein Familienunternehmen, punktet mit blitzsauberen Zimmern mit Meerblick über den Golfplatz oder Ballinskelligs Bay, gemütlichen Betten und einem sonnigen Frühstücksraum.

★ **Smuggler's Inn** MODERN IRISCH €€
(☎ 066-947 4330; www.the-smugglers-inn.com; Cliff Rd; DZ 95–150 €; ⌚ April–Okt.; 📶) Ein echtes Juwel in der Nähe des Golfplatzes. Besit-

zer und Chefkoch Henry Hunt bereitet kreative Gerichte aus frischem Fisch und Meeresfrüchten und aus Geflügel und Fleisch von Bauerhöfen aus der Umgebung zu, gefolgt von kunstvollen Desserts (z. B. auch hausgemachtes Eis). Gegessen wird in einem Speisesaal mit viel Glas. In der oberen Etage gibt es Zimmer, die auch mit Halbpension vermietet werden (DZ ab 90 €). Frühstück wird auf Bestellung frisch zubereitet. Dazu gibt's immer auch den fangfrischen Fisch des Tages.

Wer übernachtet, sollte versuchen, Zimmer 15 zu bekommen, von dessen verglastem Balkon man Ballinskelligs Bay überblicken kann.

Dooley's Seafood & Steakhouse STEAKS **€€**
(☎ 066-947 8766; www.dooleyswaterville.com; N70; Hauptgerichte 18–29 €; ⏲ 18–21.30 Uhr) Das schicke Dooley's kredenzt mit viel Raffinesse, was sein Name verspricht: Steak und Meeresfrüchte. Spezialität des Hauses sind 21 Tage am Knochen gereifte Rindersteaks *(dry aged steaks)*. Das Steakhaus liegt am Nordwestrand des Ortes an der N70.

Caherdaniel

76 EW.

Die Straße zwischen Waterville und Caherdaniel windet sich bis auf den Kamm vom Beenarourke und bietet einen atemberaubenden Ausblick auf einige der schönsten Landschaften am Ring of Kerry. Das Panorama reicht von den Inseln Scarriff und Deenish bis nach Dursey und zu den Hügeln der Halbinsel Beara.

Caherdaniel, ein winziges Dorf unter Bäumen an der Spitze der Derrynane Bay, ist die Heimat der Vorfahren von Daniel O'Connell, dem „Befreier", dessen Familie von ihrem Haus in den Dünen aus mit Schmuggel Geld verdiente. Die Region bietet einen Strand mit Blauer Flagge, gute Wandermöglichkeiten und Freizeitaktivitäten wie Reiten und Wassersport. Zahlreiche windgepeitschte, knorrige Bäume tragen noch zu der wilden und ursprünglichen Atmosphäre des Ortes bei.

Sehenswertes & Aktivitäten

★ **Derrynane National Historic Park** HISTORISCHE STÄTTE
(☎ 066-947 5113; http://derrynanehouse.ie; Derrynane; Erw./Kind 5/3 €; ⏲ Mitte März–Sept., 10.30–17.15, Okt. Mi–So 10–17 Uhr, Nov.–Mitte Dez. Sa/So 10–16 Uhr) Das Derrynane House gehörte früher Maurice „Hunting Cap" O'Connell, einem notorischen einheimischen Schmuggler, der durch Handel mit Frankreich und Spanien zu Reichtum gelangte. Er war der Onkel von Daniel O'Connell, dem Verfechter der katholischen Emanzipation, der hier in der Obhut seines Onkels aufwuchs, das Anwesen 1825 erbte und zu seinem privaten Rückzugsort machte. Das Haus ist weitgehend mit Gegenständen und Möbeln aus Familienbesitz ausgestattet, darunter ein beeindruckender Triumphwagen, in dem Daniel nach seiner Entlassung aus dem Gefängnis 1844 durch Dublin fuhr.

Weitere Exponate sind O'Connells kunstvoll geformter Eichenstuhl aus seiner Zeit als Lord Mayor (Oberbürgermeister) von Dublin – man beachte die goldenen Kragen und rubinroten Augen der geschnitzten irischen Wolfshunde –, die Duellierpistolen, mit denen er 1815 einen Mann tötete, und das schmiedeeiserne Bett, in dem er 1847 während einer Pilgerreise nach Rom starb.

Dank des warmen Golfstroms gedeihen in den **Gärten** subtropische Pflanzen, darunter 4 m hohe Farne, *gunnera* („Riesenrhabarber") und andere südamerikanische Gewächse. Ein Netzwerk von Wanderwegen führt durch die Wälder zum Strand. Kinder können sich im Café eine Ausgabe des **Derrynane Fairy Trail** (www.irishfairytrails.com) schnappen und etwa zwei Dutzend unter den Bäumen versteckte „Feenhäuser" entdecken.

Derrynane Beach STRAND
Der mit einer Blauen Flagge gekennzeichnete Strand von Derrynane ist einer der schönsten in Kerry: Zwischen grasbewachsenen Dünen und Felsnasen aus glattgewaschenen Felsen erstrecken sich gewellte Buchten aus goldenem Sand. Vom Parkplatz am Derrynane House kann man den Strand 1 km zur **Abbey Island** und ihrem malerischen Friedhof entlanglaufen. In der Kapellenruine befindet sich das Grabmal von Daniel O'Connells Ehefrau Mary.

Derrynane Sea Sports WASSERSPORT
(☎ 087 908 1208; www.derrynaneseasports.com; Derrynane Beach) Derrynane Sea Sports unterrichtet Segeln, Windsurfen und Wasserski in sämtlichen Schwierigkeitsgraden (pro Pers. ab 40 €) und verleiht Ausrüstung (pro Std. 8–18 €), z. B. Stand-up-Paddel- und Surfbretter, Kanus, kleine Segelboote und

Schorchelzeug. Im Juli und August werden halbtägige Piratencamps für Kinder angeboten (95 €).

Eagle Rock Equestrian Centre REITEN
(☎ 066-947 5145; www.eaglerockcentre.com; Ballycarnahan; Reiten 35 € pro Std.) Geführte Reitausflüge am Derrynane Beach und durch die Wälder des Derrynane National Historic Park.

Schlafen & Essen

Wave Crest CAMPINGPLATZ €
(☎ 066-947 5188; www.wavecrestcamping.com; Wanderer 9 €, Fahrzeug & 2 Erwachsene 29 €; P @ ☞) Der ganzjährig geöffnete Campingplatz, 1,6 km südöstlich von Caherdaniel, liegt direkt an der felsigen Küste – für den Sonnenuntergang sitzt man quasi in der ersten Reihe. Von Juni bis August ist das Café auf dem Gelände geöffnet, der Laden verkauft Angelzubehör, Strandausrüstung, Grundnahrungsmittel und Wein. Für die Hochsaison rechtzeitig reservieren.

Travellers' Rest Hostel HOSTEL €
(☎ 066-947 5175; www.hostelcaherdaniel.com; B/DZ ab 18,50/43 €; ⊙ Mitte Feb.–Okt.) Niedrige Decken, karierte Vorhänge und Trockenblumen, ein offener Kamin und eine Küche für Selbstversorger: Das Travellers' Rest verströmt die friedliche Atmosphäre eines Landhauses. Das Frühstück ist nicht im Preis inbegriffen – da es in der Nähe keinen Supermarkt gibt, sollte man Vorräte mitbringen. Am besten früh duschen, denn es gibt nur zwei Gemeinschaftsbäder. Wenn niemand da ist, kann man an der Tankstelle gegenüber nachfragen.

Olde Forge B&B €€
(☎ 066-947 5140; www.theoldeforge.com; EZ/DZ/3BZ/FZ ab 55/75/110/120 €; P ☞) Die efeuberankte Pension 1,2 km südöstlich von Caherdaniel (auf der N70) wartet von der Gartenterrasse und den meisten der gemütlichen Zimmer aus mit einem fantastischen Blick auf die Kenmare Bay und die Beara Peninsula auf. Die Familienzimmer bieten Platz für zwei Erwachsene und zwei Kinder.

Blind Piper PUBFOOD €€
(☎ 066-947 5126; www.blindpiperpub.com; Hauptgerichte 11–22 €; ⊙ Küche Mo–Do 12–16, Fr–So bis 20 Uhr, Bar tägl. 12–24 Uhr; 👪) Ein großartiger Familienpub mit einem herrlichen Biergarten neben dem winzigen Fluss Coomnahorna und so etwas wie eine lokale Institution. Auf der Karte stehen hochwertige Pubgerichte wie frittierter Seeteufel und Rib-Eye-Steak. Donnerstagsabends ab 21.30 Uhr und an den meisten Wochenenden drängen sich hier von Juni bis August Einheimische und Touristen und es wird Livemusik geboten.

Sneem

288 EW.

Von Castlecove nach Kenmare biegt die Ring-of-Kerry-Straße N70 landeinwärts ab und das Küstenpanorama weicht entfernten Blicken auf die MacGillicuddy's Reeks. Der Hauptort hier heißt Sneem (An tSnaidhm). Wahrscheinlich geht der irische Dorfname, der *„the knot"* („der Knoten") bedeutet, auf den Fluss Sneem zurück, der sich knotenartig in die nahegelegene Kenmare-Bucht schlängelt. Der Fluss teilt den Ort in zwei Teile, die jeweils einen eigenen Dorfplatz haben. Außerdem gibt's einen malerischen Wasserfall, der sich unterhalb der alten Steinbrücke ergießt.

Echte Sehenswürdigkeiten hat Sneem keine, aber der Ort ist ein beliebter Zwischenstopp der Ausflugsbusse auf dem Ring of Kerry, damit die Passagiere sich die Beine vertreten können, bevor die Straße auf der 27 km langen Fahrt bis Kenmare in den Wald abtaucht.

In Sneem gibt's ein paar Cafés und Pubs. Von Juni bis September findet im Zentrum jede Woche ein **Farmers Market** (Bridge St; ⊙ Di 11–16 Uhr; 🍃) statt. Die **Touristeninformation** (☎ 064-667 5807; South Sq; ⊙ Mai–Sept. 11.30–17.30 Uhr) ist im Kunsthandwerksladen Joli Coeur untergebracht.

Schlafen & Essen

★ **Parknasilla Resort & Spa** HOTEL €€€
(☎ 064-667 5600; www.parknasillaresort.com; Parknasilla; DZ/FZ/Suite ab 155/262/325 €; P @ ☞ ≋) Am baumgesäumten Ufer des Flusses Kenmare mit Blick auf die Beara Peninsula im Süden begrüßt dieses Hotel bereits seit 1895 berühmte Gäste wie George Bernard Shaw. Von den modernen, luxuriösen Zimmern über das erstklassige Spa bis zum privaten 12-Loch-Golfplatz, dem eleganten Restaurant und dem überwachten Kinderspielplatz wurde hier alles richtig gemacht. Das Hotel liegt 3 km südöstlich von Sneem.

Falls man sich nicht losreißen kann: Bungalows mit zwei Schlafzimmern werden auch wochenweise vermietet (ab 1015 €).

Village Kitchen IRISCH €

(☎ 064-664 5281; 3 Bridge St; Hauptgerichte 7–12,50 €; ⏲ Juni–Aug. 10–21 Uhr, Sept.–Mai Mo–Sa 10–18 Uhr; 📶 👪) Ganz in der Nähe der Brücke serviert das familiengeführte Restaurant Einheimischen und Besuchern seit Jahrzehnten Frühstück sowie Mittag- und Abendessen. Auf der Karte stehen u. a. Meeresfrüchtesuppe, Fischspezialitäten, Steaksandwiches und Irish Stew.

Kenmare

2376 EW.

Kenmare (ausgesprochen ken-*mär*) ist das Killarney der Intellektuellen. Es dient als idealer Ausgangspunkt zur Erkundung des Ring of Kerry (und der Beara Peninsula), aber ohne die Menschenmassen der Bustouren seiner berühmten Nachbarstadt. Im hübschen kleinen Ort Kenmare (Neidín auf Irisch: „kleines Nest") gibt es eine Fülle von Straßen, die von Kunsthandwerksläden, Galerien, Cafés und Gourmetrestaurants gesäumt sind.

Als eine der wenigen Städte Irlands, die auf dem Reißbrett geplant wurden, ist Kenmare auf der Grundlage einer x-förmigen Straßenanordnung ausgelegt. Der Marquis of Lansdowne ließ es Ende des 18. Jhs. als Vorzeigeobjekt seiner Landgüter in Kerry erbauen. Kenmare verdiente sein Geld als Marktstadt und Fischereihafen sowie mit Schmiedearbeiten, Bleiabbau und Steinbrüchen. Das Markthaus und das Lansdowne Arms Hotel sind heute noch erhalten. Für Infos zur Stadtgeschichte kann man sich in der Touristeninformation (S. 305) die Broschüre *Kenmare Heritage Trail* besorgen.

Sehenswertes & Aktivitäten

Es gibt ohne Ende Wandermöglichkeiten. In der Touristeninformation erfährt man Details zu Wanderrouten rund um die Kenmare Bay und in die Berge auf Abschnitten des Kerry Way und des Beara Way. Eine großartige Info-Quelle mit etlichen Wanderführern, -karten und -tipps ist der Kenmare Bookshop (S. 305).

Auch Radfahren ist beliebt: **Finnegan's Cycle Centre** (☎ 064-664 1083; www.finneganscycles.com; 37 Henry St; Tourenräder pro Tag/Woche ab 15/85 €, E-Bikes ab 30/185 €; ⏲ Mo–Fr 10–18, Sa 10–18.30, So 14–17.30 Uhr) vermietet Zweiräder.

Kenmare Heritage Centre MUSEUM

(☎ 064-664 1233; The Square; ⏲ April–Okt. Mo–Sa 10–17.30 Uhr, Nov.–März nach Voranmeldung) GRATIS Kenmares altes Gerichtsgebäude beherbergt eine Ausstellung zur Geschichte der Ortschaft von ihren Ursprüngen als Neidín bis zu ihrer Etablierung als Marktstadt durch den Marquis of Lansdowne. Außerdem erfährt man mehr über den 1861 errichteten Poor Clare Convent hinter der Holy Cross Church. Früher lernten die hiesigen Einwohnerinnen im Frauenkloster das Spitzenklöppeln und brachten Kenmare mit ihren Arbeiten internationalen Ruhm ein. Beispiele dieser handgemachten Spitze zeigt das **Kenmare Lace and Design Centre** im Obergeschoss (identische Öffnungszeiten).

Zu sehen sind u. a. Entwürfe für „das wichtigste Stück Spitze, das in Irland je hergestellt würde" (jedenfalls laut der Meinung eines Kritikers aus dem 19. Jh.).

Holy Cross Church KIRCHE

(Old Killarney Rd; ⏲ Ostern–Mitte Okt. 8–20 Uhr, Mitte Okt.–Ostern kürzer geöffnet) Die 1862 errichtete und 1864 geweihte Kirche besitzt ein prächtiges Holzdach mit 14 geschnitzten Engeln. Mosaiken schmücken die Bogen des Mittelgangs und die Ecken der Buntglasfenster über dem Altar. Charles Hansom, der Architekt, war Mitarbeiter und Schwager von Augustus Pugin, dem Erbauer des Londoner Parlamentsgebäudes.

Der Hahn auf der Turmspitze ist ein Zeichen des Triumphs von Hansom über den Grundbesitzer, der ihm verweigert hatte, die Kirche am ursprünglich gewünschten Ort am „Square" zu errichten.

Seafari BOOTSOUREN

(☎ 064-664 2059; www.seafariireland.com; Kenmare Pier; Erw./Kind 25/12,50 €; ⏲ April–Okt.) Während der unterhaltsamen zweistündigen Fahrt kann man einen Blick auf Irlands größte Seehundkolonie und zahlreiche Wildtiere, darunter auch Seeadler, werfen. Unterwegs sorgen kostenloser Tee, Kaffee, Rum und die Matrosenlieder des Kapitäns für Stimmung. Ferngläser (und Lutscher!) werden gestellt. Man kann nur mit Bargeld bezahlen.

Star Sailing WASSERSPORT

(☎ 064-664 1222; www.staroutdoors.ie; R571, Dauros) Außer einstündigen Sightseeingtouren (18/10 € pro Erw./Kind) auf dem Fluss Kenmare bietet Star Sailing viele weitere Aktivitäten wie Kajaktrips (Einzel/Doppel 20/36 € pro Std.) und Wasserski (60 € pro 15 Min.). Star Sailing hat seinen Sitz 6,5 km südwestlich von Kenmare.

Dromquinna Stables REITEN
(☎ 064-664 1043; www.dromquinna-stables.com; Sneem Rd; ⌚ Mitte März–Mitte Okt.) Ausritte (1 Std. 25 €; 1½ Std. 40 €) und 5-stündige Ausflüge auf dem Pferderücken (125 €) führen von diesem Reitstall, der seit Generationen in Familienbesitz ist, in die Hügel und an den Stränden von Kenmare Bay entlang. Dabei reicht der Blick bis zu den Halbinseln Beara und Iveragh.

Angeboten werden auch Reitstunden (30/60 Min. 15/25 €), und samstags gibt's für Kinder einen Pony Club (2½ Std. 20 €), bei dem sie lernen, die Ponys zu striegeln, aufzuzäumen und zu reiten.

Feste & Events

Kenmare Fair KULTURELL
(⌚ Mitte Aug.) Kenmare Fair wird seit über 200 Jahren abgehalten und findet jedes Jahr am 15. August statt. Dann kommen Leute aus ganz Irland hierher, um mit Schafen, Rindern und Ponys zu handeln und Kunsthandwerk, Schnickschnack sowie hausgemachte Lebensmittelprodukte zu verkaufen.

Schlafen

Kenmare Fáilte Hostel HOSTEL €
(☎ 087 711 6092; http://kenmarehostel.com; Shelbourne St; B/DZ/3BZ/4BZ mit Gemeinschaftsbad 18/44/60/76 €, DZ/3BZ/4BZ mit Bad 52/69/88 €; ⌚ Mitte Mai–Mitte Okt.; WLAN) Perfekt gelegenes, angenehmes und modernes Hostel mit hochwertigem Mobiliar und erstklassiger Ausstattung – in der Küche steht sogar ein Aga-Herd. Im Vergleich zu den meisten Billigunterkünften eine angenehme Abwechslung. WLAN gibt's allerdings nur in den Gemeinschaftsräumen, und nachts wird das Haus um 1.30 Uhr geschlossen.

Whispering Pines B&B €€
(☎ 064-664 1194; http://whisperingpineskenmare.com; Shelbourne St; DZ ab 80 €; ⌚ Ostern–Nov.; P WLAN) Die Pension mit Blumen vor dem Haus gleich südlich des Ortszentrums hinter der Hauptstraße verfügt über vier makellose Zimmer mit Privatbädern. Gäste werden herzlich empfangen: Bei der Ankunft gibt's Tee und Kekse, zum Frühstück hausgemachte Backwaren.

★ **Park Hotel** HISTORISCHES HOTEL €€€
(☎ 064-664 1200; www.parkkenmare.com; Shelbourne St; DZ/Suite ab 220/405 €; P WLAN Pool) Das viktorianische Herrenhaus von 1897 mit Blick über die Kenmare Bay bietet jeden erdenklichen Luxus: ein Hallenbad, ein herrliches Spa, Tennis- und Krocketplätze und sogar ein eigenes Kino. Antiquitäten und Kunstwerke schmücken die 46 Zimmer und Suiten, die Betten haben Daunenkissen und -decken. Die Zimmer der Luxuskategorie haben Meerblick, die gehobenen Zimmer und Suiten Balkone und Terassen.

Das Restaurant verwendet lokale Produkte und serviert Lunch, Nachmittagstee und Abendessen (3-gängiges Menü 70 €). Nebeneinanderliegende Zimmer mit Durchgangstüren und Zustellbetten sind für Familien gedacht, die hier sehr willkommen sind.

Brook Lane Hotel BOUTIQUE-HOTEL €€€
(☎ 064-664 2077; www.brooklanehotel.com; Sneem Rd; EZ/DZ/FZ ab 120/170/210 €; P WLAN) Die schicken Zimmer mit Fußbodenheizung sind in diesem modernen olivgrünen Anwesen am nordwestlichen Ende der Stadt individuell mit maßangefertigten Möbeln und luxuriösen Stoffen eingerichtet. In den Eingangsräumen mischen sich Vintage- und Designerstücke. Das rustikale Casey's Pub nebenan, das von denselben Leuten betrieben wird wie das hervorragende Restaurant No. 35 (S. 305) in Kenmare, ist erstklassig. Das Hotel liegt ca. 750 m Fußweg vom Zentrum entfernt.

Sheen Falls Lodge HISTORISCHES HOTEL €€€
(☎ 064-664 1600; www.sheenfallslodge.ie; Knockduragh; DZ/Suite ab 280/310 €, Villa mit zwei Schlafzimmern 650 €; ⌚ Feb.–Dez.; P @ WLAN Pool) Noch heute verströmt die frühere Sommerresidenz des Marquis of Landsdowne aristokratisches Flair. Das Hotel beeindruckt mit einem gehobenen modernen irischen Restaurant, einer Cocktailbar, einem Spa und 66 Zimmern und prachtvollen Suiten samt Marmorbädern, alles in herrlicher Lage neben einem Wasserfall am Fluss Sheen und mit Ausblick auf die Kenmare Bay bis zum Carrauntoohil. Gästen wird viel geboten, z. B. Lachsfischen und Tontaubenschießen.

Im Keller lagern über 10 000 Weine aus 18 Ländern.

Essen

Farmers Market MARKT €
(The Square; ⌚ Mi 10–16 Uhr) An den Ständen des wöchentlichen Bauernmarkts auf dem Marktplatz von Kenmare werden Gemüse, Käse, Honig, Gourmeteiscreme sowie Brot, Räucherlachs und viele weitere Produkte verkauft.

★ Boathouse Bistro BISTRO €€
(☎ 064-664 2889; www.dromquinnamanor.com; Dromquinna Manor, Sneem Rd; Hauptgerichte 15–32 €; ⏲ 12.30–21 Uhr) Das Bootshaus von 1870 steht 4,5 km westlich von Kenmare am Wasser und wurde in ein erstaunliches Bistro mit blauweißer Strand-Optik umgewandelt. Es ist auf Fisch und Meeresfrüchte spezialisiert, die täglich frisch am eigenen Steg angeliefert werden. Zu den gekonnt zubereiteten Gerichten (sautierte Krebsscheren aus der Kenmare Bay in Knoblauchbutter, gegrillte Beara-Jakobsmuscheln mit Black Pudding aus Sneem) stehen 33 offene Weine und 28 Ginsorten zur Wahl.

Das Bootshaus befindet sich auf dem weitläufigen Anwesen des Herrenhauses Dromquinna aus dem 19. Jh., in dem zur Zeit Hochzeiten veranstaltet werden, das aber künftig zu einem Hotel werden soll.

★ Tom Crean Fish & Wine IRISCH €€
(☎ 064-664 1589; http://tomcrean.ie; Main St; Hauptgerichte 14,50–28 €; ⏲ Sept.–Juni Mi–Mo 17–21.30 Uhr, Juli & Aug. tägl.; 📶) 🍃 Das nach dem Antarktisforscher Tom Crean aus Kerry benannte und von seiner Enkelin betriebene renommierte Restaurant verwendet nur die besten regionalen Produkte aus biologischem Anbau – Käse, Fisch und Meeresfrüchte. In der Saison kommen Hummer aus Sneem auf den Tisch, die Austern *au naturel* sind ganz frisch, und das in einer Jakobsmuschel servierte Meeresfrüchte-Gratin schmeckt himmlisch.

Im Obergeschoss hat das Stadthaus aus dem 19. Jh. schicke Hotelzimmer mit King-Size-Betten (DZ ab 75 €).

No. 35 MODERN IRISCH €€
(☎ 064-664 1559; http://no35kenmare.com; 35 Main St; Hauptgerichte mittags 9,50–13 €, abends 16–28 €, 3-gängiges Abendmenü 30 €; ⏲ 12.30–16.30 & 17–21.30 Uhr) Kalksteinwände, Holzbalken, Buntglasfenster und ein offenes Kaminfeuer bilden die Kulisse für eine der kreativsten Küchen, die Kenmare zu bieten hat. Die Zutaten sind 100 % irisch. Auf der Karte stehen z. B. langsam gegartes Saddleback-Schweinefleisch vom eigenen Hof mit Rüben in Salzkruste sowie Seebarsch mit Cromane-Muschel-Crème. Neben sorgfältig ausgewähltem Wein gibt es auch einige großartige irische Craft-Biere und Cider.

Mews MODERN IRISCH €€
(☎ 064-664 2829; http://themewskenmare.com; 3–4 Henry Ct; Hauptgerichte 18–30 €; ⏲ Di–Fr 18–21, Sa 17.30–21 Uhr) Küchenchef Gary Fitzgerald und die Servicechefin Maria O'Sullivan haben sich an einigen der Top-Adressen im County Kerry ihre Sporen verdient und führen nun dieses stilvolle palmengeschmückte Restaurant, das sich in einem Gässchen neben der Henry Street versteckt. Auf der Speisekarte finden sich Leckereien wie Fischsuppe mit Wermut und Trüffelöl, Rinderfilet aus Kerry mit Pastinakenrösti sowie Birnen-Mandel-Crumble mit hausgemachter Erdnuss-Krokant-Eiscreme.

Mulcahy's BISTRO €€€
(☎ 064-664 2383; http://mulcahyskenmare.ie; 8 Main St; Hauptgerichte 20,50–29 €; ⏲ Di–So 18–22 Uhr) In Kenmares bekanntestem Lokal geht's herrlich entspannt zu. Kerzenlicht und Lederstühle mit hohen Lehnen sorgen für eine gemütliche Atmosphäre. Küchenchef Bruce Mulcahy verwebt kulinarische Magie mit asiatischen und mediterranen Einflüssen. Hier werden regionaler Fisch und Meeresfrüchte wie Lachs, Garnelen, Dorsch-Sashimi und -Sushi oder Lamm aus Kerry mit Pilz-Pistazien-Kruste kredenzt.

Shoppen

Es gibt in Kenmare zahlreiche Künstlerläden und Galerien. Die Broschüre *Kenmare Art Spots*, erhältlich in der Touristeninformation (und in den Galerien selbst), listet etwa ein halbes Dutzend Shops auf.

Soundz of Muzic MUSIKINSTRUMENTE
(www.soundzofmuzic.ie; 9 Henry St; ⏲ 10–18 Uhr) Das jahrzehntealte Geschäft verkauft traditionelle Musikinstrumente (Ziehharmonikas, Mundharmonikas, Banjos, Blechflöten etc.) sowie moderne Instrumente (z. B. auch elektrische Geigen). Noten, CDs und Vinyl sowie DVDs von Live-Auftritten gehören ebenfalls zum Sortiment.

Kenmare Bookshop BÜCHER
(Shelbourne St; ⏲ Mo–Fr 11–17.30, Sa 10–18, So 13–17.30 Uhr) Die inhabergeführte Buchhandlung führt Sachbücher und Belletristik, Bestseller und Kinderbücher, aber besonders interessant sind die Seekarten und regionalen Wanderkarten und -führer.

Praktische Informationen

Kenmares während der Saison geöffnete **Touristeninformation** (☎ 064-664 1233; The Square; ⏲ März–Okt. Mo–Sa 10–17.30 Uhr) hat stapelweise Informationen über die Stadt, ihre Umgebung und den Ring of Kerry.

An- & Weiterreise

Bus Éireann (www.buseireann.ie) fährt ganzjährig nach Killarney (12,40 €, 45 Min., 3-mal tägl.) und Sneem (9,70 €, 35 Min. 1-mal tägl.) und bietet von Ende Juni bis Ende August täglich eine Busrundfahrt zum Ring of Kerry (S. 289).

Die nur im Sommer verkehrende Linie 282 fährt von Glengarriff nach Kenmare (12,40 €, 45 Min., Juli und Aug. Mo–Sa 1-mal tägl.).

Finnegan's Coach & Cab (☎ 064-664 1491; www.kenmarecoachandcab.com) bietet zahlreiche Touren und Taxifahrten zum Ring of Kerry an.

DINGLE PENINSULA

Die Dingle Peninsula (Corca Dhuibhne; www.dingle-peninsula.ie), eine der schönsten Stellen des Wild Atlantic Way, endet am westlichsten Punkt des irischen Festlands. Im Schatten des heiligen Mt. Brandon verwebt sich hier ein Netz von fuchsiengesäumten *boreens* (Landstraßen) zu einer uralten Landschaft mit prähistorischen Ringfestungen und Bienenkorbhütten, Kapellen aus frühchristlicher Zeit sowie Kreuzen, heiligen Brunnen, malerischen Örtchen und verlassenen Dörfern.

Dort, wo das Festland auf den Ozean trifft – an den wellenumtosten Felsen oder geschützten sandigen Buchten mit sanften Wellen – entfaltet sich die wahre Schönheit der Dingle Peninsula.

Die Halbinsel hat ihr Zentrum im charmanten Städtchen Dingle und galt lange als Anziehungspunkt für Alternative, Künstler, Kunsthandwerker, Musiker und eigenwillige Charaktere, die man in Werkstätten, Museen, bei Festivals oder unvergesslichen Folklorefestivals der winzigen Siedlungen Dingles treffen und kennenlernen kann.

Geführte Touren

Zu den Anbietern mit Sitz in Killarney, die Tagestouren zur Dingle Peninsula durchführen, gehören Corcoran's (S. 278), Deros Tours (S. 278) und **Wild Kerry Day Tours** (☎ 064-663 1052; www.wildkerry-daytours.ie; Ross Rd). Wander- und Radtouren sind möglich mit **Go Visit Ireland** (☎ 066-976 2094; www.govisitireland.com).

Inch Strand & Annascaul

Dieses wunderbare 5 km lange Sandbank- und Dünensystem erstreckt sich bis zur Dingle Bay. Es zieht Surfer, Strandsegler, Landangler und sogar Regisseure an und war u. a. Drehort von Filmen wie *Ryans Tochter* (1970), *Excalibur* (1981) und *In einem fernen Land* (1992).

Dingle Peninsula

In den Dünen liegen Überreste von Schiffswracks sowie von Siedlungen aus der Stein- und Eisenzeit. Der nach Westen ausgerichtete Strand ist auch bei Surfern sehr beliebt, denn die Wellen können 1 bis 3 m hoch werden. Die **Offshore Surf School** (☎ 087 294 6519; www.offshoresurfschool.ie; Kurse Erw./Kind für 2 Std. ab 25/20 €, Verleih Surfbrett/Neoprenanzug für 2 Std. 20/15 €; ⏲ April–Mitte Okt. 9–18 Uhr) bietet Surfkurse an, u. a. zweistündige Gruppenkurse, und verleiht auch Ausrüstung. Den Seegang sollte man sich vorher auf Sammy's Surfcam anschauen.

Autos sind zwar erlaubt, aber Vorsicht: Wer im Sand stecken bleibt, macht sich zur Zielscheibe des Spotts.

Zwischen April und Oktober fahren 3-mal täglich Busse von Go Coach (http://gocoach.ie) zwischen Inch Beach und Dingle Town (8 €, 30 Min.) sowie Killarney (8 €, 50 Min.).

Essen & Ausgehen

Sammy's CAFÉ €

(☎ 066-915 8118; www.sammysinchbeach.com; Gerichte 4–9 €, Hauptgerichte 10–20 €; Ostern–Sept. 9.30–22, Okt. bis Ostern kürzer geöffnet;) Am Eingang zum Strand lockt das quirlige Sammy's mit Gerichten wie Sandwiches, Burger, Fish'n'Chips, Steaks und

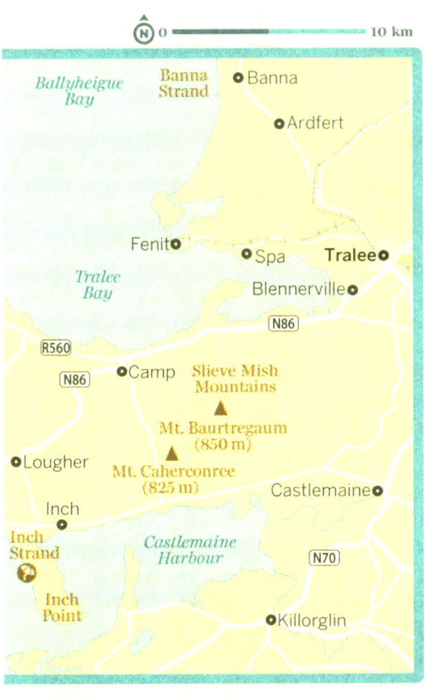

Blick auf den Strand Einheimische wie Touristen an. Das Bar-Restaurant hat auch Fischstäbchen, die sind der Hit auf der Kinderkarte. Ein Laden verkauft Eis und Souvenirs, und im Sommer wird traditionelle Musik gespielt

South Pole Inn PUB

(☎ 066-915 7388; Main St; ⏲ Mo–Do 12–23.30, Fr & Sa bis 0.30, So bis 23 Uhr) Der Antarktisforscher Tom Crean führte diesen himmelblauen Gasthof, nachdem er sich zur Ruhe gesetzt hatte. Heute ist es das offizielle Crean-Museum mit Souvenirshop und zugleich ein lebhaftes Pub mit in Dingle gebrautem Crean's Lager und einer Küche, die einem Forscher würdig ist (Hauptgerichte 10,50–16 €; Küche bis 21 Uhr) – es gibt sogar einen Ausdauer-Burger. Das Restaurant liegt in einem Wohngebiet des Dorfs Annascaul, 16 km östlich von Dingle.

Dingle (Stadt)

1440 EW.

Der bezaubernde kleine vom Fischerhafen gesäumte Hauptort der Halbinsel strahlt eine ursprüngliche Idylle aus. Viele Pubs werden gleichzeitig als Geschäfte genutzt: Man kann also ein Guinness trinken und dabei Nägel, Gummistiefel oder Hufeisen kaufen. Diesem Charme sind schon zahlreiche Aussteiger aus aller Welt erlegen, durch die das Hafenstädtchen kosmopolitisch und künstlerisch daherkommt. Im Sommer sind die hügeligen Straßen oft von Besuchern verstopft, aber zu allen anderen Jahreszeiten verströmt Dingle eine ganz natürliche Anziehungskraft.

Zwar befindet man sich hier in einer Gaeltacht-Region, in einer von Irlands größten Gemeinden, in denen noch Irisch gesprochen wird, doch die Einheimischen haben per Abstimmung beschlossen, dass ihre Stadt weiterhin als Dingle und nicht als An Daingean – so der offizielle gälische Name – ausgeschildert wird.

Sehenswertes

Dingles Hauptattraktion ist der Ort an sich. Am besten spaziert man durch die Straßen und Gassen, streift durch die Hafengegend und erkundet Läden, Pubs und Kunstgalerien.

Dingle Oceanworld AQUARIUM

(☎ 066-915 2111; www.dingle-oceanworld.ie; The Wood; Erw./Kind 14,00/9,50 €; ⏲ täglich 10–

Dingle (Stadt)

17 Uhr) In diesem wunderbaren Aquarium schwimmen jede Menge farbenprächtige Fische durch Becken, in denen ganze Landschaften wie der Malawisee, der Kongo und der Amazonas in Miniaturformat zu sehen sind. Riffhaie und Stachelrochen sind im Haifischbecken zu bewundern. Für den unglaublich hässlichen Wrackbarsch wird extra Wasser aus dem Hafen abgepumpt. Außerdem gibt's in der Dingle Oceanworld einen begehbaren Unterwassertunnel und ein Streichelbecken.

Dingle Distillery DESTILLERIE
(☎ 066-402 9011; www.dingledistillery.ie; Ventry Rd; Führung 10 €; ⏲ auf Reservierung) Dieser Ableger der Dubliner Porterhouse-Mikrobrauerei brennt seit 2012 Whiskey, aber aufgrund des notwendigen Reifungsprozesses können die ersten Früchte seiner Arbeit erst seit 2016 in Flaschen abgefüllt werden. Hier werden auch Gin und Wodka produziert.

Dingle Brewing Company BRAUEREI
(☎ 066-915 0743; http://dinglebrewingcompany.com; Spa Rd; Besichtigung auf eigene Faust 6 €; ⏲ mit Reservierung) Am 20. Juli 2011 öffnete diese fantastische Mikrobrauerei auf dem Gelände einer ehemaligen Molkerei aus dem 19. Jh. ihre Pforten. Das Datum war nicht zufällig der Geburtstag des örtlichen Antarktisforschers Tom Crean: Nach diesem ist das einzige Produkt der Brauerei, ein hopfenreiches Lager, benannt. Im Eintritt sind eine freie Besichtigung sowie ein Pint inbegriffen. Die Brauerei befindet sich an der Straße in Richtung Connor Pass.

An Díseart KULTURZENTRUM
(☎ 066-915 2476; www.diseart.ie; Green St; ⏲ Mo–Sa 9–17 Uhr) GRATIS Das keltische Kulturzentrum in einem ehemaligen Kloster im neugotischen Stil hat beeindruckende Buntglasfenster, die der Dubliner Künstler Harry Clarke (1889–1931) gestaltete. Sie zeigen zwölf Szenen aus dem Leben Christi.

Dingle (Stadt)

Aktivitäten

Naomhòg Experience BOOTSTOUREN
(087 699 2925; http://dinglerowing.com; Dingle Marina; Kurse 25 €) *Naomhòg* ist der in Kerry übliche Name für ein *currach*, ein traditionelles irisches Boot aus einem Holzrahmen, der mit einer geteerten Leinwand (ursprünglich Tierhäuten) bedeckt ist. Die Boote wurden von den Bewohnern der Blasket-Inseln zum Fischen verwendet und werden heute von lokalen Liebhabern gepflegt und gefahren. Man kann 1-stündige Fahrten (mindestens 2 Pers.) in Dingle Harbour buchen und lernen, wie man so ein Boot rudert.

Angeboten werden auch Hafenrundfahrten und Sonnenuntergangstouren (25 € pro Pers./Std., mindestens 2 Pers.).

Dingle Marina Dive Centre TAUCHEN
(DMDC; 087 911 1643; www.divedingle.com; Dingle Marina; 1/2 Tauchgänge inkl. Leihausrüstung ab 60/90 €; Mai–Sept.) Beim Tauchen in der Dingle Bay sieht man vielleicht Fungie, den Delfin, sowie Meeraale, Seespinnen, Tintenfische, Schwämme, Anemonen und Riesenhaie. Beim Tauchen (120 €) um die Blasket Islands (S. 317), wo drei Wracks liegen, trifft man auf Robben. Das Unternehmen bietet auf Wunsch auch Nachttauchgänge an, ebenso wie Kurse für den Erwerb des PADI-Tauchscheins (ab 399 €) und halbtägige Schnorcheltouren (40 €).

Delfintouren BOOTSTOUREN
(066-915 2626; www.dingledolphin.com; The Pier; Erw./Kind 16/8 €) Die Boote der Dingle Boatmen's Association starten täglich am Pier zu einstündigen Beobachtungstouren, um Dingles berühmtestem Bewohner zu sehen, einen Delfin namens Fungie. Sollte sich das Tier wider Erwarten nicht zeigen, ist der Ausflug kostenlos. Das Ticketbüro befindet sich neben der Touristeninformation.

Dingle Surf SURFEN
(066-915 0833; https://dinglesurf.com; Green St; Kurse Erw./Kind 30/25 €; Laden Mo–Sa 10–17 Uhr) Dingle Surf bietet halbtägige Surfkurse für Anfänger und eine Einführung ins Stand-up-Paddeln in der Brandon Bay (auf der Nordseite der Halbinsel; inkl. Transfer) und betreibt einen Ausrüstungsverkauf, darunter auch die hauseigene kultige Surfwear-Marke.

Mountain Man Outdoor Shop RADFAHREN
(066-915 2400; www.themountainmanshop.com; Strand St; Fahrradverleih pro Tag 15 €) Verleiht Räder und veranstaltet geführte Radtouren (ab 30 €) rund um die Dingle Peninsula, die sich um Themen wie Archäologie oder Essen drehen.

Irish Adventures ABENTEUERSPORT
(☎ 087 419 0318; www.irishadventures.net) Geführte Abenteuertrips, u. a. Felsklettern auf den Meeresklippen im Umland (halber/ganzer Tag pro Pers. 60/95 €) und Kajakfahrten in Dingle Harbour mit dem Delfin Fungie (halber Tag oder bei Sonnenuntergang pro Pers. 50 €). Angeboten werden auch Mountainbiketouren (halber/ganzer Tag 50/85 €) und Ausritte (halber/ganzer Tag 95/135 €). Die meisten Touren starten am Pier.

Dingle Music School MUSIK
(☎ 086 319 0438; www.dinglemusicschool.com; Wren's Nest Café, Dykegate Lane; Kurse pro Std. 30 €) John Ryan bietet morgens und abends *bodhrán-* sowie Blechflötenkurse für Anfänger und Fortgeschrittene an. Instrumente werden gestellt.

Feste & Events

Dingle Food & Wine Festival ESSEN & TRINKEN
(www.dinglefood.com; Anfang Okt.) Zu diesem fabelhaften viertägigen Feinschmeckerfest wird in Dingle ein „*taste trail*" eingerichtet, der zu über 80 günstigen Probierstationen in der ganzen Stadt führt. Außerdem gibt's einen Markt, Kochvorführungen, Workshops und einen kulinarischen Spaziergang.

Man kann auch Bier, Wein und Cider probieren, es gibt einen Backwettbewerb, Straßenkünstler und Veranstaltungen für Kinder.

Dingle Races SPORT
(www.dingleraces.ie; N86, Ballintaggart; Mitte Aug.) In der zweiten Augustwoche zieht dieses Event wahre Menschenmassen an. Die Pferderennbahn liegt 2 km südöstlich des Zentrums.

Dingle Regatta SPORT
(http://dinglerowing.com; Mitte Aug.) Das Hafenrennen in traditionellen irischen *naomhóg*-Kanus ist das größte seiner Art in Kerry und lieferte die Inspiration für das gleichnamige traditionelle Lied.

FUNGIE, DER DELFIN

Seitdem sich 1983 ein Delfin in die Dingle Bay verirrt hat, prägt er den Tourismus vor Ort. „Fungie" legte von Anfang an eine ungewöhnliche Zutraulichkeit an den Tag und schwamm mit der örtlichen Fischereiflotte umher. Irgendwann kam jemand auf die Idee, Besucher per Boot zu dem freundlichen Meeressäuger zu bringen. Mittlerweile sind vor Ort bis zu zwölf Schiffe gleichzeitig unterwegs, sodass sich mehr als 1000 Touristen das Wasser mit Dingles Maskottchen, dem Rückgrat der hiesigen Wirtschaft (vor der Touristeninformation befindet sich sogar eine Bronzestatue von Fungie), teilen.

In der Wildnis werden Tümmler etwa 25 Jahre, in Gefangenschaft teilweise über 40 Jahre alt. Da Fungie nun schon seit weit über 30 Jahren in der Dingle Bay lebt (ja, es ist immer noch derselbe Delfin, erkennbar an seinen charakteristischen Markierungen), wird es Zeit zu spekulieren, wann er wohl zum letzten Mal in die Tiefe taucht. Was wird Dingle bloß ohne seinen Delfin tun?

Schlafen

In Dingle hat es viele Hostels, Hotels und eine große Menge mittlelklassiger B&Bs, auch einige Pubs bieten Zimmer an.

Grapevine Hostel HOSTEL €
(☎ 066-915 1434; www.grapevinedingle.com; Dykegate Lane; B/DZ ab 17/78 €;) Das niedliche Hostel versteckt sich unweit des Stadtzentrums und verfügt über Acht-, Vier- sowie Zweibettzimmer mit Holzbetten und Privatbädern (samt minimalistischen Schiebetüren). Die fernsehfreie, von einem Kaminfeuer beleuchtete Lounge ist ein toller Ort, um ein spontanes Gruppensingen zu veranstalten. Weit im Voraus buchen.

Hideout Hostel HOSTEL €
(☎ 066-915 0559; www.thehideouthostel.com; Dykegate Lane; B/DZ ab 21/60 €; P @) Das zentral gelegene Hostel ist in einem ehemaligen Gästehaus untergebracht, was die mit eigenen Bädern ausgestatteten Zimmer erklärt. Zu der erstklassigen Bleibe gehören zwei Aufenthaltsräume, ein Fahrradschuppen und eine gut ausgestattete Küche. Im Preis ist ein leichtes Frühstück enthalten (Tee, Kaffee, Toast, Müsli), zudem kennt sich der engagierte Besitzer Mícheál bestens in der Gegend aus.

★ **Pax House** B&B €€
(☎ 066-915 1518; www.pax-house.com; Upper John St; DZ 125–198 €; Mitte Nov.–Mitte Feb. geschl.; P) Von der individuellen Ausstat-

tung mit zeitgenössischen Gemälden bis zur einmaligen Aussicht von der verglasten Terrasse und den Balkonen einiger Zimmer über die Bucht: Ein Aufenthalt im Pax House ist ein Volltreffer. Zum Frühstück kommen u.a. Produkte aus dem eigenen Garten auf den Tisch, Familien bekommen Zustellbetten. Das Haus liegt 1km südöstlich des Zentrums,

An Capall Dubh B&B €€
(☎ 066-915 1105; www.ancapalldubh.com; Green St; DZ/3BZ/FZ ab 100/140/180 €; P) Eine Auffahrt für Kutschen aus dem 19. Jh. führt zum gepflasterten Innenhof, wo es bei schönem Wetter auch das Frühstück gibt. Die luftige Pension hat fünf Zimmer mit hellem Holz und karierten Stoffen.

Dingle Harbour Lodge GÄSTEHAUS €€
(☎ 066-915 1577; www.dingleharbourlodge.com; The Wood; EZ/DZ/FZ 76/90/114 €; P) Dieser Zweckbau verfügt über eine Lobby mit Holzfußboden und vielen frischen Blumen, saubere Zimmer mit Flachbildschirmen sowie ein sehr effizientes Management. Als preiswerte moderne Unterkunft besetzt die Dingle Harbour Lodge eine Nische. Zum Zentrum sind es nur fünf Gehminuten, aber dank der Lage oberhalb des Hafens hört man keinen Straßenlärm. Darüber hinaus bieten die Zimmer in der oberen Etage einen fantastischen Ausblick.

Harbour Nights B&B €€
(☎ 066-915 2499; www.dinglebandb.com; The Wood; DZ 80–110 €; P) Die Hälfte der Zimmer in diesem B&B am Wasser haben Balkone mit herrlichem Blick über den Hafen, auch der Aufenthaltsraum im Obergeschoss hat eine Aussichtsterrasse.

Dingle Benner's Hotel HOTEL €€€
(☎ 066-915 1638; www.dinglebenners.com; Main St; EZ/DZ/FZ ab 165/209/230 €; P) Alteingesessenes Hotel voll altmodischer Eleganz und regionalem Charme. Die Zimmer warten mit modernem Komfort auf und es gibt eine Lounge, eine Bibliothek und die – sehr beliebte – Bar "Mrs. Benner's". Die Familienzimmer bieten Platz für vier Personen. Am meisten Atmosphäre verströmen die Räumlichkeiten im 300 Jahre alten Flügel, dafür sind die Zimmer in den neueren Gebäudeteilen ruhiger und größer.

Dingle Skellig Hotel HOTEL €€€
(☎ 066-915 0200; www.dingleskellig.com; EZ/DZ/Suite ab 165/250/300 €; P @) Ein

DER DINGLE WAY

Der 179 km lange Dingle Way (www.dingleway.com) führt um die ganze Halbinsel. Für eine Wanderung auf dem Rundweg, der in Tralee beginnt und endet, braucht man normalerweise acht Tage. Ein Großteil der Route verläuft auf flachen Nebenstraßen und Feldwegen, aber der beeindruckendste Abschnitt – die Überquerung des Masatiompan, des nördlichen Bergsporns des Mt. Brandon – steigt bis auf 660 m Höhe an und windet sich über riesige Meeresklippen.

Die Karten 70 und 71 der Discovery-Serie von Ordnance Survey (Maßstab 1:50 000) enthalten detaillierte Abbildungen des Dingle Way.

ozeangleicher Pool und ein Spa mit Whirlpool unter freiem Himmel sind die Highlights des Mini-Resorts in Meeresnähe südlich der Stadt. Die Zimmer wurden in Brauntönen von creme- und karamell- bis zu haselnuss- und schokofarben gestaltet. Es gibt ein Restaurant und mehrere Bars und für Familien Zimmer mit Verbindungstüren sowie eine Kinderkrippe und einen Kinderclub.

Essen

Ganz Kerry ist für seine Meeresfrüchte bekannt, aber Dingle genießt in dieser Hinsicht einen besonders guten Ruf. Die Ortschaft wartet mit einigen tollen Restaurants und Cafés sowie exzellentes Pubfood auf.

Dingles wöchentlicher **Bauernmarkt** (Ecke Bridge St & Dykegate Lane; Fr 9–15 Uhr) findet das ganze Jahr über statt.

★ **Murphy's** EIS €
(www.murphysicecream.ie; Strand St; 1/2/3 Kugeln 4/5,50/7 €; Mai–Okt. 11–21 Uhr, Nov.–April bis 20 Uhr;) Das großartige in Dingle hergestellte Eis gibt's in täglich wechselnden Geschmacksrichtungen wie z.B. Schwarzbrot, Meersalz, Dingle-Gin und Irish Coffee. Zudem bekommt man hier auch Sorbets, die mit Regenwasser hergestellt werden. In Dingle findet man eine zweite Filiale am Pier gegenüber der Touristeninformation; das erfolgreiche Unternehmen ist aber inzwischen auch in ganz Irland vertreten.

Chowder CAFÉ €€
(nahe Strand St; Hauptgerichte 11,50–14,50 €; ⏲ Juni–Aug. 10–21, Sept.–Mai 9–16 Uhr) Das in einer Seitenstraße der Strand Street versteckte unprätentiöse, stets gut besuchte, bei Einheimischen beliebte Lokal tischt hochwertige Bistroküche auf. Neben dem leckeren Meeresfrüchteeintopf, der Spezialität des Hauses, überzeugen auch die Mittagsangebote wie hausgemachte Krabbentarte, Sandwiches mit Schweinebauch oder die Muscheln in Knoblauchsoße. Es gibt auch draußen Tische.

★ **Idás** IRISCH €€€
(☎ 066-915 0885; www.idasdingle.com; John St; 3-gängiges vegetarisches/nicht-vegtarisches Menü 50/60 €, mit Wein 100/110 €; ⏲ Mi–So 18–22 Uhr) Küchenchef Kevin Murphy verwendet ausschließlich Produkte von der Dingle Peninsula. Aus Lammfleisch, Fisch, Meeresfrüchten und Kräutern kreiert der Gourmetkoch innovative Köstlichkeiten wie geschmortes Petersfisch-Filet mit Fenchel-Dashi-Rahm, eingelegten Gurken und wildem Knoblauch, die als Bestandteil eines vegetarischen oder nicht-vegarischen Menüs serviert werden. À la carte kann man hier nicht bestellen.

★ **Out of the Blue** FISCH & MEERESFRÜCHTE €€€
(☎ 066-915 0811; www.outoftheblue.ie; The Wood; Hauptgerichte mittags 12,50–20 €, abends 21–37 €; ⏲ Mo–Sa 17–21.30, So 12.30–15, 17–21.30 Uhr) Das rustikal wirkende Lokal in einer hellblau-gelben Fischerhütte am Meer zählt zu Dingles Toprestaurants. Es hat sich vollkommen auf frische regionale Meeresfrüchte und Fisch spezialisiert (etwas anderes gibt es nicht!). Ist der Fang des Tages dem Koch nicht gut genug, bleibt das Lokal geschlossen. Pommes kommen hier definitiv nicht auf den Tisch! Spezialitäten sind die Dingle-Bay-Garnelen-Suppe mit Hummer und mit Cognac flambierter ganzer Loup de Mer vom Holzkohlegrill.

Charthouse MODERN IRISCH €€€
(☎ 066-915 2255; www.thecharthousedingle.com; The Mall; Hauptgerichte 19,50–30 €; ⏲ Juni–Sept. 18–22 Uhr, Okt.–Dez. & Mitte Feb.–Mai kürzer geöffnet) Blumenkästen an den Fenstern rahmen das freistehende Cottage; drinnen schaffen dunkelrote Wände, polierte Böden und flackerndes Kerzenlicht eine intime Atmosphäre. Für die kreative Küche werden irische Produkte verwendet: Jakobsmuscheln von der Beara Peninsula mit Chorizo aus Castlegregory, in Dingle-Wodka marinierter Dorsch und Limabohnen-Cassoulet, dazu Halloumi-Käse mit Haselnusskruste aus Toons Bridge. In der Saison sollte man mehrere Wochen im Voraus reservieren. Zur Käseplatte wird ein Glas sehr alter Portwein gereicht.

Doyle's FISCH & MEERESFRÜCHTE €€€
(☎ 066-915 2674; http://doylesofdingle.ie; 4 John St; Hauptgerichte 20–33 €; ⏲ 17–21.30 Uhr) Das scharlachrot gestrichene Doyle's gilt als eines der besten Fischlokale der Gegend – und das will hier etwas heißen. Neben Vorspeisen wie Krabbenkuchen aus Dingle Bay oder gegrillten Austern kommen verschiedene Hauptgerichte wie spanischer Fischeintopf, Meeresfrüchte-Linguine und Hummer auf den Tisch.

Die knusprigen Pommes werden in Rinderfett fritiert.

Global Village Restaurant INTERNATIONAL €€€
(☎ 066-915 2325; www.globalvillagedingle.com; Upper Main St; Hauptgerichte 19–33 €, 6-gängiges Degustationsmenü 60 €, mit Wein 90 €; ⏲ März–Okt. 17.30–21.30 Uhr) Im eleganten Ambiente eines kontinentalen Bistros kredenzt dieses Lokal eine Mischung aus internationalen Gerichten, die der weit gereiste Besitzer und Küchenchef zusammengestellt hat, allerdings werden dafür Produkte von lokalen Erzeugern verwendet, z. B. Berglamm aus Kerry. Die Weinauswahl ist hervorragend, ebenso die diversen irischen und internationalen Craft-Biere.

Ausgehen & Unterhaltung

In vielen der zahlreichen Pubs in Dingle gibt es Livemusik.

★ **John Benny's** PUB
(☎ 066-915 1215; www.johnbennyspub.com; Strand St; ⏲ 12–23 Uhr) Ein knisternder gusseiserner Holzofen, Steinplattenboden, Erinnerungsstücke, herzliche Angestellte und das Fehlen eines nervenden Fernsehers machen diesen Pub zu einem der nettesten in Dingle. An den meisten Abenden amüsieren sich hier Einheimische bei traditioneller Musik. Austern aus Glenbeigh und Muscheln aus Cromane gibt es aus der insgesamt hervorragenden Kneipenküche (Hauptgerichte 13–19,50 €; Küche bis 21.30 Uhr).

Curran's PUB
(Main St; ⏲ 10–23 Uhr) Dies ist einer der traditionellsten Pubs in Dingle, mit einem Laden, der alles Mögliche auf Lager hat, von

Gummistiefeln bis zu säckweise Kartoffeln. Das verwinkelte urige Curran's hat original alte Buntglasdeko. Das Guiness gilt als das beste meilenweit. Regelmäßig finden spontane Sessions mit traditioneller Musik statt.

Bean in Dingle CAFÉ
(www.beanindingle.com; Green St; ⌚Mo–Sa 8.30–17 Uhr; 📶) Der Kaffeespezialist Bean in Dingle bezieht seine eigenen brasilianischen, äthiopischen und guatemaltekischen Cafémischungen aus der Rösterei Badger & Dodo in Cork. Um einen großen Tisch stehen ein paar Stühle, und man sollte kommen, bevor die süßen und herzhaften Backwaren ausverkauft sind – Wurst im fluffigen Teigmantel, Zimtschnecken mit Puderzucker etc. Täglich gibt es eine vegane Spezialität, z. B. Schnitten mit roher Schokolade und Karamell.

An Droichead Beag PUB
(Small Bridge Bar; Lower Main St; ⌚13 Uhr bis spät) Ab 21.30 Uhr sorgt in dem rustikalen gelb gestrichenen Pub bei der Brücke jeden Abend traditionelle Musik für gute Stimmung. Manchmal wird hier bis zum frühen Morgen gefeiert.

Dick Mack's PUB
(Green St; ⌚ Mo–Do 11–23.30, Fr & Sa 11–12.30, So 12–23 Uhr) Auf den Gehwegsternen vor dem Pub stehen Namen berühmter Gäste. Altes Holz und Gemütlichkeit beherrschen den Innenraum, der durch seine Beleuchtung wie das Innere einer Whiskeyflasche aussieht. Im Garten dahinter stehen viele Tische und Stühle. Man kann hier nur bar bezahlen.

Foxy John's PUB
(Main St; ⌚10–23 Uhr; 📶) In Dingle gibt's mehr als 50 Pubs; viele davon waren früher Geschäfte, so auch das Foxy John's. Es hat bis heute ein Sortiment an Eisenwaren und Outdoorkleidung, die es neben Bier und Whiskey verkauft, und verleiht zudem Fahrräder (15 € pro Tag).

Blue Zone JAZZ
(Green St; ⌚ Do–Di 17.30–23 Uhr, Mi 12–24 Uhr) Im Obergeschoss des Dingle Record Shop: tolle Kombination aus Jazzkneipe, Pizzeria und Weinbar in stimmungsvollen Blau- und Rottönen.

Shoppen

Schicke Geschäfte verkaufen schöne Produkte lokaler Handwerker, von Schmuck bis Keramik, von Textilien über Kerzen bis Malerei.

Brian de Staic SCHMUCK
(www.briandestaic.com; The Wood; ⌚Mo–Sa 9.30–17.30 Uhr) Der bekannte lokale Designer Brian de Staic integriert in seine außergewöhnlichen, individuell gefertigten modern-keltischen Stücke Symbole wie den Hill of Tara, Kreuze und Hinkelsteine und stellt auch Schmuck mit Ogham-Schrift her.

Little Cheese Shop LEBENSMITTEL
(www.thelittlecheeseshop.ie; Grey's Lane; ⌚Mo–Fr 11–18, Sa bis 17 Uhr) Dieser kleine Laden der in der Schweiz ausgebildeten Käseherstellerin Maja Binder bietet aromatischen Käse aus ganz Irland, darunter auch selbst hergestellte Sorten aus Milch von der Dingle Peninsula.

Dingle Record Shop MUSIK
(www.dinglerecordshop.com; Green St; ⌚Mo–Sa 11–17 Uhr; unregelmäßige Öffnungszeiten) Versteckt in der Green Street verkauft der kleine Dingle Record Shop Alben, die man bisher nicht im Internet runterladen kann. Alle paar Wochen spielen hier auch Bands. Zum Onlineangebot gehören Podcasts von Stücken, die im Laden aufgenommen wurden.

Dingle Candle KUNSTHANDWERK
(http://dinglecandle.com; Main St; ⌚ Mo–Sa 10–17.30 Uhr) Handgegossene, lang brennende Kerzen aus Dingle gibt es hier mit 16 verschiedenen auf der Halbinsel heimischen Düften, z. B. Wilde Irische Fuchsie, Wilde Brombeere mit Geißblatt, Rauchiges Torffeuer, Granny's Cottage Kitchen und Torfiger Whiskey. Zudem gibt es handgemachte Peelings, Duschgels, Badesalze und Parfums.

Lisbeth Mulcahy HEIMDEKO
(www.lisbethmulcahy.com; Green St; ⌚Juni–Sept. Mo–Sa 9.30–19, So 12–16 Uhr, Okt.–Mai Mo–Sa 10–17 Uhr) An einem 150 Jahre alten Webstuhl entstehen die wunderschönen Wandbehänge, Teppiche und Schals der bekannten Designerin Lisbeth Mulcahy. Die Künstlerin verkauft auch die Keramikarbeiten ihres Mannes, der sein Atelier bei Louis Mulcahy Pottery (S. 317) 17 km westlich von Dingle auf Slea Head hat.

An Gailearaí Beag KUNST & KUNSTHANDWERK
(www.angailearaibeag.com; Main St; ⌚11–17 Uhr) In der kleinen Galerie kümmern sich oft die Künstler selbst um den Verkauf. Hier werden Arbeiten der West Kerry Craft Guild sowie Keramik, Gemälde, Holzschnitzereien, Fotos, Batik, Schmuck und Glasmalereien präsentiert.

Praktische Informationen

In der hilfreichen, aber ziemlich überlaufenen **Touristeninformation** von Dingle (☎ 066-915 1188; www.dingle-peninsula.ie; The Pier; ⌚ Mo–Sa 9–17 Uhr) bekommt man Karten, Führer und jede Menge nützliche Informationen über die Halbinsel.

An- & Weiterreise

Busse (The Tracks) halten vor dem Parkplatz hinter dem Supermarkt. Bus Éireann (www.buseireann.ie) betreibt ganzjährig bis zu vier Busverbindungen pro Tag nach Tralee (14,80 €, 1¼ Std.).

Go Coach (http://gocoach.ie) fährt nur von April bis Oktober nach Killarney (10 €, 1½ Std., 3-mal tägl.).

Dingle Shuttle Bus (☎ 087 250 4767; http://dingleshuttlebus.com) verbindet mit Minibussen Dingle mit den Flughäfen Kerry und Shannon (im Voraus buchen) und bietet Busausflüge auf der Dingle Peninsula und dem Ring of Kerry an.

Unterwegs vor Ort

Dingle lässt sich ganz wunderbar zu Fuß erkunden. Fahrräder leihen kann man u. a. bei **Foxy John's** (S. 313), **Paddy's Bike Shop** (☎ 066-915 2311; www.paddysbikeshop.com; Dykegate Lane; Fahrradverleih pro Tag/Woche ab 15/75 €; ⌚ Mai–Sept. 9–19 Uhr, März, April & Okt. bis 18 Uhr) und im **Mountain Man Outdoor Shop** (S. 309).

Dsa Parken ist in der ganzen Stadt kostenlos, nur am Hafen stehen Parkuhren.

Dingle Cabs (☎ 087 660 2323; www.dinglecabs.com) betreibt einen lokalen Taxidienst und kann Flughafentransfers und geführte Touren rund um die Dingle Peninsula organisieren.

Slea Head

Zu den Attraktionen von Slea Head gehören ausgezeichnet erhaltene historische Bauwerke wie Bienenkorbhütten, Ringfestungen, Felsen mit Inschriften und frühchristliche Stätten vor der Kulisse einer überwältigend schönen Küstenlandschaft. Besonders beeindruckend ist die Landschaft, wenn Nebel aufkommt – wobei man gar nichts mehr sieht, wenn der dichte Nebel vom Meer aufs Land zieht.

Dunmore Head ist der westlichste Punkt des irischen Festlands; gleich südlich davon erstreckt sich die malerische Bucht des Coumeenoole Beach. Weitere schöne Strände findet man in Ventry, Clogher und bei Ballyferriter, hier der Wine Strand.

Die ausgeschilderte 50 km lange Strecke führt durch die Dörfer Ventry, Dunquin, Ballyferriter und Ballydavid westlich von Dingle (Stadt) und passiert unterwegs alle wichtigen Sehenswürdigkeiten. Inklusive Zeit fürs Sightseeing dauert die Fahrt mindestens einen halben Tag, mit dem Fahrrad zwei Tage.

Dingle Slea Head Tours (☎ 087 218 9430; www.dinglesleaheadtours.com; 30 € pro Pers.) bietet dreistündige geführte Minibus-Touren auf dem Slea Head Drive an. Die Mindestteilnehmerzahl liegt bei vier Personen; die Fahrer holen die Teilnehmer von ihrer Unterkunft in Dingle ab.

Sehenswertes

Celtic & Prehistoric Museum MUSEUM
(☎ 087 770 3280; Kilvicadownig, Ventry; Eintritt 5 €; ⌚ Mitte März–Okt. 10–17.30 Uhr) Das Museum 4 km südwestlich von Ventry präsentiert eine eindrucksvolle Sammlung keltischer und prähistorischer Artefakte, darunter der weltweit größte Schädel und die größten Stoßzähne eines Wollmammuts, das 40 000 Jahre alte Skelett eines Höhlenbärs, Wikinger-Schlittschuhe aus Pferdeknochen, Streitäxte aus Stein, Messer aus Feuerstein und Schmuck. Einst gehörten all diese Dinge zu der Privatsammlung von Harry Moore, einem hier lebenden Musiker aus den USA, der auf Nachfrage gerne ein paar keltische Melodien zum Besten gibt.

★ **Dunbeg Fort** ARCHÄOLOGISCHE STÄTTE
(www.dunbegfort.com; Kilvickadownig; Erw./Kind 3/1 €; ⌚ April–Okt. 9–18 Uhr, Nov.–März kürzere Öffnungszeiten) Auf einer Meerklippe etwa 6 km südwestlich von Ventry thront das eisenzeitliche Dún Beag Fort (irisch: Dún Beag), eine eindrucksvolle Vorgebirgsfestung mit vier äußeren Steinmauern. Im Innern der Anlage befinden sich die Reste eines Hauses, eine Bienenkorbhütte sowie ein unterirdischer Gang. Eine zehnminütige audiovisuelle Präsentation im Besucherzentrum ist im Eintrittspreis inbegriffen.

Fahan Beehive Huts HISTORISCHE STÄTTE
(Fahan; Erw./Kind 3 €/frei; ⌚ Ostern–Sept. 8–19 Uhr, Okt.–Ostern kürzer geöffnet) In Fahan gab es einst um die 48 *clochán,* Trockenmauer-Bienenkorbhütten, die wohl auf das Jahr 500 v. Chr. zurückgehen – ihr genaues Entstehungsdatum ist unbekannt. Erhalten geblieben sind fünf dieser Bauten, zwei sind noch völlig intakt. Die Hütten stehen am Hang des Mt. Eagle (516 m), wo mindestens 400 weitere solcher Hütten in verschiedenen Stadien des Verfalls stehen.

Blasket Centre KULTURZENTRUM
(Ionad an Bhlascaoid Mhóir; ☎066-915 6444; www.heritageireland.ie; Erw./Kind 5/3 €; ⏲Ostern–Okt. 10–18 Uhr) Das Infozentrum widmet sich dem vielfältigen kulturellen Leben der heute verlassenen Blasket Islands. Es ist in einem auffallenden modernen Gebäude untergebracht, am Ende der langen Halle sind deckenhohe Fenster, durch die man direkt auf die Inseln blickt. Neben namhaften Schriftstellern wie John Millington Synge, Autor von *Held der westlichen Welt*, werden auch Blaskets viele Geschichtenerzähler und Musiker vorgestellt. Ausstellungen über Schiffsbau und Fischfang zeigen die eher prosaisch anmutenden praktischen Gegenstände des alltäglichen Insellebens.

Das Zentrum hat auch ein gutes Café mit Blick auf die Inseln und einen gut sortierten Buchladen.

Dingle Peninsula Museum MUSEUM
(Músaem Chorca Dhuibhne; ☎066-915 6100; www.westkerrymuseum.com; Ballyferriter; Eintritt Spende erwünscht; ⏲Ostern & Juni–Mitte Sept. 10–17 Uhr, Rest des Jahres auf Reservierung; P) Das lokale Museum in der alten Schule aus dem 19. Jh. zeigt Exponate zur Geschichte, Geologie, Archäologie und Ökologie der Halbinsel. Es liegt im Zentrum des kleinen Dorfs Ballyferriter (Baile an Fheirtearaigh), das nach Piaras Ferriter benannt ist. Er war ein Dichter und Soldat, der sich in der Irischen Rebellion von 1641 als Anführer hervortat. Er war der letzte Kommandant der Truppen aus Kerry, der vor Cromwells Armee kapitulierte.

Die Landschaft der Umgebung ist in allen denkbaren Schattierungen grün und durchzogen von kilometerlangen alten Steinmauern.

★ **Reask Monastic Site** RUINEN
(An Riaisc) GRATIS Die Überreste dieser Klostersiedlung aus dem 5. oder 6. Jh. zählen zu den interessantesten archäologischen Stätten der Halbinsel. Zwischen kurzgeschnittenen, mit Gänseblümchen bewachsenen Rasenflächen zeigen sich hier die Fundamente von Bienenkorbhütten, Lagerhäusern und einer frühen christlichen Kapelle. Vor Ort wurden mindestens zehn Steinkreuze gefunden, darunter auch der wunderschöne **Reask Stone**, der mit keltischen Motiven verziert ist. Die Ruinen befinden sich etwa 2 km östlich von Ballyferriter an einer Straße nahe der R559 (den Hinweisschildern zum „Mainistir Riaisc“ folgen).

★ **Gallarus Oratory** HISTORISCHE STÄTTE
(www.heritageireland.ie; Gallarus) GRATIS Das Gallarus Oratory ist eines der schönsten antiken Bauwerke Irlands. Seine sauber konstruierten Trockenmauern haben die Form eines umgedrehten Bootes. Seit 1200 Jahren steht das Gebäude nun schon an seiner einsamen Stelle unterhalb der braunen Hügel und trotzt den Elementen. Es gibt einen schmalen Torweg auf der Westseite und ein einzelnes, halbrundes Fenster auf der Ostseite. Die Stätte ist abseits der R559 gut ausgeschildert. Sie liegt 8 km nordwestlich von Dingle (Stadt) und 400 m östlich vom (kostenpflichtigen) Parkplatz des Gallarus Visitor Centre.

Alternativ können maximal sechs Autos am Rand der Straße bis zu dem Pfad, der zum Oratory führt, kostenlos parken.

Gallarus Visitor Centre BESUCHERZENTRUM
(www.gallarusoratory.ie; Gallarus; Eintritt 3 €; ⏲Ostern–Okt. 9–18 Uhr) Das Besucherzentrum mit Parkplatz neben dem Gallarus Oratory (S. 315) ist in Privatbesitz. Wer den Parkplatz nutzen möchte, sollte den Eintritt bezahlen; die audiovisuelle Präsentation lohnt sich nicht unbedingt.

★ **Kilmalkedar Church** RUINE
(Kilmalkedar) GRATIS Kilmalkedar, die bedeutendste christliche Stätte der Dingle Peninsula, hat eine wunderschöne Lage und bietet einen herrlichen Ausblick auf den Smerwick Harbour. Sie wurde im 12. Jh. von St. Maolcethair auf den Überresten eines Klosters aus dem 7. Jh. erbaut. Mit ihrem westlichen Rundbogentor, das mit Fischgrätmustern und einem

SAINT'S ROAD

Der 18 km lange ausgeschilderte Wanderweg Saint's Road (Cosàn na Naomh; www.irishtrails.ie) folgt der Route eines antiken Pilgerpfads, der vom Strand bei Ventry am Fuß des Mount Brandon entlang nach Ballybrack (An Baile Breac) führt und unterwegs das **Gallarus Oratory** (S. 315), die **Kilmalkedar Church** sowie mehrere andere frühchristliche Stätten passiert. Ab Ballybrack können Wanderer über die Stationen des Kreuzwegs zum **Gipfel des Mt. Brandon** weiterlaufen (nur für erfahrene Bergwanderer).

geschnitzten Menschenkopf verziert ist, gilt die Kirche ohne Dach als hervorragendes Beispiel für die irisch-romanische Architektur. Auf dem Friedhof kann man einen Ogham-Stein und eine gemeißelte steinerne Sonnenuhr bewundern. Die Kirche liegt 7,5 km nordöstlich von Ballyferriter.

Aktivitäten

Wandern, Radfahren und Reiten sind hier möglich, bei gutem Wetter kann man auch baden. Irish Adventures (S. 310) mit Sitz in Dingle bietet Klettertouren an.

Mt. Brandon WANDERN

Mit 952 m ist der Mt. Brandon (Cnoc Bréanainn) der neunthöchste Berg Irlands. Er erhebt sich in prachtvoller Isolation nördlich von Dingle. Im Nordosten präsentiert er sich als komplexer Bergzug mit spektakulären Klippen und Gletscherseen, im Nordwesten fällt er steil ins Meer ab. Es gibt viele Wanderrouten zur Spitze, die in den lokalen Wanderführern beschrieben werden, aber die kürzeste und einfachste ist der alte Pilgerpfad von Ballybrack (der Parkplatz liegt 11 km nördlich von Dingle-Stadt und ist abseits der R549 ausgeschildert).

Vom Parkplatz führt der Pfad wie ein Pfeil geradeaus zur Spitze. Unterwegs passiert man nummerierte Holzkreuze, die die 14 Stationen des Kreuzwegs symbolisieren. Dann biegt der Pfad nach rechts ab und erreicht nach einer Zickzackkurve den mit einem riesigen Steinhaufen und einem 15. Kreuz markierten Gipfel. Bei klarem Wetter ist der Ausblick von oben atemberaubend. Der Abstieg erfolgt über dieselbe Route (insgesamt 8,5 km, 3 Std.).

Long's Riding Stables REITEN

(☎ 087 225 0286; www.longsriding.com; Ventry; 1 Std. /halber Tag/ganzer Tag Ausritt ab 35/140/200 €) Ausritte führen am Strand von Ventry entlang oder über die Hügel oberhalb der Bucht. Ein dreitägiger Reitausflug über die Dingle Peninsula kostet 600 €.

Schlafen & Essen

Oratory House Camping CAMPINGPLATZ €

(Campaíl Teach An Aragail; ☎ 086 819 1942; www.dingleactivities.com; Gallarus; Wanderer 10 €, Fahrzeug plus 2 Erw. 22 €; ⌚ April–Sept.; P 📶) Dieser bewachte Campingplatz mit 42 Stellplätzen, 450 m westlich des Gallarus Oratory, liegt nur 1 km Fußweg östlich des schönen Wine Strand. Der Besitzer hat viele Ideen, was man vor Ort unternehmen kann, vor allem, was Wandermöglichkeiten angeht.

Dún Chaoin Youth Hostel HOSTEL €

(☎ 066-915 6121; https://anoige.ie; Dunquin; B 17–18,50 €, DZ 44 €; ⌚ Anfang März–Mitte Okt.; P) Irlands westlichstes Hotel ist eine An Óige-Anlage, also eine Jugendherberge, mit 51 Betten. Die Lage in der Nähe des Dunquin Pier mit Blick auf die Blasket Islands ist herrlich. Vor Ort gibt es eine gut ausgestattete Küche, aber keine Läden in der Nähe, daher sollte man alles Nötige mitbringen.

Ceann Trá Heights B&B €€

(☎ 066-915 9866; Ventry; DZ/3BZ 80/120 €; ⌚ März–Nov.; P 📶) Ein toller Ausgangspunkt zur Erkundung der Gegend ist dieses moderne Gästehaus mit fünf Zimmern und großartiger Lage samt Blick auf die Ventry Bay (die Zimmer 1 und 2 stechen dabei besonders hervor). Bei kühlem Wetter wird der gemütliche Aufenthaltsraum von einem offenen Feuer erwärmt.

Caifé na Caolóige CAFÉ €

(www.louismulcahy.com; Clogher, Ballyferriter; Hauptgerichte 7–11 €; ⌚ 10–17 Uhr; P) 🍃 Das helle, moderne Café bei Louis Mulcahy Pottery (S. 317) serviert frisches hausgemachtes Essen aus Produkten von der Dingle Peninsula mit Kräutern aus dem eigenen Garten. Belegte Brote mit geräuchertem Biolachs sowie Suppen, Paninis, Kuchen und Kaffee werden in selbst produzierten Töpferwaren serviert, und man kann sich hier auch mit Kaffee und heißer Schokolade aufwärmen.

★ **Gormans Clifftop House** IRISCH €€

(☎ 066-915 5162; www.gormans-clifftophouse.com; Glashabeg; 3-gängiges Menü 37,50 €; ⌚ Abendessen auf Reservierung Mo–Sa; P 📶 👪) Bei Weitem die beste Wahl, um in dieser Gegend etwas zu essen und/oder zu übernachten, ist das Gormans Clifftop House. Um abends in den Genuss von köstlichem Kerry-Berglamm-Eintopf, Dingle-Bay-Garnelen und anderen exquisiten Spezialitäten zu kommen, muss man vorher reservieren. Wenn man rechtzeitig Bescheid gibt, werden Allergien und andere ernährungsbedingte Besonderheiten berücksichtigt. Die Zimmer (DZ/3BZ ab 140/180 €) sind luftig, modern und tadellos sauber, das Personal ist freundlich und die Aussicht herrlich.

In der Lounge für die Gäste knistert ein Torffeuer. Hochstühle und Kinderbetten sind verfügbar.

Tigh TP FISCH & MEERESFRÜCHTE €€
(TP's Pub; 087 246 0507; www.dingleactivities.com; Hauptgerichte 11–23,50 €; Küche Ostern–Okt. 12–21 Uhr, Nov.–März 17–20 Uhr) Das Pub direck am nördlichen Ende von Wine Strand serviert fantastischen Fisch und Meeresfrüchte aus der Gegend, von mit Dingle-Bay-Garnelen garnierter Fischsuppe bis zu Hummer, Krebs und Seehecht aus der Brandon Bay. Zudem werden regelmäßig Wein- und Whiskey-Degustationen veranstaltet. An Sommerwochenenden und übers Jahr immer wieder spontan wird traditionelle Musik gespielt. Einfache, aber gemütliche Zimmer im Haus (B/DZ 20/75 €).

★ **West Kerry Brewery & Brick's Pub** BRAUEREI, PUB
(Beoir Chorca Dhuibhne & Tig Bhric; 087 682 2834; www.brickspub.westkerrybrewery.ie; An Riasc, Ballyferriter;) Mikrobrauereien wie Carraig Dubh Porter und Riasc Red Ale verwenden eigenes Brunnenwasser und pflanzliche Zusätze wie Holunderblüten, Hagebutte und schwarze Johannisbeere aus dem üppigen Garten des Brauerei-Pubs, in dem auch viele Skulpturen von Besitzer und Brauer Adrienne Heslin stehen. Das Pub aus dem 19. Jh. bietet Livemusik und hat vier Gästezimmer mit Bad, rustikalen Holzmöbeln und schmiedeeisernen Betten (DZ 69–100 €).

Shoppen

Louis Mulcahy Pottery KERAMIK
(066-915 6229; www.louismulcahy.com; Clogher, Ballyferriter; Mo–Fr 9–20, Juli & Aug. Sa & So 10–20, Sept.–Juni kürzer geöffnet) Eine der interessantesten Töpfereien in Kerry mit einer großen Auswahl an modernen und traditionellen Designs. Wer das Töpfern lernen möchte, kann sich für einen Kurs anmelden und selbst eine Schüssel herstellen (gebrannt/nicht gebrannt 19,90/9,90 €). Gebrannte Keramik wird auf Wunsch international versandt. Führungen (7,50 € pro Pers.; mindestens vier Pers.) hinter die Kulissen der Produktion werden ebenfalls angeboten. Das Gourmet-Café im Obergeschoss ist hervorragend.

An- & Weiterreise

Am besten erkundet man die Gegend mit einem eigenen Fahrzeug. Alle Verkehrsteilnehmer, inklusive Ausflugsbusse, fahren hier mit dem Uhrzeigersinn, d.h. wer im Sommer unterwegs ist, sollte viel Zeit einplanen. In Dingle (Stadt) gibt es viele Möglichkeiten, Fahrräder auszuleihen.

Zwei Linien von Bus Éireann (www.buseireann.ie) fahren montags und donnerstags von Dingle (Stadt) über Ventry nach Dunquin (6,90 €, 30 Min.) und zwei dienstags und freitags von Dingle (Stadt) über Gallarus nach Ballydavid (5,20 €, 20 Min.).

Blasket Islands

5 km vor der Küste ragen Irlands westlichste Inseln (Na Blascaodaí) aus dem Atlantik. Mit 6 km Länge und 1,2 km Breite ist Great Blasket (An Blascaod Mór) das größte und meistbesuchte Eiland. Tagesbesucher kommen hierher, um die verlassenen Siedlungen zu erkunden, Meeresvögel zu beobachten, am Trá Bán (einem schönen weißen Sandstrand beim Pier) zu picknicken und auf den vielen Wegen zu wandern.

Mit **Dingle Marine & Leisure** (087 672 6100, 066-915 1344; https://dingleboattours.com; Dingle Marina; Erw./Kind hin & zurück 40/20 €, Öko-Tour 60/30 €; April–Sept.) und **Blasket Islands Eco Marine Tours** (086 335 3805; www.marinetours.ie; Ventry Pier, Ventry; Tagestour Erw./Kind 60/40 €, Öko-Tour ab 35/17,50 €; April–Sept.) kann man während der Saison Bootsausflüge machen. Man sollte vorher nochmal anrufen, da sie bei schlechtem Wetter abgesagt werden können.

Alle Inseln waren irgendwann einmal bewohnt; einige Funde beweisen sogar, dass auf Great Blasket schon in der Eisen- und frühchristlichen Zeit Menschen lebten. Die letzten Bewohner verließen ihre abgeschiedene Heimat 1953, nachdem sie und die Regierung sich einig waren, dass es sich nicht länger lohnte, unter solch harten Bedingungen zu hausen. Und doch verbringt hier der eine oder andere Hartgesottene einen Großteil des Jahres.

Connor Pass

Mit 456 m ist die R560, die von Dingle-Stadt über den Connor (Conor) Pass nach Cloghane und Stradbally führt, Irlands höchste öffentliche Straße. An nebligen Tagen sieht man nur den Asphalt vor sich, bei schönem Wetter öffnet sich jedoch ein großartiger Ausblick auf den Hafen von Dingle im Süden und den Mt. Brandon im Norden. Die Straße ist in gutem Zustand, allerdings stellenweise eng und steil und auf der Nordseite auch sehr kurvig (große Warnschilder weisen auf das Verbot für

Busse und Lastwagen hin; auch Wohnmobile sind nicht erlaubt).

Vom Parkplatz auf dem Gipfel genießt man einen herrlichen Blick auf zwei Gletscherseen im felsenübersäten Tal sowie Überreste von Mauern und alten Hütten. Von dem kleineren, unteren Parkplatz auf der Nordseite (neben einem Wasserfall) kann man in zehn Minuten bergauf zum versteckten Pedlar's Lake spazieren. Das tolle Bergpanorama lockt auch Kletterer an.

Der Pass gilt als klassische Herausforderung für Radfahrer. Am besten startet man in Dingle-Stadt, wo die Straße auf einer Distanz von 7 km über 400 m aufsteigt. Der Anstieg von Norden aus ist weitaus härter und problematischer, denn auf dem letzten und steilsten Abschnitt ist der Weg extrem schmal, sodass man möglicherweise den Verkehr behindert.

Cloghane & Umgebung

297 EW.

Cloghane (An Clochán) ist eine kleine Schönheit der Halbinsel. Die wenigen Häuser des Dorfs liegen im Schatten des Mt. Brandon und bieten Blick auf die Brandon Bay und übers Meer bis zu den Stradbally Mountains in der Ferne.

Die 5 km lange Fahrt von Cloghane zum Brandon's Point führt über eine enge einspurige Straße, an deren Ende Klippen mit Blick nach Norden und Osten liegen. Hier ziehen Schafe über die zerklüfteten Felsen – scheinbar ohne zu merken, auf welch gefährlichem Terrain sie sich befinden.

Féile Lúghnasa KULTURELL
(http://cloghanebrandon.com/feile-lughnasa-festival; ⌚ Ende Juli) Am letzten Wochenende im Juli feiert Cloghane das uralte keltische Erntefest Lúghnasa mit Theatervorstellungen und traditionellen Programmpunkten wie Schafescheren, dem Segnen der Boote am Brandon Pier und einer Pilgerwanderung zum Gipfel des Mt. Brandon.

Mount Brandon Hostel HOSTEL €
(☎ 085-136 3454; www.mountbrandonhostel.com; B 17–20 v, EZ/DZ 35/50 €, Apt. 67–100 €; ⌚ März–Jan.; P @) Das kleine, einfache Hostel mit gewienerten Holzböden und Möbeln hat einen Innenhof mit Blick über die Bucht. Die meisten Zimmer haben Privatbäder. Die Ferienwohnungen mit eigenen Küchen bieten bis zu vier Personen Platz (Mindestaufenthalt zwei Nächte).

O'Connors PUB €€
(☎ 066-713 8113; www.cloghane.com; DZ/3BZ/FZ ab 80/110/120 €, Camping pro Pers. 7 €; P @) Wer sich eines der schlichten Zimmer oder einen Tisch (Hauptgerichte 8–16 €; Küche von 8.30–20.30 Uhr) in diesem herzlich geführten Pub sichern will, sollte rechtzeitig buchen. Für die Gerichte wie Lachs oder Steak werden lokale Produkte verwendet. Besitzer Michael weiß jede Menge über die Region und kann außerdem erklären, warum vor der Kneipe ein Flugzeugmotor liegt.

An- & Weiterreise

Bus Éireann (www.buseireann.ie) fährt ausschließlich freitags, dafür aber 2-mal von/nach Tralee (13 €, 70 Min.). Von Cloghane nach Dingle (Stadt) gibt es keine Busverbindungen.

Castlegregory & Umgebung

Früher einmal war Castlegregory (Caislean an Ghriare) am Fuß der Halbinsel Rough Point ein ebenso bedeutendes Geschäftszentrum wie das Städtchen Tralee. Heute ist es nur noch ein ruhiges Dorf mit schönem Ausblick auf die Berge im Süden.

Das Bild ändert sich jedoch, wenn man die sandige Straße entlang über die breite Landzunge zwischen Tralee Bay und Brandon Bay fährt. Dort oben wird die Halbinsel zur reinsten Wassersport-Spielwiese. Sie ist ein Hotspot zum Windsurfen, zudem werden immer mehr abenteuerliche Sportarten wie Wavesailing und Kitesurfing angeboten. Taucher können zwischen Seelachsen durch die Algenwälder und anemonenbewachsenen Felsen der Maharees Islands schwimmen.

Auf der kleinen Halbinsel gibt es nur wenige Unterkünfte, aber Dingle (Stadt), 29 km südwestlich, und Tralee, 32 km östlich, sind nah genug und haben jede Menge Übernachtungsmöglichkeiten.

Nur wenige Restaurants haben abends geöffnet, und es gibt keine Geschäfte, also sollte man aus Dingle oder Tralee Proviant mitbringen.

Jamie Knox Watersports WASSERSPORT
(☎ 066-713 9411; www.jamieknox.com; Maharees; Ausrüstungsverleih pro Std. 5–15 €) Jamie Knox verleiht Surf-, Windsurf- und Stand-Up-Paddel-Bretter, Kanus und Tretboote und gibt Einweisungen. Auch Neoprenan-

züge kann man hier leihen. Die Surf-Schnupperkurse an der Brandon Bay kosten ab 30 €. Kinder lieben das aufblasbare Wassertrampolin (5 € Std.), das in der Bucht verankert ist.

Waterworld TAUCHEN

(☎ 066-713 9292; http://waterworld.ie; Harbour House, Scraggane Pier) Die Maharees Islands nördlich von Castlegregory, der Brandon Point und die Blasket Islands warten mit einigen der besten Tauchspots in Irland auf. Für qualifizierte Taucher veranstaltet Waterworld mit Sitz im **Harbour House** (☎ 066-713 9292; www.maharees.ie; Scraggane Pier; EZ/DZ ab 60/100 €; P 📶 🏊) täglich Bootstouren zu den schönsten Stellen (pro Tauchgang 35 €). Für Anfänger werden halbtägige Schnuppertauchpakete geboten (pro Pers. 80 €).

Spillane's KNEIPENKÜCHE €€

(☎ 066-713 9125; www.spillanesbar.com; Fahamore; Hauptgerichte 12,50–26,50 €; ⏲ Küche Juni–Aug 13–21 Uhr, März–Mai, Sept. & Okt. 17–21 Uhr; P 👪) 🌿 Wer an einem der Tische draußen Platz nimmt, genießt einen Blick über die Brandon Bay und die Berge. Spezialität des legeren Pubs, der idyllisch an der Spitze der Halbinsel liegt, sind Meeresfrüchte (wir empfehlen die panierten Scampi), aber es stehen auch hervorragende Pizza sowie hausgemachte Burger und Pommes auf der Karte.

ℹ An- & Weiterreise

Freitags fahren zwei Busse von Bus Éireann (www.buseireann.ie) von Tralee nach Castlegregory (11 €, 40 Min.).

NÖRDLICHES KERRY

Das vorwiegend aus Ackerland bestehende nördliche Kerry lässt sich nicht mit der spektakulären Region Killarney vergleichen oder mit dem Ring of Kerry und der Dingle Peninsula. Dennoch laden hier einige interessante Orte zum Verweilen ein. In Tralee, der Hauptstadt des County Kerry, gibt's ein tolles Museum, Ballybunion hat einen Weltklasse-Golfplatz und weite Strände, und in der kleinen Stadt Listowel kann man sich ausgiebig auf literarische Spuren begeben.

ℹ An- & Weiterreise

Tralee ist das wesentliche Drehkreuz für Bus- und Zugverbindungen.

Shannon Ferry Limited (☎ 068-905 3124; www.shannonferries.com; Autos 19 €, Motorradfahrer & Fußgänger 5 €; ⏲ Juni–Aug. Mo–Sa 7.30–21.30, So 9.30–21.30 Uhr, April, Mai & Sept. Mo–Sa 7.30–20.30, So 7.30–19.30 Uhr, Okt.–März Mo–Sa 7.30–19.30, So 9.30–19.30 Uhr; 📶) betreibt eine Fähre zwischen Tarbert im County Kerry und Killimer im County Clare. Sie fährt stündlich jede volle Stunde von Killimer und von Tarbert immer zur halben Stunde. Die Überfahrt dauert 20 Minuten. Der Fähranleger ist 2,2 km nordwestlich von Tarbert deutlich ausgeschildert. Eine Überfahrt mit der Fähre verkürzt die Strecke um 134 km im Vergleich zum Landweg über Limerick.

Tralee

23 691 EW.

In Kerrys Hauptstadt kümmern sich die bodenständigen Einheimischen lieber um ihren Alltag als um den Tourismus, aber ein tolles Museum und das Wetlands Centre machen einen Zwischenstopp lohnend.

1216 von den Normannen gegründet, blickt Tralee auf eine lange Geschichte der Rebellion zurück. Im 16. Jh. wurde hier der letzte herrschende Earl of Desmond gefangen genommen und hingerichtet. Seinen Kopf überbrachte man Elizabeth I., die ihn auf der London Bridge zur Schau stellen ließ. An der Kreuzung Denny Street und Mall befand sich einst das Desmond Castle, doch während der Zeit Cromwells wurden alle Spuren der mittelalterlichen Vergangenheit ausgelöscht.

Zu den ältesten Gebieten in der Stadt gehören die elegante Denny Street und der Day Place mit ihren Gebäuden aus dem 18. Jh. Südlich der Mall erstreckt sich ein modern gestalteter offener Platz.

◉ Sehenswertes

★ **Tralee Bay Wetlands Centre** NATURSCHUTZGEBIET

(☎ 066-712 6700; www.traleebaywetlands.org; Ballyard Rd; Erw./Kind 6/4 €; ⏲ Juli & Aug. 10–19 Uhr, Sept., Okt. & März–Juni 10–17 Uhr, Nov.–Feb 11–16 Uhr) 🌿 Highlight des Besuchs von Tralees neuem Wetlands Centre ist eine 15-minütige Bootsfahrt. Einen guten Blick auf das 3000 ha große Naturschutzgebiet mit den Salz- und Süßwassergebieten genießt man vom 20 m hohen Aussichtsturm (mit Aufzug). Ein lichtdurchflutetes Café bietet Blick über den Hauptsee, wo Tretboo-

Tralee

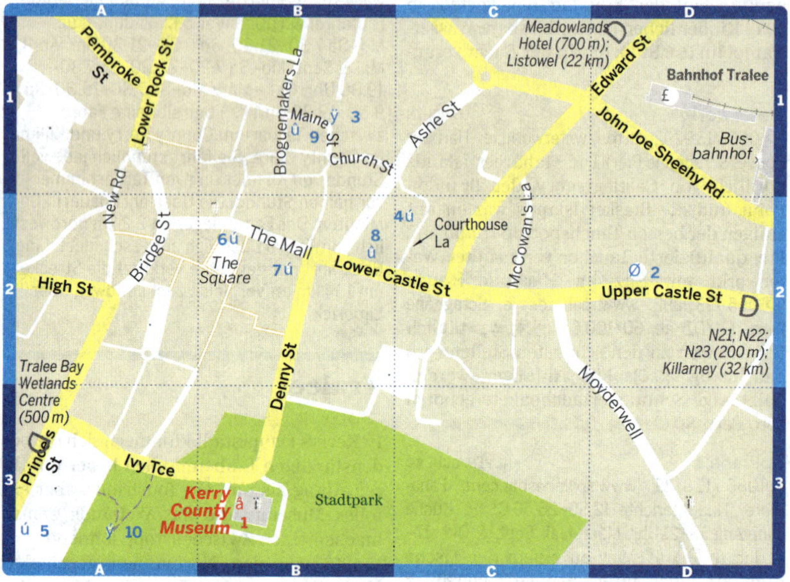

Tralee

Highlights
1 Kerry County Museum B3

Aktivitäten, Kurse & Touren
2 O'Halloran Cycles D2

Schlafen
3 Ashe Hotel B1

Essen
4 Chez Christophe C2
5 Farmers Market A3
6 Quinlan's Fish B2
7 Roast House B2

Ausgehen & Nachtleben
8 Baily's Corner B2
9 Roundy's B1

Unterhaltung
10 Siamsa Tíre A3

te (10 € pro 30 Min.) und Ruderboote (8 € pro 30 Min.) vermietet werden.

★ Kerry County Museum — MUSEUM

(☎ 066-712 7777; http://kerrymuseum.ie; 18 Denny St; Erw./Kind 5 €/frei; ⌚ Juni–Aug. 9.30–17.30 Uhr, Sept.–Mai Di–Sa bis 17 Uhr) Das Kerry County Museum in der neoklassizistischen Ashe Memorial Hall überzeugt mit hervorragenden interaktiven Ausstellungen über historische Ereignisse und Entwicklungen in der Grafschaft sowie ganz Irland. Dank der Medieval Experience erwacht der einstige Alltag in Tralee um 1450 zum Leben (inklusive der Gerüche); manches wirkt wie eine Horrorvision von Monty Python. Im Tom Crean Room wird der gleichnamige Entdecker aus dem frühen 20. Jh. gefeiert, der Scott und Shackleton auf langen Antarktisexpeditionen begleitete.

Blennerville Windmill & Visitor Centre — WINDMÜHLE

(☎ 066-712 1064; Blennerville; Erw./Kind 5/3 €; ⌚ Juni–Aug. 9–18 Uhr, April–Mai & Sept.–Okt. 9.30–17.30 Uhr) Blennerville, 3,4 km von Tralees Zentrum entfernt auf der N86 Richtung Dingle, war früher der wichtigste Hafen der Stadt, ist aber inzwischen schon lange ungenutzt. Eine restaurierte Windmühle aus dem 19. Jh. gilt als größtes noch betriebenes Bauwerk dieser Art in Irland und Großbritannien. Das zugehörige moderne Besucherzentrum präsentiert eine

Ausstellung übers Getreidemahlen und die abertausend Auswanderer, die vom damals größten Abfahrtshafen in Kerry an Bord der sogenannten *coffin ships* (Sargschiffe) in die USA reisten.

Ardfert Cathedral KATHEDRALE

(☎ 066-713 4711; www.heritageireland.ie; Erw./Kind 5/3 €; ⏱ Ostern–Sept. 10–18 Uhr) Die eindrucksvollen Ruinen der im 13. Jh. erbauten Ardfert Cathedral sind besonders wegen ihrer wunderschönen kunstvollen Steinreliefs an der romanischen Tür und den Fensterbogen erwähnenswert. Ein Bildnis an der Innenwand zeigt den hl. Brendan, der in Ardfert zur Schule ging und hier ein Kloster gründete. Auf dem Gelände befinden sich außerdem die Ruinen von zwei anderen Kirchen: Templenahoe aus dem 12. Jh. und Templenagriffin aus dem 15. Jh. Im Besucherzentrum sind weitere prachtvolle mittelalterliche Grabplatten zu sehen. Ardfert liegt 10 km nordwestlich von Tralee an der Straße nach Ballyheigue.

Crag Cave HÖHLE

(☎ 066-714 1244; www.cragcave.com; Castleisland; Erw./Kind 12/5 €; ⏱ Juli & Aug 10–18.30 Uhr, Mitte März–Juni & Sept.–Dez 10–18 Uhr, Jan.–Mitte März Fr–So 10–18 Uhr) Diese Höhle wurde erst 1983 entdeckt, als man wegen Wasserverschmutzung nach der Quelle des örtlichen Flusses suchen musste. Seit 1989 kann man im Rahmen einer 30-minütigen Führung die ersten 300 m der 4 km langen Höhle besichtigen. Dabei sind allerdings 72 Stufen zu überweinden. Zu den bemerkenswerten Felsformationen gehört ein Stalagmit, der an eine Madonnenfigur erinnern soll (allerdings liegt das im Auge des Betrachters). Es gibt einen Spielplatz, ein Restaurant und einen Souvenirladen. Die Crag Cave befindet sich 18 km östlich von Tralee und ist gut ausgeschildert.

Feste & Events

Rose of Tralee KULTUR

(www.roseoftralee.ie; ⏱ Aug.) An diesem Schönheitswettbewerb können Irinnen bzw. Frauen irischer Abstammung aus der ganzen Welt teilnehmen, die namensgebenden „Rosen". Die fünftägige Veranstaltung ist mehr als eine einfache Misswahl und findet ihren krönenden Abschluss in einem Ball sowie der *midnight-madness*-Parade, die von der frisch gekürten Rose of Tralee angeführt und von Feuerwerk begleitet wird.

Kerry Film Festival FILM

(www.kerryfilmfestival.com; ⏱ Okt.) Das fünftägige Kerry-Film-Festival ist ein Kurzfilm-Wettbewerb mit Filmvorführungen an verschiedenen Veranstaltungsorten, die über die Stadt verteilt sind.

Schlafen

★ **Meadowlands Hotel** HOTEL €€

(☎ 066-718 0444; www.meadowlandshotel.com; Oakpark Rd; EZ/DZ/FZ ab 85/113/135 €; P 📶) Nicht weit vom Zentrum entfernt und doch in angenehm ruhiger Lage überzeugt das Viersternehotel mit einer Einrichtung, bei der Design und Vintage in schönster Weise aufeinandertreffen. Die Zimmer des Meadowlands Hotel sind in herbstlichen Tönen gehalten, und der Service ist professionell. In der Bar (Hauptgerichte 13–27,50 €) mit Holzbalkendecke kommen frische Meeresfrüchte auf den Tisch – die Besitzer haben eine Flotte eigener Fischerboote. Dementsprechend erfreut sich der Laden bei den Einheimischen mindestens ebenso großer Beliebtheit wie bei den Touristen.

Es lohnt sich, nach ermäßigten Zimmerpreisen zu fragen.

Ashe Hotel HOTEL €€

(☎ 066-710 6300; www.theashehotel.ie; Maine St; EZ/DZ/FZ/Suite ab 70/94/134/200 €; 📶) Direkt im Stadtzentrum bietet das moderne Hotel ein gutes Preis-Leistungs-Verhältnis und stilvolle Zimmer. Die Familienzimmer haben Platz für bis zu vier Personen; es gibt zudem Zimmer mit Verbindungstür. Die Bar verwendet für ihre Kneipenküche regionale Produkte (Hauptgerichte 10–20 €); Kinderteller werden auch angeboten.

Essen

Im Stadtzentrum gibt es viele Cafés, Pubs und Restaurants. Der wöchentliche **Bauernmarkt** (Prince's St; ⏱ 11–15 Uhr) findet samstags entlang der Prince's Street statt.

Nordwestlich von Tralee an der Küste liegen in 7 km Entferung Spa und weitere 6 km entfernt Fenit mit großem Fischerhafen und Marina. Einige hervorragende Fisch-und-Meeresfrüchte-Restaurants in beiden Dörfern locken auch Einheimische aus Tralee.

★ **Quinlan's Fish** FISCH & MEERESFRÜCHTE €

(☎ 066-712 3998; www.kerryfish.com; The Mall; Hauptgerichte 8–15 €; ⏱ 12–22 Uhr) Kerrys führende Fischladenkette hat eine eigene

Flotte, also ist hier alles immer garantiert frisch. Es gibt großartige Fish 'n' Chips. Auf der Speisekarte stehen außerdem Dingle-Bay-Calamares mit süßer Chilisoße. Serviert werden auch leichtere Pfannengerichte. In dem delftblauen Innenraum mit sauber geschrubbter Holzeinrichtung und Ziegelwänden kann man an ein paar zu Tischen umfunktionierten Weinfässern Platz nehmen – oder man nimmt das Essen mit und isst im Stadtpark.

Roast House CAFÉ €
(☎066-718 1011; www.theroasthouse.ie; 3 Denny St; Gerichte 6,50–12,50 €; ⌚ Mo–Sa 9–17, So 10–14 Uhr; 📶 👪) Das Roast House, Kerrys einzige Kaffeerösterei, mit eigens maßangefertigter Maschine, ist vor allem für die Küche bekannt. Zum Frühstück gibt's hausgemachte Buttermilchpfannkuchen mit Schinken und Ahornsirup, mittags gegrillte Schweinefleischsandwiches und abends einen 230-g-Rindfleisch-Burger mit geräuchertem Gubbeen-Käse aus Cork.

West End Bar & Bistro FISCH & MEERESFRÜCHTE €€
(☎066-713 6246; http://westendfenit.ie; West End, Fenit; Hauptgerichte 10–20 €; ⌚ Küche Ostern–Okt. Mo–Sa 17.30–21, So 12–21 Uhr; 👪) „Frisch oder gar nicht", lautet das Motto dieser lokalen Institution im Dorf Fenit, 13 km nordwestlich von Tralee. Die in der fünften Generation geführte Bar serviert eine Reihe köstlicher Fische und Meeresfrüchte, u. a. Tralee-Bay-Garnelen-Cocktail und Kerry-Head-Jakobsmuscheln mit Mornay-Soße sowie viele Gerichte mit Fleisch von Bauernhöfen der Umgebung. Im Obergeschoss kann man einfache, aber gemütliche Zimmer (DZ ab 70 € mit Frühstück) mieten.

Entsprechend seiner exponierten Lage am Atlantik bedeutet Fenits irischer Name – An Fhianait – „der wilde Ort".

Oyster Tavern FISCH & MEERESFRÜCHTE €€
(☎066-713 6102; www.theoystertavern.ie; Spa; Hauptgerichte 16–30 €, 6 Austern 10,50 €; ⌚ Mo–Sa 17–22, So 12–21 Uhr; 📶 👪) Gäste dieses erstklassigen Restaurants dürfen sich über gegrillten Atlantiklachs, gebratene Krebsscheren vom Kerry Head sowie Scampi und Hummer aus der Dingle Bay (saisonbedingt) freuen. Fleischfans, Vegetariern und Kindern wird ebenfalls eine kreative Auswahl geboten. Die Oyster Tavern liegt in der kleinen Siedlung Spa, 7 km nordwestlich von Tralee.

Chez Christophe FRANZÖSISCH €€
(☎066-718 1562; 6 Courthouse Lane; Hauptgerichte 13,50–21,50 €; ⌚ Mo–Mi 10–17, Do–Sa bis 22 Uhr; 📶) Der Franzose Christophe zaubert aus Produkten aus Kerry köstliche Gerichte wie Cassoulet mit Garnelen und Krebsscheren, gebratene junge Ente mit Apfelkompott und Fasan mit geschmortem Schinken und Kohl. Der Essraum hat Lampen wie ein klassisches französisches Bistro, die Wände säumt ein Bücherregal.

Ausgehen & Unterhaltung

In der Castle Street gibt's zahlreiche kommerzielle Pubs, die oft auch Konzerte im Programm haben.

★ **Roundy's** BAR
(5 Broguemakers Lane; ⌚ Do–So 18 Uhr bis spät) Hier wurde mit ganz viel Kreativität ein Reihenhaus samt Baum im Innenhof in eine kleine angesagte Bar mit cooler Musik, regelmäßigen Old-School-DJ-Nächten und Livebands verwandelt.

Baily's Corner PUB
(30 Lower Castle St; ⌚ Mo–Do 9–23.30, Fr & Sa bis 12.30, So 16–23 Uhr; 📶) Der mit Rugby-Souvenirs vollgestopfte Pub hat eine schicke Holzbar mit buntem Glas und eine hervorragende Whiskey- und Gin-Auswahl. Er ist zu Recht für seine regelmäßigen traditionellen Musik-Sessions bekannt, bei denen lokale Musiker eigene Lieder und Kompositionen spielen.

Siamsa Tíre THEATER
(☎066-712 3055; www.siamsatire.com; Town Park; Tickets 15–35 €; ⌚ Kartenverkauf Mo–Sa 9–18 Uhr) Das National Folk Theatre Siamsa Tíre belebt die irische Kultur durch Lied, Tanz, Theater und Pantomime. Vorstellungen finden mehrmals wöchentlich statt.

Praktische Informationen

Das **University Hospital Kerry** (☎066-718 4000; Cloon More) hat eine Unfall- und Notaufnahme.

Tralees **Touristeninformation** (☎066-712 1288; http://kerrymuseum.ie; Denny St; ⌚ Juli & Aug., 9.30–17 Uhr, Sept.–Juni So & Mo geschl.) ist im selben Gebäude wie das Kerry County Museum.

An- & Weiterreise

Bus Éireann (www.buseireann.ie) bietet ab dem **Busbahnhof** (neben dem **Bahnhof** östlich des Ortszentrums) folgende Verbindungen an:

Cork 24 €, 2½ Std., stündl.

Killarney 10,45 €, 40 Min., stündl.

Limerick 14,25 €, 2 Std., stündl.

Listowel 9,60 €, 30 Min., stündl.

Irish Rail (www.irishrail.ie) fährt alle zwei Stunden über Mallow nach Cork (12 €, 2½ Std.) und Killarney (9,20 €, 40 Min.) und einmal auf direktem Weg nach Dublin (21 €, 3¾ Std.). Einige weitere Züge steuern Mallow an, wo man umsteigen muss.

Unterwegs vor Ort

An der Mall warten mehrere Taxis. Stehen hier keine Wagen bereit, kann man es bei **Jackie Power Tours & Cabs** (☎ 066-712 6300; 2 Lower Rock St) versuchen.

O'Halloran Cycles (☎ 066-712 2820; 83 Boherbee; ⏲ Mo–Sa 9–18 Uhr) verleiht Fahrräder für 15 € pro Tag.

Listowel

4820 EW.

In literarischer Hinsicht hat Listowel mehr zu bieten als jedes andere Provinznest, schließlich bestehen Bezüge zu so großen Namen wie John B. Keane, Maurice Walsh, George Fitzmaurice, Brendan Kennelly und Bryan MacMahon. Ihnen huldigt das Kerry Writers' Museum, außerdem eine literarische Wandmalerei an der Church Street gegenüber der Polizeistation. An Keane erinnert eine Statue auf der gegenüberliegenden Seite des Platzes, wo er ein Taxi zu rufen scheint.

Die sauberen georgianischen Straßen der Kleinstadt umgeben einen hübschen zentralen Platz mit normannischer Burg und Blick über den River Feale.

Sehenswertes

Kerry Writers' Museum MUSEUM

(Seanchaí; ☎ 068-22212; www.kerrywritersmuseum.com; The Square; Erw./Kind 6/3 €; ⏲ Juni–Aug. Mo–Sa 9.30–17.30 Uhr, Sept.–Nov. & März–Mai Mo–Fr 10–16 Uhr) Die audiovisuelle Writers' Exhibition in diesem georgianischen Gebäude erzählt Listowels Erbe literarischer Beobachter des irischen Alltags nach. Ganze Zimmer sind regionalen Größen wie John B. Keane und Bryan MacMahon gewidmet, deren Leben auf Tafeln beschrieben wird. Außerdem erklingen die Originalstimmen der Autoren, die aus ihren Werken vorlesen, was an Irlands starke Tradition der mündlichen Weitergabe von Geschichten, das Storytelling, anknüpft. Zum Centre gehören noch ein Café und ein Aufführungsraum, in dem den Sommer über regelmäßig Veranstaltungen stattfinden.

Listowel Castle BURG

(☎ 087 919 9725; www.heritageireland.ie; ⏲ Mitte Mai–Anfang Sept. auf Reservierung 9.30–17.30 Uhr) GRATIS Im 12. Jh. entstand die Burg zwischen Stadtplatz und Fluss als Sitz der anglonormannischen Herren von Kerry, den Fitzmaurices. Sie war die letzte Festung in Irland, die während der Desmond-Rebellion den elisabethanischen Angriffen standhielt. Die Ruine wurde umfassend restauriert. Besichtigen kann man sie nur im Rahmen einer Führung (und nur mit Reservierung).

Lartigue Monorailway MUSEUM

(☎ 068-24393; www.lartiguemonorail.com; John B Keane Rd; Erw./Kind 6/3 €; ⏲ Mai–Sept. 13–16.30 Uhr) Die letzte viktorianische Eisenbahn entstand nach den Entwürfen des Franzosen Charles Lartigue und befuhr die Strecke zwischen Listowel und dem Küstenort Ballybunion. Der restaurierte Abschnitt ist weniger als 1 km lang, aber faszinierend. Mit manuell bedienten Bodendrehplatten an den Enden lässt sich der Zug wenden.

Feste & Events

Writers' Week LITERATUR

(http://writersweek.ie; ⏲ Ende Mai/Anfang Juni) Jede Menge Bücherfreunde strömen nach Listowel, um fünf Tage lang Lesungen, Dichtkunst, Musik, Schauspiel, Seminare, Geschichtenerzähler sowie andere Events mitzuerleben. Das Festival zieht ein beeindruckendes Aufgebot an Schriftstellern an: U.a. der Booker-Preisträger Colm Tóibin sowie John Montague, Jung Chang, Damon Galgut, Rebecca Miller und Terry Jones waren bereits zu Gast.

Schlafen & Essen

Listowel Arms Hotel HOTEL €€

(☎ 068-21500; www.listowelarms.com; The Square; DZ/FZ/Suite ab 120/135/200 €; P 📶) Listowels bestes Hotel wird von einer Familie geführt, man hat den Blick auf den Fluss. In dem georgianischen Gebäude mit 42 antik möblierten Zimmern hält man gekonnt die Waage zwischen Prunk und Landhauscharme. Nichtgäste sind in der Writers Bar willkommen, wo im Sommer Musik gespielt wird, und das Georgian Restaurant (Hauptgerichte 16–29 €; 18–21 Uhr) kredenzt den Fang des Tages.

John B. Keane PUB
(37 William St; ⌚Di–Sa 11–24, So & Mo 19–23.30 Uhr) Bis zu seinem Tod war John B. Keane der Besitzer dieser kleinen, unauffälligen Bar voller Andenken an das Leben des berühmten Schriftstellers.

Praktische Informationen

Listowel's **Touristeninformation** (☎068-22212; www.listowel.ie; ⌚Juni–Aug. Mo–Sa 9.30–17.30 Uhr, Sept.–Nov. & März–Mai Mo–Fr 10–16 Uhr) ist im Kerry Writers' Museum untergebracht.

An- & Weiterreise

Bus Éireann (www.buseireann.ie) bietet Verbindungen von Listowel nach Tralee (9,60 €, 30 Min., stündl.) und Limerick (14,25 €, 1½ Std., stündl.).

Ballybunion

1413 EW.

Der Badeort Ballybunion ist bekannt wegen seines gleichnamigen Golfclubs. Hinter der Statue eines golfschlägerschwingenden Bill Clinton, die an den Besuch des früheren US-amerikanischen Präsidenten 1998 erinnert, erstrecken sich zwei lange Strände. Ballybunion North (auch bekannt als Ladies Beach) und Ballybunion South haben die Blaue Flagge.

Oberhalb des südlichen Strands liegen die jüngst restaurierten Überreste von Ballybunion Castle. Es war im 16. Jh. Sitz der Familie Fitzmaurice. An klaren Tagen reicht der Blick von hier bis zur Dingle Peninsula und zum Loop Head im County Clare.

Ballybunion Golf Club GOLF
(☎068-27146; www.ballybuniongolfclub.ie; Sandhill Rd; Platzgebühren 65–190 €; ⌚April–Anfang Okt.) Der renommierte Ballybunion Golf Club zählt zu den besten Links-Golfplätzen der Welt. An Wochenenden (und Feiertagen) dürfen hier nur Mitglieder spielen. Besucher können unter der Woche morgens Abschlagzeiten für den 1893 errichteten Old Course mit 71 Par buchen, morgens und nachmittags für den Cashen Course mit 72 Par.

Teach de Broc PENSION €€
(www.ballybuniongolf.com; Links Rd; DZ ab 140 €; ⌚April–Okt.; P 📶) Die flache, blumengeschmückte moderne Pension neben dem Golfclub hat 14 geräumige Zimmer, die durchdachten Komfort bieten (hypo-allergene Kissen, kostenlose Wasserflaschen, USB-Steckdosen) und stilvoll in den Farbtönen Crème, Gold und Grau gehalten sind. Das dazugehörige **Strollers Bar & Bistro** (Bargerichte 5,50–12 €, Restaurant Hauptgerichte 15,50–27,50 €; ⌚Snacks an der Bar Mo–Sa 16–18, So bis 21 Uhr, Restaurant April–Okt. Mo–Sa 18–21 Uhr) ist das beste Restaurant von Ballybunion.

An- & Weiterreise

Ballybunion liegt 15 km nordöstlich von Listowel an der R553.

Bus Éireann (☎01-836 6111; www.buseireann.ie) verbindet Ballybunion mit Listowel (5,32 €, 20 Min., Mo–Sa 3-mal tägl.).

Counties Limerick & Tipperary

354 450 EW. / 6995 KM²

Inhalt ➜

Gut essen

➜ Restaurant 1826 Adare (S. 337)

➜ Mustard Seed in der Echo Lodge (S. 336)

➜ Hook & Ladder (S. 333)

➜ Café Hans (S. 342)

➜ Country Choice (S. 344)

Schön übernachten

➜ Aherlow House Hotel (S. 340)

➜ No. 1 Pery Square (S. 332)

➜ Raheen House Hotel (S. 346)

➜ Dunraven Arms (S. 337)

➜ Apple Caravan & Camping Park (S. 344)

Auf nach Limerick & Tipperary

Limerick und Tipperary stehen synonym für Marschlieder sowie freche Reime und sind touristisch kaum erschlossen.

Limericks dramatische Geschichte ist eng mit der gleichnamigen Stadt verbunden, die mit Straßen voller historischer Sehenswürdigkeiten aufwartet und eine düstere, ehrliche Atmosphäre verströmt. Auch in der üppig grünen Umgebung gibt's jede Menge zu entdecken.

Im Gegensatz dazu ist die Stadt Tipperary weit weniger bedeutend. Dafür erstreckt sich im County eine malerische Landschaft mit sanften Hügeln, fruchtbarem Ackerland, Flusstälern und hohen Bergen. Hier kann man Flüsse bis zur Quelle verfolgen, über Zäune klettern und mitunter ganz plötzlich auf faszinierende Ruinen stoßen.

Beide Grafschaften locken mit antiken keltischen Stätten, mittelalterlichen Klöstern und anderen Relikten. Und selbst die bekanntesten Sehenswürdigkeiten strahlen eine spröde, inspirierende Würde aus.

Reisezeit

➜ In Limerick, Irlands drittgrößter Stadt, leben viele Studenten. Hier ist das ganze Jahr über etwas los, aber von April bis Oktober kann man am meisten unternehmen.

➜ Dies ist auch die beste Zeit, um die Dörfer und die Landschaft der beiden Counties zu erkunden. Jetzt haben die Touristenattraktionen am längsten geöffnet (im restlichen Jahr sind viele geschlossen) und es herrscht das beste Wetter.

➜ Zwischen April und Oktober ist der Veranstaltungskalender in den Counties am vollsten. Im Glen of Aherlow finden z. B. tolle Wanderfestivals statt.

Highlights

1 **Rock of Cashel** (S. 340) Die mittelalterlichen Überreste dieser alten religiösen Festung erkunden.

2 **Glen of Aherlow** (S. 339) Durch die ruhige, idyllische Landschaft reisen und zu den hoch gelegenen Bergseen wandern.

3 **Hunt Museum** (S. 329) In Limericks Hauptmuseum Schätze aus der Bronze- und Eisenzeit und dem Mittelalter sowie Moderne Kunst bewundern.

4 **Cahir Castle** (S. 343) Die Mauern und den Bergfried von Cahirs Märchenburg erklimmen.

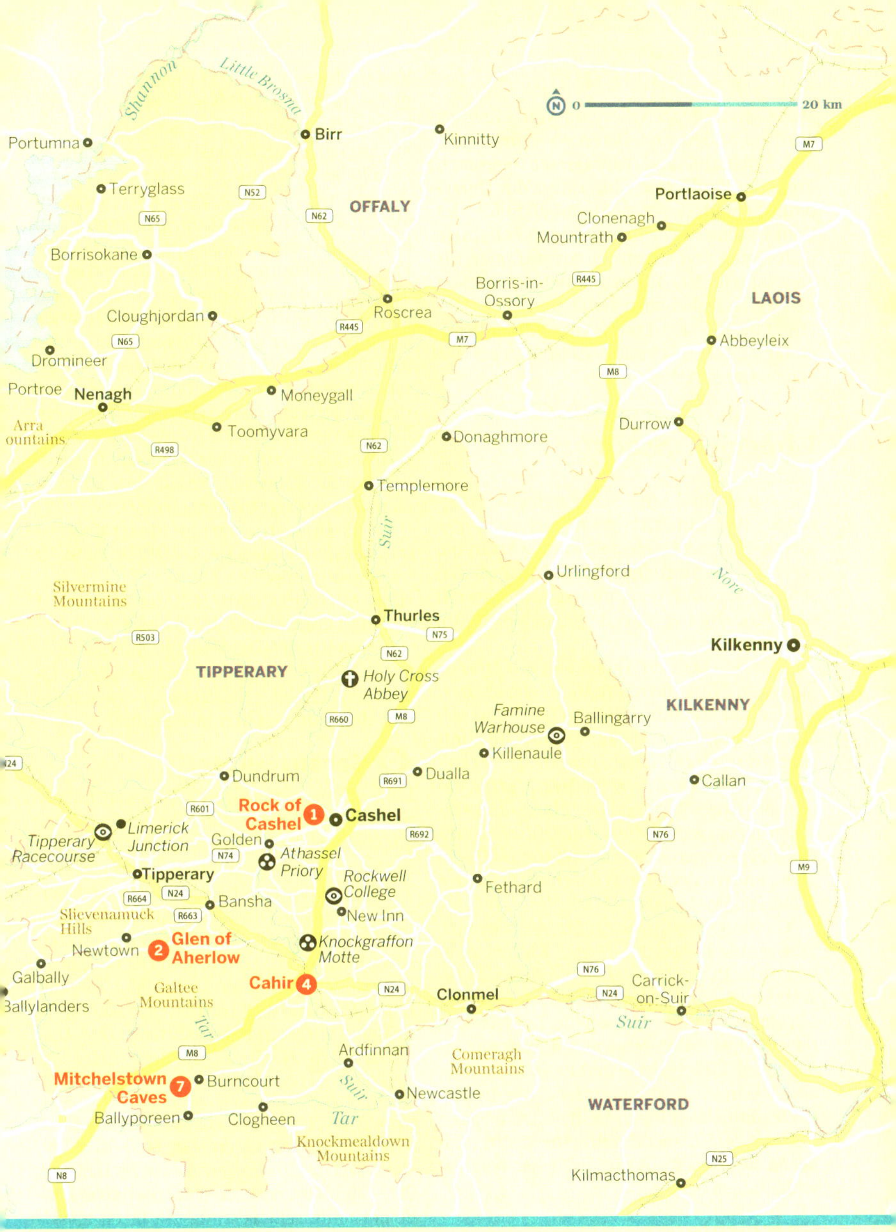

5 Adare (S. 335) In den reetgedeckten Restaurants dieses Dorfes verlockende Gerichte schlemmen.

6 Foynes Flying Boat Museum (S. 335) Die Aussicht auf die Mündung des Shannon genießen und die Geschichte der transatlantischen Flugboote entdecken.

7 Mitchelstown Caves (S. 345) In die faszinierende Unterwelt aus Gängen und Höhlen eintauchen.

COUNTY LIMERICK

Das tief gelegene Ackerland von Limerick wird im Süden und Osten vom ansteigenden Hochland und von Bergen begrenzt. Trotz des ländlichen Charakters der Umgebung sprüht die gleichnamige Stadt des Countys nur so vor Leben und bietet einige historische und kulturelle Attraktionen für Tagesausflügler. 15 km südlich erstrecken sich die faszinierenden archäologischen Stätten rund um den Lough Gur. Einige Kilometer weiter südwestlich stößt man auf das charmante Örtchen Adare.

Limerick (Stadt)

58 319 EW.

„Es war einmal eine Stadt namens Limerick..." Auf Limerick reimt sich rein gar nichts. Niemand weiß so genau, warum die scherzhaften fünfzeiligen Gedichte nach dieser irischen Stadt benannt wurden, wiewohl die Bezeichnung aus dem späten 19. Jh. stammt.

Limerick liegt im Tidegebiet von Irlands längstem Fluss, dem Shannon, genau dort, wo der Fluss Richtung Westen führt und sich zur Trichtermündung ausweitet. Die Stadt machte düstere Zeiten durch, die Frank McCourt in *Die Asche meiner Mutter* beschrieben hat. Während der Phase des keltischen Tigers wurde die hiesige mittelalterliche und georgianische Architektur auf Hochglanz poliert, doch die Wirtschaftskrise traf Limerick hart.

Allerdings erholt sich der Ort recht schnell. 2014 wurde Limerick die erste Kulturhauptstadt Irlands und die damit verbundenen Investitionen ermöglichten eine neue Uferzone mit einer eleganten Promenade. Der Ort wartet mit einer frisch renovierten Burg auf, einer tollen Kunstgalerie und einer sich zügig entwickelnden Restaurantszene, die die vielen traditionellen Pubs ergänzt. Am meisten zeichnet es sich aber durch seine gastfreundlichen Bewohner aus, die Besucher herzlich willkommen heißen.

Geschichte

Im 9. Jh. errichteten die Wikinger auf einer Insel im Shannon eine Siedlung. Die Einheimischen versuchten das Territorium immer wieder zurückzuerobern, aber erst 968 gelang es Brian Borús Truppen, die Eindringlinge zu vertreiben und Limerick zum Hauptsitz der O'Brien-Könige zu machen. Das endgültige Aus bereitete Ború den Wikingern 1014 in der Schlacht von Clontarf. Ende des 12. Jhs. fielen die Normannen ein und drängten die Iren zurück. Das ganze Mittelalter hindurch blieben beide Gruppen getrennt.

1690 bis 1691 errang Limerick Heldenstatus im Kampf der Iren gegen die englischen Machthaber. Wegen ihrer Niederlage am Boyne 1690 zogen sich die jakobitischen Truppen Richtung Westen hinter die berüchtigten dicken Mauern der Stadt zurück. Dann wurde der Vertrag von Limerick geschlossen, der den Katholiken Religionsfreiheit garantierte. Die britischen Herrscher hielten sich nicht daran und setzten strenge antikatholische Gesetze durch – ein Akt des Verrats, der als Symbol für die Ungerechtigkeit englischer Herrschaft gesehen wurde. Limerick erhielt den Spitznamen „Treaty City" (Vertragsstadt).

Im 18. Jh. wurde die alte Mauer abgerissen, um einer neuen, gut konzipierten Stadt nach georgianischem Muster Platz zu machen. Allerdings hatte sich der Wohlstand bis zu Beginn des 20. Jhs. wieder verflüchtigt, weil für die traditionellen Industriebetriebe harte Zeiten angebrochen waren. Einige eingefleischte Nationalisten wie Éamon de Valera erhoben hier ihre Stimme.

Sehenswertes

Limericks Sehenswürdigkeiten konzentrieren sich im Norden auf King's Island, das älteste Viertel, das einst zu Englishtown gehörte, im Süden rund um den Crescent und den Pery Square (der sehenswerte georgianische Stadtteil) sowie entlang der Flussufer.

Wer Zeit hat, geht vom Stadtzentrum zum King John's Castle am besten (zu Fuß) über die Sarsfield Bridge und folgt dem Weg am Flussufer Richtung Norden zur Thomond Bridge – über den Fluss hat man tolle Ausblicke auf die Stadt und die Burg.

★ King John's Castle BURG

(www.shannonheritage.com; Nicholas St; Erw./Kind 12,60/6,50 €; ⏲ Juni–Aug. 9.30–18.30 Uhr, Mai & Sept. bis 18 Uhr, März & April bis 17.30 Uhr, Okt.–Feb. bis 17 Uhr) Limericks beeindruckende normannische Festung mit ihren massiven Umfassungsmauern und Türmen thront über dem Shannon und wurde auf Befehl von King John of England zwischen 1200 und 1212 errichtet. Die zwei massiven Tortürme sind in voller Größe erhalten. Eine Multimedia-Ausstellung bietet einen hervorragenden kurzen Einblick in die Geschichte von Irland im Allgemeinen und von Limerick im Besonderen. Danach bewundert man die archäologischen Artefakte in der Gruft und kann einer Führung durch den Hof und die Befestigungsanlagen teilnehmen.

Man sollte sich auf keinen Fall die Ausstellungen zur Archäologie der Burg und der Entwicklungsgeschichte des georgianischen Limerick über dem Café entgehen lassen. Auch der Blick von den Tortürmen ist nicht zu verachten, die Burg selbst kann man am besten vom Uferweg auf der anderen Seite des Shannon bestaunen. Online gibt's Rabatte.

★ Hunt Museum MUSEUM

(www.huntmuseum.com; Custom House, Rutland St; Erw./Kind 5/2,50 €; Mo–Sa 10–17, So 14–17 Uhr;) Das 1997 eröffnete Museum ist nach seinen Mäzenen benannt. Der Name (*hunt* bedeutet „Jagd") passt hervorragend, denn es lädt zu einer Schatzjagd ein. Besucher werden angehalten, Schubläden zu öffnen und in der besten Sammlung außerhalb Dublins von Schätzen aus der Bronze- und Eisenzeit sowie dem Mittelalter und der Moderne zu stöbern. Zu den Höhepunkten gehört eine Münze aus Syrakus, angeblich einer der 30 Silbertaler, die Judas für den Verrat an Jesus erhalten haben soll. Außerdem kann man eine Studie von Renoir, ein Gemälde von Gauguin, eine Zeichnung von Giacometti und Gemälde von Renoir, Picasso sowie Jack B. Yeats bewundern.

Es gibt auch ein kleines, aber feines Bronzepferd, das da Vinci zugeschrieben wurde, heute jedoch als eine viel spätere Kopie angesehen wird, kykladische Skulpturen, eine Alabastervase aus dem alten Ägypten, die ins 3. Jh. v. Chr. datiert, und eine Reihe von Objekten aus dem Fernen Osten. Die rund 2000 Exponate stammen aus der Privatsammlung des verstorbenen Ehepaars Hunt, das sich als Antiquitätenhändler und Experten für Denkmalpflege für die Region einsetzte. Kostenlose einstündige Führungen werden von engagierten und manchmal exzentrischen Ehrenamtlichen angeboten. Im Museum befindet sich auch ein gutes Café.

★ Limerick City Gallery of Art GALERIE

(www.gallery.limerick.ie; Carnegie Bldg, Pery Sq; Mo–Mi, Fr & Sa 10–17.30, Do bis 20, So 12–17.30 Uhr) GRATIS Dieses exzellente Kunstmuseum grenzt an den friedlichen People's Park (S. 331) im Herzen des georgianischen Limerick. Zur Dauerausstellung zählen Werke von Sean Keating und Jack B. Yeats. Außerdem gibt's in den anderen gut ausgeleuchteten Galerien Wechselausstellungen zu den Themen Konzept- und Gegenwartskunst, die zum Nachdenken anregen sollen. Die Limerick City Gallery of Art richtet Irlands zeitgenössische Kunstbiennale **eva International** (www.eva.ie; Mitte April–Mitte Juli) aus, die in jedem Jahr mit gerader Jah-

FRANK MCCOURT

Keine Persönlichkeit unserer Zeit ist so eng mit Limerick verbunden wie Frank McCourt (1930–2009). Sein prägnanter autobiografischer Roman *Die Asche meiner Mutter* wurde 1996 veröffentlicht und brachte ihm viel Ruhm ein (u. a. den Pulitzer-Preis).

Vier Jahre nach seiner Geburt in New York zog McCourts Familie wieder nach Limerick, weil sie in Amerika nicht überlebt hätte. McCourts Kindheit war voller Entbehrungen: Sein Vater war ein Trinker und verschwand eines Tages, drei seiner sechs Geschwister starben schon sehr früh und er selbst verließ bereits mit 13 Jahren die Schule, um Geld zu verdienen und das Überleben seiner Familie zu sichern.

Im Alter von 19 Jahren kehrte er schließlich nach New York zurück und arbeitete drei Jahrzehnte lang als Lehrer in verschiedenen High-Schools. Außerdem unterrichtete er kreatives Schreiben. In den 1970er-Jahren versuchte er sich gemeinsam mit seinem Bruder Malachy als Schriftsteller und Theaterschauspieler. Als er 1987 in Rente ging, verfasste er seinen berühmten Roman *Die Asche meiner Mutter*. Dank zahlreicher begeisterter Kritiken wurde das Werk sofort ein Erfolg. Lediglich in Limerick gab es gemischte Reaktionen: Viele Leser prangerten das schlechte Bild an, das McCourt von der Stadt zeichnete.

Heute aber wird das Erbe des Autors auch in seiner Heimat gefeiert. In der Touristeninformation erfährt man alles über geführte Touren zu den im Buch beschriebenen Sehenswürdigkeiten, zudem kann man das **Frank McCourt Museum** (S. 331) besuchen und in dem im Roman erwähnten **South's** (S. 334) ein Bier trinken.

Limerick

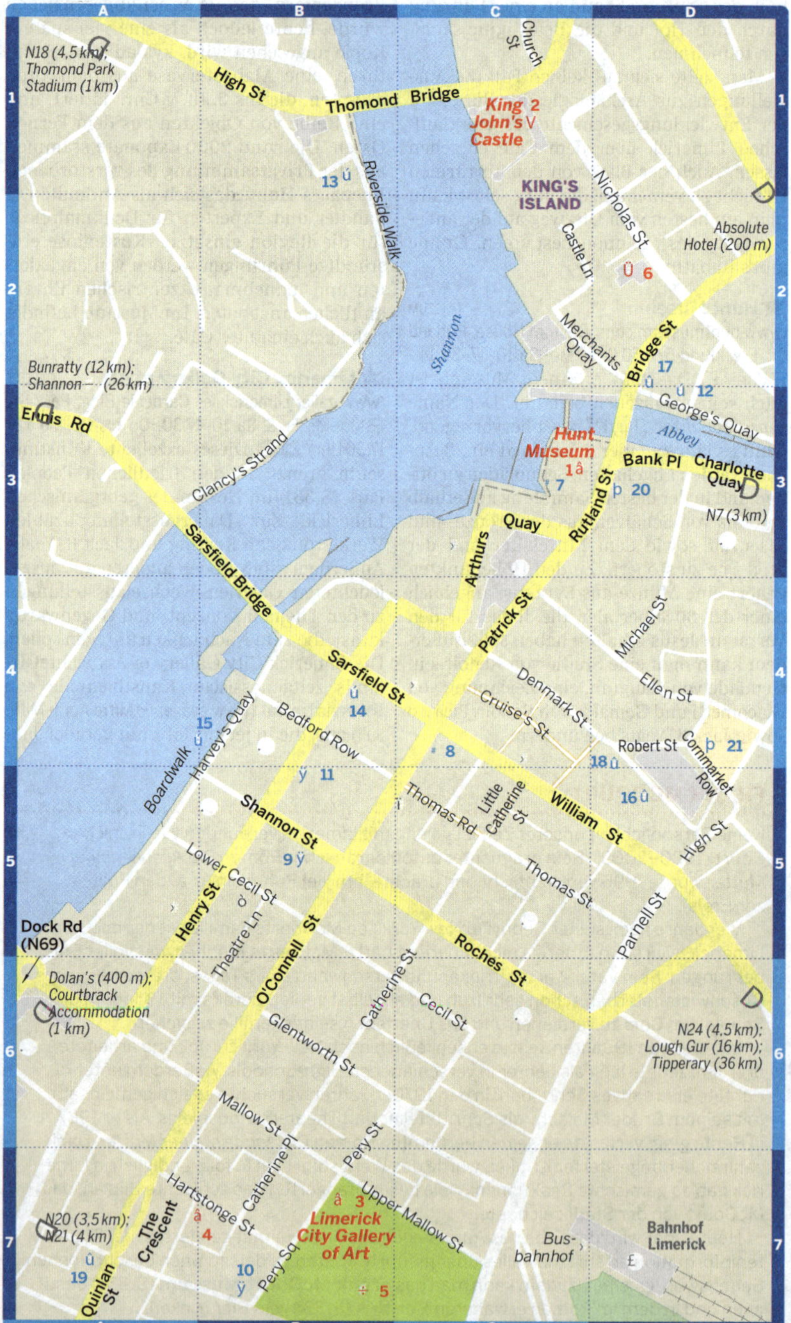

0
200 m
A
B
C
D
1
2
3
4
5
6
7
N18 (4,5 km); Thomond Park Stadium (1 km)
High St
Thomond Bridge
Church St
King John's Castle
2
13
Riverside Walk
KING'S ISLAND
Nicholas St
Castle Ln
6
Absolute Hotel (200 m)
Shannon
Merchants Quay
Bridge St
17
12
George's Quay
Abbey
Bunratty (12 km); Shannon (26 km)
Ennis Rd
Clancy's Strand
Hunt Museum
1
7
Bank Pl
Charlotte Quay
20
N7 (3 km)
Rutland St
Quay
Arthurs
Sarsfield Bridge
Patrick St
Michael St
Ellen St
Sarsfield St
14
Denmark St
Cruise's St
15
Harvey's Quay
Boardwalk
Bedford Row
8
Robert St
21
Cornmarket Row
18
11
16
Thomas Rd
Little Catherine St
William St
Shannon St
High St
9
Lower Cecil St
Thomas St
Parnell St
Henry St
Theatre Ln
O'Connell St
Roches St
Dock Rd (N69)
Dolan's (400 m); Courtbrack Accommodation (1 km)
Catherine St
Cecil St
Glentworth St
N24 (4,5 km); Lough Gur (16 km); Tipperary (36 km)
Mallow St
Pery St
Catherine Pl
Hartstonge St
Upper Mallow St
3
Limerick City Gallery of Art
4
N20 (3,5 km); N21 (4 km)
The Crescent
Pery Sq
10
5
19
Quinlan St
Busbahnhof
Bahnhof Limerick

Limerick

reszahl veranstaltet wird. Mehr darüber erfährt man auf der Website.

Im schönen Café (9.30–17 Uhr) genießt man einen Blick auf den Park.

Frank McCourt Museum MUSEUM
(www.frankmccourtmuseum.com; Leamy House, Hartstonge St; Erw./Kind 4/2 €; ⌚Mo–Fr 11–16.30 Uhr) Dieses Frank McCourt (S. 329) gewidmete Museum befindet sich im ehemaligen Schulgebäude in Limericks georgianischem Viertel. Die Ausstellung beinhaltet die Nachbildungen eines Klassenzimmers aus den 1930er-Jahren und des Haushalts des Familie McCourt sowie eine Sammlung von Erinnerungsstücken.

St. Mary's Cathedral KATHEDRALE
(☎061-310 293; www.cathedral.limerick.anglican.org; Bridge St; empfohlene Spende 4 €; ⌚Mo–Fr 9–17, Sa & So bis 16 Uhr) 1168 wurde die Kathedrale von Donal Mór O'Brien, König von Munster, gegründet. Teile des romanischen Westportals aus dem 12. Jh. sowie das Haupt- und Seitenschiff sind bis heute erhalten geblieben. Ins 15. Jh. datieren die aus schwarzem Eichenholz geschnitzten Misericordien (zur Unterstützung von klerikalen Hinterteilen) der Jebb Chapel – die einzigen ihrer Art in ganz Irland. Jede ist fantastisch verziert mit Schnitzereien von Fabelwesen und mystischen Tieren. Wer die Kirche besichtigen möchte, sollte vorher anrufen und sich über aktuelle Öffnungszeiten und eventuelle Konzerte informieren.

People's Park PARK
(www.limerick.ie; Pery Sq; ⌚Sept. –April 8 Uhr–Sonnenuntergang, Mai–Aug. bis 21 Uhr) Dieser schöne bewaldete Park beim Pery Square mitten im georgianischen Limerick eignet sich hervorragend dazu, auf dem Rasen Platz zu nehmen und ein dickes Buch zu lesen. Sehenswert sind auch der restaurierte rot-weiße Trinkbrunnen aus dem 19. Jh. und die Statue von Thomas Spring Rice, einem ehemaligen Abgeordneten für Limerick, auf der Säule im Zentrum der Grünanlage.

Thomond Park Stadium STADION
(☎061-421 109; www.thomondpark.ie; Cratloe Rd; Führungen Erw./Kind 10/8 €; ⌚Mo–Fr 9–17 Uhr, auch Sa & So für Gruppen von 6 od. mehr Personen, nur mit Buchung) Von 1995 bis 2007 konnte das Munster Rugby Team in diesem legendären Stadion kein einziges Mal besiegt werden. Hier feierten sie außerdem 1978 und 2016 ihre berühmten Siege über die New Zealand All Blacks. Bei einer Führung über das ehrwürdige Gelände besichtigt man auch die Umkleideräume, die Spielerbänke und das Spielfeld sowie das mit Erinnerungsstücken vollgestopfte Museum. Das Stadion liegt 1 km nordwestlich des Stadtzentrums an der High Street und ist bequem zu Fuß zu erreichen.

Das Museum ist an Spieltagen ab 2½ Stunden vor dem Anstoß geöffnet (Erw./Kind 5/3 €).

Aktivitäten

★ Limerick City Kayaking Tours KAJAKFAHREN
(☎086 330 8236; www.nevsailwatersports.ie; Rutland St; 25 €; ⌚Sa & So) Diese Kajaktouren starten hinter dem Hunt Museum, führen

auf dem Shannon unterhalb der Mauern vom King John's Castle entlang und bieten einen ganz neuen Blick auf die Stadt. Im Voraus buchen; Vorerfahrung ist nicht erforderlich. Die Abfahrtszeiten hängen von Gezeiten und Wetter ab.

Riverbank Walkway WANDERN
Dieser 3 km lange Fußweg, der 2016 eröffnet wurde, ist für jeden machbar und führt auf einer malerischen Route am früheren Kanal und später am Südufer des Shannon entlang vom Stadtzentrum zum Campus der University of Limerick. Der Einstieg ist am Lock Quay, direkt östlich der Abbey Bridge.

Angela's Ashes Walking Tour STADTSPAZIERGANG
(☎ 087 235 1339; 10 €) Noel Curtin bietet unterhaltsame und informative 90-minütige Rundgänge zu den Schauplätzen aus Frank McCourts berühmtem Roman *Die Asche meiner Mutter*. Los geht's um 14.30 Uhr am Frank McCourt Museum (S. 331).

Limerick Walking Tours STADTSPAZIERGANG
(☎ 083 300 0111; limerickguide@gmail.com; Erw./Kind 10 €/kostenlos) Ebenso beliebt wie unterhaltsam sind die Spaziergänge mit Declan, der viel weiß und auch im Hunt Museum arbeitet. Sie beginnen und enden vor Brown Thomas an der Patrick Street, nahe der Kreuzung mit der Sarsfield Street.

Schlafen

Die Stadt hat eine ordentliche Auswahl an guten Mittelklasseunterkünften zu bieten – wer in der Nähe des Ortszentrums eine Bleibe findet, hat es nicht weit zum Nachtleben.

In der Alexandra Terrace an der O'Connell Avenue (verläuft von der O'Connell Street nach Süden) gibt's einige mittelteure Pensionen, ebenso wie in der Ennis Road, die Richtung Nordwesten zum Shannon führt, allerdings ist man dort mindestens 1 km vom Zentrum entfernt.

Courtbrack Accommodation B&B €
(☎ 061-302 500; www.mic.ul.ie/adminservices/conference/Pages/Courtbrack.aspx; Courtbrack Ave; B/EZ/DZ 23,50/30/52 €; ⏱ Mai–Aug.; P @ 📶) Das schicke Backsteingebäude dient im laufenden Semester als Studentenunterkunft, aber im Sommer sind Besucher willkommen. Das kontinentale Frühstück ist im Preis enthalten. Darüber hinaus gibt's in der gepflegten Anlage eine Küche, einen Wäscheservice und einen Gemeinschaftsraum mit WLAN-Empfang. Das B&B liegt 400 m südwestlich der Innenstadt gleich südlich der Dock Road an der N69.

★ **No. 1 Pery Square** HOTEL €€
(☎ 061-402 402; www.oneperysquare.com; 1 Pery Sq; Club-/Stil-Zi. ab 165/225 €; P 📶) Wer sich etwas Besonderes gönnen möchte, sollte eine Nacht im Georgian Limerick, einem eleganten Hotel an der Ecke des Pery Square, verbringen. Hier hat man die Wahl zwischen gut ausgestatteten Clubzimmern (jedes nach einem irischen Dichter benannt) im modernen Flügel und einem der vier Stilzimmer im klassischen georgianischen Stadthaus, jedes mit riesigen Schiebefenstern, hohen Decken und großen Bädern.

Absolute Hotel HOTEL €€
(☎ 061-463 600; www.absolutehotel.com; Sir Harry's Mall; DZ ab 124 €; P @ 📶) Natursteinwände, glänzende Kalksteinbäder und moderne Kunstwerke verleihen dem Hotel mit Blick auf den Fluss Abbey einen schick-modernen Touch. Das Absolute überzeugt mit einem lichtdurchfluteten Innenhof in der Lobby sowie einem gemütlichen hauseigenen Spa, einer Bar und einem Grill. Autofahrer sollten früh einchecken: Parkplätze sind kostenlos, aber begrenzt.

George Boutique Hotel HOTEL €€
(☎ 061-460 400; www.georgelimerick.com; Shannon St; EZ/DZ/3BZ/FZ ab 100/105/130/145 €; P 📶) Die Bezeichnung „Boutique" ist vielleicht etwas übertrieben, aber die Zimmer in diesem lebhaften, geschäftigen und zentral gelegenen Hotel sind mit hellem Holz, karamellfarbenen und in Brauntönen gehaltenen Möbeln und einem gelegentlichen Klecks Designerfarbe ausgestattet und wirken stylish und gemütlich. Das Haus ist häufig ausgebucht, darum sollte man weit im Voraus buchen.

Savoy HOTEL €€
(☎ 061-448 700; www.savoylimerick.com; Henry St; Zi. ab 152 €; P @ 📶 🏊) Das Fünfsternehotel lässt so langsam sein Alter durchscheinen und verdient eher vier Sterne als fünf, aber es ist immer noch elegant und wartet mit komfortablen Kingsizebetten, einem Abendservice, bei dem das Zimmer für die Nacht vorbereitet und ein Betthupferl platziert wird, einem Spa, in dem Thai-Massagen angeboten werden, einem kleinen Pool und mehreren hervorragenden Restaurants auf.

Essen

Kulinarisch explodiert Limerick aktuell geradezu – mit vielen ausgezeichneten Lokalen, die auf frische irische Produkte setzen, und einer florierenden Streetfoodszene, die auf der Promenade im Sommer immer mittwochs einen Markt ausrichtet. 2017 war die Stadt Gastgeberin von Irlands erstem International Food Truck Festival (www.Limerick.ie/foodtruckfestival) und es besteht die Hoffnung, ihn zu einer regelmäßigen Einrichtung zu machen.

Limerick Street Food STREETFOOD €

(Harvey's Quay Boardwalk; Hauptgerichte 4–7 €; Mai–Sept. Mi 11–16 Uhr) Im Sommer sammeln sich jeden Mittwoch um die Mittagszeit Streetfoodstände auf der Promenade von Limerick. Hier gibt's alles, von Thai-Curry über koreanisches Kimchi bis zu amerikanischem Barbecue, in attraktiver Flusslage. An den anderen Tagen versorgen einige Stände am Nordende der O'Connell Street, zwischen Sarsfield Street und Denmark Street, hungrige Gäste mit ihren Angeboten.

★ **Azur** IRISCH, EUROPÄISCH €€

(061-314 994; http://azurrestaurant.ie; 8 George's Quay; Hauptgerichte 17–25 €; Mo–Sa 17–23, So 13–20 Uhr) Georgianische Architektur trifft auf modernes Design und schafft ein elegantes Umfeld für eins der besten Restaurants von Limerick. Der Service ist professionell, aber entspannt, die Weinkarte ist mustergültig und die Speisekarte verbindet Kontinentales mit den besten irischen Produkten, es gibt z. B. in der Pfanne gebratene Muscheln mit Blutwurst und Räucherspeckwürfeln oder knusprigen Bauchspeck mit roter Zwiebelmarmelade und Grünkohl.

★ **Hook & Ladder** CAFÉ €€

(061-413 778; www.hookandladder.ie; 7 Sarsfield St; Hauptgerichte 8–14 €; Mo–Sa 8–21, So bis 18 Uhr) Dieses Café in einem umgebauten Bankgebäude lebt von seinem subtilen Stil und bietet hervorragende lokale Produkte – ein Sinnbild für Limericks aufstrebende Restaurantszene. Hier werden ausgezeichnete Sandwiches wie Doonbeg-Krabben mit Zitronenmayo auf Honig- und Kürbiskernbrot gereicht, die warmen Mittagsgerichte reichen von herzhaftem Boeuf Bourguignon bis zu Pilzkroketten. Zum Café gehören Kochschulen in Limerick und Waterford.

Curragower Bar GASTROPUB €€

(061-321 788; http://curragower.com; Clancy's Strand; Hauptgerichte 12–24 €; Essen Mo–Di 12–20, Mi–So bis 21 Uhr) Fragt man einen Einheimischen nach einer Mittagsempfehlung, wird man wahrscheinlich über den Fluss zu diesem reizvollen Pub geschickt, der eine ausgezeichnete Außenterrasse mit Blick über den Fluss auf das King John's Castle zu bieten hat. Die Speisekarte tendiert stark zu irischen Meeresfrüchten, von Krebsscheren in Knoblauchbrühe bis zu gebratenem Kabeljau mit knuspriger Clonakilty-Blutwurst.

Ausgehen & Nachtleben

Pubs wie das Flannery's sind berühmt für ihre große Auswahl an irischen Whiskeys, aber auch Craft-Biere sind von Bedeutung. Ales aus Limericks eigener Treaty City Brewery (www.treatycitybrewing.com) findet man in vielen Bars, darunter das Flannery's und das Nancy Blake's.

★ **Nancy Blake's** PUB

(061-416 443; 19 Upper Denmark St; 11–2 Uhr) In diesem wundervollen Pub liegt Sägemehl auf dem Boden und aus dem offenen Kamin an der Bar steigt Torfgeruch auf, aber man sollte auch nach hinten raus gehen, um die große überdachte Fläche mit Ausschank im Freien, wo regelmäßig Livemusik und Fußballübertragungen präsentiert werden, zu genießen.

Flannery's Bar PUB

(061-436 677; www.flannerysbar.ie; 17 Upper Denmark St; 10–23 So–Mi, Do–Sa bis 2 Uhr) In einer ehemaligen Seifenfabrik lockt dieser große und belebte Pub Kenner des irischen Whiskeys an – im Angebot sind mehr als 100 Sorten, und man kann Verkostungen für 18 € pro Person buchen. Auf der Dachterrasse genießt man danach an einem Sommernachmittag die herrliche Sonne.

Locke Bar PUB

(061-433 713; www.lockebar.com; 3 George's Quay; Mo–Do 9–23.30, Fr & Sa 9–open end, So 10–23 Uhr) Das Locke ist zu Recht eines der beliebtesten Pubs in Limerick – wunderschöne Lage am Fluss, schön verschachtelte Räume mit Steinmauern und Holzvertäfelung, Sitzmöglichkeiten unter freiem Himmel mit Blick aufs Wasser und eine Karte, die alles von Frühstück bis Abendessen bietet. Im Sommer gibt's jeden Abend traditionelle irische Musik auf die Ohren.

South's PUB

(W J South; ☎061-314 669; www.facebook.com/SouthsPubLimerick; 4 Quinlan St; ⏰Mo–Do 8.30–23.30, Fr bis 0.30, Sa 9.30–0.30, So 12.30–23 Uhr) In diesem Laden hat schon Frank McCourts Vater sein Bierchen gezischt (und auch Frank selbst bekam hier sein erstes Pint). Die Verbindung zu dem Buch *Die Asche meiner Mutter* wird regelrecht ausgeschlachtet – das geht sogar so weit, dass die Toiletten die Namen „Frank“ und „Angela“ tragen. Die neoklassische Einrichtung ist eine Nachbildung, aber nichtsdestotrotz fabelhaft.

☆ Unterhaltung

Lime Tree Theatre THEATER

(☎061-953 400; www.limetreetheatre.ie; Mary Immaculate College, Courtbrack Ave; ⏰Kartenschalter Mo–Sa 14–17.30 Uhr) Das supermoderne Theater mit 510 Plätzen wurde 2012 auf einem Collegecampus am südlichen Rand der Stadt errichtet und bietet Theater-, Musik- und Comedy-Veranstaltungen von einheimischen und internationalen Künstlern. 2017 fand hier die Premiere der Musical-Version von Frank McCourts Limerick-Memoiren *Die Asche meiner Mutter* statt.

University Concert Hall KONZERTSAAL

(UCH; ☎061-331 549; www.uch.ie; University of Limerick; ⏰ Kartenschalter Mo–Fr 10–15 Uhr, an Veranstaltungstagen länger) Die Heimat des Irish Chamber Orchestra bietet regelmäßig Konzerte mit Gaststars sowie Opern, Dramen, Komödien und Tanz. 4,5 km östlich der Stadt.

Dolan's LIVEMUSIK

(☎061-314 483; www.dolanspub.com; 3 Dock Rd; Tickets 10–20 €; ⏰ Mo–Fr 12–2, Sa & So 10–2 Uhr) Limericks bester Club für Konzerte und authentische irische Musik besteht aus zwei benachbarten Veranstaltungsorten, in denen topaktuelle Stand-up-Comedians auftreten.

Shoppen

Milk Market MARKT

(www.milkmarketlimerick.ie; Cornmarket Row; ⏰Fr 10–15, Sa 8–15, So 11–15 Uhr) Auf diesem traditionellen Lebensmittelmarkt in Limericks alten Marktgebäuden wählt man zwischen Bio-Produkten und herkömmlichen Lebensmitteln wie einheimischem Obst und Gemüse, Eingemachtem, Backwaren und selbst gemachtem Käse, oder man durchstöbert die Blumen- und Kunsthandwerksstände. Meistens gibt's auch traditionelle Livemusik.

Celtic Bookshop BÜCHER

(☎061-401 155; http://celticbookshop-limerick.ie; 2 Rutland St; ⏰Mo & Mi–Fr 11–17 Uhr) Große Auswahl an Fachliteratur zu lokalen und irischen Themen.

ℹ Praktische Informationen

Auf der Website der **Touristeninformation** (siehe unten) gibt's eine Karte mit kostenlosen WLAN-Hotspots in der Stadt.

St John's Hospital (☎061-462 222; New Rd; ⏰Mo–Fr 8–18 Uhr) Krankenhaus mit Unfallstation und Notaufnahme, auch für kleinere Verletzungen, nahe am Stadtzentrum.

Hauptpost (Lower Cecil St; ⏰ Mo & Mi–Sa 9–17.30, Di 9.30–17.30 Uhr)

Limerick Tourist Office (☎061-317 522; www.limerick.ie; 20 O'Connell St; ⏰ Mo–Sa 9–17 Uhr) Hilfreiches Personal bietet Tipps und Informationen über Limerick und ganz Irland.

ℹ An- & Weiterreise

BUS

Bus Éireann (☎061-313 333; www.buseireann.ie; Parnell St) bietet regelmäßige Verbindungen vom Busbahnhof im Stadtzentrum nach Galway, Killarney, Rosslare, Ennis, Shannon, Derry und in viele andere Orte an. Die **Citylink**-Busse (☎091-564 164; www.citylink.ie) halten an der Henry Street zwischen Cecil St und Glentworth Street; **JJ Kavanagh & Sons** (☎0818 333 222; www.jjkavanagh.ie) starten am Arthurs Quay.

Es gibt regelmäßige Verbindungen von Limerick zu den folgenden Zielen:

Cork Bus Éireann (15,20 €, 1¾ Std., stündl.); Citylink (18 €, 1½ Std., 5-mal tägl.)

Dublin Bus Éireann (12,35 €, 3 Std., 9-mal tägl.); JJ Kavanagh & Sons (ab 10 €, 3½ Std., 6-mal tägl.)

Dublin Airport JJ Kavanagh & Sons (ab 15 €, 4¼ Std., 6-mal tägl.); Eireagle (www.eireagle.com) betreibt acht luxuriöse mit WLAN ausgestattete Busse, die jeden Tag am Arthurs Quay abfahren (25 €, 2½ Std.).

Galway Citylink (18 €, 1½ Std., 5-mal tägl.)

Tralee Bus Éireann (14,25 €, 2 Std., alle 2 Std.)

FLUGZEUG

Der **Shannon Airport** (S. 752) im County Clare wird von Fluglinien aus dem In- und Ausland angesteuert.

Der Flughafen liegt 26 km nordwestlich von Limerick (etwa 30 Autominuten). Bus Éireann (8,40 €, 50 Min., 2-mal/Std.) verkehrt regelmäßig von Limericks Busbahnhof bzw. Bahnhof zum Shannon Airport. Ein Taxi vom Stadtzentrum zum Flughafen kostet 35 bis 45 €.

ABSTECHER

AUF DER PANORAMASTRASSE N69 VON LIMERICK NACH TARBERT

Die enge, ruhige N69 führt entlang der Flussmündung des Shannon am Wild Atlantic Way westlich von Limerick 58 km bis nach Tarbert im nördlichen County Kerry. Unterwegs genießt man einen herrlichen Ausblick auf das Flussdelta und scheinbar endlose grüne Hügellandschaften mit Steinmauern.

Im kleinen Dorf **Clarina** hinter Mungret auf der N69 sollte man sich rechts halten, 1,5 km nach Norden bis zu einer Kreuzung fahren und links abbiegen. Nun sieht man hoch oben die geheimnisvollen Ruinen des **Carrigogunnell Castle** (Sonnenauf- bis Sonnenuntergang) GRATIS. Kurz darauf stößt man rechts auf eine Straße, die hinter den Hecken und Feldern an der Burg vorbeiführt. Das Bauwerk aus dem 15. Jh. wurde 1691 mit Schießpulver hochgejagt. Seine fantastischen Überreste schmücken das Backcover des U2-Albums *The Unforgettable Fire*.

Zurück auf der N69 versteckt sich etwas abseits der Strecke **Askeaton**. Das Dorf wartet mit beeindruckenden Ruinen wie dem **Desmond Castle** (Mai–Okt., Wochenende nach Vereinbarung) auf, das sich seit dem 14. Jh. dramatisch auf einer Insel im Deel erhebt und neben dem **Hellfire Gentlemen's Club** steht, der im 18. Jh. als Bordell und Kneipe fungierte. Die Restaurierung der Gebäude begann 2007 und läuft noch, weshalb es keinen Zutritt zum Gelände gibt. Am Stadtrand findet man das wunderschöne **Franziskanerkloster** aus dem Jahre 1389 (Sonnenauf- bis Sonnenuntergang) GRATIS mit einem wunderschön erhaltenen Kreuzgang. Die **Touristeninformation von Askeaton** (086 085 0174; askeatontouristoffice@gmail.com; The Square; begrenzte Öffnungszeiten – telefonisch erfragen) bietet Informationen zu den hiesigen historischen Stätten, die man eigenständig entdecken kann (abhängig von den Restaurierungsarbeiten), alternativ schließt man sich einer aufschlussreichen kostenlosen **Führung** an, die eine Stunde dauert und vom sachkundigen Anthony Sheehy angeboten wird.

In **Foynes** lockt das faszinierende **Foynes Flying Boat Museum** (069-65416; www.flyingboatmuseum.com; Erw./Kind 11/6 €; Juni–Sept. 9.30–18 Uhr, Mitte März–Juni & Okt.–Mitte Nov. bis 17 Uhr, Mitte Nov.–Mitte März geschl.). Zwischen 1939 und 1945 befand sich hier die Startbahn für Flugzeuge, die zwischen Nordamerika und Großbritannien verkehrten. Panamerikanische Clipper (auf Überseestrecken eingesetzte Langstreckenflugzeuge) – eines davon als Replik ausgestellt – landeten zum Auftanken in der Flussmündung. Besucher sollten unbedingt nach der seit 2014 jährlich stattfindenden Foynes Air Show (www.foynesairshow.com) fragen.

ZUG

Irish Rail (www.irishrail.ie) fährt von der **Limerick Railway Station** (061-315 555; Parnell St) u. a. nach Dublin Heuston (53 €, 2½ Std., stündl.), Ennis (11,35 €, 40 Min., 9-mal tägl.) und Galway (22,70 €, 2 Std., 4-mal tägl.). Außerdem bestehen Verbindungen nach Cork, Tralee, Tipperary, Cahir und Waterford mit einem Umstieg in der **Limerick-Junction-Station**, 20 km südöstlich von Limerick.

Unterwegs vor Ort

- Man kann die kompakte Stadt gut zu Fuß oder mit dem Rad erkunden. Für die Strecke von der St. Mary's Cathedral am einen und dem Bahnhof am anderen Ende benötigt man nur 15 Minuten.
- Taxis findet man am Arthurs Quay, am Busbahnhof und am Bahnhof sowie in der Thomas Street. Alternativ kann man **Swift Taxis** (061-313 131) kontaktieren.
- Limericks **Fahrradverleihsystem** von Coca-Cola Zero (www.bikeshare.ie/limerick.html) bietet 23 Stationen in der Stadt und kostet für Besucher 3 € (150 € Kaution) für drei Tage. Die ersten 30 Minuten jeder Fahrt sind kostenlos.
- Räder bekommt man außerdem bei **Emerald Alpine** (061-416 983; www.irelandrentabike.com; 21 Roches St; ab 20/80 € pro Tag/Woche; 9.30–17.30 Uhr). Für 25 € holt bzw. bringt das Unternehmen auch Fährräder an jeden Ort in Irland.

Adare & Umgebung

1129 EW.

Adare wird gern, aber nicht unbedingt zu Recht als schönstes Dorf Irlands angepriesen. Sein Ruhm gründet sich auf strohgedeckte Cottages aus dem 19. Jh. Der englische Gutsherr Earl of Dunraven ließ sie für die Arbeiter bauen, die sein Landgut Adare Manor errichteten. Heute beherbergen die hübschen Hütten Kunsthandwerksläden und gehobene Restaurants. Zudem gibt's in der Nähe einige prestigeträchtige Golfplätze. Der irische Name für Adare ist Áth Dara – die Furt der Eiche.

Touristen werden mit Bussen zu dem 16 km südwestlich von Limerick gelegenen Dorf am Fluss Maigue gekarrt, was leider immer wieder zu Staus führt (die viel befahrene N21 ist die Hauptstraße des Dorfes). Weil sich Adare am Wochenende großer Beliebtheit erfreut, sollte man Hotels und Restaurants rechtzeitig reservieren.

Sehenswertes & Aktivitäten

Vor der Auflösung der Klöster (1536–1539) durch Heinrich VIII. gab es in Adare drei religiöse Bauwerke, deren Ruinen man heute noch besichtigen kann. Die Hauptattraktion aber sind die strohgedeckten Cottages, die die Hauptstraße säumen.

Adare Castle BURG
(Desmond Castle; Führung 061-396 666; www.heritageireland.ie; Führung Erw./Kind 9/7 €; Juni–Sept. Führung stündl. 11–17 Uhr) Seit 1200 wechselte die malerische normannische Ruine mehrmals den Besitzer, doch 1657 gaben ihr Cromwells Truppen den Rest und ihre strategische Bedeutung ging verloren. Highlights sind der **große Saal** mit Fenstern aus dem frühen 13. Jh., die riesige Küche und die Backstube.

Führungen kann man im Adare Heritage Centre buchen. Werden gerade keine angeboten, bewundert man das Gebäude stattdessen einfach von der viel befahrenen Straße, dem Flusspfad oder dem Grundstück des Augustinerpriorats aus.

Franciscan Friary RUINE
(Adare Golf Club; 9–17 Uhr) Die Überreste dieses Franziskanerklosters, das 1464 vom Earl of Kildare gegründet wurde, liegen friedvoll mitten im Adare Golf Club (S. 336) neben dem Fluss Maigue. Wer sie erkunden möchte, sollte vorher im Clubhaus Bescheid geben. Vom Parkplatz aus sind es nur 400 m bis zur Ruine, zu der ein schöner Turm und eine kunstvolle Sitzbank für Priester an der Südwand des Altarraums gehören, allerdings muss man sich vor herumfliegenden Golfbällen in Acht nehmen!

Adare Heritage Centre MUSEUM
(061-396 666; http://adareheritagecentre.ie; Main St; 9–17 Uhr) GRATIS Die Ausstellung in dem zentral gelegenen Museum illustriert auf unterhaltsame Weise Adares Geschichte und die mittelalterlichen Gebäude des Ortes. Zudem können Besucher hochwertiges irisches Kunsthandwerk kaufen und eine Pause in dem beliebten Café einlegen.

Augustinian Priory KLOSTER
(Mo–Sa 9–17 Uhr) Nördlich von Adare, an der N21 nahe der Brücke über dem Maigue, thront die Pfarrkirche der Church of Ireland, ein 1316 gegründetes Augustinerpriorat, auch als Black Abbey bekannt. Innen ist sie herrlich höhlenartig, doch das wahre Highlight ist der kleine, atmosphärische Kreuzgang.

Nördlich vom Tor zum Priorat beginnt ein schöner ausgeschilderter Flussweg mit Sitzgelegenheiten, den man durch einen schmalen Zugang erreicht. Nach 250 m geht ein Pfad links ab zurück zum Zentrum von Adare.

Adare Golf Club GOLF
(061-605 200; www.adaremanor.com) Der renommierte Golf-Club von Adare liegt in spektakulärer Lage auf dem riesigen und ruhigen Gelände vom Adare Manor.

Schlafen

Adare Village Inn GASTHOF €
(087 251 7102; www.adarevillageinn.com; Upper Main St; wochentags EZ/DZ 45/60 €, Wochen-

ABSTECHER

BALLINGARRY

Das hübsche Dorf Ballingarry liegt 13 km südwestlich von Adare an der R519. Hier befindet sich eines der besten Restaurants im ganzen County Limerick, das **Mustard Seed at Echo Lodge** (069-68508; www.mustardseed.ie; Ballingarry; 4-Gänge-Menü 60 €; 19–21.15 Uhr, Mitte Jan.–Mitte Feb. geschl.; P). Die Zutaten für die saisonalen Gerichte stammen aus dem Obst- und Küchengarten des ehemaligen Klosters. Die Karte wechselt, aber es gibt z. B. Parmesandonuts an Mousse von schwarzer Olive, Johannisbeeren-Gin-Sorbet und irisches Wild.

Wer sich nach dem Essen nicht mehr bewegen kann, bucht einfach eines der eleganten Gästezimmer im Landhausstil. Einige sind sogar mit Himmelbetten ausgestattet (DZ ab 180 €).

ende EZ/DZ 50/70 €; P) Dieses herzliche Gasthaus hat fünf gemütliche Zimmer mit einem exzellenten Preis-Leistungs-Verhältnis und guten Duschen. Geführt wird es von Seán Collins, dessen gleichnamige Bar (S. 338) ein paar Häuser weiter liegt, um die Ecke der Main Street in Richtung Rathkeale Road – hier ist auch der Check-in.

★ **Dunraven Arms** GASTHOF €€
(061-605 900; www.dunravenhotel.com; Main St; Zi. ab 155 €;) Das 1792 erbaute Juwel verströmt altmodischen Charme mit Gärten im Cottage-Stil, Hängekörben, offenen Kaminen und einer gemütlichen Lobby. Die schicken Schlafzimmer sind ausgestattet mit Antiquitäten, hochwertiger Bettwäsche und – für Wählerische – prächtigen Himmelbetten. Der Service ist herzlich und hilfreich und es gibt ein tolles Restaurant (siehe rechts) und eine Bar.

Berkeley Lodge B&B €€
(061-396 857; www.adare.org; Station Rd; EZ/DZ/FZ 50/80/100 €; P) In diesem Gästehaus 400 m nördlich vom Ortszentrum gibt es sechs zuckersüße und ziemlich blumige Zimmer – jedes in einer anderen Farbe – sowie ein großartiges Frühstück. Es liegt drei Gehminuten vom Heritage Centre sowie von den Pubs und Restaurants entfernt.

★ **Adare Manor** HOTEL €€€
(061-605 200; www.adaremanor.com; Main St; Zi. ab 325 €; P @) Zusätzlich zum bereits eleganten Ambiente mit antiken Möbeln und Klasse protzt das prachtvolle Burghotel mit einem neuen Zimmerflügel und einem großen Ballsaal. Das ausgezeichnete Oakroom Restaurant (siehe rechts) und der tägliche Nachmittagstee sind auch für externe Besucher offen.

Essen

Good Room Café CAFÉ €
(061-396 218; thegoodroomadare@yahoo.ie; Main St; Hauptgerichte 9–11 €; Mo–Sa 8.30–17.30, So 10–17.30 Uhr;) In diesem schlichten Café, das in einem reetgedeckten Cottage untergebracht ist, herrscht reger Betrieb. Es gibt kreative Suppen, Salate, warme Sandwiches, Bruschetta, Backwaren, hausgemachte Marmeladen, Kinderteller und riesige Kaffeebecher. Unbedingt rechtzeitig kommen, damit man noch ein paar Scones ergattert. An Sommerwochenenden hat das Café bis 21 Uhr geöffnet.

★ **Restaurant 1826 Adare** MODERN IRISCH €€
(061-396 004; http://1826adare.ie; Main St; Hauptgerichte 20–29 €; Mi–Fr 17.30–21, Sa 18–21.30, So 15–20 Uhr;) Wade Murphy zählt zu Irlands renommiertesten Köchen und begeistert seine Gäste in diesem kunstgeschmückten Reetdach-Cottage aus dem Jahre 1826, wo er seine Leidenschaft für regionale saisonale Produkte auslebt. Er kredenzt Gerichte wie scharf angebratenen Heilbutt mit eingelegtem Meerfenchel, Flusskrebs und Meeresfrüchtesuppe. Für frühe Vögel gibt's bis 19 Uhr ein dreigängiges Menü für 34 €.

Wild Geese IRISCH €€
(061-396 451; www.thewild-geese.com; Main St; Hauptgerichte mittags 7–15 €, abends 21–30 €; Mo–Sa 9.30–21.30 Uhr) Auf der regelmäßig wechselnden Karte dieses einladenden Cottage-Restaurants stehen die besten Speisen aus dem Südwesten Irlands, vom Frühstück mit Eiern Benedict, Blutwurst und Colcannon bis zu Abendgerichten mit köstlichen Jakobsmuscheln und prächtigen Lammkarrees. Die Brotkörbe sind ein Gedicht und der Service ist vorbildlich.

Blue Door IRISCH €€
(061-396 481; www.bluedooradare.com; Main St; Hauptgerichte mittags 9–16 €, abends 19–25 €; Mo–Do 11–15 & 18–22, Fr 11–22, Sa 12–22, So 13–21 Uhr;) Herzhafte Salate, Sandwiches und Lasagne findet man auf der Mittagskarte dieses exklusiven strohgedeckten Cottage-Restaurants. Abends gibt's Gerichte wie Entenconfit mit Blutwurst und Guinness-Soße sowie Kabeljaufilet an einer feinen Chardonnay-Soße.

Dunraven Arms IRISCH €€
(061-605 900; www.dunravenhotel.com; Main St; Hauptgerichte Restaurant 16–28 €, Bar 13–16 €; 12–14.15 & 19.30–21.30 Uhr Das Lokal im zauberhaften Dunraven Arms (siehe links) bietet Anspruchsvolles (gebratenen Kabeljau mit Krabbenrisotto und Erbsenpüree, Entenconfit mit Rhabarber- und Portweinsoße), die ruhige, holzgetäfelte Bar ist eine würdige, günstigere Alternative (Lammburger, Fish'n' Chips). Die Öffnungszeiten können variieren; Reservierungen sind empfehlenswert.

Oakroom Restaurant IRISCH €€€
(Adare Manor; Nachmittagstee 28,50 €, Hauptgerichte 24–36 €; Nachmittagstee 14–17 Uhr, Abendessen 18.30–22 Uhr) Im stimmungsvollen Oakroom Restaurant des Adare Manor (siehe links) speist man wie ein Lord nur bei Kerzenlicht. Eine wunderschöne Location

mit Blick auf den Park und den River Maigue komplementiert die ausgezeichnete irische Speisekarte. Der Fünf-Uhr-Tee wird im vornehmen Salon auf Etageren serviert.

Ausgehen & Nachtleben

Seán Collins PUB
(www.seancollinsbaradare.com; Upper Main St; ⌚ Mo–Do & So 10–22.30, Fr & Sa 10.30–1.30) Ein freundliches, familienbetriebenes Pub mit viel Spaß, gutem Essen und Livemusik montags und freitags ab 20.30 Uhr.

Bill Chawke's Lounge Bar PUB
(☎ 061-396 160; www.billchawke.com; Main St; ⌚ Mo–Do 10–0.30, Fr & Sa bis 1.30, So bis 24 Uhr) Geschmückt mit GAA-Fanartikeln (Hurling und Gaelic Football) bietet dieser Pub einen guten Biergarten und regelmäßige Veranstaltungen mit traditioneller irischer Musik zum Mitsingen.

Praktische Informationen

Die Website www.adarevillage.com ist sehr informativ.

Touristeninformation (☎ 061-396 255; http://adareheritagecentre.ie/tourist-point; Adare Heritage Centre, Main St; ⌚ 9–17 Uhr)

An- & Weiterreise

Bus Éireann (S. 334) bietet stündliche Verbindungen zwischen Limerick und Adare (6 €, 25 Min.). Viele Busse fahren von hier aus weiter bis nach Tralee (14,25 €, 2 Std., alle 2 Std.), aber es steuern auch ein paar Killarney (14,25 €, 2 Std., alle 2 Std.) an.

Lough Gur

Rund um den malerischen, hufeisenförmigen See befinden sich einige archäologische Stätten aus der Jungsteinzeit, der Bronzezeit und aus dem Mittelalter. Kurze Wanderwege am Seeufer führen zu Hügelgräbern, Menhiren, alten Einfriedungen und anderen interessanten Stellen, die man kostenlos besichtigen kann. Die Gegend ist wie geschaffen für Wanderungen und Picknicks.

Im Heritage Centre kann man Kaffee, Softdrinks und Snacks erwerben, aber am besten bringt man sich ein Picknick mit.

Sehenswertes

Lough Gur Heritage Centre MUSEUM
(☎ 087 285 2022; www.loughgur.com; Erw./Kind 5/3 €; ⌚ März–Okt. Mo–Fr 10–17, Sa & So 12–18 Uhr, Nov.–Feb. bis 16 Uhr) Der strohgedeckte Nachbau einer neolithischen Hütte beherbergt einen hilfsbereiten Infostand und gute Ausstellungen über prähistorische Monumente sowie Siedlungen in der Umgebung. Außerdem gibt's ein kleines Museum mit jungsteinzeitlichen Artefakten und einer Replik des Lough-Gur-Schutzschildes von etwa 1000 v. Chr. (das Original befindet sich im Dubliner Nationalmuseum). Es ist empfehlenswert, sich vorab ein paar Informationen zum Kontext anzueignen, bevor man das umliegende Gelände erkundet.

Grange Stone Circle ARCHÄOLOGISCHE STÄTTE
(⌚ Sonnenauf- bis Sonnenuntergang) GRATIS Dieser auch als Lios bekannte 4000 Jahre alte Steinkreis besteht aus 113 Pfeilern und ist Irlands größte prähistorische Sehenswürdigkeit dieser Art. Er liegt 3 km südwestlich vom Heritage Centre (siehe links). An der Straße gibt's Parkmöglichkeiten; der Zugang zum Gelände ist kostenlos, wobei sich vor Ort eine Spendenbüchse befindet.

An- & Weiterreise

Öffentliche Verkehrsmittel fahren das 21 km südöstlich von Limerick liegende Lough Gur nicht an. Die Anfahrt von Limerick erfolgt über die N24 nach Süden Richtung Waterford. Auf der R512 folgt man den Ausschilderungen 16 km bis zum Grange Stone Circle.

1 km weiter südlich die R512 entlang, auf der Höhe der Holycross Garage und der Post, biegt man links ab und fährt weitere 2 km zum Hauptparkplatz neben dem Lough Gur, von da aus ist es ein kurzer Fußweg zum Lough Gur Heritage Centre.

Kilmallock

1668 EW.

Kilmallock war einst die drittgrößte Stadt Irlands (nach Dublin und Kilkenny) und wartet mit faszinierenden mittelalterlichen Bauwerken auf. Der Ort entwickelte sich rund um ein Kloster aus dem 7. Jh. und diente zwischen dem 14. und 17. Jh. als Sitz der Earls of Desmond. Heute liegen zwischen dem Dorf am Lubach und dem nur 26 km entfernten Limerick Welten.

Von Limerick kommend, erblickt man linker Hand zuerst ein **mittelalterliches Steingebäude**, eines von 30 Wohnhäusern wohlhabender Händler und Landbesitzer. Etwas weiter windet sich die Hauptstraße um das vierstöckige Turmhaus **King's Castle** aus dem 15. Jh. mit einem Torbogen, durch den heute die gepflasterte Passage verläuft.

Kilmallock Museum MUSEUM
(Sheares St; ⏲ Mo–Do 10–13 & 14–16, Fr & Sa bis 17, So 12–17 Uhr) GRATIS Eine Gasse führt von der Hauptstraße (gegenüber vom King's Castle) zu diesem winzigen Museum mit einer bunten Sammlung historischer Exponate und einem Modell der Stadt von 1597. Vor Ort beginnt der historische Wanderweg durch Kilmallock.

COUNTY TIPPERARY

Tipperary besitzt den fruchtbaren Boden, von dem jeder Bauer träumt. Das Kernland des Countys liegt in einer Tiefebene, umrahmt von den Hügellandschaften der angrenzenden Regionen. Hier halten die oberen Zehntausend noch immer an einer alten Tradition fest: Im Winter finden Fuchsjagden ohne gesetzliche Einschränkungen statt.

Insbesondere das Glen of Aherlow südlich der Stadt Tipperary bietet wunderbare Wander- und Radfahrmöglichkeiten, aber die echten Publikumsmagneten sind der Rock of Cashel und das Cahir Castle. Neben den Landstraßen lässt sich zudem das eine oder andere landschaftliche Highlight entdecken.

Tipperary (Stadt)

4979 EW.

Die Stadt Tipperary (Tiobrad Árann) verdankt ihren Namen vor allem einem Marschlied aus dem Ersten Weltkrieg. Der besungene „lange Weg nach Tipperary" führt die N24 entlang und quer durch das regionale Straßenlabyrinth, das im Ortszentrum zusammenläuft (es gibt keine Umgehungsstraße), wo es verkehrsmäßig genauso wenig vorangeht wie im Stellungskrieg an der Somme.

Tipperary an sich ist etwas trostlos und heruntergekommen und hat nichts wirklich Sehenswertes zu bieten. Es lohnt nicht unbedingt einen Besuch, aber man kann auf dem Weg nach Glen of Aherlow mal durchfahren.

Kickham House PUBFOOD €
(☎ 062-51716; Main St; Hauptgerichte 8–13 €; ⏲ Essen 12–15 & 18–20 Uhr) Benannt nach dem lokalen Patrioten, dem irischen Revolutionär Charles Joseph Kickham (1828–82), serviert dieser traditionelle Pub fleischige Gerichte wie Roast Beef und Fischpastete sowie Suppe und Sandwiches.

Tipperary Racecourse PFERDERENNEN
(☎ 062-51357; www.tipperaryraces.ie; Limerick Rd; Erw./Kind 10 €/frei) Der Tipperary Racecourse, eine der führenden Rennbahnen Irlands, liegt 3 km nordwestlich der Stadt, und wartet mit regelmäßigen Veranstaltungen auf; genauere Informationen findet man in der Lokalpresse. Man erreicht die Strecke von der Limerick Junction aus zu Fuß. An Renntagen fahren Minibus-Pick-ups von Tipperary hierher; Details telefonisch erfragen.

Danny Ryan Music MUSIK
(☎ 062-51128; www.dannyryanmusic.ie; 20 Bank Pl; ⏲ Mo, Di, Do & Fr 10–13 & 14–18; Mi 10–13, Sa 9.30–13 & 14–18 Uhr) Dieser bunt bemalte Laden verfügt über eine hervorragende Auswahl an traditionellen Musikinstrumenten.

ℹ An- & Weiterreise

Fast alle Busse halten in der Abbey Street am Fluss. Bus Éireann (www.buseireann.ie) bietet täglich bis zu acht Verbindungen nach Limerick (11 €, 35 Min.) und Waterford via Cahir und Clonmel an.

Wer zum Bahnhof will, folgt der Bridge Street in südlicher Richtung. Tipperary liegt auf der Bahnstrecke von Waterford zur Limerick Junction. Zweimal täglich fahren Züge nach Cahir (8,10 €, 25 Min.), Clonmel, Carrick-on-Suir, Waterford (17,70 €, 1½ Std.) und Rosslare Harbour. Von der **Limerick Junction** (☎ 062-51406), 3 km vom Bahnhof Tipperary entlang der Limerick Road, geht's nach Cork, Kerry und Dublin.

Glen of Aherlow & Galtee Mountains

Das weite, fruchtbare Tal des Glen of Aherlow, das sich zwischen den bewaldeten Slievenamuck Hills und den formschönen Galtee Mountains schlängelt, ist die malerischste Gegend vom County Tipperary und eines der versteckten Paradiese Irlands.

Von Tipperary aus verläuft eine gut ausgeschilderte 25 km lange entspannende **Panoramaroute** durch das ganze Tal. Am östlichen Ende zwischen Tipperary und Cahir befindet sich Bansha (An Bháinseach). Das Dorf dient als Startpunkt für einen 20 km langen Ausflug Richtung Westen nach Galbally. Ob auf vier oder auf zwei Rädern: Wer der R663 folgt, durchquert eine der malerischsten Landstriche des Tals.

Südlich von Tipperary, beim **Coach Road Inn** in Newtown, einem bei Wanderern beliebten Pub, laufen die R663 aus Bansha und die R664 zu einer Straße zusammen. Hinter der Kneipe versteckt sich die **Touristeninformation** (☎062-56331; http://aherlow.com; Newtown; ⏲Juni–Aug. Mo–Fr 9–17, Sa 10–16 Uhr) von Glen of Aherlow mit engagierten Angestellten, die Fragen über die Region beantworten und Wanderfeste organisieren.

Aktivitäten

Die bei Wanderern beliebte Gegend um dieses Tal reicht von den üppigen Ufern des Aherlow bis zu den Kiefernwäldern in den **Slievenamuck Hills** und dem windgepeitschten felsigen Weideland der hohen Galtee Mountains. 1,6 km nördlich von Newtown an der R664 erreicht man einen Aussichtspunkt mitsamt einer **Christusstatue** (ein örtliches Denkmal) und spektakulärem Ausblick. Von hier aus starten markierte Wanderwege.

★ Lake Muskry WANDERN

(www.aherlow.com/walking; Rossadrehid) Lake Muskry ist ein kleiner, aber malerischer See in einer von Gletschern ausgehöhlten Mulde auf einer Höhe von etwa 520 m in den Galtees und eins der beliebtesten Wanderziele von Aherlow. Von dem winzigen Dörfchen Rossadrehid an der südlichen Ecke des Tals führt eine schmale Straße hoch zu einem Parkplatz mit einer Infotafel. Hier startet die Wanderung auf einem holprigen, aber gut zu bewältigenden Pfad mit grünen Wegmarkierungen (ca. 11 km Rundwanderung; man sollte sich drei bis vier Stunden Zeit nehmen).

Schlafen & Essen

Ballinacourty House Camping Park & B&B CAMPINGPLATZ, B&B €

(☎062-56224; www.ballinacourtyhouse.com; Ballynacourty; Stellplatz 10 €, EZ/DZ 51,50/70 €; P) Vor der spektakulären Kulisse der Galtees, 10 km westlich von Bansha, erstreckt sich dieser schöne Campingplatz. Die Anlage ist bemerkenswert gut ausgestattet und wartet mit einem schönen Garten, einem beliebten klassisch-irischen Restaurant (Mo–Sa 18–20.30, So 12.30–14.30 Uhr), einer Weinbar und einem Tennisplatz auf. Ein renoviertes altes Steinhaus dient darüber hinaus als B&B-Unterkunft.

Homeleigh Farmhouse B&B €

(☎062-56228; www.homeleighfarmhouse.com; Newtown; EZ/DZ 50/80 €; P 📶) Etwas westlich von Newton und dem Coach Road Inn an der R663 werden in dieser kleinen noch bewirtschafteten Farm einfache, traditionell möblierte Zimmer in einem modernen Haus mit Blick auf Garten und Felder angeboten. Gäste können das Abendessen dazubuchen (28 €/Pers.). Der beste Ausgangspunkt für Wanderungen in der Umgebung.

Aherlow House Hotel HOTEL €€

(☎062-56153; www.aherlowhouse.ie; Newtown; EZ/DZ/Lodge ab 69/95/149 €; P 📶) An einem von Kiefern gesäumten Weg an der R663 beherbergt ein 1928 erbautes Jagdhaus diese luxuriöse Bleibe mit 29 Zimmern samt großen Betten, 15 modernen Lodges für Selbstversorger (Mindestaufenthalt zwei Nächte) sowie einer Bar und einem Restaurant. Von der Terrasse genießt man einen tollen Blick auf die Berge.

Treetop Restaurant & Bar IRISCH €€

(☎062-56153; www.aherlowhouse.ie; Aherlow House Hotel, Newtown; Hauptgerichte 15–25 €; ⏲Fr & Sa 18–22, So 12.30–14.30 Uhr; 👪) Das förmliche Restaurant im Aherlow House Hotel serviert edle irische und europäische Küche in einer angenehmen und intimen Atmosphäre (Reservierung empfohlen). An der Bar kann man jeden Tag von 12.30 bis 21.30 Uhr essen, von der Sommerterrasse hat man einen wunderbaren Blick auf die Galtee Mountains.

An- & Weiterreise

Bus Éireanns (S. 334) Nummer 55 fährt häufig von Waterford nach Limerick und hält in Bansha (17,50 €, 1½ Std., 8-mal tägl.). Von hier ist es ein weiter Fußmarsch oder eine Radtour in die Berge: 12 km bis zum **Ballinacourty-Campingplatz** (siehe links). Um möglichst viel von der Landschaft zu sehen, sollte man sich zwischendurch aber ruhig auch mal ins Auto setzen und ein paar Spritztouren unternehmen.

Cashel

4422 EW.

Cashel (Caiseal Mumhan) übt eine große Faszination aus. Selbst die Queen besuchte den Ort 2011 auf ihrer historischen Irlandreise. Die alten Kirchen auf dem windigen Gipfel des Rock of Cashel scheinen geradewegs aus dem Fels zu wachsen und die Straßen des benachbarten Marktörtchens Cashel laden dazu ein, sich eine Weile dort aufzuhalten.

Sehenswertes

★ Rock of Cashel HISTORISCHE STÄTTE

(www.heritageireland.ie; Erw./Kind 8/4 €; ⏲Anf. Jun–Mitte Sept. 9–19 Uhr, Mitte März–Anf. Juni &

Mitte Sept.–Mitte Okt. bis 17.30 Uhr, Mitte Okt.–Mitte März bis 16.30 Uhr) Eine der spektakulärsten historischen Stätten des Landes ist der Rock of Cashel, ein grüner Hügel mit Kalksteinschichten und einer alten Festungsanlage. Eine kompakte Mauer umschließt kreisförmig den Hof, der von einem Rundturm, einer gotischen Kathedrale (13. Jh.) und der schönsten romanischen Kapelle des Landes (12. Jh.) umrahmt wird. In Letzterer findet man einige der ältesten Fresken Irlands.

Vom Ortszentrum sind es nur fünf Gehminuten bis zum Berg, von dem aus man eine fantastische Aussicht auf Tipperarys Landschaft genießt.

Das Wort *cashel* ist das englische Pendant zum irischen Wort *caiseal* für „Festung" (verwandt mit dem englischen *castle* vom lateinischen *castellum*). Der Eóghanachta-Clan aus Wales wählte den Rock of Cashel im 4. Jh. als Hauptsitz. Von hier aus eroberte er weite Teile von Munster und beherrschte die Region. 400 Jahre lang wetteiferten Cashel und Tara um die Stellung als Machtzentrum Irlands. Der Clan berief sich auf seine Verbindung zum hl. Patrick, deshalb wird der Rock of Cashel gelegentlich auch St. Patrick's Rock genannt. Im 10. Jh. verloren die Eóghanachta den Fels an die O'Briens (oder Dál gCais) unter Brian Borús Führung. 1101 schenkte König Muircheartach O'Brien ihn der Kirche, um sich die Gunst der mächtigen Bischöfe zu erkaufen. Außerdem wollte er den uralten Streit um den Berg mit den Eóghanachta (inzwischen als MacCarthys bekannt) beenden.

Auf dem kalten, ungeschützten Hügel müssen zahlreiche Gebäude gestanden haben, doch nur die Sakralbauten trotzten dem Wüten von Cromwells Armee 1647. Die riesige mittelalterliche **Kathedrale** wurde bis Mitte des 18. Jhs. für Gottesdienste genutzt.

Unter den Grabstätten befinden sich ein Hochkreuz und ein Mausoleum aus dem 19. Jh., das für die lokale Landbesitzerfamilie Scully erbaut wurde. Die Spitze des Scully Cross wurde 1976 bei einem Blitzeinschlag beschädigt.

Das unbestreitbare Highlight des Rock ist allerdings die **Cormac's Chapel** von Anfang des 12. Jhs. – ein außergewöhnliches Juwel der romanischen Architektur mit wunderschön geschnitzten Portalen und herrlichen Überresten von farbenfrohen Wandgemälden. Wer an der 45-minütigen Führung teilnehmen möchte, muss vorher anrufen (im Eintrittspreis enthalten).

Brú Ború MUSEUM
(☎ 062-61122; www.bruboru.ie; The Kiln; Erw./Kind 5/3 €; ⊙ Mo–Fr 9–17 Uhr) Cashels privat geführtes Kulturerbezentrum befindet sich in einem modernen Gebäude gleich neben dem Parkplatz unterhalb des Rock of Cashel und gewährt faszinierende Einblicke in die traditionelle irische Musik samt Tanz und Gesang. Das Highlight ist die Ausstellung **Sounds of History**, die z. B. mittels einer Audioshow die Geschichte des Landes und seiner Musik nacherzählt. Außerdem finden hier im Sommer verschiedene musikalische Veranstaltungen statt.

Hore Abbey RUINE
(⊙ Sonnenauf- bis Sonnenuntergang) GRATIS 1 km westlich von Rock of Cashel stößt man auf die großartige Ruine von Hore Abbey aus dem 13. Jh. (auch bekannt als Hoare Abbey oder St. Mary's) mitten in flachem Ackerland. Ende des 12. Jhs. lebten hier Benediktinermönche aus dem englischen Glastonbury. Im 13. Jh. wurden sie von einem Erzbischof vertrieben, der geträumt hatte, sie wollten ihn ermorden. Später schenkte er das anheimelig gruselige Gebäude dem Zisterzienserorden.

Cashel Folk Village MUSEUM
(☎ 062-63601; www.cashelfolkvillage.ie; St. Dominic St; Erw./Kind 5/3,50 €; ⊙ Mitte Juni–Mitte Sept. 9–19.30 Uhr, Mitte März–Mitte Juni & Mitte Sept.–Mitte Okt. 9.30–17.30 Uhr, Mitte Okt.–Mitte März 9.30–16.30 Uhr) In diesem faszinierenden Museum kann man typische alte Häuser und Ladenfronten bestaunen, die mit zahlreichen alten Gegenständen und Möbeln ausgestattet sind. Es ist alles etwas mitgenommen, aber auf herzerwärmende Art.

Cashel Heritage Centre MUSEUM
(☎ 062-61333; www.cashel.ie; Main St; ⊙ März–Okt. tägl., Nov.–Feb. Mo–Fr 9.30–17.30 Uhr) GRATIS Gleich neben der Touristeninformation ist im Rathaus ein maßstabsgetreues Modell mit Audiokommentar zu sehen, das Cashel im Jahre 1640 zeigt.

Schlafen

Cashel Holiday Hostel HOSTEL €
(☎ 062-62330; www.cashelhostel.com; 6 John St; B/2BZ ab 15/60 €; 📶) Das bunte dreistöckige Gebäude unweit der Main Street ist eine freundliche Budgetoption im Ortszentrum mit Schlafsälen auf der einen Seite und Privatzimmern auf der anderen. Zur Ausstat-

tung gehören eine Küche, Waschmaschinen, eine Bibliothek, ein Fahrradschuppen und eine gemütliche Lounge.

Baileys Hotel BOUTIQUE-HOTEL €€

(☎ 062-61937; www.baileyshotelcashel.com; Main St; EZ/DZ ab 85/120 €; P 📶) Saubere moderne Linien und dunkles Holz kontrastieren mit hellen Wänden und verleihen dem restaurierten georgianischen Stadthaus ein elegantes Ambiente. Die Zimmer sind schick, aber in einem nüchternen Stil gehalten. Das Frühstück ist im Preis inbegriffen, ebenso wie ein Parkplatz. Auch das Restaurant und die Bar überzeugen.

Cashel Town B&B B&B €€

(☎ 062-62330; www.cashelbandb.com; 5 John St; DZ/4BZ ab 80/155 €; P 📶) Auf den Frühstückstisch dieses heimeligen B&Bs kommen nur frische Produkte von nahegelegenen Bauernmärkten. Das 1808 errichtete georgianische Stadthaus beherbergt sieben komfortable Zimmer und eine gemütliche Gästelounge mit offenem Kamin und einem Klavier.

Cashel Lodge & Camping Park B&B, CAMPINGPLATZ €€

(☎ 062-61003; www.cashel-lodge.com; Dundrum Rd; Stellplatz 10 €/Pers., EZ/DZ ab 55/85 €; P 📶) Nordwestlich von Cashel liegt an der R505 dieses nette 200 Jahre alte Kutschenhaus mit viel Holz und Stein. Die Lodge bietet einen herrlichen Blick auf den Rock of Cashel und die Hore Abbey. Einfach der Ausschilderung nach Dundrum folgen. Bei den Preisen für das Hostel ist das Frühstück enthalten.

Essen & Ausgehen

★ Café Hans CAFÉ €€

(☎ 062-63660; Dominic St; Hauptgerichte 13–23 €; ⏲ Di–Sa 12–17.30 Uhr; 👪) Die 32 Plätze in dem Gourmetcafé sind hart umkämpft. Es wird von derselben Familie geführt wie das benachbarte Chez Hans und bietet eine fantastische Auswahl an Salaten, Sandwiches (z. B. mit riesigen Garnelen in würziger Mary-Rose-Soße), Meeresfrüchten, Lammfleisch-, Fisch- und vegetarischen Gerichten sowie eine tolle Weinkarte und Desserts, bei deren Anblick einem das Wasser im Mund zusammenläuft. Achtung: Hier werden keine Kreditkarten angenommen. Zugang über die Moor Lane.

Wer nicht längere Zeit auf einen Platz warten will, kommt am besten am Nachmittag, wenn sich der Mittagsansturm gelegt hat.

Baileys Hotel Bar INTERNATIONAL €€

(☎ 062-61937; www.baileyshotelcashel.com; Main St; Hauptgerichte 14–18 €; ⏲ Essen 12–21.30 Uhr) Die Kellerbar des zentralen Hotels (siehe links) mit ihren Steinwänden und Kerzenlicht serviert eine breit gefächerte Auswahl internationaler Gerichte aus regionalen Zutaten, darunter köstliche Burger und üppige Portionen Fish'n'Chips.

Chez Hans IRISCH €€€

(☎ 062-61177; www.chezhans.net; Dominic St; 2-/3-Gänge-Mittagsmenü 16/20 €, 2-/3-Gänge-Abendmenü 28/33 €; ⏲ Di–Sa 18–22 Uhr) Seit 1968 ist die ehemalige Kirche ein Anziehungspunkt für Feinschmecker aus der ganzen Welt. Frisch und erfinderisch huldigt das Spitzenrestaurant der heimischen Küche. Auf der häufig wechselnden Speisekarte stehen Gerichte wie gedämpfte Galway-Muscheln, Ziegenkäsetarte und gepfefferter Rochenflügel aus der Pfanne. Keine Kreditkarten.

Brian Ború PUB

(☎ 062-63381; http://brianborubar.ie; Main St; ⏲ Mo–Do 10.30–23.30, Fr & Sa bis 0.30, So bis 23 Uhr; 📶) Regelmäßige Livemusik, DJs, Cocktailabende und überdurchschnittliche Kneipenküche (Hauptgerichte 10–17 €), darunter ein Cashel Blue-Käsetörtchen, machen das gesellige Pub zu einem beliebten Treffpunkt Einheimischer.

Praktische Informationen

Touristeninformation (☎ 062-61333; www.cashel.ie; Town Hall, Main St; ⏲ März–Okt. tägl., Nov.–Feb. Mo–Fr 9.30–17.30 Uhr) Hilfreiche Anlaufstelle mit vielen Infos zur Region.

An- & Weiterreise

Bus Éireann (www.buseireann.ie) bietet täglich acht Verbindungen zwischen Cashel und Cork (16 €, 1¾ Std.) via Cahir (6 €, 20 Min., 6-mal tägl.). Die Haltestelle für die Busse nach Cork befindet sich vor dem Bake House an der Main Street. Gleich gegenüber fährt der Bus nach Dublin (16 €, 2½ Std., 6-mal tägl.) ab.

Ring a Link (☎ 1890 424 141; www.ringalink.ie), in erster Linie ein gemeinnütziger Service für Landbewohner, aber auch für Touristen verfügbar, betreibt einen Minibus zwischen Tipperary und Cashel (3 €, 50 Min.); man muss im Voraus telefonisch buchen.

Parken in der Stadt ist billiger und weniger überfüllt als der Parkplatz unter dem Rock.

Rund um Cashel

Athassel Priory RUINE

(Golden; Sonnenauf- bis Sonnenuntergang) GRATIS Die Überreste der Athassel Priory im grünen Flusstal des Suir, 7 km südwestlich von Cashel, erreicht man über einen Zauntritt und grüne (manchmal schlammige) Felder. Das ursprüngliche Gebäude stammt aus dem Jahre 1205. Früher war Athassel eines der reichsten und bedeutendsten Klöster Irlands. Weite Teile davon sind bis heute erhalten: Torhaus, Fallgittertor, Kreuzgang (eine Ruine, doch noch erkennbar), lange Abschnitte der Umfriedungsmauer sowie einige mittelalterliche Grabbildnisse.

Wer die Stätte besichtigen möchte, fährt auf der N74 Richtung Golden und folgt dann einer engen beschilderten Straße 2 km gen Süden zur „Athassel Abbey". Leider gibt's vor Ort kaum Parkmöglichkeiten.

Holy Cross Abbey KIRCHE

(086 166 5869; www.holycrossabbey.ie; Holycross; Führung 4 €; Führungen Feb.–Okt. Mi & So 14 Uhr) Das hübsche Dorf Holycross mit den strohgedeckten Cottages, der Brücke mit acht Bögen über den Fluss River Suir und Grünflächen voller Enten liegt 15 km nördlich von Cashel. Die wunderschön restaurierte Zisterzienserabtei wurde 1168 gegründet und präsentiert stolz zwei Reliquien des wahren Kreuzes sowie Irlands einziges intaktes mittelalterliches Kapitelsaalportal. Besonders bemerkenswert sind die kunstvoll verzierten Sedilien in Altarnähe und die stadionähnlich angeordneten Sitzreihen. Führungen vorher telefonisch buchen.

Cahir

3593 EW.

An der Ostspitze der Galtee Mountains, 15 km südlich von Cashel, erstreckt sich das kompakte Örtchen Cahir (An Cathair; ausgesprochen wie das englische *care*) rund um das Cahir Castle. Ruhige Spazierwege verlaufen am grünen Ufer des Suir, einem von Irlands besten Strömen zum Forellenfischen.

Sehenswertes & Aktivitäten

Der Fluss Suir bietet mit die besten Möglichkeiten zum **Forellenfischen** in Irland; mehr Infos gibt's auf www.cahiranddistrictanglersassociation.com.

★ **Cahir Castle** HISTORISCHE STÄTTE

(052-744 1011; www.heritageireland.ie; Castle St; Erw./Kind 5/3 €; Mitte Juni–Aug. 9–18.30 Uhr, März–Mitte Juni & Sept.–Mitte Okt. 9.30–17.30 Uhr, Okt.–Feb. 9.30–16.30 Uhr) Cahirs beeindruckende Burg wartet mit einer romantischen Lage auf einem felsigen Eiland im Fluss, massiven Mauern, Türmchen sowie einem Bergfried, Stabkreuzfenstern, gewaltigen Kaminen und Verliesen auf. 1142 von Conor O'Brien gegründet, wurde sie 1375 an die Butlers übergeben. Sie ist eine der größten Festungen in Irland. 1599 zerstörte der Earl of Essex die Mauern mit Kanonenfeuer, was anhand eines riesigen Modells illustriert wird. Der **Bankettsaal** mit dem gewaltigen Geweih an der weißen Wand ist sehr beeindruckend, außerdem kann man auf den **Bergfried** steigen.

1650 ging die Burg kampflos an Cromwell. Womöglich entschied sich der englische Staatsmann aufgrund der soliden Bauweise, sie nicht nach seiner üblichen Gewohnheit zu zerstören, weil sie ihm noch nützlich sein konnte. Zum größten Teil ist die Festung intakt und nach wie vor wun-

ABSEITS DER ÜBLICHEN PFADE

FAMINE WARHOUSE

Das **Famine Warhouse** (087 908 9972; www.heritageireland.ie; Ballingarry; April–Sept. Mi–So 14.30–17.30 Uhr, Okt.–März Sa & So 14–16 Uhr) auf einem Feld ein paar Kilometer nordöstlich von Ballingarry ist ein Relikt aus den schwärzesten Kapiteln Irlands. Heute wirkt das Anwesen ganz friedlich, doch beim großen Aufstand gegen die Hungersnot 1848 belagerten die von William Smith O'Brien angeführten Rebellen Polizisten, die sich in dem Gebäude mit Kindern als Geiseln verbarrikadiert hatten. Dann kam Verstärkung der Polizei, die Rebellen flohen, und das war das Ende des Aufstands. Die Ausstellung erläutert neben der Hungersnot auch die Massenflucht irischer Emigranten nach Amerika.

Das Famine Warhouse befindet sich 30 km nordöstlich von Cashel an der R691, etwa auf halbem Weg nach Kilkenny. Achtung: Im County Tipperary gibt's zwei Ballingarrys; der andere Ort liegt in der Nähe von Roscrea! Die Öffnungszeiten variieren; vor dem Besuch anrufen.

derschön anzusehen. Sie wurde in den 1840er- und den 1960er-Jahren, als sie in staatlichen Besitz überging, restauriert.

Eine 15-minütige audiovisuelle Präsentation liefert Hintergrundwissen zu Cahir und erläutert die Verbindung zu anderen irischen Burgen. Die einzelnen Gebäude sind zwar nur spärlich möbliert, allerdings gibt's gute Schaukästen und Ausstellungen, z. B. über „Frauen im Irland des Mittelalters". Vor Ort finden regelmäßig Führungen statt.

Swiss Cottage HISTORISCHES GEBÄUDE

(☎ 052-744 1144; www.heritageireland.ie; Cahir Park; Erw./Kind 5/3 €; ⏲ Ostern–Mitte Okt. 10–18 Uhr) Am Parkplatz vom Cahir Castle beginnt ein 30-minütiger Fußweg am Flussufer entlang, der zu diesem strohgedeckten Cottage führt, das von Rosen, Lavendel und Geißblatt umgeben ist. Das 1810 als Domizil für Richard Butler, den zwölften Baron Caher, und seine Frau errichtete Gebäude gilt als Paradebeispiel für den Regency-Stil und wurde von dem Londoner Architekten John Nash, der auch für den Royal Pavilion in Brighton verantwortlich war, entworfen. 30-minütige Besichtigungen sind nur im Rahmen von außerordentlich amüsanten Führungen möglich.

Der Cottage-Orné-Stil entstand Ende des 18. Jhs., Anfang des 19. Jhs. in England als Antwort auf die damalige Vorliebe für alles Pittoreske. Charakteristisch dafür waren die Verzierung der Häuser mit Strohdächern, Naturholz und geschnitzte Schindeln und die exponierte Lage auf weitläufigen Anwesen. Das Cottage wurde in den 1980er-Jahren unter der Leitung der irischen Designerin Sybil Connolly restauriert.

TIPPERARY HERITAGE TRAIL

Der durchgängig ausgeschilderte Tipperary Heritage Trail erstreckt sich über 56 km vom Aussichtspunkt Vee Gap nahe Clogheen im Süden bis Cashel im Norden und passiert einige wunderschöne Flusstäler und Ruinen. Als schönster Teil der Strecke gilt der 30 km lange nördliche Abschnitt von Cahir nach Cashel, denn dort ist die Gegend rund um den Fluss Suir von grünen Landschaften geprägt, außerdem befinden sich hier Attraktionen wie die **Athassel Priory** (S. 343). Rund um Golden liegen die besten Routen abseits der Straße. In der Umgebung tummelt sich allerlei Wild, da die Pfade und Wege am Wasser entlang sowie durch den Wald verlaufen. Die Wanderkarten 66 und 74 von Ordnance Survey Discovery Series decken den kompletten Weg ab.

Schlafen & Essen

Zum **Farmers Market** (www.facebook.com/pg/cahirfarmersmarket; Parkplatz Castle; ⏲ Sa 9–13 Uhr) am Samstagmorgen kommen die besten Nahrungsmittellieferanten der Region.

★ **Apple Caravan & Camping Park** CAMPINGPLATZ €

(☎ 052-744 1459; www.theapplefarm.com; Moorstown; Zeltplatz pro Erw./Kind ab 7/4,50 €; ⏲ Mai–Sept.; P 📶) Der ruhige Campingplatz liegt inmitten von Obstgärten an der N24 zwischen Cahir (6 km) und Clonmel (9 km). Gäste können den Tennisplatz kostenlos nutzen, zudem gibt's eine Campingküche im umgebauten Apfelgeschäft und Wasser aus der eigenen Quelle. Auch wenn man nicht zelten möchte, lohnt sich ein Besuch des **Hofladens** (Mo–Fr 8–18, Sa & So 9–17 Uhr), in dem Äpfel, Marmelade, Säfte und Fruchteis verkauft werden.

Tinsley House B&B €

(☎ 052-744 1947; www.tinsleyhouse.com; The Square; DZ/FZ 65/120 €; ⏲ April–Sept.; 📶) Dieses helle, charmante B&B am Square verfügt über vier Zimmer mit Antiquitäten und einen reizenden Dachgarten. Hausherr Liam Roche kennt sich mit der Stadtgeschichte bestens aus und kann einem überdies Wanderwege sowie andere Aktivitäten empfehlen.

Cahir House Hotel HOTEL €€

(☎ 052-744 3000; www.cahirhousehotel.ie; The Square; EZ/DZ ab 60/95 €; P @ 📶) In einem imposanten traditionellen Gebäude am Square bietet dieses Hotel elegante Zimmer, eine lange Bar-Speisekarte, ein Spa und hilfsbereites, tüchtiges Personal.

Galileo ITALIENISCH €€

(www.galileocafe.com; Church St; Hauptgerichte 11–24 €; ⏲ Mo–Sa 12–22, So 13–21 Uhr) Seit mehr als einem Jahrzehnt serviert das italienische Restaurant mit moderner Einrichtung und freundlicher Bedienung den Einheimischen gute Pizza und Pasta. Das Lokal hat allerdings keine Schanklizenz, deshalb müssen sich die Gäste bei Bedarf den Alkohol selbst mitbringen.

Praktische Informationen

Touristeninformation (052-744 1453; Parkplatz Cahir Castle; April–Okt. Di–Sa 9.30–13 & 13.45–17.30 Uhr) Infos über die Stadt und die Region.

An- & Weiterreise

In Cahir halten mehrere Linien von **Bus Éireann** (www.buseireann.ie), z. B. auf dem Weg von Dublin nach Cork, von Limerick nach Waterford, von Galway nach Waterford, von Kilkenny nach Cork und von Cork nach Athlone.

Montags bis samstags gibt's täglich acht und sonntags sechs Verbindungen nach Cashel (6 €, 20 Min.).

Die Busse fahren am Parkplatz neben der Burg ab.

Montags bis samstags hält der Zug von Limerick Junction nach Waterford in Clonmel und Cahir (16,25 €, 1 Std., 2-mal tägl.).

Mitchelstown Caves

Ausgehöhlt aus einem schmalen Streifen aus Kalkstein an der Südseite der Galtee Mountains liegen die **Mitchelstown Caves** (052-746 7246; www.mitchelstowncaves.com; Burncourt; Erw./Kind 9/3 €; März–Okt. 10–17 Uhr, sonst kürzere Öffnungszeiten). Obwohl sie viele für reizvoller als Kilkennys Dunmore Cave halten und sie zu den größten Höhlen des Landes gehören, sind sie touristisch noch nicht vollständig erschlossen. Die Höhlen liegen bei Burncourt, 16 km südwestlich von Cahir, und sind auf der N8 Richtung Mitchelstown (Baile Mhistéala) ausgeschildert. Führungen dauern 30 Minuten.

Die Temperatur beträgt das gesamte Jahr über konstant 12 °C – angenehm lau im Winter und erfrischend im Sommer. Besucher können hier fast 3 km durch Gänge und spektakuläre Kammern voller Bilderbuchformationen mit Namen wie Pipe Organ (Orgelpfeife), Tower of Babel (Turm zu Babel), House of Commons (Unterhaus) und Eagle's Wing (Adlerflügel) schreiten.

Clonmel & Umgebung

17 140 EW.

Clonmel (Cluain Meala; „Honigwiesen"), der größte und quirligste Ort in Tipperary, erstreckt sich am breiten Fluss Suir.

Laurence Sterne (1713–1768), Autor von *Yoricks empfindsame Reise durch Frankreich und Italien* und *Leben und Ansichten von Tristram Shandy, Gentleman*, wurde hier geboren. Den wirtschaftlichen Aufschwung verdankt die Stadt dem gebürtigen Italiener Charles Bianconi (1786–1875). Er war im zarten Alter von 16 Jahren von seinem Vater nach Irland „verbannt" worden, weil er sich in die falsche Frau verliebt hatte. Bianconi kompensierte seine unerfüllte Leidenschaft, indem er eine Kutschlinie zwischen Clonmel und Cahir einrichtete. Seine Firma entwickelte sich bald zu einem landesweiten Personen- und Postbeförderungsunternehmen, wodurch Clonmel in ganz Irland berühmt wurde. Zum Dank wählten die Einheimischen Bianconi zweimal hintereinander zum Bürgermeister ihrer Stadt.

Durch Clonmel verläuft der Wanderweg East Munster Way (S. 346).

Direkt südlich von Clonmel, bereits in der Grafschaft Waterford, erheben sich die Comeragh Mountains. Eine Panoramastraße verläuft auf der R671 Richtung Süden nach Ballymacarbry und ins Nire Valley.

Sehenswertes

Wer der Bridge Street gen Süden folgt, den Fluss überquert und auf der Straße weitergeht, stößt direkt auf **Lady Blessington's Bath**, einen malerischen Streifen am Fluss, der sich toll zum Picknicken eignet.

Main Guard HISTORISCHES GEBÄUDE
(052-612 7484; www.heritageireland.ie; Sarsfield St; Ostern–Sept. Di–So 9–17 Uhr, Öffnungszeiten können variieren) GRATIS Das wunderschön restaurierte Main Guard, das 1675 nach einem Entwurf von Christopher Wren errichtet wurde, diente der Butler-Familie als Gerichtsgebäude. Die elegante Loggia Richtung Straße ist von Säulen eingefasst. Zu den hier ausgestellten Exponaten gehört u. a. das Modell von Clonmel mit einer Stadtmauer aus dem 17. Jh.

County Courthouse HISTORISCHES GEBÄUDE
(Nelson St) In der Nelson Street, südlich der Parnell Street, steht das renovierte County Courthouse, das Richard Morrison 1802 erbauen ließ. Hier fand 1848 der Prozess gegen die Young Irelanders statt, darunter auch Thomas Francis Meagher. Die Angeklagten wurden zur Strafe nach Australien geschickt.

EAST MUNSTER WAY

Dieser 70 km lange Wanderweg verläuft durch Wälder und Moorland und führt über kleine Landstraßen sowie einen Treidelpfad am Fluss. Er ist deutlich mit schwarzen Wegweisern und gelben Pfeilen ausgezeichnet. Von Carrick-on-Suir bis nach Clogheen, beide im County Tipperary, braucht man drei Tage.

Die erste Etappe auf dem alten Treidelpfad am Suir endet in Clonmel. Damit hat man schon einen großen Teil der Gesamtroute zurückgelegt. An der Kilsheelan Bridge lässt man den Fluss hinter sich und geht zur Harney's-Kreuzung, dann weiter durch den Gurteen Wood und die Comeraghs zur Sir Thomas Bridge, wo man zum Fluss zurückkehrt.

Am zweiten Tag steht Newcastle auf dem Plan. Der Weg zieht sich zuerst durch eine Hügellandschaft gen Süden, fällt in Richtung Newcastle ab und führt erneut zum Suir. Am dritten Tag erlebt man eine idyllische Wanderung entlang des ruhigen Flusses Tar nach Clogheen.

Die empfehlenswerten Karten 74 und 75 von Ordnance Survey Discovery Series decken die komplette Route ab.

South Tipperary County Museum MUSEUM
(www.tipperarycoco.ie/museum; Mick Delahunty Sq; ⌚ Di–Sa 10–16.45 Uhr) GRATIS Das gut organisierte Museum erzählt die Geschichte des Countys von der Jungsteinzeit bis heute und richtet Wechselausstellungen aus.

Schlafen & Essen

★ **Raheen House Hotel** HOTEL €€
(☎ 052-612 2140; www.raheenhouse.ie; Raheen Rd; DZ 120 €; P 📶) Dieses ehrwürdige Schlosshotel ist vornehm und doch gemütlich, mit hohen Decken, riesigen Zimmern, diversen schönen Himmelbetten, Parkettböden, einer Bar, Wintergarten und zwei großen Gärten, in denen Ahorn, Magnolien und eine mächtige Zypresse wachsen. Es gibt außerdem einen ummauerten Garten, knisternde Feuer im Winter und eine Lodge für Selbstversorger.

Hotel Minella HOTEL €€
(☎ 052-612 2388; http://hotelminella.com; Coleville Rd; EZ/DZ ab 125/145 €; P 📶 🏊) Ein familienbetriebenes Luxushotel auf einem ausgedehnten Grundstück am Südufer des Suir, 2 km östlich vom Stadtzentrum. Die 90 Zimmer verteilen sich auf das gregorianische Herrenhaus von 1863 und einen modernen Flügel, der alle möglichen Annehmlichkeiten bereithält, darunter zwei Suiten mit Outdoor-Whirlpools auf Privatterrassen mit Blick auf den Fluss.

Niamh's CAFÉ, FEINKOST €
(www.niamhs.com; 1 Mitchell St; Hauptgerichte 8–12 €; ⌚ Mo–Fr 8.30–17, Sa bis 16.30 Uhr; 📶 👪) Langes, schmales Café mit köstlichen Mittagsgerichten, darunter Burger, gebratenes Schweinefleisch, Lasagne und kreative Sandwiches sowie Frühstück. Kaffee wird kostenlos nachgeschenkt und ein Lächeln gibt's auch dazu.

Befani's MEDITERRAN €€
(☎ 052-617 7893; www.befani.com; 6 Sarsfield St; Hauptgerichte 15–29 €; ⌚ Mo–Sa 8–11, 12.30–14.30 & 17.30–21.30, So 12.30–15.30 & 17.30–21.30 Uhr; 📶) Das Befani's bringt einen mediterranen Touch nach Clonmel. Mittags werden köstliche Tapas angeboten, abends gibt's kurz geschmorte irische Rinderhochrippe, gegrillte Garnelen und Muscheln sowie gebratenen Seeteufelschwanz mit Ratatouille-Dressing.

Ausgehen & Unterhaltung

Phil Carroll PUB
(☎ 052-612 5215; www.facebook.com/PhilCarrollsBar; Parnell St; ⌚ 17–1 Uhr) Clonmels urigste Kneipe liegt in der Nähe der Nelson Street hinter einer lackschwarz-goldenen Fassade. Der Innenraum strotzt nur so vor Charme und Charakter.

South Tipperary Arts Centre KUNSTZENTRUM
(☎ 052-612 7877; www.southtippartscentre.ie; Nelson St; ⌚ Di –Fr 10–17 Uhr, Sa bis 14 Uhr) Bietet ein vielseitiges Programm mit Kunstausstellungen, Theater und Musik.

Praktische Informationen

Touristeninformation (☎ 052-612 2960; Main Guard, Sarsfield St; ⌚ Mo–Fr 9.30–13 & 14–16.30 Uhr) Neben dem Main Guard. Sehr hilfsbereites Personal.

An- & Weiterreise

BUS

Busse halten am Bahnhof. Bus Éireann (www.buseireann.ie) steuert u. a. folgende Ziele an: Cahir (6,70 €, 15 Min., alle 2 Std.), Cork (24 €, 2 Std., 3-mal tägl.; Umsteigen in Cahir) and Waterford (10,50 €, 1 Std., 6-mal tägl.).

ZUG

Der **Bahnhof** (☎ 052-612 1982) liegt in der Prior Park Road hinter dem Oakville Shopping Centre. Von Montag bis Samstag hält der Zug von Waterford zur Limerick Junction in Clonmel (12,75 €, 50 Min., 2-mal tägl.).

Fethard

1545 EW.

Fethard ist ein idyllisches Dorf mit beeindruckenden mittelalterlichen Ruinen rund um den kompakten Ortskern. Es befindet sich 14 km nördlich von Clonmel am Fluss Clashawley. Eine der am vollständigsten erhaltenen mittelalterlichen **Stadtmauern** in Irland ist der Hauptanziehungspunkt des Ortes.

Es fahren keine öffentlichen Verkehrsmittel nach Fethard. Von Cashel, 15 km westlich, kann man eine Radtour hierher unternehmen.

Sehenswertes

Ein Großteil von Fethards **mittelalterlichen Ruinen** liegt südlich der Kirche am Ende der Watergate Street. Teilweise wurden die Überreste in neuere Gebäude integriert. Neben dem Castle Inn sind die Überbleibsel mehrerer **Turmhäuser** aus dem 17. Jh. zu sehen.

Holy Trinity Church KIRCHE

(Main St) In Fethards Holy Trinity Church und auf dem Friedhof scheint die Zeit stillzustehen. Der Hauptteil des Gebäudes stammt aus dem 13. Jh. Leider wurde das Gemäuer durch einen wetterfesten Verputz ziemlich verschandelt. Am Südende der Kirche befinden sich eine verfallene Kapelle und eine Sakristei, Reihen alter Grabsteine erstrecken sich bis zu dem rekonstruierten Teil der mittelalterlichen Stadtmauer samt Wachtturm und Brüstung. Von hier genießt man einen herrlichen Blick auf den ruhigen Clashawley und seine Ufer, an denen Pferde grasen.

Seitenschiff und Altarraum sind von mittelalterlicher Baukunst geprägt, jedoch nur spärlich ausgestattet. Das Kirchendach ist das älteste wissenschaftlich datierte Holzdach Irlands. Wenn die Kirche geschlossen ist, kann man sich die Schlüssel im benachbarten Museum Horse Country Experience besorgen.

Horse Country Experience MUSEUM

(☎ 052-613 0439; www.facebook.com/FethardHorseCountryExperience; Tholsel, Main St; 6 €; ⏱ Di–So 10–16 Uhr) Dieses brandneue Museum befindet sich im Fethards Tholsel (Rathaus) aus dem 17. Jh. und verfolgt die Rolle des Pferdes in der irischen Geschichte und Kultur, von Militärrossen und Ackergäulen bis zu Pferderennen und Pferdegestüten. Die Ausstellung umfasst auch die Geschichte von Fethard und der umgebenden Region.

Sheila-na-gig HISTORISCHE STÄTTE

Auf dem Weg von der Main Street runter zur Watergate Bridge prangt an der alten Stadtmauer zur Linken eine schöne Sheila-na-gig (weibliche Figur in übertrieben dargestellter sexueller Pose). Besucher können wunderbar am Ufer entlangspazieren – jedenfalls vorausgesetzt, die Gänse sind friedlich.

Augustinian Friary KIRCHE

(Abbey St) Am östlichen Rand des Ortes erhebt sich ein Augustinerkloster aus dem 14. Jh., heute eine katholische Kirche, mit Buntglasfenstern aus dem Mittelalter und einer sehr direkten Sheila-na-gig in der Ostwand.

Essen & Ausgehen

McCarthy's PUBFOOD €

(☎ 052-613 1149; www.mccarthyshotel.net; Main St; Hauptgerichte 9–11 €; ⏱ Essen tägl. 12–15, Mi–So 18–21 Uhr) McCarthy's ist ein klassisches multifunktionales irisches Countrypub und ist Kneipe, Restaurant und Bestatter in einem („We'll wine you, dine you and bury you" – „Wir bringen euch Wein, Braten und unter die Erde"). In und rund um die engen Holznischen sowie über den Tischen findet sich ein erstaunliches Sammelsurium an Nippes, der bis ins Jahr 1840 datiert, das alles unter einer holzgetäfelten Decke. Die Karte bietet herzhaftes Pubfood wie Lasagne und Burger sowie Hühnchencurry und Fish'n'Chips.

Nenagh & Umgebung

Im 19. Jh. war das hübsche Nenagh eine Garnisonsstadt im Norden Tipperarys hinter den Silvermine Mountains. Zuvor stand hier eine trutzige **Burg** (☎ 067-33850; www.heritageireland.ie; O'Rahilly St; ⏲ April–Okt. Di–Sa 10–13 & 14–16.30 Uhr) GRATIS. Letztere erinnert heute an die Turmfigur eines Schachspiels, umgeben von krächzenden Krähen.

Nenagh ist das Tor zur Ostküste des **Lough Derg**, der zum Baden, Angeln und Bootsfahren einlädt. Wer segeln möchte, wendet sich an **Shannon Sailing** (☎ 067-24499; www.shannonsailing.com; Drominer; 75 €/Tag; ⏲ 9–17 Uhr). Eine malerische Route windet sich über die R494 24 km am Seeufer entlang bis nach Killaloe und Ballina (S. 358).

Im Nenagh Heritage Centre gibt's eine Touristeninformation.

Nenagh Heritage Centre MUSEUM
(☎ 067-33850; www.tipperarycoco.ie/heritage/nenagh-heritage-centre; Kickham St; ⏲ Di–Fr 10–16 Uhr) GRATIS Das Haus des Gouverneurs aus dem Jahr 1840 ist ein ungewöhnliches achteckiges Steingebäude, das einst das Zentrum eines Gefängniskomplexes aus dem 19. Jh. darstellte. Heute befindet sich hier das Nenagh Heritage Centre mit einem lokalen Geschichtsmuseum, einer Touristeninformation und einem Ahnenforschungsservice.

★ **Country Choice** CAFÉ, FEINKOST €
(☎ 067-32596; www.countrychoice.ie; 25 Kenyon St; Hauptgerichte 5–10 €; ⏲ Di–Sa 9–17 Uhr, Mai–Sept. auch Mo) Für Liebhaber authentischer irischer Küche ist das Country Choice ein Muss. Man kann das erstklassige Mittagsmenü im Café probieren oder einfach einen Kaffee trinken, aber auf keinen Fall sollte man sich den ausgedehnten Feinkostbereich mit Eingemachtem, Bauernkäse und zahlreichen weiteren Gaumenfreuden entgehen lassen. Obstkörbe stehen vor der Tür, um Gäste reinzulocken.

ℹ An- & Weiterreise

Bus Éireann (www.buseireann.ie) bietet regelmäßige Verbindungen nach Limerick (9,50 € Min., 9-mal tägl.).

Vom Bahnhof in Nenagh fahren täglich vier Züge nach Limerick (12,75 €, 1 Std.). In Ballybrophy besteht Anschluss nach Dublin, Cork und Tralee.

County Clare

117 197 EW. / 3147 KM²

Inhalt ➡

Gut essen

- Gallagher's of Bunratty (S. 358)
- Wooden Spoon (S. 360)
- Barrtrá Seafood Restaurant (S. 369)
- Long Dock (S. 364)
- Monks at the Pier (S. 385)

Schön übernachten

- Gregan's Castle Hotel (S. 385)
- Wild Atlantic Lodge (S. 384)
- Loop Head Lighthouse Keeper's Cottage (S. 364)
- Coast Lodge (S. 367)
- Kincora House (S. 359)

Auf ins County Clare

Das County Clare wartet mit einer spektakulären windgepeitschten Landschaft und lebendiger irischer Kultur auf.

Am Wild Atlantic Way brandet der Ozean das ganze Jahr über an die Küste von Clare und hat so fantastische Felslandschaften und blanke Klippen wie die Cliffs of Moher und die Steilfelsen am einsamen Loop Head geformt. An der Küste locken die Wellen Surfer an, und im Sommer schlagen an vielen Stränden von Clare Surfschulen ihre Zelte auf.

Bis hinunter zur Küste sowie bis auf die Aran Islands, die im Sommer ab Doolin per Fähre zu erreichen sind, erstreckt sich die karge Kalkstein-Mondlandschaft des Burren, den im Frühjahr Wildblumen in ein berauschendes Farbenmeer verwandeln.

Die Landschaft ist rau, die Seele der Grafschaft aber ganz sicher nicht: Irische Kultur und die Musikszene florieren hier. Doch das ist nicht nur eine Show für Touristen, denn in den größeren Orten und selbst in den kleinsten Dörfern kann man das ganze Jahr über in Pubs Sessions mit traditioneller irischer Musik erleben.

Reisezeit

- In den wärmeren Monaten erstrahlt das County. Nun braucht man für lange Wanderungen entlang der Felsküste und zwischen den einsamen Felsen des Burren keine komplette Schlechtwetterausrüstung mehr.
- In den Pubs des County Clare erklingt das ganze Jahr über traditionelle irische Musik – selbst während der Wintermonate gehört *craic* (geselliges Beisammensein) zum Leben und in den Kneipen auf dem Land sorgen dann oft Torffeuer für wohlige Wärme.
- Zu den Musik-Highlights im Eventkalender von Clare zählen das Russell Memorial Weekend im Februar in Doolin, das Fleadh Nua im Mai in Ennis und eines der besten traditionellen Musikfestivals Irlands, die Willie Clancy Summer School im Juli in Miltown Malbay.

Highlights

1 Miltown Malbay (S. 367) Zusammen mit Einheimischen in den Pubs traditioneller Musik lauschen.

2 Spanish Point (S. 367) Den Sonnenuntergang an diesem weiten Strand erleben.

3 Loop Head (S. 363) Über schmale Straßen eine Landspitze mit Leuchtturm ansteuern.

4 Carron (S. 382) Einsame Dolmen und verlassene Klöster im Burren aufspüren.

5 Vandeleur Walled Garden (S. 362) Durch diesen prächtigen Garten vor den Toren von Kilrush spazieren.

6 Ennistimon Cascades (S. 370) In dem netten bunten Städtchen die Gischt tosender Kaskaden spüren.

7 Hazel Mountain Chocolate (S. 386) Bei einer Führung durch diese Fabrik bei New Quay süße Köstlichkeiten probieren.

8 Cliffs of Moher (S. 372) Spätnachmittags in Doolin mit einem Boot zu den Cliffs of Moher aufbrechen und diese im Licht der untergehenden Sonne betrachten.

ENNIS & UMGEBUNG

Ennis

25 276 EW.

Ennis (Inis) ist ein quirliges Handelszentrum am Ufer des schnell dahinspringenden Fergus, der zunächst ost- und dann südwärts fließt, wo er in den Shannon mündet.

Das enge Gassengewirr erinnert an die Anfänge der Ortschaft im Mittelalter. Die Ennis Friary, die bedeutendste historische Stätte, wurde im 13. Jh. von den O'Briens gegründet, den Königen von Thomond, die hier im 13. Jh. auch eine Burg errichteten. Bei einem Großbrand gingen 1249 die meisten Holzhäuser der Stadt in Flammen auf und 1306 wurde sie von einem der O'Briens erneut zerstört.

Heute gibt's hier nur wenige Sehenswürdigkeiten, doch das Zentrum mit seinen schmalen, fußgängerfreundlichen Straßen eignet sich gut für einen Bummel. Die 23 km nördlich des Flughafens Shannon (S. 355) gelegene Stadt ist eine ideale Ausgangsstation für Erkundungen der Grafschaft: Von hier ist jeder Teil von Clare in weniger als zwei Stunden zu erreichen.

Sehenswertes & Aktivitäten

★ Ennis Friary KIRCHE

(www. heritageireland.ie; Abbey St; Erw./Kind 5/3 €; Ostern–Sept. 10–18 Uhr, Okt. 10–17 Uhr) Die Ennis Friary befindet sich gleich nördlich des Square. Errichtet zwischen 1240 und 1249 von Donnchadh Cairbreach O'Brien, König von Thomond, besteht sie aus mehreren Gebäuden aus der Zeit zwischen dem 13. und 19. Jh. Das elegante fünfteilige Fenster stammt aus dem späten 13. Jh. Auf den Alabasterplatten am Grabmal von McMahon (1460) sind Szenen aus der Passion Christi dargestellt. Dazu kommt ein besonders schönes *Ecce Homo*-Bildnis, auf dem ein entkleideter und gefesselter Christus zu sehen ist.

Zu den Objekten aus der Passion Christi gehören der Hahn, der sich aus dem Kochtopf erhebt, drei Würfel, Nägel und diverse Werkzeuge. Das Bildnis ist möglicherweise in früheren Jahrhunderten entstanden. Auf der anderen Seite des Kirchenschiffs ist ein Andachtsrelief für Franz von Assisi (mit Stigmata), den Gründer des Franziskanerordens, der sich zu Beginn des 13. Jhs. in Ennis niederließ. Weitere faszinierende Reliefs von Christus und der Kreuzigung werden in Glaskästen im Kirchenschiff gezeigt.

Clare Museum MUSEUM

(www.clarelibrary.ie; Arthur's Row; Juni–Sept. Mo–Sa 9.30–13 & 14–17.30 Uhr, Okt.–Mai Di–Sa 9.30–13 & 14–17.30 Uhr) GRATIS In diesem kleinen, wunderbar kurzweiligen Museum zeichnet die Ausstellung „Riches of Clare" (Die Reichtümer von Clare) die 8000 Jahre alte Geschichte der Grafschaft anhand von Exponaten nach, die in fünf Themenbereiche gegliedert sind: Erde (Geologie, die Jahreszeiten und Landwirtschaft), Macht (z. B. Hügelfestungen und Turmhäuser), Glaube (die Bedeutung des Christentums), Wasser (der River Shannon und der Atlantik) und Energie (besonders Musik und Sport in Clare).

Daniel O'Connell Monument DENKMAL

(The Square) Auf dem Square im Stadtzentrum thront auf einer hohen Säule eine Statue von Daniel O'Connell.

Als O'Connell 1828 mit einer überwältigenden Mehrheit ins britische Parlament gewählt wurde, musste Großbritannien die Zugangssperre für katholische Abgeordnete aufheben. Ein Jahr später war der Weg frei für das Gesetz zur Gleichberechtigung der Katholiken.

Ennis Cathedral KATHEDRALE

(www.ennisparish.com/parish-churches/cathedral; O'Connell St; Mo–Fr 7.30–20, Sa & So 9–19 Uhr) Der 1843 geweihten eindrucksvollen Kirche wurden 1894 zwei Türme spendiert und 1990 erhielt sie den Status als Kathedrale. Ein Glanzpunkt ist die Orgel von 1930.

Tierney's Cycles RADFAHREN

(065-682 9433; www.clarebikehire.com; 17 Abbey St; Fahrradverleih ab 20/80 € pro Tag/Woche; Mo–Sa 9–18 Uhr) Tierney's verleiht Trekking- und Rennräder inklusive Fahrradschloss und Reparaturset; Leihhelme kosten 10 €.

Geführte Touren

Ennis Walking Tours STADTSPAZIERGANG

(087 648 3714; www.enniswalkingtours.com; Erw./Kind 10 €/frei; Mai–Okt. Mo, Di & Do–Sa 11 Uhr) Hungersnöte, Mord, Krawall und Aufstände: Auf diesen ausgezeichneten 75-minütigen Rundgängen ab der Touristeninformation (S. 355) wird die Geschichte von Ennis wunderbar lebendig.

Feste & Events

Fleadh Nua KULTUR

(www.fleadhnua.com; Mai) Acht Tage dauerndes quirliges traditionelles Musikfestival mit Gesang, Tanz und Workshops.

Ennis

Ennis

Highlights

1 Ennis Friary B1

Sehenswertes

2 Clare Museum B2
3 Daniel O'Connell Monument B2
4 Ennis Cathedral B3

Aktivitäten, Kurse & Touren

5 Ennis Walking Tours B2
Tierney's Cycles .... (siehe 16)

Schlafen

6 Old Ground Hotel B3
7 Rowan Tree Hostel B1
8 Temple Gate Hotel B2

Essen

9 Ennis Gourmet Store B3
10 Food Heaven A2
Rowan Tree Café Bar .... (siehe 7)
11 Souper B2
12 Town Hall Café B3

Ausgehen & Nachtleben

Brogan's .... (siehe 15)
13 Nora Culligans B1
Poet's Corner Bar .... (siehe 6)

Unterhaltung

14 Glór D2

Shoppen

15 Custy's Music Shop B2
16 Ennis Bookshop B2
17 Scéal Eile Books B2

Ennis Trad Festival MUSIK
(www.ennistradfest.com; ⌚Mitte Nov.) An verschiedenen Veranstaltungsorten in der Stadt wird im November fünf Tage lang traditionelle Musik gespielt.

Schlafen

★ **Rowan Tree Hostel** HOSTEL €
(☎065-686 8687; www.rowantreehostel.ie; Harmony Row; B 20–24 €, DZ 59 €; 📶) Dieses stimmungsvolle Hostel in einem Gentlemen's Club von 1740 direkt am Fluss Fergus verfügt über Zimmer, teils mit Balkonen und Blick aufs Wasser ausgestattet. Es gibt 150 Betten, die sich auf helle, luftige Ein- bis 14-Bett-Zimmer verteilen; die Privatzimmer haben eigene Bäder. Zu den Einrichtungen zählen eine Gästeküche, Waschmaschinen und eine tolle Café-Bar im ehemaligen Ballsaal.

Ardilaun Guesthouse B&B €
(☎065-682 2311; www.ardilaun.com; R458; EZ/DZ 45/69 €; P 📶) Von der hinteren Veranda dieses B&B 2,7 km nördlich des Zentrums kann man im Fergus angeln – oder man schaut sich einfach nur den Sonnenuntergang an. Das Haus punktet mit einem Fitnessraum und einer Sauna und die freundlichen Eigentümer können auch Transfers in die Stadt arrangieren.

★ **Old Ground Hotel** HOTEL €€
(☎065-682 8127; www.flynnhotels.com; O'Connell St; EZ/DZ/FZ/Suite ab 110/150/200/210 €; 📶) Das weitläufige Gebäude, das man durch eine Lobby mit polierten Holzböden, Stuck, Antiquitäten und Kaminen betritt, stammt aus dem 19. Jh. Die 83 Zimmer variieren in Größe und Ausstattung, die von altmodisch bis hypermodern reicht. Kinder bis 16 Jahre, die im Zimmer ihrer Eltern übernachten, zahlen nur 25 € pro Nacht. Die Poet's Corner Bar (S. 354) im Erdgeschoss zählt zu den besten Pubs in Ennis.

Temple Gate Hotel HOTEL €€
(☎065-682 3300; www.templegatehotel.com; The Square; EZ/DZ/FZ ab 119/139/199 €; P 📶) Die von einer hohen Decke gekrönte Lobby dieses 70-Zimmer-Hotels im Zentrum gehörte einst zum aus dem 19. Jh. stammenden Kloster der Sisters of Mercy (Barmherzige Schwestern). Von den Zimmern oben, zu erreichen per Aufzug, eröffnen sich Ausblicke über die Dächer von Ennis – die Zimmer im Erdgeschoss mit Blick auf den Parkplatz sollte man besser meiden. Das Haus beherbergt außerdem ein Restaurant und eine tolle Bar, den Preachers Pub, wo man auch essen kann.

Essen

In den meisten Pubs in Ennis kann man auch – unterschiedlich gut – speisen. Dazu kommen einige gute Feinkostläden und Cafés.

Der **Bauernmarkt** (www.ennisfarmersmarket.com; Roslevan Shopping Centre, Tulla Rd; ⌚Fr 8–14 Uhr) 🌿 von Ennis, 2,8 km nordöstlich der Stadt gleich bei der R352, lockt einige der besten Lebensmittelproduzenten der Grafschaft an. Alle Produkte hier müssen vollständig aus Clare stammen.

Food Heaven CAFÉ €
(www.food-heaven.ie; 21 Lower Market St; Gerichte 5–11 €; ⌚Mo–Sa 8.30–18 Uhr; 📶) Dieses kleine Café wird seinem ehrgeizigen Namen mit kreativen und frischen Speisen gerecht. Die Frühstücks-Highlights sind Omeletts, etwa mit Ziegenkäse und Kirschtomaten oder Pilzen und Thymian. Mittags muss man etwas Geduld mitbringen, um Sandwiches, *sausage rolls* mit hausgemachtem Tomaten-Relish und Kartoffelküchlein mit süßer Chili-Mayo zu ergattern.

Ennis Gourmet Store FEINKOST €
(www.ennisgourmet.com; 1 Old Barrack St; Gerichte 6–14,50 €; ⌚Mo–Mi 10–20, Do–Sa bis 22, So 12–18 Uhr) In den Regalen dieses Feinkostgeschäfts mit ein paar Tischen drinnen und draußen tummeln sich Feinschmecker-Lebensmittel, vom Burren-Räucherlachs über Whiskey-Marmelade bis zu guten französischen Weinen. Das Angebot an einfachen, aber köstlichen Speisen wechselt täglich. Vielleicht gibt's gerade Blumenkohlsuppe, Rote-Bete-Salat oder warme Makrele auf einer Brioche.

Souper CAFÉ €
(www.soupercafe.ie; 10 Merchant Sq; Suppen 4,50 €, Sandwiches 4,50–7,50 €; ⌚Mo–Sa 9–17 Uhr) Das gemütliche Café hat jeden Tag sechs Suppen, u. a. Gulasch-, Grillgemüse- oder Huhn-Estragon-Suppe, auf Lager, immer mit Vollkornbrot und Butter serviert. Für alle mit etwas größerem Hunger gibt's außerdem Panini, Wraps und Sandwiches.

Rowan Tree Cafe Bar MEDITERRAN €€
(☎065-686 8669; www.rowantreecafebar.ie; Harmony Row; Hauptgerichte mittags 6,50–13 €, abends 14–24 €, Pizza 10,50–15 €; ⌚10.30–23 Uhr; 📶) Der prächtige Speisesaal, ein einstiger Ballsaal, dieser Café-Bar im Rowan Tree

Hostel (S. 353) verfügt über hohe Decken, Lichterketten und den Original-Holzboden aus dem 18. Jh. Von den Tischen draußen blickt man auf den Fluss. Zu den mediterran angehauchten Gerichten zählen etwa Penne mit Garnelen und Chorizo. Außerdem ist mittags und abends auch Pizza erhältlich.

Town Hall Cafe IRISCH €€
(☎ 065-682 8127; www.flynnhotels.com; O'Connell St; Hauptgerichte mittags 9–16 €, abends 19–26 €; ⏲ Mo–Sa 10–21.45, So bis 21.30 Uhr; 📶) Gleich neben dem Old Ground Hotel (S. 353) lädt das zugehörige Bistro im alten Rathausgebäude zum Verweilen ein. Auf der Karte stehen regionale Zutaten im Mittelpunkt: Lamm aus Clare, Krebse aus der Fergus Bay, Fleisch von freilaufenden Schweinen aus Sixmilebridge und Seeteufel aus dem Shannon Estuary. Den ganzen Tag über sind Scones, Marmelade und Kaffee erhältlich. Besonders beliebt ist der Sonntagsbraten (12–16 Uhr).

Ausgehen & Nachtleben

In der Hauptstadt dieser musikalischen Grafschaft gibt's jede Menge Pubs, die das ganze Jahr über zwei- oder dreimal pro Woche und im Sommer oft allabendlich traditionelle Musik bieten. Infos über Konzerte bekommt man in Custy's Music Shop.

★ **Nora Culligans** PUB
(Abbey St; ⏲ Mo–Do 12–24, Fr & Sa bis 2, So bis 1 Uhr; 📶) Das wunderbar restaurierte große Pub Nora Culligans wartet noch mit Original-Einrichtungsteilen auf, wie den reich verzierten zweistöckigen Whiskey-Schränken in der vorderen Bar und der Holzverkleidung in der hinteren Bar. Die Kneipe bietet ein sehr stimmungsvolles Ambiente für Livemusik diverser Richtungen, von Jazz und Blues über Liedermacher und Reggae bis zu traditionellen irischen Klängen.

Brogan's PUB
(www.brogansbarandrestaurant.com; 24 O'Connell St; ⏲ 12–24 Uhr) Im großen Pub mit mehreren Räumen an der Ecke zur Cooke's Lane bringen Musiker an den meisten Abenden traditionelle Instrumente wie Tin Whistle (Blechflöte), Geige, Akkordeon und mehr zu Gehör.

Zu essen gibt's z. B. in Cider gedämpfte Muscheln, Steaks und in Rinderfett frittierte Fish'n'Chips (Hauptgerichte 13–20 €; Küche bis 21 Uhr).

Poet's Corner Bar PUB
(www.flynnhotels.com; Old Ground Hotel, O'Connell St; ⏲ Mo–Do 11–23.30, Fr & Sa 11–0.30, So 12–23 Uhr; 📶) Mit seinen Sessions mit irischer Musik (Juni–Aug. jeden Abend, sonst Mo–Do) ist diese holzverkleidete Bar im Old Ground Hotel (S. 353) sowohl bei Einheimischen als auch bei Touristen beliebt.

An Pubfood im Retrostil (Hauptgerichte 10–26,50 €; Küche bis 21 Uhr) werden etwa Eiersalat-Sandwiches, Huhn-Schinken-Pasteten und Bratwurst mit Frühlingszwiebelpüree aufgetischt.

Unterhaltung

Cois na hAbhna TRADITIONELLE MUSIK
(☎ 065-682 4276; www.coisnahabhna.ie; R458) In diesem wichtigen regionalen Archiv der Comhaltas Ceoltóirí Éireann (CCÉ; Society of the Musicians of Ireland) 1,5 km nördlich der Stadt werden Musik, Tanz und Gesang aus Irland sowie die irische Sprache gefördert. Die Termine für die Summer Seisiún (Juli und Aug. Mi und Fr) mit verschiedenem formellem und informellem Entertainment und für die verschiedenen Kurse (ganzjährig Mo–Sa) sind dem Terminplan zu entnehmen. Außerdem werden Bücher, DVDs und CDs verkauft.

Glór DARSTELLENDE KÜNSTE
(☎ 065-684 3103; www.glor.ie; Causeway Link; ⏲ Kasse Mo–Sa 10–17 Uhr) In einem auffällig modernen Gebäude bietet das Kulturzentrum von Clare Theater, Tanz, traditionelle Musik, Film, Fotografie, Kunst und mehr.

Shoppen

★ **Scéal Eile Books** BÜCHER
(www.scealeilebooks.ie; 16 Lower Market St; ⏲ Mo–Sa 10–18 Uhr) Es macht Spaß, in diesem smaragdgrün gestrichenen Buchladen in neuen und Second-Hand-Büchern zu stöbern. Geboten wird Literatur aus allen Genres, von Poesie über Science Fiction bis zu Reiseführern. Ein Ofen, der zwischen zwei Ohrensesseln eingekuschelt ist, sorgt für eine gemütliche Atmosphäre. Regelmäßig finden Lesungen und kulturelle Events statt, und es werden auch gebrauchte Bücher angekauft.

Custy's Music Shop MUSIKINSTRUMENTE
(☎ 065-682 1727; www.custysmusic.com; Cooke's Lane; ⏲ Mo–Sa 9–18 Uhr) Hier bekommt man einfach alles rund um irische Musik, ob man nun auf der Suche nach CDs, Instrumenten, Zubehör oder Infos zur lokalen Szene ist.

NICHT VERSÄUMEN

TRADITIONELLE MUSIK IM COUNTY CLARE

Wer traditionelle Musik hören möchte, ist in diesem County richtig. In Clare meiden die Musiker alle modernen Einflüsse (wie Rock oder gar Polka), die andernorts zu hören sind, und halten sich entschieden an die Tradition, meist mit wenig Gesang.

In fast jedem Dorf gibt's mindestens einmal die Woche Trad Sessions, u. a. in:

Ennis Besonders im Sommer kann man in der größten Stadt in Clare an den meisten Abenden von einem Musikpub (siehe links) zum nächsten ziehen.

Doolin Drei berühmte Kneipen bieten allabendlich Livemusik an, allerdings platzen die Läden oft aus allen Nähten, sodass dabei die ganze Atmosphäre verpufft. Eine stimmungsvolle Alternative sind die Abende mit irischer Musik im Haus des Musikers Christy Barry, dem **Doolin Music House** (S. 378).

Ennistimon Im zauberhaften Ennistimon (S. 371) locken mehrere alte Kneipen herausragende Musiker aus der Gegend an.

Kilfenora Das große musikalische Erbe dieses kleinen Dorfes im Burren lernt man im tollen örtlichen Pub **Vaughan's** (S. 380) kennen. In der Scheune nebenan wird irischer Tanz geboten.

Miltown Malbay Hier findet jedes Jahr die wunderbare **Willie Clancy Summer School** (S. 368) statt, eines der besten Musikfestivals in Irland. Talentierte Einheimische treten das ganze Jahr über in diversen Pubs auf.

Ennis Bookshop BÜCHER
(www.ennisbookshop.ie; 13 Abbey St; Mo–Sa 10–18 Uhr) Der unabhängige Buchladen wartet mit einer guten Kinderabteilung auf und verkauft außerdem Belletristik und Sachbücher sowie jede Menge Schreibwaren.

Praktische Informationen

Die **Touristeninformation** (065-682 8366; www. visitennis.com; Arthur's Row; Mo–Fr 9–17.30, Sa bis 17 Uhr) von Ennis befindet sich im selben Gebäude wie das **Clare Museum** (S. 351).

An- & Weiterreise

Die Umgehungsstraße M18 östlich der Stadt leitet den Verkehr zwischen Limerick und Galway um Ennis herum.

BUS

Die Busse von Bus Éireann (www.buseireann.ie) fahren vom **Busbahnhof** (Station Rd) neben dem Bahnhof. Nach Dublin in Galway oder Limerick umsteigen.

Busse u. a. nach:

Cork 19 €, 3 Std., stündl.

Doolin 14,30 €, 50 Min., 4-mal tägl., über Corofin, Ennistimon, Lahinch, Liscannor und Cliffs of Moher

Galway 12,50 €, 1½ Std., stündl., über Gort

Limerick 10 €, 1 Std., stündl., über Bunratty

Shannon Airport 8,60 €, 30 Min., stündl.

ZUG

Die Züge der Irish Rail (www.irishrail.ie) fahren vom **Bahnhof** (Station Rd) nach Limerick (15 €, 40 Min., 7-mal tägl.), wo u. a. Anschlussverbindungen nach Dublin bestehen.

Auf der Strecke nach Galway (7,50 €, 1¾ Std., 7-mal tägl.) kann man sich auf die Szenerie des Burren einstimmen.

Unterwegs vor Ort

Es gibt große Parkplätze hinter der **Touristeninformation** (siehe links) im Friar's Walk und am Flussufer nahe der Abbey Street.

Taxistände findet man am Bahnhof und am Square oder man ruft **Burren Taxis** (065-682 3456) an.

Tierney's Cycles (S. 351) verleiht gepflegte Touren- und Rennräder.

Rund um Ennis

Dysert O'Dea

Das Kernstück der faszinierenden historischen Stätte Dysert O'Dea (065-683 7401; www.dysertcastle.com; Erw./Kind 4/2,50 €; Mai–Sept. 10–18 Uhr), wo der hl. Tola im 8. Jh. ein Kloster gründete, ist das vierstöckige **O'Dea Castle** aus dem 15. Jh. Heute beherbergt es das **Clare Archaeology Centre** mit einem Museum für regionale Artefakte; außerdem werden Burgführungen angeboten und es gibt eine Teestube und eine Buchhandlung. Rund um die Burg führt ein 3 km langer Geschichtspfad zu mehr als 20 Denkmälern von Ringfestungen und Hochkreuzen bis hin zu einer alten Kochstelle. Dysert O'Dea liegt 1,8 km abseits der R476; es fahren keine öffentlichen Verkehrsmittel hierher.

Die **Kirche** und das Hochkreuz, das **White Cross of St. Tola**, stammen aus dem 12. Jh. Auf der einen Seite des Kreuzes sieht man eine Darstellung von Daniel in der Löwengrube, die andere Seite zeigt den gekreuzigten Jesus Christus über dem Relief eines Bischofs. Interessant sind auch der südliche Torbogen der romanischen Kirche mit verschiedenen Tiermotiven und menschlichen Gesichtern und die 5 m hohen Überreste eines **Rundturms**.

Ganz in der Nähe lieferten sich 1318 die O'Briens, damals Könige von Thomond, und Norman de Clares of Bunratty eine heftige Schlacht. Durch den Sieg der O'Briens verzögerte sich die anglonormannische Eroberung von Clare um zwei Jahrhunderte.

Östlich von Dysert O'Dea kann man an einem schönen Fluss entlang durch den **Dromore Wood** (www.heritageireland.ie; Ruan; ⏲ Woods Juni–Aug. 8–19.30 Uhr, Sept.–Mai bis 18 Uhr, Besucherzentrum Mai–Aug. Mi–So 10–17 Uhr) GRATIS wandern. In dem 400 ha großen Naturschutzgebiet befinden sich an einem See die Ruinen des **O'Brien Castle** aus dem 17. Jh. sowie zwei Ringfestungen. Der Dromore Wood liegt 9,3 km östlich von Corofin; um hierherzukommen, benötigt man ein eigenes Fahrzeug.

Quin & Umgebung

951 EW.

Im winzigen Dorf Quin (Chuinche) stießen Arbeiter 1854 auf einen großen Goldschatz – die wichtigste Entdeckung prähistorischen Goldes in Irland. Von mehreren hundert Fundstücken gelangten nur wenige ins Dubliner Nationalmuseum; der Großteil der Beute wurde verscherbelt und eingeschmolzen.

Sehenswertes & Aktivitäten

Quin Friary RUINE

(Quin Abbey; ⏲ Mai–Okt. Di–Fr 10–16.30, Sa & So 9–16 Uhr) GRATIS Das eindrucksvoll intakte Franziskanerkloster wurde 1433 auf den Grundmauern einer 1280 erbauten Burg errichtet. Trotz häufiger Verfolgung lebten hier bis ins 19. Jh. Mönche. Auch der berühmt-berüchtigte Fireballs MacNamara, ein notorischer Duellant und Mitglied der hiesigen Herrscherfamilie, fand in der Gegend seine letzte Ruhestätte. Über dem Hauptgebäude und dem schönen Kreuzgang des Klosters ragt ein Glockenturm auf. Neben dem Bauwerk thront die gotische **Church of St. Finghin** aus dem 13. Jh.

Craggaunowen MUSEUM

(www.shannonheritage.com; abseits der R469; Erw./Kind 10/6 €; ⏲ Ostern–Mitte Sept. 10–16.30 Uhr) In einem Wald 8,5 km südöstlich von Quin liegt das friedliche Craggaunowen mit Nachbildungen alter keltische Bauernhöfe und Siedlungen, darunter eine *crannóg* (künstliche Insel) und eine Ringfestung aus dem 5. Jh., außerdem kann man Gerätschaften der Bronzezeit und eine 2000 Jahre alte Eichenallee bestaunen. Das **Craggaunowen Castle** ist eine kleine, gut erhaltene Burg der MacNamaras. Außerdem gibt's einen unterirdischen Geheimgang und Tiere, darunter Wildschweine und seltene Soay-Schafe.

Für weitere Infos stehen Guides zur Verfügung. In einer extra dafür gebauten Ausstellungshalle steht das **Brendan Boat**, ein Schiff mit einer Lederhülle, gebaut von Tim Severin, der damit 1976 und 1977 – wie vielleicht St. Brendan im 6. Jh. – über den Atlantik nach Amerika segelte.

Knappogue Castle HISTORISCHE STÄTTE

(☎ 061-711 200; www.shannonheritage.com; R469; Bankett Erw./Kind 52,50/34,50 €; ⏲ April–Okt. 18.30–20.30 Uhr mit Reservierung) Die einzige Möglichkeit, einen Blick in diese stattliche Burg 3,5 km südöstlich von Quin zu werfen, ist, an einem touristischen, aber durchaus vergnüglichen mittelalterlichen Bankett teilzunehmen. Nach einem Becher Met und etwas Harfenmusik wird eine viergängige Mahlzeit aufgetischt, begleitet von Live-Unterhaltung. Nach wie vor sind die Mauern von Knappogue intakt und innen ist eine schöne Ausstellung antiker Möbel und Kamine zu sehen. Die formellen Gärten wurden umfassend restauriert.

Die Burg wurde 1467 von den McNamaras erbaut, die vom 5. bis Mitte des 15. Jhs. über einen großen Teil von Clare herrschten und in der Region insgesamt 42 Burgen errichteten. 1657 wurde die Burg von Cromwell konfisziert und an einen Parlamentarier namens Arthur Smith gegeben – einer der Gründe, warum sie der Zerstörung entging. 1660 erhielten die MacNamaras sie zurück. Restauriert wurde die Burg schließlich 1966 von einem texanischen Architekten, der sie erworben hatte. Seit 1996 ist sie im Besitz von Shannon Development.

ÖSTLICHES & SÜDÖSTLICHES CLARE

Abseits von Atlantikküste und dem zerklüfteten Burren wird Clare im Osten allmählich flacher. Hier ist das Land von grünen Ebenen geprägt, durch die sich niedrige Hügelketten ziehen.

Die östliche Grenze der Grafschaft bilden der Shannon und der langgezogene Binnensee Lough Derg, der sich 48 km von Portumna in der Grafschaft Galway bis nach Killaloe erstreckt. Wenn man aus dem zerklüfteten mystischen Westen Clares kommt, erscheinen die Dörfer am See wie eine idyllische Welt mit Wasserlandschaften, Ufersiedlungen, Wäldern und Panoramablick.

Der Südosten, wo sich der Shannon zu einem riesigen Mündungsdelta ausweitet, ist vorwiegend landwirtschaftlich geprägt.

Shannon Airport

Der **Shannon Airport** (SNN; ☎061-712 000; www.shannonairport.ie; 📶), der drittgrößte Flughafen Irlands, war früher, als Flugzeuge noch Kolbenmotoren und damit weniger Reichweite hatten, ein viel genutztes Etappenziel auf der Strecke zwischen Nordamerika und dem europäischen Festland. Heute steigt die Zahl der Reisenden dank einer sanierten Rollbahn wieder an. Am Flughafen gibt's Geldautomaten, Geldwechselschalter, Autovermietungen, Taxistände und im Ankunftsbereich eine **Touristeninformation** (☎061-712 000; www.shannonregiontourism.ie; Shannon Airport; ⏰7–23 Uhr). Shannon wird aus Großbritannien, vom europäischen Kontinent und von den USA aus angeflogen.

Ab dem Flughafen Shannon unterhält Bus Éireann (www.buseireann.ie) folgende Direktverbindungen:

Cork 19 €, 2½ Std., stündl.

Ennis 8,60 €, 30 Min., stündl.

Galway 10 €, 2 Std., stündl.

Limerick 8,60 €, 50 Min., bis zu 2-mal stündl.

Park Inn Shannon Airport HOTEL €€
(☎061-471122; www.parkinn.ie; Shannon Airport; Zi ab 70 €; P ❄ @ 📶) Hier wacht man in einem von 114 Standardräumen auf. Die Unterkunft ist ebenso gut wie jedes andere Flughafenhotel und hat einen Parkplatz nur 150 m von Terminal entfernt. Eine gute Option, wenn man früh am nächsten Morgen abfliegt und sein Mietauto loswerden will.

Bunratty

349 EW.

Bunratty (Bun Raite) beherbergt eine grandiose Burg und daneben einen Themenpark, in dem ein altertümliches irisches Dorf nachgebaut wurde – eine Kombination, die eine schier endlose Zahl an Besuchern anzieht. Das liegt auch an der Nähe zum Flughafen Shannon (S. 355) 13 km westlich von Bunratty.

Sehenswertes

Bunratty Castle & Folk Park BURG
(☎061-360 788; www.shannonheritage.com/BunrattyCastleAndFolkPark; Burg & Folk Park Erw./Kind 16,50/14 €; ⏰Burg 9–16 Uhr, Folk Park 9–17.50 Uhr) Das quaderförmige, wuchtige und bedrohliche Bunratty Castle aus dem 15. Jh. ist das jüngste von mehreren Steingebäuden am Fluss Ratty. Im 10. Jh. gründeten Wikinger an eben dieser Stelle eine Siedlung, und in den 1270er-Jahren besetzte der Normanne Thomas de Clare die Region. Zugang zur Burg gibt's durch ein Freiluftmuseum, ein rekonstruiertes traditionelles irisches Dorf mit strohgedeckten Häusern, einer Schmiede, Webern, Postamt, Pub und einem kleinen Café. Übrigens: Die Eintrittskarten sind übers Internet billiger.

Die heutige Burg wurde 1425 von der tatkräftigen Familie MacNamara errichtet, fiel aber kurz darauf an die O'Briens und blieb bis ins 17. Jh. in deren Besitz. Sie wurde 1954 komplett restauriert und ist mit Möbeln, Gemälden sowie Wandbehängen und Geweihen aus dem 14. bis 17. Jh. ausgestattet. Außerdem gibt's einen **Kerker**, einen **Burgsaal** und den prächtigen und kolossalen **Rittersaal**.

Einige Gebäude des Folk Park wurden von ihrem ursprünglichen Standort hierher versetzt, bei den meisten handelt es sich jedoch um Rekonstruktionen. Während der Hauptsaison führen Mitarbeiter die Besucher in historischen Gewändern über das Gelände und berichten schöngefärbt und familienfreundlich vom Alltagsleben gegen Ende des 19. Jhs. Alles Fake, macht aber Spaß.

Sehr beliebt sind die mittelalterlichen Bankette in der Burg und die traditionellen irischen Abende in der Getreidescheune des Folk Park.

Schlafen & Essen

Bunratty bietet in der Umgebung mehrere Hotels und B&Bs – sehr praktisch, wenn man frühmorgens vom Shannon Airport abfliegt.

Cahergal Farmhouse B&B €€
(☎ 061-368 358; www.cahergal.com; Newmarket-on-Fergus; EZ/DZ/FZ 60/90/160 €; P 📶) In diesem B&B auf einem Bauernhof, 14 km nordwestlich von Bunratty und 10 km nördlich des Flughafens Shannon (S. 355), weckt einen morgens sanft das Gackern der Hühner. Mit ihren idyllischen Ausblicken, geblümten Vorhängen und Drucken irischer Landschaften präsentieren sich die Zimmer reizend altmodisch. Dazu kommen ein herzhaftes Frühstück und ein Tennisplatz.

Die Eigentümer können für ihre Gäste Hofführungen arrangieren und den Kindern die Tiere vorstellen.

Briar Lodge B&B €€
(☎ 061-363 388; www.briarlodge.com; Hill Rd; EZ/DZ/FZ ab 40/70/95 €; ⌚ Mitte März–Mitte Okt.; P 📶) In einer sehr ruhigen Sackgasse 2,4 km nordwestlich von Bunratty Castle, liegt dieses Haus im traditionellen Stil mit einem von Nadelbäumen bewachsenen Vorgarten. Es gibt fünf gemütliche Zimmer, einige davon mit Fototapeten, und die Besitzer heißen jeden herzlich willkommen.

Durty Nelly's PUBFOOD €€
(☎ 061-364 861; www.durtynellys.ie; Bunratty House Mews; Hauptgerichte 18–29 €; ⌚ Küche 12–22 Uhr, Bar bis 23.30 Uhr) Das 1620 eröffnete stimmungsvolle senfgelbe Pub versorgte einst die Wachen des benachbarten Bunratty Castle. Das Labyrinth von Räumen bietet alle möglichen Eckchen sowie Holzbalken und Torffeuer – außerdem eine bemerkenswerte Sammlung an Abzeichen, die Feuerwehrleute, Polizisten und Soldaten aus Irland und aller Welt gespendet haben. An sehr gutem Essen gibt's z. B. Entenbrust mit Traubenkirschensoße.

Von der Terrasse oben bieten sich erstklassige Ausblicke auf die Burg und den Fluss.

★ Gallagher's of Bunratty FISCH & MEERESFRÜCHTE €€€
(☎ 061-363 363; http://gallaghersofbunratty.com; Hauptgerichte 19–45 €; ⌚ Mo–Sa 17.30–21.30, So 12.30–15 & 17.30–21.30 Uhr) Dieses reetgedeckte Cottage bietet mit seinen Steinmauern, freiliegenden Balken, seiner Holzvertäfelung und seinem Holzofen sowohl drinnen als auch draußen ein reizendes Bild. Doch der eigentliche Anreiz sind mit die besten Meeresfrüchte in ganz Irland, etwa Doughmore-Krebse mit Gigas-Austern, eine ganze Seezunge mit oder ohne Gräten oder ein *surf-and-turf* mit einem halben Doonbeg-Hummer.

Der benachbarte JP Clarke's Country Pub serviert jeden Tag Mittag- und Abendessen und besticht mit einem umfassenden Sortiment an Gin, Whiskey und Craft-Bier.

☆ Unterhaltung

Irish Evening at Bunratty LIVE-DARBIETUNGEN
(☎ 061-360 788; www.shannonheritage.com/IrishEvening; Erw./Kind 50/27,50 €; ⌚ April–Okt. 19–21.30 Uhr) Ausgelassene irische Abende bringen in einer Getreidescheune im Folk Park neben dem Bunratty Castle (S. 357) den Saal zum Kochen. Serviert werden irische Klassiker, wie Eintöpfe, pochierter Lachs und *apple pie*. Gleichzeitig werden Geschichten erzählt, es gibt Musik und Tanz und der Wein versetzt die Gäste in die richtige Stimmung zum Mitsingen.

Bunratty Castle Medieval Banquet LIVE-DARBIETUNGEN
(☎ 061-360 788; www.shannonheritage.com/BunrattyCastleMedievalBanquet; Erw./Kind 58/38 €; ⌚ 17.30 & 20.45 Uhr) Beim mittelalterlichen Kerzenschein-Bankett im Bunratty Castle (S. 357) mit Harfenspielerinnen und Hofnarren kommen fleischlastige mittelalterliche Speisen auf den Tisch (vegetarische Speisen auf Anfrage), die mit Met (Honigwein) hinuntergespült werden. Reisegruppen lieben diese Bankette, daher sollte man unbedingt frühzeitig reservieren. Online findet man häufig Sparangebote.

ℹ An- & Weiterreise

Bus Éireann (www.buseireann.ie) unterhält stündliche Verbindungen zu Zielen, wie Ennis (8,60 €, 50 Min.) und Limerick (5,30 €, 25 Min.).

Killaloe & Ballina

4116 EW.

Nur getrennt durch einen schmalen Kanal sind Killaloe und Ballina eigentlich ein einziges Reiseziel, obwohl sie nicht wirklich viel gemeinsam haben und sogar zu verschiedenen Grafschaften gehören. Als Bindeglied spannt sich eine 1770 errichtete einspurige Brücke mit 13 Bögen über den Shannon.

Killaloe (Cill Da Lúa) zeigt ein Clare wie aus dem Bilderbuch. Das Dorf liegt am Westufer des unteren Loch Deirgeirt (der südlichen Verlängerung des Lough Derg); an dieser Stelle verjüngt sich der Meeresarm.

Ballina (Béal an Átha) in der Grafschaft Tipperary ist nicht ganz so malerisch wie Killaloe, hat aber die besseren Pubs und Restaurants. Es liegt am Ende einer landschaftlich schönen Route (R494), die von Nenagh aus am Ufer des Lough Derg entlangführt.

Sehenswertes & Aktivitäten

Killaloe Cathedral KIRCHE
(St. Flannan's Cathedral; ☎ 061-376 687; Royal Pde, Killaloe; Turm 2 €; ⌚ Ostern–Sept. 9–18 Uhr, Okt.–Ostern bis 17 Uhr) Das Gebäude geht auf das frühe 13. Jh. zurück und wurde von der Familie O'Brien auf den Fundamenten einer Kirche aus dem 6. Jh. errichtet. Beeindruckende Steinmetzarbeiten aus dem 12. Jh. zieren die Innenseite des Südportals (beim Betreten auf der rechten Seite). Neben dem Eingang steht der **Thorgrim's Stone** von etwa 1000 n. Chr., der Stumpf eines Steinkreuzes. Der außergewöhnliche Stein zeigt alte skandinavische Runen sowie irische Ogham-Inschriften. Außerdem gibt's in der Kirche ein Taufbecken aus dem 13. Jh. zu sehen. Führungen auf den **Turm** (89 Stufen) müssen telefonisch reserviert werden.

Brian Ború Heritage Centre MUSEUM
(www.discoverkillaloe.ie; Lock House, Bridge St, Killaloe; ⌚ Ende April–Mitte Sept. 10–18 Uhr) GRATIS Das Brian Ború Heritage Centre im ehemaligen Cottage des Schleusenwärters auf dem kleinen Inselchen Between the Waters ist nach dem einheimischen Knaben benannt, der es als König mithilfe politischer Drahtzieher und Hintermänner schaffte, Irland zu vereinigen und vom Joch der Wikinger zu befreien. Hier gibt's auch eine gute Ausstellung über das nautische Erbe der Seen und Flüsse in der Region.

Beal Ború HISTORISCHE STÄTTE
(Brian Ború's Fort) Bei diesem Erdhügel 2,4 km nördlich des Zentrums von Killaloe soll es sich um Kincora handeln, den legendären Palast des berühmten irischen Königs Brian Ború. Dieser erteilte 1014 in der Schlacht von Clontarf den Wikingern eine Lektion, wobei er selbst auch im Kampf zu Tode kam. Archäologen fanden vor Ort Spuren einer Siedlung aus der Bronzezeit.

TJ's Angling Centre ANGELN
(☎ 061-376 009; www.tjsangling.com; Main St, Ballina; Angelausrüstung 10 € pro Tag; ⌚ Mo–Sa 8–22.30, So bis 22 Uhr) TJ's verleiht Angelausrüstung (50 € Kaution) und ist eine tolle Infoquelle. Forellen und Hechte beißen direkt in der Stadt an, doch die besten Angelmöglichkeiten bieten sich am See. Geführte Angeltrips inklusive Ausrüstung kosten für einen halben/ganzen Tag 100/160 € für zwei Personen.

ABSTECHER

WILDE IRISH CHOCOLATES

In der Fabrik von **Wilde Irish Chocolates** (☎ 061-922 080; www.wildeirishchocolates.com; Tuamgraney; ⌚ Mo–Fr 9–17 Uhr) können Besucher dabei zuschauen, wie Schokolade hergestellt und verpackt wird, und neue und altbewährte Produkte verkosten – bisher gibt's über 80 Sorten an Schokolade, Aufstrichen und Fudge sowie Trinkschokolade. Die Fabrik befindet sich im Dorf Tuamgraney 16 km nordwestlich von Killaloe. Die Schokolade der Fabrik ist z. B. auf dem **Farmers Market** (S. 360) in Killaloe und in den Läden des Schokoherstellers in **Doolin** (S. 378) und Limerick erhältlich.

Geführte Touren

Spirit of Killaloe BOOTSTOUREN
(☎ 086 814 0559; www.killaloerivercruises.com; Lakeside Dr, Ballina; Erw./Kind 14/7,50 €; ⌚ tägl., je nach Wetter) Auf den einstündigen Touren auf diesem Boot mit Platz für 50 Passagiere geht's hinaus auf die stillen Gewässer des Lough Derg, vorbei an Sehenswürdigkeiten wie dem Beal Ború (S. 359). Reservieren!

Schlafen

In der Gegend gibt's eine große Auswahl an B&Bs, besonders in den Straßen am Lough Derg. Während der Sommermonate unbedingt vorher reservieren. Viele Unterkünfte schließen zwischen November und März.

Kingfisher Lodge B&B €
(☎ 061-376 911; www.kingfisherlodge-ireland.com; Lower Ryninch, Ballina; EZ/DZ/FZ 45/70/105 €; P 📶) Das B&B 2 km nördlich von Ballina am Lough Derg verfügt über drei Zimmer und einen fast 1 ha großen Garten mit Terrassen und einer Anlegestelle. Die Räume sind gemütlich und stimmig dekoriert. Zimmer 3 mit zwei Einzelbetten hat über seine ganze Länge einen Balkon; in Zimmer 2 haben vier Personen Platz. Ein Frühstücks-Highlight sind die *kippers* (Bücklinge).

★ **Kincora House** B&B €€
(☎ 061-376 149; www.kincorahouse.com; Church St, Killaloe; EZ/DZ ab 45/80 €; P 📶) Das zitronengelbe Stadthaus mitten im Herzen von Killaloe hügelaufwärts von der Kathedrale (siehe links) war einst ein Pub und Gemischtwaren-

laden. Es wartet noch mit zahlreichen Originalmerkmalen auf, und Schwarz-Weiß-Fotos vom County Clare aus alten Zeiten schmücken die Wände. Das Haupthaus beherbergt vier traditionelle Zimmer; hinterm Haus befindet sich das stilvolle, moderne Cottage für Selbstversorger (Mindestaufenthalt 3 Nächte; Endreinigung 30 €), in dem bis zu fünf Personen nächtigen können.

Lakeside Hotel HOTEL €€
(☎ 061-376 122; www.lakesidehotel.ie; Lakeside Dr, Ballina; EZ/DZ/FZ ab 89/110/140 €; P 📶 🏊) Das fein herausgeputzte Hotel mit Blick auf die Bogenbrücke und die Killaloe Cathedral (S. 359) verfügt über einen Blumengarten und 43 unterschiedlich gestaltete Zimmer – die Preise variieren je nach Ausblick. Alle Gäste dürfen die 40 m lange Wasserrutsche hinuntersausen sowie den großen Hallenpool und den Fitnessraum benutzen.

Essen & Ausgehen

Sowohl in Killaloe als auch in Ballina gibt's Cafés, Pubs und Restaurants, in Killaloe außerdem einen großen Supermarkt.

Der **Farmers Market** (⏲ So 11–15 Uhr) der beiden Orte findet auf dem als Between the Waters bekannten Inselchen nahe der Brücke auf der Seite von Killaloe statt.

★ **Wooden Spoon** BÄCKEREI, CAFÉ €
(Bridge St, Killaloe; Gerichte 3–8 €; ⏲ 9–17 Uhr; 👪) Der mit alten Kochbüchern dekorierte Wooden Spoon ist bekannt für seine Backwaren – so erklären sich auch die Schlangen, die oft bis vor die Tür reichen. An Herzhaftem gibt's etwa Frittatas und Blätterteigtaschen mit Spinat und Chorizo, an Süßem Mini-Pavlovas, Schoko-Himbeer-Brownies und leckeren Kuchen mit Haselnuss und Möhre oder Apfel und Rote Bete. Auch Glutenverächter und Veganer kommen wahrlich nicht zu kurz. Und zu alledem wird noch ausgezeichneter Kaffee kredenzt, aus Bohnen der Rösterei Badger & Dodo aus Cork.

Tuscany Bistro Ballina ITALIENISCH €€
(☎ 061-376 888; http://tuscany.ie; Main St, Ballina; Hauptgerichte 13–26 €, Pizza 12–16 €; ⏲ Di & Mi 16–21, Do & Fr 16–22, Sa 12.30–22, So 12.30–21 Uhr; 📶 👪) Klein und stilvoll, mit gestreiften Stühlen und glänzenden Holzböden, präsentiert sich dieses italienische Bistro. Es bietet ein umfangreiches Angebot an Pastagerichten, Pizza und fachkundig ausgeführten Hauptgerichten, z. B. Kalb mit Zitronensoße, untermauert von einer annehmbaren Weinkarte. Mit einer guten Kinderkarte und Hochstühlen ist das Bistro eine perfekte Wahl für Reisende mit Nachwuchs im Schlepptau.

Goosers PUB
(www.goosers.ie; Main St, Ballina; ⏲ Mo–Sa 11–23.30, So bis 23 Uhr) Dieses strohgedeckte Pub an der Hauptstraße von Ballina wartet mit Steinböden und Torffeuern auf. Draußen an den Picknicktischen kann man sich sein Pint mit Blick über den Fluss nach Killaloe munden lassen. Das Essen kann man getrost vergessen.

Liam O'Riains PUB
(Main St, Ballina; ⏲ Mo–Fr 16–24, Sa & So 13–24 Uhr; 📶) Das Pub mit Steinfassade ist ein Dreh- und Angelpunkt des Orts und spielt von Ende April bis Anfang September donnerstags bis sonntags traditionelle irische Musik, ansonsten werden auch spontane Sessions organisiert.

Praktische Informationen

Die **Touristeninformation** (☎ 061-376 866; www.discoverkillaloe.ie; Bridge St, Killaloe; ⏲ Ende April–Mitte Sept. 10–18 Uhr) befindet sich im selben Gebäude wie das **Brian Ború Heritage Centre** (S. 359).

An- & Weiterreise

In beiden Orten gibt's Parkplätze.

Bus Éireann (www.buseireann.ie) bietet Busse von Killaloe und Ballina nach Limerick (8,60 €, 40 Min., Mo–Sa 4-mal tägl.).

Mountshannon

200 EW.

1742 gründete ein aufgeklärter Großgrundbesitzer Mountshannon (Baile Uí Bheoláin) am südwestlichen Uferabschnitt des Lough Derg, um protestantischen Flachsarbeitern eine neue Heimat zu geben. Im Hafen liegen Fischerboote und Jachten, im Sommer kommen Kreuzfahrtschiffe dazu. Mountshannon dient als gute Ausgangsbasis für Touren nach Holy Island, eine der schönsten frühchristlichen Siedlungen im County Clare. Seit 2013, nachdem sie aus Norwegen wieder in Irland angesiedelt wurden, brüten hier in der Gegend Seeadler.

Sehenswertes

Die Gegend ist ein echtes Anglerparadies mit Bachforellen, Hechten, Flussbarschen und Brassen. Mehr über die Bootsverleiher und die Ausrüstung erfährt man in seiner Unterkunft oder man wendet sich an TJ's Angling Centre (S. 359) in Ballina.

Holy Island INSEL

2 km vor der Küste von Mountshannon erstreckt sich Holy Island (Inis Cealtra) mit einer alten Klostersiedlung, vermutlich gegründet im 7. Jh. vom hl. Cáimín. Auf die Insel geht's u. a. mit dem Lokalhistoriker **Gerard Madden** (☎ 086 874 9710; www.holyisland.ie; Erw./Kind 10/5 €; ⏱ April–Sept. 9.30–17 Uhr nach Vereinbarung): Er bietet ab dem Pier von Mountshannon zweistündige Ausflüge.

Der Rundturm der Insel ist mehr als 27 m hoch. Außerdem gibt's auf der Insel vier alte Kapellen, eine Eremitenzelle und einige frühchristliche Grabsteine aus dem 7. bis 13. Jh.

Eine der Kapellen besticht durch einen eleganten romanischen Bogen und ein Kreuz mit der altirischen Inschrift: „Betet für Tornog, der dieses Kreuz machte."

Die Wikinger plünderten das Kloster im 9. Jh., unter dem Schutz des Königs Brian Ború und einiger anderer Herrscher erlebte es eine neue Blütezeit. Im 17. Jh. pilgerten zu Ostern um die 15 000 Menschen hierher.

Schlafen

Hawthorn Lodge B&B €

(☎ 061-927 120; http://mountshannon-clare.com; R352; EZ/DZ ab 52/75 €; P 📶) Das von einer herzlichen Familie geführte, gepflegte Landhaus 800 m nordwestlich von Mountshannon verfügt über drei saubere Zimmer mit Bad und bequemen Betten, denen Heizdecken Wärme spenden. Kinder unter fünf Jahren übernachten gratis; Hochstühle und Kinderbetten sind vorhanden.

Sunrise B&B B&B €€

(☎ 061-927 343; http://sunrisebandb.com; EZ/DZ/FZ ab 55/75/110 €; 📶) Das ländliche B&B auf einem Hügel 350 m nördlich von Mountshannon beeindruckt mit wundervollen Ausblicken auf den See vom großen Frühstücksraum in einem Wintergarten und von der Terrasse. Die drei Zimmer sind stilvoll und modern. Die muntere Eigentümerin Vera erklärt ihren Gästen gern alles Mögliche zu den Seeadlern.

An- & Weiterreise

Nach Mountshannon verkehren keine öffentlichen Verkehrsmittel; man braucht ein Auto oder Fahrrad.

Nördlich von Mountshannon winden sich zahlreiche einspurige, von Bäumen gesäumte Landsträßchen durch die Landschaft. Die R352 verläuft parallel zum Lough Derg bis nach Portumna im County Galway. Eine weitere Straße, die R461, beginnt in Scarriff südlich von Mountshannon und führt direkt ins Herz des Burren.

SÜDWESTLICHES & WESTLICHES CLARE

Die besten Tage im Westen der Grafschaft verbringt man vielleicht auf den kleinsten Straßen, die man finden kann.

Südlich der tief abfallenden Cliffs of Moher wird das Land in Richtung des Urlaubsorts Kilkee immer flacher und der Blick schweift über Weiden und Dünen bis zum Horizont. In der Nähe der ruhigen Urlaubsorte Lahinch, Miltown Malbay und Doonbeg erreichen mit die besten Surfwellen von ganz Irland das Festland.

Der Hauptort der Loop Head Peninsula ist Kilkee. Die Klippen, die sich bis zur mit einem Leuchtturm gekrönten Spitze der Halbinsel ziehen, sind von wilder und dramatischer Schönheit und einer der Höhepunkte des atemberaubenden Wild Atlantic Way.

Im Landesinneren sollte man keinesfalls das reizende historische Städtchen Ennistimon mit seinen Wasserfällen versäumen.

An- & Weiterreise

Shannon Ferry Limited (☎ 065-905 3124; www.shannonferries.com; Autos 19 €, Motorräder, Fahrräder & Fußgänger 5 €; ⏱ Juni–Aug. Mo–Sa 7–21, So 9–21 Uhr, April, Mai & Sept. Mo–Sa 7–20, So 9–20 Uhr, Okt.–März Mo–Sa 7–19, So 9–19 Uhr) betreibt eine Fähre zwischen Killimer im County Clare und **Tarbert** (S. 335) im County Kerry: Ab Killimer fährt sie jeweils zur vollen Stunde ab, ab Tarbert zur halben Stunde. Die 20-minütige Fahrt ist eine tolle Abkürzung und erspart einem satte 134 Straßenkilometer über Limerick.

Bus Éireann (www.buseireann.ie) fährt mit Bussen von Galway über die Cliffs of Moher, Lahinch und Ennistimon nach Ennis. Die Orte im Südwesten von Clare sind mit den Bus-Éireann-Bussen ab Ennis zu erreichen.

Kilrush

2719 EW.

Das muntere Kilrush (Cill Rois) mit Blick Richtung Süden über die Shannon-Mündung auf die Hügel von Kerry hat eine auffallend breite Hauptstraße: Sie spiegelt die Anfänge von Kilrush als Hafen- und Handelsstadt im 19. Jh. wider.

Vom größten **Jachthafen** (Marina, www.kilrushmarina.ie; Kilrush Creek) der Westküste am Kilrush Creek verkehren Fähren (S. 361) zur nur knapp 2 km vor der Küste gelegenen Scattery Island (S. 363) mit ihren großartigen frühchristlichen Ruinen. Außerdem fahren an der Marina Boote zur Delfinbeobachtung im Mündungsgebiet des Shannon ab – die Meeressäuger kalben hier. Vom Hauptplatz von Kilrush führt der ausgeschilderte 1 km lange **Dolphin Trail** Richtung Westen; er ist von Infotafeln, Skulpturen und Wandbildern gesäumt.

Sehenswertes & Aktivitäten

★ Vandeleur Walled Garden GARTEN
(www.vandeleurwalledgarden.ie; Killimer Rd; April–Aug. 10–19 Uhr, Sept.–März 9.30–17 Uhr) GRATIS Einst gehörte dieser bemerkenswerte Garten in einem 170 ha großen Wald 800 m südlich des Zentrums den wohlhabenden Vandeleurs, einer Familie von Kaufleuten und Großgrundbesitzern, die im 19. Jh. Zwangsräumungen durchsetzte und viele Einheimische zur Auswanderung zwang. Es gibt hier ein einfaches Café und ein Gartencenter. Durch den umliegenden Wald führen mehrere Wanderwege. Der Wald wartet mit einer Reihe farbenprächtiger Pflanzen auf, u. a. Magnolien, Akazien, Ahorn, Eichen, Affenschwanzbäumen, Bambus, Farnen, Bananenbäumen, Hortensien und einem Hainbuchenhecken-Irrgarten.

Shannon Dolphin & Wildlife Centre MUSEUM
(www.shannondolphins.ie; Merchants Quay; Mai–Mitte Sept. 10–18 Uhr) GRATIS Die Forschungseinrichtung beschäftigt sich mit den mehr als 170 im Shannon lebenden Delfinen. Besucher können hier etwas über die aktuelle Forschung erfahren, sich Tonaufzeichnungen anhören und sich einen 20-minütigen Film über die verspielten Meeressäuger anschauen, die hier bemerkenswerterweise heimisch sind.

Dolphin Discovery BOOTSTOUREN
(065-905 1327; www.discoverdolphins.ie; Kilrush Marina; Erw./Kind 26/14 €; Ende Mai–Mitte Okt.) Die zweistündigen Delfinbeobachtungstouren auf dem Shannon starten je nach Wetter und Nachfrage.

West Clare Railway EISENBAHN
(065-905 1284; www.westclarerailway.ie; N67; Erw./Kind 10/5 €; Mai–Sept. 13–16 Uhr, Tage variieren) Bei Moyasta 5 km nordwestlich von Kilrush existiert noch ein 2 km langer Rest der alten West Clare Railway. Jackie Whelan hat auf eigene Rechnung eine schöne Dampfbahn restauriert und führt jetzt manchmal Steam Days durch: Dann pendelt die Bahn hin und zurück durch die offene Landschaft. Termine telefonisch erfragen!

Schlafen & Essen

Kilrush hat ein Hostel, Pub-Unterkünfte und mehrere B&Bs. Übernachtungsmöglichkeiten bietet auch Kilkee 14 km nordwestlich.

Cafés finden sich im ganzen Ort; die Pubs servieren auch Essen. Für Selbstversorger gibt's neben Supermärkten auch den wöchentlichen **Farmers Market** (Market Sq; Do 9–14 Uhr) auf dem Hauptplatz.

Katie O'Connor's Holiday Hostel HOSTEL €
(065-905 1133; http://katieshostel.com; 50 Frances St; B/DZ ab 18/55 €; Mitte März–Okt.;) Dieses weiße Stadthaus aus dem 18. Jh. gehörte einst der Familie Vandeleur. Heute ist es eine gut ausgestattete Herberge des IHH-Verbunds mit supersauberen Schlafsälen und Privatzimmern mit Balkon. Fahrräder können für 15 € am Tag ausgeliehen werden und es werden auch Lunchpakete (7 €) gepackt. Weitere Pluspunkte sind ein Grill und Picknicktische sowie Unterstellmöglichkeiten für Fahrräder.

Potter's Hand CAFÉ €
(065-905 2968; 3 Vandeleur St; Gerichte 2,50–7,50 €; Mo 9–16.30, Di, Do & Fr bis 17, Mi bis 20, Sa bis 17.30 Uhr;) Ein schöner Hof voller Blumen, dem Sonnenschirme Schatten spenden, ist das netteste Plätzchen in diesem reizenden Café, das auf hausgemachtem Geschirr Kuchen, Gebäck, Sandwiches und Salate – viele davon vegetarisch – serviert. Mittwochabends wird kostenloser Unterricht in der irischen Sprache angeboten, zu dem jeder willkommen ist. Außerdem finden regelmäßig Töpferkurse, Weinverkostungsabende und Livemusikveranstaltungen statt, von traditionell irisch bis zu Flamenco. Nur Barzahlung!

Buttermarket Café CAFÉ €
(Burton St; Hauptgerichte 4,50–10,50 €; Mo–Sa 9–17 Uhr;) Das freundliche kleine Café gleich beim Hauptplatz hat einen Innenhof, der bei gutem Wetter das Sonnenlicht einfängt. Folienkartoffeln, Eintöpfe und *shepherd's pie* zählen hier zu den warmen Spezialitäten. An Getränken wird alles Mögliche gereicht: von Milchkaffee mit Salz-

ABSTECHER

SCATTERY ISLAND

Auf dem heute unbewohnten, vom Wind zerzausten **Eiland** (☎ 087 995 8427; www.heritageireland.ie; ⏱ Besucherzentrum Ende Mai–Aug. 10–18 Uhr) ohne einen einzigen Baum, 3 km südwestlich von Kilrush in der Flussmündung, gründete der hl. Senan im 6. Jh. eine Klostersiedlung mit einem 36 m hohen Rundturm, dem besterhaltenen Irlands. Dieser besitzt mit seinem ebenerdigen Eingang eine Besonderheit – normalerweise befindet sich die Tür nämlich hoch über dem Fundament. Zu sehen gibt's stimmungsvolle Ruinen von sechs mittelalterlichen Kirchen einschließlich der aus dem 9. Jh. stammenden **Cathedral of St. Mary** (Teampall Naomh Mhuire), die zum **St. Senan's Monastery** gehört.

Außerdem gibt's hier einen **Leuchtturm** und am südlichen Ende der Insel eine **Feldbatterie**, die während der Napoleonischen Kriege gebaut wurde. Im Scattery Island Visitor Centre informiert eine kostenlose Ausstellung über die Natur und Geschichte des denkmalgeschützten Eilands. Darüber hinaus bietet das Besucherzentrum eine kostenlose 45-minütige Führung zum St. Senan's Monastery an.

Scattery Island Ferries (☎ 065-905 1327; www.discoverdolphins.ie; Kilrush Marina; Erw./Kind hin & zurück 15/8 €; ⏱ Ende Mai–Aug.) setzt von Kilrush zur Insel über; die Fahrt dauert 15 bis 20 Minuten. Einen genauen Fahrplan gibt's nicht, denn die Touren hängen von den Gezeiten und dem Wetter ab. Der Aufenthalt auf der Insel dauert etwa eine Stunde. Tickets bekommt man an dem kleinen Kiosk an der **Kilrush Marina** (S. 362) und man sollte anständiges, festes Schuhwerk anziehen.

karamell, heißer Schokolade mit Zimt über Minz-Mokka-Frappuccinos bis zu Eistee und Smoothies.

Crotty's PUB

(☎ 065-905 2470; www.crottyspubkilrush.com; Market Sq; ⏱ Mo–Sa 10–24, So bis 23 Uhr; 📶) Ein altmodischer Tresen, Fliesenböden und traditionelle Möbel verleihen dem Crotty's seinen unverwechselbaren Charme. Irische Musik erklingt das ganze Jahr über dienstags und mittwochs ab 21.30 Uhr; an den meisten Wochenenden spielen weniger traditionelle Bands. Außerdem locken einfache Kneipengerichte (Hauptgerichte 9–22 €) und oben fünf kleine Zimmer (DZ ab 80 €).

Anreise & Unterwegs vor Ort

Bus Éireann (www.buseireann.ie) hat Montag bis Samstag vier und sonntags drei Busse nach Ennis (14,30 €, 1 Std.) und Kilkee (4,90 €, 15 Min.).

Gleeson's (☎ 065-905 1127; 2–4 Henry St; Fahrradverleih ab 20/80 € pro Tag/Woche; ⏱ Mo–Sa 9–18 Uhr), ein Baumarkt und Gartencenter, verleiht Fahrräder.

Loop Head Peninsula

Die windgepeitschte Loop Head Peninsula, ein Streifen Land zwischen der Mündung des Shannon und dem tosenden Atlantik, verströmt ein Ende-der-Welt-Flair. Wenn man auf der R487 unterwegs ist, ist auf beiden Seiten Wasser zu sehen und das Land wird immer schmaler. An einem klaren Tag bieten sich von der mit einem Leuchtturm gekrönten Spitze am Loop Head (Ceann Léime), dem südlichsten Punkt in Clare, atemberaubende Ausblicke hin zu den Grafschaften Kerry und Galway. Die oft menschenleere Wildnis der Landspitze ist sehr reizvoll, allerdings sollte man am Rand der Klippen wirklich vorsichtig sein.

An der Nordseite der Felsen, in der Nähe der Kuppe, befindet sich eine dramatische Spalte in den Klippen, aus der Vogelgeschrei hervordringt. Hierbei handelt es sich um einen beliebten Nistplatz. In den Felsnischen tummeln sich u. a. Trottellummen, Alpendohlen und Tordalke.

An den Klippen entlang führt ein Wanderweg nach Kilkee, dem Hauptort der Halbinsel. Dazu gibt's hier noch ein paar weitere winzige Siedlungen.

Eine gute Infoquelle für die Region ist die Website www.loophead.ie.

Sehenswertes & Aktivitäten

Loop Head Lighthouse LEUCHTTURM

(Erw./Kind 5/2 €; ⏱ Mitte März–Anfang Nov. 10–18 Uhr) Der 23 m hohe Leuchtturm mit Fresnel-Linse, der noch immer im Einsatz ist, erhebt sich auf einer 90 m hohen Klippe über dem Loop Head. Im Rahmen der im Eintrittspreis inbegriffenen Führungen gelangt man ganz nach oben auf den Balkon – bei gutem Wetter geht der Blick bis zu den Blasket Islands und nach Connemara. Einen Leuchtturm gibt's hier schon seit 1670; der jetzige stammt von 1854. Er wurde 1871 auf Strom umgestellt und 1991 automatisiert.

Wer möchte, kann im benachbarten ehemaligen Leuchtturmwärterhaus (siehe rechts) übernachten.

★ Bog Road Bike Tours RADFAHREN
(☎ 086 278 0161; www.bogroadbiketours.com; Erin St; 2-/4-stündige Tour 25/45 €; ⏲ Touren Sa & So 10 & 16 Uhr) Auf diesen unterhaltsamen Touren kann man mit dem Fahrrad Wegen am Loop Head folgen, die für Pkw gesperrt sind. Unterwegs erzählt einem Cillian Murphy etwas über die Geschichte von Kilkee und den Loop Head, diese reichen von Hungersnöten bis zu Stürmen und Schiffbrüchen. Auf den zweistündigen Touren werden 16 km zurückgelegt, auf den vierstündigen 40 km. Ein Leihrad ist im Preis inbegriffen.

Long Way Round WANDERTOUREN
(☎ 086 409 9624; www.thelongwayround.ie; Erw./Kind ab 20 €/frei) Long Way Round hat historische und Naturtouren im Programm, darunter Stadtrundgänge durch Kilkee, Wanderungen am Loop Head und zwei- bis fünfstündige Küstenwanderungen rund um Carrigaholt mit der bekannten Führerin Laura Foley.

Dolphinwatch BOOTSTOUREN
(☎ 065-905 8156; www.dolphinwatch.ie; Carrigaholt; Touren Erw./Kind 35/20 €; ⏲ April–Okt.) Dolphinwatch bietet zweistündige Bootstouren in der Shannon-Mündung an, in der mehr als 170 Große Tümmler leben – im Herbst sind hier auch Zwerg- und Finnwale zu finden. Außerdem kann man bei Sonnenuntergang nette Loop-Head-Fahrten unternehmen und erfährt bei anderen Touren mehr über die Erdgeschichte. Die Termine hängen von den Gezeiten und vom Wetter ab.

Den Wagen parkt man am besten auf der rechten Seite 150 m vor dem Pier – weiter hinten kann man nicht wenden und zurückzusetzen ist etwas knifflig.

Schlafen & Essen

Lighthouse Inn GÄSTEHAUS €€
(☎ 065-905 8944; http://thelighthouseinnclare.com; Kilbaha; EZ/DZ/FZ ab 40/80/100 €; P 📶) Das kürzlich aufgemöbelte Lighthouse Inn am Wasser hat elf einfache Zimmer mit Bad, von denen einige Blick auf die Bucht bieten. Das gesellige Pub kann mit toller Küche (Hauptgerichte 10,50–19 €; Küche 10–21 Uhr) beeindrucken, mit selbstgemachten Schweins-Apfel-Würsten sowie in Cider gegarten Kilbaha-Krebsscheren. Samstags traditionelle Sessions.

Bei gutem Wetter schlürft man sein Pint am besten draußen an einem der Picknicktische.

★ Loop Head Lighthouse Keeper's Cottage COTTAGE €€€
(☎ 01-670 4733; www.irishlandmark.com; 2 Nächte ab 437 €) Wer im alten Leuchtturmwärterhaus des Loop Head Lighthouse (S. 363) übernachtet, erhält einen Eindruck davon, wie das Leben einst hier draußen war. Das vom Irish Landmark Trust verwaltete Cottage aus dem 19. Jh. hat keinen Fernseher und kein WLAN, dafür aber ein Radio, Bücher und Brettspiele sowie einen Holzofen. Dazu kommen drei Schlafzimmer, eine Küche und eine Waschmaschine. Mindestaufenthalt zwei Nächte.

★ Long Dock FISCH & MEERESFRÜCHTE €€
(☎ 065-905 8106; www.thelongdock.com; West St, Carrigaholt; Hauptgerichte 6–25 €; ⏲ Küche 11–21 Uhr, Bar So–Do bis 22, Fr & Sa bis 24 Uhr) Das Pubjuwel mit Steinwänden und -böden sowie einem knisternden Kaminfeuer hat eine hervorragende Küche, die Fisch und Meeresfrüchte fangfrisch verarbeitet. Man kann die Fischer, die draußen auf der Flussmündung arbeiten, hier an der Theke ihr Bierchen schlürfen sehen. Zu den Spezialitäten zählen Loop-Head-Seeteufel, Carrigaholt-Krebse, Shannon-Estuary-Seebarsch und selbst geräucherter Lachs sowie eine sensationelle Fischsuppe.

Im Sommer sucht man sich am besten draußen einen Platz.

Shoppen

Kilbaha Gallery & Crafts KUNST & KUNSTHANDWERK
(www.kilbahagallery.com; R487, Kilbaha; ⏲ März–Sept. 10–18 Uhr; 📶) Die Gemälde, Skulpturen, Fotos, Kunstgewerbeartikel, Bücher und Postkarten in diesem reizenden Laden stammen alle von Künstlern aus der Gegend. Hinten serviert das kleine, helle Café (Gerichte 2,80–4 €) fantastischen Kaffee, Kuchen, Scones mit hausgemachter Marmelade und frischer Sahne, Kräutertees und wärmende heiße Schokolade.

Anreise & Unterwegs vor Ort

Kilkee ist mit dem Bus erreichbar, ansonsten verkehren auf der Halbinsel jedoch keine öffentlichen Verkehrsmittel.

In Kilkee führt **Bog Road Bike Tours** (S. 364) ausgezeichnete geführte Radtouren (Fahrrad ist inbegriffen) durch. Ansonsten verleiht **Gleeson's** (S. 363) in Kilrush Räder.

Kilkee

972 EW.

Der Hauptort der Loop Head Peninsula, Kilkee (Cill Chaoi), liegt an einer geschwungenen halbkreisförmigen Bucht, mit hohen Steilklippen im Norden und zerklüfteten Felsen Richtung Süden.

Bei St. George's Head im Norden kann man vor herrlicher Kulisse über die Klippen spazieren. Im Süden der Bucht, zu erreichen über den Küstenpfad vom West End in Kilkee, bilden die Duggerna Rocks ein ungewöhnliches natürliches Amphitheater mit natürlichen Badebecken, den Pollock Holes. Noch weiter südlich liegt eine große Meeresgrotte.

Große Beliebtheit erlangte Kilkee zu viktorianischen Zeiten, als hier betuchte Familien aus Limerick Strandhäuser errichteten. Am breiten Strand mit seinem feinen pulvrigen Sand wird es im Sommer richtig voll. Ebbe und Flut sind stark ausgeprägt, sodass ehemals breite Sandflächen in nur wenigen Stunden wieder von tosenden Wellen überspült werden.

Schlafen

In Kilkee gibt's zahlreiche Pensionen. Während der Hauptsaison ziehen die Preise deutlich an; dann ist es eventuell schwierig, eine Unterkunft zu finden, wenn man nicht vorausgebucht hat. Über den Winter schließen viele Unterkünfte.

Lynch's B&B — B&B €

(☎ 085 752 0588; www.lynchskilkee.com; O'Connell St; EZ/DZ/FZ 35/70/120 €; WLAN) Die hinter einer traditionellen Ladenfront versteckten Zimmer dieses trotz seiner Lage im Zentrum ruhigen B&Bs verfügen über Hartholzböden, blumige Bettdecken und dazu passende Vorhänge. In den Familienzimmern stehen zwei Doppelbetten und es können Babysitter organisiert werden.

★ **Stella Maris Hotel** — HOTEL €€

(☎ 065-905 6455; http://stellamarishotel.com; O'Connell St; EZ/DZ/3BZ/FZ ab 85/100/135/180 €; WLAN) In dem hübschen alten kirschroten Gebäude im Herzen von Kilkee führt ein Teppich mit rotem Schottenmuster zu 20 frischen, modernen Zimmern, einige davon mit Meerblick – bei der Buchung nachfragen! Die Zutaten fürs Restaurant (Hauptgerichte mittags 8–16 €, abends 14–24,50 €) mit offenem Kamin stammen von Erzeugern aus der Gegend, das Fleisch aus der derselben Familie gehörenden Metzgerei.

Strand Guest House — GÄSTEHAUS €€

(☎ 065-905 6177; www.thestrandkilkee.com; Strand; EZ/DZ ab 70/84 €; ⏲ Feb.–Okt.; WLAN) Seit Che Guevara hier 1961 eine Nacht verbrachte, hat sich der Gasthof mit sechs Zimmern direkt an der Küste ein bisschen verändert. Die Zimmer sind einfach ausgestattet, manche haben eine hübsche Aussicht, ebenso wie die einladende Bistro-Bar (S. 366).

Essen & Ausgehen

Kilkee ist bekannt für seinen Fisch und seine Meeresfrüchte, die hier in einigen ausgezeichneten Cafés, Pubs und Restaurants serviert werden. Auf dem Parkplatz am Nordende des Strands findet ein kleiner Farmers Market (Parkplatz am East End, nahe Gratten St; ⏲ Mai–Sept. So 10–14 Uhr) statt.

Diamond Rocks Café — CAFÉ €

(☎ 086 372 1063; http://diamondrockscafe.com; West End; Gerichte 5–12 €; ⏲ 10–17 Uhr) Bevor man sich zu einer Klippenwanderung auf den Weg macht, kann man sich in diesem modernen Café, mit riesiger Terrasse am Wasser, stärken. Gewöhnlich lässt das Essen in Lokalen mit vergleichbar umwerfender Lage zu wünschen übrig, hier aber liegt die Qualität des Gebotenen weit über dem Durchschnitt, vom Frühstück bis zu den Fischsuppen, Quiches mit Spargel und Ziegenkäse und den täglich wechselnden Tagesgerichten, wie dem Guinness-Rindfleischtopf.

Pantry — CAFÉ, BÄCKEREI €

(www.pantrykilkee.ie; O'Curry St; Hauptgerichte 7,50–12 €, Meeresfrüchteplatten 20 €; ⏲ Ostern–Sept. 8.30–18 Uhr; ✎) In diesem helllila Bäckerei-Café kann man sich mit Zutaten für ein Strandpicknick eindecken oder auch vor Ort etwas essen. Zum Frühstück gibt's etwa Bio-Porridge mit Zimt-Aprikosen, zum Mittagessen Doonbeg-Krebs-Sandwiches mit Sirupbrot, Salat mit St.-Tola-Ziegenkäse, Roter Bete und eingelegten Birnen oder eine Lasagne mit fünf Sorten Gemüse.

Im Winter werden auch Kochkurse veranstaltet.

★ **Murphy Blacks** IRISCH €€
(☎ 085 875 4886; www.murphyblacks.ie; The Square; Hauptgerichte 17–24 €; ⊙ Mitte Juli–Aug. Mo–Sa 18–21 Uhr, April–Mitte Juli & Sept. Di–Sa 18–21 Uhr, Okt.–März Mo–Fr 18–21 Uhr) Hier stehen die Erzeugnisse der Grafschaft im Rampenlicht, etwa bei Gerichten, wie einem Clare-Lammkarree an einer Rote-Johannisbeer-Portwein-Jus, einer Loop-Head-Meeresfrüchtepastete, einem Carrigaholt-Krebs-Hotpot oder dem Hag's-Head-Seehecht mit Blutwurst-Crumble. Das Murphy Blacks ist jeden Abend ausgebucht, sodass man besser reservieren sollte. In lauen Sommernächten sind die Tische draußen ein Traum.

Strand Bistro & Café BISTRO, CAFÉ €€
(☎ 065-905 6177; Strand; Hauptgerichte mittags 7,50–14 €, abends 12,50–23,50 €; ⊙ Ostern–Sept. Mo 9–17, Mi–So 11–22 Uhr, Okt.–Ostern Fr 18–22, Sa 12–16 & 18–22, So 12–16 Uhr) In diesem Strandcafé samt Bar und Bistro spürt man an den Tischen draußen die Meeresgischt im Gesicht. Mittags werden offene Sandwiches, Feinschmecker-Burger und Fish'n'Chips serviert, abends – reservieren! – dann z. B. Atlantik-Lachs oder Krebsscheren in Knoblauch, begleitet von Weinen aus dem recht guten Angebot. Oben sind sechs Gästezimmer.

Naughton's Bar PUB
(☎ 065-905 6597; www.naughtonsbar.com; 45/47 O'Curry St; ⊙ Ostern–Sept. So–Do 12–24, Fr & Sa 10–2 Uhr, Okt.–Ostern Fr–So 17–24 Uhr) Das von 1856 stammende Naughton's ist heute eine Kombination aus traditionellem Pub und moderner Cocktailbar mit munterer Straßenterrasse und somit ein Dreh- und Angelpunkt des Nachtlebens von Kilkee. Das tolle Pubfood (Hauptgerichte 12–25 €) umfasst jede Menge Fisch und Meeresfrüchte, wie Zitronen-Seezunge im Guinness-Teig oder auch Steinbutt-, Krebs- und Jakobsmuschelpastete. Für den Abend sollte man reservieren.

ℹ An- & Weiterreise

Bus Éireann (www.buseireann.ie) betreibt Montag bis Samstag vier und sonntags drei Busse über Kilrush (4,90 €, 15 Min.) nach Ennis (16,90 €, 1¼ Std.).

Von Kilkee nach Ennistimon

Nördlich von Kilkee wird das Land zunehmend flacher und bietet einen weiten Ausblick über Weideflächen und Dünen. Die N67 führt 32 km landeinwärts bis nach Quilty. Es lohnt, gelegentlich in eine der Nebenstraßen nach Westen einzubiegen, um einsame Gegenden wie den **White Strand** nördlich von Doonbeg zu erkunden. Die **Ballard Bay** mit einem alten Fernmeldeturm, von dem man auf schöne Steilklippen blickt, erstreckt sich 8 km westlich von Doonbeg, während auf den Felsen des **Donegal Point** die Ruinen einer Festung thronen. Überall an der Küste kann man Angelausflüge unternehmen, sichere Strände sind in Seafield, Lough Donnell und Quilty zu finden. Hinter Quilty liegt draußen vor der Küste **Mutton Island**, eine kahle Insel, die einmal ein Gefängnis war, mit einem uralten Turm und fantastischer Aussicht.

NICHT VERSÄUMEN

DIE ANDEREN KLIPPEN VON CLARE

Der Weg zur Südspitze von Loop Head und wieder zurück führt auf den Küstenstraßen vorbei an sensationellen Klippen und einem atemberaubenden Meerespanorama.

Von Carrigaholt bleibt man etwa 2 km auf der Church Street Richtung Süden bis zu einer Kreuzung, dort geht's rechts ab und auf die L2002. Diese Panoramaroute, Teil des ausgeschilderten Wild Atlantic Way, nennt sich Coast Road und schmiegt sich eng an die Küste, wodurch man eine großartige Aussicht auf das Meer hat. Die Straße führt durch das Dorf Rhinevilla und stößt bei Kilbaha schließlich wieder auf die R487.

Wer dagegen von Loop Head aus Richtung Westen fährt, nimmt die R487 nach Cavan, biegt links auf die Coast Road (L2000) ab und folgt der Beschilderung nach Kilkee. Dort stößt man wieder auf die R487, kann aber auf kleinen Straßen hinter Ougtherard oder Cross wieder Richtung Norden fahren, wo man einen tollen Blick auf steil aufragende Küstenklippen genießt.

Doonbeg

262 EW.

Doonbeg (An Dún Beag) ist ein winziges Seebad 11 km nordöstlich von Kilkee. Ein Schiff der Spanischen Armada, die *San Esteban*, havarierte hier am 20. September 1588. Die Überlebenden wurden am Spanish Point bei Miltown Malbay hingerichtet. Dies war eines von zahlreichen spanischen Schiffen, die in dieser Gegend dasselbe Schicksal ereilte. Wer den Massen in Lahinch entkommen will, findet in Doonbeg ebenfalls ordentliche Wellen zum Surfen, jedoch gibt's hier keine Möglichkeit, Ausrüstung zu leihen, und auch keine Surfschulen.

Sehenswertes

White Strand STRAND

(Killard Rd) Der abgeschiedene White Strand (Trá Ban) 4 km nordwestlich des Dorfs bietet, geschützt vor den Wellen des Atlantiks, Gelegenheit zu sicherem Baden. Der 250 m lange Strand ist ein Blue-Flag-Strand, erfüllt also diverse Umweltschutzstandards, und wird im Sommer von Rettungsschwimmern überwacht. Von Mai bis August ist hier **Clare Kayak Hire** (☎ 085 148 5856; www.clarekayakhire.com; White Strand; Kajakverleih ab 15 € pro Std., Touren ab 35 €; ⊙ Mai Sa & So 10–17 Uhr, Juni–Aug. 9–18 Uhr) vertreten.

Im Osten erblickt man die Doughmore Bay und dahinter die riesigen **Trump International Golf Links** (☎ 065-905 5600; www.trumpgolfireland.com; abseits der N67, Doughmore Bay; Greenfees Mo–Fr/Sa & So 95/190 €).

Doonbeg Castle RUINE

Der winzige Turm aus dem 16. Jh. neben der Steinbrücke ist alles, was von Doonbeg Castle noch übrig ist – die gesamte Garnison wurde 1595 von den O'Briens, die die Burg zehn Jahre zuvor verloren hatten, gehängt.

Doughmore Bay STRAND

8 km nördlich des Dorfs erstreckt sich an der Doughmore Bay ein 2 km langer Strand mit goldenem Sand, der vor allem bei Reitern und einheimischen Hundehaltern beliebt ist. Oft herrscht hier eine gute Brandung – Surfausrüstung kann in Lahinch geliehen werden.

Schlafen

Morrissey's GÄSTEHAUS €€

(☎ 065-905 5304; http://morrisseysdoonbeg.com; Main St; EZ/DZ ab 60/100 €; ⊙ Ende März–Okt.; 📶) Eine stilvolle Oase an der Küste: Das alte Pub am Fluss hat sechs elegante Zimmer mit Kingsizebetten sowie großen Badewannen. Das hauseigene Restaurant (Hauptgerichte 15–25 €) ist für seine Gastropubküche bekannt, besonders für Fisch- und Meeresfrüchte, angefangen bei Fish 'n' Chips bis hin zu saftigen Doonbeg-Krebsen. Auf der Terrasse genießt man zudem einen tollen Blick.

Miltown Malbay

829 EW.

Miltown Malbay hat eine blühende Musikszene und veranstaltet jedes Jahr die Willie Clancy Summer School, eine von Irlands größten traditionellen Musikveranstaltungen. Das Örtchen war einst ein beliebtes Feriendomizil für gut betuchte Viktorianer – und das, obwohl der Strand erst 2 km weiter südlich am Spanish Point beginnt.

Der **An Ghiolla Finn Gift Shop** (Main St; ⊙ Mitte März–Dez. Di–Sa 10–18 Uhr, Juli & Aug. auch So 10–17 Uhr) fungiert als Touristeninformation.

Spanish Point STRAND

Dieser Strand ist bei Sonnenuntergang wunderschön. Außerdem kann man hier nördlich vom Point hervorragend zwischen niedrigen Klippen wandern, durch Felsplatten hindurchspazieren und bei Ebbe durch Wasserlachen zwischen den Steinen laufen, vorbei an Höhlen und einsamen Stränden.

Schlafen

An Gleann B&B B&B €

(☎ 065-708 4281; www.angleann.net; Ennis Rd; EZ/DZ/3BZ 50/79/115 €; ⊙ Ostern–Mitte Okt.; P 📶) Miltown Malbays freundlichste Pension liegt in der Nähe der R474, 1,7 km südöstlich vom Zentrum entfernt. Sie verfügt über fünf saubere Zimmer, die teilweise einen Ausblick ins Land bieten.

★ **Coast Lodge** GASTHOF €€€

(☎ 065-707 9676; www.coastlodge.ie; R482, Spanish Point; DZ/FZ/Apt. ab 170/180/140 €; P 📶) Der schön ausgestattete Gasthof beim Strand am Spanish Point wartet mit Zimmern auf, von denen man aufs Meer oder den benachbarten Golfplatz blickt. Die Apartments im Cottagestil verfügen allerdings nicht über besonders tolle Ausblicke, dafür haben sie große Wohnbereiche, voll ausgestattete Küchen, Waschmaschinen und Terrassen mit Picknicktischen. In der Piano Bar werden Craft-Biere kredenzt, das angeschlossene Restaurant (Hauptgerichte 10–19 €) serviert gehobene Bistrokost.

Ausgehen & Nachtleben

Hillery's PUB

(Main St; Mo–Do 12–23, Fr & Sa bis 24, So bis 18 Uhr) Miltown Malbays ältestes Pub, eröffnet 1891, ist mit Buntglasfenstern und gerahmten Fotos an den Wänden geschmückt. Im Sommer gibt's fast jeden Abend irische Musik, sonst am Wochenende.

Friel's Bar PUB

(Lynch's; Mullagh Rd; Mo–Do 18–24, Fr & Sa 18–1, So 13–24 Uhr) In diesem alten, charmanten Klassiker gibt's im Sommer fast jeden Abend und im restlichen Jahr bis zu viermal pro Woche traditionelle Musik.

An- & Weiterreise

Ein Bus von Bus Éireann (www.buseireann.ie) fährt montags bis samstags an der Küste entlang nach Norden und Süden sowie ins Landesinnere nach Ennis (14,30 €, 1¼ Std.).

Lahinch

638 EW.

Lahinch (Leacht Uí Chonchubhair; auf Straßenschildern oft „Lehinch" geschrieben) an der geschützten Liscannor Bay ist schon seit Langem abhängig von strandhungrigen Sommertouristen und Besuchern des altehrwürdigen Lahinch Golf Club (siehe rechts) aus dem 19. Jh., immer noch einer der besten Golfplätze Irlands.

Der alte Urlaubsort hat sich außerdem in jüngerer Zeit zu einem der Zentren der irischen Surferszene entwickelt. An der Küste reihen sich die Surfschulen und -läden aneinander.

CLARES BESTES MUSIKFESTIVAL

Miltown Malbays Hommage an einen Sohn der Stadt, Willie Clancy, einen der größten Dudelsackspieler Irlands, ist eins der besten Festivals mit traditioneller irischer Musik des Landes. Normalerweise beginnt die neuntägige Veranstaltung in der ersten oder zweiten Juliwoche. Zu diesem Anlass werden tagsüber und abends spontane Konzerte geboten und die Pubs des Städtchens sind pickepackevoll. Darüber hinaus gibt's an der **Willie Clancy Summer School** (065-708 4148; http://scoilsamhraidhwillieclancy.com; Juli) Workshops und Kurse.

Aktivitäten

★ **Lahinch Golf Club** GOLF

(065-708 1003; www.lahinchgolf.com; Platzgebühren Mai–Sept. Old Course 190 €, Castle Course 35 €, Okt.–April niedrigere Platzgebühren) Der berühmte Old Course (Par 72) von Lahinch wurde zuerst 1892 von Offizieren des Black Watch Regiment der britischen Armee in den Dünen abgesteckt, dann 1894 von Old Tom Morris konzipiert und anschließend in den 1920er-Jahren von Alister MacKenzie und 1999 von Martin Hawtree umgestaltet. Vom flacheren Castle Course (Par 70) blicken die Golfer auf die Ruine des Dough Castle.

Auf den Plätzen sind schon seit dem frühen 20. Jh. Ziegen unterwegs. Sie dienen quasi als Barometer: Wenn sie sich in den Dünen versammeln, sind die Bedingungen gut, wenn sie sich jedoch am Clubhaus tummeln, ist mit schlechtem Wetter zu rechnen.

Dive Academy Scuba School TAUCHEN

(085 725 7260; www.diveacademy.info; Promenade; Tauchen vom Ufer/Boot inkl. Ausrüstung 25/35 €; nach Vereinbarung) In einem 170 000-l-Tank der PADI-akkreditierten Dive Academy Scuba School kann man tauchen lernen, außerdem werden Kurse im offenen Meer oder an der Küste angeboten, darunter Discovery Courses (80 €). Nach dem Tauchen kann man sich unter den warmen Duschen und in der Sauna der Schule aufwärmen.

Lahinch Surf School SURFEN

(087 960 9667; https://lahinchsurfschool.com; Promenade; Feb.–Nov. nach Vereinbarung) Profisurfer John McCarthy gibt Trainingsstunden (2 Std. ab 35 €) und offeriert mehrtägige Pauschalangebote.

Clare Surf Safari SURFEN

(087 634 5469; www.claresurfsafari.com; nach Vereinbarung) Der mobile Surfanbieter Clare Surf Safari holt Surfer mit dem Transporter in der Unterkunft ab und bringt sie zu den Stränden in Clare mit den aktuell besten Bedingungen. Unterricht inklusive Transport kostet 35 € für zwei Stunden bzw. 60 € für den ganzen Tag. Vorausbuchen, da im Transporter nur fünf Personen Platz haben.

SURFSPOTS

Clares Surferszene wächst und wird immer besser. An Wochenenden tummeln sich Hunderte Wellenreiter in der Brandung vor Lahinch.

Die Bedingungen sind einen Großteil des Jahres hervorragend, außerdem sorgen die trichterförmigen Felsen für eine tolle Kulisse. Für Anfänger ist das sanftere nördliche Ende geeigneter. Auf Felsen und Rippströmungen achten!

Es gibt viele Surfshops, in denen man Ausrüstung leihen (Brett & Neoprenanzug ab ca. 20 € für 2 Std.) und Kurse belegen (ab ca. 35 € für 2 Std.) kann.

Da es in Lahinch immer voller wird, weichen viele Surfer zu stilleren Spots an der Küste wie Doonbeg und Fanore aus.

Ben's Surf Clinic SURFEN

(☎ 086 844 8622; www.benssurfclinic.com; Promenade; ⌚ April–Sept. 9–21 Uhr, Okt.–März 10–16 Uhr) Bietet Unterricht (2 Std. 35 €) und verleiht Boards und Neoprenanzüge (2 Std. 20 €) sowie SUP-Boards und Kajaks (jeweils 25 € für 2 Std. inkl. Neoprenanzug).

Außerdem organisiert der Veranstalter Klettertouren im Burren (2 Std. 35 €) mit Klettermöglichkeiten an über 300 verschiedenen Stellen.

Green Room SURFEN

(☎ 086 142 2988; https://thegreenroom.ie; Parade; ⌚ 9–17.30 Uhr) Der Shop für Surfausrüstung, -bekleidung und -zubehör verleiht Surfbretter (15/20 € für 2 Std./Tag) und Neoprenanzüge (10/15 €) und bietet Unterricht (2 Std. 35 €). Außerdem kann man Bodyboards (10/15 €) und SUP-Boards (15/20 €) leihen.

Schlafen & Essen

Atlantic Hotel HOTEL €€

(☎ 065-708 1049; www.atlantichotel.ie; Main St; EZ/DZ/FZ ab 60/90/120 €; 📶) Klassiker in der Stadtmitte mit charmanter Atmosphäre, angefangen mit dem Empfang und den gemütlichen Bars bis zu den 14 ordentlichen Zimmern mit hübschen Tapeten. Hier ist es stiller als in vielen anderen Unterkünften, da keine Junggesellen- und -gesellinnentruppen aufgenommen werden, doch ein bisschen was von der Bar kann man eventuell durchaus noch hören.

★ **Barrtrá Seafood Restaurant** FISCH & MEERESFRÜCHTE €€

(☎ 065-708 1280; http://barrtra.com; abseits der N67; Hauptgerichte 21–28 €; ⌚ Juni–Aug. Mi–Sa 12.30–16.30 & 17.30–21, So 12–19 Uhr, Mai & Sept. Mi–Sa 17.30–21, So 12–19 Uhr, März, April & Okt.–Dez. Fr & Sa 17.30–21, So 12–19 Uhr; ☎) 🌿 Das weißgetünchte Cottage auf einem Bauernhof 4,5 km südlich von Lahinch ist von Küchengärten umgeben, aus denen die Kräuter und das Gemüse für exquisite Gerichte (mit Fenchel gefüllte Scholle mit Schalentiercremesuppe) stammen. Aus dem schönen Speiseraum in einem Wintergarten blicken die Gäste über die Weiden bis aufs Meer. Ein fantastisches Schnäppchen ist das fünfgängige Überraschungsmenü (37 €; vegetarisch 32 €).

An einem Sonntag des Monats wird traditionelle Musik geboten.

O'Looneys IRISCH €€

(www.olooneys.ie; Promenade; Hauptgerichte 9,75–20,50 €; ⌚ Küche Ostern–Okt. 11–21 Uhr, Nov.–Ostern Mo–Fr 11–21 Uhr) Am besten hat man die rauschende Brandung und die spektakulären Sonnenuntergänge auf der Terrasse dieser modernen zweigeschossigen Mischung aus Pub, Café und Club (geöffnet Ostern–Okt. Sa 23.30–4 Uhr) im Blick. Das recht gute Pubfood reicht von Fischsuppe bis zu Fish 'n' Chips, Burgern und Steaks. Jeden Samstagabend spielen Bands.

Shoppen

Lahinch Surf Shop SPORT & NATUR

(☎ 065-708 1543; www.lahinchsurfshop.com; Promenade; ⌚ Di–So 11–17 Uhr) Verkauft Surfbretter, -kleidung und -zubehör in spektakulärer Strandlage.

Lahinch Bookshop BÜCHER

(Main St; ⌚ Mi–Sa 9.30–18, So 10.30–18 Uhr) Neben Belletristik und Sachbüchern gibt's hier auch Wanderkarten für den Burren.

An- & Weiterreise

Bus Éireann (www.buseireann.ie) bietet auf der Strecke von Galway nach Ennis vier Busse täglich, mit Stopps u. a. in Doolin (4,90 €, 25 Min.), Ennis (13 €, 50 Min.) und Ennistimon (2,20 €, 10 Min.). Montags bis samstags fährt ein Bus Richtung Süden an der Küste entlang nach Doonbeg (10,60 €, 55 Min.).

Ennistimon

1045 EW.

Ennistimon (Inis Díomáin; manchmal Ennistymon geschrieben) ist eines der charmantesten Dörfer in Clare, mit einer idyllischen Hauptstraße mit bunten Läden und traditionellen Pubs, in denen das ganze Jahr über tolle Sessions mit irischer Musik stattfinden. Von den tosenden Cascades, den mehrstufigen Wasserfällen des Inagh, bieten sich flussabwärts malerische Spaziergänge an.

Sehenswertes

★ Cascades WASSERFALL

Die Kaskaden, zu erreichen durch einen Bogen in der Nähe des Byrne's Inn (siehe unten), schwellen nach heftigen Regenfällen an und stürzen braun schäumend ins Tal. An windigen Tagen wird man eventuell vom Sprühnebel durchnässt. Im Anschluss verläuft ein schöner Weg den Fluss entlang hinter das Falls Hotel.

Courthouse Studios & Gallery KULTURZENTRUM

(http://thecourthousegallery.com; Parliament St; ⌚Juni–Okt. Di–Sa 12–17 Uhr, Nov.–Mai Di–Sa bis 16 Uhr) GRATIS In einem renovierten Gebäude von 1800 werden auf zwei Etagen wechselnde Ausstellungen mit Werken von heimischen und ausländischen Künstlern gezeigt.

Schlafen & Essen

Restaurants und Cafés säumen die Main Street. Jede Woche findet auf dem Market Square ein Erzeugermarkt statt.

★ Byrne's Inn GASTHOF €€

(☎065-707 1080; www.byrnes-ennistymon.ie; Main St; DZ ab 90 €; P 📶) Der historische Gasthof zwischen der Main Street und den Kaskaden wartet mit einer der buntesten Fassaden von Ennistimon auf, gehalten in knalligen Violett-, Orange- sowie Meeres- und Himmelblautönen. Über eine steile Treppe erreicht man sechs große, komfortable, kürzlich renovierte Zimmer, einige mit Blick auf die Kaskaden. Das Restaurant (siehe unten) ist das beste der Stadt.

Falls Hotel HOTEL €€

(☎065-707 1004; www.fallshotel.ie; abseits der N67; EZ/DZ/FZ/Suite ab 80/120/155/190 €; P 📶 🏊) Dieses georgianische Hotel wurde auf den Überresten einer O'Brien-Burg errichtet. Früher einmal war es das Haus der Familie von Caitlín MacNamara, die mit Dylan Thomas verheiratet war. Heute hat das Hotel 142 moderne Zimmer und einen großen Indoorpool sowie ein Spa. Von der Eingangstreppe genießt man einen atemberaubenden Blick auf den Wasserfall, außerdem lädt ein 20 ha großer bewaldeter Park zu Spaziergängen ein.

Apartments für Selbstversorger sind für ab 206 € erhältlich. Es stehen Kinderbetten und Hochstühle zur Verfügung.

★ Cheese Press FEINKOST €

(Main St; ⌚Mo–Sa 8–18 Uhr) In dieser verführerischen Feinkosthandlung gibt's alles für ein Picknick am Fluss oder ein Lunchpaket für eine Burren-Wanderung. An irischem Biokäse stehen u. a. St. Tola Irish Goat Cheese (S. 375), Abbey Brie, Ballyhooly Blue, Burren Gold, Smoked Gubbeen und Bay Lough Cheddar zur Auswahl. Dazu kommen Räucherlachs und Schinken, Würzsoßen und hausgemachtes Brot. Außerdem gibt's hier den besten Kaffee in Ennistimon.

Oh La La CRÊPES €

(Main St; Galettes 5,50–12 €, Crêpes 2,80–7 €; ⌚10–17 Uhr; 🌱 👪) In dieser bunten kleinen Crêperie gibt's herzhafte *galettes* aus Buchweizenmehl mit Belägen wie Clonakilty-Blutwurst mit Apfelkompott und Crème fraîche oder auch Burren-Räucherlachs mit Porree und Kapern. Die süßen Crêpes sind etwa mit Kastaniencreme und in Honig gerösteten Cashewkernen oder mit weißer Schokolade und Rhabarbermarmelade belegt. Für Kids gibt's auch Crêpes mit Nutella. Manchmal wird akustische Livemusik geboten.

Byrne's Restaurant EUROPÄISCH €€

(☎065-707 1080; www.byrnes-ennistymon.ie; Hauptgerichte mittags 8,50–18 €, abends 16–22 €; ⌚10–21 Uhr; 📶) Hier sitzt man auf der Terrasse mit Blick auf die Kaskaden oder

> **AUF DER SUCHE NACH GELDAUTOMATEN**
>
> Im Westen von Clare kann einem leicht das Bargeld ausgehen, da viele der kleinen Orte, etwa Liscannor, Doolin, Lisdoonvarna und Kilfenora, eine bankautomatenfreie Zone sind. Vorhanden sind sie dagegen in Ennistimon, Kilkee, Kilrush, Lahinch und Miltown Malbay.

man begibt sich in den Innenraum, wo gepunktete Tischdecken, Holzfußböden und ein warmes Feuer im Kamin warten. Zu den Sandwiches wird die Tagessuppe gereicht; das Abendessen fällt gehobener aus: mit Gerichten, etwa in Schinken gewickeltem Schweinefilet mit Apfelsoße. Gute Auswahl an Weinen und Craft-Bier. Oben befinden sich sechs Gästezimmer (S. 370).

Ausgehen & Nachtleben

Ennistimons wunderbare alte Pubs sind ein echtes Highlight. Im Sommer wird an den meisten Abenden irische Musik geboten und auch im restlichen Jahr regelmäßig.

★ Eugene's PUB

(Main St; Mo–Do 10.30–23.30, Fr & Sa 10.30–0.30, So 12.30–23 Uhr) Mit Porträts z. B. von James Joyce und den Figuren der Kultfernsehserie *Father Ted* handbemalte Holzpaneele zieren die außergewöhnliche Fassade dieses Pubjuwels. Im behaglichen Inneren gibt es eine hervorragende Whiskey-Auswahl, alte Plakate von Festivals mit irischem Folk und mehrere schöne Buntglasfenster. Das ganze Jahr über erklingt mehrmals pro Woche traditionelle Musik.

Cooley's House PUB

(Main St; Mo–Sa 10.30–23, So 12–23 Uhr) Im Sommer wird in diesem geselligen Pub mit niedriger Decke an den meisten Abenden Musik gespielt und im Winter finden mittwochs Trad Sessions statt.

An- & Weiterreise

Bus Éireann (www.buseireann.ie) unterhält vier Busse täglich zu Zielen wie Doolin (5,10 €, 30 Min.) und Galway (22,60 €, 2¾ Std.) im Norden sowie Ennis (8,60 €, 30 Min.) im Südosten.

Liscannor & Umgebung

113 EW.

Südöstlich von Lahinch liegt an der Liscannor Bay das kleine Küstendorf Liscannor (Lios Ceannúir). Eigentliche Sehenswürdigkeiten gibt's hier nicht, doch man kann hier schön ein Päuschen einlegen und es locken ein paar tolle Pubs.

Liscannor ist Namensgeber für einen in der Gegend vorkommenden dunklen Sandstein, der sich durch seine grobkörnige geriffelte Oberfläche auszeichnet und für Fußböden, Wände sowie Dächer verwendet wird.

Cliffs of Moher Hotel HOTEL €€

(065-708 1924; http://cliffsofmoherhotel.com; Main St; DZ/FZ ab 89/109 €; P) Das schicke Hotel liegt zwar 6 km südöstlich des Besucherzentrums für die Cliffs of Moher (S. 372), dafür aber schön am südlichen Endpunkt des Cliffs of Moher Coastal Walk (S. 379). Die 23 Zimmer sind mit viskoelastischen Matratzen, Nespresso-Maschinen und Originalkunst aus Irland ausgestattet. In der Bar, die gute Regionalküche (Hauptgerichte 11–25 €) serviert, erklingt regelmäßig traditionelle Musik, im Sommer allabendlich.

Moher Lodge Farmhouse B&B €€

(065-708 1269; www.cliffsofmoher-ireland.com; abseits der R478; EZ/DZ 50/80 €; Ostern–Okt.; P) In dem großen Bungalow mit vier Zimmern, die aufs Meer und das Weideland rundherum blicken, kann man sich nach einem langen Wandertag etwa in der Lounge mit Kamin wunderbar entspannen. Auf Anfrage sind Familienpreise erhältlich. Zum Frühstück gibt's u. a. Pfannkuchen mit Ahornsirup. Die Pension liegt 3,5 km westlich von Liscannor und 4,3 km südlich der Cliffs of Moher.

Vaughan's Anchor Inn FISCH & MEERESFRÜCHTE €€

(065-708 1548; www.vaughans.ie; Main St; Hauptgerichte mittags 12–16 €, abends 18–26 €; Küche tägl. 12.30–21.30 Uhr, Bar Ostern–Okt. Mo–Sa 11–24, So bis 23 Uhr, Okt.–Ostern unterschiedliche Öffnungszeiten) Das Pub mit maritimem Motto ist auf Fisch und Meeresfrüchte spezialisiert, aber es serviert auch 21 Tage lang trocken gereifte Steaks für zwei Personen. Beim Fittieren wird stets Rindsfett verwendet. Wenn es regnet, macht man es sich drinnen am Torffeuer gemütlich, und wenn die Sonne scheint (oft nur 15 Minuten später), kann man draußen die frische Brise genießen. Darüber hinaus stehen für Übernachtungsgäste kompakte, aber gemütliche Zimmer (DZ ab 100 €) zur Verfügung.

Joseph McHugh's Bar PUB

(065-708 1106; https://josephmchughspub.ie; Main St; Mo–Do 11–23.30, Fr & Sa bis 0.30, So bis 23 Uhr) Jede Menge Tische im Hof, Craft-Biere der Western Herd Brewing Company aus dem County Clare, ausgezeichnete Gastropub-Kost (Hauptgerichte 14–20 €, Küche bis 21 Uhr) und regelmäßige traditionelle Musikabende machen die schöne alte Kneipe zu einem Publikumsmagneten.

Cliffs of Moher

Bei guter Sicht sind die Cliffs of Moher (Aillte an Mothair oder Ailltreacha Mothair) wahnsinnig schön. Bis zu 214 m ragen die Felsen auf und stürzen senkrecht zum tosenden Meer ab.

Entlang der Küste erstrecken sich Klippen aus dunklem Kalkstein in gleichförmiger Formation. An klaren Tagen beglücken einen die Ausblicke bis zu den Aran Islands und den Hügeln von Connemara. Zum Sonnenuntergang verwandelt sich der Himmel in ein Meer aus Rosa- und Rottönen.

Der Ruhm garantiert einen steten Strom an Besuchern, der im Sommer zu einer wahren Flut anwachsen kann. Doch der Wind verschluckt jeglichen Lärm. Ein großes Besucherzentrum schmiegt sich an einen Hügel. Die Hauptwege und Aussichtsplattformen entlang der Klippen wurden mit einer 1,50 m hohen Mauer begrenzt, um die Besucher vom oft brüchigen und rutschigen Klippenrand fernzuhalten.

Wer Richtung Norden oder Süden an den Klippen entlangwandert, wird mit wundervollen Ausblicken belohnt.

Richtung Norden verläuft der **Doolin Trail** am Aussichtsturm **O'Brien's Tower** von 1835 vorbei zum Dorf Doolin (ca. 7 km, 2½ Std.).

Richtung Süden führt am Ende der „Moher Wall“ vorbei, ein Wanderweg über die Klippen zum **Hag's Head**. Nur wenige Besucher legen die gesamte Strecke zurück, dabei ist der unverstellte Ausblick phänomenal. Der Hag's Head am südlichen Ende der Cliffs of Moher bietet eine spektakuläre Aussicht auf die Steilklippen. An seiner Spitze hat die Brandung einen riesigen Felsenbogen in den Stein gewaschen, ein weiterer ist im Norden zu sehen. Der alte Wachturm auf der Klippe wurde für den Fall errichtet, dass Napoleon die Westküste Irlands angreifen würde. Vom Hag's Head kann man weiter bis nach Liscannor gehen (insgesamt 12 km, ca. 3½ Std.).

Die komplette 20 km lange Klippenwanderung von Doolin nach Liscannor ist als **Cliffs of Moher Coastal Walk** ausgeschildert. Unterwegs geht's häufig auf und ab und über schmale Abschnitte entlang der Abbruchkante.

Im Herbst sollte man nach Zwerg- und Buckelwalen Ausschau halten. Mit einem Fernglas kann man unterwegs ein paar der mehr als 30 verschiedenen Vogelarten beobachten, darunter von Ende März bis Mitte Juli goldige kleine Papageitaucher.

Wer die Klippen und ihre Fauna außerdem noch aus einer anderen unglaublich beeindruckenden Perspektive betrachten möchte, sollte eine **Bootsfahrt** buchen. Die Veranstalter in Doolin, wie Doolin 2 Aran Ferries (S. 404) und die O'Brien Line (S. 404), bieten beliebte Touren an.

Auf den Klippen hat man (kostenlosen) WLAN-Empfang. Wenn der Parkplatz am Abend geschlossen wird, kann man zwar nicht mehr drauf-, aber immer noch runterfahren.

Cliffs of Moher Visitor Centre MUSEUM

(☎ 065-708 6141; www.cliffsofmoher.ie; Erw./Kind mit Parken 6 €/frei, O'Brien's Tower 2/1 €; ⌚ Juli & Aug. 9–21 Uhr, Juni & Sept. Mo–Fr 9–19.30, Sa & So bis 20 Uhr, sonst kürzere Öffnungszeiten) In diesem modernen Zentrum, das sich an einen Hang schmiegt, gibt's Ausstellungen über Flora, Fauna, Erdgeschichte und Klima der Klippen sowie kostenlose Broschüren über die Klippen – oder man lädt sich die kostenlose App herunter. Der trostlose **Puffin's Nest Coffee Shop** im Erdgeschoss scheint nur dazu da zu sein, Gäste nach oben in das teurere **Cliffs View Café** mit Murphy's-Eiscremestand zu treiben.

ℹ An- & Weiterreise

Vier Busse von Bus Éireann (www.buseireann.ie) fahren Richtung Norden zu Zielen wie Doolin (3,30 €, 10 Min.) und Galway (19,70 €, 2¼ Std.) und Richtung Südosten z. B. nach Ennis (13 €, 45 Min.). Zahllose private Anbieter veranstalten Touren zu den Klippen sogar von so weit entfernten Städten wie Galway, Dublin und Cork.

Der saisonal verkehrende **Cliffs of Moher Coastal Walk Shuttle Bus** (☎ 065-707 5599; www.cliffsofmohercoastalwalk.ie; einfache Fahrt 8 €; ⌚ Ostern–Nov.) verbindet die Cliffs of Moher mit Doolin und Liscannor.

DER BURREN

Der steinige und windgepeitschte Burren erstreckt sich im Norden von Clare. Geformt wurde die einzigartige Mondlandschaft aus kargem, grauem Kalkstein von voreiszeitlichen Meeren; sie fiel durch tektonische Bewegungen trocken. Der insgesamt 560 km² große Burren umfasst 250 km² an frei liegendem Kalkstein.

Im Frühjahr verleihen Wildblumen dem Burren leuchtende, kurzlebige Farbtupfer in seiner sonst sehr strengen Schönheit. Zudem befinden sich in der Gegend einige Dörfer wie das Musikdorf Doolin an der Westküste, Kilfenora im Landesinneren und das reizende Ballyvaughan im Norden an der Galway Bay.

Südlich von Ballyvaughan windet sich die Straße in mehreren engen Serpentinen den **Corkscrew Hill** (180 m) hinauf. Die Straße wurde in den 1840er-Jahren während der Hungersnot im Rahmen einer Arbeitsbeschaffungsmaßnahme erbaut und führt zu prähistorischen und eisenzeitlichen Stätten wie dem Gleninsheen Wedge Tomb (S. 382), zum Poulnabrone Dolmen (S. 382) und zum Caherconnell Fort (S. 382).

Die gesamte Region eröffnet fantastische Möglichkeiten zum Wandern und Klettern.

Geschichte

Trotz seiner Kargheit ernährte der Burren früher viele Bewohner – 2500 historische Fundstätten sind ein Beleg dafür. Als wichtigste gilt der 5000 Jahre alte Poulnabrone-Dolmen (S. 382), ein gewaltiges Megalithgrab aus der Jungsteinzeit und eines der meistfotografierten vorgeschichtlichen Monumente Irlands.

Etwa 70 der Grabstätten sind belegt. Bei vielen handelt es sich um sogenannte Keilgräber. Sie laufen in Höhe und Breite keilförmig zu und haben ungefähr die Größe eines Doppelbetts. Die Toten wurden hineingelegt und mit Erde bzw. Steinen bedeckt. Ein gutes Beispiel dafür ist Gleninsheen (S. 382) südlich der Höhle von Aillwee (S. 384).

In der Region gibt's fast 500 Ringfestungen, darunter eisenzeitliche Festungen wie Cahercommaun (S. 383) bei Carron.

Flora & Fauna

Humusreicher Boden ist in der Gegend ein knappes Gut. Doch wo er sich in den Spalten sammeln kann, bildet er einen gut bewässerten und äußerst nährstoffreichen Lebensraum. In dem milden Atlantikklima gedeiht eine faszinierende Flora aus mediterranen, arktischen und alpinen Pflanzen. 75 % aller Wildpflanzen Irlands wachsen hier, darunter zahlreiche Orchideen, die cremeweiße Bibernellrose, die kleinen Blütensterne des Steinbrechs und der Blutrote Storchschnabel. Heidekräuter, die keinen kalkhaltigen Boden mögen, stehen neben solchen, die auf Kalk perfekt gedeihen. Eine der größten Gefahren für diese Vielfalt ist die Ausbreitung von Haselsträuchern und

Der Burren

DIE GEOLOGIE DES BURREN

Geologisch gesehen scheint der Burren (Boireann ist die irische Bezeichnung für „felsiges Land") das Resultat gewaltiger Bewegungen zu sein, die die heutige raue Landschaft geformt haben. Wer sich die tiefen Rinnen im Gestein genauer ansieht, erkennt, dass die kargen Aran Islands direkt vor der Küste Teil derselben Formation sind.

Massive Verschiebungen der Erdkruste vor 270 Mio. Jahren formten den europäischen Kontinent und hoben den Meeresboden aus dem Wasser. Bei diesem Prozess wurden die Kalksteinplatten gebogen und gebrochen, außerdem bildeten sich lange, tiefe Klüfte, die typisch für den Burren sind.

Während mehrerer Eiszeiten schoben sich Gletscher über die Hügel und gaben ihnen dadurch ihre charakteristische abgerundete Form. Manch ein Felsen wurde dabei blankpoliert. Zugleich lagerte sich in den Rissen eine dünne Stein- und Humusschicht ab. Riesige Felsblöcke wurden vom Eis mitgeführt, die jetzt aus einem Ozean aus flachem Gestein aufragen.

Schlehdorn, die unter Kontrolle gebracht werden muss.

Auch Irlands scheuestes Säugetier, der Baummarder, hat im Burren eine Zuflucht gefunden. Häufiger anzutreffen sind Dachse, Füchse und sogar Hermeline. Otter und Robben bevölkern die Küsten rund um Bellharbour, New Quay und Finavarra Point. Der Burren Code ist eine Initiative, um Besuchern zu erklären, wie sie die Umwelt des Burren während ihres Aufenthalts schützen können.

Aktivitäten

Der Burren ist ein echtes Wanderparadies. Seine bizarre Landschaft, die zahlreichen Wanderwege und uralte Stätten lassen sich am besten zu Fuß erkunden. *Green roads*, alte Straßen, ziehen sich über Hügel und durch Täler bis in entlegene Winkel. Ein Großteil der unbefestigten Wege entstand während der Hungersnot als Arbeitsbeschaffungsmaßnahme, andere Strecken gibt's sogar schon seit Jahrtausenden. Heute werden sie hauptsächlich von Wanderern und Landwirten genutzt. Einige sind beschildert.

Darüber hinaus erstreckt sich in der Gegend der **Burren Way**, ein 123 km langes Netz von ausgeschilderten Trekkingrouten durch die Region. Er beginnt in Lahinch und endet in Corofin.

Eine gute Möglichkeit, diese einzigartige Region zu erkunden, sind geführte Spaziergänge (10–35 €) mit den Schwerpunkten Natur, Geschichte, Archäologie und Wildnis. Die Ausflüge können auch individuell auf die eigenen Wünsche zugeschnitten werden. Zu den Anbietern zählen Burren Guided Walks & Hikes, Heart of Burren Walks und Burren Wild Tours.

Burren Guided Walks & Hikes WANDERTOUREN
(☎ 087 244 6807, 065-707 6100; www.burrenguidedwalks.com; ab 20 €; ⏲ nach Vereinbarung) Die erfahrene Führerin Mary Howard leitet Gruppenwanderungen auf mehreren Touren über teils raues Terrain.

Heart of Burren Walks WANDERTOUREN
(☎ 087 292 5487; www.heartofburrenwalks.com; 20 €; ⏲ Di–Sa nach Vereinbarung) Der im Burren ansässige Autor Tony Kirby bietet zweistündige Spaziergänge und archäologische Wanderungen an. Nur Barzahlung.

Burren Wild Tours WANDERTOUREN
(☎ 087 877 9565; www.burrenwalks.com; L1014, Oughtmama, Bellharbour; 20–30 €; ⏲ nach Vereinbarung) John Conolly wartet mit einer großen Auswahl von einfachen bis schweißtreibenden Wanderungen auf. Diese beginnen am Café von Hazel Mountain Chocolate (S. 386).

Praktische Informationen

BESUCHERINFOS

Das **Burren Centre** (S. 380) in Kilfenora ist eine hervorragende Informationsquelle, genau wie das **Clare Heritage & Genealogy Centre** (S. 381) in Corofin.

Informationen im Internet:

Burren Ecotourism (www.burren.ie)
Burren Geopark (www.burrengeopark.ie)
Burren National Park (www.burrennationalpark.ie)
Burrenbeo Trust (www.burrenbeo.com)

BÜCHER & KARTEN

Zum Burren gibt's englischsprachige Literatur in Hülle und Fülle. Am besten durchstöbert man die Buchläden in Ennis oder hält in den Infozentren vor Ort Ausschau nach altbewährten Publikationen, etwa *Wild Plants of The Burren and the Aran Islands* von Charles Nelson, die hervorragenden Burren-Journey-Bücher von George Cunningham oder Tony Kirbys ausgezeichnetes aktuelles Werk *The Burren and the Aran Islands: A Walking Guide*.

Die Faltkarten von Tír Eolas, *A Rambler's Guide & Map*, zeigen historische Orte und andere Sehenswürdigkeiten und die Broschüre *The Burren Way* beinhaltet interessante Wanderrouten. Einen Großteil der Gegend decken außerdem die Karten 51 und 57 der Discovery-Serie von Ordnance Survey ab.

An- & Weiterreise

Auf der Strecke von Limerick über Ennis nach Galway halten die Busse von Bus Éireann (www.buseireann.ie) in wichtigen Orten im Burren wie Ballyvaughan, Corofin, Doolin, Fanore und Lisdoonvarna.

Von Kilfenora gibt's nur begrenzt Verbindungen nach Ennis und zu einigen Orten an der Küste von Clare, ebenso von New Quay nach Galway. Für Carron benötigt man ein eigenes Fahrzeug.

Unterwegs vor Ort

Wer mit dem Auto anreist, kann schon an einem einzigen Tag weite Teile des Burren besichtigen und dabei auch gleich einige der zahlreichen namenlosen Nebenstraßen erkunden. Für Touren querfeldein abseits der Hauptstraßen nutzt man am besten Fahrräder, die oft in Hotels und Pensionen oder bei **Doolin Rent a Bike** (S. 378) vermietet werden. Außerdem kann man hier wunderbar wandern.

Doolin

280 EW.

Doolin ist extrem beliebt, denn hier schlägt dank dreier berühmter Pubs, in denen regelmäßig Trad Sessions stattfinden, das Herz der irischen Musikszene. Der Ort liegt 6 km nordöstlich der Cliffs of Moher in einer Landschaft voller Höhlen und Wanderwege und es ist außerdem nicht weit zu den Startpunkten der Klippenbootstouren und der Fähren zu den Aran Islands.

Doolin verfügt über kein eigentliches Zentrum, sondern besteht aus drei winzigen benachbarten Siedlungen: Das reizende **Fisherstreet** bietet einige malerische traditionelle Cottages; vom Hafen rund 1,5 km westlich bieten sich atemberaubende Ausblicke aufs Meer. **Doolin** selbst liegt 1 km östlich am Flüsschen Aille und **Roadford** 1 km weiter östlich. Jeder Weiler beherbergt lediglich ein paar Häuser.

Zwar verleihen die Musikkneipen Doolin ein munteres Flair, doch wegen der hohen Besucherzahlen ist die Qualität des Gebotenen hier oft nicht so gut wie in einigen der weniger bekannten Dörfer in Clare (S. 355).

Umfassende Informationen für Touristen gibt's auf der Website www.doolin.ie.

Sehenswertes & Aktivitäten

★ **Doolin Cave** HÖHLE
(☎ 065-707 5761; www.doolincave.ie; R479; Erw./Kind 15/8 €; ⏱ März–Okt. 10–17 Uhr, Nov.–Anfang Jan. Sa & So 11–16 Uhr) Die größte Attraktion, der Doolin Cave 3,5 km nördlich von Roadford, ist der längste Stalaktit der nördlichen Erdhalbkugel: Er ist 7,3 m lang. Die Zeiten für die Führungen schwanken im Verlauf des Jahres, doch meist finden sie jeweils zur vollen Stunde statt. Den Gletscherton aus der Tiefe der Höhle verwendet die hier ansässige Töpferin Caireann Browne, die ihre Arbeiten hier auch verkauft. Außerdem gibt's einen 1 km langen Bauernhofweg mit seltenen Nutztieren und einem Café.

ABSTECHER

ST. TOLA GOAT CHEESE

Der cremige **St. Tola Irish Goat Cheese** (☎ 065-683 6633; www.st-tola.ie; abseits der L1094, Inagh; Führungen Erw./Kind 10/5 €; ⏱ Führungen nach Vereinbarung, Hofladen Mitte März–Mitte Okt. Mo–Fr 10–16 Uhr) taucht auf den Karten einiger der besten Restaurants Irlands auf. Wer möchte, kann einen Abstecher zu diesem 26 ha großen Bauernhof im Burren machen: Er liegt 11 km südöstlich von Ennistimon bzw. 16 km nordwestlich von Ennis und ist an der N85 ausgeschildert. Bei den einstündigen Führungen – reservieren! – kann man die Ziegen streicheln, dabei zusehen, wie sie gefüttert werden, und sich anschauen, wie der Ziegenkäse hergestellt wird. Den köstlichen Käse kann man dann in verschiedenen Variationen im Hofladen kaufen, u. a. als Salzlakenkäse oder Gouda.

Doonagore Castle BURG

(abseits der R478) Der runde, zinnenbewehrte Wohnturm aus dem 16. Jh. könnte direkt einem Märchenbuch entsprungen sein. Die Ruine wurde in den 1970er-Jahren vom Architekten Percy Leclerc für einen Amerikaner restauriert, dessen Familie der Turm auch heute noch gehört. Der Wohnturm ist nicht öffentlich zugänglich, aber bei Sonnenuntergang kann man hier schöne Fotos machen. Der Turm steht 1 km südlich von Fisherstreet.

Doolin Cliff Walk WANDERTOUREN

(☎ 065-707 4170; www.doolincliffwalk.com; 10 €; ⏲ Mai–Anfang Nov. 10 Uhr) Diese großartige dreistündige Klippenwanderung startet jeden Morgen vor dem O'Connor's Pub (S. 377) in Fisherstreet und führt vorbei am Doonagore Castle (siehe oben) zum Cliffs of Moher Visitor Centre (S. 372), von wo aus man mit dem Bus zurück nach Doolin fahren kann. Da es unterwegs sehr steil ist, eignet sich die Wanderung nicht für Kinder sowie für Leute mit eingeschränkter Mobilität oder Höhenangst.

Feste & Events

Russell Memorial Weekend MUSIK

(www.michorussellweekend.ie; ⏲ Feb.) Am letzten Wochenende im Februar findet dieses Festival zu Ehren des legendären Dooliner Musikers Micho Russell und seiner Brüder statt, mit Workshops, Tanzunterricht und irischer Musik im ganzen Ort.

Schlafen

Doolin hat jede Menge preisgünstige Jugendherbergen und B&Bs. Wer sich in den Kneipen irische Musik anhören möchte, sollte seine Unterkunft mit Bedacht wählen, um nicht allzu weit von den Pubs entfernt zu nächtigen, die man unbedingt aufsuchen möchte – die Straßen in der Gegend sind schmal und unbeleuchtet.

★ **Doolin Inn & Hostel** HOSTEL €

(☎ 087 282 0587; http://doolinhostel.ie; Fisherstreet; B/DZ/3BZ/FZ ab 26/69/90/99 €; P @ 📶) Die freundliche familiengeführte Unterkunft in toller Lage in Fisherstreet umfasst zwei benachbarte Gebäude. Das Hauptgebäude auf dem Hügel beherbergt den Gasthof mit makellos sauberen, in neutralen Farbtönen gehaltenen B&B-Zimmern, der Rezeption und einem tollen Café mit Craft-Bieren. Direkt gegenüber befindet sich das Hostel mit Schlafsälen mit fünf bis zwölf Betten.

Hier herrscht eine eher ruhige, gesellige Atmosphäre – Junggesellen- und -gesellinnengruppen sind unerwünscht!

Aille River Hostel HOSTEL €

(☎ 065-707 4260; http://ailleriverhosteldoolin.ie; Roadford; B/DZ ab 18/46 €, Zeltstellplätze ab 9 € pro Pers.; ⏲ März–Dez.; P 📶) Eine gute Wahl: Das umgebaute gemütliche Bauernhaus aus dem 17. Jh. in malerischer Lage am Flussufer punktet mit einem Torffeuer und kostenlos zu nutzenden Waschmaschinen. Zur Verfügung stehen 24 Betten und ein Zeltplatz; wer kein eigenes Zelt hat, kann vielleicht ein Tipi mieten.

Rainbow Hostel HOSTEL €

(☎ 065-707 4415; http://rainbowhostel.net; Roadford; B/DZ ab 15/40 €; P 📶) Der alte Bauernhof an der Straße mit 24 Betten gehört zum IHH-Verbund. In der Lounge befindet sich ein schöner Kamin. Die Decken sind aus Holz und die Zimmer bunt gestaltet. Fahrräder werden für 10 € pro Tag vermietet.

Nagles Camping & Caravan Park CAMPINGPLATZ €

(☎ 065-707 4458; www.doolincamping.com; Fisherstreet; Stellplätze 9–20 €, Glamping-Pods ab 65 €; ⏲ Mitte März–Mitte Okt.; P 📶) Auf der grasbewachsenen Anlage, 100 m vom Bootsanleger und 1,5 km nordwestlich von Fisherstreet, wiegen einen die Wellen in den Schlaf. Die 85 Stellplätze für Wohnwagen und Wohnmobile und die 4 ha große Fläche für Zelte sind Wind und Wetter ausgesetzt, also sollte man die Heringe gut festmachen. Die hölzernen Glamping-Pods (kleine Hütten) verfügen über ein schmales Doppelbett, ein Einzelbett, eine kleine Küche und eine Veranda.

★ **O'Connors Guesthouse & Riverside Camping** GÄSTEHAUS, CAMPINGPLATZ €€

(☎ 065-707 4498; www.oconnorsdoolin.com; Doolin; EZ/DZ ab 55/100 €, Glamping-Unterkünfte 80–100 €, Stellplätze 8–20 €; ⏲ Ende Feb.–Nov.; P 📶) Der Bauernhof an einer Biegung des River Aille verfügt über ein L-förmiges Gästehaus im Scheunenstil mit zehn blitzsauberen Zimmern, von denen zwei für Gäste mit eingeschränkter Mobilität eingerichtet sind. Nebenan stehen auf dem Campingplatz Stellplätze für Zelte, Wohnwagen und Wohnmobile zur Verfügung, teils direkt am Fluss, außerdem noble Jurten, Tipis und Wohnwagen im Retrostil.

Hotel Doolin HOTEL €€
(065-707 4111; www.hoteldoolin.ie; Doolin; DZ/FZ 160/210 €; P, WLAN) Die gradlinigen Zimmer in diesem modernen Hotel warten mit eleganten dunklen Holzmöbeln und Seetang-Toilettenartikeln von Voya Irish auf. Von der Lounge im Erdgeschoss geht's hinaus auf eine Terrasse und Rasenflächen. Teils sind auf der Website Schnäppchen erhältlich. Zum Hotel gehören ein edles Abendrestaurant (Hauptgerichte 15–25 €), eine Pizzeria (Pizza 9–13 €), eine Bar nur für Hotelgäste und ein Pub, das Fitz's (S. 378), wo man auch essen kann.

Daly's House B&B €€
(065-707 4242; www.dalys-doolin.com; Fisherstreet; EZ/DZ ab 60/90 €; P, WLAN) Vom Frühstückssaal dieses tollen B&Bs 300 m nördlich von Gus O'Connor's Pub (siehe rechts) kann man Ausblicke auf die Cliffs of Moher erhaschen. Den sechs großen, gemütlichen Zimmern verleihen bunte Kissen und moderne Drucke Frische. Die Besitzer sind unheimlich gastfreundlich.

Cullinan's Guesthouse GÄSTEHAUS €€
(065-707 4183; www.cullinansdoolin.com; Doolin; DZ 90–120 €; März–Nov.; P, WLAN) James Cullinan, der Besitzer dieser senffarbenen Bleibe am Fluss Aille, ist ein bekannter Geiger. Die acht gepflegten und gemütlichen Zimmer sind mit Kiefernholz eingerichtet. Ein paar Räume sind etwas kleiner als die anderen, aber dafür bieten sie einen Blick auf den Fluss. Von der reizvollen Terrasse hinterm Haus eröffnen sich schöne Ausblicke und es gibt außerdem ein renommiertes Restaurant (siehe rechts).

Sea View House B&B €€
(087 267 9617; www.seaview-doolin.ie; Fisherstreet; DZ ab 130 €; Mitte März–Okt.; P, WLAN) In dem treffend benannten Haus auf höherem Terrain oberhalb des Dorfs Fisherstreet bieten sich von den teureren Zimmern und von der Terrasse weite Ausblicke. Die Zimmer sind mit dunklen Holzmöbeln, geblümten Vorhängen und bunten Drucken eingerichtet. In der Gemeinschafts-Lounge steht ein Teleskop zur Erkundung des Panoramas.

Essen

Bis etwa 21.30 Uhr werden in den Pubs von Doolin irische Klassiker wie Schinken und Kohl sowie Fischsuppe serviert. Außerdem gibt's in Doolin ein paar Restaurants und Cafés, die teils nur im Sommer geöffnet sind.

Es gibt keine Supermärkte und Geldautomaten – also vorsorgen!

Doolin Café CAFÉ €
(www.thedoolincafe.com; Roadford; Hauptgerichte 4–9 €; April–Okt. Mi–Mo 9–18 Uhr) Dieses weiß gestrichene Cottage mit lila Verzierungen ist ein örtlicher Treff. Bis 13 Uhr serviert er sättigende Frühstücksspeisen (vegan, vegetarisch und mit Meeresfrüchten sowie Frühstückswaffeln für die Kleinen), mittags Suppen, Salate und Sandwiches sowie den ganzen Tag über hausgemachte Pasteten und Kuchen, darunter ein toller Käsekuchen. Die Picknicktische draußen werden von der Sonne beschienen.

Cullinan's MODERN IRISCH €€€
(065-707 4183; www.cullinansdoolin.com; Doolin; Hauptgerichte 22–32 €; Ostern–Mitte Okt. Mo, Di & Do–Sa 18–21 Uhr) Das ausgezeichnete Lokal neben der gleichnamigen Pension (siehe links) hat eine kurze Speisekarte, die je nach saisonalem Marktangebot wechselt. Außerdem wartet das Cullinan's mit einem umfangreichen Weinsortiment auf. Geboten werden Leckereien wie in Whiskey gepökelter Lachs, über dem Holzkohlegrill gegartes Sirloin-Steak mit Blutwurst-Kroketten und Pistazien-Himbeer-Pudding.

Ausgehen & Unterhaltung

★ **Gus O'Connor's** PUB
(https://gusoconnorspubdoolin.net; Fisherstreet; Mo–Do 10–24, Fr–So bis 2 Uhr) Diese Kneipe von 1832 direkt an der Flussmündung platzt stets aus allen Nähten, wenn irische Musik für Bombenstimmung sorgt. An manchen Sommerabenden kann man sich kaum noch hineinquetschen. Von Ende Februar bis November gibt's hier jeden Abend ab 21.30 Uhr Livemusik, außerdem ganzjährig jeden Sonntag um 18 Uhr.

Das klassische Pubfood mittags (Hauptgerichte 7,50–15 €) und abends (12–24 €) liegt qualitätsmäßig weit über dem Durchschnitt.

McGann's PUB
(065-707 4133; www.mcgannspubdoolin.com; Roadford; Mo–Mi 10–23.30, Do–Sa bis 0.30, So bis 23 Uhr; WLAN) Das McGann's hat alle klassischen Attribute einer authentischen irischen Musikkneipe. Manchmal setzt sich das Treiben bis auf die Straße fort. In den vielen kleinen Räumen (einige mit Torffeuer) spielen Einheimische gern Darts. Irischen Folk kann man hier das ganze Jahr

über fast allabendlich hören. Oben befinden sich sechs einfache Gästezimmer mit Bad (DZ ab 60 €).

McDermott's PUB
(MacDiarmada's; Roadford; ⌚ Bar 11–24 Uhr, Küche 9–21.30 Uhr) Das einfache rot-weiße traditionelle Pub ist ein lauter Klassiker. Draußen an der Straße stehen Picknicktische, drinnen sieht's recht schlicht aus und auf der Karte stehen Sandwiches und Braten. Von Ostern bis Oktober wird jeden Abend ab 21.30 Uhr Livemusik gespielt, im restlichen Jahr an mehreren Abenden der Woche.

Fitz's PUB
(www.hoteldoolin.ie; Doolin; ⌚ Mo–Do 12–23.30, Fr & Sa bis 0.30, So bis 23 Uhr) Der relative Neuling Fitz's im Hotel Doolin (S. 377) organisiert von April bis Oktober zweimal am Abend Livemusiksessions und von November bis März mindestens dreimal pro Woche. Neben einer erstklassigen Whiskey-Palette hat das Pub auch tolle Craft-Biere und Cider (Probiersets erhältlich) auf Lager, es braut zudem noch ein eigenes Bier, das Dooliner. Das Kneipenessen (Hauptgerichte 13–24 €) ist erste Sahne.

Zu den fantasievollen Cocktails zählen der MV Plassy on the Rocks (benannt nach dem Schiffswrack auf den Aran Islands; S. 413), ein Burren-Martini und der Father Jack Espresso (zu Ehren des streitlustigen Priesters aus der TV-Serie *Father Ted*).

★ **Doolin Music House** TRADITIONELLE MUSIK
(☎ 065-707 4584; www.doolinmusichouse.com; R478, Caherkinalla; 20 €; ⌚ Mo, Mi & Fr 19–20.30 Uhr nur mit Reservierung) Eine Abwechslung zu den vollen Musikkneipen in Doolin bildet das Zuhause des Musikers Christy Barry, das mit Kunstwerken seiner Partnerin Sheila dekoriert ist – der Besuch hier muss vorgebucht werden. Am Kamin spielt Christy dann traditionelle Stücke, erzählt über die irische Musikgeschichte und beantwortet auch gern Fragen. Im Preis inbegriffen sind ein Glas Wein und Snacks. 4 km östlich von Doolin.

Shoppen

Clare Jam Shop LEBENSMITTEL
(abseits der R478; ⌚ 9–18 Uhr) Konfitüren (Blaubeere, Erdbeere und Champagner oder Brombeere und Apfel), Orangenmarmelade (u. a. mit irischem Whiskey), Gelees (z. B. Rosengelee), Chutneys (Tomate und Rhabarber) und Senf (etwa ein Guinness-Senf) werden in diesem netten kleinen Cottage 3,5 km südwestlich von Fisherstreet und 3 km nördlich der Cliffs of Moher) nach traditioneller Art hergestellt. Viele der Zutaten wurden von Hand im Burren gesammelt.

Doolin Chocolate Shop SCHOKOLADE
(www.wildeirishchocolates.com; Fisherstreet; ⌚ Mai–Okt. 11–19 Uhr, Nov.–April kürzere Öffnungszeiten) Lavendel und Rose, Seetang und Limone oder Haselnuss und Rosinen: Dies sind einige der Schokoladen der in Clare ansässigen Firma Wilde Irish Chocolates mit ihrer Fabrik (S. 359) in Tuamgraney beim Lough Derg im Osten der Grafschaft. In diesem Laden sind auch weiße und dunkle Schokoladenaufstriche sowie Fudge (z. B. mit Porter-Bier oder Irish-Cream-Likör) erhältlich.

An- & Weiterreise

BUS

Vier Busse von Bus Éireann (www.buseireann.ie) fahren täglich über die Cliffs of Moher (3,30 €, 10 Min.) nach Ennis (14,30 €, 50 Min.) sowie über Ballyvaughan (8,60 €, 1 Std.) nach Galway (19,50 €, 2 Std.).

Im Sommer verkehren Shuttlebusse zwischen Galway und Doolin oder anderen Orten in Clare.

SCHIFF/FÄHRE

Der **Doolin Pier** (abseits der R439) ist einer von zwei Fährhäfen, wo von Mitte März bis Oktober Boote zu den drei Aran-Inseln ablegen – der andere ist das **Rossaveal Ferry Terminal** (S. 404) 37 km westlich der Stadt Galway. Die Überfahrten werden oft wegen hohen Seegangs oder Ebbe abgesagt.

Doolin 2 Aran Ferries (☎ 065-707 5949; www.doolin2aranferries.com; Doolin Pier; ⌚ Mitte März–Okt.) und die **O'Brien Line** (☎ 065-707 5618; www.obrienline.com; Doolin Pier; ⌚ Mitte März–Okt.) schippern nach Inisheer (einfach/hin & zurück 10/20 €, 30 Min., 4-mal tägl.), Inishmore (15/25 €, 1¼ Std., 2-mal tägl.) und Inishmaan (20/25 €, 45 Min., 2-mal tägl.). Tickets für Fahrten zwischen den Inseln kosten jeweils 10 €.

Außerdem werden einstündige **Cliffs-of-Moher-Bootstouren** (15 €) angeboten. Am besten startet man spätnachmittags, wenn das Licht von Westen kommt.

Es sind verschiedene Kombitickets und Internetrabatte erhältlich.

Unterwegs vor Ort

Die Unterkünfte verleihen oft auch Fahrräder. Ansonsten wendet man sich an **Doolin Rent a Bike** (☎ 086 109 1850; www.doolinrentabike.ie;

Fisherstreet; Leihräder ab 12 € pro Tag; ⌚ Juli & Aug. 8–19 Uhr, Sept.–Juni kürzere Öffnungszeiten).

Der saisonal verkehrende **Cliffs of Moher Coastal Walk Shuttle Bus** (S. 372) klappert die einzelnen Siedlungen von Doolin ab und fährt zu den Cliffs of Moher und nach Liscannor.

Lisdoonvarna

829 EW.

Schon seit Jahrhunderten kommen Gäste nach Lisdoonvarna (Lios Dún Bhearna, oft kurz Lisdoon genannt) mit seinem heilsamen Wasser. Heute präsentiert sich das Örtchen etwas ärmlicher als zu seinen Glanzzeiten in viktorianischer Zeit, doch es ist ein guter Stützpunkt für die Erkundung der Gegend.

NICHT VERSÄUMEN

LISDOONVARNA MATCHMAKING FESTIVAL

Früher war Lisdoonvarna das Zentrum der *basadóiri* (Heiratsvermittler), die ihren Kunden gegen Gebühr einen Partner suchten. Vor allem im September nach der Heuernte strömten hoffnungsvolle, hauptsächlich männliche Bewerber fein herausgeputzt in den Ort. Diese Tradition setzt sich heute auf dem **Lisdoonvarna Matchmaking Festival** (www.matchmakerireland.com; ⌚ Sept.-Wochenenden) an den Septemberwochenenden mit Musik und Tanz fort.

Sehenswertes & Aktivitäten

Burren Smokehouse LEBENSMITTEL
(☎ 065-707 4432; www.burrensmokehouse.ie; Kincora Rd; ⌚ Mai–Aug. 9–18 Uhr, Sept.–April kürzere Öffnungszeiten) Ein siebenminütiger Film informiert im Burren Smokehouse über die traditionelle irische Kunst des Lachsräucherns. Lachs und andere geräucherte Fische können gratis verkostet werden. Außerdem gibt's hier Käse und andere Delikatessen, darunter Marmelade vom Clare Jam Shop in Doolin.

Spa Well THERMALQUELLE
Am südlichen Ende der Stadt erstreckt sich inmitten einer gepflegten, bewaldeten Anlage dieses Thermalbad mit einer Schwefelquelle und einem viktorianischen Pumpwerk. Das Wasser enthält Eisen, Schwefel, Magnesium und Jod und soll bei Rheuma sowie Drüsenbeschwerden lindernd wirken.

Im Ortszentrum führt ein Pfad hinter der Roadside Tavern (S. 380) nach 400 m zu zwei Quellen am Fluss, wo man das Quellwasser verkosten kann.

Schlafen & Essen

Lisdoonvarna verfügt über ein Hostel und zwei Gasthöfe. Fürs Father Ted Festival (S. 381) am langen Maiwochenende und fürs Matchmaking Festival (siehe oben) im September sollte man im Voraus buchen.

Sleepzone Burren Hostel HOSTEL €
(☎ 065-707 4036; www.sleepzone.ie; Kincora Rd; B/DZ/FZ ab 15/49/69 €; P ᯤ) Das Hostel in einem ehemaligen Hotel verfügt in modernen Schlafsälen und Privatzimmern insgesamt über 124 Betten; in den Familienzimmern haben bis zu fünf Personen Platz. Zu den Einrichtungen zählen eine Gästeküche, eine Lounge voller Bücher und eine große Rasenfläche. Ein Shuttlebus pendelt zu den Sleepzone-Hostels in der Stadt Galway (S. 389) und in Connemara (S. 415).

★ **Sheedy's Country House Hotel & Restaurant** GÄSTEHAUS €€
(☎ 065-707 4026; www.sheedys.com; Sulphur Hill; DZ ab 130 €; ⌚ Mitte März–Sept.; P ᯤ) In dem stattlichen Landhaus aus dem 18. Jh. befinden sich elf schön eingerichtete Zimmer mit Karostoffen und salbeifarbenen Wänden. Auf der langen Veranda vorm Haus stehen gemütliche Sessel um den Gartenblick zu genießen. Im angeschlossenen Restaurant (Hauptgerichte 18–28 €), das montags bis samstags Abendessen serviert (nur mit Reservierung), sind auch Nichtgäste willkommen, ebenso in der Bar mit ihrem riesigen Angebot an Whiskeys.

Zum Frühstück wird u. a. in Whiskey getränkter Porridge mit Baileys angeboten.

Wild Honey Inn GÄSTEHAUS €€
(☎ 065-707 4300; www.wildhoneyinn.com; Kincora Rd; DZ ab 115 €; ⌚ Ostern–Nov.; P ᯤ) In einem Herrenhaus von 1860 an der Straße bietet das Wild Honey 14 stylische Zimmer, teils mit eigener Gartenterrasse. Das Restaurant (3-/4-Gänge-Menü 40/50 €) serviert montags bis samstags ab 18 Uhr Abendessen. Geboten wird eine täglich wechselnde Karte mit Gerichten aus regionalen Zutaten und frischen Meeresfrüchten.

★ **Roadside Tavern** PUB
(http://roadsidetavern.ie; Kincora Rd; ⊙ März–Okt. Mo–Do 12–23.30, Fr & Sa bis 0.30, So bis 23 Uhr, Nov.–Feb. kürzere Öffnungszeiten) Das Pub von Peter Curtin, der es in dritter Generation betreibt, unten am Fluss verströmt irische Gemütlichkeit. Im Sommer finden täglich traditionelle Musikabende statt, im Winter nur freitags und samstags. Die angeschlossene Brauerei Burren Brewery produziert erstklassiges Lager, Red Ale und Stout. Fisch vom nahen Burren Smokehouse (S. 379), das ebenfalls zur Kneipe gehört, taucht in köstlichen Gerichten auf (Hauptgerichte 12–18 €; Küche März–Okt.).

An- & Weiterreise

Bus Éireann (www.buseireann.ie) unterhält vier Busse täglich zu den folgenden Zielen:
Ballyvaughan 6,20 €, 40 Min.
Doolin 5,20 €, 15 Min.
Ennis 14,30 €, 1¼ Std.
Galway 18,10 €, 2 Std.

Kilfenora

175 EW.

Kilfenora (Cill Fhionnúrach) liegt am südlichen Rand des Burren, 8,5 km südöstlich von Lisdoonvarna. Es ist ein kleines Dorf, in dem niedrige bunte Häuser den dichten Ortskern bilden.

Das Örtchen verfügt über eine ausgeprägte Musiktradition: Die **Kilfenora Céilí Band**, Irlands älteste *céilidh*-Band, spielt hier seit über einem Jahrhundert mit Fiedel, Banjo, Akkordeon und mehr auf.

Sehenswertes

Burren Centre MUSEUM
(☎ 065-708 8030; www.theburrencentre.ie; Main St; Erw./Kind 6/4 €; ⊙ Juni–Aug. 9.30–17.30 Uhr, März–Mai, Sept. & Okt. 10–17 Uhr) Im Burren Centre gibt ein zwölfminütiger Film einen Überblick über die Flora, Fauna und Geologie des Burren. Anhand von interaktiven Exponaten wird seine Entstehung und Entwicklung bis zur Gegenwart erläutert. Außerdem wird auch die Kilfenora Céilí Band beschrieben. Mit Teestube und großem Laden für irisches Kunstgewerbe.

Kilfenora Cathedral RUINE
(abseits der Main St; ⊙ Juni–Aug. 9.30–17.30 Uhr, März–Mai, Sept. & Okt. 10–17 Uhr) In früheren Zeiten war die 1189 erbaute Kathedrale von Kilfenora ein wichtiges Wallfahrtsziel. Hier gründete der hl. Fachan (auch Fachtna genannt) im 6. Jh. ein Kloster, das später als Sitz des kleinsten Bistums Irlands, der Diözese Kilfenora, diente. Hat man die jüngere protestantische Kirche umrundet, kann man den ältesten Teil der Ruinen betreten, die mit einem Glasdach versehen wurden. Im Altarraum befinden sich zwei Gräber mit schlichten Skulpturen.

Außerdem sind drei Hochkreuze zu sehen; Erläuterungen dazu stehen auf Stahltafeln. Das 800 Jahre alte **Doorty Cross** ist 4,2 m hoch; bis in die 1950er-Jahre lag es – in zwei Teile zerbrochen – auf dem Boden und wurde dann wieder aufgestellt.

Leamaneh Castle RUINE
(an der Kreuzung von R476 & R480) Diese majestätische Ruine, in der es angeblich spukt, thront 6,2 km östlich von Kilfenora auf einer Erhebung. Das 1480 erbaute Turmhaus wurde 1650 zu einem Herrenhaus umgebaut. Einst lebte hier Máire Rúa (Red Mary), die laut örtlicher Legenden sage und schreibe 25 Ehemänner hinter sich gebracht hat – mindestens einer soll mit seinem Pferd von den Cliffs of Moher gesprungen sein. Ihre Feinde sperrten sie schließlich in einen hohlen Baum.

West Cross MONUMENT
130 m westlich der Kathedrale von Kilfenora erreicht man über einen Zaunübertritt das in einem Feld stehende 4,6 m hohe West Cross, auf dem die Kreuzigung Christi dargestellt ist.

Schlafen & Essen

Kilfenora Hostel HOSTEL €
(☎ 065-708 8908; www.kilfenorahostel.com; Main St; B/DZ/FZ ab 20/52/70 €; P 📶) Das Hostel ist mit dem Vaughan's Pub nebenan verbandelt und verfügt in Schlafsälen mit vier bis zehn Betten und Privatzimmern über 46 Betten; für Familien gibt's Rabatte. Außerdem sind Möglichkeiten zum Wäschewaschen und eine große Küche vorhanden.

★ **Vaughan's Pub** PUB
(www.vaughanspub.ie; Main St; ⊙ 10.30–23.30 Uhr, Öffnungszeiten können variieren) In der irischen Musikszene genießt dieses Pub großes Ansehen. Im Sommer werden jeden Abend Konzerte veranstaltet, im restlichen Jahr mehrmals pro Woche. In der Scheune nebenan treffen sich sonntags von 21.30 bis 23.30 Uhr talentierte Tänzer zum Set Dance, einem iri-

schen Volkstanz. Bis 21 Uhr wird Pubfood (Hauptgerichte 8,50–12 €) serviert.

An- & Weiterreise

Bus Éireann (www.buseireann.ie) fährt montags bis samstags mit einem Bus am Tag nach Ennis (8,60 €, 40 Min.) und zu Orten an der Küste wie Doonbeg (14,30 €, 1¼ Std.).

Corofin & Umgebung

627 EW.

Corofin (Cora Finne) bzw. Corrofin ist ein traditionelles Dorf am südlichen Rand des Burren. In der Umgebung befinden sich einige *turloughs* (kleine Seen) und mehrere Burgen der O'Briens. Zwei davon liegen am Ufer des nahen Lough Inchiquin.

Sehenswertes

Father Ted's House FILMSCHAUPLATZ
(☎ 087 404 8475; www.fathertedshouse.com; Glanquin House, Cloon, Kilnaboy; Erw./Kind 10/8 €; ⌚ nach Vereinbarung) Fans der irren TV-Comedy *Father Ted* nutzen natürlich gern die Chance, das Gebäude zu besuchen, das in der Serie als Kulisse für die Außenaufnahmen des Pfarrhauses diente. Ein Besuch hier muss im Voraus reserviert werden, und zwar telefonisch montags bis freitags zwischen 18 und 20 Uhr. Es ist nur Barzahlung möglich. Im Preis inbegriffen sind Tee, Kuchen und Kekse sowie Biomarmelade aus Früchten aus dem Garten. Das 9,5 km nördlich von Corofin gelegene Haus kann auch mit Ted Tours besichtigt werden.

Clare Heritage & Genealogy Centre BESUCHERZENTRUM
(☎ 065-683 7955; www.clareroots.com; Church St; ⌚ Mo–Fr 9–13 & 14–17 Uhr) Dieses Zentrum ist die Hauptinformationsquelle über den Burren National Park mit Infos über die Geologie sowie die Flora und Fauna des Burren. Außerdem haben Besucher die Möglichkeit, nach ihren aus der Grafschaft stammenden Vorfahren zu forschen.

Die Ausstellungen im Clare Heritage Centre Interpretative Museum (www.clareroots.com; Church St; Erw./Kind 4/2 €; ⌚ Mai–Okt. Mo–Fr 9–17 Uhr) gegenüber liefern die Hintergründe für die Auswanderung aus Clare durch die Große Hungersnot.

Schlafen

Corofin Hostel & Camping Park HOSTEL, CAMPINGPLATZ €
(☎ 065-683 7683; http://corofincamping.com; Main St; Stellplatz ab 10 € pro Pers., EZ/DZ/FZ 25/40/55 €; ⌚ April–Sept.) Hinter dem zentral gelegenen Hostel mit 30 Betten kann man auf offenem Gelände sein Zelt aufschlagen. Im Wohnzimmer sorgt ein offener Kamin für Wärme, außerdem gibt's Waschmaschinen und eine Gästeküche. Beim Camping sind heiße Duschen im Preis inbegriffen.

Lakefield Lodge B&B €
(☎ 065-683 7675; www.lakefieldlodgebandb.com; R476; EZ/DZ ab 44/66 €; ⌚ April–Okt.; P) Am Südrand des Dorfes befindet sich mitten in einem Park ein attraktiver Bungalow mit vier gemütlichen Zimmern. Das B&B ist ein guter Ausgangspunkt für Burren-Wanderungen. Darüber hinaus gibt's eine Menge Infos für Angler und Angelausflüge. Die Gäste können Boote leihen (mit/ohne Motor 40/30 € pro Tag inkl. Angelausrüstung).

Fergus View B&B €€
(☎ 065-683 7606; www.fergusview.com; R476, Kilnaboy; EZ/DZ ab 48/78 €; ⌚ Ostern–Okt.;) Der River Fergus plätschert vorbei an die-

DER UNSTERBLICHE FATHER TED

Father Ted ist eine erfolgreiche britische Sitcom aus den 1990er-Jahren über die witzigen Erlebnisse dreier irischer Priester auf der fiktiven Insel Craggy Island.

Außer der Anfangssequenz mit dem Wrack der Plassy (S. 413) auf den Aran-Inseln wurden die meisten Szenen rund um Kilfenora, wie im Vaughan's Pub (S. 380) und in Ennistimon, gedreht, wo das Pub Eugene's (S. 371) sowohl als Kulisse als auch als Stammkneipe der Filmcrew diente. Das einsame Pfarrhaus von Father Ted (siehe oben) befindet sich bei Kilnaboy; wer hier einen Tee trinken möchte, muss vorausbuchen.

Vom riesigen Erfolg des Tedfest (S. 409) auf der Insel Inishmore inspiriert, gründeten die Bürger von Kilfenora und Ennistimon ihr eigenes Father Ted Festival (www.tedtours.com; ⌚ Ende April/Anfang Mai) mit Kostümen, Partys, Wettbewerben, geführten Touren etc. Ted Tours (www.tedtours.com; Burren Centre; Erw./Kind 25/20 €; ⌚ nach Vereinbarung) bringt Fans von Kilfenora aus an einige Drehorte in der Gegend.

sem ehemaligen Lehrerwohnhaus aus dem 19. Jh. mit sechs Zimmern. Fürs Frühstück werden Biozutaten verwendet, etwa Käse aus der Region, hausgemachter Joghurt und Kräuter aus dem Garten. Das Haus liegt 3,5 km nördlich von Corofin.

An- & Weiterreise

Bus Éireann (www.buseireann.ie) betreibt vier Busse am Tag nach Ennis (8 €, 30 Min.) und Galway (21,30 €, 2¾ Std.).

Im Zentrum des Burren

Durch das Herz des Burren führen mehrere mit Sehenswürdigkeiten gespickte Straßen. Neben der R480 erstreckt sich eine faszinierende Landschaft: Hier zeigt sich das karge Hochland von seiner schönsten Seite. Überall in der Region verstreut liegen verblüffende prähistorische Steinbauten.

Südlich von Ballyvaughan zweigt die R480 beim Wegweiser zu den Aillwee-Höhlen von der N67 ab und führt am Gleninsheen Wedge Tomb und dem verblüffenden Poulnabrone-Dolmen vorbei zu den Ruinen des großartigen Leamanegh Castle. Dort trifft sie auf die R476, die weiter südöstlich nach Corofin verläuft. Jede kleine Nebenstraße – insbesondere jene in Richtung Osten – lohnt einen Abstecher, um in die beinahe überirdische Einsamkeit zu fliehen.

Die N67 nach Lisdoonvarna wurde zu Zeiten der Hungersnot um 1800 errichtet und belohnt mit einem weiten Blick in die strenge Landschaft.

Sehenswertes

★ Poulnabrone Dolmen HISTORISCHE STÄTTE

(R480) GRATIS Der Poulnabrone-Dolmen, auch bekannt als Portal Tomb (Portalgrab), wurde vor mehr als 5000 Jahren errichtet und zählt zu Irlands meistfotografierten antiken Monumenten. Alleine der Deckstein wiegt 5 t. Das riesige Megalithgrab befindet sich 9 km südlich von Ballyvaughan und ist von der R480 aus zu sehen. Es gibt vor Ort einen großen kostenlosen Parkplatz und eine ausgezeichnete Beschilderung.

Bei Ausgrabungen 1986 kamen neben Schmuck und Töpferwaren auch die Gebeine von 21 Menschen zutage. Durch Radiokarbonuntersuchungen fand man heraus, dass sie zwischen 3800 und 3200 v. Chr. bestattet wurden. Ursprünglich war das Grab mit einem Steinhügel bedeckt, der im Lauf der Zeit abgetragen wurde. Oft hat hier ein wunderbar informativer Angestellter des Amts für öffentliche Arbeiten Dienst und beaufsichtigt das Denkmal.

★ Gleninsheen Wedge Tomb HISTORISCHE STÄTTE

(R480) GRATIS Eine der berühmtesten prähistorischen Grabstätten Irlands liegt an der R480 7 km südlich von Ballyvaughan. Das Keilgrab von Gleninsheen wird auf ein Alter von 4000 bis 5000 Jahren geschätzt. Vor Ort wurde ein herrlicher goldener Halskragen entdeckt. Dieser stammt etwa aus dem Jahre 700 v. Chr. und befindet sich heute im Nationalmuseum in Dublin. Manchmal ist das Zugangstor zur Grabstätte geschlossen, außerdem gibt's kaum Beschilderungen.

Caherconnell Fort HISTORISCHE STÄTTE

(☎ 065-708 9999; http://caherconnell.com; R480; Erw./Kind 7/4 €, Hütehund-Vorführungen 5/3 €, Kombiticket 10/6 €; ⏲ Juli & Aug. 10–18 Uhr, Mai, Juni & Sept. 10–17.30 Uhr, Mitte März–April & Okt. 10.30–17 Uhr) Wer eine gut erhaltene Trockenmauer-*caher* (Festung mit Steinwall) aus der späten Eisenzeit bzw. der frühchristlichen Ära sehen möchte, sollte das Caherconnell Fort besuchen, eine privat betriebene Sehenswürdigkeit 10 km südlich von Ballyvaughan. Exponate zeigen, wie die Entwicklung solcher Wehrsiedlungen Land- und Besitzansprüche einer immer stärker wachsenden und sesshaft werdenden Bevölkerung widerspiegelte. Das Besucherzentrum gibt auch Infos zu anderen Monumenten in der Gegend. Den ganzen Tag über finden außerdem nette Vorführungen mit Hütehunden statt.

Carron & Umgebung

Das winzige Dorf Carron (An Carn; oft Carran geschrieben) im Herzen des Burren liegt wunderbar abgeschieden auf einer Anhöhe. Von hier eröffnet sich ein weiter Rundblick über die Felsenlandschaft des Burren. Im Burren Perfumery & Floral Centre werden Wildblumen, die in dieser kargen Landschaft gedeihen, zu Parfümen verarbeitet.

Unterhalb von Carron befindet sich der 4,5 km² große **Carron Polje**, der größte *turlough* (Wintersee) des Landes. Der serbokroatische Begriff *polje* ist gebräuchlich für wannenförmige Mulden in Karstgebieten. Diese stehen im Winter voll Wasser und trocknen im Sommer aus. Das zurückbleibende üppige Gras wird als Weide genutzt.

Sehenswertes

★ Burren Perfumery & Floral Centre BESUCHERZENTRUM
(065-708 9102; https://burrenperfumery.com; Juli & Aug. 9–19 Uhr, Mai, Juni & Sept. 10–18 Uhr, Okt.–April 10–17 Uhr, Café April–Sept. 11–17 Uhr) In der Parfüm-Manufaktur, die einen Abstecher lohnt, liefern Burren-Wildblumen die Inspiration für dezente Düfte. Duftende Souvenirs, etwa Kerzen, Seifen und Cremes, werden nach dem Kauf in selbst gemachtes Papier gewickelt. Ein zehnminütiges Video informiert über die herrlich vielfältige Flora der Gegend, z. B. über die wohlriechenden, in Felsritzen wachsenden Orchideenarten. Besucher können sich auch im Blumen- und Kräutergarten umsehen – von hier stammen einige der Zutaten für die Gerichte und Kräutertees der angeschlossenen Teestube.

Cahercommaun HISTORISCHE STÄTTE
Etwa 3 km südlich von Carron thront am Rand eines steilen Tals die Dreifach-Ringfestung Cahercommaun, die um 800 n. Chr. entstand. Ein unterirdischer Gang führt von dort auf die Klippen hinaus. Wer die Stätte besichtigen möchte, fährt von Carron auf der L1014 Richtung Süden und biegt Richtung Kilnaboy ab. Nach 1,7 km nimmt man den 600 m langen Weg auf der linken Seite.

Schlafen & Essen

★ Clare's Rock Hostel HOSTEL €
(065-708 9129; www.claresrock.com; L1014; B/DZ/FZ 20/80/90 €; Mai–Sept.; P) Das IHH-Hostel aus grobem grauem Burren-Granit und mit einem erstklassigen Blick über den Carron Polje bietet in geräumigen, gepflegten Zimmern 30 Betten. Zu den Einrichtungen zählen eine Gästeküche, ein Trockenraum und Waschmaschinen sowie draußen große Schach- und Damebretter. Den gesamten Strom des Hauses liefern Sonnenkollektoren und ein eigenes Windrad.

Cassidy's PUBFOOD €€
(www.cassidyspub.com; L1014; Hauptgerichte 8,50–20 €; Küche April–Sept. Mo–Sa 12–21, So bis 20 Uhr, Bar April–Sept. So–Do bis 23, Fr & Sa bis 0.30, Okt.–März Fr & Sa 19–24 Uhr;) Das Cassidy's züchtet für seine Küche selbst Rinder und Ziegen und serviert Gerichte (zu empfehlen der legendäre Dolmen-Ziegenburger). Von der Terrasse des historischen Gebäudes, das einst als britische Royal-Irish-Constabulary-Station und später als *garda*-(Polizei-)Kaserne diente, bieten sich idyllische Ausblicke. Freitags und samstags sowie manchmal auch spontan unter der Woche gibt's traditionelle irische Musik und traditionellen irischen Tanz.

Die umweltbewusste Kneipe bezieht ihren Strom aus Sonnenenergie.

Fanore

111 EW.

Fanore (Fan Óir), was so viel heißt wie „Goldener Hang", ist weniger ein Dorf als vielmehr ein Küstenabschnitt mit einem Geschäft, einem Pub und einigen verstreuten Häusern an der landschaftlich reizvollen R477, die der kargen Küste bis in die Galway Bay folgt. In der Ferne sieht man die Aran Islands.

Sehenswertes & Aktivitäten

Die Kalksteinfelswände sind bei Bergsteigern beliebt. Ausflüge organisiert Ben's Surf Clinic (S. 369) in Lahinch.

In Fanore kann man das ganze Jahr über surfen und an der felsigen Küste außerdem hervorragend angeln.

Fanore Beach STRAND
Der schöne Sandstrand abseits der R477 erstreckt sich vor einer weitläufigen, grasbewachsenen Dünenlandschaft. Im Sommer sind hier Rettungsschwimmer zugegen, zudem ist der Strand ein Surfer-Hotspot. Schilder weisen den Weg zu Wanderwegen entlang der Küste und in die Hügel hinauf. In einem kleinen Häuschen am Parkplatz sind im Sommer Duschen und Toiletten geöffnet.

Aloha Surf School SURFEN
(087 213 3996; www.surfschool.ie; Fanore Beach; 2 Std. Unterricht ab 35 €, Ausrüstungsverleih ab 15 € für 2 Std.; April–Sept., Okt.–März nach Vereinbarung) Aloha bietet Kurse für jedes Alter und Niveau sowie Leihbretter, Neoprenanzüge und Stiefel (im Winter außerdem zusätzlichen Kälteschutz) sowie Stehpaddelbretter und Kajaks.

Siopa Fan Óir ANGELN
(065-707 6131; www.fanoreshop.com; R477; Angelausrüstung halber Tag ab 15 €; Mo–Sa 9–21, So bis 12 Uhr, Öffnungszeiten können variieren) Der recht gut sortierte Laden verleiht Angelzubehör, Wanderkarten, Boogieboards und Sandeimer. Der hilfsbereite Eigentümer Mick ist oft selbst zum Angeln draußen, daher besser vorher anrufen.

Schlafen & Essen

Orchid House B&B €
(☎ 065-707 6975; http://orchidhouse.net; R477; EZ/DZ ab 45/75 €; P ≋) In diesem B&B in einem traditionellen Steincottage auf einem Bauernhof 1 km südlich des Dorfs warten alle vier makellos sauberen, modernen Zimmer mit Meerblick auf. Die Eigentümer sind engagierte Umweltschützer: Der Strom fürs Warmwasser stammt aus Sonnenenergie und zum Frühstück gibt's Marmeladen, Frucht-Scones und Obstsalate, deren Zutaten teils aus dem eigenen Garten stammen. Nur Barzahlung.

Rocky View Farmhouse B&B €
(☎ 065-707 6103; http://rockyviewfarmhouse.com; abseits der R477; EZ/DZ 45/70 €; P ≋) Das reizende Bauernhaus im Herzen des küstennahen Burren hat eine Gästelounge, vier helle, luftige Zimmer ohne Fernseher sowie Ausblicke auf die Aran Islands. Die Frühstückszutaten stammen teils aus eigenem Biolandbau; das Frühstück wird in einem sonnigen Wintergarten serviert.

O'Donohue's PUB
(R477; ⌚ April–Okt. Mo–Do 10–23, Fr & Sa 12–24, So 12–23 Uhr, Nov.–März Fr–So 20–23 Uhr, Öffnungszeiten können variieren) Das bekannte himmelblaue Pub, Herz und Seele des Orts, bietet eine tolle Auswahl an Whiskey sowie von April bis Oktober am Wochenende traditionelle Musik, im restlichen Jahr nur ab und zu. Speisen wie Fischsuppen, Krebs-Sandwiches und knusprige Fish 'n' Chips in Bierteig werden bis 21 Uhr serviert (April–Okt.; Hauptgerichte 12–24,50 €).

An- & Weiterreise

Vier Busse von Bus Éireann (www.buseireann.ie) fahren Richtung Norden nach Galway (17,50 €, 1½ Std.) und Richtung Süden nach Doolin (6,20 €, 30 Min.) und Ennis (15,90 €, 1½ Std.).

Ballyvaughan & Umgebung

191 EW.

Ballyvaughan (Baile Uí Bheacháin) ist eine ideale Basis für die Erkundung des nördlichen Burren und liegt malerisch zwischen den felsigen Bergen und den klaren Gewässern der Galway Bay.

Der Kai gleich westlich des Dorfzentrums wurde 1829 zu einer Zeit erbaut, als reger Schiffshandel mit den Aran-Inseln und Galway bestand. Zu den Exportgütern zählten Getreide und Speck und zur Importware Torf, ein knappes Gut in dieser kargen Landschaft. Vom Hafen führt ein beschilderter Weg zu einem Küstenvogelreservat mit einem schönen Ausblick aufs Meer.

Südlich des Dorfs liegt an den Ausläufern des Burren die uralte Aillwee Cave.

Sehenswertes

★ **Aillwee Cave** HÖHLE
(☎ 065-707 7036; www.aillweecave.ie; abseits der R480; Höhle Erw./Kind 10/5 €, Greifvogelausstellung 8/6 €, Kombiticket 16/9 €; ⌚ Juli & Aug. 10–18.30 Uhr, März–Juni, Sept. & Okt. bis 17.30 Uhr, Nov.–Feb. bis 17 Uhr) Vor mehr als 2 Mio. Jahren wurde die Aillwee Cave vom Wasser ausgewaschen. Die Haupthöhle erstreckt sich 600 m weit in den Berg hinein. Von ihr zweigen weitere Höhlen ab; in einer gibt's sogar einen Wasserfall. Gleich beim Eingang sind die Überreste eines Braunbären zu sehen, der in Irland seit über 10 000 Jahren ausgestorben ist. In einem großen Greifvogelgehege sind auch Habichte und Eulen zu Hause. Auf den 45-minütigen Falknerei-Führungen (nur Erwachsene; 70 €) können die Teilnehmer mit den Tierchen auf Tuchfühlung gehen. Es gibt hier auch ein Café und in einem Laden wird Burren-Gold-Käse verkauft.

Schlafen & Essen

Ballyvaughan ist einer der reizendsten Orte für eine Übernachtung im Burren. Rund um das Ortszentrum findet man zahlreiche B&Bs und Gasthäuser.

Die Pubs in Ballyvaughan servieren gutes Essen. Außerdem gibt's noch ein Tagescafé und einen kleinen Supermarkt.

Auf dem **Bauernmarkt** (Parkplatz der Village Hall; ⌚ Mai–Okt. Sa 10–14 Uhr) bekommt man Erzeugnisse aus der Gegend (z. B. Bauernkäse).

★ **Wild Atlantic Lodge** GÄSTEHAUS €€
(☎ 065-707 7003; http://thewildatlanticlodge.com; Main St; DZ/3BZ/FZ ab 95/125/145 €; P ≋) Der zauberhafte Gasthof im Dorfzentrum von Ballyvaughan hat 20 in warmen Farbtönen gehaltene Zimmer mit weichen Wolldecken. In einigen Zimmern bedecken riesige Burren-Fotos eine ganze Wand. Das Frühstück wird im holzvertäfelten Wildflower Bar & Restaurant serviert, das neben sanfter Hintergrundmusik im Sinatra-Stil

DIE RUINEN DER CORCOMROE ABBEY

1,5 km von Bellharbour entfernt liegen in einer ruhigen grünen Senke zwischen den grauen Hügeln des Burren einsam die stimmungsvollen Ruinen der **Corcomroe Abbey** (Corcomroe Rd, Bellharbour), eines ehemaligen Zisterzienserklosters. Der langsame Niedergang des Klosters begann im 15. Jh., doch das Gewölbe im Chorraum und in den Querschiffen ist eindrucksvoll intakt, ebenso wie einige wunderbare romanische Steinmetzarbeiten.

Die Abtei wurde 1194 von Donal Mór O'Brien gegründet, dessen Enkel Conor na Siudaine O'Brien (1267 verstorben), König von Thomond, in der Gruft an der Nordmauer begraben sein soll. Über einer schlichten Schnitzerei des Herrschers hängt ein Relief mit dem Bildnis eines Bischofs, der einen Krummstab hält. Zwischen den Überresten stößt man auf mehrere moderne Gräber.

auch ausgezeichnetes Essen (Hauptgerichte 14–17 €) serviert, mit Rind und Lamm von der eigenen Farm und Kräutern aus dem Burren.

Außerordentlich guter Service!

Ballyvaughan Lodge B&B €€
(☎065-707 7292; www.ballyvaughanlodge.com; N67; EZ/DZ ab 58/96 €; ⊙April–Okt.; P 📶) Das gut geführte B&B in einem orangeroten Gebäude im Dorfzentrum hat elf blitzsaubere Zimmer, eine gemütliche Gästelounge und eine sonnige Terrasse. Die Gäste werden von den engagierten Besitzern herzlich willkommen geheißen. Zum Frühstück gibt's u. a. regionalen Käse, Räucherlachs und hausgemachtes Mischbrot.

★ **Gregan's Castle Hotel** HOTEL €€€
(☎065-707 7005; www.gregans.ie; N67; DZ/Suite ab 250/405 €; ⊙April–Okt.; P 📶) Das prachtvolle Anwesen aus dem 18. Jh. etwa 5 km südlich von Ballyvaughan beim Corkscrew Hill verfügt über 21 Zimmer und Suiten mit Antiquitäten und modernen Möbeln im Landhausstil – Fernseher gibt's nicht. Einige der Zimmer haben einen eigenen kleinen Garten. Im Feinschmeckerrestaurant des Hauses (4-Gänge-Menü 72 €), das Gerichte, etwa ein Wild-Johannisbeer-Soufflé, serviert, sind mit Reservierung auch Nichtgäste willkommen.

★ **Monks at the Pier** FISCH & MEERESFRÜCHTE €€
(☎065-707 7059; www.monksballyvaughan.com; The Pier; Hauptgerichte 15–25 €, halbes Dutzend Austern 12–14,50 €, Meeresfrüchteplatte 29,50 €; ⊙Juni–Aug. 12–22 Uhr, Sept.–Mai bis 21 Uhr) Zwar sind in dem weißgetünchten, mit Kaminfeuer beheizten Restaurant jeden Tag auch vegetarische Gerichte sowie Steaks und Burger erhältlich, doch im Mittelpunkt stehen eindeutig Fisch und Meeresfrüchte, etwa in Weißwein gedämpfte Head-Bay-Klaffmuscheln, Burren-Räucherlachs und Liscannor-Krebssalat, Fisch in Red-Ale-Bierteig mit dreifach frittierten Pommes, Fischsuppe mit Lachs, Kabeljau und geräuchertem Goldbarsch, Austern (natur oder gegrillt) und spektakuläre Fischplatten.

Praktische Informationen

Das **Besucherzentrum** (www.ballyvaughantourism.com; Parkplatz der Village Hall; ⊙10–13.30 & 14–18 Uhr) in einem großen Geschenkeladen hinter dem Supermarkt hat eine gute Auswahl an Reiseführern und Karten für die Region.

An- & Weiterreise

Bus Éireann (www.buseireann.ie) betreibt vier Busse täglich nach Galway (14,80 €, 1 Std.), Doolin (8,60 €, 1 Std.) und Ennis (18,10 €, 2 Std.).

Nördlicher Burren

Südlich des Countys Galway erstreckt sich weites, flaches Ackerland bis zu den Kalksteinhügeln des Burren, der westlich von Kinvara und Doorus in der Grafschaft Galway beginnt.

Von Oranmore in Galway bis Ballyvaughan ist die Küstenlinie von kleinen Meeresarmen und ins Meer ragenden Halbinseln gesäumt. Einige, darunter New Quay, lohnen einen Abstecher. Schmale Straßen winden sich die felsigen, vom Wind zerzausten Hügel hinauf, die mit alten verwitterten Steinruinen gesprenkelt sind.

Im Landesinnern nahe Bellharbour stößt man auf die weitgehend intakte Corcomroe Abbey. Gegenüber liegen in einem ruhigen Seitental verborgen die Ruinen der drei alten Kirchen von Oughtmama. Die Galway Bay bildet eine tolle Kulisse für eine außergewöhnliche Landschaft: kahle, in der Sonne schimmernde Steinhügel, Weiler und saftige Wiesen.

Auf der N67 verkehren Busse von und nach Galway. Kurz hinter der Grenze dieser Grafschaft befindet sich Kinvara, ein guter Ausgangspunkt zur Erkundung der Gegend.

New Quay & Umgebung

New Quay (Ceibh Nua) auf der Finavarra Peninsula ist ein schmaler, fruchtbarer Landstreifen zwischen der Galway Bay und dem kargen, felsigen Burren.

Westlich von New Quay erstreckt sich ein besonders schöner Küstenabschnitt, die **Flaggy Shore**, an der natürliche Kalksteinterrassen bis zum Meer hin abfallen. Die Straße verläuft westlich an der Küste entlang und führt südlich am **Lough Muirí** vorbei, auf dem sich Watvögel und Schwäne tummeln. In der Gegend leben auch Otter.

★ Hazel Mountain Chocolate FABRIK

(065-707 8847; www.hazelmountainchocolate.com; L1014, Oughtmama; Tour Erw./Kind 12/5 €; Shop & Café 10–17.30 Uhr, Führungen Sa & So 13 Uhr) In dieser himmlisch duftenden Schokoladenfabrik in einem Cottage in malerischer Berglage kann man auf 45-minütigen Führungen dabei zusehen, wie Schokolade in kleinen Mengen aus seltenen Trinitario-Kakaobohnen und Rohzucker hergestellt wird. Wer nicht an einer Führung teilnehmen kann, kann im Shop durch die Fenster in die Fabrik schauen. Im angeschlossenen Bio-Café (Gerichte 6,50–12,50 €) wird Schokolade in Gerichten wie einer Rüben-Kakaobutter-Pfeffer-Suppe oder bei Toasties mit gegrilltem Halloumi und Schoko-Pflaumen-Chutney verarbeitet.

Regelmäßig werden Burren-Wanderungen mit Schokoladenmotto angeboten.

Der Laden in der Stadt Galway (S. 402) verfügt über eine Kakaobar.

★ Mount Vernon PENSION €€€

(065-707 8126; http://mountvernon.ie; Flaggy Shore; DZ ab 200 €; April–Okt.; P) Seamus Heaney wohnte in dem ländlichen georgianischen Anwesen von 1788, genau wie der berühmte irische Impressionist Hugh Lane, bevor er mit der *Lusitania* unterging. Das ruhige Hotel am Meer verfügt über fünf luxuriöse, mit historischen Möbeln, orthopädischen Matratzen und Bettwäsche aus ägyptischer Baumwolle eingerichtete Zimmer. Dazu kommen noch Toilettenartikel aus Seetang. Wer hier übernachten möchte, muss mindestens zwei Nächte buchen.

Bei den im Kerzenschein servierten Abendgerichten (4-Gänge-Menü 50 €; nur für Gäste) kommen Biogemüse aus dem eigenen Garten, See-Mangold und Fisch und Meeresfrüchte aus der Region zum Einsatz.

Café Linnalla EIS €

(www.linnallaicecream.ie; Finavarra Point; 1/2/3 Kugeln 2,50/4,50/7 €; Mai–Sept. tägl. 11–19 Uhr, Okt.–April Sa & So 12–17 Uhr) Dieser abgelegene Milchbauernhof oberhalb der Galway Bay fertigt Eiscreme in Geschmacksrichtungen wie etwa Rhabarber und Pudding, Baileys-Schokoladenkeks, Sanddorn, Honigwabe sowie Rum, Rosine und Zimt. Wer hierherfährt, meidet am besten den frühen Morgen und späten Nachmittag: Dann sind auf der schmalen Straße nämlich die Kühe unterwegs, die die Milch für das Eis liefern.

Linnane's Lobster Bar FISCH & MEERESFRÜCHTE €€

(065-707 8120; http://linnanesbar.com; Hauptgerichte 12,50–23,50 €, ganzer Hummer 38 €; Mitte März–Sept. tägl. 12.30–20 Uhr, Okt.–Mitte März Fr–So 12.30–20 Uhr) Die hier verarbeiteten Meeresfrüchte stammen direkt von den Anlegestellen neben dieser lockeren Bar mit Meerblick. Eine wunderbare Vorspeise ist die Fischsuppe. Auch die Austern und der selbst geräucherte Fisch überzeugen auf ganzer Linie. In der entsprechenden Saison gibt's auch Hummer.

Russell Gallery KUNST

(www.russellgallery.net; Mo, Di & Do–Sa 11–18, So 12–18 Uhr) Die lichtdurchflutete Russel Gallery zeigt und verkauft eine Reihe an Kunstwerken und Glasarbeiten irischer Künstler sowie Fotografien und Bücher über die Gegend. Außerdem gibt's Arbeiten der regionalen Stricklegende Antoinette Hensey. Die Galerie fungiert gleichzeitig als Café und Weinbar. Bei schönem Wetter kann man draußen sitzen.

i An- & Weiterreise

Da das Gebiet recht weitläufig ist, empfiehlt sich ein eigenes Fahrzeug. Bus Éireann (www.buseireann.ie) bietet einen Bus am Tag nach Galway (13 €, 50 Min.) und Doolin (12,40 €, 1 Std.).

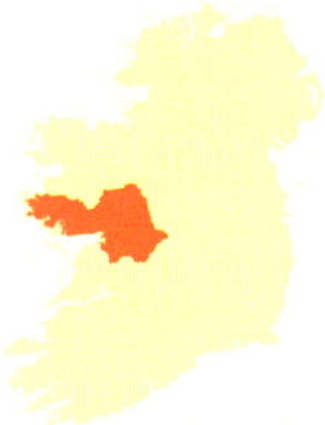

County Galway

258 552 EW. / 6148 KM²

Inhalt ➜

Gut essen

- ➜ Loam (S. 399)
- ➜ Pullman Restaurant (S. 399)
- ➜ Aniar (S. 399)
- ➜ O'Dowd's (S. 421)
- ➜ Ard Bia at Nimmo's (S. 398)

Schön übernachten

- ➜ Glenlo Abbey Hotel (S. 396)
- ➜ Abbeyglen Castle Hotel (S. 424)
- ➜ House Hotel (S. 395)
- ➜ Aran Islands Camping & Glamping (S. 409)
- ➜ Dolphin Beach (S. 424)

Auf nach Galway

Die gleichnamige quirlige Hauptstadt des Countys Galway – die einzige Großstadt am Wild Atlantic Way – ist eine bunte Mischung aus ladengesäumten Straßen voller Musiker und Künstler, herrlichen alten Pubs, in denen das ganze Jahr über traditionelle Musikkonzerte steigen, und einer aufstrebenden Gourmetszene, die Produkte aus der Region zelebriert.

Außerhalb der Stadtgrenzen erstrecken sich einige der schönsten Landschaften Irlands, allen voran die atemberaubende Connemara-Halbinsel. Hier führen schmale Straßen entlang der von Inseln gesäumten Küste zu weißen Stränden und faszinierenden Ortschaften. Im Inland erstrecken sich Sumpfgebiete voller Heidekraut, glasklare Seen, hohe Berggipfel und abgelegene Täler. Im Osten des Countys liegen hügelige Felder und mittelalterliche Städte.

Die durch Erosion geformten Aran Islands vor der Küste bezaubern mit ihrer rauen, einsamen Schönheit und geben einen Einblick in das irische Leben, wie es vor Jahrhunderten gewesen sein mag.

Reisezeit

- ➜ Mit ihren erstklassigen Restaurants, lebhaften Pubs, zahlreichen Festivals und dem regen Studentenleben ist die Stadt Galway das ganze Jahr über ein lohnenswertes Reiseziel.
- ➜ Die anderen Gebiete der Grafschaft sollte man zwischen April und Oktober besuchen – dann ist das Wetter am besten und die meisten Einrichtungen sind geöffnet.
- ➜ Im Hochsommer (Juli und August) kommen die meisten Besucher her und viele Hotels sind ausgebucht.
- ➜ In der Nebensaison (Mai, Juni und September) sind weniger Touristen unterwegs.
- ➜ Im tiefen Winter (wenn viele Einrichtungen schließen) sind die Aran Islands bei Sturm möglicherweise gar nicht zu erreichen.
- ➜ Auf der schönen Connemara-Halbinsel sind in den Wintermonaten, vor allem im Dezember und Januar, viele ländliche Unterkünfte geschlossen.

Highlights

1. **Galway (Stadt)** (S. 389) Stimmungsvolle Pubs besuchen und tolle Trad Sessions erleben.
2. **Dun Aengus** (S. 408) Die prähistorische Festung auf Inishmore erkunden.
3. **Inisheer** (S. 412) Heilige Stätten, Quellen und ein berühmtes Schiffswrack studieren.
4. **Sky Road** (S. 422) Von der malerischen Ringstraße bei Clifden der Sonne zuschauen, wie sie im Atlantik versinkt.
5. **Dunguaire Castle** (S. 431) Das Dach der Burg aus dem 16. Jh. besteigen und Galway Bay und Kinvara von oben betrachten.
6. **Inishbofin** (S. 426) Auf der dünn besiedelten Insel bei Cleggan vor der Nordküste Connemaras Zuflucht suchen.
7. **Kylemore Abbey** (S. 427) In der neugotischen Abtei aus dem 19. Jh., die sich mitten in der wilden Landschaft Connemaras erhebt, ummauerte Gärten aus der viktorianischen Zeit erforschen.

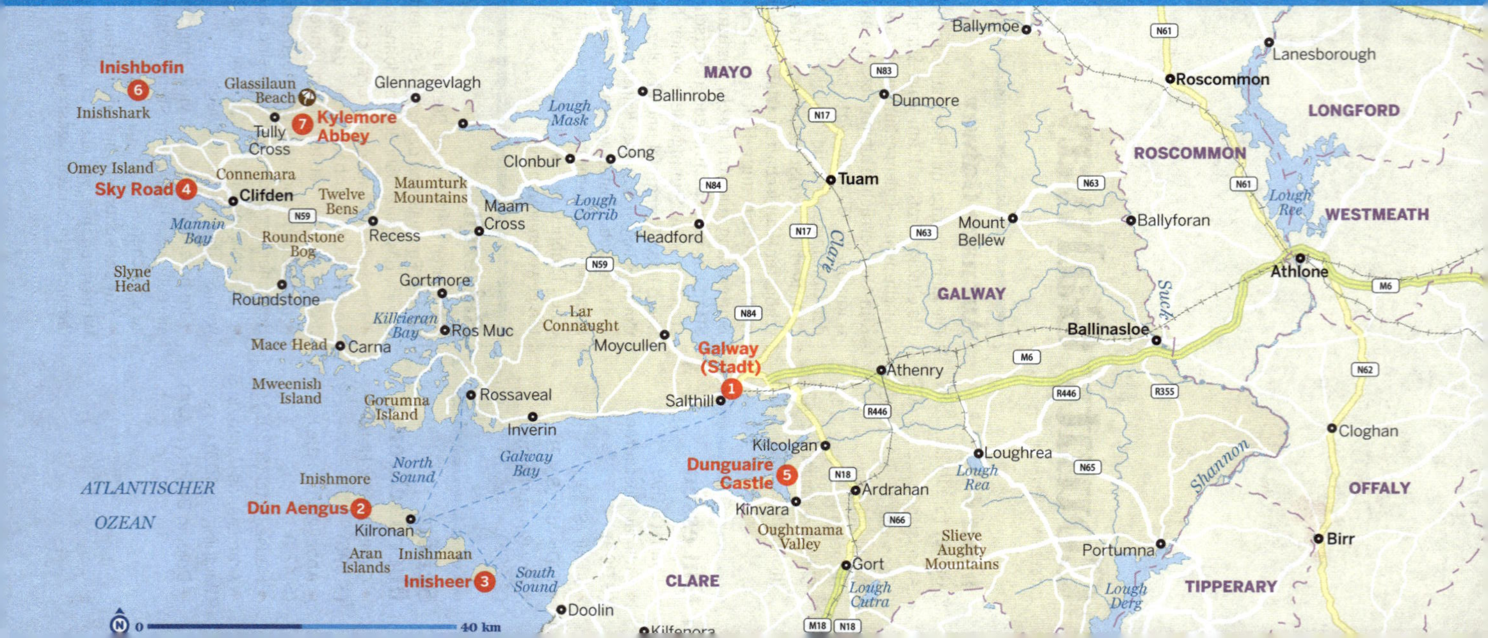

GALWAY (STADT)

79 934 EW.

Das alternative und unkonventionelle Galway (Gaillimh) ist eine der reizvollsten Städte Irlands. Aus bunt gestrichenen Pubs schallt Livemusik, von den vordersten Plätzen in den Restaurants und Cafés kann man Straßenkünstler und Theatervorführungen beobachten. Reste der mittelalterlichen Stadtmauer stehen zwischen Geschäften, in denen handgefertigte Claddagh-Ringe, Bücher und Musikinstrumente verkauft werden. Brücken überspannen den lachsreichen Carrib und eine lange Promenade führt zum Vorort Salthill an der Bucht von Galway, wo die berühmten Austern herkommen.

Galway ist zwar eine historische Stadt, hat aber ein ausgesprochen modernes Flair; das ist vor allem den Studenten zu verdanken, die ein Viertel der Bevölkerung ausmachen. Aufgrund ihrer sprühenden Energie und Kreativität wurde Galway zur Europäischen Kulturhauptstadt 2020 ernannt.

Geschichte

Der irische Name Gaillimh leitet sich von dem keltischen Wort *gail* ab, das „Fremder" oder „Außenseiter" bedeutet und in der hiesigen Geschichte eine wesentliche Rolle spielte.

In normannischen Zeiten entwickelte sich das kleine Fischerdorf Claddagh an der Mündung des Corrib zu einer wichtigen Stadt, als Richard de Burgo (auch Burgh oder Burke) es 1232 den hier ansässigen O'Flahertys abtrotzte. Die Schutzwälle gehen etwa auf 1270 zurück.

1396 übertrug Richard II. den 14 *"Tribes"* (Kaufmannsfamilien) die Macht, daher stammt auch Galways Spitzname „City of the Tribes". Jeder Kreisverkehr hier trägt den Namen einer dieser Familien.

Unter den herrschenden königstreuen Kaufmannsfamilien behielt Galway seine Unabhängigkeit. Die Hafenstadt florierte dank des Handels mit Salz, Fisch, Wein sowie Gewürzen aus Spanien und Portugal. Letztendlich besiegelte Galways Loyalität zur englischen Krone jedoch seinen Niedergang. 1651 von Cromwell belagert, fiel der Ort im folgenden Jahr. Die Handelsverbindungen mit Spanien rissen ab und für Galway folgten Jahrhunderte der Stagnation.

Erst Anfang der 1990er-Jahre erwachte die Stadt zu neuem Leben, als immer mehr Touristen herkamen und die Zahl der Studenten zunahm. 1934 wurden die Gassen geteert und die reetgedeckten Hütten von Claddagh niedergewalzt, an deren Stelle neue Gebäude entstanden. Seither hält der Bauboom an.

Sehenswertes

★ Galway City Museum MUSEUM
(www.galwaycitymuseum.ie; Spanish Parade House, Merchant's Rd; ganzjährig Di–Sa 10–17 Uhr, Ostern–Sept. So 12–17 Uhr) GRATIS Das moderne Museum zeigt Exponate zur Stadtgeschichte von 1800 bis 1950, darunter ein typisches Galway-Hooker-Fischerboot (S. 394) und eine Sammlung von *currachs* (Boote aus einem Holzrahmen, der mit geteerter Leinwand bespannt ist). Themenschwerpunkte informieren über Galway und den Ersten Weltkrieg sowie die Beziehungen der Stadt zum Kino.

Darüber hinaus werden Wechselausstellungen mit Arbeiten einheimischer Künstler gezeigt. Das Café im Erdgeschoss bietet Aussicht auf den Spanish Arch und eignet sich perfekt für eine kleine Pause.

★ Spanish Arch HISTORISCHE STÄTTE
Der Spanish Arch, vermutlich eine Erweiterung der mittelalterlichen Stadtmauer, diente einst zum Schutz der Schiffe, die am nahen Quai festmachten, um ihre Waren aus Spanien zu löschen. Allerdings wurde er teilweise durch den Tsunami zerstört, der 1755 auf das Große Erdbeben von Lissabon folgte. Heute kann man hier Musikern und Trommlern lauschen, außerdem sind die Rasenflächen und das Flussufer an sonnigen Tagen ein beliebter Treffpunkt für Einheimische und Besucher. Viele sehen den Kajakfahrern dabei zu, wie sie die Stromschnellen des Corrib überwinden.

Auf einer 1651 angefertigten Zeichnung von Galway erkennt man noch deutlich die massive Befestigung, doch nach den Plünderungen von Cromwell und Wilhelm von Oranien sowie Jahrhunderten der Vernachlässigung ist inzwischen fast nichts mehr davon übrig. Überreste wurden geschickt in das moderne Einkaufszentrum **Eyre Square Centre** (www.eyresquarecentre.com; Ecke Merchant's Rd & Eyre Sq; Mo–Mi & Sa 8.30–19, Do & Fr 8.30–21, So 10.15–19 Uhr) integriert.

Galway Market MARKT
(www.galwaymarket.com; Church Lane; 8–18, So 12–18 Uhr) Der Straßenmarkt, der seit Jahrhunderten an diesem Standort stattfindet, hat das typisch unkonventionelle Flair Galways. Samstags ist der Spitzentag für Lebensmittel: Dann verkaufen die Bauern ihre

Galway (Stadt)

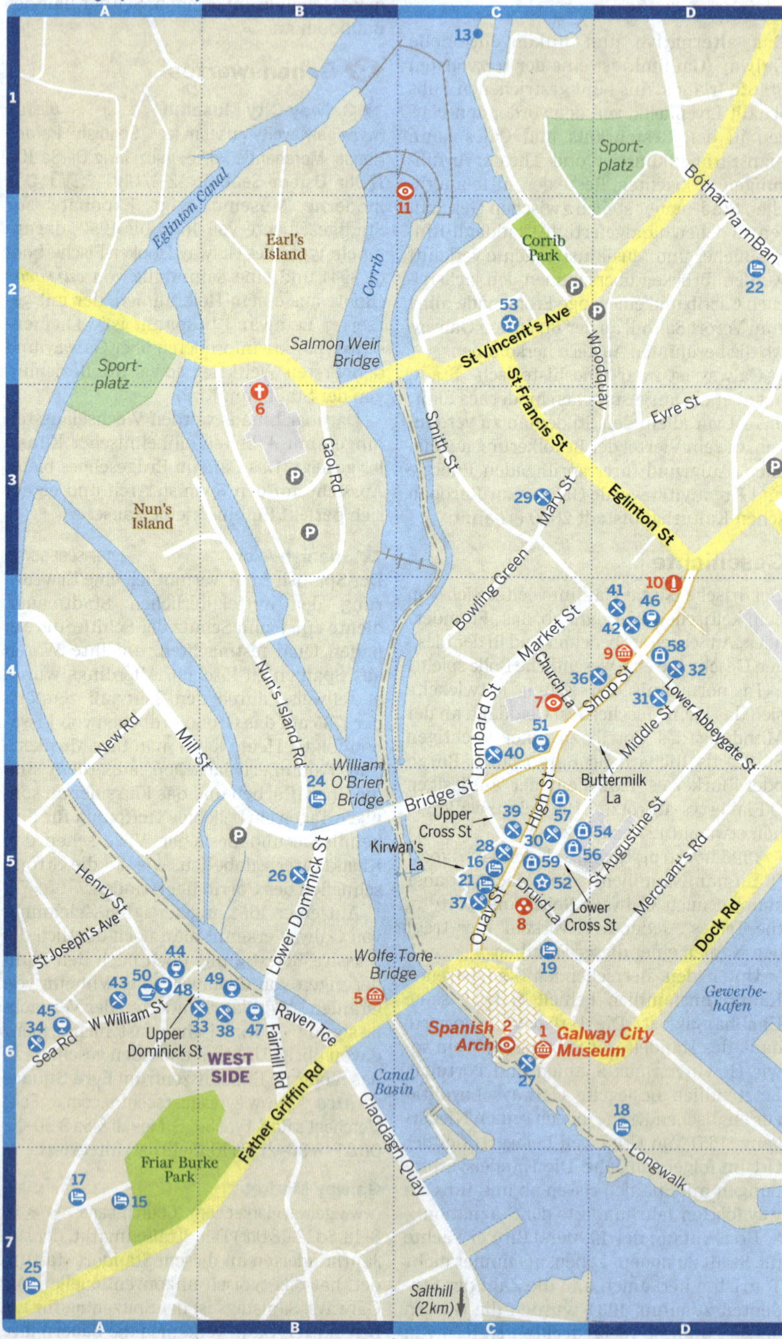

COUNTY GALWAY GALWAY (STADT)

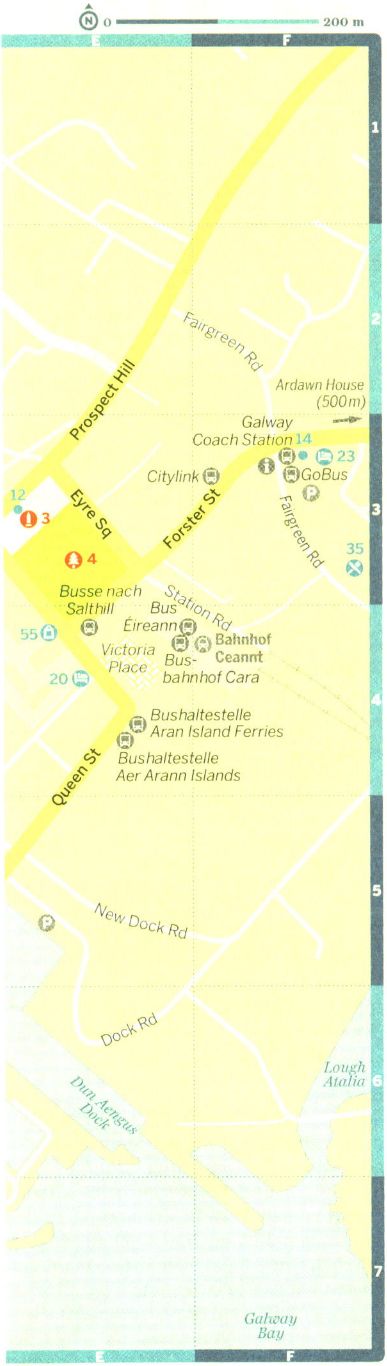

frischen Produkte und bereiten vor Ort Gerichte zum Mitnehmen zu. Außerdem gibt's viele Stände mit Kunst und Kunsthandwerk. Weitere Märkte finden jeweils von 12 bis 18 Uhr an Feiertagen, freitags im Juli und August und täglich während des **Galway International Arts Festival** (www.giaf.ie; Mitte bis Ende Juli) statt. Die Straßenkünstler tragen zur fröhlichen Atmosphäre bei.

Fishery Watchtower MUSEUM
(https://galwaycivictrust.ie; unweit der Wolfe Tone Bridge; Di–Fr 10–16, Mo & Sa 11–15 Uhr) GRATIS Der butterfarbene viktorianische Turm wurde in den 1850er-Jahren erbaut und zur Überwachung der Fischbestände (und Wilderer) genutzt. Das einzigartige dreistufige Gebäude wurde inzwischen renoviert und beherbergt heute ein winziges Museum, das einen Überblick über die Lachsfischerei in Galway gibt, Fotos zeigt und einen fantastischen Blick auf die Wasserwege bietet.

Galway Cathedral KIRCHE
(Catholic Cathedral of Our Lady Assumed into Heaven & St. Nicholas; www.galwaycathedral.ie; Gaol Rd; Eintritt gegen Spende; 8.30–18.30 Uhr) Über dem Fluss Corrib erhebt sich die imposante Galway Cathedral, 1965 vom Bostoner Kardinal Richard Cushing geweiht. Der Innenraum – mit seiner schön gestalteten Kuppel, den anmutsvollen romanischen Bögen, herrlichen Mosaiken und dem aus Stein gemeißelten, verschwenderisch mit Buntglas geschmückten Mauerwerk – ist einfach prachtvoll. Die hervorragende Akustik kommt am besten bei einem der donnernd lauten **Orgelkonzerte** (Terminvorschau auf der Website) zur Geltung. Vom Spanish Arch führt ein Weg flussaufwärts über die Salmon Weir Bridge bis zur Kathedrale.

Eine sehenswerte Seitenkapelle beherbergt ein Mosaik von der Widerauferstehung mit einem integrierten Bild des betenden John F. Kennedy.

Hall of the Red Earl ARCHÄOLOGISCHE STÄTTE
(www.galwaycivictrust.ie; Druid Lane; ganzjährig Mo–Fr 9.30–17 Uhr, Mai–Sept. Sa 10–13 Uhr) GRATIS Im 13. Jh., als die Burgo-Familie in Galway regierte, ließ Richard, der Rote Graf, einen großen Saal als Machtzentrum errichten. Hier baten die Einwohner ihn um Gefälligkeiten. Nachdem die 14 *tribes* die Macht übernommen hatten, verfiel der Raum. Erst 1997 bei einer Erweiterung des Zollhauses wurde er wiederentdeckt, zusammen mit über 11 000 Artefakten (z. B. Tonpfeifen und goldenen Manschettenknöpfen). Das Zollge-

Galway (Stadt)

Highlights
1 Galway City Museum ... C6
2 Spanish Arch ... C6

Sehenswertes
3 Browne Doorway ... E3
4 Eyre Square ... E3
5 Fishery Watchtower ... B6
6 Galway Cathedral ... B3
7 Galway Market ... C4
8 Hall of the Red Earl ... C5
9 Lynch's Castle ... D4
10 Oscar Wilde Statue & Eduard Vilde Statue ... D4
11 Salmon Weir ... C1

Aktivitäten, Kurse & Touren
Aniar Boutique Cookery School ... (siehe 26)
12 City Sightseeing Galway ... E3
13 Corrib Princess ... C1
Galway Food Tours ... (siehe 36)
14 Galway Tour Company ... F3
Lally Tours ... (siehe 14)
Walking Tours of Medieval Galway ... (siehe 8)

Schlafen
15 Adare Guesthouse ... A7
16 Barnacles ... C5
17 Griffin Lodge ... A7
18 Heron's Rest ... D6
19 House Hotel ... C5
20 Kinlay House ... E4
21 Residence Hotel ... C5
22 Sleepzone ... D2
23 Snoozles Tourist Hostel ... F3
24 St. Martins B&B ... B5
25 Stop ... A7

Essen
26 Aniar ... B5
27 Ard Bia at Nimmo's ... C6
28 Artisan Restaurant ... C5
29 Asian Tea House ... C3
30 Cava Bodega ... C5
31 Dough Bros ... D4
32 Food 4 Thought ... D4
33 John Keogh's ... B6
34 Kai Café ... A6
35 Loam ... F3
36 McCambridge's ... D4
37 McDonagh's ... C5
38 Oscar's ... B6
39 Pie Maker ... C5
40 Sheridans Cheesemongers ... C4
41 Tosnú ... D4
42 Tuco's Taqueria ... D4
43 Urban Grind ... A6

Ausgehen & Nachtleben
44 Bierhaus ... A6
Buddha Bar ... (siehe 29)
45 Crane Bar ... A6
46 Garavan's ... D4
47 Monroe's Tavern ... B6
48 Nova ... A6
49 Róisín Dubh ... B6
50 Secret Garden ... A6
51 Tig Cóilí ... C4
Tigh Neachtain ... (siehe 28)

Unterhaltung
52 Druid Performing Arts Company ... C5
53 Town Hall Theatre ... C2

Shoppen
54 Charlie Byrne's Bookshop ... C5
55 Eyre Square Centre ... E4
56 Hazel Mountain Chocolate ... C5
Judy Greene's ... (siehe 28)
57 Kiernan Moloney Musical Instruments ... C5
58 P. Powell & Sons ... D4
59 Thomas Dillon's Claddagh Gold ... C5

bäude steht auf Stelzen über den freiliegenden Fundamenten.

Lynch's Castle HISTORISCHES GEBÄUDE

(Shop St; ⌚Mo–Mi & Fr 10–16, Do 10–17 Uhr) GRATIS Dieses Anwesen gehört zu den schönsten Stadtburgen Irlands und beherbergt heute die AIB Bank. Es wurde im 15. Jh. errichtet (das genaue Datum ist unbekannt), allerdings stammen viele Anbauten aus der Zeit um 1600. Die Fassade des Gebäudes ist mit dämonischen Wasserspeiern aus Stein und Wappen von Heinrich VII., der Familien Lynch (der mächtigsten der 14 herrschenden *tribes*) und Fitzgerald aus Kildare geschmückt. Im Erdgeschoss stehen Informationstafeln zu Geschichte und Architektur; der herrliche große Kamin ist ein echtes Highlight.

Eyre Square PARK

Selbst bei schlechtestem Wetter herrscht auf dem wichtigsten Platz der Stadt geschäftiges Treiben. Die weitläufige Grünfläche mit Skulpturen und Fußwegen heißt offiziell zwar Kennedy Park in Erinnerung an den Besuch von JFK im Juni 1963, die Einheimischen nennen ihn aber Eyre Square. Am oberen Ende des Platzes wacht der **Browne Doorway** (1627), ein beeindruckendes Überbleibsel eines Wohnhauses, das einer der damals herrschenden Kaufmannsfamilien

Galways gehörte und 1905 von der Abbeygate Street hierher verlegt wurde.

Oscar Wilde & Eduard Vilde Statue STATUE
(William St) Die Bronzestatue des estnischen Künstlers Tiiu Kirsipuu stellt den irischen Schriftsteller Oscar Wilde (1854–1900) und den estnischen Autoren Eduard Vilde (1856–1933) dar, die zusammen auf einer Granitbank sitzen und in ein Gespräch vertieft sind. Das Denkmal ist ein Nachbau des Originals von 1999 und wurde der Stadt von Estland geschenkt, als dieses 2004 in die EU eintrat. Auf der Bank sitzen oft Straßenmusiker und geben ihre Kunst zum Besten.

Salthill Promenade UFER
Einheimische und Besucher flanieren gern über die Salthill Prom, einen 2 km langen Spazierweg am Ufer zwischen Stadtrand und Salthill. Dem Brauch gemäß muss man der Mauer gegenüber den Sprungbrettern einen Tritt verpassen, bevor man umkehrt (von der Stadt läuft man 30 bis 45 Minuten).

Atlantaquaria AQUARIUM
(www.nationalaquarium.ie; Promenade, Salthill; Erw./Kind 12/7,50 €; Mo–Fr 10–17, Sa & So bis 18 Uhr) Das landesweit größte Aquarium für endemische Fischarten beherbergt über 150 Süßwasserfische und Meerestiere aus den umliegenden Gewässern, darunter Seepferdchen, Haie und Rochen. In einem gesonderten Wasserbecken hat man die Möglichkeit, Seesterne und Seespinnen zu berühren. Den ganzen Tag über finden Gesprächsrunden, geführte Rundgänge und Fütterungen statt; die genauen Zeiten findet man online. Die Tickets sind den ganzen Tag über gültig, man kann also kommen und gehen, wann man will.

Geführte Touren

Wer wenig Zeit mitbringt, aber trotzdem die Connemara-Halbinsel, den Burren und die Cliffs of Moher sehen möchte, nimmt am besten an einer Bustour teil. Darüber hinaus werden in der Stadt Bootsausflüge zum Lough Corrib organisiert. Die Exkursionen können beim Veranstalter oder bei der Touristeninformation (S. 402) gebucht werden.

Lally Tours BUSTOUREN
(091-562 905; http://lallytours.com; geführte Touren Erw./Kind ab 25/15 €) Unterhaltsame, informative Bustouren durch Connemara, zum Burren im County Clare und zu den Cliffs of Moher. Die Abfahrt erfolgt am Busbahnhof Galway (S. 402).

Walking Tours of Medieval Galway STADTSPAZIERGANG
(091-564 946; www.galwaycivictrust.ie; Mai–Sept. Di & Do 14 Uhr) GRATIS In den wärmeren Monaten veranstaltet Dúchas na Gaillimhe (Galway Civic Trust) kostenlose 90-minütige Stadtführungen durch das mittelalterliche Zentrum Galways. Die Touren beginnen an der Hall of the Red Earl (S. 391). Spenden sind willkommen.

Galway Food Tours ESSEN & TRINKEN
(086 733 2885; www.galwayfoodtours.com; 35 €; nach Voranmeldung) Bei den zweistündigen Touren tauchen die Teilnehmer tief in die Gourmetszene Galways sein. Unterwegs besucht man Gourmetgeschäfte und angesagte Restaurants, kostet Käse aus der Region und Austern von der Galway Bay. Es werden auch sechsstündige Pubtouren durch Galway und nach Connemara (80 €) angeboten. Die Buchungsgebühr beträgt 2 € extra. Die Touren starten am McCambridge's (S. 398). Sie sind auch auf Französisch verfügbar.

City Sightseeing Galway BUSTOUREN
(091-562 905; https://csgalway.palisis.com; Eyre Sq; Ticket 48 Std. Erw./Kind 10/5 €; März–Okt. 10.30–15 Uhr) Die Bustouren führen durch die Stadt und ihre Umgebung. Sie starten

DAS LACHSWEHR

Östlich der Galway Cathedral (S. 391) überspannt die hübsche Salmon Weir Bridge den Corrib. Hier ergießt sich das Wasser in ein großes Wehr, bevor es schließlich die Bucht von Galway erreicht. Diese Staustufe steuert den Wasserstand oberhalb. Wenn die Lachse flussaufwärts zu ihren Laichrevieren ziehen, kann man im klaren Wasser oftmals ganze Schwärme beobachten. Die Lachs- und Meerforellensaison dauert zwar eigentlich von Februar bis September, viele Fische durchqueren das Wehr aber in den Monaten Mai und Juni.

Die Stelle ist unter Anglern sehr beliebt, auch wenn im Mai und Juni nur ein Fisch pro Tag geangelt werden darf. Ein Exemplar kann bis zu 7 kg oder sogar schwerer werden. Genehmigungen und Lizenzen sind bei Inland Fisheries Ireland (www.fisheriesireland.ie) erhältlich.

DIE HOOKERS VON GALWAY

Wir machen jetzt mal keine blöden Witze darüber, dass *hooker* (Irisch *húiceár*) auch ein umgangssprachliches Wort für Prostituierte ist ... Stattdessen sind damit die legendären hölzernen Segelboote gemeint, die vom 19. bis ins 20. Jh. in der Region genutzt wurden. Bei Hobbykapitänen und Wochenendseglern erfreuen sich die kleinen, robusten und manövrierfähigen Einmaster großer Beliebtheit. Ihre Rümpfe werden mit Pech wasserdicht gemacht und sind dementsprechend schwarz wie die Nacht, während die Segel eine rostrote Farbe haben.

am Eyre Square. Unterwegs kann man nach Belieben aus- und wieder einsteigen. Die Busse fahren alle 90 Minuten ab und halten auf dem Weg nach Salthill an 14 Haltestellen. Pro Erwachsenem können zwei Kinder kostenlos mitfahren.

Galway Tour Company BUSTOUREN
(091-566 566; www.galwaytourcompany.com; Ausflug ab 25 €; März–Okt.) Jede Menge Ausflüge, z. B. zum Burren im County Clare, zu den Aran Islands und nach Connemara. Abfahrt ist am Busbahnhof von Galway (S. 402).

Corrib Princess BOOTSTOUREN
(091-563 846; www.corribprincess.ie; Woodquay; Erw./Kind 16/7 €; Mai–Sept.) Die 90-minütigen Rundfahrten finden auf einem Boot mit offenem Deck und 157 Sitzplätzen statt. Sie führen über den Fluss Corrib zum größten See Irlands, dem Lough Corrib. Täglich fahren zwei bis drei Boote ab; sie starten am Woodquay, direkt hinter der Salmon Weir Bridge.

Feste & Events

Cúirt International Festival of Literature LITERATUR
(www.cuirt.ie; Ende April) Im April versammeln sich bekannte Schriftsteller acht Tage lang bei einem der größten Literaturfestivals des Landes, um Poetry Slams, Theatervorführungen und Lesungen abzuhalten.

Galway Film Fleadh DARSTELLENDE KUNST
(www.galwayfilmfleadh.com; Anfang Juli) Anfang Juli werden beim sechstägigen Galway Film Fleadh neue, ausgefallene Filme vorgestellt.

Galway Race Week SPORT
(www.galwayraces.com; Ende Juli/Anfang Aug.) Zur Galway Race Week kommen Zehntausende Besucher, um eine Woche lang zu feiern. Die Hauptattraktion des ausgelassensten Festivals von Galway sind die Rennen in Ballybrit, das 7 km nordöstlich des Stadtzentrums liegt. Der Ladies Day am Donnerstag ist ein echtes Highlight mit Wettbewerben um die schönsten Kleider und Hüte. Zwischen Galway und der Rennbahn verkehren Shuttlebusse.

Galway Pride Festival SCHWULE & LESBEN
(http://galwaypridefestival.com; Mitte Aug.) Das Galway Pride Festival (das erste Irlands) wurde erstmals 1989 gefeiert. Es findet Mitte August statt, dauert zehn Tage und umfasst auch eine farbenprächtige Parade, bei der zahlreiche Festwagen durch die Straßen der Stadt ziehen. Außerdem finden Tanzvorführungen, Musikkonzerte, Workshops, Gesprächsrunden und Familienevents statt.

Galway Christmas Market WEIHNACHTSMARKT
(www.galwaytourism.ie; Eyre Sq; Mitte Nov.–Mitte Dez.) Galways bezaubernder Weihnachtsmarkt hat zahlreiche bunt beleuchtete Stände, die traditionelle Weihnachtswaren und Geschenke verkaufen.

Schlafen

Aufgrund der vielen Festivals und der Nähe zu Dublin sind die Unterkünfte Galways oft weit im Voraus ausgebucht, vor allem an den Wochenenden – also am besten frühzeitig reservieren.

Viele B&Bs liegen in Salthill und an den großen Zufahrtsstraßen (vor allem an der College Road, von der man zehn Minuten entlang der Lough Atalia Road ins Stadtzentrum geht). Um Galway und seine Attraktionen richtig genießen zu können, sucht man sich am besten eine Bleibe im Zentrum.

Nur wenige Unterkünfte haben eigene Parkplätze, obwohl viele ermäßigte Preise in öffentlichen Parkhäusern anbieten.

★ **Kinlay House** HOSTEL €
(091-565 244; www.kinlaygalway.ie; Merchant's Rd, Eyre Sq; B/DZ 25/70 €; @) Freundliche Angestellte und seine großartige Lage am Eyre Square machen das große, hell beleuchtete Hotel zu einer sehr guten Wahl. Es wurde 2017 renoviert und verfügt über großartige Einrichtungen, z. B. eine Küche für Selbstversorger und eine gemütli-

che Fernsehlounge mit Billardtisch. Die Privatzimmer und Schlafsäle (für vier bis acht Personen) sind mit Steckdosen und USB-Anschlüssen versehen; vor den Betten der Gemeinschaftszimmer sind Vorhänge angebracht.

St. Martins B&B B&B €

(☎ 091-568 286; 2 Nun's Island Rd; EZ/DZ ab 50/80 €;) Wer in diesem einladenden B&B eincheckt, hat das Gefühl, bei irischen Verwandten zu wohnen. Das gepflegte Haus im alten Stil wird von der warmherzigen Inhaberin Mary Sexton geführt und hat einen Garten mit Blick auf die William O'Brien Bridge und den Corrib. In den vier gemütlichen Zimmern liegen Wärmflaschen. Marys Frühstück bereitet gut auf den Tag vor.

Snoozles Tourist Hostel HOSTEL €

(☎ 091-530 064; http://snoozleshostelgalway.ie; Forster St; B/DZ/4BZ ab 17,50/90/117 €; @) Alle Schlafsäle (mit vier, sechs oder zehn Betten) und Privatzimmer dieses 130-Bett-Hostels, das nicht weit vom Bahnhof und Busbahnhof liegt, verfügen über eigene Bäder. Das kontinentale Frühstück ist im Preis enthalten. Zu den weiteren Pluspunkten zählen eine Terrasse zum Grillen, ein Billardtisch, ein Aufenthaltsraum mit Nintendo Wii und eine Küche. Die Gäste können Klavier, Gitarre und Fiedel spielen.

Barnacles HOSTEL €

(☎ 091-568 644; www.barnacles.ie; 10 Quay St; B/DZ ab 15/60 €;) Das hervorragend geführte Hostel befindet sich in einem mittelalterlichen Gebäude mit modernem Anbau. Die blitzblanken Zimmer sind nach den 14 Stämmen der Stadt benannt, die Lage ist sehr zentral in der Nähe vieler Pubs. Es gibt eine geräumige Küche und einen gemütlichen Gemeinschaftsraum mit großem Gaskamin und Spielkonsolen. Zum Frühstück gehören Scones und *soda bread*. Von Juni bis August beträgt der Mindestaufenthalt zwei Nächte.

Das Hostel veranstaltet auch kostenlose Stadtspaziergänge für seine Gäste.

★ **Stop** B&B €€

(☎ 091-586 736; www.thestopbandb.com; 38 Father Griffin Rd; EZ/DZ/3BZ/FZ ab 70/100/140/180 €;) Mit modernen Kunstwerken, Holzdielen und fröhlichen Farben herausgeputzt, zieht die fantastische Unterkunft alle Register. Die elf Zimmer sind wundervoll eingerichtet. Viel Platz ist hier nicht, aber er wird clever genutzt: Es gibt keine Kleiderschränke (nur Kleiderstangen) und kein TV, aber gemütliche Betten und kleine Schreibtische. Zum Frühstück wird u.a. frisch gepresster Orangensaft serviert. Praktisch: Auf der gegenüberliegenden Straßenseite befindet sich ein Supermarkt.

★ **Heron's Rest** B&B €€

(☎ 091-539 574; www.theheronsrest.com; 16a Longwalk; DZ 140–160 €;) Die aufmerksamen Gastgeber dieses B&Bs in idealer Lage in einer schönen Reihenhausstraße am Ufer des Corrib stellen Ferngläser und sogar Liegestühle bereit, damit die Gäste draußen den Anblick des Flusses so richtig genießen können. Die niedlichen kleinen Zimmer haben Doppelverglasung und schauen aufs Wasser. Das Frühstück besteht aus regionalen Bioprodukten; ebenso toll sind die kostenlosen Karaffen mit Portwein.

Auf Wunsch stellen die Inhaber Gourmet-Picknickkörbe für ihre Gäste zusammen.

★ **House Hotel** BOUTIQUE-HOTEL €€

(☎ 091-538 900; www.thehousehotel.ie; Spanish Pde; DZ ab 149 €; P) Galways angesagtestes Hotel befindet sich in einem alten Lagerhaus im quirligsten Teil der Stadt. Die wunderschöne Lobby ist mit Möbeln im Retro-Stil und modernen Kunstwerken ausgestattet und in fröhlichen Pinktönen gestrichen. Die 40 Zimmer sind klein, aber gemütlich. Sie warten mit einem farbenfrohen Design und hochwertigen Stoffen auf. In den Bädern liegen Toilettenartikel von Orla Kiely.

WIEDERBELEBUNG DER IRISCHEN SPRACHE

Eine der wichtigsten Gaeltacht-Regionen (irischsprachige Gebiete) des Landes beginnt östlich von Connemara bei Spiddal. Sie erstreckt sich Richtung Westen bis nach Cashel und Richtung Norden bis ins County Mayo.

Mittlerweile erlebt die gesprochene irische Sprache eine Renaissance, was diversen Medien aus Connemara und Galway zu verdanken ist. Seit den 1990er-Jahren gibt's z. B. den nationalen irischsprachigen Radiosender Radio na Gaeltachta (www.rte.ie/rnag) und den Fernsehkanal TG4 (www.tg4.ie).

Im angeschlossenen Restaurant mit Cocktailbar ist immer viel los, vor allem freitag- und samstagabends, wenn Livekonzerte steigen.

★ Adare Guesthouse PENSION €€
(☎ 091-582 638; www.adarebedandbreakfast.com; 9 Father Griffin Pl; EZ 50–75 €, DZ 70–130 €, FZ 110–150 €; P 📶) 🍃 Das wunderschöne Gästehaus im Scheunenstil blickt auf ein Fußballfeld und einen Kinderspielplatz. Es bietet elf geräumige Zimmer und einen reibungslosen Service. Zum Frühstück stehen elf Gerichte zur Auswahl, darunter French Toast mit karamellisierten Pflaumen, Räucherlachs mit Rührei und Buttermilch-Pancakes mit Honigbirnen. Viele der Zutaten stammen aus dem Biogarten oder dem Gewächshaus der Inhaber.

Residence Hotel BOUTIQUE-HOTEL €€
(☎ 091-569 600; www.theresidencehotel.ie; 14 Quay St; DZ/3BZ ab 139/169 €; 📶) Das 2017 eröffnete Residence Hotel in der Quay Street ist von musikerfüllten Pubs umgeben. Die 20 Zimmer sind klein, aber wunderschön mit Werken des aufstrebenden irischen Künstlers Stephen Cooke dekoriert – über den Betten hängen Wandbilder im Street-Art-Stil. Weitere Annehmlichkeiten sind Netflix, Nespresso-Maschinen und die duftenden Toilettenartikel von Aromatherapy Associates. Unruhige Schläfer sollten sich eines der ruhigeren Zimmer im Obergeschoss geben lassen (mit dem Fahrstuhl zu erreichen).

Huntsman Inn PENSION €€
(☎ 091-562 849; www.huntsmaninn.com; 164 College Rd; DZ 120–140 €; 📶) Der Gasthof am Lough Atalia, 1,5 km nordöstlich des Stadtzentrums, ist eine großartige Option, wenn man nicht mitten in der belebten Stadt übernachten will. Er verfügt über kostenlose Parkplätze und ein renommiertes Restaurant mit eigener Bar, die Craft-Biere und Cider serviert. Die zwölf Zimmer sind schnittig und modern eingerichtet und verfügen über große Privatbäder. Im Preis ist ein köstliches Gourmetfrühstück inbegriffen.

Die rauchigen hausgemachten gebackenen Bohnen mit Grillpilzen aus der Region schmecken hervorragend.

Ardawn House B&B €€
(☎ 091-568 833; www.ardawnhouse.com; College Rd; EZ/DZ/3BZ/FZ ab 50/90/135/180 €; P 📶) Eine der nettesten Unterkünfte in der von B&Bs gesäumten College Road. Das rote Ziegelgebäude neben dem Greyhound-Stadion punktet mit eleganten minimalistischen Gästezimmern. Das Frühstück – mit hausgemachten Konfitüren – wird inmitten von Antikmöbeln auf Silber und Porzellan serviert. Kinderbetten werden kostenlos zur Verfügung gestellt.

St Judes B&B B&B €€
(☎ 091-521 619; http://st-judes.com; 110 Lower Salthill Rd; DZ/FZ ab 150/207 €; P 📶) Dieses Gutshaus mit Doppelfront wurde in den 1920er-Jahren erbaut und hat eine vornehme Atmosphäre. Die sechs Zimmer sind individuell eingerichtet; der Aufenthaltsraum im Erdgeschoss eignet sich auch für Traveller mit eingeschränkter Mobilität. Das B&B liegt in einem ruhigen Wohnviertel westlich des Stadtzentrums.

Griffin Lodge B&B €€
(☎ 091-589 440; www.griffinlodgegalway.com; 3 Father Griffin Pl; EZ/DZ 78/90 €; 📶) In dem gepflegten B&B wird man wie ein alter Freund begrüßt. Es liegt 700 m westlich vom Spanish Arch (S. 389) an einer ruhigen Straße und bietet acht makellose Zimmer in Crème- und Champagnertönen; die Duschen der Bäder haben einen hohen Wasserdruck.

★ Glenlo Abbey Hotel HISTORISCHES HOTEL €€€
(☎ 091-519 600; www.glenloabbeyhotel.ie; Kentfield Bushy Park, N59; DZ/Suite ab 289/429 €; 📶) Am Ufer des Lough Corrib, 4 km nordwestlich von Galway, erhebt sich das 1740 erbaute Gutshaus, das einst einer französischen Familie von den 14 Stämmen Galways gehörte. Die außergewöhnlich gut erhaltene Architektur wird durch Antikmöbel, luxuriöse Marmorbäder, Bettdecken aus Entendaunen und riesige Kissen ergänzt; außerdem gibt's ein üppiges Frühstück. Das hoteleigene Pullman Restaurant (S. 399) befindet sich in originalen *Orient-Express*-Zugwaggons und serviert Haute Cuisine.

Auf dem weitläufigen Hotelgelände steht eine nie fertiggestellte Abtei mit ummauertem Garten, von der Familie 1790 begonnen, ebenso wie ein Neun-Loch-Golfplatz (Golfplatzgebühr ab 45 €), dessen viertes Loch sich auf einer Insel im See befindet (über eine Brücke zu erreichen).

G Hotel DESIGN-HOTEL €€€
(☎ 091-865 200; www.theghotel.ie; Old Dublin Rd; DZ/Suite ab 150/310 €; P ❄ 📶) Das wunderschöne Hotel liegt in einem Geschäftskomplex am Lough Atalia und hebt sich stark von den umliegenden Gebäuden ab. Seine

Avantgarde-Architektur wurde von dem erfolgreichen aus Galway stammenden Designer Philip Treacy entworfen und umfasst einen prachtvollen Salon mit 300 schwebenden Silberkugeln, eine pinkfarbene Cocktaillounge und ein preisgekröntes Restaurant mit lilafarbenen Bänken, die wie riesige Muscheln geformt sind. In den sandfarbenen Zimmern liegen Kissen mit Muschelmotiven, in den Bädern vieler Suiten kann man von der Badewanne aus fernsehen.

Essen

Die Spezialität Galways sind Meeresfrüchte, und auf vielen Speisekarten stehen Austern aus der Galway Bay. Die Gastronomieauswahl reicht von einem wundervollen Markt (S. 389) bis hin zu innovativen neuen Restaurants, die die irische Küche neu definieren.

Sheridans Cheesemongers DELIKATESSEN €
(☎ 091-564 832; http://sheridanscheesemongers.com; Churchyard St; Käseplatten 9–18 €; ⏲ Laden Mo–Fr 10–18, Sa 9–18, So 12–17 Uhr, Weinbar Di–Fr 13–0, Sa 12–24, So & Mo 16–0 Uhr) Himmlische Aromen wehen aus dem Käseladen, der erstklassige Sorten aus der Region und der ganzen Welt auf Lager hat. Das eigentliche Highlight befindet sich jedoch am Ende einer schmalen Treppe: die herrlich gesellige Weinbar. Hier stehen Holzregale voller Käse und Wurstwaren, die man mit einem Glas Wein aus der umfangreichen Karte (mit Schwerpunkt auf italienischen Weinen) genießen kann.

Urban Grind CAFÉ €
(www.urbangrind.ie; 8 West William St; Gerichte 3,50–8,50 €; ⏲ Juni–Mitte Sept. Mo–Mi 8–18, Do & Fr 8–23, Sa 9–23 Uhr, Mitte Sept.–Mai Mo–Fr 8–18, Sa 9–18 Uhr) Der kreative Dreh- und Angelpunkt Urban Grind serviert fantastisches Frühstück (Zimtporridge; Biociabatta mit gegrillter Chorizo und Eiern), Mittagsgerichte (Tortilla mit schwarzen und weißen Bohnen, Avocado und Limettenmayo; glasierte Rinderbrust mit Meerrettichsoße) und einige der besten Kaffees und Tees (aus losen Blättern), die Galway zu bieten hat. Im Sommer (Do–Sa) werden Craft-Biere und edle Weine serviert.

Dough Bros PIZZA €
(☎ 087 176 1662; www.thedoughbros.ie; Middle St; Pizza 6–11 €; ⏲ Di–Sa 12–22, So & Mo bis 21 Uhr) Das hellgrün gestrichene Holzofenpizza-Restaurant begann seine Karriere als Imbisswagen. Inwischen steht es bei Stammgästen und Studenten hoch im Kurs, weil die frischen und köstlich belegten Pizzen perfekte Krusten haben, Craft-Biere serviert werden und die Atmosphäre locker und entspannt ist. Das Restaurant nimmt keine Buchungen entgegen, man kann aber Pizza zum Mitnehmen bestellen. Bargeld wird bevorzugt. Der Imbisswagen ist häufig auf Festivals unterwegs.

Tosnú MODERN IRISCH €
(☎ 091-538 124; http://tosnurestaurant.com; 14 Upper Abbeygate St; Hauptgerichte Frühstück 4,50–8 €, Mittagessen 9–15 €, Abendessen 13–15 €; ⏲ Di–So 10.30–15 & 17–22 Uhr) Tosnú bedeutet auf Irisch „anfangen", und die Ausgangsbasis des kleinen Restaurants sind saisonale Produkte von lokalen Produzenten. Es serviert Frühstück (bis 12 Uhr), Mittagessen (z. B. Wild-Pie mit Pastinaken-Thymian-Püree) und Abendbrot (gebratene Seeforelle mit weißen Bohnen und Fenchelpüree; im Ofen gebackenes Hühnchen mit rauchigem Knoblauch-Kartoffel-Kuchen). An den Wänden hängen Kunstwerke, die regelmäßig ausgetauscht werden.

Food 4 Thought VEGETARISCH €
(5 Lower Abbeygate St; Hauptgerichte 5,50–10,50 €; ⏲ Mo–Fr 7.30–18, Sa 8–18, So 12.30–16 Uhr; 📶 ✎) Ein Laden, in dem vegetarische Sandwiches aus Biozutaten, herzhafte Scones und sättigende Speisen wie Cashewnussbraten zubereitet werden. Darüber hinaus gibt's Infos zu Energieworkshops und Yogakursen. Es gibt auch zahlreiche vegane und glutenfreie Gerichte; Kaffee wird kostenlos nachgeschenkt! Wenn es wärmer ist, werden auf der Terrasse auf dem Gehsteig Tische aufgestellt.

Pie Maker PASTETEN €
(www.thepiemaker.ie; 10 Upper Cross St; süße Pies 5 €, herzhafte Pies 11–13 €; ⏲ 11.30–22 Uhr) Nur zwölf Sitzplätze gibt's in diesem belebten Lokal, aber seine Pies aus Biomehl, Obst und Gemüse eignen sich großartig für einen Snack im Vorbeigehen. Die herzhaften Pies (Blutwurst, Lauch und Sherry; Aubergine, Ziegenkäse und Pistazien) werden mit Püree, Erbsenbrei, Rotkraut und auf Wunsch mit Soße serviert. Zu den Dessertvarianten zählen Süßkartoffel und weiße Schokolade.

Tuco's Taqueria TACOS €
(www.tuco.ie; 6 Upper Abbeygate St; Gerichte 7–10 €; ⏲ 12–21 Uhr; ✎) Das Lokal ist vor allem bei Studenten beliebt. Man wählt zu-

erst aus den Tacos, Burritos oder Enchiladas, dann eine Füllung (Fleisch, vegetarisch oder vegan), Extrabeilagen (Guacamole, Sour Cream etc.) und zuletzt die Salsa aus: Smokie Chipotle (scharf), Roja (schärfer) oder Tuco's Terror (am schärfsten; Getränk bereithalten!). Es werden auch Salsas in Flaschen verkauft. Donnerstags ist Taconacht (5 €).

McCambridge's CAFÉ, DELIKATESSEN €

(www.mccambridges.com; 38/39 Shop St; Gerichte 5–14 €; Café Mo–Mi 8.30–17.30, Do–Sa 8.30–21, So 9.30–18 Uhr, Lebensmittelladen Mo–Mi 8–19, Do–Sa 8–21, So 9.30–18 Uhr) Das Gourmet-Imperium bietet großartige Picknickzutaten, z. B. erstklassige fertige Salate. Das Café im ersten Stock mit seinen hohen Decken, dem hellen Holz und den geschäftigen Kellnern ist bezaubernd und bietet eine stets wechselnde Speisekarte mit moderner irischer Küche (z. B. Galway-Hooker-Rindfleischeintopf) sowie über 100 Craft-Biere aus dem Westen Irlands. Sonntags wird bis 16.30 Uhr Brunch serviert.

★ **Ard Bia at Nimmo's** MODERN IRISCH €€

(091-561 114; www.ardbia.com; Spanish Arch, Longwalk; Cafégerichte 6–12 €, Hauptgerichte abends 20–28 €; Café Mo–Fr 10–15.30, Sa & So bis 15 Uhr, Restaurant 18–21 Uhr;) Das Ard Bia („High Food") befindet sich in einem Zollhaus aus dem 18. Jh. am Spanish Arch (S. 389). Es ist mit Werken lokaler Künstler dekoriert und mit restaurierten Vintage-Möbeln eingerichtet. Auf den saisonalen Speisekarten des Restaurants im oberen Stock (mit angeschlossener Weinbar) und des Cafés im Erdgeschoss stehen Gerichte aus Bioprodukten, z. B. fantastischer Brunch und Mittagsgerichte wie Tomaten-Fenchel-Suppe.

★ **Oscar's** FISCH & MEERESFRÜCHTE €€

(091-582 180; www.oscarsseafoodbistro.com; Upper Dominick St; Hauptgerichte 15,50–25,50 €; Mo–Sa 18–21.30 Uhr) Ein hervorragendes Fischrestaurant mit täglich wechselnder Speisekarte, auf der Gerichte wie Seeteufel in Safran und Weißwein mit Herzmuscheln, in Algen gedünsteter Hummer aus der Galway Bay mit Knoblauch-Zitronen-Butter oder Zitronen-Seezunge mit Meerfenchel stehen. Montags bis donnerstags gibt es vor 19 Uhr ein Zweigänge-Abendmenü (18,50 €).

★ **Cava Bodega** TAPAS €€

(091-539 884; www.cavarestaurant.ie; 1 Middle St; Tapas 4–16 €, Paella 15 €; Mo–Mi 17–22, Do 17–22.30, Fr 16–23, Sa 12–23.30, So 12–21.30 Uhr;) Auf der Speisekarte des Sternekochs J. P. McMahon, der auch das sternegekrönte Aniar (S. 399) leitet, stehen über 50 spanische Gourmettapas aus regionalen Zutaten. Zu den Highlights zählen Salzdorsch mit Algenkonfitüre, Feigenkuchen mit schwarzen Oliven, Wachteleier mit Chorizoöl und Rote Bete in Piniennusskruste. Auf der Getränkekarte stehen über 100 spanische Weine. Freitags und samstags hat die Bar besonders lange geöffnet.

Artisan Restaurant MODERN IRISCH €€

(091-532 655; www.artisangalway.com; 2 Quay St; Hauptgerichte mittags 12–15 €, Hauptgerichte abends 17–27 €, 3-Gänge-Menü 25 €; Mo–Sa 12–15 & 17.30–22, So 12–15 Uhr) Das Restaurant mit Steinfassade liegt über dem beliebtesten Pub Galways, dem Tigh Neachtain (S. 400). Es serviert vorwiegend Gerichte aus Bioprodukten, Wildpflanzen und Wildfleisch – Lamm aus dem Burren mit gerösteten Aprikosen, 28 Tage trocken gereiftes Ribeye-Steak aus Monaghan und Risotto aus Erbsen, Neuseeländer Connemara-Spinat und Sauerklee. Zu den Speisen werden Craft-Biere, Cider und Weine vom Neachtain gereicht.

Mittags gibt's auch Sandwiches aus *soda bread* mit Räuchermakrele und eingelegter Gurke.

John Keogh's GASTROPUB €€

(Lock Keeper; 091-449 431; www.johnkeoghs.ie; 22-24 Upper Dominick St; Hauptgerichte 12–23 €; Küche Mo–Fr 17–21, Sa & So 13–21 Uhr) Dunkle Holzvertäfelung, gemütliche Sitzecken, Buntglasfenster, alte Spiegel, Regale voller Bücher und offene Kamine schaffen eine gemütliche Atmosphäre für die außergewöhnliche Gastropub-Küche. Das John Keogh's nimmt keine Reservierungen an, daher sollte man früh herkommen, um Gerichte wie Austern aus der Galway Bay mit Algenflakes und Guinness zu genießen. Anschließend kann man in der Bar ein Sheep-Stealer-Ale aus Roscommon oder einen seltenen Whiskey trinken.

Kai Café CAFÉ €€

(091-526 003; http://kaicaferestaurant.com; 20 Sea Rd; Hauptgerichte mittags 11–12,50 €, abends 18,50–26,50 €; Café Mo–Fr 9.30–15, Sa 10.30–15 Uhr, Restaurant Di–Sa 18.30–22.30 Uhr;) Mit seinen freiliegenden Ziegelmauern, Holzbalken, frischen Blumen, distelgrünen Farbtönen und einem Atrium mit Glasdach ist das rustikale Lokal ein fantastischer Ort für einen Kaffee, Gourmet-Sandwiches, Salate und Craft-Bier. Abends gibt's innovative Speisen wie Seeteufel mit Riementang oder Ochsenzunge mit Kürbismarmelade. Wer abends herkommen will, muss vorher reservieren.

McDonagh's FISH 'N' CHIPS €€
(☎ 091-565 001; www.mcdonaghs.net; 22 Quay St; Café- & Take-away-Gerichte 6–14,50 €, Restaurant Hauptgerichte 13,50–26 €; ⏲ Café & Take-away Mo–Sa 12–23, So 14–21, Restaurant Mo–Sa 17–22 Uhr) Ein Besuch hier gehört zu einem Galway-Aufenthalt einfach dazu. Das McDonagh's ist zweigeteilt, in einen Take-away-Bereich mit geselligem Café, in dem die Gäste eng an eng an langen Holztischen sitzen, und den etwas feineren Restaurantbereich auf der anderen Seite. Der beste Fish-'n'-Chips-Laden der Stadt brät große Mengen an Kabeljau, Platt-, Schell- und Weißfisch sowie Lachs im Backteig mit hausgemachter Tatarsoße.

★ **Loam** GASTRONOMIE €€€
(☎ 091-569 727; https://loamgalway.com; 2-/3-Gänge-Menüs 40/50 €, 7-Gänge-Menü 70 €, mit Weinbegleitung 105 €; ⏲ Di–Sa 18–23 Uhr) Enda McEvoy ist einer der innovativsten Köche Irlands (und mit einem Michelin-Stern gekrönt). Er zaubert köstliche Geschmackskombinationen aus selbst angebauten, regionalen und Wildprodukten: getrocknetes Heu, frisches Moos, essbare Blumen, Wildhafer, Waldstachelbeeren, Meeresgemüse aus Salthill und handgestochener Torf (den McEvoy zu seiner außergewöhnlichen Torfrauch-Eiscreme verarbeitet).

Die angeschlossene Weinbar hat dienstags bis samstags von 17 bis 24 Uhr geöffnet. Regelmäßig finden Konzerte mit irischen Musikern statt (20 €).

★ **Pullman Restaurant** FRANZÖSISCH €€€
(☎ 091-519 600; www.glenloabbeyhotel.ie; Glenlo Abbey Hotel, Kentfield Bushy Park, N59; 2-/3-Gänge-Menüs 57/65 €; ⏲ März–Okt. 18.30–22 Uhr, Nov.–Feb. Fr & Sa bis 21.30 Uhr) Einer der originalen *Orient-Express*-Zugwaggons von 1927 im Glenlo Abbey Hotel (S. 396) wurde bei den Dreharbeiten zum Agatha-Christie-Film *Mord im Orient Express* und 1965 auf dem Begräbniszug von Winston Churchill eingesetzt. Die sepiafarbenen Lampen, Holzvertäfelungen, plüschigen Polstermöbel, weißen Tischdecken und die Musik aus den 1940er- und -50er-Jahren kreieren eine unglaublich romantische Atmosphäre für gehobene Haute Cuisine.

Zum klassischen Repertoire des Restaurants gehören angebratene Gänsestopfleber, Trüffel-Mousse, Wildfleisch aus Galway, Enteneier und Kardamom-Vanillecreme-Torte.

KOCHEN WIE EIN STERNEKOCH

Die von J. P. McMahon, dem Inhaber/Chefkoch des Sternerestaurants **Aniar** (siehe unten), geführte **Aniar Boutique Cookery School** (☎ 091-535 947; http://aniarrestaurant.ie; 53 Lower Dominick St; Tageskurs 195 €) veranstaltet inspirierende Tageskurse, die eine Einführung in die moderne irische Küche bieten und in denen man lernt, Butter und Käse herzustellen, Fleisch und Fisch zu räuchern und Gemüse einzulegen. Im Kurspreis sind ein Mittagessen und ein Glas Wein inbegriffen; man sollte eine Kühlbox mitbringen, um seine Kreationen nach Hause zu transportieren.

McMahon bietet auch Kurse zum Thema Gastropub-Klassiker und Tapaszubereitung (er führt auch die renommierte Tapasbar **Cava Bodega** (S. 398) sowie Spezialkurse in Fleisch- und Fischzubereitung und im Brotbacken.

★ **Aniar** MODERN IRISCH €€€
(☎ 091-535 947; http://aniarrestaurant.ie; 53 Lower Dominick St; Mittagsmenü 55 €, Abendmenü 70–115 €, mit Weinbegleitung 105–180 €; ⏲ Di–Do 18–21.30, Fr 17.30–21.30, Sa 12–14 & 17.30–21.30 Uhr) Der Küche und den Lebensmittelproduzenten aus Galway und dem Westen Irlands fühlt sich das Aniar zutiefst verpflichtet. Seine Mehrgänge-Verkostungsmenüs haben dem Küchenchef, Inhaber und Terroir-Spezialisten J. P. McMahon einen Michelin-Stern eingebracht; der legere frühlingsgrüne Speisebereich ist jedoch ohne jeden Schnickschnack eingerichtet. Auf der Getränkekarte stehen überwiegend Weine von kleinen Produzenten. Man muss mehrere Wochen im Voraus reservieren.

Wer die Geheimnisse der klassischen und modernen irischen Küche entdecken will, kann einen Kochkurs in der angeschlossenen Aniar Boutique Cookery School buchen.

Ausgehen & Nachtleben

Galways Angebot an Pubs ist einzigartig. Die Stadt ist voller traditioneller Pubs mit Livemusik sowie stilvoller Wein- und Cocktailbars, in denen Feierlustige die Nächte durchzechen, vor allem an den Wochenenden und im Sommer.

Man sollte unbedingt das Craft-Bier der lokalen Erfolgsbrauerei Galway Hooker (www.galwayhooker.ie) probieren. Dieses Bier ist nach den bekannten Fischerbooten aus der Region benannt und wird in der ganzen Stadt vom Fass angeboten.

★ Tigh Neachtain PUB

(www.tighneachtain.com; 17 Upper Cross St; ⌚ Mo–Do 11.30–24, Fr 11.30–1, Sa 10.30–1, So 12.30–23.30 Uhr) Das kornblumenblaue Eckpub Neáchtain's („*nock*-tens" ausgesprochen) oder Naughtons wurde im 19. Jh. erbaut und hat eine Panoramaterrasse, auf der man wunderbar das Treiben in Galway beobachten kann. Es ist innen mit Holz verkleidet, hat einen knisternden offenen Kamin, gemütliche kleine Nebenzimmer und versprüht jede Menge Atmosphäre. Neben perfekt gezapftem Guinness und über 130 Whiskeysorten gibt's auch eine große Auswahl an Bier von Galway Hooker.

Das Pub wird seit 1894 von derselben Familie geführt.

★ Tig Cóilí PUB

(www.tigcoiligalway.com; Mainguard St; ⌚ Mo–Do 10.30–23.30, Fr & Sa 10.30–0.30, So 12.30–23 Uhr) In der Nähe der High Street zieht das Tig Cóili mit zwei Live-*céilidh* (traditionelle Sessions mit Musik und Tanz) pro Tag zahlreiche Besucher an. Das authentische, feuerrot gestrichene Pub ist mit Fotos der Künstler dekoriert, die hier bereits gespielt haben, und eine beliebte Anlaufstelle für Musiker, die gepflegt einen heben möchten, bzw. für Leute, die bereits einen im Tee haben und gern Musiker werden möchten. Ein echtes Juwel.

★ O'Connor's PUB

(☎ 091-523 468; www.oconnorsbar.com; Upper Salthill Rd, Salthill; ⌚ 19.30 Uhr–spät) Jede Nische, Wand und Decke des 1942 gegründeten Pubs ist mit Antiquitäten geschmückt: alte Uhren, Geschirr, Landwirtschaftsgeräte, Gaslampen, Nähmaschinen, Angelausrüstung, ein Hirschkopf und eine fast lebensgroße Statue von John Wayne aus *Der Sieger*. Bei der kostenlosen Fireside-Tour – der „kürzesten Besichtigungstour Irlands" – des Geschichtenerzählers Brian Nolan erfährt man mehr über diese Gegenstände und die Geschichte Irlands im Allgemeinen.

Jeden Abend um 21.30 Uhr finden traditionelle Musikkonzerte und Singalongs (gemeinsames Liedersingen) statt. Auf einer schwarzen Kreidetafel stehen scherzhaft die Gerichte, die das Pub serviert – mehr als „Whiskysuppe mit Eiscroutons" ist nicht drin.

★ Crane Bar PUB

(www.thecranebar.com; 2 Sea Rd; ⌚ Mo–Fr 10.30–23.30, Sa 10.30–24.30, So 12.30–23 Uhr) Ein stimmungsvolles, stets gut besuchtes Pub westlich des Corrib. Wer eine improvisierte abendliche *céilidh* (traditionelle Musik und Tanz) erleben möchte, hat hier die besten Chancen. Auf beiden Etagen wird abends ab 21.30 Uhr Musik gespielt.

Garavan's PUB

(www.garavans.ie; 46 William St; ⌚ Mo–Do 11–23.30, Fr & Sa 11–0.30, So 12.30–23 Uhr) Irische Whiskeys (in handgefertigten Schränken) sind die Spezialität dieser vornehmen alten Bar. Sie bietet großartige „Verkostungsplatten" (11 bis 95 €), z. B. eine Irische Literatenplatte mit den Lieblingsgetränken von Samuel Beckett, James Joyce und W. B. Yeats sowie eine Große-Meister-Platte mit einem 18-jährigen Blended Kilbeggan, einem 26 Jahre alten Teeling Single Malt Gold Reserve und einem Dungourney 1964 Pure Pot Still.

Buddha Bar COCKTAILBAR

(www.buddhabar.ie; 14 Mary St; ⌚ Mo, Mi & Do 17–23.30, Fr & Sa bis 0.30, So bis 23 Uhr) Neben dem **Asian Tea House** (☎ 091-563 749; www.asianteahouse.ie; 15 Mary St; Hauptgerichte 11–23,50 €; ⌚ 17–22.30 Uhr; 🖉) liegt die laternenbeleuchtete Buddha Bar, die mit Buddhastatuen dekoriert ist und fantasievolle Cocktails wie Shanghai Kiss (Passionsfruchtlikör, Sake, Wodka mit Mangoaroma und Orangensaft) und Lotus Espresso (Wodka mit Vanille, Kaffee, Kahlúa und Zimt) mixt. Zur Auswahl stehen außerdem fünf asiatische Biersorten.

Nova SCHWULE & LESBEN

(http://novagalway.ie; 1 West William St; ⌚ Mo–Do 16–23.30, Fr 15–2, Sa 12–2, So 12.30–23.30 Uhr; 📶) Die beliebteste Schwulenbar Galways ist mit Regenbogenflaggen dekoriert. Freitags legen DJs Tanzmusik auf; samstags finden Travestieshows mit Kiki St. Clair statt. Die Cocktails haben fantasievolle Namen, es gibt aber auch Craft-Biere und Wein. Mittwochs ist Studentennacht.

Róisín Dubh PUB
(www.roisindubh.net; 9 Upper Dominick St; ⌚So–Do 17–2, Fr & Sa bis 2.30 Uhr) Im Róisín Dubh geben sich künftige Musikstars die Ehre. Das Pub ist die beste Adresse Galways für Livekonzerte, es ist aber auch für seine Stand-up-Comedy-Veranstaltungen bekannt. Dienstags (zu Semesterzeiten auch mittwochs) findet eine Silent Disco statt, sonntags gibt's Open-Mic-Nächte. Die überdachte Dachterrasse ist immer rammelvoll.

Monroe's Tavern PUB
(www.monroes.ie; Upper Dominick St; ⌚So–Do 10–23.30, Fr & Sa bis 1 Uhr) In Monroe's Tavern hört man traditionelle Musik und Balladen, dienstags finden typisch irische Tanzveranstaltungen statt. Die klassische schwarzweiße Fassade der zweistöckigen Kneipe ist ein beliebtes Fotomotiv.

Bierhaus BAR
(http://bierhausgalway.com; 2 Henry St; ⌚So–Do 16–24, Fr & Sa bis 1 Uhr) In der Bierbar werden rund um die Uhr Stout-, Ale-, Pils-, Weizenbiere (20 Sorten) und Cider aus ganz Europa gezapft. Außerdem stehen über 60 Sorten Flaschenbier zur Auswahl. Es werden auch traditionelle Cocktails sowie Mixgetränke auf Bierbasis serviert. Dazu gibt's kleine Snacks, z. B. Po-Boy-Sandwiches.

Secret Garden TEEHAUS
(www.secretgardengalway.com; 4 West William St; ⌚Mo 11–20, Di–Sa 11–23, So 13–21 Uhr; 📶) Im gemütlichen Vorderzimmer oder hinten im hübschen ummauerten Garten kann man *tiě guān yīn*-Oolong-Tee oder einen anderen Tee aus der beeindruckenden Auswahl trinken. Gelegentlich steigen auch Livekonzerte mit moderner irischer Musik.

☆ Unterhaltung

In vielen Pubs gibt's mehrmals pro Woche Livemusik – entweder ungezwungene Trad Sessions oder Konzerte. Im Róisín Dubh (siehe oben) treten tolle Bands auf und im Tig Cóilí (S. 400) kommt man in den Genuss von Trad Sessions.

★ **Druid Performing Arts Company** THEATER
(☎091-568 660; www.druid.ie; Druid Lane) Die weltweit gefeierte Druid Performing Arts Company wurde 1975 gegründet und ist für experimentelle Theaterstücke junger irischer Bühnenautoren sowie Neuadaptionen alter Klassiker bekannt. Wenn die Truppe nicht auf Tour ist, spielt sie im Mick Lally Theatre, das sich in einem alten Lagerhaus befindet.

Town Hall Theatre THEATER
(☎091-569 777; https://tht.ie; Courthouse Sq) Im Town Hall Theatre werden Broadway- und West-End-Stücke, Orchesterkonzerte, Tänze und gelegentlich auch Filme vorgeführt. Das Theater verfügt über ein Hauptauditorium mit 400 Sitzplätzen sowie ein Studio mit 52 Sitzplätzen. Es wurde 1820 als Gerichtsgebäude errichtet und später als Rathaus und Kino genutzt, bevor es 1996 zum Stadttheater Galways ernannt wurde.

Trad on the Prom LIVEAUFFÜHRUNG
(☎091-582 860; www.tradontheprom.com; Leisureland Theatre, Lower Salthill Rd, Salthill; Erw./Kind ab 30/10 €; ⌚Mitte Mai–Sept.) Das altbewährte, von der lokalen Stargeigerin Máirín Fahy geleitete Sommermusical hat sich als Knüller entpuppt. Es ist ein Fest des irischen Tanzes und Gesangs. Die Produktion wird an mehreren Abenden pro Woche in einem neuen Veranstaltungszentrum an der Salthill Promenade (S. 393) präsentiert.

Shoppen

In den schmalen Straßen reihen sich zahllose Geschäfte aneinander, die angesagte Mode, irische Wollartikel, Outdoor-Ausrüstung sowie -bekleidung, Schmuck, Kunst, Bücher und Musik anbieten.

★ **Charlie Byrne's Bookshop** BÜCHER
(http://charliebyrne.com; Cornstore, Middle St; ⌚Mo–Mi & Sa 9–18, Do & Fr bis 20, So 12–18 Uhr) Die weitläufigen Räume dieses Juwels von Buchladen sind mit über 100 000 neuen, gebrauchten und preisgesenkten Büchern – darunter zahlreiche, die man ansonsten kaum noch findet – vollgestopft. Es gibt auch eine Abteilung mit irischsprachigen Roma-

CLADDAGH-RINGE

Das Fischerdorf Claddagh ist längst im Stadtzentrum von Galway aufgegangen, doch die gleichnamigen Ringe haben als zeitlose Erinnerung überlebt.

Großer Beliebtheit erfreuen sie sich vor allem bei Leuten mit irischen Wurzeln. Zwei ausgestreckte Hände (Freundschaft) umfassen ein Herz (Liebe) mit einer darüber liegenden Krone (Loyalität). Irlands ältestes Schmuckgeschäft, **Thomas Dillon's Claddagh Gold** (S. 402), gehört zu den Juwelieren mit Claddagh-Ringen im Angebot.

nen und Sachbüchern. Regelmäßig finden Veranstaltungen, z. B. Buchpremieren und Auftritte von Geschichtenerzählern, statt.

Hazel Mountain Chocolate SCHOKOLADE
(www.hazelmountainchocolate.com; Middle St; ⌚Mo–Sa 11–19, So 11.30–19 Uhr) Hinter der taubenblauen Fassade des luftigen, modernen Ladengeschäfts werden jeden Tag Trüffel aus Hazel Mountain Chocolate (S. 402) aus dem Burren hergestellt. Es gibt auch eine Kakaobar, die heiße Schokolade mit gerösteten Marshmallows nach eigenem Rezept sowie süße Köstlichkeiten wie Schoko-Rhabarber-Brownies oder Schoko-Kaffee-Kuchen mit Kardamomglasur serviert.

Judy Greene's KUNST & KUNSTHANDWERK
(www.judygreenepottery.com; Kirwan's Lane; ⌚Mo–Sa 9.30–18 Uhr) Die lokale Künstlerin Judy Greene fertigt Keramikwaren an, deren Designs von der Pflanzenwelt und den Landschaften Irlands inspiriert sind. In ihrer Boutique verkauft sie auch Schmuck aus grünem Connemara-Marmor sowie Kleidung und Kunstwerke von irischen Künstlern und Designern.

P Powell & Sons MUSIKINSTRUMENTE
(53 William St; ⌚Mo–Sa 10–17 Uhr) In diesem herrlich traditionellen Geschäft mit schwarzen Bordüren und goldenen Schriftzügen bekommt man alle möglichen Musikinstrumente, angefangen von Zinnpfeifen bis hin zu *bodhráns* und Harmonikas.

Kiernan Moloney Musical Instruments MUSIKINSTRUMENTE
(www.moloneymusic.com; 17 High St; ⌚Mo–Fr 10–18, Sa 10–17.30 Uhr) Das Geschäft ist spezialisiert auf hochwertige Saiteninstrumente, inklusive Fiedeln und Harfen, die verkauft, vermietet und vor Ort auch repariert werden. Es gibt auch eine kleine Auswahl von Blasinstrumenten.

Thomas Dillon's Claddagh Gold SCHMUCK
(www.claddaghring.ie; 1 Quay St; ⌚10–17.30 Uhr) Dieser Laden, Irlands ältester Juwelier, eröffnete 1750. Im Hinterzimmer befindet sich eine Art kleines Museum mit alten Claddagh-Ringen (S. 401), Wachsrohlingen und altertümlichen Vintage-Exemplaren.

ℹ Praktische Informationen

Galways große, effiziente **Touristeninformation** (☎091-537 700; www. discoverireland.ie; Forster St; ⌚Mo–Sa 9–17 Uhr) bucht geführte Touren und hält jede Menge Informationen zu Stadt und Region bereit.

ℹ An- & Weiterreise

BUS

Bus Éireann (www.buseireann.ie; Station Rd, Cara Bus Station) bietet täglich Verbindungen in alle wichtigen Städte in der Republik Irland und Nordirland. Die Busse starten an der **Cara Bus Station** (☎091-562 000; Station Rd) nahe dem Bahnhof. Nach Dublin (15,70 €, 3¾ Std.) verkehren sie stündlich. Außerdem steuern sie Ziele in der gesamten Region an.

Citylink (www.citylink.ie; Ticketbüro Forster St; ⌚Büro 9–18 Uhr; 📶) Das Busunternehmen verkehrt von der **Galway Coach Station** (New Coach Station; Fairgreen Rd) unweit der Touristeninformation. Einige Ziele:

Cork 22 €, 3 Std., 5-mal tgl.

Clifden 15 €, 1½ Std., 5-mal tgl.

Dublin 15 €, 2½ Std., stündl.

Limerick 18 €, 1½ Std., 5-mal tgl.

GoBus (www.gobus.ie; Galway Coach Station; 📶) fährt regelmäßig nach Dublin (3½ Std.) und zum Dublin Airport (3 Std.). Ticketpreise ab 18 €.

Der Flughafen Shannon (10 €, 1¾ Std., stündl.) wird von Bus Éireann angefahren. Der Flughafen Dublin wird von Bus Éireann (15,50 €, 4 Std., stündl.) und Citylink (21 €, 2½ Std., stündl.) bedient.

Shuttlebusse verkehren zum **Connemara Regional Airport** (Aerfort Réigiúnach Chonamara; NNR; Inverin), der Flüge mit **Aer Arann** (S. 404) zu den Aran Islands bietet, sowie zum Fährhafen in Rossaveal, an dem die **Aran Island Ferries** (S. 404) ablegen.

ZUG

Vom **Bahnhof** (☎091-564 222; www.irishrail.ie) beim Eyre Square verkehren täglich zehn Direktzüge zur Heuston Station in Dublin (ab 18 €, 2¼ Std.) und zurück. Außerdem fahren täglich fünf Züge nach Ennis (10 €, 1¼ Std). Wer in andere Städte will, muss in Athlone (ab 18 €, 1 Std.) umsteigen.

ℹ Unterwegs vor Ort

AUTO

Sämtliche Parkplätze in Galway sind kostenpflichtig. Es gibt zahlreiche Parkhäuser und -bereiche. Staus können alarmierende Ausmaße annehmen, insbesondere zu den Stoßzeiten.

BUS

Galway lässt sich problemlos zu Fuß erkunden, auch nach Salthill ist es nicht sehr weit. Alternativ nimmt man einen der häufigen Busse am Eyre Square. Salthill (2 €, 15 Min.) wird von der Linie 401 bedient.

FAHRRAD

Galways Fahrradverleihsystem Coca-Cola Zero (www.bikeshare.ie/galway.html) bedient 16

Stationen in der ganzen Stadt. Besucher bezahlen für eine Dreitageskarte 3 € (Kaution 150 €). Die ersten 30 Minuten sind gratis; bis zu zwei Stunden kosten 1,50 €.

On Yer Bike (☎ 091-563 393; http://onyoubikecycles.com; 42 Prospect Hill; Radverleih ab 20 € pro Tag; ⏲ Mo–Sa 9–19, So 12–18 Uhr) verleiht, verkauft und repariert Fahrräder.

West Ireland Cycling (☎ 087 205 6904; http://westirelandcycling.com; Unit 1, Bridgewater Court, Fairhill Rd; Radverleih ab 20/120 € pro Tag/Woche; ⏲ Juni–Aug. 9–18 Uhr, Sept.–Mai So geschl.) verleiht Mountainbikes, Rennräder und Reiseräder sowie Zubehör wie Kindersitze, -anhänger und Fahrradkörbe. Es organisiert auch mehrtägige Radtouren in der Region (ab 720 € inkl. Unterkunft).

TAXI

Taxis warten am Eyre Square, in der Bridge Street sowie neben dem Busbahnhof und dem Bahnhof. Alternativ kann man auch bei **City Taxis** (☎ 091-525 252; http://citytaxisgalway.com) anrufen.

ARAN ISLANDS

Fast überall entlang der Küste der Counties Galway und Clare erhascht man einen Blick auf die windgepeitschten Aran Islands, die mit ihrer rauen Schönheit jedes Jahr zahllose Besucher anziehen. Wer sich für einen längeren Aufenthalt entscheidet, wird feststellen, dass die Gegend in mancherlei Hinsicht sehr viel weiter vom irischen Festland entfernt ist als die 45 Minuten an Bord der Fähre bzw. die zehn Flugminuten.

Auf den Kalksteininseln setzt sich die Karstlandschaft des Burren in Clare fort. Die dünne Schicht fruchtbaren Bodens ist von Wildblumen und Grasflächen übersät, auf denen Nutztiere grasen, und die Wellen klatschen gegen die zerklüfteten Klippen ringsum. Die alten Festungen hier zählen zu den ältesten archäologischen Stätten Irlands.

Inishmore (Irisch: Inis Mór) ist die größte Insel; hier befindet sich auch Kilronan, die einzige Ortschaft der Aran Islands. Inishmaan (Inis Meáin) konnte seine uralten Traditionen bewahren und strahlt ein Gefühl von Zeitlosigkeit aus. Inisheer (Inis Oírr), die kleinste Insel, hat eine stark traditionell geprägte Kultur.

Geschichte

Über die Menschen, die während der Eisenzeit auf Inishmór und Inishmaan imposante Steinbauten schufen, ist kaum etwas bekannt. Die Bauwerke werden landläufig als Forts bezeichnet, dienten aber vermutlich als (heidnische) religiöse Stätten. Einer Legende nach sollen sie von den Firbolgs errichtet worden sein, ein Volk, das in prähistorischen Zeiten vom europäischen Festland aus in Irland einfiel.

DIE ARAN ISLANDS ALS QUELLE DER INSPIRATION

Auf den Aran Islands wurden schon viele Bewohner von der Muse geküsst, z. B. um für Unterhaltung in den langen Zeiten der Isolation zu sorgen. Auch Künstler und Schriftsteller vom irischen Festland fühlten sich immer wieder vom elementaren Leben und den Naturgewalten angezogen.

Der Dramatiker J. M. Synge (1871–1909) verbrachte eine Menge Zeit auf den Inseln und lauschte durch die Bodendielen seines Zimmers dem lokalen Dialekt. Sein Stück *Reiter ans Meer* (1907) spielt auf Inishmaan, und in seinem bekannten Drama *Der Held der westlichen Welt* greift er ebenfalls seine Inselerfahrungen auf. Synges wunderbares Buch *Die Aran-Inseln* (1907) wird als typische Darstellung des hiesigen Lebens immer wieder neu aufgelegt.

Anfang der 1930er-Jahre kam der Amerikaner Robert Flaherty auf die Inseln, um den Film *Man of Aran* zu drehen, der einen Einblick in den rauen Alltag der Einwohner bietet. Er überredete viele Einheimische mitzumachen und richtete vor Ort sogar ein komplettes Filmstudio ein. Mittlerweile ist der Film ein echter Klassiker und wird regelmäßig im **Man of Aran Gift Shop** (S. 410) in Kilronan auf Inishmore gezeigt.

In dem viel beachteten Stück *The Cripple of Inishmaan* (1996) von Martin McDonagh geht es um tragische Gestalten und die große Sehnsucht, die Insel 1934 zu verlassen.

Kartograf Tim Robinson verfasste einen wunderbaren zweibändigen Bericht über seine Streifzüge auf den Inseln: *Stones of Aran: Pilgrimage* und *Stones of Aran: Labyrinthe.*

Der Autor Liam O'Flaherty (1896–1984) wurde auf Inishmore geboren und schrieb mehrere aufwühlende Romane wie *Hungersnot* (1937) und *Insurrection* (1950).

Man nimmt an, dass die Inselbewohner Landwirtschaft betrieben, was bei der felsigen Bodenstruktur eine echte Herausforderung gewesen sein muss. Die ersten Siedler verbesserten die Bodensubstanz mit Algen und Sand vom Strand. Mit langen *currachs* (Ruderboote aus einem Holzrahmen, der mit geteerter Leinwand bespannt war) fuhren sie zum Fischen aufs Meer hinaus. Noch heute sind die Boote ein Symbol für die Aran Islands.

Frühes Christentum

Bereits sehr früh gelangte der christliche Glaube auf die Inseln: Erste Klosteranlagen wurden im 5. Jh. vom hl. Enda (Éanna) gegründet. Vermutlich war dieser ein irischer Clanchef, der zum Christentum konvertierte. Nachdem er einige Zeit in Rom studiert hatte, suchte er sich einen einsamen Ort und errichtete dort ein Kloster.

Ab dem 14. Jh. wetteiferten die beiden gälischen Familien O'Brien und O'Flaherty um die Herrschaft über die Inseln. Während der Regierungszeit von Elizabeth I. fielen die Eilande an die Engländer und zu Cromwells Zeiten war hier eine Garnison stationiert.

Moderne Isolation

Unter dem wirtschaftlichen Niedergang Galways litten auch die Aran Islands. Trotzdem gelang es den Bewohnern aufgrund der isolierten Lage ihre traditionelle Lebensweise bis weit ins 20. Jh. zu bewahren. Bis in die 1930er-Jahre trugen die Einheimischen ihre Tracht: Frauen einen roten Rock und schwarze Tücher, Männer weite Wollhosen und *crios* (Westen mit bunten Gürteln). Die dicken hellen Aran-Pullover mit aufwendigen Mustern werden von den Leuten hier noch immer selbst gestrickt.

Flugverbindungen bestehen erst seit 1970, außerdem kann man mittlerweile mit Schnellfähren übersetzen (eine schaukelige Angelegenheit).

INSELHOPPING AUF DEN ARAN ISLANDS

Die saisonalen Fährverbindungen zwischen den Inseln machen es möglich, alle drei Aran Islands an einem Tag zu besuchen, sodass Traveller auf einer Insel starten und von einer anderen zum Festland zurückfahren können. Die Fahrpläne sind allerdings auf den Besuch jeweils einer Insel ausgerichtet, daher sollte man die Abfahrtszeiten vorher online überprüfen.

Inzwischen lebt hier niemand mehr von der Landwirtschaft, stattdessen dient der Tourismus als wichtigste Einkommensquelle. Nach wie vor ist die Hauptsprache der Einwohner Irisch, mit Besuchern reden sie jedoch Englisch.

An- & Weiterreise

FLUGZEUG

Alle drei Inseln haben Landebahnen. Der Hauptflughafen zu den Aran Islands ist der **Connemara Regional Airport** (S. 402), 27 km westlich von Galway (Stadt), zu dem **Shuttlebusse** (☎ 091-593 034; http://aerarannislands.ie) verkehren (die im Voraus gebucht werden müssen).

Aer Arann Islands (☎ 091-593 034; http://aerarannislands.ie; einfach/hin & zurück 25/49 €) bietet bis zu 6-mal täglich Hin- und Rückflüge zu allen drei Inseln. Sie erfolgen in winzigen Propellermaschinen mit Starrflügeln und dauern zehn Minuten. Aer Arann Islands unternimmt im Juli und August sowie ganzjährig nach Voranmeldung auch Rundflüge (70 € pro Pers.), bei denen man die schöne Landschaft der Cliffs of Moher, der Galway Bay und der Aran Islands von oben genießen kann.

SCHIFF/FÄHRE

Aran Island Ferries (☎ 091-568 903; www.aranislandferries.com; einfach/hin & zurück 13/25 €) schickt Fähren nach Inishmore (40 Min., bis zu 3-mal tgl.), Inishmaan (45 Min., 2-mal tgl.) und Inisheer (55 Min., 2-mal tgl.). Bei hohem Seegang können die Überfahrten abgesagt werden. Die Boote legen am **Rossaveal Ferry Terminal** (Rossaveal), 37 km westlich von Galway (Stadt), ab. Der Fährhafen wird von einem **Shuttlebus** (☎ 091-568 903; www.aranislandferries.com; Queen St) angefahren. Wer Fahrräder transportieren will, muss vorher beim Unternehmen anrufen.

Von Mitte März bis Oktober betreiben **Doolin 2 Aran Ferries** (S. 378) und **O'Brien Line** (S. 378) Fähren von Doolin im County Clare zu den Aran Islands. Außerdem bieten sie Boote, die die Inseln untereinander verbinden.

Inishmore

845 EW.

Viele Traveller besuchen ausschließlich die größte und nächstgelegene Insel der Aran Islands: Inishmore (Inis Mór). Die dortige Hauptattraktion ist Dun Aengus, eine spektakuläre prähistorische Steinfestung, die in schwindelerregender Höhe auf den Klippen thront.

Inishmore ist 14,5 km lang und maximal 4 km breit. Alle Boote legen in **Kilronan**

Inishmore

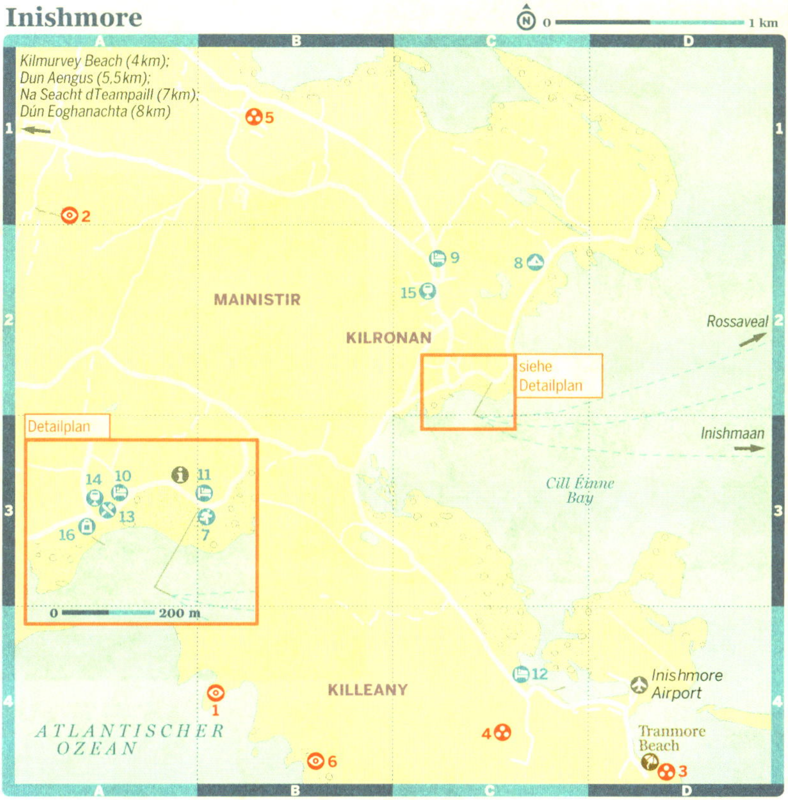

Inishmore

Sehenswertes
1 Dún Dúchathair B4
2 Dún Eochla A1
3 St. Enda's Monastery D4
4 Teampall Bheanáin C4
5 Teampall Chiaráin B1
6 Wormhole B4

Aktivitäten, Kurse & Touren
7 Aran Bike Hire B3

Schlafen
8 Aran Islands Camping & Glamping C2
9 Ard Mhuiris C2
10 Kilronan Hostel A3
11 Pier House Guest House B3
12 Tigh Fitz C4

Essen
13 Bayview Restaurant A3
Pier House ..... (siehe 11)

Ausgehen & Nachtleben
14 The Bar A3
Tí Joe Mac's ..... (siehe 10)
15 Tí Joe Watty's Bar C2

Shoppen
16 Man of Aran Gift Shop A3

(Cill Rónáin) an der Südostseite an. Westlich von Kilronan erstreckt sich eine trockene Landschaft, die von Steinwällen und Felsbrocken, vereinzelten Häusern und einem kuriosen Muster aus üppig grünem Gras und Kartoffeläckern unterbrochen wird. Mittlerweile hat der Tourismus überall Einzug gehalten. Von Mai bis September wartet eine Armada von Minibussen auf die ankommenden Fähren und

STEFANO_VALERI/SHUTTERSTOCK ©

1. Dún Aengus (S. 408), Inishmore **2.** Steinmauern auf den Aran Islands **3.** Wrack der *Plassy* (S. 413), Inisheer **4.** Esel, Inishmore (S. 404)

2

TRAVELAMOS/SHUTTERSTOCK ©

Aran Islands

Wind und Wellen haben die erodierten geriffelten Felsen der Aran Islands geformt. Hier leben die Nachfahren eines unglaublich zähen Volkes. Die Inseln sind Verlängerungen des Burren im County Clare.

Aran Islands

Hätte man die Inseln sich selbst überlassen, wären sie heute nicht mehr als ein paar Felshaufen im Atlantik. Stattdessen haben Generationen von Bewohnern Algen und Sand auf dem Boden verstreut und so über die Jahrhunderte fruchtbare grüne Felder geschaffen.

Inishmaan

Wer durch die raue Landschaft von Inishmaan spaziert, wird kaum einer Menschenseele begegnen. Dafür stößt man überall auf die geheimnisvollen Spuren früherer Inselbewohner und gelangt irgendwann immer an einen einsamen Strand.

4

Inishmore

An einem Sommerwochenende kommen über 1000 Ausflügler nach Inishmore, um eines von Irlands meistbeeindruckenden Wundern zu sehen: Dún Aengus wacht dort seit 2000 Jahren auf den Klippen über dem Atlantik.

Inisheer

Ein altes Schloss, Kirchen und eine magische Quelle sind nur ein paar Highlights der kleinsten Aran-Insel, die auf eine jahrhundertealte Geschichte zurückblickt.

Das Wrack der Plassy

Sie ist der Star im Vorspann der irischen Comedy-Serie *Father Ted:* Die *Plassy*, die 1960 bei einem Sturm an der Küste von Inisheer kenterte. Ihr verrosteter Rumpf, der bis heute jede Menge Wanderer und Besucher anzieht, zeugt von der Kraft des stürmischen Atlantiks und dem Lauf der Zeit.

Flugzeuge und bietet Rundfahrten zu den Sehenswürdigkeiten.

Sehenswertes

★ Dún Aengus HISTORISCHE STÄTTE
(Dún Aonghasa; www.heritageireland.ie; Stätte Erw./Kind 5/3 €, Besucherzentrum 2/1 €; ⏲April–Okt. 9.30–18 Uhr, Nov.–März 9.30–16 Uhr) 8 km westlich von Kilronan wacht das alte prähistorische Steinfort Dún Aengus über Inishmore. Seine drei gut erhaltenen massiven Trockensteinmauern reichen fast bis an die Steilklippen. Das 2000 Jahre alte Fort ist durch dicht an dicht gepackte spitze Kalksteinblöcke (*chevaux de frise*) geschützt, die der Verteidigung dienten. Im kleinen **Besucherzentrum** erhält man Hintergrundinfos, und ein etwa 900 m langer Fußweg führt hinauf zum Fort.

Mächtige Wellen klatschen an die 87 m hohen Klippen. Die faszinierende Stätte wurde so belassen, wie sie war; es gibt z. B. keine Absperrungen und man gelangt bis an den Rand der Klippen (Aber Vorsicht: Absturzgefahr!).

Dún Eochla HISTORISCHE STÄTTE
GRATIS Am höchsten Punkt der Insel (100 m) erhebt sich das historische Fort Dún Eochla. Es ist von einem doppelten Ring aus Mauern umgeben und soll aus dem späten Eisenzeitalter stammen. Das Fort liegt 2,8 km westlich von Kilronan und ist gut ausgeschildert.

Teampall Chiaráin RUINE
(Church of St Kieran) 1,5 km nordwestlich von Kilronan erhebt sich die kleine Kirche Teampall Chiaráin, die im 12. Jh. vom hl. Kieran erbaut worden sein soll, der unter Enda von Aran studierte und später auf dem Festland in Clonmacnoise sein eigenes Kloster gründete. Auf der Ostseite der Kirche steht ein graviertes Markierungskreuz mit einem runden Loch in der Spitze, das wahrscheinlich einst als Sonnenuhr genutzt wurde. Ein Stück Stoff durch das Loch zu ziehen soll Glück und Fruchtbarkeit bringen.

Dún Eoghanachta HISTORISCHE STÄTTE
GRATIS Die von einem Mauerring umgebene Festung 8,3 km westlich von Kilronan hat einen Durchmesser von fast 30 m. Ihre Mauern sind 4 m hoch und fast 3 m breit.

Teampall Bheanáin RUINE
(Church of St Benen) Die winzige Kirche Teampall Bheanáin liegt 2,2 km südöstlich von Kilronan. Sie wurde im 11. Jh. erbaut, ist nur 3x2,5 m groß und wurde einst als Wallfahrtskapelle genutzt. Sie ist auf einer Nord-Süd-Achse ausgerichtet, was für ein religiöses Bauwerk eher ungewöhnlich ist. Der Ausblick über die Cill Éinne Bay ist großartig.

St. Enda's Monastery RUINE
Nahe der **Landebahn** (IOR) für Flugzeuge liegen die versunkenen Überreste einer weiteren Kirche. Angeblich befand sich an dieser Stelle einst auch St. Enda's Monastery (5. Jh.), die noch erhaltenen Strukturen des Klosters stammen allerdings frühestens aus dem 8. Jh. Unter dem Kirchenaltar soll Enda, der Schutzheilige der Aran Islands, begraben sein.

Na Seacht dTeampaill HISTORISCHE STÄTTE
GRATIS Die kleinen frühchristlichen Ruinen, die unter dem Namen Na Seacht dTeampaill (Sieben Kirchen) bekannt sind, bestehen aus zwei verfallenen Kirchen, Klosterbauten, Resten eines Hochkreuzes aus dem 8. oder 9. Jh. sowie der 2,5 m hohen frühchristlichen Steinhütte Clochán na Carraige, die wie ein Bienenkorb geformt ist.

Dún Dúchathair HISTORISCHE STÄTTE
GRATIS Diese alte Festung (das „Black Fort") liegt dramatisch auf einem Felsvorsprung 2 km südwestlich von Kilronan. Sie verfügt über mehrstufige, bis zu 6 m hohe Mauern, die sich um die Überreste eines *clochán* (frühchristlichen bienenkorbförmigen Steinhauses) reihen. Ihr Name leitet sich von den dunklen Kalksteinen her, die in diesem Teil der Insel dominieren.

Wormhole NATURPOOL
(Poll na bPeist) Der außergewöhnliche rechteckige Naturtidenpool ist über einen 750 m langen Wanderweg zu erreichen, der südöstlich von Dun Aengus (S. 408) an den Klippen entlangführt.

Im Dörfchen Gort na gCapall beginnt ein 1 km langer ausgeschilderter Pfad, der ebenfalls zum Wormhole führt. Der Pool wird auch „Serpent's Lair" („Schlangennest") genannt. Er ist einer der Standorte der Klippenspringwettkämpfe Red Bull Cliff Diving World Series, bei denen todesmutige Taucher von Plattformen springen, die dreimal so hoch sind wie die Sprungtürme bei den Olympischen Spielen. Bei Sturm und hohem Seegang ist es in dieser Gegend sehr gefährlich.

Feste & Events

Tedfest KULTUR
(www.tedfest.org; Ende Feb./Anf. März) Das sehr beliebte viertägige Fest findet Ende Februar oder Anfang März statt und huldigt der Kult-Sitcom *Father Ted*. In dieser Zeit sind alle Unterkünfte auf der Insel für Festivalbesucher reserviert.

Pátrún KULTUR
(Ende Juni–Anfang Juli) Am letzten Juniwochenende wird das jahrhundertealte dreitägige Pátrún-Fest gefeiert, das Enda von Aran, dem Schutzpatron der Insel, huldigt. Zu diesem Anlass finden Galway-Hooker-Wettbewerbe und *currach*-Bootsrennen, ein Triathlon-Wettkampf, Sandburgenwettbewerbe, irische Livekonzerte und Tanzshows am Pier statt.

Schlafen

Wenn die letzten Tagesausflügler die Insel im Sommer verlassen haben, kehrt auf der Insel ein wunderbarer Frieden ein. Hotels sollten frühzeitig gebucht werden, vor allem zur „warmen" Jahreszeit. Viele B&Bs und Gasthöfe schließen im Winter.

Kilronan Hostel HOSTEL €
(099-61255; http://kilronanhostel.com; Kilronan; B ab 30 €; Ende Feb.–Ende Okt.; @) Schon bevor die Fähre am Pier anlegt, sieht man das Kilronan Hostel über dem Pub Tí Joe Mac's (S. 410), das über blitzblanke Vier-, Fünf- und Sechsbettzimmer mit insgesamt 40 Betten verfügt. Von der Terrasse (mit eigenem Grill!) genießt man einen schönen Blick auf den Hafen; weitere Vorzüge sind die Küche für Selbstversorger und das kontinentale Frühstück. Das Hostel liegt 200 m östlich vom Pier.

Ard Mhuiris B&B €
(099-61208; Kilronan; EZ/DZ 70/80 €;) Martin and Caits supersauberes, friedliches B&B ist nur fünf Gehminuten vom Stadtzentrum entfernt. Es ist das letzte in einer Reihe von Cottages, hinter denen sich Felder und dann das Meer erstrecken. Die Ausblicke sind großartig! Martin führt auf Wunsch auch Inseltouren durch. Es wird nur Bargeld akzeptiert.

★ **Aran Islands Camping & Glamping** CAMPINGPLATZ €€
(086 189 5823; http://irelandglamping.ie; Frenchman's Beach; Camping 10 € pro Pers., Glamping Hut 150 €) Auf dem brandneuen Campingplatz mit direktem Zugang zu einem breiten weißen Sandstrand kann man in bienenkorbförmigen „Glamping Huts" (Luxushütten) übernachten, die im Stil eines frühchristlichen Stein-*clochán* erbaut sind. Die zehn Holzhütten sind mit Bädern, Küchenzeilen, Doppelbetten und ausziehbaren Sofas ausgestattet. Sie bieten Platz für jeweils vier Personen und haben Veranden mit großartigem Ausblick. Der Campingplatz nutzt umweltfreundlichen Solarstrom.

Zu den Einrichtungen für Zeltende zählen eine Gemeinschaftsküche, Duschhäuser für Männer und Frauen und ein Aufenthaltsraum. Der Campingplatz liegt 750 m nördlich von Kilronan.

★ **Kilmurvey House** B&B €€
(099-61218; www.aranislands.ie/kilmurvey-house/; Kilmurvey; EZ/DZ ab 65/95 €; April–Mitte Okt. ;) Diese stattliche Steinvilla aus dem 18. Jh. wartet mit einer tollen Lage am Pfad zum Dún Aengus (S. 408) sowie zwölf geräumigen Zimmern mit Bad auf. Zum Frühstück werden hausgemachtes Müsli, Porridge mit Whiskey und hausgebackene Scones serviert; Produkte aus dem eigenen Garten sind die Zutaten für das herzhafte Abendessen (30 €). 500 m entfernt liegt der hübsche Strand **Kilmurvey Beach**, der sich gut zum Schwimmen eignet. Kinder unter 16 Jahren sind nicht zugelassen.

Pier House Guest House PENSION €€
(099-61417; www.pierhousearan.com; Kilronan; DZ ab 95 €;) 50 m von der Anlegestelle der Fähre entfernt thront dieses zweistöckige Gebäude auf einer kleinen Anhöhe. Die zwölf Zimmer – inklusive Kaffee und Wasserkocher – sind in warmen Rottönen gestrichen. Kinder unter 16 Jahren sind nicht zugelassen. Das Restaurant (S. 410) hat nur im Sommer geöffnet.

Tigh Fitz PENSION €€
(099-61213; www.tighfitz.com; EZ/DZ ab 95/120 €;) Der grün gestrichene Gasthof ist einen ziemlichen Fußmarsch von Kilronan (2,5 km vom Pier; 900 m vom Flughafen) entfernt. Er hat einen großen Rezeptionstresen im Flur und bietet angenehme, wenn auch einfache Zimmer. Einige haben einen schönen Ausblick auf Ebbe und Flut in der Bucht; andere blicken auf die von Steinmauern überzogenen Felder. Auf Wunsch werden die Gäste von der Fähre abgeholt.

Essen & Ausgehen

Meeresfrüchte und Biogemüse sind weit verbreitet. Sie meisten Restaurants und Pubs befinden sich in Kilronan, aber viele Unterkünfte auf der Insel servieren auch hausgemachte Abendgerichte.

Selbstversorger können sich im kleinen Spar-Supermarkt in Kilronan mit Lebensmitteln eindecken.

★ Bayview Restaurant INTERNATIONAL €€

(☎ 086 792 9925; www.bayviewrestaurantinishmore.com; Hauptgerichte mittags 10–15 €, abends 19–40 €; ⌚12–21 Uhr; 📶 👪) Das Bayview befindet sich 200 m westlich vom Pier in einem auffälligen, pink gestrichenen Gebäude. Es ist mit lokalen Kunstwerken dekoriert und serviert Mittagsgerichte wie Guinness-Rindereintopf sowie gehobene Abendgerichte, z. B. ganze Hummer und Steaks vom Holzkohlegrill. Außerdem gibt's herrliche Desserts: Besonders lecker ist die gegrillte, in Zimt und Ingwer marinierte Ananas, die mit Vanilleeis und Ingwer-Coulis serviert wird. Auch Kinder kommen auf ihre Kosten.

Pier House IRISCH €€

(☎ 099-61417; www.pierhousearan.com; Kilronan; Hauptgerichte 14,50–27 €; ⌚ Mai–Sept. 12–17 & 18–22 Uhr; 📶 👪) Von der Terrasse des Restaurants unter dem gleichnamigen Gästehaus (S. 409) kann man beobachten, wie die Fähren an- und ablegen. Wer will, kann sich auch am offenen Kamin aufwärmen. Die Spezialität des Hauses sind Meeresfrüchte – Krabben, Austern, Hummer, Räucherlachs und -makrele, Garnelen und der „Fisch des Tages". Es gibt auch ein paar Fleischgerichte, z. B. Irish Beef Wellington. Das Pier House hat auch eine Speisekarte für Kinder.

★ Tí Joe Watty's Bar PUB

(www.joewattys.ie; Kilronan; ⌚ April–Okt. So–Do 12–24, Fr & Sa 11.30–0.30 Uhr, Nov.–März Mo–Fr 16–24, Sa & So 12–24 Uhr) Das älteste und traditionellste Pub der Insel wird von Torffeuer erwärmt und veranstaltet im Sommer ab 21 Uhr Trad Sessions (das restliche Jahr über an den Wochenenden). Die Darts Night am Mittwoch ist ein fester Lokaltermin. Es gibt einen großen Biergarten und eine umfangreiche Getränkekarte mit irischen Gins, Craft-Bieren und Whiskeys.

Auf der exzellenten Speisekarte (Hauptgerichte 10 bis 16,50 €) stehen vorwiegend Fisch und Meeresfrüchte; im Sommer muss man abends vorreservieren.

Tí Joe Mac's PUB

(Kilronan; ⌚ Mo–Do 11–23, Fr & Sa 11–0.30, So 12–22 Uhr; 📶) Seine ungezwungenen Musiksessions, offenen Kamine und die große Terrasse mit Hafenblick machen das Tí Joe Mac's zu einer beliebten Stammkneipe.

The Bar PUB

(http://inismorbar.com; Kilronan; ⌚ So–Do 12–23, Fr & Sa 11.30–24 Uhr) Seit über 100 Jahren befindet sich dieses gelb gestrichene Pub in einem ehemaligen Pfarrhaus. Es servierte einst Bier an Schiffspassagiere, die von Galway in die USA reisten, daher auch sein früherer Name American Bar (und die Fotos von Elvis, Bob Dylan etc.). Von Mai bis Mitte Oktober (das restliche Jahr über an den Wochenenden) gibt's jeden Abend Livemusik.

Die Speisekarte (Hauptgerichte 8 bis 16 €) bietet sättigendes Pubfood, z. B. Fischsuppe, Lammeintopf und Fish'n'Chips.

Shoppen

Kilmurvey Craft Village KUNST & KUNSTHANDWERK

(Kilmurvey; ⌚ variieren) In den traditionellen strohgedeckten Cottages bei Dun Aengus (S. 408) werden Kunst und Kunsthandwerk aus der Region verkauft, z. B. handgestrickte Wollwaren, gravierte Steinarbeiten und Schmuck mit keltischen Designs.

Man of Aran Gift Shop GESCHENKE & SOUVENIRS

(http://manofaran.eu; Kilronan; Film pro Erw./Kind 5/3 €; ⌚ 9–20 Uhr; 📶) Dieser bunte Laden an der Hauptkreuzung Kilronans verkauft Souvenirs, die von T-Shirts bis hin zu Buntglas und keltischem Schmuck reichen. In einem winzigen Kinosaal mit 24 Sitzen wird fünfmal am Tag der berühmte Film *Man of Aran* gezeigt. Außerdem gibt's WLAN (kostenlos, wenn man etwas kauft) und eine schöne kleine Kaffeebar, die italienische Kaffeevariationen serviert.

Praktische Informationen

Die **Touristeninformation** (☎ 099-61263; www.aranislands.ie; Kilronan; ⌚ 10–17 Uhr) liegt 50 m nordwestlich von Kilronans Fährpier am Ufer.

Der **Spar-Supermarkt** (Kilronan; ⌚ Mo–Sa 9–18, So 9–17 Uhr; 📶) hat den einzigen Geldautomat der Aran Islands, dem aber oft das Bargeld ausgeht, vor allem im Sommer.

Unterwegs vor Ort

Von Mai bis September bieten Minibusse 2½-stündige Inseltouren (10 €) für spontane Gruppen. Die kommentierte Fahrt zwischen

Kilronan und **Dun Aengus** (S. 408) dauert pro Strecke 45 Minuten. Auch private und maßgeschneiderte Ausflüge sind möglich.

Von Mai bis September kann man die Gegend zwischen Kilronan und Dún Aengus ganz gemächlich mit einer Ponykutsche erkunden. Hin und zurück kostet die Strecke für bis zu vier Personen zwischen 50 und 100 €.

Fahrradverleih ab 10 €/Elektrofahrrad ab 30 €, Kaution 10–20 €; April–Okt.) Dieses Geschäft direkt am Pier verfügt über Hunderte robuste Mieträder, Elektrofahrräder und Tandems und bringt diese auf Wunsch zur jeweiligen Unterkunft.

Viele Unterkünfte verleihen auch Fahrräder, teilweise sogar kostenlos; alternativ geht man zu **Aran Bike Hire** (099-61132; www.aranislandsbikehire.com; Inishmore Pier; Mountainbikes & Rennräder ab 10 € pro Tag, Elektrofahrrad ab 30 €, Kaution 20–30 €; April–Okt.). Dieses Geschäft vermietet Rennräder, Mountainbikes und Elektrofahrräder und bringt diese auf Wunsch zur jeweiligen Unterkunft.

Inishmaan

200 EW.

Das felsige Inishmaan ist etwa 5 km lang und 3 km breit, zieht weniger Besucher an als die beiden Nachbarinseln und hat die niedrigste Einwohnerzahl. Frühchristliche Mönche auf der Suche nach Einsamkeit kamen ebenso hierher wie der Schriftsteller J. M. Synge, der auf Inishmaan vor über 100 Jahren fünf Sommer verbrachte. Bis heute hat sich das Eiland viel von seinem einstigen Charme bewahrt. Dazu gehören friedlich grasende Kühe und Schafe, eindrucksvolle alte Festungen und warmherzige Bewohner, die untereinander nur Irisch sprechen.

Inishmaans Landschaft mit einer zerklüfteten Küste, imposanten Klippen sowie menschenleeren Stränden und von Steinblöcken übersäten Feldern verschlägt einem die Sprache. An der Straße, die von Ost nach West verläuft, stehen die meisten Gebäude. Man kann die Insel problemlos zu Fuß erkunden und unterwegs die eindrucksvollen Landschaften und herrlichen Ausblicke genießen. Da die bodenständigen Einwohner kein Interesse an schnell verdientem Geld von den Touristen haben, ist die touristische Infrastruktur entsprechend dürftig.

Sehenswertes

Dún Chonchúir HISTORISCHE STÄTTE

(Conor's Fort) GRATIS Das verfallene, elliptische Steinfort am höchsten Punkt der Insel bietet einen tollen Blick auf die Kalksteintäler der Insel. Errichtet wurde es irgendwann zwischen dem 1. und 7. Jh., seine Mauern sind über 6 m hoch.

Dún Fearbhaigh HISTORISCHE STÄTTE

GRATIS Die gut erhaltenen Ruinen dieses Steinforts liegen 200 m westlich der verfallenen Kirche Cill Cheannannach; das Fort stammt ungefähr aus dem 8. Jh.

Teach Synge HISTORISCHES GEBÄUDE

(099-73036; 3 €; nach Voranmeldung April–Mitte Sept.) In diesem reetgedeckten Cottage an der Straße kurz vor dem Aufgang zur Festung Dún Chonchúir verbrachte der Schriftsteller J. M. Synge (1871–1909) die Sommermonate der Jahre 1898 bis 1902. Das 300 Jahre alte Bauwerk beherbergt heute ein kleines Museum.

Synge's Chair AUSSICHTSPUNKT

Im abgeschiedenen Westteil der Insel liegt Synge's Chair, ein Aussichtspunkt auf einer steil abfallenden Kalksteinklippe. Unten brechen sich die Wellen des Meeresarms Gregory's Sound. Hier tut man es am besten J. M. Synge gleich, sucht sich im Windschatten der Felsen ein geschütztes Plätzchen und bewundert die Umgebung in aller Ruhe. Der Aussichtspunkt befindet sich zwei Gehminuten vor dem Ende des Weges.

Auf dem Weg zu Synge's Chair weist ein Schild den Weg zu einem *clochán* (rundes, bienenkorbförmiges Steinhaus aus der frühchristlichen Zeit), der sich hinter einem Haus und einem Schuppen versteckt.

Church of the Holy Mary of the Immaculate Conception KIRCHE

(Séipéal Naomh Mhuire gan Smal; April–Mitte Sept. 10–19 Uhr, Mitte Sept.–März bis 17 Uhr) Die 1939 erbaute kleine Kirche hat wunderschöne Buntglasfenster, die im Studio von Harry Clarke designt wurden. Im Innern befindet sich ein Altar von James Pearse (dem Vater von Patrick Pearse alias Pádraig Pearse, der 1916 den Osteraufstand anführte).

Schlafen & Essen

Viele B&Bs bieten auch Abendessen an, meist aus lokal angebauten Zutaten. Nicht weit vom einzigen Pub der Insel verkauft ein kleiner Laden (Mo–Fr 10–18, Sa bis 14 Uhr) Lebensmittel.

Ard Alainn B&B €

(087 285 6778; EZ/DZ mit Gemeinschaftsbad ab 45/60 €; Mai–Sept.) 2 km vom Pier entfernt stößt man auf einen Traum für Vintage-

fans. Das ausgeschilderte reetgedeckte Ard Alainn in der Nähe des Synge's Chair bietet einen schönen Blick aufs Meer. Die Zimmer haben ein Gemeinschaftsbad. Maura Fahertys Frühstück ist so üppig, dass man erst abends wieder Hunger verspürt.

Tig Congaile B&B €€
(☎ 099-73085; www.inismeainbb.com; EZ/DZ ab 50/80 €; 📶) Vilma Conneely bietet sieben geräumige Zimmer mit Bädern und wunderschönem Inselblick. Gäste und Nichtgäste können Yogakurse (15 €) und ganzheitliche Massagen (50 €) buchen. Es werden auch leckere Gerichte (Hauptgerichte 16 bis 30 €) aus Bioprodukten serviert, z. B. Vilmas berühmte Meeresgemüsesuppe oder frischer Fisch auf Wildknoblauch. Dazu gibt's frischen Kaffee aus Guatemala. Die Speisezeiten variieren; man muss im Voraus reservieren.

Das B&B nutzt umweltfreundlichen Solarstrom, der Garten wird mit Regenwasser und Meeresalgen gedüngt.

An Dún B&B €€
(☎ 087 680 6251; www.inismeainaccommodation.ie; DZ ab 145 €; ⏲ März–Okt.; 📶) Das moderne B&B gegenüber vom Dún Chonchúir verfügt über fünf komfortable Zimmer mit Privatbädern und hat eine Sauna mit Dampfbad (je 5 €). Kinder unter zwölf Jahren sind nicht zugelassen. Im Restaurant werden regionale Speisen zubereitet, z. B. mit Seetang gedüngte weiche Kartoffeln, köstlicher Räucherlachs und frischer Fisch aus der Gegend (3-Gänge-Abendmenü 35 €). Nichtgäste sind willkommen, müssen aber im Voraus reservieren.

Inis Meáin PENSION €€€
(☎ 086 826 6026; http://inismeain.com; Zi. 2 Nächte ab 528 €; ⏲ März–Sept. Mo–Sa; 📶) Auf einer Insel, wo alles aufs Nötigste beschränkt ist, sticht diese schicke Boutique-Bleibe deutlich heraus. Die fünf modernen Suiten wurden aus örtlichen Steinen erbaut und haben einen grandiosen Ausblick. Der Mindestaufenthalt beträgt zwei Nächte. Die Gäste werden kostenlos vom Flughafen oder Fährpier abgeholt, erhalten Frühstücksboxen und Suppe in Thermoskannen für unterwegs. Kinder unter zwölf Jahren werden nicht aufgenommen.

Das Restaurant bietet 16 Sitzplätze und serviert Vier-Gänge-Menüs (70 €); von Mittwoch bis Samstag sind auch Nichtgäste willkommen.

Teach Ósta PUB
(⏲ 12 Uhr–spät) Der wichtigste Treffpunkt der Insel hat Tische im Freien und bietet einen großartigen Ausblick. Im Juli und August finden häufig Livekonzerte statt; das restliche Jahr über gibt's oft spontane Musiksessions. Hier wird oft bis in die frühen Morgenstunden gebechert. Pubfood (Hauptgerichte 10 bis 13 €) wird nur bis 19 Uhr serviert; im Winter bleibt die Küche manchmal sogar ganz geschlossen.

Shoppen

Cniotáil Inis Meáin KLEIDUNG
(☎ 099-73009; http://inismeain.ie; ⏲ Mo–Fr 10–16 Uhr) Die 1976 gegründete Fabrik ist einer der größten Arbeitgeber der Insel. Von hier aus werden feine Strickwaren (vor allem die kultigen Aran-Pullover) an exklusive Geschäfte in aller Welt verschickt. Vor Ort gibt's auch einen Fabrikverkauf (steuerfrei für Besucher von außerhalb der EU). Besucher müssen sich telefonisch anmelden.

Unterwegs vor Ort

Auf der Insel werden ein- bis zweistündige überaus informative Minibus- oder Ponykutschentouren (10 bis 15 € pro Pers.) veranstaltet. Sie beginnen an der **Landepiste** (IIA) und am **Pier**.

Aran Bike Hire (S. 411) mit Sitz am Pier verleiht Fahrräder.

Inisheer

249 EW.

Inisheer (Inis Oírr) ist die kleinste Insel im Bunde – sie ist nur 4 km breit und 2 km lang. Dem Eiland haftet ein besonderer Zauber an, der in der windgepeitschten Landschaft, tiefverwurzelten Mythologie und alten, traditionellen Kultur begründet ist.

Hier mahlen die Mühlen der Zeit sehr langsam, so wurde z. B. erst 1997 eine zuverlässige Stromversorgung eingerichtet. Der fruchtbare Ackerboden ist nur 15 cm tief – für die Bauern kein leichtes Los. Aus diesem Grund wurde der langsame Übergang zu einer auf Tourismus basierenden Wirtschaft begrüßt. Während der Sommermonate sind auf den Wanderwegen zahlreiche Tagesausflügler unterwegs (bis zu 1000 an milden Sommerwochenenden, die vom nur 8 km entfernten Doolin mit dem Boot übersetzen). Es gibt nur sehr wenige touristische Einrichtungen, daher sollten Besucher gut vorbereitet herkommen.

Sehenswertes & Aktivitäten

Am besten erkundet man Inisheer bei einem Spaziergang auf den zwei ausgeschilderten Wanderwegen der Insel, die an efeubewachsenen Steinmauern vorbeiführen.

Tobar Éinne HISTORISCHE STÄTTE

(Well of Enda) Noch immer pilgern die Einheimischen zur Well of Enda, auch *Turas* genannt. Die unermüdlich plätschernde Quelle liegt in einem abgelegenen steinigen Gebiet im Südwesten. Es ist Brauch, dass man an drei aufeinanderfolgenden Sonntagen herkommt, sieben Steine aufhebt und den kleinen Brunnen siebenmal umrundet, wobei man jedes Mal einen Stein fallen lässt und einen Rosenkranz spricht.

Wenn man alles richtig macht, erscheint angeblich ein sonderbarer Aal im Wasser und stattet die Zunge des Glücksuchenden mit bestimmten Kräften aus, z. B. soll man nun im wahrsten Sinne des Wortes Wunden gesundlecken können.

O'Brien's Castle HISTORISCHES GEBÄUDE

(Caisleán Uí Bhriain) GRATIS Das Turmhaus wurde 1585 auf dem höchsten Punkt der Insel über den Ruinen der Ringfestung Dún Formna aus dem 1. Jh. errichtet. Der 100 m hohe Aufstieg lohnt sich: Von oben genießt man einen wundervollen Panoramablick über die Kleewiesen bis hin zu Strand und Hafen. Bei Sonnenuntergang ist der Ausblick besonders eindrucksvoll. Besucher können das Ruinengelände frei erkunden.

Teampall Chaoimháin HISTORISCHES GEBÄUDE

Die dachlose Kirche des hl. Kevin aus dem 10. Jh., die nach dem in der Nähe begrabenen Schutzpatron Inisheers benannt ist, und ihr kleiner Friedhof liegen auf einer winzigen Anhöhe in der Nähe des Strands. Am Vorabend des St.-Kevins-Festtags am 14. Juni wird hier um 21 Uhr eine Messe im Freien gefeiert. In der Hoffnung auf Heilung verbringen Kranke vor Ort eine Nacht.

Plassy SCHIFFSWRACK

Der 1940 erbaute Dampfer *Plassy* wurde 1960 bei schlechtem Wetter an die Felsen geschleudert und einige Wochen später nach einem weiteren Sturm an die Insel getrieben. Seine Whiskey-Fracht konnte nicht gerettet werden, aber wie durch ein Wunder überlebte die gesamte Besatzung. Im Pub Tigh Ned (S. 415) werden alle Fotos und Berichte über die Rettungsaktion aufbewahrt. Eine Luftaufnahme des Wracks diente als Einleitungssequenz der englischen Kult-Fernsehserie *Father Ted*.

Áras Éanna KUNSTZENTRUM

(☎ 099-75150; www.araseanna.ie; ⊙ Juni–Sept.) Inisheers großes Kunst- & Kulturzentrum befindet sich auf einem offenen Gelände im Norden der Insel. Im Sommer organisiert es Kulturprogramme, Aufführungen und Veranstaltungen von Gastkünstlern.

Cill Ghobnait KIRCHE

Die winzige Kirche aus dem 9. Jh. ist nach dem hl. Gobnait (lokale Aussprache Ghobnait) benannt, der aus Clare hierher floh, um einer Familienfehde zu entkommen. Gobnait ist der Schutzheilige der Bienen und Imker und soll Kranke mit Honig geheilt haben.

Feste & Events

Craiceann MUSIK

(www.craiceann.com; ⊙ Ende Juni) Ende Juni dreht sich eine Woche lang alles um traditio-

KULT UM FATHER TED

Fans der englischen TV-Kultserie *Father Ted* aus den späten 1990er-Jahren erkennen die fiktive Fernsehinsel Craggy Island an der irischen Westküste auf Anhieb wieder, sobald sie das in der Eingangssequenz vorbeischwebende Schiffswrack der **Plassy** (S. 413) auf Inisheer sehen. Abgesehen von dieser Szene wurde fast alles andere in einem Londoner Studio aufgenommen; darunter hat man dann noch ein paar Stimmungsbilder aus County Clare, Wicklow und Dublin gemischt. Leider gibt's weder das **Pfarrhaus** (S. 381) noch **Vaughan's Pub** (S. 380) auf den Aran Islands – beide befinden sich im County Clare.

Nichtsdestotrotz betrachten die Aran-Bewohner *Father Ted* als „ihre" Serie. Inishmore hat den Ted-Kult aufgegriffen und veranstaltet jedes Jahr das **Tedfest** (S. 409), bei dem alle Unterkünfte der Insel für Ticketbesitzer reserviert sind.

Mittlerweile wird in Lisdoonvarna im County Clare ein konkurrierendes **Father Ted Festival** (S. 381) ausgerichtet. Ted würde vermutlich sagen: „Oh feck!"

nelle Trommeln. Auf dem Programm des Festivals, das immer wieder echte Spitzentalente anzieht, stehen *bodhrán*-Kurse, Workshops und Konzerte.

Der irische Begriff *craiceann* bezieht sich auf die Ziegenhaut, mit der die runden Trommeln bespannt sind. In den Pubs finden abendliche Trommelsessions statt.

Schlafen & Essen

Inisheer hat B&Bs, Pubunterkünfte und ein Hostel; im Sommer und zum Craiceann-Fest im Juni sollte man weit im Voraus buchen.

Von Mai bis September kann man unweit vom Hauptstrand an einem offiziell gekennzeichneten Platz unterhalb von O'Brien's Castle (S. 413) kostenlos zelten.

Brú Radharc Na Mara Hostel HOSTEL €
(☎ 099-75024; www.bruhostelaran.com; B 20–26 €, DZ 55 €; ⊙ März–Sept.; @ 📶) Makellos sauberes Hostel mit Meerblick. Gleich daneben befinden sich das Pub Tigh Ned (S. 415) 100 m westlich der Pier. Es gibt eine große Küche, einen Kamin, eine Büchertauschbörse und Leihfahrräder (10 € pro Tag). In den Gemeinschaftsräumen stehen vier bis sechs Betten; die Privatzimmer haben eigene Bäder.

South Aran House & Restaurant B&B €
(☎ 099-75073; www.southaran.com; EZ/DZ 55/78 €, Cottage mit 2 Zimmern 100–200 €; ⊙ April–Okt.; 📶) Lavendel im Überfluss ziert den Eingang dieses B&Bs. Die Inhaber sind Slow-Food-Fans und servieren ihren Gästen leckere Frühstücksspezialitäten (z. B. frittierte Äpfel mit Kartoffelkuchen und gerösteten Tomaten).

Die vier Zimmer sind mit Privatbädern, schmiedeeisernen Betten und Fußbodenheizung ausgestattet. Im separaten Cottage können bis zu vier Personen schlafen.

Es werden nur Gäste ab 18 Jahren aufgenommen. Im Abendrestaurant (Hauptgerichte 18 bis 22 €) gibt's lokalen Fisch und Meeresfrüchte sowie Bioprodukte; Nichtgäste müssen vorher reservieren.

Zu den angebotenen Aktivitäten zählen Kochworkshops und Kurse, bei denen Wildpflanzen gesammelt werden (ab 30 €).

WANDERUNG AN INISHEERS KÜSTE

Die Wanderung rund um Inisheer entlang der 12 km langen Küste dauert fünf Stunden. Dabei lernt man die Insel viel besser kennen als bei einem eiligen Besuch der wichtigsten Attraktionen.

Von der **Fähranlegestelle** geht's auf der engen Straße parallel zum Wasser nach Westen und geradeaus weiter zum kleinen Landungssteg für Fischerboote im Nordwesten. Dann folgt man der Straße mit dem Geröllstrand auf der einen und einem bunten Mosaik aus Feldern samt den allgegenwärtigen Steinmauern auf der anderen Seite. Auf Gezeitentümpel und Kegelrobben, die sich in der Sonne ausruhen, achten!

1 km hinter der spitzwinkligen Kreuzung biegt man an dem Schild links ab. 100 m weiter stößt man auf den **Tobar Éinne** (S. 413).

Auf der befestigten Straße, die bald zur holprigen Piste wird, geht's weiter Richtung Südwesten und nach 600 m gen Süden. Über Kalksteine und Grasstreifen gelangt man zu einem Strand und wandert über eine sanft geneigte Felsplattform zum südwestlichen Kap (Ceann na Faochnaí). Anschließend geht's Richtung Osten zum **Leuchtturm** bei Fardurris Point (2 Std. ab dem Pier).

Danach folgt man der Küste nach Nordosten. In der Ferne ist das Wrack der **Plassy** (S. 413) zu sehen. Mauern und Begrenzungen rund um die Felder können dank der Zauntritte ganz einfach überquert werden. Das Gras vor Ort wächst auf ca. 5 cm Mutterboden, der von den Inselbewohnern geschaffen wurde: Diese entfernten per Hand die Steine und schichteten hier jahrzehntelang Seetang übereinander.

Nun verläuft der Pfad nach Norden und wird am Nordende des Lough More zu einer geteerten Straße, die an der Küste und am **Flugplatz** (INQ) vorbeiführt.

An der Landebahn kann man einen Abstecher zur **Teampall Chaoimháin** (S. 413) und zum **O'Brien's Castle** (S. 413) machen. Alternativ relaxt man am herrlichen geschwungenen **Sandstrand** und erkundet den nahegelegenen **Cnoc Rathnaí**, einen Grabhügel aus der Bronzezeit (1500 v. Chr.). Er ist bemerkenswert intakt, wenn man bedenkt, dass er bis zum 19. Jh. unter Sand verborgen war.

Radharc an Chláir B&B €
(☎ 099-75019; bridpoil@eircom.net; EZ/DZ 45/70 €; ⏲ Ostern–Sept.; 📶) Von der modernen, gelb gestrichenen Pension auf einem Hügel unweit von O'Brien's Castle (S. 413) genießt man fantastische Ausblicke auf die Küste von Clare. Da die Inhaberin Brid Poil mit ihrer Gastfreundlichkeit und ihren hausgemachten Frühstücksgerichten sehr viele Stammgäste anzieht, sollte man mehrere Wochen im Voraus buchen.

Tigh Ruairí PUB €
(Rory's; ☎ 099-75002; www.tighruairi.com; Zi. 50–90 €; 📶) Rory Conneelys stimmungsvolle Bleibe verfügt über 20 Zimmer mit Privatbädern, dunklem Holzmobiliar und oft auch Aussicht aufs Meer. Unten im gemütlichen Pub gibt's etwas zu essen (Hauptgerichte 8 bis 12 €); im Sommer finden regelmäßig Musiksessions statt.

Teach an Tae CAFÉ €
(☎ 099-75092; http://cafearan.ie; Gerichte 3,50–21.50 €; ⏲ Mai–Anfang Nov. 11–17 Uhr) 🌿 Für die Gerichte hier werden wilde Inselhimbeeren, Brombeeren, selbst angebaute Salatzutaten, Eier von hauseigenen Hühnern und Äpfel aus dem eigenen Obstgarten (der aus 30 alten Baumsorten besteht) verwendet. Zu den süßen Köstlichkeiten zählen Rhabarber-Apfel-Kuchen und Scones mit hausgemachter Marmelade; wer etwas Herzhaftes essen will, bestellt am besten den gegrillten Seelachs mit Kräuter-Couscous und Sauerampfer oder die für die Aran Islands typische Ziegenkäse-Tarte. Es wird nur Bargeld akzeptiert.

Tigh Ned PUBFOOD €
(☎ 099-75004; http://tighned.com; Gerichte 7–10,50 €; ⏲ Küche April–Okt 12–16, Bar April–Okt. 10–24 Uhr) Die 1897 eröffnete Kneipe ist einladend und erfrischend bodenständig. Gäste dürfen sich auf preiswerte Mittagsgerichte (Sandwiches, Cottage Pie, Fish 'n' Chips) freuen. Von den Tischen im Garten blickt man auf den Hafen. Von Juni bis August wird an den Wochenenden traditionelle Musik gespielt.

ℹ Praktische Informationen

Im Juli und August dient der kleine **Kiosk** (⏲ Juli & Aug. 10–18 Uhr) am Hafen als Touristeninformation.

ℹ Unterwegs vor Ort

Rothaí Inis Oírr (☎ 099-75049; www.rothai-inisoirr.com; Fahrrad ab 13 € pro Tag) vermietet Rennräder, Mountainbikes und 21-Gang-Speed-bikes. Die Mitarbeiter stellen eine gute Karte zur Verfügung. Viele Unterkünfte vermieten ihre Räder auch an Nichtgäste.

Im Sommer werden Rundfahrten in **Ponykutschen** (10–15 € pro Stunde & Pers.) angeboten; die Fahrer warten, wenn Fähren anlegen, am Hafen.

GEFÜHRTE WANDERUNGEN IN CONNEMARA

Buchhandlungen und Touristeninformationen haben viele Wanderkarten für Connemara im Sortiment. Wer mehr über die einzigartige Geologie und Geschichte der Region sowie über die lokale Flora und Fauna erfahren will, sollte einen Führer engagieren. **Connemara Safari** (☎ 095-21071; www.walkingconnemara.com; geführte Wanderungen 300–700 €; ⏲ Juni–Sept.) bietet drei- bis fünftägige Touren inklusive Mahlzeiten und Übernachtungen an. Die Guides sind nicht nur Experten auf dem Gebiet der Archäologie, sondern kennen sich auch in vielen anderen Themengebieten aus.

CONNEMARA

Das irische Wort Connemara (Conamara) bedeutet so viel wie „Inlets of the Sea" (Meereseinbuchtungen) – ein treffender Name, denn die Straßen am Meer führen auf diesem atemberaubenden Abschnitt des Wild Atlantic Way zu vielen kleinen Buchten mit versteckten Stränden. Außerdem verstecken sich in der Gegend jede Menge bezaubernde Orte.

Von Galway (Stadt) verläuft eine Küstenstraße zu hübschen versteckten Stränden und Dörfern. Am Tor zur Gaeltacht-Region westlich von **Spiddal** wird die Landschaft immer dramatischer, mit ausgedörrten Feldern, die sich bis an die zerklüfteten Ufer ziehen.

Das wunderschöne Landesinnere, das von der N59 durchquert wird, ist ein bunter Flickenteppich aus Moorland, abgeschiedenen Tälern und dunklen Seen. Connemaras Herz bilden die Maumturk Mountains und die grauen Quarzitgipfel der Gebirgskette Twelve Bens mit herrlichen Rad- und Wanderwegen. Die Landschaft ist von einem Netz aus Steinmauern durchzogen.

Connemara

Praktische Informationen

Das **Touristenbüro** (S. 402) in Galway informiert ausführlich über die Region. Online erfährt man bei **Connemara Tourism** (www.connemara.ie) und **Go Connemara** (www.goconnemara.com) viel Wissenswertes und findet dort außerdem praktische Links.

Anreise & Unterwegs vor Ort

In Galway gibt's zahlreiche empfehlenswerte Bustouren, z. B. von **Lally Tours** (S. 393), die einen guten, aber nicht komplett vollständigen Eindruck der Region vermitteln.

AUTO

Wer auch die abgelegenen Ecken dieser schönen Gegend besuchen möchte, braucht dazu ein eigenes Auto, allerdings sind die Wege teilweise sehr schmal. Vorsicht vor den Steinmauern – und den Connemara-Schafen mit ihrem dicken cremefarbenen Fell und den kohleschwarzen Gesichtern und Beinen, die schon mal auf die Straße laufen können!

Die Hauptstraße von Galway, die N59, verläuft in nordwestlicher Richtung über Oughterard nach Clifden, schwenkt dort nordöstlich hinauf nach Letterfrack, zum Connemara National Park und zum Killary Harbour und führt dann weiter ins County Mayo.

Eine alternative Route zwischen Galway und Clifden führt über die R336 und die R340; man kann entweder bei Recess auf die N59 fahren oder auf der Küstenstraße R342 bleiben und dann auf der R341 nach Roundstone, Ballyconneely, Derrygimla und weiter nach Clifden fahren. Zahlreiche Seitenstraßen führen zu winzigen Weilern, kleinen Buchten, einsamen Stränden und auf die flachen, einsamen Inseln Lettermore, Gorumna und Lettermullen, die durch Brücken miteinander verbunden sind.

BUS

Bus Éireann (www.buseireann.ie) steuert viele Orte auf der Connemara-Halbinsel an, allerdings recht unregelmäßig. Einige Linien sind lediglich von Mai bis September oder sogar nur im Juli und August unterwegs.

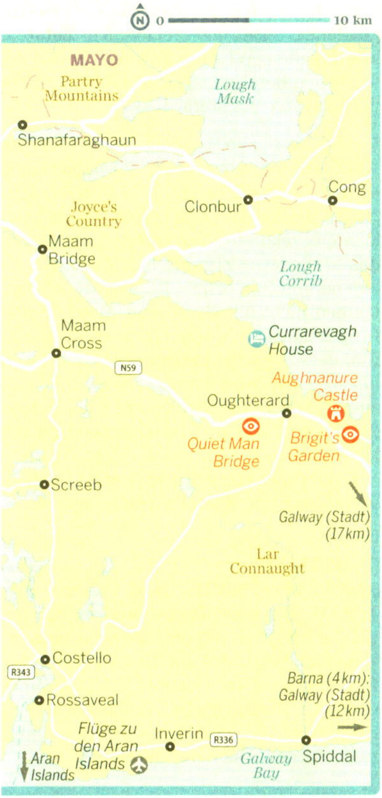

Busse von Citylink (www.citylink.ie) fahren mehrmals täglich von Galway nach Clifden und halten unterwegs in Oughterard. Danach geht's weiter nach Cleggan und Letterfrack.

Auf Nachfrage lassen einen die Fahrer oft auch auf freier Strecke aussteigen.

Oughterard & Umgebung

1318 EW.

Oughterard (Uachtar Árd) ist ein herrlich bodenständiges Dorf am Ufer des Lough Corrib, des größten Sees Irlands. Der See schneidet das westliche Galway vom Rest des Landes ab; er ist mehr als 48 km lang, hat eine Fläche von 200 km^2 und beherbergt 360 Inseln.

Unmittelbar westlich von Oughterard lockt ein buntes Panorama aus Seen, Bergen und Sumpfland. Die Website www.oughterardtourism.com ist eine gute Infoquelle zur Region.

Sehenswertes & Aktivitäten

★ Aughnanure Castle BURG

(www.heritageireland.ie; über die N59; Erw./Kind 5/3 €; ⏲ März–Ende Okt. 9.30–18 Uhr) Diese schöne Festung, 3 km östlich von Oughterard, wurde um 1500 herum erbaut. Sie diente einst als Sitz der kämpferischen O'Flahertys, die nach ihrem Sieg über die Normannen die Gegend jahrhundertelang unter ihrer Kontrolle hatten. Das sechsstöckige **Turmhaus** auf einem Fels oberhalb vom Lough Corrib wurde aufwendig restauriert.

Rund um die Burg erkennt man die Überreste einer ungewöhnlichen Befestigungsanlage mit doppelter Mauer. Außerdem sind die Überbleibsel eines Festsaals und ein kleiner, jetzt separat stehender **Wachturm** mit kegelförmigem Dach zu sehen. Früher umfloss der River Drimneen die Burg an drei Seiten, heute bahnt sich der Fluss unterhalb der Burg seinen Weg durch mehrere natürliche Höhlen und Kavernen.

Inchagoill INSEL

Die größte Insel im Lough Corrib liegt etwa 2 km vor dem Seeufer, 4,5 km nördlich von Oughterard. Sie ist ein einsamer Ort mit vielen Relikten aus vergangenen Zeiten. **Corrib Cruises** (☎ 087 994 6380; www.corribcruises.com; Oughterard Pier; Erw./Kind 28/14 €; ⏲ Juli & Aug. Mi–Mo 12 Uhr) veranstaltet täglich Bootsrundfahrten auf dem See. Man kann sich aber auch bei Molloy's Boats (S. 419) ein Boot ausleihen.

Am meisten beeindruckt der **Lia Luguaedon Mac Menueh** (Stein von Luguaedon, Sohn von Menueh), der eine Grabstätte markiert. Der 75 cm hohe Obelisk steht neben der Saints' Church.

Manche behaupten, die lateinische Inschrift sei die zweitälteste christliche in ganz Europa – nach der in den römischen Katakomben.

Die schönste Kirche der Insel ist die romanisch inspirierte **Teampall na Naoimh** (Saints' Church), die vermutlich aus dem 9. oder 10. Jh. stammt. Ihr Torbogen weist hübsche Schnitzereien auf. Die **Teampall Phádraig** (St. Patrick's Church) ist eine sehr alte kleine Kapelle mit einigen späteren Ergänzungen.

Glengowla Mines MUSEUM, BAUERNHOF

(☎ 087 252 9850; www.glengowlamines.ie; über die N59; Erw./Kind 10/4 €; ⏲ März–Okt. 10–18 Uhr) Die Mine stammt aus dem 19. Jh. und befindet sich 4,5 km westlich von Oughterard. Hier wurden bis 1865 Silber, Blei, glitzernder Quarz und viele weitere Mineralien gefördert. Besucher erfahren einiges über das harte Dasein der Arbeiter und können natürlich ein paar Bodenschätze bewundern. Man kann auch mit einer Pfanne am Goldschöpfen teilnehmen und auf dem bewirtschafteten Bauernhof nebenan Pferde und Esel füttern. Wer sich vorher anmeldet, kann beim Torfstechen und Zusammentreiben der Schafherden zusehen (5 € extra).

Brigit's Garden GARTEN

(www.brigitsgarden.ie; über die N59, Pollagh, Rosscahill; Erw./Kind 8/5 €; ⏲ März–Okt. 10–17.30 Uhr, Nov.–Feb. bis 17 Uhr) Der friedliche, 4,5 ha große Brigit's Garden ist der keltischen Mythologie und dem kulturellen Erbe gewidmet, das man zwischen Wald, Wiesen und traditioneller Architektur erkunden kann. Die vier Gärten repräsentieren die keltischen Saisonfeste: **Samhain** (Winter), **Imbolc** (Frühjahr), **Bealtaine** (Sommer) und **Lughnasa** (Herbst). Zu sehen sind auch eine riesige **Sonnenuhr** (die größte Irlands) und der neue, nachhaltig bewirtschaftete Gartenbereich mit Solarmodulen, Holzpellet-Heizkessel und Folientunnel. Die Produkte aus dem Garten werden im Café vor Ort zu leckeren Gerichten verarbeitet. Die Gärten liegen 9 km südöstlich von Oughterard.

Knockillaree Riding Centre REITEN

(☎ 087 960 4517; www.connemarahorseriding.com; Rusheeney; Reitausflug 30 € pro Std., Kurse Erw./Kind 30/20 €; ⏲ nach Voranmeldung) Die ein- bis fünfstündigen Reittouren führen über Bergpfade oder durch Wälder am Ufer des Lough Corrib entlang. Es werden Reitkurse für Anfänger und Fortgeschrittene angeboten; für Kinder stehen Ponys zur Verfügung.

Es gibt auch einen anerkannten Hof, auf dem Reitausflüge für körperlich eingeschränkte Besucher durchgeführt werden.

Schlafen & Essen

Currarevagh House HOTEL €€

(☎ 091-552 312; www.currarevagh.com; Glann Rd; EZ/DZ 90–130/140–180 €; ⏲ Mitte März–Okt.; P Wi-Fi) Das prachtvolle Herrenhaus mit zwölf Zimmern auf einem 73 ha großen Grundstück am Lough Corrib stammt aus dem 19. Jh. Frische Blumen schmücken die Flure, die Räume haben hohe Decken und das Außengelände lädt zu Spaziergängen ein. Frühstück und Nachmittagstee sind im Preis inbegriffen. Abends gibt's Vier-Gänge-Menüs (49 €) aus regionalen Zutaten, z. B. Forellen. WLAN gibt's nur in den öffentlichen Bereichen. Das Hotel liegt 5,7 km nördlich von Oughterard.

Connemara Lake Hotel HOTEL €€

(☎ 091-866 016; http://connemaralakehotel.com; Main St; EZ/DZ/FZ 75/95/130 €; P ❄ Wi-Fi) Mitten im Herzen der Stadt erhebt sich das helle, weiß gekalkte Connemara Lake Hotel, das 16 moderne Zimmer bietet und vor allem bei Anglern beliebt ist. Die Mitarbeiter können nicht nur Boote und Angelausrüstung organisieren, sondern auch arrangieren, dass die selbstgefangenen Fische vom hauseigenen Küchenchef zubereitet oder zum Räuchern ins Connemara Smokehouse (S. 422) gebracht und anschließend an die Heimatadresse geschickt werden.

Es gibt auch einen Trockenraum für feuchte Kleidung und einen Fahrradschuppen.

Ross Lake House Hotel PENSION €€€

(☎ 091-550 109; http://rosslakehotel.com; Rosscahill; EZ/DZ/FZ 130/185/250 €; ⏲ Ostern–Okt.; P Wi-Fi) Wellige Rasenflächen und vogelreiche Wälder umgeben das efeubewachsene georgianische Haus, das im Herbst, wenn der Efeu sich färbt, rot leuchtet. Die 13 Zimmer sind mit Antikmöbeln, einige sogar mit Himmelbetten ausgestattet. Kinder unter zwölf Jahren zahlen nur die Hälfte.

Greenway Café IRISCH €€

(☎ 091-866 645; www.connemaragreenwaycafe.com; Main St; Hauptgerichte mittags 6,50–14 €, abends 13–22 €; ⏲ Di–Sa 9–22, So 12–16 Uhr) Die meisten Zutaten des blau gestrichenen steinernen Restaurants stammen aus der Region Connemara – Muscheln aus dem Killary Harbour (serviert mit Minze), Forellen aus dem Lough Corrib (mit gebratenem Rhabarber) und Twelve-Bens-Lamm (mit Wildpilzen), um nur einige zu nennen. Es gibt auch „Wild Bat"-Craft-Bier, das in Oughterard von der Corrib Brewing Company gebraut wird.

Powers Thatched Pub PUBFOOD €€

(☎ 091-557 597; Main St; Hauptgerichte 12,50–18,50 €; ⏲ Küche 12–20.30, Bar 9–24 Uhr) Das gemütliche Pub mit Kamin und warmherzigem Service ist das einzige reetgedeckte Gebäude an der Hauptstraße. Auf der eindrucksvollen Speisekarte stehen Fisch- und Fleischgerichte. Man darf sich z. B. auf frisch gefangene Forellen, Muscheln und Suppe mit geräuchertem Schellfisch freuen oder auf Schweinebauch mit Kruste und

Lammburger mit eingelegten Zitronen. Das hausgemachte Rübenbrot schmeckt göttlich. Mittwochs, samstags und sonntags wird traditionelle Musik gespielt.

An- & Weiterreise

Bus Éireann (www.buseireann.ie) verkehrt bis zu achtmal täglich von Galway (Stadt) (8,30 €, 40 Min.) und Clifden (15,50 €, 2 Std.) via Roundstone (15,50 €, 1½ Std.) nach Oughterard und zurück.

Citylink (www.citylink.ie) bietet täglich fünf Busverbindungen von Galway (Stadt) (9 €, 40 Min.) und Clifden (13 €, 50 Min.) über die schnellere N59 nach Oughterard und zurück.

Lough Inagh Valley & Umgebung

Die karge Landschaft des Lough Inagh Valleys ist bezaubernd. Die Seen Derryclare und Inagh reflektieren unwirkliche Momentaufnahmen der Umgebung. Die R344 führt von Süden aus in das Tal, gleich westlich des Dörfchens Recess. An der Westseite erhebt sich das düstere Massiv **Twelve Bens**.

Am nördlichen Ende des Tals trifft die R344 auf die N59, die sich durch ganz Connemara bis nach Leenane und zum Killary Harbour windet. Außerdem zweigt am Nordende ein Weg westlich von der Straße ab, der in einem weiteren sehr sehenswerten Tal endet. In der Region kann man wunderbar wandern, aber im Sommer sind die Wege oft überfüllt – man sollte also früh starten.

Schlafen & Essen

Ben Lettery Hostel HOSTEL €
(☎ 086 849 3712; http://anoige.ie; N59, Ballynahinch; B/DZ 16,50–19,50/82 €; ⏲ Ende Mai–Sept.; P 📶) Etwa 7 km westlich der Stelle, wo die R344 ins Tal führt (und 12 km östlich von Clifden), stößt man auf dieses saisonale YHA-Hostel. Es verfügt über 40 Betten und einen Gemeinschaftsraum mit Torffeuer. Außerdem gibt's eine saubere, gemütliche Küche und einen Trockenraum. Das Ben Lettery ist die ideale Ausgangsbasis zur Erkundung des Tals. Auf Nachfrage halten hier die Busse von Citylink. Check-in ist von 17 bis 22 Uhr.

Lough Inagh Lodge LODGE €€
(☎ 091-34706; www.loughinaghlodgehotel.ie; unweit der R344; EZ/DZ/3BZ ab 118/175/215 €; P 📶) Vor einem Hügel im Hintergrund ist diese stimmungsvolle Lodge in bunten Farbtönen gehalten, verfügt über einen mit Eichenholz getäfelten Speiseraum und Kamine mit Torffeuer. Einige der 13 großen Zimmer blicken auf den See hinaus. Frühstück ist im Preis inbegriffen, auf Wunsch wird auch Abendessen (45 €) serviert. Die Lodge liegt 9 km nördlich von Recess, auf halber Strecke ins wunderschöne Lough Inagh Valley.

Ballynahinch Castle Hotel LUXUSHOTEL €€€
(☎ 095-31006; www.ballynahinch-castle.com; unweit der R341; EZ/DZ/Suite ab 150/210/290 €; P 📶) Das efeubewachsene Herrenhaus eignet sich perfekt für Angler: Durch das riesige von Bergen umringte Anwesen schlängelt sich der Fluss Owenmore, außerdem gibt's auf dem Gelände mehrere Privatseen. Unter den 48 Luxuszimmern sind auch Suiten mit Flussblick und Himmelbetten. Das Owenmore Restaurant (3-Gänge-Menü 65 €) im Torhaus serviert gehobene Küche; ungezwungener geht's im hoteleigenen Fisherman's Pub zu (Hauptgerichte 10 bis 38 €).

Kurse im Fliegenfischen mit Guide kosten 160 € pro halbem Tag; Leihausrüstung gibt's für 60/90 € pro halbem/ganzem Tag.

ANGELN AUF DEM LOUGH CORRIB

Der Lough Corrib ist weltberühmt für seine Lachse, Meer- und Bachforellen, und der Ort Oughterard ist eines der wichtigsten Angelzentren Irlands.

Als absoluter Höhepunkt der **Angelsaison** gilt der Mai, wenn Millionen Eintagsfliegen ausschwärmen und Fische wie Angler in den Wahnsinn treiben. Die Lachssaison beginnt im Juni.

Die Hotels und Lodges am Lough Corrib verleihen Angelausrüstung, ebenso die Bootsvermietungen wie z. B. **Molloy's Boats** (☎ 091-866 954; Baurisheen; Motor-/Ruderboot 65/35 € pro Tag, Motorboot mit Guide 140 €; ⏲ nach Voranmeldung). **Tuck's Angling Shop** (☎ 091-552 335; Main St, Oughterard; ⏲ Mo–Sa 9–18 Uhr) verkauft Angelzubehör und Köder und gibt hilfreiche Tipps.

Roundstone

214 EW.

Roundstone (Cloch na Rón), ein irisches Bilderbuchdorf, liegt rund um einen Hafen mit vielen kleinen Booten. Fröhlich bunte Reihenhäuser und einladende Pubs blicken auf die schimmernde Bertraghboy Bay, in der Ebbe und Flut dramatisch anmuten. Hier tummeln sich Hummerfischer und traditionelle *currachs* (Boote mit hölzernem Rumpf, der mit geteertem Segeltuch überspannt wird).

An der gezackten Küste befinden sich spektakuläre Strände. Auf der Errisbeg-Halbinsel, 3 km südwestlich von Roundstone, gibt's zwei. An der **Gurteen Bay** (manchmal auch Gorteen Bay) befindet sich ein goldener Sandstrand. 800 m weiter führt eine Abbiegung zur **Dog's Bay**, einem schönen weißen Sandstrand aus winzigen zerstoßenen Muscheln. Zusammen bilden die Strände die zwei Seiten einer hundeknochenförmigen Sandbank und eines Tombolo.

Sehenswertes & Aktivitäten

Roundstone Musical Instruments — WORKSHOP

(www.bodhran.com; Monastery Rd; Juli–Sept. 9.15–19 Uhr, Okt.–Juni Mo–Sa 10.30–18 Uhr) Malachy Kearns ist der einzige hauptberufliche Hersteller traditioneller *bodhráns* (handgefertigter Trommeln aus Ziegenhaut). In seinem Musikgeschäft am südlichen Rand des Dorfes kann man ihm bei der Arbeit zusehen. Im Laden werden noch viele weitere Instrumente sowie Notenblätter und Tonaufnahmen verkauft.

ABSTECHER

PATRICK PEARSE'S COTTAGE

1909 erbaute Pádraig Pearse (Patrick Pearse; 1879–1916) am Ufer eines entlegenen Sees dieses kleine reetgedeckte **Landhaus** (Teach an Phiarsaigh; www.heritageireland.ie; R340, Ros Muc; Erw./Kind 4/2 €; Ostern–Sept. 9.30–18 Uhr, Okt.–Ostern 10–16 Uhr), in dem er einige Kurzgeschichten und Theaterstücke verfasste. 2016 wurde in der Nähe ein hochmodernes A-förmiges **Besucherzentrum** eröffnet, das detailliert über Pearses Leben und Werk informiert. Für den Besuch beider Gebäude braucht man etwa eine Stunde.

1916 führte Pádraig Pearse (1879–1916) gemeinsam mit James Connolly den Osteraufstand an und wurde später von den Briten hingerichtet.

Das Landhaus ist teilweise auch unter dem Namen Rosmuc ausgeschildert.

Mount Errisbeg — WANDERN

Der Mount Errisbeg (Iorras Beag; 300 m), der einzige nennenswerte Hügel an diesem Teil der Küste, ragt am steinernen Pier auf. Innerhalb von zwei Stunden kann man über einen malerischen Pfad zum Gipfel hinaufwandern; einfach der schmalen Fuchsia Lane folgen, die am O'Dowd's (S. 421) im Zentrum vorbeiführt. Oben eröffnet sich eine herrliche Panoramaaussicht auf die Bucht und die entfernten Berge der Twelve Bens.

Roundstone Outdoors — KAJAKFAHREN

(087 943 3440; http://bogbeanconnemara.com; nach Voranmeldung) Auf dem Wasser kann man die wunderschöne Küstenlinie von Roundstone am besten genießen. Roundstone Outdoors bietet Kajakkurse ab 25 € pro Stunde sowie 2½-stündige Kajaktouren ab 40 €. Das Unternehmen vermietet auch Kajaks und Stand-up-Paddelboards (2 Std. 35 €).

Schlafen

Island View B&B — B&B €

(095-35701; www.islandview.ie; Main St; EZ/DZ 50–55/75–95 €;) Im Zentrum von Roundstone wartet dieses schöne B&B mit tadellos sauberen Zimmern auf. Die meisten Räume sind mit frischen Blumen geschmückt und blicken auf die Bucht. Zum Frühstück gibt's hausgemachte Scones, ebenso beim Nachmittagstee am Kamin in der gemütlichen Gästelounge.

Gurteen Beach Caravan & Camping Park — CAMPINGPLATZ €

(095-35882; www.gurteenbay.com; über die R341; Campingplatz 10/5 € pro Erw./Kind, Strom 5 € pro Nacht; Ostern–Okt.; P) Der friedliche, idyllische Campingplatz liegt 50 m vom Gurteen Beach (der im Juli und August von Rettungsschwimmern bewacht wird) und 3 km südwestlich von Roundstone. Er bietet 80 Stellplätze für Wohnmobile und Zelte, eine Campingküche und eine Wäscherei. Es gibt auch ein Geschäft (Mai bis September), das Lebensmittel und Eiscreme verkauft, und einen Spieleraum mit Fernseher. Die Benutzung der Dusche kostet 1 €.

Roundstone House & Vaughan's PENSION €€

(☎ 095-35944; www.roundstonehousehotel.com; Main St; EZ/DZ/3BZ ab 60/110/130 €; ⏱ April–Okt.) Die Vorderzimmer des länglichen familiengeführten Gasthauses blicken direkt auf die Bucht. Alle zwölf Zimmer sind mit Teekochern und Kaffeemaschinen ausgestattet und in neutralen Beigetönen eingerichtet. Im hauseigenen Pub Vaughan's (Thekengerichte 10 bis 21 €; Restaurant: Hauptgerichte 25 bis 28 €), das über eine Terrasse verfügt, kann man Bier und Meeresfrüchte aus der Region genießen. Der Service könnte freundlicher nicht sein.

Essen & Ausgehen

O'Dowd's Café CAFÉ €

(www.odowdsseafoodbar.com; Main St; Gerichte 5,50–11,50 €; ⏱ März–Okt. 9–18 Uhr; 📶) Das zweistöckige Café wird von dem benachbarten Pub und Fischrestaurant O'Dowd's (siehe unten) geführt und verwendet dieselben Bioprodukte aus der Region. Es hat nur von März bis Oktober geöffnet und ist ein toller Ort zum Frühstücken (bis 12 Uhr); tagsüber gibt's Gerichte wie Seetang-Hummus, Salat aus Kirchererbsen und Süßkartoffeln, Fischsuppe und die besten Scones der Stadt. An kühlen Tagen kann man sich mit einem Irish Coffee aufwärmen.

Die Gerichte zum Mitnehmen werden mit Besteck geliefert und eignen sich perfekt für ein Strandpicknick.

Bog Bean Café CAFÉ €

(☎ 095-35825; http://bogbeanconnemara.com; Main St; Gerichte 4,50–9,50 €; ⏱ Ostern–Sept. Do–Di 9–17.30 Uhr, Okt.–Ostern Do–So 9.30–16.30 Uhr; 📶) In Cork gerösteter Badger- und Dodo-Kaffee und leckeres Gebäck (Schoko-Apfel-Kuchen, Rhabarber-Himbeer-Torte ...) machen das fröhliche Café zu einer lohnenswerten Adresse. Es gibt auch sättigendere Gerichte, z. B. Sandwiches mit Räucherlachs aus Connemara oder Krabbensalat mit Limettendressing. Oben befindet sich ein B&B, das sechs farbenfrohe Zimmer mit Privatbädern bietet (DZ ab 70 €).

★ **O'Dowd's** FISCH & MEERESFRÜCHTE €€

(☎ 095-35809; www.odowdsseafoodbar.com; Main St; Hauptgerichte Restaurant 13–22 €, Bar 13–15 €; ⏱ Restaurant 17–21.30 Uhr, Thekengerichte 10–21.30 Uhr; 📶) Das herrlich authentische alte Pubrestaurant verwendet nur Gemüse aus dem eigenen Garten. Die Meeresfrüchte – Hummer aus Roundstone, Seehecht, Scholle und Wolfsbarsch von den Aran Islands, Krabben und Makrelen aus der Region – kommen direkt von den Fischerbooten am alten Steindock gegenüber. Die Makrelen werden im Haus geräuchert. Die üppigen Fisch- und Meeresfrüchte-Platten kosten 29 €. Außerdem gibt's viele irische Biere und Ciders aus Kleinbrauereien. Das benachbarte Café (siehe links), das nur im Sommer geöffnet hat, serviert Frühstück und Mittagessen.

Das Pub hatte 1997 einen großen Auftritt im Hollywoodstreifen *Heirat nicht ausgeschlossen*.

Shamrock Bar PUB

(www.theshamrockroundstone.com; Main St; ⏱ Mo–Do 11–23.30, Fr & Sa 11–0.30, So 11–22.30 Uhr; 📶) In dem rot gestrichenen holzverkleideten Pub auf der Hauptstraße finden an den Wochenenden Livekonzerte statt (im Juli und August fast täglich). Außerdem steigen regelmäßig Trad Sessions. Von Juni bis September wird sonntagnachmittags Jazz gespielt.

> **ABSTECHER**
>
> **ROUNDSTONE BOG** 18.9.2018
>
> Abseits der Küste gibt's eine alternative Route von Roundstone nach Clifden durch das geschützte **Roundstone Bog**. Die holprige Straße führt durch eine herrlich gruselige überschwemmte Einöde. Manche Einheimische glauben, dass es in dem rostfarbenen Moor spukt, und meiden es deshalb nachts. Im Sommer sieht man gelegentlich Arbeiter beim Torfstechen mit der Hand (Deckenmoor kann nicht maschinell gestochen werden). 4 km nördlich von Roundstone zweigt die Straße an einer Kreuzung von der R341 Richtung Westen ab und trifft bei Ballinaboy wieder auf die R341.

An- & Weiterreise

Die R341 verläuft an der Küste entlang von Roundstone nach Clifden, man erreicht Clifden aber auch über eine holprige Straße durch den wilden und einsamen Roundstone Bog.

Bus Éireann (www.buseireann.ie) bietet Verbindungen von/nach Galway (Stadt) (15,50 €, 1½ Std., bis zu 4-mal tgl.) und Clifden (8 €, 35 Min.).

Clifden & Umgebung

1597 EW.

Connemaras „Hauptstadt" Clifden (An Clochán, übersetzt „Trittsteine") liegt am Ende der engen Bucht, wo der Owenglin ins Meer fließt. Der hübsche Ort aus viktorianischer Zeit lohnt auf jeden Fall einen Zwischenstopp am Wild Atlantic Way.

Sehenswertes & Aktivitäten

Die Gegend ist für ihre Ponys berühmt und Ausritte am Strand erfreuen sich großer Beliebtheit. Man kann die malerische Landschaft auch wunderbar mit dem Fahrrad erkunden.

★ Sky Road — SPRITZTOUR

Westlich vom Market Square Clifdens erstreckt sich die 15 km lange ausgeschilderte Auto- und Fahrradrundroute Sky Road, die durch zerklüftete, wunderschöne Küstenlandschaften zum Dorf Kingston und zurück nach Clifden führt. Um die besten Ausblicke zu genießen – die bei Sonnenuntergang am schönsten sind –, sollte man auf der Südseite starten und die Strecke im Uhrzeigersinn befahren. An der Straße befinden sich mehrere Aussichtspunkte mit Parkplätzen.

Station House Museum — MUSEUM

(Station House Courtyard, unweit der Low Rd; Erw./Kind 2/1 €; ⏲ Ostern–Mitte Nov. Mo–Sa 10–17, So 12–18 Uhr) Das kleine, aber interessante Museum befindet sich in einer alten Bahnhofshalle. Es widmet sich der Geschichte der örtlichen Ponys sowie verschiedenen historischen Ereignissen, z. B. der Connemara-Eisenbahnstrecke von Galway nach Clifden (die von 1895 bis 1935 in Betrieb war) und der transatlantischen Funkstation von Guglielmo Marconi in Derrigimlagh, an der John Alcock und Arthur Brown auf ihrem ersten Transatlantikflug 1919 eine Bruchlandung hinlegten.

Derrigimlagh Discovery Point — HISTORISCHE STÄTTE

(Marconi Rd, über die R341) GRATIS Guglielmo Marconis Funkstation (1907 erbaut), mit der die erste transatlantische Funkverbindung durchgeführt wurde, liegt an einem malerischen, 5 km langen Rundweg, der 5,8 km südlich von Clifden durch windgepeitsches Sumpfland führt. Hier kann man an Detektorradios alte Tonaufnahmen anhören. Als die britischen Flugpioniere John Alcock und Arthur Brown 1919 den ersten Transatlantikflug unternahmen, entdeckten sie unterwegs die Türme von Marconis Rundfunkstation, stellten ihre Motoren ab und legten eine Bruchlandung im Sumpf hin. Der Rundweg ist mit Informationstafeln und interaktiven Exponaten gesäumt.

Beide Piloten überlebten und bekamen eine Woche später von König George V. den britischen Verdienstorden „Knight Commander of the British Empire (KBE)" verliehen.

Die Funkstation wurde 1922 von republikanischen Truppen zerstört; die Regierung des Irischen Freistaates stellte keine finanzielle Entschädigung für ihren Wiederaufbau zur Verfügung.

Auch das Station House Museum in Clifden beschäftigt sich ausführlich mit diesen zwei technischen Errungenschaften.

Connemara Smokehouse — FABRIK

(☎ 095-23739; www.smokehouse.ie; Bunowen Pier, Ballyconneely; Führung kostenfrei; ⏲ Führung nach Voranmeldung Juni–Aug. Mi 15 Uhr, Geschäft ganzjährig Mo–Fr 9–13 & 14–17 Uhr) Bei den Führungen durch das familiengeführte Connemara Smokehouse erfahren Besucher, wie Wild- und Biolachs filetiert, traditionell zubereitet, zugeschnitten und verpackt werden. Anschließend werden verschiedene Räuchermethoden erklärt und am Ende gibt's eine Lachsverkostung. Wer die Tour verpasst, kann sich den Verarbeitungsprozess auch auf Infotafeln anschauen. Das Smokehaus liegt 14 km südwestlich von Clifden.

Connemara Heritage & History Centre — MUSEUM

(www.connemaraheritage.com; N59, Lettershea; Erw./Kind 8/4 €; ⏲ April–Okt. 10–18 Uhr) Bis zu seiner Vertreibung in den 1840er Jahren lebte und arbeitete in diesem Haus 7 km östlich von Clifden der Bauer Dan O'Hara. Im New Yorker Exil fristete er sein Leben als Streichholzverkäufer auf der Straße. Die heutigen Eigentümer haben das Anwesen zu einem Freilichtmuseum umgebaut, das sich verloren gegangenen Traditionen widmet; eines der Highlights ist die Traktorfahrt auf den Berg, wo man zusehen kann, wie Torf von Hand gestochen wird. Es gibt auch einen Kunsthandwerksladen und eine Teestube. Das Zentrum liegt 7 km östlich von Clifden, der letzte Einlass ist eine Stunde vor Schließung.

All Things Connemara — RADFAHREN

(☎ 095-22630; https://allthingsconnemara.ie; Market St; Leihrad halber/ganzer Tag 12/16,50 €,

DIE QUIET MAN BRIDGE

Wenn ein US-amerikanischer Fernsehsender mal wieder hohe Einschaltquoten verzeichnen will, wird stets *Der Sieger* (Originaltitel: *The Quiet Man*) ausgegraben, der besonders bei älteren Zuschauern sehr beliebt ist. Die romantische Komödie von 1952 mit John Wayne und der rotgelockten Maureen O'Hara porträtiert den irischen Alltag auf dem Land samt Alkoholkonsum und Schlägereien. Um den Film zu verwirklichen, reiste Regisseur John Ford ins Land seiner Vorfahren. Einer der fotogensten Orte des Streifens ist die **Quiet Man Bridge**, 3 km westlich von Oughterard in der Nähe der N59. Die bildhübsche Brücke hieß ursprünglich Leam Bridge und hat sich kaum verändert. Wer genau aufpasst, wird allerdings feststellen, dass ein paar der Nahaufnahmen nicht am Originalschauplatz entstanden sind, sondern vor einer kitschigen Kulisse in Hollywood. So läuft das im Showgeschäft. Eingefleischte Fans können in den meisten Touristeninformationen der Region den hervorragenden Filmführer *The Complete Guide to The Quiet Man* von Des MacHale kaufen.

Elektrofahrrad 25/40 €; ⏲ 9–18 Uhr) All Things Connemara vermietet Rennräder und Elektrofahrräder in ausgezeichnetem Zustand. Das Unternehmen verkauft auch verschiedene Produkte aus der Region (Kleidung, Schreibwaren, Fischköder, Marmorschmuck aus Connemara, Bioalgen, Musik und mehr).

Errislannan Manor REITEN
(☎ 095-21134; www.errislannanmanor.com; ⏲ nach Voranmeldung) Hier werden Reitunterricht (35 € pro Std.) und -ausflüge (ab 30 € pro Std.) entlang des Strands sowie in die Hügel mit den berühmten hiesigen Ponys angeboten. Der Stall ist 7,5 km von Clifden entfernt: Man fährt auf der Ballyconneely Road (R341) 4 km nach Süden und biegt dann nordwestlich auf die Errislannan-Halbinsel ab.

Die Stallungen bieten auch Forellenfischen im eigenen Privatsee; Angelruten werden für 10 € pro halbem Tag vermietet.

Blue Water Fishing ANGELN
(☎ 095-21073; http://seafishingireland.net; Clifden Harbour; Angeln 55 € pro Tag, Ausrüstung 15 €; ⏲ nach Voranmeldung) Der erfahrene Skipper John Brittain veranstaltet in der Saison auf seinem 13 m langen Einhüllentanker *Cygnus Cyfish* Angeltouren. Auf Wunsch beginnen die Touren auch in Cleggan.

Feste & Events

Connemara Pony Show SPORT
(www.cpbs.ie; ⏲ Mitte Aug.) Bei der jährlichen Connemara Pony Show sind auf dem Veranstaltungsgelände Clifdens die berühmten hiesigen Ponys zu sehen. Während der Show finden auch irische Tanzaufführungen statt.

Schlafen

Acton's Eco Beach CAMPINGPLATZ €
(☎ 095-44036; www.actonsbeachsidecamping.com; Claddaghduff Rd; Zelt-/Stellplatz für Wohnwagen ab 11/17 € pro Pers.; ⏲ Ostern–Okt.; P) Irlands erster klimaneutraler Campingplatz befindet sich 10 km nordwestlich von Clifden in einer wunderschönen, naturgeschützten Umgebung. Er verfügt über einen weißen Sandstrand und eine natürliche Quelle. Zu den gepflegten Einrichtungen gehören eine Küche und Feuerstellen. Das Acton's ist einer der wenigen Campingplätze in der Region ohne Privathütten. Die WLAN-Verbindung ist lückenhaft.

Clifden Bay Hostel HOSTEL €
(☎ 087 776 9345; http://clifdenbayhostel; 1 Market St; B 17–23 €; ⏲ Rezeption 9–17 Uhr) Fröhliches Hostel mitten im Stadtzentrum. Das Gebäude verfügt über große Fenster und helle Zimmer mit insgesamt 34 Betten. In der angrenzenden Bar gibt's WLAN und an den meisten Abenden Livemusik.

★ **Blue Quay Rooms** BOUTIQUE-HOTEL €€
(☎ 095-21369; www.bluequayrooms.com; Beach Rd; DZ 70–100 €, Apartment 140 €; P) Das strahlend blau gestrichene Boutique-Hotel ist von innen noch schöner als von außen. Die nautisch angehauchte Lounge ist mit einem Schiffssteuerrad aus Messing, schwarz-weiß karierten Bodenfliesen, Designerstoffen und frischen Blumen ausgestattet. Die Zimmer sind mit einer schönen Mischung aus alten und modernen Möbeln eingerichtet; bis auf eines blicken alle auf den Hafen. Für das Selbstversorger-Apartment (in dem bis zu 5 Personen schlafen können) gilt ein Mindestaufenthalt von zwei Nächten. Kinder unter zwölf Jahren werden nicht aufgenommen.

★ Dolphin Beach B&B €€

(☎ 095-21204; www.dolphinbeachhouse.com; Lower Sky Rd; EZ/DZ ab 90/130 €; P ᯤ) B&B am Rande des Atlantiks, 5 km westlich von Clifden, ganz versteckt an der Lower Sky Road. Es bietet herrliche Ausblicke, vor allem von der Vorderterrasse und dem atriumartigen Speiseraum. Die Zimmer haben hohe Decken und sind mit schicken ländlichen Möbeln eingerichtet. Für das Frühstück und Abendessen (40 €) wird Biogemüse aus dem eigenen Garten verwendet. Kinder unter zwölf Jahren sind nicht erlaubt.

Quay House HOTEL €€

(☎ 095-21369; http://thequayhouse.com; Beach Rd; EZ/DZ/FZ ab 99/140/180 €; ⌚ Mitte März–Mitte Nov.; P ᯤ) Gegenüber vom Hafen, 650 m südwestlich vom Ortszentrum, stößt man auf das 1820 errichtete weitläufige Quay House. In den 15 Zimmern gibt's zahlreiche Antiquitäten, einige verfügen sogar über funktionierende Kamine. Alle (bis auf drei) Räume blicken auf den Hafen hinaus. Ein Zimmer im Erdgeschoss ist speziell für Besucher mit eingeschränkter Mobilität eingerichtet. Die Unterkunft wird von einem Mitglied der Hoteliersfamilie Foyle betrieben und war früher ein Konvent und ein Franziskanerkloster.

Station House Hotel HOTEL €€

(☎ 095-21699; www.clifdenstationhouse.com; über die Galway Rd/N59; EZ/DZ/FZ/Apartment 80/100/115/150 €; P ᯤ 🏊) Das Hotel im früheren Bahnhofskomplex wurde 1998 im Stil einer alten Dampfzug-Remise erbaut. Die großen Zimmer sind in warmen roten Farbtönen gehalten. Kinder unter zwölf Jahren können kostenfrei übernachten. Der Kinderclub und das Innenschwimmbad sind sehr beliebt bei Familien. Es gibt auch ein Spa, einen Fitnessraum und eine Sauna; im historischen Bahnhofswartesaal aus roten Ziegelmauern befindet sich eine Bar. Die vier Apartments für Selbstversorger befinden sich gleich nebenan.

★ Abbeyglen Castle Hotel BURG €€€

(☎ 095-21201; www.abbeyglen.ie; Sky Rd; DZ/Suite ab 219/254 €; P ᯤ) Die 1832 erbaute Burg erhebt sich auf einem perfekt gepflegten Anwesen an der malerischen Sky Road (S. 422). Mit ihren Zinnenmauern und Türmchen scheint sie direkt einem Märchen zu entspringen. Zu den Einrichtungen gehören geräumige Zimmer und Suiten, kostenloser Nachmittagstee mit Scones, ein Tennisplatz und ein Billardraum. Dienstagabends finden im Restaurant (Hauptgerichte 20 bis 39 €) irische Abende mit traditioneller Musik statt; danach geben sich Geschichtenerzähler die Ehre. Ein Drei-Gänge-Abendmenü kostet 49 €. Nichtgäste sind willkommen, müssen aber vorher rerservieren.

ABSEITS DER ÜBLICHEN PFADE

OMEY ISLAND

Am zerklüfteten Küstenstreifen nordwestlich von Clifden liegt das kleine ab Cleggan ausgeschilderte Dorf **Claddaghduff** (An Cladach Dubh). Wenn man an der katholischen Kirche Richtung Westen abbiegt, gelangt man zum **Omey Strand**. Im Sommer finden hier Pferderennen statt.

Bei Ebbe kann man durch den Sand nach Omey Island spazieren oder fahren, einem flachen Inselchen aus Felsen, Sand- und Grasflächen. An den weißen Sandstränden ist Schwimmen möglich und Wandern sehr beliebt. Die Insel ist nicht mehr bewohnt, es gibt nur noch ein paar verlassene Häuser. Der letzte Bewohner Omeys, der Profistuntman Pascal Whelan (der an Filmen wie *Zwei Banditen* und *Crocodile Dundee* mitwirkte), verstarb 2017; er liegt auf dem Inselfriedhof begraben. Vor der Anreise sollte man sich über die Ebbe- und Flutzeiten informieren (die Flut ist hoch genug, um Autos zu überschwemmen) und den schwarzen Pfeilschildern folgen. Omey Island ist 13 km von Clifden entfernt.

Essen & Ausgehen

Im Zentrum gibt's jede Menge Pubs und Restaurants. Wie in der gesamten Region stehen vor allem Fisch und Meeresfrüchte auf den Speisekarten.

Connemara Hamper DELIKATESSEN €

(www.connemarahamper.com; Market St; Gerichte 3–8,50 €; ⌚ ganzjährig Mo–Sa 9.30–18 Uhr, Juli & Aug. auch So 12–18 Uhr) Irischer Bauernkäse, Räucherlachs aus Connemara, Pâtés, Dips, Marmeladen, Chutneys, herzhafte verzehrfertige Gerichte (z. B. Hühnchen-Lauch-Pastete) und süße Gebäckwaren (z. B. Kuchen und Kekse): Die Produkte dieses großartigen Delikatessenladens machen sich großartig als Picknickzutaten. Im Angebot sind außerdem naturreine Weine.

Steam Café
CAFÉ €

(Station House Courtyard; Hauptgerichte 7,50–12 €; Mo–Sa 9.30–17.30 Uhr;) Vor dem Café, das versteckt im Hof des alten Bahnhofs liegt, stehen himmelblaue und limettengrüne Tische auf den Gehsteigen. Drinnen strömt natürliches Licht durch die bodentiefen Fenster. Neben dem besten Kaffee Clifdens serviert das Steam Café auch Scones mit hausgemachter Marmelade, verschiedene Tagessuppen (z. B. Curry-Pastinaken-Suppe) sowie fantastische Sandwiches, Salate und kreative Kuchen wie Guinness-Blaubeer-Torte.

★ Mitchell's
FISCH & MEERESFRÜCHTE €€

(095-21867; www.mitchellsrestaurantclifden.com; Market St; Hauptgerichte mittags 10,50–15 €, abends 18–28 €, Fischplatte 24 €; 12–22 Uhr) In dem eleganten Lokal gibt's Meeresfrüchte aus den umliegenden Gewässern: Auf der Speisekarte stehen z. B. Sandwiches mit Räuchermakrele, Fischsuppe und die hervorragende Connemara-Platte (mittags und abends erhältlich), auf der sich Rossaveal-Garnelen, Oranmore-Austern, Connemara-Räucherlachs und Dunloughan-Krabben stapeln. Sehr gute Weinkarte. Abends sollte reservieren werden.

Off the Square
IRISCH €€

(095-22281; www.offthesquare.ie; Main St; Hauptgerichte mittags 4,50–12 €, abends 15,50–22 €; 9.15–22 Uhr;) Auf der Speisekarte des belebten Bistros im Stadtzentrum stehen vorwiegend Fleisch- und Fischgerichte. Den ganzen Tag über werden irische Frühstücksgerichte serviert, mittags gibt's Hausmannskost (Räucherlachs auf Soda Bread; Irish Stew) und abends steht gehobene Küche aus regionalen Produkten auf dem Programm, z. B. Fisch von Clifdens Pier, Hummer aus Cleggan, Austern und Krabben aus Aughrismore und Blackface-Lamm aus Connemara. Darüber hinaus macht die vielseitige Speisekarte für Kinder das Lokal zu einer guten Adresse für Familien.

Lowry's Bar
PUB

(www.lowrysbar.ie; Market St; Mo–Do 10.30–0.30, Fr & Sa 10.30–0.30, So 12–23.30 Uhr) Das leicht abgewetzte Lowry's wird in dritter Generation von derselben Familie geführt und veranstaltet mehrmals pro Woche abendliche *ceilidh*-Sessions (von Ostern bis Oktober täglich). Auf der Getränkekarte stehen über 100 Whiskeysorten.

Shoppen

Clifden Bookshop
BÜCHER

(www.clifdenbookshop.com; Main St; Mo–Fr 9.30–18, Sa 10–18, So 12–16 Uhr) Bücher über die lokale Geschichte, Memoiren, irische Literatur, Pflanzen- und Tierführer sowie Landkarten und Kinderbücher.

Connemara Blue
GLAS

(www.connemarablue.com; Market St; 10–17 Uhr) In dieser Ateliergalerie werden Glasuntersetzer, Wandpaneele, Teller, Schalen, Vasen und Skulpturen nach traditionellen und modernen Designs angefertigt. Bei Glaskursen kann man selbst Kunstwerke aus Glas herstellen (25/75 € pro Std./halbem Tag; 2-stündige Kinderkurse 25 €).

Praktische Informationen

In der saisonalen **Touristeninformation** (www.discoverireland.ie; Galway Rd/N59; Ostern–Mitte Okt. 9.30–18 Uhr) gibt's Infos über Aktivitäten in der Region, z. B. über Wanderwege.

An- & Weiterreise

Citylink (www.citylink.ie) bietet Busverbindungen von/nach Galway (Stadt) (15 €, 90 Min., 5-mal tgl.) über die N59.

Bus Éireann (www.buseireann.ie) verkehrt von/nach Galway (Stadt) (15,50 €, 2 Std., bis zu 4-mal tgl.) über Roundstone (8 €, 35 Min.).

Cleggan 12.9.2017

208 EW.

Die winzige Hafenstadt Cleggan (An Cloiggean), 11 km nordwestlich von Clifden, ist das Tor zur Insel Inishbofin. Sie hat ein hübsches, von Booten gesäumtes Dock. Schmale Straßen, die immer wieder zurück zur Hauptstraße führen, folgen westlich von Cleggan der spektakulären Küste.

Das freundliche Cleggan Beach Riding Centre (083 388 8135; www.cleggan riding-centre.com; nach Voranmeldung) im Osten Cleggans bietet dreistündige Wanderungen (65 €) nach Omey Island (S. 424), 90-minütige Strand- und Moorfahrten (45 €) und Kurse (ab 30 € pro Std.).

Essen

Oliver's
FISCH & MEERESFRÜCHTE €€

(095-44640; http://oliversoncleggan pier.ie; Mittagessen: Hauptgerichte 9,50–14,50 €, abends 17–23,50 €; Küche 12–15 & 18–21 Uhr;) Oliver's mit seiner klassischen Fassade in Schwarz- und Cremetönen erfreut sich vor

Ort großer Beliebtheit. Was auf den Tisch kommt, wird bestimmt vom Fang des Tages, die hervorragenden Krebsscheren in Knoblauch und Gerichte für Kinder gibt's aber immer. Sehenswert: das alte Schiffsradio auf der Theke. Oben befinden sich fünf komfortable B&B-Zimmer (DZ/FZ 60/120 €) voll frischer Seeluft und – wenn die Sonne mitspielt – Connemaras besonderem Licht.

An- & Weiterreise

Citylink (www.citylink.ie) verkehrt zwischen Cleggan und Clifden (5 €, 15 Min., 3-mal tgl.) sowie nach Galway (15 €, 1¾ Std.).

Island Discovery (095-45819; http://inishbofinislanddiscovery.com; Erw./Kind Hin- & Rückfahrt 20/10 €) schickt Fähren von Cleggan nach Inishbofin.

Inishbofin 16.9.2018

150 EW.

Das 6 km lange und 3 km breite Inishbofin liegt 9 km vor dem Festland. Am höchsten Punkt ragt die friedliche Insel etwa 86 m aus dem Meer auf. Enge, menschenleere Gassen, grüne Wiesen und Sandstrände laden zu Spaziergängen und Radtouren ein. Unterwegs kommt man an Vieh und Seehunden vorbei.

Die Geschichte von Inishbofin ist sehr bewegt: 665 begab sich der hl. Colman freiwillig hierher ins Exil, nachdem er sich mit der Kirche wegen der Einführung des neuen Kalenders überworfen hatte. Er soll nordöstlich des Hafens ein Kloster errichtet haben, allerdings sind dort heute nur noch die Überreste einer kleinen **Kirche** aus dem 14. Jh. zu sehen. Außerdem diente Inishbofin der berühmten Piratenkönigin Grace O'Malley (S. 441) im 16. Jh. als Stützpunkt. 1652 nahmen Cromwells Truppen das Eiland ein und internierten hier Priester und Geistliche.

Sehenswertes & Aktivitäten

Inishbofin bietet großartige Möglichkeiten zum Radfahren, Wandern und Reiten.

Es gibt drei Rundwege, deren Beschreibung man sich von der Webseite des hiesigen Tourismusverbandes herunterladen kann.

Über dem ehemaligen Kloster des hl. Colman steht eine verfallene Kapelle aus dem 14 Jh. – sie zählt zu den Highlights des 8 km langen Rundweges **Cloonamore Loop**. Der 5 km lange **Middlequarter Loop** bietet spektakuläre Ausblicke auf die Counties Galway, Mayo und Clare. Der 8 km lange **Westquarter Loop** führt an der Atlantikküste entlang und bietet herrliche Ausblicke auf die Brandungstore und Seehundkolonien der Insel.

Alle drei Rundwanderwege beginnen und enden am Pier.

Heritage Museum MUSEUM
(Ostern–Sept. 12–13.30 & 14.30–17 Uhr) GRATIS Das kleine, aber fesselnde Inselmuseum gibt einen umfassenden Überblick über die Geschichte Inishbofins. Zu den Ausstellungsstücken zählen Angelzubehör, landwirtschaftliche Geräte, Werkzeuge sowie Gegenstände aus irischen Wohnhäusern (Geschirr, Kleidung, Möbel und mehr). Über 200 Bilder zeigen Inselbewohner, die im Laufe der Jahrhunderte auf Inishbofin lebten. Die Öffnungszeiten variieren.

Parish Church of St. Colman KIRCHE
(8–17 Uhr) Die Pfarrkirche liegt 300 m östlich des Piers und bezaubert durch das sanfte Licht, das durch die Buntglasfenster ins Innere fällt.

Inishbofin Equestrian Centre REITEN
(087 950 1545; www.inishbofinequestriancentre.com; 9–18 Uhr) Das Inishbofin Equestrian Centre bietet Reitstunden (35 € pro Std.) sowie Ausritte (30 € pro Std.) über die Insel an. Auf Wunsch sind auch Abendausflüge möglich.

Kings Bicycle Hire RADFAHREN
(095-45833; Inishbofin Pier; Fahrradverleih ab 12 € pro Tag; Juni–Aug. 10–17 Uhr & nach Voranmeldung) Die flache Insel eignet sich wunderbar zum Radfahren, auch wenn man nicht weit kommt.

Feste & Events

Inishbofin Arts Festival KULTUR
(www.inishbofin.com; Mitte Mai) Bei diesem Festival am Feiertagswochenende im Mai finden Akkordeon-Workshops, archäologische Wanderungen, Kunstausstellungen und Konzerte statt.

Schlafen & Essen

Inishbofin Island Hostel HOSTEL €
(095-45855; www.inishbofin-hostel.ie; Stellplatz pro Pers. 12 €, B 16–18 €, DZ 45 €, FZ 50–100 €; Ostern–Sept.) Das lauschige alte Bauernhaus mit 38 Betten und malerisch gelegenen Zeltplätzen vermietet Sechsbettzimmer mit Gemeinschaftsbad (Dusche)

sowie Privatzimmer mit Gemeinschaftsbad. Es verfügt über gute Einrichtungen, z. B. einen Wintergarten mit Panoramaausblick, eine Küche für Selbstversorger, eine Grillstelle, Waschmaschinen und einen Fahrradschuppen. Das Hostel liegt 1 km östlich vom Fähranleger.

Inishbofin House Hotel & Marine Spa HOTEL €€
(☎ 095-45809; www.inishbofinhouse.com; DZ/FZ 100–120/160–180 €; ⏲ April–Sept.; 📶) 400 m östlich des Piers erhebt sich das elegant-moderne Inishbofin House mit seinem hervorragenden Spa (das auf Algenbäder spezialisiert ist), einer Bibliothek und einem großen Salon mit Blick über eine Bucht. Die Standardzimmer auf der Rückseite blicken auf die Felder; es lohnt sich, den Aufpreis für einen Raum mit Meerblick zu zahlen (einige haben sogar Balkone). Im Restaurant werden vorwiegend Fischgerichte und Meeresfrüchte serviert (Hauptgerichte 16,50 bis 27 €).

Lapwing House B&B €€
(☎ 095-45996; www.inishbofin.com/bandb/lapwing.html; DZ ab 80 €; 📶) Das freundliche, familiengeführte B&B, das nach der regionalen Vogelart, die auf der Insel brütet, benannt ist, befindet sich in einem weißen Gebäude 500 m nördlich des Fähranlegers. Es bietet zwei Zimmer (eine Doppel- und ein Zweibettzimmer) mit Privatbädern. Von den Räumen blickt man über Hügel voller Schafe bis zum Hafen. Das Lawping House hat das ganze Jahr über geöffnet, im Winter muss man im Voraus buchen.

Praktische Informationen

Der **Tourismusverband** (☎ 095-45895; www.inishbofin.com) ist eine gute Informationsquelle.

Selbstversorger sollten sich auf dem Festland mit Lebensmitteln eindecken, obwohl sich im Postamt von Inishbofin auch ein kleiner Lebensmittelladen befindet. Es gibt insgesamt fünf Restaurants und vier Bars, die sich meist in den Inselhotels befinden. Viele Einrichtungen akzeptieren nur Bargeld. Es gibt keine Geldautomaten auf der Insel, man sollte also genug Geld mitbringen.

An- & Weiterreise

Island Discovery (S. 426) bietet Fährverbindungen von Cleggan nach Inishbofin (30–45 Min.). In der Nebensaison verkehren jeden Tag zwei Boote, in der Hauptsaison (Juni bis August) sind es maximal drei. Oft werden die Fähren von Delfinen begleitet; im April sieht man manchmal auch Riesenhaie. Bei rauer See fallen die Fahrten aus – vorher nachfragen!

JA!!!

Letterfrack & Umgebung

192 EW.

Das im 19. Jh. von Quäkern gegründete Letterfrack (Leitir Fraic) ist eigentlich nur eine Straßenkreuzung mit einigen Pubs und B&Bs. Doch das rundum gelegene Waldgebiet und die nahe Küste locken viele Outdoorfans an. Hier kann man z. B. innerhalb von 40 Minuten den **Tully Mountain** (356 m; 4 km) hinaufsteigen und oben den tollen Ausblick aufs Meer genießen.

Sehenswertes & Aktivitäten

★ **Kylemore Abbey** HISTORISCHES GEBÄUDE
(www.kylemoreabbey.com; unweit der N59; Erw./Kind 13 €/frei; ⏲ Juli & Aug. 9–19 Uhr, Sept. & Okt. 9.30–17.30 Uhr, April–Juni 9–18 Uhr, Nov.–März 10–16.30 Uhr) Das fotogen am Ufer des Pollacapall Lough thronende neogotische Haus aus dem 19. Jh., 4,3 km östlich von Letterfrack, verfügt über Zinnen und gehörte ursprünglich dem reichen englischen Geschäftsmann Mitchell Henry, der seine Flitterwochen in Connemara verbrachte. Nur die Zimmer im Erdgeschoss sind für Besucher zugänglich, man kann aber am See entlang zur **gotischen Kirche** gehen. Im Eintritt inbegriffen ist auch der atemberaubende, extravagante **ummauerte viktorianische Garten**, den man mit einem rund 20-minütigen Spaziergang erreicht (oder mit dem kostenlosen Shuttlebus, der von April bis Oktober fährt).

Die von Benediktinerinnen geführte Abtei war von 1923 bis 2010 die Klosterschule von Kylemore, in der katholische Mädchen unterrichtet wurden. Das Gelände eignet sich zum Radfahren und für Waldwanderungen, außerdem gibt's hier ein Café und ein Teehaus.

12.9. 2018

★ **Connemara National Park** NATIONALPARK
(www.connemaranationalpark.ie; über die N59; ⏲ 24 Std.) GRATIS Südöstlich von Letterfrack erstreckt sich der 2957 ha große abwechslungsreiche Connemara National Park mit Mooren, Bergen und Heideland und Waldgebieten.

Innerhalb des Schutzgebietes befinden sich einige der **Twelve Bens**, darunter der Bencullagh, der Benbrack und der Benbaun. Das Herzstück ist das **Gleann Mór** (Big Glen, „Großes Tal"), durch das

ABSTECHER

DIE NORDKÜSTE VON CONNEMARA

Umwerfende Strände und der Bick auf raue Berge und das unberechenbare Meer prägen die Nordküste von Connemara.

Die N59 ist weniger ansprechend als die Nebenstraßen, die auf einer 15 km langen Strecke den unregelmäßigen Windungen der Küste folgen. Los geht's in **Letterfrack**, wo ein schmaler Weg Richtung Nordwesten verläuft. Am besten hält man sich an kleine Nebenstrecken und bleibt so nah am Wasser wie möglich. Dabei sollte man auf Schafe achten, die plötzlich auf dem Weg stehen können! In dieser Gegend scheint das Land nahtlos ins Meer überzugehen, was einfach traumhaft schön aussieht. Wer sich plötzlich in einer Sackgasse am Strand wiederfindet, steigt einfach aus und freut sich!

Übernachtungsmöglichkeiten gibt's in **Renvyle**, z. B. auf dem **Renvyle Beach Caravan & Camping** (☎ 095-43462; www.renvylebeachcaravanpark.com; Renvyle; Stellplatz 10,50–21 €; ⏲ Ostern–Sept.; P 📶) mit grasbewachsenen Stellplätzen für Zelte und einem direkten Zugang zum Sandstrand. Das **Renvyle House Hotel** (☎ 095-43462; www.renvylebeachcaravanpark.com; Renvyle; EZ/DZ/3BZ/FZ ab 95/190/240/280 €; P 📶 🏊) ist ein luxuriös umgebautes Landgut mit 68 Zimmern auf 80 ha Land, das einst dem Dichter Oliver St. John Gogarty gehörte.

Weiter östlich entdeckt man an der winzigen Kreuzung von **Tully Cross** ein paar nette Pubs, bevor es weiter an der Küste entlanggeht. Insbesondere an sonnigen Tagen sollte man regelmäßig anhalten, um das wunderbare Farbenspiel der Landschaft zu bestaunen: das kobaltblaue Meer, den hellblauen Himmel, das smaragdgrüne Gras, die braunen Hügel, die schiefergrauen Steine und die weißen Sandstrände. Die Pferderennszenen am Strand im Film *Der Sieger* wurden in **Lettergesh** gedreht.

Eine Abzweigung führt nach **Rosroe Quay**, wo sich der fantastische halbmondförmige **Glassillaun Beach** erstreckt. **Scuba Dive West** (☎ 095-43922; www.scubadivewest.com; Glassillaun Beach, Renvyle; Tauchgang am Ufer/vom Boot inkl. Ausrüstung ab 55/80 €, Schnorcheln ab 35 € pro halbem Tag) bietet hier empfehlenswerte Kurse und Tauchgänge vor der Küste und den nahegelegenen Inseln an.

Die letzten 5 km der Route verlaufen am **Lough Fee** entlang. Im Frühjahr ist die Gegend besonders malerisch; dann blüht der Ginster in kräftigem Gelb und die Ausblicke sind atemberaubend.

sich der Fluss Polladirk seinen Weg bahnt. Schöne Wanderwege führen aus dem Tal hinauf und durch die Berge. Kürzere Strecken lassen sich gut auf eigene Faust erkunden.

Das **Besucherzentrum** (www.connemaranationalpark.ie; unweit der N59; ⏲ März–Okt 9–17.30 Uhr) bietet **geführte Naturwanderungen** mit Rangern (www.connemaranationalpark.ie; ⏲ Anfang Juli–Aug. Mi & Fr 11 Uhr).

Schlafen & Essen

Letterfrack Lodge HOSTEL €
(☎ 095-41222; unweit der N59; B 18 €, DZ/3BZ/4BZ 60/75/85 €; P 📶) In der Nähe der Kreuzung liegt dieses Hostel mit steinerer Fassade, das geräumige Mehrbettzimmer und Privatzimmer mit eigenen Bädern bietet. Mike, der engagierte Besitzer, kann interessierten Gästen jede Menge über Wanderrouten in der Gegend erzählen. In der Nebensaison (Oktober bis Juni) ist das Frühstück im Preis inbegriffen; von Juli bis September serviert das hauseigene Restaurant Frühstück, Mittagessen und Abendbrot. Außerdem gibt's Waschmaschinen, einen Fahrradverleih und eine Gepäckaufbewahrung.

Rosleague Manor HOTEL €€€
(☎ 095-41101; www.rosleague.com; N59; EZ/DZ/FZ/Suite ab 115/170/200/210 €; ⏲ Mitte Mai–Mitte Nov.; P 📶) 2 km westlich von Letterfrack erhebt sich das rosa-pinkfarbene Herrenhaus Rosleague Manor, eine romantische Zuflucht mit Wanderwegen in den Privatwäldern, einem viktorianischen Wintergarten, einem exzellenten Restaurant (2-/3-Gang-Menüs 32/48 €) und einem Tennisplatz. Es bietet einen herrlichen Ausblick auf den Ballynakill Harbour und die

Bergkette Twelve Bens. Die farbenfroh gestalteten Zimmer sind mit Antikmöbeln und Originalkunstwerken ausgestattet. Auf Wunsch werden Babysitter zur Verfügung gestellt.

Das Obst, Gemüse und die Kräuter stammen aus dem hauseigenen Garten.

Praktische Informationen

Besucherzentrum des Connemara National Park (S. 427) Das Besucherzentrum liegt an einem wunderschönen Fleckchen abseits eines Parkplatzes 300 m südlich der Kreuzung von Letterfrack. Es informiert über die Flora, Fauna und Geologie des Parks.

An- & Weiterreise

Citylink (www.citylink.ie) fährt von Galway nach Letterfrack (15 €, 2 Std., 3-mal tgl.) und weiter nach Clifden (5 €, 20 Min.).

Leenane & Killary Harbour

18.9.2018

Der mit vielen Muschelbänken gespickte lange, schmale Killary Harbour wird oft als Irlands einziger „Fjord" bezeichnet. Mit einer Länge von 16 km und einer Tiefe von über 45 m im Zentrum sieht er tatsächlich wie ein Fjord aus, wurde aber einigen wissenschaftlichen Studien zufolge möglicherweise nicht von Gletschern geformt. An seinem Ufer liegt das kleine Dorf **Leenane** (auch Leenaun), am Nordende erhebt sich der **Mt. Mweelrea** (814 m).

Auf der lokalen **Website** (www.leenanevillage.com) erfährt man viel Wissenswertes über die Gegend.

Sehenswertes & Aktivitäten

Leenane verfügt über exzellente Wanderwege; einer davon führt zum **Aasleagh Waterfall** (Eas Liath), der 4 km nordöstlich im County Mayo liegt.

Sheep & Wool Centre 18.9.2018 MUSEUM
(www.sheepandwoolcentre.com; Erw./Kind 5/3 €; ⏲ Mitte März–Okt. 9.30–18 Uhr) In dem spannenden kleinen Museum auf der Hauptstraße Leenanes (gleich nördlich der Brücke) gibt's Vorführungen im Spinnen und Weben, zudem lernt man eine Menge über die Geschichte des Färbens und alles über Schafe und Wolle. Der zugehörige Shop verfügt über lokal hergestelltes Kunsthandwerk und topografische Wanderkarten. Das Café lädt zu einer Pause ein.

Joyce Country Sheepdogs BAUERNHOF
(☎ 094-954 8853; www.joycecountrysheepdogs.ie; Shanafaraghaun; Erw./Kind 10/5 €; ⏲ März–Sept. Mo–Sa 11, 13 & 15.30 Uhr) Auf dem Bauernhof kann man erleben, wie Schäferhunde erstaunliche Leistungen vollbringen. Vorab buchen! Der Hof liegt 14 km östlich von Leenane: Um herzukommen, nimmt man die R336 und biegt dann auf die L1301 ab.

Killary Fjord Boat Tours BOOTSTOUREN
(☎ 091-566 736; www.killaryfjord.com; N59; Erw./Kind 22,50/11,50 €; ⏲ Ende März–Okt.) Ab Nancy's Point, 2 km westlich von Leenane, kann man mit Killary Fjord Boat Tours eine 1½-stündige Rundfahrt im Killary Harbour unternehmen. Manchmal von Delfinen begleitet, schippert das Boot an einer Muschel- sowie einer Lachsfarm vorbei. In der Hauptsaison werden täglich bis zu vier Fahrten angeboten. Die Tickets (Erw./Kind 20/10 €) sind billiger, wenn sie online im Voraus gebucht werden. Kinder unter zehn Jahren fahren kostenlos mit.

Killary Adventure Centre ABENTEUERSPORT
(☎ 095-43411; http://killaryadventure.com; unweit der N59; halber Tag Erw./Kind ab 46/31 €; ⏲ 10–17 Uhr) Kanufahrten, Kajaktouren auf dem Meer, Wasserski, Klettern, Windsurfen, geführte Tageswanderungen, Tontaubenschießen und viele weitere Aktivitäten gehören zum Programm des Abenteuerzentrums 5,5 km westlich von Leenane. Es bietet auch gute Schlafsäle (22–25 €) und Doppelzimmer (60–70 €), alle mit Fußbodenheizung.

Die Stromversorgung läuft über Windturbinen; es gibt auch einen Biomasse-Heizkessel.

Schlafen & Essen

Sleepzone Connemara HOSTEL €
(☎ 095-42929; www.sleepzone.ie; über die N59; Zeltstellplatz ab 12 € pro Pers., B ab 19 €, EZ/DZ/3BZ/4BZ ab 39/59/69/89 €; ⏲ März–Okt.; P 📶) Das renovierte Gebäude aus dem 19. Jh. hat direkten Zugang zum Meer und bietet über 100 Betten in sauberen Schlafsälen (mit eigenen Bädern) und Privatzimmern. Es erfreut sich vor allem bei Wanderern großer Beliebtheit. Zu den Einrichtungen des Hostels zählen eine Bar, eine Terrasse mit Grill und eine Küche (Lebensmittel mitbringen – in der Gegend gibt's keine Geschäfte!). Das Sleepzone Connemara befindet sich 6,3 km westlich von Leenane und bietet Shuttlebusse zu seinen Schwesterhostels in

NICHT VERSÄUMEN

AUSTERN AUS GALWAY

Das **Moran's Oyster** Cottage (☎ 091-796 113; www.moransoystercottage.com; The Weir, Kilcolgan; Hauptgerichte 13,50–22 €, 6 Austern 12–14 €, Meeresfrüchte-Platte 26,50 €; ⏲ So–Do 12–21.30, Fr & Sa 12–22 Uhr;) ist ein stimmungsvolles, reetgedecktes Publokal in einer ruhigen Bucht. Von der Terrasse genießt man einen Blick auf die Dunbulcaun Bay, wo die Muscheln gezüchtet werden, die hier später auf dem Teller landen. Es gibt auch eine gute abgespeckte Speisekarte für Kinder. Das Restaurant liegt 2 km westlich der N18 und ist gut ausgeschildert.

Anfang Oktober findet in Clarenbridge, 18 km südlich von Galway (Stadt), das viertägige **Clarenbridge Oyster Festival** (www.clarenbridge.com; ⏲ Anfang Okt.) statt.

Galway (Stadt) (☎ 091-566 999; www.sleepzone.ie; Bóthar na mBan; B/DZ/3BZ/4BZ ab 15/59/69/79 €; @) und Lisdoonvarna (S. 379).

Gäste bekommen Ermäßigung im Killary Adventure Centre nebenan.

Leenane Hotel HOTEL €€
(☎ 095-42249; N59; DZ/FZ ab 98/145 €; ⏲ Ostern–Sept.; P) Ein modernisiertes 66-Zimmer-Hotel aus dem 19. Jh., 1 km westlich von Leenane. Hier befinden sich auch die **Connemara Seaweed Baths** (☎ 095-42408; http://connemaraseaweedbaths.com; 25 € pro Std.; ⏲ Ostern–Sept. 10–18 Uhr). Balkonzimmer mit Hafenblick kosten 10 € extra. In der Bar wärmt ein offenes Torffeuer, das Restaurant serviert Meeresfrüchte und Lammgerichte (Hauptgerichte 12 bis 25 €; Halbpension verfügbar) und hat eine gute Speisenauswahl für Kinder.

Auf Wunsch werden Kinderbetten zur Verfügung gestellt.

Blackberry Café CAFÉ, BISTRO €€
(☎ 095-42240; http://blackberryrestaurant.ie; Hauptgerichte mittags 8–20 €, abends 16–24 €, Fischplatte 21,50 €; ⏲ Juni–Aug. 12–16.30 & 18–21 Uhr, April–Mai & Sept. Di geschl.) Räucherlachs aus Connemara, cremige Fischsuppe und Austern (20 € pro Pers.) sind nur einige der Köstlichkeiten, die tagsüber in diesem eleganten Café mit Holzdielenboden und Meerblick im Zentrum von Leenane kredenzt werden. Das Abendessen ist eine aufwendigere Angelegenheit (Prime-Sirloin-Steak; glasierte Ente). Es wird nur Bargeld akzeptiert.

Gaynor's PUB
(⏲ Mo–Do 10.30–23.30, Fr & Sa 10.30–0.30, So 12.30–23 Uhr) Ein prasselndes Torffeuer, dunkle Holzverkleidung und spontane Trad Sessions machen dieses gemütliche Pub zu einer lohnenswerten Adresse. Auf den Gehsteigen stehen Tische mit Hafenblick. Serviert wird herzhaftes Pubfood (Gerichte 4 bis 12 €), z. B. Irish Stew mit Lamm. Das Gaynor's dient auch als Ortstankstelle.

Das Pub hatte 1990 einen großen Auftritt in dem irischen Film *The Field*.

ℹ An- & Weiterreise

Killary Harbour ist nicht an den öffentlichen Verkehr angebunden, aber Sleepzone Connemara bietet einen Shuttlebus zu seinen Schwesterhostels in **Galway (Stadt)** (S. 389) und **Lisdoonvarna** (S. 379).

Vom Hafen führt die R335 nach Norden ins betörend schöne Doolough Valley im County Mayo.

ÖSTLICHES GALWAY

Der Lough Corrib trennt das östliche Galway von der atemberaubenden Westküste. Diese Gegend besitzt einen völlig anderen Charakter.

Im Süden der Stadt Galway liegt an der Galway Bay das hübsche Kinvara, das als Sprungbrett ins County Clare dient. In der Umgebung der Arbeiterstadt Gort (der Ort selbst hat nicht viel zu bieten) gibt's einige interessante Sehenswürdigkeiten. Östlich von Galway (Stadt) erstreckt sich Ackerland.

Kinvara

734 EW.

Der kleine steinerne Hafen von Kinvara (auch Kinvarra geschrieben) erstreckt sich am Südostrand der Galway Bay – daher stammt auch der irische Name Cinn Mhara (Head of the Sea – Kopf des Meeres). Das charmante Dorf besteht aus farbenfrohen Häusern und eignet sich hervorragend als Boxenstopp zwischen Galway (Stadt) und dem County Clare.

Sehenswertes

★ **Dunguaire Castle** HISTORISCHES GEBÄUDE
(www.shannonheritage.com; unweit der N67; Erw./Kind 7/3,80 €; ⌚ April–Mitte Sept. 10–17 Uhr) Das um 1520 vom O'Hynes-Clan errichtete Dunguaire Castle soll am früheren Standort einer im 6. Jh. von Guaire Aidhne, König von Connaught, erbauten Festung stehen. Lady Christabel Ampthill restaurierte die Burg, die sie zuvor für umgerechnet 500 € gekauft hatte, und lebte hier von den 1950ern bis in die 1970er-Jahre.

Ihr Schlafzimmer befand sich in der früheren Werkstatt, ihr Wohnzimmer ganz oben unter einem neuen Giebeldach. Man kann aufs Dach steigen, das einen herrlichen Blick auf die Galway Bay und Kinvara bietet.

Auf der Burg finden täglich touristische Mittelalterbankette statt (Erw./Kind 52,50/34,50 €; 17.30 und 20.45 Uhr), die vorher online gebucht werden müssen.

Feste & Events

Fleadh na gCuach MUSIK
(Kuckucksfestival; ⌚ Ende April/Anfang Mai) Das dreitägige Festival für traditionelle Musik zieht mehr als 100 teilnehmende Musiker an. Zum Programm gehören bis zu 50 Konzerte sowie weitere Veranstaltungen und eine Parade.

Cruinniú na mBáid SPORT
(www.galwaytourism.ie; ⌚ Mitte Aug.) Bis zu 100 traditionelle Galway-Hooker-Segelboote liefern sich jedes Jahr beim Cruinniú na mBáid (Gathering of the Boats – Treffen der Boote) ein Rennen.

Schlafen & Essen

Kinvara Guesthouse PENSION €€
(☎ 091-638 562; http://kinvaraguesthouse.ie; The Square; DZ/3BZ/FZ ab 95/125/135 €; 📶) Wandfotografien, die vom Boden bis zur Decke reichen, Keramiken, kräftige Farbtöne und frische Blumen charakterisieren das violettfarbene Gästehaus am Hauptplatz der Stadt. Es bietet 22 Zimmer und verfügt über ein eigenes Bar-Restaurant, das **Pier Head** (☎ 091-638 188; The Quay; Hauptgerichte 15–30 €; ⌚ Mo & Di 13–21, Mi–Fr 13–21.30, Sa 12–22, So 12–21.30 Uhr), das Abendessen serviert und spezielle Bed-and-Breakfast-Deals anbietet.

Strawberry Hedgehog Café CAFÉ €
(The Quay; Hauptgerichte 3–8 €; ⌚ Mai–Sept. 9–18 Uhr, Okt.–April 11–17 Uhr; 📶) Drucke von MC Escher sowie Bilder von Hendrix und Lennon schmücken das alternative lilafarbene Café, das sich hervorragend für eine entspannende Einkehr eignet. Serviert werden eine Tagessuppe (entweder indische Linsensuppe oder thailändische Möhrensuppe mit Kokosnussmilch und Chilli), Scones, Kaffee aus biologischem Anbau, heiße Schokolade und köstliche Fruchtsmoothies.

Green's Bar PUB
(Main St; ⌚ 14–24 Uhr) Das Green's muss man gesehen haben – mit seinen Bar-Regalen, die so aussehen, als stürzten sie jeden Moment unter der Last von Hunderten Whiskeyflaschen zusammen. Das 1865 erbaute Pub ist apfelgrün gestrichen und mit dunkleren limonengrünen Zierleisten verkleidet. Es veranstaltet mehrmals wöchentlich spontane traditionelle Musiksessions und bietet einen verbilligten „Whiskey der Woche" neben verschiedenen Whiskey-Kostprobenplatten.

An- & Weiterreise

Bus Éireann (www.buseireann.ie) verkehrt bis zu dreimal täglich von Kinvara nach Galway (9,60 €, 40 Min., 3-mal tgl.) und zu Orten im County Clare, z. B. Doolin (14,30 €, 1½ Std., 3-mal tgl.).

Athenry

5469 EW.

Das nur 16 km östlich von Galway gelegene Athenry (Áth an Rí; gesprochen *Athen-rye*) zählt zu Irlands besterhaltenen Dörfern mit mittelalterlicher Architektur. Dazu zählen die prächtige **Burg** (www.heritageireland.ie; Erw./Kind 5/2 €; ⌚ Ostern–Sept. 9.30–18 Uhr), die mittelalterliche **Pfarrkirche Church of St. Mary's**, ein **Dominikanerkloster** (☎ 091-844 661; Bridge St; ⌚ nach Voranmeldung), ein original erhaltenes **Marktkreuz** und das **Nordtor**, das man durchfahren kann. Von der langen Stadtmauer stehen noch beeindruckende 75 %. Das **Arts & Heritage Centre** (☎ 091-844 661; www.athenryheritagecentre.com; St Mary's, the Square; Erw./Kind 5/4,50 €, Medieval Experience 8/6,50 €; ⌚ Mai–Sept. 10.30–17 Uhr, Okt.–April variierende Öffnungszeiten) stellt kostenlose Wanderkarten zum Download zur Verfügung. Das eindrucksvolle Kulturerbe kommt in der modernen Industriestadt jedoch nicht richtig zur Geltung.

Athenry verdankt seinen Namen einer nahegelegenen Furt (auf Irisch *áth*), die den Fluss Clare östlich der Ansiedlung durchquert. Früher grenzten hier drei Königreiche aneinander, daher auch der irische Name der Stadt, der übersetzt „Furt der Könige" bedeutet.

In den 1970er-Jahren komponierte Pete St. John das irische Volkslied *The Fields of Athenry*, das sich mit der Großen Hungersnot befasst.

An- & Weiterreise

Athenry liegt an der Fernstraße M6, die von Galway nach Dublin führt.

Buslink (www.buslink.ie) fährt nach Galway (Stadt) (7 €, 35 Min., bis zu 8-mal tgl.). Nightlink bietet freitag- und samstagnachts zwei Zusatzverbindungen nach Galway (Stadt).

Ein- bis zweimal stündlich verkehren Züge (www.irishrail.ie) nach Galway (Stadt) (5,90 €, 25 Min.) und Dublin (15 €, 2¼ Std.).

Gort & Umgebung

2994 EW.

Im Zentrum der Arbeiterstadt Gort gehen vom Square, dem Hauptplatz mit einer ansehnlichen Christusstatue, Straßen voller Geschäfte ab. Die meisten Attraktionen – auch die, die mit dem berühmten Poeten W. B. Yeats in Verbindung stehen – liegen gleich außerhalb des Städtchens.

Sehenswertes

★Thoor Ballylee HISTORISCHES GEBÄUDE
(☎ 091-537 700; https://yeatsthoorballylee.org; Peterswell; Erw./Kind 7/3,50 €; ⌚ Mai–Aug. 10–18 Uhr) 1921 bis 1929 diente der normannische Turm aus dem 16. Jh., dessen Lage an einem Fluss tatsächlich sehr anregend ist, W. B. Yeats als Sommersitz und inspirierte ihn zu seinem bekanntesten Werk *Der Turm*. Neben dem Bauwerk steht ein weiß getünchtes Landhaus mit waldgrünen Zierleisten, in dem eine Ausstellung über Yeats' Leben und Werk gezeigt wird. Der Turm befindet sich 7,2 km nordöstlich von Gort und ist über die N66 zu erreichen.

Kilmacduagh HISTORISCHE STÄTTE
(Karte S. 373; unweit der R460) GRATIS Zu der weitläufigen Klosteranlage, 6 km südwestlich von Gort, gehören ein gut erhaltener 34 m hoher Rundturm, die Überreste einer kleinen Kirche aus dem 14. Jh. (Teampall Mór MacDuagh) sowie eine Johannes dem Täufer geweihte Kapelle und weitere kleine Bethäuser. Vermutlich wurde die Abtei Anfang des 7. Jhs. vom hl. Colman MacDuagh gegründet.

Kiltartan Gregory Museum MUSEUM
(www.kiltartangregorymuseum.org; Kiltartan Cross; Erw./Kind 3/1 €; ⌚ Juni–Aug. tägl. 11–17 Uhr, Mai & Sept. So 13–17 Uhr) In einer hübschen, steinernen Schule widmet sich dieses Museum dem Leben der literarischen Mäzenin W. B. Yeats', Lady Augusta Gregory. Es zeigt Fotografien, Manuskripte und Gegenstände aus ihrer früheren Villa im **Coole Park** (www.coolepark.ie; Coole Haven; ⌚ Mai–Okt. 8–19.30 Uhr, Nov.–April bis 18 Uhr) GRATIS. Die 1892 erbaute Schule wurde von Lady Gregorys Bruder, Frank Persse, entworfen. Das Museum liegt 4 km nördlich von Gort.

An- & Weiterreise

Bus Éireann (www.buseireann.ie) bietet stündlich Busverbindungen nach Galway (Stadt) (7,50 €, 40 Min.) und Ennis (11 €, 30 Min.).

Fünfmal täglich verkehren Züge (www.irishrail.ie) zwischen Gort, Galway (Stadt) (6,90 €, 50 Min.) und Ennis (5,90 €, 20 Min.).

Counties Mayo & Sligo

197 000 EW. / 7250 KM²

Inhalt ➡

Gut essen

- Pantry & Corkscrew (S. 446)
- Hargadons (S. 461)
- Trá Bán (S. 465)
- An Port Mór (S. 446)
- Eithna's by the Sea (S. 471)

Schön übernachten

- Belleek Castle (S. 454)
- Stella Maris (S. 453)
- Ardtarmon House (S. 470)
- Newport House (S. 447)
- Delphi Lodge (S. 439)

Auf nach Mayo & Sligo

Trotz ihrer Naturwunder und ihres lässigen Charmes sind die Counties Mayo und Sligo noch immer gut gehütete Geheimtipps. Sie bieten die ganze wilde, romantische Schönheit Irlands – nur ohne die Menschenmengen. Mit seinen kargen Gipfeln, steilen Klippen, heidebewachsenen Mooren und schönen Inseln vor der Küste ist Mayo die rauere Gegend. Hier wird das Leben von den Elementen bestimmt. Sligo kommt dagegen eher ländlich-idyllisch daher. Die üppigen Felder, die fischreichen Seen und die oben abgeflachten Berge inspirierten William Butler Yeats zu einigen der inbrünstigsten irischen Gedichte.

Beide Grafschaften locken mit goldenen Sandstränden und legendären Wellen, die Surfer aus der ganzen Welt anziehen. Daneben können sich Besucher über eine erstaunliche Fülle an prähistorischen Stätten, eleganten georgianischen Orten, verlassenen Herrenhäusern und reizenden Fischerdörfern sowie über eine ganz altmodische warmherzige ländliche Gastfreundschaft freuen.

Reisezeit

- Die wettergegerbten Küsten der beiden Counties sind im Winter teilweise extremem Wind und Regen ausgesetzt. Zu dieser Zeit trauen sich nur die abgehärtetsten Touristen und Surfer her.
- Wer auf der Suche nach der perfekten Welle ist, kommt am besten im Frühling oder im Herbst. Profis bevorzugen die Monate September und Oktober.
- Im Sommer bringen zahlreiche Veranstaltungen Leben in die Region, z. B. mit dem Yeats Festival in Sligo im Juli und August sowie mit verschiedenen kleineren traditionellen Musikevents in anderen Orten. Meistens ist das Wetter mild.

Highlights

1 **Dun Briste** (S. 454)
Über die tosende See auf diesen grandiosen Kliffpfeiler blicken, der 1393 durch einen gewaltigen Sturm aus dem Festland herausgelöst wurde.

2 **Croagh Patrick** (S. 442)
Auf den Spuren des hl. Patrick diesen Gipfel erklimmen.

3 **Lackan Strand** (S. 454)
Einen wunderschönen Strand erkunden.

4 **Carrowkeel Megalithic Cemetery** (S. 466) Inmitten prähistorischer Steinhügel und Dolinen eine uralte Energie verspüren und wundervolle Ausblicke genießen.

5 Doolough Valley (S. 438) Durch eine einsame Landschaft von karger Schönheit wandern.

6 Great Western Greenway (S. 444) Auf der beliebten Strecke von Westport nach Achill Island radeln.

7 Caves of Keash (S. 467) Hoch zu den uralten Kalksteinhöhlen kraxeln und die Aussicht genießen.

COUNTY MAYO

Mayo lockt mit seiner wilden Schönheit und betörenden Landschaften. Da trotzdem nur wenige Touristen herkommen, gibt's zahlreiche Gelegenheiten, kaum erschlossene Gegenden mit dem Auto, dem Fahrrad, zu Fuß oder auf dem Pferderücken zu erkunden. Das Leben in der Grafschaft war niemals leicht, man denke nur an die verheerende Große Hungersnot (1845–1851), die zur Massenauswanderung führte. Aus diesem Grund reichen die Wurzeln vieler Menschen mit irischen Vorfahren, die heute in der ganzen Welt verteilt leben, in dieses einst so geplagte County zurück.

Cong

190 EW.

Cong erstreckt sich auf einem schmalen Landstreifen zwischen dem Lough Corrib und dem Lough Mask und entspricht bis ins Detail den romantischen Vorstellungen eines traditionellen irischen Dorfes. Seit hier 1951 der Film *Der Sieger* gedreht wurde, scheint die Zeit den Rückwärtsgang eingelegt zu haben. Gegenüber der Touristeninformation befindet sich eine Statue von Sean Thornton (John Wayne) und Mary Kate Danaher (Maureen O'Hara).

Die Waldwege zwischen der schönen alten Abtei und dem stattlichen Ashford Castle bieten eine Erholung von den Besuchermassen. Wer weitergeht, kommt in eine Gegend voller Kalksteinhöhlen, die allesamt mit einer schillernden Legende verknüpft sind. Auf dem Weg nach Cong sollte man in Ballinarobe nach der kargen dachlosen Kirche mit Turm Ausschau halten. Von Cong führt außerdem eine wunderschöne Autostrecke in einer reizvollen Schleife um den Lough Mask.

Sehenswertes

Ashford Castle Estate HISTORISCHE STÄTTE

(☎094-954 6003; www.ashfordcastle.com; Gelände Erw./Kind 10/5 €; ⊙Gelände 9 Uhr–Sonnenuntergang) Hinter der Cong Abbey endet das Dorf abrupt an den Wäldern des Ashford Castle. 1228 wurde die Burg als Sitz der Familie de Burgo errichtet. Zwischenzeitlich residierte hier auch der Guinness-Clan – das nach der Familie benannte Bier ist heute wohl jedem ein Begriff. Arthur Guinness baute die Festung zu einem bis heute erhaltenen Jagdschloss um. Die aufwendig restaurierten Säle bekommt nur zu sehen, wer hier zu Abend isst (S. 438), doch das Gelände rund um das Haus steht allen Besuchern offen.

Es ist ein Vergnügen, den 140 ha großen Park mit seinen Wäldern, Bächen und einem Golfkurs zu erkunden. Ein Wanderweg durch die Kinlough Woods führt vom Golfplatz zum Ufer des **Lough Corrib**. Ein weiterer Pfad verläuft am Flussufer entlang zum Angelhaus der Mönche neben der Cong Abbey. Manchmal ist das Anwesen wegen privater Veranstaltungen gesperrt.

Cong Abbey HISTORISCHE STÄTTE

(☎094-954 6542; Abbey St; ⊙Sonnenauf- bis Sonnenuntergang) GRATIS Mit ihren jahrhundertelang den Elementen ausgesetzten Mauern ist die Augustinerabtei (Mainistir Chonga) aus dem 12. Jh. ein sinnträchtiges Zeugnis aus der großen Zeit der Kirchen. Eine Reihe schöner Steinmetzarbeiten hat die Zeit überdauert, darunter ein Portal, einige Fenster, hübsche mittelalterliche Bögen und die Ruine des Kreuzgangs.

Turlough Mór O'Connor, Großkönig von Irland und König von Connaught, ließ das Kloster 1135 am ehemaligen Standort einer Kirche aus dem 7. Jh. erbauen, die bei Kämpfen zerstört worden war. Die Abtei des 12. Jhs. wurde später vom normannischen Ritter William de Burgh angegriffen und im frühen 13. Jh. wieder aufgebaut – von diesem Bau stammen die heutigen Ruinen. Im Kapitelsaal des Gebäudes versammelte sich einst die Gemeinde, um dort öffentlich ihre Sünden zu beichten. Von der Abtei führt ein mit bemoosten Bäumen umstandener Pfad zum Fluss hinunter. Hier befindet sich der interessanteste Teil der Anlage, das winzige, dachlose **Angelhaus der Mönche** GRATIS aus dem 16. Jh. Es wurde bei der Brücke mitten über dem Fluss errichtet.

Auf der anderen Seite der Brücke bieten sich im Wald allerlei Wandermöglichkeiten.

Pigeonhole Cave HÖHLE

(bei Cong) Diese Höhle in einem Kiefernwald 1,5 km südlich von Cong erreicht man über einen ausgeschilderten Rundweg von der Abtei. Steile, rutschige Stufen führen in die Höhle hinab, in der während des Winters ein unterirdischer Wasserlauf plätschert. Mit etwas Glück entdeckt man vielleicht die weiße Forelle von Cong – eigentlich eine Frau, die sich in einen Fisch verwandelte, um bei ihrem ertrunkenen Liebsten zu sein.

Quiet Man Museum MUSEUM

(☎094-954 6089; Circular Rd; Erw./Kind 5/4 €, Führung 15 €; ⊙April–Okt. 10–16 Uhr) Das Mu-

DER ERSTE BOYKOTT

Der Ausdruck „Boykott" entstand bei einer Auseinandersetzung in dem Dörfchen Neale. 1880 zog die Irish Land League Arbeiter von den Ländereien des Großgrundbesitzers Lord Erne ab, um für sie eine faire Pacht und bessere Lebensbedingungen durchzusetzen. Als der Verwalter des Lords, Captain Charles Cunningham Boycott, daraufhin die Streikenden verjagte, startete die örtliche Bevölkerung eine Kampagne gegen ihn. Die Bauern weigerten sich nicht nur weiterzuarbeiten, sondern sprachen auch nicht mehr mit Boycott, verweigerten ihm jeglichen Dienst und wollten nicht mehr neben ihm in der Kirche sitzen. Sogar Londoner Zeitungen wurden auf diese Ereignisse aufmerksam, und bald war der Name des Verwalters ein Synonym für organisierte gewaltfreie Proteste. Einige Monate später floh Boycott aus Irland.

seum, das nach dem Modell von Sean Thorntons White O'Morn Cottage aus dem Film *Der Sieger* errichtet wurde, bietet eine Führung zu den Drehorten für Filmfans sowie für alle mit einer postmodernen Faszination für die Vermischung von Realität und Fiktion.

Aktivitäten

Corrib Cruises BOOTSTOUREN

(☎ 087 283 0799; www.corribcruises.com; Lisloughery Pier; Erw./Kind 20/10 €) Vom Pier am Ashford Castle starten Bootsausflüge auf dem Lough Corrib, darunter eine tägliche historische Rundfahrt (1¼ Std.) um 11 Uhr. Von Juni bis Oktober beginnt immer um 14.45 Uhr eine zweistündige Inseltour nach Inchagoill in der Mitte des Sees mit den Ruinen eines Klosters aus dem 5. Jh. Darüber hinaus gibt's Exkursionen von/nach Oughterard im County Galway.

Ashford Outdoors KAJAKFAHREN

(☎ 094-954 6507; www.ashfordoutdoors.com; Ashford Castle; geführte Touren ab 50 €, Leihfahrräder ab 40 € pro Tag) Bei den Touren mit Fahrrädern, Kajaks, auf Pferden und Ponys kann man am Ufer des Lough Corrib entlangradeln, -reiten und umherpaddeln.

Lakeshore Angling Centre ANGELN

(☎ 094-954 1389; www.lakeshoreholidays.com) Bietet Dienstleistungen für Fluss- und Seeangler, vom Anfänger bis zum Profi, außerdem andere Aktivitäten, wie Wandern, Reiten, Mountainbiken und Wassersport.

Schlafen

Nymphsfield House B&B €

(☎ 094-954 6320; www.nymphsfieldhouse.com; R345, Gortaroe; EZ 40–45 €, DZ 60–65 €; 📶) Das familiengeführte B&B gleich nordöstlich von Cong (ein netter 10-minütiger, 1 km langer Spaziergang) in der Nähe mehrerer guter B&Bs ist eine gute Wahl. Es gibt einen Lagerplatz für die Angelausrüstung und einen gemütlichen Frühstücksbereich, und die freundlichen Gastgeber kümmern sich ausgesprochen gut um ihre Gäste.

Cong Hostel HOSTEL €

(☎ 094-954 6089; www.quietman-cong.com; Quay Rd, Lisloughrey; Stellplätze ab 10 € pro Pers., B 17–20 €, DZ 50 €; 📶) Das gut geführte Hotel, das mit dem IHH-Verbund verbandelt ist, hat einen eigenen Vorführraum für *Der Sieger (The Quiet Man)*, der hier *jeden* Abend in einem Kleinkino gezeigt wird. In den Schlafsälen stehen vier bis 14 Betten. Auf dem angrenzenden Campingplatz befindet sich ein Angelverleih.

★ **Michaeleen's Manor** B&B €€

(☎ 094-954 6089; www.congbb.com; Quay Rd, Lisloughrey; EZ/DZ ab 60/80 €; 📶) Dieses große Gebäude im traditionellen Stil ist so etwas wie ein Schrein für *Der Sieger*. Jedes der zwölf sauberen Zimmer trägt den Namen einer der Filmfiguren und ist mit Erinnerungsstücken sowie Zitaten dekoriert. Im üppigen Garten steht eine Brunnennachbildung von Galways Brücke aus dem Blockbuster. Michaeleen's Manor liegt 2 km östlich von Cong.

Ryan's Hotel HOTEL €€

(☎ 094-954 6243; www.ryanshotelcong.ie; Main St; EZ ab 80 €, DZ 110–120 €, jeweils mit Frühstück; 📶) Das Haus mit bordeauxroter Fassade direkt im Zentrum von Cong verfügt über zwölf schicke Zimmer mit Bad und Haartrocknern sowie über Waschmaschinen für die Gäste.

Ashford Castle HOTEL €€€

(☎ 094-954 6003; www.ashford.ie; Cong; Neben-/Hochsaison Zi. ab 285/595 €; 📶) Im Ashford Castle findet man die Eleganz der alten Welt sowie 83 exquisite Zimmer und einen persönlichen Service. Die Unterkunft gehört zu den mit Abstand elegantesten Hotels in Irland – hier war einst die Familie Guinness zuhause. Auch wer nicht hier übernachtet, kann sich ein Abendessen (ab 70 €) im **George V. Dining Room** gönnen (schick anziehen!). Auf dem gleichnamigen Anwesen sind viele Aktivitäten möglich, es gibt z. B. eine Falknerei.

Die Burg verfügt außerdem über ein hypermodernes Spa.

Lodge at Ashford Castle HOTEL €€€

(☎ 094-954 5400; www.thelodgeac.com; The Quay; Zi. ab 240 €; 📶) Die Lodge auf dem Gelände des Ashford Castle Estate wurde in den 1820er-Jahren von den Besitzern des Ashford Castle errichtet. Sie besticht mit kräftigen, modernen Farben und gilt als gute Alternative zum Ashford Castle (S. 436). Alle 50 Zimmer und Suiten sind üppig ausgestattet, einige sogar mit Kupferbadewannen.

Essen & Ausgehen

★ Hungry Monk CAFÉ €

(Abbey St; Hauptgerichte 6–14 €; ⏲ März–Nov. Di–Sa 10–17 Uhr; 📶) An grauen Tagen ist das bunte, einfache Café mit den nicht zueinander passenden Möbeln und dem herzlichen Empfang ein wunderbares Refugium. Für die großartigen Sandwiches, Suppen und Salate werden regionale Zutaten verwendet. Die köstlichen Kuchen stammen alle aus eigener Herstellung und der Kaffee schmeckt hervorragend.

Fennel Seed Restaurant IRISCH €€

(☎ 094-954 6243, 094-954 6004; www.ryanshotelcong.ie; Main St, Ryan's Hotel; Bargerichte 12–21 €, Hauptgerichte 15–25 €; ⏲ Mo–Sa 18–21, So 13–19 Uhr) Denis Lenihans kulinarisches Talent genießt weithin einen guten Ruf. Die Spezialität des Hauses, rauchig gebackene Pastete, gefüllt mit Forelle, Lachs, Makrele und Schellfisch, sollte man sich nicht entgehen lassen. Im angrenzenden **Crowe's Nest Pub** wird bis 19 Uhr Essen serviert.

★ Wilde's at the Lodge MODERN IRISCH €€€

(☎ 094-954 5400; www.thelodgeac.com; The Quay, Lisloughrey Lodge; Menü 55 €, Probiermenü 60 €; ⏲ März–Okt. tgl. 18.30–21, So auch 13–15.30 Uhr, Nov.–Feb. Do–So 18.30–21, So auch 13–15.30 Uhr; 📶) Küchenchef Jonathan Keane und sein Team sammeln selbst die Muscheln, Kräuter und Blumen, die in diesem noblen Restaurant auf dem riesigen Gelände von Ashford Castle gelegen die Gerichte dekorieren. Das Fleisch und alle anderen Zutaten auf der wechselnden Karte stammen von lokalen Biobauernhöfen. Viele Speisen werden auch als kleine Probierteller angeboten. Der Name des Restaurants bezieht sich auf Sir William Wilde (den Vater von Oscar Wilde), dem es am Lough gefiel.

Pat Cohan's PUB

(Abbey St; ⏲ 12–23 Uhr) Ein denkwürdiges Bespiel, wie aus Fiktion Realität wird: Für *Der Sieger* wurde dieser ehemalige Lebensmittelladen zum Pub aus dem Film umfunktioniert. Und da die Beliebtheit des Streifens stetig steigt, ist das Pat Cohan's inzwischen tatsächlich zu *dem* Pub geworden.

ℹ Praktische Informationen

Die **Touristeninformation** (☎ 094-954 6542; www.congtourism.com; Abbey St; ⏲ März–Sept. tgl. 10–13 & 14–17.30 Uhr, Okt. & Nov. Fr & Sa) ist im alten Gerichtsgebäude gegenüber der Cong Abbey untergebracht. Der nächste Geldautomat befindet sich 5 km westlich in Clonbur.

ℹ An- & Weiterreise

Von Montag bis Samstag fahren täglich drei Busse von **Bus Éireann** (www.buseireann.ie; Main St) nach Galway (13,60 €, 55 Min.) und einer nach Westport 13,20 €, 50 Min.).

Doolough Valley

Die R335 von Leenane im County Galway nach Westport ist eine der landschaftlich schönsten Strecken in Irland. Das einsame Doolough Valley hat kaum Veränderungen durch Häuser, Torfstich oder auch nur Steinmauern erfahren. Hier gehen die steilen Hänge der Berge rund um das Tal in das stahlgraue Wasser des Doo Lough über und Schafe weiden friedlich auf den Hügeln – manchmal machen sie es sich aber auch mitten auf der Straße gemütlich.

Dies ist außerdem einer der geschichtsträchtigsten Orte Irlands: Im Jahr 1849 war die Strecke Schauplatz der Doolough-Tragödie.

Am besten befährt man die Straße an einem trockenen und klaren Tag, denn Regenvorhänge können die herrliche Aussicht verderben. Wer genug Zeit hat, unternimmt auf den Nebenstrecken im Norden und Westen des Tals eine Wanderung zu herrlichen, oft menschenleeren Stränden.

DIE TRAGÖDIE VON DOOLOUGH

An die Tragödie von Doolough, die selbst an sonnigen Tagen noch immer einen dunklen Schatten auf diese grandiose Landschaft wirft, erinnert heute ein düsteres Gedenkkreuz im Doolough Valley.

Am 30. März 1849, mitten während der Großen Hungersnot, machten sich Hunderte von ausgemergelten Männern, Frauen und Kindern von Louisburgh zur Delphi Lodge auf den Weg: Sie hatten gehört, dass sie hier behördlich erfasst werden sollten, um Unterstützung zu erhalten. Die Erfassung fand am nächsten Tag statt, doch es gab bei der Ankunft keinerlei Verpflegung für sie, sodass sie sich auf den langen Weg zurück nach Louisburgh machten. Es war bitterkalt und die Menschen waren so unterernährt und schwach, dass der 25 km lange Fußmarsch seinen Tribut forderte und viele Menschen starben. Die Toten blieben am Rand des Wegs zurück, einige von ihnen – so wurde berichtet – auf der verzweifelten Suche nach Nahrung mit ihrem Mund voll Gras.

Jedes Jahr wird mit dem Famine Walk von Delphi nach Louisburgh an diese Tragödie erinnert.

Delphi

Geografisch gesehen befindet sich dieser Streifen hügeligen Moorgebiets, der sich entlang der spektakulären R335 erstreckt, gerade noch im County Mayo. Die nächste nennenswerte Siedlung ist kilometerweit entfernt, sodass sich die Gegend hier wunderbar zum Relaxen und Fotografieren eignet.

Ihren eigentümlichen Namen erhielt die südliche Spitze des Doolough Valley von einem berühmten Bewohner, dem zweiten Marquis von Sligo. Dieser war der Meinung, sie gleiche der Umgebung des griechischen Delphi. Wer die Ähnlichkeit erkennt, hat unserer Meinung nach allerdings eine überdurchschnittlich rege Fantasie. Dennoch ist die Schönheit der kleinen Flüsse bemerkenswert, die vor der Kulisse steiler sonnen- und wolkengesprenkelter Hänge durch die hügelige Landschaft plätschern.

Schlafen

Delphi Resort LODGE €€
(095-42208; www.delphiadventureresort.com; abseits der R335; B 19–50 €, DZ ab 88 €; P @) Der Mehrzweckbau aus rauem Stein und honigfarbenem Holz verfügt über Standard-Gästezimmer, größere Suiten – einige davon mit großer Holzterrasse – und einige wunderbare Loftzimmer mit erhöhten Schlafbereichen – und alle Zimmer kosten komischerweise dasselbe! Backpacker können in einem der sehr teuren Schlafsäle mit acht Betten und Bad nächtigen. Hauptgerichte kosten mittags 12–15 €, abends 15–28 €.

Bei den Wellnessanwendungen kommen handgesammelter Seetang und das Bergquellwasser vom eigenen Grundstück zum Einsatz. Außerdem gibt's hier ein gutes Café (095-42208; www.delphiadventureresort.com; Delphi Resort, abseits der R335; Hauptgerichte ab 5 €; 9.30–17.30 Uhr; WLAN).

Delphi Lodge RESORT €€€
(095-42222; www.delphilodge.ie; abseits der R335; EZ/DZ ab 140/230 €; @) Vor dem Hintergrund der Berge wirkt das wundervolle georgianische Herrenhaus, das der Marquis von Sligo in den 1830er-Jahren am Fin Lough – der mit dem Doo Lough durch den Owengar River verbunden ist – errichten ließ, regelrecht winzig. Das Landhotel mit zwölf Zimmern auf einem 405 ha großen Grundstück verfügt über eine schöne Inneneinrichtung, kredenzt köstliche Gerichte (Abendessen 60 €) und verströmt keinerlei überhebliches Ambiente. Gäste, die sich einfach nur entspannen möchten, zieht es ebenso hierher wie Angler (halber Tag mit einem Angellehrer 180 €).

Louisburgh

800 EW.

Louisburgh, das 1795 unter kuriosen Umständen gegründet wurde, dient als nördliches Tor zum Doolough Valley. Es besteht aus einem simplen Vier-Straßen-System namens „the Cross" und ist sozusagen ein lebendes Denkmal für einen Verwandten des ersten Marquis von Sligo, Lord Altamont (besser bekannt als John Browne), der 1758 in der Schlacht von Louisburgh im kanadischen Nova Scotia den Tod fand.

Neben dem hübschen Strand von Carrowmore gibt's in der Nähe auch tolle Surferstrände wie den Carrownisky Beach.

Westlich und südlich von Louisburgh durchzieht ein Netz enger, nicht beschilderter Straßen die schroffe Landschaft. An der Küste angekommen, erkennt man, dass sich die Fahrt gelohnt hat.

Sehenswertes & Aktivitäten

Granuaile Heritage Centre MUSEUM
(☎ 098-66341; www.granuaile.org; Church St; Erw./Kind 4/2 €; ⏰ Mo–Fr 10–17 Uhr) Hier erhält jeder einen kurzen, aber guten Einblick in das Leben und die Epoche von Grace O'Malley (Gráinne Ní Mháille or Granuaile; 1530–1603), der berüchtigten Piratenkönigin von Connaught (S. 441), sowie in die Zeit der Hungersnöte.

Surf Mayo SURFEN
(☎ 087 621 2508; www.surfmayo.com; Carrownisky Beach, Louisburgh; Kurse ab 30 €, Surfboard & Neoprenanzug 20 € pro Tag; ⏰ variieren) Surfkurse und -camps am Carrownisky Beach und Leihausrüstung, darunter Stehpaddelboards.

Mweelrea Holidays REITEN
(☎ 087-776 4385; www.mweelreaholidays.com; abseits der R378, Feenone; Reiten ab 30 €; ⏰ variieren) Ausritte durch die spektakuläre Landschaft oder am Strand entlang und geführte Wanderungen.

Schlafen & Essen

Ponderosa B&B €
(☎ 098-66440; www.ponderosamayo.com; Tooreen Rd; EZ/DZ ab 45/60 €; ⏰ April–Okt.; 📶) In einem modernen Bungalow 400 m östlich von Louisburgh mit einer langen Rasenfläche vorm Haus befindet sich dieses lila-weiße B&B mit drei Zimmern.

West View Hotel HOTEL €€
(☎ 098-23817; www.thewestviewhotel.ie; Chapel St; EZ/DZ ab 40/90 €; 📶) Das kleine Hotel mit hellen, farbenfrohen und gemütlichen Zimmern mitten im Ortszentrum ist in einem sehr modernen Stil gestaltet und verfügt über ein Restaurant. In der Bar gibt's an manchen Abenden traditionelle Livemusik.

Country Kitchen CAFÉ €€
(☎ 085-458 5415; Main St; Hauptgerichte ab 18 €; ⏰ tgl. 18–21 Uhr, im Winter Mi–Sa) Das charmante und kleine Café an der Main Street bietet ein begrenztes, aber vielfältiges Angebot an guter Meeresfrüchte- und Hausmannskost. Geboten werden u. a. hausgemachte Zwiebel-*bhajis*, Räuchermakrelencocktail, Rote-Bete-Burger, Meeresfrüchte-Linguini und verführerische Puddings. Das Café hat keinen Alkoholausschank, also selbst mitbringen (keine Korkgebühr)! Reservierung empfehlenswert.

Zur Zeit der Recherche hatte die Straße rauf gerade der zum Café gehörende Imbiss Good Grazing eröffnet.

Shoppen

Books@One BÜCHER
(☎ 087-608 1438; www.facebook.com/booksatone; Main St; ⏰ 10–18 Uhr) In der ausgezeichneten gemeinnützigen Buchhandlung können Bücherwürmer wunderbar herumstöbern. Der Laden dient außerdem als Café und geselliger Treff.

An- & Weiterreise

Bus Éireann (www.buseireann.ie; 8 €; ⏰ Mo–Sa) fährt einmal täglich nach/von Westport.

Clare Island

125 EW.

In der Clew Bay verteilen sich etwa 365 Inseln. Die größte von ihnen ist Clare Island (www.clareisland.info), 5 km vor der Küste an der Meeresmündung der Bucht gelegen. Vom felsigen Mt. Knockmore (461 m) beherrscht, führen auf dem bergigen Eiland Straßen und Wege durch eine abwechslungsreiche Landschaft – ideal zum Wandern und Klettern (keine Angst, hier verläuft man sich nicht). Einige sichere Sandstrände machen Lust aufs Schwimmen. Clare Island ist einer der wenigen Orte, an denen man noch *choughs* (Alpenkrähen) beobachten kann. Diese Vögel sehen wie Amseln aus, haben aber rote Schnäbel.

Auf der Insel befinden sich die windgepeitschten Überreste der um 1460 erbauten Zisterzienserabtei **Clare Island Abbey** (St. Brigid's Abbey) und von **Granuaile's Castle**. Beide Bauwerke werden mit der Piratenkönigin Grace O'Malley in Verbindung gebracht. Die Insel ist außerdem ein wunderbarer Ort, um sich von der Welt zurückzuziehen. Zu den vielen Wandertouren, die man auf eigene Faust unternehmen kann, gehören ein **archäologischer Spaziergang** und die Besteigung des 462 m hohen **Knockmore**, der mit spektakulärer Aussicht aufwartet.

DIE PIRATENKÖNIGIN

Grace O'Malleys (Gráinne Ní Mháille oder Granuaile, 1530–1603) Lebensgeschichte liest sich wie eine Abenteuerstory. Besagte Dame wurde zweimal Witwe und musste aufgrund von Piraterie ebenso oft ins Gefängnis. In den unruhigen Zeiten des 16. Jhs. war sie weithin gefürchtet.

Ihr unorthodoxes Leben scheint für Legenden und Mythen wie geschaffen. Hunderte Geschichten bezeugen ihre Tapferkeit, ihr Können sowie ihre unnachgiebige Entschlossenheit bei der Verteidigung ihrer Angehörigen gegen alle Feinde, von rivalisierenden Stammesführern bis zur englischen Armee.

Grace wuchs in einer mächtigen Seefahrerfamilie auf, die den größten Teil der Küste Mayos kontrollierte und internationalen Handel betrieb. Das eigenwillige Mädchen entschied sich schnell, im Familienbetrieb mitzumischen. Laut der Legende fragte es seinen Vater bereits in jungen Jahren, ob es ihn auf einer Reise nach Spanien begleiten könne. Dieser lehnte die Bitte mit der Begründung ab, dass die Seefahrt nichts für Mädchen sei. Ohne zu zögern, schnitt sich Grace ihre Haare ab, zog Jungenkleider an, kehrte zum Schiff zurück und verkündete, sie sei bereit loszusegeln. Ihre Familie gab ihr daraufhin den Spitznamen Gráinne Mhaol (ausgesprochen „gron-je u-eyl", „kahle Grace"), den sie zeit ihres Lebens behielt.

Ehefrau & Piratin

Im Alter von 15 Jahren wurde Grace mit Donal O'Flaherty, einem missgelaunten örtlichen Stammesführer, verheiratet. Der intelligenten jungen Frau gelang es jedoch schnell, ihren Mann in Politik und Handel zu überflügeln. In Galway, einem der größten Häfen der Britischen Inseln, wurden die O'Flahertys mit einem Handelsverbot belegt. Grace umging dies, indem sie Frachtschiffe auf dem Weg zum Hafen aufhielt und für die sichere Durchfahrt eine Bezahlung verlangte. Wenn der Kapitän sich weigerte, plünderte sie das Schiff.

Nach dem Tod ihres Mannes ließ sie sich auf Clare Island nieder, trieb sich für Raubzüge aber weiterhin an den irischen und schottischen Küsten herum. In der Nähe ihrer Heimat war Rockfleet der einzige Teil der Clew Bay, der noch nicht unter ihrer Kontrolle war, deshalb heiratete Grace 1566 Richard an-Iarrain, um sich dessen **Burg** (S. 447) zu sichern. Die Ehe hatte einige Höhen und Tiefen (u. a. deshalb, weil Grace versuchte ihren Gatten loszuwerden, nachdem sie die Kontrolle über die Festung hatte), dennoch blieben sie zusammen, bis Richard 17 Jahre später starb.

In den 1570er-Jahren war die Nachricht von Graces unverfrorener Piraterie bis zu den Engländern vorgedrungen und es gab viele Versuche, sie gefangen zu nehmen. Schließlich wurde sie nach London einbestellt, wo Elizabeth I. sie begnadigte und ihr einen Titel anbot. Sie lehnte ab und sagte, sie sei bereits Königin von Connaught.

1603 starb Grace O'Malley und wurde vermutlich in der **Abtei** auf Clare Island beerdigt.

Schlafen

★ Go Explore Hostel HOSTEL €
(☎ 087 410 8706, 098-26307; www.goexplorehostel.ie; B unter der Woche/Wochenende 20/24 €; ⏱ Ostern–Okt.; 📶) Ein tolles Hostel mit großen Fenstern und Terrasse mit Blick aufs Wasser. Es verfügt über Vintage-Gemeinschaftsbereiche mit einem großen Kamin aus den 1840er-Jahren. Das hauseigene Pub zieht mit gutem Bier, guter Küche (Hauptgerichte 8–15 €) und häufiger Livemusik Besucher von der gesamten Insel an. Zudem werden hier Abenteueraktivitäten und Kurse aller Art organisiert.

In den windigen Wintermonaten werden nur Gruppen aufgenommen.

O'Grady's B&B €€
(☎ 098-22991; www.clareisland.ie/ogradys-guest-accommodation; EZ/DZ ab 60/80 €; ⏱ April–Sept.; 📶) Sechs Zimmer in einem gemütlichen B&B mit Schieferdach unweit des Piers. Wenn es regnet, kann man es sich am Holzofen bequem machen.

Macalla Farm PENSION €€€
(☎ 087 250 4845; www.macallafarm.ie; 3-tägiger Aufenthalt ab 480 €) Diese wunderbar mit Blick über die Insel gelegene Pension bietet

das ganze Jahr über Retreats und Kurse für Yoga, Achtsamkeit, natürliche Ernährung, Reiten und mehr an. Das Essen ist vegetarisch und wird mit Bioprodukten zubereitet. Es kann auch gezeltet werden (20 € billiger). Das WLAN kann launisch sein.

An- & Weiterreise

Am Roonagh Quay, 8 km westlich von Louisburgh, starten im Juli und August täglich etwa zehn Fähren von **Clare Island Ferries** (098-23737, 086 851 5003; www.clareislandferry.com; Erw./Kind hin & zurück 17/8 €) und **O'Malley Ferries** (086 887 0814, 098-25045; www.omalleyferries.com; Erw./Kind hin & zurück 15/8 €) nach Clare Island, das restliche Jahr über sind es jeweils nur zwei bis vier. Die Fahrt dauert 10 Minuten.

In der Regel kann man am Pier und in den Unterkünften Fahrräder (ca. 15 € pro Tag) ausleihen. Es gibt auch Taxis.

Inishturk Island

100 EW.

Die eindrucksvoll zerklüftete Insel Inishturk (www.inishturkisland.com) liegt 12 km vor der Westküste Mayos. Nur wenige Menschen leben hier und auch Fremde verirren sich kaum hierher. Immerhin gibt's auf der Ostseite zwei Sandstrände, beeindruckende Klippen sowie eine herrliche Flora und Fauna. Auch für Wanderer hält die Hügellandschaft einiges bereit. Auf Streifzügen über die labyrinthischen Straßen macht man sich am besten mit dem Inselleben vertraut.

Für Übernachtungsgäste gibt's Pensionen auf der Insel, darunter das empfehlenswerte **Teach Abhainn** (098-45510; teachabhainn@hotmail.com; EZ/DZ ab 40/70 €; April–Okt.;) etwa 1,5 km westlich des Hafens.

Essen gibt's im Teach Abhainn und im **Community Club** südlich des Piers.

Fähren von **O'Malley Ferries** (098-25045; www.omalleyferries.com) verkehren ein- bis zweimal täglich ab dem Roonagh Quay in der Nähe von Louisburgh hierher (Erw./Kind hin & zurück 8/5 €).

Croagh Patrick

Der hl. Patrick hätte sich kein besseres Ziel für seine Pilgerreise aussuchen können als diesen konisch geformten Berg (auch „the Reek" genannt). An klaren Tagen wird der anstrengende zweistündige Aufstieg mit einer Aussicht auf die vielen Inseln der Clew Bay belohnt.

Auf dem Croagh Patrick fastete Irlands Schutzheiliger 40 Tage und Nächte lang und vertrieb dabei angeblich giftige Schlangen. Tausende von Pilgern betrachten das Besteigen des 772 m hohen heiligen Bergs am letzten Sonntag im Juli, dem Reek Sunday, als einen Akt der Sühne. Die wahren Büßer kämpfen sich über den Tóchar Phádraig (Patrick's Causeway), eine 40 km lange Strecke, die an der Ballintubber Abbey beginnt, und bezwingen den Berg barfuß. Die Besteigung wird bei Wanderern und Bergläufern immer beliebter und so ist die Erosion der Pfade zu einem Problem geworden, doch bisher hat noch niemand die Verantwortung für Verbesserungen übernommen.

Am Beginn des Wegs auf den Berg befindet sich ein Parkplatz.

Der **Hauptwanderweg** führt vom Parkplatz in Murrisk auf den Berg. Er ist steil und teilweise steinig, aber in einem kleinen Café kann man für 3 € Wanderstöcke ausleihen. Bei durchschnittlichem Tempo benötigt man hin und zurück drei bis vier Stunden. An sonnigen Wochenenden wird es voll. Auf dem Gipfel befinden sich eine weiß gekalkte **Kirche** aus dem Jahre 1905 und der **Brunnen einer Kapelle** aus dem 9. Jh. Die Aussicht ist fantastisch.

National Famine Memorial DENKMAL

Beim Anblick des National Famine Memorial gegenüber dem Parkplatz läuft es einem eiskalt über den Rücken: Es handelt sich um die Skulptur eines von Skeletten umgebenen Geisterschiffes mit drei Masten, das an die vielen Todesopfer der sogenannten *coffin ships* (Sargschiffe) erinnert, auf denen während der Hungersnot (1845–1851) zahlreiche Menschen ihrer elenden Lage zu entkommen versuchten.

Westport

5600 EW.

Westport ist ein fotogenes georgianisches Städtchen mit von Bäumen gesäumten Straßen, einer Einkaufsmeile am Fluss und einer tollen Atmosphäre. Selbst im tiefsten Winter geht's hier lebhaft zu. Dank des ausgezeichneten Angebots an Unterkünften, Restaurants und der für ihre Livemusik bekannten Pubs erfreut sich der Ort riesiger Beliebtheit, hat dem Tourismus aber nicht seine Seele verkauft. Er ist Mayos Zentrum des Nachtlebens und seine zentrale Lage macht ihn zu einem netten Ausgangspunkt für die Erkundung des Countys.

Westport

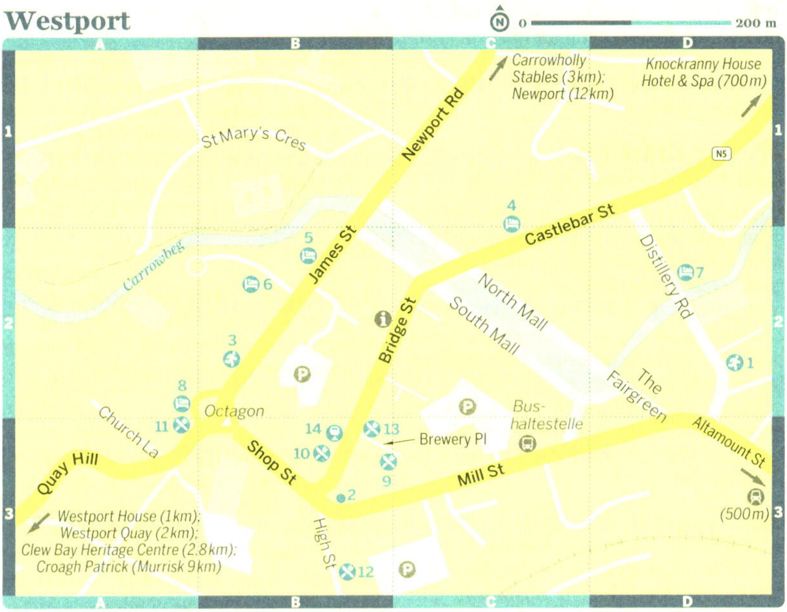

Westport

Aktivitäten, Kurse & Touren
1 Clew Bay Bike Hire ... D2
2 Guided Walks of Historic Westport ... B3
3 Westport Bikes 4 Hire ... B2

Schlafen
4 Castlecourt Hotel ... C1
5 Clew Bay Hotel ... B2
6 Old Mill Holiday Hostel ... B2
7 St. Anthony's Riverside B&B ... D2
8 Wyatt Hotel ... A2

Essen
9 An Port Mór ... B3
10 McCormack's at the Andrew Stone Gallery ... B3
11 Pantry & Corkscrew ... A3
12 Sage ... B3
13 Sol Rio ... B3

Ausgehen & Nachtleben
14 Matt Molloy's ... B3

Sehenswertes

Der **Westport Quay**, der malerische Hafen der Stadt, liegt in der Clew Bay, 2 km westlich des Zentrums. Er beherbergt mehrere Läden und Cafés. Als Wahrzeichen der Stadt gilt das **Octogon**, das von einer dorischen Säule verschönert wird.

Westport House HISTORISCHES GEBÄUDE
(098-27766; www.westporthouse.ie; Quay Rd; Erw./Kind nur Haus 13/6,50 €, Haus & Piraten-Abenteuerpark 21/16,50 €; Juni–Aug. 10–18 Uhr, März–Mai & Sept.–Nov. 10–16 Uhr, Dez. unterschiedliche Öffnungszeiten, Jan. & Feb. geschl.;) Diese charmante georgianische Villa 2 km westlich des Zentrums wurde 1730 auf den Überresten von Grace O'Malleys Burg aus dem 16. Jh. errichtet. Von der ursprünglichen Einrichtung blieb vieles erhalten, darüber hinaus sind einige der großartigen Zimmer komplett stilecht dekoriert. Rund um das Gebäude erstreckt sich ein wunderbar idyllischer Garten, allerdings leidet der Gesamteindruck unter der Kommerzialisierung. Kinder werden vom **Pirate Adventure Park** mit einem schaukelnden Piratenschiff, einem „Piraten"-Spielplatz, einer aufregenden achterbahnartigen Wasserrutsche (Erw./Kind 10/5 €) und einer Raubtiervogelschau (Erw./Kind 10/7 €) begeistert sein.

Clew Bay Heritage Centre MUSEUM
(www.westportheritage.com; The Quay; Erw./Kind 3 €/frei; Juni & Sept. Mo–Fr 10–17 Uhr, Juli & Aug. Mo–Fr 10–17, So 15–17 Uhr, Okt.–Mai Mo–Fr

10.30–14 Uhr) In diesem steinernen Gebäude aus dem 19. Jh. erfährt man mehr über die Geschichte, die Bräuche und Traditionen von Westport und Clew Bay. Es liegt 2 km westlich der Stadt.

Aktivitäten & Geführte Touren

Die Gegend rund um Westport eignet sich prima zum Radfahren, denn hier locken sowohl sanfte Küstenwege als auch schwierigere Bergstrecken. Der beliebte Great Western Greenway (S. 444), ein 42 km langer Fahrradweg zwischen Westport und Achill, beginnt 500 m hinter dem Ortszentrum nahe der N59.

In der Touristeninfo (S. 446) gibt's eine ausgezeichnete Broschüre mit den Einzelheiten zu Wanderungen in der Gegend für jedes Niveau.

★ Clew Bay Bike Hire RADFAHREN
(☎ 098-24818; www.clewbaybikehire.ie; Distillery Rd; Leihfahrrad ab 15 € pro Tag, Transfer ab 7,50 €; ⏲ 9–18 Uhr) Erteilt Auskünfte über Routen in der Gegend und hat am Westport Quay und am Great Western Greenway in Newport, Mulranny und Achill Läden. Man kann den Ausflug an jedem dieser Orte beginnen bzw. beenden und sich auch zu Beginn der Wanderung absetzen oder am Ende von einem Shuttle abholen lassen.

Im Sommer besteht am Old Head Beach außerdem die Möglichkeit, Kajaks (20 € pro Std.) auszuleihen und sich einer Paddeltour in der Bucht (Halbtagestour 60 € pro Pers., mind. 4 Pers.; Privattour 130 € pro Pers.) anzuschließen. Dazu veranstaltet Clew Bay Bike Hire auch Touren durch die Umgebung.

★ Guided Walks of Historic Westport WANDERUNGEN
(☎ 098-26852; www.westportheritage.com; Bridge St; Erw./Kind 5 €/frei; ⏲ Juli & Aug. Mi 11 Uhr) Örtliche Historiker leiten 90-minütige Rundgänge durch Westport.

Westport Bikes 4 Hire RADFAHREN
(☎ 086 088 0882; www.westportbikes4hire.com; James St; Fahrradverleih Erw./Kind ab 15/10 € pro Tag, Transferservice erhältlich; ⏲ 9–18 Uhr) Verleiht Fahrräder aller Art, u. a. Tandems, Elektroräder und Mountainbikes für Kinder. Auf Wunsch wird man zu jeder beliebigen Stelle am Great Western Greenway gebracht bzw. von dort abgeholt.

Carrowholly Stables REITEN
(☎ 098-27057; www.carrowholly-stables.com; abseits der N59, Carrowholly; Strandausritte Erw./Kind ab 30/25 €) Geführte Ausritte auf Pferden und Ponys am Strand und über Wege

NICHT VERSÄUMEN

DER GREAT WESTERN GREENWAY

Der 42 km lange Great Western Greenway (www.greenway.ie), ein wunderbarer Wanderweg entlang der alten Bahnstrecke der Westport–Achill Railway, welche von 1894 bis 1937 verkehrte, ist ein guter Grund für einen Zwischenstopp in diesem Teil von Mayo. Er führt durch herrliche ländliche Gegenden und Küstengebiete und besteht aus drei Hauptabschnitten, die alle ohne größere Anstrengung zu bewältigen sind.

Von Westport bis Newport 500 m nördlich von Westports Zentrum beginnt an der N59 der 11 km lange Abschnitt durch hübsche grüne Landschaft. Er endet 2 km vor Newport, ebenfalls an der N59. Dies ist der leichteste Teil des Wanderpfades.

Von Newport bis Mulranny Der größten Beliebtheit erfreut sich dieser 18 km lange Abschnitt. Er führt nah an vielen Sehenswürdigkeiten in der Clew Bay vorbei. Der Ausgangspunkt befindet sich unweit der N59 im Norden von Newport und das Ziel liegt direkt in Mulranny.

Von Mulranny bis Achill In Mulranny beginnt dieser 13 km lange Abschnitt, der 1,2 km vor Achill Island endet (auf vielen Touristenkarten ist der Weg bis ganz nach Achill Island eingezeichnet), danach geht's auf Straßen weiter. Die Strecke bietet immer wieder einen fantastischen Blick über das Wasser.

Am Greenway kann man ganz unkompliziert Fahrräder mieten. Zwei in Westport ansässige Firmen, **Clew Bay Bike Hire** (siehe oben) und **Westport Bikes 4 Hire** (siehe oben), warten mit einem praktischen Transferservice auf, sodass man dem Greenway in eine Richtung ganz oder auch teilweise folgen kann und dann abgeholt wird.

mit Blick auf die Clew Bay. Der empfehlenswerte Reitstall liegt 3 km nördlich des Ortszentrums unweit des Westport Golf Club.

Croagh Patrick Walking Holidays WANDERUNGEN
(☎098-26090; www.walkingguideireland.com; 7-tägige Wanderungen ab 800 €; ⏲April–Aug.) Zumeist siebentägige Wanderungen in der Landschaft rund um Westport, die sehr flexibel auf individuelle Wünsche zugeschnitten werden. Auch der Besuch von Stätten mit Verbindung zum hl. Patrick und/oder eines Strands sind möglich. Unterkunft, Frühstück und Mittagessen sind im Preis enthalten.

Clewbay Cruises BOOTSTOUREN
(☎087 606 6146; www.clewbaycruises.com; Westport Quay; Erw./Kind 20/10 €; ⏲Mai–Sept.) Auf den 90-minütigen Bootstouren genießt man einen herrlichen Blick auf die Clew Bay.

Schlafen

Westport ist Mayos Hauptstadt. Es gibt zwar B&Bs und Hotels im Überfluss, aber im Sommer und bei besonderen Veranstaltungen sind die Zimmer rar.

Old Mill Holiday Hostel HOSTEL €
(☎098-27045; www.oldmillhostel.com; abseits der James St; B ab 18 €; 📶) Zentrales, zur IHH gehörendes Hostel in einer umgebauten Steinmühle mit 58 Betten, die sich auf Zimmer mit vier bis zehn Schlafplätzen verteilen, sowie einladenden Gemeinschaftsbereichen, einer Küche und einem Wäscheraum.

★ **St. Anthony's Riverside B&B** B&B €€
(☎087-630 1550; www.st-anthonys.com; Distillery Rd; EZ ab 60 €, DZ 70–100 €; 📶) Auf der anderen Flussseite liegt dieses vornehme B&B hinter einer großen Hecke voller Vogelnester. Die Zimmer im Haupthaus und am Hof zeichnen sich durch klare Linien und beruhigende helle Farben aus. Die Bäder warten teils mit Whirlpools auf. Hervorragendes Frühstück.

Clew Bay Hotel HOTEL €€
(☎098-28088; www.clewbayhotel.com; James St; EZ/DZ ab 75/110 €; 📶) In dem familiengeführten Drei-Sterne-Hotel im Stadtzentrum warten 54 kleine, aber stilvolle Zimmer, teilweise mit Flussblick. Die Bäder und die Möbel sind erstklassig. Dank seiner modernen Variationen traditioneller Gerichte erfreut sich das moderne Pub großer Beliebtheit.

Wyatt Hotel HOTEL €€
(☎098-25027; www.wyatthotel.com; The Octagon; Zi. ab 90 €; 📶) Eine lokale Institution. Dieses sonnenblumengelbe ältere Hotel mit 63 Zimmern mitten im Ortszentrum verfügt über komfortable Standardzimmer und neu gestaltete Superior-Zimmer mit großen Betten, ebenerdigen Duschen sowie vielen Annehmlichkeiten.

Castlecourt Hotel HOTEL €€
(☎098-55088; www.castlecourthotel.ie; Castlebar St; EZ 75–130 €, DZ 90–200 €, jeweils mit Frühstück; @📶🏊) Die großen, gemütlichen Zimmer dieses modernen Hotels im Ortszentrum vereinen zeitgenössischen Stil und klassische Eleganz. Es gibt ein luxuriöses Spa und einen Felsenpool im Freien.

Knockranny House Hotel & Spa BOUTIQUE-HOTEL €€€
(☎098-28611; www.knockrannyhousehotel.ie; abseits der N5; Zi. 74–288 €; ❄@📶🏊) Offene Kamine sorgen in dem modernen, traditionell gestalteten Hotel für wohlige Wärme. Die 100 Zimmer und Suiten der Unterkunft – einige davon fallen sehr groß aus – sind mit üppigen klassischen Möbeln und viel Stil eingerichtet. Zu den weiteren Einrichtungen gehören ein Innenpool und ein Spa. Das Restaurant, **La Fougère**, ist für seine gute Weinkarte bekannt. Zum Zentrum Westports, das 1,5 km westlich liegt, sind es 15 Gehminuten.

Toll ist auch der Afternoon Tea (tgl. 14.30–17.30 Uhr) in der **Brehon Bar**.

Essen

In Westport gibt's jede Menge großartige Restaurants und Cafés, vor allem in der Bridge Street und den davon abgehenden Seitengassen. Im Sommer und an den Wochenenden sollte man abends in Restaurants reservieren.

McCormack's at the Andrew Stone Gallery MODERN IRISCH €
(Bridge St; Hauptgerichte 6–14 €; ⏲Mo, Di & Do–Sa 10.30–16.30 Uhr) Die familiengeführte Bäckerei mit einem Café, in dem Mittagessen serviert wird, besteht bereits seit Jahrzehnten und bietet hervorragendes Essen. Sie liegt neben einer Kunstgalerie und bezieht ihre Zutaten von den besten lokalen Erzeugern. Wer es eilig hat, kann sich auch einfach Scones mitnehmen. Ansonsten lässt

man sich zu einer Gemüsesuppe mit Mischbrot (4,25 €) nieder.

★ Pantry & Corkscrew MODERN IRISCH €€
(098-26977; www.thepantryandcorkscrew.com; The Octagon; Abendessen 16–23 €, 2/3 Gänge am frühen Abend 21,45/24,95 €; Mi–So 17–22 Uhr;) In diesem engen kleinen Laden mit türkisfarbener Fassade und jeder Menge Fotos drinnen schlägt das Herz von Mayos Slow-Food-Bewegung.

Die saisonal wechselnde Speisekarte zeugt von der raffinierten Küche. Viele Zutaten stammen von lokalen Erzeugern und Biohöfen. Gute Auswahl an vegetarischen Gerichten. Reservieren!

★ An Port Mór MODERN IRISCH €€
(098-26730; www.anportmor.com; 1 Brewery Pl; Hauptgerichte 15–30 €; Di–Sa 17–21.30 Uhr;) Das kleine Restaurant des Kochs und Besitzers Frankie Mallon, das sich in einer von der Bridge Street abgehenden Gasse versteckt, überzeugt auf ganzer Linie. Mehrere schmale Räume sorgen für Intimität. Hier gibt's exzellente Fleischgerichte und hochgelobte Meeresfrüchte (Tipp: die ausgezeichneten Clew-Bay-Jakobsmuscheln probieren!). Fast alle Zutaten sind aus der Region.

Idle Wall MODERN IRISCH €€
(098-50692; www.theidlewall.ie; Westport Quay; Hauptgerichte 18–25 €; Di–Sa 17.30–22 Uhr) In dem stimmungsvollen kleinen Lokal, dem wohl besten der Restaurants an Westports belebter Hafenmeile, kommen Fisch und Meeresfrüchte (Muscheln, Austern, Krabben, Kabeljau und mehr) frisch vom Boot auf den Teller. Die Köchin Áine Maguire kann man für ihre innovativen Variationen irischer Gerichte gar nicht hoch genug loben.

Sol Rio MEDITERRAN €€
(098-28944; www.solrio.ie; Bridge St; Hauptgerichte mittags 7–14 €, abends 13–20 €; Café 9–18 Uhr, Restaurant 12–15 & 18–22 Uhr;) Auf der umfangreichen Speisekarte stehen u. a. Pizza und Pasta sowie Biofleisch und Fisch. Sowohl das Café unten als auch das stilvollere Restaurant oben punkten mit sorgsam ausgewählten Zutaten und viel Liebe zum Detail.

Sage MODERN EUROPÄISCH €€
(098-56700; www.sagewestport.ie; 10 High St; Hauptgerichte 18–28 €, 2/3 Gänge am frühen Abend 22/25,50 €; 17.30–22 Uhr;) Sobald man durch die Tür dieses stilvollen Restaurants tritt, das von Shteryo Yurukov und Eva Ivanova sehr professionell geführt wird, umgibt einen wohlige Wärme. Im Einklang mit der örtlichen Tradition, nur Produkte aus der Region zu verwenden, offeriert das Sage saisonal wechselnde Menüs mit Fleisch- und Fischgerichten, oft italienisch beeinflusst.

Ausgehen & Nachtleben

In vielen Pubs wird allabendlich Livemusik geboten.

★ Matt Molloy's PUB
(098-26655; www.mattmolloy.com/new-blog/; Bridge St; Mo–Do 12.30–23.30, Fr & Sa bis 0.30, So bis 23 Uhr;) Matt Molloy, Querflötenspieler von den Chieftains, führt dieses Pub alter Schule.

Ab etwa 21 Uhr stehen im Hinterzimmer traditionelle *ceilidh*-Livemusik und Tanz auf dem Programm. Vielleicht gibt ein älterer Musiker aber auch spontan ein paar Klassiker zum Besten. Zum Angebot gehören auch tolle Biere aus Kleinbrauereien.

Shoppen

Wer durch das Zentrum von Westport schlendert, stößt auf zahlreiche kleine Boutiquen und erstaunlich viele Buchläden.

Custom House Studios KUNST
(098-28735; www.customhousestudios.ie; Westport Quay; Mo–Fr 10–17, Sa & So 13–16.30 Uhr) In dieser einladenden Galerie stellen örtliche Künstler ihre Arbeiten aus. Hier finden auch Sonderausstellungen statt.

Praktische Informationen

Mayos **Haupttouristeninformation** (098-25711; www.westporttourism.com; Bridge St; ganzjährig Mo–Fr 9–17.45 Uhr, Ostern–Okt. außerdem Sa 10–16 Uhr) bietet jede Menge Infos für Wanderer und Radfahrer.

An- & Weiterreise

Bus Éireann (S. 438) bietet u. a. Busse nach Galway (16,15 €, 2 Std., 5-mal tgl.); nach Sligo nimmt man einen Bus nach Knock, Charlestown (15,10 €, 1 Std.) oder Ballina (15,90 €, 70 Min.) und steigt dann um. Die Busse starten in der **Mill Street**.

Es gibt täglich fünf Züge nach Dublin (20 €, 3¼ Std.).

Newport

630 EW.

Newport ist ein malerisches Dorf aus dem 18. Jh. am gleichnamigen Fluss. Die Bahnstrecke Westport–Achill ist zwar seit 1937 nicht mehr in Betrieb, doch das markante Viadukt mit sieben Bogen aus dem Jahre 1892 zieht nach wie vor zahlreiche Wanderer und Radfahrer an.

Aus Newport bzw. einem mittlerweile verfallenen Haus am Drumgoney Lough (Leg O' Mutton Lake) vor den Toren des Orts stammt die Familie der Schauspielerin und ehemaligen Prinzessin von Monaco, Grace Kelly, was Fans aus aller Welt anlockt.

Der Bangor Trail endet hier, während der herrliche Great Western Greenway Richtung Westen ins 31 km von der früheren Bahnstrecke entfernte Achill führt.

Sehenswertes & Aktivitäten

Newport ist auch aufgrund seiner Lage am Fluss ein nettes Örtchen, doch die meisten interessanten Sehenswürdigkeiten liegen außerhalb.

Burrishoole Abbey HISTORISCHE STÄTTE
(abseits der N59; Sonnenauf- bis Sonnenuntergang) Aus der Ferne bietet die gespenstische Hülle dieses windgepeitschten Dominikanerklosters von 1470 nicht weit vom Wasser einen faszinierenden Anblick. Von Newport aus weist an der N59 Richtung Nordwesten und Achill Island ein Schild den Weg zu dieser atemberaubenden Abtei; den Parkplatz erreicht man nach 1 km.

Rockfleet Castle BURG
(Carrigahowley; abseits der N59; Sonnenauf- bis Sonnenuntergang) Der intakte Turm aus dem 15. Jh. abseits der N59 steht mit der „Piratenkönigin" Grace O'Malley (S. 441) in Verbindung: Diese heiratete ihren zweiten Mann, Richard an-Iarrain (mit dem beeindruckenden Spitznamen „Iron Dick" Burke), um das Bauwerk unter ihre Kontrolle zu bringen. Wie sie von hier einen Angriff der Engländer abwehrte, ist legendär. Das Rockfleet Castle liegt stimmungsvoll in einem morastigen, den Gezeiten unterworfenen Gebiet und war das wichtigste Bollwerk der Piratenkönigin; in späteren Jahren ließ sie sich hier gänzlich nieder. Die anderen Bauten der Burg sind verschwunden. Der Überlieferung zufolge verband Grace das Tau von ihrem Schiff durch eine Öffnung in der Südmauer mit ihrem Bett.

Clew Bay Bike Hire RADFAHREN
(098-37675; www.clewbayoutdoors.ie; Leihräder ab 15 € pro Tag, E-Bikes 40 €, Shuttlepreise unterschiedlich; 9–18 Uhr) Der ausgezeichnete Radverleih unterhält am Greenway zwischen Westport und Achill Island fünf Filialen.

Schlafen & Essen

★ **Newport House** HISTORISCHES HOTEL €€
(098-41222; www.newporthouse.ie; abseits der Main St; Zi. 95–205 €; April–Mitte Okt.;) Das prächtige, mit Efeu bewachsene georgianische Haus, das sich im Herbst rot färbt, gilt als eines der romantischsten ländlichen Refugien Irlands. Darüber hinaus ist das Hotel für seine gehobene moderne irische Küche bekannt (mehrgängiges Abendessen 68 €).

★ **Kelly's Kitchen** CAFÉ €
(098-41647; 17 Main St; Hauptgerichte 6,50–21 €; Mo–Sa 9–17 Uhr) Hier kann man zum Frühstück oder Mittagessen die Speisen der sehr beliebten traditionellen Fleischerei nebenan genießen oder einfach eine Kaffeepause mit einem Sandwich, einem Panino oder einer köstlichen Fischsuppe einlegen. Das riesige, wunderbare Foto von Grace Kelly an der Wand bei der Tür würdigt die Familienbande des Filmstars zu Newport.

Blue Bicycle Tea Rooms CAFÉ €
(098-41145; www.bluebicycletearooms.com; Main St; Hauptgerichte ab 5 €; Mai–Okt. 10.30–18 Uhr) Dieses Café mit dem Charme der alten Welt lädt zu einem Snack oder auch zu einer ausgedehnten Pause ein. Es gibt Sandwiches, Salate, Suppen, Gebäck und einiges mehr aus lokalen Zutaten.

Praktische Informationen

Newport Tourist Office (Main St; Mo 10.30–14, Di–Fr 10–14 Uhr)

An- & Weiterreise

Die Busse zwischen Westport und Achill Island kommen einmal am Tag durch den Ort.

Achill Island

940 EW.

Achill (An Caol), Irlands größte vorgelagerte Insel, ist durch eine kurze Brücke mit dem Festland verbunden und beeindruckt mit fünf Stränden mit Blauer Flagge. Die Zivilisation scheint weit weg zu sein, wenn

Achill Island

Achill Island

Highlights

1 Keem Bay Beach A2
2 Slievemore Deserted Village C1

Sehenswertes

3 Ballycroy National Park F1
4 Dooagh B2
5 Grace O'Malley's Castle D4
6 Mt. Croaghaun A2
7 Mt. Slievemore C1
8 Mulranny F3
9 Pub B2

Aktivitäten, Kurse & Touren

10 Achill Bikes B2
11 Calvey's Equestrian Centre B2
12 Dugort Beach C1
13 Trawmore Beach B4

Schlafen

14 Achill Cliff House Hotel & Restaurant A3
15 Keel Sandybanks Caravan & Camping Park B4
16 Lavelles Seaside House C3
17 Pure Magic Achill Island C1
18 Valley House Hostel D1

Essen

19 Beehive A4
20 Chalet A4
Mickey's Bar .... (siehe 16)

Ausgehen & Nachtleben

21 Lynott's D2

man die rauen Klippen, felsigen Landspitzen, geschützten Sandstrände, ausgedehnten Hochmoore und Berge betrachtet. Dazu kommt eine abwechslungsreiche Geschichte, da das Eiland als Zufluchtsort für diverse irische Rebellen diente.

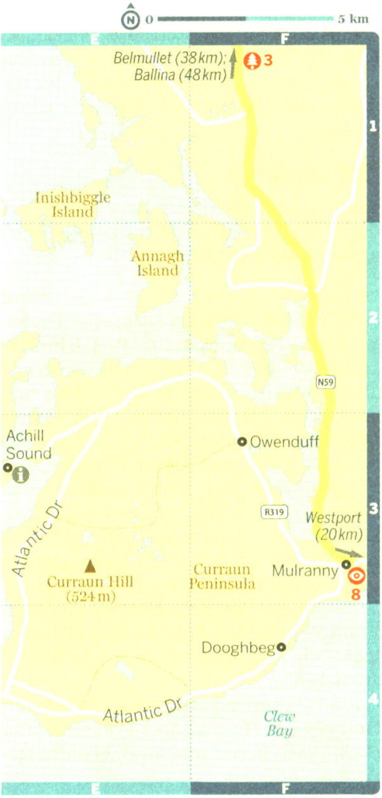

Im Winter geht's eher ungemütlich zu. Tosende Winde und eine peitschende See sind nicht gerade einladend, doch auch um diese Zeit werden Gäste willkommen geheißen. Im Sommer blühen auf Achill Island Heidekraut, Rhododendren und Wildblumen und verleihen der Insel einige Farbtupfer.

Die meisten Aktivitäten (viele sind es nicht) konzentrieren sich auf das Dorf Keel.

Sehenswertes

Statt auf der Hauptstraße (R319) von Mulranny nach Achill Island zu reisen, kann man auch dem ausgeschilderten Atlantic Drive im Uhrzeigersinn um die Curraun Peninsula folgen. Die enge Straße führt am kuriosen Befestigungsturm vorbei. Sobald sie die einsame Südspitze der Curraun Peninsula erreicht, genießt man einen absolut umwerfenden Blick über die Clew Bay und das offene Meer.

Hinter der Brücke ist der Atlantic Drive ausgeschildert. Er führt an der wilden Südküste der Insel entlang und durch das kleine Fischerdorf **Dooega** mit einem geschützten Strand.

★ Keem Bay Beach STRAND
Dies ist einer der abgeschiedensten Strände der Insel mit Blauer Flagge, ganz im Westen des Eilands gelegen, aber wer den Serpentinen hinunter bis in die perfekt geschwungene Bucht folgt, wird mit einem wirklich herrlichen Strand belohnt.

★ Slievemore Deserted Village HISTORISCHE STÄTTE
Die Überreste des verlassenen Dorfes am Fuß des Mt. Slievemore sind ein trostloser Ort, wo heute nur noch Schafe grasen. Sie werden nach und nach bis auf die Fundamente abgetragen und erinnern daran, wie hart das Leben einst war und wie leicht die Menschen ihre Existenzgrundlage verloren. Als die Hungersnot ausbrach, mussten die Einheimischen ans Meer ziehen, um dort mit Fischen ihren Lebensunterhalt zu verdienen. Das triste Bild wird durch den benachbarten Friedhof verstärkt.

Grace O'Malley's Castle BURG
(Kildavnet Tower) Das hübsche 12 m hohe Turmhaus aus dem 15. Jh. in Kildavnet hat eine Verbindung zur Piratenkönigin Grace O'Malley.

Dooagh HISTORISCHE STÄTTE
Hier legte Don Allum im September 1982 nach 77 Tagen auf See an, nachdem er als Erster den Atlantik in beide Richtungen mit dem 6 m langen Ruderboot *QE3* überquert hatte. Das **Pub** (Dooagh; ⏲9–22 Uhr) (so der tatsächliche Name) gegenüber dem Monument erinnert an diese Leistung.

Mulranny DORF
Mulranny zieht sich an der Straße von Newport zum Achill Sound den Hang einer schmalen Landzunge hinauf. Es liegt am Rand der Curraun Peninsula über einem breiten Strand mit Blauer Flagge. Hier kann man wunderbar nachzählen, ob es in der Clew Bay tatsächlich 365 Inseln gibt.

Aktivitäten

Auf Achill Island erstrecken sich mehrere wunderbare Wanderrouten mit fantastischem Ausblick, z. B. auf den **Mt. Slievemore** (672 m). Eine längere Strecke führt Wanderer auf den **Mt. Croaghaun** (668 m), zum Achill Head und über einige Klippen, die von den Inselbewohnern gern als Europas höchste Felsenriffe bezeichnet werden. Am Strand in **Dooagh** beginnt ein schöner 4,3 km langer Rundweg.

Auf Achill Island gibt's zahlreiche andere muschelförmige Buchten, die sicher genug zum Schwimmen sind, darunter die mit der Blauen Flagge ausgezeichneten Sandstreifen der Keem Bay (S. 449), von **Dooega** sowie der **Golden Strand** (Dugorts zweiter Strand). Außerhalb der Hochsaison sind viele oft menschenleer.

Auf der Website von Achill Tourism (S. 451) gibt's 14 hervorragende Beschreibungen von verschiedenen Wanderrouten zum Download.

★ Trawmore Beach SURFEN

(Keel) Dieser schöne mit einer Blauen Flagge ausgezeichnete Strand, der sich von Keel 3 km nach Südosten erstreckt, zählt zu Irlands besten Surfspots, allerdings treten von seiner Mitte bis zum östlichen Ende (unter den Minaun Cliffs) gefährliche Strömungen auf. Aus diesem Grund sollte man auf die Schilder achten und auf der westlichen Strandhälfte bleiben. Vor Ort verleihen mehrere Anbieter Surfbretter (15 € pro Tag) und geben Unterricht (40 € pro Tag). Der Strand lädt auch zu schönen Spaziergängen mit Blick auf die donnernde Brandung ein.

Dugort Beach SCHWIMMEN

Der Dugort Beach ist ein besonders herrliches Exemplar der vielen schönen Strände der Insel. Der andere gute Strand hier ist der Golden Strand.

Achill Bikes RADFAHREN

(☎ 087 243 7686; www.achillbikes.com; Keel; Fahrradverleih Erw. 20–25 €, Kind 12,50 € pro Tag) Verleiht Fahrräder inklusive Lieferung und Abholung auf der Insel und bietet Infos. Auch Wochenpreise.

Calvey's Equestrian Centre REITEN

(☎ 087 988 1093; www.calveysofachill.com; Slievemore; Ausritt am Strand 2 Std. Erw./Kind 70/60 €) Reitunterricht und Ausritte von ein bis vier Stunden Länge auf den breiten Stränden und Bergstraßen.

Feste & Events

Auf Achill Island finden jedes Jahr mehrere Veranstaltungen statt, darunter Wander-, Mal- und Bootsfeste. Aktuelle Infos gibt's unter www.achilltourism.com.

Scoil Acla Festival KULTUR

(☎ 085 881 9548; www.scoilacla.ie; ⌚ Ende Juli) Eine Woche lang traditionelle irische Musik. Außerdem gehören Workshops für irischen Tanz, Kultur und Musik zum Programm.

Schlafen

B&Bs reihen sich in der Hauptstraße von der Brücke bis nach Keel aneinander. Auch an der Küste gibt's Unterkünfte.

★ Valley House Hostel HOSTEL €

(☎ 098-47204; www.valley-house.com; The Valley; Zeltstellplatz 5 € plus 5 € pro Pers., B 16–22 €, DZ 44–60 €; @ 📶) Das entlegene knarrende alte Landhaus verfügt über 42 Betten und einen verwilderten Garten. J. M. Synge wählte das atmosphärische Gebäude als Schauplatz für das Theaterstück *Der Held der westlichen Welt*. Darin geht's um ein Verbrechen, das hier tatsächlich geschah. *Love & Rage – Liebe & Leidenschaft* (1999), ein Film, der auf dem Stück basiert, wurde teilweise vor Ort gedreht. Zu den weiteren Vorzügen des Hostels gehören Scones zum Frühstück und ein Pub mit Sitzplätzen im Patio. Für Camper kostet das Frühstück 5 € zusätzlich.

Zum Frühstück wird ein Büfett mit Orangensaft, Tee, Kaffee, Frühstücksflocken, Toast, Butter und Marmelade aufgefahren.

★ Pure Magic Achill Island PENSION €

(☎ 085 243 9782; www.puremagic.ie; Slievemore Rd, bei Dugort; EZ/DZ ab 45/70 €; 📶) Die lebhafte Unterkunft mit zehn Zimmern liegt in der Nähe des Geisterortes Slievemore am Fuß des Berges. In der Bar und im Café herrscht immer reger Andrang und die Pizza schmeckt klasse. Zudem kann man sich zum Kitesurfen, Stehpaddeln, Schnorcheln, Radfahren etc. anmelden.

Lavelles Seaside House PENSION €

(☎ 098-45116; www.lavellesseasidehouse.com; Dooega; EZ/DZ ab 45/60 €; 📶) Das Fischerdorf Dooega wartet mit einem schönen Refugium auf. Die weiß getünchte Pension verfügt über 14 Zimmer, darunter fünf tolle neue Räume mit Blick aufs Wasser.

Im Mickey's gibt's Pubgerichte. Während der Sommermonate kommen besonders viele Meeresfrüchte aus der Region auf den Tisch. Im Gemeinschaftsbereich und auf den Zimmern gibt's WLAN, in Letzteren kann es allerdings zuweilen schwächeln.

Keel Sandybanks Caravan & Camping Park CAMPINGPLATZ €
(☎ 098-43211; www.achillcamping.com; Keel; Stellplätze 10–25 €, Wohnwagen 2 Nächte 115–140 €; ⏲ April–Mitte Sept.; 📶) Von Keel aus erreicht man diesen Campingplatz über einen bequemen Fußweg. Er bietet einen Blick auf Keel Beach. Wer kein Zelt dabeihat, kann in traditionellen Holzwohnwagen übernachten.

Achill Cliff House Hotel & Restaurant PENSION €€
(www.achillcliff.com; Keel; Zi. ab 80 €) Die familiengeführte Pension mit herrlichem Meerblick – auch vom Frühstücksraum aus – ist bei jedem Wetter eine wunderbare Bleibe. Sie besitzt eine schlichte, aber komfortable Einrichtung. Im überaus empfehlenswerten Restaurant werden frische Meeresfrüchte und kreative Versionen traditioneller irischer Gerichte serviert.

Essen & Ausgehen

Beehive CAFÉ €
(☎ 086-854 2009; Keel; Hauptgerichte ab 5 €; ⏲ März–Nov. 10–17 Uhr) Das beliebte und stets gut besuchte Café in Keel mit verschiedenen Räumen beherbergt gleichzeitig einen Kunstgewerbeladen. Nicht schlecht für einen Kaffee, eine Tagessuppe, ein Panino oder Gebackenes aus eigener Herstellung.

Mickey's Bar FISCH & MEERESFRÜCHTE €
(Hauptgerichte 8–11 €) Serviert direkt neben dem Lavelles Seaside House Fisch und Meeresfrüchte wie etwa ausgezeichnete Muscheln.

★ **Chalet** FISCH & MEERESFRÜCHTE €€
(☎ 087-230 7893; www.keembayfishproducts.ie; Keel; Hauptgerichte 16–29 €; ⏲ Sommer tgl. 18–22 Uhr, sonst seltener) Schon seit Jahrzehnten kredenzen die Besitzer von Keem Bay Fish Products in diesem Restaurant gefeierten Räucherlachs und andere Delikatessen. Die Karte wechselt mit dem jeweiligen frischen Fang, doch man darf sich immer auf allerbeste Gerichte freuen.

Lynott's PUB
(☎ 087 645 2780; R319, Cashel; ⏲ variieren je nach Saison) In dem tollen kleinen traditionellen Pub am Straßenrand mit Steinplattenboden und uralten Bänken gibt's weder einen Fernseher noch ein Radio und auch keinen Hauch von Käse-Schinken-Toasts, aber dafür reichlich Spaß (Musiksessions freitags 22 Uhr).

Praktische Informationen

Die meisten Dörfer der Insel haben ein Postamt.

Geldautomaten findet man in den Supermärkten in Keel und Achill Sound.

Achill Tourism (☎ 098-20705; www.achilltourism.com; Davitt Quarter, Achill Sound; ⏲ Juli & Aug. Mo–Fr 9–18 Uhr, Sept.–Juli Mo–Fr 10–16 Uhr) Gute Infos für Wanderer und Radfahrer.

An- & Weiterreise

Täglich fährt ein Bus von Westport (14 €) nach Achill. Er hält u. a. in Dooagh, Keel, Dugort, Cashel, am Achill Sound und in Mulranny und Newport. Nach Achill Island kommt man am besten mit einem eigenen Auto.

Bangor Erris

300 EW.

Das winzige Bangor Erris ist der Anfangs- bzw. Endpunkt des 48 km langen Bangor Trail, der dieses unscheinbare Dorf mit dem Ballycroy National Park, den Nephin Beg Mountains und Newport verbindet. Die außergewöhnliche Wanderung führt durch einige raue und abgeschiedene, aber wirklich faszinierende Landstriche. Sie ist sehr anspruchsvoll und verläuft über lange Strecken durch schwer zu begehendes, aber herrliches Moorgebiet.

Das von der freundlichen Evelyn geführte B&B **Hillcrest House** (☎ 097-83494; www.hillcresthousemayo.com; Main St; EZ 40 €, DZ 60–70 €; 📶) hat vier gemütliche Zimmer und einen Trockenraum – sehr gut für Wanderer, Angler und gewöhnliche Reisende im schönen Norden von Mayo. Kinder erhalten 25 % Rabatt. Evelyn hat jede Menge Tipps für Wanderer und Reisende auf Lager. Hinterm Haus gibt's einen hübschen Garten.

Ballycroy National Park

Der riesige, wunderschöne **Park** (☎ 098-49888; www.ballycroynationalpark.ie; abseits der N59, Ballycroy; ⏲ Besucherzentrum April–Sept. 10–17.30 Uhr) GRATIS beherbergt eines der größten Moorgebiete Europas. In dem Schutzgebiet sind zahlreiche Tier- und Pflanzenarten zuhause, darunter Wanderfalken, Wachtelkönige und Singschwäne. Ein kurzer Naturlehrpfad mit erläuternden Tafeln führt vom Besucherzentrum durch das Moor und bietet eine herrliche Aussicht auf die Berge ringsum. Die Angestellten des hervorragenden Besucherzentrums können auch anspruchsvollere Wanderungen empfehlen.

Außerdem gibt's eine Ausstellung über den Walfang und das allgegenwärtige purpurfarbene Heidekraut.

Der Nationalpark liegt 18 km südlich von Bangor an der N59.

Mullet Peninsula

Die dünn besiedelte Halbinsel, ein Gaeltacht-Gebiet, in dem Irisch gesprochen wird, ragt 30 km weit in den Atlantik hinein und vermittelt ein stärkeres Gefühl der Einsamkeit als viele andere Inseln. Besucher kommen sich fast ein wenig verloren vor, können sich aber über unberührte Strände an der geschützten Ostküste freuen. Darüber hinaus sieht man in der Gegend zahlreiche Schafe, die häufig die Straße blockieren. Das geschäftige Belmullet (Béal an Mhuirthead) ist das größte Dorf in der Umgebung.

Von Belmullet führt die R313 nach Süden um die Spitze der Halbinsel und zurück nach Aghleam, vorbei am blau beflaggten Strand der **Elly Bay** und am wunderschönen **Mullaghroe Beach**. Im Süden der Halbinsel befinden sich mehrere Sehenswürdigkeiten mit Verbindung zur hl. Deirbhile, wie die **St. Deirbhile's Church** (St. Dervla's Church) und **Deirbhile's Twist**.

Alle wichtigen Einrichtungen befinden sich in Belmullet, darunter Bank, Geldautomat, Post und **Touristeninformation** (☎ 097-20494; www.visiterris.ie; Ecke Main St & Chapel St, Belmullet; ⌚ Juni–Aug. Mo–Sa 9–16 Uhr, Sept.–Mai Mo–Fr 9–16 Uhr).

DIE LEGENDE DER HL. DEIRBHILE

Um das Jahr 600, so die Legende, entschied sich ein junges Mädchen namens Deirbhile, ein frommes Leben zu führen. Allerdings stand diesem Entschluss ein Soldat im Weg, der in Deirbhile verliebt war. Als sich das Mädchen eines Tages mit ihrem Verehrer auf der heutigen Mullet Peninsula traf, fragte es ihn, was er am meisten an ihm liebe. Er antwortete: „Deine Augen." Daraufhin riss Deirbhile sich die Augen aus dem Kopf und warf sie zu Boden. Es wird wohl niemanden überraschen, dass der geschockte Soldat postwendend die Flucht ergriff.

Doch dann passierte ein Wunder: Dort, wo Deirbhiles Augen auf die Erde gefallen waren, entsprang eine Quelle. Das Mädchen wusch sich das Gesicht mit dem Wasser und bekam seine Augen zurück. Heute wird in seiner Heimat in der Nähe von Blacksod auf der Mullet Peninsula am 15. August der **Festtag der hl. Deirbhile** gefeiert.

Schlafen

★ Leim Siar B&B €€
(☎ 097-85004; www.leimsiar.com; Blacksod; EZ/DZ ab 50/80 €; 📶) Vom Blacksod-Leuchtturm sind es nur wenige Schritte bis zu diesem freundlichen Zweckbau. Das beliebte Leim Siar bietet gleichzeitig modernen Komfort und das Gefühl, am Ende der Welt zu sein. Die Zimmer sind hell und das fantastische Frühstück ist ein echtes Erlebnis. Wer eine Tour über die Halbinsel unternehmen möchte, kann Fahrräder (10 € pro Tag) ausleihen.

Talbot's HOTEL €€
(☎ 097-20484; www.thetalbothotel.ie; Barrack St, Belmullet; EZ/DZ ab 90/140 €; 📶) Das stilvolle Talbot's besitzt 21 sehr komfortable Zimmer mit kräftigen Farbakzenten. Im **An Chéibh** (The Anchor) gibt's zwei Torffeuer, eine gute Bierauswahl und hervorragendes Kneipenessen (Hauptgerichte 8–25 €).

An- & Weiterreise

Bus Éireann (S. 438) verkehrt einmal täglich von Ballina nach Belmullet (16 €, 1½ Std.) und weiter nach Blacksod.

Pollatomish

150 EW.

Das hübsche abgelegene Dorf Pollatomish, manchmal auch Pullathomas geschrieben, schmiegt sich verschlafen in eine ruhige Bucht etwa 16 km östlich von Belmullet. Es ist auf der Straße nach Ballycastle (R314) ausgeschildert.

Wer hierherkommt, bleibt oftmals länger als ursprünglich geplant, um noch mehr Zeit an dem schönen Sandstrand zu verbringen oder bis zum Benwee Head zu wandern, der mit zerklüfteter Küstengeologie und einer herrlichen Aussicht aufwartet, u. a. auf die Stags of Broadhaven, fünf steile Felsinselchen.

Das **Kilcommon Lodge Holiday Hostel** (☎ 097-84621; www.kilcommonlodge.ie; Pollatomish; B/EZ/DZ ab 17/28/44 €; 📶) wird vom

Outdoor-Fan Ciarán geführt, der Surfkurse, geführte Wanderungen und Klettertouren organisiert. Es verfügt über Küche, Spielezimmer und ein Familienzimmer. Frühstück kostet 5 bis 6,50 €, Abendessen 16 €.

Ballycastle & Umgebung

219 EW.

Das schön gelegene Ballycastle besteht aus einer einzigen abschüssigen Straße. Die Hauptattraktionen des Ortes sind Megalithgräber, die man hier in so großer Zahl wie fast nirgendwo sonst in Europa findet, sowie atemberaubende Küstenlandschaften mit einem der schönsten Fotomotive Irlands, dem einsamen Kliffpfeiler Dun Briste am Downpatrick Head.

Sehenswertes

★ **Céide Fields** ARCHÄOLOGISCHE STÄTTE

(☎ 096-43325; www.heritageireland.ie; abseits der R314; Erw./Kind 5/3 €; ⏲ Besucherzentrum Juni–Sept. 10–18 Uhr, Ostern–Mai & Okt. 10–17 Uhr, letzte Führung 1 Std. vor Schließung) Die Ruinen dieser kargen Stätte 8 km nordwestlich von Ballycastle gelten als größtes steinzeitliches Denkmal der Welt. Bisher wurden etwa ½ Mio. Tonnen Steine gefunden: mit Steinmauern umgebene Felder, Häuser und Megalithgräber, allesamt die Überreste einer 5000 Jahre alten Bauernsiedlung. Das **Besucherzentrum** in einer Glaspyramide mit Blick über die Ausgrabungsstätte vermittelt ein faszinierendes Bild der damaligen Zeit. Es empfiehlt sich, an einer **Führung** teilzunehmen.

In den 1930er-Jahren stieß ein Einheimischer namens Patrick Caulfield, der im Moor grub, auf einen aufgeschichteten Steinhaufen. Erst weitere vier Jahrzehnte später, als sein Sohn Seamus mit der Erforschung des Gebiets begann, wurde allerdings wirklich klar, was dort lange unter dem Boden verborgen war. Bis heute dauern die Ausgrabungen an.

Schlafen

★ **Stella Maris** HOTEL €€€

(☎ 096-43322; www.stellamarisireland.com; Ballycastle; Zi. 150–240 €; ⏲ Ostern–Okt.; 📶) 2,5 km nordwestlich von Ballycastle thront dieses Gebäude von 1853 an einem einsamen Küstenstreifen. Ursprünglich war es eine Station der Küstenwache, später ein Kloster der Barmherzigen Schwestern – der Name bedeutet „Stern des Meeres" und verweist auf Maria, die Mutter Jesu. Heute wartet es mit Zimmern voller antiker und stilvoll-moderner Möbel auf. Der Ausblick ist fantastisch. Abendessen wird auch serviert (40 €).

> **ABSTECHER**
>
> **AUSFLUG NACH KILLALA**
>
> Ein spektakulärer kurzer Abstecher von der Hauptstraße (R314) nach Killala führt über die Küstenstraße in nördlicher Richtung aus Ballycastle heraus zum **Downpatrick Head**. Hier befindet sich eine der faszinierendsten Sehenswürdigkeiten von Mayo, der Kliffpfeiler **Dun Briste** (S. 454). Dieser Küstenabschnitt gehört zu den landschaftlich spannendsten in Mayo und löst oft grenzenlose Begeisterung aus. Der schmale Weg zur Landspitze verläuft bis an die Küste.
>
> Anschließend geht's weiter nach Osten und Süden mit der **Lackan Bay** zur Linken, bis man wieder auf die R314 stößt. Wer in umgekehrter Richtung fahren möchte, nimmt 4,5 km nordwestlich von Killala den Abzweig nach Kilcummin.

Essen & Ausgehen

Mary's Cottage Kitchen CAFÉ €

(Main St, Ballycastle; Speisen ab 3 €; ⏲ Mo–Fr 10–15, Sa bis 14 Uhr) Die reizende Mary sorgt dafür, dass sich die Gäste in diesem netten Café mit gutem Kaffee, frischen Backwaren, Mittagessen und Köstlichkeiten aus Schokolade wohl fühlen. Camper können im hinteren Garten eventuell übernachten.

Healy's Bar PUB

(☎ 096-43019; Main St; ⏲ 16–23.30 Uhr) Die familiengeführte Kneipe an der Hauptstraße bietet Livemusik und einen Biergarten.

Killala & Umgebung

580 EW.

Killala ist ein hübsches Örtchen und vor allem wegen der nahegelegenen gleichnamigen wunderschönen Bucht bekannt.

Angeblich wurde das Dorf vom hl. Patrick gegründet. Die Church of Ireland soll an der Stelle stehen, wo sich einst die erste christliche Kirche befand. Noch heute überragt der 25 m hohe Rundturm den Ort.

ABSTECHER

DUN BRISTE

Dieser faszinierende, vom tosenden, schäumenden Meer umspülte **Kliffpfeiler** (Downpatrick Head; 6 km nordöstlich von Ballycastle) ist vielleicht die Top-Sehenswürdigkeit der Grafschaft. Der Überlieferung zufolge trieb der hl. Patrick alle Vipern aus Irland auf den Felsen, sodass das Festland frei von Schlangen war. Am besten kommt man an einem klaren Tag hierher. Man kann fast bis ganz ans Meer fahren, nur die letzten 400 m müssen zu Fuß bewältigt werden.

Der Kliffpfeiler wurde 1393 durch einen gewaltigen Sturm vom Festland getrennt – es blieben auf ihm sogar einige Unglücksraben zurück, die aber später gerettet wurden. Und tatsächlich sind auch heute noch Überreste von Gebäuden auf dem Felsen vorhanden. Am Downpatrick Head ist neben einem großen *blowhole* („Blasloch") eine Aussichtsplattform errichtet worden, wo auf zahlreichen Tafeln die Geschichte und die Legenden zum hiesigen Gebiet erzählt werden. Wenn es stürmt, wird durch das *blowhole* Wasser in die Luft geblasen – ein spektakulärer Anblick.

Sehenswertes & Aktivitäten

★ Lackan Strand STRAND

Der Strand der Lackan Bay ist herrlich lang, sodass hier jeder Besucher ein ungestörtes Plätzchen findet. Besonders schön ist er bei Sonnenuntergang – eine der herrlichsten Sehenswürdigkeiten Irlands. Zudem eignet er sich wunderbar zum Surfen. Man fährt auf der R314 hinter Killala ca. 4,5 km Richtung Nordwesten und biegt dann an dem Schild nach Kilcummin ab.

★ St. Mary's Well RELIGIÖSE STÄTTE

(Tobar Mhuire) Diese fesselnde Stätte bei der Rosserk Abbey ist nicht nur für Christen ein tolles Pilgerziel und während der Wildblumenblüte besonders schön.

Die Stätte befindet sich in der Nähe des Zusammenflusses der Flüsse Rosserk und Moy und ist auf dem Weg zur Rosserk Abbey ausgeschildert – vom Parkplatz führt ein etwa 1 km langer Pfad zur Quelle.

Das Quellwasser strömt aus einem alten Steingewölbe, über das eine Marienstatue wacht. Durch ein Loch im Dach lugt ein mit Rosenkranzperlen und Kreuzen behängter Baum. Hier soll es einst eine Marienerscheinung gegeben haben.

★ Rosserk Abbey HISTORISCHES GEBÄUDE

Diese Franziskanerabtei stammt aus der Mitte des 15. Jhs. und steht mit den Fundamenten fast im Wasser des Rosserk. Im Altarraum befindet sich ein auffälliges steinernes Taufbecken, das mit einem kunstvoll gestalteten, 60 cm hohen Rundturm – einer sehr seltenen Steinmetzarbeit – und zwei Engeln beiderseits eines gotischen Bogens verziert ist.

Das Kloster liegt 4 km südlich von Killala abseits der R314. Es ist im Ort ausgeschildert: einfach den Wegweisern 5 km über kleine Landstraßen folgen.

Lackan Trail WANDERN

Auf einer nicht allzu anstrengenden 8 km langen Rundwanderung entlang der schönen Lackan Bay entdeckt man uralte Ringfestungen und Megalithgräber. Der Pfad beginnt in Killala am Parkplatz der Kirche. Wer will, kann noch 3 km weiter wandern und einen weiten Blick über die Region genießen.

An- & Weiterreise

An Wochentagen verkehren zwischen Ballina und Killala (5 €, 20 Min.) drei Busse.

Ballina

10 300 EW.

Mayos drittgrößte Stadt ist für ihre reichhaltigen Lachsbestände bekannt. In der Fischfangsaison ziehen oft Scharen grün gekleideter Leute in Watthosen und mit Stangen in der Hand zum Fluss Moy, der direkt durch die Ortsmitte führt.

Nicht nur wegen seines ausgezeichneten Museums lohnt Ballina eine Erkundung – besonders, wenn man im tollen Belleek Castle übernachtet oder speist.

Sehenswertes

Belleek Castle BURG

(☎ 096-22400; www.belleekcastle.com; Castle Rd; Erw./Kind 10/7,50 €; ⊙ Führungen 11, 14 & 16 Uhr) Die restaurierte Burg, von 1825 bis 1831 erbaut, wo im Mittelalter eine Abtei gestanden hatte, lässt sich auf faszinierenden Führungen erkunden. In den 1960er-Jahren erwarb der Fossiliensammler Marshall Doran die Burg und ließ sie innen in einem eklektischen und exzentrischen Stil ausstatten, teils – wie die Spanish Armada Bar – unter einem maritimen Motto. Auf den Führungen bekommen die Teilnehmer auch den Bankettsaal und Marshall Dorans Fossilien- und Waffensammlung zu sehen. Unterwegs hat man noch eine Begegnung mit dem letzten Wolf, der in Connaught geschossen wurde.

Für ein echtes Burgflair kann man hier auch übernachten (siehe rechts) und es gibt ein edles Restaurant (S. 456).

Jackie Clarke Collection MUSEUM
(☎ 096-73508; www.clarkecollection.ie; Pearse St; ⏱ April–Sept. Di–Sa 10–17 Uhr, Führungen 11.30 & 14.30 Uhr) GRATIS Der Geschäftsmann Jackie Clarke begann 1939 im Alter von zwölf Jahren Kunst zu sammeln. Ihm ist eine außergewöhnliche Sammlung von 100 000 Objekten aus 400 Jahren irischer Geschichte zu verdanken. Das wunderbare Museum, das sich in einem Bankgebäude aus dem Jahre 1881 befindet, steckt voller Überraschungen und hat einen schönen Garten mit Café. Führungen können telefonisch reserviert werden.

Foxford Woollen Mill HISTORISCHES GEBÄUDE
(☎ 094-925 6104; www.foxfordwoollenmills.com; Foxford; Führungen 5 €; ⏱ Führungen April–Nov. Mo–Sa 10–18, So 12–18 Uhr) Nach der Hungersnot sollte die 1892 gegründete Mühle Foxford das Elend lindern und Foxfords Einwohnern zu dringend benötigter Arbeit und einem Einkommen verhelfen. Ihre Wollwaren genossen einen hervorragenden Ruf, doch 1987 wurde sie geschlossen. Heute wird sie von Einheimischen geführt und beschäftigt nur noch einen Bruchteil der Arbeiter, die hier früher einmal tätig waren. Neben vor Ort hergestellten Pullovern und Schals (unter 30 €) wird im Laden auch viel importierte Ware verkauft. Foxford liegt auf halbem Weg zwischen Ballina und Castlebar an der Kreuzung der N26 und N58.

Neben einer Fabrikführung werden auch Vorträge zur Geschichte der Fabrik veranstaltet.

Aktivitäten

Ballina ist mit dem Fluss Moy ein Mekka der Lachsfischer. In der Touristeninformation (S. 456) erhält man eine Liste mit den besten Fischgründen vor Ort sowie mit den Ansprechpartnern für einen Angelschein. Die Saison dauert von Februar bis September, aber die besten Monate zum Lachsfischen sind Juni, Juli und August.

Ridge Pool Tackle Shop ANGELN
(☎ 086-875 3648; Emmet St; ⏱ Mo–Sa 9–18 Uhr) Hier sind Infos, Ausrüstung und Angelgenehmigungen erhältlich und es wird Unterricht im Fliegenfischen angeboten.

Wild Wet Adventures WASSERSPORT
(☎ 086-722 2750; abseits der R294, Lough Talt) Kajak- und Kanufahren, Paddleboarden und andere Wassersportarten auf dem Lough Talt und Lough Easkey sowie geführte Wanderungen.

Feste & Events

Ballina Salmon Festival KULTUR
(www. ballinasalmonfestival.ie; ⏱ Juli) Auf dem Programm des beliebten fünftägigen Festivals stehen Paraden, Tänze, eine Kunstshow und Angelwettbewerbe.

Schlafen & Essen

★ **Belleek Castle** HOTEL €€
(www.belleekcastle.com; Castle Rd; Zi. mit Frühstück 170–270 €; 📶) Das riesige Herrenhaus auf ausgedehntem Gelände am Fluss Moy ist die beste Unterkunft in Ballina. Die Zimmer sind mit Stilmöbeln ausgestattet, teils mit Himmelbetten und Flachbild-TVs. Hier genießen die Gäste dank der Lage ein wunderbares Gefühl der Abgeschiedenheit. Wer hier nicht nächtigt, kann vielleicht zumindest im Library Restaurant (S. 456) sehr gut speisen oder an einer der faszinierenden Führungen (S. 454) teilnehmen.

Mount Falcon Country House Hotel LUXUSHOTEL €€€
(☎ 096-74472; www.mountfalcon.com; Foxford Rd; Zi. ab 180 €; 📶 🏊) 5 km südlich von Ballina versteckt sich dieses hübsche Herrenhaus aus den 1870er-Jahren auf einem 40 ha großen Gelände zwischen dem Lough Conn und dem Moy. Viele Zimmer der entzückenden Bleibe erinnern an glanzvolle Zeiten, doch im modernen Anbau gibt's auch zeitgenössisch eingerichtete Räume. Wer angeln möchte, kann das im hauseigenen exklusiven Bereich tun! Alle anderen können hier wunderbar die Seele baumeln lassen.

Bei Sonderangeboten reduziert sich der Übernachtungspreis auf etwa 140 € pro Nacht.

Ice House Hotel BOUTIQUE-HOTEL €€€
(☎ 096-23500; www.icehousehotel.ie; The Quay; Zi. 140–300 €; 📶) Hauptattraktion dieses Hotels mit 32 Zimmern ist der Blick auf das nahe Mündungsgebiet des friedlichen Flusses Moy. Die Unterkunft besteht aus einem elegant restaurierten Gebäude mit einem sehr modernen Flügel und einem Spa direkt am Wasser. Das Hotel liegt 2 km nordöstlich vom Ortszentrum in der Nähe einiger guter Uferpubs.

★ **Clarke's Seafood Delicatessen** FISCH & MEERESFRÜCHTE €
(☎ 096-21022; www.clarkes.ie; O'Rahilly St; Speisen ab 5 €; ⏰ Mo–Sa 9–18 Uhr) Das preisgekrönte Clarke's serviert hausgeräucherten Lachs in vielen verschiedenen Varianten und bietet zudem alle möglichen kreativen Fischgerichte zum Mitnehmen für ein Picknick.

★ **Library Restaurant** IRISCH €€€
(☎ 096-22400; www.belleekcastle.com; Belleek Castle) Das Restaurant in der ehemaligen Bibliothek des Herrenhauses Belleek Castle ist das stimmungsvollste und nobelste des Orts.

Praktische Informationen

Touristeninformation (☎ 096-70848; www.northmayo.ie; 41 Pearse St; ⏰ April–Okt. Mo–Sa 10–17 Uhr) Im Ortszentrum.

An- & Weiterreise

Vom Busbahnhof in der Kevin Barry Street verkehrt Bus Éireann u. a. nach Westport (16 €, 1½ Std., 6-mal tgl.) und Sligo (17 €, 1½ Std., 3- bis 5-mal tgl.).

Der Bahnhof liegt in der Station Road an der südlichen Fortsetzung der Kevin Barry Street. Ballina befindet sich an einer Nebenstrecke der Hauptroute von Westport nach Dublin, deshalb muss man in der Station Manulla Junction umsteigen. Täglich fahren vier Züge nach Dublin (26 €, 3½ Std.).

Lahardane

156 EW.

Das charmante kleine Dorf im Schatten des Mt. Nephin (806 m) ist vor allem dadurch bekannt, dass 14 Bewohner des Dorfs, die sogenannten Addergoole Fourteen, einst an Bord der *Titanic* waren, als diese 1912 unterging. Elf der 14 Personen kamen ums Leben: An sie erinnern ein Buntglasfenster in der St. Patrick's Church und der Titanic Memorial Park.

Bewohner von Lahardane unterstützten General Humbert beim Aufstand von 1798 und Father Andrew Conroy half dabei, französische und irische Truppen über den Pass Windy Gap nach Castlebar zu führen. Nach der Niederschlagung der Revolte wurde Father Conroy hingerichtet. An seinen Mut erinnert beim Titanic Memorial Park an der R315 vor der Kulisse des Mt. Nephin ein schönes Hochkreuz. Seit 2017 findet die Up-and-Over Challenge (http://trailrunningireland.com/event/challenge-nephin-climb-mayo/) statt: Von Lahardane geht's auf den Mt. Nephin und wieder zurück.

Sehenswertes

St. Patrick's Church KIRCHE
(Ecke The Windy Gap & R315) Die kleine Kirche ist zur Sonntagsmesse immer brechend voll. Ein Buntglasfenster erinnert hier an den Untergang der *Titanic*: Es zeigt, wie ein Mädchen vom Dampfer in einem Rettungsboot herabgelassen wird. Am schönsten ist das Fenster, wenn die Sonne hindurchscheint.

Jedes Jahr am 15. April läuten Angehörige der Opfer um 2.20 Uhr im Gedenken an die Schiffskatastrophe die Glocke im Kirchhof.

Titanic Memorial Park DENKMAL
(R315) Der Gedenkgarten mit einem *Titanic*-Bug in Bronze und Statuen von mehreren Passagieren, die auf dem Schiff waren, als es sank, ist ein Ort der stillen Andacht. Er wurde 2012 aus Anlass des 100. Jahrestags der Katastrophe eingeweiht.

Ausgehen & Nachtleben

Nephin Whiskey Emporium WHISKEY
(☎ 087-695 5002; www.nephinwhiskey.com/village-store) 🍃 Diese Start-up-Brennerei produziert aus heimischer Gerste und in der Gegend gestochenem Torf Single-Malt-Whiskey. Dieser wird in traditionellen Kupferbrennblasen dreifach gebrannt und reift anschließend in handgefertigten Fässern. Im Shop gibt's alle möglichen Jacken und T-Shirts mit Nephin-Whiskey-Aufdruck sowie handgeschnitzte Wanderstöcke.

Castlebar & Umgebung

12 300 EW.

Mayos Verwaltungssitz ist ein vom Verkehr verstopftes Einzelhandels- und Dienstleistungszentrum, doch es wartet mit einigen nützlichen Einrichtungen und einigen guten Hotels auf und ist durch seine Lage (mehr oder weniger im Herzen der Region) eine gute Ausgangsstation. Die meisten interessanten Sehenswürdigkeiten liegen außerhalb der Innenstadt.

Sehenswertes

★ National Museum of Country Life — MUSEUM

(☎ 094-903 1755; www.museum.ie; abseits der N5, Turlough Park; ⏲ Di–Sa 10–17, So 14–17 Uhr) GRATIS Dieses weitläufige, faszinierende und sich sehr gut präsentierende Museum am Fluss Castlebar mit schönem Café und einem Laden widmet sich den ländlichen Traditionen und Handwerkskünsten. Der Zweckbau 8 km nordöstlich von Castlebar ist eine Zweigstelle des National Museum of Ireland.

Er befindet sich in der üppigen Anlage des Turlough Manor aus dem 19. Jh. mit Blick auf einen See. Das Themenspektrum reicht von der Bedeutung der Kartoffel bis zum Bootsbau, Kräuterkuren und traditioneller Kleidung. Im Fokus steht der Zeitraum von 1850 bis 1950. Vom Gelände aus ist der hübsche Turlough Round Tower (abseits der N5) zu sehen.

★ Ballintubber Abbey — KATHEDRALE

(☎ 094-903 0934; www.ballintubberabbey.ie; Ballintubber; ⏲ 9–24 Uhr, Führungen Mo–Fr 9.30–17 Uhr, Sa & So nach Vereinbarung) GRATIS Dies ist die einzige von einem irischen König gegründete Kirche Irlands, die heute noch genutzt wird. 1216 wurde sie neben dem früheren Standort eines anderen Gotteshauses errichtet, das einst vom emsigen hl. Patrick erbaut wurde, nachdem dieser den Croagh Patrick heruntergeklettert war. In der turbulenten Geschichte der Abtei gab es viele dramatische Ereignisse. So wurde sie von den Normannen niedergebrannt, von Jakob I. beschlagnahmt und von Heinrich VIII. unterdrückt.

Auf der N84 geht's südwärts und nach etwa 13 km an der Emo-Tankstelle Richtung Westen. Von dort sind es noch rund 2 km bis zur Abtei.

Das Dach des Kirchenschiffs wurde im Jahre 1653 von Cromwells Soldaten in Brand gesteckt und bis 1966 nicht vollständig restauriert, doch in der Apsis fanden unabhängig vom Wetter jahrhundertelang Gottesdienste statt – in der Abteikirche wurden und werden seit 800 Jahren bis zum heutigen Tag Messen gelesen, was in ganz Irland nur in dieser Kirche der Fall ist.

Wunderbar ist auch der verfallene Kreuzgang; Grace O'Malleys Sohn Tiobóid na Long, der 1. Viscount von Mayo, wurde im Gewölbe bestattet. Es werden Führungen angeboten und man kann sich in der Abtei auch ein 25-minütiges Video anschauen. Am Ende des Kirchhofs beginnt der klar ausgeschilderte Pilgrim's Way (Tóchar Phádraig) zum Croagh Patrick.

★ Moore Hall — HISTORISCHES GEBÄUDE

(www.moorehall.net; Lough Carra) Diese stimmungsvolle Ruine liegt direkt am Lough Carra. Der imposante Bau, heute mit leeren Fenstern und vom Efeu umschlungen, entstand in den 1790er-Jahren und brannte 1923 während des Bürgerkriegs samt seiner unschätzbar wertvollen Bibliothek voller alter Bücher und seiner prächtigen Holzvertäfelung komplett ab. Für Spaziergänge bietet sich der umliegende Wald an. Man kann auch den zugewucherten ummauerten Garten erkunden, der zusammen mit dem Haus vielleicht eines Tages restauriert wird.

Essen

★ Rua Deli & Cafe — MODERN IRISCH €

(☎ 094-928 6072; www.caferua.com; Spencer St; Hauptgerichte 9–12 €; ⏲ Mo–Sa 8.25–18 Uhr; 👪) In dem Feinkostladen und Café gleich bei der Mall, in der schönen Grünanlage im Herzen der Stadt, und in der Nähe des Courthouse locken hochwertige Bioprodukte, wie Käse aus Carrowholly, Räucherlachs aus Ballina und verführerisch zubereitete Delikatessen. Man kann sich hier wunderbar mit Zutaten für ein Picknick eindecken. Die Möbel im Café oben passen nicht zueinander, sind aber stilsicher arrangiert, und das Essen ist wunderbar frisch.

In der New Antrim Street befindet sich eine zweite Filiale – eigentlich das Original.

An- & Weiterreise

Die Busse halten am Stephen Garvey Way. Bus Éireann bietet Verbindungen nach Westport (6 €, 20 Min., 7- bis 11-mal tgl.) und Ballina (12,40 €, 7-mal tgl.).

Castlebar liegt an der Strecke zwischen Dublin (21 €, 3 Std.) und Westport (8,10 €, 20 Min.). In beide Richtungen fahren täglich fünf Züge. Der Bahnhof befindet sich etwas außerhalb der Stadt an der N84 Richtung Ballinrobe.

Knock

850 EW.

Knock war nicht viel mehr als ein heruntergewirtschaftetes Dorf, bis es eine göttliche Erscheinung im Jahre 1879 in einen der heiligsten Orte der katholischen Welt verwandelte. Der Knock Marian Shrine, eine bedeutende, große und recht moderne Pilgerstätte, hat eher einen spirituellen als physischen Reiz. Gleich gegenüber befindet sich die **Touristeninformation** (☎094-938 8193; www.knock-shrine.ie; ⊙9–18 Uhr) mit geduldigen, hilfsbereiten Mitarbeitern.

Sehenswertes

Knock Marian Shrine HISTORISCHE STÄTTE
(⊙Kapelle 9–21 Uhr) Diese sakrale Stätte im Ortskern besteht aus mehreren Kirchen und einem Museum. Anhänger vieler Glaubensrichtungen besuchen die moderne **Kapelle** mit einer in schneeweißen Marmor gemeißelten Darstellung der Erscheinung. Ein **Steinsegment** aus der ursprünglichen (und schon seit Langem zerstörten) Kirche an der Außenwand (rechts, wenn man auf die Szene der Erscheinung schaut) ist vom vielen Anfassen und den Küssen der Gläubigen schon ganz glatt.

Dem Gründungsmythos Knocks zufolge hatten am Abend des 21. August 1879 zwei junge Frauen aus dem Dorf eine Erscheinung: Während es draußen in Strömen regnete, sahen sie Maria, Josef, Johannes und ein Opferlamm auf dem Altar ihrer Gemeindekirche, alle bestrahlt von einem weißen Licht am Südgiebel. Schon bald liefen 13 weitere Dorfbewohner herbei. Gemeinsam betrachteten sie fast zwei Stunden lang die himmlische Erscheinung, bis es allmählich dunkel wurde. Eine Untersuchung der Kirche bestätigte das Gesehene als Wunder, in der Folge kam es zu einer ganzen Flut von mysteriösen Ereignissen, die alle vom Vatikan für echt erklärt wurden. Dabei handelte es sich in erster Linie um erstaunliche Heilungen von Kranken und Behinderten, die diesen Ort aufgesucht hatten.

Neben der heiligen Kapelle steht die riesige, in den 1970er-Jahren erbaute **Basilica of Our Lady, Queen of Ireland**, in der über 10 000 Menschen Platz finden.

Knock Museum MUSEUM
(☎094-937 5034; www.knock-shrine.ie/museum/; Erw./Kind 4/3 €; ⊙tgl. 10–18 Uhr) Das kleine Museum erzählt die Geschichte von den ersten Zeugen der Marienerscheinung in der Gemeindekirche 1879, von Wunderheilungen und wiederholten Untersuchungen der Kirche. Audioguides stehen in sieben Sprachen zur Verfügung.

An- & Weiterreise

Ireland West Airport Knock (NOC; ☎094-936 8100; www.irelandwestairport.com; abseits der N17), 15 km nördlich des Dorfs gelegen, bietet vor allem Verbindungen nach Großbritannien. Die Website des Flughafens führt die Busverbindungen nach Westport und Galway auf.

Busse fahren nach Westport (8 €, 1 Std., 1-mal tgl.) und Galway (12 €, 1½ Std., 10-mal tgl.).

COUNTY SLIGO

Sligo bietet neben seiner üppig grünen Landschaft erstaunlich viel Poesie, Folklore und Mythen und ist deshalb genau das Richtige für Irland- und Archäologiefans. Dies war die Region, die William Butler Yeats (1865–1939) am stärksten inspirierte. Die irische Mythologie faszinierte den Schriftsteller immer wieder. Er begeisterte sich für Orte wie den prähistorischen Carrowmore Megalithic Cemetery, den Knocknarea Cairn, den berühmten, gedrungenen Benbulben und die hübsche kleine Insel Innisfree. Doch Sligo zeigt sich nicht nur von seiner beschaulichen Seite. Die Provinz überzeugt mit einer lebendigen, kreativen gastronomischen Szene, und die hiesigen Wellen locken eine internationale Surfergemeinde an die Küste.

Sligo (Stadt)

19 500 EW.

Mit einladenden Schaufenstern gesäumte Fußgängerzonen, Steinbrücken über den Garavogue, Pubs, aus denen der Lärm von *céilidh*-Sessions bis auf die Straße dringt, und als Kontrast dazu hier und dort moderne Kunst und hohe Glastürme – das ist Sligo. Die Stadt dient darüber hinaus als tolle, unkomplizierte Basis für Erkundungen im Land von W. B. Yeats – die Landschaft des Umlands ist wunderschön.

Sehenswertes

★**Model** KUNSTMUSEUM
(☎071-914 1405; www.themodel.ie; The Mall; Eintritt variabel; ⊙Di–Sa 10–17.30, So 10.30–15.30 Uhr) Dieses Museum gehört zu den füh-

Sligo (Stadt)

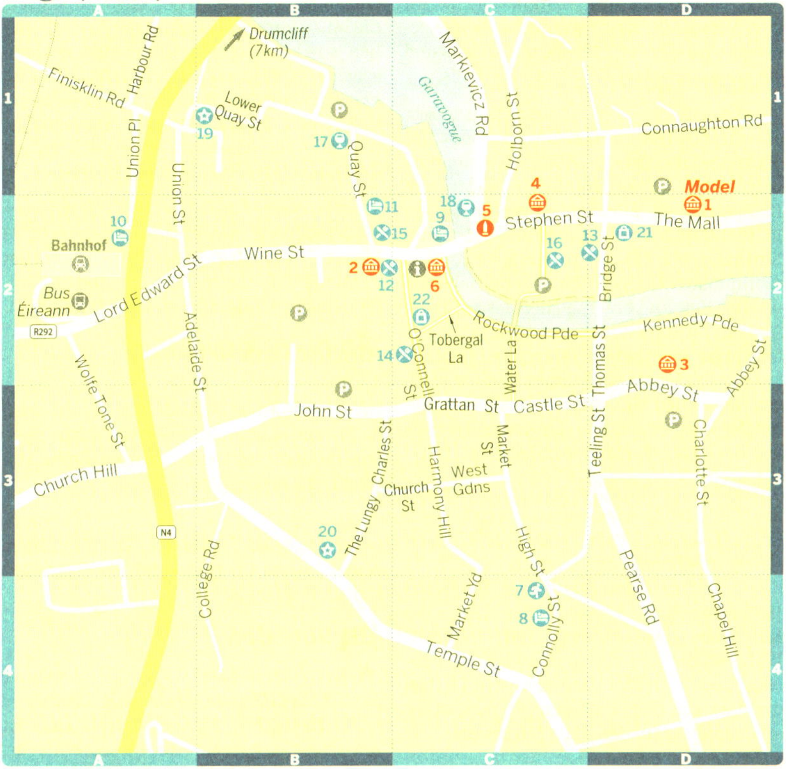

Sligo (Stadt)

Highlights
1 Model ... D2

Sehenswertes
2 Michael Quirke's Studio ... B2
3 Sligo Abbey ... D2
4 Sligo County Museum ... C2
5 W.B. Yeats Statue ... C2
6 Yeats Memorial Building ... C2

Aktivitäten, Kurse & Touren
7 Chain Driven Cycles ... C4

Schlafen
8 An Crúiscin Lan ... C4
9 Glass House ... C2
10 Railway Hostel ... A2
11 Sligo City Hotel ... B2

Essen
12 Fabio's ... B2
13 Gourmet Parlour ... D2
14 Hargadons ... C2
15 Lyons Café ... B2
16 Miso Sligo ... C2

Ausgehen & Nachtleben
17 Harp Tavern ... B1
18 Thomas Connolly ... C2

Unterhaltung
19 Blue Raincoat Theatre Company ... B1
20 Hawk's Well Theatre ... B3

Shoppen
21 Bookmart ... D2
22 Liber Bookshop ... C2

renden zeitgenössischen Kunstzentren des Landes. Es wartet mit einer beeindruckenden Sammlung moderner irischer Werke auf, darunter Arbeiten von Jack B. Yeats (dem Bruder von W. B. Yeats und einem der bedeutendsten irischen Künstler) sowie Louis le

Brocquy. Außerdem bietet es Platz für Sonderausstellungen und Installationen. Auf dem Veranstaltungsprogramm stehen experimentelles Theater, Musik und Filme und ein ausgezeichnetes Café gibt's ebenfalls.

Sligo Abbey HISTORISCHES GEBÄUDE
(www.heritageireland.ie; Abbey St; Erw./Kind 4/2 €; ⏲ Ostern–Mitte Okt. 10–18 Uhr) Ursprünglich wurde die schöne Dominikanerabtei um 1252 errichtet, allerdings brannte sie im 15. Jh. ab und wurde später neu aufgebaut. Einflussreiche Gönner retteten sie vor den schlimmsten Übergriffen in der elisabethanischen Zeit und brachten den geschnitzten Altar in Sicherheit, der als Einziges die Reformation überdauern sollte. Die Eingänge auf der Rückseite sind ungewöhnlich niedrig, was an den Massengräbern aus den Jahren der Hungersnot und des Kriegs liegt, die den Boden stark angehoben haben.

Yeats Memorial Building MUSEUM
(☎ 071-914 2693; www.yeatssociety.com; Hyde Bridge; Erw./Kind 2 €/frei; ⏲ Di–Fr 10–17, Sa bis 14 Uhr) In schöner Lage zeigt die **W. B. Yeats Exhibition** in einer ehemaligen Bank von 1895 Erinnerungsstücke aus dem Leben des Künstlers sowie Skizzen und Entwürfe. Während der Sommermonate wird ein spezielles Programm veranstaltet. An den Tischen draußen vor dem Café genießt man einen schönen Blick auf den Fluss Garavogue.

Sligo County Museum MUSEUM
(☎ 071-911 1679; Stephen St; ⏲ ganzjährig Di–Sa 9.30–12.30 Uhr, Mai–Sept. auch Di–Sa 14–16.50 Uhr) GRATIS Die Hauptattraktion des kleinen Regionalmuseums ist der W.-B.-Yeats-Raum mit Fotos, Briefen und Zeitungsausschnitten sowie Zeichnungen von Jack B. Yeats.

W. B. Yeats Statue DENKMAL
(nahe der Hyde Bridge) Vor der Ulster Bank, einem Gebäude, das Yeats bewunderte, steht dieses 1989 errichtete viel diskutierte Denkmal. Es bleibt jedem Betrachter selbst überlassen, ob man dem hier beliebten Spruch *the wank at the bank* (der Wichser an der Bank) zustimmt.

Aktivitäten

★ **Sea Trails** WANDERN
(☎ 087 240 5071; www.seatrails.ie; Wanderungen ab 15 €) Das von der einfallsreichen und sehr fachkundigen Auriel geleitete, sehr empfehlenswerte Unternehmen bietet interessante Wanderungen zu uralten Landschaftsmerkmalen und schönen Gebieten an, aber auch Spaziergänge an der Küste zu Stätten, die im Zusammenhang mit der Armada stehen sowie zu atemberaubenden geologischen Formationen. Auriel verfügt über einen Bachelor in Archäologie und Geologie und einen Master in Meeresarchäologie und arbeitet schon seit vielen Jahren auf dem Gebiet des Kultur- und Naturerbes.

Chain Driven Cycles RADFAHREN
(☎ 071-912 9008; www.chaindrivencycles.com; 23 High St; 20 € pro Tag; ⏲ Mo–Sa 10–18 Uhr) Hier kann man Mountain-, Elektro- und Stadträder leihen. Helme sind im Preis inbegriffen.

Feste & Events

Tread Softly KULTUR
(www.treadsoftly.ie; ⏲ Ende Juli) Yeats wird zehn Tage lang im Rahmen von Sligos „Season of Yeats“ mit einer ganzen Reihe von Events als lokale Ikone gefeiert.

Sligo Live KULTUR
(www.sligolive.ie; ⏲ Ende Okt.) Das fünftägige Musikfestival im Herbst ist Sligos größtes kulturelles Event.

Schlafen

★ **An Crúiscin Lan** PENSION €
(☎ 087 233 1573; www.bandbsligo.ie; Connolly St; EZ/DZ ab 45/75 €; 📶) Die zentrale Lage ist ein gutes Argument für dieses einfache, aber gastfreundliche Haus. Der freundliche Besitzer hat den Laden fest im Griff; Junggesellenpartys sind nicht erlaubt. Einige der zehn Zimmer teilen sich Gemeinschaftsbäder.

Railway Hostel HOSTEL €
(☎ 087 690 5539; www.therailway.ie; 1 Union Pl; B/EZ/2BZ ab 18/25/44 €; 📶) Das freundliche Hostel in einem historischen Gebäude in Bahnhofsnähe überzeugt durch erfreulich günstige Preise. Wer nach 21 Uhr eincheckt, muss eine Zusatzgebühr zahlen. Es gibt Gemeinschaftsbäder, aber keine Stockbetten, und nebenan befindet sich noch ein Stadthaus mit zwei Schlafzimmern. Von November bis März gibt's 10 % Rabatt.

Glass House HOTEL €€
(☎ 071-919 4300; www.theglasshouse.ie; Swan Point; EZ/DZ ab 80/100 €; 📶) Dank seiner spitzen, zum Himmel weisenden Glasfassade kann man das coole und moderne Vier-Sterne-Hotel im Stadtzentrum gar nicht übersehen. Vom Essbereich des Hotels genießt man

einen schönen Blick auf den Fluss. Die 116 Zimmer sind in psychedelischen Farben gestylt und es gibt zwei Bars.

Sligo City Hotel HOTEL €€
(☎ 071-914 4000; www.sligocityhotel.com; Quay St; Zi. 65–90 €; 📶) Besser könnte das renovierte vierstöckige Hotel nicht liegen. Alle 60 Zimmer weisen eine einheitliche einfache Farbgestaltung auf. Das Frühstück ist nicht im Preis enthalten.

Clayton Hotel HOTEL €€
(☎ 071-911 9000; www.claytonhotelsligo.com; Clarion Rd; Zi. ab 75 €; 🏊) Das riesige historische Hotel auf einem großen Grundstück wartet mit einigen ausgezeichneten Angeboten und jeder Menge Zimmern auf. Es liegt ein wenig nördlich vom Zentrum, aber es ist kein Problem, in die Stadt zu kommen. Zum Haus gehören ein Swimmingpool und ein Spa sowie zahlreiche Einrichtungen für Kinder. Wenn das Frühstück nicht im Zimmerpreis enthalten ist, kostet es 10 €.

Essen

★ **Fabio's** EIS €
(☎ 087-177 2732; Wine St; Portionen ab 2 €; ⏲ April–Okt. Mo–Do & Sa 11–19, Fr bis 19, So 12–19 Uhr, Nov.–März Mi–Sa 11–18, So 13–18 Uhr) Fabio wird als lokaler Held gehandelt, denn er macht angeblich das beste italienische Eis und die besten Sorbets in ganz Irland. Für die ständig wechselnden Sorten verwendet er vorwiegend natürliche Zutaten aus der Region. Auch der Kaffee ist gut und der Service ist freundlich.

★ **Lyons Café** MODERN EUROPÄISCH €
(☎ 071-914 2969; www.lyonscafe.com; Quay St; Hauptgerichte 7–16 €; ⏲ Mo–Sa 9–18 Uhr) Bereits 1878 wurde Sligos führendes Warenhaus, das Lyons, eröffnet – mit originalen Buntglasfenstern und knarrenden Holzfußböden – und nimmt seit 1923 immer mehr an Beliebtheit zu. Das luftige Café im ersten Stock ist alles andere als altmodisch. Hier kredenzt der bekannte Koch und Kochbuchautor Gary Stafford frische, saisonale Gerichte, die so kreativ wie zwanglos sind. Zu den Gourmet-Sandwiches zählt z. B. eins mit irischem Brie, wilder Rucola und Ballymaloe-Relish.

Miso Sligo JAPANISCH €
(☎ 071-919 4986; Stephen St; ⏲ Di–Fr 12–15 & 17–22, Sa 15–22, So 17–22 Uhr) Von außen mag das in einem modernen Häuserblock liegende Lokal wenig einladend erscheinen, doch die japanisch-koreanische Küche hier ist gut. Die Portionen an *gyoza* (Klößchen) sind etwas kläglich, doch das Sushi ist gut und das Miso-Ramen ist ausgezeichnet und sättigend. Außerdem gibt's Menüs und eine gute Auswahl an vegetarischen Gerichten.

Gourmet Parlour CAFÉ €
(☎ 071-914 4617; www.gourmetparlour.com; Bridge St; Hauptgerichte 4–12 €; ⏲ Mo–Sa 8–17 Uhr; 📶) Tolles, einfaches Essen bietet die Bäckerei mit Café. Die Sandwiches, Torten, warmen Mittagsgerichte und vieles andere sind großartig. Zahlreiche Gäste schwärmen von der Apfeltorte. Auch wenn man eigentlich nur einen Kaffee trinken möchte, wird man wahrscheinlich den verführerischen Leckereien nicht widerstehen können.

★ **Hargadons** PUB €€
(☎ 071-915 3709; www.hargadons.com; 4/5 O'Connell St; Hauptgerichte 8–20 €; ⏲ Küche Mo–Sa 12–15.30 & 16–21 Uhr) Es ist verdammt schwer, dieses wunderbare 1868 eröffnete, traditionell eingerichtete Pub wieder zu verlassen. Ein schiefer Steinfußboden, ein Torffeuer, uralte Schilder, behagliche Ecken und Regale voller uralter Flaschen verleihen dem Hargadons einen wunderbaren Charme. Darüber hinaus genießt die preisgünstige, hochwertige Küche, die lokale Zutaten wie Austern mit kontinentalem Flair kombiniert, einen guten Ruf. Auch der Service ist hervorragend.

Die Karte wechselt je nach Saison. Viele Weine stammen vom französischen Weingut des Pubs. Reservieren kann man nicht, darum sollte man etwas Wartezeit einplanen, während der man schon mal ein paar gute Mikrobiere genießen kann. An manchen Abenden gibt's traditionelle Livemusik.

Ausgehen & Unterhaltung

Harp Tavern PUB
(☎ 071-914 2473; Quay St; ⏲ 12 Uhr–open end) Rundum gute Kneipe mit einer herzlichen, warmen Atmosphäre und gutem Pubfood sowohl tagsüber als auch abends. Regelmäßige Sessions mit traditioneller Musik.

Thomas Connolly PUB
(☎ 071-919 4920; www.thomasconnollysligo.com; Markievicz Rd & Holborn St; ⏲ 11 Uhr–open end) Zahlreiche verblichene Fotos und Zeitungsausschnitte sowie alte Spiegel zieren die Wände der wundervollen alten Kneipe mit

NICHT VERSÄUMEN

MICHAEL QUIRKE: DER HOLZSCHNITZER AUS DER WINE STREET

Die unauffällige Werkstadt des Holzschnitzers und Geschichtenerzählers **Michael Quirke** (☎071-914 2624; Wine St; ⏲in der Regel Mo–Sa 9.30–12.30 & 15–17.30 Uhr) ist vom Geruch gefällter Hölzer und von Ahornholzresten erfüllt. Quirke übt sein Handwerk bereits seit 1968 aus. Er arbeitet heute noch mit derselben Säge, die er hier früher als Fleischer benutzte.

Viele seiner Objekte sind wie die Werke eines Yeats aus der heutigen Zeit von der irischen Mythologie inspiriert, über die er begeistert und kompetent zu erzählen weiß. Während seiner Arbeit plaudert Quirke gerne mit Kunden und neugierigen Besuchern, die manchmal stundenlang in seinem Laden bleiben.

Beim Erzählen holt er oft eine Karte der Grafschaft heraus und zeigt einem die Orte, über die er gerade spricht, z. B. sein geliebtes Carrowmore. So regt er seine Besucher zu einer eigenen Reise durch seine Heimat an. Falls er einen nach seinem Lieblingstier fragt, sollte man sich die Antwort gut überlegen, denn es ist nicht unwahrscheinlich, dass er auf der Stelle schnell eine Version des genannten Tieres schnitzt.

Craft-Bier und traditioneller Musik. Auch in der Holborn Street gibt's einen Eingang.

Blue Raincoat Theatre Company THEATER
(☎071-917 0431; www.blueraincoat.com; Lower Quay St) Das einstige Schlachthaus dient als Sitz der innovativen professionellen Theatergruppe Blue Raincoat, die hier u. a. eigene Produktionen und im Sommer auch Werke von Yeats zeigt.

Hawk's Well Theatre THEATER
(☎071-916 1518; www.hawkswell.com; Temple St) Das renommierte Theater mit 340 Plätzen präsentiert Konzerte, Tanzdarbietungen und Theaterstücke für Kinder und Erwachsene.

Shoppen

★**Liber Bookshop** BÜCHER
(☎071-914 2219; www.liber.ie; 35 O'Connell St; ⏲Mo–Sa 9–18 Uhr) Seit über 80 Jahren wird dieser fantastische Buchladen von derselben Familie betrieben. Hier bekommt man auch Empfehlungen zu den besten irischen Autoren und das Sortiment ist im Allgemeinen wirklich hervorragend.

Bookmart BÜCHER
(☎083-361 3127; https://sites.google.com/view/bookmart/home; 5 The Mall; ⏲Mo–Sa 10–18 Uhr) Dieses ausgezeichnete Antiquariat ist eine wahre Fundgrube für Bücher bekannter wie auch obskurer Autoren. Den Weg zum Buch weist ein freundliches und hilfsbereites Personal.

Hier finden auch Literaturveranstaltungen statt, am ersten Donnerstag des Monats gibt's z. B. um 20 Uhr Dichterlesungen.

Praktische Informationen

Die **Touristeninformation** (☎071-916 1201; www.sligotourism.ie; Ecke O'Connell & Wine St; ⏲Mo–Fr 9–17, Sa 9.30–17 Uhr) bietet Infos über den gesamten Nordwesten Irlands und viel Wissenswertes für Wanderer sowie jede Menge Karten und Broschüren.

An- & Weiterreise

Bus Éireann (☎071-916 0066; www.buseireann.ie; Lord Edward St) fährt vom unterhalb des Bahnhofs in der Lord Edward Street gelegenen Busbahnhof nach Ballina (17 €, 1½ Std., 1- bis 4-mal tgl.) und Donegal-Stadt (15 €, 1 Std., 6-mal tgl.).

Vom Bahnhof an der Lord Edward Street fahren Züge über Boyle, Carrick-on-Shannon und Mullingar nach Dublin (20 €, 3 Std., 7-mal tgl.).

Rund um Sligo (Stadt)

Rosses Point

830 EW.

Dieser malerische Badeort lockt mit Grasdünen, die sich rund um den goldenen Strand erstrecken. In der Ferne ragt Sligos bekanntestes Wahrzeichen, der Benbulben (525 m) auf. Vor der Küste weist der sonderbare und kecke Metal Man (Standbild eines Seemanns aus Eisen) den Weg in den Hafen. Von Weitem sieht man die autofreien Inseln Coney Island und Oyster Island.

Rosses Point hat zwei herrliche Strände mit Blauer Flagge, den **First** und den **Second Beach** auf der Westseite der Landspitze; der Second Beach ist der längere der beiden.

Der **County Sligo Golf Course** (☎071-917 7171; www.countysligogolfclub.ie; Greenfees auf dem 18-Loch-Meisterschaftsplatz 145–165 €, Tagesgebühr 270 €; ⊙April–Okt.) erfreut sich einer atemberaubenden Lage auf der Halbinsel und ist einer der anspruchsvollsten Golfplätze Irlands. Daher lockt er als vielleicht bester und malerischster Platz des Landes Golfer aus aller Welt an.

Essen

Little Cottage Café CAFÉ €
(☎071-911 7766; abseits der R291; Hauptgerichte ab 4,50 €; ⊙9.30–17 Uhr) Das reizende, lichtdurchflutete kleine Café befindet sich in einem kleinen weißen Bungalow. Geboten werden hier tolles Frühstück und köstliche Sandwiches und Suppen.

Harry's Bar IRISCH €€
(☎071-917 7173; www.harrysrossespoint.com; Rosses Point; Hauptgerichte 12–25 €; ⊙Küche Di–Sa 11–21 Uhr; 📶) Harry's Bar – auf der rechten Seite, wenn man in den Ort kommt – wartet mit einem historischen Brunnen (der in der Bar als Tisch dient), einem Aquarium und allerlei maritimem Schnickschnack auf. Sie wird seit 1870 von derselben Familie geführt und bietet gutes, traditionelles Essen.

Carrowmore

★ **Carrowmore Megalithic Cemetery**
ARCHÄOLOGISCHE STÄTTE
(☎071-916 1534; www.heritageireland.ie; Erw./Kind 5/3 €; ⊙Ostern–Mitte Okt. 10–18 Uhr, letzter Einlass um 17 Uhr; P) Einer der größten steinzeitlichen Friedhöfe Europas hat sich verdientermaßen einen tollen Ruf erworben. Besucher von Sligo sollten diese Attraktion keinesfalls verpassen. Etwa 60 Monumente, darunter Steinkreise, Ganggräber und Dolmen, schmücken die sanft geschwungenen Hügel der geheimnisvollen Stätte, die vermutlich 700 Jahre älter ist als Newgrange im County Meath (S. 545).

Von Sligo-Stadt folgt man der R292 etwa 4 km Richtung Westen und richtet sich dann nach der Beschilderung. Zwar wurden zahlreiche Steine im Laufe der Jahrhunderte zerstört, aber bei den fortschreitenden Ausgrabungsarbeiten stoßen die Archäologen auf dem öffentlichen und dem benachbarten privaten Gelände immer wieder auf Gräber.

Ständig kommen weitere spektakuläre Details ans Tageslicht, die etwas über die Wichtigkeit von Carrowmore aussagen. Beispielsweise ist höchst bedeutsam, wie die vielen Elemente zu den Hügeln und Bergen der Umgebung ausgerichtet sind. Die Fundplätze sind nummeriert und es stellte sich heraus, dass die Stätte 51 immer am 31. Oktober (Halloween) direkt von der Sonne beschienen wird. Eine Menge Leute behaupten, hier starke Kräfte zu spüren. Dementsprechend trifft man vor Ort mit hoher Wahrscheinlichkeit ein paar spirituelle Pilger.

Ursprünglich waren die sorgsam aufgestapelten Dolmen mit Steinen und Erde bedeckt, daher ist es nicht ganz einfach, sich auszumalen, wie das 2,5 km breite Gelände einmal ausgesehen haben mag. Um Besuchern einen Einblick in die damals benutzten Materialien und Methoden zu geben, wurde ein großes zentrales Steingrab rekonstruiert. Die Mitarbeiter des Infozentrums erzählen einem gern mehr darüber und geben außerdem zu den aktuellen Entdeckungen Auskunft.

★ **Knocknarea Cairn** HISTORISCHE STÄTTE
(Cnoc na Riabh; 👪) Sligos berühmtestes Steingrab liegt auf dem Knocknarea, der Gelegenheit zu einem zauberhaften Aufstieg bietet. Angeblich handelt es sich um das Grab der legendären Königin Maeve (oder Königin Mab, wie sie in walisischen und englischen Erzählungen heißt). Allerdings sind die 40 000 t Steine nie genauer untersucht worden, obwohl spekuliert wird, dass sich darunter eine ähnlich spektakuläre Grabkammer wie in Newgrange befinden könnte.

Der Parkplatz befindet sich nahe der R292 und das Steingrab liegt 2 km nordwestlich von Carrowmore: Vom Steinzeitfriedhof aus geht's entlang der Straße in Richtung Westen, dann biegt man an einer Kirche rechts ab und folgt nun der Beschilderung.

Der Steinhaufen erhebt sich auf einem Kalksteinplateau (328 m). Zu ihm führt ein 40-minütiger Fußweg (1,2 km – wer fit und schnell ist, ist in 20 Minuten oben). Oben angekommen, wird man mit einer atemberaubenden Aussicht auf den Benbulben, Rosses Point und den Atlantik belohnt. Das Steingrab scheint einem ständig über die Schulter zu schauen, wenn man es wagt, ihm zu nahe zu treten. Viele Menschen sind der Meinung, das Gestein sei mit Absicht wie eine riesige Brustwarze geformt, was noch deutlicher zu sehen ist, wenn man die gesamte Stätte von Carrowmore aus betrachtet. Leute, die an eine tiefere Bedeutung

WILLIAM BUTLER YEATS & DIE IRISCHE MYTHOLOGIE

William Butler Yeats erzählte gern, er habe 1889 im Alter von 24 Jahren „die meisten, wenn nicht alle irischen Volksmärchen gelesen". Vermutlich stimmt das, denn seine Werke, egal ob Lyrik, Prosa oder Theaterstücke, sind eine Hommage an die keltischen Mythen und Legenden. Auch Yeats' Liebe zum County Sligo passt dazu, denn dies ist die Heimat antiker keltischer Stätten wie **Carrowmore** (S. 463). Der Steinzeitfriedhof birgt althergebrachte Geheimnisse und Wahrheiten, von denen viele noch heute nicht entdeckt sind.

Yeats glaubte fest daran, dass sich die Iren von der Dominanz der Engländer befreien und sich ihre eigene, rein irische Identität erschaffen könnten, indem sie die antiken keltischen Mythen zelebrieren, die noch bis heute im ganzen Land nacherzählt werden. Ein Meilenstein dafür war das Buch *Fairy and Folk Tales of the Irish Peasantry*, an dem der Autor 1888 mitarbeitete. Vier Jahre später verfasste er die *Irish Fairy Tales* für Kinder. In beiden Büchern hielt er zahlreiche der bekanntesten irischen Mythen, Charaktere und Sagen fest, die heute zum Volksgut zählen, darunter:

Fairies (Feen) Da Yeats sehr an Okkultes glaubte, fiel es ihm leicht, seine Ansichten mit dem bei den Menschen vom Land weitverbreiteten Glauben an das Feenvolk zu vereinbaren. Er schrieb den winzigen Wesen alle möglichen Eigenschaften zu (wobei sie fast immer schelmisch sind) und teilte sie grob in Gut und Böse auf. In *The Land of Heart's Desire* schrieb er:

„Feen, kommt und entführt mich aus dieser stumpfsinnigen Welt,
Dann würde ich mit euch auf dem Wind reiten,
Über die brandende Flut laufen,
Und wie eine Flamme auf den Bergen tanzen."

Leprechauns (Kobolde) Diese einzelgängerischen Mitglieder der viel größeren Feenfamilie bezeichnete Yeats als „schlampige, krumme, höhnische und bösartige Phantome" und als „großartige pragmatisch veranlagte Witzbolde". Anders als die grün gekleideten heutigen Kobolde der Geschenkshops tragen die *leprechauns* von Yeats rote Jacken und sind unendlich geizig.

Banshees (Geisterfrauen) Typischerweise handelt es sich hierbei um Frauen unterschiedlichen Alters, die süß oder alt und schrullig sein können. Sie tauchen weinend auf, bevor jemand stirbt. Lange Zeit waren sie gefürchtet, aber Yeats betrachtete sie wohlwollender und schrieb: „Wer mit einer Todesfee plaudert, wird feststellen, dass sie gutherzig ist."

Yeats ließ sich meist von keltischen Mythen inspirieren und schrieb auch eine Menge über die alten irischen Götter, z. B. Aengus, den irischen Gott der Liebe, und Cuchulain, einen großen irischen Krieger in der Art des Herkules. In dem Gedicht *Cuchulain Comforted* (1939) verbindet er den Mythos mit einer typischen irischen Eigenschaft und formulierte: „Nun sollen wir singen und wir singen so gut wie wir können."

solcher Plätze glauben, sagen, man könne unschwer die Form einer liegenden Frau oder Göttin erkennen. Angeblich wurde Königin Maeve aufrecht samt Speer im Cairn bestattet, mit Blick auf ihre Feinde in Ulster.

W. B. Yeats war von den Geschichten, die sich um den Knocknarea ranken, sehr fasziniert und so hielt der Zauber der Stätte Einzug in seine Dichtung, z. B. in seinen *Geschichten von Rot-Hanrahan*.

Beim Aufstieg sollte man einen Stein mit nach oben nehmen, um ihn auf den Cairn zu legen – das soll angeblich Glück bringen. Doch das Steingrab selbst darf man auf keinen Fall besteigen! Für den Aufstieg auf den Berg ist gutes Schuhwerk nötig.

Strandhill

1650 EW.

Die großartigen Wellen des Atlantiks, die sich vor Strandhill auftürmen, machen den langen rotgoldenen Strand der Ortschaft zu einem Mekka für Surfer. Außerdem liegt das Örtchen nicht weit vom Knocknarea Cairn entfernt, einer der bedeutendsten archäologischen Stätten Irlands, zu der eine wunderbare Wanderung hinaufführt.

Aktivitäten

Zum Schwimmen ist die Brandung zwar zu stark, aber sowohl nach Norden als auch nach Süden lassen sich herrlich lange und erfrischende Wanderungen am Strand und in den Dünen unternehmen. Dabei genießt man einen tollen Blick auf die beeindruckenden Wellen. Viele Besucher kommen vor allem zum Surfen hierher.

Voya Seaweed Baths SPA

(☎ 071-916 8686; www.voyaseaweedbaths.com; Shore Rd, Strandhill; Bäder ab 28 €; ⏲10–20 Uhr) In diesem Spa direkt am Strand kann man sich ganz in Algen versenken. Auf Nachfrage ist es auch möglich, sein Bad mit jemandem zu teilen.

Perfect Day Surf & SUP School SURFEN

(☎ 087 202 9399; www.perfectdaysurfing.ie; Shore Rd; Kurse Erw./Kind ab 30/20 €; ⏲April–Okt.) Leihausrüstung, Surfunterricht und Stand-up-Paddleboard-Kurse (35–50 €). Meistens parkt der gelbe Transporter des Veranstalters am Strand an der Shore Road.

Strandhill Surf School SURFEN

(☎ 071-916 8483; www.strandhillsurfschool.com; Beachfront; Kurse Erw./Kind ab 30/20 €; ⏲April–Okt.) Bietet Ausrüstungsverleih und Kurse mit gut qualifizierten Lehrern sowie eine Brandungs-Webcam auf der Website. Für Kids werden im Sommer fünftägige Camps (100 €) veranstaltet.

Schlafen

Surf & Stay Lodge & Hostel LODGE €

(☎ 071-916 8313; www.surfnstay.ie; Shore Rd; Hostel B 20–25 €, 2BZ 40–50 €, Lodge EZ 40–50 €, DZ 40–80 €, Camping 10 €; WLAN) An dem offenen Feuer im Gemeinschaftsraum des 34-Betten-Hostels in Strandnähe hängen jede Menge Surfer rum. Die kleinen komfortablen Zimmer in der dazugehörenden, benachbarten Lodge ähneln denen eines B&Bs. Einige teilen sich Gemeinschaftsbäder. Der Strand ist in der Nähe und auf dem Gelände befindet sich auch eine Surfschule (Surfunterricht 20–40 €; SUP 40–50 €).

Ocean Wave Lodge B&B €

(☎ 071-916 8115; www.oceanwavelodge.com; Top Rd/R292; B/EZ/DZ ab 18/35/49 €; P WLAN) Das große moderne Haus oberhalb vom Strand hat minimalistisch gestaltete, aber komfortable Zimmer. Frühstück ist im Preis inbegriffen, außerdem können Gäste die Selbstversorgerküche und den großen Aufenthaltsbereich nutzen.

Strandhill Lodge & Suites PENSION €€

(☎ 071-912 2122; www.strandhilllodgeandsuites.com; Top Rd/R292; EZ/DZ ab 65/100 €; WLAN) Diese hervorragende Pension oben auf dem Hügel verfügt über 22 helle, geräumige Zimmer mit Kingsizebetten, stylish-neutraler Einrichtung und hochwertigem Design. Die Zimmer sind unterschiedlich groß, aber die meisten bieten einen herrlichen Blick aufs Meer und Terrassen oder Balkone.

Essen & Ausgehen

Shells CAFÉ €

(☎ 071-912 2938; www.shellscafe.com; Shore Rd; Hauptgerichte ab 6 €; ⏲9–19 Uhr; 👪) In dem lebhaften kleinen Café direkt am Strand stammen die Blumen auf den Tischen und die Kräuter im Essen aus dem Garten des Besitzers. Das Gebäck ist hervorragend, der Kaffee auch. Es gibt ein wunderbares Frühstück und mittags Salate, Fischsuppe, Burger sowie tolle Fish 'n' Chips. Minuspunkte: Es ist überfüllt, und während der Stoßzeiten bedient zu werden ist fast unmöglich.

★ **Trá Bán** MODERN IRISCH €€

(☎ 071-912 8402; www.trabansligo.ie; Shore Rd; Hauptgerichte 17–26 €; ⏲17–21.30 Uhr; 👪) In dem zu Recht beliebten Restaurant mit entspannter Atmosphäre im ersten Stock über der Strand Bar stehen ausgezeichnete Pasta, Steaks und Meeresfrüchte auf der Karte. Wer nicht weiß, was er bestellen soll: Die Meeresfrüchte-Linguini sind klasse. Unbedingt reservieren.

Strand Bar PUB

(☎ 071-916 8140; Shore Rd; ⏲11 Uhr–open end) Surfer, Einheimische und Touristen drängen sich in den Nischen und Eckchen dieses geselligen Pubs oder lauschen auf der Terrasse davor der Brandung. Es gibt Pubfood und an den Wochenenden Livemusik. Oben befindet sich ein hervorragendes Restaurant.

An- & Weiterreise

Strandhill liegt 8 km westlich von Sligo (Stadt) in der Nähe der R292. Von Sligo (Stadt) fährt regelmäßig der Stadtbus S2 her (4 €, stündl., 30 Min.).

Südlich von Sligo (Stadt)

Carrowkeel

★ **Carrowkeel Megalithic Cemetery** ARCHÄOLOGISCHE STÄTTE

Wer von den Bricklieve Mountains aus aufs Land hinunterschaut, wird sich wahrscheinlich nicht wundern, dass diese Bergkuppe in prähistorischer Zeit als heilig galt. Hier gibt's nur ein paar Schafe und ansonsten unberührte und spektakuläre Natur. Zum Friedhof, der in die späte Steinzeit datiert wird (3000–2000 v. Chr.), gehören 14 Hügelgräber, Dolmen und verstreute Überreste anderer Ruhestätten.

Carrowkeel liegt näher an Boyle als an Sligo. Von der R295 im Westen oder der N4 im Osten sind es ca. 5 km. Einfach der Beschilderung folgen.

Die windumtoste einsame Stätte ist zugleich furchteinflößend und erhebend. Allein der weite Blick über Süd-Sligo vom Parkplatz aus lohnt die Anfahrt, doch die Ausblicke über Lough Arrow, wenn man weitergeht, sind genauso umwerfend. Vom Parkplatz zur ersten antiken Stätte, **Cairn G**, ist es 1 km Fußweg – nach dem Schild mit der Beschriftung „Pedestrians Only" und einem Pfeil Ausschau halten und dem Pfeil folgen. Die Öffnung im Dach über dem Eingang des Cairns ist so ausgerichtet, dass zur Sommersonnenwende bei Sonnenuntergang Licht in die innere Kammer fällt. Mit der einzigen anderen bekannten Dachöffnung dieser Art in Irland kann nur Newgrange im County Meath (S. 545) aufwarten. Wer zu den drei anderen Cairns weitergeht, von denen der letzte zusammengefallen ist, gelangt zu einem Zaun mit einer Plastikröhre über dem Draht. Hier steigt man drüber und kommt bald zu einer großen **Kalksteindoline** voller kleiner Bäume und Sträucher.

Die Hügel ringsum sind voller sichtbarer Zeugnisse des frühzeitlichen Lebens, darunter 140 Steinkreise. Dabei handelt es sich um die Überreste der Fundamente eines großen Dorfes, in dem vermutlich die Erbauer der Gräber wohnten.

Ballymote & Umgebung

1600 EW.

Dieser hübsche kleine Ort lohnt einen Abstecher, wenn man sich mit der irischen Kultur und Geschichte beschäftigen möchte. Hier locken eine imposante Burgruine sowie Ausflüge zu den Höhlen von Keash.

Sehenswertes

Ballymote Castle BURG

(Tubbercurry Rd/R296) Die riesige Ruine des Ballymote Castle beim Bahnhof ist ein echter Klassiker. Von der im 14. Jh. errichteten Festungsschanze mit den eindrucksvollen Rundtürmen marschierte Red Hugh O'Donnell 1601 in die Schlacht von Kinsale und damit in sein Verderben.

WANDERN IN SLIGO

Irland mangelt es nicht an Wanderwegen, das gilt vor allem für das County Sligo. Eine der zahlreichen Routen ist der 78 km lange markierte **Sligo Way** (www.irishtrails.ie), der u. a. in die Ox Mountains sowie zum Lough Easkey und zum Lough Gill führt.

Es gibt jede Menge Einrichtungen und Organisationen für Wanderer, z. B.:

Sligo Walks (www.sligowalks.ie) Hervorragende Website mit etlichen Wanderungen, Karten und Bewertungen.

Sligo Mountaineering Club (www.sligomountaineeringclub.org) Eine gute Website für Infos zur Besteigung des Benbulben, mit sinnvollen Details zu Fragen der Sicherheit.

Muddy Boots Trekking (☎ 087 642 9131) Organisiert Wanderungen auf den Benbulben und zu anderen Orten.

Sea Trails (S. 460) Sehr empfehlenswert, geführt von der Meeresarchäologin Auriel Robinson. Bietet interessante Wanderungen an, die sich auf historische und archäologische Stätten und die Schönheit der Natur an sowie nahe der Küste konzentrieren.

Sligo Walking Guide Die nützliche kostenlose Broschüre mit zahlreichen Routen ist in den Touristeninformationen erhältlich.

Caves of Keash HÖHLE
(abseits der R295) Diese prächtigen Kalksteinhöhlen rund 6 km außerhalb von Ballymote hoch oben in der Flanke des Keshcorran lassen sich wunderbar erkunden. Man kann unten bei den Feldern am Fuß des Berges parken und nach oben klettern. Bis zu den Höhlen, von denen einige recht tief sind, ist es nicht weit, und von oben hat man einen ausgezeichneten Ausblick über die Landschaft. Insgesamt gibt's hier 16 Höhlen. Vorsicht: Es kann recht steil und nach Regenfällen rutschig sein!

Coleman Irish Music Centre KULTURZENTRUM
(☎ 071-918 2599; www.colemanirishmusic.com; Gurteen; ⏲ Mo–Sa 10–17 Uhr) 12 km südlich von Ballymote im kleinen Dorf Gurteen an der R293 bietet dieses Musikzentrum eine Ausstellung über multimediale Musik, Workshops und Vorführungen. Im Laden auf dem Gelände kann man seine Musiksammlung ergänzen sowie Instrumente und Noten kaufen.

Aughris Head

Von der N59 führt ein Abstecher Richtung Norden zum Aughris Head. Ein 5 km langer Wanderweg folgt den Klippen um die entlegene Landspitze herum, in deren Bucht oft Delfine und Seehunde zu sehen sind. Vogelfreunde sollten unterwegs nach Dreizehenmöwen, Eissturmvögeln, Lummen, Krähenscharben, Sturmschwalben und Brachvögeln Ausschau halten.

Beach Bar FISCH & MEERESFRÜCHTE €€
(☎ 071-917 6465; www.thebeachbarsligo.com; Aughris Head; Hauptgerichte 10–25 €, Stellplatz Zelt/Wohnmobil ab 10/20 €, EZ/DZ ab 35/70 €; ⏲ im Sommer Küche tgl. 12–20 Uhr, im Winter Fr–So; 📶) In geschützter Lage am Meer gleich beim Klippenwanderweg wartet die Beach Bar in einem strohgedeckten Cottage aus dem 17. Jh. mit toller traditioneller Livemusik auf und serviert zudem großartige Meeresfrüchte, z. B. cremige Muschelsuppe und pochierten Lachs. Den Inhabern gehört auch das benachbarte **Aughris House B&B** mit sieben komfortablen Zimmern mit WLAN und einem angrenzenden Campingplatz.

Easkey

Easkey zählt zu Europas besten ganzjährigen Surfspots. Trotzdem drehen sich die Gespräche in den Pubs mit Namen wie Lobster Pot und Fisherman's Weir in erster Linie um Hurling und die Preise für Fisch und Meeresfrüchte. Die Straße zum Strand verläuft östlich der Ortschaft. Es gibt kaum touristische Einrichtungen. Viele Surfer campen (kostenlos) am Meer rund um die Ruine von Easkey Castle.

Wer sich dem Ort von Osten her nähert, sollte nach dem Split Rock Ausschau halten, einem riesigen, in zwei Teile gespaltenem Felsen, um dessen Entstehung sich zahlreiche Legenden ranken. Angeblich soll sich der Fels schließen, wenn man sich dreimal durch den Spalt quetscht.

Das helle, einladende und große Café Pudding Row (☎ 096-49794; Main St; Hauptgerichte ab 5 €; ⏲ Do–So 11–17 Uhr) serviert gute hausgemachte Backwaren und liefert dazu schöne Ausblicke.

Enniscrone

In diesem sehr ruhigen Urlaubsort an der Killala Bay dreht sich alles ums Meer und die tollen Ausblicke und Sonnenuntergänge. Der herrliche **Enniscrone Beach** (www.enniscronebeach.com) ist 5 km lang.

Aktivitäten

Seventh Wave Surf School SURFEN
(☎ 087 971 6389; www.surfsligo.com; Beach, Enniscrone; Kurse Erw./Kind ab 30/25 €; ⏲ April–Okt.) Veranstaltet Surfkurse und verleiht Surfboards.

Kilcullen's Seaweed Baths SPA
(☎ 096-36238; http://homepage.eircom.net/~seaweedbaths/frame.htm; Cliff Rd, Enniscrone; Bäder ab 25 €; ⏲ Juni–Aug. 10–22 Uhr, April, Mai, Sept. & Okt. Mo–Fr 12–20, Sa & So 10–20 Uhr, Nov.–April Sa & So 10–20 Uhr) Enniscrone wartet mit traditionellen Meeresalgenbädern auf, die landesweit einen hervorragenden Ruf haben. Das beste Spa ist das stimmungsvolle edwardianische Badehaus Kilcullen's.

Schlafen & Essen

Quirky Glamping Village RESORT
(☎ 096-75290; www.quirkyglamping.town.ie/; 📶) Bei der Unterkunft, die 2018 eröffnen soll, handelt es sich um ein sehr exzentrisches „Dorf". Man kann in einem von acht Zimmern mit Bad in einer Boeing 767, in einem Doppeldeckerbus mit kleiner Küche, in einem Londoner Taxi (für 1 oder 2 Pers.), auf einem Boot im Jachthafen oder in einem Eisenbahnwagen nächtigen. Auf der Website kann man sich anschauen, wie die Boeing herbeigekarrt wurde.

Pilot Bar MODERN IRISCH €€

(☎ 096-36131; www.thepilotbar.ie; Ecke Cliff Rd & Main St; Hauptgerichte 6–20 €; ⏲ Bar Mo–Fr 16 Uhr–open end, Sa & So 9 Uhr–open end, Küche Mi–So;) An den Tischen auf der Terrasse kann man zwischen Topfpflanzen die Sonne genießen. Im maritim dekorierten Inneren kommt Seemannsatmosphäre auf. Das Essen ist einfach, aber köstlich und besteht größtenteils aus regionalen Zutaten.

An- & Weiterreise

Busse aus Sligo-Stadt (15,10 €, 1¼ Std.) halten hier dreimal täglich auf dem Weg nach Ballina.

Lough Gill & Umgebung

Einst war der spiegelblanke Lough Gill (Lake of Brightness) für Yeats ein großartiger Ort der Inspiration.

Nur 6 km von Sligo-Stadt entfernt liegt der See im Schatten zweier herrlicher Wälder – Hazelwood und Slish Wood – mit tollen Rundwanderwegen. Letzterer lockt zudem mit einem tollen Ausblick nach Innisfree Island.

Am Parke's Castle (S. 516) im nahen County Leitrim starten Bootstouren. Dabei sollte man auf die Schatten riesiger Lachse und Otter achten.

Der See befindet sich unmittelbar im Osten von Sligo-Stadt. Ob man fährt oder reitet – die R286 entlang der Nordküste bietet den schönsten Blick. Bis Dooney Rock ist die Südroute an der R287 weniger interessant.

Sehenswertes

Dooney Rock BERG

7 km südwestlich von Sligo (Stadt) an der R287 erhebt sich dieser riesige zerklüftete Kalksteinhügel über das Südufer des Sees. Yeats machte ihn durch sein Gedicht *Der Geiger von Dooney* unsterblich. Auf dem Gipfel eröffnet sich ein wunderbarer Ausblick. Einen Parkplatz gibt's direkt am Fuß des Hügels. Bei Sonnenuntergang bietet der Ausblick auf den See ein wunderbares Fotomotiv.

Magheraghanrush Court Tomb ARCHÄOLOGISCHE STÄTTE

Vom Parkplatz gelangt man nach zehn Minuten Fußweg durch einen von Kiefernduft gesättigten Wald zu diesem geheimnisvollen Court Tomb („Hofgrab"). Das zerbröselnde Grab von etwa 3000 v. Chr. ist grob mit einer menschlichen Gestalt vergleichbar, mit einem großen bauchähnlichen Hof in der Mitte und mehreren davon abzweigenden Begräbniskammern, also quasi Kopf und Beinen.

Von Sligo nimmt man die N16 Richtung Osten und biegt auf die R286 ab. Fast sofort geht's dann auf eine Nebenstraße nach Manorhamilton und nach 3 km erreicht man den Parkplatz.

Nach 50 m biegt der Pfad zum Grab nach rechts einen kleinen Hügel hoch ab.

Innisfree Island INSEL

Leider ist das winzige, verlockend nah am Südostufer des Sees gelegene Inselchen nicht für Besucher zugänglich. Seine friedliche Ausstrahlung inspirierte Yeats zu seinem berühmten Gedicht *Die Seeinsel von Innisfree (1890)*:

„Ich steh jetzt auf und gehe nach Innisfree sofort,
Auf Lehm und Reisig bau ich mir eine Hütte dort,
Und hab neun Reihen Bohnen, ein Bienenvolk, das brummt,
Und leb allein im Wald, von Bienen umsummt."

Zum besten Aussichtspunkt der Insel führt eine kleine Straße, die an der Kreuzung von R287 und R290 beginnt. Man folgt ihrem kurvigen Verlauf 4,2 km bis zu einem kleinen Parkplatz am Wasser.

Nördlich von Sligo (Stadt)

Stimmungsvolle Küstenstraßen und einsame Bergpfade ziehen sich durch das Herz des Yeats-Landes – die Landschaft hier ist wirklich grandios.

Benbulben

Von überall sichtbar erhebt sich der Benbulben (525 m; oft auch Ben Bulben geschrieben) wie eine behäbige grün-graue Eminenz. Er ähnelt einem Tisch mit einem gefalteten Tuch: Das Kalksteinplateau ist ungewöhnlich flach und seine fast senkrecht abfallenden Seiten sind von Rinnsalen durchzogen. Wenn man sich nicht auskennt, kann das Wandern hier gefährlich werden.

Jeden Sonntag veranstaltet der Sligo Mountaineering Club (www.sligomountaineeringclub.com) Wanderungen, nicht nur in Sligo, sondern auch in Leitrim, Mayo, Galway, Roscommon und Donegal.

ABSTECHER

LISSADELL HOUSE

Das prächtige **Herrenhaus** (www.lissadellhouse.com; Erw./Kind Haus & Gelände 14/6 €, Ausstellung & Gelände 10/5 €), Stammsitz der Familie Gore-Booth, ist eine der Top-Sehenswürdigkeiten der Region. Hier wuchs die revolutionäre Nationalistin und Sozialistin Constance Gore-Booth (Gräfin Markievicz) auf und W. B. Yeats kam oft zu Besuch vorbei. Die wundervollen Außenanlagen mit einem tollen ummauerten Alpengarten können – mit Eintrittskarte – in Eigenregie erkundet werden, auf einer Führung sind auch Teile des Hauses zugänglich.

Von Sligo nimmt man die N15 nach Drumcliff, fährt dann auf der L3305 durch Carney und folgt der Ausschilderung.

1918 wurde die Gräfin Markievicz als erste Frau überhaupt ins britische Unterhaus gewählt. Auf der sehr informativen 45-minütigen Führung können verschiedene Räume des Hauses wie z. B. der Salon, das Billardzimmer und das Untergeschoss, wo sich früher die Küchen befanden, besichtigt werden. Doch da das Gebäude bewohnt ist, ist das Obergeschoss tabu. Mit einer billigeren Eintrittskarte kann man sich die Ausstellung im Kutschenhaus und die Außenanlagen anschauen, doch eigentlich lohnt sich besonders die Besichtigung des Hauses, das die derzeitigen Besitzer für viel Geld restaurieren ließen.

Das schönste Gebiet für Wanderungen im Schatten des Benbulben ist das Gortarowey Forest Recreation Area, das zum Benbulben Forest gehört.

Hier gibt's drei Wege, u. a. einen kurzen; die längeren Rundwege führen an den Nordhängen des Bergs entlang, von wo sich spektakuläre Ausblicke bieten.

Am längsten ist der deutlich beschilderte, 5,5 km lange (ca. 2 Std.) **Benbulben Loop** (www.coillteoutdoors.ie; abseits der N15). Alle Wege beginnen und enden am Parkplatz.

Drumcliff & Umgebung

Die Schönheit des Plateaus ließ auch W. B. Yeats nicht unbeeindruckt. Vor seinem Tod in Menton, Frankreich, im Jahre 1939 äußerte er die Bitte: „Wenn ich hier sterbe, begrabt mich oben auf dem Berg, und nach ungefähr einem Jahr grabt mich wieder aus und bringt mich unbemerkt nach Sligo." Dieser Wunsch wurde erst 1948 erfüllt, als sein Leichnam auf dem Friedhof von Drumcliff beigesetzt wurde, wo sein Urgroßvater Gemeindepfarrer gewesen war.

Drumcliff selbst ist klein und die wichtigsten Sehenswürdigkeiten – Yeats' Grab, die Überreste des Rundturms und das Hochkreuz – liegen nahe beieinander. Dazwischen befindet sich der Café & Crafts Shop.

Von Sligo fahren Busse nach Drumcliff (5 €, 15 Min., 7- oder 8-mal tgl.).

Sehenswertes

★ **Yeats' Grab** DENKMAL
(abseits der N15; ⌚ Sonnenauf- bis Sonnenuntergang) Lange glaubte man, dass Yeats neben dem Tor der protestantischen Kirche begraben worden sei, doch jüngere Belege sprechen dafür, dass die Knochen, die 1948 mit dem Schiff aus Frankreich hergebracht wurden, überhaupt nicht seine waren. Vermutlich sind die Gebeine des Autors im Chaos des Zweiten Weltkriegs in einem Ossarium mit den Knochen anderer Verstorbener durcheinandergeraten. Wie auch immer, Yeats' junge Braut, Georgie Hyde-Lee, ist jedenfalls neben ihm begraben. Yeats war schon 52, als er seine fast 30 Jahre jüngere Frau heiratete.

Das Epitaph des Dichters stammt aus seinem Gedicht *Unter Ben Bulben*:

„Wirf einen kalten Blick
Auf Leben, auf Tod.
Reiter, reite vorbei!"

Neben der Kirche befindet sich ein zur Mittagszeit sehr beliebtes kleines **Café mit einem Kunsthandwerksladen** (Hauptgerichte ab 4 €; ⌚ 9–17 Uhr) und einer guten Auswahl an Büchern. Mittags zieht es zahlreiche Einheimische an.

Genau diese Stelle wählte der hl. Colmcille im 6. Jh. für ein Kloster aus. Noch heute sieht man an der nahegelegenen Hauptstraße die Ruinen eines **Rundturms**, der 1396 vom Blitz getroffen wurde. Im Kirchhof steht ein außergewöhnliches **Hoch-**

kreuz aus dem 11. Jh. mit fein eingemeißelten Bibelszenen, z. B. von Adam und Eva und Daniel in der Löwengrube. Einen Parkplatz gibt's gleich neben der Kirche.

Schlafen & Essen

★ Ardtarmon House LODGE €€
(☎ 071-916 3156; www.ardtarmon.com; Raghly Rd, Ballinfull; EZ/DZ ab 50/80 €, Hütte 100–450 €; ⏲ Ende Dez.–Anfang Jan. geschl.) Diese in fünfter Generation familiengeführte Unterkunft wartet mit einer unvergleichlichen Lage 10,5 km westlich der N15 auf. Es gibt vier große Zimmer im efeubewachsenen Herrenhaus und fünf Cottages für Selbstversorger in umgewandelten Hofgebäuden. Nach einem 450 m langen Spaziergang durch den mit Wildblumen bewachsenen Garten erreicht man den Strand. Auf Bestellung gibt's Abendessen (30 €) mit hausgemachten Produkten.

Yeats Lodge B&B €
(☎ 071-917 3787; www.yeatslodge.com; Drumcliff; EZ/DZ ab 45/70 €; P 📶) Dank der freundlichen Besitzer, der großen, modernen Zimmer und der friedlichen Atmosphäre trifft man mit dem B&B nur 300 m von der N15 entfernt eine gute Wahl. Die Yeats Lodge besitzt eine geschmackvolle rustikale Einrichtung und bietet einen Blick auf den Benbulben. Im Juli und August kosten Doppelzimmer 80 €.

★ Rathcormac Food & Craft Market MARKT
(abseits der N15, Rathcormac; ⏲ Sa 10–15 Uhr) Am besten legt man seinen Besuch so, dass man diesen Markt besuchen kann, der im Branley's Yard zwischen Antiquitätenläden und einem guten Café abgehalten wird. Er ist klein, doch hier verkaufen die besten Hersteller der Region fertig zubereitetes Essen, landwirtschaftliche Produkte, Käse, Backwaren und vieles mehr. Es macht Spaß, umherzuschlendern, sich einen Snack zu genehmigen und Zutaten für ein Picknick einzukaufen.

Lough Glencar

Dieser malerische See in den Counties Sligo und Leitrim eignet sich nicht nur hervorragend zum Angeln, sondern lockt auch mit einem herrlichen Wasserfall. Yeats würdigte die Kaskade 1889 in *Das geraubte Kind*. Am besten lässt sich die Umgebung zu Fuß erkunden. Ein Wanderweg führt nach Osten und dann über den steilen Weg im Norden des Tals. Am schönsten ist Lough Glencar bei Sonnenuntergang.

Streedagh Strand

Manchmal werden am **Streedagh Strand** Teile der spanischen Armada angespült, weil vor der Küste drei Wracks liegen, die *Juliana*, die *Lavia* und die *Santa Maria de Visón*. Über 1000 Soldaten und Seeleute kamen zu Tode, als die Schiffe in einen Sturm gerieten. Diese Stätte ist nicht nur archäologisch äußerst bedeutsam, sondern es finden sich hier auch versteinerte Korallen, faszinierende geologische Formationen und ein Keilgrab. Außerdem blickt man von hier auf die Insel Inishmurray.

Einige Leute meinen, die spanischen Schiffswracks seien bei Ebbe sichtbar; doch was man sieht, sind die Rippen eines „Butterboots".

Am besten erkundet man die hiesigen Sehenswürdigkeiten auf einer Wanderung von Sea Trails (S. 460) mit Auriel Robinson. Sie erklärt den Teilnehmern die örtliche Geologie und die Meeres- und Landarchäologie und erzählt ihnen von den Legenden und Geschichten rund um den Streedagh Strand.

Mullaghmore

Dank seines geschwungenen Strands mit dunkel-goldenem Sand und flachem Wasser ist das hübsche Fischerdorf Mullaghmore bei Familien ein beliebtes Ziel.

Am besten nimmt man sich etwas Zeit und wandert, radelt oder fährt um den Mullaghmore Head herum, an dessen Spitze breite Felsvorsprünge in die Brandung des Atlantiks ragen. Die Strecke führt am imposanten **Classiebawn Castle** (keine Besichtigung möglich) vorbei.

Sehenswertes & Aktivitäten

Mullaghmore Head STRAND
Vor dem Mullaghmore Head finden regelmäßig Wettbewerbe im Big-Wave-Surfen mit Tow-in (dabei werden die Surfer ins Wasser gezogen) statt. Inzwischen erlangt die Gegend zunehmende Bekanntheit als hervorragender Surfspot: Wellen von bis zu 17 m Höhe erlauben Abenteuer im Hawaiistil.

Gleniff Horseshoe WANDERN
Von Cliffony, nahe Mullaghmore, führt eine enge Straße südöstlich in das weite Gleniff Horseshoe Valley. Die Gegend rund um die

extrem kargen Dartry Mountains lädt zu netten Streifzügen ein. Eine holprige Piste, der Gleniff Horseshoe, windet sich in einer 10 km langen Schleife durch das Tal. Sie passiert wild gurgelnde Flüsse sowie die Überreste einer alten Mühle. Hier kann man sich Yeats ganz nah fühlen.

Der Abstecher ist per Fahrrad oder Auto möglich. Außerdem kann man unterwegs Ausflüge auf Wanderpfaden in die Berge unternehmen. Bei Sligo Walks (www.sligowalks.ie) gibt's online Kartenmaterial.

Am Fuße des Tals stößt man auf das **Benwiskin Centre** (☎ 071-917 6721; www.benwiskincentre.com; Ballintrillick; B/EZ/DZ 15/45/55 €; P WLAN), ein gutes Hostel mit Schlafsälen und Zimmern.

Essen

★ **Eithna's by the Sea** FISCH & MEERESFRÜCHTE €€

(☎ 071-916 6407; www.eithnasrestaurant.com; Mullaghmore Harbour, R79; Hauptgerichte 10–35 €; 11–15.30 Uhr, Dinner ab 17 Uhr; WLAN)

Das blaue Fischrestaurant mit Blick auf die Bucht von Mullaghmore bietet echten Gaumenschmaus. Bei gutem Wetter kann man an den Tischen draußen Hummer, Krebse, Tintenfisch und gerösteten Seetang verspeisen. Das Essen kommt mit einem Umweg über die Küche direkt aus dem Wasser auf den Teller – frischer als frisch! Eithna baut außerdem wunderbare Sandwiches zusammen.

Dazu kommt noch eine fantastische Karte mit Gerichten für Kinder.

ABSTECHER

INISHMURRAY ISLAND

Die 1948 verlassene Insel Inishmurray (www.inishmurray.com) zu besuchen ist gar nicht so einfach. Auf dem Eiland befinden sich frühchristliche Relikte und faszinierende heidnische Objekte. Es gibt drei gut erhaltene Kirchen, Bienenkorbhütten und Freiluftaltäre. Das alte Kloster, das Anfang des 6. Jhs. vom hl. Molaise gegründet wurde, ist von einer dicken ovalen Mauer umgeben.

Inishmurray liegt zwar nur 6 km vom Festland entfernt, doch es gibt keinen regelmäßigen Fährverkehr. Weil die Insel keinen Hafen hat, hängt die Überfahrt zudem vom Wetter ab. Wer sich für einen Abstecher dorthin interessiert, erkundigt sich am besten bei **Inishmurray Island Trips** (☎ 087 254 0190; www.inishmurrayislandtrips.com; Mullaghmore; Ausflüge ab 40 € pro Pers.; April–Sept.) oder **Sea Trails** (S. 460).

County Donegal

159 000 EW. / 3001 KM²

Inhalt ➡

Gut essen

- Beach House (S. 506)
- Olde Castle Bar (S. 477)
- Danny Minnie's Restaurant (S. 491)
- Starfish Café & Bistro (S. 496)
- Ahoy Café (S. 482)

Schön übernachten

- Corcreggan Mill (S. 495)
- Glen House (S. 507)
- Castle Murray (S. 481)
- Woodhill House (S. 487)
- Rathmullan House (S. 503)

Auf nach Donegal

Donegal gilt als Irlands Wildfang und hat landschaftlich Atemberaubendes zu bieten, dazu einige der schönsten Strände des Landes. Nicht umsonst wählte *National Geographic Traveler* Donegal 2017 zum coolsten Ort der Erde, man sollte sich einen Besuch hier also nicht entgehen lassen.

Das County steckt voller Extreme, manchmal von Wind und Wetter gebeutelt, dann wieder unberührt mit nackten Bergen und herrlichen Stränden, die in der Sonne glänzen. Es gibt Restaurants mit unfassbar guter Küche. Das zerklüftete Inland mit den abgeschiedenen Bergpässen und schimmernden Seen kommt ebenso malerisch daher wie die lange, verschlungene Küste mit ihren windgepeitschten Halbinseln und abgelegenen Pubs. Die Einwohner legen viel Wert auf ihre Unabhängigkeit; so ist z. B. ein Drittel von Donegal offizielles Gaeltacht-Gebiet, in dem Irisch gesprochen wird.

Nach seinem Startpunkt im nördlichen Derry entfaltet der Wild Atlantic Way in Donegal all seine Schönheit, während er die pure Wildnis der unberührten, zerklüfteten Küstenlinie des Countys durchquert.

Reisezeit

- Donegal ist derb und erhaben zugleich, und man muss jederzeit mit ungestümem Wetter rechnen. Bei Wind und prasselndem Regen friert man im Winter bitterlich, außerdem können ganz unvermittelt heftige Stürme auftreten. Viele Übernachtungsmöglichkeiten haben in der kalten Jahreszeit einfach zu.
- Im Frühling und Sommer brechen die Wolken regelmäßig auf und lassen strahlenden Sonnenschein durch, der den Himmel wieder in leuchtendes Blau taucht und nur manchmal von kurzen Regengüssen unterbrochen wird. Dann zeigt sich Donegal von seiner besten Seite. Im Sommer sind alle Geschäfte geöffnet und im ganzen County, auch in den Pubs, finden traditionelle Musik-, Geschichtenerzähler- und Tanzfestivals statt. In den langen Sommernächten sind auch die Sonnenuntergänge am allerschönsten.

DONEGAL (STADT)

2600 EW.

Mit den Blue Stack Mountains im Hintergrund, einer schönen Burg sowie guten Restaurants und Hotels ist das hübsche, übersichtliche Städtchen an der Mündung der Donegal Bay ein hervorragender Ausgangspunkt zur Erkundung der beliebten Küstenlinie. Es erstreckt sich an beiden Seiten des Flusses Eske und diente einst als Treffpunkt des O'Donnell-Clans, der den Nordwesten vom 15. bis ins 17. Jh. beherrschte. Obwohl Donegal den Namen der Grafschaft trägt, handelt es sich hierbei weder um die größte Stadt (Letterkenny ist wesentlich größer) noch um das Verwaltungszentrum (das ist das noch kleinere Lifford).

Sehenswertes & Aktivitäten

★ Donegal Castle HISTORISCHES GEBÄUDE

(☎ 074-972 2405; www.heritageireland.ie; Castle St; Erw./Kind 5/3 €; ⏲ Ostern–Mitte Sept. tgl. 10–18 Uhr, Mitte Sept.–Ostern Do–Mo 9.30–16.30 Uhr) Das Donegal Castle, ein beeindruckendes Monument sowohl irischer als auch englischer Macht, thront über einer malerischen Biegung des Eske. Die Burg stammt aus dem 15. Jh. und wurde 1623 von Basel Brooke wieder aufgebaut und um das benachbarte dreigeschossige Haus erweitert. Weitere Restaurationsarbeiten in den 1990er-Jahren haben hier alles wieder in Ordnung gebracht: sehenswert ist die wirklich wundervolle **Great Hall** im Obergeschoss mit ihrem großen prunkvollen Kamin, französischen Tapeten und persischen Teppichen. Eine Wendeltreppe führt hinunter in den Vorratskeller. Führungen finden stündlich statt.

1474 von den O'Donnells erbaut, war die Burg bis 1607 Sitz dieser Familie. Dann allerdings beschlossen die Engländer, endgültig mit den lästigen irischen Clanführern aufzuräumen. Rory O'Donnell gab sich jedoch nicht so leicht geschlagen und brannte seine Festung nieder, bevor er sich nach Frankreich absetzte. Der Sieg über die Clanfürsten bereitete den Weg für die „Plantation of Ulster" (die Ansiedlung Tausender schottischer und englischer Protestanten) und führte letztlich zu der Spaltung, unter der Irland noch heute leidet.

Wie bei vielen Denkmälern, die das OPW (Office of Public Works) verwaltet, ist der Eintritt zum Donegal Castle jeden ersten Mittwoch im Monat frei.

Diamond Obelisk DENKMAL

(The Diamond) Im frühen 17. Jh. befürchteten vier Franziskanermönche, dass die Ankunft der Engländer das Ende der keltischen Kultur bedeuten könnte, und verfassten eine Chronik der keltischen Geschichte und Mythologie. Diese beginnt 40 Jahre vor der Sintflut und endet 1618. Noch heute ist *The Annals of the Four Masters* eine der wichtigsten Quellen der frühen irischen Geschichte. Der Obelisk (1937) auf dem Diamond-Platz erinnert an das in der Dubliner National Library ausgestellte Werk (Karte S. 72 f.).

★ Bank Walk WANDERN

(👪) Der hübsche, flache Pfad führt am Westufer des River Eske entlang und an der Donegal Bay vorbei. Unzählige mit ihrem Namen beschilderte Bäume spenden hier Schatten, und am Wegrand stehen in regelmäßigen Abständen Bänke, auf denen man eine Pause einlegen und den Ausblick genießen kann. Man sollte nach den Feentürchen in den Bäumen Ausschau halten; es gibt sogar einen Briefkasten, in den Kinder ihre Briefchen an die Feen einwerfen können. Der Weg ist jeweils 1,5 km lang und beginnt an der Westseite der Killybeg Road/N56 Bridge.

Donegal Bay Waterbus BOOTSTOUREN

(☎ 074-972 3666; www.donegalbaywaterbus.com; Donegal Pier; Erw./Kind 20/7 €; ⏲ Ostern–Okt.) Wer die Highlights der Donegal Bay sehen möchte, nimmt am besten an einem der Ausflüge mit diesem „Wasserbus" teil. Die 1¼-stündige Tour auf dem 20 m langen Boot führt zu tollen Attraktionen, die von historischen Stätten bis zu Buchten voller Robben reichen. Unterwegs kann man u. a. eine Inselvilla und eine Burgruine bewundern. Es gibt bis zu drei Touren täglich; die Abfahrtszeiten richten sich nach den Gezeiten und ändern sich daher täglich.

Ted's Bike Shop FAHRRADFAHREN

(☎ 074-974 0774; abseits der N56; Leihrad ab 15 € pro Tag; ⏲ Mo–Sa 10–18 Uhr) In diesem lebhaften Fahrradladen kann man alle Arten von Fahrrädern ausleihen und sich gut beraten lassen.

Schlafen

Gute B&Bs und Mittelklassehotels findet man überall in der Stadt. Die luxuriösesten Unterkünfte liegen am Lough Eske.

Highlights

1 Slieve League (S. 484) Von den eindrucksvollen Küstenklippen den Sonnenuntergang beobachten.

2 Glenveagh Castle (S. 500) Im wunderschönen Glenveagh National Park dieses extravagante Schloss besuchen.

3 Culdaff Beach (S. 509) Über den windgepeitschten Strand in der Nähe des Malin Head spazieren.

4 Glengesh Pass (S. 486) Eine Pause am Aussichtspunkt einlegen und dann die Serpentinen nach Ardara hinunterfahren.

5 Poisoned Glen (S. 493) Den Blick auf die verlassene Kirchenruine und die Berge aus dem spektakulären Poisoned Glen genießen.

6 Rossnowlagh (S. 478) Am weißen Sandstrand das Surfen lernen.

7 Malin Head (S. 508) Unendlich lange weit über das Meer blicken.

8 Glencolumbcille (S. 483) In der spektakulären Landschaft mit Küstenpanorama bergwandern.

9 Maghera Strand (S. 486) Mit nackten Füßen durch pudrigen Sand laufen.

Inishtrahull Sound
Malin Head 7
Ballyhillin
Glengad Head
Culdaff Beach 3
Pollan Bay
Tullagh Bay
Malin
Dunmore Head
Culdaff
Tremore Bay
Kinnagoe Bay
Fanad Head
Dunaff Head
Dunaff
Ballyliffin
Clonmany
Carndonagh
Inishowen Head
Lenan Head
Urris Hills
Gleneely
Shrove
Slieve Snaght (615 m)
Rosguill Peninsula
Sheep Haven Bay
Downings
Portsalon
Dunree
Glentogher
Greencastle
Rosnakill
Inishowen Peninsula
Moville
Marblehill
Carrigart
Knockalla Fort
Port-na-Blagh
Ards Forest Park
Redcastle
Kerrykeel
Crana
Buncrana
Quigley's Point
Fanad Peninsula
Lough Foyle
Muckish Mountain (670 m)
Creeslough
Rathmullan
Fahan
Milford
City of Derry Airport
Inch Island
Muff
Limavady
Burnfoot
Inch
Culmore Bay
Glenveagh Castle 2
Rathmelton
Bridge End
Burt
A2
Kilmacrennan
Glenveagh National Park
N56
Derry
N13
Lough Gartan
LONDONDERRY
Church Hill
Letterkenny
Foyle
Dungiven
E16-6
Newmills
A5
DONEGAL
N13
Raphoe
Deele
Finn
Finn Valley
Lifford
Strabane
Stranorlar
Castlefin
Ballybofey
N15
NORDIRLAND
Newtownstewart
TYRONE
A5
Lough Derg
Omagh
N32
Pettigo
A5
Lower Lough Erne
Ballygawley
A2
Augher
A4
FERMANAGH
MONAGHAN

Donegal (Stadt)

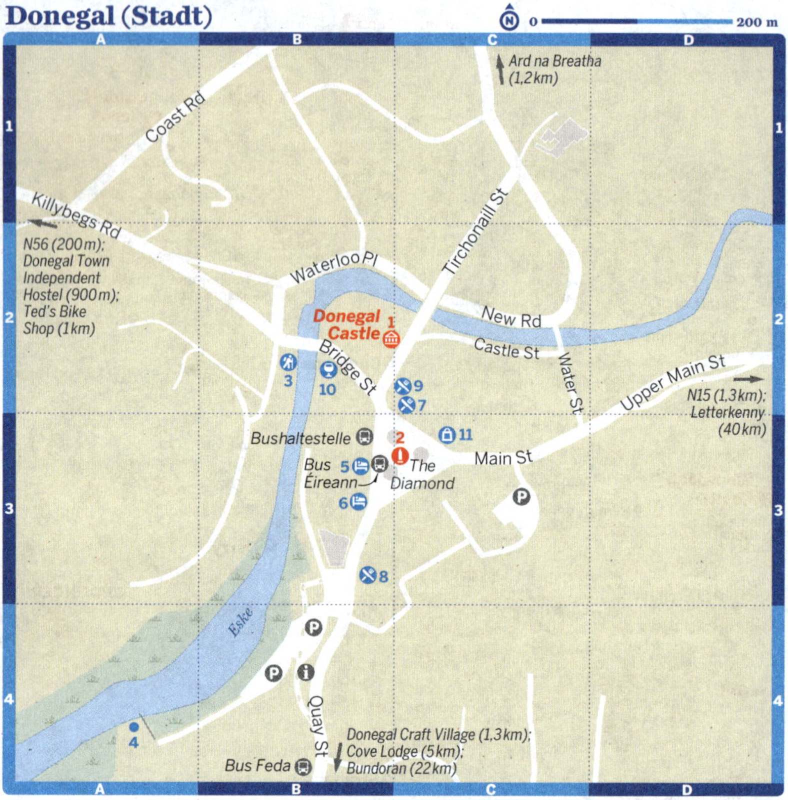

Donegal Town Independent Hostel HOSTEL €
(074-972 2805; www.donegaltownhostel.com; abseits der Killybegs Rd (N56), Doonan; B/DZ 17/38–42 €; @) Das von einem energiegeladenen Paar geführte Hostel hat Zimmer mit skurrilen Wandmalereien, von Technicolorlandschaften bis zu Nachthimmeln, die im Dunkeln leuchten. Das Hostel bietet 30 Betten in Räumen, die teilweise nur für Frauen, teilweise gemischt sind. Von einigen genießt man einen Blick aufs Wasser. Das Hostel befindet sich 1,2 km nordwestlich der Stadt.

★ **Ard na Breatha** B&B €€
(074-972 2288; www.ardnabreatha.com; Drumrooske Middle; Zi. 90–160 €; Feb.–Okt.;) In erhöhter Lage 1,5 km nördlich der Stadt wartet diese wunderbare Boutique-Pension auf einem Bauernhof mit geschmackvollen Zimmern samt Pinienmöbeln und schmiedeeisernen Betten auf. Die sechs Gästezimmer befinden sich nicht im Haupthaus, sondern in einem separaten Gebäude. Es gibt auch eine Bar und ein Restaurant (Drei-Gänge-Menü am Abend 39 €). Als Zutaten werden Bioprodukte aus dem eigenen Anbau oder aus der Region verwendet. Wer zum Abendessen kommen will, muss vorher reservieren.

Das Frühstück ist gesund und macht satt – ein idealer Start für einen erlebnisreichen Tag in Donegal.

Central Hotel HOTEL €€
(074-972 1027; www.centralhoteldonegal.com; The Diamond; EZ/DZ ab 62/100 €;) Das Central, mitten in der Stadt, ist ein Abenteuer: Wo auch immer sich die gebuchten Zimmer in dieser weitläufigen Gebäude-Ansammlung befinden, die Gäste müssen mit dem Fahrstuhl fahren und hoch und runter laufen, um sie zu finden. Man sollte sich ein Zimmer mit Blick auf den River Eske geben lassen – von den riesigen Fenstern genießt man einen tollen Panoramablick.

Donegal (Stadt)

Highlights
1 Donegal Castle B2

Sehenswertes
2 Diamond Obelisk C3

Aktivitäten, Kurse & Touren
3 Bank Walk B2
4 Donegal Bay Waterbus A4

Schlafen
5 Abbey Hotel B3
6 Central Hotel B3

Essen
7 Blueberry Tearoom C2
8 Harbour Restaurant B3
9 Olde Castle Bar C2

Ausgehen & Nachtleben
10 Reel Inn B2

Shoppen
11 Magee's C3

Das Freizeitzentrum verfügt über einen Pool und einen Fitnessraum.

Cove Lodge B&B €€
(074-972 2302; www.thecovelodgebandb.com; R267, Drumgowan; April–Okt. EZ 45–50 €, DZ 68–84 €) Ein ruhiges und hübsches B&B mit rustikalem Charme und Stuckwerk sowie zarten Blumenmustern an den Wänden der vier ebenerdigen Zimmer. In der Unterkunft auf dem Land, 2,5 km südlich der Stadt, lernt man das irische Landleben mit all seiner Wärme und Herzlichkeit kennen.

Abbey Hotel HOTEL €€
(074-972 1014; www.abbeyhoteldonegal.com; The Diamond; EZ/DZ ab 70/110 €;) Eine praktische Option mit 90 Standardzimmern am Diamond mitten im Stadtzentrum. Das dreistöckige Gebäude verfügt über einen Fahrstuhl, die Bar und das Restaurant sind solide. Die Gäste können das Freizeitzentrum des Central Hotel mitbenutzen.

Essen & Ausgehen

Unbedingt das Bier der örtlichen Mikrobrauerei Donegal Brewing Co. probieren! Das Bitter North & South of the River schmeckt einfach wunderbar.

Aroma CAFÉ €
(074-972 3222; www.donegalcraftvillage.com; abseits der R267, Donegal Craft Village; Hauptgerichte 5–13 €; Mo–Sa 9.30–17.30 Uhr) In einer abgelegenen Ecke des Donegal Craft Village bietet das hochbeliebte kleine Café exzellenten Kaffee, köstlichen Kuchen und wechselnde Tagesgerichte (an der Tafel angeschrieben) aus regionalen Zutaten, darunter Suppen, Salate und gehaltvolle warme Speisen sowie internationale Küche. Bei schönem Wetter kann man draußen sitzen.

Blueberry Tearoom CAFÉ €
(074-972 2933; Castle St; Hauptgerichte 5–12 €; Mo–Sa 9–19 Uhr;) Bei Einheimischen beliebtes Café, in dem einfache Gerichte wie Suppen, Toasts, Quiches, Paninis und saftige Kuchen in großen Portionen auf den Tisch kommen. Der Kaffee ist ausgezeichnet, der Käsekuchen ist zum Niederknien.

★ **Olde Castle Bar** IRISCH €€
(074-972 1262; www.oldecastlebar.com; Castle St; Hauptgerichte 11–29 €; Küche 12–21 Uhr;) Die belebte Bar in der Nähe des Diamond-Platzes kredenzt einige der besten Spezialitäten der Region. Geboten werden Klassiker wie Austern und Miesmuscheln aus der Donegal Bay, Irish Stew, Meeresfrüchteplatten (28,95 €) sowie Steaks und Burger. Die Menge an Fish'n'Chips, die wir serviert bekamen, hätten für eine ganze Familie gereicht. Die Bar ist immer voller Einheimischer und serviert ihr eigenes Ale: Red Hugh Brew.

Harbour Restaurant IRISCH €€
(074-972 1702; www.theharbour.ie; Quay St; Hauptgerichte 10–30 €, 2/3-gängiges Early-Bird-Abendmenü 19/22 €; Mo–Sa 17–19, Fr & Sa bis 22, So 15–21 Uhr;) Beliebtes Lokal mit maritimer Dekoration, schmucklosen Steinwänden und plüschigen Möbeln. Spezialität des Hauses sind liebevoll zubereitete Meeresfrüchte, aber auf der Speisekarte stehen alle Klassiker der irischen und auch internationale Küche wie Pizza oder große Eisbecher. Montags bis samstags gibt's von 17 bis 19 Uhr ein günstiges Early-Bird-Menü.

★ **Reel Inn** PUB
(Bridge St; 17 Uhr–open end) Nach wie vor ist das in einer ehemaligen Schule untergebrachte Pub Donegals geselligster Ort. Der Besitzer spielt irisches Akkordeon, seine Frau singt famos, und fast jeden Abend stoßen seine Freunde für eine traditionelle Session dazu.

Shoppen

★ Donegal Craft Village KUNSTHANDWERK
(☎ 074-972 5928; www.donegalcraftvillage.com; abseits der R267; ⏲ April–Sept. Mo–Sa 10–17 Uhr, Okt. Di–Sa) Gummignome oder Guinness-T-Shirts sucht man hier vergeblich, stattdessen werden in den Kunsthandwerksateliers hochwertige Tonwaren, Metallarbeiten, handgewebte Stoffe, Kristallglas, Schmuck und vieles mehr verkauft. Das Donegal Craft Village ist etwa 1,5 km südlich der Stadt ausgeschildert und problemlos zu Fuß zu erreichen. Es verfügt auch über ein nettes Café.

Magee's KLEIDUNG
(☎ 074-972 2660; www.magee1866.com; The Diamond; ⏲ Mo–Sa 10–18, So 14–18 Uhr) Ein Raum dieses kleinen gehobenen historischen Kaufhauses ist Kleidungsstücken aus Tweed vorbehalten, der hier seit 1866 produziert wird.

Praktische Informationen

Die **Touristeninformation** (☎ 074-972 1148; Quay St; ⏲ Juni–Aug. Mo–Sa 9–17.30, So 10–15 Uhr, Sept.–Mai Mo–Sa 9–17 Uhr) liegt sehr praktisch im „Discover Ireland"-Gebäude am Flussufer.

An- & Weiterreise

Bus Éireann (☎ 074-913 1008; www.buseireann.ie) fährt von Donegal nach Sligo (15 €, 1¼ Std., 6-mal tgl.), Galway (21 €, 4 Std., 4-mal tgl.) und Dublin (20 €, 4 Std., 5-mal tgl.).

Bus Feda (☎ 074-954 8114; www.busfeda.ie) bietet 2- bis 3-mal täglich Verbindungen nach Gweedore, Dunfanaghy und Letterkenny (alle 10 €).

Patrick Gallagher Coaches (☎ 087 233 0888; www.gallagherscoaches.com) verkehrt täglich zwischen Donegal (Stadt) und Belfast (20 €, 2 Std.) und Derry.

Der **Busbahnhof** liegt am Diamond.

RUND UM DONEGAL (STADT)

Lough Eske

Ein idyllischer Ausflugsort, von Donegal (Stadt) aus leicht erreichbar, ist Lough Eske. Wanderer, Radfahrer und Angler kommen gerne, und auch die, die den beschaulichen Blick auf den See genießen möchten.

Der See ist nur 9 km von Donegal (Stadt) entfernt und gut per Fahrrad zu erreichen. Wer ein Auto hat, findet den See leicht und ist schnell vor Ort.

Schlafen

★ Lough Eske Castle HOTEL €€€
(☎ 074-972 5100; www.solishotels.com/lougheske-castle; Lough Eske; Zi. 180–280 €; ⏲ Nov.–März So–Mi geschl.; @ 📶 🏊 🐾) 1939 wurde die imposante renovierte Burg aus dem 19. Jh. von einem Feuer zerstört. Heutzutage ist das Bauwerk in viel Wald mit einem großen Garten am Südende des Sees der Inbegriff eleganten Landlebens. Die 96 Zimmer, das herrlich dekadente Spa und das tolle Restaurant strahlen ein klassisch-luxuriöses Flair aus.

Arches Country House B&B €
(☎ 074-972 2029; www.archescountryhse.com; Lough Eske; EZ/DZ ab 55/70 €; 📶) Eine idyllische Zuflucht 9 km nordöstlich von Donegal (Stadt) an einem ruhigen Fleckchen mit Blick auf den Lough Eske. Die Zimmer des modernen B&B kombinieren ländlichen Charme mit einer modernen Einrichtung. Darüber hinaus weiß die Inhaberin so gut wie alles über die Region.

Rossnowlagh

50 EW.

Rossnowlaghs spektakulärer 3 km langer Strand wurde mit einer Blauen Flagge ausgezeichnet und ist ein breites sandiges Paradies. Er zieht das ganze Jahr über Familien und Wanderer an. Außerdem kann man auf den sanften Wellen großartig (Kite-)Surfen lernen oder seine Kenntnisse verbessern. Beim Picknicken oder Relaxen in den Dünen kann man leicht die Zeit vergessen.

In den Sommerferien sind die Ferienhäuser alle bewohnt, dann steigt die winters doch sehr geringe Einwohnerzahl.

Rossnowlagh liegt 17 km südwestlich von Donegal (Stadt). Am besten kommt man mit dem Auto.

Sehenswertes & Aktivitäten

Rossnowlagh Beach STRAND
Dieser Strand mit Blauer Flagge ist die Hauptattraktion des Orts und wirklich eine Wucht. Die Wellen des Atlantiks treffen hier auf einen breiten Sandstreifen. Man kann mit dem Auto direkt an den Strand fahren, was leider heißt, dass er manchmal aussieht wie ein großer Parkplatz.

Franciscan Friary KLOSTER
(071-985 1342; www.franciscans.ie; abseits der R231; Mi–Sa & Mo 11–17.30, Di bis 20, So 11.45–17.30 Uhr) GRATIS In einem Wald am Südende des Strands versteckt sich dieses moderne Franziskanerkloster, das Anfang der 1950er-Jahre erbaut wurde. Das öffentlich zugängliche Gebäude befindet sich in einem wunderschönen friedlichen Gartenkomplex. Darüber hinaus beginnt hier der Way of the Cross, ein religiöser Wanderweg, der sich an Rhododendronbüschen vorbei einen Hügel hinaufschlängelt und einen spektakulären Ausblick bietet. Ein Gefühl von Ruhe und Gelassenheit macht sich hier breit. Auch hier gibt es einen Parkplatz.

Fin McCool Surf School SURFEN
(071-985 9020; www.finmccoolsurfschool.com; Beach Rd; Leihausrüstung 39 € pro Tag, 2 Std. Unterricht inkl. Ausrüstung Erw./Kind 35/25 €; Juni–Aug. 10–17, Sept.–Mai Sa & So 10–17 Uhr) Die Surfschule erteilt Unterricht, verleiht Ausrüstung und vermietet Zimmer. Sie steht unter der Leitung des Surfschiedsrichters der Pro Tour Neil Britton, der dabei von seiner riesigen Familie unterstützt wird. Viele seiner Verwandten sind international erfolgreiche Surfer.

Rossnowlagh SUP & Kayak KAJAKFAHREN
(083 198 4288; www.rossnowlaghsupandpaddle.com; SUP-Kurse/-Touren ab 35/20 €, Kajakmiete/Kajaktouren ab 20/35 €; Mo–Fr 10–18 Uhr, Sa 9–20, So 11–18 Uhr) Wer Stand Up Paddling (SUP) lernen oder SUP-Boards und Kajaks ausleihen will, ist bei diesem Unternehmen unweit vom Strand richtig. Außerdem im Angebot: jede Menge Trips zu den vielen Wasserstraßen der Meeresarme und aufs Meer hinaus. Wir empfehlen die Vollmondtouren.

Schlafen & Essen

Smugglers Creek B&B €€
(071-985 2367; www.smugglerscreekinn.com; Cliff Rd; Zi. 80–98 €, Cottage ab 40 € pro Pers., Hauptgerichte 8–25 €; April–Sept. tgl., Okt.–März Do–So;) Kombination aus Pub, Restaurant und Pension in den Hügeln hoch über der Bucht. Dank der ausgezeichneten Küche und der herrlichen Aussicht erfreut sich das Smugglers Creek großer Beliebtheit. Zimmer Nr. 4 wartet mit dem besten Blick auf und verfügt über einen Balkon. An den Sommerwochenenden gibt's im Pub Livemusik. Hinter dem Gasthaus hat das Smugglers Creek auch ein Cottage mit einem Schlafzimmer, das man als Ferienhäuschen mieten kann.

Gaslight Inn IRISCH €€
(071-985 1141; www.gaslightinnrossnowlagh.com; Hauptgerichte 8–35 €; Juni–Sept. tgl. 11 Uhr–open end, Okt.–Mai Fr 17 Uhr–open end, Sa & So 11 Uhr–open end) Das Restaurant thront auf einer Klippe und bietet einen tollen Blick über die Bucht. Auf der langen Speisekarte steht gut zubereitete Hausmannskost. Die Inhaber betreiben auch das Gästehaus **Ard na Mara** (www.gaslightinnrossnowlagh.com; EZ/DZ ab €65/90;) mit hübschen sonnigen Zimmern.

Ballyshannon

2550 EW.

Aufgrund seiner Lage mit Blick auf den River Erne, der aus dem Lower Lough Erne im County Fermanagh hierherfließt, diente Ballyshannon lange Zeit als strategischer Punkt. Heute spielt der Ort eine Rolle als Wachposten am nördlichen Zugang zu Bundoran.

Am bekanntesten ist die Stadt wohl als Geburtsort des Bluesgitarristen und Sängers Rory Gallagher (1948–1995). Den Musiker ehrt eine Statue im Zentrum der Stadt und das **Rory Gallagher International Tribute Festival** (www.rorygallagherfestival.com; Ende Mai).

Im Rahmen des Musikfestivals finden Auftritte von über zwei Dutzend irischen und internationalen Künstlern und Bands statt. Gallaghers Verbindung zu seiner Heimatstadt ist aber ganzjährig spürbar. In Ballyshannons Pubs wird seine Musik oft gespielt.

Ausgehen

★ **Dicey Reillys Bar** PUB
(071-985 1371; www.diceys.com; Market St; 12 Uhr–open end) Eine dynamische Kneipe im Stadtzentrum, die sich ständig neu erfindet und die von den Einheimischen einfach „Dicey's" genannt wird. Die Cocktailbar im oberen Stock bietet einen stilvollen Kontrast zum alten Pub im Erdgeschoss, in dem abends meist Rock- und Bluesbands auftreten. Außerdem läuft viel Musik von Rory Gallagher. Hier bekommt man auch die hervorragenden Biere von Donegal Brewing Co.

Bundoran

2200 EW.

Die blinkenden Spielhallen, Fahrgeschäfte und Fast-Food-Buden verleihen Bundoran das Flair eines kitschigen Ferienortes. Donegals bekanntestes Seebad lockt aber mit schönen Wellen und zieht sowohl junge Familien als auch Rentner an, außerdem immer mehr Surfer. Außerhalb des Sommers ebbt der Trubel ab, dann kann es hier ziemlich ruhig werden.

Sehenswertes & Aktivitäten

Surfen ist der Hit in Bundoran. In der Stadt gibt's mehrere Surfschulen, die Ausrüstung verleihen und einfache Unterkünfte vermieten. Man kann auch Kombipakete buchen.

Tullan Strand STRAND

Der lange Streifen Strand zum Surfen hat jede Menge des herrlich feinen Pudersands, den es so nur in Irland gibt. Wegen der Strömung kann das Baden gefährlich sein, aber der Blick ist fantastisch und zum Surfen ist es hier erstklassig. Der Strand liegt nördlich des Stadtzentrums.

Peak SURFEN

Vor Ort gibt's zwei gute Surfspots: „The Peak", eine imposante Riffwelle direkt vor dem Städtchen, die nur etwas für erfahrene Surfer ist, und den nicht ganz so eindrucksvollen Beachbreak nördlich des Zentrums am Tullan Strand.

Bundoran Surf Co SURFEN

(☎ 071-984 1968; www.bundoransurfco.com; Main St; Erw./Kind Surfkurse ab 35/25 €, komplette Surfausrüstung: Leihgebühr ab 20 € pro Tag) Bundoran Surf Co bietet Surfstunden, Kitesurfen, Stand Up Paddling (SUP). Leihen kann man Boards und Neoprenanzüge dazu, im Winter sind auch Stiefel, Handschuhe und Kapuzen inbegriffen.

Waterworld SCHWIMMEN

(☎ 071-984 1172; www.waterworldbundoran.com; The Promenade; Erw./Kind 13/10 €; ⌚ Juni–Aug. tgl. 10–19 Uhr, Mitte April–Mai & Sept. Sa & So 12–18 Uhr; Algenbäder Juni–Aug. 12–19 Uhr) Der ästhetisch gestaltete Vergnügungspark liegt am Meer und bietet Wellenbäder und Wasserrutschen. Wir empfehlen auch die Algenbäder.

Donegal Adventure Centre ABENTEUERSPORT

(☎ 071-984 2418; www.donegaladventurecentre.net; Bayview Ave; Erw./Kind Surfkurse ab 35/30 €) Bietet Abenteuersport an Land und auf dem Meer inklusive Kajaktrips, Surfen und Klettertouren.

Bike Stop FAHRRADFAHREN

(☎ 085 248 8317; East End; 10/15/60 € pro halber Tag/Tag/Woche; ⌚ Mo–Sa 8.30–18, So 12–16 Uhr) Verleiht eine große Auswahl an Fahrrädern, auch E-Bikes.

Feste & Events

Sea Sessions MUSIK

(www.seasessions.com; ⌚ Mitte Juni) Die Sea Sessions läuten die Sommersaison ein. Das bedeutet: drei Tage lang surfen, skaten, feiern und jede Menge Musik. Auf den Feldern rund um die Stadt zelten Tausende von Teilnehmern.

Irish National Surfing Championships SURFEN

(www.irishsurfing.ie; ⌚ Ende April) Bundoran ist Gastgeber der jährlichen Irish National Surfing Championships. Sie finden meist im April, manchmal aber auch im September statt.

Schlafen & Essen

Bundoran hat eine ordentliche Auswahl an Hostels. In den Unterkünften der Surfschulen, die meist 20 € für ein Schlafsaalbett und 50 € für ein Doppelzimmer berechnen, sind auch Nichtsurfer willkommen. Außerdem säumen unzählige einfache Pensionen die Zugangsstraßen, die von der N15 in die Stadt führen, d.h. man findet hier immer irgendwo ein Bett.

Killavil House B&B €

(☎ 071-984 1556; www.killavilhouse.com; Finner Rd; EZ 40–50 €, DZ 70 €; 📶) Ein großes modernes Haus am Ende der Ortschaft (Richtung Ballyshannon) mit schick aufgemachten Zimmern voller polierter Holzmöbel und meist gleich mehreren Betten – prima für Familien. Im Garten befinden sich Sitzgelegenheiten für warme Sommerabende, und bis zum Tullan Strand sind es nur fünf Gehminuten.

Maddens Bridge Bar PUBFOOD €€

(☎ 071-984 2050; www.maddensbridgebar.com; Main St; Hauptgerichte 12–26,50 €, Zi. 60–90 €; ⌚ Küche 8–21 Uhr, Pub bis spät geöffnet) Dieser Surfertreff im leicht minimalistischen Stil serviert typische Pubgerichte, u. a. tolle riesige Burger und Fish'n'Chips. Donnerstags wird traditionelle Musik gespielt (im Sommer häufiger) und der *craic*-(Spaß-)Faktor ist fantastisch. Maddens befindet sich direkt neben der gleichnamigen Brücke und vermietet ein paar einfache Zimmer mit tollem Ausblick.

Praktische Informationen

Das Ortszentrum liegt an der langen Main Street direkt hinter dem Strand. Die **Touristeninformation** (☎ 071-984 1350; Main St, The Bridge; ⌚ Mo–Fr 9–15.30 Uhr, April–Sept. Sa & So unterschiedl. Öffnungszeiten) ist in einem gläsernen Kiosk gegenüber dem Holyrood Hotel.

Anreise & Unterwegs vor Ort

Busse von **Bus Éireann** (☎ in Letterkenny 074-912 1309; www.buseireann.ie) halten auf ihrem Weg zwischen Donegal (9 €, 30 Min.) und Sligo (11 €, 45 Min.) an der Main Street. Sie durchqueren Ballyshannon auf ihrem Weg nach Norden.

SÜDWESTLICHES DONEGAL

Mountcharles

500 EW.

Das an einem Hügel gelegene Mountcharles ist die erste Siedlung an der Küstenstraße (N56) westlich der Stadt Donegal. Kaum ist man losgefahren, ist man auch schon da.

2 km südlich erstreckt sich ein sicherer Sandstrand. Die grüne Pumpe am höchsten Punkt des Dorfes, an dem sich fünf Straßen treffen, bildete einst die Kulisse für Geschichten über Feen, Geister, historische Schlachten und mythologische Begegnungen. An dieser Stelle übte der hier geborene Séamus MacManus, Dichter und *seanachaí* (traditioneller Geschichtenerzähler), in den 1940er- bzw. 1950er-Jahren seine Kunst aus.

Weitere Infos auf der Website von Mountcharles (www.mountcharlescommunity.ie).

Salthill Gardens GARTEN

(☎ 074-973 5387; www.donegalgardens.com; Pier Rd; Erw./Kind 5/2 €; ⌚ Mai–Aug. Mo–Sa, Sept. Mo–Do 14–18 Uhr) Rund 2 km südwestlich von Mountcharles Richtung Küste verstecken sich die modernen Salthill Gardens hinter jahrhundertealten Steinmauern. In der Grünanlage gedeihen winterharte Pflanzen, Rosen, Lilien und Klematis.

Village Tavern FISCH & MEERESFRÜCHTE €€

(☎ 074-973 5622; www.facebook.com/VillageTav; Main St; Hauptgerichte 15–26 €; ⌚ Servierzeiten Mai–Sept. 12–20 Uhr, Pub ganzjährig 12 Uhr–open end) Das einladende Pub ist in einem schönen Gebäude von Ende des 18. Jhs. untergebracht. Spezialität des Hauses sind fangfrischer Fisch und Meeresfrüchte, die direkt vom Pier die Straße runter angeliefert werden. Die Fischsuppe ist hervorragend und auf der Probierplatte werden nur die besten und frischesten Meeresfrüchte angerichtet. Craft-Biere wie Devil's Backbone und Scraggy Bay stehen auf der Getränkekarte.

Dunkineely

370 EW.

Die kleinen Dörfer an der N56 locken mit herrlichen Ausblicken aufs Meer. Eine landschaftlich schöne und sehr lohnende Fahrt führt über die N56 und Dunkineely über die lange Halbinsel zum St. John's Point.

Folgt man der N56 noch etwas weiter, kommt man in den kleinen Ort Bruckless mit seinem Rundturm, der zwar nicht alt, aber hübsch ist.

Schlafen & Essen

★ **Castle Murray** BOUTIQUE-HOTEL €€

(☎ 074-973 7022; www.castlemurray.com; St John's Point; EZ/DZ ab 90/120 €, Menü 41 €; ⌚ Restaurant Mo–Sa 18.30–21, So 13–15 & 18.30–21 Uhr, Juli & Aug. Mi–Sa 18.30–21 Uhr, Sept.–Nov. & April–Juni 13–15 & 18.30–21 Uhr, Dez.–März Hotel & Restaurant geschl.; 📶) Castle Murray ist keine Burg, sondern ein Boutique-Hotel in einem weitläufigen, modernen Strandhaus mit Blick auf die Ruinen des McSwyne's Castle (15. Jh.). Die meisten der zehn Zimmer bieten einen schönen Blick auf Meer und Burg. Es liegt 1,5 km südlich von Dunkineely an einer Seitenstraße, die entlang der schmalen Landzunge zum St. John's Point führt. Eine große Anziehungskraft hat das gehobene französische Restaurant, dessen Spezialität Garnelen und Seeteufel in Knoblauchbutter ist.

Killybegs

1300 EW.

In Irlands größtem Fischereihafen liegen riesige Kutter vor Anker, und der Geruch nach Fisch und das Geschrei von Seemöwen hängen in der Luft. Der Ort selbst hat die Atmosphäre einer charmanten Arbeiterstadt.

Sehenswertes & Aktivitäten

Fintragh Bay STRAND
(abseits der R263) Der schönste Strand in der Umgebung von Killybegs ist die abgeschiedene Fintragh Bay, ca. 3 km westlich des Orts, ein zauberhafter Strand, den man gesehen haben muss. Man sollte vom Parkplatz aus die Treppen hinunter und nach rechts gehen, da ist eine entzückende Höhle voller Kiesel, großer Steine und toller Fotomotive.

Killybegs International Carpet Making & Fishing Centre MUSEUM
(☎ 074-974 1944; www.visitkillybegs.com; Fintra Rd; Erw./Kind 5/4 €; ⏲ April–Okt. Mo–Fr 9.45–17.30 Uhr, Nov.–März bis 17 Uhr) Die frühere Donegal-Carpets-Fabrik bietet einen guten Überblick über die Ortsgeschichte. Mit dem tollen Steuerhaussimulator darf man Kapitän spielen und einen Fischkutter in den Hafen „lenken". Bei der Teppichherstellung kann man heute nicht mehr zusehen, da die Kosten dafür heutzutage „astronomisch" seien, wurde uns gesagt.

Killybegs Angling Charters ANGELN
(☎ 087 220 0982; www.killybegsangling.com; Blackrock Pier; Mietboot ab 300 €/halber Tag) Wer mit einem Fischerboot Seelachs, Lenge, Makrelen sowie Glatt- und Steinbutte fangen will, sollte Brian McGilloway kontaktieren, der seit über 30 Jahren Angeltrips aufs Meer anbietet.

Schlafen & Essen

Drumbeagh House B&B €
(☎ 074-973 1307; www.killybegsbnb.biz.ly; Conlin Rd; EZ/DZ ab 50/70 €; 📶) Ein großartiges B&B mit herzlichen Besitzern, die ihren Gästen gerne alles über die Region erzählen. Die gemütlichen Zimmer sind geschmackvoll in neutralen Farben eingerichtet. Zum Frühstück gibt's geräucherten Lachs aus der Region, der schon alleine für sich die Reise lohnt. Von der Pension genießt man einen schönen Blick auf den Hafen; sie ist nur fünf Gehminuten vom Ortszentrum entfernt.

Ritz HOSTEL €
(☎ 074-973 1309; www.theritz-killybegs.com; Chapel Brae; B 20 €, Zi. ab 55 €; 📶) Obwohl der Name ironisch gemeint ist, wartet das toll geführte Hostel (38 Betten) mit Einrichtungen auf, die dem Ritz nahekommen, darunter eine riesige Küche, farbenfrohe Zimmer mit eigenem Bad und Fernseher sowie eine Waschküche.

Tara Hotel HOTEL €€
(☎ 074-974 1700; www.tarahotel.ie; Main St; EZ/DZ ab 65/120 €; P 📶) Das moderne Hotel mit Hafenblick verfügt über 31 komfortable, minimalistische Zimmer, eine gute Bar sowie ein kleines Fitnesszentrum mit Spabad, Sauna und Dampfbad. Nicht jedes Zimmer hat Meerblick.

The Pod CAFÉ €
(www.facebook.com/thepodpopup; Largy Viewpoint; Snacks ab 1 €; ⏲ 10–18 Uhr) Die tatkräftige Nuala serviert guten Kaffee und leckeres Gebäck aus ihrem blitzblanken Foodtruck-Anhänger, mit dem sie am Largy Viewpoint zwischen Killybegs und Kilcar steht. Hier kann man den Wahnsinns-Blick mit einem Schuss Koffein genießen. The Pod ist ganzjährig vor Ort, sofern das Wetter es zulässt.

Kitty Kelly's MODERN IRISCH €€
(☎ 074-973 1925; www.facebook.com/kittykellys. abseits der R263, Largy; abends Hauptgerichte 17–25 €; ⏲ Mo–Sa 12.30–15 & 18.30–21.30 Uhr, Juni–Sept. So 13.30–15.30 Uhr, Okt.–Mai Mo &, Di geschl., Jan. geschl) In dem 200 Jahre alten Bauernhaus fühlt man sich, als würde man an einer Dinnerparty im kleinen Kreis teilnehmen. Auf der Speisekarte stehen moderne Variationen traditioneller irischer Leibspeisen; der Schwerpunkt liegt aber auf Meeresfrüchten. Das Kitty Kelly's liegt an der Küstenstraße 5 km westlich von Killybegs direkt hinter dem Largy Viewpoint in einer Kurve und ist dank der Fassade in Rosa und Grün nicht zu übersehen. Unbedingt reservieren.

Ahoy Café CAFÉ €
(☎ 074-973 1952; Shore Rd; Sandwiches 6–7 €; ⏲ 9–17 Uhr) Das neue Café etwas außerhalb des Zentrums an der Shore Road serviert u. a. einen sehr guten Meeresfrüchte-Eintopf *(chowder)*, Fischpastete, Blaubeer-Scones und hervorragenden Kaffee. Zudem gibt es leckere Pfannkuchen und gutes Frühstück.

Praktische Informationen

Westlich von Killybegs gibt's keine Banken und Geldautomaten.

Killybegs Information Centre (☎ 074-973 2346; www.killybegs.ie; Shore Rd; ⏲ ganzjährig Mo–Fr 9.30–17.30 Uhr, Juli & Aug. Sa & So 12–16 Uhr) In einer Hütte gleich westlich des Hafens.

An- & Weiterreise

Bus Éireann (S. 481) hält auf dem Weg von/nach Donegal (Stadt) (9 €, 30 Min.) mehrmals täglich in Killybegs.

Kilcar, Teelin & Carrick

Kilcar (Cill Chártha) und sein attraktiveres Nachbardorf Teelin (Teileann) sind gute Ausgangspunkte, um die atemberaubende Küstenlandschaft im Südwesten Donegals zu erkunden, das gilt vor allem für die Slieve-League-Klippen. Auch das weiter landeinwärts gelegene Carrick (An Charraig) ist einen Besuch wert.

Die Landschaft eignet sich wunderbar zum Wandern, vor allem wenn man bergige Strecken mag. Direkt außerhalb von Kilcar erstreckt sich ein kleiner Sandstrand.

Sehenswertes & Aktivitäten

Studio Donegal MUSEUM
(☎ 074-973 8194; www.studiodonegal.ie; Glebe Mill, Kilcar; ⌚ ganzjährig Mo–Fr 9–17.30 Uhr, Mai–Okt. auch Sa 9.30–17 Uhr) GRATIS Obwohl in den 1960er-Jahren auf maschinelle Weberei umgestellt wurde, läuft die Produktion handgesponnener und -gewebter Tweeds hier schon seit über 100 Jahren. Oft dürfen Besucher den Angestellten bei der Arbeit zuschauen. Im Laden werden Jacken, Hüte, Überdecken und weitere Tweed-Waren verkauft.

Nuala Star Teelin BOOTSTOUREN
(☎ 074-973 9365; www.sliabhleagueboattrips.com; Teelin Pier; Tour 20–25 €; ⌚ April–Okt.) Bootstouren entlang der Sleave-League-Klippen können spektakulär sein. Oft sieht man unterwegs auch Delfine und Seehunde und manchmal sogar Wale und Riesenhaie. Es fahren bis zu sechs Boote am Tag. Man kann unterwegs auch baden. Auch private Ausflüge und Angeltouren werden angeboten.

Schlafen & Essen

Derrylahan Independent Hostel HOSTEL €
(☎ 074-973 8079; http://homepage.eircom.net/~derrylahan; Derrylahan, Kilcar; Zeltstellplatz 8 € pro Pers., B 16–18, DZ 50 €; @ 📶) Das rustikale gut geführte IHH-Hostel befindet sich in hügeliger und eindrucksvoller Lage auf einem Bauernhof. Es bietet 32 Betten in komfortablen Zimmern mit eigenen Bädern sowie viele Zeltplätze. Wer vorab reserviert, kann Fahrräder leihen (20 €). Die Unterkunft liegt an der Küstenstraße 3 km westlich von Kilcar. Abholung möglich. Zwischen November und Februar unbedingt reservieren.

Inishduff House B&B €€
(☎ 074-973 8542; www.inishduffhouse.com; abseits der R263, Largy, Kilcar; EZ/DZ 50/85 €; 📶) Rund 5 km östlich von Kilcar lockt das moderne, von Ethna geführte B&B mit großen, komfortablen Zimmern, einer vielfältigen Frühstückskarte und herrlichem Meerblick. Die Atmosphäre passt zum sonnigen Anstrich der Außenwände.

Ti Linn Cafe IRISCH €
(☎ 074-973 9077; Teelin; Hauptgerichte 4–8 €; ⌚ Ostern–Sept. tgl. 10.30–17.30 Uhr, Feb.–Ostern & Okt.–Nov. Fr–Di; 📶) In dem unkonventionellen Café/Kunstgalerie im Slieve League Cliffs Centre wird großartiger Kaffee serviert. Außerdem gibt's leckeres Gebäck, Sandwiches und warme Mittagsgerichte.

Rusty PUB
(☎ 074-973 9101; www.therusty.info; Teelin; Hauptgerichte ab 5 €; ⌚ Mai–Sept. tgl. 10.30–23.30 Uhr, Okt.–April kürzere Öffnungszeiten) Großartiges Pub – auch Rusty Mackerel genannt – mit traditionellen Musikkonzerten im Sommer und einfachen Bargerichten. Das Rusty liegt in der Nähe der Abzweigung zu den Slieve-League-Felsen.

Praktische Informationen

Áislann Chill Chartha (☎ 074-973 8376; www.aislann.ie; Main St, Kilcar; ⌚ Mo–Fr 9–22, Sa 10–18 Uhr) Gemeindezentrum mit angeschlossener Touristeninformation.

Slieve League Cliffs Centre (☎ 074-973 9077; Teelin; ⌚ Ostern–Sept. tgl. 10.30–17.30 Uhr, Feb.–Ostern, Okt. & Nov. Fr–Di; 📶) Auskünfte zur Umgebung bietet das hervorragende Infozentrum in Teelin (Tí Linn), das auch mit einem Café aufwartet und Archäologie- bzw. Wanderkurse im Programm hat. Es befindet sich an der Straße zu den Slieve-League-Felsen.

An- & Weiterreise

Bus Éireann fährt 1- bis 3-mal täglich von Donegal nach Kilcar (10 €) und Carrick (12 €). Am besten lässt sich die Gegend natürlich mit dem Auto erkunden, mit dem man dann auch bis zu den Slieve-League-Felsen hinauffahren kann.

Glencolumbcille

270 EW.

Wer die drei Pubs, die Strände, die schönen Wanderpfade und das kleine Heimatmuseum von Glencolumbcille (Gleann Cholm Cille) erlebt hat, ist gewiss anderer Meinung als die Einheimischen, die behaupten, hier sei wenig zu sehen.

Nähert man sich Glencolumbcille vom Glengesh Pass her, verstärkt sich der Eindruck von der weltfernen Lage des traumhaft

NICHT VERSÄUMEN

SLIEVE LEAGUE

Auch wenn die Cliffs of Moher mehr Besucher anziehen, sind die spektakulären **Slieve-League-Felsen** mit ihren 600 m über dem unablässig tosenden Meer höher und zählen zu den höchsten Klippen Europas. (Außerdem ist der Eintritt frei.)

Von Teelin aus führt eine Straße durch die karge Landschaft zum unteren Parkplatz (wo auch Tafeln mit Wanderkarten stehen) neben einem Tor, das man hinter sich wieder schließen sollte. Pkws dürfen es passieren und zum 1,5 km entfernten oberen Parkplatz gleich neben dem Aussichtspunkt weiterfahren (im Sommer oft belegt).

Vom oberen Parkplatz führt ein ziemlich unwegsamer **Pfad** hinauf bis zum **One Man's Pass**. Vom schmalen Grat gelangt man zum Gipfel der Felsen (595 m; hin & zurück 10 km). Achtung: Häufig setzen urplötzlich Regen und Nebel ein, sodass der Weg plötzlich glitschig sein kann. Besondere Vorsicht ist am Rand der Klippen geboten! Doch auch schon nach 500 m Wegstrecke bieten sich spektakuläre Ausblicke.

Es gibt aber noch einen anderen Weg: Von Carrick kommend, nimmt man den **Pilgrim Path**, der an der Nebenstraße rechter Hand vor der Abzweigung zu den Slieve-League-Klippen ausgeschildert ist. Zurück geht's über den One Man's Pass und die Straße, die zum Aussichtspunkt führt (insgesamt 12 km; 4–6 Std.).

Besonders schön sind die Klippen bei Sonnenuntergang, wenn die Wellen an die Felsen branden und der Ozean die letzten Sonnenstrahlen reflektiert. Schaut man nach unten, fällt der Blick auf zwei Felsen, die aus ganz offensichtlichen Gründen *giant's desk and chair* („Tisch und Stuhl des Riesen") genannt werden.

schönen Hafens. Der Weg führt scheinbar endlos an Hügeln und Mooren vorbei, ehe das Meer auftaucht, gefolgt von dem engen grünen Tal und dem kleinen Gaeltacht-Dorf.

Die Website von Glencolumbcille (www.glencolmcille.ie) liefert reichlich Informationen über das Dorf, seine Geschichte und mögliche Aktivitäten.

Geschichte

Bereits seit 3000 v. Chr. ist der Ort besiedelt, davon zeugen viele steinzeitliche Funde in der Umgebung. Angeblich hat hier der hl. Colmcille (Columba) im 6. Jh. ein Kloster gegründet (daher der Name, der „Kirche des Tals von Columba" bedeutet). Er christianisierte die steinzeitlichen stehenden Steine, indem er ein Kreuz hineinmeißelte. Am Columba's Feast Day (9. Juni) wandern die Gläubigen Schlag Mitternacht um die Steine und die Ruine der Cholm Cille's Chapel. Die Prozession ist als An Turas Cholm Chille bekannt (das gälische Wort *turas* bedeutet „Pilgerschaft" oder „Reise"). Danach findet um 3 Uhr eine Messe in der Dorfkirche statt.

Sehenswertes

★ Malinbeg Beach — STRAND

In Malinbeg liegt diese geschützte Bucht zwischen niedrigen Klippen. Hier gelangt man über 60 Stufen zu einem weiteren herrlichen kleinen Strand hinunter, der häufig menschenleer ist. Er liegt 6 km hinter dem Folk Village.

★ Doonalt Beach — STRAND

Gleich westlich von Glencolumbcille erstreckt sich in Doonalt dieser schöne Sandstrand mit kräftigen Wellen. Zugang besteht vom Parkplatz gegenüber dem Heimatmuseum.

Glencolmcille Folk Village — MUSEUM

(Father McDyer's Folk Village; www.glenfolkvillage.com; Doonalt; Erw./Kind 6/3 €; ⏲ Ostern–Sept. Mo–Sa 10–18, So 12–18 Uhr, Okt. bis 17 Uhr) 1967 gründete der vorausschauende Pater James McDyer das Folk Village, um die Traditionen für die Nachwelt zu erhalten. Es sind zusammengestoppelte weiße strohgedeckte Cottages, die im Stil des 18. und 19. Jhs. nachgebaut und mit einer authentischen Einrichtung ausgestattet wurden. Eine kleine Schule ist dabei, und im *shebeen* (illegaler Trinkort) bekommt man ungewöhnliche lokale Weine, die aus Zutaten wie Seetang und Fuchsien hergestellt werden. Das Museum liegt 3 km westlich des Dorfes am Strand.

Anschauen sollte man sich die kleine Schwitzhütte aus Stein, in der Kranke geheilt wurden, indem sie hier ihre Beschwerden ausschwitzten. Ein Infoblatt zur Anlage bekommt man im Laden am Eingang.

Aktivitäten

Die St. Columba's Church aus dem 19. Jh. dient als Ausgangspunkt für verschiedene Wanderungen (Näheres unter www.glencolmcille.ie), darunter die 5,5 km lange Pilgerroute **An Turas Cholm Cille** (www.glencolmcille.ie/turas.htm), die zu mehreren prähistorischen, oft mit frühchristlichen Symbolen versehenen Steinplatten und zu einer alten, dem hl. Colmcille geweihten Kapelle führt. Viele Platten befinden sich auf Privatgrundstücken, aber die Besitzer lassen Wanderer von Juni bis August immer sonntags passieren. Manche Steine sind auch ganzjährig zugänglich. Zwei ausgeschilderte Rundwanderwege laden zu tollen Ausflügen in die wildromantische Landschaft jenseits der Ortschaft ein. Der **Tower Loop** (10 km; 2–3 Std.) verläuft gen Norden zu einem Funkturm, der auf traumhaften Küstenklippen thront. Über den anstrengenderen **Drum Loop** (13 km; 3–4 Std.) geht's in die Hügel nordöstlich von Glencolumbcille.

Oideas Gael KULTUR
(074-973 0248; www.oideas-gael.com; 3-/7-tägiger Kurs ab 100/220 €; Mitte März–Okt.) 1 km westlich vom Ortszentrum bietet die Foras Cultúir Uladh (Kulturstiftung Ulster) Erwachsenenferienkurse für irische Sprache und Kultur inklusive Tanz, Malerei und Musik sowie Wandertouren durch die hügelige Umgebung an. Auf Wunsch vermitteln die Angestellten Pensionszimmer oder Ferienwohnungen (ca. 30 € pro Person/Nacht).

Schlafen & Essen

Dooey Hostel HOSTEL €
(074-973 0130; www.independenthostelsireland.com; Dooey; Stellplätze 10 € pro Pers., B/DZ 16/32 €) Manchmal begrüßt einen hier ein Mädchen aus der Gegend mit einem Ständchen und Gitarrenmusik. Das in den Hang gebaute charmante Hostel bietet einen herrlichen Ausblick auf den Ozean und die Berge. Die Zimmer sind urig, aber sauber und gemütlich, und der Campingplatz wunderschön. Wer hier übernachten möchte und mit dem Auto anreist, biegt gleich hinter der Glenhead Tavern links ab; von dort sind es noch 1,5 km. Wanderer können den Pfad hinterm Folk Village nehmen. Nur Barzahlung.

Áras Ghlean Cholm Cille B&B €
(074-973 0077; www.arasgcc.com; Malinmore; Zi. ab 18 €;) Die große Pension im nahen und sehr ruhigen Malinmore ist eine gute Wahl. Es gibt viele verschiedene Zimmer, von kleinen, aber brauchbaren Einzelzimmern bis zu größeren Doppel-, Zwei- und Dreibettzimmern. Ein Shuttleservice zu den Pubs in der Gegend wird hier auch angeboten. Zum Haus gehört eine große Küche mit Essraum. Frühstück kostet 5 € extra. Wer ein bisschen kicken möchte – auf der großen Wiese vor dem Haus ist ein kleines Tor aufgebaut.

Malinbeg Hostel HOSTEL €
(074-973 0006; www.malinbeghostel.com; Malinbeg; B/DZ ab 15/38 €; Dez.–Mitte Jan. geschl.) An einem entlegenen Küstenstrich nahe des Silver Strand Beach liegt dieses Hostel. Ideal für diejenigen, die Schlichtheit und Abgeschiedenheit suchen (kein WLAN).

An Chistin CAFÉ €€
(074-973 0213; R263; Hauptgerichte ab 12 €; April–Aug. Mo 12–20, Do 15–20, Fr & So 12.30–20, Do 14–20.45 Uhr) Dieses gute und einladende Café ist quasi das kulinarische Highlight des Dorfs. Zubereitet werden einige fantastische Gerichte aus Donegal, vom superleckeren Fisch-und-Meeresfrüchte-Eintopf (*chowder*, 7 €) mit vielen Muscheln drin bis zu Lachs mit Kräuterkruste (16 €) und gebratener Entenbrust (16) €.

Shoppen

Glencolmcille Woollen Mill KLEIDUNG
(074-973 0069; www.rossanknitwear.ie; Malinmore; März–Okt. 10–20 Uhr, Nov.–Feb. bis 17.50 Uhr) Hier kann man sich mit Tweedjacken, -mützen und -krawatten sowie Schals aus Schafwolle eindecken und manchmal auch den Webern bei der Arbeit zusehen. Der Laden liegt 5 km südwestlich von Glencolumbcille in Malinmore.

An- & Weiterreise

Bus Éireann (S. 481) nach/von Killybegs (9 €, 45 Min.) hält 1- bis 2-mal täglich in Glencolumbcille (die Buslinie endet hier).

Maghera Strand & der Glengesh Pass

Das kleine, an der Nordküste der Halbinsel gelegene Maghera, 9 km westlich von Ardara, hat einen erstaunlichen unglaublich breiten Strand, einen der schönsten Irlands. Wer den Strand Richtung Westen entlangspaziert, gelangt zu einem Felsvorsprung mit zahlreichen Höhlen (bei Flut nicht zugänglich).

Empfehlenswert ist ein Besuch bei Sonnenuntergang, dann kann man den Strand in seiner ganzen Magie erleben.

Auf der Fahrt gen Süden ab Ardara nimmt man die zweite Abzweigung und hält nach einem kleinen handgemalten Schild mit der Aufschrift „Maghera" Ausschau. Wer aus Versehen der ersten Abzweigung folgt, kommt am Wasserfall nicht vorbei und landet auf der falschen Seite, ohne Zugang zum Strand.

Sehenswertes

★ Maghera Strand STRAND

An diesem beeindruckenden Strand werden Träume wahr, besonders wenn man hier den herrlichen Sonnenuntergang erlebt. Bei klarem Himmel ist der Anblick der Sonne, wie sie im Atlantik versinkt, einfach überirdisch. Wer die spektakulären Gesteinsformationen in den **Höhlen** am Südende des Strands erkunden will, sollte bei Ebbe kommen. Während Cromwells zerstörendem Feldzug im 17. Jh. versteckten sich hier 100 Dorfbewohner, doch es wurden bis auf einen alle gefunden und getötet.

Auf der Höhe eines Bauernhofs liegt ein Parkplatz vor den Dünen, über die man zum Strand gelangt. Man muss durch ein Metalltor gehen – bitte nicht vergessen, es wieder zu schließen.

Assarancagh Waterfall WASSERFALL

Der schmale Wasserfall, der auch Maghera-Wasserfall genannt wird, ist ein lohnender Zwischenstopp auf dem Weg zum Maghera Strand. Links vom Wasserfall ist ein kleiner behelfsmäßiger Schrein .

★ Glengesh Pass AUSSICHTSPUNKT

Diesen fantastischen, majestätischen Pass, der vor Ewigkeiten von unglaublichen eiszeitlichen Kräften geformt wurde, erreicht man über zahlreiche Serpentinen auf einer engen Straße. Sie führt durch ein einsames Moorgebiet von Glencolumbcille nach Ardara. An ihrem Ende stehen strohgedeckte Cottages in idyllischer Landschaft. An verschiedenen Aussichtspunkten kann man an den Straßenrand fahren und die grandiose Landschaft genießen.

Ardara

740 EW.

Ardara (ausgesprochen: arda-*rah*; auf Irisch Ard an Rátha, „Höhe der Festung") bietet Zugang zu den Serpentinen am Glengesh Pass und ist das Herz der Tweed- und Strickwarenproduktion der Grafschaft. Hier lernt man das traditionelle Kunsthandwerk der Region kennen und kann den Webern bei der Arbeit zuschauen.

Noch toller ist aber die Fahrt hinunter zum beeindruckenden Maghera Strand, vorbei am ebenso beeindruckenden Assarancagh-Wasserfall.

Eine herrlich abgeschiedene, 25 km lange einspurige Straße führt von Glencolumbcille über den kargen und umwerfenden Glengesh Pass (Glean Géis, was so viel wie „Tal der Schwäne" bedeutet, S. 486) nach Ardara. Dies ist eine der malerischsten Autorouten Donegals.

Sehenswertes & Aktivitäten

Ardara Heritage Centre MUSEUM

(☎ 087 286 8657; Main St; ⏲ Ostern–Sept. Mo–Fr 10–17, Sa 11–16 Uhr) GRATIS Das von ehrenamtlichen Mitarbeitern geführte Heimatmuseum im alten Gerichtshof präsentiert die Geschichte des Donegaler Tweeds vom Schafscheren bis hin zum Färbe- und Webprozess.

Don Byrne FAHRRADFAHREN

(☎ 074-954 1658; http://donbyrnebikes.com; West End; Leihrad ab 17 € pro Tag, Trekkingrad 80 € pro Woche; ⏲ Di–Sa 10–18 Uhr) Hat eine große Auswahl an Rädern und gibt gute Tipps zu Radstrecken.

Feste & Events

Cup of Tae Festival MUSIK

(☎ 087 242 4590; www.cupoftaefestival.com; Erw./Kind Kurse ab 50 €; ⏲ Anfang Mai) Das Cup-of-Tae-Festival wird mit traditionellen Musikern, Tänzern, Geschichtenerzählern und einer Musikschule gefeiert. Die Veranstaltung ist nach John „The Tae" Gallagher, einem lokalen Musiker, benannt, und aufgrund ihrer Überschaubarkeit sehr angenehm. Während dieser Zeit finden in vielen Pubs kostenlose Livekonzerte statt.

Schlafen & Essen

Gort na Móna B&B €

(☎ 074-953 7777; www.gortnamonabandb.com; Donegal Rd, Cronkeerin; EZ/DZ ab 45/70 €;) Schöner Bergblick und riesige, aber gemütliche farbenfrohe Zimmer – man fühlt sich hier gleich wie zu Hause. Zum Frühstück gibt's Marmelade aus eigenen Erdbeeren. Das B&B liegt 2 km südöstlich von Ardara an der alten Straße nach Donegal.

Bayview Country House B&B €
(☎ 074-954 1145; www.bayviewcountryhouse.com; R261; EZ/DZ ab 50/76 €; ⊙ April–Mitte Okt.; 📶) Von dem zweckmäßigen B&B gleich nördlich des Dorfes genießt man einen tollen Blick auf die Bucht. Die Pension hat geräumige Zimmer mit schöner Blumenbettwäsche und makellosen Bädern. Es gibt einen Holzfeuerkamin, hausgemachte Brote und Scones, und die Gäste werden herzlich empfangen.

★ **Woodhill House** HOTEL €€
(☎ 074-954 1112; www.woodhillhouse.com; Woodhill; EZ/DZ ab 69/100 €, 3-gängiges Abendmenü 42,50 €; ⊙ Abendessen 17–21 Uhr; 📶) In diesem Herrenhaus, das teilweise bis ins 17. Jh. zurückdatiert, lebte einst die letzte Familie Irlands, die kommerziellen Walfang betrieb. Mit seinem Garten und zehn komfortablen Zimmern liegt es nur 300 m östlich vom Zentrum. Die irischen Menüs am Abend sind sehr beliebt. In der Bar gibt's viele verschiedene Biersorten.

★ **Nancy's Bar** IRISCH €
(☎ 074-954 1187; www.nancysardara.com; Front St; Hauptgerichte 7–15 €; ⊙ Küche März–Okt. tgl. 12–21 Uhr, Nov.–Feb. Sa & So; 📶 👪) Das altmodische Pub-Restaurant, das bereits seit sieben Generationen im Besitz ein und derselben Familie ist, zählt zu den besten Orten der Gegend, wenn es um traditionelle Musikkonzerte geht. Zu den Spezialitäten gehören Fischgerichte und *chowder*, ein Eintopf aus Meeresfrüchten, außerdem trifft man in der Kneipe immer nette Leute.

★ **West End Café** IRISCH €
(☎ 074-954 1656; Main St; Hauptgerichte ab 5 €; ⊙ 13–23.30 Uhr) Das lange als „Whyte's" bekannte Café, das immer von vielen Einheimischen gut besucht wird, führt die tüchtige Philomena. Es ist wegen seiner superfrischen Fish 'n' Chips hochbeliebt, aber es gibt auch Sandwiches, wechselnde Tagesgerichte und immer tollen Service. Kaffee bekommt man in riesigen Tassen.

Ausgehen & Nachtleben

Viele Pubs in Ardara, z. B. Nancy's Bar, veranstalten regelmäßig Trad Sessions. Wer die Hauptstraße entlangspaziert, hört die Musik schon aus den Läden schallen.

Corner House PUB
(☎ 074-954 1736; The Diamond; ⊙ So–Do 15 Uhr–open end, Sa & So ab 12 Uhr) Von Juni bis September kommt man hier jeden Abend (ansonsten immer freitags und samstags) in den Genuss toller irischer Musiksessions. Manchmal fängt jemand spontan zu singen an, und wenn die Stimmung gut ist, stimmen alle mit ein.

Shoppen

In Ardara gibt's viele Strickwarengeschäfte und -hersteller. Ein traditioneller Pullover, der gegen den atlantischen Wind schützt, ist ab etwa 60 € zu haben.

★ **Eddie Doherty** KLEIDUNG
(☎ 074-954 1304; www.handwoventweed.com; Main St; ⊙ Mo–Sa 10–18 Uhr, manchmal auch So geöffnet) In diesem Geschäft sitzt Eddie Doherty an seinem traditionellen Webstuhl und erklärt seinen Besuchern gern alle Schritte der Webarbeit.

John Molloy KLEIDUNG
(☎ 074-954 1133; www.johnmolloy.com; Killybegs Rd; ⊙ 9–18 Uhr) Hand- und maschinengefertigte Wollwaren bekommt man in diesem Flagship-Laden.

Kennedy's KLEIDUNG
(☎ 074-954 1106; www.facebook.com/kennedy-irishsweaters; Front St; ⊙ 9–18 Uhr) Das Kennedy's ist schon seit mehr als hundert Jahren im Geschäft und maßgeblich an Ardaras Ruf als „Pullovermekka" beteiligt.

Praktische Informationen

Die ehrenamtlich geführte **Touristeninformation** (☎ 074-954 1704; www.ardara.ie; Main St, Ardara Heritage Centre; ⊙ März–Okt. Mo–Fr 10–18, Sa 11–16 Uhr) bietet – auch wenn keine Mitarbeiter vor Ort sind – jede Menge guter Infos inklusive einer Karte, auf der Wanderrouten verzeichnet sind. Auf der Website findet man lokale Infos ohne Ende. Am The Diamond gibt's einen Geldautomaten der Ulster Bank. Die Post ist ganz in der Nähe an der Main Street.

An- & Weiterreise

Bus Éireann (S. 481) aus Donegal (10 €, 25 Min.) hält 2- bis 3-mal täglich am Heritage Centre in Ardara und fährt anschließend weiter nach Glenties.

Loughrea Peninsula

Die Zwillingsorte Narin und Portnoo liegen am westlichen Ende des bezaubernden blau beflaggten Strandes. Im Südwesten der von grasbewachsenen Dünen umrahmten Halbinsel erstreckt sich der wunderschöne Tramore Beach.

Sehenswertes

Tramore Beach STRAND

(P) 1588 lief am bezaubernden Tramore Beach ein Teil der Spanischen Armada auf Grund. Die Überlebenden ließen sich zeitweise auf O'Boyle's Island im Kiltoorish Lake nieder und marschierten dann nach Killybegs, wo sie mit der *Girona* wieder in See stachen.

Allerdings erlitt dieses Schiff noch im selben Jahr ein ähnliches Schicksal in Nordirland. Mehr als 1000 Seeleute kamen dabei ums Leben.

★ Iniskeel Island INSEL

Bei Ebbe kann man diese winzige Insel zu Fuß erreichen – von der Spitze des blau beflaggten Strandes aus, der sich zwischen Narin und Portnoo erstreckt.

Der hl. Connell, ein Cousin des hl. Colmcille (Columba), gründete hier im 6. Jh. ein Kloster. Daneben gibt's aber noch weitere frühmittelalterlich-christliche Relikte, darunter zwei Kirchenruinen und ein paar verzierte Grabsteine.

Dolmen Ecocentre ARCHÄOLOGISCHE STÄTTE

(☎ 074-954 5010; www.dolmencentre.com; R261, Kilclooney; ⏲ Mo–Fr 9–17 Uhr) In diesem Zentrum erfährt man mehr über die prähistorischen Stätten der Region, z. B. das prachtvolle **Kilclooney More Court Tomb** und ein schildkrötenförmiges Ganggrab, das an einem kleinen Pfad links von der Kirche liegt.

Schlafen

★ Carnaween House B&B €€

(☎ 074-954 5122; www.carnaweenhouse.com; Narin; EZ/DZ 60/120 €, Cottage ab 210 €, Hauptgerichte 15–25 €; ⏲ Küche Juni–Sept. Do–So 18–21, So 13–16 Uhr, Okt.–Mai kürzere Öffnungszeiten; 📶) Das Carnaween House glänzt mit strahlend weißen Zimmern im luxuriösen Strandhausstil. Der Sand am angrenzenden Strand ist fast genauso weiß. Im Restaurant wird moderne irische Küche serviert, der Schwerpunkt liegt jedoch auf Meeresfrüchten und Pasta. Wer einen Tisch am Fenster reserviert, kann den herrlichen Ausblick auf den Sonnenuntergang genießen.

Glenties

800 EW.

Das stolze Örtchen Glenties (Na Gleannta) thront am Fuße von zwei Tälern, hinter denen die Blue Stack Mountains aufragen. Hier kann man in herrlicher Landschaft angeln und wandern. Zudem ist das Dorf mit dem Dramatiker Brian Friel verbunden, dessen Stück *Dancing at Lughnasa (Tanz in die Freiheit)* in Glenties spielt. Das Werk über vier unverheiratete Schwestern, die in den 1930er-Jahren in Irland leben, wurde später mit Meryl Streep in der Hauptrolle verfilmt.

St Connell's Museum & Heritage Centre MUSEUM

(☎ 087-292 1016; www.glentiesheritagemuseum.com; Mill Rd; Erw./Kind 3/1 €; ⏲ Mai–Sept. 10–13

ABSTECHER

DONEGALS EINZIGE EISENBAHN

Die einzige verbliebene Eisenbahn Donegals ist die **Fintown Railway** (☎ 074-954 6280; www.antraen.com; abseits der R250, Fintown; Erw./Kind 8/5 €; ⏲ Juni–Mitte Sept. Mo–Sa 11–16, So 13–17 Uhr). Der rot-weiße Dieseltriebwagen aus den 1940er-Jahren wurde liebevoll in seinen Originalzustand versetzt und legt ein 5 km langes wiederhergestelltes Teilstück einer früheren Strecke entlang des malerischen Lough Finn zurück. Für die Hin- und Rückfahrt (kommentiert) benötigt er etwa 40 Minuten. Fintown liegt 20 km nordöstlich von Glenties an der R250.

Als 1895 die erste hustende Dampflok in Donegal eintraf, gaben die Einheimischen der monströsen Maschine den Namen Black Pig (Schwarzes Schwein). Die Züge brachten mehr Leben in die isolierten Gemeinden des Countys und sorgten für die dringend benötigte Verbindung zum Rest des Landes. Zur Blütezeit der irischen Eisenbahn durchzogen über 300 km Schmalspurgleise das Land, aber nach dem Zweiten Weltkrieg ließ der Bedarf nach. Im Juni 1947 wurden die Verbindungen für Passagiere gestrichen und 1952 stellte man schließlich auch den Güterzugverkehr ein.

&13.30–18 Uhr Das kleine, informative Museum neben dem Gerichtsgebäude zeigt auf mehreren Etagen eine umfangreiche Sammlung zur lokalen Geschichte und fungiert zugleich als Infozentrum und Café.

Brennan's B&B B&B €€
(☎ 074-955 1235; www.brennansbnb.com; Main St; EZ/DZ ab 50/80 €, Apt. 150 €; 📶🐾) In diesem B&B begrüßen die Inhaber Kathleen und Francis ihre Gäste mit großer Warmherzigkeit. Es hat drei liebevoll eingerichtete, behagliche Gästezimmer und liegt günstig zwischen Pubs und Läden am südlichen Ende der Hauptstraße.

NORDWESTLICHES DONEGAL

In Irland gibt's kaum eine Region, die es mit der wilden Schönheit des Nordwestens von Donegal aufnehmen kann. Das felsige Gaeltacht-Gebiet zwischen Dungloe und Crolly mit seinen glitzernden Seen, gräulich-pinken Granitkuppen und goldenen Atlantikstränden wird Rosses (Na Rossa) genannt. Weiter nördlich, zwischen Bunbeg und Gortahork, ist die Landschaft nicht ganz so idyllisch, denn dort sind überall Ferienhäuser aus dem Boden geschossen. Arranmore und Tory, vorgelagerte Inseln, gelten als faszinierende Ziele für alle, die die traditionelle Lebensweise kennenlernen möchten.

Dungloe

4100 EW.

Dungloe (An Clochán Liath), Hauptknotenpunkt der Rosses, ist eine geschäftige kleine Stadt mit zahlreichen Einrichtungen für alle, die auf der spektakulären Küstenstraße unterwegs sind.

Sehenswertes & Aktivitäten

Daniel O'Donnell Visitor Centre BESUCHERZENTRUM
(☎ 074-952 2334; www.danielodonnellvisitorcentre.com; Main St; 5 €; ⏲ Mo–Sa 10–18, So 11–18 Uhr) Das Museum ist dem aus Dungloe stammenden Sänger Daniel O'Donnell gewidmet und erinnert ein wenig an einen Schrein („Dies ist sein Hochzeitsanzug!"). Der extrem beliebte „Wee Daniel" ist für seine irische Folk- und Countrymusik und Hits wie *My Donegal Shore* bekannt.

Charlie Bonner's Tackle Shop ANGELN
(☎ 074-952 1163; The Bridge; ⏲ Mo–Sa 10–18 Uhr) Das Angeln nach Lachsen und Forellen im Fluss Dungloe und im Lough Dungloe ist sehr beliebt. Ausrüstung und Lizenzen bekommt man im hilfsbereiten Bonner's und hier kann man auch Guides anheuern.

Feste und Events

Mary From Dungloe Festival MUSIK
(☎ 087-449 1144; www.maryfromdungloe.com; ⏲ Ende Juli–Anfang Aug.) Jedes Jahr im Sommer findet in Dungloe das zehntägige Mary-from-Dungloe-Festival statt. Während der Feierlichkeiten wird eine „neue Maria" gekrönt. Bekanntheit erlangte dieses Ereignis Ende der 1960er-Jahre durch den Nummer-Eins-Hit *Mary from Dungloe* von Emmet Spiceland.

Schlafen

Radharc an Oileain B&B €
(☎ 074-952 1093; www.dungloebedandbreakfast.com; Quay Rd; EZ/DZ ab 45/75 €; ⏲ April–Nov.; 📶) Das ordentliche und charmante kleine, familiengeführte B&B in der Bucht hat Zimmer, die mit viel Brokat und anderem schönen Stoff ausgestattet sind. Es liegt an einer schmalen Gasse abseits der Quay Road; es ist ausgeschildert.

Praktische Informationen

Die kleine **Touristeninformation** (☎ 074-952 2198; Chapel Rd; ⏲ ganzjährig Mo–Fr 10–17 Uhr, plus Juni –Sept. Sa & So) befindet sich im Gemeindezentrum Ionad Teampall Chróine, das in einer alten Kirche untergebracht ist.

An- & Weiterreise

Aus Donegal fährt 2- bis 3-mal täglich der Bus Nr. 492 von **Bus Éireann** (S. 481) via Killybegs, Ardara und Glenties nach Dungloe (10 €, 1½ Std.).

Busse von **Doherty's Travel** (☎ 074-952 1105; www.dohertyscoaches.com) verkehren einmal täglich außer sonntags zwischen Letterkenny und den Rosses. Unterwegs halten sie in Dungloe (10 €, 1¼ Std.), Burtonport, Kincasslagh und Annagry.

Burtonport & Umgebung

590 EW.

Das winzige, nicht besonders aufregende Burtonport (Ailt an Chorráin) dient als Ausgangspunkt für Ausflüge auf die Insel Arranmore. Die Insel wirkt so nah, als könne man hinüberwaten. Das Dorf hat im Laufe der Jahre eine ganze Menge berühmte Persönlichkeiten angelockt.

Sehr zum Ärger der Dorfgemeinde zog in den 1970er-Jahren die Atlantis-Kommune aus London hierher, deren bevorzugte Therapieform ihr damals den Spitznamen „the Screamers" einbrachte. Später verzog sich die Gruppe erst nach Innisfree, dann in den kolumbianischen Urwald, wo zwei ihrer Mitglieder von Farc-Rebellen grausam enthauptet wurden. Heute wirkt Burtonport wie ein ganz normaler Ort.

Annagry ist eine hübsche Kleinstadt und liegt an einem Priel.

Nördlich von Burtonport liegt das hübsche Küstendorf Kincasslagh, in dem rund 40 Menschen leben. Das Dorf ist bekannt, weil es der Geburtsort des berühmten Sängers Daniel O'Donnell ist.

Sehenswertes & Aktivitäten

Carrick Finn Beach STRAND

(abseits der R259, Kincasslagh) Wer die Küstenstraße von Burtonport aus nach Norden nimmt, erreicht das malerische Örtchen **Kincasslagh** (Cionn Caslach), wo alte Cottages auf Felsnasen balancieren. In Carrick Finn erstreckt sich ein Strand mit Blauer Flagge. Dieser verschwenderische Sandstrand mit unglaublich schönem Blick in die Berge blieb wunderbar unberührt, obwohl er direkt parallel zur Landebahn des Donegal Airport verläuft. Im Hintergrund erheben sich die Berge.

Rapid Kayaking KAJAKFAHREN

(☎086 151 0979; www.rapidkayaking.com; Carrick Finn, Annagry; Kajaktouren Erw./Kind ab 25/20 €; ⏲Juni–Sept.) Bietet diverse Kajaktouren auf dem Meer und durch die Meeresarme. Bei den Trips werden Höhlen erkundet und oft kann man auch Delfine beobachten.

Schlafen & Essen

Caisleain Oir Hotel HOTEL €

(☎074-954 8113; www.donegalhotel.ie; Annagry; EZ/DZ ab 55/70 €; WLAN) 20-Zimmer-Hotel mit herrlichem Blick über den Priel. Die Zimmer entsprechen dem Standard, die Bar ist sehr beliebt und die Frühstücksauswahl groß und gut. Ein netter Zug: Für 5 € wird das Frühstück ans Bett gebracht. Wer bei der Ankunft eine Flasche Sauvignon Blanc im Zimmer haben möchte, zahlt dafür 17,95 €. Jeden Samstagabend wird hier traditionelle irische Livemusik gespielt.

Limekiln House B&B €

(☎074-954 8521; www.limekilnhouse.com; Carrick Finn, Kincasslagh; Zi. 60–80 €) Rosemary Boyd hat sowohl für ihre Handwerks- als auch für ihre Backkunst (die Butterkekse: herrlich!) schon zahlreiche Preise eingeheimst. Beides kann man im gemütlichen Limekiln House – geschmückt mit ihren Ölgemälden, Wandteppichen und Stickereien – aus erster Hand erleben. Zwei der vier Zimmer verfügen über eigene Badezimmer.

NICHT VERSÄUMEN

DONEGALS BESTE STRÄNDE

Donegals wilde zerklüftete Küste ist mit breiten unberührten Stränden und lauschigen Buchten übersät. Unsere Favoriten:

Tramore (S. 495) Makelloser Sand an einem einsamen Küstenabschnitt.

Maghera Strand (S. 486) Beeindruckende Bucht mit Höhlen zum Entdecken und traumhaften Sonnenuntergängen.

Carrick Finn (S. 490) Ein zauberhafter unbebauter Sandstreifen in der Nähe des Donegal Airport.

Fintragh Bay (S. 482) Ruhig, romantisch und einfach wunderschön.

Portnoo (S. 488) Hinter der dreiecksförmigen geschützten Bucht erstrecken sich wellige Hügel.

Ballymastocker Beach (S. 504) Ein idyllischer Sandstreifen mit türkisfarbenem Wasser.

Culdaff (S. 509) Der lange goldene Strand wird gern von Familien besucht.

Rossnowlagh (S. 487) An dem wunderschönen weißen Sandstrand kann man gut surfen lernen.

Lobster Pot FISCH & MEERESFRÜCHTE €€
(Kelly's; ☎ 074-954 2012; www.lobsterpot.ie; Main St, Burtonport; Hauptgerichte 10–30 €; ⏲ Küche 12–21 Uhr, Pub bis open end) Den riesigen Fiberglashummer an der Außenwand des Lobster Pot kann man beim besten Willen nicht übersehen; er blickt direkt auf den geschäftigen Fischereihafen. In dem Pub-Restaurant gibt's eine große Auswahl an Fisch und Meeresfrüchten. Wenn auf dem riesigen Fernseher wichtige Spiele übertragen werden, ist das Lokal gerammelt voll. Wir empfehlen die gigantische Meeresfrüchteplatte – vollbeladen mit Hummer, Krabben, Muscheln, Lachs, Garnelen und anderen Leckereien, natürlich alle aus der Region.

★ **Danny Minnie's Restaurant** MODERN IRISCH €€€
(☎ 074-954 8201; www.dannyminnies.ie; R259, Annagry; Hauptgerichte ab 25 €; ⏲ Juni–Aug. Mo–Sa 18.30–21.30, So 13–16 Uhr, Sept.–Mai kürzere Öffnungszeiten) Das äußerst beliebte familiengeführte Dorfrestaurant überzeugt seit 1962 mit seiner Gourmetküche aus innovativen, saisonal wechselnden Gerichten. Der Küchenchef Brian O'Donnell hat eine eigene Gaeltacht-Kochshow im irischen Fernsehen. Manchmal ist auch eines der mit vielen Antiquitäten eingerichteten Zimmer frei. In den kälteren Monaten besser anrufen, bevor man sich auf den Weg macht, unter der Woche wird manchmal früh zugemacht.

Arranmore Island

514 EW.

Die winzige Insel Arranmore (Árainn Mhór) mit ihren sauberen Sandstränden erstreckt sich 5 km von der Küste entfernt inmitten von dramatischen Klippen und ausgewaschenen Meereshöhlen. Sie ist nur 9 km lang und 5 km breit und schon seit der frühen Eisenzeit (800 v. Chr.) besiedelt. Auf der Südostseite erhebt sich eine prähistorische Festung. Der Westen und Norden sind wild und zerklüftet; nur wenige Häuser stören hier die Einsamkeit.

An der nordwestlichen Spitze der Insel liegen die alte Küstenwache und der Leuchtturm von Arranmore. Auf Arranmore wird hauptsächlich Irisch gesprochen, die Bewohner können sich jedoch fast alle auch auf Englisch verständigen.

Die Pubs der Insel locken mit behaglichen Torffeuern und traditionellen Musiksessions und sind teilweise sogar rund um die Uhr geöffnet, damit die Fischer ihren Durst stillen können.

★ **Arranmore Way** WANDERN
Wanderwege gibt es einige, der beste und eindrucksvollste ist der Arranmore Way (Slí Árainn Mhór), der die Insel umrundet (14 km; 3 bis 4 Std.).

Dive Arranmore Charters TAUCHEN
(☎ 086 330 0516; www.divearranmore.com; Charterboot halber/ganzer Tag 300/550 €, 2 Tauchgänge 60 €) Tauchen, Hochseefischen, Robben beobachten, Meeressafari oder ein Ausflug zum maritimen Kulturerbe – Jim Muldowney kennt die kristallklaren (und kalten) Gewässer rund um die Insel in- und auswendig. Es gibt etwa ein Dutzend namhafter Tauchspots. Dive Arranmore Charters betreibt auf der Insel außerdem ein B&B.

Claire's Bed & Breakfast B&B €
(☎ 074-952 0042; www.clairesbandb.wordpress.com; Leabgarrow; EZ/DZ ab 30/60 €; 📶) Das moderne B&B direkt am Fährhafen vermietet einfache Zimmer.

ℹ An- & Weiterreise

Passagier- und **Autofähren** (☎ 087 317 1810; www.arranmorefastferry.com; und ☎ 074-952 0532; www.arranmoreferry.com; Burtonport; hin & zurück Erw./Kind/Auto & Fahrer 15/7/30 €; ⏲ ganzjährig 4- bis 8-mal tgl.) verkehren zwischen Burtonport und den Inseln. An allen Fähren warten **Taxis** (☎ 086 331 7885).

Gweedore & Umgebung

4300 EW.

Das Gaeltacht-Gebiet Gweedore (Gaoth Dobhair), ein loser Verbund kleiner Ortschaften zwischen der N56 und der Küste, ist die am dichtesten besiedelte ländliche Region Europas, der größte irischsprachige Bezirk des Landes, ein Zentrum traditioneller Musik und Kultur und die Wiege diverser keltischer Bands und Musiker wie Altan, Enya und Clannad.

Die Gegend ist rau und windig, trotzdem ist der Großteil der Küste mit Ferienhäusern bebaut, und die „Dörfer" Derrybeg (Doirí Beaga) sowie Bunbeg (Bun Beag) sind gewissermaßen zusammengewachsen. Die Zeichen der Zivilisation setzen sich im Norden bis Bloody Foreland fort; der Name ist der blutroten Farbe der Felsen bei Sonnenuntergang geschuldet.

Mit dem Fahrrad lässt sich die Gegend am besten erkunden. Über Sackgassen gelangt man zu abgeschiedenen Buchten und Stränden. Abseits der Küste wird die trostlose, spektakulär schöne Gegend nur von kleinen fischreichen Seen unterbrochen. Auf der landschaftlich interessanten N56, die östlich aus Gweedore herausführt, kann man einen reizvollen Ausflug mit dem Auto unternehmen.

Schlafen & Essen

Bunbeg Lodge B&B €€
(☎ 087 416 7372; www.bunbeglodge.ie; R257, Bunbeg; EZ/DZ ab 40/80 €; 📶) Eine hervorragende Pension mit geräumigen, modernen Zimmern, die einen guten Blick auf Strand und Meer bieten. Nach dem herzhaften Frühstück sollte man sich mit den Gastgebern unterhalten, die viel Interessantes über die Gegend zu berichten wissen.

Bunbeg House B&B €€
(Teach na Céidhe; ☎ 074-953 1305; www.bunbeghouse.com; The Harbour, Bunbeg; EZ/DZ ab 50/80 €; Hauptgerichte 7–15 €; ⏲ B&B Ostern–Okt., Café Juni–Sept.) Die umgebaute Getreidemühle hat eine schöne Lage mit Blick auf den Hafen von Bunbeg – man hört es, wenn die nebeneinander vertäuten Holzboote aneinanderstoßen. Auch Nichtgäste können sich hier im Sommer hausgemachte Fischsuppe, Fishermen's Pie oder Krebsfleischsandwiches zu Gemüte führen oder mit einem Pint auf der Barterrasse die Sonne genießen.

DIE FÜNF REIZVOLLSTEN STRECKEN

Landschaftlich reizvoll ist praktisch jede Strecke in dem schroffen County, doch die folgenden hauen einen regelrecht aus den Socken. Unterwegs sollte man regelmäßig anhalten und den Ausblick genießen.

- Die Küstenschnellstraße von Dunfanaghy (S. 494) nach Gweedore (S. 491)
- Die 161-km-Rundfahrt um die abgelegene Inishowen Peninsula (S. 504)
- Die kurvenreiche Straße zu den atemberaubenden Ausblicken am **Horn Head** (S. 494)
- Die Rundtour durch den überwältigenden Glenveagh National Park (S. 500)
- Die Haarnadelkurven am Glengesh Pass (S. 486)

Ausgehen & Nachtleben

★ **Leo's Tavern** PUB
(☎ 074-954 8143; www.leostavern.com; abseits der R259, Crolly; ⏲ Küche Mo–Fr 17–20.45, Sa & So 13–20.45 Uhr, Bar Mo–Fr 16–24, Sa 13–24, So 13–23.30 Uhr; 📶 👪) Man weiß nie im Voraus, wer für eine der legendären *singalongs* (Musiksessions) in Leo's Tavern auftaucht. Im Sommer gibt's jeden Abend Livemusik und auch im Winter finden regelmäßig Konzerte statt. Dazu wird leckeres irisches Pubfood serviert. Wer hier essen möchte, folgt der R259 von Crolly aus 1 km Richtung Flughafen und hält dort Ausschau nach den Schildern zum Leo's, das es schon viele Jahre gibt.

Der Laden gehört Baba Brennan, der Mutter von Enya und deren Geschwistern Moya, Ciaran und Pól (sie bildeten den Kern der Gruppe Clannad, die in ihrer Musik traditionelle und moderne Elemente kombiniert); heute wird er vom jüngsten Sohn Bartley geführt. An den Wänden des Pubs hängen zahlreiche Goldene, Silberne und Platin-Schallplatten. Das Pub ist das ganze Jahr über geöffnet, aber in der kalten Jahreszeit sollte man vorher anrufen oder auf die Website schauen, manchmal ändern sich die Öffnungszeiten.

Teaċ Hiudái Beag PUB
(☎ 074-953 1016; www.tradcentre.com/hiudaibeag; Bunbeg; ⏲ 15 Uhr–open end) Im winzigen Ortszentrum liegt Teaċ Hiudái Beag mit seinen Picknicktischen vor der Tür. Das Pub ist bekannt für seine Musiksessions (montags und freitags), bei denen bis zu zwölf Musiker Flöte, Pfeife, Fiedel, *bodhrán* und manchmal auch irische Warpipes (ein größerer, lauterer Vorgänger der Highland-Dudelsäcke) spielen – dafür ist dieses Pub berühmt.

An- & Weiterreise

Bus Feda (☎ 074-954 8114; www.busfeda.ie) verkehrt 2-mal täglich (Fr & So 3-mal) von Gweedore nach Letterkenny (7 €, 1½ Std.), Donegal (10 €, 2¼ Std.), Sligo (12 €, 3¼ Std.) und Galway (20 €, 5½ Std.).

Dunlewey & Umgebung

600 EW.

Das winzige Örtchen Dunlewy (Dún Lúiche) kann man leicht verpassen. Kaum zu übersehen sind dagegen die schöne Landschaft

NICHT VERSÄUMEN

ERRIGAL MOUNTAIN

Der gräulich-pinkfarbene Quarzitgipfel des **Errigal Mountain** (752 m) ist die auffälligste Landmarke im Nordwesten Donegals. Von einigen Seiten mutet der Berg konisch an, von anderen wie eine gezackte Haifischflosse, die sich durch das Heidekraut schiebt. Sein Name leitet sich vom gälischen Wort *earagail* (Oratorium) ab, denn die Form erinnert an eine Priesterkanzel.

Der pyramidenförmige Gipfel schreit geradezu danach, bezwungen zu werden, auch wenn der Weg anstrengend ist. Wer die Herausforderung annimmt, sollte die Wettervorhersage verfolgen. An windigen, verregneten Tagen kann der Aufstieg gefährlich sein: Dann verschwindet der Berg in dichtem Nebel und die Sicht ist getrübt.

2 km östlich des Dorfes Dunlewey liegt ein Parkplatz an der R251. Dort beginnt die einfachste Route auf den Gipfel, allerdings ist der Pfad steil und stark erodiert (hin & zurück 4,5 km; 3 Std.).

und der Quarzitkegel des Errigal Mountain, dessen zerklüfteter Gipfel das Umland dominiert. Am besten plant man genügend Zeit für einen ausgedehnten Spaziergang ein, denn die Gegend ist herrlich malerisch. Sie liegt nahe der N56 und der Küstendörfer.

Sehenswertes & Aktivitäten

Poisoned Glen WANDERGEBIET

(Dunlewey) Allein schon der Name verlangt nach einem Zwischenstopp, oder? Man folgt einem unwegsamen Pfad in die felsige Schlucht hinein (hin & zurück 4 km). Vorsicht vor der grünen Lady – dem hier ansässigen Geist! Gut 2 km östlich des Abzweigs zum Dunlewey Centre auf der R251 folgt man einer Nebenstraße durch das Dorf Dunlewey an der prachtvollen Ruine der Kirche von Dunlewey vorbei; dann parkt man in einer Haarnadelkurve, wo der Wanderweg beginnt.

Der Legende zufolge erhielt der riesige Felsen des Poisoned Glen seinen Namen, als Balor, der einäugige König von Tory, hier von seinem im Exil lebenden Enkel Lughaidh ermordet wurde. Dabei soll das Gift aus seinem Auge den Felsen gespalten und die Schlucht vergiftet haben. Tatsächlich entstand der Name weit weniger dramatisch – nämlich durch den Fehler eines Kartografen: Die Einheimischen nannten die Schlucht An Gleann Neamhe („die himmlische Schlucht"), doch als der englische Kartograf die Gegend vermaß, notierte er versehentlich An Gleann Neimhe („vergiftete Schlucht").

Dunlewey Church KIRCHE

(Dunlewey) Die Kirche aus weißem Marmor, blauem Quarzit und Ziegelsteinen mit Blick über den See Dunlewey Lough wurde 1853 geweiht. Mit dem Berg dahinter und dem See darunter gibt sie ein tolles Fotomotiv ab. Als das Anwesen Dunlewey mit der Zeit verfiel und die Gemeinde aufgegeben wurde, wurde schließlich 1955 das Dach abgenommen. In den Bogenfenstern ist noch ein wenig Blei am Rand, aber das Buntglas ist verschwunden. Diese Kirche in herrlicher Landschaft – ein malerisches Bild.

Dunlewey Centre FREIZEITPARK

(Ionad Cois Locha; ☎ 074-953 1699; www.dunleweycentre.com; Dunlewey; Kombi-Ticket Erw./Kind 10,30/7,50 €; ⏲ Ostern–Sept. 10.30–17.30 Uhr, Okt. bis 16.45 Uhr; 👪) In diesem lustigen Gemischtwarenladen mit Kunsthandwerksladen, Museum, Restaurant, Spielplatz, Theater und Konzertsaal ist für jeden etwas geboten. Kinder freuen sich über den Streichelzoo. Eine echte Attraktion ist die Bootstour auf dem See mit einem Geschichtenerzähler, der die lokale Geschichte und die gruseligen Legenden faszinierend zum Leben erweckt. Erwachsenen gefällt die 30-minütige Führung durch das strohgedeckte Cottage, dass einst dem örtlichen Weber Manus Ferry gehörte, der für seine Tweedstoffe berühmt wurde (er starb 1975).

Schlafen

★ **Errigal Hostel** HOSTEL €

(☎ 074-953 1180; www.anoige.ie; abseits der R251, Dunlewey; B 18–20 €, EZ 26–32 €, DZ 45–53 €; ⏲ März–Okt.; 📶) 🍃 Das schöne, saubere und zweckmäßige An-Óige-Hostel am Fuß des majestätischen Mt. Errigal verfügt über 60 Betten und erstklassige Einrichtungen wie eine Selbstversorgerküche, eine große Waschküche für matschige Wanderklamotten, helle Gemeinschaftsbereiche, tadellose Schlafsäle und Privatzimmer. Das Personal ist freundlich, und an der Tankstelle nebenan kann man auch Lebensmittel kaufen.

Glen Heights B&B B&B €€
(☎ 074-956 0844; www.glenheightsbb.com; Dunlewey; DZ 70 €; 📶) Die drei Zimmer der von Kathleen geführten Pension sind gemütlich und versprühen den typischen Donegaler Charme. Weil man den Blick kaum von der atemberaubenden Aussicht aus dem Wintergarten auf den Dunlewey Lake und den Poisoned Glen (S. 493) lösen kann, wird das Frühstück schon mal kalt.

Falcarragh & Gortahork

890 EW.

Falcarragh (An Fál Carrach) ist eine ganz normale Stadt ohne die Ambitionen des nahegelegenen Dunfanaghy. Das benachbarte Gortahork (Gort an Choirce) hingegen ist kaum mehr als ein Klecks in der Landschaft. In beiden Orten lernt man das Alltagsleben in einer Gaeltacht-Region kennen.

Sehenswertes & Aktivitäten

Rauf aufs Fahrrad bzw. hinein in die Wanderschuhe – so kann man die weit verzweigten Straßen und historischen *townlands* (Bauerngemeinden; kleinste administrative Flächeneinheit in Irland) südlich von Falcarragh inklusive der alten Kirche und des Friedhofs auf dem alten Erdwall von **Ballintemple** am besten erkunden.

★ Magheraroarty Beach STRAND
(Meenlaragh; abseits der R257) Der wundervolle Strand formt einen über 3 km langen Bogen. Am Ufer und in den Dünen gibt's gute Wanderwege, noch besser ist jedoch der Ausblick auf die Inseln, z. B. auf Tory.

Muckish Mountain BERG
Zwischen Gortahork und Dunfanaghy dominiert der große graue Muckish Mountain (670 m) die Szenerie. Der leichteste Weg hinauf beginnt südöstlich von Falcarragh am höchsten Punkt der R256 durch den Muckish Gap. Oben genießt man eine großartige Aussicht zum Mailin Head und nach Tory Island.

Schlafen & Essen

Óstán Loch Altan HOTEL €€
(☎ 074-913 5267; www.ostanlochaltan.com; N56, Gortahork; EZ/DZ ab 50/100 €, Hauptgerichte ab 11 €, 2-gängiges Mittagsmenü 14,95 €; ⏲ Küche 12–21 Uhr; 📶) Das große cremefarbene Hotel in der Main Street ist eine von nur wenigen Unterkünften in der Gegend, die das ganze Jahr über Gäste aufnehmen. Die 39 Zimmer sind im Stilmix gehalten; manche blicken aufs Meer hinaus. In der Bar gibt's ausgezeichnet zubereitete Gerichte, außerdem ist das Restaurant von Juni bis September mittags und abends geöffnet.

Lóistín Na Seamróige PUB
(Shamrock Lodge; Main St/N56, Falcarragh; ⏲ 12 Uhr–open end) Margaret, die Besitzerin des Pubs, ist in diesem Haus aufgewachsen. Ihre 1959 eröffnete Kneipe zieht jede Menge Einwohner an, besonders freitagvormittags, wenn direkt vor der Haustür ein Markt stattfindet. Im Juli und August traditionelle Musikabende.

Praktische Informationen

Die Bank of Ireland am östlichen Ende der Main Street in Falcarragh hat einen Geldautomaten, die Post liegt am westlichen Ende.

Das Falcarragh Visitor Centre (☎ 074 918 0655; www.falcarraghvisitorcentre.com; ⏲ Mo–Fr 10–17, Sa 11–17 Uhr) mit Touristeninformation und einem Café ist in einem Polizeigebäude aus dem 19. Jh. untergebracht.

An- & Weiterreise

Bus Feda (☎ 074-954 8114; www.feda.ie; 📶) Busse dieses Unternehmens fahren von Crolly zur Main Street in Falcarragh und dann weiter nach Letterkenny (7 €, 1 Std.).

Dunfanaghy & Umgebung

EW. 320

Die Häuser dieser hübschen kleinen Ortschaft im Herzen einer der abwechslungsreichsten und schönsten Ecken von Donegal drängen sich am südlichen Abschnitt einer sandigen Bucht. Unterhalb des Muckish Mountain erstrecken sich Moore, Weideland, Meeresklippen, Sandstrände sowie ein Wald und ein See, die nur darauf warten, zu Fuß oder mit dem Rad erkundet zu werden.

Geldautomaten gibt es im Ort nicht, aber in der Post kann man Geld wechseln.

Sehenswertes

★ Horn Head AUSSICHTSPUNKT
Diese hoch aufragende Landzunge gehört zu den spektakulärsten Abschnitten des Wild Atlantic Way. Ihre heidebedeckten Quarzitklippen sind mehr als 180 m hoch. Die enge Straße aus Dunfanaghy (4 km) endet an ei-

nem kleinen Parkplatz. Von dort aus läuft man 150 m zu einem **Aussichtspunkt aus dem Zweiten Weltkrieg** bzw. 1,5 km bis zum eigentlichen Horn Head. An schönen Tagen reicht der Blick bis Tory, Inishbofin, Inishdooey, zu den winzigen Inishbeg-Inseln im Westen, zur Sheep Haven Bay und zur Halbinsel Rosguill im Osten, zum Malin Head im Nordosten und sogar bis zur schottischen Küste.

Ards Forest Park TIERSCHUTZGEBIET
(www.coillteoutdoors.ie; abseits der N56; Parken 5 €, nur 1- & 2-Euro-Münzen akzeptiert; April–Sept. 8–21 Uhr, Okt.–März 10–16.30 Uhr) In dem 480 ha großen Naturschutzgebiet an der nördlichen Küste der Ards Peninsula und 5 km südöstlich von Dunfanaghy erstrecken sich viele markierte **Naturwanderwege** von 2 bis 13 km Länge. Die tollsten Wege führen zu sauberen Stränden mit Blick auf die Clonmass Bay.

In den Wäldern wachsen verschiedene einheimische Baumarten wie Eschen, Birken und Eichen. Mit etwas Glück entdeckt man Füchse, Igel und Otter. 1930 wurde der südliche Teil der Halbinsel von Kapuzinermönchen besiedelt; das **Klostergelände** ist für Besucher geöffnet.

Tramore Beach STRAND
Tramore, der schönste Strand Dunfanaghys, ist über einen Pfad zu erreichen, der etwa 2 km durch grasbewachsene Dünen nach Westen führt.

Dunfanaghy Workhouse HISTORISCHES GEBÄUDE
(074-913 6540; www.dunfanaghyworkhouse.ie; Main St, Dunfanaghy; Erw./Kind 5/3 €; Juli & Aug. tgl. 9.30–17.30 Uhr, Sept.–Juni Mo–Sa 10–17 Uhr) Das auffällige Steingebäude am Westrand des Ortes diente als örtliches Arbeitshaus und sollte die Armen in Lohn und Brot halten. Die Bedingungen waren entsetzlich. Männer, Frauen, Kinder und Kranke mussten voneinander getrennt wohnen, zudem war ihr Leben eine einzige Schufterei. Heute beherbergt das Haus ein Heritage Centre, das die bewegende Geschichte von Hannah Herrity (1836–1926) erzählt. Darüber hinaus finden Sonderausstellungen statt, es gibt ein Café, einen Kunsthandwerksladen (der auch Kurse anbietet) und Infos für Touristen.

Als die Hungersnot ausbrach, wurde das Gebäude bald von zahlreichen Menschen bevölkert. Zwei Jahre nach der Eröffnung 1845 lebten dort 600 Personen – doppelt so viele wie ursprünglich geplant.

Aktivitäten

★ **Narosa Life** WASSERSPORT
(074-910 0565, 086 883 1090; www.narosalife.com; Main St, Dunfanaghy; Surfunterricht Erw./Kind 35/25 €, komplette Surfausrüstung 25 € pro Tag; Mo–Sa 9–17.30, So 10–17 Uhr) Zweistündiger Surfunterricht in Gruppen und Einzelunterricht (90 €, nur im Juli und August), Leihausrüstung, Yoga- und Fitnesskurse sowie geführte Wanderungen zum Tramore Beach, Muckish Mountain und Horn Head.

Dunfanaghy Golf Club GOLF
(074-913 6335; www.dunfanaghygolfclub.com; abseits der N56, Dunfanaghy; Golfplatzgebühr wochentags/an Wochenenden 25/30 €) Dieser Golfclub hat einen fantastischen 18-Loch-Platz direkt am Wasser. Er liegt gleich östlich von Dunfanaghy.

Dunfanaghy Stables REITEN
(074-910 0980; www.dunfanaghystables.com; Arnolds Hotel, Main St; Erw./Kind 32/27 € pro Std.; Ostern–Okt.) Kürzere Ausritte an die weiten Strände oder längere Ausflüge in die Umgebung auf dem Pferderücken. Auch Reitstunden.

Jaws Watersports WASSERSPORT
(086 173 5109, 087 237 1152; www.jawswatersports.ie; Main St, Dunfanaghy; Leihausrüstung ab 20 € pro halbem Tag) Man hört sie fast ... die Musik aus *Jaws* (Der weiße Hai). Jaws Watersports bietet Surfunterricht, verleiht Surfausrüstung, Bodyboards und Kajaks und veranstaltet geführte Kajaktouren (35 €) und Stand-Up-Paddel-Touren.

Schlafen

★ **Corcreggan Mill** GÄSTEHAUS €
(074-913 6409; www.corcreggan.com; Castlebane, abseits der N56; Camping-Stellplatz ab 12 €, EZ/DZ ab 60/75 €;) Die gemütliche Mühle, die von Brendan Rohan mit viel Liebe zum Detail renoviert wurde, beherbergt makellos saubere Vierbettzimmer und Privatzimmer. Ein kontinentales Frühstück ist im Preis inbegriffen. Die Unterkunft befindet sich 2,5 km südwestlich der Stadt an der N56, direkt südlich von New Lake. Die Zimmer sind unterschiedlich groß und teilweise mit Privatbädern ausgestattet. Das einfache Abendessen besteht aus Zutaten, die aus dem hauseigenen Garten stammen.

Whins B&B €
(074-913 6481; thewhins.net; abseits der N56; EZ/DZ 50/80 €;) Die Pension liegt etwa

750 m östlich des Dorfzentrums gegenüber dem Golfplatz und bietet bunte, individuell dekorierte Zimmer mit Patchworkdecken und toller Atmosphäre. Das Frühstück wird im Obergeschoss in einem Raum mit Blick zum Horn Head serviert.

Willows B&B B&B €€
(☎ 074-913 6446; www.thewillowsdunfanaghy.com; Main St, Dunfanaghy; EZ/DZ ab 50/80 €; 📶) Am Weststrand der Stadt bietet Willows gemütliche Zimmer, eine großartige Terrasse und einen Grillbereich mit Tisch und Stühlen, wo man die langen Sommernächte beim Sternegucken genießen kann.

Arnold's Hotel HOTEL €€
(☎ 074-913 6208; www.arnoldshotel.com; Main St, Dunfanaghy; EZ/DZ ab 80/110 €; ⏲ April–Okt.; P 📶) Seit 1922 vermietet das familiengeführte Hotel am Ostrand des Dorfes 30 komfortable und stilvolle Zimmer. Im Hotelrestaurant bekommt man typisch irische Fisch-, Fleisch- und Grillgerichte (Hauptgerichte 14–24 €).

Essen

Muck 'n' Muffins CAFÉ €
(☎ 074-913 6780; www.mucknmuffins.ie; The Square, Dunfanaghy; Hauptgerichte 4–10 €; ⏲ Mo–Sa 9.30–17, So 10.30–17 Uhr, Juli & Aug. bis 18 Uhr; 📶) Ein Getreidelagerhaus am Wasser aus dem 19. Jh. beherbergt dieses Café (1. Stock), eine Töpferwerkstatt und einem Laden für Kunsthandwerk. Selbst an verregneten Wintertagen kommen die Einheimischen in Scharen, um Kaffee zu schlürfen, Wein zu nippen, sich an Sandwiches, Frühstück, warmen Tagesgerichten (Lasagne, Quiche etc.), verführerischen Kuchen und natürlich Muffins gütlich zu tun.

★ **Starfish Café & Bistro** MODERN IRISCH €€
(☎ 074-910 0676; www.facebook.com/StarfishBistro; Main St, Dunfanaghy; Hauptgerichte 5–20 €; ⏲ 9.30–17.30 Uhr) Ein frisch-fröhliches Bistro in hübschen Blautönen. Serviert werden Frühstück und Mittagessen. Die Backwaren schmecken köstlich, und auf der Karte steht eine große Auswahl: von Armen Rittern über selbstgemachtes Knuspermüsli bis zu Rhabarber-Himbeer-Kuchen, Meeresfrüchte-Salat. Der Tee ist bio und aus losen Teeblättern frisch aufgegossen.

★ **Cove** MODERN IRISCH €€
(☎ 074-913 6300; www.facebook.com/CoveRestaurantDonegal; abseits der N56, Rockhill, Port-na-Blagh; abends Hauptgerichte 17–25 €; ⏲ Di–So 9.30–21.30 Uhr) Von außen sieht das Cove vielleicht nicht sehr ansprechend aus, doch Siobhan Sweeney und Peter Byrne, sind Perfektionisten, die in ihrem mit Kunstwerken geschmückten Speisesaal und auf den Tellern nichts dem Zufall überlassen. Ihre Küche ist frisch und innovativ; die Gerichte mit Meeresfrüchten wirken schlicht, weisen aber subtile asiatische Einflüsse auf. Nach dem Essen kann man sich in die elegante Lounge oben zurückziehen. Vorab reservieren.

Mill Restaurant & Guesthouse MODERN IRISCH €€€
(☎ 074-913 6985; www.themillrestaurant.com; N56, Dunfanaghy; Abendmenü 45 €; ⏲ Juli & Aug. Di–So 19–21 Uhr, März–Juni kürzere Öffnungszeiten) Die wunderschöne ländliche Umgebung, Zutaten aus der Region und die saisonal wechselnden Speisen machen den Aufenthalt in diesem Lokal 1 km südlich der Stadt zu einem wahren Vergnügen. Es befindet sich in einer ehemaligen Flachsmühle, in der einst der renommierte Aquarellmaler Frank Eggington lebte. Außerdem gibt's hier sechs luxuriöse Gästezimmer (EZ/DZ 60/96 €). Vorab buchen.

Ausgehen & Nachtleben

★ **Molly's Bar** PUB
(☎ 074-910 0050; www.mollysdunfanaghy.com; Main St, Dunfanaghy; ⏲ 12 Uhr–open end) Wer auch nur einen Schritt in das cremefarbene, herrlich altmodische Pub gesetzt hat, will auf jeden Fall bleiben! Die Palette der regelmäßig stattfinden Sessions reicht von traditioneller Musik bis zu Jazz, Blues und mehr. Auf der Terrasse lässt sich in langen Nächten wunderbar ein Pint genießen.

Shoppen

Gallery ART
(☎ 074-913 6224; www.thegallerydunfanaghy.com; Main St, Dunfanaghy ⏲ Mo–Sa 10–18 Uhr) In diesem hübschen Geschäft befand sich einst die Krankenstation des nebenan liegenden Arbeitshauses. Heute ist es ein viel fröhlicherer Ort. Es zeigt Werke lokaler Künstler und verkauft Geschenkartikel.

Anreise & Unterwegs vor Ort

Bus Éireann betreibt nördlich von Letterkenny keine Buslinien, aber es fahren Busse von **John McGinley** (☎ 074-913 5201; www.johnmcginley.com) und **Bus Feda** (☎ 074-954 8114; www.feda.ie) nach Donegal. Trotzdem eignet sich ein Mietwagen zur Erkundung dieser Region am besten.

Tory Island

144 EW.

Unmittelbar den peitschenden Seewinden ausgesetzt und von Gischt umnebelt, hat die 11 km vom Festland entfernte Felseninsel Tory (Oileán Thóraí), Irlands entlegenste bewohnte Insel, einiges auszuhalten. Der wilde Atlantik hat die Bewohner standhaft und unabhängig gemacht und auch ihre innere Distanz gestärkt. Sie sprechen einen eigenen irischen Dialekt und haben einen „König" ernannt, der als Sprecher der Gemeinde agiert und Besucher auf der Insel willkommen heißt. Im Laufe der Jahrhunderte erwarben sich die Insulaner einen Ruf für Schwarzbrennerei und Schmuggel von *poitín* (Torfwhiskey).

Am bekanntesten ist Tory jedoch wegen seiner „naiven" Künstler (s. S. 479), deren Gemälde weltweit begehrt sind.

Nachdem 1974 ein acht Wochen dauernder Sturm über die Insel gefegt war, plante die Regierung ihre Räumung, doch Pater Diarmuid Ó Peícín eilte zu Hilfe: Er stellte sich an die Spitze einer internationalen Kampagne, die Geld sammelte, einen regelmäßigen Fährdienst organisierte und für einen Stromanschluss und vieles mehr sorgte. Inzwischen stellt der Niedergang der Fischerei die eisern ausharrenden Einwohner vor neue Probleme.

Die Insel besitzt einen Kiesstrand und zwei Dörfer: West Town (An Baile Thiar) mit den meisten Einrichtungen und East Town (An Baile Thoir).

Sehenswertes & Aktivitäten

In West Town stehen Cottages neben frühkirchlichen Schätzen. Hier soll der hl. Colmcille (Columba) im 6. Jh. ein Kloster gegründet haben, dessen Überreste noch an manchen Stellen zu sehen sind. Zum Kloster gehören das Tau Cross und ein Rundturm.

Tory Island ist ein Paradies für Vogelbeobachter. Auf der Insel leben über 100 Seevogelarten, z. B. Wachtelkönige und Kolonien von Papageientauchern (es sollen etwa 1300 sein).

Tau Cross RELIGIÖSE STÄTTE

Das T-förmige Tau Cross, das auf frühe Kontakte zwischen Seefahrern und koptischen Christen aus Ägypten hinweist, begrüßt die Fährpassagiere bei ihrer Ankunft.

Round Tower RUNDTURM

Ganz in der Nähe stößt man auf einen Rundturm. Er hat einen Durchmesser von fast 16 m und einen abgerundeten Eingang hoch über der Erde.

Dixon Gallery GALLERY

(www.toryislandpaintings.com/the-gallery.html; West Town; ⏲ variierende Öffnungszeiten) Hier wird auch die berühmte naive Malerei von Tory Island ausgestellt.

★ **Tory Way** WANDERN

(An Slí Thoraí) Der Tory Way ist ein markierter Rundweg (die Wandertafel befindet sich 50 m vom Fähranleger entfernt). Er führt zum **Leuchtturm** am Westende und dann zurück zum Ostende der Insel, wo zerklüftete Quarzitklippen und Felsnadeln wie der spektakuläre Tor Mór, ein 400 m langes „Felsenschwert" mit steinernen „Zinnen", aufragen.

Schlafen & Essen

In der Nähe des Hafens kann man sich in einem Laden mit Proviant versorgen, aber es ist eine gute Idee, Kleinigkeiten zum Es-

NAIVE KUNST AUF TORY ISLAND

Die eigenwillige Malschule von Tory Island entstand, als der englische Künstler Derrick Hill hier in den 1950er-Jahren viel Zeit verbrachte. Dabei schauten ihm zahlreiche Einheimische neugierig über die Schulter, und angeblich sagte einer von ihnen zu Hill: „Das kann ich auch." Dieser selbstbewusste Bewohner hieß James Dixon, ein Autodidakt, der für seine Bilder Bootslack verwendete. Die Farbe trug er mit selbst gemachten Pinseln aus Eselhaar auf. Hill war beeindruckt von der Qualität der Arbeiten Dixons und freundete sich mit ihm an.

Auch andere Einwohner ließen sich zu einzigartigen volkstümlichen und expressiven Inselporträts inspirieren. Einer von ihnen, Patsy Dan Rodgers, ist inzwischen zum Rí Thoraí (König von Tory) gewählt worden. Die Werke des Künstlers wurden bereits auf der ganzen Welt ausgestellt und erzielen bei Auktionen hohe Preise. Die **Glebe House & Gallery** (S. 501) zeigt häufig Bilder von ihm.

sen dabeizuhaben. Im Tory Islands Harbour View Hotel gibt's einfache Gerichte.

Tory Island Hostel HOSTEL €
(☎087 298 7407; West Town; 25 € pro Pers.; ⌚Mai–Sept.) Wenn man von der Fähranlegestelle links abbiegt, erreicht man nach 300 m ein einladendes Hostel. Die sauberen Zimmer sind in hellen Farben gestrichen und bieten tolle Ausblicke.

Tory Island Harbour View Hotel HOTEL €€
(Óstan Radharc Na Céibhe; ☎087 938 5284, 074-913 5920; www.hoteltory.com; West Town; EZ/DZ ab 60/80 €; ⌚Ostern–Okt.) Das einzige Hotel der Insel ist in einem rustikalen sonnengelben Gebäude untergebracht und verfügt über 12 einfache, aber komfortable Zimmer. Abends lockt das Pub mit Musik, Tanz und einer tollen Atmosphäre. Außerdem hat es hier eine Tauchschule.

Unterhaltung

Club Sóisialta Thórai GEMEINDEZENTRUM
(Tory Social Club; West Town; ⌚variieren) Das gesellschaftliche Leben der Insel konzentriert sich auf dieses fröhliche Pub, die einzige Ausgehmöglichkeit neben der Bar im Hotel. Ab 20 Uhr geht's langsam los, so richtig in Gang kommt die Stimmung aber erst viel später.

Praktische Informationen

Mehr über die Gegend erfährt man bei **Tory Island Co-op** (Comharchumann Thoraí Teo; ☎074-913 5502; www.oileanthorai.com; ⌚Mo–Fr 9–17 Uhr) unweit der Anlegestelle am Kinderspielplatz. Infos gibt's ebenfalls in dem Kunsthandwerksladen auf dem Pier.

Anreise & Unterwegs vor Ort

Donegal Coastal Cruises (Turasmara Teo; ☎074-953 1320; www.toryislandferry.com; Erw./Kind hin & zurück 26/13 €; ⌚April–Okt. 1- bis 3-mal tgl., Nov.–März seltener) steuert die Insel von Bunbeg (1½ Std.) und Magheraroarty (35 Min., 2-mal tgl.) aus an. Die Fähren fahren von April bis September normal, im Juli und August werden manchmal zusätzliche Überfahrten angeboten, und von Oktober bis März fahren sie seltener. Die Abfahrtszeiten richten sich nach dem Wetter und nach den Gezeiten. Bei Gewitter und Sturm kommt es häufig vor, dass Besucher auf Tory festsitzen. Unbedingt Regenkleidung für die Überfahrt anziehen, denn dabei kann es wild zugehen.

Magheraroarty (Machaire Uí Robhartaigh) liegt 4 km nordwestlich von Gortahork an der R257; auf dem Wegweiser steht „Coastal Route/Bloody Foreland". Bunbeg befindet sich im südwestlichen Teil des Gweedore-Bezirks.

IM ZENTRUM DES COUNTYS DONEGAL

Letterkenny

19 600 EW.

Als große Marktstadt ist Letterkenny schnell gewachsen, daher säumen zahlreiche unschöne Einkaufszentren die Straßen, Verkehrsstaus sind an der Tagesordnung und es fehlt insgesamt an Charme. Dennoch herrscht in Donegals größter Stadt eine lebhafte Atmosphäre – hauptsächlich aufgrund der hervorragenden Pubs und gut finanzierten Kulturzentren.

Sehenswertes

Donegal County Museum MUSEUM
(☎074-912 4613; High Rd; ⌚Mo–Fr 10–16.30, Sa 13–16.30 Uhr) GRATIS Letterkennys Arbeitshaus, im 19. Jh. als Zuflucht für die Armen vor der Hungersnot gebaut, beherbergt heute das Donegal County Museum. Im Erdgeschoss werden Sonderausstellungen gezeigt, während man im Obergeschoss die Dauerausstellung mit 8000 Sammlungsstücken – teilweise sogar aus prähistorischer Zeit – bewundern kann.

Newmills Corn & Flax Mills HISTORISCHES GEBÄUDE
(☎074-912 5115; www.heritageireland.ie; R250; ⌚Ende Mai–Sept. 10–18 Uhr) GRATIS Teile dieses Gebäudekomplexes datieren vier Jahrhunderte zurück in eine Zeit, als Wasser zahlreiche Funktionen als Hauptenergiequelle übernahm, z. B. das Mahlen von Getreide. Dank des Flusses Swilly dreht sich im Newmills eines der größten Wasserräder Irlands. Ausstellungsstücke erläutern die Funktion der vielen Räder und Getriebe. Man findet die Mühlen 5 km südwestlich von Letterkenny.

Main Street STRASSE
Auf halber Strecke die lange, gewundene Hauptstraße hinunter stößt man auf einen niedlichen kleinen **Marktplatz**. Dies ist die hübscheste Ecke der Stadt. Am oberen Ende stehen einige georgianische Häuser aus roten Ziegelsteinen. Eines davon nutzte Maud Gonne, Schauspielerin, Revolutionärin und Geliebte von W. B. Yeats, als Feriendomizil.

Feste & Events

Earagail Arts Festival DARSTELLENDE KÜNSTE
(074-912 0777; www.eaf.ie; Mitte Juli) Zwei Wochen dauert das vielfältige Earagail Arts Festival – mit Theatervorführungen, Konzerten, Kunstausstellungen und Veranstaltungen in der gesamten Region.

Schlafen

Apple Hostel HOSTEL €
(074-911 3291; www.letterkennyhostel.com; Covehill, Port Rd; B/EZ/DZ ab 14/23/40 €;) Dieses brandneue Hostel liegt unweit des Zentrums in der Nähe des Busbahnhofs. Der moderne Bungalow wartet mit ebensolchen Unterkünften auf: Es gibt einen Schlafsaal mit acht Betten sowie Doppel- und Familienzimmer mit privaten Bädern. Vorab reservieren.

Pearse Road B&B GÄSTEHAUS €
(074-912 3002; www.pearseroadguesthouse.com; Pearse Rd; Zi. 60–70 €;) Die Zimmer des sauberen Gästehauses verteilen sich auf zwei Gebäude nicht weit von der Main Street. Frühstück ist nicht inbegriffen, aber die Räume sind gut ausgestattet und nebenan gibt's eine Wäscherei.

Station House HOTEL €€
(074-912 3100; www.stationhouseletterkenny.com; Lower Main St; EZ/DZ 85/110 €; @) Das große, moderne Hotel, praktisch, aber an einer verkehrsreichen Kreuzung im Stadtzentrum gelegen, hat 81 Zimmer in Rottönen samt Holzfußböden, gedämpfter Beleuchtung und verglasten Bädern.

Essen & Ausgehen

★ **Lemon Tree** MODERN IRISCH €€
(074-912 5788; www.thelemontreerestaurant.com; 32–34 The Courtyard Shopping Centre; Hauptgerichte 15–23 €; 17–21 Uhr;) Das Restaurant hat eine moderne und ansprechende Atmosphäre. Auf der innovativen Speisekarte stehen hervorragende Meeresfrüchte-, Geflügel- und Fleischgerichte. Alle Zutaten stammen aus der Region und werden mit französischer Raffinesse zubereitet.

Yellow Pepper IRISCH, MEDITERRAN €€
(074-912 4133; www.yellowpepperrestaurant.com; 36 Lower Main St; Hauptgerichte 9–20 €; 12–22 Uhr;) Die frühere Textilfabrik aus dem 19. Jh. beherbergt heute ein auch bei den Einheimischen beliebtes Restaurant. Die Steinmauern und polierten Hartholzböden sorgen für stimmungsvolles Ambiente, die Gerichte mit regionalen Zutaten für Genuss. Es gibt vor allem Fisch und Meeresfrüchte, aber auch andere Leckereien, z. B. ein Mittagessen im Tapas-Stil. Vorab reservieren.

Brewery PUBFOOD €€
(074-912 7330; www.thebrewerybar.com; Market Sq; Hauptgerichte 8–20 €; Küche Mo–Fr 12–15, tgl. 18–22 Uhr, Bar bis spät geöffnet) Gleich abseits der Main Street bietet dieses Pub auf mehreren Stockwerken eine großartige Auswahl an klassischen Gerichten. Burger, Steaks, Meeresfrüchte und mehr stehen auf der Karte, außerdem viele Gerichte zum Teilen. Die Weinliste ist anständig und es gibt leckere Fassbiere aus Kleinbrauereien.

★ **Cottage Bar** PUB
(074-912 1338; 49 Upper Main St; 12 Uhr–open end) Achtung, Kopf einziehen, denn an der Decke der stimmungsvollsten Kneipe Letterkennys hängt allerlei Schnickschnack. Zudem gibt's einen guten Biergarten. Ein häufiger Gast der Cottage Bar ist auch die bekannte Journalistin Angela Cullen.

McGinley's PUB
(074-912 1106; Lower Main St; 15 Uhr–spät) Letterkennys bester Ort für Livemusik. Mittwochabends finden in dem altmodischen Pub mit offenem Kaminfeuer traditionelle Sessions statt und von Donnerstag bis Samstag treten Livebands auf.

Unterhaltung

An Grianán Theatre THEATER
(074-912 0777; www.angrianan.com; Port Rd) Das Stadttheater ist das bedeutendste Kulturzentrum im Nordwesten. Auf dem Spielplan stehen irische und internationale Stücke sowie Comedy und Musik. Vor Ort gibt's ein gutes Café mit einer netten Bar.

Praktische Informationen

Infos über die Stadt und die Region gibt's unter www.letterkenny.ie.

Die **Touristeninformation** (074-912 1160; Neil Blaney Rd; Juni–Aug. Mo–Sa 9–17.30 Uhr, Sept.–Mai Mo–Fr 9.15–17 Uhr) liegt 1 km südöstlich der Main Street am Kreisverkehr der N14 und N56.

An- & Weiterreise

Letterkenny ist ein wichtiger Verkehrsknotenpunkt im Nordwesten. Der Busbahnhof liegt am Kreisel der Kreuzung Ramelton Road und Port Road.

Bus Éireann (☎ 074-912 1309; www.buseireann.ie) fährt 5-mal täglich via Omagh und Monaghan nach Dublin (21 €, 4 Std.). Es fahren zudem Busse nach Derry und Galway via Donegal (12 €, 45 Min., 8-mal tgl.).

Bus Feda (☎ 074-954 8114; www.feda.ie) fährt 2-mal täglich nach Crolly (7 €, 1½ Std.) oder nach Galway (20 €, 4 Std.) über Donegal, Bundoran und Sligo. Die Busse halten an der Straße vor dem Busbahnhof.

John McGinley (☎ 074-913 5201; www.johnmcginley.com) betreibt 2- bis 5-mal täglich Busse nach Südosten zum Dublin Airport (22 €, 3¼ Std.) und nach Nordwesten in die Küstenorte.

Die meisten Reisenden sind mit dem Auto auf der Durchreise zu den Halbinseln Inishowen und Fanad.

Glenveagh National Park

Glenveagh, Irlands zweitgrößter Nationalpark, ist eine herrliche grüne Oase aus Seen, überragt von imposanten Bergen und durchzogen von Tälern voller Wald und Moor. Eine reizvolle, unberührte Landschaft, die quasi perfekte Wandermöglichkeiten bietet. Zu den vielen Tierarten hier gehören der Steinadler, der im 19. Jh. ausgerottet war, im Jahre 2000 jedoch wieder angesiedelt werden konnte, und die größte Rotwildpopulation des Landes.

Leider wurde für die Entstehung des Parks ein hoher Preis gezahlt. Ursprünglich war das Land von 244 Pächtern bestellt worden, die Grundbesitzer John George Adair im Winter 1861 gewaltsam vertrieb – angeblich wegen einer Verschwörung. Tatsächlich hat ihre Anwesenheit wohl die Verwirklichung seiner Visionen für das Tal gestört. Der Bau des spektakulären Glenveagh Castle (1870–1873) war der krönende Abschluss der Verwirklichung von Adairs Plänen. Seiner Frau Adelia ist es zu verdanken, dass es hier ein Rudel Rehe, Hirsche und Rhododendren gibt.

Sehenswertes & Aktivitäten

Eine der besten Möglichkeiten, diesen riesigen, vielfältigen Park zu erkunden, ist eine Rundwanderung entlang der R251 und R254. Die majestätische, geradezu verboten schöne Landschaft sorgt für ein unvergessliches Erlebnis.

Im Park erstrecken sich zahlreiche Wanderwege entlang der Seen sowie durch Wälder und Hochmoore, zudem gibt's kurz hinter der Burg einen Aussichtspunkt. Tipps und Karten erhält man im Besucherzentrum. Ein guter Wanderweg für den Anfang führt am Lough Beagh entlang.

Zum Wandern im Nationalpark bringt man den Proviant am besten selbst mit, im Besucherzentrum gibt es aber auch ein **Café** (☎ 087 755 3547; Hauptgerichte ab 5 €; ⏲ Ostern & Juni–Sept. 10.30–17 Uhr).

Glenveagh Castle BURG

(www.glenveaghnationalpark.ie; abseits der R251; 30-min. Führung Erw./Kind 7/5 €, Bus vom Besucherzentrum Erw./Kind 3/2 €; ⏲ April–Okt. 9–18 Uhr, Nov.–März bis 17 Uhr; letzte Führungen 45 Min. vor Schließung) Die Burg ist ein Nachbau des Balmoral Castle in Schottland.

Henry McIlhenny war ein leidenschaftlicher Jäger und drückte dem Bauwerk seinen Stempel auf, indem er fast jeden Raum mit einem Hirschgemälde oder ausgestopften Tieren ausstatten ließ.

Eine Besichtigung der Festung ist nur im Rahmen einer Führung möglich. Autos sind ab dem Glenveagh Visitor Centre nicht erlaubt; man kann den schönen, 3,6 km langen Weg zur Burg (er führt an einem See entlang) laufen oder mit dem Fahrrad oder Shuttlebus (alle 15 Min.) fahren.

Am beeindruckendsten sind das mit Schottenmustern und Geweihen dekorierte **Musikzimmer** und der in knalligem Rosa gehaltene Raum, in dem Greta Garbo bei ihren Besuchen wohnte (beide befinden sich im **Rundturm**).

Die spektakuläre exotische **Grünanlage** wartet mit mehreren Terrassen, einem italienischen Garten, einem ummauerten Küchengarten und dem sogenannten Belgian Way auf, der von hier stationierten belgischen Soldaten im Ersten Weltkrieg angelegt wurde. Der kultivierte Charme der Anlage steht in reizvollem Gegensatz zur wilden Schönheit der umliegenden Landschaft.

1922 wurde die Burg kurzzeitig von der IRA (Irish Republican Army) besetzt. 1929 erwarb sie Kingsley Porter, ein Kunstprofessor der Harvard University, der 1933 unter mysteriösen Umständen verschwand (er soll ertrunken sein, doch später wurde er angeblich in Paris gesehen).

Sechs Jahre später erstand Porters ehemaliger Student Henry McIlhenny das Anwesen. Von ihm sagte Andy Warhol einmal, er sei „der einzige Mensch in Philadelphia mit Ausstrahlung". 1975 verkaufte McIlhenny schließlich das gesamte Grundstück an die irische Regierung.

Grass Routes RADFAHREN
(☎ 087-665 5599; www.grassroutes.ie; L5542, Termon, Letterkenny; Fahrradverleih für 3 Std. 12–18 €, ganzer Tag 20–35 €) Verleiht im Glenveagh National Park Trekkingräder und E-Bikes. Die Website bietet umfangreiche Informationen, u. a. über Fahrradwege.

Praktische Informationen

Im **Glenveagh National Park Visitor Centre** (☎ 076-100 2537; www.glenveaghnationalpark.ie; abseits der R251; April–Okt. 9–18 Uhr, Nov.–März bis 17 Uhr) wird ein 20-minütiger Film zur Ökologie des Parks und über den berüchtigten Besitzer Adair gezeigt. An der Rezeption kann man Mückenschutzmittel kaufen, das hier im Sommer genauso unentbehrlich ist wie Wanderschuhe und Regenkleidung im Winter. Im Schutzgebiet darf man nicht zelten. Das Besucherzentrum liegt 24 km nordwestlich von Letterkenny.

Lough Gartan

Der hl. Colmcille (oder Columba), geb. im 6. Jh., stammt aus der Nähe des glasklaren Lough Gartan, 17 km nordwestlich von Letterkenny. Interessierte können sich hier ein paar Relikte ansehen, die mit dem Schutzherren der irischen Klöster in Verbindung gebracht werden. Die schöne Umgebung lädt zu herrlichen Autofahrten ein, bei denen es einem gar nichts ausmacht, sich zu verfahren. Nach Hotels oder Ferienhäusern sucht man in der idyllischen Region um Church Hill aber vergeblich.

Sehenswertes

Colmcille Heritage Centre MUSEUM
(☎ 074-912 1160; www.colmcilleheritagecentre.ie; abseits der R251, Church Hill; Erw./erm. 3/2 €; Ostern–Sept. Mo–Sa 10.30–17, So 13.30–17 Uhr) Das große Museum in einem Wäldchen am Ufer des Lough Gartan ist sozusagen die „Hall of Fame" des hl. Colmcille. Zu den Ausstellungsstücken gehört ein Display zur Herstellung illuminierter Handschriften. Das Zentrum ist südwestlich von Church Hill ausgeschildert.

Colmcilles Mutter, die sich damals auf der Flucht vor den Heiden befand, soll bei seiner Geburt stark geblutet haben. Angeblich färbte ihr Blut den Lehm am Seeufer – der seitdem als Glücksbringer gilt – weiß.

St. Colmcille's Abbey & Birthplace HISTORISCHE STÄTTE
(Lough Gartan; 24 Std.) GRATIS Die Ruinen des Klosters aus dem 10. Jh. liegen an einen Hang nördlich von Lough Gartan und nordwestlich von Lough Nacally. Sie befinden sich neben einer Kapelle aus dem 16. Jh. und einem Friedhof des O'Donnell-Clans. Die Ruinen sind über eine Landstraße zu erreichen und 1 km nördlich des Glebe House ausgeschildert. Parken kann man gleich oberhalb der Durchgangsstraße.

1 km weiter südlich, nahe dem Südosteingang (dieser darf nur von Wanderern und Radfahrern genutzt werden) zum Glenveagh National Park, befindet sich der Geburtsort des Heiligen, zu erkennen an einem gewaltigen keltischen Kreuz, das 1911 aufgestellt wurde. Daneben liegt ein interessantes mit grün oxidierten Kupfermünzen bestreutes prähistorisches Grab, der Flagstone of Loneliness (Stein der Einsamkeit). Angeblich hat Colmcille hier geschlafen.

Glebe House & Gallery KUNSTGALERIE
(☎ 074-913 7071; www.heritageireland.ie; Church Hill; Erw./Kind 5/3 €; Ostern & Juli–Aug. tgl. 11–18.30 Uhr, Juni & Sept. Sa–Do, letzter Einlass 17.30 Uhr) 1953 kaufte der englische Maler Derrick Hill dieses Herrenhaus, um es als Domizil auf dem Festland in der Nähe seiner geliebten Insel Tory zu nutzen. Das 1828 errichtete Haus ist üppig dekoriert und verrät das Faible seines Besitzers für alles Exotische, doch sein wahrer Wert liegt in der erstaunlichen Kunstsammlung. Neben Gemälden von Hill selbst und Bildern der Künstler von Tory Island hängen hier Werke von Picasso, Landseer, Hokusai, Jack B. Yeats und Kokoschka. Eine Führung durch das Haus dauert etwa 45 Minuten.

Bevor Hill es kaufte, hatte das Anwesen bereits als Pfarrhaus und dann als Hotel gedient. Die üppigen Gärten können ebenfalls besichtigt werden; außerdem gibt es ein hübsches kleines Café.

NORDÖSTLICHES DONEGAL

Rosguill Peninsula

Am besten lässt sich die raue Schönheit Rosguills per Auto, Fahrrad oder sogar zu Fuß auf dem 15 km langen Atlantic Drive erleben, einem gut ausgeschilderten Rundweg, der Nebenstraßen folgt. Die Route ist linker Hand ausgeschildert, wenn man von Süden in das ausgedehnte Dorf Carrigart (Carraig Airt) hineinfährt/-spaziert.

Der Meerblick ist fantastisch, auch wenn immer mehr Ferienhäuser die Idylle des entlegenen Orts stören. Der hübsche, abgeschiedene Strand von Trá na Rossan im nördlichen Teil der Halbinsel ist ein wunderbares Ziel. Im Gegensatz dazu platzt der Sandstreifen von Downings (häufig Downies geschrieben) aus allen Nähten.

Aktivitäten

★ Mevagh Dive Centre TAUCHEN

(☎ 074-915 4708; www.mevaghdiving.com; Milford Rd, Carrigart; 2 Tauchgänge ab 50 €) In Donegals einzigem Tauchzentrum kann man PADI-zertifizierte Tauchkurse belegen sowie Ausrüstung und Boote leihen. Die Gewässer vor der Nordwestküste sind kristallklar. An vielen Spots bekommt man bei geführten Tauchgängen zahlreiche Attraktionen vor die Taucherbrille – von Schiffswracks bis hin zu Haien. Exzellente Unterkünfte (DZ ab 76 €) bietet das maßangefertigte B&B mit vier Zimmern (alle mit Bad). Kombipakete buchbar (Tauchen/Übernachtung/Kurs).

Rosapenna Golf Resort GOLF

(☎ 074-915 5000; www.rosapenna.ie; Downings; Platzgebühr 75–95 €) Die Umgebung des renommierten Golfclubs, der 1891 von Old Tom Morris aus St. Andrew entworfen und 1906 von Harry Vardon umgestaltet wurde, ist ebenso grandios wie der Platz selbst. Er stellt selbst für Spieler mit niedrigem Handicap eine echte Herausforderung dar. Der Club hat zwei Golfplätze; und ein komfortables Viersternehotel gehört auch dazu.

Schlafen & Essen

Trá na Rosann Hostel HOSTEL €

(☎ 074-915 5374; www.anoige.ie; B ab 17 €; ⊙ Ende Mai–Sept., Rezeption 10–17 Uhr geschl. P) Das denkmalgeschützte Jagdhaus wurde von Sir Edwin Lutyens entworfen. Die stimmungsvolle Unterkunft mit 26 Betten punktet mit einer fantastischen Aussicht und einer bewegten Geschichte. Bis zum herrlichen Strand Trá na Rosann sind es nur wenige Gehminuten. Ein Nachteil der friedlichen Umgebung ist die abgeschiedene Lage 8 km nördlich von Downings, denn die Gegend wird leider nicht von öffentlichen Verkehrsmitteln bedient.

★ Olde Glen Bar & Restaurant MODERN IRISCH €€

(☎ 083 158 5777; Glen, Carrigart; Hauptgerichte 15–25 €; ⊙ Bar Ende Juni–Aug. mittags, sonst ab 15 Uhr; Küche Juli & Aug. 18–21 Uhr, Juni & Sept. Di geschl., Okt.–Mai Do–So 18–21 Uhr) Das traditionelle Pub wartet mit einem unebenen echten Steinfußboden aus dem 17. Jh. und sensationellem Bier auf. Im Landhauslokal gleich hinter der Kneipe werden hervorragende Tagesgerichte serviert. Alle Zutaten stammen aus der Region, man kann sich also auf erstklassige Meeresfrüchte sowie hochwertige Fleisch- und Gemüsegerichte freuen. Vorher reservieren!

Fanad Peninsula

Donegals zweitnördlichster Punkt, die Landzunge Fanad Head, ragt östlich von Rosguill in den Atlantik. Im Westen der Halbinsel liegt die Mulroy Bay und im Osten befindet sich der Lough Swilly mit seinen hohen Klippen und Sandstränden. Viele Touristen bevorzugen die Ostseite mit ihrem herrlichen Strand bei Portsalon sowie die ruhigen Orte Rathmelton und Rathmullan.

Außer mit der Fähre, die im Sommer zwischen Buncrana und Rathmullan verkehrt, kommt man nur mit dem Auto auf die Halbinsel – und vorwärts kommt man dort auch am besten hinter dem Steuer. Ein Auto zu mieten, ist sinnvoll, wenn nicht eigentlich sogar notwendig.

Rathmelton

Das historische Rathmelton (manchmal auch Ramelton genannt) ist ein Bilderbuchort mit Straßenzügen voll hübscher georgianischer Häuser und Lagergebäuden aus Feldsteinen an der Mündung des Flusses Lennon. Man kann einen Spaziergang durch die bunten, malerischen Straßen unternehmen und sich am Wasser entspannen. Auch die Überreste der Tullyaughnish Church lohnen einen Besuch. Es ist aber auch schön, einfach am Fluss entlang durch die Straßen zu bummeln, sich die historische Architektur anzuschauen und das Wasser nach den Gerippen versunkener Boote abzusuchen.

Schlafen & Essen

★ Frewin House B&B €€

(☎ 074-915 1246; www.frewinhouse.com; Rectory Rd; B 120–160 €; ⊙ März–Okt.; P) Für Romantiker ist dieses schicke viktorianische Pfarrgebäude auf einem abgelegenen Anwesen genau das Richtige. Die Einrichtung vereint antike Möbel sowie offene Kamine mit modernem Stil und die Zimmer sind hübsch, aber nicht überladen. Man kann auch ein gemeinschaftliches Candle-Light-Dinner buchen. Zudem wird ein Cottage als Ferienwohnung vermietet.

Ardeen House B&B €€
(☎ 074-915 1243; www.ardeenhouse.com; Aughnish Rd; EZ/DZ 55/90 €;) Im Ardeen House wird man mit hausgemachten Scones begrüßt und fühlt sich gleich wie zu Hause. Die Unterkunft mit Blick auf den Fluss bietet fünf wunderbar dekorierte Zimmer sowie ein üppiges Frühstück. Sie befindet sich am östlichen Rand der Stadt, auf der Südseite des Flusses gleich hinter dem Rathaus.

Bridge Bar IRISCH €€
(☎ 074-915 1119; www.ramelton.net/Pubs/BridgeBar.htm; R245, Bridgend; Hauptgerichte 18–27 €; Küche Mi–Sa 18–21 Uhr) Ein nettes altmodisches, typisch irisches Landpub. Im gemütlichen Restaurant (1. OG) werden unter anderem, leckere Steaks und Fischgerichte mit Lachs oder Stockfisch aufgetischt. Man sollte unbedingt eines der exzellenten Biere von der Kinnegar Craft Brewery probieren und eines der traditionellen Musikkonzerte erleben.

Rathmelton Country Market MARKT
(abseits der R245; Sa 11–12.30 Uhr) Die kurzen Öffnungszeiten sorgen dafür, dass auf einem der besten Bauernmärkte Donegals immer ein großes Gedränge um die besten Produkte, Gerichte und Backwaren herrscht. Auf dem Parkplatz am Fluss.

Rathmullan

EW. 530

Wenn man den wunderbaren Blick auf den Lough Swilly genießt, mag man kaum glauben, dass Rathmullans reizvoller und hübscher, friedlicher Hafen zwischen dem 16. und 18. Jh. so unruhige Zeiten durchlebt hat. Hier endete die Ära der irischen Stammesführer und die alte gälische Ordnung mit der „Flucht der Grafen" (Flight of the Earls). Das Dorf ist Heimat des historischen Priorats Rathmullan und bietet einen malerischen Blick über den Lough Swilly.

Geschichte

1587 wurde hier Hugh O'Donnell, der 15-jährige Erbe des mächtigen O'Donnell-Clans, unter einem Vorwand auf ein Schiff gelockt und als Gefangener nach Dublin gebracht. Erst vier Jahre später, an Heiligabend, konnte er fliehen. Nach mehreren erfolglosen Racheversuchen starb er mit nur 30 Jahren in Spanien. 1607 hatten Hugh O'Neill, Earl of Tyrone und Rory O'Donnell, Earl of Tyrconnell, es satt, gegen die Engländer zu kämpfen, und verließen Irland von Rathmullan aus mit einem Schiff. Ihre als „Flight of the Earls" in die Geschichte eingegangene Flucht bedeutete praktisch das Ende des gälischen Irlands und der Herrschaft der irischen Clans. Sämtliche Güter der Familien wurden konfisziert, um britischen Siedlern im Rahmen der „Plantation of Ulster" Land zuzuteilen.

Darüber hinaus wurde in diesem Ort auch Wolfe Tone, Anführer des Aufstands von 1798, gefangen genommen.

Sehenswertes & Aktivitäten

Rathmullan Priory RUINEN
(Main St) Die efeubewachsene Abtei von 1508 mit Blick zum See wurde 1595 geplündert und dann als Kaserne genutzt; im frühen 17. Jh. wurde sie zur Hälfte in eine Burg umgebaut.

Donegal Sea Kayaking KAJAKFAHREN
(☎ 086 313 0523; www.donegalseakayaking.com; Fanad; Touren Erw./Kind 30/25 €; Kajakverleih 9–21 Uhr) Der mobile Anbieter macht fantastische Touren mit modernen Kajaks entlang der Küste der hübschen Fanad-Halbinsel und bietet auch Kurse und Kajakverleih an. Je nach Wetter und Gezeiten startet man an verschiedenen Orten; Näheres erfährt man auf der Website.

Schlafen & Essen

Glenalla Lodge B&B €€
(☎ 074-915 8750; www.glenallalodge.com; Ray; EZ/DZ 50/80 €) Eine idyllisch und isoliert gelegene Lodge, 8 km südwestlich von Rathmullan. Sie beherbergt vier mit geschmackvollen Holzmöbeln eingerichtete Zimmer (3 DZ, ein Familienzimmer) im rustikalen Stil. Der Inhaber kann seinen Gästen eine Menge über die Region erzählen.

★ **Rathmullan House** HISTORISCHES HOTEL €€€
(☎ 074-915 8188; www.rathmullanhouse.com; abseits der R247; EZ/DZ ab 90/180 €, Abendmenü ab 48 €; Restaurant abends 19–20.45 Uhr; P @) Das große luxuriöse Landhaus besticht mit seiner erfrischend modernen, kein bisschen kitschigen Einrichtung. Es wurde in den 1780er-Jahren erbaut und steht in einer weitläufigen Gartenanlage am Ufer des Lough Swilly. Manche der 34 Zimmer

verfügen über Balkone oder Terrassen. Außerdem gibt's einen Tennisplatz, zwei Bars und ein verglastes Restaurant, das **Cook & Gardener**, das mit Zutaten aus dem hauseigenen Garten leckere Gerichte kreiert.

An- & Weiterreise

Am besten kommt man mit dem eigenen Auto nach Rathmullan.

Von Anfang Juni bis Ende September gibt es eine praktische **Autofähre** (☎ 087-211 2331; www.swillyferry.com; Erw./Auto einfach 5/17 €; ⏲ April–Okt.) zwischen Rathmullan und Buncrana.

Portsalon & Fanad Head

Auf der Straße entlang der Klippen zwischen Rathmullan und Portsalon fühlt man sich ein wenig wie auf einer Achterbahn. Unterwegs passiert man das Knockalla Fort (frühes 19. Jh.), eine von sechs Festungen, die gebaut wurden, um im Falle des Falles einer französischen Invasion trotzen zu können. Die genaue Geschichte dazu wird im Fort Dunree (S. 510) auf der anderen Seite des Sees erzählt. Außerdem entdeckt man den schönen langen Ballymastocker Beach, ein grandioses Panorama mit Portsalon am nördlichen Ende.

Von Portsalon aus ist es eine malerische Anfahrt von etwa 8 km zum Leuchtturm auf der markanten Felsspitze des Fanad Head. Der Leuchtturm und seine Umgebung sind fantastische Fotomotive.

Sehenswertes & Aktivitäten

★ **Ballymastocker Beach** STRAND

(abseits der R246, Portsalon) Einst ernannte die britische Zeitung *Observer* diesen mit der Blauen Flagge ausgezeichneten Strand zum zweitschönsten der Welt. Hier kann man höchst wunderbar seine Zeit verbringen und sich entspannen.

Portsalon Golf Club GOLF

(☎ 074-915 9459; www.portsalongolfclub.com; abseits der R246; Platzgebühr unter der Woche/an den Wochenenden 40/50 €) Der herrlich gelegene Portsalon Golf Club verläuft an der Biegung der Bucht entlang des beeindruckenden Ballymastocker Beach.

Essen

Lighthouse Tavern PUBKÜCHE €€

(☎ 074-915 9212; Hauptgerichte ab 4 €; ⏲ 12.30–23.30 Uhr) Kurz vor dem Leuchtturm von Fanad serviert diese gastfreundliche Taverne in hervorragender Lage ordentliches Pubfood, z. B. Pies, Burger und Chips, Käsekuchen oder auch einfach nur Tee mit Scones.

Inishowen Peninsula

Auf Inishowen (Inis Eoghain bzw. Insel von Eoghain; Eoghain ist jener Clanführer, der dem County Tyrone seinen Namen gab) befindet sich der nördlichste Punkt Irlands, der Malin Head. Die Halbinsel ist abgelegen, ziemlich zerklüftet und menschenleer und wartet mit zahlreichen vorgeschichtlichen Relikten, Burgruinen sowie traditionellen strohgedeckten Cottages auf, die glücklicherweise noch nicht in Ferienhäuser verwandelt wurden.

Das offene Meer und die großen Mündungsgebiete von Inishowen ziehen mehr als 200 Vogelarten an, darunter endemische Arten, aber auch Zugvögel aus Island,

ABSEITS DER ÜBLICHEN PFADE

DIE URRIS HILLS

Die Urris Hills sind eine zerklüftete Hügelkette aus Quarzit und eine Verlängerung der Knockalla Mountains auf der Fanad Peninsula im Südwesten. Sie gewähren einen unvergleichlichen Blick auf die Küste von Inishowen, die Berge Muckish und Errigal sowie die Hügel im Glenveagh National Park. In der Region gibt's ein Netzwerk aus gut markierten Wanderwegen zwischen 2 und 11 km Länge. Als Ausgangspunkte dienen die Butler's Bridge und der Parkplatz am Nordende des Mamore Gap. In der Touristeninformation von Buncrana (S. 507) erhält man die Broschüre *Urris Walks*.

Am Glen House beginnt ein einfacher 800 m langer Weg, über den man zum 10 m hohen **Glenevin Waterfall** gelangt. Hier stehen Bänke und Picknicktische bereit. Von Clonmay folgt man der ausgeschilderten Straße Richtung Tullagh Bay, überquert den Fluss und biegt an der Kreuzung rechts ab. Nach 1 km stößt man auf die Butler's Bridge und den Parkplatz für Besucher des Wasserfalls.

Inishowen Peninsula

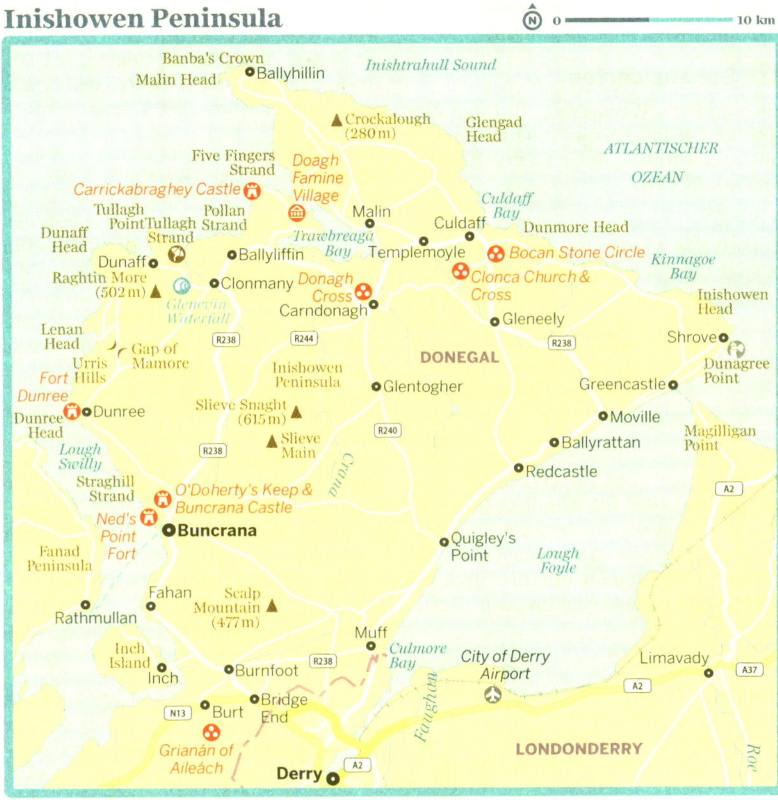

Grönland und Nordamerika. Mit unregelmäßigen atlantischen Winden verschlägt es gelegentlich auch seltene und exotische Vögel hierher. Wer sich für sie interessiert, sollte die Website www.birdsireland.com konsultieren.

Informationen über alles andere findet man unter www.visitinishowen.com.

An- & Weiterreise

Um die Inishowen Peninsula zu erkunden, ist ein Auto nötig. Es gibt ein paar unregelmäßige Busverbindungen, und von Greencastle nach Magilligan in Londonderry kommt man mit der Fähre, ansonsten ist es aber besser, selbst am Steuer zu sitzen.

Es gibt zwei Anfahrtsmöglichkeiten: über Buncrana an der Westseite der Halbinsel nach Clonmany, Malin oder Culdaff und Malin Head oder von Osten entlang der herrlichen Südküste über die R238 nach Moville, Greencastle und Inishowen Head und anschließend Richtung Norden nach Malin Head. Natürlich kann man auf dem einen Weg hin- und auf dem anderen zurückfahren.

Buncrana

6900 EW.

Buncrana liegt auf der sanfter anmutenden Seite der Halbinsel und ist ein geschäftiges, hübsches Städtchen mit vielen Pubs und einem 5 km langen Sandstrand am Ufer des Lough Swilly.

John Newton, der Komponist von *Amazing Grace,* wurde 1748 zu seinem legendären Lied inspiriert, als sein Schiff, die *Greyhound*, während eines schweren Sturms in den ruhigen Gewässern des Lough Swilly ankerte. Nach ihrer Nahtoderfahrung wurden der Kapitän und seine Crew herzlich in Buncrana empfangen, und Newtons spirituelle Reise vom Sklavenhändler zum öffentlichen Gegner des Menschenhandels nahm hier ihren Anfang. Später unterstützte er William Wilberforce in seinem Kampf gegen die Sklaverei. Mehr darüber erfährt man unter www.amazinggrace.ie.

Sehenswertes

Ein markierter Wanderweg führt vom Park nördlich der Touristeninformation am Ufer entlang Richtung Norden zu den Hauptsehenswürdigkeiten.

O'Doherty's Keep HISTORISCHES GEBÄUDE
(Castle Bridge) Am Nordende der Promenade gelangt man über die sechsbogige **Castle Bridge** aus dem frühen 18. Jh. zu diesen Ruinen. 1430 wurde das Turmhaus von den lokalen Clanführern der O'Dohertys errichtet, später von den Engländern niedergebrannt und für deren eigene Zwecke schließlich wieder aufgebaut.

Buncrana Castle HISTORISCHES GEBÄUDE
(Castle Bridge) Unweit von O'Doherty's Keep stößt man auf das villenähnliche Buncrana Castle. John Vaughan ließ die Burg 1718 bauen. Auch die Brücke entstand in seinem Auftrag. Wolfe Tone wurde hier nach der erfolglosen französischen Invasion 1798 inhaftiert.

Ned's Point Fort HISTORISCHES GEBÄUDE
(Ned's Point) Wenn man an O'Doherty's Keep links abbiegt und 500 m an der Küste entlangspaziert, erreicht man Ned's Point Fort, das 1812 von den Briten errichtet wurde.

Schlafen & Essen

★ **Westbrook House** B&B €
(☎ 074-936 1067; www.westbrookhouse.ie; Westbrook Rd; EZ/DZ ab 36/60 €; 📶) Das hübsche georgianische Haus ist von einem wunderschönen Garten umgeben. Hier leben auch die Bienen, von denen der Honig zum Frühstück stammt. Kerzenleuchter und Antikmöbel verleihen dem B&B Eleganz.

Tullyarvan Mill HOSTEL €
(☎ 074-936 1613; www.tullyarvanmill.com; abseits der R238; B/DZ ab 15/40 €; 📶) In einem großen Garten am Fluss befindet sich dieses hervorragende Hostel mit 51 Betten in einem geschmackvollen, modernen, an die historische Tullyarvan Mill angebauten Gebäude. Es liegt etwas nördlich der Stadt. Regelmäßig finden hier kulturelle Events und Ausstellungen statt.

Caldra Bed & Breakfast B&B €€
(☎ 074-936 3703; www.caldrabandb.com; Lisnakelly; EZ/DZ 50/80 €; P 📶) Eine tolle Unterkunft für Familien! Das große, moderne B&B hat vier geräumige, ruhige Zimmer, die etwas dezenter und einfacher gehalten sind als die Gemeinschaftsbereiche mit ihren beeindruckenden Kaminen und vergoldeten Spiegeln. Vom Garten und Hof aus blickt man auf den Lough Swilly und die Berge.

★ **Beach House** MODERN IRISCH €€
(☎ 074-936 1050; www.thebeachhouse.ie; Swilly Rd; Hauptgerichte mittags 9–14 €, abends 17–27 €; ⏱ Juni–Aug. tgl., Juli & Aug. Di & Mi, sonst Do–So 17–21, Sa & So 12.30–16 Uhr; 👪) Dieses Lokal mit Panoramafenstern und Blick auf den See eignet sich perfekt für einen Tagesausflug. Auf der Karte stehen einfache Gerichte von ausgezeichneter Qualität, dar-

ABSTECHER

GRIANAN OF AILEACH

Diese Steinfestung **Grianán of Aileách** (www.heritageireland.ie; abseits der N13, Burt; Sonnenauf- bis Sonnenuntergang) sieht wie ein Amphitheater aus und erstreckt sich wie ein Heiligenschein um die Kuppe des Grianán Hill. An klaren Tagen können Besucher eine atemberaubende Aussicht bis nach Derry genießen. Leider erinnert die Miniarena mit ihren 4 m dicken Mauern an einen Zirkus, sobald wieder eine Busladung Touristen angekarrt wird.

Am Fuß des Hügels stößt man auf die kreisrunde Burt Church, die 1967 von dem Architekten Liam McCormack errichtet wurde und Grianán of Aileách ähneln soll.

Vermutlich hat der Originalbau schon 2000 Jahre auf dem Buckel und der Standort diente wohl bereits in vorkeltischer Zeit als Tempel für den Gott Dagda. Vom 5. bis 12. Jh. residierten hier die O'Neills, bis das Steinfort von Murtogh O'Brien, König von Munster, zerstört wurde. Was heute davon zu sehen ist, wurde zum größten Teil zwischen 1874 und 1878 wieder aufgebaut.

Die Festung befindet sich 18 km südlich von Buncrana.

unter Burger oder fangfrische Meeresfrüchte, und die Weinkarte ist hervorragend.

Praktische Informationen

Die **Touristeninformation** (☎ 074-936 2600; www.visitinishowen.com; Railway Rd; ⏰ Mo–Fr 9.30–17 Uhr; 📶) liegt in der Nähe des Strands und bietet Informationen zur gesamten Halbinsel.

Clonmany & Ballyliffin

950 EW.

In den beiden idyllischen Dörfern und ihrer Umgebung lässt sich genug erleben, um dort ein oder zwei Tage zu verweilen. Clonmany verströmt eine geschäftige Atmosphäre und wartet mit vielen Pubs auf, Ballyliffin wirkt ein bisschen gediegener und beherbergt mehr Hotels und Restaurants. Beide Orte haben eine Post, aber keine Banken.

Sehenswertes & Aktivitäten

Doagh Famine Village MUSEUM

(☎ 074-938 1901; www.doaghfaminevillage.com; Doagh Island; Erw./Kind 8/4 €; ⏰ Mitte März–Okt. 10–17 Uhr) Das Freiluftmuseum befindet sich in einem nachgebauten Dorf aus strohgedeckten Cottages und bietet einen interessanten Überblick über die tragische Hungersnot im 19. Jh. Es stimmt aber auch nachdenklich, da Parallelen zu Hungergebieten in der heutigen Welt gezogen werden. Das Village liegt 5 km nördlich von Ballyliffin auf Doagh Island (heute keine Insel mehr).

Pollan Strand STRAND

Dieser hübsche Strandabschnitt ist ideal für herrliche Spaziergänge im Sand. Durch die Brecher, die hier für das richtige Meeresgefühl sorgen, ist der Strand zum Schwimmen aber zu gefährlich.

Tullagh Strand STRAND

2 km nordwestlich von Clonmany, am Tullagh Strand ist zum Baden zwar etwas besser geeignet als der Pollan Strand, wenn die Ebbe einsetzt, sollte man wegen der starken Strömung aber auf das Baden verzichten.

Ballyliffin Golf Club GOLF

(☎ 074-937 6119; www.ballyliffingolfclub.com; abseits der R238; Platzgebühr 50–100 €) Diese Anlage verfügt über zwei Turnierplätze – die Old Links und die Glashedy Links – und gilt als eine der besten in Donegal. Die Landschaft ist so hinreißend schön, dass sie selbst den konzentriertesten Spieler ablenken kann.

Schlafen & Essen

★ **Glen House** GÄSTEHAUS €€

(☎ 074-937 6745; www.glenhouse.ie; Straid, Clonmany; Zi. ab 70 €; P 📶) Trotz der hübschen Umgebung und der luxuriösen Ausstattung ist diese wunderbare Bleibe weder so überheblich noch so teuer wie die meisten anderen Landhaushotels. Die Zimmer sind ein Vorbild an zurückhaltender Eleganz und die Umgebung ist total ruhig. Der Wanderweg zum Glenevin Waterfall beginnt neben dem **Rose Tea Room** (☎ 074-937 6745; www.glenhouse.ie; Glen House; Hauptgerichte ab 6 €; ⏰ Juli & Aug. tgl. 10–18, März–Juni, Sept. & Okt. Sa & So.) mit Holzveranda.

Ballyliffin Lodge & Spa HOTEL €€

(☎ 074-937 8200; www.ballyliffinlodge.com; abseits der R238, Ballyliffin; EZ/DZ ab 60/90 €; 📶 🏊) Das prachtvolle Hotel liegt gleich hinter dem kleinen Dorf und verfügt über 40 Zimmer. Die Superior Rooms warten mit einem grandiosen Meerblick auf. Zu den Einrichtungen der Anlage gehören ein hochmodernes Spa, ein Golfplatz und eine relaxte Bar.

Rusty Nail PUB

(☎ 074-937 6116; www.therustynail.ie; Clonmany; ⏰ Küche Fr 16–23.30, Sa bis 24.30, So 14–23 Uhr, Pub tgl. bis spät) Die Versuchung, sich draußen an den Picknicktischen zu sonnen, ist groß. Man sollte aber trotzdem auch reingehen und in dem stimmungsvollen Pub eine exzellente Mahlzeit genießen. Sämtliche Klassiker sind im Angebot – und schmecken hervorragend. Außerdem finden häufig Livekonzerte statt. Das Pub befindet sich gleich westlich der Stadt.

An- & Weiterreise

Mit Foyle Coaches (www.foylecoaches.com) kommt man von Clonmany nach Carndonagh (2,80 €, 20 Min.), 4-mal täglich von montags bis freitags und samstags 1-mal.

Carndonagh

EW. 1900

In Carndonagh (Cardomhnach), einem geschäftigen Ort, der auf drei Seiten von Hügeln umrahmt wird, erledigen die hiesigen Bauern ihre Besorgungen. Das Dorf ist nicht besonders aufregend, aber ganz praktisch, um mehr über die Gegend zu erfahren und Proviant einzukaufen. Zudem steht hier das **Donagh Cross** (abseits der R238), ein bedeutendes archäologisches Relikt.

Das kunstvolle Donagh Cross (auch St Patrick's Cross genannt) aus dem 7. Jh. steht unter einem schützenden Dach bei der Anglikanischen Kirche am westlichen Ortsende. Es ist mit einer reizenden, etwas gedrungenen Jesusfigur geschmückt, die ihre Betrachter mit großen Augen schelmisch anlächelt. Das Kreuz wird von zwei kleinen Säulen flankiert; eine zeigt vermutlich Goliath mit Schwert und Schild, die andere David mit seiner Harfe.

Auf dem Friedhof erhebt sich eine Säule mit Ringelblumenrelief und ganz in der Nähe entdeckt man eine Kreuzigungsszene.

Zur Einkehr bei leichten französischen Mittagsgerichten bietet sich das von Franzosen geführte Café Donagh (☎ 074-937 4191; www.cafedonagh.com; The Diamond; Hauptgerichte ab 4 €; ⏲ Mo–Sa 9.30–17 Uhr, im Sommer So geöffnet) an, wo man auch leckere Backwaren und Sandwiches zum Mitnehmen bekommt. Durchgehend bekommt man Eierspeisen, Pommes und Pfannengerichte.

ℹ Praktische Informationen

In der **Tourismusinformation Inishowen** (☎ 074-937 4933; R238; ⏲ ganzjährig Mo–Fr 9.30–17 Uhr, Juni–Aug. auch Sa 11–15 Uhr) im Public Services Centre am Kreisverkehr nördlich von The Diamond sind alle sehr hilfsbereit. Am The Diamond gibt's Banken und einen Geldautomat; die Post befindet sich im Einkaufszentrum an der Bride Street, auf halbem Weg Richtung Donagh Cross.

Malin Head

Am Malin Head, dem nördlichsten Zipfel der Insel, rauschen die Wellen ohne Unterlass ans Land. Seeleuten und irischen Hobbymeteorologen ist der Name ein Begriff, da er täglich in den BBC-Radionachrichten erwähnt wird. Man könnte meinen, in der Ferne Island zu sehen (was aber nicht möglich ist), wenn man in den windgepeitschten, manchmal völlig klaren Himmel schaut, der von einer Sekunde zur anderen von Regen zu Sonne wechseln kann.

Auf den hügeligen Wiesen grasen – den hiesigen Bedingungen angepasst – dickhäutige Esel und Kühe, und man trifft auf gut eingemummelte Wanderer.

An der nördlichsten Spitze von Malin Head liegt Banba's Crown. Das kleine, sehr hübsche Dorf Malin liegt 14 km südöstlich von Malin Head in der Trawbreaga Bay. Die adretten Häuser verteilen sich rund um einen gepflegten, dreieckigen Anger; der Ort wirkt fast wie eine charmante Filmkulisse während einer Drehpause.

Sehenswertes & Aktivitäten

★ **Banba's Crown** AUSSICHTSPUNKT

(Malin Head) An der nördlichsten Spitze von Malin Head, Banba's Crown genannt, thront ein klobiger Turm auf den Klippen. Er wurde 1805 von der britischen Admiralität errichtet und diente später als Signalturm der Firma Lloyd. Die Betonbaracken nutzte das irische Heer im Zweiten Weltkrieg als Wachposten.

Westlich des Parkplatzes führt ein Weg zum **Hell's Hole**, einer Felsenschlucht mit starker Brandung. Richtung Osten verläuft ein etwas längerer Weg zum **Wee House of Malin**, einer Einsiedlerhöhle, die in den Klippen liegt.

Die Aussicht nach Westen umfasst von links nach rechts die Inishowen Hills, Dunaff Head, den tief liegenden Fanad Head samt Leuchtturm, die „Zwillingshörner" des Horn Head und die beiden Hügel von Tory Island. Außerdem erspäht man weit in der Ferne (links vom Leuchtturm) die Berge Muckish und Errigal. Im Osten erstrecken sich erhöhte Strandterrassen, und vor der Küste erhebt sich ein weiterer Leuchtturm auf der abgeschiedenen Insel Inishtrahull.

Ein Aussichtspunkt ist mit kostenlosen Fernrohren ausgestattet. In manchen Nächten kann man von hier aus sogar Nordlichter sehen.

Das hauptsächlich von Truckern besuchte **Caffe Banba** (☎ 074-937 0538; www.caffebanba.com; ⏲ Ostern–Sept. 12–17.30 Uhr) auf dem Parkplatz (keine festen Öffnungszeiten) verkauft tollen Kaffee und Backwaren. Während der Saison ist der Parkplatz oft überfüllt.

Malin Head Tours GEFÜHRTE TOUREN

(☎ 087 458 0033; www.malinheadtours.com; abseits der R242, Malin Head Community Centre; ⏲ ❄ ☀ Sa um 12 Uhr) Die Bus-, Boots- und Wandertouren entschlüsseln einige der Geheimnisse dieser ursprünglichen Region.

Schlafen

Whitestrand B&B B&B €

(☎ 074-937 0335, 086 822 9163; www.whitestrand.net; abseits der R242, Middletown; EZ/DZ

32/64 €;) In perfekter Lage – inmitten der Hügel Richtung Malin Head – vermietet dieses gemütliche B&B drei schöne Zimmer. Zur Begrüßung werden warme Getränke und leckere hausgebackene Köstlichkeiten gereicht.

Malin Village B&B B&B €
(074-937 0763; www.malinvillagebandb.com; The Green, Malin; EZ/DZ ab 40/70 €) Ein charmantes B&B mit gemütlichen Zimmern – einige davon traditionell mit Antikmöbeln eingerichtet, andere moderner mit weißer Bettwäsche und schönen Blumenmustern – direkt an der Dorfwiese. Es gibt ein herzhaftes Frühstück, aber den Gästen steht auch eine Küche zur Verfügung, sodass man sein Essen auf Wunsch selbst zubereiten bzw. seine Wäsche erledigen kann.

Sandrock Holiday Hostel HOSTEL €
(086 325 6323; www.sandrockhostel.com; Port Ronan Pier, Malin Head; B 13,50–20 €;) Von dem IHH-Hostel, das sich über einer felsigen Bucht im Westen der Landzunge befindet, genießt man eine atemberaubende Aussicht. Die Unterkunft bietet 20 Betten in zwei Schlafsälen sowie Musikinstrumente und eine Waschmaschine. Leihfahrräder (10 € pro Tag) werden auch an Nichtgäste vermietet. Am besten erkundigt man sich vorher nach den (sehr wenigen) Busverbindungen hierher.

Ausgehen & Nachtleben

McClean's PUB
(074-937 0607; Main St, Malin; 12 Uhr–open end) In dem wunderbaren Pub aus der guten alten Zeit herrscht eine tolle Stimmung, außerdem gibt's oft Livemusik. Das McClean's liegt an der Ostecke des Dorfes. Am besten schnappt man sich einen Platz auf der Freiluftterrasse und genießt von hier aus den schönen Blick auf die Mündung und die alte Steinbogenbrücke.

Anreise & Unterwegs vor Ort

Um bis hier herauf zu kommen, braucht man ein Auto. Am besten fährt man über die R238/242 von Carndonagh nach Malin Head statt von Culdaff aus über die holprige Straße auf der Ostseite. Von Moville nach Malin (Stadt) fahren Busse von **North West Busways** (074-938 2619; www.foylecoaches.com), aber bis Malin Head ist es dann noch ganz schön weit. Im Sommer ist der Parkplatz am Malin Head oft überfüllt.

SCHATZSUCHE

Entlang der Küste von Inishowen können Strandgutsammler mehr als nur Muscheln finden. Besonders bekannt ist die Region für ihre erhöhten Strände. Durch nacheiszeitliche Erdverschiebungen sind diese Terrassen oberhalb der Wasserlinie „gestrandet" und mit Halbedelsteinen wie Karneol, Agat und Jaspis übersät. Als gute Sammelspots gelten die Sandstreifen an der Nordküste von Malin Head, in der Nähe von Banba's Crown und Ballyhillin.

Die Steine sind einzigartige Souvenirs, die – kunstvoll poliert und in Anhänger, Armreifen, Ohrringe, Broschen, Kerzenhalter sowie viele andere schöne Dinge verwandelt – bei **Malin Pebbles** (S. 511) in Greencastle verkauft werden.

Culdaff & Umgebung

270 EW.

Rund um den abgelegenen Urlaubsort Culdaff an der Nordküste von Inishowen gibt's sehr viel mehr Schafe als Menschen. Wer die Einsamkeit sucht, ist hier genau richtig.

Sehenswertes

★ **Culdaff Beach** STRAND
(abseits der R238) Der mit einer Blauen Flagge ausgezeichnete Strand eignet sich hervorragend zum Schwimmen und Windsurfen. Am Ufer kann man wunderbar spazieren gehen und sich in den grasbewachsenen Dünen verlieren. Außerdem gibt's einen schönen Kinderspielplatz. Rettungsschwimmer bewachen den Strand zwischen Juni und September. Jedes Jahr am Neujahrstag findet im eiskalten Wasser ein Benefiz-Schwimmen statt, ein Riesenspaß.

Clonca Church & Cross HISTORISCHE STÄTTE
(Clonca) Im Inneren der Kirche steht ein mit eingemeißeltem Schwert und Wurfstock verzierter Grabstein. Vermutlich stammt der behauene Türsturz von einem früheren Gotteshaus. Draußen zeigen die Reste des Kreuzes an der Ostseite die wundersame Brotvermehrung. Wer der R238 von Culdaff Richtung Moville folgt, biegt nach 1,2 km an der Bocan Church gen Osten ab. Die Kir-

che befindet sich 1,7 km weiter nördlich hinter einigen Farmgebäuden.

Schlafen

★McGrory's of Culdaff GÄSTEHAUS €€

(☎074-937 9104; www.mcgrorys.ie; R238; EZ/DZ ab 65/100 €, Hauptgerichte 12–25 €; ⊙Barküche tgl. 12–21, Restaurant Fr–So 18–21 Uhr; 📶) McGrory's of Culdaff, das in Lilatönen gehaltene Wahrzeichen des Dorfes, bietet 17 stilvolle und luxuriöse Zimmer. Im **Backroom**, einer der drei Hotelbars, wird Livemusik mit internationalen Singer-Songwritern und traditionelle Musik geboten. Die klassische irische Küche im **Front Room** gilt als beste weit und breit.

Greencastle

820 EW.

Sehenswertes

Inishowen Maritime Museum & Planetarium MUSEUM

(☎074-938 1363; www.inishowenmaritime.com; abseits der R241; Erw./Kind Museum 5/3 €, Museum & Planetarium-Show Erw./Kind 10/6 €; ⊙ganzjährig Mo–Fr 9.30–17.30 Uhr, Ostern–Sept. auch Sa 9.30–17.30 & So 12–17.30 Uhr) Das Museum in einer ehemaligen Station der Küstenwache direkt am Wasser beherbergt eine exzentrische Sammlung von Artefakten. Die faszinierendsten Exponate stammen aus den im Lough Foyle versunkenen Schiffen und beleuchten den Untergang der Spanischen Armada und die Abreise irischer Auswanderer. Außerdem zeigt das digitale Kino in der Kuppel des Planetariums eine Astronomieshow.

Gleich nebenan ist ein einladendes Café mit Außenbestuhlung – wenn die Sonne rauskommt, sollte man sich einen Kaffee schnappen, draußen sitzen und über den Hafen schauen.

★Kealy's Seafood Bar FISCH & MEERESFRÜCHTE €€

(☎074-938 1010; www.kealysseafoodbar.ie; The Harbour; Hauptgerichte 15–50 €, Early-Bird-Menü 22–26 €; ⊙12.30–15 & 17–21.30 Uhr; 📶) Seit über 25 Jahren führt dieselbe Familie dieses Bistro, dort landet der frische Fang aus dem Meer direkt auf dem Teller, und so fühlt man sich fast, als ob man ihn den Robben vor der Nase weggeschnappt hätte. Die schlichte Einrichtung aus poliertem Holz im maritimen Stil verrät nichts von den vielen kulinarischen Auszeichnungen, die das Restaurant bereits gewonnen hat. Hier zu essen ist ein Vergnügen, egal ob man sich für eine Fischsuppe oder extravaganten Hummer entscheidet, denn die großartige Aussicht gibt's immer dazu!

Das Early-Bird-Menü wird von 17 bis 18.30 Uhr serviert.

ABSTECHER

FORT DUNREE

Fort Dunree ist die am besten erhaltene und spektakulärste der sechs Festungen, die die Briten nach der Rebellion der United Irishmen (die „Vereinten Iren" wurden von den Franzosen unterstützt) 1798 am Ufer des Sees erbauten. Damals erreichte die Angst vor einem französischen Eroberungsfeldzug ihren Höhepunkt.

Die originale **Festung** (☎074-936 1817; www.dunree.pro.ie; Dunree Head; Erw./Kind 7/5 €; ⊙Juni–Sept. Mo–Sa 10.30–18, So 13–18 Uhr, Okt.–Mai Mo–Fr 10.30–16.30, Sa & So 13–18 Uhr) von 1813 beherbergt inzwischen ein faszinierendes Militärmuseum, überdies sieht man auf der Landzunge ringsum noch allerlei Zeugnisse aus den beiden Weltkriegen. Wer mag, kann eine Wanderung auf den markierten Pfaden unternehmen.

Der gewundene Fjord des Lough Swilly gehört zu den großartigen natürlichen Häfen Irlands und spielte bei zahlreichen historischen Auseinandersetzungen eine tragende Rolle, angefangen bei den Invasionen der Wikinger bis hin zur Flucht der Earls, dem Aufstand von 1798 und dem Ersten Weltkrieg.

Im späten 19. Jh. wurden auf der Festung riesige Kanonen nachgerüstet und im Ersten Weltkrieg kamen hier Atlantik-Konvois an. Außerdem diente der See als Ankerplatz für die Flotte der Königlichen Marine. Interessanterweise blieb die Festung auch nach der Teilung Irlands 1922 in britischer Hand und ist erst seit 1938 Teil der Republik.

Malin Pebbles KUNST & KUNSTHANDWERK
(☎ 074-938 1432; www.malinpebbles.com; Church Brae; ⌚ unregelmäßige Öffnungszeiten) 100 m bergauf vom Fährhafen verarbeitet Petra Watzka in ihrer Werkstatt Halbedelsteine aus der Region zu bezauberndem Schmuck und ungewöhnlichen Geschenken. Tolle Mitbringsel! Am besten vorher anrufen, ob wirklich offen ist.

An- & Weiterreise

Am besten erreicht man Greencastle und den Rest der Inishowen-Halbinsel mit dem Auto. Nach Magilligan in Londonderry geht eine **Fähre** (☎ 074-938 1901; www.loughfoyleferry.com; Harbour; Pers./Auto einfach 3/15 €; ⌚ April–Sept.).

Moville & Umgebung

Der sagenhafte **Coastal Walkway** von Moville nach Greencastle führt an einem Küstenabschnitt entlang, wo einst Dampfer für Emigranten vor Anker lagen. Auf dem Weg hierher gibt's viele Möglichkeiten, die Aussicht zu genießen.

Schlafen

Moville Boutique Hostel HOSTEL €
(☎ 074-938 2378; www.movilleboutiquehostel.com; abseits der R238, Moville; Zeltplätze pro Pers. 12,50 €, B/EZ/DZ ab 22/28/49 €, Apt. 100 €, alle mit Frühstück; 📶) 300 m nördlich des Dorfes führt von der R238 aus eine kleine Gasse zu diesem versteckten Hostel mit seinen 20 Betten. Das verwinkelte ehemalige Bauernhaus aus dem 18. Jh. liegt neben einem Fluss und wartet auch mit ein paar tollen Zeltplätzen auf. Der Besitzer ist ein wahrer Quell an Infos zur reichen Historie und Folklore der Gegend. Zum Frühstück (Selbstbedienung) hat es eine Auswahl an Tees, Kaffees, Milch, Müslis und Bio-Sauerteigbrot.

Die Brücke im Garten soll die älteste Brücke Irlands sein.

Redcastle Hotel & Spa HOTEL €€
(☎ 074-938 5555; www.redcastlehoteldonegal.com; R238, Redcastle; EZ/DZ ab 90/140 €; 📶 🏊) Das eleganteste Luxusresort der Halbinsel befindet sich an der Küste, 7 km südwestlich von Moville. Es liegt etwas verborgen hinter der Hauptstraße und verfügt über 93 komfortable Zimmer im klassischen Stil. Es gibt mehrere Restaurants, darunter das **Edge**, das hervorragende Ausblicke und moderne irische Küche bietet. Zu den Einrichtungen zählen ein Neun-Loch-Golfplatz, ein Spa, ein Swimmingpool und im Sommer auch Kinderbetreuung.

> **ABSEITS DER ÜBLICHEN PFADE**
>
> **INISHOWEN HEAD**
>
> Der markierte Wanderweg zum Inishowen Head (8,5 km; 2–3 Std.) bietet schöne Ausblicke im Überfluss. Dort angelangt, gewährt ein Aussichtspunkt aus dem Zweiten Weltkrieg einen tollen Rundblick über die nordirische Küste bis zu den Hügeln von Antrim, Rathlin Island und sogar Islay und dem Mull of Kintyre in Schottland. Die kleine Bucht Portkille ein kurzes Stück weiter nördlich soll der letzte Ort auf irischem Boden sein, den der hl. Colmcille (Columba) betrat, bevor er 563 nach Iona reiste. Eine Bronzetafel neben dem Pfad liefert Infos über die Stätte.
>
> Die Route beginnt 4 km hinter Greencastle an der R241. Dort befindet sich neben einem kleinen Sandstrand ein Parkplatz mit einer Infotafel zur Wanderstrecke. Ganz in der Nähe liegen die Zwillingstürme des 1837 errichteten Leuchtturms Shrove Lighthouse (von einem ist allerdings nicht mehr viel übrig).

An- & Weiterreise

Montags bis freitags fährt täglich ein Bus von **North West Busways** (☎ 074-938 2619; www.foylecoaches.com) von Derry über Carndonagh und Malin (Stadt) nach Moville (7,30 €, 45 Min.)

Die Midlands

486 000 EW. / 10 782 KM²

Inhalt ➡

Gut essen

- Oarsman (S. 515)
- Bastion Kitchen (S. 524)
- Gallic Kitchen (S. 539)
- Spinners on Castle Street (S. 532)
- Lowe & Co (S. 524)

Schön übernachten

- Bastion B&B (S. 524)
- Lough Key House (S. 521)
- Castle Durrow (S. 540)
- Roundwood House (S. 541)
- Lough Rynn (S. 515)

Auf in die Midlands

Die Midlands werden auf dem Weg zu den bekannteren Touristenzielen oft übersehen, dabei bieten sie idyllische Landschaften, stolze Herrenhäuser, archäologische Schätze, heilige Klöster, herrliche Seen und verschlafene Orte, deren Bewohner sich sehr über Urlauber freuen. Eine Tour entlang der verschlungenen Nebenstraßen der sechs Counties verspricht beschauliches Reisen. Dabei entdeckt man immer wieder Dorfläden, Pubs, Tankstellen und Postämter, die heute noch so aussehen wie schon vor Jahrzehnten. Hier gibt es kaum Touristenbusse und Souvenirläden, auch deswegen lohnt sich der Abstecher auf jeden Fall.

Prägend für die Region ist der Fluss Shannon, der von vielen Freizeitkapitänen und Anglern bevölkert wird. An seinen Ufern schießen elegante Hotels und Gourmetrestaurants wie Pilze aus dem Boden und verleihen der beschaulichen Gegend eine überraschend kosmopolitische Note. Wenn man das irische Landleben wirklich kennenlernen will, sind die Midlands das perfekte Ziel.

Reisezeit

- Der Frühling zeigt Irlands berühmte grüne Landschaft, die sich in vielen Flüssen und Seen spiegelt und mit Wildblumenfeldern gespickt ist, in voller Pracht.
- Im Sommer, wenn Einheimische die langen Tage draußen genießen, finden in der ganzen Region Volksfeste, Festivals und andere besondere Events statt.
- Für eine Bootsfahrt auf dem Shannon ist die Zeit von Juli bis Ende September günstig: Alles ist geöffnet, das Wetter ist gut, und die Pubs und Restaurants am Ufer ziehen viele fröhliche Gäste an.
- Während der kürzeren Tage von November bis März schließen viele Museen und andere Sehenswürdigkeiten oder haben zumindest stark verkürzte Öffnungszeiten.

Highlights

1 Shannon–Erne Waterway (S. 514) Einen Gang runterschalten und entspannte Ausflüge in der hügeligen Umgebung unternehmen.

2 Clonmacnoise (S. 535) An Irlands schönster Klosterruine das verlorene Land der Heiligen und Gelehrten kennenlernen.

3 Rindoon (S. 525) Im verlassenen Mittelalterdorf Rindoon einen Spaziergang am See unternehmen.

4 Birr (S. 529) Durch die georgianischen Straßen der eleganten Stadt spazieren und die Burganlage erkunden.

5 Strokestown Park (S. 518) Im erschütternden Famine Museum mehr über die Irlands schlimmste Katastrophe erfahren.

6 Corlea (S. 522) Einen bestens erhaltenen Eichenholzweg aus der Eisenzeit entdecken.

7 Belvedere House & Gardens (S. 526) Durch wunderschöne Flure und Gärten streifen und über die düstere Geschichte des Anwesens staunen.

8 Fore Valley (S. 528) Im smaragdgrünen Fore Valley eindrucksvolle Kirchenruinen und magische Landschaften bewundern.

COUNTY LEITRIM

Die Vorzüge des bescheidenen Countys sind ein gut gehütetes Geheimnis, was den Einheimischen ganz recht zu sein scheint: Sie schätzen die wilde Landschaft und den authentischen ländlichen Charme und bewahren die Ursprünglichkeit ihrer Heimat.

Im 19. Jh. wurde Leitrim von der Hungersnot heimgesucht und hatte deswegen mit Auswanderung und Arbeitslosigkeit zu kämpfen. Heute ist die Gegend ein beliebter Rückzugsort für Künstler, Schriftsteller und Musiker und ein echtes Paradies für Bootskapitäne.

Der Lough Allen teilt Leitrim praktisch in zwei Teile. Der größte Anziehungspunkt in der Region ist der gewaltige Shannon. Das lebendige Carrick-on-Shannon, Hauptstadt der Grafschaft, ist eine wunderbare Ausgangsbasis für Ausflüge in die Region, ob mit dem Auto oder per Boot. Leitrim dient als wichtiges Bindeglied zwischen den beliebten Counties Sligo und Donegal. Zudem bietet Leitrim auch ein Stückchen Abenteuer auf dem Wild Atlantic Way – auf einem 5 km langen Abschnitt der N15 liegt die Grafschaft am Meer.

Carrick-on-Shannon

4100 EW.

Carrick-on-Shannon ist ein charmantes Städtchen am Fluss. Seit der Fertigstellung des Shannon-Erne-Kanals geht's hier im Jachthafen hoch her. Bei Wochenendausflüglern erfreut sich der Ort großer Beliebtheit. Neben ganz unterschiedlichen Übernachtungsmöglichkeiten und Restaurants gibt's auch eine tolle Musik- und Kunstszene.

Im 17. und 18. Jh. war Carrick eine protestantische Enklave. Elegante Gebäude in der ganzen Stadt zeugen noch vom einstigen Reichtum der Bürger.

Sehenswertes

Carrick lockt vor allem wegen seiner schönen Lage am Wasser. Darüber hinaus gibt es an der St. George's Terrace tolle Bauten aus dem frühen 19. Jh., darunter **Hatley Manor**, Sitz der St. George-Familie, und das **alte Gerichtsgebäude**.

Costello Memorial Chapel KIRCHE
(Bridge St; ⌚Ostern–Sept. 10–16.30 Uhr) Mit 3,60 m Breite und 5 m Länge gehört der winzige Bau an einer Straßenecke zu den kleinsten Kapellen Europas. Sie wurde 1877 von Edward Costello zum Gedenken an seine früh verstorbene Frau Mary errichtet. Heute ruht das Paar wieder vereint in der Kapelle. Das Innere des Gebäudes besteht aus grauem Kalkstein und hat ein einziges buntes Glasfenster. Zu beiden Seiten der Tür liegen die einbalsamierten Leichen in Bleisärgen. Falls die Tür geschlossen sein sollte, kann man sich den Schlüssel im St. George's Heritage Centre holen.

St. George's Heritage Centre MUSEUM
(St Mary's Close; Erw./Kind 5 €/frei; ⌚Mi–Sa 11–16 Uhr) Das auf einem Hügel in einer restaurierten Kirche untergebrachte Museum zeigt Geschichte und Landschaft Leitrims von den alten gälischen Traditionen bis zu den Zeiten der britischen Siedler im 16. und 17. Jh. Im Rahmen einer Führung besichtigt man das alte Armenhaus aus der Zeit der Hungersnot – düstere Erinnerung an die harte Vergangenheit – und den Famine Garden of Remembrance. Beide liegen nur einen kurzen Fussweg vom Centre entfernt.

Leitrim Design House KUNSTGALERIE
(☎071-965 0550; www.leitrimdesignhouse.ie; St George's Tce; ⌚Mo–Fr 11–18, Sa bis 17 Uhr) Die Galerie zeigt und verkauft hochwertige Textilien, Gemälde, Spielzeug und Geschenke, die von Kunsthandwerkern aus der Region angefertigt wurden.

Aktivitäten

Der Shannon-Erne-Kanal verbindet die Flüsse Shannon und Erne und erschließt so ein insgesamt 750 km langes Netzwerk aus Flüssen, Seen und künstlichen Wasserwegen, das sich den gesamten Shannon entlang durch das nordwestliche County Cavan bis zum Südufer des oberen Lough Erne zieht.

Carrick ist der beste Ort am Shannon-Erne-Kanal, um ein Boot zu mieten, es gibt verschiedene Anbieter am Jachthafen. Die 16 Kanalschleusen funktionieren vollautomatisch, außerdem braucht man keinen Bootsführerschein und bekommt vor dem Auslaufen eine ausführliche Einführung in die Bedienung des Bootes. Der Preis für ein Hausboot mit zwei Kojen beträgt in der Hauptsaison mindestens 1200 € pro Woche; es lohnt sich, Preise zu vergleichen.

Moon River BOOTSTOUREN
(☎071-962 1777; www.moonriver.ie; The Quay; Touren ab 15 €; ⌚Mitte März–Okt.) Hier kann man einstündige Fahrten auf dem Shannon mit der *Moon River* buchen, die Platz für

110 Personen hat. Je nach Saison gibt es eine bis vier Touren pro Tag; Genaueres steht auf den Infotafeln am Kai bzw. auf der Website.

Emerald Star BOOTSVERLEIH
(☎071-962 7633; www.emeraldstar.ie; Marina; ⊙Mo–Fr 9–18, Sa 10–16 Uhr) Hat eine riesige Auswahl an Booten zum Mieten im Angebot.

Schlafen

In und rund um Carrick gibt's eine große Auswahl an Unterkünften: traditionsreiche Hotels, B&Bs, moderne Unterkünfte sowie – etwas außerhalb – exklusive Schlosshotels. Im Sommer und an Wochenenden ist es ratsam, im Voraus zu buchen.

★ **Lough Rynn** HOTEL €€
(☎071-963 2700; www.loughrynn.ie; Lough Rynn, Mohill; Zi. inkl. Frühstück 140–175 €; 📶) Dieses beeindruckende Schloss in einer prächtigen Gartenanlage südlich von Mohill – direkt zwischen dem Lough Rynn und dem Lough Errew –, wurde zu einem wunderschönen 42-Zimmer-Hotel umgebaut. Die Zimmer und die Inneneinrichtung sind großartig, das üppig grüne Gelände hat eigens angelegte Spazierwege und einen hübschen ummauerten Garten. Unbedingt auch die riesige uralte Andentanne anschauen!

★ **Bush Hotel** HOTEL €€
(☎071-967 1000; www.bushhotel.com; Main St; EZ/DZ ab 65/94 €; 📶) Eines der ältesten Stadthotels Irlands und ein traditionell geführter Familienbetrieb, der mit den Jahren immer besser zu werden scheint. Die Räumlichkeiten werden sorgfältig in Schuss gehalten, der historische Charme dabei aber bewahrt. Jede Menge alter Fotos zieren die Wände. Die 60 Zimmer wirken mit ihren schicken, modernen Möbeln, den edlen Teppichböden und den Schreibtischen moderner und businessmäßiger als der Eingangsbereich. Nach hinten hinaus gibt es auch einen modernen Anbau. Geschichtlich Interessierte können im Michael-Collins-Zimmer wohnen, in dem der Unabhängigkeitsführer 1917 übernachtete.

Lock View House B&B €€
(☎071-964 0790; www.bedandbreakfastleitrim.com; abseits der R209, Kilclare; EZ/DZ ab 45/80 €; 📶) Zauberhaftes ländlich-idyllisches B&B, 10 km nordöstlich von Carrick, mit vier großen Zimmern. Bei der Ankunft bekommt man kostenlos Tee und Kuchen serviert. Neben einer wunderbar grünen Umgebung erwarten die Gäste bequeme Doppel- und King-Size-Betten – man kann hier wunderbar die Ruhe genießen und die Boote beim Schleusen auf dem Shannon-Erne-Kanal beobachten.

Cryan's Hotel HOTEL €€
(☎071-967 2066; www.cryanshotel.ie; The Quay; EZ/DZ ab 65/100 €; 📶) Bei Hausbootfahrern, die eine Auszeit an Land brauchen, ist dieses moderne Hotel direkt am Wasser genauso beliebt wie bei anderen Touristen. Die Fassade ist unscheinbar, dahinter verbergen sich jedoch 24 große, gut ausgestattete Zimmer, größtenteils mit Flussblick. Das gleichnamige Pub um die Ecke betreibt ein Verwandter des Hoteliers.

Essen

Lena's Tea Room CAFÉ €
(☎071-962 2791; lenastearoom.ie; Main St; Snacks 4–10 €; ⊙Di–Sa 10–17.30 Uhr; 📶) Äußerst liebenswertes Café mit Vintage-Dekor im 1920er-Jahre-Stil, bunt zusammengewürfelten Möbeln und gemütlichen Sofas. Zur Auswahl stehen hausgemachte Kuchen, Scones und Brot sowie Suppen, Tartes und Sandwiches. Zum Nachmittagstee gehören verschiedene lose Tees, schönes Porzellan und eine Auswahl leckeren Gebäcks.

★ **Oarsman** MODERN IRISCH €€
(☎071-962 1733; www.theoarsman.com; Bridge St; Hauptgerichte 10–27 €; ⊙Küche Di–Sa 12–21 Uhr, Bar bis 23 Uhr; 📶) 🍃 Dieses gehobene Pub am Flussufer serviert mit die beste rustikale Küche der Region – das je nach Saison wechselnde Speisenangebot aus regionalen Zutaten reicht von exzellenten Burgern bis zu aufwendigeren Hauptgerichten. Unten gibt es Biere von irischen Mikrobrauereien (darunter Carrig Brewing) und Kneipenflair, oben hat das Ambiente mehr von einem Restaurant. Abends muss man mit Wartezeiten rechnen.

★ **Cottage** INTERNATIONAL €€
(☎071-962 5933; www.cottagerestaurant.ie; abseits der N4, Jamestown; Hauptgerichte 17–27 €; ⊙Mi–So 17.30–22, So auch 12–16 Uhr; 👪) In puncto Qualität der Küche ist das bescheiden aussehende Lokal in einem kleinen, weiß getünchten Cottage mit Blick auf den Fluss ganz vorne mit dabei. Küchenchef Sham Hanifa stellt die Speisekarte je nach Saison neu zusammen, immer finden sich hervorragende Gerichte aus Gemüse vom restauranteigenen Garten, Fleisch von lo-

kalen Farmen und handgemachtem Käse darauf. Das Cottage liegt 5 km südöstlich von Carrick.

Vittos Restaurant & Wine Bar ITALIENISCH €€
(☎ 071-962 7000; www.vittosrestaurant.com; Bridge St; Hauptgerichte 15–25 €; ⊙ Mi–Fr 17–21, Sa & So 13–22 Uhr; 👪) Das familienfreundliche Restaurant in einem Steinhaus mit Holzbalken punktet mit zahlreichen klassisch italienischen Gerichten, darunter tolle Pasta und Pizzas; auf dem Holzkohlegrill werden Burger und Steaks zubereitet. Das Vittos gehört zum Market Yard Centre (siehe unten).

Ausgehen & Unterhaltung

In der Stadt gibt's jede Menge Pubs. Probieren sollte man die Biere der hiesigen Brauerei Carrig Brewing – besonders das Poachers Pale Ale ist lecker.

Anderson's Thatch Pub PUB
(☎ 087 228 3288; www.andersonspub.com; Elphin Rd/R368; ⊙ 18–23 Uhr) Wenn man auf der R368 in Richtung Elphin fährt, ist das traditionelle, strohgedeckte Pub aus dem Jahre 1734 an der Straße nur schwer zu übersehen. Mittwochs, freitags und samstags gibt's hier tolle Livemusik-Sessions. Außerdem ist das Ambiente echt urig, ländlich und rustikal. Das Anderson's liegt 4 km südlich der Stadt und ist mit dem Taxi problemlos zu erreichen.

Flynn's Corner House PUB
(Ecke Main & Bridge Sts; ⊙ 17–23 Uhr) Neben reichlich Guinness offeriert dieses authentische Pub, in dem die Zeit stehen geblieben zu sein scheint, jeden Freitagabend Livemusik – ein echter Genuss!

Dock Arts Centre THEATER
(☎ 071-965 0828; www.thedock.ie; St George's Tce; ⊙ Galerien Mo–Fr 10–18, Sa bis 17 Uhr) Auf dem Programm des Kulturzentrums im ehemaligen Gerichtsgebäude aus dem 19. Jh. stehen Performances, Ausstellungen und Workshops.

Shoppen

★ **Market Yard Centre** KUNST & KUNSTHANDWERK
(unweit der Bridge Street; ⊙ Ladenöffnungszeiten variieren, Bauernmarkt Do 10–14 Uhr) Diese restaurierten Gebäude im Stadtzentrum beherbergen ganz unterschiedliche Geschäfte, deren Angebot von Bootsausrüstung bis zu Kunsthandwerk reicht. Auf dem sehr sehenswerten **Bauernmarkt** verkauft eine eindrucksvolle Menge von Biobauern, Bäckern und Lebensmittelherstellern ihre Waren.

Praktische Informationen

In der **Touristeninformation** (☎ 071-962 3274; www.leitrimtourism.com; The Quay; ⊙ Ostern–Sept. 9.30–17 Uhr) bekommt man eine gut gemachte Broschüre für einen Stadtspaziergang, der alles Sehenswerte in Carrick ansteuert.

An- & Weiterreise

BUS

Bus Éireann (www.buseireann.ie) verkehrt nach Dublin (19 €, 3 Std., 4-mal tgl.).

ZUG

7-mal täglich fahren Züge von **Irish Rail** (www.irishrail.ie) nach Dublin (ab 24 €, 2¼ Std.) und Sligo (ab 16 €, 55 Min.). Der Bahnhof liegt an der Croghan Road, 500 m südwestlich des Zentrums.

Nord-Leitrim

Nördlich und westlich von Carrick-on-Shannon kommt Leitrims Landschaft erst richtig zur Geltung: Zerklüftete Hügel, stahlgraue Seen und verstreut liegende Cottages versprühen einen einzigartigen ländlichen Charme. Die Leitrim-Seite des Lough Gill ist auch auf einem Tagesausflug von Sligo aus problemlos erreichbar; ein guter Ausgangspunkt, um County Sligo und seine Sehenswürdigkeiten zu erkunden.

Wer die Berge zu Fuß erklimmen möchte, nimmt den **Leitrim Way**. Der 48 km lange Wanderweg führt von Drumshanbo nach Manorhamilton.

Sehenswertes & Aktivitäten

★ **Parke's Castle** BURG
(www.heritageireland.ie; abseits der R286, Fivemile Bourne; Erw./Kind 5/3 €; ⊙ Ostern–Sept. 10–18 Uhr; 👪) Seine friedliche Umgebung mit den Schwänen auf dem Lough Gill und einem alten, von Gras überwucherten Burggraben täuscht darüber hinweg, dass dieses Schloss einst von einem verhassten englischen Gutsbesitzer erbaut wurde.

Der restaurierte dreistöckige Bau nimmt eine der fünf Seiten des Schlosshofs ein, an drei seiner Ecken trohnt jeweils ein gerundeter Turm.

Die Burg liegt direkt an der Grenze zum County Sligo, 11 km östlich der Stadt Sligo.

Sie ist am einfachsten mit dem Auto von Sligo aus zu erreichen und ein lohnenswerter Abstecher bei einem Ausflug zum See.

★ **Rose of Innisfree** BOOTSTOUREN
(☎071-916 4266; www.roseofinnisfree.com; abseits der R286, Parke's Castle; Erw. 15–18 €; ⏲Ostern–Okt. 12.30 & 15.30 Uhr) Die Bootstouren auf dem Lough Gill starten am Parke's Castle (1 Std.) oder am Doorly Park in Sligo (3 Std.) und ermöglichen die schönsten Ausblicke auf Innisfree und den See. Zum Programm gehören Live-Vorträge von Yeats' Gedichten sowie guter Kaffee und frische Scones. Das Unternehmen bedient auch eine Busverbindung von Sligo zur Burg. Auskünfte zu Abfahrtszeiten erhält man auf telefonische Nachfrage.

Im Sommer gibt's zusätzliche Touren.

COUNTY ROSCOMMON

Das geheimnisvolle County Roscommon ist ein mythenumwobenes Mekka für Geschichtsinteressierte: über 5000 Megalithgräber, Ringwälle und Grabhügel und einige exzellente Museen locken die Besucher. Dazu kommen noch gut erhaltene Herrenhäuser und wundervolle Klosterruinen. Umso verwunderlicher ist es, dass die Region kaum Besucher anlockt. Neben vielen romantischen Flecken bietet Roscommon auch eine herrliche von den Flüssen Shannon und Suck durchzogene Hügellandschaft voller Seen, die ein Paradies für Angler sind.

Roscommon (Stadt)

5700 EW.

Das quirlige Wirtschaftszentrum des Countys hat kaum Touristenattraktionen, aber einen schmucken kleinen Stadtkern und einige bedeutende Kloster- und Burgruinen, die einen Besuch lohnen.

Sehenswertes & Aktivitäten

Im ehemaligen **Gerichtsgebäude** auf dem zentralen Platz der Stadt befindet sich inzwischen eine Filiale der Bank of Ireland. Gegenüber sieht man noch die Fassade des **alten Gefängnisses**.

In der Touristeninformation bekommt man eine Broschüre und eine Karte zum **Suck Valley Way**, einem 100 km langen Wanderweg am Suck. Einige Wegabschnitte führen sehr hübsch am Flussufer entlang.

ABSEITS DER ÜBLICHEN PFADE

ARIGNA MINERS WAY & HISTORICAL TRAIL

Der 118 km lange Wanderweg vom nördlichen Roscommon über das östliche Sligo und mitten durch Leitrim besteht aus mehreren gut markierten Pfaden, auf denen früher die Arbeiter der Kohleminen zur Arbeit gingen. Eine Broschüre mit Karten erhält man in den örtlichen Touristeninformationen. Die Route ist gut ausgeschildert und in fünf Tagen zu schaffen.

★ **Roscommon County Museum** MUSEUM
(The Square; Erw./Kind 2/1 €; ⏲Mo–Fr 10–17, Sa bis 15 Uhr) Das in einer ehemaligen Presbyterianerkirche (1863) untergebrachte Museum unter ehrenamtlicher Leitung zeigt eine etwas eigenwillige Sammlung, darunter auch eine Steinplatte mit Inschrift aus dem 9. Jh., die aus dem Kloster des hl. Coman stammt, und ein mittelalterliches *sheela-na-gig*-Fruchtbarkeitssymbol. Das ungewöhnliche Buntglasfenster mit Davidstern repräsentiert die Heilige Dreifaltigkeit. Nicht entgehen lassen sollte man sich die Geschichte von Lady Betty, die im 18. Jh. gehängt wurde.

Roscommon Castle RUINEN
(abseits der Castle St; ⏲Sonnenauf- bis Sonnenuntergang) Die beeindruckenden Ruinen der normannischen Burg stehen einsam auf einem Feld nördlich der Stadt, hübsch eingerahmt von einer reizvollen Wiesenlandschaft und einem kleinen See, der zum neuen Stadtpark gehört. 1269 erbaut, wurde die Burg fast unmittelbar nach ihrer Fertigstellung von irischen Kriegern zerstört. So turbulent ging es weiter, bis sie 1652 von Cromwell endgültig eingenommen und ihrer Befestigungsanlagen beraubt wurde. Ein Großbrand im Jahr 1690 besiegelte das Schicksal der Burg endgültig.

Roscommon Dominican Priory HISTORISCHES BAUWERK
(abseits der Circular Rd; ⏲Sonnenauf- bis Sonnenuntergang) Am Südrand der Stadt verstecken sich die Überreste dieses Klosters aus dem 13. Jh. fast komplett hinter einer Grundschule. Ausgefallene Reliefs aus dem 15. Jh. zeigen acht *gallóglí* (Söldner), von denen sieben ein Schwert schwingen, der achte eine Axt.

Schlafen & Essen

Gleeson's Townhouse & Restaurant B&B €€
(090-662 6954; www.gleesonstownhouse.com; The Square; EZ/DZ ab 80/90 €; P @) „Gleeson's Empire" wäre wohl die bessere Bezeichnung für dieses B&B in einem Stadthaus aus dem 19. Jh., etwas abseits des Platzes inmitten eines hauseigenen Gartens. Das individuelle Dekor der Zimmer reicht von extravaganten Blumentapeten über Kiefernholzmöbel bis zu knallgelben Wänden.

Die Auswahl reicht von Einzel- und Doppel- bis hin zu Suiten und Familienzimmern.

Gleeson's Restaurant & Artisan Food & Wine Shop FEINKOST €€
(090-662 6954; www.gleesonstownhouse.com; The Square; Hauptgerichte 12–23 €; Café tgl. 8–18 Uhr, Restaurant tgl. 12–21 Uhr, Laden Mo–Sa 10–18 Uhr) Hier gibt's das Beste aus der modernen irischen Küche. Aus lokalen, oft biologisch angebauten Zutaten werden exzellente Gerichte zubereitet und im lässigen Café oder im eleganteren Restaurant serviert. Selbst wenn man nicht das ganze Programm fahren und Lamm aus Roscommon oder knusprige Ente schlemmen will, lohnt sich ein Besuch im Restaurant, und sei es nur für eine Fischsuppe.

Die Backwaren und anderen Leckereien zum Mitnehmen sprechen absolut für ein Picknick auf der Fahrt zu den historischen Stätten des Countys.

Praktische Informationen

Das Roscommon County **Museum** dient auch als inoffizielle **Touristeninformation** (www.visitroscommon.com) und hat jede Menge Infos auf Lager.

An- & Weiterreise

Bus Éireann (www.buseireann.ie) bedient täglich zwei Verbindungen von Roscommon nach Westport (12,50 €, 2¼ Std.) und Athlone (7,50 €, 35 Min.).

Der Bahnhof liegt in Abbeytown südlich des Stadtzentrums. 5-mal täglich verkehren Züge der **Irish Rail** (www.irishrail.ie) von Dublin (20 €, 2 Std.) über Roscommon nach Westport (ab 20 €, 1½ Std.).

Strokestown & Umgebung

820 EW.

Strokestowns Hauptstraße ist eine prachtvolle, von Bäumen gesäumte Chaussee. Sie zeugt von den hochfliegenden Plänen eines Landbesitzers aus der Gegend, denn dieser wollte die breiteste Straße in ganz Europa bauen. Heute ist sie die wesentliche Sehenswürdigkeit in dem verschlafenen Örtchen, das ansonsten in erster Linie für sein historisches Landgut, den Strokestown Park und das Famine Museum, Pflichtstopp für jeden Besucher, bekannt ist.

Wer die alte keltische Stätte Rathcroghan in der Nähe dazunimmt, kann leicht einen ganzen Tag in der Gegend verbringen. Am ersten Wochenende im Mai erwacht Strokestown anlässlich des International Poetry Festival zum Leben.

Bus Éireann (S. 518) fährt von Dublin über Mullingar und Longford nach Strokestown und hält dort am Percy French Hotel.

Sehenswertes

★ **Strokestown Park** HISTORISCHE STÄTTE
(071-963 3013; www.strokestownpark.ie; abseits der N5; Eintritt Haus, Museum & Gartenanlage Erw./Kind 13,50/6 €, nur 1 davon 9/6 €; Mitte März–Okt. 10.30–17.30 Uhr, Nov.–Mitte März bis 16 Uhr, Führungen Mitte März–Okt. 12, 14.30 & 16 Uhr, Nov.–Mitte März 14 Uhr) Am Ende der Hauptstraße führen drei gotische Torbögen zum Strokestown Park House. Das ursprünglich 120 km² große Anwesen wurde Nicholas Mahon von König Karl II. für seine Unterstützung im englischen Bürgerkrieg überschrieben. Nicholas' Enkel Thomas beauftragte im frühen 18. Jh. Richard Cassels mit dem Bau eines **Landhauses** im palladianischen Stil. Die **Gärten** vermitteln eine Vorstellung des einstigen Reichtums. Besucher können das Haus im Rahmen einer 50-minütigen Führung besichtigen.

Dabei besichtigt man eine Küche mit Galerie und den Originalherden von 1740, ein Schulzimmer mit einem Übungsbuch aus dem Jahre 1934, darin ein Diktat in Schönschrift (dem der Rotstift der Gouvernante ordentlich zugesetzt hat), und ein Kinderzimmer mit vielen Spielsachen aus dem 19. Jh. sowie lustigen Zerrspiegeln.

Im Lauf der Jahrhunderte sank der Stern der Familie, das Gut verkam. Als es schließlich 1979 komplett verkauft wurde, war der Grundbesitz auf (immer noch riesige) 120 Hektar zusammengeschmolzen. Immerhin ist die Ausstattung noch intakt.

Im von Mauern umgebenen Garten wächst die längste Staudenrabatte Irlands und Großbritanniens, die im Sommer in allen Regenbogenfarben blüht. Die 2,4 ha große Anlage zeigt Gartenkunst, einen Lilienteich und das älteste Glasgewächshaus Irlands, 1780 errichtet. Auf dem Anwesen befindet sich außerdem das sehr sehenswerte Famine-Museum (im Stallhof).

Vor Ort gibt's ein kleines Café.

Famine Museum MUSEUM

(www.strokestownpark.ie/attractions/famine-museum; Strokestown Park; Erw./Kind 9/6 €; ⊙Mitte März–Okt. 10.30–17.30 Uhr, Nov.–Mitte März bis 16 Uhr) Das bewegende Irish National Famine Museum im Stallhof des Strokestown Park House steht im größtmöglichen Gegensatz zum Prunk des Anwesens, in dem es sich befindet. Es dokumentiert die verheerende Hungersnot der 1840er-Jahre und zeigt prägnant, wie das Industriezeitalter und die Hungersnot die 8 Mio. Einwohner (rund 1,6 Mio. mehr als heute) der überbevölkerten Insel dramatisch reduzierten. Der in Strokestown ansässige Gutsbesitzer Major Denis Mahon setzte hungernde Bauern, die ihre Pacht nicht zahlen konnten, skrupellos vor die Tür und ließ sie mit Schiffen aus Irland abtransportieren. Etwa die Hälfte der 1000 Emigranten kam auf den überladenen *coffin ships* (Sargschiffe) ums Leben, weitere 200 starben während der Quarantäne in Québec (dies war die billigste Route). Da verwundert es kaum, dass drei seiner Pächter Mahon 1847 umbrachten; zwei von ihnen wurden in Roscommon öffentlich gehängt. Die von ihnen benutzte Pistole gehört zu den Ausstellungsstücken.

Angesichts der umfangreichen Informationen lässt sich hier leicht eine Stunde oder mehr verbringen. Dabei beschränken sich die Exponate nicht auf bloße Aufzeichnung mündlicher Überlieferung. Vielmehr zeigen über 50 000 aus dem 19. Jh. erhaltene Dokumente die oftmals grausamen Fakten. Das Museum gewährt einen tiefen Einblick in die Vergangenheit und beschreibt die Ignoranz und Brutalität derer, die eigentlich hätten helfen können.

★ Rathcroghan HISTORISCHE STÄTTE

(☎071-963 9268; www.rathcroghan.ie; N5, Tulsk; Erw./Kind Museum 5/3 €, Führung durch die Stätte 8/3 €, Kombiticket Führung durch Museum & Stätte 12/6 €; ⊙Besucherzentrum ganzjährig Mo–Sa 9–17 Uhr, Mai–Aug. auch So 12–16 Uhr; 👪) Wer sich für keltische Mythologie interessiert, wird von der Gegend rund um das Dorf Tulsk begeistert sein, denn hier finden sich 60 Nationaldenkmäler, darunter Menhire, riesige Stein- und Hügelgräber sowie monumentale Befestigungen. Dieser Ort war der bedeutendste keltische Königssitz Europas.

In den letzten 3000 Jahren blieben die Landschaft und die heiligen Stätten nahezu unberührt. Tulsk liegt 10 km westlich von Strokestown. Regelmäßig halten Éireann-Busse auf der Route zwischen Dublin und Westport direkt vor dem Besucherzentrum.

Bisher hat man nur eine leise Ahnung von der Bedeutung von Rathcroghan, da noch nicht alle Ausgrabungen abgeschlossen sind. Trotzdem steht bereits fest, dass die Stätte größer und älter ist als Tara im County Meath und dass sie einst als ein Hauptsitz irischer Machthaber diente.

Idealer Ausgangspunkt ist das exzellente **Besucherzentrum**. Es erklärt anhand von Grafiken, Fotos, Infotafeln und Karten die Bedeutung der Stätte und informiert darüber, wann welche Monumente (zum Teil sind sie in Privatbesitz) besucht werden können. Ein Großteil befindet sich an einem 6 km langen Abschnitt der N5 Richtung Westen. **Rathmore** und **Rathcroghan Mound** sind beide für Besucher zugänglich, Parkplätze je vor Ort.

Ein 15-minütiger Film dient als Einführung zu den Stätten und Legenden und dürfte mit dem zusätzlichen Zeichentrickfilm, der die Geschichte des Táin Bó Cúailnge (Rinderraub von Cooley) erzählt, alle Altersgruppen ansprechen. Ebenfalls interessant ist die Zeitachse mit nachgebildeten Artefakten.

Einer Legende zufolge hatte Königin Maeve (Medbh) – deren Grabstätte sich auf dem Gipfel des Knocknarea im County Sligo befindet – ihren Palast in Cruachan Aí. Die **Oweynagat Cave** (Katzenhöhle), die als der Eingang zum keltischen Jenseits (der Anderswelt) galt, befindet sich ebenfalls in der Nähe. Da sie auf einem privaten Grundstück liegt, muss ein Führer Besucher begleiten, die sie betreten wollen. Dies kann im Besucherzentrum arrangiert werden und kostet 20 € pro Person.

Elphin Windmill WINDMÜHLE

(☎083 406 2113; Windmill Rd, Elphin; Erw./Kind 5/3 €; ⊙11–16 Uhr) Die liebenswerte kleine Windmühle aus dem 18. Jh. ist einen Abstecher wert. Das rot-weiß gestrichene Bauwerk ist von außen sehr fotogen, das Innere kann man im Rahmen einer geführten Tour besichtigen. Es ist die älteste bewirtschaftete Windmühle Irlands. Von Strokestown fährt man auf der R368 bis Elphin und dann auf der R369 in Richtung Westen. Nach 800 m fährt man nördlich die Windmill Road hinauf und erreicht nach 1 km die Windmühle.

Feste & Events

International Poetry Festival LITERATUR
(www.facebook.com/StrokestownPoetryFestival; Anfang Mai) Beim International Poetry Festival am ersten Maiwochenende erlebt die Stadt alljährlich eine literarische Großveranstaltung ersten Ranges.

Schlafen

Percy French Hotel HOTEL €€
(071-963 3300; www.thepercyfrenchhotel.com; Bridge St; EZ/DZ inkl. Frühstück ab 60/90 €;) Das Hotel liegt ideal mitten im Stadtzentrum. Es verfügt über komfortable Zimmer und ein gutes Restaurant, die Mitarbeiter sind freundlich und umsichtig.

Boyle & Umgebung

5110 EW.

Boyle, ein ruhiges Örtchen am Fuße der romantischen Curlew Mountains, lohnt einen Zwischenstopp: zu besichtigen sind die Boyle Abbey, ein 4000 Jahre alter Dolmen jenseits der Eisenbahnstrecke, das eindrucksvolle King House Historic & Cultural Centre und ein reizvoller Waldpark, der mit zahlreichen Aktivitäten vor allem Familien anlockt.

Geschichte

Boyles Geschichte ist gleichzeitig die Geschichte der Familie King, der einstigen Bewohner des prachtvollen King House. 1603 erhielt der aus Staffordshire in England stammende John King ein Lehen in Roscommon mit der Auflage, die Iren fortan Gehorsam und Unterwürfigkeit zu lehren. Während der nächsten 150 Jahre mehrten seine Nachkommen durch vorteilhafte Eheschließungen und kaltblütige Eroberungen ihren Ruhm und ihr Vermögen, und die Kings zählten zu den reichsten Grundbesitzerfamilien Irlands. Rund um das wachsende Anwesen entwickelte sich die Stadt Boyle, die später besonders schwer unter der Hungersnot zu leiden hatte.

Sehenswertes

★ **Arigna Mining Experience** MINE
(071-964 6466; www.arignaminingexperience.ie; Derreenavoggy; Erw./Kind 10/8 €; 10–18 Uhr, Führungen stündl.;) In den Bergen oberhalb von Lough Allen wird mit der Arigna Mining Experience des ersten und letzten Kohlebergwerks in Irland (ca. 1600–1990) gedacht. Besonders spannend ist die 50-minütige Tour, die 400 m unter die Erde in die Tiefe der Kohleflöze führt und eine simulierte Miniexplosion beinhaltet. Geleitet wird sie von ehemaligen Bergleuten, die die harten und gefährlichen Arbeitsbedingungen selbst erlebt haben.

Warme Kleidung und festes Schuhwerk tragen, denn der Boden kann kalt und matschig sein! Die Anlage liegt 23 km nordöstlich von Boyle.

Es gibt auch eine Ausstellung, die sich den Bergleuten widmet, deren Werkzeuge zeigt und auch einen kurzen Film.

King House Historic & Cultural Centre HISTORISCHES GEBÄUDE
(071-966 3242; www.kinghouse.ie; Main St; Erw./Kind 5/3 €; April–Sept. Di–Sa 11–17, So bis 16 Uhr;) Skurrile Modelle erzählen die turbulente Geschichte der Könige von Connaught sowie der Ortschaft Boyle und lassen die Familie King wieder lebendig werden. Dabei wird auch die Unterdrückung Untergebener während der verschiedenen Hungersnöte nicht verschwiegen. Kinder können historische Mäntel, Reithosen und Lederschuhe anprobieren, mit einem Federkiel schreiben und aus entsprechend geformten Steinblöcken ein Deckengewölbe konstruieren. Ein Raum ist **Maureen O'Sullivan** gewidmet; der Hollywood-Star wurde ganz in der Nähe in der Main Street geboren.

Nach dem Umzug der Königsfamilie nach Lough Key wurde die eindrucksvolle georgianische Villa zur Kaserne für die Connaught Rangers umfunktioniert. Danach stand sie jahrzehntelang leer. Im Innenhof befindet sich ein großer Laden, der regionales Kunsthandwerk verkauft; außerdem gibt's ein Café (S. 522). Ein Audioguide kostet 1 €.

Boyle Abbey HISTORISCHES GEBÄUDE
(071-963 9268; www.heritageireland.ie; Abbeytown Rd; Erw./Kind 4/2 €; Ostern–Ende Sept. 10–18 Uhr) Die sorgfältig renovierte (und dem Vernehmen nach von Geistern heimgesuchte) Boyle Abbey liegt zauberhaft am Fluss Boyle. Sie wurde 1161 von Mönchen aus Mellifont im County Louth gegründet und zeigt den Übergang vom romanischen zum gotischen Stil, am deutlichsten im Hauptschiff, wo sich Bögen beider Stilrichtungen gegenüberstehen. Manchmal werden

40-minütige Führungen durch die Abtei angeboten.

Ungewöhnlich für die Architektur der Zisterzienser sind die mit Figuren und Tierreliefs geschmückten Kapitelle im Westteil und noch erstaunlicher die heidnischen *sheela-na-gigs* (Fruchtbarkeitssymbole). Nach der Säkularisierung der Klöster wurde das Gebäude von der Armee beschlagnahmt und zur Burg gemacht. Der steinerne Kamin am Südende (dort war einst das Refektorium) stammt aus dieser Epoche.

Drumanone Dolmen HISTORISCHE STÄTTE

GRATIS Dieser beeindruckende Portaldolmen, einer der größten seiner Art in Irland, ist 4,50 m breit und 3,30 m hoch und wurde vor mindestens 4000 Jahren errichtet. Er ist nicht ganz leicht zu finden: Man folgt zunächst der Patrick Street westwärts und dann der R294 etwa 5 km stadtauswärts. Hinter einer Eisenbahnbrücke fährt man noch 500 m weiter und sieht rechts ein verlassenes Gebäude. Hier parkt man, läuft den Hügel hinauf und überquert die Bahngleise (gut aufpassen und die Tore schließen!).

Lough Key Forest Park PARK

(071-967 3122; www.loughkey.ie; abseits der N4; Eintritt zum Wald frei, Parkplatz 4 €; April–Aug. tgl. 10–18 Uhr, März, Sept. & Okt. Mi–So 10–18 Uhr, Nov.–Feb. Mi–So bis 17 Uhr;) Schon lange ist der Lough Key Forest Park wegen der vielen kleinen Inseln und wegen seiner lauschigen Ruinen beliebt, darunter eine Abtei aus dem 12. Jh. auf Trinity Island und eine Burg aus dem 19. Jh. auf Castle Island. Familien begeistern sich vor allem für den Wunschsessel, den Sumpfgarten, die Elfenbrücke und den Aussichtsturm. Wanderer freuen sich über zahlreiche markierte Wanderwege.

Lough Key liegt 4 km östlich von Boyle. Auf der Bus-Éireann-Route von Sligo nach Dublin gibt es regelmäßige Verbindungen zwischen Boyle und Lough Key.

Einst war der 350 ha große Park Teil des Rockingham-Anwesens, das die Familie King vom 17. Jh. bis 1957 besaß. In jenem Jahr wurde das von John Nash entworfene Gebäude durch einen Brand zerstört. Nur ein paar Ställe, Nebengebäude und unheimliche Tunnel zum See (diese sollten die Dienerschaft vor den erlauchten Blicken der Herrschaft verbergen) blieben erhalten.

Im Park befinden sich ein informatives **Besucherzentrum** und die **Lough Key Experience** (Erw./Kind 7,50/5 €), ein 250 m langer, 9 m über dem Boden verlaufender Baumwipfelpfad mit einer weiten Aussicht über den See. Weitere Attraktionen sind die **Boda Borg Challenge** (18 €) mit mehreren Räumen, in denen es verschiedene Aktivitäten und Spiele gibt (ideal für Regentage), sowie ein **Abenteuerspielplatz** (Tagesticket 5 €).

Im Juli und August bietet der Veranstalter **Lough Key Boats** stündlich Bootstouren (Erw./Kind 12/6 €) an und verleiht Ruder- und Motorboote (ab 22 € pro Std.).

Feste & Events

Boyle Arts Festival KUNST

(www.boylearts.com; Juli) Wer Ende Juli in Boyle ist, hat die Chance, das großartige Boyle Arts Festival zu erleben, das mit Musik, Theater, Geschichtenerzählern und moderner irischer Kunst begeistert.

Schlafen & Essen

★ **Lough Key House** B&B €€

(071-966 2161; www.loughkeyhouse.com; abseits der N4; EZ/DZ ab 60/90 €;) In diesem schön restaurierten georgianischen Landhaus befinden sich sechs Gästezimmer, die mit stilvollen alten Möbeln eingerichtet sind. Der Aufenthaltsraum unten verbindet Antiquitäten mit Eleganz, Behaglichkeit und einem offenen Kamin. Die Frühstückseier stammen von den Hühnern der Inhaber. Gäste können hier Räder ausleihen, außerdem wird man in der Stadt abgeholt, wenn man mit dem Bus anreist. Das B&B liegt 4 km östlich von Boyle.

Cesh Corran B&B €€

(071-966 2265; www.marycooney.com; Abbey Tce; Zi. ab 60 €;) Das sehr gepflegte B&B in Zentrumsnähe mit Blick auf die Klosterruinen hat helle, einfache Zimmer und heißt seine Gästen herzlich willkommen. Es gibt einen Garten, gesundes Frühstück aus regionalen Zutaten (bei den billigeren Zimmern ist das Frühstück nicht inklusive) und sogar einen separaten Kühlschrank, in dem Angler ihre Köder aufbewahren können.

Forest Park House B&B €€

(071-966 2227; abseits der N4; EZ/DZ ab 45/80 €;) Gleich am Eingang zum Lough Key Forest Park (siehe links) stößt man auf diesen Zweckbau, dessen sechs helle Zimmer mit Kiefernmöbeln und frischer weißer Bettwäsche ausgestattet sind. Das B&B liegt 4 km östlich der Stadt.

Aunty Bee's CAFÉ €
(☎ 071-966 3242; King House, Main St; Hauptgerichte ab 4 €; ⊙ Mo–Sa 11–16 Uhr) Im Hof des King House (S. 520) serviert dieses lebhafte kleine Café leckere Backwaren, einfache Mittagsgerichte sowie guten Kaffee und Tee.

Farmers Market MARKT €
(☎ 071-966 3033; King House, Main St; ⊙ Sa 10–14 Uhr) Das umliegende Ackerland bringt jede Menge landwirtschaftliche Produkte hervor, und die Einheimischen scheinen ein besonderes Talent dafür zu haben, daraus gute Backwaren und andere Leckereien zuzubereiten. Dieses reichhaltige Angebot steht beim Wochenmarkt unter freiem Himmel zum Verkauf.

Praktische Informationen

Die **Úna Bhán Tourism Cooperative** (☎ 071-966 3033; unabhan.ie; King House; ⊙ Mo–Fr 9–18, Sa bis 15 Uhr) im Hof des King House versorgt Besucher mit Informationen über die Region um Boyle.

An- & Weiterreise

Bus Éireann (www.buseireann.ie) verbindet Dublin (19 €, 3 Std.) mit Sligo (13 €, 45 Min.) und hält unterwegs beim King House in Boyle. Montags bis samstags fahren täglich fünf Busse, sonntags vier.

Irish Rail (www.irishrail.ie) verkehrt 8-mal täglich nach Sligo (ab 13 €, 40 Min.) und Dublin (ab 20 €, 2½ Std.). Der Bahnhof befindet sich in der Elphin Street.

ABSEITS DER ÜBLICHEN PFADE

KLOSTER & AQUÄDUKT VON ABBEYSHRULE

In der wunderbar abgeschiedenen südöstlichen Ecke des County Longford punktet das winzige Dörfchen **Abbeyshrule** mit seiner malerischen Lage am Royal Canal und dem Fluss Inny. Einheimische sind stolz darauf, dass der gepflegte Ort regelmäßig Preise für seine Sauberkeit gewinnt.

Unmittelbar nördlich der Stadt führt eines der Meisterwerke der Ingenieurskunst des 19. Jhs., das robuste **Whitworth Aqueduct** aus Stein, den Kanal über den Fluss. Ein weiteres Highlight ist das **Zisterzienserkloster** aus dem 12. Jh. Die verwunschenen Ruinen laden zu einem Spaziergang ein.

Das Dorf liegt 2 km südlich der R399 und 5 km östlich der N55.

COUNTY LONGFORD

Longford, eine idyllische landwirtschaftlich geprägte Region, hat friedliche Hügellandschaften, grüne Weiden und ein schönes ländliches Flair. Das County hat nur wenige Touristenattraktionen, ist dafür aber ein Paradies für Angler, die aus allen Teilen des Landes hierherkommen, um am Lough Ree und in Lanesborough die Leinen auszuwerfen.

Während der Hungersnot litt Longford unter einer massiven Auswanderungswelle, von der es sich bis heute nicht vollständig erholt hat. Viele Einwohner flohen nach Argentinien; einer ihrer Nachfahren, Edel Miro O'Farrell, wurde dort 1914 sogar Präsident.

Die gleichnamige Hauptstadt des Countys ist nicht sonderlich aufregend, aber in der Umgebung befindet sich eine der bedeutendsten archäologischen Stätten Irlands: der Corlea Trackway. Im County steht auch der Aughnacliffe Dolmen, einer der drei größten Portal-Dolmen des Landes. Beide Stätten sind äußerst sehenswert.

Sehenswertes & Aktivitäten

★ **Corlea Trackway** HISTORISCHE STÄTTE
(☎ 043-332 2386; www.heritageireland.ie; abseits der R392, Keenagh; ⊙ Mai–Sept. 10–18 Uhr) GRATIS Die außergewöhnliche Moorstraße aus der Eisenzeit, die 148 v. Chr. angelegt wurde, ist ein echtes Highlight. Ein 18 m langes Teilstück des historischen Bohlenweges aus Eichenholz wird in einer Halle im Besucherzentrum feucht gehalten und ausgestellt. Führungen informieren über die einzigartige Flora und Fauna der Straße und über die Entdeckung des Trackway sowie die Bemühungen, ihn für die Nachwelt zu erhalten. Die Touren sind sehr informativ und lehrreich. Die Anlage liegt 15 km südlich von Longford.

Der genaue Zweck der Moorstraße ist noch nicht vollständig erforscht; sie wurde wahrscheinlich als Symbol des Friedens und der Kooperation zwischen einst verfeindeten Regionen erbaut. Unter dem Weg wurden Objekte gefunden, die auf Verbindungen zu anderen antiken Moorstraßen in Europa hinweisen. Es gibt Pläne, die Straße zu erweitern, um Touristen zu ermöglichen, tiefer in das Moor hineinzugehen und die

Region umfassender zu erkunden. Wer ein wenig herumfährt, findet in der Umgebung kurze, aber gute Wanderwege in die einsame, faszinierende Landschaft.

Aughnacliffe Dolmen ARCHÄOLOGISCHE STÄTTE
(abseits der R198; ⏲ Sonnenauf- bis Sonnenuntergang) Einer der drei größten Portaldolmen Irlands. Er hat einen etwas wackelig aufliegenden Deckstein und soll etwa 5000 Jahre alt sein. Aughnacliffe liegt 18 km nördlich der County-Hauptstadt.

Longford–Clondra Trackway WANDERN
Der Weg verläuft 16 km ab der Stadt Longford entlang der ruhigen Gewässer des Royal Canal. Die gut beschilderte Route folgt dem Kanal 8 km in Richtung Südwesten, bevor sie nordwestwärts abzweigt und weitere 8 km den Royal Canal entlangführt. Der Weg ist auch gut für eine Radtour geeignet.

Wanderer können nach Erreichen des Endpunkts am Richmond Harbour in Clondra weitere 2 km nach Termonbarry laufen und den Bus über die N5 zurück nach Longford-Stadt nehmen.

Essen

Torc Café & Foodhall CAFÉ €
(☎ 043-334 8277; www.torccafe.com; 1 New St, Longford (Stadt); Hauptgerichte ab 5 €; ⏲ Mo–Sa 9–18 Uhr) Nach einer Tour auf den Landsträßchen des County Longford ist köstliche Schokolade aus dem Schokobrunnen in diesem Café eine wunderbare Belohnung. Das altgediente Café punktet darüber hinaus mit Kaffee und stets frischer Saisonware. Diese kann man zu einem Picknick mitnehmen oder vor Ort genießen. Das Torc liegt mitten im Zentrum der Stadt.

An- & Weiterreise

Longford-Stadt hat einen Bahnhof, über den **Züge** (www.irishrail.ie) nach Dublin (14 €) und Sligo (12 €) verkehren. **Bus Éireann** (www.buseireann.ie) bindet Longford-Stadt ebenfalls gut an; wer das County genauer erkunden will, sollte mit dem eigenen Fahrzeug reisen.

COUNTY WESTMEATH

Westmeath ist von Seen und Viehweiden geprägt und lockt mit vielen Attraktionen: idyllische Aussichtspunkte, das fantastische Fore Valley und Irlands ältestes Pub in Athlone, der selbstbewussten Hauptstadt des Countys. Die Gewässer der Grafschaft ziehen jede Menge Touristen an.

Athlone & Umgebung

20 200 EW.

Der Shannon teilt die frühere Garnisonsstadt Athlone in zwei Teile. Viele Unternehmen und Institutionen haben sich am Ostufer des Flusses angesiedelt, während am Westufer im Schatten der Burg verwinkelte Gässchen, farbenfrohe Häuser, historische Kneipen und Antiquitätenläden zu finden sind.

Sehenswertes & Aktivitäten

★ **Athlone Castle** BURG
(☎ 090-644 2130; www.athlonecastle.ie; abseits des Market Square; Erw./Kind 8/4 €; ⏲ Juni–Aug. Mo–Sa 10–18, So 12–18 Uhr, April–Mai & Sept.–Okt. Di–So bis 17 Uhr) In der gedrungenen, robusten Burg aus dem 13. Jh. erwecken interessante, moderne Exponate Athlones bewegte Geschichte zum Leben. Highlight ist die schrill vertonte **Siege Experience** in einem kreisrunden Raum. Die Furt in Athlone war eine bedeutende Querung über den Shannon und jahrhundertelang Gegenstand von Auseinandersetzungen. 1210 hatten die Normannen die Oberhand und errichteten hier eine Burg.

1690 widersetzte sich die jakobitische Stadt einer Belagerung durch die Protestanten, fiel aber ein Jahr später nach dem Beschuss mit 12 000 Kanonenkugeln an die Truppen Wilhelms von Oranien. Bald danach wurde die Burg renoviert, und auch in den folgenden Jahrhunderten wurden immer wieder grundlegende Umbauten an der Festung vorgenommen. 1697 explodierten bei einem Blitzeinschlag im Lagerhaus der Burg 260 Fässer voller Schießpulver, was zu einer großflächigen Zerstörung der Stadt führte.

Neben weiteren Aktivitäten für Erwachsene und Kinder kann man hier auch mit Langbogen schießen, die Lagervorräte durchstöbern und mittelalterliche Kleidung anprobieren.

Church of St. Peter & St. Paul KIRCHE
(Barrack St) GRATIS Die gigantische neoklassizistische Kirche gegenüber dem Athlone Castle ist ein eindrucksvoller Blickfang. Die Kathedrale wurde erst 1937 erbaut. Beim Betreten des riesigen Bauwerks entdeckt man auf beiden Seiten Buntglasfenster mit Bildern der Apostel Petrus und Paulus.

Dún na Sí Heritage Park PARK
(☎090-648 1183; abseits der M6, Moate; Erw./Kind 4/2 €; ⏲Mo–Do 9.30–16.30, Fr bis 15.30 Uhr; P 👪) Auf dem Gelände dieses Freilandmuseums sind eine nachgebildete Rundburg, ein Dolmenportal, ein Kalkbrennofen, ein Weihestein, ein Bauernhof und eine Schmiede zu besichtigen. Im Sommer finden zudem sonntags ab 20 Uhr Trad Sessions mit Musik, Gesang, Tanz und Geschichten statt. Der umliegende Naturpark ist wunderschön. 16 km östlich von Athlone.

Luan Gallery GALERIE
(☎090-644 2154; www.athloneartsandtourism.ie/luan-gallery; Grace Rd; ⏲Di–Sa 11–17, So 12–17 Uhr) GRATIS In dieser hochwertigen zeitgenössischen Kunstgalerie am Fluss in der Nähe der Burg werden regelmäßig Werke bekannter Künstler ausgestellt.

★ **Shannon Banks Nature Trail** WANDERN
Der gut ausgeschilderte 5 km lange Rundweg beginnt am Athlone Castle und folgt dem Ufer des Shannon und der Old Canal Bank. Während des gemütlichen Spaziergangs erklären Infotafeln Flora und Fauna.

★ **Viking Ship Cruises** BOOTSTOUREN
(☎086 262 1136; www.vikingtoursireland.ie; The Quay; Erw./Kind 12–16/6–8 €; ⏲Ostern–Okt.; 👪) Rundfahrten an Bord eines rekonstruierten Wikingerlangboots samt kostümierter Besatzung. Die Tour führt nach Norden zum Lough Ree oder Richtung Süden nach Clonmacnoise; ein 90-minütiger Aufenthalt bei den Ruinen inklusive. Die Boote fahren neben dem Athlone Castle ab.

Schlafen

★ **Bastion B&B** B&B €
(☎090-649 4954; www.thebastion.net; 2 Bastion St; EZ/DZ ab 40/65 €; 📶) Die farbenfrohe Fassade in der Nähe des Athlone Castle ist nicht zu übersehen. Dahinter verbergen sich strahlend weiße Innenräume, außergewöhnliche Kunstwerke, eine Kakteensammlung, indische Wandbehänge und buddhistische Ornamente. Die sieben Zimmer (fünf davon mit eigenem Bad) wirken frisch und sauber und haben dunkle Holzböden. Wer es sich leisten kann, sollte das geräumige Loft buchen. Es gibt eine Lounge und eine Suite mit Küche.

Coosan Cottage Eco Guesthouse GÄSTEHAUS €€
(☎090-647 3468; www.ecoguesthouse.com; Coosan Point Rd; EZ/DZ ab 50/80 €) 🍃 Die umweltfreundliche Pension mit zehn Gästezimmern verbindet traditionellen Stil mit modernen Elementen. Dreifach verglaste Fenster, ein Holzpelletofen und eine Wärmerückgewinnungsanlage sind nur ein paar der vielen umweltfreundlichen Details. Gäste kommen in den Genuss der friedlichen Umgebung und des großartigen Frühstücks. Die Unterkunft liegt 1 km nördlich der Stadt.

Prince of Wales Hotel HOTEL €€
(☎090-647 6666; www.theprinceofwales.ie; Church St; EZ/DZ ab 70/100 €; ❄📶) Das moderne Hotel mitten im Geschäftsviertel hat 46 große Zimmer mit Schreibtischen, ideal für Geschäftsreisende.

Essen & Ausgehen

Athlone hat sich als kulinarische Hauptstadt der Midlands etabliert. In den Gassen am Westufer des Shannon verstecken sich echte Gourmetperlen.

★ **Lowe & Co** CAFÉ €
(8 O'Connell St; Hauptgerichte ab 4,50 €; ⏲Di–So 9–17 Uhr) Im charmanten Café auf zwei Etagen serviert man Kuchen, Sandwiches und andere Leckereien aus Bioprodukten. Das Zimmer im Obergeschoss hat gemütliche Sofas und eine Bibliothek. Das Café hat immer viele zufriedene Gäste und eine angenehm ruhige Atmosphäre.

Bastion Kitchen CAFÉ €
(1 Bastion St; Hauptgerichte ab 5 €; ⏲Mo–Fr 8.30–17, Sa 9–17, So 12–17 Uhr; 📶) Diese kleine Café-Bar liegt am linken Flussufer von Athlone (gegenüber des Bastion B&B) und zieht ein buntes Publikum an; es gibt ausschließlich Gerichte aus Bioprodukten und einen kleinen Feinkostladen. Wir empfehlen das Falafel-Pitta (5 €) oder Falafel mit Rote-Bete-Hummus-Salat; der Kaffee ist ein Genuss.

Beans & Leaves Cafe CAFÉ €
(☎090-643 3534; Ecke Strand St & Lloyds Lane; Hauptgerichte ab 5 €; ⏲Mo–Sa 9.15–17, So 10–17 Uhr; 📶) Auf der anderen, rechten Flussseite liegt dieses Café mit jeder Menge Sitzplätze im Freien. Die Gerichte sind einfach und frisch, zudem gibt's köstliche Backwaren. Das Frühstück ist empfehlenswert.

★ **Left Bank Bistro** MODERN IRISCH €€
(☎090-649 4446; www.leftbankbistro.com; Fry Pl; Hauptgerichte mittags 8–13 €, abends 19,50–25 €; ⏲Di–Sa 10.30–21 Uhr; 🍷 👪) Weiße, luftige Inneneinrichtung, Regale voller hausgemachter Leckereien und ein Menü mit

mediterranem und asiatischem Touch aus erstklassigen irischen Zutaten: Dieses extravagante Bistro punktet auf ganzer Linie. Mittags gibt's große Salate und Sandwiches, während zu den Highlights am Abend Meeresfrüchte gehören. Die Desserts sind außergewöhnlich gut.

Murphy's Law PUBFOOD €€

(☎ 090-643 2753; www.murphyslawathlone.com; Barrack St; Hauptgerichte 8–20 €; ⌚ Küche Mo–Sa 10–20.30, So 11–18 Uhr, Bar bis 23 Uhr) Das Gasthaus nahe der Burg verwandelte eine altmodische Kneipe in eine gute Adresse für leckeres Pubfood und Getränke. Die verschiedenen Biere von Mikrobrauereien kann man im Biergarten genießen und im oberen Stock gibt es B&B-Zimmer (ab 40 € pro Pers.).

★ **Sean's Bar** PUB

(☎ 090-649 2358; 13 Main St; ⌚ 11 Uhr–spät) Es sieht von außen nicht so aus, aber Irlands ältestes Pub wurde angeblich schon um 900 eröffnet. Ein offener Kamin, unebene Böden (damit das Wasser bei Hochwasser wieder ablaufen kann), Sägemehl, ein Piano und im Laufe der Jahre angesammelte Kuriositäten unterstreichen diese Behauptung. Im Biergarten am Fluss lockt abends während der Sommermonate Livemusik.

Praktische Informationen

Die **Touristeninformation** (☎ 090-649 4630; Market Sq, Athlone Castle; ⌚ Juni–Aug. Mo–Sa 10–18, So 12–18 Uhr, April–Mai & Sept.–Okt. Di–So bis 17 Uhr) befindet sich im Wachhaus der Burg. Die Website www.athlone.ie ist eine gute Informationsquelle.

An- & Weiterreise

Der Busbahnhof und der Bahnhof liegen an der Southern Station Road nebeneinander, 1 km nördlich vom Zentrum.

Bus Éireann (www.buseireann.ie) bietet stündlich Verbindungen nach Dublin (14 €, 1¾ Std.) und Galway (12 €, 1½ Std.). Außerdem fahren täglich zwei Busse nach Westport (17 €, 3 Std.).

Züge der **Irish Rail** (www.irishrail.ie) starten stündlich nach Dublin (ab 20 €, 1½ Std.), 10-mal täglich nach Galway (20 €, 1 Std.) und 4-mal täglich nach Westport (20 €, 2 Std.).

Lough Ree & Umgebung

Einst lebten auf vielen der mindestens 50 Inselchen im Lough Ree Mönche, deren kirchliche Reichtümer räuberische Wikinger anlockten wie der Honig den Bär. Heutige Besucher sind friedfertiger und vergnügen sich hauptsächlich mit Segeln, Forellenangeln oder Vogelbeobachtung. Hier brüten zahlreiche Zugvögel, darunter Schwäne, Regenpfeifer und Brachvögel.

Der Dichter, Schriftsteller und Dramatiker Oliver Goldsmith (1728–1774), Verfasser von *Der Pfarrer von Wakefield*, ist eng mit der Landschaft am Ostufer des Sees verbunden. In seinen Werken beschreibt er die Gegend so treffend, dass sie auch Goldsmith Country genannt wird.

Sehenswertes & Aktivitäten

Rindoon RUINEN

Das verlassene Dorf Rindoon aus dem 13. Jh. ist ein fantastisches Ziel für einen Halbtagesausflug von Athlone aus. Vom Parkplatz läuft man nur wenige Minuten bis zum Startpunkt von zwei Wanderwegen, einem kürzeren und einem etwas längeren. Im Frühjahr blühen in den Wäldern unzählige Glockenblumen – ein wundervoller Anblick! Das Dorf liegt auf einer Halbinsel an der Westseite des Lough Ree. Es stehen noch mittelalterliche Mauern, eine überwucherte Burg, ein altes Krankenhaus, eine Kirche und eine Mühle, man kann alles selbst erkunden.

Folgt man der Abzweigung im Dorf Lecarrow und fährt dann bis zum Parkplatz, wo die zwei Rundwege beginnen, die durch das Dorf und am Seeufer entlangführen, dann empfiehlt sich der längere Pfad zur Spitze der Halbinsel und durch die Wälder. Proviant und Getränke mitnehmen!

Glasson Golf Course GOLF

(☎ 090-648 51200; www.glassongolfhotel.ie; Glasson Village; Platzgebühr Mo–Fr 40 €, Sa & So 50 €) Zu diesem preisgekrönten Golfplatz gehören ein elegantes Hotel und wunderschöne Landschaft.

Schlafen & Essen

Wineport Lodge BOUTIQUE-HOTEL €€€

(☎ 090-643 9010; www.wineport.ie; abseits der N55, Glasson; EZ/DZ ab 120/140 €, Hauptgerichte 24–35 €; ⌚ Restaurant tgl. 17.30–22, plus So 14.30–16 Uhr) In dem eleganten Hotel mit Blick auf den Killinure Lough und Killinure Island befinden sich 29 komfortable Zimmer sowie ein beliebtes gehobenes Restaurant, das ambitionierte Küche aus Zutaten von ausgewählten regionalen Höfen und Herstellern serviert.

Glasson Village Restaurant MODERN IRISCH €€
(☎ 090-648 5001; www.glassonvillagerestaurant.ie; Glasson; Hauptgerichte 18–30 €, 3-Gänge-Menü 29 €; ⏲ Di–Fr 17.30–21, Sa 18–21.30, So 13–15 Uhr, im Winter Di geschl.;) Das außergewöhnliche Gourmetrestaurant mit zwangloser Atmosphäre ist auf Fisch und Meeresfrüchte spezialisiert. Französische Akzente sind offensichtlich, vor allem auf der guten Weinkarte. Im Sommer können die Gäste im Garten essen. Das Lokal bietet ein spezielles Drei-Gänge-Early-Bird-Menü an (29 €), das trotz des Namens den ganzen Abend über, im Sommer von Dienstag bis Samstag und im Winter von Mittwoch bis Samstag bestellt werden kann.

Kilbeggan

Das kleine Kilbeggan hat gleich zwei berühmte Highlights: das Whiskeymuseum in einer ehemaligen Brennerei und Irlands einzige Jagdrennbahn.

ABSEITS DER ÜBLICHEN PFADE

UISNEACH

Fast auf halbem Weg zwischen Athlone und Mullingar an der R390 liegt **Uisneach** (☎ 087 718 9550; www.uisneach.ie; abseits der R390; empfohlene Spende 10 €; ⏲ Führungen April & Okt. Sa & So 13 Uhr, Mai–Sept. Mi–So 13 Uhr), der Mittelpunkt Irlands. Genau genommen befindet sich dieser zwar ein paar Kilometer weiter westlich, dennoch ist die Stätte von großer historischer Bedeutung. Zu den bisherigen Entdeckungen aus alter Zeit gehören u. a. Überreste eines möglichen Königspalastes und einer Festung sowie einige heilige Quellen. Die Stätte kann nur im Rahmen von Führungen besichtigt werden. Dabei erhalten Teilnehmer einen detaillierten Überblick über die historische Anlage und zugehörige Überlieferungen. Der 2 km² große Komplex ist in Privatbesitz.

Die Führungen dauern zwei Stunden und decken eine 3 km lange Route ab. Man sollte schon um 12.45 Uhr da sein. Die Touren haben keinen festgelegten Preis, aber wir empfehlen eine Spende von 10 €.

Von Athlone verkehren täglich etwa sechs Busse (10 €, 30 Min.) nach Kilbeggan.

Kilbeggan Distillery Experience DESTILLERIE
(☎ 057-933 2134; www.kilbeggandistillery.com; abseits der R446, Kilbeggan; Eintritt 8 €, Führungen 14–80 €; ⏲ April–Okt. 9–18 Uhr, Nov.–März 10–16 Uhr) Für Whiskey-Liebhaber ist die Führung durch die Brennerei genau das Richtige. Sie geht auf das Jahr 1757 zurück, gilt als älteste lizensierte Destillerie in Irland und stellt heute wieder Whiskey her. Der normale Eintrittspreis berechtigt Besucher zur Besichtigung der massiven Maschinen. Daneben gibt es teurere Optionen für Kenner mit Guides und Whiskeyproben.

Kilbeggan Races PFERDERENNEN
(☎ 057-933 2176; www.kilbegganraces.com; abseits der M6, Kilbeggan; ⏲ Mai–Sept. etwa vierzehntägig) Wettfans aus dem ganzen Land treffen sich bei den Kilbeggan Races. An den Rennabenden verwandelt sich der ganze Ort in ein quirliges Pferdesportzentrum – je mehr Spannung bei den Rennen, desto mehr *craic* (Spaß) in den Pubs.

Mullingar & Umgebung

20 930 EW.

Mullingar ist eine geschäftige, wohlhabende Provinzstadt, in deren Umgebung einiges geboten ist. Neben fischreichen Seen gibt's hier auch ein fantastisches Anwesen mit etwas anrüchiger, aber interessanter Vergangenheit. James Joyce besuchte den Ort in seiner Jugend und erwähnt ihn in seinen Werken *Ulysses* (1922) und *Finnegans Wake* (1939). Durch Mullingar verlaufen restaurierte Abschnitte des Royal Canal.

Sehenswertes & Aktivitäten

Angler gehen in den Seen um Mullingar gern auf **Forellenfang**. Die Saison beginnt am 1. März oder 1. Mai (abhängig vom See) und endet am 12. Oktober.

★ **Belvedere House & Gardens** HISTORISCHES GEBÄUDE
(☎ 044-934 9060; www.belvedere-house.ie; abseits der N52; Erw./Kind 8/4 €; ⏲ Gärten Mai–Aug. 9.30–20 Uhr, April & Sept. bis 19 Uhr, März & Okt. bis 18 Uhr, Nov.–Feb. bis 16.30 Uhr, Café & Haus März–Okt. bis 17 Uhr, Nov.–Feb. bis 16 Uhr;) Keinesfalls verpassen sollte man das imposante Belvedere House, 5,5 km südlich von Mullingar. Das riesige Jagdhaus aus dem 18. Jh. liegt inmitten einer 65 ha großen

Gartenlandschaft mit Blick auf den Lough Ennell und wurde von Richard Cassels entworfen. Die Zimmer im oberen Stock ziert kunstvoller Rokoko-Stuck. Die Gartenanlage mit viktorianischen Gewächshäusern, eingefriedeten Gärten und schönen Uferabschnitten lädt zum Wandern ein. Ein luftiges Nebengebäude beherbergt CaToCa, ein schickes Café, zudem gibt es einen großen Kinderspielplatz.

Hier beschuldigte der erste Graf, Lord Belfield, seine Frau und seinen jüngeren Bruder Arthur des Ehebruchs. Fortan wurde seine Gattin 30 Jahre unter Hausarrest gehalten, während Arthur sein restliches Leben in einem Londoner Gefängnis verbrachte. Der Graf selbst lebte derweil in Saus und Braus. Auch nach Belfields Tod und ihrer Befreiung beteuerte seine Ehefrau weiterhin ihre Unschuld. Darüber hinaus entzweite sich der Lord auch mit seinem zweiten Bruder George, der ein eigenes Anwesen ganz in der Nähe hatte. Daraufhin ließ Belfield Irlands wohl verrücktestes Bauwerk, die bereits als Ruine konzipierte Jealous Wall, als Sichtschutz zwischen seinem und Georges Haus aufstellen.

Cathedral of Christ the King KATHEDRALE
(044-934 8338; www.mullingarparish.com; Bishop's Gate St; 7.30–20 Uhr) GRATIS Mullingars auffälligstes Gebäude ist diese große Kathedrale mit Zwillingstürmen, die ab 1933 erbaut und kurz vor Beginn des Zweiten Weltkriegs eingeweiht wurde. Sie birgt große Mosaiken des russischen Künstlers Boris Anrep, die die hl. Anne und den hl. Patrick zeigen. Mosaiken von Anrep sind auch in der unvollendeten Westminster Cathedral in London zu finden.

Mullingar Equestrian Centre REITEN
(044-934 8331; www.mullingarequestrian.com; abseits der R390; 1-tägiger Kurs & Ausritt Erw./Kind 100/80 €;) Das bekannte Reitzentrum bietet diverse Ausritte und Kurse an.

Schlafen & Essen

Novara House B&B €
(044-933 5209; www.novarahouse.com; Dublin Rd; EZ/DZ 45/75 €;) Das einfache B&B in einem modernen Bungalow liegt fünf Gehminuten östlich des Zentrums. Die einfachen, aber ordentlichen Zimmer sind dezent mit Kiefernmöbeln ausgestattet. Die liebenswerten Inhaber, hausgemachte Scones und leckerer Tee garantieren einen tollen Aufenthalt.

Greville Arms Hotel HOTEL €€
(044-934 8563; www.grevillearmshotel.ie; Pearse St; EZ/DZ ab 60/90 €;) Das 1824 errichtete historische Nobelhotel hat 40 große, gemütliche Zimmer. Es ist angenehm altmodisch mit seinen vergoldeten Spiegeln, Statuen, dunklen Ölgemälden und Kronleuchtern, legt jedoch auch Wert auf modernen Komfort. Die Ulysses Bar wurde James Joyce zu Ehren so benannt, der hier, so sagt man, regelmäßig zu Gast war. Zu den liebenswerten Extras gehören ein kleines Museum und ein Biergarten.

Annebrook House Hotel HOTEL €€
(044-935 3300; www.annebrook.ie; Pearse St; EZ/DZ ab 65/89 €; P) Herzstück des modernen Hotels mitten im Stadtzentrum ist ein hübsches Haus aus dem 19. Jh. Die hiesige Autorin Maria Edgeworth soll zeitweise dort gewohnt haben. Gäste werden in einem Anbau mit modernen, sehr geräumigen Zimmern untergebracht. Der Fluss Brosna fließt durch das Gelände. An den Wochenenden sind die Preise etwas höher.

★ **Miller & Cook** CAFÉ €€
(044-934 0884; www.millerandcook.ie; 50 Pearse St; Feinkostladen, Hauptgerichte ab 5 €, 2-Gänge-Abendmenü 24,95 €, 3-Gänge-Mittagsmenü 21,95 €, Hauptgerichte 19–27 €; siehe Website;) In dieser Bäckerei gibt's hübsche Leckereien zu kaufen, die sich hervorragend für ein Picknick eignen. Sie werden, genau wie das Essen im Café, aus hochwertigen regionalen Zutaten zubereitet. Der Sonntagsbrunch ist sehr beliebt; es gibt ein gutes Bistro und Restaurant im Obergeschoss.

Oscar's Restaurant MEDITERRAN €€
(044-934 4909; www.oscarsmullingar.com; 21 Oliver Plunkett St; Hauptgerichte 16–25 €; Mo–Do 17.30–21.30 Uhr, Fr & Sa bis 22, So bis 20.15, So auch 12.30–14.15 Uhr;) Hier herrscht das ganze Jahr über reger Andrang. In lebhafter Atmosphäre kommt gehobene Hausmannskost auf den Tisch. Die angenehmen Räumlichkeiten, die Auswahl mediterraner Gerichte (Pasta, Pizza und französisch inspirierte Fleisch- sowie Geflügelgerichte) und die gute Weinkarte ziehen zahlreiche Gäste an.

Ausgehen & Unterhaltung

Yukon Bar PUB
(044-934 0251; 11 Dominick St; 17–23 Uhr) Ein quirliges Pub, das regelmäßig mit Livemusik aufwartet. Manchmal wird Soul, Blues oder Rock gespielt.

Mullingar Arts Centre THEATER
(☎044-934 7777; www.mullingarartscentre.ie; Lower Mount St, County Hall; ⊙Mo–Fr 10–21.30, Sa 9.30–18 Uhr; 👪) Auf dem Programm des Kunst- und Kulturzentrums stehen Konzerte, Theater und Kunstausstellungen. Im Sommer gibt's jedes Wochenende Trad Sessions für die ganze Familie.

Praktische Informationen

Die **Touristeninformation** (☎044-934 8650; Market Sq; ⊙Mo–Sa 9.30–13 & 14–17 Uhr) liegt mitten im Zentrum.

An- & Weiterreise

Bus Éireann (www.buseireann.ie) verkehrt nach Dublin (15 €, 1½ Std., 4-mal tgl.) und Athlone (13,50 €, 1 Std., 3-mal tgl.).

Irish Rail (www.irishrail.ie) fährt auf neun Direktverbindungen nach Dublin (ab 19 €, 1¼ Std.).

Nördlich von Mullingar

Die Gegend nördlich von Mullingar ist für ihre Seen bekannt, besonders für den Lough Derravaragh. Das 8 km lange Gewässer wird mit der Sage der Kinder von Lír in Verbindung gebracht, die von ihrer bösen Stiefmutter in Schwäne verwandelt worden sein sollen. Jeden Winter legen hier Tausende der schneeweißen Vögel aus Russland und Sibirien einen Zwischenstopp ein, als wollten sie an diese Legende erinnern.

Neben der Seen- und Hügellandschaft bietet die Umgebung des unscheinbaren Örtchens Castlepollard sowie des verschlafenen Fore zahlreiche historische Sehenswürdigkeiten.

Sehenswertes

★**Fore Valley** HISTORISCHE STÄTTE
(abseits der R195) Das Fore Valley strahlt eine ganz besondere Atmosphäre aus, selbst im tiefsten Winter beeindruckt der Anblick der lieblichen Landschaft. Das smaragdgrüne Tal am Ufer des Lough Lene lässt sich ausgezeichnet zu Fuß oder per Fahrrad erkunden. 630 n. Chr. gründete der hl. Fechin ein Kloster ganz in der Nähe des Dorfes **Fore**. Von der frühen Ansiedlung ist nichts erhalten, drei später errichtete Bauten aber stehen in Verbindung mit den „sieben Wundern“, die sich hier ereignet haben sollen: Die **St. Fechin's Church** mit einer Kanzel und dem Taufbecken aus dem frühen 13. Jh. ist das älteste der drei Gebäude. Über dem monumentalen Eingang befindet sich ein gewaltiger steinerner Türsturz mit einem gemeißelten griechischen Kreuz, der 2,5 t wiegen soll. Es wird behauptet, dass er vom hl. Fechin allein durch die Kraft des Gebets in seine jetzige Position befördert worden sei – erstes Wunder.

Von der Kirche aus führt ein Pfad zur **Einsiedlerzelle** aus dem 15. Jh. – ein weiteres Wunder –, die tatsächlich lange von Eremiten bewohnt wurde. Den Schlüssel erhält man in der Dorfkneipe **The Seven Wonders**.

Auf der anderen Straßenseite am Parkplatz stößt man auf das nächste Wunder, **St. Fechin's Well** mit dem „Wasser, das niemals kocht“. Zyniker sollten sich besser nicht dazu hinreißen lassen, diese Behauptung nachzuprüfen: Es heißt nämlich, dass die Familie desjenigen, der es versucht, der ewigen Verdammnis anheimfällt. In der Nähe sieht man einen Ableger des „Baumes, der niemals brennt“. Die in seine Rinde gedrückten Münzen sind allerdings Ausdruck moderneren Aberglaubens.

Etwas weiter weg stehen die Überreste eines **Benediktinerklosters**, des Monastery of the Quaking Scraw, das im 13. Jh. auf moorigem Untergrund errichtet werden konnte, Wunder Nr. 5. Im 14. Jahrhundert wurde das Bauwerk zu einer befestigten Burg erweitert, daher die Schießscharten und Vierecktürme. Vorsicht: Der Westturm ist stark einsturzgefährdet!

Als die beiden letzten Wunder gelten die „Mühle ohne Graben“ und das „bergauf fließende Wasser“. Der hl. Fechin soll das Wasser zur Mühle bewegt haben, indem er seinen Bischofsstab 1,5 km entfernt in den Lough Lene warf, von wo der Stab einen unterirdischen Kanal in die Felsen schlug.

★**Tullynally Castle Gardens** GÄRTEN
(☎044-966 1159; www.tullynallycastle.com; abseits der R395, Castlepollard; Gartenanlage Erw./Kind 6/3 €; ⊙Juni–Aug. Do–So 11–17 Uhr, April–Mai & Sept. nur Sa & So; 👪) Das imposante neogotische Tullynally Castle ist der Familiensitz der Pakenhams und für Besucher nicht zugänglich. Dafür hat man aber die Möglichkeit, die herrliche 12 ha große Parkanlage zu durchstreifen. Künstliche Seen, ein chinesischer und ein tibetanischer Garten sowie eine Reihe prächtiger 200-jähriger Eiben sind die Highlights. Im Burghof befindet sich eine Teestube.

Das Tullynally Castle liegt 2 km nordwestlich von Castlepollard.

Schlafen & Essen

Hotel Castlepollard HOTEL €€

(☎044-966 1194; www.facebook.com/hotelcastlepollard; Castlepollard; EZ/DZ ab 60/90 €; ⌚Küche 8–20 Uhr; 📶) Vom gemütlichen Landhotel mit anständigen Zimmern schaut man auf den gepflegten dreieckigen Dorfplatz. Es ist die Unterkunft, die dem Fore Valley am nächsten liegt. Das einfache **Restaurant** (Hauptgerichte ab 15 €) serviert verlässliche Küche, und in der Hotelbar wird an Wochenenden oft Livemusik gespielt.

Fore Abbey Coffee Shop CAFÉ €

(☎044-966 1780; abseits der R195, Fore; Snacks ab 3 €; ⌚Juni–Sept. tgl. 11–16 Uhr, So andere Öffnungszeiten) Das Café in einem kleinen Steinhaus in der Nähe von Fore dient als Touristeninformation und zeigt ein kurzes Video über die Klosterruinen.

An- & Weiterreise

Wer die Region rund um das Fore Valley, 5 km von Castlepollard entfernt, erkunden möchte, braucht einen Mietwagen.

COUNTY OFFALY

Abgesehen von der prachtvollen Klosterruine Clonmacnoise taucht das County Offaly mit seinen zahlreichen ausgedehnten Torfmooren nur selten in den üblichen Reiserouten auf, was sehr schade ist, denn es hätte viel größere Aufmerksamkeit verdient.

Das geschichtsträchtige grüne, gewässerreiche Offaly hat jede Menge Burgruinen zu bieten, das stimmungsvollen Städtchen Birr liegt hier, und die großen Moore (am besten im Clara Bog Nature Reserve zu besichtigen) sind international bekannt als fruchtbare Biotope mit einer vielfältigen Tier- und Pflanzenwelt.

Der Shannon und der Grand Canal ermöglichen erstklassige Angel- und Wassersporterlebnisse. Außerdem warten eine gigantische Flussfestung bei Shannonbridge, Klosterruinen und weitere kirchliche Baudenkmäler auf ihre Entdeckung.

Weitere Informationen zu diesem faszinierenden und sehenswerten County findet man unter www.offaly.ie oder www.visitoffaly.ie.

Birr

5900 EW.

Birr gehört zu den sehenswertesten Städten der Midlands. Unterhalb der prächtigen alten Burg reihen sich elegante georgianische Häuser mit pastellfarbenen Fassaden aneinander, neben exzellenten Unterkünften gibt es ein interessantes Nachtleben. Trotz dieser Pluspunkte liegt der Ort abseits vom Rummel, man kann seine Vorzüge also genießen, ohne sich durch Touristenmassen drängeln zu müssen.

Sehenswertes

In Birr stößt man auf zahlreiche erstklassige georgianische Häuser. Einige der schönsten befinden sich in der baumgesäumten **Oxmantown Mall** und in der **John's Mall**. An der Oxmantown Mall fand der weltweit erste tödliche Unfall mit einem Motorfahrzeug statt. Das Ereignis ist auf einer Infotafel dokumentiert.

In der Touristeninformation gibt's eine kostenlose Broschüre mit den wichtigsten Sehenswürdigkeiten, darunter der megalithische **Seffin Stone** (er soll als „Umbilicus Hiberniae" – Nabel von Irland – jahrhundertelang das Zentrum des Landes markiert haben) und **St. Brendan's Old Churchyard**, an dessen Standort der hl. Brendan im 6. Jh. angeblich eine Siedlung errichtet hat.

★ **Birr Castle** BURG

(☎057-912 0336; www.birrcastle.com; abseits der R439; Gartenanlage Erw./Kind 9/5 €, Gartenanlage, Ausstellung & Burg Erw./Kind 18/10 €; ⌚Mitte März–Okt. 9–18 Uhr, Nov.–Mitte März 10–16 Uhr; P 👪) Für die Besichtigung sollte man mindestens einen halben Tag einplanen. Die Burg ist bewohnt, aber von Mai bis August können Besucher die Haupträume im Rahmen von vorab gebuchten Führungen besichtigen. Das heutige Gebäude stammt größtenteils aus der Zeit um 1620, wobei im frühen 19. Jh. bauliche Veränderungen durchgeführt wurden.

Das etwa 50 ha große Grundstück hat einen prächtigen **Park**, der sich rund um einen hübschen See erstreckt. In der Gartenanlage wachsen über 1000 Pflanzenarten aus der ganzen Welt – irgendeine blüht immer. Besucher sollten sich den romantischen **Kreuzgang aus Hainbuchen** sowie eine der **größten Buchsbaumhecken der Welt** (sie steht sogar im *Guinness Buch der Rekorde*) nicht entgehen lassen; die Hecke

GRAND CANAL & ROYAL CANAL

Nach vielen Diskussionen über den Bau eines Wasserweges, der Dublin mit dem Shannon verbinden sollte, begannen 1757 die Arbeiten am Grand Canal. Viele Schwierigkeiten verzögerten das problematische Projekt immer wieder massiv. Darüber hinaus fassten wirtschaftliche Konkurrenten den Plan, einen weiteren Kanal zu errichten, und so entstand der Royal Canal. Beide Wasserstraßen revolutionierten im frühen 19. Jh. die Infrastruktur Irlands, doch ihre Glanzzeit war nur von kurzer Dauer, denn bald wurden sie durch Eisenbahnstrecken ersetzt.

Heute locken die Kanäle zahlreiche Segler und Angler an, aber ihre Ufer sind auch zum Wandern und Radfahren wunderbar geeignet. Außerdem führen sie durch viele malerische Dörfer. Seitdem der letzte Abschnitt des Royal Canal restauriert worden ist, kann man eine Dreieckstour machen, von Dublin am Royal Canal oder am Grand Canal entlang zum Shannon und auf dem je anderen Kanal wieder zurück. Beide Wasserwege gehören zu einem sehr viel größeren Netz, das den Shannon-Erne-Kanal und den Fluss Suck einschließt.

Waterways Ireland (www.waterwaysireland.org) und die Inland Waterways Association of Ireland (www.iwai.ie) bieten umfassende Infos über die beiden Wasserstraßen.

Grand Canal

Der 131 km lange Grand Canal bahnt sich seinen Weg von Dublin durch Tullamore und mündet bei Shannonbridge in den Shannon. Er fließt durch nahezu unbewohnte Landschaften und passiert Moore, hübsche Dörfer sowie 43 schöne von Hand erbaute Schleusen. In der Nähe des Dorfes Sallins im County Kildare überquert er die Liffey auf dem **Leinster-Aquädukt** mit seinen sieben Bögen. Im nahegelegenen Robertstown beginnt ein 45 km langer Abzweig des Kanals Richtung Süden, der beim malerischen Örtchen Athy in den Barrow mündet.

Royal Canal

Der 145 km lange Royal Canal folgt der nördlichen Grenze des Countys Kildare und fließt nahe Leixlip über ein massives **Aquädukt**, bevor er in Clondra, County Longford, auf den Shannon trifft. Er ist beliebt als Ausflugsziel der Bewohner des Pendlergürtels im Norden Kildares. Sowohl der Kanal als auch die Treidelpfade sind bis Shannon befahr- bzw. begehbar.

Hausboote

Verschiedene Anbieter vermieten schmale Boote, mit denen man die Wasserstraßen wunderbar erkunden kann. Sie verfügen über zwei bis sechs Schlafkojen und kosten zwischen 850 und 1600 € pro Woche. **Barrowline Cruisers** (☎ 057-862 6060; www.barrowline.ie; Vicarstown; Leihgebühr ab 830 € pro Woche) und **Canalways** (☎ 087 243 3879; www.canalways.ie; Rathangan; Leihgebür ab 1185 € pro Woche) sind große und renommierte Anbieter mit jeweils mehreren Standorten. Weitere Bootsverleiher gibt es in Banagher (S. 533) und Carrick-on-Shannon (S. 514).

wurde in den 1780er-Jahren gepflanzt und ist heute 12 m hoch. Zudem locken Wasserfälle, Blumenwiesen und eine von einer 90 Jahre alten Glyzinie bewachsene Pergola.

Aus der Parsons-Familie, in deren Besitz sich die Burg seit 1620 befindet, gingen viele bahnbrechende Wissenschaftler hervor, deren Arbeiten im **Wissenschaftszentrum** dokumentiert sind. Zur Ausstellung gehört auch ein riesiges **Teleskop**, das William Parsons 1845 gebaut hat. Genannt „Leviathan von Parsonstown", war es 75 Jahre lang das größte Teleskop der Welt und faszinierte eine Vielzahl von Forschern und Astronomen. Es ermöglichte zahlreiche Entdeckungen, z. B. die Spiralform der Milchstraße. Nach dem Tod von Williams Sohn wurde das Teleskop vernachlässigt und fiel irgendwann auseinander. Es ist heute vollständig restauriert und kann in all seiner Pracht besichtigt werden.

William Parsons' Frau, Mary Rosse, war eine leidenschaftliche Fotografin, und ihre Dunkelkammer soll eine der weltweit ersten gewesen sein. Heute können Besucher einen Nachbau besichtigen. Weitere Highlights sind ein **Kinderspielplatz** mit Spielhaus, Hobbit-Hütten und Trampolinen sowie das ausgezeichnete **Castle Courtyard Café**, das für seine Gerichte regionale Produkte verwendet. Man kann nach Herzenslust im Garten herumschlendern; auf der Website gibt es eine Karte, auf der drei Wanderwege verzeichnet sind.

Leap Castle BURG

(☎ 086 869 0547; www.leapcastle.net; abseits der R421; ⏲ nach Voranmeldung) Leap Castle zählt angeblich zu den Burgen Europas, in denen es am meisten spukt. Ursprünglich diente sie den O'Carrolls als Familiensitz, dann war die Burg Schauplatz vieler grausiger Taten und ist für ihre unheimlichen Vorkommnisse bekannt. Einer ihrer berühmtesten Bewohner ist der „Smelly Ghost", ein Geist, der einen unangenehmen Geruch hinterlässt. Eine andere Spukerscheinung ist eine Dame mit dem selbsterklärenden Namen „Red Lady".

Trotz seit Jahren andauernder Renovierungsarbeiten kann das Schloss nach Voranmeldung besichtigt werden. Es befindet sich 12 km südöstlich von Birr zwischen Kinnitty und Roscrea (in Tipperary).

Aktivitäten

Ein wunderschöner üppig grüner **Uferweg** verläuft Richtung Osten von der Oxmantown Bridge am Fluss Camcor entlang bis zur Elmgrove Bridge.

Birr Equestrian Centre REITEN

(☎ 087 244 5545; www.birrequestrian.ie; Clareen Rd, Kingsborough House; Ausritte 30 €/Std.; 👪) 3 km östlich von Birr bietet dieses Reitzentrum einstündige Ausritte in die ländliche Umgebung an sowie halbtägige Ausritte in den Slieve Bloom Mountains (80 €).

Feste & Events

Birr Vintage Week & Arts Festival KUNST

(www.birrvintageweek.com; ⏲ Anfang Aug.) Anfang August feiert die Stadt ihre reiche Geschichte mit Umzügen, Theater, Musik, Ausstellungen, Workshops, geführten Wanderungen und einem traditionellen Volksfest.

Schlafen

★ **Maltings Guesthouse** B&B €

(☎ 057-912 1345; www.themaltingsbirr.com; Castle St; EZ/DZ ab 50/80 €; 📶) Bevor es zu einem B&B umgebaut wurde, nutzte die Guinness-Brauerei das Gebäude aus dem Jahr 1810 als Malzlagerhaus. Das Maltings Guesthouse punktet mit einer traumhaften Lage direkt an der Burg und am Fluss Camcor. Die großen Zimmer sind mit Kiefernmöbeln und in beruhigenden Lila- sowie Grüntönen eingerichtet. Das Beste ist, dass alle Zimmer inklusive des freundlichen Frühstücksraums Blick aufs Wasser haben. Eine wunderschöne Unterkunft mit tollem Preis-Leistungs-Verhältnis.

★ **Walcot B&B** B&B €€

(☎ 057-912 1247; www.walcotbedandbreakfast.com; Rosse Row; EZ/DZ ab 60/90 €; 📶) Inmitten einer weitläufigen Anlage gegenüber dem Birr Castle liegt dieses georgianische Stadthaus, von dem aus alle Sehenswürdigkeiten gut zu erreichen sind. Die fünf Schlafzimmer sind großzügig geschnitten, die Möbel luxuriös, und die Bäder haben große Badewannen und Duschen.

Brendan House B&B €€

(☎ 057-912 1818; www.tinjugstudio.com; Brendan St; EZ/DZ 55/80–90 €; 📶) In diesem georgianischen Stadthaus, das bis unters Dach mit Nippes, Büchern, Teppichen, Kunst und Antiquitäten vollgepackt ist, teilen sich die drei Zimmer ein Bad (angeblich eines der ältesten der Stadt). Die Himmelbetten, der historische Charme, das fantastische Frühstück und die künstlerische Ausstattung sind die eigentlichen Highlights. Die Besitzer organisieren auf Wunsch Bergtouren, Burg- und Kunstführungen, ganzheitliche Behandlungen und Kunstkurse.

Dooly's Hotel HOTEL €€

(☎ 057-912 0032; www.doolyshotel.com; Emmet Sq; EZ/DZ ab 50/80 €; W) Ursprünglich diente das 1740 errichtete Hotel als Herberge für Postkutschenreisende. Mit seiner georgianisch anmutenden Einrichtung, der altmodischen Atmosphäre, dem soliden Restaurant und verschiedenen Bars versprüht das Hotel gemütlich-einladendes Flair. Einige der 17 großen Zimmer haben Blick auf den zentralen Platz von Birr.

Essen

★ **Brambles Cafe & Deli** CAFÉ €

(☎ 087 745 3359; Mill St; Hauptgerichte 4–9 €; ⏲ Mo–Sa 9–18, So ab 12 Uhr; 🌱 👪) Das Café, winziger Außenposten großen Geschmacks, verbindet bunt zusammengewürfelte Einrichtung mit sehr leckerem Essen. Das *soda bread* ist mit Bärlauch verfeinert und die Suppen werden aus saisonalen Zutaten zubereitet. Zur guten Dessertauswahl gehört zur passenden Jahreszeit auch leckeres Rhabarber-Crumble.

Emma's Cafe & Deli CAFÉ €
(☎ 057-912 5678; 31 Main St; Hauptgerichte 5–9 €; ⏲ Mo–Fr 9–18, So 12.30–18 Uhr; 📶 👶) Meistens ist das Emma's voller Familien und voller Leute, die eine Pause vom Shoppen einlegen. Die Auswahl an Backwaren, Sandwiches, Salaten und Kuchen ist vielfältig und wird freundlich serviert, außerdem gibt es Tageszeitungen sowie Bücher und Spiele für Kinder. Die Feinkostabteilung ist für ihre Auswahl lokaler Spezialitäten bekannt und die ideale Anlaufstelle, um Picknickzutaten zu kaufen.

★ **Spinners on Castle St** MODERN IRISCH €€
(☎ 057-912 3779; www.spinnersbirr.com; Castle St; Hauptgerichte Bar 9–14 €, Hauptgerichte Restaurant 19–36 €; ⏲ Restaurant Fr & Sa 18–21 Uhr, Bar Di 17–21, Mi–So 12.30–21 Uhr; 📶) Charmantes Restaurant, das zu einem Komplex von fünf restaurierten georgianischen Häusern gehört. In der Bar kann man sich bei einer Käseplatte oder einem Burger eine Pause gönnen, während das Lokal Saisonales und immer auch Steaks und Meeresfrüchte serviert. Der Service ist ebenso exzellent wie die Wein- und Getränkeauswahl.

Im oberen Stock gibt's geschackvolle Zimmer (mit Frühstück) für 80 bis 140 €. Das Spinners liegt auf der Castle Street an einer Kurve gegenüber der Burgmauer.

Thatch IRISCH €€
(☎ 057-912 0682; www.thethatchcrinkill.com; Military Rd, Crinkill; Hauptgerichte 18–27 €; ⏲ Mo–Do 16–22, Fr–So 12.30 Uhr–spät; P 📶 👶) In dem 200 Jahre alten strohgedeckten Pub 2 km südöstlich von Birr kann man gemütlich ein Pint schlürfen oder eine Mahlzeit zu sich nehmen. Das herzhafte Essen schmeckt überdurchschnittlich gut. Es gibt auch eine Kinderspeisekarte. Neben traditionellem Braten gibt's weitere Spezialitäten wie Ente. Das Thatch hat drei Bars mit Ziegelwänden und offenen Kaminen und einen modernen Speisesaal.

Ausgehen & Unterhaltung

Chestnut PUB
(www.thechestnut.ie; Green St; ⏲ Mo–Do 20 Uhr–spät, Fr ab 17, Sa & So ab 15 Uhr) Das netteste Pub im Zentrum wurde 1823 eröffnet. Eine geschmackvolle Renovierung kombiniert dunkles Holz mit dem Stil eines kontinentalen Cafés. Es gibt Cocktails, am Wochenende wird Livemusik gespielt, zudem finden regelmäßig Sonderveranstaltungen wie Grillabende statt.

Craughwell's PUB
(☎ 057-912 1839; www.craughwellspub.com; Castle St; ⏲ Mo–Sa 19–23.30, So 13–23 Uhr) Jeden ersten Freitag im Monat finden im Craughwell's traditionelle Sessions statt. Samstags singt das Publikum ganz gern mal spontan mit. Touristen und Einheimische tragen gleichermaßen zur dekorativen Sammlung von Kopfbedeckungen über der Bar bei.

Birr Theatre & Arts Centre KULTURZENTRUM
(☎ 057-912 2911; www.birrtheatre.com; Oxmantown Mall) Lebhaftes Kulturzentrum an der schönen Oxmantown Mall mit Kunstausstellungen, Filmen, Konzerten und Theateraufführungen.

Praktische Informationen

Die **Touristeninformation** (☎ 057-912 0110; Emmet Sq; ⏲ Juni–Sept. Mo–Sa 9.30–13 & 14–17.30 Uhr) hat gute Tipps zu Stadt und Umgebung.

An- & Weiterreise

Bus Éireann (S. 756) verkehrt nach Athlone (13 €, 1 Std., Mo–Sa 3-mal tgl., So 2-mal), wo Anschluss nach Dublin besteht. Auch **Kearns Transport** (www.kearnstransport.com) bedient Dublin und Galway per Bus.

Kinnitty

360 EW.

Dieses verträumte Dorf eignet sich gut als Ausgangspunkt zur Erkundung der Slieve Bloom Mountains im Osten. Die R440 verläuft idyllisch von Kinnitty ostwärts durch die Berge nach Mountrath.

Kinnitty ist ohne Auto nur schwer zu erreichen.

Sehenswertes

Steinpyramide MONUMENT
(St Finian's Church) Besonders sehenswert ist die bizarre 10 m hohe **Steinpyramide** auf dem Friedhof hinter der St. Finian's Church. Richard Bernard ließ die maßstabsgetreue Nachbildung der ägyptischen Cheopspyra-

mide in den 1830er-Jahren für die Familiengruft anfertigen.

Kinnitty High Cross WAHRZEICHEN
(Kinnitty Castle Hotel, unweit der R421) Der Schaft des Kinnitty High Cross aus dem 9. Jh. stammt ursprünglich aus dem Augustinerkloster und steht heute auf dem Gelände des nahegelegenen Kinnitty Castle Hotel. Adam und Eva und die Kreuzigung sind auf den beiden Seiten sehr gut zu erkennen.

Schlafen & Essen

Kinnitty Castle Hotel HISTORISCHES HOTEL €€
(☎ 057-913 7318; www.kinnittycastlehotel.com; abseits der R421; EZ/DZ ab 90/140 €; 📶) Auf einem riesigen Grundstück 3 km östlich der Stadt (südlich der R421) erhebt sich Kinnitty Castle, eins der berühmtesten irischen Herrenhäuser.

Die neogotische Burg aus dem 19. Jh. hat 37 stimmungsvolle Zimmer und eine exzellente Bar in einer Bibliothek mit antiken Bänden. In der Burg spukt es – natürlich! –, in diesem Fall ist es der Geist eines Mönches.

Ardmore House B&B €€
(☎ 057-913 7009; www.kinnitty.com; The Walk; EZ/DZ ab 55/84 €; 📶) Das entzückende viktorianische Haus mit altertümlichem Charme hat fünf angenehme Zimmer mit Messingbetten, antiken Möbeln und Blick auf die umliegenden Berge. Die mit Torf beheizten Kamine, hausgemachtes dunkles Brot und lokale Spezialitäten runden die rustikale, gemütliche Atmosphäre perfekt ab.

Außerdem organisieren die Inhaber geführte Wanderungen in die Slieve Bloom Mountains.

Das B&B liegt etwas abseits der R440, ca. 200 m östlich von Kinnitty.

★ **Giltraps Pub** PUBFOOD €
(☎ 057-913 7076; www.visitkinnitty.com; R421; Hauptgerichte 5–20 €; ⏱ 11–23 Uhr) Das reizende ländliche Pub ist die ideale Anlaufstelle nach einer Tour durch die Slieve Bloom Mountains und überzeugt auf ganzer Linie.

Die kulinarische Auswahl reicht von einfachen Sandwiches bis zu einem erstklassigem Barbecue, und die Picknicktische draußen laden zu einem Pint mit Blick auf die Berge ein.

Das Giltraps bietet auch Übernachtungsmöglichkeiten an.

Banagher & Umgebung

1655 EW.

In den Sommermonaten, wenn der geschäftige Jachthafen von Hausbootfahrern überflutet wird, erwacht das verschlafene Banagher zum Leben. Am berühmtesten ist der Ort wohl dafür, dass Charlotte Brontë hier einst ihre Flitterwochen verbrachte.

Sehenswertes

An einer Furt durch den Shannon gelegen, war Banagher in den wilden Zeiten von enormer strategischer Bedeutung. Zu den bescheidenen Befestigungsanlagen an der Brücke gehören das in den 1650er-Jahren errichtete und während der Napoleonischen Kriege umgebaute kleine **Cromwell's Castle** (unweit der R356), das **Fort Eliza**, eine **Militärkaserne** ohne Dach und ein **Martello-Turm**.

St. Paul's Church KIRCHE
Die St. Paul's Church am südlichen Ende der Main Street hat ein prächtiges Buntglasfenster, das ursprünglich für Westminster Abbey vorgesehen war.

Clonony Castle BURG
(☎ 087 761 4034; abseits der R357, Colony; Eintritt gegen Spende; ⏱ variieren) Diese Burg aus dem 16. Jh. wird von einer bewachsenen, zinnenbewehrten Mauer geschützt. Zwar stimmt es wohl nicht, dass die zweite Frau von Heinrich VIII., Anne Boleyn, hier geboren wurde – wahr ist aber, dass ihre Cousinen Elizabeth und Mary Boleyn neben den Überresten des Gebäudes begraben wurden.

Es werden sporadisch Restaurierungen durchgeführt; manchmal sind die Tore auch verschlossen. Wenn allerdings jemand vor Ort ist, lohnt sich die faszinierende Entdeckungstour.

Aktivitäten

Banaghers Jachthafen ist ideal, um ein Hausboot für eine Fahrt auf dem Shannon oder dem Royal Canal zu mieten. Weitere Informationen liefern **Carrick Craft** (☎ 01-278 1666; www.cruise-ireland.com; Marina; je nach Jahreszeit ab 650 € pro Woche) und **Silverline Cruisers** (☎ 057-915 1112; www.silverlinecruisers.com; Marina; 3 Tage ab 400 €).

Shannon Adventure Canoeing KANUFAHREN
(☎ 057-915 1411; advcanoe@iol.ie; Marina; Leihkanu für 2 Pers. 50 €/Tag; ⏱ telefonisch erfragen) Irlands Wasserwege lassen sich nicht nur

mit dem Hausboot erkunden, sondern auch mit einem Kanu, das man hier ausleihen kann.

Schlafen

Dún Cromáin B&B €
(☎ 057-915 3966; www.duncromain.com; Crank Rd; EZ/DZ 45/70 €; P 📶) Die großen Zimmer sind von weitläufigen Rasenflächen umgeben und in Pastellfarben, mit hellem Holz und weißer Wäsche ausgestattet. Der gemütliche, praktische Frühstücksraum dient mit seinem offenen Kamin gleichzeitig als Aufenthaltsraum. Das B&B unweit des Jachthafens bietet Extras wie einen Babysitterservice, Kühlschränke und die Möglichkeit, Kleidung zu trocknen (in dieser Gegend sehr nützlich). Kinder unter 12 bekommen 50 % Rabatt.

Charlotte's Way B&B €€
(☎ 057-915 3864; www.charlottesway.com; The Hill; EZ/DZ ab 45/80 €; 📶) In dem geschmackvoll restaurierten ehemaligen Pfarrhaus aus dem 18. Jh. am Banagher Hill, das mit antiken Möbeln, alten Drucken und Antiquitäten eingerichtet ist, gibt's fünf Zimmer, die ihren Preis absolut wert sind. Charlotte Brontë war hier häufig zu Gast, und nach ihrem Tod lebte ihr Mann Arthur als Pfarrer hier im Haus. Zum Frühstück werden frische Eier von den hauseigenen Hühnern und Selbstangebautes aus dem hübschen Garten gereicht.

Ausgehen

★ **JJ Houghs Singing Pub** PUB
(Main St; ⌚12–23.30 Uhr) Neben dem Fluss gilt das Houghs als Banaghers Hauptattraktion. Das 250 Jahre alte weinumrankte Pub ist vor allem für die Musik bekannt. Im Sommer gibt's fast jeden Abend Livemusik, im Winter nur an den Wochenenden. Und jeden Abend singen die Gäste, Besitzer Michael vorneweg. Wer's ruhiger mag, ist im hübschen Biergarten richtig.

An- & Weiterreise

Dank Kearns Transport (www.kearnstransport.com) gibt es je eine tägliche Verbindung (Abfahrt 8.35 Uhr) von Banagher nach Birr (3 €, 15 Min.) und Tullamore (6 €, 45 Min.).

Shannonbridge

650 EW.

Das idyllische Shannonbridge wurde nach der schmalen Brücke mit 16 Bögen aus dem 18. Jh. benannt. Auf der anderen Seite des Flusses beginnt das County Roscommon. In dem kleinen verschlafenen Nest gibt's lediglich eine Hauptstraße und drei Pubs. Shannonbridge ist am einfachsten mit dem Auto zu erreichen.

Shannonbridge Fort FESTUNG
GRATIS Am Westufer im County Roscommon erstrecken sich unübersehbar massive **Befestigungsanlagen** aus dem 19. Jh. Dort waren schwere Geschütze postiert, die Napoleons Truppen hätten aufhalten sollen, wenn er einmarschiert wäre. Das **Wachhaus** neben der Festung sowie Teile der Schanze und der Verteidigungsmauer sind erhalten geblieben, obwohl die Mauer in den 1950er-Jahren teilweise abgerissen wurde, um die Festung für Fahrzeuge passierbar zu machen.

★ **JJ Killeens Village Tavern** PUB
(☎ 090-967 4112; Main St; Hauptgerichte ab 8 €; ⌚12–23 Uhr) In diesem traditionellen Pub mit Ladengeschäft werden Gäste herzlich empfangen, zudem ist es für seine stimmungsvolle Musik bekannt. Im Sommer wird an sechs Abenden pro Woche Musik gespielt, im restlichen Jahr an den Wochen-

ABSTECHER

SHANNON HARBOUR & UMGEBUNG

1 km östlich von der Stelle, an der der Grand Canal auf den Shannon trifft, liegt das verschlafene Shannon Harbour. Es wurde zur Versorgung der Wasserwege angelegt und war einst ein blühendes Handelszentrum mit über 1000 Einwohnern. Vom Hafen legten Frachter und Passagierschiffe ab, oftmals mit armen Einheimischen an Bord, die nach Nordamerika oder Australien auswandern wollten.

Mittlerweile sind die Wasserstraßen wieder voller Schiffe, zudem verlaufen hier Spazierwege in alle Richtungen. Aus diesem Grund ist Shannon Harbour ein reizvolles Ziel für Wanderer, Angler, Hausbootfahrer und Ornithologen.

enden. Auf den Tisch kommt klassisches Pubfood.

Praktische Informationen

Besucherzentrum & Touristeninformation (R357; ⏲ April–Nov. 9–17 Uhr).

Clonmacnoise

Clonmacnoise (www.heritageireland.ie; Erw./Kind 7/3 €; ⏲ Juni–Aug. 9–18.30 Uhr, Mitte März–Mai, Sept. & Okt. 10–18 Uhr, Nov.–Mitte März 10–17.30 Uhr; P) – eine der heiligsten und bedeutendsten Klostersiedlungen Irlands – liegt wunderschön und idyllisch am Fluss Shannon in der Nähe einer verfallenen Burg. Ein faszinierendes, geheimnisvolles Flair umgibt die frühchristlichen Ruinen, einige der schönsten Hochkreuze Irlands und antiken Rundtürme, die sich innerhalb eines ummauerten Feldes erheben. Die Stätte ist nicht groß, für den Besuch sollte man trotzdem mehrere Stunden einplanen.

Das umliegende Marschland, Shannon Callows genannt, ist Lebensraum zahlreicher Wildpflanzen. Darüber hinaus ist es einer der letzten Zufluchtsorte für den vom Aussterben bedrohten Wachtelkönig, ein pastellfarbener Verwandter des Blesshuhns.

Wer im Sommer herkommt und die Menschenmengen umgehen will, sollte die Stätte sehr früh oder spätnachmittags besuchen; die umliegenden Landsträßchen sind tagsüber oft voller Reisebusse.

Geschichte

Als der hl. Ciarán hier 548 ein Kloster gründete, war die Stelle der wichtigste Verkehrsknotenpunkt des Landes, die Kreuzung des von Norden nach Süden fließenden Shannon mit der in Ost-West-Richtung verlaufenden Esker Riada (Straße der Könige).

Clonmacnoise war im 6. Jh. noch lange nicht die kirchliche Großstadt, zu der es einmal werden sollte – Ciarán selbst starb auch nur sieben Monate nach der Errichtung der ersten Kirche –, doch mit den Jahren wurde Clonmacnoise zum wesentlichen Bollwerk irischen Glaubens sowie irischer Literatur und Kunst und zog auch eine große Laienbevölkerung an. Zwischen dem 7. und 12. Jh. kamen Mönche aus ganz Europa hierher, um zu studieren und zu beten. Ihnen verdankt Irland den Ruf als „Land der Heiligen und Gelehrten“.

Ein großer Teil der Ruinen stammt aus dem 10. bis 12. Jh. Vermutlich lebten die Mönche in kleinen Hütten rund um das Kloster. Die Stätte wurde mehrmals von den Wikingern und von Iren geplündert und niedergebrannt. Nach dem 12. Jh. begann sie zu verfallen, im 15. Jh. diente sie einem verarmten Bischof als Wohnsitz, und 1552 zerstörten englische Truppen aus Athlone die Anlage vollends.

Clonmacnoise

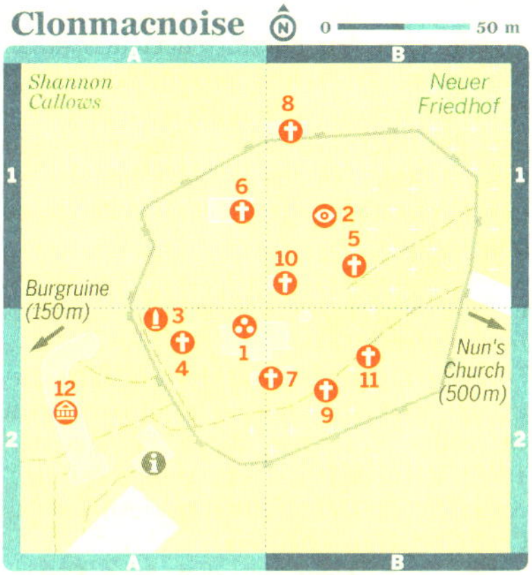

Clonmacnoise

Sehenswertes

1 Kathedrale A2
2 Clonmacnoise B1
3 O'Rourke's Tower A2
4 Replik des Cross of the Scriptures (King Flann's Cross) A2
5 Temple Ciaran B1
6 Temple Connor A1
7 Temple Doolin B2
8 Temple Finghin & Tower B1
9 Temple Hurpan B2
10 Temple Kelly B1
11 Temple Melaghlin B2
12 Visitor Centre A2

Sehenswertes

Visitor Centre MUSEUM
(☎ 090-967 4195; www.heritageireland.ie; R444; Erw./Kind 7/4 €; ⏲ Juni–Aug. 9–18.30 Uhr, Mitte März–Mai & Sept.–Okt. 10–17.30 Uhr, Nov.–Mitte März bis 17.30 Uhr, letzter Einlass 1 Std. vor Schließung; P) Drei kegelförmige Hütten am Eingang, die die Bauweise früherer Klosterbehausungen widerspiegeln, beherbergen das Museum und Besucherzentrum. Hier gibt's eine 20-minütige audiovisuelle Show, eine großartige Einführung zur Geschichte von Clonmacnoise.

Die Ausstellung zeigt originale Hochkreuze – an den Fundorten stehen heute Nachbildungen – und verschiedene Artefakte, die bei Ausgrabungen gefunden wurden, darunter Silberfibeln, Gläser und ein Ogham-Stein. An den Wänden hängen Informationstafeln, die die Exponate näher erläutern.

Der Stellenwert des Ortes wird einem beim Abstieg zu einem der schönsten Kreuze Irlands, dem **Cross of the Scriptures (King Flann's Cross)**, so richtig bewusst. Einzigartig und markant sind die leicht nach oben weisenden Arme und die reich verzierten Tafeln, auf denen die Kreuzigung, das Jüngste Gericht, die Gefangennahme Jesu und das Grab Christi zu sehen sind.

Vom **North Cross** aus dem Jahre 800 ist nur der Schaft erhalten. Er ist mit Löwen, verschlungenen Spiralen und einer Figur geschmückt, die wahrscheinlich den keltischen Gott Cernunnos darstellt. Das reich verzierte **South Cross** zeigt abstrakte Ornamente (Wirbel, Spiralen und Mäander), auf der Westseite die Kreuzigung sowie einige Tierfiguren.

Das Museum beherbergt außerdem die größte europäische Sammlung frühchristlicher Grabplatten. Viele tragen gut lesbare Inschriften, die mit *oroit do* oder *ar* (ein Gebet für) beginnen.

Kathedrale — RUINEN

Das größte Bauwerk in Clonmacnoise wurde 909 errichtet, über die Jahrhunderte jedoch maßgeblich verändert und umgestaltet. Interessantestes Merkmal der Kathedrale ist das aufwendige gotische Eingangsportal aus dem 15. Jh. mit Reliefbildern der Heiligen Franziskus, Patrick und Dominik. Selbst ein Flüstern wandert hier von draußen nach drinnen – vielleicht konnten so die Aussätzigen zur Beichte gehen, ohne die Priester anzustecken.

Angeblich wurden die letzten Hochkönige von Tara, Turlough Mór O'Connor (gest. 1156) und sein Sohn Ruairí oder Rory (gest. 1198), in der Nähe des Altars beigesetzt.

Temple Ciaran — KIRCHE

Die kleinen Kirchen von Clonmacnoise nennt man nach dem irischen Wort *teampall* (Kirche) auch *temple*. Im winzigen Ciaran-Tempel soll der hl. Ciarán, Begründer der Stätte, beerdigt sein. Das Fußbodenniveau innen liegt tiefer, weil die Bauern der Gegend jahrhundertelang Lehm aus der Kirche als Glücksbringer zum Schutz ihrer Ernten und Tiere mitnahmen. Inzwischen ist der Boden mit Platten bedeckt, bis heute wird im Frühjahr um die Kirche herum aber Lehm abgetragen.

O'Rourke's Tower — TURM

Vom 19,3 m hohen O'Rourke's Tower genießt man einen herrlichen Blick auf den Shannon. 1135 zerstörte ein Blitz die Spitze des Gebäudes, trotzdem wurde es weitere 400 Jahre genutzt. Man sagt, dass die Steine, die beim Blitzschlag herunterfielen, zum Bau des Finghin-Tempels und -Turms genutzt wurden.

Temple Finghin & Tower — KIRCHE

Am nördlichen Rand der Klosteranlage ragt der Finghin-Tempel mit seinem Rundturm über den Shannon. Er stammt aus dem Jahre 1160 und hat einige schöne romanische Reliefs. Das Turmdach mit Fischgrätmuster gilt als einzigartig, weil original erhalten.

Nun's Church — HISTORISCHE STÄTTE

Außerhalb der Einfriedung, etwa 500 m gen Osten durch den modernen Friedhof in Richtung Mongan-Moor, steht die abgeschiedene Nun's Church. Sie hat wunderbare romanische Bögen mit feinen Reliefs. Eines davon zeigt die mutmaßlich älteste *sheela-na-gig* (Frau mit übergroß dargestellter Vulva) Irlands, und zwar in akrobatischer Pose mit den Füßen hinter den Ohren.

Burgruine — RUINEN

Auf der Westseite der Anlage, in der Nähe des Parkplatzes, befindet sich ein Burghügel mit eigentümlichen Überresten einer Burg aus dem 13. Jh. Sie ist auch als Clonmacnoise Castle bekannt und wurde von John de Grey, dem Bischof von Norwich, errichtet, um den Shannon zu überwachen.

Schlafen & Essen

Im Besucherzentrum gibt es ein einfaches Café. Größer ist das in der Nähe des Parkplatzes.

Kajon House — B&B €€

(☎ 090-967 4191; www.kajonhouse.ie; R444, Creevagh; EZ/DZ ab 55/75 €; ⌚ März–Okt.; P 📶) Wenn man vor Ort übernachten möchte, ist das Kajon House, nur 1,5 km südwestlich von Clonmacnoise, ideal. Gäste erwarten ein gemütliches Zimmer, ein geräumiger Hof mit Picknicktisch und ein – sogar für irische Verhältnisse – herzliches Willkommen. Zum Frühstück werden leckere

Pfannkuchen serviert; auf Anfrage gibt es eventuell auch Abendessen.

Praktische Informationen

Der Besucher-Guide zum Clonmacnoise-Komplex für 1 € ist eine gute Investition. Er ist in der **Touristeninformation** (☎ 090-967 4134; ⏱ Mitte März–Okt. 10–17.45 Uhr) erhältlich.

An- & Weiterreise

Clonmacnoise liegt 7 km nordöstlich von Shannonbridge an der R444. Bustouren werden in der gesamten Region angeboten, am einfachsten ist die Stätte jedoch mit dem Auto zu erreichen.

Tullamore

11 575 EW.

Der geschäftige Hauptort des Countys Offaly liegt am Grand Canal und ist Namensgeber des bekannten Whiskeys Tullamore Dew. Die Eröffnung einer neuen Brennerei am Ortsrand – 60 Jahre nach Verlagerung der gesamten Produktion ins County Tipperary – war für die Gemeinde von großer Bedeutung.

Sehenswertes

Charleville Castle BURG

(☎ 057-932 3040; www.charlevillecastle.com; abseits der N52; Führung für 2 Erw. 20 €, Kinder frei; ⏱ Führungen Juni–Aug. 12–17.30 Uhr, Sept.–April nach Voranmeldung; P) Die spitzen Zinnen, Ecktürme, Efeuranken und knarzenden Bäume lassen den massive Bau ziemlich unheimlich wirken – und ja, spuken soll es hier auch! Das Castle war der Familiensitz der Burys, die den berühmten Architekten Francis Johnston 1798 mit der Errichtung beauftragten. Besichtigungen sind nur im Rahmen einer 45-minütigen Führung möglich. Die Burg liegt 2 km südwestlich von Tullamore; einfach nach dem Wäldchen mit den riesigen uralten Eichen Ausschau halten.

Das Innere der Burg und die Decken sind spektakulär, außerdem befindet sich hier eine der eindrucksvollsten neogotischen Galerien Irlands. Die Küche wurde von der Bauweise her einer Landkirche nachempfunden.

Tullamore Dew Visitor Centre MUSEUM

(☎ 057-932 5015; www.tullamoredew.com; Bury Quay; 14 €; ⏱ Mo–Sa 9.30–18, So 11.30–17 Uhr) Dieses Spektakel in einem Lagerhaus am Kanal aus dem 19. Jh. verbindet Stadtgeschichte mit Whiskeywerbung. Interessante Exponate zeigen, welche Bedeutung der Grand Canal für Tullamores Entwicklung hatte. Am Ende der Führung können volljährige Teilnehmer den angeblich bekömmlichsten irischen Whiskey probieren. Für echte Liebhaber gibt es eine *Whiskey Wise Masterclass* für 28 €, die sich dem Brennprozess ausführlich widmet.

Eingefleischte Fans können auch an der fünfstündigen *Ultimate Distillery Experience* (150 €; nur nach Voranmeldung) teilnehmen.

Schlafen & Essen

Bridge House Hotel HOTEL €€

(☎ 057-932 3374; www.bridgehousehoteltullamore.ie; Bridge St; EZ/DZ ab 75/100 €; @) Schon der prachtvolle Treppenaufgang zeigt eindrucksvoll, dass dieses zentral gelegene Vier-Sterne-Hotel in Sachen Eleganz in einer anderen Liga spielt als ein Großteil der Konkurrenz. Die schönen Zimmer sind sehr komfortabel, und die Gäste können sich in einem Spa entspannen.

Annaharvey Farm B&B €€

(☎ 057-934 3544; www.annaharveyfarm.ie; R420, Aharney; Zi. ab 75 €; ⏱ Mitte Feb.–Nov.) Auf dem ruhig gelegenen Pferdehof mit Reitschule und preisgekrönter 6-Zimmer-Pension kommen Gäste in den Genuss ländlichen Lebens und echter Gastfreundschaft. Reiten kann man direkt vor Ort. Auch Vollpension ist möglich. Toll für Familien! Der Hof liegt 6 km südöstlich von Tullamore.

Sirocco's ITALIENISCH €€

(☎ 057-935 2839; www.siroccos.net; Patrick St; Hauptgerichte 12–27 €; ⏱ Mo–Fr 17–22, Sa & So 13–22 Uhr; 👪) Das beliebte irisch-italienisch geführte Bistro im Zentrum von Tullamore ist ein gutes Ziel für Schleckermäuler und Familien mit Kindern. Es gibt frische Pasta und Pizza sowie Fleisch-, Hühnchen- und Fischgerichte mit so vielen Biozutaten wie möglich. Man sollte vorher reservieren.

Ausgehen

Wolftrap PUB

(☎ 057-932 3374; William St; ⏱ Küche 11.30–20.30 Uhr, Bar bis spät) Hier gibt's tollen hiesigen Whiskey – und andere Drinks – sowie exzellente, innovative, lässige Küche (die Burger sind großartig), die den üblichen Pubstandard um Längen übertrifft. Am Wochenende wird Tanzmusik gespielt und dienstags gibt's Trad Sessions mit dem Besitzer Padraig McLoughlin.

An- & Weiterreise

Bus Éireann (S. 756) verkehrt nach Dublin (19 €, 2¼ Std., 4-mal werktags, 2-mal Sa & So). **Kearns Transport** (www.kearnstransport.com) hat Busse nach Birr und Banagher.

Irish Rail (S. 758) fährt ostwärts nach Dublin (ab 20 €, 1¼ Std., stündl.), westwärts nach Galway (ab 22 €, 1½ Std., 8-mal tgl.) und nach Westport.

Durrow Abbey

Durrow Abbey KLOSTER

Im 6. Jh. gründete der hl. Colmcille (auch: Columban) die Durrow Abbey, die vor allem für das illustrierte **Book of Durrow** berühmt ist. Es stammt aus dem 7. Jh. und ist bis heute erhalten – bemerkenswert insbesondere deshalb, weil es auf einem Bauernhof gefunden wurde, wo es in die Viehtränke getunkt wurde, um Krankheiten zu heilen. Inzwischen ist es im Dubliner Trinity College ausgestellt. Das Kloster liegt 7 km geradeaus nördlich von Tullamore.

Vor Ort ist nur noch wenig von der Durrow Abbey zu sehen, es gibt jedoch fünf frühchristliche Grabsteine. Ein kurzer Weg führt zum **St. Colmcille's Well**, einer heiligen Quelle, die durch ein kleines *cairn* (Steingrab) markiert ist.

★ Durrow High Cross CHRISTLICHE STÄTTE

(abseits der N52; ⌚10–16 Uhr) Das prachtvolle Hochkreuz aus dem 10. Jh. ziert ein komplexes Hochrelief, das die Opferung Isaaks, das Jüngste Gericht und die Kreuzigung Christi zeigt. Zur Sicherheit ist es heute in einer **Kirche** aus dem 19. Jh. untergebracht.

ABSEITS DER ÜBLICHEN PFADE

LOUGH BOORA

Im 20. Jh. wurde ein Großteil der einst ausgedehnten Torfmoore im County Offaly für die Stromversorgung abgebaut. In den Lough Boora Parklands sind inzwischen Maßnahmen zur Rückgewinnung der Moore im Gange. Die ständig zunehmenden, überall sichtbaren Windräder erschließen erneuerbare Energien, was zur Erholung der Torfmoore beitragen wird.

Im Fokus eines solchen Rückgewinnungsprojekts stehen die **Lough Boora Parklands** (☎057-934 0010; www.loughbooraparklands.com; abseits der R357; ⌚Sonnenauf- bis Sonnenuntergang). Das Gebiet umfasst ein über 50 km langes Wegenetz, auf dem man ausgezeichnet Vögel beobachten und angeln kann. Außerdem gibt's hier seltene Pflanzen, eine mesolithische Stätte und beeindruckende Landschaften zu entdecken. Die Wege laden zum Radfahren ein; vor Ort kann man **Leihräder** (☎086 889 5194; 3 € pro Std.; ⌚10–20 Uhr) mieten. Es gibt auch ein **Besucherzentrum** (⌚Sommer 9.30–18 Uhr, Winter 11–16 Uhr) mit Café. Auf der Website sind zahlreiche Wanderwege übersichtlich aufgelistet.

Clara Bog

★ Clara Bog Nature Reserve NATURSCHUTZGEBIET

(Clara-Rahan Rd; ⌚Sonnenauf- bis Sonnenuntergang) 6 km südlich der viel befahrenen Schnellstraße M6 lockt eine der schönsten Landschaften der Midlands. Clara Bog zählt zu den wenigen echten großen Moorgebieten Westeuropas, die nicht vom Torfabbau zerstört wurden. Auf den ersten Blick enttäuschend flach und leblos, gewährt es faszinierende Einblicke in den Kreislauf der Natur. Im weichen Torf blühen winzige Wildblumen, das weiche Licht der Moorlandschaft und der weite Blick auf die grünen Hügel sind wirklich bezaubernd. In diesem magischen Naturschutzgebiet wird die Stille nur von Wassergeplätscher, Vogelgezwitscher und Insektensummen durchbrochen. Ein 1 km langer Rundweg startet am Parkplatz 4 km südlich von Clara.

Clara Bog Visitor Centre MUSEUM

(☎057-936 8878; Ballycumber Rd/R436; ⌚ganzjährig Mo–Fr 10–17 Uhr, April–Nov. Sa bis 13 Uhr) GRATIS Das moderne kleine Museum teilt sich ein Gebäude mit der hiesigen Bibliothek und gibt einen Überblick über das Leben und die faszinierenden Ökosysteme im Moor, von A bis Z, von Schmetterling bis Kröte.

COUNTY LAOIS

Laois (*liesch* ausgesprochen) liegt fernab der Hauptrouten und wird von Touristen, die in den Süden und Westen eilen, oft übersehen. Dabei lockt diese verborgene Ecke Irlands mit hübschen Städten wie Abbeyleix, ideal für einen Tagesausflug, und mit den wildromantisch-einsamen Slieve Bloom Mountains. In Laois befindet sich auch das beeindruckende Emo Court, eines der prachtvollsten Bauwerke Irlands.

Die Website www.laoistourism.ie liefert Infos zu der Region. Die hervorragende Broschüre *Laois Heritage Trail* gibt's online und in den Touristeninformationen.

Abbeyleix

2570 EW.

Abbeyleix (abbey-*lieks*), ein klassisches historisches Städtchen mit einer georgianischen Markthalle, eleganten Terrassenhäusern und einer breiten, begrünten Hauptstraße, ist rund um ein Zisterzienserkloster aus dem 12. Jh. entstanden. Wegen häufiger Überschwemmungen riss es der lokale Grundbesitzer Viscount de Vesci im 18. Jh. ab und ließ den heutigen, am Reißbrett geplanten Ort errichten. Während der Großen Hungersnot erwies sich de Vesci im Gegensatz zu vielen anderen als gütiger Grundbesitzer, deshalb stellten ihm seine Bauern zum Dank auf dem Marktplatz einen **Brunnenobelisk** auf.

Abbeyleix wird nicht mehr von Bussen angefahren; um den Ort zu erreichen, braucht man ein eigenes Fahrzeug.

Sehenswertes

Leider ist de Vescis prächtiges Herrenhaus für Besucher nicht zugänglich. Es lohnt sich aber, stattdessen die elegante **Markthalle** im Ortszentrum anzuschauen. Ein Spaziergang durch die historischen Straßen der Stadt ist sehr lohnenswert.

★ **Heywood Gardens** GÄRTEN

(☎ 057-873 3563; www.heritageireland.ie; Ballinakill; ⏲ Mai–Aug. 8.30–21 Uhr, April & Sept. 8.30–19 Uhr, Okt.–März 8.30–17.30 Uhr; P ♿) GRATIS Eine üppige Gartenanlage mit verschiedenen Gebäuden, Seen und Wäldchen, die von Edwin Lutyens und Gertrude Jekyll gestaltet und 1912 eröffnet wurde. Herzstück ist ein prächtiger Springbrunnen, der von einem ovalen Wasserbecken und kreisförmigen Terrassen umgeben ist.

Die Heywood Gardens befinden sich 7 km südöstlich von Abbeyleix neben der R432 nach Ballinakill auf dem Gelände der Heywood Community School.

Market House HISTORISCHES GEBÄUDE

Die historische Markthalle von 1836 befindet sich im Stadtzentrum und beherbergt heute eine Bibliothek und einen Ausstellungsbereich.

Abbeyleix Heritage House & Museum MUSEUM

(☎ 057-873 1653; www.abbeyleixheritage.com; Main St; Erw./Kind 3/2 €; ⏲ Di–Sa 9–17 Uhr; P ♿) In einer ehemaligen Schule aus dem 19. Jh. dokumentiert das Heritage House die interessante Geschichte von Abbeyleix. Ein Raum widmet sich der Vergangenheit der Stadt als Zentrum der Teppichherstellung. Einst schmückten die hier produzierten Teppiche im türkischen Stil die Flure der *Titanic*. In einem anderen Raum werden die gesammelten Erinnerungsstücke der Familie Morrissey gezeigt, die von 1775 bis 2004 einen bekannten Laden und ein Pub in der Stadt betrieb. Außerdem gibt's hier eine Filiale der Touristeninformation und einen Spielplatz gleich nebenan.

Schlafen & Essen

Farran Farm Hostel HOSTEL €

(☎ 057-873 4032; www.farmhostel.com; Ballacolla; B ab 20 €; P) Das unkonventionelle, inhabergeführte Hostel mit 45 Betten bietet insgesamt 14 Zimmer mit je eigenem Bad, z. T. mit Stockbetten, im schön renovierten Heuboden eines Bauernhofes. Wenn man vorab reserviert, gibt es auch leckeres Abendessen aus lokalen Zutaten. Das schöne Kalksteinhaus liegt in der Nähe der Kreuzung R4343 und R434, rund 6 km westlich von Abbeyleix. Frühstück kostet 5 €.

Sandymount House B&B B&B €€

(☎ 057-873 1063; www.sandymounthouse.com; abseits der R433, Old Town; EZ/DZ ab 60/90 €; 📶) In dem entzückenden alten Gebäude lebte einst der Gutsverwalter von de Vesci. Das Haus wurde toll restauriert. Sein beeindruckendes Treppenhaus, die Marmorkamine und der malerische Garten verleihen ihm eleganten Charme. Die geräumigen Zimmer sind gut ausgestattet und haben schön gestaltete Bäder mit guten Duschen. 2 km westlich von Abbeyleix.

★ **Gallic Kitchen** CAFÉ €

(☎ 086 605 8208; Main St; Gerichte 5–9,50 €; ⏲ Mo–Sa 10–18, So 11–18 Uhr; ♿) 🌿 Liebhabern der Kreationen von Küchenchefin Sarah Webb wird in dieser Filiale von Gallic Kitchen in Bramley's altem Kurzwarengeschäft der Mund wässrig. Ihre guten Marmeladen, eingemachten Köstlichkeiten, Backwaren und anderen Leckereien werden auf den Bauernmärkten von hier bis Dublin verkauft. Die Speisekarte lockt mit bester moderner irischer Küche.

Ausgehen

★ **Morrissey's** PUB
(☎ 057-873 1281; Main St; ⊙ 10–23 Uhr) Das außergewöhnliche Pub wurde 1775 als Lebensmittelladen eröffnet und hat einer Modernisierung bis heute widerstanden. Auf den Regalen über den Kirchenbänken und Bolleröfen stehen zahlreiche Kuriositäten. Hier kann man wunderbar ein Pint oder einen guten Kaffee schlürfen und die tolle Atmosphäre genießen.

Durrow

820 EW.

Durrow ist ein hübsches Dorf mit schmucken Häuserzeilen, Pubs und Cafés, dazwischen gepflegte Grünanlagen. Im Westen führt ein imposantes Tor zum Wahrzeichen des Ortes, dem Castle Durrow aus dem 18. Jh.

Schlafen & Essen

Castle Arms Hotel HOTEL €€
(☎ 057-873 6117; www.castlearmshotel.ie; The Square; EZ/DZ ab 60/90 €; 📶) Aus dem sauberen Hotel mit Pub überblickt man einen Teil von Durrows gepflegtem Zentrum. Das dreistöckige historische Gebäude hat 15 komfortable Zimmer, und im geselligen Pub wird tagsüber gutes Essen serviert, an manchen Abenden wird zum Tanz aufgespielt.

★ **Castle Durrow** LUXUSHOTEL €€€
(☎ 057-873 6555; www.castledurrow.com; abseits der N9; DZ inkl. HP ab 195 €; ⊙ Mi–So 19–21 Uhr; 📶) Castle Durrow aus dem 18. Jh. ist eines der besten Landhaushotels Irlands. Die Bandbreite der Übernachtungsmöglichkeiten reicht von opulenten Suiten mit Himmelbetten und schweren Brokatstoffen bis zu kleinen, schlichteren Räumen. Auch wenn man nicht hier übernachtet, lohnt sich ein Abstecher, um auf der Terrasse mit Blick auf das weitläufige Grundstück einen Nachmittagstee einzunehmen. Gäste können aus zahlreichen Aktivitäten auswählen, z. B. Tennis, Bogenschießen, Tontaubenschießen und Angeln.

Das exzellente **Restaurant** (3-Gänge-Menü 39,50 €; ⊙ Mi–So 19–21 Uhr) verwendet Zutaten aus dem eigenen Biogarten. Tagsüber werden einfachere Gerichte serviert. Auf dem Gelände gibt es Spazierwege; es werden auch Führungen durch die Gärten angeboten.

Slieve Bloom Mountains

Wenn man sich den Slieve Bloom Mountains nähert, verschwindet das besiedelte Irland im Rückspiegel. Sie sind zwar nicht ganz so spektakulär wie andere irische Gebirge, bauen sich aber trotzdem eindrucksvoll vor einem auf – und ziehen angeneh-

ABSEITS DER ÜBLICHEN PFADE

DAS ARMENHAUS IN DONAGHMORE

In dem unauffälligen Dorf Donaghmore, 20 km westlich von Durrow, stößt man auf ein düsteres Vermächtnis der Hungersnot.

Das **Donaghmore Workhouse** (☎ 086 829 6685; R435, Donaghmore; Erw./Kind 5/3 €; ⊙ ganzjährig Mo–Fr 11–17 Uhr, Juni–Sept. auch Sa & So 14–17 Uhr) in einem schmucklosen Steinhaus war in den 1850er-Jahren die letzte Zuflucht für die Armen. Durch die bewusst abschreckenden Verhältnisse vor Ort wollte man die Bedürftigen davon abhalten, länger zu bleiben. Das taten sie auch nicht – viele von ihnen starben aufgrund der harten Bedingungen. Heute erzählen die verbliebenen Gebäude mit einer Sammlung einfacher Exponate diese grausame Geschichte nach.

Auf einem Schild in der Nähe des Eingangs steht: „Als das Donaghmore Workhouse 1853 öffnete, war ein Großteil der Armen in der Gegend bereits an Hunger oder Krankheit gestorben oder ausgewandert."

Das Armenhaus war überfüllt, Familien mussten in getrennten Räumen schlafen (meist auf Dauer), die Mahlzeiten (jeweils eine Schale Haferschleim) durften nur schweigend eingenommen werden, die Toiletten waren primitiv, und es gab nur eine begrenzte Anzahl an Betten. Mit dem Leben im Haus ging auch ein Verlust der Würde einher – tragische Realität für viele.

merweise nur wenige Besucher an. An den unteren Hängen wachsen jede Menge typische Nadelbäume, während weiter oben einsame Hochmoore, Heideland, Kiefernwälder und stille Senken das Gefühl wahrer Ursprünglichkeit vermitteln.

Auf der Website www.slievebloom.ie findet man umfassende Informationen und 16 Rundwanderungen zum Herunterladen.

Sehenswertes & Aktivitäten

Für einen netten Spaziergang eignet sich **Glenbarrow** südwestlich von Rosenallis, wo ein interessanter Weg am **Glendine Park** in der Nähe des Glendine Gap vorbei und zum **Cut Mountain Pass** führt. An vielen Parkplätzen stehen fest installierte Wanderkarten, an denen man sich zu weiteren Spaziergängen inspirieren lassen kann.

Eine größere Herausforderung ist der **Slieve Bloom Way**, eine 84 km lange, ausgeschilderte Rundroute durch die Berge. Als Startpunkt dient am besten auch der Parkplatz in Glenbarrow, 5 km von Rosenallis entfernt. Von dort verläuft der Wanderweg auf Feuerschneisen im Wald und über alte Straßen durch die Berge. Höchster Punkt auf der Strecke ist der **Glendine Gap** (460 m).

★ Slieve Bloom Mountains Nature Reserve NATURSCHUTZGEBIET
(www.npws.ie) Die höhere Bergregion ist als Naturschutzgebiet ausgewiesen. Auf der Website kann man sich über Wanderrouten sowie die hiesige Flora, darunter viele Kräuter und Wildblumen, und Fauna informieren.

Slieve Bloom Walking Club WANDERN
(☎ 086 278 9147; www.slievebloom.ie; Erw./Kind 5 €/frei; ⏱ So, andere Wochentage siehe Website) Organisiert geführte Wanderungen und ein alljährliches Fest. Aktuelle Termine sind auf der Website zu finden.

Schlafen & Essen

★ Roundwood House GÄSTEHAUS €€
(☎ 057-873 2120; www.roundwoodhouse.com; R440, Mountrath; EZ/DZ ab 95/150 €, Abendmenü 40–55 €; ⏱ Feb.–Dez.; 📶) Die prachtvolle palladianische Villa aus dem 17. Jh. liegt in einem abgeschiedenen Wald und versprüht altmodische, stellenweise etwas angejahrte Eleganz. Kinder und Erwachsene werden die Außenanlagen gleichermaßen lieben.

Beim gemeinsamen Abendessen kann man sich mit den liebenswürdigen Hausbesitzern unterhalten und leckeres landestypisches Essen genießen.

Neben dem Hauptgebäude mit geselliger Lounge liegen auch noch zwei Ferien-Cottages.

★ Ballyfin House LUXUSHOTEL €€€
(☎ 057-875 5866; www.ballyfin.com; abseits der R423, Ballyfin; EZ 380–620 €, DZ 590–890 €, Suite 810–1580 €; @ 📶 🏊) Das Ballyfin House am Fuße der Slieve Bloom Mountains hat 20 Zimmer. Es ist ein weitläufiges opulentes Anwesen im Regency-Stil mit luxuriösem Interieur und eins der besten Luxushotels Irlands. Zu den Highlights gehören flämische Teppiche aus dem 17. Jh., ein Bad mit römischen Sarkophagen, Geheimgänge und ein „Flüsterzimmer". Außerdem lockt es mit dem Versprechen, den Gästen jeden Wunsch zu erfüllen. Das riesige Hotelgelände ist über 248 Hektar groß.

> **UNTERWEGS IN LAOIS**
>
> Das County Laois lässt sich am besten mit einem Mietwagen erkunden, denn die Busverbindungen sind spärlich. In der Stadt Portlaoise gibt es Zugverbindungen: Die Züge halten hier auf ihrem Weg nach Dublin (ab 18 €, 1 Std., 14-mal tgl.), Cork (ab 20 €, 2 Std., 9-mal tgl.) und Limerick (ab 18 €, 1½ Std., 3-mal tgl.).

Mountmellick

4750 EW.

Dieser stille georgianische Ort am Fluss Owenass war im 19. Jh. für die Leinenherstellung berühmt und verdankt seine Geschichte zum Großteil den hier lebenden Quäkern und der Lage am Grand Canal. Das informative Mountmellick Museum bietet einen interessanten Einblick in die faszinierende Geschichte der Stadt.

Am Marktplatz beginnt ein rund 4 km langer ausgeschilderter **Kulturerlebnispfad**, auf dem man die wichtigsten historischen Sehenswürdigkeiten abklappern kann.

Mountmellick Museum MUSEUM
(☎ 057-862 4525; www.mountmellickdevelopment.com; unweit der N80, Irishtown; Erw./Kind 5/2 €; ⏱ Mo–Fr 9.15–17 Uhr) Im Mountmellick Museum bekommt man Einblicke in die Vergangenheit des Städtchens als Industriestandort und in das Leben der Quäker vor

Ort, außerdem kann man feinste Mountmellick-Stickereien besichtigen. Die Einwohner stellen nach wie vor Leinenstoffe sowie Patchworkdecken her und verkaufen sie hier. Tagsüber finden Museumsführungen statt; hier findet man außerdem Unterlagen zum Kulturerlebnispfad.

Portarlington

7790 EW.

Portarlington entstand unter dem Einfluss französischer Hugenotten und deutscher Siedler. An der French Street und der Patrick Street befinden sich einige schöne, aber doch etwas vernachlässigte Gebäude aus dem 18. Jh. Auch die Ruinen des Lea Castle sind einen Besuch wert.

Sehenswertes

Lea Castle BURG

4 km östlich der Stadt liegen am Ufer des Flusses Barrow, der Laois von Offaly trennt, die mit Efeu bewachsenen Ruinen des Lea Castle aus dem 13. Jh. Die Burg besteht aus einem einigermaßen intakten Bergfried mit Turm und zwei Außenmauern sowie einem Pförtnerhaus mit Zwillingstürmen. Der Weg zum Gebäude führt über ein Gehöft 500 m nördlich von der Hauptstraße nach Monasterevin (R420).

NICHT VERSÄUMEN

ELECTRIC PICNIC

Das alljährliche **Electric Picnic** (www.electricpicnic.ie; Stradbally Hall; 3-Tages-Karte ab 240 €; Anfang Sept.), ein dreitägiges Kunst- und Musikfestival unter freiem Himmel, ist Irlands kleine Version des Glastonbury Festivals. Es ist für sein bunt gemischtes Programm bekannt und zieht viele irische und internationale Künstler an. Tickets sind bereits Monate im Voraus ausverkauft. Da die meisten Festivalteilnehmer campen, gleicht die Veranstaltung einer riesigen Gemeinschaftsparty. Das Festival findet 10 km südöstlich von Portlaoise statt.

Seit dem allerersten Electric Picnic 2004 traten bereits Stars wie Björk, Underworld, The Chemical Brothers, Sinead O'Connor, Massive Attack, Blondie, Florence + the Machine und Blur hier auf.

St. Paul's Church KIRCHE

(R420; 7–19 Uhr) GRATIS Die St. Paul's Church wurde 1851 für die Hugenotten erbaut, deren Grabsteine in einer Ecke des Friedhofes stehen. Das Gotteshaus wurde auf den Fundamenten einer französischen Kirche aus dem 17. Jh. errichtet. Viele wohlhabende Hugenotten hatten Portarlington bis 1871 verlassen; die, die blieben, arbeiteten hauptsächlich als Händler und Ladenbesitzer.

Portlaoise & Umgebung

22 000 EW.

Die meisten Touristen durchfahren Portlaoise entweder ohne Zwischenstopp oder besuchen die Stadt im September zum Musik- und Kunstfestival „Electric Picnic". Die Stadt ist heute vorwiegend ein Wirtschaftszentrum.

Portlaoise wird von **Zügen** (www.irishrail.ie) und **Bussen** (www.buseireann.ie) angefahren. Der Bahnhof befindet sich auf der Station Road nahe des Stadtzentrums.

Sehenswertes

★ **Emo Court** HISTORISCHES BAUWERK

(www.heritageireland.ie; abseits der R422, Emo; Erw./Kind 5/3 €, Gelände Eintritt frei; Ostern–Sept. 10–18 Uhr, letzter Einlass 17 Uhr, Anlage ganzjährig Sonnenauf- bis Sonnenuntergang) Das ungewöhnliche, von einer grünen Kuppel gekrönte und sehr eindrucksvolle Emo Court wurde 1790 von James Gandon, dem Architekten des Custom House in Dublin, entworfen.

Auf dem großen Grundstück voller griechischer Statuen sind über 1000 verschiedene Baum- und Straucharten aus aller Welt angepflanzt worden, darunter riesige Mammutbäume. Im Park kann man sehr schön picknicken oder sich im Café eine kleine Erfrischung genehmigen und danach einen netten kleinen Waldspaziergang zum Emo Lake machen.

Emo liegt 13 km nordöstlich von Portlaoise an der R422, 2 km westlich der M7.

Ursprünglich war das imposante Gebäude Landsitz des ersten Earl von Portarlington. Nachdem es dann viele Jahre als jesuitisches Novizenheim gedient hatte, wurde das Haus mit der kunstvollen Mittelrotunde sorgfältig restauriert.

Rock of Dunamaise HISTORISCHE STÄTTE

(abseits der N80; Sonnenauf- bis Sonnenuntergang; P) Der Rock of Dunamaise, 6 km östlich von Portlaoise, ein beeindruckender, zerklüfteter Kalksteinfelsen, ragt steil aus der flachen Ebene empor. Er bot den frühen Siedlern eine ausgezeichnete Verteidigungsposition.

Um sich das frühere Bauwerk so vorzustellen, wie es vor der Zerstörung durch Cromwells Handlanger 1650 aussah, braucht man zwar eine Menge Fantasie, aber dafür ist die Aussicht vom Gipfel bei klarem Wetter atemberaubend.

Die ersten Befestigungen auf dem Felsen entstanden in der Bronzezeit. Erstmals erwähnt wurde er auf einer Karte von Ptolemäus im Jahre 140 n. Chr. Im Laufe der Jahrhunderte suchten ihn in mehreren Belagerungswellen die Wikinger, Normannen, Iren und Engländer heim. Die Ruinen, die man hier heute sieht, stammen von einer Burg aus dem 13. Jh. Im 15. Jh. fanden umfassende Umbauten statt, die Überreste wurden im 18. Jh. zum Teil wieder restauriert.

Mit etwas Glück sieht man den Timahoe-Rundturm im Süden sowie die Slieve Blooms im Westen und die Wicklow Mountains im Osten.

Timahoe — DORF

Das winzige Timahoe, 13 km südöstlich von Portlaoise an der R426, ist charmant, wenn auch nicht viel mehr als eine Ansammlung von Häusern um einen dreieckigen Rasenplatz. Am gegenüberliegenden Ufer eines plätschernden Bachs erhebt sich ein 30 m hoher **Rundturm** aus dem 12. Jh., der einem Märchen entstammen könnte. Mit seinem kunstvoll gestalteten romanischen Toreingang 5 m über dem Boden ist er Teil einer historischen Stätte, zu der auch die Ruinen einer Kirche aus dem 15. Jh. gehören.
Der ganze Ort hat etwas verwunschen Magisches, der Mangel an Besuchern trägt dazu noch bei.

Counties Meath, Louth, Cavan & Monaghan

460 795 EW. / 6395 KM²

Inhalt ➡

Gut essen

- MacNean House & Restaurant (S. 574)
- Tankardstown House (S. 552)
- Olde Post Inn (S. 573)
- Strandfield (S. 567)
- Riverbank County Pub (S. 578)

Schön übernachten

- Hilton Park (S. 576)
- Castle Leslie (S. 577)
- Scholars Townhouse Hotel (S. 563)
- Rock Farm Glamping (S. 552)
- Bellinter House (S. 554)

Auf nach Meath, Louth, Cavan & Monaghan

Die fruchtbaren Felder der Counties Meath und Louth sind die Wiege der irischen Zivilisation. Inzwischen wohnen hier viele Pendler, die in Dublin arbeiten, doch das Erbe ihrer frühesten Vorfahren hat noch immer Bestand, davon zeugen die mystischen Grabstätten Brú na Bóinne und Loughcrew (beide älter als die ägyptischen Pyramiden) sowie Tara, Sitz der Hochkönige von Irland und Tor zum Jenseits.

Nach der Ankunft des hl. Patrick errichteten die Gläubigen Klöster, Hochkreuze und Rundtürme als Verwahrungsorte für kostbare Manuskripte. Heute erzählen prächtige Ruinen Geschichten aus der Zeit, als Irland noch als Land der Heiligen und Gelehrten bekannt war.

Die Hügel und fischreichen Seen der Counties Cavan und Monaghan im Nordwesten sind wilder und abgeschiedener. Besucher wandern hier durch wildromantische Landschaften und genießen den umwerfenden Blick auf die Cuilcagh Mountains.

Reisezeit

- Die Zeit von November bis März eignet sich nicht zum Sightseeing, da viele bedeutende historische Stätten der Region nur begrenzt geöffnet oder ganz geschlossen sind.
- Überraschenderweise ist der April in diesem Teil des Landes der trockenste Monat des Jahres. Wanderer können sich über jede Menge blühende Narzissen und Wildblumen und über wenig Niederschlag freuen.
- Während der Sommermonate herrscht Partystimmung: Im Mai findet in Drogheda das Arts Festival statt und Carlingfords berühmtes Oyster Festival sorgt im August für Feierlaune. Ende August gibt's am Strand von Laytown Pferderennen und Monaghan-Stadt richtet Anfang September das Harvest Blues Festival aus.

COUNTY MEATH

Bereits 8000 v. Chr. lockte das fruchtbare Land des Countys, eine Hinterlassenschaft der letzten Eiszeit, erste Siedler an. Diese folgten dem Verlauf des Flusses Boyne und verwandelten dabei die Wälder in Ackerland. Meath ist eine der fünf Provinzen im alten Irland und war jahrhundertelang das Zentrum der irischen Politik.

Dank des guten Ackerbodens und jeder Menge Wasser ist die Region heute ein wichtiges landwirtschaftliches Anbaugebiet. Ihre Nähe zu Dublin ließ sie während des Booms (als „keltischer Tiger" bezeichnet) ab Mitte der 1990er-Jahre unkontrolliert wachsen. Mittlerweile beherbergen die größeren Städte seelenlose Hochhaussiedlungen und zu Stoßzeiten ist das Verkehrsaufkommen hoch.

Auf Besucher warten jedoch zahlreiche bedeutende Attraktionen, von denen viele an Meaths faszinierende Geschichte erinnern.

Brú na Bóinne

Die gewaltige neolithische Totenstadt Brú na Bóinne (Boyne Palace) gehört zu den außergewöhnlichsten Stätten Europas. 1000 Jahre älter als Stonehenge, legt sie ein mächtiges Zeugnis darüber ab, zu welch erstaunlichen Leistungen die prähistorischen Menschen fähig waren.

Sie wurde für die sterblichen Überreste der Oberschicht gebaut und ihre Gräber waren bis zur Errichtung der anglonormannischen Burgen 4000 Jahre später die größten künstlichen Bauwerke im ganzen Land. Rund um Brú na Bóinne befinden sich mehrere solcher Stätten; die wichtigsten sind Newgrange, Knowth und Dowth.

Im Laufe der Jahrhunderte verfielen die Gräber und wurden von Bäumen und Gras überwuchert und geplündert, z. B. von Wikingern und viktorianischen Schatzjägern, die ihre Initialen in die großen Steine von Newgrange ritzten. Die Umgebung ist gespickt mit zahllosen weiteren alten *tumuli* (Grabhügel) und Menhiren.

Sehenswertes

★ Brú na Bóinne Visitor Centre BESUCHERZENTRUM
(☎ 041-988 0300; www.heritageireland.ie; Donore; Erw./Kind Besucherzentrum 4/3 €, Besucherzentrum & Newgrange 7/4 €, Besucherzentrum & Knowth 6/4 €, alle 3 Stätten 13/8 €; ⏲ Juni–Mitte Sept. 9–19 Uhr, Mai & Mitte Sept.–Anfang Okt. 9–18.30 Uhr, Anfang Okt.–Anfang Nov. & Feb.–April 9.30–17.30 Uhr, Anfang Nov.–Jan. 9–17 Uhr) Das großartige Infozentrum, dessen Spiralendesign Newgrange nachempfunden ist, beherbergt interaktive Ausstellungen zur irischen Frühgeschichte und den Ganggräbern, ein exzellentes Café sowie einen tollen Buch- und Andenkenladen. Außerdem erfährt man hier mehr über die Attraktionen in der Region. Im verglasten Obergeschoss kann man den Blick über Newgrange schweifen lassen.

Das Zentrum ist der Ausgangspunkt für Besuche von Newgrange und/oder Knowth.

★ Newgrange HISTORISCHE STÄTTE
(www.newgrange.com; Erw./Kind Besucherzentrum & Newgrange 7/4 €; ⏲ Juni–Mitte Sept. 9–19 Uhr, Mai & Mitte Sept.–Anfang Okt. 9–18.30 Uhr, Anfang Okt.–Anfang Nov. 9–17 Uhr, Anfang Nov.–Jan. 9–17 Uhr, Feb.–April 9–17 Uhr) Newgrange beeindruckt mit einem Durchmesser von 80 m und einer Höhe von 13 m. Die weißen gerundeten, von einem Grashügel überwucherten Steinwälle wirken unheimlich futuristisch. Darunter befindet sich Irlands besterhaltenes steinzeitliches Ganggrab, eine der bemerkenswertesten prähistorischen Stätten Europas. Es stammt etwa aus der Zeit 3200 v. Chr. und ist somit 600 Jahre älter als die ägyptischen Pyramiden.

Aufgrund der präzisen Ausrichtung des Grabs auf den Stand der Sonne zur Wintersonnenwende (S. 549) könnte es gleichzeitig als Kalender fungiert haben.

Auch wenn niemand den ursprünglichen Zweck der Stätte kennt, ist es am wahrscheinlichsten, dass sie als königliches Grab oder rituelles Zentrum diente.

Der Name Newgrange leitet sich von „New Granary" (Neuer Kornspeicher) ab. Und tatsächlich war das Grab einst ein Speicher für Getreide. Bei den Einheimischen erfreut sich jedoch eine andere Theorie Beliebtheit. Sie besagt, dass der Name auf das irische „Cave of Gráinne" zurückgeht und sich auf eine bekannte keltische Sage bezieht. Die Geschichte von *The Pursuit of Diarmuid and Gráinne* erzählt von der verbotenen Liebe zwischen Gráinne, der Frau von Fionn McCumhaill (oder Finn McCool), Anführer der Fianna, und einem seiner treuesten Gefolgsleute, Diarmuid. Als Diarmuid tödlich verwundet wird, versucht der Gott Aengus vergeblich, ihn zu retten, und bringt ihn nach Newgrange. Die verzweifelte Gráinne folgt ihrem Geliebten in die Höhle und bleibt dort

Highlights

1. **Brú na Bóinne** (S. 545) In der antiken Gräberstadt Brú na Bóinne atmosphärische prähistorische Ruinen erkunden.

2. **Fahrten mit dem Heißluftballon** (S. 557) Bei einer Ballonfahrt von Trim aus über faszinierende Ruinen und smaragdgrüne Felder hinwegschweben.

3. **Patrick Kavanagh Resource Centre** (S. 579) Mehr über das Leben und Werk des Dichters und Schriftstellers Patrick Kavanagh erfahren.

4. **Tayto Park** (S. 554) Mit Europas größter Inverter-Holzachterbahn fahren und die Kartoffelchipsfabrik besuchen.

5. **Tara** (S. 553) Die massiven Erdwälle, Ganggräber und den Stone of Destiny auf dem heiligen Hügel von Tara bestaunen.

6. **Cavan Canoe Centre** (S. 573) Mit dem Kanu auf den Wasserwegen rund um Butlersbridge umherschippern.

7. **Listoke Distillery & Gin School** (S. 563) In der Destillerie nahe Drogheda Kräuter mischen, Gin herstellen und dabei Gin Tonic schlürfen.

8. **Cavan Burren Park** (S. 575) Im ursprünglichen Cavan Burren Park unweit von Blacklion an Megalithen und Gräbern vorbeispazieren.

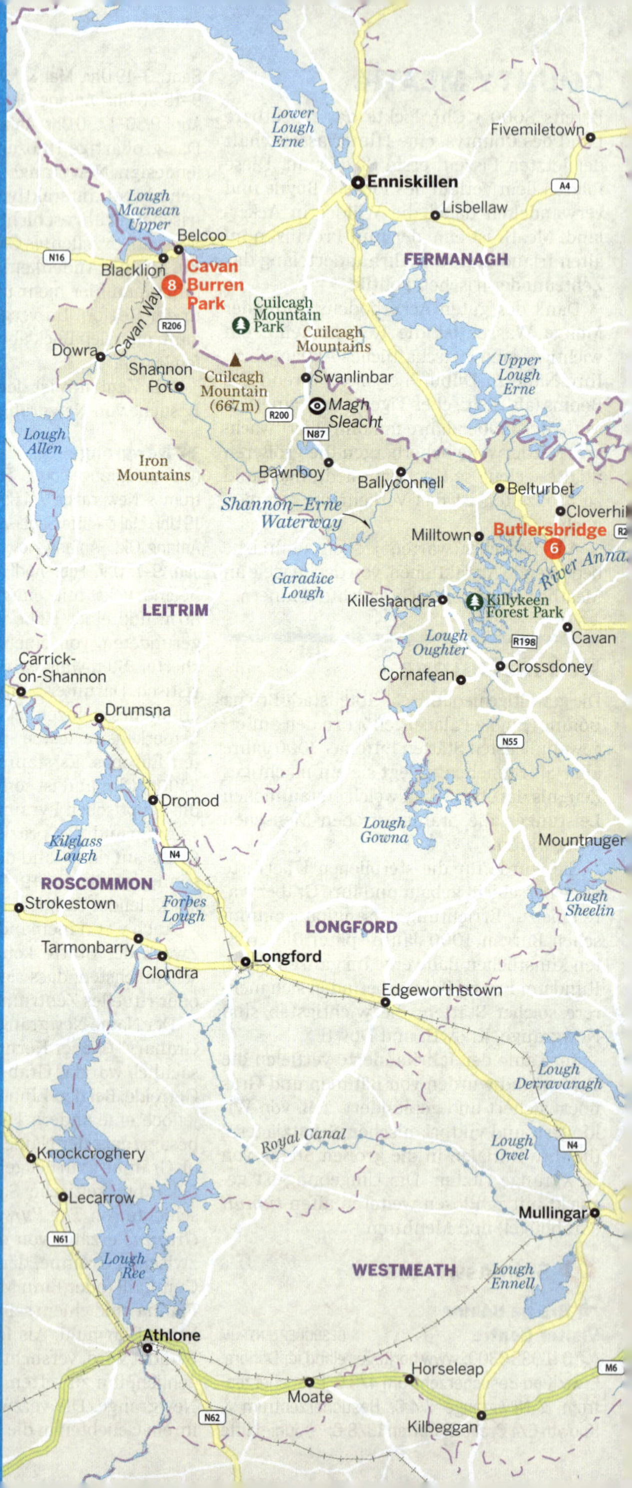

0
20 km
Augher
Aughnacloy
TYRONE
Ulster Canal
Dromore
Banbridge
Armagh
Loughbrickland
Newry Canal
Emyvale
Glaslough
Castle Leslie
N2
Markethill
DOWN
ARMAGH
NORDIRLAND
Monaghan
Rossmore Forest Park
Ulster Canal
N54
ones
MONAGHAN
Newry
Newbliss
Mourne Mountains
Ballybay
otshouse
Meigh
Warrenpoint
Castleblayney
Forkhill
Flagstaff Viewpoint
Rostrevor
Crossmaglen
Omeath
R173
Cootehill
Lough Egish
N1
Slieve Foye (587m)
Carlingford Lough
Shantonagh
N53
Carlingford
Annagh
Cooley Peninsula
Inniskeen 3
Dundalk
Jenkinstown
Lough Sillan
Shercock
CAVAN
Carrickmacross
Ballagan Point
Dundalk Bay
Glyde
Bailieborough
Dún an Rí Forest Park
Kingscourt
M1
Castlebellingham
N2
Annagassan
Dee
Ardee
Dunany Point
Dee
Ballyjamesduff
Dunleer
R166
LOUTH
Virginia
Clogher Head
Lough Ramor
N3
Clogherhead
Monasterboice
Oldcastle
Termonfeckin
Loughcrew Cairns
Battle of Boyne Site
7 Listoke
R195
Old Mellifont Abbey
Baltray
Irische See
R154
Kells
Brú na Bóinne
Mornington
L2800
Loughcrew Gardens
Dunmoe Castle
Slane
Drogheda
Crossakeel
Teltown
Boyne
1
Donore
N1
Loughcrew Hills
Newgrange
Laytown
N52
Navan
Sonairte National Ecology Centre
MEATH
Duleek
N51
N2
M1
Athboy
Rathcairn
Tara
Balbriggan
Delvin
R161
5
Skyrne
R108
N1
Newtown
Hill of Tara
Tayto Park
2 Trim
N3
Kilmessan
4
DUBLIN
Deel
Dunsany Castle
Ratoath
Laracor
Dunshaughlin
Ashbourne
M1
Fairyhouse Racecourse
Royal Canal
Summerhill
Swords
ralstown
Kinnegad
Black Bull
Dublin Airport
Boyne
M4
Dunboyne
M50
N1
M4
OFFALY
KILDARE
Dublin
M7

BRÚ NA BÓINNE: TOP-TIPPS

- Tipp Numero eins: im Voraus planen!
- Ein Besuch von Brú na Bóinne beginnt am **Brú na Bóinne Visitor Centre** (S.545), von wo aus ein Bus zu den Gräbern fährt. Wenn man zuerst nach Newgrange oder Knowth möchte, wird man ebenfalls zuerst zum Besucherzentrum geschickt. Dieses liegt je 4 km von den beiden Anlagen entfernt. Es wird davon abgeraten, die Strecke zu Fuß zurückzulegen, denn auf der engen Straße gibt's kaum Platz, um dem Bus auszuweichen.
- Für Brú na Bóinne sollte viel Zeit eingeplant werden. Der Besuch im Visitor Centre dauert etwa eine Stunde, für Newgrange oder Knowth braucht man mindestens zwei Stunden. Wer sich alle drei Stätten nacheinander anschauen möchte, benötigt auf jeden Fall einen halben Tag.
- Die Gräber von Dowth sind für Besucher nicht zugänglich, aber dafür kann man die Umgebung erkunden.
- Im Sommer, besonders an den Wochenenden und während der Ferien, ist die Hölle los. Die Tageskapazität liegt bei 750 Personen, doch mitunter kommen über 2000 Menschen her! Man muss also damit rechnen, wieder weggeschickt zu werden. Tickets können nur direkt vor Ort und nicht vorab gekauft werden, deshalb sollte man die Besichtigung auf den frühen Morgen bzw. einen Werktag legen und Wartezeiten einkalkulieren. Alternativ schließt man sich einer organisierten Tour (z. B. von **Mary Gibbons Tours**) an, dann ist der Eintritt garantiert.
- Bei der Besichtigung hält man sich vornehmlich im Freien auf, von daher muss man regenfeste Kleidung dabeihaben.

noch lange nach seinem Tod. Diese verdächtig nach der Artussage klingende Geschichte (man setze Diarmuid und Gráinne mit Lancelot und Guinevere gleich) entspringt zweifellos dem Reich der Fantasie, trotzdem ist dies eine ziemlich gute Story.

In der keltischen Mythologie spielt Newgrange auch noch eine andere Rolle, nämlich als der Ort, wo der Held Cúchulainn gezeugt wurde.

Ebenso wie Dowth und Knowth verfiel die Stätte im Laufe der Zeit und eine Weile nutzte man sie sogar als Steinbruch. 1962 und 1975 wurde die Anlage restauriert.

Am Haupteingang zum Grab liegt ein herrlich verzierter Schwellenstein mit doppelten und dreifachen Spiralen. Die Frontseite wurde so umgestaltet, dass Besucher nicht drüberklettern müssen, um hineinzugelangen. Über dem Eingang fällt durch einen Schlitz Licht in den Innenraum. Ein weiterer Schwellenstein befindet sich genau auf der gegenüberliegenden Seite des Hügels. Einige Fachleute meinen, dass früher ein Steinkreis von etwa 100 m Durchmesser den Hügel einschloss, aber leider sind nur zwölf dieser Steine übrig geblieben, Überreste von ein paar anderen finden sich unter der Erde.

Zusammengehalten wird das Gebilde von 97 Steinblöcken. Elf davon sind mit ähnlichen Motiven geschmückt wie der Stein vom Haupteingang, großflächige Verzierungen weisen allerdings nur drei auf.

Der weiße Quarzit stammt aus dem 70 km weiter südlich gelegenen Wicklow. Da es in jener Zeit weder Pferde noch Räder gab, wurde er über das Meer und dann den Boyne hinauftransportiert. In dem Hügel stecken mehr als 200 000 t Erde und Stein.

Ein enger, etwa 19 m langer Gang, gesäumt von 43 aufrecht stehenden, teils verzierten Steinen, führt in die Grabkammer mit drei Nischen und großen Steinbecken für die Asche menschlicher Knochen. Bei den menschlichen Überresten müssen auch Grabbeigaben wie Perlenketten und Anhänger aufbewahrt worden sein, die vermutlich schon lange vor der Ankunft der Archäologen gestohlen wurden.

Massive Steine stützen das Dach der Kammer, ein 6 m hohes Kragsteingewölbe. Ein komplexes Dränagesystem verhindert bereits seit 4000 Jahren, dass hier Wasser eindringt.

★ Knowth HISTORISCHE STÄTTE

(Erw./Kind Besucherzentrum & Knowth 6/4 €; ⌚ Juni–Mitte Sept. 9–19 Uhr, Mai & Mitte–Anfang Okt. bis 18.30 Uhr, Anfang Okt.–Anfang Nov. 9.30–17.30 Uhr, Anfang Nov.–Jan. 9–17 Uhr, Feb.–April 9.30–17.30 Uhr) Nordwestlich von Newgrange erhebt sich der Grabhügel von Knowth, der etwa zur selben Zeit entstand. Die Stätte beherbergt Westeuropas größte Sammlung von Ganggrabkunst.

Der Gang zur Hauptkammer ist mit 34 m deutlich länger als der von Newgrange. Auf der anderen Seite des Hügels stießen die Wissenschaftler 1968 außerdem auf einen 40 m langen Gang.

Da in Knowth immer noch Ausgrabungen stattfinden, kann die Stätte zeitweise geschlossen sein.

Im Hügel befinden sich darüber hinaus die Überreste von weiteren sechs frühchristlichen unterirdischen Kammern. Rund um den Hügel verteilen sich 300 verzierte Steine sowie 17 Nebengräber.

Nach ihrer Fertigstellung wurde die Anlage jahrtausendelang genutzt: in der frühen Bronzezeit (um 1800 v. Chr.) von den Menschen der Becherkulturen – so genannt, weil sie ihre Toten mit Trinkgefäßen beerdigten – und in der Eisenzeit (um 500 v. Chr.) von den Kelten. Aus beiden Epochen fand man Überreste von Bronze- und Eisenarbeiten. Um 800 oder 900 n. Chr. wurde die Anlage zu einer *ráth* (Ringfestung aus Erde) umgebaut und diente dem überaus mächtigen O'Neill-Clan als Fort. 965 war sie der Sitz von Cormac MacMaelmithic, der später neun Jahre lang als irischer Hochkönig herrschen sollte. Im 12. Jh. errichteten die Normannen auf einem Hügel eine Palisadenfestung mit Bergfried. Um 1400 wurde die Anlage dann endgültig aufgegeben. Ausgangspunkt für Besuche dieser Stätte ist ausschließlich das Besucherzentrum (S. 545).

Dowth HISTORISCHE STÄTTE

(24 Std.) GRATIS Der runde Hügel von Dowth ist mit seinen 63 m etwas kleiner im Durchmesser als Newgrange, aber mit 14 m etwas höher. Aus sicherheitstechnischen Gründen sind die Gräber der Anlage für Besucher nicht zugänglich. Von der L1607 zwischen Newgrange und Drogheda aus kann man sich aber den Hügel (samt grasenden Schafen) ansehen.

Nördlich des Hügels blickt man auf die Ruinen des **Dowth Castle** und des **Dowth House**.

Es gibt zwei Eintrittsgänge, die zu versiegelten getrennten Kammern führen. An jeder Seite befindet sich ein 24 m langes frühchristliches Erdgrab, das mit dem Westgang verbunden ist. Dieser 8 m lange Durchbruch führt zu einem kleinen kreuzförmigen Raum, in dem eine Nische als Zugang zu weiteren Kammern dient. Ein derartiges Konzept ist nur von Dowth bekannt. Im Südwesten liegt der Eingang zu einem kürzeren Gang mit einer weiteren Kammer.

Der Hügel litt stark unter den zahlreichen Straßenbauern, Schatzjägern und Hobbyarchäologen, die im 19. Jh. sein Inneres aushöhlten. Eine Zeit lang befand sich auf der Kuppe sogar eine Teestube.

Newgrange Farm BAUERNHOF

(041-982 4119; www.newgrangefarm.com; Newgrange; 9 € p. P., Traktorfahrt 2,50 €; Mitte März–Anfang Sept. 10–18 Uhr;) Besucher des familienbetriebenen, bewirtschafteten und 135 ha großen Bauernhofs dürfen Enten, Lämmer und Ziegen füttern, Kühe melken, Kaninchen streicheln und mit dem Traktor fahren. Besonders Kindern wird es hier gefallen, nicht nur im Strohlabyrinth oder auf einem der Spielzeugtraktoren. Picknickbereiche im Freien und ein Café gehören ebenfalls zum Hof. Den Ausschilderungen auf der N51 folgen.

Sonntags um 15 Uhr gibt's etwas Besonderes: Bei den sogenannten Schaf-Derbys werden Teddybär-„Jockeys" auf den Rücken der Tiere befestigt und jedes Kind bekommt ein Schaf für das Rennen zugeteilt.

WINTERSONNENWENDE IN NEWGRANGE

Zur Wintersonnenwende (meist zwischen dem 18. und 23. Dezember) dringen die Strahlen der aufgehenden Sonne um 8.20 Uhr durch die Öffnung über dem Eingang. Langsam kriechen sie durch den langen Gang bis zur Grabkammer und erleuchten sie für 17 Minuten. Zweifellos ist die Teilnahme an diesem Ereignis eine ergreifende, wenn nicht gar mystische Erfahrung.

Bei jeder Führung durch das Grab gibt es eine simulierte Wintersonnenwende. Um in den Genuss des „echten" Erlebnisses an einem der sechs Vormittage rund um das Wintersonnenwendendatum zu kommen, muss man an der kostenlosen Verlosung Ende September teilnehmen (pro Jahr bewerben sich über 30 000 Personen!). 50 Namen werden gezogen, wobei jeder Gewinner eine Begleitperson mitnehmen darf. Interessierte füllen das Formular im Brú na Bóinne Visitor Centre aus oder schreiben eine E-Mail an brunaboinne@opw.ie.

HERITAGE CARD

Wer mehrere archäologische und historische Stätten besuchen möchte, für den lohnt sich eventuell die **Heritage Card** (http://heritageireland.ie; Erw./Kind 40/10 €). Sie ist ein Jahr lang gültig und am Ticketschalter des **Schlachtfeldes von Boyne** (siehe rechts) sowie bei anderen teilnehmenden Sehenswürdigkeiten im ganzen Land erhältlich. Weitere Infos bietet Heritage Ireland (www.heritageireland.ie).

Geführte Touren

Brú na Bóinne ist eine der Hauptattraktionen Irlands. Es gibt ein großes Angebot an Touren hierher, die meisten in Dublin starten.

Ein besonders empfehlenswertes Tourunternehmen ist Mary Gibbons Tours.

★ **Mary Gibbons Tours** GEFÜHRTE TOUREN

(☎086 355 1355; www.newgrangetours.com; Tour inkl. Eintrittgelder pro Erw./Kind 40/35 €) Von mehreren Dubliner Hotels aus kann man montags bis freitags um 9.30 Uhr sowie samstags und sonntags um 7.40 Uhr eine Tour ins Boyne Valley inklusive einer Besichtigung von Newgrange und Tara unternehmen. Kompetente Führer beschreiben spannend das keltische und präkeltische Leben in Irland. Kreditkarten werden nicht akzeptiert; der Ausflugspreis wird bar im Bus bezahlt.

Schlafen

Newgrange Lodge HOSTEL, HOTEL €

(☎041-988 2478; www.newgrangelodge.com; Staleen Rd, Donore; Zeltstellplatz 10 €, B/EZ/DZ/FZ ab 21/59/75/109 €; P 📶) Einen Steinwurf östlich vom Brú na Bóinne Visitor Centre entfernt bietet dieses umgebaute Bauernhaus 23 Zimmer, z. B. Schlafsäle mit vier bis zehn Betten sowie Doppelzimmer mit Hotelstandard und eigenen Bädern. Zu den großartigen Gemeinschaftsbereichen gehören eine Küche für Selbstversorger, zwei Außenpatios sowie eine Lounge mit Kamin, Brettspielen und Büchern. Darüber hinaus können Gäste kostenlos Fahrräder ausleihen. Ein kontinentales Frühstück inklusive leckerer hausgemachter Scones ist im Preis inbegriffen (außer bei den Zeltstellplätzen).

An- & Weiterreise

Bus Éireann (www.buseireann.ie) bietet Verbindungen zwischen dem Brú na Bóinne Visitor Centre und dem **Busbahnhof** (S. 564) von Drogheda (einfache Fahrt/hin & zurück 2,50/4,80 €, 12 Min., Mo–Sa 2-mal tgl., Juli bis Aug. auch So) mit Weiterfahrt nach Dublin.

Das Schlachtfeld am Boyne

Das Schlachtfeld am Boyne HISTORISCHE STÄTTE

(www.battleoftheboyne.ie; Drybridge; Erw./Kind 5/2 €; ⌚Mai–Sept. 9–17 Uhr, Okt.–April 9–16 Uhr) Über 60 000 Soldaten der beiden Heere von Jakob II. und Wilhelm III. kämpften 1690 auf dem Ackerland im Grenzgebiet der Counties Meath und Louth gegeneinander. Wilhelm siegte und Jakob floh nach Frankreich.

Zur Stätte gehört ein informatives Besucherzentrum, außerdem gibt's Wanderrouten durch das Gelände. Das Schlachtfeld liegt 6 km westlich von Drogheda an der Rathmullan Road (dem Fluss folgen). Busse verkehren nach/ab Drogheda (4,80 €, 25 Min., 2-mal tgl.).

Im Infozentrum wird ein kurzer Film zur Schlacht gezeigt, überdies sind hier originale und nachgebildete Waffen der damaligen Zeit sowie ein Lasermodell des Kampfplatzes zu sehen. Man kann sehr leicht auf eigene Faust durch die Parklandschaft und über das Feld streifen. Im Sommer wird die Schlacht von kostümierten Schauspielern nachgestellt.

Boyne Boats BOOTSTOUREN

(☎086 361 6420; http://boyneboats.ie; Oldbridge; 60-/90-minütige Tour 16/20 €; ⌚Ostern–Mai Mi–So 11–15 Uhr, Juni–Okt. 11–15 Uhr) Eine der gemächlichsten Möglichkeiten, das Boyne Valley zu erkunden, ist eine Ruderfahrt mit einem traditionellen *currach*, einem mit Teer versiegelten Achtsitzer aus Eichen- und Fichtenholz.

Die Touren führen durch das Kanalnetzwerk von Boyne Navigation am Schlachtfeld von Boyne vorbei. Dazu gibt's Wissenswertes zur Geschichte des Schlachtfeldes sowie Erzählungen zur TV-Serie *Game of Thrones*, in der die Boote eine Hauptrolle spielten. Die Boote legen 4 km westlich von Drogheda an der Hütte des Schleusenwärters ab.

Slane

1369 EW.

Das winzige Slane erstreckt sich einen steilen Hang hinunter bis zum Fluss Boyne, der unter einer schmalen Brücke hindurchfließt. Das Örtchen liegt 6 km westlich von Brú na Bóinne und entstand rund um eine große Burg, nach der es auch benannt ist. Es verfügt über schöne Steinhäuser und Cottages aus dem 18. Jh. An der größten Kreuzung stehen sich vier identische Gebäude gegenüber. Einwohner behaupten, dass sie einst für vier Schwestern gebaut wurden, die einander hassten und sich von ihren Häusern aus gegenseitig beobachteten.

Sehenswertes

Slane Castle BURG

(☎ 041-982 0643; www.slanecastle.ie; Führung Erw./Kind 12/10 €, ⊙ Führungen Anfang Mai–Aug. So–Do 11–17 Uhr) Der Privatsitz von Henry Conyngham, Earl of Mountcharles, ist vor allem als Veranstaltungsort für **Open-Air-Konzerte** großer Rockstars bekannt. In den letzten Jahren traten hier Brühmtheiten wie Bon Jovi, Eminem, U2, die Rolling Stones, Madonna und Oasis auf.

Francis Johnson baute das 1785 von James Wyatt im neogotischen Stil errichtete Gebäude für die Besuche von Georg IV. bei Lady Conyngham um. Angeblich war sie die Geliebte des Königs, und es heißt, die Straße von Dublin nach Slane sei extra eben und gerade angelegt worden, um die Anreise ihres Liebhabers zu beschleunigen. 1991 wurde die Burg durch ein Feuer zerstört, woraufhin sich herausstellte, dass der Earl unterversichert war. Eine große Sammelaktion, zu der auch besagte Sommerkonzerte beitrugen, ermöglichte eine sorgfältige Restaurierung.

Auf **Führungen** besichtigt man u. a. den 1821 fertiggestellten neogotischen Ballsaal und den Kings Room; Start der letzten Führung ist um 16.20 Uhr. Ein Besuch der angeschlossenen Whisky-Destillerie ist ebenfalls möglich. Slane Castle liegt 1,5 km westlich des Ortszentrums in der Nähe der N51.

Slane Distillery DESTILLERIE

(☎ 041-982 0643; www.slaneirishwhiskey.com; Slane Castle) Seit 2017 wird auf Slane Castle Triple Cask Matured Whiskey hergestellt. Die Burg-Pferdestallungen aus dem 18. Jh. beherbergen heute ein Besucherzentrum; im Angebot sind Führungen und Verkostungen.

Hill of Slane HISTORISCHE STÄTTE

1 km nördlich von Slane befindet sich der Hill of Slane, ein unscheinbarer Hügel, dem erst die keltisch-christliche Mythologie zu einer gewissen Bedeutung verholfen hat. Der Legende nach soll der hl. Patrick hier 433 ein Osterfeuer entzündet haben, um im ganzen Land das Christentum zu verkünden.

An klaren Tagen lohnt es sich, die faszinierenden alten Steintreppen zu erklimmen, um die wunderbare Aussicht auf den Hill of Tara und das Boyne Valley sowie ganze sieben Counties zu genießen.

In der Legende heißt es weiter, dass Laoghaire, Irlands heidnischer Hochkönig, darüber erzürnt war, denn schließlich hatte er ausdrücklich befohlen, dass in Sichtweite des Hügels von Tara kein Feuer brennen dürfe. Er wurde jedoch von seinen vorausschauenden Druiden zurückgehalten: Diese erklärten ihm, dass „der Mann, der das Feuer entzündet hat, Könige und Fürsten überdauern wird". Daraufhin suchte Laoghaire Patrick auf, allerdings begegnete sein gesamtes Gefolge, mit Ausnahme eines Mannes namens Erc, dem Heiligen mit Verachtung.

Unbeirrt pflückte Patrick ein Kleeblatt, um mithilfe der drei Blätter die Heilige Dreifaltigkeit zu erklären: die Einheit von Vater, Sohn und Heiligem Geist in einem Gott. Laoghaire war davon nicht überzeugt, ließ den Heiligen aber seine missionarische Arbeit fortführen. Patricks Erfolgserlebnis an diesem Tag, abgesehen davon, dass er am Leben blieb und Irland eines seiner Nationalsymbole schenkte, bescherte ihm der gute Erc. Er ließ sich taufen und wurde später der erste Bischof von Slane. Bis heute entzündet der Gemeindepfarrer hier am Ostersamstag ein Feuer.

Ursprünglich stand auf dem Hügel eine dem hl. Erc geweihte Kirche, danach folgten ein Rundturm und ein Kloster, von denen nur noch Reste übrig geblieben sind. Außerdem befinden sich hier die Ruinen einer Kirche und eines Turms, im 16. Jh. Teil eines Franziskanerklosters.

Ledwidge Museum MUSEUM

(☎ 041-982 4544; www.francisledwidge.com; Janesville; Erw./Kind 3/1 €; ⊙ Anfang März–Okt. 10–17 Uhr, Nov.–Anfang März bis 15.30 Uhr) In dem idyllischen Cottage, 1 km östlich von Slane an der N51, wurde der Dichter Francis Ledwidge (1887–1917) geboren. Als fanatischer politischer Aktivist setzte er alles daran, einen Zweig der Gaelic League auch in seiner Region zu etablieren – doch vergebens. Daraufhin verlieh er seiner Enttäuschung in Versen Ausdruck. Ledwidge fiel auf dem Schlachtfeld von Ypern, nachdem er Gallipoli und Serbien überlebt hatte.

Das Museum vermittelt einen Einblick in Ledwidges Werk, zudem gilt das Cottage als anschauliches Beispiel für den Alltag der Farmarbeiter im 19. Jh.

Schlafen & Essen

★Rock Farm Glamping CAMPINGPLATZ €
(☎041-988 4861; http://rockfarmslane.ie; über die N2; DZ ab 60 €; ⌚April–Nov.; P 🛜) Auf einem Biobauernhof, der sich 1,5 km entlang des Flusses Boyne erstreckt, bietet Rock Farm hübsche Jurten und Hütten (für bis zu sechs Personen) mit Laternen und Holzöfen; Eichen, Eschen und Kastanienbäume sorgen für Schatten. Im gemeinschaftlichen „Le Shack" sind die Bäder untergebracht; außerdem gibt's eine Lounge und eine hochmoderne Küche mit einem Pizzaofen im Freien. Der Mindestaufenthalt beträgt zwei Nächte.

Whirlpools, ein Fahrradverleih mit Elektrorädern (25 €), Yogakurse (15 €) und Kajaktouren auf dem Fluss (40 €) gehören ebenfalls zum Angebot des Campingplatzes. Frühstücks- (bei zwei Übernachtungen), Barbecue- oder Pizza-Pakete schlagen mit 10 bis 15 € zu Buche.

Slane Farm Hostel HOSTEL €
(☎041-982 4985; www.slanefarmhostel.ie; Harlinstown House, Navan Rd; Zeltstellplatz pro Pers. 10 €, B/EZ/DZ/Cottage ab 20/30/60/100 €; P 🛜) Die vom Marquis von Conyngham im 18. Jh. errichteten ehemaligen Stallungen 2,5 km westlich von Slane sind zu einem erstklassigen an einen Milchbauernhof angeschlossenen Hostel umgebaut worden. Es gibt ein Spielzimmer, ein Gemüsebeet und eine Gemeinschaftsküche, außerdem können die Gäste Eier aus Freilandhaltung verspeisen. Die Fahrradnutzung ist kostenlos.

Die Reihenhaus-Cottages für Selbstversorger (50 € p. P.; mind. 2 Pers.) können bis zu sechs Personen beherbergen.

★Conyngham Arms GÄSTHAUS €€
(☎041-988 4444; www.conynghamarms.ie; Main St; EZ/DZ/FZ ab 65/89/109 €; 🛜) Nach ihrer stilvollen Restaurierung 2012 bietet die ehemalige Herberge einer Poststation aus dem 18. Jh. hinter ihren Steinwänden 15 luftige Zimmer mit Möbeln im französischen Landhausstil (teils mit Himmelbetten), einen hübschen Rosengarten mit zentralem Springbrunnen und ein **Restaurant** (Hauptgerichte 13–18,50 €; ⌚Küche Mo–Do 10–20, Fr 10–21, Sa & So 9–21 Uhr, Bar bis 23 Uhr). Zum großartigen Frühstücksangebot gehören Rühreier (von freilaufenden Hühnern) mit Räucherlachs aus Annagassan. Die Mitarbeiter sind herzlich und professionell. Der WLAN-Empfang ist in den vorderen Zimmern am besten.

★Tankardstown House MODERN IRISCH €€€
(☎041-982 4621; www.tankardsown.ie; Rathkenny; Hauptgerichte mittags 11,50–17,50 €, abends 25–37,50 €, 3-Gänge-Abendmenü 40 €; ⌚Mi & Do 12–16 & 18–20.30, Fr & Sa 12–16 & 18–21.30, So 12.30–15.30 & 18–20.30 Uhr; 👪) Das spektakuläre Herrenhaus mit Orangerie stammt aus dem 18. Jh. und erstreckt sich 10 km nordwestlich von Slane auf einer Fläche von 32 Hektar. Den Mittelpunkt bildet das Abendrestaurant Brabazon, das exquisite Gerichte serviert, z. B. geräucherte Taube oder Wildpilzravioli mit schwarzen Trüffeln und Parmesanschaum; im restauranteigenen „Gartendorf" kommen einfachere Gerichte auf den Tisch. Die Eier stammen von hier lebenden Hennen, das Gemüse wächst in hauseigenen Folientunneln und Gärten. Die Kinderspeisekarte wird junge Gourmets begeistern.

Unterkünfte gibt's im Herrenhaus und in den Hofcottages (DZ/Suite/Cottage ab 335/360/210 €). Frühzeitiges Buchen ist empfehlenswert, weil das Tankardstown House ein beliebter Veranstaltungsort für Hochzeiten ist.

Ausgehen & Nachtleben

★Boyles PUB
(www.boylesofslane.ie; Main St; ⌚Mo–Do 12–23.30, Fr & Sa bis 0.30, So bis 23 Uhr; 🛜) Hinter seiner knallroten Fassade bietet das Boyles jede Menge verwinkelte Sitzecken und -nischen mit Trennwänden aus Buntglas sowie einen prasselnden Holzofen.

Der Inhaber und Musiker Andrew Cassidy stellt erstklassige Livegigs und traditionelle Sessions auf die Beine und sorgt auch selbst für eine großartige Atmosphäre, wenn er mittwochs mit seinen Freunden Musik macht. Livekonzerte steigen außerdem freitags, samstags, sonntags und manchmal auch donnerstags. Nur Barzahlung.

Praktische Informationen

Die **Touristeninformation** (☎ 041-982 4000; www.visitslane.ie; The Hub, 2 Main St; ⏲ Mo–Sa 9.30–17, So 12–16 Uhr) befindet sich im Ortszentrum.

An- & Weiterreise

Bus Éireann (S. 756) fährt direkt nach Drogheda (5,30 €, 30 Min., stündl.); von dort aus kann man nach Dublin weiterreisen.

Tara

Irlands Allerheiligstes, der Hill of Tara, ist eine Region, die im Herzen der irischen Geschichte, Legende und Folklore einen wichtigen Platz einnimmt. Er war die Heimat der mystischen Druiden, früherer Priesterherrscher, die ihre spezielle Art des keltischen Heidenzaubers unter den prüfenden Blicken der allmächtigen Göttin Maeve (Medbh) praktizierten. Später fungierte Tara als zeremonielle Hauptstadt der 142 Hochkönige, deren Herrschaft erst mit der Verbreitung des Christentums im 5. Jh. ein Ende nahm. Überdies gilt der Ort als eine der wichtigsten prähistorischen Stätten Europas. Hier befinden sich ein Ganggrab aus der Steinzeit und rund 5000 Jahre alte Grabhügel.

Obwohl außer Höckern und Erdwällen nicht mehr viel erhalten ist, hat der Hügel (der Name stammt aus alten Schriften) eine große historische und traditionelle Bedeutung. Die Stätte ist rund um die Uhr geöffnet und der Zugang ist kostenfrei. Am Eingang gibt's gute Informationstafeln.

Geschichte

Hier mischen sich historische Fakten mit Mythologie und Religion.

Für die Kelten war Tara der heilige Wohnsitz der Götter und das Tor ins Jenseits. Das Ganggrab galt als letzte Ruhestätte des mythischen Elfenvolks Tuatha dé Danann. Tatsächlich existierte dieses Volk, nur handelte es sich dabei nicht um Elfen und Kobolde, sondern um Menschen, die während der Steinzeit auf die Insel kamen.

Mit der Entstehung der politischen Landschaft unter den Kelten schwand die Macht der Druiden. Kriegerische Stammesfürsten verliehen sich Königstitel und übernahmen die Herrschaft. Noch gab es kein vereintes Irland, stattdessen kontrollierten unzählige *rí tuaithe* (regionale Könige) kleinere Gebiete. Doch der König von Tara wurde immer als Hochkönig angesehen, obwohl seine tatsächliche Macht kaum über die Provinz hinausreichte.

Im Kalender von Tara spielte das dreitägige Ernte-*feis* (Fest) eine wichtige Rolle. Es fand am Samhain, einem Vorläufer des modernen Halloween, statt. Während der Feier, einem Ess- und Trinkgelage, hörte sich der König Beschwerden an, erließ Gesetze und beendete Fehden.

Als im 5. Jh. die ersten Christen kamen, nahmen sie sofort Kurs auf Tara. Dies markierte den Anfang vom Ende der heidnisch-keltischen Kultur. Nach und nach verließen die Hochkönige den Ort, auch wenn die Könige von Leinster noch bis ins 11. Jh. von hier aus herrschten. Im August 1843 versammelten sich in Tara 750 000 Iren (die größte im Land je zusammengekommene Menschenmenge), die alle wegen Daniel O'Connell herbeiströmten. Der Führer der Opposition gegen den Zusammenschluss mit Großbritannien hielt hier nämlich eine seiner mitreißenden Ansprachen.

Sehenswertes

Rath of the Synods HISTORISCHE STÄTTE

Taras protestantischer Kirchenkomplex samt Friedhof erstreckt sich über die Überreste dieser dreifach umwallten Festung, in der einige frühe Synoden (Versammlungen) des hl. Patrick stattgefunden haben sollen. Ausgrabungen lassen darauf schließen, dass die Stätte zwischen 200 und 400 n. Chr. für Begräbnisse, Rituale und Behausungen genutzt wurde. Ursprünglich gehörten zur Ringfestung wohl auch Holzhäuser, die von hölzernen Palisaden umgeben waren.

Archäologen förderten hier römisches Glas, Tonscherben und Siegel zutage, die Verbindungen mit dem Römischen Reich belegen, obwohl die Römer ihre Macht niemals bis nach Irland ausgeweitet hatten.

Royal Enclosure HISTORISCHE STÄTTE

Bei der Royal Enclosure südlich der Kirche von Tara handelt es sich um eine große ovale Ringfestung aus der Eisenzeit mit einem Durchmesser von 315 m. Sie ist von einem Wall und einem Graben umgeben, der aus dem massiven Fels unter der Erde herausgehauen wurde. Im Inneren der Anlage befinden sich mehrere kleinere Erdwälle: der **Mound of the Hostages** (für Besucher nicht zugänglich), der **Royal Seat**, eine Ringfestung mit einem Haus, und das **Cormac's House**, ein Grabhügel an der Seite der runden Wallaufschüttung, den der **Stone of Destiny** krönt.

Der Mound of the Hostages, ein kleiner Hügel in der Nordecke der Einfriedung, ist Taras ältester bekannter Teil. Er erwies sich als wahre Schatzkammer voller Artefakte, darunter alte Bernsteinperlen und Fayencen (glasierte Keramiken) aus dem Mittelmeerraum. Vor Ort wurden mehr als 35 Gräber der Bronzezeit entdeckt, ebenso zahlreiche eingeäscherte Überbleibsel aus der Steinzeit.

Vom Royal Seat und Cormac's House aus hat man den besten Blick auf das Boyne- und das Blackwater-Tal.

Oben auf Cormac's House ragt der wie ein Phallus geformte Stone of Destiny auf, der sich ursprünglich beim Mound of the Hostages befand. Er steht für die Vereinigung der Götter des Himmels und der Erde. Angeblich soll er der Krönungsstein der Hochkönige gewesen sein, doch andere Quellen lassen vermuten, dass der Stone of Scone der eigentliche Krönungsstein war. Er wurde im frühen 6. Jh. nach Schottland gebracht und befindet sich heute – nach mehreren Jahrhunderten in der Londoner Westminster Abbey – in Edinburgh. Der angehende König stellte sich auf den Stein, und wenn dieser dann dreimal brüllte, wurde er gekrönt. Neben dem Stein ruhen in einem Massengrab 37 Männer, die hier 1798 bei einem Gefecht ums Leben kamen.

ABSTECHER

TAYTO PARK

Schon seit 1954 stellt Tayto, eine echte irische Institution, die allseits beliebten Kartoffelchips her. Neben der Fabrik befindet sich ein **Vergnügungspark** (☎ 01-835 1999; www.taytopark.ie; Kilbrew, Ashbourne; Eintritt 15 €, inkl. Tagesticket 28 €; ⏲ Juli & Aug. 9.30–19 Uhr, März–Juni & Sept.–Dez. kürzere Öffnungszeiten) mit allerlei Attraktionen, z. B. einer Inverter-Achterbahn aus Holz (Europas größte), einem 5(!)-D-Kino, dem sogenannten Rotator, der sich bei hoher Geschwindigkeit dreht, und einem Fahrgeschäft namens Air Race (nichts für schwache Mägen!). Außerdem gibt's einen Zoo, eine Kletterwand, eine Zipline und einen fantastischen Spielplatz.

Im Eintritt inbegriffen sind ein Besuch der Chipsfabrik in Eigenregie, der Zoo und der Spielplatz. Wer sich für die Fahrgeschäfte interessiert, besorgt sich am besten ein Tagesticket (Inhaber bekommen ein Armband).

Der Park liegt abseits der Schnellstraße M2.

Enclosure of King Laoghaire HISTORISCHE STÄTTE

Südlich der Royal Enclosure von Tara stößt man auf diese große, leider nicht sehr gut erhaltene Ringfestung. Angeblich ist darin der König, ein Zeitgenosse des hl. Patrick, aufrecht stehend und in voller Rüstung bestattet worden.

Banquet Hall HISTORISCHE STÄTTE

Taras ungewöhnlichstes Bauwerk ist ein rechteckiger, in Nord-Süd-Richtung angelegter Erdbau (230 m lang, 27 m breit). Der Legende nach war er groß genug, um bei Festen Tausende von Gästen zu beherbergen.

Aufgrund seines Standortes könnte er ein abgesenkter Eingang nach Tara gewesen sein, der direkt in die Royal Enclosure führte. Neuere Untersuchungen förderten Gräber innerhalb der Anlage zutage, daher kann es auch sein, dass es sich bei den Wällen um die Begräbnisstätten einiger Könige von Tara handelt.

Gráinne's Fort HISTORISCHE STÄTTE

Gráinne, die Tochter von König Cormac, dem angesehensten aller Hochkönige, war mit McCumhaill (Finn McCool) verlobt, brannte aber an ihrem Hochzeitstag mit Diarmuid O'Duibhne durch, einem der königlichen Krieger, was sie zur Hauptperson des Epos *The Pursuit of Diarmuid and Gráinne* werden ließ. Gráinne's Fort (Ráth Gráinne) und die nördlichen sowie südlichen Sloping Trenches nordwestlich davon sind Grabhügel.

Tara Visitor Centre BESUCHERZENTRUM

(☎ 046-902 5903; www.heritageireland.ie; Erw./Kind 5/3 €; ⏲ Mitte Mai–Mitte Sept. 10–18 Uhr; Stätte ganzjährig 24 Std. tgl. geöffnet) In einer ehemaligen protestantischen Kirche (mit einem Fenster der bekannten mittlerweile verstorbenen Buntglaskünstlerin Evie Hone) ist ein Besucherzentrum untergebracht, in dem ein 20-minütiger Film über die Stätte gezeigt wird.

Schlafen & Essen

★ Bellinter House HISTORISCHES HOTEL €€

(☎ 046-903 0900; www.bellinterhouse.com; Bellinter; DZ ab 140 €; 📶) Die Grande Dame aus dem 18. Jh., 5 km nordwestlich vom Hill of

Tara (ab der R147 ausgeschildert), ist ein kleines Paradies mit knisterndem Kaminfeuer und toller Kunst. Neben 34 antik eingerichteten Zimmern im Hauptgebäude gibt's 16 historische Quartiere im Ost- und Westpavillon sowie fünf Maisonette-Einheiten in den früheren Stallungen.

Gäste kommen außerdem in den Genuss der Außenwhirlpools im Hotelspa und der erstklassigen Küche des Restaurants **Eden** (2-/3-Gänge-Menü 38/43 €), das auch eine eigener Bäckerei hat. Nachmittagstee ist für 20 € zu haben.

McGuires Coffee Shop CAFÉ €

(http://hilloftara.com; Gerichte 8–15,50 €; ⌚ 9.30–18 Uhr; 📶 👪) Wer nach der ganzen Herumkletterei auf dem Hill of Tara Hunger hat, kann sich in dem Restaurant/Café/Souvenirladen am Fuß des Hügels mit gesunden Gerichten wie Wildpilz-Erbsen-Risotto, Surf-and-Turf-Salat und Räucherschinken-Brokkoli-Pasta sowie hausgemachten süßen Köstlichkeiten wie Rhababerkuchen stärken.

Shoppen

Old Tara Book Shop BÜCHER

⌚ Di–So 10–17 Uhr) Unten am Hill of Tara betreibt Michael Slavin diesen winzigen, leicht chaotischen Secondhandbuchladen. Er ist der Autor der informativen Broschüre *The Tara Walk* und des umfangreicheren Bandes *The Book of Tara*. Die Öffnungszeiten sind nicht immer verlässlich.

An- & Weiterreise

Bus Éireann (S. 756) fährt regelmäßig von Dublin aus etwa 1 km entfernt an der Stätte vorbei (10,40 €, 1 Std., alle 30 Min.). Auf Nachfrage lässt einen der Fahrer am Tara Cross aussteigen, wo man den Weg links von der Hauptstraße nehmen muss.

Dunsany Castle

Wie die oberen Zehntausend leben, sieht man im **Dunsany Castle** (☎ 046-902 5169; www.dunsany.com; Dunsany; Erw./Kind 15/10 €; ⌚ Juli–Aug. 10–16 Uhr nach Voranmeldung), 5 km südlich von Tara an der Straße von Dunshaughlin nach Kilmessan. Die im 12. Jh. errichtete Residenz der Lords of Dunsany ist eines der ältesten kontinuierlich bewohnten Gebäude Irlands. Im 18. und 19. Jh. wurde sie stark verändert. Instandhaltungs- und Restaurierungsarbeiten sind bis heute im Gange.

Die fast zweistündigen Führungen bieten faszinierende Einblicke in die Familien- und Burggeschichte sowie in die eindrucksvolle private Kunstsammlung.

Die Burg wartet mit mehreren Schätzen auf, die im Zusammenhang mit wichtigen Persönlichkeiten der irischen Geschichte stehen, z. B. mit Oliver Plunkett und Patrick Sarsfield, dem Anführer der irischen Jakobiten bei der Belagerung von Limerick 1691.

Vor Ort werden Produkte der **Dunsany Home Collection**, darunter lokal hergestellte Tischdecken und Accessoires sowie verschiedene Produkte von Lord Dunsany (Edward Carlos Plunkett; 1939–2011), verkauft. Der international angesehene Designer und Künstler war für seine abstrakt-geometrischen Werke und Porträts bekannt.

Trim

9194 EW.

Im Mittelalter war das ruhige, von einer Burg umgebene Trim eine bedeutende Siedlung mit fünf Stadttoren, rege genutzten Straßen und sieben nahegelegenen Klöstern.

Inzwischen kann man sich das zwar kaum mehr vorstellen, aber der Ort war tatsächlich so wichtig, dass Elizabeth I. darüber nachdachte, hier das Trinity College errichten zu lassen. Der gebürtige Dubliner Arthur Wellesley (1769–1852), der erste Herzog von Wellington, der in Talbot Castle und in der St. Mary's Abbey studierte, ging in Trim zur Schule.

Noch heute zeigt sich die reiche Geschichte der Stadt an atmosphärischen Ruinen und Straßenzügen voller alter Arbeitercottages.

Sehenswertes

★ **Trim Castle** BURG

(King John's Castle; www.heritageireland.ie; Erw./Kind inkl. Führung 5/3 €; ⌚ Mitte März–Sept. tgl. 10–17 Uhr, Mitte Feb.–Mitte März & Okt. tgl. 9.30–16.30 Uhr, Nov.–Mitte Feb. Sa & So 9–16 Uhr) Irlands bemerkenswert gut erhaltene größte anglonormannische Festungsanlage zeugt von Trims Bedeutsamkeit im Mittelalter.

Hugh de Lacy ließ hier 1173 eine erste Burg errichten, die allerdings bereits innerhalb eines Jahres von Ruaidrí Ua Conchobair, Irlands letztem Hochkönig, zerstört wurde. Das heutige Gebäude, dessen Bau um 1200 begann, blieb seither beinahe unverändert.

Trim

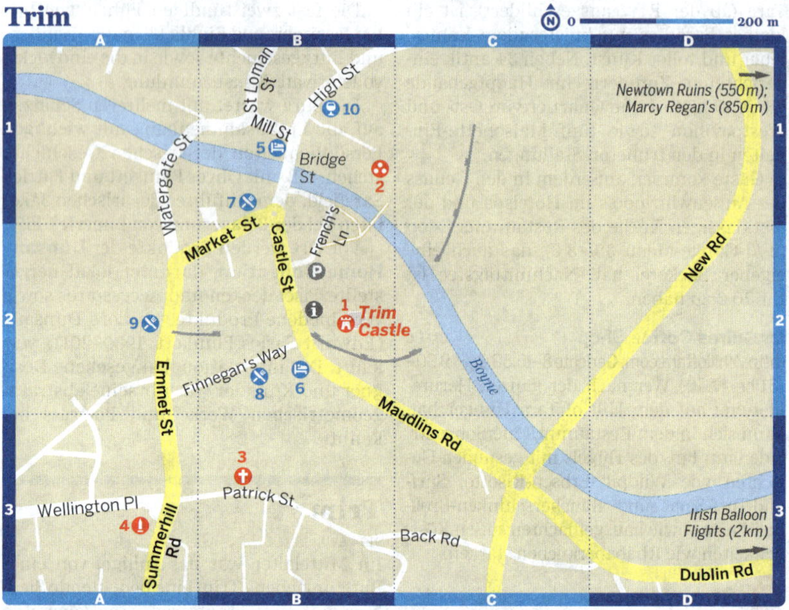

Trim

Highlights
1 Trim Castle B2

Sehenswertes
2 St. Mary's Abbey & Talbot Castle B1
3 St. Patrick's Cathedral Church B3
4 Wellington Column A3

Schlafen
5 Bridge House Tourist Hostel B1
6 Trim Castle Hotel B2

Essen
7 Harvest Home Bakery B1
8 StockHouse B2
9 The Kitchen A2

Ausgehen & Nachtleben
10 James Griffin B1

Bei den unterhaltsamen Führungen muss man teils enge steile Stufen erklimmen, deswegen sind die Rundgänge für die ganz Kleinen und Menschen mit Gehbehinderung nicht geeignet. Man kann die Anlage auch in Eigenregie erkunden.

Zur Zeit der Anglonormannen hatte die Festung eine strategische Bedeutung am Westrand des Pale, der von den Anglonormannen beherrschten Region. Jenseits von Trim begann das Gebiet, wo irische Stammesführer und Lords gegen ihre normannischen Rivalen um Macht und Land kämpften.

Im 16. Jh. verfiel das Gebäude allmählich und 1649, als Cromwells Truppen die Stadt eroberten, wurde es stark beschädigt.

Ein massiver 25 m hoher, auf einem normannischen Erdwall gelegener Steinturm dominiert den grasbewachsenen 2 ha großen Innenhof. Er verfügt über drei Stockwerke; das unterste ist von einer Mauer durchteilt. Gleich außerhalb des Bauwerks befinden sich Reste einer früheren Mauer.

Zur 450 m langen, recht gut erhaltenen Außenmauer aus dem Jahre 1250 gehören acht Türme, ein Torhaus sowie einige Ausfalltore, durch die man die Anlage verlassen und sich gegen Angreifer verteidigen konnte. Der schönste Abschnitt der Mauer verläuft vom Boyne durch das Dublin Gate zur Castle Street.

Fans des Films *Braveheart* erkennen die Burg vielleicht als Edinburgh Castle, York Castle oder Tower of London wieder; sie verkörperte alle drei.

★ Bective Abbey — RUINEN

(L4010, Bective; ⏲ 24 Std.) Die außergewöhnlich gut erhaltenen, jedoch selten besuchten

Ruinen des Zisterzienserklosters Bective Abbey liegen 7km nordöstlich von Trim in der Nähe der R161. Murchadh O'Melaghin, der König von Meath, gründete das Kloster 1147. Heinrich VIII. beschlagnahmte es zwischen 1536 und 1541, um seine Militärkampagne zu finanzieren. Wie Trim Castle diente auch Bective Abbey als Kulisse im Kinofilm *Braveheart*. Die eindrucksvollen Ruinen sind das ganze Jahr über geöffnet und können kostenfrei besucht werden; neben dem Kloster befindet sich ein kleiner Parkplatz.

St. Patrick's Cathedral Church KATHEDRALE

(Patrick St; ⌚8.30–17 Uhr) GRATIS Schon von Weitem sieht man den Turm der Kirche. Einige Teile des Gebäudes datieren ins 15. Jh., der Status einer Kathedrale wurde ihm jedoch erst 1955 verliehen. Man beachte die wunderschönen Buntglasfenster, von denen eines den auf dem Hill of Tara betenden hl. Patrick zeigt. Die Öffnungszeiten können variieren und richten sich nach Gottesdiensten und Veranstaltungen.

St. Mary's Abbey & Talbot Castle RUINEN

Gegenüber dem Trim Castle, am anderen Ufer des Boyne, liegen die Überreste der **St. Mary's Abbey**. Das ursprünglich im 12. Jh. errichtete Gebäude musste nach einem Brand 1368 neu errichtet werden und beherbergte einst eine Holzstatue von Our Lady of Trim, die von Gläubigen wegen ihrer übernatürlichen Kräfte verehrt wurde.

1415 ließ Sir John Talbot, Vizekönig von Irland, einen Teil des Augustinerklosters zu einem Herrenhaus, dem **Talbot Castle**, umgestalten.

An der Nordwand der Burg ist das hauseigene Wappen zu sehen. Talbot zog nach Frankreich in den Krieg, wo ihn Jeanne d'Arc 1429 bei Orléans besiegte. Er wurde gefangen genommen und wieder freigelassen und setzte seinen Kampf gegen die Franzosen bis 1453 fort. Man nannte ihn die „Geißel Frankreichs" und Shakespeare erwähnte ihn sogar in Heinrich VI.: „Ist dieser Talbot auswärts so gefürchtet/Dass man die Kinder stillt mit seinem Namen?"

1649 marschierten Cromwells Soldaten in Trim ein, verbrannten die Holzstatue und zerstörten den verbliebenen Teil der Abtei. Im frühen 18. Jh. war Talbot Castle im Besitz von Esther „Stella" Johnson, der Geliebten von Jonathan Swift. Der Schriftsteller kaufte es ihr später ab und bewohnte das Anwesen für ein Jahr. Von etwa 1700 bis zu seinem Tod 1745 war Swift Pfarrer in Laracor, etwa 3 km südöstlich von Trim. Ab 1713 bekleidete er zudem den weitaus bedeutenderen Posten des Dekans der Dubliner St. Patrick's Cathedral.

Nordwestlich des Klosters ragt ein 40 m hoher Glockenturm namens **Yellow Steeple** auf. Er wurde 1368 errichtet, aber von Cromwells Soldaten beschädigt. Sein Name bezieht sich auf die Farbe seiner Steine bei Sonnenuntergang.

Östlich der Ruinen sieht man einen Teil der Stadtmauer aus dem 14. Jh. mit dem **Sheep Gate**, dem einzigen erhaltenen von ursprünglich fünf Stadttoren. Früher war es zwischen 21 und 4 Uhr geschlossen. Außerdem musste hier Straßenzoll bezahlt werden, wenn man Schafe auf dem Markt verkaufen wollte.

Newtown Ruins RUINEN

1,5 km östlich der Stadt an der Lackanash Road befinden sich die Ruinen der früheren **Parish Church of Newtown Clonbun**, der **Cathedral of St. Peter & Paul** und der **Newtown Abbey** aus dem 18. Jh.

Südöstlich davon und jenseits des Flusses stößt man auf die **Crutched Friary** mit den Resten eines Burg- und eines Wachtturms sowie anderer Gebäude, in denen ein Hospital untergebracht war. Ritter des Johanniterordens errichteten das Krankenhaus nach den Kreuzzügen. Die angrenzende **St. Peter's Bridge** zählt zu den ältesten Irlands.

Wellington Column DENKMAL

(Ecke Summerhill Rd & Wellington Pl) Die Einheimischen stifteten diese Säule zu Ehren von Arthur Wellesley, dem ersten Duke of Wellington, als Anerkennung für seine beeindruckende Karriere. Nach dem Sieg über Napoleon in der Schlacht bei Waterloo wurde der „Iron Duke" (Eiserner Herzog) Premierminister von Großbritannien und erließ 1829 den Catholic Emancipation Act, der die letzten repressiven Strafgesetze aufhob.

Aktivitäten

★ **Irish Balloon Flights** BALLONFAHREN

(☎046-948 3436; www.balloons.ie; 1-stündige Ballonfahrt ab 175 € pro Pers.; ⌚April–Sept.) Bei den Heißluftballonfahrten dieses Anbieters in Trim gleitet man über Felder, Ruinen, Burgen und Kirchen hinweg. Treffpunkt ist der Parkplatz des Knightsbrook Hotel an der Dublin Road, 2,5 km südöstlich vom Zentrum Trims. Wo und wann es losgeht, hängt vom Wetter ab. Die Fahrten dauern eine Stunde; danach werden Champagner und Softdrinks gereicht. Kinder sind erst ab acht Jahren zugelassen.

Schlafen

Crannmór House B&B €
(☎ 046-943 1635; www.crannmor.com; Dunderry Rd; DZ 76 €; P ☉) Hügeliges Ackerland und Weiden umgeben dieses weinberankte alte gastfreundliche Haus mit hellen Zimmern, das 2 km von Trim entfernt an der Straße nach Dunderry liegt. Wenn man in der Gegend angeln möchte, sollte man sich direkt an den Besitzer wenden, einen erfahrenen *ghillie* (Angelführer).

Bridge House Tourist Hostel HOSTEL €
(☎ 046-943 1848; www.bridgehousetouristhostel.com; Bridge St; B/DZ 20/50 €; P ☉) Ein schrulliges altes Haus direkt am Fluss mit einfachen Vierbett- und ein paar Doppelzimmern sowie einer Küche für Selbstversorger. Vorab die Ankunftszeit durchgeben. Nur Bargeldzahlung.

★ **Trim Castle Hotel** HOTEL €€
(☎ 046-948 3000; www.trimcastlehotel.com; Castle St; EZ/DZ/FZ ab 125/140/160 €; P @ ☉) In diesem modernen Hotel gegenüber dem Trim Castle werden die Gäste von einer weitläufigen glitzernden Marmorlobby begrüßt. Die stilvollen Zimmer verfügen teilweise über Balkone (wir empfehlen das große Eckzimmer Nr. 225). Von der Sonnenterrasse auf dem Dach genießt man einen Blick auf das Trim Castle. Das Essen ist erstklassig, sei es das Frühstück, das Fleischbüfett in der Bar oder das Angebot im gehobenen Jules Restaurant (nur freitag- und samstagabends).

Essen & Ausgehen

Harvest Home Bakery BÄCKEREI, CAFÉ €
(18 Market St; Gerichte 3–7,50 €; ⌚ Mo–Sa 9–18 Uhr) In diesem kleinen großartigen Laden werden leckeres Brot, Kuchen, Torten und Kekse (auch zucker- und glutenfreie Varianten), hausgemachte Suppen und üppig belegte Sandwiches verkauft. Bei schönem Wetter kann man die Snacks auch an Außentischen genießen.

The Kitchen CAFÉ €
(Emmet St; Gerichte 6–11 €; ⌚ Mo–Sa 9–19, So 10–17 Uhr; ⊞) „The Kitchen" serviert inmitten freigelegten Mauerwerks hausgemachte Lasagne, gefüllte gebackene Kartoffeln, Tortilla-Wraps und andere leichte Leckereien. Daneben gibt's milden Segafredo-Kaffee und Frühstück bis 12 Uhr. Wer möchte, bekommt hier außerdem Picknickvorräte.

StockHouse STEAKS €€
(☎ 046-943 7388; http://stockhouserestaurant.ie; Emmet House, Finnegan's Way; Hauptgerichte 16–30 €; ⌚ Mo–Do 17–21, Fr & Sa 16.30–22, So 13–20.30 Uhr) Nach Wunsch zubereitete Dry-Aged Steaks von der hiesigen Schlachterei und Metzgerei Coogan's sind die Spezialität dieses immer gut besuchten Restaurants. Auf der Karte stehen aber auch vegetarische Gerichte, z. B. brutzelnde Fajitas.

Marcy Regan's PUB
(Lackanash Rd, Newtown; ⌚ meistens 17–23.30 Uhr) Das kleine, traditionelle Pub neben der St. Peter's Bridge aus der Normannenzeit blickt direkt auf die Ruinen von Newtown. Es soll (nach Sean's Pub in Athlone, County Westmeath) das zweitälteste Pub Irlands sein. In der bodenständigen Kneipe herrscht eine altmodische Atmosphäre. Die Öffnungszeiten sind unregelmäßig, freitags abends finden aber Trad-Musik-Sessions statt.

James Griffin PUB
(www.jamesgriffinpub.ie; High St; ⌚ Mo–Fr 15–23.30, Sa 13–0.30, So 13–23 Uhr; ☉) Das preisgekrönte historische Pub geht auf das Jahr 1904 zurück. Es punktet mit traditioneller Musik (Mo & Do), Livebands (Fr & So) und DJs (Sa) und wirkt dank der altmodischen Kneipenatmosphäre äußerst einladend.

Praktische Informationen

Zur **Touristeninformation** (☎ 046-943 7227; www.meath.ie; 6 Castle St; ⌚ Mo–Sa 9.30–17.30, So 13–17 Uhr) im Rathaus gehören auch ein Café und ein Ahnenforschungszentrum. Darüber hinaus gibt's hier eine praktische Karte für Touristen.

An- & Weiterreise

Bus Éireann (S. 756) verbindet Trim mit Dublin (13 €, 1¼ Std.,stündl.) und Drogheda (19,70 €, 1¼ Std., stündl.).

Kells

6135 EW.

Berühmtheit erlangte der Marktort Kells durch die großartige illustrierte Handschrift, die den Namen des Städtchens trägt. Wer sie sehen möchte, muss das Dubliner Trinity College besuchen und sich dort erst einmal hinten anstellen. Obwohl das großartige Werk nicht in Kells geschaffen wurde, bewahrte man es vom Ende des 9. Jhs. bis 1541 im hiesigen Kloster, einer der führenden Institutionen des Landes, auf. In der Touristeninformation von Kells liegt eine Kopie der Handschrift aus. Zu den Überresten der einst großartigen Klosteranlage zählen einige interessante Hochkreuze und ein 1000 Jahre alter Rundturm.

Sehenswertes

St. Columba KIRCHE
(Cannon St; Juni–Aug. Mo–Sa 10–13 & 14–17 Uhr) Die protestantische Kirche westlich des Zentrums von Kells verfügt über einen 30 m hohen **Rundturm** aus dem 10. Jh. an der Südseite. Das kegelförmige Dach fehlt, dafür geht der Turm mindestens auf das Jahr 1076 zurück, als der Hochkönig von Tara in seinen beengten Räumlichkeiten getötet wurde.

Im Kirchhof stehen vier unterschiedlich gut erhaltene **Hochkreuze** aus dem 9. Jh. Das **West Cross** am hinteren Ende des Areals ist nur noch ein Stumpf, geschmückt mit Szenen der Taufe Jesu, des Sündenfalls und dem Urteil Salomos auf der Ostseite sowie der Arche Noah auf der Westseite. Vom **North Cross** blieb einzig der schüsselförmige Grundstein zurück. Das am besten erhaltene Kreuz, das **Cross of Patrick & Columba** in der Nähe des Rundturms, trägt auf der östlichen Sockelseite die kaum noch lesbare Inschrift *Patrici et Columbae Crux*.

Unvollendet blieb das zweite erhaltene Kreuz, das **East Cross** mit einem Kreuzigungsrelief und einer Gruppe von vier Figuren auf dem rechten Arm.

St. Colmcille's House HISTORISCHE STÄTTE
(Church Lane; Juni–Aug. Sa & So 10–17 Uhr) GRATIS Dieses massive Gebäude ist ein Überbleibsel der alten Klostersiedlung. Sein Name führt leicht in die Irre, denn es wurde im 10. Jh. errichtet, während der hl. Colmcille (bzw. Columba) im 6. Jh. gelebt hat. Wissenschaftler vermuten, dass es als klösterliche Schreibstube diente, in der Mönche Handschriften illuminierten.

Außerhalb der Sommermonate ist die Stätte geschlossen, man kann jedoch bei der Touristeninformation nach dem Schlüssel fragen oder **Mrs. Carpenter** (046-924 1778; 1 Lower Church View) anrufen und um Einlass bitten.

Market Cross WAHRZEICHEN
(Headfort Pl) Das Marktkreuz stand jahrhundertelang in der Cross Street im Herzen von Kells, bis es 1996 vor dem Gerichtsgebäude auf dem Headfort Place aufgestellt wurde. Es wurde nicht nur von Gläubigen verehrt, sondern diente im Aufstand von 1798 auch als Galgen. Die Briten hängten die Rebellen am Querbalken auf – einen an jeder Seite, damit das Kreuz nicht umstürzte.

Schlafen & Essen

Headfort Arms Hotel HOTEL €€
(046-924 0063; www.headfortarms.ie; Headfort Pl; EZ/DZ ab 79/99 €; P) Das familiengeführte Hotel im Ortszentrum verfügt über 45 komfortable, klassisch eingerichtete Zimmer und moderne Extras wie Safes für Laptops. Am stimmungsvollsten sind die Räume im charmanten Altbau. Darüber hinaus gibt's ein kleines Spa. Essen kann man u. a. in dem Bistro Vanilla Pod.

Vanilla Pod BISTRO €€
(046-924 0063; Headfort Pl; Hauptgerichte 15,50–26 €; Mo–Do 17.30–22, Fr & Sa 17–23, So 12.30–21.30 Uhr) Im Headfort Arms Hotel kredenzt dieses helle moderne Restaurant ambitionierte Küche nach Bistro-Art. Die Zutaten für das gut zubereitete Essen stammen aus der Region. Zur Auswahl gehören Wildfleisch mit Brombeerjus, in Entenfett frittierte Pommes frites, gefülltes Hühnchenfilet mit Bratäpfeln und Sticky-Toffee-Pudding mit Eiscreme aus echten Vanilleschoten.

Es gibt auch eine Speisekarte für Kinder, Kinderstühle und verschiedene Angebote für Familien.

Praktische Informationen

Die **Touristeninformation** (046-924 8856; www.meath.ie; Headfort Pl; Mo–Fr 9.30–13 & 14–17 Uhr) in den Kells Civic Offices verfügt über eine Kopie des berühmten *Book of Kells*, außerdem zeigt sie einen 13-minütigen Film über den Ort (kostenlos).

An- & Weiterreise

Bus Éireann (S. 756) fährt von Kells nach Dublin (15,90 €, 90 Min., alle 30 Min.) und bietet Verbindungen nach Cavan (14,80 €, 45 Min.).

Loughcrew Cairns

Wenn man bedenkt, welcher Wirbel um Brú na Bóinne gemacht wird, verblüfft es, dass die steinzeitlichen Ganggräber an den Loughcrew Hills an der R154 nahe Oldcastle so wenig Beachtung finden. Allerdings sind die Grabstätten nicht leicht zu erreichen. Wer die Anstrengung auf sich nimmt, kann diesen besinnlichen, anrührenden Ort dafür ganz in Ruhe genießen.

Ebenso wie die Gräber Brú na Bóinne entstanden auch die Loughcrew Cairns um 3000 v. Chr., allerdings wurden sie im Gegensatz zu ihren bekannteren und besser erforschten Nachbarn mindestens bis 750 v. Chr. genutzt.

Die Stätte umfasst 32 Gräber, die sich größtenteils auf Privatland befinden und nicht zugänglich sind. Cairn T in Carnbane East kann jedoch besichtigt werden; es ist vom Parkplatz aus in 15 Minuten über einen steilen, malerischen Weg zu erreichen.

★Cairn T HISTORISCHE STÄTTE
(www.heritageireland.ie; (Mai–Aug. 10–18 Uhr, Sept.–April nach Voranmeldung) GRATIS Die Grabstätte in Carnbane East hat einen Durchmesser von rund 35 m und besteht aus zahlreichen gemeißelten Steinen. Einer der Schwellensteine im Außenbereich wird **Hag's Chair** genannt; ihn zieren Löcher, Kreise und andere Muster.

Zur Tagundnachtgleiche im Frühjahr und Herbst strömt Licht in das Grab. Während dieser Zeit und auch im Sommer sind Führer von Heritage Ireland vor Ort. Alternativ holt man sich den Eingangsschlüssel für den Durchgang im Café in den Loughcrew Gardens oder bucht eine Tour beim Loughcrew Megalithic Centre. Taschenlampe mitbringen!

Loughcrew Megalithic Centre MUSEUM
(086 736 1948; www.loughcrewmegalithiccentre.com; 11–17 Uhr) Das von strohgedeckten Hütten umgebene Loughcrew Megalithic Centre umfasst ein **Museum** zu den megalithischen Wundern der Gegend, ein **Café** (Gerichte 3 bis 6 €), ein **Hostel** (B/DZ/Luxusjurte 23/45/55 €) und einen **Campingplatz** (Zelt 10 € p. P.). Ein **Kunsthandwerksladen** ist ebenfalls vorhanden; er verkauft eindrucksvolle Fotografien, auch von jenen Cairns, die nicht öffentlich zugänglich sind. Zur Sonnenwende und Tagundnachtgleiche finden Sonderveranstaltungen statt. Zudem bietet das Zentrum Touren zum Cairn T an (12 € inkl. Tee, Kaffee und Scones, nach Voranmeldung).

Loughcrew Gardens GÄRTEN
(049-854 1060; www.loughcrew.com; L2800; Gartenanlage Erw./Kind 6/3 €, Abenteuerzentrum pro halber Tag 32/29 €; Mitte März–Okt. Mo–Fr 9.30–17.30, Sa & So bis 18 Uhr, Nov.–Mitte März Mo–Fr nach Voranmeldung, Sa & So 11–16 Uhr) Die mit viel Liebe gestalteten Loughcrew Gardens umfassen 2,5 ha Wiesen, Terrassen, Blumenrabatten, eine Lindenallee, einen Eibenweg, einen Kanal und die „groteske Grotte" mit verschlungenen Säulen, Fresken und Fantasieskulpturen. Außerdem gibt's einen mittelalterlichen Wassergraben, einen Wohnturm, die St.-Oliver-Plunkett-Familienkapelle und ein täglich geöffnetes Café in einer Holzhütte (hier bekommt man auch den Schlüssel für Cairn T). Wer ins **Abenteuerzentrum** – mit Hindernisparcours, Bogenschießstand, Zipline und Kletterwand – will, muss sich vorher anmelden.

COUNTY LOUTH

Dank der Nähe zu Dublin gelangte Irlands kleinstes County (mit dem Spitznamen „Wee County" – „Kleine Grafschaft") in den Zeiten des Wirtschaftsbooms zu enormem Wohlstand. Von der darauf folgenden Krise erholt es sich langsam, aber beständig.

Im 5. und 6. Jh. war Louth das kirchliche Zentrum des Landes. Reiche religiöse Gemeinschaften lebten im Kloster von Monasterboice und in der Zisterzienserabtei bei Mellifort. Nach ihrer Ankunft im 12. Jh. gründeten die normannischen Eroberer Dundalk und die zwei Orte an beiden Seiten des Boyne, die sich 1412 zum heutigen Drogheda zusammenschlossen, der größten Stadt des Countys.

Im Norden liegt die malerische Cooley Peninsula, die durch die Gewässer des Carlingford Lough vom County Armagh in Nordirland abgetrennt ist.

Louth lässt sich wunderbar im Rahmen eines Tagesausflugs von Dublin aus erkunden. Es lohnt aber auch, hier etwas mehr Zeit zu verbringen.

Drogheda

40 956 EW.

Die historische Festungsstadt am Boyne liegt gerade mal 48 km nördlich von Dublin. Einige hübsche alte Gebäude, eine stattliche Kathedrale und ein ausgezeichnetes Museum sprechen Kulturliebhaber an, außerdem wartet Drogheda mit atmosphärischen Pubs, schicken Restaurants, engen Straßen, einem guten Nahverkehrssystem und zahlreichen Übernachtungsmöglichkeiten auf. Damit

Drogheda

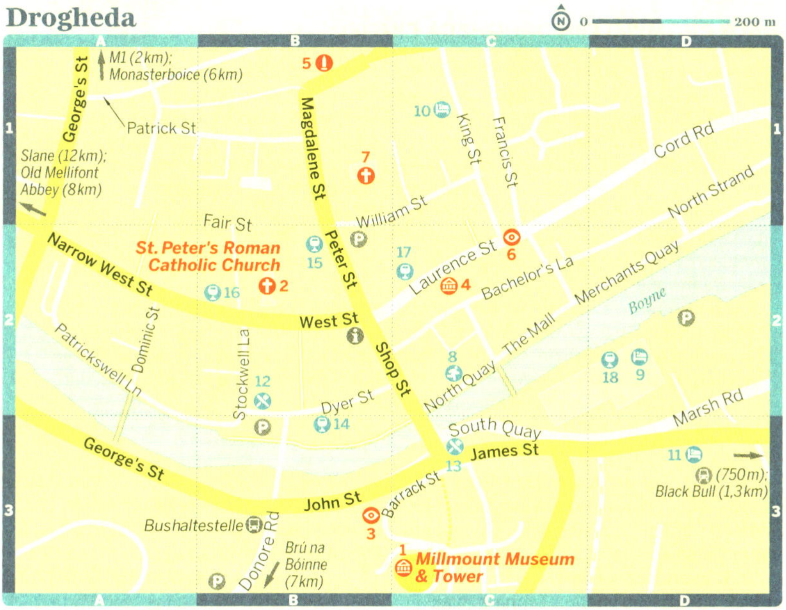

Drogheda

Highlights
1 Millmount Museum & Tower C3
2 St. Peter's Roman Catholic Church B2

Sehenswertes
3 Butter Gate B3
4 Highlanes Gallery C2
5 Magdalene Tower B1
6 St. Laurence's Gate C2
7 St. Peter's Church of Ireland B1

Aktivitäten, Kurse & Touren
8 Quay Cycles C2

Schlafen
9 D Hotel D2
10 Scholars Townhouse Hotel C1
11 Spoon & the Stars D3

Essen
12 D'vine B2
13 Kitchen C3
Relish .... (siehe 4)

Ausgehen & Nachtleben
14 Cagney's B3
15 Clarke & Sons B2
16 Grey Goose B2
17 Peter Matthews C2
18 WM Cairnes & Son D2

eignet sich der Ort bestens als Ausgangsbasis für Ausflüge in die Region.

Obwohl die Wirtschaftskrise Drogheda nach den Boomjahren hart traf, werden entlang des Flussufers des multikulturellen regionalen Drehkreuzes weiterhin neue Bauprojekte verwirklicht.

Sehenswertes

★ **Millmount Museum & Tower** MUSEUM
(☎041-983 3097; www.millmount.net; abseits der Duleek St, Millmount; Erw./Kind Museum 3,50/2,50 €, Turm 3/2 €, Museum & Turm 5,50/3 €; ⏱Mo–Sa 10–17.30, So 14–17 Uhr) Über Drogheda wacht der künstliche Hügel Millmount. Wahrscheinlich handelt es sich um einen prähistorischen Grabhügel – ähnlich dem von Newgrange –, allerdings wurde an dieser Stelle nie gegraben.

Auf Millmount, der mit seinem Blick über die Brücke zum Kommandoposten geradezu prädestiniert war, errichteten die Normannen eine Festung. Auf diese folgten eine Burg und 1808 ein Martello-Turm.

ALS CROMWELL IN DROGHEDA EINFIEL

Für die Iren war der erste englische Demokrat und Schutzherr Oliver Cromwell (1599–1658) ein echter Albtraum. Er hasste die Iren, da sie im Bürgerkrieg auf der Seite Karls I. gestanden hatten. Nachdem „God's own Englishmen" (der Engländer Gottes) im August 1649 mit 12 000 Mann in Dublin gelandet war, zog er sofort weiter nach Drogheda, eine strategische Festungsstadt und Hochburg der Royalisten.

Als Cromwell vor den Stadtmauern eintraf, wurde er von der 2300 Mann starken Armee Sir Arthur Astons erwartet, der damit prahlte, dass jeder, der Drogheda besiegen würde, auch die Hölle einnehmen könne. Weil Aston nicht kapitulieren wollte, rückte Cromwell mit schwerer Artillerie an und durchbrach nach zwei Tagen die Stadtmauer.

Um andere Orte abzuschrecken, erteilte Cromwell den Verteidigern eine brutale Lektion. Stundenlang wurden Menschen massakriert, 3000 an der Zahl, zum Großteil Royalisten, aber auch Priester, Frauen und Kinder. Aston knüppelte man mit seinem eigenen Holzbein zu Tode. Von den Überlebenden gerieten viele in Gefangenschaft und wurden als Sklaven in die Karibik verkauft.

In einem Teil der Kasernen ist das **Millmount Museum** untergebracht. Zu den Exponaten zählen drei herrliche Gildenbanner aus dem späten 18. Jh.

Im Bürgerkrieg von 1922 spielte der Turm eine dramatische Rolle. Damals war er Droghedas Hauptverteidigungsanlage und wurde heftig von den Truppen des Freistaates beschossen. Das restaurierte Bauwerk bietet eine tolle Aussicht über die Stadt.

Eines der weiteren Highlights des Museums ist ein Raum, der sich Cromwells brutaler Belagerung von Drogheda und der Schlacht am Boyne widmet. Das hübsch gepflasterte Erdgeschoss steckt voller Gerätschaften und Küchenutensilien aus längst vergangenen Zeiten. Gleich gegenüber wartet das Governor's House mit Sonderausstellungen auf.

Direkt nordwestlich von Millmount liegt das **Butter Gate** aus dem 13. Jh. mit einem auffälligen Turm und einem Bogengang.

★ St. Peter's Roman Catholic Church KIRCHE

(West St; ⌚ 8.30–17 Uhr) Im nördlichen Querschiff der Kirche wird in einem Schaukasten aus Glas und Messing die Hauptattraktion des Gotteshauses, der geschrumpfte **Kopf des hl. Oliver Plunkett** (1629–1681), aufbewahrt. Dieser wurde bei der Hinrichtung des Märtyrers 1681 vom Rumpf abgetrennt. Eigentlich besteht das Gebäude aus zwei Kirchen: Die erste wurde 1791 von Francis Johnston im klassischen Stil gestaltet, die neuere aus dem späten 19. Jh. weist neogotische Merkmale auf. Die Öffnungszeiten variieren.

Beaulieu House & Gardens HAUS, GÄRTEN

(✆ 041-983 8557; www.beaulieuhouse.ie; L6327; Führung Haus & Gärten Erw./Kind 10 €/frei, nur Garten 5 €/frei; ⌚ Juli & Aug. Mo–Fr 11–17, Sa & So 13–17 Uhr, Juni & Anfang Sept. Mo–Fr 11–17 Uhr) Das prachtvolle Gutshaus mit Walmdach und roten Ziegelelementen entstand 1626 und erhebt sich direkt am Ufer des Flusses Boyne. Es ist über eine von Lindenbäumen gesäumte Auffahrt zu erreichen und zählt zu den besterhaltenen unbefestigten Herrenhäusern Irlands. Ein Großteil seiner Ausstattung stammt noch aus den 1720er-Jahren, z. B. die kunstvollen Stuckleisten. Stündlich finden 50-minütige Führungen durch das Haus statt; man kann auch die spektakulären ummauerten Terrassengärten besuchen. Das Anwesen liegt 4,2 km östlich von Drogheda in der Nähe der R167 (dem Fluss folgen).

Highlanes Gallery GALERIE

(www.highlanes.ie; Laurence St; Eintritt durch Spende; ⌚ Mo–Sa 10.30–17 Uhr) Das umgebaute Kloster aus dem 19. Jh. zeigt eine Dauerausstellung für zeitgenössische Kunst, außerdem gibt's regelmäßig Wechselausstellungen.

Im angeschlossenen Laden wird qualitativ hochwertiges Kunsthandwerk aus Louth verkauft. Zudem ist hier ein schickes Café (S. 563) untergebracht.

St. Peter's Church of Ireland KIRCHE

(http://drogheda.armagh.anglican.org; William St; ⌚ 8.30–17 Uhr) Nicht zu verwechseln mit der St. Peter's Roman Catholic Church. Als Cromwells Männer den Kirchturm in Brand setzten, kamen 100 Menschen ums Leben, die in dem Gotteshaus Zuflucht gesucht hatten. Heute sieht man hier bereits den zweiten Nachbau des Originals (errichtet 1752). 1999 musste die Kirche nach einem Brandanschlag umfassend renoviert werden. Die Öffnungszeiten variieren.

Magdalene Tower TURM
Der Magdalene Tower stammt aus dem 14. Jh. und ist der Glockenturm eines 1224 gegründeten Dominikanerklosters. Begleitet von einem großen Heer nahm dort der englische König Richard II. 1395 in einer Zeremonie die Unterwerfung der gälischen Stammesfürsten entgegen. Doch der Frieden dauerte nur einige Monate, denn Richards Rückkehr nach Irland führte 1399 zu seiner Absetzung.

St. Laurence's Gate RUINE
An der östlichen Verlängerung der Hauptstraße befindet sich der am besten erhaltene Teil der Stadtmauer, das auffällige St. Laurence's Gate aus dem 13. Jh. Ursprünglich war die Mauer 3 km lang.

Kurse

★ Listoke Distillery & Gin School DESTILLERIE
(☎ 087 240 5283; https://listokedistillery.ie; Ballymakenny Rd, Listoke; Kurs in Ginherstellung 95 €; ⏲ nach vorheriger Reservierung) Im 200 Jahre alten Gestüt Listoke House and Gardens werden großartige dreistündige Kurse in Sachen Ginherstellung abgehalten. Sie starten mit Erfrischungen und einer Führung durch die Destillerie. Anschließend verkostet man drei verschiedene Ginsorten und mischt Kräuter zusammen, um in einem winzigen kupfernen Schnapsbrenner seinen eigenen Gin herzustellen. Dieser darf schließlich in Flaschen abgefüllt und mit nach Hause genommen werden. Während der Kurse wird übrigens Gin Tonic gereicht. Die Destillerie liegt in einem hübschen Waldgebiet 3,5 km nördlich vom Zentrum Droghedas.

Feste & Events

Drogheda Arts Festival DARSTELLENDE KÜNSTE
(http://droghedaartsfestival.ie; ⏲ Anfang Mai) Bei dem einwöchigen Festival, das am ersten Wochenende im Mai seinen Höhepunkt findet, werden Theater, Musik, Filme, Gedichte, bildende Kunst und Workshops (z. B. Seidenmalerei) geboten.

Schlafen

Spoon & the Stars HOSTEL, HOTEL €
(☎ 086 405 8465; www.spoonandthestars.com; 13 St Mary's Terrace, Dublin Rd; B 18–20 €, DZ mit/ohne Bad ab 60–70/55–60 €; 📶) Rorys und Hannahs gepflegte Budgetunterkunft ist mit einer Mixtur aus alten und modernen Möbeln eingerichtet und verströmt ein großartiges, entspanntes Flair. Zur Auswahl stehen ein Doppelzimmer mit Privatbad und Küchenzeile sowie Schlafräume mit acht bis zehn Betten, darunter einer für Frauen. Außerdem gibt's eine gemütliche Lounge, einen luftigen Hof mit Garten und Grill sowie einen Abstellraum für Fahrräder.

★ Scholars Townhouse Hotel HOTEL €€
(☎ 041-983 5410; www.scholarshotel.com; King St; EZ/DZ/FZ ab 75/129/145 €; P 📶) Kürzlich wurde das 1867 errichtete ehemalige Kloster von einer Familie in ein Hotel und Restaurant umgestaltet. Die 16 Zimmer sind recht klein und nicht gerade luxuriös, die Gäste dürfen sich aber auf Himmelbetten (in einigen Räumen), eine stimmungsvolle Bar und ein großartiges Restaurant (Hauptgerichte 19 bis 30 €; Reservierung empfehlenswert) freuen. Dank der zentralen Lage kann man von hier aus wunderbar die Stadt erkunden.

D Hotel HOTEL €€
(☎ 041-987 7700; www.thedhotel.com; Scotch Hall, Marsh Rd; DZ/3BZ ab 145/195 €; P @ 📶) Dieses schicke Hotel am Fluss besticht mit minimalistischen, lichtdurchfluteten Zimmern voller Designermöbel und coolem Zubehör, einer stilvollen Bar, einem Restaurant, einem kleinen Fitnessstudio und einer tollen Aussicht auf die Stadt. In dem Hotel werden häufig Junggesellenabschiede gefeiert, deshalb muss man sich an den Wochenenden auf ohrenbetäubend laute Musik (und höhere Preise) einstellen.

Essen

Relish CAFÉ €
(http://relishcafe.ie; Highlanes Gallery, Laurence St; Gerichte 6–13 €; ⏲ Mo–Sa 9.30–17.30, So 11.30–17.30 Uhr; 📶 🌶 👪) Das Café in der Highlanes Gallery (S. 562) verfügt über ein Zwischengeschoss und trumpft mit einer erlesenen Auswahl an Frühstücksgerichten, Gourmetsandwiches und Tagesangeboten wie Lasagne auf. Außerdem stehen auf der Karte herzhafte Tartes, Tagesdesserts wie heißes Apple Crumble sowie jede

Menge vegetarische und glutenfreie Optionen; eine umfangreiche Speisekarte für Kinder gibt es ebenfalls.

★ Kitchen MEDITERRAN €€
(☎041-983 4630; 2 South Quay; Hauptgerichte mittags/abends 13–17/17–25 €; ⏲Mi 11–21, Do–Sa 11–22, So 12–21 Uhr; 📶) Droghedas bestes Restaurant mit salbeigrüner Fassade und cranberryfarbenem Inneren ist passenderweise nach seiner schicken offenen Küche benannt. Neben biologischen Zutaten aus der Gegend gibt's Leckereien wie zypriotischen Halloumi und Serrano-Schinken. Das Brot ist hausgemacht und es wird eine exzellente Auswahl an Weinen (glasweise) angeboten. Naschkatzen sollten das Omelette surprise mit gesalzenem Karamell probieren.

Black Bull IRISCH €€
(www.blackbullinn.ie; Dublin Rd; Hauptgerichte 12–26 €; ⏲Küche Mo–Sa 9.30–22, So bis 20 Uhr; Bar bis open end; 📶👪) Auf dem gemütlichen Pub mit seinen niedrigen Decken und Kerzenlicht thront ein glänzender goldener (trotz des Namens also kein schwarzer) Stier. Im modernen Anbau ist ein geräumiges Restaurant untergebracht, das solides Pubfood serviert, z. B. Steak zum Selbstbraten auf einem glühenden Lavastein oder Raging Bull Burger mit höllisch scharfen Jalapeños. Danach lockt ein Pint im Biergarten namens China Shop.

D'vine BISTRO €€
(☎041-980 0440; http://dvine.ie; Dyer St; Hauptgerichte mittags/abends 8–12/14–26 €; ⏲Mi & Do 12–15 & 17–21.30, Fr & Sa 12–21.30, So 13–21.30 Uhr) Ein paar Treppen führen zu dieser geselligen Weinbar mit Kellerbistro und sonnigem Hof. Zur tollen Auswahl gehören mediterrane Tapasplatten, kunstvolle Salate und Hauptgerichte wie Steak, Fisch und Gourmetburger sowie jede Menge Weine. Der Service ist großartig. Sonntags gibt's ab 19 Uhr Livemusik.

Ausgehen & Nachtleben

★ Grey Goose BAR
(88 West St; ⏲So–Do 10–24, Fr & Sa bis 2 Uhr; 📶) Droghedas neueste und angesagteste Location. Die riesige Bar im Erdgeschoss verfügt über Fußböden mit Fischgrätmuster, Buntglasfenster und Ledersofas. In der Cocktaillounge „Birdcage" im Obergeschoss steht ein großes Klavier; samstags legen DJs hier coole Musik aus den 1980ern und -90ern auf. Neben 23 irischen und internationalen Craft-Bieren vom Fass gibt's auch lokale Getränke wie Listoke-Gin und Slane-Whiskey.

Bis 21 Uhr wird Pubfood (die Preise für Hauptgerichte liegen zwischen 7,50 und 13 €) serviert. Neben der Hausspezialität – Holzofenpizza – stehen auch Burger, Rippchen und Salate auf der Karte.

WM Cairnes & Son PUB
(www.wmcairnes.com; Scotch Hall; Hauptgerichte 11–26 €; ⏲So–Do 11–24, Fr & Sa bis 2 Uhr) Das höhlenartige moderne Pub punktet mit seiner attraktiven Lage am Fluss, regelmäßiger Livemusik, zwölf verschiedenen Craft-Bieren vom Fass und 55 Whiskysorten.

Cagney's BAR
(3 Dyer St; ⏲Mo–Do 10.30–23.30, Fr & Sa bis 0.30, So 12–23 Uhr) Das stilvolle Cagney's versprüht mit seiner gedämpften Beleuchtung, dem Biergarten, der Weinauswahl (glasweise serviert), seinen Whiskys und Gins – z. B. Listoke 1777 Gin aus der Region – sanfte Raffinesse.

Clarke & Sons PUB
(19 Peter St; ⏲Mo–Do 13–23.30, Fr & Sa 12–0.30, So 12.30–23 Uhr) Ganz offensichtlich stammt dieser herrliche alte Laden (1900 eröffnet) aus einer anderen Zeit. Der nie restaurierte Raum wartet mit einer Holzeinrichtung auf und die bleiverglasten Türen tragen noch die Aufschrift „Open Bar".

Peter Matthews PUB
(McPhails; 9 Laurence St; ⏲17 Uhr–open end) Eine der beliebtesten Livemusikkneipen in Drogheda ist das McPhail's (so wird das Pub genannt, egal was auf dem Schild steht). Das bunte Programm reicht von Heavy-Metal-Coverbands bis zu Folklore. Vorne befindet sich eine traditionelle Bar und hinten versteckt sich ein netter Biergarten.

ℹ Praktische Informationen

Droghedas **Touristeninformation** (☎041-987 2843; http://drogheda.ie; 1 West St; ⏲Mai–Nov. Mo–Sa 9.30–17.30 Uhr, Dez.–April Sa & So geschl.; 📶) befindet sich im historischen **Tholsel**: Das Rathaus datiert ins 18. Jh. und besteht aus Kalkstein.

ℹ An- & Weiterreise

Der **Busbahnhof** (Ecke Donore Rd & George's St) liegt an der Südseite des Flusses.

Bus Éireann (S. 756) fährt regelmäßig von Dublin (8,30 €, 1 Std., stündl.) und Dundalk (7,30 €, 30 Min., stündl.) nach Drogheda.

Matthews (☎042-937 8188; http://matthews.ie) bietet stündliche (oder noch häufigere) Verbindungen nach Dublin (10 €) und Dundalk (10 €).

Der **Bahnhof** (www.irishrail.ie; unweit der Dublin Rd) befindet sich gleich südlich des Flusses und östlich des Stadtzentrums. Drogheda liegt an der Hauptlinie Belfast–Dublin (Dublin 11,80 €, 45 Min.; Belfast 14,50 €, 1½ Std.). Die Züge verkehren stündlich (oder häufiger).

Unterwegs vor Ort

Drogheda ist kompakt und gut zu Fuß zu erkunden. Viele der umliegenden Stätten sind mit dem Fahrrad zu erreichen. **Quay Cycles** (☎041-983 4526; www.quaycycles.com; 11a North Quay; ab 14 €/Tag; ⌚Mo–Sa 9–18 Uhr) verleiht Räder.

Rund um Drogheda

Rings um Drogheda finden sich mehrere historische Stätten und die Küstenstraße (S. 566) zwischen Drogheda und Dundalk ist eine landschaftlich reizvolle Alternative zur Autobahn.

★ Old Mellifont Abbey RUINEN

(☎041-982 6459; www.heritageireland.ie; Tullyallen; Ruinenanlage Eintritt frei, Besucherzentrum Erw./Stud. 5/3 €; ⌚Ruinenanlage ganzjährig 24 Std., Besucherzentrum Juni–Aug. 10–18 Uhr) Zur anglonormannischen Blütezeit war diese Abtei 1,5 km abseits der R168, der Hauptstrecke zwischen Drogheda und Collon, das erste und bedeutendste Zisterzienserkloster Irlands. Die sehenswerten Ruinen lassen die einstige Pracht der Anlage erahnen.

Als auffälligstes Gebäude und eines der schönsten Beispiele der irischen Zisterzienserarchitektur des Landes gilt das Lavabo, ein achteckiges Waschhaus der Mönche aus dem 13. Jh.

In der Mitte des 12. Jhs. hatten sich die irischen Mönchsorden ganz offensichtlich ein bisschen zu sehr an das gute Leben gewöhnt und waren bis zu einem gewissen Grad bestechlich geworden. 1142 ließ der verärgerte Malachy, Bischof von Down, eine Gruppe regeltreuer Brüder aus dem französischen Clairvaux kommen, um in der abgelegenen Gegend ein Kloster zu bauen und auf den einheimischen Klerus einzuwirken. Allerdings vertrugen sich die einheimischen Mönche – wenig überraschend – nicht mit ihren französischen Gästen, sodass diese bald wieder abreisten. Ungeachtet dessen wurde der Bau von Mellifont fortgesetzt, und bereits zehn Jahre später gab es neun weitere Zisterzienserklöster. Mellifont diente als Mutterhaus für 21 kleinere Klöster, in denen insgesamt 400 Mönche lebten. Nach der Auflösung der Klöster wurde an dieser Stelle 1556 ein befestigtes Herrenhaus im Tudorstil errichtet. Am rauschenden Bach kann man gut picknicken und im Besucherzentrum erfährt man alles Wissenswerte über das Klosterleben.

★ Monasterboice HISTORISCHE STÄTTE

(⌚Sonnenaufgang–Sonnenuntergang) GRATIS Die krächzenden Raben verleihen dieser faszinierenden Klosteranlage am Ende einer baumbestandenen Zufahrt inmitten von Ackerland mit einem Friedhof, zwei Kirchenruinen, einem der schönsten und höchsten Rundtürme Irlands sowie zwei der interessantesten Hochkreuze, eine leicht gruselige Atmosphäre.

Um die Touristenmassen zu umgehen, sollte man möglichst am frühen Morgen oder späten Abend herkommen. Monasterboice liegt abseits der Autobahn M1, ca. 8 km nördlich von Drogheda.

Die Klostersiedlung wurde im 5. oder 6. Jh. vom hl. Buithe, einem Anhänger des hl. Patrick, gegründet, wobei die Stätte vermutlich schon in vorchristlicher Zeit von Bedeutung war. Der Name Buithe entwickelte sich irgendwie zu Boyne – daher der Name des Flusses. 968 nahmen Wikinger die Siedlung ein. Allerdings hatten sie nicht mit Donal, dem Hochkönig von Tara, gerechnet, der sie verjagte und dabei mindestens 300 Krieger tötete.

Die Hochkreuze von Monasterboice gelten als herausragende Beispiele keltischer Kunst. Sie hatten eine didaktische Funktion,

DIEBSTÄHLE AUF PARKPLÄTZEN

Leider gibt's Leserberichte über Diebstähle von Gegenständen aus Autos, die unbeaufsichtigt auf dem Parkplatz bei Monasterboice und anderen historischen Stätten abgestellt wurden. Aus diesem Grund sollte man Wertsachen nicht offen im Wagen lassen. Wer zerbrochenes Glas am Boden entdeckt, muss besonders vorsichtig sein und sich überlegen, ob er sein Auto hier stehen lässt, vor allem wenn es sich um einen Mietwagen handelt.

ABSTECHER

AUF DER KÜSTENSTRASSE VON DROGHEDA NACH DUNDALK

Viele Besucher nehmen die M1 in den Norden. Wer sich dagegen Zeit lassen und etwas mehr vom ländlichen Irland sehen möchte, der sollte die R166 von Drogheda an der Küste entlangfahren.

Bis 1656 beherbergte das kleine Dorf **Termonfeckin** den Sitz und die Burg des Primas von Armagh. Von der Burg ist nichts mehr zu sehen, dafür lohnt der **Wohnturm** (086 079 1484; Schlüsselkaution 50 €; 10–18 Uhr) GRATIS aus dem 15. Jh., der einst dem reichen Gutsbesitzer gehörte, einen kurzen Abstecher. Der Schlüssel ist im ersten Haus rechter Hand hinterlegt.

2 km weiter nördlich gelangt man in den geschäftigen Fischerei- und Urlaubsort **Clogherhead** mit seinem flachen blau beflaggten Strand bei Lurganboy. Am besten beachtet man die Wohnwagenparks einfach nicht und konzentriert sich stattdessen auf den hübschen Blick zu den Cooley und Mourne Mountains.

Nach weiteren 14 km in nördlicher Richtung bietet sich das Örtchen **Annagassan** für eine Pause an. Bei **Coastguard Seafoods** (042-937 2527; Harbour Rd; nach vorheriger Anmeldung) bereitet der Fischer Terry Butterly den besten eichengeräucherten Lachs Irlands zu (auf Speisekarten taucht dieser als *Annagassan smoked salmon* auf), verkauft aber auch lebende Hummer und Meeresfrüchte zu sensationellen Preisen. Hier kann jeder einfach vorbeischauen (nach der grünen Tür Ausschau halten); um eine Enttäuschung zu vermeiden, ruft man allerdings besser vorher an. Die verwinkelte Bäckerei **O'Neills Bakery** (042-937 2253; www.oneillsbakery.ie; Main St, 7–13 Uhr) in der Nähe gibt's schon seit fünf Generationen, ist mit riesigen Öfen ausgestattet (einer hat mehr als 100 Jahre auf dem Buckel) und erfreut Kunden mit noch warmem Brot, Brötchen sowie Kuchen; Kunden können nur bar bezahlen. Auf den ersten Blick sieht der Laden aus, als sei er geschlossen, aber man muss bloß an die Seitentür klopfen, dann wird einem geöffnet. Die Inhaber des 1770 erbauten Pubs **Glyde Inn** (042-937 2350; https://theglydeinn.ie; Main St, So–Do 10–24, Fr & Sa bis 1 Uhr) brauen ihr eigenes Bier, Linn Duachaill genannt (nach einer nahegelegenen Wikingersiedlung, die zurzeit ausgegraben wird). Auch das exzellente Restaurant, dessen Panoramafenster auf den Biergarten, die Dundalk Bay und die Mourne Mountains in der Ferne blicken, trägt den Namen Linn Duachaill. Das Pub verfügt über vier Gästezimmer.

In **Castlebellingham** endet der 33 km lange Abstecher. Das malerische Dorf entwickelte sich um ein mit Zinnen versehenes Herrenhaus aus dem 18. Jh. (www.bellinghamcastle.ie), das in eine luxuriöse Hochzeitslocation verwandelt wurde. Unter der Woche werden B&B-Quartiere vermietet (nur von Mai bis Oktober). Die charmanten **Foley's Tea Rooms** (Main St; Gerichte 4,50–10 €; Mo–Fr 9–15.30, Sa 8.30–15.30, So 9.30–15.30 Uhr;) in zwei reetgedeckten Cottages aus dem 18. Jh. locken mit hausgemachtem Kuchen, Quiche und der Spezialität des Hauses, gekochtem Schinken und Kohl. Danach lohnt ein Stopp im angrenzenden Geschäft mit faszinierenden Kuriositäten und Sammlerstücken.

Von Castlebellingham geht's auf der R132 weiter zum 12 km nördlich gelegenen Dundalk. Alternativ folgt man der M1.

denn sie brachten die Bibel auch den Ungebildeten nahe und waren ursprünglich wohl bunt bemalt, mittlerweile sind jedoch sämtliche Farbspuren verschwunden.

Das **Muiredach's Cross** in der Nähe des Eingangs erhielt seinen Namen nach einem Abt aus dem 10. Jh. Seine Westseite bezieht sich auf das Neue Testament. Von unten nach oben sieht man die Gefangennahme Jesu, den zweifelnden Thomas, Jesus, der Petrus den Himmelsschlüssel überreicht, die Kreuzigung und Moses im Gebet mit Aaron und Hur.

Beim Rundturm ragt das **West Cross** auf, mit 6,50 m eines der höchsten Hochkreuze in Irland. Es ist stärker verwittert, vor allem an der Basis. Nur noch etwa ein Dutzend der 50 Felder sind erhalten. Auf der Ostseite erkennt man David, der einen Löwen und einen Bären tötet.

Ein drittes, einfacheres Kreuz in der Nordostecke soll von Cromwells Heer zerstört worden sein. Mit dem Rundturm im Hintergrund ist es in der Abenddämmerung ein tolles Fotomotiv.

In einer Ecke der Anlage steht der über 30 m hohe **Rundturm** ohne Dach. Aufzeichnungen lassen vermuten, dass er 1097 ausbrannte. Leider gingen dabei viele wertvolle Handschriften und andere Schätze verloren. Das Gebäude ist nicht öffentlich zugänglich.

Laytown

Laytown ist Schauplatz des einzigen offiziellen Strandpferderennens Europas, aber ansonsten ein verschlafenes Küstendorf.

Laytown Races SPORT
(www.laytownstrandraces.ie; Ende Aug. oder Anfang Sept.) Seit 1868 versammeln sich jährlich im Spätsommer Buchmacher, Spekulanten und Jockeys in Laytown (11,5 km südöstlich von Drogheda) zum Pferderennen. Dann verwandelt sich der 3 km lange goldene Sandstrand in eine Pferderennbahn, die eine bunte Mischung aus Einheimischen, Prominenten und Fans anzieht.

Sonairte GÄRTEN
(041-982 7572; www.sonairte.ie; the Ninch, Laytown; Feb.–Dez. Di–So 10.30–17 Uhr) GRATIS Das inspirierende gemeinnützige Ökologiezentrum liegt 10 km südöstlich von Drogheda in Laytown auf einem ehemaligen Bauernhof aus dem 18. Jh. Man kann durch den ummauerten Biogarten spazieren, ein Imkermuseum besuchen und eine Wanderung auf Naturpfaden entlang des Flusses unternehmen – unterwegs durchstreift man Sumpfgebiete, Wälder und Weideland.

Anschließend lockt ein Besuch im Biocafé oder in den Garten- und Haushaltsgeschäften des Zentrums. Sonairte veranstaltet verschiedene Kurse, angefangen von Entgiftungs-Workshops fürs Zuhause bis hin zum Sammeln von Wildpflanzen; sonntags findet von 11 bis 16 Uhr regelmäßig ein Lebensmittel- und Kunsthandwerkermarkt statt.

Dundalk

39 004 EW.

Dundalk liegt auf halber Strecke zwischen Dublin und Belfast. Trotz ihrer Rolle als geschäftiges Industriezentrum entpuppt sich die Stadt schnell als überraschend angenehmer Ort mit einigen interessanten Sehenswürdigkeiten.

Im Mittelalter lag der Ort am Nordrand des von den Engländern kontrollierten Pale. Nach einer weiteren Teilung im Jahre 1921 wurde er zur Grenzstadt, dieses Mal mit Süd-Armagh.

Sehenswertes

County Museum Dundalk MUSEUM
(www.dundalkmuseum.ie; Jocelyn St; Erw./Kind 2/1 €; Di–Sa 10–17 Uhr) Auf den einzelnen Stockwerken des sehenswerten Museums widmet man sich der frühen Stadtgeschichte, der Archäologie und der Normannenzeit. Eine Abteilung beschäftigt sich mit dem Wachstum der Industrie in der Region von den 1750er- bis in die 1960er-Jahre, wobei das kultige „Bubble Car" von Heinkel selbstverständlich nicht fehlen darf. Zu den kurioseren Exponaten zählt der Rasierspiegel von Oliver Cromwell.

St. Patrick's Cathedral KATHEDRALE
(www.stpatricksparishdundalk.org; Roden Pl; 8.30–17 Uhr) GRATIS Vorbild für das reich verzierte Gebäude aus dem 19. Jh. war die King's College Chapel in Cambridge, England. Bei Gottesdiensten und Veranstaltungen variieren die Öffnungszeiten.

Courthouse BEDEUTENDES GEBÄUDE
(Ecke Crowe & Clanbrassil St) Das Gerichtsgebäude von Dundalk im neogotischen Stil besitzt große dorische Säulen. Die Innenräume sind nicht für Besucher zugänglich. Auf dem Vorplatz thront die steinerne Maid of Erin, ein Denkmal des Aufstands von 1798.

Schlafen & Essen

Ballymascanlon House HISTORISCHES HOTEL €€
(042-935 8200; www.ballymascanlon.com; R173; EZ/DZ/3BZ ab 95/145/195 €;) 8 km nordöstlich von Dundalk am Rand der Cooley Peninsula bietet dieses prachtvolle alte Anwesen (samt jüngeren Anbauten) geräumige Zimmer, herzlichen persönlichen Service und jede Menge Atmosphäre. Zum Angebot gehören ein 18-Loch-Golfplatz (mit einem 3 m hohen Standing Stone von 3000 v. Chr. am sechsten Loch), ein Freizeitzentrum, ein Restaurant, eine Bar und Zimmerservice rund um die Uhr.

★ **Strandfield** CAFÉ, FEINKOST €
(http://strandfield.com; unweit der R173; Gerichte 5–12 €; 8–17 Uhr;) Die lichtdurchflutete nachgerüstete Scheune auf einem bewirtschafteten Bauernhof beherbergt eine wundervolle Bäckerei, einen Feinkostladen,

ein Blumengeschäft und einen Haushaltswarenladen sowie ein Café, in dem vegetarische Biogerichte auf den Tisch kommen. Zum Frühstück wird French Toast mit Walnüssen und Honig oder Avocadomus auf Sauerteigbrot serviert; mittags gibt's Holzofenpizzas, offene Sandwiches (mit St.-Tola-Ziegenkäse und Wurzelgemüse) und Salate (mit Quinoa, Tahini und Auberginen).

★ **Eno** MEDITERRAN €€
(☎ 042-935 5467; www.eno.ie; 5 Roden Pl; Pizza 10–19 €, Hauptgerichte 17–29,50 €; ⏲ 12–21 Uhr) Einfache Tische, freche Farben und denkwürdige Kunst machen das Eno zu Dundalks erlesenstem Restaurant. Hier gibt's herausragende Holzofenpizza und mediterrane Gerichte wie Capellini mit Dunany-Krabbe, Weißwein und Knoblauch sowie Mandeltarte mit in Honig gerösteten Feigen. Auf der Rückseite unter freiem Himmel befindet sich die Yard Bar.

In der Cocktailbar im Obergeschoss werden bis Mitternacht Tapas (5 bis 12,50 €) serviert; freitags und samstags sorgen DJs mit lateinamerikanischen Klängen und Soul für Stimmung (18 bis 2 Uhr).

Unterhaltung

Spirit Store LIVEMUSIK
(www.spiritstore.ie; in der Nähe von George's Quay; ⏲ Mo–Do 16–23.30, Fr & Sa bis 0.30, So bis 23 Uhr) Im Erdgeschoss präsentiert sich der rosafarbene Laden als eine typische Hafenbar voll Charakter und Charaktere. Oben ist ein Konzertraum auf dem neuesten Stand der Technik mit großartigem Soundsystem untergebracht, das sowohl die Gäste als auch Musiker auf Tour zu schätzen wissen.

In beiden Bars steigen mittwochs bis sonntags Livekonzerte; sonntagsnachmittags gibt's Trad-Sessions.

An Montagen kann man beim Pub-Quiz Bierpints gewinnen.

Praktische Informationen

Dundalks **Touristeninformation** (☎ 042-935 2111; www.louthholidays.com; Jocelyn St; ⏲ Mo–Fr 9.30–17.30 Uhr) befindet sich am Market Square.

An- & Weiterreise

Bus Éireann (S. 756) fährt stündlich nach Dublin (10,50 €, 1½ Std.). Der **Busbahnhof** (The Long Walk) liegt ganz in der Nähe des Gerichtsgebäudes.

Vom **Bahnhof** (www.irishrail.ie; Carrickmacross Rd) verkehren stündlich (oder öfter) Züge nach Dublin (15 €, 1¼ Std.) und Belfast (10,20 €, 1 Std.).

Cooley Peninsula

Bewaldete Hänge und lebhaft schattierte Hügel erheben sich über dem dunklen Wasser des Carlingford Lough: Willkommen auf der malerischen Cooley Peninsula! Idyllische Landstraßen schlängeln sich zu verlassenen Steinstränden, während sich nördlich über das Wasser (und die Grenze) ein Blick bis zu den majestätischen Mourne Mountains bietet.

Das mittelalterliche Dorf Carlingford ist die ideale Ausgangsbasis, um die Gegend zu erkunden. Von dort aus kann man an der Küste entlang durch Omeath nach Newry in Nordirland fahren, wo die Counties Down und Armagh aneinandergrenzen.

Carlingford

2201 EW.

Zwischen mittelalterlichen Ruinen und weiß getünchten Häusern bietet dieses quirlige kleine Dorf Pubs, Restaurants, Boutiquen, stimmungsvolle Feste und einen traumhaften Blick auf die Berge sowie über den Carlingford Lough auf das County Down.

Sehenswertes

★ **Carlingford Brewing Company** BRAUEREI
(☎ 083 328 4040; www.carlingfordbrewing.ie; The Old Mill, Riverstown; Führung 15 €, mit Mittagessen 25 €; ⏲ Führungen nach Voranmeldung Mi, Fr & Sa 14.30 Uhr) Die Führungen durch diese Handwerksbrauerei 8 km südwestlich von Carlingford (an der R173) starten mit einer Bierverkostung, begleiten die Besucher dann durch den Brauereiprozess (1 bis 1½ Std.) und enden mit drei weiteren Kostproben. Anschließend rundet ein Mittagessen mit Wurstwaren aus der Region, hausgebackenem Brot und Chutney die Tour wunderbar ab. Die vier Biersorten der Brauerei sind nach Wahrzeichen von Carlingford benannt: Tholsel Blonde, Taaffe's Red, Friary Pale Ale und King John's Stout. Abends gibt's oft Live-Jazz und -Blues.

King John's Castle BURG
(R173) Carlingford wurde von den Wikingern gegründet und unter den Engländern im Mittelalter zu einem befestigten Ort mit einer Burg – heute eine Ruine – ausgebaut.

Im 11. und 12. Jh. thronte das Fort auf einer Anhöhe und überwachte den Zugang zum See. 1210 verbrachte King John hier einige Tage auf dem Weg zur Schlacht in Antrim.

Die Anlage wird zurzeit renoviert und ist nicht für Besucher zugänglich; im Rahmen der Heritage Week gibt's aber oft kostenlose Führungen.

Das Tor auf der Westseite wurde so eng gebaut, dass jeweils nur ein Reiter hindurchkam.

Carlingford Heritage Centre BESUCHERZENTRUM

(☎042-937 3454; www.carlingfordheritagecentre.com; Churchyard Lane; ⏲April Mo–Fr 9.30–13 & 14–17 Uhr, Nov.–März Mo–Fr 10–12.30 & 13.30–16 Uhr) Carlingfords Heritage Centre befindet sich in der früheren Holy Trinity Church. Ein kurzes Video erzählt die Dorfgeschichte. Die Öffnungszeiten variieren.

Taafe's Castle HISTORISCHES GEBÄUDE

Taafe's Castle ist ein eindrucksvolles Turmhaus aus dem 16. Jh., das früher am Ufer stand, bis man das Land davor benötigte, um eine kurzlebige Bahnstrecke zu errichten. Heute dient es dem angrenzenden Pub als Lagerraum.

Gegenüber der Burg erinnert eine Büste an Thomas D'Arcy McGee (1825–68), einen der Gründerväter Kanadas, der in Carlingford geboren wurde.

Mint HISTORISCHES GEBÄUDE

Die Münzanstalt aus dem 16. Jh. nahe dem Dorfplatz weist an den Fenstern einige interessante keltische Steinmetzarbeiten auf. Obwohl man annimmt, dass Eduard IV. Carlingford 1467 das Münzrecht verlieh, wurden hier nie Geldstücke geprägt.

Aktivitäten

Carlingford ist der Startpunkt des 40 km langen **Táin Way**, der durch die Cooley Mountains einmal um die Halbinsel herumführt. Die Route verläuft über befestigte Straßen sowie Wiesen- und Waldwege.

Auf der Cooley Peninsula kann man wunderbar Fahrrad fahren. Räder gibt's bei **On Yer Bike** (☎087 648 7337; www.onyerbike.ie; Chapel Hill; Leihrad 20 € pro Tag; ⏲Mo–Fr 9–18.30, Sa & So bis 18 Uhr).

Ein Großteil der Halbinsel steht unter Naturschutz. Hier leben verschiedene Vogelarten wie Schnepfen, Mittelsäger, Bussarde, Meisen und Finken. Wer mehr über den **Carlingford Birdwatching Trail** erfahren möchte, sollte sich an die Mitarbeiter in der Touristeninformation (S. 571) wenden.

ABSTECHER

FLAGSTAFF VIEWPOINT

Wer über die Cooley Peninsula von Carlingford nach Newry in Nordirland reist, kann einen Abstecher von 3 km unternehmen, um einen herrlichen Ausblick auf den Carlingford Lough zu genießen, der von zerklüfteten, bewaldeten Bergen, grünen Feldern und dem glitzernden Meer eingerahmt wird.

Der **Flagstaff Viewpoint** (Flagstaff Rd) liegt kurz hinter der Grenze zum County Armagh. Man erreicht ihn, indem man von der Richtung Nordwesten führenden Küstenstraße (R173) den Schildern folgt und linker Hand in die Ferryhill Road abbiegt. Dann geht's nach rechts zum Parkplatz am Aussichtspunkt hinauf.

Der schnellste Weg von hier nach Newry führt dieselbe Strecke wieder zurück auf die R173.

Carlingford Adventure Centre ABENTEUERSPORT

(☎042-937 3100; http://carlingfordadventure.com; Tholsel St) Organisiert eine Reihe von Aktivitäten wie Segeln, Kajakfahren, Windsurfen, Klettern, Bogenschießen, Ziplining und „Zorbing" (in einem riesigen Plastikball den Hügel hinunterrollen).

Feste & Events

Leprechaun Hunt KULTUR

(⏲Ende März/Anfang April) An einem Sonntag im Frühling startet in Carlingford eine feierliche Leprechaun-Jagd (S. 570).

Carlingford Oyster Festival ESSEN & TRINKEN

(www.carlingford.ie; ⏲Mitte Aug.) Bei diesem ausgelassenen viertägigen Fest rücken die berühmten Austern des Ortes in den Mittelpunkt. Neben einer Austernschatzjagd und einem Angelwettbewerb stehen Musik, Lebensmittelmärkte und eine Regatta auf dem Carlingford Lough auf dem Programm.

Heritage Week KULTUR

(www.heritageweek.ie; ⏲Aug.) Das einwöchige Fest wartet mit Konzerten, Vorträgen, ge-

LEPRECHAUNS – EINE GESCHÜTZTE SPEZIES

Die Berge rund um Carlingford sind als das letzte Revier der irischen Leprechauns bekannt. Zu den Personen, die an die kleinen Geister glauben, gehörte der verstorbene Wirt P. J. O'Hare. Er fand 1989 auf dem Foy Mountain Mantel und Hut eines Leprechauns sowie winzige Knochen und vier Goldmünzen.

19 Jahre später und nach einer engagierten Lobbykampagne des selbst ernannten „Leprechaun-Flüsterers" Kevin Woods, der bis heute angeblich drei dieser mythischen Wesen gesehen hat, erließ die EU eine äußerst unkonventionelle Richtlinie, die die Schaffung eines Schutzgebietes vor Ort für die Leprechauns vorsah. Laut Woods handelt es sich dabei um den letzten Lebensraum der irischen Naturgeister. Einmal pro Jahr wird sogar eine Leprechaun-Jagd (S. 569) veranstaltet. Die Gegend versprüht tatsächlich einen gewissen Zauber, auch wenn man keines der Wesen entdeckt. Weitere Infos liefert www.thelastleprechaunsofireland.com.

führten Wanderungen, Sportveranstaltungen und Familienaktivitäten auf.

Schlafen

★ Carlingford House B&B €€
(☎ 042-937 3118; http://carlingfordhouse.com; Dundalk St; DZ ab 100 €; P 📶) Einst lebte in dem stattlichen Gutshaus von 1844 im Ortszentrum der Dorfarzt. Das Gebäude befindet sich abseits der Straße inmitten einer gepflegten Anlage und sieht in den wärmeren Monaten, wenn es von Weinreben geziert wird, besonders eindrucksvoll aus. Drinnen sorgen die herzlichen Gastgeber für eine perfekte Balance zwischen historischem und modernem Flair. Das Frühstück ist außergewöhnlich gut.

Belvedere House B&B €€
(☎ 042-938 3848; www.belvederehouse.ie; Newry St; EZ/DZ 60–70/89–99 €; 📶) Alle sieben Zimmer dieses netten B&Bs sind modern, sie wirken durch antike Möbel, eine dezente Beleuchtung und die keltisch-historische Themengebung aber auch sehr gemütlich. Auf Wunsch sind Kinderbetten verfügbar. Unten im Bay Tree Restaurant wird das Frühstück serviert.

★ Ghan House BOUTIQUE-HOTEL €€€
(☎ 042-937 3682; www.ghanhouse.com; Main Rd; DZ ab 160 €; P 📶) Das georgianische Haus aus dem 18. Jh. verfügt über einen üppigen Blumengarten und zwölf exquisit ausgestattete Zimmer, die mit Antiquitäten und Originalkunstwerken aufwarten. Besonders viel altmodischen Charme haben die vier Räume im Hauptgebäude. Weitere Pluspunkte gibt's für das erstklassige Restaurant mit Rabatten für Hausgäste und die **Kochschule** (Kurse ab 55 €).

Essen

Ruby Ellen's Tea Rooms CAFÉ €
(http://rubyellens.com; Marion House, Newry St; Gerichte 7–10 €, Nachmittagstee 13 €; ⏱ 9–18 Uhr) In einem charmanten Cottage mit hellblauen Wänden, bunt zusammengewürfelten Stühlen und Spitzentischdecken kommen seit 2014 Wraps, Bagels, Backkartoffeln mit Gourmetbeilagen wie Räucherlachs, Krabbenfleisch und Zitronenzesten, Schweinswürste, Räucherkäse und täglich frisch gebackener Kuchen auf den Tisch. Der Nachmittagstee ist ein echter Genuss. Bei Sonnenschein setzt man sich am besten in den blumengeschmückten Hof.

Liberty Café CAFÉ €
(3 Thosel St; Hauptgerichte 6–10 €; ⏱ 9–17.30 Uhr; 🌱 👪) Die weißgekalkte Fassade des zweistöckigen Cafés ist mit Blumen bemalt und seine Inneneinrichtung besteht aus bunt zusammengewürfelten Vintagemöbeln. Auf den Tisch kommen frisch zubereitete Gerichte wie Suppen (z. B. Linsen-Kürbis-Suppe oder Karotten-Kokosnusssuppe), warme Tagesangebote (z. B. Butternut-Kürbis-Mus oder Zucchini-Spinat-Tarte) sowie belegte Brote, Wraps, Club Sandwiches und Toasties (auch Spezialtoasties für Kinder). Bei schönem Wetter stehen auf dem Gehweg vor dem Café ein paar Tische bereit.

McAteers the Food House CAFÉ, FEINKOST €€
(www.mcateersthefoodhouse.com; 9 Dundalk St; Hauptgerichte 10–17 €; ⏱ Mo–Sa 9–18, So bis 17 Uhr) Bei McAteers gibt's Lebensmittel, Sandwiches und Wraps zum Mitnehmen. Wer mag, kann aber auch im Café frühstücken (z. B. Omelettes mit Schinken und Ziegenkäse) oder leichte, gesunde Mittagsgerichte genießen (z. B. Bruschetta mit geba-

ckenen Tomaten und Pesto oder Superfood-Salate). Das Stammgeschäft befindet sich in Dundalk (www.mcateersthefoodhouse.com; 15 Clanbrassil St; Hauptgerichte 10–17 €; Mo–Sa 9–18 Uhr;).

Bay Tree MODERN IRISCH €€

(042-938 3848; www.belvederehouse.ie; Newry St; Hauptgerichte 19–29 €; März–Mitte Nov. Mo–Sa 18–22, So 12.30–22 Uhr, Mitte Nov.–März kürzere Öffnungszeiten;) Das kleine Restaurant im Belvedere House kredenzt einfache, stilvoll präsentierte Gerichte aus saisonalen lokalen Zutaten (einige werden im hauseigenen Polytunnel angebaut), darunter Kürbis-Pilz-Agnolotti mit Salbei und gereiftem Parmesan oder Entenconfit mit eingelegtem Rhabarber, sowie köstliche Desserts (z. B. Valrhonaschokolade-Beerenbrownie mit Himbeersorbet). Reservierung empfehlenswert.

PJ O'Hares PUBFOOD €€

(www.pjoharescarlingford.com; Tholsel St; Hauptgerichte 12–23,50 €; Küche Mo–Do 11–21.30, Fr & Sa 11–22, So 12–20 Uhr, Bar tgl. 10.30–24 Uhr) In diesem preisgekrönten Gastropub gibt's herzhafte Hauptgerichte wie Pasteten (Rindfleisch und Guinness oder Lachs, Kabeljau und Muscheln) und sättigende Snacks nach Tapas-Art wie Carlingford-Austern. Je nach Wetter sitzt man im stimmungsvollen Biergarten oder am gemütlichen Kamin. Ein zweiter Eingang zum Pub befindet sich auf der Newry Street.

Ghan House MODERN IRISCH €€€

(042-937 3682; www.ghanhouse.com; Main Rd; Probiermenüs 29,50–45 €; Mo–Sa 18–21.30, So 13–15 Uhr) Das Lokal im Ghan House (S. 570) ist für seine klassischen mehrgängigen Menüs (keine Gerichte à la carte) bekannt. Brote, Eiscreme und Soßen sind hausgemacht, überdies stammen die Gewürze und das Gemüse aus dem eigenen Garten. Im Voraus reservieren.

Praktische Informationen

Carlingfords **Touristeninformation** (087 957 6989; http://visitcarlingford.com; R173; 9.30–17.30 Uhr) befindet sich am Ufer im früheren Bahnhofsgebäude.

An- & Weiterreise

Bus Éireann (S. 756) bedient Dundalk (8 €, 1 Std., Mo–Sa 6-mal tgl.) und fährt weiter nach Dublin und Newry (5,60 €, 25 Min., Mo–Sa 4-mal tgl.).

COUNTY CAVAN

Cavan ist ein abgeschiedenes Paradies für Ruderer, Angler, Wanderer und Radfahrer. Im „Lake Country" gibt's angeblich stolze 365 Seen – für jeden Tag des Jahres einen. Zwischen den Seen erstreckt sich eine sanfte Landschaft aus Strömen, Sümpfen und Drumlins. Außerdem führen spektakuläre Wanderwege durch den Cuilcagh Mountain Park, wo der 300 km lange Shannon entspringt.

Aufgrund der zahlreichen Seen entstand ein verwobenens Netz aus schmalen und kurvigen Straßen. Beim Erkunden der Gegend sollte man sich Zeit lassen, denn nach jeder Biegung kann sich unverhofft ein toller Ausblick eröffnen!

Die Region hat eine interessante Geschichte. Magh Sleacht, eine Hochebene in der Nähe des Grenzortes Ballyconnell, war noch im 5. Jh. ein bedeutendes Druidenzentrum, als der hl. Patrick begann, die heidnischen Iren zum christlichen Glauben zu bekehren. Es gibt hier immer noch zahlreiche Gräber, aufrecht stehende Steine und Steinkreise aus jener Zeit zu sehen. Der

NICHT VERSÄUMEN

FITZPATRICK'S

Das Fitzpatrick's (042-937 6193; www.fitzpatricks-restaurant.com; Rockmarshall, Jenkinstown; Mo–Do 11.30–23, Fr & Sa bis 0.30, So bis 22 Uhr;) quillt innen und außen nur so über vor Krimskrams (Milchkannen, Laternen, Geweihe, Kirchenbänke, Geschirr, Straßenschilder, Fässer, Blasebalge, Geldscheine, Tische, die kopfüber von der Decke baumeln, etc.). Dieser von Einheimischen gepflegte Schatz macht einfach Spaß! Wer in den Genuss der exzellenten Kneipenküche (Hauptgerichte 15,50 bis 32 €) kommen möchte, sollte im Voraus reservieren. Zu den Highlights zählen Steaks, Meeresfrüchte, preisgekrönte Fischsuppe und französische Zwiebelsuppe.

Bei gutem Wetter lockt der Biergarten mit Blumen, Sonnenschirmen und brüllenden Eseln. Abends sorgt regelmäßig traditionelle irische Musik für Stimmung. Es gibt auch eine Auswahl an Gerichten für Kinder und Babys.

gälische O'Reilly-Clan regierte bis ins 16. Jh., dann wurde er von den Engländern besiegt. Als Teil der Ulster Plantation wurde Cavan unter englischen und schottischen Siedlern aufgeteilt. Nach dem Unabhängigkeitskrieg 1922 wurden die Ulster-Grafschaften Cavan, Monaghan und Donegal dem Süden zugeteilt. Seit 2016 der EU-Austritt Großbritanniens per Volksentscheid beschlossen wurde, ist die potenzielle Wiedererrichtung einer Grenze eines der Schlüsselthemen der Brexit-Verhandlungen – die Ergebnisse sind abzuwarten.

Cavan (Stadt)

10 914 EW.

Das solide Städtchen beherbergt einige hübsche georgianische Häuser. Sehenswürdigkeiten gibt's kaum, dafür kann man sich hier mit Informationen und Vorräten versorgen.

Sehenswertes

Bell Tower HISTORISCHE STÄTTE

Von dem Franziskanerkloster aus dem 13. Jh., um das sich die Stadt entwickelt hat, ist heute lediglich noch ein alter Glockenturm zu sehen. Dieser steht auf dem Friedhof in der Abbey Street neben dem Grab des Rebellenführers Owen Roe O'Neill aus dem 17. Jh.

Schlafen & Essen

Farnham Estate SPA-HOTEL €€€

(☎ 049-437 7700; www.farnhamestate.ie; DZ/Suite ab 119/154 €; P @ 📶 🏊) Mittlerweile gehört das weitläufige Anwesen aus dem 16. Jh. in einem nebligen Wald zur Radisson-Gruppe. Das Serviceangebot umfasst ein Restaurant mit Gartenblick, einen Hydrotherapie-Pool (für Kinder und Jugendliche unter 16 Jahren nicht zugänglich), ein schickes Spa und einen 18-Loch-Golfplatz. Luxuriöse Zimmer verbinden modernen Stil mit historischen Details und Ambiente. Die Unterkunft befindet sich 3 km westlich der Stadt an der R198.

Chapter One CAFÉ €

(www.chapteronecafe.ie; Convent Bldg, Main St; Gerichte 2,75–8,25 €; ⏲ Mo–Fr 8.30–18.30, Sa 9–18, So 11–18 Uhr; 📶 🌱) Ein paar Treppen führen zu diesem Café, in dem sich mittags zahlreiche Einheimische belegte Bagels, Suppen, Nachos sowie warme und kalte Salate schmecken lassen. Auf der Karte stehen auch zahlreiche vegetarische und/oder glutenfreie Gerichte.

Praktische Informationen

Cavans **Touristeninformation** (☎ 049-433 1942; www.thisiscavan.ie; Farnham St; ⏲ Mo–Fr 10–17 Uhr) befindet sich im 1. Stock der Johnston Central Library und bietet Informationen über ganz Irland.

An- & Weiterreise

Bus Éireann (S. 756) verkehrt täglich stundenweise nach Dublin (17,50 €, 2 Std.) und Enniskillen, County Fermanagh (16,90 €, 1¼ Std.), sowie viermal täglich nach Donegal-Stadt (21,50 €, 1½ Std.). Darüber hinaus gibt's Verbindungen in zahlreiche kleinere Orte des Countys.

Killykeen Forest Park & Lough Oughter

Killykeen Forest Park PARK

(www.coillte.ie; ⏲ 9 Uhr–Sonnenuntergang) GRATIS 12 km nordwestlich von Cavan liegt der 240 ha große Killykeen Forest Park. Mehrere Wanderwege von 1,5 bis 5,8 km Länge führen durch die Wälder und am Ufer des Lough Oughter entlang, der auf der Karte wie ein verspritzter Wasserfleck aussieht und bei Anglern sehr beliebt ist. Unterwegs entdeckt man vielleicht Hermeline, Dachse, Füchse, Grauhörnchen, Igel und viele Vögel.

Die meisten der niedrigen, zugewachsenen Inseln im See waren *crannógs* (künstlich angelegte und befestigte Inseln). Auf der bekanntesten befindet sich das Clough Oughter Castle, ein Rundturm aus dem 13. Jh. Bevor Cromwells Männer das Gebäude 1653 zerstörten, diente es als abgelegenes Gefängnis und später als Sitz des Rebellenführers Owen Roe O'Neill. Die Ruine liegt zwar unerreichbar im Wasser, wird aber auf Kanutouren des Cavan Canoe Centre angesteuert. Außerdem lohnt sich aufgrund der tollen Aussicht ein Spaziergang über die Waldpfade.

Butlersbridge

276 EW.

Das Dorf Butlersbridge liegt am Ufer des Flusses Annalee. Besondere Sehenswürdigkeiten gibt es hier nicht, der hübsche Ort eignet sich aber prima für einen kleinen Zwischenstopp – mit tollem Pub, einem

Gourmetrestaurant mit eigener Kochschule sowie Möglichkeiten zum Kanufahren.

5,5 km westlich von Butlersbridge an der L1511 veranstaltet Sean im Cavan Canoe Centre (☎ 087 290 5752; http://cavancanoeing.com; Inishmore; Kanus & Kajaks inkl. Neoprenanzug 25 €/halber Tag, ⏲ April–Okt., Reservierung erforderlich) drei- bis vierstündige Touren durch die Wasserstraßen der Region (Erw./Kind 30/20 €) sowie Touren zum Killykeen Forest Park; außerdem verleiht er Kanus und Kajaks. Die (wichtigen!) Neoprenanzüge sind im Preis inbegriffen.

Schlafen & Essen

Annalee House B&B €

(☎ 049-433 1282; www.annaleehouse.com; EZ/DZ 40/70 €; P ❄ 📶) Das hübsche kleine B&B im Herzen des Dorfes bietet drei Zimmer im Haupthaus und vier im benachbarten Cottage (von denen eines rollstuhlgerecht ist). Im Hof darf gegrillt werden. Für ein leckeres Frühstück ist ebenfalls gesorgt, denn Anna May, die Inhaberin, ist Profiköchin.

Derragarra Inn PUBFOOD €€

(☎ 049-433 1033; www.murphsbistro.com; Hauptgerichte 15–29 €; ⏲ Küche Mo–Fr 12–21, Sa bis 21.30, So 12.30–21 Uhr, Bar So–Do 12–23, Fr & Sa bis 24 Uhr) Dieses einladende efeubewachsene Pub mit viel Holz im Inneren hat einen großen, sonnigen Biergarten, aus dem man über den Fluss und auf die St. Aidan Church blickt. Auf der unkonventionellen Speisekarte finden sich Gerichte wie Straußensteak, Känguruburger und Hähnchen in Parmesankruste mit Pflaumensoße. An den Wochenenden gibt's Livemusik.

★ **Olde Post Inn** GEHOBENE KÜCHE €€€

(☎ 047-55555; www.theoldepostinn.com; Cloverhill; 4-/8-Gänge-Abendmenüs 63/82 €, 3-Gänge--Mittagsmenü am So 35 €, Kochkurs ab 125 €; ⏲ Mi & Do 18–21, Fr & Sa 18–21.30, So 12.30–14.30 & 17.30–20.30 Uhr; 🖉 👪) 4 km nördlich von Butlersbridge stößt man auf das nette kleine Örtchen Cloverhill, das vor allem für sein preisgekröntes Restaurant Olde Post Inn bekannt ist. In einem früheren Postamt aus dem Jahre 1884 bereitet Sternekoch Gearoid Lynch moderne Gerichte mit traditionellen Grundzutaten wie Seeteufel, Lachs, Ente und Lamm zu; es gibt aber auch vegetarische Optionen. Die sechs Gästezimmer im früheren Domizil des Postmeisters (EZ/DZ 65/110 €) sind luxuriös ausgestattet.

ANGELN IN CAVAN

Cavans tolle Fischgründe locken jede Menge Angler an, insbesondere im Süden und Westen. Hauptsächlich werden Wildbestände geangelt, teils gibt's jedoch auch Edelfische (Seeforelle und Hecht). Fast alle Seen sind gut ausgeschildert und meistens werden auch die jeweils darin vorkommenden Fischarten angegeben.

Weitere Infos liefert www.fishinginireland.info. Die Website listet Angelgeschäfte, Anglerguides und Bootsverleihfirmen auf. Da die Einrichtungen für Angler dünn gesät und weit verstreut sind, sollte man seine eigene Ausstattung mitbringen.

Ein Gourmet-Menü für Kinder ist für 17,50 € zu haben.

Ballyjamesduff & Umgebung

2661 EW.

Einst war das verschlafene Marktstädtchen der Sitz des Earl of Fife, James Duff, einem der ersten Großgrundbesitzer. Sein Nachkomme Sir James Duff befehligte die englischen Truppen während der Zerschlagung des Aufstandes im Jahre 1798.

Der nahegelegene Lough Sheelin ist für seine Forellenbestände bekannt (Angelausrüstung selbst mitbringen!) und lädt das ganze Jahr über zu einem Spaziergang ein.

Sehenswertes

Cavan County Museum MUSEUM

(☎ 049-854 4070; www.cavanmuseum.ie; Virginia Rd; Erw./Kind 5/3 €; ⏲ Juni–Sept. Di–Sa 10–17, So 14–17.30 Uhr, Okt.–Mai Di–Sa 10–17 Uhr) Die breit gefächerte Sammlung dieses Museums in einem früheren Kloster umfasst Trachten aus dem 18., 19. und 20. Jh. Auch die Relikte aus der Stein-, Bronze- und Eisenzeit sowie dem Mittelalter sollte man sich ansehen, darunter den keltischen Killycluggin-Stein, den dreigesichtigen Corleck-Kopf und das tausend Jahre alte Boot, das beim Lough Errill gefunden wurde. Außerdem gibt's umfangreiche Exponate zum irischen Sport. Draußen befindet sich die kinderfreundliche WWI Trench Experience mit Soundeffekten und Gräben samt Sandsäcken.

Östliches Cavan

Sehenswertes

Dún an Rí Forest Park PARK

(☎ 042-966 7320; www.coillte.ie; Auto 5 €; ⏲ Parkplatz April–Okt. 9–18 Uhr, Nov.–März bis 16.30 Uhr) 11 km südwestlich von Carrickmacross erstreckt sich der 225 ha große Dún an Rí Forest Park mit vier farblich markierten Waldwanderwegen (alle kürzer als 4 km), Picknickplätzen und einem Wunschbrunnen. Mit etwas Glück entdeckt man am Flussufer einen Nerz oder Fischotter. Auf dem Parkplatz kann man nur mit Münzgeld zahlen.

Schlafen

Cabra Castle BURG €€

(☎ 042-966 7030; www.cabracastle.com; Carrickmacross Rd, Kingscourt; Cottage/DZ ab 130/198 €; P 📶) Am Rand des Dún an Rí Forest Park erhebt sich das Cabra Castle aus dem 19. Jh., ein Luxushotel mit antikem Mobiliar. Die Burg selbst beherbergt zwölf Zimmer, die meisten Unterkünfte befinden sich jedoch im Hofbereich; zum Angebot gehören auch ein paar einfache Cottages für Selbstversorger. Der WLAN-Empfang ist schwankend.

BALLY WIE?

In ganz Irland stößt man auf Ortsbezeichnungen, die mit „Bally" (oder Varianten wie „Ballyna" und „Ballina") beginnen. Die allgegenwärtige Vorsilbe geht auf den irischen Ausdruck „Baile na" zurück. Oft wird dieser fälschlicherweise als „Stadt" übersetzt, doch als die Namen entstanden, gab es in Irland nur sehr wenige Städte. Eine genauere Übersetzung ist „Ort von". Ballyjamesduff bedeutet also z. B. Ort von James Duff bzw. James Duffs Ort. Die irische Bezeichnung für Dublin ist Baile Átha Cliath (Ort an der Hürdenfurt). Ins Englische übertragen entspricht das in etwa „Ballycleeagh".

Weitere übliche Vorsilben für Ortsbezeichnungen sind „Carrick" (oder „Carrig"), was auf Irisch „Fels" bedeutet, und „Dun" vom irischen *dún* (Festung).

Nordwestliches Cavan

Aktivitäten

Jampa Ling Buddhist Centre MEDITATION

(☎ 049-952 3448; www.jampaling.org; Owendoon House, Bawnboy; Retreats & Workshops pro Aktivität 25–45 €, inkl. Wochenend-Retreat 215 €) 🍃 Der Name „Jampa Ling" bedeutet „Ort der Unendlichen Liebevollen Freundlichkeit". Zum Angebot gehören Kurse, Philosophie, Meditation, Yoga, sowie Heil- und Küchenkräuter zum Thema buddhistische Lehren. Die Verpflegung ist vegetarisch. Bei Veranstaltungen sind die Unterkünfte (B/EZ 18/23 €, inkl. Verpflegung 32/39 €) meist ausgebucht. Das Zentrum liegt in der Nähe der N87, 38 km nordwestlich von Cavan (Stadt).

Schlafen

Slieve Russell Hotel SPA-HOTEL €€

(☎ 049-952 6444; www.slieverussell.ie; N87, Cranaghan; DZ/Suite ab 130/190 €; P @ 📶 🏊) Wer Luxus und Entspannung sucht, wird im Slieve Russell Hotel mit seinen 222 elegant möblierten Zimmern, Marmorsäulen, Springbrunnen, Restaurants und Bars fündig. Außerdem gibt's einen 18-Loch- und einen 9-Loch-Golfplatz (Unterricht bei Golfprofis möglich). Das Spa wartet mit Floatingbecken, einer Kräutersauna und einer Salzgrotte auf und der Kinderklub macht das Hotel auch zu einem beliebten Familienziel. Das Slieve Russell liegt 26 km nordwestlich von Cavan (Stadt).

Blacklion & Umgebung

194 EW.

Durch diese abgeschiedene Ecke der Grafschaft führt der Cavan Way. Das kleine Dorf Blacklion ist weniger als 50 m vom dem Fluss Belcoo entfernt. Dieser markiert die Grenze zum County Fermanagh in Nordirland.

Feinschmecker lockt das **MacNean House & Restaurant** (☎ 071-985 3022; www.nevenmaguire.com; Main St; Menüs abends 85 €, mit korrespondierenden Weinen 135 €, So Mittagessen 45 €, Kochkurse ab 160 €; ⏲ Mi–Sa 18 & 21.30, So 15.30 & 19 Uhr; P ✍) vor Ort an. Neven Maguire, ein preisgekrönter Fernsehkoch, wuchs in diesem wunderschönen Dorfhaus auf und verwandelte es in ein Restaurant mit Kochschule, die beide zu den besten des Landes zählen. Wer in den Genuss von kreativen Kreationen wie Hühnchen-

WANDERUNG: DER CAVAN WAY

Höhepunkt für viele Wanderer in der Region ist der 26 km lange **Cavan Way**, der durch die Cuilcagh Mountains führt und die Dörfer Blacklion sowie Dowra miteinander verbindet. Von Blacklion windet er sich Richtung Süden durch den **Cavan Burren Park** (S. 575) und die antike Begräbnistätte **Magh Sleacht** mit ihren zahlreichen prähistorischen Monumenten (Steinhaufen, Ringfestungen und Gräbern). Der Weg verläuft weiter zur Quelle des Shannon, Irlands längstem Fluss, und über die Straße nach Dowra, wo man den **Black Pigs Dyke** passiert. Einst trennte der alte Damm das Land in zwei Teile.

Ab Blacklion geht's zunächst durch die Berge, während man von Shannon Pot bis Dowra größtenteils auf Straßen unterwegs ist. Den höchsten Punkt der Wanderung markiert das Giant's Grave (260 m). Für die Tour benötigt man die Karte Ordinance Survey Nr. 26 und den Kartenführer *Cavan Way*. Beide bekommt man in Blacklion und Dowra. Detaillierte Infos zur Strecke (inklusive Karten als PDFs zum Herunterladen) erhält man unter www.thisiscavan.ie und www.irishtrails.ie. Die Wege sind manchmal matschig, deshalb sollte man Ersatzsocken mitnehmen.

In Blacklion kann man auch dem **Ulster Way** folgen oder in Dowra den Leitrim Way nehmen, der Manorhamilton und Drumshanbo verbindet.

confit-Lollis mit Schaum von gut gereiftem Parmesan, Sherry-Essig-Aspik und Kürbisrisotto kommen möchte, muss Monate im Voraus reservieren (oder eine Stornierung in letzter Minute abpassen). Für Übernachtungsgäste stehen wunderschöne Zimmer bereit (DZ/Suite ab 134/174 €).

Sehenswertes

★ Cavan Burren Park HISTORISCHE STÄTTE
(www.cavanburrenpark.ie; Tullygobban Hill; Mai–Aug. 7–23 Uhr, Sept.–April kürzere Öffnungszeiten) GRATIS Nur 3 km südlich von Blacklion im Cuilcagh Mountain Park, durch den die Wanderroute Cavan Way (S. 575) verläuft, befindet sich diese surreale, in den 1870er-Jahren entdeckte megalithische Stätte. Bis in die 1950er wurde das Gelände landwirtschaftlich genutzt und erst 2014 zum Cavan Burren Park erklärt. Zu den Highlights zählen ein Fort auf einer Landzunge, das etwa aus dem Jahre 500 v. Chr. stammt, und das Keilgrab Giant's Grave von 2500 v. Chr. Es gibt eine (unbesetzte) Hütte mit Infotafeln, ansonsten ist das hügelige bewaldete Gebiet unberührt und herrlich atmosphärisch.

Cuilcagh Mountain Park PARK
(www.marblearchcavesgeopark.com) Die Grenze zwischen der Republik und Nordirland verläuft auf dem Kamm des Mount Cuilcagh, dem markanten Gipfel im gleichnamigen Park. Dies ist der erste grenzüberschreitende Geopark der Welt. Seine unteren Hänge bestehen aus geschützten Torfmooren, die oberen aus spektakulären Felswänden. Das Besucherzentrum und die größte Attraktion der Gegend, die Marble Arch Caves (S. 702), liegen von Blacklion aus kurz hinter der Grenze im County Fermanagh. Auf der irischen Seite ist der megalithische Cavan Burren Park die größte Attraktion.

An- & Weiterreise

Bus Éireann (S. 756) verkehrt nach Sligo (Stadt) im County Sligo (20,80 €, 1 Std., Mo–Sa 4-mal tgl., So 3-mal) und nach Enniskillen im County Fermanagh (8,60 €, 30 Min., Mo–Sa 4-mal tgl., So 3-mal), wo man nach Dublin und Belfast umsteigen kann. Um die Region zu erkunden, braucht man aber selbst einen fahrbaren Untersatz.

COUNTY MONAGHAN

Monaghans friedliche, sanft an- und absteigende Landschaft ist von Seen und kleinen runden Hügeln geprägt, die an Bläschen auf schlecht verklebten Tapeten erinnern. Diese als Drumlins bezeichneten Höcker sind Ablagerungen geschmolzener Gletscher aus der letzten Eiszeit. Die Seen des Countys ziehen zahlreiche Angler an, aber ansonsten kommen nur wenige Besucher in die Gegend, die sich gerade deshalb für ruhige Streifzüge anbietet.

Im Gegensatz zum Rest der Region hat Monaghan von der Ulster Plantation nicht viel mitbekommen. Nach den Cromwell-

ABSTECHER

HILTON PARK

Auf einem 240 ha großen Anwesen 27 km südwestlich von Monaghan (Stadt) liegt das großartige Landhaushotel **Hilton Park** (☎ 047-56007; www.hiltonpark.ie; abseits der N54, Scotshouse; EZ/DZ ab 94,50/189 €, Torhaus ab 655 € pro Woche; ⏲ April–Okt.; P 📶). Das Gebäude ist seit 1734 im Besitz derselben Familie. Die sechs geräumigen lichtdurchfluteten Gästezimmer verfügen über antike Möbel, freistehende Badewannen und Himmel- oder Baldachinbetten. Die erstklassigen Gerichte werden hauptsächlich aus Produkten vom hauseigenen Bauernhof, See und Garten zubereitet (Abendessen 60 €, Di–Sa).

Hotelgäste können den 18-Loch-Golfplatz nutzen, am See angeln und Ruderboote und Fahrräder ausleihen (alles kostenfrei). Im Frühjahr lassen sich auf dem Bauernhof die neugeborenen Lämmer beobachten.

Kriegen waren die lokalen Clanchefs allerdings gezwungen, ihr Land zu einem Bruchteil des tatsächlichen Werts zu verkaufen. Oft wurde es aber auch einfach von Cromwells Soldaten beschlagnahmt.

Im frühen 19. Jh. gewann die Herstellung von Spitzenhandarbeiten Bedeutung für die regionale Wirtschaft. Dies schuf Arbeitsplätze und ermöglichte Frauen ein Einkommen. Carrickmacross war eines der Zentren dieser Industrie; vor Ort kann man die hübschen Handarbeiten bis heute bewundern.

Monaghan (Stadt)

7678 EW.

Monaghan mag die Hauptstadt des Countys sein, ist jedoch vom Tourismus völlig unberührt. Mit ihren eleganten Kalksteinbauten aus dem 18. und 19. Jh. laden die hübschen Straßen zu einem gemütlichen Spaziergang ein.

Sehenswertes & Aktivitäten

Monaghan County Museum MUSEUM
(www.monaghan.ie; 1-2 Hill St; ⏲ Mo–Fr 11–17, Sa 12–17 Uhr) GRATIS Als Highlight dieses ausgezeichneten Museums mit über 70 000 Ausstellungsobjekten, die von der Steinzeit bis in die Gegenwart reichen, gilt das Cross of Clogher – ein Altarkreuz aus Eichenholz, das in dekorative Bronzeplatten eingefasst ist. Zu den weiteren eindrucksvollen Funden gehören die beiden Kessel von Lisdrumturk und Altartate, mittelalterliche *crannóg*-Artefakte sowie furchterregende Schlagringe und Knüppel, die an die Nähe des Städtchens zu Nordirland erinnern.

Rossmore Forest Park PARK
(www.coillte.ie; über die R189; ⏲ Parkplatz April–Okt. 8–18 Uhr, Nov.–März bis 16.30 Uhr) GRATIS Besucher des Rossmore Forest Park können sich hier die Überreste des Familiensitzes der Rossmores aus dem 19. Jh. ansehen, darunter eine Freitreppe, ein paar Stützpfeiler und ein Friedhof für Haustiere. Im Sommer wartet die Anlage mit farbenprächtigen Rhododendren und Azaleen auf und lockt außerdem noch mit Waldwegen, schönen Picknickstellen sowie einer Reihe riesiger Mammutbäume, einer herrlichen Eibenallee und Grabstätten aus der Eisenzeit. Im Park leben Dachse, Füchse, Zwergspitzmäuse, Igel, Otter und fünf der sieben Fledermausarten Irlands. Der Waldpark liegt 3,5 km südwestlich von Monaghan.

Zu den im Park heimischen Vogelarten gehören Waldsänger, Fliegenfänger und Kuckucks.

Venture Sports ANGELN
(☎ 047-81495; 71 Glaslough St; ⏲ Mo–Sa 9–18 Uhr) Die Gegend bietet hervorragende Angelmöglichkeiten. Bei Venture Sports bekommt man Lizenzen und die nötige Ausrüstung sowie jede Menge Tipps.

Feste & Events

Harvest Blues Festival MUSIK
(www.harvestblues.ie; ⏲ Anfang Sept.) Erstklassiges dreitägiges Bluesfestival mit irischen und internationalen Musikern.

Schlafen & Essen

Cafés und Restaurants befinden sich vor allem in der Diamond und der Glaslough Street. Der **Bauernmarkt** (Church Sq; ⏲ Fr 10–14 Uhr) findet im Zentrum Monaghans statt; große Supermärkte gibt es ebenfalls in der Stadt.

Westenra Arms HOTEL €€
(☎ 047-74400; www.westenrahotel.com; The Diamond; EZ/DZ/3BZ 55–79/89–129/120–150 €; 📶) Im Stadtzentrum befindet sich ein auffälli-

ges, riesiges Hotel aus Ziegelstein. Es beherbergt komfortable Zimmer (teils mit Himmelbetten), zu denen man per Aufzug gelangt, und gesellige öffentliche Bereiche, darunter ein Restaurant mit Glasdach (Hauptgerichte 16 bis 29 €), eine Bar mit Livemusik, ein Nachtclub und die großartige Coicktailbar Shifty Mulhares. Die Wände sind gut gedämpft, sodass man problemlos in Ruhe schlafen kann. Für Kinder gibt's Spielzeug und Malbücher.

★ **Castle Leslie** BURG €€€

(047-88100; www.castleleslie.com; Glaslough; DZ ab 170 €; P Wi-Fi) Das Castle Leslie, 11 km nordöstlich von Monaghan (Stadt) an der R185, ist ein eindrucksvoller viktorianischer Gebäudekomplex. 1665 erwarb es die Familie Leslie, deren Wurzeln angeblich bis zum Hunnenkönig Attila reichen. Zum Serviceangebot des Hotels gehören ein viktorianisches Spa und ein Reitzentrum (ab 35 € pro Std.).

Etwas zu essen bekommt man in der schicken Snaffles Brasserie (4-Gänge-Menü 65 €) oder in der gemütlichen Conor's Bar. In den gemeinschaftlich genutzten Bereichen gibt's WLAN-Empfang.

Jedes der 20 Zimmer im Haupthaus hat eine eigene Geschichte. Der Red Room, einst von W. B. Yeats bewohnt, ist mit dem ersten modernen Bad Irlands ausgestattet, und vom stattlichen neogotischen Himmelbett in Uncle Norman's Room wird behauptet, es schwebe gelegentlich frei im Raum. In der Hunting Lodge befinden sich weitere 30 Zimmer, deren Gestaltungsspektrum vom üppig-traditionellen bis zum eher minimalistisch-zeitgenössischen Stil reicht.

Batch Loaf BISTRO €€

(047-72253; www.thebatchloaf.com; North Rd; Hauptgerichte 14–26,50 €; Mo, Mi & Do 17–21, Fr & Sa 17–22, So 15–21 Uhr) Eine bodenhohe Landkarte des Countys Monaghan ziert eine der Wände des hellen und modernen, über zwei Etagen gehenden Bistros.

Im Batch Loaf werden Gerichte aus regionalen Produkten serviert, z. B. gebratene Entenbrust mit Speck, Maronen und Kohl, in Ahorn geräuchertes Schweinefleisch mit Cidersoße, Sirloin-Steak aus Monaghan mit einer Soße aus gerösteten Pfefferkörnern und gegrillter Seehecht mit Wildpilzcreme. Freitags, samstags und sonntags gibt's Livemusik.

Andy's BISTRO €€

(Teach Ainòt Bialann; 047-82277; http://andysmonaghan.com; 12 Market St; Hauptgerichte 17,50–29 €; Di–Fr 16–22, Sa 14–22, So 13.30–21.30 Uhr) Die weißgetünchte viktorianische Bar mit schwarzen Balken und altmodischem Restaurant ist eine familiengeführte Institution. Zu den traditionellen Spezialitäten des Hauses gehören frittierte panierte Pilze mit Knoblauchmayonnaise, Hähnchenfilet mit Pilz-Zwiebel-Soße sowie traditionelle Fish 'n' Chips.

Ausgehen & Unterhaltung

★ **Shifty Mulhares** COCKTAILBAR

(www.westenrahotel.com; The Diamond; Fr–So 17–1 Uhr; Wi-Fi) Von der Straße muss man einige Treppenstufen hinabsteigen zu dieser Cocktailbar im Westenra Arms (S. 576). Sie ist auf geniale Art als Zuhause des fiktiven unerschrockenen Entdeckers Shifty Mulhares gestaltet, dafür sorgen Mitbringsel von seinen Reisen wie Vogelkäfige, Chesterfield-Sofas und Schallplatten aus den 1980er-Jahren.

Wer möchte, kann sich sogar einen Cocktail auf Shiftys Himmelbett genehmigen.

McKenna's Bar PUB

(62 Dublin St; 19–24 Uhr; Wi-Fi) Das historische Pub ist in der ganzen Region für seine Jamsessions bekannt, vor allem für Blues. Sie finden in der Bar „The Brewery" im oberen Stock statt, einem stimmungsvollen Raum mit Tischen aus dunklen Holzfässern und freigelegtem Mauerwerk. Die Bar im Erdgeschoss ist unter dem Namen „The Anchor" bekannt.

Market House KULTURZENTRUM

(047-81122; www.monaghan.ie; Market St) In der restaurierten Markthalle aus dem 18. Jh. werden Ausstellungen und Konzerte veranstaltet und Theaterstücke aufgeführt.

Praktische Informationen

Monaghans **Touristeninformation** (047-81122; www.monaghantourism.com; Market St; Juni–Sept. Mo–Fr 10–17 Uhr) im Market House hat nur im Sommer geöffnet.

An- & Weiterreise

Bus Éireann (S. 756) bietet tägliche Verbindungen nach Dublin (18 €, 2 Std., 9-mal tgl.), Carrickmacross (13 €, 30 Min.) und zu anderen Zielen.

Carrickmacross & Umgebung

5032 EW.

Carrickmacross wurde zuerst von Engländern und Schotten besiedelt, die an der breiten Hauptstraße einige elegante georgianische Häuser mit wunderschönen farbenfrohen Fassaden hinterließen. Der Ort ist berühmt für seine feinen Spitzenarbeiten. Diese werden weltweit exportiert, seitdem die Produktion 1871 durch die Nonnen von St. Louis wiederbelebt wurde.

In Carrickmacross gibt es keine Touristeninformation; Besucher finden Infos unter www.carrickmacross.ie/visit-carrick.

Sehenswertes

Carrickmacross Lace Gallery GALERIE

(☎ 042-966 4176; www.carrickmacrosslace.ie; Market Sq; ⌚ Mo–Sa 9.30–17.30 Uhr) GRATIS In den ehemaligen Viehhöfen der Stadt führt eine lokale Kooperative dieses winzige Museum. Besucher haben hier die Möglichkeit, bei der Herstellung von Spitze zuzusehen und hübsche Designs zu bestaunen. Anders als bei der Häkelware von Clones werden die Muster mit dickem Faden in engen Stichen auf Organzastoff aufgestickt, zusätzlich wird das Ganze mit verschiedenen Zierstichen und typischen Rundkanten versehen. Auftragsarbeiten werden entgegengenommen, darüber hinaus stehen kleine exquisite Stücke wie Kühlschrankmagneten, Lesezeichen und Ähnliches zum Verkauf.

Die Spitzenmuster von Carrickmacross zierten die Ärmel des Hochzeitskleides von Prinzessin Diana und die Technik kam ebenfalls bei der Brautrobe von Kate Middleton zum Einsatz, die 2011 Prinz William ehelichte.

St. Joseph's Catholic Church KIRCHE

(O'Neill St; ⌚ 8–18 Uhr) Handwerkskunst ist auch in dieser Kirche zu bewundern. Zehn Fenster wurden von Harry Clarke, Irlands berühmtestem Buntglaskünstler, gestaltet. Die Öffnungszeiten variieren teilweise.

Schlafen & Essen

★ **Shirley Arms** HOTEL €€

(☎ 042-967 3100; www.shirleyarmshotel.ie; Main St; DZ ab 120 €; P 📶) Hinter der warmen Steinfassade des zentral gelegenen Shirley Arms verbirgt sich ein großartiges familiengeführtes Hotel. Weißes Leinen, Nussholzparkett und schicke Bäder sorgen für modernes Flair in den Zimmern. In der offenen Bar mit Lounge werden vor informeller Kulisse exzellente irische Klassiker serviert, die auch im eleganten Restaurant (Hauptgerichte 14 bis 33 €) auf den Tisch kommen.

Das Hotel ist ein beliebter Veranstaltungsort für Hochzeiten, daher sollte man im Voraus buchen, vor allem an den Wochenenden.

Matilda's Artisan Bakehouse BÄCKEREI, CAFÉ €

(1 Monaghan St; Gerichte 3,50–8,50 €; ⌚ Mo–Sa 8–18 Uhr) Neben Broten (z. B. Focaccia und Sauerteigbrot) kommen im Matilda's auch Kuchen, süßes Gebäck und herzhafte Variationen (z. B. Blätterteig mit Wurstfüllung) aus dem Ofen – ein prima Ort für ein schnelles Frühstück oder Picknickeinkäufe. Tagesangebote wie Quiches, Suppen und Salate kann man in einem kleinen Sitzbereich genießen.

★ **Riverbank County Pub** GASTROPUB €€

(☎ 041-685 5883; www.theriverbank.ie; unweit der L4700, Lannette; Hauptgerichte 15–25 €, 4-Gänge-Menü 25 €; ⌚ Küche Mi–Sa 17–21.30, So 12–21 Uhr, Bar So–Do 12–23, Fr & Sa bis 24 Uhr; 📶 👪) Dieses Juwel am Ufer des Flusses Glyde (aus dem die Forellen stammen, die im Pub serviert werden) liegt 7,5 km südöstlich von Carrickmacross an der Grenze zum County Louth. Ein prasselndes Kaminfeuer sorgt für Wärme im Speiseraum und es gibt keine Fernseher, die von den fantastischen Gerichten ablenken könnten. Zu diesen zählen u. a. in Cider gedämpfte Muscheln aus Clogher Head und Filetsteak aus Monaghan mit Bellingham-Blauschimmelkäse. Es gibt auch eine Speisekarte für Kinder und einen Spielbereich.

Das Pub wird seit vier Generationen von derselben Familie geführt und unter Verwendung von Altholz und Steinplatten des Originalgasthofs aus dem 18. Jh. wiederaufgebaut. Oben befinden sich sechs geräumige Gästezimmer mit Privatbädern (DZ/3BZ ab 80/120 €) sowie Fluss- oder Gartenblick.

Ausgehen

Fiddlers Elbow PUB

(www.fiddlers.ie; Main St; ⌚ So–Do 11–24, Fr–So bis 2 Uhr) Das Fiddlers Elbow auf der breiten Hauptstraße von Carrickmacross beherbergt eine belebte Bar, ein gehobenes Restaurant, das Gerichte wie honigglasierte

Ente serviert (Hauptgerichte 12,50 bis 26 €), sowie einen Nachtclub (Fr & Sa 21–2 Uhr) im Obergeschoss. Regelmäßig werden Livekonzerte aller Genres veranstaltet – das aktuelle Programm ist auf der Website zu finden.

An- & Weiterreise

Bus Éireann (S. 756) verkehrt von hier nach Dublin (18 €, 1¼ Std., 9-mal tgl.) und Dundalk (8 €, 30 Min., 5-mal tgl.).

Inniskeen

★ Patrick Kavanagh Resource Centre MUSEUM

(☎ 042-937 8560; www.patrickkavanaghcountry.com; Inniskeen; ganzjährig Di–Fr 11–16.30 Uhr, Juli–Sept. So 15–17.30 Uhr) GRATIS Im idyllischen kleinen Inniskeen, 10 km nordöstlich von Carrickmacross, erblickte der bekannte Dichter Patrick Kavanagh (1904–1967) das Licht der Welt. Das Patrick Kavanagh Resource Centre ist in der alten Kirche untergebracht, wo Kavanagh getauft wurde. Seine letzte Ruhe fand der Schriftsteller auf dem angrenzenden Friedhof. Besucher werden hier sicher von der Begeisterung der Mitarbeiter für sein Leben und Werk angesteckt. Wegbeschreibungen über literarische Rundgänge (insgesamt 5,6 km) durch das Dorf und die malerische Umgebung gibt's auf der Website des Zentrums zum Download.

Das Zentrum richtet verschiedene Veranstaltungen aus, darunter auch das Writers' Weekend Ende Juli/Anfang August.

Kavanaghs umfangreiches Epos *The Great Hunger* (1942) räumte auf mit den früheren Klischees in der angloirischen Dichtung und entzauberte die arme irische Landbevölkerung als hungergeplagt, innerlich gebrochen und sexuell unbefriedigt.

Der Text von Kavanaghs bekanntestem Gedicht *On Raglan Road* (1946) über eine unerfüllte Liebe passte auf das traditionelle irische Lied *The Dawning of the Day*, das schon von Van Morrison, Mark Knopfler, Billy Bragg und Sinead O'Connor sowie vielen anderen zum Besten gegeben wurde.

Reiseziele in Nordirland

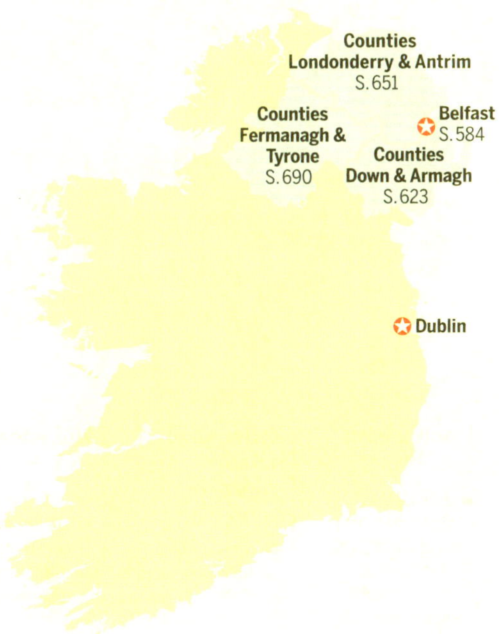

Gut zu wissen

Weitere Informationen siehe S. 743

Währung
Pfund Sterling (£)

Sprache
Englisch, Irisch

Visa
Für die Einreise nach Nordirland ist kein Visum erforderlich. Deutsche, Österreicher und Schweizer benötigen lediglich einen gültigen Personalausweis oder Reisepass.

Geld
Geldautomaten sind weithin zu finden. Die meisten Hotels und Restaurants akzeptieren Kreditkarten.

Handys
Nordirland nutzt das britische Mobilfunk- und Festnetz. Telefonzellen und öffentliche Fernsprechautomaten werden immer seltener.

Zeit
Westeuropäische Zeit (MEZ –1 Std., MESZ –1 Std).

Reisezeit

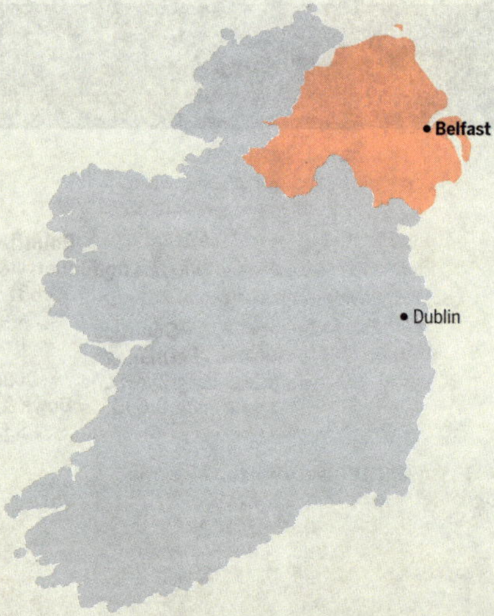

Hochsaison (Mai–Aug.)

- Juni ist der beste Monat, um im Rathlin West Light Seabird Centre Papageientauchern beim Nisten zuzusehen.
- Mit seinem warmen Wetter ist der Juli ideal zum Wandern in den Mournes und Sperrins.

Zwischensaison (März–April, Sept.–Okt.)

- April eignet sich gut für einen Besuch von Belfast, wenn in den Parks der Stadt die Frühlingsblumen blühen.
- Das dreiwöchige Belfast International Arts Festival bietet Theater, Musik, Tanz und Vorträge.

Nebensaison (Nov.–Feb.)

- Beliebte Attraktionen wie die Titanic Belfast und die Hängebrücke von Carrick-a-Rede ohne Touristenrummel erleben.
- Draußen ist es kalt, aber in den gemütlichen Pubs im Norden kann man sich wunderbar aufwärmen.

Nützliche Websites

Culture Northern Ireland (www.culturenorthernireland.org) Unterhaltungsnachrichten, Rezensionen und Veranstaltungsprogramme.

Translink (www.translink.co.uk) Informationen zu öffentlichen Verkehrsmitteln.

Lonely Planet (www.lonelyplanet.com/ireland/northern-ireland) Iinformationen, Hotelbuchungen, Reiseforum und mehr.

Northern Ireland Tourist Board (www.nitb.com) Offizielle Tourismusbehörde.

Wichtige Telefonnummern

Alle Festnetznummern in Nordirland beginnen mit ☎028; wer von einem lokalen Festnetz anruft, kann diese Vorwahl weglassen. Anrufer aus dem Ausland, lassen die erste „0" weg.

Landesvorwahl Großbritannien	☎44
Internationaler Zugangscode	☎00
Notruf (Polizei, Feuerwehr, Krankenwagen)	☎999

Wechselkurse

Eurozone	1 €	0,89 £
Schweiz	1 SFr	0,85 € 0,76 £

Aktuelle Wechselkurse siehe www.xe.com.

Tagesbudget

Günstig: unter 55 £

- Bett im Schlafsaal: 18–25 £
- Günstige Mahlzeit im Café oder Pub: 7–11 £
- Bus- oder Zugticket: 3–12 £

Mittelteuer: 55–120 £

- Doppelzimmer im Hotel oder B&B: 50–120 £
- Hauptgericht im Restaurant: 15–28 £
- Museumseintritte: 7–17 £

Teuer: mehr als 120 £

- Zimmer im Viersternehotel: ab 130 £
- Drei-Gänge-Menü in einem gehobenen Lokal: ca. 40 £
- Mietwagen: ab 35 £ pro Tag

Öffnungszeiten

Die Öffnungszeiten können im Laufe des Jahres variieren, vor allem in ländlichen Gebieten, wo viele Einrichtungen von Oktober/November bis März/April kürzer geöffnet oder komplett geschlossen haben.

Banken Mo–Fr 9.30–16 Uhr; teilweise auch Sa 9.30–13 Uhr

Cafés 8.30–17 Uhr

Geschäfte Mo–Fr 9–17.30 Uhr, oft auch So 13–18 Uhr

Pubs & Bars Mo–Sa 12–23 Uhr (viele haben freitags und samstags bis 24 oder 1 Uhr geöffnet), So 12–23 Uhr

Restaurants 12–14.30 & 18–21 Uhr

Ankunft in Nordirland

Belfast International Airport Der Airport-Express-Bus 300 fährt zum Europa Bus Centre (einfach/hin & zurück 7,50/10,50 £, 30–55 Min.). Ein Taxi kostet rund 30 £.

George Best Belfast City Airport Von hier fährt der Airport-Express-Bus 600 zum Europa Bus Centre (einfach/hin & zurück 2,50/3,80 £, 15 Min.). Für ein Taxi in die Stadt zahlt man rund 10 £.

Victoria Ferry Terminal (Belfast) Buslinie 96 fährt an der Upper Queen Street ab (2 £, 20 Min.). Eine Fahrt mit dem Taxi kostet rund 10 £.

Larne Ferry Terminal Der Fährhafen befindet sich 37 km nördlich von Belfast; zwischen dem Terminal am Larne Harbour und der Bushaltestelle an der Great Victoria Street in Belfast verkehren Züge (7,30 £, 1 Std.).

Unterwegs vor Ort

Auto Nordirland lässt sich am einfachsten mit dem Auto erkunden; die Straßen sind gut, der Verkehr ist selten problematisch (zur Hauptverkehrszeit sollte man die Straßen von Belfast und Umgebung meiden).

Bus Busse fahren alle Groß- und Provinzstädte sowie viele (aber nicht alle) Dörfer auf dem Land an. Ländliche Gebiete werden seltener angesteuert.

Zug Einige Städte sind durch Züge mit Belfast verbunden.

Mehr zum Thema **Unterwegs vor Ort** siehe S. 753

Belfast

333 000 EW. / 115 KM²

Inhalt ➡

Gut essen

- Muddlers Club (S. 612)
- Il Pirata (S. 613)
- Holohan's at the Barge (S. 610)
- Saphyre (S. 613)
- Mourne Seafood Bar (S. 638)

Schön schlafen

- Bullitt Hotel (S. 607)
- Rayanne House (S. 609)
- Vagabonds (S. 609)
- Merchant Hotel (S. 608)
- Global Village Backpackers (S. 609)

Auf nach Belfast

Belfast ist heute gewissermaßen eine ganz neue Stadt. Einst von Reisenden gemieden, die sich wegen der Geschichten über den Nordirlandkonflikt und die konfessionell motivierte Gewalt Sorgen machten, hat die Stadt in den letzten Jahren eine bemerkenswerte Wandlung erlebt. Anstelle von Bomben und -Straßenschlachten glänzt die schicke Partystadt inzwischen mit trendbewussten Einwohnern und Spitzenhotels.

Die alten Werften am Lagan weichen unverändert den luxuriösen Apartmenthäusern des Titanic Quarters. Dessen Herzstück, das atemberaubende, sternförmige Titanic Belfast Centre, dokumentiert den Bau des tragischen Schiffs und ist ein echter Touristenmagnet. Bei den World Travel Awards von 2016 wurde es sogar zur führenden Touristenattraktion der Welt gekürt.

In den letzten zehn Jahren sind immer mehr neue Anlaufstellen entstanden – so wurde das alte Crumlin Road Gaol der Öffentlichkeit zugänglich gemacht und die SS *Nomadic* wurde geöffnet. Daneben hat Belfast zahlreiche wunderschön restaurierte viktorianische Bauwerke, eine glamouröse Ufermeile mit viel moderner Kunst, eine fantastische, schnell wachsende Gourmetszene und Pubs mit Musik zu bieten.

Reisezeit

- Besonders schön ist es hier im April, wenn in den Parks die Blumen aus dem Boden sprießen und beim Belfast Film Festival irische und internationale Filme gezeigt werden.
- Der August verspricht gutes Wetter für Wanderungen und Radtouren, in West-Belfast werden beim Féile An Phobail irische Musik- und Tanzfeste veranstaltet, außerdem gibt's Straßenfeste und einen Karnevalsumzug.
- Ab Oktober kann es kühl werden, aber das Festival at Queen's, Großbritanniens größtes Kunstfest nach dem in Edinburgh, heizt Besuchern während der drei Wochen kräftig ein.

Highlights

1 Titanic-Belfast-Ausstellung (S. 593) Mehr über den berühmten Dampfer erfahren.

2 St. George's Market (S. 592) Die Waren der besten Lebensmittelhersteller Nordirlands probieren.

3 Crown Liquor Saloon (S. 587) Ein Guinness im schönsten Pub von Belfast.

4 Ulster Museum (S. 596) Prähistorische Schätze und das Gold der gesunkenen Armada entdecken.

5 Cave Hill (S. 598) Ein tolles Stadtpanorama genießen.

6 Ulster Folk Museum (S. 599) Zwischen wiederaufgebauten Bauernhäusern und Mühlen umherschlendern.

7 Lagan Towpath (S. 592) Am Flussufer entlang nach Lisburn radeln.

8 Botanischer Garten (S. 596) Das Palmenhaus aus Eisen und Glas besuchen.

9 Black-Taxi-Tour (S. 605) Die politischen Wandmalereien von West-Belfast vom Taxi aus betrachten.

Geschichte

Belfasts Name leitet sich von dem Fluss Farset (irisch *feirste*, Sandbank oder sandige Furt) ab, der am Donegall Quay in den Lagan mündet und heute durch einen unterirdischen Kanal fließt. Der alte irische Name Béal Feirste bedeutet „Mündung des Farset".

1177 errichtete der Normannenherrscher John de Courcy hier eine Burg. Zusammen mit der kleinen Ansiedlung wurde sie bereits 20 Jahre später im Kampf wieder zerstört. Erst 1611 gab es einen nennenswerten Aufschwung, als Baron Arthur Chichester eine Festung im heutigen Stadtzentrum (nahe dem Castle Place und der Castle Street) bauen ließ. Diese wurde 1708 durch ein Feuer zerstört.

Die Ulster Plantation im frühen 17. Jh. zog die ersten englischen und schottischen Siedler an. Im späten 17. Jh. folgten französische Hugenotten (französische Protestanten), die in ihrer Heimat unterdrückt wurden und eine blühende Leinenindustrie begründeten. Nicht lange danach trafen weitere Engländer und Schotten ein und brachten Industriezweige wie Seilerei, Tabakverarbeitung, Schiffs- und Maschinenbau mit.

Wegen seines Schwerpunktes auf Textilindustrie und Werften war Belfast die einzige irische Stadt, die von der industriellen Revolution erfasst wurde. Nüchterne Reihenhäuser aus Ziegelsteinen wurden für Fabrik- und Werftarbeiter errichtet. Aus den 20 000 Einwohnern von 1800 waren zu Beginn des Ersten Weltkriegs bereits 400 000 geworden – damit hatte Belfast schon beinahe Dublin überholt.

Die Teilung Irlands 1920 bescherte Belfast eine vollkommen neue Rolle als Hauptstadt des abgetrennten Nordirlands. Gleichzeitig endete das industrielle Wachstum der Stadt, was sich aber erst nach dem Zweiten Weltkrieg in einem echten Niedergang äußerte. Mit dem offenen Ausbruch der Unruhen 1969 erlebte die Stadt ständig neue Wellen von Gewalt und Blutvergießen. Schreckliche Bilder von Bomben und Terror, konfessionell motivierten Morden und brutal durchgreifender Staatsmacht prägten Belfasts Image in der restlichen Welt.

Das Karfreitagsabkommen aus dem Jahre 1998 diente als Grundlage für eine Aufteilung der Macht zwischen den divergierenden politischen Fraktionen in einer fortschrittlichen nordirischen Regionalversammlung (Northern Ireland Assembly) und ließ die Hoffnungen auf eine bessere Zukunft wieder wachsen. Ein historischer Meilenstein wurde am 8. Mai 2007 gelegt, als Reverend Ian Paisley (hitzköpfiger protestantischer Prediger und Führer der Democratic Unionist Party) und Martin McGuinness (Abgeordneter von Sinn Féin sowie früherer IRA-Führer) in Stormont als Erster Minister bzw. Stellvertretender Erster Minister der neuen Regierung vereidigt wurden.

Seit 1998 profitiert Belfast von Investitionen, die besonders seitens der EU reichlich fließen. Große Teile des Stadtzentrums wurden (oder werden) saniert, der Tourismus floriert. Die weltweite Finanzkrise hatte die Stadt schwer getroffen, doch jetzt erholt sich Belfast schnell wieder.

Die meisten Gebiete von Belfast liegen, wie das Stadtzentrum, im County Antrim, doch manche Außenbereiche im Süden und Osten gehören zum County Down.

DIE ROTE HAND VON ULSTER

Einer Legende zufolge soll der Anführer einer Armee – vielleicht waren es die O'Neills, vielleicht aber auch die O'Donnells – bei Erreichen der Küste seine Truppe mit dem Versprechen angefeuert haben, die Provinz Ulster solle demjenigen gehören, dessen rechte Hand als erste das Land berühre. Ein besonders gewiefter Bursche schnitt sich seine eigene Rechte ab, schleuderte sie ans Ufer und forderte das Gebiet für sich ein. Später übernahm der O'Neill-Clan die rote Hand in sein Wappen und mit den Jahren wurde sie schließlich zum Symbol der ganzen Provinz.

Die „Rote Hand von Ulster" begegnet einem vielerorts: als Teil der nordirischen Flagge und des Ulster-Wappens, über dem Eingang zur Linen Hall Library sowie als rotes Blumenarrangement in der Gartenanlage des Mount Stewart House im County Down. Außerdem ist die Hand das Zeichen loyalistischer Terroristen auf vielen politischen Wandgemälden und als geballte rote Faust auch das Symbol der Ulster Freedom Fighters (UFF).

Sehenswertes

Stadtzentrum

★ City Hall HISTORISCHES GEBÄUDE

(Karte S. 588 f.; www.belfastcity.gov.uk; Donegall Square; Führungen Okt.–Mai Mo–Fr 11, 14 & 15 , Sa & So 12, 14 & 15 Uhr sowie Juni–Sept. Mo–Fr 10 & 16, Sa & So 16 Uhr; Donegall Square) GRATIS Belfasts Rathaus im klassischen Renaissance-Stil wurde 1906 mit weißem Portlandstein errichtet. Zu den Höhepunkten der kostenlosen geführten Tour (45 Min.) gehören die aufwendige, prächtig mit italienischem Marmor und bunten Glasfenstern verzierte Eingangshalle und Rotunde. Besucher können sogar auf dem Thron des Amtsinhabers im Rathaussaal Platz nehmen und die Roben anprobieren. Ebenso interessant sind die eigenartigen Porträts einstiger Bürgermeister. Da jeder Lord Mayor seinen Maler selbst auswählen durfte, ist eine interessante Sammlung ganz unterschiedlicher Stilrichtungen entstanden.

Während des 19. Jhs. veränderte die industrielle Revolution die ganze Stadt. Der wirtschaftliche Aufstieg spiegelt sich in dem extravaganten Rathaus wider, das mit Geldern aus Profiten der Gaswerke finanziert wurde. Vor dem Gebäude befindet sich eine Statue der mürrisch dreinblickenden **Queen Victoria**. Die Bronzefiguren zu ihrer Seite stehen für die Textilindustrie und den Schiffbau und das Kind im Hintergrund für Bildung.

In der nordöstlichen Ecke des Geländes sieht man eine Statue von **Sir Edward Harland**. Der aus Yorkshire stammende Schiffsbauingenieur gründete die Werft Harland & Wolff und regierte Belfast als Bürgermeister von 1885 bis 1886. Südlich davon erinnert ein Denkmal an die Opfer der *Titanic*.

★ Crown Liquor Saloon HISTORISCHES GEBÄUDE

(Karte S. 588 f.; www.nationaltrust.org.uk/the-crown-bar; 46 Great Victoria Street; Mo–Sa 11.30–23, So 12.30–22 Uhr; Europa Bus Centre) GRATIS Nur wenige historische Sehenswürdigkeiten können bei einem Glas Bier genossen werden, aber der vom National Trust betriebene Crown Liquor Saloon zählt dazu. Belfasts berühmteste Bar wurde von Patrick Flanagan im späten 19. Jh. eingerichtet und trumpft mit einem prächtigen viktorianischen Stil auf. Seinerzeit wollte man die gut betuchte Klientel des Bahnhofs und des Grand Opera House gegenüber anlocken. Auch wenn die Bar eine Touristenattraktion ist, tummeln sich hier ab 18 Uhr Einheimische.

Farbenprächtige italienische Kacheln zieren die Fassade (1885) und ein Mosaik mit einer Krone schmückt den Boden vor dem Eingang. Angeblich soll der katholische Flanagan mit seiner protestantischen Frau heftig über die Namensgebung diskutiert haben. Die Dame setzte sich durch: Zu Ehren der britischen Monarchie wurde das Pub „Krone" genannt. Flanagan rächte sich jedoch auf raffinierte Weise an ihr, indem er eben diese Krone so platzierte, dass sie von den Gästen jeden Tag mit Füßen getreten wurde.

Die Inneneinrichtung (1898) überwältigt mit Buntglasfenstern, Marmor, Keramik, Spiegeln und Mahagoni. Für eine stimmungsvolle Beleuchtung sorgen Gaslampen. Außerdem gibt's eine lange, kunstvoll verzierte Theke und eine Reihe hölzerner Sitzecken. Letztere sind mit Metallplatten aus dem Krimkrieg ausgestattet, die zum Anzünden von Streichhölzern dienen. Früher konnte man mit Klingelknöpfen Nachschub an Getränken ordern, ohne extra aufstehen zu müssen – das geht heute aber leider nicht mehr.

Grand Opera House HISTORISCHES GEBÄUDE

(Karte S. 588 f.; 028-9024 1919; www.goh.co.uk; Great Victoria Street; Abendkasse Mo–Sa 10–17 Uhr; Europa Bus Centre) Zu den schönsten viktorianischen Wahrzeichen von Belfast gehört das Grand Opera House.

Eröffnet im Jahr 1895 und in den 1970ern völlig neu eingerichtet, wurde es 1991 und 1993 bei Bombenanschlägen der IRA schwer beschädigt. Das Interieur wurde in seinem ursprünglichen Zustand restauriert: Es bietet viktorianische Pracht mit kunstvoll verarbeitetem Holz und Stuck, jede Menge raffinierte Goldarbeiten und geschnitzte Elefantenköpfe in den privaten Logen des Auditoriums.

Um das Innere des Theaters zu sehen, kann man online oder an der Abendkasse Tickets für eine Aufführung buchen.

Linen Hall Library BIBLIOTHEK

(Karte S. 588 f.; www.linenhall.com; 17 Donegall Square N; Mo–Fr 9.30–17.30, Sa bis 16 Uhr; Donegall Square) GRATIS 1788 gegründet, sollte die Linen Hall Library „den Geist fördern und den allgemeinen Wissensdurst anregen". Das Gebäude birgt etwa 260 000

Belfast Zentrum

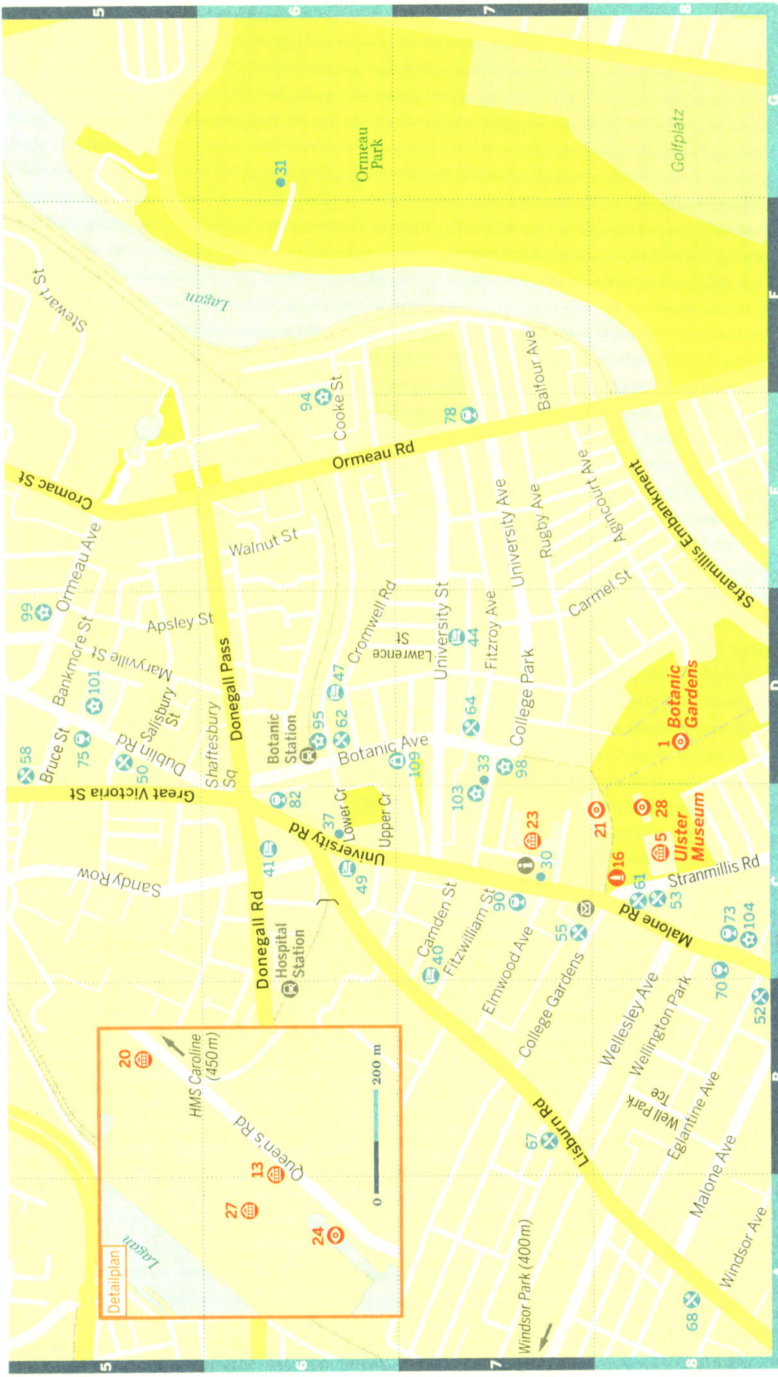
Ormeau Park
Golfplatz
Lagan
Stewart St
Cromac St
Ormeau Rd
Cooke St
Balfour Ave
Ormeau Ave
Walnut St
Apsley St
Bankmore St
Maryville St
Salisbury St
Bruce St
Dublin Rd
Shaftesbury Sq
Donegall Pass
Great Victoria St
Botanic Station
Botanic Ave
Cromwell Rd
Lawrence St
University St
Fitzroy Ave
University Ave
Rugby Ave
Agincourt Ave
Carmel St
Stranmillis Embankment
College Park
Botanic Gardens
Ulster Museum
Stranmillis Rd
Malone Rd
University Rd
Lower Cr
Upper Cr
Sandy Row
Donegall Rd
Hospital Station
Camden St
Fitzwilliam St
Elmwood Ave
College Gardens
Wellesley Ave
Wellington Park
Well Park Tce
Eglantine Ave
Malone Ave
Windsor Ave
Lisburn Rd
Windsor Park (400 m)
Detailplan
HMS Caroline (450 m)
Queen's Rd
0
200 m

Belfast Zentrum

Bücher, von denen mehr als die Hälfte Teil einer bedeutenden Sammlung irischer und regionaler Werke ist. In der politischen Abteilung gibt's so ziemlich alles, was seit 1966 über nordirische Politik geschrieben wurde. Zur Bibliothek gehört auch ein kleines **Café** (Mo–Fr 10–16, Sa bis 15.30 Uhr).

Ein Jahrhundert später wurde die Bibliothek von ihrem ursprünglichen Standort in der White Linen Hall (in der heute die City Hall liegt) in das gegenwärtige Gebäude verlegt. Thomas Russell, der erste Bibliothekar, war Gründungsmitglied der United Irishmen und enger Freund von Wolfe Tone – was daran erinnert, dass die Wurzeln der Unabhängigkeitsbewegung in Belfast liegen. Russell wurde 1803 nach der fehlgeschlagenen Rebellion von Robert Emmet gehängt.

Entries STRASSEN

(Karte S. 588 f.; Victoria Square) Einst waren die als The Entries bekannten engen Gassen zwischen der High Street und der Ann Street blühende Handels- und Wohnstraßen. Allein in der **Pottinger's Entry** reihten sich 1822 ganze 34 Häuser aneinander. Die **Joy's Entry** wurde nach Francis Joy benannt, der 1737 den *Belfast News Letter* (die erste Tageszeitung der Britischen Inseln erscheint übrigens noch heute) gründete. Die United Irishmen wurden 1791 von Wolfe Tone in Peggy Barclays Taverne im **Crown Entry** gegründet. Belfasts ältestes Pub, die White's Tavern (S. 614), befindet sich in der **Wine Cellar Entry**.

St. Malachy's Church KIRCHE

(Karte S. 588 f.; www.saintmalachysparish.com; 24 Alfred Street; 8–17.30 Uhr; Alfred Street)

Die katholische St. Malachy's Church wurde zwischen 1841 und 1844 von Thomas Jackson errichtet und in den letzten zehn Jahren ausgiebig restauriert, sie sieht mit ihren Schießscharten und Türmchen wie eine Burg aus der Tudorzeit aus. Das Fächergewölbe im Inneren ist eine Replik der Kapelle von Heinrich VII. in der Westminster Abbey. 1886 wurden hier die größten Kirchenglocken von Nordirland aufgehängt, doch schnell wieder entfernt, als die Whiskey-Destillen in der Nähe sich beschwerten, dass deren Klang die Produktion beeinflussen würde.

Cathedral Quarter

Der gentrifizierte Bezirk erstreckt sich nördlich des Stadtzentrums rund um die St. Anne's Cathedral und wird von der Donegall, der Waring, der Dunbar und der York Street eingegrenzt. In dem Künstlerviertel prägen restaurierte Lagerhäuser aus roten Ziegelsteinen, Gassen mit Kopfsteinpflaster, Ateliers, Designbüros, stilvolle Bars und Restaurants das Bild.

St Anne's Cathedral KIRCHE
(Karte S. 588 f.; www.belfastcathedral.org; Donegall Street; Erw./Kind 5/3 £; Mo–Sa 9–17.15, So 13–15 Uhr; Central Library) Mit dem Bau der Kirche im eindrucksvollen iberoromanischen Stil wurde bereits 1899 begonnen, aber wirklich fertig war die St. Anne's Cathedral erst 1981. Beim Betreten des Gebäudes fällt sogleich das Labyrinthmuster des schwarz-weißen Marmorbodens ins Auge. Während die schwarze Linie im Nichts endet, führt die weiße zur Errettung ins Paradies. Die zehn Säulen des Langschiffs wei-

sen Reliefs mit verschiedenen Szenen aus dem Leben in Belfast auf. Sehenswert ist die Freimaurersäule im Zentrum auf der südlichen Seite.

Im südlichen Seitenschiff befindet sich die Grabstätte des unionistischen Helden Sir Edward Carson (1854–1935). Das atemberaubende Mosaik *The Creation* in der Taufkapelle besteht aus ganzen 150 000 Buntglasstücken. Zusammen mit einem weiteren Mosaik über dem Westportal wurde es in siebenjähriger Arbeit von den zwei Schwestern Gertrude und Margaret Martin geschaffen.

Oh Yeah Music Centre MUSEUM

(Karte S. 588 f.; www.ohyeahbelfast.com; 15–21 Gordon Street; Museum Mo–Fr 11–15, Sa 12–17 Uhr; Queen's Square) GRATIS In dem von einer wohltätigen Organisation betriebenen und in einem ehemaligen Whiskey-Lagerhaus untergebrachten Oh Yeah Music Centre befinden sich einige Übungsräume für junge Musiker und ein **Museum** zur Musikgeschichte Nordirlands, das von volkstümlichen Liedern bis zu modernen Songs, beispielsweise von Snow Patrol, alles abdeckt.

Zu den Ausstellungsstücken gehören Platten in Form eines Kleeblatts, E-Gitarren, Poster von historischen Auftritten, Eintrittskarten sowie Bühnenoutfits, die berühmte Bands gespendet haben.

Laganside & Lanyon Place

Das ehrgeizige Laganside-Projekt soll das Stadtzentrum beleben und sanieren, mehrere denkmalgeschützte Gebäude wurden aufwendig restauriert und seit den 1990ern gibt's auch Neubauten. Darüber hinaus verteilen sich am Ufer mehr als 30 öffentliche Kunstwerke.

Das höchste Gebäude der Stadt, das 28-stöckige **Obel** (Karte S. 588 f.; Queen's Square), erhebt sich mit 233 Wohnungen weit über den Donegall Quay. Weiter südlich befindet sich das **Victoria Square** (Karte S. 588 f.; www.victoriasquare.com; zw. Ann & Chichester Street; Mo–Di 9.30–18, Mi–Fr bis 21, Sa 9–18, So 13–18 Uhr; Victoria Square), das rund um ein hohes Atrium mit einer riesigen Glaskuppel angelegt ist und eine **Aussichtsplattform** bietet.

★ **St. George's Market** MARKT

(Karte S. 588 f.; www.belfastcity.gov.uk; Ecke Oxford & May Street; Fr 6–15, Sa 9–15, So 10–16 Uhr; Belfast Central) Die älteste kontinuierlich geöffnete Markthalle Irlands wurde 1896 errichtet. In diesem viktorianischen Prachtwerk findet freitags ein **abwechslungsreicher Markt** (Blumen, Lebensmittel, Fleisch, Fisch, Haushalts- und Secondhand-Waren) statt und samstags ein **Lebensmittel- und Kunsthandwerksmarkt** (zu den empfohlenen Essensständen gehören Suki

LAGAN TOWPATH

Als Teil des Laganside-Sanierungsprojekts wurde auch der Treidelpfad am Westufer des Lagan ausgebessert. Wer will, kann dem gewundenen Flusslauf 20 km vom Belfaster Stadtzentrum bis nach Lisburn zu Fuß oder mit dem Fahrrad folgen.

Ein kürzerer Spaziergang auf dem Treidelpfad (10 km) beginnt an der **Shaw's Bridge** (Karte S. 602; Malone Road) am südlichen Stadtrand und führt zurück zum Stadtzentrum. Um zur Brücke zu kommen, nimmt man die Buslinie 8A oder 8B vom Donegall Square East, fährt zur Haltestelle direkt vor dem Malone-Kreisverkehr, wo die Malone Road in die Upper Malone Road übergeht, und biegt am Kreisverkehr links ab (dem Schild zum „Outer Ring A55" nach).

Nachdem man die Brücke erreicht hat, geht's nach links und auf dem Treidelpfad am linken Flussufer entlang – die Route ist mit roten „9"-Schildern markiert –, vorbei an einem restaurierten Schleusenwärterhäuschen und einem Café am Kanal bei Schleuse Nr. 3. Der schönste Teil der Strecke führt an den **Lagan Meadows** (Karte S. 602; www.laganvalley.co.uk; Stranmillis College) vorbei – die bewaldete Flussschleife rechts neben dem Weg bietet sich im Sommer für ein gemütliches Picknick an. Wenn man von dort noch ein Stückchen weitergeht, erreicht man das **Cutters Wharf** (Karte S. 602; 028-9080 5100; www.cutterswharf.co.uk; 4 Lockview Road, Stranmillis; Kneipengerichte 7–11 £, Restaurant Hauptgerichte 10–27 £; Küche So–Fr 12–21, Sa bis 22 Uhr; ; Stranmillis College), ebenfalls eine tolle Adresse für die Mittagspause oder ein erfrischendes Bier. Von dem Pub aus geht's zum **Lagan Weir** (S. 593) in Belfasts Stadtzentrum.

Tea, die Bäckerei Ann's Pantry und Hillstown Farm). Zudem gibt's einen **Sonntagsmarkt** (Essen, regionale Künstler sowie Kunsthandwerk- und Livemusik). Vom Restaurant George's of the Market (S. 610) lässt sich das Treiben entspannt beobachten.

Ein kostenfreier Shuttlebus verbindet den Markt freitags und samstags von 11 bis 15 Uhr alle 20 Minuten mit Donegall Square und Adelaide Street.

Anfang Dezember findet hier ein zweitägiger Weihnachtsmarkt statt.

Lagan Weir WAHRZEICHEN

(Karte S. 588 f.; Titanic Quarter) 1994 wurde das Stauwehr errichtet und hilft seitdem dabei, die Wasserqualität des Lagan – des einstigen Lebenselixiers der Stadt – zu verbessern, sodass heute wieder Lachse, Aale und Meerforellen den Fluss aufwärts wandern. Über die **Fußgängerbrücke** gelangt man zum Titanic Quarter.

Gleich nördlich ragt der **Bigfish** (Karte S. 588 f.; Queen's Square) auf. Die riesige Keramiklachsskulptur (1999) steht für die Regenerierung des Lagan und besteht aus zahlreichen Kacheln, die die Stadtgeschichte abbilden.

Belfast Barge MUSEUM

(Karte S. 588 f.; www.facebook.com/TheBelfastBarge; Lanyon Quay; Di–Sa 10–16 Uhr; Oxford Street) GRATIS In einer verankerten Barke auf dem Lagan erzählt dieses Museum Belfasts Seefahrts- und Industriegeschichte anhand alter Fotografien, Originalskizzen und -dokumenten, Schiffsmodellen und Ausstellungsstücken sowie Video- und Sprachaufzeichnungen von Interviews mit pensionierten Ingenieuren, Ausstattern und Werftarbeitern.

Gegenüber der Barke liegt das Restaurant Holohan's at the Barge (S. 610).

Custom House HISTORISCHES GEBÄUDE

(Karte S. 588 f.; Custom House Square; Queen's Square) Gegenüber dem westlichen Ende des Lagan Weir erhebt sich das elegante Custom House von Charles Lanyon im italienischen Stil, das zwischen 1854 und 1857 errichtet wurde. In dem hier untergebrachten Postamt arbeitete einst der Schriftsteller Anthony Trollope. Zum Flussufer hin sind auf dem Giebel Skulpturen von Britannia, Neptun und Merkur zu sehen. Das **Treppenportal** war Belfasts Gegenstück zur Londoner Speakers' Corner. Daran erinnert eine Bronzefigur, die zu einer unsichtbaren Menschenmenge spricht. Das Innere des Gebäudes ist für die Öffentlichkeit nicht zugänglich.

Albert Memorial Clock Tower WAHRZEICHEN

(Karte S. 588 f.; Queen's Square; Queen's Square) Am östlichen Ende der High Street steht Belfasts eigener schiefer Turm. 1865 zu Ehren von Queen Victorias verstorbenem Ehemann errichtet, steht er nicht ganz so schief wie sein berühmtes Pendant in Pisa, neigt sich jedoch sichtbar gen Süden. Ein regionales Sprichwort lautet: Old Albert not only has the time, he also has the inclination („Der alte Albert hat nicht nur die Zeit, sondern auch die Neigung"). Bei den Renovierungsarbeiten wurde das Fundament stabilisiert und das glänzend weiße Mauerwerk aus Scrabo-Sandstein freigelegt.

Titanic Quarter

Die ehemaligen Schiffsbauwerften – Entstehungsort der RMS *Titanic* – erstrecken sich am Ostufer des Flusses Lagan, überragt von zwei großen gelben Kränen mit den Spitznamen **Samson** und **Goliath**.

Teils Industriebrache, teils Großbaustelle und Hightech-Gewerbepark – gegenwärtig sind hier Sanierungs- und Restaurierungsmaßnahmen im Gange, die voraussichtlich 1 Mrd. £ kosten werden. Im Rahmen des Projekts, das den Namen Titanic Quarter (http://titanicquarter.com) trägt, will man das gesamte Gebiet bis 2034 grundlegend entwickeln. Eine Reihe von Infotafeln in der Queen's Road weisen auf besondere Sehenswürdigkeiten hin. Das Herzstück des Viertels ist die sternförmige Silhouette von Titanic Belfast.

★ **Titanic Belfast** MUSEUM

(Karte S. 588 f.; www.titanicbelfast.com; Queen's Road; Erw./Kind 18/8 £; Juni–Aug. 9–19 Uhr, April, Mai & Sept. bis 18 Uhr, Okt–März 10–17 Uhr; Abercorn Basin) Den vorderen Teil der Helling, auf dem die *Titanic* gebaut wurde, nimmt jetzt das auffällige, kantige Titanic-Belfast-Gebäude ein. In dem unübersehbaren Multimediakomplex werden die Stadtgeschichte und der Bau des berühmtesten Ozeankreuzers der Welt beleuchtet.

Clever gestaltete Exponate, denen historische Fotos Leben einhauchen, Projektionen und Musik zeichnen Belfasts Aufstieg zur industriellen Powermaschine zu Beginn des 20. Jhs. nach. Anschließend wird man mit Hightechmitteln durch eine Nachbildung der städtischen Schiffswerften geführt – ein Erlebnis für alle Sinne! In den Tickets ist auch der Eintritt zur SS *Nomadic* inbegriffen.

Besucher können jedes Detail über den Bauprozess der *Titanic* erforschen. Eine Computersimulation „fliegt" vom Kiel bis zur Brücke, zudem gibt's Nachbauten der Kabinen. Besonders anrührend sind die wenigen flimmernden Bilder des einzigen Filmmaterials, das die *Titanic* in fertiggestelltem Zustand zeigt.

Ermäßigte Tickets (Erw./Kind 9/6 £) sind für Kurzbesuche ohne Werftfahrt eine Stunde vor der Schließung des Museums erhältlich.

Hinter dem Gebäude sind die gewaltigen Hellings zu sehen, auf denen die *Titanic* sowie ihr Schwesternschiff *Olympic* gebaut und vom Stapel gelassen wurden.

SS Nomadic HISTORISCHE STÄTTE

(Karte S. 588 f.; www.nomadicbelfast.com; Hamilton Dock, Queen's Road; Erw./Kind 7/5 £; ⌚ Juni–Aug. 9–19 Uhr, April, Mai & Sept. bis 18 Uhr, Okt.–März 10–17 Uhr; 🚍 Abercorn Basin) Die SS *Nomadic* wurde 1911 in Belfast gebaut und ist das letzte Schiff der White Star Line. Früher beförderte das kleine Dampfschiff Passagiere mit Tickets für die erste oder zweite Klasse zwischen dem Hafen von Cherbourg und den Ozeandampfern, die zu groß für den französischen Hafen waren. Am 10. April 1912 brachte es 172 Menschen mit Erste-Klasse-Fahrkarten zur *Titanic* – unbedingt einen Blick in die Toiletten der ersten Klasse werfen! Der Eintritt auf die SS *Nomadic* (24 Std. gültig) ist im Titanic-Belfast-Tickt enthalten.

Der Dampfer hat beide Weltkriege mitgemacht und diente dann in den 1980er- und 1990er-Jahren als schwimmendes Restaurant in Paris. 2006 wurde das Schiff vor der Abwrackwerft gerettet und nach Belfast gebracht, wo es im Hamilton Graving Dock vor Anker liegt.

Titanic's Dock & Pump House HISTORISCHE STÄTTE

(Karte S. 602; www.titanicsdock.com; Queen's Road; Erw./Kind 5/3,50 £; ⌚ April–Okt. 10–17 Uhr, Nov. & Dez. 10.30–16 Uhr, Jan. & Feb. 10.30–17 Uhr; 🚍 Science Park) Ganz am Ende der Queens Road stößt man auf das eindrucksvollste Monument aus der Zeit der großen Ozeandampfer: das riesige **Thompson Graving Dock**, in dem die *Titanic* ausgestattet wurde.

Daneben befindet sich das **Pump House** mit einer Ausstellung zum Schiffsbau in Belfast. Bei den selbstgeführten Touren sieht man ein Video mit Originalfilmaufnahmen von den Werften, besucht das Innere des Pumpenhauses und spaziert auf dem Boden des Trockendocks.

Die enorme Größe des Docks vermittelt einen Eindruck davon, wie gewaltig das Schiff war, das hier gerade so hineingepasst hat.

HMS Caroline SCHIFF

(Karte S. 602; ☎ 028-9045 4484; www.nmrn.org.uk; Queens Road, Alexandra Dock; Erw./Kind 12/5 £; ⌚ 10–17 Uhr; 🚍 Science Park) Der letzte britische Kreuzer der Royal Navy aus dem

RMS TITANIC

Das wohl bekannteste Schiff aller Zeiten, die RMS *Titanic*, wurde im Auftrag der britischen Reederei White Star Line in der Belfaster Werft Harland & Wolff gebaut. Als sie 1909 auf Kiel gelegt wurde, war Belfast das Zentrum der Schiffbauindustrie und die *Titanic* wurde von White Star als der größte und luxuriöseste Ozeankreuzer der Welt angepriesen, der zudem als unsinkbar galt.

Am 31. Mai 1911 lief sie an Helling 3 von H&W vom Stapel und wurde knapp ein Jahr lang im nahegelegenen Thompson Graving Dock eingerichtet, bevor sie am 2. April 1912 zu ihrer Jungfernfahrt auslief. Bei einem der schwersten Schiffsunglücke aller Zeiten kollidierte sie am 14. April 1912 mit einem Eisberg im Nordatlantik und sank in den frühen Morgenstunden des nächsten Tages. Von den 2228 Passagieren und Besatzungsmitgliedern überlebten nur 705 Menschen; in den Rettungsbooten war nur Platz für 1178 Personen.

Die Website Titanic Stories (www.the-titanic.com) liefert viele Informationen zum Schiff und seinen Passagieren sowie eine Liste aller *Titanic*-Museen und Gedenkstätten in Irland und weltweit.

NICHT VERSÄUMEN

CRUMLIN ROAD GAOL

Führungen durch das berühmt-berüchtigte **Crumlin Road Gaol** (Karte S. 602; ☎ 028-9074 1500; www.crumlinroadgaol.com; 53-55 Crumlin Road; Führung Erw./Kind 9/6,50 £; ⏲ 10–17.30, letzte Führung 16.30 Uhr; 🚌 Agnes Street) beginnen am Tunnel unter der Crumlin Road. Er wurde 1850 angelegt, um Gefangene vom Gerichtsgebäude auf der anderen Straßenseite ins Gefängnis zu bringen. Durch die hallenden Gänge und beengten Zellen des C-Flügels gelangt man in die sehr gruselige Hinrichtungskammer. Eine Reservierung ist empfehlenswert. Fußgänger haben von der Crumlin Road Zugang zum Gefängnis. Wer mit dem Auto da ist, kann auf dem Parkplatz an der Nordseite der Cliftonpark Avenue parken.

Seit seiner Inbetriebnahme 1846 hat das Crumlin Road Goal eine Reihe schillernder Persönlichkeiten „beherbergt", darunter Éamon de Valera und Reverend Ian Paisley, die Frauenrechtlerin Dorothy Evans und Lenny Murphy, Anführer der Bande Shankill Butchers. „The Crum", so die geläufige Abkürzung, wurde von Charles Lanyon, dem Architekten der Queen's University und vieler anderer Wahrzeichen der Stadt, nach dem Vorbild des Londoner Pentonville-Gefängnisses entworfen. Zwischen 1854 und 1961 fanden hier 17 Hinrichtungen statt. Bis 1996 wurde es als Gefängnis genutzt.

Unbedingt im Kalender nachsehen, wann die vierstündige „Paranormal Tour" (35 £) läuft. Hoch atmosphärische Konzerte stehen ebenfalls regelmäßig auf dem Programm.

Zweiten Weltkrieg wurde in ein schwimmendes Museum verwandelt, das im Titanic Quarter vor Anker liegt. Im Rahmen der selbstgeführten Touren mit interaktiven Exponaten und einer Verfilmung der historischen Schlachten der HMS *Caroline* sieht man die Kapitänsquartiere, die Schiffsmesse, den Maschinenraum und die Pantryküche. Das Museum wurde 2016 zum 100. Jahrestag der Schlacht von Jütland (in der die HMS *Caroline* im Einsatz war) eröffnet.

Harland & Wolff Drawing Offices HISTORISCHES GEBÄUDE

(Karte S. 588 f.; www.titanichotelbelfast.com; Queen's Road; 🚌 Abercorn Basin) Die Entwürfe für die *Titanic* wurden erstmals in den ursprünglichen Zeichenbüros von Harland & Wolff angefertigt. Als Teil des neuen Titanic Hotels, das Ende 2017 eröffnet wurde, sind die Zeichenbüros, die alten Badezimmer von Harland & Wolff und das Zimmer mit dem Morse-Code erhalten und werden auf geführten Touren der Öffentlichkeit zugänglich gemacht. Weitere Informationen sind auf der Website zu finden.

Paint Hall HISTORISCHES GEBÄUDE

(Karte S. 588 f.; Queen's Road; 🚌 Hamilton Road) Etwas nordöstlich von Titanic Belfast steht die riesige Paint Hall, wo früher Schiffskomponententeile unter klimatisch kontrollierten Bedingungen gestrichen wurden. Heute ist die Halle das Zuhause der **Titanic Studios**, in denen unter anderem Produktionen wie *Game of Thrones* gefilmt werden (leider keine Führungen).

W5 WISSENSCHAFTSZENTRUM

(Karte S. 588 f.; www.w5online.co.uk; Odyssey Complex, 2 Queen's Quay; Erw./Kind 9,80/7,50 £; ⏲ Mo–Fr 10–17, Sa 10–18, So 12–18 Uhr, letzter Eintritt 1 Std. vor Schließung; 👪; 🚌 Station Street) Das auch *whowhatwherewhenwhy* genannte W5 ist eine interaktive Wissenschaftsausstellung für Kinder im Alter von drei bis elf mit mehr als 250 Ausstellungsstücken. Hier kann man z. B. eigene Melodien komponieren (indem man die „Luftharfe" mit einem Schläger aus Schaumgummi trifft), versuchen, einen Lügendetektor zu überlisten, Wolkenringe und Tornados erzeugen sowie eigene Roboter und Rennautos entwerfen und herstellen.

Odyssey Complex ERLEBNISZENTRUM

(Karte S. 588 f.; www.theodyssey.co.uk; 2 Queen's Quay; 🚌 Station Street) Der zylinderförmige Odyssey Complex ist ein riesiges Sport- und Unterhaltungszentrum am östlichen Flussufer am Rande des Titanic Quarter. Der Komplex beherbergt das interaktive Wissenschaftszentrum W5, die SSE Arena mit 10 800 Sitzen (S. 617), in der die Eishockeymannschaft der Belfast Giants (S. 618) zuhause ist, das Multiplexkino Odyssey Cinemas (S. 618), den Box Nightclub (S. 616) sowie viele gastronomische Einrichtungen und Bars.

Süd-Belfast (Queen's Quarter)

Die Golden Mile – ein 1,5 km langer Abschnitt zwischen der Great Victoria Street und dem Shaftesbury Square – erstreckt sich von der Innenstadt bis zum Universitätsviertel, dem Queen's Quarter, und war früher der Mittelpunkt des Nachtlebens. Seit der Wiederbelebung des Stadtzentrums ist sie nicht mehr so gefragt, wartet aber immer noch mit jeder Menge guter Pubs und Lokalen auf.

Die Metrobusse 8A, 8B und 8C fahren vom Donegall Square East über den Bradbury Place und die University Road zur Queen's University.

★ Ulster Museum — MUSEUM

(Karte S. 588 f.; www.nmni.com; Botanic Gardens; Di–So 10–17 Uhr; ; Botanic) GRATIS In diesem modernen Museum kann man sich stundenlang aufhalten. Wer nur wenig Zeit hat, sollte sich nicht den **Armada Room** entgehen lassen, mit Artefakten aus dem 1588 versunkenen Wrack der spanischen Galeone *Girona*, den **Egyptian Room** mit der Takabuti, einer 2500 Jahre alten ägyptischen Mumie, die 1835 in Belfast ausgewickelt wurde, sowie die **Early Peoples Gallery** mit der Bannscheibe aus Bronze, einem herausragenden Beispiel keltischer Kunst aus der Eisenzeit.

Nach einem kurzen Abriss des **Nordirlandkonflikts** im Erdgeschoss geht's weiter zum ersten Obergeschoss mit seiner **History Zone**, mit spektakulären Funden aus der Stein- und Bronzezeit, die Hintergrundinformationen zu den vielen archäologischen Ausgrabungsstätten in Nordirland vermitteln. Der **Malone Hoard**, 16 polierte neolithische Steinäxte, die nur wenige Kilometer vom Museum entfernt entdeckt wurden, gehört ebenfalls zu den Exponaten.

In der kinderfreundlichen interaktiven **Nature Zone** im zweiten Stock dreht sich alles um geologische Zeiträume, Evolution und Naturkunde. Zu den Highlights zählt der **Schnappschuss eines uralten Meeresgrunds**, ein 200 Millionen Jahre altes versteinertes Stück Meeresboden mit fossilen Ammonitschalen und versteinertem Treibholz.

Die oberen Etagen sind **irischer und europäischer Kunst** gewidmet, etwa den Arbeiten des in Belfast geborenen Sir John Lavery (1856–1941).

★ Botanic Gardens — GARTEN

(Karte S. 588 f.; Stranmillis Rd; 7.30 Uhr–Sonnenuntergang; College Green) GRATIS Das Prunkstück der grünen Oase von Belfast ist das wunderschöne **Palm House** von Charles Lanyon (April–Sept. 10–17 Uhr, Okt.–März bis 16 Uhr). 1839 erbaut und 1852 fertiggestellt, ist es mit seiner Vogelkäfigkuppel ein Meisterwerk aus Gusseisen und gekrümmtem Glas. In der Nähe befindet sich die **Tropical Ravine** von 1889 (April–Sept. 10–17 Uhr, Okt.–März bis 16 Uhr), ein riesiges Gewächshaus aus rotem Backstein, entworfen vom Gartenkurator Charles McKimm. Im Inneren blickt ein erhöhter Gehweg auf einen Dschungel aus tropischen Farnen, Orchideen, Lilien und Bananenstauden in einer versunkenen Schlucht.

Der Garten wurde Ende 2017 nach einer 3,8 Millionen £ teuren Restaurierung wiedereröffnet.

Direkt im Tor des Botanischen Gartens an der Stranmillis Road befindet sich die **Statue von Lord Kelvin** (Karte S. 588 f.; Stranmillis Road) des in Belfast geborenen Sir William Thomson (1824–1907), dem Begründer der modernen Physik und Erfinder der Kelvinskala, die Temperaturen vom absoluten Nullpunkt misst (–273 °C oder 0 °K).

Queen's University — HISTORISCHES GEBÄUDE

(Karte S. 588 f.; University Road; Führung 5 £; Queen's University) Nordirlands renommierteste Universität wurde 1845 von Queen Victoria gegründet. 1908 wurde das College zur Queen's University von Belfast ernannt, die heute aus über 250 Gebäuden besteht.

Direkt hinter dem Haupteingang lockt das kleine **Queen's Welcome Centre** (028-9097 5252; www.qub.ac.uk/welcome-centre; Mo–Fr 8.30–17.30, Sa & So 11–16 Uhr) mit einem Informationsschalter und einem Souvenirshop. **Geführte Touren** müssen im Voraus gebucht werden. Alternativ nimmt man eine kostenlose Broschüre mit Anleitung für eine selbstgeführte Tour mit.

Charles Lanyons errichtete das Queen's College 1849 im Tudorstil aus roten Ziegeln und honigfarbenem Sandstein. Es erinnert irgendwie an „Oxbridge" (die Unis von Oxford und Cambridge). Tatsächlich basiert Lanyons Entwurf des Mittelturms auf dem Founder's Tower im Magdalen College von Oxford aus dem 15. Jh.

Früher gab es drei Queen's Colleges; die beiden anderen (inzwischen umbenannten Häuser) befinden sich in Cork und Galway. Sie sollten eine nicht konfessionsgebundene Alternative zum anglikanischen Trinity College in Dublin bieten.

West-Belfast (Gaeltacht Quarter)

Nordwestlich des Donegall Square führt die Divis Street über den Westlink Motorway zur Falls Road und weiter nach West-Belfast. Obwohl das Viertel als Kampfschauplatz in den Jahrzehnten während des Nordirlandkonflikts schwer gebeutelt wurde, zählt es zu den größten Anziehungspunkten in Nordirland. Noch immer ist die jüngere Geschichte überall spürbar, trotzdem sind die Einwohner optimistisch und voller Hoffnung auf eine bessere Zukunft.

Als echtes Highlight gelten die kraftvollen Wandmalereien, die sowohl den Nordirlandkonflikt als auch aktuelle politische Ereignisse darstellen.

West-Belfast entstand rund um die Flachsmühlen, die im späten 19. Jh. den Grundstein für den Wohlstand der Stadt legten. In den günstigen Wohnungen des Viertels lebten vor allem Arbeiter. Bereits zu viktorianischen Zeiten fand eine Trennung nach religiöser Überzeugung statt. Der Ausbruch des Nordirlandkonflikts verhärtete nach 1969 die religiöse Kluft. Seit 1970 trennt eine Mauer, die ausgerechnet „Peace Line" genannt wird, den loyalistisch-protestantischen Shankill-Bezirk (benannt nach dem irischen *sean chill*, was „alte Kirche" bedeutet) vom republikanisch-katholischen Falls-Bezirk.

Trotz ihres früheren Rufs ist die Gegend für heutige Besucher sicher. Wer sich das Viertel ansehen möchte, bucht am besten eine informative und unterhaltsame *Black-Taxi*-Tour (S. 605), aber es spricht nichts dagegen, die Umgebung auf eigene Faust zu erkunden, egal ob zu Fuß oder mit den schwarzen Sammeltaxis in der Falls und der Shankill Road. Alternativ nimmt man einen der Busse der Linien 10A bis 10F von der Queen Street zur Falls Road. Die Linien 11A bis 11D verkehren vom Wellington Place zur Shankill Road.

Peace Line
MAUER

(Karte S. 588 f.; Falls Road) Das sichtbarste Zeichen der Spaltung, die das Gebiet so lange geprägt hat, sind die umstrittenen *peace walls* („Friedensmauern"), die Belfasts protestantische und katholische Gemeinden teilen und insgesamt rund 34 km Länge umfassen. Der längste Abschnitt teilt die Falls Road und die Shankill in West-Belfast, die Stahltore, die hindurchführen sind in der Regel tagsüber geöffnet.

Im Jahr 2016 wurde die Barriere auf der Crumlin Road in Belfast abgerissen – als allererste von Nordirlands 110 Friedensmauern.

Als „temporäre Maßnahme" 1969 eingeführt, haben die 6 m hohen Mauern aus Wellblech, Beton und Kettengliedern die Berliner Mauer überdauert.

Cultúrlann McAdam Ó Fiaich
KULTURZENTRUM

(Karte S. 602; www.culturlann.ie; 216 Falls Road; Mo–Fr 9–17.30, Sa 9.30–17, So 13–16 Uhr; Broadway) GRATIS Das in einer ehemaligen presbyterianischen Ziegelsteinkirche untergebrachte Zentrum für irische Sprache und Kultur ist der soziale Dreh- und Angelpunkt von West-Belfast. Eine gemütliche, einladende Einrichtung mit Touristeninformationsschalter, einem **Laden** (Mo–Fr 9–17.30, Sa 9.30–17, So 13–16.30 Uhr) mit einer großen Auswahl an Büchern über Irland und die irische Sprache, Kunsthandwerk und CDs mit irischer Musik. Es gibt ein gutes Café mit Restaurant namens **Bia** (028-9096 4184; Hauptgerichte 8–22 £; Mo–Do 9–18, Fr & Sa bis 21, So 10–16 Uhr). Im Zentrum befinden sich auch eine Kunstgalerie und ein Theater mit Konzerten, Theatervorstellungen und Poesieveranstaltungen.

Conway Mill
KUNSTZENTRUM

(Karte S. 588 f.; www.facebook.com/conwaymillflax; 5–7 Conway Street; Mo–Fr 10–17, Sa bis 14 Uhr; ClonaRoad) GRATIS Die restaurierte Flachsmühle aus dem 19. Jh. beherbergt 20 Künstlerateliers, eine Ausstellung zur Geschichte der Mühle, ein Bildungszentrum und Arbeitsräume für lokale Unternehmen. Außerdem befindet sich hier das **Eileen Hickey Irish Republican History Museum** (Di–Sa 10–14 Uhr) mit einer Sammlung von Artefakten, Zeitungsartikeln, Fotos und Archivdokumenten rund um den Aufstand der Republikaner von 1798 bis zum Nordirlandkonflikt.

Sinn Féin Headquarters
BEDEUTENDES GEBÄUDE

(Karte S. 602; www.sinnfein.ie; 51 Falls Road; Falls Road) Auf dem ziegelroten Hauptquartier der Sinn Féin prangt das berühmte Wandbild des lächelnden **Bobby Sands**, der nur wenige Wochen vor seinem Tod 1981 während eines Hungerstreiks zum Abgeordneten für West-Belfast gewählt wurde. Der Text besteht aus Sands' Worten: „Unsere Rache wird das Lachen unserer Kinder sein."

BELFASTS WANDBILDER

Belfasts Tradition der politisch motivierten Malereien an Hauswänden begann im Jahr 1908, als Unionisten aus Protest gegen die Home-Rule-Politik Konterfeis von King Billy (Wilhelm III., protestantischer Sieger der Schlacht am Boyne 1690 über den katholischen König Jakob II.) auf die Mauern malten. Durch den Nordirlandkonflikt wurde die Tradition in den späten 1970er-Jahren neu belebt. Die Bilder markierten nun Territorien, vermittelten politische Inhalte, verewigten historische Ereignisse und verherrlichten terroristische Aktivitäten. Mehrere Taxitouren klappern zahlreiche der älteren Wandmalereien ab. Die Fahrer/Guides liefern den Kontext dazu und erklären einem die verschiedenen Symbole.

Republikanische Wandmalereien

1981 behandelten die ersten republikanischen Malereien den Hungerstreik republikanischer Gefangener im Maze-Gefängnis, die forderten, als politische Gefangene anerkannt zu werden. Dutzende unterstützten die Streikenden. Später erweiterten die Republikaner die Bilder um politische Aussagen, irische Legenden und historische Ereignisse. Nach dem Karfreitagsabkommen von 1998 forderten die Maler eine Reform der Polizei und den Schutz der Nationalisten vor konfessionsbedingten Angriffen.

Geläufige Motive sind ein sich aus den Flammen erhebender Phoenix (gilt als Symbol für Irlands Wiedergeburt aus den Flammen des Osteraufstandes 1916) und Szenen der irischen Mythologie. Zu den bekanntesten Slogans gehören folgende: „*Free Ireland*", „*Éirí Amach na Cásca 1916*" (Irisch für „Osteraufstand 1916") und „*Tiocfaidh Ár Lá*" („Unsere Zeit wird kommen").

Viele nationalistische Wandmalereien in West-Belfast erinnern an den Hungerstreik von 1981, bei dem sich zehn republikanische Gefangene zu Tode hungerten. Am bekanntesten ist das Bild von Bobby Sands, der kurz vor seinem Tod zum Abgeordneten gewählt wurde.

Ein weiteres beliebtes Thema der Wandbilder in republikanischen Gebieten ist die Unterstützung anderer nationalistischer und republikanischer Bewegungen auf der ganzen Welt, darunter Palästina, das Baskenland und Lateinamerika, insbesondere auf dem Abschnitt der Falls Road, bekannt als Solidarity Wall („Solidaritätsmauer").

Die Bilder der Republikaner findet man hauptsächlich in der Falls Road, der Beechmount Avenue, der Donegall Road, der Shaw's Road sowie im Ballymurphy-Bezirk in West-Belfast, in der New Lodge Road in Nord-Belfast und der Ormeau Road in Süd-Belfast.

Außerhalb des Zentrums

★ Cave Hill Country Park PARK

(Karte S. 602; www.belfastcity.gov.uk; Antrim Road; ⏲7.30 Uhr–Dämmerung; 🚌1A bis 1G) GRATIS

Vom Cave Hill (368 m) genießt man einen Blick über ganz Belfast, die Docks, den Belfast Lough und die Mourne Mountains – an klaren Tagen ist sogar Schottland zu erkennen. Der Cave Hill Country Park erstreckt sich über die östlichen Abhänge. In der Grünanlage gibt's mehrere markierte Spazierwege und einen **Abenteuerspielplatz** (☎028-9077 6925; Kind 3–14 Jahre 2,50 £; ⏲Juli & Aug. 10–20 Uhr, April–Juni & Sept. kürzere Öffnungszeiten, Okt.–März nur Sa & So).

Ursprünglich trug der Hügel den Namen Ben Madigan, nach Matudhain, einem Ulster-König aus dem 9. Jh. Das von Süden aus markante, zerklüftete Profil wird von den Einheimischen seit 200 Jahren als „Napoleon's Nose" bezeichnet. Angeblich gleicht es der kaiserlichen Nase, doch dafür muss man schon viel Fantasie haben. Auf dem Gipfel befinden sich die Reste des eisenzeitlichen **McArt's Fort**. 1795 blickten hier die United Irishmen, unter ihnen auch Wolfe Tone, auf die Stadt hinab und gelobten für die irische Unabhängigkeit zu kämpfen.

Der Weg vom Parkhaus am Belfast Castle zum Gipfel führt an den fünf Höhlen vorbei, die dem Hügel seinen heutigen Namen gaben (es ist ein 7,2 km langer Rundweg, 2 Std. einplanen). Anfahrt: Die Busse 1A bis 1G von der Royal Avenue zum Belfast Castle nehmen.

Wandmalereien der Loyalisten

Während die Republikaner oft sehr künstlerisch und symbolreich arbeiteten, zeigten sich die Loyalisten gewöhnlich militaristischer und provokanter im Ton. Ihr Schlachtruf „*No Surrender*" („Niemals aufgeben") ist allgegenwärtig, begleitet von roten, blauen und weißen Bordsteinen, paramilitärischen Abzeichen und King Billy, oft auf einem Schimmel sitzend dargestellt. Der Sieg von König Billy (Wilhelm von Oranien) über den katholischen König James in der Schlacht am Boyne im Jahr 1690 wird immer noch jedes Jahr am 12. Juli mit Paraden gefeiert.

Darüber hinaus sieht man oftmals die Rote Hand von Ulster, manchmal als geballte Faust (Symbol der Ulster Freedom Fighters, UFF), sowie Reminiszenzen an den Ersten Weltkrieg, als 1916 an der Somme auch viele nordirische Soldaten fielen. Diese Demonstration nordirischer Loyalität gegenüber der britischen Krone ist als Gegengewicht zu den republikanischen Darstellungen des Osteraufstandes zu verstehen. Ein geläufiges Motto fragt: „*Quis Separabit?*" („Wer sollte uns teilen?"), der Spruch der Ulster Defence Association (UDA). Offensiver wird behauptet: „*We will maintain our faith and our nationality.*" („Wir behalten unseren Glauben und unsere Nationalität.").

Wandmalereien heute

In den letzten Jahren wurden die Wandgemälde heiß diskutiert. Manche sehen in ihnen eine hässliche Erinnerung an die von Gewalt geprägte Vergangenheit, andere einen lebendigen Ausdruck der Geschichte Nordirlands. Zweifellos üben die Bilder eine starke Anziehung auf Touristen aus, doch viele Einwohner möchten die aggressivsten militaristischen Motive durch populärere ersetzen, beispielsweise durch Berühmtheiten und Lokalmatadoren wie den Fußballspieler George Best, den Schriftsteller C. S. Lewis (*Narnia*) und den Golfspieler Rory McIlroy.

Immer wieder stößt man auch auf ausgefallene oder sogar lustige Darstellungen, wie die Frage an der Weggabelung am Ende der Balfour Avenue von der Ormeau Road weg: „*How can quantum gravity help explain the origin of the universe?*" („Wie kann die Quantenphysik den Ursprung des Universums erklären?") Sie war 2001 Teil einer Installation mit den zehn von Wissenschaftlern ausgewählten wichtigsten ungelösten Fragen der Physik. Vielleicht hat sie so lange überlebt, weil man darauf immer noch keine Antwort gefunden hat und das Bild zudem eine Parallele zum immer noch ungelösten Problem der irischen Teilung symbolisieren könnte.

★ Ulster Folk Museum MUSEUM

(Karte S. 602; http://nmni.com/uftm; Cultra; Folk Museum Erw./Kind 9/5,50 £, Transport & Folk Museum 11/6 £; ⌚März–Sept. Di–So 10–17 Uhr, Okt.–Feb. Di–Fr 10–16, Sa & So 11–16 Uhr; 👪; 🚆Cultra) In diesem exzellenten Museum wurden Bauernhäuser, Schmieden, Kirchen, Mühlen und ein komplettes Dorf samt Einrichtungen für Mensch und Tier rekonstruiert, die einen imposanten Eindruck in das irische Leben während der letzten hundert Jahre vermitteln. Aus der Industriezeit des 19. Jhs. stammen die roten Backsteinterrassen aus Belfast und Dromore. Ein weiteres Highlight ist das Picture House, ein Stummfilmkino, das von 1909 bis 1931 in einem Heuschober in County Down untergebracht war. Es gibt sogar einen Tante-Emma-Laden aus dem Jahr 1889, der Süßigkeiten aus Glasflaschen verkauft.

Im Sommer demonstrieren Mitarbeiter in historischen Kostümen das Strohdecken und Pflügen.

Das Museum liegt 14 km nordöstlich vom Zentrum von Belfast, nördlich von Holywood, gegenüber dem Ulster Transport Museum. Busse zur Haltestelle Bangor verkehren in der Nähe. Der Bahnhof Cultra an der Bahnlinie Belfast-Bangor liegt knapp 10 Gehminuten entfernt.

Ulster Transport Museum MUSEUM

(Karte S. 602; http://nmni.com/uftm; Cultra; Transportmuseum Erw./Kind 9/5,50 £, Transport & Folk Museum 11/6 £; ⌚März–Sept. Di–So 10–17 Uhr, Okt.–Feb. Di–Fr 10–16, Sa & So 11–16 Uhr; 👪; 🚆Cultra) Gegenüber dem Ulster Folk Mu-

Wandbilder in Belfast

Seit Beginn des Nordirlandkonflikts (*The Troubles*) werden die Giebelseiten von Belfasts Wohnanalagen als Leinwände genutzt. Die bunten Bilder dienen als Gebietsmarkierung, politische Statements oder trotzige Symbole der Zugehörigkeit zu einer Seite. In jüngster Zeit kommen immer mehr unpolitische Bilder hinzu.

Hungerstreik

Viele nationalistische Wandbilder in West-Belfast erinnern an den irischen Hungerstreik von 1981, bei dem sich 10 republikanische Häftlinge zu Tode hungerten, und an den Slogan „Tiocfaidh ár lá" („Unsere Zeit wird kommen"). Das bekannteste Bild zeigt Bobby Sands, der kurz vor seinem Tod zum Abgeordneten gewählt wurde.

Solidarity Wall

Ein weiteres beliebtes Thema, dem sich Wandbilder in überwiegend republikanischen Gegenden widmen, ist die Unterstützung anderer nationalistischer Strömungen auf der ganzen Welt: Von Palästina über das Baskenland bis Lateinamerika. Solche *murals* findet man vor allem entlang der Falls Road, besser bekannt als Solidarity Wall.

King Billy

Das protestantische Kult-Wandbild ist dagegen das Bild von King Billy (Wilhelm III. von Oranien), dessen Sieg über den katholischen König James II. in der Schlacht am Boyne 1690 noch immer jedes Jahr am 12. Juli mit Umzügen gefeiert wird. Dargestellt ist er auf einem sich aufbäumenden weißen Pferd.

Unpolitische Wandbilder

Seit dem Beginn des Friedensprozesses gibt's gemeinsame Anstrengungen, die agressiven Partisanen-Wandbilder durch solche zu ersetzen, die sich mit unpolitischen Dingen auseinandersetzen. Wie zum Beispiel mit dem Fußballer George Best, dem Romanautor C.S. Lewis, der *RMS Titanic* oder den Harland-&-Wolff-Werften.

1

3

1. Solidarity Wall 2. Bobby Sands Mural, Falls Road 3. King-Billy-Wandbild 4. *Ship of Dreams* von Ross Wilson, Newtownards Road

THOMAS JANISCH/GETTY IMAGES ©

PAUL J MARTIN/SHUTTERSTOCK ©

Rund um das Stadtzentrum

seum bietet das Transportmuseum Dampflokomotiven, Fahrzeuge, Motorräder, Straßenbahnen, Busse und Autos. Am beliebtesten ist die **Titanica**-Ausstellung, die die ursprünglichen Konstruktionszeichnungen für die *Titanic* und ihr Schwesterschiff *Olympic* enthält. Das Highlight der Autosammlung ist der Edelstahlprototyp des unglückseligen **DeLorean DMC**, der 1981 in Belfast hergestellt wurde. Das Auto war ein kommerzielles Desaster, erlangte jedoch in den *Zurück-in-die-Zukunft*-Filmen fortwährende Berühmtheit.

Das Museum liegt 14 km nordöstlich vom Belfaster Zentrum, nördlich von Holywood. Busse zur Haltestelle Bangor verkehren in der Nähe. Der Bahnhof Cultra an der Bahnlinie Belfast-Bangor liegt knapp 10 Gehminuten entfernt.

Stormont BEDEUTENDES GEBÄUDE
(Karte S. 602; www.niassembly.gov.uk; Upper Newtownards Road; ⏲ Mo–Fr 9–16, Führungen 11 & 14 Uhr; 🚌 4a, 4b) GRATIS Die schillernd weiße neoklassizistische Fassade von Stormont ist eine der berühmtesten von Belfast und befindet sich in exponierter Lage am Ende einer 1,5 km langen Allee. Seit 1998 liegt hier der Sitz der Northern Ireland Assembly.

Kostenlose Führungen umfassen die prachtvolle Great Hall, die vollständig aus italienischem Marmor besteht und mit fünf Kronleuchtern geschmückt ist, sowie die Versammlungs- und Senatskammern und den Ausschussraum.

Von der Fertigstellung im Jahr 1932 bis zur Einführung der direkten Herrschaft im Jahr 1972 war Stormont der Sitz des Parlaments von Nordirland. Nach dem Karfreitagsabkommen von 1998 wurde es Sitz der dezentralisierten Legislative Nordirlands, bis die Versammlung 2002 außer Kraft gesetzt wurde. Am 8. Mai 2007 kehrte Stormont wieder an die Spitze der irischen Politik zurück, als die jahrzehntelangen Erzfeinde

Rund um das Stadtzentrum

Highlights
1 Cave Hill Country Park B1
2 Crumlin Road Gaol B2
3 Ulster Folk Museum D1

Sehenswertes
4 Belfast Castle B1
5 Belfast Zoo B1
6 CS Lewis Square C3
7 Cultúrlann McAdam Ó Fiaich B3
8 Giant's Ring B4
9 HMS Caroline C2
10 Lagan Meadows B4
11 Shaw's Bridge B4
12 Sinn Féin Headquarters B2
13 Stormont D2
14 Titanic's Dock & Pump House C2
15 Ulster Transport Museum D1

Aktivitäten, Kurse & Touren
Cave Hill Adventurous Playground .... (siehe 4)
16 Holywood Golf Club D2

Schlafen
17 All Seasons B&B B3
18 Old Rectory B3
19 Rayanne House D2

Essen
20 Acapulco C3
Bia .... (siehe 7)
21 Café Fish B3
22 Cutters Wharf B3
23 Fontana D1
24 Il Pirata C3

Ausgehen & Nachtleben
25 Dirty Duck D1

Unterhaltung
26 Casement Park A3
27 Kingspan Stadium C3
28 Lyric Theatre B3
29 Windsor Park B3

Shoppen
Cultúrlann McAdam Ó Fiaich .... (siehe 7)

Praktisches
EastSide Visitor Centre .... (siehe 6)

Ian Paisley und Martin McGuinness freudestrahlend als erster Minister bzw. stellvertretender erster Minister vereidigt wurden.

Vor Stormont steht die trotzig anmutende Statue des Erz-Unionisten **Sir Edward Carson**. Das nahegelegene Stormont Castle aus dem 19. Jh. ist wie Hillsborough in County Down eine offizielle Residenz des Staatssekretärs für Nordirland. Ab Donegall Square West den Bus 4a oder 4b nehmen.

Belfast Castle — BURG

(Karte S. 602; www.belfastcity.gov.uk; Antrim Road; Mo 9.30–16, Di–Sa bis 21, So bis 16.30 Uhr; 1A bis 1G) GRATIS Das Belfast Castle wurde im Jahr 1870 für den dritten Marquess of Donegall im schottischen Baronialstil erbaut, der von Queen Victorias Balmoral in Mode gebracht wurde. Mit seinen vielen Türmen dominiert es die südöstlichen Hänge von Cave Hill. Es ging 1934 an die Stadt Belfast über und wird heute hauptsächlich für Hochzeiten und andere Veranstaltungen genutzt. Im Erdgeschoss gibt's eine kleine Ausstellung über die Folklore und Geschichte des Parks und das **Restaurant Cellar**. Der größte Teil der Burg ist für die Öffentlichkeit geschlossen.

Der Legende nach sollen die Bewohner der Burg nur dann Glück haben, wenn eine weiße Katze dort lebt, eine Geschichte, die in den wunderschönen Gärten von neun Katzenbildern in Mosaik, Malerei, Bildhauerei und Formschnitt dargestellt wird. Ein gutes Spiel für Kinder besteht darin, alle neun zu finden.

Belfast Zoo — ZOO

(Karte S. 602; www.belfastzoo.co.uk; Antrim Road; Erw./Kind 12,50/6,25 £; April–Sept. 10–19 Uhr, letzter Eintritt 15 Uhr, Okt.–März 10–16, letzter Eintritt 14.30 Uhr; 1A bis 1G) Die geräumigen Gehege des Belfaster Zoos sind das Zuhause von 150 verschiedenen Arten und liegen in einem wunderschönen, leicht abschüssigen Areal. Besonders spannend sind die Becken der Seelöwen und Pinguine mit Unterwasserfenstern. Zu den selteneren Tierarten gehören Tamarine, Malaienbären, und Rote Pandas. Als die größten Publikumslieblinge aber gelten die schnuckeligen Erdmännchen, eine ganze Kolonie von Kattas und die Rothschildgiraffen. Zu den jüngsten Nachkommen des Zoos gehören das Andenbärenjunge Lola (dessen Vater schon in dem Zoo geboren wurde) und das Gorillababy Olivia, das im August 2016 zur Welt kam.

Irish Linen Centre & Lisburn Museum — MUSEUM

(028-9266 3377; www.lisburnmuseum.com; Market Square; Mo–Sa 9.30–17 Uhr) GRATIS In diesem ausgezeichneten Museum im Markthaus aus dem 17. Jh. wird die Geschichte der einst wohlhabenden Leinenindustrie von Lisburn dargestellt. Die Ausstellung „Flax to Fabric" bietet zahlreiche audiovisuelle und praktische Exponate und zeichnet die faszinierende Geschichte der Leinenindustrie im 18. und 19. Jh. nach – am Vorabend des Ersten Weltkrieges war Ulster mit etwa 75 000 Beschäftigten die größte Leinenproduktionsregion der Welt. Man kann Weber bei der Arbeit an Jacquardwebstühlen beobachten und selbst versuchen, Flachs zu drehen.

Hilden Brewery BRAUEREI
(☎ 028-9266 0800; www.hildenbrewery.com; Hilden House, Grand Street; Führung 10 £; ⏱ Führungen nach Reservierung Mi–Fr 12 Uhr) In der ältesten unabhängigen Brauerei Irlands (von 1981) werden überragende Biere produziert, unter anderen das karamellig-malzige Twisted Hop, das Buck's Head Double IPA, das Weizenbier Barney's Brew mit Koriander und das goldene Belfast Blonde Pale Ale. Geführte Touren zeigen in 45 Minuten die Herstellung mitsamt einer Bierprobe. Die Restaurant-Bar **Tap Room** (http://taproomhilden.com; Mittagsgerichte 7,50–12 £, Abendessen 14,50–17,50 £; ⏱ Küche Di–Sa 12–14.30 & 17.30–21, So 12–15 Uhr; ✎) ist hervorragend. Mitte August veranstaltet das Hilden ein zweitägiges Bierfest. Mit dem Zug vom Belfaster Bahnhof Great Victoria Street zum Bahnhof Hilden, von dort aus sind es 300 m zu Fuß.

Aktivitäten

Belfast Cookery School KOCHKURS
(Karte S. 588 f.; ☎ 028-9023 4722; www.belfastcookeryschool.com; 53–54 Castle Street; Kurse 40–55 £; 🚌 Royal Avenue) Die Kurse in der Belfast Cookery School, die zur Mourne Seafood Bar (S. 638) gehört, behandeln alles Mögliche – vom Umgang mit dem Messer bis zum Brotbacken, Dinnerpartys und eine ganze Reihe internationaler Küchen (indisch, italienisch, Thai, spanisch, marokkanisch). Besonders beliebt sind allerdings die Kurse über Meeresfrüchte – am besten lange im Voraus reservieren.

Holywood Golf Club GOLF
(Karte S. 602; ☎ 028-9042 3135; www.holywoodgolfclub.co.uk; Nuns Walk, Demesne Road, Holywood; Greenfee Mo–Do 30 £, Sa & So 35 £; ⏱ 6–20 Uhr; 🚆 Holywood) Dieser hügelige Par-69-Platz, 11 km nordöstlich von Belfast, ist der Heimatclub von Rory McIlroy und bietet einen spektakulären Blick über den Belfast Lough und die Küste von Antrim. Ermäßigte Preise sind oft verfügbar – auf der Buchungsseite der Website sind die Zeiten und Preise zu finden.

Geführte Touren

Belfast Food Tour ESSEN & TRINKEN
(Karte S. 588 f.; https://tasteandtour.co.uk; 4-stündige Gourmettour pro Person 50 £; 🚆 Belfast Central) Auf diesen unterhaltsamen Tou-

BELFAST IN ...

einem Tag

Los geht's mit einem Frühstück im **George's of the Market** (S. 610). An einem Freitag, Samstag oder Sonntag kann man über den **St. George's Market** (S. 592) bummeln. Es folgen ein Spaziergang ins Zentrum und eine kostenfreie Führung durch die **City Hall** (S. 587). Nach einer *Black-Taxi*-Tour (S. 605) zu den Wandmalereien von West-Belfast lässt man sich vom Taxifahrer zum Mittagessen am **Holohan's at the Barge** (S. 610) absetzen. Von dort bietet sich ein Spaziergang am Fluss an, um den Rest des Nachmittags in der **Titanic-Belfast-Ausstellung** (S. 593) zu verbringen. Zum Abschluss des Tages gibt's ein Abendessen im **Muddlers Club** (S. 612) sowie anschließend Drinks im **Duke of York** (S. 614) und den Bars auf der angesagten Hill Street.

zwei Tagen

Am zweiten Tag besichtigt man zunächst die **Queen's University** (S. 596), bestaunt die faszinierenden Exponate im **Ulster Museum** (S. 596) und macht einen Spaziergang durch den **Botanischen Garten** (S. 596). Am Nachmittag steht eine Führung im historischen **Crumlin Road Gaol** (S. 595) oder ein Ausflug zum **Cave Hill** (S. 598) auf dem Programm. Für ein Bier ist der **Crown Liquor Saloon** (S. 587) und fürs Abendessen das nahegelegene **Eipic** (S. 611) zu empfehlen. Danach lässt man den Tag bei einem Cocktail auf der Dachterrasse des **Perch** (S. 613) ausklingen.

BELFAST FÜR KINDER

Belfast ist ein fantastisches Ziel für Kinder. Events und Attraktionen für Reisende mit Kindern stehen in der „Family Fun"-Rubrik der Website http://visit-belfast.com. Wer im März in der Stadt ist, sollte sich die kulturellen und lehrreichen Events beim **Belfast Children's Festival** (www.youngatart.co.uk; ⏰ Anfang–Mitte März) ansehen.

Favoriten für Kinder sind u. a. die folgenden:

Belfast Zoo (S. 603) Unglaublich viele Tiere.

Cave Hill Country Park (S. 598) Mit Abenteuerspielplatz.

CS Lewis Square (S. 606) Skulpturen von Charakteren aus *Die Chroniken von Narnia*.

Ulster Folk Museum (S. 599) und **Ulster Transport Museum** (S. 599) Bequemer und angenehmer Tagesausflug von Belfast aus.

Ulster Museum (S. 596) Viele Ausstellungen und Events für Kinder jeden Alters.

W5 (S. 595) Wissenschaftszentrum zum Anfassen.

ren, die auf dem St. George's Market beginnen, kann man die aufblühende Gourmetszene Nordirlands wunderbar kennenlernen. Unterwegs gibt's viele Kostproben von traditionellen, regionalen Gerichten und innovativen neuen Produkten.

Der Anbieter veranstaltet auch andere Essens- und Trinktouren, darunter der Belfast Whiskey Walk (60 £) und die Brauereitour (45 £). Im Voraus buchen.

Lagan Boat Company BOOTSTOUREN
(Karte S. 588 f.; ☎ 028-9024 0124; www.laganboatcompany.com; Erw./Kind 10/8 £; ⏰ April–Okt. tägl. 12.30, 14 & 15.30 Uhr, Nov.–März Sa–Mo 12.30 & 14 Uhr; 🚌 Queen's Square) Bei der exzellenten Titanic Tour der Lagan Boat Company erkundet man die Docklands flussabwärts von Lagan Weir, die Hellinge, auf denen die Passagierschiffe *Titanic* und *Olympic* zu Wasser gelassen wurden, und das riesige Trockendock, in das sie gerade so hineinpassten – mit 23 cm Zwischenraum. Auch Robben kann man sehen. Die Touren starten am Donegall Quay in der Nähe der Bigfish-Skulptur (S. 593). Im Voraus buchen.

Titanic Tours GEFÜHRTE TOUREN
(☎ 028-9065 9971; www.titanictours-belfast.co.uk; 3-stündige Tour pro Erw./Kind 30/15 £) Die Urenkelin eines Besatzungsmitglieds der *Titanic* leitet diese luxuriöse dreistündige Tour. Es werden mehrere Orte besucht, die mit dem Schiff in Zusammenhang stehen. Für Gruppen von zwei bis fünf Personen; im Preis sind die Abholung und der Rücktransport zur Unterkunft enthalten. Bietet auch maßgeschneiderte Ganztagestouren für 40 bis 50 £ pro Person.

Belfast Bike Tours GEFÜHRTE TOUREN
(Karte S. 588 f.; ☎ 07812 114235; www.belfastbiketours.com; 15 £; ⏰ April–Aug. Mo, Mi, Fr & Sa 10.30 & 14 Uhr, Sept.–März nur Sa; 🚌 Queen's University) Von der Queen's University führen die 2½-stündigen Touren in einem schönen Bogen durch das Lagan Valley zum **Giant's Ring** (Karte S. 602; www.laganvalley.co.uk; Ballynahatty Road; ⏰ 24 Std.; 🚌 Ballylesson Church) GRATIS (mit einem Dolmen, der auch als Druidenaltar bekannt ist, in der Mitte) und wieder zurück. Leihfahrräder für den Ausflug werden gestellt. Vorab buchen. Man kann auch Fahrräder für eigene Expeditionen ausleihen (pro Tag ab 15 £).

Belfast Pub Crawl GEFÜHRTE TOUREN
(Karte S. 588 f.; ☎ 07731 977774; www.belfastcrawl.com; pro Person 10 £; ⏰ Fr & Sa 20.30 Uhr; 🚌 Queen's Square) Die dreistündige Tour führt zu vier historischen Pubs der Stadt (inklusive ein Getränk in jedem Lokal sowie traditionelle Livemusik), Abfahrt vom Albert Memorial Clock Tower (S. 693). Im Voraus buchen.

Taxitouren

Black-Taxi-Touren durch West-Belfast mit seinen Wandmalereien – von Einheimischen *„bombs and bullets"*- (Bomben-und-Kugel-) oder *„doom and gloom"*- (Untergangsstimmungs-)Touren genannt – werden mittlerweile von zahlreichen Taxiunternehmern angeboten. Qualität und Infogehalt variieren, doch generell ist dies eine gute Möglichkeit, Belfasts Attraktionen auf unter-

VAN MORRISON & CS LEWIS TRAILS

In den wenig erforschten Vierteln von Ost-Belfast wohnten einst C. S. Lewis und Van Morrison, und ihre damaligen Lieblingsplätze kann man bei Spaziergängen mit entsprechend markierten Stadtplänen auf eigene Faust erkunden.

Das Highlight auf der Route von C. S Lewis ist ein neuer dem Schriftsteller gewidmeten **Platz** (Karte S. 602; 280 Newtownards Road; ; Connswater) GRATIS mit fabelhaften Skulpturen der Charaktere aus den *Chroniken von Narnia*.

Fans von Van Morrison folgen einem 3,5 km langen Spazierweg durch das Viertel vorbei an Sehenswürdigkeiten, die in seinen Texten erwähnt werden, darunter das **Hollow** (aus „Brown Eyed Girl"), die **Cypress Avenue** und sein bescheidenes Geburtshaus in der **Hyndford Street** (Hausnummer 125).

Karten dafür sind erhältlich im **EastSide Visitor Centre** (Karte S. 602; 028-9045 1900; www.eastsidepartnership.com; 278-280 Newtownards Road; Mo–Fr 8–18, Sa & So 10–17; Connswater) oder auch als Download unter www.connswatergreenway.co.uk/trails.

haltsame und persönliche Art kennenzulernen. Die Fahrer holen einen überall im Stadtzentrum ab.

Paddy Campbell's Famous Black Cab Tours KULTUR
(07990 955227; www.belfastblackcabtours.co.uk; Tour pro 1–3 Personen 30 £) Beliebte 1½-stündige *Black-Taxi*-Tour.

Harper Taxi Tours KULTUR
(www.harpertaxitours.com; ab 30 £) Politische und historische Touren.

Official Black Taxi Tours KULTUR
(028-9064 2264; www.belfasttours.com; 1–2 Fahrgäste 35 £, ab 3 pro Person 15 £) Maßgeschneiderte 1½-stündige Touren zu den politischen Wandmalereien von Belfast.

Game-of-Thrones-Touren

McComb's Game of Thrones Tours BUS
(Karte S. 588 f.; 028-9031 5333; www.mccombscoaches.com; 22–32 Donegall Road; 35 £; 9 Uhr; Bradbury Place) Die Fahrer dieser *Game-of-Thrones*-Touren fuhren auch die Statisten und die Ausrüstung. Zu den Drehorten, die besucht werden, gehören die Dark Hedges (die King's Road), Cushendun (die Meereshöhle, in der Melisandre den Schatten gebiert), Ballintoy Harbour (Herrenhort) und Larrybane (wo der Schatten Renly tötet). Abholung vom Belfast Youth Hostel (S. 609) um 9 Uhr.

Game of Thrones Tours BUS
(Karte S. 588 f.; 028-9568 0023; www.gameofthronestours.com; Erw./Student 40/36 £; Ostern–Sept. Mi–So, Okt.–Ostern kürzere Touren; Victoria Square) Bietet zwei Ganztagestouren zu 11 legendären *Game-of-Thrones*-Drehorten, wie z. B. Winterfell, Castle Ward, dem Tollymore Forest Park (wo die Starks eine tote Schattenwölfin und ihre Welpen finden), den Eiseninseln und Stormlands Adventure mit Orten in Nord-Antrim, wie Ballintoy Harbour und die Dark Hedges.

Die Touren beginnen an der Mall am Victoria Square (S. 692).

Feste & Events

Das Belfast City Council (www.belfastcity.gov.uk/events) organisiert das ganze Jahr über vielfältige Events, die von der Parade beim St. Patrick's Day bis zur Lord Mayor's Show reichen. Auf der Website und im Visit Belfast Welcome Centre (visit-belfast.com/whats-on) erfährt man die genauen Termine.

CityDance TANZ
(Karte S. 588 f.; www.citydancebelfast.com; Feb.) Kostenloses zweitägiges Tanz-Festival im Crescent Arts Centre (S. 617).

Féile an Earraigh MUSIK
(Frühlingsfest; www.feilebelfast.com; Feb. oder März) Dieses viertägige Festival rund um traditionelle irische und keltische Musik zieht Künstler aus ganz Irland, Europa und Amerika an.

St. Patrick's Day KULTUR
(www.belfastcity.gov.uk/events; 17. März) Zu Ehren von Irlands Nationalheiligem finden viele Gemeindefeste und eine große Parade durch das Stadtzentrum statt.

Belfast Film Festival FILM
(Karte S. 588 f.; www.belfastfilmfestival.org; Anfang April) Im April werden elf Tage lang irische und internationale Filme gezeigt.

Die meisten Vorführungen finden im Queen's Film Theatre (S. 618) statt.

Festival of Fools DARSTELLENDE KÜNSTE
(http://foolsfestival.com; Anfang Mai) Ein viertägiges Straßenfest mit Veranstaltungen im Cathedral Quarter und dem Stadtzentrum.

Belfast City Marathon SPORT
(Karte S. 588 f.; www.belfastcitymarathon.com; erster Montag im Mai) Läufer aus aller Welt kommen zum Marathon in die Stadt. Amateure können sich auf einen Volks- und einen Spaßlauf freuen.

Cathedral Quarter Arts Festival DARSTELLENDE KÜNSTE
(http://cqaf.com; Anfang Mai) Im Cathedral Quarter und Umgebung gibt's zehn Tage lang Theater, Musik, Lyrik, Straßenunterhaltung und Kunstausstellungen.

Belfast Book Festival LITERATUR
(www.belfastbookfestival.com; Mitte Juni) Eine Woche rund ums Buch – von Filmen über Lesungen bis zu Seminaren und Begegnungen mit den Autoren. Verschiedene Veranstaltungsorte in der gesamten Stadt.

Belfast Titanic Maritime Festival SEGELN
(Karte S. 588 f.; http://visit-belfast.com/whats-on; Juni oder Juli) Das dreitägige Fest Anfang Juli am Queen's Quay wartet mit Segelschiffen, Straßenkünstlern, Meeresfrüchten und Livemusik auf.

Belfast Pride SCHWULE & LESBEN
(www.belfastpride.com; Ende Juli–Anfang Aug.) Irlands größtes Fest für Schwule, Lesben, Bi- und Transsexuelle findet Ende Juli/Anfang August statt. Höhepunkt ist eine riesige Parade durchs Stadtzentrum.

Féile An Phobail KULTUR
(West Belfast Festival; www.feilebelfast.com; Anfang Aug.) Das angeblich größte Gemeindefest des Landes versetzt West-Belfast im August für zehn Tage in Aufregung. Zu den Attraktionen gehören eine Karnevalsparade, Straßenpartys, Theatervorführungen, Konzerte sowie historische Führungen durch die Innenstadt und auf den Milltown Cemetery.

Belfast International Arts Festival DARSTELLENDE KÜNSTE
(www.belfastinternationalartsfestival.com; Mitte–Ende Okt.) Eines der größten Kunstfestivals in Großbritannien und Irland – drei Wochen mit Theater, Musik, Tanzveranstaltungen und Vorträgen.

Schlafen

Von einfachen Touristenherbergen bis zu exklusiven Boutique-Hotels – die Auswahl an Unterkünften nimmt in Belfast mit jedem Jahr zu. Die meisten Unterkünfte der unteren und mittleren Preislage befinden sich südlich des Zentrums im grünen Universitätsviertel rund um die Botanic Avenue, die University Road und die Malone Road, nur etwa 20 Gehminuten von der City Hall entfernt. In der Innenstadt sind viele Business- und luxuriöse Boutique-Hotels zu finden.

An Wochenenden, im Sommer und zu geschäftigen Festtagszeiten im Voraus buchen.

Stadtzentrum

★ **Bullitt Hotel** HOTEL £££
(Karte S. 588 f.; 028-9590 0600; https://bullitthotel.com; 40a Church Lane; DZ ab 120 £; @ ; Victoria Square) Das angesagte Bullitt bietet superschnelles WLAN, Smart-TV, eine Espressobar, ein Restaurant und zwei

DIE PARADEN DES ORANIERORDENS

Der nordirische Feiertag am 12. Juli ist der Jahrestag des Siegs der Protestanten in der Schlacht am Boyne 1690. Zu diesem Anlass werden Freudenfeuer, Blaskapellen und Paraden der Oranierorden geboten. In Belfast findet der größte Umzug statt.

Leider waren die Straßenparaden schon häufig Anlass gewalttätiger Auseinandersetzungen, doch in den letzten Jahren wurde gemeinschaftlich darauf hingearbeitet, das Fest als familienfreundliches kulturelles Ereignis zu bewerben. Es hat sogar einen neuen Namen bekommen: Orangefest.

Trotzdem finden nach wie vor viele Menschen, dass die Umzüge Unruhe stiften und Konfrontationen begünstigen. Da die Teilnehmer eine Menge Alkohol trinken, besteht tatsächlich die Gefahr, dass die Stimmung kippt. Besucher sollten auf der Hut sein und die Ratschläge der Einheimischen beachten, außerdem ist mit mehr Polizei zu rechnen, wenn die Lage eskaliert.

Bars (eine mit Skithema). Es gibt sogar Bullitt-Bier vom Fass. Das Frühstück (Knuspermüsli und Obst) wird vor die Tür gestellt, Nachtschwärmer können also nach Belieben aufstehen. Die Zimmer sind auf jeden Fall schallisoliert.

Fitzwilliam Hotel HOTEL £££
(Karte S. 588 f.; ☎ 028-9044 2080; www.fitzwilliamhotelbelfast.com; 1–3 Great Victoria Street; DZ ab 145 £; @ 📶; 🚌 Europa Bus Centre) Mitten in der Innenstadt macht das Fitzwilliam in puncto Stil alles richtig – von den Designerstoffen über die kühlen Farben bis zur stimmungsvollen Beleuchtung. Die Schlafzimmer verfügen über weiße Bettwäsche, flauschige Bademäntel und kräftige Duschen, und die Mitarbeiter sind überaus hilfsbereit.

Ten Square HOTEL ££
(Karte S. 588 f.; ☎ 028-9024 1001; www.ten-square.co.uk; 10 Donegall Square EZ; DZ ab 95 £; 📶; 🚌 Donegall Square) Das ehemalige Bankgebäude südlich der City Hall ist mit seinem neuen Design ein prachtvolles Boutique-Hotel mit freundlichem, aufmerksamem Service. Die Zimmer im Originalgebäude bieten eine dekadente Deko mit blauen Samtvorhängen und Möbeln, der neue Erweiterungsbau versprüht eher ein luxuriöses Businessfeeling.

Cathedral Quarter

★ **Merchant Hotel** HOTEL £££
(Karte S. 588 f.; ☎ 028-9023 4888; www.themerchanthotel.com; 16 Skipper Street; DZ/Suite ab 160/350 £; P @ 📶; 🚌 Queen's Square) Das extravaganteste Hotel in Belfast befindet sich im palastartigen ehemaligen Hauptquartier der Ulster Bank. Die Zimmer mit einer tollen Mischung aus modernem Stil und altmodischer Eleganz sind individuell eingerichtet. Die Unterkünfte im original viktorianischen Gebäude verfügen über opulente Seidenvorhänge bis zum Boden, die neueren über ein Art-déco-Ambiente. Zur Ausstattung gehören ein luxuriöses Spa und ein Whirlpool für acht Personen auf dem Dach.

Das Restaurant Great Room (S. 611) ist hervorragend.

Malmaison Hotel HOTEL ££
(Karte S. 588 f.; ☎ 0844 693 0650; www.malmaison.com; 34-38 Victoria Street; DZ/Suite ab 95/270 £; @ 📶; 🚌 Victoria Square) Das Malmaison befindet sich in zwei wunderschön restaurierten Lagerhäusern im italienischen Stil (ursprünglich für Konkurrenzfirmen in den 1850er-Jahren erbaut) und ist eine luxuriöse Oase mit Kingsize-Betten, Samtkopfteilen, tiefen Ledersofas und großen Badewannen auf Rollen für zwei Personen. Die frisch renovierten Zimmer sind mit Schablonen-Graffiti und vergrößerten Karten von Belfast dekoriert; in der Rock-Star-Suite gibt's sogar einen lila Billardtisch.

Süd-Belfast

Mit den Buslinien 7A und 7B von der Howard Street erreicht man die Gegend rund um die Botanic Avenue, während die 8A bzw. 8B zur University Road und zur Malone Road fahren. Die 9A und die 9B steuern die Straßen rund um die Lisburn Road an. Beide Linien starten am Donegall Square East sowie an der Great Victoria Street gegenüber dem Europa Bus Centre (S. 620).

BELFASTS NEUE HOTELS

Belfast ist mitten in einem Hotelboom. 2017 befanden sich insgesamt 27 Projekte in verschiedenen Stadien der Fertigstellung.

Das Titanic Quarter dient als Standort des neuen **Titanic Hotels** in den **Harland & Wolff Drawing Offices** (S. 595). Das nahegelegene **AC Hotel by Marriott** mit 188 Zimmern an den City Quays sollte bei Erscheinen dieses Reiseführers bereits eröffnet worden sein.

Zu den neuen Hotels im Stadtzentrum gehören das **Grand Central** mit 304 Zimmern in der Bedford Street und das **Hampton by Hilton** in der Hope Street. Mittlerweile wurde der Bau von zehn zusätzlichen Hotels genehmigt, wobei noch weitere in der Planungsphase sind.

Zukünftige Projekte umfassen auch Hotels im **Crumlin Road Courthouse** gegenüber dem **Crumlin Road Gaol** (S. 595) und im berühmten **Scottish Mutual Building** mit einem Turm aus rotem Sandstein am Donegall Square 15. Die sollte man im Blick behalten!

★ Vagabonds HOSTEL £
(Karte S. 588 f.; ☎ 028-9023 3017; www.vagabondsbelfast.com; 9 University Road; B 15–17 £, DZ & 2BZ 50 £; @ ; Shaftesbury Square) Wer im Vagabonds, einem der besten Hostels der Stadt, unterkommt, darf sich auf bequeme Stockbetten, abschließbare Gepäckfächer, eigene Duschen, einen Biergarten, einen Billardtisch, eine entspannte Atmosphäre sowie eine günstige Lage zur Queen's University und zum Stadtzentrum freuen. Die Unterkunft wird von erfahrenen Travellern geführt.

Global Village Backpackers HOSTEL £
(Karte S. 588 f.; ☎ 028-9031 3533; http://globalvillagebelfast.com; 87 University Street; B 14,50–16,50 £, DZ 44 £; @ ; Botanic Avenue) In einem Reihenhaus aus Ziegelstein aus dem 19. Jh. in der Nähe der Queen's University verbindet das Global Village historische Kamine und Buntglasfenster mit hellen Wandmalereien und Gitarren an den Wänden. Es gibt auch eine Gemeinschaftsküche mit Essbereich, einen Biergarten und Grillmöglichkeiten.

Arnie's Backpackers HOSTEL £
(Karte S. 588 f.; ☎ 028-9024 2867; http://arniesbackpackers.co.uk; 63 Fitzwilliam Street; B 12–16 £; @ ; City Hospital) Die alteingesessene und altmodische Bleibe in einer ruhigen Reihenhausstraße im Universitätsviertel ist dank der Kamine und eines freundlichen Publikums ein einladender Ort.

Belfast Youth Hostel HOSTEL £
(Karte S. 588 f.; ☎ 028-9031 5435; www.hini.org.uk; 22–32 Donegall Road; B 11–15 £, 2BZ mit/ohne Bad 38/30 £; @ ; Shaftesbury Square) Dieses große, helle HI (Hostelling International) hat praktische Services wie Waschmaschinen, sichere Parkplätze vor Ort, eine 24 Stunden besetzte Rezeption (weder verschlossene Türen noch Sperrstunde) sowie ein Café mit Frühstücksspezialitäten.

Tara Lodge PENSION ££
(Karte S. 588 f.; ☎ 028-9059 0900; www.taralodge.com; 36 Cromwell Road; EZ/DZ ab 75/85 £; P @ ; Upper Crescent Queens University) In einer tollen Lage in einer ruhigen Seitenstraße nur ein paar Schritte vom Trubel der Botanic Avenue entfernt wirkt diese Pension mit der schicken minimalistischen Inneneinrichtung und den zuvorkommenden und effizienten Angestellten sowie 34 freundlichen, hellen Zimmern fast wie ein Boutique-Hotel. Zu den erstklassigen Frühstücksangeboten zählt auch Porridge mit Bushmills-Whiskey.

All Seasons B&B B&B ££
(Karte S. 602; ☎ 028-9068 2814; 356 Lisburn Road; EZ/DZ 40/60 £; P ; Cranmore Avenue) Obwohl sich die rote Backsteinvilla nicht im Zentrum befindet, überzeugt sie mit ihrer Lage in der hippen Lismore Road zwischen der Cranmore Avenue und den Cranmore Gardens, 150 m hinter der Polizeistation. Sie verfügt über helle, farbenfrohe Zimmer, moderne Bäder, einen geschmackvollen kleinen Frühstücksraum und einen bequemen Aufenthaltsraum.

Außerhalb des Stadtzentrums

★ Rayanne House PENSION ££
(Karte S. 602; ☎ 028-9042 5859; www.rayannehouse.com; 60 Demesne Road, Holywood; EZ/DZ/FZ ab 95/135/160 £; ; Holywood) In diesem prunkvollen Herrenhaus von 1883 nur 100 m vom Holywood Golf Club (S. 604) entfernt gibt's exquisite Zimmer, einige davon mit Balkon und Aussicht auf den Belfast Lough. Eines ist dem Golfprofi Rory McIlroy gewidmet und hat eine Duschvorhangstange aus gravierten Golfschlägern. Im Restaurant, das regelmäßig das letzte Neun-Gänge-Menü (69 £) der *Titanic* serviert, sind nicht nur Hotelgäste willkommen.

Old Rectory B&B ££
(Karte S. 602; ☎ 028-9066 7882; www.anoldrectory.co.uk; 148 Malone Road; EZ/DZ/FZ ab 52/80/132 £; P @ ; Myrtlefield Park) In einem hübschen viktorianischen Haus mit vielen originalen Glasmalereien bietet dieses ehemalige Pfarrhaus fünf geräumige Schlafzimmer, einen komfortablen Salon mit Ledersofa und ein luxuriöses Frühstück (hausgebackenes Brot, Porridge mit Bushmills Whiskey, Rührei mit geräuchertem Lachs, Gemüsebraten und frisch gepresster Orangensaft). Eine Kreditkarte ist erforderlich, um die Buchung zu sichern. Die Zahlung erfolgt jedoch nur in bar.

Die unscheinbare Auffahrt befindet sich auf der linken Seite, gleich hinter dem Deramore Park.

Essen

In den letzten Jahren hat sich die gastronomische Szene der Stadt durch eine wahre Flut von neuen Lokalen, die es mit Europas besten Restaurants aufnehmen können, völlig verändert.

Stadtzentrum

Nach 19 Uhr wird das Haupteinkaufsviertel nördlich des Donegall Square zu einem stillen Labyrinth von heruntergelassenen Gittern und verlassenen Straßen. Tagsüber können sich die vielen Pubs, Cafés und Restaurants dagegen kaum vor Kundschaft retten. In den Abendstunden ist südlich des Donegall Square bis zum Shaftesbury Square am meisten los.

Pablos — BURGER £

(Karte S. 588 f.; http://pablosbelfast.com; 16 Church Lane; Burger 5–6,50 £; Di–Do 12–22, Fr & Sa bis 2, So 14–22 Uhr; Victoria Square) Mitten im Nachtleben des Belfaster Stadtzentrums befindet sich diese sündhaft gute Burgerbar, die hochwertige, salzgereifte Glenarm-Shorthorn-Rindfleischpasteten, fünf Arten von Pommes frites und 20 Soßen serviert, darunter mexikanische Tequila-Ranch-Soße und Sloe-Gin-Mayo. Die Sitzplätze sind begrenzt auf zwei Tische im Freien, aber man kann den Burger in Muriel's Café-Bar (S. 614) nebenan genießen oder zum Spaniard (S. 615) liefern lassen.

Archana — INDISCH £

(Karte S. 588 f.; 028-9032 3713; www.archana.co.uk; 53 Dublin Road; Mittagsgerichte 3,50–8,50 £, Abendessen 10–15 £; Mo–Sa 12–14 & 17–23, So 17–23 Uhr; ; Dublin Road) Das elegante, aber schlichte Archana bietet Räumlichkeiten auf zwei Ebenen und eine gute Auswahl an vegetarischen Gerichten, darunter *paneer* (Hüttenkäse) aus Eigenproduktion. Die *thali*-Platte mit drei Curry-Gerichten für 15 £ hat ein gutes Preis-Leistungs-Verhältnis.

★ Holohan's at the Barge — MODERN IRISCH ££

(Karte S. 588 f.; 028-9023 5973; www.holohansatthebarge.co.uk; Belfast Barge, Lanyon Quay; Mittagsgerichte 5–9 £, Abendessen 15–22 £; Di–Sa 17–23, So 13–19 Uhr; Oxford Street) An Bord der Belfast Barge (S. 593) liegt das Holohan's, ein sensationelles Lokal für inspirierte Meeresfrüchte-Varianten und hervorragende Gerichte der traditionellen irischen Küche, wie Krabbenkroketten und Frittiertes mit Pilzen, Kastanien und Estragon. Auch die Desserts sind ausgezeichnet und es werden Weine aus der ganzen Welt im Glas serviert.

★ Mourne Seafood — FISCH & MEERESFRÜCHTE ££

(Karte S. 588 f.; 028-9024 8544; http://mourneseafood.com; 34–36 Bank Street; Mittagsgerichte 9–25 £; Mo–Do 12–21.30, Fr & Sa 12–16 & 17–22, So 13–21 Uhr; Royal Avenue) Immens beliebt ist dieses ungezwungene Lokal mit Pub-Ambiente, aus rotem Backstein und dunklem Holz mit alten Öllampen, die von der Decke baumeln. Auf der Speisekarte stehen Austern, süße Jakobsmuscheln, Hummer und Langusten, die von den hauseigenen Muschelbänken stammen, sowie saftige Fische, wie Seehecht, Seebrasse und Seebarsch. Zum Abendessen im Voraus buchen.

Die angeschlossene Belfast Cookery School (S. 604) veranstaltet unterschiedliche Kochkurse. Ein Partnerrestaurant der Mourne Seafood Bar (S. 638) liegt in der Nähe der Dundrum Bay (County Down).

★ George's of the Market — MODERN IRISCH ££

(Karte S. 588 f.; 028-9024 0014; http://georgesbelfast.com; Oxford Street; Brunch 3,50–8 £, Express-Mittagessen 7 £, Abendessen 12,50–25 £; Di 14.30, Mi–Sa 10–14.30 & 17–21.30, So 10–16 Uhr; Belfast Central) Viele der Zutaten in diesem Restaurant auf der 1. Etage des historischen St. George's Market (S. 592) stammen vom Markt. Von den besten Plätzen auf dem Balkon kann man an Markttagen geruhsam das Treiben der Standbesitzer und Einkäufer verfolgen. Das Restaurant ist für seine üppigen nordirischen „Beast of the Market"-Frühstücksvarianten berühmt, doch die Steaks und Koteletts vom Grill sind ebenfalls hervorragend.

OX — IRISCH ££

(Karte S. 588 f.; 028-9031 4121; http://oxbelfast.com; 1 Oxford Street; 2-/3-Gänge-Mittagessen 20/25 £, 5-Gänge-Abendessen 50 £; Di–Fr 12–14.30 & 18–21.30, Sa ab 13 Uhr; Oxford Street) Ein hoher Raum mit cremefarbenen Ziegeln und warmem goldenem Holz kreiert ein theaterähnliches Ambiente für die offene, mit einem Michelin-Stern ausgezeichnete Küche auf der Rückseite. Hier genießt man die mitunter besten Gerichte von Belfast. Das Restaurant arbeitet mit regionalen Lieferanten zusammen und setzt einen Schwerpunkt auf hochwertiges irisches Rindfleisch, nachhaltige Meeresfrüchte und saisonales Gemüse und Obst. Sechs bis acht Wochen im Voraus buchen!

Home — MODERN IRISCH ££

(Karte S. 588 f.; 028-9023 4946; www.homebelfast.co.uk; 22 Wellington Place; Mittagsgerichte 10–23,50 £, Abendessen 12–23,50 £; Mo–Do 12–16 & 17–21.30, Fr 12–16 & 17–22, Sa 12–15.30 & 17–22, So 13–16 & 17–21 Uhr; ; Donegall Square) Nachdem es als Pop-up-Restaurant die Herzen der Gourmets von Belfast gewonnen hat, ist das Home jetzt immer unter derselben Adresse zu finden. Dort sorgt es weiterhin mit der kreativen Verwendung saisonaler Zutaten im Restaurant sowie dem angeschlossenen Feinkostladen im New-York-Deli-Stil für große Begeisterung. Die Speisekarte trifft wirklich jeden Geschmack: vegetarisch, vegan, kalorienbewusst, glutenfrei und bietet auch etwas für Theaterbesucher.

Ginger BISTRO ££

(Karte S. 588 f.; ☎ 028-9024 4421; www.gingerbistro.com; 6–8 Hope Street; Mittagsgerichte 9–17 £, Abendessen 15,50–24 £; ⊙ Mo–Mi 16.30–21.30, Do–Sa 12–22 Uhr; ✎; 🚌 Europa Bus Centre) 🌿 An diesem unscheinbaren Lokal läuft man leicht vorbei und verpasst damit einiges: Das gemütliche, lockere Bistro kredenzt nämlich Gerichte weitab des Üblichen. Der mit flammend rotem Haar gesegnete Besitzer und Koch (daher der Name) versteht sich auf seine Fertigkeiten. Aus erstklassigen irischen Zutaten zaubert er exquisite Gerichte – häufig mit asiatischer Note. Von Montag bis Freitag wird zwischen 17 und 18.45 Uhr vor der Theatervorstellung ein Menü serviert.

McCracken's PUBFOOD ££

(Karte S. 588 f.; ☎ 028-9032 6711; http://mccrackenscafebar.co.uk; 4 Joy's Entry; Hauptgerichte 7,50–17 £; ⊙ Küche Mo–Mi 12–20, Do & Fr bis 21, Sa bis 19, So bis 18 Uhr; 🚌 Victoria Square) Gut versteckt in Joy's Entry, einer alten, schmalen Gasse, liegt das überraschend moderne McCracken's. Die Suche nach dem Loft mit unverputzten Backsteinwänden lohnt sich für die tollen Cocktails, die Livemusik und die DJs, vor allem aber wegen der Gastropub-Karte: Die reicht von trocken gereiften Burgern aus irischem Rind über *chowder* mit geräucherten Meeresfrüchten bis Confit-Schweinebauch.

Eipic MODERN IRISCH £££

(Karte S. 588 f.; ☎ 028-9033 1134; www.deaneseipic.com; 34-40 Howard Street; 5-/8-Gänge-Menü 40/60 £; ⊙ Fr 12–13.30, Mi–Sa 17.30–21.30 Uhr; ✎; 🚌 Donegall Square) Saisonale Zutaten aus der Region erhalten im Eipic, einem gehobenen Gourmetrestaurant von Michael Deane, eine kreative Note. Die Chefköchin Danni Barry, die ihre Kochkarriere 2003 in der Küche von Deane begann, ist eine von nur zwei weiblichen Köchen in Irland, die mit einem Michelin-Stern ausgezeichnet wurden. Vorab buchen.

Zu den weiteren Restaurants in Deanes Besitz gehören das **Love Fish** und das **Meatlocker** auf der Howard Street, das **Deanes at Queen's** (Karte S. 588 f.; ☎ 028-9038 2111; www.michaeldeane.co.uk; 1 College Gardens; Mittagsgerichte 7–12 £, Abendessen 14–20 £; ⊙ Mo–Sa 12–15 & 17.30–22, So 13–18 Uhr; 🚌 Methodist College) und das **Deanes Deli Bistro** (Karte S. 588 f.; ☎ 028-9024 8800; www.michaeldeane.co.uk; 44 Bedford Street; Mittagsgerichte 6,50–15,50 £, Abendessen 10,50–17,50 £; ⊙ Mo–Sa 12–15 & 17.30–22 Uhr; 🚌 Bedford Street).

James St. South MODERN IRISCH £££

(Karte S. 588 f.; ☎ 028-9043 4310; www.jamesstreetsouth.co.uk; 21 James Street South; Mittagsgerichte 12–20 £, Abendessen 15,50–28 £, 4-/5-Gänge-Degustationsmenü 70/80 £; ⊙ Mo & Di 17.30–21.30, Mi–Sa 12.30–14.30 & 17.30–21.30 Uhr; 🚌 Donegall Square) Dieser wunderschöne Speisesaal mit weißer Tischwäsche und einer großen impressionistischen Landschaft des irischen Künstlers Clement McAleer bietet den idealen Rahmen für gehobene regionale Fleisch- und Fischgerichte. Der Service ist entspannt, aber sehr professionell.

Im **Bar & Grill** (☎ 028-9560 0700; www.belfastbargrill.co.uk; Hauptgerichte 13,50–28,50 £; ⊙ 12–22 Uhr) herrscht eine entspanntere Atmosphäre, aber die Qualität des Essens ist genauso hoch.

Great Room FRANZÖSISCH £££

(Karte S. 588 f.; ☎ 028-9023 4888; www.themerchanthotel.com; 16 Skipper Street; 2-/3-Gänge-Mittagsmenü 19,50/24,50 £, Nachmittagstee 25–30 £, Abendgerichte 19,50–28,50 £; ⊙ Mo–Do 12.30–14.15 & 17.30–21.45, Fr & Sa 12.30–14.15 & 16–22, So 12.30–20.30 Uhr; 🚌 Queen's Square) Das große, elegante Restaurant des Merchant Hotels (S. 608) in der ehemaligen Schalterhalle der Ulster-Bank-Zentrale wartet mit vergoldetem Stuck, rotem Plüsch, Cherubinen aus weißem Marmor und einem gigantischen Kristallkronleuchter unter einer Glaskuppel auf. Die dekadenten, deliziösen Speisen passen perfekt zum Interieur (Gänseleberpastete, Trüffel usw.).

Cathedral Quarter

Coppi ITALIENISCH ££

(Karte S. 588 f.; ☎ 028-9031 1959; www.coppi.co.uk; Unit 2, St Anne's Square; Hauptgerichte 10,50–24 £; ⊙ Mo–Do & So 12–22, Fr & Sa bis 23 Uhr; 🚌 Queen's Square) In einem lebhaften

Speisesaal mit hohen Decken und Lederkabinen serviert das Coppi moderne italienische Gerichte, wie toskanische Ziegenpappardelle und gebratenen wilden Seehecht.

Die Sauerteigbrote und die ausgezeichneten Desserts – Tiramisu, Amaretto-Panna-Cotta, Schokolade und gesalzene Karamell-Torta – werden täglich frisch zubereitet.

★Muddlers Club MODERN IRISCH £££
(Karte S. 588 f.; ☎ 028-9031 3199; www.themuddlersclubbelfast.com; Warehouse Lane, abseits Waring Street; Hauptgerichte 16–24 £, Degustationsmenü 45 £; ⊙ Di–Sa 12–14.45 & 17.30–22 Uhr; 🚌 Queen's Square) Deko im Industriestil, ein freundlicher Service und rustikale Gerichte mit frischen regionalen Zutaten stellen in einem der besten Restaurants in Belfast eine gelungene Kombination dar. Der Muddlers Club ist nach einer Vereinigung von irischen Revolutionären benannt, die von Wolfe Tone mitbegründet wurde und sich in den 1790er-Jahren an diesem Ort traf. Er befindet sich in versteckter Lage in einer Gasse abseits des Commercial Court. Im Voraus buchen.

Süd-Belfast

Maggie May's CAFÉ £
(Karte S. 588 f.; ☎ 028-9032 2662; www.maggiemaysbelfastcafe.co.uk; 50 Botanic Avenue; Hauptgerichte 4,50–7,50 £; ⊙ Mo–Sa 8–23, So 9–23 Uhr; 🖉 👪; 🚌 Botanic) In dem klassischen kleinen Café mit gemütlichen hölzernen Sitznischen und Wandgemälden des alten Belfast finden sich vor allem Studenten zum riesigen Katerfrühstück ein. Zu ihrem Glück gibt's den ganzen Tag French Toast (Arme Ritter) und haufenweise Pfannkuchen sowie mittags auch Suppen, Sandwiches oder Burger.

In **Stranmillis** befindet sich eine neuere Filiale (Karte S. 588 f.; ☎ 028-9066 8515; www.maggiemaysbelfastcafe.co.uk; 2 Malone Road; Hauptgerichte 4,50–7,50 £; ⊙ Mo–Sa 8–23, So 9–23 Uhr; 🚌 Methodist College).

Café Fish FISH & CHIPS £
(Karte S. 602; 539 Lisburn Road; Hauptgerichte 5,50–10 £; ⊙ Mi–So 12–21 Uhr; 👪; 🚌 Marlborough Park) In diesem schnörkellosen, ungezwungenen Café genießt man Pommes, knusprigen Schellfisch, Erbsenbrei und Kartoffelecken. Auf der anderen Straßenseite gibt's eine Zweigstelle mit Speisen zum Mitnehmen.

Barking Dog BISTRO ££
(Karte S. 588 f.; ☎ 028-9066 1885; www.barkingdogbelfast.com; 33–35 Malone Road; Hauptgerichte 16–30 £, Teller mit 5 Tapas 15,50 £; ⊙ Mo–Do 12–14.30 & 17–22, Fr & Sa bis 23, So 12–16 & 17–21 Uhr; 🖉 👪; 🚌 Eglantine Avenue) Massives Hartholz, unverputzte Ziegelwände, Kerzenlicht und eine moderne Einrichtung prägen die Atmosphäre dieses hübsch restaurierten Bauernhauses. Für Komfort und Genuss sorgt auch die Karte mit leckeren Speisen wie dem Vorzeigeburger aus hauchzartem Rinderbeinfleisch, umwickelt mit karamellisierten Zwiebeln und dazu Sahnemeerrettich oder Süßkartoffel-Gnocchi.

Shu MODERN IRISCH ££
(Karte S. 588 f.; ☎ 028-9038 1655; www.shu-restaurant.com; 253 Lisburn Road; Hauptgerichte 12,50–26,50 £; ⊙ Mo–Sa 12–14.30 & 18–22 Uhr; 🚌 Marlborough Park) Das Shu, der Pionier des Belfast Chic, gibt seit 2000 in der eleganten Lisburn Road den Ton an und räumt nach wie vor regelmäßig Preise ab. Auf der französisch inspirierten Karte stehen u. a. langsam gegartes Rindersteak, in Himalaja-Salz eingelegtes Rinderfilet sowie gebratene Jakobsmuscheln mit Fenchel und geräucherter Fenchelbutter.

Molly's Yard IRISCH ££
(Karte S. 588 f.; ☎ 028-9032 2600; www.mollysyard.co.uk; 1 College Green Mews; Hauptgerichte Bistro 10 £, Restaurant 13–25 £; ⊙ Mo–Sa 12–21.30 Uhr; 🖉; 🚌 Queen's University) 🍃 Ein charmantes Restaurant in einem ehemaligen viktorianischen Stall. Unten befindet sich eine gemütliche Bistro-Bar mit Tischen im Hof und oben lockt ein rustikaler, luftiger Speiseraum (ab 18 Uhr geöffnet). Das Menü ändert sich je nach Saison und umfasst ein halbes Dutzend Vorspeisen und Hauptgerichte.

Hauseigenes Craft-Bier wird in der Lisburn's Hilden Brewery (S. 604) gebraut.

Café Conor CAFÉ ££
(Karte S. 588 f.; ☎ 028-9066 3266; www.cafeconor.com; 11a Stranmillis Road; Hauptgerichte 9–19 £; ⊙ Mo–Sa 9–22, So bis 21 Uhr; 🚌 Ulster Museum) Dieses lichtdurchflutete, entspannte Bistro befindet sich in dem glasüberdachten, ehemaligen Atelier des Belfaster Künstlers William Conor. Es bietet eine Auswahl an Pasta, Salaten, Burgern und Pfannengerichten sowie Klassiker, wie Fish 'n' Chips mit Erbsenbrei, und täglicher Kuchenspezialität. Das Frühstücksmenü, u. a. Waffeln mit Speck und Ahornsirup, wird bis 17 Uhr serviert.

★ **Saphyre** MODERN IRISCH £££
(Karte S. 588 f.; ☎ 028-9068 8606; www.saphyre-restaurant.com; 135 Lisburn Road; Mittagsgerichte 12–16 £, Abendessen 18–28 £; ⏲ Mi–Sa 12–15 & 17–22 Uhr; 🚌 Ulsterville Avenue) Nicht nur die Lage des Saphyre in der Ulsterville Presbyterian Church von 1924 hinter einem Design-Möbel-Showroom ist spektakulär, sondern auch die Küche, die einige der raffiniertesten Gerichte in ganz Belfast kredenzt. Die Speisekarte wechselt saisonal und beinhaltet ein Fünf-Gänge-Degustationsmenü (50 £). Jedes Gericht ist ein Meisterstück. Nebenan befindet sich die Café-Konditorei **Vestry**, wo man einen Brunch, Kuchen und Gebäck sowie Gerichte wie Lamm-Moussaka und spanisches Omelett genießen kann.

Außerhalb des Zentrums

★ **Il Pirata** ITALIENISCH ££
(Karte S. 602; ☎ 028-9067 3421; www.ilpiratabelfast.com; 279–281 Upper Newtownards Road, Ballyhackamore; Hauptgerichte 8–18,50 £; ⏲ So–Do 12–22, Fr & Sa bis 23 Uhr; 🚌 Hillview Avenue) Dieses rustikale italienische Restaurant ist eine beliebte Anlaufstelle unter den Feinschmeckern von Belfast. In der modernen, einfachen Gaststube genießt man schmackhafte Gerichte, wie Entenragout mit Gnocchi und Portavogie-Garnelen-Linguine.

Das Partnerrestaurant Coppi (S. 611) serviert ähnliche Gerichte.

★ **Fontana** MODERN IRISCH ££
(Karte S. 602; ☎ 028-9080 9908; www.restaurantfontana.com; 61 High Street, Holywood; 2-/3-Gänge-Menü 20,50/23,50 £, Hauptgerichte 17–30 £; ⏲ Di–Fr 12–14.30 & 17.30–22, Sa 17.30–22, So 12–16 Uhr; 📶; 🚌 Holywood) 🍃 Das Fontana liegt im Herzen des dorfähnlichen Viertels Holywood, jedoch ziemlich versteckt durch einen überdachten Gang. Die vortrefflichen modernen irischen Gerichte, wie Portavogie-Garnelenrisotto, Gemüse-Moussaka und Ahorn- und Kreuzkümmelhähnchen mit Pastinakengratin, enthalten Kräuter und Salate aus dem hauseigenen Innenhofgarten.

Acapulco MEXIKANISCH ££
(Karte S. 602; ☎ 028-9029 6400; http://acapulco.ie; 255 Upper Newtownards Road; Hauptgerichte 11–15 £; ⏲ Di–Do 12–15 & 17–21, Fr & Sa 12–22, So 17–21 Uhr; 👪; 🚌 Hillview Avenue) Politiker und Parlamentsmitarbeiter kommen gern aus dem nahe gelegenen Stormont (S. 602) hierher, denn dieses sparsam und doch farbenfroh dekorierte Restaurant serviert authentische Burritos, Chimichanga, Flauta, Enchiladas, Fajita-Teller, Hühnchenspieße nach Yucatán-Art sowie andere mexikanische Klassiker in riesigen Portionen. Außerdem gibt's eine gute Speisekarte für die *niños* (Kinder). Es ist eines von mehreren ausgezeichneten Restaurants in der Upper Newtownards Road in Ballyhackamore.

Ausgehen & Nachtleben

In Belfast gibt's eine lebhafte und freundliche Barszene mit älteren, traditionellen Pubs sowie einer steigenden Anzahl stilvoller Designerbars. Viele Pubs eignen sich auch hervorragend zum Essen.

Es ist mitunter noch immer schwierig, an den Türstehern vor Pubs und Clubs vorbeizukommen. Einige der schickeren Locations haben eine Kleiderordnung, das heißt im Klartext: keine Turnschuhe oder Fußballfarben.

Zentrum

★ **Perch** DACHBAR
(Karte S. 588 f.; www.theperchbelfast.com; 5. Stock, The Gate, 42 Franklin Street; ⏲ Mo–Sa 13–1, So bis 24 Uhr; 🚌 Bedford Street) Vogelgezwitscher und blumige Wandmalereien prägen das Bild, während man mit einem industriellen Aufzug zum Perch hochfährt – einer lebhaften Bar auf dem Dach eines viktorianischen Gebäudes mit Hängepflanzen und entspannter Musik. Im Winter gibt's heiße Schokolade und Decken. Die Cocktailkarte im Sommer umfasst Pimm's Punsch und Bellinis. Pizza ist ebenfalls erhältlich (6,50–8,50 £).

★ **Filthy Quarter** BAR
(Karte S. 588 f.; www.thefilthyquarter.com; 45 Dublin Road; ⏲ Mo–Sa 13–1, So bis 24 Uhr; 🚌 Dublin Road) Das Filthy Quarter besteht aus vier einzelnen, allesamt fantastischen Bars: **Filthy McNastys** im retro-traditionellen Stil mit viel Schnickschnack, wo täglich ab 22 Uhr regionale Musiker auftreten; der **Secret Garden** ist ein Biergarten auf zwei Etagen voller Lichterketten mit Behältern zum Kühlen der Getränke; in der **Gypsy Lounge** (dienstag-, donnerstag-, freitag-, samstag- und sonntagnachts) hat der DJ sein Pult in einem Gypsy-Wagen; und die Cocktailbar **Filthy Chic** ist mit Kronleuchtern dekoriert.

★ Love & Death Inc COCKTAILBAR
(Karte S. 588 f.; www.loveanddeathinc.com; 10a Ann Street; ⌚ Mo–Do 16–1, Fr & Sa 12–15, So 14–24 Uhr; 🚌 Victoria Square) Versteckt über einer Pizzeria liegt dieser Laden, in dem man sich fühlt wie auf einer Hausparty im Speakeasy-Stil. Die Bar sieht aus wie ein außergewöhnlich eingerichtetes Wohnzimmer, das Essen ist lateinamerikanisch-wild, die Cocktails sogar noch wilder und am Wochenende dient der Dachboden als Nachtclub.

★ Muriel's Café-Bar BAR
(Karte S. 588 f.; ☎ 028-9033 2445; 12-14 Church Lane; ⌚ Mo–Fr 11.30–1, Sa 10–1, So 11.30–24 Uhr; 🚌 Queen's Square) Hüte und Hurerei (fragen, wer Muriel war) verbinden diese gemütliche und einladende Bar mit schickem Retro-Dekor, alten Sofas und Sesseln, schweren Stoffen in Oliv- und Dunkelrottönen, goldgerahmten Spiegeln und einem gusseisernen Kamin. Gin ist Muriels Lieblingsgetränk, und es gibt eine Auswahl an exotischen Marken zum Tonic. Sehr gute Speisekarte.

Bittles Bar PUB
(Karte S. 588 f.; 103 Victoria Street; ⌚ Mo–Do 11–23, Fr & Sa bis 1, So 12–18 Uhr; 🚌 Victoria Square) Das Bittles ist eine enge, sehr traditionelle Bar in einem dreieckigen roten Backsteingebäude aus dem 19. Jh., geschmückt mit vergoldeten Kleeblättern. Im keilförmigen Innenraum hängen Gemälde des regionalen Künstlers Joe O'Kane mit Irlands literarischen Helden. An der Rückwand befindet sich eine große Leinwand, die Yeats, Joyce, Behan, Beckett und Wilde zeigt. Man darf sich auf eine gute Auswahl an Craft-Bieren freuen.

Harlem Café BAR
(Karte S. 588 f.; http://harlembelfast.com; 34–36 Bedford Street; ⌚ Mo–Do 8–17, Fr bis 21, Sa 9–21, So bis 16 Uhr; 📶; 🚌 Bedford Street) In diesem kornblumenblauen Haus mit einer eklektischen Kunstsammlung an den Wänden kann man es sich prima mit einem Kaffee gemütlich machen oder nach dem Stadtbummel ein Glas Wein trinken. Das Speisenangebot reicht von Frühstück über Brunch bis zu einem Abendessen vor dem Theaterbesuch. Freitag und Samstag gibt's Livemusik.

Garrick Bar PUB
(Karte S. 588 f.; www.thegarrickbar.com; 29 Chichester Street; ⌚ Mo–Sa 11.30–1, So 12.30–24 Uhr; 📶; 🚌 Victoria Square) Eine dunkle Holzvertäfelung, Fliesenböden, ein Barbereich mit Säulen und alte Öllampen aus Messing sorgen in dem 1870 eröffneten Pub für eine schöne traditionelle Atmosphäre. Die Gäste sitzen in gemütlichen Nischen mit lederbezogenen Bänken und ein echtes Kohlenfeuer erwärmt jeden Raum. Im vorderen Bereich wird mittwochs um 21.30 Uhr und freitags um 17 Uhr sowie sonntags um 21 Uhr traditionelle Livemusik gespielt.

White's Tavern PUB
(Karte S. 588 f.; www.whitesbelfast.com; 1–4 Eintritt Weinkeller; ⌚ Mo & Di 12–23, Mi–Sa bis 1, So bis 24 Uhr; 🚌 Royal Avenue) Das White's wurde 1630 gebaut und 1790 erneuert und beansprucht aus diesem Grund den Titel der ältesten Taverne der Stadt für sich (im Gegensatz zu Pubs boten Tavernen sowohl Verköstigung als auch Unterkunft an). Während unten die traditionelle irische Bar mit Torffeuer und jeden Abend traditioneller Livemusik aufwartet, finden oben in der Vandal Geek and Movie Bar regelmäßig Retro-Filmabende und montagabends *Dungeons & Dragons*-Spiele statt.

Kelly's Cellars PUB
(Karte S. 588 f.; www.kellyscellars.com; 30–32 Bank Street; ⌚ Mo–Sa 11.30–1, So 13–24 Uhr; 🚌 Royal Avenue) Belfasts ältestes Pub wurde 1720 eröffnet und diente als Treffpunkt von Henry Joy McCracken sowie den United Irishmen, als diese 1798 ihren Aufstand planten. Die Kneipe wirkt ebenso wie einige Stammgäste etwas grobschlächtig, zieht aber ein bunt gemischtes Belfaster Publikum an und ist ein guter Tipp für traditionelle Sessions samstags um 16.30 Uhr.

Cathedral Quarter

★ Established Coffee KAFFEE
(Karte S. 588 f.; http://established.coffee; 54 Hill Street; ⌚ Mo–Fr 7–18, Sa 8–18, So 9–18, Küche bis 15 Uhr täglich; 🚌 Queen's Square) In der aufstrebenden Kaffeeszene Belfasts bietet das Established hochwertige Bohnen und serviert eine Reihe an spezialisierten Tropfkaffees sowie interessante Frühstückszutaten, wie French Toast mit Käse und geschmortem Grünkohl. Dank des hellen Eckgrundstücks mit Betonböden, tief hängenden Glühbirnen und Holztheke kann man hier gut mit seinem Laptop verweilen.

★ Duke of York PUB
(Karte S. 588 f.; ☎ 028-9024 1062; www.dukeofyorkbelfast.com; 11 Commercial Court; ⌚ Mo 11.30–24, Di–Sa bis 1, So 13–21 Uhr; 🚌 Queen's Square) In einer gepflasterten Gasse vor der

BELFAST FÜR SCHWULE & LESBEN

Belfasts Schwulen- und Lesbenszene konzentriert sich auf die Union Street im Cathedral Quarter. Zu den Anlaufstellen gehören das Kremlin, das Maverick und das Union Street.

Irlands größtes Fest der Schwulen-, Lesben-, Bisexuellen- und Transgender-Kultur ist der **Belfast Pride** (S. 607) von Ende Juli bis Anfang August mit einer großen Parade im Stadtzentrum.

Kremlin (Karte S. 588 f.; www.kremlin-belfast.com; 96 Donegall Street; ⌚ Di, Do & So 22–2.30, Fr & Sa 21–3 Uhr; 🚌 Donegall Street) Mit seinem sowjetischen Kitsch zieht das Kremlin – Herz und Seele der nordirischen Homosexuellenszene – vor allem Schwule an. Eine Leninstatue weist Besuchern den Weg in die Tsar-Bar, die Pre-Club-Bar, von wo aus die Long Bar zum zentralen Clubbing-Bereich, dem „Roten Platz", führt. „Revolution" am Samstag gilt als Aushängeschild des Clubs; dann mischen DJs Dance, House, Pop und kommerzielle Musik.

Union Street (Karte S. 588 f.; www.unionstreetbar.com; 8–14 Union Street; ⌚ Mo–Do 12–1, Fr & Sa bis 1.30, So 13.30–1 Uhr; 📶; 🚌 Donegall Street) Die stilvolle moderne Bar im Retrolook wartet mit einer Einrichtung aus vielen unverputzten Ziegelsteinen und dunklem Holz auf (unbedingt die Belfast-Waschbecken auf der Toilette besichtigen!). Sie spricht mit ihrem allabendlichen Kabarett, Karaoke und gutem Essen sowohl homo- als auch heterosexuelle Gäste an. Sonntag wird Bingo gespielt.

Maverick (Karte S. 588 f.; www.facebook.com/pg/maverickbarBelfast; 1 Union Street; ⌚ Mo–Sa 17–1, So bis 24 Uhr; 🚌 Donegall Street) Das Maverick ist hauptsächlich für seinen Boombox Nightclub über der Hauptbar bekannt.

lebhaften Hill Street fühlt sich das behagliche, traditionelle Duke wie ein Museum an. Es gibt regelmäßig Livemusik. Die Lokalband Snow Patrol spielte hier einige ihrer frühesten Gigs. Draußen auf dem Commercial Court führt ein Baldachin von Sonnenschirmen zu einem Außenbereich mit Wandmalereien, die das Leben in Belfast abbilden. Bei warmem Wetter herrscht Partystimmung auf der Straße.

Der ehemalige Sinn-Féin-Anführer Gerry Adams arbeitete hier 1971 während seiner Studienzeit hinter diesem Tresen.

★ John Hewitt — PUB

(Karte S. 588 f.; www.thejohnhewitt.com; 51 Donegall Street; ⌚ Mo–Fr 11.30–1, Sa 12–1, So 19–1 Uhr; 🚌 Queen's Square) Benannt nach dem Belfaster Dichter und Sozialisten, ist das John Hewitt eine der beliebtesten Bars, in der weder Fernseher noch Spielautomaten, sondern nur die Gespräche der Gäste zu hören sind. Es ist ein guter Ort, um Jawbox-Gin (hergestellt vom Bar-Besitzer Gerry White) und Craft-Biere von Lisburn's Hilden Brewery (S. 604) zu probieren. Ab 21 Uhr gibt's regelmäßige Folk-, Jazz- und Bluegrass-Sessions.

Spaniard — PUB

(Karte S. 588 f.; www.thespaniardbar.com; 3 Skipper Street; ⌚ Mo–Sa 12–1, So –24 Uhr; 🚌 Queen's Square) Die auf Rum (mehr als 30 Arten) spezialisierte enge und überfüllte Bar bietet mehr Atmosphäre auf einem abgenutzten Sofa als die meisten schillernden „Style-Bars" zusammen. Hier gibt's freundliches Personal, ein vielseitiges Publikum und coole Musik in einer Lautstärke, die Unterhaltungen erlaubt: das pure Glück. Der nahegelegene Burgerladen Pablos (S. 610) liefert in die Bar.

National Grande Café — BAR

(Karte S. 588 f.; www.thenationalbelfast.com; 62 High Street; ⌚ Mo–Mi 8.30–23, Di bis 1, Fr bis 3, Sa 9.30–3, So 9.30–22 Uhr; 🚌 Victoria Square) Hinter der austerngrauen Erdgeschossfassade des ehemaligen Nationalbankgebäudes aus dem Jahr 1897 und dem postindustriellen Interieur befindet sich das Glanzstück des Landes: der größte Biergarten der Stadt, in dem regelmäßig gegrillt und Livemusik gespielt wird. Hier gibt's Frühstück, unter der Woche Sandwiches (bis 19 Uhr) und Sonntagsbrunch.

Freitags und samstags spielen DJs im Sixty6 mit mehreren Bars und einer Tanzfläche auf vier Etagen.

McHugh's Bar & Restaurant — PUB

(Karte S. 588 f.; www.mchughsbar.com; 29–31 Queen's Square; ⌚ Mo–Do 12–24, Fr & Sa –1, So 13–23 Uhr; 🚌 Victoria Square) Belfasts ältestes Gebäude steht schon seit 1711 und beherbergt heute ein wundervoll traditionelles Pub mit alten Sitzecken und Bänken aus Holz. Das hervorragende Guinness wird in Pint-Gläsern serviert.

Northern Whig BAR
(Karte S. 588 f.; www.thenorthernwhig.com; 2–10 Bridge Street; ⌚ Mo & Di 10–23, Mi–Sa bis 1.30, So 10–24 Uhr; 🚌 Royal Avenue) In einer eleganten georgischen Druckerei befindet sich das Northern Whig mit Sofas und Sesseln zum ausgiebigem Faulenzen am Nachmittag, wobei es freitags und samstags ab 17 Uhr mit Eintreffen der Partymeute lauter wird.

Titanic Quarter

Box Nightclub CLUB
(Karte S. 588 f.; www.boxnightclub.com; 2 Queen's Quay; ⌚ Di–Do & Sa 21.30–2 Uhr; 🚌 Station Street) Auf zwei Etagen beherbergt der hypermoderne Nachtclub Box im Odyssey Complex (S. 595) sechs Bars und zwei VIP-Räume.

Süd-Belfast

Eglantine PUB
(Karte S. 588 f.; www.eglantinebar.com; 32 Malone Road; ⌚ So–Di 11.30–24, Mi–Sa bis 1 Uhr; 📶; 🚌 Eglantine Avenue) Das „Eg" ist eine lokale Institution und gilt als beste der vielen Studentenkneipen der Stadt. Hier gibt's gutes Bier und Essen und zahlreiche Events: Montag ist Quiz-Abend, Dienstag Open Mic, an anderen Tagen stehen DJs hinter dem Mischpult oder Bands treten auf. Bonus: Pac-Man-Spielautomat.

Botanic Inn PUB
(Karte S. 588 f.; www.thebotanicinn.com; 23–27 Malone Road; ⌚ Mo, Di, Do & Fr 11.30–1, Mi & Sa 11.30–2, So 12–24 Uhr; 📶; 🚌 Eglantine Avenue) Der Mittwoch im „Bot" wird immer zu einer der längsten Studentennächte von Belfast, mit Live-Musik und DJs im Kellerclub. Die Party geht am Wochenende weiter; Sport wird live im Biergarten übertragen.

Lavery's BAR
(Karte S. 588 f.; www.laverysbelfast.com; 14 Bradbury Place; ⌚ Mo–Sa 11.30–1, So 12.30–24 Uhr; 🚌 Bradbury Place) Schon seit 1918 wird das Lavery's von derselben Familie geführt. Auf mehreren brechend vollen Ebenen tummeln sich Trinkfreudige aller Altersgruppen, darunter Studenten, Touristen, Biker und Geschäftsleute. Zu den vier Bars gehören die Public Bar (montags und dienstags Live-Akustikmusik, mittwochs bis samstags Retro-Disco-Musik). In der künstlerischen Black Bar gibt eine Jukebox den Ton an und im Woodworkers gibt es den Rotating Tap Room mit sechs rotierenden Zapfhähnen, aus denen regelmäßig ein anderes Craft-Bier ausgeschenkt wird.

Hatfield House PUB
(Karte S. 588 f.; www.hatfieldhousebelfast.com; 130 Ormeau Road; ⌚ Mo–Sa 11.30–1, So bis 24 Uhr; 🚌 Hatfield Street) Die Ormeau Road ist immer mehr im Kommen und auch das dort gelegene Hatfield House ist ganz sicher keine Eintagsfliege – die Ausstattung aus Messing und Holz und die Stuckarbeiten stammen von Handwerkern, die auch an der *Titanic* gearbeitet haben. Akustik und Folk wird regelmäßig live gespielt, außerdem schaut man hier gern Sport, darunter Fußball und die Veranstaltungen der GAA (Gaelic Athletics Association).

Shine CLUB
(Karte S. 588 f.; www.shine.net; University Road; Einritt 20 £; 🚌 Queen's University) Im Shine veranstaltet die **QUB Student Union** (www.qubsu.org; ⌚ variieren; 📶) eine der besten Clubnächte der Stadt. Die Haus- und Gast-DJs legen härtere Dance-Musik als die meisten anderen Clubs in Belfast auf. Studenten- oder andere Lichtbildausweise sind erforderlich. Die Clubnacht findet unregelmäßig statt; bevorstehende Veranstaltungen im Mandela Hall und anderen Veranstaltungsorten sind auf der Website zu finden.

Außerhalb des Zentrums

Dirty Duck PUB
(Karte S. 602; http://thedirtyduckalehouse.co.uk; 3 Kinnegar Road, Holywood; ⌚ So–Mi 12–23, Do–Sa bis 1 Uhr; 🚆 Holywood) An einem sonnigen Nachmittag wird man kaum einen schöneren Biergarten mit Blick auf den Belfast Lough finden. Nur wenige Schritte vom Bahnhof Holywood entfernt gibt's hier jederzeit gute Craft-Biere vom Fass, oft Livemusik und oben ein Restaurant mit Panoramablick.

☆ Unterhaltung

Aktuelle Infos zu Livemusik und Clubnächten findet man im Oh Yeah Music Centre (S. 592).

Weitere Infos gibt's im Visit Belfast Welcome Centre (S. 620), **Big List** (www.thebiglist.co.uk) und bei **Culture Northern Ireland** (www.culturenorthernireland.org).

Livemusik

Einige Pubs haben regelmäßig traditionelle Musiksessions im Programm, darunter das Botanic Inn (S. 616), das Garrick (S. 614), das White's Tavern (S. 614) und das Kelly's Cellars (S. 614).

Fans von Jazz und Blues schauen am besten im John Hewitt (S. 615) oder im Black Box vorbei.

★ Belfast Empire LIVEMUSIK

(Karte S. 588 f.; www.thebelfastempire.com; 42 Botanic Avenue; Eintritt Livebands 3–22,50 £; Mo–Sa 11.30–1, So 12.30–24 Uhr; Botanic) Die umgebaute spätviktorianische Kirche (in der es spuken soll) bietet auf drei Etagen Unterhaltung und ist für ihre legendären Livekonzerte bekannt. Auch die Stand-up-Comedy- und Quiz-Abende lohnen sich.

Limelight LIVEMUSIK

(Karte S. 588 f.; www.limelightbelfast.com; 17–19 Ormeau Avenue; Agincourt Avenue) Eine Mischung aus Pub und Club und eine der Top-Adressen für Liverock und Indie. Hier traten schon Bands wie Oasis, Franz Ferdinand, Manic Street Preachers und Kaiser Chiefs auf.

Black Box KUNSTZENTRUM

(Karte S. 588 f.; www.blackboxbelfast.com; 18–22 Hill Street; Victoria Square) Das Black Box auf der geschäftigen Hill Street im Herzen des Cathedral Quarters ist ein gemütliches Lokal für Livemusik, Theater, Comedy und Film.

An Droichead LIVEMUSIK

(Karte S. 588 f.; www.androichead.com; 20 Cooke Street, Lower Ormeau; University Avenue) Dieses irische Kulturzentrum bietet irische Sprachkurse, traditionelle Tanz- und *céilidh*-Workshops und Kunstausstellungen. Es dient als Veranstaltungsort für Livemusik. Eine Top-Anlaufstelle für irische Volksmusik von großen Namen aus dem ganzen Land sowie aufstrebenden Talenten aus der Region.

Sonic Arts Research Centre LIVEMUSIK

(SARC; Karte S. 588 f.; www.sarc.qub.ac.uk; Cloreen Park; Eglantine Avenue) Die School of Music der Queen's University veranstaltet immer am Donnerstag kostenlose Mittagskonzerte und regelmäßige Abendkonzerte im wunderschönen Harty Room (siehe rechts) mit Hammerbalken-Gewölbe und im Sonic Arts Research Center. Auf der Website gibt's das Programm zum Download; auf den Link Music at Queen's klicken.

SSE Arena KONZERTSAAL

(Karte S. 588 f.; www.ssearenabelfast.com; 2 Queen's Quay; Station Street) Im Odyssey Complex (S. 595) finden große Unterhaltungsveranstaltungen, wie Rock- und Popkonzerte und Bühnenshows, statt. Es ist auch das Heimstadion der Eishockeymannschaft Belfast Giants (S. 618).

Klassische Musik

Ulster Hall KONZERTSAAL

(Karte S. 588 f.; www.ulsterhall.co.uk; 34 Bedford Street; Bedford Street) Die 1862 errichtete Ulster Hall ist ein beliebter Veranstaltungsort für alle möglichen Events von Rockkonzerten über Orgelmusik zur Mittagszeit bis zu Aufführungen des Ulster Orchestra (http://ulsterorchestra.com).

Waterfront Hall KONZERTSAAL

(Karte S. 588 f.; www.waterfront.co.uk; 2 Lanyon Place; Belfast Waterfront) Mit 2200 Plätzen ist die eindrucksvolle Waterfront Hall Belfasts größter Konzertsaal. Hier gastieren lokale, nationale und internationale Gäste und die Bandbreite reicht von beliebten Popstars bis zu Sinfonieorchestern.

Crescent Arts Centre KUNSTZENTRUM

(Karte S. 588 f.; www.crescentarts.org; 2–4 University Road; Upper Crescent) Das Crescent veranstaltet Konzerte, Theateraufführungen, Workshops, Lesungen und Tanzkurse. Außerdem finden hier das Belfast Book Festival (S. 607) und das Tanzfestival CityDance (S. 606) statt.

Harty Room KLASSISCHE MUSIK

(Karte S. 588 f.; School of Music, University Square; Queen's University) Der schöne Harty Room mit Hammerbalken-Gewölbe wird manchmal von der Queen's University of Music für kostenlose Mittagskonzerte genutzt.

Theater

★ MAC KUNSTZENTRUM

(Metropolitan Arts Centre; Karte S. 588 f.; http://themaclive.com; St Anne's Square; Queen's Square) Das MAC ist ein wunderschön gestalteter Veranstaltungsort mit Blick auf den neoklassizistischen St. Anne's Square. In den zwei Theatern finden regelmäßige Aufführungen statt – von Theater über Stand-up-Comedy bis zu Vorträgen und Shows für Kinder. Die drei Galerien des Zentrums bieten ein fortlaufendes, in der Regel kostenfreies Ausstellungsprogramm. Es gibt auch ein Café.

Lyric Theatre THEATER
(Karte S. 602; www.lyrictheatre.co.uk; 55 Ridgeway Street; Sandhurst Drive) Dieses atemberaubende moderne Theater wurde auf dem Gelände des alten Lyric Theatre gebaut, wo die Karriere des Hollywood-Stars Liam Neesoiger (heutiger Schirmherr) begann.

Kino

Queen's Film Theatre KINO
(QFT; Karte S. 588 f.; www.queensfilmtheatre.com; 20 University Square; College Green) Dieses Programmkino unweit der Queen's University hat zwei Säle und ist einer der Hauptveranstaltungsorte des Belfast Film Festivals (S. 606).

Movie House KINO
(Karte S. 588 f.; www.moviehouse.co.uk; 14 Dublin Road; Dublin Road) Gut zu erreichendes Multiplexkino im Zentrum mit zehn Sälen.

Odyssey Cinemas KINO
(Karte S. 588 f.; www.odysseycinemas.co.uk; Odyssey Pavilion; Station Street) Belfasts größtes Multiplexkino mit zwölf Sälen und Stadionsitzen gehört zum großen Odyssey Complex (S. 595).

Zuschauersport

Casement Park GAELIC FOOTBALL
(Karte S. 602; www.antrimgaa.net; Andersonstown Road; Owenvarragh Park) In dem Stadion in West-Belfast werden Gaelic-Football- und Hurlingspiele ausgetragen.

Windsor Park FUSSBALL
(Karte S. 602; www.irishfa.com; Donegall Avenue; Windsor Road) Nordirland spielt seine Heimspiele im National Football Stadium im Windsor Park, 2 km südlich von Belfasts Stadtzentrum. Informationen zu kommenden Spielen sind auf der Website der Irish FA zu finden.

Belfast Giants EISHOCKEY
(Karte S. 588 f.; www.belfastgiants.com; 2 Queen's Quay; Station Street) Das Eishockeyteam der Belfast Giants ist ein Publikumsmagnet in der SSE Arena (S. 617) im Odyssey Complex (S. 595). Die Saison dauert von September bis März. Außerdem finden hier Hallensportarten wie Tennis und Leichtathletik statt.

Kingspan Stadium RUGBY
(Karte S. 602; www.ulsterrugby.com; 134 Mount Merrion Avenue; Mount Merrion Parish Church) In diesem Stadion mit 18 000 Plätzen kann man die Heimspiele von Ulster Rugby verfolgen.

> **ABSTECHER**
>
> **LISBURN ROAD**
>
> Belfasts schickste Einkaufsmeile ist die hippe Lisburn Road. Von der Eglantine Avenue bis zur Balmoral Avenue stehen rechts und links Fassaden aus roten Ziegelsteinen oder im (nachgemachten) Tudorstil. Hier, mitten in den wohlhabenden baumbestandenen Vororten von Süd-Belfast, haben sich Modeboutiquen, Innenarchitekten, Kunstgalerien, Antiquitäten- und Feinkostläden, Cafés, Weinbars und feine Restaurants niedergelassen.

Shoppen

Das kompakte Stadtzentrum von Belfast lädt zum Shoppen ein. Nicht zu versäumen ist der St. George's Market (S. 592) mit Essen sowie regionaler Kunst und Kunsthandwerk. Whiskey-Fans sollten dem Friend at Hand einen Besuch abstatten. Die üblichen Modeketten und Kaufhäuser liegen in der **Royal Avenue**, dem zentralen Einkaufsviertel nördlich der City Hall. Zu weiteren Einkaufsmeilen zählt die schicke Lisburn Road.

★ **Co Couture** SCHOKOLADE
(Karte S. 588 f.; www.cocouture.co.uk; 7 Chichester Street; Mo–Sa 10–18 Uhr; Donegall Square) Dieser kleine unterirdische Laden wurde mehrfach ausgezeichnet für seine handgefertigten Pralinen aus Madagaskar-Schokolade, die aus *raise trade* (eine Stufe über fairem Handel) stammen. Das Sortiment umfasst milchfreie Pralinen, Trinkschokolade und vegetarische Marshmallows. Bietet auch Kurse in Schokoladenherstellung.

★ **Friend at Hand** ALKOHOL
(Karte S. 588 f.; 028-9032 9969; 36 Hill Street; Mo–Sa 11.30–19, So 12–18 Uhr; Queen's Square) Dieses Whiskey-Museum mit Geschäft bietet mehr als 200 verschiedene Whiskeys zum Verkauf und zeigt alte Whiskey-Utensilien sowie 400 Flaschen aus der privaten Sammlung des Belfaster Barmagnaten Willie Jack, von denen manche über 100 Jahre alt sind. Unter den verkäuflichen Whiskeys gibt's eine Flasche Midleton für 11 000 £, aber auch erschwinglichere Tropfen aus der Region.

★ Studio Souk KUNST & KUNSTHANDWERK

(Karte S. 588 f.; www.studiosouk.com; 60–62 Ann Street; Mo–Sa 9.30–17.30, So 13–17.30 Uhr; Victoria Square) Das Souk liegt auf drei Etagen mit Werken von über 80 regionalen Künstlern und Designern, darunter Töpferwaren, bedruckte Segeltuchtaschen, Geschirrtücher und Kunstwerke. Hier kann man wunderbar Geschenke und Souvenirs aus Belfast erwerben.

No Alibis Bookstore BÜCHER

(Karte S. 588 f.; http://noalibis.com; 83 Botanic Avenue; Mo–Sa 9–17.30, So 13–17 Uhr; Botanic Avenue) Dieser kleine, unabhängige Buchladen ist auf Krimis spezialisiert (und kommt sogar in Colin Batemans Mystery Man-Serie vor). Die freundlichen, sachkundigen Mitarbeiter veranstalten regelmäßig Lyriklesungen, Signierstunden und monatliche Jazzabende.

Steensons SCHMUCK

(Karte S. 588 f.; www.thesteensons.com; Bedford House, Bedford Street; Mo–Mi, Fr & Sa 10–17.30, Do bis 20 Uhr; Bedford Street) In diesem Showroom in der Stadtmitte wird stilvoller, zeitgenössischer, handgemachter Schmuck aus Silber, Gold und Platin aus der Steensons-Werkstatt (S. 619) in Glenarm, County Antrim, verkauft. Steensons ist auch der Designer des Schmucks von *Game of Thrones* – nach ähnlichen Designs Ausschau halten.

Wicker Man KUNST & KUNSTHANDWERK

(Karte S. 588 f.; www.thewickerman.co.uk; 18 High Street; Mo–Mi 9.30–18, Fr & Sa, Do 9.30–21, So 13.30–18 Uhr; Victoria Square) Das Wicker Man bietet neben Strick- und Häkelkursen eine große Auswahl an zeitgenössischem irischem Kunsthandwerk und Geschenkartikeln, darunter Silberschmuck, Glas- und Strickwaren.

Praktische Informationen

GEFAHREN & ÄRGERNISSE

Selbst in den unruhigsten Zeiten des Nordirlandkonflikts war Belfast für Touristen nie wirklich gefährlich. Nach Einbruch der Dunkelheit meidet man aber am besten sogenannte *interface areas* in der Nähe der Friedenslinie im Westen der Stadt sowie in der Crumlin Road und in Short Strand (gleich östlich der Queen's Bridge). Im Zweifelsfall sollte man lieber vorher im Hotel bzw. Hostel nachfragen.

Regimekritische republikanische Gruppen verüben weiterhin gewalttätige Angriffe auf polizeiliche und militärische Ziele, die Unterstützung der breiten Öffentlichkeit ist aber gleich null. Sicherheitswarnungen haben in der Regel keine Auswirkung auf Besucher (außer dass Straßen gesperrt werden), dennoch sollte man sich der möglichen Gefahr bewusst sein. Auf Twitter (@policeserviceni) kann man die Arbeit der Polizei in Nordirland (PSNI) verfolgen und sich bei einer Warnung direkt informieren lassen.

Die Sicherheitskräfte sind hier präsenter als in anderen Teilen Großbritanniens und Irlands, z. B. mit gepanzerten Polizeilandrovern und befestigten Polizeiwachen. Vor vielen Pubs im Stadtzentrum stehen Türsteher.

Wer unbedingt Polizeiwachen, Armeeposten oder andere militärische oder paramilitärische Einrichtungen fotografieren möchte, sollte sicherheitshalber zuvor eine Genehmigung einholen.

GEPÄCKAUFBEWAHRUNG

Eine Nachwirkung der Nordirlandkrise: Aufgrund von Sicherheitsbedenken gibt's weder in den Flughäfen noch in den Bahnhöfen und Busbahnhöfen Gepäckaufbewahrungen. Tagsüber kann man seine Sachen aber in vielen Hotels und Herbergen abgeben. Auch das Visit Belfast Welcome Centre bietet diesen Service an.

INTERNETZUGANG

Belfast verfügt über ein flächendeckendes Netzwerk mit 104 kostenlosen WLAN-Hotspots bei Touristenattraktionen, Gemeinschafts- und Freizeitzentren sowie anderen öffentlichen Gebäuden. Nach „BelfastWiFi" suchen.

MEDIZINISCHE VERSORGUNG

Unfall- und Notfalldienste:

Belfast City Hospital (028-9032 9241; www.belfasttrust.hscni.net/hospitals/BelfastCity%20Hospital.htm; 51 Lisburn Road; City Hospital)

Mater Hospital (028-9074 1211; www.belfasttrust.hscni.net/hospitals/MaterHospital.htm; 45-51 Crumlin Road; Mater Hospital)

Royal Victoria Hospital (028-9024 0503; www.belfasttrust.hscni.net/hospitals/RVHIntro.htm; 274 Grosvenor Road; Falls Road)

Ulster Hospital (028-9048 4511; www.setrust.hscni.net/2024.htm; Upper Newtownards Road, Dundonald; Ulster Hospital)

NOTFALL

Polizei, Feuerwehr & Krankenwagen (999)

Victim Support NI (028-9024 3133; www.victimsupportni.co.uk; 1. Stock, Albany House, 73–75 Great Victoria Street; Europa Bus Centre) ist eine unabhängige gemeinnützige Organisation, die Gewaltopfern hilft.

POST

Hauptpost (Karte S. 588 f.; www.postoffice.co.uk; 12–16 Bridge Street; Mo–Sa 9–17.30 Uhr; High Street)

Zweigstellen am **Donegall Square** (Karte S. 588 f.; www.postoffice.co.uk; 16 Howard Street; ⌚ Mo–Fr 7–18, Sa 9–18 Uhr; 🚌 Donegall Square) und bei der **Queen's University** (Karte S. 588 f.; www.postoffice.co.uk; 95 University Road; ⌚ Mo–Sa 8–21, So 10–18 Uhr; 🚌 Queen's University).

TOURISTENINFORMATION

Queen's Welcome Centre (S. 596)

Visit Belfast Welcome Centre (Karte S. 588 f.; ☎ 028-9024 6609; http://visit-belfast.com; 9 Donegall Square North; ⌚ Juni–Sept. Mo–Sa 9–19, So 11–16 Uhr, Okt.–Mai Mo–Sa 9–17.30, So 11–16 Uhr; 📶; 🚌 Donegall Square)

Schalter der Touristeninformation gibt's auch im **George Best Belfast City Airport** (Karte S. 602; ☎ 028-9093 5372; George Best Belfast City Airport; ⌚ Mo–Fr 7.30–19, Sa 7.30–16.30, So 11–18 Uhr) und im **Belfast International Airport** (☎ 028-9448 4677; Belfast International Airport; ⌚ Mo–Fr 7.30–19, Sa 7.30–17.30, So 8–11 Uhr).

ℹ An- & Weiterreise

BUS

Es gibt einen **Infoschalter** (Karte S. 588 f.; Great Victoria Street, Great Northern Mall; ⌚ Mo–Fr 8–18, Sa 8.30–17 Uhr) im Belfaster **Europa Bus Centre** (Karte S. 588 f.; ☎ 028-9066 6630; www.translink.co.uk; Great Victoria Street, Great Northern Mall; ⌚ Mo–Fr 5–23, Sa 5.45–23, So bis 22.15 Uhr), bei dem die Fahrpläne der Regionalbusse ausliegen.

Translink (Karte S. 588 f.; ☎ 028-9066 6630; www.translink.co.uk; Europa Bus Centre) kann man für Informationen zu Fahrplänen und Preisen kontaktieren.

Laganside Buscentre (Karte S. 588 f.; Oxford Street) Nahe dem Lagan; hauptsächlich für Busse in den Osten von County Down, darunter Bangor und Newtownards.

National Express (Karte S. 588 f.; ☎ 08717 818 178; www.nationalexpress.com) Bietet einen täglichen Reisebusservice zwischen Belfast und London über die Cairnryan-Fähre, Dumfries, Manchester und Birmingham.

Scottish Citylink (Karte S. 588 f.; ☎ 0871 266 3333; www.citylink.co.uk) Betreibt drei Busse pro Tag von Glasgow nach Belfast über die Cairnryan-Fähre.

FLUGZEUG

Belfast International Airport (Aldergrove; ☎ 028-9448 4848; www.belfastairport.com; Airport Road) 30 km nordwestlich der Stadt; Flieger aus Großbritannien und Europa sowie in die USA (New York und Boston).

George Best Belfast City Airport (BHD; Karte S. 602; ☎ 028-9093 9093; www.belfastcityairport.com; Airport Road) 6 km nordöstlich des Stadtzentrums, Flieger aus Großbritannien und Europa.

SCHIFF/FÄHRE

Neben Services von **Stena Line** (Karte S. 602; ☎ 08447 707070; www.stenaline.co.uk; Victorial Terminal, 4 West Bank Road; Fahrten ab 79 £; 🚌 96) und **Steam Packet Company** (Karte S. 602; ☎ 08722 992 992; www.steam-packet.com; Albert Quay; Fahrten hin & zurück ab 87 £)

ℹ SPARTICKETS

Smartlink Travel Card

Wer häufig die Stadtbusse benutzen wird, sollte sich am Metro-Kiosk, im Visit Belfast Welcome Centre oder dem Europa Bus Centre eine **Metro Smartlink Travel Card** besorgen. Die Grundgebühr beträgt 1 £ plus 10,50 £ für zehn Fahrten, und man kann die Karte immer wieder neu aufladen. Beim Einsteigen legt man die Karte einfach auf den Fahrkartenautomaten, der automatisch ein Ticket ausstellt.

Metro dayLink Cards

Man kann auch eine **Metro dayLink Card** (3,50 £; an denselben Orten erhältlich) kaufen, mit der man von Montag bis Samstag den ganzen Tag über innerhalb des Stadtgebiets („City Zone") unbegrenzt mit dem Bus fahren kann.

Belfast Visitor Pass

Mit dem **Belfast Visitor Pass** (1/2/3 Tage 6,50/11/14,50 £) kann man die Busse und Züge in bzw. rund um die Stadt nutzen, außerdem gibt's Ermäßigungen bei Titanic Belfast und anderen Sehenswürdigkeiten. Das Ticket wird online unter www.translink.co.uk sowie in Flughäfen, großen Bahnhöfen und Busbahnhöfen, am Metro-Kiosk auf dem Donegall Square und im Visit Belfast Welcome Centre verkauft.

BUSSE AB BELFAST

ZIEL	PREIS (£)	DAUER (STD.)	HÄUFIGKEIT
Armagh	9,30	1¼	Mo–Fr stündl., Sa 6-mal, So 4-mal
Ballycastle	12	3	Mo–Fr 3 tägl., Sa 2-mal
Bangor	3,80	¾	Mo–Sa, So 8-mal
Derry	12	1¾	Mo–Sa halbstündl., So 13-mal
Downpatrick	6	1	Mo–Sa mind. stündl., So 6-mal
Dublin	15	2½	stündl.
Enniskillen	12	2¼	Mo–Sa stündl., So 3-mal
Newcastle	8	1¼	mind. stündl.

legen Autofähren nach und von Schottland und England in Larne an, 37 km nördlich von Belfast. Züge zum Terminal des Larne Harbour fahren vom Bahnhof Great Victoria Street.

ZUG

Für Informationen zu Zugpreisen und Fahrzeiten **Translink** (S. 620) kontaktieren.

Belfast Central Station (East Bridge Street) Östlich des Stadtzentrums; Züge fahren nach Dublin und zu allen Zielen in Nordirland.

Great Victoria Street Station (Great Victoria Street, Great Northern Mall) Neben dem Europa Bus Centre, bietet Züge nach Portadown, Lisburn, Bangor, Larne Harbour und Derry.

Northern Ireland Railways (NIR; ☎ 028-9066 6630; www.translink.co.uk/Services/NI-Railways) Bedient vier Strecken ab Belfast. Verbindung in die Republik über Newry nach Dublin; die anderen drei verlaufen östlich nach Bangor, nordöstlich nach Larne und nordwestlich nach Derry über Coleraine.

Unterwegs vor Ort

Belfast wartet mit einem erstklassigen öffentlichen Verkehrssystem auf. Busse verbinden beide Flughäfen mit den Bahn- und Busbahnhöfen.

AUTO & MOTORRAD

Es gibt viele der größeren Autovermietungen in Belfast:

Avis (www.avis.co.uk) Zentrum (☎ 028-9032 9258; www.avis.co.uk; 69-71 Great Victoria Street; ⏲ Mo–Fr 8–16 Uhr); Belfast International Airport (☎ 0844 544 6012; www.avis.co.uk; Belfast International Airport; ⏲ Mo–Fr 7.30–23, Sa 8–24, So 12–19 Uhr, 24 Std. Abgabe); George Best Belfast City Airport (☎ 028-9073 1929; www.avis.co.uk; George Best Belfast City Airport; ⏲ 7–22 Uhr, 24 Std. Abgabe)

Budget (www.budgetbelfast.co.uk) Zentrum (☎ 028-9023 0700; www.budgetbelfast.co.uk; 69-71 Great Victoria Street; ⏲ Mo–Fr 8–17); Belfast International Airport (☎ 028-9442 3332; www.budgetbelfast.co.uk; Belfast International Airport; ⏲ 5.30–24 Uhr); George Best Belfast City Airport (☎ 028-9045 1111; www.budgetbelfast.co.uk; George Best Belfast City Airport; ⏲ 5.30–22 Uhr)

Dooley Car Rentals (☎ 0800 282 189; www.dooleycarrentals.com; Belfast International Airport; ⏲ 8–18 Uhr) Die landesweit tätige Agentur gilt als äußerst zuverlässig sowie preiswert: Für einen Kleinwagen zahlt man etwa 200 £ pro Woche, mit der Option, über die Grenze zu fahren (117 £ zusätzlich bei Abgabe in der Republik, 150 €, wenn man es in der Republik abholt und in Nordirland abgibt.)

Europcar (www.europcar.co.uk) Zentrum (☎ 0371 384 3425; www.europcar.co.uk; 27 Balmoral Road; ⏲ Mo–Fr 8–18, Sa bis 13 Uhr); Belfast International Airport (☎ 0371 384 3426; www.europcar.co.uk; Belfast International Airport; ⏲ Mo–Fr & So 7–23, Sa bis 22 Uhr); George Best Belfast City Airport (☎ 0371 384 3425; www.europcar.co.uk; George Best Belfast City Airport; ⏲ Mo–Sa 7–21.30, So 8–21.30 Uhr)

Hertz (www.hertz.co.uk) George Best Belfast City Airport (☎ 028-9073 2451; www.hertz.co.uk; George Best Belfast City Airport; ⏲ Mo–Sa 7.30–21.30, So 9–21.30 Uhr)

BUS

Für Belfasts Busliniennetz ist das Unternehmen **Metro** (☎ 028-9066 6630; www.translink.co.uk) zuständig. Viele Stadtbusse starten von den verschiedenen Haltestellen rund um den Donegall Square, bei der City Hall und entlang der Queen Street. Im **Metro-Kiosk** (Karte S. 588 f.; Donegall Square; ⏲ Mo–Fr 8–17.30 Uhr) an der Nordwestecke des Platzes erhält man kostenlose Übersichtskarten und kann Tickets kaufen.

Das Ticket kauft man beim Fahrer (Wechselgeld verfügbar); die Preise innerhalb des Stadtgebiets liegen bei 2 £.

Zum Verkauft stehen auch **Metro-day-Link-Karten** (3,50 £; am Metrokiosk, im **Visit Belfast Welcome Centre** (S. 620) und dem **Europa Bus Centre** (S. 620) erhältlich), damit kann man von Montag bis Samstag den ganzen

ZÜGE AB BELFAST

ZIEL	PREIS (£)	DAUER (STD.)	HÄUFIGKEIT
Bangor	5,60	½	Mo–Sa alle 20 Min., So halbstündl.
Dublin	30	2¼	Mo–Sa 8-mal , So 5-mal
Larne Harbour	7,30	1	stündl.
Newry	11	¾	Mo–Sa 10-mal, So 5-mal
Portrush	12	1¾	stündl.

Tag innerhalb des Stadtgebiets („City Zone") unbegrenzt mit dem Bus fahren.

Wer voraussichtlich viel mit Stadtbussen unterwegs ist, für den lohnt sich der Kauf einer **Metro Smartlink Travel Card** (an denselben Orten erhältlich). Die Karte kostet eine Anfangsgebühr von 1 £ plus 10,50 £ pro 10 Fahrten – je nach Bedarf kann man mehr Fahrten erwerben. Beim Einsteigen hält man die Karte einfach oben an den Ticketautomaten und es wird automatisch ein Ticket ausgestellt.

Inzwischen werden immer mehr Niederflurbusse eingesetzt, die auch Rollstuhlfahrern einen problemlosen Einstieg ermöglichen.

FAHRRAD

Die Route 9 des National Cycle Network verläuft mitten durch Belfast und führt über weite Strecken am westlichen Ufer des Lagan sowie an der Nordseite des Belfast Lough entlang.

Belfast Bikes (☎ 034-3357 1551; www.belfastbikes.co.uk; Registrierung für 3 Tage 5 £, Fahrräder pro 30 Min/1 Std./2 Std./3 Std. gratis/0,50 £/1,50 £/2,50 £; ⏲ 24 Std.) Seit 2015 gibt es in Belfast Leihfahrräder an 40 Standorten in der Stadt. Registrieren kann man sich online oder über die App. Wenn das Fahrrad verloren, gestohlen oder beschädigt wird, wird die Kreditkarte mit 120 £ belastet.

Belfast Bike Tours (S. 605) Geführte Touren; verleiht auch Fahrräder.

TAXI

Fona Cab (☎ 028-9033 3333; www.fonacab.com)

Value Cabs (☎ 028-9080 9080; www.valuecabs.co.uk)

VOM/ZUM FLUGHAFEN

Belfast International Airport Der Airport Expressbus 300 fährt zum Europa Bus Centre (einfach/hin & zurück 7,50/10,50 £, 30–55 Min.). Der erste Bus fährt ab Belfast/dem Flughafen um 4.20/4.55 Uhr, anschließend verkehren die Busse mindestens einmal pro Stunde bis 23.30 Uhr (ab Belfast) und 24.15 Uhr (ab Flughafen). Ein Taxi kostet etwa 30 £.

George Best Belfast City Airport Der Airport Expressbus 600 fährt zum Europa Bus Centre (einfach/hin & zurück 2,50/3,80 £, 15 Min.) von Montag bis Samstag zwischen 6 und 21.30 Uhr alle 20 Minuten und sonntags alle 40 Minuten. Das Rückfahrticket behält einen Monat seine Gültigkeit. Für ein Taxi ins Stadtzentrum muss man 10 £ zahlen.

Counties Down & Armagh

706 457 EW. / 3702 KM2

Inhalt ➡

Gut essen

- Brunel's (S. 637)
- Bull & Ram (S. 644)
- Poacher's Pocket (S. 632)
- Moody Boar (S. 648)
- Old Schoolhouse Restaurant (S. 632)

Schön übernachten

- Old Inn (S. 626)
- Enniskeen Country House (S. 637)
- Narrow Water Castle Apartment (S. 641)
- Fortwilliam Country House (S. 643)
- Hutt Hostel (S. 637)

Auf nach Down & Armagh

Hinter Belfast breiten sich die Schätze der Grafschaft Down aus. Im Süden erstreckt sich der glitzernde Strangford Lough mit kleinen Inseln. An einem Ufer befinden sich das Castle Espie und das alte Kloster von Nendrum inmitten einer Wattlandschaft voller Vögel und am anderen liegt die malerische Halbinsel Ards. Die samtigen Hänge der Mourne Mountains fallen in der Nähe von Downpatrick und Lecale, den alten Lieblingsorten des irischen Nationalheiligen, zum Meer ab.

Armagh, Downs ländlicher Nachbar, wartet im Süden mit niedrigen Hügeln und im Norden mit üppigen Obstgärten und Erdbeerfeldern auf. Mittendrin versteckt sich Irlands reizvolle Kirchenhauptstadt Armagh. Für Wanderer und Radfahrer ist das beschauliche, südliche Armagh mit seiner zauberhaften Landschaft geradezu ideal.

Das fruchtbare Land und die geschützten Buchten beider Counties sorgen für eine große Vielfalt regionaler Zutaten, die in zahlreichen herausragenden Restaurants der ganzen Region zu leckeren Gerichten verarbeitet werden.

Reisezeit

- Im Mai stehen die Apfelbäume in den Obstgärten des Countys Armagh in voller Blüte.
- Im Sommer ist das Wetter zum Wandern und Radfahren am besten und Ende Juni findet in den Mourne Mountains das International Walking Festival statt.
- Wer Vögel beobachten möchte, kann die Gegend sowohl im Frühjahr als auch im Herbst besuchen, wobei sich die Reise im Oktober besonders lohnt, weil nun Zehntausende Ringelgänse zum Überwintern ins Castle-Espie-Schutzgebiet am Strangford Lough kommen.
- Wer Ende Juli kommt, kann in Rostrevor das Fiddler's Green International Festival mitnehmen, Ende Mai steigt in Warrenpoint das Blues on the Bay Festival mit diversen Konzerten.

Highlights

1 **Mourne Mountains** (S 638) Der Mourne Wall zum Gipfel des Slieve Donard folgen.

2 **Mount Stewart** (S. 629) Das Herrenhaus und seinen exquisiten Garten erkunden.

3 **Castle Espie** (S. 631) Im Watt des Strangford Lough Gänse, Ente und Stelzvögel beobachten.

4 **Downpatrick** (S. 632) Auf den Spuren von Irlands Schutzheiligem wandeln.

5 **Armagh Robinson Library** (S. 645) Wertvolle Texte wie eine Erstausgabe von *Gullivers Reisen* bestaunen.

6 **Castle Ward Estate** (S. 635) Auf dem Anwesen am Strangford Lough die Drehorte der Serie *Game of Thrones* besuchen.

7 **Kilbroney Park** (S. 640) Mit dem Mountainbike die bewaldeten Hänge oberhalb des Carlingford Lough hinunterdüsen.

8 **Hillsborough** (S. 643) Nach der Burgbesichtigung in einem Pub gemütlich essen.

9 **Royal County Down Golf Course** (S. 636) In Newcastle eine Runde auf dem berühmten Golfplatz am Meer spielen.

COUNTY DOWN

Bangor

59 000 EW.

Das viktorianische Seebad liegt an einem Küstenstreifen, der in der Gegend „Gold Coast" genannt wird – wegen seiner wohlhabenden Einwohner, nicht wegen des Wetters. Als die Bahnlinie zwischen Belfast und Bangor im späten 19. Jh. gebaut wurde, erlebte die Stadt ihren ersten Aufschwung. Seit einigen Jahren erfreut sich Bangor als Wohnsitz von Pendlern nach Dublin erneut großer Beliebtheit.

Die Main Street und die High Street vereinen sich im Zentrum an der großen mit Booten gefüllten Marina.

Sehenswertes & Aktivitäten

Der malerische **North Down Coastal Path** folgt vom Holywood-Bahnhof am Nordostrand Belfasts der Küste bis zur Marina in Bangor (15 km) und führt Richtung Osten weiter bis Orlock Point.

North Down Museum MUSEUM

(www.northdownmuseum.com; Castle Park Ave; ganzjährig Di–Sa 10–16.30, So 12–16.30 Uhr, Juli & Aug. auch Mo 10–16.30 Uhr) GRATIS In den umgebauten Ställen, Lagerräumen und der Wäscherei des Bangor Castle zeigt das Museum historische Schätze wie die *Raven Maps* (das einzige vollständige Portfolio von Karten aus der Ära der Plantagen in Irland), Ballycroghan-Schwerter aus der Bronzezeit, die etwa auf 500 v. Chr. zurückgehen, die Bangor Bell, eine Bronzehandglocke aus dem 9. Jh., und eine Sonnenuhr des schottischen Handwerksmeisters John Bonar aus dem 17. Jh.

Bangor Castle Walled Garden GÄRTEN

(www.visitardsandnorthdown.com; Valentine Rd; April & Mitte Sept.–Anfang Nov. Mo–Do 10–17 Uhr, Fr–So bis 18 Uhr, Mai–Mitte Sept. Mo–Do 10–20, Fr–So bis 18 Uhr) GRATIS Diesen ruhigen Garten ließ die Familie Ward, die im Bangor Castle residierte, in den 1840er-Jahren anlegen – ein schönes Plätzchen für ein Picknick. Besonders reizend ist es hier im Frühjahr, wenn die Tulpen blühen.

Pickie Funpark FREIZEITPARK

(028-9145 0746; http://pickiefunpark.com; Marine Gardens; Familienpass 10–40 £; Mitte März–April 9–16 Uhr, Mai–Aug. bis 19.30 Uhr, Sept. & Okt. bis 16 Uhr, Nov.–Mitte März Sa & So 9–16 Uhr;) Der altmodische Vergnügungspark am Meer ist für seine Schwanentretboote berühmt. Außerdem verfügt er über einen Abenteuerspielplatz, eine Gokartbahn, eine Minigolfanlage, Zorb-Bälle und einen Bummelzug, den Pickie Puffer. Im Familienpass sind verschiedene Fahrgeschäfte enthalten. Man kann auch einzeln zahlen, nur für die Fahrgeschäfte, die man benutzt – der Eintritt zum Park selbst ist frei.

Bangor Boat BOOTSTOUREN

(07510 006000; www.bangorboat.com; Erw./Kind ab 6/2 £, Angeltouren Erw./Kind inkl. Ausrüstung und Köder 20/12 £; Abfahrt Juli & Aug. tgl. 14 Uhr, April–Juni & Sept. nur Sa & So) Die Bootsfahrten in der Bangor Bay starten am Ponton in der Marina neben dem Pickie Funpark (S. 625).

Von Ende Juni bis Mitte September werden auch Angeltouren für Familien angeboten, die täglich um 9.15 und um 18.30 Uhr am Eisenhower Pier (vom Land aus gesehen an der rechten Hafenseite) beginnen.

Schlafen

★ **Cairn Bay Lodge** B&B ££

(028-9146 7636; www.cairnbaylodge.com; 278 Seacliff Rd; EZ/DZ/FZ ab 60/85/120 £; P) Mit der Holzvertäfelung in Lounge und Speisesaal verströmt die hübsche, inmitten schöner Gärten und am Meer gelegene Villa edwardianische Eleganz. Morgens wird hier ein fantastisches Gourmetfrühstück serviert. Die sechs Zimmer (alle mit eigenem Bad und Toilettenartikeln aus Bioseetang, einige mit Blick aufs funkelnde Meer) verbinden traditionellen Charme mit modernem Stil. Schönheitsanwendungen sind ebenfalls erhältlich. Das B&B liegt 1 km östlich des Stadtzentrums mit Blick auf die Ballyholme Bay.

Clandeboye Lodge Hotel HOTEL ££

(028-9185 2500; www.clandeboyelodge.com; 10 Estate Rd, Clandeboye; Zi. ab 115 £; P @) Das Clandeboye hat etwas von einer modernen Backsteinkirche. Es bietet zwanglosen Luxus und lockt mit großen Zimmern, glänzenden Bädern samt Granitfliesen, flauschigen Bademänteln, Sekt und Schokolade, Kaminfeuer (im Winter) und einer Terrasse für Drinks (im Sommer). Die hauseigene Bar mit Restaurant, das Coq & Bull, serviert Geflügel und Rind vom Bauernhof sowie Meeresfrüchte aus der Region. Das Hotel verfügt über gepflegte Gärten und befindet sich am südwestlichen Stadtrand.

Ennislare House B&B ££
(☎ 028-9127 0858; http://ennislarehouse.com; 7–9 Princetown Rd; EZ/DZ ab 50/75 £; P 📶) Nur 300 m nördlich vom Bahnhof wartet dieses in einem ansprechenden viktorianischen Gebäude untergebrachte B&B mit hellen, großen, modisch eingerichteten Zimmern auf. Der Besitzer liest seinen Gästen quasi jeden Wunsch von den Augen ab.

Essen & Ausgehen

Guillemot Kitchen CAFÉ £
(www.facebook.com/theguillemot; 2 Seacliff Rd; Hauptgerichte 7–8,25 £; ⌚9–17 Uhr;) Gegenüber der Marina servieren die Angestellten des gemütlichen himmelblauen Guillemont Kitchen sehr guten Kaffee, ganztägig Frühstück, leichte Speisen wie leckere Gourmetsandwiches und verschiedene Suppen sowie hausgemachte Kuchen.

Für Veganer gibt es ebenalls einzelne Gerichte.

Boat House MODERN IRISCH £££
(☎ 028-9146 9253; http://boathousebangor.com; 1a Seacliff Rd; 2/3 Gänge mittags 22/26 £, 2/3 Gänge abends 26/30 £, Hauptgerichte 16–29 £; ⌚Mi–Sa 12.30–15 & 17.30–21.30, So 13–20 Uhr) Im früheren Büro des Hafenmeisters ist ein gemütliches Lokal aus Stein und Ziegeln mit Designereinrichtung untergebracht. Hier werden herzhafte Fisch-, Lamm- und Wildgerichte zubereitet. Für ganze Tische werden auch Überraschungs-Degustationsmenüs mit fünf oder sieben Gängen (45/60 £ pro Person) angeboten. Auch die Weinkarte ist ziemlich gut.

Hop House BAR
(www.facebook.com/Hophousebangor; 44 High St; ⌚Mo–Sa 11.30–1, So 12–24 Uhr, Küche 12–20 Uhr) Regionale Craft-Biere sowie allabendlich Livemusik oder DJs sorgen dafür, dass im zentral gelegenen Hop House stets reger Andrang herrscht.

Die Kneipe hat einen guten Biergarten, es gibt tolle Burger sowie montags bis mittwochs von 16 bis 20 Uhr Spareribs und Hähnchenflügel, soviel man will (12 £ pro Pers.).

Jenny Watts PUB
(☎ 028-9127 0401; www.jennywattsbar.com; 41 High St; Hauptgerichte 8–13 £; ⌚Mo & Di 11.30–23, Mi–Sa bis 1, So 12.30–24 Uhr) Bangors ältestes Pub (1780) mit Biergarten hinter dem Haus zieht mit Livemusik ein bunt gemischtes Publikum an: sonntagmittags Jazz, am Dienstagabend Folkmusik, freitag- und samstagabends verschiedene Musiker und Bands.

Das gute Pubfood (hausgemachte Burger, Lasagne u. Ä.) gibt's täglich von 12 bis 21 Uhr (So bis 20 Uhr).

Rabbit Rooms BAR
(www.therabbitrooms.com; 30–32 Quay St; ⌚Mo–Sa 11.30–1, So 12.30–24 Uhr) Das mit Brettern verkleidete Pub in einem schwarzen Gebäude, auf das ein riesiges weißes Kaninchen gemalt ist, gleicht mit den zusammengewürfelten Möbeln, darunter alte Kinosessel aus rissigem Leder, und den in Teekannen servierten Cocktails einem kleinen Fantasieland. Von Montag bis Donnerstag und Samstag gibt's Livemusik.

ABSTECHER

THE OLD INN, CRAWFORDSBURN

The Old Inn (☎ 028-9185 3255; www.theoldinn.com; 15 Main St; DZ ab 85 £; P 📶) 3 km westlich von Bangor erstreckt sich an der B20 das idyllische Dorf Crawfordsburn. Hier steht das 1614 gegründete Old Inn, das den Anspruch erhebt, Irlands ältestes Hotel zu sein. Das ursprüngliche, strohgedeckte Cottage (heute ist dort die Bar untergebracht, mit Holzfeuer und niedrigen Decken) wird von Bauten aus dem 18. Jh. flankiert. Die stimmungsvollen Zimmer warten mit kunstvollen Tapeten und Mahagoni auf. Im eichenholzgetäfelten **Lewis Restaurant** (☎ 028-9185 1300; Hauptgerichte Pub 11,50–27 £, Hauptgerichte Restaurant 13–27 £; ⌚Mo–Sa 12–22, So bis 21.30 Uhr) kann man fantastisch speisen.

Einst diente der Gasthof als Raststation für Kutschen auf dem Weg von Belfast nach Donaghadee (ehemaliger Hauptfährhafen für Großbritannien). Hier stiegen viele Berühmtheiten ab, darunter der junge russische Zar Peter der Große, der berühmte Straßenräuber Dick Turpin, der ehemalige US-Präsident George Bush sen. und eine lange Reihe Literaten von Swift über Tennyson, Thackeray, Dickens und Trollope bis C. S. Lewis.

Praktische Informationen

Das **Bangor Visitor Information Centre** (☎ 028-9127 0069; www.visitardsandnorthdown.com; 34 Quay St; ⏲ ganzjährig Mo, Di, Do & Fr 9.15–17, Mi & Sa 10–16 Uhr, Mai–Aug. auch So 13–17. Uhr) befindet sich in einem 1637 errichteten Turm, der als befestigte Zollstation diente.

An- & Weiterreise

Busbahnhof und Bahnhof liegen beide in der Abbey Street am oberen Ende der Main Street.

Die Buslinien 1 und 2 fahren vom Laganside Buscentre in Belfast nach Bangor (3,80 £, 1 Std., stdl.), wo man in die Linie 3 nach Donaghadee (3 £, 25 Min., Mo–Sa stdl., So 4-mal) umsteigen kann.

Von der Great Victoria Station und der Central Station in Belfast verkehren regelmäßig Züge nach Bangor (5,60 £, 40 Min., Mo–Sa alle 30 Min., So stdl.).

Ards Peninsula

Die tief gelegene Ards Peninsula (An Aird) umschließt den Strangford Lough wie ein Finger, der gegen die Lecale Peninsula und die Portaferry Narrows tippt. Mit ihren ausgedehnten Weizen- und Gerstenfeldern gehört die Nordhälfte der Halbinsel zu den fruchtbarsten Regionen Irlands, während die Südhälfte eher von kleinen Äckern, weißen Cottages und gewundenen Straßen geprägt ist. An der Ostküste erstrecken sich schöne Sandstrände. Am besten erkundet man die Halbinsel mit dem eigenen Fahrzeug.

Donaghadee

6900 EW.

Das kleine Hafenstädtchen Donaghadee (Domhnach Daoi) war bis 1874 der wichtigste Fährhafen für Schottland – dann übernahm Larne diese Rolle. Kaum dass es Sommer wird, ist der fröhliche Ort am Meer voller Urlauber aus der Region; viele von ihnen haben auf den Campingplätzen in der Umgebung einen Wohnwagen stehen.

Schlafen & Essen

Pier 36 B&B ££

(☎ 028-9188 4466; www.pier36.co.uk; 36 The Parade; EZ/DZ ab 55/79 £) Tolles Pub mit einigen komfortablen Pensionszimmern im Obergeschoss. Das Restaurant im hinteren Bereich hat rote Backsteinmauern, Terrakottafliesen und einen gelben Rayburn-Ofen, in dem Brot und Braten gebacken werden (Hauptgerichte 10–20 £, geöffnet 12–21 Uhr).

Hier kann man wunderbar regionale Meeresfrüchte probieren wie Portavogie-Garnelen und Strangford-Muscheln, auch Schellfisch und Kabeljau.

Slice of Heaven CAFÉ £

(www.facebook.com/sliceofheavendessertcafe; 11 New St; Hauptgerichte 4,25–7 £, Desserts 4 £; ⏲ Di–Sa 10–17, So 12–17 Uhr; 📶) Im aufwendig restaurierten früheren Gericht von Donaghadee gibt's heute tolle Sandwiches (z. B. mit Pute, Schinken und Cranberrysoße), Suppen und Salate. Doch das Highlight sind die Desserts: Limonen- und Karamellkuchen, Beeren-Pavlova und hausgemachte Eiscreme wie Champagnersorbet.

Harbour & Company GRILLRESTAURANT ££

(☎ 028-9188 4466; www.harbourandcompany.com; 31 The Parade; Hauptgerichte 7–18 £; ⏲ Küche Di–Sa 12–14.30 & 17–21.30, So 12–21.30 Uhr) Das Harbour & Company ist eine lässige Bar mit Restaurant, von der man einen gutem Blick auf den Pier hat. Spezialitäten sind Fleisch, Fisch und Meeresfrüchte vom Holzkohlegrill sowie Pizza und Fladenbrote aus dem Steinbackofen.

An- & Weiterreise

Bus 3 fährt von/nach Bangor (3 £, 25 Min., Mo–Sa stdl., So 3-mal tgl.).

Portaferry

2500 EW.

Portaferry (Port an Pheire) liegt unter dem Windmill Hill, der von einem alten Windmühlenturm bewacht wird. Der saubere Ort ist rund um ein mittelalterliches Turmhaus entstanden, das über die Narrows, ein turbulentes Gewässer, zu seinem Pendant in Strangford blickt.

Sehenswertes & Aktivitäten

Am Ufer führen schöne Spazierwege 2,5 km nordwärts nach **Ballyhenry Island** (bei Ebbe zugänglich) und südlich zum 6 km entfernten Naturschutzgebiet beim **Ballyquintin Point**. Von beiden kann man wunderbar Vögel und Robben beobachten bzw. die herrliche Sicht auf die Mourne Mountains genießen.

★ **Exploris** AQUARIUM

(☎ 028-4272 8062; http://explorisni.com; Rope Walk, Castle St; Erw./Kind 9,50/8 £; ⏲ April–Okt.

10–18 Uhr, Nov.–März bis 17 Uhr;) Das ausgezeichnete Aquarium wurde nach einem 2 Mio. £ teuren Umbau kürzlich wieder eröffnet. Es informiert über das Meeresleben im Strangford Lough und in der Irischen See, Neben tropischen Fischen kann man jetzt auch Krokodile, Geckos und Schlangen im Reptilienzentrum anschauen. Für Kids gibt's ein Becken, in das man hineinfassen darf.

Zum Exploris gehört auch eine Robbenaufzuchtstation, in der verwaiste, kranke oder verletzte Tiere gepflegt werden, bis sie wieder fit für die Wildnis sind. Letzter Einlass ist im Sommer um 16.30 Uhr, im Winter um 16 Uhr.

Portaferry Castle BURG

(Castle St; Ostern–Sept. Mo–Sa 10–17, So 13–17 Uhr) GRATIS Portaferrys Burg, ein kleines Turmhaus aus dem 16. Jh., befindet sich neben der Touristeninformation. Früher kontrollierte es zusammen mit dem Turmhaus in Strangford den Schiffsverkehr durch die Meerenge.

Schlafen & Essen

Barholm HOSTEL £

(028-4272 9967; www.barholmportaferry.co.uk; 11 The Strand; B/EZ/DZ ab 14/26/50 £; P) Diese viktorianische Villa bietet einfache Zimmer im Stil einer Jugendherberge. Sie liegt gegenüber der Fähranlegestelle direkt am Wasser. Hier freuen sich die Gäste über Einrichtungen wie eine Küche, eine Waschküche und einen großen hellen Frühstücksraum, der auch als Teesalon dient. Die Übernachtung kann mit oder ohne Frühstück gebucht werden; manche Zimmer haben kein eigenes Bad. Weil das Barholm bei Gruppen sehr beliebt ist, muss man vorab buchen.

★ **Portaferry Hotel** HOTEL ££

(028-4272 8231; www.portaferryhotel.com; 10 The Strand; EZ 60–85 £, DZ 80–160 £; Küche Mo–Fr 12–15 & 17–21, Sa 12–21, So 12–15 Uhr; P @) Einige Reihenhäuser aus dem 18. Jh. wurden zu diesem netten Hotel mit Zimmern im georgianischen Stil umgebaut. Jedes Zimmer ist mit hübschen Tapeten und Möbeln im französischen Stil ganz individuell eingerichtet; von einigen hat man Meerblick. Das Hotel ist bekannt für seine Garnelen. Die Bar serviert Bistrogerichte (Hauptgerichte 11–15 £), das Restaurant verzückt Feinschmecker mit raffinierter Kochkunst (Hauptgerichte 15–22 £).

Fiddler's Green PUB

(028-4272 8393; www.fiddlersgreenportaferry.com; 10 Church St; 10–23 Uhr) Das Fiddler's Green ist ein wunderbares Pub für Liebhaber traditioneller Musik: Jedes Wochenende spielen Bands, oft erklingt auch spontan Livemusik – und die ganze Kneipe singt mit. Das Guinness ist hier recht gut, und außerdem befindet sich hier eine der zehn geschnitzten *Game of Thrones*-Türen aus den Dark Hedges (S. 680). Die gemütlichen B&B-Zimmer über der Kneipe kosten ab 70 £.

Praktische Informationen

Portaferry Visitor Information Office
(028-4272 9882; www.visitstrangfordlough.co.uk; The Stables, Castle St; Ostern–Sept. Mo–Sa 10–17, So 13–17 Uhr) In einem restaurierten Stall unweit des Turmhauses **Portaferry Castle** (S. 628).

An- & Weiterreise

Die Busse der Linien 9 und 10 fahren von Langside Station in Belfast nach Portaferry (7 £, 1½ Std., Mo–Sa 7-mal tgl., So 3-mal) über Newtownards, Mount Stewart und Greyabbey. In Newtownards (6 £, 1 Std.) starten weitere Busse. Achtung: Einige fahren über Carrowdore und halten nicht am Mount Stewart House und in Greyabbey.

Eine **Autofähre** (028-4488 1637; einfache Fahrt Auto & Fahrer 5,80 £, Autopassagiere & Fußgänger 1 £) verkehrt von Portaferry nach Strangford montags bis freitags von 7.45 bis 22.45 Uhr, samstags von 8.15 bis 23.15 Uhr und sonntags von 9.45 bis 22.45 Uhr, jeweils alle 30 Min., eine Viertelstunde vor und eine Viertelstunde nach der vollen Stunde. Die Überfahrt dauert etwa zehn Minuten.

Greyabbey

1000 EW.

Das Dorf 18 km nördlich von Portaferry ist wegen der herrlichen Ruinen der Grey Abbey interessant, erfreut sich aber auch wegen seiner Antiquitätengeschäfte großer Beliebtheit. Im Hoops Courtyard abseits der Main Street im Ortszentrum gibt's 18 kleine Antiquitätenläden. Die Geschäftszeiten variieren, doch an Mittwoch-, Freitag- und Samstagnachmittagen haben alle geöffnet.

Grey Abbey KLOSTER

(www.friendsoftheabbey.co.uk; Church Rd; Ruinen 24 Std., Besucherzentrum Feb.–Nov. Sa 13–16 & So 13.30–16 Uhr) GRATIS Diese Zisterzienserabtei wurde 1193 von Affreca gegründet, Frau des Normannenritters John de Courcy

(Erbauer des Carrickfergus Castle; S. 687). Damit wollte Affreca Gott dafür danken, dass er sie auf ihrer stürmischen Überfahrt von der Isle of Man beschützt hatte. Ein kleines Besucherzentrum dokumentiert das Leben der Zisterzienser in Bildern und auf Infotafeln. Außerdem gibt's einen kleinen Heilkräutergarten, wie ihn die Mönche damals angelegt hatten. Die **Kirche** der Abtei, Irlands erster gotischer Sakralbau, wurde bis ins 18. Jh. genutzt.

An der Ostseite der Kirche befindet sich ein Grabmal mit einer Schnitzerei, die vermutlich Affreca darstellt. Das Bildnis im nördlichen Seitenschiff könnte ihren Mann zeigen. Sollte das Besucherzentrum geschlossen sein, bieten auch die Schilder an den Ruinen selbst einiges an Information. Ganz in der Nähe stößt man zudem auf das im 18. Jh. errichtete Rosemount House, dessen Rasenflächen mit schattigen Bäumen und hübschen Blumen zum Picknick einladen.

Hoops Courtyard Coffee Shop CAFÉ £
(Hoops Courtyard, 7-9 Main St; Hauptgerichte 4,50–8 £; 12–17 Uhr) In der traditionellen weiß getünchten Teestube gibt's frisch gebackene Scones, irisches Frühstück, Sandwiches und Salate. Bei schönem Wetter kann man draußen im Hof Platz nehmen.

Wildfowler Inn PUBFOOD ££
(028-4278 8234; www.wildfowlerinn.co.uk; 1 Main St; mittags 10–16 £, abends 12–23 £; Küche Mo–Do 12–14.45 & 17–20, Fr bis 21.15, Sa 12–21.15, So 12–20 Uhr;) Der schöne ehemalige Postgasthof mit ockerfarbenen Wänden im französischen Stil und rustikaler Inneneinrichtung lädt zu einer ausgedehnten Pause ein. Serviert wird ordentliches Essen in großzügigen Portionen, z. B. Brathähnchen oder Schellfisch in Bierteig mit Pommes.

An- & Weiterreise

Die Buslinien 9 und 10 verbinden Greyabbey mit Newtownards (3 £, 15 Min., Mo–Sa mind. alle 2 Std., So 6-mal tgl.) und fahren weiter nach Portaferry (3,80 £, 30 Min.).

Mount Stewart

Das großartige **Mount Stewart** (028-4278 8387; www.nationaltrust.org.uk; Portaferry Rd; Erw./Kind 9,50/4,75 £; Haus März–Okt. tgl. 11–17 Uhr, Nov.–Feb. Sa & So 11–15 Uhr, Außenanlagen März–Okt. 10–17 Uhr, Nov.–Feb. bis 16 Uhr) aus dem 18. Jh. gilt als einer der prächtigsten Herrensitze Nordirlands. Nach dreijähriger Restaurierung sieht das Haus jetzt wieder so aus wie zu seiner Blütezeit um 1930: In der Haupthalle wurde der ursprüngliche Steinboden (aus Sandstein vom Scrabo Hill) aus den 1840er-Jahren freigelegt. Die Stuckarbeiten wurden erneuert und das Gebäude erhielt seine ursprüngliche Farbgestaltung zurück. In den Gärten gedeihen bunte subtropische Pflanzen.

Das Anwesen befindet sich 3 km nordwestlich von Greyabbey an der A20. Am Eingangstor halten Busse, die von Belfast nach Portaferry fahren.

Man fühlt sich zurückversetzt in die Zeit, als Lord Londonderry und seine Gattin Edith Gäste wie W. B. Yeats, Winston Churchill und Neville Chamberlain empfingen. Der Esstisch ist im Stil der 1930er-Jahre für eine Dinnerparty mit illustren Gästen gedeckt. Bei den unterhaltsamen Führungen wird die Geschichte des Hauses erzählt. Zu den sehenswerten Raritäten zählt das Porträt des Rennpferdes Hambletonian, *Hambletonian, Rubbing Down* (1799–1800), von George Stubbs, eines der bedeutendsten irischen Gemälde.

Der wunderschöne Garten wurde von Lady Edith zur Unterhaltung ihrer Kinder mit Skulpturen ausgestattet. Die Dodo-Terrasse vor dem Haus ist mit seltsamen Figuren aus Geschichte (Dinosaurier und Dodos) und Mythologie (Greife und Meerjungfrauen) sowie Riesenfröschen und Schnabeltieren bevölkert. Mehrere Spazierwege erschließen das Gelände. Hoch über dem See thront der **Temple of the Winds** aus dem 18. Jh., ein Zierbau im klassischen griechischen Stil.

Newtownards & Umgebung

27 800 EW.

Im 17. Jh. entstand dieser Ort am ehemaligen Standort des Movilla-Klosters aus dem 6. Jh. Heute ist Newtownards (Baile Nua nah Arda) ein belebtes regionales Zentrum mit einigen interessanten Sehenswürdigkeiten in der Umgebung. Die Stadt wird meist nur „Ards" genannt.

Sehenswertes

Scrabo Tower & Country Park PARK
(www.visitardsandnorthdown.com; 403 Scrabo Rd; 24 Std.) GRATIS Newtownards wird vom **Scrabo Hill**, 2 km südwestlich der Stadt überragt. Früher erstreckten sich hier ausge-

dehnte prähistorische Erdwälle, die für den Bau des 41 m hohen **Scrabo Tower** abgetragen wurden. Das zu Ehren des dritten Marquis von Londonderry errichtete Gebäude ist meilenweit sichtbar. Seine Innenräume sind verfallen und nicht zugänglich, aber man kann den **Landschaftspark** ringsum besichtigen – ein schönes Aussichtsplätzchen für ein Picknick.

Der stillgelegte Sandsteinbruch in der Nähe lieferte das Material für viele berühmte Bauwerke, darunter der Albert Memorial Clock Tower in Belfast.

Somme Heritage Centre MUSEUM

(www.sommeassociation.com; 233 Bangor Rd; ⌚April–Nov. Mo–Do 10–16 Uhr & Sa 11–16 Uhr, Dez.–März Mo–Do 10–16 Uhr sowie 1. Sa des Monats 11–16 Uhr) GRATIS Dieses auf düstere Weise faszinierende Museum veranschaulicht die Schrecken des Somme-Feldzugs von 1916 aus der Sicht der Soldaten der 10. (irischen), 16. (irischen) und 30. (Ulster-)Division. Es versteht sich als Mahnmal für die Opfer des Krieges und zeigt Kurzfilme und Rekonstruktionen der Schützengräben sowie eine Fotoausstellung zur Suffragettenbewegung und zur Rolle der Frauen im Ersten Weltkrieg.

Das Somme Heritage Centre liegt 3 km nördlich von Newtownards an der A21 Richtung Bangor. Bus 6 von Bangor nach Newtownards kommt am Eingang vorbei.

NICHT VERSÄUMEN

LANDRESTAURANTS IM COUNTY DOWN

Wenn man das fruchtbare Ackerland, die grasenden Kühe und Schafe und die umtriebigen Fischer sieht, wundert man sich nicht, dass die Restaurants im County Down so tolles Essen auftischen. Auf den Speisekarten stehen Gerichte aus regionalen Zutaten wie Kartoffeln aus Comber, Krebsen aus Kilkeel und Lamm aus Mourne – die Feinschmecker sind begeistert!

Zu den besten Restaurants des Countys zählen das **Bull & Ram** (S. 644), das **Balloo House** (S. 632), das **Poacher's Pocket** (S. 632) und das **Old Schoolhouse Restaurant** (S. 632). Sie sind ein bisschen abgelegen, ein Umweg lohnt sich aber auf jeden Fall.

Ark Open Farm BAUERNHOF

(www.thearkopenfarm.co.uk; 296 Bangor Rd; Erw./Kind 6,50/6 £; ⌚April–Okt. Mo–Sa 10–18, So 12–18 Uhr, Nov.–März Mo–Sa 10–17, So 14–17 Uhr; 👪) Dank ihrer seltenen Schafarten und Rinder sowie des Federviehs, der Lamas und Esel ist die Ark Open Farm ein echter Familienmagnet. Hier darf man Lämmer, Ferkel und Entenküken streicheln und füttern.

Essen

★ **McKee's Country Store & Restaurant** IRISCH £

(☎ 028-9182 1304; www.mckeesproduce.com; Strangford View, 28 Holywood Rd; Hauptgerichte 9–12 £; ⌚Restaurant Mo–Sa 9–17.30 Uhr, Shop Mo–Sa 8.30–17.30 Uhr; 📶 👪) 🌿 Auf einem bewirtschafteten 162 ha großen Bauernhof 5 km nordwestlich von Newtownards wartet dieses Feinschmeckerimperium mit einer Bäckerei, einer Fleischerei, einem Delikatessenladen sowie Bereichen für Obst, Gemüse und Molkereiprodukte auf. Alle Lebensmittel werden vor Ort produziert oder stammen aus der Region. Falls kein Picknickwetter ist, lohnt sich ein Besuch des Restaurants. Im Panorama-Speisesaal mit Blick auf die üppige Landschaft und den See dahinter stehen Gerichte wie Honigsenf-Schweinswürstchen zur Wahl.

Praktische Informationen

Ards Visitor Information Centre (☎ 028-9182 6846; www.visitardsandnorthdown.com; 31 Regent St; ⌚Juli & Aug. Mo–Fr 9.15–17.15, Sa 9–17.30 Uhr, Sept.–Juni Mo–Fr 9.15–17, Sa 9.30–17 Uhr) Neben dem Busbahnhof.

An- & Weiterreise

Mit den Bussen 9 und 10 gelangt man nach Belfast (3,20 £, 20 Min, Mo–Sa alle 2 Std. o. öfter, So 6-mal tgl.) und Portaferry (6 £, 1 Std.).

Das Westufer des Strangford Lough

Der Strangford Lough (Loch Cuan) ist fast völlig von Land umschlossen; nur eine 700 m breite Meerenge zwischen den Ortschaften Portaferry und Strangford, die Narrows, verbindet ihn mit der Irischen See. An seinem Westufer erheben sich zahlreiche bucklige Drumlins, halb versunkene eiszeitliche Geschiebelehminseln. An der Ostküste wurden die Hügel dagegen von der Kraft der Wellen aufgebrochen und zu flachen Gezeitenriffen abgetragen, *pladdies* genannt.

Im Lough leben große Kolonien von Kegelrobben, besonders an der Südspitze der Ards Peninsula. Zahlreiche Vogelarten bevölkern Meer und Watt.

Sehenswertes

★ Castle Espie Wildfowl & Wetlands Centre NATURSCHUTZGEBIET

(☎ 028-9187 4146; www.wwt.org.uk; 78 Ballydrain Rd, Comber; Erw./Kind 8,45/4,10 £; ⏲ Mo–So 10–17 Uhr, Mai–Aug. Sa & So bis 17.30 Uhr) Das Naturschutzgebiet 2 km südöstlich von Comber abseits der Straße nach Downpatrick (A22) ist ein Rückzugsgebiet für gewaltige Schwärme von Gänsen, Enten und Schwänen. Es ist mit Beobachtungsständen gespickt und ein Paradies für angehende Naturforscher und Familien, die bei Vogelfütterungen zusehen und in Teichen baden können. Gute Besuchszeiten sind der Mai oder Juni, wenn es nur so von Gänse-, Enten- und Schwanenküken wimmelt, oder der Oktober, wenn 30 000 hellbäuchige Ringelgänse (75 % der weltweiten Population) in riesigen Schwärmen aus dem arktischen Kanada kommen.

Für Kinder hat es einen tollen Spielplatz im Wald mit Seilrutsche, Schaukeln und Baumhäusern; außerdem gibt es ein gutes Café mit Aussicht auf die Tiere.

Nendrum Monastic Site HISTORISCHE STÄTTE

(Mahee Island; ⏲ Stätte ganzjährig 24 Std., Besucherzentrum Mai–Sept. Mi, Fr, Sa & So 10–17 Uhr) GRATIS Die wundervoll auf einer Insel gelegene keltische Klostersiedlung Nendrum wurde im 5. Jh. unter Leitung des hl. Mochaoi (oder Mahee) erbaut. Ihre spärlichen Überreste lassen den ursprünglichen Grundriss noch deutlich erkennen. Fundamente von mehreren Kirchen, einem Rundturm, Bienenkorbhütten und einem Mönchsfriedhof blieben erhalten. Die steinerne Sonnenuhr wurde unter Verwendung von Originalteilen rekonstruiert. Außerdem gibt's ein kleines Besucherzentrum.

Nendrum befindet sich 5 km südlich von Comber und ist über einen Damm und eine Brücke erreichbar.

An Letzterer sollte man auf die Turmruine des Mahee Castle aus dem 15. Jh. achten.

Schlafen

★ Dufferin Coaching Inn B&B ££

(☎ 028-4482 1134; www.dufferincoachinginn.com; 35 High St, Killyleagh; EZ/DZ 85/90 £; P 📶) In der behaglichen Lounge dieses hübschen georgianischen Hauses war einst die örtliche Bank untergebracht. Das in der Ecke gelegene ehemalige Büro des Filialleiters beherbergt heute eine kleine Bibliothek. Die sechs stilvollen Zimmer sind gut ausgestattet und einige warten sogar mit Himmelbetten auf. Zum ausgezeichneten Frühstücksangebot gehören frisch gepresster Orangensaft, guter Kaffee und Rührei mit Räucherlachs. Im kleinsten Doppelzimmer gibt's ein charmant hinter einem Vorhang verstecktes Bad.

Old Schoolhouse Inn B&B ££

(☎ 028-9754 1182; www.theoldschoolhouseinn.com; 100 Ballydrain Rd, Comber; EZ/DZ ab 55/70 £; P 📶) Das aus dem Jahre 1929 stammende Old Schoolhouse südlich des Castle-Espie-Schutzgebiets hat acht komfortable, nach ehemaligen US-Präsidenten benannte Zimmer und einen gemütlichen Aufenthaltsraum für die Gäste. Besonders gut ist das Frühstück mit hausgemachtem Guinness-Brot, Räucherlachs aus der Region und Obstsalat mit frischem Rhabarber aus dem eigenen Garten. Im ehemaligen Klassenzimmer ist ein preisgekröntes Restaurant (S. 632) untergebracht, das von Will Brown geführt wird.

Anna's House B&B B&B ££

(☎ 028-9754 1566; www.annashouse.com; 35 Lisbarnett Rd, Tullynagee, Lisbane; EZ/DZ ab 60/85 £; P 📶) Westlich von Lisbane hat das Anna's, ein großes umweltfreundlich geführtes Landhaus, einen schönen Glasanbau mit Blick auf den See, in dem sogar ein Flügel steht. Jeder Gast wird herzlich empfangen. Brot, Scones und Pfannkuchen sind selbst gebacken. Beim Frühstück hat man die Qual der Wahl, es gibt z. B. irisches Frühstück, wie man es in Ulster macht, Lachsomelett und frischen Obstsalat.

Essen & Ausgehen

Old Post Office Tearoom CAFÉ £

(www.oldpostofficelisbane.co.uk; 191 Killinchy Rd, Lisbane; Gerichte 3–7,50 £; ⏲ Mo–Sa 9–17 Uhr; 📶 ✍) Das strohgedeckte Cottage, in dem früher das Postamt untergebracht war, wurde liebevoll in eine hübsche Teestube mit Kunstgalerie verwandelt. Cremefarbener Putz sowie blanke Mauern und ein Holzofen sorgen für Gemütlichkeit. Der Kaffee und die hausgemachten Scones sind sehr lecker. Mittags gehören Lasagne, Quiches und wunderbare frische Salate zum Angebot.

★ Balloo House MODERN IRISCH ££

(☎ 028-9754 1210; www.ballooinns.com; 1 Comber Rd, Killinchy; Hauptgerichte unten 12–25 £, im Restaurant oben 18–25 £; ⊙ Küche unten So–Do 12–21, Fr & Sa 12–21.30 Uhr, im Restaurant oben Fr & Sa 12–21.30 Uhr) Küchenchef Danny Millar ist verantwortlich für die außergewöhnlich gute Küche hier: Unten im verwinkelten Pub mit seinem schmiedeeisernen Bollerofen und dem Steinfußboden gibt's modernes irisches Pubfood. Im schicken Restaurant im ersten Stock werden freitag- und samstagabends edlere Gerichte serviert (reservieren!).

Mittwochs und donnerstags gibt's in der Bar ab 21 Uhr Bluegrass und traditionelle irische Musik.

★ Poacher's Pocket MODERN IRISCH ££

(☎ 028-9754 1589; www.poacherspocketlisbane.com; 181 Killinchy Rd, Lisbane; Hauptgerichte 8–27 £; ⊙ Küche So–Do 12–21, Fr & Sa bis 21.30 Uhr, Feinkostladen 9–21 Uhr) Eine kühne Modernisierung hat dieses Pub am Straßenrand in ein frisches, modernes Gourmetmekka verwandelt. Hier werden Gerichte wie Burger mit Pastrami und Räucherkäse, Muscheln aus Strangford mit Pommes frites sowie Makrele mit karamellisiertem Fenchel, Crème fraîche und Roter Bete kredenzt.

Die Auswahl an regionalem Cider und Craft-Bieren ist fantastisch. Man bekommt die Getränke auch im angeschlossenen Feinkost- und Hofladen, der **Poacher's Pantry**.

★ Old Schoolhouse Restaurant MODERN IRISCH ££

(☎ 028-9754 1182; www.theoldschoolhouseinn.com; 100 Ballydrain Rd, Comber; mittags 2/3 Gänge 15/20 £, Hauptgerichte abends 15–17 £; ⊙ Mi–Sa 12.30–15.30 & 17.30–21.30, So 12.30–18.30 Uhr) Der frühere Klassenraum des Old Schoolhouse Inn (S. 631) beherbergt ein preisgekröntes Restaurant, geleitet von Will Brown, der in London mit Starkoch Marco Pierre White zusammengearbeitet hat und klassisch kocht. Die saisonalen Gerichte wechseln täglich. Kräuter und Gemüse stammen aus dem eigenen Küchengarten.

Dufferin Arms PUBFOOD ££

(www.dufferinarms.com; 35 High St, Killyleagh; Hauptgerichte mittags 7,50–13,50 £, abends 10–22 £; ⊙ Küche Mo–Do 12–15 & 17–20.30, Fr & Sa 12–21, So 12–20 Uhr) Mit handfestem Pubfood lockt dieses gemütliche altmodische Pub – leicht zu erkennen an der leuchtend pinkfarbenen Fassade. Etwas intimer geht's im von Kerzenlicht erhellten Restaurant zu. Mittwochs gibt's ab 21 Uhr, samstags ab 16 Uhr Livemusik. Im Dufferin Arms spielen Szenen des 2013 für einen Oscar nominierten Films *Philomena* mit Dame Judi Dench.

Daft Eddy's PUB

(☎ 028-9754 1615; www.facebook.com/daft.eddys; Sketrick Island, Whiterock; ⊙ Mo–Do 11.30–23.30, Fr & Sa 11.30–1, So 12–22.30 Uhr) Bei den Einheimischen erfreut sich das auf einer Insel gelegene Pub großer Beliebtheit. An sonnigen Tagen ist es hier besonders idyllisch. Von der Bar, der teilweise von einem Holzdach geschützten Terrasse und dem darunterliegenden Garten mit Tischen und Stühlen bietet sich ein toller Blick auf den Strangford Lough. Das Daft Eddy's befindet sich 4,5 km nordöstlich von Killinchy – der Whiterock Road Richtung Osten folgen und dann nach links Richtung Damm fahren.

Downpatrick

10 300 EW.

Die Mission des hl. Patrick, überall in Irland das Christentum zu verbreiten, begann und endete in Downpatrick. Im nahegelegenen Saul soll er den ersten Menschen zum Glauben bekehrt haben und in der Down Cathedral wurde er begraben. Am 17. März, dem St. Patrick's Day, wimmelt es in der Stadt nur so von Pilgern und Feierlustigen.

Doch es gab Downpatrick, heute das Verwaltungszentrum der Grafschaft, schon lange vor Ankunft des Heiligen. Patrick errichtete seine erste Kirche innerhalb der *dún* (Festung) von Rath Celtchair, einer noch heute sichtbaren Erhebung südwestlich der Kathedrale. Zunächst war die Stelle unter dem Namen Dún Pádraig (Patricks Festung) bekannt, der schließlich im 17. Jh. zu Downpatrick anglisiert wurde.

Sehenswertes

★ St. Patrick Centre MUSEUM

(☎ 028-4461 9000; www.saintpatrickcentre.com; Saint Patrick's Sq, Market St; Erw./Kind 5,75/3,50 £; ⊙ ganzjährig Mo–Sa 9–17 Uhr, Juli–Aug. auch So 13–17 Uhr) In diesem prächtigen Zentrum aus Glas und Holz veranschaulicht eine Multimediaausstellung namens Ego Patricius das Leben und Wirken des irischen Schutzheiligen. Audio- und Videopräsentationen erzählen Patricks Geschichte, oft in seinen eigenen Worten: An mehreren Stellen wird aus der lateinischen *Confessio* zitiert, die um 450 entstanden ist und mit den Worten „Ego Patricius" („Ich bin Patrick") beginnt. Der Rundgang endet mit einem spektakulären Film, der die Zuschauer auf einen atemberaubenden Hubschrauberflug über Irland mitnimmt.

Down Cathedral KATHEDRALE

(☎ 028-4461 4922; www.downcathedral.org; English St; ⏲ Mo–Sa 9.30–16 Uhr) GRATIS Einer Legende zufolge starb der hl. Patrick in Saul. Engel forderten seine Anhänger auf, den Leichnam auf einen von ungezähmten Ochsen gezogenen Karren zu legen. Wo die Tiere anhalten würden, sollte der Heilige beerdigt werden. Angeblich blieben sie bei einer Kirche auf dem Hügel von Down stehen, dem späteren Standort der zur Church of Ireland gehörenden Down Cathedral.

Im Kirchhof wurde 1900 ein Stein aus Mourne-Granit mit der Inschrift „Patrick" errichtet, der die traditionelle Stätte vom **Grab des Heiligen** markiert.

Das Gebäude ist ein Sammelsurium von Baustilen aus 1600 Jahren. Wikinger tilgten alle Spuren früherer Bauten, außerdem zerstörten 1316 schottische Plünderer die normannische Kathedrale und das dazugehörige Kloster. Aus den Überresten errichtete man im 15. Jh. eine neue Kirche, die 1512 fertiggestellt, aber bereits 1541 nach Auflösung der Klöster dem Erdboden gleichgemacht wurde. Das heutige Bauwerk stammt im Wesentlichen aus dem 18. und 19. Jh. Sein Inneres wurde in den 1980er-Jahren völlig neu gestaltet.

Vom Saint Patrick Centre (S. 632) aus kann man dem Pfad links vom Gebäude hügelaufwärts durch die Grünanlage folgen.

Down County Museum MUSEUM

(☎ 028-4461 5218; www.downcountymuseum.com; The Mall; ⏲ Mo–Sa 10–16.30, So 13.30–17 Uhr) GRATIS Das restaurierte Stadtgefängnis aus dem 18. Jh. beherbergt heute das Down County Museum. In einem Zellenblock werden Modelle einstiger Gefangener und Infoschilder zu ihrem tristen Dasein gezeigt. Im ehemaligen Haus des Gefängnisdirektors sind frühe Feuersteinwerkzeuge, Kreuze aus den Klöstern in Saul und Gegenstände aus der Zeit der Eroberung von Down durch die Normannen ausgestellt. Das größte Exponat befindet sich im Freien: Ein kurzer, ausgeschilderter Weg führt zum **Mound of Down**, einer normannischen Turmhügelburg.

ST. PATRICK'S WAY

Downpatrick ist der Endpunkt des **Saint Patrick's Way**, einer 132 km langen beschilderten Pilgerstrecke von der Stadt Armagh aus: Sie verbindet Orte, die mit dem hl. Patrick zu tun haben. Vom **Navan Fort** (S. 648) führt der Weg auf dem Treidelpfad des Newry Canal nach Newry, dann durch Rostrevor und über die Mourne Mountains nach Newcastle, um schließlich in Downpatrick zu enden. Im **Navan Centre** (S. 649) und in den Touristeninformationen ist der **Pilgrim Walk Passport** kostenlos erhältlich, sodass man unterwegs Stempel sammeln kann.

Wer nicht so gerne zu Fuß unterwegs ist, kann sich in den Touristeninformationen eine Karte für den **Saint Patrick's Trail** besorgen, eine Autostrecke von Armagh nach Bangor, die zu Stätten mit Bezug zum hl. Patrick und anderen religiösen Orten führt.

Inch Abbey KLOSTER

(Inch Abbey Rd) GRATIS Gegenüber der Down Cathedral auf der anderen Seite des Flusses gab es schon früher ein Kloster, 1180 ließ der normannische Ritter John de Courcy dann für die Zisterzienser hier die Inch Abbey errichten. Filmszenen für *Game of Thrones* wurden hier gedreht. Die meisten Ruinen sind aber lediglich Fundamente und niedrige Mauern. Am nettesten ist eigentlich die gepflegte Lage am Rand des Flusses Quoile.

Die Inch Abbey liegt abseits der A7 (Belfast Road) nördlich von Downpatrick gleich am anderen Flussufer.

John de Courcy beauftrage einen der Mönche der Inch Abbey damit, die Legenden des hl. Patrick neu zu verfassen. Möglicherweise entstand die Geschichte, dass der hl. Patrick die Schlangen aus Irland vertrieb, hier vor Ort.

Downpatrick & County Down Railway MUSEUM

(☎ 028-4461 5779; www.downrail.co.uk; Market St; Erw./Kind 6/4,50 £; ⏲ Mitte Juni–Mitte Sept. Sa & So 13–16.30 Uhr, außerdem an einigen Feiertagen) Von Mitte Juni bis Mitte September sowie im Dezember, am St. Patrick's Day, zu Ostern, am 1. Mai und zu Halloween betreibt das Eisenbahnmuseum auf dem restaurierten, von Downpatrick zur Inch Abbey (S.633) führenden Abschnitt der alten Strecke von Belfast nach Newcastle Dampfzüge. Im Fahrpreis inbegriffen sind Hin- und Rückfahrt, außerdem der Eintritt zur Waggonausstellung und zum Bahnhofsmuseum.

Schlafen & Essen

Denvir's Hotel & Pub B&B ££

(☎ 028-4461 2012; www.denvirs.com; 14–16 English St; EZ/DZ ab 40/70 £; 📶) Das 1642 gebaute Denvir's soll der älteste erhaltene irische Postgasthof sein. Es beherbergt sechs eigenwillig gestaltete Zimmer mit geschliffenen Holzdielen, georgianischen Fenstern und historischen Kaminen. In der gemütlichen Bar und im rustikalen **Restaurant** (☎ 028-4461 2012; www.denvirs.com/restaurant; 14–16 English St; Hauptgerichte 8–20 £; ⏲ Küche 12–20 Uhr) mit einer riesigen Feuerstelle aus dem 17. Jh. gibt's gutes Essen.

Praktische Informationen

Downpatrick Visitor Information Centre (☎ 028-4461 2233; www.visitstrangfordlough.co.uk; St. Patrick Centre, Market St; ⏲ ganzjährig Mo–Fr 9–17, Sa 9.30–17 Uhr, Juli & Aug. auch So 13–17 Uhr) ist im **St. Patrick Centre** (S. 632).

An- & Weiterreise

Downpatricks Busbahnhof liegt direkt südlich vom St. Patrick Centre und Downpatrick Visitor Information Centre.

Busverbindungen:

Belfast (Europa Bus Centre) 6 £, 1 Std., Mo–Fr alle 30 Min., Sa stdl., So 6-mal tgl.

Castlewellan 3,80 £, 30 Min., Mo–Fr 7-mal tgl., Sa 6-mal, So 4-mal

Dundrum 3,50 £, 15 Min., Mo–Fr 7-mal tgl., Sa 6-mal, So 4-mal

Newcastle 3,80 £, 20 Min., Mo–Fr 7-mal tgl., Sa 6-mal, So 4-mal

Newry 9,30 £, 1¼ Std., Mo–Fr 7-mal tgl., Sa 6-mal, So 4-mal

Saul

Bei seiner Ankunft 432 gewann Patrick hier seinen ersten Anhänger: Díchú, der örtliche Häuptling, schenkte dem Heiligen einen Schafstall (irisch *sabhal*, ausgesprochen „ßohl") für seine Predigten, der vermutlich westlich des Dorfes lag. Heute befindet sich an dieser Stelle der Nachbau einer Kirche mit Rundturm aus dem 10. Jh.

Östlich der Ortschaft erhebt sich der kleine **Slieve Patrick** (120 m) mit einem Kreuzweg zur Hügelkuppe und einer 10 m hohen Statue des Heiligen. Am St. Patrick's Day strömen zahllose Pilger auf den Hügel.

Sehenswertes

Saul Church KIRCHE

(www.downcathedral.org/saul-church; Saul Rd; ⏲ 9–17 Uhr) GRATIS An der Stelle, an der vielleicht die erste 432 vom hl. Patrick gegründete Kirche Irlands stand, befindet sich heute der Nachbau einer **Kirche mit Rundturm** aus dem 10. Jh. Dieser wurde 1932 zum 1500. Jahrestag von Patricks Ankunft errichtet. Die Kirche steht westlich des Dorfes Saul.

Struell Wells CHRISTLICHE STÄTTE

GRATIS Diese Quellen, denen man heilende Kräfte zuschreibt, werden mit dem hl. Patrick in Verbindung gebracht. Es heißt, er habe hier als Bußübung fast eine ganze Nacht in der **Drinking Well** verharrt.

Die Quellen befinden sich in einem malerischen Tal 3 km östlich von Downpatrick und 3 km südlich des Dorfes Saul. Von Downpatrick nimmt man die B1 Richtung Ardglass und biegt nach dem Krankenhaus links ab.

Während die Stätte selbst seit Jahrhunderten verehrt wird, sind die Gebäude erst nach 1600 entstanden. Die gut erhaltenen Badehäuser aus dem 17. Jh. sehen so aus, als würden sie eher krank als gesund machen.

Zwischen den Bauten und der verfallenen Kapelle liegt die **Eye Well**, deren Wasser angeblich Augenleiden heilen soll.

An- & Weiterreise

Saul liegt 3 km nordöstlich von Downpatrick abseits der A2 (Strangford Rd).

Der Bus 16E von Downpatrick nach Strangford hält an der Saul Church (11 Min., Mo–Fr 7-mal tgl., Sa 5-mal).

Lecale Peninsula

Östlich von Downpatrick wird die Lecale Peninsula im Norden, Süden und Osten vom offenen Meer und vom Strangford Lough isoliert, im Westen von den Feuchtgebieten der Flüsse Quoile und Blackstaff. Ihr irischer Name Leath Chathail (gesprochen ley-ke-*hel*) bedeutet „Land von Cathal" (ein Fürst im 8. Jh.). Die flache Halbinsel wartet mit fruchtbarem Ackerland, Fischerhäfen, Klippen und Sandstränden auf.

Zwischen Ardglass und Killough liegt im Süden der Halbinsel **Coney Island**, über das Van Morrison so eindringlich in seinem gleichnamigen Song spricht. Eigentlich ist das kleine Dorf am Meer gar keine Insel, allerdings gehört dazu eine kleine Halbinsel, die früher vielleicht einmal durch das Meer abgetrennt war. Der oscargekrönte Film *The Shore* (2011) wurde hier am Haus der Familie des Regisseurs Terry George gedreht.

Strangford

475 EW.

Das malerische Fischerdorf Strangford (Baile Loch Cuan) 16 km nordöstlich von Downpatrick wird vom Strangford Castle beherrscht, einem öffentlich nicht zugänglichen Turmhaus aus dem 16. Jh., dessen Gegenstück in Portaferry auf der anderen Seite der Narrows steht. Am Ende der Castle Street führt ein Fußweg, der sogenannte **Squeeze Gut**, auf den Hügel hinter dem Ort, von dem man eine schöne Aussicht auf den See genießt. Anschließend geht's in einem Bogen über die baumbestandene Dufferin Avenue (1,5 km) nach Strangford zurück oder am Ufer entlang weiter bis zum Castle Ward Estate (4,5 km).

Aktivitäten

Strangford Sea Safari BOOTSTOUREN

(☎ 028-4372 3933; www.clearsky-adventure.com; Strangford Harbour; Erw./Kind 25/22 £) Bietet einstündige Touren per Schnellboot (April–Sept. an den meisten Sonntagen) in die quirligen Gezeitenströme der Narrows an, die u. a. Besuche des Angus-Rock-Leuchtturms und bei den örtlichen Seehundkolonien umfassen. Telefonisch kann man Termine erfragen und reservieren.

Schlafen

Cuan B&B ££

(☎ 028-4488 1222; www.thecuan.com; The Square; EZ/DZ 67/100 £; P 📶) Die graugrüne Fassade der Pension gleich um die Ecke von der Fähranlegestelle ist kaum zu übersehen. Peter und Caroline, die Inhaber, bereiten ihren Gästen einen herzlichen Empfang. Es gibt neun gepflegte, komfortable und gut ausgestattete Zimmer sowie ein angenehmes, holzvertäfeltes **Restaurant** (www.thecuan.com; The Square; Hauptgerichte 12–17 £, Fish 'n' Chips 4–8 £; ⏱ Restaurant Mo–Do 12–21, Fr & Sa 12–21.30, So 12–20.30 Uhr, Fish-'n'-Chips-Laden Do 16–20, Fr & Sa 12–20 Uhr).

An- & Weiterreise

Bus 16E steuert Downpatrick (3,50 £, 25 Min., Mo–Fr 9-mal tgl., Sa 5-mal) an.

Eine **Autofähre** (☎ 028-4488 1637; Auto & Fahrer 5,80 £, Autopassagiere & Fußgänger 1 £) von Strangford nach Portaferry verkehrt montags bis freitags zwischen 7.30 und 22.30 Uhr, samstags zwischen 8 und 23 Uhr und sonntags zwischen 9.30 und 22.30 Uhr, alle 30 Min., jeweils zur vollen und halben Stunde. Die Fahrt dauert etwa 10 Min.

Castle Ward Estate

Das als Burg Winterfell in *Game of Thrones* berühmt gewordene **Castle Ward House** (☎ 028-4488 1204; www.nationaltrust.org.uk; Park Rd; Erw./Kind inkl. Führung durchs Haus 9/4,50 £; ⏱ Gebäude Ostern–Okt. 12–17 Uhr, Gelände 10–18 Uhr), das in den 1760er-Jahren gebaut wurde, erfreut sich einer herrlichen Lage im Westen von Strangford mit Blick auf die Bucht. Die Geschichte des Anwesens wird auf unterhaltsamen 45-minütigen Führungen durchs Haus und die Dienstbotenzimmer erzählt; sie beginnen jeweils zur vollen (Bereich der „Herrschaft") und halben (Bereich der Bediensteten) Stunde.

Auf dem großen Gelände befinden sich ein viktorianisches Wäschereimuseum, ein Bauernhofgebäude, der Plantagenturm Old Castle Ward aus dem 16. Jh. und das Turmhaus Castle Audley aus dem 15. Jh. Zudem gibt's Wander- und Fahrradwege.

Errichtet wurde das Castle Ward House für Lord und Lady Bangor (Bernard Ward und seine Frau Anne). Die architektonischen Vorstellungen der beiden waren so verschieden, dass dabei ein überaus exzentrischer Landsitz herauskam – und anschließend die Scheidung. Während Bernard einen neoklassizistischen Stil favorisierte (sowohl an der Fassade als auch am Treppenaufgang zu erkennen), bevorzugte Anne eindeutig eine Variante der Neogotik (Rückseite des Gebäudes), die im unglaublichen Fächergewölbe ihres „gotischen" Boudoirs ihren Höhepunkt fand.

Auf dem Gelände befindet sich außerdem ein **Campingplatz** (www.nationaltrust.org.uk; Downpatrick Rd; Zelte 23–35 £, Wohnwagen 23–40 £) mit Stellplätzen für Zelte und Wohnwagen sowie einfachen Hütten (die sollte man vorab buchen!). Der Platz ist ganzjährig geöffnet. Für National-Trust-Mitglieder gibt's Ermäßigungen.

Das **Clearsky Adventure Centre** (☎ 028-4372 3933; www.clearsky-adventure.com; Castle

Ward Estate, Park Rd; ⌚ Ostern–Sept. 10–17 Uhr, Okt.–März bis 16 Uhr) arrangiert alle möglichen *Game of Thrones*-Aktivitäten wie Bogenschießen und Radtouren zu Drehorten auf dem Anwesen, Umhänge und Holzschwerter werden gestellt. Außerdem verleihen sie Fahrräder und Kajaks (20 £ für 2½ Std.) – am besten reservieren! Auf dem Programm stehen zudem Bootsausflüge mit Strangford Sea Safari (S. 635) über die Narrows.

Newcastle

7400 EW.

Das verblichene viktorianische Seebad Newcastle (An Caisleán Nua), herrlich am Fuß der Mourne Mountains an einem 5 km langen goldgelben Sandstrand gelegen, hat ein millionenschweres Facelifting erhalten, inklusive einer 1 km langen Meerespromenade mit vielen modernen Skulpturen und einer eleganten Fußgängerbrücke über den Fluss Shimna.

Sehenswertes & Aktivitäten

Die Hauptattraktion von Newcastle ist der **Strand,** der nordöstlich in Richtung des Naturschutzgebiets liegt. Der kleine Hafen am Südende des Städtchens diente einst den „Steinbooten", auf denen der Mourne-Granit aus den Steinbrüchen am Slieve Donard abtransportiert wurde.

Rock Pool SCHWIMMEN

(☎ 028-4372 5034; www.facebook.com/RockPoolNewcastle; South Promenade; Erw./Kind 2,50/2 £; ⌚ Juli & Aug. Mo–Fr 10–17, Sa 12–17, So 14–17.30 Uhr, wenn Wetter und Gezeiten es zulassen) Dieses Meerwasserschwimmbad aus dem Jahr 1933 liegt am Südende der Promenade.

Granite Trail WANDERN

(www.walkni.com/walks/333/granite-trail) An der Straße gegenüber dem Hafen beginnt der 5 km lange Granite Trail, ein markierter Fußweg entlang einer ehemaligen Seilbahn, die früher Granitblöcke von den Mourne Mountains zum Hafen beförderte. Die 200 Höhenmeter zu überwinden lohnt sich auch wegen der schönen Aussicht. Eine Infobroschüre dazu gibt es im Newcastle Visitor Information Centre (S. 638).

Royal County Down Golf Course GOLF

(☎ 028-4372 3314; www.royalcountydown.org; 36 Golf Links Rd; Platzgebühr Mai–Okt. 220–240 £, Nov.–April niedrigere Preise) Inmitten blühender Heide und Ginster erstreckt sich dieser berühmte Par-71-Links-Platz, der von Old Tom Morris entworfen wurde und zwei ehrfurchtgebietende 9-Loch-Runden beinhaltet. Für Besucher ist er Montag, Dienstag und Freitag vor- und nachmittags sowie donnerstagvormittags und sonntagnachmittags geöffnet. Ein Handicap ist nicht erforderlich, man muss aber einige Monate im Voraus buchen.

Soak SPA

(☎ 028-4372 6002; www.soakseaweedbaths.co.uk; 5–7 South Promenade; 1 Std. ab 25 £; ⌚ Do–Mo 11.30–20 Uhr) Wenn es draußen zu kalt zum Schwimmen ist, bleibt einem immer noch ein heißes Algenbad im Soak. Handtücher und Bademäntel werden gestellt.

SLIEVE DONARD

Der **Slieve Donard**, mit 853 m Nordirlands höchster Berg, überragt Newcastle wie ein schlafender Riese. Man kann sich von verschiedenen Punkten in und um den Ort zum Gipfel aufmachen, allerdings ist der Aufstieg steil, deshalb sollte man sich unbedingt mit Wanderschuhen, Regenkleidung, Karte und Kompass ausrüsten.

An schönen Tagen reicht die Sicht bis zu den Hügeln von Donegal, den Wicklow Mountains, zur schottischen Küste, zur Isle of Man und sogar bis zu den Snowdonia Hills in Wales. Zwei *cairns* (Steinhaufen über Hügelgräbern) unweit des Gipfels wurden lange für Einsiedlerzellen des hl. Donard gehalten, der sich zur Zeit des frühen Christentums zum Beten hierher zurückgezogen haben soll.

Die kürzeste Route verläuft von Newcastle entlang des Flusses Glen auf den Slieve Donard. Am Parkplatz des Donard Park 1 km südlich der Bushaltestelle am Stadtrand geht's los. Zunächst biegt man am äußersten Ende des Parkplatzes rechts ab und passiert das Tor, danach wandert man mit dem Fluss zur Linken durch den Wald. Ein Kiesweg führt durch das Flusstal hinauf zum Sattel zwischen dem Slieve Donard und dem Slieve Commedagh. Hier biegt man links ab und folgt der Mourne Wall bis zum Gipfel. Zurück nimmt man denselben Weg (hin & zurück 9 km, mind. 3 Std.).

Schlafen

★ Hutt Hostel HOSTEL £

(☎ 028-4372 2133; www.hutthostel.com; 30 Downs Rd; B/Apt. 22/100 £; 📶) In einem restaurierten viktorianischen Stadthaus, nur einen Katzensprung vom Strand entfernt, bietet das Hutt 40 Betten und tolle Features wie einen geselligen Gemeinschaftsraum mit Kamin, ein Spielzimmer mit Billardtisch, eine Selbstversorgerküche und eine Waschküche. In der Ferienwohnung „the Padd" können bis zu sechs Personen übernachten.

★ Enniskeen Country House BOUTIQUE-HOTEL ££

(☎ 028-4372 2392; http://enniskeenhotel.co.uk; 98 Bryansford Rd; EZ/DZ/FZ ab 65/92/152 £; ⌚ Restaurant 12.30–20.30 Uhr; 📶) 2 km nordwestlich von Newcastle befindet sich dieses wunderbar altmodische, in einem steinernen Herrenhaus aus dem 19. Jh. untergebrachte Hotel. Die zwölf Zimmer sind mit Stilmöbeln eingerichtet und haben entweder Meer- oder Waldblick. Besonders schön ist das im Turm versteckte Zimmer 15. Das gehobene Oaks Restaurant verfügt über eine Terrasse und serviert traditionelle nordirische Gerichte. Zum Nachmittagstee gibt's handgerührte Butter und Honig aus einem örtlichen Bienenhaus.

Briers Country House B&B ££

(☎ 028-4372 4347; www.thebriers.co.uk; 39 Middle Tollymore Rd; DZ ab 85 £, Cottage 150–200 £; P 📶) 1,5 km nordwestlich des Stadtzentrums stößt man auf ein friedvolles Bauernhaus mit Blick auf die Mournes, das an der Straße zwischen Newcastle und Bryansford ausgeschildert ist. Das üppige Frühstück wird auch als vegetarische Variante angeboten. Vom Speisesaal genießt man eine tolle Aussicht auf den Garten. Ein Cottage mit drei Schlafzimmern und Kochmöglichkeit ist ebenfalls vorhanden (Mindestaufenthalt 3 Nächte).

Slieve Donard Resort & Spa HOTEL £££

(☎ 028-4372 1066; www.hastingshotels.com; Downs Rd; EZ/DZ ab 160/180 £; P 📶 🏊) Der 1897 errichtete viktorianische Ziegelbau steht auf einem 2,5 ha großen Strandgrundstück direkt neben dem Royal County Down Golf Course (S. 636) und beherbergt ein nobles Wellnessbad sowie mehrere Restaurants. Hier steigen die Golflegenden Tom Watson, Tiger Woods und Rory McIlroy ab, wenn sie in der Stadt sind.

Essen

Olive Bizarre CAFÉ £

(☎ 028-4372 5576; http://olivebizarre.com; 67 South Promenade; Hauptgerichte 5–8 £; ⌚ 9–17 Uhr; 📶 ✍ 👪) 🌿 In diesem coolen kleinen Café kommt man in den Genuss vegetarischer und veganer Speisen, darunter Suppen, Quiches, gebackene Kartoffeln, Sandwiches und Tagesgerichte wie Bio-Falafel mit Tomatensoße und Hummus.

Niki's Kitchen Café CAFÉ £

(☎ 028-4372 6777; www.facebook.com/NikisKitchenCafe; 107 Central Promenade; Hauptgerichte 5–10 £; ⌚ Mo–So 8–17 Uhr; 📶 👪) Die vielen Gäste zeugen vom Erfolg des großen, luftigen Lokals, dessen Speisekarte auf gehobene Varianten der klassischen Caféküche setzt. Zum Inventar gehören Hochstühle, eine Kinderkarte und Sofas, auf denen man es sich bei einem Kaffee gemütlich machen kann.

Strand Café & Bakery EIS £

(53–55 Central Promenade; Eiscreme ab 1,30 £; ⌚ Mo–Fr 9–18, Sa & So bis 19.30 Uhr) Hier wird seit 1930 preisgekröntes Eis hergestellt, das man nicht verpassen sollte. Zu den klassischen Geschmacksrichtungen zählen Raspberry Ripple, Honigwabe sowie Schokolade mit Orange.

★ Brunel's MODERN IRISCH ££

(☎ 028-4372 3951; www.brunelsrestaurant.co.uk; 32 Downs Rd; Hauptgerichte mittags 6–11 £, abends 16–25 £; ⌚ Mo&Di 10–14.30, Mi–Sa 10–14.30 & 17.30–21, Fr & Sa bis 21.30, So 10–20 Uhr) 🌿 Koch Paul Cunningham ist immer auf der Suche nach guten Zutaten und besonderen Geschmackskombinationen und bringt wunderbare Gerichte auf den Tisch, die zu den besten in ganz Nordirland gehören.

Die exquisit präsentierten Speisen lassen in puncto Geschmack nichts zu wünschen übrig. Die Preise sind dabei recht moderat. Vorab reservieren!

Vanilla IRISCH £££

(☎ 028-4372 2268; www.vanillarestaurant.co.uk; 67 Main St; Hauptgerichte mittags 6–11 £, abends 19–25 £; ⌚ Mo–Do & So 12–15.30 & 17–21, Fr & Sa bis 21.30 Uhr; 👪) 🌿 Dieses schicke Bistro im Ortszentrum kombiniert irische Zutaten kreativ mit Einflüssen aus der ganzen Welt. Angeboten werden beispielsweise Thai-Frühlingsrollen mit Rindfleisch, Seeteufel-Laksa oder Ravioli mit Meeresfrüchtefüllung.

Praktische Informationen

Überall an der Promenade gibt's kostenloses öffentliches WLAN.

Newcastle Visitor Information Centre (028-4372 2222; www.visitmournemountains.co.uk; 10–14 Central Promenade; Juli & Aug. Mo–Sa 9.30–19, So 13–19 Uhr, Sept.–Juni Mo–Fr 9.30–17, Sa 10–17, So 14–17 Uhr;) Gute Bücher und Karten über die Gegend sowie traditionelles und modernes Kunsthandwerk. Die Gepäckaufbewahrung kostet 2 £ pro Tag.

An- & Weiterreise

Die Busse 20 und 20A fahren vom Europa Bus Centre in Belfast über Dundrum nach Newcastle (8 £, 1¼ Std., mind. stdl.).

Bus 240 folgt der Inlandroute von Newry über Hilltown nach Newcastle (6,70 £, 50 Min., Mo–Fr 7-mal tgl., Sa 6-mal, So 4-mal) und steuert anschließend Downpatrick an.

Dundrum & Umgebung

1500 EW.

Die geschützte Dundrum Bay ist für ihre Austern und Muscheln berühmt, sodass man im Dorf Dundrum wunderbare Meeresfrüchte bekommt. Vom Dundrum Castle hat man eine spektakuläre Aussicht auf die Mourne Mountains und die Küste, ganz in der Nähe lädt ein Naturschutzgebiet zu einem Spaziergang durch die Dünen ein.

Murlough National Nature Reserve NATURSCHUTZGEBIET
(www.nationaltrust.org.uk; Parken Mai–Sept. 4 £; Sonnenauf- bis Sonnenuntergang) GRATIS In diesem Naturschutzgebiet führen Fußpfade und -stege durch grasbewachsene Dünen zu einem weiten Sandstrand und bieten einen Blick auf die Mournes. Hier versammeln sich Seehunde und Kegelrobben.

Seaforde Gardens & Tropical Butterfly House GÄRTEN
(www.seafordegardens.com; Seaforde House, Seaforde; Gärten oder Schmetterlingshaus Erw./Kind 6/4 £, Gärten & Schmetterlingshaus 10,30/5,85 £; Ostern–Sept. Mo–Sa 10–17, So 13–18 Uhr;) Erwachsene sind von Seaforde ebenso sehr begeistert wie Kinder. Das Anwesen verfügt über einen ummauerten Garten aus dem 18. Jh. mit ornamentalen Blumenbeeten, einem Heckenlabyrinth, einem Turm mit Wendeltreppe und Aussichtsplattform sowie leuchtend blauen umherstolzierenden Pfauen. Im Schmetterlingshaus, das an den Regenwald erinnert, leben Hunderte umherschwirrender Schmetterlinge sowie Papageien. Am Eingang befindet sich ein einfaches, aber gemütliches Café. Das Landgut liegt 13 km nördlich von Newcastle (7 km nördlich von Dundrum) an der A2.

Dundrum Castle BURG
(Castle Hill; Gelände ganzjährig, Burg April–Sept. Mi & Fr–So 10–17 Uhr, Okt.–März So 12–16 Uhr) GRATIS Die normannische Festung an der Dundrum Bay wurde 1177 im Auftrag von John de Courcy von Carrickfergus erbaut. Vom Bergfried aus hat man eine wunderbare Aussicht auf die Mourne Mountains und das ländliche County Down.

★ **Mourne Seafood Bar** FISCH & MEERESFRÜCHTE ££
(028-4375 1377; http://mourneseafood.com; 10 Main St; Hauptgerichte 11–26 £; Mi & Do 12.30–21.30, Fr & Sa bis 22, So bis 18 Uhr) Dieses freundliche, zwanglose Restaurant in einem holzgetäfelten viktorianischen Haus ist mit Werken hiesiger Künstler geschmückt und serviert Austern auf fünf verschiedene Arten sowie Suppe aus Meeresfrüchten, Krabben, Langusten und täglich wechselnde Fischgerichte.

Alle Zutaten stammen aus der Region (z. T. aus den hauseigenen Muschelzuchtanlagen). Zu der Filiale in Belfast (S. 610) gehört auch eine Kochschule.

An- & Weiterreise

Bus 240 verkehrt von Newcastle (2,70 £, 10 Min., Mo–Fr 7-mal tgl., Sa 6-mal, So 4-mal) nach Downpatrick (3,50 £, 15 Min.) und hält unterwegs in Dundrum.

Mourne Mountains

Wenn man von Belfast Richtung Süden nach Newcastle fährt, beherrscht das Granitmassiv der Mourne Mountains den Horizont. Dies ist eine der herrlichsten Ecken Nordirlands, eine atmosphärische Landschaft mit grauem Granit, gelbem Ginster und weiß getünchten Cottages. Die unteren Berghänge überzieht ein adrettes Netz von Mauern, deren Steine aus riesigen Granitblöcken stammen.

Bekanntheit erlangten die Hügel 1896 durch ein Lied des irischen Komponisten William Percy French. Dessen Refrain *Where the Mountains of Mourne sweep down to the sea* fängt die Verschmelzung von Meer, Himmel und Berghängen perfekt ein.

Geschichte

Der sichelförmige Streifen flachen Landes auf der Südseite der Bergkette ist auch als **Kingdom of Mourne** bekannt. Jahrhundertelang war er nur sehr schwer zugänglich (die Hauptroute verlief nördlich der Berge), deshalb entwickelte sich hier eine ganz eigene Landschaft und Kultur. Bis zum Bau der Küstenstraße im frühen 19. Jh. kam man nur zu Fuß oder über das Meer hierher.

Im 18. Jh. erwies sich der Schmuggel als einträgliches Geschäft. Nachts legten in der Gegend Boote an, die französische Spirituosen an Bord hatten. Lastpferde trugen die Fässer über die Hügel zur Straße und umgingen auf diese Weise die Zöllner in Newcastle. Der **Brandy Pad**, ein ehemaliger Schmugglerpfad von Bloody Bridge nach Tollymore, ist heute ein beliebter Wanderweg.

DIE MOURNE WALL

Die spektakuläre Trockensteinmauer **Mourne Wall** verläuft über die Gipfel von 15 umliegenden Bergen, darunter der Slieve Donard, mit 853 m der höchste Berg. Man kann der 2 m hohen, 1 m dicken und 35 km langen Mourne Wall komplett oder abschnittsweise folgen.

Gebaut wurde sie 1922, um Vieh vom Einzugsgebiet der Flüsse Kilkeel und Annalong fernzuhalten, doch aufgrund ungünstiger geologischer Verhältnisse konnte der Annalong nicht gestaut werden und wird deshalb durch einen 3,6 km langen Tunnel unter dem Slieve Binnian in das Silent Valley Reservoir geleitet.

Sehenswertes & Aktivitäten

Die Mournes bieten einige der besten Möglichkeiten zum **Bergwandern** und **Klettern** im Norden. Karten werden im Newcastle Visitor Information Centre (S. 638) verkauft.

★ Tollymore Forest Park WALD

(Bryansford Rd; Parken 5 £; ⏲10 Uhr–Sonnenuntergang) GRATIS Der landschaftlich schöne Waldpark 3 km westlich von Newcastle bietet reizvolle Wanderungen und Radtouren entlang des Flusses Shimna und über die nördlichen Hänge der Mourne Mountains. Zu den viktorianischen Spielereien vor Ort gehören die an eine Kirche erinnernde **Clanbrassil Barn** und verschiedene Grotten, Höhlen, Brücken und Trittsteine.

Und ja, auch dieser Park war Schauplatz von *Game of Thrones*. Es gibt außerdem einen Campingplatz (S. 640).

Castlewellan Forest Park WALD

(Main St, Castlewellan; Parken 5 £; ⏲10 Uhr–Sonnenuntergang) GRATIS Im Castlewellan Forest Park kann man entspannte Spaziergänge auf dem Burggelände unternehmen. Hier befindet sich eines der größten Heckenlabyrinthe der Welt, das **Peace Maze** (Eintritt frei), und von März bis Oktober lädt der hübsche See zum **Forellenangeln** (Genehmigung für 3 Tage 9,50 £) ein.

Infos über das erst kürzlich eingerichtete Netz aufregender **Mountainbikewege** findet man unter www.mountainbikeni.com. Im Life Adventure Centre bekommt man Leihräder.

Silent Valley Reservoir STAUSEE

(www.niwater.com/silent-valley; Auto/Motorrad 4,50/2 £, zusätzlich pro Erw./Kind 1,60/0,60 £; ⏲Mai–Sept. 10–18.30 Uhr, Okt.–April bis 16 Uhr) Mitten in den Mournes erstreckt sich das schöne Silent Valley Reservoir. Seit 1933 wird dort der Kilkeel aufgestaut, der Belfast und das County Down mit Wasser versorgt. Vor Ort gibt's reizvolle markierte Wanderwege, ein Café und eine interessante Ausstellung über den Dammbau.

Life Adventure Centre OUTDOORAKTIVITÄTEN

(☎028-4377 0714; www.onegreatadventure.com; Grange Courtyard, Castlewellan Forest Park) Wer gern Bergwanderungen unternimmt, klettert, Kanu fährt oder sonstige Outdooraktivitäten mag, sollte dieses Abenteuerzentrum im Castlewellan Forest Park (S. 639) ansteuern, das eintägige Kurse für Einzelpersonen, Paare und Familien (ab 76 £ pro Pers.) sowie schwierigere Sonntagnachmittagstouren im Programm hat. Darüber hinaus kann man hier Kanus (halber/ganzer Tag 35/45 £), Kajaks (13/23 £) und Mountainbikes (23/28 £) ausleihen.

Mountpleasant Trekking Centre REITEN

(☎028-4377 8651; www.mountpleasantcentre.com; Bannonstown Rd, Castlewellan; 1 Std. 20 £; ⏲nach Vereinbarung) Verschiedene geführte Touren in den Castlewellan Forest Park (S. 639) für Anfänger und Fortgeschrittene bietet dieser Reiter- und Ponyhof. Ausritte am Strand und Ponytrekking können ebenfalls arrangiert werden.

Hotrock Climbing Wall KLETTERN
(028-4372 2188; www.tollymore.com; 32 Hilltown Rd, Tollymore National Outdoor Centre; Erw./Kind 5/2,50 £; Di–Do 10–22, Fr–Mo 10–17 Uhr) Kletterwand an der B180, 2 km westlich vom Eingangstor des Tollymore Forest Park. Spezielle Schuhe und Gurte sind für eine Leihgebühr von 3,50 £ zu haben. Der Eingang befindet sich an der B180 auf der Westseite des Tollymore Forest Park, unweit der Bryansford Road.

Feste & Events

Mourne International Walking Festival SPORT
(028-4175 2256; www.visitmournemountains.co.uk; 1-/2-/3-Tages-Ticket 12/20/25 £; Ende Juni) Das dreitägige Festival ist eine tolle Gelegenheit, um Bergwanderungen von 9 bis 20 km Länge zu unternehmen.

Schlafen & Essen

★ **Mourne Lodge** HOSTEL £
(028-4176 5859; http://themournelodge.com; Bog Rd, Atticall; B/EZ/DZ ab 20/45/50 £; P @) Dieser Zweckbau mit 31 Betten punktet mit hellen, einladenden, günstigen Zimmern. Neben einer Küche für Selbstversorger und einer Terrasse zum Grillen verfügt die Mourne Lodge über ein Restaurant, in dem Frühstück und Abendessen serviert werden (unbedingt vorher bestellen). Sie befindet sich im Dorf Atticall 6 km nördlich von Kilkeel, in der Nähe der B27 nach Hilltown und 3 km westlich des Eingangs zum Silent Valley.

Tollymore Forest Park CAMPINGPLATZ £
(028-4372 2428; 176 Tullybranigan Rd; Stellplätze mit/ohne Strom 20/18 £) Viele Campingplätze um Newcastle sind nur für Wohnwagen. Die nächste Möglichkeit, an der man auch Zelte aufstellen darf, ist dieser Platz im schönen Tollymore Forest Park in den Ausläufern der Mourne Mountains, 3 km nordwestlich des Ortszentrums. Über die Bryansford Avenue und die Bryansford Road braucht man zu Fuß 45 Minuten hierher.

Meelmore Lodge HOSTEL £
(028-4372 6657; www.meelmorelodge.co.uk; 52 Trassey Rd, Bryansford; Stellplätze Erw./Kind 8,50/4 £, B/2BZ/FZ 20/50/80 £; P) In der wunderbar entlegenen Meelmore Lodge am Nordhang der Mourne Mountains, 5 km westlich vom Dorf Bryansford, gibt's eine gemütliche Lounge und eine Küche, zwei Schlafsäle mit je vier Betten, einige Zimmer mit eigenen Bädern, einen Zeltplatz und ein gutes Café. Man kann direkt vom Hostel aus in die Berge wandern.

An- & Weiterreise

Im Sommer macht der **Mourne Rambler** (Bus 405; www.translink.co.uk; Tageskarte Bus Rambler Erw./Kind 9/4,50 £; Mai–Aug. Di–So) fünfmal am Tag eine Rundtour mit 18 Zwischenstopps, z. B. im Tollymore Forest Park, in Castlewellan und im Silent Valley. Die Fahrt beginnt in Newcastle und führt um die Mournes herum. Es können auch Fahrräder transportiert werden.

Mournes Coast Road

Die Küstenstraße A2 zwischen Newcastle und Newry ist eine der reizvollsten Strecken in der Region.

Anreise & Unterwegs vor Ort

Bus 39 verbindet Newry über Warrenpoint und Rostrevor mit Kilkeel (6 £, 50 Min., Mo–Sa stdl., So 4-mal). Von Kilkeel fährt Bus 37 weiter die Küstenstraße entlang nach Newcastle (4,40 £, 35 Min., Mo–Sa stdl., So 8-mal).

Rostrevor & Umgebung

2400 EW.

Das hübsche Seebad Rostrevor (Caislean Ruairi) ist bekannt für seine lebhaften Pubs und die bewaldeten Hügel des nahen Kilbroney Park mit ihren fabelhaften Mountainbike-Trails. C. S. Lewis sagte einmal, dass der Teil von Rostrevor, von dem man Carlingford Lough überlickt, seiner Vorstellung von Narnia entspräche. Jedes Jahr Ende Juli strömen Scharen von Folk-Musikern zum einwöchigen Fiddler's Green International Festival ins Dorf.

Sehenswertes & Aktivitäten

Kilbroney Park WALD
(www.visitmournemountains.co.uk; Shore Rd; Juni–Sept. 9–22 Uhr, Mai bis 21 Uhr, April & Okt. bis 19 Uhr, Nov.–März bis 17 Uhr) GRATIS 1 km östlich von Rostrevor erstreckt sich der 16 km² große Waldpark. Vom Parkplatz am oberen Ende der Waldstraße führt ein Spazierweg (10 Min.) zum **Cloughmore Stone**, einem 30 t schweren Granitblock mit Inschriften aus viktorianischer Zeit. Der Park wartet mit einigen der besten Downhill-**Mountainbikerouten** in ganz Nordirland auf. Leihräder und einen Transfer zum Startpunkt bietet East Coast Adventure (S. 641) am Ausgangspunkt des Weges.

Außerdem gibt's hier einen **Caravan Park** mit einer Wiese für Zelte (Stellplätze mit/ohne Strom 21/16,80 £).

East Coast Adventure MOUNTAINBIKEN
(☎ Büro (unter der Woche) 028-4173 8516, Trailbüro (Wochenende) 07876 681197; www.eastcoast-adventure.com; Leihräder halber/ganzer Tag 30/45 £, Transfer nach oben halber Tag 17,50 £; ⏲ Fahrradverleih mit Reservierung, Transfers nur Sa & So, Juli & Aug. auch Fr & Mo) Im Kilbroney Park (S. 640) befinden sich die besten Downhill-Mountainbike-Trails Nordirlands. Leihräder und Transfers nach oben bietet East Coast Adventure – vorausbuchen! Weitere Infos übers Mountainbikefahren siehe www.mountainbikeni.com/rostrevor/.

Essen

Kilbroney PUBFOOD ££
(☎ 028-4173 8390; www.facebook.com/kilbroney-barandrestaurant; 31 Church St; Hauptgerichte 9–20 £; ⏲ Küche Mo–Do 12.30–20, Fr & Sa bis 21, So 12.30–16 & 17–20 Uhr) Das Kilbroney ist nicht nur ein guter Laden für traditionelle irische und andere Musik – an den meisten Abenden live –, sondern auch eines der besten Pubs in Rostrevor zum Essengehen: Hier gibt's klassisches Pubfood wie Steak-Sandwiches, Lasagne, Burger und dicke Pommes.

Warrenpoint

7000 EW.

Die Schönheit der Küste bei Warrenpoint (An Pointe), einem viktorianischen Badeort am Carlingford Lough mit Kieselstrand und schönem Blick in die Berge, leidet aufgrund des großen Industriehafens am westlichen Stadtrand. Dennoch sind die breiten Straßen, der Marktplatz und die renovierte Promonade angenehm und die Übernachtungs- sowie Einkehrmöglichkeiten besser als in Newry oder Rostrevor.

Narrow Water Castle BURG
2 km nordwestlich vom Stadtzentrum Warrenpoints befindet sich ein schönes elisabethanisches Turmhaus, das 1568 gebaut wurde, um die Mündung des Flusses Newry zu kontrollieren. Es ist für die Öffentlichkeit geschlossen, es sei denn, man übernachtet im Burgapartment (S. 641).

Blues on the Bay MUSIK
(https://bluesonthebay.co.uk; ⏲ Ende Mai) Am langen Wochenende Ende Mai kommen einige der besten Bluesmusiker der Welt zum sechstägigen Festival nach Warrenpoint. In meist kleinen, intimen Veranstaltungsorten finden rund 90 Konzerte statt. Im Warrenpoint Park findet zeitgleich das familienfreundliche musikalische und kulinarische Bluesberry-Fest statt.

Schlafen & Essen

★ **Narrow Water Castle Apartment** APARTMENT ££
(☎ 07784 730826; www.narrowwatercastle.co.uk; Apt 2, Narrow Water Castle; DZ ab 110 £) Das erlesene Apartment im historischen Narrow Water Castle (S. 641) hat einen eigenen Eingang, zwei Schlafzimmer (eins mit eigenem Bad und beide mit ungarischen Daunenkissen sowie edler Bettwäsche), eine mit Antiquitäten eingerichtete Lounge samt Kamin, ein Hauptbad mit luxuriöser, frei stehender Wanne, eine vollständig ausgestattete Küche und Zugang zum Burggarten. Der Mindestaufenthalt beträgt drei Nächte.

Whistledown Hotel BOUTIQUE-HOTEL ££
(☎ 028-4175 4174; www.thewhistledownhotel.com; 6 Seaview; EZ/DZ ab 80/90 £; 📶) Ein Hotel in herrlicher Lage am Wasser. Die 21 eleganten Zimmer sind mit kirschroten und pistazienfarbigem Samt ausgekleidet und verfügen über große Flachbildfernseher sowie Bäder mit farbenfrohen Designerfliesen.

★ **Restaurant 23** MODERN IRISCH ££
(☎ 028-4175 3222; www.balmoralwarrenpoint.co.uk/restaurant-23; 13 Seaview; Hauptgerichte Restaurant 14–20 £, Bistro 12–15 £; ⏲ Restaurant Do–Sa 17.30–22, So 12–20 Uhr, Bistro Mo–Sa 12–22, So bis 21 Uhr; 👪) 🌿 Im Restaurant im ersten Stock des Balmoral Hotel an der Uferpromenade von Warrenpoint lernt man die fröhliche Art des Fernsehkochs Ray McArdle kennen, irische Produkte in Szene zu setzen. Es gibt eine wechselnde Karte mit Gerichten wie schwarzer Trüffelsuppe mit Schinken und Guinnessmousse. Lockerer geht's unten im Anchor Bistro zu, das mit Gerichten wie Schellfisch im Bierteig mit Pommes lockt.

Newry

27 433 EW.

Lange Zeit war Newry eine Grenzstadt, die am Landweg von Dublin nach Ulster über den „Gap of the North", den Pass zwischen dem Slieve Gullion und den Carlingford Hills, wachte. Hauptstraße und Bahnschienen folgen der Route noch heute. Der Name des Ortes leitet sich von einer Eibe (An tIúr) ab, die der hl. Patrick gepflanzt haben soll. Nach der Eröffnung des Newry Canal 1742, der eine Verbindung zum Fluss Bann bei Portadown herstellte, wurde die Stadt ein geschäftiger Handelshafen und exportierte Kohle, Leinen und Butter. Heute ist Newry ein lebhaftes Einkaufszentrum.

Sehenswertes

Newry & Mourne Museum MUSEUM
(www.bagenalscastle.com; Castle St; Mo–Sa 10–16.30, So 13.30–17 Uhr) GRATIS Das Museum im Bagenal's Castle, dem ältesten erhaltenen Gebäude der Stadt, zeigt Ausstellungen zum Newry Canal sowie zu Archäologie, Kultur und Folklore der Gegend. Die völlig unter neueren Gebäuden verschwundene und erst vor Kurzem wiederentdeckte Burg aus dem 16. Jh. wurde im Auftrag von Nicholas Bagenal, Großmarschall der englischen Armee in Irland, errichtet.

Derrymore House HISTORISCHES GEBÄUDE
(www.nationaltrust.org.uk; Gärten frei, Haus Erw./Kind 2 £/frei; Gärten Sonnenauf- bis Sonnenuntergang) Das Derrymore House befindet sich unmittelbar südlich von Bessbrook und 4 km westlich von Newry. Das elegante strohgedeckte Cottage wurde 1776 für Isaac Corry errichtet, der Newry 30 Jahre lang im Parlament vertrat. Im Salon des Hauses wurde 1800 das Vereinigungsgesetz entworfen. Das Haus ist nur an einigen wenigen Tagen im Jahr geöffnet – anrufen oder auf der Website des National Trust nachschauen. Die umliegende Parklandschaft hat aber reizende Spazierwege mit Blick auf den Ring of Gullion.

Das Gelände wurde von John Sutherland (1745–1826) gestaltet, einem der bekanntesten Schüler des englischen Landschaftsgärtners Capability Brown.

Schlafen & Essen

Canal Court Hotel HOTEL ££
(028-3025 1234; www.canalcourthotel.com; 34 Merchants Quay; EZ/DZ ab 80/98 £; P @) Obwohl das Hotel am Newy Canal mit 110 senfgelben Zimmern noch recht neu ist, verströmt es eine angenehm altmodische Atmosphäre. Dafür sorgen die Ledersofas in der weiten, holzvertäfelten Lobby, die niedrige Bar mit traditioneller Musik und gutem Pubfood und die prächtige Treppe, die zu den geräumigen Zimmern führt. Es gibt ein 20-m-Schwimmbad im Haus. Die Mitarbeiter sind sehr entgegenkommend.

Brass Monkey PUBFOOD ££
(028-3026 3176; 1–4 Sandy St; Hauptgerichte Bar 6–8 £, 2/3 Gänge 12/15 £; Mo–Do 10–24, Fr & Sa bis 2, So 12–24 Uhr) Newrys beliebtestes Pub ist mit viel Messing, Ziegeln und Holzdekor sowie moderner Beleuchtung und Samtsofas ausgestattet und wartet mit Leckereien wie Lasagne, Burgern, Fischgerichten, Meeresfrüchten und Steaks auf. Samstags und sonntags treten Musiker auf.

★ **Finegan & Son** KAFFEE
(www.facebook.com/fineganandson; 9 Kildare St; 8.30–17 Uhr;) Das lichtdurchflutete Eckcafé serviert wirklich guten Kaffee. Im wöchentlichen Wechsel werden jeweils drei Filterkaffees angeboten, dazu Cold Brew (kaltgebrühter Kaffee) sowie Cappuccino aus der Maschine. Auch der Brunch und die Sandwiches sind gut.

Bank BAR
(www.facebook.com/bankrestaurantnewry; 1–2 Trevor Hill; Mo–Do 12–23.30, Fr & Sa 9–1.30 Uhr) Die riesige Bar mit Nachtclub befindet sich in einem früheren Bankgebäude aus grauem Stein. Sie kombiniert einige Originalelemente des Gebäudes (darunter eine Buntglaskuppel) mit modernem Dekor wie fuchsienrotem Licht. Im überdachten südamerikanisch gestylten Biergarten gibt's eine Bühne für Livemusik (jeden Samstagabend) und riesige Tontöpfe. Gute Bistrospeisen.

Praktische Informationen

Newry Visitor Information Centre (028-3031 3170; www.visitmournemountains.co.uk; Castle St; Sept.–Juni Mo–Fr 9–17, Sa 10–16 Uhr, Juli & Aug. Mo 9–Fr 9–18, Sa 10–16 Uhr, Juli–Sept. auch So 13–17 Uhr) Im Bagenal's Castle, zusammen mit dem **Newry & Mourne Museum** (S. 642).

An- & Weiterreise

BUS

Newrys Busbahnhof liegt gegenüber dem Canal Court Hotel an der Mall.

Von hier bestehen u. a. Verbindungen nach:

Armagh 6 £, 50 Min., Mo–Sa stdl., So 3-mal

Belfast (Europa Bus Centre) 9,30 £, 1¼ Std., Mo–Sa mind. stdl., So 8-mal

Hillsborough 6,70 £, 50 Min., Mo–Sa mind. stdl., So 8-mal

Rostrevor 3,50 £, 25 Min., Mo–Sa mind. stdl., So 6-mal

Warrenpoint 3 £, 20 Min., Mo–Sa mind. stdl., So 6-mal

ZUG

Der Bahnhof liegt 2,5 km nordwestlich des Stadtzentrums an der A25. Bus 341 (für Bahnreisende ein kostenloser Service) pendelt abgestimmt auf Ankunft und Abfahrt der Züge zwischen Bahnhof und Busbahnhof.

Newry befindet sich an der Bahnstrecke von Dublin (20 £, 1¼ Std., 8-mal tgl.) nach Belfast (11 £, 70 Min., Mo–Sa 10-mal tgl., So 5-mal).

Hillsborough & Umgebung

3400 EW.

Der elegante kleine Ort 19 km südlich von Belfast wurde in den 1640er-Jahren von Colonel Arthur Hill, dem vierten Marquis von Downshire, gegründet. Hill ließ eine Festung errichten, um irische Aufständische zu unterwerfen. Rund um den Hauptplatz und entlang der Main Street reihen sich georgianische Bauten aneinander.

Am berühmtesten ist Hillsborough, weil das Hillsborough Castle als offizielle Residenz des Staatssekretärs für Nordirland dient. Es wird auch genutzt, um Staatsoberhäupter zu empfangen (darunter die ehemaligen US-Präsidenten George W. Bush und Bill Clinton).

Sehenswertes

Hillsborough Castle HISTORISCHES GEBÄUDE

(028-9268 1300; www.hrp.org.uk; Main St; Haus & Gärten Erw./Kind 9,50/6 £, nur Gärten Erw./Kind 5/3,50 £; Gärten März–Sept. 9.30–18 Uhr, Okt.–Feb. Mo–Sa bis 16.30 Uhr, Haus Ende März–Anfang April & Juli–Sept. 11–16 Uhr) Das weitläufige Herrenhaus ist die offizielle Residenz der britischen Monarchie in Nordirland. Es wurde 1797 im spätgeorgianischen Stil für Wills Hill, den ersten Marquis von Downshire, gebaut und in den 1830er- und 1840er-Jahren erheblich umgestaltet. Bei der einstündigen Führung, die man im Voraus buchen sollte, besichtigt man den Thronsaal, den Empfangssaal, die Speisesäle und den Lady Grey Room, wo sich der britische Premierminister Tony Blair und US-Präsident George W. Bush 2003 über den Irak berieten.

Der hübsche Garten hat eine besonders schöne moosbedeckte Lindenallee.

2016 hat die Organisation Historic Royal Palaces das Anwesen übernommen und eine ambitionierte Renovierung in Angriff genommen, mit dem Umbau der Stallungen in ein Besucherzentrum mit Café und Shop sowie einem neuen Busparkplatz. Bei Erscheinen dieses Reiseführers sollten dann auch das Courthouse und Fort von Hillsborough restauriert worden sein.

St. Malachy's Parish Church KIRCHE

(www.hillsboroughparish.org.uk; Main St; 8.30–19 Uhr) GRATIS Dies ist eine der schönsten irischen Kirchen aus dem 18. Jh. Am Ende der Seitenschiffe befinden sich Zwillingstürme und auf der Westseite gibt's eine elegante Turmspitze. Eine Allee führt von der Arthur-Hill-Statue zu dem am Ende der Main Street gelegenen Gotteshaus.

Hillsborough Fort HISTORISCHES GEBÄUDE

(Main St; Gelände Mo–Sa 10–16, So 11–16 Uhr) GRATIS Arthur Hill ließ das Hillborough Fort 1650 als Artilleriefestung errichten. Wilhelm III. von Oranien-Nassau übernachtete 1690 hier auf seinem Weg zum Boyne. 1758 wurde das Gebäude zu einem Turmhaus im neogotischen Stil umgebaut. Gegenüber vom Courthouse (S. 643) führt eine kleine Allee zu diesem Fort am Rand des Hillsborough Forest Park. Für Besucher ist nur das Gelände zugänglich.

1771 verbrachte Benjamin Franklin hier fünf Tage als Gast von Wills Hill, dem damaligen Kolonialminister. Angeblich verlief das Treffen so miserabel, dass es Franklin in seiner Überzeugung bestärkte, dass die einzige Chance für Amerika eine Revolution sei.

Hillsborough Courthouse HISTORISCHES GEBÄUDE

(The Square; ganzjährig Mo–Sa 9.30–17.30 Uhr, April–Sept. auch So 11–16 Uhr) GRATIS Von 1810 bis 1986 diente das schöne georgianische Haus am Markt, das 1765 errichtet wurde, als Gerichtsgebäude. Heute zeigt es Ausstellungen zur Arbeit des Gerichts.

Schlafen & Essen

★ **Fortwilliam Country House** B&B ££

(028-9268 2255; www.fortwilliamcountryhouse.com; 210 Ballynahinch Rd; EZ/DZ 50/75 £; P WLAN) Das Fortwilliam verfügt über vier luxuriös ausgestattete Zimmer, darunter ein eleganter viktorianischer Raum mit rosafarbenen Tapeten, einem riesigen Mahagonischrank und Gartenblick. Zum Frühstück werden frische Eier von hauseigenen Hühnern serviert und es duftet köstlich nach selbst gebackenem Weißbrot. Von Hillsborough aus nimmt man die B177 in Richtung Anahilt, das Hotel liegt nach 5,6 km auf der rechten Seite.

★ **Parson's Nose** MODERN IRISCH ££
(www.ballooinns.com; 48 Lisburn St; Hauptgerichte 11–22 £, 2/3 Gänge abends 19/24 £; ⌚ Küche So–Do 12–21, Fr & Sa bis 22 Uhr) Das beliebte Gastropub in einem schönen georgianischen Gebäude hat jüngst durch eine Renovierung unten einen eleganten Speiseraum hinzugewonnen. Im oberen Stockwerk brutzeln die Köche in einer offenen Küche mit Pizzaofen aus regionalen Zutaten leckere Gerichte. Einige Tische bieten einen Blick auf den See des Hillsborough Castle.

Plough Inn BISTRO ££
(☎ 028-9268 2985; http://ploughgroup.com; 3 The Square; Hauptgerichte mittags 10–12 £, abends 11,50–22 £, Fisch & Meeresfrüchte 13–24 £; ⌚ Mo–Do 12–15 & 17–21, Fr & Sa bis 21.30, So 12–20 Uhr; ✎) In dem gediegenen 1758 eröffneten Pub mit den dunklen Holzvertäfelungen, vielen Nischen und Ecken kann man mittags und abends ausgezeichnet essen. Oben im Fischrestaurant (Fr & Sa 18–21.30 Uhr) steht Gourmetküche auf dem Programm. Unverputzte Wände, niedrige Decken und ein Kaminfeuer schaffen dafür einen gemütlichen Rahmen. Freitag- und samstagabends gibt es oft Livemusik.

Hillside Bar & Restaurant PUB
(☎ 028-9268 9233; www.hillsidehillsborough.co.uk; 21 Main St; ⌚ Mo–Mi 12–23.30, Do bis 23.45, Fr bis 0.30, Sa bis 0.45, So 12.30–23 Uhr) In der abschüssigen Main Street schenkt dieses behagliche Pub echtes Ale und im Winter Glühwein am Kamin aus. Hinter dem Haus befindet sich ein gepflasterter Biergarten.

> **ABSTECHER**
>
> **BULL & RAM**
>
> In einer schön restaurierten edwardianischen Metzgerei residiert das **Bull & Ram** (☎ 028-9756 0908; www.bullandram.com; 1 Dromore St, Ballynahinch; Hauptgerichte 13–28 £; ⌚ Mo & Di 12–20.30, Mi, Do bis 21, Fr & Sa bis 21.30, So bis 19 Uhr). Erhalten sind die Original-Wandfliesen in Creme- und Smaragdtönen und die alte Stange, an der das Fleisch aufgehängt wurde. Gerne nehmen die Gäste den Weg nach Ballynahinch auf sich, um sich an Kelan McMichaels herrlicher Küche zu laben, mit Zutaten wie Rind aus dem County Down, das mit Himalaja-Salz haltbar gemacht wird, Lamm aus Mourne und Fisch aus Kilkeel. Das Restaurant befindet sich 14 km südöstlich von Hillsborough bzw. 30 km südlich von Belfast.

ℹ Praktische Informationen

Hillsborough Visitor Information Centre
(☎ 028-9244 7640; www.visitlisburncastlereagh.com; The Square; ⌚ ganzjährig Mo–Sa 9.30–17.30 Uhr, April–Sept. auch So 11–16 Uhr) Im georgianischen **Hillsborough Courthouse** (S. 643) im Ortszentrum.

ℹ An- & Weiterreise

Bus 238 fährt vom Europa Bus Centre in Belfast (3,80 £, 25 Min., Mo–Sa mind. stdl., So 8-mal) nach Hillsborough und weiter nach Newry (6,70 £, 50 Min.).

COUNTY ARMAGH

Armagh (Stadt)

14 600 EW.

Seit dem 5. Jh. gilt das hübsche kleine Armagh (Ard Macha) als wichtiges religiöses Zentrum. Noch heute ist es Irlands kirchliche Hauptstadt und Sitz des anglikanischen sowie des römisch-katholischen Erzbischofs des Countys, die zugleich die höchsten Ämter im ganzen Land bekleiden. Die zwei Kathedralen – beide nach dem hl. Patrick benannt – stehen sich auf zwei Hügeln gegenüber.

Geschichte

Als der hl. Patrick in Irland mit der Verbreitung des Christentums begann, wählte er als Ausgangspunkt eine Stätte unweit des Emain Macha (Navan Fort), dem Zentrum des heidnischen Ulster. 445 errichtete er Irlands erste steinerne Kirche auf einer nahen Anhöhe (dort befindet sich heute die Kathedrale der Church of Ireland) und bestimmte später, dass Armagh den ersten Rang unter allen irischen Kirchen einnehmen sollte. Im 8. Jh. gehörte der Ort bereits zu den berühmtesten europäischen Zentren der Geistlichkeit, der Gelehrsamkeit und des Kunsthandwerks. Er wurde in drei *trians* (Distrikte) mit englischen, schottischen und irischen Straßen eingeteilt. Doch sein Ruhm war auch sein Verderben: Wikinger plünderten die Stadt zwischen 831 und 1013 ganze zehn Mal!

Im 18. Jh. erlangte Armagh durch den Leinenhandel neuen Wohlstand. Während dieser Zeit entstanden hier eine Royal School, eine Sternwarte, eine renommierte öffentliche Bibliothek und einige schöne georgianische Bauten.

Sehenswertes

★ **Armagh Robinson Library** BIBLIOTHEK
(☎ 028-3752 3142; http://armaghrobinsonlibrary.co.uk; 43 Abbey St; ⌚ Mo–Fr 10–13 & 14–16 Uhr) GRATIS Der wertvollste Besitz der wundervollen Bücherei, die 1771 von Erzbischof Robinson gegründet wurde, ist eine Erstausgabe von *Gullivers Reisen*, die 1726 veröffentlicht und von Swift selbst kommentiert wurde. Zu den weiteren Kostbarkeiten gehören Sir Walter Raleighs *History of the World* aus dem Jahre 1614, die *Claims of the Innocents* (Gnadengesuche an Oliver Cromwell) sowie Stiche von Hogarth und anderen. Die ältesten Handschriften hier sind theologische Werke aus den 1480er-Jahren.

Ganz in der Nähe kann man im Gebäude **5 Vicar's Hill**, einem Aufbewahrungsort für Dokumente der Church of Ireland, antike Münzen, frühe christliche Artefakte und weitere Kuriositäten bewundern (☎ 028-3751 1420; http://armaghrobinsonlibrary.co.uk/wp/no-5-vicars-hill; 5 Vicar's Hill; ⌚ April–Sept. Di–Sa 10–13 & 14–16 Uhr, Okt.–März Do–Sa) GRATIS.

★ **St. Patrick's Church of Ireland Cathedral** KATHEDRALE
(☎ 028-3752 3142; www.stpatricks-cathedral.org; Cathedral Close; Erw./Kind 3 £/frei; ⌚ April–Okt. 9–17 Uhr, Nov.–März bis 16 Uhr) Armaghs anglikanische Kathedrale befindet sich am einstigen Standort der originalen Steinkirche des hl. Patrick. Ihr Grundriss stammt aus dem 13. Jh., doch das Bauwerk selbst ist eine neogotische Rekonstruktion von 1834 bis 1840. Eine Steinplatte an der Außenmauer des nördlichen Querschiffs markiert das **Grab von Brian Ború**, einem Hochkönig, der in der letzten großen Schlacht gegen die Wikinger 1014 bei Dublin fiel.

In dem Gebäude sind die Überreste eines **keltischen Kreuzes** aus dem 11. Jh., das früher ganz in der Nähe stand, sowie das **Tandragee Idol**, eine merkwürdige Granitfigur aus der Eisenzeit, zu sehen. Im südlichen Seitenschiff stößt man auf ein **Denkmal für Erzbischof Richard Robinson** (1709–1794), der die Sternwarte und die öffentliche Bibliothek gründete.

★ **St. Patrick's Roman Catholic Cathedral** KATHEDRALE
(www.armagharchdiocese.org; Cathedral Rd; Eintritt gegen Spende; ⌚ 8.30–19.30 Uhr) Riesige Zwillingstürme prägen das Bild, wenn man sich der römisch-katholischen Kathedrale der Stadt nähert, die von 1838 bis 1873 im neogotischen Stil errichtet wurde. Innen wirkt sie fast byzantinisch: Wände und Decke sind bis in den letzten Winkel von Mosaiken in leuchtenden Farben bedeckt. 1981 wurde der Altarraum modernisiert, der mit seinem markanten Tabernakel und Kruzifix nicht so recht zum sonstigen Interieur der Kirche passen will.

Armagh County Museum MUSEUM
(☎ 028-3752 3070; www.nmni.com/acm; The Mall E; ⌚ Mo–Fr 10–17, Sa 10–13 & 14–17 Uhr) GRATIS Unter den Exponaten des Stadtmuseums sind prähistorische Äxte, Fundstücke aus Mooren, Strohpuppen sowie Militäruniformen und -ausrüstungen. Nicht verpassen sollte man den gusseisernen Schädel, der früher den Galgen von Armagh zierte.

Mall PARK
Bis ins 18. Jh. diente die langgezogene Rasenfläche östlich des Stadtzentrums als Pferderennbahn und Arena für Hahnen- und Stierkämpfe. Dann entschied Erzbischof Robinson, dass solch vulgäres Treiben nicht zu einer Gelehrtenstadt passe. Als Ersatz ließ er einen eleganten georgianischen Park anlegen, der bis heute der schönste Teil von Armagh ist. Er wird von bemerkenswerten Gebäuden gesäumt, darunter das noch heute als Gericht dienende und für Besucher nicht zugängliche **Armagh Courthouse** (The Mall N), das **Armagh Gaol** (das ehemalige Gefängnis, The Mall S) und georgianische Ensembles wie **Charlemont Place**.

Armagh Planetarium PLANETARIUM
(☎ 028-3752 3689; www.armaghplanet.com; College Hill; Ausstellungsgelände frei, Vorführungen Erw./Kind 6/5 £; ⌚ ganzjährig Mo–Sa 10–17 Uhr, Juli & Aug. auch So 10–17 Uhr) Das Armagh Planetarium wendet sich hauptsächlich an Kinder und Jugendliche. Eine interaktive Ausstellung informiert über die Erforschung des Weltalls, und das digitale Theater zeigt in spektakulären halbstündigen Shows Projektionen an der Kuppeldecke zu verschiedenen Themen (Reservierung erforderlich; Termine siehe Website).

Armagh (Stadt)

Ein Pfad verbindet das Planetarium mit dem Armagh Observatory.

Armagh Observatory STERNWARTE

(http://star.arm.ac.uk; College Hill) Das Armagh Observatory wurde 1789 von Erzbischof Robinson gegründet. Bis heute ist es Irlands führendes astronomisches Forschungsinstitut. Das Gebäude der Sternwarte ist nicht öffentlich, aber auf dem hübschen Gelände, das tagsüber zugänglich ist, finden sich Sonnenuhren und Modelle des Sonnensystems, darunter eines, bei dem Menschen die Positionen der sich bewegenden Planeten einnehmen können.

Zwischen Observatorium mit Planetarium (S. 645) gibt es einen Spazierweg.

Palace Demesne Public Park PARK

(www.armagh.co.uk; 1 Greenpark; ⌚ Sonnenauf- bis Sonnenuntergang) Der Palast und der 121 ha große Grundbesitz, der ihn umgibt, dienten von den 1770er- bis in die 1970er-Jahre als Wohnsitz des Erzbischofs der Church of Ireland. Ersterer wird heute vom Stadtrat genutzt und ist nicht öffentlich zugänglich, doch man kann die schöne Gartenanlage besichtigen. Ein Highlight ist der Garden of Senses (Garten der Sinne), fünf miteinander verbundene Bereiche, die alle fünf Sin-

Armagh (Stadt)

Highlights
1 Armagh Robinson Library ... B3
2 St. Patrick's Church of Ireland Cathedral ... B4
3 St. Patrick's Roman Catholic Cathedral ... A1

Sehenswertes
4 Armagh County Museum ... D3
5 Armagh Courthouse ... C2
6 Armagh Gaol ... D4
7 Armagh Observatory ... C1
8 Armagh Planetarium ... C1
9 Charlemont Place ... C3
10 Mall ... C3
11 No 5 Vicar's Hill ... A3
12 Palace Demesne Public Park ... B5

Schlafen
13 Armagh City Hotel ... C5
14 Armagh Hostel ... A3
15 Seven Houses ... B3

Essen
16 4 Vicars ... A3
17 Mulberry Bistro ... A2
18 Uluru Bar & Grill ... C3

Unterhaltung
19 Market Place Theatre & Arts Centre ... B3

ne ansprechen. In den einstigen Ställen befindet sich das hervorragende Bistro Moody Boar (S. 648).

Feste & Events

Mit etwas Glück erleben Besucher ein traditionelles **Road-Bowling-Match** mit, bei dem die Teilnehmer auf wenig befahrenen Landstraßen kleine 800 g schwere Metallkugeln werfen. Gewinner ist derjenige, der es mit möglichst wenigen Würfen bis zur Ziellinie schafft. Mehr über die Wettbewerbe erfährt man unter www.irishroadbowling.ie.

Schlafen

Armagh Hostel HOSTEL £
(☎ 028-3751 1800; www.hini.org.uk; 39 Abbey St; B/EZ/2BZ/FZ 19/31/42/48 £; ⏰ April–Okt. 8.30–11 & 16–21.30 Uhr, Nov.–März nur Gruppen; P 📶) Der moderne Zweckbau nahe der Church of Ireland Cathedral ist schon fast so etwas wie ein Hotel. Es gibt sechs komfortable Zweibett-, zwei Familien- und zehn kleine Mehrbettzimmer (alle mit eigenem Bad und mit Wasserkochern), eine gut ausgestattete Küche, eine Waschküche, eine Lounge und ein Lesezimmer.

★ **Seven Houses** B&B ££
(☎ 028-3751 1213; www.sevenhouses.co.uk; 3 Upper English St; DZ/Apt. 75/95 £; 📶) Das hübsche B&B in zentraler Lage bietet zwei helle Zimmer mit Stilmöbeln sowie ein Ein-Zimmer-Apartment für zwei mit kleiner Küche und Essbereich. Im Erdgeschoss befindet sich eine stimmungsvolle in Rot gehaltene Bar und Lounge, wo freitag- bis sonntagabends hausgemachte Pizza (8–11 £) serviert wird. Das Frühstück nehmen die Gäste im Café Bagel Bean gegenüber ein.

Armagh City Hotel BUSINESSHOTEL ££
(☎ 028-3751 8888; www.armaghcityhotel.com; 2 Friary Rd; EZ/DZ/FZ ab 95/109/135 £; @ 📶 🏊) Was diesem riesigen, modernen Hotel mit 120 Zimmern an Atmosphäre fehlt, das macht es durch seine vielen Annehmlichkeiten wett: ein topmodernes Freizeitzentrum mit Fitnessraum, eine Dampfsauna und ein Pool, ein Schönheitssalon, ein Restaurant, eine Bar und ein Nachtclub. Die Executive-Zimmer haben Balkone mit Blick auf den Golfplatz. Es lohnt sich, nach den Deluxe-Zimmern mit bodentiefen Fenstern und Blick auf die beiden Kathedralen der Stadt zu fragen.

Essen

Mulberry Bistro BISTRO £
(☎ 028-3751 0128; www.facebook.com/MulberryBistro; Cathedral Rd; Hauptgerichte 4–7,50 £; ⏰ Mo–Sa 8–20, So 9–15 Uhr) In diesem einladenden Café mit maulbeerfarbenen Wänden bekommt man gutes Frühstück, Kaffee und Kuchen sowie mittags und abends Burger, Lasagne und wechselnde Tagesgerichte.

★ **4 Vicars** MODERN IRISCH ££
(☎ 028-3752 7772; http://4vicars.com; 4 Vicars Hill; Hauptgerichte mittags 6–15 £, abends 20–23 £; ⏰ Mi–So 10–15, Fr & Sa 18–20.30 Uhr) Das in einem denkmalgeschützten georgianischen Gebäude untergebrachte schicke kleine Bistro verfügt über eine winzige hübsche Terrasse. Es ist der perfekte Ort für ein Mittagessen (Kilkeel-Krebs auf hausgemachtem Brot oder St.-Tola-Ziegenkäse mit frittierten Zucchini und Rote Bete). Eine besonders romantische Atmosphäre verströmen die drei lauschigen Räume abends am Wochenende; dann kann man hier Gerichte

wie Ente mit Grünkohl, Backpflaumen und Kartoffelpuffern genießen.

★ **Moody Boar** MODERN IRISCH ££
(☎ 028-3752 9678; http://themoodyboar.com; Palace Stables, 1 Greenpark; Hauptgerichte mittags 8–13 £, abends 16–20 £; Mi–Fr 12–15 & 17–21.30, Sa 10–15 & 17–21.30, So 12–19 Uhr; ☎) In den früheren Pferdeställen im Palace Demesne Public Park (S. 646) bietet das Restaurant seinen Gästen als besondere Spezialität vegetarische und glutenfreie Speisen. Freitagnachmittags treten im zugehörigen Hof des Lokals Musiker auf. Koch Sean Farnan verwendet viele Zutaten aus dem bewaldeten Gelände sowie dem hauseigenen Kräuter- und Gemüsegarten.

Uluru Bar & Grill BISTRO ££
(☎ 028-3751 8051; http://ulurubarandgrill.com; 3–5 Market St; Frühstück 2,50–6 £, Hauptgerichte mittags 7–9 £, abends 12–20 £; ⏲ Mo–Fr 10–21, Sa 9–22, So 12–21 Uhr) Das von Australiern geführte Uluru bringt mit seiner Küche und der Aborigine-Kunst an den Wänden ein bisschen Flair vom anderen Ende der Welt nach Armagh. Auf der Karte stehen u. a. Bondi-Burger (mit geschmolzenem Brie-Käse und Schinken), Känguru vom Holzkohlegrill und rustikale Steinofenpizzas. Hier kann man Craft-Biere und -Cider aus der Region probieren; Weine gibt's aus der ganzen Welt.

☆ Unterhaltung

Market Place Theatre & Arts Centre THEATER
(☎ 028-3752 1821; www.marketplacearmagh.com; Market St; ⏲ Kasse Mo–Sa 9.30–16.30 Uhr) Armaghs wichtigstes Kulturzentrum beherbergt ein Theater mit 400 Plätzen, Ausstellungsräume und die Theatre Bar & Bistro.

ℹ Praktische Informationen

Armagh Visitor Information Centre (☎ 028-3752 1800; www.armagh.co.uk; 40 Upper English St; ⏲ April–Sept. Mo–Sa 9–17.30, So 13–17.30 Uhr, Okt.–Mai Mo–Sa 9–17 Uhr) liegt im St.-Patrick's-Trian-Komplex.

ℹ An- & Weiterreise

Bus 251 fährt vom/zum Europa Bus Centre in Belfast (9,30 £, 1½ Std., Mo–Fr stdl., Sa 8-mal tgl., So 4-mal). Bus 40 bedient Newry (6 £, 50 Min., Mo–Sa stdl., So 3-mal tgl.). Die Busse fahren am **Armagh Bus Centre** (⏲ Büro Mo–Fr 8.30–17 Uhr) in der Nähe des Stadtzentrums ab.

Navan Fort

★ **Navan Fort** ARCHÄOLOGISCHE STÄTTE
(Emain Macha; Navan Fort Rd) GRATIS Hoch auf einem Drumlin erhebt sich Ulsters bedeutendste archäologische Stätte. Sie steht mit den Sagen von Cúchulainn in Verbindung

ABSTECHER

OXFORD ISLAND

Bei diesem **Naturschutzgebiet** (www.oxfordisland.com; ♿) handelt es sich trotz des Namens nicht um eine Insel, sondern um eine Halbinsel am Südufer des Lough Neagh. Hier werden verschiedene Biotope geschützt, darunter Waldgebiete, Blumenwiesen, Schilfzonen und flache Seeufer. Es gibt zahlreiche Wander- und Radwege sowie Infotafeln und Vogelbeobachtungsplätze. Beim **Lough Neagh Discovery Centre** gibt's außerdem einen Spielplatz und ein Café.

Das Gebiet liegt nördlich von Lurgan und ist an der Ausfahrt 10 der M1 ausgeschildert. Um es zu erreichen, benötigt man ein eigenes Fahrzeug.

An Vögeln sind hier Hauben- und Zwergtaucher, Lach- und Mantelmöwen sowie Blässhühner und Teichrallen zu finden.

Lough Neagh Boat Trips (☎ 028-3832 7573; Kinnego Marina, Annaloist Rd, Oxford Island; Erw./Kind 5/3 £; ⏲ April–Okt. Sa & So 13.30–17 Uhr alle 30 Min.) Die halbstündigen Bootsfahrten auf dem See mit dem Kabinenkreuzer *Master McGra* (12 Plätze) starten in der Kinnego Marina.

Lough Neagh Discovery Centre (www.oxfordisland.com; Oxford Island; ⏲ April–Sept. Mo–Fr 9–18, Sa & So 10–18 Uhr, Okt.–März bis 17 Uhr; 📶) Das Discovery Centre befindet sich in der Mitte eines von Wasservögeln bevölkerten Schilfteichs. Es verfügt über einen Infoschalter, ein Souvenirgeschäft, eine Galerie und ein tolles kleines Café mit Blick auf das Seeufer.

und war die Hauptstadt von Ulster sowie Sitz der legendären Knights of the Red Branch. Die Ausstellung im großartigen Navan Centre (S. 649) stellt das Fort in den historischen Kontext und zeigt einen seltenen Nachbau einer eisenzeitlichen Siedlung.

Die Stätte liegt 3 km westlich von Armagh, gut zu erreichen mit der Buslinie 73 (Mo–Fr 7-mal tgl.).

Das auf Irisch Emain Macha genannte Navan Fort war von etwa 1150 v. Chr. bis zur Verbreitung des Christentums ein bedeutender Ort. Auf Handelsbeziehungen mit Nordafrika deutet der Fund eines Berberaffenschädels hin.

Der größte kreisförmige **Erdwall** misst erstaunliche 240 m im Durchmesser und umschließt eine kleinere kreisförmige Struktur sowie einen eisenzeitlichen **Grabhügel**. Bis heute gibt die Kreisstruktur den Archäologen Rätsel auf. Vielleicht handelt es sich um eine Art Tempel, dessen Dach von konzentrischen Reihen hölzerner Pfosten getragen wurde und der innen mit einem riesigen Steinhaufen gefüllt war. Noch merkwürdiger ist allerdings, dass dieses Gebilde kurz nach seiner Errichtung um 95 v. Chr. in Brand gesteckt wurde – möglicherweise zu rituellen Zwecken.

Navan Centre MUSEUM

(☎ 028-3752 9644; www.armagh.co.uk; 81 Killylea Rd; Erw./Kind April–Sept. 6,80/4,55 £, Okt.–März 5,60/3,40 £; ⏲ April–Sept. 10–18.30 Uhr, Okt.–März bis 16 Uhr, letzter Einlass 90 Min. vor Schließung, im Winter 1 Std. vorher) Das außergewöhnlich gut gemachte Navan Centre im Navan Fort (S. 648) stellt das Fort in den historischen Kontext und zeigt einen Nachbau einer eisenzeitlichen Siedlung.

Lough Neagh

Der Lough Neagh (ausgesprochen „ney"), Großbritanniens und Irlands größter Süßwassersee (32 km lang und 16 km breit), ist mit seinen höchstens 9 m Tiefe relativ flach. Er bietet nicht nur Wasservögeln einen wichtigen Lebensraum, sondern auch der Irischen Maräne, einer ausschließlich in Irland vorkommenden Fischart, und der Forellenart Dollaghan, die man nur hier findet.

Weil der See über den Fluss Bann mit dem Meer verbunden ist, galt er schon in prähistorischen Zeiten als wichtige Wasserstraße. Noch heute befindet sich vor Ort die größte Aalfischerei Europas. Als wichtigste Ausgangspunkte für die Erkundung des Lough Neagh – mit der besten Aussicht – gelten das Dorf Antrim am Ostufer, Oxford Island im Süden sowie Ballyronan und Ardboe im Westen.

Loughshore Trail RADFAHREN

(www.cycleni.com/75/loughshore-trail) Rund um den Lough Neagh führt der 180 km lange Radweg Loughshore Trail. Er verläuft überwiegend auf ruhigen Landstraßen etwas abseits des Ufers. Auf www.cycleni.com kann man sich eine Broschüre mit Unterkünften, Restaurants und Fahrradverleihern an der Strecke herunterladen.

Ring of Gullion

Der mystische Ring of Gullion (www.ringofgullion.org) ist tief im keltischen Sagenschatz verwurzelt, in dessen Mittelpunkt der Slieve Gullion (Sliabh gCuilinn) steht. Hier erhielt der Keltenkrieger Cúchulainn angeblich seinen Namen, nachdem er den *cú* (Hund) des Schmieds Culainn getötet hatte. Der „Ring" zieht sich als zerklüftete Hügelkette von Newry bis zum 15 km südwestlich gelegenen Forkhill und umschließt den Slieve Gullion. Seine konzentrische Struktur ist sehr ungewöhnlich.

★ **Slieve Gullion Forest Park** WALD

(www.ringofgullion.org; 89 Drumintee Rd, Meigh; ⏲ 8 Uhr–Sonnenuntergang; 👪) GRATIS Die 10 km lange Fahrt durch den reizvollen Slieve Gullion Forest Park bietet einen wunderbaren Ausblick auf die Berge. Vom Rastplatz am oberen Ende der Straße kann man zum Gipfel des **Slieve Gullion** (576 m), der höchsten Erhebung im County Armagh, wandern. Oben liegen zwei bronzezeitliche *cairns* (Steingräber) und ein kleiner See (Rundweg 1,5 km). Der Slieve Gullion befindet sich 10 km südwestlich von Newry an der B113 nach Forkhill.

Am Haupteingang des Waldparks befinden sich ein fantastischer **Abenteuerspielplatz**; durch den Wald führt der zauberhafte Märchenpfad **Giant's Lair** mit versteckten Feenhäusern, von Riesen zurückgelassenen Teetassen und Suppenschüsseln und anderen tollen Sachen – der Pfad bezieht sich auf alte irische Legenden. Im Hof in der Nähe des Parkplatzes gibt es außerdem noch ein gutes Café, das **Synge & Byrne** (www.syngeandbyrne.com; Slieve Gullion Forest Park; Hauptgerichte 5–7 £; ⏲ 8–18 Uhr; 📶 🖉).

Killevy Old Churches HISTORISCHE STÄTTE
(Killeavy; Church Rd; ⏲24 Std.) GRATIS Die von Buchen umgebenen, verfallenen, miteinander verbundenen Killevy Churches befinden sich auf dem Gelände eines Nonnenklosters aus dem 5. Jh., das von der hl. Moninna gegründet wurde. Die östliche Kirche stammt aus dem 15. Jh. und teilt sich eine Giebelwand mit der westlichen Kirche aus dem 12. Jh. Möglicherweise ist das Westtor mit seinem massiven Türsturz und Granitpfosten noch 200 Jahre älter. Auf der Seite des Friedhofs führt ein Fußweg zu einem weißen Kreuz hinauf, das **Moninnas heilige Quelle** markiert.

Anreise & Unterwegs vor Ort

Bus 43 verbindet Newry mit Forkhill über Meigh (zum Slieve Gullion Forest Park) und Killeavy (Mo–Fr 7-mal tgl., So 4-mal).

Die nationale Fahrradroute 9 verbindet Newry über die Killevy Old Churches mit dem Slieve Gullion Forest Park.

Counties Londonderry & Antrim

865 240 EW. / 4918 KM2

Inhalt ➡

Gut essen

- Pyke 'n' Pommes (S. 661)
- Harry's Shack (S. 668)
- Morton's Fish & Chips (S. 679)
- Ursa Minor (S. 679)
- Bushmills Inn (S. 672)

Schön übernachten

- Strandeen (S. 668)
- Downhill Beach House (S. 667)
- Shola Coach House (S. 669)
- Manor House (S. 681)
- Galgorm Resort & Spa (S. 689)

Auf nach Londonderry & Antrim

Nordirlands spektakuläre Nordküste ist ein Traum für Geologen. Hier hat der Ozean schwarzen Basalt und weiße Kreide freigeschwemmt, die einen Großteil des Untergrunds des Countys Antrim bilden, außerdem sind die Felsen zu einer atemberaubenden Szenerie aus Klippen, Höhlen, Säulen und Spitzen ausgeformt. Die einzigartigen Felsformationen der mystischen Landschaft, verfallene Burgen und bewaldete Täler machen die Region zur stimmungsvollen Kulisse von Serien wie *Game of Thrones*, das an mehreren Orten in der Gegend gefilmt wurde.

Im Westen liegt die Hauptattraktion des Countys Londonderry: die lebendige Stadt Derry. Irlands einzige von einer Stadtmauer umgebene Stadt liegt an einer breiten Schleife des Flusses Foyle und rühmt sich einer jahrhundertealten, oftmals turbulenten Geschichte. Seit 2010 hat Derry sich zur führenden Stadt in Sachen Kultur entwickelt, in der sich zahlreiche kreative Unternehmen, Kunst im öffentlichen Raum und eine pulsierende Gastronomie- und Ausgehszene angesiedelt haben. Außerdem ist Derry ein idealer Ausgangspunkt für einen Trip auf dem Wild Atlantic Way, Irlands Küstenstraße.

Reisezeit

- Für Wanderungen an der Causeway Coast ist der Mai am besten geeignet. Zu dieser Zeit umgeht man den sommerlichen Andrang am Giant's Causeway und kann das bunte Blumenmeer wunderbar zu Fuß erkunden.
- Wenn die Nistsaison der Meeresvögel im Juni und Juli ihren Höhepunkt erreicht, lohnt es sich besonders, das Rathlin West Light Seabird Centre auf der herrlich abgelegenen Rathlin Island zu besuchen. Jetzt herrscht auch das beste Strandwetter.
- Am letzten Montag und Dienstag im August findet in Ballycastle die traditionelle Auld Lammas Fair statt, die das Ende des Sommers und den Beginn der Ernte einläutet.

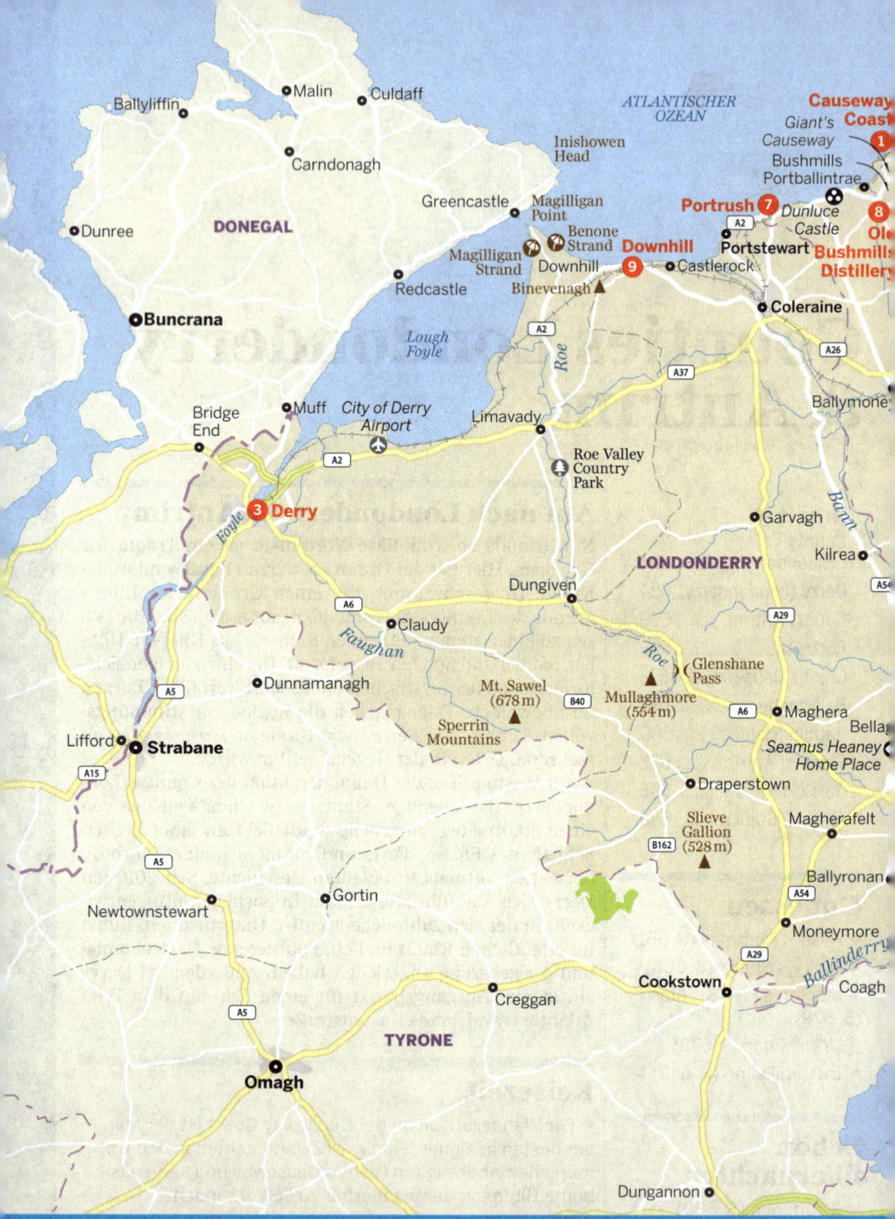

Highlights

1 Giant's Causeway (S. 672) An der Küste zu der wundersamen Ansammlung sechseckiger Felsen wandern.

2 Rathlin Island (S. 680) Auf der abgeschiedenen Insel nach Seevögeln und Robben Ausschau halten.

3 Derry (S. 651) In der geschichtsträchtigen Stadt alte Mauern, moderne Wandmalereien, fantastische Restaurants und mitreißende Musik entdecken.

4 Carrick-a-Rede Rope Bridge (S. 677) Sich über die schmale, schwankende Brücke hangeln.

5 Meeresfrüchte & Craft-Bier in Ballycastle (S. 679) Frisches aus dem Atlantik und heimisches Bier verkosten.

6 Gobbins (S. 685) Bei einer Klippenwanderung durch Höhlen kriechen und Röhrenbrücken überqueren.

7 Portrush (S. 669) Auf den Wellen des Atlantik surfen.

8 Old Bushmills Distillery (S. 671) Den Geheimnissen der Whiskey-Herstellung auf den Grund gehen.

9 Downhill Demesne (S. 667) Einmaliger Blick von einem der bekanntesten *Game-of-Thrones*-Drehorte.

COUNTY LONDONDERRY

Derry (Londonderry)

107 900 EW.

Nordirlands zweitgrößte Stadt ist ein pulsierendes Künstler- und Kulturmekka. Als sie zur City of Culture 2013 nominiert wurde, hat sich das Gesicht der Stadt Derry auf auffällige Weise verändert. Die neue Peace Bridge, der Ebrington Square sowie die neu gestalteten Gebiete des Hafenviertels und der Gegend rund um die Guildhall haben die prächtige Lage der Stadt am Fluss optimal ausgenutzt.

Derry ist geprägt durch eine bewegte Vergangenheit, die von seiner Belagerung bis zu den Kämpfen in der Bogside und zum Bloody Sunday reicht. Ein Spaziergang rund um die Stadtmauer aus dem 17. Jh., die die Stadt umgibt, ist ein Muss, ebenso ein Blick auf die erschütternden Wandmalereien und ein Besuch in den lebhaften Pubs.

Geschichte

Das wichtigste Ereignis in Derrys Geschichte war die Belagerung 1688 bis 1689, deren Nachwirkungen noch heute zu spüren sind. Jakob I. gewährte der Stadt 1613 eine königliche Charta und forderte die Handelsgilden auf, den Ort zu befestigen. Außerdem ließen sich in der Gegend von Coleraine (schon bald unter dem Namen County Londonderry) protestantische Siedler nieder.

Indessen bescherte Großbritannien die glorreiche Revolution von 1688 nach Vertreibung des katholischen Königs Jakob II. Irland den Niederländer Wilhelm von Oranien. Derry war die einzige Garnison, die nicht von der königlichen Armee eingenommen wurde. So begannen im Dezember 1688 katholische Truppen unter dem Earl of Antrim vom östlichen Flussufer aus den Ort zu belagern. Die Ankömmlinge schickten Abgesandte, um Bedingungen für die Übergabe der Stadt auszuhandeln, bereiteten aber gleichzeitig mit Fähren über den Fluss einen Angriff vor. 13 Lehrjungen beobachteten dies, verriegelten die Stadttore und riefen: *„There'll be no surrender!"* („Wir werden niemals aufgeben!")

Am 7. Dezember 1688 begann daraufhin die Belagerung von Derry. Ganze 105 Tage lang trotzten die protestantischen Einwohner Beschuss, Krankheiten und Hunger (die Versorgungslage der Angreifer war allerdings nicht viel besser). Schließlich kam ihnen ein Schiff zu Hilfe und durchbrach die Belagerungslinie, allerdings hatte zu diesem Zeitpunkt bereits die Hälfte der Einwohner ihr Leben gelassen. Im 20. Jh. machten die Protestanten von Ulster die Belagerung zum Symbol ihres Widerstandes gegen die Herrschaft der katholischen Republik. *„No surrender!"* ist bis heute ihr Schlachtruf. An die Ereignisse der Belagerung erinnert das neue Siege Museum (S. 655).

Im 19. Jh. war Derry einer der wichtigsten Auswandererhäfen in die USA. Daran erinnern die *Emigrants,* eine Skulpturengruppe von Eamonn O'Doherty, die eine Emigrantenfamilie am Derry Quay zeigt.

Während der Aufstände war Derry ein Brennpunkt, vor allem im Battle of the Bogside und am Bloody Sunday. Die Nominierung zur UK City of Culture im Jahr 2013 hat dazu beigetragen, Derry wieder neues Leben einzuhauchen.

Sehenswertes

Altstadt

Derry ist Irlands ältestes Beispiel für Stadtplanung. Als Vorbild diente wahrscheinlich die französische Renaissancestadt Vitry-le-François, die 1545 vom italienischen Ingenieur Hieronimo Marino entworfen worden war. Beide Orte haben das berühmte Schachbrettmuster eines römischen Militärlagers mit zwei rechtwinklig zueinander liegenden Hauptstraßen übernommen. Am Ende jeder Straße befindet sich eines der vier Stadttore.

★ Stadtmauer STADTMAUER

(Sonnenauf- bis Sonnenuntergang) GRATIS Um sich einen ersten Eindruck von der baulichen Anordnung und Geschichte Derrys zu machen, spaziert man am besten einmal rund um die Stadtmauer. Die 1619 errichtete Begrenzung ist 8 m hoch und 9 m dick und das einzige fast vollständig erhaltene Bauwerk dieser Art im ganzen Land. Im 18. und 19. Jh. wurden die vier ursprünglichen Tore (Shipquay, Ferryquay, Bishop's und Butcher's) erneuert, außerdem kamen drei weitere hinzu (New, Magazine und Castle).

Die Stadtmauer wurde im Auftrag der Honourable The Irish Society erbaut, einer 1613 von Jakob I. und den Londoner Gilden ins Leben gerufenen Organisation. Sie überwachte und finanzierte die Festung Derry sowie die Besiedlung des Umlands durch protestantische Siedler. Heute setzt das Unternehmen seinen Schwerpunkt auf karitative Tätigkeiten und ist noch immer Eigentümer der Mauer. Der Spitzname von Derry, Maiden City („jungfräuliche Stadt"), rührt daher, dass nie ein Eindringling die Stadtmauern überwinden konnte.

★ Tower Museum MUSEUM

(www.derrystrabane.com/towermuseum; Union Hall Pl; Erw./Kind 4/2 £; ⌚ 10–17.30 Uhr, letzter Einlass 16 Uhr) Zuerst begibt man sich am besten in den fünften Stock des preisgekrönten Museums im Nachbau eines Turmhauses aus dem 16. Jh. und genießt den wundervollen Ausblick. Danach geht's nach unten zur ausgezeichneten **Armada-Shipwreck-Ausstellung** und anschließend zur Ausstellung **Story of Derry.** Hier sind gut durchdachte Exponate und einige audiovisuelle Elemente von der Klostergründung durch den hl. Colmcille (Columba) im 6. Jh. bis zur Schlacht in der Bogside Ende der 1960er-Jahre zu sehen. Für den Museumsbesuch sollte man mindestens zwei Stunden einplanen.

★ St. Columb's Cathedral KATHEDRALE

(www.stcolumbscathedral.org; 17 London St; empfohlene Spende 2 £; ⌚ Mo–Sa 9–17 Uhr) Aus dem gleichen graugrünen Schiefer wie die Stadtmauer wurde zwischen 1628 und 1633 die St. Columb's Cathedral erbaut. Sie war die erste nachreformatorische Kirche, die man in Großbritannien und Irland errichtet hatte, und ist heute Derrys ältestes Gebäude.

In der **Vorhalle** (unter dem Kirchturm am Eingang von St. Columb's Court) sieht man noch den original erhaltenen Grundstein aus dem Jahre 1633, der die Fertigstellung des Gebäudes dokumentiert. Der kleinere Stein stammt aus dem ursprünglichen Bauwerk von 1164. In der Vorhalle befindet sich außerdem eine Kanonenkugel, die während der Belagerung von 1688 bis 1689 in den Kirchhof geschossen wurde. In ihrem Hohlraum waren die Kapitulationsbedingungen versteckt. Das benachbarte **Kapitelhaus** zeigt u. a. Gemälde, alte Fotos und vier gewaltige Schlösser, mit denen die Stadttore im 17. Jh. verriegelt wurden.

Siege Museum MUSEUM

(www.thesiegemuseum.org; 13 Society St; Erw./Kind 3 £/frei; ⌚ Mo–Sa 10–17 Uhr) Das neue Museum huldigt den 13 Lehrjungen, die im Dezember 1688 die Stadttore vor der heranrückenden jakobitischen Armee verschlossen. Während der anschließenden, 105 Tage dauernden Belagerung Derrys konnten keine Lebensmittel in die Stadt gelangen, sodass die hungernden Bewohner Hunde und Ratten verspeisen mussten, bis englische Schiffe zu Hilfe kamen. Die protestantische Apprentice Boys of Derry Association veranstaltet jedes Jahr im August im Gedenken an die Belagerung eine Parade.

Centre for Contemporary Art KUNSTGALERIE

(http://cca-derry-londonderry.org; 10–12 Artillery St; ⌚ Di–Sa 12–18 Uhr) GRATIS Derrys Galerie für moderne Kunst bietet aufstrebenden nordirischen Talenten eine Plattform und zeigt Ausstellungen mit Werken moderner Künstler aus der ganzen Welt.

Außerhalb der Stadtmauer

★ Guildhall HISTORISCHES GEBÄUDE

(☎ 028-7137 6510; www.derrystrabane.com/Guildhall; Guildhall St; ⌚ 10–17.30 Uhr) GRATIS Direkt außerhalb der Stadtmauer gegenüber dem Tower Museum befindet sich die neogotische Guildhall. Ursprünglich 1890 errichtet, baute man sie 1908 nach einem Brand neu auf. Besonders schön sind die Buntglasfenster, ein Geschenk der London Livery Companies, und der Uhrenturm, dem der Big Ben in London Modell stand. Die Guildhall beherbergt auch eine historische Ausstellung zur Plantation of Ulster und einen Touristeninformationsstand.

Als Sitz der alten Londonderry Corporation, die maßgeblich an der Diskriminierungspolitik gegen Katholiken bezüglich Wohnungs- und Arbeitsvergabe beteiligt war, wurde die Guildhall zum Hassobjekt der Nationalisten. 1972 bombardierte die IRA das Gebäude zweimal. Zwischen 2000 und 2005 tagte hier die Untersuchungskommission zum Bloody Sunday.

Peace Bridge BRÜCKE

Geschmeidig und elegant überspannt die 2011 fertiggestellte S-förmige Fußgänger- und Fahrradbrücke den River Foyle. In einem symbolischen Händedruck verbindet sie die Altstadt am Westufer mit dem Ebrington Square auf der Ostseite.

Ebrington Square PLATZ

Im 19. Jh. erhob sich an diesem Standort noch ein Fort, das später als Stützpunkt der britischen Armee diente und im Jahr 2003 entmilitarisiert wurde. Der frühere Paradeplatz ist heute ein Veranstaltungsort und Ausstellungsgelände.

Derry (Londonderry)

Derry (Londonderry)

Hands Across the Divide DENKMAL
Wer die Stadt über die Craigavon Bridge betritt, erblickt als Erstes dieses beeindruckende Denkmal. Die Bronzeskulptur zweier Männer, die sich aufeinander zubewegen, steht für den Geist der Versöhnung und für eine hoffnungsvolle Zukunft. Sie wurde 1992, 20 Jahre nach dem Bloody Sunday, enthüllt.

St. Columba's Church KIRCHE
(Long Tower; ☎ 028-7126 2301; Long Tower St; ⏰ Mo–Sa 9–20.30, So 7.30–19 Uhr) Außerhalb der Stadtmauern liegt im Südwesten der Stadt die Long Tower Church, Derrys erste nachreformatorische katholische Kirche. Das 1784 im Neorenaissancestil erbaute Gotteshaus erhebt sich dort, wo früher der Teampall Mór (Great Church) von 1164 gestanden hatte – aus den Steinen dieser Kirche wurden 1609 Teile der Stadtmauer errichtet. Die Long Tower Church wurde mit der Unterstützung des damaligen anglikanischen Bischofs, Frederick Augustus Harvey, erbaut: Er stiftete die Kapitelle der vier korinthischen Säulen am reich verzierten Hochaltar. Im März 2017 fand hier die Beisetzung des Sinn-Féin-Politikers Martin McGuinness statt.

Bogside

Dieser Bezirk westlich der Altstadt entstand im 19. und frühen 20. Jh. als vornehmlich katholisches Arbeiterviertel. In den 1960er-Jahren waren die eng gedrängten kleinen Reihenhäuser zu einem Armenviertel mit dramatisch hoher Erwerbslosigkeit verkommen. Nun wurde die Bogside mehr und mehr zu einem Zentrum der Bürgerrechtsbewegung und der nationalistischen Unzufriedenheit.

Im August 1969 entsandte die britische Regierung als Antwort auf den dreitägigen Straßenkampf der örtlichen Jugendlichen gegen die Royal Ulster Constabulary (RUC) – das sogenannte „Battle of the Bogside" – Truppen nach Nordirland. Daraufhin erklärten die 33 000 Einwohner der Bogside und der benachbarten Brandywell-Distrikte ihre Unabhängigkeit und verbarrikadierten die Straßen, um die Sicherheitskräfte fernzuhalten. Außerdem stellte die IRA freiwil-

DERRY ODER LONDONDERRY?

Derry/Londonderry – eine Stadt, zwei Namen. Nationalisten halten an Derry fest und Fanatiker verunstalten häufig auf Straßenschildern den „London"-Teil. Überzeugte Unionisten bestehen dagegen auf Londonderry – weiterhin der offizielle Name von Stadt und County. Doch ungeachtet ihrer politischen Überzeugung nennen die meisten Leute den Ort umgangssprachlich einfach Derry.

Ursprünglich hieß die Stadt nach dem heidnischen Helden Doíre Calgaigh (Eichenhain des Calgach). Im 10. Jh. wurde dies zu Doíre Colmcille (Eichenhain des Columba) christianisiert: zu Ehren des Heiligen, der hier im 6. Jh. die erste klösterliche Ansiedlung gegründet hatte.

Später kürzte und anglisierte man den Namen zu Derrie oder Derry. 1613 wurden Stadt und Grafschaft in Anerkennung der Rolle, die London bei der Kolonisierung des nordwestlichen Ulster mit protestantischen Siedlern gespielt hatte, in Londonderry umbenannt.

Aus dem ursprünglichen County Coleraine und Teilen von Tyrone und Antrim wurde das neue County Londonderry gebildet. Im Gegensatz zur Stadt gab es nie ein County, das offiziell Derry hieß. Trotzdem bevorzugen Menschen mit nationalistischer Gesinnung, darunter das Gaelic-Football-Team der Grafschaft, den Namen County Derry.

Traditionell weisen die Straßenschilder in Nordirland nach Londonderry und die in der Republik Irland nach Derry (Doíre auf Irisch). Die Versuche des Stadtrats, die Stadt offiziell in Derry umzubenennen, wurden 2007 vom High Court abgeblockt: Der befand, dass der Name nur durch ein Gesetz oder eine königliche Anordnung geändert werden könne. 2015 stimmte der Derry and Strabane District Council erneut für eine Namensänderung, doch bisher wird in Zügen und Bussen und von den meisten Unternehmen der Stadt weiter der umständliche Name Derry/Londonderry benutzt.

lige Straßenpatrouillen zur Verfügung. Für Polizisten und Armee war das „Freie Derry" also absolut tabu, doch im Januar 1972 wurde die Gegend um die Rossville Street zum tragischen Schauplatz (S. 662). Am 31. Juli 1972 setzte die Operation Motorman dem Treiben ein Ende: Damals rückten Tausende britische Truppen und Panzerwagen nach Bogside vor und besetzten es.

Derzeit bewohnen rund 8000 Menschen das Gebiet. Im Rahmen einer großräumig angelegten Sanierung wurden alte Häuser und Wohnungen abgerissen und durch moderne ersetzt.

People's Gallery Murals ÖFFENTLICHE KUNST

(Rossville St) Zwölf Wandmalereien zieren die Stirnseite der Häuser entlang der Rossville Street nahe der Free Derry Corner. Sie wurden geschaffen von den „Bogside Artists": Kevin Hasson, Tom Kelly und Will Kelly, der 2017 verstarb. Alle drei Männer haben die schlimmsten Auseinandersetzungen in der Bogside miterlebt. Die Wandmalereien sind vom nördlichen Teil der Stadtmauer aus deutlich zu erkennen.

Die Bilder entstanden zumeist zwischen 1997 und 2001 und erinnern an die wichtigsten Vorfälle während des Nordirlandkonflikts, besonders an den Kampf in der Bogside, den Bloody Sunday, die Operation Motorman und den Hungerstreik 1981. Zu den eindrucksvollsten Gemälden gehören die großen, einfarbigen Motive, die Zeitungsbildern ähneln. *Operation Motorman* zeigt einen britischen Soldaten, der eine Haustür mit einem Hammer einschlägt, und *Bloody Sunday* eine Gruppe Männer unter Führung des lokalen Priesters Father Daly, die Jackie Duddys Leiche (der erste Todesfall jenes Tages) wegtragen. *The Petrol Bomber* porträtiert einen Jungen mit Gasmaske und einer Benzinbombe in der Hand.

Das wohl ergreifendste Bild ist jedoch *Death of Innocence*: Darauf ist das lächelnde 14-jährige Schulmädchen Annette McGavigan, 100. Opfer des Nordirlandkonflikts, zu sehen, das vor den wüsten Trümmern eines ausgebombten Hauses steht; die Dachbalken oben rechts bilden ein Kruzifix. Annette starb im Gefecht zwischen der IRA und der britischen Armee am 6. September 1971 und ist ein Symbol für alle Kinder, die während der Unruhen ums Leben kamen. Auf der linken Seite des Gemäldes schwört ein mit dem Lauf nach unten deutendes, in der Mitte durchgebrochenes Gewehr der Gewalt ab, zudem macht ein Schmetterling Hoffnung auf einen Neuanfang.

Das letzte Wandgemälde der Serie ist das 2004 vollendete *Peace Mural*. Eine Taube (das Symbol für Frieden und Derrys Schutzpatron Columba) schwingt sich aus einer Vergangenheit voller Blut und Traurigkeit in eine optimistische, friedliche Zukunft auf.

Museum of Free Derry MUSEUM
(www.museumoffreederry.org; 55 Glenfada Park; Erw./Kind 4/3 £; ganzjährig Mo–Fr 9.30–16.30 Uhr, April–Sept. auch Sa 13–16 Uhr, Juli–Sept. auch So 13–16 Uhr) Das Museum an der Rossville Street dokumentiert die Geschichte der Bogside, der Bürgerrechtsbewegung und der Ereignisse um den Bloody Sunday mit Fotos, Zeitungsreportagen, Filmmaterial, interaktiven Exponaten und Berichten von Augenzeugen sowie ein paar Originalaufnahmen, die als Inspiration für die Wandgemälde der People's Gallery dienten.

Free Derry Corner DENKMAL
(Ecke Fahan & Rossville St) Alles, was von der alten Bogside übrig blieb, ist die Free Derry Corner, wo noch immer an der Seitenwand eines Hauses der berühmte Slogan „*You Are Now Entering Free Derry*" steht.

Bloody Sunday Memorial DENKMAL
(Joseph Pl) Der schlichte Granitobelisk gedenkt der 14 Zivilisten, die am Bloody Sunday, dem 30. Januar 1972, von der britischen Armee erschossen wurden.

Hunger Strikers' Memorial DENKMAL
(Rossville St) Das H-förmige Hunger Strikers' Memorial liegt in der Nähe der Free Derry Corner.

Geführte Touren

Made in Derry Food Tour ESSEN & TRINKEN
(https://madeinderryfoodtours.com; 47 £ pro Pers.; Sa 12 Uhr) Bei den vierstündigen Touren durch die florierende Kulinarikszene von Derry lernen die Teilnehmer Köche und Lebensmittelerzeuger kennen und probieren unterwegs 20 örtliche Spezialitäten wie Käse und Craft-Bier. Die Führung beginnt vor dem Eighty81-Gebäude am Ebrington Square. Reservieren!

Free Derry Tours KULTUR
(07793 285972; Erw./Stud. 6/5 £; März–Sept. Mo–Fr 10, 12 & 14 Uhr, April–Sept. auch Sa 11 & 14 Uhr, Juli–Sept. auch So 14 Uhr) Das Museum of Free Derry (S. 659) veranstaltet einstündige Rundgänge durch die Bogside, u. a. zu den Wandbildern der People's Gallery, zur Free Derry Corner, zum Hunger Strikers' Memorial und zum Bloody Sunday Memorial.

City Walking Tours SPAZIERGANG
(028-7127 1996; www.derrycitytours.com; Carlisle Stores, 11 Carlisle Rd; Erw./Kind 4 £/frei; Historic-Derry-Touren ganzjährig 10, 12, 14 und 16 Uhr) Die einstündigen „Historic Derry"-Rundgänge beginnen bei den Carlisle Stores. Auf dem Programm stehen auch Führungen in die Bogside und zu den Wandgemälden.

Feste & Events

City of Derry Jazz Festival MUSIK
(www.cityofderryjazzfestival.com; Ende April/Anfang Mai) Fünf Tage lang Jazz an diversen Veranstaltungsorten in der ganzen Stadt.

Walled City Marathon SPORT
(www.thewalledcitymarathon.com; Juni) Der Marathon führt durch Derry und die Dörfer am Foyle.

Gasyard Féile KULTUR
(www.facebook.com/gasyardwallfeile; Aug.) Großes Kulturfestival mit Livemusik, Straßenkünstlern, Karneval, Theater und Veranstaltungen auf Irisch.

City of Derry Guitar Festival MUSIK
(www.cityofderryguitarfestival.com; Ende Aug.) Auf dem Gelände des North West Regional College finden drei Tage lang Aufführungen und Meisterklassen von Gitarrengrößen aller Stilrichtungen (Klassik, Akustik, Elektro, Flamenco, Bass) statt.

Halloween Carnival KARNEVAL
(www.derrystrabane.com/halloween; 27.–31. Okt.) Die Stadt putzt sich heraus für Irlands größtes Straßenfest mit Feuerwerk, einem Spukhaus, einem Gruselkabinett und vielem mehr.

Foyle Film Festival FILM
(www.foylefilmfestival.org; Nerve Centre, 7–8 Magazine St; Mitte Nov.) Das größte Filmfestival im Norden dauert eine Woche.

Schlafen

Hostel Connect HOSTEL £
(028-7137 2101; http://hostelconnect.co.uk; 51 Strand Rd; B 15–18 £, DZ 44–48 £; @ 📶) Das zentral gelegene Hostel bietet kleine, aber ordentliche Doppel- und Zweibettzimmer sowie Schlafsäle mit sechs, neun und 15 Betten. Außerdem gibt's ein großes Wohnzimmer, eine Küche und ein im Preis enthalte-

Stadtspaziergang
Derrys Altstadt

START THE DIAMOND
ZIEL THE DIAMOND
LÄNGE/DAUER 2 KM; 1 STUNDE

Vom 1 **Kriegerdenkmal** auf dem Diamond (Hauptplatz) läuft man durch die Butcher Street, in der einst die Schlachter ansässig waren, zum 2 **Butcher's Gate** und von dort die Treppen zur Stadtmauer hinauf.

Dann geht's hinab zum 3 **Magazine Gate**, benannt nach dem nahegelegenen Pulvermagazin. Innerhalb der Mauer steht der 4 **O'Doherty's Tower** mit dem 5 **Tower Museum** (S. 655), außerhalb erhebt sich die rot geziegelte neogotische 6 **Guildhall** (S. 655).

Einst floss der Foyle vorbei an der nordöstlichen Mauer mit dem 7 **Shipquay Gate** in der Mitte. Die Mauer führt weiter nach Südwesten und steigt neben dem 8 **Millennium Forum** (S. 664) steil an zum 9 **Ferryquay Gate**, das die Lehrlinge zu Beginn der Belagerung von 1688 bis 1689 verbarrikadierten.

Von dem Mauerstück dahinter blickt man auf das 10 **Fountain-Viertel**, die letzte nennenswerte protestantische Gemeinde am Westufer des Foyle. Auf dem runden Areal vor dem New Gate wird am Abend vor der jährlichen Parade der Apprentice Boys (Lehrlinge) am zweiten Samstag im August ein 10 Meter hohes Leuchtfeuer entzündet.

Nun geht's zur 11 **Double Bastion** an der Südwestecke der Mauer mit der „Roaring Meg", der berühmtesten während der Belagerung eingesetzten Kanone, und zur 12 **Grand Parade**, von der man einen tollen Blick auf die Wandgemälde genießt, die von den Bogside Artists gestaltet wurden.

Ein leerer Sockel auf der 13 **Royal Bastion** kennzeichnet den früheren Standort des Denkmals von Reverend George Walker, Stadtkommandant während der Belagerung. Das 27 m hohe Monument wurde 1973 von der IRA in die Luft gesprengt. Hinter der Royal Bastion ragt die 14 **Augustinerkapelle** der Church of Ireland auf, die 1872 errichtet wurde. Ein Stück weiter stößt man auf die 15 **Apprentice Boys' Memorial Hall**, die mit einem Maschendrahtzaun vor Farbbomben geschützt wird.

nes Frühstück mit Bagels, Obst und Toast. Alle Zimmer haben Gemeinschaftsbäder.

★ **Beech Hill Country House** HISTORISCHES HOTEL ££

(028-7134 9279; www.beech-hill.com; 32 Ardmore Rd; EZ/DZ ab 85/100 £;) In einem malerischen Waldgebiet, 4,3 km südöstlich von Derry gelegen, versteckt sich dieses wunderbar stimmungsvolle, traditionsreiche Herrenhaus aus dem 18. Jh. inmitten eines prächtigen Gartens. Im Zweiten Weltkrieg diente es als US-Marinestützpunkt und auch der einstige US-Präsident Bill Clinton war hier mehrmals zu Gast. Alle 30 Zimmer sind in den Farben und mit Möbeln aus georgianischer Zeit gestaltet. Das Restaurant mit Blick auf den See ist ausgezeichnet.

★ **Merchant's House** B&B ££

(028-7126 9691; www.thesaddlershouse.com; 16 Queen St; EZ/DZ/3BZ/FZ ab 40/65/90/100 £;) Dieses historische Stadthaus im georgianischen Stil ist eine Perle unter den B&Bs. Es besitzt elegante Wohn- und Esszimmer mit Marmorkaminen und antiken Möbeln. Die Zimmer sind mit Fernsehern, Wasserkochern und Bademänteln ausgestattet, wobei einige Zimmer nur über ein Gemeinschaftsbad verfügen. Zum Frühstück steht hausgemachte Marmelade auf dem Tisch. Die Zimmerschlüssel bekommt man im Saddler's House.

Saddler's House B&B ££

(028-7126 9691; www.thesaddlershouse.com; 36 Great James St; EZ/DZ ab 55/60 £;) Fünf Minuten von der Stadtmauer entfernt, bietet das nette B&B in einem reizenden viktorianischen Stadthaus sieben Räume mit Privatbädern. Das ausgezeichnete Frühstück wird in der Familienküche serviert.

Arkle House B&B ££

(028-7127 1156; www.derryhotel.co.uk; 2 Coshquin Rd; EZ/DZ 55/65 £;) Ein prächtiges viktorianisches Haus 2 km nordwestlich des Stadtzentrums inmitten privater Gärten. Es verfügt über fünf große luxuriöse Schlafzimmer und eine private Küche, die von Gästen mitbenutzt werden darf.

Abbey B&B B&B ££

(028-7127 9000; www.abbeyaccommodation.com; 4 Abbey St; EZ/DZ/3BZ ab 50/70/90 £;) Die familiengeführte Unterkunft mit einladender Atmosphäre und geräumigen und modernen Zimmern liegt nur etwas außerhalb der Stadtmauern am Rand der Bogside.

★ **Bishop's Gate Hotel** HOTEL £££

(028-7114 0300; www.bishopsgatehotelderry.com; 24 Bishop St; DZ/Suite ab 130/210 £) Der innerhalb der Stadtmauern gelegene ehemalige Northern Counties Gentleman's Club ist in ein stilvolles 30-Zimmer-Hotel umgewandelt worden. Die Zimmer sind mit historischen Elementen, dicken Teppichen und modernem Mobiliar in Grau- und Gelbtönen eingerichtet. In der Bar sorgen Ledersessel, Holzvertäfelung und offene Kamine für eine wohlige Atmosphäre; das Restaurant wartet mit gutem Essen auf. Freundliches und hilfsbereites Personal.

Essen

Da in den letzten Jahren mehrere ausgezeichnete Restaurants mit Schwerpunkt auf frischen regionalen Zutaten eröffnet haben, mausert sich Derry immer mehr zu einem Ziel für Feinschmecker.

★ **Pyke 'n' Pommes** STREETFOOD £

(www.pykenpommes.ie; hinter der Foyle Marina, abseits der Baronet St; Hauptgerichte 4–16 £; Fr & Sa 12–17, So–Do bis 16 Uhr;) Ein Schiffscontainer am Kai beherbergt Derrys besten Imbiss. Die Burger von Küchenchef Kevin Pykes – vorwiegend aus Biozutaten – gibt's in so beeindruckenden Varianten wie Notorious PIG (Pulled Pork, knackiger Krautsalat, Rote Bete und Crème fraîche), Veganderry (Kichererbsen, Zitrone und Koriander) und Legenderry Burger (Wagyu-Rind, eingelegte Zwiebeln und Honig-Senf-Mayonnaise). Die Pykeos-Fischtacos sind ein weiterer Hit. Außerdem im Angebot: saisonale Köstlichkeiten wie Makrele und Austern. Pyke 'n' Pommes gibt's auch im Blackbird (S. 663).

Primrose Café CAFÉ £

(www.facebook.com/primrosederry; 15 Carlisle Rd; Gerichte 3,50–7 £; Mo–Sa 8–17, So 10–17 Uhr;) Das Primrose kredenzt toll zubereitete Klassiker: Scones, Cookies, Cheesecake und Torten (u. a. Baisertorten), alles täglich frisch gebacken, außerdem Brunchspeisen wie Waffeln, Greencastle-Räucherbücklinge und French Toast mit Avocado. Obwohl sich ein „geheimer" Hof hinterm Haus versteckt, ist es manchmal schwierig, freie Plätze zu finden.

★ **Brown's Restaurant** IRISCH ££

(028-7134 5180; https://brownsrestaurant.com; 1 Bond's Hill, Waterside; 3-Gänge-Mittagessen 15 £, Hauptgerichte abends 17–24 £; Di–Sa

SUNDAY, BLOODY SUNDAY

Als tragische Wiederholung des Bloody Sunday von Dublin im November 1920, als britische Sicherheitskräfte 14 Zuschauer eines Gaelic-Football-Matches im Croke Park erschossen, wurde Derrys Blutiger Sonntag zum symbolischen Höhepunkt der Konflikte.

Am Sonntag, den 30. Januar 1972, organisierte die nordirische Gesellschaft für Bürgerrechte einen friedlichen Marsch durch die Stadt, um gegen die im Jahr zuvor von den Briten eingeführten Inhaftierungen ohne vorherigen Gerichtsbeschluss zu demonstrieren. Etwa 15 000 Menschen waren von Creggan durch die Bogside zur Guildhall unterwegs. An der Kreuzung William Street/Rossville Street trafen sie auf Barrikaden der britischen Armee. Der Zug bog gerade durch die Rossville Street zur Free Derry Corner ab, als ein paar Jugendliche damit begannen, Steine zu werfen und die Soldaten wüst zu beschimpfen.

Was dann geschah, wurde nie vollständig geklärt. Vermutlich eröffneten die Soldaten vom Ersten Bataillon des Fallschirmspringerregiments das Feuer auf die unbewaffneten Demonstranten. 14 Menschen starben (13 davon unmittelbar; eine Person erlag 4½ Monate später ihren Verletzungen), einigen wurde in den Rücken geschossen. Sechs der Opfer waren erst 17 Jahre alt. Etwa gleich viele Menschen wurden verletzt, meist durch Schüsse. Derrys Katholiken, die die britischen Truppen anfangs noch als neutrale Ordnungshüter gegen protestantische Gewalt und Verfolgung begrüßt hatten, sahen sie nun als feindliche Besatzungsmacht. In der Folge erhielten die Reihen der Provisional Irish Republican Army (IRA) erheblichen Zulauf.

Die 1972 zur Untersuchung der Vorfälle eingesetzte **Widgery Commission** konnte die Schuldigen nicht ausfindig machen. Keiner der Soldaten, die auf Zivilisten geschossen hatten, oder irgendeiner der verantwortlichen Offiziere wurde belangt. Stattdessen verschwanden Akten, außerdem wurden Waffen zerstört.

Schließlich führte die brodelnde Unzufriedenheit der Öffentlichkeit zu intensiven Nachforschungen durch die **Bloody Sunday Inquiry** unter Leitung von Lord Saville. Von März 2000 bis Dezember 2004 verhörte die Kommission 900 Zeugen und nahm 2500 Aussagen auf. Das alles soll die britischen Steuerzahler 400 Mio. £ gekostet haben. Der Abschlussbericht (erhältlich unter www.official-documents.gov.uk) wurde im Juni 2010 veröffentlicht.

Lord Saville kam zu dem Schluss, dass „die Schüsse von Soldaten des Ersten Bataillons des Fallschirmspringerregiments am Bloody Sunday zum Tod von 13 Menschen und einer ähnlichen Zahl von Verletzten geführt hatten, von denen nicht einer eine tödliche Bedrohung oder die Gefahr einer ernsthaften Verletzung dargestellt hatte. Was am Bloody Sunday geschah, stärkte die Provisional IRA, verstärkte die nationalistischen Ressentiments und die Feindseligkeit gegenüber der Armee und verschärfte den gewaltsamen Konflikt in den folgenden Jahren. Der Bloody Sunday war eine Tragödie für die Hinterbliebenen und die Verwundeten und eine Katastrophe für die Menschen in Nordirland."

Nach der Veröffentlichung des Berichts entschuldigte sich Premierminister David Cameron öffentlich im Namen der britischen Regierung und nannte die Tötungen „ungerechtfertigt und unvertretbar". Im Juli 2010 verkündete der Police Service of Northern Ireland (PSNI), dass er eine Mordermittlung zu den Todesfällen aufnehmen würde, die immer noch andauert.

Die Ereignisse des Bloody Sunday inspirierten die Rockband U2 zu ihrem politischsten Song: *Sunday Bloody Sunday* (1983). In der Bogside erinnern das **Museum of Free Derry** (S. 659), die **People's Gallery Murals** (S. 658) und das **Bloody Sunday Memorial** (S. 659) an den Tag.

12–15, Di–Do 17.30–21, Fr & Sa 17–22, So 12–15 Uhr; (👪) 🍃 Von außen sieht das Brown's nicht unbedingt vielversprechend aus, doch drinnen erwartet einen eine elegante kleine Enklave mit cognacfarbenen Sitzbänken und verschnörkelten Metallleuchten sowie alten Schwarzweißfotos an den Wänden. Die Gerichte auf der stets wechselnden Karte sind ein echter Genuss: Frische Zutaten aus der Region werden kreativ verarbeitet.

Harry's Derry MODERN IRISCH ££
(☎ 028-7137 1635; www.facebook.com/HarrysDerry; 29 Craft Village; Hauptgerichte 11–15 £; ⌚ Mi & Do 10.30–20.30, Sa & So bis 21 Uhr) In seinen neuen Räumlichkeiten im Craft Village von Derry serviert das Harry's ein ähnliches Angebot an frischen Meeresfrüchten, Fleisch aus der Region und Erzeugnissen von der eigenen 2 ha großen Farm, wie das schon in dem erfolgreichen Restaurant Harry's Shack (S. 668) in Portstewart der Fall ist. Reservieren!

Ollies IRISCH ££
(☎ 028-7132 9751; www.facebook.com/loveollies; 59 Ebrington Sq; Hauptgerichte mittags 4,50–8 £, abends 10–15 £; ⌚ 9–21 Uhr;) Sämtliche Speisen in diesem hellen Café/Bistro sind aus regionalen Zutaten hausgemacht, von den fluffigen Pfannkuchen und Waffeln zum Frühstück bis zur cremigen Greencastle-Fischsuppe und dem Brot, Kuchen und Gebäck. Auch für Fleischverächter und Leute mit Glutenunverträglichkeit ist gesorgt. Alkohol selbst mitbringen (kleine Korkgebühr).

Saffron INDISCH ££
(☎ 028-7126 0532; http://saffronderry.co.uk; 2 Clarendon St; Hauptgerichte 9–15,50 £; ⌚ So–Do 16.30–22, Fr & Sa bis 23 Uhr;) Indische Restaurants in Irland sind in der Regel nicht besonders gut. Das Saffron mit seinen scharfen Currys und aromatischen Biryani-Gerichten (aus Basmati-Reis) mit Masala-Soße und seiner stylishen, modernen Einrichtung ist die positive Ausnahme von dieser Regel. Auch tolle Cocktails wie Granatapfel-Martinis stehen auf der Karte.

Ausgehen & Nachtleben

Derrys Kneipen sind freundlich und stimmungsvoll und irgendwo wird immer Livemusik geboten. Die meisten Pubs und Bars liegen in unmittelbarer Nähe zueinander in der Altstadt oder in deren Nähe, doch auch auf der anderen Seite der Peace Bridge haben am Ebrington Square einige neue Läden eröffnet. Dort soll auch Mitte 2018 die Whiskeybrennerei The Quiet Man ihren Betrieb aufnehmen.

★ **Walled City Brewery** KLEINBRAUEREI
(☎ 028-7134 3336; www.walledcitybrewery.com; 70 Ebrington Sq; ⌚ Di–Do 17–23, Fr & Sa 14.30–23.30, So 14–22 Uhr) Die Walled City Brewery in der ehemaligen Kaserne am Ebrington Square ist eine spannende neue Craft-Bier-Brauerei samt Restaurant des aus Derry stammenden Braumeisters James Huey. Hier gibt's zehn Craft-Biere vom Fass sowie erstklassiges Essen wie selbst geräuchertes, in Bier geschmortes Pulled Pork (Hauptgerichte 14–24 £).

Außerdem werden Kurse für Heimbrauer veranstaltet.

★ **Peadar O'Donnell's** PUB
(www.peadars.com; 59–63 Waterloo St; ⌚ Mo–Sa 11.30–1.30, So 12.30–0.30 Uhr) Hier sieht's aus wie in einem typischen irischen Pub/Lebensmittelladen mit Regalen voller Haushaltswaren, Krämerwaagen auf dem Ladentisch und allem möglichen Krimskrams, der jedem Museum gut zu Gesicht stehen würde. Jeden Abend finden laute Musik-Sessions statt, am Wochenende oft auch nachmittags. In der danebenliegenden Gweedore Bar treten allabendlich Rock-Bands auf, samstagabends gibt's im Obergeschoss eine Disco.

Guildhall Taphouse BAR
(www.facebook.com/Guildhalltaphouse; 4 Custom House St; ⌚ Mo–Sa 12–1, So bis 24 Uhr) Das Taphouse residiert in einem Gebäude des 19. Jhs. mit Holzbalken und Lichterketten, sodass man sich hier in gemütlichem Ambiente an sorgfältig ausgewählten irischen und ausländischen Craft-Bieren und raffinierten Cocktails laben kann. Regelmäßig wird Livemusik geboten, u. a. jeden Mittwoch traditionelle irische Musik.

Sandino's Café-Bar BAR
(http://sandinoscafebar.com; 1 Water St; ⌚ Mo–Sa 11.30–1, So 12–24 Uhr) An den Wänden hängen Poster von Ché und die palästinensische Flagge, zudem wird in dem Café Fair-Trade-Kaffee und glutenfreies Bier serviert. Das Sandino's zeichnet sich durch eine lockere, liberale, in jedem Fall aber linke Atmosphäre aus. Donnerstags bis samstags legen DJs im Club Havana auf; außerdem wird regelmäßig Livemusik geboten.

Blackbird PUB
(☎ 028-7136 2111; www.blackbirdderry.com; 24 Foyle St; ⌚ Mo–Sa 11.30–1, So bis 24 Uhr) Hölzerne Sitznischen, Ledersofas und prasselnde Kaminfeuer: Das Blackbird hat keineswegs Komfort und Gemütlichkeit geopfert, um eine hippe, moderne Bar zu sein. Aus der Küche dieser freundlichen Kneipe kommen köstliche Imbisse, Burger, Tacos und Steaks von Pyke 'n' Pommes (S. 661; Hauptgerichte 8–30 £); auch die Cocktailkarte ist nicht von schlechten Eltern. An den meisten Wochenenden gibt's außerdem Livemusik.

Sugar CLUB
(www.facebook.com/sugarniteclub; 33 Shipquay St; ⌚ Mi, Fr & Sa 23–2 Uhr) Derrys angesagtester Club erstreckt sich über zwei Etagen über der Quays Bar und hat die größte Dachterrasse der Stadt. Haus- und Gast-DJs heizen den Gästen ein – Näheres zu Events auf der Facebook-Seite.

☆ Unterhaltung

★ **Nerve Centre** KULTURZENTRUM
(www.nerve-centre.org.uk; 7–8 Magazine St) Das Zentrum für Multimediakunst wurde 1990 eröffnet, um junge irische Musik- und Filmtalente zu fördern. Im Haus sind ein Performancebereich (hier wird an Wochenenden Livemusik gespielt), ein Theater, ein Programmkino, eine Bar und ein Café untergebracht.

Mason's Bar LIVEMUSIK
(☎ 028-7136 0177; www.facebook.com/masonsbarderry; 10 Magazine St) Derry hat die Undertones hervorgebracht und bietet nach wie vor frische, wilde Livemusik. Das Line-up im Mason's ändert sich häufig, es stehen jedoch regelmäßig Studentenbands, neue und etablierte Bands sowie DJs, Karaoke und Comedy-Abende auf dem Programm.

Cultúrlann Uí Chanáin KULTURZENTRUM
(www.culturlann-doire.ie; 37 Great James St; ⌚ Mo–Do 8–17 & 18–21, Fr 8–17, Sa 9–16 Uhr) Das Kulturzentrum widmet sich der irischen Sprache und organisiert Veranstaltungen mit traditioneller irischer Musik, Poesie und Tanz. Im dazugehörigen Laden An Cló Ceart kann man sich mit Musik, Kunsthandwerk und Büchern in irischer Sprache eindecken.

Playhouse THEATER
(www.derryplayhouse.co.uk; 5–7 Artillery St; ⌚ Kasse Mo–Fr 10–17.30, Sa bis 16 Uhr) Zum Programm des städtischen Kulturzentrums, das sich in einem wunderschönen restaurierten Schulgebäude mit einem preisgekrönten modernen Anbau befindet, gehören Konzerte, Tanzvorführungen und Theaterstücke mit einheimischen und internationalen Künstlern.

Gweedore Bar LIVEMUSIK
(www.peadars.com; 59–63 Waterloo St; ⌚ Mo–Sa 11.30–1.30, So 12–0.30 Uhr) In der Gweedore Bar neben Peadar O'Donnell's (S. 663) spielen jeden Abend Rockbands; in der DJ-Bar oben finden samstags regelmäßig Discoabende statt.

Millennium Forum THEATER
(www.millenniumforum.co.uk; 98 Newmarket St) Irlands größtes Theater (mit 1000 Plätzen) lockt mit hochkarätigen Tanz-, Konzert-, Opern- und Musicalaufführungen.

Waterside Theatre THEATER
(www.watersidetheatre.com; Glendermott Rd) In dem ehemaligen Fabrikgebäude 500 m östlich des Flusses Foyle gibt's Theater, Tanz, Kabarett, Kindertheater und Livemusik.

Shoppen

★ **Smart Swag** DESIGN
(www.smartswag.co.uk; 12 London St; ⌚ Mo–Sa 10–18 Uhr) Das von örtlichen Künstlern und Designern geführte Smart Swag verkauft originelle und ungewöhnliche Sachen wie Schmuck aus Schallplatten, wiederverwertete Möbel, Siebdruck-T-Shirts und -Kleider sowie traditionelle irische Wandbehänge mit modernem Touch. Tolle Mitbringsel sind die Derry-Illustrationen.

Craft Village KUNST & KUNSTHANDWERK
(www.derrycraftvillage.com; abseits der Shipquay St; ⌚ variieren) In den netten Läden dieses Kunsthandwerksdorfes werden Kristall aus Derry, handgewebte Stoffe, Keramik und Schmuck angeboten. Einer der besten Läden ist der der **Derry Designer Makers**, eines Kollektivs von 15 Künstlern und Kunsthandwerkern, die abwechselnd im Laden zugegen sind. Eingänge befinden sich in der Shipquay Street, der Magazine Street und beim Tower Museum.

An Cló Ceart KUNST & KUNSTHANDWERK
(www.culturlann-doire.ie; 37 Great James St; ⌚ Mo–Fr 9–17, Sa bis 16 Uhr) Der Laden im Kulturzentrum Cultúrlann Uí Chanáin hat ein gutes Sortiment an Büchern in irischer Sprache, CDs mit traditioneller Musik, Glas- und Holzarbeiten und Schmuck vorrätig.

Cool Discs Music MUSIK
(www.cooldiscsmusic.com; 6 Lesley House, Foyle St; ⌚ Mo–Do 9–18, Fr bis 20, Sa 8.30–18 Uhr) Einer der besten unabhängigen Musikläden im Land mit einer großen Auswahl an alter und neuer irischer Musik und mit Konzert-Ticketverkauf.

Whatnot ANTIQUITÄTEN
(www.thewhatnot.co.uk; 22 Bishop St; ⌚ Di–Sa 10–17 Uhr) Interessanter kleiner Antiquitätenladen voller Schmuck, Militaria, Sammlerstücke und Krimskrams.

Praktische Informationen

Visit Derry Information Centre (☎ 028-7126 7284; www.visitderry.com; 44 Foyle St; ⏲ Mo–Fr 9–17.30, Sa & So 10–17 Uhr; 📶) Die große Touristeninformation mit hilfsbereitem Personal hat jede Menge Broschüren zu Sehenswürdigkeiten in Derry und der Region auf Lager. Sie verkauft außerdem Bücher und Karten und reserviert Unterkünfte. Hier können Fahrräder von **Claudy Cycles** geliehen werden.

An- & Weiterreise

BUS

Der **Busbahnhof** (☎ 028-7126 2261; Foyle St) liegt unmittelbar nordöstlich der Altstadt.

Städte in Nordirland werden von Translink (www.translink.co.uk) angesteuert, Ziele in der Republik von Bus Éireann (www.buseireann.ie).

Belfast Europa Bus Centre 12 £, 1¾ Std., Mo–Fr alle 30 Min., Sa & So stündl.

Coleraine 8 £, 1 Std., Mo–Fr 8-mal tgl., So 2-mal tgl.; samstags keine Busse

Donegal (Stadt) 12,60 £, 1½ Std., 10-mal tgl.

Galway 16,50 £, 5½ Std., 5-mal tgl.

Letterkenny 5,50 £, 40 Min., 8-mal tgl.

Limavady 5,20 £, 30 Min., Mo–Sa mindestens stündl., So 6-mal

Omagh 8 £, 1 Std., Mo–Sa stündl., So 6-mal

Sligo 16,80 £, 2½ Std., 6-mal tgl.

Direktbusse von **Airporter** (☎ 028-7126 9996; http://airporter.co.uk; 1 Bay Rd, abseits der Culmore Rd; 📶) fahren montags bis freitags mindestens stündlich (Sa & So etwas seltener) zum Belfast International Airport (20 £, 1½ Std.) und zum George Best Belfast City Airport (20 £, 2 Std.). Alle Linien fahren am Airporter-Büro ab, das 1,5 km nördlich vom Stadtzentrum neben dem Da Vinci's Hotel liegt.

FLUGZEUG

Der **City of Derry Airport** (☎ 028-7181 0784; www.cityofderryairport.com; Airport Rd, Eglinton) liegt rund 13 km östlich von Derry an der A2 Richtung Limavady. Von hier bestehen Direktverbindungen zu den Flughäfen London Stansted (tgl.), Liverpool (2-mal wöchentl.) und Glasgow International (4-mal wöchentl.), in den Sommermonaten außerdem Verbindungen nach Spanien.

ZUG

Derrys Bahnhof befindet sich am Ostufer des Foyle und wird von einem kostenlosen Shuttlebus angesteuert, der am Busbahnhof abfährt.

Belfast 12 £, 2¼ Std., Mo–Sa 9-mal tgl., So 6-mal

Coleraine 9,60 £, 45 Min., Mo–Sa 11-mal tgl., So 6-mal

Unterwegs vor Ort

Bus 234 hält am City of Derry Airport (3,50 £, 20 Min., Mo–Sa mind. stündl., So 6-mal). Ein Taxi kostet rund 15 £.

Die **Foyle-Valley-Radstrecke** verläuft durch Derry und führt am Westufer des Flusses entlang.

Claudy Cycles (☎ 028-7133 8128; www.claudy-cycles.com; Visit Derry Information Centre; Leihräder halber/ganzer Tag 8/12 £) verleiht beim Visit Derry Information Centre Fahrräder.

Von der Foyle Street außerhalb des Busbahnhofs verkehren viele Regionalbusse in Derrys Vororte und die nahegelegenen Dörfer.

Taxiunternehmen in Derry sind z. B. **Derry Taxis** (☎ 028-7126 0247) und **Foyle Taxis** (☎ 028-7127 9999; www.foyletaxis.com).

Limavady & Umgebung

12 000 EW.

Jane Ross (1810–1879) wurde 1851 von einem Volkslied verzaubert, das ein blinder Fiedler unter ihrem Fenster in Limavady (Léim an Mhadaidh) spielte. Sie schrieb die Melodie auf, die erst als *O'Cahan's Lament,* später als *Londonderry Air* bekannt wurde und unter dem Namen „Danny Boy" die Welt eroberte. Wahrscheinlich ist es das berühmteste irische Lied überhaupt. Viel zu besichtigen gibt's nicht in der hübschen Stadt, dennoch ist sie ein netter Zwischenstopp.

Ein blaues Schild an der Wand in der 51 Main Street gegenüber dem Alexander Arms erinnert an das Wohnhaus von Jane Ross.

Sehenswertes

Roe Valley Country Park PARK

(Dogleap Rd; ⏲ 9 Uhr–Sonnenuntergang) GRATIS Der Landpark 3 km südlich von Limavady wartet an beiden Seiten des Roe mit 5 km langen Uferwegen auf. Der Fluss ist als toller Angelgrund für Lachse und Forellen bekannt. Saison von Anfang Juni bis Ende Oktober. Angler benötigen ein Ticket (20 £ pro Tag); Näheres auf www.roeangling.com.

Die Gegend ist eng mit den O'Cahans verbunden, die das Tal bis zur Plantation beherrschten. Siedler erkannten im 17. Jh. die guten Anbaumöglichkeiten für Flachs im feuchten Flusstal und machten die Region zu einem bedeutenden Zentrum für die Leinenherstellung.

Feste & Events

Danny Boy Jazz and Blues Festival MUSIK

(www.dannyboyjazzandblues.com; ⏲ Mitte Juni) Limavadys Danny Boy Jazz and Blues Festival findet auf verschiedenen Bühnen in der ganzen Stadt statt, z. B. in der Kneipe **Alexander Arms** (☎028-7776 2660; www.facebook.com/alexanderarmslimavady; 34 Main St; EZ/DZ ab 35/70 £; P).

Essen

Lime Tree IRISCH ££

(☎028-7776 4300; www.limetreerest.com; 60 Catherine St; Hauptgerichte mittags 10–12,50 £, abends 17–22,50 £; ⌚Di & Mi 17.30–20.30, Do 12–13.30 & 17.30–20.30, Fr 12–13.30 & 17.30–21, Sa 17.30–21 Uhr; 📶) Das entspannte Lime Tree ist in Dunkelrot und Beige gehalten und wird mit Teelichtern beleuchtet. Limavadys bestes Restaurant tischt hauptsächlich regionale Spezialitäten auf wie gebackenen Kabeljau mit Tomaten-Fenchel-Soße, Meeresfrüchte „Thermidor" frisch vom Tage und Sirloin-Steak von der Metzgerei McAtamney's.

Praktische Informationen

Touristeninformation (☎028-7776 0650; 24 Main St; ⌚Mo–Mi & Sa 9.30–17, Do & Fr bis 21.30 Uhr) Im Roe Valley Arts Centre.

Anreise & Unterwegs vor Ort

Bus 234 fährt nach Derry (5,20 £,30 Min., Mo–Sa mind. stündl., So 6-mal).

Roe Valley Cycles (☎028-7776 6406; www.roevalleycycles.co.uk; 35 Catherine St; Fahrrad ab 10 £ pro Tag; ⌚Mo–Sa 9–18 Uhr) Vermietet Fahrräder, mit denen man das Roe Valley erkunden kann.

Magilligan Point

Die imposante dreieckige Landspitze, die fast komplett die Mündung des Lough Foyle verschließt, wird größtenteils von einem militärischen Schießübungsplatz eingenommen, außerdem befindet sich hier ein einst berüchtigtes Gefängnis. Einen Besuch lohnen der ausgedehnte **Magilligan Strand** im Westen und der 9 km lange **Benone Strand** im Nordosten. Letzterer eignet sich bestens zum Buggykiting und Strandsegeln.

Sehenswertes & Aktivitäten

Magilligan Martello Tower HISTORISCHES GEBÄUDE

(Point Rd) Am Magilligan Point bewacht ein gut erhaltener Martello-Turm die Zufahrt zum Lough Foyle. Er wurde 1812 während der Napoleonischen Kriege zur Abwehr einer möglichen französischen Invasion errichtet. Der Turm ist nicht zugänglich, aber man kann hier schön durch die Dünen spazieren.

Long Line Surf School SURFEN

(☎07738 128507; http://longlinesurfschool.co.uk; Benone Tourist Complex; ⌚Ostern–Sept 9.30–17 Uhr, sonst nach Vereinbarung) Long Line hat eine Hütte im Benone Tourist Complex und vermietet am Sea Shed Coffee & Surf am Benone Strand Ausrüstung. Außerdem werden 2½-stündige Gruppenkurse im Surfen (25 £) sowie im Stehpaddeln (SUP; 30 £) angeboten.

Schlafen

Benone Tourist Complex CAMPINGPLATZ £

(☎028-7775 0555; http://benoneni.com; 53 Benone Ave; Zeltplätze 22–25,50 £, Campinghütten 50–52,50 £; ⌚Juli & Aug. 9–21 Uhr, April–Juni & Sept. 9 Uhr–Sonnenuntergang, Okt.–März 9–16 Uhr) Der Benone Tourist Complex neben dem Benone Strand bietet Parzellen für Zelte und Wohnwagen sowie schlichte Campinghütten für bis zu sechs Personen mit Heizgerät und Wasserkocher. Zum Komplex gehören ein beheizter Außenpool, ein Kinderbecken, ein Minigolfplatz und ein 9-Loch-Golfplatz.

Das Personal ist freundlich und die Lage zwischen zerklüfteten Bergkämmen und einem weiten weißen Strand ist atemberaubend.

Ausgehen & Nachtleben

Sea Shed Coffee & Surf KAFFEE

(Benone Strand; ⌚10–16 Uhr) Die schicke Strandhütte bietet sortenreinen Kaffee, *cold brews* (kalt zubereiteten Kaffee), heiße Schokolade, Tee und Gebäck. Außerdem kann man hier Ausrüstung leihen (Bodyboard mit Neoprenanzug 10/15 £ für 3 Std./1 Tag, Surfbrett mit Neoprenanzug 15/25 £). Am Zugang zum Benone Strand.

Downhill

Besonders reizvoll an diesem Küstenabschnitt sind das weitläufige Anwesen Downhill Demesne und der darunter liegende Strand mit seiner kräftigen Brandung.

Von Downhill aus führt die landschaftlich reizvolle Bishop's Road durch eine Schlucht steil bergan und über Hügel nach Limavady. Vom Picknickplatz Gortmore und den Klippen am Binevenagh Lake genießt man eine grandiose Aussicht über den Lough

Foyle bis ins County Donegal und zu den Sperrin Mountains.

Sehenswertes

★ **Downhill Demesne** HISTORISCHE STÄTTE
(www.nationaltrust.org.uk; Mussenden Rd; Erw./Kind 5,50/2,75 £; ⏲ Sonnenauf- bis Sonnenuntergang) 1774 ließ der Bischof von Derry (und vierte Earl of Bristol, Frederick Augustus Hervey) den prachtvollen Landsitz auf einem 160 Hektar großen Gelände erbauen. Das Haus brannte 1851 ab und wurde 1876 wiederaufgebaut, nach dem Zweiten Weltkrieg jedoch endgültig aufgegeben. Heute stehen die Ruinen etwas verloren auf den Klippen, darunter breiten sich schöne Gärten aus.

Den kreisrunden **Mussenden Temple** mit seinen Säulen und der Kuppel ließ der Bischof für seine Bibliothek (manche behaupten für seine Mätresse) errichten. Er ist ein Wahrzeichen der Serie *Game of Thrones*.

Man betritt das Gelände durch das Lion's Gate an der Küstenstraße oder durch das Bishop's Gate.

Ganz in der Nähe befindet sich das weiß getünchte **Hezlett House** (Juni–Sept. 11–17 Uhr, April–Juni nur am Wochenende) aus dem 17. Jh., eine der ältesten Strohdachhütten Irlands, die über 300 Jahre lang derselben Milchbauernfamilie gehörte. Die Räume sind so eingerichtet, wie sie in viktorianischer Zeit ausgesehen haben mögen. Das Haus liegt 2 km südöstlich vom Downhill Demesne an der Mussenden Road.

Schlafen

★ **Downhill Beach House** HOSTEL £
(☎ 028-7084 9077; http://downhillbeachhouse.com; 12 Mussenden Rd; B/DZ/FZ 17,50/46/60 £; P @ ☜) Das prächtig restaurierte Hostel in einem Gebäude aus dem späten 19. Jh. versteckt sich zwischen den Klippen. Es bietet komfortable Schlafsäle mit sieben Betten, Doppel- und Familienzimmer sowie einen großen Aufenthaltsraum mit einem offenen Kamin und Blick aufs Meer. Für Selbstversorger steht eine Küche zur Verfügung (es gibt jedoch keine Geschäfte in der Nähe, sodass man Vorräte mitbringen muss).

An- & Weiterreise

Bus 134 zwischen Limavady (4,40 £, 35 Min., Mo–Fr 9-mal tgl., Sa 6-mal) und Coleraine (3 £, 15 Min.) hält in Downhill, ebenso Bus 234 zwischen Derry (8 £, 35 Min., Mo–Fr halbstündlich, Sa stündl., So 7-mal) und Coleraine (2,70 £, 10 Min.).

LOUGH FOYLE FERRY

Die **Lough Foyle Ferry**, die bis 2016 zwischen Magilligan Point und Greencastle im County Donegal unterwegs gewesen war, wurde 2017 eingestellt. Man hofft, dass bald ein neuer Betreiber gefunden wird und die Fähre ab dem Sommer 2018 ihren Betrieb wieder aufnehmen kann. Zur Zeit der Recherche stand das allerdings noch in den Sternen.

Portstewart

7800 EW.

Schon zu viktorianischen Zeiten beschrieb der englische Schriftsteller William Thackeray Portstewart als „geruhsam und ordentlich". Seitdem versucht der Golf- und Badeort seine kultivierte und exklusive Atmosphäre zu bewahren und sich von dem nur 6 km östlich gelegenen, sehr viel lauteren Portrush abzuheben. Außerdem leben hier viele Studenten der University of Ulster von Coleraine.

Sehenswertes & Aktivitäten

Portstewarts **Promenade** wird von der schlossähnlichen Fassade eines dominikanischen Internats dominiert.

Der **Port Path** ist ein 10 km langer Küstenpfad, der zugleich Teil des Causeway Coast Way ist und sich vom Strand zu den Whiterocks 3 km östlich von Portrush erstreckt.

Portstewart Strand STRAND
(www.nationaltrust.org.uk/portstewart-strand) Man erreicht den breiten, etwa 2,5 m langen Portstewart Strand entweder nach einem 20-minütigen Fußmarsch auf einem Küstenweg vom Zentrum aus oder mit dem Bus über die Strand Road. Auf dem festen Sand können bis zu 1000 Autos parken (ganzjährig geöffnet, Ostern–Okt. 5 £ pro Fahrzeug).

Aquaholics TAUCHEN
(☎ 028-7083 2584; www.aquaholics.co.uk; 14 Portmore Rd; ⏲ Tauchshop Mo–Sa 9–17 Uhr) Ein reges Unterwasserleben und Schiffswracks machen die Küste rund um Portstewart zu einem Paradies für Taucher. Aquaholics bietet PADI-zertifizierte Einführungskurse an (ab 89 £) sowie Kurse im offenen Meer (479 £). Darüber hinaus stehen Tauchgänge (ab 54 £, mit Ausrüstung ab 80 £) an ver-

schiedenen Stellen auf dem Programm, darunter die Skerries Cavern und das Wrack der HMS *Drake* bei Rathlin Island. Außerdem werden Bootsausflüge nach Rathlin Island (2 Std. ab 30 £) und zu anderen Zielen angeboten.

Portstewart Golf Club GOLF
(☎ 028-7083 2015; www.portstewartgc.co.uk; 117 Strand Rd; Greenfee Strand Course 90–150 £, Riverside Course 22–27 £, Old Course 10–15 £) Der renommierte Portstewart Golf Club, gegründet 1894, verfügt über drei Kurse: den Par 72 Strand, den Par 68 Riverside und den Par 64 Old Course. Der Club liegt auf der Westseite von Portstewart an der Straße zum Portstewart Strand. In Portstewart fanden 2017 die Irish Open statt.

Feste & Events

North West 200 Motorcycle Race SPORT
(www.northwest200.org; Mitte Mai) Irlands größtes Outdoor-Sportereignis findet auf einem Rundkurs zwischen Portrush, Portstewart und Coleraine statt. Dabei sind die Startlinien am östlichen Stadtrand von Portstewart auf die Hauptstraße gemalt. Jedes Jahr lockt die Veranstaltung bis zu 150 000 Schaulustige an. Wer sich eher nicht für diese Sportart interessiert, sucht also am besten das Weite.

Schlafen

Rick's Causeway Coast Hostel HOSTEL £
(☎ 028-7083 3789; 4 Victoria Tce; B/EZ/2BZ/3BZ ab 14/26/40/51 £;) Dieses nette Reihenhaus direkt nordöstlich des Hafens hat geräumige Vier-, Sechs- und Achtbettzimmer sowie ein Doppelzimmer und funktionstüchtige Duschen. Außerdem wartet es mit einer Gäste- sowie einer Waschküche und im Winter mit einem Kaminfeuer auf.

★ **Strandeen** B&B ££
(☎ 028-7083 3872; www.strandeen.com; 63 Strand Rd; DZ 110–125 £) Eher ein Boutique-Hotel als ein B&B, bietet das auf einem Hügel gelegene Strandeen vier schöne Zimmer mit Holzläden in Grau- und Blautönen, Leihräder (15 £ pro Tag) und eine Terrasse mit Blick aufs Meer. Morgens wird ein üppiges Frühstück mit Bio- bzw. Freilandprodukten kredenzt (French Toast mit Backpflaumen, Granatapfelkernen und Zitronenmus oder auch gebackene Eier mit Spinat, Pilzen, gerösteten Tomaten und Paprika).

Cul-Erg House B&B ££
(☎ 028-7083 6610; www.culerg.co.uk; 9 Hillside, Atlantic Circle; EZ/DZ ab 40/70 £;) Herzlich, einladend und schön ruhig geht's in diesem familiengeführten B&B in einer Sackgasse zu. Das moderne, blumengeschmückte Reihenhaus ist nur wenige Gehminuten von der Promenade entfernt. Von den hinteren Zimmern genießt man einen tollen Meerblick.

Cromore Halt Inn HOTEL ££
(☎ 028-7083 6888; www.cromorehalt.co.uk; 158 Station Rd; EZ/DZ 89/99 £; P) 1 km östlich des Hafens, nahe der Ecke Station Road/Mill Road neben der Tankstelle, punktet das Cromore Halt Inn mit zwölf modernen, praktisch eingerichteten Zimmern im Motelstil, freundlichen, hilfsbereiten Angestellten und einem anständigen Restaurant.

Essen & Ausgehen

Warke's Deli CAFÉ £
(☎ 028-7083 3388; www.warkesdeli.com; 1 The Promenade; Hauptgerichte 6,50–7,50 £; 9–17.30 Uhr;) Bei Warke's ist alles hausgemacht, darunter Birchermüesli, Pfannkuchen, Suppen, Salate und Bruschetta. Wer lieber am Strand picknicken will, bekommt hier auch Gerichte zum Mitnehmen. Das Eckgebäude (Ecke Portmore Road und Promenade) bietet Blick auf die Promenade, den Hafen und das Meer.

Morelli's CAFÉ £
(www.morellisofportstewart.co.uk; 53 The Promenade; Eiscreme ab 1,85 £, Gerichte 3–9 £; 8.30–22 Uhr, Küche bis 20 Uhr, im Winter kürzere Öffnungszeiten;) Das von italienischen Einwanderern gegründete Morelli's ist eine lokale Institution. Seit 1911 gibt's hier hausgemachtes Eis und Kaffeespezialitäten. Die Eisbecher hier sind legendär.

★ **Harry's Shack** BISTRO ££
(☎ 028-7083 1783; www.facebook.com/HarrysShack; Portstewart Strand; Hauptgerichte 12–17 £; Di–Do 11–15 & 17–20.30, Fr & Sa 10–21, So bis 19 Uhr) Mitten am Portstewart Strand gelegen, beherbergt die Hütte im Besitz der Organisation für Denkmalpflege und Naturschutz eines der angesagtesten Restaurants an der Nordküste (fürs Mittag- und Abendessen lange im Voraus reservieren!). Im Harry's werden Obst, Gemüse und Kräuter aus eigenem Bioanbau sowie Fleisch und Meeresfrüchte aus der Gegend zu einfachen, aber sensationellen Gerichten verarbeitet. Wie wär's mit Flügelbutt mit Muscheln und

Seetangbutter oder Mulroy-Bay-Muscheln in irischem Cider?

Zu trinken gibt's u.a. Craft-Bier von sieben heimischen Brauereien wie der Lacada Brewery in Portrush sowie MacIvor's Cider aus Armagh. Freitags bis sonntags wird auch Brunch aufgetischt.

Anchor Bar PUB
(www.theanchorbar.co.uk; 87–89 The Promenade; ⏲ Mo–Do 11.30–1, Fr & Sa bis 1.30, So bis 0.30 Uhr) Unter Studenten der University of Ulster ist das Anchor – mit seiner gut sortierten Bar und anständigem Kneipenessen – sehr beliebt. Freitags und samstags treten Livebands auf. Zum Komplex gehören das Anchorage Bistro, der Nachtclub Aura und ein Hotel mit 20 Zimmern (Doppelzimmer ab 80 £).

An- & Weiterreise

Die Buslinien 140A und 140B verkehren zwischen Coleraine und Portstewart (2,70 £, 20 Min., Mo–Sa alle 20 Min., So 5-mal) und fahren dann weiter nach Portrush (2,30 £, 10 Min.).

Während der Saison halten der **Antrim Coaster** (S. 670) und der **Causeway Rambler** (S. 670) vor Ort.

COUNTY ANTRIM

Portrush

7355 EW.

Im Hochsommer platzt der Badeort Portrush (Port Rois) aus allen Nähten. Viele Attraktionen konzentrieren sich auf traditionelle Familienunterhaltung. Die Stadt ist eines der schönsten irischen Surferparadiese und wartet mit dem renommiertesten Golfclub des gesamten Nordens auf.

Sehenswertes & Aktivitäten

East Strand STRAND
(Curran Strand) Das Beste an Portrush ist der sandige 3 km lange East Strand östlich der Stadt, der sich bis zu den malerischen Kreideklippen der Whiterocks erstreckt.

★ **Troggs Surf Shop** SURFEN
(☎ 028-7082 5476; www.troggs.com; 88 Main St; ⏲ Mo–Sa 10–18 Uhr, Okt.–März Di geschl.) Das ganze Jahr über verleiht der freundliche Troggs Surf Shop Body- und Surfboards (6/12 £ pro Tag), Neoprenanzüge (8 £ pro Tag) und Kajaks (2 Std. 25 £), dazu gibt's Tipps und Beratung. Zwei Stunden Unterricht einschließlich Ausrüstung kosten etwa 30 £ pro Person.

Royal Portrush Golf Club GOLF
(☎ 028-7082 2311; www.royalportrushgolfclub.com; Dunluce Rd; Greenfees Mai–Sept. 190 £, April & Okt. 100 £, Nov.–März 60 £) Der 1888 gegründete Royal Portrush Golf Club liegt eindrucksvoll am östlichen Stadtrand am Atlantikufer. Hier wurde 1951 die Open Championship ausgetragen – die nächste wird 2019 hier stattfinden. Der Platz hat zwei Kurse: den Par 72 Dunluce mit dem White Rock (fünftes Grün) am Meeresufer und dem in einer Schlucht gelegenen Calamity (vierzehntes Grün) sowie den Par 70 Valley. Wann die Plätze für Besucher geöffnet sind, ist der Website zu entnehmen.

Schlafen

★ **Portrush Holiday Hostel** HOSTEL £
(☎ 028-7082 1288; www.portrushholidayhostel.com; 24 Princess St; B/DZ ab 15/38 £; 📶) Nur einen kurzen Fußweg von Strand und Hafen entfernt stößt man auf das beliebte in einem viktorianischen Terrassenhaus untergebrachte Hostel. Die Zimmer und Schlafsäle sind hell eingerichtet und den Gästen stehen eine große Küche und ein behagliches Wohnzimmer zur Verfügung. Die Angestellten der gemütlichen Bleibe sind freundlich und hilfsbereit. Es gibt eine Waschmaschine, einen Grillplatz und Leihfahrräder.

★ **Shola Coach House** B&B ££
(☎ 028-7082 5925; www.sholabandb.com; 110A Gateside Rd; Zi. 100–125 £) Das luxuriöse B&B in umgebauten Stallungen von 1840 wartet mit vier wunderschönen Zimmern und einer stilvollen Lounge mit Holzbalken und behaglichem Feuer auf. Zur Begrüßung gibt's hausgemachten Kuchen und auf der Frühstückskarte stehen z. B. Porridge mit Bushmills-Whiskey sowie Räucherlachs und Schweinswürstchen aus der Region. Das Haus liegt 3 km südlich von Portrush. Mindestaufenthalt zwei Nächte.

Clarmont B&B ££
(☎ 028-7082 2397; www.clarmontguesthouse.com; 10 Landsdowne Cres; EZ/DZ ab 35/70 £; 📶) Unser Favorit in Portrush. Das Clarmont punktet mit polierten Holzböden, alten Kaminen und einer Einrichtung aus viktorianischen sowie modernen Elementen. Nach einem der Erkerzimmer mit Meerblick und Whirlpool fragen.

Royal Court Hotel HOTEL ££
(☎ 028-7082 2236; www.royalcourthotel.co.uk; 233 Ballybogey Rd; EZ/DZ/Suite ab 75/110/170 £; 📶) 3,5 km östlich des Zentrums von Portrush liegt dieses gut geführte, traditionelle Hotel in spektakulärer Lage mit Blick auf den Strand Whiterocks und den Royal Portrush Golf Club. Die besten Zimmer verfügen über große Balkone mit Meerblick, die Suiten über große Panoramafenster und Himmelbetten.

Essen

Arcadia CAFÉ £
(www.arcadiaportrush.co.uk; East Strand; Gerichte 3–6 £; ⏰ April–Sept. 9–17 Uhr) Im Erdgeschoss eines Jugendstilpavillons aus den 1920er-Jahren, einem Wahrzeichen von Portrush, ist dieses luftige Strandcafé untergebracht. Hier kann man sich nach dem Surfen mit einem großen Frühstück, Bagels, Salaten oder Eis belohnen. In der kostenlosen Kunstgalerie im Obergeschoss werden auch Workshops und Kurse (Yoga, Zeichnen u. a.) angeboten.

55 Degrees North INTERNATIONAL ££
(☎ 028-7082 2811; www.55-north.com; 1 Causeway St; Hauptgerichte 10–19 £; ⏰ Mo–Fr 12.30–14.30 & 17–20.30, Sa bis 21, So 12–20.30 Uhr; 🍷) Die bodentiefen Fenster des stylishen Restaurants bieten einen spektakulären Panoramablick auf den Strand und das Meer. Die Küche hat sich auf schnörkellose, einfache Gerichte spezialisiert. Das **Café North** (www.55-north.com; 1 Causeway St; Hauptgerichte mittags 6–8 £, abends 10–14 £; ⏰ Ostern–Sept. Mo, Di & Sa 9–21, Mi–Fr bis 18 Uhr, Okt.–Ostern kürzere Öffnungszeiten) im Untergeschoss verfügt über eine zum Strand ausgerichtete Terrasse.

Ramore Wine Bar IRISCH ££
(☎ 028-7082 4313; www.ramorerestaurant.com; The Harbour; Hauptgerichte 5–17 £; ⏰ Mo–Do 12.15–14.15 & 17–21, Fr bis 21.30, Sa 12.15–14.30 & 16.45–22, So 12.15–15 & 17–21 Uhr; 👪) Zu einem Komplex mit sechs Restaurants am Hafen von Portrush gehört die stets beliebte familienfreundliche Ramore Wine Bar. Sie serviert klassisches Pubfood wie Chili-Hühnchen-Pitta, Seeteufel und Tigergarnelen und Burger mit Zwiebeln. Die großen Kuchenstücke und Pasteten in der Dessertheke tauchen regelmäßig auf Instagram auf.

Weitere Restaurants im Ramore-Komplex sind z. B. das **Neptune & Prawn** (Hauptgerichte 9,95–14,95 £) mit asiatischer Küche und die **Coast Pizzeria** (Pizza 5,95–8,95 £).

Ausgehen & Nachtleben

Koko KAFFEE
(www.facebook.com/kokoportrush; 2 Castle Erin Rd; ⏰ 9–17 Uhr) Großartiger Kaffee und fantastischer Meerblick sind die Hauptattraktionen dieses Strandcafés. Im Winter können sich die Gäste am Holzofen wärmen und durch die Panoramafenster nach draußen schauen, bei Sonnenschein können sie ihren Kaffee draußen auf der Terrasse schlürfen. Außerdem gibt's Sandwiches und Kuchen.

Kiwis Brew Bar BAR
(www.kiwisbrewbar.com; 47 Main St; ⏰ Mo–Fr 17–1, Sa & So 14–1 Uhr) Eine fröhliche Bar in neuseeländischer Hand. Ausgeschenkt werden u. a. das neuseeländische Bier Tui sowie seltene irische Marken wie Pokertree aus dem County Tyrone und Long Meadow Cider aus dem County Armagh. Auf den Fernsehschirmen läuft Surfen und natürlich Rugby. An den Wochenenden treten Livebands auf, sonntags gibt's u. a. Live-Bluesmusik. Nur Barzahlung möglich.

Kelly's Complex CLUB
(Lush!; www.kellysportrush.co.uk; Bushmills Rd; ⏰ Mi & Sa 21 Uhr–open end) Von außen wirkt das Gebäude flach und nicht gerade riesig, doch drinnen bietet Nordirlands angesagtester Club unmittelbar östlich der Stadt fünf Bars und drei Tanzebenen. 1996 eröffnet, hat er es in die Ränge der vom *DJ Magazine* ausgezeichneten 100 besten Clubs weltweit geschafft. **Lush!** gehört zu den besten Club-Nächten Irlands.

Anreise & Unterwegs vor Ort

Portrushs Busbahnhof liegt unweit des Dunluce Centre. Die Busse 140A und 140B verkehren zwischen Portrush und Portstewart (2,30 £, 10 Min., Mo–Sa alle 20 Min., sonntags 5-mal) bzw. Coleraine (2,70 £, 20 Min.). In der Saison verkehren auch die Busse **Antrim Coaster** und **Causeway Rambler**.

Der Bahnhof befindet sich südlich vom Hafen. Hier starten Züge nach Coleraine (2,40 £, 12 Min., stündl.), wo es Anschlüsse nach Belfast und Derry gibt.

An Taxiunternehmen gibt's in Portrush u. a. **Andy Brown's** (☎ 028-7082 2223; http://andybrowntaxis.co.uk) und **North West Taxis** (☎ 028-7082 4446).

SAISONALE BUSTOUR ENTLANG DER CAUSEWAY COAST

Antrim Coaster (Bus 252; ☎ 028-9066 6630; www.translink.co.uk; Tageskarte Bus Rambler Erw./Kind 9/4,50 £; ⏲ Ostern, Feiertagswochenenden im Mai & Juli/Aug.; 📶) Während der Saison verkehrt der Antrim Coaster zwischen Coleraine und dem Busbahnhof in Larne zweimal in jede Richtung. Unterwegs hält er u. a. in Portstewart, Portrush, Bushmills, am Giant's Causeway, in Ballintoy, Ballycastle, Cushendun, Cushendall, Glenariff (Waterfoot), Glenarm und am Bahnhof im Stadtzentrum von Larne.

Causeway Rambler (Bus 402; ☎ 028-9066 6630; www.translink.co.uk; Tageskarte Bus Rambler Erw./Kind 9/4,50 £; ⏲ Ostern–Sept.) Fährt während der Saison zwischen Coleraine und dem Parkplatz in Carrick-a-Rede via Portstewart, Portrush, Dunluce Castle, Bushmills, Giant's Causeway, Dunseverick Castle und Ballintoy. Im April und Mai verkehrt er 4-mal täglich, von Juni bis September 8-mal täglich.

Dunluce Castle

Die Ruinen von **Dunluce Castle** (87 Dunluce Rd; Erw./Kind 5/3 £; ⏲ März–Nov. 10–17 Uhr, Dez. & Jan. bis 16 Uhr, Einlass bis 30 Min. vor Schließung) thronen auf einem Basaltfelsen 5 km östlich von Portrush; auf dem Küstenweg braucht man zu Fuß eine Stunde. Eine schmale Brücke führt von dem auf dem Festland gelegenen Innenhof über eine atemberaubende Schlucht zum Hauptgebäude. Darunter windet sich ein Pfad vom Pförtnerhaus zur Mermaid's Cave im Basaltfelsen. Alle Busse entlang der Küste halten hier.

Im 16. und 17. Jh. diente die Burg als Sitz der Familie MacDonnell (ab 1620 Grafen von Antrim), die innerhalb der Ummauerung ein Gebäude im Renaissancestil errichten ließ. 1639 stürzte ein Teil der Burg mit der Küche ins Meer – samt sieben bedauernswerten Bediensteten und dem Abendessen.

Bushmills

1320 EW.

Bushmills, der dem Giant's Causeway (5 km) am nächsten gelegene Ort, war lange eine Art Mekka für Liebhaber irischer Whiskeysorten und ist außerdem ein praktischer Zwischenstopp für Wanderer an der Causeway Coast.

Sehenswertes & Aktivitäten

Old Bushmills Distillery BRENNEREI
(☎ 028-2073 3218; www.bushmills.com; 2 Distillery Rd; Führungen Erw./Kind 8/4 £; ⏲ März–Okt. Mo–Sa 9.15–16.45, So 12–16.45 Uhr, Nov.–Feb. Mo–Sa 10–16.45, So 12–16.45 Uhr) Ihre Lizenz erhielt die älteste legal betriebene Brennerei der Welt 1608 von Jakob I. Der Whiskey wird mit irischer Gerste und Wasser aus dem St. Columb's Rill, einem Nebenfluss des Bush, gebrannt und in Eichenfässern gelagert. Beim Altern sinkt der Alkoholgehalt um bis zu 2 % pro Jahr – den durch Verdunstung verlorenen Anteil bezeichnet man recht blumig als *angels' share*. Beim Abfüllen verdünnt man den Whiskey auf eine Trinkstärke von 40 %. Nach der Führung gibt's eine Gratisprobe Whiskey nach Wahl.

Giant's Causeway & Bushmills Railway HISTORISCHE EISENBAHN
(☎ 028-2073 2844; infogcbr@btconnect.com; hin & zurück Erw./Kind 5/3 £) Zwischen 10 und 17.30 Uhr starten die Züge stündlich und halten jeweils zur vollen Stunde am Causeway sowie zur halben in Bushmills. Im Juli und August verkehren sie täglich, von Ostern bis Juni sowie im September und Oktober nur an Wochenenden.

Die Giant's Causeway & Bushmills Railway nutzt die Trasse einer Straßenbahn, die im 19. Jh. Touristen von Bushmills bis zum 3 km entfernten Besucherzentrum am Giant's Causeway beförderte. Die Schmalspurbahn mit einer Diesel- und zwei Dampfloks stammt von einer privaten Linie am Ufer des Lough Neagh.

Neben der Strecke der Giant's Causeway & Bushmills Railway verläuft ein Weg für eine nette Radtour oder einen schönen Spaziergang (5 km).

Schlafen & Essen

Bushmills Hostel HOSTEL £
(☎ 028-2073 1222; www.hini.org.uk; 49 Main St; B 16–20 £, 3BZ 53 £; ⏲ geschl. Juli & Aug. 11.30–14.30 Uhr, März–Juni, Sept. & Okt. 11.30–17 Uhr; @ 📶) Unweit des Diamond im Stadtzentrum liegt dieses moderne, zweckdienliche Hostel mit vorwiegend 4- bis 6-Bett-Zim-

mern, allesamt mit eigenem Bad. Zu den weiteren Einrichtungen gehören eine Gemeinschaftsküche, eine Waschküche und ein Fahrradschuppen. Von März bis Oktober ist das Haus täglich geöffnet, von November bis Februar nur freitag- und samstagabends. Vorher telefonisch anfragen, ob das Hotel besetzt ist.

Ballyness Caravan Park WOHNWAGENPARK £
(☎ 028-2073 2393; www.ballynesscaravanpark.com; 40 Castlecatt Rd; Wohnwagenstellplatz 25 £; ⏲ Mitte März–Okt.; 📶) Der gut geführte Wohnwagenpark (Zelte sind hier nicht willkommen) mit Waldgebieten, Naturteichen und geräumigen Parzellen liegt ca. 1 km vom Ortszentrum entfernt an der B66.

Bushmills Inn Hotel HOTEL £££
(☎ 028-2073 3000; www.bushmillsinn.com; 9 Dunluce Rd; DZ/Suite ab 210/360 £; P @ 📶) Das Bushmills Inn ist eine ehemalige Kutscherherberge von etwa 1608 mit Torffeuer, Gaslampen, einer Geheimbibliothek und einem Rundturm. Der alte Teil des Hotels wurde in ein Restaurant verwandelt – die luxuriösen Unterkünfte befinden sich im benachbarten modernen Mill-House-Komplex. In der Nebensaison kosten die Zimmer nur die Hälfte.

★ **Bushmills Inn** IRISCH ££
(☎ 028-2073 3000; www.bushmillsinn.com; 9 Dunluce Rd; Hauptgerichte mittags 12–15 £, abends 13–25 £; ⏲ Mo–Sa 12–17 & 18–21.30, So 12–14.30 & 18–21.30 Uhr; 📶) In die alten Ställe des Bushmills Inn aus dem 17. Jh. ist dieses gemütliche kleine Restaurant samt Holz-Sitzecken und Kaminfeuer eingezogen. Mit frischen heimischen Zutaten werden Gerichte wie Atlantik-Fischsuppe, irisches Wild und traditionelles Dalriada Cullen Skink (geräucherter Schellfisch in Sahne mit pochierten Eiern und Frühkartoffeln) gezaubert. Rechtzeitig reservieren.

French Rooms FRANZÖSISCH ££
(☎ 028-2073 0033; http://thefrenchrooms.com; 45 Main St; Hauptgerichte morgens 4–10 £, mittags 9–16 £, abends 15–21 £; ⏲ Mi & So 10–16, Do–Sa bis 23 Uhr) Das French Rooms vereint Haushaltswarenladen und Delikatessentheke. Besonders lecker schmecken die Frühstücksvarianten (Croque Monsieur und Croque Madame, Crêpes, *eggs royale*, Brioche mit Schinken), die an den kupferbeschlagenen Tischen serviert werden. Zum Mittag- und Abendessen stehen Gerichte wie scharfes Quinoa-Cassoulet und Zackenbarsch nach Cajun-Art auf der Karte. Hinter dem Gebäude liegt ein reizvoller kleiner Garten.

ℹ Praktische Informationen

Bushmills Visitor Information Centre
(☎ 028-2073 0390; www.visitcausewaycoastandglens.com; Main St; ⏲ Mai, Juni & Sept. tgl. 10–17 Uhr, Juli & Aug. bis 18 Uhr, März, April & Okt. Sa & So 10–16 Uhr)

ℹ An- & Weiterreise

Bus 172 steuert Coleraine (3,50 £, 20 Min., Mo–Fr 8-mal tgl., Sa & So je 3-mal), den Giant's Causeway (2 £, 5 Min.) und Ballycastle (4,40 £, 45 Min.) an.

In der Saison fahren der **Antrim Coaster** (S. 670) und **Causeway Rambler** (S. 670) sowie die **Giant's Causeway & Bushmills Railway**.

Vom **Bushmills Visitor Information Centre** verkehrt von 9 bis 16 Uhr alle 20 Minuten ein kostenloser Park-and-Ride-Shuttlebus zum Giant's Causeway. Man benötigt für den Shuttle eine Eintrittskarte für die **Giant's Causeway Visitor Experience**, erhältlich im Bushmills Visitor Information Centre.

Giant's Causeway

Schon beim ersten Anblick versteht jeder sofort, weshalb unsere Vorfahren dachten, dass der Giant's Causeway künstlichen Ursprungs sein müsste. Es kann hier allerdings sehr voll werden – unter der Woche oder außerhalb der Saison ist ein Besuch am stimmungsvollsten. Die schönsten Fotos gelingen im Frühjahr und im Herbst bei Sonnenuntergang.

Sehenswertes & Aktivitäten

Wer sich dem Giant's Causeway auf dem parallel zu den Gleisen der Giant's Causeway & Bushmills Railway verlaufenden Weg nähert, spart die kombinierte Park- und Eintrittsgebühr fürs Besucherzentrum. Der nette Spaziergang dauert rund 45 Minuten und unterwegs genießt man schöne Ausblicke über die Dünen zur Küste.

★ **Giant's Causeway** WAHRZEICHEN
(www.nationaltrust.org.uk; ⏲ Sonnenauf- bis Sonnenuntergang) GRATIS Die spektakulären Formationen – Nordirlands einzige UNESCO-Welterbestätte – gehören sicher zu den eindrucksvollsten Landschaften in ganz Irland: Die riesige, sanft zum Meer abfallende Fläche mit zahlreichen dicht gepackten sechseckigen Steinsäulen sieht wirklich aus

Spaziergang Causeway Coast

START CARRICK-A-REDE
ZIEL GIANT'S CAUSEWAY
LÄNGE/DAUER 16,5 KM; 4 STUNDEN

Dieser spektakuläre Abschnitt gehört zu den schönsten Küstenwegen Irlands. Aber Vorsicht: Ein Teil führt über einen schmalen, oft matschigen Weg entlang ungesicherter Klippen und birgt bei Nässe und/oder Wind Gefahren. Bei Überflutung ist der Weg an beiden Enden unpassierbar; im Vorfeld nach den Gezeiten erkundigen.

Nach der nervenaufreibenden 1 **Carrick-a-Rede Rope Bridge** (S. 677) folgt man dem Weg vom 2 **Parkplatz Larrybane** über die Klippen mit Blick auf die Sheep Island und dann landeinwärts. An der 3 **Kirche von Ballintoy** geht's rechts hügelabwärts zum 4 **Hafen von Ballintoy**.

Der Weg führt vorbei an Seenadeln und Steinbögen, bis hinter einem Kalksteinfelsen die 2 km lange Sandbucht 5 **White Park Bay** liegt. Bei Ebbe ist der Weg am einfachsten, denn er besteht dann aus festem Sand. Ganz am Ende der Bucht klettert man am Fuß eines hoch aufragenden Kliffs (teils rutschige) 250 m nach 6 **Portbradden**.

Danach weicht der weiße Kalkstein schwarzem Basalt und man passiert einen natürlichen Felstunnel und felsige Höhlen. Am winzigen 7 **Hafen von Dunseverick** bleibt man 200 m auf einer kleinen Straße, bevor rechts eine Treppe hinabführt. Der Weg führt nun entlang des Ufers um eine Landspitze herum und anschließend auf einem Steg über einen Wasserfall. So erreicht man das 8 **Dunseverick Castle**.

Ab hier führt der oftmals schmale Pfad auf den Klippen stets bergauf, vorbei an einer 9 **alten Lachsfischerei** (die kleine Hütte mit dem roten Dach an der unterhalb gelegenen Küste). Nahe Benbane Head wartet der höchste und nördlichste Punkt der Wanderung, eine Holzbank namens 10 **Hamilton's Seat** (nach dem Geistlichen und Hobbygeologen William Hamilton aus dem 18. Jh.). Hier kann man den sensationellen Rundumblick auf 100 m hohe Kliffe, Felssäulen und -nadeln Richtung Westen genießen, bis schließlich die (ausgeschilderten) 11 **Shepherd's Steps** zum 12 **Giant's Causeway** hinabführen.

1

1. Giant's Causeway (S. 672) 2. Causeway Coast (S. 673)
3. Dark Hedges (S. 680) 4. Carrick-a-Rede Rope Bridge (S. 677)

3

2

4

PETER ZELEI IMAGES/GETTY IMAGES ©

Counties Londonderry & Antrim: Die Causeway Coast

Die Nordküste von Antrim zwischen Ballycastle und Portrush wird Causeway Coast genannt und ist einer der schönsten Küstenabschnitte des Landes! Egal ob mit dem Auto, auf dem Fahrrad oder zu Fuß – man sollte diese Landschaft auf keinen Fall verpassen.

Giant's Causeway

Dieses geologische Schmuckstück an der Antrim Coast besteht aus zahllosen sechseckigen Basaltsäulen. Die spektakuläre Gesteinsformation wurde von der UNESCO zur Welterbestätte ernannt und gilt als Hauptattraktion Nordirlands.

Causeway Coast

Neben einer traumhaften Landschaft punktet die Causeway Coast mit hübschen Dörfern wie Ballintoy (bekannt als der Hafen von Herrenhort auf den Eiseninseln in *Game of Thrones*) und Portbradden, den Festungsruinen Dunluce und Dunseverick sowie der Gelegenheit, in der Old Bushmills Distillery irischen Whiskey zu kosten.

Carrick-a-Rede Rope Bridge

Früher wurde die berühmte Seilbrücke von einheimischen Lachsfischern genutzt, heute dient sie vor allem als Mutprobe für Besucher der Causeway Coast. Sie schaukelt 30 m über den Felsen und dem Meer.

Antrim Coast

Antrim ist bekannt für seine zerklüftete Küstenlandschaft, wartet aber auch mit ein paar tollen Stränden wie dem familienfreundlichen Sandstreifen von Ballycastle und der schwerer zu erreichenden, aber umso friedlicheren White Park Bay auf.

wie von Riesenhand geschaffen. Die Entstehung der Formation wird im Zentrum Giant's Causeway Visitor Experience erläutert, deren neues umweltfreundliches Gebäude sich halb in einem Hang oberhalb des Meeres versteckt.

Die Felsen selbst sind ohne Eintritt zugänglich, doch Besucher müssen für einen Parkplatz und das Besucherzentrum zahlen; reine Parktickets gibt's nicht.

Vom Besucherzentrum führt ein kurzer Fußweg in zehn bis 15 Minuten zum Giant's Causeway. Viel interessanter ist es aber, dem Klippenpfad zu folgen und dann die **Shepherd's Steps** hinabzusteigen. Wer nicht so gut zu Fuß ist, kann vom Besucherzentrum auch einen Minibus zum Causeway nehmen (2 £ hin & zurück).

Der untere Küstenpfad führt Richtung Osten bis zum **Amphitheatre-Aussichtspunkt** in Port Reostan. Auf dem Weg kommt man an imposanten Felsenformationen wie der **Organ** vorbei, einer Reihe aufrechter Basaltsäulen, die an Orgelpfeifen erinnern.

Wer möchte, wandert auf den Klippen gen Osten an der **Chimney-Stacks-Landspitze** vorbei bis nach Dunseverick weiter.

Giant's Causeway Visitor Experience MUSEUM
(☎ 028-2073 1855; www.nationaltrust.org.uk; 60 Causeway Rd; Erw./Kind 10,50/5,25 £; ⌚ Juli & Aug. 9–19 Uhr, März–Juni, Sept. & Okt. bis 18 Uhr, Nov.–Feb. bis 17 Uhr) Das Besucherzentrum Giant's Causeway Visitor Experience, das in den Berg gebaut und mit hohen schwarzen Basaltplatten des Causeway verkleidet ist, beherbergt eine Ausstellung über die Geologie der Region, einen Infoschalter, ein Restaurant und ein Geschäft. Ein Audioguide für die Erkundung der Felsen ist im Eintrittspreis inbegriffen. Jede Stunde finden außerdem Führungen statt.

Wer mit dem Bus oder Fahrrad oder zu Fuß ankommt, zahlt für das Besucherzentrum nur 1,50 £ Eintritt.

Schlafen & Essen

Wer direkt am Giant's Causeway nächtigt, kann die Küste frühmorgens oder abends ohne die Besuchermassen erkunden. Eine größere Auswahl an Übernachtungsmöglichkeiten bietet Bushmills 5 km südlich des Causeway.

Wer vom Herumkraxeln an der Küste Hunger hat: Es gibt ein Café in der Giant's Causeway Visitor Experience (S. 672), ein Restaurant im Causeway Hotel und Pubfood im **Nook** (☎ 028-2073 2993; 48 Causeway Rd; Hauptgerichte 9–18 £; ⌚ Küche März–Okt. 11–21 Uhr, Nov.–Feb. bis 18 Uhr).

Causeway Hotel HOTEL £££
(☎ 028-9073 1210; www.thecausewayhotel.com; 40 Causeway Rd; DZ ab 130 £; P 📶) Das Hotel ist im Besitz der Organisation für Denkmalpflege und Naturschutz, liegt auf den Felsen oberhalb des Giant's Causeway und verfügt über 28 Zimmer. Es ist eine tolle Basis, um die Küste morgens oder am späten Nachmittag ohne die Menschenmengen zu erkunden. Am besten fragt man nach einem der Zimmer am Westende mit eigenen Terrassen, von denen man den Sonnenuntergang über dem Meer beobachten kann. Gäste und Besucher des Restaurants (abends geöffnet) parken kostenlos.

DIE ENTSTEHUNG DES CAUSEWAY

Der Sage nach türmte der irische Riese Finn McCool die Steine des Causeway auf, damit er das Meer überqueren und mit dem schottischen Riesen Benandonner kämpfen konnte. Benandonner folgte Finn quer über den Causeway, bekam es aber mit der Angst zu tun und floh kurzerhand zurück nach Schottland. Dabei ging der Causeway in die Brüche. Übrig blieben nur die beiden Enden: Giant's Causeway in Irland und die ähnlichen Felsformationen der Insel Staffa in Schottland.

Etwas nüchterner hört sich die wissenschaftliche Erklärung an. Die Formation des Causeway bildete sich vor 60 Mio. Jahren, als sich eine dicke Schicht Basaltlava über ein Kalkbett ergoss. Beim langsamen Abkühlen von außen nach innen zog sich die Lavamasse zusammen und es entstanden Schrumpfungsrisse in dem für Basalt typischen sechseckigen Muster – ähnlich wie Schlamm, der in einem verlandenden See austrocknet und polygone Rissgitter bildet. Diese Risse setzten sich weiter ins Innere fort, bis die Lava erkaltet und erstarrt war. Durch Erosion wurde der Basalt langsam abgetragen und einzelne Teile brachen an den Kontraktionsrissen ab, dabei kamen vorwiegend sechseckige Säulen zum Vorschein.

An- & Weiterreise

Während der Saison fahren der **Antrim Coaster** (S. 670) und **Causeway Rambler** (S. 670) sowie die **Giant's Causeway & Bushmills Railway** (S. 670), außerdem hält Bus 172 von Ballycastle (4,40 £, 30 Min., Mo–Fr 8-mal tgl., Sa & So 3-mal tgl.) nach Coleraine (4,40 £, 25 Min.) und Bushmills (2 £, 5 Min.) das ganze Jahr über hier. Von Coleraine fahren Züge nach Belfast und Derry.

Unterwegs vor Ort

Vom Parkplatz des Giant's Causeway Visitor Experience führt ein leichter, 1 km langer Spaziergang zum Causeway. Ansonsten verkehren Minibusse (einfach/hin & zurück 1/2 £) alle 15 Minuten auf der Strecke. Die Busse sind rollstuhlgerecht.

Ballintoy & Umgebung

170 EW.

Weitere 3 km Richtung Osten erstreckt sich dann das schöne Dorf Ballintoy (Baile an Tuaighe) einen Hügel hinab zu einem malerischen Hafen, der den Fans der Serie *Game of Thrones* besser als Hafen der Stadt Herrenhort auf den Eiseninseln bekannt ist (andere Szenen wurden hier ebenfalls gedreht). Im restaurierten Kalkofen am Hafen wurde einst aus Kreide von den Klippen und Kohle aus Ballymoney Kalk gebrannt.

Ballintoy liegt ungefähr auf halber Strecke zwischen Ballycastle und dem Giant's Causeway am malerischsten Abschnitt der Causeway Coast mit schwarzen Basaltklippen, weißen Kreidefelsen, Felseninseln und breiten Sandstränden.

Sehenswertes & Aktivitäten

Die Hauptsehenswürdigkeiten sind mit dem Auto oder Bus erreichbar, der 16,5 km lange Abschnitt zwischen dem Parkplatz Carrick-a-Rede und dem Giant's Causeway lässt sich jedoch zweifellos am besten zu Fuß (S. 672) erkunden – und zwar auf dem markierten Causeway Coast Way (www.walkni.com).

Rund 9,5 km östlich des Giant's Causeway liegt das winzige Dorf Portbradden mit einem halben Dutzend Häusern. Von hier sieht man schon die spektakuläre White Park Bay mit einem langen Sandstrand, die man über die nächste Abfahrt der A2 erreicht. Weitere 3 km Richtung Osten erstreckt sich dann das schöne Dorf Ballintoy.

★ Carrick-a-Rede Rope Bridge BRÜCKE

(☎ 028-2076 9839; www.nationaltrust.org.uk/carrick-a-rede; 119 Whitepark Rd, Ballintoy; Erw./Kind 7/3,50 £; ⏲ April–Okt. 9.30–18 Uhr, Nov.–März bis 15.30 Uhr) Über dem tobenden Wasser überspannt die schwankende Konstruktion die 20 m von den Klippen bis zu der kleinen Insel Carrick-a-Rede. Die Carrick-a-Rede Rope Bridge ist zwar vollkommen sicher, für Menschen mit Höhenangst allerdings nicht zu empfehlen. Bei Sturm wird sie geschlossen. Von der Insel genießt man einen schönen Blick auf Rathlin Island und den Fair Head im Osten. Am Parkplatz gibt's ein kleines vom National Trust betriebenes Infozentrum und ein Café.

Die Brücke geht auf Fischer zurück, die ihre Netze an der Landspitze ins Wasser hängen, wo die Lachse auf dem Weg zu ihren heimatlichen Flüssen entlangkommen.

Carrick-a-Rede ist heute ein fester Bestandteil aller Busrundfahrten und erfreut sich mittlerweile so großer Beliebtheit, dass der National Trust für die Brücke eine Stunde gültige Zeitfenstertickets eingeführt hat. In der Hochsaison sollte man frühzeitig hier sein, um ein Ticket zu ergattern.

Kinbane Castle BURG

(Whitepark Rd) GRATIS Auf einer Landzunge aus Kalkstein, die zwischen den Basaltklippen hervorragt und einen traumhaften Blick auf Rathlin Island und Schottland bietet, ließ Colla MacDonnell (Sohn von Alexander MacDonnell, Lord of Islay and Kintyre, und Catherine, Tochter des Lord of Ardnamurchan) 1574 diese Burg erbauen. Nach einer Belagerung durch die Engländer wurde sie im Jahr 1555 neu errichtet und war bis ins 17. Jh. bewohnt. Vom Parkplatz führen 140 Treppenstufen zur Burg hinab.

Schlafen & Essen

Sheep Island View Hostel HOSTEL £

(☎ 028-2076 9391; www.sheepislandview.com; 42A Main St; B/EZ/2BZ 18/25/45 £; P @ ☰) Familiengeführt und unabhängig bietet dieses Hostel einfache Zimmer mit Bad. Es gibt eine Küche und eine Waschküche und der Dorfladen befindet sich in der Nähe. Das Hostel liegt an der Küstenstraße nahe der Abzweigung nach Ballintoy Harbour; direkt vor der Tür befindet sich eine Bushaltestelle. Toller Zwischenstopp für Wanderer, die zwischen Bushmills und Ballycastle unterwegs sind.

Whitepark Bay Hostel HOSTEL £
(☎ 028-2073 1745; www.hini.org.uk; 157 Whitepark Rd, Ballintoy; B/2BZ ab 17/40 £; ⏰ Mitte März–Okt.; P 📶) Das moderne Hostel am Westrand von White Park Bay hat viele Vierbett-, aber auch einige Doppelzimmer mit Fernsehern, die alle mit eigenen Bädern ausgestattet sind. Vom Aufenthaltsraum mit Kamin eröffnet sich eine schöne Aussicht. Bis zum Strand sind es nur wenige Gehminuten durch die Dünen.

Whitepark House B&B £££
(☎ 028-2073 1482; www.whiteparkhouse.com; 150 Whitepark Rd, Ballintoy; EZ/DZ 80/180 £; P 📶) Ein hübsch restauriertes, gemütliches Haus aus dem 18. Jh. an der White Park Bay mit drei Zimmern (nach einem mit Meerblick fragen), alten Möbeln und einem Torffeuer. Das B&B ist mit asiatischen Kunstwerken – Reisemitbringseln der herzlichen Besitzer – dekoriert.

Red Door Cottage CAFÉ £
(☎ 028-2076 9048; www.facebook.com/thereddoortearoom; 14a Harbour Rd, Ballintoy; Hauptgerichte 6–10 £; ⏰ Mai–Okt. Di–Fr 11–16, Sa & So 10–16 Uhr, März & April Sa & So 10–16 Uhr) Dieses kleine Cottage mit seiner knallroten Tür liegt 200 m abseits der Küstenstraße an der Nebenstraße nach Ballintoy Harbour. Hier ist alles hausgemacht: Suppen, sämige Fischsuppen, Burger, Irish Stew und Kuchen. Bei Sonnenschein lässt man sich an den idyllischen Picknicktischen im Garten nieder, bei kühlem Wetter kann man sich drinnen am Torffeuer wärmen. Zu Ferienzeiten sollte man im Voraus reservieren.

Roark's Kitchen CAFÉ £
(Harbour Rd, Ballintoy Harbour; Hauptgerichte 6,25–7,50 £; ⏰ Juni–Aug. tgl. 11–19 Uhr, Mai & Sept. nur Sa & So; P) In der netten kleinen Teestube am Kai von Ballintoy bekommt man verschiedene Teesorten, Kaffee, Eis, hausgemachten Apfel-, Kirsch- und Rhabarberkuchen und Mittagsgerichte wie Irish Stew oder Schinken-Hühnchen-Pie. Nur Barzahlung.

An- & Weiterreise

Bus 172 (Mo–Fr 8-mal tgl., Sa & So 3-mal) verbindet Ballintoy mit Coleraine (4,40 £, 40 Min.), Ballycastle (3 £, 20 Min.), dem Giant's Causeway (3,20 £, 20 Min.) und Bushmills (3,50 £, 25 Min.). In der Saison verkehren der **Antrim Coaster** (S. 670) und der **Causeway Rambler** (S. 670) auf der Strecke.

Ballycastle

5000 EW.

Ballycastle (Baile an Chaisil), ein reizvoller Hafen- und Ferienort, liegt am östlichen Ende der Causeway Coast. Hier kann man einen entspannten Tag am Strand verbringen oder einen Ausflug mit der Fähre nach Rathlin Island unternehmen.

Sehenswertes & Aktivitäten

Marconi Memorial DENKMAL
Beim Parkplatz am Hafen stößt man auf das Marconi Memorial, eine Gedenktafel am Fuß einer Felsnadel zur Erinnerung an den Tag, an dem Guglielmo Marconis Helfer 1898 von Ballycastle aus per Funk Rathlin Island erreichten. Mit diesem Experiment wollten sie dem Unternehmen Lloyds in London Einsatzmöglichkeiten der drahtlosen Nachrichtenübertragung demonstrieren. Ihr Ziel war es, London oder Liverpool vorab über die sichere Ankunft ihrer Transatlantikschiffe zu informieren, sobald diese den Kanal nördlich von Rathlin passierten.

Sea Haven Therapy SPA
(www.seahaventherapy.com; 18 Bayview Rd; ⏰ Mo–Do & Sa 10–18, Fr bis 21 Uhr) Hier kann man sich mit Blick auf Rathlin Island ein entspannendes Seetangbad (gut gegen Muskel- und Gelenkschmerzen und für den Kreislauf; 25 £) gönnen, den Salzraum (45 Min. 20 £) aufsuchen oder sich massieren lassen (55 Min. ab 35 £). Das Spa befindet sich neben dem Anleger für die Fähre nach Rathlin Island am Ballycastle Harbour.

Ballycastle Food Tour ESSEN & TRINKEN
(☎ 07718 276612; www.northcoastwalkingtours.com; 30 £ pro Pers.) Bei dem dreistündigen Rundgang wird bei sechs Lokalen des Orts gehalten, wo man Sachen wie Blutwurst, Käse, Fischsuppe und Craft-Bier verkostet. Buchen kann man über die Website und im Ballycastle Visitor Information Centre. Außerdem werden Touren nach Bushmills und Rathlin Island angeboten.

Feste & Events

Auld Lammas Fair KULTUR
(⏰ letzter Mo & Di im Aug.) Ballycastles Auld Lammas Fair wird bereits seit 1606 veranstaltet. Zu diesem Anlass fallen Tausende Besucher über die Marktstände her, um zwei Spezialitäten zu kosten: *yellowman*, ein hartes Toffee, und *dulse*, getrocknete essbare Algen.

Schlafen

Watertop Open Farm CAMPINGPLATZ £
(☎ 028-2076 2576; www.watertopfarm.co.uk; 188 Cushendall Rd; Zeltplatz für 2 Pers. 15 £, jede weitere Person 5 £, Wohnwagenstellplatz ab 25 £; ⊙ Ostern–Okt.; 👪) Kinderfreundliche Übernachtungsmöglichkeit auf einer echten Farm 10 km östlich von Ballycastle an der Straße nach Cushendun. Hier kann man auf Ponys reiten, Schafe scheren und den Hof besichtigen (Juli & Aug. 11–17.30 Uhr; Erw./Kind pro Aktivität 3/2,50 £).

Ballycastle Backpackers HOSTEL £
(☎ 028-2076 3612; www.ballycastlebackpackers.net; 4 North St; B/2BZ ab 17,50/35 £, Cottages 80 £; P @ 📶) Das kleine, gemütliche Terrassenhaus mit Blick auf den Hafen verfügt über ein Sechsbett- sowie ein Familien- und mehrere Doppelzimmer (auch mit getrennten Betten). Die Gäste können eine gut ausgestattete Küche und ein gemütliches Wohnzimmer nutzen. Im Garten gibt's ein nettes Ferienhaus mit zwei Doppelzimmern und einem Privatbad (Mindestaufenthalt zwei Nächte).

Im **Quayside** im Nachbarhaus stehen vier luxuriösere Zimmer mit Bad (DZ mit/ohne Meerblick 90/73 £) zur Verfügung.

Kinbane Farmhouse B&B ££
(☎ 028-2076 9947; www.kinbane.com; 85 Whitepark Rd; EZ/DZ 40/60 £; 📶) Der äußerst einladende aktiv betriebene Bauernhof direkt beim Kinbane Castle bietet seinen Gästen drei mit Kiefernholz eingerichtete Zimmer (mit eigenen Bädern, in einem Fall außerhalb des Zimmers), ein Torffeuer und Ferngläser für einen gestochen scharfen Blick auf Rathlin Island und das dahinter liegende Schottland.

An Caislean Guesthouse PENSION ££
(☎ 028-2076 2845; www.ancaislean.co.uk; 42 Quay Rd; EZ/DZ ab 35/60 £; P 📶) Ursprünglich handelte es sich beim An Caislean um zwei eigenständige Gästehäuser, die nun durch einen überdachten Steg miteinander verbunden sind. Die Pension wartet mit einer großen Lounge und einer herzlichen, familiären Atmosphäre auf, außerdem sind die Zimmer geräumig und gemütlich (nur die Holzdielen knarren ganz schön). Vor allem punktet die Pension aber mit ihrer Lage – nur wenige Gehminuten vom Strand entfernt. Einige Zimmer haben kein eigenes Bad.

Essen & Ausgehen

Mit seinen guten Bäckereien, Craft-Brauereien und den ausgezeichneten Meeresfrüchten entwickelt sich Ballycastle ein wenig zu einem Ziel für Feinschmecker. Örtliche Lebensmittelerzeugnisse, nach denen man Ausschau halten sollte, sind etwa geräucherter Fisch vom North Coast Smokehouse (www.northcoastsmokehouse.com) und Bier von Glens of Antrim Craft Ales & Beers (glensofantrimcraftaleandbeers.com).

★ **Ursa Minor** BÄCKEREI, CAFÉ £
(www.ursaminorbakehouse.com; 45 Ann St; ⊙ Di–Sa 10–16 Uhr) Das Ursa Minor ist auf Sauerteigwaren und *friands* (süße Mandelkuchen) spezialisiert und eine Art Bäckerei und Café, wie man es eher in einem hippen Viertel von Sydney als in Ballycastle vermuten würde. Als Dara und Ciara Ó Hartghaile aus Neuseeland zurückkehrten, stürzten sie sich in die handwerkliche Backkunst – die daraus resultierende Bäckerei ist sowohl bei Einheimischen als auch Touristen ein echter Renner.

★ **Morton's Fish & Chips** FISH & CHIPS £
(☎ 028-2076 1100; The Harbour, Bayview Rd; Hauptgerichte 6–10 £; ⊙ So–Do 12–20, Fr & Sa bis 21 Uhr) Frischer kann man Fish'n'Chips nicht bekommen: Die Fischer laden ihren Tagesfang direkt neben dieser kleinen Bude am Hafen aus. Kabeljau, Schellfisch, Muscheln, Scampi und Krebsküchlein sowie Pommes aus hiesigen Kartoffeln locken im Sommer Besucher in Scharen an (vermutlich muss man Schlange stehen).

Thyme & Co CAFÉ £
(☎ 028-2076 9851; www.thymeandco.co.uk; 5 Quay Rd; Gerichte 3,50–6,50 £; ⊙ Di–Fr 9–17, Sa 9.30–20.30, So 10–16 Uhr; 📶) 🌿 Üppige grüne Salate, Shepherd's Pie und Rührei mit Lachs gehören zu den hausgemachten Köstlichkeiten mit Zutaten aus der Region, die in diesem einladenden Café zu haben sind. Viele der Kuchen und Backwaren sind glutenfrei, dazu gibt's hervorragenden Kaffee. Samstagabends steht verschiedenes auf der Tageskarte, z. B. Pizza.

Central Wine Bar IRISCH ££
(☎ 028-2076 3877; www.centralwinebar.com; 12 Ann St; Hauptgerichte mittags 5–20 £, abends 11–20 £; ⊙ Mo–Do 11–23, Fr & Sa bis 1, So 12–23 Uhr) Die Central Wine Bar ist ein sicherer Tipp für eine tolle Mahlzeit. Frische regionale Zutaten wie Huhn aus Armagh, Kabeljau

aus Portavogie und Meeresfrüchte aus Moyle landen in Gerichten wie *Chicken Louisiana*, pochiertem geräuchertem Kabeljau an einer Ingwer-, Pilz- und Schalottensoßeund in der Fischsuppe. Weitere Pluspunkte sind der freundliche Service und die gute Weinkarte.

O'Connor's PUB
(http://oconnorsbar.ie; 5–7 Ann St; ⏲11.30–1 Uhr) In Ballycastles bester Musikkneipe – dem O'Connor's in unmittelbarer Nähe des Diamond – wird an allen Donnerstagabenden des Jahres traditionelle Musik gespielt. Von Ostern bis September gibt's samstags auch Bands in der Bar sowie DJs im Biergarten und sonntags Jam-Sessions. Bis 21 Uhr wird außerdem durchgehend herzhafte Küche serviert.

Praktische Informationen

Ballycastle Visitor Information Centre (☎028-2076 2024; www.visitcausewaycoastandglens.com; 14 Bayview Rd; ⏲Sept.–Juni Mo–Fr 9.30–17, Sa 10–16 Uhr, Juni & Sept. auch So 12–16 Uhr, Juli & Aug. längere Öffnungszeiten) Hilfsbereite Touristeninformation beim Anleger der Rathlin-Island-Fähre am Hafen.

An- & Weiterreise

Der Busbahnhof liegt an der Station Road direkt östlich vom Hauptplatz. Bus 217 verkehrt zwischen Ballycastle und Ballymena (6,70 £, 50 Min., Mo–Fr stündl., Sa 5-mal), von wo aus Anschlussmöglichkeiten Richtung Belfast bestehen.

Bus 172 fährt an der Küste entlang via Ballintoy, Giant's Causeway und Bushmills nach Coleraine (6,50 £, 1 Std., Mo–Fr 8-mal tgl., Sa & So 3-mal).

Während der Saison hält auch der **Antrim Coaster** (S. 670) vor Ort.

Kintyre Express (☎01586 555895; www.kintyreexpress.com; ⏲Ostern–Sept.) betreibt schnelle Passagierfähren zwischen Ballycastle und Campbeltown in Schottland (einfach/hin & zurück 45/80 £, 1½ Std., Juni–Sept. 1-mal tgl.). Ein weiterer einstündiger Fährservice verkehrt nach Port Ellen auf Islay in Schottland (einfach/hin & zurück 60/95 £, 1 Std., Juni–Sept. 1-mal tgl.).

ABSTECHER

KINGSROAD

Die schattenspendenden knorrigen und verschlungenen Buchen von **Dark Hedges** (Bregagh Rd, Ballymoney) – von der Familie Stuart im 18. Jh. als Zugang zu ihrem Anwesen gepflanzt – gehören zu den beliebtesten Fotomotiven Nordirlands, seit man sie in *Game of Thrones* gesehen hat. Ein Foto ohne Autos (und Menschenmengen) zu schießen ist nicht einfach. Man kann sich und den anderen Fans einen Gefallen tun, indem man an einem der beiden Enden der baumbestandenen Straße parkt und ein Stück zu Fuß geht. Die Dark Hedges liegen 14 km südwestlich von Ballycastle über die A44 und die Ballykenver Road.

2016 entwurzelte der Sturm „Gertrude" mehrere der 200 Jahre alten Bäume. Das Holz wurde gerettet und aus ihm wurden zehn fein geschnitzte *Game of Thrones*-Türen geschaffen. Diese sind über ganz Nordirland verteilt. In Touristeninformationen ist die kostenlose Broschüre „Journey of the Doors" erhältlich.

Rathlin Island

140 EW.

Rathlin Island liegt 6 km vor der Küste bei Ballycastle. Die zerklüftete L-förmige Insel ist nur 6,5 km lang und 4 km breit. Hunderte Seehunde sind hier zu Hause und im späten Frühjahr und Sommer brüten Tausende Seevögel auf dem kleinen Eiland.

Robert the Bruce, ein schottischer Held, war der bedeutendste Besucher. 1306 versteckte er sich hier nach seiner Niederlage gegen den englischen König. Der Legende nach sah er einer Spinne dabei zu, wie sie ihr Netz unbeirrt immer wieder neu webte. Dies soll ihn in seinem Entschluss bestärkt haben, weiter gegen die Engländer zu kämpfen, die er schließlich bei Bannockburn tatsächlich besiegte. Die Höhle, in der er sich angeblich versteckt haben soll, befindet sich unterhalb des East Lighthouse am Nordostzipfel der Insel.

Sehenswertes & Aktivitäten

Rathlin ist berühmt für seine spektakuläre Küstenlandschaft sowie seine Vogelwelt, besonders die Papageitaucher, die auf den Klippen am Westzipfel der Insel nisten.

Vom Hafen in Church Bay bieten sich besonders drei Wanderstrecken an: zum Rathlin West Light Seabird Centre (S. 681; 7 km), zum **East Lighthouse** (3 km) und zum **South Lighthouse** (4,5 km). Die Straßen eignen sich auch zum Radfahren – Räder können geliehen werden.

Dazu kommen noch fabelhafte Wanderwege abseits der Straßen, z. B. der **Ballyconagan Trail** zur Old Coastguard Station an der Nordküste: Von hier kann man auf die Felsklippen und hinüber zu den schottischen Inseln Islay und Jura schauen. Außerdem gibt's im Süden noch den Klippenweg **Roonivoolin Trail**: Hier kann man Alpenkrähen (die seltenste Art der Rabenvögel) sehen, Lerchen singen hören und Schneehasen erspähen.

Rund um die Insel liegen etwa 40 Schiffswracks, darunter das der HMS *Drake*, zu der Aquaholics Tauchgänge anbietet (S. 667).

★ Rathlin West Light Seabird Centre LEUCHTTURM

(☎ 028-2076 3948; www.rspb.org.uk; Erw./Kind 5/2,50 £; ⏲ März–Sept. 10–17 Uhr) Das Zentrum der Royal Society for the Protection of Birds (RSPB) bietet spektakuläre Ausblicke auf eine florierende Seevogelkolonie: Hier sind jeden Sommer Tausende Papageitaucher zu sehen. Das Zentrum befindet sich im westlichen Leuchtturm von Rathlin – der auf dem Kopf zu stehen scheint, da das Leuchtfeuer unten im Gebäude ist. Der in die Felsen gebaute Leuchtturm stellte bei seiner Eröffnung 1919 ein echtes Meisterwerk der Baukunst dar. Im Turm befinden sich heute Ausstellungen zu den Meerestieren und zur Geschichte der Insel.

Oberhalb des Leuchtturms blickt man von Aussichtsplattformen auf die benachbarten Felsnadeln, auf die jedes Jahr Tausende von Seevögeln zum Brüten zurückkehren, darunter Trottellummen, Tordalken, Dreizehenmöwen und Eissturmvögel. Die besten Zeiten für Papageitaucher sind Mitte Mai – wenn sich die Vögel auf den Klippen versammeln –, Mitte Juni– wenn die ersten Jungen schlüpfen – und Ende Juli, wenn sich die Papageitaucher darauf vorbereiten, aufs Meer zurückzukehren. Ferngläser und Teleskope zur Beobachtung der Vögel stehen zur Verfügung.

Boathouse Visitor Centre MUSEUM

(www.rathlincommunity.org; ⏲ April–Sept. 10–12.30 & 13–17 Uhr) Südlich des Hafens informieren die Angestellten des kombinierten Besucherzentrums/Museums Touristen über die faszinierende Geschichte, Kultur, Tier- und Pflanzenwelt sowie die Ökologie von Rathlin Island. Sie haben auch wertvolle Wandertipps auf Lager.

Paul Quinn SPAZIERGANG

(☎ 07745 566924; www.rathlinwalkingtours.com) Der bewanderte Fremdenführer Paul Quinn bietet interessante Trekkingtouren auf Rathlin Island an.

Schlafen & Essen

Auf der Insel gibt's eine Kneipe, einen Laden und eine Handvoll Restaurants, die oft nur während der Saison geöffnet haben, allesamt in und um Church Bay. Wer an anderen Orten der Insel unterwegs sein möchte, sollte Proviant mitnehmen. Beim Rathlin West Light Seabird Centre gibt's Automaten für Schokoriegel und Kaffee.

Rathlin Island Hostel HOSTEL £

(☎ 07563 814378; http://rathlinhostel.com; B 18 £; 👪) Nur fünf Gehminuten südlich des Hafens liegt das Rathlin Island Hostel. Die fünf einfachen, aber hellen Zimmer bieten vier bis 12 Betten und können auch als Privatzimmer gebucht werden (67–200 £). Alle haben Gemeinschaftsbäder. Gästen stehen eine Küche und eine Terrasse mit traumhaftem Blick auf den Ozean zur Verfügung. Nur Barzahlung.

Kinramer Cottage HOSTEL £

(☎ 028-2076 3948; http://kinramercottage.com; Kinramer; B 12 £) Das schlichte Hostel auf einem Biobauernhof liegt 5 km (zu Fuß 1 Std.) westlich des Hafens in schön abgeschiedener Lage. Gäste müssen ihre Verpflegung selbst mitbringen.

★ Manor House PENSION ££

(☎ 028-2076 0046; www.manorhouserathlin.com; Church Bay; EZ/DZ/Suite 65/100/125 £) Rathlins Herrenhaus aus dem 18. Jh. wurde komplett renoviert und in eine stilvolle Pension mit elf Zimmern und atemberaubenden Ausblicken über Church Bay verwandelt. In den Zimmern begegnen sich moderne und historische Ausstattungselemente, im hellen Rezeptionsbereich lodert ein einladendes Feuer. Im angeschlossenen Restaurant werden abends frisch gefangene Krebse und in der Saison auch Hummer serviert (Hauptgerichte 10–28 £; reservieren!).

Coolnagrock B&B B&B ££

(☎ 028-2076 3983; Coolnagrock; EZ/DZ ab 40/70 £; ⏲ April–Okt.; 📶) Eine viel gelobte Pension im Osten der Insel mit Blick übers Meer zum Mull of Kintyre. Auf Nachfrage holt einen der Besitzer von der 15 Minuten entfernten Fähranlegestelle ab. Reservieren!

Water Shed Café CAFÉ £
(Sandwiches 4,50–6 £; ⏲ Mai–Sept. Mi–So 9.30–17 Uhr, April Mi–Sa 10–16 Uhr) Das Water Shed Café in einem kleinen Cottage am Hafen serviert Suppen, Sandwiches, Kuchen und Kaffee.

Ausgehen & Nachtleben

McCuaig's Bar PUB
(☎ 028-2076 0011; The Harbour; ⏲ 11–23 Uhr; 📶 👶) Die einzige Kneipe auf Rathlin Island – inklusive Biergarten – überblickt den Hafen. Im Außenbereich laden Holztische zum idyllischen Zechen oder zu herzhaftem Pubfood wie Irish Stew oder Fish 'n' Chips (Hauptgerichte 5,50–8 £) ein. Am Geldautomaten kann man sich Bares holen.

Anreise & Unterwegs vor Ort

Die **Rathlin Island Ferry** (☎ 028-2076 9299; www.rathlinballycastleferry.com; Erw./Kind/Fahrrad hin & zurück 12/6/3,30 £) fährt täglich ab Ballycastle; unbedingt im Voraus reservieren. Von April bis September gibt's täglich bis zu zehn Überfahrten, die Hälfte davon per Speed-Katamaran (20 Min.), die andere Hälfte mit einer langsameren Autofähre (45 Min.). Im Winter ist das Angebot eingeschränkt.

Abgesehen von den Inselbewohnern dürfen ansonsten nur Fahrer mit eingeschränkter Mobilität Autos mit auf die Insel nehmen, auf der kein Punkt mehr als 6 km (1½ Std. zu Fuß) von der Fähranlegestelle entfernt ist.

Von April bis September pendelt McGinns **Puffin Bus** (☎ 07759 935192, 07752 861788; Tickets Erw./Kind je 5/3 £) zwischen der Fähre und dem Rathlin West Light Seabird Centre; wer an einen anderen Ort gefahren werden möchte, kann bei McGinn's anfragen.

Fahrräder (☎ 028-2076 3954; john_jennifer@btinternet.com; Soerneog View Hostel; 10 £ pro Tag; ⏲ 10–17 Uhr) verleiht das Soerneog View Hostel südlich des Hafens.

Glens of Antrim

Der Nordosten Antrims ist eine Hochebene aus schwarzem Basalt über Lagen weißer Kreideplatten. An der Küste zwischen Cushendun und Glenarm haben sich während der Eiszeit einige malerische Gletschertäler einen Weg durch das Plateau gebahnt, die als Glens of Antrim bekannt sind.

Zwei markierte Wanderwege durchqueren die Region: Der **Ulster Way** verläuft dicht am Meer und passiert alle Küstendörfer, während der 32 km lange **Moyle Way** durch das Hinterland über das Hochplateau vom Glenariff Forest Park nach Ballycastle führt.

Torr Head Scenic Road

Wenige Kilometer östlich von Ballycastle biegt eine kleinere ausgeschilderte Panoramastraße von der A2 Richtung Norden nach Cushendun ab. Sie ist nichts für ängstliche Fahrer: Eng und in gefährlichen Kurven windet sie sich die steilen Abhänge über dem Meer entlang (keine Wohnwagen!). Seitenstraßen führen zu den interessantesten Sehenswürdigkeiten. An klaren Tagen reicht die herrliche Aussicht übers Meer bis Schottland, vom Mull of Kintyre bis zu den Hügeln von Arran.

Die erste Abzweigung endet am Parkplatz des National Trust in Coolanlough, Ausgangspunkt für eine 5 km lange ausgeschilderte Wanderung zum **Fair Head** und zurück. Die zweite fällt steil ab zur **Murlough Bay.** Vom Parkplatz am Ende der Straße geht's am Ufer weiter zu den Überresten einiger Bergarbeiterhäuschen (10 Min.). Einst wurden an den Klippen Kreide und Kohle abgebaut und in einem Kalkofen südlich des Parkplatzes zu ungelöschtem Kalk gebrannt.

Der dritte Weg führt an den Ruinen einiger Häuser der Küstenwache vorbei zur felsigen Landspitze von **Torr Head**. Oben thront die Station der Küstenwache aus dem 19. Jh., die in den 1920er-Jahren wieder aufgegeben wurde. Hier kommen sich Irland und Schottland am nächsten – der Mull of Kintyre liegt nämlich nur 19 km entfernt auf der anderen Seite des North Channel. Im späten Frühjahr und Sommer wird hier Lachsfischerei mit einem befestigten Netz betrieben. Das alte Eishaus neben der Zufahrtstraße benutzte man früher zum Lagern der Fische.

Cushendun

150 EW.

Das nette Küstendorf ist für seine einzigartigen Cottages im kornischen Stil bekannt, die inzwischen dem National Trust gehören. Sie wurden 1912 und 1925 auf Anordnung des Großgrundbesitzers Lord Cushendun vom Architekten Clough Williams-Ellis entworfen, der auch für den Bau von Portmeirion in Nordwales verantwortlich war.

Sehenswertes & Aktivitäten

Cushendun bietet einen weiten **Sandstrand**, mehrere **Küstenwege** sowie eindrucksvolle **Höhlen** in den überhängenden Klippen südlich des Dorfes, in denen Dreharbeiten zu *Game of Thrones* stattfanden. Wer sie sehen will, muss dem Pfad folgen, der südlich der Flussmündung verläuft.

6 km nördlich des Dorfes an der A2 nach Ballycastle stößt man auf den **Loughareema**, auch als Vanishing Lake (Verschwindender See) bekannt. Drei Rinnsale fließen hinein, aber keines kommt heraus. Nach heftigen Regengüssen dehnt sich der See zu imposanter Größe (400 m lang, 6 m tief) aus, doch nach und nach versickert das Wasser durch Spalten im Kalkstein und zurück bleibt nur ein trockenes Bett.

Schlafen & Essen

★ Villa Farmhouse B&B ££

(☎ 028-2176 1252; www.thevillafarmhouse.com; 185 Torr Rd; EZ/DZ 35/60 £; P ☏) Dieses bezaubernde weiß getünchte Bauernhaus schmiegt sich an einen Berghang, 1 km nördlich von Cushendun. Es lockt mit einem tollen Ausblick über das Meer und der warmen Atmosphäre eines Familienwohnhauses, das mit den Fotos der Kinder und Enkel geschmückt ist. Der Besitzer ist ein erstklassiger Koch, deshalb gehört das Frühstück zu einem der Highlights eines Aufenthalts hier.

Cloneymore House B&B ££

(☎ 028-2176 1443; ann.cloneymore@btinternet.com; 103 Knocknacarry Rd; EZ/DZ 55/70 £; P ☏) 500 m südwestlich von Cushendun bietet das traditionelle, familienfreundliche B&B an der B92 drei perfekt ausgestattete, geräumige Zimmer, die nach irischen und schottischen Inseln benannt sind: „Aran" ist am größten. Es gibt eine Rampe für Rollstühle und einen Treppenlift, außerdem sind die Räume für Besucher mit eingeschränkter Mobilität geeignet.

Mary McBride's Pub PUBFOOD ££

(☎ 028-2176 1511; 2 Main St; Barsnacks 4–12 £, Hauptgerichte abends 12,50–17,50 £; ⏲ Küche Mi 12–19, Do–Sa 11–17 & 18–21.30, So 11–18 Uhr) Die ursprüngliche Bar hier – beim Reingehen auf der linken Seite – ist mit einer Größe von 2,7 mal 1,5 m die kleinste Irlands, doch im restlichen Pub gibt's genügend Ellenbogenfreiheit. Unten wird gutes Essen serviert und am Wochenende erklingt Livemusik. Oben befindet sich das Fischbistro **Little Black Door** (Do–Sa 18–21.30 Uhr).

Ausgehen & Nachtleben

Corner House CAFÉ

(☎ 028-2176 1560; 1 Main St; ⏲ Fr–So 10–16 Uhr) Das zum National Trust gehörende Corner House serviert Kaffee, Kuchen, Scones, warmes Frühstück und mittags Suppen und Salate.

Randal's PUB

(☎ 028-2176 1266; 10 Strand View Park; ⏲ 11.30–23.30 Uhr) Neben der Brücke hat sich in Cushendun in alten Zimmern des ehemaligen Cushendun Hotel diese exzentrische Kneipe angesiedelt. Im Ausschank sind nur zwei Biere – Guinness und Harp –, dafür aber eine große Auswahl an Whiskeys. An sonnigen Tagen sitzt man am schönsten an der Straße mit Blick auf den River Dun.

An- & Weiterreise

Bus 150 verbindet Cushendun mit Cushendall (2,70 £, 15 Min., Mo–Fr 6-mal tgl., Sa 3-mal), dem Glenariff Forest Park (3,80 £, 30 Min.) und Ballymena (6,70 £, 1 Std.).

Innerhalb der Saison hält auch der **Antrim Coaster** (S. 670) vor Ort.

Cushendall

1360 EW.

Der Strand ist klein und kiesig, dennoch ist Cushendall ein häufig von Verkehrsstaus heimgesuchtes Ferienörtchen am Fuß des Glenballyeamon.

Sehenswertes

Layd Old Church KIRCHE

GRATIS Vom Parkplatz am Strand (den Schildern zum Golfclub folgen) führt ein Küstenweg 1 km nach Norden zu den malerischen Ruinen der Layd Old Church. Dort blickt man auf die Insel Ailsa Craig, auch „Paddy's Milestone" genannt, und die schottische Küste. Vom frühen 14. Jh. bis 1790 wurde das von Franziskanern gegründete Gotteshaus als Gemeindekirche genutzt. Auf dem Friedhof befinden sich mehrere imposante Grabmäler der MacDonnells.

In der Nähe des Tors steht das uralte, verwitterte Ringkreuz (ohne Balken), das viel älter ist als die Inschrift aus dem 19. Jh. auf dem Schaft.

Curfew Tower HISTORISCHES GEBÄUDE

Im Zentrum erhebt sich der ungewöhnliche, 1817 errichtete Curfew Tower aus rotem Sandstein. Er imitiert einen Bau, den der

Landbesitzer in China gesehen hatte. Ursprünglich diente der Turm als Gefängnis. Der Turm ist nicht öffentlich zugänglich.

Schlafen & Essen

Cullentra House B&B ££

(☎ 028-2177 1762; www.cullentrahouse.com; 16 Cloughs Rd; EZ/DZ ab 35/55 £; P 📶) Moderner Bungalow hoch über dem Ort mit einer tollen Sicht auf die Küste und drei bequemen, geräumigen Zimmern. Darüber hinaus wartet die nette Pension mit einem herzhaften Frühstück inklusive hausgemachtem Weizenbrot auf.

Village B&B B&B ££

(☎ 028-2177 2366; www.thevillagebandb.com; 18 Mill St; EZ/DZ/FZ ab 45/70/100 £; P 📶) Zentral gelegenes B&B mit drei makellosen Zimmern mit Privatbädern und Kaminen, das seine Gäste mit einem üppigen herzhaften Frühstück (auch vegetarisch) verwöhnt.

★ **Harry's Restaurant** BISTRO ££

(☎ 028-2177 2022; http://harryscushendall.com; 10 Mill St; Hauptgerichte mittags 8–13 £, abends 10–19 £; ⏲ 12–21 Uhr; 📶) In dem gemütlichen Bistro gibt's von 12 bis 18 Uhr typische Pubküche. Abends locken Gerichte à la carte von Steak bis Hummer.

Ausgehen & Nachtleben

★ **McCollam's** PUB

(Johnny Joe's; ☎ 028-2177 2849; www.upstairsatjoes.com; 23 Mill St; ⏲ 12–23.30 Uhr, Küche Fr & Sa 17–21, So 12–21 Uhr) Einheimische nennen die rhabarberfarbene Kneipe, das lebendigste Pub der Stadt, Johnny Joe's. Die ursprüngliche Bar im Erdgeschoss entstand im 19. Jh. Dahinter befindet sich eine winzige Lounge mit einem alten Herd. Regelmäßig gibt's hier bei bester Stimmung irische Folkmusik zu hören. Das ausgezeichnete Restaurant **Upstairs at Joes** (Hauptgerichte 12,50–18 £) serviert moderne irische Gerichte und täglich Tagesgerichte mit Fisch.

Praktische Informationen

Touristeninformation (☎ 028-2177 1180; 24 Mill St; ⏲ April–Sept. Di–Sa 10–13 Uhr) Wird von der Glens of Antrim Historical Society betrieben.

An- & Weiterreise

Bus 150 verkehrt von Cushendall nach Cushendun (2,70 £, 15 Min., Mo–Fr 6-mal tgl., Sa 3-mal), zum Glenariff Forest Park (3 £, 15 Min.) und nach Ballymena (6 £, 1 Std.).

Wird während der Saison auch vom **Antrim Coaster** (S. 670) angesteuert.

Glenariff

2 km südlich von Cushendall liegt das Dorf Waterfoot mit Antrims schönstem Sandstrand, der sich über 2 km erstreckt. Von hier verläuft die A43 (Ballymena Road) landeinwärts durch das malerische Glenariff. Der Schriftsteller Thackeray rief beim Anblick des Tals, dies sei eine „Schweiz im Miniaturformat". Vor Ort fragt man sich allerdings, ob er die echte Schweiz jemals gesehen hat.

Sehenswertes

Glenariff Forest Park WALD

(www.nidirect.gov.uk; 98 Glenariff Rd; Auto/Motorrad 5/2,50 £; ⏲ 9 Uhr–Sonnenuntergang, Teehaus Ostern–Sept. 11–17 Uhr) Der Glenariff Forest Park erstreckt sich am Ende des Glenariff Valley. Als Hauptattraktion gilt der 800 m vom Besucherzentrum entfernte **Ess-na-Larach Waterfall**. Er ist auch von der Laragh Lodge 600 m flussabwärts zu Fuß erreichbar. Wundervolle Wanderwege durchziehen den Park, darunter ein 10 km langer Rundweg. In einer Teestube ist neben Scones und warmen Getränke auch Mittagessen erhältlich.

Schlafen & Essen

Ballyeamon Barn HOSTEL £

(☎ 028-2175 8451; www.ballyeamonbarn.com; 127 Ballyeamon Rd; B 15 £; P 📶) Geführt wird dieses weiß getünchte Hostel für Wanderer von der professionellen Geschichtenerzählerin Liz Weir. Zum Angebot gehören traditionelle irische Musik, Poesie, Tanz – und natürlich Geschichtenerzählen. Das Hostel liegt 8 km südwestlich von Cushendall an der B14 (1 km nördlich der Kreuzung mit der A43) in der Nähe des Moyle Way und rund 1,5 km Fußmarsch vom Haupteingang des Glenariff Forest Park entfernt.

Fahrräder können sicher untergestellt werden und es gibt eine gut ausgestattete Küche.

Laragh Lodge IRISCH ££

(☎ 028-2175 8221; www.laraghlodge.co.uk; 120 Glen Rd; Hauptgerichte 10–20 £; ⏲ März–Okt. tgl. 11–21 Uhr, Nov.–Feb. nur Fr–So) Die Laragh Lodge ist in einem viktorianischen Haus aus dem Jahre 1890 untergebracht und wurde kürzlich renoviert. Von den Dachsparren baumelt allerlei Krimskrams. Hier

NICHT VERSÄUMEN

THE GOBBINS

Röhrenbrücken, felsiges Terrain, Tunnel, Höhlen und schmale Spalten bilden auf Islandmagee, der schmalen Halbinsel, die sich südlich von Larne parallel zur Küste erstreckt, einen atemberaubenden Klippenpfad. Der Pfad **The Gobbins** (Coastal Walk; ☎ 028-9337 2318; www.thegobbinscliffpath.com; 68 Middle Rd, Islandmagee; Erw./Kind 10/8 £; ⏲ April–Aug. 10–18 Uhr) ist auf 2½-stündigen geführten Wanderungen zugänglich. Für diese benötigt man eine gewisse Fitness und geeignetes Schuhwerk; Kinder müssen mindestens 1,20 m groß sein. Vorausbuchen!

Dieser Küstenpfad wurde 1902 zum ersten Mal als Touristenattraktion geöffnet, als die Region durch die neue Eisenbahn für Besucher erschlossen wurde. Nach einer Investition von 7,5 Mio. £ wurde er 2015 erneut eröffnet, um jedoch schon 2016 nach Sturmschäden geschlossen und schließlich 2017 wiedereröffnet zu werden.

Unterwegs genießt man spektakuläre Ausblicke auf die Irische See und sieht vielleicht auch Delfine und Papageitaucher. Die Touren beginnen am Besucherzentrum; von hier sind es fünf Minuten per Bus zum Beginn des Wegs. Beim Besucherzentrum gibt's außerdem einen Spielplatz, ein Café und einen Andenkenladen.

Nach Islandmagee nimmt man die A2 von Belfast nach Larne, biegt rechts auf die Island Lower Road (B90) ab und folgt den Schildern. Der nächstgelegene Bahnhof ist Ballycarry (3 km) an der Strecke von Belfast nach Larne.

gibt's rustikale Pubkost wie Steak-Sandwiches, Fish'n'Chips sowie traditionellen Sonntagsbraten – perfekt nach einem langen Spaziergang. Die Kneipe liegt an einer Abzweigung der A43 3 km nordöstlich des Eingangs zum Glenariff Forest Park.

An- & Weiterreise

Den Glenariff Forest Park erreicht man von Cushendall (3 £, 20 Min., Mo–Fr 8-mal tgl., Sa 4-mal) und Ballymena (4,40 £, 30 Min.) aus mit dem Bus 150.

Während der Saison hält der **Antrim Coaster** (S. 670) in Waterfoot.

Glenarm

1800 EW.

Das charmante Glenarm (Gleann Arma) ist das älteste Dorf in den Glens of Antrim. Mit den fabelhaften Gärten des Glenarm Castle, den georgianischen Häusern und dem Waldpark lohnt es auf jeden Fall einen Besuch.

Sehenswertes

Ein Spaziergang führt südlich des Flusses von der Hauptstraße in den alten Ortskern mit seinen gepflegten georgianischen Häusern. Wo sich die Straße zur Altmore Street erweitert, liegt rechts das **Barbican Gate** (1682), der Eingang zur Grünanlage des Glenarm Castle.

Die Vennel Street geht's steil bergauf, dann nach dem letzten Haus nach links auf den Layde Path. Der Pfad führt zu einem Aussichtspunkt mit tollem Blick über Dorf und Küste.

Glenarm Castle & Walled Garden BURG
(www.glenarmcastle.com; 2 Castle Lane; Walled Garden Erw./Kind 6/3 £; ⏲ Garten April–Mitte Okt. Mo–Sa 10–17, So 11–17 Uhr) Seit 1750 ist Glenarm Familiensitz der McDonnells, der Grafen von Antrim; derzeit residieren hier Lord und Lady Dunluce. Die Burg selbst ist nicht für Besucher zugänglich. Nur zum Tulip Festival (Tulpenfestival) am Feiertagswochenende im Mai und während des Dalriada Festival (S. 685) im Juli öffnet sie ihre Tore. Den ummauerten Garten kann man jedoch besichtigen und man kann auf dem Burgweg übers Anwesen spazieren.

Der Biohof des Guts ist für sein preisgekröntes Rindfleisch von Kurzhornrindern bekannt; im Räucherhaus wird Bio-Räucherlachs produziert. Beides ist im **Glenarm Castle Tea Room & Shop** (☎ 028-2884 1984; Hauptgerichte 4,85–9,25 £; ⏲ April–Mitte Okt. Mo–Sa 10–17, So 11–17 Uhr) erhältlich.

Feste & Events

Dalriada Festival KULTUR
(www.dalriadafestival.co.uk; Tageskarte Erw./Kind 15/6 £; ⏲ Juli) Das familienfreundliche dreitägige Festival im Glenarm Castle (S. 685) umfasst Highland-Games-Events, Kraftprotz-Wettbewerbe, eine Meisterschaft im Ehefrauentragen und bietet neben Dudel-

sackkapellen auch Abendkonzerte. Auf dem Burggelände stehen Zelt- und Wohnwagenstellplätze zur Verfügung (ab 25 £ pro Nacht).

Schlafen

★ Water's Edge Glenarm B&B ££

(☎ 028-2884 1117; www.watersedgeglenarm.com; EZ/DZ 40/80 £) In einer schön renovierten ehemaligen Polizeiwache hat das Water's Edge drei geräumige, in hellen Strandtönen gehaltene Zimmer mit handgewebten Bettdecken und herrlichem Meerblick. Dazu kommen eine helle Gästelounge und sichere Abstellmöglichkeiten für Fahrräder. Zum Frühstück stehen z. B. Glenarm-Bio-Räucherlachs und Rühreier auf Weizenbrot zur Auswahl.

Shoppen

Steensons SCHMUCK

(www.thesteensons.com; New Rd; ⌚ Mo–Sa 9.30–17 Uhr) Kunsthandwerkern bei der Arbeit zuschauen – das kann man bei Steensons. Die Werkstatt für Designerschmuck stellt die Geschmeide her, die in *Game of Thrones* getragen werden. Hier wird auch Schmuck verkauft.

Praktische Informationen

Glenarm Visitor Information Centre (☎ 028-2884 1087; www.glenarmtourism.org; 17 New Rd; ⌚ Mo–Fr 10–16, Sa 11–15, So 14–18 Uhr)

An- & Weiterreise

Während der Saison hält der **Antrim Coaster** (S. 670) im Ort.

Larne

32 000 EW.

Larne (Lutharna) ist ein bedeutender Hafen für Fähren von bzw. nach Schottland und damit einer der wichtigsten Grenzorte Nordirlands. Mit seinen Betonbrücken und riesigen Schornsteinen des Ballylumford-Kraftwerks gewinnt es allerdings keinen Schönheitspreis.

Abgesehen von der recht nützlichen Touristeninformation besteht kein Grund, sich hier länger aufzuhalten.

Schlafen

Die meisten Besucher halten auf ihrem Weg zur oder von der Fähre nicht lange in Larne – es ist nah genug an Belfast, sodass eine Übernachtung nicht notwendig ist –, doch Billy Andy's wartet mit gemütlichen Zimmern auf.

★ Billy Andy's IRISCH ££

(☎ 028-2827 0648; www.billyandys.com; 66 Browndod Rd; Hauptgerichte mittags 9–11 £, abends 12–22,50 £; ⌚ Küche Mo–Do 17–20.30, Fr & Sa 12–16 & 17–21, So 12–19 Uhr) In idyllischer Lage 7 km südwestlich von Larne befindet sich dieses Landpub aus dem 19. Jh. mit offenen Holz- und Torffeuern, niedrigen Decken und traditioneller irischer Livemusik am Samstagnachmittag.

Es ist auf jeden Fall einen Abstecher wert, allein wegen des gehobenen Kneipenessens: Auf der Speisekarte stehen z. B. ein Wildpicknick, ein Teller mit Fleisch von seltenen Schweinerassen und ein Streuselkuchen mit gewürzter Birne und Sternanis. Im Voraus reservieren.

Die gemütlichen Doppel-/Familienzimmer im Obergeschoss kosten ab 60/75 £.

Praktische Informationen

Larne Visitor Information Centre (☎ 028-2826 2450; www.midandeastantrim.gov.uk; Narrow Gauge Rd; ⌚ ganzjährig Mo–Fr 9–17, Sa 10–16 Uhr, Juni–Sept. auch So 11–15 Uhr) Umfangreiche Informationen über ganz Nordirland und eine Ausstellung zur lokalen Geschichte und Flora und Fauna.

An- & Weiterreise

Bus 256 fährt vom Stadtzentrum direkt nach Belfast (5,20 £, 1 Std., Mo–Sa stündl., So 3-mal). Larne ist auch Endstation des während der Saison fahrenden **Antrim Coaster** (S. 670).

P&O Ferries (www.poferries.com) verkehrt zwischen Larne und Cairnyan in Schottland.

Larne hat zwei Bahnhöfe, Larne Town und Larne Harbour. Von Ersterem starten Züge von Larne Town zur Belfast Central Station (7,30 £, 1 Std., Mo–Sa stündl., So alle 2 Std.). Die Verbindungen vom Hafenbahnhof sind auf die Ankunftszeiten der Fähren abgestimmt.

Carrickfergus

28 000 EW.

Auf dem Felsvorsprung von Carrickfergus (Carraig Fhearghais) thront Nordirlands beeindruckendste mittelalterliche Burganlage über der Zufahrt zum Belfast Lough nur 18 km nordöstlich von Belfast.

Gegenüber, im schönen historischen Ortskern, stehen einige interessante Häuser aus dem 18. Jh. und ein Teil der Stadtmauer aus dem 17. Jh.

Sehenswertes

Carrickfergus Castle BURG

(☎028-9335 1273; Marine Hwy; Erw./Kind 5/3 £; ⌚Mo–Do 9.30–17, Fr–So bis 16.30 Uhr) Gleich nach seiner Invasion in Ulster ließ John de Courcy 1177 den Hauptturm von Irlands einziger normannischer Burg, dem Carrickfergus Castle, errichten. Die massiven Mauern des äußeren Hofes wurden 1242 fertiggestellt und im 16. Jh. um Schießscharten aus rotem Ziegelwerk ergänzt. Im Turm ist ein **Museum** untergebracht. Überall verteilte lebensgroße Figuren lassen die Geschichte der Festung lebendig werden.

Von hier schweift der Blick zum Hafen, wo Wilhelm von Oranien am 14. Juni 1690 auf seinem Weg zur Schlacht am Boyne landete. Eine blaue Gedenktafel an der alten Hafenmauer markiert die Stelle, wo er an Land ging; seine Bronzestatue steht ganz in der Nähe am Strand.

Andrew Jackson Centre HISTORISCHE STÄTTE

(2 Boneybefore; ⌚Mai–Okt. Do–Sa 11–15, So 13–16 Uhr, Nov.–April Fr & So 11–15 Uhr nach Vereinbarung) GRATIS Die Eltern des siebten US-Präsidenten Andrew Jackson verließen Carrickfergus (und somit auch Irland) im 18. Jh. Ihr Haus wurde 1860 abgerissen, doch 2 km nördlich des Carrickfergus Castle gibt's einen Nachbau des reetgedeckten Cottage. Die Ausstellung zeigt die Lebensumstände der Jacksons in Ulster und die Verbindungen dieser Region in die USA.

Nebenan liegt das **US Rangers Centre**. Es erinnert an die ersten US-Rangers, die im Zweiten Weltkrieg vor ihrem Einsatz auf dem europäischen Festland in Carrickfergus ausgebildet wurden. Im Vorfeld an die Touristeninformation in Carrickfergus wenden, um einen Besuch zu organisieren.

Carrickfergus Museum MUSEUM

(☎028-9335 8241; www.midandeastantrim.gov.uk; 11 Antrim St; ⌚Mo–Fr 9–17, Sa 10–16 Uhr) GRATIS Hinter den Glasfronten des Museum and Civic Centre an der Antrim Street befindet sich das Stadtmuseum mit Exponaten zur Stadtgeschichte und einem Café.

Schlafen & Essen

Dobbin's Inn Hotel HOTEL ££

(☎028-9335 1905; www.dobbinsinn.co.uk; 6–8 High St; EZ/DZ/FZ ab 50/56/75 £; 📶) Ein freundliches, zwangloses Hotel in der Altstadt mit 15 kleinen, gut ausgestatteten Zimmern samt knarrenden Bodendielen – in einem der Zimmer soll es spuken. Das Haus ist über 300 Jahre alt, was man an dem Versteck für verfolgte Katholiken und dem original erhaltenen Kamin aus dem 16. Jh. sehen kann.

Sozo CAFÉ £

(☎028-9332 6060; www.eatsozo.com; 2 North St; Hauptgerichte 7,50–14,50 £; ⌚Mo–Do 8–17.30, Fr & Sa bis 21.30 Uhr; 📶👶) Das bei Einheimischen enorm beliebte Sozo ist ein unprätentiöses Café mit freundlichem Service und Hausmannskost wie Sandwiches und Salaten, Lasagne, Steaks und gegrilltem Pulled Pork. Das Sozo ist winzig – wer hier essen möchte, sollte deshalb am besten im Voraus reservieren.

Ausgehen & Nachtleben

Ownies PUB

(☎028-9335 1850; http://owniesbarbistro.co.uk; 16–18 Joymount; ⌚So–Mi 10–23, Do–Sa bis 1 Uhr) Carrickfergus' traditionellste Bar ist das einstige Joymount Arms aus dem Jahr

ABSTECHER

SEAMUS HEANEY HOME PLACE

Der Dichter und Literaturnobelpreisträger Seamus Heaney stammt aus Bellaghy, 54 km nordwestlich von Belfast. Hier gibt's nun ein wunderbares neues Museum und Kulturzentrum. In einer kreativ gestalteten Ausstellung werden Anspielungen in Heaneys Dichtung auf die hiesige Landschaft, auf den Dorfalltag und auf Menschen, die ihn beeinflussten, vorgestellt und sein Werk wird in den Kontext seiner Heimat eingebettet. Auf Audioguides kann man sich von Heaney selbst gelesene Gedichte anhören, sodass beim Umhergehen im Museum seine Worte mit Leben erfüllt werden.

Im **Seamus Heaney Home Place** (☎028-7938 7444; www.seamusheaneyhome.com; 45 Main St, Bellaghy; Erw./Kind 7/4,50 £; ⌚Mo–Sa 10–17, So 13–17 Uhr; P) finden außerdem regelmäßig Lesungen und Schreibworkshops statt – Infos auf der Website. Es gibt ein Café und in einem Shop werden Heaneys Werke verkauft. Von Ballymena fährt der Bus 127 nach Bellaghy (50 Min., 6-mal tgl.).

1846. Für Gemütlichkeit im Ownies sorgen Kamine, außerdem gibt's einen Biergarten und ein Bistro im Obergeschoss mit Blick auf die Burg.

Windrose BAR
(☎ 028-9335 1164; www.thewindrose.co.uk; Rodgers Quay; ⏲ So–Do 10–24, Fr & Sa bis 1 Uhr) Die Speiseräume der modernen Bar mit Bistro erstrecken sich über zwei Etagen. Am reizvollsten genießt man seinen Drink auf der sonnigen holzgedeckten Terrasse mit Blick auf die Schiffsmasten im Jachthafen.

Praktische Informationen

Carrickfergus Visitor Information Centre (☎ 028-9335 8222; www.carrickfergus.org/tourism; Marine Hwy; ⏲ April–Sept. 10–17 Uhr, Okt.–März bis 16 Uhr;) Im **Carrickfergus Castle** (S. 687).

An- & Weiterreise

Züge verkehren von Carrickfergus zur Belfast Central Station (4,40 £, 30 Min., Mo–Sa alle 30 Min., So stündl.).

Antrim (Stadt)

20 000 EW.

Antrim (Aontroim) liegt am Fluss Sixmilewater ganz in der Nähe einer Bucht des Lough Neagh. In den Gärten auf dem ehemaligen Gelände des schon lange abgerissenen Antrim Castle kann man sich schön die Beine vertreten und am Fluss und See sind Spazier- und Radwege ausgeschildert.

Während des Aufstandes von 1798 tobte in der High Street von Antrim eine Schlacht gegen die United Irishmen.

Sehenswertes

Bei der Touristeninformation (S. 688) gibt's eine kostenlose Broschüre für historische Rundgänge. Sie ist im wunderschön restaurierten **Old Courthouse** (1762) untergebracht, einem Meisterstück georgianischer Architektur.

Ein Fuß- und Radweg führt von den Antrim Castle Gardens am Fluss zum **Antrim Lough Shore Park**, wo sich der imposante Lough Neagh in voller Größe zeigt. Am Ufer gibt's Picknicktische und Wanderwege.

Antrim Castle Gardens & Clotworthy House GÄRTEN
(⏲ 9.30–19 Uhr oder Sonnenuntergang) GRATIS
Zuerst passiert man das Barbican Gate (1818) und einige Überreste der alten Burgmauern. Durch die Unterführung geht's zu den Antrim Castle Gardens. Die Burg brannte vor vielen Jahren ab, doch der Park ist eines der wenigen noch erhaltenen Beispiele für Gartenkunst aus dem 17. Jh. Das Clotworthy House, das ehemalige Kutschenhaus und die Stallungen der alten Burg, beherbergt heute eine Ausstellung zur Geschichte der Burg und der Gärten sowie ein Café und einen Andenkenladen.

Rundturm HISTORISCHES GEBÄUDE
(Steeple Rd) Antrims Rundturm aus dem 10. Jh. steht am nordöstlichen Stadtrand, ist 28 m hoch und eines der schönsten Beispiele für irische Klostertürme. Der Turm selbst ist für die Öffentlichkeit geschlossen, die Stätte drum herum kann besucht werden.

Essen

Nanabelles Vintage Tearoom CAFÉ £
(☎ 028-9448 7787; 24B Railway St; Kuchen 1,85–3,25 £; ⏲ Mo–Fr 9.15–16.30, Sa 10–16.30 Uhr) Das Café mit 12 Sitzplätzen versteckt sich im hinteren Teil eines charmanten Geschenkeladens. Der Tee wird in altem Porzellangeschirr serviert, dazu werden himmlische hausgemachte Scones, Kekse, Bananenbrot, Walnuss-Dattel-Brot und Kuchen wie Karotten-Schokoladen- oder Apfelkuchen gereicht.

Praktische Informationen

Touristeninformation (☎ 028-9442 8331; www.antrimandnewtownabbey.gov.uk; Market Sq; ⏲ Mo–Fr 10–16.30 Uhr) Im Old Courthouse.

An- & Weiterreise

Die Busse 218 und 219 von Belfast nach Ballymena halten in Antrim (4,40 £, 40 Min., Mo–Fr stündl., Sa 7-mal).

Züge fahren von der Belfast Central Station nach Antrim (5,80 £, 30 Min., stündl.) und weiter nach Derry (12 £, 1¾ Std.).

Ballymena & Umgebung

29 467 EW.

Ballymena (An Baile Meánach) ist eine lebhafte Marktstadt mit guten Einkaufsmöglichkeiten. Hier kann man sich gut mit Vorräten eindecken, bevor es in die Landschaft hinausgeht. Sehenswürdigkeiten sind rar gesät, dafür gibt's in der Stadt und ihrer Umgebung einige hervorragende Nachtquartiere, Lokale und Kneipen.

Schlafen & Essen

★ **Galgorm Resort & Spa** HOTEL £££
(☎ 028-2588 1001; www.galgorm.com; 136 Fenaghy Rd, Cullybackey; Cottages/DZ/Suite ab 130/155/245 £; P @) Rund 6 km westlich von Ballymena befindet sich in hübscher Lage am River Main dieses Resort mit netten klassisch eingerichteten Zimmern, Suiten und Cottages. Doch die Hauptattraktion ist das hypermoderne Thermal Village mit Hydrotherapiebecken, Schneehütte, Dampfräumen, Freiluft-Whirlpools und einem keltischen Sauna-Meditationsritual.

Es gibt mehrere hervorragende Restaurants und Bars, u. a. in den ehemaligen Stallungen.

Blackstone MODERN IRISCH ££
(☎ 028-2564 8566; www.blackstonebar.co.uk; 15–17 Hill St; Hauptgerichte mittags 9–13,45 £, abends 12,45–18,45 £; ⊙ Mo–Do 12–14.30 & 17–21, Fr & Sa 12–21, So 17–19.30 Uhr) Unmittelbar abseits der Hauptstraße von Ballymena liegt diese Kneipe mit einem hervorragenden Restaurant. Alle Brote und Beilagen werden vor Ort hergestellt, darunter das exquisite Erbsen-Minz-Püree, das zu Portavogie-Scampi und handgeschnittenen Pommes frites serviert wird.

Ausgehen & Nachtleben

★ **Crosskeys Inn** PUB
(https://crosskeys-inn.com; 40 Grange Rd, bei Toomebridge; ⊙ Mo–Sa 11.30–1, So 12–23 Uhr) Irlands älteste reetgedeckte Kneipe aus dem Jahr 1654 mit winzigen Zimmern voller Antiquitäten, einem prasselnden Torffeuer, dem besten Guinness der Gegend und toller Stimmung ist ein absoluter Geheimtipp. Jeden Samstag gibt's traditionelle Livemusik, mittwochs, freitags und sonntags wird spontan musiziert. Das Crosskeys liegt 13 km südwestlich von Ballymena.

SLEMISH

Östlich von Ballymena wird der Horizont vom auffälligen zerklüfteten Gipfel des 438 m hohen **Slemish Mountain** (Carnstroan Rd, Broughshane) beherrscht. Er ist einer der vielen Orte in Nordirland, die man mit Irlands Schutzheiligem in Verbindung bringt: Der junge St. Patrick soll an den Hängen des Hügels Ziegen gehütet haben. Am St. Patrick's Day pilgern Tausende Menschen auf die Erhebung hinauf; an den übrigen Tagen des Jahres geht es ruhiger zu. Vom Gipfel wird man mit einem schönen Blick belohnt. Vorsicht: Bei feuchtem Wetter ist der steile Weg rutschig.

Hin & zurück benötigt man vom Parkplatz rund eine Stunde.

An- & Weiterreise

Bus 217 verkehrt zwischen Ballymena und Ballycastle (6,70 £, 50 Min., Mo–Fr stündl., Sa 5-mal). Die Busse 218 und 219 steuern das Europa Bus Centre (6,70 £, 40 Min., Mo–Sa stündl.) in Belfast an.

Züge pendeln zwischen Ballymena und der Belfast Central Station (8,40 £, 50 Min., stündl.), einige fahren von Ballymena weiter nach Derry (12 £, 1½ Std., alle 2 Std.).

Counties Fermanagh & Tyrone

240 000 EW. / 4954 KM²

Inhalt ➜

Gut essen

- Brewer's House (S. 708)
- Kitchen Restaurant (S. 708)
- Jolly Sandwich Bar (S. 696)
- Thatch Coffee Shop (S. 701)
- Lusty Beg Island Restaurant (S. 701)

Schön übernachten

- Finn Lough (S. 700)
- Tullylagan Country House (S. 707)
- Lusty Beg Island (S. 701)
- Watermill Lodge (S. 698)
- Killyhevlin Hotel (S. 695)

Auf nach Fermanagh & Tyrone

Eis und Wasser haben die noch immer ursprüngliche Landschaft von Fermanagh geformt. Raue Hügel erheben sich über halb im Wasser stehenden Drumlins (beim Rückzug von Gletschern entstandene runde Hügel) und glitzernden Schilfseen. Schon der Blick auf die Karte genügt, um festzustellen, dass die Grafschaft zu etwa einem Drittel von Wasser bedeckt ist. Einwohner witzeln gern darüber: Sechs Monate im Jahr lägen die Seen in Fermanagh, die anderen sechs Monate befände sich Fermanagh in den Seen. Dementsprechend gilt die Region als Paradies zum Boot- und Kajakfahren und zum Angeln. In der Umgebung gibt es viele gute Wanderwege.

Das County Tyrone leitet seinen Namen von Tír Eoghain (Land von Owen; ein legendärer Stammesfürst) ab. Es wird von der tweedartig gemusterten Moorlandschaft der Sperrin Mountains dominiert, an deren Südflanken prähistorische Stätten liegen. Besucher können in der hügeligen Heidelandschaft wandern und auch zahlreiche hervorragende kulturelle Sehenswürdigkeiten entdecken.

Reisezeit

- Im Mai beginnt die Periode der Eintagsfliegen und damit die beste Zeit zum Forellenfischen auf dem Lough Erne. Der Juni ist der ideale Monat für Bootstouren auf den Seen.
- Ideale Bedingungen für eine Wanderung in den Sperrin Mountains herrschen im Juli. Am Cairn Sunday, dem letzten Julisonntag, kann man an einer Massenwanderung zum Gipfel des Mullaghcarn oberhalb von Gortin teilnehmen.
- Den Abschied vom Sommer versüßt das jährliche Appalachian & Bluegrass Music Festival im Ulster American Folk Park, das Ende August/Anfang September stattfindet.

COUNTY FERMANAGH

Fermanagh, das am wenigsten besiedelte der sechs nordirischen Counties, ist von Seen und Wasserwegen übersät. Der 80 km lange Lough Erne besteht aus zwei Teilen: dem Upper Lough südlich von Enniskillen und dem Lower Lough nördlich davon. Sie sind durch den Fluss Erne miteinander verbunden, der im County Cavan entspringt und westlich von Ballyshannon in die Donegal Bay mündet. Diese Gegend eignet sich hervorragend für eine Tour mit dem Auto, denn dann kann man ganz nach Lust und Laune picknicken oder sich mit Wassersport und anderen Aktivitäten vergnügen.

Enniskillen & Umgebung

13 800 EW.

Die attraktive Inselstadt Enniskillen (Inis Ceithleann, Ceithleanns Insel – nach einer legendären Kriegerin benannt) liegt inmitten des Wasserstraßennetzes, das den Upper und den Lower Lough Erne miteinander verbindet. Ihre schöne Lage, die zahlreichen Freizeitboote im Sommer und ihre lebhaften Pubs sowie Restaurants machen sie zu einem idealen Ausgangsort für Touren zum Upper und Lower Lough Erne, zum Florence Court und zu den Marble Arch Caves.

Oscar Wilde und Samuel Beckett wurden hier zwar beide nicht geboren, waren aber Schüler an der hiesigen Portora Royal School, Wilde von 1864 bis 1871 und Beckett von 1919 bis 1923. Dort lernte Beckett Französisch, jene Sprache, in der er später schrieb. Während der Unruhen erlangte die Stadt traurige Berühmtheit, denn am 11. November 1987, dem Poppy Day (Volkstrauertag), tötete eine IRA-Bombe elf Menschen während eines Gottesdienstes am Kriegerdenkmal.

Sehenswertes & Aktivitäten

★ Enniskillen Castle Museums MUSEUM
(☎ 028-6632 5000; www.enniskillencastle.co.uk; abseits der Wellington Rd; Erw./Kind 5/3,50 £; ⌚ ganzjährig Mo–Fr 10–17 & Sa 11–17 Uhr, Juni–Sept. auch So 11–17 Uhr) Noch heute bewacht die von Hugh Maguire, dem Anführer des mächtigen Maguire-Clans, im 16. Jh. errichtete Festung, den westlichen Teil der Hauptinsel von Enniskillen. Über den vorbeifahrenden Kajütbooten erhebt sich das **Watergate** mit seinen beiden Türmen. Auf dem Burggelände zeigt das lohnenswerte, frisch renovierte **Fermanagh County Museum** exzellente Ausstellungsstücke und interaktive Exponate zur Geschichte, Archäologie, Geografie und Fauna der Region. Eine faszinierende Galerie widmet sich der Geschichte der Wasserwege Fermanaghs als Pilgerroute, die über Devenish Island zum Lough Derg in Donegal führte.

In der Lakelands-Galerie im Erdgeschoss steht ein 1000 Jahre alter, 16 kg schwerer Block aus Moorbutter, der 1980 von einem Bauern aus Fermanagh ausgegraben wurde; die Butter wurde wahrscheinlich im Moor eingegraben, um sie für den Verzehr im Winter zu konservieren.

Im Bergfried aus dem 15. Jh. befindet sich die Sammlung des **Inniskilling-Museums**, die aus Waffen, Uniformen und Orden, darunter acht Viktoriakreuze aus dem Ersten Weltkrieg, besteht. Sie ist jenem Regiment gewidmet, das hier 1689 aufgestellt wurde, um das Heer Wilhelms I. zu unterstützen.

★ Castle Coole HISTORISCHES GEBÄUDE
(☎ 028-6632 2690; www.nationaltrust.org.uk; abseits der A4; Hausführung Erw./Kind 6/2,50 £; ⌚ Haus Juli & Aug. tgl. 11–17 Uhr, Juni Fr–Mi, Mitte März–Mai & Sept. Sa, So & Feiertage 11–17 Uhr, Park März–Okt. 10–19 Uhr, Nov.–Feb. 10–16 Uhr) Der neoklassische Palast gehört dem National Trust und befindet sich in einem 600 ha großen wunderschönen Park mit einem See, auf dem die einzige Grauganskolonie im Vereinigten Königreich lebt und dort sogar überwintert. Bei einer einstündigen Führung durch das Herrenhaus kann man sich die freitragende Doppeltreppe, italienische Marmorkamine, Möbel im Regency-Stil und die Gesindequartiere im Erdgeschoss anschauen.

Die Burg befindet sich 2,5 km südöstlich von Enniskillen. Von Enniskillen Castle führt ein 5 km langer Spazierweg hierher, der auch mit dem Rad befahren werden kann.

Das von James Wyatt entworfene palladianische Herrenhaus wurde zwischen 1789 und 1795 für Armar Lowry-Corry, den ersten Earl of Belmore, erbaut und ist vermutlich das beste Beispiel neoklassizistischer Architektur im Irland des späten 18. Jhs. Als Georg IV. Irland 1821 besuchte, ließ der zweite Earl of Belmore im Castle Coole extra ein Schlafzimmer für den König herrichten. Doch der bedeutende Gast tauchte gar nicht erst auf und verbrachte seine Zeit stattdessen mit seiner Geliebten. In dem mit roter Seide ausstaffierten Zimmer hängen Gemälde, die *A Rake's Progress* (Lebenslauf eines Wüstlings) darstellen. Der Raum

Highlights

1. **Geheimnisvolle Steinfiguren** (S. 700) Die historischen Schnitzfiguren auf White Island, Boa Island und auf dem Caldragh-Friedhof bestaunen.
2. **Ulster American Folk Park** (S. 705) Historische Verbindungen zwischen Irland und den USA entdecken.
3. **Marble Arch Caves** (S. 702) Ein faszinierendes Netz aus unterirdischen Höhlen erforschen.
4. **Kanu fahren** (S. 698) Die Gewässer des Lough Erne durchqueren.
5. **Devenish Island** (S. 698) Die keltische Klostersiedlung mit ihrem Rundturm besichtigen.
6. **Florence Court** (S. 702) An einer Hausführung teilnehmen und anschließend die Wander- und Radwege erkunden.
7. **Cuilcagh Mountain Park** (S. 703) Auf Bohlenwegen Fermanaghs höchsten Berg besteigen.
8. **Castle Coole** (S. 691) Herausfinden, wie einst die irische Aristokratie in diesem eleganten Landhaus lebte.
9. **Enniskillen Castle** (S. 691) Die informative Ausstellung im Fermanagh County Museum anschauen.
10. **Wellbrook Beetling Mill** (S. 707) Den hämmernden Rhythmus einer echten alten Leinenmühle spüren.

Derry
Foyle
ANTRIM
Ulster Way
LONDONDERRY
Dungiven
A6
Claudy
A5
Dunnamanagh
Maghera
A6
Bellaghy
ord
Strabane
Sperrin Mountains
Sperrin
Cranagh
B47
A5
Plumbridge
B48
Gortin Lakes
Davagh Forest Park
B162
wtownstewart
Gortin
Beaghmore Stone Circles
Gortin Glen Forest Park
Wellbrook Beetling Mill
10
lster American Folk Park
2
Mullaghcarn (542 m)
An Creagán
Creggan
Kildress
Cookstown
Coagh
Ardboe High Cross
A505
TYRONE
Lough Neagh
Omagh
Camowen
Pomeroy
A45
A29
B43
Drumragh
Coalisland
Donaghmore
Castlecaulfield
Dungannon
Dromore
Fintona
A5
A4
Moygashel
M1
Argory
Grant Ancestral Homestead
Ballygawley
Moy
N2
Portadown
Benburb
Augher
Aughnacloy
A4
A28
Tempo
Fivemiletown
Emyvale
Caledon
Armagh
A4
A28
sbellaw
Markethill
FERMANAGH
4
ARMAGH
Monaghan
Lisnaskea
N2
A34
Newtownhamilton
MONAGHAN
Newtownbutler
Clones
27
Crom Estate
509
Ballybay
Castleblayney
N2
Cootehill
Butlersbridge
N
0
20 km

Enniskillen

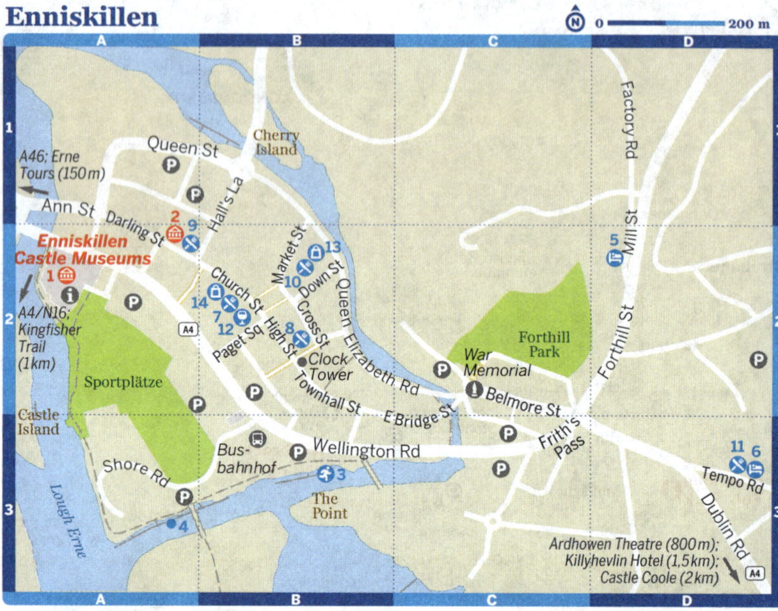

Enniskillen

Highlights
1 Enniskillen Castle Museums A2

Sehenswertes
2 Headhunters Barber Shop & Railway Museum A2

Aktivitäten, Kurse & Touren
3 Erne Boat Hire B3
4 Erne Water Taxi A3

Schlafen
5 Enniskillen Hotel D2
6 Westville Hotel D3

Essen
7 Café Merlot B2
8 Dollakis B2
9 Jolly Sandwich Bar A2
10 Rebecca's Coffee Shop B2
11 Terrace Restaurant D3

Ausgehen & Nachtleben
12 Blakes of the Hollow B2

Shoppen
13 Buttermarket B2
14 Home, Field & Stream B2

gilt als eines der Highlights der einstündigen Führung.

Im Castle Coole wurde auch der 2014 erschienene Film *Fräulein Julie* mit Colin Farrell, Jessica Chastain und Samantha Morton in den Hauptrollen gedreht.

Headhunters Barber Shop & Railway Museum MUSEUM
(☎ 028-6632 7488; www.facebook.com/HeadhuntersMuseum; 5 Darling St; ⏲ Di–Sa 9–17.30 Uhr) GRATIS Das Museum mit Barbierladen (in dem auch Haarschnitte durchgeführt werden) zeigt die eindrucksvolle Sammlung der Familie Johnston, die örtliche Eisenbahnobjekte, beispielsweise alte Bahnhofsschilder, Fahrpläne, Uniformen, Tickets und Pässe, beinhaltet. In einer Vitrine befinden sich Objekte, die in den Zügen von Fermanagh (die bis 1957 fuhren) geschmuggelt wurden. Es gibt sogar eine Violine, die von dem einstigen Bahnhofsvorsteher Thomas Moore angefertigt wurde; er spielte das Instrument regelmäßig zwischen Ankunft und Abfahrt der Züge an der Bundoran Junction im County Tyrone.

Erne Water Taxi BOOTSTOUREN
(☎ 07719 770588; www.ernewatertaxi.com; Anlegesteg am Lakeland Forum Leisure Centre, Wellington Rd; Touren für 1–8 Pers. 60 £ pro Std.) Bietet eine große Auswahl an Privattouren für bis zu acht Personen, die von kenntnisreichen Guides begleitet werden. Im Ange-

bot sind z. B. ein 1½-stündiger Ausflug nach Devenish Island (S. 698), dreistündige Trips am Upper oder Lower Lough Erne sowie ganztägige, siebenstündige Touren zu beiden Seen. Ein Picknickkorb mit großartigen Produkten aus der Region kostet 15 £ pro Person.

Erne Tours BOOTSTOUREN
(☎ 028-6632 2882; http://ernetours.com; Brook Park, Round 'O' Quay; Erw./Kind 10/6 £, ⏲ Juli & Aug. 10.30, 12.15, 14.15 & 16.15 Uhr, Juni tgl. 14.15 Uhr, Mai & Sept. Di, Sa & So 14.15 Uhr; 👪) Erne Tours veranstaltet 1¾-stündige Wasserbusrundfahrten mit der MV *Kestrel* (56 Passagiere) über den Lower Lough Erne inklusive Zwischenstopp auf Devenish Island (S. 698; Mai bis September). Am Round „O" Quay westlich des Stadtzentrums an der A46 nach Belleek geht's los.

Kingfisher Trail RADFAHREN
(www.kingfishercycletrail.com) Dieser ausgeschilderte Fernradweg beginnt in Enniskillen und verläuft über Nebenstraßen durch die Grafschaften Fermanagh, Leitrim, Cavan und Monaghan. Eine Streckenkarte bekommt man von der Touristeninformation in Enniskillen oder online.

Die Gesamtlänge des Fernradwegs beträgt 370 km. Wem das zu weit ist, kann stattdessen auch die 115 km lange Rundfahrt unternehmen. Sie führt von Enniskillen über Kesh, Belleek, Garrison, Belcoo und Florencecourt zurück zum Ausgangspunkt und ist eine leichte Zweitagestour mit einer Übernachtungsmöglichkeit in Belleek.

Erne Angling ANGELN
(☎ 07884 472121; www.erneangling.com; 2 Angler halber Tag/ganzer Tag 80/130 £) Mit den erfahrenen Guides dieses Anbieters kann man im Lough Erne einen Traumhecht an die Angel bekommen.

Erne Boat Hire BOOTSTOUREN
(☎ 07523 423232; www.facebook.com/erneboathire; Regal Pass Jetty, Wellington Rd; Boot für 2/4/8 Std. 45/55/85 £) Erne Boat Hire vermietet ganzjährig Boote für Seeausflüge (ohne Führer). Devenish Island (S. 698) ist in 30 Minuten zu erreichen. Unerfahrene Bootsfahrer erhalten eine Einführung. Die Boote können bis zu sechs Personen aufnehmen; Benzin und Schwimmwesten sind inklusive. An den Wochenenden sollte man vorher buchen.

> **BOOTSTOUR**
>
> In Enniskillen und im Castle Archdale Country Park (S. 699) findet man schnell Vermieter für Boote. Die Preise für ein Ruderboot mit Außenbordmotor liegen bei 10 bis 15 £ pro Stunde und 60/90 £ pro halbem/ganzem Tag für einen Sechssitzer mit Kabine und Motor.

Schlafen

Enniskillen Hotel HOTEL ££
(☎ 028-6632 1177; www.enniskillenhotel.com; 72 Forthill St; EZ/DZ ab 85/95 £; 📶) Das neueste Hotel von Enniskillen ist schick und modern. Es hat freundliche Mitarbeiter und eine zentrale Lage. Die Zimmer sind klein, aber trotzdem komfortabel und stilvoll in grau-schwarzen Farbtönen gehalten. Die superschicken Bäder sind mit Regenduschen ausgestattet.

Westville Hotel HOTEL ££
(☎ 028-6632 0333; www.westvillehotel.co.uk; 14-20 Tempo Rd; EZ/DZ ab 70/85 £; @📶) Mit seiner prachtvollen Lobby, Designerstoffen, coolen Farbkombinationen und gutem Essen bringt das Westville einen Hauch Vier-Sterne-Komfort in Enniskillens Unterkunftsszene. Das hoteleigene Terrace Restaurant (Hauptgerichte 11–22 £; ⏲18–22 Uhr) serviert gutes Essen. In den Zimmern liegen Kekse vom Hauspatissier. Die dreifach verglasten Fenster halten den Straßenlärm ab.

Greenwood Lodge B&B ££
(☎ 028-6632 5636; www.greenwoodlodge.co.uk; 17 Killyvilly Court; EZ/DZ ab 35/50 £; P) Das große moderne Haus liegt in einer ruhigen Straße 3 km nordöstlich der Stadt unweit der B80. Die drei gemütlichen Zimmer haben private Bäder. Zudem hat das B&B eine lässige Lounge und einen sicheren Abstellplatz für Fahrräder.

★ **Killyhevlin Hotel** HOTEL £££
(☎ 028-6632 3481; www.killyhevlin.com; off A4, Killyhevlin; EZ/DZ ab 110/160 £; @📶🏊) Das luxuriöse Killyhelvin liegt etwa 1,5 km südlich der Stadt an der Straße nach Maguiresbridge in idyllischer Umgebung mit Aussicht auf den Upper Lough Erne. Viele der 71 eleganten Zimmer bieten einen fantastischen Ausblick auf die schöne Gartenlandschaft am See. Selbstversorger können sich in holzverkleideten Lodges (mit je zwei Schlafzimmern) am See einquartieren. Zum Hotel

gehört auch ein origineller Spa- und ein Wellnessbereich.

Essen & Ausgehen

★ Jolly Sandwich Bar CAFÉ £

(☎ 028-6632 2277; www.thejollysandwichbar.co.uk; 3 Darling St; Gerichte 4–4,50 £; ⏲ Mo–Sa 7.30–16.15 Uhr) Fröhliches Café mit hausgemachten Kuchen und einer großen Auswahl an Sandwiches zum Vor-Ort-Verzehr oder zum Mitnehmen. Als Zutaten werden saisonale, lokale Produkte verwendet. Die frisch gebackenen Rhabarber- und Ingwer-Scones sind bei den Stammgästen sehr beliebt.

Rebecca's Coffee Shop CAFÉ £

(☎ 028-6632 9376; Buttermarket; Hauptgerichte 4–6,20 £; ⏲ Mo–Sa 9–17.30 Uhr) In ihrem Laden am Buttermarket (S. *696*) serviert Rebecca Sandwiches, Salate, Scones, Gebäck und warme Gerichte (im Sommer auch im Hof). Absolut beliebt ist der Cottage Pie.

Cafe Merlot MODERN IRISCH ££

(☎ 028-6632 0918; http://cafemerlot.co.uk; 6 Church St; Hauptgerichte mittags 7–15 £, abends 13–18 £; ⏲ Mo–Do & So 12–15 & 17.30–21 Uhr, Fr & Sa bis 21.30 Uhr; ✎) Das schöne Kellerlokal mit Ziegelgewölbedecke liegt unter dem Pub Blakes of the Hollow. Es hat saisonale Spezialangebote, bietet aber auch eine feste Speisekarte mit Fleisch-, Fisch- und vegetarischen Gerichten. Wir empfehlen das trocken gereifte Ribeye-Steak (Rindfleisch aus Fermanagh steht hoch im Kurs). Das Restaurant hat die wohl beste Weinkarte der Stadt. Vorher reservieren!

Dollakis GRIECHISCH ££

(☎ 028-6634 2616; www.dollakis.com; 2 Cross St; Hauptgerichte mittags 7,50–15 £, abends 15–28 £; ⏲ Di–Sa 12–15 & 17–21.30 Uhr) In dem schicken kleinen Restaurant wird griechisch-mediterrane Küche serviert. Auf der Karte stehen auch eine Auswahl kleiner Gerichte *(meze)* sowie saisonale Angebote.

★ Blakes of the Hollow PUB

(William Blake; ☎ 028-6632 2143; 6 Church St; ⏲ 12 Uhr–open end) Dieses traditionelle Pub hat sich seit seiner Eröffnung 1887 kaum verändert: ein Marmortresen, riesige Sherryfässer, antike silberne Leuchter und die alte Holzvertäfelung mit der Patina von einem Jahrhundert Zigarettenrauch. Neu hinzugekommen ist die *Game of Thrones*-Tür, eine von zehn Türen aus Holz von Bäumen, die 2016 einem Sturm zum Opfer fielen. Die Türen sind kunstvoll mit Motiven aus der HBO-Serie graviert. Weitere Infos gibt's bei Kingsroad (S. 680).

ULSTER WAY

Der **Fernwanderweg** Ulster Way führt durch sechs nordirische Grafschaften. Wer sich die gesamte 1000 km lange Wanderstrecke vornehmen möchte, sollte dafür vier bis fünf Wochen einplanen. Einige Teile der Route bestehen jedoch nicht aus Trekkingpfaden, sondern aus Nebenstraßen. Um diese zu umgehen, wurde der Weg in zwei Abschnitte unterteilt – in „Quality Sections" – reizvolle, malerische Wege abseits der Straßen – und „Verbindungsstrecken", die mit öffentlichen Verkehrsmitteln zurückgelegt werden können. Mehr Infos darüber findet man auf der Website WalkNI (www.walkni.com).

Der Cuilcagh Mountain Park (S. 703) und der Causeway Coast Way (S. 673) gehören zu den kurzen Abschnitten des Ulster Way, die sich für Tagesausflüge eignen.

Unterhaltung

Ardhowen Theatre THEATER

(☎ 028-6632 5440; www.ardhowentheatre.com; 97 Dublin Rd; ⏲ Kartenverkauf Mo–Fr 9.30–16.30 Uhr, vor der Aufführung bis 19 Uhr, Sa 11–13, 14–17 & 18–19 Uhr) Auf dem Programm des Ardhowen stehen Konzerte, professionelle und Laientheaterstücke sowie -musicals, Pantomimeshows und Filme. Außerdem hat es ein gutes Café. Das imposante Gebäude verfügt über eine auffällige Glasfassade und liegt 1 km südöstlich vom Stadtzentrum in der Nähe der A4 an einem See.

Shoppen

Buttermarket KUNST & KUNSTHANDWERK

(Down St; ⏲ Mo–Sa 9–17 Uhr) In den restaurierten Häusern am alten Marktplatz befindet sich eine große Vielfalt attraktiver Kunsthandwerksshops und -werkstätten. Dort gibt's Gemälde, Keramik und Schmuck sowie Rebecca's Coffee Shop (S. 696).

Home, Field & Stream SPORT & OUTDOOR

(☎ 028-6632 2114; www.hfs-online.com; 18-20 Church St; ⏲ Mo–Sa 9–17.30 Uhr) Verkauft eine Vielzahl von Angelzubehör sowie Angellizenzen und Genehmigungen.

ANGELN AM LOUGH ERNE

Fermanaghs Seen sind sowohl für das Angeln von Süßwasserfischen als auch für das Sportfischen bekannt. Im Lough Erne dauert die Forellensaison von Anfang März bis Ende September. Lachse können zwischen Juni und Ende September geangelt werden. In der zweiten Maiwoche beginnt die einmonatige Saison des Eintagsfliegenfischens.

Angler brauchen einen Angelschein und eine Genehmigung, die zusammen 9,50 £ für drei Tage kosten. Detaillierte Infos findet man unter www.nidirect.gov.uk/angling. Angelscheine und Genehmigungen gibt's beim **Touristeninformationszentrum von Fermanagh** (S. 697), bei **Home, Field & Stream** (S. 696) in Enniskillen und an der Marina im **Castle Archdale Country Park** (S. 699), wo auch Angeln verliehen werden.

Bei **Erne Angling** (S. 695) kann man erfahrene Guides engagieren.

Praktische Informationen

Das hilfreiche und gut ausgestattete **Touristeninformationszentrum von Fermanagh** (☎ 028-6632 3110; www.fermanaghlakelands.com; Enniskillen Castle; ⊙ ganzjährig Mo–Fr 9.30–17, Sa 11–17 Uhr, Juni–Sept. auch So 11–17 Uhr; 📶) befindet sich im Enniskillen Castle. Die Mitarbeiter buchen Unterkünfte und helfen bei der Beschaffung von Angellizenzen.

An- & Weiterreise

Vom **Busbahnhof** (Wellington Rd; ⊙ Einrichtungen Mo–Fr 8.45–17.25, Sa 8–14.30 Uhr) fahren Busse von Ulsterbus und Bus Éireann nach/von Belfast (12 £, 2¼ Std., Mo–Sa stündl. So 2-mal), Omagh (8 £, 1 Std., Mo–Sa 1-mal tgl.), Dublin (20 €, 2½ Std., 8-mal tgl.) sowie nach Donegal (15 €, 1 Std., Mo–Sa 4-mal, So 2-mal) und weiter nach Sligo (17 €, 1½ Std.).

Upper Lough Erne

Eigentlich ist der Upper Lough Erne weniger ein See als vielmehr ein Wasserlabyrinth mit mehr als 150 Inseln, Landzungen, Schilfbuchten und mäandernden Staugewässern. In der Gegend stößt man auf die unterschiedlichsten Vogelarten, darunter Schwärme von Singschwänen und Schellenten, die vor Ort überwintern. Im Frühjahr brüten hier Haubentaucher, außerdem lebt in einem 400 Jahre alten Eichenwäldchen auf der Insel Inishfendra südlich des Crom Estate Irlands größte Graureiherkolonie.

Sehenswertes & Aktivitäten

Crom Estate PARK
(☎ 028-6773 8118; www.nationaltrust.org.uk; Crom Rd, Newtownbutler; Erw./Kind 6/2 £; ⊙ Gelände Mai–Aug. 10–19 Uhr, Mitte März–April + Sept. & Okt. bis 18 Uhr; Besucherzentrum Ostern–Sept. tgl. 11–17 Uhr, Okt. nur Sa & So) Inmitten des größten natürlichen Waldes Nordirlands liegt das vom National Trust verwaltete wunderbare Crom Estate, in dem Baummarder, seltene Fledermäuse und zahlreiche Vogelarten hausen.

Ein Spaziergang führt vom Besucherzentrum zur Ruine des alten **Crom Castle** mit seinem **ummauerten Garten**, dem stillgelegten Bowlingplatz und knorrigen Eiben. Außerdem beeindruckt der Ausblick zum schilfbewachsenen See.

Das Schutzgebiet erstreckt sich am Ostufer des Upper Lough Erne, 5 km westlich von Newtownbutler.

Wer das Crom Estate vom Fluss aus erkunden will, kann auch ein Ruder- (7,50 £/Std.) oder Motorboot (45 £/Tag) bzw. ein Kanu (15 £/halber Tag) mieten – weitere Informationen gibt's im Besucherzentrum.

Im Sommer sollte man unbedingt im Voraus buchen. Details zu Aktivitäten gibt's auf der Website.

Inishcruiser BOOTSTOUREN
(☎ 028-6772 2122; www.sharevillage.org/inishcruiser; unweit der Newbridge Rd, Share Discovery Village; Erw./Kind 10/6 £; ⊙ Ostern–Sept. So 10.30 Uhr, Juli & Aug. auch 14 Uhr) Die 1½- bis zweistündigen Fahrten über den See starten 5 km südwestlich von Lisnaskea am Share Discovery Village.

Share Canoe & Kayak Hire KANU
(☎ 028-6772 2122; www.sharevillage.org; unweit der Newbridge Rd, Share Discovery Village; Kanu 12/35 £ pro Std./Tag, Kajak 10/30 £ pro Std./Tag; ⊙ Juni–Aug.) Das Unternehmen im Share Discovery Village, 5 km südwestlich von Lisnaskea, vermietet Kanus und Kajaks.

LOUGH ERNE CANOE TRAIL

Der Lough Erne Canoe Trail (www.canoeni.com) bietet Kanufans auf einer 50 km langen Strecke über den See und den Fluss zwischen Belleek und Belturbet zahlreiche Attraktionen. Achtung: Auf dem offenen Wasser des Lower Lough können sich bei stärkerem Wind unvermittelt hohe Wellen bilden, deshalb sollten sich nur Erfahrene weiter hinauswagen. Anfänger und Familien sind in den geschützten Seitenarmen des Upper Lough besser aufgehoben. Karten und Infos zum Download gibt es auf der Website. Das **Touristeninformationszentrum von Fermanagh** (S. 697) in Enniskillen informiert über Kanu- und Bootsvermietungen sowie über Angelmöglichkeiten.

Die Unternehmen **Share Canoe & Kayak Hire** (S. 697) und **Ultimate Watersports** (S. 699) verleihen Kanus und Kajaks.

Schlafen & Essen

Die bodenständige Stadt Lisnaskea ist das Zentrum der Region mit Geschäften, Pubs und Cafés.

★ **Watermill Lodge** B&B €€
(☎ 028-6772 4369; www.watermillrestaurantfermanagh.com; Kilmore Quay, Lisnaskea; EZ/DZ ab 60/90 £) Dank der abgeschiedenen Lage am See kann man sich in den sieben Gästezimmern mit Seeblick wunderbar erholen. Zudem befindet sich direkt nebenan das noble reetgedeckte Watermill Restaurant.

Kissin' Crust CAFÉ €
(☎ 028-6772 2678; www.facebook.com/thekissincrust; 152 Main St, Lisnaskea; Hauptgerichte 3–7 £; ⌚ Mo–Sa 8.30–17 Uhr) Einheimische lieben dieses Café, das seine Gäste mit hausgemachtem Kuchen, Quiche und Scones verwöhnt. Mittags gehören frisch zubereitete Suppen, Sandwiches und warme Tagesgerichte zum Angebot, außerdem kann man hier auch prima für ein Picknick einkaufen.

★ **Watermill Restaurant** FRANZÖSISCH €€
(☎ 028-6772 4369; www.watermillrestaurantfermanagh.com; Kilmore Quay, Lisnaskea; 3-Gänge-Menü mittags/abends 23/25 £; ⌚ Mo–Sa 17–21.30, So 12–20 Uhr) In dem preisgekrönten Restaurant am See wird irische Küche mit französischem Einfluss serviert. Der Küchenchef Pascal Brissaud verwendet viele Produkte aus dem hauseigenen Gemüse- und Kräutergarten. Zu den Highlights zählen Hühnchen-Cassolette, auf zwei Arten gegarte Ente oder Lammkasserole.

ℹ An- & Weiterreise

Die Linie 95 von Ulsterbus fährt von Enniskillen am Ostufer des Upper Lough Erne entlang nach Lisnaskea (3,80 £, 30 Min., Mo–Fr 6-mal tgl., Sa 5-mal, Juli & Aug. zusätzlich So 1-mal), während die 58 am Westufer entlang erst Derrylin (4,40 £, 40 Min., Mo–Fr 5-mal tgl., Sa 2-mal) und danach Belturbet im County Cavan ansteuert.

Lower Lough Erne

Im Gegensatz zum Upper Lough Erne hat der Lower Lough Erne eine relativ offene Wasserfläche. Seine 90 Inseln erstrecken sich vor allem am Südende. Zu frühchristlicher Zeit, als Landreisen noch beschwerlich waren, bildete der Lough Erne eine Station auf der Reiseroute zwischen Donegals Küste und Leitrim im Landesinneren. Am Ufer verteilen sich daher mehrere religiöse und historische Stätten. Außerdem war der See im Mittelalter Teil einer wichtigen Pilgerstrecke.

ℹ An- & Weiterreise

Ulsterbus fährt von Enniskillen an der Ostseite des Sees entlang über Irvinestown (Mo–Sa 3–5-mal) nach Pettigo. Unterwegs hält sie am Castle Archdale Country Park (35 Min.) und in Kesh (1 Std.). **Bus Eireann** fährt von Dublin nach Donegal und verbindet auch Enniskillen mit Belleek (8 £, 35 Min., 8-mal tgl.).

Devenish Island

Devenish Island Devenish Island (Daimh Inis – Ochseninsel) ist die größte von mehreren „heiligen Inseln" im Lough Erne. Hier befinden sich die Überreste eines im 6. Jh. vom hl. Molaise gegründeten **Augustinerklosters**, darunter ein fast vollständig erhaltener **Rundturm aus dem 12. Jh.**, die Ruinen der St. Molaise Church und St. Mary's Abbey, ein ungewöhnliches Hochkreuz aus dem 15. Jh., sowie zahlreiche alte Grabsteine.

Ein kleines **Besucherzentrum** informiert über die beeindruckende Geschichte der Klostersiedlung, in der einst bis zu 1000 Mönche lebten und arbeiteten. Als das Kloster gegründet wurde, war Irland von dichtem Wald bedeckt; es wurde auf der Insel errichtet, weil diese an einem der Hauptwasserwege des Landes lag und damit gut zugänglich war. 837 und 923 wurde die Insel von den Wikingern überfallen, aber im 12. Jh. war aus Devenish eine große und bedeutende Gemeinde geworden. Die Steinmetze und Baumeister, die für den Bau des Rundturms verantwortlich waren, gehörten zu den fähigsten Handwerkern ihrer Zeit. Bis im 16. Jh. unter Heinrich VIII. alle Klöster aufgelöst wurden, erlebte Devenish eine lange Blütezeit als Studien- und Kunstzentrum.

Die Insel ist von Enniskillen aus mit Booten von Erne Tours (S. 695) oder Erne Water Taxi (S. 694) erreichbar.

Castle Archdale

Castle Archdale hat einen berühmten Waldpark mit Wander- und Radwegen und einen angrenzenden Landpark (S. 699) mit einem Caravan-Stellplatz und einem Segelhafen. Hier starten Boote zu den Klosterruinen auf White Island.

Sehenswertes & Aktivitäten

★ White Island INSEL

(☎ 028-6862 1892; www.castlearchdaleboathire.com/whiteisland.html; Castle Archdale Bay; Fährticket 4 £ p. P.; ⏲ Juni & Aug. tgl. 10.30–16.30 Uhr, Ostern & Feiertagswochenenden im Mai nach telefonischer Voranmeldung) An der Ostspitze der Insel stößt man auf die Ruine einer Kirche (12. Jh.) mit einem herrlichen romanischen Tor an der Südseite. Innen lehnen acht Steinfiguren an der Wand, die wie kleine Kopien der bekannten Statuen auf der Osterinsel aussehen und vermutlich aus dem 9. Jh. stammen.

Ihre Anordnung ist jedoch neueren Datums. Die meisten Figuren wurden erst im 19. Jh. bei der Freilegung der Kirchenmauern entdeckt, weil die Maurer im Mittelalter sie einfach als Baumaterial genutzt hatten. Die linke Figur stellt eine *sheila-na-gig* (weibliche Figur mit vergrößerten Genitalien) dar. Aller Wahrscheinlichkeit nach geht sie auf die Entstehungszeit des Sakralbaus zurück, denn man kennt diese Abbildung auch aus anderen irischen Kirchen und Burgen. Ganz rechts in der Figurenreihe schaut den Besucher ein finster dreinblickendes Steingesicht ähnlich einer Totenmaske an. Dazwischen tummeln sich Statuen von Heiligen, Sängern oder Jesus. Alle acht Hauptfiguren in der Mitte wurden vom gleichen Künstler geschaffen. Sowohl das Alter als auch die Bedeutung der Figuren sind umstritten. Eine Theorie geht davon aus, dass die beiden mittleren, gleich hohen Paare früher als Säulen für eine Kanzel dienten und dass sie entweder Heilige oder Aspekte des Lebens Christi repräsentieren.

Vom Hafen am Castle Archdale fährt regelmäßig eine Fähre zur Insel (Fahrtdauer 15 Min.).

Castle Archdale Country Park PARK

(☎ 028-6862 1588; über die B82, Rossmore; ⏲ Besucherzentrum Juni–Aug. tgl. 10–17 Uhr, Mai & Sept. Sa & So 13–17 Uhr) GRATIS Dieser Park gehört zum Archdale Manor aus dem 18. Jh. und lockt mit schönen Spazierwegen, die durch den Wald und am Ufer entlangführen. Im angrenzenden **Waldpark** befinden sich die Ruinen des Archdale Castle aus dem 17. Jh. Während des Zweiten Weltkriegs diente die Bucht mit ihren vielen Inseln als Basis der Catalina-Wasserflugzeuge. Ein kleines **Museum** im Besucherzentrum des Country Parks widmet sich der Geschichte der Region.

Ultimate Watersports WASSERSPORT

(☎ 028-6862 1722; www.ultimatewatersports.co.uk; Castle Archdale Marina; ⏲ Juli & Aug. tgl. 10–18 Uhr, April–Juni & Sept.–Okt. Sa & So) An der Castle-Archdale-Marina erhält man bei Ultimate Watersports Leihausrüstung sowie Unterweisungen in Wasserski, Wakeboarding, Jetskiing und Kanufahren.

Castle Archdale Boat Hire BOOTSTOUREN

(☎ 028-6862 1156; www.castlearchdaleboathire.com; Castle Archdale Marina; Leihboot für 6 Pers. halber/ganzer Tag 65/90 £; ⏲ Juli & Aug. tgl. 10.30–16.30 Uhr, plus Ostern & Feiertagswochenenden im Mai) Verleiht Boote für 6 bzw. 8 Personen (keine Vorkenntnisse oder Genehmigung nötig), Fahrräder (30 Min./halber/ganzer Tag 4/8/12 £) und Angelruten. Betreibt auch die Fähre nach White Island.

Drumbaragh Stables REITEN

(☎ 07843 435231; Castle Archdale Country Park; Reittour 10–30 £; ⏲ Ostern & Mai–Sept. Do–Mo) Ponytouren im Castle Archdale Country Park. Im Voraus buchen!

Schlafen & Essen

Castle Archdale Caravan Park

CARAVAN-PARK, CAMPINGPLATZ €

(☎ 028-6862 1333; www.castlearchdale.com; nahe der B82, Rossmore; Zeltstellplatz 10–30 £, Wohnwagenstellplatz 25–30 £; ⏲ Ostern–Okt.; WLAN) Der ansprechende Platz unter Bäumen im Castle Archdale Country Park vermietet vorwiegend Dauerstellplätze, hat aber auch ein paar Zeltplätze zu bieten. Außerdem gibt's gute Einrichtungen, darunter ein Geschäft, eine Waschküche, einen Spielplatz und ein Pub.

★ Dollakis in the Park

IMBISSWAGEN, GRIECHISCH €

(☎ 028-6634 2616; www.dollakis.com; Castle Archdale Caravan Park; Hauptgerichte 4–8 £; ⏲ Juli & Aug. tgl. 12–17 Uhr, Ostern–Juni, Sept.–Okt. Sa & So) Der großartige Imbisswagen serviert authentische griechische Straßenkost, z. B. *gyros* vom Spieß, Rind- und Lammfleischburger, gegrilltes Hühnchen-Souvlaki, Falafel, Halloumi, Fladenbrote und Calamari. Die Gäste speisen an Picknicktischen in einem riesigen Tipizelt.

An- & Weiterreise

Der Park liegt 16 km nordwestlich von Enniskillen in der Nähe von Lisnarick. Bus 194 fährt nach Enniskillen (4,40 £, 25 Min., Mo–Fr 5-mal tgl., So 2-mal tgl.).

Boa Island

Boa Island am Nordende des Lower Lough Erne ist auf beiden Seiten mit dem Festland verbunden, denn die A47 durchschneidet die Insel in ihrer ganzen Länge. Die Insel lohnt einen Abstecher wegen der geheimnisvollen Steinstatuen auf dem kleinen verwilderten Caldragh-Friedhof.

HAUSBOOTFERIEN AUF DEM LOUGH ERNE

Auf dem Lough Erne kann man das Steuerrad auch mal selbst in die Hand nehmen. Dazu braucht man weder einschlägige Erfahrungen noch eine spezielle Qualifikation. Mehrere Anbieter in Fermanagh vermieten Kajütboote. Vor der Fahrt werden die Ausflügler in einem Crashkurs mit dem schwimmenden Untersatz und den Grundbegriffen der Navigation vertraut gemacht. Während der Hauptsaison zwischen Juli und August ist ein Hausboot mit zwei Kojen pro Woche ab etwa 500 £ (4 Kojen 850 £, 8 Kojen 1170 £) zu haben.

Unter www.fermanaghlakelands.com gibt's detaillierte Infos zu Hausbootferien und Bootvermietern.

Sehenswertes

Caldragh Graveyard

FRIEDHOF

Auf dem schaurigen moosbewachsenen Caldragh-Friedhof thront die faszinierende **Dreenan-Statue**. Sie wird häufig als Janusfigur bezeichnet, besteht aber eigentlich aus zwei voneinander getrennten Statuen, die Rücken an Rücken stehen. Die Figur soll aus der frühchristlichen Zeit stammen und repräsentiert die Kriegsgöttin Badhbh, die in der Volksfolklore als furchterregende Gestalt gilt. In der Nähe steht die kleinere Gestalt des **Lusty Man**. Sie wurde von der Nachbarinsel Lusty More hergebracht.

Der Ursprung und die Bedeutung der Statuen konnten bisher nicht geklärt werden. Lange Zeit glaubte man, dass die Dreenan-Statue – die mindestens seit 1841 auf dem Friedhof steht – aus der heidnischen Eisenzeit stammt und 2000 Jahre alt sei; heute sagen Forscher, dass die Figur in der frühchristlichen Zeit, etwa 500 bis 1000 n. Chr., entstanden ist.

Auf dem Friedhof sind keine Informationen über die rätselhaften Figuren zu finden. Er liegt 1,5 km von der Brücke an der Westspitze von Boa Island entfernt und ist dort ausgeschildert.

Schlafen

★ Finn Lough

RESORT £££

(☎ 028-6838 0360; www.finnlough.com; 41 Letter Rd, nahe der B136; DZ ab 110 £, Bubble Domes 195–295 £, Cottages ab 225 £; @ ⓦ) In dieser schönen Ferienanlage an der Küste des Festlands mit Blick auf Boa Island warten ein breites Spektrum an Luxuszimmern und eine freundliche, entspannte Atmosphäre. Das Highlight sind die Bubble Domes, die versteckt zwischen Bäumen im Wald stehen: transparente Kuppeln mit freiem Blick auf den Nachthimmel, eigenen Bädern und Himmelbetten; die größten Bubble Domes haben freistehende Bäder. Weit im Voraus buchen!

Außerdem gibt's drei Zimmer im Hauptgebäude sowie Cottages für Selbstversorger, die Schlafplätze für bis zu sechs Personen bieten und teilweise auf den See blicken lassen. Im großartigen Hotelrestaurant wird frische Küche aus regionalen Produkten serviert; die Zutaten stammen aus dem hauseigenen Küchengarten oder werden im Wald gesammelt. Auf dem grünen Gelände der Anlage werden Aktivitäten wie Wassersport, Kajakfahren, Tennisspielen, Radfahren und verschiedene Spabehandlungen angeboten.

Lusty Beg Island RESORT £££
(☎ 028-6863 3300; www.lustybegisland.com; Boa Island; EZ/DZ/FZ B&B ab 90/130/160 £, Hütten ab 200 £, Minimum 3 Nächte; P @ ≋) Auf dieser Privatinsel, die man mit der Fähre von der Anlegestelle im Zentrum von Boa Island erreicht (die Telefone am Dock benutzen), befinden sich mehrere Hütten und Chalets für Selbstversorger mit zwei bis sechs Betten sowie ein rustikaler Innenhofblock mit 40 B&B-Zimmern. Es gibt auch ein Spa. Wer sich sportlich betätigen möchte, kann im Pool schwimmen, auf dem Tennisplatz trainieren, Wanderungen auf dem Naturpfad unternehmen oder Kanu fahren.

Das urige **Restaurant** (☎ 028-6863 3300; www.lustybegisland.com; Boa Island; Hauptgerichte 10,50–20 £; ⏲ 12–21.30 Uhr) der Insel ist auch für Nichtgäste geöffnet.

Belleek

Belleeks (Beal Leice) Dorfstraße mit den farbenfrohen blumengeschmückten Häusern zu beiden Seiten steigt von der Brücke aus an. Hier fließt der Erne aus dem Lower Lough Richtung Meer nach Ballyshannon. Die Straße dieses Örtchens, das direkt an der Grenze liegt, verläuft südlich der Brücke 200 m lang durch die Republik, bis sie sich wieder auf nordirischen Boden begibt. Kaum verwunderlich also, dass hier sowohl Britische Pfund als auch Euros als Zahlungsmittel akzeptiert werden.

Sehenswertes

★ **Belleek Pottery Visitor Centre** KUNSTZENTRUM
(☎ 028-6865 9300; www.belleekpottery.ie; 3 Main St; Führung Erw./Kind 5 £/frei; ⏲ Juli–Sept. Mo–Fr 9–18, Sa 10–18, So 12–17.30 Uhr, Okt.–Juni kürzere Öffnungszeiten, Jan. & Feb. Sa & So geschl.). Das imposante georgianische Gebäude gleich neben der Hauptbrücke Belleeks beherbergt die weltberühmte Belleek Pottery.

Die Porzellanmanufaktur wurde 1857 gegründet und stellt seitdem feinstes Parian-Porzellan her, darunter die bekannten zierlichen Körbchen. Die Stücke werden im Fabrikladen verkauft. Es gibt auch Führungen, bei denen man zusehen kann, wie das **Porzellan** hergestellt wird.

Sie finden unter der Woche von 9.30 bis 12.15 Uhr sowie von 13.45 bis 16 Uhr (freitags bis 15 Uhr) alle 30 Minuten statt, im Sommer auch am Wochenende.

Es gibt außerdem ein kleines Museum, einen Ausstellungsraum und ein Café.

Schlafen

Fiddlestone Bar & B&B B&B ££
(☎ 028-6865 8008; www.facebook.com/fiddlestone.bar; 15-17 Main St; EZ/DZ ab 40/70 £; ⏲ Pub 12–23 Uhr; 🛜) Das klassische Pub im Dorfzentrum hat sechs einfache Zimmer – genau das Richtige, wenn man den ganzen Tag unterwegs war und anschließend stundenlang unten im Pub traditionelle irische Livemusik gehört hat.

Essen & Ausgehen

★ **Thatch Coffee Shop** CAFÉ £
(☎ 028-6865 8181; 20 Main St; Hauptgerichte 4–8 £; ⏲ Mo–Sa 9–17 Uhr) Das nette reetgedeckte Cottage aus den letzten Tagen des 18. Jhs. ist Belleeks ältestes Gebäude. An der Rückmauer sind über der alten Kirchenbank noch die Original-Dachsparren zu sehen. Die Sandwiches und Suppen werden frisch zubereitet und bestehen aus Bioprodukten. Die hausgebackenen Kuchen (z. B. karamellisierte Apfeltorte) und Scones schmecken köstlich. Auch das traditionelle Frühstück (bis 12 Uhr) ist großartig.

Black Cat Cove PUB
(☎ 028-6865 8942; www.facebook.com/TheBlackCatCove; 28 Main St; Hauptgerichte 7–9 £; ⏲ Küche 12–21 Uhr) Mit antiken Möbeln, einem offenen Kamin und leckeren Kneipengerichten sorgt das familiengeführte Pub für Gemütlichkeit. Im Sommer gibt's an den meisten Abenden Livemusik, im Winter an Wochenenden.

An- & Weiterreise

Bus 194 verbindet Belleek mit Enniskillen (6,70 £, ca. 1¼ Std., tgl. Mo–Sa).

Lough Navar Forest Park

Am Westende des Lower Lough Erne liegt der Lough Navar Forest Park (www.marblearchcavesgeopark.com/attraction/lough-navar; ⏲ 10 Uhr–Sonnenuntergang) GRATIS. Am Südufer erheben sich über Moor-, Heide- und Waldgebieten die **Cliffs of Magho**, eine 250 m hohe und 9 km lange Kalksteinfelswand. Durch den Park führt eine 10 km lange landschaftlich wunderschöne Strecke zum **Aussichtspunkt Magho**; in den umliegenden Wäldern erstrecken sich zahlreiche schöne Wanderwege.

Auf der Glennasheevar Road zwischen Garrison und Derrygonnelly, 20 km südöstlich von Belleek, befindet sich der Eingang zum Waldpark (den Schildern mit der Aufschrift „Forest Scenic Drive“ folgen).

Das Panorama von der Klippe des Magho ist eines der schönsten in ganz Irland: Man blickt über den schimmernden See und den Fluss bis zu den Blue Stack Mountains sowie zum funkelnden Meer an der Donegal Bay und zu den Slieve-League-Klippen.

Westlich des Lough Erne

Die abgelegenen Hügel westlich des Lough Erne warten mit interessanten Sehenswürdigkeiten und atemberaubenden Landschaften auf. Die Region gehört zum von der UNESCO geschützten **Marble Arch Caves Global Geopark**.

Abgesehen von ein paar B&Bs und Ferienhäusern für Selbstversorger gibt's in dieser ländlichen Region im Westen Fermanaghs kaum Unterkünfte. Am besten besucht man die Gegend während eines Tagesausflugs ab Enniskillen.

In den Marble Arch Caves und im Florence Court gibt's gute Cafés. Wer picknicken und wandern will, sollte genug Proviant mitbringen.

Sehenswertes

★ Florence Court HISTORISCHES GEBÄUDE
(☎ 028-6634 8249; www.nationaltrust.org.uk; Swanlinbar Rd; Führung nur Haus Erw./Kind 4,50/2,50 £, Gelände 6/3 £; ⌚ Haus Juli & Aug. tgl. 11–17 Uhr, Mai & Juni Mi–Mo, Sept. Sa–Do, April & Okt. Sa & So, Gelände März–Okt. 10–19 Uhr, Nov.–Feb. bis 16 Uhr) Das historische Herrenhaus erhebt sich auf einem schönen bewaldeten Grundstück am Fuße des Cuilcagh Mountain. Bei einer Hausführung können Besucher sich den meisterhaften Stuck im Rokokostil, die antiken irischen Möbel und die Gesindequartiere im Erdgeschoss ansehen. Zur Außenanlage gehören ein ummauerter Garten und eine legendenumwobene Eibe, die in der Nähe des Cottage Wood steht und von der sämtliche irischen Eiben abstammen sollen.

Florence Court war drei Generationen lang der Sitz der Familie Cole; sein erster Bewohner war Sir John Cole, der das Haus nach seiner Frau Florence benannte. In den 1770er-Jahren ordnete sein Sohn William Willoughby Cole, der erste Earl of Enniskillen, den Anbau der grandiosen palladianischen Flügel an das barocke Landhaus an. 1955 wurde das Haus durch einen Brand schwer beschädigt. Dank der sorgfältigen Restaurierung sieht man während der Führung kaum noch etwas von den Schäden. Die Stuckverzierungen an der Decke im Esszimmer sind original erhalten.

Es finden Kinderführungen und Kostümtouren statt, bei denen Schauspieler verschiedene Hausbewohner, z. B. Köche bei der Küchenarbeit, darstellen.

Auf dem 35 km² großen Anwesen erstrecken sich Wander- und Radwege mit einer Länge von insgesamt 15 km; Fahrräder kann man im Besucherzentrum ausleihen (3 Std./ganzer Tag 5/10 £).

Florence Court liegt 12 km südwestlich von Enniskillen.

Marble Arch Caves HÖHLEN
(☎ 028-6634 8855; www.marblearchcavesgeopark.com; 43 Marlbank Rd, Legnabrocky; Erw./Kind 9,50/6,50 £; ⌚ Juli & Aug. 10–17 Uhr, Mitte März–Juni & Sept. bis 16.30 Uhr, Okt. 10.30–15 Uhr) Auf einer Karstebene im Süden des Lower Lough Erne schufen immense Erosionskräfte, allen voran der Regen, ein Labyrinth aus Höhlen, unterirdischen Seen und Flüssen. Am gewaltigsten sind die Marble Arch Caves, die Hauptattraktion des Marble Arch Caves Global Geopark. Die beliebte Höhlenwanderung (1¼ Std.) erschließt spektakuläre Kammern und unterirdische Flussbetten.

Die Führung durch die Höhlen beginnt mit einer kurzen Bootstour auf dem torfigen, schaumigen unterirdischen Fluss Cladagh zum **Junction Jetty**. Hier treffen sich unter der Erde drei Flüsse. Von dieser Stelle geht's zu Fuß weiter an der Pool Chamber vorbei. Ein künstlicher Tunnel verläuft zur **New Chamber**. Die Route folgt nun dem Fluss Owenbrean über den **Moses Walk**, einen hüfthoch im Fluss versunkenen Mauerweg, bis hin zur **Calcite Cradle**. Die „Kalksteinwiege“ besticht durch ihre eindrucksvollen Tropfsteinformationen.

In den 1990er-Jahren wurden die Höhlen überflutet. Ursache dafür waren offensichtlich Steinbrucharbeiten in einem der Abbaugebiete an den Ausläufern des Cuilcagh Mountain, dessen Flüsse in den Höhlen verschwinden. Die Überflutung gab den Anstoß zur Gründung des Cuilcagh Mountain Park, dessen Ziel die Erhaltung der Moorlandschaft ist. 2001 wurde das Gebiet zum UNESCO-Geopark erklärt. Über seine Geologie und Ökologie kann man sich im Besucherzentrum informieren.

ABSTECHER

AUFSTIEG AUF DEN CUILCAGH MOUNTAIN

Der Cuilcagh (ausgesprochen *kall*-key) Mountain ist mit seinen 666 m die höchste Erhebung von Fermanagh und Cavan. Sein Gipfel liegt genau auf der Grenze zwischen Nordirland und der Republik.

Geologisch gesehen setzt sich der Berg wie eine Torte aus vielen Schichten zusammen. Die Basis besteht aus Kalkstein mit Höhlen im Inneren, die Seiten aus Schiefer und Sandstein sind mit Moorland bedeckt. Steile, zerklüftete Abhänge umrahmen das Hochplateau aus Grit. Das Gebiet gehört zum **Marble Arch Caves Global Geopark**.

Zwischen Torfmoos, Wollgras und Heide versteckt sich klebriger Sonnentau, eine fleischfressende Pflanze. Die Felswände werfen das Krächzen der Rabenvögel und die Schreie der Wanderfalken zurück. Das Gipfelplateau wirkt wie aus einer anderen Welt. Hier brütet der Goldregenpfeifer und vor Ort gedeihen seltene Pflanzen wie der Alpenbärlapp.

Der **Rundweg** um den Gipfel ist 15 km lang und nimmt fünf bis sechs Stunden in Anspruch. Als Startpunkt dient der Parkplatz des **Cuilcagh Mountain Park** 300 m westlich der Abzweigung zum Besucherzentrum der **Marble Arch Caves** (S. 702), wo es einen Informationsschalter und Wanderkarten gibt. Gleich neben dem Parkplatz liegt der **Monastir Schacht**, ein tiefer, von Kalksteinklippen umringter Einschnitt. Dort versickert der Fluss Aghinrawn auf seinem Weg ins unterirdische Flusssystem der Marble Arch Caves.

Der **Legnabrocky Trail**, ein gewundener, gut gewarteter Kiespfad, windet sich durch grüne Kalksteinwiesen. Nach 4 km wird er von einem 2,5 km langen Bohlenweg abgelöst (der erbaut wurde, um die darunterliegende Moordecke zu schützen) und führt dann steil bergauf zum Gipfel des Cuilcagh Mountain. Unterwegs genießt man eine tolle Aussicht nach Westen zu den Felsen des kleinen Lough Atona. Hier endet der Weg; wer feste Schuhe, eine Wanderkarte und einen Kompass dabeihat, kann von hier aus auf einem holprigen Pfad über das felsige Plateau zu einem gut sichtbaren *cairn* (neolithisches Steingrab) weiterwandern.

Der **cairn** ist ein Grabhügel aus dem Bronzezeitalter. Etwa 100 m südlich des Gipfels befinden sich zwei runde Fundamente prähistorischer Behausungen. An klaren Tagen reicht der Blick von den Blue Stack Mountains in Donegal bis zum Croagh Patrick und vom Atlantischen Ozean bis zur Irischen See.

Unter www.marblearchcavesgeopark.com kann man **Karten** zu anderen Wanderungen in dieser Gegend **downloaden**.

Die Marble Arch Caves sind nach einem natürlichen **Kalksteinbogen** über den Cladagh benannt, den man über einen ausgeschilderten Fußweg vom Besucherzentrum aus erreicht. Als Erster erforschte der französische Pionier der Speleologie Édouard Martel die Höhlen 1895.

Die Höhlen liegen 16 km südwestlich von Enniskillen und ca. 4 km westlich von Florence Court (S. 702), das man über die A4 und die A32 erreicht. Im Sommer im Voraus reservieren.

Cuilcagh Mountain Park BERG

(www.marblearchcavesgeopark.com; Marlbank Rd) Der Cuilcagh Mountain Park gehört zum Marble Arch Caves Global Geopark und wurde gegründet, um das Deckenmoor – eines der größten Irlands – an den Hängen des Cuilcagh Mountain (666 m) zu erhalten und zu schützen. Das Besucherzentrum der Marble Arch Caves (S. 702) hat einen Infoschalter und hält Karten bereit; der Berg ist von einem Parkplatz 300 m westlich der Höhlen erreichbar. Um das Moor zu schützen, wurde 2015 ein 2,5 km langer Bohlenweg erbaut, der sehr beliebt bei Wanderern ist, die den Berg über den Legnabrocky Trail besteigen.

Sheelin Antique Irish Lace Shop MUSEUM

(☎ 028-6634 8052; http://sheelinlace.com; 178 Derrylin Rd, Bellanaleck; ⏲ Mo–Sa 10–18 Uhr) In diesem Geschäft gibt's auch eine kleine Sammlung irischer Spitzen aus der Zeit zwischen 1850 und 1900. Vor und nach der Hungersnot war die Stoffproduktion ein bedeutender Industriezweig in der Region.

Im County Fermanagh gab es vor dem Ersten Weltkrieg mindestens zehn Schulen, in denen man die Kunst der Spitzenherstellung erlernen konnte. Das Geschäft liegt 6 km südlich von Enniskillen in Bellanaleck.

Lough Melvin SEE

Der Lough Melvin ist für seine guten Fischgründe (Lachse und Forellen) bekannt. In dem See leben zwei ungewöhnliche, nur hier vorkommende Forellenarten: der Sonaghan mit auffälligen schwarzen Flecken und der purpurrot gescheckte Gillaroo. Auch Bachforellen und Saiblinge sind in reicher Zahl vorhanden.

Wer im See angeln will, braucht eine Lizenz und Genehmigung von Garrison Anglers (www.garrisonandloughmelvinanglersassoc.co.uk; 3-tägige Lizenz 3,50 £, Genehmigung 10 £ pro Tag).

Der Lough Melvin liegt an der B52 zwischen Belcoo und Belleek und damit an der Grenze zur Republik Irland.

COUNTY TYRONE

Die drei größten Städte Tyrones – Omagh, Dungannon und Cookstown – bilden ein Dreieck um das Zentrum des Countys, aber die Hauptattraktion der Grafschaft sind die wilden, unberührten Sperrin Mountains, deren Südausläufer von prähistorischen Stätten übersät sind. Bei Omagh gibt's ein exzellentes Freiluftmuseum, das sich der Geschichte und dem Erbe der Emigranten von Ulster in die USA widmet.

Omagh

19 900 EW.

Omagh befindet sich an der Verbindung der Flüsse Camowen und Drumragh zum Strule. In der lebendigen Marktstadt gibt's ein paar historische georgianische Gebäude.

Sehenswertes

Memorial Obelisk DENKMAL

(www.omaghbombmemorial.com; Market St) Leider wird Omagh wohl noch lange mit jener Autobombe in Verbindung gebracht werden, die 1998 29 Menschen tötete und 200 verletzte.

Der von der Real IRA gelegte Sprengsatz gilt als schlimmste Einzelaktion der 30 Jahre währenden Unruhen in Nordirland.

Ein beeindruckender 4,5 m hoher Obelisk aus Glas steht am Ort der Explosion. Er ist Teil eines Projekts, zu dem auch der **Gedenkgarten** an der Drumragh Ave 300 m nördlich am anderen Flussufer gehört.

Schlafen & Essen

Obwohl der nahegelegene Ulster American Folk Park (S. 705) eine beliebte Attraktion ist, übernachten nur wenige Besucher in Omagh. Die besten Unterkünfte in der Region sind Luxuspensionen.

Mullaghmore House B&B ££

(☎ 028-8224 2314; 94 Old Mountfield Rd; EZ/DZ ab 40/70 £; WLAN) Diese wunderschön restaurierte georgianische Villa bietet den Charme eines Landhauses, und das zu relativ erschwinglichen Preisen.

Die historische Bibliothek mit Mahagonivertäfelung trägt einiges zum Flair bei und in den Zimmern (einige mit Gemeinschaftsbad) sorgen gusseiserne Kamine und antikes Mobiliar für eine elegante Note.

Darüber hinaus veranstalten die Besitzer Kurse für Möbelrestaurierung und traditionelles Kunsthandwerk. Das Haus liegt 1,5 km nordöstlich des Stadtzentrums.

★ **Philly's Phinest** FASTFOOD £

(12 Bridge St; Burger 2,80–5,90 £; ⌚ Mo–Sa 11–17 Uhr; WLAN) Der winzige Imbiss mit Sitzbereichen im Diner-Stil der 50er-Jahre erfreut sich großer Beliebtheit, denn das Essen hier gehört zum besten der Stadt.

Wir empfehlen das günstige, sättigende USA-Philly Cheese Steak (gebratenes Steak, Zwiebeln und Käse in einem weichen Brötchen).

Strule Café CAFÉ £

(☎ 028-8226 8618; www.facebook.com/strulecafeartscenteromagh; Bridge St, Strule Arts Centre; Hauptgerichte 7–9 £; ⌚ Mo–Sa 10–15.30 Uhr; WLAN, kinderfreundlich) Das Café im Strule-Kunstzentrum serviert leckeres Frühstück, Burger und Sandwiches (mittags) sowie Kaffee und Kuchen (nachmittags).

Es punktet mit bequemen Sofas und riesigen Panoramafenstern mit Blick auf den Fluss und die Brücke.

Praktische Informationen

Omaghs Touristeninformation (☎ 028-8224 7831; www.visitomagh.co.uk; Bridge St, Strule Arts Centre; ⌚ Mo–Sa 10–17.30 Uhr; WLAN) liegt im Kunstzentrum, auf der anderen Flussseite in der Nähe des Busbahnhofs.

An- & Weiterreise

Omaghs Busbahnhof liegt in der Mountjoy Road nördlich des Stadtzentrums und ist über die Bridge Street zu erreichen.

Bus 273 fährt von Belfast über Dungannon (6,70 £, 45 Min.) nach Omagh (12 £, 1¾ Std., Mo–Sa stündl., So 6-mal) und weiter nach Derry (8 £, 1¼ Std.). Bus 94 verkehrt nach Enniskillen (8 £, 1 Std., Mo–Fr 6- bis 7-mal, Sa 3-mal, So 1-mal).

Ulster American Folk Park

★ **Ulster American Folk Park** MUSEUM

(☎ 028-8224 3292; www.nmni.com/uafp; 2 Mellon Rd; Erw./Kind 9/5,50 £; ⏲ März–Sept. Di–So 10–17 Uhr, Okt.–Feb. Di–Fr 10–16, Sa & So 11–16 Uhr) Im 18. und 19. Jh. verließen über 2 Millionen Iren Ulster in Richtung Amerika, um sich jenseits des Atlantiks ein neues Leben aufzubauen. Über ihre Geschichte berichtet der Ulster American Folk Park, eins der besten Museen des Landes. Es besteht aus einem weitläufigen **Freilichtmuseum**, das in die Bereiche Alte Welt und Neue Welt aufgeteilt ist und die Geschichte durch kostümierte Schauspieler wieder zum Leben erweckt.

Originale Gebäude wurden aus verschiedenen Orten in der Region rekonstruiert, darunter eine Schmiede, das reetgedeckte Cottage eines Webers, ein presbyterianisches Gemeindehaus und eine Schule.

Als Verbindung zwischen den beiden Teilen des Parks dient die Attrappe eines Auswandererschiffs. Im „amerikanischen" Bereich stehen ein originales steinernes Siedlerhaus aus dem 18. Jh. und eine Blockhütte, beide aus Pennsylvania, sowie ein Plantagenhaus aus Tennessee und viele weitere originalgetreue Gebäude.

Die **Exhibition Hall** dokumentiert die engen Beziehungen zwischen Ulster und den USA, denn die amerikanische Unabhängigkeitserklärung wurde auch von mehreren Männern aus Ulster unterzeichnet. Besucher können sogar einen echten Planwagen aus dem Wilden Westen bestaunen.

Guides und Handwerker in Kostümen erklären die Kunst des Spinnens, Webens und der Kerzenherstellung. Außerdem finden regelmäßig **Sonderveranstaltungen** statt, z. B. werden Schlachten des amerikanischen Bürgerkriegs nachgespielt, im Mai gibt's ein Festival mit Schwerpunkt auf traditioneller irischer Musik, im Juli Feierlichkeiten zum amerikanischen Unabhängigkeitstag und Ende August/im September das Appalachian & Bluegrass Music Festival. Besucher sollten mindestens einen halben Tag für die Besichtigung einplanen.

Auf Anfrage hält der Translink-Goldline-Bus 273, der von Belfast nach Derry fährt und auf dem Weg auch Omagh ansteuert, am Eingang.

Der Park liegt 8 km nordwestlich von Omagh an der A5. Der letzte Einlass ist 1½ Stunden vor Schließung.

ABSEITS DER ÜBLICHEN PFADE

DAVAGH FOREST PARK TRAILS

Der entlegene Davagh Forest Park bietet einige der besten **Mountainbikerouten** des Landes. Die Bandbreite reicht von familienfreundlichen grünen und blauen Wegen entlang eines bewaldeten Flusses bis zu einer 16 km langen roten Strecke zum Gipfel des Beleevenamore Mountain über schwierige Felsplatten und steile Abhänge.

Beim **Wandern** haben Parkbesucher Gelegenheit, die Landschaft aus sanften Hügeln und weiten Wäldern zu genießen. Ein 3 km langer Rundweg führt durch den Wald und an dem rot gefärbten Bach vorbei.

Der Ausgangspunkt befindet sich an einer Nebenstraße 10 km nordwestlich von Cookstown und ist an der A505 von Cookstown nach Omagh auf Höhe Dunnamore ausgeschildert. Näheres siehe unter www.mountainbikeni.com und www.walkni.com.

Sperrin Mountains

An sonnigen Frühlingstagen, wenn sich die rostbraunen Sümpfe und der gelbe Stechginster gegen den strahlend blauen Himmel abheben, sind die Sperrin Mountain ideal zum Wandern.

Als 1609 Repräsentanten der Londoner Zünfte Ulster bereisten, setzte der Lord Deputy von Irland alles daran, dass sie die Sperrins nicht zu Gesicht bekamen. Er befürchtete, die Besucher würden beim Anblick dieser trostlosen, sumpfigen Hügel ihre Idee aufgeben, Siedler in das Gebiet zu schicken.

Die Gegend ist mit Tausenden von Menhiren und prähistorischen Gräbern übersät.

An- & Weiterreise

Die Ulsterbus-Linie 403, der *Sperrin Rambler*, verkehrt montags bis samstags zweimal täglich zwischen Omagh (in Richtung Gortin 3,50 £, 25 Min.) und Magherafelt (in Richtung Gortin 9,30 £, 1½ Std).

Gortin

Das Dorf Gortin (ausgesprochen Gorchin) liegt 15 km nördlich von Omagh am Fuße des Mullaghcarn (542 m), der südlichsten Erhebung der Sperrins. Es ist ein guter Ausgangspunkt zur Erkundung der umliegenden Hügel: Rund um das Dorf laden Pfade zum Spazierengehen ein, es gibt einen Waldpark mit Wegen zum Wandern und Mountainbike fahren und eine malerische Panoramastraße, die zu den **Gortin Lakes** führt und einen herrlichen Blick zum Hauptkamm der Sperrins im Norden bietet.

Am **Cairn Sunday**, dem letzten Julisonntag, treffen sich Hunderte Wanderer, um nach altem Pilgerbrauch gemeinsam den Mullaghcarn-Berg zu besteigen.

Sehenswertes & Aktivitäten

Gortin Glen Forest Park WALD

(www.nidirect.gov.uk; Glenpark Rd; Parkplatz 4 £; 10 Uhr–Sonnenuntergang) GRATIS Der Nadelwald wurde ursprünglich zur Holzproduktion angepflanzt, ist aber heute ein 15 km² großes Naturschutzgebiet. Am Hauptparkplatz beginnen mehrere Wanderwege und eine malerische 8 km lange Autostrecke durch den Wald. Im nördlichen Abschnitt des Parks erstrecken sich drei steile Radwege zum **Mountainbikefahren**. Die Wege beginnen 1 km vorm Parkausgang auf der Lisnaharney Road.

Gortin Glen liegt 5 km südlich von Gortin an der B48 nach Omagh.

Schlafen & Essen

Gortin Hostel HOSTEL £

(028-8164 8346; www.gortincommunity.com; 62 Main St; B/FZ/Cottages 15/45/65 £;) Das Hostel ist Teil eines Gemeindeprojekts und bietet helle Gemeinschafts- und Familienzimmer mit Privatbädern – eine großartige Unterkunft für Wanderer und Radfahrer! Die Mitarbeiter sind überaus freundlich und hilfsbereit.

Es gibt eine gut ausgestattete Küche, eine gemütliche Lounge mit funktionierendem Kamin und eine Waschmaschine. Im Angebot sind auch vier große Cottages für Selbstversorger. Die Rezeption befindet sich im Zentrum für Outdooraktivitäten.

Foot Hills IRISCH ££

(028-8164 8157; www.facebook.com/foothills restaurant; 16 Main St; Hauptgerichte tagsüber 7–13 £, abends 12–23 £; Mo–Do 12–20.30, Fr-So bis 21.30 Uhr;) Das entspannte Dorflokal serviert tagsüber Burger, verschiedene Pasta und Steaks. Abends gibt's u. a. die Hausspezialität „Cock'n'Bull" (irisches Filetsteak mit Cajun-Gewürzen und Hühnchen mit Butter à la Café de Paris). Die Portionen sind üppig, und auch die Desserts schmecken großartig.

An Creagán

Sehenswertes

An Creagán BESUCHERZENTRUM

(028-8076 1112; www.an-creagan.com; A505, Creggan; Fahrradverleih 7 £/½-Tag; 11–17 Uhr;) GRATIS An Creagán (auf Deutsch: „steinige Stätte") liegt 20 km östlich von Omagh und ist ein großartiger Ausgangspunkt zur Erkundung der Moore und Archäologie der Region.

Eine kleine **Museumsgalerie**, die Steine und Artefakte aus An Creagán beherbergt, bietet Informationen zu nahegelegenen prähistorischen Stätten, z. B. den Beaghmore Stone Circles. Vor dem Museum beginnen bis zu 5 km lange **Naturpfade**, die durch Moore und Wälder führen. Vor Ort gibt's außerdem einen **Spielplatz** im Wald, Cottages für Selbstversorger und ein gutes Restaurant.

Das Besucherzentrum bietet Informationen für Touristen; hier bekommt man auch Karten, auf denen die umliegenden Stätten aus der Jungsteinzeit und dem Bronzezeitalter verzeichnet sind. In einem kleinen Geschäft werden Kunstwerke und Kunsthandwerk aus der Region verkauft.

Beaghmore Stone Circles ARCHÄOLOGISCHE STÄTTE

(Blackrock Rd; 24 Std.) GRATIS Die neolithischen Steinkreise sind nicht besonders groß (alle Steine sind niedriger als 1 m), doch das machen sie durch ihre Komplexität wieder wett. Einer der sieben Steinkreise ist mit kleineren Steinen gefüllt und erhielt deshalb den Spitznamen *dragon's teeth* (Drachenzähne).

Die Stätten liegen etwa 8 km östlich von An Creagán und 4 km nördlich der A505 (auf die Hinweisschilder achten).

Schlafen & Essen

An Creagán Cottages COTTAGES ££
(☎ 028-8076 1116; www.an-creagan.com; Creggan Rd, Creggan; 1-/2-/3-Bett-Cottage 2 Nächte ab 120/160/180 £) Die acht modernen Cottages für Selbstversorger haben eine idyllische Lage in der Nähe mehrerer Naturpfade am Fuße der Sperrins. Alle Hütten sind mit funktionierenden Kaminen, Flachbildfernsehern, guten Küchen und modernem Mobiliar ausgestattet.

An Creagán Restaurant IRISCH ££
(www.an-creagan.com; Creggan Rd, Creggan; Hauptgerichte mittags 6–9,50 £, abends 12–20 £; ⏲ Mo–Do 10–15, Fr–So bis 21 Uhr) Das Restaurant im An-Creagán-Komplex serviert Pasta, Steaks, Hühnchengerichte und Meeresfrüchte. Die Speisen werden mit Kräutern, Gemüse und Salat vom hauseigenen Küchengarten zubereitet. Samstagabends wird in der Bar traditionelle irische Musik gespielt.

Ost-Tyrone

Die Marktstädtchen Cookstown und Dungannon sind die größten Orte im östlichen Teil des Countys. Die wichtigsten Attraktionen findet man aber in der Umgebung.

Sehenswertes

Wellbrook Beetling Mill HISTORISCHES GEBÄUDE
(☎ 028-8674 8210; www.nationaltrust.org.uk; 20 Wellbrook Rd, Corkhill; Erw./Kind 5,50 £/frei; ⏲ Mitte März–Ende Sept. Sa, So & Feiertage 14–17 Uhr) Zum *beetling* (Schlagen), der letzten Stufe der traditionellen Leinenproduktion, gehört das Klopfen der Stoffbahnen mit Holzhämmern *(beetles)*. Auf diese Weise wird ein feiner Glanz erzeugt. Diese Mühle aus dem 18. Jh. ist noch immer mit der originalen Mechanik ausgerüstet. Einstündige Führungen demonstrieren lautstark den Herstellungsprozess. Die weißgetünchte Mühle liegt an einem schönen Abschnitt des Flusses Ballinderry 8 km westlich von Cookstown (die Abzweigung von der A505 Richtung Omagh nehmen).

Ardboe High Cross RELIGIÖSE STÄTTE
(Ardboe Rd, unweit der B73) GRATIS In der aus dem 6. Jh. stammenden Klosterstätte hoch über Lough Neagh stehen einige der besterhaltenen und am schönsten verzierten keltischen Steinkreuze Irlands. Allein das Ardboe High Cross aus dem 10. Jh. ist stattliche 5,50 m hoch und mit 22 Reliefs verziert, die biblische Szenen zeigen. Ardboe ist ein charismatischer Ort 16 km östlich von Cookstown mit weitem Blick und einem Friedhof in der Nähe. Man fährt auf der B73 durch Coagh und folgt auf einer schmalen Landstraße den Hinweisschildern zum Ardboe High Cross.

Auf der Westseite des Kreuzes (zur Straße hin) sieht man Episoden aus dem Neuen Testament, unter anderem die Anbetung der Heiligen Drei Könige und Jesu Einzug in Jerusalem. Die stärker verwitterte Ostseite (Seeseite) stellt Szenen aus dem Alten Testament dar.

Grant Ancestral Homestead HISTORISCHE STÄTTE
(☎ 028-8555 7133; 45 Dergenagh Rd, Ballygawley; ⏲ 9–17 Uhr) GRATIS Ulysses Simpson Grant (1822–1885) führte die Unionisten im amerikanischen Bürgerkrieg zum Sieg und regierte das Land später als der 18. Präsident. Grants Großvater mütterlicherseits, John Simpson, war 1760 von Tyrone nach Pennsylvania ausgewandert. Seine Farm in Dergina wurde im Stil eines typischen nordirischen Kleinbauernhofs so restauriert, wie er wohl zu Zeiten von Grants Präsidentschaft ausgesehen hatte.

Das Gebäude liegt 20 km westlich von Dungannon und ist südlich der A4 ausgeschildert.

Donaghmore High Cross RELIGIÖSE STÄTTE
(Donaghmore) 5 km nordwestlich von Dungannon liegt an der Straße nach Pomeroy das Dorf Donaghmore, das für sein keltisches Hochkreuz aus dem 10. Jh. berühmt ist. Es wurde im 18. Jh. aus zwei verschiedenen Kreuzen zusammengeflickt (in der Mitte des Schaftes sieht man noch die Verbindungsstelle) und steht jetzt vor dem Kirchenfriedhof. Die eingravierten biblischen Szenen erinnern an das Ardboe High Cross.

Schlafen & Essen

★ **Tullylagan Country House** HOTEL ££
(☎ 028-8676 5100; www.tullylaganhotel.com; 40b Tullylagan Rd, Cookstown; EZ/DZ 75/110 £; 📶) Ein von herrlichen Gärten am Flussufer umgebenes Hotel mit der Atmosphäre eines viktorianischen Landsitzes. Die Sofas des efeuumrankten Hauses haben schon reichlich Patina, die Zimmer verfügen über polierte Holzböden und Bäder mit Marmorlook; an den Wänden hängen goldgerahmte Spiegel.

Das hervorragende **Kitchen Restaurant** (Hauptgerichte 12–23 £; ⏲ tgl. 12–16 Uhr, plus Mo, Di, Sa & So 17–21 Uhr) des Hotels serviert Fisch, Wild- und Rindfleisch aus der Region. Das Hotel liegt 4 km südlich von Cookstown (direkt an der A29).

Grange Lodge B&B ££
(☎ 028-8778 4212; www.grangelodgecountryhouse.com; 7 Grange Rd, Dungannon; EZ/DZ ab 90/110 £, ⏲ Abendessen 19.30 Uhr, 48 Std. im Voraus reservieren; 📶) Die Pension mit fünf Zimmern liegt wie ein kleines Juwel inmitten eines 8 ha großen Geländes. Einzelne Bereiche des mit Antiquitäten möblierten Hauses stammen aus dem Jahre 1698, doch der größte Teil des Gebäudes ist georgianisch mit viktorianischen Anbauten. Die für ihre Kochkünste ausgezeichnete Besitzerin veranstaltet auch Kurse. Man erreicht die Grange Lodge, indem man dem Wegweiser von der A29 etwa 5 km südöstlich von Dungannon folgt.

★ **Brewer's House** MODERN IRISCH ££
(☎ 028-8776 1932; www.thebrewershouse.com; 73 Castlecaulfield Rd, Donaghmore; Hauptgerichte 11–22 £; ⏲ Küche Mo–Do 16.30–20.30, Fr 12–21, Sa bis 22, So bis 20 Uhr; 👪) Das beliebte alte Dorfpub 5 km nordwestlich von Dungannon hat offenes Kaminfeuer, gemütliche Sitznischen und eine Speisekarte, auf der Fleisch- und Fischgerichte (z. B. Burger und Fish'n'Chips) aus regionalen Produkten stehen. Die Bier-, Cocktail- und Weinkarten sind echte Highlights; es gibt auch Tische im Freien.

Shoppen

Linen Green Designer Village EINKAUFSZENTRUM
(☎ 028-8775 3761; www.thelinengreen.co.uk; an der A29, Moygashel; ⏲ Mo–Sa 10–17 Uhr) Zu dem in der ehemaligen Moygashel Linen Mill untergebrachten Komplex gehören zahlreiche Designershops und Outlets. Schnäppchenjäger werden auf der Suche nach Kleidung, Schuhen und Accessoires sicher fündig. Das Einkaufszentrum liegt südöstlich von Dungannon.

Praktische Informationen

Ranfurly House Arts & Visitor Centre
(☎ 028-8772 8600; www.dungannon.info; 26 Market Sq, Dungannon; ⏲ April–Sept. Mo–Fr 9–21, Sa bis 17, So 13–17 Uhr, Okt.–März Mo–Fr 9–17 Uhr; 📶) Die Touristeninformation des Countys Tyrone zeigt eine Ausstellung zur Flucht der Earls von 1607.

An- & Weiterreise

Die Buslinie 261 verbindet Dungannon mit Belfast (9,30 £, 50 Min., Mo–Sa stündl., So 6-mal) und Omagh (6,70 £, 45 Min.). Die Buslinie 80 verkehrt zwischen Dungannon und Cookstown (3,80 £, 45 Min., Mo–Fr stündl., Sa 7-mal). Die Buslinie 209 pendelt zwischen Cookstown und Belfast (9,30 £, ca. 1¼ Std., Mo–Fr 7-mal tgl., Sa 3-mal, So 2-mal).

Irland verstehen

Irland aktuell

Die Insel hat es seit der Jahrtausendwende weit gebracht. Nachdem sich die Republik aus einer schweren Rezession herausgekämpft hat, verfolgt sie weiterhin die Veränderungen des progressiven Liberalismus: 2015 wurde das Gesetz zur ehelichen Gleichstellung verabschiedet, das gleichgeschlechtlichen Paaren denselben Ehestatus gewährt. Bisher verweigert sich Nordirland einem Wandel dieser Art, doch es bewegt sich mit größerem Selbstvertrauen als je zuvor auf den Frieden zu. Allerdings wirft der Brexit einen Schatten auf die Zukunft des Landes.

Top-Filme

Bloody Sunday (2002) Sehenswerter Film über die Ereignisse in Derry 1972.

Die Toten (1987) John Hustons letzter Film bringt James Joyces Roman auf die Leinwand. Donal McCann und Angelica Huston spielen hervorragend.

'71: Hinter feindlichen Linien (2014) Ein hervorragender Film über einen britischen Soldaten, der bei einem Aufstand in Belfast 1971 von seiner Einheit getrennt wird.

What Richard Did (2012). Ein Mord unter Jugendlichen aus gutem Haus führt zu einer ernsthaften Gewissensprüfung. Frei nach wahren Begebenheiten aus dem Jahr 2000.

Top-Bücher

Dubliners (James Joyce; 1914) Kurzgeschichtensammlung, die heute immer noch so rührend und relevant ist wie bei ihrer Entstehung.

Raum (Emma Donoghue; 2010) Erschütternde, doch schöne Erzählung über einen Jungen und seine Mutter, die gefangen gehalten werden.

Ein verborgenes Leben (Sebastian Barry; 2008) Die Geschichte einer 100-jährigen Patientin, die in einer Nervenklinik ihre Autobiografie schreibt, wurde 2015 verfilmt.

Das Familientreffen (Anne Enright; 2007) Eindringliche Schilderung von Alkoholismus und häuslicher Gewalt in einer irischen Familie.

Progressiver Konservatismus?

Auch wenn die Partei Fine Gael bei den Wahlen 2016 wieder an die Macht gelangte, führten ihre wenig überzeugende Kampagne und das daraus resultierende Parlament ohne klare Mehrheitsverhältnisse im Mai 2017 zum Rücktritt von Enda Kenny als Taoiseach (Premierminister der Republik Irland) und Parteivorsitzender.

Sein Nachfolger Leo Varadkar ist schwul und hat indische Vorfahren. Zwar wurde viel geschrieben über die bemerkenswerte Entwicklung Irlands, die den Aufstieg eines homosexuellen Einwanderersohnes in das höchste Staatsamt ermöglichte, doch ungewöhnlicher ist vielleicht die Tatsache, dass er dies als Mitglied der konservativen Fine Gael tat.

Varadkar stellt so etwas wie ein Rätsel dar. Er ist charismatisch, geradeheraus und ein Kind des progressiven, zeitgenössischen Irlands. Mit 38 war er der jüngste Mensch, der jemals Taoiseach wurde. Viele Progressive sind jedoch vom konservativen Ton seiner Politik beunruhigt. Zwar behauptet der neue Taoiseach, dass sich einige seiner Ansichten im Laufe der Jahre weiterentwickelt (sprich, abgeschwächt) hätten, doch sein Aufstieg ist von einer faszinierenden Gegensätzlichkeit geprägt: Er ist das Ergebnis eines sozialen Liberalismus, für den er nicht voll und ganz eintritt. Sein Erfolg beruht auf einer Mischung aus politischem Verstand und pragmatischem Konservatismus – Eigenschaften, die seine sexuelle Orientierung und seinen ethnischen Hintergrund völlig irrelevant erscheinen lassen.

Brexit & darüber hinaus

Was bringt der Brexit? Bei Redaktionsschluss war dies die drängende politische und wirtschaftliche Frage. Irland pflegt enge sozioökonomische Beziehungen zu Großbritannien, weshalb die meisten Ökonomen an die Maxime glauben: „Je härter der Brexit, desto schlechter das Ergebnis". Der bilaterale Handel könnte bis zu 20 % einbrechen.

Die größten Auswirkungen werden jedoch in Nordirland zu spüren sein, das nach dem Brexit durch die einzige Landgrenze zwischen Großbritannien und der EU von der Republik getrennt sein wird. Die Mehrheit der Bürger (56 % zu 44 %) stimmte für den Verbleib, aber die regierende Democratic Unionist Party (DUP) favorisierte den Ausstieg, um die Vereinbarungen der Provinz mit dem Nicht-EU-Mitglied Großbritannien rechtsverbindlich zu halten.

Trotz der Treuebekundungen kämpft die DUP womöglich gegen einen steigenden demokratischen Trend. Die britische Regierung hält an der Union mit Nordirland fest, solange eine Mehrheit der Bürger es wünscht, aber die Zahlen sind für Unionisten beunruhigend. Die Volkszählung 2011 ergab, dass 49,2 % der Kinder bis zu vier Jahren katholisch und 36,4 % protestantisch erzogen wurden, ein Hinweis darauf, dass die katholisch-nationalistische Bevölkerung in den kommenden Jahren die Mehrheit bilden wird.

Der Brexit wird das nicht ändern. Ein durchgesickerter Brief des Brexit-Sekretärs David Davis enthüllte: Sollte eine Mehrheit der Provinz für eine Wiedervereinigung mit der Republik stimmen, würden sich ihr weder die britische Regierung noch die EU in den Weg stellen und Nordirland müsste sich nicht erneut um die Mitgliedschaft in der EU bewerben, da die Republik bereits Mitglied ist.

Aufhebung des achten Zusatzartikels

Da die gleichgeschlechtliche Ehe bereits in den Statuten der Republik verankert ist, wird die nächste große soziale Frage die Reform der strengen Abtreibungsgesetze des Landes sein, die im achten Zusatzartikel der Verfassung festgeschrieben sind.

Im April 2017 stimmte eine Bürgerversammlung mit einer überwältigenden Mehrheit von 64 % für eine Ausweitung des Abtreibungsrechts, ohne dass Gründe angegeben werden müssten. Auch wenn eine Mehrheit der Wähler die Reform des bestehenden Gesetzes unterstützt, zeigen Umfragen, dass zwei Drittel eine Abtreibung ablehnen würde.

Der spezifische Wortlaut eines neuen Gesetzes ist die größte Herausforderung für die Regierung, die ankündigte, dass 2018 ein Referendum stattfinden wird. Beide Seiten halten an ihren Positionen fest und es sieht so aus, als würde es ein verbitterter Kampf werden. Die Kampagne der Abtreibungsbefürworter, die von einer überwältigenden Mehrheit jüngerer Wähler unterstützt wird, tat sich lautstark hervor, etwa mit T-Shirts oder Pullovern mit der Aufschrift „Repeal" (Gesetzesaufhebung). Die Kampagne der Abtreibungsgegner wird von älteren, traditionelleren Gruppen unterstützt, die mit der Kirche in Verbindung stehen.

Letztere widersetzt sich jeder möglichen Änderung des aktuellen Gesetzeswortlauts, während sich die Seite der Abtreibungsbefürworter entscheiden muss, ob sie sich für eine begrenzte Lockerung (größere Erfolgschancen) oder eine größere Verfügbarkeit (vermutlich schwieriger durchzusetzen) stark macht.

BEVÖLKERUNG:
4761865 EW./1810863 EW. (REPUBLIK/NORDIRLAND)

FLÄCHE:
84421 KM²/13843 KM² (R/NI)

INFLATION: **0,3%/2,3% (R/NI)**

ARBEITSLOSIGKEIT:
7,1%/5% (R/NI)

Gäbe es nur 100 Iren, wären …

87 Iren
6 EU-Bürger
2 Briten
[illegible] Asiaten
1 Amerikaner
1 andere Nationalität

Gäbe es nur 100 Nordiren, würden sich …

40 als Briten,
25 als Iren,
21 als Nordiren,
14 anders bezeichnen.

Einwohner pro km²

Geschichte

Von den vorkeltischen Völkern bis zu den Celtic Cubs war Irlands Geschichte eine Suche nach Identität, die vielleicht etwas zielgerichteter verlaufen wäre, wenn sich nicht so viele fremde Siedler für die kleine Insel interessiert hätten: keltische Stämme, plündernde Wikinger, normannische Invasoren und vor allem die Engländer, deren enge, gespaltene und komplizierte Beziehung zu Irland das Prisma darstellt, das einen großen Teil der irischen Identität widerspiegelt.

Die Ureinwohner Irlands

Um Irland zu besiedeln, brauchten die verschiedenen keltischen Stämme 500 Jahre. Im 8. Jh. v. Chr. kamen die ersten Stämme und im 3. Jh. v. Chr. der letzte, bekannt als Gaels (Gälen, das bedeutete so viel wie „Fremder" oder „Ausländer"). Die Gälen unterteilten das Land in fünf Provinzen – Leinster, Meath, Connaught, Ulster und Munster (Meath wurde später ein Teil von Leinster) –, die wiederum in Territorien gegliedert waren und von hundert Unterkönigen sowie Stammesführern regiert wurden. Alle schworen dem Hochkönig mit Sitz in Tara, County Meath.

Die wichtigsten Fakten zu den Kelten bietet die Website www.ibiblio.org/gaelic/celts.html.

Die Kelten legten den Grundstein für das, was wir heute als „irische Kultur" bezeichnen. Sie schufen ein ausgeklügeltes Rechtssystem, die Brehon Laws, die bis ins frühe 17. Jh. gültig waren. Keltische Muster mit ihren verschnörkelten, ineinander verschlungenen Formen, zu sehen auf fast 2000 Jahre alten Artefakten, gelten als Inbegriff irischen Designs. Einige hervorragende Beispiele aus dem Schatz von Broighter können im Dubliner National Museum besichtigt werden. Ebenfalls sehenswert ist der Turoe Stone im County Galway.

Die Ankunft des Christentums

Zwar wird immer nur der hl. Patrick erwähnt, doch christianisiert wurde Irland zwischen dem 3. und 5. Jh. von zahlreichen Missionaren. Diese bekehrten die heidnischen Stämme, indem sie einheimische Rituale des Druidentums in die neuen christlichen Lehren einfließen ließen. So entstand ein interessantes „Hybrid", bekannt als keltisches oder Inselchristentum.

ZEITACHSE

10 000–8000 v. Chr.

Nach dem Ende der letzten Eiszeit kommen die ersten Menschen auf die Insel, indem sie eine Landbrücke von Schottland aus überqueren. Sie hinterlassen kaum archäologische Spuren.

4500 v. Chr.

Neolithische Siedler erreichen Irland auf dem Seeweg. Sie bringen Rinder, Schafe und Nutzpflanzen mit – die Anfänge einer auf Landwirtschaft basierenden Ökonomie.

700–300 v. Chr.

Die Bronzezeit geht, die Eisenzeit kommt und mit ihr die Kelten und deren Sprache. Sie dominieren das Land ein Jahrtausend lang kulturell und politisch. Zeugnisse ihrer Herrschaft sind allgegenwärtig.

Die christlichen Gelehrten Irlands genossen hohes Ansehen und studierten römische bzw. griechische Philosophie und Theologie in Klöstern, z. B. in den Orten Clonmacnoise im County Offaly, Glendalough im County Wicklow und Lismore im County Waterford. In diesem goldenen Zeitalter florierte die Kunst. Buchmalerei, Metallverarbeitung und Bildhauerei hatten auf der Insel der „Heiligen und Gelehrten" Hochkonjunktur. Aus dieser Epoche stammen Schätze wie das *Book of Kells*, reich verzierte Schmuckstücke und zahllose Steinkreuze mit gemeißelten Ornamenten.

Die schönsten Klosterstätten

Cashel, County Tipperary *(S. 340)*

Clonmacnoise, County Offaly *(S. 535)*

Glendalough, County Wicklow *(S. 151)*

Die Wikinger kommen!

Als Nächstes versuchten die Wikinger ihr Glück in Irland. Die ersten kamen 795 [redacted] Chr. und plünderten die reichen Klöster. Um sich zu verteidigen, errichteten die Mönche Rundtürme, die als Wachtposten und Zufluchtsort dienten, wenn wieder einmal eine Horde der räuberischen Krieger im Anmarsch war. Beispiele für diese Bauwerke finden sich noch im ganzen Land, wie etwa Glendalough, Kells und Steeple bei Antrim.

Obwohl sich die Mönche nach Kräften verteidigten, gewannen die Wikinger die Oberhand: Zum einen verfügten sie über bessere Waffen, zum anderen verbündeten sich Teile der einheimischen Bevölkerung mit den Brandschatzern im Austausch gegen Profit oder Schutz. Im 10. Jh. hatten sich die Nordmänner in Irland etabliert und Städte wie Wicklow, Wa-

DER HL. PATRICK

Überall auf der Welt wird am 17. März des Schutzheiligen von Irland gedacht. Zu diesem Anlass trinken Menschen jedweden ethnischen Hintergrunds Guinness und tragen grüne Kleidung. Hinter der Legende verbirgt sich ein realer Mensch mit einer großen Mission, denn der hl. Patrick (389–461) machte Irland mit dem Christentum bekannt.

Tatsächlich war der Nationalheilige gar kein Ire, sondern stammte aus dem heutigen Wales, das zur Zeit seiner Geburt noch von den Römern beherrscht wurde.

Patrick gelangte zunächst unfreiwillig auf die Insel: Im Alter von 16 Jahren wurde er von irischen Plünderern verschleppt. Auf der anderen Seite des Kanals musste er als Sklave arbeiten und fand während dieser Zeit den Weg zu Gott. Irgendwann konnte Patrick fliehen und kehrte nach Britannien zurück. Allerdings schwor er, sich die Bekehrung der Iren zum Christentum zur Lebensaufgabe zu machen. Einige Jahre später wurde er zum Bischof von Irland ernannt und überquerte den Kanal in dieser Funktion ein zweites Mal.

Als seinen Sitz erwählte er Armagh. An der Stelle, wo einst Patricks Kirche stand, erhebt sich heute die St. Patrick's Church of Ireland Cathedral. Innerhalb kurzer Zeit hatte der Bischof zahlreiche Bauern und Adelige bekehrt: Nach nur 30 Jahren waren die meisten Iren getauft und das Land in katholische Diözesen sowie Pfarrbezirke untergliedert. Darüber hinaus gründete Patrick zahlreiche Klöster, die jahrhundertelang als Zentren der Bildung und Gelehrsamkeit dienten.

431–432 n. Chr.

Papst Coelestin I. schickt Bischof Palladius nach Irland, um sich derer anzunehmen, die „bereits an Christus glauben". Ein Jahr darauf folgt ihm der hl. Patrick, um die Missionierung fortzuführen.

550–800

Blütezeit erster irischer Klöster. Bedeutende Gelehrte verbreiten ihr Wissen in ganz Europa und läuten das „Goldene Zeitalter" in Irland ein.

795–841

Die Wikinger plündern und vergewaltigen. Als ihre Zerstörungswut gesättigt ist, gründen sie im ganzen Land Siedlungen. Eine davon, Dublin, ist schon bald ein bedeutendes Wirtschaftszentrum.

1014

Am Karfreitag stehen sich in der Schlacht von Clontarf Anhänger des Hochkönigs Brian Ború und Krieger des Königs von Leinster, Máelmorda mac Murchada, gegenüber.

terford, Wexford sowie ihre Hauptstadt Dyfflin, das spätere Dublin, gegründet. 1014 siegte Brian Ború, König von Munster, in der Schlacht von Clontarf über die Wikinger, wurde dabei aber getötet. Ähnlich wie die Kelten vor ihnen, gaben die Wikinger ihre Plünderungszüge auf, wurden sesshaft und integrierten sich. Sie heirateten in die keltischen Stämme ein und bereicherten den irischen Genpool um Attribute wie rotes Haar und Sommersprossen.

The Course of Irish History von TW Moody und FX Martin ist ein umfangreiches Werk von zwei Professoren am Trinity College, die einen Großteil der irischen Geschichte anhand der Beschaffenheit des Landes und seiner Nähe zu England erklären.

Die Engländer fallen ein

Die 800-jährige Herrschaft der Engländer in Irland begann mit der normannischen Invasion von 1169. Eigentlich folgten die Briten eher einer Einladung, denn die Barone, angeführt von Richard Fitz Gilbert de Clare, dem Grafen von Pembroke (1130–1176; alias Strongbow), waren gebeten worden, dem König von Leinster bei einer territorialen Auseinandersetzung zu Hilfe zu kommen. Zwei Jahre später landete Heinrich II. von England mit einer großen Armee und einer Bulle des Papstes Adrian IV. in Irland, um die rebellischen christlichen Missionare zur Räson zu rufen.

Ungeachtet der königlichen Allmacht teilten die anglonormannischen Barone Irland unter sich auf und festigten in den folgenden 300 Jahren ihre feudalen Machtpositionen. Und noch einmal kamen die Auswirkungen einer Assimilation zum Tragen, denn die Anglonormannen und ihre Lehnsmannen wurden, wie es so schön heißt, *Hiberniores Hibernis ipsis* – irischer als die Iren selbst. Sie überzogen das Land mit Burgen, doch ihr eigentliches Erbe sind Städte wie das herrliche Kilkenny, das sich bis heute sein mittelalterliches Flair bewahrt hat. Zwar mochten die Anglonormannen dem englischen König die Treue geschworen haben, in Wirklichkeit waren sie aber nur sich selbst verpflichtet: Gegen Ende des 15. Jhs. beschränkte sich der direkte Einfluss der englischen Krone auf einen schmalen Gürtel rund um Dublin, der als Pale bekannt ist.

Der Ausspruch *beyond the Pale* (unzumutbar) wurde geprägt, als die Anglonormannen den Pale, das befestigte Siedlungsgebiet rund um Dublin, kontrollierten. Sie betrachteten das übrige Irland als unzivilisiert.

Irland & die Tudors

Als Heinrich VIII. sich wegen seiner Scheidung von Katharina von Aragon 1534 mit dem Papst überwarf und zum Oberhaupt der Kirche von England erhob, schrien die Anglonormannen Zeter und Mordio und einige griffen gar zu den Waffen gegen die Krone. Da Heinrich befürchtete, ein irischer Aufstand könne Spanien und Frankreich dienlich sein, ließ er die Männer niederschlagen, das Land der Rebellen konfiszieren und alle irischen Klöster schließen. Dann erklärte er sich selbst zum König von Irland.

Elisabeth I. (1533–1603) kam 1558 auf den Thron und hatte dieselbe kompromisslose Haltung Irland gegenüber wie ihr Vater. Ulster war ihr der größte Dorn im Auge, denn die Einwohner kämpften unter dem Kommando von Hugh O'Neill, Earl of Tyrone, verbissen gegen ihre Herrschaft an. 1603 wurden sie jedoch schließlich besiegt. O'Neill errang da-

1169

Mit MacMurroughs Hilfe nehmen die von Heinrich II. ausgesandten walisischen und normannischen Barone die Städte Waterford und Wexford ein: der Beginn der 800 Jahre währenden Herrschaft der Briten.

1171

Heinrich II. marschiert in Irland ein und zwingt die cambronormannischen Adeligen sowie einige gälisch-irische Könige dazu, ihn als höchsten Souverän anzuerkennen.

1350–1530

Anglonormannische Adelige etablieren von England unabhängige Machtzentren. In den folgenden zwei Jahrhunderten schwindet der Einfluss der englischen Krone. Zuletzt kontrolliert sie nur noch den Pale.

1366

Die englische Krone verbietet Ehen zwischen Anglonormannen und Iren, die irische Sprache und die Ausübung irischer Bräuche, damit sich die Anglonormannen nicht zu stark integrieren – allerdings erfolglos.

bei so etwas wie einen Pyrrhussieg, weil er erst dann kapitulierte, als er von Elisabeths Tod erfuhr. Gemeinsam mit den Grafen, die ihn unterstützten, verließ er Irland. Dieses Ereignis ging als „Flight of the Earls" in die Geschichte ein. Ulster überließen sie den Engländern und ihrer Politik der Plantations, bei der das Land der Geflohenen konfisziert und an Getreue der Krone neu verteilt wurde. Es kam zwar überall zu Enteignungen, doch nirgendwo waren sie so umfangreich wie in Ulster

In *Cromwell: An Honourable Enemy* vertritt Tom Reilly den Standpunkt, dass die Darstellung von Cromwells zerstörerischer Kampagne gegen Irland möglicherweise grob übertrieben ist. Mit seiner Meinung steht er ziemlich alleine da, doch er bietet mit diesem Buch mal eine andere Sichtweise (und ja, Reilly ist Ire).

Oliver Cromwell überfällt Irland

Als 1642 der Englische Bürgerkrieg ausbrach, stellten sich die irischen und anglonormannischen Katholiken hinter Karl I., also gegen die protestantischen Parlamentarier. Sie hofften, dass ein Sieg des Königs der katholischen Kirche in Irland zu neuer Macht verhelfen würde. Nachdem Oliver Cromwell und seine puritanischen Anhänger 1649 die Royalisten besiegt und Karl geköpft hatten, nahm Cromwell die untreuen Iren ins Visier. Seine neunmonatige Kampagne war brutal und erfolgreich (besonders schlimm traf es Drogheda); außerdem wurde noch mehr Land konfisziert. Cromwells berühmte Äußerung, die Iren sollten zur Hölle fahren oder nach Connaught, wirkt angesichts der Schönheit der Provinz merkwürdig, allerdings gab es dort kaum Ackerland. Auch die Rechte der Katholiken wurden noch mehr beschnitten.

Der Boyne & die Strafgesetze

Seinen nächsten großen Rückschlag erlebte das katholische Land 1690. Wieder hatten die Iren auf das falsche Pferd gesetzt; diesmal, indem sie Jakob II. unterstützten. Nach der Glorious Revolution hatte dieser als König abdanken und seine Krone dem holländischen Protestanten Wilhelm von Oranien (Wilhelm III.) überlassen müssen, der mit Jakobs Tochter Mary verheiratet war. Nachdem Jakob erfolglos 105 Tage lang Derry belagert hatte – aus dieser Zeit stammt der Ruf der Loyalisten „*No Surrender!*" („Niemals aufgeben!") –, stellte er sich im Juli Wilhelms Armeen am Ufer des Boyne im County Louth zur Schlacht und wurde vernichtend geschlagen.

1695 folgte dann der Erlass der Penal Laws (Strafgesetze). Ihnen zufolge durften Katholiken keinen Grund und Boden besitzen, ihnen blieb der Zugang zu einflussreichen Positionen verwehrt und es wurde alles verboten, was mit irischer Kultur, Musik oder Bildung zu tun hatte. So wollten die Protestanten den katholischen Glauben auslöschen. Viele Katholiken feierten die Messe nun im Verborgenen, einige wohlhabende Iren traten aber auch zum protestantischen Glauben über, um ihren Besitz zu sichern und ihre Berufe weiter ausüben zu können. Ländereien mussten an protestantische Siedler abgetreten werden. Von da an lebten die meisten Katholiken als Pächter unter katastrophalen Lebensbedingungen. Ende des 18. Jhs. waren nur noch ca. 5 % des Landes in katholischem Besitz!

In *For the Cause of Liberty: A Thousand Years of Ireland's Heroes* entwirft Terry Golway ein anschauliches Bild des irischen Nationalismus.

1536–1541

Heinrich VIII. ordnet die Schließung der Klöster und die Enteignung von kirchlichem Eigentum an. 1541 lässt er sich vom irischen Parlament zum König von Irland erklären.

1585

Die Kartoffel aus Südamerika wird in Irland eingeführt, wo sie sich mit der Zeit zu einem der Hauptnahrungsmittel entwickelt.

1594

Hugh O'Neill, Earl von Tyrone, bestellt in England Blei für die Reparatur seines Schlossdachs, lässt daraus aber Munition schmieden. So löst er den Neunjährigen Krieg aus.

1601

Zwischen Elizabeths Truppen und den Rebellen unter Hugh O'Neill wird die Schlacht von Kinsale ausgetragen. O'Neill kapituliert und der irische Revolutionsgeist ist gebrochen.

Aufstand gegen die britische Herrschaft

Die bedeutendste Welle des Widerstandes gegen die von den Strafgesetzen verursachten Ungerechtigkeiten kam gegen Ende des 18. Jhs. aus einer unerwarteten Ecke. Einige liberale Protestanten, die den Ideen der Aufklärung anhingen und von der Französischen Revolution sowie den Unabhängigkeitskämpfen in den neu entstandenen USA inspiriert waren, begehrten offen gegen die britische Herrschaft auf.

The Great Hunger von Cecil Woodham-Smith ist der Klassiker zum Thema Hungersnot (1845–1851).

Zu den bekanntesten Männern unter ihnen zählte Theobald Wolfe Tone (1763–1798), ein junger Anwalt aus Dublin. Er führte eine Gruppe an, die sich United Irishmen nannte und Reformen anstoßen sowie die Macht der Engländer in Irland einschränken wollte (protestantische Loyalisten gründeten daraufhin die Protestant Orange Society, später bekannt als Orange Order (Oranierorden), um sich für den möglichen Konflikt zu rüsten). Wolfe Tone ersuchte Frankreich um Hilfe für seinen Aufstand, aber die Franzosen scheiterten bei dem Versuch, 1796 eine Armee nach Irland zu entsenden. Die Organisation musste sich dem Vergeltungsschlag allein stellen und fand in der Schlacht von Vinegar Hill 1798 ihr blutiges Ende. Drei Jahre später versuchten die Briten, der Rebellion in Irland mit dem Act of Union ein Ende zu setzen, doch der nationalistische Geist war bereits erwacht.

Die Hungersnot, O'Connell & Parnell

Das 19. Jh. war von wiederholten Versuchen geprägt, den Engländern ein Stück Eigenständigkeit abzuringen. Auf der einen Seite standen die radikalen Republikaner, die den Einsatz von Gewalt befürworteten, um eine weltliche, auf Gleichheit beruhende Republik zu gründen. Sie versuchten es 1848 und 1867, scheiterten aber. Auf der anderen Seite gab es den gemäßigten Flügel, der die Regierung durch gewaltfreie und gesetzeskonforme Aktionen zu Kompromissen zwingen wollte.

Ireland Since the Famine von F. S. L. Lyons ist ein Standardwerk für alle, die sich für die neuere irische Geschichte interessieren.

Der Große Befreier

Fast drei Jahrzehnte lang dominierte der aus Kerry stammende Daniel O'Connell (1775–1847) das Lager der Gemäßigten. Er setzte sich unermüdlich für die Sache der katholischen Emanzipation ein. 1828 wurde er ins Britische Parlament gewählt, doch da er Katholik war, konnte er sein Amt als Abgeordneter nicht antreten: Um einen möglichen Aufstand im Keim zu ersticken, sah sich die Regierung gezwungen, 1829 den Act of Catholic Emancipation zu erlassen, der wohlhabenden Katholiken das Wahlrecht einräumte und ihnen erlaubte, als Abgeordnete ins Parlament einzuziehen.

O'Connell kämpfte weiter für die irische Selbstbestimmung und wurde als einflussreicher Sprecher bekannt, nicht nur für Irland, sondern gegen jede Art von Ungerechtigkeit inklusive der Sklaverei: Der Anführer der Bewegung zur Abschaffung der Sklaverei, Frederick Douglass, zählte zu seinen größten Bewunderern (auf seinem Irlandbesuch 2011 betonte

1607

O'Neill und 90 weitere Anführer aus Ulster flüchten mit einem Segelboot nach Europa. Daraufhin übernehmen die Engländer das Ruder in Ulster und starten ihre Besiedlungspolitik.

1649–1653

Cromwell hinterlässt eine Spur der Verwüstung als Antwort auf die Unterstützung Karls I. durch die Iren im Bürgerkrieg. Unzählige Katholiken werden niedergemetzelt und 2 Mio. Hektar Land konfisziert.

1688–1690

Nach der Absetzung Jakobs II. liefern sich dessen Truppen einen Kampf mit Wilhelms protestantischer Armee, die siegreich aus der Schlacht am Boyne (12. Juli 1690) hervorgeht.

1695

Die Penal Laws untersagen Katholiken, Pferde zu besitzen, Andersgläubige zu heiraten und Grundstücke zu kaufen bzw. zu erben. Beim Kirchenbau darf ausschließlich Holz verwendet werden.

Präsident Obama nachdrücklich deren Freundschaft). Die Iren verehrten O'Connell, der als „the Liberator" („der Befreier") bekannt war, und strömten für seine Ansprachen zu Zehntausenden herbei. Seine Weigerung, das Gesetz zu übertreten, trieb O'Connell allerdings in den Ruin: Als die Regierung eine seiner Kundgebungen verbot, gab er klein bei, vorgeblich um Gewalt und Blutvergießen zu vermeiden. Irland befand sich jedoch mitten in der Großen Hungersnot und empfand O'Connells Unvermögen, sich gegen die Briten zur Wehr zu setzen, als Kapitulation. Schließlich kam er für eine Weile ins Gefängnis und starb 1847 als gebrochener Mann.

A History of Ulster von Jonathan Bardon zeichnet die nordirische Geschichte nach.

Irlands ungekrönter König

Ein weiterer großer Staatsmann des 19. Jhs., Charles Stewart Parnell (1846–1891), war wie O'Connell ein einflussreicher Redner, doch sein Hauptaugenmerk richtete er auf die Landreform, besonders auf die Verringerung der Pacht und die Verbesserung der Arbeitsbedingungen (ab-

DIE GROSSE HUNGERSNOT

Insgesamt 3 Mio. Menschen starben infolge der Großen Hungersnot (1845–1851) oder sahen sich gezwungen, das Land zu verlassen. Das Ausmaß dieser Tragödie hätte sich in Grenzen halten können – wäre da nicht die Selbstsucht der Gutsherren gewesen. Die Kartoffel diente als Hauptnahrungsmittel der rasch wachsenden und verarmten Bevölkerung Irlands. Als die Ernte von Mehltau vernichtet wurde, schossen die Preise in die Höhe. Aufgrund der Penal Laws litten die Bauern bereits unter hohen Pachten und mussten nun noch zusätzliches Geld für ihr Essen aufbringen. So gerieten zahlreiche Pächter mit ihren Mietzahlungen in Rückstand. Von Seiten der Grundbesitzer gab es allerdings nur wenig bis gar kein Entgegenkommen. Viele Menschen mussten ihre Häuser verlassen und in Armenhäusern Zuflucht suchen, in denen schreckliche Bedingungen herrschten.

Ausgerechnet zu dieser Zeit gab es reiche Weizenernten und Milchprodukte en masse – das Land hätte genug Getreide gehabt, um die gesamte Bevölkerung zu ernähren, außerdem soll es damals mehr Vieh ins Ausland verkauft haben, als Menschen auf der Insel lebten. Doch weil Irland gezwungen wurde, seine landwirtschaftlichen Produkte nach Britannien oder Übersee zu exportieren, verhungerten Millionen Menschen.

Dem Poor Law (Armengesetz) zufolge waren Grundbesitzer für ihre zahlungsunfähigen Pächter verantwortlich, deshalb schoben sie die Bauern einfach ab, indem sie ihnen die Fahrt nach Amerika bezahlten. Viele gingen an Bord der berüchtigten *coffin ships* („Sargschiffe"), wenige verließen sie lebend. Darauf startete der britische Premierminister Sir Robert Peel gut gemeinte, aber völlig unzureichende Versuche, die Notleidenden zu entlasten. Immerhin gab es einige wenige Grundbesitzer, die sich nach Kräften um ihre Pächter bemühten.

Im Verlauf der nächsten 100 Jahre strömten die Menschen massenweise ins Ausland, vor allem in die USA, wodurch Irlands Bevölkerung stetig abnahm. Ein Großteil der Emigranten blickte noch lange mit Verbitterung auf diesen Teil der irischen Geschichte zurück.

1795

Mit Besorgnis nimmt eine Gruppe von Protestanten die Versuche der Society of United Irishmen zur Kenntnis, gleiche Rechte für Protestanten und Katholiken zu erwirken, und gründet den Oranierorden.

1798

Die Verfolgung und Ermordung potenzieller Rebellen zieht einen Aufstand nach sich, der von den United Irishmen unter Wolfe Tone angeführt wird. Tone wird festgenommen und begeht Selbstmord.

1801

Der Act of Union tritt in Kraft und vereint Irland und Britannien. Infolge einer Bestechungskampagne löst sich das irische Parlament auf. 100 Ex-Abgeordnete nehmen die Arbeit im Londoner Unterhaus auf.

1828–1829

Daniel O'Connell erringt einen Parlamentssitz, darf aufgrund seines Glaubens jedoch nicht als Abgeordneter tätig werden. Daraufhin wird ein Gesetz erlassen, das Katholiken mehr Rechte einräumt.

The Irish in America von Michael Coffey erzählt die Geschichte der Großen Hungersnot ab dem Punkt weiter, wo die meisten aufhören: die aufregenden Erfahrungen der irischen Immigranten in den USA

gekürzt als „Three Fs" bezeichnet: *fair rent, free sale and fixity of tenure*, fairer Pachtzins, freier Verkauf und feste Pachtverträge). Parnell unterstützte die Aktivitäten der Land League, die ihre Landsleute zum *boycotting* ermunterte (der Name geht auf den britischen Gutsverwalter Charles Boycott zurück): Lehnsherren und Gutsverwalter, die sich den Zielen der Land League entgegenstellten, wurden von den Iren wie Aussätzige behandelt. 1881 errangen die Einwohner mit der Durchsetzung des Land Act, der viele Forderungen der League erfüllte, einen wichtigen Sieg.

Darüber hinaus kämpfte Parnell für eine eingeschränkte Form der Selbstverwaltung. Doch trotz der Unterstützung durch den Vorsitzenden der Liberalen, William Gladstone, lehnte das Parlament die 1886 und 1892 vorgelegten Gesetzesentwürfe zur Home Rule einstimmig ab. Wie O'Connell vor ihm, erlebte Parnell eine dramatische Niederlage: 1890 wurde er in eine Scheidung verwickelt, die das puritanische Irland als Skandal empfand. Der „ungekrönte König von Irland" musste abdanken und starb weniger als ein Jahr später.

Das Aufflammen der Revolution

In der zweiten Hälfte des 20. Jhs. gewann Irlands Kampf für mehr Unabhängigkeit neuen Schwung. Die Radikalen, schon immer eine Randerscheinung der nationalistischen Bestrebungen Irlands, setzten sich neu in Szene, z. T. als Reaktion auf die sich zuspitzende Lage in Ulster. Massenproteste gegen jede Form der irischen Unabhängigkeit hatten zur Bildung der Ulster Volunteer Force (UVF) geführt, einer Bürgerwehr der Loyalisten mit 100 000 Mitgliedern. Sie schworen, sich jedem Versuch zu widersetzen, die Home Rule zu etablieren. Die Nationalisten reagierten mit der Gründung der Irish Volunteer Force (IVF); eine Kraftprobe schien unausweichlich.

1914 wurde die Home Rule schließlich bewilligt, doch wegen des Ausbruchs des Ersten Weltkriegs vorerst nicht umgesetzt. Für einen Großteil der Iren war diese Verschiebung enttäuschend, aber nicht unvernünftig, und die meisten Mitglieder der Freiwilligenarmee zogen in den Krieg.

1870, nach dem Ende der Großen Hungersnot, hatten so viele Menschen das Land verlassen, dass mehr als ein Drittel der in Irland geborenen Iren im Ausland lebte.

Der Osteraufstand

Allerdings gab es auch Iren, die sich nicht zum Kriegsdienst meldeten. Zwei kleine Gruppen – einerseits Mitglieder der Irish Volunteers unter Pádraig Pearse, andererseits die Irish Citizens' Army unter James Connolly – starteten einen Überraschungsangriff. Eine Truppe von Volunteer-Anhängern rückte am Ostermontag 1916 in Dublin ein und besetzte eine Reihe von Schlüsselpositionen in der Stadt. Zum Hauptquartier wurde das General Post Office (Hauptpostamt) auf der O'Connell Street ernannt. Von dessen Stufen verkündete Pearse, dass Irland von nun an eine Republik sei und seine Mitstreiter die Übergangsregierung bilden würden. Doch schon nach wenigen Tagen mussten sich die Aufständischen den

1845–1851

Mehltau vernichtet die Kartoffelernte und eine Hungersnot bricht aus, aber die britische Regierung unternimmt nichts. 500 000 bis 1 Mio. Menschen verhungern und fast 2 Mio. Iren verlassen das Land.

1879–1882

Die Land League ist die treibende Kraft im „Krieg um Land": Zahlreiche Pächter widersetzen sich den Grundbesitzern und setzen den Land Act (1881) durch.

1884

Im Hayes Hotel in Thurles, County Tipperary, wird die Gaelic Athletic Association (GAA) gegründet. Ihr Ziel ist die Förderung gälischer Sportarten (wie Hurling und Gaelic Football) und Kultur.

1890er-Jahre

Die Gälische Renaissance, angeführt vom Dichter W. B. Yeats, fördert das Interesse an der irischen Sprache und Kultur, darunter Folklore, Sport, Musik und Kunst.

überlegenen britischen Streitkräften geschlagen geben. Bei der Bevölkerung fanden die Rebellen keinen Rückhalt: Auf ihrem Weg ins Gefängnis mussten sie sogar vor verärgerten Stadtbewohnern beschützt werden.

Wahrscheinlich wäre das Ganze schnell in Vergessenheit geraten, hätten die Engländer nicht den Fehler begangen, aus den Aufständischen Märtyrer zu machen. Sie verhängten 77-mal die Todesstrafe. 15 Männer wurden hingerichtet, unter ihnen der verwundete Connolly. Dies veränderte die Stimmung in der Bevölkerung grundlegend und brachte den Republikanern massenhafte Unterstützung.

Neil Jordans Film *Michael Collins* mit Liam Neeson in der Hauptrolle erzählt vom Osteraufstand, der Gründung der Republik und der Ermordung des Revolutionärs.

Krieg mit Großbritannien

Nach Ende des Ersten Weltkriegs war die Home Rule nicht mehr genug: Sie räumte den Iren zu spät zu wenige Rechte ein. Bei den Wahlen 1918 gewannen die Republikaner mit Sinn Féin die große Mehrheit der Sitze. Die frisch gewählten Abgeordneten (viele waren 1916 am Osteraufstand beteiligt) erklärten Irland zu einer unabhängigen Nation und bildeten das erste Dáil Éireann (Irische Versammlung oder Unterhaus), als dessen Sitz das Dubliner Mansion House diente. Éamon de Valera (1882–1975) wurde als Regierungschef gewählt. Aus den Irish Volunteers ging die Irish Republican Army (IRA) hervor, und das Dáil räumte deren Mitgliedern das Recht ein, britische Truppen in Irland zu bekämpfen.

Wie es mit Kriegen so ist, nahm der Unabhängigkeitskampf ein recht klägliches Ende. Er dauerte 2½ Jahre und kostete offiziell 1200 Menschenleben. Es war ein brutaler Krieg, denn die IRA kämpfte mit Guerillataktiken gegen die Briten, in deren Reihen sich zahlreiche Kriegsveteranen – nach der Farbe ihrer Uniformen (Kaki wie bei der Armee und Schwarz wie bei der Polizei) Black and Tans genannt – befanden. Diese waren durch die Erlebnisse in den Schützengräben derart traumatisiert, dass ihre Gewaltbereitschaft kaum Grenzen kannte.

Brendan O'Briens beliebtes Werk *Pocket History of the IRA* fasst die komplexe Geschichte der Gruppe auf nur rund 150 Seiten zusammen – eine gute Einführung in das Thema.

So etwas wie Freiheit

Dem Waffenstillstand im Juli 1921 folgten intensive Verhandlungen zwischen beiden Seiten. Der daraus resultierende Angloirische Vertrag, der am 6. Dezember 1921 unterzeichnet wurde, schuf den Freien Staat Irland, bestehend aus 26 von 32 irischen Grafschaften. Die restlichen sechs Counties – alle in Ulster – blieben Teil des Vereinigten Königreichs. Doch der Vertrag war alles andere als perfekt: Er zementierte die geografische Teilung des Landes, was den Konflikt 50 Jahre später zum Explodieren bringen sollte, und spaltete die Nationalisten in solche, die den Vertrag für ein nötiges Sprungbrett in die volle Unabhängigkeit hielten, und solche, die ihn als Kapitulation vor den Briten und Verrat an den republikanischen Idealen verstanden. Diese Spaltung sollte den Verlauf der politischen Entwicklung Irlands praktisch das ganze restliche Jahrhundert über bestimmen.

1904

James Joyce' Roman *Ulysses* spielt komplett am 16. Juni dieses Jahres. Der Autor wählte dieses Datum, weil er an dem Tag zum ersten Mal mit seiner Frau Nora ausgegangen war.

1916

Osteraufstand: Eine Gruppe von Republikanern stürmt das General Post Office in Dublin und ruft die Irische Republik aus, muss sich aber kurz darauf den britischen Truppen geschlagen geben.

1919–1921

Im Januar 1919 beginnt der Irische Unabhängigkeitskrieg, auch bekannt als Black and Tan War, was sich auf die schwarzen und kakifarbenen Uniformen der paramilitärischen britischen Gruppe bezieht.

1921

1200 Menschen verlieren im Unabhängigkeitskrieg ihr Leben. Dem Waffenstillstand vom 11. Juli 1921 folgen Friedensgespräche. Am 6. Dezember unterzeichnet die irische Delegation den Angloirischen Vertrag.

Bürgerkrieg

Nach heftigen Debatten wurde der Vertrag ratifiziert. Die Wahl im Juni 1922 fiel zugunsten der Vertragsbefürworter aus. Daraufhin schlossen sich seine Gegner unter Führung von de Valera zusammen, der, obwohl Präsident des Dáil, nicht Mitglied des Teams gewesen war, das den Vertrag ausgehandelt hatte (dies machte ihn in den Augen seiner Kritiker und Gegner höchst anfechtbar, sollten die Verhandlungen scheitern). Zudem hatte sich de Valera gegen einige Bestimmungen des Vertrags ausgesprochen, etwa gegen den Treueschwur für den englischen König.

Artikel zu sämtlichen Aspekten der irischen Geschichte gibt's auf dem historischen Blog der National Library unter www.nli.ie/blog.

Nur zwei Wochen nach den Wahlen brach der Bürgerkrieg aus, in dem sich Menschen gegenüberstanden, die ein Jahr zuvor noch Seite an Seite gekämpft hatten. Besonders tragisch in diesem äußerst bitteren Konflikt war der Tod von Michael Collins (1890–1922), dem führenden Kopf der IRA-Kampagne im Unabhängigkeitskrieg und Verhandlungsführer des Angloirischen Vertrags. Er geriet in seinem Heimat-County Cork in einen Hinterhalt und wurde erschossen. Collins hatte die Bitterkeit, die der Vertrag hervorrufen würde, vorausgesehen. Bei der Unterzeichnung soll er gesagt haben: „Ich sage Ihnen, ich habe mein eigenes Todesurteil unterzeichnet."

Die Entstehung einer Republik

Der Bürgerkrieg endete 1923 mit einem Sieg der Vertragsbefürworter, die den neuen Staat bis 1932 regierten. De Valera – geschlagen, aber nicht besiegt – gründete 1926 die neue Partei Fianna Fáil (Krieger von Irland), die bei den Wahlen von 1932 die Mehrheit errang und bis 1948 an der Macht bleiben sollte. 1937 verabschiedete er eine neue Verfassung, die ein Ende mit dem Treueeid auf die englische Krone machte, die besondere Bedeutung der katholischen Kirche unterstrich und den Anspruch auf die sechs Grafschaften in Nordirland betonte. 1948 verließ Irland offiziell den Commonwealth und wurde eine Republik. Doch wie die Ironie des Schicksals es wollte, war es die Partei Fine Gael, wie sich die Vertragsbefürworter nun nannten, die sie ausrufen sollte – Fianna Fáil hatte im selben Jahr überraschend die Wahlen verloren. Nach 800 Jahren erlangte Irland (zumindest ein wesentlicher Teil davon) endlich seine Unabhängigkeit.

Von Krisen geschüttelt und als Tiger wiedergeboren

Éamon de Valera, fraglos eine der wichtigsten irischen Persönlichkeiten, hatte einen immensen Beitrag zur Unabhängigkeit geleistet. Gegen Ende der 1950er-Jahre galten seine einst visionären Vorstellungen jedoch als verknöchert, festgefahren und mit der irischen Realität einer maroden Wirtschaft immer weniger in Einklang zu bringen. Horrende Arbeitslosenzahlen und Auswanderungswellen waren die offensichtlichsten

1921–1922

26 Counties werden unabhängig, die sechs größtenteils protestantischen Grafschaften von Ulster dürfen wählen, wohin sie gehören wollen. 1922 wird der irische Freistaat ausgerufen.

1922–1923

Vertragsgegner greifen unter Éamon de Valera zu den Waffen und bekämpfen ihre ehemaligen Kameraden, die von Michael Collins angeführt werden. Ein kurzer, brutaler Bürgerkrieg bricht aus, Collins wird erschossen.

1932

De Valeras Partei Fianna Fáil gewinnt die Mehrheit im Parlament und macht sich daran, die Beziehungen zwischen dem Freistaat und Britannien zu unterminieren.

1948

Die Fianna Fáil muss sich bei den Wahlen 1948 der Koalition aus Fine Gael und der republikanischen Clann an Poblachta geschlagen geben. Die neue Regierung erklärt den Freistaat Irland zur Republik.

Auswirkungen seiner unzulänglichen Politik. De Valeras Nachfolger als Taoiseach (Premierminister der Republik), Sean Lemass, begann seine Amtszeit 1959 mit den Worten „die Flut hebt alle Boote an". Dank seiner Maßnahmen hatte sich Mitte der 1960er-Jahre die Zahl der Emigranten halbiert, zudem florierte die Wirtschaft. Einen ähnlichen Wohlstand erreichte das Land 30 Jahre später zur Zeit des keltischen Tigers.

Partner in Europa

1972 traten die Republik und Nordirland der Europäischen Wirtschaftsgemeinschaft (EWG) bei, was dem Land einen weiteren positiven Impuls bescherte – der gemeinsamen Agrarpolitik zum Dank, die Preise für landwirtschaftliche Produkte festlegte und eine bestimmte Abnahmequote garantierte. Dann kam die Ölkrise 1973, die Irland erneut in die Rezession und in eine weitere Auswanderungswelle stürzte. Ihren Höhepunkt erreichte die Emigration Mitte der 1980er-Jahre.

Vom keltischen Tiger …

Anfang der 1990er-Jahre trugen europäische Gelder zum Wirtschaftsaufschwung bei. Riesige Summen wurden in das Bildungswesen sowie in die Infrastruktur investiert, während die Politik der niedrigen Körperschaftssteuer gemeinsam mit attraktiven Fördergeldern Irland zu einem beliebten Standort für Hightechunternehmen machte, die sich auf dem europäischen Markt etablieren wollten. In weniger als einem Jahrzehnt mauserte sich das Land von einem der ärmsten Staaten Europas zu einem der reichsten. Die Arbeitslosenquote fiel von 18 auf 3,5 %, der Durchschnittslohn eines Industriearbeiters kletterte europaweit auf den ersten Rang und das rasante Wachstum des Bruttoinlandsprodukts machte das Land zum europäischen Erfolgsmodell, das in der ganzen Welt beneidet wurde. Zu dieser Zeit erhielt Irland den Namen „keltischer Tiger".

In seinem Roman *Troubles* (1970) beschreibt J. G. Farrell die Vorgeschichte des angloirischen Kriegs und seine Auswirkungen auf die Zivilbevölkerung auf bewegende, eindrucksvolle Weise.

… zur in Not geratenen Katze

Ab 2002 trieb ein gigantischer Bauboom die irische Wirtschaft an, der jegliches Maß eines gesunden Wachstums sprengte. Der außer Kontrolle geratene internationale Derivatemarkt überflutete die irischen Banken mit billigem Geld, die es freizügig verliehen.

Es folgten die Pleite der amerikanischen Finanzdienstleistungsfirma Lehman Brothers und die Kreditkrise. Fast alle irischen Geldinstitute standen mit dem Rücken zur Wand, wurden aber in letzter Minute gerettet. Bevor Irland Atem holen konnte, hatten der Internationale Währungsfonds (IMF) und die Europäische Union die Zügel seiner mittelfristigen wirtschaftlichen Zukunft in die Hand genommen. Irland blickte erneut altbekannten Dämonen in die Augen: einer hohen Arbeitslosigkeit und Auswanderung, aber ein schmerzhaftes Sparprogramm brachte Ende 2014 die Wende.

1969

Protestmärsche der nordirischen Bürgerrechtsvereinigung werden von Loyalisten und der Polizei gestört. Es kommt zu Ausschreitungen und zur Schlacht in der Bogside – der Beginn des Nordirlandkonflikts.

1972

Die Republik und Nordirland treten der EWG bei. Am Blutsonntag sterben 13 Zivilisten durch die Hand britischer Truppen. Westminster entlässt das nordirische Parlament und übernimmt die Kontrolle.

1973–1974

Im Abkommen von Sunningdale wird ein neues nordirisches Parlament gegründet. Die Unionisten lehnen das Abkommen ab und legen durch einen Generalstreik die Provinz lahm – das Ende des Parlaments.

1981

Zehn republikanische Gefangene hungern sich zu Tode. Als Erster stirbt Bobby Sands, der kurz zuvor als Abgeordneter ins Parlament gewählt worden war. Mehr als 100 000 Trauergäste wohnen seiner Beerdigung bei.

Im Norden sieht's (gar nicht so) düster aus

Seit 8. Mai 2007 wurde Nordirland relativ harmonisch von einer eigenen Regierung geleitet, der ein Premierminister und ein Stellvertretender Premierminister vorstanden. Bis 2017 stammten sie aus den größten Parteien beider Konfessionen, der Democratic Unionist Party (DUP) und der Sinn Féin. Ihr Bündnis wurde jedoch durch zwei Dinge zerstört: Zum einen von einem Skandal, aufgrund dessen Sinn Féin sich aus der Regierung zurückzog und Neuwahlen nötig wurden. Zum anderen durch die Rolle der DUP als Mehrheitsbeschaffer der Konservativen bei den Wahlen in Großbritannien im Juni, bei der zehn Abgeordnete der Partei einer Vereinbarung über „Angebot und Vertrauen" mit der Regierung zustimmten. Bei Redaktionsschluss gab es noch immer keine neue nordirische Regionalregierung. Die Verhandlungen werden immer weiter verschleppt, außerdem besteht erstmals seit Bestehen des Parlaments die reale Möglichkeit einer direkten Regelung von Westminster aus.

Bücher zum Nordirlandkonflikt

Lost Lives (David McKittrick)

Ten Men Dead (David Beresford)

The Faithful Tribe: An Intimate Portrait of the Loyal Institutions (Ruth Dudley Edwards)

Geteiltes Irland

Nach Abschluss des Angloirischen Vertrags wurde am 22. Juni 1922 ein neues nordirisches Parlament gebildet und James Craig der erste Premierminister. Seine Ulster Unionist Party (UUP) lenkte die Geschicke des neuen Staates bis 1972. Die katholische Minderheit (40 % der Bevölkerung) hatte so gut wie keinen Einfluss und keine politische Stimme. Stattdessen begünstigte das Parlament die Unionisten mit wirtschaftlichen Fördermitteln, zog sie bei der Zuweisung von Wohnraum vor und manipulierte selbst die Einteilung der Wahlbezirke: In Derry etwa wurden diese so verändert, dass mit Sicherheit ein protestantischer Gemeinderat zustande kam, obwohl zwei Drittel der Stadtbevölkerung Katholiken waren! Die überwiegend protestantische nordirische Polizei, die Royal Ulster Constabulary (RUC), und ihre paramilitärische Einheit, die B-Specials, unterbanden jegliches Abweichlertum und gaben sich nicht die geringste Mühe, ihre Voreingenommenheit zu verbergen. Im Grunde herrschte in Nordirland ein Apartheidsystem.

Zahlreiche Filme thematisieren die Ereignisse zu Zeiten des Nordirlandkonflikts, darunter *Bloody Sunday* (2002), *Der Boxer* (1997; mit Daniel Day-Lewis) und *Im Namen des Vaters* (1994; ebenfalls mit Day-Lewis).

We Shall Overcome

In den 1950er-Jahren mussten die Unionisten ihre erste Feuerprobe bestehen. Damals nahm die IRA ihre Grenzkampagne wieder auf, nachdem sie die Waffen längere Zeit hatte ruhen lassen. Doch die Unionisten wurden dieser Bedrohung schnell Herr und inhaftierten die Anführer der Initiative. Ein Jahrzehnt später sahen sie sich einem weitaus hartnäckigeren Gegner gegenüber, der 1967 gegründeten Bürgerrechtsbewegung, die stark von der US-amerikanischen Civil Rights Association beeinflusst war. Sie wollte dem himmelschreienden Sektierertum in Derry ein Ende bereiten. Im Oktober 1968 wurde ein hauptsächlich katholischer Protestmarsch in

1993

In der Downing Street Declaration erklärt Großbritannien, dass es „keine egoistischen, strategischen oder wirtschaftlichen Interessen" in Nordirland verfolgt.

Mitte der 1990er-Jahre

Die Körperschaftssteuer ist gering, die Regierung fährt einen Sparkurs, die EU leistet Transferzahlungen und Arbeitskräfte sind günstig. Irland wird eines der wohlhabendsten Länder Europas.

1994

Gerry Adams, Anführer von Sinn Féin , proklamiert am 31. August das „Ende der Gewalt" von Seiten der IRA. Im Oktober ziehen die vereinten loyalistischen paramilitärischen Gruppen nach.

1998

Nach Verhandlungen wird am 10. April das Karfreitagsabkommen geschlossen. Von nun an hat die neue nordirische Versammlung die vollständige gesetzgebende und ausführende Gewalt inne.

Derry von der RUC gewaltsam aufgelöst (Gerüchten zufolge hatte die IRA den Demonstranten ihren „Schutz" zugesagt). Auch wenn es damals noch keiner wusste – dies sollte der Beginn des Nordirlandkonflikts sein.

Im Januar 1969 organisierte eine weitere Bürgerrechtsbewegung namens People's Democracy einen Marsch von Belfast nach Derry. Kurz vor dem Ziel wurden die Teilnehmer von Protestanten angegriffen. Anfangs hielt sich die Polizei zurück, doch dann stürmte sie den vorwiegend katholischen Bezirk Bogside. Es folgten weitere Märsche, Proteste und gewaltsame Auseinandersetzungen. Viele Republikaner sind der Auffassung, die Polizei habe die Situation verschlimmert. Im August marschierten britische Truppen in Derry und Belfast ein, um Recht und Ordnung wiederherzustellen. Zunächst begrüßte man die Ankunft der Armee in einigen katholischen Vierteln, allerdings wurde schnell klar, dass sie nichts weiter als ein Instrument der protestantischen Majorität war. Der nun folgende Zulauf der IRA ist auf die übertriebene Gewaltbereitschaft der britischen Soldaten zurückzuführen. Insbesondere nach dem Bloody Sunday am 30. Januar 1972 rekrutierte die IRA zahlreiche neue Mitglieder – an diesem Tag starben in Derry 13 Zivilisten durch die Hand britischer Truppen.

Der Nordirlandkonflikt

Nach dem Bloody Sunday erklärte die IRA Großbritannien mehr oder weniger den Krieg. Während die Gruppe weiterhin Anschläge in Nordirland verübte, ging sie nun auch dazu über, das britische Festland zu bombar-

VERBINDUNGEN NACH AMERIKA

Aktuell haben über 40 Mio. Amerikaner irische Vorfahren – ein Erbe mehrerer Emigrationswellen, die von Ereignissen wie der Großen Hungersnot der 1840er- und der Wirtschaftkrise der 1930er-Jahre ausgelöst wurden. Viele Berühmtheiten der amerikanischen Geschichte von Davy Crockett bis zu John Steinbeck und 18 von 44 US-Präsidenten sind irischer Abstammung. Dazu gehört auch Barack Obama, in dessen Familie mütterlicherseits ein Auswanderer namens Falmouth Kearney aus Moneygall, County Offaly, zu finden ist.

Hier eine Liste von Orten, die mit ehemaligen US-Präsidenten in Verbindung stehen oder sich den Erfahrungen irischer USA-Auswanderer widmen:

Andrew Jackson Centre (S. 687), County Antrim

Cobh, The Queenstown Story (S. 240), County Cork

Dunbrody Famine Ship (S. 185), County Wexford

Grant Ancestral Homestead (S. 707), County Tyrone

Kennedy Homestead (S. 187), County Wexford

Ulster American Folk Park (S. 705), County Tyrone

1998

Eine Bombe der „Real IRA" detoniert in Omagh. 29 Menschen sterben, 200 werden verletzt. Es ist der schlimmste Anschlag des Nordirlandkonflikts, aber ein Vergeltungsschlag kann vereitelt werden.

2005

Die IRA befiehlt ihren Einheiten nur noch dann aktiv zu werden, wenn es der „Entwicklung politischer und demokratischer Programme durch ausschließlich friedliche Methoden" zuträglich ist.

2007

Nach fünfjähriger Pause, in der Gespräche zwischen Unionisten und Republikanern im Sande verlaufen waren, nimmt die Northern Ireland Assembly ihre Arbeit wieder auf.

2008

Nach dem Zusammenbruch von Lehman Brothers ist das irische Bankensystem praktisch pleite. Als das Ausmaß der Krise bekannt wird, befindet sich Irland am Rand einer wirtschaftlichen Katastrophe.

dieren und Unschuldige anzugreifen, was ihr den Abscheu von Bürgern und Parteien auf beiden Seiten der konfessionellen Grenze eintrug. Unterdessen starteten loyalistische Paramilitärs eine Mordserie auf Katholiken. Höhepunkt der Krise war der Hungerstreik republikanischer Gefangener im Norden 1981, die ihre Anerkennung als politische Häftlinge forderten. Zehn Inhaftierte hungerten sich zu Tode, darunter der Abgeordnete Bobby Sands.

A History of Ireland von Mike Cronin gibt auf nicht mal 300 Seiten einen gut lesbaren Überblick zur gesamten Geschichte Irlands, bietet aber nur selten Analysen der Zusammenhänge.

Ein weiteres Problem stellten die zahlreichen Splittergruppen mit ihren unterschiedlichen Programmen dar. Die IRA zerfiel in „offizielle" und „vorläufige" Gruppierungen, die einen Nährboden für noch extremere republikanische Organisationen wie die Irish National Liberation Army (INLA) lieferten. Auf protestantischer Seite entstanden als Reaktion darauf zahllose loyalistische und paramilitärische Gruppen. Jeder Gewaltakt wurde wiederum mit Vergeltungsschlägen beantwortet.

Annäherung an den Frieden

Anfang der 1990er-Jahre war den Republikanern klar, dass der bewaffnete Kampf einer politischen Bankrotterklärung gleichkam. Die Gesellschaft in Nordirland hatte sich verändert – viele Ungerechtigkeiten, die den Konflikt in den späten 1960er-Jahren ausgelöst hatten, waren längst beseitigt, und die meisten Bürger wünschten sich verzweifelt ein Ende der feindlichen Auseinandersetzungen. Eine Reihe von Verhandlungen zwischen Unionisten, Nationalisten sowie der britischen und irischen Regierung – teilweise von George Mitchell, Bill Clintons Sonderbeauftragtem für Nordirland, vermittelt – ebneten schließlich den Weg zum historischen Karfreitagsabkommen von 1998.

Das Abkommen sah die Übertragung der Macht von Westminster, wo die Legislative seit 1972 angesiedelt war, auf eine neue nordirische Versammlung vor. Allerdings verlangsamten Machtgerangel, Meinungsverschiedenheiten, Sektierertum sowie ausgesprochene Halsstarrigkeit auf beiden Seiten den Arbeitsverlauf und das Parlament wurde viermal aufgehoben, zuletzt von Oktober 2002 bis Mai 2007.

Während dieser Zeit wurde der Ton in der nordirischen Politik schärfer, was zuletzt dazu führte, dass die moderatere UUP den Platz für die Democratic Unionist Party (DUP) unter Führung von Ian Paisley räumen musste. Auf der Seite der Nationalisten vollzog sich mit dem Auftreten des politischen Arms der IRA, Sinn Féin, ein ähnlicher Prozess. Angeführt wurde er von zwei Männern, Gerry Adams und Martin McGuinness.

Ein neues Nordirland

Sehr darauf erpicht, in keiner Weise klein beigeben zu müssen, hielten die DUP und Sinn Féin stur an ihrem jeweiligen Kurs fest. Hauptstreitpunkte waren die Entwaffnung der IRA und die Bildung einer neuen Polizei, wel-

2010

Irland bekommt vom Internationalen Währungsfonds und der EU ein 85 Mrd. Euro schweres Rettungspaket, das die Bankenkrise mildert, dem Land aber enge finanzielle Fesseln anlegt.

2011

Elisabeth II. besucht als erste britische Königin die Republik Irland. Der Besuch wird als überwältigendes Zeugnis der engen Verbindung zwischen beiden Ländern gepriesen.

2013

Irland schafft es als erstes Land, den von der Eurozone nach der Wirtschaftskrise 2008 geschaffenen Rettungsschirm wieder zu verlassen.

2015, 2017

Als weltweit erstes Land legalisiert Irland die gleichgeschlechtliche Ehe. 2017 wird Leo Varadkar Taoiseach; er ist der vierte offen schwule Regierungschef Europas.

che die RUC ablösen sollte. Paisley und die Unionisten stellten immer höhere Forderungen an den Entwaffnungsprozess (sie verlangten Fotobeweise oder unionistische Augenzeugen) und strebten nicht weniger als eine offene sowie vollständige Auflösung der IRA an. Sinn Féin unterdessen lehnte es ab, der Polizeibehörde beizutreten, die die Aktivitäten des Police Service of Northern Ireland (PSNI) überwachte. Damit bekundete sie ihre nach wie vor fehlende Bereitschaft, mit den Sicherheitskräften zu kooperieren.

Schließlich jedoch legte die IRA alle Waffen nieder und Sinn Féin erklärte sich endlich zur Kooperation mit der Polizei bereit. Die DUP zeigte sich gegenüber ihren ehemaligen republikanischen Feinden nachgiebiger und beide Seiten nahmen die Regierungsgeschäfte in einer Provinz auf, deren dringende Bedürfnisse lange Zeit durch die Diktatur des Sektierertums vernachlässigt worden waren. Den Beweis, dass Nordirland zu einer gewissen Normalität zurückgefunden hatte, lieferten die Wahlen 2011, aus denen die DUP und Sinn Féin als stärkste Parteien hervorgingen, was ihnen das Mandat zur Weiterarbeit verlieh.

Alte Feindschaft lässt sich allerdings schwer beilegen. Der Mord an dem jungen PSNI-Beamten Ronan Kerr im April 2011 war eine bittere Erinnerung an die blutige Geschichte der Provinz. Doch selbst in dieser Tragödie konnte man erkennen, dass sich etwas Grundsätzliches verändert hatte: Kerr war katholisches Mitglied einer Polizeieinheit, die große Anstrengungen unternommen hatte, ihre traditionell pro-protestantische Ausrichtung abzulegen, außerdem wurde seine Ermordung von beiden Seiten gleichermaßen heftig verurteilt. Noch eindrucksvoller war, dass Premierminister Peter Robinson auf der Beerdigung erschien und damit erstmals eine katholische Totenmesse besuchte.

Die irische Lebensart

Die Iren haben zu Recht den Ruf, sehr umgänglich zu sein. Allerdings verbirgt sich hinter dem Bild des redegewandten Smalltalk-Meisters ein tieferes, komplexeres Wesen voller Widersprüche. Diesen Gegensatz fasst ein Zitat treffend zusammen, das dem Dichter William Butler Yeats zugeschrieben wird: „Als Ire hatte er einen beißenden Sinn für Dramatisches, was ihn in kurzen Zeiten des Glücks aufrechterhielt."

Die irische Mentalität

Die Iren sind offen, warmherzig und unterhalten sich gern, egal ob mit Freunden oder Fremden. Außerdem gelten sie als humorvoll, verstricken sich aber auch mal in hitzige Debatten und überzeugen mit scharfsinnigen Argumenten. *Slagging* (Sticheln) gilt als wahre Kunst. Mitunter mag das Gefrotzel zwar grob klingen, aber es entpuppt sich schnell als Basis der irischen Freundschaft. Es heißt, dass sich die Art und Enge einer solchen daran zeigt, wie sehr man mit sich scherzen lässt, statt nur inhaltsleere Komplimente zu machen.

Laut der Volkszählung 2016 ist die durchschnittliche Anzahl der Kinder pro Familie auf 1,38 gefallen – der niedrigste Wert in der irischen Geschichte.

Hinter der geschwätzigen Geselligkeit und zurückhaltenden Genügsamkeit verbirgt sich jedoch ein Geheimnis: Den Iren mangelt es schlicht und ergreifend an Selbstbewusstsein, weswegen sie Komplimenten oft argwöhnisch begegnen. In den letzten drei Jahrzehnten hat sich die irische Mentalität allerdings gewandelt.

Während die Iren früher falsche Bescheidenheit geradezu kultiviert haben, sind sie durch den zunehmenden Wohlstand und die damit wachsenden Ansprüche zu einem Volk geworden, das seine Leistungen und Erfolge feiern möchte. Hinter diesem Wandel stehen vor allem der Hunger und die Erwartungen der jüngeren Generationen. Doch auch zahlreiche ältere Iren, die sich immer zurückgehalten haben, um nicht anmaßend oder überheblich zu wirken, begrüßen diese Entwicklung aus vollem Herzen.

Der kulturelle Wandel überdauerte das Trauma des wirtschaftlichen Zusammenbruchs und die Sparmaßnahmen, die darauf folgten, auch wenn viele den konstanten Überfluss einer extrem materialistischen Kultur für Irlands Sorgen verantwortlich machten – ein Minister erklärte kleinlaut im Fernsehen: „Wir alle haben gefeiert!". Seit die Wirtschaft (größtenteils) wieder auf Kurs ist, gibt Irland erneut Vollgas und sieht die schlimmsten Entbehrungen im Rückspiegel an sich vorbeiziehen.

Volksdroge Alkohol

Obwohl der Alkoholkonsum in Irland laut einem 2017 erschienenen Bericht der WHO in den letzten zehn Jahren um 25 % gesunken ist, haben die Iren einen Hang zum Trinken und sind hier im internationalen Vergleich führend. Obwohl die verheerenden Folgen für die (vor allem junge) Gesellschaft immer deutlicher werden, besuchen die Einwohner nach wie vor sehr gern Pubs. Man muss nur mal samstagabends durch irgendein Dorf spazieren, um das Ganze hautnah mitzuerleben.

Manch ein Experte sieht die Trinkerei als Folge des ungewohnten finanziellen Wohlstands, aber Statistiken verdeutlichen, dass die Iren quasi schon immer einen ungesunden Hang zum „sich die Kante geben" hatten, auch wenn die Akzeptanz der öffentlichen Trunkenheit ein neueres Phänomen ist. Ältere ermahnen junge Generationen z. B. unaufhörlich, man habe *sie* nie in der Öffentlichkeit herumtorkeln sehen.

Lebensart

Obwohl die Iren als notorische Nörgler gelten – sie meckern über ihre Arbeit, das Wetter, die Regierung und über die „bescheuerten Idioten" in den Dokusoaps –, würden sie mit der Pistole auf der Brust dann aber wohl doch zugeben, dass sie im besten Land der Welt leben. Klar, es liegt manches im Argen, aber wo ist das anders?!

2016 lebten 37,3 % der Iren in ländlichen Gebieten.

Das traditionelle Irland (Großfamilien mit einer engen Bindung an Kirche und Gemeinde) schwindet zusehends mit der rasanten Urbanisierung des Landes, die das einstige soziale Netz, das in Zeiten der Armut gut funktionierte, immer mehr zerstört. In diesem Punkt unterscheidet sich das moderne Irland nicht wirklich von anderen europäischen Staaten. Heute muss man schon auf Inseln oder in abgelegene Dörfer fahren, um noch die alten Gesellschaftsstrukturen zu erleben.

Im Norden sind die Alltagsprobleme dieselben wie südlich der Grenze und in Großbritannien, aber die ungewöhnliche Geschichte der Provinz hatte zweifellos großen Einfluss auf die Gesellschaft. Obwohl sich die jüngeren Generationen bemühen, die religiöse Trennung zu überwinden, sind zahlreiche protestantische und katholische Gemeinden noch immer voneinander isoliert. Die Trikoloren und Union Jacks in einigen Gegenden dienen als klares Zeichen für Parteinahme. In anderen Orten ist die Trennung für Außenstehende zwar nicht sichtbar, unter den Gemeindemitgliedern jedoch nur allzu spürbar. Die meisten Nordiren nehmen den konfessionellen Zusammenbruch in fast jedem Dorf der Provinz deutlich wahr und passen ihr Leben entsprechend an.

Schwulenfreundliches Irland

Ein schwuler Taoiseach (Premierminister der Republik) und das weltweit erste Land, das die Homo-Ehe durch eine allgemeine Volksabstimmung einführte: Außergewöhnlich für ein Land, das erst 1993 die Homosexualität entkriminalisierte, und auch dies erst nach einer langen und oft sehr einsamen Kampagne des Joyce-Schülers und Schwulenrechtsaktivisten David Norris.

Der Machtaufstieg des Taoiseach Leo Varadkar, der sich nur fünf Monate, bevor die Republik im Mai 2015 für die Homo-Ehe stimmte, outete, ist ein kraftvolles Beispiel für den Paradigmenwandel, der sich in der Einstellung zur LGBT-Gemeinde Irlands vollzogen hat. 62,4 % aller Bürger stimmten für die Homo-Ehe – bis auf einen votierten alle Wahlkreise für die Gleichstellung.

2016 lag das Verhältnis von Männern zu Frauen in der Republik bei 978 zu 1000, der niedrigste Stand seit 1981.

Varadkar steht für ein neues Irland, in dem die sexuelle Orientierung zwar nicht bedeutungslos ist, aber auch keiner Diskriminierung unterliegt. Pride-Festivals, z. B. in Dublin, Cork, Galway und anderen Städten, haben nun einen festen Platz auf dem Veranstaltungskalender.

Obwohl der Wandel sich in den Städten offener vollzieht, hinkt das ländliche Irland kaum hinterher. Allerdings bedeutet das nicht, dass die Bewohner eines kleinen Dorfes auf dem Land einen Pride-Umzug durch ihren Ort oder eine Schwulenbar auf der Hauptstraße begrüßen würden. Oft erwächst die neue Toleranz aus der älteren Überzeugung, dass im Privaten jeder tun kann, was er möchte – das gilt auch für die gleichgeschlechtliche Ehe.

Dass Schwule und Lesben in größeren Städten mehr Akzeptanz finden, ist jedoch noch immer Teil der Lebensrealität, obwohl das für jeden jungen Menschen gilt, der sich außerhalb der engen Grenzen einer kleinen Gemeinde entfalten will.

Multikulturelle Einflüsse

Lange Zeit war Irland recht homogen, aber dann erforderten Tausende von Zuwanderern aus aller Welt (Ausländeranteil: 17 %) Toleranz und Integration. Im Großen und Ganzen hat das geklappt, doch wenn man an der Oberfläche kratzt, kommt schnell eine gewisse Fremdenfeindlichkeit zum Vorschein. Die taumelnde Wirtschaft intensivierte diese Spannungen, und die Ansicht „irische Jobs den Iren" wird mit zunehmender Vehemenz und Autorität vertreten. Der Aufstieg von rechtsorientierten Bewegungen in Europa und den USA ermutigt die irischen Ultranationalisten, ihre Positionen laut und deutlich kundzutun, aber ihre Anzahl ist bisher noch relativ gering.

Inzwischen gibt's in Irland mehr Polen als Briten, die zuvor den größten Anteil an Ausländern stellten.

Gruppen zur Bekämpfung von Rassismus berichten von einem Anstieg fremdenfeindlicher Vorfälle, vor allem gegen Muslime. Die meisten Angriffe sind verbaler und gewaltloser Natur, allerdings werden laut einer Statistik 75 % aller Vorfälle nicht gemeldet. Dennoch fühlen sich viele Muslime und Farbige in Irland sicher und willkommen. Sie wissen, dass Rassismus unter der größtenteils weißen irischen Bevölkerung nicht die Norm ist.

Religion

Laut der Volkszählung von 2016 sind 3,7 Mio. (78,2 %) Einwohner der Republik Katholiken, 2,6 % Protestanten (Church of Ireland), 1,3 % Muslime und 3,9 % Anhänger anderer Glaubensgemeinschaften. 9,8 % der Bevölkerung haben angegeben, Atheisten zu sein – ein Anstieg um rund 74 % seit 2011.

Die Anzahl der Befragten, die bei der Volkszählung 2016 angaben, Atheisten zu sein, ist seit 2011 um 73,6 % gestiegen – von 269 800 auf 468 400 Personen.

Im Norden leben 48 % Protestanten und 45 % Katholiken (7 % gehören anderen Religionsgemeinschaften oder gar keiner an). Die meisten irischen Protestanten sind Mitglieder der Church of Ireland, einer Schwesterkirche der Church of England, sowie der presbyterianischen und der methodistischen Kirche.

Der Einfluss des Katholizismus auf die kulturelle Identität ist zwar immer noch groß, zeigt sich aber eher in weltlicher als in religiöser Hinsicht, da viele Iren die Standpunkte der Kirche zu gesellschaftlichen Themen wie Verhütung, Scheidung und Homosexualität inzwischen ablehnen. Dies ist einerseits die natürliche Reaktion eines Landes, das immer kosmopolitischer, offener und internationaler wird, andererseits aber auch dem Versagen der katholischen Kirche zu verdanken, die sich weigert, für den seit Jahrzehnten andauernden Skandal um den Kindesmissbrauch von Priestern Verantwortung zu übernehmen und Sühne zu leisten. Dies hat das Vertrauensverhältnis zwischen Gemeindemitgliedern und Priestern nachhaltig verletzt.

Fernsehen & Radio

Es gibt in Irland vier terrestrische Fernsehsender. Drei werden von dem staatlichen Raidió Teilifís Éireann (RTE) betrieben, der vierte ist ein kommerzieller Privatsender. Der irischsprachige Sender TG4 zeigt Filme und Theaterstücke, meist *as gaeilge* (auf Irisch mit englischen Untertiteln). Zusätzlich empfangen die meisten irischen Haushalte über Satellit oder Kabel die Hauptsender des englischen Fernsehens: BBC, ITV und Channel 4; in Nordirland sind sie die wichtigsten Sender.

James und Emily standen 2016 – im Norden und Süden – auf der Liste der beliebtesten Kindernamen ganz oben.

Die Iren hören viel Radio – bis zu 85 % schalten es jeden Tag ein. Der führende Sender ist RTE Radio 1 (88.2–90 FM; vorwiegend Nachrichten und Diskussionen), gefolgt von den zwei nationalen Privatsendern Newstalk (106–108 FM) und Today FM (100–102 FM).

Dann gibt's noch 25 lokale Sender, die regionale Themen und Geschmäcker bedienen und einen guten Einblick in die Mentalität der einzelnen Provinzen geben: Das Radioprogramm des nordwestlichen Hochlandes, das in Donegal, Sligo, Tyrone und Fermanagh gehört wird, ist mit 84 % Marktanteil Europas erfolgreichster Lokalsender. In Nordirland hat die BBC das Monopol. Zusätzlich zu den vier Hauptsendern berichtet BBC Radio Ulster über Lokales.

Musik

Irlands literarisches Erbe mag Kritikern ein wissendes Nicken entlocken, doch es ist die Musik, die einem noch lange im Gedächtnis bleibt. Die Einwohner kreieren Lieder für jede Gelegenheit und jede Stimmung, egal ob für Feste oder für Beerdigungen. Hier entsteht die gleiche Popmusik wie anderswo auch, doch dank der traditionellen Formen ist Livemusik in Irland etwas ganz Besonderes – vor allem im Rahmen eines gemütlichen Livekonzerts in einem Pub.

Traditionelle Musik & Folk

Im Gegensatz zu zahlreichen anderen europäischen Ländern, wo traditionelle Musik vom Pop verdrängt wurde, ist die irische Musik (*traditional music* oder kurz *trad*) bis heute lebendig. Sie hat viele ihrer traditionellen Aspekte beibehalten und gleichzeitig andere Genres beeinflusst, vor allem den amerikanischen Country & Western – eine Fusion des Blues aus dem Mississippidelta und traditioneller irischer Lieder, die kombiniert mit anderen Einflüssen wie dem Gospel wiederum die Wurzel des Rock 'n' Roll bildete.

Die Musik wurde nie niedergeschrieben, sondern von Künstler zu Künstler weitergegeben. Die regionalen „Stile" konnten sich nur deshalb entwickeln, weil die lokalen Künstler immer dem besten Musiker ihres Umfelds nacheiferten und ihn übertreffen wollten. Der blinde Wanderharfenist Turlough O'Carolan (1680–1738) komponierte über 200 Lieder und es lässt sich kaum erahnen, wie viele Variationen daraus entstanden. Genau darin liegt der Schlüssel zur Liebe für die traditionelle Musik und es erklärt, warum sie so unverwüstlich ist.

In den 1960ern versuchte der Komponist Seán Ó Riada (1931–1971) eine Art Struktur in die Musik zu bringen. Seine Ensemblegruppe Ceoltóirí Chualann war die erste Band, die ein größeres Publikum erreichte. Aus ihr wurden The Chieftains geboren, die wahrscheinlich wichtigste traditionelle Gruppe von allen. 1963 begannen sie, ihre Lieder aufzunehmen. Jedes ihrer fast 40 Alben ist hörenswert, aber mit der zehnteiligen Reihe *The Chieftains* kann man nichts falsch machen.

Die nächsten großen Erfolge erzielten in den 1960ern The Dubliners, eine eher volkstümliche als traditionelle Band. Sie machte Karriere mit derben Trinkliedern, die jedermann zum Mitsingen brachten. Weitere populäre Gruppen sind The Fureys (vier Brüder und der Gitarrist Davey Arthur) sowie The Wolfe Tones mit ihren leidenschaftlich vorgetragenen irischen Rebellensongs.

Seit den 1970ern versuchten zahlreiche Gruppen, traditionelle und progressivere Stilrichtungen zu mischen, mal mit mehr, mal mit weniger Erfolg. Die Bothy Band wurde 1975 gegründet und galt als eine Art traditionelle Superband: Der Bouzouki-Spieler Dónal Lunny, der irische Dudelsackspieler Paddy Keenan, der Flötenspieler Matt Molloy (der später Mitglied von The Chieftains wurde), der Geiger Paddy Glackin und der Akkordeonspieler Tony MacMahon waren alle hervorragende Instrumentalisten, und ihre Aufnahmen sind heute noch so aufregend wie vor vier Jahrzehnten.

Veranstaltungsorte für traditionelle Musik

Hughes' Bar, County Dublin (S. 125)

Crane Bar, County Galway (S. 400)

De Barra's Folk Club, Clonakilty, County Cork (S. 253)

McDermott's, Doolin, County Clare (S. 378)

Leo's Tavern, Crolly, Donegal (S. 492)

DAS A UND O DER TRADITIONELLEN MUSIK

Trotz gegenteiliger Annahme und obwohl sie ein nationales Symbol ist, spielt die Harfe in der traditionellen Musik keine große Rolle. Verbreiteter ist die mit Ziegenfell bespannte irische Rahmentrommel *bodhrán* (gesprochen: *bau*-roan), die allerdings nur ein kümmerliches Symbol abgäbe. Für einen weiteren typischen Klang sorgt der irische Dudelsack *(uillean pipe)*, der mit einem Blasebalg unter dem Ellbogen bespielt wird, aber in einem Pub wird man ihn wahrscheinlich eher selten hören. Die Geige erfreut sich nicht nur in Irland großer Beliebtheit, gehört aber zu den wichtigsten Instrumenten der irischen Musik, ebenso wie die *tin whistle* (Blechflöte), das Akkordeon und die Bouzouki (eine Variante der Mandoline). Irische Musik lässt sich in fünf Kategorien unterteilen: Jigs, Reels, Hornpipe, Polka und Slow Airs. Die alte Form des unbegleiteten Gesangs von traditionellen Balladen und Melodien wird *sean-nós* genannt.

Musiker in Irland finden sich gern zu Gemeinschaftsprojekten zusammen. The Gloaming beispielsweise greift traditionelle Reelmelodien auf und gibt diesen einen modernen Sound. Das gleichnamige Debütalbum (2011) der Gruppe ist sensationell. Einer ihrer wichtigsten Musiker, der Geiger Caoimhín Ó Raghallaigh, ist zudem ein bemerkenswerter Solokünstler. Sein letztes Album, *The Gloaming 2*, zeigt sein meisterliches Geigenspiel und sein hervorragendes Verständnis für Loops und elektronische Textur.

Rock-, Folk- und traditionelle Musik kombiniert die Band The Spook of the Thirteenth Lock, die seit 2008 eine Reihe von Alben herausgebracht hat; zuletzt 2017 das Mini-Album *The Bullet in the Brick*.

Das Bühnenspektakel *Riverdance* machte irische Tänze sexy und zum weltweiten Phänomen. Vom musikalischen Wert sind Kenner des *trad*-Stils allerdings weniger überzeugt: Die Shows sind gut, aber die Musik ist schlecht.

Trad-Playlist

The Quiet Glen (Tommy Peoples)

Paddy Keenan (Paddy Keenan)

The Chieftains 6: Bonaparte's Retreat (The Chieftains)

Old Hag You Have Killed Me (The Bothy Band)

Rock & Pop

Seit den 1960ern brachte das Land zahlreiche Rockgrößen hervor, darunter Van Morrison, Thin Lizzy, die keltische Rockband Horslips, die Punkrocker The Undertones, die Belfaster Band Stiff Little Fingers (SLF), Irlands Antwort auf The Clash, und The Boomtown Rats mit Frontmann Bob Geldof.

Sie alle erblassen jedoch im Vergleich zu U2. Die Gruppe fand 1976 im Norden Dublins zusammen und stieg bis Ende der 1980er zu einer der erfolgreichsten Rockbands der Welt auf. Nach 13 Studioalben, die sich über 170 Millionen Mal verkauften, und 22 Grammy Awards braucht sie niemandem mehr etwas zu beweisen. Nicht einmal ihr Fauxpas 2014, als Apple Kopien von U2s neuestem Album *Songs of Innocence* iTunes-Nutzern „schenkte" – egal ob diese wollten oder nicht –, konnte ihre Beliebtheit mindern. Ihre Tour iNNOCENCE + eXPERIENCE (mit typografischer Ode an Apple), die bis Ende 2015 dauerte, war ein riesiger Erfolg.

Von allen irischen Musikern, die U2 in den 1980ern und frühen 1990ern folgten, mussten die meisten mit der Last leben, als „die nächsten U2" bezeichnet zu werden. Mit ihrer Mischung aus Punk und Irish Folk brachten die Pogues neuen Schwung in die Szene, aber die wahre Attraktion waren die einfühlsamen Songtexte von Shane MacGowan, dessen Talent von seiner Alkoholsucht überschattet wurde. Dennoch gelang es ihm, den beliebtesten Song Irlands, das Weihnachtslied *A Fairytale of New York*, zu schreiben. Sinéad O'Connor brachte es mit ihrer tollen Stimme zu Erfolg – aber auch damit, dass sie sich wie das Gegenstück zu U2 verhielt. Egal was die Band machte, sie tat das Gegenteil. Die raue Emotion ihres *The Lion and the Cobra* (1987) macht es zu einem großartigen Musikalbum. My Bloody Valentine waren die Pioniere des Shoegazing-Rock der 1980er, der durch verzerrte Gitarrenklänge gekennzeichnet war: *Loveless* (1991) ist eines der besten irischen Alben aller Zeiten.

Die 1990er waren größtenteils von DJs, Dance-Musik und Boybands gekennzeichnet. Hinter den erfolgreichsten Bands Irlands (Boyzone und Westlife) steht der Unterhaltungsmanager Louis Walsh, dessen musikalisches Feingefühl im Showband-Schmalz der 1960er zu versumpfen scheint. Seit 2004 ist er einer der Juroren der beliebten britischen Talentshow *X Factor*. Trotzdem findet er nach wie vor die Zeit, neue Gruppen zu produzieren, darunter das Duo Jedward, eineiige Zwillinge, die zwar keinen Ton treffen, sich aber mit ihren exzentrischen Eskapaden beliebt machten, und die sechsköpfige Boyband Hometown, deren Mitglieder aus ganz Irland stammen.

Die aktuelle Musikszene

Alternative Musik boomt in Irland. Sämtliche Künstler zieht es in die größte Stadt des Landes – nach Dublin. Zu den aufstrebenden Bands gehören das Hip-Hop-Duo NEOMADiC und Bad Bones (Letztere mit massivem Electronica-Einfluss), außerdem der Sänger und Songwriter Farah Elle und die Noise-Pop-Band Thumper mit ihrem erfolgreichen Mini-Album *magnum opuss*.

Sie alle hoffen, Fuß fassen zu können in der Szene neben Künstlern wie Damien Rice, der 2017 mit seinem Album *My Favourite Faded Fantasy* auf Tour war, den Altrockern von Kodaline, die sich mit ihrem zweiten Album *Coming Up For Air* (2015) als eine der besten aktuellen irischen Bands behaupten konnten (derzeit nehmen sie ihr drittes Album auf), und den vom Blues geprägten Hozier, dessen gleichnamiges Debutalbum 2015 von der Kritik hoch gelobt wurde, jedoch nicht an den weltweiten Erfolg seiner Single *Take Me to Church* von 2013 anschließen konnte. Obwohl er heute größtenteils in New York lebt, ist Glen Hansard (berühmt geworden durch *Once*) immer noch sehr präsent in Irland und geht gelegentlich mit seiner alten Band The Frames auf Tour.

Das überaus erfolgreiche Dubliner Trio hat es mit seinem melodischen Pop-Rock in allerlei TV-Sendungen geschafft, von *Beverly Hills 90210* bis hin zu *Made in Chelsea*. 2017 erschien ihre Single *Another War Child*. Diese bereitete die Fans auf die ernsteren Texte ihres neuen Albums vor, das auf das immens erfolgreiche Album *No Sound Without Silence* (2014) folgte. Zwar verkaufen die Villagers, die eigentlich nur aus Conor O'Brien und einer Handvoll Mitarbeiter bestehen, nicht so viele Platten, erhalten für ihren charakteristischen Indie-Folk-Rock aber rundum positive Kritiken. Ihr letztes Album, *Darling Arithmetic*, wurde 2016 mit dem Ivor-Novello-Award ausgezeichnet.

Doch auch weniger ernsthafte Bands stehen hoch im Kurs: Der Erfolg von Boyzone und Westlife ist allerdings nichts im Vergleich zu dem von One Direction, einem weiteren Produkt der Castingshow *The X Factor*. Eines der Mitglieder, Niall Horan, stammt aus Mullingar im County Westmeath, sodass der Auftritt der Band 2015 im Croke Park für ihn eine Art Heimspiel war. Die Band hat sich inzwischen getrennt, aber Niall startete eine erfolgreiche Solokarriere und veröffentlichte 2017 seine erste Solo-Single *This Town*.

Die wohl esoterischste Musikerin von allen ist Enya, erfolgreichste Solokünstlerin der irischen Geschichte und eine der berühmtesten Musikerinnen der Welt. Die aus Donegal stammende Komponistin und Instrumentalistin wuchs mit traditioneller irischer Musik auf, schuf jedoch Anfang der 1980er mit ihren Geschwistern in der Gruppe Clannad die keltische New-Age-Musik, die auf Synthesizern und schweren Loop-Effekten basierte. Später trat Enya als Solokünstlerin auf, und steht nach 75 Millionen verkauften Platten allein an der Spitze der New-Age-Musikszene. 2015 erschien ihr Album *Dark Sky Island*, das als eins ihrer besten angesehen wird.

Irische Rockalben

The Joshua Tree (U2)

Becoming a Jackal (Villagers)

Loveless (My Bloody Valentine)

Live & Dangerous (Thin Lizzy)

I Do Not Want What I Haven't Got (Sinéad O'Connor)

Hot Press (www.hotpress.com) ist eine vierzehntägig erscheinende Zeitschrift, die Interviews mit lokalen und internationalen Künstlern sowie Veranstaltungsprogramme enthält.

Literatur

Von all den kulturellen Ausdrucksarten ist es wohl ihre Art, zu sprechen und zu schreiben, die die Iren am stärksten auszeichnet. Ihre Liebe zur Sprache hat dem Land zu einem reichen Erbe weltberühmter Schriftsteller und Geschichtenerzähler verholfen. Dabei wurde den Einwohnern die Sprache ursprünglich von Eindringlingen aufgedrängt. Doch die Iren reagierten auf diese kulturelle Piraterie mit einer eigenen meisterhaften Mixtur: einem Englisch, angereichert und gewürzt mit charakteristisch irischen Rhythmen, Aussprachemustern und grammatischen Eigenheiten.

Am letzten Maiwochenende findet in Listowel (County Kerry) die Listowel Writers' Week statt, die zu den beliebtesten Literaturfestivals zählt – vor allem weil sie den Lesern die Möglichkeit bietet, ihre Lieblingsautoren persönlich zu treffen.

Der mythische Sagenkreis

Bevor es irgendeine Form moderner Literatur gab, entstand der Ulster-(Ulaid-)Zyklus, Irlands Version des homerischen Epos, der zwischen dem 8. und 12. Jh. nach mündlichen Überlieferungen niedergeschrieben wurde. Im Mittelpunkt steht die Sage *Táin Bó Cúailnge* (Rinderraub von Cooley). Sie erzählt vom Kampf zwischen Königin Medb von Connacht und Cú Chulainn, der wichtigsten Heldengestalt der irischen Mythologie. Bis heute taucht Cú Chulainn in den Werken irischer Schriftsteller auf, etwa bei Samuel Beckett oder Frank McCourt.

Moderne Literatur

Tausend Jahre nach dem mythischen Sagenkreis und ein paar Generationen nach Jonathan Swift (1667–1745) und seinem Meisterwerk *Gullivers Reisen* brachte die irische Literatur Berühmtheiten wie den Dramatiker Oscar Wilde (1854–1900), *Dracula*-Autor Bram Stoker (1847–1912) – der Name des Grafen soll auf das irische *droch fhola* (böses Blut) zurückgehen – und den bewunderten Literaturgiganten James Joyce (1882–1941) hervor, auf dessen Namen und Bücher man in Irland mächtig stolz ist.

Die meisten Werke schrieb Joyce, nachdem er seine Heimat verlassen und sich in Paris – damals *die* Experimentierstätte für Künstler schlechthin – niedergelassen hatte. Dies trifft auch auf einen anderen großen Sprach- und Stilforscher zu: Samuel Beckett (1906–1989). Beckett befasste sich in seinem Werk vor allem mit Fragen über die menschliche Existenz und die Natur des Ichs. Sein wohl bekanntestes Werk ist *Warten auf Godot*, doch sein übermächtiger Ruf basiert auf verschiedenen nüchternen Novellen und Theaterstücken.

DIE GÄLISCHE RENAISSANCE

Während die Home Rule (autonome Selbstverwaltung) debattiert und aufgeschoben wurde, fand in Irlands Kunst- und Literaturszene so etwas wie eine Revolution statt. Der Dichter William Butler Yeats (S. 464; 1865–1939) und seine Entourage (darunter Lady Gregory, Douglas Hyde, John Millington Synge und George Russell) engagierten sich für ein Revival der angloirischen Literatur. Sie gruben alte keltische Sagen wieder aus und schrieben mit frischer Begeisterung über das romantische Irland der legendären Schlachten und Kriegsköniginnen. Diese Bilder waren eine attraktivere Version der Geschichte eines Landes, das jahrhundertelang unter Invasionen und Entbehrungen gelitten hatte.

LITERARISCHE ERFOLGE

Die Asche meiner Mutter (Frank McCourt; 1996) Dieser mit dem Pulitzer-Preis ausgezeichnete Roman erzählt schonungslos eine autobiografische Geschichte über die Kindheit des Schriftstellers im verarmten Limerick während der Weltwirtschaftskrise in den 1930er-Jahren.

Unter Frauen (John McGahern; 1990) John McGaherns schlichtes, knappes Prosastück dreht sich um das Leben einer westirischen Familie nach dem Ende des Unabhängigkeitskriegs.

Im Dunkeln lesen (Seamus Deane; 1996) Der Gewinner des Guardian Fiction Prize schildert den Kampf eines Jungen, der versucht, die Wahrheit über seine Vergangenheit während der Belfaster Unruhen aufzudecken.

Die See (John Banville; 2005) Dieser mit dem Booker Prize ausgezeichnete Roman ist eine fesselnde Betrachtung über Sterblichkeit, Trauer, Tod, Kindheit und Erinnerungen. Er wurde 2013 verfilmt.

Manche, sagt man, sind verdammt (James Plunkett; 1969) Plunkett erweckt das Dublin zur Zeit des Lockouts von 1913 zum Leben; ein Meisterwerk der irischen Literatur des 20. Jh.

Der Schlächterbursche (Patrick McCabe; 1992) Eine brillant-gruselige Tragikomödie über einen Waisenjungen aus Monaghan, der dem Wahnsinn verfällt. Der Roman wurde erfolgreich von Neil Jordan verfilmt.

Im 20. Jh. schafften Dutzende irischer Autoren den Durchbruch, darunter der Dramatiker und Romanautor Brendan Behan (1923–1964). In seinen besten Werken wie *Borstal Boy*, *Der Spaßvogel* und *Die Geisel* verwob Behan Tragisches mit Witz und einem turbulenten Leben, bevor ihm seine Alkoholsucht ein frühes Ende bereitete.

Der aus Belfast stammende C. S. Lewis (1898–1963) starb ein Jahr zuvor, doch er hinterließ der Nachwelt Die *Chroniken von Narnia*, eine Reihe allegorischer Kindergeschichten, von denen bisher drei verfilmt wurden. Darüber hinaus gibt's einige Schriftsteller aus dem Norden, die sich dem Nordirlandkonflikt gewidmet haben. Dazu gehören Bernard McLavertys *Cal* (ebenfalls verfilmt) und sein jüngeres Werk *Die Schule der Anatomie*, zwei gleichermaßen hervorragende Romane.

Moderne Literatur

Brooklyn (Colm Tóibín)

Die wilde Ballade vom lauten Leben (Joseph O'Connor)

Die kleinsten, stillsten Dinge (Sara Baume)

The Glorious Heresies (Lisa McInerney)

Tausend Worte: Roman (Ciarán Collins)

Gegenwartsliteratur

Die irische Literaturszene floriert in Bezug auf Quantität und (vor allem) Qualität. Genauso wie die digitale Revolution die Musikbranche veränderte, haben dank des Booms an kleinen Verlagen und Druckereien mehr Autoren denn je die Chance, ihr Werk in Druck zu geben, was meist zu hervorragenden Ergebnissen geführt hat.

Als gutes Beispiel wäre *Die kleinsten, stillsten Dinge* (2016) von Sara Baume anzuführen, ein wunderbarer Einblick in eine Freundschaft zwischen einem Einsiedler und dessen einäugigem Hund in einer kleinen, klaustrophobischen Küstengemeinde. Zuerst von Tramp Press veröffentlicht, wurde es vom Verlagshaus Houghton Mifflin Harcourt aufgegriffen, das Baume eine größere Plattform bot, um der Welt ihr bemerkenswertes Talent zu präsentieren. Bei Tramp erschien auch erstmals *Solar Bones* (2016) von Mike McCormack, ein brillantes Tribut an das kleinstädtische Irland, das aus einem einzigen 200-seitigen Satz besteht und von einem Toten erzählt wird. Dieses unverfrorene Werk gewann 2016 den Goldsmith Prize, wurde jedoch für den britischen Man Booker Prize nur deshalb nicht in Betracht gezogen, weil die ursprüngliche Auflage ausschließlich für Irland vorgesehen war.

Frauenromane

Autoren hassen das Etikett und die Garde der Verleger sieht darauf herab, doch Frauenromane *(chick lit)* sind ein Riesengeschäft und nur wenige beherrschen das Genre so gut wie die Irinnen. An vorderster Front behauptet sich Maeve Binchy (1940–2012), die mit ihrer Stilsicherheit in puncto Verkaufszahlen selbst die bekanntesten Literaturgiganten in den Schatten stellte. Bevor sie starb, verfasste sie mit *A Week in Winter* (2012) ihren letzten Roman. Auch Marian Keyes (*1963) kann eine ganze Reihe von Beststellern vorweisen, darunter *Mittelgroßes Superglück* (2016). Sie ist eine großartige Erzählerin mit der seltenen Gabe, schwierige Themen wie Alkoholismus und Depressionen anzugehen – Probleme, unter denen sie selbst gelitten hat und mit denen sie bewundernswert ehrlich umgeht. Die frühere Kummerkastentante Cathy Kelly fabriziert fleißig jedes Jahr einen neuen Roman; ihr jüngstes Buch ist *Between Sisters* (2017) über das Leben von zwei sehr unterschiedlichen Schwestern.

Einer der erfolgreichsten irischen Schriftsteller ist Eoin Colfer, Autor der *Artemis-Fowl*-Reihe. Die acht Fantasyromane schildern die Abenteuer von Artemis Fowl II., der sich vom kriminellen Antihelden zum Retter der Elfen erhebt.

Irische Dichter

Der größte moderne Dichter Irlands war der in Derry geborene Nobelpreisträger Seamus Heaney (1939–2013), dessen enorme persönliche Wärme und trockener Humor in jedem seiner suggestiven Werke zu finden sind. Er war ohne Zweifel der Nachfolger von Yeats und einer der wichtigsten zeitgenössischen Dichter der englischen Sprache. Nachdem er 1995 den Nobelpreis gewonnen hatte, verglich er die darauffolgende Aufmerksamkeit mit jemandem, der vor seiner Mutter über Sex spricht. Das englischsprachige *Opened Ground – Poems 1966–1996* (1998) und die zweisprachige Ausgabe *Die Hagebuttenlaterne: Gedichte* (1995) sind unsere Lieblingsbücher von ihm.

Der Dubliner Paul Durcan (geb. 1944) ist einer der zuverlässigsten Chronisten des sich wandelnden Dublin und ein lustiger, einnehmender, zärtlicher sowie wilder Schriftsteller. Für *Daddy, Daddy* gewann er 1990 den prestigeträchtigen Whitbread Prize für Poesie. Der aus dem County Kerry stammende Dichter und Dramatiker Brendan Kennelly (geb. 1936) erfreut sich in seiner Stadt einer hohen Beliebtheit. Er hält Vorlesungen am Trinity College und verfasst einzigartige Poesie, die durch ihre Verspieltheit und ihre historische, intellektuelle Wirkung geprägt ist. Eavan Boland (geb. 1944) ist eine produktive, vielbewunderte Schriftstellerin und vor allem für ihre Poesie bekannt. Sie verbindet irische Politik mit freimütigem Feminismus. *In a Time of Violence* (1994) und *The Lost Land* (1998) gehören zu ihren berühmtesten Sammlungen.

Als der unsportliche und sehbehinderte James Joyce im Paris der zwanziger Jahre in betrunkene Kämpfe verwickelt wurde, versteckte er sich oft hinter seinem Trinkkumpan, dem körperlich weitaus imposanteren Ernest Hemingway.

Weitere allgemeine Informationen über irische Dichtung findet man auf der hervorragenden Website von Poetry Ireland (www.poetryireland.ie), auf der Werke von neuen und etablierten Dichtern vorgestellt werden. Einen Einblick in moderne irische Dichtung bietet auch *Contemporary Irish Poetry*, herausgegeben von Fallon und Mahon. *A Rage for Order*, herausgegeben von Frank Ormsby, ist eine lebhafte Sammlung der Poesie des Nordens.

Natur & Umwelt

An irischer Literatur, Musik und Kunst wird immer wieder deutlich, wie sehr sich die Landschaft der Insel – die sich 486 km von Nord nach Süd und nur 275 km von Ost nach West erstreckt – auf das Gemüt der Einwohner auswirkt. Vor allem Auswanderer geben überall zum Besten, wie sehr sie sich nach der Heimat sehnen. Für viele Traveller gehört das satte Grün der sanften Hügel und die gewaltige Kulisse zerklüfteter Küsten untrennbar zum Reiseerlebnis dazu.

Klippen & Felsen

Gewaltige Felsformationen wie The Burren im County Clare bilden zwar keine gute Lebensgrundlage für Gras, aber selbst hier sprießen mancherorts genügend Pflanzen, damit sich Schafe und Ziegen satt fressen können. Ansonsten ist das weite Land vor allem grau und karg. Ganz in der Nähe erheben sich wie abgeschnitten in der tosenden Brandung die dramatischen Cliffs of Moher. Genauso unverhofft stößt man im County Antrim auf die außergewöhnlichen sechseckigen Steinsäulen des Giant's Causeway und im County Donegal auf die schroffen Slieve-League-Felsen, Europas höchste Meeresklippen. Sanddünen schaffen einen Übergang zu weitaus sanfteren Abschnitten. Zudem erstrecken sich vor der gesamten Küste zahlreiche kleinere Inseln. Viele ragen als karge Felsen mit einzigartigen Ökosystemen aus dem Wasser, darunter Skellig Michael, ein atemberaubend zerklüftetes Eiland vor Kerry, Kulisse im letzten *Star-Wars*-Film.

1821 wurde in einem Moor in Galway die Leiche eines Mannes aus der Eisenzeit gefunden. Mantel, Schuhe und Bart waren noch erhalten.

Die ländlichen Farmen an der Westküste sehen oft schroff aus, was hauptsächlich damit zusammenhängt, dass hier das Felsgestein so nahe an der Oberfläche liegt. Große Gesteinsteile wurden abgetragen, um fruchtbare Erde zu schaffen. Aus ihnen errichtete man Wälle, um kleine Landteile abzugrenzen. Auf den Aran Islands kann man ein ganzes Labyrinth solcher Mauern bewundern.

Berge & Wälder

Im Westen, der bergigsten Region des Landes, erheben sich zahlreiche Klippen und Hügel. Die imposantesten Gipfel liegen im Südwesten, darunter auch der höchste Berg des Landes, der Carrantuohil (1040 m) in den Macgillycuddy's Reeks im County Kerry.

NATURSCHUTZGEBIETE

In der Republik gibt's 66 staatliche und zehn privat betriebene Nationale Naturschutzgebiete (National Nature Reserves, kurz NNR), Gebiete mit besonderer Pflanzen-, Tier- oder Gesteinswelt. Sie werden vom National Parks & Wildlife Service (www.npws.ie) verwaltet. Nordirland hat mehr als 45 NNRs, die dem dortigen Umweltministerium entweder gehören oder von ihm gepachtet werden, darunter der Giant's Causeway und Glenariff in Antrim sowie der North Strangford Lough, County Down. Mehr darüber erfährt man bei der Northern Ireland Environment Agency (www.ni-environment.gov.uk).

DAS MOOR

Einst bestand Irland zu einem Fünftel aus Moorland, das eher whiskeyfarben als grün aussieht. Der Braunton stammt von Pflanzen wie Heidekraut und Torfmoos, die unberührte Sumpfgebiete überdecken. Mitunter stoßen Besucher im County Kildare unverhofft auf eines der Moore im Bog of Allen oder entdecken in den westlichen Grafschaften Sümpfe: Fast die gesamte Mayoküste ist ein einziger Morast und auch in Donegal erstrecken sich riesige Moore.

Iren beklagen sich oft über den Verlust ihrer Forste. Ein Großteil der Bäume wurde bereits unter Elisabeth I. von den Engländern abgeholzt, die damit Schiffe für die Royal Navy bauten sowie die Innenverkleidung und Bestuhlung von Westminster. Inzwischen ist kaum noch etwas von den einst so üppigen Eichenwäldern übrig. Heute sind die Bäume oftmals das Produkt des jüngsten Wiederaufforstungsprogramms. Anstelle der Wälder eröffnet sich dem Besucher ein Anblick von grünen Wiesen und Feldern, unterteilt durch Hecken und Steinwälle. Diese werden zum Ackerbau und als Weideland für Rinder und Schafe genutzt.

Informationen über Parks, Gärten, Denkmäler und Binnenwasserstraßen findet man unter www.heritageireland.ie.

Pflanzen

Obwohl es in Irland kaum Wälder gibt, ist die Zahl der hiesigen Pflanzenarten größer als in vielen anderen Ländern Europas, was u. a. mit dem vergleichsweise späten Aufkommen der Landwirtschaft zusammenhängt.

Überreste des ursprünglichen Eichenwaldes findet man im Killarney National Park und im südlichen Wicklow bei Shillelagh. Weiter verbreitet sind Kiefernschonungen. Hecken, die zur Unterteilung von Feldern und als Markierung von Landgrenzen gepflanzt werden, bestehen zum großen Teil aus einheimischen Arten, die früher zuhauf in den Eichenwäldern wuchsen – ein faszinierendes Beispiel für die Fähigkeit der Natur, sich anzupassen und erneut durchzusetzen. Im Burren, County Clare, gedeiht eine erstaunlich bunte Mischung aus mediterranen, alpinen und arktischen Pflanzen.

Irlands Moore haben ihre ganz eigene Fauna, die an feuchte, säurehaltige, nährstoffarme Bedingungen gewöhnt ist. Ihr Fortbestand wird jedoch durch den Abbau der Sumpfgebiete als Energiequelle bedroht. Neben Rosmarin, Wollgras, Riedgras (dessen hauchdünner Halm eine Höhe von bis zu 30 cm erreicht) sowie verschiedenen Arten von Heidekraut und Flechten gehört das Torfmoos zu den häufigsten Moorpflanzen. Sogar fleischfressende Pflanzen gedeihen hier, darunter der Sonnentau, der mit seinen klebrigen Tentakeln Insekten fängt, oder die Wasserschläuche, deren winzige Fangblasen sich blitzschnell öffnen und mit dem Beutetier in der Falle wieder zuschnappen.

Der illustrierte Führer *The Animals of Ireland* von Gordon D'Arcy bietet eine praktische und günstige Einführung in Irlands vielfältige Tierwelt.

Tiere

Abgesehen von Fuchs und Dachs, die auf Menschen scheu reagieren und sich deswegen eher rar machen, kann man viele wild lebende Säugetiere Irlands in die Kategorie Kleintiere einteilen, darunter Kaninchen, Igel und Spitzmäuse. Wanderer entdecken häufiger irische Feldhasen bzw. sehen sie blitzschnell davonhoppeln. Rotwild streift in manchen abgelegenen Gebieten umher, vor allem in den Wicklow Mountains oder im Killarney National Park, wo auch die größte Herde des Landes zu finden ist.

Im Meer und in anderen Gewässern tummeln sich weitere Säugetiere, z. B. der in Europa mittlerweile selten gewordene Otter. Robben hausen an Flüssen oder an der Küste, ebenso wie Delfine, die dem warmen

Golfstromwasser bis nach Irland folgen. Manche sind das ganze Jahr über zu sehen, besonders in Buchten und Zuflüssen vor der irischen Westküste.

Vögel

Viele Traveller kommen extra zur Vogelbeobachtung nach Irland, einem Zwischenstopp für Zugvögel, die vorwiegend aus der Arktis, Afrika und Nordamerika hierher fliegen. Wegen unregelmäßiger Winde verschlägt es zudem oft exotische Vögel hierher, die in Westeuropa selten zu sehen sind.

Im Herbst werden die südlichen Grafschaften kurzfristig zur Heimat amerikanischer Watvögel (darunter Strandläufer und Regenpfeifer) sowie Grasmücken. Zugvögel aus Afrika wie Sturmtaucher, Sturmvögel und Alkenvögel bevölkern ab dem Frühling die südwestlichen Counties.

In *Irish Birds* beschreibt David Cabot Vögel und ihre Lebensräume sowie die besten Orte zur Vogelbeobachtung.

Den seltenen Wachtelkönig, der von Afrika ausgehend über Irland zieht, entdeckt man in den westlichen Grafschaften, in Donegal und rund um die Shannon Callows sowie auf Inseln wie Inishbofin in Galway. Im Spätfrühling und im Frühsommer verwandeln sich die schroffen Küstenstreifen, darunter vor allem Klippengegenden und Inseln, in ein wahres Paradies für brütende Meeresvögel wie Tölpel, Dreizehenmöwen, Schwarzschnabel-Sturmtaucher, Kormorane und Reiher. Papageientaucher, die mit ihrem frackartigen Gefieder aussehen wie Pinguine, nisten in großen Kolonien auf Klippenfelsen.

Seen und tief gelegene Moorgebiete ziehen zahlreiche Wasser- und Watvögel aus der Arktis und Nordeuropa an, etwa Singschwäne, Kiebitze, Weißwangengänse, Blässgänse und Goldregenpfeifer. Im Wexford Wildfowl Reserve lebt die Hälfte der weltweiten Population an Blässgänsen und auch die Zwergseeschwalbe nistet dort von den Dünen geschützt am Strand. Im Winter kann man außerdem Krickenten, Rotschenkel und Brachvögel beobachten. Viele Vögel ziehen von April bis Mai und von September bis Oktober vorbei.

Der Wanderfalkenbestand konnte sich gut erholen und lässt sich beim Nisten auf den Klippen in Wicklow und auch anderorts beobachten. 2001 wurden 46 Steinadlerjunge aus Schottland im Glenveagh National Park, County Donegal, ausgesetzt. Das Projekt litt allerdings unter widrigem Wetter und traurigerweise auch durch Unbekannte, die die Vögel vergifteten und auf sie schossen. 2013 konnte man jedoch zwei Nester und eine Handvoll Küken retten. Seit Kurzem werden hier außerdem wieder Seeadler angesiedelt und 2014 hat das Pärchen Saoirse und Caimin sogar ein Küken gezeugt – den ersten in Irland geborenen Seeadler seit 110 Jahren. Weitere Infos (und Live-Bilder) siehe unter www.goldeneagle.ie.

FRACKING

Fracking bzw. Hydraulic Fracturing ist sowohl in der Republik Irland als auch in Nordirland verboten. Ein großes Interesse daran bestand in den schieferreichen Gebieten des sogenannten Northwest Ireland Carboniferous Basin, das sich über Teile der Counties Leitrim, Roscommon, Sligo, Cavan, Donegal und Fermanagh erstreckt. Dort haben Lobbygruppen hart darum gekämpft, die Schiefergasvorkommen ausbeuten zu können. Bei einem Bericht der Environmental Protection Agency (EPA) aus dem Jahr 2016 kam jedoch heraus: Zwar können viele der mit der Förderung einhergehenden Umweltprobleme überwunden werden, aber über gesundheitliche Risiken für die Menschen ist nicht genug bekannt. Daher verbot der nordirische Umweltminister Mark Durkan Fracking so lange, bis „genügend stichhaltige Fakten" über alle Umwelteinflüsse bekannt sind.

Umweltprobleme

Irland gehört sicher nicht zu den größten Umweltsündern der Welt, aber mit dem neuen Wirtschaftsboom gingen mehr Industrie und ein erhöhtes Konsumverhalten einher, was zu mehr Abfall und Verschmutzung führte. Diese Mengen sind seit Anfang der 1990er-Jahre deutlich gestiegen. Die Bevölkerungsdichte des Landes ist eine der niedrigsten Europas, doch die Einwohnerzahl wächst stetig. In den letzten 30 Jahren sind im Einzugsbereich der Großstädte jede Menge Neubaugebiete entstanden; die größten davon erstrecken sich natürlich rund um Dublin, vor allem im Pendlergürtel der Grafschaften Meath und Kildare. Der Zusammenbruch der Immobilienblase 2008 hat diese Entwicklung zum größten Teil beendet – die Doppelhausreihen bleiben trotzdem. Weil immer mehr Einheimische ein eigenes Auto haben oder fliegen, wird Irland zunehmend abhängiger von nicht-erneuerbaren Energiequellen.

In *Reading the Irish Landscape* von Frank Mitchell und Michael Ryan erfährt man mehr über Irlands Geologie, Archäologie, Städtewachstum, Landwirtschaft und Aufforstung.

Mittlerweile wächst die Sorge um die Umwelt, und so ergreift die Regierung nun erste Maßnahmen, um den Schäden der florierenden Wirtschaft entgegenzuwirken. Seit 2007 ist die Sustainable Energy Authority of Ireland (www.seai.ie) damit beauftragt, die Entwicklung von erneuerbaren Energien (Solar, Wind, Wasserkraft, Geothermie und Biomasse) zu unterstützen bzw. zu fördern. Bisher haben die Maßnahmen allerdings noch nicht allzu viel gebracht: 2013 konnten 7,8 % des Energiebedarfs (Wärme, Strom und Verkehr) durch erneuerbare Energien geliefert werden.

Die EU-Richtlinie für die Förderung der erneuerbaren Energien hat Irland dazu verdonnert, diesen Prozentsatz bis 2020 auf 16 % anzuheben, ebenso wie den Anteil der erneuerbaren Energien bei der Verwaltung des Netzzugangs für Strom und die Nachhaltigkeitskriterien für Biomasse und flüssige Biokraftstoffe. Es ist seit Langem klar, dass Irland den Anforderungen nicht gerecht wird, und deshalb muss das Land ständig Strafen zahlen.

In der Praxis waren mehrere Recyclingprogramme sehr erfolgreich, besonders das „Plastax" – eine Steuer von 0,24 €, die auf alle Plastiktüten im Einzelhandel erhoben wurde, worauf sich deren Benutzung um unglaubliche 90 % verringerte!

Obwohl diese Projekte durchaus positive Signale setzen, ist Irland noch lange kein Vorreiter in der Umweltbewegung. Umfragen lassen sogar vermuten, dass sich die Einwohner weniger um Ökothemen scheren als die Bürger der meisten anderen europäischen Staaten. Darüber hinaus ist das Land meilenweit von den Bestimmungen des Kyoto-Protokolls zur Senkung der Emissionswerte entfernt. Die Regierung macht für die Umwelt nicht viel mehr als EU-Abstimmungen zu ratifizieren. Diese verfolgen zugegebenermaßen recht hochgesteckte Ziele, was die Senkung der Luftverschmutzung und eine genauere Überwachung der Wasserqualität betrifft.

Irlands Nationalparks

- *Burren (S. 372)*
- *Connemara (S. 415)*
- *Glenveagh (S. 500)*
- *Killarney (S. 284)*
- *Wicklow Mountains (S. 145)*
- *Ballycroy (S. 451)*

Nachhaltiger Tourismus

Weil die jährliche Zahl an Reisenden die der Iren bei Weitem übersteigt (ca. 1,5 zu 1), haben Besucher großen Einfluss auf das Geschehen. In dieser Hinsicht gilt der Tourismus als möglicher positiver Faktor, denn das Geld umweltbewusster Traveller könnte die ökologischen Aspekte der Wirtschaft in Schwung bringen. Zwar befindet sich der Ökotourismus noch in den Kinderschuhen, doch EcoTourism Ireland (www.ecotourismireland.ie) soll die Einhaltung der Standards für Ökoreisen durch Irland überwachen und Anbieter unterstützen, die den Vorgaben entsprechen. Die steigende Popularität von Outdoor-Aktivitäten schafft wirtschaftliche Anreize, die Sauberkeit von Irlands Küsten und Binnengewässern zu erhalten. Je mehr die Gebiete allerdings aktiv genutzt werden, desto schädlichere Auswirkungen könnte dies zur Folge haben – jedenfalls wenn niemand aufpasst.

Dank des äußerst effizienten Busnetzes kann man das Auto ruhig mal stehen lassen. Überhaupt ist das Land für Fahrrad- und Wanderreisen wie geschaffen. Viele Hotels, Pensionen und Hostels werben mit ihrem Sinn für Umweltbelange, und auch in Restaurants wird oft mit Biozutaten gekocht. Touristen haben es in Irland also wirklich nicht schwer, sich umweltfreundlich zu verhalten.

Sport

Für viele Iren ist Sport eine Art Religion. Einige glauben an Erlösung durch gute Werke wie Joggen, Radfahren oder Mannschaftsport. Alle anderen geben sich dagegen mit der Rolle als Zuschauer zufrieden, insbesondere von der Couch oder dem Pubhocker aus. Von dort begleiten sie die wechselhaften Geschicke ihrer Lieblingsmannschaften mit großer Hoffnung oder lautstark geäußerter Verzweiflung.

Gaelic Football & Hurling

Gälische Sportarten sind wie ein Spiegel der irischen Seele. Sie gehören zum Leben und nehmen einen besonderen Platz in der Kultur ein. Ihr Wiederaufleben gegen Ende des 19. Jhs. ging einher mit dem damaligen Revival des Gälischen und dem Weg in die Unabhängigkeit. Herz des Ganzen ist die 1884 gegründete Gaelic Athletic Association (www.gaa.ie), die nach wie vor für die Pflege des Amateursports verantwortlich zeichnet. Dass die gälischen Sportarten in Zeiten der Globalisierung und der allgemeinen Kommerzialisierung noch immer zu den absoluten Lieblingen der Einheimischen gehören, ist geradezu herzerwärmend.

Die Hauptstadt eines jeden Countys hat ein Stadion, in dem Gaelic Football und Hurling-Spiele ausgetragen werden. Die Saison der Liga und der Meisterschaft dauern meist von Februar bis Ende September und Tickets sind nicht schwer zu kriegen (außer bei den ganz großen Spielen, die meist in Dublins Croke Park stattfinden); mehr Infos unter www.gaa.ie.

Sowohl Gaelic Football als auch Hurling sind schnelle, aufregende Spiele und deshalb nichts für Leute mit schwachen Nerven. Gekämpft wird meistens hart und aggressiv. Beide Sportarten finden auf County-Ebene statt, Meisterschaften werden erst regional, dann überregional ausgetragen. Natürlich träumt jeder Vereinsspieler davon, seine Grafschaft vertreten zu dürfen, um vielleicht im September im Croke Park in Dublin beim Meisterschaftsendspiel, dem All-Ireland Final, dabei zu sein.

Fußball

Fußball hat in Irland jede Menge Anhänger. Die meisten sind Fans von Manchester United, Liverpool oder den beiden Clubs aus Glasgow (Rangers und Celtic); dagegen interessieren sich weit weniger Leute für die mittelmäßigen Profis und Amateure der irischen National League (www.fai.ie) und der nordirischen Irish League (www.irishfa.com). Mit der millionenschweren Premier League in England können irische Teams nicht mithalten, und zu allem Übel werben die Engländer auch noch sämtliche Talente ab.

Auf internationaler Ebene haben die Republik und Nordirland getrennte Fußballteams, die aber Schwierigkeiten haben, sich für internationale Wettbewerbe zu qualifizieren und Welten entfernt von ihren

DU SAGST SOCCER, ICH SAGE FOOTBALL

Um Fußball von Gaelic Football zu unterscheiden, wird Ersteres oft *soccer* genannt – besonders in gälischen Hochburgen, wo der Begriff gleichzeitig Verachtung gegenüber den so genannten „Garnisonssportarten" ausdrückt. Irische Fans des Association Football (so die offizielle Bezeichnung) bleiben bei *football* und Gaelic Football oder – in Dublin – bei *gah* für die Abkürzung GAA (Gaelic Athletic Association).

SPIELREGELN BEIM GAELIC FOOTBALL & HURLING

Sowohl beim Gaelic Football als auch beim Hurling gibt's zwei Teams mit je 15 Spielern. Ziel ist es, den Ball durch eine Art Rugbytor zu schießen: ein Netz zwischen zwei hohen senkrechten Pfosten und einer waagerechten Latte, bewacht von einem Torwart. Für ein Tor (unterhalb der Latte) bekommt man drei Punkte; geht der Ball über die Latte, aber durch die beiden Pfosten, gibt's einen Punkt. Angezeigt werden die Punkte folgendermaßen: 1–12, d. h. in diesem Fall ein Tor (3 Punkte) plus 12 Punkte, was zusammen 15 Punkte ergibt.

Gaelic Football wird mit einem runden Ball gespielt, den man kicken oder auch mit der Hand weitergeben darf. Hurling ist der weitaus elegantere Sport. Dabei benutzt man einen flachen Schläger *(camán)*, mit dem man den kleinen Lederball *(slíothar)* schlägt oder trägt. Eine Ballabgabe per Hand ist ebenfalls erlaubt. Beide Spiele dauern 70 schweißtreibende Minuten.

Glanzzeiten sind: Für das nordirische Team waren das die 1980er und für die Republik die Jahre 1988 bis 2002.

Um nicht mit der beliebteren English Premier League konkurrieren zu müssen, deren Saison von Mitte August bis Mitte Mai dauert, hat die League of Ireland als einzige europäische Liga ihre Saison auf den Zeitraum von April bis November verlegt. Nordirlands Irish League folgt weiter dem üblichen britischen Terminkalender für den Winter.

> Viele Grafschaften sind nur in der einen gälischen Sportart gut, in der anderen nicht. Kilkenny, Waterford, Clare und Tipperary überzeugen im Hurling, während Kerry, Meath, Mayo und alle neun Ulster-Counties besser Gaelic Football spielen. Cork, Galway, Offaly, Wexford und Dublin können jedoch in beiden Sportarten mithalten.

Rugby

Obwohl Rugby eher ein Sport der irischen Mittelschicht ist, herrscht bei den jährlichen Six Nations Championships im Februar und März überall im Land Hochstimmung, denn das Nationalteam besteht aus Spielern aus dem Norden sowie dem Süden und wird daher sowohl von Nationalisten als auch von Unionisten angefeuert. Aus diesem Grund spielt man bei internationalen Spielen nicht mehr die irische Nationalhymne, sondern das völlig harmlose Lied *Ireland's Call*, das speziell für diesen Anlass komponiert wurde.

Auf der Provinzebene sind Leinster und Munster die größten Namen und auch bei europäischen Pokalwettbewerben sehr erfolgreich – Leinster hat den European Rugby Champions Cup (ehemals Heineken Cup) drei Mal gewonnen und Munster zwei Mal. Als Nächstes folgt Ulster mit einem Sieg.

Golf

Schottland mag die Heimat des Golfsports sein, doch in Irland verbringt er seinen Urlaub.

Bei über 400 davon, darunter zahlreiche in Parklandschaften und im Landesinneren, haben Golfer die Qual der Wahl. Ein Besuch der großartigen Resorteinrichtungen im amerikanischen Stil, die in den vergangenen Jahrzehnten gebaut wurden und die mit makellosen rasenartigen Fairways, weißen Sandbunkern und strategisch platzierten Wasserhindernissen aufwarten, lohnt auf jeden Fall.

Das Herz des irischen Golfsports schlägt jedoch am Meer: Praktisch an der gesamten Küste reihen sich spektakulär gelegene Links aneinander.

Zum Schluss noch ein Wort über die irischen Golfer. Wenn man mal von den Snobs und den sehr auf Einhaltung der Etikette bedachten Spielern mit hohen Handicaps absieht, sind die echten irischen Spieler die Männer und Frauen, die ihre Schuhe auf dem Parkplatz wechseln und es kaum erwarten können, zum ersten Abschlag zu kommen. Sie kennen alle sicheren Bereiche, in die man den Ball schlagen kann, und betrachten es als ihre Pflicht, dieses Insiderwissen zu teilen. Wenn jemand allein ankommt und vorher noch ein wenig übt, sind sie es, die eine gemeinsame Runde vorschlagen, weil sie es für falsch halten, allein zu spielen.

Der irische Golfer ist freundlich und locker. Ihm ist stets klar, dass man beim Golf niemals gewinnt und dass die schlechte Runde heute nicht viel bedeutet, denn morgen kann alles schon wieder anders sein. Außerdem weiß er, dass sich eine Runde über 19 Löcher erstreckt, denn welchen Sinn hätte ein Golfspiel schon, wenn man nicht hinterher bei einem Drink gemeinsam darüber lachen könnte?

Pferde- & Windhundrennen

Die Leidenschaft fürs Pferderennen wird Iren in die Wiege gelegt. Sie gehen damit unbefangener und weniger versnobt um als die Engländer. Wer Spaß daran hat, kann sich jeden Tag in eines der vielen Wettbüros setzen und Rennen aus England und Irland verfolgen. Allerdings scheint bei den Wetten niemals Geld den Besitzer zu wechseln, denn jeder irische Spieler beteuert, dass er seine Einsätze am Ende wieder rausbekommt.

Darüber hinaus genießen die Iren einen exzellenten Ruf als Züchter von Pferden für Rennen oder andere Sportarten wie Springreiten. Letzteres ist ebenfalls äußerst populär, zieht allerdings ein etwas blasierteres Publikum als die Pferderennen an. Zu den großen Turnieren gehören das Irish Grand National (Fairyhouse, April), das Irish Derby (im Curragh, Juni) und das Irish Leger (im Curragh, Sept.). Weitere Auskünfte erteilt Horse Racing Ireland (www.hri.ie).

Einst traditionell das Vergnügen des „armen Mannes“, haben Windhundrennen in den vergangenen Jahren an Prestige gewonnen und sich teilweise zu Massenveranstaltungen gemausert. Sie sind eine günstigere und leichter zugängliche Alternative zu Pferderennen. Es gibt in Irland rund 20 Strecken, die vom Irish Greyhound Board (www.igb.ie) betreut werden.

Das Buch des irischen Akademikers Dr. Fintan Lane, *Long Bullets: A History of Road Bowling in Ireland*, verfolgt die Geschichte dieser Sportart bis ins 17. Jh. zurück.

Road-Bowling

Ziel des *road-bowling* (Boßeln) ist es, eine gusseiserne ca. 800 g schwere Kugel 1 bis 2 km möglichst schnell, kontrolliert und akkurat eine verkehrsarme Straße entlangzubefördern. Wer die wenigsten Würfe benötigt, gewinnt. Üblicherweise schließen die Teilnehmer während des Spiels Wetten ab.

Der Ball wird als *bowl* (Kugel) oder *bullet* (Geschoss) bezeichnet. Ein *shot* (Schuss) ist ein Wurf, ein *kitter-paw* ein werfender Linkshänder. Hört man jemanden über seinen *butt* sprechen, ist die Abwurflinie auf der Straße gemeint. *Breaking butt* bedeutet, dass jemand die Zielmarkierung vor dem Wurf überschritten hat. *Faugh an Bheallach* ist ein traditioneller irischer Schlachtruf und heißt, man solle aus dem Weg gehen. Ein *sop* ist ein Grasbüschel, das platziert wird, wo die Kugel erstmals auf den Boden auftreffen soll, und ein Spiel wird *score* genannt.

Besonders beliebt ist *road bowling* in Cork (dort gibt's 200 Clubs) und in Armagh. Die Wettkämpfe ziehen zahlreiche Zuschauer an und finden das ganze Jahr über statt. Mittlerweile ist die Sportart in vielen Ländern populär, u. a. in Deutschland, wo vor allem die Ostfriesen boßeln. Inzwischen wird sogar eine Weltmeisterschaft ausgetragen (siehe unter www.irishroadbowling.ie). In Irland kontrolliert die Irish Road Bowling Association den Sport.

Praktische Informationen

Allgemeine Informationen

Arbeiten in Irland

EU-Bürger können ohne Einschränkungen in der Republik und in Nordirland arbeiten.

Die vom Staat finanzierte Organisation **Work in Ireland** (☎01-878 3156; www.workinireland.ie; 15–17 Eden Quay; ⏱Mo–Fr 9–20, Sa & So 11–17 Uhr) in Dublin ist sehr nützlich, denn dort wird einem für etwa 45 € pro Jahr beim Einrichten eines Bankkontos, dem Erstellen eines Lebenslaufs, der Terminabsprache für Vorstellungsgespräche und der Unterkunftssuche geholfen. Auch Sprachkurse werden vermittelt, und es gibt Ermäßigungen bei Fahrten sowie bei Anrufen.

Botschaften & Konsulate

Auf der Website des **irischen Außenministeriums** (www.dfa.ie) findet man eine Liste der irischen Botschaften und diplomatischen Vertretungen im Ausland.

Deutschland Botschaft (☎269 3011; www.dublin.diplo.de; 31 Trimleston Ave, Booterstown, Blackrock, County Dublin); Konsulat (☎028-9024 4113; 22 Great Victoria St, Chamber of Commerce House, Belfast)

Österreich Botschaft (☎269 4577; www.bmeia.gv.at/botschaft/dublin.html; 93 Ailesbury Rd, Dublin 4)

Schweiz Botschaft (☎218 6382; www.eda.admin.ch/dublin; 6 Ailesbury Rd, Ballsbridge, Dublin 4)

Essen

In Städten ist es grundsätzlich empfehlenswert, einen Tisch zu reservieren. Es reicht, am selben Tag anzurufen. Eine Ausnahme bilden die Restaurants der Spitzenklasse, die zwei Wochen im Voraus reserviert werden sollten.

Restaurants Von günstigen Cafés bis hin zu Feinschmeckerrestaurants mit Michelin-Sternen findet man alles.

Cafés Cafés haben tagsüber geöffnet (selten abends) und servieren den ganzen Tag über Frühstück, Sandwiches und einfache Gerichte.

Pubs Auf der Speisekarte stehen ebenso getoastete Sandwiches wie sorgfältig zusammengestellte Gerichte auf Restaurantniveau.

Hotels In allen Hotels dürfen auch Nichtgäste speisen. Gerade im ländlichen Irland ist diese Option sehr beliebt.

Feiertage & Ferien

Gesetzliche Feiertage sorgen meist für Chaos auf den Straßen, weil dann besonders viele Leute unterwegs sind. Zu diesen Terminen sollte man seine Unterkunft besser weit im Voraus buchen.

Gesetzliche Feiertage in der Republik und in Nordirland:

Neujahr 1. Januar

St. Patrick's Day 17. März

Ostern (Karfreitag bis Ostermontag) März/April

Maifeiertag Erster Montag im Mai

Weihnachten 25. Dezember

PRAKTISCH & KONKRET

Maße & Gewichte Metrisches System außer bei alkoholischen Getränken, die in *pints* gemessen werden

Radio RTE Radio 1 (88MHz–90MHz), Today FM (100MHz–103MHz), Newstalk 106-108 (106MHz–108MHz), BBC Ulster (92MHz–95MHz; nur in Nordirland zu empfangen).

Rauchen Außer in Privathäusern und in Gefängnissen ist das Rauchen in Innenräumen überall in Irland und Nordirland untersagt.

Zeitungen *Irish Independent* (www.independent.ie), *Irish Times* (www.irishtimes.com), *Irish Examiner* (www.examiner.ie), *Belfast Telegraph* (www.belfasttelegraph.co.uk).

RESTAURANTPREISE

Die folgenden Preise gelten für ein Hauptgericht in einem Restaurant.

KATEGORIE	REPUBLIK	DUBLIN	NORDIRLAND
€/£	< 12 €	<15 €	< 12 £
€€/££	12–25 €	15–28 €	12–20 £
€€€/£££	> 25 €	> 28 €	> 20 £

St. Stephen's Day (Zweiter Weihnachtsfeiertag) 26. Dezember

Wenn St. Patrick's Day oder St. Stephen's Day aufs Wochenende fallen, werden sie am darauffolgenden Montag gefeiert. In der Republik hat an Karfreitag fast alles zu, obwohl er kein offizieller Feiertag ist, während in Nordirland viele Geschäfte öffnen, dafür aber am darauffolgenden Dienstag geschlossen bleiben.

Nordirland

Spring Bank Holiday Letzter Montag im Mai

Orangemen's Day 12. Juli

August Holiday Letzter Montag im August

Republik Irland

June Holiday Erster Montag im Juni

August Holiday Erster Montag im August

October Holiday Letzter Montag im Oktober

Fotos

- Die Tage können ziemlich düster sein, daher sollte man auch lichtempfindlichere Filme mit ISO 400 dabeihaben.
- In Nordirland sollte man sich eine Genehmigung besorgen, bevor man Polizeireviere, Armeeposten oder andere militärische Einrichtungen fotografiert.
- In den protestantischen und katholischen Hochburgen von Belfast sollte man keine Personen ohne Erlaubnis knipsen und muss ein „Nein" akzeptieren.
- Im Lonely-Planet-Band *Guide to Travel Photography* findet man zahlreiche nützliche Tipps zur Reisefotografie.

Frauen unterwegs

Frauen können problemlos durch Irland reisen. Verhütungsmittel bekommt man inzwischen sehr viel leichter als früher. Wer die Pille nimmt, sollte dennoch einen ausreichenden Vorrat mitbringen.

Rape Crisis Network Ireland (☎091-563 676; www.rcni.ie) Für Vergewaltigungsopfer in der Republik. Online gibt's eine App.

Geld

In der Republik zahlt man mit dem Euro (€), in Nordirland mit dem nordirischen Pfund (£), vielerorts werden jedoch auch Euros angenommen.

Die besten Wechselkurse bieten Banken, aber Wechselstuben und ähnliche Einrichtungen haben längere Öffnungszeiten.

Geldautomaten

Die meisten Geldautomaten funktionieren über internationale Geldsysteme wie Cirrus, Maestro oder Plus. Bei Transaktionen wird eine Umtauschgebühr fällig und bei Abhebungen mit der Kreditkarte können umgehend enorm hohe Zinsen auf Liquiditätsvorschüsse fällig werden. Das Ausspähen von Daten auf der Bankkarte, sogenanntes *skimming*, greift immer mehr um sich.

Kredit- & Debitkarten

Kredit- und Debitkarten von Visa und MasterCard sind weit verbreitet. American Express wird nur von größeren Ketten akzeptiert und mit Diners bzw. JCB kann man fast nirgends zahlen. Üblicherweise werden Transaktionen über Chip und PIN abgewickelt – kaum irgendwo muss man eine Unterschrift leisten.

Kleinere Geschäfte wie Pubs und einige B&Bs bevorzugen Debitkarten und erheben eine Gebühr bei Zahlungen mit Kreditkarte, einige wenige akzeptieren sogar nur Bargeld.

Steuern & Erstattungen

Auf die meisten Waren wird eine Mehrwertsteuer (VAT) in Höhe von 21% (20% in Nordirland) erhoben, die Nicht-EU-Bürger, die gekaufte Waren innerhalb von drei Monaten ausführen, erstattet bekommen.

Um die Steuer erstattet zu bekommen, muss man das Formular ausfüllen, das man beim Kauf bekommt, und dieses am Zoll abgeben.

Waren wie Bücher, Kinderschuhe und Secondhandkleidung sind ausgenommen.

Trinkgeld

Hotels 1 €/1 £ pro Gepäckstück ist Standard; Reinigungspersonal bekommt nach eigenem Ermessen Trinkgeld.

Personal in öffentlichen Toiletten Kleingeld; maximal 0,50 €/50 p.

Pubs Nur wenn man am Tisch bedient wird; 1 €/1 £ pro Getränkerunde.

Restaurants 10 % für einen guten Service, bis zu 15 % in gehobenen Lokalen.

Taxis 10 % oder aufrunden.

Klima

Belfast

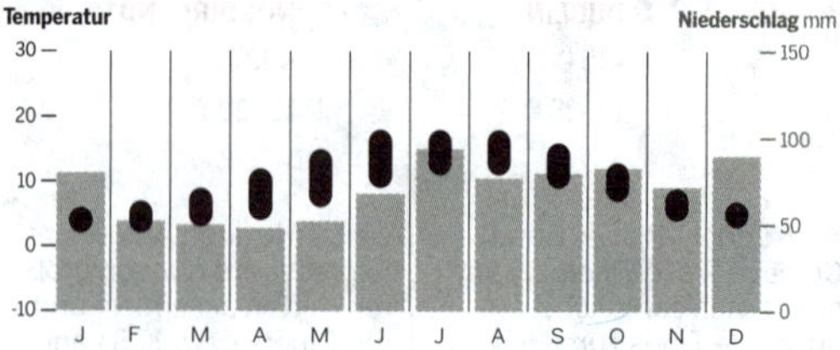

Dublin

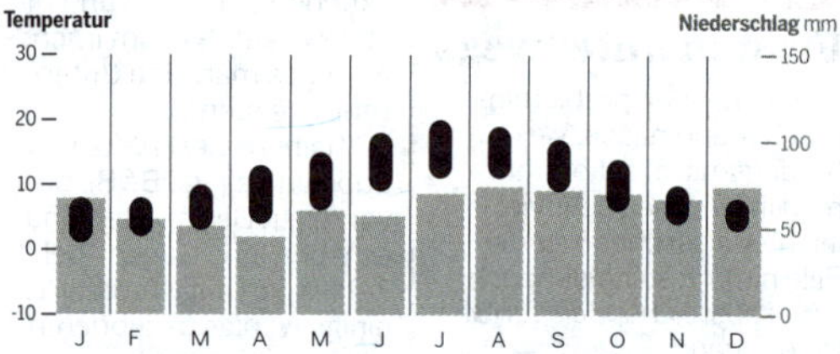

Galway

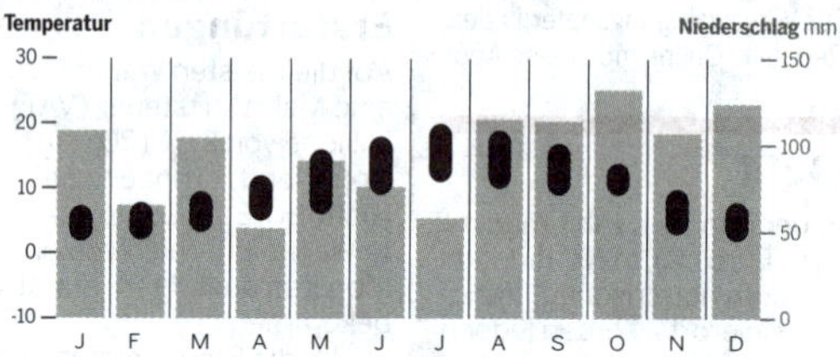

Gesundheit

Für Irlandreisen sind keine Impfungen vorgeschrieben. Die medizinische Versorgung ist gut und schnell verfügbar. Bei kleinen Wehwehchen geben Apotheker nützliche Ratschläge und verkaufen rezeptfreie Medikamente. Auch bei größeren Beschwerden können sie bezüglich der weiteren Vorgehensweise helfen.

Seit 2004 gilt die Europäische Krankenversicherungskarte (EHIC) in allen EU-Staaten sowie weiteren Ländern (u. a. der Schweiz), seit 2006 ist sie in Deutschland bei gesetzlich Versicherten in die übliche Versicherungskarte integriert. Sie garantiert bei Notfällen medizinische Versorgung in der gesamten EU, der Rücktransport ins Heimatland ist jedoch nicht abgedeckt.

In den Notaufnahmen staatlicher Krankenhäuser Nordirlands wird jeder, unabhängig von seiner Nationalität, kostenlos behandelt.

Internetzugang

WLAN und 3G-/4G-Netzwerk machen Internetcafés größtenteils überflüssig (außer für Spieler). In den wenigen verbleibenden Läden kostet das Surfen rund 6 € pro Stunde. Die meisten Unterkünfte bieten WLAN, das entweder kostenlos ist oder eine Tagesgebühr (bis zu 10 € pro Tag) kostet.

Kinder

Irland ist ein sehr kinderfreundliches Land. Überall interessieren sich die Leute für den Nachwuchs und stellen Fragen. Das bedeutet aber leider nicht, dass die Infrastruktur für Kinder entsprechend gut ist. Nicht überall findet man Wickelräume und Hochstühle in Restaurants; besonders in kleinen Städten und ländlichen Gegenden sind diese oft Mangelware.

Zwar gibt's in Pubs Auflagen, wann Kinder sich in diesen aufhalten dürfen, Restaurants hingegen kann man theoretisch in jedem Alter und zu jeder Tageszeit besuchen. In vielen Restaurants sind die kleinen Gäste jedoch nicht gern gesehen, vor allem (aber nicht ausschließlich) im höheren Preissegment und zu den Stoßzeiten, in denen man eventuell auch keinen Hochstuhl mehr ergattern kann. Bei Reservierung sollte man im Vorfeld angeben, dass man einen Hochstuhl benötigt.

Was Aktivitäten für die ganze Familie anbelangt, hat sich das Angebot in Irland in den letzten zehn Jahren deutlich verbessert. An den meisten Attraktionen wird Kinderprogramm für alle Altersstufen angeboten: Museen haben kinderfreundliche Ausstellungen und sogar geführte Touren werden auf Kinder zugeschnitten angeboten.

Viele hilfreiche Informationen bietet der Lonely-Planet-Führer *Travel with Children*.

Weitere allgemeine Informationen findet man unter www.lonelyplanet.com/family-holidays und www.reisen-mit-kindern.info.

Praktisch & Konkret

Wickelräume Wickelräume gibt's ausschließlich in größeren Städten, und selbst dort nur in Einkaufszentren.

Babysitter-Agenturen Nur in größeren Städten sowie in einigen der alteingesessenen schickeren Hotels. Ein Babysitter kostet zwischen 12 und 20 € pro Stunde zuzüglich Fahrtkosten.

Kindersitze fürs Auto (ca. 50 €/35 £ pro Woche) sind für Kiddies zwischen neun Monaten und vier Jahren vorgeschrieben.

Pubs Kinder dürfen nur in Begleitung Erwachsener in Pubs. Um 21 Uhr ist für sie Zapfenstreich (Mai bis September 22 Uhr).

Verkehrsmittel Kinder unter fünf Jahren reisen in allen öffentlichen Verkehrsmitteln kostenlos.

Öffnungszeiten

Banken Mo–Fr 10–16 Uhr (Do bis 17 Uhr)

Pubs Mo–Do 10.30–23.30, Fr & Sa 10.30–0.30, So 12–23 Uhr (plus 30 Min. zum „Austrinken"); an Weihnachten und Karfreitag sind alle Kneipen geschlossen

Restaurants 12–22.30 Uhr; Viele Lokale haben einen Tag in der Woche zu.

Geschäfte Mo–Sa 9.30–18 Uhr (in Städten Do bis 20 Uhr); So 12–18 Uhr

Rechtsfragen

Illegale Drogen sind weit verbreitet, besonders in Clubs. Der Besitz von Marihuana führt zu Geldstrafen oder einer Verwarnung, härtere Drogen ziehen schwerwiegendere Konsequenzen nach sich. Trunkenheit in der Öffentlichkeit ist zwar illegal, kommt aber häufig vor – solange es keinen Ärger gibt, drückt die Polizei normalerweise ein Auge zu. Wer verhaftet wird, hat das Recht zu schweigen und sich an einen Anwalt oder die Botschaft zu wenden.

Wurde man einer Tat beschuldigt und verwarnt, wird man entweder gegen Kaution *(station bail)* entlassen oder, bei einem schwererem Verstoß, so schnell wie möglich (in der Regel innerhalb von 12 Std.) von der Polizeiwache zum Amtsgericht gebracht, wo man entweder gegen Kaution entlassen wird oder durch den Richter eine Untersuchungshaft angeordnet wird.

Rechtsbeistand geben z. B. die beiden nachfolgend genannten Einrichtungen:

Legal Aid Board (☎066-947 1000; www.legalaidboard.ie) Verfügt über ein Netzwerk örtlicher Rechtsberatungen.

Legal Services Agency Northern Ireland (☎028-9076 3000; www.justice-ni.gov.uk/topics/legal-aid) Ist in Nordirland für die gesetzliche Rechtsbeihilfe verantwortlich, kann aber keine juristische Beratung erteilen.

Reisen mit Behinderung

Alle neuen Gebäude sind rollstuhlgerecht ausgestattet, außerdem verfügen zahlreiche Hotels (vor allem Hotelketten in Städten) über Aufzüge, Rampen und andere Einrichtungen wie Hörhilfesysteme. Viele andere hingegen, vor allem B&Bs, sind bisher noch nicht rollstuhlgerecht.

Infoquellen

➡ Einen hilfreichen Artikel mit Links zu Informationen zur Barrierefreiheit bei der An- und Weiterreise, dem Reisen vor Ort und zu barrierefreien touristischen Sehenswürdigkeiten findet man unter www.ireland.com/en-us/accommodation/articles/accessibility/.

➡ Die folgenden drei Websites mit Bewertungen von Unterkünften, Gastronomie und Sehenswürdigkeiten sind empfehlenswert: https://mobilitymojo.com/ mit einer Datenbank zu Dublin, Galway und darüber hinaus, http://www.trip-ability.com/, die bald über ein Buchungssystem verfügen wird, und www.accessibleireland.com/ mit einer kleinen Einführung zu den öffentlichen Verkehrsmitteln.

➡ Unter http://lptravel.to/AccessibleTravel die kostenlosen Accessible-Travel-Reiseführer von Lonely Planet herunterladen.

➡ Antworten auf zahlreiche weitere Fragen rund um das Thema Reisen mit Behinderung bekommt man beim **Citizens' Information Board** (☎0761 079 000; www.citizensinformationboard.ie) in der Republik und bei **Disability Action** (☎028-9029 7880; www.disabilityaction.org) in Nordirland.

Öffentliche Verkehrsmittel

In Großstädten verkehren zwar zahlreiche geräumige Niederflurbusse, doch nur 63 % der Pendler- und Expressway-Busse von Bus Éireann verfügen über eine rollstuhlgerechte Ausstattung. Auch viele Haltestellen in ländlichen Gegenden sind nicht für Rollstuhlfahrer geeignet.

Wer vorab um Hilfe bittet, wird am Bahnhof zum Zug begleitet. Wenn man mit 24 Stunden Vorlauf die ☎1850 366 222 wählt (außerhalb der Republik Irland ☎+353 1 836 6222) oder eine E-Mail an access@irishrail.ie schickt, bekommt man Hilfe beim Ein- und Aussteigen und beim Umsteigen an Haltepunkten. Achtung: Die Züge bieten nur eine begrenzte Anzahl an rollstuhlgerechten Plätzen. Neuere Züge sind mit Hilfssystemen für Leute mit Seh- oder Hörbehinderungen ausgestattet. Begleithunde dürfen ohne Einschränkungen mitgenommen werden. Eine umfassende Liste von Einrichtungen an Bahnhöfen (Stand 2015) kann unter www.irishrail.ie/travel-information/disabled-access heruntergeladen werden.

Schwule & Lesben

Irland ist recht tolerant gegenüber Schwulen und Lesben. Größere Städte wie Dublin, Galway, Cork und Belfast und Derry in Nordirland haben etablierte Schwulenszenen. 2015 stimmte eine überwältigende Mehrheit der Iren in einem historischen Referendum für gleichgeschlechtliche Ehen. Nordirland ist der einzige Teil des Vereinigten Königreichs, in dem gleichgeschlechtliche Ehen nicht zulässig sind.

Während Städter eher aufgeschlossen und tolerant sind, trifft man in kleineren Orten und ländlichen Gegenden immer noch auf homophobe Menschen. Online kann man sich hier informieren:

Gaire (www.gaire.com) Mit einem Forum und zahlreichen Informationen für Schwule.

Gay & Lesbian Youth Northern Ireland (www.cara-friend.org.uk/projects/glyni) Freiwilligenorganisation, die sich um Beratungen, Informationen, Gesundheitsfragen und Begegnungsräume für Schwule kümmert.

Gay Men's Health Project (☎01-660 2189; http://hse.ie/go/GMHS) Ratschläge zum Thema Gesundheit.

National Lesbian & Gay Federation (NLGF; ☎01-671 9076; http://nxf.ie) Veröffentlicht die monatlich erscheinenden *Gay Community News* (http://theoutmost.com).

Northern Ireland Gay Rights Association (☎0771-957 6524; www.nigra.co.uk; Belfast LGBT Centre, 23–31 Waring St) Die Vereinigung vertritt die Rechte und Interessen der Schwulen, Lesben und Bisexuellen in Nordirland und unterstützt telefonisch und online, jedoch nicht persönlich.

Outhouse (☎01-873 4932; www.outhouse.ie; 105 Capel St; 🚌all city centre) Tolles Zentrum für Schwule, Lesben und Bisexuelle, in dem man sich zu Veranstaltungen informieren, das schwarze Brett checken und Leute treffen kann. Veröffentlicht auch die irischen *Pink Pages*, mit interessanten Angeboten für Schwule, die man auch auf der Website nachlesen kann.

Sicherheit

Irland ist sicherer als viele andere europäische Länder, trotzdem sollte man die normalen Vorsichtsmaßnahmen beachten.

- Beim Parken keine Gegenstände sichtbar im Auto liegen lassen.
- Das Ausspähen von Daten auf der Bankkarte, das sogenannte *skimming*, ist nach wie vor ein Problem; beim Eingeben der PIN-Nummer am Geldautomaten das Tastenfeld mit der Hand verdecken.
- In Nordirland ist besondere Vorsicht geboten in Gebieten, wo Viertel mit Einwohnern unterschiedlicher Konfessionen aneinandergrenzen.
- Am besten sollte man nicht gerade um den 12. Juli herum nach Nordirland reisen, wenn die Märsche des Oranierordens stattfinden. Selbst viele Nordiren verlassen an diesen Tagen das Land, weil es dann nicht selten zu Ausschreitungen kommt.

Strom

Type G
230V/50Hz

Telefon

Bei einem Anruf aus dem Ausland nach Irland wählt man die internationale Vorwahl, dann ☎353 und dann die Ortsvorwahl (ohne die ☎0). Ortsvorwahlen haben immer drei Ziffern, z. B. ☎021 für Cork, ☎091 für Galway und ☎061 für Limerick. Einzige Ausnahme ist Dublin mit einer zweistelligen Vorwahl (☎01).

Bei internationalen Telefonaten aus Irland wählt man zuerst die ☎00, dann die Ländervorwahl, die Ortsvorwahl und die Telefonnummer. Bei Anrufen aus dem Mobilfunknetz muss die Vorwahl gewählt werden, bei Anrufen aus dem Festnetz innerhalb des jeweiligen Vorwahlbereichs nicht.

In Nordirland gilt für alle Festnetznummern die Vorwahl ☎028. Sie muss aber nur bei Anrufen aus dem Handynetz oder außerhalb Nordirlands gewählt werden. Für Anrufe aus der Republik nach Nordirland wählt man ☎048 statt ☎028. Die internationale Vorwahl lässt man weg.

Handys

Alle europäischen Mobiltelefone funktionieren in Irland und in der Republik. Prepaid-SIM-Karten gibt's ab 10 €.

- Das Verfassen von SMS ist ein Volkssport – die meisten Menschen unter 30 Jahren kommunizieren vor allem in Textform.
- Bei den großen Anbietern bekommt man einfache Prepaidhandys ab etwa 40 €, bei denen meist ein Guthaben von 10 € inbegriffen ist.
- Prepaid SIM-Karten gibt's auch, allerdings muss man überprüfen, ob das jeweilige Mobiltelefon mit dem lokalen Anbieter kompatibel ist.

Touristeninformation

Touristeninformationen und -schalter findet man in allen größeren Städten der Republik und in Nordirland. Viele vermitteln Zimmer und bu-

NÜTZLICHE VORWAHLEN

	REPUBLIK	NORDIRLAND
Ländervorwahl	☎+353	☎+44
Internationale Vorwahlen	☎00	☎00
Auskunftsdienste	☎11811/11850	☎118 118/118 192
Internationale Auskunftsdienste	☎11818	

chen Ausflüge, wechseln Geld und verkaufen Karten sowie Bücher. Häufig liegt hier auch kostenloses Infomaterial aus.

In der Republik ist **Fáilte Ireland** (☎Republik 1850 230 330, Vereinigtes Königreich 0800 039 7000; www.discoverireland.ie) für Urlauber zuständig und in Nordirland das **Discover Northern Ireland** (☎Hauptgeschäftsstelle 028-9023 1221; www.discovernorthernireland.com). Außerhalb des Landes agieren beide Organisationen gemeinsam unter dem Namen Tourism Ireland (www.tourismireland.com).

Unterkunft

In Irland findet man alle Arten von Unterkünften, von einfachen Bleiben bis hin zu Fünf-Sterne-Hotels. Generell empfiehlt es sich, im Voraus zu reservieren. Während der Ferienzeit ist eine Reservierung ein absolutes Muss.

Hotels Rangieren von Hotelketten bis hin zu gemütlichen Zimmern in normannischen Burgen mit Regendusche und WLAN zu entsprechenden Preisen.

B&Bs Gibt's von einem Schlafzimmer in einem Privathaus bis hin zu luxuriösen georgischen Stadthäusern. Die häufigste Form der Unterkunft in Irland.

Hostels Jede etwas größere Stadt bietet eine Auswahl an Hostels mit sauberen Schlafsälen und WLAN. Einige bieten sogar Waschmaschinen und Küchen.

Buchungsservice

Daft.ie (www.daft.ie) Anzeigen für Ferien- und Mietwohnungen.

Elegant Ireland (www.elegant.ie) Burgen, Altbauten und Anwesen für Selbstversorger.

Imagine Ireland (www.imagineireland.com) Vermietet moderne Cottages auf der ganzen Insel, auch in Nordirland.

Irish Landmark Trust (www.irishlandmark.com) Eine gemeinnützige Denkmalschutzgruppe, die Ferienhäuser von historischer oder kultureller Bedeutung vermietet, darunter Burgen, Wohntürme, Leuchttürme, Schulen und Torhäuser.

Lonely Planet (www.lonelyplanet.com/Ireland/hotels) Empfehlungen und Buchungen.

Stay in Ireland (www.stayinireland.com) Liste mit Pensionen und Ferienhäusern.

B&Bs & Pensionen

Bed and breakfasts sind kleine Familienbetriebe mit weniger als fünf Zimmern in Bauern- oder Landhäusern. Sie unterscheiden sich sehr voneinander, bieten aber fast immer Privatbäder und kosten etwa 40 bis 60 € (35 bis 50 £) pro Person bzw. Nacht. In luxuriösen Pensionen können die Preise bei 70 € (60 £) oder mehr liegen. Außerhalb der Saison (in der Regel von Oktober bis März) sowie unter der Woche sinken sie in der Regel.
Gästehäuser ähneln luxuriöseren B&Bs, sind jedoch größer und so etwas wie irische Boutique-Hotels. Meist haben sie ein besseres Serviceangebot und verfügen manchmal auch über ein Restaurant.

Was man sonst noch wissen muss:

- Das Serviceangebot in B&Bs reicht je nach dem, welchen Betrag man bereit ist zu zahlen, von einfach (Bett, Bad, Teekessel, TV) bis zu luxuriös (Whirlpool, Regenwaldduschen). WLAN ist Standard und die meisten haben auch Parkplätze (zur Sicherheit nachfragen).
- Fast alle Pensionen akzeptieren Kreditkarten, auf dem Land sollte man aber besser bei der Buchung nachfragen.
- Eine Vorabreservierung ist ratsam, besonders in der Hochsaison (Juni–Sept.).
- Einige abgelegenere B&Bs und Gästehäuser haben nicht das ganze Jahr geöffnet, sondern oft nur von Ostern bis September.
- Ist ein B&B belegt, empfiehlt der Betreiber manchmal eine Unterkunft in der Gegend; eventuell handelt es sich dabei um ein Privathaus, das gelegentlich Gäste aufnimmt und nicht offiziell beworben wird.
- Um die Preise niedrig zu halten, ist bei einigen B&Bs das Frühstück optional.

Camping & Hausboote

Campingplätze sind in Irland weniger üblich als im Rest von Europa. Einige Hostels haben Zeltplätze auf ihrem Grundstück und erlauben die Mitbenutzung der sanitären Einrichtungen im Haus; dadurch sind sie angenehmer

UNTERKUNFT ONLINE BUCHEN

Mehr Hotelbeschreibungen von Lonely Planet-Autoren gibt's unter lonelyplanet.com/ireland/hotels/. Dort findet man unabhängige Kritiken un dEmpfehlungen zu den besten Unterkünften und kann man gleich online buchen..

ÜBERNACHTUNGSPREISE

Die Preise für Übernachtungen unterscheiden sich je nach Nachfrage und Buchungsart (online, telefonisch oder direkt vor Ort). Während sie in B&Bs recht beständig sind, schwanken sie in fast jeder anderen Unterkunft je nach Monat, Tag, Veranstaltungsprogramm und dem Verhandlungsgeschick der Gäste. In diesem Band gelten für Unterkünfte folgende Preiskategorien (Berechnungsgrundlage ist ein Doppelzimmer mit Bad in der Hochsaison).

KATEGORIE	REPUBLIK	DUBLIN	NORDIRLAND
€/£	< 80 €	< 150 €	< 50 £
€€/££	80–180 €	150–250 €	50–120 £
€€€/£££	> 180 €	> 250 €	> 120 £

als die großen Anlagen. Auf den kommerziellen Plätzen zahlt man für ein Zelt und zwei Personen 15 bis 25 € (12–20 £). Die angegebenen Preise gelten – soweit nicht anders angegeben – für zwei Personen. Für einen Wohnwagenstellplatz werden zwischen 20 und 30 € (17–25 £) verlangt. Zahlreiche Campinganlagen sind nur von Ostern bis Ende September oder Oktober geöffnet.

Als Alternative zum normalen Wohnmobil gibt's auch von Pferden gezogene Wagen, mit denen man durch die Landschaft zuckeln kann. In der Hochsaison kostet ein solcher Wagen in etwa 850 € pro Woche. Unter www.discoverireland.ie findet man eine Liste von Betreibern, eine weitere gute Quelle ist auch www.irishhorsedrawncaravans.com.

Einen ruhigen, erholsamen Blick auf die Landschaft bieten Kanalfahrten mit einer Barkasse. Fáilte Ireland kann einem Verleihstellen nennen.

Oder aber man mietet ein Hausboot und schippert damit über Irlands Wasserstraßen. Hausboote für den Shannon-Erne-Kanal gibt's z. B. bei **Emerald Star** (☎071-962 7633; www.emeraldstar.ie; ab 1100 € pro Woche).

Ferienwohnungen & -häuser

Unterkünfte für Selbstversorger werden oft wochenweise vermietet, meist handelt es sich um Apartments, Ferienhäuser oder Cottages. Preise variieren je nach Region und Saison. **Fáilte Ireland** (☎Republic 1850 230 330, the UK 0800 039 7000; www.discoverireland.ie) veröffentlicht einen Führer mit registrierten Wohnungen und Häusern. Weitere Infos liefert die Website.

Hostels

Die angegebenen Preise gelten für Personen über 18 Jahren. In der Hauptsaison kostet ein Bett im Schlafsaal meist zwischen 12 und 25 € (10–18 £). Viele Hostels verfügen auch über Familien- und Doppelzimmer.
Zu den wichtigsten Jugendherbergsverbänden gehören:

An Óige (www.anoige.ie) Der irische Herbergsverband gehört zu Hostelling International (HI), und unterhält 26 Hostels in der Republik.

HINI (www.hini.org.uk) HI-Mitglied mit fünf Herbergen in Nordirland.

Independent Holiday Hostels of Ireland (www.hostels-ireland.com) 55 von der Tourismusbehörde empfohlene Hostels in ganz Irland.

Independent Hostel Owners of Ireland (www.independenthostelsireland.com) Unabhängiger Verband.

Hotels

Vom örtlichen Pub bis zur mittelalterlichen Burg gibt's so gut wie alles. Nahezu grundsätzlich bekommt man bessere Preise, wenn man online bucht oder vor Ort verhandelt, vor allem in der Nebensaison oder unter der Woche (außer in Businesshotels, die am Wochenende günstigere Zimmer anbieten).

Die meisten Hotels liegen im Mittelklassebereich und bieten saubere Zimmer und Annehmlichkeiten wie Restaurants oder Fitnessräume. Viele widersetzen sich dem aktuellen Trend, kostenloses WLAN anzubieten, und stellen dieses Extra nach wie vor in Rechnung.

Wohnungstausch

Ein Wohnungstausch kann eine gute Möglichkeit sein, das Land zu bereisen und sich trotzdem zu Hause zu fühlen. In Irland gibt's mehrere Agenturen, die gegen Jahresgebühr einen internationalen Wohnungstausch vermitteln. Als Mitglied erhält man Zugang zu einer Website sowie ein Buch mit Beschreibungen, Fotos und Infos über die Besitzer bzw. deren Häuser. Danach muss jeder seine eigenen Absprachen treffen. Manchmal darf man sogar das Auto der Inhaber benutzen.

Homelink International House Exchange (www.homelink.ie) Wohnungstausch-Service, der schon seit 60 Jahren im Geschäft ist.

Intervac International Holiday Service (www.intervac-homeexchange.com) Erfahrener Anbieter, der weltweit in über 45 Ländern vertreten ist.

Versicherung

Eine umfassende Reiseversicherung, die Diebstahl, Verlust und die medizinische Versorgung einschließt, ist sehr zu empfehlen. Weltweit gültige Reiseversicherungen gibt's unter www.lonelyplanet.com/travel-insurance. Sie lässt sich jederzeit abschließen, verlängern und natürlich in Anspruch nehmen – auch unterwegs.

Visa

EU-Bürger und Schweizer können ohne Visum in die Republik und nach Nordirland einreisen und hier ohne Einschränkungen wohnen, arbeiten sowie studieren. Es ist lediglich ein gültiger Personalausweis oder Reisepass erforderlich.

Zeit

Im Winter gilt in Irland die Westeuropäische Zeit: MEZ minus 1 Stunde.

Zoll

Sowohl in der Republik als auch in Nordirland wird zwischen zollfrei in Nicht-EU-Ländern und bereits versteuerten in einem anderen EU-Land erworbenen Waren unterschieden. Im Prinzip gibt's keine Obergrenzen für den Transport von Waren innerhalb der EU, allerdings teilt der Zoll die Mitbringsel in Produkte für den persönlichen und für den gewerblichen Gebrauch ein. Dabei gelten folgende Regeln:

Aus EU-Ländern Für den persönlichen Gebrauch gelten u. a. folgende Obergrenzen: 3200 Zigaretten (oder 400 Cigarillos, 200 Zigarren oder 3 kg Tabak) und entweder 10 l Spirituosen, 20 l mit Alkohol angereicherter Wein wie Sherry oder Port, 60 l Schaumwein, 90 l Wein oder 110 l Bier.

Aus Nicht-EU-Ländern Zollfrei dürfen aus Nicht-EU-Ländern 200 Zigaretten, 2 l Getränke mit bis zu 15 Vol.-% und 1 l mit mehr als 15 Vol.-% Alkoholgehalt sowie 60 ml Parfüm und 250 ml Eau de Toilette eingeführt werden.

Verkehrsmittel & -wege

AN- & WEITERREISE

Einreise

Fast alle Irlandbesucher reisen über Dublin ins Land, der Rest wählt Shannon oder Belfast als Ankunftsort.

- Die große Mehrheit der Fluggesellschaften steuert die Hauptstadt an.
- In Dublin gibt's zwei Häfen, die als wichtigste Umschlagplätze für den Seehandel mit Großbritannien dienen. Fähren aus Frankreich steuern die südlichen Häfen von Rosslare und Cork an.
- Dublin ist auch der Hauptverkehrsknotenpunkt des irischen Bahnverkehrs.

Flugzeug

Flughäfen

Die wichtigsten Flughäfen:

Cork Airport (☎021-431 3131; www.corkairport.com) Wird von Aer Lingus und Ryanair bedient.

Dublin Airport (Karte S. 98; ☎01-814 1111; www.dublinairport.com) Irlands größter internationaler Flughafen hat Direktverbindungen nach Großbritannien, aufs europäische Festland, nach Nordamerika und in den Nahen Osten im Angebot.

Shannon Airport (SNN; ☎061-712 000; www.shannonairport.ie; 📶) Ein paar Direktflüge nach Großbritannien, aufs europäische Festland und nach Nordamerika.

Der wichtigste Flughafen in Nordirland:

Belfast International Airport (Aldergrove; ☎028-9448 4848; www.belfastairport.com; Airport Rd) Direktflüge nach Großbritannien, aufs europäische Festland und nach Nordamerika.

Auf dem Landweg

Eurolines (www.eurolines.com) bietet täglich einen Bus- und Fährservice von der Victoria Station in London bis zum Busáras-Busbahnhof in Dublin an.

Übers Meer

Die wichtigsten Fährrouten zwischen Irland, Großbritannien und dem europäischen Festland:

- Belfast–Liverpool (England; 8 Std.)
- Belfast–Cairnryan (Schottland; 1¾ Std.)
- Cork–Roscoff (Frankreich; 14 Std.; nur April–Okt.)
- Dublin–Liverpool (England; schnelle 4 Std. oder langsame 8½ Std.)
- Dublin und Dun Laoghaire–Holyhead (Wales; schnelle 2 Std. oder langsame 3½ Std.)
- Larne–Cairnryan (Schottland; 2 Std.)
- Larne–Troon (Schottland; 2 Std.; nur März–Okt.)
- Larne–Fleetwood (England; 6 Std.)
- Rosslare–Cherbourg/Roscoff (Frankreich; 18/20¼ Std.)

KLIMAWANDEL & REISEN

Fast jede Art der motorisierten Fortbewegung erzeugt CO_2 (die Hauptursache für die globale Erwärmung), doch Flugzeuge sind mit Abstand die schlimmsten Klimakiller – nicht nur wegen der großen Entfernungen und der entsprechend großen CO_2-Mengen, sondern auch weil sie diese Treibhausgase direkt in hohen Schichten der Atmosphäre freisetzen. Auf vielen Websites kann man mit speziellen „CO_2-Rechnern" ermitteln, wie das persönliche Emissionskonto nach einer Reise aussieht, und mit einer Spende für Umweltprojekte eine Art Wiedergutmachung leisten. Auch Lonely Planet spendet Gelder, wenn Mitarbeiter und Autoren auf Reisen gehen.

Fährstrecken

➡ Rosslare–Fishguard und Pembroke (Wales; 3½ Std.)

Die Konkurrenz durch Billigflieger zwingt Fährunternehmen dazu, Rabatte und flexible Preise anzubieten.

Die Website www.aferry.co.uk listet alle Anbieter und Fährrouten nach Irland auf.

Einige Hauptanbieter:

Brittany Ferries (www.brittanyferries.com) Cork–Roscoff; April–Okt.

Irish Ferries (www.irishferries.com) Fähren von Dublin nach Holyhead (ganzjährig; bis zu 4-mal tgl.) und von Frankreich nach Rosslare (3-mal wöchentlich).

P&O Ferries (www.poferries.com) Ganzjährig tägliche Verbindungen von Dublin nach Liverpool und von Larne nach Cairnryan. Die Verbindung Larne–Troon besteht nur von März bis Oktober.

Stena Line (www.stenaline.com) Fährt täglich von Holyhead zum Dublin Port, von Belfast nach Liverpool und Cairnryan und von Rosslare nach Fishguard.

UNTERWEGS VOR ORT

Die große Frage, die sich beim Irlandbesuch stellt, ist folgende: Möchte man das Land mit eigenem Wagen oder öffentlichen Verkehrsmitteln erkunden? Mit den eigenen vier Rädern kann man die Zeit am besten nutzen und gelangt auch zu abgeschiedenen Orten.

GRENZÜBERGÄNGE

Die Grenzübergänge zwischen Nordirland und der Republik Irland sind nicht mehr als solche zu erkennen. Es gibt auch keinerlei Grenzkontrollen. Allerdings könnte sich das mit dem Brexit 2019 ändern.

Normalerweise ist es gar nicht so schwer, sehr günstige Mietpreise zu erhaschen (10 € pro Tag sind nicht ungewöhnlich) und wenn man zu zweit oder mit noch mehr Leuten umherreist und sich die Wagenmiete sowie den Sprit teilt, kostet der Leihwagen gegebenenfalls weniger als die Fernbustickets.

Das Busnetz wird vom Staat und von privaten Anbietern bedient. Es ist umfassend und in der Regel preisgünstig, auch wenn es oft langsam vorangeht und viele interessante Sehenswürdigkeiten außerhalb der Ortschaften nicht angesteuert werden. Züge sind schneller, bieten jedoch einen limitierteren Service und steuern zudem nur große Städte an. Zu Hauptverkehrszeiten herrscht sowohl in Bussen als auch in Bahnen reger Andrang. Wer einen Sitzplatz möchte, sollte reservieren.

Auto & Motorrad

Mit dem Auto oder Motorrad ist man besonders flexibel und unabhängig. Das Straßennetz ist gut ausgebaut und die vielen Autobahnen und Schnellstraßen tragen dazu bei, dass die Fahrtzeiten immer kürzer werden. Zahlreiche Nebenstrecken sind allerdings sehr schmal und mitunter richtiggehend gefährlich.

Alle Autos, die auf öffentlichen Straßen genutzt werden, müssen versichert sein. Wer sein eigenes Fahrzeug mitbringt, sollte sichergehen, dass die Versicherung auch in Irland gültig ist.

Automobilclubs

Wichtige Automobilclubs:

Automobile Association (AA; ☎Pannendienst Nordirland 00 800 8877 6655, Republik 1800 66 77 88; www.theaa.ie)

Royal Automobile Club (RAC; ☎Pannendienst Nordirland 0333 200 0999, Republik 0800 015 6000; www.rac.ie)

Mietwagen

Mietpreise starten bei 20 € pro Tag. Wer sich vorab kümmert, bekommt einen Kleinwagen mit unbegrenzten Kilometern schon ab 10 oder 20 € pro Tag. Am besten vergleicht man mehrere Anbieter und nutzt auch Vergleichsportale im Internet (diese haben häufig spezielle Angebote, die auf den Buchungswebsites nicht angezeigt werden).

Weitere Tipps:

- Fast alle Fahrzeuge haben Schaltgetriebe; Automatik-Autos sind zwar verfügbar, jedoch teurer.
- Wer von der Republik aus in den Norden fährt, sollte vorher prüfen, ob die Versicherung auch für Reisen dorthin gilt.
- Die meisten Autovermietungen verlangen ein Mindestalter von 23 Jahren; außerdem muss der Fahrer seinen Führerschein schon seit mindestens einem Jahr haben.

Parken

In allen größeren Städten gibt's gut ausgeschilderte, überdachte und offene Kurzparkzonen.

- Um an einer Straße zu parken, benötigt man oft einen Parkschein oder eine Parkscheibe; Letztere wird gewöhnlich von den Autovermietungen gestellt. Die Tarife reichen von 1,50 bis zu 5 € pro Stunde; für den ganzen Tag zahlt man 25 €.
- Gelbe Linien (einfache oder doppelte) am Straßenrand zeigen Parkverbotszonen an. Die doppelte gelbe Linie signalisiert ein grundsätzliches Parkverbot. Man sollte immer auf die Schilder achten, die darüber Auskunft geben, wann geparkt werden darf und wann nicht.

Verkehrsregeln

Irland ist eines der wenigen Länder, in denen die angegebenen Geschwindigkeitsbegrenzungen oft weit über dem liegen, was tatsächlich machbar ist!

- Motorways, zu erkennen an einem M und einer Nummer auf blauem Grund, sind moderne Autobahnen; die Gegenspuren sind abgetrennt.
- Die Nationalstraßen (N und eine Nummer auf grünem Grund bzw. A und eine Nummer in Nordirland)

KOMBITICKETS FÜR BUS/ZUG & FÄHRE

Man kann Bus-, Fähr- und Zugtickets von allen größeren britischen Städten zu den meisten irischen Orten kombinieren, was vielleicht nicht so bequem ist wie ein Billigflug, aber weniger CO_2 hinterlässt. Die Fahrt von London nach Dublin dauert mit dem Bus rund zwölf Stunden, acht mit dem Zug. Von London nach Belfast ist man mit dem Bus 13 bis 16 Stunden unterwegs. Tickets für beide Routen kosten 29 £ (einfache Strecke). **Eurolines** (www.eurolines.com) bietet kombinierte Bus- und Fährtickets, **Virgin Trains** (www.virgintrains.co.uk) hat u. a. die Route London–Dublin im Angebot. SailRail (Fähre plus Zug) ist eine weitere Kombi-Option.

ENTFERNUNGEN (KM)

	Athlone	Belfast	Cork	Derry	Donegal	Dublin	Galway	Kilkenny	Killarney	Limerick	Rosslare Harbour	Shannon Airport	Sligo	Waterford
Belfast	242													
Cork	219	424												
Derry	209	117	428											
Donegal	183	180	402	69										
Dublin	127	167	256	237	233									
Galway	93	306	209	272	204	212								
Kilkenny	116	284	148	335	309	129	172							
Killarney	232	436	87	441	407	304	193	198						
Limerick	363	323	105	328	287	202	98	113	111					
Rosslare Harbour	201	330	208	397	391	153	274	98	275	211				
Shannon Airport	133	346	128	351	282	218	93	135	135	25	234			
Sligo	117	206	336	135	66	214	138	245	343	227	325	218		
Waterford	164	333	126	383	357	163	220	48	193	129	82	152	293	
Wexford	184	309	187	378	372	135	253	80	254	190	19	213	307	61

sind normalerweise gut konzipiert und zweispurig.

- Nebenstraßen (R plus Nummer in der Republik, B plus Nummer in Nordirland) können *sehr* eng und kurvig sein.
- Auf vielen Autobahnen wird eine Maut fällig, die an einer Zahlstelle/einem Automaten entrichtet werden muss. Auf der M50 zahlt man die sogenannte eToll zwischen den Anschlussstellen 6 und 7 online unter www.eflow.ie.
- Richtzeichen fehlen häufig.
- Ein Navi bzw. Smartphone mit GPS-Navigation kann sich als ausgesprochen nützlich erweisen.
- EU-Führerscheine werden wie irische Führerscheine behandelt.
- Führerscheine von Nicht-EU-Bürgern sind ab dem Tag der Einreise bis zu zwölf Monate lang gültig.
- Wer sein eigenes Auto aus dem europäischen Ausland einführt, benötigt eine Haftpflichtversicherung.

Grundregeln im Verkehr:

- Links fahren, rechts überholen.
- Fahrer und alle Mitfahrer müssen den Sicherheitsgurt anlegen.
- Kinder unter zwölf Jahren dürfen nicht vorne sitzen.
- Bei der Einfahrt in einen Kreisverkehr hat Vorfahrt, wer von rechts kommt.
- In der Republik sind Geschwindigkeitsbegrenzungen und Entfernungen in Kilometern angegeben, in Nordirland häufig in Meilen (1 Meile = 1,6 km).

Es gelten folgende Geschwindigkeitsbegrenzungen:

Republik 120 km/h auf Autobahnen, 100 km/h auf Nationalstraßen, 80 km/h auf Landstraßen und 50 km/h in Ortschaften (oder gemäß den Schildern).

Nordirland 70 mph (112 km/h) auf Autobahnen, 60 mph (96 km/h) auf Landstraßen, 30 mph (48 km/h) in geschlossenen Ortschaften.

Gegen Alkoholsünder am Steuer geht man hart vor. In der Republik gilt eine Promillegrenze von 0 und in Nordirland von 0,35.

Bus

Private Anbieter (sie werden an den relevanten Stellen im Buch genannt) konkurrieren häufig sehr erfolgreich mit Bus Éireann und verkehren auch dort, wo die staatlichen Busse nur selten oder gar nicht hinfahren.

Die Entfernungen sind nicht sehr groß und nur wenige Fahrten dauern länger als fünf Stunden. Buchungen für Bus Éireann sind online möglich, man kann allerdings keine Plätze für bestimmte Strecken reservieren. Auf vielen Routen findet ein dynamisches Preismodell Verwendung: Je früher man bucht, desto günstiger sind die Tickets.

BUS- & BAHNPÄSSE

Nur wenige Bus- und Bahnpässe sowie Kombipässe lohnen sich:

Irish Explorer Innerhalb von 15 aufeinanderfolgenden Tagen darf man an fünf Tagen unbegrenzt mit Irish Rail fahren (Erw./Kind 160/80 €).

Open Road Pass Drei Reisetage innerhalb von sechs aufeinanderfolgenden Tagen (60 €) mit Bus Éireann; ein zusätzlicher Tag kostet 16,50 €.

Sunday Day Tracker Sonntagsticket. Einen Tag lang unbegrenzt Translink-Busse und -züge in Nordirland nutzen (Erw./Kind 9/4,50 £).

Trekker Four Day An vier aufeinanderfolgenden Tagen unbegrenzt mit Irish Rail (110 €) fahren.

Mit dem Ein-Land-Pass von Eurail für Irland spart man kein Geld, egal in welcher Ausführung man ihn kauft.

Wissen sollte man Folgendes:

- Busrouten und die Häufigkeit der Verbindungen werden in der Republik schrittweise weniger.
- Die App „National Journey Planner" von Transport for Ireland ist eine sehr praktische Planungshilfe für Bus- und Zugreisen.

Die wichtigsten Busunternehmen in Irland:

Bus Éireann (☎1850 836 6111; www.buseireann.ie) Das wichtigste Busunternehmen der Republik.

Translink (☎028-9066 6630; www.translink.co.uk) Das wichtigste Busunternehmen Nordirlands; dazu gehören Ulsterbus und Goldline.

Fahrrad

Aufgrund der überschaubaren Größe und der malerischen Landschaft eignet sich Irland perfekt für Radtouren, allerdings sollte man das unbeständige Wetter, die vielen sehr schmalen Straßen und Raser nicht auf die leichte Schulter nehmen. Radrouten wie der 42 km lange Great Western Greenway in County Mayo sind dagegen ein echtes Vergnügen. Ein Tipp für Radler, die Ausflüge im Westen unternehmen wollen: Wegen der dort vorherrschenden Winde ist es einfacher, von Süden nach Norden zu fahren.

Wenn genug Platz vorhanden ist, dürfen Räder in Bussen transportiert werden. In Zügen muss man Folgendes beachten:

- In Intercityzügen zahlt man bis zu 10,50 € pro Rad.
- Man sollte im Voraus reservieren (www.irishrail.ie), da pro Zug nur zwei Räder zulässig sind.

Verschiedene Anbieter organisieren Radtouren in Irland, u. a.:

Go Ireland (☎066-976 2094; www.govisitireland.com) Touren mit Guide oder auf eigene Faust.

Irish Cycling Safaris (☎01-260 0749; www.cyclingsafaris.com; 810–845 €) Bietet eine Vielzahl von Ausflügen in ganz Irland an.

Lismore Cycling Holidays (☎087-935 6610; www.cyclingholidays.ie) Ist auf den Südosten des Landes spezialisiert.

Flugzeug

Im übersichtlich großen Irland sind Inlandsflüge eigentlich überflüssig, aber es bestehen Verbindungen zwischen Dublin und Belfast, Cork, Derry, Donegal, Galway, Kerry, Shannon und Sligo. Diese sind hauptsächlich gedacht als Anschlüsse für Passagiere auf internationalen Flügen. Großer Beliebtheit erfreuen sich auch die Verbindungen zwischen dem irischen Festland und den Aran Islands.

Nahverkehr

Dublin, Belfast und viele andere größere Städte verfügen über ein gut ausgebautes Busverkehrsnetz.

- Der Dublin Area Rapid Transport (DART) verkehrt entlang der Küste. Die beiden Strecken des neuen Straßenbahnsystems Luas erfreuen sich großer Beliebtheit.
- Für Taxifahrten muss man ziemlich tief in die Tasche greifen: Tagsüber/nachts beträgt die Grundgebühr 3,60/4 €, nach den ersten 500 m kommen dann 1,10/1,40 € pro Kilometer dazu.
- Uber ist in Dublin unterwegs, aber nicht so beliebt wie die Taxi-App MyTaxi (www.mytaxi.com).

Schiff/Fähre

Es bestehen Schiffsverbindungen zu allen Inseln vor der Küste.

Darüber hinaus gibt's einen regen Fährverkehr auf Flüssen, Buchten und Seen, wodurch viele Routen abgekürzt werden können – praktisch, vor allem für Radfahrer.

Fahrten auf dem 258 km langen Shannon-Erne-Kanal und auf den zahlreichen Seen sind sehr beliebt.

Zugstrecken

Trampen

Trampen wird in Irland immer unpopulärer. Anhalter sollten sich immer darüber im Klaren sein, dass sie ein kleines, aber dennoch ernst zu nehmendes Risiko eingehen, wenn sie mit fremden Personen mitfahren. Wir raten Travellern deshalb davon ab. Auf Autobahnen ist das Trampen übrigens verboten.

Zug

In Anbetracht der überschaubaren Größe Irlands können Züge eine schnelle Transportmöglichkeit darstellen.

Wenn man frühzeitig Tickets besorgt, sind die Preise vergleichbar mit denen der Busunternehmen.

➡ Viele der schönsten Gegenden der Republik, darunter lange Abschnitte des Wild Atlantic Way, sind nicht mit dem Zug erreichbar.

➡ Die meisten Eisenbahnrouten beginnen in Dublin. Zwischen den Strecken hin und her zu wechseln ist mitunter umständlich, was das Reisen mit dem Zug verkomplizieren kann.

➡ In Belfast starten vier Strecken; eine davon ist mit dem Schienennetz der Republik Irland verbunden (via Newry geht's nach Dublin).

➡ Eine „echte" 1. Klasse gibt's nur auf den Strecken Dublin–Cork und Dublin–Belfast. In sämtlichen anderen Zügen sind die Sitze der 1. Klasse genauso groß wie in der 2., auch wenn manchmal von einer „Premier Class" die Rede ist – allerdings ist das bloß Augenwischerei.

Irish Rail (Iarnród Éireann; ☎1850 366 222; www.irishrail.ie) Diese Bahngesellschaft betreibt die Züge in der Republik Irland.

Translink NI Railways (☎028-9066 6630; www.translink.co.uk) Betreibt die Züge in Nordirland.

Sprache

Englisch

Englisch ist die am weitesten verbreitete Sprache der Welt. Selbst wenn man sie nie gelernt hat, kennt man z. B. durch Musik oder Anglizismen in Technik und Werbung ein paar Wörter. Sich einige Brocken mehr anzueignen, um beim Smalltalk zu glänzen, ist nicht schwer. Im Folgenden einige wichtige Begriffe und Wendungen:

BASICS

Wer einen Fremden nach etwas fragt oder ihn um etwas bittet, sollte die Frage bzw. Bitte höflich einleiten („Excuse me, ...").

Guten Tag.	*Hello.*
Hallo.	*Hi.*
Auf Wiedersehen.	*Goodbye.*
Bis später.	*See you later.*
Tschüss.	*Bye.*
Wie geht's Ihnen/dir?	*How are you?*
Danke, gut.	*Thanks, fine.*
Und Ihnen/dir?	*... and you?*
Wie heißen Sie/ heißt du?	*What's your name?*
Ich heiße ...	*My name is ...*

NOCH MEHR ENGLISCH/ IRISCH?

Wer sich intensiver mit der Sprache beschäftigen möchte, legt sich am besten den praktischen *Sprachführer Englisch* von Lonely Planet zu. Empfehlenswert ist auch das Buch *Irish Language & Culture*, ebenfalls von Lonely Planet. Letzteres erhält man unter **shop.lonelyplanet.com**. Oder man besorgt sich die **Lonely Planet Phrasebooks** für Apple und Android.

Ja.	*Yes.*
Nein.	*No.*
Bitte.	*Please.*
(Vielen) Dank.	*Thank you (very much).*
Bitteschön.	*You're welcome.*
Entschuldigung	*Excuse me/Sorry.*
Sprechen Sie Englisch?	*Do you speak English?*
Ich verstehe (nicht).	*I (don't) understand.*

Könnten Sie ...? *Could you ...?*

bitte langsamer sprechen
please *speak more slowly*

das bitte wiederholen
repeat that, please

das bitte aufschreiben
write it down, please

ESSEN & TRINKEN

Was können Sie empfehlen?
What would you recommend?

Welche Zutaten sind in dem Gericht?
What's in that dish?

Ich bin Vegetarier/Vegetarierin.
I'm a vegetarian.

Ich esse kein ...	*I don't eat ...*
Prost!	*Cheers!*
Das war köstlich.	*That was delicious.*
Die Rechnung bitte.	*Please bring the bill.*

Ich würde gern einen Tisch für ... reservieren.
I'd like to reserve a table for ...

(acht) Uhr	*(eight) o'clock*
(zwei) Personen	*(two) people*

Basics

Abendessen	*dinner*
Delikatessen	*delicatessen*

Essen	*food*
Flasche	*bottle*
Frühstück	*breakfast*
Gabel	*fork*
Gericht	*plate*
Glas	*glass*
Hauptgericht	*main course*
Hochstuhl	*highchair*
kalt	*cold*
Kindergericht	*children's menu*
Lebensmittelladen	*grocery store*
Löffel	*spoon*
Markt	*market*
Messer	*knife*
mit/ohne	*with/without*
Mittagessen	*lunch*
örtliche Spezialität	*local speciality*
Speisekarte (auf Englisch)	*menu (in English)*
Teller	*dish*
Vorspeise	*appetiser*
warm	*hot*
Weinkarte	*wine list*

Fisch & Fleisch

Auster	*oyster*
Hühnchen	*chicken*
Kalb	*veal*
Krabbe	*crab*
Lamm	*lamb*
Rind	*beef*
Schnecke	*snail*
Schwein	*pork*
Tintenfisch	*squid*
Truthahn	*turkey*

Obst & Gemüse

Ananas	*pineapple*
Apfel	*apple*
Aprikose	*apricot*
Backpflaume	*prune*
Bohnen	*beans*
Erbsen	*peas*
Erdbeere	*strawberry*
Frühlingszwiebel	*shallot*
Gemüse	*vegetable*
Gurke	*cucumber*
Kartoffel	*potato*

Fragewörter

Warum?	*Why?*
Wann?	*When?*
Was?	*What?*
Wer?	*Who?*
Wie?	*How?*
Wo?	*Where?*

Kirsche	*cherry*
Kohl	*cabbage*
Kürbis	*pumpkin*
Mais	*corn*
(rote/grüne) Paprika	*(red/green) pepper*
Pfirsich	*peach*
Pflaume	*plum*
Pilz	*mushroom*
Rote Bete	*beetroot*
Salat	*lettuce*
Spargel	*asparagus*
Spinat	*spinach*
Tomate	*tomato*
Weintraube	*grape*
Zitrone	*lemon*

Weitere Begriffe

Brot	*bread*
Butter	*butter*
Ei	*egg*
Essig	*vinegar*
Honig	*honey*
Käse	*cheese*
Linsen	*lentils*
Marmelade	*jam*
Pasta/Nudeln	*pasta/noodles*
Pfeffer	*pepper*
Reis	*rice*
Salz	*salt*
Zucker	*sugar*

Getränke

Bier	*beer*
Kaffee	*coffee*
Milch	*milk*
Rotwein	*red wine*
(Orangen-)Saft	*(orange) juice*

Tee	*tea*
(Mineral-)Wasser	*(mineral) water*
Weißwein	*white wine*

NOTFALL

Hilfe!	*Help!*
Es ist ein Notfall!	*It's an emergency!*
Rufen Sie die Polizei!	*Call the police!*
Rufen Sie einen Arzt!	*Call a doctor!*
Rufen Sie einen Krankenwagen!	*Call an ambulance!*
Lassen Sie mich in Ruhe!	*Leave me alone!*
Gehen Sie weg!	*Go away!*
Ich habe mich verirrt.	*I'm lost.*
Es tut hier weh.	*It hurts here.*
Wo ist die Toilette?	*Where are the toilets?*
Ich habe Durchfall/ Fieber/Kopfschmerzen.	*I have diarrhoea/ fever/headache.*

Wo ist der/die/das nächste ...?	*Where's the nearest ...?*
Apotheke	*chemist*
Arzt	*doctor*
Krankenhaus	*hospital*
Zahnarzt	*dentist*

Ich bin allergisch gegen ...	*I'm allergic to ...*

SATZMUSTER

Wo ist (der Eingang)?
Where's (the entry)?

Wo kann ich (eine Eintrittskarte kaufen)?
Where can I (buy a ticket)?

Wann fährt (der nächste Bus)?
When's (the next bus)?

Wie viel kostet (ein Zimmer)?
How much is (a room)?

Haben Sie (eine Landkarte)?
Do you have (a map)?

Gibt's (eine Toilette)?
Is there (a toilet)?

Ich möchte (ein Zimmer buchen).
I'd like (to book a room)

Kann ich (hereinkommen)?
May I (enter)?

Könnten Sie (mir helfen)?
Could you please (help me)?

Muss ich (einen Platz reservieren)?
Do I have to (book a seat)?

Antibiotika	*antibiotics*
Aspirin	*aspirin*
Penizillin	*penicillin*

SHOPPEN & SERVICE

Ich suche ...
I'm looking for ...

Wo ist der/die/das (nächste) ...?
Where's the (nearest) ...?

Wo kann ich ... kaufen?
Where can I buy ...?

Ich möchte ... kaufen.
I'd like to buy ...

Wie viel kostet das?
How much is this?

Das ist zu viel/teuer.
That's too much/expensive.

Können Sie den Preis senken?
Can you lower the price?

Haben Sie etwas Günstigeres?
Do you have something cheaper?

Ich schaue mich nur um.
I'm just looking.

Das gefällt mir nicht.
I don't like it.

Haben Sie noch andere?
Do you have any others?

Können Sie es mir zeigen?
Can I look at it?

Die Rechnung stimmt nicht.
There's a mistake in the bill.

Geldautomat	*ATM*
Internetcafé	*internet cafe*
Kreditkarte	*credit card*
Post	*post office*
Touristeninformation	*tourist office*

UHRZEIT & DATUM

Wie spät ist es?	*What time is it?*
Es ist (ein) Uhr.	*It's (one) o'clock.*
Zwanzig nach eins.	*Twenty past one.*
Halb zwei.	*Half past one.*
Viertel vor eins.	*Quarter to one.*

morgens/vormittags	*am*
nachmittags/abends	*pm*
jetzt	*now*
heute	*today*
heute Abend	*tonight*
morgen	*tomorrow*
gestern	*yesterday*
Morgen	*morning*

Nachmittag	*afternoon*
Abend	*evening*
Montag	*Monday*
Dienstag	*Tuesday*
Mittwoch	*Wednesday*
Donnerstag	*Thursday*
Freitag	*Friday*
Samstag	*Saturday*
Sonntag	*Sunday*
Januar	*January*
Februar	*February*
März	*March*
April	*April*
Mai	*May*
Juni	*June*
Juli	*July*
August	*August*
September	*September*
Oktober	*October*
November	*November*
Dezember	*December*

UNTERKUNFT

Wo ist ein/e ...?	*Where's a ...?*
Pension	*bed and breakfast*
Campingplatz	*camping ground*
Hotel	*hotel*
Jugendherberge	*youth hostel*
Privatzimmer	*room in a private home*

Wie viel kostet es pro ...?
How much is it per ...?

Nacht	*night*
Person	*person*

Kann ich es sehen?
May I see it?

Kann ich ein anderes Zimmer bekommen?
Can I get another room?

Es ist gut. Ich nehme es.
It's fine. I'll take it.

Ich reise jetzt ab.
I'm leaving now.

Haben Sie ein ...?	*Do you have a ... ?*
Einzelzimmer	*single room*
Doppelzimmer	*double room*
Zweibettzimmer	*twin room*
mit (einer/einem) ...	with (a) ...
Bad	bathroom
Fenster	window
Klimaanlage	air-con

VERKEHRSMITTEL & -WEGE

Wann fährt der/die/das ... ab?
What time does the ... leave?

Boot	*boat*
Bus	*bus*
Flugzeug	*plane*
erster	*first*
letzter	*last*
nächster	*next*

Ich möchte nach ...
I want to go to ...

Hält er/sie/es in ...?
Does it stop at ...?

Wann fährt er ab/kommt er an?
At what time does it leave/arrive?

Können Sie mir sagen, wann wir in ... ankommen?
Can you tell me when we get to ...?

Ich möchte hier aussteigen.
I want to get off here.

Der/die/das ... ist gestrichen.
The ... is cancelled.

Der/die/das ... hat Verspätung.
The ... is delayed.

Ist dieser Platz frei?
Is this seat free?

Muss ich umsteigen?
Do I need to change the bus?

Sind Sie frei?
Are you free?

Was kostet es bis ...?
How much is it to ...?

Bitte bringen Sie mich zu (dieser Adresse).
Please take me to this address.

ein ... -Ticket	*a ... ticket*
1.-Klasse-	*1st-class*
2.-Klasse-	*2nd-class*

Schilder

Closed	Geschlossen
Entrance	Eingang
Exit	Ausgang
Information	Information
Men	Männer
Open	Offen
Prohibited	Verboten
Toilets	Toiletten
Women	Frauen

einfaches	*one-way*
Hin- und Rückfahr-	*return*

entfällt	*cancelled*
Fahrkartenschalter	*ticket office*
Fahrplan	*timetable*
Fensterplatz	*window seat*
Gangplatz	*aisle seat*
verspätet	*delayed*

Ich möchte ein/e/en ... mieten.
I'd like to hire a/an ...

Auto	*car*
Fahrrad	*bicycle*
Geländewagen	*4WD*
Motorrad	*motorbike*

Wie viel kostet es pro ...?
How much is it per ...?

Tag	*day*
Woche	*week*

Autogas	*LPG*
Benzin	*petrol*
bleifreies Benzin	*unleaded*
Diesel	*diesel*
Kindersitz	*child seat*
Mechaniker	*mechanic*
Sturzhelm	*helmet*
Tankstelle	*service station*

Wo ist eine Tankstelle?
Where's a petrol station?

Ist das die Straße nach ...?
Is this the road to ...?

(Wie lange) Kann ich hier parken?
(How long) Can I park here?

Wo muss ich bezahlen?
Where do I pay?

Ich brauche einen Mechaniker.
I need a mechanic.

Ich habe (in ...) eine Panne mit dem Auto.
The car has broken down (at ...)

Ich habe eine Reifenpanne.
I have a flat tyre.

Ich hatte einen Unfall.
I had an accident.

Das Auto/Motorrad springt nicht an.
The car/motorbike won't start.

Ich habe kein Benzin mehr.
I've run out of petrol.

Ich habe meine Autoschlüssel verloren.
I've lost my car keys.

WEGWEISER

Wo ist ...?
Where's (a bank)?

Wie kann ich da hinkommen?
How can I get there?

Könnten Sie mir bitte die Adresse aufschreiben?
Could you write the address, please?

Wie weit ist es?
How far is it?

Können Sie es mir (auf der Karte) zeigen?
Can you show me (on the map)?

an der Ecke	*at the corner*
dort	*there*
gegenüber	*opposite*
geradeaus	*straight ahead*
hier	*here*
hinter	*behind*
links	*left*
nahe	*near*
neben	*next to*
rechts	*right*
weit weg	*far away*
vor	*in front of*
Norden	*north*
Osten	*east*
Süden	*south*
Westen	*west*

Irisch (Gaeilge)

Irisch (Gaeilge) ist die offizielle Sprache des Landes. Seit 2003 müssen alle offiziellen Dokumente, Straßenschilder und Verlautbarungen entweder in Irisch oder sowohl in Irisch als auch in Englisch abgefasst sein. Trotz seines offiziellen Status wird Irisch nur in einigen Gegenden auf dem Land gesprochen, die als Gaeltacht-Gebiete bekannt sind. Zu den wichtigsten gehören Cork (Corcaigh), Donegal (Dún na nGall), Galway (Gaillimh), Kerry (Ciarraí) und Mayo (Maigh Eo).

Wer außerhalb dieser Regionen Leute danach fragt, ob Sie Irisch sprechen, wird in neun von zehn Fällen wohl ein „*ah, cupla focal*“ (ein paar Wörter) als Antwort bekommen – und genauso ist es meist auch. In den Schulen wird die Sprache für die Sechs- bis 15-Jährigen zwar als Pflichtfach unterrichtet, allerdings bringen ihnen die Lehrer den Stoff auf eher fantasielose Weise nahe. Viele Erwachsene bedauern es heute sehr, dass sie so wenig von der alten Sprache ihres Landes verstehen. Vor Kurzem wurde jedoch endlich ein neuer Lehrplan für Irisch eingeführt, der die Stundenzahl reduziert, aber den Unterricht dafür unterhaltsamer und praktischer machen soll.

AUSSPRACHE

Es gibt lange (mit Akzent) und kurze Vokale (ohne Akzent), die entweder offen und breit (**a**, **á**, **o**, **ó**, **u**, **ú**) oder geschlossen (**e**, **é**, **i** und **í**) sind, was häufig den nachfolgenden Konsonanten beeinflusst. Abgesehen von einigen ungewöhnlichen Kombinationen wie **mh** und **bhf** (beide werden wie das englische w ausgesprochen) spricht man die Konsonanten wie im Englischen aus.

Die drei Hauptdialekte sind Connaught Irish (in Galway und im nördlichen Mayo), Munster Irish (in Cork, Kerry und Waterford) und Ulster Irish (in Donegal). Die im Folgenden angegebene (blaue) Lautsprache bezieht sich auf eine anglisierte Version des modernen Standardirisch, das im Grunde eine Mischung aus allen dreien ist: Wer die Wörter wie im Englischen ausspricht, wird keine Probleme haben, sich verständlich zu machen.

CUPLA FOCAL

Mit diesen Sätzen und Ausdrücken *os Gaeilge* (auf Irisch) kann man die Iren beeindrucken:

Tóg é gobogé.
Immer mit der Ruhe.
tohg ay gobogay

Ní féidir é!
Ausgeschlossen!
nee faydir ay

Ráiméis!
Quatsch!
rawmaysh

Go huafásach!
Das ist schrecklich!
guh hoofawsokh

Ní ólfaidh mé go brách arís!
Ich werde niemals wieder etwas trinken!
knee ohlhee mey gu brawkh ureeshch

Slainte!
Zum Wohl!/Prost!
slawncha

Táim go maith.
Es geht mir gut.
thawm go mah

Nollaig shona!
Frohe Weihnachten!
nuhlig hona

Cáisc shona!
Frohe Ostern!
kawshk hona

Go n-éirí an bóthar leat!
Gute Reise!
go nairee on bohhar lat

BASICS

Hallo.	*Dia duit.*	deea gwit
Hallo. (Antwort)	*Dia is Muire duit.*	deeas moyra gwit
Guten Morgen.	*Maidin mhaith.*	mawjin wah
Gute Nacht.	*Oíche mhaith.*	eekheh wah
Auf Wiedersehen.		
(wenn man geht)	*Slán leat.*	slawn lyat
(wenn man bleibt)	*Slán agat.*	slawn agut
Ja.	*Tá.*	taw
So ist es.	*Sea.*	sheh
Nein.	*Níl.*	neel
So ist es nicht.	*Ní hea.*	nee heh

(Vielen) Dank.
Go raibh (míle) maith agat. — goh rev (meela) mah agut

Entschuldigung.
Gabh mo leithscéal. — gamoh lesh scale

Es tut mir leid.
Tá brón orm. — taw brohn oruhm

Ich verstehe nicht.
Ní thuigim. — nee higgim

Sprechen Sie/sprichst du Irisch?
An bhfuil Gaeilge agat? — on wil gaylge oguht

Was ist dies?
Cad é seo? — kod ay shoh

Was ist das?
Cad é sin? — kod ay shin

Ich möchte nach ...
Ba mhaith liom dul go dtí ... — baw wah lohm dull go dee ...

Ich möchte ... kaufen.
Ba mhaith liom ... a cheannach. — bah wah lohm ... a kyanukh

ein anderes/ ein weiteres	*ceann eile*	kyawn ella
nett	*go deas*	goh dyass

KONVERSATION

Willkommen.
Ceád míle fáilte. — kade meela fawlcha
(wörtlich: 100 000 Willkommen)

Wie geht es dir/Ihnen?
Conas a tá tú? — kunas aw taw too

..., bitte.
...más é do thoil é. — ... maws ay do hall ay

Wie heißen Sie/heißt du?

Cad is ainm duit?	kod is anim dwit

Ich heiße (Sean Frayne).

(Sean Frayne) is ainm dom.	(shawn frain) is anim dohm

WOCHENTAGE

Montag	*Dé Luaín*	day loon
Dienstag	*Dé Máirt*	day maart
Mittwoch	*Dé Ceádaoin*	day kaydeen
Donnerstag	*Déardaoin*	daredeen
Freitag	*Dé hAoine*	day heeneh
Samstag	*Dé Sathairn*	day sahern
Sonntag	*Dé Domhnaigh*	day downick

ZAHLEN

1	*haon*	hayin
2	*dó*	doe
3	*trí*	tree
4	*ceathaír*	kahirr
5	*cúig*	kooig
6	*sé*	shay
7	*seacht*	shocked
8	*hocht*	hukt
9	*naoi*	nay
10	*deich*	jeh
11	*haon déag*	hayin jague
12	*dó dhéag*	doe yague
20	*fiche*	feekhe

SCHILDER

Fir	fear	Männer
Gardaí	gardee	Polizei
Leithreas	lehrass	Toilette
Mna	mnaw	Frauen
Oifig An Phoist	iffig ohn fwisht	Post-filiale

GLOSSAR

12. Juli – der Tag, an dem der *Orange Order* (Oranierorden) seine Umzüge abhält, um den Sieg des protestantischen Königs Wilhelm III. über den katholischen König Jakob II. in der Schlacht am Boyne 1690 zu feiern

An Óige – wörtlich „die Jugend"; Republic of Ireland Youth Hostel Association (Jugendherbergsverband der Republik Irland)

Anglonormannen – Normannen, Engländer und Waliser, die im 12. Jh. in Irland einfielen

Apprentice Boys – eine loyalistische Organisation, die 1814 gegründet wurde, um jedes Jahr im August an die große Belagerung von Derry zu erinnern

ard – wörtlich „hoch"; irischer Ortsname

Ascendancy – bezieht sich auf protestantische Adlige, die von den Anglonormannen oder jenen Siedlern abstammen, die sich hier während der *Plantation* niederließen

bailey – Außenmauer einer Burg

bawn – befestigter Innenhof; von Mauern umgebenes Gelände um die Hauptgebäude einer Burg, das der Verteidigung diente und wo in unruhigen Zeiten auch Vieh gehalten wurde

Bienenkorbhütte – siehe *clochán*

Black & Tans – britische Rekruten der Royal Irish Constabulary kurz nach dem Ersten Weltkrieg, die vor allem wegen ihrer Brutalität berüchtigt waren

Blarney Stone – heiliger Stein im Blarney Castle, Grafschaft Cork, den man nach hinten gebeugt küssen muss, um so mit einer tollen Rhetorik beschenkt zu werden

bodhrán – in der Hand gehaltene und mit Ziegenleder bezogene Trommel

Bronzezeit – frühestes Zeitalter, in dem Metall verarbeitet wurde; in Irland zwischen 2500 und 300 v. Chr.; nach der Steinzeit und vor der *Eisenzeit*

B-Specials – nordirische Hilfspolizeitruppe, die 1971 aufgelöst wurde

bullaun – Stein mit einer Vertiefung, der wahrscheinlich als Mörser zum Zermahlen von Medizin oder Nahrungsmitteln diente; häufiges Fundstück in alten Klöstern

caher – ein ringförmiger, von Steinen eingeschlossener Bereich

cairn – aufgeschichtete Steine über einem prähistorischen Grab

cashel – steinerne *Ringfestung;* siehe auch *ráth*

céilidh – Treffen mit traditioneller Musik und Tanz, auch *ceili* genannt

Chor – Ostende einer Kirche, wo sich der Altar befindet; reserviert für die Geistlichen und den Chor

chipper – Slang für Fast-Food-Restaurants, die Fish 'n' Chips anbieten

cill – wörtlich „Kirche"; irischer Ortsname, auch *kill*

Claddagh-Ring – Ring mit einem gekrönten Herzen zwischen zwei Händen, der seit Mitte des 18. Jhs. in *Connaught* getragen wird; zeigen die Hände zum Herzen, ist der Träger in einer Beziehung oder verheiratet, zeigen sie zur Fingerspitze, ist er noch auf der Suche

clochán – kreisförmiges Gebäude aus Stein, das an einen altmodischen Bienenstock erinnert und in frühchristlicher Zeit errichtet wurde

Connaught – eine der vier alten Provinzen Irlands, bestehend aus den Grafschaften Galway, Leitrim, Mayo, Roscommon und Sligo; manchmal auch *Connacht* geschrieben; siehe auch *Leinster, Munster* und *Ulster*

craic – Unterhaltung, Klatsch, Spaß; auch *crack* geschrieben

crannóg – künstliche Insel in einem See, die gute Verteidigungsmöglichkeiten bot

currach – Ruderboot aus einem Weidenrutengerüst, überzogen mit geteertem Segeltuch; auch *cúrach* geschrieben

Dáil – Unterhaus des Parlaments der Republik Irland; siehe auch *Oireachtas* und *Seanad*

DART – Dublin Area Rapid Transport, ein Nahverkehrszug

demesne – Landbesitz rund um ein Haus oder eine Burg

diamond – Stadtplatz

Dolmen – Grabkammer oder Grab aus aufrecht stehenden Steinen mit einem quer liegenden Deckstein aus der Zeit um 2000 v. Chr.

Drumlin – von zurückweichenden Gletschern abgerundeter Hügel

Dúchas – Behörde, die für Parks, Monumente und Gärten der Republik zuständig ist; früher unter dem Namen Office of Public Works bekannt

dún – Festung, meist aus Stein

DUP – Democratic Unionist Party; 1971 von Ian Paisley gegründet; strikt gegen die Versöhnungspolitik der *UUP*

Éire – irischer Name der Republik Irland

Eisenzeit – Periode der Metallverarbeitung vom Ende der *Bronzezeit* etwa 300 v. Chr. (Ankunft der Kelten) bis zum Aufkommen des Christentums um das 5. Jh. n. Chr.

Esker – mit Sand und Kies ausgefüllte Schmelzwasserrinne

Fáilte Ireland – „Willkommensausschuss"; Irische Tourismuszentrale

Fianna – mythische Kriegertruppe, die in vielen Erzählungen über das alte Irland eine Rolle spielt

Fianna Fáil – wörtlich „Krieger Irlands"; eine wichtige politische Partei in der Republik, entstanden aus einer *Sinn-Féin*-Gruppierung, die den 1921 abgeschlossenen Vertrag mit Großbritannien ablehnte

Fine Gael – wörtlich „Stamm der Gälen"; eine wichtige politische Partei in der Republik; sie entstand aus einer *Sinn-Féin*-Gruppierung, die den 1921 mit Großbritannien abgeschlossenen Vertrag befürwortete und die erste Regierung des unabhängigen Irlands stellte

fir – Männer (Singular: *fear*); Schild an Herrentoiletten; siehe auch *leithreas* und *mná*

fleadh – Festival

GAA – Gaelic Athletic Association (Irischer Sportverband); zuständig für Gaelic Football, *Hurling* und weitere irische Sportarten

Gaeltacht – bezeichnet Gebiete in Irland, in denen vorwiegend Irisch gesprochen wird

gallóglí – Söldner des 14. und 15. Jhs., zu *gallowglasses* anglisiert

garda – Polizei der Republik Irland (Plural: *gardaí)*

ghillie – Angel- oder Jagdführer, manchmal auch *ghilly* geschrieben

gort – wörtlich „Feld"; irischer Ortsname

HINI – Hostelling International of Northern Ireland (Nordirischer Jugendherbergsverband)

Hunger, the – umgangssprachlich für die Große Hungersnot von 1845 bis 1851

Hurling – irische hockeyähnliche Sportart

Iarnród Éireann – Republic of Ireland Railways (Eisenbahnen der Republik Irland)

INLA – Irish National Liberation Association (Irische Nationale Befreiungsarmee); 1975 als Splittergruppe der IRA entstanden, hält seit 1998 Waffenstillstand

IRA – Irish Republican Army (Irisch-Republikanische Armee); die größte paramilitärische Organisation der Republik wurde vor 80 Jahren gegründet, um für ein geeintes Irland zu kämpfen; 1969 teilte sich die IRA in die Official IRA und die Provisional IRA; die Official IRA ist nicht mehr aktiv und die PIRA wurde zur IRA

jarvey – Fahrer eines *jaunting car*

jaunting car – traditionelle Kutsche in Killarney

Kelten – kriegerische Stämme in der *Eisenzeit*, die um 300 v. Chr. nach Irland kamen und das Land in den nächsten 1000 Jahren beherrschten

Keltischer Tiger – scherzhafte Bezeichnung für die irische Wirtschaft in den Boomjahren von 1990 bis 2002

Leinster – eine der vier alten Provinzen Irlands mit den Grafschaften Carlow, Dublin, Kildare, Kilkenny, Laois, Longford, Louth, Meath, Offaly, West Meath, Wexford und Wicklow; siehe auch *Connaught*, *Munster* und *Ulster*

leithreas – Toiletten; siehe auch *mná* und *fir*

leprechaun – boshafter Kobold oder Naturgeist aus der irischen Folklore

lough – See, lange schmale Bucht oder Meeresarm

Loyalist – Person (meist handelt es sich um nordirische Protestanten), die der Ansicht ist, dass Nordirland mit Großbritannien verbunden bleiben muss

Luas – Niederflurstraßenbahnsystem in Dublin; Irisch für „Geschwindigkeit"

marching season – die Zeit von Ostern bis in den Sommer hinein, in der die Paraden des *Orange Order* stattfinden; sie erinnern an den Sieg des protestantischen Königs Wilhelm III. von Oranien über den Katholiken Jakob II. in der Schlacht am Boyne am 12. Juli 1690 sowie an die Vereinigung mit Großbritannien

Mesolithikum – Mittelsteinzeit (etwa von 8000–4000 v. Chr.); zu dieser Zeit ließen sich die ersten Siedler in Irland nieder; siehe auch *Neolithikum*

mná – Damen; Schriftzug an Toiletten; siehe auch *fir* und *leithreas*

Motte – frühe normannische Befestigung: ein abgeflachter Hügel mit einem Bergfried auf dem Gipfel; wird die Anlage von einer Mauer eingefasst, bezeichnet man das Ganze als *motte-and-bailey fort*; Anfang des 13. Jhs. enstanden in Irland viele solcher Befestigungen

Munster – eine der vier alten Provinzen Irlands mit den Grafschaften Clare, Cork, Kerry, Limerick, Tipperary und Waterford; siehe auch *Connaught*, *Leinster* und *Ulster*

Nationalismus – Glaube an ein wiedervereinigtes Irland

Nationalist – Anhänger der Wiedervereinigung Irlands

Neolithikum – Jungsteinzeit (zwischen 4000 und 2500 v. Chr.); in dieser Zeit wurden die Menschen in Irland sesshaft; danach folgte die *Bronzezeit;* siehe auch *Mesolithikum*

NIR – Northern Ireland Railways (Eisenbahnen in Nordirland)

NITB – Northern Ireland Tourist Board (Nordirische Tourismusbehörde)

NNR – National Nature Reserves (Nationale Naturschutzgebiete)

North, the – die politische Einheit Nordirland, nicht der geografische Norden der Insel

NUI – National University of Ireland (Nationale Universität von Irland) mit Fakultäten in Dublin, Cork, Galway und Limerick

Ogham Stone – Stein mit eingeritzten Kerben: Ogham ist die älteste Schrift in Irland und bestand aus einer Vielzahl von Kerben

Oireachtas – Parlament der Republik Irland, bestehend aus dem *Dáil* (Unterhaus) und dem *Seanad* (Oberhaus)

Orange Order – der 1795 gegründete Oranierorden ist die größte protestantische Organisation in Nordirland mit bis zu 100 000 Mitgliedern; der Name erinnert an den Sieg König Wilhelms von Oranien in der Schlacht am Boyne

óstán – Hotel

palladianisch – Architekturstil, den Andrea Palladio (1508–1580) in Anlehnung an die altrömische Architektur entwickelt hat

Paramilitärs – bewaffnete illegale Organisationen, entweder *Loyalisten* oder *Republikaner*, denen man den Einsatz von Gewalt und Verbrechen zum Erreichen politischer sowie wirtschaftlicher Ziele vorwirft

partition – Teilung Irlands 1921

passage grave – keltisches Grab mit einer Kammer, die durch einen engen Gang zu erreichen ist; meist in einem Hügel

Penal Laws – Strafgesetze des 18. Jhs., die Katholiken u. a. den Kauf von Land sowie die Aufnahme eines öffentlichen Amtes verboten

Plantation – Siedlung protestantischer Einwanderer (auch *Planters* genannt) im 17. Jh.

poitín – illegal gebrannter Whiskey; auch *poteen*

provisionals – Provisional IRA; wurde nach dem Bruch mit der offiziellen *IRA* gegründet; eine vielschichtige Gruppierung mit einem Namen, der von der provisorischen Regierung 1916 inspiriert wurde; stärkste Kraft bei der Bekämpfung der britischen Armee im Norden; auch als *„provos"* bekannt

PSNI – Police Service of Northern Ireland (Nordirische Polizei)

ráth – *Ringfestung* mit Erdwällen rund um eine hölzerne Palisade; siehe auch *cashel*

Real IRA – Splittergruppe der *IRA*, die das Karfreitagsabkommen ablehnt und sich damit gegen *Sinn Féin* stellt; verantwortlich für den Bombenanschlag in Omagh 1998, bei dem 29 Menschen starben; trotz eines später geschlossenen Waffenstillstands gilt sie als verantwortlich für Bombenattentate und andere Gewaltverbrechen in Großbritannien

Republic of Ireland – die Republik Irland besteht aus den 26 Grafschaften im Süden

Republikaner – Befürworter eines vereinigten Landes

Republikanismus – Glaube an ein vereinigtes Irland, manchmal als militanter Nationalismus

Ringfestung – von Wällen und Gräben umgebene ringförmige Siedlung, die von der Bronzezeit bis ins Mittelalter genutzt wurde, vor allem in frühchristlicher Zeit

RTE – Radio Telifís Éireann; nationaler Rundfunksender der Republik mit zwei Fernseh- und vier Hörfunkstationen

RUC – Royal Ulster Constabulary; früherer Name des Police Service of Northern Ireland (*PSNI*, Nordirische Polizei)

Seanad – Oberhaus des Parlaments der Republik Irland; siehe auch *Oireachtas* und *Dáil*

shamrock – dreiblättriges Kleeblatt, mit dem der hl. Patrick die Dreieinigkeit erklärt haben soll

shebeen – vom irischen *síbín*; illegale Kneipe mit Alkoholausschank

sheela-na-gig – wörtlich „Sheila mit den großen Brüsten"; weibliche Figur mit übertrieben dargestellten Geschlechtsmerkmalen, die an manchen Kirchen- oder Burgwänden in Stein gehauen wurde; Erklärungen dafür reichen von Warnungen männlicher Kleriker vor den Gefahren des Geschlechtsverkehrs bis zu Darstellungen keltischer Kriegsgöttinnen

Sinn Féin – wörtlich „Wir Selbst"; eine republikanische Partei, deren Ziel ein vereinigtes Irland ist; wird als politischer Flügel der *IRA* betrachtet, betont aber stets, dass beide Organisationen völlig unabhängig voneinander seien

slí – Wanderweg

snug – Nebenzimmer in einem Pub, in dem nur Getränke serviert werden

Souterrain – unterirdischer Raum, oft in *Ringfestungen* bzw. *Wallanlagen*; diente wahrscheinlich als Versteck bzw. Fluchtweg und Lagerraum

South, the – Republik Irland

standing stone – aufrechter, in den Boden gepflanzter Stein aus verschiedenen Zeiten und in Irland weit verbreitet; manchmal Kennzeichen für ein Grab

Taoiseach – Premierminister der Republik Irland

teampall – Kirche

trá – Strand

Treaty – angloirischer Vertrag von 1921, der Irland teilte und dem Süden relative Unabhängigkeit verlieh; Ursache für den Bürgerkrieg 1922–23

Trikolore – die grün-weiß-orangefarbene irische Flagge, symbolisiert die Hoffnung auf eine Einigung des „grünen" katholischen Südens mit dem „orangefarbenen" protestantischen Norden

turlough – ein kleiner See, der in trockenen Sommern oft komplett austrocknet; vom irischen Wort *turlach* abgeleitet

UDA – Ulster Defence Association; Irlands größte paramilitärische *Loyalistengruppe*; hält seit 1994 einen Waffenstillstand

uillean pipes – irische Dudelsäcke mit einem Blasebalg, der unter dem Arm befestigt wird; *uillean* ist das irische Wort für „Ellenbogen"

Ulster – eine der vier alten Provinzen Irlands; manchmal bezeichnet man damit die sechs Grafschaften Nordirlands, obwohl Ulster auch noch die Counties Cavan, Moaghan und Donegal (alle in der Republik) umfasst; siehe auch *Connaught*, *Leinster* und *Munster*

Unionist – Person, die Nordirlands Verbindung mit Großbritannien aufrechterhalten will

United Irishmen – 1791 gegründete Organisation, die die britische Macht in Irland einschränken möchte; sie zeichnete für eine Reihe erfolgloser Aufstände und Unruhen verantwortlich

UUP – Ulster Unionist Party; die größte *Unionistenpartei* in Nordirland und stärkste Macht im nordirischen Parlament; sie wurde 1905 gegründet und zwischen 1910 und 1921 von Edward Carson geführt; zwischen 1921 und 1972 war sie die einzige unionistische Organisation wird heute jedoch von der *DUP* bedroht

UVF – Ulster Volunteer Force; eine illegale paramilitärische *Loyalistenorganisation* in Nordirland

Volunteers – Ableger des *IRB*, der als *IRA* bekannt wurde

Wallanlage – ein mit Wällen und Gräben befestigter Hügel, der zumeist aus der *Eisenzeit* stammt

Hinter den Kulissen

WIR FREUEN UNS ÜBER EIN FEEDBACK

Post von Travellern zu bekommen ist für uns ungemein hilfreich – Kritik und Anregungen halten uns auf dem Laufenden und helfen, unsere Bücher zu verbessern. Unser reiseerfahrenes Team liest alle Zuschriften genau durch, um herauszufinden, was an unseren Reiseführern gut und was schlecht ist. Wir können solche Post zwar nicht individuell beantworten, aber jedes Feedback wird garantiert schnurstracks an die jeweiligen Autoren weitergeleitet, rechtzeitig vor der nächsten Nachauflage.

Wer Ideen, Erfahrungen und Korrekturhinweise zum Reiseführer mitteilen möchte, hat die Möglichkeit dazu auf **www.lonelyplanet.com/contact/guidebook_feedback/new**. Anmerkungen speziell zur deutschen Ausgabe erreichen uns über **www.lonelyplanet.de/kontakt**.

Hinweis: Da wir Beiträge möglicherweise in Lonely Planet Produkten (Reiseführer, Websites, digitale Medien) veröffentlichen, ggf. auch in gekürzter Form, bitten wir um Mitteilung, falls ein Kommentar nicht veröffentlicht oder ein Name nicht genannt werden soll. Wer Näheres über unsere Datenschutzpolitik wissen will, erfährt das unter www.lonelyplanet.com/privacy.

UNSERE LESER

Wir danken unseren Lesern, die mit der letzten Ausgabe unterwegs waren und hilfreiche Hinweise, Tipps und interessante Geschichten beigetragen haben:
Akos Szoboszlay, Alex Gee, Angelica Beschi, Brian Galligan, Chris Huffman, Elizabeth Cooke, Erika Gorman, Hazel Redmond, Ilse Adema, Joop Drop, Kevin Christie, Kyle Bush, Laura Manago, Manel Tauron, Marie Foster, Melanie West, Raymond Smith, Robin Gruwell, Ryan Williams, Sandra Hynes, Sara McGarity, Susan Hobson, Thorsten Thomas, Tom Lowe

DANK DER AUTOREN

Isabel Albiston

Ich danke dem freundlichen Personal der Touristeninformationen Nordirland, das mich bei meiner Recherche mit Broschüren versorgt hat. Vor allem aber danke ich James bei Lonely Planet, Victoria Moore bei Translink, Barry Flanagan und Caroline Wilson. Zu guter Letzt geht ein riesiges Dankeschön an meine Eltern für all ihre Hilfe.

Fionn Davenport

Ich danke allen in Dublin, die mir bei der Recherche geholfen haben, Laura, die mich immer wieder vom Flughafen abgeholt hat, und allen Redakteuren von Lonely Planet, die bei all meinen Fehltritten Nachsicht gezeigt haben.

Damian Harper

Mein Dank gebührt allen, die mir mit Tipps und Ratschlägen auf dem Wild Atlantic Way geholfen und mir den richtigen Weg gewiesen haben. Sehr dankbar bin ich Shannen, Declan Hassett, Auriel, James Peake, Damien M, Kieron, Fabio und Hans. Ich erhebe mein Glas und stoße an auf die vielen freundlichen Iren, die diese Reise so schön gemacht haben. Daisy, Tim und Emma – euch danke ich wie immer.

Catherine Le Nevez

Sláinte zuallererst an Julian und die irischen Einheimischen sowie an meine Mitreisenden im County Clare, County Galway, County Kerry und den Counties Meath, Louth, Cavan & Monag-han. Ein riesiges Dankeschön auch an den verantwortlichen Redakteur James Smart und an alle bei Lonely Planet. Wie immer *merci encore* an meine Eltern, meinen Bruder, meine *belle-sœur* und meinen *neveu*.

QUELLENANGABEN

Klimakartendaten von Peel MC, Finlayson BL & McMahon TA (2007) 'Updated World Map of the Köppen-Geiger Climate Classification', Hydrology and Earth System Sciences, 11, 163344.

Umschlagfoto: Giant's Causeway, County Antrim, Francesco Carovillano/ 4Corners©

DIESES BUCH

Dies ist die 7. deutsche Auflage von *Irland*, basierend auf der mittlerweile 13. englischen Ausgabe von *Ireland*. Sie wurde verfasst von Neil Wilson, Isabel Albiston, Fionn Davenport, Damian Harper und Catherine Le Nevez. Die vorherige Auflage wurde verfasst von Neil Wilson, Fionn Davenport, Damian Harper, Catherine Le Nevez und Ryan Ver Berkmoes. Produziert wurde dieser Reiseführer von folgenden Personen:

Verantwortlicher Redakteur James Smart

Leitende Redakteurin Jessica Ryan

Leitender Kartograf Mark Griffiths

Buchdesign Gwen Cotter

Redaktionsassistenz Imogen Bannister, Michelle Bennett, Nigel Chin, Katie Connolly, Pete Cruttenden, Andrea Dobbin, Katie Lynch, Chris Pitts

Kartograf Michael Garrett

Bildredaktion für den Umschlag Naomi Parker

Dank an Stephen Cluskey, Noelle Daly, Paul Harding, Martin Heng, Sandie Kestell, AnneMarie McCarthy, Genna Patterson, Kathryn Rowan, Ellie Simpson, Angela Tinson

Register

Kartenverweise **000**
Fotoverweise **000**

H

Kartenverweise **000**
Fotoverweise **000**

Kartenverweise **000**
Fotoverweise **000**

Kartenverweise **000**
Fotoverweise **000**

Y

Z

Kartenlegende

Sehenswertes
- Strand
- Vogelschutzgebiet
- Buddhistisch
- Burg/Festung
- Christlich
- Konfuzianisch
- Hinduistisch
- Islamisch
- Jainistisch
- Jüdisch
- Denkmal
- Museum/Galerie/Hist. Gebäude
- Ruine
- Shintoistisch
- Sikhistisch
- Taoistisch
- Weingut/Weinberg
- Zoo/Tierschutzgebiet
- Andere Sehenswürdigkeit

Aktivitäten, Kurse & Touren
- Bodysurfen
- Tauchen
- Kanu-/Kajakfahren
- Kurs/Tour
- Sentō/Onsen
- Skifahren
- Schnorcheln
- Surfen
- Schwimmen/Pool
- Wandern
- Windsurfen
- Andere Aktivität

Schlafen
- Unterkunft
- Campingplatz
- Hütte/Schutzhütte

Essen
- Restaurant

Ausgehen & Nachtleben
- Bar/Kneipe/Club
- Café

Unterhaltung
- Theater/Kino/Oper

Shoppen
- Geschäft/Einkaufszentrum

Praktisches
- Bank
- Botschaft/Konsulat
- Krankenhaus/Arzt
- Internet
- Polizei
- Post
- Telefon
- Toilette
- Touristeninformation
- Noch mehr Praktisches

Landschaften
- Strand
- Schranke
- Hütte/Unterstand
- Leuchtturm
- Aussichtspunkt
- Berg/Vulkan
- Oase
- Park
- Pass
- Rastplatz
- Wasserfall

Städte
- Hauptstadt
- Landeshauptstadt
- Stadt/Großstadt
- Ort/Dorf

Transport
- Flughafen
- Grenzübergang
- Bus
- Seilbahn/Standseilbahn
- Fahrradweg
- Fähre
- Metro/MRT-Bahnhof
- Einschienenbahn
- Parkplatz
- Tankstelle
- S-Bahn-/Skytrain-Station
- Taxi
- Bahnhof/Eisenbahn
- Tram/Straßenbahn
- U-Bahn-Station
- Anderes Verkehrsmittel

Verkehrswege
- Mautstraße
- Autobahn
- Hauptstraße
- Landstraße
- Verbindungsstraße
- Sonstige Straße
- Unbefestigte Straße
- Straße im Bau
- Platz/Fußgängerzone
- Stufen
- Tunnel
- Fußgängerbrücke
- Spaziergang/Wanderung
- Wanderung mit Abstecher
- Pfad/Wanderweg

Grenzen
- Staatsgrenze
- Bundesstaaten-/Provinzgrenze
- Umstrittene Grenze
- Regionale Grenze/Vorortgrenze
- Meeresschutzgebiet
- Klippen
- Mauer

Gewässer
- Fluss/Bach
- Periodischer Fluss
- Kanal
- Gewässer
- Trocken-/Salz-/Periodischer See
- Riff

Gebietsformen
- Flughafen/Start- & Landebahn
- Strand/Wüste
- Christlicher Friedhof
- Sonstiger Friedhof
- Gletscher
- Watt
- Park/Wald
- Sehenswertes Gebäude
- Sportanlage
- Sumpf/Mangroven

Hinweis: Nicht alle Symbole kommen in den Karten dieses Reiseführers vor.

UNSERE AUTOREN

Neil Wilson

Kurator; Counties Wicklow & Kildare; Counties Wexford, Waterford, Carlow & Kilkenny; County Cork; Counties Limerick & Tipperary Neil wurde in Schottland geboren und hat dort auch den Großteil seines Lebens verbracht. Er lebt in Perthshire und ist seit 1988 Schriftsteller in Vollzeit. Neil hat an über 80 Reiseführern für zahlreiche Verlage mitgearbeitet, darunter an den Lonely-Planet-Bänden *Schottland*, *England*, *Irland* und *Prag*. Wie die meisten Autoren von Lonely Planet kam auch Neil zufällig zum Schreiben von Reiseführern. Kurz nach seinem Studienabschluss als Geologe und einer kurzen Karriere in der Ölindustrie kehrte er an die Uni zurück, um dort zu forschen. Die akademische Welt reizte ihn jedoch genauso wenig wie die Industrie, darum tat er das, was alle vernünftigen Menschen tun würden – er gab alles auf und widmete sich der brotlosen Kunst des Schreibens. Schnell verfasste er Artikel für eine schottische Zeitschrift und startete bald schon nach Korfu, um dort Fotos für einen Reiseführer zu machen.

Mehr zu Neil unter
lonelyplanet.com/profiles/neilwilson

Isabel Albiston

Belfast; Counties Down & Armagh; Counties Derry & Antrim; Counties Fermanagh & Tyrone; Counties Londonderry & Antrim Nach sechs Jahren beim *Daily Telegraph* in London und so vielen Reisen, wie sie mit ihrem begrenzten Urlaub nur machen konnte, gab Isabel ihre Stelle auf, um mehr unterwegs sein zu können: Erst ging sie ins australische Sydney, um dort für eine Zeitschrift zu schreiben, danach lebte sie vier Jahre in der argentinischen Hauptstadt Buenos Aires. Seit 2014 schreibt Isabel für Lonely Planet und hat bisher an sechs Bänden mitgearbeitet. Seitdem war sie nur lange genug in der Heimat, um wieder ihren Koffer zu packen und zur Recherche nach Malaysia aufzubrechen. Ihre Fotos kann man auf Instagram bewundern: isabel_albiston.

Mehr zu Isabel unter
lonelyplanet.com/profiles/IsabelAlbiston

Fionn Davenport

Dublin Der geborene und überzeugte Dubliner schreibt seit über 20 Jahren über seine irische Heimat. Über die Jahre war er auf der Suche nach Abenteuern mal hier, mal dort, doch seine Trips haben seine Überzeugung gefestigt, dass Irland nach wie vor sein Lieblingsland ist, in dem er auch dauerhaft leben könnte. Derzeit pendelt er einmal pro Woche von Manchester aus, wo er mit seiner Partnerin Laura und ihrem Auto Trevor lebt, nach Dublin. In Dublin moderiert er die Radiosendung *Inside Culture* und schreibt Reiseberichte für zahlreiche Verlage.

Mehr zu Fionn unter
lonelyplanet.com/profiles/FionnDavenport

Damian Harper

Counties Mayo & Sligo; County Donegal; die Midlands Schon seit fast zwanzig Jahren schreibt Damian für Lonely Planet und hat Beiträge zu den unterschiedlichsten Regionen der Welt verfasst, darunter China, Peking, Shanghai, Vietnam, Thailand, Irland, London, Mallorca, Malaysia, Singapur & Brunei, Hongkong, Südwest-China und das Vereinigte Königreich. Als erfahrener Reiseschriftsteller hat Damian Artikel für zahlreiche Zeitungen und Zeitschriften geschrieben, darunter *The Guardian* und *The Daily Telegraph*. Derzeit lebt er in Surrey, England. In seiner Freizeit bringt er sich seit Kurzem das Trompetespielen bei, sammelt moderne Erstausgaben, fotografiert und macht Taekwondo. Auf Instragram kann man ihm unter damian.harper folgen.

Mehr zu Damian unter
lonelyplanet.com/profiles/DamianHarper

Catherine Le Nevez

County Kerry; County Clare; County Galway; Counties Meath, Louth, Cavan & Monaghan Catherine entdeckte ihre Reiselust schon im Alter von vier Jahren bei einem Roadtrip von ihrer Heimatstadt Paris aus durch Europa. Seither war sie wann immer es ging unterwegs und hat mittlerweile rund 60 Länder bereist. Sie schrieb sowohl ihre Doktorarbeit in Creative Arts in Writing als auch ihren Master in Professional Writing und ihre Abschlussarbeit in Editing and Publishing im Ausland. In den letzten rund zwölf Jahren hat sie unzählige Artikel und Beiträge zu Lonely Planet Bänden verfasst, u. a. für *Paris* und *Frankreich*.

Mehr zu Catherine unter
lonelyplanet.com/profiles/CatherineLe
Nevez

DIE LONELY PLANET STORY

Ein uraltes Auto, ein paar Dollar in den Hosentaschen und Abenteuerlust, mehr brauchten Tony und Maureen Wheeler nicht, als sie 1972 zu der Reise ihres Lebens aufbrachen. Diese führte sie quer durch Europa und Asien bis nach Australien. Nach mehreren Monaten kehrten sie zurück – pleite, aber glücklich –, setzten sich an ihren Küchentisch und verfassten ihren ersten Reiseführer *Across Asia on the Cheap*. Binnen einer Woche verkauften sie 1500 Bücher und Lonely Planet war geboren. Heute unterhält der Verlag Büros in Franklin und Oakland (USA), London, Melbourne (Australien), Beijing (Cina) und Delhi (Indien) mit über 600 Mitarbeitern und Autoren. Sie alle teilen Tonys Überzeugung, dass ein guter Reiseführer drei Dinge tun sollte: informieren, bilden und unterhalten.

Lonely Planet Global Limited
Digital Depot
The Digital Hub
Dublin D08 TCV4
Ireland

Verlag der deutschen Ausgabe:
MAIRDUMONT, Marco-Polo-Straße 1, 73760 Ostfildern,
www.lonelyplanet.de, www.mairdumont.com, lonelyplanet-online@mairdumont.com

Chefredakteurin deutsche Ausgabe: Birgit Borowski

Redaktion: Meike Etmann, Julia Rietsch, Kai Wieland,
Sabine Besenfelder, Claudia Fahlbusch, Juliane Hansen, Marion Krause; Verlagsbüro Wais & Partner, Stuttgart
Mitarbeit: Nadine Hensinger, Beate König, Max Maucher
Übersetzung: Anne Cappel, Gabriela Huber Martins, Gunter Mühl, Claudia Riefert, Petra Sparrer, Svenja Tengs, Katja Weber, Carina Wurzinger
(An früheren Auflagen haben zusätzlich mitgewirkt: Julie Bacher, Matthias Eickhoff, Christine Gsänger, Cora Hartwig, Ulrike Jamin-Mehl, Jutta König, Dieter Krumbach, Monika Krumbach, Britt Maaß, Claudia Mark, Thomas Pago, Marion Pausch, Christiane Radünz, Jutta Ressel, Margit Sander, Beatrix Thunich, Karin Weidlich, Simone Wiemken)
Technischer Support: Primustype, Notzingen

Irland
7. deutsche Auflage Juni 2018,
übersetzt von *Ireland 13th edition*, März 2018
Lonely Planet Global Limited
Deutsche Ausgabe © Lonely Planet Global Limited, Juni 2018
Fotos © wie angegeben 2018

Printed in Poland